LANGENSCHEIDT'S COMPACT FRENCH DICTIONARY

French-English
English-French

by

KENNETH URWIN

Docteur de l'Université de Paris
Docteur de l'Université de Caen

D0539697

LANGENSCHEIDT

NEW YORK · BERLIN · MUNICH

This dictionary is also available in a larger type size in the Langenscheidt Standard Dictionary Series.

© 1989 Langenscheidt KG, Berlin and Munich

Printed in Germany

First Part

French-English

Contents
Table des matières

Preface

Language has two faces: one looking back, one looking forward. "Langenscheidt's Compact French Dictionary" has tried to take both of these aspects into account: In retaining some of yesterday's speech, it will help the user to grapple with the great 19th century authors, whether for school or for pleasure. At the same time, he will find language's path into the future staked out by such words as: *aiguilleur du ciel, alcootest, banlieue-dortoir, écologisme, microprocesseur, organigramme, rétro, télédistribution,* etc., etc.

Needless to say, a great deal of the material old and new is made up of phrases and phraselike expressions covering all registers of speech from everyday language down to slang.

A series of appendices to the dictionary proper gives a list of some common proper names, of common abbreviations, tables of numerals and weights and measures, and a list of model verbs to which the user is referred by the reference number with each verb in the vocabulary. Irregular forms of verbs have been given as separate entries.

The instructions on how to use this dictionary (pages 7–13) should be read carefully: they are intended to increase its practical value.

The phonetic transcription has been given in square brackets after each entry word, using the system of the International Phonetic Association.

It is hoped that this new dictionary will be an instrument for better understanding between peoples.

LANGENSCHEIDT

Préface

La langue a deux visages: l'un est tourné vers le passé, l'autre vers le futur. «Langenscheidt's Compact French Dictionary» s'efforce de tenir compte de ces deux aspects: En gardant une certaine partie du vocabulaire d'hier, il aidera l'utilisateur dans la lecture des auteurs classiques, que ce soit à l'école ou pour son plaisir personnel; mais d'autre part, pour rendre son dû à l'aspect «futuriste» de la langue, de nombreux «mots nouveaux» ont été introduits, comme par ex.: *aiguilleur du ciel, alcootest, banlieue-dortoir, écologisme, microprocesseur, organigramme, rétro, télédistribution, etc., etc.*

Il va sans dire qu'une bonne partie de ce dictionnaire consiste en phrases et expressions idiomatiques appartenant à tous les niveaux de langue.

En complément du dictionnaire proprement dit nous donnons une liste de noms propres, une autre des abréviations les plus courantes, ainsi que des tables d'adjectifs numéraux et de poids et de mesures et une table synoptique des conjugaisons à laquelle renvoie le numéro après chaque verbe. Les formes irrégulières des verbes se trouveront dans le vocabulaire sous forme de mots-souches indépendants.

Nous recommandons aux utilisateurs de lire attentivement les indications pour l'emploi de ce dictionnaire (pages 7–13), ce qui en relèvera la valeur pratique.

La prononciation figurée, placée entre crochets à la suite du mot-souche, est indiquée selon la méthode de l'Association Phonétique Internationale.

Puisse ce dictionnaire contribuer à une meilleure compréhension entre les peuples.

LANGENSCHEIDT

Directions for the use of this dictionary

Indications pour l'emploi de ce dictionnaire

1. **Arrangement.** The alphabetic order of the entry word has been observed throughout. Hence you will find, in their proper alphabetic order:

a) the irregular forms of nouns, adjectives, comparatives, adverbs, and those forms of irregular verbs from which the various tenses can be derived. Reflexive or pronominal verbs, however, will be found under the simple infinitive;

b) the various forms of the pronouns;

c) compound words.

2. **Homonyms** of different etymologies have been subdivided by exponents;

e.g. *mousse*¹ ship's boy ...
      *mousse*² moss ...
      *mousse*³ blunt ...

3. **Differences in meaning.** The different senses of French words can be distinguished by:

a) explanatory additions given in italics after a translation;

  e.g. *tombant* drooping (*moustache, shoulders*); sagging (*branch*); flowing (*hair*);

b) symbols and abbreviations before the particular meaning (see list on pages 10–11). If, however, the symbol or abbreviation applies to all translations alike, it is placed between the entry word and its phonetic transcription.

A semicolon is used to separate one meaning from another which is essentially different.

1. **Classement.** L'ordre alphabétique des mots-souches a été rigoureusement observé. Ainsi on trouvera dans leur ordre alphabétique:

a) les formes irrégulières des noms, des adjectifs, des comparatifs, des adverbes et, des verbes irréguliers, les formes dont on peut dériver les divers temps; toutefois les verbes réfléchis ou pronominaux se trouveront après l'infinitif simple;

b) les formes diverses des pronoms;

c) les mots composés.

2. Les **Homonymes** d'etymologie différente font l'objet d'articles différents distingués par un chiffre placé en haut derrière le mot en question:

p.ex. *mousse*¹ ship's boy ...
       *mousse*² moss ...
       *mousse*³ blunt ...

3. **Distinction de sens.** Les différents sens des mots français se reconnaissent grâce à:

a) des additions explicatives, en italique, placées à la suite des versions proposées;

  p.ex. *tombant* drooping (*moustache, shoulders*); sagging (*branch*); flowing (*hair*);

b) des symboles ou des définitions en abrégé qui les précèdent (voir liste, pages 10–11). Si, cependant, les symboles ou les abréviations se rapportent à l'ensemble des traductions, ils sont intercalés entre le mot-souche et la transcription phonétique.

Le point-virgule sépare une acception donnée d'une autre essentiellement différente.

4. **The gender** of French nouns is always given. In the case of adjectives the gender is not given unless there is a danger of misunderstanding.

4. **Le genre grammatical** des noms français est toujours indiqué. Pour les adjectifs le genre est indiqué exceptionnellement pour éviter des malentendus.

5. **Letters in brackets** within an entry word indicate that the word may be spelt with or without the letter bracketed;

e.g. *immu(t)abilité* immutability.

5. **Les lettres entre parenthèses** dans les mots-souches indiquent qu'il est permis d'écrire le même mot de deux manières différentes;

p.ex. *immu(t)abilité* immutability.

6. **Conjugations of verbs.** The number given in round brackets after each French infinitive refers to the table of conjugations at the end of this volume (pages 570–598).

6. **Conjugaisons des verbes.** Les chiffres donnés entre parenthèses à la suite de chaque verbe français renvoient à la table synoptique des conjugaisons à la fin de ce dictionnaire (pages 570–598).

Key to the symbols and abbreviations
Explication des symboles et des abréviations

1. Symbols

The tilde (~, ~) serves as a mark of repetition. To save space, compound entry words are often given with a tilde replacing one part.

The tilde in bold type (~) replaces the entry word at the beginning of the entry;

e.g. **wagon** ...; **~-poste** = wagon-poste.

The simple tilde (~) replaces:

a) The entry word immediately preceding (which may itself contain a tilde in bold type), or in an illustrative example containing a feminine adjective, that part of the feminine adjective suppressed in the catchword;

e.g. **abattre** ...; s'~ = s'abattre; **aéro**...; **~statique** ...; ballon m ~ = ballon aérostatique; **aphteux, -euse** adj.: fièvre f ~euse = fièvre aphteuse;

b) within the phonetic transcription, the whole of the pronunciation of the preceding entry word, or of some part of it which remains unchanged;

e.g. **vénérable** [vene'rabl] ...; **vénération** [~ra'sjɔ̃] = [venera'sjɔ̃] ...; **vénérer** [~'re] = [vene're].

The tilde with circle (⅊, ⅊). When the first letter changes from capital to small or vice-versa, the usual tilde is replaced by a tilde with circle (⅊, ⅊);

e.g. **saint, sainte** ...; ⅊-**Esprit** = Saint-Esprit; **croix** ...; ⅊-*Rouge* = Croix-Rouge.

The other symbols used in this dictionary are:

1. Symboles

Le tilde (~, ~) est le signe de la répétition. Afin de gagner de la placé, souvent le mot-souche ou un de ses éléments a été remplacé par le tilde.

Le tilde en caractère gras (~) remplace le mot-souche qui se trouve au début de l'article;

p.ex. **wagon** ...; **~-poste** = wagon-poste.

Le tilde simple (~) remplace:

a) le mot-souche qui précède (qui d'ailleurs peut également être formé à l'aide du tilde en caractère gras), ou dans une expression avec adjectif féminin l'élément de l'adjectif féminin supprimé dans le mot-souche;

p.ex. **abattre** ...; s'~ = s'abattre; **aéro**...; **~statique** ...; ballon m ~ = ballon aérostatique; **aphteux, -euse** adj.: fièvre f ~euse = fièvre aphteuse;

b) dans la transcription phonétique, la prononciation entière du mot-souche qui précède ou la partie qui demeure inchangée;

p.ex. **vénérable** [vene'rabl] ...; **vénération** [~ra'sjɔ̃] = [venera'sjɔ̃] ...; **vénérer** [~'re] = [vene're].

Le tilde avec cercle (⅊, ⅊). Quand la première lettre se transforme de majuscule en minuscule, ou vice versa, le tilde normal est remplacé par le tilde avec cercle (⅊, ⅊);

p.ex. **saint, sainte** ...; ⅊-**Esprit** = Saint-Esprit; **croix** ...; ⅊-*Rouge* = Croix-Rouge.

Les autres symboles employés dans ce dictionnaire sont:

F	*colloquial,* familier.
V	*vulgar,* vulgaire.
†	*obsolete,* vieilli.
♣	*botany,* botanique.
⊕	*technology,* technologie; *mechanics,* mécanique.
⚒	*mining,* mines.
✕	*military,* militaire.
⚓	*nautical,* nautique; *navy,* marine.
✝	*commercial,* commerce; *finance,* finances.

🚂	*railway, Am. railroad,* chemin de fer.
✈	*aviation,* aviation.
♪	*music,* musique.
△	*architecture,* architecture.
∮	*electricity,* électricité.
⚖	*law,* droit.
A	*mathematics,* mathématique.
⚘	*agriculture,* agriculture.
♞	*chemistry,* chimie.
✚	*medicine,* médecine.
⊘	*heraldry,* blason.

2. Abbreviations – Abréviations

a.	*also,* aussi.	*fut.*	*future,* futur.
abbr.	*abbreviation,* abréviation.	*geog.*	*geography,* géographie.
adj.	*adjective,* adjectif.	*geol.*	*geology,* géologie.
admin.	*administration,* administration.	*ger.*	*gerund,* gérondif.
		gramm.	*grammar,* grammaire.
adv.	*adverb,* adverbe; *adverbial phrase,* locution adverbiale.	*hist.*	*history,* histoire.
		hunt.	*hunting,* chasse.
Am.	*Americanism,* américanisme.	*icht.*	*ichthyology,* ichtyologie.
anat.	*anatomy,* anatomie.	*imper.*	*imperative,* impératif.
approx.	*approximately,* approximativement.	*impers.*	*impersonal,* impersonnel.
		impf.	*imparfait,* imperfect.
archeol.	*archeology,* archéologie.	*ind.*	*indicative,* indicatif.
art.	*article,* article.	*indef.*	*indefinite,* indéfini.
astr.	*astronomy,* astronomie.	*inf.*	*infinitive,* infinitif.
attr.	*attributively,* attribut.	*int.*	*interjection,* interjection.
bibl.	*biblical,* biblique.	*interr.*	*interrogative,* interrogatif.
biol.	*biology,* biologie.	*inv.*	*invariable,* invariable.
box.	*boxing,* boxe.	*Ir.*	*Irish,* irlandais.
Br.	*British,* britannique.	*iro.*	*ironically,* ironiquement.
ch.sp.	*childish speech,* langage enfantin.	*irr.*	*irregular,* irrégulier.
		journ.	*journalism,* journalisme.
cin.	*cinema,* cinéma.	*ling.*	*linguistics,* linguistique.
cj.	*conjunction,* conjonction.	*m*	*masculine,* masculin.
co.	*comical,* comique.	*metall.*	*metallurgy,* métallurgie.
coll.	*collective,* collectif.	*meteor.*	*meteorology,* météorologie.
comp.	*comparative,* comparatif.	*min.*	*mineralogy,* minéralogie.
cond.	*conditional,* conditionnel.	*mot.*	*motoring,* automobilisme.
cost.	*costume,* costume.	*mount.*	*mountaineering,* alpinisme.
cuis.	*cuisine,* culinary art.	*myth.*	*mythology,* mythologie.
def.	*definite,* défini.	*n*	*neuter,* neutre.
dem.	*demonstrative,* démonstratif.	*neg.*	*negative,* négatif.
dial.	*dialectal,* dialectal.	*npr.*	*nom propre,* proper name.
dimin.	*diminutive,* diminutif.	*num.*	*numeral,* numéral.
eccl.	*ecclesiastical,* ecclésiastique.	*oft.*	*often,* souvent.
e.g.	*exempli gratia, for example,* par exemple.	*opt.*	*optics,* optique.
		orn.	*ornithology,* ornithologie.
esp.	*especially,* surtout.	*o.s.,o.s.*	*oneself,* soi-même.
etc.	*and so on,* et cætera.	*p.*	*person,* personne.
f	*feminine,* féminin.	*paint.*	*painting,* peinture.
fig.	*figuratively,* sens figuré.	*parl.*	*parliament,* parlement.
foot.	*football,* football.	*pej.*	*pejoratively,* sens péjoratif.
Fr.	*French,* français.	*pers.*	*personal,* personnel.

phls.	*philosophy*, philosophie.
phot.	*photography*, photographie.
phys.	*physics*, physique.
physiol.	*physiology*, physiologie.
pl.	*plural*, pluriel.
poet.	*poetic*, poétique.
pol.	*politics*, politique.
poss.	*possessive*, possessif.
p.p.	*participe passé*, past participle.
p.pr.	*participe présent*, present participle.
pred.	*predicative*, prédicatif.
pref.	*prefix*, préfixe.
pres.	*present*, présent.
pron.	*pronoun*, pronom.
prp.	*preposition*, préposition; *prepositional phrase*, locution prépositive.
p.s.	*passé simple*, past tense.
psych.	*psychology*, psychologie.
q.	*quelqu'un*, someone.
qch.	*quelque chose*, something.
qqf.	*quelquefois*, sometimes.
recip.	*reciprocal*, réciproque.
rel.	*relative*, relatif.
rfl.	*reflexive*, réfléchi.
sbj.	*subjunctive*, subjonctif.
sc.	*scilicet, namely*, c'est-à-dire.
Sc.	*Scottish*, écossais.
sg.	*singular*, singulier.
sl.	*slang*, argot.
s.o., s.o.	*someone*, quelqu'un.
sp.	*sports*, sport.

s.th., s.th.	*something*, quelque chose.
su.	(= *f* + *m*) *substantif*, noun.
su./f	*substantif féminin*, feminine noun.
su./m	*substantif masculin*, masculine noun.
sup.	*superlative*, superlatif.
surv.	*surveying*, arpentage.
tel.	*telegraphy*, télégraphie.
teleph.	*telephony*, téléphonie.
telev.	*television*, télévision.
tex.	*textiles*, industries textiles.
thea.	*theatre*, théâtre.
(TM)	*trademark*, marque déposée.
typ.	*typography*, typographie.
univ.	*university*, université.
USA	*United States of America*, États-Unis.
usu.	*usually*, d'ordinaire.
v/aux.	*verbe auxiliaire*, auxiliary verb.
vet.	*veterinary*, vétérinaire.
v/i.	*verbe intransitif*, intransitive verb.
v/impers.	*verbe impersonnel*, impersonal verb.
v/t.	*verbe transitif*, transitive verb.
vt/i.	*verbe transitif et intransitif*, transitive and intransitive verb.
zo.	*zoology*, zoologie.

The phonetic symbols of the International Phonetic Association

Signes phonétiques de l'Association Phonétique Internationale

A. Vowels

Note: In French the vowels are "pure", i.e. there is no slackening off or diphthongization at the end of the sound. Thus, the [e] of *né* [ne] has no tail as in English *nay* [nei].

[ɑ] back vowel, mouth well open, tongue lowered, as in English *father*: long in *pâte* [pɑ:t], short in *cas* [kɑ].

[ɑ̃] [ɑ]-sound, but with some of the breath passing through the nose: long in *prendre* [prɑ̃:dr], short in *banc* [bɑ̃].

[a] clear front vowel, tongue further forward than for [ɑ] and corners of the mouth drawn back but long in *page* [pa:ʒ], short in *rat* [ra].

[e] closed vowel, tongue raised and well forward, corners of the mouth drawn back, though not as far as for [i]; purer than the vowel in English *nay*, *clay*, etc.: *été* [e'te].

[ɛ] open vowel, tongue less raised and further back than for [e], corners of the mouth drawn back but slightly less than for [e]; purer than the sound in English *bed*: long in *mère* [mɛ:r], short in *après* [a'prɛ].

[ɛ̃] [ɛ]-sound, but with some of the breath passing through the nose: long in *plaindre* [plɛ̃:dr], short in *fin* [fɛ̃].

[ə] rounded sound, something like the **a** in English *about*: *je* [ʒə], *lever* [lə've].

[i] closed vowel, tongue very high, corners of the mouth well back, rather more closed than [i] in English *sea*: long in *dire* [di:r], short in *vie* [vi].

[o] closed vowel, tongue drawn back, lips rounded: no tailing off into [u] or [w] as in English *below*: long in *fosse* [fo:s], short in *peau* [po].

[ɔ] open **o** but closer than in English *cot*, with tongue lower, lips more rounded, mouth more open: long in *fort* [fɔ:r], short in *cotte* [kɔt].

[ɔ̃] [ɔ]-sound, but with some of the breath passing through the nose: long in *nombre* [nɔ̃:br], short in *mon* [mɔ̃].

[ø] a rounded [e], pronounced rather like the **ir** of English *birth* but closer and with lips well rounded and forward: long in *chanteuse* [ʃɑ̃'tø:z], short in *peu* [pø].

[œ] a rounded open **e** [ɛ], a little like the **ur** of English *turn* but with the tongue higher and the lips well rounded: long in *fleur* [flœ:r], short in *œuf* [œf].

[œ̃] the same sound as [œ] but with some of the breath passing through the nose: long in *humble* [œ̃:bl], short in *parfum* [par'fœ̃].

[u] closed vowel with back of the tongue raised close to the soft palate and the front drawn back and down, and lips far forward and rounded; rather like the **oo** of English *root* but tighter and without the tailing off into the [w] sound: long in *tour* [tu:r], short in *route* [rut].

[y] an [i] pronounced with the lips well forward and rounded: long in *mur* [my:r], short in *vue* [vy].

B. Consonants

Note: the consonant sounds not listed below are similar to those of English, except that they are much more dry: thus the [p] is not a breathed sound and [t] and [d] are best pronounced with the tip of the tongue against the back of the top teeth, with no breath accompanying the sound.

[j] a rapidly pronounced sound like the **y** in English *yes*: *diable* [dja:bl], *dieu* [djø], *fille* [fi:j].

[l] usually more voiced than in English and does not have its 'hollow sound': *aller* [a'le].

[ɲ] the "n mouillé", an [n] followed by a rapid [j]: *cogner* [kɔ'ɲe].

[ŋ] not a true French sound; occurs in a few borrowed foreign words: *meeting* [mi'tiŋ].

[r] in some parts of France the [r] may be sounded like a slightly rolled English [r], but the uvular sound is more generally accepted. It has been described as sounding like a short and light gargle: *ronger* [rɔ̃-'ʒe].

[ʃ] rather like the **sh** of English *shall*, never like the **ch** of English *cheat*: *chanter* [ʃɑ'te].

[ɥ] like a rapid [y], never a separate syllable: *muet* [mɥɛ].

[w] not as fully a consonant as the English [w]. It is half-way between the consonant [w] and the vowel [u]: *oui* [wi].

[ʒ] a voiced [ʃ]; it is like the second part of the sound of **di** in the English *soldier*, i.e. it does not have the [d] element: *j'ai* [ʒe]; *rouge* [ru:ʒ].

C. Use of the sign ' to mark stress

The stressed syllable is indicated by the use of ' before it. This is to some extent theoretical. Such stress as there is is not very marked but the presence of the ' may be considered a reminder that the word should not normally be stressed in any other syllable, especially if the word resembles an English one which *is* stressed elsewhere.

Though a stress-mark is shown for each word, all the words in one breath group will not in fact carry the stress indicated: thus, though *mauvais* may be transcribed [mɔ've], in *mauvais ami* there is only one main stress, on the *-mi*.

In words of one syllable only, the stress mark is not given.

D. Use of the sign : to mark length

When the sign [:] appears after a vowel it indicates that the duration of the vowel sound is rather longer than for a vowel which appears without it. Thus the [œ] of *feuille* [fœ:j] is longer than the [œ] of *feuillet*

[fœ'jɛ]. In unstressed syllables one frequently finds a semi-long vowel but this fine shade of duration has not been marked in the transcription.

A

A, a [a] *m* A, a.

a [a] *3rd p. sg. pres. of* avoir 1.

à [~] *prp. place:* at (*table*, *Hastings*), in (*Edinburgh*), on (*the wall*); *direction:* to, into; *distance:* at a distance of (*10 miles*); *origin:* from, of; *time:* at (*7 o'clock, this moment, his words*); in (*spring*); *sequence:* by (*twos*); for; *agent, instrument,* etc. on (*horseback*); with; by (*means of*); *manner:* in; on (*condition, the occasion*); *price:* for (*two dollars*); at, by; *dative, possession:* donner qch. à q. give s.th. to s.o.; give s.o. s.th.; *grâce à Dieu!* thank God!; *c'est à moi* this is mine; *c'est à moi de* (*inf.*) it is for me to (*inf.*); *un ami à moi* a friend of mine; *à terre* on or to the ground; *de la tête aux pieds* from head to foot; *prêt à* ready or willing to; *au secours!* help!; *à vingt pas d'ici* twenty steps or paces from here; *emprunter (arracher) à* borrow (tear) from; *c'est bien aimable à vous* that's very kind of you; *à l'aube* at dawn; *à la longue* at length; *au moment de* (*inf.*) on (*ger.*); *à le voir* seeing him; *à tout moment* constantly; *à demain* till tomorrow; *int.* see you tomorrow!; *à jamais* for ever; *à partir de ...* from ... (on); *mot à mot* word for word, literal(ly *adv.*); *quatre à quatre* four at a time; *peu à peu* little by little; *bateau à vapeur* steamer, steamboat; *maison f à deux étages* two-storied house; *à quatre mains* for four hands; *verre m à vin* wineglass; *fait à la main* handmade; *à voix basse* in a low voice; *à la nage* swimming; *peinture f à l'huile* painting in oil; *aux yeux bleus* blue-eyed; *à dessein* on purpose; *à regret* reluctantly; *à merveille* excellently; *à prix bas* at a low price; *à mes frais* at my expenses; *à louer* to let; *à vendre* for sale; *à la bonne heure!* well done!; fine!

abaissement [abɛs'mã] *m* lowering,

sinking; *prices, temperature, etc.:* fall; falling; dropping; *water etc.:* abatement; *ground:* dip; *fig.* humbling, abasement; **abaisser** [abɛ'se] (1b) *v/t.* lower; *fig. a.* reduce; humble, bring low; ⊕ bring down (*a figure*), drop (*a perpendicular*), depress (*an equation*); *s'~* fall, drop, go down; *fig.* humble o.s., lower o.s.; *fig. s' ~ à* descend or stoop to.

abajoue [aba'ʒu] *f zo.* cheek-pouch; F flabby cheek.

abandon [abã'dõ] *m* abandonment, forsaking; desertion; neglect; destitution; *rights:* surrender; lack of restraint, absence of reserve; *sp.* withdrawal; *à l'~* completely neglected; at random; *laisser tout à l'~* leave everything in confusion; **abandonner** [~dɔ'ne] (1a) *v/t.* forsake, abandon; leave; 🏦 surrender; renounce (*a claim, a right*); *s'~* lose heart; neglect o.s.; give way or vent (to, à); give o.s. up (to, à), indulge (in, à).

abasourdir [abazur'di:r] (2a) *v/t.* stun; *fig.* dumbfound.

abat [a'ba] *m:* *pluie f d'~* downpour; *~s pl.* offal *sg.*

abâtardir [abatar'di:r] (2a) *v/t.* impair; debase; *s'~* deteriorate, degenerate; **abâtardissement** [~dis'mã] *m* deterioration, degeneration.

abat-jour [aba'ʒu:r] *m/inv.* lampshade; sun-blind; △ skylight.

abattage [aba'ta:ʒ] *m* knocking down, throwing down; *tree:* felling; clearing; *animals:* slaughter; *fig.* F dressing-down; *~ urgent* forced slaughter; **abattant** [~'tã] *m counter, table:* flap; trapdoor; *~ de W.-C.* lavatory seat; **abattement** [abat'mã] *m* prostration; dejection; *~ à la base* personal allowance; *Am.* exemption; **abattis** [~'ti] ✕ abatis; *cuis.* giblets *pl.*; *sl. ~ pl.* limbs; *sl.* numéroter ses *~* take stock of o.s.; **abattoir** [~'twa:r] *m* slaughterhouse; **abattre** [a'batr] (4a) *v/t.* knock down; fell; slaughter, destroy;

🗶 bring *or* shoot down; *fig.* dishearten, depress, demoralize, wear out; ~ *de la besogne* get through a lot of work; *ne te laisse pas* ~ don't let things get you down; *s'*~ crash; fall; *s'*~ *sur* beat down on (*rain etc.*); swoop down on, pounce on; *fig.* hail down on; **abattu,e** *fig.* [aba'ty] depressed.

abat-vent [aba'vɑ̃] *m/inv.* chimney-cowl; 🗡 wind-break, cloche.

abbatial, e, *m/pl.* **-aux** [aba'sjal, ~'sjo] abbatial; **abbaye** [abe'ji] *f* abbey; *monks:* monastery; *nuns:* convent; **abbé** [a'be] *m* abbot; priest; *hist.* abbé; **abbesse** [a'bɛs] *f* abbess.

ABC [abe'se] *m* primer; spelling-book; *fig.* rudiments *pl.*

abcès 🗡 [ap'sɛ] *m* abscess.

abdication [abdika'sjɔ̃] *f* abdication; renunciation.

abdiquer [abdi'ke] (1m) *v/i.* abdicate; *v/t.* renounce (*s.th.*).

abdomen [abdɔ'mɛn] *m* abdomen.

abécédaire [abese'dɛːr] *m* spelling-book; primer; *fig.* elements *pl.*

abeille [a'bɛːj] *f* bee; ~ *mâle* drone; ~ *mère, reine f des ~s* queen (bee); ~ *ouvrière* worker (bee).

aberration [abera'sjɔ̃] *f* aberration.

abêtir [abe'tiːr] (2a) *v/t.* make stupid, stupefy; *s'*~ grow stupid.

abhorrer [abɔ're] (1a) *v/t.* loathe, detest.

abîme [a'biːm] *m* abyss, chasm; **abîmer** [abi'me] (1a) *v/t.* spoil, damage, ruin; *sl.* beat up, smash; *s'*~ get spoilt *or* damaged *or* ruined; be plunged (in, *dans*).

abject, e [ab'ʒɛkt] contemptible, mean; abject; **abjection** [~ʒɛk'sjɔ̃] *f* baseness, abjection, meanness.

abjurer [abʒy're] (1a) *v/t.* abjure; retract, recant.

ablation 🗡 [abla'sjɔ̃] *f* removal, excision.

able *icht.* [abl] *m,* **ablette** *icht.* [a'blɛt] *f* bleak.

ablution [ably'sjɔ̃] *f* ablution (*a. eccl.*).

abnégation [abnega'sjɔ̃] *f* abnegation, self-denial, self-sacrifice.

abois [a'bwa] *m/pl.: aux* ~ at bay (*a. fig.*), hard pressed; **aboiement** [abwa'mɑ̃] *m* bark(ing), bay(ing).

abolir [abɔ'liːr] (2a) *v/t.* abolish, suppress; annul; repeal; **abolition** [~li'sjɔ̃] *f* abolition, suppression; 🞥 *debt:* cancelling; annulment.

abominable [abɔmi'nabl] abominable; heinous (*crime*); **abomination** [~na'sjɔ̃] *f* abomination; **abominer** [~'ne] (1a) *v/t.* abominate, loathe.

abondamment [abɔ̃da'mɑ̃] *adv.* of *abondant;* **abondance** [~'dɑ̃ːs] *f* abundance; *en* ~ plentiful(ly *adv.*); *parler d'*~ extemporize; **abondant, e** [~'dɑ̃, ~'dɑ̃ːt] plentiful, copious; abundant; abounding (in, *en*); **abonder** [~'de] (1a) *v/i.* be plentiful; abound (in, *en*).

abonné *m,* **e** *f* [abɔ'ne] *magazine, paper, telephone:* subscriber; *electricity, gas:* consumer; 🚂 *etc.* season-ticket holder, *Am.* commuter; **abonnement** [abɔn'mɑ̃] *m* subscription; *carte f d'*~ season-ticket, *Am.* commutation ticket; **abonner** [abɔ'ne] (1a) *v/t.:* ~ *q. à qch.* take out a subscription for s.o.; *s'*~ à subscribe to; take (out) a season-ticket for.

abord [a'bɔːr] *m* approach, access (to, *de*); manner, address; ~*s pl.* approaches, outskirts; *d'*~ (at) first; *de prime* ~ at first sight; *dès l'*~ from the outset; *d'un* ~ *facile* easy to approach; *tout d'*~ first of all; **abordable** [abɔr'dabl] accessible; 🞥 reasonable (*price*); **abordage** ⚓ [~'daːʒ] *m* boarding, grappling; coming alongside; collision; **aborder** [~'de] (1a) *v/i.* ⚓ land, berth; *v/t.* ⚓ grapple; run down (*a ship*); *fig.* approach, tackle (*a problem*); *fig.* accost (*s.o.*); *s'*~ meet.

aborigène [abɔri'ʒɛn] **1.** *adj.* aboriginal; native; **2.** *su./m* aboriginal; ~*s pl.* aborigines.

abortif, -ve [abɔr'tif, ~'tiːv] **1.** *adj.* abortive; 🗡 abortifacient; **2.** *su./m* 🗡 abortifacient.

abouchement [abuʃ'mɑ̃] *m* † interview; ⊕ butt-joining; **aboucher** [abu'ʃe] (1a) *v/t.* join together; ⊕, *a.* 🗡 connect; ⊕ join end to end; *s'*~ confer.

aboulie *psych.* [abu'li] *f* aboulia, loss of will-power; **aboulique** *psych.* [~'lik] irresolute.

about ⊕ [a'bu] *m wood:* butt-end; **abouter** ⊕ [abu'te] (1a) *v/t.* join end to end; **aboutir** [~'tir] (2a) *v/i.* lead ([in]to, *à*), end (in, *à*); abut (on, à); ☞ come to a head, burst (*abscess*); *fig.* succeed; **aboutissant, e** [⊾ti'sã, ⊾'sã:t] bordering, abutting; **aboutissement** [⊾tis'mã] *m* issue, outcome; *plan:* materialization; ☞ *abscess:* bursting, coming to a head.

aboyer [abwa'je] (1h) *v/i.* bark, bay; **aboyeur** [⊾'jœ:r] *m* yelping dog; *fig.* carping critic; tout; dun.

abrasif, -ve ⊕ [abra'zif, ⊾'zi:v] *adj.*, *a. su./m* abrasive; **abrasion** ☞ [⊾'zjõ] *f* abrasion, scraping.

abrégé [abre'ʒe] *m* summary, précis.

abréger [⊾] (1g) *v/t.* shorten, abbreviate.

abreuver [abrœ've] (1a) *v/t.* water; soak; ☞ drink (*animal*); **s'~** quench one's thirst (*person*); **abreuvoir** [⊾'vwa:r] *m* horse-pond, trough, watering place (*in a river*).

abréviation [abrevja'sjõ] *f* abbreviation; a. ✍ sentence: shortening.

abri [a'bri] *m* shelter, cover; ✕ dug-out; air-raid shelter; ✕ ~ **atomique** atomic shelter; ✕ ~ **bétonné** blockhouse, *sl.* pill-box; 🚗 ~ **de mécanicien** cab; **à l'~ de** sheltered from; **mettre à l'~** shelter, screen (from, de).

abricot [abri'ko] *m* apricot; **abricotier** [⊾ko'tje] *m* apricot-tree.

abriter [abri'te] (1a) *v/t.* shelter, screen, protect, shield (from de, contre); **s'~** take shelter *or* refuge.

abrivent [abri'vã] *m* ✕ sentry-box, shelter; ✓ screen, matting.

abroger [abro'ʒe] (1e) *v/t.* abrogate, repeal, rescind.

abrupt, e [a'brypt] abrupt; steep, sheer; *fig.* rugged (*style*); blunt (*words*).

abruti *m, e f sl.* [abry'ti] fool, idiot; **abrutir** [⊾'ti:r] (2a) *v/t.* stupefy, brutalize; **s'~** become sottish; **abrutissement** [⊾tis'mã] *m* brutishness; degradation.

abscisse ⅄ [ap'sis] *f* abscissa.

absence [ap'sã:s] *f* absence; lack; ~ **d'esprit** absent-mindedness; **absent, e** [⊾'sã, ⊾'sã:t] absent; *fig.* absent-minded; **absentéisme** [⊾sã-te'ism] *m* absenteeism; **absenter** [⊾sã'te] (1a) *v/t.:* **s'~** absent o.s., stay away; go away from home.

abside △ [ap'sid] *f* apse.

absinthe [ap'sɛ̃:t] *f* absinth; ♣ wormwood.

absolu, e [apsɔ'ly] absolute; peremptory (*voice*); ⚗ pure (*alcohol*); *phys.* **zéro** *m* ~ absolute zero (—459.4° F.); **absolument** [apsɔly-'mã] *adv.* absolutely, completely; **absolution** [⊾'sjõ] *f* absolution (from, de); **absolutisme** [⊾'tism] *m* absolutism; **absolutoire** [⊾'twa:r] absolving.

absorber [apsɔr'be] (1a) *v/t.* absorb, soak up; imbibe; consume; *fig.* engross; **s'~** be absorbed (in, dans); **absorption** [⊾sɔrp'sjõ] *f* absorption (*a. fig.*).

absoudre [ap'sudr] (4bb) *v/t. eccl.*, *a. fig.* absolve; exonerate; **absous, -te** [⊾'su, ⊾'sut] *p.p. of* absoudre.

abstenir [apstə'ni:r] (2h) *v/t.:* **s'~** refrain *or* abstain (from, de); *parl.* **s'~** (*de voter*) abstain (from voting); **abstention** [⊾tã'sjõ] *f* abstention (from, de); renunciation.

abstinence [apsti'nã:s] *f* abstinence; abstention (from, de); **faire ~ de** abstain from (*s.th.*); **abstinent, e** [⊾'nã, ⊾'nã:t] 1. *adj.* abstemious, sober; 2. *su.* total abstainer, teetotaller.

abstraction [apstrak'sjõ] *f* abstraction; **~s** *pl.* vagueness *sg.*; ~ **faite de cela** leaving that aside; apart from that; **faire ~ de qch.** leave s.th. out of account, disregard s.th.; **se perdre dans des ~s** be lost in thought.

abstraire [aps'trɛ:r] (4ff) *v/t.* abstract, isolate; **s'~** become engrossed (in dans, en); **abstrait, e** [⊾tre, ⊾'tret] abstracted; abstract (*idea*); abstruse (*problem, subject*).

abstrus, e [aps'try, ⊾'try:z] abstruse; obscure; recondite.

absurde [ap'syrd] 1. *adj.* absurd; 2. *su./m:* **tomber dans l'~** become ridiculous; **absurdité** [⊾syrdi'te] *f* absurdity, nonsense.

abus [a'by] *m* abuse, misuse (of, de), error; ~ **de confiance** breach of trust; **faire ~ de** abuse; overindulge in; **abuser** [aby'ze] (1a) *v/t.* mislead; deceive; **s'~** be mistaken; *v/i.:* ~ **de** misuse; take unfair advantage of; impose upon; delude; **abusif, -ve** [⊾'zif, ⊾'zi:v] excessive; *gramm.* contrary to usage, improper.

abyssal, e [abi'sal, ⊾'so] *m/pl.* **-aux** deep-sea...; **abysse** [a'bis] *m* deep sea.

acabit F [aka'bi] *m* quality, nature;

du même ~ tarred with the same brush.

acacia ♀ [aka'sja] *m* acacia.

académicien [akademi'sjɛ̃] *m* academician; **académie** [∼'mi] *f* academy; learned society; school (*of art etc.*); *paint.* nude; *in France*: educational district; **académique** [∼'mik] academic; pretentious (*style*).

acagnarder [akaɲar'de] (1a) *v/t.*: s'∼ idle, laze.

acajou [aka'ʒu] *m* mahogany.

acanthe ♀ [a'kɑ̃:t] *f* acanthus (*a.* △), brank-ursine.

acariâtre [aka'rjɑ:tr] quarrelsome; peevish; shrewish; nagging.

accablant, e [aka'blɑ̃, ∼'blɑ̃:t] overwhelming (*proof, emotions*); crushing, oppressive (*heat*); **accablement** [∼blə'mɑ̃] *m* dejection; ⚓ prostration; ✝ pressure; **accabler** [∼'ble] (1a) *v/t.* overwhelm (with, de); overpower, crush.

accalmie [akal'mi] *f* ⚓, ♐, *a. fig.* lull; ✝ slack period.

accaparement [akapar'mɑ̃] *m* hoarding; fig. ⨍ monopolizing; **accaparer** [∼'re] (1a) *v/t.* corner, hoard; fig. ⨍ monopolize (*the conversation*); fig. seize; fig. take up (*time, energy, etc.*); fig. take up the time (and energy) of (*s.o.*); **accapareur** *m*, **-euse** *f* [∼'rœ:r, ∼'rø:z] *supplies*: buyer-up; monopolizer; fig. ⨍ hoarder; grabber.

accéder [akse'de] (1f) *v/i.*: ∼ à have access to; accede to (*a request*).

accélérateur, -trice [akselera'tœ:r, ∼'tris] **1.** *adj.* accelerating; **2.** *su./m* accelerator; ∼ *de particules* particle accelerator; **accélération** [∼ra'sjɔ̃] *f* acceleration; *work-rhythm*: speeding up; *mot.* pédale *f* d'∼ accelerator; **accélérer** [∼'re] (1f) *v/i.* accelerate (*a. mot.*); *mot. sl.* step on the gas; *v/t. fig.* expedite, quicken; s'∼ become faster.

accent [ak'sɑ̃] *m* accent; stress; emphasis; pronunciation; **accentuation** [aksɑ̃tɥa'sjɔ̃] *f* stress(ing); accentuation; **accentuer** [∼'tɥe] (1n) *v/t.* stress; accentuate; emphasize; *fig.* strengthen.

acceptable [aksɛp'tabl] acceptable; satisfactory; **acceptation** [∼ta'sjɔ̃] *f* acceptance (*a.* ✝); **accepter** [∼'te] (1a) *v/t.* accept; agree to; accep-

teur ✝ [∼'tœ:r] *m* drawee, acceptor; **acception** [∼'sjɔ̃] *f* meaning, sense; *sans* ∼ *de personne* without respect of persons; *dans toute l'*∼ *du mot* in the full meaning *or* in every sense of the word.

accès [ak'sɛ] *m* access, approach; *anger, fever*: attack; fit; *par* ∼ by fits and starts; **accessible** [aksɛ'sibl] accessible; approachable (*person*); **accession** [∼'sjɔ̃] *f* accession; adherence; ∼ *à la propriété* home ownership; ∼ *du travail* rehabilitation; **accessoire** [∼'swa:r] **1.** *adj.* accessory; *occupation* f ∼ subsidiary occupation, side-line; **2.** *su./m* accessory; subsidiary topic *or* matter; *thea.* ∼s *pl.* properties, *sl.* props.

accident [aksi'dɑ̃] *m* accident (*a. phls.*); ♪ accidental; ∼ *de (la) circulation* road accident; ∼ *de personne* casualty; ∼ *de terrain* unevenness, undulation; *par* ∼ accidentally; **accidenté, e** [aksidɑ̃'te] **1.** *adj.* uneven, irregular (*ground*); chequered (*life*); **2.** *su.* injured person, casualty; **accidentel, -elle** [∼'tɛl] accidental, unintentional, casual; **accidenter** [∼'te] (1a) *v/t.* vary (*one's style*); make picturesque, give variety to (*a landscape*); injure, damage; s'∼ have an accident; **accidenteur** [∼'tœ:r] *m* party who causes an *or* the accident.

acclamation [aklama'sjɔ̃] *f* acclamation, applause; **acclamer** [∼'me] (1a) *v/t.* acclaim, applaud, cheer.

acclimatation [aklimata'sjɔ̃] *f* acclimatization; *jardin* *m* d'∼ Zoo; Botanical Gardens *sg.*; **acclimater** [∼'te] (1a) *v/t.* acclimatize (to, à); s'∼ become acclimatized.

accointance [akwɛ̃'tɑ̃:s] *f* oft. pej. intimacy, intercourse; *avoir des* ∼s *avec* have dealings with; **accointer** [∼'te] (1a) *v/t.*: s'∼ de (*or avec*) q. enter into relations with s.o.

accolade [akɔ'lad] *f* embrace; accolade; ⨍ hug; *typ. a.* bracket, brace (⏜); **accolage** ↗ [∼'la:ʒ] *m* fastening to an espalier; **accoler** [∼'le] (1a) *v/t.* couple; brace, bracket; tie up (*a plant*).

accommodage [akɔmɔ'da:ʒ] *m* *food*: preparation, dressing; **accommodant, e** [∼'dɑ̃, ∼'dɑ̃:t] accommodating, easy to deal with, good-natured; **accommodation with**

[~da'sjɔ̃] *f* adaptation; **accommodement** [akɔmɔd'mɑ̃] *m* compromise, arrangement; ✝ agreement; **accommoder** [~mɔ'de] (1a) *v/t.* fit, adapt (to, à); prepare, dress (*food*); s'~ à adapt o.s. to; s'~ de put up with, make the best of.

accompagnateur *m*, **-trice** *f* [akɔ̃paɲa'tœːr, ~'tris] ♪ accompanist; escort (of a tour); **accompagnement** [~paɲ'mɑ̃] *m* attendance; accompaniment (*a.* ♪); **accompagner** [~pa'ɲe] (1a) *v/t.* accompany; escort.

accomplir [akɔ̃'pliːr] (2a) *v/t.* accomplish, achieve; complete; **accomplissement** [~plis'mɑ̃] *m* accomplishment, achievement; completion.

accord [a'kɔːr] *m* agreement; harmony; ♪ chord; pitch; *gramm.* concordance, agreement (*a. pol.*); *pol.* treaty; ~ *commercial* trade agreement; *d'~* agreed!; *d'un commun ~* by common consent; *tomber d'~* agree, reach an agreement; **accordable** [akɔr'dabl] reconcilable; grantable; ♪ tunable; **accordage** ♪ [~'daːʒ] *m* tuning; **accordailles** [~'daːj] *f/pl.* ✝ betrothal *sg.*; **accordéon** ♪ [~de'ɔ̃] *m* accordion; concertina; *fig. en ~* crumpled (up); **accordéoniste** [~deɔ'nist] *m* accordion player; **accorder** [~'de] (1a) *v/t.* grant; match; ♪, *a. radio:* tune; s'~ agree (*a. gramm.*); harmonize (with, *avec*); **accordeur** *m*, **-euse** *f* [~'dœːr, ~'døːz] tuner.

accorte [a'kɔrt] *adj./f* pleasing, winsome.

accostable [akɔs'tabl] approachable; **accostage** ⚓ [~'taːʒ] *m* boarding; drawing alongside (of, *de*); **accoster** [~'te] (1a) *v/t.* ⚓ berth; board; ~ *q.* accost s.o., F go up to s.o.; greet s.o.

accotement [akɔt'mɑ̃] *m* mot., 🚆 shoulder; verge (*of road*); ~ *stabilisé* hard shoulder; ~ *non stabilisé* no hard shoulder, Br. a. soft verges; **accoter** [akɔ'te] (1a) *v/t.* lean, rest (against *contre*, à; on, *sur*); s'~ lean (against, *contre*, à); **accotoir** [~'twaːr] *m* armrest.

accouchée [aku'ʃe] *f* woman in childbed; **accouchement** [akuʃ'mɑ̃] *m* confinement; ~ *laborieux* difficult confinement; ~ *sans dou-*

leur painless delivery; **accoucher** [aku'ʃe] (1a) *v/i.* be delivered (of, *de*), give birth (to, *de*); *fig.* ~ *de qch.* bring s.th. forth; *v/t.* deliver (*a woman*); **accoucheur** [~'ʃœːr] *m* obstetrician; **accoucheuse** [~'ʃøːz] *f* midwife.

accouder [aku'de] (1a) *v/t.:* s'~ lean (on one's elbows); **accoudoir** [~'dwaːr] *m* arm-rest, elbow-rest; balustrade, rail.

accouple [a'kupl] *f* leash; **accouplement** [akuplə'mɑ̃] *m* coupling (*a. radio*); pairing; ✶ connecting; ☇ copulation; ⊕ ~ *articulé* joint coupling; ✶ ~ *en série* series connection; **accoupler** [~'ple] (1a) *v/t.* couple (up) (*a.* 🚆); ✶ connect, group; *fig.* join; s'~ mate.

accourcir [akur'siːr] (2a) *v/t.* curtail; shorten; **accourcissement** [~sis'mɑ̃] *m* shortening.

accourir [aku'riːr] (2i) *v/i.* hasten (up), run up.

accoutrement [akutrə'mɑ̃] *m* dress; F get-up; **accoutrer** [~'tre] (1a) *v/t.* equip; rig (*s.o.*) out (in, *de*).

accoutumance [akuty'mɑ̃ːs] *f* habit, use, usage; **accoutumé**, **e** [~'me] **1.** *adj.* accustomed (to, à); à *l'~e* usually; **2.** *su.* regular visitor; **accoutumer** [~'me] (1a) *v/t.* accustom (*s.o.*) (to, à).

accouvage [aku'vaːʒ] *m* artificial incubation.

accréditer [akredi'te] (1a) *v/t.* accredit (*an ambassador*); confirm (*a story*); credit; authorize; s'~ gain credence; **accréditeur** [~'tœːr] *m* guarantor; surety; **accréditif** [~'tif] *m* ✝ (letter of) credit; credential.

accroc [a'kro] *m clothes:* rent, tear; *fig.* hitch; *fig.* impediment; *sans* ~*s* smooth(ly *adv.*).

accrochage [akrɔ'ʃaːʒ] *m* hooking; *picture:* hanging; accumulation; *box.* clinch; *radio:* picking-up; ✕ engagement; clash (*with the police*); F squabble; **accroche-cœur** [akrɔʃ'kœːr] *m* kiss-curl; **accrochement** [~'mɑ̃] *m* hooking; *fig.* difficulty; ⊕ coupling; **accrocher** [akrɔ'ʃe] (1a) *v/t.* hang (up) (on, from à); collide with (*a vehicle*); hook; catch; ⚓ grapple; ✕ engage; *radio:* pick up; *sl.* pawn (*a watch*); F buttonhole (*s.o.*); s'~ cling (to, à); get

caught (on, *à*); *box.* clinch; ⚓
follow closely; F have a set-to;
accrocheur, -euse [-'ʃœːr, -'ʃøːz]
tenacious, persistent; eye-catching,
catchy; *c'est un* ~ he's a sticker.

accroire [a'krwaːr] (4n) *v*/*t.*: (en)
faire ~ *qch. à q.* delude s.o. into
believing s.th.; *s'en faire* ~ over-
estimate o.s.

accroissement [akrwas'mã] *m*
growth; increase; ⚕ *function*: increment.

accroître [a'krwaːtr] (4o) *v*/*t.* increase; *v*/*i. a.* *s'*~ grow.

accroupir [akru'piːr] (2a) *v*/*t.*: *s'*~
crouch (down); squat (down).

accru, e [a'kry] **1.** *p.p. of* accroître;
2. *su.*/*f* accretion, extension.

accu F [a'ky] *m* ⚡ accumulator; battery; (re)*charger* (or *régénérer*) *l'*~
charge the accumulator.

accueil [a'kœːj] *m* reception, greeting; ✝ *faire* (*bon*) ~ *à une traite*
hono(u)r a bill; *faire bon* ~ *à* welcome
(*s.o.*); **accueillant, e** [akœ'jã,
~'jãːt] affable; **accueillir** [~'jiːr]
(2c) *v*/*t.* welcome, greet, receive;
✝ hono(u)r (*a bill*).

acculer [aky'le] (1a) *v*/*t.* drive into
a corner *or* to the wall; *s'*~ set one's
back (against *à*, *to*).

accumulateur, -trice [akymyla-
'tœːr, ~'tris] *su.* hoarder; ⚡ miser;
su./*m* ⚡ accumulator; **accumuler**
[~'le] (1a) *v*/*t.* accumulate.

accusateur, -trice [akyza'tœːr,
~'tris] **1.** *adj.* incriminating, accus-
ing; **2.** *su.* accuser; *su.*/*m* ⚖ *hist.*: ~
public Public Prosecutor; **accusation** [~za'sjõ] *f* accusation; charge;
accusé, e [~'ze] **1.** *adj.* accused;
prominent (*feature*); **2.** *su.* accused;
su./*m*: ✝ ~ *de réception* acknowledgement (of receipt); **accuser**
[~'ze] (1a) *v*/*t.* accuse; *fig.* emphasize, bring out; show; ✝ ~ *réception* acknowledge receipt (of, *de*); *s'*~
stand out; accuse o.s.

acéphale *zo.* [ase'fal] acephalous,
headless.

acerbe [a'sɛrb] tart; *fig.* sharp;
acerbité [asɛrbi'te] *f* acerbity;
tartness; sharpness.

acéré, e [ase're] sharp, keen; *fig.*
mordant (*criticism*); **acérer** [~] (1f)
v/*t.* steel; *fig.* sharpen, give edge to.

acétate ⚗ [ase'tat] *m* acetate; ~
d'alumine acetate of alumina; ~ *de*
cuivre verdigris; **acéteux, -euse**
[~'tø, ~'tøːz] acetous; **acétique**
[~'tik] acetic; **acétone** [~'tɔn] *f*
acetone; **acétylène** [~ti'lɛn] *m*
acetylene.

achalandage [aʃalã'daːʒ] *m* cus-
tom(ers *pl.*); **achalandé, e** [~'de]:
bien ~ well-stocked; ✝ with a large
custom (*shop*); **achalander** [~'de]
(1a) *v*/*t.* provide with custom.

acharné, e [aʃar'ne] keen; fierce;
bitter; strenuous; relentless; **acharnement** [~nə'mã] *m* tenacity; re-
lentlessness; fury; stubbornness;
acharner [~'ne] (1a) *v*/*t.*: *s'*~ *à* be
intent on; slave at; *s'*~ *sur* (*or contre*)
be implacable towards.

achat [a'ʃa] *m* purchase; purchasing; ✝ *pouvoir* *m* *d'*~ purchasing
power.

acheminement [aʃmin'mã] *m* progress, course (towards, *vers*); ⚞ *etc.*
routing; **acheminer** [~mi'ne] (1a)
v/*t.* put on the way; train (*a horse*); ⚞
etc. route, forward (to *sur*, *vers*); *s'*~
make one's way (towards *vers*, *sur*).

acheter [aʃ'te] (1d) *v*/*t.* buy, purchase; *fig.* bribe; ~ *qch. à q.* buy s.th.
from s.o.; buy s.th. for s.o., buy s.o.
s.th.; ~ *cher* (*bon marché*) buy at a
high price (cheap); **acheteur** *m*,
-euse *f* [~'tœːr, ~'tøːz] purchaser,
buyer.

achèvement [aʃɛv'mã] *m* completion, conclusion; **achever** [aʃ've]
(1d) *v*/*t.* finish, complete; F do for;
s'~ draw to a close; *v*/*i.*: ~ *de* (*inf.*)
finish (*ger.*).

achillée ♣ [aki'le] *f* milfoil, yarrow.

achoppement [aʃɔp'mã] *m* stumble; knock; *pierre* *f* *d'*~ stum-
bling-block; **achopper** [aʃɔ'pe] (1a)
v/*i. a. s'*~ stumble (over *sur*; against,
à); *fig.* come to grief.

achromatique *opt.* [akrɔma'tik]
achromatic.

acide ⚗ [a'sid] **1.** *adj.* sharp, tart,
acid; **2.** *su.*/*m* acid; ~ *chlorhydrique*
hydrochloric acid; ~ *sulfurique* sulphuric acid; **acidification** [asidifi-
ka'sjõ] *f* acidification; **acidimètre**
[~'mɛtr] *m* acidimeter; **acidité** [~'te]
f acidity, sourness; **acidule** [~]
[asidy'le] acidulated; *bonbons* *m*/*pl.*
~*s* acid drops; **aciduler** [~] (1a) *v*/*t.*
turn sour; acidulate.

acier [a'sje] *m* steel; ~ *à précontrainte*
pre-stressed steel; ~ *au tungstène*

tungsten steel; ~ *coulé* (*or fondu*) cast steel; ~ *doux* mild steel; ~ *laminé* rolled steel; ~ *spécial* high-grade steel; ~ *trempé* hardened *or* tempered steel; *d'~* steel(y), of steel; **aciérage** ⊕ [asje'ra:ʒ] *m* steeling; *bain m d'~* steel bath; **aciérer** [~'re] (1f) *v/t.* steel, acierate; **aciérie** ⊕ [~'ri] *f* steelworks *usu. sg.*

acné 🜊 [ak'ne] *f* acne.

acolyte [akɔ'lit] *m eccl.* acolyte; *fig.* associate, confederate.

acompte [a'kɔ̃:t] *m* down payment, deposit, payment on account; instalment; F *fig.* foretaste; *par ~s* by instalments.

aconit 🜊 [akɔ'nit] *m* aconite, monk's-hood.

acoquiner [akɔki'ne] (1a) *v/t. oft. pej. s'~ avec q.* take up with s.o.

à-côté [akɔ'te] *m remark:* aside; side-issue; *~s pl.* purlieus.

à-coup [a'ku] *m* jolt, jerk, sudden stop; *par ~s* by fits and starts; *sans ~s* smooth(ly *adv.*).

acoustique [akus'tik] **1.** *adj.* acoustic; *appareil m* ~ hearing-aid; **2.** *su.* *f* acoustics *pl.*

acquéreur [ake'rœ:r] *m* purchaser, buyer; acquirer; **acquérir** [~'ri:r] (21) *v/t.* acquire, obtain win (*esteem, friends*); *fig.* ~ *droit de cité* become naturalized; *v/i.* improve; **acquerrai** [aker're] *1st p. sg. fut. of acquérir.*

acquêt 🜊 [a'kɛ] *m* acquisition; *~s pl.* common property *sg.* (*in marriage*).

acquièrent 🜊 [a'kjɛːr] *3rd p. pl. pres. of acquérir;* **acquiers** [~] *1st p. sg. pres. of acquérir.*

acquiescement [akjɛs'mã] *m* acquiescence (in, *à*); consent; **acquiescer** [akjɛ'se] (1k) *v/i.* acquiesce (in, *à*), agree (to, *à*).

acquis[1] [a'ki] *1st p. sg. p.s. of acquérir.*

acquis[2], **e** [a'ki, ~'ki:z] **1.** *p.p. of acquérir;* **2.** *adj.* acquired, gained; established (*fact*); **3.** *su./m* attainments *pl.*, experience; **acquisition** [akizi'sjɔ̃] *f* acquisition, acquiring; purchase; *fig. ~s pl.* attainments.

acquit [a'ki] *m* discharge, release; 🜊 receipt (for, *de*); ~ *de transit Customs:* transire; *par ~ de conscience* for conscience sake; for form's sake; F *par manière d'~* as

a matter of form; 🜊 *pour ~* paid, received with thanks; *~-à-caution, pl. ~s-à-caution* [akiakɔ'sjɔ̃] *m Customs:* permit; **acquittement** [akit'mã] *m debt:* discharge; 🜊 acquittal; **acquitter** [aki'te] (1a) *v/t.* unburden (*one's conscience*); 🜊 acquit; 🜊 discharge (*a debt*); 🜊 receipt (*a bill, a note*); fulfil (*an obligation*); ~ *q. de qch.* release s.o. from s.th.; *s'~ de* discharge (*a debt*); perform, fulfil (*a duty*).

acre 🜊 [akr] *f* acre.

âcre [ɑ:kr] tart, sharp; *fig.* caustic (*remark*); **âcreté** [ɑkrə'te] *f* bitterness, acidity.

acrimonie [akrimɔ'ni] *f* acrimony; bitterness; **acrimonieux, -euse** [~'njø, ~'njø:z] acrimonious, bitter.

acrobate [akrɔ'bat] *su.* acrobat; tumbler; **acrobatie** [~ba'si] *f* acrobatics *pl.*; ~ (*aérienne*) aerobatics *pl.*

acte [akt] *m* act (*a. thea.*); deed (*a.* 🜊); 🜊 title; bill (*of sale*); 🜊 writ; *~s learned Society:* transactions; records; *bibl. ~s pl. des Apôtres* Acts of the Apostles; 🜊 ~ *civil* civil marriage; ~ *de décès* death-certificate; ~ *notarié* notarial deed; *faire ~ de présence* put in an appearance; *prendre ~ de* take note of; **acteur** [ak'tœ:r] *m* actor.

actif, -ve [ak'tif, ~'ti:v] **1.** *adj.* active; busy; alert; **2.** *su./m* 🜊 assets *pl.*, credit (side); *gramm.* active voice. [actinotherapy.]

actinothérapie 🜊 [aktinɔtera'pi] *f)*

action [ak'sjɔ̃] *f* action, act; exploit; *water:* effect; *machine:* working; *thea.* gesture; 🜊 action, lawsuit; ✕ engagement; 🜊 share(-certificate), *Am.* stock; *eccl.* ~ *de grâces* thanksgiving; 🜊 ~ *de mine* mining-share; *champ m d'~* sphere of action; **actionnaire** [aksjɔ'nɛ:r] *su.* shareholder, *Am.* stockholder; **actionnariat** [~nar'ja] *m* (~ *ouvrier,* ~ *des salariés* employee) shareholding; **actionner** [~'ne] (1a) *v/t.* 🜊 sue; ⊕ set in motion; operate (*a machine*); urge on; *s'~* bestir o.s.

activer [akti've] (1a) *v/t.* stir up, push on; expedite; *s'~* busy o.s. (with, *à*); **activité** [~vi'te] *f* activity; briskness.

actrice [ak'tris] *f* actress.

actualité [aktqali'te] *f* actuality,

reality; topical question; ~s pl. cin. news-reel sg., F news sg.; radio: current events; d'~ topical.

actuel, -elle [ak'tɥɛl] current, present.

acuité [akɥi'te] f acuteness (a. 🗡); sharpness, keenness.

acupuncteur, acuponcteur [akypɔ̃k'tœːr] m acupuncturist; **acupuncture, acuponcture** [~'tyːr] f acupuncture. [angled.]

acutangle Ⱥ [aky'tɑ̃ːgl] acute-]

adage [a'da:ʒ] m adage, saying, saw.

adamantin, e [adamɑ̃'tɛ̃, ~'tin] adamantine.

adaptabilité [adaptabili'te] f adaptability, adaptableness; **adaptable** [adap'tabl] adaptable; **adaptateur** phot., telev. [~ta'tœːr] m adapter; **adaptation** [~ta'sjɔ̃] f adaptation; adjustment; **adapter** [~'te] (1a) v/t. adapt, adjust (s.th. to s.th., qch. à qch.); s'~ à qch. adapt o.s. to s.th.; fit s.th.

additif [adi'tif] m additive; **addition** [adi'sjɔ̃] f addition; accretion; restaurant: bill, Am. or F check; **additionnel, -elle** [adisjɔ'nɛl] additional; impôt m ~ surtax; **additionner** [~'ne] (1a) v/t. add up, tot up; add (to, à); ~ un liquide de qch. add s.th. to a liquid, mix or dilute a liquid with s.th.; additionné de sucre with sugar added.

adénite 🗡 [ade'nit] f adenitis.

adéno... [adenɔ] glandular, adeno...

adent ⊕ [a'dɑ̃] m dovetail, tenon.

adepte [a'dɛpt] su. adept; initiate.

adéquat, e [ade'kwa, ~'kwat] adequate.

adhérence [ade'rɑ̃ːs] f adherence; adhesion (a. 🗡, phys.); **adhérent, e** [~'rɑ̃, ~'rɑ̃:t] 1. adj. adhesive; adherent (to, à); 2. su. adherent, supporter; **adhérer** [~'re] (1f) v/i.: ~ à adhere or cling to; hold (an opinion); join, support (a party); mot. grip (the road).

adhésif, -ve [ade'zif, ~'ziːv] adhesive, sticky; emplâtre m ~ adhesive plaster; **adhésion** [~'zjɔ̃] f adhesion (a. fig.).

adieu [a'djø] 1. int. farewell!; goodbye!; dire ~ à say goodbye or farewell to; fig. give up or renounce (s.th.); 2. su./m: ~x pl. farewell sg., leave-taking sg.; faire ses ~x (à) say good-bye (to); take one's leave (of).

adipeux, -euse [adi'pø, ~'pøːz] adipose, fatty; **adipose** [~'poːz] f adiposis; **adiposité** [~pozi'te] f adiposity, fatness.

adirer 🛐 [adi're] (1a) v/t. lose, mislay (documents).

adjacent, e [adʒa'sɑ̃, ~'sɑ̃:t] adjacent, contiguous (to, à); être ~ à border on, adjoin; rue f ~e side-street.

adjectif [adʒɛk'tif] m adjective.

adjoindre [ad'ʒwɛ̃ːdr] (4m) v/t. unite, associate; appoint as assistant; enrol(l); s'~ à join with (s.o.); **adjoint, e** [~'ʒwɛ̃, ~'ʒwɛ̃:t] 1. adj. assistant-...; 2. su./m assistant; ~ au (or du) maire deputy-mayor.

adjonction [adʒɔ̃k'sjɔ̃] f adjunction; Ⱥ annexe; gramm. zeugma.

adjudant [adʒy'dɑ̃] m 🗡 company sergeant-major; ⚓ warrant-officer; 🗡 ~-chef regimental sergeant-major; ⚓ de pavillon flag-lieutenant.

adjudicataire [adʒydika'tɛːr] m highest-bidder; auction: purchaser; contractor; **adjudication** [~'sjɔ̃] f adjudication, award; contract: allocation; auction: knocking-down; mettre en ~ invite tenders for; put up for auction.

adjuger [adʒy'ʒe] (11) v/t. award; auction: knock down.

adjuration [adʒyra'sjɔ̃] f adjuration; imprecation; **adjurer** [~'re] (1a) v/t. adjure, beseech; exorcise (a spirit).

adjuvant [adʒy'vɑ̃] m 🗡 adjuvant, additive; stimulus.

admettre [ad'mɛtr] (4v) v/t. admit, let in; permit.

administrateur [administra'tœːr] m administrator, manager; bank: director; **administratif, -ve** [~'tif, ~'tiːv] administrative; **administration** [~'sjɔ̃] f administration (a. eccl.); management; governing body; civil service; **administratrice** [~'tris] f administratrix; **administré m, e f** [adminis'tre] person under one's administration or jurisdiction; **administrer** [~] (1a) v/t. administer (a. eccl.), conduct, manage, govern; 🛐 ~ des preuves furnish proof.

admirable [admi'rabl] admirable, wonderful; **admirateur, -trice** [admira'tœːr, ~'tris] 1. adj. admiring; 2. su. admirer; **admiratif, -ve**

[~'tif,~'ti:v] admiring; **admiration** [~'sjɔ̃] f admiration, wonder; **admirer** [admi're] (1a) v/t. admire.

admis, e [ad'mi, ~'mi:z] **1.** p.p. of **admettre; 2.** adj. admitted; accepted; conventional; **admissible** [admi'sibl] admissible; eligible (to, à); **admission** [~'sjɔ̃] f admission; ⊕ inlet; ⊕ période f d'~ induction stroke.

admonestation [admɔnɛsta'sjɔ̃] f, **admonition** [~ni'sjɔ̃] f admonition, reprimand; **admonester** [~nɛs'te] (1a) v/t. admonish, reprimand, censure.

ado F [a'do] m youth, young man.

adolescence [adɔlɛ'sɑ̃:s] adolescence, youth; **adolescent, e** [~'sɑ̃, ~'sɑ̃:t] **1.** adj. adolescent; **2.** su. adolescent; F teen-ager; su./m youth.

adonner [adɔ'ne] (1a) v/t.: s'~ à devote o.s. to; take to (drink etc.), become addicted to.

adopter [adɔp'te] (1a) v/t. adopt (a child, a name, an opinion); assume (a name); parl. pass (a bill); **adoptif, -ve** [~'tif, ~'ti:v] adopted; adoptive (parent); **adoption** [~'sjɔ̃] f adoption; bill: passage; carrying; fils m par ~ adopted son; pays m d'~ adopted country.

adorable [adɔ'rabl] adorable; charming; **adorateur, -trice** [~ra'tœ:r, ~'tris] **1.** su. adorer, worshipper; F great admirer; **2.** adj. adoring; **adoration** [~ra'sjɔ̃] f adoration, worship; **adorer** [~'re] (1a) v/t. adore (a. fig.); worship (God); F dote on.

adossement [ados'mɑ̃] m leaning (against à, contre); position back to back; **adosser** [ado'se] (1a) v/t. lean; place back to back; s'~ à (or contre) lean one's back against.

adouber [adu'be] (1a) v/t. chess: adjust (a piece); hist. dub (s.o.) ([a] knight).

adoucir [adu'si:r] (2a) v/t. sweeten; tone down (a colour); mitigate; allay (a pain); pacify; ⊕ polish (metal), rough-polish (glass); s'~ soften; grow softer (voice); grow milder (weather); grow less (pain, grief); **adoucissement** [~sis'mɑ̃] m softening, alleviation; relief; sweetening.

adresse [a'drɛs] f address; skill, dexterity; shrewdness; **adresser**

[adrɛ'se] (1a) v/t. address; send; direct; refer (to, à); ~ la parole à q. adress s.o.; s'~ à speak to; go and see; inquire at; be intended for; appeal to.

adroit, e [a'drwa, ~'drwat] dexterous; shrewd.

adulateur, -trice [adyla'tœ:r, ~'tris] **1.** adj. flattering, fawning; **2.** su. sycophant; **adulation** [~la'sjɔ̃] f adulation, sycophancy; **aduler** [~'le] (1a) v/t. fawn upon, flatter (s.o.).

adulte [a'dylt] adj., a. su. adult, grown-up.

adultération [adyltera'sjɔ̃] f adulteration; **adultère** [adyl'tɛ:r] **1.** adj. adulterous; **2.** su./m adulterer; adultery; su./f adulteress; **adultérer** [~te're] (1f) v/t. adulterate; **adultérin, e** [~te'rɛ̃, ~'rin] adulterine; ♀ hybrid.

advenir [advə'ni:r] (2h) v/i., a. impers. happen, occur, turn out; advienne que pourra come what may.

adventice [advɑ̃'tis] adventitious, casual (a. ♀); **adventif, -ve** [~'tif, ~'ti:v] ♀ growing wild, chance...; accrued (property).

adverbe [ad'vɛrb] m adverb.

adversaire [adver'sɛ:r] m adversary, opponent; **adverse** [~'vers] adverse, unfavo(u)rable, other (party); ⚖ opposing, other (party); fortune f ~ adversity; **adversité** [~versi'te] f adversity, bad luck.

aérage [ae'ra:ʒ] m aeration, airing; ventilation (a. ⚒); puits m d'~ air-shaft; **aération** [~ra'sjɔ̃] f airing, ventilation; **aéré, e** [~'re] airy; **aérer** [~'re] (1f) v/t. air, give (s.th.) an airing; aerate; ventilate; s'~ get some fresh air; **aérien, -enne** [~'rjɛ̃, ~'rjen] aerial; air-...; chemin m de fer ~ elevated railway; défense f ~enne aerial defence; voyage m ~ journey by air; **aérifère** [aeri'fɛ:r] air-...

aéro... [aero] flying-...; air-...; **~bus** [~'bys] m airbus; **~drome** [~dro:m] m aerodrome, Am. airdrome; **~dynamique** [~dina'mik] **1.** adj. aerodynamic; streamlined; **2.** su./f aerodynamics sg.; **~gare** [~'ga:r] f air terminal; **~gramme** [~'gram] m air letter; **~modélisme** [~mɔde'lism] model aircraft making; **~modéliste** [~mɔde'list] m model aircraft maker; **~moteur** [~mɔ'tœ:r] m aero-engine;

wind-engine; **~naute** [~'noːt] *m* aeronaut, balloonist; **~nautique** [~noˈtik] 1. *adj.* aeronautical; 2. *su./f* aeronautics *sg.*; **~plane** [~ˈplan] *m* aeroplane, aircraft; **~port** [~ˈpɔːr] *m* airport; **~porté, e** [~pɔrˈte]: *troupes f/pl.* **~es** airborne troops; **~postal, e,** *m/pl.* **-aux** [~posˈtal, ~ˈto] airmail...; **~sol** [~ˈsɔl] aerosol; spray; **~spatial, e** *m/pl.* **-aux** [~spaˈsjal, -ˈsjo] aerospace ...; **~stat** [~ˈsta] *m* airship, balloon; **~station** [~staˈsjɔ̃] *f* aeronautics *sg.*; **~statique** [~staˈtik] 1. *adj.*: *ballon m* **~** balloon; 2. *su./f* aerostatics *sg.*; **~train** (*TM*) [~ˈtrɛ̃] *m* hovertrain.

affabilité [afabiliˈte] *f* affability, graciousness (to *avec, envers*); **affable** [aˈfabl] affable, gracious.

affadir [afaˈdiːr] (2a) *v/t.* render tasteless *or* uninteresting; *fig.* disgust; **affadissement** [~disˈmɑ̃] *m* loss of flavo(u)r; growing insipid.

affaiblir [afɛˈbliːr] (2a) *v/t.* weaken; *phot.* reduce (the contrasts of); *s'*~ grow weaker; **affaiblissement** [~blisˈmɑ̃] *m* diminution; weakening; reducing; **affaiblisseur** *phot.* [~bliˈsœːr] *m* reducing agent *or* bath.

affaire [aˈfɛːr] *f* business, affair; question, matter; 🏛 case; transaction; **~s** *pl. a.* belongings; **~s** *étrangères* foreign affairs; *avoir* **~** *à* have to deal with; be faced with (*a problem etc.*); *cela fait l'***~** that will do (nicely); *ce n'est pas petite* **~** it is no trifling matter; *parler (d')***~s** talk business; *son* **~** *est faite* he is done for; *voilà l'***~**! that's it!; **affairé, e** [afɛˈre] busy; **affairement** [afɛrˈmɑ̃] *m* hurry, bustle; **affairer** [afɛˈre] (1a) *v/t.*: *s'*~ busy oneself, be busy; **affairisme** [afɛˈrism] *m* racketeering; **affairiste** [afɛˈrist] *m* racketeer.

affaissement [afɛsˈmɑ̃] *m* sinking; *ground*: subsidence; *strength*: breaking up; 🏛 prostration; *fig.* depression; **affaisser** [afɛˈse] (1b) *v/t.* cause to sink; weigh down; *s'*~ sink, subside; give way; cave in; collapse (*a.* 🏛).

affaler [afaˈle] (1a) *v/t.* 🏛 haul down; lower; *s'*~ 🏛 be driven ashore; F drop.

affamé, e [afaˈme] hungry, ravenous (for, *de*); **affamer** [~] (1a) *v/t.* starve.

affectation [afɛktaˈsjɔ̃] *f* affectation;

pretence; ✝ appropriation; † predilection; ✗ *etc.* posting, *Am.* assignment; assignment (*to a post*); **affecté** [~ˈte] affected, F put-on; **affecter** [~ˈte] (1a) *v/t.* assign; set apart; pretend; assume (*a shape*); move (*s.o.*); affect; have a predilection for; 🔲 burden (*the land*); ✗ affect, attack; ✗ *etc.* post, *Am.* assign; **affectif, -ve** [~ˈtif, ~ˈtiːv] affective; **affection** [~ˈsjɔ̃] *f* affection (*a.* 🔲); fondness, liking; 🔲 disease, complaint; **affectionner** [~sjoˈne] (1a) *v/t.* be fond of, have a liking for; † *s'*~ *à q.* become fond of s.o.; *s'*~ *à q.* gain s.o.'s affections; **affectueux, -euse** [~ˈtɥø, ~ˈtɥøːz] affectionate, fond, loving.

afférent, e [afeˈrɑ̃, ~ˈrɑ̃ːt] relating, relative (to, *à*); accruing.

affermer [afɛrˈme] (1a) *v/t.* let; rent (*land*).

affermir [afɛrˈmiːr] (2a) *v/t.* consolidate, make firm; *fig.* strengthen.

affété, e [afeˈte] affected, mincing; **afféterie** [~ˈtri] *f* affectation, mincing.

affichage [afiˈʃaːʒ] *m* bill-posting; *fig.* F show; *panneau m d'*~ notice-board; **affiche** [aˈfiʃ] *f* poster; **afficher** [afiˈʃe] (1a) *v/t.* put up, placard; *fig.* parade, flaunt; *s'*~ *pour* set up for; **afficheur** [~ˈʃœːr] *m* bill-sticker.

affidé, e [afiˈde] 1. *adj.* † trusty; 2. *su. pej.* accomplice; secret agent.

affilage ⊕ [afiˈlaːʒ] *m* whetting, sharpening.

affilée [afiˈle]: *d'*~ at a stretch, on end.

affiler [afiˈle] (1a) *v/t.* sharpen, whet; ⊕ set (*a saw*); draw (*gold*).

affiliation [afiljaˈsjɔ̃] *f* affiliation; **affilié** *m,* **e** *f* [afiˈlje] *su.* (affiliated) member, associate; **affilier** [afiˈlje] (1o) *v/t.* affiliate (with, to *à*); *s'*~ *à* join (*a society etc.*).

affiloir [afiˈlwaːr] *m* hone; *razor*: strop; *knife*: steel; whetstone.

affinage ⊕ [afiˈnaːʒ] *m* refining; *fig.* improvement; *cloth*: cropping; *hemp*: hackling; *plank*: fining down; **~** *de surface* surface refinement; **affiner** [~ˈne] (1a) *v/t.* refine; improve; point (*needles*); fine (*metals*); fine down (*a plank*); hackle (*hemp*); crop, shear (*cloth*); mature (*wine, cheese*).

affinité [afini'te] *f* affinity (*a.* 🐍), relationship; *fig.* resemblance.

affirmatif, -ve [afirma'tif, ~'ti:v] **1.** *adj.* affirmative; **2.** *su./f* affirmative; *dans l'~ve* in the affirmative; if so; *répondre par l'~ve* answer yes or in the affirmative; **affirmation** [~ma'sjɔ̃] *f* assertion; **affirmer** [~'me] (1a) *v/t.* assert.

affleurer [aflœ're] (1a) *v/t.* level; make flush; be level *or* flush with; *v/i.* be level *or* flush.

afflictif, -ve ⚖ [aflik'tif, ~'ti:v] corporal, bodily; *peine f ~ve* corporal punishment; penal servitude; **affliction** [~'sjɔ̃] *f* affliction, sorrow, distress; **affliger** [afli'ʒe] (11) *v/t.* afflict (with, *de*); distress, grieve; *s'~* grieve, be distressed (at, *de*).

affluence [afly'ɑ̃:s] *f* flow(ing); flood; ⚓ afflux; abundance; crowd; *heures f/pl. d'~* peak hours, rush hours; **affluent, e** [~'ɑ̃, ~'ɑ̃:t] **1.** *adj.* † affluent; **2.** *su./m* tributary.

affluer [~'e] (1n) *v/i.* flow (*a.* ⚓); abound; *fig.* crowd, flock; **afflux** [a'fly] *m* afflux, rush.

affolement [afɔl'mɑ̃] *m* panic; *engine:* racing; **affoler** [afɔ'le] (1a) *v/t.* frighten, terrify, throw into a panic; madden; *s'~* (get in a) panic, *F* get in a flap; go crazy; ⊕ *etc.* (begin to) race (*engine etc.*).

affouragement [afuraʒ'mɑ̃] *m* fodder(ing); **affourager** [~ra'ʒe] (11) *v/t.* fodder (*cattle*).

affranchi, e [afrɑ̃'ʃi] **1.** *adj.* freed; free (from, *of de*); **2.** *su./m* freedman; *su./f* freedwoman; **affranchir** [~'ʃi:r] (2a) *v/t.* free, emancipate; exempt; *post:* frank, prepay, stamp; *s'~ de* get rid of; **affranchissement** [~ʃis'mɑ̃] *m* emancipation; release, exemption; *post:* franking, prepayment; postage.

affres [afr] *f/pl.* pangs, terrors, throes.

affrètement ⚓ [afrɛt'mɑ̃] *m* freighting; charter(ing); **affréter** ⚓ [afre'te] (1f) *v/t.* freight; charter.

affreux, -euse [a'frø, ~'frø:z] frightful, dreadful; ghastly; hideous.

affriander [afriɑ̃'de] (1a) *v/t.* entice, allure; make attractive.

affront [a'frɔ̃] *m* affront, insult; *faire un ~ à* insult; **affronter** [afrɔ̃'te] (1a) *v/t.* confront, face; *fig.* brave; ⊕ join face to face.

affublement *pej.* [afyblə'mɑ̃] *m* getup, rig-out; **affubler** *pej.* [~'ble] (1a) *v/t.* rig out (in, *de*).

affût [a'fy] *m* hiding-place; guncarriage; *chasser à l'~* stalk; *être à l'~* lie in wait; be on the look-out (for, *de*); **affûter** [afy'te] (1a) *v/t.* sharpen (*a. F fig.*); set (*a saw*), stock with tools; **affûteuse** ⊕ [~'tø:z] *f* grinding-machine.

afin [a'fɛ̃] **1.** *prp.*: *~ de* (*inf.*) (in order) to (*inf.*); **2.** *cj.*: *~ que* (*sbj.*) in order that, so that.

africain, e [afri'kɛ̃, ~'kɛn] *adj.*, *a. su.* ♀ African.

Afrikander [afrikɑ̃'dɛ:r] *m* Afrikander.

agaçant, e [aga'sɑ̃, ~'sɑ̃:t] irritating; provocative; **agacer** [~'se] (1k) *v/t.* irritate, annoy; *s'~* get annoyed; **agacerie** [agas'ri] *f* provocation, teasing, coquetry.

agapes F [a'gap] *f/pl.* feast.

agate [a'gat] *f* agate.

âge [ɑ:ʒ] *m* age; period; generation; *d'~ à*, en *~* de of an age to; *enfant mf d'~ scolaire* child of school age; *entre deux ~s* middle-aged; *quel ~ avez-vous?, quel est votre ~?* how old are you?; *à ton ~* when I was your age; *retour en ~* change of life; **âgé, e** [ɑ'ʒe] old, aged; elderly; *~ de deux ans* 2 years old, aged 2.

agence [a'ʒɑ̃:s] *f* agency; *~ de publicité* advertising agency; *~ de voyages* travel agency; *~ générale* general agency; *~ matrimoniale* marriage bureau; **agencement** [aʒɑ̃s'mɑ̃] *m* arrangement, order; *~s pl.* fixtures; **agencer** [aʒɑ̃'se] (1k) *v/t.* arrange; order; fit up.

agenda [aʒɛ̃'da] *m* note-book, memorandum-book; appointment book; diary.

agenouiller [aʒnu'je] (1a) *v/t.*: *s'~* kneel (down).

agent [a'ʒɑ̃] *m* agent; middleman; medium, agency; (*a. ~ de police*) policeman, (police) constable; *~ de brevet* patent agent; *~ de change* stockbroker, exchange broker; *~ de liaison* liaison officer; *~ de location* house agent; *~ de maîtrise* supervisor; foreman; *~ fiduciaire* trustee; *~ provocateur* agent provocateur.

agglomération [aglɔmera'sjɔ̃] *f* agglomeration; mass; built-up area; *~s pl. urbaines* centres of population, urban districts *or* centres; **aggloméré** [~'re] *m* patent fuel, briquette; *geol.* conglomerate; **agglomérer** [~'re] (1f) *v/t.* agglomerate; bring together; s'~ cohere; cake.

agglutinant, e [aglyti'nɑ̃, ~'nɑ̃:t] **1.** *adj.* adhesive; agglutinative; binding; **2.** *su./m* bond; **agglutinatif, -ve** [~na'tif, ~'ti:v] **1.** *adj. see* agglutinant 1; **2.** *su./m* agglutinant; **agglutiner** [~'ne] (1a) *v/t.* agglutinate; bind; s'~ cake, agglutinate.

aggravant, e [agra'vɑ̃, ~'vɑ̃:t] aggravating; **aggravation** [~va'sjɔ̃] *f* worsening; *penalty:* increase; 🚼, ⚖ aggravation; **aggraver** [~'ve] (1a) *v/t.* aggravate; worsen; increase; s'~ worsen.

agile [a'ʒil] agile, nimble; active; **agilité** [aʒili'te] *f* agility, nimbleness.

agio [a'ʒjo] *m* ✝ agio; F jobbery; **agiotage** ✝ [aʒjo'ta:ʒ] *m* (stock-)jobbing; **agioter** ✝ [~'te] (1a) *v/i.* gamble, speculate; **agioteur** [~'tœ:r] *m* gambler, speculator.

agir [a'ʒi:r] (2a) *v/i.* act; do; operate, work; behave; ~ *bien (mal) envers (or avec)* behave well (badly) towards; 🚼 ~ *contre* prosecute; sue; *il s'agit de savoir si* the question is whether; s'~ *de* be a question of *(s.th.)*; **agissant, e** [aʒi'sɑ̃, ~'sɑ̃:t] active; bustling; **agissements** [aʒis'mɑ̃] *m/pl.* doings, machinations; goings-on.

agitateur, -trice [aʒita'tœ:r, ~'tris] *su.* agitator; ⊕ mixer; *su./m* 🔧 stirring-rod; **agitation** [~ta'sjɔ̃] *f* agitation *(a. fig.)*; stir(ring); shaking, tossing; disturbance; restlessness; excitement; **agité, e** [~'te] restless; excited; perturbed; choppy, rough *(sea)*; **agiter** [~'te] (1a) *v/t.* agitate; wave; shake, toss; stir; disturb; debate *(a question)*; s'~ move (about); stir; fidget.

agneau [a'ɲo] *m* lamb; **agneler** [aɲə'le] (1d) *v/i.* lamb; **agnelet** ✝ [~'lɛ] *m* lambkin; **agnelin** [~'lɛ̃] *m* *fur:* lambskin.

agonie [ago'ni] *f* death agony; *être à l'~* be at the point of death; **agonir** [~'ni:r] (2a) *v/t.:* ~ *q. d'injures* heap abuse on s.o.; **agoniser** [~ni'ze] (1a) *v/i.* be at the point of death, be dying.

agrafe [a'graf] *f* hook; clasp; clamp; clip; ⊕ dowel; ⊕ joint; **agrafer** [agra'fe] (1a) *v/t.* hook; clasp; fasten; clip *(papers)*; ⊕ dowel; *sl.* nab (= *capture*); **agrafeuse** [~'fø:z] *f* stapler.

agraire [a'grɛ:r] agrarian; *réforme f* ~ agrarian reform.

agrandir [agrɑ̃'di:r] (2a) *v/t.* increase; enlarge; exalt; exaggerate; s'~ grow larger; **agrandissement** [~dis'mɑ̃] *m* enlargement; increase; rise (in power *etc.*); *phot.* blow-up; **agrandisseur** *phot.* [~di'sœ:r] *m* enlarger.

agrarien, -enne [agra'rjɛ̃, ~'rjɛn] *adj., a. su./m* agrarian.

agréable [agre'abl] agreeable, pleasant; pleasing.

agréé [agre'e] *m commercial court:* counsel, attorney.

agréer [~] (1a) *v/t.* accept; approve; allow; *veuillez ~ l'expression de mes sentiments distingués* Yours sincerely; s'~ *à* enjoy; *v/i.* be agreeable (to, *à*).

agrégat ⊕ [agre'ga] *m* aggregate; **agrégation** [~ga'sjɔ̃] *f* ⊕ binding; ⊕ aggregate; admission *(to a society)*; *in France:* competitive State examination for appointment as teacher in a *lycée*; **agrégé, e** [~'ʒe] **1.** *adj.* aggregate; *geol.* clastic *(rock)*; **2.** *su./m* one who has passed the *agrégation*; **agréger** [~'ʒe] (1g) *v/t.* ✝ admit, incorporate; admit to the title of *agrégé*.

agrément [agre'mɑ̃] *m* consent; approval; pleasure, amusement; charm; ~s *pl.* ornaments; trimmings; *voyage m d'*~ pleasure-trip; **agrémenter** [~mɑ̃'te] (1a) *v/t.* adorn.

agrès [a'grɛ] *m/pl.* ⚓ tackle *sg.*, gear *sg.*; *sp.* apparatus *sg.*, fittings.

agresseur [agre'sœ:r] *m* aggressor; assailant; **agressif, -ve** [~'sif, ~'si:v] aggressive; **agression** [~'sjɔ̃] *f* aggression; attack; assault; ~s *pl.* stresses *pl.*, strains *pl.*; **agressivité** [agresivi'te] *f* aggressiveness.

agreste [a'grɛst] rural; rustic; uncouth.

agricole [agri'kɔl] agricultural *(labourer, products)*; **agriculteur** [~kyl'tœ:r] *m* agriculturist; husbandman; farmer; **agriculture** [~kyl'ty:r] *f* agriculture; husbandry.

aimantation

agriffer [agriˈfe] (1a) *v/t.* F claw; s'~ à claw at; clutch at.

agripper [agriˈpe] (1a) *v/t.* F clutch (at); grab.

agronomie [agrɔnɔˈmi] *f* husbandry, agronomy.

agrumes [aˈgrym] *m/pl.* citrus fruit.

aguerrir F [ayˈriːr] (2a) *v/t.* harden, season; s'~ grow seasoned; s'~ à (or contre) become hardened to.

aguets [aˈgɛ] *m/pl.*: aux ~ on the watch *or* look-out.

aguicher [agiˈʃe] (1a) *v/t.* excite; tantalize; *sl.* turn (*s.o.*) on.

ah! [a] *int. oh!* ah!

ahaner [aaˈne] (1a) *v/i.* pant; work hard, toil; hum and haw.

ahurir F [ayˈriːr] (2a) *v/t.* bewilder.

ai [ɛ] *1st p. sg. pres. of avoir 1.*

aï zo. [ai] *m* ai.

aide [ɛːd] *su.* assistant; help; *su./f* help, assistance; *pol.* ~ économique economic aid; à l'~ de to *or* with the help of; venir en ~ à q., venir à l'~ de q. help s.o.; *su./f.*: ~ ménagère home help; **~-comptable**, *pl.* **~s-comptables** [ɛdkɔˈtabl] *su.* assistant-accountant; **~-maçon**, *pl.* **~s-maçons** [~maˈsɔ̃] *m* hodman; **~-mémoire** [~meˈmwaːr] *m/inv.* pocket-book; manual; *pol.* aide-mémoire; memorandum; **aider** [ɛˈde] (1b) *v/t.* help, assist, aid; s'~ de make use of; v/t.: ~ à qch. help (towards) s.th., contribute to s.th.

aie [ɛ] *1st p. sg. pres. sbj. of avoir 1.*

aïeul [aˈjœl] *m* grandfather; **aïeule** [~] *f* grandmother; **aïeuls** [~] *m/pl.* grandparents; grandfathers; **aïeux** [aˈjø] *m/pl.* ancestors, forefathers.

aigle [ɛgl] *su./m* eagle; *fig.* genius; elephant paper; lectern; *su./f* ❦ eagle; ✗ standard.

aiglefin *icht.* [ɛgləˈfɛ̃] *m* haddock.

aiglon [ɛˈglɔ̃] *m* eaglet.

aigre [ɛːgr] **1.** *adj.* sour, tart; bitter (*wind, tone*); shrill, sharp (*voice, sound*); crude (*colour*); **2.** *su./m* sharpness; **aigre-doux, -douce** [ɛgrəˈdu, ~ˈdus] bitter-sweet; *fig.* subacid; **aigrefin** [~ˈfɛ̃] *m icht.* haddock; *fig.* sharper, swindler; **aigrelet, -ette** [~ˈlɛ, ~ˈlɛt] sourish, tart; **aigrette** [ɛˈgrɛt] *f orn.* aigrette (*a. cost., ♪*), egret (*a. ❦*); tuft; ♪ ♂ brush; **aigreur** [ɛˈgrœːr] *f* sourness (*a. fig.*); *fig.* rancou(r); ⊕ *iron:* brittleness (*a. fig.*); ~s *pl.* acidity *sg.* (of the stomach); heartburn *sg.*; **aigrir** [ɛˈgriːr] (2a) *vt/i.* turn sour; *v/t. fig.* embitter.

aigu, -guë [eˈgy] sharp, pointed; ♂, ⚔, *gramm.* acute; *fig.* intense; bitter; piercing (*sound*); ♪ high(-pitched).

aigue-marine, *pl.* **aigues-marines** [ɛgmaˈrin] *su./f, a. adj./inv.* aquamarine.

aiguière [ɛˈgjɛːr] *f* ewer.

aiguillage ❦ [egɥiˈjaːʒ] *m* shunting, *Am.* switching; points *pl.*, *Am.* switches *pl.*; **aiguille** [eˈgɥiːj] *f* needle (*a. pine, compass*); *clock:* hand; ⚏ king-post; *mountain:* point; *churchtower:* spire; ❦ points *pl.*, *Am.* switch; **aiguillée** [egɥiˈje] *f* needleful; **aiguiller** [~je] (1a) *v/t.* ❦ shunt, *Am.* switch; *fig.* direct, steer, orient(ate); **aiguillette** [~ˈjɛt] *f* aiguillette, aglet; ✗, ⚓ shoulder-knot; **aiguilleur** ❦ [~ˈjœːr] *m* pointsman, *Am.* switchman; ✈ ~ du ciel air traffic controller; **aiguillier** [~ˈje] *m* needle-maker; needle-book; **aiguillon** [~ˈjɔ̃] *m* goad; *wasp:* sting; *fig.* spur, stimulus; **aiguillonner** [~jɔˈne] (1a) *v/t.* goad; *fig.* spur on; rouse.

aiguiser [eg(ɥ)iˈze] (1a) *v/t.* whet (*a. fig.*), sharpen; set (*a razor, a saw*); *fig.* excite, quicken.

ail, *pl.* ♀ **ails**, *cuis.* **aulx** [aːj, o] *m* ♀ allium; *cuis.* garlic.

aile [ɛl] *f* wing (*a. ✗, sp.*); *windmill:* sail; *blade*; *eccl.* aisle; F fin, arm; *mot.* wing, *Am.* fender; ✈ ~ en delta delta wing; ✈ ~ en flèche swept-back wing; **ailé, e** [ɛˈle] winged; **aileron** [ɛlˈrɔ̃] *m* pinion; small wing; *shark:* fin; ✈ aileron; *water-wheel:* float(-board); ⚏ scroll; **ailette** [ɛˈlɛt] *f* ⚏ small wing; ⊕ lug; *radiator:* gill, fin; *ventilator:* vane; *turbine:* blade; **ailier** *sp.* [ɛˈlje] *m* wing(er).

aille [aj] *1st p. sg. pres. sbj. of aller 1.*

aillade *cuis.* [aˈjad] *f* garlic sauce.

ailleurs [aˈjœːr] *adv.* elsewhere; d'~ from somewhere else; moreover, besides; nulle part ~ nowhere else.

aimable [ɛˈmabl] agreeable, pleasant; amiable, kind; nice.

aimant[1], e [ɛˈmɑ̃, ~ˈmɑ̃ːt] loving, affectionate.

aimant[2] [ɛˈmɑ̃] *m* magnet (*a. fig.*); ~ long bar magnet; ~ naturel magnetic iron ore; **aimantation** [ɛmɑ̃-

ta'sjɔ̃] *f* magnetization; **aimanter**
[ˌ'te] (1a) *v/t.* magnetize; *aiguille f
aimantée* magnetic needle.

aimer [ɛ'me] (1b) *v/t.* love; like; be
fond of; be in love with; *v/i.* like;
~ *à* (*inf.*) like (*ger.*) *or* to (*inf.*);
j'aimerais I would like; *j'aimerais
mieux* I would prefer *or* rather *or*
sooner.

aine *anat.* [ɛn] *f* groin.

aîné, e [ɛ'ne] *adj., a. su.* elder; eldest; first-born; senior; *il est mon ~
de trois mois* he is 3 months older
than I; he is my senior by 3 months;
aînesse [ɛ'nɛs] *f* primogeniture;
seniority; *droit m d'~* law of primogeniture; birthright.

ainsi [ɛ̃'si] **1.** *adv.* thus; so; in this
way; ~ *soit-il!* so be it!; *eccl., a. co.
amen*; *pour ~ dire* so to speak; **2.** *cj.*
so; ~ *que* as well as; like.

air¹ [ɛːr] *m* air; wind; atmosphere
(*a. fig.*); *metall.* ~ *chaud* hot blast;
⊕ ~ *comprimé* compressed air; ~
conditionné air-conditioned; ~ *frais*
fresh air; *courant m d'~* draught,
Am. draft; *en l'~* (up) into the air; *en
plein* ~ in the open air; *il y a qch. dans
l'~* there is s.th. in the wind; *menaces
f/pl. en l'~* empty threats; *mettre à l'~*
place in the open; *fig. être en l'~* be in
disorder *or* confusion, be in a mess;
fig. flanquer (*or* F ficher) *en l'~* throw
away; F chuck up *or* out; knock over;
fig. mettre en l'~ throw into confusion; *fig. paroles f/pl. en l'~* idle talk;
fig. projets m/pl. en l'~ castles in the
air; *fig. vivre de l'~ du temps* live on
air.

air² [~] *m* air, look, appearance; way,
manner; ~ *de famille* family likeness;
avoir l'~ de look like; *avoir l'~ de* (*inf.*)
seem to (*inf.*), look as if (*ind.*); *prendre* (*or se donner*) *des* ~*s* give o.s. airs.

air³ ♪ [~] *m* air, tune, melody; aria;
~ *à boire* drinking song.

aire [~] *f* area; site; (threshing-)floor;
△, ⊼ area; *eagle:* eyrie; ⚞ ~
d'atterrissage landing strip *or* patch;
meteor. ~ *de haute* (*basse*) *pression*
high (low) pressure (area); ~ *du vent*
wind direction; point of the
compass.

airelle ♣ [ɛ'rɛl] *f* bilberry, whortleberry, *Am.* huckleberry, blueberry.

airer [ɛ're] (1a) *v/i.* build an eyrie
or a nest.

aisance [ɛ'zɑ̃ːs] *f* ease; comfort;

competency; *cabinet m d'~s* public
convenience, water-closet; **aise** [ɛːz]
1. *adj.:* *être bien* ~ be~very glad; **2.**
su./f ease, comfort; † pleasure; *à l'~*,
à son ~ comfortable; well-off; *adv.*
comfortably; *en prendre à son* ~ take it
easy; *mal à l'~* ill at ease; **aisé, e**
[ɛ'ze] easy; well-to-do, well-off (for
money).

aisselle [ɛ'sɛl] *f anat.* armpit; △
haunch; ♣ axilla.

ajointer [aʒwɛ̃'te] (1a) *v/t.* join (together); fit end to end.

ajonc ♣ [a'ʒɔ̃] *m* gorse, furze.

ajour [a'ʒuːr] *m* △ opening; ⊕ perforation; **ajouré, e** [aʒu're] per-
forated; open-work.

ajournement [aʒurnə'mɑ̃] *m* postponement; adjournment; ⚖ deferment; **ajourner** [ˌ'ne] (1a) *v/t.*
postpone; adjourn; defer; *pol.* table
(*a bill*).

ajouter [aʒu'te] (1a) *v/t.* add; ~ *foi
à* believe (*s.th.*).

ajustage ⊕ [aʒys'taːʒ] *m* fitting,
assembly; fit; ~ *lâche* (*serré*) loose
(tight) fit; **ajustement** [ˌtə'mɑ̃] *m*
adjusting, adjustment; **ajuster**
[ˌ'te] (1a) *v/t.* adjust, fit; adapt;
settle, arrange; true up; aim (*a shot, a
gun*); ~ *une montre* put a watch right;
s'~ fit; agree; adapt o.s.; suit o.s.;
ajusteur [ˌ'tœːr] *m* fitter.

ajutage [aʒy'taːʒ] *m* nozzle; jet;
water-works: a(d)jutage.

alacrité [alakri'te] *f* alacrity; eagerness.

alaire [a'lɛːr] *alar, of the wings.*

alambic [alɑ̃'bik] *m* still; **alambi-
qué, e** *fig.* [~bi'ke] oversubtle,
strained.

alanguir [alɑ̃'giːr] (2a) *v/t.* make
languid; *s'~* languish; flag; grow
languid; **alanguissement** [~gis-
'mɑ̃] *m* languor; weakness.

alarme [a'larm] *f* alarm; *donner l'~*
sound the alarm; **alarmer** [alar-
'me] (1a) *v/t.* alarm, startle; disquiet;
worry; *s'~* be (come) alarmed; worry;
alarmiste [ˌ'mist] *su., a. adj.*
alarmist.

albanais, e [alba'nɛ, ~'nɛːz] **1.** *adj.*
albanian; **2.** *su./m ling.* Albanian; *su.*
♀ Albanian.

albâtre [al'bɑːtr] *m* alabaster.

albatros *orn.,* ⚞ [alba'trɔs] *m*
albatross.   [albino).

albinos [albi'noːs] *su., a. adj./inv.*

Albion [al'bjɔ̃] f Britain; *poet.* Albion.

album [al'bɔm] m album; *paint.* sketch-book; picture-book.

albumine ♂ [alby'min] f albumin.

alcali [alka'li] m alkali; ～ *minéral* soda-ash; ～ *végétal* potash; ～ *volatil* ammonia; **alcalin, e** [～'lɛ̃, ～'lin] alkaline.

alchimie [alʃi'mi] f alchemy.

alcool [al'kɔl] m alcohol; F spirit(s *pl.*); ～ *dénaturé* methylated spirits *pl.*; ～ *méthylique* methyl alcohol; **alcoolique** [alkɔ'lik] **1.** *adj.* alcoholic; **2.** *su.* alcoholic; drunkard; **alcooliser** [～li'ze] (1a) *v/t.* alcoholize; fortify (*wine*); **alcoolisme** [～'lism] m alcoholism; **alcoomètre** [～'mɛtr] m alcoholometer; **alcootest** [～'tɛst] m breathalyser; breath test. (*recess.*)

alcôve [al'ko:v] f alcove; (bed-)

alcyon *orn.* [al'sjɔ̃] m kingfisher, halcyon.

aléa [ale'a] m risk, hazard; **aléatoire** [～a'twa:r] aleatory; risky; problematic(al).

alène ⊕ [a'lɛn] awl.

alentour [alɑ̃'tu:r] **1.** *adv.* around; **2.** *su./m:* ～s *pl.* neighbourhood *sg.*, surroundings.

alerte [a'lɛrt] **1.** *adj.* alert, quick; watchful; **2.** *int.* look out!; **3.** *su./f* alarm, alert; warning; ～ *au feu* fire alarm; *fausse* ～ false alarm; **alerter** [alɛr'te] (1a) *v/t.* alert; warn.

alésage ⊕ [ale'za:ʒ] m boring; reaming; bore; **aléser** ⊕ [～'ze] (1f) *v/t.* bore; ream.

alevin [al'vɛ̃] m fry; **alevinier** [～vi'nje] m breeding-pond.

alexandrin, e [aleksɑ̃'drɛ̃, ～'drin] **1.** *adj.* Alexandrian; Alexandrine; **2.** *su./m prosody:* alexandrine; *su.* ♀ Alexandrian.

alezan [al'zɑ̃] *su./m, a. adj.* chestnut.

alfa ♀ [al'fa] m alfa(-grass), esparto (-grass).

algarade [alga'rad] f storm of insults *or* abuse; dressing-down; escapade; sally; ※ † raid.

algèbre [al'ʒɛ:br] f algebra; **algébrique** [～ʒe'brik] algebraic.

algérien, -enne [alʒe'rjɛ̃, ～'rjɛn] *adj., a. su.* ～ Algerian.

algue ♀ [alg] f alga; sea-weed.

alibi [ali'bi] m alibi; ～ *de fer* cast-iron alibi.

aliénable ⚖ [alje'nabl] alienable; **aliénation** [～na'sjɔ̃] f alienation (*a.* ⚖); ♂ mental derangement; insanity; **aliéné, e** [～'ne] *su., a. adj.* lunatic; **aliéner** [～'ne] (1f) *v/t.* ⚖ alienate; unhinge (*s.o.'s mind*).

alignement [aliɲ'mɑ̃] m alignment; building-line; ※ dressing (*of line*); **aligner** [ali'ɲe] (1a) *v/t.* △ align; lay out in a line; mark out; ※ dress, draw up in a line; *s'*～ fall into line; ※ dress; *non aligné* nonaligned.

aliment [ali'mɑ̃] m food, nutriment; ⚖ ～s *pl.* alimony *sg.*; ～s *pl. naturels* health food (*sg.*); **alimentaire** [alimɑ̃'tɛ:r] alimentary; for food; nutritional; dietary; **alimentation** [～tɑ̃'sjɔ̃] f feeding, alimentation; food, diet; nutrition; supplying, supply; ⊕ feed; ～ *défectueuse* malnutrition; ～ *en essence* fuelling; *magasin* m *d'*～ food shop (*Am.* store); *rayon* m *d'*～ food department; **alimenter** [～'te] (1a) *v/t.* feed (*a.* ⊕); nourish (*a. fig.*); supply with food; *fig.* keep alive (*hatred, a quarrel, etc.*); ～ *en qch.* supply with s.th.

alinéa [aline'a] m paragraph; *typ.* *en* ～ indented.

alité, e [ali'te] confined to bed; **alitement** [alit'mɑ̃] m confinement to bed; **aliter** [ali'te] (1a) *v/t.* confine to bed; *s'*～ take to one's bed.

alizé [ali'ze] m trade wind.

allaiter [alɛ'te] (1b) *v/t.* suckle.

allant [a'lɑ̃] m initiative; energy; F dash; *avoir de l'*～ have plenty of go.

allécher [ale'ʃe] (1f) *v/t.* entice, tempt, allure.

allé, e [a'le] **1.** *p.p.* of *aller* 1; **2.** *su./f* going; avenue; (tree-lined) walk; path; passage; drive(way); ～*es pl. et venues f/pl.* coming and going *sg.*, to-and-fro *sg.*

allégation [alega'sjɔ̃] f allegation.

allège [al'lɛ:ʒ] f ♣ lighter; ♣ barge; △ breast-wall; △ balustrade.

allégement [aleʒ'mɑ̃] m alleviation (of, *de*), relief (from, *de*); lightening; ～ *fiscal* tax relief; **alléger** [～le'ʒe] (1g) *v/t.* make lighter; lighten; *fig.* alleviate, relieve.

allégorie [alega'ri] f allegory.

allègre [al'lɛ:gr] lively, brisk; cheerful; **allégrement** [～legra'mɑ̃] *adv.* *of allègre;* **allégresse** [～le'grɛs] f joy, cheerfulness, liveliness.

alléguer [alle'ge] (1s) *v/t.* allege; state; urge; adduce (*evidence etc.*); quote; cite; ~ *l'ignorance* plead ignorance.

alléluia [alelɥi'ja] *m* hallelujah, alleluia(h).

allemand, e [al'mã, ~'mã:d] **1.** *adj.* German; **2.** *su./m ling.* German; *su.* ♀ German.

aller [a'le] **1.** (1q) *v/i.* go; depart; ~ (*inf.*) be going to (*inf.*), go and ...; *a.* = *fut. tense*; ~ *à bicyclette* go by bicycle; ~ *à cheval* ride (a horse); ~ *bien (mal)* be or be going well (badly); ~ *chercher* (go and) look for; fetch; ~ *diminuant* grow steadily less; ~ *en chemin de fer* go by train or rail; ~ *en voiture* drive, ride (in a car), go by car; ~ *se coucher* go to bed; ~ *sur la cinquantaine* be going or getting on for fifty; ~ *voir q.* call on s.o.; go and see s.o.; *allons!* let's go!; come!; *nonsense!*; come along!; *ce chapeau lui va bien (mal)* that hat suits (does not suit) him; *cela me va* that suits me; *comment allez-vous?* how are you?; *il va sans dire* it goes without saying, it is obvious; *il y va de ...* it is a matter of ...; *... is at stake*; *la clef va à la serrure* the key fits the lock; *n'allez pas croire ...!* don't believe ...!; don't think ...!; *F on y va!* coming!; *s'en ~ go away*, leave, depart; *va! agreed!*; *believe me ...!*; **2.** *su./m* ♉ outward journey; ♋ single ticket; ~ *et retour* journey there and back; *ticket:* return; *à l'~* on the outward journey; *au pis ~* if the worst comes to the worst; *le pis ~* the last resort.

allergie [aller'ʒi] *f* ♨, *a. F fig.* allergy; **allergique** [~'ʒik] allergic (to, *à*).

alliable [a'ljabl] miscible; *fig.* compatible; **alliage** [a'lja:ʒ] *m* alloy; ⚗ alligation; **alliance** [a'ljɑ̃:s] *f* alliance; marriage; union; wedding ring; **allié, e** [a'lje] **1.** *adj.* allied; **2.** *su.* relation by marriage; **allier** [~] (1o) *v/t.* ally; unite; ⊕ alloy (*metals*); blend (*colours*); *s'~* marry, be married.

allitération [alitera'sjɔ̃] *f* alliteration.

allô! [a'lo] *int.* hullo!, hello!

allocation [alɔka'sjɔ̃] *f* allocation; allowance; grant; ~*s pl. familiales* family allowances; ~ *d'assistance* subsidy; ~ *de chômage* unemployment benefit; ~ *de maternité* maternity benefit; ~ *vieillesse* old age relief.

allocution [alɔky'sjɔ̃] *f* address, speech.

allogène [alɔ'ʒɛn] non-native; alien.

allonge [a'lɔ̃:ʒ] *f* extension; ekingpiece; *table:* leaf; meat-hook; *box.* reach; ♱ rider; **allongement** [alɔ̃ʒ'mɑ̃] *m* lengthening; ⊕ elongation; **allonger** [alɔ̃'ʒe] (1l) *v/t.* lengthen; delay; prolong; *sl.* aim (a blow) (at, *à*); *sl.* fork out (*money*); *s'~* stretch (out), grow longer.

allopathie ♨ [allopa'ti] *f* allopathy.

allouable [a'lwa:bl] grantable; **allouer** [a'lwe] (1p) *v/t.* grant; allocate.

allumage [aly'ma:ʒ] *m* lighting; ⊕ ignition; *mot.* ~ *prématuré* backfire; pinking; ~ *raté* misfire; *couper l'~* switch off the ignition; *retarder l'~* retard the spark; **allumé, e** *sl.* [~'me] worked-up; **allume-feu** [alym'fø] *m/inv.* fire-lighter; **allume-gaz** [~'ga:z] *m/inv.* gaslighter; **allumer** [aly'me] (1a) *v/t.* light, kindle, inflame; ♱ *v/i.* switch on (the light); *s'~* catch fire; light up; **allumette** [~'mɛt] *f* match; ~ *de sûreté* safety match.

allure [a'ly:r] *f* walk, gait; bearing; manner; demeanour; speed; pace; appearance; ⚓ mode of sailing, sailing-trim; ♱ *business:* trend; *à toute* ~ at full speed; *filer (marcher) à une* ~ *normale* travel (walk, go) at a normal speed; *forcer l'~* increase speed; *fig. prendre une bonne* ~ take a promising turn; *régler l'~* set the pace.

alluvial, e, *m/pl.* **-aux** *geol.* [ally-'vjal; ~'vjo] alluvial; **alluvion** [~'vjɔ̃] *f* alluvium; alluvial (deposit).

almanach [alma'na] *m* almanac; calendar; ~ *du commerce* commercial directory; *faiseur m d'~s* weather-prophet.

aloi [a'lwa] *m* standard, quality (a. *fig.*); *fig. de bon* ~ genuine; sterling; *fig. de mauvais* ~ base, worthless; *monnaie f d'~* sterling money.

alors [a'lɔ:r] *adv.* then; at or by that time; in that case; well (then); ~ *même que* even when or though; ~ *que* at a time when; whereas; *d'~* of that time; *jusqu'~* until then; *F et ~?* and what then?; so what?

alouette *orn.* [a'lwɛt] *f* lark.

alourdir [alur'di:r] (2a) *v/t.* make heavy *or* dull; weigh down; *s'~* become heavy; **alourdissement** [~dis'mã] *m* heaviness.

aloyau [alwa'jo] *m* sirloin (of beef).

alpaga *zo.* [alpa'ga] *m* alpaca.

alpage [al'pa:ʒ] *m* pasture on the upper slopes; **alpe** [alp] *f* Alp, height; *geogr.* **les ♀s** *pl.* the Alps; **alpestre** [al'pɛstr] alpine.

alphabet [alfa'bɛ] *m* alphabet; spelling-book; primer; **alphabétique** [~be'tik] alphabetical.

alpin, e [al'pɛ̃, ~'pin] alpine; ✕ *chasseur m ~* mountain infantryman; **alpinisme** [alpi'nism] *m* mountaineering; **alpiniste** [~'nist] *su.* mountaineer, *F* climber.

alsacien, -enne [alza'sjɛ̃, ~'sjɛn] **1.** *adj.* Alsatian, of Alsace; **2.** *su.* ♀ Alsatian, man (woman) of Alsace.

altérable [alte'rabl] liable to deterioration; *~ à l'air* which deteriorates on exposure to the air; **altérant, e** [~'rã, ~'rã:t] thirst-making; **altération** [~ra'sjõ] *f* deterioration; weakening; *coinage:* debasing; *colour:* fading; *voice:* faltering; *fig.* misrepresentation.

altercation [alterka'sjõ] *f* altercation; dispute.

altéré¹, e [alte're] thirsty (*fig.* for, *de*).

altéré², e [~] haggard (*face*); faded (*colour*); broken, faltering (*voice*).

altérer¹ [~] (1f) *v/t.* change for the worse, corrupt; debase (*the currency*); taint; spoil; adulterate, tamper with; inflect (*a note*); *s'~* change for the worse; deteriorate; break (*voice*); weather (*rock*).

altérer² [~] (1f) *v/t.* make thirsty.

alternance [alter'nã:s] *f* alternation (*a. ♪*); *♪ ~ des cultures* crop rotation; **alternateur** *♀* [~na'tœ:r] *m* alternator; **alternatif, -ve** [~na'tif, ~'ti:v] alternate; alternative; ⊕ reciprocating; *♀ courant m ~* alternating current; **alternative** [~na'ti:v] *f* alternation; alternative; *~s* *pl.* saisonnières seasonal alternation *sg.*; **alterne** [al'tern] alternate (*angle*); **alterner** [~ter'ne] (1a) *v/i.* alternate, take turns; *v/t.* rotate (*the crops*); ⊕ break (*a joint*).

Altesse [al'tɛs] *f title:* Highness.

altier, -ère [al'tje, ~'tjɛːr] haughty, proud, lofty; **altimètre** [alti'mɛtr] *m* altimeter; **altitude** [~'tyd] *f* altitude; ✈ *~ d'utilisation* cruising altitude; ✈ *prendre de l'~* climb.

alto *♪* [al'to] *m voice:* alto; viola; alto saxophone.

altruisme [altry'ism] *m* altruism; **altruiste** [~'ist] **1.** *adj.* altruistic, selfless; **2.** *su.* altruist.

alumine [aly'min] *f* alumina; **aluminium** [~mi'njom] *m* aluminium, *Am.* aluminum.

alun [a'lœ̃] *m* alum; **aluner** [aly'ne] (1a) *v/t.* alum; *phot.* harden (*the negative*).

alunir [aly'ni:r] (2a) *v/i.* land on the moon; **alunissage** [~ni'sa:ʒ] *m* landing on the moon, lunar landing.

alvéole [alve'ɔl] *m* alveolus; *a.* ⊕ cell; *tooth:* socket; cavity.

amabilité [amabili'te] *f* amiability; kindness; *~s* *pl.* civilities.

amadou [ama'du] *m* tinder, touchwood, *Am.* punk; **amadouer** [~'dwe] (1p) *v/t.* coax, wheedle; draw, attract (*customers*).

amaigrir [ame'gri:r] (2a) *v/t.* make thin; reduce; *s'~* lose weight, grow thin; **amaigrissement** [~gris'mã] *m* growing thin; slimming; emaciation; *soil:* impoverishment.

amalgamation [amalgama'sjõ] *f* amalgamation; ✝ merger; **amalgame** [~'gam] *m* amalgam; *F* mixture; **amalgamer** [~ga'me] (1a) *v/t.* amalgamate.

amande [a'mã:d] *f* almond; kernel; **amandier** [~'dje] *m* almond-tree.

amant, e [a'mã, ~'mã:t] *su.* lover; *su./f* mistress.

amarante ♀ [ama'rã:t] *su./f, a. adj./inv.* amaranth.

amarrage [ama'ra:ʒ] *m* mooring, docking; **amarre** ⚓ [a'mar] *f* mooring rope; hawser; *~s* *pl.* moorings; **amarrer** [ama're] (1a) *v/t.* moor; make fast; secure; dock; lash (*a hawser*); *s'~* moor, make fast; dock.

amas [a'mɑ] *m* heap; store; crowd; *~ de neige* snow-drift; **amasser** [amɑ'se] (1a) *v/t.* heap up; amass; accumulate.

amateur [ama'tœ:r] *m* lover (*of music, sports, etc.*); admirer; amateur; **amateurisme** [~tœ're'rism] *m sp. etc.* amateurism; *pej.* amateurishness.

amatir [ama'ti:r] (2a) *v/t.* mat; dull; deaden.

amazone [ama'zo:n] *f* amazon; horsewoman; (lady's) riding-habit.

ambages [ãm'ba:ʒ] *f/pl.* circumlocution; *sans ~* forthrightly.

ambassade [ãmba'sad] *f* embassy; ambassador's staff; *fig.* errand; **ambassadeur** [~sa'dœːr] *m* ambassador; *fig.* messenger; **ambassadrice** [~sa'dris] *f* ambassadress, *a.* ambassador's wife.

ambiance [ã'bjã:s] *f* surroundings *pl.*, environment; atmosphere; **ambiant, e** [ã'bjã, ~'bjã:t] surrounding; *conditions f/pl. ~es* circumstances; environment *sg.*

ambidextre [ãbi'dɛkstr] **1.** *adj.* ambidextrous; **2.** *su.* ambidexter.

ambigu, -guë [ãmbi'gy] **1.** *adj.* ambiguous; equivocal; **2.** *su./m* mixture, medley; cold collation; **ambiguïté** [~gɥi'te] *f* ambiguity.

ambitieux, -euse [ãbi'sjø, ~'sjø:z] **1.** *adj.* ambitious; *style m ~* affected style; **2.** *su.* ambitious person; **ambition** [~'sjɔ̃] *f* ambition; **ambitionner** [~sjɔ'ne] (1a) *v/t.* covet; be eager for; *pol. ~ le pouvoir* aspire to power; strive for power.

amble [ã:bl] *m* amble, pace; *Am.* single-foot.

ambre [ã:br] *m* amber; *~ gris* ambergris; **ambrer** [ã'bre] (1a) *v/t.* scent with amber. [⚘ wormseed.]

ambroisie [ãbrwa'zi] *f* ambrosia;

ambulance [ãby'lãs] *f* ambulance (*a. mot.*); ✗ field hospital; **ambulancier** [~lã'sje] *m* ambulance man or driver; **ambulancière** [~lã'sjɛːr] *f* ambulance woman; **ambulant, e** [~'lã, ~'lã:t] **1.** *adj.* itinerant, travelling; ambulant; strolling (*player*); **2.** *su./m post:* travelling sorter; **ambulatoire** [~la'twa:r] *adj.* ambulatory.

âme [ɑ:m] *f* soul (*a. fig.*); *fig.* feeling; ⊕ *cable etc.*: core; girder: web; ✗ *gun:* bore; *~s pl.* souls, inhabitants; *fig. ~ damnée* tool, F stooge; *~ en peine* soul in Purgatory; *rendre l'~* breathe one's last.

amélioration [ameljora'sjɔ̃] *f* improvement; **améliorer** [~'re] (1a) *v/t.* improve, ameliorate.

amen [a'mɛn] *int., a. su./m/inv.* amen.

aménagement [amenaʒ'mã] *m* arranging; arrangement; adjustment; ✓ parcelling out; development; *~ du territoire* town and country planning; *~ intérieur* interior decoration; **aménager** [~na'ʒe] (1l) *v/t.* arrange; ✓ parcel out; plan (*a town*); develop (*an area etc.*).

amendable [amã'dabl] improvable; **amende** [a'mã:d] *f* fine; *~ honorable* amende honorable; *sous peine d'~* on pain of a fine; *mettre q. à l'~* fine s.o.; **amendement** [amãd'mã] *m* improvement (*a. ✓*); ✓ manure; *parl.* amendment; **amender** [amã'de] (1a) *v/t.* amend; improve; *s'~* mend one's ways.

amenée [am'ne] *f* bringing; ⊕ *~ d'air* air-intake, air-inlet; **amener** [~] (1d) *v/t.* lead (*to, à*); pull; bring (in, up, down, out); produce; cause; throw (*a number*); *~ pavillon* strike one's flag; *~ une crise* force an issue; *sl.* **amène-toi!** come along!; 🏛 *mandat m d'~* order to appear.

aménité [ameni'te] *f* amenity; charm; *usu. iro. ~s pl.* compliments.

amenuisement [amnɥiz'mã] *m* decrease, dwindling, lessening, diminishing; **amenuiser** [amnɥi'ze] (1a) *v/t.* thin down; pare down; *s'~* decrease, dwindle, lessen, diminish.

amer, -ère [a'mɛ:r] bitter (*a. fig.*).

américain, e [ameri'kɛ̃, ~'kɛn] **1.** *adj.* American; **2.** *su.* ♀ American; **américaniser** [~kani'ze] (1a) *v/t.* Americanize; *s'~* become Americanized; **américaniste** [~ka'nist] *su.* Americanist.

amerrir ✈ [amɛ'ri:r] (2a) *v/i.* land, alight (*on sea*); splash down; **amerrissage** [~ri'sa:ʒ] *m* alighting, landing (*on sea*); splashdown.

amertume [amɛr'tym] *f* bitterness (*a. fig.*).

améthyste [ame'tist] *f* amethyst.

ameublement [amœblə'mã] *m* furnishing; (suite of) furniture; *tissu m d'~* furnishing fabric; **ameublir** [~'bli:r] (2a) *v/t.* 🏛 convert into personalty; bring (*realty*) into the communal estate; ✓ break up (*the soil*); **ameublissement** [~blis'mã] *m* conversion into personalty; *realty:* inclusion in the communal estate; ✓ *soil:* breaking-up.

ameuter [amø'te] (1a) *v/t.* form (*hounds*) into a pack; assemble; stir up, incite (*the mob*) (against, *contre*); s'~ collect (into a mob); riot.

ami, e [a'mi] **1.** *su.* friend; *société f des ~s* Quakers *pl.*; **2.** *adj.* friendly; *fig.* kindly; **amiable** [a'mjabl] amicable; friendly; *à l'~* amicably; *adj.* private; *vendre à l'~* sell privately.

amiante *min.* [a'mjã:t] *m* asbestos.

amical, e, *m/pl.* **-aux** [ami'kal, ~'ko] friendly; amicable.

amidon [ami'dõ] *m* starch; **amidonner** [~dɔ'ne] (1a) *v/t.* starch.

amincir [amɛ̃'si:r] (2a) *v/t.* make thinner; make (*s.o.*) look slender; *Am.* slenderize; s'~ grow thinner; **amincissant, e** [~si'sã, ~'sã:t] slimming, *Am.* slenderizing.

amiral [ami'ral] *m* admiral; *vaisseau m ~* flagship; **amirauté** [~ro'te] *f* admiralship; admiralty; *l'♀* the Admiralty.

amitié [ami'tje] *f* friendship; affection; friendliness, ~s *pl.* compliments (= *greetings*); *faites-lui mes* ~s give him my compliments *or* regards; remember me to him; *faites-moi l'~ de* (*inf.*) do me the favo(u)r of (*ger.*).

ammoniac, -que [amɔ'njak] *adj.*: *gaz m ~* ammonia; *sel m ~* sal ammoniac; **ammonisation** *biol.* [~niza'sjõ] *f* ammonification.

amnésie [amne'zi] *f* amnesia, loss of memory.

amnistie [amnis'ti] *f* amnesty; **amnistier** [~'tje] (1o) *v/t.* pardon, grant an amnesty to.

amocher *sl.* [amɔ'ʃe] (1a) *v/t.* make a mess of; bash up.

amoindrir [amwɛ̃'dri:r] (2a) *v/t.* lessen, reduce, decrease; s'~ diminish, grow less; **amoindrissement** [~dris'mã] *m* lessening, reduction, decrease.   [ning amok.)

amok [a'mɔk] *m* amok; *person run-)*

amollir [amɔ'li:r] (2a) *v/t.* soften; *fig.* weaken; s'~ go soft; weaken; **amollissement** [~lis'mã] *m* softening (*a. fig.*); *fig.* weakening.

amonceler [amõs'le] (1c) *v/t.* pile up; accumulate; **amoncellement** [~sɛl'mã] *m* heap(ing); piling; accumulation; pile.

amont [a'mõ] *m*: *en ~* up-stream; *fig.* beforehand, in advance; *en ~ de* above; *fig.* previous to; before; *voyage m en ~* up journey.

amorçage [amɔr'sa:ʒ] *m* pump: priming; *shell*: capping; starting; *fish*: baiting; **amorce** [a'mɔrs] *f* bait; priming; *pump, gun*: primer; *shell*: percussion cap; ⚡ fuse; *fig.* beginning; **amorcer** [amɔr'se] (1k) *v/t.* bait; prime (*a pump*); cap (*a shell*); *fig.* begin; ⊕, *a. fig.* s'~ start; ⚡ build up (*magnetic field*); **amorçoir** ⊕ [~'swa:r] *m* auger, boring-bit; centre punch.

amorphe [a'mɔrf] amorphous; *fig.* spineless.

amortir [amɔr'ti:r] (2a) *v/t.* deaden (*a noise, a pain*); cushion, absorb (*a shock*); tone down (*a colour*); † pay off, amortize; † write off (*equipment*); ⚠ slake (*lime*); *phys.* damp down; **amortissable** † [~ti'sabl] redeemable; **amortissement** [~tis'mã] *m* deadening; † depreciation; † redemption; paying-off; *shock*: absorption; **amortisseur** ⊕ [~ti'sœ:r] *m* damping device; damper; (*a. ~ de choc*) shock absorber.

amour [a'mu:r] *m* love; passion; affection; ♀ Cupid, Love; ~s *f/pl.* love sg., delight sg.; *amours; l'~ du prochain* love of one's neighbour; *iro. pour l'~ de Dieu* for heaven's sake; **amouracher** [amura'ʃe] (1a) *v/t.* enamour; s'~ de fall in love with, become enamoured of; **amourette** [~'rɛt] *f* love affair; F crush; ♣ quaking-grass; ♣ London pride; **amoureux, -euse** [~'rø, ~'rø:z] **1.** *adj.* loving; amorous (*look etc.*); ~ de in love with; enamoured of; **2.** *su.* sweetheart; **amour-propre,** *pl.* **amours-propres** [amur'prɔpr] *m* self-respect; *pej.* conceit.

amovible [amɔ'vibl] removable; detachable.

ampérage ⚡ [ãpe'ra:ʒ] *m* amperage; **ampère** ⚡ [ã'pɛ:r] *m* ampere.

amphibie [ãfi'bi] **1.** *adj.* amphibious; ✕ *etc.* combined (*operation*); **2.** *su./m* amphibian; **amphibiens** [ãfi'bjɛ̃] *m/pl.* amphipia *pl.*, amphibians *pl.*

amphigouri [ãfigu'ri] *m* amphigory; rigmarole.

amphithéâtre [ãfite'a:tr] *m* amphitheatre, *Am.* amphitheater; *univ.* lecture hall.

amphityron [ãfiti'jõ] *npr./m* Amphitryon; *fig.* host, entertainer.

ample [ɑ̃pl] ample; spacious, roomy; full, complete; **ampleur** [ɑ̃'plœːr] f fullness; *meal:* copiousness; *style:* breadth; *appeal:* generality; ~ du son volume of sound; **ampliation** [ɑ̃plia'sjɔ̃] f certified copy; **amplificateur** [~fika'tœːr] m *sound:* intensifier; *radio:* amplifier, booster; *phot.* enlarger; **amplification** [~fika'sjɔ̃] f amplification (a. *radio*); development; *phot.* enlargement; *opt.* magnification; *fig.* exaggeration; **amplifier** [~'fje] (1o) v/t. amplify (a. *♪*), develop; *opt.* magnify; *fig.* exaggerate; **amplitude** [~'tyd] f amplitude (a. *phys., astr.*); vastness.

ampoule [ɑ̃'pul] f *♪* flask; *♪* bulb (a. *thermometer*); *vacuum flask:* container; *♪* blister; *♪* (de) *flash* flash; **ampoulé, e** [ɑ̃pu'le] blistered; *fig.* bombastic.

amputation [ɑ̃pyta'sjɔ̃] f limb: amputation, cutting off; *book:* curtailment; **amputé, e** [ɑ̃my'te] person who has lost a limb; **amputer** [~'te] (1a) v/t. *♪* amputate; *fig.* cut down.

amulette [amy'lɛt] f amulet, charm.

amusant, e [amy'zɑ̃, ~'zɑ̃ːt] amusing, entertaining; funny; **amuse-gueule** F [amyz'gœl] m/inv. appetizer (a. *fig.*); cocktail snack; **amusement** [amyz'mɑ̃] m entertainment; amusement; pastime; **amuser** [amy'ze] (1a) v/t. amuse, entertain; put off, fool (*creditors*); s'~ a. have fun; *amusez-vous bien!* enjoy yourself; have a good time!; s'~ de make fun of, laugh at; **amusette** [~'zɛt] f plaything; diversion.

amygdale *anat.* [amig'dal] f tonsil; **amygdalite** [~da'lit] f tonsillitis.

an [ɑ̃] m year; *avoir dix ~s* be ten (years old); *bon ~, mal ~* taking one year with another; *jour* m *de l'~* New Year's Day; *par ~* a year, per annum; *tous les trois ~s* every three years.

anabaptiste [anaba'tist] m anabaptist.

anachorète [anakɔ'rɛt] m anchorite, recluse.

anachronisme [anakro'nism] m anachronism.

anal, e, m/pl. **-aux** *anat.* [a'nal, ~'no] anal.

analgésique [analʒe'zik] adj., a. su./m analgesic.

analogie [analɔ'ʒi] f analogy; *par ~* by analogy (with, *avec*); **analogue** [~'lɔg] **1.** adj. analogous (to, with *à*), similar (to, *à*); **2.** su./m analogue; parallel.

analphabète [analfa'bɛt] adj., a. su. illiterate; **analphabétisme** [~be'tism] m illiteracy.

analyse [ana'liːz] f analysis (a. *♫, 🔤, etc.*); précis, abstract; *🔤 ~ du marché* market analysis; *♫ ~ du sang* bloodtest; *~ du travail* time and motion study; **analyser** [~li'ze] (1a) v/t. analyse (a. *♫, 🔤, fig.*); make a précis of; **analytique** [~li'tik] analytic(al).

ananas [ana'na] m pineapple, ananas.

anarchie [anar'ʃi] f anarchy; *fig.* state of confusion; **anarchique** [~'ʃik] anarchic(al), anarchist(ic); **anarchisme** [~'ʃism] m anarchism; **anarchiste** [~'ʃist] adj., a. su. anarchist.

anathème [ana'tɛm] m anathema; curse.

anatomie [anatɔ'mi] f anatomy; F *fig. une belle ~* a nice figure (*woman*); **anatomique** [~'mik] anatomical; **anatomiste** [~'mist] m anatomist; **anatomiser** [~mi'ze] (1a) v/t. anatomize.

ancêtre [ɑ̃'sɛtr] m ancestor, forefather.

anche *♪* [ɑ̃ːʃ] f reed.

anchois [ɑ̃'ʃwa] m anchovy.

ancien, -enne [ɑ̃'sjɛ̃, ~'sjɛn] **1.** adj. ancient, old; former, bygone, past; former, late; senior; *~(ne) élève* mf old boy (girl); *univ. Am.* alumnus (alumna); *~ combattant* ex-serviceman, *Am.* veteran; **2.** su./m eccl. elder; *les ♀s pl.* the Ancients (*Greeks and Romans*); **anciennement** [ɑ̃sjɛn'mɑ̃] adv. in days of old, formerly; **ancienneté** [~'te] f oldness, antiquity; length of service; *avancer à l'~* be promoted by seniority.

ancrage [ɑ̃'kraːʒ] m anchoring, anchorage; *droit* m *d'~* anchorage due; **ancre** [ɑ̃:kr] f *♪* anchor; *♪* brace; *être à l'~* ride at anchor; **ancrer** [ɑ̃'kre] (1a) v/t. anchor; *fig.* fix firmly.

andalou, -ouse [ɑ̃da'lu, ~'luːz] adj., a. su. ♀ Andalusian.

andouille [ɑ̃'duːj] f chitterlings pl.; sl. duffer, mug; **andouiller** hunt.

andouillette [ˌˈjɛt] *f* tine; **andouillette**
f small chitterling sausage.
androgyne [ɑ̃drɔˈʒin] androgynous;
androphobe [ˌˈfɔb] **1.** *adj.* man-
hating; **2.** *su.* man-hater.
âne [ɑːn] *m* ass; donkey (*a. fig.*); ⊕
bench-vice; *pont m aux ~s* child's
play.
anéantir [aneɑ̃ˈtiːr] (2a) *v/t.* anni-
hilate; destroy; reduce to nothing;
fig. overwhelm; **anéantissement**
[ˌtisˈmɑ̃] *m* annihilation, destruction; prostration; dejection.
anecdote [anekˈdɔt] *f* anecdote;
anecdotique [ˌdɔˈtik] anecdotal.
anémie [aneˈmi] *f* an(a)emia;
anémier [ˌˈmje] (1a) *v/t.* render
an(a)emic; F weaken; *s'~* become
an(a)emic; **anémique** [ˌˈmik]
an(a)emic.
anémomètre [anemɔˈmɛtr] *m* ane-
mometer, wind-ga(u)ge.
anémone ♀ [aneˈmɔn] *f* anemone.
ânerie [ɑnˈri] *f* gross blunder;
stupidity; F ignorance.
anéroïde [anerɔˈid] aneroid (*barometer*).
ânesse [ɑˈnes] *f* she-ass.
anesthésie ⚕ [anesteˈzi] *f* an(a)es-
thesia; an(a)esthetic; **anesthésier**
[ˌˈzje] (1a) *v/t.* an(a)esthetize;
anethésique [ˌˈzik] *adj., a. su./m*
an(a)esthetic.
anfractuosité [ɑ̃fraktɥoziˈte] *f* irregularity; *~s pl.* winding(s *pl.*) *sg.*
ange [ɑ̃ːʒ] *m* angel; *~ gardien* guardian angel; *fig. être aux ~s* be in the
seventh heaven; be overjoyed;
faiseuse f d'~s baby-farmer; **angé-
lique** [ɑ̃ʒeˈlik] **1.** *adj.* angelic; **2.** *su./f*
♀, *cuis.* angelica; ♀ *~ sauvage* cow-
parsnip; **angélus** [ˌˈlys] *m* angelus
(*a. bell*).
angine ⚕ [ɑ̃ˈʒin] *f* angina; tonsillitis; *~ de poitrine* angina pectoris;
angineux, -euse [ɑ̃ʒiˈnø, ˌˈnøːz]
anginal, anginous.
anglais, e [ɑ̃ˈglɛ, ˌˈglɛːz] **1.** *adj.*
English, e **2.** *su./m ling.* English; ♀
Englishman; *les ♀ m/pl.* the English;
su./f ♀ Englishwoman.
angle [ɑ̃ːgl] *m* angle; ⊕ edge; ♈
~ aigu (*droit, obtus*) acute (right,
obtuse) angle; *~ visuel* angle of
vision.
anglican, e [ɑ̃gliˈkɑ̃, ˌˈkan] **1.** *adj.*
Anglican; *l'Église f ~e* the Church
of England; **2.** *su.* Anglican.

angliciser [ɑ̃gliziˈze] (1a) *v/t.* angli-
cize; *s'~* become English; imitate
the English; **anglicisme** [ˌˈsism]
m Anglicism; English idiom; **angli-
ciste** [ˌˈsist] *su.*, **anglicisant** *m*, **e** *f*
[ˌsiˈzɑ̃, ˌˈzɑ̃ːt] student of *or* authority on English language and literature.
anglo... [ɑ̃glɔ] Anglo...; **~manie**
[ˌmaˈni] *f* anglomania; **~nor-
mand, e** [ˌnɔrˈmɑ̃, ˌˈmɑ̃ːd] *adj., a.
su.* ♀ Anglo-Norman; **~phile** [ˌˈfil]
adj., a. su. Anglophil(e); **~phobe**
[ˌˈfɔb] **1.** *su.* Anglophobe; **2.** *adj.*
Anglophobic; **~phone** [ˌˈfɔn] **1.** *adj.*
English-speaking; **2.** *su.* English-
speaking person; **~saxon, -onne**
[ˌsakˈsɔ̃, ˌˈsɔn] *adj., a. su.* ♀ Anglo-
Saxon.
angoisse [ɑ̃ˈgwas] *f* anguish, agony;
⚕ *a.* spasm; *poire f d'~* choke-pear;
angoisser [ɑ̃gwaˈse] (1a) *v/t.* cause
anguish to, distress.
angora [ɑ̃gɔˈra] *adj. a. su.* angora.
anguille *icht.* [ɑ̃ˈgiːj] *f* eel; *~ de mer*
conger-eel; *il y a ~ sous roche*
there's more in it than meets the
eye; **anguillère** [ɑ̃giˈjɛːr] *f* eel-
pond; eel-pot; **anguillule** *zo.* [ˌˈjyl]
f eel-worm.
angulaire [ɑ̃gyˈlɛːr] angular;
angle-...; *pierre f ~* corner-stone;
anguleux, -euse [ˌˈlø, ˌˈløːz] angular; rugged.
anhélation [anelaˈsjɔ̃] *f* shortness of
breath; **anhéler** [ˌˈle] (1f) *v/i.* gasp,
pant.
anhydre ⚗ [aˈnidr] anhydrous.
anicroche [aniˈkrɔʃ] *f* hitch, difficulty; F snag.
ânier *m*, **-ère** *f* [aˈnje, ˌˈnjɛːr]
donkey-driver, ass-driver.
aniline ⚗ [aniˈlin] *f* aniline; *colorant m d'~* aniline dye.
animadversion [animadverˈsjɔ̃] *f*
animadversion, reproof.
animal, e, m/pl. -aux [aniˈmal, ˈmo]
1. *su./m* animal; *fig.* dolt; **2.** *adj.*
animal, brutish; *règne m ~* animal
kingdom; **animalcule** [ˌmalˈkyl]
m animalcule; **animalier** [ˌmaˈlje]
m painter *etc.* of animals; **animaliser** [animaliˈze] (1a) *v/t.* animalize;
s'~ become animalized; **animalité**
[ˌˈte] *f* animality; animal kingdom.
animateur, -trice [animaˈtœːr,
ˌˈtris] **1.** *adj.* animating; **2.** *su.* emcee,
Br. a. compère; organizer; *fig.* driv-

animation

ing force (*person*); **animation**
[∼'sjɔ̃] *f* animation; coming *or* bringing to life; **animé, e** [ani'me] spirited, lively; ♣ brisk (*market*); *cin.*
dessins *m/pl.* ∼s animated cartoons;
animer [∼] (1a) *v/t.* animate; liven
up; impel, prompt, actuate; light up
(*the features*).

animosité [animozi'te] *f* animosity,
ranco(u)r, spite.

anis ♣ [a'ni] anise; aniseed; **aniser**
[ani'ze] (1a) *v/t.* flavo(u)r with aniseed.

ankylose ♣ [ăki'lo:z] *f* anchylosis.

annal, e [an'nal] **1.** *adj.* yearly,
lasting for one year; **2.** *su./f:* ∼es *pl.*
annals, records.

anneau [a'no] *m* ring (a. ⊕, *sp.*); ⊕
chain: link; *hair:* ringlet; ∼ brisé
split ring.

année [a'ne] *f* year; ∼ bissextile leap
year; ∼ civile natural year; ∼ scolaire
school year, academic year, session;
∼-lumière, *pl.* ∼s-lumière [∼ly-
'mjɛ:r] *f* light year.

anneler [an'le] (1c) *v/t.* curl (*the
hair*); ring (*a pig*).

annexe [an'nɛks] **1.** *su./f* annex(e),
outbuilding; *document:* schedule,
supplement; appendix; *letter:* enclosure; *state:* dependency; **2.** *adj.*
annexed; école *f* ∼ demonstration
school; lettre *f* ∼ covering letter;
annexer [annɛk'se] (1a) *v/t.* annex;
annexion [∼'sjɔ̃] *f* annexation.

annihiler [annii'le] (1a) *v/t.* anni-
hilate, destroy; ⚖ annul.

anniversaire [anivɛr'sɛ:r] **1.** *adj.*
anniversary; **2.** *su./m* birthday; anniversary; ∼ de mariage wedding anniversary; gâteau *m* d'∼ birthday cake.

annonce [a'nɔ̃:s] *f* announcement,
notice; advertisement; *cards:* call;
fig. presage, sign; ∼s *pl.* encartées
inset (advertisements) *sg.*; *journ.* petites ∼s *pl.* classified adds; **annoncer**
[anɔ̃'se] (1k) *v/t.* announce; foretell;
fig. indicate; s'∼ promise (well, ill,
etc.); **annonceur** [∼'sœ:r] *m* adver-
tizer; **Annonciation** [∼sja'sjɔ̃] *f:* l'∼
the Annunciation; fête *f* de l'∼ Lady
Day.

annotateur *m*, -**trice** *f* [anɔta'tœ:r,
∼'tris] annotator, commentator;
annotation [∼ta'sjɔ̃] *f* annotating,
note, annotation; ♣ inventory of
goods attached; **annoter** [∼'te]
(1a) *v/t.* annotate.

annuaire [a'nɥɛ:r] *m* year-book,
annual; almanac; *teleph.* directory;
⚹ militaire Army List; **annuel,
-elle** [a'nɥɛl] annual, yearly; ♣
plante *f* ∼elle annual; **annuité**
[anɥi'te] *f* annual instalment;
(terminable) annuity.

annulable [any'labl] that can be can-
celled *or* annulled; ⚖ voidable;
defeasible.

annulaire [any'lɛ:r] **1.** *adj.* ring-
like, annular; **2.** *su./m* (a. doigt *m* ∼)
ring-finger.

annulation [anyla'sjɔ̃] *f* annulment;
⚖ judgment: setting aside; *sentence:*
quashing; **annuler** [∼'le] (1a) *v/t.*
annul; cancel (a cheque, a contract);
set aside (a judgment, a will); quash
(a sentence).

anoblir [anɔ'bli:r] (2a) *v/t.* ennoble;
raise to the peerage.

anode ⚡ [a'nɔd] *f* anode.

anodin, e [anɔ'dɛ̃, ∼'din] **1.** *adj.*
anodyne; *fig.* harmless, mild;
2. *su./m* analgesic, anodyne.

anomalie [anɔma'li] *f* anomaly.

ânon zo. [ɑ'nɔ̃] *m* young ass, ass's
foal; F ass; **ânonner** [ɑnɔ'ne] (1a)
v/t. stumble through; mumble
through; drone through.

anonymat [anɔni'ma] *m* anonymity;
anonyme [∼'nim] **1.** *adj.* anonymous; unnamed; société *f* ∼ limited
(-liability) company, *abbr.* Ltd.,
Am. Inc. Ltd.); **2.** *su./m* anonymous
writer; anonymity.

anorak [anɔ'rak] *m* anorak.

anorexie ♣ [anɔrɛk'si] *f* anorexia,
loss of appetite; **anorexigène**
[anɔrɛksi'ʒɛn] appetite suppressant.

anormal, e, *m/pl.* -**aux** [anɔr'mal,
∼'mo] abnormal, irregular.

anse [ɑ̃:s] *f* cup etc.: handle; ear;
rope: loop; geog. cove, small bay.

antagonisme [ɑ̃tagɔ'nism] *m* an-
tagonism; **antagoniste** [∼'nist]
1. *su./m* antagonist, opponent; **2.** *adj.*
antagonistic, opposed.

antalgique [ɑ̃tal'ʒik] *adj., a. su./m*
antalgic; anodyne.

antan [ɑ̃'tɑ̃] *adv.:* d'∼ of yester year.

antarctique [ɑ̃tark'tik] **1.** *adj.* antarctic; **2.** *su./m* l'⚹ the Antarctic.

anté... [ɑ̃te] pre..., ante...

antébois △ [ɑ̃te'bwa] *m* chair-rail.

antécédent, e [ɑ̃tese'dɑ̃, ∼'dɑ̃:t]
1. *adj.* antecedent, preceding;
2. *su./m* ♫, ♪, gramm. antecedent;

~s *pl.* (past) records, antecedents; **sans** ~s **judiciaires** with a clean record, not known to the police.

antéchrist [ãte'krist] *m* Antichrist.

antédiluvien, -enne [ãtedily'vjɛ̃, ~'vjɛn] antediluvian (*a. fig.*).

antenne [ã'tɛn] *f zo.* antenna, F feeler; ⊕ lateen yard; *radio:* aerial; ~ **à cadre** frame aerial; ~ **dirigée** directional aerial; ~ **extérieure** outdoor aerial.

antérieur, e [ãte'rjœːr] anterior, prior, previous (to, *à*).

anthère ♀ [ã'tɛːr] *f* anther.

anthologie [ãtɔlɔ'ʒi] *f* anthology.

anthracite [ãtra'sit] *m* anthracite.

anthrax ♂ [ã'traks] *m* anthrax.

anthropo... [ãtrɔpɔ] anthropo...; **~ïde** [~'id] *adj.*, *a. su./m* anthropoid; **~logie** [~lɔ'ʒi] *f* anthropology; **~logue** [~'lɔg] *m* anthropologist; **~morphe** [~'mɔrf] **1.** *adj.* anthropomorphous; **2.** *su./m* zo. anthropoid (ape); **~phage** [~'faːʒ] **1.** *su./m* cannibal; **2.** *adj.* cannibalistic.

anti... [ãti] anti...; **ante...**; **~aérien, -enne** [~ae'rjɛ̃, ~'rjɛn] anti-aircraft (*defence etc.*); **~biotique** [~bjɔ'tik] *m* antibiotic; **~brouillard** *mot.* [~bru'jaːr] *adj.*, *a. su./m/inv.* de-mister; **~chambre** [~'ʃãːbr] *f* anteroom, waiting-room; **faire** ~ **chez** wait on, dance attendance on; **~char** [~'ʃaːr] *adj.* anti-tank (*missile*); **~choc** [~'ʃɔk] *adj./inv.* shockproof; **~chrétien, -enne** [~kre'tjɛ̃, ~'tjɛn] anti-christian.

anticipation [ãtisipa'sjɔ̃] *f* anticipation; encroachment (*on rights*); **par** ~ in advance; ~ **de paiement** advance payment; **littérature d'**~ science fiction; **roman d'**~ science fiction novel; **anticiper** [~si'pe] (1a) *v/t.* anticipate; foresee; *v/i.*: ~ **sur** anticipate.

anti...: **~clérical, e,** *m/pl.* **-aux** [ãtikleri'kal, ~'ko] *adj.* anticlerical; **~conceptionnel, -elle** [~kɔ̃sɛpsjɔ'nɛl] contraceptive; **~corps** [~'kɔːr] *m* anti-body; **~dater** [~da'te] (1a) *v/t.* antedate; **~dépresseur** [~deprɛ'sœːr] antidepressant; **~dérapant, e** *mot.* [~dera'pã, ~'nãːt] non-skid; **2.** *su./m* non-skid tyre; **~détonant, e** *mot.* [~detɔ'nã, ~'nãːt] antiknock; **~dote** ♂ [~'dɔt] *m* antidote (to, for, against *à*, *de*);

~éblouissant, e [~eblui'sã, ~'sãt] anti-dazzle.

antienne [ã'tjɛn] *f* antiphon, anthem; *fig.* **chanter toujours la même** ~ be always harping on the same string.

anti...: **~fading** [ãtifa'diŋ] *m radio:* (*a. dispositif m* ~) automatic volume control; **~gel** ⊕ [~'ʒɛl] *m* anti-freeze; **~halo** *phot.* [~a'lo] **1.** *adj./inv.* non-halation...; backing; **2.** *su./m* backing.

antilope *zo.* [ãti'lɔp] *f* antelope.

anti...: **~parasite** [~para'zit] *m radio:* suppressor; **~pathie** [~pa'ti] *f* antipathy (against, to *contre*), aversion (to, *contre*); **~pathique** [~pa'tik] disagreeable; **~pode** [~'pɔd] *m* antipode; *fig.* the very opposite; **~polluant, e** [~pɔlɥ'ã, ~'ãt] non-polluting; **~pollution** [~pɔly'sjɔ̃] *f* antipollution; **~pyrine** ♂ [~pi'rin] *f* antipyrin.

antiquaille [ãti'kaːj] *f* lumber; fog(e)y; F old stuff, chunk; **antiquaire** [~'kɛːr] *m* antiquary, antique dealer; second-hand bookseller; **antique** [ã'tik] ancient; antique; antiquated; **antiquité** [ãtiki'te] *f* antiquity; ~s *pl.* antiques.

anti...: **~rides** [ãti'rid] **1.** *adj.* anti-wrinkle; **2.** *su./m* anti-wrinkle cream or lotion; **~rouille** ⊕ [~'ruːj] *m* anti-rust (composition); **~sémite** [~se'mit] **1.** *adj.* anti-Semitic; **2.** *su.* anti-Semite; **~septique** ♂ [~sɛp'tik] *adj.*, *a. su./m* antiseptic; **~social, e,** *m/pl.* **-aux** [~sɔ'sjal, ~/sjo] antisocial; **~solaire** [~sɔ'lɛːr]: **crème f** ~ sun cream; **~spasmodique** ♂ [~spasmɔ'dik] antispasmodic; **~tétanique** ♂ [~teta'nik] antitetanic; **~thèse** [~'tɛːz] *f* antithesis; direct contrary; **~tuberculeux, -euse** ♂ [~tybɛrky'lø, ~'løːz] antitubercular; **~vol** [~'vɔl] *adj.* (*a. su./m*) anti-theft (device).

antonyme [ãtɔ'nim] **1.** *adj.* antonymous; **2.** *su./m* antonym.

antre [ãːtr] *m* cave; den, lair.

anurie ♂ [any'ri] *f* anuresis.

anus *anat.* [a'nys] *m* anus.

anxiété [ãksje'te] *f* anxiety, concern; **anxieux, -euse** [~'sjø, ~'sjøːz] anxious, uneasy; eager (to, *de*).

aorte *anat.* [a'ɔrt] *f* aorta.   [ripe.)

août [u] *m* August; **aoûté, e** (u'te)∫

apache [a'paʃ] *m* (*usu. in Paris*) hooligan, tough, hoodlum.

apaisement [apɛz'mɑ̃] *m* appeasement; quieting, calming; **apaiser** [apɛ'ze] (1b) *v/t.* appease (*a.* one's *hunger*), calm, pacify, soothe; quench (*one's thirst*); lull (*a storm*); s'~ calm down (*person*); die down.

apanage [apa'na:ʒ] *m* ap(p)anage; prerogative, privilege; exclusive right (to, de); **apanager** [~na'ʒe] (1l) *v/t.* endow with an ap(p)anage; **apanagiste** [~na'ʒist] 1. *adj.* having an ap(p)anage; 2. *su.* ap(p)anagist.

aparté [apar'te] *m thea.* aside; F private conversation; **en** ~ aside, in a stage-whisper.

apathie [apa'ti] *f* apathy, listlessness; **apathique** [~'tik] apathetic, listless.

apatride [apa'trid] 1. *su.* stateless person; 2. *adj.* stateless.

apepsie 🗲 [apɛp'si] *f* dyspepsia, indigestion.

apercevable [apɛrsə'vabl] perceivable, perceptible; **apercevoir** [~sə-'vwa:r] (3a) *v/t.* see; s'~ de notice; realize; become aware of; **aperçu** [~'sy] *m* glimpse; general idea; rough estimate.

apéritif, -ve [aperi'tif, ~'ti:v] 1. *adj.* appetizing; 2. *su./m* appetizer; aperitif; *l'heure f de l'~* cocktail time.

apéro F [ape'ro] *m* aperitif.

apesanteur [apəzɑ̃'tœ:r] *f* weightlessness; *en état d'~* weightless.

à-peu-près [apə'prɛ] *m* approximation.

apeuré, e [apœ're] frightened.

aphasie 🗲 [afa'zi] *f* aphasia; **aphasique** [~'zik] aphasic, speechless.

aphone 🗲 [a'fɔn] voiceless.

aphorisme [afɔ'rism] *m* aphorism.

aphte 🗲 [aft] *m* aphtha; **aphteux, -euse** *vet.*, 🗲 [af'tø, ~'tø:z] *adj.*: *fièvre f ~euse* foot-and-mouth disease.

apical, e, *m/pl.* **-aux** 🗛, 💈, *gramm.* [api'kal, ~'ko] apical.

apicole [api'kɔl] apiarian; **apiculteur** [apikyl'tœ:r] *m* beekeeper, apiarist; **apiculture** [~'ty:r] *f* beekeeping.

apitoiement [apitwa'mɑ̃] *m* pity, compassion; ~ *sur soi-même* self-pity; **apitoyer** [~'je] (1h) *v/t.* move (to pity); s'~ *sur* feel pity for (*s.o.*); bewail, lament (*s.th.*).

aplanir [apla'ni:r] (2a) *v/t.* level; smooth, plane; *fig.* remove, smooth (away).

aplatir [apla'ti:r] (2a) *v/t.* make flat, flatten; ⊕ clench (*a rivet*); *fig.* crush; s'~ flatten o.s.; *fig.* gravel (before, *devant*).

aplomb [a'plɔ̃] *m* perpendicularity; *fig.* balance, equilibrium; steadiness; coolness; self-possession; *pej.* cheek; *d'~* vertical(ly *adv.*), upright, plumb; steady (steadily *adv.*); F well, in good shape; 🛆 *prendre l'~* take the plumb.

apo... [apɔ] apo...; ~**calypse** [~ka-'lips] *f* apocalypse; *l'🗲* the Book of Revelation; ~**calyptique** [~kalip-'tik] apocalyptic; *fig.* obscure (*style*); ~**cryphe** [~'krif] 1. *adj.* apocryphal; 2. *su./m:* ~*s pl.* the Apocrypha. — [footless; 2. *su./m* apod.\

apode *zo.* [a'pɔd] 1. *adj.* apodal, —

apo...: ~**dictique** [apodik'tik] apodictic, indisputable; ~**gée** [~'ʒe] *m astr.* apogee; *fig.* height, zenith, culminating point; ~**logie** [~ɔlɔ'ʒi] *f* apologia; vindication; ~**logiste** [~ɔlɔ'ʒist] *m* apologist; ~**plexie** 🗲 [~plɛk'si] *f* apoplexy; ~**stasie** [~sta'zi] *f* apostasy; *pol.* F ratting; ~**stasier** [~sta'zje] (1o) *v/t.* apostatize from; *v/i.* apostatize; renounce one's faith *or* principles *or* party; ~**stat, e** [~s'ta, ~s'tat] *adj.,* *a. su.* apostate, F turncoat.

apostille [apos'tij] *f* marginal recommendation; ⚓ entry (*in log*); † apostil, foot-note, side-note.

apostolat [apostɔ'la] *m* apostolate, apostleship; **apostolique** [~'lik] apostolic.

apostrophe [apos'trɔf] *f rhetoric, a. gramm.* apostrophe; rude remark; **apostropher** [~trɔ'fe] (1a) *v/t.* address (*s.o.*) sharply.

apothéose [apote'o:z] *f* apotheosis; *fig. a.* pinnacle; *thea.* grand finale.

apothicaire [apoti'kɛ:r] *m*: *compte m d'~* exorbitant bill.

apôtre [a'po:tr] *m* apostle (*a. fig.*); *faire le bon* ~ play the saint.

apparaître [apa'rɛ:tr] (4k) *v/i.* appear; come into sight; become evident.

apparat [apa'ra] *m* pomp, show.

appareil [apa'rɛ:j] *m* apparatus (*a. fig.,* 💈, 🏥); 🗲 *wound:* dressing; 🛆 bond; 🛆 *stones:* height; *phot.* camera; ⊕ machinery; ⊕ device; *teleph. etc.* instrument; *radio:* set; pomp, display; *anat.* ~ *digestif* digestive system; *phot.* ~ de petit format miniature camera; ~ de *projection* projector; *teleph.* qui est à l'~? who is speaking?; **appareillage** [~re'ja:ʒ] *m* ⚓ getting under way; installation; △ bonding; △ stones: drafting; ⚡ *etc.* equipment; ⊕ fixture; ⊕ plant.

appareillement [aparej'mɑ] *m* matching (up); pairing.

appareiller¹ [apare'je] (1a) *v/t.* match (up); pair.

appareiller² [apare'je] (1a) *v/t.* install; △ bond; △ draft; ⚓ trim (*a sail*); *v/i.* ⚓ get under way.

appareilleur [~'jœ:r] *m* fitter, trimmer; △ house carpenter; △ foreman mason.

apparemment [apara'mɑ] *adv.* of *apparent*; **apparence** [~'rɑ:s] *f* appearance, semblance; *en* ~ outwardly; *sauver les* ~s save one's face; **apparent, e** [~'rɑ, ~'rɑ:t] apparent; conspicuous.

apparenter [aparɑ'te] (1a) *v/t.*: *s'*~ à marry into (*the nobility etc.*).

apparier [apa'rje] (1o) *v/t.* pair (off); mate.

appariteur [apari'tœ:r] *m* 🏛 apparitor, usher; *univ.* laboratory assistant.

apparition [apari'sjɔ̃] *f* appearance; apparition; spectre; vision.

apparoir 🏛 [apa'rwa:r] (3b) *v/impers.* appear (from, *de*; that, *que*).

appartement [apart'mɑ] *m* flat, *Am.* apartment.

appartenance [apartə'nɑ:s] *f*: ~ à belonging to; membership of; **appartenant, e** [~'nɑ, ~'nɑ:t] belonging (to, *à*); **appartenir** [~'ni:r] (2h) *v/i.* belong (to, *à*); *il appartient à q. de faire qch.* it is s.o.'s business *or* it rests with s.o. to do s.th.; *v/t.*: *s'*~ be one's own master.

appas [a'pɑ] *m/pl.* charms.

appât [a'pɑ] *m* bait; lure; *poultry*: soft food; *mordre à l'*~ take the bait; **appâter** [apɑ'te] (1a) *v/t.* lure, entice; cram (*poultry*).

appauvrir [apo'vri:r] (2a) *v/t.* impoverish; *s'*~ become impoverished; grow poor(er); **appauvrissement** [~vris'mɑ] *m* impoverishment; deterioration; ~ *du sang* impoverished blood.

appeau [a'po] *m* decoy(-bird); birdcall.

appel [a'pɛl] *m* call; appeal (*a.* 🏛); ✗ roll-call, call-over, muster; ⊕~ *d'air* indraught, intake of air; *teleph.* ~ *local* (*interurbain*) local call (trunk call); ~ *téléphonique* (tele)phone call; 🏛 *cour f d'*~ Court of Appeal; *faire* ~ à have recourse to; ✗ *ordre m d'*~ induction order; **appeler** [ap'le] (1c) *v/t.* call; call to; call up; send for; ~ *l'attention de q. sur qch.* call s.o.'s attention to s.th.; *s'*~ be called; *v/i.*: ~ *d'un jugement* appeal against a sentence; *en* ~ à appeal to; **appellation** [apɛla'sjɔ̃] *f* appellation; ✝ ~ *d'origine* indication of origin.

appendice [apɛ̃'dis] *m* appendix (*a.* ⚘, *anat.*); △ annex(e); ⚛ tail; **appendicite** ⚕ [~di'sit] *f* appendicitis.

appentis [apɑ̃'ti] *m* lean-to (roof); penthouse; outhouse.

appert [a'pɛ:r] *3rd p. sg. pres. of apparoir.*

appesantir [apəzɑ̃'ti:r] (2a) *v/t.* make heavy; weigh down; dull; *s'*~ become heavy; *s'*~ *sur* dwell upon; **appesantissement** [~tis'mɑ] *m* increase in heaviness *or* dullness.

appétence [ape'tɑ̃:s] *f* appetency, craving (for, of, after *pour*).

appétissant, e [apeti'sɑ̃, ~'sɑ̃:t] appetizing, tempting (*a. fig.*); **appétit** [~'ti] *m* appetite; desire; craving; *ouvrir l'*~ give an edge to the appetite.

applaudir [aplo'di:r] (2a) *v/i.* approve (s.th., *à qch.*); *v/t.* applaud; clap; *s'*~ *de* congratulate o.s. on; **applaudissements** [~dis'mɑ] *m/pl.* applause *sg.*; commendation.

applicable [apli'kabl] applicable (to, *à*); that can be applied; **application** [~ka'sjɔ̃] *f* application; *fig.* diligence; *broderie f* ~ appliqué work; **applique** [a'plik] *f* inlaid work, inlaying; application; applied ornament; (wall-)bracket; **appliqué, e** [apli'ke] diligent; ⚡ *etc.* applied; **appliquer** [~] (1m) *v/t.* apply; F ~ *une gifle à q.* fetch s.o. one; *fig. s'*~ *à* work hard at; be bent on.

appoint [a'pwɛ̃] *m* contribution; added portion; help, support; (*a. monnaie f d'*~) odd money, (right) change; *d'*~ secondary; extra; *faire l'*~ give the right change; **appointements** [apwɛ̃t'mɑ] *m/pl.* emoluments, salary *sg.*

appointer[1] [apwɛ̃'te] (1a) v/t. put on a salary (basis).

appointer[2] ⊕ [~] (1a) v/t. sharpen.

appointement ♣ [apõt'mã] m gangplank; wharf; landing-stage; **apponter** [apõ'te] (1a) v/i. land on an aircraft carrier.

apport [a'pɔːr] m ⚖ contributed property; ✝ contribution; ✝ initial share; ✝ bringing up; ✝ capital m d'~ initial capital; **apporter** [apɔr'te] (1a) v/t. bring; exercise (care); supply, provide; produce; ~ du retard à be slow in; ~ du zèle à show zeal in.

apposer [apo'ze] (1a) v/t. affix (to, à); put; set (a seal); **apposition** [~zi'sjõ] f affixing; gramm. apposition.

appréciable [apre'sjabl] appreciable; **appréciation** [~sja'sjõ] f valuation; estimate; appreciation; **apprécier** [~'sje] (1a) v/t. value; estimate; appreciate.

appréhender [apreɑ̃'de] (1a) v/t. apprehend; dread; seize; **appréhension** [~'sjõ] f apprehension; ⚖ arrest.

apprenant m, e f [aprə'nɑ̃, ~'nɑ̃t] learner, student.

apprendre [a'prɑ̃:dr] (4aa) v/t. learn; teach (s.o. s.th., qch. à q.); ~ à q. à faire qch. teach s.o. (how) to do s.th.; ~ par cœur learn by heart.

apprenti m, e f [aprɑ̃'ti] apprentice; learner; ⚖ etc. articled clerk; **apprentissage** [~ti'sa:ʒ] m apprenticeship; ⚖ etc. articles pl.

apprêt [a'prɛ] m preparation; ⊕ finishing; cuis. dressing, seasoning; paint. priming, size; fig. affectation; **apprêtage** [aprɛ'ta:ʒ] m finishing; sizing; **apprêté, e** [~'te] affected; **apprêter** [~'te] (1a) v/t. prepare; ⊕ finish; size, prime; starch; s'~ get ready; be imminent; dress; **apprêteur** m, -euse f [~'tœːr, ~'tøːz] finisher, dresser.

apprivoiser [aprivwa'ze] (1a) v/t. tame (a. fig.); fig. make sociable.

approbateur, -trice [aprɔba'tœːr, ~'tris] 1. adj. approving; 2. su. approver; **approbatif, -tive** [~'tif, ~'tiːv] approving; **approbation** [~'sjõ] f approbation, approval; ✝ certifying.

approchant, e ✝ [aprɔ'ʃɑ̃, ~'ʃɑ̃:t] 1. adj.: ~ de approximating to; 2. approchant adv., a. prp. nearly; **approche** [a'prɔʃ] f approach; les ~s de the immediate surroundings of (a town etc.); **approcher** [aprɔ'ʃe] (1a) v/t. bring (s.th.) near; s'~ de draw or come near (to); v/i. approach; draw or come near.

approfondir [aprɔfõ'diːr] (2a) v/t. deepen; fig. go deeper into; investigate thoroughly; **approfondissement** [~dis'mã] m deepening; fig. thorough investigation.

appropriation [aprɔpria'sjõ] f appropriation; adaptation (to, à); embezzlement; allocation; **approprier** [~pri'e] (1o) v/t. appropriate; adapt (to, à); s'~ à adapt o.s. to; fall in with.

approuver [apru've] (1a) v/t. approve (of); consent to; agree to; confirm (an appointment); authorize.

approvisionnement [aprɔvizjɔn'mã] m provisioning, supply(ing); stock(ing); **approvisionner** [~zjɔ'ne] (1a) v/t. supply (with, en); provision, victual; s'~ lay in stores.

approximatif, -ve [aprɔksima'tif, ~'tiːv] approximate; **approximation** [~'sjõ] f approximation.

appui [a'pɥi] m support (a. fig.); rest, prop, stay; à l'~ in support of this; à l'~ de in support of; ~(e)-livres, pl. ~s-livres, ~e-livres [apɥi'liːvr] m book-rest; ~(e)-tête, pl. ~s-tête [~'tɛt] m headrest; mot. headrestraint; **appuyer** [apɥi'je] (1h) v/t. support; press; lean, rest (against, contre); v/i.: ~ sur rest on; press, push (a button etc.), press down; fig. emphasize, stress; ~ sur la (or ~ à droite) droite bear to the right; s'~ sur lean, rest on or against; fig. rely on.

âpre [ɑ:pr] rough, harsh; biting; keen; ~ à eager for; ruthless at; ~ au gain grasping, greedy.

après [a'prɛ] 1. prp. space, time: after; behind; idea of attack: at, on to; ~ vous, Madame after you, Madam; ~ quoi after which; thereupon; ~ tout after all; ~ Jésus-Christ after Christ; être toujours ~ s.o. be always nagging at s.o.; ~ avoir lu ce livre after reading this book; d'~ according to; ~ que after, when; 2. adv. after(wards), later; next; la semaine d'~ the following week; une semaine ~ one week later; ~-demain [aprɛdə'mɛ̃] adv.

the day after tomorrow; **~-guerre** [~'gɛːr] *m or f* post-war period; **~-midi** [~mi'di] *m/inv.* afternoon; **~-rasage** [~ra'zaːʒ] *adj., a. su./m/inv.* after-shave; **~-vente** [~'vãːt]: *service m ~* after-sales service.

âpreté [aprə'te] *f* roughness; harshness; sharpness; bitterness; keenness.

à-propos [aprɔ'po] *m* aptness, suitability; opportuneness.

apte [apt] fit(ted) (to, for *à*); apt; **aptitude** [apti'tyd] *f* aptitude; fitness; ⚙ capacity, qualification; ✕ **~s** *pl.* physiques physique *sg.*; *mot.* ~ *à conduire* fitness to drive.

apurement [apyr'mã] *m* audit (-ing); **apurer** [apy're] (1a) *v/t.* audit, pass; discharge (*a liability*).

aquafortiste [akwafɔr'tist] *su.* etcher; **aquaplane** [~'plan] *m* surfboard; **aquaplaning** *mot.* [~pla'nin] *m* aquaplaning; **aquarelle** [~'rɛl] *f* aquarelle, water-colo(u)r; **aquarelliste** [~rɛ'list] *su.* aquarellist, water-colo(u)rist; **aquarium** [~'rjɔm] *m* aquarium; **aquatique** [~'tik] aquatic; marshy (*land*).

aqueduc [ak'dyk] *m* aqueduct (*a. anat.*); culvert; **aqueux, -euse** [a'kø, ~'køːz] watery.

aquilin, e [aki'lɛ̃, ~'lin] aquiline; *nez m ~* Roman nose.

aquilon [aki'lõ] *m* north wind.

arabe [a'rab] **1.** *adj.* Arabian; Arab; Arabic; *chiffre m ~* Arabic numeral; **2.** *su.* ♀ Arab; *su./m ling.* Arabic; *horse:* Arab; *fig.* Shylock, usurer.

arabesque [ara'bɛsk] *adj., a. su./f* arabesque.

arabique [ara'bik] Arabic; Arabian; *gomme f ~* gum arabic; *geog. le golfe* ♀ the Arabian gulf.

arable [a'rabl] arable (*land*).

arachide ♀ [ara'ʃid] *f* peanut, ground-nut.

araignée [arɛ'ɲe] *f zo.* spider; ⊕ grapnel; ♣ clew; *vehicle:* buggy; *sl.* avoir une *~ au plafond* have bats in the belfry; *fig.* pattes *f/pl.* d'~ long thin fingers; scrawl *sg.*; ⊕ grease-channels; *toile f d'~* cobweb; spider's web.

aratoire [ara'twaːr] farming, agricultural.

arbalète [arba'lɛt] *f* cross-bow; **arbalétrier** [~letri'e] *m* cross-bow-man; ⚙ principal rafter.

arbitrage [arbi'traːʒ] *m* arbitration; ✝ arbitrage; *conseil m d'~* conciliation board; **arbitraire** [~'trɛːr] arbitrary; **arbitre** [ar'bitr] *m* ✝ arbitrator; referee (*a. sp.*); *phls: libre ~* free will; **arbitrer** [~bi'tre] (1a) *v/t.* arbitrate; *sp.* referee.

arborer [arbɔ're] (1a) *v/t.* hoist (*a flag*); *fig.* wear, display; *sport* (*a garment*); **arborescence** ♀ [~rɛ'sãːs] *f* arborescence; **arborescent, e** ♀ [~rɛ'sã, ~'sãːt] arborescent; **arboriculteur** ✔ [~rikyl'tœːr] *m* arboriculturist, nurseryman; **arboriculture** ✔ [~rikyl'tyːr] *f* arboriculture.

arbre [arbr] *m* tree; ⊕ spindle, shaft, axle; ⚙ mast; abbor; ⊕ ~ *à cames* cam-shaft; ⊕ ~ *de transmission* propeller shaft; ~ *généalogique* genealogical tree; ~ *manivelle* crankshaft; ⊕ ~ *primaire* driving shaft; **arbrisseau** [~bri'so] *m* sapling, shrub.

arbuste ♀ [ar'byst] *m* bush, shrub.

arc [ark] *m* bow; ⚙ arch; Å, ⊕ arc; ~ *en ogive* ogival arch; ~ *plein cintre* semi-circular arch; ⚙ *avoir de l'~* sag; ✦ *lampe f à ~* arc-lamp.

arcade [ar'kad] *f* archway; ⊕ arch; *spectacles:* bridge; ~s *pl.* arcade *sg.*

arcanes [ar'kan] *m/pl.* arcana, mysteries.

arc-boutant, *pl.* arcs-boutant [arkbu'tã] *m* ⚙ flying buttress; △, ⊕ stay (*a. fig.*), strut; **arc-bouter** [~'te] (1a) *v/t.* buttress; shore up.

arceau [ar'so] *m* hoop; arch.

arc-en-ciel, *pl.* arcs-en-ciel [arkã-'sjɛl] *m* rainbow.

archaïque [arka'ik] archaic; **archaïsme** [~'ism] *m* archaism.

archange [ar'kãːʒ] *m* archangel.

arche¹ [arʃ] *f* arch; hoop.

arche² *bibl.* [~] *f* Ark; ~ *d'alliance* Ark of the Covenant.

archéologie [arkeɔlɔ'ʒi] *f* arch(a)eology; **archéologue** [~'lɔg] *m* arch(a)eologist.

archer [ar'ʃe] *m* archer; **archet** ♪, ⊕ [~'ʃɛ] *m* bow.

archétype [arke'tip] **1.** *adj.* archetypal; **2.** *su./m* archetype, prototype.

archevêché [arʃəve'ʃe] *m* archbishopric, archdiocese; archbishop's palace; **archevêque** [~'vɛk] *m* archbishop.

archi... [arʃi] arch...; extremely; to the hilt; **~bondé, e** [~bõ'de],

~comble [~'kɔ̃:bl] packed (full); **~duc** [~'dyk] *m* archduke.

archipel *geog.* [arʃi'pɛl] *m* archipelago.

architecte [arʃi'tɛkt] *m* architect; **~ paysagiste** landscape gardener; **architecture** [~tɛk'ty:r] *f* architecture; **~ de paysage** landscape gardening *or* design.

archives [ar'ʃi:v] *f/pl.* archives, records; **archiviste** [~ʃi'vist] *su.* archivist; **†** filing clerk.

arçon [ar'sɔ̃] *m* saddle-bow; *vider les ~s* be unhorsed; *fig.* become embarrassed.

arctique [ark'tik] Arctic.

ardemment [arda'mɑ̃] *adv.* *à propos de ardent*; **ardent, e** [~'dɑ̃, ~'dɑ̃:t] hot, burning (*a.* 🜨), scorching; *fig.* ardent, fervent, eager; **être sur des charbons ~s** be on tenterhooks; **ardeur** [~'dœ:r] *f* heat; *fig.* ardo(u)r; eagerness; *horse*: mettle; **~ d'estomac** heartburn.

ardillon [ardi'jɔ̃] *m buckle*: tongue, catch; *typ.* pin.

ardoise [ar'dwa:z] *f* slate; **ardoisé, e** [ardwa'ze] slate-colo(u)red; **ardoisière** [~'zjɛ:r] *f* slate-quarry.

ardu, e [ar'dy] steep, abrupt; arduous; difficult.

are [a:r] *m* are.

arène [a'rɛn] *f* arena; *poet.* sand.

aréole [are'ɔl] *f* 🜨, 🜨, *anat.* areola; *meteor.* nimbus, halo.

arête [a'rɛt] *f icht.* (fish-)bone; ⊕, *mount., etc.* edge; *mount.* crest, ridge; 🜨, ⊕, *etc.* chamfer; *bead*: beading; 🜨 awn, beard; *à ~s vives* sharp-edged.

argent [ar'ʒɑ̃] *m* silver; money; 🜨 argent; **~ comptant** cash; **~ de poche** pocket-money; **~ en caisse** cash in hand; **~ liquide** ready money; *en avoir pour son ~* have one's money's worth; *être à court d'~* be short of money; **argentan** [arʒɑ̃'tɑ̃] *m* nickel *or* German silver; **argenté, e** [~'te] silver(ed); silvery; silver-plated; **argenter** [~'te] (1a) *v/t.* silver; **argenterie** [~'tri] *f* (silver-)plate.

argentin[1], e [arʒɑ̃'tɛ̃, ~'tin] *f* mirror: silvering; silver-plating.

argentin[2], e [~] *adj., a. su.* ♀ Argentine.

argenture [arʒɑ̃'ty:r] *f* mirror: silvering; silver-plating.

argile [ar'ʒil] *f* clay; **~ réfractaire** fire-clay; **argileux, -euse** [arʒi'lø, ~'lø:z] clayey; argillaceous.

argon 🜨 [ar'gɔ̃] *m* argon.

argot [ar'go] *m* slang; **argotique** [~go'tik] slangy.

arguer [ar'gɥe] (1e) *v/t.* infer, deduce (from, *de*); assert; **~ de qch.** put s.th. forward (as a reason); *🜨 un acte de faux* assert that a document is spurious; *v/i.* argue; **argument** [argy'mɑ̃] *m* argument (*a.* 🜨, *a. of a book*); plot, summary; 🜨 variable; **argumentation** [~mɑ̃ta'sjɔ̃] *f* argumentation; **argumenter** [~mɑ̃'te] (1a) *v/i.* argue (about, *à propos de*; against, *contre*; **argutie** [~'si] *f* quibble.

aride [a'rid] arid, dry; sterile; barren; **aridité** [aridi'te] *f* aridity, dryness; barrenness.

arien, -enne [a'rjɛ̃, ~'rjɛn] *adj., a. su.* Arian.

ariette ♪ [a'rjɛt] *f* arietta.

aristo *sl.* [aris'to] *m* swell; **aristocrate** [~tɔ'krat] *su.* aristocrat; **aristocratie** [~tɔkra'si] *f* aristocracy; **aristocratique** [~tɔkra'tik] aristocratic, upper-class.

arithméticien *m*, **-enne** *f* [aritmeti'sjɛ̃, ~'sjɛn] arithmetician; **arithmétique** [~'tik] **1.** *adj.* arithmetical; **2.** *su./f* arithmetic.

arlequin [arlə'kɛ̃] *m* Harlequin; *food*: scraps *pl.*; *fig.* weathercock.

armateur ♣ [arma'tœ:r] *m* shipowner; **armature** [~'ty:r] *f* frame; brace; *brassière*: boning; 🜨 armature; ♪ key-signature; *fig.* structure.

arme [arm] *f* arm; weapon; 🜨 branch of the service; 🜨 ~s *pl.* blanches side-arms; **~ à tir rapide** automatic weapon; **~ automatique** light machine-gun; **~ de choc** striking weapon; **~s** *pl.* spatiales space weapons; *sp.* faire des ~s fence; **armé, e** [ar'me] *adj.*: béton *m* **~** reinforced concrete, ferro-concrete; *poutre f ~e* trussed beam; *verre m ~* wired glass; **armée** [ar'me] *f* army; forces *pl.*; **~ de l'air** Air Force; **~ de mer** Navy; **~ de métier** regular army; **~ de terre** land forces *pl.*; ♀ *du Salut* Salvation Army; **armement** [armə'mɑ̃] *m* armament, arming; equipment; ♣ commissioning; ♣ manning.

arménien, -enne [arme'njɛ̃, ~'njɛn] *adj., a. su.* ♀ Armenian.

armer [ar'me] (1a) v/t. arm (with, de); equip; ⚓ commission; ⚔ man; cock (a pistol); ⊕ mount (a machine); ⚡ wind (a dynamo); ⚡ sheath (a cable); set (an apparatus); † ~ q. chevalier dub s.o. knight; s'~ de arm o.s. with, fig. call upon (one's courage, patience, etc.).

armistice [armis'tis] m armistice.

armoire [ar'mwa:r] f cupboard; wardrobe; locker; ~ à pharmacie medicine-chest; ~ au (or à) linge linen-closet.

armoiries ⬚ [armwa'ri] f/pl. (coat sg. of) arms; armorial bearings.

armorial, e, m/pl. **-aux** [armɔ-'rjal, ~'rjo] **1.** adj. armorial; **2.** su./m armorial, book of heraldry; **armorier** ⬚ [~'rje] (1o) v/t. emblazon.

armure [ar'my:r] f armo(u)r; ⊕ weave; phys. magnet.: armature; ⚡ dynamo: pole-piece; **armurerie** [armyr'ri] f manufacture of arms; arms factory; gunsmith's shop; ✕ armo(u)ry; **armurier** ✕, ⚓ [~'rje] m armo(u)rer; gunsmith.

arnica ♣ [arni'ka] f arnica.

aromate [arɔ'mat] m spice, aromatic; **aromatique** [arɔma'tik] aromatic; **aromatiser** [~ti'ze] (1a) v/t. give aroma or flavo(u)r to; cuis. flavo(u)r; **arome** [a'ro:m] m aroma; cuis. flavo(u)ring.

aronde ⊕ [a'rõ:d] f: queue f d'~ dovetail.

arpège ♪ [ar'pɛ:ʒ] m arpeggio.

arpent [ar'pã] m (approx.) acre; **arpentage** [arpã'ta:ʒ] m (land-) surveying; survey; **arpenter** [~'te] (1a) v/t. survey, measure (the land); fig. pace (up and down), stride along; **arpenteur** [~'tœ:r] m (land-)surveyor; orn. great plover.

arquebuse [arkə'by:z] f (h)arquebus.

arqué, e [ar'ke] arched, curved; jambes ~es bow legs, bandy legs; **arquer** [~] (1m) v/t. bend; arch; camber.

arraché [ara'ʃe] m sp. snatch; fig. à l'~ narrow (victory etc.); fig. obtenir qch. à l'~ (just manage to) snatch s.th.; **arrache-clou** ⊕ [araʃ'klu] m nail claw, nail wrench; **arrache-pied** [~'pje] adv.: d'~ relentlessly; fiercely; travailler d'~ F work flat out; **arracher** [ara'ʃe] (1a) v/t. tear out or

away (from, à); pull out; extract; draw (a tooth); extort (a confession, money); **arracheur, -euse** [~'ʃœ:r, ~'ʃø:z] su. puller; su./f ⚡ potato-lifter.

arraisonnement ⚓ [arɛzɔn'mã] m boarding; examination (of a bill of health); **arraisonner** ⚓ [~zɔ'ne] (1a) v/t. hail; board; stop and examine.

arrangement [arãʒ'mã] m arrangement (a. ♪); settlement, agreement; ♪ composition (with creditors); **arranger** [arã'ʒe] (11) v/t. arrange (a. ♪); put in order; tidy, straighten; sort (cards); organize; settle (a dispute, a quarrel); suit (s.o.); cela m'arrange that suits me; F cela s'arrangera it'll turn out all right; s'~ manage (with, de), make do (with, de); come to an agreement, † compound (with, avec); dress; s'~ pour faire qch. see to it that one can do s.th.; **arrangeur** m, **-euse** f ♪ [~'ʒœ:r, ~'ʒø:z] arranger.

arrérager † [arera'ʒe] (11) v/i. get in arrears; **arrérages** † [~'ra:ʒ] m/pl. arrears; back-interest sg.

arrestation [aresta'sjõ] f arrest; apprehension; 🜲🜲 ~ préventive protective custody.

arrêt [a'rɛ] m stop (a. ⊕); ⊕ stoppage; stopping; halt; interruption; 🜲🜲 judgment; 🜲🜲 award; admin. decree; 🜲🜲 seizure; ⚓ detention; 🜲🜲 arrest; foot. tackle; ⊕ lock: tumbler; bus, tram, train: stop(ping-place); ✕ ~s pl. arrest sg.; ~ de mort death sentence; chien m d'~ pointer; cran m d'~ safety-catch; dispositif m d'~ arresting device; 🜲🜲 rendre un ~ deliver judgment; ⊕ robinet m d'~ stop-cock; temps m d'~ pause, halt; **arrêté** [arɛ'te] m order; decree; ordinance; by(e)-law; † ~ de compte(s) settlement; **arrêter** [~] (1a) v/t. stop; arrest; check; fix, fasten; draw up; decide; † make up, close (an account); fasten off (a stitch); ~ les mailles knitting: cast off; v/i. stop; halt, pause; cease (noise); sans s'~ a. without (a) letup; v/i. stop; hunt. point (dog); ~ de faire qch. stop doing s.th.

arrhes [a:r] f/pl. deposit sg.; earnest (money) sg.

arrière [a'rjɛ:r] **1.** adv.: en ~ behind; back, backward(s); in arrears; être en

~ be behind; *regarder en* ~ look back; *rester en* ~ lag behind; *faire un pas en* ~ step back(wards); *revenir en* ~ go back; **2.** *su./m* back (part), rear; ♪ stern; *sp.* back; **3.** *adj./inv.* back; *mot. feu m (or lanterne f)* ~ rear-light; *roue f* ~ back-wheel, rear-wheel; *vent m* ~ leading wind; **arriéré, e** [arje're] **1.** *adj.* late; in arrears; backward (*child, country*); **2.** *su./m* arrears *pl.*; † *faire rentrer des* ~s recover debts.

arrière...: ~-**ban** *hist.* [arjɛr'bɑ̃] *m* (whole body of) vassals *pl.*; ~-**bouche** [ˌ'buʃ] *f* back of the mouth; ~-**boutique** [ˌbu'tik] *f* back-shop; ~-**cour** [ˌ'kuːr] *f* back-yard; ~-**garde** ✕ [ˌ'gard] *f* rear-guard; ~-**goût** [ˌ'gu] *m* after-taste; ~-**grand'père** [ˌgrɑ̃pɛːr] *m* great-grandfather; ~-**main** [ˌ'mɛ̃] *f* back of the hand; *horse:* hindquarters *pl.*; back-hand stroke; ~-**neveu** [ˌnə'vø] *m* grand-nephew; ~-**pensée** [ˌpɑ̃'se] *f* ulterior motive; mental reservation; ~-**petit-fils,** *pl.* ~-**petits-fils** [ˌpəti'fis] *m* great-grandson; ~-**plan** [ˌ'plɑ̃] *m* background; ~-**point** [ˌ'pwɛ̃] *m* back-stitch.

arriérer [arje're] (1f) *v/t.* postpone; *s'*~ fall behind (*person*); get into arrears.

arrière...: ~-**saison** [arjɛrsɛ'zõ] *f* late season *or* autumn, *Am.* late fall; ~-**train** [ˌ'trɛ̃] *m* waggon-body; trailer; *animal:* hindquarter.

arrimer ♪ [ari'me] (1a) *v/t.* stow; trim (*a ship*); pack (*for transit*).

arrivant *m,* **e** [ari'vɑ̃, ~'vɑ̃ːt] arrival, comer; **arrivée** [ˌ've] *f* arrival, coming; ⊕ inlet, intake; *sp.* finish; **arriver** [ˌ've] (1a) *v/t.* arrive (at, *à*), come; happen; succeed; ♪ be successful; ♪ bear away; ~ *à* (*inf.*) succeed in (*ger.*), manage to (*inf.*); **arriviste** [ˌ'vist] *su.* thruster, (social) climber; careerist.

arrogance [arɔ'gɑ̃ːs] *f* arrogance; haughtiness; **arrogant, e** [ˌ'gɑ̃, ~'gɑ̃ːt] arrogant; haughty.

arroger [arɔ'ʒe] (1l) *v/t.:* *s'*~ arrogate (*s.th.*) to o.s.

arrondir [arõ'diːr] (2a) *v/t.* (make) round; round off (*a. fig. a sum*); round, double; *s'*~ fill out; become round; **arrondissement** [ˌdis'mɑ̃] *m* rounding off; roundness; *admin.* district; *admin. town:* ward.

arrosage [aro'zaːʒ] *m* watering, wetting; sprinkling; *cuis.* basting; *wine:* dilution; *rain:* soaking; **arroser** [ˌ'ze] (1a) *v/t.* water; wet (*a. fig.*); sprinkle; moisten; *cuis.* baste; dilute (*wine*); F wash down (*the food*); F *ça s'arrose* that calls for a drink; **arroseur** [ˌ'zœːr] *m* watercart attendant; **arroseuse** [ˌ'zøːz] *f* water-cart; ~-*balayeuse* combined street-watering and sweeping lorry *or* truck; **arrosoir** [ˌ'zwaːr] watering-can; sprinkler.

arsenal [arsə'nal] *m* arsenal (*a. fig.*); armo(u)ry; ♪ dockyard.

arsenic ♠ [arsə'nik] *m* arsenic.

art [aːr] *m* art; skill; ~s *pl. et métiers m/pl.* arts and crafts; ~s *pl. ménagers* domestic science.

artère [ar'tɛːr] *f* artery (*a. fig.*); thoroughfare; ⚡ feeder; **artériel, -elle** [arte'rjɛl] arterial; **artériosclérose** ♪ [ˌrjɔsklé'roːz] *f* arteriosclerosis.

artésien, -enne [arte'zjɛ̃, ~'zjɛn] artesian; of Artois; *puits m* ~ artesian well.

arthrite ♪ [ar'trit] *f* arthritis; gout.

artichaut [arti'ʃo] *m cuis.* artichoke; ✕ spiked barrier.

article [ar'tikl] *m* article (*a.* ♠, †, *eccl., gramm.*); thing; *treaty:* clause; item; subject, topic; † ~s *pl.* goods; ~s *pl. de Paris* fancy goods; *journ.* ~ de fond leader, leading article; ~ de luxe luxury article; ~ documentaire documentary report; *à l'*~ de la mort at the point of death; *faire l'*~ puff one's goods; **articlier** *journ.* [ˌti'klje] *m* copy-writer, columnist.

articulaire ♪ [artiky'lɛːr] articular, of the joints; **articulation** [ˌla'sjõ] *f anat., speech:* articulation; joint; ⊕ connection; ♀ node; utterance; **articuler** [ˌ'le] (1a) *v/t.* articulate; link; pronounce distinctly; state clearly.

artifice [arti'fis] *m* artifice; guile; stratagem; expedient; ✕ ~s *pl.* flares; *feu m d'*~ fireworks *pl.*; *fig.* flash of wit; **artificiel, -elle** [artifi'sjɛl] artificial; **artificier** [ˌ'sje] *m* pyrotechnist; ✕ artificer; **artificieux, -euse** [ˌ'sjø, ~'sjøːz] artful, crafty, cunning.

artillerie ✕ [artij'ri] *f* artillery, ordnance; gunnery; ~ *antiaérienne* (or contre avions) anti-aircraft artillery; ~ d'assaut assault artillery; ~ lourde (or à pied) heavy artillery; pièce f d'~ piece of ordnance; **artilleur** [ˌti'jœːr] m artilleryman, gunner.

artimon ⚓ [arti'mɔ̃] m mizzen; mizzenmast.

artisan [arti'zɑ̃] m artisan; craftsman; working-man; fig. creator, agent; **artisanat** [ˌza'na] m handicraft; craftsmen pl.

artiste [ar'tist] su. artist; ♪, thea. performer; **artistique** [ˌtis'tik] artistic.

aryen, -enne [a'rjɛ̃, ˌ'rjɛn] adj., a. su. ♀ Aryan, Indo-European.

as¹ [a] 2nd p. sg. pres. of avoir 1.

as² [ɑːs] m ace (a. fig.); sp. crack (player etc.); sl. être plein aux ~ have stacks of money.

asbeste [as'bɛst] m asbestos.

ascendance [asɑ̃'dɑ̃ːs] f ancestry; astr. ascent; **ascendant, e** [ˌ'dɑ̃, ˌ'dɑ̃ːt] **1.** adj. upward (motion etc.); **2.** su./m ascendant; ascendency; fig. influence; ~s pl. ancestry sg.

ascenseur [asɑ̃'sœːr] m lift, Am. elevator; F fig. renvoyer l'~ do a favour in return, return the favour, reciprocate; **ascension** [ˌ'sjɔ̃] f ascent; climb; rising; ⊕ piston: upstroke; eccl. l'♀ Ascension-day; **ascensionniste** [ˌsjɔ'nist] su. climber; mountaineer; balloonist.

ascète [a'sɛt] su. ascetic; **ascétique** [ase'tik] ascetic; **ascétisme** [ˌ'tism] m ascetism.

asepsie 🩺 [asɛp'si] f asepsis; **aseptique** 🩺 [ˌ'tik] aseptic; **aseptiser** 🩺 [ˌti'ze] (1a) v/t. asepticize.

asexué, e [asɛksɥ'e] biol. asexual; sexless. [Asiatic; Asian.]

asiatique [azja'tik] adj., a. su. ♀

asile [a'zil] m asylum; retreat; shelter; † sanctuary; ~ d'aliénés mental hospital; ~ pour animaux animal home, Am. animal shelter.

asocial, e m/pl. **-aux** [aso'sjal, ˌ'sjo] antisocial.

aspect [as'pɛ] m aspect (a. gramm.); sight; appearance; look; fig. viewpoint.

asperge 🌱 [as'pɛrʒ] f asparagus.

asperger [aspɛr'ʒe] (1l) v/t. sprinkle; spray (with, de).

aspérité [asperi'te] f asperity, roughness, harshness; unevenness.

asperseur [aspɛr'sœːr] m sprinkler; **aspersion** [ˌ'sjɔ̃] f aspersion, sprinkling; spraying; **aspersoir** [ˌ'swaːr] m 🎵 watering-can: rose; eccl. aspergillum.

asphaltage [asfal'taːʒ] m asphalting; **asphalte** [ˌ'falt] m asphalt.

asphyxie [asfik'si] f asphyxia(tion), suffocation; **asphyxier** [ˌ'sje] (1o) v/t. (a. s'~) asphyxiate, suffocate.

aspic [as'pik] m zo. asp; cuis. aspic; 🌿 aspic, French lavender; fig. langue f d'~ venomous tongue.

aspirant, e [aspi'rɑ̃, ˌ'rɑ̃ːt] **1.** adj. sucking; ⊕ suction-...; **2.** su. aspirant, candidate; su./m ✕ officer candidate; ⚓ midshipman; ✈ acting pilot-officer; **aspirateur, -trice** [ˌra'tœːr, ˌ'tris] **1.** adj. suction-...; **2.** su./m ⊕ suction-conveyor; ⊕ exhaust-fan; aspirator; vacuum cleaner; **aspiration** [ˌra'sjɔ̃] f aspiration (a. gramm.); fig. longing (after, à); ⊕ suction; ⊕ inspiration, inhaling; ⊕ intake; **aspirer** [ˌ're] (1a) v/t. breathe in; suck in or up; gramm. aspirate; 🩺 inhale; v/i.: ~ à (inf.) aspire to (inf.); ~ à qch. aspire to s.th.; long for s.th.

aspirine 🩺 [aspi'rin] f aspirin; prendre un comprimé d'~ take an aspirin.

assagir [asa'ʒiːr] (2a) v/t. make wiser; steady, sober (down).

assaillant [asa'jɑ̃] m assailant; **assaillir** [ˌ'jiːr] (2s) v/t. assail, attack; fig. beset (with, de).

assainir [asɛ'niːr] (2a) v/t. make healthier; cleanse, purify; clean (up); clear (slums, the atmosphere, etc.); drain (marshes); stabilize (the economy etc.); reorganize (the finances etc.); **assainissement** [ˌnis'mɑ̃] m cleansing, purifying; cleaning (up); clearing; marshes: draining; economy: stabilization; finances: reorganization.

assaisonnement [asɛzɔn'mɑ̃] m seasoning; flavo(u)ring; salad: dressing; **assaisonner** [ˌzɔ'ne] (1a) v/t. season (with, de); flavo(u)r (with, de); dress (salads).

assassin, e [asa'sɛ̃, ˌ'sin] **1.** su./m assassin; murderer; à l'~! murder!; su./f murderess; **2.** adj. murderous; fig. provocative; fig. deadly; **assassinat** [ˌsi'na] m murder; assassination; **assassiner** [ˌsi'ne] (1a) v/t.

murder (*a. fig.*); assassinate; F pester.

assaut [a'so] *m* assault, attack; *sp.* bout, match; *faire* ~ *de* bandy (*words, wit*).

assèchement [asɛʃ'mã] *m* drying, draining, drainage; **assécher** [ase-'ʃe] (1f) *v/t.* dry; drain.

assemblage [asã'blaːʒ] *m* gathering, collection; ⊕ assembly; ⊕ joint; ⚡ connection, coupling; **assemblée** [~'ble] *f* assembly, meeting; congregation; gathering; ~ *générale* general meeting; ~ *plénière* plenary assembly; **assembler** [~'ble] (1a) *v/t.* assemble (*a.* ⊕); gather, call together; convene (*a committee*); ✗ muster; ⚡ couple, connect; join(t); *s'*~ assemble, meet.

assener [asə'ne] (1d) *v/t.* strike, land (*a blow*).

assentiment [asãti'mã] *m* agreement, assent, consent; *signe m d'*~ nod.

asseoir [a'swaːr] (3c) *v/t.* seat, place; pitch (*a tent*); lay (*a stone*); establish (*a tax*); base (*an opinion*); *on le fit* ~ he was asked to take a seat; *s'*~ sit down; settle; ✗ pancake.

assermenté, e [asɛrmã'te] sworn, on oath.

assertion [asɛr'sjõ] *f* assertion.

asservir [asɛr'viːr] (2a) *v/t.* enslave (to, *à*) (*a. fig.*); subdue; subject; ⊕ synchronize; **asservissement** [~vis'mã] *m* slavery, subjection; bondage; ⊕ control.

assesseur ⚖ [asɛ'sœːr] *m* assessor; assistant judge.

asseyons [asɛ'jõ] *1st p. pl. pres. of asseoir.*

assez [a'se] *adv.* enough; rather; sufficiently; fairly; ~! that's enough!; that will do!; (*en*) *avoir* ~ *de* be sick (and tired) of; *j'en ai* ~! *a.* I've had enough of it, F I'm fed up with it.

assidu, e [asi'dy] diligent, assiduous; regular; constant; attentive (to, *auprès de*); **assiduité** [~dɥi'te] *f* diligence, assiduity; ~*s pl.* constant attentions *or* care *sg.*; **assidûment** [~dy'mã] *adv. of assidu.*

assieds [a'sje] *1st p. sg. pres. of asseoir.*

assiégeant, e [asje'ʒã, ~'ʒãːt] **1.** *adj.* besieging; **2.** *su./m* besieger; **assiéger** [~'ʒe] (1g) *v/t.* besiege (*a. fig.*);

surround; beset; *fig.* mob; *fig.* dun.

assiérai [asje're] *1st p. sg. fut. of asseoir.*

assiette [a'sjɛt] *f* plate; ⚓ trim; *horse:* seat; ⊕ *etc.* basis; *machine:* support; *tax:* establishment; F *il n'est pas dans son* ~ he's out of sorts, he's not up to the mark; **assiettée** [asje'te] *f* plate(ful).

assignation [asiɲa'sjõ] *f* assignation; ⚖ summons, subpoena; **assigner** [~'ɲe] (1a) *v/t.* assign; allot; appoint, fix (*a time*); allocate; ⭡ earmark (*a sum*); ⚖ summon, subpoena.

assimilable [asimi'labl] 🌾 assimilable; comparable (to, *à*); **assimilation** [~la'sjõ] *f* assimilation; ✗, ⚓ correlation, equivalence; **assimiler** [~'le] (1a) *v/t.* assimilate; compare; give equal status to.

assis[1] [a'si] *1st p. sg. p.s. of asseoir.*

assis[2], e [a'si, ~'siːz] **1.** *p.p. of asseoir*; **2.** *adj.* seated, sitting; *être* ~ be seated *or* sitting; *en place f* ~*e* seat; **3.** *su./f* △ foundation; △ *bricks:* course; *cement:* layer; *rider:* seat; ~*es pl.* meetings, sessions; ⚖ *assizes*; ⚖ *cour f d'*~*es* Assize Court.

assistance [asis'tãːs] *f* assistance, help; audience, spectators *pl.*; *eccl.* congregation; ⚖ *eccl.* attendance, presence; ~ *judiciaire* (free) legal aid; ~ *maritime* salvage; ~ *publique* public assistance, public relief; ~ *sociale* (social) welfare work; **assistant, e** [~'tã, ~'tãːt] *su.* assistant; *usu.* ~*s pl.* spectators, onlookers; audience *sg.*; *su./f:* ~*e sociale* social worker; **assister** [~'te] (1a) *v/i.*: ~ *à* attend, be present at; *v/t.* assist, help, aid (*s.o.*).

association [asɔsja'sjõ] *f* association; ⭡ partnership; society; union; ⚡ coupling, connection; ~ *de bienfaisance* charitable organization; ⭡ ~ *en nom collectif* (ordinary) partnership; **associé** *m, e f* [asɔ'sje] partner; *learned society:* associate; ⭡ ~ *commanditaire* sleeping partner; **associer** [~] (1o) *v/t.* associate, unite; join up; ⚡ connect, couple; *s'*~ (*à or avec*) associate o.s. (with); join (in *s.th.*); keep company with; ⭡ enter into partnership with.

assoiffé, e [aswa'fe] thirsty; *fig.* eager (for, *de*).

assoirai F [aswaˈre] *1st p. sg. fut. of* **asseoir**; **assois** F [aˈswa] *1st p. sg. pres. of* **asseoir**.

assolement ✍ [asɔlˈmɑ̃] *m* (crop-) rotation; **assoler** ✍ [asɔˈle] (1a) *v/t.* rotate the crops on.

assombrir [asɔ̃ˈbriːr] (2a) *v/t.* darken; make gloomy (*a. fig.*); cloud (*a. fig.*); **s'~** darken; become cloudy (*sky*); *fig.* become gloomy.

assommant, e [asɔˈmɑ̃, ˈmɑ̃ːt] F boring; tiresome; **assommer** [~ˈme] (1a) *v/t.* fell; stun; knock on the head; knock out; *fig.* bore; *fig.* overcome; **assommoir** [ˈmwaːr] *m* † bludgeon; *fig.* **coup** *m* d'~ staggering blow.

assomption [asɔ̃pˈsjɔ̃] *f* assumption; *eccl.* l'⸰ the Assumption.

assonance [asɔˈnɑːs] *f* assonance; **assonant, e** [~ˈnɑ̃, ~ˈnɑ̃ːt] assonant.

assorti, e [asɔrˈti] assorted; (*well-, badly-*)matched; ✝ (*well-, badly-*) stocked; **~ à** matching; **assortiment** [asɔrtiˈmɑ̃] *m* assortment (*a.* ✝), range, variety; ⊕ set; *typ.* sorts *pl.*; **assortir** [~ˈtiːr] (2a) *v/t.* match; **s'~** match (s.th., **à** *qch.*), go well together.

assoupir [asuˈpiːr] (2a) *v/t.* make sleepy *or* drowsy; soothe, deaden, lull (*a pain etc.*); **s'~** doze off; wear off (*pain*); **assoupissement** [~pisˈmɑ̃] *m* drowsiness; nap, doze; *fig.* sloth; ⚜ torpor.

assouplir [asuˈpliːr] (2a) *v/t.* make supple; break in (*a horse*); *fig.* **s'~** become more tractable.

assourdir [asurˈdiːr] (2a) *v/t.* deafen (*a. fig.*); *fig.* deaden, damp, muffle (*a sound*); tone down (*a light etc.*); *gramm.* unvoice (*a consonant*).

assouvir [asuˈviːr] (2a) *v/t.* satiate, appease (*one's hunger*); quench (*one's thirst*); ✝ glut (*the market*); **s'~** gorge; become sated (with, **de**).

assoyons F [aswaˈjɔ̃] *1st p. pl. pres. of* **asseoir**.

assujetti, e [asyʒeˈti] subject, liable (to, **à**); **~ à l'assurance** subject to compulsory insurance; **~ aux droits de douane** liable to duty, dutiable; **assujettir** [~ˈtiːr] (2a) *v/t.* subjugate, subdue; fix, fasten; secure; make liable (to, **à**); compel (to *inf.*, **à** *inf.*); **assujettissement** [~tisˈmɑ̃] *m* subjugation; securing.

assumer [asyˈme] (1a) *v/t.* assume,

take (*a responsibility*) upon o.s.; take up (*duties*).

assurance [asyˈrɑːs] *f* assurance (*a.* ✝), self-confidence; certainty; security, pledge; safety; ✝ insurance; **~s** *pl.* **sociales** social security *sg.*; **~-automobile** car insurance; **~-incendie** fire-insurance; **~ maladie** health-insurance; **~ maritime** marine insurance; **~ au tiers** third-party insurance; **~ tous risques** comprehensive insurance; **~-vie**, **~ sur la vie** life assurance *or* insurance; **~-vieillesse** old-age insurance; **passer un contrat** **d'~** take out an insurance policy; **assuré, e** [~ˈre] 1. *adj.* sure; confident; 2. *su.* ✝ the insured; policyholder; **assurément** [~reˈmɑ̃] *adv.* assuredly; **assurer** [~ˈre] (1a) *v/t.* assure; secure, fasten; make secure; make steady; affirm; ensure (*a result*); ✝ provide; maintain (*a service etc.*); carry out, undertake, handle (*work etc.*); **s'~** *a.* make sure (of, **de**); that, que); **s'~ de a.** ensure; **s'~ de a.** ensure; **assureur** ✝ [~ˈrœːr] *m* insurers *pl.*, insurance agent; **~ maritime** underwriter.

aster ♀, *biol.* [asˈtɛːr] *m* aster; **astérisque** *typ.* [~teˈrisk] *m* asterisk (*).

asthénie [asteˈni] *f* debility.

asthmatique 🕮 [asmaˈtik] *adj., a. su.* asthmatic; **asthme** 🕮 [asm] *m* asthma.

asticot [astiˈko] *m* maggot; F **un drôle d'~** a queer cove *or* chap; **asticoter** F [~kɔˈte] (1a) *v/t.* plague, worry.

astigmate 🕮 [astigˈmat] astigmatic.

astiquer [astiˈke] (1m) *v/t.* polish; smarten; [♀, *anat.* astragalus. **astragale** [astraˈgal] *m* ⌂ astragal; *]*

astral, e [asˈtral, ~ˈtro] astral; **astre** [astr] *m* star (*a. fig.*).

astreindre [asˈtrɛ̃ːdr] (4m) subject; force, compel (to, **à**); bind; **s'~ à** force o.s. to, keep to.

astringent, e 🕮 [astrɛ̃ˈʒɑ̃, ~ˈʒɑ̃ːt] *adj., a. su./m* astringent.

astro... [astro] astro...; **~logie** [~lɔ-ˈʒi] *f* astrology; **~logue** [~ˈlɔg] *m* astrologer; **~naute** [~ˈnoːt] *m* astronaut, space traveller; **~nautique** [~noˈtik] *f* astronautics *sg.*, space travel; **~nef** [~ˈnɛf] *m* space-ship; **~nome** [~ˈnɔm] *m* astronomer; **~nomie** [~nɔˈmi] *f* astronomy; **~nomique** [~nɔˈmik] astronomical

(*year, a.* F *price*); **~physique** [~fi-
'zik] **1.** *adj.* astrophysical; **2.** *su./f*
astrophysics *sg.*

astuce [as'tys] *f* guile, craftiness;
wile, trick; **astucieux, -euse** [~ty-
'sjø, ~'sjø:z] crafty, astute, artful.

asymétrique [asime'trik] asym-
metrical, unsymmetrical.

asymptote [asɛ̃p'tɔt] **1.** *adj.*
asymptotic; **2.** *su./f* asymptote.

atavique [ata'vik] atavistic; *biol.*
retour m ~ throw-back; **atavisme**
[~'vism] *m* atavism.

ataxie [atak'si] *f* ataxy, ataxia.

atelier [atə'lje] *m* workshop; studio;
(shop *or* workroom) staff; ✂ working party; *pol.* work-group; ⊕ ~
de constructions mécaniques engine
works; ~ *de réparations* repair-shop.

atermoiement [atɛrmwa'mɑ̃] *m* †
deferment of payment; procrastina-
tion; F ~*s pl.* shilly-shallying *sg.*;
atermoyer [~'je] (1h) *v/t.* † put off,
defer (*payment*); *v/i.* temporize, pro-
crastinate; *s'*~ arrange for an extension of time (*with creditors*).

athée [a'te] **1.** *adj.* atheistic; **2.** *su.*
atheist; **athéisme** [ate'ism] *m*
atheism.

athlète [at'lɛt] *m* (*Am.* track and
field) athlete; **athlétique** [atle'tik]
athletic; **athlétisme** [~'tism] *m*
(*Am.* track and field) athletics *pl.*

atlantique [atlɑ̃'tik] **1.** *adj.* Atlantic;
2. *su./m* ♀ Atlantic (Ocean).

atlas [at'lɑːs] *m* atlas; *geog., myth.* ♀
Atlas.

atmosphère [atmɔs'fɛːr] *f* atmosphere (*a. fig.*); **atmosphérique**
[~fe'rik] atmospheric.

atoll *geog.* [a'tɔl] *m* atoll, coral island.

atome [a'toːm] *m* atom (*a. fig.*); *fig.*
speck; F *fig. avoir des* ~*s crochus* (*avec
q.*) have things in common (with
s.o.), be on the same wavelength
(with s.o.); **atomique** [atɔ'mik]
atomic; *bombe f* ~ atom(ic) bomb;
énergie f ~ atomic energy; *ère f* ~
atomic age; *pile f* ~ atomic pile; *poids
m* ~ atomic weight; **atomiser**
[~mi'ze] (1a) *v/t.* atomize; pulverize;
atomiseur [~mi'zœːr] *m* spray,
atomizer.

atone [a'tɔn] *gramm.* atonic, unstressed; *fig.* dull; vacant; **atonie** [
[atɔ'ni] *f* atony, sluggishness.

atours [a'tuːr] *m/pl.* †, *a. co.*
finery *sg.*

atout [a'tu] *m* trump; *fig.* asset, advantage; *jouer* ~ play trumps.

atoxique [atɔ'ksik] non-poisonous.

âtre [ɑːtr] *m* hearth.

atroce [a'trɔs] atrocious, dreadful;
grim; **atrocité** [atrɔsi'te] *f* atroc-
ity; atrociousness.

atrophie [atrɔ'fi] *f* atrophy; emaciation; **atrophier** [~'fje] (1o) *v/i.*
a. s'~ atrophy.

attabler [ata'ble] (1a) *v/t.: s'*~ sit
down to table; *fig.* F own up, *usu.*
Am. come clean.

attache [a'taʃ] *f* bond, tie, link;
cord, strap; ⊕ brace, joint; paper
clip; *chien m d'*~ house-dog; *✂
pat m d'*~ home pat; **attaché**
[ata'ʃe] *m pol.* attaché; **attachement** [ataʃ'mɑ̃] *m* attachment (*a.
fig.*); **attacher** [ata'ʃe] (1a) *v/t.*
attach; fasten (*a. fig.*); tie; *fig.* attract; *s'*~ *à* attach o.s. to; cling to;
apply *or* devote o.s. to; ✂ *au sol*
hold on to the ground; *s'*~ *aux pas
de q.* dog s.o.'s footsteps.

attaque [a'tak] *f* attack (*a. ♟, ✗*);
assault; ⊕, *mot.* drive; *être d'*~ feel
fit; **attaquer** [ata'ke] (1m) *v/t.*
attack; assail; assault; 📚 contest
(*a will*), sue (*s.o.*); ⊕ operate; F
begin; *s'*~ *à* fall upon, attack; *fig.*
tackle; *v/i.* attack.

attardé, e [atar'de] **1.** *adj.* belated;
backward; old-fashioned; **2.** *su.*
late-comer; **attarder** [~] (1a) *v/t.*
make late; *s'*~ delay, linger (over,
sur); *s'*~ *à (inf.)* stay (up) late (*ger.*).

atteindre [a'tɛ̃dr] (4m) *v/t.* reach,
attain; overtake; hit (*a target*);
strike (*a. fig.*); *fig.* affect; *v/i.: ~ à*
attain (to), achieve; **atteint, e** [a'tɛ̃,
~'tɛ̃t] **1.** *p.p. of* atteindre; **2.** *su./f*
reach; attack (*a. ♟, ✗*), blow, stroke;
touch; harm, injury; *hors d'*~ out
of reach.

attelage [at'laːʒ] *m* harnessing;
yoke, team; ⊕ attachment; 📚
coupling; **atteler** [~'le] (1c) *v/t.*
harness; yoke; connect; 📚 couple;
s'~ *à* settle *or* F get down to (*a task*);
attelle [a'tɛl] *f* 📚 splint; ~*s pl.*
hames.

attenant, e [at'nɑ̃, ~'nɑ̃ːt] neigh-
bo(u)ring, adjacent (to, *à*).

attendant [atɑ̃'dɑ̃]: *en* ~ *adv.* meanwhile; *prp.* pending; *en* ~ *que (sbj.)*
until, till (*ind.*); **attendre** [a'tɑ̃dr]
(4a) *v/t.* wait for, await; look for-

ward to; expect; *attendez voir!* wait and see!; *faire* ~ *q.* keep s.o. waiting; *s'*~ *à* expect (*s.th.*).

attendrir [atã'dri:r] (2a) *v/t.* soften, make tender; tenderize (*meat*); *fig.* touch, move; *s'*~ *sur* gush over; *se laisser* ~ *que* be moved *or* affected; **attendrissement** [~dris'mã] *m* emotion; (feeling of) pity.

attendu, e [atã'dy] **1.** *p.p. of attendre;* **2.** *attendu prp.* considering; on account of; ~ *que* seeing that ...; ~ *whereas;* **3.** *su./m:* ~s *pl.* ⚖️ reasons adduced.

attentat [atã'ta] *m* assassination attempt; attack; outrage; ⚖️ ~ *à la pudeur* indecent assault; ⚖️ ~ *aux mœurs* indecent behavio(u)r, *Am.* offense against public morals.

attente [a'tã:t] *f* wait(ing); expectation; *contre toute* ~ contrary to expectations; 📞 *salle f d'*~ waiting room.   [attempt (on, *à*).]

attenter [atã'te] (1a) *v/i.* make an⎰

attentif, -ve [atã'tif, ~'ti:v] (*à*) attentive (to); heedful (*of*); careful; mindful; **attention** [~'sjõ] *f* attention, care; ~*!* look out; *faire* ~ pay attention (to, *à*); take care (of, *à*); **attentisme** [~'tism] *m* wait-and-see attitude *or* policy; waiting game; **attentiste** [~'tist] **1.** *su.* partisan of a wait-and-see policy; **2.** *adj.* wait-and-see.

atténuant, e [ate'nɥã, ~'nɥa:t] ⚖️ mitigating *or* extenuating (*circumstances*); 🎖️, ⚕️ attenuant; **atténuer** [~'nɥe] (1n) *v/t.* mitigate; lessen, soften; *s'*~ *a.* die down.

atterrer [atɛ're] (1a) *v/t.* overwhelm, astound, stun.

atterrir [atɛ'ri:r] (2a) *v/i.* ⚓ make a landfall; ✈️ land; **atterrissage** [~ri'sa:ʒ] *m* ⚓ landfall; ✈️ landing; ✈️ ~ *forcé* forced landing; ✈️ ~ *sans visibilité* instrument landing; ✈️ *train m d'*~ undercarriage.

atterrissement [atɛri'smã] *m* alluvium.

atterrisseur ✈️ [atɛri'sœ:r] *m* undercarriage; ~ *escamotable* retractable undercarriage.

attestation [atɛsta'sjõ] *f* attestation; testimonial; certificate; ⚖️ ~ *sous serment* affidavit; **attester** [~'te] (1a) *v/t.* testify, certify.

attiédir [atje'di:r] (2a) *v/t.* cool (*a. fig.*); take the chill off; *s'*~ (grow) cool (*a. fig.*).

attifer [ati'fe] (1a) *v/t. usu. pej.* dress (*s.o.*) up; *s'*~ get o.s. up, rig o.s. out.

attiger F [ati'ʒe] (1l) *v/i.* exaggerate, F lay it on.

attique [a'tik] **1.** *adj.* Attic; **2.** *su./m* △ attic; *su./f:* l'⍩ Attica.

attirail [ati'ra:j] *m* outfit; gear; F pomp; *pej.* paraphernalia *pl.*

attirance [ati'rã:s] *f* attraction; **attirant, e** [~'rã, ~'rã:t] attractive; engaging; **attirer** [~'re] (1a) *v/t.* attract; draw; (al)lure; *s'*~ win (*s.th.*).

attiser [ati'ze] (1a) *v/t.* stir up (*a. fig.*); ⊕ stoke; *fig.* fan, feed; **attisoir** [~'zwa:r] *m* poker; ⊕ pricker, fire-rake.

attitré, e [ati'tre] appointed, regular; customary.

attitude [ati'tyd] *f* attitude (towards, *envers*).

attouchement [atuʃ'mã] *m* contact (*a.* ⚡); touch(ing).

attractif, -ve [atrak'tif, ~'ti:v] attractive; gravitational (*force*); **attraction** [~'sjõ] *f* attraction (*a. fig.*), pull; ~*s pl.* variety show sg.; cabaret *sg.*, *Am.* floor show *sg.; phys.* ~ *universelle* gravitation.

attrait [a'trɛ] *m* attractiveness, charm; inclination (for, *pour*).

attrapade F [atra'pad] *f,* **attrapage** F [~'pa:ʒ] *m* tiff, quarrel; blowing-up, reprimand.

attrape [a'trap] *f* hoax, trick; *object:* joke (article); **attrape-mouches** [atrap'muʃ] *m/inv.* flypaper; 🌸 catchfly; *orn.* flycatcher; **attrape-nigaud** [~ni'go] *m* booby trap; **attraper** [atra'pe] (1a) *v/t.* catch (*a. ⚕️*); trap; *fig.* trick F scold; *se faire* ~ be taken in; get hauled over the coals (for *ger., pour inf.*).

attrayant, e [atrɛ'jã, ~'jã:t] attractive; engaging.

attribuer [atri'bɥe] (1n) *v/t.* attribute (to, *à*); assign; allot; *s'*~ appropriate; **attribut** [~'by] *m* attribute; *gramm.* predicate; emblem; 🎖️ badge; **attribution** [~by'sjõ] *f* attribution; allocation; conferment; ~*s pl.* competence *sg.*, powers, duties.

attrister [atris'te] (1a) *v/t.* sadden; *s'*~ become sad; cloud over (*sky*).

attrition [atri'sjõ] *f* abrasion; *eccl.* attrition (*a.* ⚔️).

attroupement [atrup'mã] *m* ⚖️

unlawful assembly; *fig.* mob; **at-trouper** [atru'pe] (1a) *v/t.* gather together; **s'~** flock together; assemble, crowd.

atypique [ati'pik] atypical.

aubade [o'bad] *f ♪* aubade; F cat-calling.

aubaine [o'bɛn] *f ᵴᵗᵴ* right of escheat; *fig.* godsend, windfall.

aube¹ [o:b] *f* dawn; *eccl.* alb.

aube² [↗] *f* paddle, float; blade.

aubépine ♀ [obe'pin] *f* hawthorn; whitethorn.

auberge [o'bɛrʒ] *f* inn, tavern; ~ *de la jeunesse* youth hostel.

aubergine ♀ [ober'ʒin] *f* egg-plant.

aubergiste [ober'ʒist] *su.* innkeeper; *su./m* landlord; *su./f* landlady.

aucun, e [o'kɑ̃, ↗'kyn] **1.** *adj.* any; **2.** *pron.* any(one); *with ne or on its own:* none; *d'~s* some (people); **aucunement** [okyn'mɑ̃] *adv.* not at all, by no means.

audace [o'das] *f* audacity (*a. fig.*); daring; boldness; F *payer d'~* face the music; **audacieux, -euse** [oda'sjø, ↗'sjø:z] audacious, bold, daring; impertinent.

au-deçà † [odə'sa] *adv.* on this side; **au-dedans** [↗'dɑ̃] *adv.* inside, within; ~ *de* within; **au-dehors** [↗'ɔ:r] *adv.* (on the) outside; ~ *de* outside, beyond; **au-delà** [↗'la] **1.** *adv.* beyond; ~ *de* beyond, on the other side of; **2.** *su./m* beyond; *l'~* the next world; **au-dessous** [↗'su] *adv.* below; ~ *de* below, under; beneath; **au-dessus** [↗'sy] *adv.* above; ~ *de* above; *fig.* beyond; **au-devant** [↗'vɑ̃] *adv.* forward, ahead; *aller* ~ *de* go to meet; anticipate; forestall; *aller* ~ *d'un danger* court danger.

audible [o'dibl] audible; **audience** [o'djɑ̃:s] *f* attention, interest; ᵴᵗᵴ hearing; audience; *radio etc.*: public; **audiencier** [odjɑ̃'sje] *m ᵴᵗᵴ* usher; F haunter of law-courts; **audiovisuel, -elle** [odjovi'zɥɛl] audiovisual; **auditeur, -trice** [odi'tœ:r, ↗'tris] *su.* hearer, listener; *univ.* student who attends lectures only; *su./m* ⚖, ᵴᵗᵴ public prosecutor; *admin.* commissioner of audits; ~s *m/pl.* audience; **auditif, -ve** [↗'tif, ↗'ti:v] *anat.* auditory; *appareil m* ~ hearing aid; **audition** [↗'sjɔ̃] *f* hearing; recital; audition; ~s *pl. du*

jour radio: today's program(me) *sg.*; **auditionner** [↗sjɔ'ne] (1a) *v/t.* audition (*s.o.*); *v/i.* audition, give an audition; **auditoire** [↗'twa:r] *m* audience.

auge [o:ʒ] *f* trough (*a.* ⊕); manger; ⊕ *water-wheel:* bucket; *geol.* ~ *glaciaire* glacial valley; **auget** [o'ʒɛ] *m* small trough; ⊕ *water-wheel:* bucket.

augmentation [ogmɑ̃ta'sjɔ̃] *f* increase (*a.* †, ♣); prices, wages: rise; augmentation (*a.* †, ♪); *faire une* ~ *knitting:* make a stitch; **augmenter** [↗'te] (1a) *v/t.* increase, augment; raise (*a price, the wages*); **s'~** increase; *v/i.* increase, rise, grow.

augure [o'gy:r] *m* augury, omen; augur; **augurer** [ogy're] (1a) *v/t.* augur; forecast.

auguste [o'gyst] **1.** *adj.* august, majestic; **2.** *su./m circus:* the funny man.

aujourd'hui [oʒur'dɥi] today; (*d'*)~ *en huit* (*quinze*) today week (fortnight).

aumône [o'mo:n] *f* alms; charity; **aumônier** [omo'nje] *m* almoner; chaplain (*a.* ✗).

aunaie [o'nɛ] *f* plantation of alders.

aune¹ ♀ [o:n] *m* alder.

aune² [↗] *f* ell; F *une figure longue d'une* ~ a face as long as a fiddle; **auner** [o'ne] (1a) *v/t.* measure by the ell.

auparavant [opara'vɑ̃] *adv.* before(hand); *d'~* preceding.

auprès [o'prɛ] *adv.* near; close by; ~ *de* near, beside; compared with; in the opinion *or* view of, with (*s.o.*).

aurai [ɔ're] *1st p. sg. fut. of avoir 1.*

auréole [ɔre'ɔl] *f* areole, halo; *phot.* halation.

auriculaire [ɔriky'lɛ:r] **1.** *adj.* auricular; ear-...; *doigt m* ~ = **2.** *su./m* little finger.

aurifère [ɔri'fɛ:r] auriferous, gold-bearing; **aurification** [↗fika'sjɔ̃] *f tooth:* filling *or Am.* stopping with gold; **aurifier** [↗'fje] (1o) *v/t.* fill *or* stop with gold.

aurore [ɔ'rɔ:r] **1.** *su./f* dawn (*a. fig.*), daybreak; *myth.* ♀ Aurora; ~ *boréale* northern lights *pl.*; **2.** *adj.* golden yellow.

auscultation ⚕ [ɔskylta'sjɔ̃] *f* auscultation, sounding (of chest); **aus-**

culter ✍ [~'te] (1a) *v/t.* auscultate, sound.

auspice [ɔs'pis] *m* auspice, omen; ~*s pl.* protection *sg.*; auspices.

aussi [o'si] **1.** *adv.* also; too; as well; so; ~ ... que as ... as; *moi* ~ so am (do, can) I, F me too; **2.** *cj.* therefore; and so; ~ *bien* besides, moreover; **aussitôt** [osi'to] **1.** *adv.* immediately, at once; ~ *que* as soon as; **2.** *prp.* immediately on.

austère [ɔs'tɛ:r] austere, stern; severe; **austérité** [~teri'te] *f* austerity, sternness; severity.

austral, e, *m/pl.* **-als** *or* **-aux** [ɔs'tral, ~'tro] southern; **australien, -enne** [~tra'ljɛ̃, ~'ljɛn] *adj., a. su.* ♀ Australian.

austro... [ɔstro] Austro-...

autan [o'tɑ̃] *m* strong south wind.

autant [~] *adv.* as much, as many; so much, so many; ~ *dire* practically, to all intents and purposes; *(pour)* ~ *que* as far as; *d'~ (plus) que* especially as, all the more as; *en faire* ~ do the same.

autarcie [otar'si] *f* autarky; **autarcique** [~'sik] autarkical.

autel [o'tɛl] *m* altar.

auteur [o'tœ:r] *m* author (*a. fig.*); *crime:* perpetrator; writer; ♪ composer; ⚖ principal; *droit m d'~* copyright; *droits m/pl. d'~* royalties; *femme f* ~ authoress.

authenticité [otɑ̃tisi'te] *f* authenticity, genuineness; **authentique** [~'tik] authentic, genuine.

auto F [o'to] *f* (motor-)car.

auto... [ɔto] auto-..., self-...; motor-...; **~bus** [~'bys] *m* (motor) bus; **~car** [~'ka:r] *m* motor coach; **~chenille** [~ʃə'ni:j] *f* crawler tractor; half-track vehicle.

autochtone [otɔk'tɔn] **1.** *adj.* autochthonous, aboriginal; **2.** *su.* autochthon.

auto...: **~clave** [otɔ'kla:v] *m* sterilizer; *cuis.* pressure-cooker; **~collant, e** [~kɔ'lɑ̃, ~'lɑ̃t] **1.** *adj.* self-adhesive; **2.** *su./m* sticker; **~crate** [~'krat] *m* autocrat; **~cratie** [~kra'si] *f* autocracy; **~cratique** [~kra'tik] autocratic; **~détermination** [~detɛrmina'sjɔ̃] *f* self-determination; **~didacte** [~di'dakt] **1.** *adj.* self-taught; **2.** *su.* self-taught person; **~drome** [~'dro:m] *m* motor-racing

track; **~école** [~e'kɔl] *f* school of motoring; driving school; **~gène** [~'ʒɛn] autogenous; ⊕ *soudure f* ~ autogenous *or* oxy-acetylene welding; **~gire** ✈ [~'ʒi:r] *m* autogiro; **~graphe** [~'graf] *adj., a. su./m* autograph; **~mate** [~'mat] *m* automaton; **~mation** [~ma'sjɔ̃] *f* automation; **~matique** [~ma'tik] automatic, self-acting; **~matisation** ⊕ [~matisa'sjɔ̃] *f* automation; **~matiser** [~mati'ze] *v/t.* automate.

automnal, e, *m/pl.* **-aux** [otɔm'nal, ~'no] autumnal; **automne** [o'tɔn] *m* autumn, Am. fall.

auto...: **~mobile** [otɔmɔ'bil] **1.** *su./f* (motor-)car, Am. automobile; **2.** *adj.* self-propelling; *canot m* ~ motor boat; **~mobilisme** [~mɔbi'lism] *m* motoring; **~mobiliste** [~mɔbi'list] *su.* motorist; **~motrice** 🚆 [~mɔ'tris] *f* rail-motor, Am. rail-car; **~neige** [~'nɛːʒ] *m* snowmobile, snowcat; **~nome** [~'nɔm] autonomous, independent; self-governing; **~nomie** [~nɔ'mi] *f* autonomy; independence; **~portrait** [~pɔr'trɛ] *m* self-portrait; **~propulsé, e** [~prɔpyl'se] self-propelled.

autopsie [otɔp'si] *f* autopsy.

autorail 🚆 [otɔ'ra:j] *m* rail-motor, Am. rail-car.

autorisation [otɔriza'sjɔ̃] *f* authorization; permission; leave; licence; permit; ~ *exceptionnelle* special permission *or* permit; **autorisé, e** [~'ze] authorized; authoritative (*source*); **autoriser** [~'ze] (1a) *v/t.* authorize; empower; permit; *s'~ de* use, rely on; refer to; **autoritaire** [~tɛ:r] **1.** *adj.* authoritative; dictatorial; **2.** *su./m* authoritarian; **autoritarisme** [~tari'rism] *m* authoritarianism; **autorité** [~'te] *f* authority; (legal) power; control; *faire* ~ be an authority (on, *en matière de*).

auto...: **~route** [otɔ'rut] *f* motorway, Am. superhighway; **~stop** [~'stɔp] *m* hitch-hiking; *faire de l'~* hitch-hike, thumb a lift; **~stoppeur** *m*, **-euse** *f* [~stɔ'pœ:r, ~'pø:z] hitch-hiker.

autour¹ *orn.* [o'tu:r] goshawk.

autour² [~] *adv.* round, about; ~ *de* round, about (*s.th.*).

autre [o:tr] **1.** *adj.* other; different; further; ~ *chose* something else; *d'~ part* on the other hand; *l'~*

jour the other day; *nous ~s Français* we Frenchmen; *tout ~* chose quite a different matter; *un ~ moi-même* my other self; **2.** *pron./indef.* (an-)other; *~s pl.* others; *à d'~s!* nonsense!, tell that to the marines!; *de temps à ~* now and then; *l'un l'~* one another, each other; *ni l'un ni l'~* neither; *tout ~* anybody else; *un(e) ~* another; another (one), one more; **autrefois** [otrə'fwa] *adv.* formerly; **autrement** [~'mã] *adv.* otherwise; (or) else.

autrichien, -enne [otri'ʃjɛ̃, ~'ʃjɛn] *adj., a. su.* ♀ Austrian.

autruche *orn.* [o'tryʃ] *f* ostrich; *pratiquer la politique de l'~* stick one's head in the sand.

autrui [o'trɥi] *pron., no pl., usu. after prp.* others, other people.

auvent [o'vã] *m* penthouse; porch-roof; △ weather-board; ⊕, ⚙ hood; *mot.* dash; *mot. ~s pl.* louvres.

auxiliaire [oksi'ljɛːr] **1.** *adj.* auxiliary; *bureau m ~* sub-office; **2.** *su./m* auxiliary (*a. gramm.*).

avachi, e [ava'ʃi] limp, flabby; **avachir** [ava'ʃiːr] (2a) *v/t.* make limp or flabby or sloppy; *s'~* go out of shape; become limp or flabby or sloppy.

aval¹, *pl.* **-s** † [a'val] *m* endorsement.

aval² [~] *m* lower course of stream; *en ~* downstream; afterwards; *en ~ de* below; after; **avalage** [ava'laːʒ] *m* going downstream; *wine:* cellaring.

avalanche [ava'lãːʃ] *f* avalanche; *fig.* shower.

avaler [ava'le] (1a) *v/t.* swallow; gulp down; inhale (*the cigarette smoke*); *fig.* swallow, pocket; **avaleur** *m*, **-euse** *f* [~'lœːr, ~'løːz] swallower; F guzzler.

avaliser † [avali'ze] (1a) *v/t.* endorse, back (*a bill*); **avaliste** † [~'list] *m* endorser.

à-valoir [ava'lwaːr] *m/inv.* advance (payment), down payment, deposit.

avance [a'vãːs] *f* advance; progress; lead; ⊕ *tool:* feed movement, travel; † loan, advance; *mot. ~ à l'allumage* advance of the spark; *à l'~, d'~* in advance, beforehand; *être en ~* be early; be ahead (of schedule); *faire des ~s à qu.* to make up to (*s.o.*); **avancée** [avã'se] *f* projection; **avancement** [avãs'mã] *m* advancement; progress; putting forward; promotion;

avancer [avã'se] (1k) *v/t.* advance (*a.* ⚓); hasten (*s.th.*); put on (*a watch*); promote; *fig.* be of help to; *s'~* advance; move forward; *fig.* commit o.s., F stick one's neck out; *v/i.* advance; be fast (*watch*); be ahead; △ project; *~ en âge* be getting on (in years).

avanie [ava'ni] *f* affront, snub.

avant [a'vã] **1.** *prp.* before (*Easter, the end, his arrival*); in front of (*the church*); within, in less than (*three days*); *~ peu* before long; *~ Jésus-Christ* before Christ, *abbr.* B.C.; *tout above all; first of all; ~ de (inf.)* before (*ger.*); *~ que (sbj.)* before; **2.** *adv.* beforehand; previously; forward; far; *d'~* before, previous; *peu de temps ~* shortly before; *plus ~* further, more deeply; *bien ~ dans* (*la nuit, la forêt*) far into (*the night, the wood*); **3.** *cj.:* *~ que* (*sbj.*) before (*ind.*); *~ de* (*inf.*) before (*ger.*); **4.** *adj./inv.* front ...; *roue f ~* front wheel; **5.** *int.:* *en ~!* forward!; advance!; *mettre en ~* advance (*an argument etc.*); **6.** *su./m* front; ⚓ bow; *sp.* forward.

avant-... [avã] fore...

avantage [avã'taːʒ] *m* advantage; privilege; profit, gain; benefit; *tennis:* vantage; *à l'~ de* to the benefit of; **avantager** [~ta'ʒe] (1l) *v/t.* favo(u)r; *fig.* flatter (*dress etc.*); **avantageux, -euse** [~ta'ʒø, ~'ʒøːz] *adj.* attractive (*price etc.*); profitable; favo(u)rable; conceited.

avant...: **~bec** [avã'bɛk] *m* △ bridge: pier-head; ⚓ forepeak; **~bras** [~'bra] *m/inv.* forearm; **~centre** *sp.* [~'sãːtr] *m* centre forward; **~corps** △ [~'kɔːr] *m* projecting part, projection; **~coureur** [~ku'rœːr] **1.** *su./m* forerunner; **2.** *adj.* precursory; *signe m ~* premonitory sign; **~dernier, -ère** [~dɛr'nje, ~'njɛːr] *adj. a. su.* last but one; **~garde** [~'gard] *f* ⚓ advance(d) guard; vanguard (*a. fig.*); **~guerre** [~'gɛːr] *m or f* pre-war period; *d'~* pre-war; **~hier** [~'tjɛːr] *m* the day before yesterday; **~port** [~'pɔːr] *m* outer harbo(u)r; **~poste** ⚓ [~'pɔst] *m* outpost; **~projet** [~prɔ'ʒɛ] *m* pilot study; **~propos** [~prɔ'po] *m/inv.* preface, foreword; **~scène** *thea.* [~'sɛn] *f* proscenium; stage-box; **~train** [~'trɛ̃] *m* forecarriage;

⚹ limber; ~-**veille** [~'vɛ:j] *f* two days before.

avare [a'va:r] **1.** *adj.* miserly; stingy; **2.** *su.* miserly person; **avarice** [ava'ris] *f* avarice; stinginess; **avaricieux, -euse** [~ri'sjø, ~'sjø:z] avaricious; stingy.

avarie [ava'ri] *f* ⚓ average; damage; ⊕ breakdown; deterioration; ✞ syphilis; **avarié, e** [~'rje] damaged; injured; spoiled; rotting, bad; **avarier** [~'rje] (1o) *v/t.* spoil; damage; s'~ go bad, rot.

avatar [ava'ta:r] *m* avatar; ~s *pl.* ups and downs; vicissitudes.

avec [a'vɛk] **1.** *prp.* with; for, in spite of (*all his riches*); ~ *patience* (*véhémence etc.*) patiently (vehemently *etc.*); ~ *l'âge* with age; ~ *ça* into the bargain; et ~ *ça, Madame?* anything else, Madam?; ~ *ce temps-là* in this weather; *divorcer d'~ sa femme* divorce one's wife; *distinguer l'ami d'~ le flatteur* distinguish a friend from a flatterer; **2.** *adv.* F with it *or* them, F him, her, them.

avenant[1] [av'nā, ~'nā:t] comely; *à l'~* in keeping; ... to match; appropriate.

avenant[2] ♃♄ [av'nā] *m* codicil, rider.

avènement [avɛn'mā] *m* arrival, coming; *king:* accession; **avenir** [av'ni:r] *m* future; *à l'~* in (the) future; **avent** *eccl.* [a'vã] *m* Advent.

aventure [avã'ty:r] *f* adventure; chance, luck; love affair; *à l'~* at random; *dire la bonne ~* tell fortunes; *parc m d'~* adventure playground; **aventurer** [avãty're] (1a) *v/t.* venture, risk; s'~ venture, take a risk; **aventureux, -euse** [~'rø, ~'rø:z] adventurous; hazardous; bold (*theory*); **aventurier, -ère** [~'rje, ~'rjɛ:r] **1.** *adj.* adventurous; **2.** *su./m* adventurer; *su./f* adventuress.

avenue [av'ny] *f* avenue; drive.

averé [ave're] established (*fact etc.*); known, recognized; **avérer** [~] (1f) *v/t.*: s'~ be confirmed; s'~ ... turn out to be ...; prove (to be) ...; show oneself to be ...

avers [a'vɛ:r] *m* coin: obverse.

averse [a'vɛrs] *f* shower, downpour.

aversion [avɛr'sjɔ̃] *f* aversion (to, *pour*), dislike (of, for *pour*).

avertir [avɛr'ti:r] (2a) *v/t.* warn (of, *de*); notify; **avertissement** [~tis'mā] *m* warning; notification; foreword; ✞ demand note; **avertisseur** [~ti'sœ:r] *m* warner; warning signal; *thea.* call-boy; 🕮 signal; *mot.* horn; ~ *d'incendie* fire-alarm.

aveu [a'vø] *m* confession; consent; *homme m sans* ~ disreputable character.

aveugle [a'vœgl] **1.** *adj.* blind; ~ *d'un œil* blind in one eye; **2.** *su.* blind person; en ~ blindfold; *les* ~*s pl.* the blind; **aveuglement** [avœgle'mā] *m* blindness; **aveugle-né, e** [~glə'ne] **1.** *adj.* blind from birth; **2.** *su.* person blind from birth; **aveugler** [~'gle] (1a) *v/t.* blind; dazzle; ⚓ stop (*a leak*); **aveuglette** [~'glɛt] *adv.*: *à l'~* blindly; 🛩 *voler à l'~* fly blind.

aveulir [avœ'li:r] (2a) *v/t.* enfeeble.

avez [a've] 2nd p. pl. pres. of avoir **1**.

aviateur *m,* **-trice** *f* [avja'tœ:r, ~'tris] aviator; **aviation** [~'sjɔ̃] *f* aviation; flying; air force; aircraft; ~ *civile* civil aviation; ~ *de ligne* air traffic.

aviculteur [avikyl'tœ:r] *m* bird-fancier; poultry farmer.

avide [a'vid] greedy, eager (for, *de*); **avidité** [avidi'te] *f* greediness; eagerness.

avilir [avi'li:r] (2a) *v/t.* degrade, debase; lower; s'~ lower o.s., demean o.s.; lose value, fall (*in price etc.*); **avilissement** [~lis'mā] *m* debasement, degradation, depreciation, fall (*in price etc.*).

aviné, e [avi'ne] intoxicated, drunk, F tipsy; **aviner** [~] (1a) *v/t.* season (*a cask*); s'~ get drunk.

avion [a'vjɔ̃] *m* aeroplane, *Am.* airplane; F plane; ~ *à décollage vertical* vertical takeoff aircraft; ~ *à réaction* jet (plane); ~ *bimoteur* (*polymoteur*) two- (multi-)engined aircraft; ~ *de bombardement* bomber; ~ *de chasse* fighter; ~ *de combat* battle plane; ~ *d'entraînement* training plane; ~ *de ligne* airliner; ~ *de reconnaissance* scouting *or* reconnaissance plane; ~ *de transport* transport plane; ~*-fusée* rocket-plane; ~*-taxi* charter plane; ~ *transbordeur* air ferry; *par* ~ by airmail; **avionette** [avjɔ'nɛt] *f* light aeroplane (*Am.* airplane).

aviron [avi'rɔ̃] *m* oar; rowing.

avis [a'vi] *m* opinion; notice, notification; advice; warning; ~ *d'expert* expert opinion; *être d'~ que* feel *or* think *or* be of the opinion that; *être de l'~ de q.,* *être du même ~ que q.* be of *or* share s.o.'s opinion; *à mon ~* in my opinion; *jusqu'à nouvel ~* until further notice; *note f d'~* advice note; *sans ~ préalable* without notice; ✝ *suivant ~* as per advice; *un ~* a piece of advice; **avisé, e** [avi'se] shrewd; prudent; *bien~* well-advised; **aviser** [~] (1a) *v/t.* catch sight of; notify, inform; *s'~* realize, notice; *s'~* think about (*s.th.*); take it into one's head to (*inf.*); decide, take steps; *~ à* see about (*s.th.*). [sloop.]

aviso ⚓ [avi'zo] *m* dispatch-boat.⟩

avitaminose 🩺 [avitami'no:z] *f* avitaminosis, vitamin deficiency.

aviver [avi've] (1a) *v/t.* revive, brighten; touch up (*a colour*); ⊕ put a keen edge on, sharpen; ⊕ burnish (*metal*); 🩺 *les bords de* refresh (*a wound*).

avocat[1] ⚖ [avɔ'ka] *m* barrister, counsel; *Am.* counsellor; *Sc.* advocate (*a. fig.*); *~ général* (approx.) King's *or* Queen's Counsel.

avocat[2] 🥑 [~] *m* avocado (pear).

avoine [a'vwan] *f* oat(s *pl.*). *v/impers.*:

avoir [a'vwa:r] (1) **1.** *v/t.* have; obtain; hold; *~ en horreur* abhor, detest; *~ faim* (soif) be hungry (thirsty); *~ froid* (chaud) be cold (hot); *~ honte* be ashamed; *~ lieu* happen, take place; *en ~ assez* be fed up; *en ~ contre* have a grudge against; *j'ai vingt ans* I am 20 (years old); *qu'avez vous?* what's the matter with you?; *il y a* there is, there are; *il y a un an* a year ago; **2.** *su./m* property; possession; ✝ credit; *~ à l'étranger* deposits *pl.* abroad; *~ en banque* credit balance; *doit et ~* debit and credit.

avoisiner [avwazi'ne] (1a) *v/t.* border on; be near to.

avons [a'võ] *1st p. pl. pres. of avoir* 1.

avortement [avɔrtə'mã] *m* 🩺 miscarriage (*a. fig.*); abortion; ⚧ nonformation; **avorter** [~'te] (1a) *v/i.* miscarry (*a. fig.*); abort; ⚧ develop imperfectly; *faire ~* procure an abortion; **avorton** [~'tõ] *m* abortion; F shrimp, *sl.* little squirt.

avouable [a'vwabl] avowable; **avoué** [a'vwe] *m* solicitor; attorney; **avouer** [~] (1p) *v/t.* admit, acknowledge, confess; *s'~ coupable* plead guilty.

avril [a'vril] *m* April; *poisson m d'~* April fool.

axe [aks] *m* axis (*a. pol.*); ⊕ axle; 📡 *~ balisé* (localizer) beam; ⊕ *~ de pompe* pump spindle; *opt. ~ optique* axis of vision.

axiome ⚗, *phls., fig.* [ak'sjo:m] *m* axiom.

axonge [ak'sõ:ʒ] *f* lard; grease.

ayant [ɛ'jã] *p.pr. of avoir* 1; *~ cause, pl. ~s cause* ⚖ *su./m* assign; executor; trustee; *~ droit, pl. ~s droit* ⚖ *su./m* rightful claimant; beneficiary; **ayons** [ɛ'jõ] *1st p.pl. pres. sbj. of avoir* 1.

azalée 🌿 [aza'le] *f* azalea.

azimut [azi'myt] *m* azimuth; *fig. tous ~s* omnidirectional.

azotate 🧪 [azɔ'tat] *m* nitrate; **azote** 🧪 [a'zɔt] *m* nitrogen; **azoté, e** [azɔ'te] nitrogenous; *engrais m/pl. ~s* nitrate fertilizers; **azotite** 🧪 [~'tit] *m* nitrite.

aztèque [az'tɛk] **1.** *adj.* Aztec; **2.** *su.* ♀ Aztec; *su./m sl.* little shrimp of a fellow.

azur [a'zy:r] *m* azure, blue; *pierre f d'~* lapis lazuli; blue-spar; **azuré, e** [azy're] azure, (sky-)blue.

azyme [a'zim] **1.** *adj.* unleavened; **2.** *su./m* unleavened bread.

B

B, b [be] *m* B, b.

baba¹ [ba'ba] *m* baba (*sponge-cake soaked in rum syrup*).

baba² F [~] *adj./inv.* flabbergasted.

babeurre [ba'bœːr] *m* buttermilk.

babil [ba'bil] *m* child: prattle; *birds:* twittering; *brook:* babble; **babillage** [babi'jaːʒ] *m* child, brook: babbling; *birds:* twittering; **babillard, e** [~'jaːr, ~'jard] **1.** *adj.* talkative, garrulous; **2.** *su.* chatterer; *su./f sl.* better; **babiller** [~'je] (1a) *v/i.* prattle; babble.

babine [ba'bin] *f zo.* pendulous lip; chop; **~s** *pl.* lips, chops.

babiole [ba'bjɔl] *f* knick-knack, curio; toy, bauble.

bâbord ⚓ [ba'bɔːr] *m* port (side).

babouche [ba'buʃ] *f* Turkish slipper.

babouin [ba'bwɛ̃] *m zo.* baboon; F imp (= *naughty child*).

bac¹ [bak] *m* ferry(-boat); ⊕ tank, vat; ⚡ accumulator: container; *passer q. en ~* ferry s.o. over.

bac² F [bak] *m see* baccalauréat.

baccalauréat [bakalɔre'a] *m* school-leaving certificate.

bacchanale F [baka'nal] *f* orgy; drinking song; **bacchante** [~'kãːt] *f* bacchante; *fig.* lewd woman.

bâche [baːʃ] *f* ⊕ tank, cistern; ⊕ casing; ⚡ forcing frame; sheet, cover; *~ goudronnée* tarpaulin.

bachelier *m*, **-ère** *f* [baʃə'lje, ~'ljɛːr] holder of the school-leaving certificate.

bâcher [ba'ʃe] (1a) *v/t.* cover (*with a sheet*); ⊕ case (*a turbine*).

bachique [ba'ʃik] Bacchic; bacchanalian (*scene*); drinking (*song*).

bachot¹ [ba'ʃo] *m* ⚓ wherry, dinghy; ⚡ sieve.

bachot² F [ba'ʃo] *m see* baccalauréat; *boîte f à ~* cramming-shop, crammer's; **bachotage** F [~ʃɔ'taːʒ] *m* cramming (*for an exam*); *faire du ~ = bachoter* [~ʃɔ'te] (1a) *v/i.* cram (*for an exam*).

bacille [ba'sil] *m* bacillus; *porteur m de ~s* germ-carrier.

bâcle [baːkl] *f* bar; **bâcler** [ba'kle] (1a) *v/t.* bar (*a door*); ⚓ block (*a port*); F hurry over (*one's toilet*); F scamp (*a piece of work*).

bactérie [bakte'ri] *f biol.* bacterium; *zo.* bacteria.

badaud *m*, **e** *f* [ba'do, ~'doːd] stroller; gaper; *Am.* F rubber-neck.

baderne ⚓ [ba'dɛrn] *f* fender; F *vieille ~* old fog(e)y; ✗ old dug-out.

badigeon [badi'ʒɔ̃] *m* whitewash; distemper; **badigeonnage** [~ʒɔ-'naːʒ] *m* whitewashing; distempering; ✚ painting (*with iodine*); **badigeonner** [~ʒɔ'ne] (1a) *v/t.* whitewash; distemper; daub; ✚ paint.

badin¹, e [ba'dɛ̃, ~'din] **1.** *adj.* playful; **2.** *su.* joker, banterer.

badin² ✈ [ba'dɛ̃] *m* air-speed indicator.

badinage [badi'naːʒ] *m* banter.

badine [ba'din] *f* cane, switch.

badiner [badi'ne] (1a) *v/i.* jest, banter (*with, avec*).

baffe F [baf] *f* slap (in the face).

bafouer [ba'fwe] (1p) *v/t.* ridicule, scoff at; **bafouillage** [bafu'jaːʒ] *m* stammering; **bafouiller** [~'je] (1a) *v/i.* stammer; *sl.* talk nonsense; *mot.* splutter.

bâfrer *sl.* [ba'fre] (1a) *vt/i.* guzzle.

bagage [ba'gaːʒ] *m* luggage, *Am.* baggage; ✗ kit; *fig.* stock of knowledge; *~s pl.* non accompagnés luggage *sg.* in advance; *plier ~* pack up and leave; *sl.* decamp; *sl.* die.

bagarre [ba'gaːr] *f* fight(ing); scuffle; brawl; riot; **bagarrer** F [~ga're] (1a) *v/t.*: *se ~* quarrel; fight.

bagatelle [baga'tɛl] *f* trifle, bagatelle; *~! nonsense!*; F *pour une ~* for a song.

bagne ⚖ [baɲ] *m* convict prison; penal servitude.

bagnole F [ba'nɔl] *f* motor car; *vieille ~* jalopy.

bagou(t) F [ba'gu] *m* glibness; *avoir du ~* have the gift of the gab.

bague [bag] *f* ring; *cigar:* band; ⊕ strap; ⊕ ~ *d'arrêt* set collar; **baguenauder** F [~no'de] (1a) *v/i. a. se ~* go for stroll; stroll about; **baguette** [ba'gɛt] *f* stick, rod; stick of bread; ♪ baton; △ beading; *writing paper:* black border; *stockings:* clock; ~ *magique,* ~ *de fée* magic wand; ⚕ ~ *d'or* wall-flower; *passer par les ~s* run the gauntlet; **baguier** [ba'gje] *m* ring-case; ring size ga(u)ge.

bahut [ba'y] *m* † trunk, chest; low sideboard; *sl.* school.

bai, e [bɛ] *adj., a. su./m* bay.

baie[1] ⚕ [~] *f* berry.

baie[2] *geog.* [~] *f* bay, bight.

baie[3] △ [~] *f* bay, opening.

baignade [bɛ'nad] *f* bathe, dip; **baigner** [~'ne] (1b) *v/t.* bathe; bath; se ~ bathe; take a bath; *v/i.* steep; *fig. baigné de larmes* suffused with tears *(eyes);* **baigneur, -euse** [~'nœːr, ~'nøːz] *su.* bather; bathing attendant; *su./f* bathing-wrap, *Am.* bathrobe; **baignoire** [~'nwaːr] *f* bath(-tub); *thea.* ground-floor box.

bail, *pl.* **baux** [baːj, bo] *m* lease; ~ *à ferme* farming lease; *prendre à ~* take a lease of, lease.

bâillement [baj'mã] *m* yawn(ing); gaping; **bâiller** [ba'je] (1a) *v/i.* yawn; gape; stand ajar *(door).*

bailleur *m,* **-eresse** *f* [ba'jœːr, baj-'rɛs] ⚖ lessor; ⚖ ~ *de fonds* backer; sleeping or silent partner.

bâillon [bɑ'jɔ̃] *m* gag; *horse:* muzzle; **bâillonner** [~jɔ'ne] (1a) *v/t.* gag *(a. fig.).*

bain [bɛ̃] *m* bath; bathing; F *fig. dans le ~* in the picture, informed; implicated; *prendre un ~ de foule* go on a walkabout; *sortie f de ~* bath-wrap, *Am.* bath-robe; **~-douche,** *pl.* **~s-douches** [~'duʃ] *m* shower(-bath); **~-marie,** *pl.* **~s-marie** [~ma'ri] *m* ♨ waterbath; *cuis.* double saucepan; *Am.* double boiler.

baïonnette ✕ [bajɔ'nɛt] *f* bayonet.

baisemain [bɛz'mɛ̃] *m* hand-kissing; **baiser** [bɛ'ze] **1.** *su./m* kiss; **2.** (1b) *v/t.:* ~ *q. à la joue* kiss s.o.'s cheek; *sl. (a. fig.)* ~ *q.)* make love (to s.o.); **baisoter** F [~zɔ'te] (1c) *v/t.* peck at.

baisse [bɛs] *f* fall *(a. prices),* going down; subsidence; *sight, prices:* decline; *tide:* ebb; *en ~* falling *(stocks);*

baisser [bɛ'se] (1b) *v/t. usu.* lower; turn down *(the light);* drop *(a curtain);* se ~ bend down; *v/i.* decline; fall; abate *(flood);* ebb *(tide);* burn low *(lamp).*

bajoue [ba'ʒu] *f:* ~*s pl.* cheeks, chaps, chops.

bakélite [bake'lit] *f* bakelite.

bal, *pl.* **bals** [bal] *m* ball; dance; **balade** F [ba'lad] *f* stroll; ramble; **balader** F [bala'de] (1a) *v/t.* take for a walk; carry about; se ~ (take a) stroll; **baladeur, -euse** [~'dœːr, ~'døːz] **1.** *adj.* F wandering; **2.** *su.* wanderer, saunterer; *su./f* trailer (of car, of tram); street-barrow; hand-cart; ⚡ inspection lamp.

baladin *m,* **e** *f* [bala'dɛ̃, ~'din] mountebank; F clown.

balafre [ba'lafr] *f* gash, slash; scar; **balafrer** [~la'fre] (1a) *v/t.* gash, slash; scar.

balai [ba'lɛ] *m* broom; brush; *mot. windscreen-wiper:* blade; ~ *mécanique* carpet sweeper; *coup m de ~* sweep; *fig.* clean sweep.

balance [ba'lɑ̃ːs] *f* balance *(a.* ✝); scales *pl.,* weighing machine; ✝ balance; † hesitation; ✝ ~ *de(s) paiements* balance of payments; ~ *romaine* steelyard; ✝ *faire la ~* strike the *(fig.* a) balance; *faire pencher la ~* turn the scales; *astr. la ♎* Libra, the Balance; *fig. mettre en ~* weigh up; **balancement** [balɑ̃s-'mã] *m* sway(ing), swing(ing); *fig.* balance; **balancer** [balɑ̃'se] (1k) *v/t.* swing; throw, fling, chuck; F chuck out; balance; *fig.* weigh up; se ~ rock, sway; swing; seesaw; *sl.* se ~ *de* not to care a damn about; *sl. je m'en balance a.* I couldn't care less (about it); **balancier** [~'sje] *m* balancing pole; *mot.* crank-shaft; balancer; *watch:* balance-wheel; *clock:* pendulum; *pump:* handle; ⊕ beam-engine: beam; ⊕ fly(-press); **balançoire** [~'swaːr] *f* seesaw; swing.

balayer [bale'je] (1i) *v/t.* sweep out or up or away *(a. fig.); fig.* clear out; scour *(the sea); telev.* scan; **balayette** [~'jɛt] *f* whisk; small brush; **balayeur, -euse** [~'jœːr, ~'jøːz] *su. person:* sweeper; *su./f machine:* sweeper; **balayures** [~'jyːr] *f/pl.* sweepings.

balbutiement [balbysi'mã] *m* stuttering, stammering; **balbutier**

bande

[ˌ'sje] (1o) v/i. mumble; stammer; v/t. stutter out, stammer out.

balcon [bal'kɔ̃] m △ balcony; *thea.* dress circle.

baldaquin [balda'kɛ̃] m canopy, baldachin.

baleine ✶ [ba'lɛn] f whale(bone); **baleinier** [balɛ'nje] m whaler (*ship, a. man*); whaling; **baleinière** [ˌ'njɛːr] f whale-boat; ~ de sauvetage life-boat.

balise¹ ✵ [ba'liːz] f canna seed.

balise² [ba'liːz] f ⚓ beacon; 𝔛 runway light; *mot.* road sign; marker; ~ flottante buoy; **baliser** [ˌli'ze] (1a) v/t. ⚓ beacon; ⚓ buoy; provide with runway lights or road signs; mark out.

balistique [balis'tik] **1.** adj. ballistic; **2.** su./f ballistics sg.

baliverne F [bali'vɛrn] f mostly ~s pl. nonsense sg.

ballade [ba'lad] f ballad.

ballant, e [ba'lɑ̃, ˌ'lɑ̃:t] **1.** adj. dangling; swinging; slack (*rope*); **2.** su./m swing.

ballast [ba'last] m ⊕ ballast; ⊕ ballast-tank; **ballastière** [ˌlas'tjɛːr] f gravel-pit.

balle¹ [bal] f ball; bullet, shot; ✝ cotton: bale; *pedlar:* pack; sl. head; sl. franc; ~ de service *tennis:* service-ball.

balle² [ˌ] f husk, chaff; ✵ glume.

ballerine [bal'rin] f ballet-dancer, ballerina; **ballet** [ba'lɛ] m ballet.

ballon [ba'lɔ̃] m balloon (a. 𝅘); (*foot*)ball; 🜂 flask; ⊕ carboy; ~ ball-signal; ~ de plage beach ball; *fig.* ~ d'essai feeler; ~-sonde test or sounding balloon; **ballonnement** [ˌbɔn'mɑ̃] m swelling; ⚕ distension; ⚕ flatulence; **ballonner** [ˌbɔ'ne] (1a) vt/i. swell; bulge; distend (a. ⚕).

ballot [ba'lo] m pack, bundle; F idiot, chump; **ballottage** [balɔ'taːʒ] m second ballot; **ballotter** [ˌ'te] (1a) v/t. toss (about), shake about; *fig.* être ballotté entre be tossed or torn between; v/i. shake; toss; rattle (*door*).

bal(l)uchon F [baly'ʃɔ̃] m bundle.

balnéaire [balne'ɛːr] bath...; watering-...; station f ~ watering-place; seaside resort.

balnéothérapie [balneɔtera'pi] f balneotherapy.

balourd, e [ba'luːr, ˌ'lurd] **1.** adj.

awkward; **2.** su. awkward person; yokel; su./m ⊕ unbalanced; unbalanced weight; **balourdise** [ˌlur-'diːz] f awkwardness; F bloomer, stupid mistake.

baltique [bal'tik] **1.** adj. Baltic; **2.** su./f: la (mer) ♀ the Baltic (Sea).

balustrade [balys'trad] f balustrade; banister; (hand-)rail; **balustre** [ˌ'lystr] m baluster; banister.

bambin m, e f F [bɑ̃'bɛ̃, ˌ'bin] little child; kid; youngster.

bamboche [bɑ̃'bɔʃ] f puppet; F spree; faire ~ go on the spree; il est ~ he's a bit merry; **bambocher** F [bɑ̃bɔ'ʃe] (1a) v/i. go on the spree; **bambocheur** m, -euse f F [ˌ'ʃœːr, ˌ'ʃøːz] reveller.

bambou [bɑ̃'bu] m bamboo(-cane).

ban [bɑ̃] m † proclamation; drum roll; F applause; mettre au ~ banish; F send to Coventry; outlaw (from, de); publier les ~s put up or publish the bans; *fig.* le ~ et l'arrière-~ de ses amis *etc.* all his friends *etc.*

banal, e, m/pl. **-als** *fig.* [ba'nal] commonplace, banal; vulgar; **banaliser** [ˌnali'ze] (1a) v/t. popularize; vulgarize.

banane [ba'nan] f ✵ banana; sl. decoration, medal; sl. chopper, whirlybird (= helicopter); **bananier** [ˌna'nje] m banana-tree.

banc [bɑ̃] m bench (a. ⊕); form, seat; eccl. pew; lathe, oysters, stone: bed; sand, mud: bank; sand, coral: shoal; (witness-)box; fish: school, shoal; ⊕ ~ d'épreuve testing stand, bench.

bancal, e, m/pl. **-als** [bɑ̃'kal] **1.** adj. bandy(-legged); unsteady, rickety; **2.** su. bandy-legged person.

bandage [bɑ̃'daːʒ] m ⚕ bandaging; bandage; *mot.* tyre, Am. tire; ⊕ spring: winding up; ⚕ ~ herniaire truss.

bande¹ [bɑ̃:d] f band, strip; stripe; stretch (of land); ⚕ bandage; strap; ⊕ spring: compression; cin. reel; post: wrapper; ⚓ list; ~ dessinée comic strip; strip cartoon; ~ magnétique recording tape; ~ molletière puttee; ⊕ ~ transporteuse conveyor belt; enregistrer sur ~ tape-record; enregistrer sur ~ vidéo videotape; sous ~ post: by post.

bande² [ˌ] f band, gang; party; flock; pack.

bandeau [bã'do] *m* headband; diadem; bandage; **bandelette** [bãd-'lɛt] *f* strip; **bander** [bã'de] (1a) *v/t.* bandage, bind up; wind up, tighten; ♠ key in; *fig. ~ les yeux de* blindfold (*s.o.*); *v/i.* be tight; **banderole** [~'drɔl] *f* streamer; pennant; ✗ rifle: sling; *cartoon*: balloon.

bandit [bã'di] *m* bandit; gangster; crook.

bandoulière [bãdu'ljɛ:r] *f* shoulder-strap; *en ~* slung over the shoulder.

banjo ♪ [bã'ʒo] *m* banjo.

banlieue [bã'ljø] *f* suburbs *pl.*, outskirts *pl.*; *de ~* suburban; *~-dortoir* dormitory suburb; **banlieusard** *m*, **e** *f* F [~ljø'za:r, ~'zard] suburbanite.

banne [ban] *f* hamper; coal cart; awning; tarpaulin; ⚒ tub, skip; ⚓ *dredger*: bucket; **bannette** [ba-'nɛt] *f* small hamper.

banni, e [ba'ni] **1.** *adj.* banished; **2.** *su.* outcast; outlaw; exile.

bannière [ba'njɛ:r] *f* banner; F *être en ~* be in shirt-tails.

bannir [ba'ni:r] (2a) *v/t.* outlaw; exile (from, *de*).

banque [bã:k] *f* bank; banking; *~ du sang* blood bank; *~ par actions* joint-stock bank; *faire sauter la ~* break the bank; **banqueroute** † [bã'krut] *f* bankruptcy; failure; *faire ~* go bankrupt.

banquet [bã'kɛ] *m* banquet, feast.

banquette [bã'kɛt] *f* bench, seat; *earth:* bank; *golf:* bunker.

banquier *m*, **-ère** *f* [bã'kje, ~'kjɛ:r] banker.   [ice.)

banquise [bã'ki:z] *f* ice-floe; pack-)

baptême [ba'tɛ:m] *m* baptism, christening; *nom m de ~* Christian name, *Am.* given name; **baptiser** [bati'ze] (1a) *v/t.* baptize, christen; F *fig.* water (down) (*the wine*); **baptismal, e, m/pl. -aux** [batis'mal, ~'mo], **baptistaire** [~'tɛ:r] *adj.* baptismal; *extrait m baptistaire* certificate of baptism.

baquet [ba'kɛ] *m* tub, bucket.

bar[1] [ba:r] *m* (public) bar; *au ~* in the pub.

bar[2] *icht.* [~] *m* bass; perch.

bar[3] *phys.* [~] *m* bar.

baragouin F [bara'gwɛ̃] *m* gibberish; lingo; **baragouiner** F [~gwi'ne] (1a) *vt/i.* jabber, gibber.

baraque [ba'rak] *f* hut, shed; F dump, joint, hole; **baraquement**

[~rak'mã] *m*: ✗ *~s pl.* hutments; **baraquer** ✗ [~ra'ke] (1m) *vt/i.* hut.

baratin F [bara'tɛ̃] *m* sweet talk; patter, *Am.* malarky; **baratiner** [~ti'ne] *vt/i.* sweet-talk; *v/t.* chat (*s.o.*) up.

barattage [bara'ta:ʒ] *m* churning; **baratte** [~'rat] *f* churn; **baratter** [~ra'te] (1a) *v/t.* churn.

barbacane [barba'kan] *f* ⊕ draining channel; weep-hole; ⚔ barbican; ⚔ loop-hole.

barbare [bar'ba:r] **1.** *adj.* barbaric; barbarous; uncivilized; **2.** *su./m* barbarian.

barbaresque [barba'rɛsk] *adj.*, *a. su./m* Berber.

barbarie [barba'ri] *f* barbarism; barbarity, cruelty; **barbarisme** *gramm.* [~'rism] *m* barbarism.

barbe[1] [barb] *f* beard (*a.* ♀); whiskers *pl.*; mould, mildew; ⊕ burr; F bore, nuisance; *~ à papa* candyfloss, *Am.* cotton candy; *se faire faire la ~* get o.s. shaved; *(se) faire la ~* shave.

barbe[2] [~] *m* barb, Barbary horse.

barbeau [bar'bo] *m icht.* barbel; ♀ cornflower; *icht. ~ de mer* red mullet; *bleu ~* cornflower blue; **barbelé, e** [~bə'le] **1.** *adj.* barbed; *fil m de fer ~* barbed wire; **2.** *su./m*: *~s pl.* barbed wire entanglement *sg.*

barber *sl.* [bar'be] (1a) *v/t.* bore.

barbet, -ette [bar'bɛ, ~'bɛt] *su.* water-spaniel; *su./m icht.* barbel.

barbiche [bar'biʃ] *f* goatee; short beard.

barbier [bar'bje] *m* barber; **barbifier** F [~bi'fje] (1o) *v/t.* shave; bore; *se ~* be bored.

barbiturique [barbity'rik] **1.** *adj.* barbituric; **2.** *su./m* barbiturate.

barbotage [barbɔ'ta:ʒ] *m* paddling, splashing; ⊕ splash; *gas:* bubbling; mess, mud; bran mash; *sl.* filching; *sl.* mumbling; **barboter** [~'te] (1a) *v/i.* paddle, splash (about); bubble (*gas*); *v/t.* mumble; *sl.* filch; *sl.* scrounge; **barboteur, -euse** [~-'tœ:r, ~'tø:z] *su.* paddler; *sl.* scrounger; *su./m* ⊕ bubbler; ⊕ stirrer; *su./f* rompers *pl.*; washing machine.

barbouillage [barbu'ja:ʒ] *m* daubing; scrawl(ing), scribble; **barbouiller** [~'je] (1a) *v/t.* daub; smear (with, *de*); sully; scribble, scrawl;

fig. botch; se ~ dirty one's face;
barbouilleur *m,* **-euse** *f* F [~'lœːr, ~'jøːz] dauber; hack.

barbouze F [bar'buːz] *m* secret (police) agent.

barbu, e [bar'by] bearded (*a.* ❀); mouldy.

barbue *icht.* [~] *f* brill.

barcasse ⚓ [bar'kas] *f* launch; F old tub.

barda *sl.* [bar'da] *m* ✕ pack, kit; stuff, things *pl.*

bardane ♀ [bar'dan] *f* burdock.

barde¹ [bard] *m* bard.

barde² [~] *f* pack-saddle; *cuis.* slice of bacon, bard.

bardeau¹ [bar'do] *m* △ shingle (-board), *Am.* clapboard; lath; small raft.

bardeau² [~] *m* hinny.

barder¹ *sl.* [bar'de] (1a): ça barde sparks are flying.

barder² [~] (1a) *v/t.* ✕ † arm with bards; *cuis.* bard (*with bacon*), lard (*a. fig.*).

bardot [bar'do] *m* hinny; packmule.

barème [ba'rɛm] *m* table, (price) list; scale; schedule; graph.

barguigner F [bargi'ɲe] (1a) *v/i.*: sans ~ without shilly-shallying.

baril [ba'ri] *m* cask(ful); **barillet** [~ri'jɛ] *m* keg; *revolver:* cylinder; ⊕ barrel; *anat.* middle-ear.

bariolage [barjɔ'laːʒ] *m* motley; gaudy colo(u)r scheme; **barioler** [~'le] (1a) *v/t.* variegate; paint in gaudy colo(u)rs.

barman, *pl. a.* **-men** [bar'man, ~'mɛn] *m* barman.

baromètre [barɔ'mɛtr] *m* barometer; F (weather-)glass.

baron [ba'rɔ̃] *m* baron; **baronne** [~'rɔn] *f* baroness.

baroque [ba'rɔk] **1.** *adj.* quaint; odd; baroque; **2.** *su./m* △ *etc.* baroque.

baroud F [ba'rud] *m* fight(ing); ~ d'honneur gallant last stand; **barouder** F [baru'de] *v/i.* fight.

barouf F [ba'ruf] *m* hubbub; racket.

barque ⚓ [bark] *f* barge, boat.

barrage [ba'raːʒ] *m* barring, closing; dam(ming); *fig.* obstruction; ⊕ barrage (*a.* ✕), weir; ⚓ harbour: boom; *f cheque:* crossing; ✕ tir *m* de ~ curtain-fire.

barre [baːr] *f* bar (*a.* ♪); ♢ rod; *gold:* ingot; ⚓ helm; stroke (*of the pen*); *tex.* stripe; ♪ bar(-line);

(tidal) bore; *sp.* ~s *pl.* parallèles parallel bars; *sp.* ~ fixe horizontal bar; *mot.* ~ de connexion tie-rod; ♴ ~ des témoins witness-box; ✍ ~ omnibus (*collectrice*) omnibus-bar;

barreau [ba'ro] *m* bar (*a.* ♴); rail; *ladder:* rung; fire-bar; être reçu au ~ be called to the bar, *Am.* pass the bar.

barrer [ba're] (1a) *v/t.* bar; secure with a bar; block (up); dam (*a stream*); close (*a road*); cross out (*a word*); ⚓ steer; *f* cross (*a cheque*); route *f* barrée no thoroughfare; *sl.* se ~ skedaddle, make off.

barrette¹ *eccl.* [ba'rɛt] *f* biretta; cardinal's cap.

barrette² [~] *f* hair slide; *medal:* bar.

barreur ⚓ [ba'rœːr] *m* helmsman, cox.

barricader [barika'de] (1a) *v/t.* barricade; **barrière** [~'rjɛːr] *f* barrier (*a.* ☗, *a. fig.*); obstacle; *castle;* ✍ level-crossing; *town:* gate; turnpike; *sp.* starting-post.

barrique [ba'rik] *f* hogshead, cask, butt.

barrir [ba'riːr] (2a) *v/i.* trumpet (*elephant*).

bartavelle *orn.* [barta'vel] *f* rock partridge.

bas, basse [bɑ, bɑːs] **1.** *adj. usu.* low (*a. fig.*); mean; lower; *basse fréquence radio:* low frequency; *au* ~ mot at the lowest estimate; à voix basse in a low voice; under one's breath; chapeau ~ hat in hand; chapeaux ~! hats off!; en ~ âge of tender years; les classes f/pl. ~ses the lower classes; prix *m* ~ low price(s *pl.*); **2.** *su./m* lower part; stocking; *fig.* low state; **3.** *bas adv.* low (down); ici-~ here below; là-~ down there; over there; à ~ ...! down with ...!; en ~ (down) below.

basalte *geol.* [ba'zalt] *m* basalt.

basane [ba'zan] *f* sheepskin, basil; **basaner** F [~za'ne] (1a) *v/t. a.* se ~ tan.

basculant, e [basky'lɑ̃, ~'lɑ̃ːt] rocking, tilting; pont *m* ~ drawbridge; siège *m* ~ tip-up seat; **bascule** [~'kyl] *f* weighing machine; seesaw; cheval *m* à ~ rocking-horse; weigh-bridge; wagon *m* à ~ tipwaggon, *Am.* dump-cart; **basculer** [~ky'le] (1a) *vt/i.* rock; seesaw, *Am.* teeter; tip (up); topple over; *fig.*

fluctuate; *fig.* ~ *dans* get into; **bas-culeur** [~ky'lœ:r] *m* rocker; ⊕ rocking-lever.

base [baːz] *f* base (*a.* ⚛, ⚓); *surv.* base(-line); bottom; ⊕ bedplate; *fig.* basis, foundation; ~ *aérienne* air-base; ~ *de lancement* rocket launching site; ~ *d'entente* working basis; *sans* ~ unfounded; **baser** [baˈze] (1a) *v/t.* base, found (on, *sur*); *se* ~ *sur* be grounded on.

bas-fond [baˈfɔ̃] *m* low ground; *fig.* underworld; ⚓ shallows *pl.*

basilic [baziˈlik] *m* ♀ basil; *myth., a. zo.* basilisk.

basique ⚛, [baˈzik] basic.

basket(-ball) *sp.* [basketˈbɔːl)] *m* basket-ball.

basque[1] [bask] *f* skirt (*of a garment*).

Basque[2] [~] *su.*: *tambour m de* ~ tambourine.

basse [baːs] *f* ♪ *part, singer, voice*: bass; ⚓ sandbank, shoal; ⚓ reef; ~**-contre**, *pl.* ~**s-contre** ♪ [basˈkɔ̃ːtr] *f* deep bass; ~**-cour**, *pl.* ~**s-cours** [~ˈkuːr] *f* farm-yard; ~**-courier, -ère** [~kuˈrje, ~ˈrjɛːr] *su.* farm-hand; *su./m* poultry-boy; *su./f* poultry-maid; ~**-fosse**, *pl.* ~**s-fosses** [~ˈfoːs] *f* dungeon; **bassement** [~ˈmɑ̃] *adv.* basely, meanly; **bassesse** [baˈsɛs] *f* baseness, lowness; low deed, mean action.

basset *zo.* [baˈsɛ] *m* basset hound.

basse-taille, *pl.* **basses-tailles** [basˈtaːj] *f voice*: bass-baritone.

bassin [baˈsɛ̃] *m* basin (*a. geog.*); artificial lake; ⚓ tank; ⚓ dock; *anat.* pelvis; *sl.* bore; ⚓ ~ *de carénage* careening basin; ~ *de radoub* dry dock; ~ *de retenue* reservoir; ⚓ *faire entrer au* ~ dock; **bassinant, e** *sl.* [basiˈnã, -ˈnãt] boring; **bassine** [baˈsɛ̃] *f* pan; ~ *à confiture* preserving pan; **bassiner** [basiˈne] (1a) *v/t.* bathe (*a wound*); ⚕ spray; warm (*a bed*); *sl.* bore; *sl.* annoy; **bassinoire** [~ˈnwaːr] *f* warming pan; *sl.* bore; *sl.* large watch.

basson ♪ [baˈsɔ̃] *m* bassoon; *person*: [bassoonist.]
baste! † [bast] *int.* enough of that! [bassoonist.]

bastille ⚔ [basˈtiːj] *f* small fortress.

bastingage ⚓ [bastɛ̃ˈgaːʒ] *m* bulwarks *pl.*; rails *pl.*

bastion ⚔, *fig.* [basˈtjɔ̃] *m* bastion, stronghold, bulwark.

bastonnade [bastɔˈnad] *f* bastinado; † flogging.

bastringue *sl.* [basˈtrɛ̃ːg] *m* low dancing-hall; shindy; paraphernalia.

bas-ventre [baˈvãːtr] *m* lower part of the abdomen.

bât [ba] *m* pack-saddle; *cheval m de* ~ pack-horse.

bataille [baˈtaːj] *f* battle (*a. fig.*); *ordre m de* ~ battle formation *or* order; **batailler** [bataˈje] (1a) *v/i.* (*contre*) struggle (with), fight (against); **batailleur, -euse** [~ˈjœːr, ~ˈjøːz] **1.** *adj.* quarrelsome; **2.** *su.* fighter; **bataillon** ⚔, *a. fig.* [bataˈjɔ̃] *m* battalion; *chef m de* ~ major.

bâtard, e [baˈtaːr, ~ˈtard] **1.** *adj.* bastard; *fig.* degenerate; **2.** *su.* bastard; *animal*: mongrel.

bateau ⚓ [baˈto] *m* boat, ship; *sl.* ~*x pl.* beetle-crushers; ~ *à vapeur* steamer; ~ *de sauvetage* lifeboat; F *monter un* ~ *à q.* pull s.o.'s leg; ~**-citerne**, *pl.* ~**x-citernes** ⚓ [batosiˈtɛrn] *m* tanker; ~**-feu**, *pl.* ~**x-feux** ⚓ [~ˈfø] *m* lightship; ~**-mouche** ⚓, *pl.* ~**x-mouches** ⚓ [~ˈmuʃ] *m* small passenger steamer; ~**-phare**, *pl.* ~**x-phares** ⚓ [~ˈfaːr] *m* lightship; ~**-pilote**, *pl.* ~**x-pilotes** ⚓ [~piˈlɔt] *m* pilot boat; ~**-pompe**, *pl.* ~**x-pompes** ⚓ [~ˈpɔ̃ːp] *m* fireboat.

bateleur *m*, **-euse** *f* [batˈlœːr, ~ˈtløːz] knock-about comedian; juggler.

batelier [batəˈlje] *m* boatman; ferryman; ~ *de chaland* bargee; **batellerie** [batɛlˈri] *f* lighterage; inland water transport; ~ *fluviale* river fleet.

bâter [baˈte] (1a) *v/t.* saddle (*a pack-horse etc.*); F *c'est un âne bâté* he is a complete fool.

bath *sl.* [bat] *adj./inv.* super, posh, fab.

bâti [baˈti] *m* frame(work); ⊕ bed, support.

batifoler F [batifɔˈle] (1a) *v/i.* frolic; cuddle (s.o., *avec q.*).

bâtiment [batiˈmã] *m* building, edifice; ⚓ vessel.

bâtir[1] [baˈtiːr] (2a) *v/t.* build, erect; ~ *un terrain* build on a site; *terrain m à* ~ building site.

bâtir[2] [~] (2a) *v/t.* baste, tack.

bâtisse [baˈtis] *f* masonry; F house, building.

batiste *tex.* [baˈtist] *f* cambric.

bâton [baˈtɔ̃] *m* stick; staff; truncheon; wand of office; ~ *d'encens* joss stick; ~ *de rouge à lèvres* lipstick; ♀ ~

d'or wallflower; ~ *ferré* alpenstock; *à* ~s *rompus* by fits and starts; **bâton-ner** [batɔ'ne] (1a) v/t. beat; **bâton-net** [~'nɛ] m short stick; *cuis.* ~s *de poisson* fish fingers, *Am.* fish sticks.

bats [ba] *1st p. sg. pres. of battre*; **battage** [ba'ta:ʒ] *m* beating; *butter*: churning; *corn*: threshing; ✗ field of fire; ⊕ ramming; F plugging, boosting; **battant, e** [~'tã, ~'tã:t] 1. *adj.*: banging; pelting (*rain*); *porte f* ~*e* swing-door; folding-door; *fig.* tambour ~ briskly; F *tout* ~ *neuf* brand-new; 2. *su./m* door: leaf; *bell*: clapper; *fig.* fighter; F *fig.* go-getter; **batte** [bat] *f* beater; beating; beetle, rammer; *cricket*: bat; **battement** [~'mã] *m* beating; clapping; palpitation; pulsation, up and down movement; **batterie** [ba'tri] *f* ✗, ✗ battery; *drum*: beat, roll; ♪ drums *pl.*, percussion; † scuffle; ⊕ ~ *de chaudières* battery of boilers; ~ *de cuisine* kitchen utensils *pl.*; **batteur** [~'tœ:r] *m* beater (*a. cuis.*); *sp.* cricket: batsman; ♪ drummer; **batteuse** ♪, ⊕ [~'tø:z] *f* thresher; **battoir** [~'twa:r] *m* (linen) beetle; bat (*a. sp.*); F *fig.* (large) hand, paw.

battre [batr] (4a) *v/t.* beat; strike; thrash; thresh; mint (*money*); defeat; scour (*the countryside*); shuffle (*cards*); ~ *q. en brèche* disparage s. o., run s.o. down; *se* ~ fight; *v/i.* throb; clap; bang; **battu, e** [ba'ty] 1. *p.p. of battre*; 2. *su./f* beat; *admin.* round-up; ♧ ~ *en mer* scouting cruise.

baudet [bo'dɛ] *m* donkey; ass (*a. fig.*).

bauge [bo:ʒ] *f* wallow; lair (*of wild boar*); *fig.* pigsty.

baume [bo:m] *m* balsam; balm (*a. fig.*).

bauxite [bok'sit] *f* bauxite.

bavard, e [ba'va:r, ~'vard] 1. *adj.* garrulous, talkative; 2. *su.* chatter-box; gossip; F bore; **bavardage** [bavar'da:ʒ] *m* gossip; chatter; **ba-varder** [~'de] (1a) *v/i.* gossip; chatter; tell tales.

bave [ba:v] *f* dribble; slobber; froth, foam; *fig.* venom; **baver** [ba've] (1a) *v/i.* dribble, slobber; run (*pen*); ✗ ooze; F talk drivel; ~ *sur* cast a slur on; F *fig.* ~ *d'admiration* be agape with admiration; F *fig.* *en* ~ have a hard time (of it); F *fig. en faire* ~ *à q.*

give s.o. a hard time (of it); *v/t.* F *fig. en* ~ *des ronds de chapeau* gape in astonishment.

bavette [ba'vɛt] *f* bib; F *tailler une* ~ chew the fat; **baveux, -euse** [~'vø, ~'vø:z] slobbery (*mouth*); runny, wet; *typ.* blurred.

bavure [ba'vy:r] *f* ⊕ burr; ⊕ seam; *writing*: smudge.

bazar [ba'za:r] *m* bazaar; bargain stores; *sl. tout le* ~ the lot, the whole caboodle; **bazarder** *sl.* [~zar'de] (1a) *v/t.* sell off; get rid of.

béant, e [be'ã, ~ã:t] gaping, yawning, wide open.

béat, e [be'a, ~'at] 1. *adj.* smug, complacent; 2. *su.* smug or complacent person; **béatifier** *eccl.* [beati'fje] (1o) *v/t.* beatify; **béatitude** [~'tyd] *f* bliss, beatitude; complacency.

beau (*adj. before vowel or h mute* **bel**) *m*, **belle** *f*, *m/pl.* **beaux** [bo, bɛl, bo] 1. *adj.* beautiful; fine; handsome; *au* ~ *milieu de* right in the middle of; *avoir* ~ (*inf.*) (*inf.*) in vain; *il fait* ~ (*temps*) it is fine; *le* ~ *sexe* the fair sex; 2. *su./m hist.* beau; *le* ~ the beautiful; *être au* ~ be set fair (*weather*); *faire le* ~ sit up and beg (*dog*); *su./f* beauty; *sp.* deciding game; *la Belle au bois dormant* (the) Sleeping Beauty.

beaucoup [bo'ku] *adv.* much, a great deal; many; F *à* ~ *près* by a long chalk; *de* ~ by far.

beau-fils, *pl.* **beaux-fils** [bo'fis] *m* stepson; son-in-law; **beau-frère**, *pl.* **beaux-frères** [~'frɛ:r] *m* brother-in-law; **beau-père**, *pl.* **beaux-pères** [~'pɛ:r] *m* father-in-law; stepfather.

beaupré ♧ [bo'pre] *m* bowsprit.

beauté [bo'te] *f* beauty; *fig.* belle, beauty.

beaux-arts [bo'za:r] *m/pl.* fine arts; **beaux-parents** [~pa'rã] *m/pl.* parents-in-law.

bébé [be'be] *m* baby; doll.

bec [bɛk] *m bird*: beak, bill; ⊕ *tool*: nose; ⊕ nozzle; spout; ♪ mouth-piece; *pen*: nib; F mouth, nose; ⊕ ~ *d'âne* mortise-chisel; ~ *de gaz* gas burner, F lamp-post; F *fig. tomber sur un* ~ (*de gaz*) get or be stymied.

bécane F [be'kan] *f* bike, bicycle.

bécarre ♪ [be'ka:r] *m* natural (sign).

bécasse *orn.* [be'kas] *f* woodcock.

bec-de-cane, *pl.* **becs-de-cane**

[bɛkdəˈkan] *m* spring lock; slide-bolt; lever handle; ⊕ flat-nosed pliers *pl.*; **bec-de-lièvre**, *pl.* **becs-de-lièvre** [ˌˈljɛːvr] *m* harelip.

bêchage [beˈʃaːʒ] *m* digging; F disparagement.

béchamel *cuis.* [beʃaˈmɛl] *f* becha-mel.

bêche [bɛʃ] *f* spade.

bêche-de-mer, *pl.* **bêches-de-mer** [bɛʃdəˈmeːr] *m* bêche-de-mer; *gramm.* beach-la-mar.

bêcher [beˈʃe] (1a) *v/t.* dig; F disparage, run (*s.o.*) down, pull (*s.o.*, *s.th.*) to pieces; **bêcheur, -euse** F [beˈʃœːr, -øːz] stuck-up.

bécot [beˈko] *m orn.* small snipe; F peck (= *little kiss*); **bécoter** F [bekɔˈte] (1a) *v/t.* give (*s.o.*) a peck.

becqueter [bɛkˈte] (1c) *v/t.* peck at; pick up; *sl.* eat; F kiss.

bedaine F [bəˈdɛn] *f* belly; paunch.

bedeau *eccl.* [bəˈdo] *m* verger, beadle.

bedon F [bəˈdɔ̃] *m* paunch; **bedonner** F [ˌdɔˈne] (1a) *v/i.* grow paunchy, acquire a corporation.

bée [be] *adj./f:* bouche *f* ~ gaping, open-mouthed.

beffroi [beˈfrwa] *m* belfry; ⊕ dredge: gantry.

bégayer [begeˈje] (1i) *v/i.* stammer; *v/t.* stammer out.

bègue [bɛg] **1.** *adj.* stuttering, stammering; être ~ stammer; **2.** *su.* stutterer, stammerer.

bégueter [begˈte] (1d) *v/i.* bleat (*goat*).

béguin [beˈgɛ̃] *m* hood; baby's bonnet; F infatuation; *person:* love; **béguine** [ˌˈgin] *f eccl.* beguine; F very devout woman.

beige [bɛːʒ] **1.** *adj.* beige; **2.** *su./f* unbleached serge.

beigne *sl.* [bɛɲ] *f* blow; bruise.

beignet *cuis.* [beˈɲɛ] *m* fritter; doughnut.

bel [bɛl] *see* beau; ~ esprit *m person:* wit; ~ et bien well and truly, genuinely; le ~ âge youth; un ~ âge a ripe old age.

bêlement [bɛlˈmɑ̃] *m* bleating; **bêler** [bɛˈle] (1a) *v/i.* bleat (*sheep*).

belette *zo.* [bəˈlɛt] *f* weasel.

belge [bɛlʒ] *adj., a. su.* ♀ Belgian; **Belgique** [bɛlˈʒik] *f: sl.* filer en ~ bolt (*financier*).

bélier [beˈlje] *m zo.* ram (*a.* ⊕), Am.

buck; ✗ *hist.* battering ram; *astr.* le ♀ Aries, the Ram.

belinogramme [bəlinɔˈgram] *m* telephotograph.

bélître † [beˈlitr] *m* cad, knave.

bellâtre [beˈlɑːtr] **1.** *adj.* foppish; **2.** *su./m* fop.

belle [bɛl] *see* beau 1; à la ~ étoile in the open; de plus ~ more than ever; *iro.* en faire de ~s be up to s. th. pretty; l'échapper ~ have a narrow escape; ~-dame, *pl.* ~s-dames [ˌˈdam] *f* ♀ deadly nightshade; *zo.* painted lady; ~-fille, *pl.* ~s-filles [ˌˈfiːj] *f* stepdaughter; daughter-in-law; ~-mère, *pl.* ~s-mères [ˌˈmɛːr] stepmother; mother-in-law; ~s-lettres [ˌˈlɛtr] *f/pl.* belles-lettres, humanities; ~-sœur, *pl.* ~s-sœurs [ˌˈsœːr] *f* sister-in-law.

bellicisme [bɛlliˈsism] *m* warmongering; **belligérant, e** [ˌˈʒeˈrɑ̃, ~ˈrɑ̃ːt] *adj., a. su./m* belligerent; **belliqueux, -euse** [ˌˈkø, ~ˈkøːz] bellicose, warlike.

bellot, -otte F [beˈlo, ~ˈlɔt] dandified; pretty(-pretty). [pinocle.↓

belote [bəˈlɔt] *f cards: sort of↑*

belvédère [bɛlveˈdɛːr] *m* belvedere; summer-house; vantage-point.

bémol ♩ [beˈmɔl] *m* flat.

bénédicité [benedisiˈte] *m* grace (before a meal); **bénédiction** [ˌdikˈsjɔ̃] *f* blessing.

bénéfice [beneˈfis] *m* ✝ profit, gain; benefit; *eccl.* living; **bénéficiaire** [ˌfiˈsjɛːr] *m* ✝ payee; *tʒs, eccl., acc.* beneficiary; **bénéficier** [ˌfiˈsje] (1o) *v/i.* profit, benefit (by, de); make a profit (on, sur).

benêt [bəˈnɛ] **1.** *adj./m* stupid, silly; **2.** *su./m* simpleton.

bénévole [beneˈvɔl] benevolent; gratuitous, unpaid; voluntary.

bénignité [beniɲiˈte] *f* kindness; mildness (*a.* ♣); **bénin, -igne** [beˈnɛ̃, ~ˈniɲ] kind, benign; mild (*a.* ♣).

bénir [beˈniːr] (2a) *v/t.* bless; *eccl. a.* consecrate; **bénit, e** [ˌˈni, ~ˈnit] blessed; consecrated; *eccl.* eau *f* ~ holy water; **bénitier** *eccl.* [ˌniˈtje] *m* holy-water basin.

benne [bɛn] *f* hamper; dredger: bucket; ✗ tub, skip; ✗ cage; *telpherway:* bucket seat; ⊕ ~ preneuse (mechanical) grab; clam-shell bucket; ⊕ (camion *m* à) ~ basculante tipping waggon.

benoît, e [bən'wa, ~'wat] sanctimonious; bland.

benzine [bɛ̃'zin] f benzine; **benzol** ♔ [~'zɔl] m benzol.

béquille [be'ki:j] f crutch; *bicycle*: stand; ♣ shore, prop; *marcher avec des* ~*s* walk on crutches; **béquiller** [~ki'je] (1a) *v/i.* walk on crutches; *v/t.* ♣ shore up.

bercail [bɛr'ka:j] *m/sg.* sheepfold; *eccl.* fold.

berceau [bɛr'so] m cradle (*a. fig., a.* △); ⊕ bed; ✗ bower, arbo(u)r; **bercer** [~'se] (1k) *v/t.* rock; lull; soothe; delude (with promises, *de promesses*); **berceuse** [~'søːz] f cradle; rocking-chair; ♪ lullaby.

béret [be're] m (*a.* ~ *de Basque*) beret; ~ *écossais* tam-o'-shanter.

berge [bɛrʒ] f river, ditch: bank; *mountain*: flank; ✗ rampart.

berger [bɛr'ʒe] m shepherd (*a. fig.*); **bergère** [~'ʒɛːr] f shepherdess; easy chair; *orn.* wagtail; **bergerie** [~ʒə'ri] f sheep-pen; *paint., prosody*: pastoral; **bergeronnette** *orn.* [~ʒərɔ'nɛt] f wagtail.

berline [bɛr'lin] f saloon (car), *Am.* sedan; † *coach*: Berlin; ✗ truck, tram.

berlue [bɛr'ly] f 💥 false vision; *fig. avoir la* ~ get things all wrong.

berne ♣ [bɛrn] f: *en* ~ at half-mast.

berner [bɛr'ne] (1a) *v/t.* laugh at, chaff; hoax.

bernique[1] *sl.* [bɛr'nik] *int.* nothing doing!

bernique[2] *orn.* [~] f limpet.

besace [bə'zas] f † double sack; *fig. être réduit à la* ~ be reduced to beggary.

bésef *sl.* [be'zɛf] *see bezef.*

besicles *iro.* [bə'zikl] *f/pl.* glasses, spectacles.

besogne [bə'zɔɲ] f work; job; **besogneux, -euse** [~zɔ'ɲø, ~'ɲøːz] needy, hard-up.

besoin [bə'zwɛ̃] m need, want; poverty; *au* ~ in case of need; when required; *avoir* ~ *de* need; *il est* ~ *(de inf.)* it is necessary (to *inf.*).

bestial, e, *m/pl.* **-aux** [bɛs'tjal, ~'tjo] bestial, brutish; **bestialité** [~tja-li'te] f brutishness; bestiality; **bestiaux** [~'tjo] *m/pl.* livestock *sg.*, cattle *sg.*

best-seller [bɛstsɛ'lœːr] m best seller.

bêta, -asse [be'ta, ~'tas] **1.** *adj.* stupid; **2.** *su.* blockhead, ass.

bétail [be'ta:j] *m/sg.* livestock, cattle.

bête [bɛːt] **1.** *su./f* animal; beast; fool; ~*s pl.* féroces wild beasts; ~ *à cornes* horned beast; ~ *de somme* beast of burden; ~ *de trait* draughtanimal; ~ *fauve* deer; ~ *noire* wild boar; *fig. chercher la petite* ~ split hairs; *fig. ma* ~ *noire* my pet aversion; **2.** *adj.* stupid, silly; **bêtifier** [beti'fje] (1o) *v/i.* play the fool; talk stupidly; **bêtise** [~'tiːz] f stupidity; blunder; nonsense; mere trifle.

béton △ [be'tɔ̃] m concrete; *fig. du* ~ absolutely safe or reliable; **bétonnière** [~tɔ'njɛːr] f cement mixer.

bette ❦ [bɛt] f beet; **betterave** ❦ [bɛt'raːv] f beet(root); (*a.* ~ *sucrière*) sugar-beet; ~ *fourragère* mangelwurzel.

beuglant *sl.* [bø'glɑ̃] m cheap caféconcert; **beuglement** [~glə'mɑ̃] m lowing, mooing; **beugler** [~'gle] (1a) *v/i.* low; moo.

beurre [bœːr] m butter; *au* ~ noir with browned butter sauce; *sl. c'est du* ~ it is child's play; *faire son* ~ feather one's nest; F *un œil au* ~ *noir* a black eye; **beurré** [bœ're] m butter-pear; **beurrée** [~'re] f slice of bread and butter; **beurrer** [~'re] (1a) *v/t.* butter; **beurrier, -ère** [~'rje, ~'rjɛːr] **1.** *su./m* butter-dish; **2.** *adj.* butter-producing.

beuverie [bø'vri] f drinking bout.

bévue [be'vy] f blunder, slip; *commettre une* ~ drop a brick.

bezef *sl.* [be'zɛf] *adv.: pas* ~ not much.

bi... [bi] bi..., di...

biais, e [bjɛ, bjɛːz] **1.** *adj.* skew, oblique; **2.** *su./m* △ *etc.* skew; slant; slanting; *fig. expedient; de (or en)* ~ on the cross, on the slant; *regarder de* ~ look askance at; **biaiser** [bjɛ'ze] (1b) *v/i.* (be on the) slant; skew; *fig.* use evasions.

bibelot [bi'blo] m knick-knack, trinket.

biberon [bi'brɔ̃] m *baby*: feeding (*Am.* nursing) bottle; *invalid*: feeding-cup; ~ *tippler*; **biberonner** F [~brɔ'ne] (1a) *v/i.* tipple.

bibi [bi'bi] m I, me, myself; F (woman's) hat.

Bible [bibl] f Bible.

biblio... [bibliɔ] biblio...; **~graphie** [~gra'fi] *f* bibliography; **~manie** [~ma'ni] *f* bibliomania; book collecting; **~phile** [~'fil] *m* bibliophile, book-lover; **~thécaire** [~te'kɛ:r] *m* librarian; **~thèque** [~'tɛk] *f* library; bookcase; ~ *de prêt* lending library; *fig.* ~ *vivante* walking encyclop(a)edia.

biblique [bi'blik] Biblical.

bicarbonate ⚗ [bikarbɔ'nat] *m* bicarbonate; ~ *de soude* bicarbonate of soda, baking soda.

bicentenaire [bisɑ̃t'nɛ:r] *m* bicentenary, *Am.* bicentennial.

biceps *anat.* [bi'sɛps] *m*, *a. adj.* biceps.

biche *zo.* [biʃ] *f* hind, doe; *ma* ~ my darling.

bicher *sl.* [bi'ʃe] (1a) *v/i.*: *ça biche?* how goes it?; things alright with you?

bichette *zo.* [bi'ʃɛt] *f* young hind.

bichon *m*, **-onne** *f* [bi'ʃɔ̃, ~'ʃɔn] lapdog; **bichonner** [~ʃɔ'ne] (1a) *v/t.* spruce (*s.o.*) up; titivate.

bichromie [bikrɔ'mi] *f* two-colo(u)r printing.

bicolore [bikɔ'lɔ:r] two-colo(u)r; of two colo(u)rs.

bicoque [bi'kɔk] *f* shanty; F dump.

bicorne [bi'kɔrn] **1.** *adj.* two-pointed; **2.** *su./m* cocked hat.

bicyclette [bisi'klɛt] *f* (bi)cycle.

bidasse *sl.* [bi'das] *m* (simple) soldier.

bide *sl.* [bi:d] *m* belly; flop, washout; lies *pl.*, rubbish, nonsense.

bidet [bi'dɛ] *m* nag; ⊕ trestle; *hygiene*: bidet.

bidoche *sl.* [bi'dɔʃ] *f* meat.

bidon [bi'dɔ̃] **1.** *m* tin, can, drum; ⚔ canteen, water-bottle; *sl.* belly; *sl.* rubbish, pack of lies; *c'est pas du* ~ that's the honest truth; **2.** *adj. sl.* fake, mock, sham, phoney.

bidonner *sl.* [bidɔ'ne] (1a) *vt/i.* swig; *v/t.*: *se* ~ split one's sides.

bidonville [bidɔ̃'vil] *m* shanty-town.

bidule F [bi'dyl] *m* thing(umabob).

bief [bjɛf] *m* canal reach; mill-race.

bielle ⊕ [bjɛl] *f* connecting rod.

bien [bjɛ̃] **1.** *adv. usu.* well; right(ly), porper(ly); quite, rather; really, indeed; *adjectivally*: good, nice, fine, all right; ~ *de la peine* much trouble; ~ *des gens* many people; ~ *que* (*sbj.*) (al)though; *aller* ~ be well; *eh* ~! well!; *être* ~ *a.* be on good terms (with s.o., *avec q.*); *se porter* ~ be in good health; *tant* ~ *que mal* so so; *c'est* ~ *de lui!* that's just like him!; **2.** *su./m* good; welfare; possession, property, wealth, estate; goods *pl.*; ~ *public* public *or* common weal; ✝ ~*s pl. de consommation* consumer goods; **~-aimé, e** [~nɛ'me] beloved; **~-dire** [~'di:r] *m* fine words *pl.*, eloquence; **~-être** [~'nɛ:tr] *m* wellbeing, comfort; **~faisance** [~fə'zɑ̃:s] *f* beneficence, charity; *œuvre f ou société f ou association f de* ~ charitable organization, charity; **~faisant, e** [~fə'zɑ̃, ~'zɑ̃:t] beneficent, charitable; salutary, beneficial; **~fait** [~'fɛ] *m* benefit; service; *fig.* blessing; **~faiteur, -trice** [~fɛ'tœ:r, ~'tris] **1.** *su./m* benefactor; *su./f* benefactress; **2.** *adj.* beneficent; **~-fondé** [~fɔ̃'de] *m* merits *pl.* (*of claim etc.*); **~-fonds**, *pl.* **~s-fonds** [~'fɔ̃] *m* real estate; landed property; **~heureux, -euse** [~nœ'rø, ~'rø:z] blissful, happy; blessed; **~-jugé** ⚖ [~ʒy'ʒe] *m* proper decision.

biennal, e, *m/pl.* **-aux** [biɛ'nal, ~'no] biennial.

bien-pensant, e [bjɛ̃pɑ̃'sɑ̃, ~'sɑ̃:t] *adj.*, *a. su.* right-thinking (person).

bienséance [bjɛ̃se'ɑ̃:s] *f* propriety, decorum; **bienséant, e** [~'ɑ̃, ~'ɑ̃:t] seemly, decent.

bientôt [bjɛ̃'to] *adv.* soon, before long; *à* ~! so long!

bienveillance [bjɛ̃vɛ'jɑ̃:s] *f* kindness; goodwill; benevolence; **bienveillant, e** [~'jɑ̃, ~'jɑ̃:t] kind(ly), benevolent.

bienvenu, e [bjɛ̃və'ny] **1.** *adj.* welcome (to, *à*); **2.** *su.* welcome person; *soyez le* ~! welcome!; *su./f* welcome; *souhaiter la* ~*e à q.* welcome s.o.

bière[1] [bjɛ:r] *f* beer; ~ *blonde* pale *or* light ale; ~ *brune* brown ale.

bière[2] [~] *f* coffin.

biffer [bi'fe] (1a) *v/t.* cross out (*a word*); ⚖ strike out; ~ *les indications inutiles* strike out what does not apply.

bifteck [bif'tɛk] *m* beefsteak; ~ *de porc* pork steak.

bifurcation [bifyrka'sjɔ̃] *f road etc.*: fork; 🚂 junction; **bifurquer** [~'ke] (1m) *v/i. a. se* ~ fork, divide; 🚂 branch off; ⚡ shunt (*current*).

bigame [bi'gam] **1.** *adj.* bigamous; **2.**

su. bigamist; **bigamie** [~ga'mi] *f* bigamy.

bigarré, e [biga're] variegated; **bigarrer** [~'re] (1a) *v/t.* variegate, mottle; **bigarrure** [~'ry:r] *f* motley, variegation.

bigle [bigl] **1.** *adj.* squint-eyed; **2.** *su.* squint-eyed person.

bigleux, -euse F [bi'glø, ~'glø:z] shortsighted.

bigophone F [bigo'fɔn] *m* phone.

bigorne [bi'gɔrn] *f* two-beaked anvil; *anvil:* beak; **bigorner** *sl.* [~gɔr'ne] (1a) *v/t.* smash up; **se ~** fight.

bigot[1] ⚒ [bi'go] *m* mattock.

bigot[2], **e** [bi'go, ~'gɔt] *adj. (a. su.)* sanctimonious (person); **bigoterie** [~gɔ'tri] *f* sanctimoniousness, (religious) bigotry.

bigoudi [bigu'di] *m* (hair) curler.

bigre! *sl.* [bigr] *int.* by Jove!, bosh!; **bigrement** *sl.* [~ə'mã] *adv.* jolly (well), darn (well).

bijou, *pl.* **-x** [bi'ʒu] *m* jewel, gem; **bijouterie** [biʒu'tri] *f* jewellery, *Am.* jewelry; jeweller's shop; **bijoutier** *m*, **-ère** *f* [~'tje, ~'tje:r] jeweller.

bikini [biki'ni] *m* bikini.

bilan [bi'lã] *m* ✝ balance sheet; *fig.* outcome; *fig.* consequences *pl.; fig.* toll; ✝ *déposer son ~* file a petition in bankruptcy; *fig.* faire le ~ (de) take stock (of).

bilatéral, e, *m/pl.* **-aux** [bilate'ral, ~'ro] bilateral, two-sided.

bilboquet [bilbɔ'kɛ] *m toy:* cup-and-ball; *toy:* marble; billet, block; *typ.* jobwork.

bile [bil] bile, gall; **biler** *sl.* [bi'le] (1a) *v/t.:* ne te bile pas! don't worry!; take it easy!; **se ~** get worked up; **bilieux, -euse** [~'ljø, ~'ljø:z] bilious; *fig.* testy; morose.

bilingue [bi'lɛ̃:g] bilingual.

billard [bi'ja:r] *m* (game of) billards *pl.;* billiard table; billiard room; F operating table; **bille** [bi:j] *f (billiard etc.)* ball; marble; billet, block; *sl.* mug (= *face); sl.* nut (= *head); stylo m à ~* ball-point pen.

billet [bi'jɛ] *m* note, letter; notice; circular; ticket (*a.* 🚂, *thea.*); ✝ bill; ~ à ordre ✝ promissory note; ⚓ single bill; ~ blanc *lottery:* blank; ~ circulaire tourist ticket; ✝ circular note; ~ de banque bank-note, *Am. a.* bill; ~ de faire part intimation, notice (*of death, wedding, etc.*);

~ de faveur complimentary ticket; ~ doux love-letter.

billevesée [bilvə'ze] *f* crazy notion.

billion [bi'ljɔ̃] *m* one million millions, billion; *Am.* one thousand billions, trillion.

billon [bi'jɔ̃] *m* alloy; copper *or* nickel coinage; base coinage; ✓ ridge of earth; **billot** ✓ [bi'jo] *m* block; tethering: clog; wheel drag.

bimbeloterie [bɛ̃blɔ'tri] *f* toys *pl.,* knick-knacks *pl.;* (cheap) toy trade.

bimensuel, -elle [bimã'sɥɛl] fortnightly.

bimoteur [bimɔ'tœ:r] *adj./m* twin-engined.

binaire [bi'nɛ:r] binary.

binard [bi'na:r] *m* (stone-)lorry, dray.

biner [bi'ne] (1a) *v/t.* ✓ hoe; dig *etc.* for a second time; *v/i. eccl.* celebrate two masses in one day; **binette** ✓ [~'nɛt] *f* hoe; *sl.* face, dial, mug.

biniou [bi'nju] *m* Breton pipes *pl.; sl.* horn, wind instrument.

binocle [bi'nɔkl] *m* eye-glasses *pl.;* pince-nez; lorgnette.

binôme 🜨 [bi'no:m] *adj., a. su./m* binomial.

biochimie 🜨 [biɔʃi'mi] *f* biochemistry.

biographe [biɔ'graf] *m* biographer; **biographie** [~gra'fi] *f* biography.

biophysique [biɔfi'zik] *f* biophysics *sg.*

biosphère [biɔ'sfɛ:r] *f* biosphere.

biotope [biɔ'tɔp] *m* biotope.

bipartisme *pol.* [bipar'tism] *m* coalition government.   [seater.]

biplace [bi'plas] *adj., a. su.* two-)

biplan 🛩 [bi'plã] *m* biplane.

bipolaire ⚡ [bipɔ'lɛ:r] bipolar.

bique [bik] *f* F nanny-goat; *sl.* old hag; *sl.* nag; **biquet** *m*, **-ette** *f* F [bi'kɛ, ~'kɛt] kid.

biréacteur 🛩 [bireak'tœ:r] **1.** *adj./m* twin-jet; **2.** *su./m* twin-jet plane.

bis[1], **bise** [bi, bi:z] greyish-brown; *à* ~ *ou à blanc* anyhow; *pain m* ~ brown bread.

bis[2] [bis] **1.** *adv.* twice; again; encore!; *no.* 9 ~ 9A (*house etc.*); **2.** *su./m* encore.

bisaïeul [biza'jœl] *m* great-grandfather; **bisaïeule** [~] *f* great-grandmother.

bisannuel, -elle [biza'nɥɛl] biennial.

bisbille F [bis'bi:j] f bickering; en ~ at loggerheads (with, avec).

biscornu, e F [biskɔr'ny] mis-shapen; distorted; illogical; queer (idea).

biscotin [biskɔ'tɛ̃] m crisp biscuit; ship's biscuit; **biscotte** [~'kɔt] f rusk; **biscuit** [~'kɥi] m biscuit, Am. a. zwieback; plain cake; ✝ ceramics: biscuit, bisque; ~ à la cuiller sponge-finger, Am. lady-finger; ~ de mer ship's biscuit.

bise¹ [bi:z] f north wind; poet. winter.

bise² F [~] f (little) kiss; faire une ~ à q. give s.o. a (little) kiss.

biseau ⊕ [bi'zo] m chamfer, bevel; en ~ chamfered, bevelled; **biseauter** [~zo'te] (1a) v/t. ⊕ chamfer, bevel; bezel (gems); fig. mark (cards).

biser¹ [bi'ze] (1a) v/t. re-dye.

biser² ✓ [~] (1a) v/i. darken.

biser³ F [~] (1a) v/t. kiss.

bismuth 🜍 [bis'myt] m bismuth.

bison zo. [bi'zɔ̃] m bison.

bisque [bisk] f cuis. shellfish soup; **bisquer** F [bis'ke] (1m) v/i.: faire ~ q. rile s.o.

bissac [bi'sak] m double wallet.

bissecteur, -trice ⅄ [bisɛk'tœ:r, ~'tris] bisecting; **bissection** ⅄ [~'sjɔ̃] f bisection.

bisser [bi'se] (1a) v/t. encore (a singer, a song); repeat; **bissextile** [bisɛks'til] adj./f: année f ~ leap year; **bissexuel, -elle** ⚥ [~sɛk'sɥɛl] bisexual.

bistourner [bistur'ne] (1a) v/t. wrench.

bistre [bistr] 1. su./m bistre; 2. adj./inv. blackish-brown, swarthy.

bistrot [bis'tro] m pub, café; pub- or café-owner.

bitume [bi'tym] m bitumen; **bitumer** [~ty'me] (1a) v/t. tar; asphalt.

biture sl. [bi'ty:r] f: prendre une ~ get drunk.

bivouac ✕ [bi'vwak] m bivouac.

bizarre [bi'za:r] odd, curious, strange, peculiar; **bizarrerie** [~zar'ri] f oddness, peculiarity; whimsicality.

bizut(h) sl. [bi'zy] m first-year student; beginner.

bla-bla F [bla'bla] m/inv. bunkum, Am. blah.

blackbouler [blakbu'le] (1a) v/t. blackball, turn down.

blafard, e [bla'fa:r, ~'fard] wan, pale.

blague [blag] f F joke; trick, practical joke; F stupid mistake, blunder; F stupid thing, nonsense; (~ à tabac) tobacco pouch; ~ à part joking apart; F sans ~? you don't say!; really?; **blaguer** F [bla'ge] (1m) v/i. joke; tu blagues! impossible!; v/t. make fun of, F kid.

blair sl. [blɛ:r] m nose.

blaireau [blɛ'ro] m zo. badger; shaving-brush; paint. brush.

blairer sl. [blɛ're] (1a) v/t.: je ne peux pas le ~ I can't stand him.

blâmable [bla'mabl] blameworthy; **blâme** [bla:m] m blame; admin. reprimand; **blâmer** [bla'me] (1a) v/t. blame; censure; reprimand.

blanc, blanche [blã, blã:ʃ] 1. adj. white; clean, pure; blank (paper, cartridge); pale (ale); armes f/pl. blanches side-arms; F carte f blanche free hand; nuit f blanche sleepless night; se battre à l'arme blanche fight with cold steel; 2. su. white; white person; su./m blank; white wine; (egg) white; white meat; chauffer à ~ make white-hot; fig. work (s.o.) up, excite (s.o.); saigner à ~ bleed white; tirer à ~ fire blanks; (signer un) chèque en ~ (sign a) blank cheque; ~bec, pl. ~s-becs F [blã'bɛk] m callow youth, Am. sucker, greenhorn; **blanchâtre** [blã'ʃɑ:tr] whitish; **blanche** ♩ [blã:ʃ] f minim, Am. half note; **blancheur** [blã'ʃœ:r] f whiteness; paleness; purity; **blanchir** [~'ʃi:r] (2a) v/t. whiten; bleach; clean; wash, launder; v/i. turn white; blanch; fade; **blanchissage** [~ʃi'sa:ʒ] m washing; laundering; **blanchisserie** [~ʃis'ri] f laundering; laundry; **blanchisseur** [~ʃi'sœ:r] m laundryman; ⊕ bleacher; **blanchisseuse** [~ʃi'sø:z] f laundress; washer-woman; **blancseing**, pl. **blancs-seings** [blã'sɛ̃] m blank signature; fig. full power(s pl.).

blaser [bla'ze] (1a) v/t. blunt (the palate); surfeit; se ~ become indifferent (to de, sur).

blason [bla'zɔ̃] m coat-of-arms, blazon; heraldry; **blasonner** [~zɔ'ne] (1a) v/t. blazon.

blasphémateur, -trice [blasfema-'tœ:r, ~'tris] 1. su. blasphemer; 2. adj. blasphemous; **blasphème** [~'fɛm] m blasphemy; **blasphémer** [~fe'me] (1f) vt/i. blaspheme.

bohémien

blatte [blat] *f* cockroach, blackbeetle.

blé [ble] *m* corn; wheat; ~ de Turquie maize, *Am.* (Indian) corn; ~ noir buckwheat.

blême [blɛːm] wan, pale; ghastly, livid; **blêmir** [blɛˈmiːr] (2a) *v/i.* blanch; grow pale.

blennorragie ⚕ blɛnɔˈraˈʒi] *f* gonorrh(o)ea.

blèse [blɛːz] lisping; *être* ~ = **bléser** [bleˈze] (1f) *v/i.* lisp.

blessant, e [blɛˈsɑ̃, ~ˈsɑ̃ːt] offensive (*remark*); **blesser** [~ˈse] (1a) *v/t.* wound; hurt; offend; *se* ~ *a.* take offence; **blessure** [~ˈsyːr] *f* wound, injury.

blet, blette [blɛ, blɛt] over-ripe.

bleu, bleue, *m/pl.* **bleus** [blø] **1.** *adj.* blue; *cuis.* underdone; *une colère f bleue* a towering rage; *une peur f bleue* a blue funk; *zone f bleue* zone of parking restrictions in the centre of a town; **2.** *su./m* blue; ⊕ blue print; ✗ bruise; F greenhorn; ✗ F recruit; ~s *pl.* overalls; ~ de Prusse Prussian blue; ~ d'outremer ultramarine; **bleuâtre** [~ˈɑːtr] bluish; **bleuir** [~ˈiːr] (2a) *v/t.* blue; make blue; *v/i.* become blue.

blindage [blɛ̃ˈdaːʒ] *m* ✗, ⚓ armo(u)r plating; ✗ timbering; **blindé, e** [~ˈde] **1.** *adj.* armo(u)red; bullet-proof; F *fig.* hardened, immune (to, *contre*), thick-skinned; *sl.* drunk; **2.** *su./m* armo(u)red car; **blinder** [~ˈde] (1a) *v/t.* ✗, ⚓ armo(u)r-plate; ⊕ shore up, timber; F *fig.* harden, make immune *or* indifferent (to, *contre*).

bloc [blɔk] *m* block; (memo) pad; mass; *pol.* bloc; ⊕ unit; *sl.* prison, clink; à ~ tight, hard, right home; *en* ~ in one piece; in the lump; wholesale; **blocage** [blɔˈkaːʒ] *m* blocking (*a.* ⚡); 🏛 rubble; 🏛 cement-block foundation; ⊕ jamming, stopping; ~ des prix freezing of prices; ~ des salaires pay freeze; **bloc-cylindres,** *pl.* **blocs-cylindres** mot. [blɔksiˈlɛ̃ːdr] *m* cylinder-block.

blockhaus [blɔˈkoːs] *m/inv.* ✗ blockhouse; ⚓ conning-tower.

bloc-notes, *pl.* **blocs-notes** [blɔkˈnɔt] *m* (memo) pad, writing pad.

blocus [blɔˈkys] *m* blockade; *hist.* ~ continental continental system; *faire le* ~ de blockade; *forcer le* ~ run the blockade.

blond, blonde [blɔ̃, blɔ̃ːd] **1.** *adj.* blond, fair; pale (*ale*); **2.** *su./m* blond; *su./f* blonde.

blondin, e [blɔ̃ˈdɛ̃, ~ˈdin] **1.** *adj.* fair-haired; **2.** *su.* fair-haired person.

bloquer [blɔˈke] (1m) *v/t.* block (up); besiege; blockade; ✝ stop (*a cheque*); ⊕ lock; ⊕ jam on (*the brake*); 🚢 close (*a section*); ✝ freeze (*wages, prices*); F lock up; *se* ~ get jammed.

blottir [blɔˈtiːr] (2a) *v/t.:* *se* ~ crouch, squat; nestle.

blouse [bluːz] *f* blouse; smock; overall; *billiards:* pocket; **blouser** [bluˈze] (1a) *v/t.* pocket (*the ball at billiards*); F deceive; **blouson** [~ˈzɔ̃] *m* lumber-jacket; *Am.* windbreaker.

bluet ♣ [blyˈɛ] *m* cornflower.

bluette [blyˈɛt] *f* trivial story.

bluff F [blœf] *m* bluff; **bluffer** F [blœˈfe] (1a) *v/t.* bluff (*s.o.*); *v/i.* pull a fast one, try it on.

blutage [blyˈtaːʒ] *m* bolting, sifting; **bluter** [~ˈte] (1a) *v/t.* bolt, sift (*flour etc.*); **blutoir** [~ˈtwaːr] *m* bolting-machine; sieve.

boa *zo.*, *cost.* [bɔˈa] *m* boa.

bobard *sl.*[bɔˈbaːr] *m* tall story; lie, fib.

bobèche [bɔˈbɛʃ] *f* candlestick: sconce; *sl.* nut, head.

bobinage ⚡, ⊕ [bɔbiˈnaːʒ] *m* winding; **bobine** [~ˈbin] *f* bobbin, reel, spool; roll; ⚡ coil; ⊕ drum; *sl.* dial, face; **bobiner** [bɔbiˈne] (1a) *v/t.* wind, spool; **bobineuse** [~ˈnøːz] *f* winding-machine.

bobo F [bɔˈbo] *m* hurt; sore; *ch.sp.* bump.

bocage [bɔˈkaːʒ] *m* grove, copse.

bocal [bɔˈkal] *m* jar, bottle (*with wide mouth and short neck*); globe, fish-bowl; *chemist:* show-bottle.

bocard *metall.* [bɔˈkaːr] *m* ore-crusher; **bocarder** [~karˈde] (1a) *v/t.* crush (*ore*).

bock [bɔk] *m* glass of beer.

bœuf [bœf, *pl.* bø] **1.** *su./m* ox; beef; boiled beef; ~ à la mode stewed beef; ~ conservé corned beef; **2.** *adj. sl.* colossal, fine, *Am.* bully.

boggie [bɔˈʒi] *m* bogie, *Am.* truck.

bohème [bɔˈɛm] *adj.*, *a. su.* Bohemian; **bohémien, -enne** *geog.* [~eˈmjɛ̃, ~ˈmjɛn] *adj.*, *a. su.* ♀ Bohemian; gypsy.

boire [bwa:r] (4b) **1.** v/t. drink; soak up, imbibe; *fig.* pocket (*an insult*); *fig.* drink in (*s.o.'s words*); ~ *un coup* have a drink; ~ *une goutte* take a sip; have a nip; v/i. drink; be a drunkard; ~ *comme un trou* drink like a fish; **2.** su./m drink(ing).

bois [bwa] m wood; timber; forest; *rifle:* stock; ~ *pl.* stag: horns, antlers; ~ *contre-plaqué* plywood; ~ *de construction* (or d'œuvre) timber; ~ *de lit* bedstead; ♪ *les* ~ *pl.* the woodwind *sg.*; *touchez du* ~ touch wood!; **boisage** ⚒ etc. [bwa'za:ʒ] m timbering; frame(work); saplings *pl.*; **boisé, e** [~'ze] (well-)wooded; wainscoted (*room*); **boisement** [bwaz'mɑ̃] m afforestation; **boiser** [bwa'ze] (1a) v/t. panel; afforest; ⚒ timber, prop; **boiserie** [bwaz'ri] f ⚒ panelling; wainscoting; woodwork.

boisseau [bwa'so] m *measure:* 13 litres (*approx. 1 peck*); ⊕ faucet-pipe; ⊕ drain-tile; **boisselier** [~sə-'lje] m bushel-maker; cooper.

boisson [bwa'sɔ̃] m drink; *pris de* ~ drunk, intoxicated.

boîte [bwat] f box (a. ⊕); tin, *Am.* can; ⊕ case; F place, room; F joint, dump; F company, firm; F école; *sl.* prison; *mot.* ~ *à gants* glove compartment; ~ *à ordures* litterbin, *Am.* litterbag; ~ *à outils* tool-box; ~ *aux lettres* letter-box, *Am.* mail-box; ~ *de conserves* tin, *Am.* can; F ~ *de nuit* night-club; *mot.* ~ *de vitesses* gearbox, *Am.* transmission; ~ *postale* post-office box; *en* ~ tinned, *Am.* canned; F *fig.* mettre q. en ~ pull s.o.'s leg.

boiter [bwa'te] (1a) v/i. limp; **boiteux, -euse** [~'tø, ~'tø:z] lame; rickety (*table etc.*).

boîtier [bwa'tje] m box-maker; watch-case maker; *torch, watch, etc.:* case.

boivent [bwa:v] 3rd p. pl. pres. of *boire 1.*

bol¹ [bɔl] m ♣ bole; ♣ bolus.

bol² [bɔl] m bowl; *sl.* (good) luck; *sl. avoir du* ~ be lucky; F *prendre un* ~ *d'air* get some fresh air; *sl. en avoir ras le* ~ be fed up with it.

bolchevisme [bɔlʃə'vism] m Bolshevism; **bolcheviste** [~'vist] *adj., a. su.* Bolshevist. [car.]

bolide [bɔ'lid] m bolide; *mot.* racing-∫

bombance F [bɔ̃'bɑ̃:s] f feast(ing); junket(ing); carouse.

bombardement [bɔ̃bardə'mɑ̃] m shelling; bombing; bombardment (a. *phys.*); **bombarder** [~'de] (1a) v/t. shell; bombard; pelt (with, de) (*stones, a. fig. questions*); F on l'a *bombardé ministre* he has been pitchforked into a Ministry; **bombardier** [~'dje] m bomber.

bombe [bɔ̃:b] f ✕ bomb; (aerosol) spray; F feast; ~ *à hydrogène* H-bomb; ~ *à retardement* time-bomb; ~ *nucléaire* nuclear bomb; *en* ~ like a rocket; *faire la* ~ go on a spree; **bomber** [bɔ̃'be] (1a) v/t. cause to bulge; curve, arch; camber (*a road*); ~ *la poitrine* stick out one's chest; ~ *le torse* throw out one's chest, *fig. a.* swagger; v/i. *a. se* ~ bulge; swell out.

bon, bonne [bɔ̃, bɔn] **1.** *adj. usu.* good; nice, kind; proper, right; fit (for, à), apt; benevolent, charitable; dutiful (*son*); ✝ sound (*firm*); witty; *typ.* stet; ~ *à manger* eatable; ~ *marché* cheap(ly); ~ *mot* witticism; *à quoi ...?* what's the use?; *à son* ~ *plaisir* at one's own convenience; at his discretion; *de bonne famille* of good family; *de bonne foi* truthful, honest; *de bonne heure* early; *prendre qch. en bonne part* take s.th. in good part; *pour de* ~, *tout de* ~ in earnest; really; for good; *2. bon adv.* nice; good; *il fait* ~ it's nice and warm (*weather*); *il fait* ~ (*faire qch.*) it's nice (*to do s.th.*); *il ne fait pas* ~ (*faire qch.*) it's not advisable (*to do s.th.*); *tenir* ~ stand fast *or* firm, hold out; *3. su./m* ~ voucher; ✝ bond, draft; I.O.U., note of hand; ~ *de caisse* cash voucher; ~ *de poste* post: postal order; ~ *du Trésor* Treasury bond.

bonace [bɔ'nas] f lull (*before storm*).

bon(-)à(-)rien, *pl.* **bons(-)à(-)rien** [bɔ̃a'rjɛ̃] m good-for-nothing.

bonasse [~] good-hearted; simpleminded.

bonbon [bɔ̃'bɔ̃] m sweet, *Am.* candy.

bonbonne [bɔ̃'bɔn] f carboy.

bonbonnière [bɔ̃bɔ'njɛ:r] f sweet (-meat)box; *fig.* snug little dwelling.

bond [bɔ̃] m jump; bound; leap; *fig.* ~ *en avant* breakthrough; *fig. faire faux* ~ *à* leave in the lurch, let down.

bonde [bɔ̃:d] f ⊕ plug; *barrel:* bung; bung-hole; sluice-gate; **bondé**

botte

[bõ'de] packed, crammed, chock-full.

bondir [bõ'di:r] (2a) *v/i.* bound, jump; bounce; caper; **bondissement** [~dis'mã] *m* bounding, leaping; frisking.

bondon ⊕ [bõ'dõ] *m* bung, plug.

bonheur [bo'nœ:r] *m* happiness; bliss; good luck; success; *par ~* luckily; *porter ~* bring good luck.

bonhomie [bono'mi] *f* simple goodheartedness; simplicity; *avec~* goodnaturedly; **bonhomme** [bo'nom, bõ'zom] 1. *su./m* fellow, chap; ~ *de neige* snowman; 2. *adj. inv.* good-humo(u)red.

boni † [bo'ni] *m* surplus; profit; **bonification** [bonifika'sjõ] *f* improvement, amelioration; † allowance, bonus; *insurance:* ~ *pour non sinistre* no claims bonus; **bonifier** [boni'fje] (1o) *v/t.* improve; ~ *make good;* † allow a discount to; † credit (*s.th.*); **boniment** [~'mã] *m advertizing:* puff; *pej.* claptrap, humbug.

bonjour [bõ'ʒu:r] *m* good morning; good afternoon.

bonne [bon] *f* maid; servant; waitress; ~ *à tout faire* maid of all work, F general; ~ *d'enfants* nursery-maid; **~-maman**, *pl.* **~s-mamans** *ch.sp.* [bonma'mã] *f* grandma, granny.

bonnement [bon'mã] *adv.: tout ~* simply, plainly.

bonnet [bo'nɛ] *m* cap; *brassière:* cup; F *avoir la tête près du ~* be quick-tempered *or* hot-headed; F *gros ~* bigwig, *Am.* big shot; **bonneterie** [bon'tri] *f* hosiery; **bonnetier** *m*, **-ère** *f* [~'tje, ~'tjɛ:r] hosier; **bonnette** [bo'nɛt] *f* child's bonnet; *phot.* supplementary lens.

bon-papa, *pl.* **bons-papas** *ch.sp.* [bõpa'pa] *m* gran(d)dad, grandpa.

bonsoir [bõ'swa:r] *m* good evening; good night.

bonté [bõ'te] *f* goodness, kindness; *ayez la ~ de* (*inf.*) be so kind as to (*inf.*).

bonze [bõ:z] *m* bonze (*Buddhist priest*); F bigwig, big shot; *sl. vieux ~* old dodderer.

borax ⚗ [bo'raks] *m* borax.

bord [bo:r] *m* edge, border; side; seaside, shore; *river:* bank; tack; *hat:* brim; ✠ ~ *d'attaque* leading edge; ✠ ~ *de fuite* trailing edge; ⚓ *à ~* on board; **bordage** [bor'da:ʒ] *m*

hem(ming), border(ing); ⊕ flanging; ⚓ planking, sheathing; **bordé** [~'de] *m* edging, border; ⚓ planking; ⊕ plating; **bordée** ⚓ [~'de] *f* broadside; tack; watch; *fig. une ~ d'injures* a volley of abuse; *courir une ~* ⚓ make a tack, *fig.* go on the spree.

bordel [bor'dɛl] *m* brothel.

bordelais, **e** [bordə'lɛ, ~'lɛ:z] of Bordeaux.

border [bor'de] (1a) *v/t.* hem, border (*a dress*); ⊕ flange; ⚓ plank; ⚓ ~ *la côte* keep close to the shore, hug the shore; ~ *un lit* tuck in the bedclothes.

bordereau † [bordə'ro] *m* memorandum; statement; invoice; dispatch note; note, slip; list.

bordure [bor'dy:r] *f* border(ing); frame; edging; rim; kerb, *Am.* curb.

bore ⚗ [bo:r] *m* boron.

boréal, **e**, *m/pl.* **-als** *or* **-aux** [bore'al, ~'o] north(ern).

borgne [born] 1. *adj.* one-eyed, blind in one eye; *fig.* disreputable, shady; 2. *su.* one-eyed person.

borique ⚗ [bo'rik] boric.

borne [born] *f* boundary; limit; boundary-stone; landmark; ⚡ bollard; ⚡ terminal; ~ *kilométrique* (*approx.*) milestone; **borné**, **e** [bor'ne] limited; narrow, restricted; **borner** [~'ne] (1a) *v/t.* set limits to; limit; mark the boundary of; *se ~ à* content o.s. with, restrict o.s. to; **bornoyer** [~nwa'je] (1h) *v/t.* squint along (*an edge*); *surv.* stake off.

boscot, **-otte** † [bos'ko, ~'kot] 1. *adj.* hunchbacked; 2. *su.* hunchback.

bosquet [bos'kɛ] *m* grove, thicket.

bosse [bos] *f* hump; bump; knob; dent; *fig. avoir la ~ de* have a gift for; *en ~* in relief; **bosseler** [~'le] (1c) *v/t.* ⊕ emboss; *fig.* batter; **bosser** *sl.* [bo'se] (1a) *v/i.* work hard, *sl.* peg away; **bossoir** ⚓ [~'swa:r] *m* bow; davit; **bossu**, **e** [~'sy] 1. *adj.* hunchbacked; 2. *su.* hunchback; **bossuer** [~'sɥe] (1n) *v/t.* dent, batter.

bot, **bote** [bo, bot] *adj.: pied m ~* clubfoot.

botanique [bota'nik] 1. *adj.* botanical; 2. *su./f* botany.

botte[1] [bot] *f* high boot; *fig.* heel; *~s pl. à l'écuyère* riding boots; *~s pl. imperméables* waders; *fig. à propos de ~s* without rhyme or reason.

botte[2] [bot] *f* bunch; bundle; bale;

wire: coil; **bottelage** [bɔˈtlaːʒ] *m* trussing; **botteler** [ˈ.ˈtle] (1c) *v/t.* bundle; bunch; tie up.

botter [bɔˈte] (1a) *v/t.* put boots on, supply (*s.o.*) with boots or shoes; *sp.*, a. F kick; *le Chat botté* Puss-in-Boots; *sl. ça me botte* I like that; o.k.!

bottine [bɔˈtin] *f* (half-)boot; Wellington boot.

botulisme [bɔtyˈlism] *m* botulism.

bouc [buk] *m* he-goat; *beard*: goatee; ~ *émissaire* scapegoat, *Am.* fall guy.

boucan F [buˈkɑ̃] *m* shindy, hullabaloo.

boucaner [bukaˈne] (1a) *v/t.* cure (*by smoke*); F sun-burn; *v/i.* hunt wild animals; *can be cured or* smoke-dried; *sl.* kick up a row; **boucanier** F [ˈ.ˈnje] *m* buccaneer.

bouche [buʃ] *f* mouth; opening; ⊕ nozzle; ✗ *canon*: muzzle; ✗ ~ *à feu* piece of artillery; ~ *d'eau* hydrant; 🚒 water-crane; ~ *de chaleur* hot-air vent; ~ *d'incendie* fire-hydrant, *Am.* fire-plug; ~ *de métro* underground (*Am.* subway) entrance; *sl. ta ~!* shut up!; **bouche-à-bouche** [buʃaˈbuʃ] *m/inv.* mouth-to-mouth artificial respiration, kiss of life.

bouché, e [buˈʃe] blocked; choked; F stupid, dense; F ~ *à l'émeri* absolutely blockheaded.

bouchée [ˈ.] *f* mouthful; *cuis.* patty.

boucher¹ [buˈʃe] (1a) *v/t.* stop (up); shut up; cork (*a bottle*).

boucher² [buˈʃe] *m* butcher; **bouchère** [ˈ.ˈɛːr] *f* butcher's wife; **boucherie** [buʃˈri] *f* butcher's shop; butcher's trade; slaughter (*a. fig.*).

bouche-trou [buʃˈtru] *m* stop-gap, substitute; **bouchon** [buˈʃɔ̃] *m* cork, stopper, plug (*a. ⚡*); *cask*: bung; *fishing*: float; F † pub; *mot.* (*a. ~ de circulation*) traffic jam; ~ *de paille* wisp of straw; **bouchonner** [buʃɔˈne] (1a) *v/t.* rub down (*a horse*); † bundle up; F *fig.* coddle, cosset.

boucle [bukl] *f* buckle; ring; loop; circuit; ear-ring; *hair*: curl, lock; **boucler** [buˈkle] (1a) *v/t.* buckle; loop; curl (*one's hair*); F lock up; *v/i.* curl (*hair*).

bouclier [bukliˈje] *m* shield (*a. fig.*).

bouder [buˈde] (1a) *v/i.* sulk; shirk; pass (*at dominoes*); F be sulky with; be cool towards; **bouderie** [ˈ.ˈdri] *f* sulkiness; **boudeur, -euse** [ˈ.ˈdœːr,

~ˈdøːz] **1.** *adj.* sulky; **2.** *su.* sulky person.

boudin [buˈdɛ̃] *m* black pudding, *Am.* blood-sausage; *tobacco*: twist; ⊕ *wheel*: flange; ~ *blanc* white pudding; ⊕ *ressort m à* ~ spiral spring; **boudiner** [budiˈne] (1a) *v/t.* ⊕ coil; F be too tight for (*s.o.*) (*garment*); F *se* ~ *dans* squeeze o.s. into (*a garment*).

boudoir [buˈdwaːr] *m* boudoir, lady's private room. [ment.]

boue [bu] *f* mud; dirt; slush; sedi-ʃ

bouée ⚓ [buˈe] *f* buoy.

boueur [buˈœːr] *m* scavenger; dustman, *Am.* garbage-collector; street cleaner; **boueux, -euse** [buˈø, ~ˈøːz] muddy; dirty.

bouffant, e [buˈfɑ̃, ~ˈfɑ̃ːt] **1.** *adj.* puffed (*sleeve*); full (*skirt*); ample; **2.** *su./m* puff; **bouffarde** F [ˈ.ˈfard] *f* pipe.

bouffe¹ [buf] comic.

bouffe² *sl.* [ˈ.] *f* food, F grub.

bouffée [buˈfe] *f* puff, whiff; 🌡 attack; 🌡 ~ *de chaleur* hot flush; **bouffer** [ˈ.] (1a) *vt/i.* puff out; *v/t.* eat (greedily); blue (*money*).

bouffi, e [buˈfi] puffed (with, *de*), puffy, swollen; turgid (*style*); **bouffir** [ˈ.ˈfiːr] (2a) *vt/i.* swell; **bouffissure** [ˈ.ˈfiˈsyːr] *f* swelling; *fig.* bombast.

bouffon, -onne [buˈfɔ̃, ~ˈfɔn] **1.** *adj.* farcical; comical; ridiculous; **2.** *su./m* buffoon, clown, fool; **bouffonnerie** [ˈ.ˈfɔnˈri] *f* buffoonery.

bouge [buːʒ] *m* hovel, dump; low dive; ⊕ *cask*: bilge; *wall*: bulge; ⚓ camber.

bougeoir [buˈʒwaːr] *m* candlestick.

bouger [buˈʒe] (1l) *v/i.* move, stir; *v/t.* F move.

bougie [buˈʒi] *f* candle; taper; *phys.* candle-power; *mot.* (*a. ~ d'allumage*) sparking-plug, *Am.* spark plug.

bougon, -onne [buˈgɔ̃, ~ˈgɔn] **1.** *adj.* grumpy; **2.** *su.* grumbler.

bougran *tex.* [buˈgrɑ̃] *m* buckram.

bougre *sl.* [bugr] **1.** *su./m* fellow, chap; ~ *d'idiot!* you blooming idiot!; **2.** *int.* gosh!; **bougrement** *sl.* [bugrəˈmɑ̃] *adv.* devilishly; very; **bougresse** *sl.* [ˈ.ˈgrɛs] *f* jade.

boui-boui, *pl.* **bouis-bouis** F [bwiˈbwi] *m* low theatre *or* music-hall; low haunt, *Am.* dive.

bouillabaisse [buja'bɛs] *f* (*Provençal*) fish-soup.

bouillant, e [buˈjɑ̄, ˌˈjɑ̄:t] boiling (*a. fig.* with, de); hot; *fig.* hotheaded.

bouille *sl.* [buːj] *f* face; head.

bouilli, e [buˈji] **1.** *p.p. of bouillir;* **2.** *su./m* boiled beef; *su./f* gruel; pulp;

bouillir [ˌˈji:r] (2e) *v/i.* boil; *faire ∼ l'eau* boil the water; **bouilloire** [buˈwaːr] *f* kettle, *Am.* teakettle;

bouillon [buˈjɔ̄] *m* bubble; broth (*a. biol.*); soup; restaurant; ✝ unsold copies *pl.*; *∼ d'onze heures* poison(ed drink); *fig. boire un ∼* suffer a loss; **bouillonner** [ˌˈjɔne] (1a) *v/i.* bubble; seethe (*a. fig.* with, de); *v/t.: ∼ une robe* gauge a dress; **bouillotte** [ˌˈjɔt] *f* footwarmer; hot-water bottle; *cards:* bouillotte; *sl.* head; kettle, *Am.* teakettle; **bouillotter** [ˌˈjɔte] (1a) *v/i.* simmer.

boulange F [buˈlɑ̄:ʒ] *f* bakery trade; **boulanger** [bulɑ̄ˈʒe] **1.** *su./m* baker; **2.** (11) *v/t.* make (*bread*), bake (*bread*); **boulangerie** [bulɑ̄ʒˈri] *f* bakery; baker's shop; baking.

boule [bul] *f* ball; bowl; *sl.* head; *∼ de neige* snowball; *∼s pl. Quiès (TM)* earplugs.

bouleau ♀ [buˈlo] *m* birch; birchwood.

bouledogue [bulˈdɔg] *m* bulldog.

bouler F [buˈle] (1a) *v/t.* send rolling; *v/i.* roll; *envoyer ∼* send (*s.o.*) packing; **boulet** [ˌˈlɛ] *m* bullet; shot; (*∼ de canon*) cannon-ball; ✝ *coal:* ovoids *pl.*; *horse:* pastern-joint; **boulette** [ˌˈlɛt] *f* small ball; *cuis.* (*∼ de viande*) meat ball; *sl.* blunder.

boulevard [bulˈvaːr] *m* boulevard.

bouleversement [bulvɛrsəˈmɑ̄] *m* overthrow; confusion; **bouleverser** [ˌˈse] (1a) *v/t.* upset (*a. fig.*); throw into confusion; bowl over.

boulier [buˈlje] *m* billiards: scoring board; (*a. ∼ compteur*) abacus.

boulimie ✾ [buliˈmi] *f* abnormal hunger.

boulin [buˈlɛ̄] *m* pigeon-hole; ⚠ putlog(-hole).

bouline ⚓ [buˈlin] *f* bowline; **bouliner** ⚓ [ˌliˈne] (1a) *v/i.* sail close to the wind; *v/t.* haul (*a sail*) to windward.

boulingrin [bulɛ̄ˈgrɛ̄] *m* lawn, grass-plot.

boulon ⊕ [buˈlɔ̄] *m* bolt, pin; **boulonner** [buloˈne] (1a) *v/t.* bolt (down); *v/i. sl.* swot.

boulot, -otte [buˈlo, ˌˈlɔt] **1.** *adj.*

dumpy; **2.** *su./m sl.* work; job; **boulotter** F [ˌloˈte] (1a) *v/t.* eat; get through (*money*); *v/i.* jog along; *ça boulotte!* things are fine!

boumer *sl.* [buˈme] *v/i.: ça boume?* how's things? *ça boume!* it's going fine!

bouquet [buˈkɛ] *m* bunch of flowers, nosegay; aroma; *wine:* bouquet; *c'est le ∼!* that takes the cake!; **bouquetière** [bukˈtjɛːr] *f* flower-girl.

bouquetin zo. [bukˈtɛ̄] *m* ibex.

bouquin¹ [buˈkɛ̄] *m* old he-goat.

bouquin² buˈkɛ̄] *m* old book; F book; **bouquiner** [bukiˈne] (1a) *v/i.* collect old books; pore over old books; F read; **bouquineur** [ˌˈnœ:r] *m* lover or collector of old books; **bouquiniste** [ˌˈnist] *m* second-hand bookseller.

bourbe [burb] *f* mud; mire; slime; **bourbeux, -euse** [burˈbø, ˌˈbøːz] muddy; mire; mud-...; **bourbier** [ˌˈbje] *m* mire; *fig.* mess.

bourdaine ♀ [burˈdɛn] *f* black alder.

bourde F [burd] *f* fib; blunder.

bourdon¹ [burˈdɔ̄] *m* pilgrim's staff.

bourdon² ♪ [burˈdɔ̄] *m* drone (*bass*); tenor *or* great bell; zo. bumblebee; *typ.* out; zo. *faux∼* drone; **bourdonner** [ˌdɔˈne] (1a) *v/i.* hum, buzz; *fig.* murmur; *v/t.* hum (*a tune*); **bourdonneur, -euse** [ˌˈnœ:r, ˌˈnøːz] **1.** *adj.* humming; **2.** *su./m* F hummingbird.

bourg [buːr] *m* small market-town; borough; **bourgade** [burˈgad] *f* large village; **bourgeois, e** [burˈʒwa, ˌˈʒwaːz] **1.** *adj.* middle-class; homely, *pej.* narrow-minded; bourgeois; **2.** *su.* citizen; middle-class person; F Philistine; *les petits ∼* the petty bourgeoisie *sg.*; *en ∼* in plain clothes; *su./f F la or ma ∼e* my wife, the missus; **bourgeoisie** [ˌʒwaˈzi] *f* citizens *pl.*; freemen *pl.*; middle-class; *petite ∼* lower middle-class, small shopkeepers *pl.*, tradespeople *pl.*

bourgeon [burˈʒɔ̄] *m* ♀ bud; ✾ pimple; **bourgeonner** [ˌʒɔˈne] (1a) *v/i.* ♀ bud, shoot; ✾ break out into pimples.

bourgeron [burʒəˈrɔ̄] *m* overall; ✕ fatigue jacket; ⚓ jumper.

bourgmestre [burgˈmɛstr] *m* burgomaster.

bourgogne [burˈgɔɲ] *m* wine: burgundy; **bourguignon, -onne** [~gi'ɲɔ̃, ~'ɲɔn] *adj., a. su.* ♀ Burgundian.

bourlinguer [burlɛ̃'ge] (1m) *v/i.* ♣ strain, make heavy weather; *fig.* knock about (*the world*).

bourrache ♀ [bu'raʃ] *f* borage.

bourrade [bu'rad] *f* blow; thrust; unkind word; *gun:* kick; **bourrage** ⊕[~'ra:ʒ] *m* packing; charging; F~ *de crâne* bluff, eyewash; *media:* brainwashing.

bourrasque [bu'rask] *f* squall; gust of wind; *fig.* gust, attack.

bourre¹ [bu:r] *f* hair; waste; padding; stuffing; *fire-arms:* plug; ⊕~ *de soie* floss-silk.

bourre² *sl.* [~] *m* cop (= *policeman*).

bourré, e [bu're] packed, crammed, stuffed (with, *de*); chock-full; *sl.* plastered (= *drunk*).

bourreau [bu'ro] *m* executioner; *fig.* tormenter.

bourrée [bu're] *f* bundle of firewood.

bourreler [bur'le] (1c) *v/t.* torture (*a. fig.*); ⊕ fit draught-excluders to (*a door*); **bourrelet** [~'lɛ] *m* pad; wad; draught-excluder; bulge; fold or roll (*of flesh*); **bourrelier** [~ə'lje] *m* saddler; **bourrer** [bu're] (1a) *v/t.* stuff; cram; pad; ram in; *fig.* trounce.

bourriche [bu'riʃ] *f* hamper(ful).

bourricot [buri'ko] *m* (small) donkey; **bourrin** *sl.* [~'rɛ̃] *m* horse, nag; **bourrique** [~'rik] *f* she-ass; *fig.* blockhead; **bourriquet** [~ri'kɛ] *m* ass' colt; ⊕ winch.

bourru, e [bu'ry] **1.** *adj.* surly, churlish; **2.** *su./m* curmudgeon; ~ *bienfaisant* rough diamond.

bourse [burs] *f* purse (*a. fig.*); bag; *zo.* pouch; *univ. etc.* scholarship; ✝ ♀ Stock Exchange; ♀ *du Travail* Labo(u)r Exchange; **boursicot** F [bursi'ko] *m* savings *pl.*, F nest-egg; ✝ purse; **boursier, -ère** [~'sje, ~'sjɛ:r] *su. univ. etc.* scholarship-holder; exhibitioner; *su./m* ✝ speculator; paymaster, purse-holder.

boursoufler [bursu'fle] (1a) *v/t.* puff up; bloat; **boursouflure** [~'fly:r] *f* swelling; *paint:* blister; *fig. style:* turgidity.

bous [bu] *1st p. sg. pres. of bouillir.*

bousculade [busky'lad] *f* hustle; scrimmage; **bousculer** [~'le] (1a)

v/t. knock (*s.th.*) over; jostle (*s.o.*).

bouse [bu:z] *f* cow-dung; **bousiller** F [buzi'je] (1a) *v/t.* botch, bungle (*a piece of work*); ruin, wreck, F bust up, goof up.

boussole [bu'sɔl] *f* compass; ⚡ galvanometer; F *perdre la* ~ lose one's head; be all at sea.

boustifaille F [busti'fɑ:j] *f* food, grub.

bout [bu] *m usu.* end (*a. fig.*); extremity; *cigarette:* tip, butt; *pen:* nib; bit, piece; *ground:* patch; *à* ~ worn out, F tired out; *être à* ~ *de qch.* have run out of *s.th.*; *à* ~ *de course* at the end of one's resources; *à* ~ *de forces* at the end of one's tether; *à* ~ *portant* point-blank; *au* ~ *de* after *or* in (*a year*); *au* ~ *du compte* after all, in the end; *de* ~ *en* ~ from beginning to end; ♣ *from stem to stern; fig.* joindre *les deux* ~*s* make both ends meet; *pousser à* ~ try to breaking point; *venir à* ~ *de* manage; (*be able to*) cope with.

boutade [bu'tad] *f* whim; sally; outburst.

boute-en-train [butɑ̃'trɛ̃] *m/inv.* exhilarating fellow, good company; life and soul (*of a party*).

bouteille [bu'tɛ:j] *f* bottle; ⊕~ *à gaz* gas cylinder; ~ *isolante* (*or thermos*) Thermos flask; *prendre de la* ~ (*wine*); *fig.* grow old.

bouter ✝ [bu'te] (1a) *v/t.* push.

bouteroue ⚠ [bu'tru] *f* guard-stone; *bridge:* guard-rail.

boutique [bu'tik] *f* shop; booth; ⊕ set of tools; *parler* ~ talk shop; **boutiquier** *m*, **-ère** *f* [~ti'kje, ~'kjɛ:r] shopkeeper.

boutoir *zo.* [bu'twa:r] *m* snout (*of boar*); *fig. coup m de* ~ thrust; cutting remark.

bouton [bu'tɔ̃] *m* button; ♀ bud; ♣ pimple; *cost.* stud, link; *door, radio:* knob; ~ *de puissance radio:* volume control; *appuyer sur le* ~ press the bell; *tourner le* ~ switch on *or* off; ~-**d'or**, *pl.* ~*s-d'or* ♀ [~tɔ̃'dɔ:r] *m* butter-cup; **boutonner** [~tɔ'ne] (1a) *v/t.* button (up); *v/i.* ♀ bud; come out in pimples; **boutonnerie** [~tɔn'ri] *f* button trade *or* factory; **boutonnière** [~tɔ'njɛ:r] *f* buttonhole; ♣ incision; **bouton-poussoir**, *pl.* **boutons-poussoirs** [~tɔ̃pu'swa:r] *m* push-button; **bou-**

bras

ton-pression, pl. **boutons-pression** [ˌtɔ̃prɛ'sjɔ̃] m press-stud.
bouture ✶ [bu'ty:r] f cutting.
bouverie [bu'vri] f cowshed.
bouvet ⊕ [bu've] m grooving-plane; tonguing-plane.
bouvier, -ère [bu'vje, ~'vjɛ:r] su. cowherd; drover; F boor; su./f cowgirl.
bouvreuil orn. [bu'vrœ:j] m bullfinch.
bovin, e [bɔ'vɛ̃, ~'vin] bovine; *bêtes* f/pl. ~es horned cattle.
box, pl. **boxes** [bɔks] m horse-box; mot. lock-up (garage); dormitory: cubicle; ⚖ ~ des accusés dock.
boxe sp. [ˌ] f boxing.
boxer¹ [bɔk'se] (1a) vt/i. box.
boxer² [bɔk'sœ:r] m dog: boxer.
boxeur [bɔk'sœ:r] m boxer, prizefighter.
boyau [bwa'jo] m hose-pipe; bowel, gut; ✗ communication trench; fig. narrow passage.
boycottage [bɔjkɔ'ta:ʒ] m boycotting; **boycotter** [ˌ'te] (1a) vt/t. boycott.
bracelet [bras'lɛ] m bracelet; bangle; armlet; ⚛ node; ~ de montre watch-strap; **~-montre**, pl. **~s-montres** [ˌlɛ'mɔ̃:tr] m wristwatch.
brachial, e, m/pl. **-aux** anat. [bra-'kjal, ~'kjo] brachial.
braconnage [brakɔ'na:ʒ] m poaching; **braconner** [ˌ'ne] (1a) vt/i. poach; **braconnier** [ˌ'nje] m poacher.
bractée ⚘ [brak'te] f bract.
brader [bra'de] (1a) vt/t. sell off cheap(ly), undersell.
braguette [bra'gɛt] f trousers: fly, flies pl.
brai [brɛ] m tar, pitch.
braillard, e [brɑ'ja:r, ~'jard] **1.** adj. brawling; shouting, obstreperous; **2.** su. bawler; brawler; **brailler** [ˌ'je] (1a) vt/i. bawl; **brailleur, -euse** [ˌ'jœ:r, ~'jø:z] **1.** adj. brawling; shouting; **2.** su. bawler; brawler.
braire [brɛ:r] (4c) v/i. bray (ass); F cry; sl. squeal.
braise [brɛ:z] f glowing embers pl.; live charcoal; cinders pl.; sl. cash; **braiser** [brɛ'ze] (1b) v/t. cuis. braise; v/i. sl. pay; **braisière** cuis. [ˌ'zjɛ:r] f braising-pan.

brait [brɛ] p.p. of braire. (stag).)
bramer [bra'me] (1o) v/i. bell)
brancard [brɑ̃'ka:r] m stretcher; hand-barrow; ⊕ carriage: shaft; **brancardier** [ˌkar'dje] m stretcher-bearer.
branchage [brɑ̃'ʃa:ʒ] m coll. branches pl.; **branche** [brɑ̃:ʃ] f branch (a. fig., ⚕, ⚘); bough; spectacles: side; propeller: blade; compass: leg; sl. vieille ~ old pal; **branchement** [brɑ̃ʃ'mɑ̃] m branching; ⚡ lead, branch-circuit; ⚡ tapping (of main); ◉~ (de voie) junction; **brancher** [brɑ̃'ʃe] (1a) v/t. ⚡ plug in(to sur); ⊕, a. fig. connect or link (up) (with sur); fig. être branché en direct sur qch. be in immediate touch or in close contact with s.th.; F fig. être branché be in the know; be well up on things.
branchies zo. [brɑ̃'ʃi] f/pl. gills.
branchu, e [brɑ̃'ʃy] branchy.
brande ⚘ [brɑ̃:d] f heather; heath.
brandebourg cost. [brɑ̃d'bu:r] m frogs pl. and loops pl.
brandiller [brɑ̃di'je] (1a) vt/i. dangle. (dish, wave.)
brandir [brɑ̃'di:r] (2a) v/t. bran-)
brandon [brɑ̃'dɔ̃] m (fire-)brand; fig. ~ de discorde troublemaker.
branlant, e [brɑ̃'lɑ̃, ~'lɑ̃:t] tottering; shaky; loose (tooth); **branle** [brɑ̃:l] m swing; shaking; impulse, start; en ~ in action, going; **branle-bas** [brɑ̃l'bɑ] m/inv. ⚓ clearing the decks, pipe to quarters; fig. commotion; **branler** [brɑ̃'le] (1a) vt/i. shake, move; swing; v/i. a. rock, be unsteady; be loose (tooth, tool, etc.).
braquage [bra'ka:ʒ] m car etc.: steering; gun: aiming, pointing; car: rayon de ~ turning circle.
braque [brak] **1.** su./m pointer; F mad-cap; **2.** adj. F silly, sl. daft.
braquer [bra'ke] (1m) v/t. aim, point (a gun etc.); mot. etc. change the direction of; v/i. mot. turn the wheel.
bras [bra] m arm; ⊕ handle; ⊕ leg; ⊕ crane: jib; ⊕~ pl. workmen; hands; ~ (de pick-up) gramophone: tone-arm; ~ dessus, ~ dessous arm-in-arm; à tendus at arm's length; à tour de ~ with might and main; avoir le ~ long be very influential; couper ~ et jambes à q. dishearten s.o.; en ~ de chemise in shirt-sleeves.

braser ⊕ [bra'ze] v/t. hardsolder.

brasero [braze'ro] m brazier; glow-ing fire; fig. blaze; **brasier** [~'zje] m brazier; glowing fire; fig. blaze;
brasiller [~zi'je] (1a) v/t. sparkle (sea); splutter (meat etc. in pan); v/t. grill.

brassage [bra'sa:ʒ] m brewing; fig. (inter)mixing.

brassard [bra'sa:r] m arm-band; armlet.

brasse [bras] f ⚓ fathom; swimming: stroke; ~ sur le dos (ventre) back-(breast-)stroke; **brassée** [bra'se] f armful; swimming: stroke.

brasser[1] [bra'se] (1a) v/t. ⚓ brace; ⚔ swing (the propeller).

brasser[2] [bra'se] (1a) v/t. brew (a. fig.); stir up; métall. puddle; (inter-)mix; F handle (an affair); **brasserie** [bras'ri] f brewery; beer-saloon; brewing; restaurant.

brassière [bra'sje:r] f shoulder-strap; (child's) bodice; ~ de sauve-tage life-jacket.

brassin [bra'sɛ̃] m brew; mash-tub.

brasure [bra'zy:r] f brazed seam; hard solder(ing).

bravache [bra'vaʃ] 1. su./m bully; swaggerer; 2. adj. blustering, swag-gering; **bravade** [~'vad] f bravado, bluster; **brave** [bra:v] brave; good, honest; F smart; un ~ homme a worthy man; un homme ~ a brave man; F faux ~ see bravache 1; **bra-ver** [bra've] (1a) v/t. defy; brave; **bravo** [~'vo] 1. su./m cheers pl.; 2. int. ~! bravo!; well done!; hear, hear!; **bravoure** [~'vu:r] f bravery.

brayer [brɛ'je] 1. su./m ⚔ truss; 2. (1i) v/t. ⚓ tar; △ sling.

break mot. [brɛk] m estate (car), Am. station wagon.

brebis bra'bi] f ewe; sheep; fig. ~ galeuse black sheep.

brèche [brɛʃ] f breach; gap; ⚓ hole; blade: notch; fig. battre en ~ dis-parage; **~-dent** [~'dã] 1. adj. gap-toothed; 2. su. gap-toothed person.

bredouille [bra'du:j] unsuccessful; empty-handed; se coucher ~ go sup-perless to bed; **bredouiller** [~du'je] (1a) vt/i. mumble.

bref, brève [bref, brɛ:v] 1. adj. brief, short; 2. su./m eccl. (papal) brief; 3. bref adv. in short, briefly.

bréhaigne † zo. [bre'ɛɲ] barren (mare etc.).

brelan [bra'lã] m cards: brelan; cards: pair royal; gambling den.

breloque [bra'lɔk] f (watch-)charm; ✗ dismiss; F battre la ~ go erratically.

brème [brɛm] f icht. bream; sl. play-ing card.

brésilien, -enne [brezi'ljɛ̃, ~'ljɛn] adj., a. su. ♀ Brazilian.

bretailler F [brɔta'je] (1a) v/i. fight on the slightest provocation; fence.

bretelle [brɔ'tɛl] f (shoulder-)strap; mot. link road; mot. ~ de contourne-ment bypass; ~s pl. braces, Am. suspenders.

breton, -onne [brɔ'tɔ̃, ~'tɔn] 1. adj. Breton; 2. su./m ling. Breton; su. ♀ Breton.

bretteur † [brɛ'tœ:r] m swashbuck-ler; duellist.

breuvage [brœ'va:ʒ] m beverage, drink; 🐎 draught.

brève [brɛ:v] f gramm. short syllable; ♪ breve; tel. dot; orn. short tail.

brevet [bra've] m patent; † warrant; certificate, diploma; ✗ commission; ~ de capacité school: lower certificate; ⚓ ~ de capitaine master's certificate; ✗ ~ de pilote pilot's licence; prendre un ~ take out a patent; **breveté, e** [brav'te] certificated (teacher etc.), commissioned (officer); **breveter** [~] (1c) v/t. patent; grant a patent to; fig. license.

bréviaire eccl. [bre'vjɛ:r] m breviary.

bréviligne [brevi'liɲ] thick-set, squat.

bribes [brib] f/pl. scraps; frag-ments.

bric-à-brac [brika'brak] m/inv. odds pl. and ends pl.; curios pl.; curiosity shop.

brick ⚓ [brik] m brig.

bricole [bri'kɔl] f strap; breast-harness; rebound; F ~s pl. odds and ends, odd jobs; **bricoler** [~kɔ'le] (1a) v/i. do odd jobs; v/t. arrange; **bricoleur** [~kɔ'lœ:r] m handy man, Am. putterer; pot-terer.

bride [brid] f bridle; rein (a. fig.); ⊕ tie, strap; ⊕ flange; ⊕ ~ de serrage clamp(ing) piece; à ~ abat-tue, à toute ~ at full speed; lâcher la ~ à l'émotion give free rein to one's feelings; fig. laisser à q. la ~ sur le cou give s.o. his head; fig. tenir la ~ haute à keep a tight rein on; be high-handed with; **brider**

bri'de] (1a) *v/t.* bridle; curb; tie (up); ⊕ flange; *cuis.* truss (*fowl*); *cost.* bind (*a buttonhole*).
bridger [bri'ʒe] (11) *v/i.* play bridge.
bridon [bri'dɔ̃] *m* snaffle.
brie [bri] *m* Brie (cheese).
brièvement [briɛv'mɑ̃] *adv.* briefly, succinctly; **brièveté** [~'te] *f* brevity; concision.
brigade [bri'gad] *f* ✗ brigade; *workers:* gang; *workers:* shift; *police:* squad; **brigadier** [~ga'dje] *m* ✗ corporal; ⊕ foreman; *police:* sergeant.
brigand [bri'gɑ̃] *m* brigand; robber; F ruffian; **brigandage** [~gɑ̃'da:ʒ] *m* highway robbery; plunder.
brigue [brig] *f* intrigue; cabal; **briguer** [bri'ge] (1m) *v/t.* seek, aspire to or after; court (*favour*); canvass for (*votes*).
brillant, e [bri'jɑ̃, ~'jɑ̃:t] **1.** *adj.* shining, brilliant, bright; **2.** *su./m* brilliance, brightness; gloss; shine; *diamond:* brilliant; **briller** [~'je] (1a) *v/i.* shine, glisten, sparkle; F ~ par son absence be conspicuous for one's absence.
brimade [bri'mad] *f* rag(ging), Am. hazing.
brimbaler [brɛ̃ba'le] (1a) *v/i.* dangle; wobble; *v/t.* F carry about.
brimborion [brɛ̃bɔ'rjɔ̃] *m* bauble.
brimer [bri'me] (1a) *v/t.* rag, Am. haze; bully.
brin [brɛ̃] *m* grass: blade; *tree:* shoot, ⚓ rope: strand; *fig.* bit; touch; **brindille** [~'di:j] *f* twig.
bringue¹ F [brɛ̃:g] *f* spree, F binge, bust; *faire la* ~ be or go on a spree.
bringue² F [~] *f:* grande ~ tall (and ugly) woman, F beanpole.
brioche [bri'ɔʃ] *f* brioche; bun; F blunder.
brique [brik] *f* △ brick; ✝ soap: bar; ~ de parement facing brick; ~ hollandaise clinker; ~ tubulaire hollow brick; *sl.* bouffer des ~s not to have a bite; **briquet** [bri'kɛ] *m* cigarette-lighter; tinder-box; battre le ~ strike a light; **briqueter** [brik'te] (1c) *v/t.* brick; face with bricks or with imitation brickwork; **briqueterie** [~'tri] *f* brick-yard; **briquetier** [~'tje] *m* brick-maker; **briquette** [bri'kɛt] *f* briquette.

bris [bri] *m* breaking (*a.* 🎲); ⚓ wreckage; **brisant, e** [bri'zɑ̃, ~'zɑ̃:t] **1.** *adj.* high-explosive; **2.** *su./m* reef; breaker (*wave*).
brise ⚓ [bri:z] *f* breeze.
brise-bise [briz'bi:z] *m/inv.* draught-excluder.
brisées [bri'ze] *f/pl.* tracks; *hunt.* broken boughs; *fig.* aller sur les ~ de q. trespass on s.o.'s preserves.
brise...: ~glace [briz'glas] *m/inv.* ice-breaker; ice-fender; ~jet ⊕ [~'ʒe] *m/inv.* anti-splash nozzle; ~lames ⚓ [~'lam] *m/inv.* breakwater; groyne.
briser [bri'ze] (1a) *v/t.* break; shatter; *fig. a.* crush; *v/i.* break (with, avec); brisons là! let's leave it at that!; **brise-tout** F [briz'tu] *su./inv. esp.* destructive child; **briseur** *m*, -euse *f* [bri'zœ:r, ~'zø:z] breaker; ~ de grève strikebreaker.
brisure [bri'zy:r] *f* break; *shutter:* folding-joint; ⊘ brisure.
britannique [brita'nik] **1.** *adj.* British; Britannic (*majesty*); **2.** *su.:* les ⊆s *m/pl.* the British.
broc [bro] *m* jug, pitcher.
brocanter [brɔkɑ̃'te] (1a) *v/i.* deal in second-hand goods; *v/t.* sell (to a second-hand dealer); barter; **brocanteur** *m*, -euse *f* [~'tœ:r, ~'tø:z] second-hand dealer; broker.
brocard¹ ✝ [brɔ'ka:r] *m* lampoon.
brocard² *hunt.* [~] *m* yearling roedeer.
brocart ✝ [~] *m* brocade.
broche [brɔʃ] *f* spit; skewer; ⊕ spindle; ⊕ pin; tent-peg; brooch; F knitting-needle; *zo.* boar: tusk; **brocher** [brɔ'ʃe] (1a) *v/t.* stitch; brocade; emboss; *livre* broché paperbound book.
brochet *icht.* [brɔ'ʃɛ] *m* pike.
brochette [brɔ'ʃɛt] *f* skewer; ⊕ pin.
brocheur, -euse [brɔ'ʃœ:r, ~'ʃø:z] *su.* stitcher, sewer (*of books*); *su./f* stitching-machine; stapling-machine; **brochure** [~'ʃy:r] *f* booklet, brochure; pamphlet; stitching (*of books*); *tex.* inwoven pattern.
brodequin [brɔd'kɛ̃] *m* half-boot; ✗ ammunition-boot; F *thea.* chausser le ~ take to comedy.
broder [brɔ'de] (1a) *v/t.* embroider (*a. fig.*); **broderie** [~'dri] *f* embroidery (*a. fig.*); *fig.* embellish-

brodeur

ment; **brodeur** *m*, **-euse** *f* [ˌ'dœːr, ˌ'døːz] embroiderer.

broie [brwa] *f tex.* brake; ✗ brake-harrow; **broiement** [ˌ'mã] *m* crushing, pulverizing; *tex.* braking.

brome 🜊 [broːm] *m* bromine; **bromique** 🜊 [broˈmik] bromic; **bromure** 🜊 [ˌ'myːr] *m* bromide.

bronche *anat.* [brɔ̃ːʃ] *f* wind-pipe; bronchus; ~s *pl.* bronchi(a).

broncher [brɔ̃ˈʃe] (1a) *v/i.* stumble; trip; move; *fig.* falter, flinch; *sans* ~ without flinching.

bronchite 🜌 [brɔ̃ˈʃit] *f* bronchitis.

bronze [brɔ̃ːz] *m* bronze; *fig.* cœur *m* de ~ heart of steel; **bronzer** [brɔ̃ˈze] (1a) *v/t.* bronze; tan; *fig.* harden.

brosse [brɔs] *f* brush; paint-brush; ~s *pl.* brushwood *sg.*; cheveux *m/pl.* en ~ crew-cut *sg.*; *fig.* passer la ~ sur efface; **brosser** [brɔˈse] (1a) *v/t.* brush; scrub; F thrash; F se ~ (le ventre) go without; *sl.* have an empty belly; **brosserie** [brɔsˈri] *f* brush-ware; brush-trade; brush-factory; **brossier** [brɔˈsje] *m* brush-maker; dealer in brushes.

brou [bru] *m* husk; ~ de noix walnut stain; walnut liquor.

brouet [bruˈɛ] *m* (thin) gruel, F skilly; ~ noir black broth.

brouette [bruˈɛt] *f* wheelbarrow; **brouetter** [ˌɛˈte] (1a) *v/t.* convey in a (wheel)barrow.

brouhaha [bruaˈa] *m* hubbub; hullabaloo; uproar.

brouillage [bruˈjaːʒ] *m radio:* jamming; interference.

brouillamini F [brujamiˈni] *m* muddle.

brouillard [bruˈjaːr] 1. *su./m* fog; smog; ✝ waste-book; 2. *adj./m:* papier *m* ~ blotting-paper; **brouillasser** [ˌjaˈse] (1a) *v/impers.* drizzle.

brouille F [bruːj] *f* disagreement; quarrel; être en ~ avec be at loggerheads with; **brouiller** [bruˈje] (1a) *v/t.* mix up; confuse; *radio:* jam; *radio:* interfere with (a broadcast); shuffle (cards); scramble (eggs); *fig.* cause dissension between; set at variance; ~ du papier scribble over paper; **brouillerie** [brujˈri] *f* disagreement; **brouilleur** [ˌ'jœːr] *m radio:* jammer.

brouillon¹, -onne [bruˈjɔ̃, ˌ'jɔn] 1.

adj. unmethodical; muddle-headed (person); avoir l'esprit ~ be muddle-headed; 2. *su.* muddler; muddle-head.

brouillon² [bruˈjɔ̃] *m* draft, rough copy; scribbling paper; **brouillonner** [ˌjɔˈne] (1a) *v/t.* botch (an essay etc.); draft, make a rough copy of.

broussailles [bruˈsaːj] *f/pl.* brush-wood *sg.*, scrub *sg.*; bush *sg.*; en ~ shaggy, unkempt (hair); **brousse** [brus] *f* the bush (in Australia etc.).

brout [bru] *m* tender shoots *pl.*; browse(-wood); **brouter** [bruˈte] (1a) *v/t.* browse (on), graze; *v/i.* ⊕ jump (tool); **broutille** [ˌ'tiːj] *f* twig; F trifle.

broyage [brwaˈjaːʒ] *m* pounding, crushing, grinding; *tex.* braking; **broyer** [ˌ'je] (1h) *v/t.* pound, crush; grind; *tex.* brake; **broyeur** *m*, **-euse** *f* [ˌ'jœːr, ˌ'jøːz] pounder; grinder; *tex.* hemp-braker.

brrr! [brrr] *int.* ugh!

bru [bry] *f* daughter-in-law.

bruine [brɥin] *f* drizzle, Scotch mist; **bruinement** [ˌ'mã] *m* drizzling; **bruiner** [brɥiˈne] (1a) *v/impers.* drizzle; **bruineux, -euse** [ˌ'nø, ˌ'nøːz] drizzly.

bruire [brɥiːr] (4d) *v/i.* rustle; hum (machine); murmur (brook etc.); **bruissement** [brɥisˈmã] *m* rumbling; rustling; humming; murmuring; **bruit** [brɥi] *m* noise; clatter, din; rumble; *metal.:* clang; *gun:* report; 🜌 murmur; *fig.* rumo(u)r, report; ~s *pl.* parasites *radio:* interference *sg.*; ~ de fond *radio etc.:* background noise; ~ sourd thud; le ~ court que ... rumo(u)r has it that ..., it is rumo(u)red that ...; **bruitage** *thea., cin.* [brɥiˈtaːʒ] *m* sound effects *pl.*; **bruiteur** *m*, **-euse** *f* [ˌ'tœːr, ˌ'tøːz] sound-effects engineer.

brûlé [bryˈle] *m* smell of burning; **brûle-gueule** F [brylˈɡœl] *m/inv.* nosewarmer; **brûle-pourpoint** [ˌpurˈpwɛ̃] *adv.:* à ~ point-blank; **brûler** [bryˈle] (1a) *v/t.* burn (a. fig.); scorch; 🜌 cauterize; overrun (a signal); ~ nip; 🚂 not to stop at; *sl.* unmask, detect; *fig.* ~ ses vaisseaux burn one's boats; se ~ la cervelle blow one's brains out; *v/i.* burn (a. fig.), be on fire; catch (milk); *fig.* be consumed; F be hot, be roasting; ~ de (*inf.*) be eager to (*inf.*); **brûleur, -euse** [\\'lœːr, \\'løːz] *su. person:* burner; *coffee:* roaster; brandy distiller; *su./m gas etc.:* burner; **brûloir** [\\'lwaːr] *m machine:* coffee roaster; blowlamp; **brûlot** [\\'lo] *m* ⚓ flare; F *pol.* firebrand; **brûlure** [\\'lyːr] *f* burn; scald; ✗ frost-nip; ✍ ~s *pl.* d'estomac heartburn *sg.*

brume [brym] *f* thick fog; (sea-) mist; **brumeux, -euse** [bry'mø, \\'møːz] foggy; *fig.* hazy.

brun, brune [brœ̃, bryn] **1.** *adj.* brown; dark (*complexion*); darkhaired; **2.** *su./m* brown; *su./f* brunette; nightfall; **brunâtre** [bry'naːtr] brownish; **brunir** [\\'niːr] (2a) *vt/i.* brown; tan; *v/t.* ⊕ burnish, polish; **brunissage** [\\ni-'saːʒ] *m* burnishing; polishing; (sun)tan.

brusque [brysk] blunt, brusque, abrupt; sudden; rough; sharp; **brusquer** [brys'ke] (1m) *v/t.* be blunt with (*s.o.*); hurry; hustle; precipitate (*s.th.*); **brusquerie** [\\kə'ri] *f* abruptness, brusqueness.

brut, brute [bryt] raw; crude (*oil*); unrefined (*sugar*); uncut (*diamond*); undressed (*stone*); ✝ poids *m* ~ gross weight; **brutal, e,** *m/pl.* **-aux** [bry-'tal, \\'to] brutal; savage, fierce; harsh (*colour*); brute (*force*); unfeeling; plain, unvarnished (*truth*); **brutaliser** [\\tali'ze] (1a) *v/t.* illtreat; bully; **brutalité** [\\tali'te] *f* brutality; *sp.* rough play; *fig.* suddenness (*of an event etc.*); **brute** [bryt] *f* brute (*a. fig.*); lout.

bruyant, e [brɥi'jɑ̃, \\'jɑ̃ːt] noisy, loud; boisterous; *fig.* resounding (*success*).

bruyère [brɥi'jeːr] *f* heather; heath; briar; *orn.* coq *m* de ~ grouse.

bu, e [by] *p.p.* of **boire** 1.

buanderie [bɥɑ̃'dri] *f* wash-house.

bubonique [bybɔ'nik] bubonic; peste *f* ~ bubonic plague.

buccal, e, *m/pl.* **-aux** [byk'kal, \\'ko] buccal, of the mouth.

bûche [byʃ] *f* log; block; *cuis.* Swiss roll; F blockhead; *ramasser une* ~ have a fall, come a cropper.

bûcher[1] [by'ʃe] *m* wood-shed; pile of firewood, wood-stack; pyre.

bûcher[2] [\\] (1a) *v/t.* ⊕ rough-hew; *sl.* thrash; F swot at, work hard at

or for, *Am.* grind; *v/i.* F work hard; swot, *Am.* grind.

bûcheron [byʃ'rɔ̃] *m* woodcutter, *Am.* lumberjack; **bûcheronne** [\\'rɔn] *f* woodcutter's wife.

bûchette [by'ʃet] *f* stick.

bûcheur *m*, **-euse** *f* [by'ʃœːr, \\'ʃøːz] plodder; swotter, *Am.* grind.

budget [byd'ʒe] *m* budget; *admin.* estimates *pl.*; F *boucler son* ~ make ends meet; **budgétaire** [\\ʒe'teːr] budgetary; financial (*year etc.*); **budgétisation** [\\ʒetiza'sjɔ̃] *f* budgeting.

buée [bɥe] *f* steam, vapo(u)r.

buffet [by'fe] *m* sideboard; dresser; cupboard; buffet; 🚉 refreshment room; F *danser devant le* ~ have a bare cupboard; **buffetier** [byf'tje] *m* refreshment-room manager; **buffetière** [\\'tjeːr] *f* refreshment-room manageress.

buffle [byfl] *m zo.* buffalo; buffalohide; ⊕ buff-stick; **buffleterie** [\\ə'tri] *f* leather equipment.

bugle[1] ♪ [bygl] *m* saxhorn.

bugle[2] ♀ [\\] *f* bugle.

buis ♀ [bɥi] *m* box-tree; box-wood; **buisson** [bɥi'sɔ̃] *m* bush; spinney; thicket; **buissoneux, -euse** [bɥi-so'nø, \\'nøːz] bushy; **buissonnière, ère** [\\'nje, \\'njeːr] *adj.: faire l'école* ~ère play truant, *Am.* play hooky.

bulbe ♀ [bylb] *m* bulb; **bulbeux, -euse** [byl'bø, \\'bøːz] bulbous; ♀ bulbed.

bulldozer [buldo'zœːr] *m* bulldozer.

bulle [byl] *f* bubble; blister; *cartoon:* balloon; *eccl.* papal bull; *faire des* ~s blow bubbles.

bulletin [byl'tɛ̃] *m* bulletin; form; voting-paper; report; 🚉 ~ de bagages luggage-ticket, *Am.* baggagecheck; ✝ ~ de commande orderform; ~ d'expédition way-bill; ~ de santé health report.

bulleux, -euse [by'lø, \\'løːz] bubbly; ♀ bullate; ✍, *geol.* vesicular.

bungalow [bœ̃ga'lo] *m* bungalow.

buraliste [byra'list] *su.* tax collector; tobacconist; clerk.

bure[1] *tex.* [byːr] *f* rough homespun.

bure[2] ⛏ [\\] *f* shaft (*of a mine*).

bureau [by'ro] *m* writing-table, desk; bureau; office; *admin.* department; board of directors, governing body; *thea.* ~x *pl.* fermés sold out; ⊕ ~ *ambulant* travelling post office; ~ *central* head post office, G.P.O.; *teleph.* exchange; ~ *de bienfaisance* relief committee; ~ *de douane* custom-house; *thea.* ~ *de location* box-office; ~ *de placement* labo(u)r exchange; (private) employment bureau; ~ *de poste* post office; ~ *de renseignements* information bureau; ~ *de tabac* tobacconist's (shop); ~ *ministre* kneehole desk; ✗ *deuxième* ~ Intelligence (Department); ⚓ Naval Intelligence Division; **bureaucrate** [byro'krat] *m* bureaucrat; F black-coated worker; **bureaucratie** [~kra'si] *f* bureaucracy, F red tape; **bureaucratiser** [~krati'ze] (1a) *v/t.* bureaucratize.

burette [by'rɛt] *f* cruet (*a. eccl.*); ⊕ oil-can, oiler; ⚒ burette.

burin ⊕ [by'rɛ̃] *m* burin, etching-needle, graver; cold chisel; engraving; **buriner** [~ri'ne] (1a) *v/t.* engrave; chisel; *v/i.* F swot.

burlesque [byr'lɛsk] burlesque; comical, ridiculous.

bus [by] *1st p. sg. p.s. of* boire **1.**

buse[1] [by:z] *f orn.* buzzard; F blockhead, fool.

buse[2] [~] *f* ⊕ pipe; nozzle; ✗ airshaft; *mot.* choke(-tube).

busqué, e [bys'ke] arched, curved; *nez m* ~ hook nose.

buste [byst] *m* bust; *en* ~ half-length.

but [by(t)] *m* target; aim; goal (*a. sp.*); purpose; *avoir pour* ~ aim at, intend;

de ~ *en blanc* bluntly; *droit au* ~ (straight) to the point; *marquer un* ~ score a goal.

buté, e [by'te] obstinate, mulish; **buter** [~] (1a) *v/i.*: ~ *contre* stumble over (*a. fig.*); bump *or* bang against *or* into, hit; *fig.* ~ *contre or sur* meet with, come up against (*a difficulty etc.*); *v/t.* prop (up); *fig.* make (*s.o.*) obstinate; *se* ~ be(come) obstinate; **buteur** [by'tœːr] *m foot.* striker; *sl.* killer.

butin [by'tɛ̃] *m* booty, spoils *pl.*; **butiner** [~ti'ne] (1a) *vt/i.* † plunder; *v/i.* gather honey (*bee*); *v/t.* gather honey from (*a flower*).

butoir [by'twaːr] *m* ⊕ stop; catch; ⊕ terminal buffer.

butor [by'tɔːr] *m orn.* bittern; F lout, clod.

butte [byt] *f* mound, hillock; bank; ✗ butts *pl.*; *fig. en* ~ *à* exposed to; **butter** ⚘ [by'te] (1a) *v/t.* earth up; **buttoir** ⚘ [~'twaːr] *m* ridging-plough, *Am.* ridging-plow.

buvable [by'vabl] drinkable; *sl.* acceptable; **buvard** [~'vaːr] *m* blotting-paper; **buvette** [~'vɛt] *f* refreshment bar; *spa:* pump-room; **buveur** *m*, **-euse** *f* [~'vœːr, ~'vøːz] drinker; toper; ~ *d'eau* teetotaller; **buvons** [~'vɔ̃] *1st p. pl. pres. of* boire **1; buvoter** F [~vɔ'te] (1a) *v/t.* sip (*wine*); *v/i.* tipple.

byzantin, e [bizã'tɛ̃, ~'tin] Byzantine.

C

C, c [se] *m* C, c.

ça [sa] F *abbr. of* cela; *c'est* ∼! that's right!; *et avec* ∼? anything else?

çà [sa] **1.** *adv.* here; hither; ∼ *et là* here and there; **2.** *int.* (*ah*) ∼! now then!

cabale [ka'bal] *f* cabal; intrigue; clique, faction; **cabaler** [kaba'le] (1a) *v/i.* intrigue; **cabaleur, -euse** [∼'lœːr, ∼'løːz] **1.** *adj.* intriguing; **2.** *su.* intriguer.

caban [ka'bɑ̃] *m* oilskins *pl.*; duffle-coat.

cabane [ka'ban] *f* hut, shed; cabin; *rabbit:* hutch; *dog:* kennel; **cabanon** [∼ba'nɔ̃] *m* small hut; *prison:* cell; *lunatic:* padded cell.

cabaret [kaba'rɛ] *m* night club; † pub(lic house), tavern; **cabaretier** *m, -ère* f † [∼barə'tje, ∼'tjɛːr] innkeeper; publican.

cabas [ka'bɑ] *m* basket.

cabestan ⊕, ⚓ [kabɛs'tɑ̃] *m* capstan, winch.

cabillau(d) *icht.* [kabi'jo] *m* fresh cod.

cabine [ka'bin] *f* cabin; (∼ *téléphonique*) telephone-box, telephone-booth; 🚦 (*a.* ∼ *d'aiguillage*) signal-box; *cin.* ∼ *de projection* projection room; **cabinet** [∼bi'nɛ] *m* small room; office; consulting room; practice; 🏛️ chambers *pl.*; ministry; ∼(*s pl.*) (*d'aisances*) water-closet, lavatory; ∼ *de groupe* joint practice; ∼ *de toilette* dressing-room; ∼ (*de travail*) study; *phot.* ∼ *noir* dark room.

câble [kɑːbl] *m* cable (*a.* F = *cable-gram*); ⚓ ∼ *de remorque* hawser; ∼ *métallique* wire rope; stranded wire; **câbler** [kɑ'ble] (1a) *v/t.* cable (*a message*); ⚡ wire up; **câblogramme** [∼blɔ'gram] *m* cablegram.

caboche [ka'bɔʃ] *f* (hob)nail; ⊕ clout-nail; F head, pate.

cabosse F [ka'bɔs] *f* 🌰 cacao-pod; 🦷 bump, bruise; **cabosser** F [∼bɔ'se] (1a) *v/t.* 🦷 bump, bruise; dent.

cabotage ⚓ [kabɔ'taːʒ] *m* coastal navigation; **caboter** [∼'te] (1a) *v/i.* coast.

cabotin, e [kabɔ'tɛ̃, ∼'tin] **1.** *adj.* theatrical, histrionic, affected; **2.** *su. thea.* ham (actor, *f* actress); *fig.* show-off, play-actor (*f* -actress); **cabotinage** [∼ti'naːʒ] *m thea.* hamming; *fig.* showing-off, play-acting; **cabotiner** [∼ti'ne] (1a) *v/i. thea.* ham; *fig.* show off, playact.

cabrer [ka'bre] (1a) *v/t.* 🐎 elevate; *se* ∼ rear (*horse*); 🐎 rear, buck; *fig. se* ∼ *contre* jib at, rebel against.

cabri *zo.* [ka'bri] *m* kid; **cabriole** [kabri'ɔl] *f* caper, leap; **cabrioler** [∼'le] (1a) *v/i.* caper; **cabriolet** [∼'lɛ] *m mot.* cab(riolet).

cabus [ka'by] *adj./m:* chou *m* ∼ headed cabbage.

cacahouète 🥜 [kaka'wɛt] *f*, **cacahuète** 🥜 [∼'ɥɛt] *f* peanut.

cacao [kaka'o] *m* 🌰 cacao, 🥤 cocoa; **cacaotier** [∼ɔ'tje] *m*, **cacaoyer** [∼'je] *m* cacao-tree.

cacarder [kakar'de] (1a) *v/i.* cackle (*goose*).

cacatoès *orn.* [kakatɔ'ɛs] *m* cockatoo; **cacatois** ⚓ [∼'twa] *m* royal (-sail).

cachalot *zo.* [kaʃa'lo] *m* sperm-whale, cachalot.

cache [kaʃ] *su./f* hiding-place; *su./m phot.* mask; ⊕ panel, plate; **∼-cache** [∼'kaʃ] *m* hide-and-seek (*a. fig.*); **∼-col** [∼'kɔl] *m/inv.* scarf; **∼-nez** [∼'ne] *m/inv.* muffler; **∼-poussière** [∼pu'sjɛːr] *m/inv.* dust-coat.

cacher [ka'ʃe] (1a) *v/t.* hide, conceal; ∼ *sa vie* live in retirement; *esprit m caché* reserved person; sly person; *se* ∼ hide; **cache-sexe** [kaʃ'sɛks] *m/inv.* G-string; **cachet** [ka'ʃɛ] *m* seal; stamp; 🔖 trade-mark; mark; F fee; cachet; *courir le* ∼ give private lessons; **cacheter** [kaʃ'te] (1c) *v/t.* seal; **cachette** [ka'ʃɛt] *f* hiding place, hideout; *en* ∼ secretly; by stealth; under the counter (*sale*); **cachot** [∼'ʃo] *m* dungeon; ⚓ cell; prison; **cachotterie** [∼'tri] *f* mysterious ways *pl.*; *faire des* ∼*s* be secretive; act secretively; **cachottier,**

-**ère** F [~'tje, ~'tjɛːr] **1.** adj. secretive; **2.** su. sly person.

cacique F [ka'sik] m candidate who has obtained first place; fig. (big) boss, big chief.

caco... [kakɔ] caco...; ~**phonique** [~fɔ'nik] cacophonous, discordant.

cactus ♀ [kak'tys] m, **cactier** ♀ [~'tje] m cactus.

cadastre [ka'dastr] m cadastral survey; (public) register of lands; survey.

cadavéreux, -euse [kadave'rø, ~'røːz] cadaverous, deathlike; deathly pale; **cadavérique** anat. [~'rik] cadaveric; rigidité f ~ rigor mortis; **cadavre** [ka'daːvr] m corpse, Am. a. cadaver; animal: carcase; Am. dead man (= empty winebottle).

cadeau [ka'do] m present, gift.

cadenas [kad'na] m padlock; clasp; ~ à chiffres combination-lock.

cadence [ka'dãːs] f cadence (a. ♪), rhythm; step; march: time; à la ~ de at the rate of, fig. to the tune of.

cadet, -ette [ka'dɛ, ~'dɛt] **1.** adj. younger; **2.** su. (the) younger, junior; il est mon ~ he is my junior (by 3 years, de 3 ans), he is younger than I; su./m X cadet; golf: caddie.

cadran [ka'drɑ̃] m dial; clock: face; ~ solaire sun-dial; **cadre** [kɑːdr] m usu. frame; fig. a. framework, context; fig. setting, surroundings pl.; fig. scope, limits pl.; personnel pl.; X officer; les ~s a. the managerial staff; ~ (de réception) radio: frame aerial; ~ orienté radio: directional aerial; **cadrer** [ka'dre] (1a) v/i. tally, agree; fit in.

caduc, -que [ka'dyk] decrepit, decaying; feeble (voice); ♔ null, lapsed; ♔ time-barred; ♀ deciduous; **caducité** [~dysi'te] f dilapidated state; decrepitude; ♔ nullity, ♔ lapsing; ♀ caducity.

cafard¹ [ka'faːr] m zo. cockroach; F avoir le ~ be down in the dumps.

cafard², e [ka'faːr, ~'fard] **1.** adj. sanctimonious; **2.** su. school: sneak; su./m X sl. spy; **cafarder** [~far'de] (1a) v/i. school: sneak.

café [ka'fe] **1.** su./m X coffee; café; ~ complet continental breakfast; ~ crème white coffee; ~ nature (or noir) black coffee; **2.** adj./inv. coffee-colo(u)red; ~-**concert**, pl. ~**s-concerts** [~fekɔ̃'sɛːr] m, F **caf'conc'**

[kaf'kɔ̃ːs] m café with a cabaret show.

cafetier, -ère [kaf'tje, ~'tjɛːr] su. café-owner; su./f coffee-pot; sl. head.

cafouillage F [kafu'jaːʒ] m muddle; **cafouiller** F [~'je] (1a) v/i. not to work properly, F be on the blink (machinery etc.); fig. muddle things up, get into a muddle, flounder (person); fig. get or turn into a shambles; **cafouillis** F [~'ji] m muddle.

cage [kaːʒ] f bird: cage; hen-coop; ♙ frame; cover, casing; F prison; ~ d'ascenseur lift (Am. elevator) shaft; ~ d'escalier stair-well; anat. ~ thoracique chest.

cagneux, -euse [ka'nø, ~'nøːz] knock-kneed; **cagnotte** [~'nɔt] f pool, kitty.

cagot, e [ka'go, ~'gɔt] **1.** adj. sanctimonious; **2.** su. bigot; hypocrite; **cagoterie** [kagɔ'tri] f cant; **cagotisme** [~'tism] m false piety.

cahier [ka'je] m paper-book; exercise-book; ♕ defaulters' book; ♰ ~ des charges specifications pl.

cahin-caha F [kaɛ̃ka'a] adv. so-so; middling.

cahot [ka'o] m vehicle: jolt, jog; **cahoter** [kaɔ'te] (1a) v/t/i. jolt along; toss; vie f cahotée life of ups and downs; **cahoteux, -euse** [~'tø, ~'tøːz] bumpy (road).

cahute [ka'yt] f hut; cabin; hovel.

caïd F [ka'id] m (big) boss, big chief; gangster boss.

caille orn [kaːj] f quail.

caillé [ka'je] m curds pl., curdled milk.

caillebotis [kajbɔ'ti] m duck-board(s pl.); ♙ grating.

caillebotte [kaj'bɔt] f curds pl.;

cailler [ka'je] vt/i. curdle, clot; congeal (blood); sl. be cold; ça caille it's freezing.

caillette¹ [ka'jɛt] f zo. ruminants: fourth stomach; cuis. rennet.

caillette² F [~] f flirt; tart.

caillot [ka'jo] m clot.

caillou, pl. -x [ka'ju] m pebble; cobble; **cailloutage** [kaju'taːʒ] m ♙ rough-cast, pebble-dash; ♙ gravel; road-metal; pebble paving; **caillouter** [~'te] (1a) v/t. ballast, metal (*a road, a railway-track*); pave with pebbles; **caillouteux, -euse** [∼tø, ∼'tø:z] stony; pebbly, shingly (*beach*); **cailloutis** [∼'ti] *m* gravel; road-metal; pebbled surface; cobbled pavement; rubble.

caisse [kεs] *f* case, box; ✝ cash-box; ✝ till; (pay-)desk; *thea.* pay-box; ✝ fund; ♪, *anat.* drum; ⊕ body; ✗ *sl.* prison, cells *pl.*; ∼ *à eau* water-tank; ✝ *d'amortissement* sinking-fund; depreciation; ∼ *d'épargne* savings-bank; ∼ *de prêts* loan bank; ∼ *enregistreuse* cash-register; ⚡ ∼ *nationale de l'énergie* national grid; *argent m en* ∼ cash in hand; *fig. battre la grosse* ∼ advertize; boost a product; *faire la* ∼ balance the cash; *grosse* ∼ *instrument:* bass or big drum; *person:* bass drummer; *tenir la* ∼ be in charge of the cash; **caissier** *m*, **-ère** *f* [kε'sje, ∼'sjε:r] cashier; treasurer; **caisson** [∼'sɔ̃] *m* box; ⊕ caisson; ✗ ammunition-waggon; locker; *mot.* boot; ⚒ bunker.

cajoler [kaʒɔ'le] (1a) *v/t.* coax, wheedle; **cajolerie** [∼ʒɔl'ri] *f* coaxing, wheedling; **cajoleur, -euse** [∼ʒɔ'lœ:r, ∼'lø:z] 1. *adj.* wheedling; 2. *su.* wheedler.

cal, *pl.* **cals** [kal] *m* callosity; ♧, ✝ callus.

calamité [kalami'te] *f* calamity, disaster; **calamiteux, -euse** [∼'tø, ∼'tø:z] calamitous.

calandre [ka'lɑ̃:dr] *f* mangle; *tex.* calender, roller (*a. for paper*); *mot.* shell; *mot.* radiator grill; **calandrer** [∼lɑ̃'dre] (1a) *v/t.* mangle; *tex. etc.* calender; surface.

calcaire [kal'kε:r] 1. *adj.* calcareous, chalky (*soil*); hard (*water*); 2. *su./m* limestone; **calcification** ♧ [∼sifika'sjɔ̃] *f* calcification; **calcination** [∼sina'sjɔ̃] *f* calcination; *metall.* oxidation; *ores:* roasting.

calciner [kalsi'ne] (1a) *v/t.* char; burn (to cinders or ashes); ⊕ etc. roast; 🜍 calcine.

calcul [kal'kyl] *m* reckoning, calculation; estimate; ♧ calculus; ♧ arithmetic; ♧ calculus, stone; ∼ *biliaire* gall-stone; ∼ *mental* mental arithmetic; **calculateur, -trice** [kalkyla'tœ:r, ∼'tris] 1. *adj.* scheming; 2. *su. person:* calculator, reckoner; *su./f machine:* calculator; **cal-**

culer [∼'le] (1a) *v/t.* reckon, calculate; ∼ *de tête* work (*s.th.*) out in one's head; **calculette** [∼'lεt] *f* pocket or desk calculator; **calculeux, -euse** ♧ [∼'lø, ∼'lø:z] 1. *adj.* calculous; 2. *su.* sufferer from stone.

cale[1] ⚓ [kal] *f* hold; *quay:* slope, slip; ∼ *sèche* drydock.

cale[2] [kal] *f* ⊕ wedge; ⊕, ✈ chock; ⊕ prop, strut; ⊕ tightening-key; **calé, e** F [ka'le] clever, bright; difficult, tough, tricky.

calebasse [kal'bɑ:s] *f* ♧ calabash, gourd; *metall.* small ladle; *sl.* head.

calèche [ka'lεʃ] *f* barouche, calash.

caleçon [kal'sɔ̃] *m* (pair of) underpants *pl.*; ∼ *long* long johns *pl.*; ∼ *de bain* bathing-trunks *pl.*

calembour [kalɑ̃'bu:r] *m* pun.

calembredaine F [kalɑ̃brə'dεn] *f* nonsense; quibble.

calendrier [kalɑ̃'drje] *m* calendar, almanac; ∼ *à éffeuiller* tear-off calendar.

cale-pied *cycl.* [kal'pje] *m* toe-clip.

calepin [kal'pɛ̃] *m* notebook.

caler[1] [ka'le] (1a) *v/t.* ⚓ strike (*the sail*); ⚓ house (*a mast*); *v/i.* ⚓ draw water; F climb down.

caler[2] [∼] (1a) *v/t.* prop up (*a. fig.*); wedge (up), chock (up); ⊕ jam; *mot.* stall (*an engine*); ⊕, ♪ adjust; F *se* ∼ *les joues, se les* ∼ have a good feed; *v/i. mot.* stall; F idle.

calfat ⚓ [kal'fa] *m* caulker; **calfater** [∼fa'te] (1a) *v/t.* caulk.

calfeutrer [kalfø'tre] (1a) *v/t.* stop up the chinks of (*a window etc.*); F *se* ∼ shut o.s. up.

calibrage [kali'bra:ʒ] *m* tube: calibrating; ⊕ ga(u)ging; *phot.* trimming; **calibre** [∼'libr] *m* ✗ calibre (*a. fig.*); bore; size; ⊕ tool: ga(u)ge; template; ⊕ ∼ *pour filetages* thread ga(u)ge; *compas m de* ∼ callipers *pl.*; **calibrer** [∼.li'bre] (1a) *v/t.* ⊕ ga(u)ge; calibrate; *phot.* trim; typ. cast off. [cup; ♧ calyx; *anat.* calix.\
calice [ka'lis] *m eccl.* chalice; *fig.*]

calicot [kali'ko] *m tex.* calico; *sl.* counter-jumper, sales assistant, *Am.* sales-clerk.

califourchon [kalifur'ʃɔ̃] *adv.: à* ∼ astride.

câlin, e [kɑ'lɛ̃, ∼'lin] 1. *adj.* cajoling, coaxing, caressing, winning (*ways*); 2. *su.* wheedler; **câliner** [∼li'ne] (1a) *v/t.* wheedle; caress; pet.

calleux, -euse [ka'lø, ~'lø:z] horny, callous.

calligraphie [kaligra'fi] *f* calligraphy, penmanship.

callosité [kalozi'te] *f* callosity.

calmant, e [kal'mã, ~'mã:t] **1.** *adj.* calming; soothing (*a.* 🐾); **2.** *su./m* 🐾 sedative.

calme[1] [kalm] *m* calm(ness); stillness; *fig.* composure.

calme[2] [kalm] calm, still, quiet; **calmer** [kal'me] (1a) *v/t.* calm, still, quiet; *fig.* soothe; se ~ calm down.

calomniateur, -trice [kalɔmnja-'tœ:r, ~'tris] **1.** *adj.* slanderous, libellous; **2.** *su.* slanderer, calumniator; **calomnie** [~'ni] *f* calumny, slander, libel; **calomnier** [~'nje] (1o) *v/t.* slander, libel.

calorie *phys.* [kalɔ'ri] *f* calorie; **calorifère** [kalɔri'fɛ:r] **1.** *adj.* heat-conveying; **2.** *su./m* central heating installation; **calorifique** *phys.* [~'fik] calorific, heating; **calorifuge** [~'fy:ʒ] **1.** *adj.* heat-insulating; **2.** *su./m* heat-insulator; ⊕ non-conduction; **calorifugeage** ⊕ [~fy'ʒa:ʒ] *m* heat-insulation; **calorifuger** ⊕ [~fy'ʒe] (11) *v/t.* insulate.

calot [ka'lo] *m* ✕ forage-cap; ⊕ small wedge; ⊕ *quarry:* block of stone; *sl.* eye; *ribouler des* ~s be flabbergasted; **calotin** *sl.* [~lɔ'tɛ̃] *m* ardent church-goer; sky-pilot (= *priest*); **calotte** [~'lɔt] *f* skull-cap (*a. eccl.*); ✕ undress cap; *watch-case;* F box on the ears; *sl.* clergy; **calotter** [~lɔ'te] (1a) *v/t.* F cuff (*s.o.*); *golf:* top (*the ball*).

calque [kalk] *m* tracing; F copy; **calquer** [kal'ke] (1m) *v/t.* trace (from, *sur*); *needlework:* transfer (*a pattern*); copy; *papier m à* ~ tracing-paper; se ~ *sur q.* copy s.o., model o.s. on s.o.

calumet [kaly'mɛ] *m* ⚘ reed; pipe (*of a Red Indian*); *le* ~ *de la paix* the pipe of peace, the calumet.

calvaire [kal'vɛ:r] *m eccl.* stations *pl.* of the Cross; *eccl.* calvary; *fig.* martyrdom; *le* ♀ (Mount) Calvary.

calvinisme *eccl.* [kalvi'nism] *m* Calvinism.

calvitie [kalvi'si] *f* baldness.

camail *cost.* [ka'ma:j] *m* cape (*a. eccl., a. orn.*), cloak.

camarade [kama'rad] *su.* comrade, fellow, mate, F chum; ~ *de classe* classmate; **camaraderie** [~ra'dri] *f* comradeship, friendship; clique.

camard, e [ka'ma:r, ~'mard] **1.** *adj.* snub-nosed; **2.** *su./f: la* ~ Death.

cambouis [kã'bwi] *m* dirty oil; cart-grease.

cambré, e [kã'bre] bent; cambered, arched; bow-legged; **cambrement** [~brə'mã] *m* bending, cambering; **cambrer** [~'bre] (1a) *v/t.* bend; camber; arch; se ~ throw out one's chest; warp (*wood*).

cambriolage [kãbriɔ'la:ʒ] *m* house-breaking; burglary; **cambrioler** [~'le] (1a) *v/t.* break into (*a house*), burgle; **cambrioleur** [~'lœ:r] *m* housebreaker; burglar.

cambrure [kã'bry:r] *f* curve, camber; *foot:* arch.

cambuse [kã'by:z] *f* ♣ store-room; canteen; *sl.* hovel; low pub(lic house); glory-hole; **cambusier** ♣ [~by'zje] *m* store-keeper; steward's mate.

came[1] ⊕ [kam] *f* cam; *arbre m à* ~s cam-shaft.

came[2] *f* [~] *f* drug; *sl.* junk; **camé, e** *sl.* [ka'me] *adj., a. su.* drug-addicted (person); *su. sl. a.* junkie.

caméléon *zo.* [kamele'ɔ̃] *m* chameleon.

camélia ♀ [kame'lja] *m* camelia.

camelot [kam'lo] *m* street hawker; newsvendor; ~ *du roi* young royalist; **camelote** [~'lɔt] *f* cheap goods *pl.*; junk, trash; *de* ~ gimcrack.

caméra [kame'ra] *f* cine-camera.

camérier *eccl.* [kame'rje] *m* chamberlain.

camériste [kame'rist] *f* lady's maid; chamber-maid.

camion [ka'mjɔ̃] *m* waggon; lorry, *Am.* truck; (*a.* ~ *automobile*) motor lorry; ~**-citerne,** *pl.* ~**s-citernes** [~mjɔ̃si'tɛrn] *m* lorry: tanker; ~**grue,** *pl.* ~**s-grues** [~mjɔ̃'gry] *m* breakdown lorry, *Am.* wrecker; **camionnage** [kamjɔ'na:ʒ] *m* cartage; carting, *Am.* trucking; **camionner** ✝ [~'ne] (1a) *v/t.* cart, carry; truck; **camionnette** [~'nɛt] *f* small lorry, *Am.* light truck; **camionneur** [~'nœ:r] *m* lorry-driver, *Am.* truck driver.

camisole [kami'sɔl] *f* sleeved vest; *woman:* dressing jacket; ~ *de force* strait jacket. [mile.)

camomille ♀ [kamɔ'mi:j] *f* camo-)

camouflage [kamu'fla:ʒ] m disguising; ✗, ♣ camouflage; **camoufler** [~'fle] (1a) v/t. disguise; ✗, ♣ camouflage; **camouflet** F [~'flɛ] m insult; snub.

camp [kɑ̃] m camp (a. fig.); party; fig. side; ~ de réfugiés refugee camp; ~ de vacances holiday camp; ~ volant temporary shelter; F ficher (or sl. fouter) le ~ clear out; **campagnard, e** [kɑ̃pa'naːr, ~'nard] **1.** adj. country; rustic; **2.** su. rustic; su./m countryman; su./f countrywoman; **campagne** [~'paɲ] f open country; countryside; ✗, ♣, pol., ✝ etc. campaign; à la ~ in the country; en pleine ~ in the open; **campagnol** zo. [~pa'nɔl] m vole.

campanile △ [kɑ̃pa'nil] m belltower; **campanule** ♣ [~'nyl] f campanula.

campé, e [kɑ̃'pe] (bien ~) (well) established; well-constructed; wellbuilt; firmly fixed; **campement** ✗ [kɑ̃p'mɑ̃] m camping; encampment, camp; camp party; **camper** [kɑ̃'pe] (1a) v/i. encamp; v/t. F place; fig. arrange; se ~ devant etc. plant o.s. in front of etc.; v/i. camp; **campeur** m, **-euse** f [~'pœːr, -'pøːz] camper; **camping** [~'piŋ] m camping; (terrain de) ~ camping site; faire du ~ go camping.

campos F [kɑ̃'po] m holiday.

camus, e [ka'my, ~'myːz] snubnosed; pug-nosed.

canadien, -enne [kana'djɛ̃, ~'djɛn] **1.** adj. Canadian; **2.** su. ♀ Canadian; su./f sheepskin jacket.

canaille [ka'naːj] **1.** adj. low, base; cheap; **2.** su./f bastard; rascal; † rabble.

canal [ka'nal] m canal (a. ♀, a. anat.); channel; ♣ passage; ⊕ pipe, conduit; ⊕ culvert; △ fluting; anat. duct; ⊕ ~-tunnel underground canal; **canalisation** [~naliza'sjɔ̃] f river: canalization; ⊕ pipeline; ⊕ mains pl. **canapé** [kana'pe] m couch, sofa; cuis. canapé, fried slice of bread; ~-lit, pl. ~s-lits [~pe'li] m bed-settee.

canard [ka'naːr] m duck; drake; F hoax; F false news; sensational newspaper, rag; F brandy- or coffee-soaked lump of sugar; ♪ wrong note; **canardeau** [kanar'do] m duckling; **canarder** [~'de] (1a) v/i. ♣ pitch; ♪ play or sing a wrong note; v/t. F snipe

at; **canardière** [~'djɛːr] f duckpond; duck-shooting: screen; duckgun; ✗ loop-hole.

canari orn. [kana'ri] m canary.

canasson sl. pej. [kana'sɔ̃] m horse; nag.

cancan[1] [kɑ̃'kɑ̃] m dance: cancan.

cancan[2] [kɑ̃'kɑ̃] m piece of gossip; ~s pl. tittle-tattle sg.; **cancaner** [kɑ̃ka'ne] (1a) v/i. gossip; talk scandal; **cancanier, -ère** [~'nje, ~'njɛːr] **1.** adj. tale-bearing; **2.** su. person: gossip.

cancer [kɑ̃'sɛːr] m ✵ cancer; malignant growth; astr. le ♋ Cancer (a. geog.), the Crab; **cancéreux, -euse** ✵ [kɑ̃se'rø, ~'røːz] **1.** adj. cancerous; **2.** su. cancer patient; **cancérigène** ✵ [~ri'ʒɛn] carcinogenic, carcinogenous; **cancérologie** ✵ [~rɔlɔ'ʒi] f cancer research; **cancre** [kɑ̃:kr] m crab; F dunce, dud.

candeur [kɑ̃'dœːr] f artlessness.

candi [kɑ̃'di] **1.** adj./m candied; **2.** su./m: ~s pl. crystallized fruit.

candidat m, **e** f [kɑ̃di'da, ~'dat] candidate; **candidature** [~da'ty:r] f candidature; poser sa ~ à apply for (a position).

candide [kɑ̃'did] artless, ingenuous.

cane [kan] f (female) duck; **caner** sl. [ka'ne] (1a) v/i. funk it, chicken out; **caneton** [kan'tɔ̃] m duckling.

canette[1] [ka'nɛt] f orn. duckling; teal.

canette[2] [~] f ⊕ faucet; can; bottle; tex. spool.

canevas [kan'va] m canvas; outline.

caniche zo. [ka'niʃ] m poodle.

caniculaire [kaniky'lɛːr] sultry; jours m/pl. ~s dog-days; **canicule** [~'kyl] f dog-days pl.; astr. dog-star.

canif [ka'nif] m penknife, pocket-knife.

canin, e [ka'nɛ̃, ~'nin] **1.** adj. canine; exposition f ~e dog-show; avoir une faim ~e be as hungry as a wolf; dent f ~e = **2.** su./f canine (tooth).

caniveau [kani'vo] ⊕ gutter; ≠ cables: conduit; ≠ main.

canne [kan] f ♣ cane, reed; walking-stick; ~ à pêche fishing rod; ~ à sucre sugar-cane; sucre m de ~ cane-sugar; **canneler** [~'le] (1c) v/t. groove; △ flute; corrugate.

cannelle[1] [ka'nɛl] f ♣ cinnamon; fig. small pieces pl.

cannelle² [~] f faucet.

cannelure [kan'ly:r] f groove, channel; △ fluting; corrugation; **canner** [ka'ne] (1a) v/t. cane-bottom; **cannette** [~'nɛt] f see cannelle¹; cannette².

cannibale [kani'bal] m cannibal, man-eater.

canon¹ [ka'nɔ̃] m ✗, ⚓ gun, cannon; coll. artillery; key, rifle, watch, etc.: barrel; measuring-glass; sl. glass of wine; ~ à électrons electron gun.

canon² [ka'nɔ̃] m ♫, eccl. canon; **canonial, e**, m/pl. **-aux** [kanɔ̃'njal, ~'njo] canonical; of a canon; **canonique** [~'nik] canonical (book, age); F respectable, proper; **canoniser** eccl. [~ni'ze] (1a) v/t. canonize.

cannonnade ✗ [kanɔ̃'nad] f gun-fire; cannonade; **canonner** [~'ne] (1a) v/t. cannonade; batter (a fortress); **canonnier** ✗ [~'nje] m gunner; **canonnière** [~'njɛ:r] f ⚓ gunboat; △ drain-hole; toy: pop-gun.

canot [ka'no] m boat; dinghy; ~ automobile motorboat; ~ de sauvetage lifeboat; ~ glisseur speedboat; ~ pliable folding boat; ~ pneumatique rubber dinghy; **canotage** [kanɔ'ta:ʒ] m rowing, boating, canoeing; faire du ~ row; **canoter** [~'te] (1a) v/i. row; go (in for) boating; **canotier** [~'tje] m boatman; oarsman; cost. straw-hat, boater. [singer, vocalist).)

cantatrice [kãta'tris] f (professional)∫

cantharide zo. [kãta'rid] f Spanish fly; poudre f de ~s cantharides pl.

cantine [kã'tin] f ✗ restaurant: canteen; soup-kitchen; equipment-case; **cantinier, -ère** [~ti'nje, ~'njɛ:r] su. canteen-attendant; su./f canteen-manager; su./f canteen-manageress.

cantique eccl. [kã'tik] m canticle; hymn; sacred songs; bibl. le ♀ des ♀s the Song of Songs.

canton [kã'tɔ̃] m admin. canton, district; ☷, road: section.

cantonade thea. [kãtɔ'nad] f wings pl.; thea. parler à la ~ speak to s.o. behind the scenes, speak off; crier à la ~ shout for everybody to hear.

cantonnement [kãtɔn'mã] m ✗ quarters pl.; ✗ billeting; **cantonner** [kãtɔ'ne] (1a) v/t. ✗ billet, quarter; ✗ be billeted; **cantonnier** [~'nje] m district road-surveyor; roadman; ☷ permanent-way man.

canule [ka'nyl] f ⚕ nozzle; cannula; sl. bore.

caoutchouc [kau'tʃu] m india-rubber; mackintosh, raincoat; mot. etc. tyre; ~s pl. galoshes, Am. rubber overshoes; ~ durci vulcanite; ~ mousse foam rubber; gant m de ~ rubber-glove.

cap [kap] m geog. cape, headland; ⚓, ✗ head; de pied en ~ from head to foot; mettre le ~ sur head for; ⚓, ✗ suivre le ~ fixé be on one's course.

capable [ka'pabl] capable, able; **capacité** [~pasi'te] f capacity (a. ⚖); ability; ⚖ legal competence.

cape [kap] f cape, cloak; hood; cigar: outer leaf; ⚓ être à la ~ be hove to; rire sous ~ laugh up one's sleeve.

capeline [kap'lin] f sun-bonnet; wide-brimmed hat.

capillaire [kapil'lɛ:r] **1.** adj. capillary; artiste ~ tonsorial artist; **2.** su./m ⚕ maidenhair fern; **capillarité** phys. [~lari'te] f capillary attraction, capillarity.

capilotade cuis. [kapilɔ'tad] f hash; fig. en ~ bruised; F mettre q. en ~ beat s.o. to a pulp.

capitaine [kapi'tɛn] m captain (a. fig.); ⚓ a. master; ✗, gang, team: leader; sp. ~ d'équipe team captain.

capital, e, m/pl. **-aux** [kapi'tal, ~'to] **1.** adj. capital; fundamental, essential; deadly (sin); peine f ~e capital punishment, death penalty; **2.** su./m ♱ capital, assets pl.; ~ d'apport initial capital; ~ d'exploitation working capital; ♱ ~ et intérêt principal and interest; su./f geog. capital; typ. capital (letter); **capitaliser** [~tali'ze] (1a) v/t. ♱ capitalize; v/i. save; **capitalisme** [~ta'lism] m capitalism.

capitation [kapita'sjɔ̃] f poll-tax.

capiteux, -euse [kapi'tø, ~'tø:z] heady (wine); sensuous, F sexy.

capiton ♱ [kapi'tɔ̃] m silk waste; **capitonner** [~tɔ'ne] (1a) v/t. upholster; cost. quilt.

capitulaire [kapity'lɛ:r] capitular(y); **capitulation** [~la'sjɔ̃] f capitulation, surrender; **capituler** [~'le] (1a) v/i. ✗ surrender; capitulate; fig. yield; fig. compromise (with, avec) (one's conscience).

capoc ♱ [ka'pɔk] m kapok.

capon, -onne [ka'pɔ̃, ~'pɔn] **1.** adj.

tobacco: plug; *sl.* trick, swindle; **2.** *adj./inv.* carroty, ginger; **carotter** F [~ɔ'te] (1a) *v/t.* steal, F pinch; cheat, F do.

caroube ♀ [ka'rub] *f* carob; **caroubier** ♀ [~ru'bje] *m* carob-tree.

carpe[1] *anat.* [karp] *m* carpus, wrist.

carpe[2] *icht.* [karp] *f* carp; **carpeau** *icht.* [kar'po] *m* young carp.

carpette[1] [kar'pɛt] *f* rug.

carpette[2] *icht.* [~] *f* young carp.

carquois [kar'kwa] *m* quiver.

carre [kaːr] *f* plank: thickness; *hat:* crown; *boot:* square toe; **carré, e** [ka're] **1.** *adj.* square; squared (*stone*); *fig.* plain, blunt; **2.** *su./m* square; ✍ patch; *staircase:* landing; *anat.* quadrate muscle; *cuis.* loin; ♣ ~ *des officiers* ward-room; *mess-room; su./f sl.* room, digs *pl.*; **carreau** [~'ro] *m* small square; *flooring:* tile, flag; floor; (window-)pane; *cards:* diamonds *sg.*; ⚒ *mine:* head; (tailor's) goose; † bolt; *à ~x* checked (*material*); F *se garder* (*or tenir*) *à ~* take every precaution; **carrefour** [kar'fur] *m* crossroads *pl.*; intersection; square (*in town*).

carrelage [kar'laːʒ] *m* tiling; **carreler** [~'le] (1c) *v/t.* tile, pave with tiles; square (*paper*); checker; **carrelet** [~'lɛ] *m* square dipping-net; ⊕ large needle; sewing-needle (*of boatmen*); **carreleur** [~'lœːr] *m* tile-layer.

carrément [kare'mɑ̃] *adv.* square (-ly); *fig.* bluntly; straight (out); **carrer** [ka're] (1a) *v/t.* square; *se ~* swagger; loll (*in a chair*).

carrier [ka'rje] *m* quarryman.

carrière[1] [ka'rjɛːr] *f* quarry.

carrière[2] [~] *f* course; career; *donner ~ à* give free rein to.

carriériste [karje'rist] *su.* careerist.

carriole [ka'rjɔl] *f* light cart.

carrossable [karɔ'sabl] carriageable, passable (*for vehicles*); **carrosse** [~'rɔs] *m* † coach; *fig.* rouler ~ live in style; **carrosserie** *mot.* [~rɔs'ri] *f* body, coachwork.

carrousel [karu'sɛl] *m* merry-go-round; ✕ tattoo.

carrure [ka'ryːr] *f* breadth of shoulders.

cartable [kar'tabl] *m* satchel; writing-pad; cardboard portfolio.

carte [kart] *f* card; *restaurant:* menu; map, ♣ chart; ticket; *fig. ~ blanche*

full powers *pl.*; a free hand, a blank cheque; ♣ ~ *d'accès au bord* boarding pass; ~ *d'alimentation* ration book; ~ *de lecteur* reader's ticket; ~ *d'identité* identity card; *mot.* ~ *grise* car licence; ~ *postale* postcard; *mot.* ~ *verte* insurance document, *Br.* green card; *battre les* ~*s* shuffle (the cards); *faire les* ~*s* deal (the cards); *jouer* ~*s sur table* be above-board.

cartel [kar'tɛl] *m* ♀ ring, cartel, combine; *pol.* coalition.

carte-lettre, *pl.* **cartes-lettres** [kartə'lɛtr] *f* letter-card.

cartellisation ⊕ [karteliza'sjɔ̃] *f* cartelization.

carter [kar'tɛːr] *m mot.* crank-case; *bicycle:* gear-case.

cartilage [karti'laːʒ] *m anat.* cartilage, F gristle; **cartilagineux, -euse** [~laʒi'nø, ~'nøːz] *anat.* cartilaginous, F gristly; ♀ hard.

cartographe [kartɔ'graf] *m* map-maker, chart-maker; cartographer; **cartographie** [~gra'fi] *f* cartography; mapping; map collection; **cartomancie** [~mɑ̃'si] *f* cartomancy, fortune-telling (*by cards*).

carton [kar'tɔ̃] *m* cardboard; pasteboard; cardboard box; cardboard portfolio; *art:* cartoon; *phot.* mount; *typ.* cancel; *geog.* inset map; ...*en* ~ *a.* paper...; ~ *bitumé* roofing felt; ~ *ondulé* corrugated cardboard; *fig. homme de* ~ man of straw; **cartonner** [~tɔ'ne] (1a) *v/t.* bind in boards, case; *cartonné* hardback (*book*); **cartonnerie** [~tɔn'ri] *f* cardboard manufactory; cardboard trade; **cartonnier** [~tɔ'nje] *m* (cardboard) file; **carton-pâte,** *pl.* **cartons-pâtes** [~tɔ̃'paːt] *m* papier mâché.

cartothèque † [kartɔ'tɛk] *f* card index.

cartouche[1] [kar'tuʃ] *m* △, *art:* cartouche.

cartouche[2] [kar'tuʃ] *f* ✕ cartridge; refill (*of ball-pen*); **cartouchière** [~tu'ʃjeːr] *f* ✕ cartridge-pouch; ~ *d'infirmier* first-aid case.

carvi ♀ [kar'vi] *m* caraway.

cas [ka] *m* case (*a.* ⚕ = *disease, patient; a. gramm.*); instance, circumstance; affair; ~ *limite* borderline case; *au* (*or dans le*) ~ *où* (*cond.*) in case *or* in the event of (*ger.*); *au* ~ *où* (*cond.*), *en* ~ *que* (*sbj.*) in case ... should (*inf.*); *dans tous les* ~, *en*

tout ~ in any case; *en aucun* ~ in no circumstances; *en ce* ~ if so; *faire grand* ~ *de* think highly of (*s.th.*); *faire peu de ce* ~ *de* set little value on; *le* ~ *échéant* if needed; *selon le* ~ as the case may be.

casanier, -ère [kaza'nje, ~'njɛːr] *adj., a. su.* stay-at-home.

casaque [ka'zak] *f* coat, jacket; jumper (*of woman*); F *tourner* ~ turn one's coat; **casaquin** [~za'kɛ̃] *m* dressing-jacket; jumper.

cascade [kas'kad] *f* waterfall, falls *pl.*, cascade; F gay time; F piece of reckless folly; **cascader** [~ka'de] (1a) *v/i.* cascade; **cascadeur** [~ka-'dœːr] *m* stuntman; acrobat.

case [kaːz] *f* hut, small house; compartment; pigeon-hole; *chessboard*: square; ~ *postale* Post Office box, P.O. box.

caséeux, -euse [kaze'ø, ~'øːz] cheesy, caseous.

casemate ✕ [kaz'mat] *f* casemate.

caser [ka'ze] (1a) *v/t.* F put; † file (*papers*); marry off; find a job for; put (*s.o.*) up; *se* ~ settle down; find a home (with, *chez*).

caserne ✕ [ka'zɛrn] *f* barracks *pl.*; **caserner** ✕ [~zɛr'ne] (1a) *v/t.* quarter, billet; *v/i.* live in barracks.

casier [ka'zje] *m* compartment; locker; pigeon-hole; filing cabinet; rack, bin; ₰ ~ *judiciaire* police record; *avoir un* ~ *judiciaire vierge* have a clean record.

casino [kazi'no] *m* casino.

casque [kask] *m* helmet; ~*s pl. d'écoute* ear-phones; ~ *blindé* crash helmet; **casqué, e** [kas'ke] helmeted; **casquer** F [~'ke] (1m) *v/i.* foot the bill; *v/t.* fork out (*a sum*); **casquette** [~'kɛt] *f* (peaked) cap.

cassable [ka'sabl] breakable; **cassant, e** [~'sã, ~'sãːt] brittle (*china etc.*); crisp (*biscuit*); curt, short (*manner, voice*); F knife-edge (*crease*); *metall.* short; *sl. ce n'est pas* ~, *ça n'a rien de* ~ it's not exactly tiring work; F it's not so hot, it's nothing to write home about; **cassation** [~sa'sjɔ̃] *f* ₰ reversing, quashing, setting aside; ✕ reduction to the ranks; ₰ *cour f de* ~ Supreme Court of Appeal.

casse[1] [kaːs] *f* breakage, damage; *fig.* break; F row.

casse[2] [~] *f typ.* case; ⊕ ladle; *metall.*

crucible; *typ.* *haut* (*bas*) *de* ~ upper (lower) case.

casse[3] [~] *f* ♀ cassia; senna.

casse...: ~**cou** [kas'ku] *m/inv.* dangerous spot; ~**croûte** [~'krut] *m/inv.* snack; snack-bar; ~**noisettes** [~nwa'zɛt] *m/inv.*, ~**noix** [~'nwa] *m/inv.* nutcrackers *pl.*; ~**pieds** F [~'pje] **1.** *su/inv.* bore, F pain in the neck; **2.** *adj./inv.* boring; ~**pipe(s)** F [~'pip] *m/inv.* war; front.

casser [ka'se] (1a) *v/t.* break, smash; crack; F punch (*s.o.'s nose*, *le nez à q.*); ✕ reduce to the ranks; ₰ set aside, quash, reverse; F ~ *sa pipe* kick the bucket (= *die*); *v/i. a. se* ~ break, give way; wear out (*person*).

casserole [kas'rɔl] *f* saucepan, stewpan.

casse-tête [kas'tɛt] *m/inv.* life-preserver (= *loaded stick*); club, truncheon; *fig.* puzzle, head-ache; *fig.* din, uproar.

casseur, -euse [ka'sœːr, ~'søːz] **1.** *adj.* destructive, aggressive (*look etc.*); **2.** *su.* breaker; *cars:* scrap dealer; F ~ *d'assiettes* truculent person.

cassis[1] [ka'sis] *m* ♀ black currant; *sl.* head.

cassis[2] ⊕ [ka'si] *m* cross-drain.

cassonade [kasɔ'nad] *f* brown sugar.

cassure [ka'syːr] *f* break; fragment.

caste [kast] *f* caste; *esprit m de* ~ class consciousness.

castel † [kas'tɛl] *m* (small) castle.

castillan, e [kasti'jɑ̃, ~'jan] *adj., a. su.* ♀ Castilian.

castor *zo.*, † [kas'tɔːr] *m* beaver.

casuel, -elle [ka'zɥɛl] **1.** *adj.* accidental, fortuitous, casual; *gramm.* case-...; ₰ contingent; **2.** *su./m* perquisites *pl.*

casuistique [kazɥis'tik] *f* casuistry (*a. fig.*).

cataclysme [kata'klism] *m* cataclysm, disaster; **catalepsie** ✻ [~lɛp'si] *f* catalepsy; **catalogue** [~'lɔg] *m* catalogue, list; *faire le* ~ *de* run over the list of; **cataloguer** [~lɔ'ge] (1m) *v/t.* catalogue, list; **catalyser** [~li'ze] (1a) *v/t.* catalyse; **catalyseur** ⚗ [~li'zœːr] *m* catalyst; **cataphote** *mot.* [~'fɔt] *m road:* cat's eye, *Am.* reflector; **cataplasme** ✻ [~'plasm] *m* poultice; **catapulter**

[~pyl'te] catapult; **cataracte** [~'rakt] *m* cataract (*a.* ✲).

catarrhe ✲ [ka'ta:r] *m* catarrh; F ~ *nasal* cold in the head; **catarrheux, -euse** [~ta'rø, ~'rø:z] catarrhous.

catastrophe [katas'trɔf] *f* catastrophe; disaster; **catastrophique** [~trɔ'fik] catastrophic.

catch *sp.* [katʃ] *m* catch-as-catch-can.

catéchiser [kateʃi'ze] (1a) *v/t. eccl.* catechize; *fig.* coach; lecture; reason with (s.o.).

catégorie [katego'ri] *f* category, class; **catégoriser** [~ri'ze] (1a) *v/t.* classify.

caténaire ⚡ [kate'nɛ:r] 1. *adj.* catenary; 2. *su./f* trolley-wire.

cathédrale [kate'dral] *f* cathedral.

cathode ⚡ [ka'tɔd] *f* cathode; **cathodique** [~tɔ'dik] cathodic; *tube m* à *rayons* ~s cathode-ray tube.

catholique [katɔ'lik] 1. *adj.* (Roman) Catholic; F *pas (très or bien)* ~ (a bit) fishy *or* shady, not (quite) straight; 2. *su.* (Roman) Catholic.

catimini F [katimi'ni] *adv.*: *en* ~ stealthily; on the sly.

catin F [ka'tɛ̃] *f* prostitute.

catir *tex.* [ka'ti:r] (2a) *v/t.* press, gloss.

cauchemar [koʃ'ma:r] *m* nightmare; *fig.* pet aversion.

causal, e [ko'zal] causal, causative.

cause [ko:z] *f* cause, motive; reason; ✲⚖ case, trial; *à* ~ *de* on account of; *fig. en* ~ at stake; involved; *mettre en* ~ *question* (*s.th.*); *pour* ~ for a good reason; ✲⚖ *sans* ~ briefless (*barrister*).

causer[1] [ko'ze] (1a) *v/t.* cause.

causer[2] [ko'ze] (1a) *v/i.* talk (*a. fig.* = *blab*), chat; **causerie** [koz'ri] *f* talk, chat; **causette** F [ko'zɛt] *f* little chat; **causeur, -euse** [~'zœ:r, ~'zø:z] 1. *adj.* talkative, chatty; 2. *su.* talker; *f* settee for two.

causticité [kostisi'te] *f* ~ causticity; *fig.* biting quality (*of a remark etc.*); **caustique** [~'tik] 1. *adj.* ✲⚗ *a. fig.* caustic; 2. *su./m* ⚗ caustic; *su./f* opt. caustic.

cautèle [ko'tɛl] *f* cunning, craftiness; **cauteleux, -euse** [kot'lø, ~'lø:z] cunning, crafty; wary.

cautère ✲ [ko'tɛ:r] *m* cautery; **cautériser** ✲ [~teri'ze] (1a) *v/t.* cauterize.

caution [ko'sjɔ̃] *f* security, guaran-

tee; ✲⚖ bail; ✝ deposit; *être* (*or se porter*) ~ go bail; ✝ stand surety; *fournir* ~ produce bail; *sujet à* ~ unreliable, unconfirmed; **cautionnement** [~sjɔn'mɑ̃] *m* surety; **cautionner** [~sjɔ'ne] (1a) *v/t.* stand surety for (s.o.); ✲⚖ go bail for; *fig.* support, back.

cavalcade [kaval'kad] *f* cavalcade; procession; **cavale** *poet.* [~'val] *f* mare; **cavaler** *sl.* [~va'le] (1a) *v/i.* run; *v/t.* pester (s.o.); *se* ~ *do a bunk* (= *run away*); **cavalerie** [~val'ri] *f* cavalry; **cavalier, -ère** [~va'lje, ~'ljɛ:r] 1. *su. m* rider; *dancing:* partner; *chess:* knight; ⚔ trooper; *su./f* horsewoman; 2. *adj.* haughty; off-hand; jaunty; ⚸ *perspective f* ~*ère* isometric projection.

cave [ka:v] 1. *su./f* cellar (*a. fig.*); vault; ⊕ *coke-oven:* wharf; *cards:* stake(s *pl.*); 2. *adj.* hollow; *anat. veine f* ~ vena cava; **caveau** [ka'vo] *m* cellar, vault; burial vault; **caver** [~'ve] (1a) *v/t.* hollow (out), undermine; put up (*money at cards*); *v/i.* put up a sum of money; **caverne** [~'vɛrn] *f* cave, cavern; (thieves') den; ✲ cavity; **caverneux, -euse** [~vɛr'nø, ~'nø:z] cavernous; *fig.* hollow, sepulchral (*voice*); **caviste** [~'vist] *m* cellarman; **cavité** [~vi'te] *f* cavity, hollow.

ce[1] [s(ə)] *dem./pron./n* it; this, that; these, those; *ce qui* (*or que*) what, which; *c'est pourquoi* therefore; *c'est que* the truth is that; *c'est moi* it is I, F *it's me.*

ce[2] (*before vowel or h mute* **cet**) *m*, **cette** *f*, **ces** *pl.* [sə, sɛt, se] *dem./adj.* this, that, *pl.* these, those; *ce ...-ci* this, *ce ...-là* that.

céans [se'ɑ̃] *adv.* F here(in); *maître m de* ~ master of the house.

ceci [sə'si] *dem./pron./n* this; ~ *étant* this being the case *or* so.

cécité [sesi'te] *f* blindness.

cédant, e ✝, ✲⚖ [se'dɑ̃, ~'dɑ̃:t] 1. *su.* assignor, grantor, transferor; 2. *adj.* assigning, granting, transferring; **céder** [~'de] (1f) *vt/i.* give up, yield; surrender; *v/t.* ✲ give off; transfer; sell (*a lease*); ~ *le pas à* give way to; ~ *le passage* give way; *le* ~ *à* p. be inferior *or* second to s.o. (*in, en*).

cédille *gramm.* [se'di:j] *f* cedilla.

cèdre [sɛːdr] *m* trée or wood: cedar.

cédule [se'dyl] *f* script, note; *admin. taxes*: schedule; summons *sg*.

cégétiste [seʒe'tist] *m* trade-unionist (= *member of the C.G.T.*).

ceindre [sɛ̃:dr] (4m) *v/t.* (de, with) gird; bind; surround; wreathe.

ceinture [sɛ̃'ty:r] *f* belt (*a. fig.* of fortifications, hills, *etc.*); girdle; waist; waistband; enclosure, circle; ~ (de sécurité) seat or safety belt; ~ de sauvetage lifebelt; ~ verte green belt; 🚄 ligne *f* de ~ circle line; **ceinturer** [sɛty're] (1a) *v/t.* seize (*s.o.*) round the waist; *fig.* surround; *foot.* collar (*s.o.*) low; **ceinturier** [~'rje] *m* belt-maker; **ceinturon** [~'rɔ̃] *m* waist-belt, sword-belt.

cela [s(ə)la] **1.** *dem./pron./n* that; à ~ près with that exception; ~ fait thereupon; c'est ~ that's right, that's it; comment ~? how?; et ... avec tout ~? and what about ...?; **2.** *su./m psych.* id.

céladon [sela'dɔ̃] *su./m, a. adj./inv.* celadon, parrot-green.

célébration [selebra'sjɔ̃] *f* celebration; **célèbre** [~'lɛbr] famous, celebrated; **célébrer** [sele'bre] (1f) *v/t.* celebrate; extol; **célébrité** [~bri'te] *f* celebrity.

celer [sə'le] (1d) *v/t.* conceal.

céleri [sɛl'ri] *m* celery; pied *m* de ~ head of celery.

célérité [seleri'te] *f* speed, rapidity, swiftness.

céleste [se'lɛst] heavenly, celestial; bleu *m* ~ sky-blue; ♪ voix *f* ~ organ: vox angelica.

célibat [seli'ba] *m* celibacy; **célibataire** [~ba'tɛːr] **1.** *adj.* single; celibate; **2.** *su./m* bachelor; *su./f* unmarried woman; single girl; spinster.

celle [sɛl] *f see* celui.   [cupboard.]

cellier [sɛ'lje] *m* store-room, store-⌉

cellulaire [sɛly'lɛːr] cellular; *régime m* ~ solitary confinement; *voiture f* ~ police-van, F Black Maria; **cellule** [~'lyl] *f* cell; F den; ⚡ ~ au sélénium selenium cell; ✈ ~ d'avion air-frame; *telev.* ~ photo-électrique electric eye; **celluleux, -euse** [sɛly'lø, ~'løːz] cell(ed); **celluloïd** (e) ⊕ [~'lɔ'id] *m* celluloid; **cellulose** 🔥, ✝ [~'loːz] *f* cellulose.

celte [sɛlt] **1.** *adj.* Celtic; **2.** *su.* ♀ Celt; **celtique** [sɛl'tik] **1.** *adj.* Celtic; **2.** *su./m ling.* Celtic.

celui *m*, **celle** *f*, **ceux** *m/pl.*, **celles** *f/pl.* [sə'lɥi, sɛl, sø, sɛl] *dem./pron.* he (*acc.* him); she (*acc.* her); the one, that; *pl.* they (*acc.* them); those; ~-ci *etc.* [səlɥi'si *etc.*] the latter; this one; ~-là *etc.* [səlɥi'la *etc.*] the former; that one.

cément *metall.* [se'mã] *m* cement (*a.* 🦷), powdered carbon; **cémenter** [~mã'te] (1a) *v/t. metall.* case-harden (steel); cement (*an armour-plate*).

cendre [sã:dr] *f* cinders *pl.*, ash; mercredi *m* des ⌒s Ash Wednesday; **cendré, e** [sã'dre] **1.** *adj.* ash-grey, ashy; **2.** *su./f sp.* cinders *pl.*; 🔥 lead ashes *pl.*; **cendreux, -euse** [~'drø, ~'drøːz] ash-grey, ashy; gritty; *metall.* brittle (steel); **cendrier** [~dri'e] *m* ash-pan; 🚄 ash-box; ash-tray.

Cendrillon [sãdri'jɔ̃] *f* Cinderella (*a. fig.*); *fig.* stay-at-home; F drudge.

Cène [sɛn] *f* the Last Supper; *protestant service*: the Lord's Supper; *the* Holy Communion.

censé, e [sã'se]: être ~ faire qch. be supposed to do s.th.; nul n'est ~ ignorer la loi ignorance of the law is no excuse; **censément** [~se'mã] *adv.* supposedly; ostensibly; to all intents and purposes; **censeur** [~'sœːr] *m* censor; *lycée*: vice-principal; *univ.* proctor; **censurable** [~sy'rabl] open to censure; **censure** [~'sy:r] *f* censure; *cin., journ., etc.* censorship; **censurer** [~sy're] (1a) *v/t.* censure; censor.

cent [sã] **1.** *adj./num.* (a or one) hundred; **2.** *su./m* (*inv.* when followed by another number) hundred; cinq pour ~ five per cent; je vous le donne en ~ I give you a hundred guesses; trois ~ dix three hundred and ten; trois ~s ans three hundred years; **centaine** [sã'tɛn] *f* (about) a hundred.

centaure *myth.* [sã'tɔːr] *m* centaur.

centenaire [sãt'nɛːr] **1.** *adj.* a hundred years old; *fig.* ancient, venerable; **2.** *su./m* centenary; *su. person*: centenarian; **centésimal, e, m/pl. -aux** [sãtezi'mal, ~'mo] centesimal; thermomètre *m* ~ centigrade thermometer.

centi... [sãti] centi...; **centiare** [sã-'tja:r] *m measure*: one square metre (*approx.* $1^1/_5$ *square yards*); **cen-**

tième [~'tjɛm] **1.** *adj./num.*, *a. su.*, *a. su./m fraction*: hundredth; **2.** *su./f thea.* hundredth performance; **centigrade** [~ti'grad] centigrade; **centime** [~'tim] *m* $1/_{100}$ *of a franc*; **centimètre** [~ti'mɛtr] *m measure*: (*approx.*) $2/_5$ inch; tape-measure.

central, e *m/pl.* **-aux** [sɑ̃tral, ~'tro] **1.** *adj.* central; **2.** *su./m* telephone-exchange; call-station; *su./f* ⚡ (~ électrique) powerhouse; power station (*Am.* plant); ⚡ ~e hydro-élec-trique hydro-electric generating sta-tion; ~e nucléaire (*or atomique*) nucle-ar power station (*Am.* plant); **cen-traliser** [~trali'ze] (1a) *v/t.* se ~ centralize; **centre** [sɑ̃:tr] *m* centre, *Am.* center; middle; *foot.* ~s *pl.* in-sides; *meteor.* ~ de dépression storm centre; *phys.* ~ de gravitation (*or d'at-traction*) centre of attraction; **cen-trer** [sɑ̃'tre] (1a) *v/t.* centre, *Am.* center; adjust; **centrifuge** [sɑ̃tri-'fy:ʒ] centrifugal; essoreuse *f* ~ rotary dryer; **centripète** [~'pɛt] centrip-etal; **centriste** *pol.* [sɑ̃'trist] *adj.*, *a. su.* centrist.

centuple [sɑ̃'typl] *su./m*, *a. adj.* hundredfold; **centupler** [~ty'ple] (1a) *v/t./i.* increase a hundredfold.

cep ⚘ [sɛp] *m* vine-stock; vine-plant.

cèpe ⚘ [~] *m* flap mushroom.

cependant [səpɑ̃'dɑ̃] **1.** *adv.* mean-while; **2.** *cj.* however, nevertheless, yet.

céramique [sera'mik] **1.** *adj.* ce-ramic; **2.** *su./f* ceramics *pl.*, pot-tery; **céramiste** [~'mist] *su.* potter.

cérat ⚕ [se'ra] *m* cerate, ointment.

Cerbère [sɛr'bɛːr] *m myth.*, *a. fig.* Cerberus.

cerceau [sɛr'so] *m* hoop; ⚱ cradle (*over bed*); **cercle** [sɛrkl] *m* circle (*a. fig.*), ring (*a.* ⊕); *barrel*: hoop; dial; *fig.* company, group; *geog.* ~ polaire polar circle; en ~s in the wood (*wine*); ♏ quart *m* de ~ quadrant; **cercler** [sɛr'kle] (1a) *v/t.* encircle, ring; hoop; put a tyre on (*a wheel*).

cercueil [sɛr'kœːj] *m* coffin; ~ en plomb (leaden) shell.

céréale ⚘ [sere'al] *su./f*, *a. adj.* ce-real.

cérébral, e, *m/pl.* **-aux** [sere'bral, ~'bro] cerebral, brain...; fatigue *f* ~e brain-fag.

cérémonial, *pl.* **-als** [seremɔ'njal] *m* ceremonial; **cérémonie** [~'ni] *f* ceremony (*a. fig.*), pomp; for-mality; sans ~ informal(ly *adv.*); **cérémonieux, -euse** [~'njø, ~-'njøːz] ceremonious, formal.

cerf [sɛːr] *zo.* stag, hart; *cuis.* venison.

cerfeuil ⚘ [sɛr'fœːj] *m* chervil.

cerf-volant, *pl.* **cerfs-volants** [sɛr-vɔ'lɑ̃] *m zo.* stag-beetle; (paper) kite.

cerise [sə'riːz] **1.** *su./f* ⚘ cherry; *sl.* bad luck; **2.** *adj./inv.* cherry-red; **cerisette** [səri'zɛt] *f* dried cherry; ⚘ winter-cherry; **cerisier** [~'zje] *m* cherry-tree; cherry-wood.

cerne [sɛrn] *m tree*: (age-)ring; ring, circle (*round eyes, wound, etc.*); **cer-neau** [sɛr'no] *m* green walnut; **cer-ner** [~'ne] (1a) *v/t.* encircle, sur-round; hem in; ring (*a tree etc.*); *fig.* delimit, define (*a problem etc.*); shell (*nuts*); avoir les yeux cernés have rings under one's eyes.

certain, e [sɛr'tɛ̃, ~'tɛn] **1.** *adj.* certain, sure; positive, definite; (*before noun*) one; some; **2.** *pron.* some, certain; **certes** [sɛrt] *adv.* indeed; **certificat** [sɛrtifi'ka] *m* certificate (*a.* ⚕); testimonial; ~ de bonne vie et mœurs certificate of good character; ~ d'origine dog etc.: pedigree; **certification** [~fika'sjõ] *f* certification; *signature*: witness-ing; **certifier** [~'fje] (1o) *v/t.* certify, attest, assure; witness (*a signature*); **certitude** [~'tyd] *f* certainty.

cérumen [sery'mɛn] *m* ear-wax.

céruse ⚗ [se'ryːz] *f* white lead; **cérusite** ⚗ [~ry'zit] *f* cerusite.

cerveau [sɛr'vo] *m* brain; *fig.* mind; *fig.* mastermind; ~ brûlé hothead; rhume *m* de ~ cold in the head.

cervelas *cuis.* [sɛrvə'la] *m* saveloy.

cervelet *anat.* [sɛrvə'lɛ] *m* cerebel-lum; **cervelle** *anat.*, *cuis.* [~'vɛl] *f* brains *pl.*; brûler la ~ à q. blow s.o.'s brains out; se creuser la ~ rack one's brains; *fig.* une ~ de lièvre a memory like a sieve.

ces [se] *pl.* of ce[^3].

césarienne ⚕ [seza'rjɛn] *adj./f*: (opé-ration *f* ~) Caesarean (operation).

cessation [sesa'sjõ] *f* cessation, stop-page, suspension; breach (*of re-lations*); **cesse** [sɛs] *f*: n'avoir pas de ~ que not to rest until; sans ~ continually; continuously, constantly; **cesser** [sɛ'se] (1a) *vt/i.* cease; leave off; *v/i.*: *faire* ~ put a stop to; **cessez-le-feu** [~selə'fø] *m/inv.* ceasefire; **cessible** ₂₃ [~'sibl] transferable; assignable; **cession** [~'sjɔ̃] *f* ₂₃ transfer, assignment; **† *shares*: delivery; **cessionnaire †** [~sjɔ'nɛːr] *m* transferee, assignee; *biol.*: holder.

c'est-à-dire [sɛta'diːr] *cj.* that is to say, i.e.; in other words; F ~ *que* well, actually.

césure [se'zyːr] *f* caesura.

cet *m*, **cette** *f* [sɛt] *see* ce².

cétacé, e *zo.* [seta'se] **1.** *adj.* cetaceous; cetacean; **2.** *su./m* cetacean.

ceux [sø] *m/pl. see* celui.

chabler [ʃɑ'ble] (1a) *v/t.* ⊕ hoist (*a load*); ⚓ tow (*a boat*); ⚒ beat (*a walnut-tree*). [Burgundy).]

chablis [ʃɑ'bli] *m* Chablis (= *white*)

chabot *icht.* [ʃɑ'bo] *m* bullhead, miller's thumb; chub.

chacal, *pl.* **-als** *zo.* [ʃa'kal] *m* jackal.

chacun, e [ʃa'kœ̃, ~'kyn] *pron./indef.* each (one); everybody.

chafouin, e [ʃa'fwɛ̃, ~'fwin] sly, toxy; sly-looking.

chagrin¹, e [ʃa'grɛ̃, ~'grin] **1.** *su./m* grief, sorrow; trouble; annoyance; ₂₃. **2.** *adj.* sorry; sad; troubled (at, de); distressed (at, de); peevish.

chagrin² [ʃa'grɛ̃] *m* (*a. peau f de* ~) *leather*: shagreen.

chagriner¹ [ʃagri'ne] (1a) *v/t.* grieve, distress; annoy; *se* ~ fret.

chagriner² [~] (1a) *v/t.* grain (*leather*).

chahut F [ʃa'y] *m* uproar, row; rag; **chahuter** [~y'te] (1a) *v/i.* kick up a row; *sl.* boo; *v/t.* rag (*s.o.*); give (*s.o.*) the bird; boo (*s.o.*).

chai [ʃɛ] *m* wine and spirit store.

chaîne [ʃɛn] *f* chain; link(s *pl.*); fetter; necklace; *fig.* sequence, train (*of ideas*); *tex.* warp; ⚓ chain-boom; *geog.* mountains: range; *mot.* ~**s** *pl.* antidérapantes anti-skid chains; ⊕ *travail m à la* ~ assembly line work, work on the conveyor belt; **chaîner** [ʃɛ'ne] (1b) *v/t.* ⚓, *surv.* chain; ⚓ tie; **chaînette** [~'nɛt] *f* small chain; ⚒ catenary; *point m* de ~ chain-stitch; **chaînon** [~'nɔ̃] *m* chain: link; *geog.* mountains: secondary range.

chair [ʃɛːr] *f* flesh; meat; *fruit:* pulp; *fig.* ~ *de poule* goose-flesh.

chaire [~] *f* eccl., *a. univ.* chair; *eccl.* throne; *eccl.* pulpit; rostrum; tribune.

chaise [ʃɛːz] *f* chair, seat; *hist.* (*a.* ~ *à porteurs*) sedan-chair; ~ *de poste* post-chaise; ~ *longue* couch, chaise longue.

chaland¹ [ʃa'lɑ̃] *m* lighter, barge.

chaland² *m*, **e** *f* † [ʃa'lɑ̃, ~'lɑ̃:d] customer (*a. fig.*), purchaser.

chalcographie [kalkɔgra'fi] *f* engraving on metal; engraving studio.

châle [ʃɑ:l] *m* shawl.

chalet [ʃa'lɛ] *m* chalet; country cottage; ~ *de nécessité* public convenience.

chaleur [ʃa'lœːr] *f* heat (*a. of animals*), warmth; ardo(u)r, zeal; ⊕ *blanche* white heat; **chaleureux, -euse** [~lœ'rø, ~'rø:z] warm; *fig.* ardent; cordial, hearty (*welcome etc.*); glowing (*colour, terms*).

châlit [ʃɑ'li] *m* bedstead.

challenge *sp.* [ʃa'lɑ̃:ʒ] *m* challenge.

chaloupe ⚓ [ʃa'lup] *f* launch, longboat.

chalumeau [ʃaly'mo] *m* drinking-straw; ♪, ⊕ pipe; ⊕ blow-lamp.

chalut [ʃa'ly] *m* trawl; drag-net; **chalutier** ⚓ [~ly'tje] *m* person, boat: trawler.

chamailler F [ʃama'je] (1a) *v/t.* squabble with; *se* ~ squabble (with, *avec*); be at loggerheads, bicker (with, *avec*); **chamaillerie** [~maj-'ri] *f* squabble, brawl, scuffle; **chamailleur, -euse** [~ma'jœːr, -'jøz] **1.** *adj.* quarrelsome; **2.** *su.* squabbler.

chamarrer [ʃama'rre] (1a) *v/t.* bedeck; *fig.* embroider; **chamarrure** [~'ryːr] *f* (*tawdry*) decoration.

chambard F [ʃɑ̃'bar] *m*, **chambardement** F [~bardə'mɑ̃] *m* upheaval, upset; **chambarder** F [~bar'de] (1a) *v/t.* rifle (*a room*); smash up, upset (*a. fig.*).

chambellan [ʃɑ̃bɛl'lɑ̃] *m* chamberlain.

chambranle △ [ʃɑ̃'brɑ̃:l] *m* frame; ~ *de cheminée* mantelpiece.

chambre [ʃɑ̃:br] *f* (bed)room; chamber (*a. pol.*, **†**, ⚒); ₂₃ division; ⚓ cabin; *mot.* ~ *à air* inner tube; ~ *à lit* (*deux lits*) single (double) room; ~ *d'amis* guest or spare room; **† ~** *de commerce* chamber of commerce; *pol.* 2 *des députés* House of Commons, *Am.* House of Representatives, *France:* Chamber of Deputies; ⚓ *des machines* engineroom; *phot.* ~ *noire* dark room; ~ *sur la cour* (*rue*) back (front) room; *garder la* ~ be confined to one's room; ♪ *musique f de* ~ chamber music; ⊕ *ouvrier m en* ~ homeworker; garret-craftsman; *fig.* stratégiste *m en* ~ armchair strategist; **chambrée** [ʃãˈbre] *f* roomful; ⚔ barrack-room; *thea.* house; *thea.* takings *pl.*; **chambrer** [~ˈbre] (1a) *v/t.* lock up in a room; bring (*wine*) to room temperature; **chambrière** [~ˈbrjɛːr] *f* † chambermaid; long whip; *truck etc.:* drag.

chameau [ʃaˈmo] *m zo.* camel; 🚂 shunting engine; *sl.* dirty dog *m*, bitch *f*; **chamelier** [~məˈlje] *m* camel-driver; **chamelle** *zo.* [~ˈmɛl] *f* she-camel.

chamois *zo.* [ʃaˈmwa] *m* chamois; chamois *or* shammy leather; *gants m/pl. de* ~ wash-leather gloves; **chamoiser** [~mwaˈze] (1a) *v/t.* chamois, dress (*leather*).

champ [ʃã] *m* field (*a. fig.*); open country; ground; space; *fig.* range; ⊕ side, edge; ~ *d'activité* scope *or* field of activity; *sp.* ~ *de courses* racecourse, race-track; ~ *de repos* churchyard; ~ *visuel* field of vision; *à tout bout de* ~ the whole time, at every turn and turn; *à travers* ~*s* across country; ⊕ *de* ~ on edge, edgewise.

champagne [ʃãˈpaɲ] *su./m* champagne; *su./f: fine* ~ liqueur brandy. **champenois, e** [ʃãpəˈnwa, ~ˈnwaːz] of Champagne.

champêtre [ʃãˈpɛːtr] rural, rustic. **champignon** [ʃãpiˈɲɔ̃] *m* 🍄 mushroom; 🚂 *rail:* head; F *mot.* accelerator pedal; F *mot. appuyer sur le* ~ step on- the gas; **champignonnière** [~ɲɔˈnjɛːr] *f* mushroom-bed.

champion *m*, **-onne** *f* [ʃãˈpjɔ̃, ~ˈpjɔn] *sp.*, *fig.* champion; *fig.* supporter; ~ *du monde* world champion; **championnat** [~pjɔˈna] *m* championship.

chançard, e [ʃãˈsaːr, ~ˈsard] 1. *adj.* lucky; 2. *su.* lucky person; **chance** [ʃãːs] *f* luck, fortune; chance; ~*s pl. égales* equal opportunities *or* chances; *bonne* ~! good luck! *par* ~ by good fortune; *les* ~*s sont contre lui* the odds are against him.

chanceler [ʃãsˈle] (1c) *v/i.* reel, stagger, totter; falter.

chancelier [ʃãsəˈlje] *m* chancellor; *pol. embassy:* secretary; **chancelière** [~səˈljeːr] *f* chancellor's wife; foot-muff; **chancellerie** [~sɛlˈri] *f* chancellery.   [risky; lucky.]

chanceux, -euse [ʃãˈsø, ~ˈsøːz]]

chancir [ʃãˈsiːr] (2a) *v/i. a. se* ~ go mo(u)ldy; **chancissure** [~siˈsyːr] *f* mo(u)ld, mildew.

chancre [ʃãːkr] *m* 🐛 ulcer; 🦠 canker; **chancreux, -euse** [ʃãˈkrø, ~ˈkrøːz] 🦠 ulcerous; cankerous (*growth*); cankered (*organ*).

chandail [ʃãˈdaːj] *m* sweater.

Chandeleur *eccl.* [ʃãdˈlœːr] *f: la* ~ Candlemas; **chandelier** [ʃãdəˈlje] *m* candlestick; *person:* chandler; ⊕ *boiler:* pedestal; **chandelle** [~ˈdɛl] *f* candle; *cricket, tennis:* skyer, lob; ⚓ stay, prop; *à la* ~ by candlelight; *fig. en voir trente-six* ~ see stars; *fig. le jeu n'en vaut pas la* ~ the game is not worth the candle; **chandellerie** [~dɛlˈri] *f* candleworks *usu. sg.*

chanfrein[1] [ʃãˈfrɛ̃] *m* blaze (*on a horse's forehead*); *horse etc.:* forehead.

chanfrein[2] [ʃãˈfrɛ̃] *m* bevelled edge; **chanfreiner** ⊕ [~frɛˈne] (1a) *v/t.* bevel, chamfer.

change [ʃãːʒ] *m* 🏦 exchange; *hunt.* wrong scent; F false scent; *fig. donner le* ~ *à q.* put s.o. off, sidetrack s.o.; **changeable** [ʃãˈʒabl] changeable; exchangeable; **changeant, e** [~ˈʒã, ~ˈʒãːt] changing; changeable, variable; unsettled (*weather*); **changement** [ʃãʒˈmã] *m* change, alteration; *mot.* ~ *de vitesse* gear-change, *Am.* gearshift; 🚂 ~ *de voie* points *pl.*; **changer** [ʃãˈʒe] (1l) *v/t.* change; exchange (for, *contre*); alter; *se* ~ change (one's clothes); *se* ~ *en* change *or* turn into; *v/i.* change, alter (s.th., *de qch.*); ~ *de train* change (trains); **changeur** [~ˈʒœːr] *m* money-changer.

chanoine *eccl.* [ʃaˈnwan] *m* canon; **chanoinesse** *eccl.* [~nwaˈnɛs] *f* canoness.

chanson [ʃãˈsõ] *f* song; † ~*s pl.* nonsense; **chansonner** [ʃãsɔˈne] (1a) *v/t.* write satirical songs about (*s.o.*); **chansonnette** [~ˈnɛt] *f* comic song; **chansonnier, -ère** [~ˈnje, ~ˈnjɛːr] *su.* singer; *su./m* songbook.

chant¹ [ʃɑ̃] m ♪ singing; song; *eccl.* chant; canto; melody; *au* ~ *du coq* at cock-crow; ~ *de Noël* Christmas carol.

chant² [~] m edge, side; *de* ~, *sur* ~ on edge, edgewise.

chantage [ʃɑ̃'ta:ʒ] m blackmail.

chantepleure [ʃɑ̃tə'plœːr] f wine funnel; colander; watering-can with a long spout; *cask:* tap; Δ *gutter:* spout; **chanter** [ʃɑ̃'te] (1a) *v/t.* sing; celebrate; ~ *victoire sur* crow over; *iro. que me chantez-vous là?* that's a fine story!; *v/i.* sing; creak (*door*); sizzle (*butter*); *faire* ~ q. blackmail s.o.; F *si ça vous chante* if it suits you.

chanterelle¹ [ʃɑ̃'trɛl] f ♪ violin: E-string; decoy-bird; bird-call.

chanterelle² ♀ [~] f mushroom: cantharellus.

chanteur m, **-euse** f [ʃɑ̃'tœːr, ~'tøːz] singer; *maître* m ~ *hist.* mastersinger; F blackmailer.

chantier [ʃɑ̃'tje] m building site; (*timber- etc.*) yard; workyard, site; F mess; *traffic sign:* roadworks; *sur le* ~ in hand.

chantonner [ʃɑ̃tɔ'ne] (1a) *vt/i.* hum.

chantourner ⊕ [ʃɑ̃tur'ne] (1a) *v/t.* jig-saw; ⊕ *scie f à* ~ bow saw, jig-saw.

chantre [ʃɑ̃:tr] m *eccl.* cantor; *poet.* singer, poet.

chanvre [ʃɑ̃:vr] m hemp; cannabis; **chanvrier, -ère** [ʃɑ̃vri'e, ~'ɛːr] 1. *su.* hemp-grower; 2. *adj.* hemp-...

chaos [ka'o] m chaos, confusion; **chaotique** [~o'tik] chaotic.

chaparder F [ʃapar'de] (1a) *v/t.* scrounge, filch, lift.

chape [ʃap] f *eccl.* cope; covering, layer; *cuis.* dish cover; ⊕ D-joint; *mot. tyre:* tread; *mot. patch* (*on tyre*); Δ *bridge:* coping; ⊕ *roller:* flange; *pulley-block:* strap; *pulley:* shell;

chapeau [ʃa'po] m hat; Δ *chimney:* cowl; ⊕, *a. pen:* cap; ~*!* well done!, hats off!; ♪ ~ *chinois* Chinese bells *pl.*; ~ *haut de forme* top hat; ~ *melon* bowler; F *travailler du* ~ talk through one's hat.

chapelain [ʃa'plɛ̃] m chaplain.

chapelet [ʃa'plɛ] m rosary; ✝ *beads,* *onions:* string; *fig.* string, series; ✗ *bombs:* stick; **chapelier, -ère** [~pə'lje, ~'ljɛːr] 1. *adj.* hat-...; 2. *su.* hatter, *Am.* milliner; *su./f* Saratoga trunk.

chapelle [ʃa'pɛl] f chapel; ~ *ardente* chapel of rest.

chapellerie [ʃapɛl'ri] f hat-trade; hat-shop; **chapelure** *cuis.* [~'ply:r] f bread crumbs *pl.*

chaperon [ʃa'prɔ̃] m hood; Δ *wall:* coping; *roof:* cap-stone; chaperon; *le petit* ♀ *rouge* Little Red Riding Hood; **chaperonner** [~prɔ'ne] (1a) *v/t.* hood (*a falcon*); chaperon (*s.o.*); Δ put a coping on (*a wall*).

chapiteau [ʃapi'to] m ✝ capital; *windmill etc.:* cap; *circus:* big top.

chapitre [ʃa'pitr] m chapter (*a. eccl.*); heading, subject; **chapitrer** F [~pi'tre] (1a) *v/t.* read (*s.o.*) a lecture, reprimand.

chapon [ʃa'pɔ̃] m capon; **chaponner** [~pɔ'ne] (1a) *v/t.* caponize.

chaque [ʃak] *adj.* each, every.

char [ʃar] m waggon; ~ *à bancs* (*pl.*); ✗ *blindé* armo(u)red car; ✗ ~ *de combat* light-armo(u)red car; ♀ *de l'État* Ship of State; ~ *de triomphe* triumphal car; ~ *funèbre* hearse.

charabia [ʃara'bja] m gibberish.

charade [ʃa'rad] f charade.

charançon *zo.* [ʃarɑ̃'sɔ̃] m weevil.

charbon [ʃar'bɔ̃] m coal; (*a.* ~ *de bois*) charcoal; 🔥 *carbon;* ✔ blight; anthrax; 🦠 carbuncle; *fig. être sur des* ~*s ardents* be on tenterhooks; **charbonnage** ✗ [~bɔ'na:ʒ] m coal mining, colliery; bunkering; **charbonner** [~bɔ'ne] (1a) *v/t.* char, carbonize; *cuis.* burn; sketch *or* blacken with charcoal; *v/i.* Δ coal (*ship*); **charbonnerie** [~bɔn'ri] f coal depot; **charbonnier, -ère** [~bɔ'nje, ~'njɛːr] 1. *adj.* coal-...; charcoal-...; 2. *su./m* coal-man; coal-merchant; coal-hole; Δ collier; ~ *est maître chez lui* a(n English)man's home is his castle; *su./f* coal-scuttle; charcoal kiln; *orn.* great tit; Δ coal lighter.

charcuter [ʃarky'te] (1a) *v/t.* cut (*meat*) into small pieces; F mangle; 🦠 F carve, operate clumsily upon (*a patient*); **charcuterie** [~'tri] f pork-butcher's shop *or* trade *or* meat; delicatessen; **charcutier** m, **-ère** f [~'tje, ~'tjɛːr] pork-butcher; F sawbones *pl.* (= *surgeon*).

chardon [ʃar'dɔ̃] m thistle; **chardonneret** *orn.* [~dɔn're] m goldfinch.

charge [ʃarʒ] f load, burden; Δ

loading; ⊕, ⛴, ⚓, ✕ *arms*: charge; cost; post, office; responsibility; exaggeration, caricature, *thea.* overacting; ✕ ~ *payante* pay load; ⊕ ~ *utile* useful load; *à* ~ *de* /revanche on condition of reciprocity; *être* /*à la* ~ *de* be dependent on *or* depending upon; *femme f de* ~ housekeeper; *pas m de* ~ *marching*: double time; **chargé, e** [ʃarˈʒe] 1. *adj.* loaded, laden (with, *de*); full (of, *de*); heavy (with, *de*); full, busy (*day, schedule*); ✵ coated, furry (*tongue*); troubled, guilty (*conscience*); overloaded, overladen (*a. fig.*); overelaborate (*style etc.*); ~ *de a.* in charge of; 2. *su./m:* *pol.* ~ *d'affaires* chargé d'affaires, ambassador's deputy; *univ.* ~ *de cours* reader, senior lecturer; **chargement** [ʃaʒəˈmã] *m* load; ⚓ lading, ⚓ cargo; ⚡ charging; **charger** [~ˈʒe] (1l) *v/t.* (*de*, with) load, burden (*a. fig*) charge (*a.* ✕, ⛴, ⚡); *entrust; post*: register; *thea.* overact; ✝ inflate (*an account*); ~ *q. de coups* drub s.o., belabo(u)r s.o.; *se* ~ become overcast (*sky*); become coated (*tongue*); *se* ~ *de* take care *or* charge of, see to; *se* ~ *de* (*inf.*) undertake to (*inf.*), take it upon o.s. to (*inf.*); **chargeur** [~ˈʒœːr] *m* loader, ⚓ shipper; stoker; ⚡ charger.

chariot [ʃaˈrjo] *m* waggon; cart, trolley; ⚓ cradle; ⊕ *crane:* crab; *typewriter:* carriage; *camera:* baseboard; *astr. le grand* ♋ Charles's Wain.

charitable [ʃariˈtabl] charitable (to, towards *envers*); **charité** [~ˈte] *f* charity, love; alms(-giving) *sg.*

charivari [ʃarivaˈri] *m* din, noise, hullabaloo.

charlatan *m*, **e** *f* [ʃarlaˈtã, ~ˈtan] charlatan, quack; **charlatanisme** [~taˈnism] charlatanism.

charlotte *cuis.* [ʃarˈlɔt] *f* apple charlotte; trifle.

charmant, e [ʃarˈmã, ~ˈmãːt] charming, delightful.

charme¹ ♃ [ʃarm] *m* hornbeam.

charme² [ʃarm] *m* charm (*a. fig.*); spell; **charmer** [ʃarˈme] (1a) *v/t.* charm (*a. fig.*); delight; **charmeur, -euse** [~ˈmœːr, ~ˈmøːz] 1. *adj.* charming; 2. *su.* charmer.

charmille [ʃarˈmiːj] *f* hedge; arbo(u)r.

charnel, -elle [ʃarˈnɛl] carnal;

sensual; **charnier** [~ˈnje] *m* charnel-house (*a. fig.*).

charnière [ʃarˈnjɛːr] *f* hinge; ⊕ ~ *universelle* univeral joint.

charnu, e [ʃarˈny] fleshy.

charogne [ʃaˈrɔɲ] *f* carrion; *sl.* woman: slut; man: scoundrel.

charpente [ʃarˈpãːt] *f* framework (*a. fig.*); timber-work, steel-work; *house, ship, etc.:* skeleton; **charpenter** [ʃarpãˈte] (1a) *v/t.* frame (*a. fig.*); **charpenterie** [~ˈtri] *f* carpentry; carpenter's (shop); timber-yard; **charpentier** [~ˈtje] *m* carpenter; ~ *de navires* shipwright.

charpie ✵ [ʃarˈpi] *f* lint. [wright.]

charrette [ʃaˈrɛt] *f* cartload; F *fig.* une ~ *de* loads of, piles of; **charretier** [~ˈtje] *m* carter; **charette** [ʃaˈrɛt] *f* cart; ~ *à bras* handcart, pushcart; barrow; **charriage** [~ˈrjaːʒ] *m* carriage; *sl.* swindling; exaggeration, chaffing; **charrier** [~ˈrje] (1o) *v/t.* cart, carry; *sl.* swindle; make fun of; *v/i.* exaggerate; *sans* ~ joking apart; **charroi** [~ˈrwa] *m* carriage, cartage; ✕ ✝ ~*s pl.* transport *sg.*; **charron** [~ˈrɔ̃] *m* wheelwright; cartwright; **charroyeur** [~rwaˈjœːr] *m* carter, carrier.

charrue [ʃaˈry] *f* plough, *Am.* plow; *fig.* mettre la ~ *devant les bœufs* put the cart before the horse.

charte [ʃart] *f* charter; deed; *hist. la Grande* ♌ Magna C(h)arta; *École f des* ~*s* School of Pal(a)eography; ~ *partie, pl.* ~*s-parties* [ʃartaparˈti] *f* charterparty.

chartreux, -euse [ʃarˈtrø, ~ˈtrøːz] 1. *adj.* Carthusian; 2. *su.* Carthusian; *su./f* Carthusian monastery; *liqueur:* Chartreuse.

chas [ʃa] *m* needle: eye.

chasse [ʃas] *f* hunt(ing); (*a.* ~ *au tir*) shooting; game, bag; shooting-season; hunting-ground; ⊕ *wheels:* play; ⊕ flush; *à courre* (stag-)hunting; *d'eau W.C.*: flush, lavatory chain.

châsse [ʃaːs] *f eccl.* reliquary, shrine; *spectacles:* frame; *sl.* ~*s pl.* eyes.

chasse-...: ~**-marée** [ʃasmaˈre] *m/inv.* fish-cart; coasting lugger; ~**-mouches** [~ˈmuʃ] *m/inv.* fly-swatter; *horse:* fly-net; ~**-neige** [~ˈnɛːʒ] *m/inv.* snow-plough, *Am.* snow-plow; *sp. ski:* stem; *virage m en* ~

stem-turn; **~-pierres** 🚂 [~'pjɛːr] *m/inv.* cow-catcher.

chasser [ʃaˈse] (1a) *v/t.* hunt, pursue; drive away *or* out; expel; drive (*a nail*); *v/i.* (*usu.* ~ *à courre*) hunt, go hunting (s.th., *à qch.*); drive; *mot.* skid; ⚓ drag; **chasseresse** *poet.* [ʃasˈrɛs] *f* huntress; **chasseur** [ʃaˈsœːr] *m* hunter; *hotel*: page-boy, *Am.* bell-hop; ✕ rifleman; ⚓ chaser; ✈ fighter; ~ *à réaction* jet fighter; **chasseuse** [~ˈsøːz] *f* huntress.   [bleary-eyed.)

chassieux, -euse [ʃaˈsjø, ~ˈsjøːz])

châssis [ʃaˈsi] *m* frame (*a. mot.,* 🚂); *mot.* chassis; window-sash; *paint.* stretcher; *trunk*: tray; ✕ slide; 🛒 under-carriage; ✈ forcing frame; *typ.* chase; *thea. scenery*: flat; *phot.* plate-holder; ✈ ~ *d'atterrissage* landing gear; **~-presse** *phot.* [~siˈpres] *m* printing-frame.

chaste [ʃast] chaste, pure; **chasteté** [~əˈte] *f* chastity, purity.

chasuble *eccl.* [ʃaˈzybl] *f* chasuble.

chat *zo.* [ʃa] *m* (tom-)cat; *le* ♀ *botté* Puss in Boots.

châtaigne [ʃaˈtɛɲ] *f* ♀ chestnut (*a. horse*); **châtaigneraie** [ʃatɛ-ɲəˈrɛ] *f* chestnut grove; **châtaignier** [~ˈɲje] *m* chestnut(-tree, -wood); **châtain, e** [ʃaˈtɛ̃, ~ˈtɛn] *adj., a. su./m* chestnut, brown.

château [ʃaˈto] *m* castle; manor, hall; palace; *fig.* ~ *de cartes* house of cards; ~ *d'eau* water-tower, 🚂 tank; *~x pl. en Espagne* castles in the air.

chateaubriand, châteaubriant *cuis.* [ʃatobriˈɑ̃] *m* grilled steak, *Am.* porter-house steak.

châtelain [ʃatˈlɛ̃] *m* castellan; lord (*of the manor*); **châtelaine** [~ˈlɛn] *f* chatelaine (*a. cost.*); lady (*of the manor*).

chat-huant, *pl.* **chats-huants** *orn.* [ʃaˈɥɑ̃] *m* tawny *or* brown owl.

châtier [ʃaˈtje] (1o) *v/t.* punish, chastise; *fig.* refine (*one's style*); ~ *l'insolence de q.* punish s.o. for his impudence.

chatière [ʃaˈtjɛːr] *f* cat-hole (*in a door*); cat-trap; ventilation hole; *fig.* secret entrance.

châtiment [ʃatiˈmɑ̃] *m* punishment.

chatoiement [ʃatwaˈmɑ̃] *m* sheen; sparkle; glistening.

chaton[1] [ʃaˈtɔ̃] *m* jewel: setting; jewel (*in setting*).

chaton[2] [~] *m zo.* kitten; ♀ catkin.

chatouillement [ʃatujˈmɑ̃] *m* tickle, tickling; **chatouiller** [ʃatuˈje] (1a) *v/t.* tickle (*a. fig.*); F thrash; **chatouilleux, -euse** [~ˈjø, ~ˈjøːz] ticklish; sensitive, touchy, sore (*point*); delicate (*question*).

chatoyer [ʃatwaˈje] (1h) *v/i.* shimmer; glisten; *soie f chatoyée* shot silk.

châtrer [ʃaˈtre] (1a) *v/t.* castrate, geld; ✂ prune.

chatte [ʃat] *f* (she-)cat; tabby; **chattemite** F [~ˈmit] *f* toady, sycophant; **chatterie** [ʃaˈtri] *f* wheedling; *~s pl.* dainties, goodies.

chatterton ⚡ [ʃatɛrˈtɔn] *m* insulating *or* adhesive tape.

chaud, e [ʃo, ʃoːd] **1.** *adj.* warm; hot; *fig.* ardent, keen; bitter (*tears*); *avoir ~* be *or* feel warm; be *or* feel hot; *il fait ~* it is warm *or* hot; *la donner ~e à q.* fill (s.o.) with dismay; *servir ~* serve up (*a dish*) hot; *tenir ~* keep warm; **2.** *chaud adv.* warm *etc.*; **3.** *su./m* heat, warmth; **chaudeau** *cuis.* [ʃoˈdo] *m* caudle, eggnog; **chaud-froid,** *pl.* **chauds-froids** *cuis.* [ʃoˈfrwa] *m* chaud-froid; ~ *de ...* cold jellied ...; **chaudière** ⊕ [ʃoˈdjɛːr] *f* boiler; *auxiliaire* donkey boiler; ~ *à vide* vacuum pan; **chaudron** [~ˈdrɔ̃] *m* ca(u)ldron; F old and tinny piano; **chaudronnier** [~droˈnje] *m* brazier; coppersmith; ironmonger.

chauffage [ʃoˈfaːʒ] *m* heating; warming; ~ *à distance* long-distance heating; ~ *au pétrole* oil heating; ~ *central* central heating; *bois m de ~* firewood; **chauffard** F [~ˈfaːr] *m* road hog; **chauffe** ⊕ [ʃoːf] *f* heating; stoking, firing; *metall.* firechamber; ⊕ *activer la ~* fire up.

chauffe...: ~-bain [ʃofˈbɛ̃] *m* geyser; **~-eau** [ʃoˈfo] *m/inv.* water-heater; **~-pieds** [ʃofˈpje] *m/inv.* foot-warmer; **~-plats** [~ˈpla] *m/inv.* dish-warmer, chafing-dish.

chauffer [ʃoˈfe] (1a) *v/t.* warm, heat; ⊕ stoke up (*a furnace*); *fig.* boost; *fig.* cram (s.o. *for an examination*); *sl.* pinch, steal; *v/i.* get warm *or* hot; ⊕ overheat (*bearings etc.*); ⊕ get up steam (*engine*); ~ *au pétrole* burn oil; *sl. se faire ~* get pinched (= *arrested*); **chaufferette** [~ˈfrɛt] *f* foot-warmer; dish-warmer; *mot.* heater; **chaufferie** [~ˈfri] *f metall.* reheating furnace;

cher

forge; ⚓ stokehold; **chauffeur, -euse** [ʃoˈfœːr, ~ˈføːz] su. mot. driver; su./m mot. chauffeur; ⚓ stoker; su./f mot. chauffeuse; fireside chair; **chauffoir** [~ˈfwaːr] m warm-room.

chaufour [ʃoˈfuːr] m lime-kiln.

chauler 🜚 [ʃoˈle] (1a) v/t. lime (the soil); lime-wash.

chaume [ʃoːm] m haulm; roof: thatch; stubble; **chaumière** [~ˈmjɛːr] f thatched cottage; **chaumine** poet. [~ˈmin] f cot.

chausse [ʃoːs] f wine strainer; † ~s pl. breeches; **chaussée** [ʃoˈse] f roadway; road; causeway; geog. reef; **chausse-pied** [ʃosˈpje] m shoehorn; **chausser** [ʃoˈse] (1a) v/t. put on (shoes etc.); put shoes on (s.o.); fit (shoe); ~ bien (large) be well-(large-)fitting; ~ du 40 take size 40 (in shoes); se ~ put on (one's) shoes; **chausse-trape** [ʃosˈtrap] f hunt. trap (a. fig.); fig. trick; ♀ starthistle; **chaussette** [ʃoˈsɛt] f sock; **chausson** [~ˈsɔ̃] m slipper; ballet shoe; boxing shoe; fencing shoe; gym shoe; **chaussure** [~ˈsyːr] f shoe, boot.

chauve [ʃoːv] 1. adj. bald; 2. su. bald person; **~-souris**, pl. **~s-souris** zo. [ʃovsuˈri] f bat.

chauvin, e [ʃoˈvɛ̃, ~ˈvin] 1. adj. jingoistic, chauvinist(ic); 2. su. chauvinist warmonger; **chauvinisme** [~viˈnism] m jingoism, chauvinism, F flag-waving.

chaux [ʃo] f lime; ~ éteinte slaked lime; ~ vive quicklime; blanchir à la ~ whitewash, limewash.

chavirer ⚓ [ʃaviˈre] (1a) v/t./i. capsize; upset.

chef [ʃɛf] m head, principal; chief, chieftain; master; leader; cuis. ~ de cuisine) chef (= male head cook); ♪ conductor; fig. heading; 🜚 count; fig. authority; ⊕ ~ d'atelier shop foreman; ~ de bande ringleader; ✕ ~ de bataillon major; ~ de bureau (comptabilité) chief or head clerk (accountant); sp.~ d'équipe team leader, captain; ~ d'État chief of State; 🜚 ~ de gare station master; ✝ ~ de rayon, ~ de service departmental manager or head, floor manager; 🜚 ~ de train guard, Am. conductor; au premier ~ in the highest degree; en the first place; de mon ~ for myself; on my own authority; ... en ~ ... in chief; ~

d'œuvre, pl. ~s-d'œuvre [ʃɛˈdœːvr] m masterpiece; **~-lieu**, pl. **~s-lieux** [ʃɛfˈljø] m chief town; county town, Am. county seat.

cheftaine [ʃɛfˈtɛn] f scout-mistress.

chemin [ʃəˈmɛ̃] m way; road; path; eccl. ~ de croix Way of the Cross; ~ de fer railway, Am. railroad; ~ de table (table)runner; ~ faisant on the way; faire son ~ make one's way; fig. get on well; **chemineau** [ʃəmiˈno] m tramp, Am. hobo; **cheminée** [~ˈne] f chimney; ⚓ funnel; smoke-stack; ⚓ stack; fireplace; mantelpiece; **cheminer** [~ˈne] (1a) v/i. tramp, plod on; **cheminot** 🜚 [~ˈno] m railwayman; platelayer.

chemise [ʃəˈmiːz] f shirt (of men); chemise (of women); book: wrapper; folder (for papers); ⊕ boiler etc.: jacket; ⊕ ~ d'eau water jacket; **chemiserie** [~mizˈri] f shirt-making; shirt shop; shirt factory; haberdashery; **chemisette** cost. [ʃəmiˈzɛt] f jumper; chemisette (of women); **chemisier, -ère** [~ˈzje, ~ˈzjɛːr] su. shirt-maker; shirt-seller; haberdasher; su./m shirt-blouse; jumper.

chênaie [ʃɛˈnɛ] f oak-grove.

chenal [ʃəˈnal] m channel, fairway; ⊕ mill-race.

chenapan [ʃənaˈpɑ̃] m scoundrel.

chêne ♀ [ʃɛːn] m oak.

chéneau [ʃeˈno] m △ eaves: gutter; mot. drip-mo(u)lding.

chêne-liège, pl. **chênes-lièges** [ʃɛnˈljɛːʒ] m cork-tree, cork-oak.

chènevière [ʃɛnˈvjɛːr] f hemp-field; **chènevis** [~ˈvi] m hemp-seed.

chenil [ʃəˈni] m dog-kennel (a. fig.).

chenille [ʃəˈniːj] f caterpillar; caterpillar tractor; track; tex. chenille.

chenu, e [ʃəˈny] hoary (hair); snowy (mountain).

cheptel [ʃɛpˈtɛl] m (live-)stock; ~ mort implements pl. and buildings pl.

chèque ✝ [ʃɛk] m cheque, Am. check; ~ barré crossed cheque; ~ de voyage traveller's cheque; ~ sans provision cheque without cover; formulaire m de ~ blank cheque; **chéquier** [ʃeˈkje] m cheque book, Am. checkbook.

cher, chère [ʃɛːr] 1. adj. dear, beloved; expensive; la vie f chère high

prices *pl.*; *moins* ∼ cheaper; *peu* ∼
cheap; **2.** *su./m:* mon ∼ my dear
friend; *su./f:* ma chère my dear; **3.**
cher adv. dear(ly); *acheter* ∼ buy at a
high price; *coûter* ∼ be expensive;
payer ∼ pay a high price for (*s.th.*);
fig. smart *or* pay for; *vendre* ∼ sell
dear.

chercher [ʃɛr¹ʃe] (1a) *v/t.* look for,
seek; search; try; *aller* ∼ fetch, get;
envoyer ∼ send for; *venir* ∼ call for,
fetch; F ça va ∼ *dans les* ... that'll add
up to about ...; **chercheur, -euse**
[∼¹ʃœːr, ∼¹ʃøːz] **1.** *adj.* enquiring; **2.**
su. seeker; investigator; researcher;
su./m finder; detector; *radio:* cat's-
whisker.

chère [ʃɛːr] *f:* (la) bonne ∼ good
food.

chéri, e [ʃe¹ri] **1.** *adj.* dear, cherished;
2. *su.* darling, dear(est); **chérir**
[∼¹riːr] (2a) *v/t.* cherish, love dearly;
chérot *sl.* [ʃe¹ro] (too) expensive,
Brit. F pricey; **cherté** [ʃɛr¹te] *f* dear-
ness; high price; high prices *pl.*; *la* ∼
de la vie the high cost of living.

chérubin [ʃery¹bɛ̃] *m* cherub.

chétif, -ve [ʃe¹tif, ∼¹tiːv] puny,
weak; paltry (*reason*); wretched,
pitiful, miserable.

cheval [ʃə¹val] *m* horse; *mot.* horse-
power; *sp.* ∼ *de bois* vaulting
horse; ∼ *de course* race-horse; ✗ ∼
de frise cheval de frise; ∼ *entier*
stallion; *chevaux pl. de bois* merry-
go-round *sg.*; *aller à* ∼ ride, go on
horseback; *être à* ∼ *sur* straddle
(*s.th.*); F be well up in; F be a
stickler for (*etiquette*); **chevalement** [∼val¹mã] *m* ⚒ pit-head
frame; ⚒ *walls:* shoring; **chevaler**
[∼va¹le] (1a) *v/t.* ⚒ shore up; ⊕
put (*s.th.*) on a trestle; **chevaleresque** [∼val¹rɛsk] chivalrous;
knightly; **chevalerie** [∼¹ri] *f* chiv-
alry; knighthood; chivalrousness;
chevalet [ʃəva¹lɛ] *m* trestle; ♪ violin *etc.*: bridge; ⊕, *a.* billiards: rest;
paint. easel; ⊕ saw-horse; **chevalier** [∼¹lje] *m* knight; *fig.* ∼ *d'industrie* sharper, swindler; *faire q.* ∼
knight *s.o.*; **chevalière** [∼¹ljɛːr] *f*
signet-ring; **chevalin, e** [∼¹lɛ̃, ∼¹lin]
equine; **cheval-vapeur**, *pl.* **chevaux-vapeur** [ʃəvalva¹pœːr,
∼vova¹pœːr] *m* horse-power; **chevaucher** [∼vo¹ʃe] (1a) *v/i.* ride on
horseback; sit astride; overlap; *v/t.*

ride on; sit astride; *bridge:* span
(*a river*).

chevelu, e [ʃə¹vly] long-haired; *cuir*
m ∼ scalp; **chevelure** [∼¹vlyːr] *f*
(head of) hair; *comet:* tail.

chevet [ʃə¹vɛ] *m* bed-head; bolster;
⚖ *church:* chevet, apse; *fig.* bedside (*of a sick person*); *lampe f de* ∼
bedside lamp; *livre m de* ∼ bedside
book, *fig.* favo(u)rite reading.

chevêtre [ʃə¹vɛːtr] *m* ⚕ (jaw-)band-
age; ⚒ trimmer beam.

cheveu [ʃə¹vø] *m* (single) hair; ∼*x pl.*
hair *sg.*; ∼*x pl. à la Jeanne d'Arc* bobbed hair (with fringe); ∼*x pl.* en brosse
crewcut; *sl.* avoir mal aux ∼*x* have a
hang-over; *fig.* couper les ∼*x* en quatre
split hairs; *de l'épaisseur d'un* ∼ by a
hair's breadth; F se prendre aux ∼*x*
have a real set-to; tiré par les ∼*x*
farfetched; *voilà le* ∼! that's the snag!

cheville [ʃə¹viːj] *f* peg (*a.* violin),
(*a.* ⊕); ⊕ bolt; *fig.* padding, *anat.*
ankle; ∼ *ouvrière* king-pin, *fig.* mainspring; **cheviller** [∼¹je] (1a) *v/t.*
pin, peg, bolt; plug; *fig.* pad.

cheviotte *tex.* [ʃə¹vjɔt] *f* wool, cloth:
cheviot.

chèvre [ʃɛːvr] *f* zo. (she-)goat; ⊕, ⚒
derrick; ⊕ trestle; **chevreau** zo.
[ʃə¹vro] *m* kid; de (*or* en) ∼ kid-...;
chèvrefeuille ♣ [ʃɛvrə¹fœːj] *m*
honeysuckle; **chevrette** [ʃə¹vrɛt] *f*
zo. kid; roe-doe; ⊕ trivet; F shrimp,
prawn; **chevreuil** [∼¹vrœːj] *m*
roebuck; roe-deer; *cuis.* venison;
chevrier [∼¹vrje] *m* goatherd; **che-
vrière** [∼¹vrjɛːr] *f* goat-girl; **chevron** [∼¹vrɔ̃] *m* ⚖ rafter; ✗ chevron,
stripe; **chevronné, e** [∼¹ne] experienced, practised, seasoned; veteran ...; **chevrotement** [ʃəvrɔt¹mã]
m quavering; **chevroter** [ʃəvrɔ¹te]
(1a) *v/i.* quaver, quiver, tremble
(*voice*); bleat (*goat*); **chevrotine**
[∼¹tin] *f* buckshot.

chez [ʃe] *prp.* direction: to; *place:* at
(*s.o.'s house or shop*); with (*my aunt*);
in (*a. fig.*); *post:* care of, *abbr. c/o*; *fig.*
among (*the English*); ∼ nous in our
country; ∼ Zola in (the works of)
Zola; *être* (aller) ∼ soi be at (go)
home; *être* (aller) ∼ le docteur be at (go
to) the doctor's; *faire comme* ∼ soi
make o.s. at home; *de* ∼ *q.* from s.o.'s
(house); *de* ∼ soi from home; ∼**-moi**
(*etc.*) [∼¹mwa] *m/inv.:* mon ∼ my
home.

chialer sl. [ʃjaˈle] (1a) v/i. snivel.

chiasse [ʃjas] f fly etc.: dirt; sl. drag; sl. avoir la ~ have the runs; be in a blue funk.

chic [ʃik] **1.** su./m chic, smartness, style; fig. knack; **2.** adj. smart, stylish; F first-rate, F posh, classy; F decent (fellow); des robes f/pl. chics smart robes.

chicane [ʃiˈkan] f quibbling; chicanery; ⊕ baffle(-plate); ✗ zigzag trench; **chicaner** [ʃikaˈne] (1a) v/i. quibble, cavil; wrangle with (s.o.); haggle over (s.th.); **chicaneur, -euse** [~ˈnœːr, ~ˈnøːz] **1.** adj. argumentative; quibbling; **2.** su. quibbler, haggler; litigious person; **chicanier, -ère** [~ˈnje, ~ˈnjɛːr] **1.** adj. litigious; quibbling; haggling; **2.** su. litigious person; ♯♯ barrator.

chiche [ʃiʃ] **1.** adj. scanty; niggardly, mean (person); **2.** su./m ♀ (a. pois m ~) chick-pea.

chichis F [ʃiˈʃi] m/pl. frills (a. fig.); fig. affected manners; faire des ~ put on airs; make a fuss; create difficulties.

chicorée ♀ [ʃikɔˈre] f chicory; endive (a. salad etc.).

chicot [ʃiˈko] m tooth, tree: stump.

chicotin [ʃikɔˈtɛ̃] m aloes pl.; amer comme ~ as bitter as gall.

chien [ʃjɛ̃] m dog; gun: hammer, cock; ~ d'aveugle guide dog; ~ de chasse hound; entre ~ et loup in the twilight; ~ méchant! beware of the dog!; **chiendent** [~ˈdɑ̃] m couchgrass; **chienloup,** pl. **chiensloups** zo. [~ˈlu] m Alsatian, wolfhound; **chienne** [ʃjɛn] f (female) dog; bitch.

chier V [ʃje] (1o) v/i. shit.

chiffe [ʃif] f rag; fig. weakling; **chiffon** [ʃiˈfɔ̃] m rag; frippery; scrap; tex. chiffon; F parler ~s talk dress; **chiffonner** [ʃifɔˈne] (1a) v/t. ruffle, crumple; fig. sully; fig. irritate, provoke; v/i. pick rags; rake through or round or do some dressmaking; **chiffonnier, -ère** [~ˈnje, ~ˈnjɛːr] su. rag-picker; dustbin-raker; su./m bureau, chest of drawers.

chiffre [ʃifr] m figure, number, numeral; cipher, code; amount, total; mark; monogram; ~ d'affaires turnover; ~ repère reference number; **chiffrer** [ʃiˈfre] (1a) v/i. calculate; v/t. number; work out, express in figures; ♪ figure; write in cipher or code, encipher, encode; **chiffreur** [~ˈfrœːr] m reckoner; cipherer.

chignole [ʃiˈɲɔl] f ⊕ hand-drill; F jalopy.

chignon [ʃiˈɲɔ̃] m bun, chignon; coil of hair.

chilien, -enne [ʃiˈljɛ̃, ~ˈljɛn] adj., a. su. ♀ Chilean.

chimère [ʃiˈmɛːr] f chimera; **chimérique** [~meˈrik] visionary.

chimie [ʃiˈmi] f chemistry; **chimique** [~ˈmik] chemical; **chimiste** [~ˈmist] su. chemist (not pharmacist).

chimpanzé zo. [ʃɛ̃pɑ̃ˈze] m chimpanzee.

chiner[1] tex. [ʃiˈne] (1a) v/t. shadow (a fabric).

chiner[2] F [~] (1a) v/t. make fun of, kid, rag.

chinois, e [ʃiˈnwa, ~ˈnwaːz] **1.** adj. Chinese; **2.** su./m ling. Chinese; ♀ Chinaman; les ♀ m/pl. the Chinese; su./f ♀e Chinese woman; **chinoiserie** [~nwazˈri] f Chinese curio; F trick; ~s pl. administratives red tape sg.

chiper sl. [ʃiˈpe] (1a) v/t. pinch; swipe; tennis: poach (a ball).

chipie F [ʃiˈpi] f sour woman; shrew.

chipoter F [ʃipɔˈte] (1a) v/i. nibble at one's food; haggle, quibble; waste time.

chique [ʃik] f zo. chigger, jigger; tobacco: quid.

chiqué sl. [ʃiˈke] m fake, pretence.

chiquenaude [ʃikˈnoːd] f flick (of the finger).

chiquer [ʃiˈke] (1m) v/t. chew (tobacco); v/i. chew (tobacco).

chiragre ♯ [kiˈragr] f gout in the hand; **chiromancie** [kirɔmɑ̃ˈsi] f palmistry; **chiromancien** m, -enne f [~ˈsjɛ̃, ~ˈsjɛn] palmist.

chirurgical, e, m/pl. **-aux** [ʃiryrʒiˈkal, ~ˈko] surgical; **chirurgie** [~ˈʒi] f surgery; **chirurgien** [~ˈʒjɛ̃] m surgeon.

chlorate ♠ [klɔˈrat] m chlorate; **chlore** [klɔːr] m ♠ chlorine; sl. calcium chloride; **chlorhydrique** [klɔriˈdrik] ♠ adj.: acide m ~ hydrochloric acid, F spirits pl. of salt; **chloroforme** ♠, ♯ [~rɔˈform] m chloroform; **chlorose** [~ˈroːz] f ♯, ♀ chlorosis; ♀ a. etiolation; **chlorotique** ♯ [~rɔˈtik] chlorotic;

chlorure 🜇 [\~'ry:r] m chloride; ~ d'ammonium sal-ammoniac; ~ de chaux bleaching powder.

choc [ʃɔk] m shock; collision, crash; impact; de ~ shock-...

chocolat [ʃɔkɔ'la] 1. su./m chocolate; ~ à craquer plain chocolate; 2. adj./inv. chocolate; **chocolatier, -ère** [\~la'tje, \~'tjɛːr] 1. adj. chocolate; 2. su. chocolate-maker, chocolate-seller; su./f chocolate-pot.

chœur [kœːr] m 🏛️, eccl. choir, 🔺 chancel; ♩, thea., etc. chorus.

choir [ʃwaːr] (3d) v/i. fall.

choisi, e [ʃwa'zi] chosen, appointed (party leader etc.); **choisir** [\~'ziːr] (2a) v/t. choose, pick (from entre, parmi); sp. toss for (sides); **choix** [ʃwa] m choice, option; selection; au ~ as you wish; ✝ all one price; de ~ choice, fig. picked (man); ✝ de premier ~ best quality..., prime (meat).

chômage [ʃo'maːʒ] m unemployment; stoppage; ⊕ shut-down; ⚡ (power) cut; F dole; en ~ out of work; en ~ partiel on part-time, on short work; **chômer** [\~'me] (1a) v/i. take a day off; be idle; be unemployed; jour m chômé day off; **chômeur m, -euse** f [\~'mœːr, \~'møːz] unemployed worker; les ~s m/pl. the unemployed.

chope [ʃɔp] f tankard.

choper [ʃɔ'pe] (1a) v/t. pinch (= steal, a. = arrest); **chopine** [ʃɔ'pin] f half-litre mug; ⊕ pump: plunger; **chopiner** F [\~pi'ne] (1a) v/i. booze.

chopper [ʃɔ'pe] (1a) v/i. trip, stumble.

choquant, e [ʃɔ'kɑ̃, \~'kɑ̃t] shocking, offensive; gross; **choquer** [\~'ke] (1m) v/t. shock; offend; bump against; clink (glasses); se ~ come into collision (with, contre); be shocked; take offence (at, de).

choral, e, m/pl. **-als, -aux** [kɔ'ral, \~'ro] 1. adj. choral; 2. su./m chorale; su./f choral society.

chorégraphie [kɔregra'fi] f choreography.

choriste [kɔ'rist] m eccl. chorister; opera: chorus-singer; **chorus** [\~'rys] m chorus; faire ~ chorus one's agreement; echo; repeat in chorus.

chose [ʃoːz] 1. su./f thing; matter, affair; property; ~ en question case in point; 🜇 ~ jugée res judicata; ~

publique State; autre ~ something else; grand-~ much; peu de ~ not much, very little; quelque ~ something; quelque ~ de bon (nouveau) something good (new); su./m what's-its (his, her)-name, thingumajig; monsieur ♀ Mr. What's-his-name; 2. adj./inv. F: tout ~ queer, out-of-sorts.

chou, -x [ʃu] m cabbage; fig. cabbage-bow; rosette; ~x pl. de Bruxelles Brussels sprouts; ~ à la crème cream puff; ~ frisé kale; être bête comme ~ be idiotic; be simplicity itself; pej. feuille f de ~ rag, gutter paper (= newspaper of no standing); mon ~! (my) dear!; darling!

choucas orn. [ʃu'ka] m jackdaw.

chouchou m, -oute f F [ʃu'ʃu, \~'ʃut] darling, pet; **chouchouter** [\~ʃu'te] (1a) v/t. pamper, pet.

choucroute cuis. [ʃu'krut] f sauerkraut.

chouette [ʃwɛt] 1. su./f orn. owl; 2. F adj., a. int. fine, splendid.

chou...: ~-fleur, pl. ~x-fleurs [ʃu-'flœːr] m cauliflower; ~-navet, pl. ~x-navets [\~na've] m swede; ~-palmiste, pl. ~x-palmistes [\~pal-'mist] m palm-cabbage; ~-rave, pl. ~x-raves [\~'raːv] m kohlrabi.

choyer [ʃwa'je] (1h) v/t. fondle, pet; fig. cherish.

chrétien, -enne [kre'tjɛ̃, \~'tjɛn] 1. adj. Christian; 2. su. Christian; su./m fig. good citizen; **chrétienté** [\~tjɛ̃'te] f Christendom.

Christ [krist] m (Jesus) Christ; ♀ crucifix; **christianiser** [kristjani-'ze] (1a) v/t. christianize; **christianisme** [\~'nism] m Christianity.

chrome [kroːm] m 🜍 chromium; ✝ chrome; **chromo** F [krɔ'mo] m colo(u)r-print.

chromo... [krɔmo] chromo..., colo(u)r-...

chronique [krɔ'nik] 1. adj. 🜍 chronic; 2. su./f chronicle; journ. report, news sg.; **chroniqueur** m, -euse f [\~ni'kœːr, \~'køːz] chronicler; journ. reporter; par-writer; paragrapher.

chrono... [krɔnɔ] chrono...; ~graphe [\~'graf] m stop-watch; phys. chronograph; ~logie [\~lɔ'ʒi] f chronology; ~logique [\~lɔ'ʒik] chronological; ~mètre [\~'mɛtr] m chronometer; *sp.* ~ *à déclic* stop-watch; **~métrer** *sp.* [~me'tre] (1f) *v/t.* time; **~métreur** [~me'trœ:r] *m sp.*, *a.* ⊕ time-keeper; **~métrie** [~me'tri] *f* chronometry, time-measurement.

chrysalide *zo.* [kriza'lid] *f* chrysalis, pupa; **chrysanthème** ♀ [~zɑ̃'tɛm] *m* chrysanthemum.

chuchoter [ʃyʃɔ'te] (1a) *vt/i.* whisper; **chuchoterie** [~'tri] *f* whispering.

chut! [ʃyt] *int.* ssh!; hush!

chute [ʃyt] *f* fall; spill; *fig.* downfall, overthrow, ruin; ⊕, ✗ shoot; *geog.* falls *pl.*; ~ *d'eau* waterfall; ♣ ~ *des reins* small of the back; *anat.* ~ *du jour* nightfall; *faire une* ~ (have a) fall.

chuter[1] [ʃy'te] (1a) *v/t.* hush; *thea.* hiss; *v/i.* say hush.

chuter[2] [~] (1a) *v/i.* fall; decrease, diminish; *thea.* (be a) flop; ~ *de deux levées cards:* be two tricks down.

ci [si] **1.** *adv.* here; *cet homme-*~ this man; **2.** *dem./pron. see ceci; comme* ~ *comme ça* so so; **~-après** [~a'prɛ] *adv.* below.

cibiche *sl.* [si'biʃ] *f* cig, *Br.* fag (= *cigarette*).

cible [sibl] *f* target (*a. fig.*); ✝ *etc.* target group.

ciboire *eccl.* [si'bwa:r] *m* ciborium.

ciboule ♀ [si'bul] *f* Welsh onion; **ciboulette** ♀ [sibu'lɛt] *f* chive; **ci-boulot** *sl.* [~'lo] *m* nut (= *head*).

cicatrice [sika'tris] *f* scar; **cicatriser** [~tri'ze] (1a) *v/t.* heal; *se* ~ heal (up), scar over.

ci...: **~-contre** [si'kõ:tr] *adv.* opposite; **~-dessous** [~'dsu] *adv.* below, hereunder; ⚹ hereinafter; **~-dessus** [~'dsy] *adv.* above(-mentioned); hereinbefore; **~-devant** [~'dvɑ̃] **1.** *adv.* formerly, previously; **2.** *su./ inv.* aristocrat; *F* old fogey.

cidre [sidr] *m* cider.

ciel [sjɛl] **1.** *su./m* (*pl.* **cieux**) [sjø] sky, heaven; ⚹ (*pl.* **ciels** [sjɛl]) (bed-)tester; ♀, ✗ roof; (*pl.* **ciels** or **cieux**) climate, sky; **2.** *int.* good heavens! [taper.]

cierge *eccl.* [sjɛrʒ] *m* (wax) candle,

cigale *zo.* [si'gal] *f* cicada.

cigare [si'ga:r] *m* cigar; **cigarette** [~ga'rɛt] *f* cigarette; **cigarière** [~ga'rjɛ:r] *f* cigar-maker.

cigogne [si'gɔɲ] *f orn.* stork; ⊕ crank(-lever).

ciguë ♀, ✗ [si'gy] *f* hemlock.

ci-inclus, e [sič'kly, ~'kly:z], **ci-joint, e** [~'ʒwĕ, ~'ʒwĕ:t] **1.** *adj.* enclosed, sub-joined (*letter, copy*); **2.** *ci-inclus, ci-joint adv.* herewith; ~ *la lettre* herewith the letter.

cil [sil] *m* (eye)lash.

cilice [si'lis] *m* hair-shirt.

cilié, e ♀ [si'lje] ciliate; **ciller** [~'je] (1a) *v/t.* blink (*one's eyes, les yeux*).

cime [sim] *f* top, summit; *mountain:* peak.

ciment [si'mɑ̃] *m* cement; ~ *armé* reinforced concrete; **cimenter** [simɑ̃'te] (1a) *v/t.* cement (*a. fig.*); **cimenterie** [~'tri] *f* cement works *usu. sg.*; **cimentier** [~'tje] *m* cement-maker; cement-worker.

cimeterre [sim'tɛ:r] *m* scimitar.

cimetière [sim'tjɛ:r] *m* cemetery, graveyard; *mot.* ~ *de voitures* scrapyard.

cimier [si'mje] *m* helmet, *a.* ⌀: crest; *venison:* haunch.

cinabre [si'na:br] *m* cinnabar; *paint.* vermilion.

ciné *F* [si'ne] *m* cinema, *F* films *pl.*, *Am.* movies *pl.*; **cinéaste** [~'ast] *m* cinematographer; film-producer; scenario-writer; **ciné-caméra** [~kame'ra] *f* cine-camera; **ciné-club** [~'klœb] *m* filmclub; **ciné-journal** [~ʒur'nal] *m* news-reel; **cinéma** [~'ma] *m* cinema; *F* films *pl.*, pictures *pl.*, *Am.* movies *pl.*; *F fig.* playacting, act, show; *F parlant F* talkie; **cinémathèque** [sinema'tɛk] *f* film-library; **cinématique** *phys.* [~'tik] **1.** *adj.* kinematic; **2.** *su./f* kinematics *pl.*; **cinématographe** [~tɔ'graf] *m* cinematograph, *F* cinema; **cinématographier** [~tɔgra'fje] (1o) *v/t.* film; **cinématographique** [~tɔgra'fik] cinematographic; film-...; **cinéphile** [~fil] *su.* film enthusiast.

cinéraire [sine'rɛ:r] **1.** *adj.* cinerary; **2.** *su./f* ♀ cineraria.

ciné-roman [sinerɔ'mɑ̃] *m* film story.

cinétique *phys.* [sine'tik] **1.** *adj.* kinetic; **2.** *su./f* kinetics *pl.*

cingalais, e [sēga'lɛ, ~'lɛ:z] *adj.*, *a. su.* ⩕ Cingalese.

cinglant, e [sē'glɑ̃, ~'glɑ̃:t] lashing (*rain*); bitter, biting (*cold, wind, etc.*);

fig. scathing; **cinglé, e** F [~'gle] **1.** *adj.* nutty, nuts (= *mad*); **2.** *su.* crackpot; **cingler** [~'gle] (1a) *v/t.* lash; ♫ *v/i.* sail; scud along; steer a course.

cinq [sɛ̃:k; *before consonant* sɛ̃] *adj./num., a. su./m/inv.* five; *date, title:* fifth; **cinquantaine** [sɛ̃kɑ̃'tɛn] *f* (about) fifty; *la* ~ the age of fifty, the fifties *pl.*; **cinquante** [~'kɑ̃:t] *adj./num., a. su./m/inv.* fifty; **cin-quantième** [~kɑ̃'tjɛm] *adj./num., a. su.* fiftieth; **cinquième** [~'kjɛm] **1.** *adj./num.* fifth; **2.** *su.* fifth; *su./m* fraction: fifth; fifth, *Am.* sixth floor; *su./f* secondary school: (*approx.*) second form.

cintre [sɛ̃:tr] *m* △ arch, curve, bend; coat *or* clothes hanger; *thea.* ~s *pl.* flies; **cintré, e** [sɛ̃'tre] arched, curved; *cost.* waisted; F nutty, nuts (= *mad*); **cintrer** ⊕ [~] (1a) *v/t.* bend, curve; arch.

cirage [si'ra:ʒ] *m* waxing, polishing; *boot, shoe, floor, etc.*: polish; **circon...** [sirkɔ̃] circum...; **~cire** [~'si:r] (4e) *v/t.* circumcise; ring (*a tree*); **~cis, e** [~'si, ~'si:z] *p.p.* of *circoncire*; **~cision** [~si'zjɔ̃] *f* circumcision; *tree:* ringing; **~férence** [~fe'rɑ̃:s] *f* circumference; perimeter; *tree:* girth; **~flexe** *gramm.* [~'flɛks] circumflex; **accent** *m* ~ circumflex (accent); **~locution** [~lɔky'sjɔ̃] *f* circumlocution; **~scription** [~skrip'sjɔ̃] *f* ⱥ circumscribing; *admin.* division, district; ~ **électorale** electoral district *or* ward; constituency; **~scrire** [~skri:r] (4e) *v/t.* ⱥ circumscribe (*a. fig.*); *fig.* limit; ⚡ locate (*a fault*); **~spect, e** [~'pɛ, ~s'pɛkt] guarded, circumspect; **~spection** [~spɛk'sjɔ̃] *f* caution, circumspection; **~stance** [~s'tɑ̃:s] *f* circumstance; event; ~s *pl.* **atté-nuantes** attenuating circumstances; ⚄ ~s *pl.* **et dépendances** *f/pl.* appurtenances; **de** ~ occasional; temporary; special; **~stancié, e** [~stɑ̃'sje] detailed; **~stanciel, -elle** [~stɑ̃'sjɛl] due to circumstances; *gramm.* adverbial (*complement*); **~venir** [~v'ni:r] (2h) *v/t.* circumvent; outwit (*s.o.*); † impose on (*s.o.*); **~vention** † [~vɑ̃'sjɔ̃] *f* imposture; fraud; **~volution** △, *anat.* [~vɔly'sjɔ̃] *f* convolution.

circuit [sir'kɥi] *m* circuit; circuitous

route, roundabout way; circumference; ⚡ **mettre en** ~ connect up; ⚡ **mettre en court** ~ short-circuit; **ouvrir (fermer) le** ~ switch on (off); ~ **imprimé** printed circuit; ⚡ ~ **intégré** integrated circuit.

circulaire [sirky'lɛ:r] *adj., a. su./f* circular; **circulation** [~la'sjɔ̃] *f* air, bank-notes, blood, information, etc.: circulation; ✝, *bank-notes etc.*: currency; traffic; ⚙ running; ~ **interdite** no thoroughfare; **circulatoire** *physiol.* [~la'twa:r] circulatory; *appareil m* ~ circulatory system; **circuler** [~'le] (1a) *v/i.* circulate, flow; ✝ turn over; ⚙ run (*train*); **circulez!** move along!; pass along!

circumnavigation [sirkɔmnaviga-'sjɔ̃] *f* circumnavigation.

cire [si:r] *f* wax; *eccl.* taper; ~ **à cacheter,** ~ **d'Espagne** sealing-wax; ~ **à parquet** floor-polish; ~ **d'abeilles** beeswax; **ciré, e** [si're] **1.** *adj.* waxed, polished; *toile f* ~*e* oilcloth, American cloth; **2.** *su./m* oilskin *pl.*; **cirer** [~'re] (1a) *v/t.* wax; polish; **cireur, -euse** [~'rœ:r, ~'rø:z] *su.* polisher; (~ **de chaussures**) shoeblack, *Am.* shoeshine boy; *su./f machine:* waxer, polisher; **cirier, -ère** [~'rje, ~'rjɛ:r] **1.** *adj.* wax...; **2.** *su./m* wax-chandler; ⚘ candleberry-tree, *Am.* bayberry.

ciron *zo.* [si'rɔ̃] *m* mite.

cirque [sirk] *m* circus; amphitheatre; *geogr.* cirque (*of mountains*).

cirrhose ⚕ [si'ro:z] *f* cirrhosis.

cirrus *meteor.* [si'rrys] *m* cirrus.

cisaille [si'za:j] *f metal:* clippings *pl.*; ⊕ shearing machine; ⊕ guillotine; ~s *pl.* shears; wire-cutter *sg.*; ~s *pl. à haies* hedge-shears, hedge-clippers; **cisailler** [~za'je] (1a) *v/t.* clip; cut; shear (*metal*); *fig.* discredit; cripple (*s.o.'s career*); **ciseau** [~'zo] *m* chisel; ~x *pl.* scissors; ✂ shears; **ciseler** [siz'le] (1d) *v/t.* chisel; cut; chase (*silver*); tool (*leather*); *fig.* polish (*one's style*); **ciselet** ⊕ [~'lɛ] *m* small chisel; chasing tool; **ciseleur** [~'lœ:r] *m* chiseler; engraver; chaser; tooler; **ciselure** [~'ly:r] *f* chiseling; chasing; tooling; **cisoires** [si'zwa:r] *f/pl.* bench-shears.

citadelle ⚔ [sita'dɛl] *f* citadel, stronghold; **citadin, e** [~'dɛ̃, ~'din] *su.* citizen; *su./m* townsman; *su./f* townswoman.

citation [sita'sjɔ̃] *f* quotation; ⚔

mention in dispatches; ⚖ summons *sg.*; ⚖ subpoena (*of a witness*).

cité [si'te] *f* city; (large) town; housing estate; *la* ♀ *London*: the City; *Paris*: the Cité; ~ *du Vatican* Vatican City; ~ *lacustre* lakedwelling; ~ *universitaire* students' residential blocks *pl.*; *droit de* ~ freedom of the city; *fig. avoir droit de* ~ be accepted; be established; **~-dortoir**, *pl.* **~s-dortoirs** [~dɔrt'wa:r] *f* dormitory town; **~-jardin**, *pl.* **~s-jardins** [~teʒar'dɛ̃] *f* gardencity.

citer [si'te] (1a) *v/t.* quote, cite; ✕ mention in dispatches; ⚖ summon; ⚖ subpoena (*a witness*).

citerne [si'tɛrn] *f* cistern, tank; 🚃 tank-car.

cithare ♪ [si'ta:r] *f* zither; **cithariste** ♪ [~ta'rist] *su.* zither-player.

citoyen *m*, **-enne** *f* [sitwa'jɛ̃, ~'jɛn] citizen.

citrin, e [si'trɛ̃, ~'trin] lemon-yellow; **citrique** 🜔 [~'trik] citric; **citron** [~'trɔ̃] **1.** *su./m* ♀ lemon, citron, lime; F nut (= *head*); ~ *pressé* lemon squash; **2.** *adj./inv.* lemon(-colo[u]red); **citronnade** [sitrɔ'nad] *f* lemonade; **citronnier** [~'nje] *m* ♀ lemon-tree; *wood:* lemon-wood.

citrouille ♀ [si'tru:j] *f* pumpkin.

civet *cuis.* [si'vɛ] *m* stew; ~ *de lièvre* jugged hare.

civette[1] *zo.* [si'vɛt] *f* civet-cat; ♰ *perfume:* civet.

civette[2] ♀ [~] *f* chive.

civière [si'vjɛ:r] *f* hand-barrow; stretcher; *coffin:* bier.

civil, e [si'vil] **1.** *su./m* ✕ civilian; *eccl.* layman; civil status *or* dress; *dans le* ~ in civil life; *en* ~ in mufti, in plain clothes; **2.** *adj.* civil; ✕ civilian; *eccl.* lay; civic; polite (to, towards *à*, *envers*); *année f* ~*e* calendar year; ⚖ *droit m* ~ common law; *état m* ~ civil status: register office; *mariage m* ~ civil marriage; *mort f* ~*e* civil death; **civilisateur, -trice** [siviliza'tœ:r, ~'tris] **1.** *adj.* civilizing; **2.** *su.* civilizer; **civilisation** [~za'sjɔ̃] *f* civilization; **civiliser** [~'ze] *v/t.* civilize; *se* ~ become civilized; **civilité** [~'te] *f* civility, courtesy; *fig.* ~*s pl.* compliments, kind regards; *faire des* ~*s à* be civil to.

civique [si'vik] civic; civil (*rights*);

patriotic (*song*); *droits m/pl.* ~*s* civic rights, *Am.* citizen rights; *instruction f* ~ civics *sg.*; **civisme** [~'vism] *m* good citizenship.

clabaud [kla'bo] *m hunt.* (longeared) hound; F scandal-monger; **clabaudage** [~bo'da:ʒ] *m hunt.* babbling; F spiteful gossip; **clabauder** [~bo'de] (1a) *v/i. hunt.* babble; F talk scandal (about, *sur*).

claie [klɛ] *f* ✗ hurdle; fence; ⊕ screen; ⊕ grid.

clair, e [klɛ:r] **1.** *adj.* clear; bright; obvious; thin (*silk*, *soup*, *wood*); **2.** *clair adv.* clearly, plainly; thinly; **3.** *su./m* light; *garment:* thin place; *tirer au* ~ decant (*wine*); *fig.* clarify, bring to light; **clairet, -ette** [klɛ'rɛ, ~'rɛt] **1.** *adj.* pale, light; thin (*voice*); **2.** *su./m* local light red wine; **claire-voie**, *pl.* **claires-voies** [klɛr'vwa] *f* openwork; △ skylight; 🚃 decklight; *eccl.* clerestory; ✗ *à* ~ thinly; **clairière** [klɛ'rjɛ:r] *f* clearing; glade; *linen:* thin place; **clair-obscur**, *pl.* **clairs-obscurs** *paint.* [klɛrɔps'ky:r] *m* chiaroscuro.

clairon ♪ [klɛ'rɔ̃] *m* bugle; *clarinet:* upper register; *person:* bugler; **claironner** [~rɔ'ne] (1a) *v/i.* sound the bugle; trumpet; *v/t. fig.* trumpet abroad.

clairsemé, e [klɛrsə'me] thinlysown; scattered, sparse; thin (*hair*, *beard*).

clairvoyance [klɛrvwa'jã:s] *f* perceptiveness; clear-sightedness; **clairvoyant, e** [~'jã, ~'jã:t] perceptive; clear-sighted; clairvoyant.

clamer [kla'me] (1a) *v/t.* protest (*one's innocence etc.*); F cry (*s.th.*) out; **clameur** [~'mœ:r] *f* clamo(u)r, outcry; *sea, tempest:* roar(ing).

clan [klã] *m* clan; *fig.* clique.

clandestin, e [klãdɛs'tɛ̃, ~'tin] clandestine, secret; ✕ underground (*forces*); illicit; *fig.* underhand; stealthy; ♣ *passager m* ~ stowaway; **clandestinité** [~tini'te] *f* secrecy; clandestineness; stealth.

clapet [kla'pɛ] *m* ⊕ valve; 🔧 rectifier; **clapier** [kla'pje] *m* rabbit hutch *or* warren; F *fig.* dump, hole.

clapotement [klapɔt'mã] *m*, **clapotis** [klapɔ'ti] *m waves:* lapping, plashing; **clapoter** [~'te] (1a) *v/i.* lap, plash; **clapoteux, -euse** [~'tø,

~'tə:z] choppy *(sea)*; plashing *(noise)*. [*one's tongue*).

clapper [kla'pe] [1a] *v/i.* click *(with)*

claque [klak] *su./f* smack, slap; *thea.* claque, hired applause; *sl.* death; golosh, *Am.* overshoe; *fig.* prendre ses cliques et ses ~s depart quickly, F clear off; *su./m* opera-hat, crush-hat; cocked hat; *sl.* disorderly house; **claquedent** F [~'dã] *m* starveling; **claquement** [~'mã] *m* bullet, whip: smack; *door:* slam; *hands:* clapping; *teeth:* chattering; *machine:* rattle.

claquemurer [klakmy're] (1a) *v/t.* immure; se ~ shut o.s. up.

claquer [kla'ke] [1m] *v/i.* clap; crack *(whip)*; bang, slam *(door)*; burn out *(lamp)*; F kick the bucket (= die); break; snap *(string etc.)*; F go bust; F go phut; F come to nothing; ~ des doigts snap one's fingers; ~ des mains clap; il claquait des dents his teeth were chattering; 2. *v/t.* slap, smack; slam, bang; *fig.* burst; wear out, tire out; *thea.* applaud; F blue, blow *(money)*; F se ~ tire o.s. out; **claquet** [~'kɛ] *m* (mill-)clapper; **claquette** [klak'te] (1c) *v/i.* cluck, cackle *(hen)*; clapper *(stork)*; **claquette** [kla'kɛt] *f* *eccl.* clapper; F chatterbox; *(danse f à)* ~s pl. tap-dance *sg.*; **claqueur** *thea.* [~'kœ:r] *m* hired clapper.

clarifier [klari'fje] (1o) *v/t.* clarify.

clarine [kla'rin] *f* cattle-bell; **clarinette** ♪ [~ri'nɛt] *f* clarinet; *person:* clarinettist.

clarté [klar'te] *f* light, clearness; brightness; *sun:* gleam; *glass:* transparency; *fig.* lucidity.

classe [klɑːs] *f* class *(a. sociology; a. etc.)*; category; rank; kind; ✗ annual contingent; *primary school:* standard; *secondary school:* form, *Am.* grade; class-room; lessons *pl.; classe moyenne (ouvrière)* middle (working) class(es *pl.*); aller en ~ go to school; de première ~ 🚂 *etc.* first-class *(ticket, compartment)*; *fig.* first-rate; *faire la* ~ teach; **classé, e** [kla'se] classified; listed *(building)*; **classement** [klɑs'mã] *m* classification; 🌩 *etc.* filing; grading; **classer** [klɑ'se] (1a) *v/t.* classify; 🌩 *etc.* file; catalogue, *Am.* catalog; grade; **classeur** [~'sœ:r] *m* 🌩 file; filing cabinet, *Am.* file case; ⊕ sorter; sizer; ~ à anneaux ring binder.

classicisme [klasi'sism] *m* classicism.

classification [klasifika'sjɔ̃] *f* classification; **classifier** [~'fje] (1o) *v/t.* classify.

classique [kla'sik] 1. *adj.* classical *(author, music, period)*; classic; standard; *fig.* orthodox; 2. *su./m* classic; classicist *(as opposed to romantic)*; les ~s *pl.* the (ancient, French) classics.

clause 🌩 [klo:z] *f* clause; ~ additionnelle rider; additional clause.

claustral, e, *m/pl.* **-aux** [klos'tral, ~'tro] monastic; **claustrophobie** [klostrofɔ'bi] *f* claustrophobia.

claveau [kla'vo] *m* ⚜ arch-stone; *vet.* sheep-pox.

clavecin ♪ [klav'sɛ̃] *m* harpsichord.

clavette ⊕ [kla'vɛt] *f* pin, key, peg, cotter.

clavicule *anat.* [klavi'kyl] *f* clavicle, collar-bone.

clavier ♪ *etc.* [kla'vje] *m* piano, typewriter: keyboard; *organ:* manual; *wind-instrument:* range; † key-ring, key-chain.

clayon [klɛ'jɔ̃] *m* wicker-tray *(for cheese)*; wattle enclosure; **clayonnage** [~jɔ'na:ʒ] *m* wicker-work; wattle fencing; ⊕ mat; **clayonner** [~jɔ'ne] (1a) *v/t.* protect with wattle fencing; mat.

clé, clef [kle] *f* key *(a. fig.)*; ⚜ keystone; ⚜ *beam:* reinforcing beam; ⊕ spanner, wrench; ♪ switch-key; ♪ clef; ♪ key-signature; ♪ key *(woodwind instrument)*; *sp.* wrestling: lock; ~ à douilles box-spanner; ~ à molette adjustable spanner; ~ anglaise monkey-wrench; ~ crocodile crocodile spanner; *mot.* ~ pour roues wheelbrace; ⚜, *a. fig.* ~ de voûte keystone; ~s en main ready for immediate occupation *(house etc.)*; fausse ~ skeleton key; mettre sous ~ lock up; sous ~ under lock and key.

clématite ♀ [klema'tit] *f* clematis.

clémence [kle'mã:s] *f* clemency *(a. of weather)*, leniency, mercy; **clément, e** [~'mã, ~'mã:t] clement, lenient; merciful; mild *(disease etc.)*; ciel *m* ~ mild climate.

clenche [klã:ʃ] *f* (door-)latch.

clerc [klɛr] *m* *eccl.* cleric, clergyman; 🌩 clerk; F être *(grand)* ~ en be an expert on; faire un pas de ~ blunder; **clergé** [klɛr'ʒe] *m* clergy *pl.*; **clérical, e,** *m/pl.* **-aux** *eccl., a. pol.*

clig'kal, ~**ko**] adj., a. su./m clerical.
clic! [klik] int. click!
clichage [kli'ʃa:ʒ] m typ. stereotyping; electro-typing; 🐧 caging;
cliché [~'ʃe] m typ. type: plate; illustration: block; phot. negative; fig. cliché, stock phrase; **clicher** [~'ʃe] (1a) v/t. typ. stereotype; take electrotypes of; 🐧 cage; **clicherie** [kliʃ'ri] stereotype room; stereotyping shop.
client m, e f [kli'ã, ~'ã:t] client; ✝ customer; ✶ patient; hotel: guest; **clientèle** [~ã'tɛl] f ✝ custom, customers pl.; ✝ goodwill; ✝ connection; ✶, 🏛 practice; ~ d'habitués regular clients pl. or customers pl.; donner ~ à patronize.
cligner [kli'ne] vt/i. wink; blink; v/t. screw up (one's eyes); **clignotant** mot. [kliɲo'tã] m indicator, trafficator; blinker; fig. warning light; **clignoter** [~'te] (1a) v/i. blink; flicker (eyelids, light); twinkle (star).
climat [kli'ma] m climate; region; fig. atmosphere; **climatérique** [klimate'rik] 1. su./f climacteric; 2. adj. climacteric; a. = **climatique** [~'tik] climatic (conditions); station f ~ health-resort; **climatisation** [~tiza'sjɔ̃] f air conditioning; **climatiser** [~ti'ze] (1a) v/t. air-condition; **climatiseur** [~ti'zœ:r] m air conditioner; **climatologie** [~tɔlɔ'ʒi] f climatology; **climatologique** [~tɔ-lɔ'ʒik] climatological.
clin [klɛ̃] m: ~ d'œil wink; en un ~ d'œil in the twinkling of an eye.
clinicien ✶ [klini'sjɛ̃] su./m, a. adj./m clinician; **clinique** ✶ [~'nik] 1. adj. clinical; 2. su./f clinic; nursing home; F surgery (of a doctor); teaching hospital.
clinquant, e [klɛ̃'kã, ~'kã:t] 1. adj. showy, gaudy, flashy; 2. su./m tinsel; ⊕ foil; fig. showiness.
clip [klip] m pen etc.: clip.
clipper ⚓, 🛩 [kli'pœ:r] m clipper.
clique F [klik] f set, clique; gang; 🎵 drum and bugle band; **cliquet** ⊕ etc. [kli'kɛ] m catch; ratchet; **cliqueter** [klik'te] (1c) v/i. rattle; clink (glass); jingle (keys etc.); mot. pink; **cliquetis** [~'ti] m metall. clang, rattle, clatter; glasses: clinking; keys etc.: jingling; mot. pinking.
clisse [klis] f bottle: wicker covering; cheese: drainer; ✶ splint; **clisser**

[kli'se] (1a) v/t. wicker (a bottle); ✶ put in splints; bouteille f clissée demijohn.
clivage [kli'va:ʒ] m cleavage; gap, split; **cliver** [kli've] (1a) v/t. a. se ~ split, cleave.
cloaque [klɔ'ak] m cesspool (a. fig.); fig. sink (of iniquity).
clochard F [klɔ'ʃa:r] m down-and-out; tramp, Am. hobo; **clocharadi-ser** [~ʃardi'ze] (1a) v/t.: se ~ go to the dogs.
cloche [klɔʃ] f bell; 🔔 bell-jar; ✓ cloche; ✶ cup (for blistering); dish-cover; cloche(-hat); sl. idiot; F la ~ (the) down-and-outs (in general); ~ pied [~'pje] adv.: sauter à ~ hop.
clocher[1] [klɔ'ʃe] m church tower; steeple; fig. de ~ parochial; esprit m de ~ parochialism.
clocher[2] [~] (1a) v/i. F go or be wrong; limp, hobble.
clocheton [klɔʃ'tɔ̃] m bell-turret; **clochette** [~'ʃɛt] f handbell; ♀ bell-flower; ~ d'hiver snowdrop.
cloison [klwa'zɔ̃] f ⚓ partition (wall); ⚓ bulkhead; mot. baffle-plate; fig. ~ (étanche impenetrable) barrier; fig. séparé(e)s par des ~s étanches in watertight compartments; **cloi-sonnage** [~zɔ'na:ʒ] m partition (-ing); **cloisonner** [~zɔ'ne] (1a) v/t. partition; divide up; compartmentalize.
cloître eccl. [klwa:tr] m cloister(s pl.); monastery; convent; **cloîtrer** [klwa'tre] (1a) v/t. cloister; nonne f cloîtrée enclosed nun.
clope sl. [klɔp] f cig, Br. fag (= cigarette).
clopin-clopant F [klɔpɛ̃klɔ'pã] adv. hobbling (along); **clopiner** [~pi'ne] (1a) v/i. hobble, limp.
cloporte zo. [klɔ'pɔrt] m wood-louse, Am. sow-bug.
cloque [klɔk] f ✶ lump, swelling; ✓ corn: rust; tree: blight.
clore [klɔ:r] (4f) v/i. close; v/t. enclose (land); **clos, close** [klo, klo:z] 1. p.p. of clore; 2. adj. closed; shut in; finished; 3. su./m enclosure, close; vineyard; **closerie** [kloz'ri] f small estate; small holding; croft; pleasure garden; **clôt** [klo] 3rd p. sg. pres. of clore; **clôture** [~'ty:r] f fence, enclosure; closure, closing; end; ✝ account: winding up; ✝ books:

balancing; **clôturer** [ʌty're] (1a) *v/t.* enclose (*land*); ✝ close down (*a factory*); *pol.* apply the closure to (*a debate*); ✝ wind up, close.

clou [klu] *m* nail; *fig.* star turn, hit, highlight; ✻ boil, carbuncle; *pedestrian crossing:* stud; *sl.* pawnshop, *Am.* hock shop; *sl.* clink, jail; *sl.* old jalopy; *cuis.* ~ de girofle clove;

clouer [klu'e] (1a) *v/t.* nail; pin down; rivet; *fig.* tie; *tapis m cloué* fitted carpet; **clouter** [ʌ'te] (1a) *v/t.* stud; **clouterie** [ʌ'tri] *f* nailmaking; nail-works *usu. sg.*; **cloutier** [ʌ'tje] *m* nail-dealer; nailsmith.

clown [klun] *m* clown; buffoon; **clownerie** [ʌ'ri] *f* clownish trick; clownishness; **clownesque** [klu-'nɛsk] clownish; farcical.

cloyère [klwa'jɛːr] *f* oyster-basket.

club [klœb] *m* club.

cluse *geol.* [klyːz] *f* transverse valley.

coadjuteur *eccl.* [koadʒy'tœːr] *m* coadjutor; **coadjutrice** *eccl.* [ʌ'tris] *f* coadjutrix.

coagulation [koagyla'sjɔ̃] *f* coagulation, congealing; **coaguler** [ʌ'le] (1a) *v/t. a.* se ~ coagulate, clot; curdle.

coaliser [koali'ze] (1a) *v/t. a.* se ~ unite; **coalition** [ʌ'sjɔ̃] *f* coalition; *fig.* combine; *ministère m de* ~ coalition ministry.

coasser [koa'se] (1a) *v/i.* croak.

coassocié *m*, **e** *f* [koasɔ'sje] co-partner.

cobaye *zo., fig.* [kɔ'baːj] *m* guinea-pig.

cocagne [kɔ'kaɲ] *f:* *mât m de* ~ greasy pole; *pays m de* ~ land of plenty.

cocaïne [kɔka'in] *f* cocaine.

cocasse F [kɔ'kas] comical, droll.

coccinelle *zo.* [kɔksi'nɛl] *f* ladybird.

coccyx *anat.* [kɔk'sis] *m* coccyx.

coche[1] [kɔʃ] *m* ✝ stage-coach; *faire la mouche du* ~ buzz around; be a busy-body; F *manquer le* ~ miss the boat (= *lose an opportunity*).

coche[2] [ʌ] *f* notch, nick.

coche[3] *zo.* [ʌ] *f* sow.

cocher[1] [kɔ'ʃe] (1a) *v/t.* nick, notch; check off, tick off.

cocher[2] [kɔ'ʃe] *m* coachman, F cabby;

cochère [ʌ'ʃɛːr] *adj./f:* *porte f* ~ carriage-entrance; main gate.

cochon, -onne [kɔ'ʃɔ̃, ʌ'ʃɔn] **1.** *su./m*

pig, hog, porker; *fig.* filthy swine; ~ *de lait* sucking-pig; ~ *d'Inde* guinea-pig; **2.** *adj. sl.* indecent; filthy; **cochonner** [ʌʃɔ'ne] (1a) *v/i.* farrow; *v/t.* F botch (*a piece of work*); **cochonnerie** [ʌʃɔn'ri] *f* filth; rubbish; foul trick; hogwash (= *bad food*); **cochonnet** [ʌʃɔ'nɛ] *m* young pig; *bowls:* jack; *tex.* cylinder.

cockpit ✈ [kɔk'pit] *m* cockpit.

cocktail [kɔk'tɛl] *m* cocktail; cocktail party; ~ *Molotov* Molotov cocktail.

coco [kɔ'ko] *su./m* (*a. noix f de* ~) coco(a)nut; F liquorice water; *sl.* head; F guy; F darling; F stomach; ✻ *sl.* petrol; *ch.sp.* hen, egg; *su./f* F snow (= *cocaine*).

cocon [kɔ'kɔ̃] *m* cocoon.

cocorico [kɔkɔri'ko] *m* cock-a-doodle-doo.

cocotier ♀ [kɔkɔ'tje] *m* coconut palm.

cocotte[1] [kɔ'kɔt] *f* chuck-chuck (= *hen*); F darling, ducky; *pej.* loose woman, tart.

cocotte[2] *cuis.* [ʌ] *f* stew-pan.

coction [kɔk'sjɔ̃] *f* ✻ boiling, coction; ✻ digestion.

cocu F [kɔ'ky] *m* cuckold, deceived husband; **cocufier** F [ʌky'fje] (1o) *v/t.* cuckold.

codage [kɔ'daːʒ] *m* (en)coding; **code** [kɔd] *m* code (*a.* ⚖, *a.* tel.); ~ *civil* (*pénal, de la route*) civil (penal, highway) code; ~ *postal* postcode, *Am.* zip code; *mot.* se mettre en ~ dip (*Am.* dim) the headlights; **coder** [kɔ'de] (1a) *v/t.* code.

codétenu *m*, **e** *f* ⚖ [kodet'ny] fellow-prisoner.

codifier [kɔdi'fje] (1o) *v/t.* ⚖ codify; tel. etc. code.

coéducation [koedyka'sjɔ̃] *f* coeducation. [factor.]

coefficient [koefi'sjɑ̃] *m* coefficient;)

coéquation *admin.* [koekwa'sjɔ̃] *f* proportional assessment.

coercitif, -ve ⚖ *phys.* [koɛrsi'tif, ʌ'tiːv] coercive.

cœur [kœːr] *m* heart (*a. fig.*); courage; feelings *pl.*; *cards:* heart(s *pl.*); ✻ ~-*poumon m* artificial heart-lung machine; ✻ *arrêt m du* ~ heart failure; *à* ~ *joie* to one's heart's content; *avoir mal au* ~, *avoir le* ~ *sur les lèvres* feel sick; *par* ~ by heart; *cela vous (sou)lève le* ~ that makes you (feel) sick.

coexistence [kɔɛgzisˈtãːs] *f* coexistence (*a. pol.*); **coexister** [~ˈte] (1a) *v/i.* coexist.

coffrage [kɔˈfraːʒ] *m* 🔨 coffering, lining; shuttering (*for concrete work*); **coffre** [kɔfr] *m* chest, box; coffer; ⚓ moorings *pl.*; ⚓ (mooring-)buoy; case; 🚂 ballast-bed; *mot.* boot; 🔧 form, box (*for concrete work*); ⚓ navire *m* à ~ well-decker; **coffre-fort**, *pl.* **coffres-forts** [~əˈfɔːr] *m* safe; strong-box; **coffrer** [kɔˈfre] (1a) *v/t.* F imprison; 🔨 coffer, line; **coffret** [~ˈfrɛ] *m* casket; (*tool-, work-, etc.*)box.

cogérance [kɔʒeˈrãːs] *f* co-administration; joint management; **cogérer** [~ˈre] (1f) *v/i.* manage jointly; **cogestion** [~ˈstjõ] *f* joint management; co-management.

cogiter [kɔʒiˈte] (1a) *vt/i.* cogitate; think (up).

cognac [kɔˈɲak] *m* cognac, F brandy.

cognassier 🌳 [kɔɲaˈsje] *m* quince-tree.

cognée [kɔˈɲe] *f* axe, hatchet; **cogner** [~] (1a) *v/t.* hammer in; drive in (*a nail*); knock, hit; bump against; *v/i.* knock (*a. mot.*); bump.

cohabiter [kɔabiˈte] (1a) *v/i.* live together, cohabit.

cohérence [kɔeˈrãːs] *f* coherence; avec ~ coherently; **cohérent, e** [~ˈrã, ~ˈrãːt] coherent; **cohésion** [~ˈzjõ] *f* cohesion; *phys.* force *f* de ~ cohesive force.

cohue [kɔˈy] *f* crowd, throng, crush; mob.

coi, coite [kwa, kwat] quiet; se tenir ~ keep quiet; F lie doggo.

coiffe [kwaf] *f* head-dress; cap; *hat:* lining; ⚓ cap-cover; **coiffé, e** [kwaˈfe] *adj.:* être ~ be wearing a hat; have done one's hair; *fig.* be infatuated (with, de); être bien ~ have one's hair well dressed; né ~ born lucky; **coiffer** [~ˈfe] (1a) *v/t.* cover (*one's head*); *hat:* suit; put on (*a hat*); do (*one's hair*); *fig.* cover (up for) (*s.o.*); *fig.* control (*an organization etc.*); *sp.*, *a. fig.* beat (*an opponent*); de combien coiffez-vous? what size in hats do you take?; ~ sainte Catherine reach the age of 25 without being married (*woman*); *sp.*, *a. fig.* ~ q. au poteau beat s.o. at the post; **coiffeur, -euse** [~ˈfœːr, ~ˈføːz] *su.* hairdresser; *su./f* dressing-table;

coiffure [~ˈfyːr] *f* head-dress; hair-style; hairdressing; à la Jeanne d'Arc bobbed hair (with fringe).

coin [kwɛ̃] *m* corner; nook, spot; *ground:* patch; *coins:* die; ⊕ wedge, chock; *fig.* hallmark, stamp; ~ du feu fireside; dans tous les ~s et recoins in every corner, everywhere; **coincement** ⊕ [kwɛ̃sˈmã] *m* jamming; **coincer** ⊕ [kwɛ̃ˈse] (1k) *v/t.* wedge; *fig. sl.* corner; arrest; *v/i. a.* se ~ jam, stick.

coïncidence [kɔɛ̃siˈdãːs] *f* coincidence; ⚡ ~ d'oscillations surging; **coïncider** [~ˈde] (1a) *v/i.* coincide.

coing 🌳 [kwɛ̃] *m* quince.

coït [kɔˈit] *m* coitus.

coke [kɔk] *m* coke; petit ~ breeze; **cokerie** [kɔˈkri] *f* coking plant.

col [kɔl] *m* neck (*a. fig.*); *cost.* collar; *geog.* pass, col; *fig.* ~ blanc (bleu) white- (blue-)collar worker; ~ cassé (droit, rabattu) wing (stand-up, turn-down) collar; ~ roulé polo neck, *Am.* turtleneck; à ~ Danton open-necked (*shirt*); faux ~ detachable *or* separate collar.

colchique 🌳 [kɔlˈʃik] *m* colchicum.

coléoptère zo. [kɔleɔpˈtɛːr] *m* beetle; ~s *pl.* coleoptera.

colère [kɔˈlɛːr] **1.** *su./f* anger; en ~ angry; se mettre en ~ become angry; **2.** *adj.* angry; irascible (*person*); **coléreux, -euse** [kɔleˈrø, ~ˈrøːz] hot-tempered, irascible; **colérique** [~ˈrik] choleric.

colifichet [kɔlifiˈʃɛ] *m* trinket; ~s *pl.* rubbish *sg.*; † rayon *m* des ~s fancy goods department.

colimaçon zo. [kɔlimaˈsõ] *m* snail; en ~ spiral (*staircase*).

colin *icht.* [kɔˈlɛ̃] *m* hake.

colin-maillard [kɔlɛ̃maˈjaːr] *m game:* blind-man's buff.

colique 💊 [kɔˈlik] *f* colic; F stomach-ache; *sl.* avoir la ~ have the wind up.

colis [kɔˈli] *m* packet, parcel; luggage; par ~ postal by parcel post.

collaborateur *m*, **-trice** *f* [kɔllabɔraˈtœːr, ~ˈtris] collaborator (*a. pol.*); associate; *review:* contributor; **collaboration** [~raˈsjõ] *f* collaboration (*a. pol.*); co-operation; *book:* joint authorship; **collaborer** [~ˈre] (1a) *v/i.* collaborate, co-operate; contribute (to a journal etc.).

collage [kɔˈlaːʒ] *m* pasting; gluing;

paper: sizing; F (*unmarried*) cohabitation; *paint*. collage; **collant, e** [∿'lã, ∿'lã:t] **1.** *adj*. sticky, adhesive; *cost*. tight, close-fitting, skintight; *pej*. clinging; **2.** *su./m ∿s pl*. tights.

collatéral, e, *m/pl*. **-aux** [kɔllate'ral, ∿'ro] **1.** *adj*. collateral; *eccl*. side(*aisle*); **2.** *su*. relative, collateral; *su./m eccl*. side-aisle.

collateur *eccl*. † [kɔlla'tœːr] *m* patron (*of a living*); **collation** [∿'sjõ] *f* ɡɟ *etc*. granting, conferment; *eccl*. advowson; *typ*. checking, proofreading; *documents*: collation; light meal; **collationner** [∿sjɔ'ne] (1a) *v/t*. collate, compare; *v/i*. have a light meal.

colle [kɔl] *f* paste, glue; gum; *paper etc*.: size; *fig*. poser, difficult question; *school*: detention; ∿ **forte** glue.

collecte [kɔl'lɛkt] *f* *eccl*. *etc*. collection; collecting; *eccl*. *prayer*: collect; **faire une** ∿ make a collection; **collecteur** [kɔllɛk'tœːr] *m* ɟ collector; ɟ commutator; ⊕ sewer; *mot*. ∿ **d'admission** (**d'échappement**) intake (exhaust) manifold; **collectif, -ve** [∿'tif, ∿'tiːv] collective; **collection** [∿'sjõ] *f* collection; gathering; **collectionner** [∿sjɔ'ne] (1a) *v/t*. collect; **collectiviser** [∿tivi'ze] (1a) *v/t*. collectivize; communize; **collectivité** [∿tivi'te] *f* community; group; common ownership.

collège [kɔ'lɛːʒ] *m* college; school; *secondary grammar school*; ∿ **électoral** constituency; electoral body, *Am*. electoral college; *sacré* ∿ College of Cardinals.

collégial, e, *m/pl*. **-aux** [kɔle'ʒjal, ∿'ʒo] **1.** *adj*. collegiate; collegial; **2.** *su./f* collegiate church; **collégialité** *pol*., † *etc*. [∿ʒjali'te] *f* collegial administration; **collégien, -enne** [∿'ʒjɛ̃, ∿'ʒjɛn] *su*. college-student; *su./m* schoolboy; *su./f* schoolgirl.

collègue [kɔl'lɛg] *su*. colleague.

coller [kɔ'le] (1a) *v/t*. stick; paste; glue; size (*paper*); clarify (*wine*); F put, stick (*s.th. in a place*); F plough (*a candidate*); se ∿ stick; *sl*. cohabit, live (with, *avec*); *v/i*. stick; cling; *sl*. **ça colle!** all right!; *sl*. **cela ne colle pas** it is not going properly. **collerette** [kɔl'rɛt] *f* *cost*. collarette; ⊕ joint, pipe: flange.

collet [kɔ'lɛ] *m* ⚘, *cost*. collar; *cost*. cape; *cuis*. neck, scrag; *tooth*,

violin, ⊕ *screw*, *chisel*: neck; ⊕ *pipe*, *etc*.: flange; snare (*for rabbits etc*.); *fig*. ∿ **monté** strait-laced person; strait-laced; **colleter** [kɔl'te] (1c) *v/t*. (seize by the) collar; grapple with; *fig*. hug; **se** ∿ come to grips; *v/i*. set snares (*for rabbits etc*.).

colleur *m*, **-euse** *f* [kɔ'lœːr, ∿'løːz] paster; (*bill-*)sticker; *paper*: sizer; *sl*. *school*: stiff examiner; *sl*. liar.

collier [kɔl'lje] *m* necklace; collar (*a.* ⊕, ⚘, *zo*., *order*); ∿ **de chien** dog collar; **coup** *m* **de** ∿ *fig*. big effort; ɟ sudden overload; *fig*. **reprendre le** ∿ be back in harness.

collimateur [kɔllima'tœːr] *m* collimator; *fig*. **avoir** *or* **prendre dans le** ∿ train one's sights on.

colline [kɔl'lin] *f* hill.

collision [kɔlli'zjõ] *f* collision.

collocation [kɔllɔka'sjõ] *f* ɡɟ order of priority of creditors (*in bankruptcy*); *gramm*. collocation.

collodion 🜊 [kɔllɔ'djõ] *m* collodion.

colloque [kɔl'lɔk] *m* conference; conversation; parley.

collusion 🜊 [kɔlly'zjõ] *f* collusion; **collusoire** 🜊 [∿'zwaːr] collusive.

collutoire [kɔlly'twaːr] *m* mouthwash.

collyre [kɔl'liːr] *m* eyewash.

colmater [kɔlma'te] (1a) *v/t*. seal (up or off); plug (up); fill in (*holes etc*.); ✒ warp (*the soil*); ✗ consolidate.

colocataire [kɔlɔka'tɛːr] *su*. joint tenant; co-tenant.

colombe *orn*. [kɔ'lõːb] *f* pigeon; dove (*a. pol*.); **colombier** [kɔlõ'bje] *m* dovecot(e); pigeon-house; **colombin, e** [∿'bɛ̃, ∿'bin] **1.** *adj*. dovelike; dove-colo(u)red; **2.** *su./m* stock-dove; ✒ lead ore; *su./f* ✒ pigeon-dung.

colon [kɔ'lõ] *m* small holder; settler, colonist.

côlon *anat*. [ko'lõ] *m* colon.

colonel ✗ [kɔlɔ'nɛl] *m* colonel; **colonelle** [∿] *f* colonel's wife.

colonial, e, *m/pl*. **-aux** [kɔlɔ'njal, ∿'njo] **1.** *adj*. colonial; **denrées** *f/pl*. ∿**es** colonial produce *sg*.; **2.** *su./m* colonial; *su./f* ✗ colonial troops *pl*.; **colonialisme** *pol*. [∿nja'lism] *m* colonialism; **colonie** [∿'ni] *f* colony, settlement; ∿ **de vacances** holiday camp; **colonisateur, -trice** [kɔlɔniza'tœːr, ∿'tris] **1.** *adj*. colonizing; **2.** *su*. colonizer; **colonisation** [∿za'sjõ]

              commander

f colonization, settling; **coloniser** [~'ze] (1a) *v/t.* colonize, settle.

colonne [kɔ'lɔn] *f* △, ✗, *anat.* column; △ pillar; ♣ en ~ line ahead; ~ *Morris* advertising column *or* pillar.

colophane [kɔlɔ'fan] *f* rosin.

colorant, e [kɔlɔ'rɑ̃, ~'rɑ̃:t] 1. *adj.* colo(u)ring; 2. *su./m* dye; colo(u)ring (matter); **colorer** [~'re] (1a) *v/t.* colo(u)r, stain; dye; **colorier** [~'rje] (1o) *v/t.* colo(u)r; coloris [~'ri] *m* colo(u)r(ing); *fig.* hue.

colossal, e, *m/pl.* -**aux** [kɔlɔ'sal, ~'so] colossal, gigantic; **colosse** [~'lɔs] *m* colossus; F giant.

colportage [kɔlpɔr'ta:ʒ] *m* hawking, peddling; **colporter** [~'te] (1a) *v/t.* hawk, peddle; *fig.* spread (*news*); **colporteur** *m,* -**euse** *f* [~'tœ:r, ~'tø:z] hawker; pedlar, *Am.* peddler; *fig.* newsmonger.

coltiner [kɔlti'ne] (1a) *v/t.* carry (*loads*) (on one's back); F *fig. se* ~ saddle o.s. with (*s.th., s.o.*); **coltineur** [~'nœ:r] *m* heavy porter; ~ *de charbon* coal-heaver.

colza ✿ [kɔl'za] *m* rape, colza; rape-seed.

coma ✫ [kɔ'ma] *m* coma; **comateux, -euse** [~ma'tø, ~'tø:z] comatose.

combat [kɔ̃'ba] *m* ✗ combat, battle, engagement; struggle (*a. fig.*); *fig.* contest; *hors de* ~ disabled; out of action; **combatif, -ve** [kɔ̃ba'tif, ~'ti:v] pugnacious; **combattant** [~'tɑ̃] *m* combatant, fighting man; fighter; *zo.* game-cock; *ancien* ~ ex-service man, veteran; **combattre** [kɔ̃'batr] (4a) *vt/i.* fight.

combe [kɔ̃:b] *f* coomb, dale, dell.

combien [kɔ̃'bjɛ̃] *adv.* how (many *or* much); ~ *de temps* how long; ~ *de* ... *qui* (*or que*) (*sbj.*) however much ... (*inf.*); F *le* ~ *sommes-nous?* what day of the month is it?

combinaison [kɔ̃binɛ'zɔ̃] *f* combination, arrangement, plan; *cost.* overalls *pl.,* boiler-suit; *cost.* combinations *pl.*; ✗ flying suit; *woman:* slip; **combinateur** ⚡ [~na'tœ:r] *m:* ~ *de couplage* controller; **combine** F [kɔ̃'bin] *f* plan, scheme; **combiner** [~bi'ne] (1a) *v/t.* combine; devise, concoct; *se* ~ combine.

comble [kɔ̃:b] 1. *su./m fig.* summit, height; △ roof(ing); *au* ~ *de la joie* overjoyed; *de fond en* ~ from top to

bottom; *mettre le* ~ *à* crown; *pour* ~ to cap it all; *c'est le* ~! that beats all!; 2. *adj.* heaped up; packed (*house, room*), overjoyed; **comblement** [kɔ̃blə'mɑ̃] *m* filling in; **combler** [~'ble] (1a) *v/t.* fill (in); ✗, ♣ make good (*a deficit, casualties*); *fig.* fulfill; *fig.* gratify; *fig.* ~ *q. de qch.* shower s.th. on s.o.

combustibilité [kɔ̃bystibili'te] *f* inflammability; **combustible** [~'tibl] 1. *adj.* inflammable; combustible; 2. *su./m* fuel; **combustion** [~'tjɔ̃] *f* combustion, burning; ~ *continue* slow combustion.

comédie [kɔme'di] *f* comedy; *fig.* playacting; *fig. jouer la* ~ playact; **comédien, -enne** [~'djɛ̃, ~'djɛn] 1. *su.* comedian; *fig.* ✗ actor; *su./f* actress; 2. *adj.* theatrical.

comestible [kɔmɛs'tibl] 1. *adj.* edible, eatable; 2. *su./m* article of food; ~*s pl.* provisions, victuals.

comète *astr.* [kɔ'mɛt] *f* comet.

comice [kɔ'mis] *m* show; gathering; *hist.* ~*s pl.* electoral meeting *sg.*; ~ *agricole* agricultural show, cattle-show.

comique [kɔ'mik] 1. *adj.* comic (*actor, author*); comical, funny; 2. *su./m* comedian, humorist; comic actor; comedy-writer; comedy.

comité [kɔmi'te] *m* committee, board; ~ *d'arbitrage* arbitration board; ~ *de surveillance* vigilance committee; *petit* ~ little *or* informal meeting.

commandant [kɔmɑ̃'dɑ̃] *m* ✗, ♣ commanding officer, commander; ✈ squadron-leader; ✗ ~ *de bataillon,* ~ *d'escadron* major; ~ *en chef* commander-in-chief; **commande** [~'mɑ̃:d] *f* ✦ order; ⊕, ✈ control; ⊕ lever; *mot.* drive; ✦ *bulletin m de* ~ order-form; *fig.* feigned; *eccl.* of obligation; F essential; *sur* ~ to order; **commandement** [~mɑ̃d'mɑ̃] *m* ✗, *a. fig.* command; instruction; ⚖ summons *sg.*; *eccl.* commandment; **commander** [~mɑ̃'de] (1a) *v/t.* command (*a. fig.*), order (s.th. from s.o., *qch. à q.*); control; dominate; ⊕ control; *se* ~ control o.s.; lead into each other *or* one another (*rooms*); *cela ne se commande pas* it does not depend upon our will; *v/i.* give orders; **commandeur** [∼'dœːr] *m* order of knighthood: commander.

commanditaire † [kɔmɑ̃di'tɛːr] *m* sleeping *or Am.* silent partner; **commandite** [∼'dit] *f* (*a.* société *f* en ∼) limited partnership; **commanditer** † [∼'te] (1a) *v/t.* finance (*an enterprise*); become a sleeping partner in.

comme [kɔm] **1.** *adv.* as, like; how; in the way of; ∼ ça like that; just (so); F ∼ ci ∼ ça so so; F c'est tout ∼ it comes to the same thing; ∼ il faut proper(ly *adv.*); **2.** *cj.* as, seeing that; *temporal*: just as.

commémoratif, -ve [kɔmemɔra'tif, ∼'tiːv] *adj.* commemorative (of, de); memorial (*service*); fête *f* ∼ve festival of remembrance; **commémoration** [∼ra'sjɔ̃] *f* commemoration; **commémorer** [∼'re] (1a) *v/t.* commemorate.

commençant, e [kɔmɑ̃'sɑ̃, ∼'sɑ̃ːt] **1.** *adj.* beginning, early; **2.** *su.* beginner; **commencement** [∼mɑ̃s'mɑ̃] *m* beginning, start, outset; **commencer** [∼mɑ̃'se] (1k) *vt/i.* begin; start.

commendataire *eccl.* [kɔmɑ̃da'tɛːr] *m* commendator.

commensal m, e f [kɔmɑ̃'sal] companion at table, table-companion; regular guest.

commensurable ⚹ [kɔmɑ̃sy'rabl] commensurable (with, to *avec*).

comment [kɔ'mɑ̃] **1.** *adv.* how; what: **2.** *int.* what!; why!; F et ∼! and how!; **3.** *su./m/inv.* why; les ∼ et les pourquoi the whys and the wherefores.

commentaire [kɔmɑ̃'tɛːr] *m* commentary; *fig.* comment; **commentateur m, -trice f** [∼ta'tœːr, ∼'tris] commentator; **commenter** [∼'te] (1a) *v/t.* comment upon (*a.* fig. = criticise).

commérage [kɔme'raːʒ] *m* gossip.

commerçant, e [kɔmɛr'sɑ̃, ∼'sɑ̃ːt] **1.** *adj.* commercial; business...; mercantile; très ∼ very busy (*street*); **2.** *su./m* tradesman, merchant; les ∼s *pl.* tradespeople; **commerce** [∼'mɛrs] *m* trade, commerce; commercial world; † dealings *pl.*; ∼ de détail retail trade; ∼ d'outre-mer overseas trade; registre *m* du ∼ Commercial Register; **commercer** [kɔmɛr'se] (1k) *v/i.*

(with, avec) trade, deal; *fig.* have dealings; **commercial, e,** *m/pl.* **-aux** [∼'sjal, ∼'sjo] commercial, trading, business.

commère [kɔ'mɛːr] *f* † *eccl.* godmother; gossip; crony.

commettant [kɔme'tɑ̃] *m* ⚖, † principal; *pol.* ∼s *pl.* constituents; **commettre** [∼'mɛtr] (4v) *v/t.* commit.

comminatoire [kɔmina'twaːr] comminatory; *fig.* threatening.

commis, e [kɔ'mi, ∼'miːz] **1.** *p.p.* of commettre; **2.** *su./m* clerk; agent; (shop-)assistant; ∼ voyageur commercial traveller, *Am.* travelling salesman.

commisération [kɔmizera'sjɔ̃] *f* pity; commiseration.

commissaire [kɔmi'sɛːr] *m* commissioner; *police*: superintendent; ⚓ purser; *sp.* steward; † ∼ aux comptes auditor; ∼-priseur, *pl.* ∼s-priseurs [∼serpri'zœːr] *m* auctioneer; official valuer; **commissariat** [∼sa'rja] *m* commissioner's office; central police station.

commission [kɔmi'sjɔ̃] *f* commission; *admin. a.* committee, board; message; errand; faire la ∼ à q. give s.o. the message; **commissionnaire** [∼sjɔ'nɛːr] delivery boy *or* man; messenger; † commission agent; ∼ de transport forwarding agent; ∼ en gros factor; **commissionner** [∼sjɔ'ne] (1a) *v/t.* commission.

commissure [kɔmi'syːr] *f* commissure; ∼ des lèvres corner of the mouth.

commode [kɔ'mɔd] **1.** *adj.* convenient; comfortable; handy; easygoing (*person*); good-natured; **2.** *su./f* chest of drawers, *Am. a.* highboy; **commodément** [kɔmɔde'mɑ̃] *adv.* of commode † ; **commodité** [∼di'te] *f* convenience; comfort; ∼s *pl.* public convenience *sg.*

commotion [kɔmɔ'sjɔ̃] *f* commotion, disturbance; ⚡, ✚ shock; ✚ concussion.

commuer ⚖ [kɔ'mɥe] (1p) *v/t.* commute (to, en).

commun, e [kɔ'mœ̃, ∼'myn] **1.** *adj.* common; usual; joint; vulgar; † average, mean (*tare*); chose *f* ∼e common cause; faire bourse ∼e pool resources; sens *m* ∼ common sense; **2.** *su./m* generality, common run;

common funds *pl.*; † servants *pl.*; ~s *pl.* outbuildings; conveniences; en ~ in common; *su./f admin.* commune, (*approx.*) parish; *hist.* ♀e Commune (*1789, a. 1871*); *parl.* Chambre *f* des ~es House of Commons *pl.*; **communal, e,** *m/pl.* **-aux** [kɔmy'nal, ~'no] common; communal; parish ...; **communard** *hist.* [~'na:r] *m* communard (*supporter of the 1871 Paris Commune*); **communauté** [~no'te] *f eccl., admin., a. fig.* community; ᵱᵼᵼ joint estate; *pol.* ♀ French Community; ♀ Économique Européenne European Economic Community; ~ de travail *school:* group activity; **communément** [~ne'mã] *adv. of commun 1.*

communiant m, e f *eccl.* [kɔmy'njã, ~'njɑ:t] communicant; **communicable** [kɔmyni'kabl] communicable; **communicatif, -ve** [~ka'tif, ~'ti:v] communicative; infectious (*laughter*); **communication** [~ka-'sjõ] *f* communication; message; (*telephone*) call; *teleph.* ~ locale (*interurbaine*) local (long-distance) call; *teleph.* donner la ~ put a call through; *teleph.* mauvaise ~ wrong number; *teleph.* ~ urgente *eccl.* [kɔmy-'nje] (1o) *v/i.* communicate; *v/t.* administer Holy Communion to (*s.o.*); **communion** [~'njõ] *f* communion (*a. eccl.*); **communiqué** [kɔmyni'ke] *m* official statement, communiqué; *radio:* news *sg.*; bulletin; ~ de presse press release; **communiquer** [~] (1m) *vt/i.* communicate; *v/i.* be in communication or connection; ~ avec lead into; (*faire*) ~ connect; *v/t.:* se ~ spread (to, à); communicative (*person*).

communiste, e [kɔmyni'zã, ~-'za:t] **1.** *adj.* communistic; **2.** *su. pol.* fellow-traveller, communist sympathizer; **communisme** [~-'nism] *m* communism; **communiste** [~'nist] *su., a. adj.* communist.

commutateur ⚡ [kɔmyta'tœ:r] *m* commutator; *light:* switch; **commutation** [~'sjõ] *f* commutation (*a.* ᵱᵼᵼ); ⚡ changing over; de ~ switch-...; **commutatrice** ⚡ [~'tris] *f* rotary transformer; **commuter** ⚡ [kɔmy'te] (1a) *v/t.* change over.

compacité [kõpasi'te] *f* compactness; *metal:* density; **compact, e** [~'pakt] compact; dense.

compagne [kõ'paɲ] *f* companion; wife; mate; **compagnie** [kõpa'ɲi] *f* company (*a.* ✝, ⚔, *a. person*); ⚓ division; society; de ou en ~ together; tenir ~ à q. keep s.o. company; **compagnon** [~'ɲõ] *m* companion, comrade; mate (*a.* ⊕), partner; ⊕ journeyman; ~ de route fellow traveller; **compagnonnage** † [~ɲɔ'na:ʒ] *m* trade-guild; time of service as journeyman.

comparable [kõpa'rabl] comparable; **comparaison** [~rɛ'zõ] *f* comparison; simile.

comparaître ᵱᵼᵼ [kõpa'rɛ:tr] (4k) *v/i.* appear; faire ~ devant bring before.

comparatif, -ve [kõpara'tif, ~'ti:v] *adj., a. gramm. su./m* comparative; **comparé, e** [~'re] comparative (*grammar, history, etc.*); **comparer** [~'re] (1a) *v/t.* compare (to, with à, avec).

comparse [kõ'pars] *m thea.* supernumerary; F super; *fig.* confederate.

compartiment [kõparti'mã] *m* ⛟, ship, ceiling, *etc.:* compartment; partition; division; *draughts, chess, etc.:* square; ~ de congélation freezing compartment, freezer.

comparution ᵱᵼᵼ [kõpary'sjõ] *f* appearance.

compas [kõ'pɑ] *m* compasses *pl.*; ⚓ *etc.* compass; *mot. hood:* arms *pl.*; standard, scale; ~ à pointes sèches dividers *pl.*; *surv.* ~ de relèvement azimuth compass; ⚓ ~ gyroscopique gyro-compass; **compassé, e** [kõpa'se] formal, stiff; regular; **compasser** [~] (1a) *v/t.* measure with compasses; *fig.* consider, weigh, study; ⚓ ~ la carte prick the chart.

compassion [kõpa'sjõ] *f* compassion, pity.

compatible [kõpa'tibl] compatible; **compatir** [kõpa'ti:r] (2a) *v/i.:* ~ à sympathize with; bear with; **compatissant, e** [~ti'sã, ~'sã:t] (*pour, to[wards]*) compassionate, tender; sympathetic; indulgent.

compatriote [kõpatri'ɔt] *su.* compatriot; *su./m* fellow-countryman; *su./f* fellow-countrywoman.

compensateur, -trice [kõpãsa-'tœ:r, ~'tris] **1.** *adj.* compensating; ⚡ equalizing (*current*); *phot.* compensating (*filter, screen*); *phys.* pen-

dule m ∼ compensation pendulum; **2.** *su./m* compensator; ✂ trimmer; **compensation** [∼sa'sjɔ̃] *f* compensation; ⊕, ⚡ balancing; handicapping; † *accord m de* ∼ barter agreement; † *caisse f de* ∼ equalization fund; † *chambre f de* ∼ clearing-house; **compenser** [∼'se] (1a) *v/t.* compensate, make up for; ⊕ balance; ⚓ adjust (*a compass*); *sp.* handicap.

compère [kɔ̃'pɛːr] *m eccl.* godfather; *thea.* compère; *fig.* accomplice; F comrade, pal; *bon* ∼ good fellow; **∼-loriot,** *pl.* **∼s-loriots** [∼pɛrlɔ'rjo] *m* sty.

compétence [kɔ̃pe'tɑ̃ːs] *f* competence (*a.* ⚖); skill, ability; **compétent, e** [∼'tɑ̃, ∼'tɑ̃ːt] competent (*a.* ⚖); **compéter** [∼'te] (1f) *v/i.* be within the jurisdiction (of, *à*); belong by right (to, *à*).

compétiteur *m*, **-trice** *f* [kɔ̃peti'tœːr, ∼'tris] competitor, candidate, rival (for, *à*); **compétitif, -ve** [∼'tif, ∼'tiːv] competitive (*prices*); rival; **compétition** [∼'sjɔ̃] *f* competition, rivalry.

compiler [kɔ̃pi'le] (1a) *v/t.* compile.

complainte [kɔ̃'plɛ̃ːt] *f* lament; 👤 complaint; plaintive ballad *or* song.

complaire [kɔ̃'plɛːr] (4z) *v/i.* be pleasing; ∼ *à* please, humo(u)r (*s.o.*); *v/t.*: *se* ∼ take pleasure (in *ger.*, *à inf.*; in s.th., *dans or* en *qch.*); **complaisance** [kɔ̃plɛ'zɑ̃ːs] *f* obligingness, kindness; self-satisfaction, complacency; † *effet m de* ∼ accomodation bill; **complaisant, e** [∼'zɑ̃, ∼'zɑ̃ːt] obliging; self-satisfied, complacent.

complément [kɔ̃ple'mɑ̃] *m* complement (*a.* ✕, *a.* gramm.); gramm. object; **complémentaire** [∼mɑ̃-'tɛːr] complementary (*a.* ⚖); supplementary; further (*information*).

complet, -ète [kɔ̃'plɛ, ∼'plɛt] **1.** *adj.* complete; full (*theatre etc.*); ∼! full up; *hotel*: no vacancies; *thea.* full house; *café m* ∼ continental breakfast; **2.** *su./m* (*a.* ∼-*veston*) suit; *au* (*grand*) ∼ whole, entire; **complètement** [∼plɛt'mɑ̃] **1.** *su./m* completion; ✕ bringing up to strength; **2.** *adv.* completely, thoroughly, utterly; **compléter** [∼ple'te] (1f) *v/t.* complete, fill up; ✕ bring up to strength; replenish (*stores*).

complexe [kɔ̃'plɛks] **1.** *adj.* complex; complicated; *gramm., a.* ⚖ compound; **2.** *su./m* complex; **complexé, e** [∼plɛk'se] **1.** *adj.* suffering from a complex; **2.** *su.* person suffering from a complex.

complexion [kɔ̃plɛk'sjɔ̃] *f* constitution; temperament.

complexité [kɔ̃plɛksi'te] *f* complexity.

complication [kɔ̃plika'sjɔ̃] *f* complication (*a.* 👤); complexity.

complice [kɔ̃'plis] *adj., a. su.* accessory (to, *de*); accomplice (of, *de*); **complicité** [∼plisi'te] *f* complicity; ⚖ aiding and abetting, abetment.

compliment [kɔ̃pli'mɑ̃] *m* compliment; congratulation; flattery; ∼*s pl.* kind regards; **complimenter** [∼mɑ̃'te] (1a) *v/t.* compliment, congratulate (on *de, sur*).

compliqué, e [kɔ̃pli'ke] complicated, elaborate, intricate; 👤 compound (*fracture*); **compliquer** [∼] (1m) *v/t.* complicate; *la maladie s'est compliquée* complications set in.

complot [kɔ̃'plo] *m* plot, conspiracy; *former un* ∼ hatch a plot; **comploter** [∼plɔ'te] (1a) *v/t.* plot, scheme (to *inf., de inf.*); *v/i.* conspire.

componction [kɔ̃pɔ̃k'sjɔ̃] *f* compunction; F *avec* ∼ solemnly.

comportement [kɔ̃pɔrtə'mɑ̃] *m* behavio(u)r; *psych. etc. de* ∼ *behavio(u)ral*; **comporter** [kɔ̃pɔr'te] (1a) *v/t.* consist of, be composed of; comprise, include; *fig.* involve; require; *se* ∼ behave, act.

composant, e [kɔ̃po'zɑ̃, ∼'zɑ̃ːt] *adj., a. su.* component; **composé, e** [∼'ze] **1.** *adj.* compound (*a.* 🐒, *a.* gramm.). 🌸 composite; *fig.* composed; impassive; *être* ∼ *de* be made up of, consist of; **2.** *su./m* compound; **composer** [∼'ze] (1a) *v/t.* make up; set up; form; compose; arrange; *typ.* set; ⚖ find the resultant of; ∼ *son visage* compose one's countenance; *se* ∼ *de* be made up of, consist of; *v/i.* compose music *etc.*; write a composition; come to terms (with, *avec*); **compositeur, -trice** [∼zi'tœːr, ∼'tris] *su.* ♪ composer; *typ.* compositor, type-setter; *su./m typ.* type-setting machine; **composition** [∼zi'sjɔ̃] *f* making-up; setting-up; formation; composition; composing (*a. typ.*); *typ.* typesetting; *school*: essay; examination (paper); *amener q.* à ~ get s.o. to come to terms; *venir à* ~ come to terms.

compost ✔ [kɔ̃'pɔst] *m* compost; **composter** [kɔ̃pɔs'te] (1a) *v/t.* ✔ treat with compost; date *or* punch (*a ticket*); **composteur** [~'tœːr] *m typ.* composing-stick; dating stamp; dating and numbering machine.

compote [kɔ̃'pɔt] *f* stewed fruit; *en* ~ stewed; *fig.* to *or* in a pulp; **compotier** [~pɔ'tje] *m* compote-dish; fruit-dish.

compréhensible [kɔ̃preã'sibl] comprehensible, understandable; **compréhension** [~'sjɔ̃] *f* understanding; **comprendre** [kɔ̃'prãːdr] (4aa) *v/t.* understand; include; F *je comprends!* I see!

compresse ✘ [kɔ̃'prɛs] *f* compress; **compresser** F [kɔ̃prɛ'se] *v/t.* pack; **compresseur** [~'sœːr] *m* compressor; *mot.* supercharger; road-roller; **compressible** [~'sibl] compressible; **compression** [~'sjɔ̃] *f* compressing; ⊕ crushing; repression; ✔ cutback, restriction.

comprimé ✘ [kɔ̃pri'me] *m* tablet; **comprimer** [~] (1a) *v/t.* compress; *fig.* repress; hold back (*emotions etc.*); ✔ cut back (*expenses etc.*).

compris, e [kɔ̃'pri, ~'priːz] 1. *p.p.* of *comprendre*; 2. *adj.* (*inv. before su.*): *non* ~ exclusive of; *service* ~ service included; *tout* ~ all in; *y* ~ including.

compromettre [kɔ̃prɔ'mɛtr] (4v) *v/t.* compromise; endanger, jeopardize; *fig.* implicate; **compromis** [~'mi] *m* compromise (*a.* ✔), arrangement (*a.* ✔); **compromission** [~mi'sjɔ̃] *f* compromising; compromise.

comptabilité ✔ [kɔ̃tabili'te] *f* bookkeeping, accountancy; counting-house; accountancy department; ~ *en partie double (simple)* double (single) entry book-keeping; **comptable** [~'tabl] 1. *adj.* accountable, responsible; 2. *su.* book-keeper, accountant; **comptant** [~'tã] 1. *adj.* *m* ready (*cash*); 2. *su./m* cash, ready money; *au* ~ (*for*) cash; 3. *adv.* in cash, F on the nail; **compte** [kɔ̃ːt] *m* account; count; reckoning; number; *fig.* profit, advantage; ~ *à rebours rocket*: countdown; ~ *bloqué (courant, ouvert)* blocked (current, open) account; ~ *de chèques postaux* postal cheque account; ~

d'épargne savings account; ~ *de virement* clearing-account; ~ *rendu* account, report; *book etc.*: review; *à* ~ *on* account; *fig.* *à bon* ~ cheap; *à ce* ~ in that case; *en fin de* ~ after all; *mettre qch. sur le* ~ *de* ascribe s.th. to; *régler un* ~ settle an account; *se rendre* ~ *de* realize; *tenir* ~ *de qch.* take s.th. into account; **compte-gouttes** [kɔ̃t'gut] *m/inv.* dropper; ⊕ drip-feed lubricator; **compter** [kɔ̃'te] (1a) *v/t.* reckon, count (up); value; ✔ charge; expect; *v/i.* count, rely (on, *sur*); reckon; **compteur** [~'tœːr] *m* meter; register; *person:* counter; ~ *à gaz* gas-meter; ⚡ ~ *de courant* electricity meter; ~ *de Geiger* Geiger counter; *mot.* ~ *de stationnement* parking meter; *mot.* ~ *de vitesse* speedometer; **comptoir** [~'twaːr] *m* ✔ counter; *public house:* bar; ✔ bank; ✔ ~ *d'escompte* discount bank.

compulser [kɔ̃pyl'se] (1a) *v/t.* examine, check (*documents*).

compulsif, -ive [kɔ̃pylsif, -iːv] compulsive. [pute.\]

computer [kɔ̃py'te] (1a) *v/t.* com-∫

comte [kɔ̃ːt] *m* earl; (*non-English*) count; **comté** [kɔ̃'te] *m* county; shire; **comtesse** [~'tɛs] *f* countess.

con, conne *sl.* [kɔ̃, kɔn] 1. *adj.* stupid; *il est* ~ *comme la lune* he is an absolute idiot; 2. *su.* idiot; *à la* ~ stupid, foolish; lousy.

concasser ⊕ [kɔ̃ka'se] (1a) *v/t.* crush, grind, break up; **concasseur** [~'sœːr] *m* breaker, crushing-mill.

concave [kɔ̃'kaːv] concave. [grant.\]

concéder [kɔ̃se'de] (1f) *v/t.* concede, ∫

concentration [kɔ̃sãtra'sjɔ̃] *f* concentration; condensation; *camp m de* ~ concentration camp; **concentré, e** [~'tre] 1. *adj.* *fig.* reserved; abstracted (*look*); 2. *su./m* extract; concentrate; **concentrer** [~'tre] (1a) *v/t.* concentrate (*a.* 🔩); intensify; focus (*light*); *fig.* restrain (*one's feelings*); *se* ~ *sur* be centred upon; **concentrique** ⚡ *etc.* [~'trik] concentric.

concept [kɔ̃'sɛpt] *m* concept; **conceptible** [kɔ̃sɛp'tibl] conceivable; **conceptif, -ve** [~'tif, ~'tiːv] conceptive; conception (*a. fig.*); idea; ~ *du monde* philosophy of life.

concernant [kɔsɛr'nɑ̃] *prp.* concerning, regarding; **concerner** [~'ne] (1a) *v/t.* concern, regard; *en ce qui concerne* ... with regard to ..., as far as ... is concerned; in matters of ...

concert [kɔ'sɛːr] *m* concert; *fig.* agreement; *fig. de* ~ (*avec*) together (with); in unison (with); *agir de* ~ take concerted action; **concertation** [kɔsɛrta'sjɔ̃] *f* consultation(s pl.), dialog(ue); **concerter** [kɔsɛr'te] (1a) *v/t.* (pre)arrange; plan; se ~ concert or work together; **concerto** ♩ [~'to] *m* concerto.

concession [kɔsɛ'sjɔ̃] *f* concession, grant; ~ *à perpétuité grave:* grant in perpetuity; **concessionnaire** [~sjo'nɛːr] **1.** *adj.* concessionary; **2.** *su./m* grantee (*of land*); ✝ licence-holder, concession-holder.

concevable [kɔs'vabl] conceivable; **concevoir** [~'vwaːr] (3a) *v/t.* conceive (*a. physiol., a. fig.*); understand; imagine; word (*a message*).

conchoïde ♀ [kɔ̃kɔ'id] *f* conchoid.

concierge [kɔ̃'sjɛrʒ] *su.* door-keeper; caretaker; *su./m* porter; *su./f* portress; **conciergerie** [~sjɛrʒə'ri] *f* caretaker's lodge; post of caretaker; *a. hist.* ♀ *a prison in Paris.*

conciliable [kɔ̃si'ljabl] reconcilable; **conciliabule** [~lja'byl] *m* secret meeting; *eccl.* conventicle; F confabulation; **conciliant, e** [~'ljɑ̃, ~'ljɑ̃ːt] conciliatory; **conciliateur** *m*, **-trice** *f* [~lja'tœːr, ~'tris] peacemaker; **conciliation** [~lja'sjɔ̃] *f* conciliation; **concilier** [~'lje] (1o) *v/t.* reconcile, conciliate; se ~ gain, win (*s.o.'s esteem etc.*); *fig.* win (*s.o.*) (over); se ~ *avec* agree with.

concis, e [kɔ̃'si, ~'siːz] concise, terse; **concision** [~si'sjɔ̃] *f* concision, terseness, brevity.

concitoyen *m*, **-enne** *f* [kɔ̃sitwa'jɛ̃, ~'jɛn] fellow-citizen.

concluant, e [kɔ̃kly'ɑ̃, ~'ɑ̃ːt] conclusive; **conclure** [~'klyːr] (4g) *v/t.* conclude (*a. a treaty, a. fig.*), finish; *fig.* infer (from, de); ~ *à* conclude in favo(u)r of; **conclusion** [~kly'zjɔ̃] *f* conclusion; end; inference; ⁂ finding; ⁂ ~s *pl.* pleas; case ⁂; ⁂ *déposer des* ~s deliver a statement.

concocter F [kɔ̃kɔk'te] (1a) *v/t.* concoct; work out, devise.   [ber.]

concombre ♀ [kɔ̃'kɔ̃ːbr] *m* cucum-

concomitant, e [kɔ̃kɔmi'tɑ̃, ~'tɑ̃ːt] concomitant.

concordance [kɔ̃kɔr'dɑ̃ːs] *f* concordance (*a. bibl.*); *gramm.* agreement; **concordant, e** [~'dɑ̃, ~'dɑ̃ːt] harmonious; **concordat** [~'da] *m* *eccl.* concordat; ✝ bankrupt's certificate.

concorde [kɔ̃'kɔrd] *f* harmony, concord; **concorder** [~kɔr'de] (1a) *v/i.* concur, agree; ✝ compound with one's creditors.

concourant, e [kɔ̃ku'rɑ̃, ~'rɑ̃t] ♀ *etc.* convergent; concerted (*efforts etc.*); **concourir** [~'riːr] (2i) compete; ~ *à* contribute to, work towards; **concours** [~'kuːr] *m* assistance; help, aid; gathering; competition; competitive examination; show (*of agricultural products, cattle, horses, etc.*); ♀ convergence; ~ *hippique* horse show; *hors* ~ not competing (for prize); *fig.* unequalled, outstanding.

concret, -ète [kɔ̃'krɛ, ~'krɛt] concrete; **concréter** [kɔ̃krɛ'te] (1f) *v/t.* a. se ~ solidify, congeal; **concrétion** [~'sjɔ̃] *f* coagulation; concretion (*a. ♀*).   [cubinage.]

concubinage [kɔ̃kybi'naːʒ] *m* con-**concupiscence** [kɔ̃kypi'sɑ̃ːs] *f* concupiscence, lust; **concupiscent, e** [~'sɑ̃, ~'sɑ̃ːt] concupiscent.

concurremment [kɔ̃kyra'mɑ̃] *adv.* jointly; ✝ in competition; ⁂ *venir* ~ rank equally; **concurrence** [~'rɑ̃ːs] *f* coincidence; competition, rivalry; ~ *déloyale* unfair competition; ✝ *faire* ~ *à* compete with; ✝ *jusqu'à* ~ *de* to the amount of; *sans* ~ unrivalled; **concurrent, e** [~'rɑ̃, ~'rɑ̃ːt] **1.** *adj.* co(-)operating; rival, competing; **2.** *su.* competitor; candidate (*for a post*).

concussion [kɔ̃ky'sjɔ̃] *f* misappropriation of funds; extortion; **concussionnaire** [~sjo'nɛːr] **1.** *adj.* guilty of misappropriation *or* extortion; **2.** *su.* official guilty of misappropriation *or* extortion.

condamnable [kɔ̃da'nabl] blameworthy; criminal; guilty; **condamnation** [~na'sjɔ̃] *f* condemnation; ⁂ sentence; ⁂ conviction; ⁂ *à vie* life sentence; **condamner** [~'ne] (1a) *v/t.* condemn; ⁂ sentence; ⁂ convict; *fig.* blame, censure; ⚠ block up; board up (*a window*).

condensateur ⚡ *etc.* [kɔ̃dɑ̃saˈtœːr]
m condenser; ~ à plaques plate condenser; **condensé** [~ˈse] *m journ.*
digest; précis; sum-up; **condenser**
[~ˈse] (1a) *v/t.* condense; **condenseur** ⊕ [~ˈsœːr] *m* condenser.

condescendance [kɔ̃desɑ̃ˈdɑ̃ːs] *f*
condescension; *avec* ~ condescend-
ing(ly *adv.*); **condescendre** [~-
ˈsɑ̃ːdr] (4a) *v/i.* condescend (to *inf.*, à
inf.); comply (with, à).

condiment [kɔ̃diˈmɑ̃] *m* condiment;
seasoning.

condisciple [kɔ̃diˈsipl] *m* schoolfel-
low; fellow-student.

condition [kɔ̃diˈsjɔ̃] *f* condition (*a.
sp.*); circumstances *pl.*; rank; ~s *pl.*
terms; ~s *de travail* working conditions; ~ *préalable* condition precedent; à ~ on condition, ✝ on approval; à ~ que provided *or* providing
(that); *mettre en* ~ *sp. etc.* make fit;
fig. condition; **conditionné, e**
[kɔ̃disjɔˈne] in ... condition; ⚡, *phls.*
conditioned; **conditionnel, -elle**
[~ˈnɛl] *adj.*, *a.* gramm. *su./m* con-
ditional; **conditionner** [~ˈne] (1a)
v/t. condition (*the air, wool, etc., a.
fig.*); ✝ package.

condoléance [kɔ̃dɔleˈɑ̃ːs] *f* condo-
lence; *sincères* ~s *pl.* deepest sympathy *sg.*

conductance ⚡ [kɔ̃dykˈtɑ̃ːs] *f* conductivity; **conducteur, -trice** [~-
ˈtœːr, ~ˈtris] 1. *adj.* ⚡ conducting; ⊕
driving; 2. *su.* leader; *mot. etc.*
driver; ⊕ guard, *Am.* conductor;
su./m ⚡, *phys.* conductor; ⚡ main;
conductibilité ⚡, *phys.* [~tibiliˈte] *f*
conductivity; **conductible** [~ˈtibl]
conductive; **conduction** [~ˈsjɔ̃] *f*
conduction; **conduire** [kɔ̃ˈdɥiːr]
(4h) *v/t.* conduct (*a. ♪, ⊕*); lead (to
à); *mot.* steer (*a. ♣*), drive; ✝
manage, run; *mot. permis m de* ~
driving licence, *Am.* driver's license;
se ~ behave; **conduisis** [~dɥiˈzi] *1st
p. sg. p.s. of conduire*; **conduisons**
[~dɥiˈzɔ̃] *1st p. pl. pres. of conduire*;
conduit, e [~ˈdɥi, ~ˈdɥit] 1. *p.p. of
conduire*; 2. *su./m* conduit, pipe,
passage; *anat.* duct; ~ *principal* main;
~ *souterrain* culvert; drain; *su./f*
guidance; *vehicle*: driving; command, management; ⊕ pipe; *fig.*
behavio(u)r; *mot.* ~ à *gauche* (à droite)
left-hand (right-hand) drive; ~ *d'eau*
water-main; channel; ~ *de gaz* gas-

piping; ~ *d'huile* oilduct; *mot.* ~ *en
état d'ivresse* drunken driving.

cône [koːn] *m* cone; ⊕ *a.* bell; ♣ ~ *de
charge torpedo*: war-head; *en* ~
tapering.

confection [kɔ̃fɛkˈsjɔ̃] *f* making;
manufacture; ✝ ready-made clothes
pl.; ⚕ confection; *cost. de* ~ ready-
made; **confectionner** [~sjɔˈne] (1a)
v/t. make (up) (*a.* ✝ *a balance-sheet*);
manufacture; **confectionneur** *m*,
-euse *f* [~sjɔˈnœːr, ~ˈnøːz] manufacturer; ✝ ready-made clothier.

confédération [kɔ̃federaˈsjɔ̃] *f* (con-)
federation; **confédéré, e** [~ˈre]
1. *adj.* confederate; 2. *su.* confederate; *su./m: hist. Am. les* ~s *pl.* the
Confederates; **confédérer** [~ˈre]
(1f) *v/t. a. se* ~ confederate, unite.

conférence [kɔ̃feˈrɑ̃ːs] *f* conference;
univ. lecture; ~ *avec projections*
lantern lecture; ~ *de presse* press
conference; *univ.* ~s *pl.* seminar
sg.; *univ. maître m de* ~s
lecturer; **conférencier** *m*, -ère *f*
[~rɑ̃ˈsje, ~ˈsjɛːr] member of a conference; lecturer, speaker; **conférer** [~ˈre] (1f) *v/t.* compare (*texts*)
confer (*a degree*); *typ.* check
(*proofs*); *v/i.* confer (with, *avec*);
~ *de* talk about (*s.th.*); talk (*s.th.*)
over.

confesse *eccl.* [kɔ̃ˈfɛs] *f* confession;
confesser [kɔ̃feˈse] (1a) *v/t.* confess (*a. eccl.*); admit; *c'est le diable*
à ~ this is the dickens of a job;
eccl. se ~ confess, go to confession;
confesseur *eccl., a. hist.* [~ˈsœːr] *m*
confessor; **confession** [~ˈsjɔ̃] *f*
confession (*a. eccl.*); admission;
confessionnal *eccl.* [~sjɔˈnal] *m*
confessional(-box); **confessionnel,
-elle** [~sjɔˈnɛl] confessional, denominational.

confiance [kɔ̃ˈfjɑ̃ːs] *f* confidence,
trust, reliance; ~ *en soi* self-confidence; *avoir* ~ *en, faire* ~ à have
confidence in, trust; *homme m de* ~
reliable man; confidential agent;
confiant, e [~ˈfjɑ̃, ~ˈfjɑ̃ːt] confident,
trusting; **confidence** [~ˈdɑ̃ːs] *f* confidence, secret; **confident** [~ˈdɑ̃] *m*
confidant; **confidente** [~ˈdɑ̃ːt] *f*
confidante; **confidentiel, -elle**
[~dɑ̃ˈsjɛl] confidential; **confier**
[kɔ̃ˈfje] (1o) *v/t.* entrust; *fig.* confide;
se ~ à put faith in; rely on; *se* ~ *en q.*
put one's trust in s.o.; confide in s.o.

configuration [kõfigyra'sjõ] *f* configuration (*a. astr.*); lie (*of the land*).
confiner [kõfi'ne] (1a) *v/i.* border (on, *à*); *v/t.* shut (*s.o.*) up (in, *dans*) (*a. fig.*); se ~ seclude o.s.; **confins** [~'fɛ̃] *m/pl.* confines (*a. fig.*), limits.
confire [kõ'fi:r] (4i) *v/t.* preserve (*fruit*); candy (*peels*); pickle (in salt *or* vinegar); steep (*skins*).
confirmatif, -ve [kõfirma'tif, ~'ti:v] corroborative; confirmative; **confirmation** [~ma'sjõ] *f* confirmation (*a. ⚖, eccl., etc.*); **confirmer** [~'me] (1a) *v/t.* confirm (*a. eccl.*); bear out, corroborate.
confis [kõ'fi] *1st p. sg. pres. and p.s. of confire.*
confiscable [kõfis'kabl] liable to seizure *or* confiscation; **confiscation** [~ka'sjõ] *f* confiscation; seizure, forfeiture.
confiserie [kõfiz'ri] *f* confectionery; confectioner's (shop); **confiseur** *m*, **-euse** *f* [~fi'zœ:r, ~'zø:z] confectioner; **confisons** [~fi'zõ] *1st p. pl. pres. of confire.*
confisquer [kõfis'ke] (1m) *v/t.* confiscate, seize.
confit, e [kõ'fi, ~'fit] **1.** *p.p. of confire*; **2.** *adj. cuis.* preserved; candied; *fig.* ~ dans (*or* en) steeped in, full of; **confiture** [~fi'ty:r] *f* jam, preserve; F soft soap.
conflagration [kõflagra'sjõ] *f* conflagration, blaze.
conflit [kõ'fli] *m* conflict; clash; ✝ ~ salarial wages dispute; ✝ ~ social industrial dispute.
confluent, e [kõfly'ã, ~'ã:t] **1.** *adj. ⚕, ♀* confluent; **2.** *su./m* confluence, meeting.
confondre [kõ'fõ:dr] (4a) *v/t.* confound (*a. fig.*); (inter)mingle; *fig.* confuse; *fig.* disconcert; se ~ blend; be lost; be confused.
conformation [kõfɔrma'sjõ] *f* conformation, structure; **conforme** [~'fɔrm] conformable; true; consonant (with, *à*); identical (with, *à*); ⚖ pour copie ~ certified true copy; **conformément** [kõfɔrme'mã] *adv.* in accordance with, *à*); **conformer** [~'me] (1a) *v/t.* shape, form; *fig.* conform (to, *à*); ✝ ~ les écritures agree the books; se ~ à conform to, comply with; **conformité** [~mi'te] *f* conformity (with, *avec*,

to, *à*); agreement, accordance (with, *avec*).
confort [kõ'fɔ:r] *m* comfort; *mot.* pneu *m* ~ balloon tyre; **confortable** [~fɔr'tabl] comfortable, considerable; **conforter** [~fɔr'te] (1a) *v/t.* strengthen, reinforce; confirm.
confraternité [kõfraterni'te] *f* confraternity; (good) fellowship; **confrère** [~'frɛ:r] *m* colleague; fellow (-teacher, -doctor, *etc.*); **confrérie** *eccl.* [~fre'ri] *f* confraternity.
confrontation [kõfrõta'sjõ] *f* ⚖ confrontation; ⚖ identification; *texts*: comparison; **confronter** [~'te] (1a) *v/t.* confront (with *à*, *avec*); compare (*texts*).
confus, e [kõ'fy, ~'fy:z] confused (*a. fig.*); indistinct (*noise, sight*); obscure (*style*); *fig.* ashamed; **confusément** [kõfyze'mã] *adv.* confusedly; indistinctly; F in a jumble; **confusion** [~'zjõ] *f* confusion, disorder; *fig.* embarrassment; *dates, names, etc.*: mistake; ♫ (*mental*) aberration.
congé [kõ'ʒe] *m* leave (*a. ⚔*); holiday; dismissal, notice (to quit, of dismissal, *etc.*); ⚔, ⚓ discharge; *admin.* permit; △ congé; ~ de maladie sick leave; ~ de maternité maternity leave; ~s scolaires *pl.* school holidays (*Am. vacation*); ~ payé paid holidays *pl.* (*Am. vacation*); deux jours *m/pl.* de ~ two days off, two days' holiday; donner (son) ~ à q. give s.o. notice; prendre ~ de take leave of; **congédiable** [kõʒe'djabl] due for *or* liable to dismissal; **congédier** [~'dje] (1o) *v/t.* dismiss; ⚔, ⚓ discharge; ⚓ pay off; ⚔ disband (*troops*).
congelable [kõʒ'labl] freezable; **congélateur** [kõʒela'tœ:r] *m* freezer; **congélation** [kõʒela'sjõ] *f* freezing; setting; ⚕, ♀ frost-bite; **congelé, e** [kõʒ'le] frozen; chilled (*meat*); **congeler** [~] (1d) *v/t. a.* se ~ freeze (*a.* ✝ *credits*); congeal; F solidify.
congénère [kõʒe'nɛ:r] **1.** *adj. biol.* congeneric; *anat.* congenerous; **2.** *su./m biol.* congener; *fig.* lui et ses ~s he and his like.
congénital, e [kõʒeni'tal, ~'to] *m/pl.* **-aux** congenital.
congestion [kõʒes'tjõ] *f* congestion; ~ pulmonaire pneumonia; **con-**

gestionner [‿tjɔ'ne] (1a) *v/t.* ⚕ congest; *fig.* flush (*s.o.'s face*).

conglomérat [kõglɔme'ra] *m geol.* pudding-stone; ⚙ cemented gravel; **conglomération** [‿ra'sjõ] *f* conglomeration; **conglomérer** [‿'re] (1f) *v/t. a. se ~* conglomerate.

conglutiner ⚕ [kõglyti'ne] (1a) *v/t. a. se ~* conglutinate.

congratuler [kõgraty'le] (1a) *v/t.* congratulate.

congréganiste *eccl. hist.* [kõgrega'nist] *su.* member of the Congregation; **congrégation** *eccl.* [‿'sjõ] *f* community; *protestantism:* congregation; brotherhood; *College of Cardinals:* committee; *hist.* the Congregation.

congrès [kõ'grɛ] *m* congress; **congressiste** [‿grɛ'sist] *su.* member of a congress; *su./m Am.* Congressman.

congru, e [kõ'gry] adequate; suitable; *eccl.* congruous; *fig.* portion *f ~e* short allowance; bare living; **congruent, e** [‿gry'ã, ‿'ã:t] congruent (with, *à*).

conicité [kɔnisi'te] *f* conical shape; *bullet:* taper; **conifère** ♀ [‿'fɛ:r] **1.** *adj.* coniferous; **2.** *su./m: ~s pl.* conifers; **conique** [kɔ'nik] **1.** *adj.* conical; conic; ⊕ coned, tapering; ⊕ bevel (*gearing, pinion*); **2.** *su./f* Å (*a. section f ~*) conic section.

conjecture [kõʒɛk'ty:r] *f* surmise, guess; **conjecturer** [‿ty're] (1a) *v/t.* surmise, guess.

conjoint, e [kõ'ʒwɛ̃, ‿'ʒwɛ̃:t] **1.** *adj.* united, joint; ⚖ married; Å *règle f ~e* chain-rule; **2.** *su./m* spouse; *~s pl.* husband and wife.

conjonctif, -ve [kõʒõk'tif, ‿'ti:v] conjunctive (*a. gramm.*); *anat.* connective; **conjonction** [‿'sjõ] *f* conjunction (*a. gramm., astr.*); union; **conjonctive** *anat.* [‿'ti:v] *f* conjunctiva; **conjonctivite** ⚕ [‿ti'vit] *f* conjunctivitis; **conjoncture** [‿'ty:r] *f* (set or combination of) circumstances *pl.*; *~ (économique)* economic situation; ♀ *haute ~* boom; **conjoncturel, -le** [‿ty'rɛl] cyclical, of the economic situation.

conjugaison [kõʒygɛ'zõ] *f gramm., biol., etc.* conjugation; pairing (*of guns etc.*).

conjugal, e, *m/pl.* **-aux** [kõʒy'gal, ‿'go] conjugal.

conjuguer [kõʒy'ge] (1m) *v/t. gramm.* conjugate; pair (*guns etc.*).

conjungo F [kõʒõ'go] *m* marriage (formula).

conjurateur [kõʒyra'tœ:r] *m* magician; **conjuration** [‿'sjõ] *f* conspiracy, plot; exorcism; F *~s pl.* entreaties; **conjuré m, e f** [kõʒy're] conspirator; **conjurer** [‿] (1a) *v/t.* conspire, plot; exorcise (*spirits*); entreat (s.o. to *inf.*, q. de *inf.*); se ~ conspire (together).

connais [kɔ'nɛ] *1st p. sg. pres. of* connaître; **connaissable** [kɔnɛ'sabl] recognizable (by, à); *phls.* cognizable; **connaissance** [‿'sã:s] *f* knowledge, learning; acquaintance (*a. person*); ⚖ cognizance; ⚕ consciousness; *en ~ de cause* on good grounds, advisedly; **connaissement** ⚓ [kɔnɛs'mã] *m* bill of lading; *~ direct* through bill of lading; **connaisseur, -euse** [‿nɛ'sœ:r, ‿'sø:z] **1.** *adj.* (of an) expert; **2.** *su.* connoisseur; expert; **connaissons** [‿nɛ'sõ] *1st p. pl. pres. of* connaître; **connaître** [‿'nɛ:tr] (4k) *v/t.* know (*a. bibl.*); be aware of; understand; experience; *s'y or se ~ en qch.* know all about s.th.; be an expert in s.th.; *v/i.:* ⚖ *~ de* take cognizance of; deal with; *faire ~ q. à* introduce s.o. to.

connard m, e f *sl.* [kɔ'na:r, ‿'nard], **connasse** [‿'nas] *f* idiot, goddamn fool.

connecter [kɔnɛk'te] (1a) *v/t.* connect (to, with *avec*); **connectif, -ve** [‿'tif, ‿'ti:v] **1.** *adj. anat.* connective; **2.** *su./m* ♀ connective.

connexe [kɔ'nɛks] connected; **connexion** [kɔnɛk'sjõ] *f* connection (*a. ⚡*); ⚡ lead; *by* ⚡ connex; ⊕ *~ directe* positive drive; **connexité** [‿si'te] *f* connexity, relationship.

connivence [kɔni'vã:s] *f* complicity, connivance.

conoïde Å [kɔnɔ'id] *adj., a. su./m* conoid.

connu, e [kɔ'ny] *p.p. of* connaître; **connus** [‿] *1st p. sg. p.s. of* connaître.

conque [kõ:k] *f* conch; *anat.* external ear; ⚗ apse; ⊕ delivery space.

conquérant, e [kõke'rã, ‿'rã:t] **1.** *adj.* conquering; *fig.* swaggering; **2.** *su.* conqueror, victor; **conquérir** [‿'ri:r] (21) *v/t.* conquer; *fig.* win;

conquête [kɔ̃'kɛːt] f conquest; **conquis, e** [~'ki, ~'kiːz] p.p. of conquérir.

consacrer [kɔ̃sa'kre] (1a) v/t. consecrate (a. fig.); devote (energies); hallow (the memory etc.); expression f consacrée stock phrase, cliché.

consanguin, e [kɔ̃sɑ̃'gɛ̃, ~'gin] consanguineous; half-(brother etc.); inbred (horse etc.); **consanguinité** [~gini'te] f ♯ consanguinity; inbreeding.

conscience [kɔ̃'sjɑ̃ːs] f consciousness; conscience; ~ de soi self-awareness; perdre (reprendre) ~ lose (regain) consciousness; avoir bonne (mauvaise) ~ have a clear (bad) conscience; avoir ~ de be aware of; **consciencieux, -euse** [~sjɑ̃'sjø, ~'sjøːz] conscientious; **conscient, e** [~'sjɑ̃, ~'sjɑ̃ːt] conscious, aware (of, de).

conscription ✗ [kɔ̃skrip'sjɔ̃] f conscription, Am. draft; **conscrit** [~'kri] m ✗ conscript, Am. draftee; fig. novice. [secration.]

consécration [kɔ̃sekra'sjɔ̃] f con-⌡

consécutif, -ve [kɔ̃seky'tif, ~'tiːv] consecutive; ~ à following upon.

conseil [kɔ̃'sɛːj] m advice; committee, board; ♯ counsel; ✝ ~ d'administration board of directors; ✗, ⚓ ~ de guerre council of war; court-martial; ~ d'employés works committee; ~ d'entreprise works council; pol. ~ de sécurité Security Council; pol. ~ des ministres Cabinet; ✝ ~ de surveillance board of trustees; admin. ~ général county council; ♯ ~ judiciaire guardian; ingénieur-~ m consulting engineer; président m du ♀ Premier, Prime Minister; **conseiller** [~sɛ'je] 1. (1a) v/t. advise; recommend; 2. su./m adviser; admin. councillor; ~ d'orientation professionnelle careers adviser, vocational guidance counsellor; ~ économique economic adviser; ~ général county councillor; ~ municipal town or city councillor.

consensus [kɔ̃sɛ̃'sys] m consensus.

consentement [kɔ̃sɑ̃t'mɑ̃] m consent, assent; du ~ de tous by universal consent; par ~ mutuel by mutual consent; **consentir** [~sɑ̃'tiːr] (2b) v/i. consent (to, à), agree (with, à); ⊕ yield (beam); v/t. authorize; grant; accept (an opinion).

conséquence [kɔ̃se'kɑ̃ːs] f consequence, result; importance; de ~ of importance, important; en ~ consequently; en ~ de in consequence of; **conséquent, e** [~'kɑ̃, ~'kɑ̃ːt] 1. adj. consistent; following; 2. su./m ♀, gramm., phls. consequent; par ~ consequently.

conservable [kɔ̃sɛr'vabl] that will keep (food); **conservateur, -trice** [~va'tœːr, ~'tris] 1. adj. preservative; pol. Conservative; 2. su. keeper, curator, guardian; pol. Conservative; **conservation** [~va'sjɔ̃] f preservation; **conservatisme** [~va'tism] m conservatism; **conservatoire** [~va'twaːr] 1. adj. preservative, of conservation; 2. su./m school, academy (of music etc.); conservatoire, Am. conservatory.

conserve¹ ⚓ [kɔ̃'sɛrv] f convoy; naviguer de ~ sail in company.

conserve² [kɔ̃'sɛrv] f preserve; tinned food; **conserver** [~sɛr've] (1a) v/t. preserve, keep; fig. maintain; se ~ keep (food); bien conservé well-preserved.

considérable [kɔ̃side'rabl] considerable; extensive; fig. important; **considération** [~ra'sjɔ̃] f consideration; attention; motive; esteem; **considérer** [~'re] (1f) v/t. consider; contemplate; regard; hautement considéré highly respected; bien considéré well-thought-of.

consignataire [kɔ̃siɲa'tɛːr] m ✝ consignee; ♯ trustee; depositary; **consignateur** m, **-trice** f [~'tœːr, ~'tris] consignor; shipper; **consignation** [~'sjɔ̃] f ✝ consignment; deposit; ♯ Caisse f des dépôts et ~s Deposit and Consignment Office; stock m en ~ goods pl. on consignment; **consigne** [kɔ̃'siɲ] f order, instructions pl.; ✗, ⚓ order-board; ✗ password; ✗, ⚓ confinement; school: detention; ✗ guardroom; 🚂 left-luggage office, Am. baggage room, checkroom; ✝ deposit (on a bottle etc. sur); **consigner** [~si'ɲe] (1a) v/t. deposit; ✝ consign; ✝ put a deposit on (a bottle etc.); ✗ confine to barracks; school: detain (a pupil); close, put out of bounds; 🚂 put in the left-luggage office, Am. check (baggage); ~ (par écrit) set down, record, register; ~ sa porte à q. not to be at home to s.o.

consistance [kõsis'tã:s] *f* consistency; firmness; *fig.* standing, credit; **consister** [~'te] (1a) *v/i.* consist (of en, dans).

consolant, e [kõso'lã, ~'lã:t] *see* consolateur 1; **consolateur, -trice** [~la'tœ:r, ~'tris] 1. *adj.* consoling, comforting; 2. *su.* consoler, comforter; **consolation** [~la'sjõ] *f* consolation, comfort.

console [kõ'sɔl] *f* ♪, Δ, *a.* table: console.

consoler [kõso'le] (1a) *v/t.* console, comfort.

consolider [kõsɔli'de] (1a) *v/t.* consolidate (*a.* ✝); Δ brace (*a wall*); fund (*a debt*); ✝ unite, heal (*a fracture etc.*); se ~ grow firm; ✝ unite, heal.

consommateur *m*, **-trice** *f* [kõsoma'tœ:r, ~'tris] consumer; *café etc.:* customer; **consommation** [~ma'sjõ] *f* consumption; ✕, ♣ expenditure; consummation (*a. of marriage*); *café:* drink; ✝ biens *m/pl.* de ~ consumer goods; *mot.* concours *m* de ~ economy run; *impôt m* sur la ~, taxe *f* de ~ purchase tax; ✝ société *f* coopérative de ~ co(-)operative stores *pl.*; **consommé, e** [~'me] 1. *adj.* consummate (*skill*); 2. *su./m cuis.* stock; clear soup, broth; **consommer** [~'me] (1a) *v/t.* consummate (*a. marriage*); accomplish; consume, use up.

consomption [kõsõp'sjõ] *f* consumption; destruction (*by fire*); ✝ decline.

consonance ♪, *gramm.* [kõso'nã:s] *f* consonance; **consonant, e** *♪,* *gramm.* [~'nã, ~'nã:t] consonant; **consonne** *gramm.* [kõ'sɔn] *f* consonant.

consort [kõ'sɔ:r] *m* consort; ~s *pl.* associates, confederates; *prince m* ~ prince consort; **consortium** [~sɔr'sjɔm] *m* consortium.

conspirateur, -trice [kõspira'tœ:r, ~'tris] 1. *adj.* conspiring; 2. *su.* conspirator; **conspiration** [~ra'sjõ] *f* conspiracy, plot; **conspirer** [~'re] (1a) *v/i.* conspire (*a. fig.*), plot; *fig.* tend.

conspuer [kõs'pɥe] (1a) *v/t.* decry; *thea. etc.* boo; *sp.* barrack.

constamment [kõsta'mã] *adv.* steadfastly; continually, constantly; **constance** [~'tã:s] *f* constancy;

steadiness; perseverance; **constant, e** [~'tã, ~'tã:t] 1. *adj.* constant; invariable (*a.* ⍥); steadfast; patent (*fact*); 2. *su./f* ♪, *phys.* constant.

constat [kõs'ta] *m* certified *or* official report; established fact; ⚖ ~ d'huissier affidavit made by processserver; **constatation** [kõsta'sjõ] *f* establishment, finding (*of facts*); certified statement; proof (*of identity*); **constater** [~'te] (1a) *v/t.* establish, ascertain; record, state; certify (*s.o.'s death*); note.

constellation [kõstella'sjõ] *f* constellation; **constellé, e** [~'le] spangled; studded; **consteller** [~'le] (1a) *v/t.* constellate; stud (*with jewels*).

consternation [kõsterna'sjõ] *f* consternation, dismay; **consterner** [~'ne] (1a) *v/t.* (fill with) dismay.

constipation ✝ [kõstipa'sjõ] *f* constipation; **constiper** ✝ [~'pe] (1a) *v/t.* constipate.

constituant, e [kõsti'tɥã, ~'tɥã:t] 1. *adj.* constituent (*a. pol.*); component; 2. *su.* ⚖ constituent; ⚖ dowry, annuity; grantor; *pol.* elector; *su./m* constituent part; *pol.* member of the Constituent Assembly (*1789*); *su./f* ♀e the Constituent Assembly (*1789*); **constituer** [~'tɥe] (1n) *v/t.* constitute; establish; appoint; settle; ⚖ empanel (*the jury*); set up, institute (*a committee*); **constitutif, -ve** [~ty'tif, ~'ti:v] constituent; ⚖ constitutive; **constitution** [~ty'sjõ] *f* ✝, *pol.* constitution; establishing; formation; composition (*a.* ⚗); ⚖ briefing (*of a lawyer*); **constitutionnel, -le** [~tysjo'nɛl] constitutional.

constricteur *physiol.,* *a. zo.* [kõstrik'tœ:r] *adj., a. su./m* constrictor; **constrictif, -ve** [~'tif, ~'ti:v] constrictive.   [constringent.]

constringent, e ✝ [kõstrɛ̃'ʒã,~'ʒã:t]|

constructeur [kõstryk'tœ:r] *m* builder, constructor; engineer; ~ de maisons (master-)builder; ~ mécanicien manufacturing engineer; **construction** [~'sjõ] *f* construction (*a.* Δ, ⚥, *gramm.*); building; structure; de ~ française Frenchbuilt; en ~ on the stocks (*boat*); société *f* de ~ building society; **construire** [kõs'trɥi:r] (4h) *v/t.* construct (*a.* Δ, ⚥, *gramm., a. fig.*);

build; **construisis** [ˌtrɥiˈzi] *1st p. sg. p.s. of construire*; **construisons** [ˌtrɥiˈzɔ̃] *1st p. pl. pres. of construire*; **construit, e** [ˈtrɥi, ˈtrɥit] *p.p. of construire*.

consul [kɔ̃ˈsyl] *m* consul; **consulaire** [kɔ̃syˈlɛːr] consular; **consulat** [ˈla] *m* consulate.

consultant, e [kɔ̃sylˈtã, ˈtãːt] **1.** *adj.* consulting, consultant; *avocat m* ~ chamber counsel; **2.** *su.* consulter; *⚜* consultant; **consultatif, -ve** [ˌta'tif, ˈtiːv] advisory, consulting; **consultation** [ˌtaˈsjɔ̃] *f* consultation, conference; *⚜* opinion; **consulter** [ˈte] (1a) *v/t.* consult; se ~ consider; *v/i.*: *⚜* ~ *avec* hold a consultation with.

consumer [kɔ̃syˈme] (1a) *v/t.* consume; devour; burn; *fig.* se ~ waste away; **consumérisme** [ˌmeˈrism] *m* consumerism.

contact [kɔ̃ˈtakt] *m* contact (a. *⚡ etc.*); *⚡* ~ *à fiche* plug; *⚡* F ~ *de terre* earth; *mot. clef f de* ~ ignition key; *entrer en* ~ *avec* get in touch with; **contacter** [ˌtakˈte] (1a) *v/t.* contact; **contacteur** *⚡* [ˌtakˈtœːr] *m* circuit-maker; contact-maker.

contage [kɔ̃ˈtaːʒ] *m* contagium; **contagieux, -euse** [kɔ̃taˈʒjø, ˈʒjøːz] *⚜* contagious; infectious; catching; **contagion** *⚜* [ˈʒjɔ̃] *f* contagion; infection.

contaminer [kɔ̃tamiˈne] (1a) *v/t. ⚜* infect; contaminate.

conte [kɔ̃ːt] *m* story, tale.

contemplatif, -ve [kɔ̃tãplaˈtif, ˈtiːv] **1.** *adj.* contemplative; **2.** *su.* dreamer; **contempler** [ˈple] *v/t.* contemplate; *fig.* meditate upon; *v/i.* meditate.

contemporain, e [kɔ̃tãpoˈrɛ̃, ˈrɛn] *adj., a. su.* contemporary.

contenance [kɔ̃tˈnãːs] *f* capacity; content(s *pl.*); *fig.* bearing, countenance; **conteneur** **✝** [ˈnœːr] *m* container; **contenir** [ˈniːr] (2h) *v/t.* contain, hold (a. *⚒*); *fig.* control, restrain; se ~ control o.s., keep one's temper.

content, e [kɔ̃ˈtã, ˈtãːt] **1.** *adj.* content(ed); pleased, happy; **2.** *su./m* F sufficiency; *tout son* ~ to one's heart's content; **contentement** [ˌtãtˈmã] *m* contentment, satisfaction; **contenter** [ˌtãˈte] (1a) *v/t.* content,

satisfy; se ~ make do, be content (with, de).

contentieux, -euse [kɔ̃tãˈsjø, ˈsjøːz] **1.** *adj.* contentious; **2.** *su./m 🜄* matters *pl.* in dispute; **✝**, *admin.* legal department; **contention** [ˈsjɔ̃] *f* application; *⚜* holding; ✝ dispute.

contenu [kɔ̃tˈny] *m* content(s *pl.*).

conter [kɔ̃ˈte] (1a) *v/t.* tell, relate; *en* ~ *à q.* pull s.o.'s leg; *en* ~ *de belles* tell tall stories (about, sur).

contestable [kɔ̃tɛsˈtabl] debatable, questionable; **contestataire** *pol.* [ˌtaˈtɛːr] **1.** *adj.* anti-establishment; **2.** *su.* protester; **contestation** [ˌtaˈsjɔ̃] *f* dispute; *pol.* anti-establishment movement; **contester** [ˈte] (1a) *vt/i.* dispute; *pol.* protest.

conteur *m*, **-euse** [kɔ̃ˈtœːr, ˈtœːz] narrator; story-teller; *fig.* romancer, F bit of a liar.

contexte [kɔ̃ˈtɛkst] *m* context; 🜄 text (*of a deed etc.*); **contextuel, -le** [ˌtɛkstyˈɛl] contextual.

contigu, -guë [kɔ̃tiˈgy] adjoining; adjacent (a. *⚒*); **contiguïté** [ˌgɥiˈte] *f* contiguity, adjacency.

continence [kɔ̃tiˈnãːs] *f* continence, continency; **continent, e** [ˈnã, ˈnãːt] **1.** *adj.* continent, chaste; unintermitting (*fever*); **2.** *su./m geog.* continent; mainland; **continental, e,** *m/pl.* **-aux** [ˌnãˈtal, ˈto] continental.

contingence [kɔ̃tɛ̃ˈʒãs] *f phls.* contingency; *les* ~s incidents; chance happenings.

contingent, e [kɔ̃tɛ̃ˈʒã, ˈʒãːt] **1.** *adj.* contingent; **2.** *su./m* quota; ration, allowance; **contingentement** [ˌʒãtˈmã] *m* quota system; **contingenter** [ˌʒãˈte] (1a) *v/t.* fix quotas for.

continu, e [kɔ̃tiˈny] **1.** *adj.* continuous (a. *⚒ function*), continual; uninterrupted, unbroken; *⚡* direct (*current*); *⚡* continued (*fraction*); **2.** *su./m phys.* continuum; **continuation** [ˌnɥaˈsjɔ̃] *f* continuation; *weather:* long spell; *war etc.:* carrying on; **continuel, -elle** [ˈnɥɛl] continual, unceasing; **continuer** [ˈnɥe] (1n) *vt/i.* continue; carry on; extend; *v/i.:* ~ *à* (*inf.*) continue (*ger.*), continue to (*inf.*); *v/t.* prolong; **continuité** [ˌnɥiˈte] *f* continuity; uninterrupted connection; **conti-**

nûment [ˌny'mɑ̃] adv. continuously, without a break.

contorsion [kɔ̃tɔr'sjɔ̃] f contortion; ⚕ distortion; faire des ~s pull a wry face.

contour [kɔ̃'tu:r] m contour, outline; town: circuit; **contourner** [ˌtur'ne] (1a) v/t. outline; go round; by-pass (a town); distort (one's face); F get round (the law).

contraceptif, -ive [kɔ̃trasep'tif, ~'ti:v] adj., a. su./m contraceptive; **contraception** [~'sjɔ̃] f contraception.

contractant, e [kɔ̃trak'tɑ̃, ~'tɑ̃:t] 1. adj. contracting; 2. su. contracting party; **contracter** [~'te] (1a) v/t. contract (debt, habit, illness, marriage, etc.); incur (debts); catch (cold); **contractile** physiol. [~'til] contractile; **contraction** [~'sjɔ̃] f contraction; road: narrowing.

contractuel, -elle [kɔ̃trak'tɥɛl] 1. adj. contractual; 2. su. employee on contract; traffic warden, f a. F meter maid.

contradicteur [kɔ̃tradik'tœ:r] m contradictor; opponent; **contradiction** [~'sjɔ̃] f contradiction; opposition; **contradictoire** [~'twa:r] contradictory; inconsistent; conflicting (with, à); jugement m ~ judgment given after a full hearing.

contraindre [kɔ̃'trɛ̃:dr] (4m) v/t. compel, force; coerce; fig. restrain (one's feelings etc.); se ~ restrain o.s.; **contraint, e** [~'trɛ̃, ~'trɛ̃:t] 1. adj. cramped (position, style); forced (smile); stiff (manner); 2. su./f compulsion, constraint; embarrassment; par ~e under duress; sans ~e freely.

contraire [kɔ̃'trɛ:r] 1. adj. contrary, opposite (to, à); averse; en sens ~ in the opposite direction; 2. su./m contrary, opposite; au ~ on the contrary.

contralto ♪ [kɔ̃tral'to] m contralto.

contrariant, e [kɔ̃tra'rjɑ̃, ~'rjɑ̃:t] provoking; tiresome; vexatious; **contrarier** [~'rje] (1o) v/t. thwart, oppose; annoy, vex; contrast; **contrariété** [~rie'te] f difficulty; annoyance, vexation; clash (of colours, interests, etc.).

contraste [kɔ̃'trast] m contrast; **contraster** [~tras'te] (1a) vt/i. contrast.

contrat [kɔ̃'tra] m contract; marriage: settlement; passer un ~ enter into an agreement.

contravention [kɔ̃travɑ̃'sjɔ̃] f infringement; mot. parking ticket or fine.

contre [kɔ̃:tr] 1. prp. against; contrary to; (in exchange) for; ⚖, sp. versus; ~ son gré against his will; dix ~ un ten to one; 2. adv. against; near; tout ~ close by; 3. su./m box. counter; cards: double; le pour et le ~ the pros pl. and the cons pl.; règlement m par ~ settlement per contra.

contre... [kɔ̃tr(ə)] counter...; anti...; contra...; back...; **~accusation** ⚖ [kɔ̃trakyza'sjɔ̃] f counter-charge; **~allée** [~a'le] f side-walk, side-lane; **~amiral** ⚓ [~ami'ral] m rear-admiral; **~assurance** [~asy'rɑ̃:s] f reinsurance; **~attaque** ✗ [~a'tak] f counter-attack; **~balancer** [kɔ̃trəbalɑ̃'se] (1k) v/t. counterbalance; **~bande** [~'bɑ̃:d] f contraband, smuggling; smuggled goods pl.; faire la ~ smuggle; **~bandier** [~bɑ̃'dje] m smuggler; **~bas** [~'ba] adv.: en ~ lower down (than, de); downwards; **~basse** ♪ [~'bɑ:s] f doublebass; **~bouter** [~bu'te], **~buter** [~by'te] (1a) v/t. buttress; **~carrer** [~ka're] (1a) v/t. thwart; counteract; **~cœur** [~'kœ:r] adv.: à ~ reluctantly; **~coup** [~'ku] m rebound; recoil; repercussion; fig. side-effects pl.; par ~ as a result (indirect); **~dire** [~'di:r] (4p) v/t. contradict; se ~ contradict o.s. or each other; **~dit** [~'di] adv.: sans ~ unquestionably.

contrée [kɔ̃'tre] f region.

contre...: ~écrou ⊕ [kɔ̃tre'kru] m counter-nut; **~épreuve** [~e'prœ:v] f countercheck, crosscheck; typ. counterproof; **~espionnage** [~ɛspjɔ'na:ʒ] m counter-espionage; **~expertise** [~ɛksper'ti:z] f counter-valuation; **~façon** [kɔ̃trəfa'sɔ̃] f forgery, counterfeit; infringement of copyright; **~facteur** [~fak'tœ:r] m forger, counterfeiter; **~faction** [~fak'sjɔ̃] f counterfeiting; **~faire** [~'fɛ:r] (4r) v/t. imitate, mimic; forge; counterfeit (money); disguise (one's voice etc.); fig. deform; **~fiche** ⚒, ⊕ [~'fiʃ] f brace, strut; **~ficher** sl. [~fi'ʃe] v/t.:

se ~ de care a damn about; **~-fil** ⊕ [~'fil] *m*: à ~ against the grain; **~fort** [~'fɔːr] *m* △ buttress; *geog.* spur; *boot*: stiffening; **~s** *pl.* foot-hills; **~haut** [~'o] *adv.*: en ~ higher up; on a higher level; **~-jour** [~'ʒuːr] *m* backlighting; à ~ against the light; **~-lettre** 🏛 [~'lεtr] *f* counter-deed; defeasance; **~maître** [~'mεːtr] *m* foreman; ⚓ petty officer; first mate; **~mesure** [~mə'zyːr] *f* counter-measure; **~partie** [~par'ti] *f* opposite view; *fig.* compensation; en ~ in compensation; in return; **~pied** *fig.* [~'pje] *m* opposite view; **~-plaqué** [~pla'ke] *m* plywood; **~poids** [~'pwa] *m* counterweight; *clock*: balanceweight; counterpoise; à ~ poil ♪ [~'pwal] *adv.*: à ~ the wrong way; **~point** ♪ [~'pwε̃] *m* counterpoint; **~-pointe** ⊕ [~'pwεːt] *f* tailstock; **~poison** [~pwa'zɔ̃] *m* antidote (to, de); **~-porte** [~'pɔrt] *f* △ inner door, *Am.* storm-door; ⊕ *furnace*: shield.

contrer [kɔ̃'tre] (1a) *v/t. box.* counter; *cards*: double; *fig.* cross, thwart. **contre...**: **~-rail** 🚂 [kɔ̃trə'rɑːj] *m* safety-rail; **~-sceller** [~sε'le] (1a) *v/t.* counter-seal; **~seing** [~'sε̃] *m* counter-signature; **~sens** [~'sɑ̃ːs] *m* misinterpretation; nonsense; à ~ in the wrong way; **~signataire** [~sina-'tεːr] *m* one who countersigns; **~temps** [~'tɑ̃] *m* mishap; inconvenience; disappointment; ♪ syncopation; à ~ at the wrong moment; ♪ out of time; à ~ contra tempo; **~-terroriste** [~tεrɔ'rist] *adj.*, *a. su.* anti-terrorist; **~torpilleur** ⚓ [~tɔrpi'jœːr] *m* destroyer; light cruiser; **~valeur** † [~va'lœːr] *f* exchange value; **~vapeur** ⊕ [~va'pœːr] *f/inv.* reversed steam; **~venant** *m*, e *f* 🏛 [~və'nɑ̃, ~'nɑ̃ːt] contravener; offender; **~venir** [~və'niːr] (2h) *v/i.*: ~ à contravene; **~vent** [~'vɑ̃] *m* outside shutter; ⊕ back-draught; **~ventement** ⊕ [~vɑ̃t'mɑ̃] *m* wind-bracing; **~vérité** [~veri'te] *f* ironical statement; untruth; **~visite** 🏛 [~vi'zit] *f* check inspection; **~voie** 🚂 [~'vwa] *f* wrong side of the train.
contribuable [kɔ̃tri'bɥabl] **1.** *su.* taxpayer; ratepayer; **2.** *adj.* tax-paying; ratepaying; **contribuer** [~'bɥe] (1n) *v/i.* contribute; **con-**

tribution [~by'sjɔ̃] *f* contribution; *admin.* tax; rate; mettre à ~ make use of, have recourse to, use.
contrit, e [kɔ̃'tri, ~'trit] penitent, contrite; **contrition** [~tri'sjɔ̃] *f* penitence, contrition.
contrôle [kɔ̃'troːl] *m* check(ing), inspection; supervision; verification; control; *thea.* box-office; † auditing; *gold, silver*: hallmark(ing); *gold, silver*: assaying; assay office; ~ des changes exchange control; 🏛 ~ des naissances birth-control; *coupon m de* ~ ticket: stub; **contrôler** [kɔ̃tro'le] (1a) *v/t.* check; verify; examine (*a passport etc.*); stamp (*gold, silver*); control (*s.o.*); **contrôleur** *m*, **-euse** *f* [~'lœːr, ~'løːz] inspector; supervisor; ticket-collector; controller; *métro etc.*: driver; 🛩 (aérien or de la navigation aérienne) air traffic controller.
contrordre [kɔ̃'trɔrdr] *m* counter-mand; *sauf* ~ unless countermanded.
controuvé, e [kɔ̃tru've] forged, spurious.
controverse [kɔ̃trɔ'vεrs] *f* controversy; **controverser** [~vεr'se] (1a) *v/t.* debate (*a topic*); controvert (*an opinion*); *v/i.* hold a discussion.
contumace 🏛 [kɔ̃ty'mas] *f*: par ~ in absentia.
contus, e 🏚 [kɔ̃'ty, ~'tyːz] contused, bruised; **contusion** [kɔ̃ty'zjɔ̃] *f* contusion, bruise; **contusionner** [~zjɔ'ne] (1a) *v/t.* contuse, bruise.
conurbation [kɔnyrba'sjɔ̃] *f* conurbation; megalopolis.
convaincant, e [kɔ̃vε̃'kɑ̃, ~'kɑ̃ːt] convincing; **convaincre** [~'vε̃:kr] (4gg) *v/t.* convince; *fig.* prove (*s.o.*) guilty (of, de).
convalescence [kɔ̃valε'sɑ̃ːs] *f* convalescence; être en ~ convalesce; **convalescent, e** [~'sɑ̃, ~'sɑ̃ːt] *adj.*, *a. su.* convalescent.
convenable [kɔ̃v'nabl] suitable; decent, seemly; **convenance** [~'nɑ̃ːs] *f* fitness; propriety; decency; convenience; expediency; à la ~ de q. to s.o.'s liking; to suit s.o.'s convenience; *mariage m de* ~ marriage of convenience; par ~ for the sake of decency; **convenir** [~'niːr] (2h) *v/i.*: ~ à suit, fit; ~ de agree upon; reach agreement about; admit, acknowledge (*s.th.*); c'est convenu!

agreed!; *il convient de (inf.)* it is advisable *or* fitting to (*inf.*).

convention [kɔ̃vã'sjɔ̃] *f* convention; agreement; *pol.* assembly; ~s *pl.* clauses; ~ *collective* collective bargaining; **conventionné** [~sjo'ne]: *médecin* ~ panel doctor; **conventionnel, -elle** [~sjo'nɛl] **1.** *adj.* conventional; **2.** *su./m hist.* member of the National Convention.

conventuel, -elle [kɔ̃vã'tɥɛl] conventual.

convergence [kɔ̃vɛr'ʒã:s] *f* convergence; ⚓, *a. fig.* concentration; **convergent, e** [~'ʒã, ~'ʒã:t] converging; ⚓ concentrated; **converger** [~'ʒe] (1l) *v/i.* converge.

convers, e [kɔ̃'vɛːr, ~'vɛrs] lay . . .

conversation [kɔ̃vɛrsa'sjɔ̃] *f* conversation, talk; *teleph.* call; **converser** [~'se] (1a) *v/i.* converse, talk.

conversion [kɔ̃vɛr'sjɔ̃] *f* conversion (*a.* ✝); ⚓ wheel(ing), change of front; **converti** *m, e f* [~'ti] convert; **convertible** [~'tibl] convertible (into, en); **convertir** [~'tiːr] (2a) *v/t.* ✝, *eccl., phls.,* ⚓ convert; **convertisseur** [~ti'sœːr] *m* ⚓ converter; ⚓ transformer.

convexe [kɔ̃'vɛks] convex.

conviction [kɔ̃vik'sjɔ̃] *f* conviction.

convier [kɔ̃'vje] (1o) *v/t.* invite; urge.

convive [kɔ̃'viːv] *su.* guest; table companion.

convocation [kɔ̃voka'sjɔ̃] *f* convocation, summons *sg.;* notice of a meeting *or* an appointment; ⚓ calling-up papers *pl.*

convoi [kɔ̃'vwa] *m* convoy; 🚂 train; (*a.* ~ *funèbre*) funeral procession; ~ *automobile* motor transport column.

convoiter [kɔ̃vwa'te] (1a) *v/t.* covet, desire; **convoitise** [~'tiːz] *f* covetousness; lust.

convoler *iro.* [kɔ̃vɔ'le] (1a) *v/i.* (re)marry.

convoquer [kɔ̃vɔ'ke] (1m) *v/t.* summon; ⚓ call up; *admin.* summon to an interview.

convoyer ⚓, ⚓ [kɔ̃vwa'je] (1h) *v/t.* convoy; **convoyeur** [~'jœːr] *m* ⚓ convoy(-ship); ⚓ convoying officer; ⚓ officer in charge of a convoy; ⊕ conveyor, endless belt.

convulser [kɔ̃vyl'se] (1a) *v/t. physiol.* convulse; F frighten into fits; **con-**

vulsif, -ve [~'sif, ~'siːv] convulsive; **convulsion** [~'sjɔ̃] *f* convulsion; spasm.

coopérateur *m,* **-trice** *f* [koopera-'tœːr, ~'tris] co(-)operator; **coopératif, -ve** [~'tif, ~'tiːv] **1.** *adj.* co(-)-operative; **2.** *su./f* co(-)operative stores *pl.;* ~*ve immobilière* building society; **coopération** [~'sjɔ̃] *f* co(-)operation; **coopératisme** [~-'tism] *m* co(-)operative system; **coopérer** [koope're] (1f) *v/i.* co(-)operate.

cooptation [koopta'sjɔ̃] *f* co-optation; **coopter** [~'te] (1a) *v/t.* co-opt.

coordinateur *m,* **-trice** *f* [koordina'tœːr, -'tris] coordinator; **coordination** [~'sjɔ̃] *f* coordination.

coordonnées Å [koordo'ne] *f/pl.* co-ordinates; **coordonner** [~] (1a) *v/t.* coordinate (with, à); arrange.

copain F [kɔ'pɛ̃] *m* pal, chum, *Am.* buddy.

copeau [kɔ'po] *m* wood shaving; ⊕ ~*x pl.* turnings.

copiage [kɔ'pja:ʒ] *m school:* copying; **copie** [~'pi] *f* (carbon) copy, transcript; *fig.* imitation; *phot.* print; *school:* exercise, paper; ~ *au net* fair copy; **copier** [~'pje] (1o) *v/t.* copy; *fig.* imitate; *school:* crib (from, sur).

copieux, -euse [kɔ'pjø, ~'pjøːz] copious, abundant.

copilote ⚓ [kopi'lɔt] *m* second pilot, *Am.* co-pilot.

copinage F [kɔpi'na:ʒ] *m* cronyism; **copine** F [kɔ'pin] *f girl:* pal, chum; **copiner** F [kɔpi'ne] (1a) *v/i.* be pally; be pals; **copinerie** F [kɔpin-'ri] *f* pallyness; *coll. the* pals *pl.*

copiste [kɔ'pist] *su.* copier, copyist; *fig.* imitator.

copra(h) [kɔ'pra] *m* copra.

copreneur ⚓ [koprə'nœːr] *m* co-tenant, co-lessee.

coproduction [koprodyk'sjɔ̃] *n* joint production, coproduction.

copropriétaire [koproprije'tɛːr] *su.* joint owner, co-owner; **copropriété** [~'te] *f* joint ownership, co-ownership.

copule *gramm.* [kɔ'pyl] *f* copula.

coq¹ ⚓ [kɔk] *m* ship's cook.

coq² *orn.* [kɔk] *m* cock, *Am.* rooster; *box.* (*a. poids m* ~) bantam weight; ~ *de bruyère* (great) grouse; ~ *d'Inde* see dindon; être comme un ~ en pâte live like a fighting cock, be in clover; être le ~ du village be cock of the walk; ~-à-l'âne [kɔka'lɑːn] m/inv. abrupt jump from one subject to another.

coque [kɔk] f egg: shell; ⚓ hull, bottom; ⊕ boiler: body; œuf m à la ~ boiled egg.

coquelicot ♀ [kɔkli'ko] m red poppy.

coqueluche [kɔ'klyʃ] f ♠ whooping-cough; fig. darling, favo(u)rite.

coqueriquer [kɔkri'ke] (1m) v/i. crow.

coquet, -ette [kɔ'kɛ, ~'kɛt] **1.** adj. coquettish; smart, stylish (hat etc.); trim (garden); ♣ tidy (sum); **2.** su./f flirt; **coqueter** [kɔk'te] (1c) v/i. coquette; flirt (with, avec); fig. toy (with, avec).

coquetier [kɔk'tje] m egg-cup; egg-merchant.

coquetterie [kɔkɛ'tri] f coquetry; affectation; smartness, daintiness.

coquillage [kɔki'jaːʒ] m shell-fish; shell; **coquille** [~'kiːj] f egg, nut, oyster, snail, a. fig.: shell; typ. misprint, printer's error; metall. chill-mould; bank paper; size: small post; fig. sortir de sa ~ come out of one's shell.

coquin, e [kɔ'kɛ̃, ~'kin] **1.** adj. roguish; **2.** su. rogue; rascal (a. co.); su./f hussy; **coquinerie** [~kin'ri] f roguery; rascality.

cor¹ [kɔːr] m hunt. tine; ♪, a. hunt. horn; ♪ horn-player; ♪ ~ d'harmonie French horn; fig. à ~ et à cri insistently; sonner (or donner) du ~ sound the horn.

cor² ♠ [~] m corn.

corail, pl. **-aux** [kɔ'raj, ~'ro] m coral; **corailleur** [kɔra'jœːr] m coral fisher; coral worker; coral-fishing boat; **corallin** e [~'lɛ̃, ~'lin] coral-red.

corbeau [kɔr'bo] m orn. crow; raven; △ corbel; F person of ill omen.

corbeille [kɔr'bɛːj] f basket; thea. dress-circle; ⊕ valve: cage; ✗ (round) flower-bed; **corbeillée** [~bɛ'je] f basketful.

corbillard [kɔrbi'jaːr] m hearse.

cordage [kɔr'daːʒ] m rope; racket: stringing; cord of wood; ⚓ ~s pl. gear sg.; **corde** [kɔrd] f rope, cord, line; ♪ string; ♪ chord; ✗ lift wire; hangman's rope, fig. gallows sg.; anat. ~s pl. vocales vocal c(h)ords.

cordé, e ♀ etc. [kɔr'de] cordate, heart-shaped.

cordeau [kɔr'do] m chalk-line, string; (measuring) tape; (⚓ tow-) rope; tex. selvedge; ✗, ✗ fuse; **cordée** [~'de] f mount. rope (of climbers); † cord (of wood); rope: stringing; **cordeler** [kɔrdə'le] (1c) v/t. twist (hemp etc.) into rope; **cordelette** [~'lɛt] f small cord or string; en ~s in small plaits; **cordelier** [~'lje] m Franciscan friar; **cordelière** [~'ljɛːr] f † Franciscan nun; girdle; typ. ornamental border; **corder** [kɔr'de] (1a) v/t. twist (hemp etc.) into rope; † measure (wood) by the cord; string (a racket); twist (tobacco); cord (a trunk etc.); **corderie** [~'dri] f rope-making; rope-trade.

cordial, e, m/pl. **-aux** [kɔr'djal, ~'djo] **1.** adj. cordial; ♠ stimulating; **2.** su./m cordial; **cordialité** [~djali'te] f cordiality.

cordier [kɔr'dje] m rope-maker; dealer in ropes; ♪ violin: tail-piece; **cordon** [~'dɔ̃] m cord, string, tape; (shoe-)lace; door-pull, bell-pull; line (of trees etc.); admin. cordon, edge; anat. ~ ombilical navel string, umbilical cord; **cordon-bleu,** pl. **cordons-bleus** F fig. [~dɔ̃'blø] m first-rate cook; **cordonner** [~dɔ'ne] (1a) v/t. twist, cord (hemp etc.); edge-roll (coins).

cordonnerie [kɔrdɔn'ri] f shoe-making; shoemaker's shop.

cordonnet [kɔrdɔ'nɛ] m braid, cord.

cordonnier [kɔrdɔ'nje] m shoe-maker, F cobbler.

coréen, -enne [kɔre'ɛ̃, ~'ɛn] adj., a. su. ♀ Korean.

coriace [kɔ'rjas] tough (a. fig.).

coricide ♠ [kɔri'sid] m corn cure.

corindon min. [kɔrɛ̃'dɔ̃] m corundum.

corinthien, -enne [kɔrɛ̃'tjɛ̃, ~'tjɛn] **1.** adj. Corinthian; **2.** su. ♀ Corinthian; su./m △ Corinthian.

cormier ♀ [kɔr'mje] m service (-tree, -wood).

cormoran orn. [kɔrmɔ'rɑ̃] m cormorant.

cornac [kɔr'nak] m mahout, elephant driver; F fig. guide, companion, chaperon; **cornaquer** F [~na'ke]

corrompre

(1a) v/t. guide, show (s.o.) around, accompany, chaperon.

corne [kɔrn] f horn (a. fig.); dog's-ear (in a book); ~ à chaussures shoehorn, shoe-lift; de ~ horn...; **bêtes** f/pl. à ~s horned cattle; **corné, e** [kɔr'ne] 1. adj. horny; horn...; 2. su./f anat. cornea; **cornéen, -enne** [~ne'ɛ̃, ~'ɛn] adj.: opt. lentilles f/pl. ~ennes contact lenses.

corneille orn. [kɔr'nɛ:j] f crow, rook.

cornemuse ♪ [kɔrnə'my:z] f bagpipe(s pl.); **cornemuseur** [~my-'zœ:r] m piper.

corner[1] foot. [kɔr'nɛ:r] m corner.

corner[2] [kɔr'ne] (1a) v/i. hoot; v/t. fig. trumpet (news etc.); turn down the corner of (a page etc.); **cornet** [~'nɛ] m pastry: horn; icecream: cone; paper bag, screw of paper; ♪ (à pistons) cornet; F se mettre qch. dans le ~ have s.th. to eat; **cornette** [~'nɛt] su./f nun: coif; mob-cap.

corniche [kɔr'niʃ] f rock: ledge; coast road; △ cornice.

cornichon [kɔrni'ʃɔ̃] m gherkin; F nitwit.

cornière [kɔr'njɛ:r] f ⊕ angle(-iron, -bar).

cornouille ♀ [kɔr'nu:j] f cornelberry; **cornouiller** [~nu'je] m cornel(-tree); † dogwood.

cornu, e [kɔr'ny] horned; spurred (wheat); fig. absurd.

cornue [~] f ♠ etc. retort; metall. steel converter.

corollaire [kɔrɔl'lɛ:r] m ⅍ corollary; ♀ corollary tendril; **corolle** ♀ [~'rɔl] f corolla.

coron [kɔ'rɔ̃] m miners' quarters pl.

coronaire ⚕, anat. [kɔrɔ'nɛ:r] coronary; **coronal, e,** m/pl. -aux [~'nal, ~'no] coronal.

corporatif, -ve [kɔrpɔra'tif, ~'ti:v] corporat(iv)e; **corporation** [~'sjɔ̃] f corporation; † hist. (trade-)guild.

corporel, -elle [kɔrpɔ'rɛl] corporeal; corporal (punishment); bodily.

corps [kɔ:r] m body (a. ♠); flesh; matter; ✕ (army) corps; ♬ (battle) fleet; F person, figure; fig. profession; ⅍ corpus (of law); ~ à ~ hand to hand; ~ de bâtiment main building; ~ de logis housing unit; ~ de métier g(u)ild; trade association; ♬ mort (fixed) moorings pl.; à ~ perdu desperately; en ~ in a

body; faire ~ avec be an integral part of; levée f du ~ start of the funeral; ♬ perdu ~ et biens lost with all hands.

corpulence [kɔrpy'lɑ̃:s] f stoutness, corpulence; **corpulent, e** [~'lɑ̃, ~'lɑ̃:t] stout, corpulent; portly.

corpus [kɔr'pys] m corpus; **corpuscule** [kɔrpys'kyl] m corpuscle; particle.

correct, e [kɔ'rɛkt] correct, proper; accurate; **correcteur** m, **-trice** f [kɔrɛk'tœ:r, ~'tris] corrector, proofreader; **correctif, -ve** [~'tif, ~'ti:v] adj., a. su./m corrective; **correction** [~'sjɔ̃] f punishment; correction; maison f de ~ reformatory; sauf ~ subject to correction; **correctionnel, -elle** ⅍ [~sjɔ'nɛl] 1. adj. correctional; délit m ~ minor offence; tribunal m ~ = 2. su./f court of petty sessions, Am. police court.

corrélation [kɔrrela'sjɔ̃] f correlation.

correspondance [kɔrɛspɔ̃'dɑ̃:s] f correspondence; ♠ etc. connection; ♠ railway omnibus, transfer coach; cours m par ~ correspondence course; par ~ by letter, by post; vote f par ~ postal vote; voter par ~ vote by post; **correspondancier** m, **-ère** f † [~dɑ̃'sje, ~'sjɛ:r] correspondence clerk; **correspondant, e** [~'dɑ̃, ~'dɑ̃:t] 1. adj. corresponding; ♠ connecting; 2. su. †, journ. correspondent; pen friend, Am. pen pal; school: parents' representative; **correspondre** [kɔrɛs'pɔ̃:dr] (4a) v/i.: ~ à correspond to or with, suit; tally with; communicate with (another room etc.); ~ avec q. be in correspondence with s.o. [passage.)

corridor [kɔri'dɔ:r] m corridor,♪

corrigé [kɔri'ʒe] m fair copy, key, crib; **corriger** [~'ʒe] (1l) v/t. correct; read (proofs); punish; rectify; cure; **corrigible** [~'ʒibl] corrigible.

corroborer [kɔrrɔbɔ're] (1a) v/t. corroborate, confirm.

corroder [kɔrrɔ'de] (1a) v/t. corrode, eat away.

corroi [kɔ'rwa] m leather: currying; **corroierie** [~rwa'ri] f currying, curriery.

corrompre [kɔ'rɔ̃:pr] (4a) v/t. corrupt; spoil (the taste); taint (meat); ⅍ suborn; se ~ become corrupt(ed) or tainted.

corrosif, -ve [kɔrɔˈzif, ˌˈziːv] *adj.,
a. su./m* corrosive; **corrosion** [ˌˈzjɔ̃]
f corrosion; *soil:* erosion; ⊕ pitting.

corroyer [kɔrwaˈje] (1h) *v/t.* curry
(*leather*); rough-plane (*wood*); weld
(*iron, steel*); puddle (*clay*); **corroyeur** [ˌˈjœːr] *m* currier; *metall.*
blacksmith.

corrupteur, -trice [kɔrypˈtœːr, ˌˈ
ˈtris] **1.** *adj.* corrupting; **2.** *su.* cor-
rupter; briber; ⚖ suborner; **corruptible** [ˌˈtibl] corruptible; open
to bribery; **corruption** [ˌˈsjɔ̃] *f*
corruption; bribery; *Am.* graft; ⚖
subornation; *food:* tainting; *air,
water:* pollution.

corsage *cost.* [kɔrˈsaːʒ] *m* bodice; †
blouse.

corsaire [kɔrˈsɛːr] *m* corsair, priva-
teer.

corse [kɔrs] *adj., a. su.* ♀ Corsican.

corsé, e [kɔrˈse] strong; full-bodied
(*wine*); spicy (*story*); F substantial.

corselet *zo., a. hist.* [kɔrsəˈlɛ] *m*
cors(e)let.

corser [kɔrˈse] (1a) *v/t.* give body
or flavo(u)r to; strengthen; *se ~*
take a turn for the worse.

corset [kɔrˈsɛ] *m* corset; **corsetière**
[ˌsəˈtjɛːr] *f* corsetmaker.

cortège [kɔrˈtɛːʒ] *m* procession; retinue, train; *~ funèbre* funeral procession.

cortisone ✿ [kɔrtiˈzɔn] *f* cortisone.

corvéable ✗ [kɔrveˈabl] liable to fatigue duty; **corvée** [ˌˈve] *f* ✗ fatigue; ⚓ duty; ✗ fatigue party; *fig.*
drudgery, hard work, chore, drag;
thankless job.

corvette ⚓ *hist.* [kɔrˈvɛt] *f* corvette.

coryphée [kɔriˈfe] *m* leader of the
ballet, principal dancer; *fig.* party
leader, chief.

coryza ✿ [kɔriˈza] *m* cold in the head.

cosmétique [kɔsmeˈtik] *adj., a. su./m*
cosmetic.

cosmique [kɔsˈmik] cosmic.

cosmo... [kɔsmo] cosmo...; **~drome**
[ˌˈdroːm] *m* cosmodrome; **~graphie**
[ˌgraˈfi] *f* cosmography; **~naute**
[ˌˈnoːt] *su.* cosmonaut; **~polite**
[ˌpoˈlit] *adj., a. su.* cosmopolitan.

cosse [kɔs] *f* pod, husk; shell; ⚡ eye or
spade terminal; *sl.* laziness; **cossu, e**
F [kɔˈsy] rich (*a. fig.*); well-to-do.

costal, e, m/pl. -aux *anat.* [kɔsˈtal,
ˌˈto] costal; **costaud, e** *sl.* [ˌˈto,
ˌˈtoːd] strong, sturdy; hefty.

costume [kɔsˈtym] *m* costume,
dress; suit; *~ de bain* bathing-
costume; *~ de golf* plus-fours *pl.*;
~ tailleur tailor-made suit (*for women*);
coat and skirt; **costumer** [ˌtyˈme]
(1a) *v/t.* dress up; *bal ~ en costume*
fancy-dress ball; **costumier** [ˌty-
ˈmje] *m* costumier; ⚖ univ. out-
fitter; *thea.* wardrobe-keeper.

cotation † [kɔtaˈsjɔ̃] *f* quotation,
quoting; **cote** [kɔt] *f* quota; *admin.*
assessment; ⚖, †, *etc. document:*
identification *or* classification mark;
sp. odds *pl.*; ⚓ classification; †
prices etc.: quotation; *school:* mark
(*for an essay etc.*); *fig.* rating, standing; popularity; *~ d'alerte* danger
mark; F *avoir la ~* be (very) popular.

côte [koːt] *f* △, *anat., cuis.* rib; ♀
midrib; slope; hill; coast, shore; *~ à ~*
side by side.

côté [koˈte] *m* side; direction; *à ~ de*
beside; *de ~* sideways; *de mon ~* for
my part; *du ~ de* in the direction of;
d'un ~ on one side; *d'un ~..., de l'autre
~* on the one hand ..., on the other
hand; *la maison d'à ~* next door.

coteau [kɔˈto] *m* slope, hillside;
hillock.

côtelé, e *tex.* [koˈtle] ribbed; **côtelette** [koˈtlɛt] *veal:* cutlet; *pork, mutton:*
chop; F *~s pl.* whiskers; mutton-
chops.

coter [kɔˈte] (1a) *v/t.* classify, number, letter (*a document*); ⚓ class (*a
ship*); quote (*prices*); *admin.* assess.

coterie [kɔˈtri] *f* set, circle, clique.

côtier, -ère [koˈtje, ˌˈtjɛːr] coast
(-ing); coastal; inshore (*fishing*).

cotillon [kɔtiˈjɔ̃] *m* † petticoat; *courir
le ~* flirt with the girls.

cotisation [kɔtizaˈsjɔ̃] *f* subscription;
contribution; fee; *admin.* assessment; quota; **cotiser** [ˌˈze] *v/t.*
admin. assess; *se ~* subscribe; get up
a subscription.

coton [kɔˈtɔ̃] *m* cotton; *a. ~ hydrophile*
cotton wool, *Am.* absorbent cotton;
élever dans du ~ coddle (*a baby*);
cotonnade [kɔtɔˈnad] *f* cotton
fabric; *~s pl.* cotton goods; **cotonner** [ˌˈne] (1a) *v/t.: se ~* become
covered with down; become woolly
(*fruit*); become fluffy (*cloth*); **coton-
nerie** [kɔtɔnˈri] *f* cotton growing;
cotton-plantation; cotton-mill; **cotonneux, -euse** [ˌˈnø, ˌˈnøːz] cot-
tony; woolly (*fruit, style*); sleepy

(*pear*); fleecy (*cloud*); **cotonnier, -ère** [~tɔ'nje, ~'njɛːr] **1.** *adj.* cotton-...; **2.** *su./m* cotton-plant; **coton-poudre**, *pl.* **cotons-poudre** [~tɔ̃'pu:dr] *m* guncotton.

côtoyer [kotwa'je] (1h) *v/t.* hug (*the shore*); keep close to; skirt (*the forest*); border on (*a. fig.*); *fig.* rub shoulders with (*s.o.*); **se ~** rub shoulders.

cotte [kɔt] *f* workman's overalls *pl.*; petticoat; **~ de mailles** coat of mail.

cou [ku] *m* neck.

couac ♪ [kwak] *m* squawk.

couard, e [kwaːr, kward] **1.** *adj.* coward(ly); **2.** *su.* coward; **couardise** [kwar'diːz] *f* cowardice.

couchage [ku'ʃaːʒ] *m* night's lodging; *clothes:* bedding; *sac m de ~* sleeping-bag; **couchant, e** [~'ʃɑ̃, ~'ʃɑ̃:t] **1.** *su./m* sunset, setting of the sun; west; **2.** *adj.:* *chien m ~* setter; *fig.* crawler, fawner; *soleil m ~* setting sun; **couche** [kuʃ] *f* layer; *paint etc.:* coat; *geol.* (*a. social etc.*) stratum; napkin, nappy, *Am.* diaper (*for baby*); ⚒ seam; ✔ hotbed; *tree:* ring; † *pl.;* *~s pl.* childbirth *sg.;* *d'arrêt* barrier layer; ⊕ *~ de roulement* running surface; *fausse ~* miscarriage; *F il en a une ~!* what a fathead!; F *se donner une belle ~* drink o.s. blind; **coucher** [ku'ʃe] **1.** (1a) *v/t.* put to bed; lay down; beat down; put *or* write (*s.th.*) down (*on, sur*); mention (*s.o.*) (in one's will, *sur son testament*); *~ qch. en joue* aim s.th.; **se ~** go to bed; lie down; set (*sun*) (*a. fig.*); **2.** *su./m* going to bed; *sun:* setting; **coucherie** *sl.* [kuʃ'ri] *f oft. pl.* love-making; **couchette** [~'ʃɛt] *f* cot; ♨ bunk, 🛏, ⚓ berth; **coucheur** [~'ʃœːr] *m:* *mauvais ~* awkward customer, nasty fellow.

couci-couça [kusiku'sa], **couci-couci** [~'si] *adv.* so-so.

coucou [ku'ku] *m* cuckoo(-clock); ♀ F cowslip.

coude [kud] *m* elbow (*a. river, road*); ⊕ *shaft:* crank; *coup m de ~* nudge; *jouer des ~s* elbow one's way; **coudée** [ku'de] *f* cubit; F *avoir ses ~s franches* have elbow-room; *fig.* have a free hand.

cou-de-pied, *pl.* **cous-de-pied** [kud'pje] *m* instep.

couder [ku'de] (1a) *v/t.* crank (*a shaft*); bend (*a pipe*) into an elbow;

coudoyer [~dwa'je] (1h) *v/t.* elbow, jostle; rub shoulders with.

coudre[1] [kudr] (4l) *v/t.* sew; stitch; *machine f à ~* sewing-machine; *rester bouche cousue* remain silent.

coudre[2] ♀ [kudr] *m*, **coudrier** ♀ [ku'drje] *m* hazel-tree.

couenne [kwan] *f* bacon-rind; *roast pork:* crackling; ✿ mole; **couenneux, -euse** [kwa'nø, ~'nø:z] buffy (*blood*); *angine f ~euse* diphtheria.

couffe [kuf] *f*, **couffin** [ku'fɛ̃] *m* basket.

couillon *sl.* [ku'jɔ̃] *m* fool; *~!* bloody fool!

coulage [ku'laːʒ] *m* pouring (*a. metall.*); *metall.* casting; *liquid:* leaking; ⚓ scuttling; *fig.* leakage; **coulant, e** [~'lɑ̃, ~'lɑ̃:t] **1.** *adj.* running; flowing (*a. style*); *fig.* easy; F easy-going; F accommodating; **2.** *su./m* sliding ring (*a.* ⊕); ♀ runner; ⚒ case-slide.

coule [kul] *adv.:* *être à la ~* be wise, know the ropes, know all the tricks of the trade, be with it.

coulé [ku'le] *m dancing:* slide; ♪ slur; *billiards:* follow-through; ⊕ cast (-ing); **coulée** [~] *f writing:* running-hand; *lava, liquid:* flow; ⊕ casting; ⊕ tapping; *fig.* streak; **couler** [~] (1a) *v/t.* pour; ⚓ sink (*a ship*); ♪ slur; *fig.* slip; F ruin; **se ~** slide, slip; F *fig.* **se la ~** *douce* have an easy time; *v/i.* flow, run; ⚓ founder, sink; ⊕ run; slip; leak (*pen, vat, etc.*); *fig.* slip by (*time*); *fig.* pass over (*facts*).

couleur [ku'lœːr] *f* colo(u)r (*a. fig.*); complexion; *cards:* suit; *cin. en ~s pl.*) technicolor-...; ♀ *pâles ~s pl.* chlorosis *sg.*, green-sickness *sg.*; *sous ~ de* under the pretence of.

couleuvre [ku'lœːvr] *f* grass snake; F *avaler des ~s* pocket an insult.

coulis [ku'li] **1.** *adj./m:* *vent m ~* insidious draught; **2.** *su./m* ⊕ (*liquid*) filling; *cuis.* purée.

coulisse [ku'lis] *f* ⊕ groove, slot; ⊕ slide; ⚓ wooden shoot; *thea.* wing; backstage; *fig.* background; † outside market; *dans les ~s* backstage (*a. fig.*); *porte f à ~* sliding door; *fig. regard m en ~* sideglance; **coulisser** [kuli'se] (1a) *v/t.* fit with slides; *v/i.* slide; **coulissier** † [~'sje] *m* outside broker.

couloir [ku'lwa:r] *m* corridor (*a.* 🚂, *geog.*), passage(*e*), *parl.* lobby; ⊕ shoot; *cin. film*: track; *water*, *mountain*: gully; *tennis*: tram-lines *pl.*; 🛬 ~ aérien air corridor.

coup [ku] *m* blow, knock; hit; thrust; *knife*: stab; wound; ⊕, *sp.* stroke; sound; beat; *gun etc.*: shot; *wind*: gust; turn; (evil) deed; *sl.* drink, glass (*of wine*) *fig.* influence; 📈 ~ *de chaleur* heat-stroke; F ~ *de fil* (telephone) call, ring; ~ *de filet* haul; ~ *de grâce* finishing stroke, quietus; 🎇 ~ *de grisou* firedamp explosion; ~ *de Jarnac* treacherous attack; F low trick; 🪖 ~ *de main* surprise attack, raid; ~ *de maître* master stroke; *foot.* ~ *d'envoi* kick-off; place-kick; ~ *de pied* kick; ~ *de poing* blow (with the fist); 📈 ~ *de soleil* sunburn; ~ *d'essai* trial shot; ~ *d'État* coup d'état; ~ *de téléphone* (telephone) call; ~ *de tête* butt; *fig.* impulsive act; *fig.* ~ *de théâtre* dramatic turn; ~ *d'œil* glance; view; ~ *franc foot.* free kick; *hockey*: free hit; *à* ~ *sûr* certainly; *après* ~ after the event; as an afterthought; *sp.* donner le ~ *d'envoi* kick off; *donner un* ~ *de brosse* give a brush (down); *donner un* ~ *de main à* help; give a helping hand to; *d'un (seul)* ~ at one go; *du premier* ~ at the first attempt; *entrer en* ~ *de vent* burst in, rush in; *être aux cent* ~s be desperate; F *être dans le* ~ be with it; F *monter le* ~ *à q.* deceive s.o.; *pour le* ~ this time; for the moment; *saluer d'un* ~ *de chapeau* raise one's hat to; *tenir le* ~ take it; keep a stiff upper lip; *tout à* ~ suddenly, all of a sudden; *tout d'un* ~ (all) at once; *traduire qch. à* ~s *de dictionnaire* translate s.th., looking up each word in the dictionary.

coupable [ku'pabl] **1.** *adj.* guilty; **2.** *su.* culprit; 🏛 delinquent.

coupage [ku'pa:ʒ] *m* cutting; *wine*: blending; diluting (*of wine with water*); **coupant** [~'pã] *m* (cutting) edge.

coup-de-poing, *pl.* **coups-de-poing** [kud'pwɛ̃] *m* (~ *américain*) knuckleduster.

coupe¹ [kup] *f* cutting; *trees*: felling; ⊕ *wood etc.*, *a. fig.* cut; section; ~ *des*

cheveux haircut; *fig. sous la* ~ *de q.* under s.o.'s control *or* thumb.

coupe² [~] *f* (drinking) cup; *sp.* cup; *sl.* dial, mug.

coupé [ku'pe] *m* brougham; 🚂 coupé (*a. mot.*), half-compartment; **coupée** ⚓ [~] *f* gangway.

coupe...: **~cigares** [kupsi'ga:r] *m/inv.* cigar-cutter; **~circuit** 🔌 [~sir'kɥi] *m/inv.* circuit-breaker; **~faim** [~'fɛ̃] *m/inv.* appetite suppressant; **~gorge** [~'gɔrʒ] *m/inv.* death-trap; **~jarret** [~ʒa'rɛ] *m* cut-throat; assassin; **~légumes** [~le'gym] *m/inv.* vegetable-cutter; **~papier** [~pa'pje] *m/inv.* paperknife; letter-opener.

couper [ku'pe] (1a) *v/t.* cut (*a. tennis*); cut off (*a.* 🔌); cut down (*trees*), chop (*wood*); intercept; intersect; interrupt; water down (*wine*); 🔌 switch off; *cards*: trump; *teleph.* ~ *la communication* ring off; *mot.* ~ *l'allumage* switch off the ignition; *se* ~ intersect; F *fig.* give o.s. away; *v/i.*: *sl.* ~ *à* dodge (*s.th.*); F ~ *dans le vif* resort to extreme measures; *teleph.* *ne coupez pas!* hold the line!

couperet [ku'prɛ] *m* chopper; *guillotine*: blade.

couperose [ku'pro:z] *f* 📈 blotchiness; ♥ ~ *verte* (*bleue*) green (blue) vitriol; **couperosé, e** [~pro'ze] blotchy (*skin*).

coupeur, -euse [ku'pœ:r, ~'pø:z] *su. person*: cutter; *su./f* cutting machine; 🪖 header.

couplage [ku'pla:ʒ] *m* 🔌 *etc.* coupling, connection; **couple** [kupl] *m* pair, couple; ⊕ torque, turning moment; **coupler** [ku'ple] (1a) *v/t.* couple; 🔌 connect; **couplet** [~'plɛ] *m* verse; ⊕ hinge.

coupoir [ku'pwa:r] *m* instrument: cutter.

coupole [ku'pɔl] *f* cupola, dome; 🪖 revolving gun-turret.

coupon [ku'pɔ̃] *m* bread, dividend, *etc.*: coupon; 🚂, *thea.* ticket; *material*: remnant; ⊕ test-bar; **~réponse postal** *post*: international reply coupon; **coupure** [~'py:r] *f* cut, gash; (newspaper-)cutting, clipping; 🔌, *thea.* cut; paper money; *geol.* fault.

cour [ku:r] *m* court (*a.* 🏛); (court-)yard; 🪖 square; *Northern France*: lavatory; *thea.* côté ~ O.P.; ♀ internationale de justice International Court of Justice (at the Hague); faire la ~ à court, woo.

courage [ku'ra:ʒ] m courage, F pluck; valo(u)r; **courageux, -euse** [˷ra'ʒø, ˷'ʒø:z] brave, courageous, F plucky; zealous.

couramment [kura'mã] adv. fluently; in general use, usually; **courant, e** [˷'rã, ˷'rã:t] 1. adj. running; current; ♀ floating (debt); ♀ standard (make); chien m ~ hound; 2. su./m ♀, water: current; stream; metall. blast; present month; ♀ instant, abbr. inst.; fig. course; ♀ ~ alternatif (continu) alternating (direct) current; ~ d'air draught, Am. draft; ♀ ~ triphasé three-phase current; au ~ (de) conversant (with), acquainted with), well informed (of or about); être au ~ de a. know all about; mettre q. au ~ de inform s.o. (about or of); se tenir au ~ keep up to date; dans le ~ de in the course of; fin ~ at the end of this month; ♀ ... pour tous ~s A.C./D.C. ...

courbatu, e [kurba'ty] stiff, aching; **courbature** [˷'ty:r] f stiffness, muscle soreness; ~s pl. aches and pains.

courbe [kurb] 1. adj. curved; 2. su./f curve; sweep; graph; **courber** [kur'be] (1a) vt/i. bend, curve; v/t.: se ~ bend, stoop; **courbette** [˷'bɛt] f: fig. faire des ~s à knowtow to; **courbure** [˷'by:r] f curve; road: camber; earth, space: curvature; ⊕ beam: sagging; ⊕ double ~ pipe: S-bend.

coureur, -euse [ku'rœ:r, ˷'rø:z] su. runner (a. sp.); fig. frequenter (of cafés etc.); fig. hunter (of prizes etc.); su./m sp. ~ de fond stayer; ~ de jupons skirt-chaser; su./f streetwalker.

courge ♀ [kurʒ] f gourd; pumpkin; Am. squash.

courir [ku'ri:r] (2i) v/i. run; race; flow (blood, river, etc.); fig. be current; ♣ sail; v/t. run after; pursue; hunt; overrun; sp. run (a race); frequent, haunt; F ~ le cachet give private lessons; ~ le monde travel widely; être fort couru be much sought after.

courlis orn. [kur'li] m curlew.

couronne [ku'rɔn] f crown; coronet; flowers, laurel: wreath; ⊕ wheel: rim; **couronnement** [˷rɔn'mã] m

crowning; coronation; **couronner** [˷rɔ'ne] (1a) v/t. crown (a. fig.; a. ♣ tooth); fig. award a prize to.

courrai [ku're] 1st p. sg. fut. of courir.

courre [ku:r] v/t.: chasse f à ~ hunt(ing); post, mail; letters pl.; journ. (news, theatrical, etc.) column; faire son ~ deal with one's mail; **courriériste** journ. [˷rje'rist] su. columnist.

courroie [ku'rwa] f strap; ⊕ belt; mot. ~ de ventilateur fan belt.

courroucer [kuru'se] (1k) v/t. anger; se ~ get angry; **courroux** poet. [˷'ru] m anger.

cours [ku:r] m course; '△ bricks: course, layer; money: circulation; ♀ quotation; univ. course (of lectures); school: class(es pl.), lesson; ~ d'eau stream, river; ♀ ~ des changes rate of exchange; ♀ ~ du marché mondial price on the world market; au ~ de during, in the course of; en ~ in progress.

course [kurs] f run(ning); race; excursion, trip; ♣ cruise; ⊕ stroke; errand; ~ à pied (foot-)race; pol. ~ aux armements armaments race; ~ de chevaux horse-race; ~ de côte hill climb; ⊕ ~ d'essay test run; F fig. être dans la ~ be with it; faire des ~s go shopping; rund errands; garçon de ~s errand boy.   [charger; steed.)

coursier [kur'sje] m mill-race; poet.)

court¹ [ku:r] m (tennis-)court.

court², courte [ku:r, kurt] 1. adj. short, brief; à ~ (de) short (of); à la ~e short (of); avoir la peau ~e be lazy; 2. court adv. short; couper ~ cut short; tout ~ simply, only.

courtage ♀ [kur'ta:ʒ] m brokerage.

courtaud, e [kur'to, ˷'to:d] 1. adj. squat, dumpy; 2. su. stocky person; **courtauder** [˷to'de] (1a) v/t. dock the tail of; crop the ears of.

court...: ~-bouillon, pl. **~s-bouillons** cuis. [kurbu'jɔ̃] m wine-sauce in which fish or meat is cooked; **~-circuit**, pl. **~s-circuits** ♀ [˷sir'kɥi] m short-circuit; **~-circuiter** [˷sirkɥi'te] (1a) v/t. short-circuit; fig. a. bypass.

courtepointe [kurtə'pwɛ̃:t] f counterpane.

courtier, -ère ♀ [kur'tje, ˷'tjɛ:r] su. broker; (electoral) agent; su./m: ~ marron ♀ outside broker; F bucket shop swindler.

courtine [kur'tin] *f* † curtain; ✗ line of trenches; △ façade.

courtisan [kurti'zã] *m* courtier; **courtisane** [~'zan] *f* courtesan; **courtiser** [~'ze] (1a) *v/t.* pay court to; woo; *fig.* toady to, F suck up to.

courtois, e [kur'twa, ~'twa:z] courteous, polite (to[wards], *envers*); **courtoisie** [~twa:'zi] *f* courtesy.

couru, e [ku'ry] 1. *p.p.* of *courir*; 2. *adj.* sought after; popular; ✝ accrued (*interest*); **courus** [~] *1st p. sg. p.s.* of *courir*.

couseuse [ku'zø:z] *f* seamstress; stitcher (*of books*); stitching machine; **cousis** [~'zi] *1st p. sg. p.s.* of *coudre*[1]; **cousons** [~'zõ] *1st p. pl. pres.* of *coudre*[1].

cousin[1] [ku'zɛ̃] *m* midge, gnat.

cousin[2] *m*, **e** *f* [ku'zɛ̃, ~'zin] cousin; **cousinage** F [~zi'na:ʒ] *m* cousinship; cousinry; (poor) relations *pl.*

coussin [ku'sɛ̃] *m* cushion; pad; bolster; pillow (*of lacemaker*); **coussinet** [~si'nɛ] *m* small cushion; ⊕ bearing; ♀ F bilberry, huckleberry; ⊕ ~ à billes ball-bearings *pl.*; 🛱 ~ de rail (rail-)chair.

cousu, e [ku'zy] 1. *p.p.* of *coudre*[1]; 2. *adj.* sewn; *fig.* ~ d'or rolling in money; ~ (à la) main hand-sewn; F ~ main solid; excellent, first-rate; *rester bouche* ~e keep one's mouth shut.

coût [ku] *m* cost; ~s *pl.* expenses; ~ de la vie cost of living; **coûtant, e** [ku'tã, ~'tã:t] *adj.*: *prix m* ~ cost price.

couteau [ku'to] *m* knife; ⚡ blade; *être à* ~x *tirés* be at daggers drawn; **coutelas** [kut'lɑ] *m* ♣ cutlass; *cuis.* broad-bladed knife; *icht.* F swordfish; **coutelier** [kutə'lje] *m* cutler; **coutellerie** [~tɛl'ri] *f* cutlery; cutler's works *usu. sg.*; cutler's shop.

coûter [ku'te] (1a) *vt/i.* cost; *v/i.*: ~ *cher (peu)* be (in)expensive; *coûte que coûte* at all costs; **coûteux, -euse** [~'tø, ~'tø:z] expensive, costly.

coutil *tex.* [ku'ti] *m* twill.

coutre [kutr] *m* ⚡ plough-share; (wood-)chopper.

coutume [ku'tym] *f* custom, habit; *avoir* ~ *de* be accustomed to; *comme de* ~ as usual; **coutumier, -ère** [~ty'mje, ~'mjɛ:r] customary; 🛱 unwritten (*law*).

couture [ku'ty:r] *f* sewing; dressmaking; seam (*a.* ⊕); *fig.* angle, aspect; *battre q. à plate* ~ beat s.o. hollow; *haute* ~ high-class dressmaking; *maison f de haute* ~ fashion house; **couturier, -ère** [~ty'rje, ~'rjɛ:r] *su.* dressmaker; *su./f: thea.* répétition *f des* ~ères dress rehearsal.

couvain [ku'vɛ̃] *m* nest of insect eggs; brood-comb (*for bees*); **couvaison** [~vɛ'zõ] *f* brooding time; incubation; **couvée** [~'ve] *f* eggs: clutch; *chicks:* brood.

couvent [ku'vã] *m* nuns: convent; *monks:* monastery.

couver [ku've] (1a) *v/t.* sit on (*eggs*); hatch (out) (*eggs*); ⚡ be sickening for; *fig.* hatch (*a plot*); *fig.* (molly-)coddle (*a child*); ~ *des yeux* not to take one's eyes off (*s.o., s.th.*); gloat over (*one's desire*); *v/i.* smoulder (*fire, a. fig.*); *fig.* be brewing; *fig., a.* ⚡ develop, be developing.

couvercle [ku'vɛrkl] *m* lid, cover; ⊕ *a.* cap.

couvert, e [ku'vɛ:r, ~'vɛrt] 1. *p.p.* of *couvrir*; 2. *adj.* covered; hidden; obscure; wooded (*country*); overcast (*sky*); *rester* ~ keep one's hat on; 3. *su./m* table things *pl.*; *restaurant:* cover-charge; shelter; cover(ing); *être à* ~ be sheltered, *a.* fig. be safe (from ~); *le vivre et le* ~ board and lodging; *mettre* (*ôter*) *le* ~ lay (clear) the table; *sous le* ~ *de* under the cover or pretext of; *su./f pottery:* glaze; **couverture** [~vɛr'ty:r] *f* covering; cover; coverage (*a. journ.*); △ roofing; rug, blanket; ♀ security; *fig. sous* ~ *de* under cover or cloak of.

couveuse [ku'vø:z] *f* sitting hen; incubator.

couvi [ku'vi] *adj./m* addled (*egg*).

couvre [kuvr] *1st p. sg. pres.* of *couvrir*; **~-chef** F [kuvrə'ʃɛf] *m* headgear, hat; **~-feu** [~'fø] *m* curfew; **~-joint** ⊕ [~'ʒwɛ̃] *m* wood: covering bead; *metall.* flat coverplate; butt-joint; welt; **~-lit** [~'li] *m* bedspread; **~-pied(s)** [~'pje], *pl.* **~-pieds** [~'pje] *m* coverlet; bedspread.

couvreur [ku'vrœ:r] *m* △ roofer; *freemason:* tiler; **couvrir** [~'vri:r] (2f) *v/t.* cover (*a. journ.*, ✝); △ roof; *post:* refund; *se* ~ become overcast (*sky etc.*); put one's hat on; clothe o.s.; become overcast (*sky etc.*).

crabe [krɑ:b] *m* crab.

crac! [krak] *int.* crack!

crachat [kra'ʃa] *m* spit; ♀ sputum; F star (*of an Order*); **craché, e** F [~'ʃe] *adj.*: ce garçon est son père tout ~ this boy is the dead spit of his father; **cracher** [~'ʃe] (1a) *vt/i.* spit; *v/t.* F cough up, fork out (*money*); *v/i.* splutter (*pen*); **cracheur** *m*, **-euse** *f* [~'ʃœ:r, ~'ʃø:z] spitter; **crachoir** [~'ʃwa:r] *m* spittoon; F tenir le ~ do all the talking, hold the floor; **crachoter** [~ʃɔ'te] (1a) *v/i.* sputter.

crack *sp.* [krak] *m* crack (*horse*); champion; ace.

craie [krɛ] *f* chalk; (*a. bâton m de* ~) stick of chalk.

craindre [krɛ̃:dr] (4m) *v/t.* fear, be afraid of; ~ de (*inf.*) be afraid of (*ger.*); ✝ craint l'humidité *inscription*: keep dry *or* in a dry place; je crains qu'il (ne) vienne I am afraid he is coming *or* will come; je crains qu'il ne vienne pas I am afraid he will not come; **craignis** [krɛ'ɲi] *1st p. sg. p.s. of craindre*; **craignons** [~'ɲɔ̃] *1st p. pl. pres. of craindre*; **crains** [krɛ̃] *1st p. sg. pres. of craindre*; **craint, e** [krɛ̃, krɛ̃:t] **1.** *p.p. of craindre*; **2.** *su./f* fear, dread; de ~ que ... (ne) (*sbj.*) lest; **craintif, -ve** [krɛ̃'tif, ~'ti:v] timid, fearful.

cramoisi, e [kramwa'zi] *adj., a. su./m* crimson.

crampe ♀ [krɑ̃:p] *f* cramp; **crampon** [krɑ̃'pɔ̃] *m* △ cramp(-iron), staple; *boot sole*: stud; *horseshoe*: calk; ♀ crampon; ♀ tendril; F (clinging) bore; **cramponner** [~pɔ'ne] (1a) *v/t.* △ clamp; calk (*a horseshoe*); F pester; buttonhole (*s.o.*); se ~ à cling to.

cran ⊕ [krɑ̃] *m* notch; ratchet, rifle, etc.: catch; *wheel*: cog; *geol., metall.* fault; F pluck, guts *pl.*; *hair*: wave; ~ d'arrêt stop; F être à ~ be on edge; be edgy.

crâne¹ [krɑ:n] *m* cranium, skull.

crâne² F [krɑ:n] plucky; jaunty; **crânement** F [krɑn'mɑ̃] *adv.* pluckily; jauntily; F jolly; **crânerie** [~'ri] *f* pluck; jauntiness, swagger; **crâneur, -euse** F [krɑ'nœ:r, ~ø:z] **1.** *adj.* être ~ be a show-off; **2.** *su.* show-off.

crapaud [kra'po] *m* toad (*a. fig. pej.*); *zo.* grease; tub easy-chair; *piano:*

baby-grand; F *fig.* brat, urchin; **crapaudière** [~po'djɛ:r] *f* toadhole; swampy place; **crapaudine** [~po-'din] *f* toadstone; ♀ ironwort; ⊕ grating; *bath*: waste hole; *cuis.* à la ~ boned and broiled, spatchcocked.

crapule [kra'pyl] *f* debauchery; dissolute person; blackguard; coll. dissolute crowd; **crapuleux, -euse** [~py'lø, ~'lø:z] dissolute; filthy, lewd, foul.

craque F [krak] *f* tall story; (whopping) lie.

craquelé, e [kra'kle] crackled (*china, glass*).

craquelin [kra'klɛ̃] *m biscuit*: cracknel; *stocking*: wrinkle; *fig.* shrimp of a man.

craquelure [kra'kly:r] *f* crack; fine cracks *pl.*

craquement [krak'mɑ̃] *m* crackling; creaking; *fingers*: crack; *snow:* crunching; **craquer** [kra'ke] (1m) *v/i.* crack; crackle; crunch (*snow*); squeak (*shoes etc.*); come apart at the seams (*clothes, a. fig.*); *fig.* give way; F *fig.* break down (*person, thing*); *v/t.* strike (*a match*); **craqueter** [krak-'te] (1c) *v/i.* crackle; chirp (*cricket*); clatter (*stork*); **craqueur** *m*, **-euse** *f* F [kra'kœ:r, ~'kø:z] teller of tall stories, fibber.

crash ✈ [kraʃ] *m* crash-landing.

crasse [kras] **1.** *adj./f* crass (*ignorance*); **2.** *su./f* filth, dirt; *metall.* dross; meanness; F dirty trick; **crasseux, -euse** [kra'sø, ~'sø:z] dirty, filthy; F mean; **crassier** [~'sje] *m* slag-heap, tip.

cratère [kra'tɛ:r] *m* crater; ✕ shellhole.

cravache [kra'vaʃ] *f* hunting-crop, riding-whip.

cravate [kra'vat] *f* (neck)tie; ♣ sling; ⊕ collar; *orn.* ruff; **cravater** [~va'te] (1a) *v/t.* put a tie on; ⊕ wind round; se ~ put one's tie on; *sp. etc.* collar (*s.o.*); *sl.* take *s.o.* for a ride.

crawl *sp.* [kro:l] *m* crawl(-stroke).

crayeux, -euse [krɛ'jø, ~'jø:z] chalky; *geol.* cretaceous; **crayon** [~'jɔ̃] *m* pencil; pencil sketch; ✎ carbon-pencil; ~ à bille ball-point pen; ~ à cils eyebrow pencil; ~ d'ardoise slate pencil; ~ de couleur colo(u)ring pencil; ~ feutre felt(-tip) pen; ~ (de rouge) à lèvres lipstick; ~-lèvres lip-pencil; ~ noir lead pencil; ~

pour les yeux eyeliner (pencil); **crayonnage** [~jɔ'na:ʒ] *m* pencil sketch; **crayonner** [~jɔ'ne] (1a) *v/t.* sketch, make a pencil note of, jot down.

créance [kre'ã:s] *f* belief, credence, confidence; ✝ credit; *pol. lettres f/pl. de~* credentials; **créancier** *m*, **-ère** *f* [~ã'sje, ~'sjɛ:r] creditor.

créateur, **-trice** [krea'tœ:r, ~'tris] **1.** *adj.* creative; **2.** *su.* creator; inventor; ✝ issuer; **créatif**, **-ive** [~'tif, ~'ti:v] creative; **création** [~'sjɔ̃] *f* creation (*a. bibl., cost., thea., a. fig.*); establishment; **créativité** [~tivi'te] *f* creativeness, creativity; **créature** [~'ty:r] *f* creature; *fig.* tool; F person.

crécelle [kre'sɛl] *f* rattle; *fig.* chatter-box.

crèche [krɛʃ] *f* manger; crib (*a. eccl.*); crèche, day-nursery; *sl.* pad (= *home, house room*); **crécher** *sl.* [kre'ʃe] (1f) *v/i.* live, *sl.* hang out, stay.

crédence [kre'dã:s] *f* sideboard; *eccl.* credence-table.

crédibilité [kredibili'te] *f* credibility.

crédit [kre'di] *m* credit (*a. ✝, a. fig.*); *parl.* sum (voted); prestige; *admin. ~ municipal* pawn-office; *à ~* on credit; on trust; gratuitously; *faire ~ à* give credit to; **créditer** [~di'te] (1a) *v/t.: ~ q. de credit* s.o.'s account with (*a sum*); give s.o. credit for; **créditeur**, **-trice** [~di'tœ:r, ~'tris] **1.** *su.* creditor; **2.** *adj.* credit-...

credo [kre'do] *m/inv.* creed (*a. fig.*).

crédule [kre'dyl] credulous; **crédulité** [~dyli'te] *f* credulity.

créer [kre'e] (1a) *v/t.* create (*a. fig.*); ✝ make out (*a cheque*), issue (*a bill*); *admin. etc.* appoint, make (*s.o. magistrate etc.*).

crémaillère [krema'jɛ:r] *f* pot-hook; ⊕ rack; 🚂 cog-rail; 🚂 (*a. chemin m de fer à ~*) rack-railway; *pendaison f de ~* housewarming (party); *pendre la ~* give a house-warming (party).

crémation [krema'sjɔ̃] *f* cremation; **crématoire** [~'twa:r] crematory; *four m ~* crematorium.

crème [krɛm] *f* cream (*a. fig.*); *cuis. a.* custard; *fig. the* best; ~ *fouettée* whipped cream; ~ *glacée* ice-cream; **crémer** [kre'me] (1f) *v/i.* cream; **crémerie** [krɛm'ri] *f* creamery, dairy; small restaurant; **crémeux**, **-euse** [kre'mø, ~'mø:z] creamy; **cré-**

mier, **-ère** [~'mje, ~'mjɛ:r] *su.* keeper of a small restaurant; *su./m* dairyman; *su./f* dairymaid; cream-jug.

crémone △ [kre'mɔn] *f* casement bolt.

créneau [kre'no] *m* △ crenel; loop-hole; look-out slit; *fig., a.* ✝ *etc.* gap; slot; *mot.* parking space; *fig. faire un ~* get into the *or* a parking space; **créneler** [krɛn'le] (1c) *v/t.* △ crenel(l)ate (*a wall*); cut loop-holes in (*a wall*); ⊕ tooth, notch; mill (*a coin*); **crénelure** [~'ly:r] *f* indentation; notches *pl.*; 🏵 crenel(l)ing.

crêpage [krɛ'pa:ʒ] *m* crimping; F ~ *de chignon* fight, set-to (*between women*).

crêpe[1] [krɛp] *m tex.* crape; crêpe (-rubber).

crêpe[2] *cuis.* [~] *f* pancake.

crêper [krɛ'pe] (1a) *v/t.* frizz, crimp; F *se ~ le chignon* tear each other's hair, fight (*women*).

crêpi △ [krɛ'pi] *m* rough-cast.

crépine [kre'pin] *f* fringe; ⊕ *pump*: rose, strainer; **crépins** [~'pɛ̃] *m/pl. shoemaker*: grindery *sg.*; **crépir** [~'pi:r] (2a) *v/t.* crimp; △ rough-cast; pebble (*leather*); **crépissure** △ [~pi'sy:r] *f* rough-cast.

crépitation [krepita'sjɔ̃] *f* crackle; 🩺 crepitation; **crépiter** [~'te] (1a) *v/i.* crackle; sputter (*butter, etc.*); 🩺 crepitate.

crépon [kre'pɔ̃] *m tex.* crépon; hair-pad; **crépu, e** [~'py] fuzzy (*hair*); crinkled; **crêpure** [krɛ'py:r] *f* hair: frizzing, crimping.

crépuscule [krepys'kyl] *m* twilight, dusk.

cresson [kre'sɔ̃] *m* (water)cress; *sl. ne pas avoir de ~ sur la fontaine* have lost one's thatch (= *hair*).

crétacé, e *geol.* [kreta'se] chalky, cretaceous.

crête [krɛt] *f* △, *geog., zo., anat.* helmet, wave: crest; *mountain*: ridge, summit; *cock*: comb; *fig.* head; **crêté, e** *zo.* [krɛ'te] tufted, crested.

crétin *m*, **e** *f* [kre'tɛ̃, ~'tin] 🩺 cretin; F fool; **crétinisme** 🩺 [~ti'nism] *m* cretinism.

cretonne *tex.* [kre'tɔn] *f* cretonne.

creuser [krø'ze] (1a) *v/t.* hollow out; excavate; dig; sink (*a well*); plough, *Am.* plow (*a furrow*); *fig.* wrinkle;

fig. hollow; **se ~ la tête** (*or* **la cervelle**) rack one's brains.

creuset ⊕ [krø'zε] *m* crucible; *a. fig.* test, trial.

creux, creuse [krø, krø:z] **1.** *adj.* hollow, empty; sunken (*cheeks*); ⊕, 🦅 slack (*period*); *fig.* futile; **assiette *f* creuse** soup-plate; **heures *f/pl.* creuses** off-peak hours; **2.** *su./m* hollow; *stomach:* pit; *wave, graph:* trough; F bass voice; **~ de la main** hollow of the hand.

crevaison [krəvε'zõ] *f* bursting (*a.* ⊕, *mot.*); *mot.* puncture; *sl.* death.

crevant, e [krə'vã, ~'vã:t] boring; killing (*work*); very funny (*story*).

crevasse [krə'vas] *f* crack; *wall:* crevice; *glacier:* crevice; *skin:* chap; *metal etc.:* flaw; **crevasser** [~va'se] (1a) *v/t.* crack; chap (*the skin*); **se ~** crack, chap (*skin*).

crève F [krε:v] *f* death; **~-cœur** [krεv'kœːr] *m/inv.* heart-ache, grief.

crever [krə've] (1d) *vt/i.* burst, split; *v/i.* die (*animal*); F **~ de faim** starve; F **~ de rire** split one's sides with laughter; *v/t.* work *or* ride (*a horse*) to death; **~ le cœur à** q. break s.o.'s heart; F **~ les yeux à** q. be staring s.o. in the face, be obvious; **se ~ de travail** work o.s. to death.

crevette *zo.* [krə'vεt] *f* shrimp; prawn.

cri [kri] *m* cry; shriek (*of horror, pain, etc.*); F fashion, style; *hinge, spring:* creak; *bird:* chirp; *mouse:* squeak; **~ de guerre** war-cry; F *pol. etc.* slogan; **à ~ public** by public proclamation; **... dernier ~** the latest thing in ...; **pousser un ~** (*or* **des ~s**) scream; **criailler** [~a'je] (1a) *v/i.* bawl; whine, F grouse; **~ contre** scold, rail at; **criaillerie** [~aj'ri] *f* bawling; whining; scolding; **criant, e** [~'ã, ~'ã:t] glaring, crying; **criard, e** [~'a:r, ~'ard] **1.** *adj.* crying; shrill (*voice*); pressing (*debt*); loud (*colour*); **2.** *su.* bawler; *su./f* shrew.

crible [kribl] *m* sieve; ⊕, 🌾 screen; **cribler** [kri'ble] (1a) *v/t.* riddle; *fig.* overwhelm, cover (with, de); **être criblé de dettes** be over head and ears in debt; **cribleur** *m*, **-euse *f*** [~'blœːr, ~'bløːz] riddler; ⊕, 🌾 screener; ⊕ screening machine; **criblure** [~'blyːr] *f* 🌾 screenings *pl.*; siftings *pl.*

cric ⊕ [krik] *m* jack.

cricri [kri'kri] *m* cricket; chirping.

criée [kri'e] *f* auction; **vente *f* à la ~** sale by auction; **crier** [~'e] (1a) *v/i.* cry, call out; scream; squeak (*door, hinge, mouse, shoes*); *v/t.* cry, proclaim; hawk (*wares*); shout (*abuses, orders*); **crieur, -euse** [~'œːr, ~'øːz] *su.* shouter; hawker; *su./m thea.* call-boy.

crime F [krim] *m* crime; 🏛 felony; **~ d'État** treason; **~ d'incendie** arson; **criminaliser** [kriminali'ze] (1a) *v/t.* refer (*a case*) to a criminal court; **criminaliste** [~'list] *su.* criminologist; **criminalité** [~li'te] *f* criminal nature (*of an act*); 🏛 **~ juvénile** juvenile delinquency; **criminel, -elle** [krimi'nεl] **1.** *adj.* criminal (*law, action*); guilty (*person*); **2.** *su.* criminal, felon; *su./m* criminal action.

crin [krɛ̃] *m* horsehair; coarse hair; **~ végétal** vegetable horsehair; *fig.* **... à tout ~** (*or* **tous ~s**) out and out ...; F **être comme un ~** be very touchy.

crincrin F [krɛ̃'krɛ̃] *m* fiddle; fiddler.

crinière [kri'njεːr] *f* mane; *helmet:* (horse-)tail; F crop of hair.

crinoline [krinɔ'lin] *f* crinoline.

crique [krik] *f* creek, cove, small bay; ⊕ *metal:* flaw.

criquet [kri'kε] *m zo.* locust; *zo.* F cricket; F small pony; *sl.* person: shrimp.

crise 🏛, *pol., fig.* [kri:z] *f* crisis; 🏛 attack; shortage; 🏛 **~ cardiaque** heart attack; **~ du logement** housing shortage; **~ économique** (**mondiale**) (worldwide) slump; **une ~ se prépare** things are coming to a head.

crispation [krispa'sjõ] *f* contraction; contortion; tensing (up); twitch(ing); puckering; **crispé, e** [~'pe] tense, strained; uptight; **crisper** [~'pe] (1a) *v/t.* contract; clench (*one's fists*); contort (*one's face*); tense (up); F irritate (s.o.); **se ~** *a.* tighten; *a.* pucker up (*face*).

crisser [kri'se] (1a) *v/i.* grate, rasp; squeak (*brakes*); **~ des dents** grind one's teeth.

cristal [kris'tal] *m* crystal; crystal-glass; **cristallin, e** [~ta'lɛ̃, ~'lin] **1.** *adj.* crystalline; clear as crystal; **2.**

su./m anat. crystalline lens; **cristalliser** [~tali'ze] (1a) *vt/i.* crystallize.

critère [kri'tɛːr] *m* criterion, test; **critérium** *sp.* [~te'rjɔm] *m* selection match *or* race.

critique [kri'tik] **1.** *adj.* critical; **2.** *su./m* critic; *su./f* criticism; **critiquer** [~ti'ke] (1m) *vt/i.* criticize, find fault with; review (*a book*); censure; **critiqueur** *m*, **-euse** *f* [~ti'kœːr, ~'køːz] fault-finder.

croasser [krɔa'se] (1a) *v/i.* croak (*raven, a. fig.*); caw (*crow, rook*).

croc [kro] *m* hook; ⊕ pawl; *zo.* fang.

croc-en-jambe, pl. crocs-en-jambe [krɔkɑ̃'ʒɑ̃ːb] *m* trip (up); *donner* (*or faire*) *un* ~ *à q.* trip s.o. up.

croche [krɔʃ] *f* ♩ quaver; ⊕ ~s *pl.* crook-bit tongs.

crochet [krɔ'ʃe] *m* hook; crochet-hook; skeleton key; *typ.* square bracket; *zo.* fang; *faire un* ~ swerve; make a detour; *fig. vivre aux* ~s *de q.* live off s.o.; **crocheter** [krɔʃ'te] (1d) *v/t.* pick (*a lock*); hook *s.th.* out *or* up; **crocheteur** [~'tœːr] *m* thief: picklock; **crochu, e** [krɔ'ʃy] hooked; crooked (*ideas*); *fig. avoir les doigts* ~es be light-fingered (*thief*); ~ be close-fisted.

crocodile [krɔkɔ'dil] *m zo.* crocodile. 🚦 audible warning system.

croire [krwaːr] (4n) *v/i.* believe (in, *à*; in God, *en Dieu*); *v/t.* believe; think; ~ *q. intelligent* believe s.o. to be intelligent; *à l'en* ~ according to him (her); *faire* ~ *qch. à q.* lead s.o. to believe s.th.; *s'en* ~ be conceited.

crois [krwa] *1st p. sg. pres. of croire.*

croîs [~] *1st p. sg. pres. of croître.*

croisade [krwa'zad] *f* crusade; **croisé, e** [~'ze] **1.** *adj.* crossed; folded (*arms*); double-breasted (*coat*); *tex.* twilled; *mots m/pl.* ~s crossword puzzle; **2.** *su./m* crusader; *tex.* twill; *su./f* crossing; casement window; ⚓ *church:* transept; **croisement** [krwaz'mɑ̃] *m* crossing; intersection; *animals:* interbreeding; cross(-breed); **croiser** [krwa'ze] (1a) *v/t.* cross (*a. ♣, biol.*); fold (*one's arms*); *tex.* twill; *v/i.* ⚓ cruise; **croiseur** ⚓ [~'zœːr] *m* cruiser; **croisière** [~'zjɛːr] *f* cruise; *vitesse f de* ~ cruising speed; *fig.* pace; **croisillon** [~zi'jɔ̃] *m* cross-piece; ⊕ star-handle.

croissance [krwa'sɑ̃ːs] *f* growth; ♼ ~ *zéro* zero growth; **croissant, e** [~'sɑ̃,

~'sɑ̃ːt] **1.** *adj.* waxing (*moon*); **2.** *su./m moon:* crescent; *cuis.* croissant; ☾ *lune;* **croissons** [~'sɔ̃] *1st p. pl. pres. of croître.*

croisure [krwa'zyːr] *f tex.* twill weave; *cost.* cross-over.

croître [krwaːtr] (4o) *v/i.* grow; increase; wax (*moon*); lengthen (*days, shadows*).

croix [krwa] *f* cross (*a. decoration; fig.* = *trial, affliction*); *typ.* dagger, obelisk; ~ *de Lorraine* cross of Lorraine; ♀~*-Rouge* Red Cross; *en* ~ crosswise; *fig. avec la* ~ *et la bannière* with great ceremony; *F fig. il faut or c'est la* ~ *et la bannière pour ...* it's the devil's job to ...

croquant¹, e [krɔ'kɑ̃, ~'kɑ̃ːt] **1.** *adj.* crisp; **2.** *su./m cuis.* gristle.

croquant² [krɔ'kɑ̃] *m* F clodhopper; unimportant person.

croque au sel [krɔko'sɛl] *adv.: manger à la* ~ *eat* (*s.th.*) with salt only.

croque...: ~*-madame cuis.* [krɔkma'dam] *m/inv.* toasted ham and cheese sandwich with fried egg; ~*-mitaine* F [~mi'tɛn] *m* bog(e)y man; ~*-monsieur cuis.* [~mə'sjø] *m/inv.* toasted ham and cheese sandwich; ~*-mort* F [~'mɔːr] *m* undertaker's mute; ~*-note* F [~'nɔt] *m* third-rate musician.

croquer [krɔ'ke] (1m) *vt/i.* crunch; *v/t.* munch; sketch; *fig.* gobble up; ♩ leave out (*notes*); ♣ hook; F ~ *le marmot* cool one's heels; F *joli à* ~ pretty enough to eat.

croquet¹ *sp.* [krɔ'kɛ] *m* croquet.

croquet² [krɔ'kɛ] *m* crisp almond-covered biscuit; F snappy person; **croquette** *cuis.* [~'kɛt] *f* croquette; rissole.

croquis [krɔ'ki] *m* sketch.

cross-country *sp.* [krɔskœn'tri] *m* cross-country running.

crosse [krɔs] *f* hook (*a. eccl.*); *eccl.* crozier; *gun:* butt; ⊕ *piston:* crosshead; *sp. golf:* club; *hockey:* stick.

crotale [krɔ'tal] *m antiquity:* crotalum; *zo.* rattlesnake, *Am. a.* rattler.

crotte [krɔt] *f* droppings *pl.*; *cuis. une* ~ *de chocolat* a chocolate; **crotté, e** [krɔ'te] dirty; **crottin** [~'tɛ̃] *m* horse dung.

croulant, e [kru'lɑ̃, ~'lɑ̃ːt] **1.** *adj.* tumble-down; ramshackle; **2.** *su./m: vieux* ~ old fossil; ~s *pl.* old people;

crouler [ʌ'le] (1a) v/i. totter, crumble; collapse.

croup 🩺 [krup] m croup.

croupade [kru'pad] f horsemanship: croupade; **croupe** [krup] f animal: croup, rump; F person: rump, bottom, behind; hill: crest, brow; 🔺 hip; en ~ behind (the rider or driver); on the pillion; **monter en ~ a.** ride pillion; **croupetons** [ʌ'tɔ̃] adv.: à ~ crouching, squatting; **croupi, e** [kru'pi] stagnant (water); fig. sunk (in, dans); **croupier** † [ʌ'pje] m broker's backer; casino: croupier; **croupière** [ʌ'pjɛːr] f crupper; fig. † tailler des ~s à make things difficult for; **croupion** [ʌ'pjɔ̃] m bird: rump; F chicken etc.: parson's nose; **croupir** [ʌ'piːr] (2a) v/i. stagnate; fig. ~ dans wallow in.

croustade cuis. [krus'tad] f pie, pasty; **croustillant, e** [krusti'jɑ̃, ʌ'jɑ̃ːt] crisp; short (pastry); crusty (bread etc.); fig. spicy (story); attractive (woman); **croustiller** [ʌ'je] (1a) v/i. nibble crusts (with wine) crunch (food); **croûte** [krut] f crust (a. 🗲); cheese: rind; 🗲 scab; F daub (= poor picture); fig. pej. old fossil; pej. dunce; F casser la ~ have a snack; **croûter** F [kru'te] (1a) v/i. eat, feed; **croûteux, -euse** 🗲 [ʌ'tø, ʌ'tøːz] covered with scabs; **croûton** [ʌ'tɔ̃] m piece of crust; sl. dauber (= poor painter); fig. pej. old fossil.

croyable [krwa'jabl] believable, trustworthy (person); **croyance** [ʌ'jɑ̃ːs] f belief; faith; **croyant, e** [ʌ'jɑ̃, ʌ'jɑ̃ːt] 1. adj. believing; 2. su. believer; les ~s m/pl. the faithful; **croyons** [ʌ'jɔ̃] 1st p. pl. pres. of croire.

cru¹, crue [kry] raw; uncooked; fig. broad; à l'estomac indigestible.

cru² [ʌ] m wine region; 🍃 vineyard; wine, vintage; fig. soil; F locality; de mon ~ of my own (invention); du ~ local (wine, F a. person etc.); (vin de) grand ~ great wine.

cru³, crue [ʌ] p.p. of croire.

crû, crue, m/pl. **crus** [ʌ] p.p. of croître.

cruauté [kryo'te] f cruelty (to, envers).

cruche [kryʃ] f jug, pitcher; sl. dolt, duffer; **cruchon** [kry'ʃɔ̃] m small jug; beer: mug; sl. dolt, duffer.

crucial, e, m/pl. **-aux** [kry'sjal, ʌ'sjo] crucial (a. fig.), cross-shaped; **crucifiement** [krysifi'mɑ̃] m crucifixion; **crucifier** [ʌ'fje] (1o) v/t. crucify; **crucifix** [ʌ'fi] m crucifix; **crucifixion** [ʌfik'sjɔ̃] f crucifixion; **cruciforme** [ʌ'fɔrm] cruciform, cross-shaped.

crudité [krydi'te] f crudity; coarseness (of an expression); indigestibility (of food); ~s pl. offensive or gross passages or words; cuis. raw vegetables.

crue [kry] f water: swelling, rise; flood; en ~ in spate, in flood (river).

cruel, -elle [kry'ɛl] cruel (to, envers).

crûment [kry'mɑ̃] adv. of cru¹.

crus [kry] 1st p. sg. p.s. of croire.

crûs [ʌ] 1st p. sg. p.s. of croître.

crusse¹ [krys] 1st p. sg. impf. sbj. of croire.

crusse² [ʌ] 1st p. sg. impf. sbj. of croître.

crustacé zo. [krysta'se] m crustacean, F shellfish.

crypte 🔺, ⚕, anat. [kript] f crypt.

crypto... [kripto] crypto...

cubage [ky'baːʒ] m cubic content.

cubain, e [ky'bɛ̃, ʌ'bɛn] adj., a. su. ♀ Cuban.

cube [kyb] 1. su./m cube; cubic space; ~s pl. toy: building blocks, bricks; 2. adj. cubic; **cuber** [ky'be] (1a) v/t. cube; find the cubic content of; have a cubic content of.

cubilot metall. [kybi'lo] m smelting cupola.

cubique [ky'bik] 1. adj. cubic; ✗ racine f ~ cube root; 2. su./f ✗ cubic (curve); **cubisme** paint. [ʌ'bism] m cubism; **cubiste** paint. [ʌ'bist] su., a. adj. cubist.

cubitus anat. [kybi'tys] m cubitus, ulna.

cueillaison [kœjɛ'zɔ̃] f picking, gathering; **cueille** [kœːj] 1st p. sg. pres. of cueillir; **cueillerai** [kœj're] 1st p. sg. fut. of cueillir; **cueillette** [kœ'jɛt] f picking, gathering; **cueillir** [ʌ'jiːr] (2c) v/t. gather, pick; fig. win; fig. snatch, steal (a kiss); F pick (s.o.) up; F catch, nab; ~ q. à froid catch s.o. off (his or her) guard, take s.o. unawares; **cueilloir** [kœj'waːr] m fruit-basket; tool: fruit-picker.

cuiller, cuillère [kui'jɛːr] f spoon; ⊕ tool: spoon-drill; ⊕ scoop; sl. fin (=

hand); ~ *à bouche* table-spoon; ~ *à café* coffee-spoon; ~ *à dos d'âne* heaped spoon; ~ *à pot* ladle; **cuillerée** [kui'reː] *f* spoonful.

cuir [kuiːr] *m* leather; *razor:* strop; *animal:* hide; F faulty liaison (*in speech*); ~ *chevelu* scalp; ~ *de Russie* Russia (leather); F *faire un* ~ drop a brick (= *make an incorrect liaison*); **cuirasse** [kui'ras] *f* breast-plate, cuirass; ⚓, *zo.* armo(u)r; **cuirassé, e** [kuira'se] **1.** *adj.* armo(u)red, armo(u)r-plated; *fig.* hardened (*against, contre*); **2.** *su./m* battleship; **cuirasser** [~'se] (1a) *v/t.* put a cuirass on (*s.o.*); ⚓ armo(u)r; ⊕ protect; *fig.* harden (*against, contre*); **cuirassier** ⚔ [~'sje] *m* cuirassier.

cuire [kuiːr] (4h) *v/t.* cook; bake (*bread*); fire (*bricks, pottery*); boil (*sugar*); ~ *à l'eau* boil; ~ *au four* bake, roast; *v/i.* cook; be boiling (*a. fig.*); smart (*eyes etc.*); *il lui en cuira* he'll be sorry for it; *faire* ~ cook (*s.th.*); **cuisant, e** [kui'zɑ̃, ~'zɑ̃ːt] burning, stinging, smarting; *fig.* bitter (*cold, disappointment*); burning (*desire*); **cuiseur** ⊕ [~'zœːr] *m* burner.

cuisine [kui'zin] *f* kitchen; ⚔ cook-house; ⚓ galley; cookery; cooking; ⚔ ~ *roulante* field-kitchen; *faire la* ~ do the cooking; **cuisiner** [~zi'ne] (1a) *v/t.* cook; *v/t. fig.* F grill (*s.o.*); cook (*accounts etc.*); **cuisinier, -ère** [~zi'nje, ~'njɛːr] *su.* cook; *su./f* ⊕ *à gas, électrique* gas, electric cooker, *Am.* range.

cuisis [kui'zi] *1st p. sg. p.s. of* cuire; **cuisons** [~'zɔ̃] *1st p. pl. pres. of* cuire.

cuissard [kui'saːr] *m* armour: cuisse; ⊕ (water-)leg; **cuisse** [kuis] *f* thigh; *cuis.* chicken: leg; **cuisseau** *cuis.* [kui'so] *m* veal: fillet of leg.

cuisson [kui'sɔ̃] *f* cooking; baking; *sugar:* boiling; *bricks etc., a. fig.:* burning.

cuissot [kui'so] *m* venison: haunch.

cuistre [kuistr] *m* (priggish) pedant; F cad.

cuit, e [kui, kuit] **1.** *p.p. of* cuire; **2.** *su./f* ⊕ *bricks etc.:* baking, firing; *sugar:* boiling; batch (*of baked things*); F *prendre une* ~ get tight (= *drunk*); **cuiter** *sl.* [kui'te] (1a) *v/t.*: *se* ~ get drunk.

cuivre [kuiːvr] *m* copper; ~ *jaune* brass; ♪ ~*s pl.* brass *sg.*; **cuivré, e** [kui'vre] coppery, copper-colo(u)red;

bronzed (*complexion*); *fig.* metallic (*voice*); brassy, blaring; **cuivrer** [~'vre] (1a) *v/t.* copper; **cuivreux, -euse** [~'vrø, ~'vrøːz] coppery; ⊕ cuprous (*ore*); 🜍 cuprous; *fig.* blaring.

cul ∨ [ky] *m* backside, ∨ arse, *Am.* ass; *animal:* haunches *pl.*; F bottom (*of an object*); *cart:* tail; **culasse** [ky'las] *f* ⚔ breech; 🜨 yoke, heel-piece; *mot.* detachable cylinderhead.

culbute [kyl'byt] *f* somersault; tumble, F purler; *sl.* failure; F *faire la* ~ † fail; *pol.* fall; F make a scoop; **culbuter** [~by'te] (1a) *v/i.* turn a somersault; topple over; tumble; F † fail; F *pol.* fall; *v/t.* throw over; overthrow (*a. pol.*); upset; knock head over heels; tip; **culbuteur** [~by'tœːr] *m* tipping device; *mot.* rocker-arm, valve-rocker; 🜨 tumbler.

cul...: ~**-de-jatte,** *pl.* ~**s-de-jatte** [kyd'ʒat] *m* legless cripple; ~**-de-lampe,** *pl.* ~**s-de-lampe** [~'lɑ̃ːp] *m* △ pendant; △ bracket, corbel; *typ.* tail-piece; ~**-de-sac,** *pl.* ~**s-de-sac** [~'sak] *m* blind alley (*a fig.*).

culée [ky'le] *f* △ abutment; ⚓ stern-way; **culer** [~'le] (1a) *v/i.* go backwards, back; ⚓ veer astern (*wind*); ⚓ make stern-way; **culière** [~'ljɛːr] *f* crupper.

culinaire [kyli'nɛːr] culinary.

culminant, e [kylmi'nɑ̃, ~'nɑ̃ːt] *astr.* culminant; *point m* ~ highest point; *glory, power:* height; *power:* zenith; **culmination** *astr.* [~na-'sjɔ̃] *f* culmination; **culminer** [~'ne] (1a) *v/i.* culminate, reach the highest point (*a. fig.*).

culot [ky'lo] *m* ⊕ bottom, base; *fig.* F baby of the family; F cheek, nerve, impudence; *tobacco pipe:* dottle; F *avoir du* ~ have a lot of cheek; **culotte** [~'lɔt] *f* breeches *pl.*; pants *pl.*; knickers *pl.*, panties *pl.* (*for women*); *beef:* rump; ~*s* breeches pipe, Y pipe; F *porter la* ~ wear the trousers; F *prendre une* ~ *cards etc.:* lose heavily; **culotté, e** [kylo'te] seasoned (*pipe*); F cheeky; **culotter** [kylo'te] (1a) *v/t.* put trousers on; season (*a pipe*).

culpabiliser [kylpabili'ze] (1a) *v/t.* make (*s.o.*) feel guilty; **culpabilité** [~'te] *f* guilt.

culte [kylt] *m* worship; creed, cult; religion; *protestant church:* (church) service; **cultivable** [kylti'vabl] *adj.* arable; **cultivateur, -trice** [~va-'tœ:r,~'tris] 1. *su.* cultivator; farmer; *su./m* cultivator, light plough; 2. *adj.* farming; **cultivé, e** [~'ve] ⚘ cultivated; *fig.* cultured; **cultiver** [~'ve] (1a) *v/t.* cultivate (*a. fig.*); farm, till.

culture [kyl'ty:r] *f* cultivation (*a. fig.*), farming, growing; *fish etc.*: breeding; *fig.* culture (*a. of bacteria*); ⚘ ~s *pl.* crops, cultivated land *sg.*; ~ physique physical culture; **culturel, -elle** [~ty'rɛl] cultural; **culturisme** [~ty'rism] *m* bodybuilding; **culturiste** [~ty'rist] *su.* bodybuilder.

cumin ♀ [ky'mɛ̃] *m* cum(m)in.

cumul [ky'myl] *m* plurality (*of offices*); ⚖ consecutiveness (*of sentences*); **cumulard** *pej.* [kymy'la:r] *m* pluralist; **cumuler** [~'le] (1a) *v/t.* hold a plurality (*of offices*); draw (*salaries*) simultaneously.

cupide [ky'pid] greedy, covetous; **cupidité** [~pidi'te] *f* greed, cupidity. [ing.) **cuprifère** [kypri'fɛ:r] *adj.* copper-bear-)

curable [ky'rabl] curable; **curage** [~'ra:3] *m* teeth: picking; *drain etc.*: clearing (out); ~s *pl.* dirt dug out; **curatelle** ⚖ [kyra'tɛl] *f* trusteeship, guardianship; **curateur, -trice** [~'tœ:r,~'tris] *su.* ⚖ trustee; guardian (*of a minor*); committee (*of a lunatic*); *su./m* administrator; *su./f* administratrix; **curatif, -ve** [~'tif, ~'ti:v] *adj.,* *a. su.* curative; **cure** [ky:r] *f* care; ⚕, *eccl.* cure; *eccl.* living; ~ de rajeunissement rejuvenation; ~ de repos rest cure.

curé [ky're] *m* parish priest; (Anglican) vicar, rector.

cure-dent [kyr'dɑ̃] *m* toothpick.

curée [ky're] *f* hunt. deer's entrails *pl.* given to the hounds; *fig.* ~ des places scramble for office.

cure...: **~-ongles** [kyr'rɔ̃:gl] *m/inv.* nail-cleaner; **~-oreille** [kyrɔ'rɛ:j] *m* ear-pick; **~-pipe** [kyr'pip] *m* pipe-cleaner.

curer [ky're] (1a) *v/t.* clean (out); pick (*one's teeth etc.*); dredge (*a river*); **curetage** [kyr'ta:3] *m* scraping; ⚕ curetting; **cureur** [ky'rœ:r] *m* cleaner.

curial, e, *m/pl.* **-aux** *eccl.* [ky'rjal, ~'rjo] of the parish priest, curé's ...;

curie *eccl.* [~'ri] *f* curia.

curieux, -euse [ky'rjø,~'rjø:z] 1. *adj.* curious; interested (in, *de*); inquisitive; odd; strange; *curieusement a.* oddly enough; 2. *su.* curious or interested person; *su./m* the odd thing (about, *de*); **curiosité** [~rjozi'te] *f* curiosity; ~s *pl.* sights (*of a town*).

curiste [ky'rist] *su.* patient taking a cure.

curseur ⊕ [kyr'sœ:r] *m* slide; slider; runner (*a.* ⚘).

cursif, -ve [kyr'sif, ~'si:v] 1. *adj.* cursive; cursory; 2. *su./f* writing: cursive, running hand; *typ.* script.

cuscute ♀ [kys'kyt] *f* dodder.

cuspide ♀ [kys'pid] *f* cusp; **cuspidé, e** [~pi'de] cuspidate.

custode [kys'tɔd] *f* eccl. altar-curtain; pyx-cloth; *mot.* custodial (*for host*); *mot.* ~ arrière rear-window.

cutané, e [kyta'ne] cutaneous; (*disease*) of the skin.

cuvage [ky'va:3] *m,* **cuvaison** [~vɛ-'zɔ̃] *f* fermenting in vats; vat room; **cuve** [ky:v] *f* vat; ⊕ tank; cistern; *mot.* float-chamber; **cuveau** [ky'vo] *m* small vat; small tank; **cuvée** [~'ve] *f* vatful; *wine*: growth.

cuveler [ky'vle] (1c) *v/t.* line (*a shaft etc.*).

cuver [ky've] (1a) *vt/i.* ferment, work; **cuvette** [~'vɛt] *f* wash-basin; bowl; *geol., geog.* basin; *phot.* dish; *W.C.:* pan, bowl; *barometer:* cup; *thermometer:* bulb; *watch:* cap; ⊕ ball-bearing: race; ball-socket; **cuvier** [~'vje] *m* wash-tub.

cyanose [sja'no:z] *f* ⚕ cyanosis; *min.* cyanose; **cyanuration** [~nyra'sjɔ̃] *f* cyanidization; **cyanure** ⚗ [~'ny:r] *m* cyanide.

cybernéticien [sibɛrneti'sjɛ̃] *m* cyberneticist; **cybernétique** [~'tik] 1. *su./f* cybernetics *sg.*; 2. *adj.* cybernetic; **cybernétiser** [~ti'ze] (1a) *v/t.* control cybernetically.

cyclable [si'klabl] for cyclists; *piste f* ~ cycle path.

cyclamen ♀ [sikla'mɛn] *m* cyclamen.

cycle [sikl] *m* cycle (*a. fig.*); **cyclique** [si'klik] cyclic(al); **cyclisme sp.** [~'klism] *m* cycling; **cycliste** [~'klist] 1. *su.* cyclist; 2. *adj.* cycling.

cyclo... [siklo] cyclo...; **cycloïde** ⚘ [~'id] *f* cycloid; **cyclomoteur** [~mɔ'tœ:r] *m* moped, auto-cycle; **cyclomotoriste** [~mɔtɔ'rist] *su.* moped-rider.

cyclone *meteor.* [si'klɔn] *m* cyclone.

cyclotourisme [siklɔtuˈrism] *m* cycle-touring, touring on (bi)cycles.

cyclotron *phys.* [siklɔ'trɔ̃] *m* cyclotron.

cygne *orn.* [siɲ] *m* swan.

cylindrage [silɛ̃'draːʒ] *m* rolling (*a.* ⊕); *tex.* calendering; **cylindre** ⊕ [~'lɛ̃ːdr] *m* cylinder; roller.

cylindrée *mot.* [silɛ̃'dre] *f* (cubic) capacity; **cylindrer** [~'dre] (1a) *v/t.* ⊕ roll; *tex.* calender; **cylindrique** [~'drik] cylindrical.

cymbale ♪ [sɛ̃'bal] *f* cymbal; **cymbalier** [~baˈlje] *m* cymbalist.

cynique [si'nik] **1.** *adj.* cynical; *phls.* cynic; *fig.* shameless; **2.** *su./m phls.* cynic; *fig.* shameless person; **cynisme** [~'nism] *m phls.* cynicism; *fig.* effrontery.

cynocéphale *zo.* [sinɔseˈfal] *m* cynocephalus, dog-faced baboon.

cyprès ♀ [si'prɛ] *m* cypress; **cyprière** [~priˈɛːr] *f* cypress-grove.

cyprin *icht.* [si'prɛ̃] *m* carp.

cystite ✞ [sisˈtit] *f* cystitis.

D

D, d [de] *m* D, d.

da [da]: *oui-da!* yes indeed!

d'ac *sl.* [dak] okay, Ok.

dactylo F [dakti'lo] *su. person:* typist; *su./f* typing; F typing pool; **~graphe** [daktilɔ'graf] *su.* typist; **~graphie** [~gra'fi] *f* typing, typewriting; **~graphier** [~gra'fje] (1o) *v/t.* type.

dada F [da'da] *m ch.sp.* gee-gee; *fig.* hobby(-horse), fad.

dadais F [da'dɛ] *m* simpleton.

dague [dag] *f* dagger; ⚓ dirk; ⊕ scraping-knife; *zo. deer:* first antler; *wild boar:* tusk.

daguet *hunt.* [da'gɛ] *m* brocket.

daigner [de'ɲe] (1b) *v/t.* deign (to *inf.*), condescend (to *inf.*).

daim [dɛ̃] *m zo.* deer; buck; ✝ buckskin; ~ suède (*gloves*); **daine** *zo.* [dɛn] *f* doe.

dais [de] *m* canopy.

dallage [da'la:ʒ] *m* paving; flagging; tiled floor; **dalle** [dal] *f* paving-stone; flagstone; floor tile; *sl.* throat; **daller** [da'le] (1a) *v/t.* pave; tile (*the floor*).

daltonien, -enne ♏ [daltɔ'njɛ̃, ~'njɛn] **1.** *adj.* colo(u)r-blind; **2.** *su.* colo(u)r-blind person; **daltonisme** ♏ [~'nism] *m* colo(u)r-blindness.

dam [dɑ̃] *m* ✝ hurt, prejudice; *au (grand)~ de* (much) to the detriment or displeasure of.

damas [da'mɑ] *m* Damascus blade; *tex.* damask; ♣ damson; **damasquiner** [~maski'ne] (1a) *v/t.* damascene; **damasser** [~mɑ'se] (1a) *v/t.* damask; *acier m damassé* Damascus steel.

dame [dam] **1.** *su./f* lady (*a. chess*); *cards, chess:* queen; *draughts:* king; ⊕ (*paving*) beetle; rammer; ~ *de charité* lady visitor; *♀s pl.* Ladies (= *toilet*); ~ *d'honneur* matron of hono(u)r; ~ *du vestiaire* cloakroom (*Am.* checkroom) attendant, *Am. a.* hatcheck girl; *jeu m de ~s* draughts, *Am.* checkers; **2.** *int.* indeed!; of course!; **~jeanne**, *pl.* **~s-jeannes** [~'ʒan] *f* demijohn; **damer** [da'me]

(1a) *v/t.* crown (*a piece at draughts*); ⊕ ram (*the earth etc.*); *fig.* ~ *le pion à* outdo *or* outwit (*s.o.*).

damier [da'mje] *m* draught-board, *Am.* checker-board; *tex. à ~* chequered, checked.

damnable [dɑ'nabl] *fig.* detestable, damnable; *eccl.* deserving damnation; **damnation** [~na'sjɔ̃] *f* damnation; **damner** [~'ne] (1a) *v/t.* damn; F *faire ~ q.* drive s.o. crazy.

damoiseau [damwa'zo] *m* ✝ squire; F fop; **damoiselle** † [~'zel] *f* damsel.

dancing [dɑ̃'siŋ] *m* public dance-hall; supper-club.

dandin F [dɑ̃'dɛ̃] *m* simpleton; **dandiner** [~di'ne] (1a) *v/t.* dandle; *se ~* waddle; strut.

danger [dɑ̃'ʒe] *m* danger; ~ *de mort!* danger of death!; *en ~ de mort* in danger of one's life; **dangereux, -euse** [dɑ̃ʒ'rø, ~'rø:z] dangerous (to, *pour*).

danois, e [da'nwa, ~'nwa:z] **1.** *adj.* Danish; **2.** *su./m ling.* Danish; *zo.* great Dane; *su.* ♀ Dane; *les ♀ m/pl.* the Danes.

dans [dɑ̃] *prp. usu.* in (*the street, the house, a moment, a month, the morning, the past*); *place:* within (*the limits*); among (*the crowd*); *direction:* into; *time:* within (*an hour*), during; *condition:* in; with; under (*these circumstances, the necessity*); *source, origin:* out of, from; ~ *la ville* (with)in the town; *entrer ~ une pièce* enter a room; ~ *Racine* in Racine; *mettre qch. ~ un tiroir* put s.th. in(to) a drawer; ~ *le temps* formerly; *périr ~ un accident* be killed in an accident; ~ *le commerce* in trade; ~ *l'embarras* embarrassed; ~ *l'intention de* (*inf.*) with the intention of (*ger.*); *faire qch. ~ la perfection* do s.th. to perfection; *avoir foi ~* have confidence in; *consister ~* consist of; *puiser* (*boire, manger*) ~ draw (drink, eat) from; *prendre ~* take from *or* out of.

dansant, e [dã'sã, ~'sã:t] dancing; springy (*step*); lively (*tune*); thé *m* ~ tea-dance, thé dansant; **danse** [dã:s] *f* dance; dancing; *fig.* F battle; *sl.* thrashing; *𝄐* ~ de *Saint-Guy* St. Vitus' dance; ~ *macabre* Dance of Death; **danser** [dã'se] (1a) *v/t.* dance; dandle (*a baby*); *v/i.* dance; prance (*horse*); *faire* ~ *q.* dance with s.o.; *fig.* F lead s.o. a dance; **danseur, -euse** [~'sœ:r, ~'sø:z] *su.* dancer; (dance-)partner; ballet-dancer; ~ *de corde* tight-rope dancer; *su./f* ballerina; **dansotter** F [~so'te] (1a) *v/i.* hop, skip.

danubien, -enne *geog.* [dany'bjɛ̃, ~'bjɛn] Danubian.

dard [da:r] *m* † javelin, dart; *zo.* bee *etc.*: sting (*a. fig.*); *sun*: piercing ray; *flame*: tongue; *♀* pistil; *icht.* dace; **darder** [dar'de] (1a) *v/t.* hurl; shoot forth; *icht.* spear; *fig.* shoot (*a glance*) (at, *sur*).

dare-dare F [dar'da:r] *adv.* post-haste, at top speed.

darne *cuis.* [darn] *f* fish: slice, steak.

dartre [dartr] *f* dartre; scurf; *metall.* scab; **dartreux, -euse** [dar'trø, ~'trø:z] *𝄐*, *metall.* scabby; *𝄐* herpetic.

date [dat] *f* date; ~ *limite* deadline; target date; *de longue* ~ of long standing; *en* ~ *de* ... dated ...; *être le premier en* ~ come first; *faire* ~ mark an epoch; *jusqu'à une* ~ *récente* until recently; **dater** [da'te] (1a) *v/i.* date (from, *de*); *à* ~ *de ce jour* from today; from that day; *cela date de loin* it goes a long way back; *v/t.* date (*a letter*); **dateur** [~'tœ:r] *m*, **dato-graphe** [~to'graf] *m* watch: date indicator.

datte *♀*, † [dat] *f* date; *sl. des* ~*s*! not on your life!, *Am.* no dice!; **dattier** *♀* [da'tje] *m* date-palm.

daube *cuis.* [do:b] *f* stew; *en* ~ stewed, braised.

dauber[1] † [do'be] (1a) *v/t.* (*or v/i.* ~ *sur*) *q.* pull s.o. to pieces behind his back; jeer at s.o.

dauber[2] *cuis.* [do'be] (1a) *v/t.* stew, braise; **daubière** *cuis.* [~'bjɛ:r] *f* stew-pan, braising-pan.

dauphin [do'fɛ̃] *m zo.* dolphin; *hist.* Dauphin (= *eldest son of French king*); *fig.* successor; **dauphine** *hist.* [~'fin] *f* Dauphiness, wife of the Dauphin; **dauphinelle** *♀* [~fi'nɛl] *f* delphinium.

davantage [davã'ta:ʒ] *adv.* more (and more); longer (*space, time*).

davier [da'vje] *m 𝄐* (extraction) forceps; ⊕ cramp; ⚓ davit.

de [də] *prp. usu. of: material:* (made) of (*wood*), in (*velvet*); *cause:* of (*hunger*), from (*exhaustion*); with, for (*pain, joy*); *origin:* from (*France, the house*), out of; *distance:* of, from; *direction:* to (*the station*); *place:* at, in; *time:* by (*day, night*); in; for (*ten month*); *agent, instrument:* with (*a stick*); by (*name*); in (*a low voice*); on; *manner:* in (*this way*); *measure, comparison:* by; *price:* for; *partitive article: du pain* (some) bread; ~ *de viande* (some) meat; *des légumes* vegetables; *un litre* ~ *vin* a litre of wine; *une douzaine* ~ *bouteilles* a dozen bottles; *la ville* ~ *Paris* (the city of) Paris; *le mois* ~ *janvier* January; *assez* ~ enough; *beaucoup* ~ much (*money*), many (*things*); *moins* ~ less; *pas* ~ no; *peu* ~ few; *plus* ~ more; *tant* ~ so much, so many; *trop* ~ too much, too many; *qch.* ~ *rouge* s.th. red; *genitive, possession:* ~ *mon père* of my father, my father's; ~ *la table* of the table; *le journal d'hier* yesterday's paper; *les œuvres* ~ *Molière* Molière's works; *matériaux* ~ *construction* building materials; *membre du Parlement* Member of Parliament; *habitant des villes* city-dweller; *le meilleur élève* ~ *la classe* the best pupil in the class; *souvenirs d'enfance* childhood memories; *amour* (*crainte*) ~ love (fear) of; *chapeau* ~ *paille* straw hat; *une robe* ~ *soie rouge* a dress in red silk; *mourir* ~ *cancer* (*fatigue*) die of cancer (from fatigue); ~ *haut en bas* from top to bottom; *tirer qch.* ~ *sa poche* take s.th. out of *or* from one's pocket; *saigner du nez* bleed from the nose; *à trois milles* ~ *distance* at a distance of three miles; ... *à* ... from ... to ...; *between* ... *and* ...; *prendre la route* (*le train*) ~ *Bordeaux* take the Bordeaux road (train); *près* ~ near, close to; *d'un côté* on one side; ~ *ce côté* on this side; ~ *nos jours* in our times; ~ *ma vie* in my lifetime; *du temps* ~ *Henri IV* in the days of Henry IV; *à 2 heures* ~ *l'après-*

midi at 2 p.m.; *avancer (retarder)* ~ *5 minutes* be 5 minutes fast (slow) *(watch)*; *vêtir (couvrir, orner)* se *nourrir (vivre)* ~ feed (live) on; *frapper (toucher)* ~ strike (touch) with; *montrer du doigt* point at; *fig.* scorn; *précédé de* ~ preceded by; *trois mètres* ~ *long (haut)* three metres long (high); *âgé* ~ *5 ans* 5 years old *or* of age; *plus âgé* ~ *2 ans* older by 2 years; *plus* ~ *6* more than 6; *d'un œil curieux* with an inquiring look or eye; *un chèque (des marchandises)* ~ *20 F.* a cheque (goods) for 20 F.; ~ *beaucoup* by far; *content* ~ content *or* pleased with; *digne* ~ ...-worthy, worthy of; *fier* ~ proud of; *paralysé d'un bras* paralyzed in one arm; *un jour* ~ *libre* a free day; *un drôle* ~ *bonhomme* an odd chap.

dé[1] [de] *m gaming*: die; *domino*: piece; *golf*: tee; *~s pl.* dice; *le* ~ *en est jeté* the die is cast.

dé[2] [de] *m (a. ~ à coudre)* thimble.

déambuler F [deãby'le] (1a) *v/i.* stroll about, saunter.

débâcle [de'bɑːkl] *f ice*: breaking up; *fig.* disaster; downfall, collapse; F *pol.* landslide; † crash; **débâcler** [ˌbɑ'kle] (1a) *v/t.* † unfasten (*a door etc.*); clear (*a harbour*); *v/i.* break up (*ice*).

déballage [deba'laːʒ] *m* unpacking; display (*a. fig.*); F *fig.* effusion, outpouring; **déballer** [ˌ'le] (1a) *v/t.* unpack; F *fig.* let out (*emotions, complaints, etc.*), air, display (*knowledge etc.*).

débandade [debã'dad] *f* stampede, flight; rout; *à la* ~ in disorder; **débander** [ˌ'de] (1a) *v/t.* unbend, remove the bandage from (*a wound, the eyes*); ✕ disband; *se* ~ slacken, relax; scatter, disperse (*crowd*) ✕ break into a rout.

débaptiser [debati'ze] (1a) *v/t.* rename.

débarbouiller [debarbu'je] (1a) *v/t.* wash (*s.o.'s*) face; *se* ~ wash one's face; *fig.* get out of difficulties as best one can.

débarcadère [debarka'dɛːr] *m* ⚓ landing-stage, wharf; 🚋 arrival platform.

débardage ⚓ [debar'daːʒ] *m* unloading; **debarder** [ˌ'de] (1a) *v/t.* remove (*timber*) from the woods or

(stone) from the quarry; ⚓ unload, discharge; **débardeur** [ˌ'dœːr] *m* ⚓ stevedore, docker; *garment*: slipover, *Brit.* tank top.

débarquement [debarkə'mã] *m* ⚓ unloading, discharge; *passengers*: landing; 🚋F detraining, arrival; **débarquer** [ˌ'ke] (1m) *v/t.* ⚓ unship, unload; land, disembark (*passengers*); *bus etc.*: set down; F dismiss (*s.o.*); *v/i.* ⚓ land, disembark; 🚋 alight, ✕ detrain.

débarras [deba'rɑ] *m* lumber room, junk room; *bon* ~! good riddance!; **débarrasser** [ˌra'se] (1a) *v/t.* clear, relieve (of, *de*); *se* ~ get rid of (*s.o., s.th.*); get clear of (*s.th.*); extricate o.s. from.

débat [de'ba] *m* discussion; debate (*a. pol.*); dispute; ⚖ *~s pl.* proceedings; court hearing *sg.*

débâter [deba'te] (1a) *v/t.* unsaddle.

débâtir [deba'tiːr] (2a) *v/t.* demolish; take the tacking threads out of (*a dress*).

débattre [de'batr] (4a) *v/t.* debate, discuss; *fig.* se ~ struggle; flounder about (in the water, *dans l'eau*).

débauchage [debo'ʃaːʒ] *m* laying off, dismissal; **débauche** [de'boːʃ] *f* debauch(ery); *fig.* profusion; **débauché, e** [debo'ʃe] **1.** *adj.* debauched; **2.** *su.* debauchee; **débaucher** [ˌ] (1a) *v/t.* † lead (*s.o.*) astray; entice away (*a workman*); F tempt away; lay off (*workmen*).

débile [de'bil] feeble, weak; F foolish, ridiculous; **débilitant, e** [debili'tã, ˌ'tãːt] debilitating, weakening; **débilité** [ˌ'te] *f* weakness, debility; **débiliter** [ˌ'te] (1a) *v/t.* weaken, debilitate; ⚕ undermine (*the health*).

débinage *sl.* [debi'naːʒ] *m* disparagement, running down; **débine** *sl.* [ˌ'bin] *f* poverty; **débiner** *sl.* [ˌbi'ne] (1a) *v/t.* disparage, run (*s.o.*) down; *se* ~ come down in the world; slip quietly away, make o.s. scarce.

débit [de'bi] *m* retailshop; † turnover; sales [2]; ⊕ output; ⊕, *a. speaker*: delivery; † debit; *river*: flow; ~ *de boissons (de tabac)* pub (tobacconist's [shop]); *avoir un* ~ *facile* be glib, F have the gift of the gab; *portez* ... *au* ~ *de mon compte* debit me with ...; **débitant, e** *m, e f* [debi'tã, ˌ'tãːt] dealer; **débiter** [ˌ'te] (1a) *v/t.* sell, retail (*a. fig.* lies); cut up (*logs* etc.); ⊕ yield; reel off (*a poem*); *usu. pej.* utter (*threats*); *usu. pej.* deliver (*a speech*); ✝ debit (s.o. with s.th. qch. à q., q. de qch.).

débiteur[1], **-trice** [debi'tœːr, ~'tris] **1.** *su.* debtor; **2.** *adj.* debit...

débiteur[2] *m*, **-euse** *f* [debi'tœːr, ~'tøːz] retailer; *usu. pej.* utterer, ...monger; ~ de *calomnies* scandal-monger.

déblai[de'blɛ] *m* cutting, excavation; excavated material; **déblaiement** [~blɛ'mã] *m* excavating, excavation, digging out; removal (*of excavated material*).

déblatérer [deblate're] (1f) *v/i.* talk, utter; *v/i.* rail (against, contre).

déblayer [deblɛ'je] (1h) *v/t.* clear away, remove; clear (*a. fig.*).

déblocage [deblɔ'kaːʒ] *m* clearing, ✝, ⊕ releasing; **débloquer** [~'ke] (1m) *v/t.* clear; unblock; ✝, ⊕ release; ✗ relieve (*a place*); unclamp (*an instrument*).

débobiner [debɔbi'ne] (1a) *v/t.* unwind, unreel.

déboire [de'bwaːr] *m* nasty after-taste; disappointment.

déboiser [debwa'ze] (1a) *v/t.* clear of trees; ✗ untimber (*a mine*).

déboîter [debwa'te] (1a) *v/t.* ✗ dislocate; ⊕ disconnect; *v/i. mot.* filter; haul out of the line.

débonder [debõ'de] (1a) *v/t.* unbung (*a cask*); open the sluice-gates of (*a reservoir*); ~ *son cœur*, *a.* se ~ pour out one's heart; *v/i. a.* se ~ burst (out).

débonnaire [debɔ'nɛːr] good-natured, easy-going; **débonnaireté** [~nɛr'te] *f* good nature; good humo(u)r.

débordé, e [debɔr'de] overflowing; *fig.* overwhelmed (with work, *de travail*); dissipated (*life, man*); **débordement** [~dəˈmã] *m* overflowing, flood; *fig.* outburst (*of temper* etc.); ⚓, ✗ outflanking; *fig.* dissipation *sg.*, excess(es *pl.*) *sg.*; **déborder** [~'de] (1a) *vt/i.* overflow, run over; *v/t.* project beyond, stick out beyond; ✗ outflank; ⚓ sheer off; ⊕ trim.

débotter[debɔ'te] (1a) *v/t.* take off (s.o.'s) boots; *v/i. a.* se ~ take off one's boots; *fig. au débotté* immediately on arrival.

débouché [debu'ʃe] *m* outlet; open-

ing (*a. fig.*, *a.* ✝); ✝ *a.* market; ✝ créer *de nouveaux* ~s open up new markets; **déboucher** [~] (1a) *v/t.* clear; open, uncork (*a bottle*); *v/i.* emerge; open (on[to], sur); ~ *sur* or *dans a.* lead to; end up in.

déboucler [debu'kle] (1a) *v/t.* unbuckle (*one's belt*); uncurl (*one's hair*); F release.

débouler [debu'le] (1a) *vt/i.* roll down; tumble down; *hunt.* bolt.

déboulonner [debulɔ'ne] (1a) *v/t.* unrivet, unbolt; F debunk.

débourber [debur'be] (1a) *v/t.* clean (out); haul (*a carriage*) out of the mire; F get (s.o.) out of a mess.

débourrer [debu're] (1a) *v/t.* remove the stuffing from; break in (*a horse*); remove the wad from (*a gun*); clean out (*a pipe*); *fig.* smarten (s.o.) up.

débours [de'buːr] *m* (*usu. pl.*) disbursement; outlay; expenses *pl.*; *rentrer dans ses* ~ recover or recoup one's expenses; **débourser** [~bur'se] (1a) *v/t.* lay out, spend, disburse; *v/i.* ✝ shell out, fork out.

déboussoler F *fig.* [debusɔ'le] (1a) *v/t.* disorient(ate); disconcert.

debout [də'bu] *adv.* upright; standing (up); on its hind legs (*animal*); ~! get up!; *être* ~ be up, be out of bed; *fig.* *ne pas tenir* ~ not to hold water, be fantastic (*theory*); *4 places* ~ 4 standing; *se tenir* ~ stand.

débouter [debu'te] (1a) *v/t.* nonsuit; dismiss.

déboutonner [debutɔ'ne] (1a) *v/t.* unbutton; *manger (rire) à ventre déboutonné* eat (laugh) immoderately; *fig.* se ~ unburden o.s.; F get s.th. off one's chest.

débraillé, e [debra'je] untidy; slovenly (*appearance, voice*); free, rather indecent (*conversation*); loose (*morals, life*).

débranchement [debrãʃ'mã] *m* disconnecting; **débrancher** [~brã-'ʃe] (1a) *v/t.* disconnect.

débrayage [debrɛ'jaːʒ] *m* mot. declutching; F strike, Am. walkout; **débrayer** [~'je] (1i) *v/t.* ⊕ disconnect; *v/i. mot.* declutch; F knock off work.

débrider [debri'de] (1a) *v/t.* unbridle; halt; ✗ incise; F open (s.o.'s eyes); *sans* ~ at a stretch, on end.

débris [de'bri] *m/pl.* debris *sg.*; remains; wreckage *sg.*; fragments; rubble *sg.*; rubbish *sg.*; ⊕ *metal:* scraps.

débrouillard, e F [debru'ja:r, ~'jard] **1.** *adj.* resourceful; **2.** *su.* resourceful or smart person; **débrouiller** [~'je] (1a) *v/t.* disentangle; *fig.* clear up; se ~ find a way out of difficulties; manage; cope.

débroussailler [debrusa'je] (1a) *v/t.* clear of undergrowth; *fig.* clear (up or out), unravel.

débucher *hunt.* [deby'ʃe] (1a) *v/t.* drive (*a stag*) from cover; *v/i.* break cover.

débusquer [debys'ke] (1m) drive (*an animal*) out (from cover); drive or chase (*s.o.*) out.

début [de'by] *m* beginning, start; first move *etc.*; *thea.* debut, first appearance; *salaire de* ~ starting salary; *faire ses* ~*s* make a first appearance; **débutant, e** [deby'tã, ~'tã:t] *su.* beginner; novice; *su./m thea.* debutant; *su./f* debutante, F deb; **débuter** [~'te] (1a) *v/i.* begin, start; play first (*in a game*).

déc(a)... [dek(a)] dec(a)...

deçà [də'sa] *adv.* on this side; ~ *delà* here and there, on all sides; *en* ~ *de* on this side of.

décacheter [dekaʃ'te] (1c) *v/t.* unseal, open (*a letter*).

décade [de'kad] *f* decade; period of ten days or years.

décadence [deka'dã:s] *f* decadence, decline, decay; **décadent, e** [~'dã, ~'dã:t] *adj., a. su.* decadent.

décaèdre A̸ [deka'ɛ:dr] **1.** *adj.* decahedral; **2.** *su./m* decahedron.

décaféiné, e [dekafei'ne] caffeine-free, decaffeinated.

décagone A̸ [deka'gɔn] *m* decagon.

décaisser [dekɛ'se] (1b) *v/t.* unpack, unbox; ✝ pay out; ✔ plant out.

décalage [deka'la:ʒ] *m* shifting; *fig.* gap, discrepancy; lag; **décaler** [~'le] (1a) *v/t.* shift (forward or back); move forward; put back.

décalogue [deka'lɔg] *m the* Decalogue, *the* Ten Commandments *pl.*

décalquage [dekal'ka:ʒ] *m*, **décalque** [~'kalk] *m* transfer(ring); tracing (off); **décalquer** [~kal'ke] (1m) *v/t.* transfer; trace off.

décamper [dekã'pe] (1a) *v/i. fig.* decamp; F clear out, *sl.* vamoose.

décanat [deka'na] *m* deanship.

décanter [dekã'te] (1a) *v/t.* decant, pour off.

décapage [deka'pa:ʒ] *m*, **décapement** [~kap'mã] *m* scouring; *metal:* pickling; ~ *au jet de sable* sandblasting; **décapant** [~'pã] *m* scouring agent or solution; paint or varnish remover; **décaper** [~ka'pe] (1a) *v/t.* scour; cleanse.

décapiter [dekapi'te] (1a) *v/t.* behead, decapitate; cut the head off (*a.* ✔).

décapotable *mot.* [dekapɔ'tabl] convertible; drop-head (*coupé*).

décapsulateur [dekapsyla'tœ:r] *m* (crown-cork) opener.

décarburer *metall.* [dekarby're] (1a) *v/t.* decarbonize.

décartellisation ✝ [dekartɛliza'sjõ] *f* decartel(l)ization.

décatir [deka'ti:r] (2a) *v/t. tex.* sponge, take the gloss off; F se ~ lose one's beauty, age.

décavé, e F [deka've] **1.** *adj.* ruined, F broke (*person*); worn out; haggard (*face*); **2.** *su.* ruined person; **décaver** [~] (1a) *v/t.* win all (*s.o.*'s) money (*at cards etc.*), F clean (*s.o.*) out.

décéder *admin., eccl.* [dese'de] (1f) *v/i.* die, decease.

déceler [desə'le] (1d) *v/t.* reveal, disclose.

décélération [deselera'sjõ] *f* deceleration.

décembre [de'sã:br] *m* December.

décemment [desa'mã] *adv. of* **décent**; **décence** [~'sã:s] *f* decency, decorum.

décennal, e [dese'nal, ~'no] *m/pl.* **-aux** decennial.

décent, e [de'sã, ~'sã:t] decent; modest; seemly; *peu* ~ unseemly.

décentraliser *admin.* [desãtrali'ze] (1a) *v/t.* decentralize.

décentré, e [desã'tre] off-centre; **décentrer** [~] (1a) *v/t.* throw off centre; se ~ move off centre.

déception [desɛp'sjõ] *f* disappointment.

décercler [desɛr'kle] (1a) *v/t.* unhoop.

décerner [desɛr'ne] (1a) *v/t.* award (*a price*) (to, à), confer (*an honour*) (on, à); ⚖ issue (*a writ etc.*).

décès [de'sɛ] *m admin. etc.* decease, death; ⚖ demise.

décevant, e [desə'vã, ~'vã:t] deceptive; disappointing; **décevoir** [ˌ~'vwa:r] (3a) v/t. deceive; disappoint.

déchaînement [deʃɛn'mɑ̃] m unbridling; fig. outburst; **déchaîner** [ˌ~ʃɛ'ne] (1b) v/t. let loose (a. fig.); se ~ break loose; break (storm); se ~ contre storm at.

déchanter F [deʃɑ̃'te] (1a) v/i. F change one's tune; F sing small, come down a peg.

décharge [de'ʃarʒ] f ⚡, ✗, ⚖️, ⊕ discharge; ⚡ output; ✗ volley; ⚖️ acquittal; ✝ receipt (for delivery); ✝ credit; fig. relief, easing; lumber-room, F gloryhole; reservoir; ~ (publique or municipale) rubbish (Am. garbage) dump; ⚖️ témoin m à ~ witness for the defence; ⊕ tuyau m de ~ outlet; à sa ~ in his defence; **déchargeoir** ⊕ [deʃar'ʒwa:r] m outlet; waste pipe; **décharger** [ˌ~'ʒe] (11) v/t. unload (a cart, a gun); ⚓ unlade; discharge (a. ⚡, ✗, ⚖️, a gun) (at sur, contre); empty (a boiler, a reservoir); admin. exempt (from, de); ⚖️ acquit; fig. relieve, ease; fig. vent; se ~ go off (gun); ⚡ run down; fig. vent itself (anger); se ~ pass off (a responsibility etc.) (onto, sur).

décharné, e [deʃar'ne] lean, emaciated, fleshless; gaunt.

déchaumer 🜞 [deʃo'me] (1a) v/t. plough (Am. plow) up the stubble of (a field); break (the ground).

déchausser [deʃo'se] (1a) v/t. take off (s.o.'s) shoes and stockings; lay bare (a tooth, tree roots, etc.).

dèche sl. [dɛʃ] f poverty, distress; F dans la ~ hard up, broke.

déchéance [deʃe'ɑ̃:s] f downfall; (moral) decay; insurance: expiration; ⚖️ forfeiture; lapse (of a right).

déchet [de'ʃɛ] m loss, decrease; ~s pl. waste (a. phys.), losses; waste products; ~s pl. radioactifs radio-active waste sg.; ✝ ~ de route loss in transit.

déchiffrer [deʃi'fre] (1a) v/t. decipher; decode (a message); ♪ read at sight; **déchiffreur, -euse** [ˌ~'frœ:r, ˌ~'frø:z] su. decipherer; decoder; ♪ sight-reader; su./m.: ~ de radar radar scanner.

déchiqueter [deʃik'te] (1c) v/t. hack, slash, tear to shreds (a. fig.), tear up.

déchirant, e [deʃi'rɑ̃, ˌ~'rɑ̃:t] heart-rending; agonizing (cry, pain, scene); racking (cough); **déchirement** [ˌ~ʃir'mɑ̃] m tearing (a. 🏥); laceration; pang, wrench; ~ de cœur heartbreak; **déchirer** [deʃi're] (1a) v/t. tear (a. fig.); tear up; fig. rend; **déchirure** [ˌ~'ry:r] f tear, rent; 🏥 laceration.

déchoir [de'ʃwa:r] (3d) v/i. decay, decline, fall off.

déchristianiser [dekristjani'ze] (1a) v/t. dechristianize.

déchu, e [de'ʃy] 1. p.p. of déchoir; 2. adj. fallen; expired (insurance policy); disqualified.

déci... [desi] deci...

décidé, e [desi'de] decided, determined; resolute, confident (manner, person); **décidément** [ˌ~de'mɑ̃] adv. certainly, positively, really; **décider** [ˌ~'de] (1a) v/t. decide, settle; decide on; ~ q. à (inf.) persuade s.o. to (inf.); v/i.: ~ de (inf.) decide to (inf.), make up one's mind to (inf.).

décimal, e [desi'mal, ~'mo] adj., a. su./f decimal; **décimer** [ˌ~'me] (1a) v/t. decimate (a. fig.); fig. deplete; **décimo** [ˌ~'mo] adv. tenthly.

décisif, -ve [desi'sif, ~'si:v] decisive (battle etc.); conclusive (proof); positive (tones); F cock-sure (person); **décision** [ˌ~'sjɔ̃] f decision (a. ⚖️); fig. resolution.

déclamateur, -trice [deklama'tœ:r, ~'tris] 1. su./m declaimer; stump orator, F tub-thumper; bombastic writer; 2. adj. see déclamatoire; **déclamation** [ˌ~ma'sjɔ̃] f declamation; ranting; **déclamatoire** [ˌ~ma-'twa:r] declamatory; ranting (speech); turgid (style); **déclamer** [ˌ~'me] (1a) v/t. declaim; recite (a poem); v/i. rant; rail (against, contre).

déclaration [deklara'sjɔ̃] f declaration; statement; admin. registration, notification; ~ de revenu income-tax return; **déclarer** [ˌ~'re] (1a) v/t. declare (a. ✝); ⚖️ ~ coupable find guilty; avez-vous qch. à ~? have you anything to declare?; se ~ declare (for, pour; against, contre); speak one's mind; declare one's love; break out (fire, war, epidemic, etc.).

déclasser [dekla'se] (1a) v/t. bring (s.o.) down in the world; ✗ etc. declare obsolete (a weapon etc.); ✝

disrate (*a sailor*); 🚄 transfer from one class to another; *sp.* penalize (*a runner*).

déclencher [deklɑ̃'ʃe] (1a) *v/t.* launch (*an attack*); unlatch (*a door*); ⊕ release (*a. phot.*), disengage, disconnect (*a.* ⚡); F start; **déclencheur** [ˌ'ʃœːr] *m* release (*a. phot.*); *phot.* ~ *automatique* self-timer.

déclic ⊕ [de'klik] *m* catch, pawl, trip-dog, trip pin; nippers *pl.*; *montre f à* ~ stop-watch.

déclin [de'klɛ̃] *m* decline, decay; *moon, talent:* waning; *year:* fall; *au* ~ *du jour* at the close of day; *au* ~ *de sa vie* in his declining years, towards the end of his days; **déclinaison** [dekline'zɔ̃] *f astr.* declination; ⚓ variation; *gramm.* declension; **décliner** [ˌ'ne] (1a) *v/i.* deviate; decline; *fig.* fade, fail, wane; *v/t.* decline (*a. gramm.*); refuse; state (*one's name*). [release.]

décliqueter ⊕ [deklik'te] (1c) *v/t.*]

déclive [de'kliːv] **1.** *adj.* sloping; **2.** *su./f* slope; **déclivité** [ˌklivi'te] *f* slope, gradient, incline.

décloisonner [deklwazɔ'ne] (1a) *v/t.* decompartmentalize.

déclouer [deklu'e] (1a) *v/t.* unnail; take down (*a picture*); *sl.* take out of pawn.

décocher [dekɔ'ʃe] (1a) *v/t.* shoot, let fly; let off (*an epigram*); discharge.

décoction [dekɔk'sjɔ̃] *f* decoction.

décoder [dekɔ'de] (1a) *v/t.* decode; decipher.

décoiffer [dekwa'fe] (1a) *v/t.* remove (*s.o.'s*) hat; take (*s.o.'s*) hair down; ruffle (*s.o.'s*) hair.

décollage [dekɔ'laːʒ] *m* unsticking; 🛩 takeoff; **décoller** [ˌ'le] (1a) *v/t.* unstick; disengage; loosen; *se* ~ come loose; *v/i.* 🛩 take off; F budge, depart.

décolleté, e [dekɔl'te] **1.** *adj.* low-necked (*dress*); wearing a low-necked dress (*woman*); **2.** *su./m* low neckline; bare neck and shoulders *pl.*; **décolleter** [ˌ] (1c) *v/t.* cut out the neck of (*a dress*); ⊕ cut (*a screw*); *se* ~ wear a low-necked dress.

décolonisation [dekɔlɔniza'sjɔ̃] *f* decolonisation; **décoloniser** [ˌ'ze] (1a) *v/t.* decolonize.

décolorer [dekɔlɔ're] (1a) *v/t.* discolo(u)r; fade; bleach; *se* ~ fade; grow pale (*person*).

décombres [de'kɔ̃br] *m/pl.* rubbish *sg.*; debris *sg.*, *buildings:* rubble *sg.*

décommander [dekɔmɑ̃'de] (1a) *v/t.* cancel (*an invitation etc.*); ✝ countermand; *se* ~ excuse o.s. from an invitation; cancel an appointment.

décomposer [dekɔ̃po'ze] (1a) *v/t.* 🜍, ⚗, *phys.* decompose; 🜍 analyse; ⚗ split up; distort (*the features*); *se* ~ decay; become convulsed (*features*); **décomposition** [ˌzi'sjɔ̃] *f* decomposition; rotting, decay; *features:* distortion; *gramm.* construing.

décompte [de'kɔ̃t] *m* ✝ deduction; balance due; detailed account; *fig.* *éprouver du* ~ be disappointed (in, *à*); **décompter** [ˌkɔ̃'te] (1a) *v/t.* deduct; calculate (*the interest*); reckon off.

déconcerter [dekɔ̃sɛr'te] (1a) *v/t.* disconcert; upset (*plans*); ✝ ♪ put out of tune; *se* ~ lose one's assurance.

déconfit, e [dekɔ̃'fi, ˌ'fit] crestfallen, discomfited; **déconfiture** [ˌfi'tyːr] *f* ruin, failure; insolvency; collapse; defeat.

décongeler [dekɔ̃'ʒle] (1d) *v/t.* de-freeze, thaw (out).

décongestionner [dekɔ̃ʒɛstjo'ne] (1a) *v/t.* relieve congestion in; clear.

déconnecter [dekɔnɛk'te] (1a) *v/t.* disconnect; *fig.* separate.

déconner *sl.* [dekɔ'ne] (1a) *v/i.* talk a load of bullshit; blunder; *sl.* boob.

déconseiller [dekɔ̃sɛ'je] (1a) *v/t.* advise (s.o. against s.th., *qch. à q.*); s.o. against *ger.*, *q. de inf.*).

déconsidérer [dekɔ̃side're] (1f) *v/t.* discredit.

décontenancer [dekɔ̃tnɑ̃'se] (1k) *v/t.* put out of countenance, abash; *se* ~ lose one's self-assurance.

décontracter [dekɔ̃trak'te] (1a) *v/t.* relax; **décontraction** [ˌ'sjɔ̃] *f* relax, cool(ness).

déconvenue [dekɔ̃v'ny] *f* disappointment; discomfiture; *fig.* blow; set-back.

décor [de'kɔːr] *m house:* decoration; *thea.* set(ting), scene; *thea.* ~*s pl.* scenery *sg.*; *mot. sl. rentrer dans le* ~ run into a wall *etc.*; **décorateur** *m*, **-trice** *f* [dekɔra'tœːr, ˌ'tris] decorator; *thea.* stage-designer; **décoration** [ˌra'sjɔ̃] *f* decoration

(*a.* = *medal, insignia, ribbon of an order*); **décorer** [~'re] (1a) *v/t.* decorate; confer a decoration on.

décortiquer [dekɔrti'ke] (1m) *v/t.* husk (*rice*); shell (*nuts*); peel (*fruit*).

décorum [dekɔ'rɔm] *m* decorum, propriety.

découcher [deku'ʃe] (1a) *v/i.* sleep out; stay out all night.

découdre [de'kudr] (4l) *v/t.* unpick (*a garment*); rip open.

découler [deku'le] (1a) *v/i.*: ~ de follow *or* result from.

decoupage [deku'pa:ʒ] *m* cutting up *or* out; carving; cut-out (*figure*).

découper [~'pe] (1a) *v/t.* carve (*a chicken*); cut up; cut out (*a newspaper article*, *a pattern*); ⊕ stamp out, punch; *fig.* se ~ stand out (against, *sur*).

découplé, e [deku'ple] well-built, strapping; **découpler** [~] (1a) *v/t.* uncouple (*a.* ♪), unleash; *radio:* decouple.

découpoir ⊕ [deku'pwa:r] *m* cutter; **découpure** [~'py:r] *f* cutting-out; pinking; *newspaper:* cutting; *geog.* indentation.

découragement [dekuraʒ'mɑ̃] *m* discouragement, despondency; **décourager** [~ra'ʒe] (1l) *v/t.* discourage; dissuade (from, *de*); se ~ lose heart.

décousu, e [deku'zy] 1. *p.p.* of découdre; 2. *adj.* unstitched, unsewn; *fig.* disconnected; disjointed; rambling; 2. *su./m* disconnectedness; **décousure** [~'zy:r] *f* seam that has come unsewn; gash, rip (*from animal's horns etc.*).

découvert, e [deku'vɛːr, ~'vɛrt] 1. *p.p.* of découvrir; 2. *adj.* uncovered; ✗ exposed; ✝ overdrawn (*account*); 3. *su./m* ✝ overdraft; ✗ open ground; *admin.* deficit; à ~ openly; in the open; ✝ unsecure (*credit*), short (*sale*); *su./f* uncovering; discovery (*a. fig.*); aller à la ~e explore, ✗ reconnoitre; **découvreur** [~'vrœ:r] *m* discoverer; **découvrir** [~'vri:r] (2f) *v/t.* uncover; lay bare, expose; discover; find out, detect; se ~ take off one's hat; come into sight; come to light (*secret, truth*); clear up (*sky*).

décrasser [dekra'se] (1a) *v/t.* clean, scrape; ⊕ scale (*a boiler*); draw (*a furnace*); decarbonize (*an engine*);

fig. rub the rough edges off (*s.o.*), polish (*s.o.*) up.

décrépir ⚠ [dekre'pi:r] (2a) *v/t.* strip the plaster *or* rough-cast off; **décrépit, e** [~'pi, ~'pit] decrepit, senile; **décrépiter** ⚗ [~pi'te] (1a) *v/i.* decrepitate; **décrépitude** [~pi-'tyd] *f* decrepitude (senile) decay.

décret [de'krɛ] *m* decree; **décréter** [~krɛ'te] (1f) *v/t.* order; declare; decree; **décret-loi**, *pl.* **décrets-lois** [~krɛ'lwa] *m* order in council, *Am.* executive order.

décrire [de'kri:r] (4q) *v/t.* describe (*a.* Ⓐ).

décrocher [dekrɔ'ʃe] (1a) *v/t.* unhook; *teleph.* lift (*the receiver*); uncouple; F get, land (*o.s.*) (*s.th.*); *v/i.* *teleph.* lift the receiver; *fig.* switch off; *fig.* hang up one's boots; **décrochez-moi-ça** *sl.* [~ʃemwa'sa] *m/inv.* reach-me-down; second-hand clothes' shop.

décroissance [dekrwa'sɑ̃:s] *f*, **décroissement** [~krwas'mɑ̃] *m* decrease; decline; *moon:* wane; **décroître** [de'krwa:tr] (4o) *v/i.* decrease, diminish; wane (*moon*).

décrotter [dekrɔ'te] (1a) *v/t.* remove the mud from; clean; scrape; F *fig.* rub the rough edges off (*s.o.*); **décrotteur** [~'tœ:r] *m* shoe-black; *hotel:* boots; **décrottoir** [~'twa:r] *m* door-scraper; wire-mat.

décru, e [de'kry] 1. *p.p.* of décroître; 2. *su./f water:* fall, subsidence; decrease.

déçu, e [de'sy] *p.p.* of décevoir.

déculotter [dekylɔ'te] (1a) *v/t.* take off (*s.o.'s*) trousers; se ~ take off one's trousers; *sl.* chicken out.

déculpabiliser [dekylpabili'ze] (1a) *v/t.* excuse; free from a sense of guilt.

décuple [de'kypl] 1. *adj.* tenfold; 2. *su./m* tenfold; *le* ~ de ten times as much as; **décupler** [~ky'ple] (1a) *vt/i.* increase tenfold.

décuver [deky've] (1a) *v/t.* rack off (*wine*).

dédaigner [dede'ɲe] (1b) *v/t.* scorn, disdain; **dédaigneux, -euse** [~'ɲø, ~'ɲø:z] scornful, disdainful; **dédain** [de'dɛ̃] *m* disdain, scorn (of, *de*); disregard (of, *de*; for, *pour*); contempt (for, *de*).

dédale [de'dal] *m* labyrinth (*a. fig.*).

dedans [də'dɑ̃] 1. *adv.* in, inside, within; *en* ~ inside; *en* ~ de within;

F mettre q. ~ take s.o. in; **2.** su./m inside, interior.

dédicace [dedi'kas] f dedication (a. fig.); church: consecration; **dédier** [~'dje] (1o) v/t. dedicate (a. fig.); fig. inscribe (a book).

dédire [de'di:r] (4p) v/t.: se ~ de go back upon, retract, take back; break (an engagement, a promise); **dédit** [~'di] renunciation; withdrawal; promise etc.: breaking; ⚖ forfeit, penalty.

dédommagement [dedɔmaʒ'mã] m indemnity; compensation, damages pl.; **dédommager** [~ma'ʒe] (1l) v/t. compensate (for, de).

dédouanement [dedwanmã] m customs clearance; **dédouaner** [~'ne] (1a) v/t. clear (goods etc.) through the customs; fig. clear the name of, rehabilitate.

dédoubler [dedu'ble] (1a) v/t. divide into two; undouble (a cloth); remove the lining of (a coat etc.); 🚋 run (a train) in two parts.

déductible [dedyk'tibl]: ~ (de l'impôt tax-)deductible; **déduction** [~'sjɔ̃] f ✝, phls. deduction; ✝ allowance.

déduire [de'dɥi:r] (4h) v/t. phls. deduce, infer; ✝ deduct, allow.

déesse [de'ɛs] f goddess.

défaillance [defa'jãːs] f failure, failing; 🩺 faint, swoon; ⚖ witness: default; **défaillant, e** [~'jã, ~'jãːt] **1.** adj. failing; sinking (heart); faltering (steps); waning (light); ⊕, ⚖ at fault; faint (person); defaulting; **2.** su. 🩺✝ defaulter; **défaillir** [~'ji:r] (2t) v/i. fail, lose strength; falter (courage); fig. sink (heart); faint, swoon (person); ⚖ fail to appear.

défaire [de'fɛːr] (4r) v/t. undo; ✗ defeat; annul (a treaty); unpack; unwrap; fig. distort (the face); fig. upset (s.o.'s plans); rid (s.o. of s.th., q. de qch.); se ~ come undone; undo one's coat; get rid (of, de); **défaite** [~'fɛt] f defeat; fig. lame excuse, evasion; fig. failure; **défaitisme** [defɛ'tism] m defeatism, pessimism; **défaitiste** [~'tist] adj., a. su. defeatist, pessimist.

défalquer [defal'ke] (1m) v/t. deduct; write off (a debt).

défausser [defo'se] (1a) v/t. straighten; cards: se ~ discard.

défaut [de'fo] m defect; want, lack;

fault, shortcoming; ⊕ flaw; ⚖ default; ✝ de provision no funds; à ~ de for want of, in place of; hunt. être en ~ be at fault (a. fig.); faire ~ be lacking; be missing; be in short supply; il nous a fait ~ we have missed him; sans ~ faultless, flawless.

défaveur [defa'vœːr] f disfavo(u)r (with,, auprès de), discredit; **défavorable** [~vɔ'rabl] unfavo(u)rable.

défécation [defeka'sjɔ̃] f 🏺, physiol. defecation; clarification.

défectif, -ve [defɛk'tif, ~'tiːv] gramm. defective; ⚖ deficient; **défection** [~'sjɔ̃] f defection (from, de); faire ~ fall away; defect; **défectueux, -euse** [~'tɥø, ~'tɥøːz] faulty, defective; **défectuosité** [~tɥozi'te] f defect, flaw; faultiness.

défendable [defã'dabl] defensible; tenable; **défendeur m, -eresse f** ⚖ [~'dœːr, ~'drɛs] defendant; respondent; **défendre** [de'fãːdr] (4a) v/t. defend (a. ⚖, a. ✗); protect; support; forbid; à son corps défendant reluctantly; fig. se ~ de (inf.) refrain from (ger.), help (ger.); F fig. se ~ hold one's own; get along or by, manage, cope; F fig. se ~ bien en qch. be good at s.th.

défense [de'fãːs] f defence, Am. defense; protection; prohibition; elephant: tusk; ⚖ defence, plea; ⚓ fender; ~ de fumer no smoking; ~ légitime ~ self-defence; psych. ~s pl. defence mechanism sg.; **défenseur** [defã'sœːr] m defender; fig. supporter; ⚖ counsel for the defence; **défensif, -ve** [~'sif, ~'siːv] adj., a. su./f defensive.

déférence [defe'rãːs] f deference, regard, respect; par ~ pour in deference to, out of regard for; **déférer** [~'re] (1f) v/t. submit; remove (to the Court of Appeal); inform against (a criminal); administer (an oath); bestow, confer (an honour); v/i. defer (to, à); comply (with, à) (an order).

déferler [defer'le] (1a) v/t. unfurl (a flag); set (sails); v/i. break (waves); ✗ F break up (attack).

déferrer [defe're] (1a) v/t. remove the iron from; unshoe (a horse); fig. disconcert; ⚓ ~ un navire slip anchor.

défeuiller [defœ'je] (1a) v/t. strip

(*a tree*) of its leaves, defoliate; se ~ shed its leaves (*tree*).

défi [de'fi] *m* challenge; lancer un ~ à challenge; mettre q. au ~ dare or defy s.o. (to *inf.*, de *inf.*).

défiance [de'fjɑ̃:s] *f* suspicion, distrust; ~ de soi-même lack of self-confidence; *pol.* vote *m* de ~ vote of no confidence; **défiant, e** [\~'fjɑ̃, ~'fjɑ̃:t] distrustful, suspicious, cautious.

déficeler [defis'le] (1c) *v/t.* untie (*a parcel etc.*).

déficient, e [defi'sjɑ̃, ~'sjɑ̃:t] *adj.*, *a. su.* deficient.

déficit [defi'si] *m* deficit, shortage; deficiency; **déficitaire** [~si'te:r] ↑ showing a deficit; 🌾 short (*harvest*).

défier [de'fje] (1o) *v/t.* challenge; dare; *fig.* brave, defy; se ~ de distrust, be on one's guard against; se ~ de soi-même lack self-confidence.

défigurer [defigy're] (1a) *v/t.* disfigure; *fig.* distort (*the sense, the truth*).

défilade [defi'lad] *f* procession; **défilé** [\~'le] *m geog.* pass, gorge; march past; parade; **défiler** [\~'le] (1a) *v/t.* unthread; ✕ defilade (*a fortress*); ✕ conceal (*guns, troops*); ~ son chapelet speak one's mind; se ~ come unstrung; ✕ take cover; *sl.* clear off, get out; *v/i.* ✕ file off; march past.

défini, e [defi'ni] definite (*a. gramm.*); defined; bien ~ a. clean-cut; **définir** [\~'ni:r] (2a) *v/t.* define; *fig.* describe; se ~ become clear; **définissable** [defini'sabl] definable; **définitif, -ve** [\~'tif, \~'ti:v] **1.** *adj.* definitive, final; à titre ~ permanently; **2.** *su./f:* en ~ve in short; **définition** [\~'sjɔ̃] *f* definition; *cross-words:* clue; *telev. picture:* resolution.

déflagration [deflagra'sjɔ̃] *f* combustion, deflagration.

déflation [defla'sjɔ̃] *f* deflation.

défleuraison 🌿 [deflœrɛ'zɔ̃] *f* fall(ing) of blossom; **défleurir** [\~'ri:r] (2a) *v/t.* strip (*a plant*) of its bloom; take the bloom off (*a fruit*); *v/i. a.* lose its blossom.

déflorer [deflɔ're] (1a) *v/t.* ✔ strip (*a plant*) of its bloom; deflower (*a virgin*); *fig.* F take the freshness off.

défoncer [defɔ̃'se] (1k) *v/t.* stave

in; break up (*the ground, a road*); smash in (*a door etc.*); *fig.* destroy, knock the bottom out of (*an argument*); se ~ break up; collapse (*roof*); *sl.* get high (*on drugs*); *sl.* **défoncé** high, stoned.

déformation [deformɑ'sjɔ̃] *f* deformation (*a.* ⊕); ⊕ *wood:* warping; 🅰, *phot.* distortion; **déformer** [\~'me] (1a) *v/t.* deform; 🅰, *phot., phys., a. fig.* distort; ⊕ buckle, warp; se ~ warp (*wood*); get out of shape.

défouler F [defu'le] (1a) *v/t.:* se ~ release one's pent-up feelings, F let off steam.

défourner [defur'ne] (1a) *v/t.* draw from the oven or kiln.

défraîchi, e [defrɛ'ʃi] (shop)soiled; *Am.* shopworn; faded; **défraîchir** [\~'ʃi:r] (2a) *v/t.* take away the freshness of; se ~ lose its freshness; fade.

défrayer [defrɛ'je] (1i) *v/t.* defray (*s.o. 's*) expenses; *fig.* ~ la conversation be the (main) topic or subject of conversation; be the life of the conversation.

défricher [defri'ʃe] (1a) *v/t.* ✔ clear, reclaim (*land*); F *fig.* break new ground in (*a subject*).

défriser [defri'ze] (1a) *v/t.* uncurl; *fig.* disappoint.

défroisser [defrwa'se] (1a) *v/t.* smooth out.

défroncer [defrɔ̃'se] (1k) *v/t.* take out the gathers in (*a cloth*); ~ les sourcils cease to frown.

défroque *fig.* [de'frɔk] *f usu.* ~s *pl.* cast-off clothing *sg.*; **défroquer** [\~frɔ'ke] (1m) *v/t.* unfrock (*a priest*).

défunt, e [de'fœ̃, \~'fœ̃:t] **1.** *adj.* deceased; late; **2.** *su.* deceased, *Am.* decedent.

dégagé, e [dega'ʒe] clear (*sky, road*); free, unconstrained; off-hand (*manner, tone*); **dégagement** [\~gaʒ'mɑ̃] *m* clearing; freeing; extrication; relief; emission; passage; escalier *m* de ~ emergency stairs; ⊕ *tuyau m* de ~ waste pipe; **dégager** [\~ga'ʒe] (1l) *v/t.* clear; free; extricate; relieve; release (from a promise, d'une promesse); give off, emit (*a smell etc.*); *fig.* bring out (*an idea etc.*); 🅰 ~ l'inconnue isolate the unknown quantity; se ~ free o.s.; clear; emanate, be given off; emerge, come out; *v/i.:* dégagez! clear the way!; *bus:* gangway!

dégaine F [de'gɛ:n] *f* (awkward) way of carrying o.s.; gawkiness; **dégainer** [~gɛ'ne] (1b) *v/t.* unsheathe, draw (*one's sword*); *v/i.* draw.

déganter [degã'te] (1a) *v/t.* unglove (*one's hand*); se ~ take off one's gloves.

dégarnir [degar'ni:r] (2a) *v/t.* strip; dismantle; unsaddle (*a horse*); ⚓ unrig; ✗ withdraw the troops from; ✗ thin out (*a tree*); se ~ be stripped, empty (*room*); become bald (*head*); lose its leaves (*tree*).

dégât [de'ga] *m food etc.*: waste; ~s *pl.* damage *sg.*; havoc *sg.*

dégauchir ⊕ [dego'ʃi:r] (2a) *v/t.* rough-plane (*wood*); dress (*a stone*); straighten, true up (*the machinery*); *fig.* knock the corners off (*s.o.*).

dégel [de'ʒɛl] *m* thaw; **dégelée** F [deʒə'le] *f* shower of blows; **dégeler** [~] (1d) *vt/i.* thaw; unfreeze, defrost; *v/t.*: F se ~ thaw (*person*).

dégénérer [deʒene're] (1f) *v/i.* degenerate (from, *de*; into, *en*); **dégénérescence** ✗ [~re'sã:s] *f* degeneration.

dégingandé, e [deʒɛ̃gã'de] awkward, lanky, ungainily.

dégivrer [deʒi'vre] (1a) *v/t.* de-ice, defrost; **dégivreur** [~'vrœ:r] *m* de-icer, defroster.

déglacer [degla'se] (1k) *v/t.* thaw, defrost (*the refrigerator*); unglaze (*paper*).

déglinguer F [deglɛ̃'ge] (1m) *v/t.* knock to pieces, F bust up.

dégluer F [degly'e] (1a) *v/t.* remove the sticky substance from; remove the bird-lime from (*a bird*).

déglutition *physiol.* [deglyti'sjɔ̃] *f* swallowing.

dégobiller *sl.* [degɔbi'je] (1a) *v/t.* bring up (*food*); *v/i.* vomit, F spew, puke.

dégoiser F [degwa'ze] (1a) *v/t.* reel off, spout (*a speech etc.*).

dégommer (1a) *v/t.* ungum; ⊕ clean off old oil from; F dismiss (*s.o.*); F beat (*s.o.*) (*at a game*); F se faire ~ get the sack.

dégonflé F [degɔ̃'fle] *m* funk; **dégonfler** [~] (1a) *v/t.* deflate; reduce (✗ *a swelling*, ✗ *prices*, *fig. s.o.'s importance etc.*); *fig.* debunk (*s.o.*); se ~ *mot.* go flat (*tyre*); F back out, F chicken out.

dégorgeoir [degɔr'ʒwa:r] *m* outlet,

outflow; *pump*: spout; **dégorger** [~'ʒe] (11) *v/t.* cleanse; clear, unstop (*a pipe etc.*); disgorge (*a. fig.*); *v/i. a.* se ~ flow out; overflow; ✗ discharge (*abscess*); become free (*pipe etc.*).

dégot(t)er *sl.* [degɔ'te] (1a) *v/t.* find, F unearth; *v/i.* ~ (*bien*) look great; ~ *mal* look awful.

dégouliner F [deguli'ne] (1a) *v/i.* roll (down); trickle.

dégourdi, e [degur'di] **1.** *adj.* lively, sharp, smart; **2.** *su.* brisk person, F live wire; **dégourdir** [~'di:r] (2a) *v/t.* warm (up), take the stiffness from (*one's legs etc.*); take the chill off (*a liquid*); *fig.* smarten (*s.o.*) up, F lick (*s.o.*) into shape; se ~ les jambes stretch one's legs; se ~ *a.* feel warmer; become more alert; F learn the ropes.

dégoût [de'gu] *m* disgust, loathing (for, *pour*); dislike, repugnance (for, *pour*); **dégoûtant, e** [degu'tã, ~'tã:t] disgusting, loathsome, repulsive; **dégoûter** [~'te] (1a) *v/t.* disgust, repel; se ~ *de* take a dislike to, grow sick of.

dégoutter [degu'te] (1a) *v/i.* drip, trickle (from, with *de*).

dégradation [degrada'sjɔ̃] *f* degradation (*a. phys.*); *rock*: weathering; *phys. energy*: dissipation; *colours etc.*: shading off; ⚖ ~ *civique* loss of civil rights; **dégrader** [~'de] (1a) *v/t.* degrade; ✗ demote, reduce to the ranks; shade off (*colours*); damage, deface (*a building*); se ~ deteriorate.

dégrafer [degra'fe] (1a) *v/t.* unhook, unfasten.

dégraissage [degrɛsa:ʒ] *m cuis.* skimming; (dry-)cleaning; **dégraisser** [~'se] (1a) *v/t.* remove the fat from; *cuis.* skim; take the grease marks out of; **dégraisseur** [~'sœ:r] *m person:* drycleaner.

degré [də'gre] *m* degree (*a. 𝔸 etc.*, *a. of parentage*); stage; step; rank; ~ *centésimal* degree centigrade (C); ~ *de congélation* freezing point; *par* ~s by degrees, progressively.

dégréer ⚓ [degre'e] (1a) *v/t.* unrig (*a mast, a ship*); dismantle (*a crane*).

dégrèvement [degrɛv'mã] *m* abatement of tax; derating; **dégrever** [~grə've] (1d) *v/t.* reduce (*a duty, a tax*); derate; reduce the assessment on; disencumber (*an estate*).

dégringolade F [degrɛ̃gɔ'lad] *f*

tumble, fall; *currency*: collapse;
dégringoler F [~'le] (1a) *vt/i.*
tumble down.

dégriser [degri'ze] (1a) *v/t.* sober
(*s.o.*); *fig.* bring (*s.o.*) to his senses;
se ~ sober up; *fig.* come to one's
senses. [draw down (*a wire*).]

dégrosser ⊕ [degro'se] (1a) *v/t.*

dégrossir ⊕ [degro'si:r] (2a) *v/t.*
rough-hew (*a stone*); rough-plane
(*wood*); rough out (*a plan*); F lick
(*s.o.*) into shape.

dégrouiller *sl.* [degru'je] (1a) *v/t.*:
se ~ hurry up, F get a move on.

déguenillé, e [degəni'je] **1.** *adj.*
ragged, tattered; **2.** *su.* ragamuffin.

déguerpir [deger'pi:r] (2a) *v/t.* 🏛
abandon (*one's property etc.*); *v/i.*
move out; clear out, *Am.* beat it;
faire ~ send (*s.o.*) packing.

déguisement [degiz'mã] disguise;
fig. concealment; fancy dress; *sans*
~ openly; **déguiser** [~gi'ze] (1a)
v/t. disguise; conceal; se ~ *a.* put
on fancy dress.

dégustateur *m*, **-trice** *f* [degysta-
'tœ:r, ~'tris] taster; **dégustation**
[~ta'sjɔ̃] *f* tasting; **déguster** [~'te]
(1a) *v/t.* taste; F sip; relish, enjoy.

déhanché, e [dea'ʃe] *horse*: hip-
shot; *fig.* ungainly, slovenly; moving with a loose gait; **déhancher**
[~] (1a) *v/t.*: se ~ dislocate its hip
(*horse*); *fig.* move with a loose gait;
sway one's hips.

déharnacher [dearna'ʃe] (1a) *v/t.*
unharness.

dehors [də'ɔ:r] **1.** *adv.* outside, out;
dîner ~ dine out; *en* ~ outside; out-
wards; *en* ~ *de* outside; in addition
to; *en* ~ *de moi* without my knowledge *or* participation; *mettre q.* ~
turn s.o. out; F sack s.o., *Am.* lay
s.o. off; ⚓ *toutes voiles* ~ with
every sail set; **2.** *su./m* outside, exterior; ~ *pl.* appearances.

déifier [dei'fje] (1o) *v/t.* deify; *fig.*
make a god of; **déité** [~'te] *f* deity.

déjà [de'ʒa] *adv.* already, before.

déjection [deʒɛk'sjɔ̃] *f* 💊 evacuation; ~*s pl. a.* ejecta (*of a volcano*).

déjeter ⊕ [deʒə'te] (1c) *v/t. a.* se ~
warp (*wood*); buckle (*metal*).

déjeuner [deʒœ'ne] **1.** (1a) *v/i.* have
breakfast; (have) lunch; **2.** *su./m*
lunch; *petit* ~ breakfast; ~-*débat*, *pl.*
~**s-débats** [~nede'ba] *m* working
lunch.

déjouer [de'ʒwe] (1p) *v/t.* thwart;
foil; outwit; elude; baffle.

déjucher [deʒy'ʃe] (1a) *v/t.* unroost
(*hens*); F *fig.* make (*s.o.*) come off
his perch; *v/i.* come off the roost.

déjuger [deʒy'ʒe] (1l) *v/t.*: se ~
reverse one's opinion.

delà [də'la] *adv., a. prp.* beyond.

délabré, e [dela'bre] dilapidated;
ramshackle, tumble-down; impaired (*health*); **délabrer** [~] (1a)
v/t. dilapidate, wreck; ruin (*a. one's
health*); se ~ fall into decay (*house*);
become impaired (*health*).

délacer [dela'se] (1k) *v/t.* unlace;
undo (*one's shoes*).

délai [de'lɛ] *m* delay; respite; reprieve; *à bref* ~ at short notice;
dans un ~ *de 2 mois* at a two-months'
notice; ~**congé**, *pl.* ~**s-congés**
[~lek ɔ̃'ʒe] *m* term of notice.

délaisser [dele'se] (1b) *v/t.* forsake,
desert; abandon (*a.* 🏛 *prosecution*); 🏛 relinquish. [(*butter*).]

délaiter [dele'te] (1b) *v/t.* work

délarder [delar'de] (1a) *v/t.* remove
the fat from; ⊕ thin down (*wood*);
bevel, chamfer (*an edge*).

délassement [delas'mã] *m* rest, relaxation; recreation; **délasser** [~
la'se] (1a) *v/t.* rest, refresh; se ~
relax.

délateur, -trice [dela'tœ:r, ~'tris]
su. informer, spy; *su./m* ⊕ detector
(*of a lock*); **délation** [~'sjɔ̃] *f* in-
forming, denunciation, squealing.

délavé, e [dela've] washed out;
wishy-washy; weak.

délayer [dele'je] (1i) *v/t.* dilute; *fig.*
spin out (*a speech*).

délectable [delɛk'tabl] delectable;
delightful; **délecter** [~'te] (1a) *v/t.*:
se ~ *à* take delight in.

délégataire 🏛 [delega'tɛ:r] *su.* del-
egatee; **délégateur** *m*, **-trice** *f*
[~'tœ:r, ~'tris] delegator; **délégation** [~'sjɔ̃] *f* delegation (*a. coll.*);
🏛 assignment; **délégué, e** [dele-
'ge] **1.** *adj.* deputy..., delegated; **2.**
su. delegate; deputy; *su./m*: ⊕ ~
syndical shop steward; ⊕ ~ *du personnel* union steward; **déléguer** [~]
(1s) *v/t.* delegate; 🏛 *a.* assign.

délester [deles'te] (1a) *v/t.* ⚓ *etc.*
unballast; unload; *fig.* relieve (*of*,
de); ⚡ shed the load.

délétère [dele'tɛ:r] deleterious;
noxious; poison(ous) (*gas, a. fig.*);

151 **démantèlement**

fig. pernicious (*doctrine*); offensive (*smell*).

délibératif, -ve [delibera'tif, ~'tiːv] deliberative; *avoir voix ~ve* be entitled to speak and vote; **délibération** [~ra'sjɔ̃] *f* deliberation, debate, discussion (on, *sur*); reflection; resolution, vote; **délibéré, e** [~'re] **1.** *adj.* deliberate; determined; *de propos ~* deliberately; **2.** *su./m* ✴ private sitting, consultation; **délibérer** [~'re] (1f) *v/i.* deliberate; consult together; ponder, reflect (on *de, sur*).

délicat, e [deli'ka, ~'kat] delicate; fragile; dainty; nice, difficult, tricky (*situation, question*); fastidious (*eater*); sensitive (*skin*); scrupulous; *peu ~* unscrupulous, dishonest; *su./m: faire le ~* be squeamish; **délicatesse** [~ka'tɛs] *f* delicacy; fragility; fastidiousness; tact; difficulty; *avec ~* tactfully.

délice [de'lis] *su./m* delight; *su./f: ~s pl.* delight *sg.*, pleasure *sg.*; *faire les ~s de* be the delight of; *faire ses ~s de* revel in; **délicieux, -euse** [~li'sjø, ~'sjøːz] delicious; delightful.

délictueux, -euse ✴ [delik'tɥø, ~'tɥøːz] punishable, unlawful; felonious; *acte m ~* misdemeano(u)r.

délié, e [de'lje] slim, thin, slender; glib (*tongue*); nimble (*fingers, wit*); **délier** [~] (1o) *v/t.* untie, undo; release; *eccl.* absolve; *sans bourse ~* without spending a (half)penny.

délimiter [delimi'te] (1a) *v/t.* delimit; fix the boundaries of; demarcate; define (*powers*).

délinquance ✴ [delɛ̃'kɑ̃ːs] *f* delinquency; *~ juvénile* juvenile delinquency; **délinquant** *m, e f* ✴ [~'kɑ̃, ~'kɑ̃ːt] delinquent, offender; trespasser.

délirant, e [deli'rɑ̃, ~'rɑ̃ːt] frantic, frenzied; rapturous; ✴ delirious, raving; **délire** [~'liːr] *m* ✴ delirium; *fig.* frenzy; **délirer** [~li're] (1a) *v/i.* be delirious; rave (*a. fig.*); **délirium tremens** ✴ [~li'rjɔm trɛ'mɛ̃s] *m* delirium tremens, F d.t.'s.

délit ✴ [de'li] *m* misdemeano(u)r, offence; *en flagrant ~* in the act, redhanded.

délivrance [deli'vrɑ̃ːs] *f* deliverance; release; rescue; ✴ confinement; delivery; *certificate, ticket, etc.:* issue; **délivrer** [~'vre] (1a) *v/t.*

(set) free; deliver (*a.* ✴, *a. a certificate*); release; issue (*a certificate, a ticket*); *se ~ de* free o.s. from.

déloger [delɔ'ʒe] (11) *v/i.* remove, move house; go away; ✕ march off; *v/t.* oust, drive out; ✕ dislodge.

déloyal, e *m/pl. -aux* [delwa'jal, ~'jo] disloyal, false; ✝ unfair (*competition*); *sp.* foul; **déloyauté** [~jo'te] *f* disloyalty, treachery.

déluge [de'lyːʒ] *m* deluge, flood (*a. fig.*); F rain: downpour.

déluré, e [dely're] smart, sharp, knowing; forward, cheeky.

délustrer [delys'tre] (1a) *v/t. tex.* take the gloss off (*a cloth*); *fig.* take the shine off; *se ~* lose its gloss, grow shabby; *fig.* fade.

démagogue [dema'gɔg] *m* demagogue.

démailler [dema'je] (1a) *v/t.* unshackle (*a chain*); unpick (*a knitted object*); *se ~* run, ladder (*stocking*); **démailloter** [~jɔ'te] (1a) *v/t.* unswaddle (*a baby*).

demain [də'mɛ̃] *adv., a. su./m* tomorrow; *à ~!* good-bye till tomorrow!, F see you to-morrow!; *~ en huit* to-morrow week.

démancher [demɑ̃'ʃe] (1a) *v/t.* unhaft, remove the handle of (*a tool*); ✴ F dislocate; *fig.* upset; *v/i.* ♪ shift.

demande [də'mɑ̃ːd] *f* question; enquiry; request (for, de); ✝ demand; ✴ claim, action; *~ d'emploi* application for a job; ✴ *~ en dommages-intérêts* claim for damages; *~ en mariage* proposal (of marriage); *à la ~* as required; *à la ~ générale* by general request; *sur ~* on application *or* request; **demander** [~mɑ̃'de] (1a) *v/t.* ask (for); beg; request; wish; want; order; apply for; *~ q.* ask for s.o.; *~ qch. à q.* ask s.o. for s.th.; *se ~* wonder.

demandeur¹ *m,* **-euse** [dəmɑ̃'dœːr, ~'døːz] petitioner; applicant (for, de); demander; *cards:* declarer; *teleph.* caller.

demandeur² *m,* **-eresse** *f* ✴ [dəmɑ̃'dœːr, ~'drɛs] plaintiff.

démangeaison [demɑ̃ʒɛ'zɔ̃] *f* itching; *fig.* F itch, longing; **démanger** [~'ʒe] (11) *v/i.* itch (*arm, leg, etc.*); *fig.* *ça me démange de* (*inf.*) I'm dying to (*inf.*).

démantèlement [demɑ̃tɛl'mɑ̃] *m*

dismantling; **démanteler** [∼mɑ̃t'le] (1d) v/t. dismantle; demolish, raze; break up (a gang).

démantibuler [demɑ̃tiby'le] (1a) v/t. ruin, break up, smash up.

démaquillage [demaki'jaːʒ] m: crème m de ∼cleansing cream; **démaquillant** [∼'jɑ̃] m make-up remover, cleanser; **démaquiller** [∼'je] (1a) v/t.: se ∼ take off one's make-up.

démarcation [demarka'sjɔ̃] f demarcation, boundary.

démarche [de'marʃ] f step (a. fig.), walk, gait; fig. a. procedure(s pl.); faire ∼s pour take steps to.

démarquer [demar'ke] (1m) v/t. remove the marks from; ✝ mark down (prices); fig. plagiarize.

démarrage [dema'raːʒ] m mot., 📷, 🚣 start; ⚓ unmooring; **démarrer** [∼'re] (1a) vt/i. ⚓ cast off; mot., 📷, 🚣 start; v/i. fig. get moving, get off the ground; faire ∼ mot. start; ⊕ set in motion; **démarreur** ⊕, mot. [∼'rœːr] m starter.

démasquer [demas'ke] (1m) v/t. unmask (a. ✕); 🕯 show (a light); fig. ∼ ses batteries show one's hand.

démêlé [deme'le] m dispute; contest; **démêler** [∼'le] (1a) v/t. unravel, comb out (one's hair); fig. make out; clear up; avoir qch. à ∼ avec q. have a bone to pick with s.o.; **démêloir** [∼'lwaːr] m large-toothed comb.

démembrer [demɑ̃'bre] (1a) v/t. dismember; break up.

déménagement [demenaʒ'mɑ̃] m removal, moving (house); voiture f de ∼ furniture van; **déménager** [∼na'ʒe] (1l) v/t. (re)move; move the furniture out of a (house); v/i. move house; fig. go out of one's mind; F sa tête déménage he has taken leave of his senses; **déménageur** [∼na'ʒœːr] m furniture remover.

démence [de'mɑ̃ːs] f insanity, madness; 🩺 dementia; 🏛 lunacy.

démener [demə'ne] (1d) v/t.: se ∼ struggle; fling o.s. about; fig. strive hard.

dément, e [de'mɑ̃, ∼'mɑ̃ːt] 1. adj. mad; 🏛 lunatic; 2. su. mad person, lunatic.

démenti [demɑ̃'ti] m denial, contradiction; fig. failure; **démentir** [∼'tiːr] (2b) v/t. contradict; deny

(a fact); belie; se ∼ contradict o.s.; fail (to keep one's word).

démérite [deme'rit] m demerit; **démériter** [∼'rite] (1a) v/i. act in a blameworthy manner; ∼ auprès de q. forfeit s.o.'s esteem; ∼ de break faith with (s.o.); become unworthy of (s.th.).

démesuré, e [demezy're] inordinate, beyond measure; excessive; out of all proportion.

démettre [de'mɛtr] (4v) v/t. dislocate; ✝ deprive; 🏛 ∼ q. de son appel dismiss s.o.'s appeal; se ∼ l'épaule dislocate one's shoulder, put one's shoulder out (of joint); se ∼ de qch. give s.th. up, abandon s.th.; se ∼ de ses fonctions resign.

démeubler [demœ'ble] (1a) v/t. remove the furniture from.

demeurant [demœ'rɑ̃] m: au ∼ after all; **demeure** [∼'mœːr] f dwelling, residence; ✝ delay; à ∼ permanent(ly); dernière ∼ last resting place; ✝ en ∼ in arrears; mettre q. en ∼ de (inf.) call upon s.o. to (inf.); mise f en ∼ summons; **demeuré, e** [∼mœːre] mentally retarded, half-witted; **demeurer** [∼mœ're] (1a) v/i. live, reside; stay, stop; en ∼ là stop, leave off.

demi, e [də'mi] 1. adj. (inv. before su.) half, demi-..., semi-...; une demi-heure half an hour, a half-hour; une heure et demie an hour and a half; dix heures et demie half past ten; 2. su./m half; sp. half-back; ∼-**cercle** [dəmi'sɛrkl] m semicircle; surv. demi-circle; ∼-**fond** sp. [∼'fɔ̃] m medium distance; ∼-**frère** [∼'frɛːr] m half-brother, step-brother; ∼-**gros** ✝ [∼'gro] m wholesale dealing in small quantities; ∼-**jour** [∼'juːr] m/inv. half-light; ∼-**journée** [∼ʒur'ne] f part-time work; half-day.

démilitariser [demilitari'ze] (1a) v/t. demilitarize.

demi...: ∼-**monde** [dəmi'mɔ̃ːd] m demi-monde; ∼-**mot** [∼'mo] adv.: à ∼ without many words; ∼-**pension** [∼pɑ̃'sjɔ̃] f part board; ∼-**reliure** [rə'ljyːr] f quarter-binding; ∼-**saison** [∼sɛ'zɔ̃] f between-season, mid-season; ∼-**sec** [∼'sɛk] adj./m medium dry (wine); ∼-**sœur** [∼'sœːr] f half-sister, step-sister; ∼-**solde** [∼'sɔld] f half pay; ∼-**sommeil** [∼sɔ'mɛːj] m somnolence; ∼-**soupir** ♩ [∼su'piːr] m quaver rest.

démission [demi'sjɔ̃] f resignation; abdication; *donner sa* ~ hand in one's resignation; **démissionnaire** [~sjɔ'nɛːr] **1.** *adj.* resigning; **2.** *su.* resigner; **démissionner** [~sjɔ'ne] (1a) *v/i.* resign, step down; *fig.* give up.

demi...: ~**tarif** [dəmita'rif] *m*: (*à* ~ at) half-price *or* half-fare; ~**teinte** *paint., phot.* [~'tɛ̃ːt] f half-tone, half-tint; ~**ton** ♪ [~'tɔ̃] *m* semitone; ~**tour** [~'tuːr] *m* half-turn; ⚔ about turn; *mot.* U-turn; *faire* ~ turn back; turn about; ⚔ about-turn; ♫ turn a half-circle.

démobiliser [demɔbili'ze] (1a) *v/t.* demobilize.

démocrate [demɔ'krat] **1.** *adj.* democratic; **2.** *su.* democrat; **démocratie** [~kra'si] f democracy; **démocratiser** [~krati'ze] (1a) *v/t.* democratize; *fig.* put in the reach of the average man.

démodé, e [demɔ'de] old-fashioned, out of date, dated, outmoded; **démoder** [~] (1a) *v/t.*: *se* ~ go out of fashion.

démographe [demɔ'graf] *m* demographer; **démographie** [~gra'fi] f demography.

demoiselle [dəmwa'zɛl] f young lady; spinster; ⊕ paving-beetle; *zo.* dragon-fly; ♫ rowlock; ~ (*de magasin*) shop-girl; ~ *d'honneur* bridesmaid; maid of hono(u)r.

démolir [demɔ'liːr] (2a) *v/t.* demolish (*a. fig. an argument*), pull down; *fig.* overthrow; *fig.* ruin; F give a good thrashing to (*s.o.*); **démolisseur** [~li'sœːr] *m* demolition worker or contractor, wrecker; house-demolisher; **démolition** [~li'sjɔ̃] f demolition; ~s *pl.* rubbish *sg.*; rubble *sg.* (*from demolished building*).

démon [de'mɔ̃] *m* demon, devil, fiend; *fig.* imp; *le* ~ *de midi* love in middle age.

démonétiser [demɔneti'ze] (1a) *v/t.* demonetize (*metal*); *fig.* discredit (*s.o.*).

démoniaque [demɔ'njak] *adj., a. su.* demoniac.

démonstrateur *m*, **-trice** f [demɔ̃stra'tœːr, ~'tris] ♥ demonstrator; **démonstratif, -ve** [~'tif, ~'tiːv] **1.** *adj.* demonstrative (*a. gramm.*); *peu* ~ undemonstrative, dour; **2.** *su./m gramm.* demonstrative; **démon-**

stration [~'sjɔ̃] f demonstration; ⚔ show of force.

démontable ⊕ [demɔ̃'tabl] that can be taken to pieces; collapsible (*boat*).

démontage [~'taːʒ] *m* dismantling; *tyre:* removal; **démonté, e** [~'te] stormy, wild (*sea*); flustered; **démonter** [~'te] (1a) *v/t.* unseat (*a rider*); ⊕ dismantle, take down; *fig.* upset, take aback, fluster; *se* ~ lose countenance; get flustered.

démontrer [demɔ̃'tre] (1a) *v/t.* demonstrate, show.

démoraliser [demɔrali'ze] (1a) *v/t.* demoralize; *fig.* dishearten; ⚔ destroy *or* undermine the morale of (*troops etc.*).

démordre [de'mɔrdr] (4a) *v/i.* let go; *fig.* give in; *fig. ne pas* ~ *de* stick to.

démouler [demu'le] (1a) *v/t.* withdraw from the mould; turn out (*a cake*).

démunir [demy'niːr] (2a) *v/t.* deprive (of, *de*); *se* ~ *de* part with; ♥ run short of.   [muzzle (*a dog*).]

démuseler [demyz'le] (1c) *v/t.* un-

démystification [demistifika'sjɔ̃] f debunking; demystification; **démystifier** [~'fje] (1a) *v/t.* debunk; demystify.

démythifier [demiti'fje] (1a) demythologize; debunk; demystify.

dénatalité [denatali'te] f fall in the birth-rate.

dénationaliser [denasjɔnali'ze] (1a) *v/t.* denationalize; *se* ~ lose one's nationality.

dénaturaliser [denatyrali'ze] (1a) *v/t.* denaturalize.

dénaturé, e [denaty're] unnatural; ♠ *alcool m* ~ methylated spirit; **dénaturer** [~] (1a) *v/t.* adulterate; *fig.* misrepresent, distort; pervert.

dénégation [denega'sjɔ̃] f denial; ♃ traverse.

déni ♃ [de'ni] denial, refusal.

déniaiser F [denjɛ'ze] (1a) *v/t.* educate (*s.o.*) in the ways of the world; smarten (*s.o.'s*) wits; *fig.* initiate (*s.o.*) sexually.

dénicher [deni'ʃe] (1a) *v/t.* take from the nest; ⚔ dislodge; *fig.* unearth, rout out; discover; *v/i.* fly away; F *fig.* clear out, depart.

denier [də'nje] *m* small coin; penny; cent; money; *stockings:* denier; *les* ~s *pl. publics* public funds; *le* ~ *de Saint-Pierre* Peter's pence.

dénier [de'nje] (1o) v/t. deny; disclaim; refuse.

dénigrer [deni'gre] (1a) v/t. disparage, run (s.o.) down.

déniveler [deni'vle] (1c) v/t. make uneven (the surface); surv. determine differences in level.

dénombrement [denɔ̃brə'mɑ̃] m counting; population: census; **dénombrer** [~'bre] (1a) v/t. count; take a census of (the population).

dénominateur Å [denɔmina'tœːr] m denominator; **dénominatif, -ve** [~'tif, ~'tiːv] denominative; **dénomination** [~'sjɔ̃] f name, denomination; **dénommer** [denɔ'me] (1a) v/t. denominate, call, designate.

dénoncer [denɔ̃'se] (1k) v/t. denounce (a. a treaty); indicate; expose; ~ q. (à la police) inform against s.o.; **dénonciateur, -trice** [~sja'tœːr, ~'tris] **1.** su.: informer; F stoolpigeon; **2.** adj. telltale, revealing; laying information (letter); **dénonciation** [~sja'sjɔ̃] f denunciation; information (against, de); notice of termination (of treaty etc.).

dénoter [denɔ'te] (1a) v/t. denote, show, mark.

dénouement [denu'mɑ̃] m untying; result, outcome; difficulty: solution; thea. etc. dénouement; **dénouer** [~'nwe] (1p) v/t. untie, unravel, undo; fig. clear up; loosen (limbs, the tongue); se ~ come undone; end (story); loosen (tongue).

denrée [dɑ̃'re] f usu. ~s pl. commodity sg.; produce sg.; ~s pl. alimentaires food-stuffs; ~s pl. coloniales colonial produce sg.

dense [dɑ̃ːs] dense (a. phys.); thick; peu ~ thin; sparse; **densimètre** phys. [dɑ̃si'metr] m densimeter, hydrometer; **densité** [~'te] f density (a. phys., a. of population); phys. specific weight.

dent [dɑ̃] f tooth (a. ⊕); elephant: tusk; geog. jagged peak; ⊕ cog; fork: prong; ~ de lait (a de sagesse) milk tooth (wisdom tooth); ~s pl. artificielles denture sg.; sl. avoir la ~ be hungry; avoir une ~ contre have a grudge against; être sur les ~s be worn out; mal m aux ~s toothache; sans ~s toothless; **dentaire** anat. [dɑ̃'teːr] dental (art, pulp); **dental, e,** m/pl. **-aux** [~'tal, ~'to] **1.** adj.

dental (nerve, consonant); **2.** su./f gramm. dental (consonant); **dent-de-lion,** pl. **dents-de-lion** ♀ [dɑ̃d-'ljɔ̃] f dandelion; **denté, e** [dɑ̃'te] toothed; ⊕ roue f ~e cogwheel; **dentelé, e** [dɑ̃t'le] jagged, notched; serrated (a. leaf); **denteler** [~] (1c) v/t. notch; indent (a. fig.); **dentelle** [dɑ̃'tel] f lace; wrought ironwork; **dentelure** [dɑ̃t'lyːr] f indentation; post: perforation (of stamps); **denter** [dɑ̃'te] (1a) v/t. ⊕ tooth, cog (a wheel); **denticulé, e** [~tiky'le] ♀ denticulate; △ denticular; **dentier** [~'tje] m denture, F plate; set of false teeth; **dentifrice** [~ti'fris] **1.** su./m dentifrice, tooth-paste; **2.** adj.: eau f ~ mouth-wash; **dentine** anat. [~'tin] f dentine; **dentiste** [~'tist] m dentist; **dentition** [~ti'sjɔ̃] f dentition; baby: teething; **denture** [~'tyːr] f set of (natural) teeth; ⊕ teeth pl., cogs pl., gear teeth pl.

dénucléarisé, e [denykleari'ze] atom-free (zone).

dénuder [deny'de] (1a) v/t. lay bare; strip; **dénuement** [~ny'mɑ̃] m destitution; poverty (a. fig.); room: bareness; **dénuer** [~'nɥe] (1n) v/t. strip (of, de); dénué de devoid of; lacking, ...less.

dépannage [depa'naːʒ] m repairing, fixing; repairs pl.; fig. helping (out); help, relief, F troubleshooting; mot. (a. service m de ~) breakdown service; **dépanner** [~'ne] (1a) v/t. repair, fix; fig. help (out), tide over, relief; **dépanneur** mot. [~'nœːr] m breakdown mechanic; **dépanneuse** mot. [~'nøːz] f breakdown lorry, Am. wrecker. [unpack.)

dépaqueter [depak'te] (1c) v/t.J

dépareillé, e [depare'je] odd (= unpaired); ✝ articles m/pl. ~s job lot sg., oddments.

déparer [depa're] (1a) v/t. strip (of ornaments); divest (of medals etc.); fig. spoil, mar.

déparier [depa'rje] (1o) v/t. remove one of a pair of; separate (a pair); gant m déparié odd glove.

départ[1] [de'paːr] m departure (a. ✈), start; ♏ sailing; fig. start, beginning; sp. bloc m de ~ starting block; sp. ~ lancé flying start; point m de ~ starting point (a. fig.); fig. au ~ in the beginning; at the outset.

départ² [~] m division, separation.

départager [departa'ʒe] (1l) v/t. decide between; ~ **les voix** give the casting vote.

département [depart'mɑ̃] m department (a. pol. Am.); pol. Ministry; admin. department; fig. province.

departir [depar'ti:r] (2b) v/t. distribute, deal out; **se ~ de** abandon, give up.

dépassement [depɑs'mɑ̃] m overstepping, going beyond; credit etc.: exceeding; **dépasser** [~pɑ'se] (1a) v/t. pass, go beyond; exceed (a. a speed); overtake (a car, a person, etc.); project beyond; fig. outshine; fig. be beyond (s.o.'s means etc.); **F cela me dépasse** it is beyond my comprehension, **F** it's beyond me; sp. **~ à la course** outrun.

dépassionner [depasjɔ'ne] (1a) v/t. take the heat out of (a discussion etc.).

dépaver [depa've] (1a) v/t. take up the pavement of (a street).

dépayser [depei'ze] (1a) v/t. take (s.o.) out of his element; mislead; fig. bewilder.

dépecer [depə'se] (1d a. 1k) v/t. cut up; dismember; break up (an estate, a ship).

dépêche [de'pɛ:ʃ] f dispatch; telegram, **F** wire; **dépêcher** [depe'ʃe] (1a) v/t. hasten; expedite; dispatch; **se ~** hurry up, make haste (to inf., de inf.).

dépeigner [depe'ɲe] (1a) v/t. ruffle.

dépeindre [de'pɛ̃:dr] (4m) v/t. depict; describe.

dépenaillé, e [depəna'je] tattered, ragged.

dépendance [depɑ̃'dɑ̃:s] f dependence; dependency (of a country); fig. subjection, domination; ~s pl. outbuildings, annexes.

dépendre¹ [de'pɑ̃:dr] (4a) v/i. depend (on, de); **cela dépend** that depends; **il dépend de vous de** (inf.) it lies with you to (inf.).

dépendre² [~] (4a) v/t. take down, unhang.

dépens [de'pɑ̃] m/pl. cost sg., expense sg., ⚖ costs; **aux ~ de q.** at s.o.'s expense.

dépense [de'pɑ̃:s] f expenditure, spending, outlay, expense; gas, steam, etc.: consumption; **dépenser** [depɑ̃'se] (1a) v/t. spend; consume (coal etc.), use (up); fig. **se ~** exert o.s.; **dépensier, -ère** [~'sje, ~'sjɛ:r] **1.** su. storekeeper; hospital: dispenser; spendthrift; **2.** adj. extravagant, spendthrift.

déperdition [deperdi'sjɔ̃] f waste; loss; gas: escape.

dépérir [depe'ri:r] (2a) v/i. decline, pine (away), dwindle; **dépérissement** [~ris'mɑ̃] m declining, pining, dwindling; decay(ing); deterioration.

dépersonnaliser [depɛrsɔnali'ze] (1o) v/t. depersonalize; **se ~** loose one's personality; become impersonal.

dépêtrer [depɛ'tre] (1a) v/t. extricate, free; **se ~ de** get o.s. out of (s.th.); **F se ~ de q.** shake s.o. off.

dépeupler [depœ'ple] (1a) v/t. depopulate; thin (a forest).

déphasage [defa'za:ʒ] m phys. phase difference; fig. discrepancy, gap; fig. lag; **déphasé, e** [~'ze] phys. out of phase; fig. disoriented; fig. lagging behind; **F** fig. no longer with it.

dépiauter **F** [depjo'te] (1a) v/t. skin; fig. dissect (a book).

dépilation [depila'sjɔ̃] f depilation; removal of hair; **dépilatoire** [~la'twa:r] **1.** adj. depilatory; **pâte** f ~ hair-removing cream; **2.** su./m depilatory, hair-remover; **dépiler** [~'le] (1a) v/t. remove the hair from.

dépister [depis'te] (1a) v/t. hunt. run to earth (a. **F** fig. s.o.); fig. detect, discover; put off the scent; fig. baffle.

dépit [de'pi] vexation, frustration; **en ~ de** in spite of; **dépiter** [~pi'te] (1a) v/t. annoy; spite; **se ~** be annoyed or vexed (at, de).

déplacé, e [depla'se] out of place; displaced; fig. misplaced; improper; **déplacement** [~plas'mɑ̃] m moving, shifting; movement; displacement, relocation, transfer, removal; travel(ling); ⚓ displacement; ~ **disciplinaire** disciplinary transfer; **frais** m/pl. **de ~** travelling expenses; **déplacer** [~pla'se] (1k) v/t. displace, shift, move; dislodge; ⚓ have a displacement of; fig. transfer (s.o.); **se ~** move; move or get around or about; travel.

déplaire [de'plɛ:r] (4z) v/i.: **~ à** displease; v/t.: **se ~** dislike; **déplaisant, e** [deple'zɑ̃, ~'zɑ̃:t] unpleasant, disagreeable; **déplaisir** [~'zi:r] *m* displeasure; annoyance.

déplanter ✓ [deplã'te] (1a) *v/t.* displant; take up (*a plant*); transplant.

dépliant [depli'ã] *m* folding album; folder; **déplier** [~'e] (1a) *v/t.* unfold.

déplisser [depli'se] (1a) *v/t.* unpleat, take the pleats out of; **se ~** come out of pleats.

déploiement [deplwa'mã] *m* unfolding; *goods, ,courage, etc.:* display; ✕, ♼, *troops, etc.:* deployment.

déplomber [deplɔ̃'be] (1a) *v/t.* unseal; ⚕ unstop, *Am.* remove the filling from (*a tooth*).

déplorable [deplɔ'rabl] deplorable, lamentable; wretched; **déplorer** [~'re] (1a) *v/t.* deplore; lament, mourn.

déployer [deplwa'je] (1h) *v/t.* unfold; display (*a flag, goods, patience, etc.*); ✕ deploy (*troops*); ♼ unfurl (*the sail*).

déplumer [deply'me] (1a) *v/t.* pluck; **se ~** moult; F grow bald.

dépolir ⊕ [depɔ'li:r] (2a) *v/t.* remove the polish from; grind, frost (*glass*); **se ~** grow dull; *verre m* dépoli ground *or* frosted glass.

dépolluer [depɔl'lɥe] (1n) *v/t.* depollute; **dépollution** [depɔly'sjɔ̃] *f* depolluting.

dépopulation [depɔpyla'sjɔ̃] *f* depopulation; falling population.

déport ♱ [de'pɔːr] *m* backwardation.

déportation [depɔrta'sjɔ̃] *f* ⚖ transportation; *pol.* deportation; **déportements** [depɔrtə'mã] *m/pl.* misconduct *sg.*; dissolute life *sg.*; **déporter** [~'te] (1a) *v/t.* deport (*s.o.*); carry away; ⊕ off-set (*a part*); *v/i.* ⛟ drift.

déposant *m*, **e** *f* [depɔ'zã, ~'zãːt] ♱ depositor; ⚖ bailor; ⚖ deponent, witness; **déposer** [~'ze] (1a) *v/t.* deposit (*s.th., money, required documents,* ♳ *a sediment, etc.*); lay down; leave; depose (*a king etc.*); *parl.* introduce, table (*a bill*); ⚖ file (*a petition*), prefer (*a charge*), lodge (*a complaint*); ♱ register (*a trade-mark*); *v/i.* settle (*wine*); ⚖ give evidence (against, *contre*); depose (that, *que*); **dépositaire** [~zi'tɛːr] *su.* trustee; ⚖ bailee; ♱

agent (for, de); **déposition** [~zi-'sjɔ̃] *f* ⚖, *a. king:* deposition; ⚖ evidence; ⚖ **~ sous serment** affidavit.

déposséder [depose'de] (1f) *v/t.* (de) dispossess (from), deprive (of); **dépossession** [~se'sjɔ̃] *f* dispossession.

dépôt [de'po] *m* deposit; ⚖ bailment; *telegram:* handing in; ♱ store; depot (*a.* ✕); ♱ warehouse; *Customs:* bond; sediment (*in liquid*); ♳ depositing; ⚙ *engine:* shed; police station; ♳ accumulation of matter; ♱ *trade-mark:* registration; **~ de marchandises** goods depot; freight yard; **~ de mendicité** workhouse; **~ mortuaire** mortuary; *caisse f de ~s et consignations* Deposit and Consignment Office; *en ~* on sale; in stock; on trust.

dépoter [depɔ'te] (1a) *v/t.* ✓ plant out (*seedlings*); unpot (*a plant*); decant (*wine etc.*).

dépotoir [depɔ'twaːr] *m* rubbish (*Am.* garbage) dump; junk room *or* yard.

dépouille [de'puːj] *f* animal: skin; *serpent:* slough; ⊕ rake, clearance; *metall.* draw; **~s** *pl.* spoils, booty *sg.*; effects; **~ mortelle** mortal remains *pl.*; **dépouillement** [~puj'mã] *m* despoiling; scrutiny, examination; *votes:* count; **dépouiller** [~pu'je] (1a) *v/t.* skin; strip; plunder; rob; examine; open (*letters*); count (votes); *fig.* cast off *or* aside (*one's pride etc.*); **se ~** shed its leaves (*tree*); cast its skin (*serpent*); divest o.s., get rid of (de).

dépourvoir [depur'vwaːr] (3m) *v/t.* deprive (of s.th., de qch.); **dépourvu, e** [~'vy] **1.** *adj.:* **~ de** lacking, short of, devoid of; **2.** dépourvu *adv.:* **au ~** unawares.

dépoussiérage [depusje'ra:ʒ] *m* dusting; ⊕ dust extraction; *air:* filtering; **dépoussiérer** [~'re] (1a) *v/t.* remove (the) dust from; dust down; *fig.* dust off.

dépravation [deprava'sjɔ̃] *f* taste *etc.:* depravation; *morals:* depravity; **dépraver** [~'ve] (1a) *v/t.* deprave, corrupt.

dépréciation [depresja'sjɔ̃] *f* depreciation; wear and tear; **déprécier** [~'sje] (1o) *v/t.* depreciate (*a.* ♱), undervalue; belittle, F run

down; devalue (*coinage*); se ~ ✝
depreciate; *fig.* belittle o.s.

déprédateur, -trice [depreda'tœ:r,
~'tris] **1.** *su.* depredator; embezzler;
2. *adj.* depredatory; **déprédation**
[~'sjɔ̃] *f* depredation, pillaging,
peculation.

déprendre [de'prɑ̃:dr] (4q) *v/t.*: se ~
de break away from; free *or* rid o.s.
of; cast off.

dépressif, -ve [depre'sif, ~'si:v]
bearing down; *fig.* depressing; **dépression** [~'sjɔ̃] *f* depression (*a.* ✝,
a. meteor., a. fig.); fall (*in value*);
barometer: fall in pressure; ✻ (~
nerveuse nervous) breakdown; **dé-
prime** ✝ [de'prim] *f* depression;
déprimer [depri'me] (1a) *v/t.*
depress; *fig.* lower; se ~ become
depressed.

depuis [də'pɥi] **1.** *prp.* since, for;
from; ~ *quand?* since when?; *je suis
ici* ~ *cinq jours* I have been here for
five days; ~ ... *jusqu'à* from ... (down)
to; **2.** *adv.* since (then); afterwards;
3. *cj.*: ~ *que* since.

dépuratif, -ve [depyra'tif, ~'ti:v]
adj., a. su./m depurative; **dépurer**
[~'re] (1a) *v/t.* depurate, cleanse (*the
blood*); purify (*water, metal*).

députation [depyta'sjɔ̃] *f* deputa-
tion; membership of Parliament; se
présenter à la ~ stand for Parliament,
Am. run for Congress; **député** [~'te]
m deputy, M.P., *Am.* Congressman;
députer [~'te] (1a) *v/t.* depute;
delegate (*to à, vers*).

déraciner [derasi'ne] (1a) *v/t.*
uproot; *fig.* eradicate.

déraidir [derɛ'di:r] (2a) *v/t.* take the
stiffness out of; *fig.* relax.

dérailler [derɑ'je] (1a) *v/i.* ⛴ *etc.* go
off the rails; be derailed, leave the
track; F talk wildly; F behave
weirdly; F be on the blink (*machinery*); **dérailleur** [~'jœ:r] *m* ⛴
shifting track; *bicycle:* gearshift.

déraison [derɛ'zɔ̃] *f* unreasonable-
ness; unwisdom; **déraisonnable**
[~zo'nabl] unreasonable, irrational,
unwise; foolish; **déraisonner** [~zo-
'ne] (1a) *v/i.* talk nonsense; rave
(*sick man*).

dérangement [derɑ̃ʒ'mɑ̃] *m* derangement; disturbance, disorder;
trouble; upset; ⚡, ⚙ fault; **déranger** [~rɑ̃'ʒe] (1l) *v/t.* derange; bother; disturb; upset (*a. fig.*); ⊕ put

out of order; se ~ move; take trouble
(to *inf., pour inf.*); lead a wild life;
⊕ get out of order; get upset.

dérapage [dera'pa:ʒ] *m mot.* skid
(-ding); ⚓ dragging; **déraper** [~'pe]
(1a) *v/t.* ⚓ trip, weigh (*the anchor*);
v/i. ⚓ drag; drag its anchor (*ship*);
mot. skid.

dératé, e F [dera'te] **1.** *adj.* scatterbrained, harum-scarum; **2.** *su./m:*
courir comme un ~ run like a hare.

derby *sp.* [dɛr'bi] *m* derby, horse-
race; contest.   [more.]

derechef [dərə'ʃef] *adv.* again, once)

déréglé [dere'gle] ⊕ out of order;
fig. immoderate; dissolute (*life*);
dérèglement [~reglə'mɑ̃] *m* disorder; *pulse:* irregularity; profli-
gacy; dissolute life; **dérégler** [~re-
'gle] (1f) *v/t.* upset, disarrange;
unsettle; ⊕ put out of order; se ~
get out of order; *fig.* get into evil
ways.

dérider [deri'de] (1a) *v/t.* smooth;
unwrinkle; *fig.* cheer (*s.o.*) up.

dérision [deri'zjɔ̃] *f* derision, ridicule; *tourner en* ~ hold up to ridicule; **dérisoire** [~'zwa:r] ridiculous, laughable; *prix m* ~ ridicu-
lously low price.

dérivatif, -ve [deriva'tif, ~'ti:v] *adj.,
a. su./m* derivative; **dérivation**
[~'sjɔ̃] *f* ⚡, *gramm.* derivation;
watercourse: diversion; ⚡ loop-
(-line); ⚡ shunt(ing); *teleph.* branch-
circuit; ⚡ differentiation; ⚓ drift;
dérive [de'ri:v] *f* ⚓ leeway; *aller
à la* ~ drift; **dérivé** ⚡, *gramm.*
[deri've] *m* derivative; **dérivée** ⚡
[~] *f* differential coefficient.

dériver¹ [deri've] (1a) *v/i.* drift.

dériver² [~] (1a) *v/t.* divert; ⚡,
⚡ shunt; ✝ free from the board; ⚡,
gramm. derive; *v/i.* derive *or* be derived (from, de); spring (from, de).

dériver³ ⊕ [~] (1a) *v/t.* unrivet;
unhead (*a rivet*).

dermatologiste [dɛrmatɔlɔ'ʒist],
dermatologue [~'lɔg] *su.* dermato-
logist.

dernier, -ère [dɛr'nje, ~'njɛ:r] **1.**
adj. last, latest; highest, utmost
(*importance etc.*); ✝ closing (*price*);
least (*trouble, worry*); vilest (*of
men*); *le jugement* ~ judgment-day,
the last judgment; *mettre la* ~ère
main à give the finishing touch to;
2. *su.* last, latest; **dernièrement**

[~njɛr'mã] *adv.* lately, not long ago, recently.

dérobade [derɔ'bad] *f* escape; *horse:* balking; **dérobé, e** [~'be] hidden, concealed; **dérobée** [~'be] *adv.:* **à la ~** secretly, on the sly; **dérober** [~'be] (1a) *v/t.* steal; hide: *cuis.* skin (*beans*), blanch (*almonds*); **se ~** steal away; hide; escape (from, **à**).

dérogation [derɔga'sjɔ̃] *f* derogation (of, **à**); **faire ~ à** deviate from; **déroger** [~'ʒe] (1l) *v/i.* derogate (from, **à**); deviate (from, **à**); *fig.* lower o.s., stoop (to *inf.*, **jusqu'à** *inf.*).

dérouiller [deru'je] (1a) *v/t.* remove the rust from; *fig.* polish up.

dérouler [deru'le] (1a) *v/t.* unroll; unreel (*a cable, a wire*); *fig.* unfold (*one's plan*); **se ~** unroll; come unwound; *fig.* unfold (*scene*); *fig.* occur, develop.

déroute [de'rut] *f* rout; *fig.* ruin; **mettre en ~** rout; **dérouter** [~ru'te] (1a) *v/t.* re-route (*an aircraft etc.*); *fig.* confuse, disconcert (*s.o.*), baffle (*s.o., s.th.*).

derrick [de'rik] *m* oil-well: derrick.

derrière [de'rjɛːr] **1.** *adv.* behind, at the back, in the rear; ♣ astern; ♣ aft; **par ~** from the rear; **2.** *prp.* behind, at the back of, in the rear of, *Am.* back of; ♣ astern of; abaft; **être ~ q.** back s.o. up; **3.** *su./m* back, rear; F backside, behind, bottom, rump; ✕ **~s** *pl.* rear *sg.*; **de ~** rear..., hind....

derviche [dɛr'viʃ] *m*, **dervis** [~'vi] *m* dervish.

dès [dɛ] *prp.* from, since; upon (*arrival, entry*); as early as; **~ demain** from tomorrow; **~ lors** from then on; **~ que** as soon as.

désabonner [dezabɔ'ne] (1a) *v/t.:* **se ~** cancel one's subscription (to, **à**).

désabuser [dezaby'ze] (1a) *v/t.* disabuse, disillusion; **se ~** have one's eyes opened.

désaccord [deza'kɔːr] *m* discord; disharmony; disagreement; discrepancy; *fig.* **en ~** at variance; **désaccorder** [~kɔr'de] (1a) *v/t.* ♪ put out of tune; *radio:* detune; *fig.* set at variance; ♪ **se ~** get out of tune.

désaccoupler [dezaku'ple] (1a) *v/t.* unpair; unleash (*hounds*).

désaccoutumer [dezakuty'me] (1a) *v/t.:* **~ q. de** (*inf.*) break s.o. of the habit of (*ger.*).

désaffecté, e [dezafɛk'te] disused; abandoned.

désaffection [dezafɛk'sjɔ̃] *f* loss of affection; disaffection.

désagréable [dezagre'abl] disagreeable, unpleasant, nasty.

désagréger [dezagre'ʒe] (1a) *v/t.* disaggregate, disintegrate; *geol.* weather (*rock*).

désagrément [dezagre'mã] *m* unpleasantness; nuisance, inconvenience; discomfort.

désajuster [dezaʒys'te] (1a) *v/t.* disarrange; ⊕ throw out of adjustment.

désaltérant, e [dezalte'rã, ~'rãːt] thirst-quenching; **désaltérer** [~'re] (1f) *v/t.* quench (*s.o.'s*) thirst; refresh, water (*a plant*).

désamarrer ♣ [dezama're] (1a) *v/t.* unmoor.

désamorcer [dezamɔr'se] (1k) *v/t.* unprime; defuse (*a. fig.*); **se ~** run dry (*pump etc.*).

désappointement [dezapwɛt'mã] *m* disappointment; **désappointer** [~pwɛ̃'te] (1a) *v/t.* disappoint.

désapprendre [deza'prãːdr] (4aa) *v/t.* unlearn; forget (*a subject, a skill*).

désapprobateur, -trice [dezaprɔba'tœːr, ~'tris] **1.** *su.* disapprover; **2.** *adj.* disapproving; **désapprouver** [~pru've] (1a) *v/t.* disapprove (of), object to.

désarçonner [dezarsɔ'ne] (1a) *v/t.* unseat (*a rider*); *fig.* dumbfound.

désarmement [dezarmə'mã] *m* disarmament; **désarmer** [~'me] (1a) *v/t.* disarm (*a. fig.*); ♣ lay up (*a ship*); unship (*oars*); ✕ unload (*a gun*); uncock (*a rifle*); *v/i.* disarm; ♣ be laid up (*ship*).

désarrimer ♣ [dezari'me] (1a) *v/t.* unstow (*the cargo*); put (*a ship*) out of trim; **se ~** shift.

désarroi [deza'rwa] *m* confusion, disorder.

désarticuler [dezartiky'le] (1a) *v/t.* dislocate; ⚕ disarticulate.

désassembler [dezasã'ble] (1a) *v/t.* take (*s.th.*) to pieces; disassemble; disconnect (*joints, couplings*).

désastre [de'zastr] *m* disaster; **désastreux, -euse** [~zas'trø, ~'trøːz] disastrous, calamitous.

désavantage [dezavɑ̃'taːʒ] *m* disadvantage; drawback; **désavantager** [~ta'ʒe] (11) *v/t.* (put at a) disadvantage; handicap; **désavantageux, -euse** [~ta'ʒø, ~'ʒøːz] unfavo(u)rable.

désaveu [deza'vø] *m* disavowal, denial; repudiation; disclaimer; **désavouer** [~'vwe] (1p) *v/t.* disown; disavow; repudiate; disclaim.

désaxé, e [dezak'se] out of true (*wheel*); off-centre; offset (*cylinder*); eccentric (*cam, a. fig.*); *fig.* F unbalanced.

desceller [desɛ'le] (1a) *v/t.* unseal; break the seal of; ⊕ loosen; force (*a safe*).

descendance [desɑ̃'dɑ̃ːs] *f* descent; *coll.* descendants *pl.*; **descendant, e** [~'dɑ̃, ~'dɑ̃ːt] **1.** *adj.* descending, downward; ⚕ decreasing (*series*); 🚂 up-... (*platform, train*); **2.** *su.* descendant; **descendre** [de'sɑ̃ːdr] (4a) *v/i.* descend (*a. fig.*), go *or* come down(stairs); fall (*temperature*); alight; get off (*a bus etc.*); dismount (*from a horse*); put up, stay (*at a hotel*); be descended (*from a family etc.*); ~ *chez q.* stay with s.o.; 🚉 ~ *dans* (*or chez*) raid; ✈ ~ *en piqué* nose-dive; 🚉 ~ *sur les lieux* visit the scene (*of the accident, crime, etc.*); *v/t.* go *or* come down; bring (*s.th.*) down; take (*s.th.*) down (*from a shelf etc.*); lower (*by rope etc., a.* ♪); bring *or* shoot down; set (*s.o.*) down, F drop (*s.o.*) (*at an address*); **descente** [~'sɑ̃ːt] *f* descent; slope; *police:* raid; 🚂 alighting from (*a train*); ✈ landing; ✗ prolapse; lowering (*by rope etc.*); taking down (*from the wall etc.*); ⊕ *piston:* downstroke; ⚡ downpipe; *radio:* down-lead; ⛵ run (on a bank); ~ *à pic ski:* straight downhill) run; *paint. etc.* ~ *de croix* descent from the cross; ~ *de lit* (bed-side) rug; ✈ ~ *piquée* nosedive.

descriptif, -ve [deskrip'tif, ~'tiːv] descriptive; **description** [~'sjɔ̃] *f* description.

déséchouer ⛵ [deze'ʃwe] (1p) *v/t.* refloat.

déségrégation *pol.* [desegrega'sjɔ̃] *f* desegregation.

désemparé, e [dezɑ̃pa're] helpless, all at sea; crippled (*vehicle etc.*); **~er**

[~] (1a) *v/i.:* *sans* ~ without stop(ping), on end; *v/t.* ⛵ disable; undo.

désemplir [dezɑ̃'pliːr] (2a) *v/t.* halfempty; *v/i.:* *ne pas* ~ be always full.

désenchaîner [dezɑ̃ʃɛ'ne] (1b) *v/t.* unchain, unfetter.

désenchanter [dezɑ̃ʃɑ̃'te] (1a) *v/t.* disenchant; *fig.* disillusion.

désencombrer [dezɑ̃kɔ̃'bre] (1a) *v/t.* clear; disencumber.

désenfler [dezɑ̃'fle] (1a) *v/t.* reduce the swelling of (*the ankle*); deflate (*a tyre etc.*); *v/i. a.* *se* ~ go down, become less swollen.

désengager [dezɑ̃ga'ʒe] (11) *v/t.* free from an engagement *or* an obligation.

désengorger ⊕ [dezɑ̃gɔr'ʒe] (11) *v/t.* unstop (*a pipe*).

désenivrer [dezɑ̃ni'vre] (1a) *v/t.* sober (*s.o.*) (up).

désennuyer [dezɑ̃nɥi'je] (1h) *v/t.* amuse (*s.o.*); divert (*s.o.*); *se* ~ seek diversion (*in ger., à* inf.; *from, de*).

désenrayer ⊕ [dezɑ̃rɛ'je] (1i) *v/t.* release (*a brake etc.*).

désensibiliser [desɑ̃sibili'ze] (1a) *v/t.* desensitize.

désenvenimer 🩹 [dezɑ̃vəni'me] (1a) *v/t.* cleanse (*a wound*).

déséquilibre [dezeki'libr] *m* lack of balance; unbalance; **déséquilibré, e** [dezekili'bre] unbalanced (*a. mind*); out of balance; **déséquilibrer** [~] (1a) *v/t.* throw (*s.th.*) off balance; unbalance.

désert, e [de'zɛːr, ~'zɛrt] **1.** *adj.* deserted; desert (*island, country*); wild (*country*); lonely (*spot*); **2.** *su.* *m* desert, wilderness; **déserter** [dezɛr'te] (1a) *v/t.* desert (*a. ✗*), forsake, abandon; *v/i.* ✗ desert; **déserteur** [~'tœːr] *m* deserter; **désertion** [~'sjɔ̃] *f* desertion. [lation.]

désescalade [dezeskalad] *f* de-esca-

désespérant, e [dezespe'rɑ̃, ~'rɑ̃ːt] heart-breaking; disheartening; **désespéré, e** [~'re] desperate; hopeless ; *être dans un état* ~ be past recovery; **désespérément** [~re'mɑ̃] *adv.* desperately; **désespérer** [~'re] (1f) *v/i.* despair (of, *de*); lose hope; lose heart; *v/t.* drive (*s.o.*) to despair; **désespoir** [dezes'pwaːr] *m* despair; desperation; *en* ~ *de cause* as a last resource.

désétatiser [dezetɑti'ze] (1a) *v/t.* denationalize; ✝ *etc.* decontrol.

déshabillé [dezabi'je] *m* undress; *en* ~ in dishabille; in undress; **déshabiller** [~] (1a) *v/t.* undress, disrobe; strip (*a.* ⚓).

déshabituer [dezabi'tɥe] (1n) *v/t.*: ~ *q. de* (*inf.*) break s.o. of the habit of (*ger.*); *se* ~ grow unused (to, *de*); break o.s. of the habit (of *ger.*, *de inf.*).

déshériter [dezeri'te] (1a) *v/t.* disinherit; deprive; *les déshérités* the underprivileged.

déshonnête [dezɔ'nɛt] improper, immodest; **déshonneur** [~'nœ:r] *m* dishono(u)r, disgrace; **déshonorant, e** [~nɔ'rã, ~'rã:t] dishono(u)ring, dishono(u)rable; degrading; disgraceful; **déshonorer** [~nɔ're] (1a) *v/t.* dishono(u)r, disgrace; disfigure (*a picture etc.*).

déshumaniser [dezymani'ze] (1a) *v/t.* dehumanize.

déshydrater ⚓ [dezidra'te] (1a) *v/t.* dehydrate.

désignation [deziɲa'sjɔ̃] *f* designation; appointment (as, *au poste de*); **désigner** [~'ɲe] (1a) *v/t.* designate, indicate; appoint.

désillusionner [dezillyzjɔ'ne] (1a) *v/t.* disillusion, undeceive.

désinence *gramm.* [dezi'nã:s] *f* ending.

désinfecter [dezɛ̃fɛk'te] (1a) *v/t.* disinfect; decontaminate.

désintégration [dezɛ̃tegra'sjɔ̃] *f* disintegration; *atom.*: splitting; *rock*: weathering.

désintéressé, e [dezɛ̃tere'se] unselfish; disinterested, unbiased; **désintéressement** [~rɛs'mã] *m* impartiality; unselfishness; † *partner*: buying out; † *creditor*: paying off; **désintéresser** [~rɛ'se] (1a) *v/t.*: *se* ~ *de* lose interest in; take no part in; take no further interest in; **désintérêt** [~'rɛ] *m* disinterest, indifference.

désintoxiquer [dezɛ̃tɔksi'ke] (1a) *v/t.* ⚕ detoxicate; treat for alcoholism *or* drug addiction.

désinvolte [dezɛ̃'vɔlt] free, easy (*bearing, gait*); off-hand, airy (*manner*); rakish; F cheeky (*reply*); **désinvolture** [~vɔl'ty:r] *f* ease, freedom (*of bearing*); off-handedness; F cheek.

désir [de'zi:r] *m* desire, wish; **désirable** [dezi'rabl] desirable; *peu* ~ undesirable; **désirer** [~'re] (1a) *v/t.* desire, wish, want; *laisser à* ~ leave much to be desired; **désireux, -euse** [~'rø, ~'rø:z] (*de*) desirous (of); eager (to).

désister [dezis'te] (1a) *v/t.*: *se* ~ *de* withdraw; desist from; renounce.

désobéir [dezɔbe'i:r] (2a) *v/i.*: ~ *à* disobey; **désobéissance** [~i'sã:s] *f* disobedience (to, *à*); **désobéissant, e** [~i'sã, ~'sã:t] disobedient.

désobligeant, e [dezɔbli'ʒã, ~'ʒã:t] disobliging, unfriendly; **désobliger** [~'ʒe] (1l) *v/t.* disoblige (*s.o.*); offend (*s.o.*).

désobstruer [dezɔpstry'e] (1a) *v/t.* free (*s.th.*) of obstructions; ⊕ clear (*a pipe*). [deodorant.]

désodorisant [dezɔdɔri'zã] *m*

désœuvré, e [dezœ'vre] **1.** *adj.* idle, unoccupied; at a loose end; **2.** *su.* idler; **désœuvrement** [~vrə'mã] *m* idleness; leisure.

désolant, e [dezɔ'lã, ~'lã:t] sad, distressing; troublesome; **désolation** [~la'sjɔ̃] *f* desolation; grief; **désolé, e** [~'le] desolate; very sorry; **désoler** [~'le] (1a) *v/t.* desolate; lay waste; distress, grieve (*s.o.*).

désolidariser [dezɔlidari'ze] (1a) *v/t.*: *se* ~ (*de*) dissociate o.s. (from).

désopilant, e F [dezɔpi'lã, ~'lã:t] side-splitting, screaming; **désopiler** *fig.* [~'le] (1a) *v/t.*: *se* ~ shake with laughter.

désordonné, e [dezɔrdɔ'ne] disorderly; untidy; excessive (*pride, appetite*); immoderate (*appetite*); dissolute (*life, man, etc.*); **désordre** [~'zɔrdr] *m* disorder (*a.* ⚕), confusion; *fig.* dissoluteness; ~*s pl.* disturbances, riots; *vivre dans le* ~ lead a wild life.

désorganisation [dezɔrganiza'sjɔ̃] *f* disorganization.

désorienter [dezɔrjã'te] (1a) *v/t.* mislead; *fig.* bewilder, confuse, disconcert; puzzle; *fig. tout désorienté* at a loss, all at sea.

désormais [dezɔr'mɛ] *adv.* from now on, henceforth.

désossé, e [dezɔ'se] boned (*fish etc.*); F boneless, flabby (*person*); **désosser** [~] (1a) *v/t. cuis.* bone (*a fish etc.*); *fig.* take to pieces, dissect (*a book etc.*).

despote [dɛsˈpɔt] *m* despot; **despotique** [ˌ~pɔˈtik] despotic; **despotisme** [ˌ~pɔˈtism] *m* despotism.

dessaisir [desɛˈziːr] (2a) *v/t.* 🏛 dispossess; se ~ de part with, give up.

dessalé, e *fig.* [desaˈle] knowing, sharp (*person*); **dessaler** [~] (1a) *v/t.* desalinate; *cuis.* soak (*fish*); *fig.* put (*s.o.*) up to a thing or two; *fig.* se ~ learn a thing or two.

dessécher [deseˈʃe] (1f) *v/t.* dry (up); wither (*a plant, a limb*); drain (*a swamp*); parch (*one's mouth*); sear (*the heart*); se ~ dry up; wither.

dessein [deˈsɛ̃] *m* design; scheme, plan; intention; à ~ intentionally, on purpose.

desseller [deseˈle] (1a) *v/t.* unsaddle.

desserrer [deseˈre] (1a) *v/t.* loosen (*the belt, a screw*); unclamp; unscrew (*a nut*); release (*the brake*); unclench (*one's fist, one's teeth*).

dessert [deˈsɛːr] *m* dessert; **desserte** [~ˈsɛrt] *f* sideboard; *public transport*: service, servicing.

desservir¹ [desɛrˈviːr] (2b) *v/t.* clear (*the table*); clear (*s.th.*) away; (*a. ~ la table*) clear the table.

desservir² [~] (2b) *v/t. public transport*: serve; call at (*a port*, 🚉 *a station*); *eccl.* minister to (*a parish*); lead (in)to (*road etc.*).

desservir³ [~] (2b) *v/t.* put (*s.o.*) at a disadvantage; harm (*s.o.'s*) interests.

dessiccatif, -ve [desikaˈtif, ~ˈtiːv] drying.

dessiller [desiˈje] *v/t.*: F ~ les yeux à (*or* de) q. open s.o.'s eyes (*to the truth*).

dessin [deˈsɛ̃] *m* drawing, sketch; △ *etc.* plan; ⊕ draughtsmanship; pattern, design; ~ à main levée free-hand drawing; *cin.* ~ animé (animated) cartoon; **dessinateur, -trice** [desinaˈtœːr, ~ˈtris] *su.* drawer, sketcher; designer; cartoonist; *su./m* ⊕ draughtsman; *su./f* ⊕ draughtswoman; **dessiner** [~ˈne] (1a) *v/t.* draw, sketch; design (*material etc.*); lay out (*a garden*); outline; se ~ stand out, be outlined; appear; *fig.* take shape.

dessouder [desuˈde] (1a) *v/t.* unsolder; reopen (*a welded seam etc.*).

dessouler [desuˈle] (1a) *v/t.* sober (up); *v/i.* a. se ~ sober up.

dessous [dəˈsu] **1.** *adv.* under(neath), beneath, below; de ~ underneath; en ~ underneath; *fig.* in an underhand way; **2.** *prp.*: de ~ from under; **3.** *su./m* underside, lower part; ~ *pl.* (*women's*) underclothing *sg.*, F undies; *fig.* seamy *or* shady side *sg.*; F avoir le ~ be defeated, get the worst of it; **~-de-bras** *cost.* [dəsudaˈbra] *m/inv.* dress-shield.

dessus [dəˈsy] **1.** *adv.* above, over; on (it, them, *etc.*); en ~ at the top, above; sens ~ dessous in confusion, topsy-turvy; ⚓ avoir le vent ~ be aback; *fig.* mettre le doigt ~ hit the nail on the head; **2.** *prp.* † on, upon; de ~ from, (from) off; **3.** *su./m* top, upper side; ♪ treble; *thea.* ~ *pl.* flies; avoir (prendre) le ~ have (get) the upper hand, have (get) the best of it; ~ de cheminée mantelpiece; *fig.* le ~ du panier the pick of the basket; **~-de-lit** [dəsydˈli] *m/inv.* bedspread, coverlet.

déstabiliser [destabiliˈze] (1a) *v/t.* destabilize, make unstable.

destin [dɛsˈtɛ̃] *m* fate, destiny; **destinataire** [destinaˈtɛːr] *su.* addressee; ✝ *money order*: payee; *goods*: consignee; **destination** [ˌ~naˈsjɔ̃] *f* destination; à ~ de for, to; ⚓ bound for; *post*: addressed to; **destinée** [ˌ~ˈne] *f* destiny; **destiner** [~ˈne] (1a) *v/t.* destine; intend (for, à); se ~ à intend to take up, enter (*a profession*).

destituer [destiˈtɥe] (1n) *v/t.* dismiss, discharge; **destitution** [~tyˈsjɔ̃] *f* dismissal; removal.

destrier *poet.* [destriˈe] *m* charger, steed.

destroyer ⚓ [dɛstrwaˈjœːr] *m* destroyer.

destructeur, -trice [dɛstrykˈtœːr, ~ˈtris] **1.** *adj.* destructive; destroying; **2.** *su.* destroyer; **destructif, -ve** [~ˈtif, ~ˈtiːv] destructive (of, de); **destruction** [~ˈsjɔ̃] *f* destruction; demolition.

désuet, -ète [deˈsɥe, ~ˈsɥɛt] obsolete (*a. gramm.*), out-of-date; **désuétude** [~sɥeˈtyd] *f* disuse; tomber en ~ fall into disuse; 🏛 fall into abeyance (*law*), lapse (*right*).

désunion [dezyˈnjɔ̃] *f* disunion; *parts*: separation; *fig.* dissension; **désunir** [~ˈniːr] (2a) *v/t.* disunite, divide; take apart; *fig.* set at variance.

détachant [deta'ʃã] *m* stain remover.

détachement [detaʃ'mã] *m* loosening; detachment (*a.* ✕); *fig.* indifference (to, de), unconcern.

détacher[1] [deta'ʃe] (1a) *v/t.* detach (*a.* ♪); undo, unfasten; separate; ✕ detail (*a company*); 💂 uncouple; *fig.* estrange; se ~ come loose; part; stand out (against, *sur*).

détacher[2] [~] (1a) *v/t.* clean, remove stains from.

détail [de'taj] *m* detail; particular; *fig.* trifle; ✝ retail; **marchand** *m* **en** ~ retailer; **vendre au** ~ retail; **détaillant** *m*, **e** *f* [deta'jã, ~'jãːt] retailer; **détailler** [~'je] (1a) *v/t.* enumerate; itemize (*an account*); relate in detail; cut up; ✝ (sell) retail.

détaler [deta'le] (1a) *v/i.* decamp, clear out.

détaxation [detaksa'sjɔ̃] *f* tax reduction *or* removal; **détaxe** [de'taks] *f* tax reduction *or* removal *or* refund; **détaxer** [detak'se] (1a) *v/t.* reduce *or* remove the tax on (*s.th.*).

détecteur ⚡ [detɛk'tœːr] *m* radio: detector; ⚡~ **de fuites** leak-finder.

détective [detɛk'tiːv] *m* detective; *phot.* box-camera.

déteindre [de'tɛ̃ːdr] (4m) *v/t.* remove the colo(u)r from; *v/i.* se ~ fade, lose colo(u)r; run; bleed (*colour*).

dételer [det'le] (1c) *v/t.* unharness; 💂 uncouple; *v/i.* F stop (working); F knock off; **sans** ~ without a break.

détendre [de'tãːdr] (4a) *v/t.* loosen, slacken; *fig.* relax (*the mind*); steady (*one's nerves*); calm, reduce (*one's anger*); ⊕ expand (*steam*); se ~ slacken; relax.

détenir [det'niːr] (2h) *v/t.* hold; detain (*goods, s.o., a.* ⚖️).

détente [de'tãːt] *f* relaxation; slackening; *gun:* trigger; *pol.* détente; *fig.* improvement (*of relations*); ⊕ *steam:* expansion; *mot.* power stroke; *fig.* **dur à la** ~ close-fisted; **appuyer sur la** ~ press the trigger.

détenteur *m*, **-trice** *f* [detã'tœːr, ~'tris] holder (*a. sp.*); detainer (*of goods, property*); **détention** [~'sjɔ̃] *f* detention, imprisonment; ✝ holding; possession; withholding; ⚖️ ~ **préventive** holding *or* remand in custody; ⚖️ **maison** *f* **de** ~ remand home; house of detention; **détenu, e**

[det'ny] **1.** *p.p. of* **détenir**; **2.** *su.* prisoner.

détergent, e [detɛr'ʒã, ~'ʒãt] **1.** *adj.* detergent; **2.** *su./m* detergent; cleanser; **déterger** [~'ʒe] (1l) *v/t.* cleanse.

détériorer [deterjo're] (1a) *v/t.* make worse; spoil; impair, damage; se ~ deteriorate; spoil.

déterminant [detɛrmi'nã] *m* & determinant; *gramm.* determiner; **détermination** [~na'sjɔ̃] *f* determination; *fig. a.* resolution; **déterminé, e** [~'ne] determined; definite, specific; *fig.* resolute; determined; **déterminer** [~'ne] (1a) *v/t.* determine, settle; ascertain; induce; bring about; ~ **q. à** lead *or* induce s.o. to; ~ **de** (*inf.*) resolve to (*inf.*); se ~ make up one's mind (to *inf.*, **à** *inf.*); resolve (upon s.th., **à** qch.).

déterrer [detɛ're] (1a) *v/t.* unearth (*a. fig.*); dig up; exhume (*a corpse*).

détersif, -ve [detɛr'sif, ~'siːv] *m* detergent; cleansing product.

détestable [detɛs'tabl] detestable, hateful; **détester** [~'te] (1a) *v/t.* hate; detest.

détonateur [detɔna'tœːr] *m* detonator; *fig.* trigger; **détonation** [~na'sjɔ̃] *f* detonation; *gun:* report; **détoner** [~'ne] (1a) *v/i.* detonate, explode; **faire** ~ detonate; **mélange** *m* **détonant** detonating mixture.

détonner [detɔ'ne] (1a) *v/i.* ♪ sing *or* play out of tune; *fig.* clash (*colours*).

détordre [de'tɔrdr] (4a) *v/t.* untwist, unravel; unlay (*a rope*); **détors, e** [~'tɔːr, ~'tɔrs] untwisted; unlaid (*rope*); **détortiller** [~tɔrti'je] (1a) *v/t.* untwist; disentangle.

détour [de'tuːr] *m* detour, roundabout way; ~**s** *pl.* curves, turns; **sans** ~ straightforward(ly *adv.*); **tours et** ~**s** ins and outs (*a. fig.*), nooks and corners.

détourné, e [detur'ne] roundabout (*way*), *fig. a.* indirect; **sentier** *m* ~ by-path; **détournement** [~nə'mã] *m* diversion; *money:* embezzlement; *funds:* misappropriation; ~ **d'avion** highjacking; **détourner** [~'ne] (1a) *v/t.* turn away; divert (*a river, the traffic, etc.*, *fig. s.o.*); avert (*s.o.'s anger, a blow, one's eyes, etc.*); embezzle (*money*); misappropriate (*funds*); entice (*a wife from her husband, s.o. from his* duty); abduct (*a minor*); highjack (*an airplane*); se ~ de turn aside from.

détracteur *m*, **-trice** *f* [detrak'tœːr, ~'tris] detractor, maligner; slanderer.

détraqué, e [detra'ke] out of order; deranged (*mind*); shattered (*health*); F il est ~ he is out of his mind; **détraquer** [~] (1m) *v/t.* put out of order; throw (*a machine*) out of gear; *fig.* upset; se ~ break down; F go all to pieces (*person*).

détrempe [de'trɑ̃ːp] *f* distemper; *metall.* annealing; **détremper** [~trɑ̃'pe] (1a) *v/t.* soak; dilute; *metall.* anneal.

détresse [de'trɛs] *f* distress.

détriment [detri'mɑ̃] *m* detriment, injury; *au* ~ *de* to the prejudice of.

détritus [detri'tys] *m* detritus, debris; refuse, rubbish.

détroit *geog.* [de'trwa] *m* strait (*a. pl.*).

détromper [detrɔ̃'pe] (1a) *v/t.* undeceive, enlighten; F détrompez-vous! don't you believe it!; se ~ recognize one's error.

détrôner [detro'ne] (1a) *v/t.* dethrone; *fig.* replace, supersede.

détrousser [detru'se] (1a) *v/t.* rob (*s.o.*); **détrousseur** [~'sœːr] *m* highwayman, footpad.

détruire [de'trɥiːr] (4h) *v/t.* destroy (*a. fig.*); demolish (*buildings, a. arguments*).

dette [dɛt] *f* debt (*a. fig.*); ♀ *publique* National Debt; ~*s pl. actives* assets; ~*s pl. passives* liabilities.

deuil [dœːj] *m* mourning (*a. clothes, a. time*); bereavement; *fig.* faire son ~ de qch. give s.th. up as lost, F say goodbye to s.th.; porter le ~ de qu. mourn for s.o.

deux [dø] *adj./num.*, *a.* *su./m/inv.* two; *date, title:* second; ~ *fois* twice; ~ *p* double p (*in spelling*); à *nous* ~ between us; *de* ~ *jours l'un, tous les* ~ *jours* every other day, on alternate days; *diviser en* ~ halve; *en* ~ in two (*pieces*); Georges ♀ George the Second; *le* ~ *mai* the second of May; *nous* ~ the two of us; *tous (les)* ~ both; **deuxième** [dø'zjɛm] **1.** *adj./num.* second; **2.** *su.* second; *su./m* second, *Am.* third floor; *su./f* secondary school: (*approx.*) fifth form.

deux...: ~-pièces [dø'pjɛs] *m* (woman's) two-piece suit; **~-points**

[~'pwɛ̃] *m/inv.* colon; **~-roues** [~'ru] *m/inv.* two-wheeled vehicle.

dévaler [deva'le] (1a) *vt/i.* run *or* rush down.

dévaliser [devali'ze] (1a) *v/t.* rob, rifle, burgle (*a house*).

dévalorisation † [devalɔriza'sjɔ̃] *f* currency: devaluation; depreciation, fall in value; **dévaloriser** † [~'ze] (1a) *v/t.* devaluate (*the currency*).

dévaluation † [devalɥa'sjɔ̃] *f* devaluation; **dévaluer** † [~'lɥe] (1n) *v/t.* devaluate.

devancer [dəvɑ̃'se] (1k) *v/t.* precede; outstrip, leave (*s.o.*) behind; *fig.* forestall; **devancier** *m*, **-ère** *f* [~'sje, ~'sjɛːr] precursor; predecessor; **devant** [də'vɑ̃] **1.** *adv.* in front, ahead, before; **2.** *prp.* in front of, before; ahead of; in the presence of (*s.o.*); *fig.* in the eyes of (*the law*); **3.** *su./m* front, forepart; *gagner les* ~*s* take the lead; *zo. patte f de* ~ foreleg; *prendre les* ~*s* make the first move, forestall the others *etc.*; **devanture** [~vɑ̃'tyːr] *f* front; shop window.

dévastateur, -trice [devasta'tœːr, -'tris] devastating; destructive; **dévaster** [~'te] (1a) *v/t.* devastate, lay waste, ravage, wreck.

déveinard F [devɛ'naːr] *m* a man whose luck is out; **déveine** F [~'vɛn] *f* (run of) ill-luck, bad *or* hard luck.

développement [devlɔp'mɑ̃] *m* development (*a. phot., a. ♪*); ♣ *algebra:* expansion; *pays m en voie de* ~ developing country; **développer** [~lɔ'pe] (1a) *v/t.* develop; expand (*a. ♣*); spread out; *fig.* amplify, unfold (*a plan*); se ~ develop, expand; spread out.

devenir [dəv'niːr] (2h) *v/i.* become, grow (*tall, sad, etc.*).

dévergondé, e [devergɔ̃'de] **1.** *adj.* profligate; shameless; F extravagant (*style etc.*); **2.** *su.* profligate.

déverrouiller [devɛru'je] (1a) *v/t.* unbolt.

dévers [de'vɛːr] *m* slope, cant; *road:* banking; 🚂 cant, vertical slant.

déversement [devɛrsə'mɑ̃] *m* water *etc.*: discharge; *cart:* tilting; *refuse:* dumping.

déverser [devɛr'se] (1a) *v/t.* pour (out) (*water etc.*); dump (*refuse etc.*); tip (out); unload; *fig.* discharge, empty; se ~ pour, empty; **déversoir**

[~'swa:r] *m* overflow; overfall, waste-weir; *fig.* outlet.

dévêtir [deve'ti:r] (2g) *v/t.* undress; take off (*one's coat etc.*); *metall.* open up (*a mould*); se ~ de qch. divest o.s. of s.th.

déviation [devja'sjɔ̃] *f* road: deviation, diversion; *compass:* variation; ⊕ *tool:* deflection; *fig.* deviation; **deviationniste** [~sjɔ'nist] *adj.*, *a. su.* deviationist.

dévider [devi'de] (1a) *v/t. tex.* unwind; reel; *fig.* reel off; **dévideur** *m*, **-euse** *f tex.* [~'dœ:r, ~'dø:z] reeler; **dévidoir** [~'dwa:r] *m tex.* winder; ⚡ (cable-)drum.

dévier [de'vje] (1o) *v/i.* deviate, swerve; faire ~ deflect (*s.th.*); *fig.* divert (*the conversation*); *v/t.* deflect; turn aside (*a blow*); se ~ become crooked; warp (*wood*).

devin [də'vɛ̃] *m* soothsayer; **deviner** [~vi'ne] (1a) *v/t.* guess; foretell, foresee (*the future*); see through (*s.o.*); **devineresse** [~vin'res] *f* fortune teller; **devinette** [dəvi'nɛt] *f* riddle, conundrum; **devineur** *m*, **-euse** *f* [~'nœ:r, ~'nø:z] guesser.

devis [də'vi] *m* estimate; tender.

dévisager [deviza'ʒe] (1l) *v/t.* stare at (*s.o.*).

devise [də'vi:z] *f* motto; 🖉 device; ✝ currency; ✝ ~s *pl.* étrangères foreign currency *sg.*; **deviser** [~vi'ze] (1a) *v/i.* chat.

dévisser ⊕ [devi'se] (1a) *v/t.* unscrew; *sl.* ~ son billard die, *sl.* peg out.

dévoiler [devwa'le] (1a) *v/t.* unveil; reveal (*a. fig.*).

devoir [də'vwa:r] **1.** (3a) *v/t.* owe; *v/aux.* have to, must; should, ought to, be to; j'aurais dû le faire I should have done it; je devrais le faire I ought to do it; **2.** *su./m* duty; *school:* home-work; exercise; ✝ debit; ~s *pl.* respects; faire ses ~s do one's home-work; rendre ses ~s à pay one's respects to (*s.o.*).

dévolu, e [devɔ'ly] **1.** *adj.* (à) devolved (upon); *eccl.* lapsing (to); **2.** *su./m:* jeter son ~ sur have designs on; lay claim to; choose (*s.th.*).

dévorant, e [devɔ'rɑ̃, ~'rɑ̃:t] raven-ous (*animal, a. fig. hunger*); con-suming (*fire, a. fig. passion*); **dévorer** [~'re] (1a) *v/t.* devour; con-sume; squander (*a fortune*); F *mot.* ~ l'espace eat up the miles.

dévot, e [de'vo, ~'vɔt] **1.** *adj.* devout, pious; *pej.* sanctimonious; **2.** *su.* devout person; *pej.* sanctimonious person; faux ~ hypocrite; **dévotion** [~vo'sjɔ̃] *f* devotion; piety; **dévoué, e** [~'vwe] devoted; votre tout ~ yours faithfully or sincerely; **dé-vouement** [~vu'mɑ̃] *m* devotion (to, à), self-abnegation; **dévouer** [~'vwe] (1p) *v/t.* devote; dedicate. **devoyé, e** [devwa'je] *adj.*, *a. su.* de-linquent; **dévoyer** [~] (1h) *v/t.* lead (*s.o.*) astray; se ~ go astray.

devrai [də'vre] *1st p. sg. fut. of* devoir 1.

dextérité [deksteri'te] *f* dexterity, ability, skill.

dextrose [deks'tro:z] *m* dextrose.

diabète ⚕ [dja'bɛt] *m* diabetes; **diabétique** ⚕ [~be'tik] *adj.*, *a. su.* diabetic.

diable [djɑ:bl] *m* devil; ⊕ (stone-) lorry; trolley; porter's barrow, *Am.* porter's dolly; comment (où, pour-quoi) ~ how (where, why) the devil; au ~ vauvert at the back of beyond; bon ~ not a bad fellow; tirer le ~ par la queue be hard up; **diablement** F [djablə'mɑ̃] *adv.* devilish; **diablerie** [~blə'ri] *f* devilry; F fun; mischievousness; **diablesse** F [~'bles] *f* she-devil; virago, shrew; **diablotin** [~blɔ'tɛ̃] *m imp* (*a.* F = *mischievous child*); cracker; **diabolique** [~bɔ'lik] fiendish, diabolic(al), devilish.

diacre *eccl.* [djakr] *m* deacon.

diadème [dja'dɛm] *m* diadem.

diagnose [djag'no:z] *f* ⚕ diagnosis; ⚕ diagnostics *sg.*; **diagnostic** ⚕ [djagnɔs'tik] *m* diagnosis (*of dis-ease*); faire le ~ de diagnose; **dia-gnostique** ⚕ [~'tik] diagnostic; **diagnostiquer** [~ti'ke] (1m) *v/t.* diagnose.

diagonal, e [djagɔ'nal, ~'no] *adj.*, *a.* 🔾 *su./f* diagonal.

diagramme [dja'gram] *m* diagram.

dialecte [dja'lɛkt] *m* dialect.

dialectique [djalɛk'tik] *f* dialectics *pl.*

dialogue [dja'lɔg] *m* dialog(ue); **dia-loguer** [~lɔ'ge] (1m) *v/i.* converse, talk; *v/t.* write (*s.th.*) in dialog(ue) form.

diamant [dja'mɑ̃] *m* diamond; **dia-manter** [~mɑ̃'te] (1a) *v/t.* set with diamonds; ⊕ diamondize; **dia-**

mantin, e [‚mɑ̃'tɛ̃, ‚'tin] diamond-like.

diamètre ⚕ [dja'mɛtr] *m* diameter.

diane [djan] *f* ✕ reveille; ♫ morning watch.

diantre! † [djɑ̃:tr] *int.* deuce!; *sl.* hell!

diapason ♩ [djapa'zɔ̃] *m* diapason, pitch; tuning-fork; *voice:* range; *fig.* au ~ (de) in harmony or tune (with).

diaphane [dja'fan] diaphanous; transparent.

diaphragme [dja'fragm] *m* ⊕, *anat.* diaphragm; *phot.* diaphragm stop; *gramophone:* sound-box; **diaphragmer** [‚frag'me] (1a) *v/t.* provide with a diaphragm; *phot.* stop down (*the lens*).

diapositive *phot.* [djapozi'ti:v] *f* transparency.

diapré, e [dja'pre] variegated, mottled.

diarrhée ✻ [dja're] *f* diarrhoea.

diatomique ⚗ [diatɔ'mik] diatomic.

diatribe [dja'trib] *f* diatribe, harangue.

dictaphone [dikta'fɔn] *m* dictaphone.

dictateur [diktɑ'tœ:r] *m* dictator; de ~ dictatorial (*tone, attitude, etc.*); **dictature** [‚'ty:r] *f* dictatorship; **dictée** [‚'te] *f* dictation; **dicter** [‚'te] (1a) *v/t.* dictate (*a. fig.*); **diction** [‚'sjɔ̃] *f* diction; delivery; style; **dictionnaire** [‚sjɔ'nɛ:r] *m* dictionary; lexicon; ~ ambulant walking dictionary; **dicton** [‚'tɔ̃] *m* saying; proverb.

dièse ♩ [djɛ:z] *m* sharp.

diesel ⊕ [di'zɛl] *m* diesel engine; équiper de moteurs ~s dieselize; **diéser** ♩ [dje'ze] (1f) *v/t.* sharp(en) (*a note*).

diète ✻ [djɛt] *f* diet (*a. pol.*), regimen; ~ absolue starvation diet; **diététique** [djete'tik] dietary.

dieu [djø] *m* god; ♀ God; ♀ merci thank God; F thank heaven; ♀ ne plaise God forbid; grâce à ♀ thanks be to God; by God's grace; mon ♀! good heavens!; dear me!; pour l'amour de ♀ for Christ's sake.

diffamant, e [difa'mɑ̃, ~'mɑ̃:t] defamatory; libellous; slanderous; **diffamateur** *m*, **-trice** *f* ⚖ [difama'tœ:r, ~'tris] defamer; libeller; slanderer; **diffamation** ⚖ [‚'sjɔ̃] *f* defamation; ~ écrite libel; ~ orale slander; **diffamatoire** [‚'twa:r] defamatory; libellous; slanderous; **diffamer** [difa'me] (1a) *v/t.* defame; slander; libel.

différemment [difera'mɑ̃] *adv.* of différent; **différence** [‚'rɑ̃:s] *f* difference; à la ~ de unlike; **différencier** [‚rɑ̃'sje] (1o) *v/t.* differentiate (*a.* ⚕) (from de, d'avec); distinguish (between, entre); **différend** [‚'rɑ̃] *m* dispute; quarrel; difference; **différent, e** [‚'rɑ̃, ~'rɑ̃:t] different; distinct (from, de); **différentiel, -elle** [‚rɑ̃'sjɛl] *adj.*, *a.* mot. su./m, ⚗ su./f differential; **différer** [‚'re] (1f) *v/t.* postpone, put off, defer; delay; *v/i.* differ (from, de).

difficile [difi'sil] **1.** *adj.* difficult (*a. fig.*); *fig.* hard to please; **2.** *su./m:* faire le ~ be hard to please; be squeamish; **difficulté** [‚kyl'te] *f* difficulty; faire des ~s create obstacles, make difficulties; raise objections; **difficultueux, -euse** [‚kyl'tɥø, ~'tɥø:z] over-particular, fussy; squeamish; *fig.* thorny (*business, enterprise*).

difforme [di'fɔrm] deformed; misshapen; **difformité** [‚fɔrmi'te] *f* deformity; malformation.

diffracter opt. [difrak'te] (1a) *v/t.* diffract.

diffus, e [di'fy, ~'fy:z] diffused (*light*); *fig.* diffuse (*style etc.*); éclairs *m/pl.* ~ sheet lightning *sg.*; **diffuser** [dify'ze] (1a) *v/t.* diffuse (*heat, light*); radio, rumour: broadcast; **diffuseur** [‚'zœ:r] *m* ⊕ spray nozzle; *radio:* broadcaster (*person*); *radio:* cone loud-speaker; **diffusion** [‚'zjɔ̃] *f* heat, light, news, germs: diffusion; *news:* spreading; *radio:* broadcasting; *disease, germs:* spread; *fig.* style: prolixity, diffuseness.

digérer [diʒe're] (1f) *v/t.* digest (*food, news*); F fig. swallow (*an insult*); **digestif, -ve** [diʒɛs'tif, ~'ti:v] *adj.*, *a.* su./m digestive; **digestion** [‚'tjɔ̃] *f* digestion.

digital, e, *m/pl.* **-aux** [diʒi'tal, ~'to] **1.** *adj.* digital; empreinte *f* ~ e fingerprint; **2.** *su./f* ⚕ digitalis, foxglove.

digne [diɲ] worthy, deserving; dignified (*air*); ~ d'éloges praiseworthy; **dignitaire** [diɲi'tɛ:r] *m* dignitary; **dignité** [‚'te] *f* dignity.

digression [digrɛ'sjɔ̃] *f* digression (*a. astr.*).

digue [dig] *f* dike, dam, embankment; jetty; sea-wall; breakwater; *fig.* barrier.

dilapider [dilapi'de] (1a) *v/t.* squander (*a fortune, money*); misappropriate (*trust funds*).

dilatation [dilata'sjɔ̃] *f* eye: dilation; expansion (*a.* △, ♠, ⊕ *truck*); *stomach*: distension; **dilater** [ʌ'te] (1a) *v/t.* dilate, expand; distend (*the stomach*); *fig.* ʌ le cœur gladden the heart; se ʌ dilate, expand; become distended; **dilatoire** ᶻᵗₐ *a. fig.* [ʌ'twaːr] dilatory.

dilection [dilɛk'sjɔ̃] *f* dilection, loving-kindness.

dilemme [di'lɛm] *m* dilemma.

dilettante [dilɛt'tãːt] *su.* dilettante, amateur; **dilettantisme** [dilɛtã-'tism] *m* dilettantism, amateurism; amateurishness.

diligence † [dili'ʒãːs] *f* diligence, industry; speed, haste; stage-coach; **diligent, e** [ʌ'ʒã, ʌ'ʒãːt] diligent, industrious; speedy; prompt.

diluer [di'lɥe] (1n) *v/t.* dilute (with, *de*); water down; **dilution** [ʌly'sjɔ̃] *f* dilution.

diluvien, -enne [dily'vjɛ̃, ʌ'vjɛn] diluvial (*clay, deposit*); diluvian (*fossil*); *fig.* torrential (*rain*).

dimanche [di'mãːʃ] *m* Sunday.

dîme [dim] *f* tithe.

dimension [dimã'sjɔ̃] *f* dimension (*a. fig.*); size; *fig. a.* importance, weight; *prendre les* ʌs *de* measure out; *fig.* understand, seize; become, grow *or* develop into.

dîmer [di'me] (1a) *v/i.* levy tithes.

diminuer [dimi'nɥe] (1n) *v/t./i.* lessen, diminish; reduce; *v/i.* ♣ go down; abate (*fever, flood*); ⚓ ʌ de *toile* shorten sail; **diminution** [ʌny'sjɔ̃] *f* diminution; reduction (*a. price*); ♣ rebate (*on account*); *dress*: shortening; abatement.

dinanderie [dinã'dri] *f* brass-ware, copper-ware.

dinde [dɛ̃ːd] *f* turkey-hen; *cuis.* turkey; *fig.* stupid woman; **dindon** [dɛ̃'dɔ̃] *m* turkey-cock; *fig.* fool; **dindonneau** [dɛ̃dɔ'no] *m* young turkey; **dindonnier** *m*, **-ère** *f* [ʌ'nje, ʌ'njɛːr] turkey-keeper.

dîner [di'ne] **1.** (1a) *v/i.* dine, have dinner; **2.** *su./m* dinner(-party);

ʌ**-débat,** *pl.* ʌ**s-débats** [ʌnede'ba] *m* working dinner; **dînette** [ʌ'nɛt] *f* snack (meal); **dîneur, -euse** [ʌ'nœːr, ʌ'nøːz] *su.* diner; *su./m:* F *un beau* ʌ a good trencherman.

dingo [dɛ̃ːgo] **1.** *su./m zo.* dingo; **2.** *adj. sl.* crazy, nuts.

dingue *sl.* [dɛ̃ːg] **1.** *adj.* crazy, nuts; **2.** *su.* crackpot, loony.

dinguer *sl.* [dɛ̃'ge] (1m) *v/i.*: *aller* ʌ drop; crash down (*things*), go sprawling (*person*); *envoyer* ʌ send (*s.o.*) packing; send (*s.th.*) flying.

diocèse *eccl.* [djɔ'sɛːz] *m* diocese.

dioptrie *phys., opt.* [djɔp'tri] *f* diopter.

diphtérie ✞ [difte'ri] *f* diphtheria.

diphtongue *gramm.* [dif'tɔ̃ːg] *f* diphthong.

diplomate [diplɔ'mat] *m* diplomat (*a. fig.*); **diplomatie** [ʌma'si] *f* diplomacy (*a. fig.*); diplomatic service; **diplomatique** [ʌma'tik] **1.** *adj.* diplomatic; **2.** *su./f* diplomatics *pl.*; pal(a)eography.

diplôme [di'plo:m] *m* diploma; certificate; **diplômé, e** [ʌplo'me] **1.** *adj.* certificated; *ingénieur m* ʌ qualified engineer; **2.** *su.* (*approx.*) graduate.

dire [diːr] **1.** *v/t.* (4p) say; tell; recite (*a poem*); show, reveal; ʌ *à q. de* (*inf.*) tell s.o. to (*inf.*); ʌ *du mal de* speak ill of; ʌ *que oui* (*non*) say yes (no); F *à qui le dites-vous?* don't I know it!; *sl.* you're telling me!; *à vrai* ʌ to tell the truth; *cela ne me dit rien* that conveys nothing to me; it doesn't appeal to me; *cela va sans* ʌ it goes without saying; *c'est-à-*ʌ that is to say, i.e.; in other words; *c'est tout* ʌ I need say no more; *dites donc!* I say!; *on dirait que vous* one (you) would think that; *on le dit riche* he is said to be rich; *on dit* people say; it is said; *pour tout* ʌ in a word; *qu'en dites-vous?* what is your opinion?; *sans mot* ʌ without a word; *se* ʌ claim to be; be used (*word*); *vouloir* ʌ mean; *vous l'avez dit exactly; Am.* F you said it; **2.** *su./m* statement; ᶻᵗₐ allegation; *au* ʌ *de* according to.

direct, e [di'rɛkt] **1.** *adj.* direct; straight; 🚂 through (*train, ticket*); **2.** *su./m* 🚂 through *or* express train; *radio, telev.*: live broadcast; *en* ʌ live (*broadcast, a. fig.*); *box.* ʌ *du droit* straight right; **directement** [dirɛktəmɑ̃] directly; straight (away).

directeur, -trice [dirɛk'tœːr, ~'tris] **1.** su./m director, manager; *school:* headmaster, principal; *prison:* warden; *journ.* editor; *eccl.* ~ de conscience confessor; ✝ ~ gérant managing director; su./f directress; manageress; *school:* headmistress; **2.** adj. directing, controlling; guiding (*principle*); ⊕ driving; *mot.* steering (*wheel*); **direction** [~'sjɔ̃] f direction; *enterprise, war:* conduct; ✝ management; ✝ manager's office; ✝ board of directors; *school:* headship; ⊕ driving; ⊕ steering; course, route; en ~ de bound *or* heading for, ...bound; *train* m en ~ de the train for; **directive** [~'tiːv] f directive; ~s pl. a. guidelines; **directoire** [~'twaːr] m eccl. directory; *hist.* ♀ Directory; **directrice** [~'tris] f see directeur.

dirigeable [diri'ʒabl] **1.** adj. dirigible; antenne f ~ directional aerial; **2.** su./m airship; **dirigeant** [~'ʒɑ̃] m ruler, leader; **diriger** [~'ʒe] (1l) v/t. direct; ♣ etc. manage, F run; *mot.* drive; ♣, *mot.* steer; ⊕ sail; ♪ conduct; aim (a gun, a. fig. remarks); *journ.* edit; se ~ vers make one's way towards, make for; **dirigisme** pol. [~'ʒism] m planning, planned economy.

dis [di] *1st p. sg. pres. and p.s. of dire 1.*

discernement [disɛrnə'mɑ̃] m discernment; discrimination (between...and, de...et de)); **discerner** [~'ne] (1a) v/t. discern, make out; distinguish, discriminate (between s.th. and s.th., qch. de qch.).

disciple [di'sipl] m disciple, follower; **discipline** [disi'plin] f discipline; *eccl.* scourge; ✕ compagnie f de ~ disciplinary company; **discipliner** [~pli'ne] (1a) v/t. discipline; *school:* bring under control. [lus.]

discobole sp. [disko'bol] m discobo-⌐

discontinu, e [diskɔ̃ti'ny] discontinuous; **discontinuer** [~'nɥe] (1n) v/t/i. discontinue, stop; sans ~ without stopping; at a stretch.

disconvenance [diskɔ̃v'nɑ̃ːs] f unsuitability, disparity; **disconvenir** [~'niːr] (2h) v/t./i.: ~ de deny; ~ que (sbj.) deny that (ind.).

discophile [disko'fil] su. (gramophone) record fan.

discordance [diskɔr'dɑ̃ːs] f sounds: discordance; *opinions etc.:* disagreement, conflict; **discordant, e** [~'dɑ̃, ~'dɑ̃ːt] discordant (sounds); conflicting (*opinions etc.*); ♪ out of tune (*instrument*); *geol.* unconformable; **discorde** [dis'kɔrd] f discord, dissension; **discorder** [~kɔr'de] (1a) v/i. ♪ be discordant; clash (*colours*); disagree (*persons*).

discothèque [disko'tɛk] f record library; record collection; disco(thèque).

discoureur m, **-euse** f [disku'rœːr, ~'røːz] speechifier; talkative person; **discourir** [~'riːr] (2i) v/i. discourse; **discours** [dis'kuːr] m speech (a. gramm.); discourse; talk; language; ~ improvisé extempore speech; ~ inaugural inaugural address, Am. inaugural; faire un ~ make a speech; gramm. partie f du ~ part of speech.

discourtois, e [diskur'twa, ~'twaːz] discourteous, rude, unmannerly.

discrédit [diskre'di] m discredit, disrepute; **discréditer** [~di'te] (1a) v/t. bring into discredit; disparage.

discret, -ète [dis'krɛ, ~'krɛt] discreet; ♣, ⚕ discrete; cautious; tactful; quiet (dress, taste, village, etc.); modest (request); sous pli ~ under plain cover; **discrétion** [diskre'sjɔ̃] f discretion; prudence; tact; à ~ at will; unlimited; ✕ unconditional (*surrender*); être à la ~ de be at the disposal of; be at the mercy of; **discrétionnaire** ⚖ [~sjɔ'nɛːr] discretionary.

discrimination [diskrimina'sjɔ̃] f discrimination, differentiation; ~ raciale racial discrimination.

disculper [diskyl'pe] (1a) v/t. clear (s.o. of s.th., q. de qch.).

discussion [disky'sjɔ̃] f discussion, debate; argument; **discuter** [~'te] (1a) v/t. discuss, debate; question; ⚖ sell up (a debtor).

disert, e [di'zɛr, ~'zɛrt] eloquent.

disette [di'zɛt] f scarcity, dearth; shortage of food.

diseur, -euse [di'zœːr, ~'zøːz] su. speaker, reciter; talker; su./f thea. diseuse; ~euse de bonne aventure fortune-teller.

disgrâce [dis'grɑːs] f disgrace, disfavo(u)r; misfortune; **disgracié, e** [disgra'sje] out of favo(u)r; **disgra-**

cier [~'sje] (1o) v/t. dismiss from
favo(u)r; disgrace; **disgracieux,
-euse** [~'sjø, ~'sjø:z] uncouth, awkward; ungracious (reply).

disjoindre [dis'ʒwɛ̃:dr] (4m) v/t.
sever, separate; se ~ come apart;
break up; **disjoncteur** ⚡ [disʒɔ̃k-
'tœ:r] m circuit-breaker; switch
(-board); **disjonctif, -ve** gramm.
[~'tif, ~'ti:v] disjunctive; **disjonction** [~'sjɔ̃] f sundering, separation; ⚖ severance.

dislocation [disləka'sjɔ̃] f ⊕ taking
down; ✗ breaking up (of troops);
⚕ dislocation; fig. dismemberment;
geol. fault; **disloquer** [~'ke] (1m)
v/t. ✗ break up; ⚕ dislocate; fig.
dismember; disperse; geol. fault.

disons [di'zɔ̃] 1st p. pl. pres. of dire 1.

disparaître [dispa'rɛ:tr] (4k) v/i.
disappear; vanish.

disparate [dispa'rat] **1.** adj. ill-
assorted, ill-matched; dissimilar;
2. su./f disparity; colours: clash;
incongruity; **disparité** [~ri'te] f
disparity.

disparition [dispari'sjɔ̃] f disappearance.

dispendieux, -euse [dispɑ̃'djø,
~'djø:z] expensive.

dispensaire ⚕ [dispɑ̃'sɛ:r] m community clinic; hospital: surgery; out-
patients' department; **dispensateur** m, **-trice** f [~pɑ̃sa'tœ:r, ~'tris]
distributor; **dispense** [~'pɑ̃:s] f exemption; certificate of exemption;
eccl. dispensation; **dispenser**
[~pɑ̃'se] (1a) v/t. dispense; exempt,
excuse (from, de); se ~ de avoid, get
out of.

disperser [disper'se] (1a) v/t. disperse, scatter; **dispersion** [~'sjɔ̃] f
dispersion; breaking up; ⚡ dissipation; ✗ rout; phys. light: scattering.

disponibilité [disponibili'te] f avail-
ability; disposal; release; ~s pl.
available funds or means or time
sg.; en ~ unattached; **disponible**
[~'nibl] ⚖ disposable; available;
spare (time); ✗ unattached.

dispos, e [dis'po, ~'po:z] fit, in good
form; all right; alert (mind).

disposer [dispo'ze] (1a) v/t. dispose,
arrange, lay out; se ~ (à) prepare
(for s.th.; to inf.); v/i.: ~ de dispose
of; have at one's disposal; ~ pour
apply to; vous pouvez ~ you may go;

dispositif [~zi'tif] m ⊕ device,
appliance; system; plan; **disposition** [~zi'sjɔ̃] f disposition; arrangement; disposal; state (of mind),
frame of mind; tendency (to, à); ~s
pl. talent sg.; à la ~ de q. at s.o.'s
disposal; à votre entière ~ a. entirely
at your service.

disproportion [disprɔpɔr'sjɔ̃] f disproportion; **disproportionné, e**
[~sjɔ'ne] disproportionate.

dispute [dis'pyt] f dispute, quarrel;
chercher ~ à pick a quarrel with;
disputer [~py'te] (1a) vt/i. dispute;
contend; v/i. argue, quarrel; v/t. sp.
play (a match); fight for (victory); F
tell (s.o.) off; ~ qch. à q. contend with
s.o. for s.th.; F se ~ argue, quarrel,
have an argument; **disputeur,
-euse** [~py'tœ:r, ~'tø:z] **1.** adj. contentious, quarrelsome; **2.** su. arguer,
wrangler.

disquaire [dis'kɛ:r] m record dealer
or seller.

disqualifier sp. [diskali'fje] (1o) v/t.
disqualify.

disque [disk] m disk; sp. discus; 🕳
signal; ⊕ plate; (gramophone)
record, album, disc, Am. disk; ~s pl.
des auditeurs radio: listener's requests; teleph. ~ d'appel dial; ~ de
longue durée, ~ microsillon long-
playing record, F long-player; mot. ~
de stationnement parking disc; changeur m de ~s record changer.

dissection [disɛk'sjɔ̃] f dissection.

dissemblable [disɑ̃'blabl] adj.: ~ à
(or de) dissimilar to (s.th.), unlike
(s.th.); **dissemblance** [~'blɑ̃:s] f
dissimilarity.

disséminer [disemi'ne] (1a) v/t.
spread; scatter; disseminate.

dissension [disɑ̃'sjɔ̃] f discord, dissension; **dissentiment** [~ti'mɑ̃] m
disagreement, dissent.

disséquer [dise'ke] (1s) v/t. dissect.

dissertation [diserta'sjɔ̃] f dissecta-
tion; essay; **disserter** [~'te] (1a)
v/i. discourse (on, sur), F hold
forth.

dissidence eccl. etc. [disi'dɑ̃:s] f dissidence, dissent; **dissident, e** eccl.,
pol. [~'dɑ̃, ~'dɑ̃:t] **1.** adj. dissident;
dissenting; **2.** su. nonconformist; eccl.
nonconformist, dissenter.

dissimilitude [disimili'tyd] f dissimilarity.

dissimulation [disimyla'sjɔ̃] f dis-

divan

sembling, dissimulation; conceal-
ment, cover-up; **dissimulé, e** [~'le]
fig. hidden; secretive, double-
dealing, dissembling; **dissimuler**
[~'le] (1a) *v/t.* conceal, hide; cover
up; **se** ~ hide; *vt/i.* dissemble.

dissipateur, -trice [disipa'tœːr,
~'tris] **1.** *su.* spendthrift; **2.** *adj.*
wasteful; **dissipation** [~pa'sjõ] *f*
dissipation (*a. fig.*); waste; inattention; *school:* fooling; **dissiper**
[~'pe] (1a) *v/t.* dissipate; waste
(*money, time*); disperse, dispel
(*clouds, fear, a suspicion*); clear up
(*a misunderstanding*); divert; **se** ~
disappear; amuse o.s.; *fig.* become
dissipated; be inattentive (*pupil*).

dissocier [diso'sje] (1o) *v/t.* dissociate.

dissolu, e [diso'ly] dissolute; **dissoluble** [~'lybl] 🜍 soluble; ♊
dissolvable; **dissolution** [~ly'sjõ] *f*
🜍 dissolving; 🜍 solution; ♊ *a.
parl.* dissolution; disintegration;
dissoluteness; **dissolvant, e** [disol-
'vã, ~'vãːt] **1.** *adj.* solvent; **2.** *su./m*
solvent; ~ **de vernis à ongles** nail-
varnish remover.

dissonance [diso'nãːs] *f* ♩, *a. fig.*
dissonance; *fig. a.* clash, discord;
dissonant, e [~'nã, ~'nãːt] dissonant; discordant, clashing, jarring.

dissoudre [di'sudr] (4bb) *v/t.* dissolve; ♊ annul (*a marriage*); **dis-
sous, -te** [~'su, ~'sut] *p.p. of dissoudre.*

dissuader [disua'de] (1a) *v/t.* dissuade (from [doing] s.th., *de [faire]
qch.*); **dissuasion** [~'zjõ] *f* dissuasion; ✕ *arme f de* ~ deterrent weapon.

distance [dis'tãːs] *f* distance; *time:*
interval; *mot.* ~ *d'arrêt* braking distance; ✕ ~ *de tir* range; *opt.* ~ *focale*
focal length; ⊕ *commande f à* ~
remote control; *tenir à* ~ keep (*s.o.*)
at arm's length; **distancer** [~tã'se]
(1k) *v/t.* outrun, outstrip; *fig.* se
laisser ~ lag behind; **distant, e**
[~'tã, ~'tãːt] distant; *fig. a.* aloof.

distendre [dis'tãːdr] (4a) *v/t.*
distend; pull, strain (*a muscle*);
distension [~tã'sjõ] *f* distension;
muscle: straining.

distiller [disti'le] (1a) *v/t.* 🜍, ⊕
distil; ⊕ condense (*water*); *fig.* exude; **distillerie** [~til'ri] *f* distillery;
trade: distilling.

distinct, e [dis'tɛ̃(ːkt), ~'tɛ̃kt] distinct; separate; clear; **distinctif,
-ve** [~tɛ̃k'tif, ~'tiːv] distinctive,
characteristic; **distinction** [~tɛ̃k-
'sjõ] *f* distinction; difference; discrimination; refinement; polished
manner.

distingué, e [distɛ̃'ge] distinguished;
eminent; refined; smart (*appearance, dress*); *sentiments m/pl.* ~**s**
yours truly; **distinguer** [~] (1m) *v/t.*
distinguish; make out; single out;
hono(u)r; **se** ~ distinguish o.s.; *fig.*
stand out; **distinguo** [~'go] *m*
distinction.

distique [dis'tik] *m Greek or Latin:*
distich; *French verse:* couplet.

distordre [dis'tordr] (4a) *v/t.* distort; twist (*the ankle etc.*); **distors,
e** [~'toːr, ~'tors] distorted (*limb*);
distorsion [~tor'sjõ] *f* distortion.

distraction [distrak'sjõ] *f* absent-
mindedness; inattention, distraction; amusement, recreation; ✝ appropriation; ♊ misappropriation
(*of funds*).

distraire [dis'trɛːr] (4ff) *v/t.* separate; ✝ set aside, appropriate; ♊
misappropriate (*funds etc.*); amuse,
entertain; distract (*s.o.'s attention*);
distrait, e [~'trɛ, ~'trɛt] inattentive; absent-minded; *piéton m* ~
jay-walker.

distribuer [distri'bɥe] (1n) *v/t.* distribute; give out; hand out; deal out;
post: deliver (*letters*); deal (*cards*);
distributeur, -trice [~by'tœːr,
~'tris] *su.* distributor; *su./m* ⊕ distributor; booking-clerk, *Am.* ticket
agent, ticket clerk; ~ (*automatique*)
(slot *or* vending) machine; **distribution** [~by'sjõ] *f* distribution;
giving *etc.* out; *post:* delivery; *thea.*
cast(ing).

district [dis'trik(t)] *m* district,
region; *fig.* province.

dit, dite [di, dit] **1.** *p.p. of dire* 1; **2.**
adj. so-called; *autrement* ~ in other
words; **dites** [dit] *2nd pr. pl. pres. of
dire* 1.

diurétique 🜍 [diyre'tik] *adj., a.
su./m* diuretic.

diurne [diyrn] diurnal; day-(*bird*).

divagation [divaga'sjõ] *f* wandering; *fig.* digression; **divaguer** [~'ge]
(1m) *v/i.* wander; *fig.* digress; 🜍
ramble, rave.   [couch.⟩

divan [di'vã] *m* divan; (studio)⟩

divergence [diver'ʒɑːs] *f* divergence (*a.* Ӿ, ♥); *fig.* difference; **diverger** [~'ʒe] (11) *v/i.* diverge, branch off; *fig.* differ.

divers, e [di'vɛːr, ~'vɛrs] diverse, miscellaneous; various; sundry; **diversifier** [diversi'fje] (1o) *v/t.* diversify, vary; **diversion** [~'sjɔ̃] *f* diversion (*a.* Ӿ); change; **diversité** [~si'te] *f* diversity; variety.

divertir [diver'tiːr] (2a) *v/t.* divert; amuse; entertain; † misappropriate (*funds*); **divertissement** [~tis-'mɑ̃] *m* entertainment, amusement, pastime; † *funds:* misappropriation; *thea.* divertissement.

divette [di'vɛt] *f* light opera, music hall: singer.

dividende †, Ӿ [divi'dɑ̃ːd] *m* dividend.

divin, e [di'vɛ̃, ~'vin] divine (*a. fig.*); holy; godlike; **divinateur, -trice** [divina'tœːr, ~'tris] **1.** *su.* soothsayer; diviner; **2.** *adj.* prophetic; **divination** [~'sjɔ̃] *f* divination (*a. fig.*), soothsaying; **divinatoire** [~'twaːr] divining-...; *baguette f* ~ dowsing-rod; **diviniser** [divini'ze] (1a) *v/t.* deify; *fig.* glorify; **divinité** [~'te] *f* divinity; deity.

diviser [divi'ze] (1a) *v/t.* divide (*a.* Ӿ); separate (from, *d'avec*); **diviseur** [~'zœːr] *m* 𝆶 *etc.* divider; Ӿ divisor; Ӿ *commun* ~ common factor; **divisible** [~'zibl] divisible; **division** [~'zjɔ̃] *f* division (*a.* Ӿ, ✕, ⚓, *school*); section; *admin.* department; *fig.* dissension, discord; 𝆶 double bar; *typ.* hyphen; *biol.* ~ *binaire (or cellulaire)* binary fission; ~ *du travail* division of labo(u)r.

divorce [di'vɔrs] *m* divorce (*a. fig.*); *fig.* disagreement; 𝆱𝆱 *former une demande en* ~ seek a divorce; **divorcer** 𝆱𝆱 [~vɔr'se] (1k) *v/i.* divorce (s.o., [*d'*]*avec* q.); *fig.* break (with, [*d'*]*avec*).

divulgation [divylga'sjɔ̃] *f* divulgence, disclosure; **divulguer** [~'ge] (1m) *v/t.* divulge, disclose, reveal.

dix [dis, *before consonant* di; *before vowel and h mute* diz] *adj./num., a. su./m/inv.* ten; *date, title:* tenth; **~huit** [di'zɥit; *before consonant* ~'zɥi] *adj./num., a. su./m/inv.* eighteen; *date, title:* eighteenth; **dix-huitième** [~zɥi'tjɛm] *adj., a. su.* eighteenth; **dixième** [~'zjɛm]

1. *adj./num., a. su., a. su./m fraction:* tenth; **dix-neuf** [diz'nœf; *before vowel and h mute* ~'nœv] *adj./num., a. su./m/inv.* nineteen; *date, title:* nineteenth; **dix-neuvième** [~nœ'vjɛm] *adj./num., a. su.* nineteenth; **dix-sept** [dis'sɛt] *adj./num., a. su./m/inv.* seventeen; *date, title:* seventeenth; **dix-septième** [~sɛ-'tjɛm] *adj./num., a. su.* seventeenth.

dizain [di'zɛ̃] *m* ten-line stanza; *rosary:* decade; **dizaine** [~'zɛn] *f* (about) ten, half a score; *dans la* ~ within ten days.

do 𝆶 [do] *m/inv.* do, *note:* C.

docile [dɔ'sil] docile; amenable; submissive; **docilité** [~sili'te] *f* docility; obedience; meekness.

dock [dɔk] *m* 🕐 dock(yard); † warehouse; **docker** [dɔ'kɛːr] *m* docker.

docte [dɔkt] learned (*a. iro.*).

docteur [dɔk'tœːr] *m* doctor; physician; **doctoral, e** *m/pl.* **-aux** [dɔktɔ'ral, ~'ro] doctoral; *fig.* pedantic; **doctorat** [~'ra] *m* doctorate, Doctor's degree; **doctoresse** [~'rɛs] *f* (lady) doctor.

doctrine [dɔk'trin] *f* doctrine, tenet.

document [dɔky'mɑ̃] *m* document; **documentaire** [~mɑ̃'tɛːr] *adj., a. su./m* documentary; **documenter** [~mɑ̃'te] (1a) *v/t.* document.

dodeliner [dɔdli'ne] (1a) *v/i.* ~ *de la tête* wag one's head.

dodo *ch.sp.* [dɔ'do] *m* bye-byes, sleep; bed; *faire* ~ (go to) sleep.

dodu, e [dɔ'dy] plump, chubby.

dogme [dɔgm] *m* dogma, tenet.

dogue *zo.* [dɔg] *m:* ~ *anglais* mastiff; **doguin** [dɔ'gɛ̃] *m zo.* pug; ⊕ (lathe-)dog.

doigt [dwa] *m* finger; *zo., anat.* digit; ~ *de pied* toe; *à deux* ~*s de* on the verge of, within an ace of; *fig. mettre le* ~ *sur* put one's finger on, pinpoint (*a problem etc.*); *montrer du* ~ point at; **doigté** [dwa'te] *m* 𝆶 fingering; *fig.* skill; *fig.* tact; **doigter** 𝆶 [~'te] (1a) *v/t.* finger (*a piece of music*); **doigtier** [~'tje] *m* finger-stall.

dois [dwa] *1st p. sg. pres. of devoir* 1; **doit** † [~] *m* debit, liability; **doivent** [dwa:v] *3rd p. pl. pres. of devoir* 1.

dol 𝆱𝆱 [dɔl] *m* fraud.

doléances [dɔle'ɑ̃ːs] *f/pl.* complaints; grievances; **dolent, e** [~'lɑ̃-

~'lɑ̃ːt] painful (*limb*); plaintive, doleful (*person, voice, etc.*).

doler [dɔ'le] (1a) *v/t.* pare (*wood, skins*); shave (*wood*).

dollar [dɔ'laːr] *m coinage:* dollar.

dolomie [dɔlɔ'mi] *f*, **dolomite** [~'mit] *f* dolomite.

domaine [dɔ'mɛn] *m* domain; realm; estate, property; *fig.* sphere, field; ~ *public* public property.

dôme [doːm] *m* dome; *fig.* canopy; vault (*of heaven*).

domesticité [dɔmɛstisi'te] *f* menial condition; domestic service; *animal:* domesticity; *coll.* staff of servants; **domestique** [~'tik] **1.** *adj.* domestic; menial; **2.** *su.* servant; domestic; ~*s pl.* staff *sg.* (*of servants*), household *sg.*; **domestiquer** [~ti'ke] (1m) *v/t.* domesticate; tame; *se* ~ become domesticated.

domicile [dɔmi'sil] *m* residence; 𝓣𝓣 domicile; *travail m à* ~ home-work; **domiciliaire** [dɔmisi'ljɛːr] domiciliary; **domicilié, e** [~'lje] domiciled, resident; **domicilier** [~'lje] (1o) *v/t.* domicile; *se* ~ *à* take up residence at.

dominant, e [dɔmi'nɑ̃, ~'nɑ̃ːt] **1.** *adj.* dominant, ruling; prevailing, predominating; **2.** *su./f* ♩ dominant; *fig.* dominant feature; **dominateur, -trice** [~na'tœːr, ~'tris] **1.** *adj.* dominant, ruling; domineering (*attitude, person*); **2.** *su.* ruler; **domination** [~na'sjɔ̃] *f* domination, rule; **dominer** [~'ne] (1a) *v/t.* dominate; master, rule; overlook; *v/i.* rule; predominate; prevail (*opinion*); ~ *sur* rule over; domineer.

dominical, e, m/pl. -aux [dɔmini'kal, ~'ko] dominical; Sunday-...; *oraison f* ~ Lord's Prayer.

domino [dɔmi'no] *m cost.*, *game:* domino.

dommage [dɔ'maːʒ] *m* damage, injury; ~*s pl.* damage *sg.* (*to property*); ~*s pl.* de guerre war damage (compensation) *sg.*; 𝓣𝓣 ~*s pl.* et intérêts *m/pl.* damages; *c'est* ~! quel ~! what a pity!; *c'est* ~ *que* it's a pity (that); **dommageable** [dɔma'ʒabl] harmful, prejudicial; 𝓣𝓣 *acte m* ~ tort.

domptable [dɔ̃'tabl] tamable; **dompter** [~'te] (1a) *v/t.* tame; break in (*a horse*); *fig.* subdue (*feelings*); *fig.* reduce (*s.o.*) to obedience;

dompteur *m*, **-euse** *f* [~'tœːr, ~-'tøːz] tamer (*of animals*); subduer, vanquisher.

don [dɔ̃] *m* gift (*a. fig.*) (for, de), present; 𝓣𝓣 donation; *fig.* talent (for, de); *faire* ~ *à q. de qch.* make a present of s.th. to s.o.; **donataire** 𝓣𝓣 [dɔna'tɛːr] *su.* donee, Sc. donatary; **donateur, -trice** [~'tœːr, ~'tris] *su.* giver; 𝓣𝓣 𝓣𝓣 donor; *su./f* 𝓣𝓣 donatrix; **donation** [~'sjɔ̃] *f* donation, gift.

donc [dɔ̃k; dɔ̃] **1.** *adv.* then; just ...; *allons* ~! come along!; come, come!, nonsense!; *pourquoi* ~? (but) why?; *viens* ~! come along!; **2.** *cj.* therefore, so, consequently, then; hence.

donjon [dɔ̃'ʒɔ̃] *m castle:* keep.

donnant, e [dɔ'nɑ̃, ~'nɑ̃ːt] generous; ~ ~ tit for tat; **donne** [dɔn] *f cards:* deal; *à qui la* ~? whose deal is it?; *fausse* ~ misdeal; **donnée** [dɔ'ne] *f* datum; theme; fundamental idea; ~*s pl.* admitted facts; **donner** [dɔ'ne] (1a) *v/t.* give (*a. advice, orders, an example*), present, bestow; yield (*a. a profit, a harvest, fig. a result*); deal (*cards, a blow*); set (*a problem, a price*); ♩ donate (*blood*); *sl.* give away (*an accomplice*); ~ *à* assign to; confer (*a title*) upon; † ~ *avis* (*quittance*) give notice (a receipt); ~ *de la peine* give trouble; ~ *en mariage* give in marriage; *teleph.* ~ *à q. la communication avec* put s.o. through to; ~ *le bonjour à* wish (*s.o.*) good day; ~ *lieu à* give rise to, cause; ~ *q. pour perdu* give s.o. up for lost; *elle lui donna un enfant* she bore him a child; *se* ~ *à abandon* o.s. to; *se* ~ *de la peine* take pains; *se* ~ *pour* give o.s. out as; *v/i.* give, sag; ⊕, ⚓ engage; *cards:* deal; ~ *à entendre* give to understand; ~ *contre* run against; ~ *dans* run into; *sun:* shine into (*a room*); *fig.* have a taste for; ~ *sur* overlook, look out on; lead to; **donneur** *m*, **-euse** *f* [~'nœːr, ~'nøːz] giver, donor; *cards:* dealer; † seller; ~ *de sang* blood donor; † ~ *d'ordre* principal.

dont [dɔ̃] *pron.* whose, of whom (which); by *or* from *or* among *or* about whom (which).

donzelle F [dɔ̃'zɛl] *f* wench, hussy.

dopage [dɔ'paːʒ] *m* doping; **dopant**

[dɔ'pɑ] *m* dope; **doper** *sp.* [dɔ'pe] (1a) *v/t.* dope; **doping** *sp.* [dɔ'piŋ] *m action:* doping; *drug:* dope.

doré, e [dɔ're] gilt, gilded; golden (*hair etc.*); browned (*meat*); glazed (*cake*).

dorénavant [dɔrena'vɑ̃] *adv.* henceforth.

dorer [dɔ're] (1a) *v/t.* gild; brown (*meat*); glaze (*a cake*); F ~ *la pilule* gild the pill; **doreur** *m*, **-euse** *f* [dɔ'rœːr, ~'røːz] gilder.

dorloter [dɔrlɔ'te] (1a) *v/t.* fondle; pamper; make a fuss of.

dormant, e [dɔr'mɑ̃, ~'mɑ̃ːt] **1.** *adj.* sleeping; ♣, ♀, *geol.* dormant; stagnant, still (*water*); **2.** *su./m* sleeper; ⊕ casing, frame; **dormeur, -euse** [~'mœːr, ~'møːz] *su.* sleeper; *fig.* sluggard; *su./f* stud earring; **dormir** [~'miːr] (2b) *v/i.* sleep, be asleep; ♀ close (*flower*); ✝ lie idle; *fig.* be still or latent; ~ *comme une souche* (*or une marmotte or un loir*) sleep like a log; ~ *sur les deux oreilles* be absolutely confident; ~ *trop longtemps* oversleep; *histoire f à ~ debout* incredible story; **dormitif, -ve** [~mi'tif, ~'tiːv] **1.** *adj.* soporific; **2.** *su./m* sleeping-draught.

dorsal, e, *m/pl.* **-aux** [dɔr'sal, ~'so] dorsal.

dortoir [dɔr'twaːr] *m* dormitory; sleeping-quarters *usu. pl.*

dorure [dɔ'ryːr] *f* gilding; goldbraid; *meat:* browning; *cake:* glazing.

doryphore *zo.* [dɔri'fɔːr] *m* Colorado beetle.

dos [do] *m* back (*a. of chair, page, etc.*); *nose:* bridge; *geog.* ridge; *en ~ d'âne* ridged, high-crowned (*road*); △ ogee; hump-back (*bridge*); *en avoir plein le ~* be fed up with it; *faire le gros ~* arch its back (*cat*); *voir au ~* turn over!; see overleaf.

dosage [do'zaːʒ] *m* dosage; 🜪 titration, quantity determination; **dose** [doːz] *f* 🜪 dose; 🜪 amount, proportion; *fig.* share; ~ *excessive,* ~ *trop forte* overdosis; **doser** [do'ze] (1a) *v/t.* determine the dose of; 🜪 titrate; *fig.* measure out.

dossier [do'sje] *m chair etc.:* back; file, papers *pl.*, documents *pl.*; 🏛 record; 🜪 case history.

dot [dɔt] *f* dowry; **dotal, e,** *m/pl.*

-aux [dɔ'tal, ~'to] dotal; 🏛 *régime m ~* marriage settlement; **dotation** [~ta'sjõ] *f* endowment; ⊕ *etc.* equipment; **doter** [dɔ'te] (1a) *v/t.* give a dowry to (*a bride*); endow (*a hospital etc., a. fig.*) (with, de).

douaire [dwɛːr] *m* (*widow's*) dower; (*wife's*) jointure; **douairière** [dwɛ-'rjɛːr] *su./f, a. adj.* dowager.

douane *admin.* [dwan] *f* customs *pl.*; **douanier, -ère** [dwa'nje, ~'njɛːr] **1.** *adj.* customs-...; **2.** *su./m* customs officer.

doublage [du'blaːʒ] *m* cost. lining; ⊕ plating; *cin.* dubbing; **double** [dubl] **1.** *adj.* double, twofold; *à ~ face* two-faced (*person*); *à ~ sens* ambiguous; ✝ *en partie* ~ by double-entry; *sp. partie f ~ golf:* foursome; *tex. en ~* double; duplicate; ✝ *en ~* in duplicate; *plier en ~* fold in half *or* in two; ~*s pl. messieurs tennis:* men's doubles; **doublé** [du'ble] *m billiards:* stroke off the cushion; rolled gold; plated ware; **doubler** [~'ble] (1a) *v/t.* double (*a.* ♣ *a cape*); fold in half *or* in two; *cost.* line; ⊕ *metal:* plate; *cin.* dub; pass, overtake; *thea.* understudy (*a role*); *mot. défense de ~* no overtaking!; *mot.* ~ *à gauche* overtake *or* pass on the left; ~ *une classe* repeat a class; *v/i.* double; **doublet** [~'blɛ] *m* doublet; **doublon** [~'blõ] *m typ.* doublet; **doublure** [~'blyːr] *f* cost. lining; *thea.* understudy; *mot.* overtaking.

douce-amère, *pl.* **douces-amères** ♀ [dusa'mɛːr] *f* bitter-sweet, woody nightshade; **douceâtre** [~-'sɑːtr] sweetish; sickly; **doucement** [dus'mɑ̃] gently; softly; carefully; smoothly; **doucereux, -euse** [dus'rø, ~'røːz] sweetish, sickly, cloying; *fig.* smooth-tongued; sugary; **doucet, -ette** [du'se, ~'sɛt] **1.** *adj.* meek; mild; **2.** *su./f* ♀ lamb's lettuce, corn-salad; **douceur** [~'sœːr] *f* sweetness; softness; gentleness; *weather:* mildness; ~*s pl.* sweets, *Am.* candies; *fig. en* ~ soft (*landing, transition, etc.*); gently, smoothly; carefully.

douche [duʃ] *f* shower(-bath); ❤ douche; **doucher** [du'ʃe] (1a) *v/t.* give (*s.o.*) a shower-bath; F dowse (*s.o.*); ❤ douche.

doucir [du'si:r] (2a) v/t. grind down (glass or metal).

douer [dwe] (1p) v/t. endow (with, de); être doué pour have a natural gift for.

douille [du:j] f ⊕, ⚡ socket; ⚡ (bulb-)holder; cartridge case; ⊕ wheel; sleeve.

douillet, -ette [du'jɛ, ~'jɛt] soft (cushion etc., a. person); pej. effeminate, over-delicate.

douleur [du'lœ:r] f pain; suffering; grief; **douloureux, -euse** [~lu'rø, ~'rø:z] 1. adj. painful; aching; fig. sad; fig. sorrowful (look); fig. grievous (cry, event, loss); 2. su./f F bill, Am. check.

doute [dut] m doubt, misgiving; suspicion; mettre (or révoquer) en ~ (call in) question (whether, que); sans ~ no doubt; probably; sans aucun ~ without (a) doubt, assuredly; **douter** [du'te] (1a) v/i. (a. ~ de) doubt, mistrust; v/t.: se ~ de suspect, think; **douteur, -euse** [~'tœ:r, ~'tø:z] 1. su. doubter; 2. adj. doubting; **douteux, -euse** [~'tø, ~'tø:z] doubtful, dubious; questionable; uncertain.

douve [du:v] f △ moat; ⚡ trench; sp. water-jump; tub: stave.

doux, douce [du, dus] 1. adj. soft (a. fig., a. iron.; a. drug etc.); sweet; mild (a. steel); gentle; smooth; pleasant (memories, news); billet m ~ love-letter; eau f douce fresh or soft water; vin m ~ must; 2. adv.: F filer doux sing small; submit; tout doux! take it easy!; sl. en douce on the quiet.

douzaine [du'zɛn] f dozen; à la ~ by the dozen; une ~ de fleurs a dozen flowers; **douze** [du:z] adj./num., a. su./m/inv. twelve; date, title: twelfth; **douzième** [du'zjɛm] adj./num., a. su. twelfth.

doyen m, -enne f [dwa'jɛ̃, ~'jɛn] eccl., univ. dean; diplomat: doyen; fig. (a. ~ d'âge) senior; **doyenné** [~jɛ'ne] m deanery; ⚡ pear: doyenne.

draconien, -enne [drakɔ'njɛ̃, ~'njɛn] draconian; harsh.

dragage ⊕ [dra'ga:ʒ] m dredging; dragging (for body); (mine-)sweeping.

dragée [dra'ʒe] f sugared almond; sweet; ⚡ dragee; ✕ sl. bullet; fig. pill; hunt. small shot; tenir la ~

haute à make (s.o.) pay dearly; **dra-geoir** [~'ʒwa:r] m watch-glass: bezel; comfit-box, comfit-dish.

drageon ⚡ [dra'ʒɔ̃] m sucker.

dragon [dra'gɔ̃] m myth. dragon (a. fig.); zo. flying lizard; ✕, orn. dragoon; **dragonne** [~'gɔn] f sword-knot; umbrella: tassel.

drague [drag] f ⊕ dredger; grappling-hook; fishing: drag-net, dredge; **draguer** [dra'ge] (1m) v/t. ⊕ dredge; drag (a pond); dredge for (oysters); ⚓ sweep for (mines); sl. (try and) pick up (a girl etc.); **dragueur** [~'gœ:r] m ⊕ dredger-man; fishing: dragman; (a. bateau m ~) dredger; ⚓ ~ de mines mine sweeper.

drain [drɛ̃] m drain(ing); drain-pipe; ⚡ drainage tube; ⚡ watercourse; **drainage** ⚡, ⚡ [drɛ'na:ʒ] m drainage, draining; drain; **drainer** ⚡, ⚡ [~'ne] (1a) v/t. drain.

dramatique [drama'tik] 1. adj. dramatic (a. fig.); auteur m ~ playwright; 2. su./m drama (a. fig.); **dramatiser** [~ti'ze] (1a) v/t. dramatize (a. fig.); adapt (a novel) for the stage; **dramaturge** [~'tyrʒ] m playwright; **drame** [dram] m drama (a. fig.); play.

drap [dra] m cloth; ~ (de lit) sheet; ~ mortuaire: pall; F être dans de beaux ~s be in a pretty mess; **dra-peau** [dra'po] m flag; telev. irregular synchronism; ✕ colo(u)rs pl.; sous les ~x ✕ in the services; F fig. on the side of, de); **draper** [~'pe] (1a) v/t. drape; cover with cloth (buttons etc.); se ~ drape o.s. (in, dans) (a. fig.); **draperie** [~'pri] f drapery; curtains pl.; ✕ bunting; **drapier** [~'pje] m draper; cloth merchant or manufacturer.

drastique ⚡ [dras'tik] adj., a. su./m drastic.

drawback ✝ [dro'bak] m drawback.

drèche [drɛʃ] f draff.

dressage [drɛ'sa:ʒ] m preparation; monument: erection; ⊕ stone, wood: dressing; ⊕ facing; training (a. ✕); horse: breaking in; **dressement** [drɛs'mã] m preparation, drawing up; **dresser** [drɛ'se] (1a) v/t. erect (a monument etc.); fix up (a bed); raise (one's head); prick up (one's ears); lay, set (an ambush, the table, a trap); draw up (a contract, an *inventory, a list, a report*); pitch (*a tent*); ✕ lay out (*a camp*); ✕ establish (*a battery*); ⚓ lodge (*a complaint*); ✝ make out (*a cheque*); dish up (*food*); train (*an animal, a person*); break in (*a horse*); ✕ drill (*recruits*); ⊕ line up (*an engine, a machine*); trim (*a hedge*); dress (*wood, a stone*); ⊕ straighten out (*a wire*); ~ un procès-verbal contre (*or à*) q. take down the particulars of a minor offence, F take s.o.'s name and address; se ~ rise, get to one's feet; stand on end (*hair*); stand (*monument etc.*); rise on its hind legs (*horse*); **dresseur** *m*, **-euse** *f* [~'sœːr, ~'søːz] trainer (*of animals*); adjuster; **dressoir** [~'swaːr] *m* dresser, sideboard.

dribbler *sp.* [dri'ble] (1a) *vt/i.* dribble.

drille[1] [dri:j] *m*: F bon ~ grand chap; F pauvre ~ poor devil.

drille[2] ⊕ [~] *f* hand-drill, drill-brace.

drisse ⚓ [dris] *f* halyard, yard-rope.

drogue [drɔg] *f* drug; *coll.* drugs *pl.*; *pej.* patent medicine; **drogué, e** [drɔ'ge] **1.** *adj.* high (on drugs), *sl.* stoned; **2.** *su.* drug addict; dope fiend; **droguer** [drɔ'ge] (1m) *v/t.* drug (up); dose up; se ~ take drugs, be on drugs; **droguerie** [~'gri] *f* chemist's, *Am.* drugstore.

droit, droite [drwa, drwat] **1.** *adj.* straight (*a. line*); right (*angle, hand, side*); upright (*a. fig.*); vertical; stand-up (*collar*); *fig.* honest; *au* ~ de at right angles with; ⚓ section *f* ~e cross-section; **2.** *droit adv.* straight; *tout* ~ straight ahead or on; **3.** *su./m* right; privilege; law; fee, charge; ~s *pl. d'auteur* royalties; ~s *pl.* civiques civil rights; ✝ ~s *pl. de magasinage* storage *sg.* (charges); warehouse dues; ~ de douane (customs) duty; ~ des gens law of nations; ~ du plus fort right of the strongest; à qui de ~ to the proper person or quarter; avoir ~ à be entitled to; be eligible for; de (bon) ~ by right; être en ~ de (*inf.*) have a right to (*inf.*), be entitled to (*inf.*); faire son ~ study law; *su./f* right hand; straight line; à ~e on the right; *direction*: to the right; *tenir la* ~e keep to the right; *pol.* la ᒍe the Right, the Conservatives *pl.*; **droitier, -ère** [drwa'tje, ~'tjɛːr] **1.** *adj.* right-

handed; *pol.* right-wing; **2.** *su.* right-handed person; *pol.* Rightist, Conservative; **droitiste** *pol.* [~'tist] *adj.*, *a. su.* Rightist; **droiture** [~'tyːr] *f* uprightness; integrity; honesty.

drolatique [drɔla'tik] comic, humorous; spicy; **drôle** [droːl] **1.** *adj.* funny; odd, queer; F la ~ de guerre the phoney war; un(e) ~ de a funny, an odd; **2.** *su./m* rascal, knave; **drôlerie** [drol'ri] *f* jesting, fun; joke, jest, *Am.* gag; **drôlesse** † [dro'lɛs] *f* hussy.

dromadaire *zo.* [drɔma'dɛːr] *m* dromedary.

drosser ⚓, ✕ [drɔ'se] (1a) *v/t.* drive, carry, drift (*wind etc.*).

dru, drue [dry] **1.** *adj.* thick, strong; dense; vigorous; **2.** *dru adv.* thickly; ~ et menu in a steady drizzle (*rain*); (*walk*) with quick, short steps; *tomber* ~ fall thick and fast.

druide [drɥid] *m* druid.

drupe ♀ [dryp] *f* drupe, stone-fruit.

dû, due, *m/pl.* dus [dy] **1.** *p.p. of devoir* **1**; **2.** *adj.* due; owing; **3.** *su./m* due.

dubitatif, -ve [dybita'tif, ~'tiːv] dubitative.

duc [dyk] *m* duke; *orn.* horned owl; **ducal, e**, *m/pl.* -aux [dy'kal, ~'ko] ducal; ... of a or the duke.

ducat † [dy'ka] *m* ducat.

duché [dy'ʃe] *m* duchy, dukedom; **duchesse** [~'ʃes] *f* duchess; *tex.* duchesse lace or satin; ♀ duchess pear.

ductile [dyk'til] ductile, malleable (*a. fig.*); *fig.* pliable; **ductilité** [~tili'te] *f* malleability; *fig.* docility.

duel[1] *gramm.* [dɥel] *m* dual.

duel[2] [dɥel] *m* duel; **duelliste** [dɥe'list] *m* duellist.

dum-dum [dum'dum] *f* dum-dum (bullet).

dûment [dy'mã] *adv.* duly, in due form, properly.

dumping ✝ [dœm'piŋ] *m* dumping; faire du ~ dump.

dune [dyn] *f* dune; ~s *pl.* downs.

dunette ⚓ [dy'net] *f* poop-deck.

duo ♪ [dɥo] *m* duet.

duodénum *anat.* [dɥode'nɔm] *m* duodenum.

dupe [dyp] *f* dupe; F gull; être ~ de be taken in by; prendre q. pour ~ make a cat's-paw of s.o.; **duper**

[dy'pe] (1a) v/t. dupe, fool; take (s.o.) in; **duperie** [⁓'pri] f deception, trickery; take-in; **dupeur** [⁓'pœːr] m cheat, swindler, Am. sharper; hoaxer.

duplex ⊕ [dy'plɛks] adj., a. su./m duplex; **duplicata** [dyplika'ta] m/inv. copy: duplicate; **duplicateur** [⁓ka'tœːr] m duplicator; ∮ doubler; **duplicatif, -ve** [⁓ka'tif, ⁓'tiːv] duplicative; **duplicité** [⁓si'te] f duplicity, double-dealing.

dur, dure [dyːr] **1.** adj. hard (a. fig.); stiff; tough (meat, wood); fig. harsh; unfeeling; hardened; avoir le sommeil ⁓ be a heavy sleeper; être ⁓ avec (or pour) q. be hard on s.o.; be rough with s.o.; Δ en⁓ permanent (structure etc.); avoir l'oreille ⁓e, être ⁓ d'oreille be hard of hearing; **2.** dur adv. hard; **3.** su./m F tough guy; hard-liner; F un ⁓ à cuire a tough nut to crack; **durabilité** [dyrabili'te] f durability; **durable** [⁓'rabl] durable, lasting; solid.

durant [dy'rã] prp. during; ⁓ des années for many years; sa vie ⁓ his whole life long; des heures ⁓ for hours (and hours).

durcir [dyr'siːr] (2a) v/t. harden; hard-boil (an egg); metall. chill; v/i. a. se ⁓ harden; set (concrete); **durcissement** [⁓sis'mã] m hardening, toughening, stiffening; metall. chilling.

durée [dy're] f duration; machine, building, etc.: wear, life; de courte ⁓ short-lived; **durer** [⁓] (1a) v/i. last, endure; wear (well) (goods); hold out, bear, F stick (it) (person); le temps me dure time hangs heavily on my hands, I find life dull.

duret, -ette F [dy're, ⁓'rɛt] rather hard; rather tough (meat); **dureté** [dyr'te] f hardness (a. fig.); meat: toughness; fig. harshness, austerity; ⁓ d'oreille hardness of hearing; **durillon** [dyri'jõ] m foot: corn; hand: callosity.

durit mot. (TM) [dy'rit] f radiator hose.

dus [dy] 1st p. sg. p.s. of devoir 1.

duvet [dy've] m down; tex. fluff, nap; F down quilt; **duveté, e** [dyv'te], a. **duveteux, -euse** [⁓'tø, ⁓'tøːz] downy, fluffy.

dynamique [dina'mik] **1.** adj. dynamic; **2.** su./f dynamics sg.; **dynamiser** [⁓mi'ze] (1a) v/t. make (more) dynamic; **dynamite** [⁓'mit] f dynamite; **dynamiter** [⁓mi'te] (1a) v/t. dynamite; blow up; fig. a. F bust (up); **dynamo** ∮, ⊕ [⁓'mo] f dynamo; ⁓ lumière (or d'éclairage) lighting generator; **dynamomètre** ⊕ [⁓mɔ'mɛtr] m dynamometer.

dynastie [dinas'ti] f dynasty.

dysenterie ✶ [disã'tri] f dysentery. **dysfonctionnement** ✶ [disfɔksjɔn'mã] m dysfunction.

dyspepsie ✶ [dispɛp'si] f dyspepsia, indigestion; **dyspepsique** [⁓pɛp-'sik] adj., a. su. dyspeptic.

dytique zo. [di'tik] m water-beetle, dytiscus.

E

E, e [ə] *m* E, e.

eau [o] *f* water; rain; *fruit:* juice; perspiration; *eccl.* ~ **bénite** holy water; ~ **de toilette** lotion; ~ **du robinet** tap water; 🔧 ~ **lourde** heavy water; 💊 ~ **oxygénée** hydrogen peroxide; ~ **potable** drinking water; ~ **vive** spring water, running water; *aller aux* ~*x* go to a watering-place; ⚓ *faire* ~ (spring a) leak; *faire de l'* ~ ⚓, 🚢 (take in) water; 🔩 *make water; grandes* ~*x pl.,* *jeux m/pl. d'* ~*x* ornamental fountains; *river:* high water *sg.; nager entre deux* ~*x* swim under water; *ville d'* ~ watering-place, spa; ~**-de-vie,** *pl.* ~**x-de-vie** [od'vi] *f* brandy; spirits *pl.;* ~**-forte,** *pl.* ~**x-fortes** 🔩 [o'fɔrt] *f* nitric acid; etching; ~**x-vannes** [o'van] *f/pl.* liquid manure *sg.,* sewage *pl.*

ébahir [eba'iːr] (2a) *v/t.* amaze, astound; take (*s.o.'s*) breath away; *s'* ~ be astounded, wonder (at, de); **ébahissement** [~is'mã] *m* amazement, wonder.

ébarber [ebar'be] (1a) *v/t.* trim (*a.* ♪); ♪ clip; ⊕ dress.

ébats [e'ba] *m/pl.* frolics, gambols; *prendre ses* ~ frolic, gambol; **ébattre** [e'batr] (4a): *v/t.:* *s'* ~ frolic, gambol, frisk about.

ébaubi, e [ebo'bi] amazed, astounded.

ébauchage [ebo'ʃaːʒ] *m* roughing out (*of s.th.*); **ébauche** [e'boːʃ] *f* outline (*a. fig.*); sketch (*a. fig.*); rough draft; *fig.* ghost (*of a smile*); **ébaucher** [ebo'ʃe] (1a) *v/t.* rough out, sketch (out); roughhew (*a stone etc.*); *fig.* give a ghost *or* a hint of (*a smile etc.*); *s'* ~ take shape, form, develop.

ébène [e'bɛn] *f* ebony; *fig. d'* ~ jet-black; **ébénier** 🌳 [ebe'nje] *m* ebony-tree; **ébéniste** [~'nist] *m* cabinet-maker; **ébénisterie** [~nis'tri] *f* cabinet-work; cabinet-making.

éberlué, e [ebɛrlɥ'e] flabbergasted.

éblouir [eblu'iːr] (2a) *v/t.* dazzle (*a. fig.*); **éblouissement** [~is'mã] *m* dazzle; glare; dizziness.

ébonite [ebɔ'nit] *f* ebonite, vulcanite.

éborgner [ebɔr'ɲe] (1a) *v/t.* blind in one eye, put (*s.o.'s*) eye out; ✿ disbud.

ébouillanter [ebujã'te] (1a) *v/t.* scald.

éboulement [ebul'mã] *m* caving in, collapsing; fall of stone; landslide; **ébouler** [ebu'le] (1a) *v/t.* bring down; *s'* ~ cave in, collapse; slip (*cliff, land*); **éboulis** [~'li] *m* △ debris; fallen earth; scree.

ébouriffant, e F [eburi'fã, ~'fãːt] amazing, startling; fantastic (*story*); **ébouriffer** [~'fe] (1a) *v/t.* ruffle (*a. fig.*), dishevel (*s.o.'s hair*); *fig.* amaze.

ébrancher ✿ [ebrã'ʃe] (1a) *v/t.* lop off the branches of (*a tree*); prune, trim; **ébranchoir** ✿ [~'ʃwaːr] *m* (long-hafted) billhook.

ébranlement [ebrãl'mã] *m* shaking, shock; *fig.* agitation, commotion; *fig.* disturbance (*a. of the mind*); **ébranler** [ebrã'le] (1a) *v/t.* shake (*a. fig.*); loosen (*a tooth*); set in motion; disturb; *s'* ~ shake; ring (*bells*); start, set off; ✖ move off.

ébrécher [ebre'ʃe] (1f) *v/t.* notch; chip (*a plate etc.*); jag (*a knife*); *fig.* make a hole in (*one's fortune*); *fig.* damage (*s.o.'s reputation*).

ébriété [ebrie'te] *f* drunkenness, intoxication.

ébrouement [ebru'mã] *m* snort (-ing); **ébrouer** [~'e] (1a) *v/t.:* *s'* ~ snort; take a (*dust-*)bath (*bird*).

ébruiter [ebrɥi'te] (1a) *v/t.* noise abroad, make known; divulge (*a secret*); *s'* ~ become known.

ébullition [ebyli'sjõ] *f* boiling; effervescence; *fig.* turmoil; *point m d'* ~ boiling point.

éburné, e [ebyr'ne] eburnean, like ivory; *anat. substance f* ~*e* dentine.

écaille [e'kaːj] *f* 🐟, 🦪, *metall., fig.,*

fish: scale; *paint*: flake; *wood*: splinter; *tortoise etc.*: shell; ✝ tortoise-shell.

écailler¹ [eka'je] (1a) *v/t.* scale (*fish, a. metall.*); open (*oysters*); s'~ scale or flake off, peel off.

écailler², -ère [eka'je, ~'jɛːr] *su.* oyster-seller; *su./f* oyster-knife.

écailleux, -euse [eka'jø, ~'jøːz] scaly; flaky (*paint*).

écale [e'kal] *f pea*: pod; *nut*: husk; **écaler** [eka'le] (1a) *v/t.* shell (*peas*); hull (*walnuts*); shuck (*chestnuts*).

écarlate [ekar'lat] *adj., a. su./f* scarlet.   **wide** (*one's eyes*).

écarquiller [ekarki'je] (1a) *v/t.* open

écart [e'kaːr] *m* gap; divergence; difference; separation; *cards*: discard (-ing); range: error (*a. fig.*); ✝ margin (*of prices*); ⊕ deviation; variation; swerve; *fig.* digression; *fig. fancy*: flight; ~ (*de conduite*) misdemeano(u)r; *à l'~* on one side, apart; aloof; out of the way; *faire un~* swerve; shy (*horse*); *gymn.* **grand ~** splits *pl.*; *se tenir à l'~* stand aside or aloof; **écarté, e** [ekar'te] remote; isolated; out-of-the-way; lonely.

écarteler [ekartə'le] (1d) *v/t.* ⚖ *hist.* quarter; *fig.* tear apart; *écartelé entre* torn between.

écartement [ekartə'mã] gap, space (between, de); 🚋 *track*: gauge; *mot.* wheelbase; ⊕ deflection; **écarter** [~'te] (1a) *v/t.* separate; spread; remove; avert; push aside (*a. proposals*); divert (*suspicion etc.*); s'~ move aside; diverge, stray, deviate (from, de).

Ecclésiaste [ɛkle'zjast] *m*: *livre m de l'~* Ecclesiastes; **ecclésiastique** [~zjas'tik] **1.** *adj.* ecclesiastical; clerical (*hat etc.*); **2.** *su./m* clergyman, ecclesiastic; *l'Ɛ* Ecclesiasticus.

écervelé, e [esɛrvə'le] **1.** *adj.* scatterbrained, wild, flighty; **2.** *su.* scatterbrain, harum-scarum, madcap.

échafaud [eʃa'fo] *m* scaffolding; *sp. etc.* stand; ⚖ scaffold, gallows *pl.*; **échafaudage** [~fo'daːʒ] *m* ⚙ scaffolding; *fig.* structure; *fig. fortune*: piling up; **échafauder** [~fo'de] (1a) *v/i.* erect a scaffolding; *v/t.* pile up; *fig.* build up; construct.

échalas [eʃa'la] *m* 🌱 vine-prop; hop-pole; *fig.* spindle-shanks (= *lanky person*); **échalasser** [~la'se] (1a) *v/t.* prop (*the vine etc.*).

échalier [eʃa'lje] *m* stile; gate.

échalote ♀ [eʃa'lɔt] *f* shallot.

échancrer [eʃã'kre] (1a) *v/t.* indent, notch; scallop (*a handkerchief*); cut out (*the neck of*) (*a dress*); **échancrure** [~'kryːr] *f* indentation; cut; *dress*: neckline; notch.

échange [e'ʃãːʒ] *m* exchange (*a.* ✝); ✝ barter; *libre ~* free trade; *en ~ de* in exchange or return for; **échanger** [eʃã'ʒe] (1l) *v/t.* exchange (for *pour*, *contre*) (*a.* ✝); ✝ barter; **échangeur** [~'ʒœːr] *m mot.* interchange; ⊕ exchanger.

échanson [eʃã'sõ] *m* ✝ cup-bearer; butler.

échantillon [eʃãti'jõ] *m* sample (*a. fig.*); specimen; pattern; ⊕ template; ~ *représentatif* adequate sample; **échantillonnage** [~jɔ'naːʒ] *m* sampling; (collection of) samples *pl.*; **échantillonner** [~jɔ'ne] (1a) *v/t.* sample.

échappatoire [eʃapa'twaːr] *f* evasion, way out, loop-hole; **échappé, e** [~'pe] **1.** *adj.* fugitive, runaway; **2.** *su.* fugitive, runaway; *su./f* escape; (free) space; *sp.* spurt; (*de vue*) vista; ~ *de lumière* burst of light; *par ~s* by fits and starts; **échappement** [eʃap'mã] *m gas etc.*: escape; ⊕, *mot.* exhaust; ⊕ outlet; *clock*: escapement; *mot.* *tuyau m* (*pot m*) *d'~* exhaust-pipe (silencer); **échapper** [eʃa'pe] (1a) *v/i.* escape; avoid; dodge; defy; *laisser ~* let slip; set free; *le mot m'a échappé* the word has slipped my memory; *v/t.: fig. l'~ belle* have a narrow escape or F a close shave; s'~ escape (from, de); slip out; disappear.

écharde [e'ʃard] *f* splinter.

écharner ⊕ [eʃar'ne] (1a) *v/t.* flesh (*hides*); **écharnoir** [~'nwaːr] *m* fleshing knife.

écharpe [e'ʃarp] *f* (shoulder) sash; *cost.* stole, scarf; ⚕ *arm*: sling; *en ~* diagonally, slantwise; **écharper** [eʃar'pe] (1a) *v/t.* slash; cut to pieces (*a.* ✂); *tex.* card (*wool*).

échasse [e'ʃaːs] *f* stilt; scaffold: pole; *fig. monté sur des ~s* on one's high horse; **échassier** [eʃa'sje] *m orn.* wader; *fig.* spindle-shanks.

échaudé *cuis.* [eʃo'de] *m* canary-bread; **échauder** [~'de] (1a) *v/t.* scald; *tex.* scour; F fleece (*s.o.*);

fig. se faire ∼ burn one's fingers; **échaudoir** [∼'dwa:r] *m* scalding-room; scalding-tub; *tex.* scouringvat; **échaudure** [∼'dy:r] *f* scald.

échauffant, e [eʃo'fã, ∼'fã:t] heating; ✻ constipating; *fig.* exciting; **échauffement** [eʃof'mã] *m* ⊕ heating; ✻ overheating; ✻ constipation; *fig.* over-excitement; **échauffer** [eʃo'fe] (1a) *v/t.* overheat (✻, *a.* a room); ✻ constipate; ⊕ heat; *fig.* warm; *fig.* inflame; s'∼ become overheated; warm up; ⊕ get or run hot.

échauffourée [eʃofu're] *f* brawl; scuffle; clash; ✗ skirmish, affray.

échéance ✝ [eʃe'ã:s] *f* bill: falling due, term; maturity; date; *tenancy:* expiration; à longue ∼ long-dated; long-term; **échéant, e** [∼'ã,∼'ã:t] ✝ falling due; le cas ∼ if necessary; should the occasion arise.

échec [e'ʃɛk] *m chess:* check (*a. fig.*); ⊕, *a. fig.* failure; ∼s *pl.* chess *sg.*; chessmen; chessboard *sg.*; voué à l'∼ doomed to failure.

échelette [eʃ'lɛt] *f cart etc.:* rack; **échelle** [e'ʃɛl] *f* ladder (*a. fig.*); *colours, drawing, map, prices, wages, etc.:* scale; *stocking:* ladder, run; ∼ double pair of steps; ∼ mobile (des salaires) sliding scale (of wages); ∼ sociale social scale; faire la courte ∼ à q. give s.o. a helping hand; sur une grande ∼ on a large scale; **échelon** [eʃ'lõ] *m* ladder: rung; *admin.* grade; *fig.* step; ✗ echelon; ♪ degree; *pol. etc.* à l'∼ le plus élevé at the highest level; ⊕ en ∼ stepped (*gearing*); **échelonnement** [eʃlon'mã] *m* ✗ echeloning; ⊕ placing at intervals; ✝ spreading (*over a period*); ♪ brushes, *a. fig.* holidays: staggering; **échelonner** [eʃlo'ne] (1a) *v/t.* ✗ (draw up in) echelon; space out; place at intervals; ⊕ step (*gears*); ✝ spread (*payments over a period*); stagger (*a. fig. holidays*); grade.

écheniller [eʃni'je] (1a) *v/t.* ✐ clear of caterpillars; *fig.* clean up, free from undesirable elements; **échenilloir** ✐ [∼nij'wa:r] *m* tree-pruner; branch-lopper.

écheveau [eʃ'vo] *m* skein, hank; *fig.* maze, jumble; **échevelé, e** [eʃə'vle] dishevelled; tousled; *fig.* wild;

écheveler [∼] (1c) *v/t.* dishevel, rumple (*s.o.'s hair*).

échine *anat.* [e'ʃin] *f* backbone, spine; **échiner** [eʃi'ne] (1a) *v/t.* break (*s.o.'s*) back; *fig.* tire (*s.o.*) out; *fig.* thrash (*s.o.*) within an inch of his life; *sl.* ruin; *fig.* s'∼ tire o.s. out.

échiquier [eʃi'kje] *m* chess-board; checker pattern; *pol. Br.* ♀ Exchequer; en ∼ chequerwise.

écho [e'ko] *m* echo; *faire* ∼ echo.

échoir [e'ʃwa:r] (3d) *v/i.* ✝ fall due; expire (*tenancy*); fall (*to s.o.'s lot*); *fig.* befall.

échoppe[1] [e'ʃɔp] *f* (*covered*) stall, booth.

échoppe[2] ⊕ [∼] *f* burin; graver.

échotier *journ.* [eko'tje] *m* gossip-writer, paragraphist; columnist.

échouer [e'ʃwe] (1p) *v/i.* ⊕ run aground; *fig.* fail, come to naught; fall through; *fig.* land, end up (*in, dans*); faire ∼ foil; ruin; thwart; *v/t.* ⊕ run (*a ship*) aground; beach.

échu, e [e'ʃy] ✝ due; expired.

écimer ✐ [esi'me] (1a) *v/t.* pollard, top.

éclabousser [eklabu'se] (1a) *v/t.* splash, bespatter (with, de); **éclaboussure** [∼'sy:r] *f* splash.

éclair [e'klɛ:r] *m* flash of lightning; flash (*a. fig.*); *cuis.* éclair; ∼ de chaleur heat lightning *sg.*; ✗ guerre *f* ∼ blitzkrieg; visite *f* ∼ lightning visit; **éclairage** [eklɛ'ra:ʒ] *m* light(ing); ✗, ⊕ scouting; ∼ par projecteurs flood-lighting; ♪ circuit *m* d'∼ light(ing) circuit; **éclairagiste** [∼ra'ʒist] *m* lighting engineer; **éclaircie** [eklɛr'si] *f* fair period; break (*of clouds*); clearing (*in a forest*); *fig.* bright period (*in life*); **éclaircir** [∼'si:r] (2a) *v/t.* clear (up); brighten; thin (*a forest*); clarify (*a liquid*); thin out (*a sauce*); *fig.* solve, explain, elucidate; **éclairer** [eklɛ're] (1b) *v/t.* light, illuminate; *fig.* enlighten; ✗ reconnoitre; s'∼ light up; become clear(er); **éclaireur** [∼'rœ:r] *m* ✗, ⊕, *etc.* scout.

éclat [e'kla] *m* splinter, chip; burst (*of laughter, of thunder*); explosion; flash (*of gun, light*); brightness, radiance, brilliance (*a. fig.*); *fig.* splendo(u)r; *fig.* glamo(u)r; ∼ de rire burst of laughter; faire ∼ create a stir; faux ∼ tawdriness; rire aux ∼s roar with laughter; **éclatant, e** [ekla'tã, ∼'tã:t] brilliant; sparkling, glittering; magnificent; loud (*noise*); *fig.* obvious; **éclater** [~'te] (1a) *v/i.* burst, explode; shatter; break up, split (up); flash (*a. fig.*); shine out *or* forth; clap (*thunder*); break out (*fire, laughter, war*); ~ de rire burst out laughing; **éclateur** ⚡ [~'tœ:r] *m* spark-gap; spark-arrester; ~ à boule discharger.

éclipse [e'klips] *f* eclipse; *fig.* disappearance; **éclipser** [eklip'se] (1a) *v/t.* eclipse (*a. fig.*); obscure (*a beam*); s'~ vanish.

éclisse [e'klis] *f* wedge; ⚕ splint; ⊕ butt-strap; 🚆 fish-plate; **éclisser** [ekli'se] (1a) *v/t.* ⚕ splint; 🚆 fish.

éclopé, e [eklɔ'pe] **1.** *adj.* lame, footsore; **2.** *su.* cripple; lame person.

éclore [e'klɔ:r] (4f) *v/i.* hatch (*bird*); ♀ open; ♀ bloom; *fig.* develop, come to light; **éclosion** [eklo'zjɔ̃] *f* eggs: hatching; ♀ opening; ♀ blooming; *fig.* birth, dawning.

écluse [e'kly:z] *f* lock; sluice; floodgate; **éclusée** [ekly'ze] *f* lockful; sluicing-water; **écluser** [~'ze] (1a) *v/t.* provide (*a canal*) with locks; pass (*a barge*) through a lock; **éclusier, -ère** [~'zje, ~'zjɛ:r] **1.** *su.* lockkeeper; **2.** *adj.* lock-...

écœurer [ekœ're] (1a) *v/t.* disgust, sicken, nauseate; *fig.* dishearten.

école [e'kɔl] *f* school (*a. fig.*); ✗, ⚓ drill; ~ *confessionnelle* denominational school; ~ *de commerce* commercial school; ~ *des arts et métiers* industrial school; engineering college; technical school *or* institute; ~ *des hautes études commerciales* commercial college (*of university standing*); ~ *laïque* undenominational school; ~ *libre* private school; ~ *maternelle* infant school; kindergarten; ~ *mixte* mixed school, *Am.* co-educational school; ~ *moyenne* intermediate school; ~ *primaire supérieure* central school; ~ *professionnelle* training school; ~ *secondaire* secondary school; ~ *supérieure* college, academy; *faire* ~ get a following (*person*); become the accepted thing; attract followers; *faire l'*~ (d) teach; *faire l'*~ *buissonnière* play truant; **écolier, -ère** [ekɔ'lje, ~'ljɛ:r] *su.* pupil; *su./m* schoolboy; *su./f* schoolgirl.

écologie [ekɔlɔ'ʒi] *f* ecology; **écologique** [~'ʒik] ecological; **écologis-**

me [~'ʒism] *m* ecology movement; **écologiste** [~'ʒist] *su.* ecologist.

éconduire [ekɔ̃'dɥi:r] (4h) *v/t.* show out; get rid of; reject (*a suitor*); être *éconduit* meet with a polite refusal.

économat [ekɔnɔ'ma] *m* † stewardship; *school, univ.:* bursarship; *society:* treasurership; steward's (*etc.*) office; **économe** [~'nɔm] **1.** *adj.* economical, thrifty; sparing; **2.** *su.* † steward, housekeeper; treasurer; bursar; **économie** [ekɔnɔ'mi] *f* economy, saving; thrift; management; ~s *pl.* savings; ~ *dirigée* controlled economy; ~ *domestique* domestic economy; housekeeping; ~ *politique* political economy; economics *sg.*; *faire des* ~s save (up); **économique** [~'mik] **1.** *adj.* economic (*doctrine, problem, system*); inexpensive, economical, cheap; **2.** *su./f* economics *sg.*; **économiser** [~mi'ze] (1a) *v/t.* economize, save (on, *sur*); **économiste** [~'mist] *m* (political) economist.

écope [e'kɔp] *f* ladle (*a. cuis.*); ⚓ scoop; **écoper** [ekɔ'pe] (1a) *v/t.* bail out; *v/i. sl.* be hit; cop it; get the blame.

écorce [e'kɔrs] *f* tree: bark; *fruit:* rind, peel; *fig.* outside, crust; **écorcer** [ekɔr'se] (1k) *v/t.* bark; peel (*a fruit*).

écorcher [ekɔr'ʃe] (1a) *v/t.* skin, flay; graze, chafe (*the skin*); scrape, scratch; *fig.* murder (*a language*); *fig.* grate on (*the ear*); *fig.* burn (*one's throat*); *fig.* fleece (*a client*); **écorcheur** [~'ʃœ:r] *m* flayer; *fig.* fleecer; **écorchure** ⚕ [~'ʃy:r] *f* abrasion, F graze, scratch.

écorner [ekɔr'ne] (1a) *v/t.* break *or* chip the corner(s) off (*s.th.*); dog-ear (*a book*); *fig.* make a hole in (*one's fortune*); **écornifler** F [~ni'fle] (1a) *v/t.* scrounge; sponge; **écornifleur** *m*, **-euse** *f* F [~ni'flœ:r, ~'flø:z] cadger, scrounger; sponger; **écornure** [~'ny:r] *f* chip (*off wood, stone, etc.*).

écossais, e [ekɔ'sɛ, ~'sɛ:z] **1.** *adj.* Scottish; *étoffe f* ~e tartan, plaid; **2.** *su./m ling.* Scots; ♀ Scot, Scotsman; *les* ♀ *m/pl.* the Scots; *su./f* ♀ Scot, Scotswoman.

écosser [ekɔ'se] (1a) *v/t.* shell, hull.

écosystème [ekɔsi'stɛm] *m* ecosystem.

écot [e'ko] *m* share (of the bill); *payer chacun son ~* go Dutch treat, *Am.* go Dutch.

écoulement [ekul'mã] *m* outflow, flow (*a. ⚡*); (*nasal*) discharge; *bath etc.*: waste-pipe; *crowd*: dispersal; ✝ *sale*, disposal; ✝ *facile* ready sale;

écouler [eku'le] (1a) *v/t.* ✝ sell off, dispose of (*s.th.*); *s'~* flow out; pass, elapse (*time*); ✝ sell.

écourter [ekur'te] (1a) *v/t.* shorten, F cut short; dock (*a horse*); crop (*dog's ears*); *fig.* clip (*words*).

écoute¹ [e'kut] *f* listening(-in); *être aux ~s* listen (in); *fig.* keep one's ears open (for, de); *heures f/pl. de grande ~ radio, telev.*: peak listening (viewing) hours; *mettre q. sur ~(s)* tap s.o.'s telephone; *station f d'~* monitoring station.

écoute² ⚓ [~] *f* sail: sheet.

écouter [eku'te] *f* listen to; pay attention to; *v/i.* listen (in).

écouteur, -euse [~'tœːr, ~'tøːz] *su. person*, *a. radio*: listener; *su./m teleph.* receiver; *radio*: head-phone, ear-phone.

écoutille ⚓ [eku'tiːj] *f* hatchway.

écran [e'krã] *m* screen; *phot.* filter; *faire ~ à* screen; *fig.* be or get in the way of; *le petit ~* television; *porter à l'~* film (*a novel, a play*).

écraser [ekra'ze] (1a) *v/t.* crush; *mot.* run over; ✝ F glut (*the market*); *fig.* overwhelm; *fig.* ruin; *mot. ~ l'accélérateur* (*or* F *le champignon*) put one's foot hard down (on the accelerator); *mot. ~ le frein* slam on the brakes; *s'~* collapse; break; ✈, *mot.* crash (into, contre); *sl.* (*a. v/i.*) keep one's mouth shut, shut up.

écrémer [ekre'me] (1f) *v/t.* cream (*milk, a. fig.*); skim (*milk, molten glass*); *fig.* take the cream of (*s.th.*); *lait m non écrémé* whole milk; **écré-meuse** [~'møːz] *f* separator; creamer; *metall., a. glass-making*: skimmer; **écrémoir** [~'mwaːr] *m* skimmer.

écrêter [ekre'te] (1a) *v/t.* level off or down; *fig.* take the edge off.

écrevisse *zo.* [ekrə'vis] *f* crayfish, *Am.* crawfish.

écrier [ekri'e] (1a) *v/t.: s'~* cry (out), shout (out); exclaim.

écrin [e'krɛ̃] *m* (jewel-)case.

écrire [e'kriːr] (4q) *v/t.* write (down); spell (*a word*); **écrivis** [ekri'vi] *1st*

p. sg. p.s. of écrire; **écrivons** [~'võ] *1st p. pl. pres. of écrire;* **écrit, e** [e'kri, ~'krit] **1.** *p.p. of écrire;* **2.** *su./m* writing; document; *univ. etc.* written examination; *par ~* in writing; **écriteau** [ekri'to] *m* bill, poster, placard; notice, notice-board; **écritoire** [~'twaːr] *m* inkstand; *eccl.* scriptorium; **écriture** [~'tyːr] *f* (hand)writing; script; ✝ entry, item; ✝ ~ *en partie double* double entry; ⚜ *sainte* Holy Scripture; ⚖, ✝ ~*s pl.* paper *sg.*, documents, books; **écrivailler** F [~va'je] (1a) *v/i.* scribble; be a hack-writer of the poorest kind; **écrivain** [~'vɛ̃] *m* writer, author; *femme f ~* authoress; woman writer; **écri-vassier** F [~va'sje] *m* hack-writer, penny-a-liner.

écrou¹ [e'kru] *m* ⊕ nut, female screw.

écrou² ⚖ [~] *m* entry (*on calendar*) of receipt of prisoner into custody; committal to jail; *levée f d'~* release from prison.

écrouelles ⚕ [ekru'ɛl] *f/pl.* scrofula *sg.*

écrouer ⚖ [ekru'e] (1a) *v/t.* imprison; send to prison.

écrouir *metall.* [ekru'iːr] (2a) *v/t.* cold-hammer; cold-draw; cold-harden; cold-roll.

écroulement [ekrul'mã] *m* collapse, falling-in; crumbling; fall (*a. fig.*), *fig.* ruin; **écrouler** [ekru'le] (1a) *v/t.: s'~* collapse (*a. fig.*); fall (down); crumble; break up; give way; come to nothing.

écroûter [ekru'te] (1a) *v/t.* cut the crust off; ✔ scarify (*land*).

écru, e [e'kry] unbleached, ecru; *soie f ~e* raw silk; *toile f ~e* holland.

écu [e'ky] *m* shield; ⊘ coat of arms; *~s pl.* plenty *sg.* of money.

écueil [e'kœːj] *m* reef; rock (*a. fig.*); shelf; *fig.* danger.

écuelle [e'kɥɛl] *f* bowl, basin; ✖ pan; **écuellée** [ekɥe'le] *f* bowlful.

éculer [eky'le] (1a) *v/t.* wear (*one's shoes*) down at the heel.

écume [e'kym] *f* froth; *waves*: foam; *jam, metal, a. fig.*: lather; scum; ~ *de mer* meerschaum; **écumer** [eky'me] (1a) *v/t.* skim; *fig.* scour (*the sea[s], les mers*); *v/i.* foam, froth (*a. metal, a. fig.*); **écumeur** [~'mœːr] *m*: F ~ *de marmites* sponger, parasite; ~ de mer pirate; **écumeux, -euse** [~'mø, ~'møːz] foamy, frothy; scummy; **écumoire** [~'mwaːr] f skimmer.

écurage [eky'raːʒ] m cleansing, cleaning (out); **écurer** [~'re] (1a) v/t. cleanse, scour; clean (out); pick (one's teeth).

écureuil zo. [eky'rœːj] m squirrel.

écureur m, **-euse** f [eky'rœːr, ~'røːz] cleanser, cleaner, scourer.

écurie [eky'ri] f stable; fig. team.

écusson [eky'sɔ̃] m ⊘ shield, escutcheon; ⊕ key-plate; ✕ badge; ♀ shield-bud.

écuyer, -ère [ekɥi'je, ~'jɛːr] su. rider; horseman; riding-master; △ staircase: hand-rail; ♂ tree: hoop; hist. (e)squire; † equerry; su./f horsewoman; bottes f/pl. à l'~ère riding-boots.

eczéma ♂ [egze'ma] m eczema.

édénien, -enne [ede'njɛ̃, ~'njɛn] paradisaic.

édenté, e [edã'te] toothless; zo. edentate; **édenter** [~] (1a) v/t. break the teeth of; s'~ lose one's teeth.

édicter ⚖ etc. [edik'te] (1a) v/t. decree; enact (a law).

édifiant, e [edi'fjã, ~'fjãːt] edifying; **édificateur** [edifika'tœːr] m builder; **édification** [~'sjɔ̃] f erection, building; (moral) edification; fig. F information; **édifice** [edi'fis] m building, edifice; structure (a. fig.); **édifier** [~'fje] (1o) v/t. build, erect; edify (morally); fig. F enlighten.

édit [e'di] m edict.

éditer [edi'te] (1a) v/t. edit; publish (a book etc.); **éditeur** [~'tœːr] m text: editor; book etc.: publisher; **édition** [~'sjɔ̃] f edition; publishing (trade); **éditorial, e, m/pl. -aux** [~to'rjal, ~'rjo] **1.** adj. editorial; leading (article); **2.** su./m leader; editorial.

édredon [edrə'dɔ̃] m eiderdown.

éducable [edy'kabl] educable; trainable (animal); **éducatif, -ve** [~ka'tif, ~'tiːv] educational; educative; **éducation** [~ka'sjɔ̃] f education, schooling; rearing; training (a. animals); ~ physique physical training.

édulcorant [edylkɔ'rã] m sweetener; **édulcorer** [~'re] (1a) v/t. sweeten; ♠ edulcorate.

éduquer [edy'ke] (1m) v/t. educate;

bring up (a child); train (an animal, a faculty); mal éduqué ill-bred.

éfaufiler [efofi'le] (1a) v/t. unravel.

effacé, e [efa'se] faded; unobtrusive, inconspicuous; retiring (manners, person, etc.), retired (life); receding (chin etc.); **effacer** [~] (1k) v/t. efface, blot out, erase; fig. outshine, throw into the shade; s'~ wear away; fade away; stand aside; keep in the background, F take a back seat.

effarement [efar'mã] m alarm; dismay; **effarer** [efa're] (1a) v/t. frighten, scare; startle; dismay; s'~ be scared (at, by de); take fright (at, de).

effaroucher [efaru'ʃe] (1a) v/t. startle; scare away; alarm; fig. shock (the modesty).

effectif, -ve [efɛk'tif, ~'tiːv] **1.** adj. effective; ✝ real; **2.** su./m manpower; ✕ total strength; ♣ complement; ⊕ stock; **effectuer** [~'tɥe] (1n) v/t. effect, carry (out), execute; accomplish; go into (training).

efféminer [efemi'ne] (1a) v/t. render effeminate; mollycoddle (a child).

effervescence [efɛrve'sãːs] f effervescence; fig. agitation, exitement; restiveness; **effervescent, e** [~'sã, ~'sãːt] effervescent (liquid); fig. in a turmoil.

effet [e'fɛ] m effect, result; operation, action; impression; ✝ bill; ✝ commencement (of policy); ~ secondaire side effect; ~s pl. things, clothes; ✝ stocks; ✝ bonds; ✝ ~s pl. à payer (à recevoir) bills payable (receivable); ✝ ~s pl. publics government stock sg. or securities; ✝ ~ à court terme short-dated bill; à cet ~ with this end in view, for this purpose; en ~ indeed; mettre à l'~ put (s.th.) into operation; prendre ~ become operative; produire son ~ operate, act; sans ~ ineffective.

effeuiller [efœ'je] (1a) v/t. pluck the petals off (a flower); thin out the leaves of (a fruit-tree); fig. destroy bit by bit; s'~ lose its petals (flower) or leaves (tree); **effeuilleuse** F [~'jøːz] stripper.

efficace [efi'kas] effective; efficient (a. ⊕); **efficacité** [~kasi'te] f efficacy; efficiency (a. ⊕).

efficience [efi'sjãːs] f efficiency; **efficient, e** [~'sjã, ~'sjãːt] efficient.

effigie [efi'ʒi] f effigy.

effilé, e [efi'le] tapering; slender; *tex.* frayed, fringed; *mot.* streamlined; **effiler** [~'le] (1a) *v/t. tex.* fray, unravel; taper; *cuis.* string (*beans*); **effilocher** *tex.* [~lɔ'ʃe] (1a) *v/t.* ravel out; fray; break (*cotton waste etc.*).

efflanqué, e [eflɑ̃'ke] lean, F skinny, lanky; *fig.* inadequate (*style*).

effleurer [eflœ're] (1a) *v/t.* graze, touch lightly; brush; skim (*the water*); ✍ plough lightly; *fig.* touch lightly upon (*a subject*).

efflorescence [eflɔrɛ'sɑ̃:s] *f* ♀ flowering; 🜍 efflorescence; ✍ rash, eruption.

effluent, e [efly'ɑ̃, ~'ɑ̃:t] *adj., a. su./m* effluent; **effluve** [e'fly:v] *m* effluvium; exhalation; *fig.* breath; ✍ ~ électrique glow discharge.

effondrement [efɔ̃drə'mɑ̃] *m* collapse (*a.* ✝, *a. fig.*); caving in; ✝ prices: slump; ✍ trenching; **effondrer** [~'dre] (1a) *v/t.:* s'~ collapse; cave in; break down.

efforcer [efɔr'se] (1k) *v/t.:* s'~ de or à (*inf.*) do one's best to (*inf.*); strive to (*inf.*).

effort [e'fɔ:r] *m* effort, exertion; pressure; ⊕ stress; ⊕, ✍ strain; *sp. ball:* spin.

effraction 🜨 [efrak'sjɔ̃] *f* breaking open; *vol m* avec ~ house-breaking (*by day*), burglary (*by night*).

effrayant, e [efrɛ'jɑ̃, ~'jɑ̃:t] terrifying, dreadful, appalling; *fig.* awful; **effrayer** [~'je] (1i) *v/t.* frighten, scare, terrify; s'~ take fright, be frightened (at, de).

effréné, e [efre'ne] unbridled, unrestrained.

effriter [efri'te] (1a) *v/t.* crumble; cause to crumble; s'~ crumble.

effroi [e'frwa] *m* terror, fear, fright; dread.

effronté, e [efrɔ̃'te] brazen-faced, impudent; saucy (*child*); **effronterie** [~'tri] *f* effrontery, impudence, impertinence.

effroyable [efrwa'jabl] frightful (*a. fig.*).

effusion [efy'zjɔ̃] *f* effusion (*a. fig.*); outpouring; ~ de sang bloodshed; ✍ haemorrhage; *avec* ~ effusively.

égailler [ega'je] (1a) *v/t. a.* s'~ scatter (*birds*).

égal, e, m/pl. -aux [e'gal, ~'go] **1.** *adj.* equal; level, smooth; even (*a. fig.*), regular; steady (*pace*); cela

m'est ~ it is all the same to me, I don't mind; F c'est ~ all the same; **2.** *su.* equal, peer; *su./m:* à l'~ de as much as; **égaler** [ega'le] (1a) *v/t.* equalize (*a. sp.*); level; make even; ⚖ equate; **égalitaire** [~'tɛ:r] *adj., a. su.* egalitarian; **égalité** [~'te] *f* equality; evenness (*a. fig., a. ♪*); *sp.* à ~ equal on points.

égard [e'ga:r] *m* regard, consideration, respect; ~s *pl.* respect *sg.*; attentions (to, *pour*); à cet ~ in this respect; à l'~ de with respect to; as regards; à mon ~ concerning me; à tous ~s in every respect; eu ~ à considering; manque *m* d'~ lack of consideration; slight; par ~ pour out of respect for; sans ~ pour without regard for.

égarement [egar'mɑ̃] *m* mislaying; error; *fig.* (*mental*) aberration; *feelings:* frenzy; *conduct, expression:* wildness; bewilderment; **égarer** [ega're] (1a) *v/t.* mislay; lead astray; mislead; let (*one's eyes*) wander; bewilder; *fig.* avoir l'air égaré look distraught; s'~ lose one's way; go astray; become unhinged (*mind*).

égayer [ege'je] (1i) *v/t.* cheer up; enliven; s'~ amuse o.s.; cheer up; make merry (about, de).

églantier ♀ [eglɑ̃'tje] *m* wild rose (-bush); ~ odorant sweet briar; **églantine** ♀ [~'tin] *f flower:* wild rose; ~ odorante *flower:* sweet briar.

église [e'gli:z] *f* church.

églogue [e'glɔg] *f* eclogue.

égocentrique [egosɑ̃'trik] egocentric.

égoïne ⊕ [egɔ'in] *f* compass saw.

égoïsme [egɔ'ism] *m* egoism; selfishness; **égoïste** [~'ist] **1.** *su.* egoist; **2.** *adj.* egoistic; selfish.

égorger [egɔr'ʒe] (1l) *v/t.* cut the throat of; F stick (*a pig*); slaughter, massacre (*people*); *fig.* fleece; **égorgeur** *m*, **-euse** *f* [~'ʒœ:r, ~'ʒø:z] cut-throat; (*pig-*)sticker.

égosiller [egozi'je] (1a) *v/t.:* s'~ bawl; shout; make o.s. hoarse.

égout [e'gu] *m* sewer; **égoutter** [egu'te] (1a) *v/t.* drain (*a.* ✍); strain (*vegetables*); s'~ drain, drip; **égouttoir** [~'twa:r] *m* drainer; *cuis.* plate-rack.

égrapper [egra'pe] (1a) v/t. pick off (grapes etc.); ⚒ clean (ore).

égratigner [egrati'ɲe] (1a) v/t. scratch (a. ✗); fig. gibe at, F have a dig at; **égratignure** [~'ɲy:r] f scratch; fig. gibe, F dig.

égrener [egrə'ne] (1d) v/t. pick off (grapes); shell (peas, corn); gin (cotton); ripple(flax); tree: shed (the leaves) one by one; fig. deal with one by one; s'~ drop (away), scatter.

égrillard, e [egri'ja:r, ~'jard] ribald, lewd, F dirty.

eh! [e] int. hey!; hi!; ~ bien! well!; now then!

éhonté, e [eɔ̃'te] shameless.

éjaculer [eʒaky'le] (1a) v/t. ejaculate.

éjection [eʒɛk'sjɔ̃] f ejection.

élaborer [elabɔ're] (1a) v/t. elaborate, work out (a. fig.).

élaguer [ela'ge] (1m) v/t. ✂ prune (a. fig.); fig. a. cut out or down.

élan[1] [e'lã] m spring, dash, bound; impetus; fig. impulse; fig. outburst (of temper etc.).

élan[2] zo. [~] m elk, moose.

élancé, e [elã'se] (tall and) slim, slender; **élancement** [elãs'mã] m spring; fig. yearning (towards, vers); ✗ twinge, shooting pain; **élancer** [elã'se] (1k) v/i. twinge, throb; v/t.: s'~ shoot; rush; ♘ shoot up.

élargir [elar'ʒi:r] (2a) v/t. enlarge; widen; broaden (a. fig.); fig., a. 🏛 release; **élargissement** [~ʒis'mã] m enlarging; widening, broadening; fig., a. 🏛 release.

élasticité [elasti si'te] f elasticity; fig. springiness; **élastique** [~'tik] 1. adj. elastic; fig. flexible; gomme f ~ (india-)rubber; 2. su./m (india-)rubber; cost. elastic; rubber band.

électeur [elɛk'tœːr] m pol. voter; elector (a. hist.); ~ par correspondance absent voter; **électif, -ve** [~'tif, ~'ti:v] elective; **élection** [~'sjɔ̃] f election (a. fig.); fig. choice; ~ partielles by-election; **électoral, e**, m/pl. **-aux** [~tɔ'ral, ~'ro] electoral, election ...; **électoralisme** pej. [~tɔra'lism] m electioneering; **électorat** [~tɔ'ra] m coll., a. hist. electorate; franchise; **électrice** [~'tris] f pol. electress (a. hist.), voter.

électricien [elɛktri'sjɛ̃] m electrician; **électricité** [~si'te] f electricity; **électrifier** [~'fje] (1o) v/t. elec-

trify; **électrique** [elɛk'trik] electric; electrical (unit); **électriser** [~tri'ze] (1a) v/t. electrify (a. fig.); fig. thrill; fil m électrisé live wire.

électro... [elɛktrɔ] electro...; **~aimant** [~ɛ'mã] m electro-magnet; **~cardiogramme** 🩺 [~kardjɔ'gram] m electrocardiogram; **~choc** 🩺 [~'ʃɔk] m treatment: electric shock.

électrode [elɛk'trɔd] f electrode.

électro...: ~magnétique [elɛktrɔ-maɲe'tik] electromagnetic; **~ménager** [~mena'ʒe] adj./m: appareils m/pl. ~s domestic electrical equipment sg.

électron phys. [elɛk'trɔ̃] m electron; **électronicien** [~trɔni'sjɛ̃] m electronics engineer; **électronique** [~trɔ'nik] 1. adj. electronic; 2. su./f electronics sg.

électrophone [elɛktrɔ'fɔn] m record player.

électuaire [elɛk'tɥɛːr] m electuary.

élégamment [elega'mã] adv. elegantly; **élégance** [~'gã:s] f elegance; **élégant, e** [~'gã, ~'gã:t] 1. adj. elegant, stylish; smart; 2. su./m man of fashion; su./f woman of fashion.

élément [ele'mã] m element; ingredient; ✗ cell; ~s pl. rudiments, first principles, basics; **élémentaire** [~mã'tɛːr] elementary; rudimentary; fundamental, basic.

éléphant zo. [ele'fã] m elephant; ~ femelle cow-elephant.

élevage [el'va:ʒ] m breeding, rearing; ranch; **élévateur, -trice** [eleva'tœːr, ~'tris] 1. adj. lifting; anat. elevator (muscle); 2. su./m elevator (a. anat.); lift; **élévation** [~'sjɔ̃] f elevation (a. 🏛, △); lifting, raising, rise, increase; height; altitude (a. astr.); **élévatoire** [~'twaːr] hoisting.

élève [e'lɛːv] su. pupil; univ. student; apprentice; su./f young rearing animal; cattle etc.: breeding; ✗ seedling.

élevé, e [el've] high; fig. lofty; bred, brought-up; mal ~ ill-bred; **élever** [~'ve] (1d) v/t. raise (a. 🏛), lift; △ erect, set up; breed (cattle etc.); keep (bees, hens); bring up (a child); 🏛 au carré (au cube) square (cube); s'~ rise; get up; amount (to, à); protest, take a stand (against, contre); **éleveur** [~'vœːr] m breeder (of horses, cattle); ~ de chiens dog-fancier; **élevure** ⚕ [~-'vy:r] f pimple, pustule.

élider gramm. [eli'de] (1a) v/t. elide.

éligible [eli'ʒibl] eligible.

élimer [eli'me] (1a) v/t. a. s'~ wear threadbare.

éliminer [elimi'ne] (1a) v/t. eliminate (a. ⩗); get rid of; ⩗ s'~ cancel out.

élire [e'li:r] (4t) v/t. elect, choose; parl. return (a member).

élision gramm. [eli'ʒjɔ̃] f elision.

élitaire [eli'tɛ:r] elitist; **élite** [e'lit] f elite, pick, choice, best; d'~ picked; crack (team etc.).

élixir [elik'si:r] m elixir.

elle [el] pron./pers./f subject: she, it; ~s pl. they; object: her, it; (to) her, (to) it; ~s pl. them; (to) them; à ~ to her, to it; hers, its; à ~s pl. to them; theirs; c'est ~ it is she, F it's her; ce sont ~s pl., F c'est ~s pl. it is they, F it's them.

ellébore ♀ [elle'bo:r] m hellebore; ~ noir Christmas rose.

elle-même [ɛl'mɛ:m] pron./rfl. herself; elles-mêmes pl. themselves.

ellipse [e'lips] f gramm. ellipsis; ⩗ ellipse; **elliptique** [elip'tik] elliptic(al).

élocution [elɔky'sjɔ̃] f elocution.

éloge [e'lɔ:ʒ] m praise; eulogy, panegyric.

éloigné, e [elwa'ɲe] remote; distant (a. relative); far-off, faraway; far (off or away); **éloignement** [elwaɲ-'mã] m distance; remoteness; removal; fig. estrangement; **éloigner** [elwa'ɲe] (1a) v/t. remove; move (s.th.) away; dismiss (a thought); avert (a suspicion, a danger); postpone; estrange (s.o.); s'~ move away, go away; digress; s'~ du sujet wander from the subject, divagate.

éloquence [elɔ'kã:s] f eloquence; **éloquent, e** [~'kã, ~'kã:t] eloquent.

élucider [elysi'de] (1a) v/t. elucidate, clear up.

élucubrations [elykybra'sjɔ̃] f/pl. pej. wild imaginings.

éluder [ely'de] (1a) v/t. fig. evade; shirk (work).

Élysée [eli'ze] **1.** su./m myth. Elysium; pol. Élysée (= Paris residence of the President of the French Republic); **2.** adj. myth. Elysian (Fields).

émacier [ema'sje] (1o) v/t. s'~ waste away, become emaciated.

émail, pl. **-aux** [e'ma:j, ~'mo] m enamel (a. of teeth); enamelling material; phot. glaze; **émailler** [ema-'je] (1a) v/t. enamel; glaze (porcelain, a. phot.); fig. sprinkle, spangle (with, de).

émanation [emana'sjɔ̃] f emanation, efflux.

émancipation [emãsipa'sjɔ̃] f emancipation; **émancipé, e** fig. [~'pe] free, forward; **émanciper** [~'pe] (1a) v/t. emancipate.

émaner [ema'ne] (1a) v/i. emanate, issue, originate.

émarger [emar'ʒe] (1l) v/t. make marginal notes in, write in the margin of; v/i. † draw one's salary.

émasculation [emaskyla'sjɔ̃] f emasculation (a. fig.).

embâcle [ã'ba:kl] m obstruction; ice-jam (in water-way).

emballage [ãba'la:ʒ] m packing; package; packaging; sp. burst of speed; F blowing-up; ✝ ~ perdu (consigné) non-returnable (returnable) packing (or can, bottle, etc.); **emballer** [~'le] (1a) v/t. pack (up); wrap up; mot. race (the engine); F thrill, excite; F blow (s.o.) up; sl. arrest; sl. get (s.o.) round; s'~ bolt (horse); race (engine); F get excited; F fly into a temper; sl. sp. squirt; **emballeur** m, **-euse** f [~'lœ:r, ~'lø:z] packer; sl. cajoler.

embarbouiller F [ãbarbu'je] (1a) v/t. dirty; fig. muddle (s.o.); s'~ get muddled.

embarcadère [ãbarka'dɛ:r] m ⚓ landing-stage; wharf, quay; 🚉 (departure) platform; **embarcation** [~'sjɔ̃] f craft; ship's boat.

embardée [ãbar'de] f swerve.

embargo ⚓, pol. [ãbar'go] m embargo.

embarquement [ãbarkə'mã] m ⚓ embarkation; goods: shipment; **embarquer** [~'ke] (1m) v/t. ⚓ embark; ship (goods, F a. water); take on board; v/i. a. s'~ embark (a. fig. upon, dans), go aboard.

embarras [ãba'ra] m obstruction; impediment (of speech); difficulty, trouble; embarrassment; ~ d'argent money difficulties; ~ de voitures traffic jam; F faire des ~ make a fuss; **embarrasser** [~ra'se] (1a) v/t. clutter (up); hinder; bother; put in an awkward position; fig. perplex, puzzle; ✍ clog (*the digestion*); s'~ de burden o.s. with.

embasement △ [ãbaz'mã] *m* base; ground-table.

embauchage [ãbo'ʃa:ʒ] *m*, **embauche** [ã'bo:ʃ] *f* taking on (*of workmen*); hiring; *labour*: **pas d'embauche** no vacancies; **embaucher** [ãbo'ʃe] (1a) *v/t.* take on, hire; **embauchoir** [~'ʃwa:r] *m* boot tree.

embaumé, e [ãbo'me] balmy (*air*); **embaumer** [~] (1a) *v/t.* embalm (*a corpse, a. the garden*); scent, perfume; smell of; *v/i.* smell sweet.

embecquer [ãbɛ'ke] (1m) *v/t.* feed (*a bird*); bait (*the hook*).

embéguiner [ãbegi'ne] (1a) *v/t.* wrap up (*s.o.'s*) head (in, de); *fig.* infatuate; s'~ de become infatuated with (*s.o.*).

embellie [ãbɛ'li] *f* ✿ lull; fair period; **embellir** [~'li:r] (2a) *v/t.* make (look) more attractive; embellish (*a. fig.*); beautify; *fig.* glamorize; *v/i.* become better-looking; **embellissement** [~lis'mã] *m* embellishment; improvement in looks.

emberlificoter *sl.* [ãbɛrlifiko'te] (1a) *v/t.* entangle; get round, cajole; s'~ get tangled; get in a muddle.

embêtant, e F [ãbɛ'tã, ~'tã:t] annoying, irritating, tiresome; **embêtement** F [ãbɛt'mã] *m* nuisance; worry; annoyance; F bother; **embêter** F [ãbɛ'te] (1a) *v/t.* annoy; bore; get on (*s.o.'s*) nerves.

emblave 🌱 [ã'bla:v] *f* land sown with corn; *corn*: sown seed; **emblaver** 🌱 [ãbla've] (1a) *v/t.* sow with corn.

emblée [ã'ble] *adv.*: d'~ right away, then and there, at the first attempt.

emblème [ã'blɛ:m] *m* emblem; symbol; badge.

embob(el)iner F [ãbɔb(l)i'ne] (1a) *v/t.* get round, coax.

emboîter [ãbwa'te] (1a) *v/t.* encase; nest (*boats, boxes, tubes*); pack in boxes; ⊕ joint; F hiss, hoot; ~ le pas à q. dog s.o.'s footsteps; ✗ fall into step with s.o.; *fig.* model o.s. on s.o.; **emboîture** [~'ty:r] *f* fit; ⊕ socket; ⊕ joint; ✗ juncture.

embolie ✍ [ãbɔ'li] *f* embolism.

embonpoint [ãbõ'pwɛ̃] *m* stoutness; plumpness.

emboucher [ãbu'ʃe] (1a) *v/t.* ♪ put to one's mouth; *fig.* mal embouché

foul-mouthed; **embouchure** [~'ʃy:r] *f* river: mouth; ♪ mouthpiece; opening.

embourber [ãbur'be] (1a) *v/t.* bog; *fig.* implicate; s'~ get stuck in the mud (*etc.*); *fig.* get tied up.

embourgeoiser [ãbur ʒwa'ze] (1a) *v/t.*: s'~ become conventional.

embout [ã'bu] *m* stick, umbrella: ferrule.

embouteillage [ãbute'ja:ʒ] *m* bottling; ⚓ bottling up; *fig.* traffic jam; ✝ bottleneck; **embouteiller** [~'je] (1a) *v/t.* bottle; ⚓ bottle up, block up; *fig.* hold up (*the traffic*); block (*the road*).

embouter [ãbu'te] (1a) *v/t.* tip, put a ferrule on.

emboutir [ãbu'ti:r] (2a) *v/t.* ⊕ stamp, press (*metal*); emboss; tip, put a ferrule on; *mot.* hit, run or crash into.

embranchement [ãbrãʃ'mã] *m* junction; branching (off); ⊕, *a. fig.* branch; 🚂 branch-line; 🚂 siding; fork (*of a road*); branch-road; *geog.* spur; **embrancher** [ãbrã'ʃe] *v/t.* join up; s'~ form a junction (*roads*); branch off (from, sur).

embrasement [ãbraz'mã] *m* conflagration; *fig.* fire; *fig.* burning passion; *pol.*, *fig.* conflagration; **embraser** [ãbra'ze] (1a) *v/t.* set on fire; *fig.* fire; *fig.* set aglow.

embrassade [ãbra'sad] *f* embrace, hug; kissing; **embrasser** [~'se] (1a) *v/t.* embrace (*a. fig.*); hug; *fig.* take up (*a career, a cause*); *fig.* encircle; kiss; include, take in.

embrasure [ãbra'zy:r] *f* embrasure; window-recess; ⚓ gun-port.

embrayage [ãbrɛ'ja:ʒ] *m* ⊕ connecting, coupling; *mot. clutch*: engaging; putting (*the engine*) into gear; *mot.* clutch; *mot.* ~ à cône cone clutch; *mot.* ~ à disques multi-disc clutch; **embrayer** [~'je] (1a) *v/t.* ⊕ connect, couple; throw into gear; F *fig.* start, set (*s.th.*) rolling; *v/i. mot.* let in the clutch; F *fig.* start, begin.

embrigader [ãbriga'de] (1a) *v/t.* ✗ recruit; *fig.* enrol; F organize.

embrocher [ãbrɔ'ʃe] (1a) *v/t. cuis.* (put on the) spit; ⚡ wire on to a circuit; F run (*s.o.*) through.

embrouillage [ãbru'ja:ʒ] *m*, **embrouillement** [ãbruj'mã] *m* confusion; tangle; **embrouillamini** F

[ãbruʒami'ni] *m* tangle, mess(-up);
embrouiller [ãbruˈje] (1a) *v/t.*
tangle; muddle (up); *fig.* confuse (*an issue*); s'~ get into a tangle;
fig. get into a muddle.

embroussaillé, e [ãbrusaˈje] covered with bushes; *fig.* tousled; F complicated.

embruiné, e [ãbrɥiˈne] ✍ blighted with cold drizzle; lost in a haze of rain.

embrumer [ãbryˈme] (1a) *v/t.*
shroud with mist *or* haze *or* fog; *fig.* cloud.

embruns [ã'brœ̃] *m/pl.* sea spray *sg.*,
spindrift *sg.*

embrunir [ãbryˈniːr] (2a) *v/t.*
darken.

embryon [ãbriˈjõ] *m* embryo (*a.*
fig.); F insignificant little man.

embûche [ãˈbyːʃ] *f* trap, pitfall; †
ambush.

embuer [ãˈbɥe] (1n) *v/t.* steam up;
dim (*a. fig.*).

embuscade [ãbysˈkad] *f* ambush.
embusqué, e [ˌˈke] *m* man in ambush; man under cover; F shirker, dodger; **embusquer** ✕ *etc.* [ˌˈke] (1m) *v/t.* place in ambush *or* in wait; s'~ lie in wait; take cover; F ✕ shirk.

éméché, e F [emeˈʃe] slightly the worse for drink *or* F for wear.

émeraude [emˈroːd] *su./f*, *a.*
adj./inv. emerald.

émerger [emɛrˈʒe] (11) *v/i.* emerge;
come into view, appear.

émeri [emˈri] *m* emery(-powder).

émérite [emeˈrit] emeritus (*professor*); experienced, practised.

émersion [emɛrˈsjõ] *f* emergence
(*a. opt.*); *astr.* emersion.

émerveiller [emɛrveˈje] (1a) *v/t.*
amaze, fill with wonder; s'~ marvel,
be amazed (at, de).

émétique ✿ [emeˈtik] *adj.*, *a. su./m*
emetic.

émetteur, -trice [emɛˈtœːr, ˌˈtris]
1. *adj.:* issuing; *radio:* transmitting,
broadcasting; **2.** *su./m* F issuer;
radio: transmitter; ~ à modulation
de fréquence V.H.F. transmitter; ~
à ondes courtes short wave transmitter; ~ de télévision television
transmitter; ~-récepteur *radio:*
transmitter-receiver, F walkie-
talkie; **émettre** [eˈmɛtr] (4v) *v/t.*
emit, send out; † issue; utter (*a*

sound, *a. counterfeit coins*); express
(*an opinion*); *radio:* transmit, broadcast; put forward (*a claim*).

émeute [eˈmøːt] *f* riot, disturbance.

émeutier [eməˈtje] *m* rioter.

émietter [emjeˈte] (1a) *v/t.* crumble;
fig. waste.

émigration [emigraˈsjõ] *f* emigration; **émigré, e** [ˌˈgre] *su.* expatriate; **émigrer** [ˌˈgre] (1a) *v/i.*
emigrate (*people*); *pol.* fly the
country.

émincé *cuis.* [emɛ̃ˈse] *m* sliced meat;
émincer [ˌ] (1k) *v/t.* mince, slice
(up) (*meat*).

éminemment [eminaˈmã] *adv.* to
a high degree; **éminence** [ˌˈnãːs] *f*
eminence (*a. fig.*, *a. title*); **éminent, e** [ˌˈnã, ˌˈnãːt] eminent;
high, elevated; *fig.* distinguished.

émissaire [emiˈsɛːr] **1.** *su./m* emissary (*a. fig.*), messenger; ⊕ outlet;
anat. emissary vein; **2.** *adj.:* bouc
m ~ scapegoat; **émission** [ˌˈsjõ] *f*
emission; † issue, issuing; uttering
(*of sound, a. of counterfeit coins*);
heat: radiation; *radio:* transmission,
broadcast(ing); ~ de télévision television transmission.

emmagasiner [ãmagaziˈne] (1a)
v/t. † store, warehouse; ⚡, *phys.*,
a. fig. store up.

emmailloter [ãmajoˈte] (1a) *v/t.*
swaddle (*a baby*); swathe (*one's leg*
etc.).

emmancher [ãmãˈʃe] (1a) *v/t.* fix
a handle to, haft; ⊕ joint (*pipes*);
fig. start (*an affair*).

emmanchure [ãmãˈʃyːr] *f* armhole.

emmêler [ãmeˈle] (1a) *v/t.* tangle;
fig. mix up, get in a tangle *or*
muddle.

emménager [ãmenaˈʒe] (11) *v/i.*
move in; *v/t.* move (*s.o., s.th.*) in,
install.

emmener [ãmˈne] (1d) *v/t.* take
(*s.o.*) away, lead (*s.o.*) away *or* out.

emmerdant, e ∨ [ãmɛrˈdã, ˌˈdãːt]
boring, annoying; **emmerder** ∨
[ˌˈde] (1a) *v/t.* bore (*s.o.*) (stiff); get
on (*s.o.'s*) nerves; bug, give (*s.o.*) a
pain in the neck; s'~ be bored (stiff).

emmieller [ãmjeˈle] (1a) *v/t.*
sweeten with honey; *fig.* sugar
(*one's words*); ∨ irritate.

emmitoufler [ãmituˈfle] (1a) *v/t.*
muffle up (in dans, de).

émoi [e'mwa] *m* emotion, agitation; excitement; commotion; anxiety.

émollient, e ❀ [emɔ'ljɑ̃, ~'ljɑ:t] *adj.*, *a. su./m* emollient, counter-irritant.

émoluments [emɔly'mɑ̃] *m/pl.* emoluments, pay *sg.*, salary *sg.*

émonder [emɔ̃'de] (1a) *v/t.* ✔ prune (*a. fig. a book*), trim; *fig.* clean.

émotion [emo'sjɔ̃] *f* emotion; *fig.* agitation, disturbance; ❀ quickening (*of pulse*); **émotionnable** [~sjɔ'nabl] emotional; excitable; **émotionner** F [~sjɔ'ne] (1a) *v/t.* affect; thrill.

émotivité [emɔtivi'te] *f* emotivity.

émoucher [emu'ʃe] (1a) *v/t.* drive the flies from *or* off; **émouchette** [~'ʃɛt] *f* fly-net (*for horses*); **émouchoir** [~'ʃwa:r] *m* fly-whisk; fly-net (*for horses*).

émoudre ⊕ [e'mudr] (4w) *v/t.* grind, sharpen, whet; **émoulu, e** [emu'ly] sharp(ened); *fig. frais* ~ *de* fresh from (*school etc.*).

émousser [emu'se] (1a) *v/t.* ⊕ blunt, take the edge off (*a. fig.*); ✔ remove the moss from; ⊕ *s'*~ become blunt(ed) (*a. fig.*); lose its edge *or* point.

émoustiller F [emusti'je] (1a) *v/t.* exhilarate, F ginger up; put on one's mettle; F get jolly; cheer up.

émouvant, e [emu'vɑ̃, ~'vɑ̃:t] moving, touching; **émouvoir** [~'vwa:r] (3f) *v/t.* move; affect; touch; stir up, rouse (*the audience, a crowd*).

empailler [ɑ̃pa'je] (1a) *v/t.* pack (*s.th.*) in straw; stuff (*a dead animal*); ✔ cover up with straw.

empaler [ɑ̃pa'le] (1a) *v/t.* impale.

empan [ɑ̃'pɑ̃] *m* span.

empaqueter [ɑ̃pak'te] (1c) *v/t.* pack up; wrap up; do up (*a parcel*).

emparer [ɑ̃pa're] (1a) *v/t.*: *s'*~ *de* seize, lay hands on; take possession of.

empâté, e [ɑ̃pɑ'te] coated (*tongue*); *fig.* thick (*voice*); bloated (*face*); **empâter** [~] (1a) *v/t.* make thick; *s'*~ put on flesh.

empattement [ɑ̃pat'mɑ̃] *m mot.* wheel base; ♦ foundation; ♦ *wall:* footing.

empaumer F [ɑ̃po'me] (1a) *v/t.* trick (*s.o.*), take (*s.o.*) in.

empêchement [ɑ̃pɛʃ'mɑ̃] *m* obsta-cle, hindrance; prevention; impediment (*of speech*); *sans* ~ without let or hindrance; **empêcher** [ɑ̃pɛ'ʃe] (1a) *v/t.* prevent (from *ger.*, *de inf.*); stop; hinder; *s'*~ *de* refrain from, stop o.s. (from) (*doing s.th.*); *on ne peut s'*~ *de a.* one cannot help (*doing s.th.*).

empeigne [ɑ̃'pɛɲ] *f shoe:* vamp.

empennage ✈ [ɑ̃pɛ'na:ʒ] *m* tail unit; stabilizer (*pl.*); *bomb:* fin assembly.

empereur [ɑ̃'prœ:r] *m* emperor.

empesé, e F [ɑ̃pə'ze] stiff, starchy (*manner etc.*); **empeser** [~] (1d) *v/t.* starch (*linen etc.*); stiffen.

empester [ɑ̃pɛs'te] (1a) *v/t.* stink out (*a room*); stink (of).

empêtrer [ɑ̃pɛ'tre] (1a) *v/t.* hobble (*an animal*); entangle; *fig.* involve (in, *dans*); *fig.* embarrass (*s.o.*).

emphase [ɑ̃'fɑ:z] *f* bombast, pomposity; *gramm.* emphasis; **emphatique** [ɑ̃fa'tik] bombastic, pompous; grandiloquent; *gramm.* emphatic.

empierrer [ɑ̃pjɛ're] (1a) *v/t.* metal (*a road*); pave; ⊕ ballast (*a track*).

empiéter [ɑ̃pje'te] (1f) *v/i.* trespass, encroach (upon, *sur*) (*a. fig.*); *v/t.* appropriate (from, *sur*).

empiffrer F [ɑ̃pi'fre] (1a) *v/t.*: *s'*~ *de* stuff o.s. with.

empiler [ɑ̃pi'le] (1a) *v/t.* pile (up); F rob, cheat (out of, *de*); *fig.* F *s'*~ *dans* pile into.

empire [ɑ̃'pi:r] *m* empire; dominion; sway; control; influence; ~ *sur soi-même* self-control.

empirer [ɑ̃pi're] (1a) *v/t.* make (*s.th.*) worse; *v/i.* become *or* grow worse.

empirique [ɑ̃pi'rik] **1.** *adj.* empirical, rule-of-thumb; **2.** *su./m* empiricist; **empirisme** [~'rism] *m* empiricism; *fig.* guess-work.

emplacement [ɑ̃plas'mɑ̃] *m* building-ings *etc.*: site; place, spot; ♣ berth (*of a ship*); ✕ *gun:* emplacement; ✕(dis)position (*of troops for battle*), station (*of peace-time troops*).

emplâtre [ɑ̃'plɑ:tr] *m* ❀ plaster; *mot. etc.* patch.

emplette [ɑ̃'plɛt] *f* purchase, shopping.

emplir [ɑ̃'pli:r] (2a) *v/t. a. s'*~ fill (up).

emploi [ɑ̃'plwa] *m* employment; use; post, job, situation; ~ *du temps* schedule, timetable; *mode m d'~* directions *pl.* for use; *plein ~* full employment; *sans ~* unemployed, jobless; **employé** *m*, **e** *f* [ăplwa'je] employee; clerk; *shop:* assistant; **employer** [~'je] (1h) *v/t.* employ; use; spend (*time*); *s'~* be used; *s'~ à* apply *or* devote o.s. to ([*doing*] *s.th.*); **employeur** *m*, **-euse** *f* [~'jœ:r, ~'jø:z] employer.

empocher [ăpɔ'ʃe] (1a) *v/t.* pocket (*a. fig.*); *fig.* receive, F get.

empoigner [ăpwa'ɲe] (1a) *v/t.* grip (*a. fig.*); grasp, seize; catch, arrest.

empois [ă'pwa] *m* starch; *tex.* dressing.

empoisonnant, e F [ăpwazɔ'nă, ~'nă:t] irritating, annoying; *fig.* poisonous; **empoisonner** [~'ne] (1a) *v/t.* poison; *fig.* corrupt; *fig.* bore (*s.o.*) to death; reek of; **empoisonneur, -euse** [~'nœːr, ~'nø:z] 1. *su.* poisoner; 2. *adj.* poisonous.

empoissonner [ăpwasɔ'ne] (1a) *v/t.* stock (*a lake etc.*) with fish.

emporté, e [ăpɔr'te] 1. *adj.* hotheaded, hasty; quick-tempered; 2. *su.* hot-headed *or* quick-tempered person; **emportement** [~tə'mă] *m* (fit of) anger; *avec ~* angrily; **em-porte-pièce** [~tə'pjɛs] *m/inv.* punch; *fig. à l'~* cutting, sarcastic; **emporter** [~'te] (1a) *v/t.* carry away, take away; remove; ✗ *etc.* capture; *plats m/pl. à ~* take-away meals, *Am.* meals to go; *l'~* win, get the upper hand (of, *sur*); prevail (over, *sur*); *l'~ sur a.* get the better of; *fig.* surpass, triumph over; *s'~* lose one's temper, flare up; bolt (*horse*).

empoté, e [ăpɔ'te] 1. *adj.* awkward, clumsy; 2. *su.* awkward *or* clumsy person; **empoter** [~] (1a) *v/t.* pot (*jam etc.*, *a.* ✤).

empourprer [ăpur'pre] (1a) *v/t.* tinge with crimson *or* with purple (*grapes*); *s'~* flush (*person*); turn red.

empreindre [ă'prɛ̃:dr] (4m) *v/t.* imprint, stamp, impress; **em-preinte** [ă'prɛ̃:t] *f* impress, (im-)print, stamp, impression; *a.* digitale finger-print.

empressé, e [ăprɛ'se] eager; earnest, fervent; willing; fussy; **em-pressement** [ăprɛs'mă] *m* eagerness, promptness, readiness; hurry; *avec ~* readily; *peu d'~* reluctance; **empresser** [ăprɛ'se] (1a) *v/t.:* *s'~*

à (*inf.*) be eager to (*inf.*), show zeal in (*ger.*); *s'~ de* (*inf.*) hasten to (*inf.*).

emprise [ă'pri:z] *f* hold (on, *sur*) mastery.

emprisonner [ăpriz'ne] (1a) *v/t.* imprison; confine (*s.o. to his room*).

emprunt [ă'prœ̃] *m* loan; borrowing; *gramm.* loanword; *nom m d'~* assumed name; ✝ *souscrire à un ~* subscribe to a loan; **emprunté, e** [ăprœ̃'te] assumed; sham; borrowed; derived; stiff, awkward (*manner etc.*); **emprunter** [~'te] (1a) *v/t.* borrow (from, *of à*); assume (*a name*); take (*a road, a track*); **emprunteur** *m*, **-euse** *f* [~'tœːr, ~'tø:z] borrower; 🏦 bailee.

empuantir [ăpɥă'ti:r] (2a) *v/t.* make (*s.th.*) stink; infect (*the air*); *s'~* become foul.

ému, e [e'my] *p.p. of émouvoir.*

émulateur, -trice [emyla'tœːr, ~-'tris] emulative, rival; **émulation** [~'sjɔ̃] *f* emulation, rivalry, competition; **émule** [e'myl] *su.* emulator, rival, competitor.

émulsion [emyl'sjɔ̃] *f* emulsion; **émulsionner** [~sjɔ'ne] (1a) *v/t.* emulsify.

en[1] [ă] *prp.* place: in (*France*); at; direction: into (*town*); to (*France, town*); time: in (*summer*); (with)in (*an hour, two days*); state: in (*good health, mourning, prayer, English*); on (*leave, strike, sale*); at (*war, peace*); as, like (*some character*); change: into (*decay, oblivion, English*); to (*dust, ashes, pieces*); material: of; *ger.*: ~ *dansant* (while) dancing; ~ *attendant* in the meantime; *partir* ~ *courant* run away; ~ *ne pas* (*ger.*) by not (*ger.*); ~ *ville* in town, *Am.* downtown; ~ *tête* at the head (of, *de*); *aller* ~ *ville* go to town; ~ *voiture* a in a *or* by car; 🚂 *~ voiture!* all aboard!; ~ *avion* by air; ~ *arrière* ⊙ behind; *direction:* ~ *arrière* backward; ~ *avant* in front; *direction:* ~ *avant* forward; on; *de ... à ...* from ... to ...; ~ (*l'an*) 1789 in 1789; ~ *colère* in anger, angry; ~ *défaut* at fault; ~ *fait* in fact; ~ *hâte* in a hurry; ~ *honnête homme* (*ami*) as *or* like an honest man (a friend); *mettre* ~ *vente* put up for sale; ~ *vérité* really, actually; ~ *vie* alive, living; *changer* des livres ~ francs change pounds into francs; briser ~ morceaux break to pieces or into bits; ... ~ bois (or) wooden (gold) in; ~ escalier m ~ spirale spiral staircase; fertile (riche) in; ~ l'honneur de in hono(u)r of; ~ punition de as a punishment for; docteur m ~ droit Doctor of Laws; admirer qch. ~ q. admire s.th. about s.o.; de mal ~ pis from bad to worse; de plus ~ plus more and more.

en² [~] **1.** adv. from there; on that account, for it; ~ être plus riche be the richer for it; j'~ viens I have just come from here; **2.** pron. genitive: of or about or by or from or with him (her, it, them); quantity or inanimate possessor: of it or them; partitive use: some, any, negative: not any, none; sometimes untranslated: qu'~ pensez-vous? what do you think (about it)?, what is your opinion?; qu'~ dira-t-on? what will people say (about it)?; il ~ mourut he died of it; il s'~ soucie he worries about it; j'~ ai cinq I have five (of them); je vous ~ offre la moitié I offer you a half or half of it; j'~ connais qui ... I know some people who ...; je connais cet auteur et j'~ ai lu tous les livres I know this author and have read all his books; j'~ ai besoin I need it or some; je n'~ ai pas I have none, I haven't any; prenez-~ take some; c'~ est fait the worst has happened; c'~ est fait de moi I am done for, je vous ~ félicite! congratulations!; s'~ aller go away.

enamourer [ãnamu're] (1a) v/t.: s'~ fall in love (with, de).

encablure ♻ [ãka'bly:r] f cable('s-length).

encadrement [ãkadrə'mã] m framing; frame(work); setting; **encadrer** [~'dre] (1a) v/t. frame; enclose, surround; ✗ officer (a battalion); ✗ enrol (recruits); ✗ straddle (an objective).

encager [ãka'ʒe] (1l) v/t. put in a cage; 🐾 cage.

encaisse [ã'kɛs] f ✝ cash (in hand); box. punishment; **encaissé, e** [ãke'se] encased; deep (valley); sunken (road); **encaisser** [~] (1b) v/t. ✝ box, encase; 🌱 plant in tubs; ✝ collect, (en)cash (a bill,

money); ⊕ embank (a river); ballast (a road); fig. swallow (an insult); fig. stand, bear; F ~ une gifle get one's ears boxed.

encan [ãkã] m (public) auction; mettre à l'~ put (s.th.) up for auction.

encanailler [ãkanɑ'je] (1a) v/t. degrade; fill (the house) with low company; s'~ lower o.s.; keep low company; fig. have one's fling.

encapuchonner [ãkapyʃɔ'ne] (1a) v/t. put a cowl on; ⊕ cover, hood; s'~ put a cowl or hood on; fig. become a monk.

encaquer [ãka'ke] (1m) v/t. ✝ barrel; fig. pack (people) like sardines.

encartage [ãkar'ta:ʒ] m insetting; inset; ✝ card(ing) (of pins); **encarter** [~'te] (1a) v/t. inset; insert (a loose leaflet); card (pins).

en-cas [ã'ka] m/inv. cuis. snack, light meal; stand-by, thing kept for emergencies; dumpy umbrella.

encastrement ⊕ [ãkastrə'mã] m fixing; embedding; bed, recess; casing, frame; rigid fixing; **encastrer** ⊕ [~'tre] (1a) v/t.: ~ dans fit or sink or embed into; ~ dans fit into.

encaustique [ãkos'tik] f encaustic; floor, furniture: wax polish; **encaustiquer** [~ti'ke] (1m) v/t. wax, polish.

encaver [ãka've] (1a) v/t. cellar.

enceindre [ã'sɛ̃:dr] (4m) v/t. surround, gird, enclose.

enceinte¹ [ã'sɛ̃:t] f enclosure; precincts pl.; box. ring; surrounding wall(s pl.).

enceinte² [~] adj./f pregnant.

encens [ã'sã] m incense; fig. flattery; **encenser** [ãsã'se] (1a) v/t. eccl. cense; burn incense to; fig. flatter; **encenseur** [~'sœ:r] m eccl. thurifer; fig. flatterer; **encensoir** [~'swa:r] m thurible, censer; fig. flattery, fulsome praise.

encéphale 𝆌 [ãse'fal] m encephalon, brain; **encéphalite** 𝆌 [~fa'lit] f encephalitis.

encerclement [ãserklə'mã] m encircling; **encercler** [~'kle] (1a) v/t. encircle, shut in.

enchaînement [ãʃɛn'mã] m chain, series, linking; dog etc.: chaining (up); fig. sequence; **enchaîner** [ãʃɛ'ne] (1b) v/t. chain (a dog, a *prisoner*); connect, link up (*a. fig. ideas*); *fig.* captivate; *fig.* curb, enchain.

enchanté, e [ãʃã'te] enchanted; delightful (*place*); *fig.* delighted (*at*, with *de*; to *inf.*, *de inf.*); ~ **de vous voir** pleased to meet you; **enchantement** [ãʃãt'mã] *m* magic; spell; *fig.* charm; *fig.* delight; **enchanter** [ãʃã'te] (1a) *v/t.* bewitch; delight; **enchanteur, -eresse** [~'tœ:r, ~'trɛs] **1.** *su. fig.* charmer; *su./m* enchanter; *su./f* enchantress; **2.** *adj.* entrancing; enchanting; delightful, charming.

enchâsser [ãʃa'se] (1a) *v/t.* mount, set (*jewels, a.* ⊕); ⊕, *a. fig.* frame, house; *eccl.* enshrine; **enchâssure** [~'sy:r] *f* jewel *etc.*: setting; ⊕ axle: housing.

enchère [ã'ʃɛ:r] *f* bidding, bid; *dernière (folle)* ~ highest (irresponsible) bid; *mettre (or vendre) aux ~s* put up for auction; *vente f aux ~s* auction sale.

enchérir [ãʃe'ri:r] (2a) *v/t.* ✝ raise the price of; *v/i.* ✝ grow dearer, go up (*in price*); make a higher bid, bid higher; ~ *sur* outbid (*s.o.*); *fig.* outdo (*s.o.*); *fig.* improve on (*s.th.*); **enchérissement** ✝ [~ris'mã] *m* rise (in price); **enchérisseur** [~ri-'sœ:r] *m* bidder; *dernier* ~ highest bidder.

enchevêtrer [ãʃve'tre] (1a) *v/t.* halter (*a horse*); *fig.* entangle, confuse; ▲ join (*joists*).

enclave *pol.* [ã'kla:v] *f* enclave; **enclaver** [ãkla've] (1a) *v/t. pol.* enclave (*a territory*); *fig.* hem in, enclose.

enclenche ⊕ [ã'klã:ʃ] *f* gab; **enclencher** [ãklã'ʃe] (1a) *v/t.* ⊕ engage; throw into gear; ⚡ switch on; *fig.* set going. [(prone to, *à*).)

enclin, e [ã'klɛ̃, ~'klin] inclined,)

enclore [ã'klɔ:r] (4f) *v/t.* enclose; wall in, fence in; **enclos** [ã'klo] *m* enclosure; paddock; sheep-fold; (enclosing) wall.

enclume [ã'klym] *f* anvil (*a. anat.*).

encoche [ã'kɔʃ] *f* notch, nick; slot; ⊕ gab; *avec ~s* thumb-indexed; **encocher** [ãkɔ'ʃe] (1a) *v/t.* notch, nick; slot; drive home (*a pin etc.*).

encoffrer [ãkɔ'fre] (1a) *v/t.* lock up (*a. fig.*); *fig.* hoard (*money*).

encoignure [ãkɔ'ɲy:r] *f* corner; corner-cupboard.

encoller [ãkɔ'le] (1a) *v/t.* glue; paste, gum (*paper*); size (*cloth*).

encolure [ãkɔ'ly:r] *f* neck (*a. of horse*); size in collars; neck-line.

encombrant, e [ãkɔ̃'brã, ~'brã:t] cumbersome; bulky (*goods, luggage*); **encombre** [ã'kɔ̃:br] *m: sans* ~ without difficulty; **encombrement** [ãkɔ̃brə'mã] *m* obstruction; litter; *traffic:* congestion; ✝ glut; *people:* overcrowding; *article:* bulk (-iness); **encombrer** [~'bre] (1a) *v/t.* encumber; obstruct, block up; clutter up; ✝ glut (*the market*); *fig.* saddle with.

encontre [ã'kɔ̃:tr] *prp.:* à l'~ de against; *aller à l'~ de* run counter to.

encorbellement [ãkɔrbɛl'mã] *m* ▲, ⊕ cantilever; ▲ corbel-table.

encorder mount. [ãkɔr'de] (1a) *v/t.* rope (*climbers*) up; *s'*~ rope up.

encore [ã'kɔ:r] **1.** *adv.* still; yet; too, besides; more; once again; ~ *un* another one; ~ *une fois* once again *or* more; *en voulez-vous ~?* do you want some more?; *non seulement ... mais* ~ not only ... but also; *pas* ~ not yet; *quoi* ~? what else?; **2.** *cj.:* ~ *que* (*sbj. or cond.*) although (*ind.*).

encorner [ãkɔr'ne] (1a) *v/t.* gore.

encourager [ãkura'ʒe] (1l) *v/t.* encourage; cheer up.

encourir [ãku'ri:r] (2i) *v/t.* incur; take (*a risk*).

encrasser [ãkra'se] (1a) *v/t.* dirty, soil, grease; ⊕ clog, choke (*a machine*); *mot.* soot up (*a plug*); foul (*a gun*).

encre [ã:kr] *f* ink; ~ *de Chine* Indian ink; ~ *d'imprimerie* printer's ink; ~ *sympathique* invisible ink; **encrer** *typ.* [ã'kre] (1a) *v/t.* ink; **encrier** [ãkri'e] *m* ink-pot, ink-well; *typ.* ink-trough.

encroûter [ãkru'te] (1a) *v/t.* crust, encrust; cake with mud *etc.*; ▲ rough-cast; *fig. s'*~ get into a rut.

encuver [ãky've] (1a) *v/t.* vat.

encyclopédie [ãsiklɔpe'di] *f* encyclop(a)edia.

endauber *cuis.* [ãdo'be] (1a) *v/t.* stew; tin, can.

endémique ⚕ [ãde'mik] endemic.

endenter [ãdã'te] (1a) *v/t.* tooth, cog (*a wheel*); mesh (*wheels*); indent (*timber*).

endetter [ãdɛ'te] (1a) *v/t. a. s'*~ get into debt.

enflure

endeuiller [ãdœ'je] (1a) *v/t.* plunge into mourning; *fig.* shroud in gloom.

endiablé, e [ãdja'ble] possessed; *fig.* wild; reckless; *fig.* mischievous.

endiguer [ãdi'ge] (1m) *v/t.* dam up (*a river*); dike (*land*); *fig.* stem.

endimanché, e [ãdimã'ʃe] in one's Sunday best.

endive ♀ [ã'di:v] *f* endive.

endoctriner [ãdɔktri'ne] (1a) *v/t.* indoctrinate, instruct; F win over (*to one's cause*).

endolori, e [ãdɔlɔ'ri] sore; tender.

endommager [ãdɔma'ʒe] (1l) *v/t.* damage; injure.

endormeur *m,* **-euse** *f* [ãdɔr'mœ:r, ~'møːz] *fig.* humbug; cajoler; swindler; bore; **endormi, e** [~'mi] **1.** *adj.* asleep; sleepy, drowsy; numb (*leg etc.*); dormant (*passion*); **2.** *su.* sleeper; *fig.* sleepyhead; **endormir** [~'mi:r] (2b) *v/t.* send to sleep; make (*s.o.*) sleep; numb (*the leg etc.*); deaden (*a pain*); *fig.* bore; *fig.* lull (*a suspicion*); *fig.* hoodwink, beguile (*s.o.*); *s'~* go to sleep (*a. fig.*); fall asleep; **endormissement** [~mis'mã] *m* going to sleep; ⚕ passing into inconsciousness; sleepiness, somnolence.

endos † [ã'do] *m,* **endossement** † [ãdos'mã] *m* endorsement; **endossataire** † [ãdosa'te:r] *su.* endorsee; **endosser** [~'se] (1a) *v/t.* † endorse; † back; put on (*clothes*); assume; ~ *qch. à q.* saddle *s.o.* with *s.th.*; **endosseur** † [~'sœ:r] *m* endorser.

endroit [ã'drwa] *m* place, spot; site; side; *tex.* right side; *à l'~ de* as regards; *par ~s* in places.

enduire [ã'dɥi:r] (4h) *v/t.* 🜂 coat, plaster (with, *de*) (*a. fig.*); smear (with, *de*); **enduit** [ã'dɥi] *m* paint, tar, *etc.:* coat, coating; 🜂 coat of plaster, plastering; *tex.* proofing.

endurance [ãdy'rã:s] *f* endurance; *fig.* patience; **endurant, e** [~'rã, ~'rã:t] patient, long-suffering.

endurcir [ãdyr'si:r] (2a) *v/t.* harden (*a. fig. the heart*); *fig.* inure (to, *à*); *s'~* harden (*s.o. a. fig.*); become fit or tough.

endurer [ãdy're] (1a) *v/t.* endure, bear, tolerate.

énergétique [enɛrʒe'tik] ⚡ energizing; ⊕ of energy; **énergie** [~'ʒi] *f* energy; ⊕ fuel and power; ~ *atomi-* que (*or nucléaire*) atomic *or* nuclear energy; ⊕ ~ *consommée* power consumption; **énergique** [~'ʒik] energetic; drastic (*measures, steps, remedy*); emphatic.

énergumène [enɛrgy'mɛn] *su.* person in a frenzied state of mind.

énervement [enɛrvə'mã] *m* exasperation; F state of nerves; **énerver** [~'ve] (1a) *v/t.* enervate (*the body, the will*); irritate, annoy; F get on (*s.o.'s*) nerves.

enfance [ã'fã:s] *f* childhood; *fig.* infancy; childishness; dotage; **enfant** [ã'fã] *su.* child; ~ *de chœur* altar boy; F *fig.* choir boy (= *naïve person*); ~ *gâté* spoilt child; *fig.* pet; *fig.* ~ *terrible* enfant terrible; ~ *trouvé* foundling; *d'~* childlike; childish; *mes ~s!* boys (*and girls*)!; ~ *men!*; *lads!*; *su./m* boy; *su./f* girl; **enfanter** [ãfã'te] (1a) *v/t.* give birth to, bear; *fig.* beget; father (*an idea*); **enfantillage** [~ti'ja:ʒ] *m* childishness; *fig.* ~*s pl.* baby tricks; **enfantin, e** [~'tɛ̃, ~'tin] childish; infantile.

enfariner [ãfari'ne] (1a) *v/t.* cuis. flour, cover with flour; *fig.* être enfariné de have a smattering of.

enfer [ã'fɛ:r] *m* hell; ~*s pl.* ~ the underworld *sg.*; *aller un train d'*~ go at top speed.

enfermer [ãfɛr'me] (1a) *v/t.* shut up; lock up; shut in, enclose.

enferrer [ãfɛ're] (1a) *v/t.* pierce; *fig.* F *s'*~ be hoist with one's own petard.

enfiévrer [ãfje'vre] (1f) *v/t.* make (*s.o.*) feverish; *fig.* excite, stir up; *s'*~ grow feverish; *fig.* get excited.

enfilade [ãfi'lad] *f* series; rooms: suite; houses: row; *fig.* string; **enfiler** [~'le] (1a) *v/t.* thread (*a needle*); string (*pearls etc.*); enter, take (*a road etc.*); slip on (*clothes*); F (*a. s'*~) eat, F get through; drink, F knock back.

enfin [ã'fɛ̃] **1.** *adv.* at last, finally; in short, that is to say; **2.** *int.* at last!; still!

enflammer [ãfla'me] (1a) *v/t.* inflame; set on fire; strike (*a match*); *fig.* stir up; *s'*~ catch fire; *fig.* flare up; ⚕ inflame.

enfler [ã'fle] (1a) *v/t.* swell (*a. fig.*); bloat; puff out (*one's cheeks*); *fig.* inflate (*one's style*); *v/i. a. s'*~ swell; **enflure** [ã'fly:r] *f* ⚕ swelling; *fig. style:* turgidity.

enfoncement [ãfõs'mã] *m door:* breaking open; *nail:* driving in; sinking (*a.* ⊕ *of a pile*); *ground:* hollow; ⚠ recess; ⚓ bay; **enfoncer** [ãfõ'se] (1k) *v/t.* break in or open; drive in; thrust; ✗ *etc.* break through; F get the better of; F down (*s.o.*); s'~ plunge; sink, go down; subside; go *v/i.* sink; **enfonçure** [~'sy:r] *f ground:* hollow; *rock:* cavity; *cask:* bottom. [hide.]

enfouir [ã'fwi:r] (2a) *v/t.* bury;

enfourchement [ãfurʃə'mã] *m* ⊕ fork link; *wood:* open mortisejoint, slit-and-tongue joint; **enfourcher** [~'ʃe] (1a) *v/t.* get astride, mount (*a bicycle, a horse*); ~ son dada get on to one's pet subject.

enfourner [ãfur'ne] (1a) *v/t.* put in the oven; put in a kiln (*bricks, pottery*); *sl.* gobble (*one's food*).

enfreindre [ã'frɛ̃:dr] (4m) *v/t.* infringe, break, transgress (*the law*); violate (*a treaty*).

enfuir [ã'fɥi:r] (2d) *v/t.:* s'~ flee, run away; escape (from, *de*); leak (*liquid*).

enfumer [ãfy'me] (1a) *v/t.* fill with smoke; blacken with smoke; smoke out (*bees, animals*).

enfutailler [ãfyta'je] (1a) *v/t.* cask (*wine*).

engagé [ãga'ʒe] **1.** *adj.* ✗ enlisted; *fig.* committed (*literature*); **2.** *su./m* ✗ volunteer; *sp.* entry; **engagement** [ãgaʒ'mã] *m* engagement; promise; bond; pawning; appointment; ✗ enlistment; ✗ skirmish; *sp.* entry; ~s *pl.* liabilities; † sans ~ without obligation; **engager** [ãga-'ʒe] (1l) *v/t.* engage (*a.* ⊕ *machinery*); employ; ✗ enlist; ⊕ take on (*hands*); pawn (*a watch etc.*); pledge (*one's word*); ⚖ institute (*proceedings*); ⊕ put in gear; *fig.* begin, open, ✗ join (*battle*); ⚓ foul (*the anchor etc.*); jam (*a machine*); s'~ undertake, promise (to *inf.*, à *inf.*); commit o.s. (to *inf.*, à *inf.*); take service (with, *chez*); ⚓ foul; jam (*machine*); ⚓ get out of control; *fig.* enter; *fig.* begin (*battle, discussion*); ✗ enlist; *v/i.* ⊕ (come into) gear.

engainer [ãgɛ'ne] (1b) *v/t.* sheathe; ⚘ ensheathe.

engeance *pej.* [ã'ʒã:s] *f* brood, bunch, lot.

engelure ⚘ [ãʒ'ly:r] *f* chilblain.

engendrer [ãʒã'dre] (1a) *v/t.* beget; *fig.* engender; produce; generate (*heat*); *fig.* breed (*a disease, contempt*).

engin [ã'ʒɛ̃] *m* machine; tool; device; F gadget, contraption; ✗ ballistic missile; ~s *pl. fishing:* tackle *sg.*

englober [ãglɔ'be] (1a) *v/t.* include, take in; unite, merge.

engloutir [ãglu'ti:r] (2a) *v/t.* swallow; gulp; *fig.* swallow up; *fig.* sink (*money in s.th.*).

engluer [ãgly'e] (1a) *v/t.* lime (*a bird, twigs*); *fig.* trap, ensnare (*s.o.*).

engorger [ãgɔr'ʒe] (1l) *v/t.* block, choke up; ⊕ obstruct; ✗ congest.

engouement [ãgu'mã] *m* ✗ obstruction; *fig.* infatuation (with, *pour*); **engouer** [~'e] (1a) *v/t.* obstruct; s'~ ✗ become obstructed; *fig.* become infatuated (with, *de*).

engouffrer [ãgu'fre] (1a) *v/t.* engulf; F devour (*food*); *fig.* swallow up; s'~ be swallowed up, rush (*wind*); F dive (into, *dans*).

engoulevent *orn.* [ãgul'vã] *m* nightjar, goatsucker.

engourdir [ãgur'di:r] (2a) *v/t.* (be)numb; *fig.* dull (*the mind*); F grow numb, F go to sleep; *fig.* become sluggish; **engourdissement** [~dis'mã] *m* numbness; *fig.* dullness; † *market:* slackness.

engrais ⚘ [ã'grɛ] *m* manure; fattening pasture or food; ~ *pl.* azotés nitrate fertilizers, F nitrates; ~ *vert* manure crop; **engraisser** [ãgrɛ'se] (1a) *v/t.* fatten (*animals*), cram (*poultry*); make (*s.o.*) fat; ⚘ manure, fertilize; *v/i.* grow fat; thrive (*cattle*); **engraisseur** [~'sœ:r] *m* fattener; *poultry:* crammer.

engranger ⚘ [ãgrã'ʒe] (1l) *v/t.* garner, get in (*the corn*).

engraver [ãgra've] (1a) *v/t.* ⚓ strand (*a ship*); cover (*ground*) with sand or gravel; ⚓ s'~ ground; run on to the sand; silt up (*harbour*).

engrenage [ãgrə'na:ʒ] *m* ⊕ gearing; (toothed) gear; throwing or coming into gear; *fig.* network, mesh; **engrener** [~'ne] (1d) *v/t.* feed corn into (*a threshing-machine*); feed (*animals*) on corn; ⊕ (put into) gear, engage (*wheels*); *fig.* start (*s.th.*) off, set (*s.th.*) going; s'~ engage, cog, mesh with one another; *v/i.* be in

enquêter

mesh; **engrenure** ⊕ [~'nyːr] f gear ratio; engaging.

engrosser sl. [ãgro'se] (1a) v/t. get (s.o.) pregnant, sl. knock (s.o.) up.

engrumeler [ãgrym'le] (1c) v/t.: s'~ clot, curdle.

engueulade sl. [ãgœ'lad] f telling-off, F dressing-down, blow-up; **engueuler** sl. [~'le] (1a) v/t. tell (s.o.) off, blow (s.o.) up, go for (s.o.).

enguirlander [ãgirlã'de] (1a) v/t. garland; wreathe (with, de); F tell (s.o.) off, go for (s.o.).

enhardir [ãar'diːr] (2a) v/t. embolden; fig. encourage (to inf., à inf.); s'~ grow bold, take courage; make bold (to, à).

énigmatique [enigma'tik] enigmatic; **énigme** [e'nigm] f enigma; parler par ~s speak in riddles.

enivrement [ãnivrə'mã] m intoxication; fig. elation; **enivrer** [~'vre] (1a) v/t. intoxicate; make (s.o.) drunk; fig. elate, go to (s.o.'s) head; s'~ get drunk.

enjambée [ãʒã'be] f stride; **enjambement** [ãʒãb'mã] m prosody: run-on line; enjambment; **enjamber** [ãʒã'be] (1a) v/t. bestride (a horse, a chair, etc.); stride over (an object); fig. span, straddle; v/i. stride; prosody: run on (line).

enjeu [ã'ʒø] m gambling, a. fig.: stake.

enjoindre [ã'ʒwɛ̃ːdr] (4m) v/t. enjoin, order, direct; call upon.

enjôler [ãʒo'le] (1a) v/t. wheedle, coax; cajole; **enjôleur, -euse** [~'lœːr, ~'løːz] 1. su. coaxer, wheedler; cajoler; 2. adj. wheedling, coaxing; cajoling; ♪ smooth-tongued.

enjoliver [ãʒoli've] (1a) v/t. beautify, embellish; fig. embroider (a story); **enjoliveur** mot. [~'vœːr] m hub cap.

enjoué, e [ã'ʒwe] jaunty, sprightly; playful, lively; **enjouement** [ãʒu'mã] m sprightliness; playfulness.

enlacer [ãla'se] (1k) v/t. entwine; interlace; embrace, clasp; ⊕ dowel.

enlaidir [ãlɛ'diːr] (2a) v/t. disfigure; make (s.o.) ugly; v/i. grow ugly.

enlevé, e [ãl've] paint. dashed off; ♪ (played) con brio; **enlèvement** [ãlɛv'mã] m removal; carrying off; kidnapping, abduction; ✕ storming; ♱ snapping up (of goods); **enlever** [ãl've] (1d) v/t. remove; take

away or off; lift up; carry off (a. fig. a prize); abduct; (s.o. of s.th., qch. à q.); fig. urge on; ✕ storm; fig. do (s.th.) brilliantly; ~ en arrachant (grattant) snatch (rub) away; s'~ take off (balloon etc.); peel off (bark, paint, skin, etc.); boil over (milk); fig. flare up (person); se faire ~ par elope with.

enliser [ãli'ze] (1a) v/t. get (a car etc.) stuck in the sand etc.; s'~ sink (in a quicksand); get bogged, get stuck; fig. get bogged down.

enluminer [ãlymi'ne] (1a) v/t. illuminate; colo(u)r (a map etc.); fig. flush, redden; **enluminure** [~'nyːr] f illumination; maps etc.: colo(u)ring; fig. redness, high colo(u)r.

enneigé, e [ãnɛ'ʒe] snow-covered, snow-clad; **enneigement** [ãnɛʒ-'mã] m condition of the snow; bulletin m d'~ snow report.

ennemi, e [ɛn'mi] 1. adj. enemy ...; holstile (to, de); opposing; 2. su. enemy; adversary.

ennoblir [ãno'bliːr] (2a) v/t. ennoble (a. fig.).

ennui [ã'nɥi] m nuisance, annoyance; boredom, tediousness; fig. bore; trouble; ~s pl. worries; **ennuyer** [ãnɥi'je] (1h) v/t. bore, weary; worry, annoy; s'~ be bored (with, de); long (for, de); fig. s'~ mortellement be bored to death, sl. be bored stiff; **ennuyeux, -euse** [~'jø, ~'jøːz] boring, tedious, annoying, vexing.

énoncé [enõ'se] m statement; wording; **énoncer** [~'se] (1k) v/t. state, set forth; express; **énonciation** [~sja'sjõ] f stating, declaring; expressing.

enorgueillir [ãnɔrgœ'jiːr] (2a) v/t. make (s.o.) proud; s'~ de glory in; pride o.s. on.

énorme [e'nɔrm] enormous, tremendous, huge; pej. outrageous, shocking; **énormément** [enɔrme-'mã] adv. enormously; fig. extremely, very; ~ de a great many; **énormité** [~mi'te] f vastness, hugeness; fig. enormity; gross blunder; fig. shocking thing.

enquérir [ãke'riːr] (2l) v/t.: s'~ de inquire or ask about; **enquête** [ã'kɛːt] f inquiry; investigation; ~ par sondage sample survey; **enquêter** [ãkɛ'te] (1a) v/i. make an investigation; hold an inquiry; **enquêteur** *m*, **-euse** *f* [~ˈtœːr, ~ˈtøːz] investigator; pollster.

enquiquiner F [ãkiki'ne] (1a) *v/t.* get on (*s.o.'s*) nerves.

enracinement [ãrasin'mã] *m* taking root; *fig.* deep-rootedness; **enraciner** [~si'ne] (1a) *v/t.* ✓ root; ✓, ⚕ dig in; *fig.* implant; s'~ take root; *fig.* become rooted.

enragé, e [ãra'ʒe] **1.** *adj.* mad; rabid (*dog, a. fig. opinions*); *fig.* keen, enthusiastic; wild (*life*); **2.** *su.* enthusiast; **enrager** [~] (11) *v/i.* be mad (*a. fig.*); fume; *faire* ~ q. tease s.o.; drive s.o. wild.

enrayer [ãrɛ'je] (1i) *v/t.* fit (*a wheel*) with spokes; *fig.* check, stem; ⊕ s'~ jam.

enrégimenter [ãreʒimã'te] (1a) *v/t.* enlist; enrol.

enregistrement [ãrəʒistrə'mã] *m* registration; record(ing); entry; registry (*a. admin.*); cin., radio; gramophone: recording; *admin.* register office; **enregistrer** [~'tre] (1a) *v/t.* register (*a.* ⚓); record (*a. cin., radio, music*); *sp.* score (*a goal*); **enregistreur, -euse** [~'trœːr, ~'trøːz] **1.** *adj.* recording; registering; **2.** *su./m* (*tape- etc.*)recorder; ✈ *de vol* flight recorder.

enrhumer [ãry'me] (1a) *v/t.* give (*s.o.*) a cold; s'~ catch (a) cold.

enrichi, e [ãri'ʃi] ⊕ *etc.* enriched (*uranium etc.*), improved; *a. su.* newrich, parvenu, upstart; **enrichir** [~'ʃiːr] (2a) *v/t.* enrich (*a. fig.*); make (*s.o.*) wealthy; s'~ grow rich.

enrober [ãrɔ'be] (1a) *v/t.* coat (with, de); imbed (in, de).

enrôler [ãro'le] (1a) *v/t.* enrol(l), recruit; ✗ enlist; ls'~ enrol(l) (in, dans); ✗ enlist.

enroué, e [ã'rwe] hoarse, husky; **enrouement** [ãru'mã] *m* hoarseness, huskiness; **enrouer** [ã'rwe] (1p) *v/t.* make hoarse or husky; s'~ become hoarse.

enrouiller [ãru'je] (1a) *v/t.* cover with rust.

enroulement [ãrul'mã] *m* rolling up; ⊕, ⚡, ✗, *etc.* winding; wrapping up (in, dans); **enrouler** [ãru'le] (1a) *v/t.* roll up; ⊕, ⚡, ✗, *etc.* wind; wrap up (in, dans).

enroutiné, e [ãruti'ne] routine-minded; stick-in-the-mud.

enrubanner [ãryba'ne] (1a) *v/t.* decorate with ribbons.

ensabler [ãsa'ble] (1a) *v/t.* ⚓ run (*a ship*) aground; strand; cover (*the soil*) with sand; silt up (*a harbour*); s'~ ⚓ settle in the sand; silt up.

ensacher [ãsa'ʃe] (1a) *v/t.* put into sacks; bag.

ensanglanter [ãsãglã'te] (1a) *v/t.* stain or cover with blood.

enseigne [ã'sɛɲ] *su./f* (shop) sign; signboard; *à telle(s)~(s) que* so much so that; *fig. être logé à la même* ~ be in the same boat; *su./m* ✗ † standard-bearer; ⚓ sublieutenant, Am. ensign.

enseignement [ãsɛɲ'mã] *m* teaching; tuition; education, instruction; *fig.* lesson; ~ *par correspondance* postal tuition; ~ *primaire* (*secondaire, supérieur*) primary (secondary, higher) education; **enseigner** [ãsɛ'ɲe] (1a) *v/t.* teach; *fig.* point out; ~ *qch. à q.* teach s.o. s.th.

ensemble [ã'sãːbl] **1.** *adv.* together; at the same time; **2.** *su./m* whole; unity; *cost.* ensemble, suit, outfit; ⊕ set (*of tools*); ⊕ assembly unit; ⚕ block (*of buildings*); ⚕ *grand* ~ housing scheme or development; *dans l'*~ on the whole; *d'*~ comprehensive; combined; Å *théorie f des* ~s set theory; *vue f d'*~ general view; **ensemblier** [ãsãbli'e] *m* (interior) decorator.

ensemencer [ãsmã'se] (1k) *v/t.* sow (with, en).

enserrer [ãsɛ're] (1a) *v/t.* squeeze; be too tight for; hem in.

ensevelir [ãsə'vliːr] (2a) *v/t.* bury (*a. fig.*); ⚰ shroud (*a corpse*).

ensiler [ãsi'le] (1a) *v/t.* silo, silage.

ensoleillé, e [ãsɔlɛ'je] sunny, sunlit.

ensommeillé, e [ãsɔmɛ'je] sleepy, drowsy.

ensorceler [ãsɔrsə'le] (1c) *v/t.* put a spell on; bewitch (*a. fig.*); **ensorceleur, -euse** [~sə'lœːr, ~'løːz] **1.** *su./m. fig.* charmer; *su./m* sorcerer; *su./f* sorceress; **2.** *adj.* bewitching (*a. fig.*); **ensorcellement** [~sɛl'mã] *m* sorcery, witchcraft; spell.

ensuite [ã'sɥit] *adv.* then, after (-wards), next; *et* ~? what then?

ensuivre [ã'sɥiːvr] (4ee) *v/t.:* s'~ follow, ensue, result (from, de).

entablement ⚕ [ãtablə'mã] *m* coping; entablature (*a.* ⊕).

entacher [ɑ̃ta'ʃe] (1a) v/t. sully; taint (with, de); ⚖ vitiate; entaché de nullité void for want of form.

entaille [ɑ̃ta:j] f wood etc.: notch, nick; groove; chin etc.: gash, cut; **entailler** [ˌta'je] (1a) v/t. notch, nick (wood); groove; gash, cut (s.o.'s chin etc.).

entame [ɑ̃'tam] f loaf, meat: outside slice; **entamer** [ɑ̃ta'me] (1a) v/t. cut into (a loaf); open (a bottle, a jar of jam, etc., a. fig.); fig. smear (s.o.'s reputation); begin, start (a discussion, a quarrel, etc.); broach (a cask, a. fig. a subject); ⚖ institute (proceedings); ✕ commence (operations).

entasser [ɑ̃ta'se] (1a) v/t. a. s'~ pile up; accumulate; crowd together (people, animals).

ente [ɑ̃:t] f ✿ graft, scion; ⊕ paint-brush: handle.

entendement [ɑ̃tɑ̃d'mɑ̃] m understanding; **entendre** [ɑ̃'tɑ̃:dr] (4a) v/t. hear (a. ⚖); understand; intend, mean; attend (a lecture); ~ dire que hear that; ~ parler de hear of; ~ raison listen to reason; laisser ~ hint; s'~ agree; get on (with, avec); get on (together); be good at, be an expert at; know all about; **entendu, e** [ɑ̃tɑ̃'dy] 1. adj. agreed; knowing (smile, etc.); 2. int. all right; F O.K.; bien ~! of course!; F c'est ~ agreed.

entente [ɑ̃'tɑ̃:t] f understanding; agreement; meaning; ✝ ~ industrielle combine.

enter [ɑ̃'te] (1a) v/t. ✿ graft (a. ⊕); ⊕ scarf (timbers).

entériner ⚖ [ɑ̃teri'ne] (1a) v/t. ratify, confirm.

entérique anat. [ɑ̃te'rik] enteric; **entérite** 🕮 [~'rit] f enteritis.

enterrement [ɑ̃tɛr'mɑ̃] m burial, interment; funeral; **enterrer** [ɑ̃tɛ-'re] (1a) v/t. bury, inter; fig. outlive; fig. shelve (a question).

en-tête [ɑ̃'tɛt] m letterhead; heading; typ. headline, Am. caption; **entêté, e** [ɑ̃tɛ'te] obstinate, stubborn, F pig-headed; **entêtement** [ɑ̃tɛt'mɑ̃] m fig. obstinacy, stubbornness, F pig-headedness; **entêter** [ɑ̃tɛ'te] (1a) v/t. odour: make (s.o.) giddy; go to (s.o.'s) head; s'~ be obstinate; s'~ à (inf.) persist in (ger.).

enthousiasme [ɑ̃tu'zjasm] m en-

thusiasm; avec (sans) ~ (un)enthusiastically; **enthousiasmer** [~zjas'me] (1a) v/t. fill with enthusiasm; fig. carry (s.o.) away; s'~ enthuse (over, pour); **enthousiaste** [~'zjast] 1. adj. enthusiastic, 2. su. enthusiast (for, de).

entichement [ɑ̃tiʃ'mɑ̃] m infatuation (for de, pour); keenness (on, pour); **enticher** [ɑ̃ti'ʃe] (1a) v/t.: s'~ de become infatuated with.

entier, -ère [ɑ̃'tje, ~'tjɛ:r] 1. adj. whole (a. number); entire, complete; total; full (authority, control, fare, etc.); fig. headstrong; cheval m ~ stallion; 2. su./m entirety; en ~ in full; completely.

entité phls. [ɑ̃ti'te] f entity.

entôler sl. [ɑ̃to'le] (1a) v/t. rob, fleece, sl. con.

entomologie [ɑ̃tɔmɔlɔ'ʒi] f entomology.

entonner¹ [ɑ̃tɔ'ne] (1a) v/t. barrel (wine).

entonner² ♪ [~] (1a) v/t. begin to sing (a song); strike up (a tune); eccl. intone; fig. sing (s.o.'s praises).

entonnoir [ɑ̃tɔ'nwa:r] m funnel; ✕ crater; geog. hollow; geol. sink-hole.

entorse 🕮 [ɑ̃'tɔrs] f sprain, wrench; se donner une ~ sprain one's ankle.

entortiller [ɑ̃tɔrti'je] (1a) v/t. twist, wind; wrap up; entangle; fig. wheedle, get (s.o.) round; F express (views etc.) in an obscure fashion; s'~ twine; fig. get entangled.

entourage [ɑ̃tu'ra:ʒ] m surroundings pl.; setting, frame(work) pl.; circle (of associates, friends, etc.); attendants pl.; ⊕ machinery: casing; **entourer** [~'re] (1a) v/t. surround (with, de); encircle (a. ✕).

entournure cost. [ɑ̃tur'ny:r] f armhole.

entracte [ɑ̃'trakt] m thea., cin. interval, Am. intermission; ♪ interlude.

entraide [ɑ̃'trɛ:d] f mutual aid; **entraider** [ɑ̃trɛ'de] (1b) v/t.: s'~ help one another.

entrailles [ɑ̃'trɑ:j] f/pl. intestines, entrails, bowels; fig. pity sg.; compassion sg.; ~ de la terre bowels of the earth.

entrain [ɑ̃'trɛ̃] m liveliness; spirit, go, mettle.

entraînement [ɑ̃trɛn'mɑ̃] m impetus, force, impulse; fig. heat (of *discussion*); ⊕ *machine*: drive; *sp. etc.* training; **entraîner** [ãtrɛ'ne] (1a) *v/t.* carry away; pull; drag along; *fig.* lead (*s.o.*), incite (*s.o.*); ⊕ drive; *fig.* involve; *fig.* give rise to, bring about; *sp.* train; *sp.* coach (*a team*); **entraîneur** [∼'nœːr] *m sp.* trainer; *team*: coach; pace-maker; ⊕ driving device; **entraîneuse** [∼'nøːz] *f* dance hostess.

entrave [ã'traːv] *f* fetter; shackle; *fig.* hindrance, obstacle; **entraver** [ãtra've] (1a) *v/t.* fetter, shackle; *fig.* impede, hinder.

entre [ãːtr] *prp.* between (*two points in space or time*); in (*s.o.'s hands etc.*); among (*others, other things, my brothers*); out of (*a number*); ∼ eux one another, each other; ∼ eux one another, each other; between themselves; *soit dit* ∼ nous between ourselves, between you and me and the lamp-post; ∼ amis among friends; ∼ *quatre yeux* in private; ∼ *deux ages* middle-aged (*woman*); ∼ *la vie et la mort* between life and death; *moi* ∼ *autres* I for one; *d'*∼ (out) of, (from) among; *l'un* (*ceux*) *d'*∼ *eux* one (these) of them; *see* nager.

entre...: ∼**bâiller** [ãtrəba'je] (1a) *v/t.* half-open; ∼**chats** *fig.* [∼'ʃa] *m/pl.* capers; ∼**choquer** [∼ʃɔ'ke] (1m) *v/t.* clink (*glasses*); *s'*∼ collide; clash (*a. fig.*); knock against one another (*bottles etc.*); ∼**côte** *cuis.* [∼'koːt] *f* entrecôte, rib of beef; ∼**couper** [∼ku'pe] (1a) *v/t.* intersect; *fig.* interrupt; *s'*∼ *la gorge* cut one another's throats; ∼**croiser** [∼krwa'ze] (1a) *v/t. a. s'*∼ intersect, cross; interlock; ∼**deux** [∼'dø] *m/inv.* space between, interspace; ⚠ partition; *basket-ball*: center jump; *cost.* insertion; ∼**deux-guerres** [∼dø'gɛːr] *f or m/inv.* the inter-war years *pl.* (*between World War I and II*).

entrée [ã'tre] *f* entry; entrance; admission (*a.* ⊕), access; price of entry; import (*duty*); *cuis.* entrée; ⊕ inlet, intake; *fig.* start, beginning; † receipt; ⚓ arrival (*of ship*); *cave, harbour*: mouth; ∼ *en vacances school*: breaking up; ∼ *gratuite* free admission; ∼ *latérale* side entrance; *d'*∼ (*de jeu*) from the outset, right from the beginning; from the very first.

entre...: ∼**faites** [ãtrə'fɛt] *f/pl.*: *sur*

ces ∼ meanwhile, meantime; ∼**fer** ⚡ [∼'fɛr] *m* air-gap; ∼**filet** [∼fi'le] *m* *newspaper*: paragraph; ∼**gent** [∼'ʒã] *m* tact; worldly wisdom; ∼**lacer** [∼la'se] (1k) *v/t.* interlace; intertwine; ∼**lacs** [∼'la] *m* ⚠ knotwork; ⚠ tracery; *fig.* tangle; ∼**lardé, e** [∼lar'de] streaky; ∼**larder** [∼lar'de] (1a) *v/t. cuis.* lard; *fig.* interlard (*a speech*) (with, de); ∼**ligne** [∼'liɲ] *m* space between lines; interlineation; ∼**mêler** [∼me'le] (1a) *v/t.* intermingle; intersperse; mix; blend; *fig.* intersperse (*a speech*) (with, de); *s'*∼ mingle; *fig. s'*∼ *dans* meddle with; ∼**mets** *cuis.* [∼'mɛ] *m* sweet; ∼**metteur, -euse** [∼me'tœːr, ∼'tøːz] *su.* go-between; *su./m.* ∼ middleman; procurer; *su./f* procuress; ∼**mettre** [∼'mɛtr] (4v) *v/t.: s'*∼ intervene; act as go-between; ∼**mise** [∼'miːz] *f* intervention; mediation; ∼**pont** ⚓ [∼'pɔ̃] *m* between-decks; *d'*∼ steerage (*passenger*); ∼**poser** † [∼po'ze] (1a) *v/t.* warehouse, store; put in bond (*at the customs*); ∼**poseur** † [∼po'zœːr] *m* warehouseman; *customs*: officer in charge of a bonded store; ∼**positaire** † [∼pozi'tɛːr] *m* warehouseman; *customs*: bonder; ∼**pôt** † [∼'po] *m* † warehouse, store, repository; *customs*: bonded warehouse; ✕ ammunition: depot; ∼ *frigorifique* cold store; *en* ∼ in bond; ∼**prenant, e** [∼prə'nã, ∼'nãːt] enterprising; ∼**prendre** [∼'prãːdr] (4aa) *v/t.* undertake, embark (up)on; contract for (*work*); *fig.* worry; F *fig.* besiege (*s.o.*); ∼**preneur** [∼prə'nœːr] *m* contractor; ∼ *de pompes funèbres* undertaker, *Am.* mortician; ∼**prise** [∼'priːz] *f* undertaking; concern; † contract; attempt; ∼ *de transport* carriers *pl.*

entrer [ã'tre] (1a) *v/i.* enter, go or come in; take part, be concerned; be included; ∼ *dans* enter; ∼ *dans une famille* marry into a family; ∼ *en* enter upon (*s.th.*) or into (*competition*); *fig.* ∼ *en jeu* come into play; ∼ *pour beaucoup dans* play an important role or part in; *faire* ∼ show (*s.o.*) in(to the room); drive (*s.th. into s.th.*); *v/t.* bring in, introduce.

entre...: ∼**rail** 🚂 [ãtrə'raːj] *m* ga(u)ge; ∼**sol** ⚠ [∼'sɔl] *m floor*: mezzanine; **~-temps** [~'tã] **1.** m/inv. interval; dans l'~ meanwhile; **2.** adv. meanwhile; **~teneur** [~tə'nœːr] m maintainer; **~tenir** [~tə'niːr] (2h) v/t. maintain; keep up; support; talk to (s.o.) (about, de); entertain (suspicions, doubts); s'~ support o.s.; converse, talk (with, avec) sp. keep o.s. fit; **~tien** [~'tjɛ̃] m maintenance; upkeep; conversation; **~toise** △ [~'twaːz] f strut, (cross-)brace, cross-piece, tie; **~toisement** △ [~twaz'mã] m (counter)bracing; strutting, staying; **~voir** [~'vwaːr] (3m) v/t. catch a glimpse of; fig. foresee, have an inkling of; laisser ~ disclose, give to understand; **~vue** [~'vy] f interview.

entrouvrir [ãtru'vriːr] (2f) v/t. half-open; open (curtains) a little; fig. s'~ yawn (chasm).

énumération [enymera'sjɔ̃] f enumeration; votes: counting; facts: recital; **énumérer** [~'re] (1f) v/t. enumerate; count (votes) recite (facts).

envahir [ãva'iːr] (2a) v/t. overrun; invade; encroach upon; fig. feeling: steal or come over (s.o.); **envahisseur** [~i'sœːr] m invader.

envaser [ãva'ze] (1a) v/t. silt up; choke with mud; ⚓ run on the mud; s'~ silt up; ⚓ stick in the mud.

enveloppe [ã'vlɔp] f post, a. ℞: envelope; parcel: wrapping; ⊕ casing, jacket, lagging; mot. tyre: outer cover, casing; fig. exterior; ⚡ cable: sheathing; ~ à fenêtre window envelope; **enveloppement** [ãvlɔp'mã] m wrapping; ⚕ ~ humide wet pack; **envelopper** [ãvlɔ-'pe] (1a) v/t. envelop; wrap (up); cover; ⚔ encircle (the enemy); ⊕ lag; fig. involve; fig. wrap, shroud (in, de).

envenimer [ãvəni'me] (1a) v/t. ⚕ poison; aggravate (a. fig.); fig. embitter (s.o.); s'~ ⚕ fester; fig. grow bitter.

enverguer ⚓ [ãvɛr'ge] (1m) v/t. bend (the sail); **envergure** [~'gyːr] f ⚓ spread of sail; ℞, orn., aer. (wing-)span; spread, breadth; fig. calibre; fig. scope, scale; de grande ~ a. large-scale. [envoyer.]

enverrai [ãvɛ're] 1st p. sg. fut. of⌡

envers¹ [ã've:r] prp. to(wards).

envers² [~] m tex. reverse (a. fig., a. of medal), wrong side, back; fig. seamy side; à l'~ inside out; fig. topsy-turvy.

envi [ã'vi] adv.: à l'~ vying with each other; in emulation.

enviable [ã'vjabl] enviable; **envie** [ã'vi] f envy; longing, desire, fancy; ℞ agnail; F hangnail; ℞ birthmark; avoir ~ de be in the mood for, have a mind to; faire ~ à q. make s.o. envious; porter ~ à q. envy s.o.; **envier** [ã'vje] (1o) v/t. envy; long for; covet; begrudge (s.o. s.th., qch. à q.); **envieux, -euse** [ã'vjø, ~'vjøːz] envious.

environ [ãvi'rɔ̃] adv. about, approximately; **environs** [~'rɔ̃] m/pl. vicinity sg.; neighbo(u)rhood sg., surroundings; aux ~ de about (fifty), towards (Christmas); **environnement** [~rɔn'mã] m surroundings pl.; environment; **environner** [~rɔ'ne] (1a) v/t. surround; encompass (a. fig.).

envisager [ãviza'ʒe] (1l) v/t. envisage; consider, view, contemplate; ~ de (inf.) think of (ger.), consider (ger.), contemplate (ger.).

envoi [ã'vwa] m sending, dispatch (a. ⚔); consignment, parcel; post: delivery; ~ par bateau shipment; coup m d'~ foot. kickoff; fig. (starting) signal; ✝ lettre f d'~ letter of advice.

envol [ã'vɔl] m orn. (taking) flight; ✈ taking off, takeoff; **envoler** [ãvɔ'le] (1a) v/t.: s'~ fly away; ✈ take off; fig. fly (time); ✝ zoom (up) (prices etc.).

envoûter [ãvu'te] (1a) v/t. fig. put under a spell, bewitch.

envoyé, e [ãvwa'je] **1.** p.p. of envoyer; **2.** su. envoy, messenger; su./m: journ. ~ spécial special correspondent; **envoyer** [~] (1r) v/t. send; forward; fling, hurl; shoot, fire; ~ chercher send for; ~ coucher (or promener) send (s.o.) packing, send (s.o.) about his business; sl. s'~ get saddled with (work); gulp down (wine), get outside (a meal).

enzyme [ã'zim] m enzyme.

éolien, -enne [eɔ'ljɛ̃, ~'ljɛn] **1.** adj. Aeolian (harp etc.); **2.** su./f windmill (for pumping); air-motor.

épagneul m, e f [epa'nœl] spaniel.

épais, e [e'pɛ, ~'pɛːs] thick; dense (a. fig. mind); fig. dull (person); stout (*glass*); **épaisseur** [epɛˈsœːr] *f* thickness; depth; density; *fig.* denseness; **épaissir** [ˌʌˈsiːr] (2a) *v/t.* thicken; *v/i. a. s'~* thicken, become thick; *cuis.* jell; grow stout (*person*).

épanchement [epɑ̃ˈʃmɑ̃] *blood:* effusion (*a. fig.*); *fig.* outpouring; **épancher** [epɑ̃ˈʃe] (1a) *v/t.* pour out; *s'~* pour (out); *fig.* open one's heart.

épandage [epɑ̃daːʒ] *m* manuring; *champs m/pl. d'~* sewage farm *sg.*; **épandre** [eˈpɑ̃dr] (4a) *v/t.* spread; shed (*light*); pour out (*a liquid*); *s'~* spread.

épanoui, e [epaˈnwi] ♀ in full bloom; *fig.* beaming; cheerful; **épanouir** [ˌˈnwiːr] (2a) *v/t.* ♀ open (out); *s'~* bloom (*flower, a. fig.*); open up; *fig.* light up (*face*).

épargne [eˈparɲ] *f* economy, thrift; saving; † *caisse f d'~* savings bank; *la petite ~* small investors *pl.*; **épargner** [eparˈɲe] (1a) *v/t.* save (up), economize (on); be sparing with; *fig.* spare (*s.o.*).

éparpiller [eparpiˈje] (1a) *v/t. a. s'~* scatter, disperse.

épars, e [eˈpaːr, ˌˈpars] scattered; sparse (*population*); dishevelled (*hair*).

épatant, e F [epaˈtɑ̃, ˌˈtɑ̃ːt] stunning, wonderful, marvellous, first-rate, *Am.* swell, great; **épater** [ˌˈte] (1a) *v/t.* break off the foot of (*a wineglass*); F amaze, flabbergast; *nez m épaté* flat *or* squat nose; F ~ *le bourgeois* shock conventional people; **épateur** *m*, -**euse** *f* F [ˌˈtœːr, ˌˈtøːz] swanker; bluffer.

épaule [eˈpoːl] *f anat., a. cuis.* shoulder; ♱ *bows:* luff; *un coup d'~* a shove; *fig.* a leg-up; *par-dessus l'~* disdainfully; **épaulement** [epolˈmɑ̃] *m geog., a.* ⊕ shoulder; ⚠ revetment wall; **épauler** [epoˈle] (1a) *v/t.* support (*a.* ⚠); help (*s.o.*), back (*s.o.*) up; bring (*a gun*) to the shoulder; *v/i.* take aim; **épaulette** [ˌˈlɛt] *f* ✕ epaulette (*a. = commission*); *cost.* shoulder strap.

épave [eˈpaːv] *f* 🔒 unclaimed object; waif, stray; ♱ wreck (*a. fig.*), flotsam.

épée [eˈpe] *f* sword (*a. tex.*); rapier; swordsman; *coup m d'~ dans l'eau* wasted effort.

épeler [eˈple] (1c) *v/t.* spell (*a word*);

spell out (*a message*); **épellation** [epɛllaˈsjɔ̃] *f* spelling.

éperdu, e [epɛrˈdy] distrought; frantic; beside o.s., wild; desperate; *éperdument amoureux* head over heels in love; *je m'en moque éperdument* I couldn't care less.

éperlan *icht.* [epɛrˈlɑ̃] *m* smelt.

éperon [eˈprɔ̃] *m* spur (*on rider's heel, a. zo., geog.*); ♱ *warship:* ram; *bridge:* cutwater; ⚠ *wall:* buttress; *fig. eyes:* crow's-foot; **éperonné, e** [eprɔˈne] spurred; ♀ calcarate; crow-footed (*eyes*); **éperonner** [ˌˈ] (1a) *v/t.* spur (*a. fig.*); ♱ ram.

épervier [epɛrˈvje] *m orn.* sparrow-hawk; *fishing:* cast-net; *pol.* hawk.

éphémère [efeˈmɛːr] **1.** *adj.* ephemeral; *fig.* transitory, fleeting; **2.** *su./ m zo.* day-fly.

éphéméride [efemeˈrid] *f* tear-off calendar, block-calendar.

épi [eˈpi] *m corn, grain:* ear; ♀ spike; *fig.* cluster; ⊕ wharf; 🚆 marshalling tracks *pl.*

épice [eˈpis] *f* spice; *pain m d'~* gingerbread; *quatre ~s pl.* allspice *sg.*; **épicé, e** [epiˈse] highly spiced; hot; *fig.* spicy (*story*); **épicer** [ˌˈ] (1k) *v/t.* spice (*a. fig. a story*); **épicerie** † [episˈri] *f* groceries *pl.*; grocer's (shop), *Am.* grocery; **épicier, -ère** *f* [epiˈsje, ˌˈsjɛːr] grocer; *fig.* philistine.

épidémie 🩺 [epideˈmi] *f* epidemic (*a. fig.*).

épiderme [epiˈdɛrm] *m* epidermis.

épier [eˈpje] (1o) *v/t.* watch (*s.o.*); spy on (*s.o.*); watch *or* look out for.

épierrer [epjeˈre] (1a) *v/t.* clear of stones.

épieu [eˈpjø] *m* boar-spear; pike.

épigastre *anat.* [epiˈgastr] *m* pit of the stomach, epigastrium.

épigone [epiˈgɔn] *m* epigone, follower.

épigraphe [epiˈgraf] *f* epigraph; motto.

épilation [epilaˈsjɔ̃] *f* depilation; removal of superfluous hairs; *eye-brows:* plucking; **épilatoire** [ˌˈtwaːr] *adj., a. su./m* depilatory.

épilepsie 🩺 [epilɛpˈsi] *f* epilepsy.

épiler [epiˈle] *v/t.* depilate; remove hairs; pluck (*one's eye-brows*).

épilogue [epiˈlɔg] *m* epilogue; **épi-**

loguer [ʌɔ'ge] (1m) (*sur*) carp (at), find fault (with).

épiloir [epi'lwaːr] *m* eyebrow etc.: tweezers *pl*.

épinaie [epi'nɛ] *f* thicket.

épinard ♀ [epi'naːr] *m* (*a. cuis. ~s pl.*) spinach.

épine [e'pin] *f* ♀ thorn (*a. fig.*), prickle; ♀ thorn-bush; *anat.* ~ dorsale backbone, spine.

épinette [epi'nɛt] *f* ♩ spinet; (hen-)coop; ♀ spruce.

épineux, -euse [epi'nø, ~'nøːz] thorny (*a. fig.*); prickly (*a. fig. person*); *fig.* knotty (*problem*).

épingle [e'pɛ̃ːgl] *f* pin; † ~s *pl.* pin-money *sg.*; ~ à chapeau hatpin; ~ à cheveux hairpin; ~ à linge clothes-peg; ~ de cravate tie-pin, *Am.* stick-pin; ~ de nourrice safety-pin; *fig.* coup m d'~ pin-prick; tiré à quatre ~s dapper, spruce, spick and span; *mot.* virage m en ~ à cheveux hairpin bend; **épinglé** [epɛ̃'gle] *m* (*a. velours m ~*) uncut velvet; **épingler** [~'gle] (1a) *v/t.* pin; pin up; *metall.* pierce (*a mould etc.*); F (*s.o.*) down; **épinglerie** ⊕ [ʌɔlɑ'ri] *f* pin-factory; **épinglette** [ʌɔ'glɛt] *f* ✗ priming-needle; ♨ boring-tool; **épinglier** [ʌɔgli'e] *m* pin-tray.

épinière [epi'njɛːr] *adj./f:* moelle *f* ~ spinal cord.

épinoche *icht.* [epi'nɔʃ] *f* stickle-back.

épique [e'pik] epic.

épiscopal, e, *m/pl.* **-aux** [episkɔ'pal, ~'po] episcopal; cathedral (*city*); **épiscopat** [ʌɔ'pa] *m* episcopate; *coll.* the bishops *pl.*

épisode [epi'zɔd] *m* episode; *cin.* film m à ~s serial film.

épistolaire [epistɔ'lɛːr] epistolary; être en relations ~s avec q. correspond with s.o.

épitaphe [epi'taf] *f* epitaph.

épithète [epi'tɛt] *f* epithet; *gramm.* attributive adjective.

épître [e'piːtr] *f* epistle; *fig.* (long) letter.

éploré, e [eplɔ're] tearful, in tears.

éployée ⬚ [eplwa'je] *adj./f* spread (*eagle*).

éplucher [eply'ʃe] (1a) *v/t.* pick (*a. tex. wool, a. salad*); pare, peel (*a fruit*); prune (*a fruit-tree*); clean (*a. plumage, salad*); preen (*feath-*

ers); ✗ weed (*a field*); *fig.* pick holes in; **éplucheur m, -euse** *f* [ʌɔ'ʃœːr, ~'ʃøːz] cleaner; (*wool-*)picker; (*potato-*)peeler; ✗ weeder; F *fig.* faultfinder; **épluchoir** [ʌɔ'ʃwaːr] *m* paring-knife; *cuis.* potato-knife; **épluchures** [ʌɔ'ʃyːr] *f/pl.* potatoes etc.: peelings; *fig.* refuse *sg.*; waste *sg.*

épointé, e [epwɛ̃'te] blunt (*pencil etc.*); hipshot (*horse*); **épointer** [ʌɔ] (1a) *v/t.* break the point of; blunt (*s.th.*); s'~ lose its point (*pencil etc.*).

éponge [e'pɔ̃ːʒ] *f* sponge; F *fig.* jeter l'~ throw in the towel or sponge; *fig.* passer l'~ sur say no more about (*s.th.*); **éponger** [epɔ̃'ʒe] (11) *v/t.* sponge; mop (*the surface, one's brow*); mop up (*a liquid*); sponge down (*a horse*); dab (*one's eyes*); *a. fig.* absorb; *fig.* compensate.

épopée [epɔ'pe] *f* epic (poem).

époque [e'pɔk] *f* epoch, age, era; period; time; à l'~ at the time (of, de); at that time, then; la Belle Ⴍ that up to 1914; faire ~ mark an epoch; qui fait ~ epoch-making.

épouiller [epu'je] (1a) *v/t.* delouse.

époumoner [epumɔ'ne] (1a) *v/t.* put (*s.o.*) out of breath; s'~ shout o.s. out of breath.

épousailles [epu'zaːj] *f/pl.* nuptials, wedding *sg.*; **épouse** [e'puːz] *f* wife, spouse; **épousée** [epu'ze] *f* bride; **épouser** [ʌɔ'ze] (1a) *v/t.* marry, wed; *fig.* take up, espouse (*a cause*); *fig.* embrace (*an idea*); *fig.* fit (*dress etc.*); *fig.* accept, make (*s.th.*) one's own; ~ son temps move with the times; **épouseur** † [ʌɔ'zœːr] *m* suitor, eligible man.

épousseter [epus'te] (1c) *v/t.* dust; beat (*a carpet etc.*); rub down (*a horse*); **époussette** [epu'sɛt] *f* feather-duster; rag (*for rubbing down a horse*).

époustouflant, e F [epustu'flɑ̃, ~'flɑ̃ːt] extraordinary, amazing.

épouvantable [epuvɑ̃'tabl] horrible, dreadful, terrible; appalling; **épouvantail** [ʌɔvɑ̃'taːj] *m* scarecrow; *fig.* bogy, bugbear; *fig. person:* fright; **épouvante** [ʌɔ'vɑ̃ːt] *f* terror, fright; **épouvanter** [ʌɔvɑ̃'te] (1a) *v/t.* scare; appal.

époux [e'pu] *m* husband; ♂♀ *a.* spouse; les ~ *pl.* ... the ... couple *sg.*

éprendre [e'prɑ̃ːdr] (4aa) *v/t.*: s'~

de become enamo(u)red of; fall in love with (s.o.); take a fancy to (s.th.).

épreuve [e'prœːv] f test (a. ⊕, a. school examination); proof (a. typ.); phot. print; fig. ordeal, trial; sp. event; à l'~ de proof against (s.th.); à toute ~ never-failing; ⊕ foolproof; mettre à l'~ put to the test.

épris, e [e'pri, ~'priːz] 1. p.p. of éprendre; 2. adj. in love (with, de).

éprouver [epru've] (1a) v/t. try (a. fig.); test; put (s.o.) to the test; fig. feel (sympathy etc.), experience (pain etc., a. fig. a difficulty); **éprouvette** [~'vɛt] f ⚗ test-tube; probe; metall. test-piece.

épucer [epy'se] (1k) v/t. clean (a dog etc.) of fleas.

épuisé, e [epɥi'ze] exhausted; run down; spent (energy etc.); ✝ sold out; typ. out of print; **épuisement** [epɥiz'mɑ̃] m exhaustion (⊕, ⚕, a. fig.); cistern, a. fig. finances: draining; resources: depletion; **épuiser** [epɥi'ze] (1a) v/t. exhaust; use up; fig. wear (s.o.) out; s'~ run out (provisions etc.); run dry, dry up (source); wear o.s. out; **épuisette** [~'zɛt] f ⚓ scoop, bailer; fisherman: landing-net.

épuration [epyra'sjɔ̃] f purifying; oil, metal: refining; gas: filtering; pol. purge; morals: purging; **épuratoire** ⊕ [~'twaːr] purifying.

épure [e'pyːr] f working drawing; diagram (a. ⚕).

épurer [epy're] (1a) v/t. purify; refine; filter; pol. purge; fig. expurgate (a novel).

équarrir [eka'riːr] (2a) v/t. ⊕ square; cut up or quarter the carcass of (a horse); ⚔ bois m équarri squared timber; **équarrisseur** [~ri'sœːr] m knacker.

équateur [ekwa'tœːr] m equator.

équation [⚕, ⚕, astr., fig.] [ekwa'sjɔ̃] f equation.

équerre [e'kɛːr] f square; ~ ⚔ right angle; ⊕ angle-iron; ~ à coulisses sliding callipers pl.; ~ à dessin, ⊕ dessinateur set square; ~ en T T-square; d'~ square; en ~ square.

équestre [e'kɛstr] equestrian.

équilibrage [ekili'braːʒ] m balancing (a. mot.); **équilibre** [eki'libr] m balance (a. fig.); equilibrium; fig.

poise; pol. ~ politique balance of power; **équilibrer** [ekili'bre] (1a) v/t. balance; counterbalance; **équilibreur** [~'brœːr] m see stabilisateur; **équilibriste** [~'brist] su. equilibrist.

équinoxe [eki'nɔks] m equinox.

équipage [eki'paːʒ] m retinue, suite; ⚓, ✈ crew; ✗ train, equipment; cost. attire, ⚓ get-up; fig. state, plight; ⊕ gear, outfit; ⊕ factory; plant; hunt. pack of hounds; carriage and horses; **équipe** [e'kip] f ⊕ workmen: gang; ⊕ shift; ✗ working party; sp. team; ⚓ crew; ~ de nuit night shift; esprit m d'~ team spirit; 🚂 homme m d'~ yardman.

équipée [eki'pe] f escapade; sally.

équipement [ekip'mɑ̃] m ✗, ⚓, sp., etc. equipment; gear; outfit (a. ⊕).

équiper [eki'pe] (1a) v/t. equip (a. ✗); fit out; ⚓ man (a vessel).

équitable [eki'tabl] equitable, fair, just.

équitation [ekita'sjɔ̃] f horsemanship; école f d'~ riding-school.

équité [eki'te] f equity (a. ⚖); fairness, fair dealing.

équivalent, e [ekiva'lɑ̃, ~'lɑ̃ːt] adj., a. su./m equivalent; **équivaloir** [~'lwaːr] (3l) v/i. be equivalent or tantamount (to, à).

équivoque [eki'vɔk] 1. adj. equivocal; fig. dubious; 2. su./f ambiguity; quibble; **équivoquer** [~vɔ'ke] (1m) v/i. quibble, equivocate.

érable ♀ [e'rabl] m tree, a. wood: maple.

érafler [era'fle] (1a) v/t. graze, scratch; **éraflure** [~'flyːr] f graze, abrasion, scratch.

érailler [era'je] (1a) v/t. tex. unravel, fray, fret (a rope); roughen (the voice); graze, chafe (the skin); s'~ become unravelled; fray (cloth).

ère [ɛːr] f era, epoch.

érection [erek'sjɔ̃] f statue etc.: erection (a. biol.); position: establishment.

éreintement F [erɛ̃t'mɑ̃] m exhaustion; slating (= harsh criticism); **éreinter** [erɛ̃'te] (1a) v/t. break the back of (a horse); F exhaust; fig. slash, cut to pieces; F être éreinté a. be all in, be worn out.

erg phys. [ɛrg] m erg.

ergot [ɛr'go] m cock: spur; ✓ stub, ♀, ✿ ergot; ⊕ catch, lug; electric bulb: pin; **ergotage** F [ɛrgɔ'taːʒ] m quibbling; **ergoté, e** [~'te] spurred (*cock, rye*); ergoted (*corn*); **ergoter** F [~'te] (1a) *v/i.* quibble (about, *sur*); split hairs; **ergoteur, -euse** [~'tœːr, ~'tøːz] **1.** *adj.* quibbling, pettifogging; **2.** *su.* quibbler, pettifogger.

ergothérapie [ɛrgɔteraˈpi] *f* occupational therapy; work therapy.

ériger [eriˈʒe] (1l) *v/t.* erect (*a statue etc.*); establish, found (*an office, a position*); *fig.* exalt, raise (to, en); ~ qch. en principe lay s.th. down as a principle; s'~ en set o.s. up as, pose as.

ermitage [ɛrmiˈtaːʒ] *m* hermitage; **ermite** [~'mit] *m* hermit; recluse.

éroder [erɔˈde] (1a) *v/t.* erode; wear away; **érosif, -ve** [~'zif, ~'ziːv] erosive; **érosion** [~'zjɔ̃] *f* erosion; eating away (*of metal, rock*).

érogène [erɔˈʒɛn] erogenous.

érotique [erɔˈtik] erotic; **érotisme** [~'tism] *m* eroticism; **#** erotism.

errant, e [ɛˈrɑ̃, ~'rɑ̃ːt] rambling, roving, wandering; **chevalier** *m* ~ knight-errant.

errata *typ.* [ɛraˈta] *m/inv.* errata slip; **erratum,** *pl.* **-ta** [ɛraˈtɔm, ~'ta] *m* erratum.

errements [ɛrˈmɑ̃] *m/pl.* ways, methods; *pej.* bad habits; *anciens* ~ bad old ways; **errer** [ɛˈre] (1b) *v/i.* ramble, roam, wander; stroll ⟨(about); *fig.* err, make a mistake; **erreur** [ɛˈrœːr] *f* error; mistake; slip; ~ de traduction mistranslation; faire ~ be mistaken, be wrong; revenir de ses ~s turn over a new leaf.

erroné, e [ɛrɔˈne] erroneous, mistaken, wrong.

ersatz [ɛrˈsats] *m* ersatz, substitute.

éructation [eryktaˈsjɔ̃] *f* eructation, F belch(ing).

érudit, e [eryˈdi, ~'dit] **1.** *adj.* erudite, scholarly, learned; **2.** *su.* scholar; **érudition** [~di'sjɔ̃] *f* erudition, learning, scholarship.

éruptif, -ve *#*, *geol.* [erypˈtif, ~'tiːv] eruptive; **éruption** [~'sjɔ̃] *f* eruption; *#* *a.* rash; cutting (*of teeth*).

érysipèle *#* [eriziˈpɛl] *m* erysipelas.

es [ɛ] 2nd p. sg. pres. of **être** 1.

ès [ɛs] *prp.*: docteur m ~ sciences doctor of science.

esbroufe [ɛsˈbruf] *f*: F faire de l'~ swank, show off; *#* à l'~ snatch-and-grab (*theft*); **esbroufeur** *m,* **-euse** *f*

[~'bruˈfœːr, ~'føːz] swanker; hustler; *#* snatch-and-grab thief.

escabeau [ɛskaˈbo] *m* stool; pair of steps, step-ladder; **escabelle** [~'bɛl] *f* stool.

escadre [ɛsˈkadr] *f* **⚓** squadron; **✈** wing; **escadrille** [ɛskaˈdriːj] *f* **⚓** flotilla; **✈** squadron; **escadron** **✕** [~'drɔ̃] *m* squadron; *chef m d'*~ major.

escalade [ɛskaˈlad] *f* cliff, *wall:* climbing, scaling, climb; *pol., fig.* escalation; **escalader** [~la'de] (1a) *v/t.* scale, climb.

escalator [ɛskalaˈtɔːr] *m* escalator.

escale [ɛsˈkal] *f* **⚓** port of call; **✈** stop; call; *faire* ~ à call at; **✈** *sans* ~ non-stop (*flight*).

escalier [ɛskaˈlje] *m* staircase; stairs *pl.*; ~ roulant escalator; ~ tournant (*or en colimaçon or à vis*) spiral staircase.

escalope *cuis.* [ɛskaˈlɔp] *f meat:* scallop; *fish:* steak; escalope.

escamotable [ɛskamɔˈtabl] disappearing, F pull-down (*arm-rest*); **✈** retractable (*undercarriage*); **escamoter** [~'te] (1a) *v/t.* conjure away; **✈** retract (*the undercarriage*); *fig.* dodge, evade, get round; filch, pinch; **escamoteur** [~'tœːr] *m* conjuror.

escampette F [ɛskɑ̃ˈpɛt] *f*: prendre la poudre d'~ skedaddle, vamoose, *Am. sl.* take a powder.

escapade [ɛskaˈpad] *f* escapade; prank.

escarbille [ɛskarˈbiːj] *f* cinder; ~s *pl.* clinkers.

escarbot *zo.* [ɛskarˈbo] *m* beetle.

escarboucle [ɛskarˈbukl] *f* carbuncle.

escargot [ɛskarˈgo] *m* snail.

escarmouche **✕** [ɛskarˈmuʃ] *f* skirmish, brush.

escarole **♣** [ɛskaˈrɔl] *f* endive.

escarpe [ɛsˈkarp] *m* cut-throat.

escarpé, e [ɛskarˈpe] sheer (*rock*), steep; **escarpement** [~pə'mɑ̃] *m* steepness; **✕**, *geol.* escarpment; abrupt descent; *mountain:* slope.

escarpin [ɛskarˈpɛ̃] *m* light shoe.

escarpolette [ɛskarpɔˈlɛt] *f* swing.

escarre *#* [ɛsˈkaːr] *f* scab; bed-sore.

escient [ɛˈsjɑ̃] *m*: à bon ~ advisedly, knowingly; à mauvais ~ ill-advisedly.

esclaffer [ɛsklaˈfe] (1a) *v/t.*: s'~ burst out laughing, guffaw.

esclandre [ɛsˈklɑ̃ːdr] *m* scandal; scene.

esclavage [ɛsklaˈvaːʒ] *m* slavery; *fig.*

drudgery; **esclave** [ʌ'klaːv] *su.* slave; *fig.* drudge; être ~ *de sa parole* stick to one's promise.

escoffier *sl.* [ɛskɔ'fje] (1o) *v/t.* kill.

escogriffe F [ɛskɔ'grif] *m* lanky fellow, F beanpole.

escompte † [ɛs'kɔ̃ːt] *m* discount, rebate; *à* ~ at a discount; **escompter** [ʌkɔ̃'te] (1a) *v/t.* † discount; *fig.* anticipate; *fig.* reckon on, bank on.

escorte [ɛs'kɔrt] *f* ✕ *etc.* escort; ⚓ convoy; **escorter** [ʌkɔr'te] (1a) *v/t.* escort; ⚓ convoy.

escouade ✕ [ɛs'kwad] *f* gang, squad.

escrime [ɛs'krim] *f* fencing; *faire de l'*~ fence; **escrimer** [ɛskri'me] (1a) *v/t.*: *s'*~ fight (with, *contre*); *s'*~ *à work* hard at; try hard to (*inf.*); **escrimeur** [ʌ'mœːr] *m* fencer, swordsman.

escroc [ɛs'kro] *m* crook; swindler; **escroquer** [ʌkrɔ'ke] (1m) *v/t.* swindle (*s.o.*); ~ *qch. à q.* cheat s.o. out of s.th.; **escroquerie** [ʌkrɔ'kri] *f* fraud; swindling; false pretences *pl.*

ésotérique [ezɔte'rik] esoteric.

espace [ɛs'paːs] *su./m* space; *space, a. time*: interval; room; ⊕ clearance; ~ *vert* green space *or* area; ~ *vital* living space; *dans* (*or* en) *l'*~ *de* within (a *certain* time); *tun./f typ.* space; **espacement** [ʌpas'mɑ̃] *m* objects, typ.: spacing; **espacer** [ʌpa'se] (1k) *v/t.* space; leave a space between; *typ., a. fig.* space out; *s'*~ become less frequent (*space, a. time*).

espadon [ɛspa'dɔ̃] *m* † two-handled sword; *icht.* sword-fish.

espadrille [ɛspa'driːj] *f* rope-soled canvas shoe.

espagnol, e [ɛspa'ɲɔl] **1.** *adj.* Spanish; **2.** *su./m ling.* Spanish; *su.* ♀ Spaniard; **espagnolette** [ʌɲɔ'lɛt] *f* espagnolette.

espalier ✓ [ɛspa'lje] *m* espalier.

espèce [ɛs'pɛs] *f* kind, sort; ⚖ case (in question); ♀, *zo., eccl.* species; ~*s pl.* cash *sg.*, specie *sg.*; ~ *de ...!* silly ...!; ~ *humaine* mankind; en ~*s* in hard cash; en *l'*~ in the present case (*a.* ⚖).

espérance [ɛspe'rɑ̃ːs] *f* hope; expectation; *fig.* promise; ⚖ ~*s pl.* expectations; ~ *de vie* life expectancy; **espérer** [ʌ're] (1f) *v/t.* hope for; ~ *que* hope that; *je l'espère, j'espère* I hope so; ~ *quand même* hope against hope; *v/i.* hope, trust (in, en).

espiègle [ɛs'pjɛgl] **1.** *adj.* mischievous, roguish; **2.** *su.* imp; **espièglerie** [ʌpjɛglə'ri] *f* mischief; prank; *par* ~ out of mischief.

espion, -onne [ɛs'pjɔ̃, ʌ'pjɔn] *su.* spy; secret agent; *su./m* concealed microphone; window-mirror; **espionnage** [ɛspjɔ'naːʒ] *m* espionage, spying; † ~ *industriel* industrial espionage; **espionner** [ʌ'ne] (1a) *v/t.* spy (upon).

esplanade [ɛspla'nad] *f* esplanade, promenade.

espoir [ɛs'pwaːr] *m* hope; expectation.

esprit [ɛs'pri] *m* spirit; mind, intellect; sense; wit; disposition; talent; meaning; soul; ~*-de-vin* spirit(s *pl.*) of wine; ~*fort* free-thinker; *le Saint-*♀ the Holy Ghost *or* Spirit; *plein d'*~ witty; *présence f d'*~ presence of mind; *rendre l'*~ give up the ghost; *venir à* (*sortir de*) *l'*~ *de q.* cross (slip) s.o.'s mind.

esquif ⚓ *poet.* [ɛs'kif] *m* small boat, skiff.

esquille ❦ [ɛs'kiːj] *f* bone: splinter.

esquimau [ɛski'mo] **1.** *adj.* Esquimo; **2.** *su.* ♀ Esquimo; *su./m cuis.* choc-ice; *cost.* child's rompers *pl.*

esquinter F [ɛskɛ̃'te] (1a) *v/t.* exhaust; tire (*s.o.*) out; *fig.* ruin; run (*s.o.*) down.

esquisse [ɛs'kis] *f* sketch; outline, draft; **esquisser** [ʌki'se] (1a) *v/t.* sketch, outline.

esquiver [ɛski've] (1a) *v/t.* avoid, evade; dodge; *fig. s'*~ slip *or* steal away, F make o.s. scarce.

essai [e'sɛ] *m* ⊕, ❦ trial, essay; test; *sp.* try; attempt (to, *pour*); ~ *nucléaire* atomic test; *mot.* ~ *sur route* trial run; *à l'*~ on trial; *coup m d'*~ first attempt; *faire l'*~ *de* try (*s.th.*); ❧ *pilote m d'*~ test pilot.

essaim [e'sɛ̃] *m* swarm (*a. fig.*); **essaimage** [esɛ'maːʒ] *m* hiving off (*a. fig.*); *fig.* excessive growth; **essaimer** [esɛ'me] (1a) *v/i.* swarm.

essarter ✓ [esar'te] (1a) *v/t.* clear (*the ground*); grub up (*roots etc.*).

essayage [ese'jaːʒ] *m* testing; cost. trying on, fitting; **essayer** [ʌ'je] (1i) *v/i.* try (to *inf., de inf.*), attempt; ❧ test; *metall.* assay; cost. try on; taste; *s'*~ *à* try one's hand at; **essayeur** *m*, **-euse** *f* [ʌ'jœːr, ʌ'jøːz] ⊕ tester; analyst; *metall.* assayer; cost. fitter; **essayiste** [ʌ'jist] *su.* essayist.

　　　　　　　　　　　　　　　　　　établer

esse [ɛs] f ⊕ S-hook; S-shaped link or hook etc.; ♪ violin: sound-hole.

essence [e'sãːs] f essence; trees: species; ⚘ ♣, etc. oil; petrol, Am. gasoline; extract (of beef etc.); fig. pith; poste m d'~ filling-station; Am. service station; **essentiel, -elle** [esã'sjɛl] 1. adj. essential; 2. su./m main thing.

essieu [e'sjø] m axle.

essor [e'sɔːr] m flight, soaring; fig. scope; fig. progress; **essorer** [esɔ're] (1a) v/t. dry; wring (linen); ~ à la machine spin-dry (linen); **essoreuse** [~'røːz] f ⊕ drainer; laundry: wringer, mangle.

essoufflé, e [esu'fle] out of breath; breathless; **essouffler** [~] (1a) v/t. wind, make (s.o.) breathless; s'~ get out of breath; fig. exhaust o.s.

essuie...: ~-glace mot. [esui'glas] m windscreen wiper, Am. windshield wiper; **~-mains** [~'mɛ̃] m/inv. (hand-)towel; **~-pieds** [~'pje] m/inv. door-mat; **~-verres** [~'vɛr] m/inv. glass cloth.

essuyer [esui'je] (1h) v/t. wipe; dry; mop up; dust; fig. suffer (defeat etc.); fig. meet with (a refusal); F ~ les plâtres be the first occupant of a new house; fig. be first to do the disagreeable job.

est[1] [ɛst] 1. su./m east; de l'~ east (-ern); d'~ easterly (wind); l'~ the east (of a country); vers l'~ eastward(s), to the east; 2. adj./inv. east(ern); easterly (wind).

est[2] [ɛ] 3rd p. sg. pres. of être 1.

estacade [ɛsta'kad] f ✕ stockade; ⚓ breakwater; pier; ☖ coalpit.

estafette [ɛsta'fɛt] f courier; ✕ dispatch-rider.

estafilade [ɛstafi'lad] f gash; slash.

estagnon [ɛsta'ɲɔ̃] m oil-can; (oil-)drum.

estaminet † [ɛstami'nɛ] m tavern; pub; bar.

estampe [ɛs'tãːp] f print, engraving; ⊕ stamp, punch, die; **estamper** [ɛstã'pe] (1a) v/t. stamp, emboss; ⊕ punch; fig. fleece (s.o.), swindle (s.o.); **estampille** [~'piːj] f stamp; brand; ✝ trade-mark; **estampiller** [~pi'je] (1a) v/t. stamp; brand; ✝ mark (goods).

esthète [ɛs'tɛt] su. (a)esthete; **esthéticien** m, **-enne** f [ɛsteti'sjɛ̃, ~'sjɛn] (a)esthetician; beautician; **esthéti-**

que [~'tik] 1. adj. (a)esthetic; 2. su./f (a)esthetics pl.

estimable [ɛsti'mabl] estimable; quite good; assessable; **estimateur** [ɛstima'tœːr] m estimator; ✝ valuer, appraiser; **estimatif, -ve** [~'tif, ~'tiːv] estimatory (cost etc.); estimative (faculty); devis m ~ estimate; **estimation** [~'sjɔ̃] f estimation; valuation; assessment; appraisal; **estime** [ɛs'tim] f esteem, respect; à l'~ by guesswork; tenir q. en haute (petite) ~ hold s.o. in high (low) esteem; **estimer** [~ti'me] (1a) v/t. estimate; value, appraise, assess; fig. (hold in) esteem; consider, think.

estival, e, m/pl. **-aux** [ɛsti'val, ~'vo] summer...; ♀ etc. estival; **estivant** m, **e** f [~'vã, ~'vãːt] summer visitor; **estivation** ♀, zo. [~va'sjɔ̃] f estivation.

estoc [ɛs'tɔk] m coup m d'~ fencing: thrust; frapper d'~ et de taille cut and thrust; **estocade** [ɛstɔ'kad] f † fencing: thrust; fig. sudden onset; a. fig. death-blow, finishing blow.

estomac [ɛstɔ'ma] m stomach; ~ dérangé upset stomach; avoir l'~ dans les talons be faint with hunger; mal m d'~ stomach-ache; **estomaquer** F [~ma'ke] (1m) v/t. take (s.o.'s) breath away, stagger (s.o.).

estompe [ɛs'tɔ̃ːp] f stump; stump drawing; **estomper** [~tɔ̃'pe] (1a) v/t. stump, shade off; fig. blur; fig. tone down (crudities); fig. s'~ grow blurred; loom up.

estrade [ɛs'trad] f platform, stage.

estragon ♀, cuis. [ɛstra'gɔ̃] m tarragon.

estrapade ⚖ † [ɛstra'pad] f strappado.

estropié, e [ɛstrɔ'pje] 1. adj. crippled; ✕ disabled; lame; 2. su. cripple; **estropier** [~] (1o) v/t. cripple, lame, maim; ✕ disable; fig. mangle (a quotation, a word), murder (music, a language).

estuaire [ɛs'tɥɛːr] m estuary, Sc. firth.

estudiantin, e [ɛstydjã'tɛ̃, ~'tin] student... [geon.]

esturgeon icht. [ɛstyr'ʒɔ̃] m sturgeon [ɛ] and; et... et both ... and.

et[1] [e] and; et ... et both ... and.

étable [e'tabl] f cattle-shed, cowshed; pigsty (a. fig.); **établer** [eta-'ble] (1a) v/t. stall (cattle); stable (horses).

établi¹ [eta'bli] *m* work-bench.

établi², **e** [eta'bli] established (*fact*); determined (*limit*); **établir** [~'bli:r] (2a) *v/t.* establish (*a.* 🏛); set up (*a business, a statue, sp. a record*); construct, erect; ascertain (*facts*); prove (*a charge*); draw up (*an account, a budget, a plan*); institute (*a rule, a tax, a post*); ⚡ ~ le contact make contact; s'~ become established; establish (o.s.); settle (*in a place*); **établissement** [~blis'mã] *m* establishment; institution; settlement; † concern, business, firm; ⊕ factory, plant; † accounts: drawing up; † balance: striking.

étage [e'ta:ʒ] *m* stor(e)y, floor; *fig.* degree, rank; ⊕, *geol.* stage (*a. of rocket*); *geol.* stratum, layer; ⚒ level; *fig.* de bas ~ of the lower classes (*people*); low; deuxième ~ second floor, *Am.* third floor; **étager** [eta'ʒe] (1l) *v/t.* range in tiers; terrace (*the ground*); perform (*an operation*) in stages; **étagère** [~'ʒe:r] *f* whatnot; shelves *pl.*

étai [e'te] *m* △ stay (*a.* ⚓), prop (*a. fig.*), strut; △ pit-prop; **étaiement** △, ⊕ [ete'mã] *m see* étayage.

étain [e'tẽ] *m* tin; pewter; *papier m d'*~ tinfoil; ~ de soudure plumber's solder.

étal, *pl. a.* **étals** [e'tal] *m* market: stall; **étalage** [eta'la:ʒ] *m* † display, show (*a. fig.*); shop window; *fig. a.* parade; **étalagiste** † [~la'ʒist] window dresser; **étalement** [etal'mã] *m* displaying; spreading(-out); *holidays etc.*: staggering; **étaler** [eta'le] (1a) *v/t.* † display (*a. fig.*), expose for sale; *fig.* show, disclose; stagger (*holidays*); spread (out); s'~ sprawl; spread or stretch out.

étalon¹ [eta'lõ] *m* stallion.

étalon² [eta'lõ] *m* standard; ~-or gold standard; *poids*-~ troy weight; **étalonnage** [~lɔ'na:ʒ] *m* standardization; *tubes etc.*: calibration; ga(u)ging; *radio*: logging; *phot.* grading; **étalonner** [~lɔ'ne] (1a) *v/t.* standardize; calibrate; ga(u)ge; *radio*: log (*stations*); *phot.* grade; stamp (*weights*).

étamer ⊕ [eta'me] (1a) *v/t.* tin; galvanize; silver (*a mirror*); **étameur** [~'mœ:r] *m* tinsmith; *mirrors*: silverer.

étamine¹ [eta'min] *f* butter-muslin;

bolting-cloth; *passer qch. par l'*~ sift s.th. (*a. fig.*).

étamine² ♀ [~] *f* stamen.

étampe ⊕ [e'tã:p] *f* stamp, die; punch; swage.

étanche [e'tã:ʃ] (*water*-, *air*)tight; impervious; ⚡ insulated; ~ à l'eau watertight; **étanchéité** [etãʃei'te] *f* watertightness; airtightness; ⚡ d'~ insulating; **étancher** [~'ʃe] (1a) *v/t.* sta(u)nch (*blood*); stem (*a liquid*); quench (*one's thirst*); stop (*a leak*); make watertight or airtight.

étang [e'tã] *m* pond, pool; ~ à poissons fish pond.

étant [e'tã] *p. pr. of* être 1.

étape [e'tap] *f* ⚔, *a. fig.* stage; halting-place; *fig.* stage (towards, *vers*); *par petites* ~s by easy stages; *faire* ~ stop off, stop over.

état [e'ta] *m* state (*a. pol., a. fig.*), condition; *fig.* position; 🏛 status; profession, trade; *hist.* ~s *pl.* the estates; ~ civil civil status; *bureau m de l'*~ civil register office; 🏛 *en* ~ de légitime défense able to plead self-defence; ~ d'esprit frame of mind; *en tout* ~ de cause in any case; ~ transitoire transition stage; *réduit à l'*~ de reduced to; *coup m d'*⚒ coup d'état; *dans tous ses* ~s all of a dither; *en* ~ de vol in flying condition (*airplane*); *être en* ~ de (*inf.*) be in a position to (*inf.*); *faire* ~ de put forward; *homme m d'*⚒ statesman; *hors d'*~ useless; *remettre en* ~ put in order; **étatique** *pol.* [eta'tik] state ...; (of) state control; **étatisation** [etatiza'sjõ] *f* nationalisation (*of industries*); **étatisme** [~'tism] *m* state control; **état-major**, *pl.* **états-majors** [~ma'ʒɔ:r] *m* ⚔ (general) staff; headquarters *pl.*; *fig.* management.

étau [e'to] *m* vice, *Am.* vise; ~ à main hand-vice; ~-limeur shaping-machine.

étayage △, ⊕ [ete'ja:ʒ] *m* shoring, staying, propping (up); buttressing; **étayer** [~'je] (1i) *v/t.* prop (up), shore, stay; support (*a. fig.*).

été¹ [e'te] *p.p. of* être 1.

été² [~] *m* summer; F ~ de la Saint-Martin Indian summer.

éteignoir [ete'nwa:r] *m* candle: extinguisher; **éteindre** [e'tẽ:dr] (4m) *v/t.* extinguish (*the light, a race, etc.*); put out (*the light*); ⚡ switch off (*the light*); quench (*one's thirst, a.* ⊕ red-hot

étranger

iron); pay off (a debt); abolish (a right); fig. put an end to (s.o.'s ambition, hope); fig. soften, dim (the colour, the light); deaden (a sound); allay (passions); slake (lime); s'~ die out; go out (light etc.); fade, grow dim; die down (passions); die, pass away (person).

étendage [etã'da:ʒ] m clothes lines pl.; drying-yard; **étendard** [~'da:r] m standard, flag; **étendoir** [~'dwa:r] m clothes line; **étendre** [e'tã:dr] (4a) v/t. extend; stretch; spread (out); lay (a tablecloth); expand (the wings); dilute (with, de); lay (s.o.) down; hang (linen) out; cuis. roll out (pastry); fig. widen, enlarge; s'~ spread; stretch (out), extend; stretch out, lie down; **étendu, e** [etã'dy] 1. adj. extensive; outspread (wings); outstretched (hands); widespread (influence); 2. su./f extent; expanse; voice, knowledge: range; capacity; speech etc.: length.

éternel, -elle [eter'nɛl] eternal; everlasting, unending; **éterniser** [eterni'ze] (1a) v/t. perpetuate; eternalize; s'~ last for ever; **éternité** [~'te] f eternity; fig. ages pl.

éternuer [eter'nɥe] (1n) v/i. sneeze.

êtes [ɛt] 2nd p. pl. pres. of être 1.

éteule [e'tœl] f stubble.

éther [e'te:r] m ether; **éthéré, e** [ete're] etherial (a. 🜚); **éthériser** 💊 [~ri'ze] (1a) v/t. etherize.

éthique [e'tik] 1. adj. ethical; 2. su./f ethics pl.; moral philosophy.

ethnique [ɛt'nik] ethnic(al).

ethno... [ɛtnɔ] ethno...

éthylène 🜚 [eti'lɛ:n] m ethylene.

étiage [e'tja:ʒ] m low water mark; fig. level.

étinceler [etɛs'le] (1c) v/i. sparkle (a. fig. conversation); gleam (anger); twinkle (star); **étincelle** [etɛ'sɛl] f spark; mot. ~ d'allumage ignition spark; **étincellement** [~sɛl'mã] m sparkling; twinkling (of the stars).

étioler [etjɔ'le] (1a) v/t.: s'~ droop, wilt (plant); waste away.

étique [e'tik] emaciated.

étiqueter [etik'te] (1c) v/t. label; **étiquette** [eti'kɛt] f label, ticket, tag; etiquette, ceremony.

étirer [eti're] (1a) v/t. stretch; pull out, draw out; ⊕ draw (metals).

étoffe [e'tɔf] f material, cloth; fig. stuff; avoir l'~ de have the makings

of; **étoffé, e** [etɔ'fe] plump (person); meaty (style etc.); rich (voice); **étoffer** [~] (1a) v/t. stuff; fig. fill out; cost. give fulness to; fig. s'~ fill out (person).

étoile [e'twal] f star (a. film); typ. asterisk; blaze (on horse); ~ du berger evening star; zo. ~ de mer starfish; ~ filante shooting or falling star; à la belle ~ out of doors, in the open; **étoiler** [etwa'le] (1a) v/t. stud with stars; star (glass etc.); s'~ star (glass etc.); glow with stars (sky).

étole cost., eccl. [e'tɔl] f stole.

étonnant, e [etɔ'nã, ~'nã:t] astonishing, surprising; **étonnement** [etɔn'mã] m astonishment, surprise, amazement; **étonner** [etɔ'ne] (1a) v/t. astonish, amaze; s'~ be surprised (at s.th., de qch; at ger., de inf.).

étouffant, e [etu'fã, ~'fã:t] stifling; **étouffée** cuis. [~'fe] f: cuire à l'~ braise; **étouffement** [etuf'mã] m stifling; suffocation; scandal: hushing up; choking sensation; **étouffer** [etu'fe] (1a) vt/i. a. s'~ suffocate, choke; stifle; v/t. a. damp (a sound); ♪ quench (a spark); hush up (an affair); **étouffoir** [~'fwa:r] m charcoal extinguisher; ♪ damper; fig. stuffy room.

étoupe [e'tup] f tow; oakum; ⊕ packing; **étouper** [etu'pe] (1a) v/t. stop; ⊕ pack; 🜚 caulk; **étoupille** [~'pi:j] f 🜚 friction-tube; 🜚 fuse.

étourderie [eturdə'ri] f inadvertence; blunder, careless mistake; oversight; **étourdi, e** [~'di] 1. adj. thoughtless, scatter-brained; foolish (reply etc.); 2. su. scatter-brain; **étourdir** [~'di:r] (2a) v/t. stun, daze; make dizzy; soothe (a pain etc.); appease (one's hunger); **étourdissement** [~dis'mã] m dizziness, giddiness; dizzy spell; mind: dazing; pain etc.: deadening; fig. shock, bewilderment.

étourneau [etur'no] m orn. starling; F feather-brain.

étrange [e'trã:ʒ] strange, odd, peculiar; **étranger, -ère** [etrã'ʒe, ~'ʒɛ:r] 1. adj. pol. foreign (a. fig.), pej. alien; strange, unknown; irrelevant (to, à); ~ à unacquainted with (an affair); a stranger in (a place); 2. su. foreigner; stranger; su./m foreign parts pl.; à l'~ abroad;

étrangeté [etrãʒ'te] f strangeness, oddness.

étranglement [etrãglə'mã] m strangulation; *pipe, tube*: neck; *fig.* narrow passage; *fig.* goulet m (or goulot m) d'~ bottleneck; **étrangler** [~'gle] (1a) v/t. strangle, choke, throttle (a. ⊕), stifle; ✂ strangulate; *fig.* constrict; ⊕ throttle down (*the engine*); v/i.: ~ de colère choke with rage; ~ de soif be parched.

étrave ⚓ [e'traːv] f stem(-post).

être [ɛːtr] **1.** (1) v/i. be, exist; belong (to, à); lie, stand; F go; *passive voice*: be (seen); ~ malade be or feel sick; si cela est if so; ça y est it is done; ç'est ça that's it; c'est moi it is me; c'en est assez! enough (of it)!; lequel sommes-nous? what is the date today?; à qui est cela? whose is it?; c'est à lui de (inf.) it is his turn to (inf.); it rests with him to (inf.); ~ de come or be from (a town); ~ assis sit; ~ debout stand; j'ai été voir ce film I have seen this film; elle s'est blessée she has hurt herself; elle s'est blessé le doigt she has hurt her finger; en ~ à (inf.) be reduced to (ger.); en êtes-vous? will you join us?; où en sommes-nous? how far have we got?; quoi qu'il en soit however that may be; en ~ pour have spent (s.th.) to no purpose; vous y êtes? do you follow or F get it?; il est it is (2 o'clock); il était une fois once upon a time there was; est-ce qu'il travaille? does he work?, is he working? elle est venue, n'est-ce pas? she has come, hasn't she?; n'était but for; **2.** su./m being, creature; existence.

étreindre [e'trɛːdr] (4m) v/t. clasp; grasp; embrace, hug; *fig.* grip; **étreinte** [e'trɛt] f embrace; grasp; grip.

étrenne [e'trɛn] f: ~s pl. New Year's gift sg.; Christmas box sg.; avoir l'~ de = **étrenner** [etre'ne] (1a) v/t. wear (a garment) or use (s.th.) for the first time.

êtres [ɛːtr] m/pl.: les ~ d'une maison the ins and outs of a house.

étrier [etri'e] m stirrup (a. anat.); *fig.* mettre le pied à l'~ à q. help s.o.

étrille [e'triːj] f curry-comb; **étriller** [etri'je] (1a) v/t. curry (a horse); F † thrash, trounce.

étriper [etri'pe] (1a) v/t. disembowel (a horse); draw (a chicken); gut (a fish).

étriquer [etri'ke] (1m) v/t. make too narrow or tight; *fig.* curtail (a speech); habit m étriqué skimped coat.

étroit, e [e'trwa, ~'trwat] narrow (a. fig. mind); tight; confined; limited; *fig.* strict (sense of a word); à l'~ cramped for room; (live) economically; **étroitesse** [etrwa'tɛs] f narrowness; tightness; ~ d'esprit narrow-mindedness.

étron [e'trõ] m turd.

étude [e'tyd] f study (a. ♪); office; (barrister's) chambers pl.; prep-room; research; preparation; (lawyer's) practice; ✝ ~ du marché (de motivation) marketing (motivation) research; à l'~ under consideration; *thea.* under rehearsal; faire ses ~s study; **étudiant** m, e f [ety'djã, ~'djãːt] student; undergraduate; **étudier** [~'dje] (1o) v/t. study; prepare (a lesson); examine, go into, investigate; design; † s'~ à (inf.) make a point of (ger.); be very careful to (inf.).

étui [e'tɥi] m case, cover; book, hat: box; ✗ ~ de cartouche cartridge case.

étuve [e'tyːv] f ⚕, ⊕, baths: sweating-room; sterilizer; drying cupboard; F oven; **étuvée** cuis. [ety've] f: cuire à l'~ steam; **étuver** [~] (1a) v/t. cuis. stew (meat); steam (vegetables); ⊕ dry; sterilize.

étymologie [etimɔlɔ'ʒi] f etymology.

eu, e [y] p.p. of avoir 1.

eucalyptus ♀, a. ✿ [økalip'tys] m eucalyptus.

eucharistie eccl. [økaris'ti] f Eucharist; Lord's Supper.

eunuque [ø'nyk] m eunuch.

euphémique [øfe'mik] euphemistic; **euphémisme** [~'mism] m euphemism.

euphonie [øfɔ'ni] f euphony.

euphorie [øfɔ'ri] f euphoria; **euphorique** [~'rik] euphoric; **euphorisant, e** [~ri'zã, ~'zãːt] adj., a. su. euphoriant; **euphoriser** [~ri'ze] (1a) v/t. put into a euphoric mood.

européen, -enne [ørɔpe'ɛ̃, ~'ɛn] adj., a. su. ♀ European.

eus [y] 1st p. sg. p.s. of avoir 1.

euthanasie [øtana'zi] f euthanasia, F mercy-killing.

exact

eux [ø] *pron./pers. m/pl. subject:* they; *object:* them; *à ~* to them; theirs; *ce sont ~,* F *c'est ~* it is they, F it's them; **~-mêmes** [~'mɛːm] *pron./rfl.* themselves.

évacuation [evakɥa'sjɔ̃] *f* evacuation (*a.* ✗, ✗); *water:* drainage; **évacué** *m, e f* [eva'kɥe] evacuee; **évacuer** [~] (1n) *v/t.* ✗, ✗ evacuate; ⊕ exhaust (*steam*); drain (*water*).

évadé, e [eva'de] *adj., a. su.* fugitive; **évader** [~] (1a) *v/t.: s'~* escape, run away.

évaluation [evalɥa'sjɔ̃] *f* valuation; estimate; assessment; **évaluer** [~-'lɥe] (1n) *v/t.* value; estimate; assess.

évangélique [evɑ̃ʒe'lik] evangelical; **Évangile** [~'ʒil] *m* Gospel.

évanouir [eva'nwiːr] (2a) *v/t.: s'~* ✗ faint, swoon; *fig.* vanish, fade away; *radio:* fade; **évanouissement** [~nwis'mɑ̃] *m* ✗ faint, swoon; *fig.* disappearance; *radio:* fading; ✗ *revenir de son ~* come to.

évaporation [evapɔra'sjɔ̃] *f* evaporation; **évaporé, e** [~'re] *1. adj.* scatterbrained; flighty; irresponsible; *2. su.* flighty person; **évaporer** [~'re] (1a) *v/t.: s'~* evaporate.

évasé, e [eva'ze] bell-mouthed; flared (*skirt*); ⚓ splayed; **évaser** [~'ze] (1a) *v/t.* widen the opening of; open out; flare (*a skirt*); ⚓ splay; *s'~* widen at the mouth; flare (*skirt*).

évasif, -ve [~'zif, ~'ziːv] evasive; **évasion** [~'zjɔ̃] *f* escape, flight; evasion, quibble; *literature:* escapism; *de prison* jailbreak; *d'~* escapist (*novel etc.*); ✝ *~ des capitaux* exodus of capital.

évêché [eve'ʃe] *m* bishopric, see; diocese; bishop's palace.

éveil [e've:j] *m* awakening; alertness; *fig.* dawn; *en ~* on the alert; **éveillé, e** [eve'je] awake; wide-awake; alert, bright; **éveiller** [~] (1a) *v/t.* awaken; *fig.* arouse; *s'~* wake up; *fig.* awaken.

événement [even'mɑ̃] *m* event; occurrence; incident; emergency.

évent [e'vɑ̃] *m* open air; ⊕ vent (-hole); *zo. whale:* blowhole; *beverage:* flatness; *sentir l'~* smell musty; F *tête l'~* feather-brain.

éventail [evɑ̃'ta:j] *m* fan; *fig. salaries:* range; *en ~* fan-wise.

éventaire [evɑ̃'tɛːr] *m* (hawker's) tray; street stall.

éventé, e [evɑ̃'te] stale, musty; flat (*beer etc.*); *fig.* hare-brained; divulged (*secret*); **éventer** [~] (1a) *v/t.* air; fan; *hunt.* scent, *fig.* get wind of; *fig.* divulge; let (*beer etc.*) grow flat; F *fig. ~ la mèche* uncover a plot; *s'~* go flat or stale; spoil.

éventrer [evɑ̃'tre] (1a) *v/t.* disembowel; *fig.* break or rip open; gut (*a fish*); *mot.* rip (*a tyre*).

éventualité [evɑ̃tɥali'te] *f* possibility, contingency; **éventuel, -elle** [~'tɥɛl] possible, contingent; eventual.

évêque [e've:k] *m* bishop.

évertuer [ever'tɥe] (1n) *v/t.: s'~* strive, do one's utmost (*to inf., à inf.*).

évidemment [evida'mɑ̃] *adv.* of course, certainly; obviously; **évidence** [~'dɑːs] *f* obviousness, evidence; obvious fact; *à l'~, de toute ~* (quite) obviously; *en ~* in a prominent or conspicuous position; *se mettre en ~* push o.s. forward; **évident, e** [~'dɑ̃, ~'dɑ̃:t] evident, obvious.

évider [evi'de] (1a) *v/t.* hollow out; groove; pink (*cloth, leather*); cut away.

évier [e'vje] *m scullery:* sink.

évincer [evɛ̃'se] (1k) *v/t.* ✗ evict, eject, dispossess; *fig.* oust (*s.o.*), supplant (*s.o.*).

évitable [evi'tabl] avoidable; **évitement** [evit'mɑ̃] *m* avoidance, shunning; *route f d'~* bypass (road); *voie f d'~* siding; **éviter** [evi'te] (1a) *v/t.* avoid; *fig.* spare (*trouble*); *v/i.: ~ de* (*inf.*) avoid (*ger.*).

évocateur, -trice [evɔka'tœːr, ~-'tris] evocative (of, *de*); **évocation** [~'sjɔ̃] *f* evocation (✗, *a. spirits, a. past*); *past, spirits:* conjuring up.

évoluer [evɔ'lɥe] (1n) *v/i.* develop, evolve; ✗, ⚓ manœuvre; move; **évolution** [~ly'sjɔ̃] *f* ✗, ⚓ manœuvre; *biol. etc.* evolution; *fig.* development.

évoquer [evɔ'ke] (1m) *v/t.* evoke (*a.* ✗), bring to mind; conjure up (*a. spirits*).

ex... [eks] former; *ex-...;* late; *~ ministre* former minister.

exact, e [ɛg'zakt] exact (*a. science*);

correct, right; true; punctual (*time*).

exacteur [εgzak'tœ:r] *m* exactor; extortioner; **exaction** [⁓'sjɔ̃] *f* extortion; *tax:* exaction.

exactitude [εgzakti'tyd] *f* exactitude, exactness; accuracy; *time:* punctuality.

exagération [εgzaʒera'sjɔ̃] *f* exaggeration; overstatement; **exagérer** [⁓ʒe're] (1f) *v/t.* exaggerate; overstate; overestimate; *v/i. fig.* go too far.

exaltation [εgzalta'sjɔ̃] *f eccl., a. emotion:* exaltation; excitement; over-excitement; **exalté, e** [⁓'te] **1.** *adj.* heated; excited; overstrung (*person*); **2.** *su.* hot-head; fanatic; **exalter** [⁓'te] (1a) *v/t.* exalt, praise; excite, rouse (*emotions*); **s'⁓** grow excited; enthuse.

examen [εgza'mɛ̃] *m* examination; ⊕ *test;* ⊕ *machine:* overhaul; survey; investigation; ✝ *accounts:* inspection; **à l'⁓** under consideration (*question*); **⁓ d'entrée** entrance examination; **⁓ de passage** end-of-year examination; *mot.* **⁓ pour le permis de conduire** driving test; **examinateur** *m*, **-trice** *f* [⁓mina'tœ:r, ⁓'tris] examiner; ⊕ inspector; **examiner** [⁓mi'ne] (1a) *v/t.* examine (*a.* ✻); scrutinize; look into, investigate; ⊕ overhaul (*a machine*); *fig.* scan; ✝ inspect (*accounts*).

exaspération [εgzaspera'sjɔ̃] *f disease, pain, a.* F *fig.:* aggravation; *fig.* exasperation, irritation; **exaspérer** [⁓'re] (1f) *v/t.* exasperate, irritate, aggravate.

exaucer [εgzo'se] (1k) *v/t.* grant, fulfill (*a wish*); hear (*a prayer*).

excavateur *m*, **-trice** *f* ⊕ [εkskava'tœ:r, ⁓'tris] excavator, grub; **excavation** [⁓'sjɔ̃] *f* excavation; hole.

excédant, e [εkse'dɑ̃, ⁓'dɑ̃:t] surplus; excess (*luggage*); F tiresome (*person*); **excédent** [⁓'dɑ̃] *m* excess, surplus; **⁓ de poids** excess weight; **excéder** [⁓'de] (1f) *v/t.* exceed; *fig.* tire, weary (*s.o.*); irritate.

excellence [εkse'lɑ̃:s] *f* excellence; ♀ *title:* Excellency; **par ⁓** particularly; pre-eminently; **excellent, e** [⁓'lɑ̃, ⁓'lɑ̃:t] excellent, F first-rate, capital; delicious (*meal etc.*); **exceller** [⁓'le] (1a) *v/i.* excel (in, **en**; in *ger.*, **à** *inf.*).

excentrer ⊕ [εksɑ̃'tre] (2a) *v/t.* throw off centre; **excentrique** [⁓-'trik] **1.** *adj.* ⊕ eccentric (*a. person*); *fig.* odd (*person*); remote (*quarter of a town*); **2.** *su.*/*m* ⊕ eccentric; cam; *lathe:* eccentric chuck; *su.* eccentric, crank.

excepté [εksεp'te] *prp.* except(ing), save; **excepter** [⁓'te] (1a) *v/t.* except, exclude (from, **de**); **exception** [⁓'sjɔ̃] *f* exception (*a.* ✝✝); **⁓ faite de, à l'⁓ de** with the exception of; *pol.* **état m d'⁓** state of emergency; **sauf ⁓** with certain exceptions; **exceptionnel, -elle** [⁓sjɔ'nεl] exceptional, uncommon; ✝ **prix m ⁓** bargain.

excès [εk'sε] *m* excess; *powers, mot. speed limit:* exceeding; **à l'⁓, avec ⁓** excessively, to excess; **excessif, -ve** [⁓sε'sif, ⁓'si:v] excessive, extreme; unreasonable; exorbitant (*price*).

exciser ✻ [εksi'ze] (1a) *v/t.* excise.

excitable [εksi'tabl] excitable; **excitant** [⁓'tɑ̃] **1.** *su.*/*m* stimulant; **2.** *adj.* exciting; **exciter** [⁓'te] (1a) *v/t.* excite (*a. fig.*); arouse (*emotions*); incite (*s.o., a rebellion, etc.*); cause; **s'⁓** get excited; get worked up.

exclamation [εksklama'sjɔ̃] *f* exclamation; *point m d'⁓* exclamation mark; **exclamer** [⁓'me] (1a) *v/t.*: **s'⁓** exclaim; protest; make an outcry.

exclure [εks'kly:r] (4g) *v/t.* exclude (from, **de**); *fig.* preclude, prevent; **s'⁓ mutuellement** be mutually exclusive; **exclusif, -ve** [εkskly'zif, ⁓'zi:v] exclusive; sole (*agent, right*); **exclusion** [⁓'zjɔ̃] *f* exclusion; *pupil:* expulsion; **à l'⁓ de** excluding, excepting; **exclusivité** [⁓zivi'te] *f* exclusiveness; sole right (in, **de**); **... en ⁓** exclusive ...

excommunier *eccl.* [εkskɔmy'nje] (1o) *v/t.* excommunicate.

excorier [εksko'rje] (1o) *v/t. a.* **s'⁓** excoriate; peel off.

excrément [εkskre'mɑ̃] *m physiol.* excrement; *fig.* scum; **excréter** *physiol.* [⁓'te] (1f) *v/t.* excrete.

excroissance [εkskrwa'sɑ̃:s] *f* excrescence.

excursion [εkskyr'sjɔ̃] *f* excursion, tour, trip; hike; **excursionniste** [⁓sjɔ'nist] *su.* tourist; tripper; hiker.

excuse [εks'ky:z] *f* excuse; **⁓s** *pl.* apology *sg.*, apologies; **excuser** [⁓ky'ze] (1a) *v/t.* excuse; **s'⁓** apologie (for, *de*); excuse o.s.; † decline an invitation.

exécrable [ɛgze'krabl] abominable; horrible; disgraceful; **exécration** [ˌkra'sjɔ̃] *f* detestation, execration; *fig.* disgrace; **exécrer** [ˌ'kre] (1f) *v/t.* loathe, detest.

exécutant *m, e f ♪* [ɛgzeky'tã, ˌ'tɑ̃ːt] performer; executant; **exécuter** [ˌ'te] (1a) *v/t.* execute (*a.* †, *a.* ♫ *a murderer, etc.*), perform (*a.* ♪), carry out (*a. a plan, an order, etc.*); ♫ distrain on (*a debtor*); † hammer (*a defaulter*); *fig.* slash (*s.o.*); **s'~** comply; reply; *fig.* pay up; **exécuteur -trice** [ˌ'tœːr, ˌ'tris] *su.* promise etc.: performer; ♫ ~ testamentaire executor; ♫ ~ des hautes œuvres executioner; **exécutif, -ve** [ˌ'tif, ˌ'tiːv] *adj., a. su./m* executive; **exécution** [ˌ'sjɔ̃] *f* execution (*a.* †, *a.* ♫ *of a murderer*), performance (*a.* ♪); **promise:** fulfilment; ~ *forcée* ♫ *debtor:* distraint; † *defaulter:* hammering; ♫ *law:* enforcement; *mettre à* ~ carry out.

exemplaire [ɛgzã'plɛːr] **1.** *adj.* exemplary; **2.** *su./m* sample, specimen; model, pattern; *book:* copy; *en double* ~ in duplicate; **exemple** [ˌ'zãːpl] *m* example; *par* ~ for instance; *par* ~! well I never!; *ah ça par* ~! well really!; *ah non, par* ~! no indeed!

exempt, e [ɛg'zã, ˌ'zãːt] *adj.* exempt (from, *de*); free; immune; † ~ *de défauts* perfect; ~ *d'impôts* tax-free.

exempter [ɛgzã'te] (1a) *v/t.* exempt; exonerate; **exemption** [ˌ'sjɔ̃] *f* exemption; *fig.* freedom.

exercer [ɛgzɛr'se] (1k) *v/t.* exercise; ✗ *etc.* train, drill; use, exert (*one's influence, one's power*); practise (*a profession, a trade*); **s'~** practise (s.th., *à qch.*); drill; be exerted; *fig.* operate; **exercice** [ˌ'sis] *m* exercise; ✗ drill, training; *influence, power:* use; practice; † ~ *fiscal* financial year; (*month's, year's*) trading; *sp.* ~s *pl. aux agrès* apparatus work; *sp.* ~s *pl. libres* light gymnastics *sg.*

exhalaison [ɛgzale'zɔ̃] *f* exhalation; ~s *pl.* fumes; **exhalation** [ˌla'sjɔ̃] *f* exhaling, exhalation; **exhaler** [ˌ'le] (1a) *v/t.* exhale, give out, emit; *fig.*

express, utter; *fig.* give vent to (*one's anger*); *fig.* breathe (*a sigh*).

exhausser [ɛgzo'se] (1a) *v/t.* raise (by, *de*), heighten.

exhausteur *mot.* [ɛgzos'tœːr] *m* suction-pipe; vacuum-feed tank.

exhérédation ♫ [ɛgzereda'sjɔ̃] *f* disinheritance; **exhéréder** ♫ [ˌ'de] (1f) *v/t.* disinherit.

exhiber [ɛgzi'be] (1a) *v/t.* ♫ produce; show (*animals, the ticket, etc.*); *fig.* flaunt, show off; *pej.* make an exhibition of o.s.; **exhibition** [ˌbi'sjɔ̃] *f* ♫ production; showing, display, exhibition; (*cattle-etc.*) show.

exhorter [ɛgzɔr'te] (1a) *v/t.* exhort, urge, encourage.

exhumer [ɛgzy'me] (1a) *v/t.* exhume, disinter; *fig.* unearth, bring to light.

exigeant, e [ɛgzi'ʒã, ˌ'ʒãːt] exacting, hard to please; **exigence** [ˌ'ʒãːs] *f* demand; requirement; *fig.* exactingness; † ~s *pl.* conditions; **exiger** [ˌ'ʒe] (11) *v/t.* demand; require; **exigible** [ˌ'ʒibl] due (*payment*).

exigu, -guë [ɛgzi'gy] exiguous; scanty; slender (*income, means*); **exiguïté** [ˌguï'te] *f* tininess, smallness; slenderness.

exil [ɛg'zil] *m* exile, banishment; **exilé** *m, e f* [ɛgzi'le] exile; **exiler** [ˌ] (1a) *v/t.* exile, banish.

existence [ɛgzis'tãːs] *f* existence; life; † ~s *pl.* stock *sg.*; *moyens m/pl. d'~* means of subsistence; **existentialisme** *phls.* [ˌtãsja'lism] *m* existentialism; **existentialiste** *phls.* [ˌtãsja'list] *adj., a. su.* existentialist; **exister** [ˌ'te] (1a) *v/i.* exist, be; be extant.

exode [ɛg'zɔd] *m* exodus (*a. fig.*); *bibl.* ♀ Exodus; ~ *rural sociology:* drift to the towns, urban drift.

exonérer [ɛgzone're] (1f) *v/t.* exempt; free; exonerate; remit (*s.o.'s*) fees.

exorbitant, e [ɛgzɔrbi'tã, ˌ'tãːt] exorbitant, excessive.

exorciser *eccl.* [ɛgzɔrsi'ze] (1a) *v/t.* exorcize; lay (*a ghost*).

exotique [ɛgzɔ'tik] exotic; *fig.* foreign.

expansibilité [ɛkspãsibili'te] *f phys.* expansibility; *fig.* expansiveness; **expansible** *phys.* [ˌ'sibl] expansible; **expansif, -ve** [ˌ'sif, ˌ'siːv] *phys.*, *a. fig.* expansive; *fig.* effusive; **expansion** [ˌ'sjɔ̃] *f phys.*, *a.* ⊕ expansion; *fig.* expansiveness; *culture:* spread; **expansionnisme** [ˌsjɔ'nism] *m* expansionism.

expatrié, e [ekspatri'e] exile, expatriate; **expatrier** [ˌ] (1a) *v/t.* expatriate; exile, banish; s'ˌ leave one's own country.

expectant, e [ekspek'tã, ˌ'tãːt] expectant; **expectative** [ˌta'tiːv] *f* expectancy; *dans l'ˌ de* waiting for.

expectoration ✴ *etc.* [ekspektɔra'sjɔ̃] *f* expectoration; sputum; **expectorer** [ˌ're] (1a) *v/t.* expectorate.

expédient, e [ekspe'djã, ˌ'djãːt] **1.** *adj.* expedient, advisable, proper (to, de); **2.** *su./m* expedient, shift; *vivre d'ˌs* live by one's wits.

expédier [ekspe'dje] (1o) *v/t.* dispatch; get rid of; dispose of (*s.th.*) quickly, hurry through; send (off), forward (*mail etc.*), clear (*the customs*); ✴ draw up (*a contract*); ˌ *qch. par bateau* ship s.th.; **expéditeur** *m*, **-trice** *f* [ekspedi'tœːr, ˌ'tris] sender; ✝ consigner, shipper; forwarding agent; **expéditif, -ve** [ˌ'tif, ˌ'tiːv] expeditious, prompt; **expédition** [ˌ'sjɔ̃] *f* expedition (*a. geog.*), dispatch (*a.* ✝); ✝ sending; consignment; shipping; copy; **expéditionnaire** [ˌsjɔ'nɛːr] *m* ✝ sender; ✝ forwarding agent; shipper, consigner.

expérience [ekspe'rjãːs] *f* experience; 🜪 *etc.* experiment, test; *par ˌ* from experience.

expérimenté, e [eksperimã'te] experienced, skilled (*workman*); **expérimenter** [ˌ] (1a) *v/t.* test, try; *v/i.* experiment (on, sur).

expert, e [eks'pɛːr, ˌ'pɛrt] **1.** *adj.* expert, skilled (in en, dans); able; **2.** *su./m* expert (in, at en) (*a.* ✴); ✝ valuer; *fig.* connoisseur; ✝ ˌ *comptable* chartered accountant; **expertise** [eksper'tiːz] *f* ✝ expert appraisal *or* valuation; ⚓ survey; expert evidence; expert opinion; **expertiser** [ˌti'ze] (1a) *v/t.* ✝ value, appraise; ⚓ survey.

expiable [eks'pjabl] expiable; **expiation** [ˌpja'sjɔ̃] *f* expiation (for, de); *eccl.* atonement; **expiatoire** [ˌpja'twaːr] expiatory; **expier** [ˌ'pje] (1o) *v/t.* expiate, atone for, F pay for.

expiration [ekspira'sjɔ̃] *f* expiration, breathing out; termination, expiry; ⊕ steam: discharge; **expirer** [ˌ're] (1a) *v/t.* breathe out; *v/i.* expire (*a.* 🜪), die.

explétif, -ve [eksple'tif, ˌ'tiːv] *adj.*, *a. su./m* expletive.

explicable [ekspli'kabl] explicable, explainable; **explicatif, -ve** [ˌka'tif, ˌ'tiːv] explanatory; **explication** [ˌka'sjɔ̃] *f* explanation; ˌ *de texte* textual commentary.

explicite [ekspli'sit] explicit, plain.

expliquer [ekspli'ke] (1m) *v/t.* explain; comment upon (*a text*); account for; s'ˌ explain o.s.; be explained; s'ˌ *avec* have it out with; *je m'explique* what I mean is this.

exploit [eks'plwa] *m* exploit, deed, feat; 🜪 writ, summons *sg.*; 🜪 *signifier un ˌ à* serve a writ on; **exploitable** [eksplwa'tabl] workable (*quarry*); ⚒ gettable (*coal*); exploitable (*person*); 🜪 distrainable; **exploitation** [ˌta'sjɔ̃] *f* exploitation (*a. fig.*); ✝ management; ⚒, 🜨, *quarry:* working; farming; *trees:* felling; *fig.* swindling; mine, workings *pl.*; **exploiter** [ˌ'te] (1a) *v/t.* exploit (*a. fig.*); ⚒ work; ✔ cultivate; ✝ manage; *fig.* take advantage of; *fig.* swindle; *v/i.* 🜪 serve a writ.

explorateur, -trice [eksplɔra'tœːr, ˌ'tris] **1.** *adj.* exploratory; **2.** *su.* explorer; **exploration** [ˌra'sjɔ̃] *f* exploration; ✗ reconnaissance; *telev.* scanning; **explorer** [ˌ're] (1a) *v/t.* explore; ✴ probe; ✗ reconnoitre; *telev.*, *cin.* scan.

exploser [eksplo'ze] (1a) *v/i.* ⊕, ✗, *a. fig.* explode; *faire ˌ* blow up; **explosible** [ˌ'zibl] explosive; detonable; **explosif, -ve** [ˌ'zif, ˌ'ziːv] *adj.*, *a. su./m* explosive; **explosion** [ˌ'zjɔ̃] *f* explosion; ⊕ bursting; ˌ *démographique* population explosion; *moteur m à ˌ* internal combustion engine.

exportation ✝ [eksporta'sjɔ̃] *f* exportation; export trade; ˌs *pl.* exports.

exposant, e [ekspo'zã, ˌ'zãːt] *su.* 🜪 petitioner; *paint. etc.* exhibitor; *su./m* ⯑ exponent; index; **exposé** [ˌ'ze] *m* report; outline; account;

statement; **exposer** [ˌˈze] (1a) *v/t.* expose; disclose (*plans*); set forth; state; *paint.* exhibit; jeopardize; s'~ take risks; **exposition** [ˌzi'sjɔ̃] *f* exhibition; *eccl.* exposition; exposure (*to cold, to danger*; *of a baby*; *of a house*); *facts etc.*: statement, exposition.

exprès, expresse [eks'prɛ, ˌ'prɛs] **1.** *adj.* explicit, express, definite; **2.** exprès *adv.* deliberately, on purpose; **3.** *su./m* express messenger; lettre *f* exprès express letter.

express 🚋 [eks'prɛs] *m* express.

expressément [ɛksprɛse'mɑ̃] expressly.

expressif, -ve [ɛksprɛ'sif, ˌ'si:v] expressive; **expression** [ˌ'sjɔ̃] *f* expression; ♬, *fig.* réduire à la plus simple ~ reduce to the simplest terms.

exprimer [ɛkspri'me] (1a) *v/t.* express; put into words, voice; show (*an emotion*); squeeze out (*juice*); si l'on peut s'~ ainsi if one may put it that way.

expropriation 🏛 [ɛksprɔpria'sjɔ̃] *f* expropriation; compulsory purchase; **exproprier** 🏛 [ˌ'e] (1a) *v/t.* expropriate.

expulser [ɛkspyl'se] (1a) *v/t.* expel (*a. an electron, a. a pupil*); eject (*s.o.*); 🏛 evict (*a tenant*); *univ.* send (*a student*) down; ⊕ discharge.

expurger [ɛkspyr'ʒe] (11) *v/t.* expurgate, bowdlerize (*a book*).

exquis, e [ɛks'ki, ˌ'ki:z] exquisite; **exquisément** [ˌkize'mɑ̃] *adv.* of exquis.

exsangue [ɛk'sɑ̃:g] an(a)emic, bloodless.

exsuder [ɛksy'de] (1a) *vt/i.* exude.

extase [ɛks'tɑ:z] *f* ecstasy; *fig.* rapture; 🎵 trance; **extasié, e** [ˌta'zje] enraptured; **extasier** [ˌta'zje] (1o) *v/t.*: s'~ go into ecstasies (over *devant, sur*).

extenseur [ɛkstɑ̃'sœ:r] **1.** *adj./m anat.* extensor; **2.** *su./m anat.* muscle: extensor; *sp.* chest-expander; *trousers:* stretcher; 🜨 shock-absorber; **extensible** [ˌ'sibl] extensible; *metall.* tensile; **extension** [ˌ'sjɔ̃] *f* extent; extension (*a. 🜨*); spreading; stretching; ⊕ *etc.* tension; *gramm.* par ~ in a wider sense.

exténuer [ɛkste'nɥe] (1n) *v/t.* exhaust, tire out; † extenuate.

extérieur, e [ɛkste'rjœ:r] **1.** *adj.* exterior, external, outer; *pol.* foreign; affaires *f/pl.* ~es foreign affairs; **2.** *su./m* exterior (*a. cin.*); outside; *fig.* appearance; *pol.* foreign countries *pl.*

exterminateur, -trice [ɛkstermina'tœ:r, ˌ'tris] **1.** *adj.* exterminating, destroying; **2.** *su.* exterminator, destroyer; **exterminer** [ˌ'ne] (1a) *v/t.* exterminate, destroy, wipe out.

externat [ɛkster'na] *m* day-school; 💊 non-resident studentship; **externe** [ˌ'tern] **1.** *adj.* external, outer, 💊 out-(*patient*); 💊 usage *m* ~ external application; **2.** *su.* day-pupil; 💊 non-resident medical student.

extincteur, -trice [ɛkstɛ̃k'tœ:r, ˌ'tris] **1.** *adj.* extinguishing; **2.** *su./m* fire-extinguisher; ~ à mousse foam extinguisher; **extinction** [ˌ'sjɔ̃] *f* extinction; *fire, light:* extinguishing; termination; *race etc.*: dying out; *voice:* loss; ✕ ~ des feux lights out, *Am.* taps.

extirper [ɛkstir'pe] (1a) *v/t.* eradicate (*a. fig.*).

extorquer [ɛkstɔr'ke] (1m) *v/t.* extort (from, out of à); **extorsion** [ˌtɔr'sjɔ̃] *f* extortion; blackmail.

extra [ɛks'tra] **1.** *su./m/inv.* extra; hired waiter; temporary job; **2.** *adj./inv.* extra-special; **3.** *adv.* extra-...

extraction [ɛkstrak'sjɔ̃] *f* extraction (*a. ♬, 💊, a. fig.*); *stone:* quarrying; *gold:* winning; *fig.* origin, descent.

extradition 🏛 [ɛkstradi'sjɔ̃] *f* extradition.

extraire [ɛks'trɛ:r] (4ff) *v/t.* extract (*a. 🏛*); pull (*a tooth*); quarry (*stone*); win (*gold*); copy out (*a passage*); *fig.* rescue; **extrait** [ˌ'trɛ] *m* extract; *admin.* (*birth- etc.*) certificate; abstract; 🕈 ~ de compte statement of account.

extraordinaire [ɛkstraɔrdi'nɛ:r] **1.** *adj.* extraordinary; uncommon; special; wonderful; queer; **2.** *su./m* extraordinary thing; the unusual.

extrapoler [ɛkstrapɔ'le] (1a) *v/t.* extrapolate.

extravagance [ɛkstrava'gɑ̃:s] *f* extravagance; absurdity; *fig.* ~s *pl.* nonsense; **extravagant, e** [ˌ'gɑ̃, ˌ'gɑ̃:t] extravagant; absurd; exorbitant, prohibitive (*price*); **ex-**

extrême

travaguer [~'ge] (1m) *v/i.* ♫ rave; *fig.* talk nonsense; act wildly.

extrême [ɛks'trɛ:m] **1.** *adj.* extreme; utmost, furthest; drastic (*measures*); intense (*cold, emotions, etc.*); **2.** *su./m* extreme; *à l'*~ in the extreme; ~**onction** *eccl.* [ɛkstremɔ̃k'sjɔ̃] *f* extreme unction; **2-Orient** *geog.* [~mɔ'rjã] *m the* Far East; **extrémiste** *pol. etc.* [ɛkstre'mist] *adj., a. su.* extremist; **extrémité** [~mi'te] *f* extremity; very end, tip; extreme; plight, straits *pl.*; last moment; point of death; ~*s pl.* extremities; extreme measures.

extrinsèque [ɛkstrɛ̃'sɛk] extrinsic.

exubérance [ɛgzybe'rã:s] *f* exuberance, luxuriance, superabundance; **exubérant, e** [~'rã, ~'rã:t] exuberant, luxuriant, superabundant; immoderate (*laughter*).

exultation [ɛgzylta'sjɔ̃] *f* exultation, rejoicing; *avec* ~ exultantly; **exulter** [~'te] (1a) *v/i.* exult, rejoice.

ex-voto [ɛksvɔ'to] *m/inv.* votive offering; ex-voto.

F

F, f [ɛf] *m* F, f.

fa ♪ [fa] *m/inv.* fa, *note*: F; ~ dièse F sharp; *clef f de* ~ F-clef.

fable [faːbl] *f* fable; story; *fig.* falsehood; *fig.* talk, laughing-stock (*of the town*); **fabliau** [fɑbliˈo] *m Old French literature*: fabliau; **fablier** [ˌˈe] *m* book of fables.

fabricant [fabriˈkɑ̃] *m* manufacturer; mill-owner; maker; **fabrication** [ˌkaˈsjɔ̃] *f* manufacture; production; *document*: forging; *fig.* fabrication; ~ *en série* mass production; **fabrique** [faˈbrik] *f* manufacture; factory, works *usu. sg.; paper, cloth*: mill; make; *eccl.* fabric (*of a church*); *eccl.* church council; **fabriquer** [ˌbriˈke] (1m) *v/t.* ⊕ manufacture; *fig.* make, do; *fig.* fabricate (*a charge, lies, a document*); coin (*a word*); *sl.* cheat, pinch.

fabulation [fabylaˈsjɔ̃] *f* fantasizing; fabrication; **fabuler** (1a) *v/i.* fantasize; make up stories (*a. fig.*); **fabuleux, -euse** [faby'lø, ˌˈløːz] fabulous (*a. fig.*).

façade [faˈsad] *f* façade; frontage; front; F window-dressing.

face [fas] *f* face; countenance; aspect; front; ♣ *a.* ♪ *record*: side; surface; *de* ~ full-face (*photo*); *d'en* ~ opposite; *en* ~ de in front of; in the presence of; opposite; *faire* ~ *à* face; *fig.* meet; cope with; *pile ou* ~ heads or tails; ~ *à face telev.* [ˌaˈfas] *m/inv.* encounter; ~-*à-main, pl.* ~*s-à-main* [ˌaˈmɛ̃] *m* lorgnette.

facétie [faseˈsi] *f* facetious remark; joke; **facétieux, -euse** [ˌˈsjø, ˌˈsjøːz] facetious, waggish.

facette [faˈsɛt] *f* facet (*a. zo.*).

fâché, e [fɑˈʃe] sorry; angry, cross (about, de; with s.o., *avec* q.); annoyed; offended; **fâcher** [ˌ] (1a) *v/t.* anger, make angry; offend; grieve, pain; se ~ get angry; get angry or annoyed (with, *contre*; over, *pour*); fall out (with, *avec*); ~ *tout rouge* blow one's top, *Br. a.* go spare; **fâcherie** [fɑˈri] *f* tiff, quarrel; bad

feeling; **fâcheux, -euse** [fɑˈʃø, ˌˈʃøːz] annoying; deplorable, regrettable; awkward (*situation*).

facial, e [faˈsjal, ˌˈsjo] *m/pl.* -aux facial, face-...

facile [faˈsil] easy; simple; *facile; fig.* pliable; fluent (*tongue*); **facilité** [fasiliˈte] *f* easiness; ease; readiness; facility (*a.* ♣), aptitude; complaisance; ♣ ~*s pl. de paiement* easy terms; **faciliter** [ˌ] (1a) *v/t.* facilitate, make easy or easier (for s.o., *à q.*).

façon [faˈsɔ̃] *f* make; fashioning; way, manner; ~*s pl.* manners, behavio(u)r *sg.*; ceremony *sg.*, fuss *sg.*; affectation *sg.*; *de* ~ *à* so as to; *de* ~ *que* so that; *de la bonne* ~ properly; *in fine style; de ma* ~ of my own composition; *de toute* ~ in any case; *faire des* ~*s* stand on ceremony; *cost.* on travaille à ~ customers' own materials made up; *sans* ~(*s*) simple; offhanded(ly *adv.*); unceremonious(ly *adv.*); without further ado.

faconde [faˈkɔ̃ːd] *f* loquaciousness.

façonner [fasoˈne] (1a) *v/t.* shape; form, fashion; make (*a dress etc.*); train; ♪ dress (*the soil*); *fig.* mould (*s.o.*); **façonnier, -ère** [ˌˈnje, ˌˈnjɛːr] 1. *adj.* fussy; bespoke (*worker*); 2. *su.* home-worker.

fac-similé [faksimiˈle] *m* facsimile, exact copy.

facteur [fakˈtœːr] *m* postman, *Am.* mailman; maker; ♪ instrument maker; ♣, *a. fig.* factor.

factice [fakˈtis] artificial, factitious.

factieux, -euse [fakˈsjø, ˌˈsjøːz] 1. *adj.* factious, seditious; 2. *su.* sedition-monger; **faction** [ˌˈsjɔ̃] *f* ✗ sentry-duty, guard; watch; *fig.* faction; *être de* ~ be on sentry-go or on guard; **factionnaire** [ˌsjɔˈnɛːr] *m* sentry; sentinel.

factotum [faktɔˈtɔm] *m* factotum; man-of-all-work.

factuel, -elle [faktyˈɛl] factual, objective.

facture [fakˈtyːr] *f* ♣ workmanship,

make (*of an article*); ⚕ bill, invoice; ♪ *instruments*: manufacturing; ♪ *organ pipes*: scale; **facturer** ⚕ [~ty're] (1a) *v/t.* invoice; **facturier** ⚕ [~ty'rje] *m* invoice clerk; salesbook.

facultatif, -ve [fakylta'tif, ~'ti:v] optional; ⚖ permissive; *arrêt m ~* request stop; **faculté** [~'te] *f* faculty (*a. univ, a. fig.*); option; power, ability; *~s pl.* means, resources.

fada F [fa'da] *m* fool; **fadaise** [fa'dɛ:z] *f* nonsense, *Am. sl.* baloney.

fadasse [fa'das] sickly (*taste*); pale (*colour*).

fade [fad] insipid, tasteless; washed-out (*colour*); **fadeur** [fa'dœ:r] *f* insipidity; *smell*: sickliness; *fig.* pointlessness; *fig. ~s pl.* insipid talk *sg. or* compliments.

fading [fe'diŋ] *m radio*: fading.

fafiot † *sl.* [fa'fjo] *m* bank-note.

fagot [fa'go] *m* bundle of firewood; *fig. sentir le ~* smack of heresy; **fagoter** [~'te] (1a) *v/t.* † bundle (*firewood*); F dress (*s.o.*) badly.

faible [fɛbl] **1.** *adj.* weak; feeble (*a. fig.*); faint (*smell, sound, voice*); slight (*difference, hope, pain*); gentle (*slope*); slender (*means*); poor (*performance*); lame (*excuse*); **2.** *su./m* weakness, foible; *person*: weakling; *les économiquement ~s pl.* the lower income groups; **faiblesse** [fɛ'blɛs] *f* weakness, feebleness; frailty; ⚕ fainting fit; *fig.* weak point; *amount, number*: smallness; **faiblir** [~'bli:r] (2a) *v/i.* weaken; ⊕ lose power.

faïence [fa'jɑ̃:s] *f* earthenware, crockery; **faïencerie** [~jɑ̃s'ri] *f trade, a. works*: pottery; crockery shop; earthenware, crockery; **faïencier** *m*, **-ère** *f* [~jɑ̃'sje, ~'sjɛ:r] crockery- *or* earthenware-maker *or* dealer.

faille[1] [faj] *3rd p. sg. pres. sbj. of falloir.*

faille[2] [fa:j] *f* ⚒, *geol.* fault; *fig.* flaw, weakness.

failli *m*, **e** *f* ⚖ [fa'ji] bankrupt, **faillible** [~'jibl] fallible; **faillir** [~'ji:r] (2n) *v/i.*: *~ faire qch.* almost *or* nearly do s.th., all but do s.th.; *j'ai failli tomber* I nearly fell; *~ à un devoir* fail in a duty; **faillite** [~'jit] *f* bankruptcy; *fig.* failure; *faire ~* go bankrupt; *mettre q. en ~* declare s.o. bankrupt.

faim [fɛ̃] *f* hunger; *fig.* thirst (for glory, *de gloire*); *avoir (très) ~* be (very) hungry; *avoir une ~ canine* (*or de loup*) be ravenous; *mourir de ~* die of starvation; F be famished.

faine ♀ [fɛ:n] *f* beechnut.

fainéant, e [fɛne'ɑ̃, ~'ɑ̃:t] **1.** *adj.* idle, lazy; slothful; **2.** *su.* idler; sluggard; **fainéanter** [~ɑ̃'te] (1a) *v/i.* idle, loaf; **fainéantise** [~ɑ̃'ti:z] *f* idleness, laziness.

faire [fɛ:r] (4r) **1.** *v/t.* make (*bread, a voyage, a declaration, one's bed, a profit*), do; create; form; beget (*a child*); make out (*a list,* ⚕ *a cheque*); pay (*attention, a visit*); clean (*one's shoes*), do (*a room*); pack (*a trunk*); cover (*a distance*), travel; carry out, perform (*a.* ⚕ *an operation*); work (*miracles*); play (*a.* ♪), feign; see to it (that *ind.*, *que sbj.*); deal (*cards*); matter; ⚕ run (*a temperature*); ⚕ place (*an order*); *thea.* act (*a part*); F look; *followed by an inf.*: make, cause, have; *~ attention* take care; *~ de la peine à* hurt (*s.o.'s*) feelings; *~ de la peinture* paint; *~ de q. son héritier* make s.o. one's heir; *~ du bien à* do (*s.o.*) good; *mot. ~ du 150 kilomètres à l'heure* do 150 kilometres per hour; *~ du ski* ski; *~ du sport* go in for sports; *thea. ~ du théâtre* be on the stage (*professional*); *~ école* set a fashion; *~ entrer* show (*s.o.*) in; *~ faire* have (*s.th.*) done *or* made (by s.o., *à q.*); *~ fortune* make a fortune; *~ la cuisine* do the cooking; *~ la vaisselle* wash up the dishes; ⚕ *~ le commerce de* deal in; *mot. ~ le plein* fill up (with, *de*); *~ mention de* mention; *~ partie de* form part of; *~ pendre* get (*s.o.*) hanged; *~ sa philosophie* read philosophy; *~ savoir* inform (s.o. of s.th., *qch. à q.*); *~ un sourire à* give (*s.o.*) a smile; *~ venir* send for; *ça ne fait rien* it does not matter; *en ~ trop* overdo; *faites-lui mes amitiés* give him my kindest regards; *ne ~ que* (*inf.*) do nothing but (*inf.*); *qu'est-ce que ça peut nous ~?* what is that to us!; *trois et six font neuf* three and six are *or* make nine; *se ~* be done; become; happen; get used to; *cela ne se fait pas* that is not done; *comment se fait-il que?* how does it happen that?, how is it that?; *il peut se* ~ *que* it may happen that; *ne vous en faites pas!* don't worry!; don't bother!; *se* ~ *entendre* make o.s. heard; be heard; **2.** *v/i.* do, act; manage; make (with, de); look; last; *cards:* deal; fit; say, remark; ~ *bien de* (*inf.*) do well *or* right to (*inf.*); ~ *bien sur dress:* look well on (*s.o.*); ~ *de son mieux* do one's best (to *inf.*, *pour inf.*); *elle fait très jeune* she looks quite young; *fit-il* he said, said he; *je ne peux* ~ *autrement que de* (*inf.*) I cannot but (*inf.*); *laisser* ~ *q.* let s.o. alone; *qu'y* ~? what can be done about it?; **3.** *v/impers.* be; *il fait chaud* (*beau, nuit*) it is hot (fine, dark); *il fait bon* (*inf.*) it is nice to (*inf.*); ~**part** [fɛr‑ˈpaːr] *m/inv.* notice, announcement; ~**valoir** *thea., fig.* [~vaˈlwaːr] *m/inv.* foil.

faisable [fəˈzabl] feasible, practicable.

faisan [fəˈzɑ̃] *m* pheasant; **faisan(d)e** [~ˈzɑn, ~ˈzɑ̃d] *f* (*a. poule f* ~) hen-pheasant; **faisandé, e** [fəzɑ̃‑ˈde] high; gamy; *fig.* spicy (*story*); **faisandeau** [~ˈdo] *m* young pheasant; **faisander** *cuis.* [~ˈde] (1a) *v/t.* hang (*game etc.*); *se* ~ get high; **faisanderie** [~ˈdri] *f* pheasantry; **faisandier** [~ˈdje] *m* pheasant breeder.

faisceau [fɛˈso] *m* bundle; cluster; *rays:* pencil; beam; 🕮 *sidings:* group; ~*x pl.* fasces; ⚔ *d'armes* pile *or* stack of arms; *former* (*rompre*) *les* ~*x* (un)pile arms.

faiseur *m*, **-euse** *f* [fəˈzœːr, ~ˈzøːz] maker, doer; *fig.* bluffer; *faiseuse d'anges* back-street abortionist; ~ *de mariages* matchmaker; ~ *d'intrigues* schemer; ~ *de vers* versifier; **faisons** [fəˈzɔ̃] *1st p. pl. pres. of faire*; **fait, e** [fɛ, fɛt] **1.** *p.p. of faire*; *c'en est* ~ *de* it's all up with; **2.** *su./m* fact; deed; act; feat; achievement; happening; development; case; matter, point; *au* ~ after all; *de* (*or en*) ~ as a matter of fact; actually; ~*s pl. divers* news items; news in brief; *du* ~ *de* on account of; *en* ~ *de* as regards; *en venir au* ~ come to the point, get down to business; *être au* ~ *de qch.* be informed of s.th., know how s.th. stands; *il est de* ~ *que* it is a fact that; *mettre q. au* ~ *de qch.* acquaint s.o.

with s.th.; give s.o. full information about s.th.

faîtage △ [fɛˈtaːʒ] *m* ridge-piece; roof-tree; ridge tiling; roof timbers *pl.*; **faîte** [fɛːt] *m* top, summit; △ ridge; *geog.* crest.

faites [fɛt] *2nd p. pl. pres. of faire*.

faix [fɛ] *m* burden, load.

fakir [faˈkiːr] *m* fakir.

falaise [faˈlɛːz] *f* cliff.

fallacieux, -euse [falaˈsjø, ~ˈsjøːz] fallacious, misleading.

falloir [faˈlwaːr] (3e) *v/impers.* be necessary, be lacking; *il faut que je* (*sbj.*) I must (*inf.*); *il me faut* (*inf.*) I must (*inf.*); *il me faut qch.* I want s.th.; I need s.th.; *comme il faut* proper(ly *adv.*); *il s'en faut de beaucoup* far from it; *peu s'en faut* very nearly; *tant s'en faut* not by a long way; *fallu* [~ˈly] *p.p. of falloir*; *fallut* [~ˈly] *3rd p. sg. p.s. of falloir*; [(stable) lamp.}
falot[1] [faˈlo] *m* (hand) lantern;}
falot[2], e [faˈlo, ~ˈlɔt] wan (*light*); *fig.* dull, dreary (*person*); † odd, quaint.

falsificateur *m*, **-trice** *f* [falsifika‑ˈtœːr, ~ˈtris] forger (*of papers*); adulterator (*of food, milk, etc.*); **falsification** [~ˈsjɔ̃] *f* forgery, forging; adulteration; **falsifier** [falsiˈfje] (1o) *v/t.* falsify; forge; adulterate (*food etc.*).

famé, e [faˈme] *adj.:* *bien* (*mal*) ~ of good (evil) repute.

famélique [fameˈlik] **1.** *adj.* starving, famished; **2.** *su.* starveling.

fameux, -euse [faˈmø, ~ˈmøːz] famous, renowned, celebrated; F first-class, magnificient, capital, *Am.* swell.

familial, e, *m/pl.* **-aux** [famiˈljal, ~ˈljo] family...; domestic; **familiariser** [familjariˈze] (1a) *v/t.* familiarize; *se* ~ *avec* make o.s. familiar with; **familiarité** [~ˈte] *f* familiarity; *fig.* ~*s pl.* liberties; **familier, -ère** [famiˈlje, ~ˈljɛːr] **1.** *adj.* family..., domestic; familiar, well-known; intimate; colloquial; *expression f* ~*ère* colloquialism; **2.** *su.* intimate; regular visitor; **famille** [~ˈmiːj] *f* family; household.

famine [faˈmin] *f* famine, starvation.

fana F [faˈna] **1.** *adj.* enthusiastic, fanatic; **2.** *su.* enthusiast, fan(atic).

fanal [faˈnal] *m* lantern; beacon; ⚓ navigation light; 🕮 headlight.

fanatique [fana'tik] **1.** adj. fanatical; enthusiastic; **2.** su. fanatic; enthusiast; **fanatisme** [~'tism] m fanaticism.

fane [fan] f potatoes: haulm; carrots: top; dead leaves pl.; **faner** [fa'ne] (1a) v/t. ted, toss (the hay); fig. cause (colour etc.) to fade; se ~ fade (colour); wither, droop (flower); v/i. make hay; **faneur, -euse** [~'nœ:r, ~'nø:z] su. haymaker; su./f tedder, tedding machine.

fanfare [fã'fa:r] f trumpets: flourish; hunt. etc. fanfare; brass band; ✗ bugle band; **fanfaron, -onne** [fãfa'rõ, ~'rɔn] **1.** adj. boastful; bragging, swaggering; **2.** su. swaggerer, braggart, boaster; su./m: faire le ~ bluster; brag; **fanfaronnade** [~rɔ'nad] f swagger, boasting; bluster.

fanfreluche [fãfrə'lyʃ] f bauble; cost. ~s pl. fal-lals.

fange [fã:ʒ] f mud; filth, F muck; **fangeux, -euse** [fã'ʒø, ~'ʒø:z] muddy; dirty, filthy.

fanion ✗ [fa'njõ] m flag; pennon.

fanon [fa'nõ] m eccl. maniple; ox: dewlap; horse: fetlock; whalebone.

fantaisie [fãte'zi] f imagination; fancy (a. fig.); fig. whim; ♪ fantasia; à ma ~ as the fancy takes (took) me; ✝ articles m/pl. de ~ fancy goods; de ~ imaginary; ✝ fancy-...; **fantaisiste** [~'zist] **1.** adj. fantastic, freakish; **2.** su. fanciful person.

fantasmagorie [fãtasmago'ri] f phantasmagoria; fig. weird spectacle.

fantasque [fã'task] odd; whimsical, queer (person).

fantassin [fãta'sɛ̃] m infantryman, foot-soldier.

fantastique [fãtas'tik] fantastic; weird; fig. incredible.

fantoche [fã'tɔʃ] m puppet (a. fig.), marionette; gouvernement ~ puppet government.

fantôme [fã'to:m] m phantom, ghost, spectre; illusion; le vaisseau ~ the Flying Dutchman.

faon [fã] m fawn; roe calf.

faquin [fa'kɛ̃] m cad, scoundrel; low fellow.

faraud, e [fa'ro, ~'ro:d] **1.** adj. full of o.s.; affected; **2.** su. swanker.

farce [fars] **1.** su./f practical joke, trick; thea., a. fig. farce; cuis. stuffing, forcemeat; **2.** adj. sl. funny, comical; **farceur** m, -euse f [far'sœ:r, ~'sø:z] practical joker; wag, humorist.

farcir cuis., a. fig. [far'si:r] (2a) v/t. stuff.

fard [fa:r] m make-up; rouge; fig. artifice, camouflage; parler sans ~ speak plainly or candidly; sl. piquer un ~ blush.

fardeau [far'do] m burden (a. ⚖️), load.

farder [far'de] (1a) v/t. make (s.o.) up; paint; fig. disguise, camouflage; se ~ make up. [lorry.)

fardier [far'dje] m trolley; truck.)

farfadet [farfa'dɛ] m goblin; elf.

farfelu, e F [farfə'ly] **1.** adj. excentric, crazy, F cranky, F far-out; **2.** su. eccentric, F nutcase, F srewball.

farfouiller [farfu'je] (1a) v/i. rummage (in, among dans); v/t. explore.

faribole [fari'bɔl] f (stuff and) nonsense.

farinacé, e [farina'se] farinaceous; **farine** [fa'rin] f flour, meal; fig. type, sort; ~ de riz ground rice; **fariner** cuis. [fari'ne] (1a) v/t. dust with flour; **farineux, -euse** [~'nø, ~'nø:z] **1.** adj. farinaceous; floury; flour-covered; **2.** su./m farinaceous food.

farouche [fa'ruʃ] wild, fierce; cruel; timid, shy; unsociable, unapproachable.

fart [fa:r] m ski wax; **farter** [far'te] (1a) v/t. wax (one's skis).

fascicule [fasi'kyl] m encyclopaedia etc.: part, section; ♀, zo. bunch; ♀, zo. fascic(u)le.

fascinateur, -trice [fasina'tœ:r, ~'tris] fascinating; **fascination** [~'sjõ] f fascination, charm.

fasciner [fasi'ne] (1a) v/t. fascinate; fig. entrance.

fascisme pol. [fa'ʃism] m fascism; **fasciste** pol. [~'ʃist] su., a. adj. fascist.

fasse [fas] 1st p. sg. pres. sbj. of faire.

faste [fast] m pomp, display.

fastes [~] m/pl. hist. fasti; F records.

fastidieux, -euse [fasti'djø, ~'djø:z] tedious, dull; irksome, tiresome.

fastueux, -euse [fas'tɥø, ~'tɥø:z] ostentatious, showy; sumptuous.

fat [fat] **1.** adj./m foppish; conceited; **2.** su./m fop; conceited idiot.

fatal, e, *m/pl.* **-als** [fa'tal] fatal; *fig.* inevitable; **femme** *f* **∼e** vamp; **fatalisme** [fata'lism] *m* fatalism; **fataliste** [∼'list] **1.** *adj.* fatalistic; **2.** *su.* fatalist; **fatalité** [∼li'te] *f* fatality.

fatidique [fati'dik] prophetic (*utterance*); fateful.

fatigant, e [fati'gɑ̃, ∼'gɑ̃:t] tiring, tiresome, tedious; **fatigue** [fa'tig] *f* fatigue (*a.* ⊕, *metall.*); tiredness, weariness; hard work; *fig.* wear (and tear); **brisé** (*or* **mort**) **de ∼** dog-tired; **de ∼** strong (*shoes*); working (*clothes*); F **tomber de ∼** to be worn out; **fatigué, e** [fati'ge] tired, weary; **fatiguer** [∼] (1m) *v/t.* tire, make (*s.o.*) tired; overwork; overstrain; *fig.* bore (*s.o.*); *v/i.* ⊕ labo(u)r, strain (*engine etc.*); **se ∼** get tired; tire o.s.

fatras [fa'trɑ] *m* hotchpotch, jumble; lumber.

fatuité [fatu̧i'te] *f* conceit, self-satisfaction.

faubourg [fo'bu:r] *m* suburb; outskirts *pl.*; *fig.* **∼s** *pl.* working classes; **faubourien, -enne** [∼bu'rjɛ̃, ∼'rjɛn] **1.** *adj.* suburban; *fig.* common (*accent*); **2.** *su.* suburbanite; *fig.* common person.

fauchage [fo'ʃa:ʒ] *m,* **fauchaison** [∼ʃɛ'zõ] *f,* **fauche** [fo:ʃ] *f* mowing, cutting; reaping (time); **fauché, e** [fo'ʃe] **1.** *adj.* F broke; **2.** *su./f* (one) day's mowing *or* cutting; swath; **faucher** [∼'ʃe] (1a) *v/t.* mow, cut; reap (*corn*); ✕ mow down (*troops*); ✕ sweep by fire; *sl.* pinch, steal; **fauchet** ✗ [∼'ʃe] *m* hay-rake; bill-hook; **fauchette** ✗ [∼'ʃɛt] *f* bill-hook; **faucheur, -euse** [∼'ʃœ:r, ∼'ʃø:z] *su. person:* reaper; *su./m zo.* harvest-spider, *Am.* daddy-longlegs; *su./f machine:* reaper; **faucheux** *zo.* [∼'ʃø] *m* harvest-spider, *Am.* daddy-long-legs.

faucille ✗ [fo'si:j] *f* sickle.

faucon *orn.* [fo'kõ] *m* falcon, hawk (*a. pol.*). [*falloir.*]

faudra [fo'dra] *3rd p. sg. fut. of*]

faufil [fo'fil] *m* tacking *or* basting thread; **faufiler** [fofi'le] (1a) *v/t.* tack, baste; † slip (*s.th., s.o.*) in; se ∼ creep in, slip in; thread *or* worm one's way (into, *dans*); **faufilure** [∼'ly:r] *f* tacked seam; tacking, basting.

faune [fo:n] *su./m myth.* faun; *su./f zo.* fauna.

faussaire [fo'sɛ:r] forger; *fig.* falsifier; **fausser** [∼'se] (1a) *v/t.* falsify; distort (*facts, ideas, words*); ⊕ warp, strain; ⊕ put (*s.th.*) out of true; ♪ put (*s.th.*) out of tune; F ∼ **compagnie à q.** give s.o. the slip; ∼ **parole à q.** break one's promise to s.o.

fausset¹ ♪ [fo'sɛ] *m* falsetto.

fausset² ⊕ [∼] *m* spigot, vent-plug.

fausseté [fos'te] *f* falseness, falsity; falsehood; *fig.* treachery, duplicity.

faut [fo] *3rd p. sg. pres. of falloir.*

faute [fo:t] *f* fault (*a. tennis*); error, mistake; *foot. etc.* foul; ∼ **de** for want of, lacking; ∼ **de mieux** for want of anything better; **faire ∼** be lacking; **sans ∼** without fail; **fauter** F † [fo'te] (1a) *v/i.* go wrong.

fauteuil [fo'tœ:j] *m* arm-chair, easy chair; *meeting:* chair; *thea.* stall; *Académie française:* seat; **∼ à bascule** see rocking-chair; **∼ club** club chair; 🚊 **électrique** electric chair; ∼ **roulant** wheel chair; Bath chair.

fauteur *m,* **-trice** *f* [fo'tœ:r, ∼'tris] instigator; ∼ abettor.

fautif, -ve [fo'tif, ∼'ti:v] faulty, wrong, incorrect; offending.

fauve [fo:v] **1.** *adj.* tawny; musky (*smell*); lurid (*sky*); **2.** *su./m* fawn; *coll.* deer *pl.*; ∼**s** *pl.* wild beasts; deer *pl.*; **fauvette** *orn.* [fo'vɛt] *f* warbler.

faux¹ ✗ [fo] *f* scythe.

faux², fausse [fo, fo:s] **1.** *adj.* false; untrue, wrong; imitation...; fraudulent; forged (*document*); ♪ out of tune; ∼ **col** *m* detachable *or* loose collar; ∼ **frais** *m/pl.* incidental expenses; *teleph.* ∼ **numéro** *m* wrong number; *fig.* ∼ **pas** *m* blunder; **fausse clef** *f* skeleton key; 🞧 **fausse couche** *f* miscarriage; **fausse monnaie** *f* counterfeit coin(*s pl.*); **faire fausse route** take the wrong road; **2.** *faux adv.* falsely; ♪ out of tune; **3.** *su./m* falsehood; *the* untrue; 🞧 forgery; 🞧 **s'inscrire en ∼ contre** deny (*s.th.*); **∼-bourdon** [fobur'dõ] *m* faux-bourdon; **∼-fuyant** *fig.* [∼fui'jɑ̃] *m* subterfuge, evasion; **∼-monnayeur** [∼mɔnɛ'jœ:r] *m* counterfeiter.

faveur [fa'vœ:r] *f* favo(u)r; **à la ∼ de** by the help of; under cover of (*darkness etc.*); de ~ complimentary (*ticket*); preferential, special (*treatment,price*); en ~ in favo(u)r (of, *de*); mois m de ~ month's grace; **favorable** [favɔ'rabl] favo(u)rable; advantageous (*price etc.*); propitious; **favori, -te** [~'ri, ~'rit] 1. *adj.* favo(u)rite; 2. *su.* favo(u)rite; *su./m:* ~s *pl.* (side-)whiskers; **favoriser** [~ri'ze] (1a) *v/t.* favo(u)r; **favoritisme** [~ri'tism] *m* favo(u)ritism.

fayot *sl.* [fa'jo] *m* ♀ kidney-bean; *person:* eager beaver, *pej.* bootlicker.

fébrifuge ✿ [febri'fy:ʒ] *adj. a. su./m* febrifuge; **fébrile** [~'bril] feverish (*a. fig.*).

fécal, e, *m/pl.* -aux ⚕ *physiol.* [fe'kal, ~'ko] f(a)ecal; *matières f/pl.* ~es = **fèces** [fes] f/pl. *physiol., a.* ⚕ f(a)eces; ⚕ *precipitate sg.*; ✿ *stool sg.*

fécond, e [fe'kɔ̃, ~'kɔ̃:d] fruitful, fertile; productive (of, *en*); prolific; **fécondation** [fekɔ̃da'sjɔ̃] f fertilisation; impregnation; ~ *artificielle* artificial insemination; ~ *croisée, a. fig.* ~ *mutuelle* cross-fertilization; **féconder** [fekɔ̃'de] (1a) *v/t.* fecundate; fertilize; **fécondité** [~di'te] f fertility; fecundity; fruitfulness.

fécule [fe'kyl] f starch, fecula; **féculent, e** [feky'lɑ̃, ~'lɑ̃:t] 1. *adj.* starchy; ⚕ thick; 2. *su./m* starchy food.

fédéral, e, *m/pl.* -aux [fede'ral, ~'ro] *adj., a. su./m* federal; **fédéraliser** [~rali'ze] (1a) *v/t.* federalize; **fédératif, -ve** [~ra'tif, ~'ti:v] federative; **fédération** [~ra'sjɔ̃] f federation; ~ *syndicale ouvrière* trade union; **fédéré, e** [~'re] *adj. a. su./m* federate; **fédérer** [~'re] (1f) *v/t. a. se* ~ federate.

fée [fe] f fairy; *conte m de* ~s fairytale; *pays m des* ~s fairyland; f *vieille* ~ old hag; **féerie** [~'ri] f fairyland; fairy scene; *fig.* enchantment; *thea.* pantomime; fairy-play; **féerique** [~'rik] fairy, magic; *fig.* enchanting.

feindre [fɛ̃:dr] (4m) *v/t.* feign, sham, pretend (to *inf., de inf.*); *v/i.* limp slightly (*horse*); **feinte** [fɛ̃:t] f pretence, sham; make-believe; bluff; *box. etc.* feint; *horse:* slight limp.

fêlé, e [fɛ'le] cracked (*a. sl. fig.*);

fêler [~] (1a) *v/t.* crack (*a glass etc.*); *se* ~ crack (*glass*).

félicitation [felisita'sjɔ̃] f congratulation; *faire des* ~s à q. congratulate s.o.; **félicité** [~'te] f bliss, joy; **féliciter** [~'te] (1a) *v/t.:* ~ q. de congratulate s.o. on; *se* ~ de be pleased with; be thankful for.

félin, e [fe'lɛ̃, ~'lin] 1. *adj. zo.* feline, cat-...; *fig.* cat-like; 2. *su./m zo.* feline, cat.

félon, -onne *hist.* [fe'lɔ̃, ~'lɔn] 1. *adj.* disloyal, felon; 2. *su./m* felon, caitiff; **félonie** *hist.* [~lɔ'ni] f disloyalty; *feudality:* felony.

fêlure [fɛ'ly:r] f crack; split; ⚕ *skull:* fracture; F *avoir une* ~ be a bit cracked (= *crazy*).

femelle *zo.* [fə'mɛl] *adj., a. su./f* female.

féminin, e [femi'nɛ̃, ~'nin] 1. *adj.* feminine; female (*sex*); woman's ...; womanly; 2. *su./m gramm.* feminine (*gender*); **féminiser** [~ni'ze] (1a) *v/t.* make feminine (*a. gramm.*); give a feminine appearance to; **féminisme** [~'nism] *m* feminism; **féministe** [~'nist] *su., a. adj.* feminist.

femme [fam] 1. *su./f* woman; wife; woman ...; ~ *de chambre* housemaid; ~ *de charge* housekeeper; ~ *de ménage* charwoman, cleaner; housekeeper; 2. *adj.* female, woman ...; lady ...; **femmelette** F [~'lɛt] f little *or* weak woman; *man:* weakling.

fémur *anat.* [fe'my:r] *m* femur, thigh-bone.

fenaison ⚶ [fənɛ'zɔ̃] f haymaking.

fenderie ⊕ [fɑ̃'dri] f *metal, wood:* splitting into rods; splitting-mill; splitting-machine; cutting shop; **fendeur** [~'dœ:r] *m* splitter; cleaver; F *woodcutter;* **fendiller** [~di'je] (1a) *v/t. a. se* ~ crack (*wood, a. paint.*); crackle (*china, glaze*); craze (*china, concrete, glaze*); **fendre** [fɑ̃:dr] (4a) *v/t.* split, cleave; slit; crack; rend (*the air*); break through (*a crowd*); *se* ~ split, crack; F *se* ~ *la gueule (or la pomme)* split one's sides; F *se* ~ *de* fork out (*a sum*); buy; stand (*a round etc.*); F *il ne s'est pas fendu* he didn't overspend himself.

fenêtrage [fənɛ'tra:ʒ] *m* windows *pl.*; **fenêtre** [~'nɛ:tr] f window; ~ *à bascule* balance *or* pivoted window; ~ *à coulisse (or guillotine)* sash-window; *jeter l'argent par la* ~ throw money down the drain; **fenêtrer** △ (~ne'tre] (1a) *v/t.* put windows in.

fenil [fə'ni] *m* hayloft.

fenouil ♀ [fə'nu:j] *m* fennel.

fente [fã:t] *f* crack, fissure, split; slit; chink; gap; crevice; opening; ⊕ slot.

féodal, e, *m/pl.* **-aux** [feɔ'dal, ~'do] feudal; **féodalité** [~dali'te] *f* feudality; feudal system.

fer [fɛ:r] *m* iron; *fig.* sword; (horse-)shoe; ~s *pl.* fetters, chains; ~ à *repasser* (flat-)iron; ⊕ ~ à *souder* soldering-iron; ~ à ⊤ ⊤-iron; *fig.* ~ de *lance* spearhead; most important factor; ~ *électrique* electric iron; ~ *en barres* bar *or* strip iron; △ *construction f en* ~ ironwork; *de* ~ iron; *donner un coup de* ~ à press, iron; *fil m de* ~ wire.

ferai [fə'rɛ] *1st p. sg. fut. of* faire.

fer-blanc, *pl.* **fers-blancs** [fɛr-'blɑ̃] *m* tin(-plate); **ferblanterie** [fɛrblɑ̃'tri] *f* tin-plate; tin goods *pl.*, tinware; ⊕ tin-shop; **ferblantier** [~'tje] *m* tinsmith.

férié [fe'rje] *adj./m:* jour *m* ~ public holiday; *eccl.* holy day.

férir † [fe'ri:r] (2u) *v/t.* strike; *sans coup* ~ without striking a blow.

fermage ✍ [fɛr'ma:ʒ] *m* (farm-)rent; tenant farming.

ferme¹ [fɛrm] **1.** *adj.* firm, steady (*a.* ⬆); rigid; fixed, fast; resolute; *vente f* ~ definite sale; **2.** *adv.* firmly; ~! steady!; *frapper* ~ hit hard; *tenir* ~ stand firm. [*à* ~ *on lease.*)

ferme² [~] *f* farm; farming lease;)

ferme³ △ [~] *f* truss(ed girder).

fermé [fɛr'me] **1.** *p.p. of* fermer; **2.** *adj.* shut; locked; closed (*road, shop, etc.*); closed-in (*area, site, etc.*); ⊕ *etc.* off (*faucet, tap, radio, switch, etc.*); *fig.* impenetrable, inscrutable (*face, expression, etc.*); *fig.* exclusive (*circle, club, society, etc.*); *être* ~ à *qch.* be impervious to s.th., have no appreciation of s.th.; *être* ~ à *q.* be closed to s.o. (*career, circle, etc.*).

ferment [fɛr'mɑ̃] *m* ferment (*a. fig.*); bread: leaven; **fermentation** [~mɑ̃ta'sjɔ̃] *f* fermentation; *dough:* rising; *fig.* unrest, ferment; **fermenter** [~'te] (1a) *v/i.* ferment; rise (*dough*); *fig.* be in a ferment.

fermer [fɛr'me] (1a) *vt/i.* close,

shut; *v/t.* fasten; turn off (*the electricity, the gas, the light*); clench (*one's fist*); block (*a game, a.* ♟); ~ à *clef* lock; ~ *au verrou* bolt; ~ à *vis* screw (*s.th.*) down; *sl.* ferme *ça!, la ferme!* shut up!; *v/i.* close (down) (*firm etc.*); wrap round (*clothes*).

fermeté [fɛrmə'te] *f* firmness; steadiness (*of purpose*); constancy; *fig.* strength (*of mind*).

fermette [fɛr'met] *f* (*small*) farmhouse; (*small*) rural residence.

fermeture [fɛrmə'ty:r] *f* shutting, closing; fastening; ~ *éclair* (*or* à *glissière*) zip fastener, F zip, *Am.* zipper.

fermier, -ère [~'mje, ~'mjɛ:r] *su.* farmer; tenant farmer; *su./f.* farmer's wife.

fermoir [fɛr'mwa:r] *m* snap; clasp, fastener; catch; ⊕ firmer (= *sort of chisel*).

féroce [fe'rɔs] ferocious (*a. fig.*), fierce, savage, wild; **férocité** [~rɔsi'te] *f* fierceness; ferocity.

ferraille [fɛ'rɑ:j] *f* old iron, scrap iron; scrap-heap; *mettre à la* ~ scrap; **ferrailleur** [~rɑ'jœ:r] *m* scrap-iron dealer; junkdealer; † F swashbuckler; **ferrant** [~'rɑ̃] *adj./m:* maréchal-~ *m* farrier; **ferré, e** [~'re] fitted with iron; iron-tipped; studded (*boots, tyres*); F well up (in, en); **ferrer** [~'re] *v/t.* (1a) shoe (*a horse*); **ferret** [~'rɛ] *m* tag, tab; *min.* stone: core; **ferronnerie** [~rɔn'ri] *f* ironworks; ironmongery; **ferronnier** [~rɔ'nje] *m* ironworker; ironmonger; **ferronnière** [~rɔ'njɛ:r] *f* frontlet.

ferroutage [fɛru'ta:ʒ] *m* transport: piggyback (system).

ferroviaire [fɛrɔ'vjɛ:r] railway-...

ferrugineux, -euse ♀ [fɛryʒi'nø, ~'nø:z] ferruginous, iron-...

ferrure [fɛ'ry:r] *f* iron-fitting; ironwork.

ferry-boat [fɛri'bɔt] *m* train ferry.

fertile [fɛr'til] fertile, fruitful, rich (in, en); **fertiliser** [fɛrtili'ze] (1a) *v/t.* fertilize; *se* ~ become fertile; **fertilité** [~'te] *f* fertility; richness; abundance.

féru, e [fe'ry] **1.** *p.p. of* férir; **2.** *adj.:* ~ *de* smitten with; set on (*an idea*).

férule [fe'ryl] *f* ♀ giant fennel; *school:* cane; *fig. être sous la* ~ *de q.* be under s.o.'s (iron) rule.

fervent, e [fɛr'vɑ̃, ~'vɑ̃:t] **1.** *adj.*

fervent, earnest, ardent; **2.** *su.* enthusiast; devotee, ... fan; **ferveur** [~'vœ:r] *f* fervo(u)r, earnestness.

fesse [fɛs] *f* buttock; **~s** *pl.* buttocks; bottom *sg.*; **fessée** [fɛ'se] *f* spanking; **fesse-mathieu** [fɛsma'tjø] *m* skinflint; **fesser** [fɛ'se] (1a) *v/t.* spank.

festin [fɛs'tɛ̃] *m* feast, banquet; **festiner** [~ti'ne] (1a) *v/i.* feast.

festival, *pl.* **-als** [fɛsti'val] *m* festival; **festivité** [~vi'te] *f* festivity.

feston [fɛs'tɔ̃] *m* festoon; needle-work: scallop; *point m de* ~ buttonhole stitch; **festonner** [~tɔ'ne] (1a) *v/t.* festoon; scallop (*a hem*); *v/i. sl.* stagger about.

festoyer [fɛstwa'je] (1h) *vt/i.* feast.

fêtard *m*, **e** *f* F [fɛ'ta:r, ~'tard] reveller, roisterer; **fête** [fɛt] *f* feast, festival; holiday; name *or* Saint's day; festivity; fête; party; ~ *foraine* fun fair; ~ *des Mères* Mother's Day; ~ *du travail* Labo(u)r Day; *faire* ~ *à* welcome; *sl. faire sa* ~ *à q.* beat s.o. up; make things hot for s.o.; **fête-Dieu**, *pl.* **fêtes-Dieu** *eccl.* [fɛt'djø] *f* Corpus Christi; **fêter** [fɛ'te] (1a) *v/t.* keep (*a feast, a holiday*); feast, entertain (*s.o.*); celebrate (*a birthday, an event*).

fétiche [fe'tiʃ] *m* fetish; *mot.* mascot.

fétide [fe'tid] fetid, stinking, rank; **fétidité** [~tidi'te] *f* fetidness, foulness.

fétu [fe'ty] *m* straw; F *fig.* rap.

feu¹ [fø] *m* fire (*a. of a gun or rifle*); flame; fireplace; *mot.* ardo(u)r; heat; stove: burner; *mot. etc.* light; *mot.* ~ *arrière* rearlight; ~ *d'artifice* firework(s *pl.*); ~ *de joie* bonfire; *mot.* ~**x** *pl. de signalisation (routière)*, F ~ *rouge* traffic lights *pl.*; ~ *follet* will-o'-the-wisp; *mot.* ~ *vert* (*rouge*) green (red) light (*a. fig.*); ⚒ *aller au* ~ go into action; *à petit* ~ on *or* over a slow fire; *fig.* by inches; *arme f à* ~ fire-arm; *coup m de* ~ shot; *donner du* ~ *à q.* give s.o. a light; *fig. donner le* ~ *vert (à q.)* give (s.o.) the green light; *fig. entrer dans le* ~ *pour q.* go through fire and water for s.o.; *faire* ~ fire (at, *sur*); *fig. faire long* ~ fail; *fig. ne pas faire long* ~ be short-lived; *mettre le* ~ *à qch.* set fire to s.th., set s.th. on fire; *par le fer et le* ~ by fire and sword; *prendre* ~ catch fire; *fig.* flare up, fly into a temper.

feu² , **feue** [fø] *adj.* (*inv. before article and poss. adj.*) late, deceased; *la feue reine*, *feu la reine* the late queen.

feuillage [fœ'ja:ʒ] *m* leaves *pl.*, foliage; **feuillaison** ♀ [~jɛ'zɔ̃] *f* foliation; springtime; **feuillard** [~'ja:r] *m* hoop-wood; hoop-iron; ⊕ metallic ribbon; **feuille** [fœ:j] *f* ♀ leaf; *paper*: sheet; *admin.* form; ✶ chart; ⚖ list; F *journ.* ~ *de chou* rag; ~ *de paie* wage-sheet; ~ *de présence* attendance list; ⊕ time-sheet; ~ *de route* ✶ way-bill; ⚒ marching orders *pl.*; ⚒ travel warrant; ~ *volante* fly-sheet; **feuillée** [fœ'je] *f* arbo(u)r; foliage; ⚒ ~**s** *pl.* latrines; **feuille-morte** [fœj'mɔrt] *adj./inv.* dead-leaf (*colour*); oak-leaf brown; russet; **feuillet** [fœ'jɛ] *m* book: leaf; *admin.* form; sheet; ⊕ thin sheet, plate; **feuilletage** *cuis.* [fœj'ta:ʒ] *m*, **feuilleté** *cuis.* [~'te] *m* puff paste; **feuilleter** [~'te] (1c) *v/t.* skim through, thumb through, turn over the pages of (*a book*); *cuis.* roll and fold; ⊕ divide into sheets; **feuilleton** [~'tɔ̃] *m journ.* feuilleton; serial (*story*).

feuillette [fœ'jɛt] *f* (*approx.*) half-hogshead.

feuillu, **e** [fœ'jy] leafy; deciduous (*forest*).

feutre [fø:tr] *m* felt; felt hat; *saddle*: stuffing; **feutrer** [fø'tre] (1a) *v/t.* felt; stuff, pad (*a saddle etc.*); *à pas feutrés* noiselessly; **feutrier** [~tri'e] *m* felt-maker.

fève ♀ [fɛ:v] *f* bean; **fèverole** ♀ [fɛ'vrɔl] *f* field-bean.

février [fevri'e] *m* February.

fi! [fi] *int.* fie!; *for shame*!; ~ *de ...*! a fig for ...!; *faire* ~ *de* scorn, turn up one's nose at.

fiabilité [fjabili'te] *f* reliability; **fiable** [fjabl] reliable.

fiacre [fjakr] *m* cab, hackney carriage.

fiançailles [fjɑ̃'sa:j] *f/pl.* engagement *sg.*, betrothal *sg.* (*to, avec*); **fiancé** [~'se] *m* fiancé; **fiancée** [~'se] *f* fiancée; **fiancer** [~'se] (1k) *v/t.* betroth; *se* ~ become engaged (*to, à*).

fiasco [fjas'ko] *m* fiasco; *faire* ~ turn out *or* be a fiasco.

fibranne *tex.* [fi'bran] *f* staple fibre.

fibre [fibr] *f* fibre; *wood*: grain; *fig.* feeling; ~ *de bois* *packing*: woodwool, *Am.* excelsior; ~ de verre glass-wool; (*la*) ~ de la poésie (a) soul for poetry; *avoir la* ~ *sensible* be impressionable; **fibreux, -euse** [fi'brø, ~'brøːz] fibrous, stringy; **fibrille** *physiol.* [~'briːj] f fibril.

ficeler [fis'le] (1c) v/t. tie up, do up; *sl.* dress (*s.o.*) badly; **ficelle** [fi'sɛl] **1.** *su./f* string (*a. fig.*); twine; *sl.* tricks *pl.*; *sl. connaître toutes les* ~s know the ropes; **2.** *adj.* wily, cunning.

fiche [fiʃ] f iron, wood: peg, pin; *paper:* form, voucher; sheet, slip (*of paper*); label; index card; *games:* counter; ⚡ plug; *fig.* scrap; ~ *de paye* wages slip; ~ *femelle* jack; *mettre qch. sur* ~ card (-index) s.th.; **ficher** [fi'ʃe] (1a) v/t. stick in, drive in; ⚡ point (*a wall*); *sl.* do; *sl.* put; *sl.* give; *sl.* ~ *q. à la porte* throw s.o. out; *sl. fichez-moi la paix!* leave me alone!; *sl. fichez(-moi) le camp!* clear off!; clear out!; *sl. se* ~ *de* make fun of; not to care (a hang) about; **fichier** ⊤ [~'ʃje] m card index; file (*case*); ~ *de données* data file.

fichoir [fi'ʃwaːr] m clothes-peg.

fichtre! *sl.* [fiʃtr] *int.* my word!; indeed!; hang it!

fichu¹ [fi'ʃy] m neck scarf; small shawl.

fichu², e *sl.* [~] **1.** *p.p.* of *ficher*; **2.** *adj.* lost, done for, *sl.* bust; rotten, *sl.* lousy; *mal* ~ wretched; out of sorts.

fictif, -ve [fik'tif, ~'tiːv] fictitious; sham; ⊤ *facture* f fictive pro forma invoice; **fiction** [~'sjø] f fiction, invention, fabrication.

fidèle [fi'dɛl] **1.** *adj.* faithful, true, staunch; exact (*copy*); **2.** *su. eccl.* les ~s *pl.* the congregation *sg.*; the faithful; **fidélité** [~deli'te] f fidelity; integrity; *de haute* ~ high fidelity; ⊤ hi-fi (*record etc.*).

fiduciaire [fidy'sjɛːr] fiduciary; trust ...; *monnaie* f ~ paper money.

fief [fjɛf] m *hist.* fief; fig. preserve; (*private*) kingdom; **fieffé, e** [fjɛ'fe] *hist.* enfeoffed; given in fee (*land*); F *pej.* out and out, arrant, thorough-paced; **fieffer** *hist.* [~] (1a) v/t. enfeoff (*s.o.*); give (*land*) in fief.

fiel [fjɛl] m *animal:* gall; *person:* bile; *fig.* spleen; *fig.* bitterness; *sans* ~ without malice.

fiente [fjɑ̃ːt] f dung; *birds:* drop-

pings *pl.*; **fienter** [fjɑ̃'te] (1a) v/i. dung; mute (*birds*).

fier¹ [fje] (1o) v/t.: se ~ à trust (*s.o.*), rely on; *fiez-vous à moi!* leave it to me!; *ne vous y fiez pas!* don't count on it!

fier², fière [fjeːr] proud; haughty; *fig.* magnificent.

fier-à-bras, *pl.* **fier(s)-à-bras** [fjɛra'brɑ] m swaggerer, bully.

fierté [fjɛr'te] f pride; haughtiness; vanity.

fièvre ✼ [fjeːvr] f fever; **fiévreux, -euse** [fje'vrø, ~'vrøːz] **1.** *adj.* feverish; fever-ridden; *fig.* excited; **2.** *su.* fever patient.

fifre ♪ [fifr] m fife (*a. player*).

figer [fi'ʒe] (1l) v/t. a. se ~ congeal, coagulate; se ~ a. set (*face*); *fig.* freeze (*smile*).

fignoler F [fiɲɔ'le] (1a) v/i. finick, be finicky; v/t. fiddle over (*s.th.*) with extreme care; se ~ titivate o.s.

figue ♀ [fig] f fig; F *mi-~*, mi-raisin wavering; so-so; middling; **figuier** ♀ [fi'gje] m fig-tree.

figurant m, e [figy'rɑ̃, ~'rɑ̃ːt] *thea.* supernumerary, F super; extra; walker-on; **figuratif, -ve** [~ra'tif, ~'tiːv] figurative; **figuration** [~ra'sjø] f figuration, representation; *thea.* extras *pl.*; **figure** [fi'gyːr] f ♣, *person:* figure; shape, form; face; appearance; court-card; **figuré, e** [figy're] **1.** *adj.* figured (*cloth etc.*); *fig.* figurative; **2.** *su./m: au* ~ figuratively; **figurer** [~'re] (1a) v/t. represent; *thea.* act, play the part of; se ~ imagine, fancy; v/i. figure, appear; *thea.* ~ *sur la scène* walk on; **figurine** [~'rin] f statuette; ⊤ (wax-)model.

fil [fil] m thread (*a. fig.*); wire; ⚡ filament; *blade:* edge; *meat,* wood: grain; *wool:* ply; ⚡ *à plomb* plumb-line; ~ *d'archal* brass wire, binding wire; ~ *de fer barbelé* barbed wire; ~ *de la Vierge* gossamer; *au bout du* ~ on the phone; *coup m de* ~ ring, call; *donner du* ~ *à retordre à* give a lot of trouble to; ⚡ *sans* ~ wireless; **filage** [fi'laːʒ] m spinning; yarn; *metall.* drawing; **filament** [~la'mɑ̃] m filament; *silk:* thread; **filamenteux, -euse** [~lamɑ̃'tø, ~'tøːz] fibrous; *fig.* stringy; **filandière** † [~lɑ̃'djeːr] f spinner; *les sœurs* ~s *pl.* the Fates; **filandre**

filandreux

222

[ˌ~'lɑ̃:dr] f fibre; ~s pl. meat etc.:
stringy parts; gossamer sg.; **filandreux, -euse** [ˌ~lɑ̃'drø, ~'drøːz]
stringy, tough (meat); streaked
(marble etc.); fig. involved, complicated; **filant, e** [~'lɑ̃, ~'lɑ̃:t]
flowing; shooting (star); ropy
(wine); **filasse** [~'las] f tow; oakum; sl. stringy meat; **filateur** m,
-trice f [~la'tœːr, ~'tris] rex. spinner; (spinning-)mill owner; informer, shadower; **filature** [ˌ~la'tyːr] f
spinning-mill, cotton-mill; spinning; shadowing.

file [fil] f line, file; (~ d'attente) queue,
Am. line; à la ~ in file; fig. on end,
without a break; chef m de ~ leader;
en ~ indienne in single file; ♣ en ligne
de ~ (single) line ahead; **filer** [fi'le]
(1a) v/t. rex. spin; draw (metal); play
out (cards); ♣ run out (a cable); ♣
slip (the moorings); shadow (s.o.); v/i.
flow smoothly; run (oil); rope (wine);
smoke (lamp); fig. slip by, go by, go,
travel; F clear out; ~ doux sing small;
filez! clear out!; go away!; **filerie**
[fil'ri] f spinning mill; metall. wire
drawing.

filet [fi'lɛ] m net; ⊕ screw: thread;
cuis. fillet; water: trickle; dash (of
lemon); ⚓ etc. luggage rack; ~ à
provisions string bag; ~ de voix thin
voice; coup m de ~ fish: catch, haul;
filetage [fil'ta:ʒ] m ⊕ metal, wire-
drawing; screw-cutting; screw:
thread(ing); **fileter** [~'te] (1d) v/t. ⊕
draw (metal, a. wire); thread, screw
(a bolt); poach (fish with nets); **fileur**
m, **-euse** f rex. [fi'lœːr, ~'løːz]
spinner.

filial, e, m/pl. **-aux** [fi'ljal, ~'ljo]
1. adj. filial; 2. su./f ♣ subsidiary
company; ♣, a. association: branch;
filiation [ˌ~lja'sjɔ̃] f filiation; descendants pl.; fig. relationship; en ~
directe in direct line.

filière [fi'ljɛːr] f ⊕ die; ⊕ draw-
plate; ♣ man-rope; fig. usual
channels pl.; fig. passer par la ~
work one's way up from the bottom; **filiforme** [fili'fɔrm] thread-
like.

filigrane [fili'gran] m filigree
(work); paper, banknotes: water-
mark.

fille [fi:j] f daughter; girl; maid;
spinster; ~ publique prostitute; ~ à
papa rich man's daughter; ~ de salle

hotel etc.: waitress; jeune ~ girl,
young woman; vieille ~ old maid; ~-
mère, pl. **~s-mères** [fij'mɛːr] f unmarried mother; **fillette** [fi'jɛt] f
little girl; F lass; **filleul, e** [~'jœl] su.
godchild; su./m godson; su./f god-
daughter.

film [film] m film (a. cin.); cin. F
picture; Am. movie; ~ documentaire
documentary (film); ~ en couleurs
colo(u)r film; ~ muet silent film; ~
parlant talking picture, F talkie; ~
policier detective film; ~ sonore
sound-film; ~ truqué trick film;
tourner un ~ make a film; F act in a
film (person); **filmer** [fil'me] (1a)
v/t. film; **filmothèque** [ˌ~mɔ'tɛk] f
film library or collection.

filon [fi'lɔ̃] m ✕ vein, seam, lode;
sl. good fortune; sl. cushy job.

filou [fi'lu] m pickpocket, thief;
(card-)sharper; F swindler; **filouter**
[filu'te] (1a) v/t. swindle (s.o. out of
s.th., q. de qch.); rob (s.o. of s.th.,
qch. à q.); **filouterie** [~'tri] f
swindle, fraud; picking pockets,
stealing; cheating.

fils [fis] m son; F lad, boy; ~ à papa
rich man's son; fig. ~ de ses œuvres
self-made man.

filtrage [fil'tra:ʒ] m liquid: filtering;
~ à interférences radio: interference
elimination; **filtre** [filtr] m filter;
coffee: percolator; radio: by-pass,
filter; bout m ~ cigarette: filter-tip;
filtrer [fil'tre] (1a) v/i. a. se ~
filter; v/t. filter; by-pass (a radio-
station).

fin [fɛ̃] f end, termination, close,
conclusion; aim, object; ~ d'alerte
all clear; ~ de mois monthly
statement; à la ~ in the long run;
at last; à toutes ~s for all purposes;
en ~ de compte, F à la ~ des ~s
when all is said and done; mettre
~ à put an end to; prendre ~ come
to an end; tirer à sa ~ be drawing
to a close.

fin² [fɛ̃] f [fɛ̃, fin] fine; pure; choice;
slender (waist etc.); artful, sly;
small; subtle; keen (ear).

final, e, m/pl. **-als** [fi'nal] 1. adj.
final (a. gramm.); last; eventual;
2. su./f gramm. end syllable; ♪ key-
note; ♪ plainsong; sp. finals
pl.

final(e) ♪ [~] m finale.

finance [fi'nɑ̃:s] f finance; financial world; ready money; ~*s pl.* resources; *ministère m des* ♀*s* Exchequer, Treasury (*a. Am.*); **financer** [finɑ̃'se] (1k) *v/t.* finance; **financier, -ère** [‿'sje, ‿'sjɛːr] **1.** *adj.* financial; stock (*market*); **2.** *su./m* financier.

finasser F [fina'se] (1a) *v/i.* finesse; use subterfuges; **finasserie** [‿nas'ri] *f* trickery; (piece of) cunning; ~*s pl.* wiles; **finasseur, -euse** [‿fina'sœːr, ‿'søːz], **finassier, -ère** [‿'sje, ‿'sjɛːr] **1.** *adj.* cunning, wily; **2.** *su.* wily person.

finaud, e [fi'no, ‿'noːd] **1.** *adj.* cunning, wily; **2.** *su.* wily person.

fine [fin] *f* liqueur brandy.

finesse [fi'nɛs] *f* fineness; *waist:* slenderness; cunning; shrewdness; *opt., radio, telev.:* sharpness; **finette** *tex.* [‿'nɛt] *f* flannelette.

fini, e [fi'ni] **1.** *adj.* finished (*a. fig.*), ended, over; ♀, *gramm., etc.* finite; *fig. pej.* absolute, complete; **2.** *su./m* finish; *phls. etc.* finite; **finir** [‿'niːr] (2a) *vt/i.* finish; end; end up; ~ *de faire qch.* stop doing s.th.; ~ *par faire qch.* finally or eventually do s.th.; *en* ~ *avec* get over (and done) with; put an end to; *à n'en plus* ~ endless(ly); **finition** ⊕ [‿ni'sjɔ̃] *f* finishing.

finlandais, e [fɛ̃lɑ̃'dɛ, ‿'dɛːz] **1.** *adj.* Finnish; **2.** *su.* ♀ Finn, Finlander; **finnois, e** [fi'nwa, ‿'nwaːz] **1.** *adj.* Finnish; **2.** *su./m ling.* Finnish; *su.* ♀ Finn.

fiole [fjɔl] *f* small bottle; flask; *sl.* head.

fioritures [fjɔri'tyːr] *f/pl.* handwriting, style: flourishes; ♪ gracenotes.

firmament [firma'mɑ̃] *m* firmament, sky, heavens *pl.*

firme ✝ [firm] *f* firm; *book:* imprint.

fis [fi] *1st p. sg. p.s. of* faire.

fisc [fisk] *m* Exchequer, Treasury; Inland (*Am.* Internal) Revenue, taxes *pl.*; **fiscal, e,** *m/pl.* **-aux** [fis'kal, ‿'ko] fiscal, tax ...

fissile [fi'sil] fissile; **fission** [‿'sjɔ̃] *f* (*esp. phys. nuclear*) fission; **fissure** [‿'syːr] *f* fissure (*a.* ♂), crack, split, crevice; **fissurer** [‿sy're] (1a) *v/t. a. se* ~ crack, fissure.

fiston *sl.* [fis'tɔ̃] *m* son, youngster.

fistule ♂ [fis'tyl] *f* fistula.

fixage [fik'saːʒ] *m* fixing; **fixateur**

[‿sa'tœːr] *m* fixer; **fixation** [‿sa-'sjɔ̃] *f* fixing; *admin.* assessment; ♫ fixation; attachment; **fixe** [fiks] **1.** *adj.* fixed; steady; firm, fast; stationary; regular (*price*); *arrêt m* ~ regular stop; *traffic sign:* all buses *etc.* stop here; *étoile f* ~ fixed star; **2.** *su./m* fixed salary; **fixe-chaussettes** [‿ʃo'sɛt] *m* suspender, *Am.* sock-suspender, garter; **fixer** [fik'se] (1a) *v/t.* fix (*a. phot.,* ♫, ✝, *value, time*), fasten; settle, appoint; hold (*s.o.'s attention*); decide, determine; keep one's eye on (*s.th.*), stare at; ✕ fix, hold; ♫ assess (*damages*); ~ *les yeux sur* stare at, look hard at; *se* ~ settle (down); **fixité** [‿si'te] *f* fixity.

flac! [flak] *int.* slap!; crack!; plop! (*into water*); *faire* ~ plop.

flacon [fla'kɔ̃] *m* bottle; flask; ~ *plat* hip flask.

flageller [flaʒɛl'le] (1a) *v/t.* scourge, lash.

flageoler [flaʒɔ'le] (1o) *v/i.* tremble, shake.

flageolet[1] ♪ [flaʒɔ'lɛ] *m* flageolet.

flageolet[2] *cuis.* [‿] *m* (small) kidney bean, flageolet.

flagorner [flagɔr'ne] (1a) *v/t.* flatter; toady to; fawn upon; **flagornerie** [‿nɔ'ri] *f* flattery; F soft soap; toadying.

flagrant, e [fla'grɑ̃, ‿'grɑ̃ːt] flagrant; striking; *en* ~ *délit* red-handed, in the very act.

flair [flɛːr] *m dog:* scent; *fig.* nose; *fig. person:* flair; *avoir du* ~ *pour* have a flair for; **flairer** [flɛ're] (1b) *v/t.* scent (*a. fig.*); smell; *fig.* suspect; *sl.* smell of.

flamand, e [fla'mɑ̃, ‿'mɑ̃ːd] **1.** *adj.* Flemish; **2.** *su./m ling.* Flemish; *su.* ♀ Fleming.

flamant *orn.* [fla'mɑ̃] *m* flamingo.

flambant, e [flɑ̃'bɑ̃, ‿'bɑ̃ːt] **1.** *adj.* blazing; *fig.* brilliant; ~ *flambant adv.: tout* ~ *neuf* brandnew; **flambeau** [‿'bo] *m* torch; candlestick; candelabra; **flambée** [‿'be] *f* blaze, blazing fire; *fig.* surge, outburst; ✝ *prices etc.:* zooming or shooting up; **flamber** [‿'be] (1a) *v/i.* flame, blaze; burn; ⊕ buckle (*metal rod*); *v/t.* singe; ♂ sterilize (*a needle in a flame*); *fig. sl. être flambé* be done for; **flamboyer** [‿bwa'je] (1h) *v/i.* blaze (*fire, a. fig.*).

flamme [flɑ:m] f flame; fig. love, passion; ⚔, ♣ pennon, pennant; être en ~s be on fire.

flammèche [fla'mɛʃ] f spark.

flan [flɑ̃] m cuis. baked-custard tart; ⊕ etc. blank; sl. c'est du ~! that's a load of hooey!

flanc [flɑ̃] m flank, side; ~ de coteau hillside; ♣ sur le ~ laid up; exhausted; sl. tirer au ~ malinger, F swing the lead.

flancher F [flɑ̃'ʃe] (1a) v/i. flinch; give in; F quit, chicken out; ⊕ break down.

flandrin † F [flɑ̃'drɛ̃] m lanky fellow.

flanelle tex. [fla'nɛl] f flannel.

flâner [flɑ'ne] (1a) v/i. stroll; lounge about; loaf; saunter; **flâneur** m, -euse f [~'nœ:r, ~'nø:z] stroller; lounger, loafer.

flanquer[1] F [flɑ̃'ke] (1m) v/t. throw, chuck; deal, land (a blow); ~ q. à la porte chuck s.o. out; give s.o. the sack.

flanquer[2] [flɑ̃'ke] (1m) v/t. ⚔, ⚓, etc. flank; **flanqueur** ⚔ [~'kœ:r] m flanker.

flapi, e F [fla'pi] tired out, fagged out.

flaque [flak] f puddle, pool.

flash, pl. **flashes** [flaʃ] m phot. flash-light; radio, telev.: newsflash.

flasque[1] [flask] flabby, limp.

flasque[2] [~] f ✝ flask; † powder-horn.

flasque[3] [~] m ⊕ lathe etc.: cheek; support (of dynamo); mot. wheel-disk.

flatter [fla'te] (1a) v/t. flatter (s.o. on s.th., q. sur qch.; s.o. by or in ger., q. de inf.); humo(u)r (s.o.); caress, stroke; **flatterie** [~'tri] f flattery; **flatteur, -euse** [~'tœ:r, ~'tø:z] 1. adj. flattering; pleasing; 2. su. flatterer; sycophant.

flatulence ✿ [flaty'lɑ̃:s] f flatulence, F wind; **flatulent, e** [~ty'lɑ̃, ~'lɑ̃:t] flatulent, caused by flatulence; **flatuosité** ✿ [~tɥozi'te] f flatus, F wind.

fléau [fle'o] m flail; balance: beam; fig. scourge; pest, curse.

flèche[1] [flɛ:ʃ] f arrow; balance etc.: pointer; church: spire; ♣ pole; ⊕ crane: jib; mot. ~ swept-back (wings); very rapidly, like an arrow; fig. faire ~ de tout bois use all means; fig. monter en ~ rocket or zoom up.

flèche[2] [~] f bacon: flitch.

flécher [fle'ʃe] (1f) v/t. mark with arrows, arrow (a course etc.).

fléchir [fle'ʃi:r] (2a) v/t. bend; fig. move, touch (s.o.); anat. flex; v/i. bend; give way (a. ⚔); sag (cable, wire, a. ✝); weaken; fig. flag, fall off; ✝ go down (prices); **fléchissement** [~ʃis'mɑ̃] m bending etc.; see fléchir; **fléchisseur** anat. [~ʃi'sœ:r] adj./m, a. su./m flexor.

flegmatique [flɛgma'tik] phlegmatic; **flegme** [flɛgm] m phlegm; imperturbability, coolness.

flemmard, e sl. [flɛ'ma:r, ~'mard] 1. adj. lazy; 2. su. slacker; **flemme** sl. [flɛm] f laziness; avoir la ~ not to feel like work, feel lazy; tirer sa ~ idle one's time away.

flet icht. [flɛ] m flounder.

flétrir[1] [fle'tri:r] (2a) v/t. fade; wilt; wither; fig. blight (s.o.'s hopes); se ~ fade; wilt, wither (flowers).

flétrir[2] [~] (2a) v/t. condemn; stain, blemish; hist. brand.

flétrissure[1] [fletri'sy:r] f fading; withering.

flétrissure[2] [~] f stain, blemish; hist. brand.

fleur [flœ:r] f flower (a. fig.); blossom; bloom (a. on fruit); fig. prime; ~ de farine purée white flour; à ~ de level with; à ~ de peau skin-deep; en ~ in bloom; F faire une ~ à q. do s.o a good turn; **fleuraison** [flœrɛ'zɔ̃] f flowering, blooming.

fleurer [flœ're] (1a) v/t. smell of; v/i. smell.

fleuret [flœ'rɛ] m fencing: foil; tex. floss silk; ⚒ drill, borer; tex. ~ de first-quality ...; **fleurette** [~'rɛt] f small flower; conter ~ à say sweet nothings to; **fleurir** [~'ri:r] (2o) v/i. flower, bloom, fig. flourish, thrive; v/t. decorate with flowers; fig. make florid; **fleuriste** [~'rist] adj., a. su. florist; (boutique de ~) flower shop; **fleuron** [~'rɔ̃] m ✿ floret; rosette; ⚓ finial; typ. fleuron; fig. un ~ à sa couronne a feather in one's cap.

fleuve [flœ:v] m river.

flexible [flɛk'sibl] 1. adj. flexible; 2. su./m ⚡ flex; **flexion** [~'sjɔ̃] f ⊕, a. sp. bending; ⊕ flexion, sagging; gramm. inflexion; **flexueux, -euse** [~'sɥø, ~'sɥø:z] winding; ✿ flexuose.

flibuster [flibys'te] (1a) v/i. buccaneer; v/t. sl. steal, pinch.

flic sl. [flik] m policeman, copper,

Am. cop; detective; **flicaille** sl. [fli'kaj] f: la ~ the police, sl. the fuzz.

flic flac [flik'flak] int. crack.

flingot sl. [flɛ̃'go] m rifle, gun; **flinguer** F [~'ge] (1m) v/t. shoot (s.o.), F gun (s.o.) down.

flipper¹ [fli'pœːr] m pin-ball machine.

flipper² F [fli'pe] (1a) v/i. flip.

flirt [flœrt] m flirt(ation); **flirter** [flœr'te] (1a) v/i. flirt.

floche [flɔʃ] soft, flabby; floss (silk).

flocon [flɔ'kɔ̃] m snow: flake; wool: flock; **floconneux, -euse** [~kɔ'nø, ~'nøːz] fleecy; ℞ flocculent.

flonflons [flɔ̃'flɔ̃] m/pl. blare sg.

floraison [flɔrɛ'zɔ̃] f flowering, blooming; **floral, e, m/pl. -aux** [~'ral, ~'ro] floral.

flore [flɔːr] f ♀ flora; myth. ♀ Flora.

florès [flɔ'rɛːs] m: faire ~ be in vogue; be a success.

floriculture [flɔrikyl'tyːr] f flower growing; **florilège** [~'lɛːʒ] m (verse) anthology.

florissant, e fig. [flɔri'sɑ̃, ~'sɑ̃ːt] flourishing.

flot [flo] m wave; stream; crowd; fig. flood; à ~ afloat; ♺ mettre qch. à ~ (re)float s.th.; launch s.th.; **flottaison** ♺ [flɔtɛ'zɔ̃] f floating; ligne f de ~ ship: water-line; **flottant, e** [~'tɑ̃, ~'tɑ̃ːt] (a. ✝); flowing (hair); loose (garment); irresolute; fig. elusive (personality); pol. électeur ~ floating voter.

flotte¹ [flɔt] f ♺ fleet; F the navy; F water, rain.

flotte² [~] f fishing: float.

flotter [flɔ'te] (1a) v/i. float; flow (hair); fig. waver (a. ✕), be irresolute; **flotteur** [~'tœːr] m raftsman; ⊕, a. fishing: float; ♺ anchor buoy.

flottille ♺ [flɔ'tiːj] f flotilla; ~ de pêche fishing fleet.

flou, floue [flu] 1. adj. blurred; soft (hair); loose-fitting (garment); 2. su./m haziness; phot. blurring.

flouer sl. [flu'e] (1a) v/t. swindle; do (s.o.).

fluctuation [flyktɥa'sjɔ̃] f fluctuation (a. ✝); ⊕ ~ de charge variation of load; **fluctuer** [~'tɥe] (1n) v/i. fluctuate.

fluet, -ette [fly'ɛ, ~'ɛt] thin (a.|voice), slender.

fluide [flɥid] 1. adj. fluid; fig. a. (smoothly) flowing; 2. su./m fluid;

fluidifier [flɥidi'fje] (1o) v/t. fluidify; **fluidité** [~'te] f fluidity.

flûte [flyːt] f ♪ flute; tall champagne (etc.) glass; long thin roll (of bread); tex. shuttle; F ~s pl. (long, thin) legs; sl. ~! dash it!; bother!; sl. jouer des ~s take to one's heels; **flûter** [fly'te] (1a) v/i. ♪ play the flute; sl. drink; F envoyer ~ q. tell s.o. to go to blazes; voix f flûtée melodious voice; piping voice; **flûtiste** ♪ [~'tist] m fl(a)utist.

fluvial, e, m/pl. -aux [fly'vjal, ~'vjo] river...; water...

flux [fly] m flow; cards, face: flush; ✍, ✝, metall. flux; le ~ et le reflux the ebb and flow; **fluxion** ✍, a. ✝ [flyk'sjɔ̃] f fluxion, ✍ a. inflammation, swelling; ~ à la joue gumboil; ~ de poitrine pneumonia.

foc ♺ [fɔk] m jib; grand (petit) ~ outer (inner) jib.

focal, e, m/pl. -aux phot., opt., ℞ [fɔ'kal, ~'ko] focal; **focalisation** [~kaliza'sjɔ̃] f focussing; **focaliser** [~kali'ze] (1a) v/t. focus.

foëne [fwen] f pronged harpoon.

foi [fwa] f faith; belief; trust, confidence; ajouter ~ à believe (in); de bonne (mauvaise) ~ adv. in good (bad) faith; adj. honest (dishonest); digne de ~ reliable; faire ~ be a proof; be authentic (of, de); attest (that, que); ma ~! upon my word!; mauvaise ~ insincerity; unfairness; sous la ~ du serment on oath.

foie [~] m liver; sl. avoir les ~s be in a funk.

foin¹ [fwɛ̃] 1. su./m hay; sl. row; F avoir du ~ dans ses bottes have feathered one's nest; faire du ~ kick⟩

foin²! [~] int. bah! [up a row.⟩

foire¹ [fwaːr] f fair; F fig. madhouse; F fig. ~ d'empoigne free-for-all; rat race; sl. faire la ~ whoop it up.

foire² sl. † [~] f diarrhoea.

fois [fwa] f time, occasion; une ~ once; deux ~ twice; trois ~ three times; à la ~ at once; at the same time; encore une ~ once more; une ~ que when.

foison [fwa'zɔ̃] f abundance, plenty; à ~ in abundance; galore; **foisonner** [~zɔ'ne] (1a) v/i. abound (in, with de), teem (with, de); swell (earth, lime); ⊕ buckle (metal).

fol [fɔl] see fou.

folâtre [fɔ'laːtr] playful, frisky; **folâtrer** [~la'tre] (1a) v/i. frolic, frisk; gambol; F act the fool; **folâtrerie** [ʌlɑtrəˈri] f playfulness; sportiveness; frolic; **folichon, -onne** F [ʌliˈʃɔ̃, ʌˈʃɔn] playful, frolicsome; wanton; **folie** [ʌˈli] f madness; folly; mania; ~ **des grandeurs** megalomania; *aimer q. à la* ~ love s.o. to distraction.

folié, e ♀ [fɔˈlje] foliate(d); **folio** *typ. etc.* [ʌˈljo] m folio; **folioter** [ʌljoˈte] (1a) *v/t.* folio, paginate.

folklore [fɔlˈklɔːr] m folklore.

folle [fɔl] *see* **fou**; ~ *farine* flour dust; **follet, -ette** [fɔˈlɛ, ʌˈlɛt] (slightly) mad; scatterbrained; *esprit m* ~ goblin; *poil m* ~ down; *see* **feu**.

folliculaire F [fɔlikyˈlɛːr] m hack writer; **follicule** ♀, *anat.* [ʌˈkyl] m follic(u)le.

fomentateur m, **-trice** f [fɔmɑ̃taˈtœːr, ʌˈtris] fomenter; **fomentation** ♂, *a. fig.* [ʌtaˈsjɔ̃] f fomentation; **fomenter** [ʌˈte] (1a) *v/t.* ♂ foment (*a. fig.*); *fig.* stir up.

foncé, e [fɔ̃ˈse] dark, deep (*colour*); *bleu* ~ dark blue; **foncer** [ʌˈse] (1k) *v/t.* make darker, darken, deepen (*a colour*); bottom (*a cask*); *v/i.* darken, grow darker; F rush, dash (*at, sur*).

foncier, -ère [fɔ̃ˈsje, ʌˈsjɛːr] landed, real (*property*); ground (*landlord, rent*); *fig.* thorough, fundamental.

fonction [fɔ̃kˈsjɔ̃] f function (*a.* ♂, *a.* ✗); *fig. en* ~ *de* in step with, hand in hand with); *faire* ~ *de* act as; **fonctionnaire** [fɔ̃ksjɔˈnɛːr] m official; civil servant; office bearer; **fonctionnel, -elle** [ʌˈnɛl] functional; **fonctionner** [ʌˈne] (1a) *v/i.* function (*a.* ✗); ⊕ work (*brake, machine, etc.*).

fond [fɔ̃] m bottom; *sea:* bed; △, *a. fig.* foundation, *fig.* basis; *sport:* background; back, far end; *fig.* gist, essence; *à* ~ thoroughly; *à* ~ *de train* at top speed; *article m de* ~ leading article, leader; *au* ~ after all; at bottom; *de* ~ *en comble* from top to bottom; **fondamental, e**, *m/pl.* **-aux** [fɔ̃damɑ̃ˈtal, ʌˈto] fundamental; radical; essential.

fondant, e [fɔ̃ˈdɑ̃, ʌˈdɑ̃ːt] **1.** *adj.* melting; juicy (*fruit*); **2.** *su./m* fondant; *metall.* flux.

fondateur m, **-trice** f [fɔ̃daˈtœːr, ʌˈtris] founder; **fondation** [ʌˈsjɔ̃] f founding; foundation (*a.* △); institution; **fondé, e** [fɔ̃ˈde] **1.** *adj.*

founded, justified; authorized; ✝ funded (*debt*); *être* ~ *à* (*inf.*) be entitled to (*inf.*), have reason to (*inf.*); **2.** *su./m:* ~ *de pouvoir* ⚖ proxy, holder of a power of attorney; ✝ managing director; ✝ chief clerk; **fondement** [fɔ̃dˈmɑ̃] m base, foundation; F behind, bottom; *sans* ~ groundless, unfounded; **fonder** [fɔ̃ˈde] (1a) *v/t.* found (*a.* ✝, *a. fig.*); ✝ start (*a firm, a paper*); ✝ fund (*a debt*); *fig.* base, justify.

fonderie ⊕, *metall.* [fɔ̃ˈdri] f foundry; smelting works *usu. sg.*; founding; **fondeur** [ʌˈdœːr] m founder; smelter; *typ.* ~ *en caractères* type-founder; **fondre** [fɔ̃ːdr] (4a) *v/t. metall.* smelt; *metall.* cast (*a bell, a statue*); melt; dissolve; thaw (*snow*); blend (*colours*); ✝ amalgamate; *v/i.* melt (*a. fig.*); *fig.* grow thinner; dissolve (*fig. in, en*); ⚡ blow (*fuse*); ~ *sur* swoop upon, pounce upon; *fig.* bear down upon (*s.o.*).

fondrière [fɔ̃driˈɛːr] f bog, quagmire; hollow (*in the ground*).

fonds [fɔ̃] m land, estate; ✝ stock-in-trade; fund; *pl.* cash *sg.*, capital *sg.*, means; ✝ *publics* public funds; ✝ ~ *de commerce* business, goodwill; ✝ ~ *pl. de roulement* working capital *sg.*, cash reserve *sg.*; ~ *perdu* life annuity; F *à* ~ *perdu* without security. [melted cheese.)

fondue *cuis.* [fɔ̃ˈdy] f fondue,)

font [fɔ̃] 3rd p. pl. pres. of **faire**.

fontaine [fɔ̃ˈtɛn] f fountain; spring; *eau f de* ~ spring water; F *ouvrir la* ~ turn on the waterworks (= *start to cry*); **fontainier** [ʌˈnje] m fountain-maker; filter-maker; wellsinker; *admin.* turncock.

fonte [fɔ̃ːt] f melting; *ore:* smelting; *metal:* casting; *snow:* thawing; *typ.* fount; cast iron.

fonts *eccl.* [fɔ̃] m/pl. (*a.* ~ *baptismaux*) font *sg.*; *tenir* (*or porter*) *sur les* ~ *baptismaux* stand sponsor to (*a child*); *fig.* (help to) launch (*s.th.*).

foot F [fut] m, **football** *sp.* [futˈbol] m (Association) football, F soccer; **footballeur** [ʌbɔˈlœːr] m footballer.

for [fɔːr] m: ~ *intérieur* conscience; *dans* (*or en*) *mon* ~ *intérieur* in my heart of hearts.

forage ⊕, ✗ [fɔˈraːʒ] m boring, drilling; bore-hole.

fort

forain, e [fɔˈrɛ̃, ~ˈrɛn] **1.** *adj.* † alien, foreign; itinerant; *fête f* ~ *e* fun fair; **2.** *su.* strolling player; hawker.

forban [fɔrˈbɑ̃] *m hist.* buccaneer, pirate; crook, shark.

forçat [fɔrˈsa] *m* convict; † galley-slave.

force [fɔrs] **1.** *su./f* strength; might; force (*a.* ✗, *a.* ⊕); power (*a.* ⊕); authority; ~ *aérienne* (*tactique*) (tactical) air force; ~ *de frappe* ✗ strike force; *fig.* force(fulness); 🎼 ~ *majeure* overpowering circumstances *pl.*; ~ *motrice* ⊕ horsepower; *fig.* motive power; *phys.* ~ *vive* kinetic energy; momentum; *à* ~ *de* by dint of, by means of; *à toute* ~ despite opposition, at all costs; *de première* ~ first-class ...; *de vive* ~ by sheer force; *un cas de* ~ *majeure* an act of God; **2.** *adv.* † many, plenty of; **forcément** [fɔrseˈmɑ̃] *adv.* necessarily, inevitably.

forcené, e [fɔrsəˈne] **1.** *adj.* mad, frantic, frenzied; **2.** *su./m* madman; *su./f* madwoman.

forcer [fɔrˈse] (1k) *v/t.* force; compel, oblige; ✗ take by storm; run (*a blockade*); break open; pick (*a lock*); 🎣, ⊕ strain; ⊕ buckle (*a plate*); increase (*one's pace, speed*); *être forcé de* (*inf.*) be obliged to (*inf.*); **forcerie** 🌱 [~səˈri] *f* forcing house; forcing bed.

forer ⊕ [fɔˈre] (1a) *v/t.* bore, drill.

forestier, -ère [fɔrɛsˈtje, ~ˈtjɛːr] **1.** *adj.* forest-...; forest-clad; forester's ...; **2.** *su./m* forester.

foret ⊕ [fɔˈrɛ] *m* drill; bit; gimlet.

forêt [~] *f* forest (*a. fig.*); *fig.* hair-shock; ~ *vierge* virgin forest.

foreur ⊕ [fɔˈrœːr] *m* borer, driller; **foreuse** [~ˈrøːz] *f* ⊕ *machine:* drill; 🪨 rock-drill.

forfaire [fɔrˈfɛːr] (4r) *v/i.* be false (to, *à*); ~ *à* fail in (*one's duty*).

forfait¹ [fɔrˈfɛ] *m* heinous crime.

forfait² *sp.* [~] *m* forfeit, fine; withdrawal; *déclarer* ~ *sp.* scratch (a horse); withdraw from the competition (*a. fig.*); *fig.* give up.

forfait³ [fɔrˈfɛ] *m* contract; *à* ~ for a fixed sum; by contract; job-(*work*); (*buy, sell*) as a job lot; *travail* ~ *à* ~ contract work; **forfaitaire** [~fɛˈtɛːr] lump (*sum*); **forfaiture** [~fɛˈtyːr] *f* abuse (*of authority*); breach (*of duty, honour, etc.*).

forfanterie [fɔrfɑ̃ˈtri] *f* bragging, boasting.

forge [fɔrʒ] *f* forge, smithy; ~*s pl.* ironworks *usu. sg.*; **forgeable** [fɔrˈʒabl] forgeable; **forger** [~ˈʒe] (1l) *v/t.* forge; *fig.* invent; **forgeron** [~ʒəˈrɔ̃] *m* (black)smith; ironsmith; **forgeur** [~ˈʒœːr] *m* forger.

formaliser [fɔrmaliˈze] (1a) *v/t.*: *se* ~ take offence (at, *de*); **formaliste** [~ˈlist] **1.** *adj.* formal, stiff; **2.** *su.* formalist (*a. phls.*); stickler for formalities; **formalité** [~liˈte] *f* formality; ceremony; *une simple* ~ a pure formality; **format** [fɔrˈma] *m* size (*a. phot.*); *book:* format; **formateur, -trice** [~maˈtœːr, ~ˈtris] **1.** *adj.* formative; **2.** *su.* former, maker; **formation** [~maˈsjɔ̃] *f* formation (*a.* ✗, 🌱); education; ~ (*professionnelle* vocational) training; **forme** [fɔrm] *f* form (*a.* 🎼, *sp., fig., typ.*, *a.* = hare's lair); shape; pattern; mo(u)ld; formality; ⚓ dock; ~*s pl.* manners; *en* ~ fit, up to the mark *or* to scratch; *par* ~ *d'avertissement* by way of warning; *pour la* ~ for the sake of appearances; *sous (la)* ~ *de* in the form of; *prendre* ~ take shape; *prendre la* ~ *de* take the form *or* shape of; **formel, -elle** [fɔrˈmɛl] formal; strict; categorical; **former** [~ˈme] (1a) *v/t.* form; fashion, shape; *fig.* constitute; mo(u)ld; *fig.* train (*s.o.*).

formidable [fɔrmiˈdabl] formidable, dreadful; F terrific, *sl.* smashing, Am. swell.

formique 🧪 [fɔrˈmik] formic (*acid etc.*).

formulaire [fɔrmyˈlɛːr] *m* formulary; pharmacopoeia; *admin.* form; **formule** [~ˈmyl] *f* 🅰, 🧪, *a.* *fig.* formula; 🍴 recipe; *admin.*, 📮 *post:* form; **formuler** [~myˈle] (1a) *v/t.* formulate, draw up; lodge (*a complaint*); state precisely; *fig.* put into words; 🍴 ~ *une ordonnance* write out a prescription.

fornication [fɔrnikaˈsjɔ̃] *f* fornication.

fors † [fɔːr] *prp.* except.

fort, forte [fɔːr, fɔrt] **1.** *adj.* strong; robust; clever (at, *en*); good (at, *en*); large (*sum*); *fig.* big; ample (*resources*); thick, stout (*person*); heavy (*beard, rain, sea, soil*); steep (*slope*); high (*fever, wind*); *fig.* difficult; *fig.* severe; *à plus* ~*e rai-*

son all the more; *esprit m* ~ free-thinker; *se faire* ~ de undertake to; **2. fort** *adv.* very; strongly; loud(ly); **3.** *su./m* strong part; strong man; *fig.* strong point; *fig.* height (*of debate, fever, season*); ✗ fort, stronghold; ~ *de la Halle* market porter.

forteresse ✗ [fɔrtə'rɛs] *f* fortress; stronghold (*a. fig.*).

fortifiant, e [fɔrti'fjɑ̃, ~'fjɑ̃:t] **1.** *adj.* strengthening; invigorating; **2.** *su./m* tonic; **fortification** [~fika'sjɔ̃] *f* fortification; **fortifier** [~'fje] (1o) *v/t.* ✗, *fig.* fortify; strengthen (*a. fig.*); invigorate; *se* ~ grow stronger.

fortin ✗ [fɔr'tɛ̃] *m* small fort.

fortuit, e [fɔr'tɥi, ~'tɥit] chance..., accidental.

fortune [fɔr'tyn] *f* fortune, luck; chance; wealth; *bonne (mauvaise)* ~ good (bad) luck; *dîner à la* ~ *du pot* take pot-luck; ⚓ *mât m de* ~ jury-mast; *sans* ~ poor; *tenter* ~ try one's luck; **fortuné, e** [fɔrty'ne] fortunate; well-off, rich.

forure ⊕ [fɔ'ry:r] *f* bore(-hole).

fosse [fo:s] *f* pit, hole; trench; grave; *lions:* den; *mot.* inspection pit; **fossé** [fo'se] *m* ditch, trench; *castle:* moat; **fossette** [~'sɛt] *f* dimple.

fossile [fɔ'sil] **1.** *adj.* fossilized (*a. fig.*); **2.** *su./m* fossil (*a. fig.*).

fossoyer 🖉 [foswa'je] (1h) *v/t.* trench, drain; **fossoyeur** [~'jœːr] *m* grave-digger.

fou (*adj. before vowel or h mute* **fol**) *m*, **folle** *f*, *m/pl.* **fous** [fu, fɔl, fu] **1.** *adj.* mad, insane, crazy; *fig.* enormous, tremendous; silly, foolish; *devenir (rendre q.)* ~ go (drive s.o.) mad; **2.** *su.* lunatic; *su./m* fool; madman; *chess:* bishop; ~*s pl. du volant* reckless drivers; *su./f* madwoman.

fouailler † [fwa'je] (1a) *v/t.* flog; beat.

foudre[1] [fudr] *m* tun.

foudre[2] [fudr] *f* thunderbolt; lightning; *coup m de* ~ thunderbolt (*a. fig.*); *fig.* love at first sight; *fig.* bolt from the blue; *la* ~ *est tombée* lightning struck (*at, à*); **foudroyer** [fudrwa'je] (1h) *v/t.* strike (by lightning); *fig.* strike down; *fig.* dumbfound, crush; ~ *du regard* look daggers at.

fouëne [fwɛn] *f see* **foëne**.

fouet [fwɛ] *m* whip; ~ (*à œufs*) (egg) whisk; **fouetter** [fwɛ'te] (1a) *v/t.* whip; birch; flog (*a child*); whisk (*eggs*); *rain:* lash against (*a window*); *v/i.* lash (*rain*).

fougère 🌿 [fu'ʒɛ:r] *f* fern.

fougue [fug] *f* fire, spirit, dash; (*youthful*) enthusiasm; **fougueux, -euse** [fu'gø, ~'gø:z] fiery, mettlesome, spirited (*horse*); impetuous.

fouille [fu:j] *f* excavation; *fig.* search; **fouillé, e** [fu'je] detailed; elaborate; **fouiller** [~] (1a) *v/t.* dig, excavate; search (*s.o.*); *v/i.* rummage; **fouillis** [~'ji] *m* jumble, mess.

fouinard, e F [fwi'naːr, ~'nard] inquisitive; sneaking; **fouine** *zo.* [fwin] *f* stone marten; **fouiner** F [fwi'ne] (1a) *v/i.* nose or ferret about.

fouir [fwiːr] (2a) *v/t.* dig; **fouisseur, -euse** [fwi'sœːr, ~'sø:z] **1.** *adj.* burrowing (*animal*); **2.** *su./m* burrower, burrowing animal.

foulage [fu'laːʒ] *m* pressing; ⊕ *cloth, leather:* fulling; *metall.* ramming; *typ.* impression.

foulard [fu'laːr] *m* silk neckerchief or handkerchief; *tex.* foulard.

foule [ful] *f* crowd, multitude, throng; mob; heaps *pl.*; *tex., cloth, leather:* fulling; **fouler** [fu'le] *v/t.* tread; trample down; press, crush; ✖ strain, wrench; *tex.* full; *metall.* ram; *fig.* ~ *aux pieds* ride rough-shod over; **foulerie** [ful'ri] *f* fulling-mill; **fouleur** *tex.* [fu'lœːr] *m* fuller; **fouloir** [~'lwaːr] *m* *tex.* fulling-stock; fulling-mill; *metall.* rammer; **foulon** *tex.* [~'lɔ̃] *m* person: fuller; *terre f à* ~ fuller's earth; **foulure** [~'lyːr] *f* sprain, wrench.

four [fuːr] *m* oven; cooker; ⊕ furnace, kiln; *thea., a.* F failure, F flop; ~ *à chaux* lime-kiln; *faire* ~ be a failure or F a flop; *petits* ~*s pl.* small fancy cakes.

fourbe [furb] **1.** *adj.* rascally; double-dealing; **2.** *su.* cheat; **fourberie** [furbə'ri] *f* swindle; deceit, trickery; *Am.* skulduggery.

fourbi F [fur'bi] *m* equipment, ✗ kit; thingumajig; **fourbir** [~'biːr] (2a) *v/t.* furbish, polish up.

fourbu, e [fur'by] tired out, exhausted.

fourche [furʃ] *f* fork; *en* ~ forked; **fourcher** [fur'ʃe] (1a) *v/i.* fork, branch; *fig. la langue m'a fourché* I made a slip of the tongue; **fourchet** [ˌˈʃɛ] *m* fork; *vet.* foot-rot; **fourchette** [ˌˈʃɛt] *f* (table)fork; wishbone; *statistics etc.*: bracket; *prices etc.*: range; *avoir un bon coup de ~* be a hearty eater; **fourchon** [ˌˈʃɔ̃] *m* fork: prong; *bough*: fork; **fourchu, e** [ˌˈʃy] forked; cloven (*hoof*).

fourgon[1] [furˈgɔ̃] *m* van, waggon; 🚂 luggage van, *Am.* baggage or freight car.

fourgon[2] [furˈgɔ̃] *m* poker, firerake; **fourgonner** [ˌgɔˈne] (1a) *v/t.* poke (*the fire*); *v/i.* poke (the fire); *fig.* poke about (in, *dans*).

fourgonnette *mot.* [furgɔˈnɛt] *f* light van.

fourmi *zo.* [furˈmi] *f* ant; ~ *blanche* termite; *fig. avoir des ~s* have pins and needles; **fourmilier** *zo.* [furmiˈlje] *m* ant-eater; **fourmilière** [ˌˈljɛːr] *f* ant-hill, ants' nest; *fig.* swarm, nest; **fourmi(-)lion,** *pl.* **fourmis(-)lions** *zo.* [furˈljɔ̃] *m* antlion; **fourmiller** [ˌˈje] (1a) *v/i.* swarm, teem (with, *de*); *fig.* tingle.

fournaise *poet., a. fig.* [furˈnɛːz] *f* furnace; **fourneau** [ˌˈno] *m* ⊕ furnace; cooker, stove; 🔥, ⚒ *mine*: chamber; *pipe*: bowl; *F* fool, idiot; *metall. haut ~* blast-furnace; **fournée** [ˌˈne] *f* ovenful; ⊕, *metall.* charge; *bricks*: baking; *loaves, a. fig.*: batch.

fourni, e [furˈni] supplied; thick, abundant; bushy (*beard*).

fournier [furˈnje] *m* baker; ovenman; **fournil** [ˌˈni] *m* bakehouse.

fourniment ⚒ [furniˈmɑ̃] *m* kit, equipment; **fournir** [ˌˈniːr] (2a) *v/t.* furnish, supply, equip (with, *de*); provide; ✝ stock (*a shop*); **fournisseur** ✝ [ˌniˈsœːr] *m* supplier, caterer; tradesman; **fourniture** [ˌˈtyːr] *f* supplying; ~*s pl.* supplies; equipment *sg.*

fourrage [fuˈraːʒ] *m* forage, fodder; ⚒ foraging; **fourrager** [furaˈʒe] (1l) *v/i.* forage; *fig.* rummage, search; *v/t. fig.* ravage; **fourragère** ⚒ [ˌˈʒɛːr] **1.** *su./f* forage waggon; lanyard; shoulder-braid; **2.** *adj./f: plante f ~* fodder plant.

fourré, e [fuˈre] fur-lined; furry; lined; filled (with, *de*); *fig. coup m ~* backhanded blow; *paix f ~e* sham peace.

fourreau [fuˈro] *m* 💥 sheath (*a. cost., a. fig.*); case; ⊕ sleeve; ⊕ *cylinder*: liner.

fourrer [fuˈre] (1a) *v/t.* line with fur; stuff, thrust; cram; *F* stick, poke; ⊕ pack (*a joint*); *se ~* wrap o.s. up; hide o.s.; thrust o.s.; **fourreur** [ˌˈrœːr] *m* furrier.

fourrier [fuˈrje] *m* 💥 quartermaster-sergeant; *fig.* forerunner; **fourrière** [ˌˈrjɛːr] *f* pound; *emmener une voiture à la ~, mettre une voiture en ~* tow a car away.

fourrure [fuˈryːr] *f* fur; skin; lining (*a. mot. brake*); ⊕ *joint*: packing; ⚙ filler-block.

fourvoyer [furvwaˈje] (1h) *v/t.* lead astray, mislead; *se ~* go astray; be mistaken.

foutaise *F* [fuˈtɛːz] *f* rubbish, rot.

foutre *V* [futr] **1.** (4a) *v/t.* throw; give; do; ~ *la paix à q.* leave s.o. alone; *shut up;* ~ *le camp* clear out, go; ~ *q. dedans* do or cheat s.o.; *je m'en fous* I don't care, I don't give a damn; *se ~* de not to care a hang or *sl.* a damn about; **2.** *int.* gosh!; damn it!; **foutu, e** *F* [fuˈty] damned, *Br. sl.* bloody; done for, finished, *sl.* bust(ed).

fox *zo.* [fɔks] *m* (*a. fox-terrier*) fox terrier; ~*-trot* [ˌˈtrɔt] *m/inv.* foxtrot.

foyer [fwaˈje] *m* hearth, fire(-place); *fig.* home; ⊕ fire-box, combustion chamber; *boiler*: furnace; 🔬, ☀, *phot., phys.* focus; *hotel*: lounge; *fig.* seat, centre; *thea.* ~ *des artistes* green-room; ~ *des étudiants* (university) hall of residence; *building*: Students' Union.

frac [frak] *m* dress-coat.

fracas [fraˈka] *m* crash; din, shindy; **fracassant, e** [ˌkaˈsɑ̃, ˌˈsɑ̃ːt] deafening (*noise*); *fig.* sensational, *F* shattering, *F* thundering; **fracasser** [ˌkaˈse] (1a) *v/t.* shatter; smash to pieces.

fraction [frakˈsjɔ̃] *f* fraction (*a. ⚛*), portion; *pol.* group; ⚛ ~ *continue* continued fraction; **fractionnaire** [fraksjɔˈnɛːr] fractional; *nombre m ~* mixed number; improper fraction; **fractionner** [ˌˈne] (1a) *v/t.* split up; ⚛, 🧪 fractionate; crack (*mineral oils*); ⚛ fractionize.

fracture [frakˈtyːr] *f* breaking open; *lock*: forcing; ☀, *geol.* fracture; **fracturer** [ˌtyˈre] (1a) *v/t.* break open; force (*a lock*); 🔧 fracture, break; 🔧 *se* ∼ *un bras* fracture *or* break one's arm.

fragile [fra'ʒil] fragile; brittle; *fig.* weak; † *inscription:* with care; **fragilité** [∼ʒili'te] *f* fragility; brittleness; *fig.* weakness, frailty.

fragment [frag'mã] *m* fragment, bit; snatch (*of a song*); **fragmentaire** [∼mã'tɛːr] fragmentary; in fragments.

frai [frɛ] *m* spawning (season); spawn; fry.

fraîcheur [frɛ'ʃœːr] *f* freshness (*a. fig.*); coolness; *fig.* bloom (*a. of flowers*); **fraîchir** [∼'ʃiːr] (2a) *v/i.* grow colder; freshen (*wind*).

frais¹, fraîche [frɛ, frɛʃ] **1.** *adj.* fresh; cool; recent; new (*bread*); wet (*paint*); new-laid (*egg*); **2.** *adv.: frais arrivé* just arrived; *fleur f fraîche cueillie* freshly gathered *or* picked flower; **3.** *su./m* cool; coolness; *au* ∼ in a cool place; *de* ∼ freshly.

frais² [frɛ] *m/pl.* cost *sg.*, expenses, outlay *sg.*; fees; ⚖ costs; charges; ∼ *de livraison* delivery charges; ∼ *d'entretien* maintenance costs, upkeep *sg.*; † ∼ *de port en plus* carriage *sg.* extra; ∼ *de transport* freight charges; carriage *sg.*; *aux* ∼ *de* at the expense of; *faire les* ∼ *de* bear the cost of; *fig.* provide the topic(s) of (*a conversation*); *peu de* ∼ small cost *sg.*; ... *pour* ∼ *d'envoi* postage and packing ...

fraise¹ [frɛːz] *f* 🍓 strawberry; 🔧 strawberry mark, n(a)evus.

fraise² [∼] *f cuis. calf, lamb:* crow; *turkey:* wattle; *collar:* ruff.

fraise³ ⊕ [frɛːz] *f* countersink (*bit*); mill; ⊕ ∼ *champignon* (*or conique*) rose bit.

fraiser ⊕ [frɛ'ze] (1a) *v/t.* mill; countersink.

fraiseuse ⊕ [frɛ'zøːz] *f* milling machine.

fraisier 🍓 [frɛ'zje] *m* strawberry plant.

framboise [frã'bwaːz] *f* raspberry; **framboiser** [frãbwa'ze] (1a) *v/t.* flavo(u)r with raspberry; **framboisier** 🍓 [∼'zje] *m* raspberry-bush.

franc¹, franche [frã, frãːʃ] **1.** *adj.* frank; free; open, candid; straightforward; fair (*play*); *fig.* real, pure; ∼ *de port* carriage paid; post-free; *foot. coup m* ∼ free kick; **2.** *franc adv.* frankly; candidly; *pour parler* ∼ to be frank.

franc² [frã] *m coin:* franc; *pour un* ∼ *de* a franc's worth of.

franc³, franque [frã, frãːk] **1.** *adj.* Frankish; **2.** *su.* ♀ Frank; *in Levant:* European.

français, e [frã'sɛ, ∼'sɛːz] **1.** *adj.* French; **2.** *su./m ling.* French; ♀ Frenchman; *les* ♀ *m/pl.* the French; *su./f* ♀ Frenchwoman.

franchement [frãʃ'mã] *adv.* frankly; openly; straight (out); F really.

franchir [frã'ʃiːr] (2a) *v/t.* jump over, clear; cross; pass through; ⚓ weather (*a headland*); *fig.* overcome; **franchise** [∼'ʃiːz] *f* frankness; openness; *city:* freedom; *admin.* exemption; ∼ *de bagages* baggage (*Am.* luggage) allowance; *en* ∼ duty-free; **franchissable** [∼ʃi'sabl] passable (*river*); negotiable (*hill*).

franciser [frãsi'ze] (1a) *v/t.* gallicize; **franciste** [∼'sist] *su.* French scholar *or* specialist.

franc-maçon, *pl.* **francs-maçons** [frãma'sɔ̃] *m* freemason; **francmaçonnerie** [∼sɔn'ri] *f* freemasonry.

franco † [frã'ko] *adv.* free (of charge).

francophone [frãko'fɔn] **1.** *adj.* French-speaking; **2.** *su.* French-speaking person.

franc-tireur, *pl.* **francs-tireurs** [frãti'rœːr] *m* ✕ sniper; *fig.* free lance.

frange [frãːʒ] *f* fringe; fringe group; **franger** [frã'ʒe] (1l) *v/t.* fringe.

frangin *sl.* [frã'ʒɛ̃] *m* brother; **frangine** *sl.* [∼'ʒin] *f* sister.

franquette F [frã'kɛt] *adv.: à la bonne* ∼ without ceremony.

frappage ⊕ [fra'paːʒ] *m* stamping; striking; *coins:* minting; **frappe** [frap] *f* minting; striking; stamp; **frappé, e** [fra'pe] iced; **frapper** [∼'pe] (1a) *v/t.* strike (*a. fig.*), hit; mint (*money*); ice (*a drink*); type (*a letter*); punch (out) (*a design*); F *se* ∼ get alarmed; *v/i.* strike; knock (at the door, *à la porte*); ∼ *du pied* stamp one's foot; ∼ *juste* strike home; **frappeur** [∼'pœːr] **1.** *su./m* ⊕ *etc.* striker; *tel.* tapper; ⊕ stamper; puncher; **2.** *adj./m: esprit m* ∼ rapping spirit.

frasque [frask] *f* escapade.

fraternel, -elle [frater'nɛl] fraternal, brotherly; **fraterniser** [∼ni'ze]

(1a) *v/i.* fraternize (with, *avec*); **fraternité** [ˌ.niˈte] *f* fraternity, brotherhood.

fratricide [fratriˈsid] **1.** *su. person:* fratricide; *su./m crime:* fratricide; **2.** *adj.* fratricidal.

fraude [froːd] *f* fraud, deception; ~ *fiscale* tax evasion; *faire entrer en* ~ smuggle in; **frauder** [froˈde] (1a) *v/i.* cheat; *v/t.* defraud, cheat, swindle; **fraudeur, -euse** [ˌ.ˈdœːr, ˌ.ˈdøːz] **1.** *adj.* fraudulent; **2.** *su.* defrauder; cheat; ~ *fiscal(e)* tax evader.

frayer [frɛˈje] (1i) *v/t.* rub; clear (*a path, a way*); *se* ~ *un chemin* make a way for o.s.; *v/i.* spawn (*fish*); ~ *avec* associate with.

frayeur [frɛˈjœːr] *f* fright, terror.

fredaine [frəˈdɛn] *f* escapade; *faire des* ~ sow one's wild oats.

fredonner [frədɔˈne] (1a) *v/t.* hum (*a tune*).

frégate [freˈgat] *f* ⚓ frigate; *orn.* frigate-bird.

frein [frɛ̃] *m mot. etc., a. fig.* brake; *fig. a.* curb, restraint; *horse:* bit; ~ *à air comprimé* air-brake; ~ *à rétropédalage* back-pedalling brake; 🖙 ~ *de secours* emergency-brake; ~s *pl. à disque* disc brakes; ~ *sur jante* rim-brake; *mettre un* ~ *à* curb, bridle; *ronger son* ~ champ the bit; **freinage** [frɛˈnaːʒ] *m* braking; *puissance de* ~ braking power; *mot. traces f/pl. de* ~ skid marks; **freiner** [frɛˈne] (1a) *vt/i. mot.* brake; *v/i. mot.* apply the brakes; *v/t. mot.* apply the brakes to; *fig.* restrain, curb; *fig.* put a brake on, check.

frelater [frəlaˈte] (1a) *v/t.* adulterate (*food, wine*).

frêle [frɛl] frail, weak.

frelon *zo.* [frəˈlɔ̃] *m* hornet.

freluquet F [frəlyˈkɛ] *m* whippersnapper.

frémir [freˈmiːr] (2a) *v/i.* tremble, shudder; rustle (*leaves*); quiver (*a. fig.* with, *de*); **frémissement** [ˌ.misˈmɑ̃] *m* quiver(ing); shudder(ing); *leaves:* rustle; *wind:* sighing.

frêne ♀ [frɛːn] *m* ash(-tree).

frénésie [freneˈzi] *f* frenzy, madness; **frénétique** [ˌ.ˈtik] frantic; frenzied (*a. fig.*).

fréquemment [frekaˈmɑ̃] *adv.* of *fréquent*; **fréquence** [freˈkɑ̃ːs] *f* ♪, ⚡, *etc.* frequency; **fréquent, e** [ˌ.ˈkɑ̃, ˌ.ˈkɑ̃ːt] frequent; ⚕ rapid (*pulse*); **fréquentation** [ˌ.kɑ̃taˈsjɔ̃] *f* frequenting; association (with, *de*); regular attendance (at, *de*); (*a.* ~s *pl.*) company (*sg.*); **fréquenté, e** [ˌ.kɑ̃ˈte]: (*très* ~ very) busy (*place*); *bien (mal)* ~ of good (ill) repute; **fréquenter** [ˌ.kɑ̃ˈte] (1a) *v/t.* frequent; visit; see (*s.o.*) frequently; attend (*s.th.*) frequently.

frère [frɛːr] *m* brother; *eccl.* monk; friar; *faux* ~ traitor, double-crosser.

frérot F [freˈro] *m* little brother.

fresque [frɛsk] *f* fresco.

fret ⚓ [frɛ] *m* freight; cargo; *prendre à* ~ charter; **frètement** ⚓ [frɛtˈmɑ̃] *m* chartering; **fréter** [freˈte] (1f) *v/t.* freight; charter; fit out (*a ship*); F hire (*a car etc.*); **fréteur** [ˌ.ˈtœːr] *m* shipowner, charterer.

frétiller [fretiˈje] (1a) *v/i.* wriggle, wag (*tail*); *fig.* fidget.

fretin [frəˈtɛ̃] *m*: (*le menu* ~ the small) fry.

freudien, -enne [frøˈdjɛ̃, ˌ.ˈdjɛn] Freudian.

friable [friˈabl] crumbly.

friand, e [friˈɑ̃, ˌ.ˈɑːd] dainty; ~ *de* partial to; **friandise** [ˌ.ɑ̃ˈdiːz] *f* titbit, delicacy; epicurism.

fric *sl.* [frik] *m* dough (= *money*).

fricandeau *cuis.* [frikɑ̃ˈdo] *m* stewed larded veal; **fricassée** *cuis.* [frikaˈse] *f* fricassee, hash; **fricasser** [ˌ.ˈse] (1a) *v/t. cuis.* fricassee; *fig.* squander; **fricasseur** *m*, **-euse** *f* [ˌ.ˈsœːr, ˌ.ˈsøːz] poor cook; *fig.* squanderer; *journ.* ~ *d'articles* pot-boiler.

fric-frac *sl.* [frikˈfrak] *m/inv.* burglary.

friche 🖋 [friʃ] *f* fallow land; waste land; *en* ~ fallow; *fig.* undeveloped.

fricoter F [frikɔˈte] (1a) *vt/i.* stew; cook (up) (*a. fig.*); F *fig. a.* be up to (*s.th.*); **fricoteur** *m*, **-euse** *f* [ˌ.ˈtœːr, ˌ.ˈtøːz] schemer; wangler; trafficker.

friction [frikˈsjɔ̃] *f* ⊕ friction; *scalp:* massage; ✶ rubbing; *sp.* rub-down; **frictionner** [ˌ.sjɔˈne] (1a) *v/t.* rub; give (*s.o.*) a rub-down; massage (*s.o.'s scalp*); give (*s.o.*) a dry shampoo.

frigidaire (*TM*) [friʒiˈdɛːr] *m* refrigerator; F *fig. mettre qch. au* ~ put s.th. on ice or into cold storage.

frigidité ✶ [friʒidiˈte] *f* frigidity.

frigo F [friˈgo] *m* refrigerator, *Br.* F

frigorifier 232

fridge; **frigorifier** [frigɔri'fje] (1o) v/t. refrigerate; *viande f frigorifiée* frozen meat; **frigorifique** [~'fik] refrigerating, chilling.

frileux, -euse [fri'lø, ~'løːz] chilly.

frimas [fri'ma] *m* hoar-frost.

frime [frim] *f* sham; *pour la ~* for the sake of appearances.

frimousse F [fri'mus] *f* little face.

fringale F [frɛ̃'gal] *f* keen appetite.

fringant, e [frɛ̃'gɑ̃, ~'gɑ̃ːt] frisky, lively; *fig.* dashing (*person*).

fringues [frɛ̃ːg] *f/pl.* togs.

friper [fri'pe] (1a) v/t. crease; crumple; *se ~* get crumpled; **friperie** [~'pri] *f* old clothes *pl.*; second-hand goods *pl.* or business; old-clothes shop or business; *fig.* rubbish; **fripier** *m*, **-ère** *f* [~'pje, ~'pjɛːr] dealer in old clothes; second-hand dealer.

fripon, -onne [fri'pɔ̃, ~'pɔn] **1.** *adj.* roguish; **2.** *su.* rascal; **friponnerie** [~pɔn'ri] *f* (piece of) mischief, prank(s *pl.*).

fripouille F [fri'puːj] *f* bad lot, cad.

frire [friːr] (4s) *vt/i.* (*a. faire ~*) fry.

frise¹ [friːz] *f* ⚠ frieze; *thea.* ~s *pl.* borders.

frise² *tex.* [~] *f* frieze; *see cheval.*

friselis [friz'li] *m* rustle.

friser [fri'ze] (1a) v/t. curl; wave; crimp (*cloth*); skim, graze; *fig.* verge on, border on; v/i. curl (*hair*); **frisoir** [~'zwaːr] *m* (hair-)curler; curling-tongs *pl.*

frison¹ [fri'zɔ̃] *m* curl, ringlet.

frison², -onne [fri'zɔ̃, ~'zɔn] *adj., a. su.* ♀ Frisian.

frisquet, -ette F [fris'kɛ, ~'kɛt] chilly, *sl.* parky.

frisson [fri'sɔ̃] *m* shiver, shudder; *pleasure*: thrill; **frissonner** [~sɔ'ne] (1a) v/i. (*with, de*) shiver, shudder; quiver; be thrilled.

frit, e [fri, frit] *p.p. of frire*; **friterie** [fri'tri] *f* fried-fish shop or stall; **frites** [frit] *f/pl.* chipped potatoes, F chips, *Am.* French fries, French fried potatoes; **friteuse** [fri'tøːz] *f* deep-frying pan; **frittage** ⊕ [fri'taːʒ] *m* sintering; roasting; **fritter** ⊕ [~'te] (1a) v/t. roast; sinter; **friture** [~'tyːr] *f* frying; frying fat; fried fish; *radio, teleph.*: crackling.

frivole [fri'vɔl] frivolous; *fig.* trifling; **frivolité** [~vɔli'te] *f* frivolity; *fig.* trifle; *lace*: tatting.

froc *eccl.* [frɔk] *m* cowl; frock; **fro-card** *sl.* [frɔ'kaːr] *m* monk.

froid, froide [frwa, frwad] **1.** *adj.* cold (*a. fig.* smile, reception); chilly (*a. fig.* manner); frigid (*style*); *à ~* in the cold state; *when cold (a. cuis.)*; *avoir ~* be cold (*person*); *battre ~ à* cold-shoulder (*s.o.*); *en ~ avec* on chilly terms with, cool towards; *faire ~* be cold (*weather*); *prendre ~* catch a chill; **2.** *su./m* cold; *fig.* coldness; † *industrie f du ~* refrigeration industry; **froideur** [frwa'dœːr] *f* coldness, chilliness, indifference; *fig.* chill; 𝓈 frigidity.

froissement [frwas'mɑ̃] *m* crumpling; rustle; bruising; *fig.* conflict; giving or taking offence; **froisser** [frwa'se] (1a) v/t. crumple, crease; *fig.* offend, hurt, ruffle (*s.o.*); *se ~* take offence (at, *de*); **froissure** [~'syːr] *f* cloth, paper: crumple.

frôlement [frol'mɑ̃] *m* light brushing; light touch; **frôler** [fro'le] (1a) v/t. graze; brush against or past; *fig.* come near to.

fromage [frɔ'maːʒ] *m* cheese; *fig.* F cushy job; *~ de tête* pork brawn; **fromager, -ère** [~ma'ʒe, ~'ʒɛːr] **1.** *adj.* cheese...; **2.** *su.* cheesemonger; cheesemaker; **fromagerie** [~maʒ'ri] *f* cheesemonger's (shop); cheese dairy.

froment 🌱 [frɔ'mɑ̃] *m* wheat.

fronce [frɔ̃ːs] *f* crease; *dress etc.*: gather; **froncement** [frɔ̃s'mɑ̃] *m* puckering; *~ des sourcils* frown; **froncer** [frɔ̃'se] (1k) v/t. pucker, wrinkle; gather (*one's skirt etc.*); *~ les sourcils* frown; scowl; **froncis** [~'si] *m* skirt, dress: gathering.

frondaison [frɔ̃dɛ'zɔ̃] *f* foliage, leaves *pl.*; foliation.

fronde [frɔ̃ːd] *f* sling; (toy) catapult; *hist. la* ♀ the Fronde (*1648 - 1653*); **fronder** [frɔ̃'de] (1a) v/t. sling, catapult (*a stone*); hit with a sling; (*~ contre*) scoff at; **frondeur** *m*, **-euse** *f* [~'dœːr, ~'døːz] **1.** *su.* slinger; *hist.* member of the Fronde; *fig.* scoffer; F grouser; **2.** *adj.* bantering; irreverent.

front [frɔ̃] *m* front (*a.* ✗); forehead; brow; *face*; *fig.* impudence, cheek; *pol.* ♀ *populaire* Popular Front; *de ~* abreast; front—.; head-on (*collision*); at once; *faire ~ à* face (*s.th.*); **frontal, e**, *m/pl.* **-aux** [frɔ̃'tal, ~'to]

1. *adj.* frontal, front-...; *mot. collision* ~e head-on collision; **2.** *su./m horse:* headband; *anat.* frontal (bone); **fronteau** [~'to] *m horse:* headband; △ frontal; *eccl.* frontlet; **frontière** [~'tjɛːr] **1.** *su./f* frontier; border; boundary; **2.** *adj./f: ville f* ~ frontier town; **frontispice** [~tis'pis] *m* frontispiece (a. △); titlepage.

fronton [frɔ̃'tɔ̃] *m* △ fronton, pediment; *pelota:* front wall.

frottage [frɔ'taːʒ] *m* polishing; rubbing; *flesh:* chafing; *metal:* scouring; **frottée** F [~'te] *f* thrashing; **frottement** [frɔt'mɑ̃] *m* rubbing; chafing; ⊕ friction; **frotter** [frɔ'te] (1a) *v/t.* rub; chafe (*one's leg*); polish; scour (*metal*); strike (*a match*); F thrash; *paint.* scumble; *fig.* se ~ à q. associate with s.o.; come up against s.o.; *v/i.* rub; **frottoir** [~'twaːr] *m* polishing cloth, polisher; ⊕ friction-plate; *✗* brush.

frou(-)frou [fru'fru] *m gown:* rustle, swish; **froufrouter** [~fru'te] (1a) *v/i.* rustle, swish.

froussard, e *sl.* [fru'saːr, ~'sard] **1.** *adj.* cowardly, *sl.* chicken; **2.** *su.* coward; **frousse** *sl.* [frus] *f* fear, F funk; *avoir la* ~ be scared.

fructifier [frykti'fje] (1o) *v/i.* bear fruit; **fructueux, -euse** [~'tɥø, ~'tɥøːz] fruitful, profitable.

frugal, e, *m/pl.* **-aux** [fry'gal, ~'go] frugal; **frugalité** [~gali'te] *f* frugality.

fruit [frɥi] *m* fruit; *fig.* advantage, profit; *fig.* result; ⚖ profit, revenue; *zo.* ~s *pl.* de mer fish and shellfish; *Am.* sea-food *sg.*; ~ sec dried fruit; *fig. person:* failure; **fruité, e** [frɥi-'te] fruity (*wine, olives*); **fruiterie** [~'tri] *f* store-room for fruit; fruiterer's (shop); greengrocery; **fruitier, -ère** [~'tje, ~'tjɛːr] **1.** *adj.* fruit-bearing; fruit(-*tree*); **2.** *su.* fruiterer, greengrocer; *su./m* store-room for fruit.

frusques *sl.* [frysk] *f/pl.* togs (= *clothes*).

fruste [fryst] rough (*a. fig.*).

frustration [frystra'sjɔ̃] *f* frustration; **frustrer** [frys'tre] (1a) *v/t.* frustrate; ~ q. de qch. deprive s.o. of s.th.; cheat s.o. out of s.th.

fuel(-oil) [fjul, fju'lɔjl] *m* fuel-oil.

fugace [fy'gas] fleeting, passing, transient.

fugitif, -ve [fyʒi'tif, ~'tiːv] **1.** *adj.* fugitive; *fig.* fleeting, passing, transient; **2.** *su.* fugitive.

fugue [fyg] *f ♪* fugue; running away; *faire une* ~ run away.

fuir [fɥiːr] (2d) *v/i.* flee, run away; leak (*barrel*); recede (*forehead, landscape*); *v/t.* avoid, shun; **fuis** [fɥi] *1st p. sg. pres. and p.s. of fuir;* **fuite** [fɥit] *f* flight; escape; *gas, liquid, a. fig. secrets:* leak, leakage; shunning; *mettre en* ~ put to flight; *prendre la* ~ take to flight, F take to one's heels.

fulgurant, e [fylgy'rɑ̃, ~'rɑ̃ːt] flashing; fulgurating (*pain*); **fulguration** [~ra'sjɔ̃] *f* flashing; *✗* fulguration; **fulgurer** [~'re] (1a) *v/i.* flash, fulgurate. [smoky, sooty; murky.\]

fuligineux, -euse [fyliʒi'nø, ~'nøːz]]

fulmicoton [fylmiko'tɔ̃] *m see* cotonpoudre; **fulmination** *eccl.,* *✗,* [~na-'sjɔ̃] *f* fulmination; **fulminer** [~'ne] (1a) *vt/i.* fulminate; *v/i.: fig.* ~ *contre* fulminate against.

fumage¹ *✗* [fy'maːʒ] *m* dunging, dressing; manure.

fumage² [~] *fish, meat:* smoking.

fume-cigare(tte) [fymsi'gaːr, ~ga-'rɛt] *m/inv.* cigar(ette)-holder.

fumée [fy'me] *f* smoke; *soup:* steam; fumes *pl.; fig.* vanity.

fumer¹ [~] (1a) *v/t.* smoke (*cigars, fish, meat*); *v/i.* smoke; steam; *fig.* ~ *de colère* fume.

fumer² *✗* [~] (1a) *v/t.* manure, dung (*the soil*).

fumerie [fym'ri] *f ✝ tobacco etc.:* smoking; *opium:* den; **fumeron** [~'rɔ̃] *m* smoky charcoal; **fumet** [fy'me] *m cooking:* aroma; *wine:* bouquet; *cuis.* concentrate; *hunt.* scent; **fumeur** *m,* **-euse** *f* [~'mœːr, ~'møːz] smoker; *su./m* ⚐ F smoker, smoking compartment; **fumeux, -euse** [~'mø, ~'møːz] smoky; heady (*wine*); *fig.* hazy.

fumier [fy'mje] *m* manure, dung; dunghill; *fig. mourir sur le* ~ die in squalor.

fumiste [fy'mist] *m* stove-setter; F humbug; F practical joker; **fumisterie** [~mis'tri] *f* stove-setting; F practical joke; *sl.* monkey business; **fumivore** ⊕ [~mi'vɔːr] *m* smoke-consumer; **fumoir** [~-'mwaːr] *m* smoking-room; smokehouse (*for curing of fish, meat*).

funèbre [fy'nɛbr] funeral; gloomy, funereal; **funérailles** [fyne'ra:j] f/pl. funeral sg.; obsequies; **funéraire** [⌐'rɛ:r] funeral; tomb(stone).

funeste [fy'nɛst] fatal, deadly.

funiculaire [fyniky'lɛ:r] **1.** adj. funicular; **2.** su./m funicular railway.

fur [fy:r] m: au ⌐ et à mesure progressively, gradually; au ⌐ et à mesure que (as soon) as; (in proportion) as; au ⌐ et à mesure de according to.

furet [fy'rɛ] m zo. ferret; fig. Nosey Parker, Paul Pry; **fureter** [fyr-'te] (1d) v/i. ferret (a. fig.); fig. rummage, nose about; **fureteur, -euse** [⌐'tœ:r, ⌐'tø:z] **1.** adj. prying; **2.** su. ferreter; fig. rummager; Nosey Parker.

fureur [fy'rœ:r] f fury, rage; passion; aimer avec (or à la) ⌐ be passionately fond of; fig. faire ⌐ be all the rage; **furibond, e** [⌐ri'bõ, ⌐-'bõ:d] **1.** adj. furious; **2.** su. furious person; **furie** [⌐'ri] f fury, rage; fig. avec ⌐ frantically, wildly; entrer en ⌐ become furious; **furieux, -euse** [⌐'rjø, ⌐'rjø:z] furious, mad, raging.

furole [fy'rɔl] f will-o'-the-wisp.

furoncle [fy'rõ:kl] m furuncle, F boil.

furtif, -ve [fyr'tif, ⌐'ti:v] furtive, stealthy.

fus [fy] 1st p. sg. p.s. of être 1.

fusain [fy'zɛ̃] m ♀ spindle-tree; (drawing-)charcoal; charcoal sketch; **fuseau** [⌐'zo] m tex. spindle; ♀ spherical lune; ⊕ roller-chain: link-pin; ⊕ trundle: stave; biol. nucleus spindle; cost. pantalon m ⌐ tapering or peg-top trousers pl.; ⌐-horaire time zone; en ⌐ tapering (at both ends); F fig. jambes f/pl. en ⌐ spindle-shanks.

fusée¹ [fy'ze] f tex. spindleful; ⊕ spindle.

fusée² [⌐] f ✕ bomb etc.: fuse; ✕, phys. rocket; ⌐ éclairante flare; ⌐ engin booster, carrier vehicle; avion m ⌐ rocket-propelled aircraft; lancer une ⌐ send up a flare.

fuselage ✈ [fyz'la:ʒ] m fuselage; **fuselé, e** [⌐'le] spindle-shaped; tapering; mot. stream-lined; **fuseler** [⌐'le] (1c) v/t. taper; mot. streamline.

fuser [fy'ze] (1a) v/i. run, spread (colours); fuse, melt; fig. burst out (laughter); ♫ crackle, F fizz; slake (lime); burn slowly (fuse); **fusible** [⌐'zibl] **1.** adj. fusible; **2.** su./m ♀ fuse(-wire).

fusil [fy'zi] m rifle, gun; ⌐ de chasse shotgun; à portée de ⌐ within gunshot; coup m de ⌐ shot; **fusilier** ✕ [fyzi'lje] m fusilier; **fusillade** [⌐'jad] f rifle-fire, fusillade; (execution by) shooting; **fusiller** [⌐'je] (1a) v/t. shoot; sl. smash (up), mess up.

fusion [fy'zjõ] f fusion (a. fig.), melting; † merger; **fusionner** [⌐zjo'ne] (1a) vt/i. a. se ⌐ amalgamate, merge.

fustiger [fysti'ʒe] (1l) v/t. censure, denounce; fig. flay; † thrash.

fût [fy] m gun: stock; tools etc.: handle; ♠ chimney, column, etc.: shaft; barrel, cask; box, drum: body; beer: wood; ♀ tree: bole.

futaie [fy'tɛ] f forest; arbre m de haute ⌐ full-grown tree, timber tree; **futaille** [⌐'ta:j] f cask, tun.

futaine tex. [fy'tɛn] f fustian.

futé, e F [fy'te] sharp, cunning.

futile [fy'til] futile, trifling; **futilité** [⌐tili'te] f futility; ⌐s pl. trifles.

futur, e [fy'ty:r] **1.** adj. future; **2.** su./m intended (husband); gramm. future; su./f intended (wife); **futurisme** paint. [⌐ty'rism] m futurism; **futuriste** [⌐ty'rist] **1.** su. futurist; **2.** adj. futuristic; **futurologie** [⌐tyrɔlɔ'ʒi] f futurology; **futurologue** [⌐tyrɔ'lɔg] su. futurologist.

fuyant, e [fɥi'jã, ⌐'jã:t] fleeing; fleeting (moment); shifty (eyes); receding (forehead, a. paint. etc. line); **fuyard, e** [⌐'ja:r, ⌐'jard] **1.** su. fugitive; **2.** adj. timid; **fuyons** [⌐'jõ] 1st p. pl. pres. of fuir.

G

G, g [ʒe] *m* G, g.

gabare ♓ [ga'ba:r] *f* lighter; transport-vessel; drag-net; **gabarier** [∼ba'rje] *m barge*: skipper; bargee, lighterman.

gabarit [gaba'ri] *m* size; *fig.* calibre; *ships*: model; ⊕ template; ⊕ clearance; 🚃, ⊕ ga(u)ge; *fig.* sort, kind; *fig. du même* ∼ of the same sort.

gabelle† [ga'bɛl] *f* salt-tax; **gabelou** *pej.* [∼'blu] *m* customs officer.

gabier ♓ [ga'bje] *m* topman.

gâche¹ ⊕ [ga:ʃ] *f* staple; wall-hook; catch; *pawl*: notch.

gâche² [ga:ʃ] *f* ⊕ trowel; *cuis.* spatula; **gâcher** [ga'ʃe] (1a) *v/t.* mix (*mortar*); slack, slake (*lime*); *fig.* waste; spoil; bungle (*work*).

gâchette [ga'ʃɛt] *f lock*: springcatch; ⊕ pawl; *gun-lock*: tumbler; F *gun*: trigger.

gâcheur, -euse [ga'ʃœ:r, ∼'ʃø:z] *su.* bungler; *su./m* △ builder's labo(u)rer; **gâchis** [∼'ʃi] *m* △ wet mortar; mud; F *fig.* mess.

gadget [ga'dʒɛ(t)] *m* gadget; **gadgetiser** [∼dʒeti'ze] (1a) *v/t.* make a gadget out of; fit up with gadgets; customize (*a car etc.*). [Gaelic.]

gaélique [gae'lik] *adj., a. su./m ling.*⟩

gaffe [gaf] *f* boat-hook; *fishing*: gaff; F *fig.* blunder, bloomer; F *faire une* ∼ put one's foot in it, drop a brick; *sl. faire* ∼ be careful; **gaffer** [ga'fe] (1a) *v/t.* hook; gaff (*a fish*); *v/i.* F blunder, drop a brick; **gaffeur** *m*, **-euse** *f* F [∼'fœ:r, ∼'fø:z] *m* blunderer.

gaga *sl.* [ga'ga] **1.** *su./m* dodderer; **2.** *adj.* doddering, senile.

gage [ga:ʒ] *m* † pledge, pawn; *gambling*: stake; *fig.* token; forfeit; ∼s *pl.* wages, pay *sg.*; *mettre en* ∼ pawn; **gager** [ga'ʒe] (1l) *v/t.* † guarantee; F bet; **gageur** *m*, **-euse** *f* [∼'ʒœ:r, ∼'ʒø:z] better, wagerer; **gageure** [∼'ʒy:r] *f* hopeless or (almost) impossible undertaking; † wager, bet.

gagne-pain [gaɲ'pɛ̃] *m/inv.* livelihood; bread-winner; **gagne-petit** [∼pə'ti] *m/inv.* (itinerant) knife-grinder; cheap-jack; **gagner** [ga'ɲe] (1a) *v/t.* win (*a. fig.*); gain; earn (*a salary etc.*); reach, arrive at; overtake; *v/i.* gain profit (by, à); spread (*disease, fire*); **gagneur** *m*, **-euse** *f* [∼'ɲœ:r, ∼'ɲø:z] earner; gainer; winner.

gai, gaie [ge] gay, merry, jolly, cheerful; lively, bright; ⊕ easy (*bolt, tenon*); F *un peu* ∼ a bit merry (= *tipsy*); **gaieté** [∼'te] *f* cheerfulness; mirth; ∼s *pl.* frolics; escapades; broad jokes; *de* ∼ *de cœur* out of sheer wantonness.

gaillard, e [ga'ja:r, ∼'jard] **1.** *adj.* jolly, merry, strong, well (*health etc.*); broad, spicy, risky (*song, story*); **2.** *su./m* fellow, chap; *su./f* wench; bold young woman; **gaillardise** [∼jar'di:z] *f* jollity; ∼s *pl.* broad jokes, risky stories.

gain [gɛ̃] *m* gain, profit; earning; *cards etc.*: winnings *pl.*

gaine [gɛ:n] *f*, *anat.*, *a. knife*: sheath; case, casing; corset, girdle; △, ⚔ shaft; *geol.* matrix; **gainer** [ge'ne] (1b) *v/t.* sheathe.

gala [ga'la] *m* gala, fête; *en grand* ∼ in state; *habits m/pl. de* ∼ full dress *sg.*; *fig.* one's Sunday best.

galamment [gala'mɑ̃] *adv. of galant* 1; **galant, e** [∼'lɑ̃, ∼'lɑ̃:t] **1.** *adj.* courteous, gallant; † gay, elegant; *aventure f* ∼*e* (love) affair; *pej. femme* ∼*e* woman of easy virtue; *en* ∼ *compagnie* with a lady friend (*man*); with a gentleman friend (*woman*); **2.** *su./m* ladies' man; lover; **galanterie** [∼lɑ̃'tri] *f* politeness, attentiveness; love-affair; pretty speech; ∼s *pl.* compliments (*to a woman*); **galantin** [∼lɑ̃'tɛ̃] *m* dandy.

galaxie [galak'si] *f* galaxy; *the* Milky Way.

galbe [galb] *m* curve; contour; line(s *pl.*) (*of a car*); shapeliness; **galber** ⊕ [gal'be] (1a) *v/t.* shape.

gale [gal] *f* ♒ scabies; the itch; *hunt.* mange; *fig.* defect (*in material*); *fig. sl. woman*: shrew.

galène min. [ga'lɛn] f galena; ~ de fer wolfram.

galère [ga'lɛːr] f galley; ⊕ barrow; qu'allait-il faire dans cette ~? what was he doing there?; F vogue la ~! let's risk it!

galerie [gal'ri] f ✕, ✖, thea., museum: gallery; ✕ drift, level; arcade; mot. roof rack; ✕ ~ de roulage drawing-road.

galérien [gale'rjɛ̃] m † galley-slave; † convict; fig. drudge.

galet [ga'lɛ] m pebble; ⊕ roller; ⊕ pulley; ~s pl. shingle sg.

galetas [gal'ta] m garret; hovel.

galette [ga'lɛt] f flat cake; sl. money.

galeux, -euse [ga'lø, ~'løːz] mangy (dog); ✿ scurfy (tree); with the itch (person); F fig. brebis f ~euse black sheep.

galimatias [galima'tja] m farrago; gibberish.

galle ✿ [gal] f gall(-nut); noix f de ~ nut-gall.

gallicanisme eccl. [galika'nism] m Gallicanism.

gallicisme [gali'sism] m gallicism, French turn of phrase.

gallois, e [ga'lwa, ~'lwaːz] 1. adj. Welsh; 2. su./m ling. Welsh; ♀ Welshman; les ♀ m/pl. the Welsh; su./f ♀ Welshwoman.

galoche [ga'lɔʃ] f clog; galosh; Am. rubber.

galon [ga'lɔ̃] m braid; ✕, ⚓ stripe; **galonner** [~lɔ'ne] (1a) v/t. trim with braid or lace; braid.

galop [ga'lo] m gallop; fig. ~ d'essay trial run; fig. au ~ (very) quickly; au grand ~ at full gallop; au petit ~ at a canter; **galoper** [galɔ'pe] (1a) v/i. gallop; **galopin** [~'pɛ̃] m errand-boy; urchin; ⊕ loose pulley.

galure, galurin [ga'lyːr, galy'rɛ̃] m hat.

galvaniser [galvani'ze] (1a) v/t. galvanize; (electro)plate; fig. stimulate; **galvanoplastie** ⊕ [~nɔplas-'ti] f electroplating.

galvauder [galvo'de] (1a) v/t. tarnish, sully; se ~ sully one's reputation; lower o.s.

gambade [gɑ̃'bad] f gambol, caper; **gambader** [~ba'de] (1a) v/i. gambol, caper; frisk.

gamberge sl. [gɑ̃'bɛrʒ] f thinking, co. cerebration; **gamberger** sl. [~bɛr'ʒe] (1l) v/i. think.

gambiller † F [gɑ̃bi'je] (1a) v/i. dance; fidget.

gamelle [ga'mɛl] f ✕ mess tin; billy (can).

gamin, e [ga'mɛ̃, ~'min] su. urchin; street-arab; su./m little boy; su./f little girl; **gaminerie** [~min'ri] f child's trick.

gamma phys. [ga'ma] m: rayons m/pl. ~ gamma rays.

gamme [gam] f ♪ scale (a. paint.); gamut; range; fig. changer de ~ change one's tune; ✝ haut (bas) de ~ high-(low-)grade; (un)expensive.

gammé, e [ga'me] adj.: croix f ~ swastika.

gang [gɑ̃g] m gang.

ganglion anat. [gɑ̃gli'ɔ̃] m ganglion.

gangrène [gɑ̃'grɛn] f ✖ gangrene; ✿, a. fig. canker; fig. corruption; **gangrener** [gɑ̃grə'ne] (1d) v/t. ✖ gangrene, cause mortification in; fig. corrupt; **gangreneux, -euse** [~'nø, ~'nøːz] ✖ gangrenous; ✿ cankerous. [hooligan.]

gangster [gɑ̃gs'tɛːr] m gangster,)

ganse [gɑ̃ːs] f braid; piping; loop.

gant [gɑ̃] m glove; ~ de boxe boxing-glove; ~ de toilette washing-glove; jeter (relever) le ~ throw down (take up) the gauntlet; **gantelet** [gɑ̃t'lɛ] m gauntlet; **ganter** [gɑ̃'te] (1a) v/t. glove; fig. suit (s.o.); se ~ put one's gloves on; buy gloves; **ganterie** [~'tri] f glove-making, glove-trade; glove-shop, glove-counter; glove-factory; ✝ coll. gloves pl.; **gantier** m, -ère f [~'tje, ~'tjɛːr] glover.

garage [ga'raːʒ] m mot. garage; hangar; shed; ⚓ shunting; ⚓ dock(ing); ⊕ voie f de ~ siding; fig. mettre q. sur une voie de ~ put s.o. out in the cold; push s.o. aside; **garagiste** mot. [~ra'ʒist] m garage owner; garage mechanic.

garance [ga'rɑ̃ːs] f 1. su./f ✿ madder(-wort); dye: madder; (madder-) red; 2. adj./inv. madder(-)red.

garant, e [ga'rɑ̃, ~'rɑ̃ːt] su. surety, bail; security; se porter ~ vouch (for, de); su./m guarantee, authority; guarantee (a. ✝); ✝ warranty; pledge; **garantir** [~'tiːr] (2a) v/t. guarantee (a. ✝); ✝ underwrite; vouch for; fig. protect.

garance [garɑ̃'ti] f safeguard;

garce sl. [gars] f bitch, strumpet.

garçon [gar'sɔ̃] m boy, lad; young man; (a. vieux ~) bachelor; café etc.: waiter; ~ de bureau office-messenger; ~ d'honneur best man; F brave ~ nice fellow; **garçonne** [~'sɔn] f bachelor girl; cheveux m/pl. or coiffure f) à la ~ Eton crop sg.; **garçonnet** [~sɔ'ne] m little boy; **garçonnière** [~sɔ'njɛ:r] f bachelor apartment or rooms pl.

garde [gard] su./f watch, guard; care, protection; custody, keeping; nurse; book: fly-leaf; book: end-paper; ~ à vous! look out!; ✗ attention!, 'shun!; ✗ de ~ on guard, on duty; faire la ~ keep watch; ✗ monter la ~ mount guard; prendre ~ beware, be careful; être sur ses ~s be on one's guard; su./m guardian, watchman; keeper; warden; ~ champêtre rural constable; ♀ des Sceaux (French) Minister of Justice; **~barrière**, pl. **~s-barrière**(s) 🚂 [gardɑba'rjɛ:r] gate-keeper; **~boue** mot. [~'bu] m/inv. mud-guard, Am. fender; **~chasse**, pl. **~s-chasse**(s) [~'ʃas] m gamekeeper; **~corps** [~'kɔ:r] m/inv. life-line; **~côte** [~'ko:t] m coastguard vessel; **~feu** [~'fø] m/inv. fender; **~fou** [~'fu] m parapet; railing, handrail; **~frein**, pl. **~s-frein**(s) 🚂 [~'frɛ̃] m brakesman; **~malade**, pl. **~s-malades** [~ma'lad] su./m male nurse; su./f nurse; **~manger** [~mɑ̃'ʒe] m/inv. larder, pantry; meat-safe; **~nappe**, pl. **~s-nappe**(s) [~'nap] m table-mat.

garder [gar'de] (1a) v/t. keep, preserve; retain; look after; mind; guard; se ~ protect o.s.; refrain (from ger., de inf.); take care (not to inf., de inf.); baware (of, de); **garderie** [~'dri] f day nursery; **garde-robe** [~də'rɔb] f furniture, clothes: wardrobe; toilet, watercloset; **gardeur** m, **-euse** f [~'dœ:r, ~'dø:z] keeper, minder; preserver; **garde-voie**, pl. **~s-voie**(s) 🚂 [~də'vwa] m track-watchman; **garde-vue** [~də'vy] m/inv. eye-shade; lampshade; **gardien, -enne** f [~'djɛ̃, ~'djɛn] 1. su. guardian; keeper; attendant; prison: warder, guard; foot.: ~ de but goal-keeper; ~ de la paix policeman; 2. adj.: ange m ~ guardian angel.

gare¹ [ga:r] siding (✗, a. canal, river, a. 🚂); 🚂 (railway) station; 🚂 ~

aérienne airport; 🚂 ~ de triage marshalling yard; ⚓ ~ maritime harbo(u)r-station; ~ routière bus station; 🚂 chef m de ~ stationmaster.

gare²! [~] int. look out!; ~ à ... beware of ...; ~ à toi! just watch it!; sans crier ~ without warning.

garenne [ga'rɛn] su./f (rabbit-)warren; fishing preserve; su./m wild rabbit.

garer [ga're] (1a) v/t. mot. park; dock (a vessel); se ~ mot. etc. pull to one side; move out of the way; F mot. park (one's car); take cover (from, de).

gargariser [gargari'ze] (1a) v/t.: se ~ gargle; F revel (in, de); **gargarisme** [~'rism] m gargle; gargling.

gargote [gar'gɔt] f (third-rate) eating house; cook-shop; **gargotier** m, **-ère** f [~gɔ'tje, ~'tjɛ:r] cook-shop owner.

gargouille △ [gar'gu:j] f gargoyle; water-spout; culvert; **gargouiller** [~gu'je] (1a) v/i. gurgle; rumble (bowels); F paddle (in the gutter); **gargouillis** [~gu'ji] m gurgling.

garnement F [garnə'mɑ̃] m good-for-nothing, rogue.

garni [gar'ni] m furnished room(s pl.), F digs pl.; **garnir** [~'ni:r] (2a) v/t. furnish, provide, fit up (with, de); ✗ occupy, garrison, line (with, de); trim; ⊕ lag (pipes); 🐟 stock (a shop); **garnison** ✗ [~ni'zɔ̃] f garrison; **garniture** [~ni'ty:r] f fittings pl.; cost., cuis. trimming(s pl.); ⊕ lagging; ⊕ packing; mot. brakes, clutch: lining; buttons, ⊕ pulleys, toilet, etc.: set.

garrot [ga'ro] m ⊕ tongue (of saw); 🩺 tourniquet; **garrotter** [~ɔ'te] (1a) v/t. pinion; bind down; † gar(r)otte.

gars F [ga] m lad, young fellow, boy.

gascon m, **-onne** f [gas'kɔ̃, ~'kɔn] 1. adj. Gascon; 2. su./m ling. Gascon; F faire le ~ brag, boast; su. ♀ Gascon; **gasconnade** [~kɔ'nad] f boast(ing), bragging; tall story; **gasconner** [~kɔ'ne] v/i. speak with a Gascon accent; F brag, boast.

gas(-)oil [ga'zɔjl] m fuel or diesel oil.

gaspiller [gaspi'je] (1a) v/t. waste, squander; dissipate; se ~ be wasted.

gastrite 🩺 [gas'trit] f gastritis.

gastro... [gastrɔ] gastro...; **gas-**

tronome [ˌ'nɔm] m gastronome(r).
gâteau [gɑ'to] m cake; (open) tart; pudding (usu. cold); fig. profit; ~ des Rois Twelfth-night cake; fig. partager le ~ go shares, split the profit.
gâter [gɑ'te] (1a) v/t. spoil (a. fig.); fig. pamper (a child); damage; taint (the meat); se ~ deteriorate; **gâterie** [ˌ'tri] f spoiling (of a child); over-indulgence; ~s pl. goodies, gâteaux, -euse [ˌ'tø, ˌ'tøːz] 1. su. old dotard; 2. adj. senile, doddering; **gâtisme** [ˌ'tism] m senile decay.
gauche [goːʃ] 1. adj. left; crooked; awkward, clumsy; à ~ on or to the left; tourner à ~ turn left; 2. su./f left hand; left-hand side; tenir sa ~ keep to the left; **gaucher, -ère** [goˈʃe, ˌ'ʃɛːr] 1. adj. left-handed; 2. su. left-hander; **gaucherie** [goʃ'ri] f awkwardness, clumsiness; **gauchir** [go'ʃiːr] (2a) v/i. a. se ~ warp (wood); buckle (metal); v/t. warp; buckle; fig. distort; **gauchisme** pol. [ˌ'ʃism] leftism; **gauchissement** [ˌʃis'mɑ̃] m warping; buckling; fig. distortion; **gauchiste** pol. [ˌ'ʃist] adj., a. su. leftist.
gaudriole F [godriˈɔl] f broad joke(s pl.).
gaufre cuis. [goːfr] f waffle; ~ de miel honeycomb; **gaufrer** [go'fre] (1a) v/t. ⊕ emboss (leather etc.); crimp (linen); corrugate (iron, paper); tex. diaper; **gaufrette** cuis. [ˌ'frɛt] f wafer biscuit; **gaufrier** cuis. [ˌfriˈe] m waffle-iron.
gaule [goːl] f long pole; (one-piece) fishing rod; **gauler** [go'le] (1a) v/t. knock down (fruit etc. from a tree); beat (with a pole).
gaulois, e [goˈlwa, ˌ'lwaːz] 1. adj. of Gaul; Gallic; fig. spicy, broad; 2. su./m ling. Gaulish; su. ♀ Gaul; **gauloiserie** [ˌlwaz'ri] f broad joke or story.
gausser [go'se] (1a) v/t.: se ~ de make fun of.
gave [gaːv] m mountain-torrent (in the Pyrenees).
gaver [ga've] (1a) v/t. cram (a. fig. a pupil); ⨂ feed forcibly; se ~ stuff o.s. (with, de); gorge.
gavroche [gaˈvrɔʃ] su. Paris: street arab, ragamuffin.
gaz [gɑːz] m gas; gas works usu. sg.; ⨂

wind; ~ d'échappement exhaust gas; ~ d'éclairage (or de ville) illuminating gas; ⨂ hilarant laughing-gas; ⨂ ~ pl. rares rare gases; mot. couper les ~ throttle back; mot. ouvrir les ~ open the throttle; F mot. mettre les ~ step on the gas; mot. pédale f de ~ accelerator.
gaze [ˌ] f gauze.
gazéifier [gazeiˈfje] (1o) v/t. gasify; aerate (mineral waters etc.); **gezéiforme** ⨂ [ˌˈfɔrm] gasiform.
gazer¹ [gɑ'ze] (1a) v/t. ⨂, tex. gas; v/i. F move at top speed, tear or speed along; fig. go smoothly; F ça goze? things O.K.?
gazer² [ˌ] (1a) v/t. cover with gauze; fig. draw a veil (of reticence) over.
gazetier † [gazəˈtje] m journalist; fig. newsmonger; **gazette** [ˌ'zɛt] f gazette; person: gossip(er).
gazeux, -euse [gɑ'zø, ˌ'zøːz] gaseous; ⨂ aerated, fizzy; **gazier** [ˌ'zje] m gas-worker; gas-fitter; **gazoduc** [ˌzɔ'dyk] m gas pipeline; **gazogène** [ˌzɔ'ʒɛn] m gas-producer, generator; gasogene; **gazomètre** [ˌzɔ'mɛtr] m gasometer, gas-holder.
gazon [gɑ'zɔ̃] m grass; turf; lawn; **gazonner** [ˌzɔ'ne] (1a) v/t. turf; v/i. sward.
gazouillement [gazuj mɑ̃] m warbling, chirping, birds: twittering, brook etc.: babbling; fig. prattle; **gazouiller** [gazu'je] (1a) v/i. warble, chirp, twitter (birds); babble (brook); fig. prattle; sl. stink; **gazouillis** [ˌ'ji] m see gazouillement.
geai orn. [ʒɛ] m jay.
géant, e [ʒe'ã, ˌ'ãːt] 1. su./m giant; su./f giantess; 2. adj. gigantic.
géhenne [ʒe'ɛn] f gehenna, hell (a. fig.).
geignard, e F [ʒɛ'naːr, ˌ'naɾd] whining; moaning; **geindre** [ʒɛ̃:dr] (4m) v/i. whine; moan; whimper; complain.
gel [ʒɛl] m frost; freezing (a. ♠, a. fig.); ⨂ gel.
gélatine [ʒelaˈtin] f gelatine; **gélatineux, -euse** [ˌtiˈnø, ˌ'nøːz] gelatinous.
gelée [ʒɔ'le] f frost; cuis. jelly; ~ blanche hoar-frost; ground frost; ~ nocturne night frost; **geler** [ˌ] (1d) v/t. freeze (a. ♠ credits); ~ frostbite; v/i. freeze, become frozen;

gens

avoir gelé be frozen (*river*); *il gèle blanc* there is a white frost; *on gèle ici* it is freezing (in) here.

gelinotte orn. [ʒəliˈnɔt] f hazel-grouse; fat(tened) pullet.

gélivure [ʒeliˈvyːr] f frost-crack.

Gémeaux astr. [ʒeˈmo] m/pl.: les ~ Gemini; the Twins; **géminé, e** [~miˈne] ⚠, biol. twin; biol. geminate; mixed; co-educational (*school*).

gémir [ʒeˈmiːr] (2a) v/i. groan, moan; lament, bewail; **gémissement** [~misˈmɑ̃] m groan(ing), moan(ing).

gemme [ʒɛm] f min. gem; precious stone; ♀ (leaf-)bud; resin; biol. gemma; sel m ~ rock-salt.

gênant, e [ʒɛˈnɑ̃, ~ˈnɑ̃ːt] inconvenient, in the way; fig. awkward (*silence etc.*).

gencive anat. [ʒɑ̃ˈsiːv] f gum.

gendarme [ʒɑ̃ˈdarm] m police militia: gendarme, constable; F virago; sl. red herring; **gendarmer** [ʒɑ̃darˈme] (1a) v/t.: se ~ flare up, be up in arms; **gendarmerie** [~məˈri] f constabulary; barracks pl. or headquarters pl. of the gendarmes.

gendre [ʒɑ̃ːdr] m son-in-law.

gène biol. [ʒɛːn] m gene.

gêne [ʒɛːn] f embarrassment, uneasiness; difficulty; trouble; bother; discomfort; want; financial straits pl.; sans ~ free and easy; familiar; **gêner** [ʒɛˈne] (1a) v/t. cramp s.o.'s style; fig. embarrass; inconvenience; hamper, hinder; trouble; cela vous gêne-t-il? is that in your way?; la robe me gêne the dress is too tight for me; fig. se ~ put o.s. out (to, pour), be embarrassed, be shy; squeeze up; sourire m gêné embarrassed smile.

général, e, m/pl. -aux [ʒeneˈral, ~ˈro] 1. adj. general; d'une façon ~e broadly speaking; en ~ generally; 2. su./m ✕ general (a. eccl. of an order); ~ de brigade ✕ brigadier, Am. brigadier general (a. ✕✕); ⚓ Br. Air Commodore; su./f ✕ general's wife; ✕ alarm; eccl. general (of order of nuns); thea. dress-rehearsal; **généraliser** [~raliˈze] (1a) v/t. generalize; **généraliste** ✗ [~raˈlist] m (a. médecin ~) general practitioner, G.P.; **généralité** [~raliˈte] f generality.

générateur, -trice [ʒeneraˈtœːr, ~

'tris] 1. adj. generating; productive; 2. su./f generator; dynamo; su./m ⊕ boiler; ~ à gaz gas-producer; **génération** [~siˈjɔ̃] f generation.

généreux, -euse [ʒeneˈrø, ~ˈrøːz] generous (*person, fig. heart, help, wine*); liberal; abundant; 🌿 fertile (*soil*); **générosité** [~roziˈte] f generosity; liberality; wine: body.

genèse [ʒəˈnɛːz] f genesis; bibl. la ⚩ Genesis.

genêt ♀ [ʒəˈnɛ] m broom; ~ épineux gorse, furze.

génétique [ʒeneˈtik] 1. adj. genetic; 2. su./f genetics pl.

gêneur m, -euse f [ʒɛˈnœːr, ~ˈnøːz] intruder; nuisance; spoil-sport.

genevois, e [ʒənˈvwa, ~ˈvwaːz] adj., a. su. ⚩ Genevese.

genévrier [ʒənevriˈe] m juniper (-tree).

génial, e, m/pl. -aux [ʒeˈnjal, ~ˈnjo] inspired, of genius; **génie** [~ˈni] m spirit, a. person: genius; spirit, characteristic; ✕ engineers pl.; ~ civil civil engineering; coll. civil engineers pl.; mauvais (bon) ~ bad (good) genius.

genièvre [ʒəˈnjɛːvr] m ♀ juniper-berry; juniper(-tree); gin.

génisse [ʒeˈnis] f heifer.

génital, e, m/pl. -aux [ʒeniˈtal, ~ˈto] genital; anat. organes m/pl. ~aux genitals.

génocide [ʒenɔˈsid] m genocide.

génois, e [ʒeˈnwa, ~ˈnwaːz] adj., a. su. ⚩ Genoese.

genou, pl. -x [ʒəˈnu] m knee; ⊕ pipe: elbow-joint; ⊕ (a. joint m à ~) ball-and-socket joint; se mettre à ~x kneel down; **genouillère** [~nuˈjɛːr] f knee-pad; armour, a. horse: knee-cap; ⊕ articulation f à ~ ball-and-socket joint.

genre [ʒɑ̃ːr] m kind, type, sort; gramm. gender; art: genre; zo. etc. genus; se donner du ~ put on airs; le ~ humain mankind.

gens [ʒɑ̃] m/pl. (an adj. or participle immediately preceding it as being feminine; if, however, both masculine and feminine forms end in a mute e, the adj. is masculine) people, folk sg.; servants; nations; les jeunes ~ the young folks; tous les ~ intéressés all people interested; petites ~ small fry; vieilles ~ old folks; ~ d'église clergy pl.; church people; ~ de lettres men of letters; ~ de mer sailors; ~ de robe lawyers; ⚖ droit m des ~ law of nations.

gent †, a. co. [~] f race, tribe.

gentiane [ʒɑ̃'sjan] f ♀ gentian; gentian-bitters pl.

gentil¹ hist. [ʒɑ̃'ti] m Gentile.

gentil², **-ille** [ʒɑ̃'ti, ~'ti:j] nice; kind; pretty, pleasing; sois ~! be good!; **gentilhomme**, pl. **gentils-hommes** [ʒɑ̃ti'jɔm, ~ti'zɔm] m nobleman; gentleman (= man of gentle birth); **gentillesse** [~'jɛs] f graciousness; politeness; avoir la ~ de (inf.) be so kind as to (inf.); **gentiment** [~'mɑ̃] adv. of gentil².

génuflexion eccl. [ʒenyflɛk'sjɔ̃] f genuflexion; faire une ~ genuflect.

géodésie [ʒeɔde'zi] f surveying, geodesy; **géodésique** [~'zik] geodetic, geodesic; surv. point m ~ triangulation point.

géographe [ʒeɔ'graf] m geographer; **géographie** [~gra'fi] f geography; **géographique** [~gra'fik] geographic(al).

geôle [ʒoːl] f gaoler's lodge; † gaol, prison; **geôlier** [ʒo'lje] m jailer.

géologie [ʒeɔlɔ'ʒi] geology. [etry.] **géométrie** ♣ [ʒeɔme'tri] f geom-]

géopolitique [ʒeɔpɔli'tik] **1.** adj. geopolitical; **2.** su./f geopolitics sg.

gérance [ʒe'rɑ̃ːs] f direction, management; managership; board of directors or governors; **gérant**, e [~'rɑ̃, ~'rɑ̃ːt] su./m director; company: managing director; manager; journ. rédacteur-~ managing editor; su./f manageress.

gerbage [ʒɛr'baːʒ] m sheaves: binding; bales etc.: stacking; **gerbe** [ʒɛrb] f corn: sheaf; flowers, water: spray; sparks: shower, flurry; fig. bundle, collection; ✗ cone of fire; **gerber** [ʒɛr'be] (1a) v/t. bind (corn-sheaves); stack, pile; ✗ bombard; **gerbier** [~'bje] m corn: stack; barn; **gerbière** [~'bjɛːr] f harvest wain.

gercer [ʒɛr'se] (1k) vt/i. a. se ~ crack (wood, skin, soil); chap (hands); **gerçure** [~'syːr] f crack, fissure; hands: chap; ⊕ flaw (in wood), haircrack (in metal).

gérer [ʒe're] (1f) v/t. manage, administer; mal ~ mismanage.

gériatrie [ʒerja'tri] f geriatrics sg.

germain¹, e [ʒɛr'mɛ̃, ~'mɛn] full, own (brother, sister); first (cousin).

germain², e hist. [ʒɛr'mɛ̃, ~'mɛn] **1.** adj. Germanic, Teutonic; **2.** su. ♀ German, Teuton; **germanique** [~ma'nik] adj., a. su./m ling. Germanic; **germanisme** [~ma'nism] m Germanism; German turn of phrase.

germe [ʒɛrm] m biol. germ (a. fig.); potato: eye; fig. seed, origin; **germer** [ʒɛr'me] (1a) v/i. germinate; sprout, shoot; fig. develop; **germination** biol. [~mina'sjɔ̃] f germination; **germoir** [~'mwaːr] m ✔ seed-bed, hot-bed; brewing: malt-house.

gérondif gramm. [ʒerɔ̃'dif] m gerund.

gerzeau ♀ [ʒɛr'zo] m corn-cockle.

gésier zo. [ʒe'zje] m gizzard.

gésir [ʒe'ziːr] (2q) v/i. lie; ci-gît here lies.

gestation physiol. [ʒɛsta'sjɔ̃] f (period of) gestation, pregnancy.

geste¹ [ʒɛst] f (a. chanson f de ~) medieval verse chronicle; faits m/pl. et ~s pl. doings.

geste² [ʒɛst] m gesture, motion, sign; **gesticulation** [ʒɛstikyla'sjɔ̃] f gesticulation.

gestion [ʒɛs'tjɔ̃] f administration, management.

gestique [ʒɛs'tik] f gestures pl.

ghetto [gɛ'to] m ghetto (a. fig.).

gibbeux, **-euse** [ʒi'bø, ~'bøːz] gibbous; humped; **gibbosité** [~bozi'te] f gibbosity; hump.

gibecière [ʒib'sjɛːr] f game-bag; school: satchel.

gibelotte cuis. [ʒi'blɔt] f fricassee of rabbit or hare in white wine.

giberne [ʒi'bɛrn] f cartridge-pouch.

gibet [ʒi'bɛ] m gibbet, gallows usu.]

gibier [ʒi'bje] m game. [sg.]

giboulée [ʒibu'le] f sudden shower; F fig. shower of blows.

giboyer [ʒibwa'je] (1h) v/i. go shooting; **giboyeux**, **-euse** [~'jø, ~'jøːz] abounding in game; pays m ~ good game country.

gicler [ʒi'kle] (1a) v/i. squirt, spurt; splash; **gicleur** mot. [~'klœːr] m jet; (spray) nozzle.

gifle [ʒifl] f slap in the face; box on the ear; **gifler** [ʒi'fle] (1a) v/t.: ~ q. slap s.o.'s face; box s.o.'s ears.

gigantesque [ʒigɑ̃'tɛsk] gigantic; **gigantisme** [~'tism] m ♣ gigantism; fig. gigantic proportions pl.; fig. overexpansion.

gigogne [ʒi'gɔɲ] **1.** *su./f: la mère ♀ (approx.)* the Old Woman who lived in a shoe; **2.** *adj.: fusée f ~* multi-stage rocket; *lit m ~* stowaway bed; *poupée f ~* nest of dolls; *table f ~* nest of tables; ♣ *vaisseau m ~* mother ship.

gigot [ʒi'go] *m cuis.* leg of mutton; *cost.* manches f/pl. à ~ leg-of-mutton sleeves; **gigoter** F [~gɔ'te] (1a) *v/i.* kick; jig.

gigue¹ [ʒig] *f* haunch of venison; gawky girl; F *~s pl.* legs.

gigue² ♪ [~] *f* jig.

gilet [ʒi'lɛ] *m* waistcoat, vest; *knitwear*: cardigan; *~ de sauvetage* life-jacket.

gin [dʒin] *m* gin.

gingembre ♀ [ʒɛ̃'ʒãːbr] *m* ginger.

gingivite ⚕ [ʒɛ̃ʒi'vit] *f* gingivitis.

girafe *zo.* [ʒi'raf] *f* giraffe.

girandole [ʒirã'dɔl] *f* chandelier, jewels: girandole; *flowers*: cluster.

giratoire [ʒira'twaːr] *f* gyratory (*traffic*); *sens m ~* roundabout.

girofle ♀ [ʒi'rɔfl] *m* clove; *cuis.* *clou m de ~* clove; **giroflée** [ʒirɔ-'fle] *f* stock; wallflower; **giroflier** ♀ [~fli'e] *m* clove-tree.

girolle ♀ [ʒi'rɔl] *f* mushroom, *usu.* chanterelle.

giron [ʒi'rõ] *m* lap; ⊕ loose handle; 🏛 tread; *fig.* bosom (*of the Church*).

girouette [ʒi'rwɛt] *f* weathercock (*a. fig.*), vane.

gisant [ʒi'zã] *m arts:* recumbent effigy; **gisement** [ʒiz'mã] *m geol.* bed, layer, stratum; ♣ bearing; ⚒ lode, vein; *~s pl.* houillers coal measures; **gisons** [ʒi'zõ] *1st p. pl. pres. of gésir;* **gît** [ʒi] *3rd p. sg. pres. of gésir.*

gitan *m, e f* [ʒi'tã, ~'tan] gipsy.

gîte [ʒit] *su./m* resting-place, lodging; *hare*: form; *animal*: lair; *geol.* bed, stratum; ⚒ vein; 🏛 joist; *su./f* ♣ list; **gîter** [ʒi'te] (1a) *v/i.* lodge; lie; sleep; ♣ list; ♣ run aground.

givrage ✈ [ʒi'vraːʒ] *m* icing; **givre** [ʒiːvr] *m* hoar-frost; **givré, e** [ʒi-'vre] *mino*; frosted; ✈ iced-up; **givrer** [~] (1a) *v/t.* cover with hoarfrost, frost (*s.th.*) over; frost (*a cake*); ✈ ice up.

glabre [glaːbr] smooth, hairless; *fig.* clean-shaven (*face*).

glaçage [gla'saːʒ] *m* glazing; *cuis.* icing, frosting; **glace** [glas] *f* ice;

ice-cream; *cuis.* icing; *fig.* chill; mirror; (*plate-*)glass; *mot. etc.* window; ⊕ flaw; ♣ *pris dans les ~s* ice-bound; **glacé, e** [gla'se] **1.** *adj.* icy (*a. fig.* stare, *politeness*), freezing; iced (*drink*); chilled (*wine*); frozen; glazed (*paper etc.*); glacé, *kid* ...; **2.** *su./m* glaze; **glacer** [~] (1k) *v/t.* freeze; glaze; *fig.* chill (*the wine*); surface (*paper etc.*); *cuis.* frost, ice (*a cake*); 👑 polish (*the rice*); *se ~* freeze; *fig.* run cold; **glacerie** [glas'ri] *f* ice-cream trade; glass-works *usu sg.*; **glaceur** [gla-'sœːr] *m* paper, *material*: glazer; rolling-machine; glazing-pad; **glaciaire** *geol.* [~'sjɛːr] glacial; ice-(age) ...; **glacial, e,** *m/pl.* **-als** [~'sjal] icy (*temperature, a. fig.*); frosty (*air*); ice-...; frigid (*style, atmosphere, zone*); **glacier** [~'sje] *m geol.* glacier; ice-cream man; maker of mirrors *or* plate-glass; **glacière** [~'sjɛːr] *f* ice-house; ice-box; refrigerator; ❄ refrigerator van; **glacis** [~'si] *m* slope; 🏛 ramp; ⚔ *hist.* glacis; *paint.* glaze, scumble; **glaçon** [~'sõ] *m* icicle (*a. fig.* person); ice cube; block of ice; **glaçure** [~'syːr] *f pottery etc.*: glaze, glazing.

glaïeul ♀ [gla'jœl] *m* gladiolus.

glaire [glɛːr] *f* white of egg; mucus; phlegm; flaw (*in precious stone*); **glaireux, -euse** [glɛ'rø, ~'røːz] glaireous; full of phlegm (*throat*).

glaise [glɛːz] *f* clay, loam; **glaiser** [glɛ'ze] (1b) *v/t.* line with clay; ⚒ coffer; ✔ dress (*the soil*) with clay; ⊕ puddle (*a reservoir*); **glaisière** [~'zjɛːr] *f* clay-pit.

glaive [glɛːv] *m* sword.

glanage ✔ [gla'naːʒ] *m* gleaning.

gland [glã] *m* ♀ acorn; *curtain*: tassel; **glandage** [glã'daːʒ] *m* pannage.

glande ♀, *anat.* [glãːd] *f* gland.

glander *sl.* [glã'de], **glandouiller** *sl.* [~du'je] (1a) *v/i.* hang around; footle around.

glane [glan] *f* gleaning; *pears*: cluster; *onions*: rope; F *~s pl.* pickings; **glaner** [gla'ne] (1a) *v/t.* glean (*a. fig.*); **glaneur, -euse** [~'nœːr, ~'nøːz] *m* gleaner; **glanure** [~'nyːr] *f* gleanings *pl.* (*a. fig.*).

glapir [gla'piːr] (2a) *v/i.* yelp; bark (*fox*); **glapissement** [~pis'mã] *m* yelping, yapping; *fox*: barking.

glas [glɑ] m knell; ✗ etc. salvo of guns (at funeral).

glauque [glo:k] sea-green; bluish green.

glèbe [glɛb] f earth: sod; † land; hist. feudal land; attaché à la ～ bound to the soil.

glissade [gli'sad] f slip; sliding; slide (on snow etc.); dancing: glide; geol. ～ de terre landslide; ✈ ～ sur l'aile side-slip; ✈ ～ sur la queue tail-dive; mount. faire une descente en ～ glissade; **glissant, e** [～'sɑ̃, ～'sɑ̃:t] sliding (a. ⊕ joint); slippery (a. fig.); **glissement** [glis'mɑ̃] m sliding, slipping, gliding, geol. landslide; ⊕ belt: creeping; **glisser** [gli'se] (1a) v/i. slip; slide (on ice etc.); glide; mot. skid (wheel); ⊕ creep (belt); ～ sur glance off (s.th., s.o.); fig. not to dwell upon, let pass; v/t. slip (s.th. into s.th., a stitch, etc.); se ～ slip; creep (a. fig.); **glissière** [～'sjɛːr] f slide; (coal-)shoot; ⊕ slide-bar; mot. ～ de sécurité crash barrier; **glissoir** [gli'swaːr] m ⊕ slide; chute; **glissoire** [～] f slide (on ice etc.).

global, e [glɔ'bal, ～'bo] m/pl. **-aux** total; overall; global; **globe** [glɔb] m globe (a. 🜨), sphere; sun: orb; anat. (eye)ball; ～ terrestre terrestrial globe; **globulaire** [glɔby'lɛːr] 1. adj. globular; 2. su./f ♀ globularia; **globule** [～'byl] m globule (a. 🜨); water: drop; ⊕ metals: airhole; 🜨 small pill; blood: corpuscle; **globuleux, -euse** [～by'lø, ～'lø:z] globular.

gloire [glwaːr] f glory; fame; pride; halo; se faire ～ de glory in; **gloria** [glɔ'rja] m eccl. gloria; F coffee with brandy; **gloriette** [～'rjɛt] f summerhouse, arbo(u)r; **glorieux, -euse** [～'rjø, ～'rjø:z] 1. adj. glorious; vain, conceited (about, de); eccl. glorified; 2. su./m braggart; **glorification** [～rifika'sjɔ̃] f glorification; **glorifier** [～ri'fje] (1o) v/t. glorify; praise; se ～ boast (of, de); glory (in ger., de inf.); **gloriole** [～'rjɔl] f vainglory, vanity.

glose [gloːz] f gloss, commentary; fig. criticism; **gloser** [glo'ze] (1a) v/t. gloss; v/i.: ～ sur find fault with; criticize; gossip about.

glossaire [glɔ'sɛːr] m glossary; vocabulary.

glotte anat. [glɔt] f glottis.

glouglou [glu'glu] m gurgle; turkey: gobble; **glouglouter** [～glu'te] (1a)

v/i. cluck (hen); gobble (turkey); chuckle (person).

glouteron ♀ [glu'trɔ̃] m burdock.

glouton, -onne [glu'tɔ̃, ～'tɔn] 1. adj. greedy; 2. su. glutton; su./m zo. wolverine; **gloutonnerie** [～tɔn'riː] f gluttony.

glu [gly] f bird-lime; glue; **gluant, e** [～'ɑ̃, ～'ɑ̃:t] sticky, gluey; sl. il est ～ he's a sticker; **gluau** [～'o] m limetwig; snare.

glucose 🜨 [gly'koːz] m glucose.

gluer [gly'e] (1a) v/t. lime (twigs); fig. make sticky.

glume [glym] f chaff; ♀ glume.

glutineux, -euse [glyti'nø, ～'nø:z] glutinous.

glycérine [glise'rin] f glycerine.

glycine [gli'sin] f ♀ wistaria, wisteria; phot. glycin.

gnangnan [nɑ̃'nɑ̃] 1. adj./inv. peevish; 2. su. peevish person.

gn(i)ole, gnôle, a. **gnaule** sl. [nɔl] f brandy.

gnome [gnoːm] m gnome.

go F [go] adv.: tout de ～ immediately, straight away.

goal sp. [gol] m goal; goalkeeper.

gobelet [gɔ'blɛ] m goblet; cup; mug; **gobeleterie** [gɔblə'triː] f hollow-glass factory or trade or ware; **gobeletier** [～'tje] m manufacturer of or dealer in glass-ware.

gobe-mouches [gɔb'muʃ] m/inv. orn. fly-catcher; ♀ fly-trap; F simpleton.

gober [gɔ'be] (1a) v/t. swallow (a. F fig. = believe blindly); F fig. like (s.o.) very much; sl. catch; F se ～ be conceited, think no end of o.s.

goberger [gɔbɛr'ʒe] (11) v/t.: se ～ feed well, F have a good tuck-in.

gobeur, -euse F [gɔ'bœːr, ～'bø:z] F simpleton, credulous person.

godaille sl. [gɔ'dɑːj] f feast, guzzle; **godailler** F [～dɑ'je] (1a) v/i. feast, guzzle; pub-crawl.

godasses sl. [gɔ'dɑs] f/pl. boots.

godelureau [gɔdly'ro] m (young) dandy.

goder [gɔ'de] (1a) v/i. crease, pucker; bag (trousers); **godet** [～'dɛ] m mug; cup (a. ♀); bowl (a. of pipe); ⊕ dredger: bucket; coat, flare; pucker (in cloth).

godiche F [gɔ'diʃ], **godichon, -onne** [～di'ʃɔ̃, ～'ʃɔn] 1. adj. awkward, stupid; 2. su. simpleton; gawk; lout.

godille ♣ [gɔ'di:j] f stern-oar.

godillot sl. [gɔdi'jo] m (military) boot.

goéland orn. [gɔe'lɑ̃] m (sea-)gull; **goélette** [~'lɛt] f ♣ schooner; ♣ trysail; orn. sea-swallow.

goémon [gɔe'mɔ̃] m seaweed; wrack.

gogo F [gɔ'go] m dupe, sl. mug; fig. à ~ in abundance; galore; (money) to burn.

goguenard, e [gɔg'na:r, ~'nard] 1. adj. bantering; 2. su. mocker, chaffer; **goguette** F [gɔ'gɛt] f: en ~ on the spree.

goinfre [gwɛ̃:fr] m glutton, guzzler; **goinfrer** [gwɛ̃'fre] (1a) v/t.: se ~ guzzle (s.th., de qch.); **goinfrerie** [~frə'ri] f gluttony.

goitre [gwa:tr] m goitre; **goitreux, -euse** [gwa'trø, ~'trø:z] 1. adj. goitrous; 2. su. goitrous person.

golf sp. [gɔlf] m golf; F golf-links; joueur m de ~ golfer.

golfe geog. [~] m gulf, bay; anat. sinus.

gomme [gɔm] f gum; india-rubber; **gommer** [gɔ'me] (1a) v/t. gum; mix with gum; rub (s.th.), erase; fig. suppress; fig. blur; v/i. ⊕ jam, stick; **gommeux, -euse** [~'mø, ~'mø:z] 1. adj. gummy, sticky; 2. su./m F toff, swell, Am. dude.

gond [gɔ̃] m (door-)hinge; F sortir de ses ~s fly into a rage or off the handle; F hors de ses ~s beside oneself.

gondole [gɔ̃'dɔl] f gondola; ✍ dirigible balloon: nacelle; 🐟 eyebath; **gondoler** [~dɔ'le] (1a) v/i. a. se ~ warp (wood), buckle (metal); blister (paint); v/t.: sl. se ~ split one's sides with laughter.

gonflage [gɔ̃'fla:ʒ] m inflation; mot. blowing-up; **gonflé, e** [~'fle] swollen; puffy; bloated; 💫 distended; pej. puffed-up; F il est vraiment ~ he's got some nerve or cheek; F ~ à bloc keyed-up; completely sure of oneself, pej. cocksure; **gonflement** [~flə'mɑ̃] m inflation, inflating; swelling; bulging; 💫 distension; **gonfler** [~'fle] (1a) v/t. swell; inflate; blow up; puff out; fill (the tyres); 💫 distend (the stomach); F mot., a. fig. soup up; v/i. a. se ~ swell (up); become inflated or 💫 distended; pej. se ~ puff o.s. up; **gonfleur** [~'flœ:r] m air-pump.

gonio ♣, ⚡ [gɔ'njo] m direction-finder; **~mètre** [~njɔ'mɛtr] m goniometer.

gordien [gɔr'djɛ̃] adj./m: nœud m ~ Gordian knot.

goret [gɔ'rɛ] m little pig, piglet; F fig. dirty pig.

gorge [gɔrʒ] f throat, neck; woman: breast, bosom; geog., a. hunt. gorge; geog. pass, defile; ⊕ etc. groove; axle: neck; lock: tumbler; à pleine ~ at the top of one's voice; mal m à la ~ sore throat; F fig. rendre ~ make restitution; **gorgée** [gɔr'ʒe] f draught; gulp; petite ~ sip; **gorger** [~'ʒe] (1l) v/t. gorge; cram (fowls, a. fig.); **gorgerette** [~ʒə'rɛt] f orn. blackcap; coat. gorget; **gorget** ⊕ [~'ʒe] m mo(u)lding plane.

gorille [gɔ'ri:j] m zo. gorilla; F fig. bodyguard.

gosier [go'zje] m throat; gullet; à plein ~ loudly, lustily; avoir le ~ pavé have a cast-iron throat.

gosse F [gɔs] su. kid, youngster.

gothique [go'tik] 1. adj. Gothic; 2. su./m 💫, ling., art: Gothic; su./f typ. Old English.

gouache paint. [gwaʃ] f gouache.

gouailler [gwa'je] (1a) vt/i. chaff; **gouaillerie** [gwaj'ri] f banter, chaff; **gouailleur, -euse** [gwa-'jœ:r, ~'jø:z] 1. adj. mocking (tone); waggish (humour); 2. su. banterer.

gouape F [gwap] f blackguard, hooligan.

goudron [gu'drɔ̃] m tar; ♣ a. pitch; **goudronnage** [~drɔ'na:ʒ] m tarring; **goudronner** [~drɔ'ne] (1a) v/t. tar; **goudronnerie** [~drɔn'ri] f tar-works usu. sg.; tar-shed; **goudronneux, -euse** [~drɔ'nø, ~'nø:z] tarry; gummy (oil).

gouffre [gufr] m gulf, pit, abyss.

gouge [gu:ʒ] f ⊕ gouge, hollow chisel; ⊕ barrel plane.

gouine sl. [gwin] f dike, dyke (= lesbian).

goujat [gu'ʒa] m 💫 hodman; farmhand; fig. boor, cad.

goujon¹ icht. [gu'ʒɔ̃] m gudgeon.

goujon² [gu'ʒɔ̃] m 💫 gudgeon (a. ⊕ of a shaft); 💫 stud; ⊕ tenon; bolt; ⊕ coak; ⊕ hinge: pin(tle); **goujonner** [~ʒɔ'ne] (1a) v/t. ⊕ coak, dowel; ⊕ pin, bolt; 💫 joggle.

goulée [gu'le] f metall. channel; F mouthful; **goulet** [~'le] m neck; ♣ narrows pl.; 💫 neck-gutter; **goulot**

[⌄'lo] *m* bottle: neck; spout; *sl.* mouth; **goulotte** [⌄'lɔt], **goulette** [⌄'lɛt] *f* shoot; water-channel; **goulu, e** [⌄'ly] greedy, gluttonous.

goupille ⊕ [gu'pi:j] *f* pin; (*stop*-) bolt; gudgeon; cotter; **goupiller** [⌄pi'je] *v/t.* ⊕ pin, key; *sl.* wangle, arrange.

goupillon [gupi'jɔ̃] *m eccl.* aspergillum; *bottle, gun, lamp:* brush.

gourbi [gur'bi] *m* (Arab) hut; shack; F funk-hole.

gourd, gourde [gu:r, gurd] benumbed; stiff.

gourde [gurd] 1. *su./f* ♀ gourd, calabash; (*brandy*-)flask; *sl.* blockhead; 2. *adj. sl.* blockheaded, thick.

gourdin [gur'dɛ̃] *m* cudgel, club, bludgeon.

gourgandine † F [gurgɑ̃'din] *f* hussy.

gourmand, e [gur'mɑ̃, ⌄'mɑ̃:d] 1. *adj.* greedy, gluttonous; F *fig.* sweet-toothed; 2. *su.* gourmand, glutton; epicure; **gourmander** [⌄mɑ̃'de] (1a) *v/t.* scold, rebuke; *fig.* treat roughly; **gourmandise** [⌄mɑ̃'di:z] *f* greediness, gluttony; ⌄s *pl.* sweetmeats.

gourme [gurm] *f hunt.* strangles *pl.*; ♂ impetigo; ♂ teething rash; *jeter sa* ~ run at the nose (*horse*); F *fig.* blow off steam; F sow one's wild oats; **gourmé, e** [gur'me] stiff, formal (*manners*); aloof (*person*).

gourmet [gur'mɛ] *m* gourmet, epicure.

gourmette [gur'mɛt] *f horse:* curb; curb-bracelet; curb watch-chain; ⊕ polishing-chain.

gousse [gus] *f* pod, shell; *garlic:* clove; **gousset** [gu'sɛ] *m cost.*, *a.* ⊕ gusset; *cost.* fob, waistcoat pocket; ⊕ bracket; ⊕ staylate.

goût [gu] *m* taste (*a. fig.*); flavo(u)r; smell; liking, fancy; style, manner; *avoir bon* (*mauvais*) ~ taste nice (nasty); *mauvais* ~ bad taste; **goûter** [gu'te] 1. (1a) *v/t.* taste; *fig.* enjoy, appreciate; *v/i.* take a snack; picnic; ~ *à* try, sample (*s.th.*); ~ *de* taste (*s.th.*) (for the first time); 2. *su./m* snack; *Am.* lunch; *meal:* tea.

goutte¹ ♂ [gut] *f* gout.

goutte² [gut] *f* drop; speck; *colour:* spot; F sip, drop; *sl.* spot of brandy *etc.*; ~ *à* ~ drop by drop; *ne* ... ~ not ...

in the least, not ... at all; **goutte-à-goutte** ♂ [⌄a'gut] *m/inv.* drip; *alimenter au* ~ drip-feed; **gouttelette** [⌄'lɛt] *f* droplet; **goutter** [gu'te] (1a) *v/i.* drip.

goutteux, -euse ♂ [gu'tø, ⌄'tø:z] 1. *adj.* gouty; 2. *su.* sufferer from gout.

gouttière [gu'tjɛ:r] *f* ⌂ gutter(ing); drainpipe; spout; shoot; ♂ cradle; ⌂ ⌄s *pl.* eaves.

gouvernail [guver'na:j] *m* ⊕ rudder (*a.* ⚓); helm; ⚓ ~ *de direction* vertical rudder; ⚓ ~ *de profondeur* elevator; **gouvernant, e** [⌄'nɑ̃, ⌄'nɑ̃:t] 1. *adj.* governing, ruling; 2. *su./f* housekeeper; governess; regent; **gouverne** [gu'vɛrn] *f* guidance; ⊕ control; ⚓ steering; ⚓ ~s *pl.* control surfaces; rudders and ailerons; *fig. pour ta* ~ for your guidance; **gouvernement** [guvernə'mɑ̃] *m* government; management; governorship; ⚓ steering; **gouvernemental, e** [⌄nəmɑ̃'tal, ⌄'to] governmental; Government-...; **gouverner** [⌄'ne] (1a) *v/t.* govern (*a.* ⊕, *a. gramm.*), rule, control; ⚓ steer; **gouverneur** [⌄'nœ:r] *m* governor.

grabat [gra'ba] *m* pallet; wretched bed; *fig. sur un* ~ in abject poverty.

grabuge F [gra'by:ʒ] *m* row, ructions *pl.*

grâce [gra:s] *f* grace (*a. eccl., a.* †), gracefulness, charm; favo(u)r; mercy; ♂ pardon; ~! for pity's sake; ~s *pl.* thanks; ~ *à* thanks to; *action f de* ~s thanksgiving; *coup m de* ~ finishing stroke, quietus; *de mauvaise* ~ unwillingly, ungraciously; *dire ses* ~s say grace after a meal; *faire* ~ *de qch. à q.* spare s.o. s.th.; *rendre* ~(*s*) give thanks (to s.o. for s.th., *à q. de qch.*); **gracier** [gra'sje] (1o) *v/t.* pardon, reprieve.

gracieuseté [grasjøz'te] *f* graciousness; kindness; affability; **gracieux, -euse** [⌄'sjø, ⌄'sjø:z] graceful, pleasing; gracious; courteous; *à titre* ~ free (of charge), complimentary.

gracile [gra'sil] slender, slim; thin (*voice*).

gradation [grada'sjɔ̃] *f* gradual process; *gramm.* ~ *inverse* anti-climax; *par* ~ gradually; **grade** [grad] *m* rank (*a.* ⚔), grade (*a.* ♀); *univ.*

degree; ⚓ **rating**; **gradé** [gra'de] *m* ✕ non-commissioned officer, N.C.O.; ⚓ rated man; **gradin** [ˌ'dɛ̃] *m* step; *en* ~s in tiers, tier upon tier; **graduation** *phys.* [ˌdɥa'sjɔ̃] *f* graduating; scale; **graduel, -elle** [ˌ'dɥɛl] *adj., a. su./m eccl.* gradual; **graduer** [ˌ'dɥe] (1n) *v/t.* graduate; increase gradually; *univ.* confer a degree on.

grailler [grɑ'je] (1a) *v/i.* speak in a husky voice.

graillon [grɑ'jɔ̃] *m* smell of burnt fat; F clot of phlegm; **graillonner** [ˌjɔ'ne] (1a) *v/i. cuis.* catch; taste of burnt fat; F bring up phlegm, hawk.

grain [grɛ̃] *m* grain (*a. of sand, powder, salt*); seed; *coffee:* bean; berry; *rosary etc.:* bead; texture, grain; particle, speck (*a. fig.*); ⚓ squall; ⊕ lining; ⊕ cam-roller; F bee in the bonnet, quirk; ~ de beauté beauty spot; mole; ~ de raisin grape; à gros ~s coarse-grained; F avoir son ~ be a bit fuddled (= drunk).

graine [grɛn] *f* seed; *silkworm:* eggs *pl.*; monter en ~ run to seed; *fig.* grow into an old maid; F de la mauvaise ~ a bad lot; **graineterie** [ˌ'tri] *f* seed-trade; seed-shop; **grainetier** [ˌ'tje] *m* corn-chandler.

graissage [grɛ'saːʒ] *m* greasing, lubrication; oiling; **graisse** [grɛs] *f* grease (*a.* ⊕); fat; *wine:* ropiness; *sl.* money; **graisser** [grɛ'se] (1a) *v/t.* grease, lubricate, oil; get grease on (*clothes*); F ~ la patte à q. grease s.o.'s palm (= bribe s.o.); *v/i.* become ropy (*wine*); **graisseur** [ˌ'sœːr] *m person:* greaser; ⊕ lubricator, grease-cup; **graisseux, -euse** [ˌ'sø, ˌ'søːz] greasy, oily; fatty; *wine:* ropiness.

grammaire [gram'mɛːr] *f* grammar; **grammairien** *m*, **-enne** *f* [ˌmɛ'rjɛ̃, ˌ'rjɛn] grammarian; **grammatical, e,** *m/pl.* **-aux** [ˌmati'kal, ˌ'ko] grammatical.

gramme [gram] *m measure:* gram (-me). [ophone.⟩

gramophone [gramo'fɔn] *m* gram-⟩

grand, grande [grɑ̃, grɑ̃d] **1.** *adj.* great, big; large; tall; high (*building, explosives, wind*); wide, extensive; grown-up; noble; high-class (*wines*); chief; main (*road*); ~ public *m* general public; au ~ jour in broad daylight; de ~ cœur with a will,

heartily, willingly; de ~ matin early in the morning; en ~ on a large scale; un ~ homme a great man; un homme ~ a tall man; **2.** *su./m* (Spanish) grandee; great man; adult, grown-up; *school:* senior pupil. **grand-...: ~chose** [grɑ̃'ʃoːz] *su./inv.:* ne ... pas ~ not much; **grandeur** [ˌ'dœːr] *f* size; height; greatness; magnitude; splendo(u)r; **grandir** [ˌ'diːr] (2a) *v/i.* grow tall; grow up (*child*); increase, grow; *v/t.* make look taller or bigger; magnify (*a. fig.*); enlarge.

grand-...: ~livre, *pl.* **~s-livres** [grɑ̃'liːvr] *m* ledger; **~mère,** *pl.* **~s-mères** [ˌ'mɛːr] *f* grandmother; **~messe** *eccl.* [ˌ'mɛs] *f* high mass; **~oncle,** *pl.* **~s-oncles** [ˌ'tɔ̃ːkl] *m* great-uncle; **~peine** [ˌ'pɛn] *adv.:* à ~ with great difficulty or much trouble; **~père,** *pl.* **~s-pères** [ˌ'pɛːr] *m* grandfather; **~route** [ˌ'rut] *f* highway, high road; **~rue** [ˌ'ry] *f* high or main street; **~s-parents** [ˌpa'rɑ̃] *m/pl.* grandparents.

grange [grɑ̃ːʒ] *f* barn; mettre en ~ garner.

granit [gra'ni] *m* granite; **graniteux, -euse** [ˌni'tø, ˌ'tøːz] granitic.

granivore [grani'vɔːr] granivorous **granulaire** [grany'lɛːr] granular; **granulation** [ˌla'sjɔ̃] *f* granulation (*a.* ⚕); *gunpowder:* corning; **granule** [gra'nyl] *m*, **granulé** [grany'le] *m* granule; **granuler** [ˌ'le] (1a) *v/t.* granulate; corn (*gunpowder*); stipple (*an engraving*); **granuleux, -euse** [ˌ'lø, ˌ'løːz] granular.

graphique [gra'fik] **1.** *adj.* graphic; **2.** *su./m* graph; (*a. dessin m* ~) diagram.

grappe [grap] *f fruit:* bunch; cluster; ✚ *onions:* string; *vet.* ~s *pl.* grapes; **grappiller** [grapi'je] (1a) *v/t.* glean (*vineyards*); F pilfer, scrounge; *v/i.* F make petty profits; **grappilleur** *m*, **-euse** *f* [ˌ'jœːr, ˌ'jøːz] gleaner; F pilferer, scrounger; **grappillon** [ˌ'jɔ̃] *m* small bunch or cluster.

grappin [gra'pɛ̃] *m* ⚓ grapnel, grappling-iron; ⊕ grab; ⚓ anchor-iron; ~s *pl.* climbing-irons; F mettre le ~ sur lay hands on one, get hold of.

gras, grasse [gra, grɑ:s] **1.** adj.
fat(ted) (animal); fatty (acid, tissue);
greasy, oily (rag, voice); stout; thick
(beam, mud, speech, weather); heavy
(soil); rich (food, coal); soft (outline, stone); ⚕ aliphatic; typ. heavy,
bold(-faced); fig. broad, smutty;
fromage m ~ cream cheese; eccl.
jour m ~ meat day; **2.** su./m fat; ⊕
beam: thickness; thick (of thumb);
~ de la jambe calf (of the leg); faire
~ eat meat; **gras-double** cuis.
[grɑ'dubl] m tripe.

grasseyer [grasɛ'je] (1a) v/i. speak
with a strong guttural r.

grassouillet, -ette F [grasu'jɛ, ~'jɛt]
plump, chubby; buxom (woman).

gratifiant, e [grati'fjɑ̃, ~'fjɑ̃:t] grati-
fying; satisfying; **gratification**
[~fika'sjɔ̃] f tip, gratuity; bonus;
gratifier [~'fje] (1o) v/t. ~ q. de qch.
bestow s.th. upon s.o.; present or
favo(u)r or hono(u)r s.o. with s.th.;
fig. attribute s.th. to s.o.

gratin [gra'tɛ̃] m cuis. cheese topping; cheese-topped dish; F fig. the
upper crust; cuis. au ~ with cheese
topping; **gratiné, e** cuis. with cheese
topping; F hellish, a hell of a ...

gratis [gra'tis] adv. free (of charge),
gratis.

gratitude [grati'tyd] f gratitude;
thankfulness.

gratte [grat] f ⊕ scraper; pickings
pl., F perks pl., graft; ✝ fringe benefits pl.; **~-ciel** [~'sjɛl] m/inv. sky-
scraper; **~-cul** [~'ky] m/inv. dog-rose:
hip; **~-papier** F [~pa'pje] m/inv.
penpusher; **~-pieds** [~'pje] m/inv.
shoe-scraper; **gratter** [gra'te] (1a)
v/t. scrape; scratch; scrape off; sp.
overtake (a rival); sl. make (s.th.) on
the side; se ~ scratch (o.s.); v/i.: ~ du
pied paw the ground (horse); **grattoir** [~'twa:r] m scraper; **grattures**
[~'ty:r] f/pl. metal: scrapings.

gratuit, e [gra'tɥi, ~'tɥit] free; gratuitous; unmotivated; unfounded; un-
provoked (abuse, insult); à titre ~ free
of charge, gratis; **gratuité** [~tɥi'te] f
gratuitousness.

gravatier [grava'tje] m rubbish-
carter; **gravats** [~'va] m/pl. (plaster)
screenings; buildings: rubbish sg.

grave [gra:v] **1.** adj. grave; solemn;
serious, bad; important; ♪ deep,
low; **2.** su./m ♪ low register.

graveler [grav'le] (1c) v/t. gravel;

graveleux, -euse [~'lø, ~'lø:z]
gravelly (soil); gritty; ✿ suffering
from gravel; ✿ showing traces of
gravel (urine); fig. smutty (song etc.);
gravelle ✿ [gra'vɛl] f gravel; **gra-
velure** [grav'ly:r] f smutty story.

graver [gra've] (1a) v/t. engrave,
carve; fig. ~ qch. dans sa mémoire
engrave s.th. on one's memory;
graveur [~'vœ:r] m engraver;
stone: carver; ~ sur bois wood-
engraver.

gravier [gra'vje] m gravel, grit; ✿
~s pl. gravel sg.

gravir [gra'vi:r] (2a) v/t. climb,
ascend; mount.

gravitation [gravita'sjɔ̃] f gravita-
tion(al pull); **gravité** [~'te] f phys.,
a. fig. gravity; fig. seriousness; ♪
deepness; **graviter** [~'te] (1a) v/i.
revolve (round, autour de); move;
gravitate (to, towards à, vers).

gravure [gra'vy:r] f engraving;
etching; print; ~ en taille-douce, ~ sur
cuivre copper-plate engraving, ~ sur
acier steel engraving.

gré [gre] m will, wish, pleasure;
liking, taste; consent; à mon ~ as I
please, to suit myself; au ~ de at the
mercy of (the winds etc.); bon ~, mal ~
willy-nilly; contre mon ~ against my
will, unwillingly; de bon ~ willingly;
de mon plein ~ of my own accord;
savoir ~ à q. de qch. be grateful to s.o.
for s.th.

grec, grecque [grɛk] **1.** adj. Greek;
2. su./m ling. Greek; su. ♀ Greek;
gréco-latin, e [grekola'tɛ̃, ~'tin]
Gr(a)eco-Latin.

gredin, e m, e f† [grə'dɛ̃, ~'din] scoundrel, rogue.

gréement ⚓, ⚓ [gre'mɑ̃] m rig-
ging; gear; **gréer** ⚓, ⚓ [~'e] (1a)
v/t. rig.

greffage ⚘ [grɛ'fa:ʒ] m grafting;
greffe [grɛf] su./m ⚖ office of the
clerk of the court; ⚖ registry (a. ✝);
record-office; su./f ⚘, ✿ graft,
grafting; ⚘ ~ de cœur heart transplant; **greffer** ⚘, ✿ [grɛ'fe] (1a)
v/t. graft; **greffier** [~'fje] m ⚖
clerk of the court; ⚖, ✝, admin.
registrar; **greffoir** ⚘ [~'fwa:r] m
grafting-knife; **greffon** ⚘ [~'fɔ̃] m
graft, slip, scion.

grégaire [gre'gɛ:r] gregarious; **gré-
garisme** [~ga'rism] m gregarious-
ness.

grège [grɛ:ʒ] *adj./f* raw (*silk*).

grégeois [gre'ʒwa] *adj./m:* feu m ~ Greek fire.

grêle¹ [grɛ:l] *adj.* slender; thin (*a. fig. voice*); *anat.* small (*intestine*).

grêle² [grɛ:l] *f* hail; *fig.* hail, shower; **grêlé, e** ♂ [grɛ'le] pock-marked; **grêler** [~'le] (1a) *v/impers.* hail; *v/t.* damage by hail; ♂ pock-mark; **grêlon** [~'lɔ̃] *m* hail-stone.

grelot [grə'lo] *m* small bell; sleigh-bell; F *attacher le* ~ bell the cat; **grelotter** [~ɔ'te] (1a) *v/i.* shiver, tremble, shake (with, de); tinkle.

grenade [grə'nad] *f* ♀ pomegranate; ✕ grenade; **grenadier** [grəna'dje] *m* ♀ pomegranate(-tree); ✕ grena-dier; ✕ *bomber;* F *woman:* amazon; **grenadille** [~'di:j] *f* ♀ granadilla; ♱ red ebony; **grenadin, e ♱** [~'dɛ̃, ~'din] **1.** *adj.* of Granada; of Grenada; **2.** *su./m cuis.* fricassee of chicken; ♀ grenadin; *orn.* African finch; *su./f tex.* grenadine.

grenaille [grə'na:j] *f* small grain; (*small*) shot; *en* ~ granulated.

grenat [grə'na] **1.** *su./m* garnet; **2.** *adj./inv.* garnet(-red).

greneler [grən'le] (1c) *v/t.* grain (*leather etc.*).

grener [grə'ne] (1d) *v/i.* corn, seed (*cereals etc.*); *v/t.* corn (*gunpowder*); grain (*salt, a. leather, paper*); stipple (*an engraving*).

grènetis [grɛn'ti] *m* milled edge (*of a coin*).

grenier [grə'nje] *m* granary; (*hay-, corn-*) loft; △ attic, garret.

grenouillage [grənu'ja:ʒ] *m* (*shady*) dealings *pl.,* wangling; **grenouille** [grə'nu:j] *f* frog; F kitty, club-money, funds *pl.,* ✕ mess-funds *pl.;* F *manger la* ~ run off with the funds; **grenouillère** [~nu'jɛ:r] *f* marsh; froggery; **grenouillette** [~nu'jɛt] *f* ♀ water-crowfoot; ♂ ranula.

grès [grɛ] *m* sandstone (*a.* ~ *cérame* stoneware); earthenware; **gréseux, -euse** [gre'zø, ~'zø:z] sandy, gritty; *geol.* sandstone (*rocks*); **grésière** [~'zjɛ:r] *f* sandstone quarry; **grésil** [gre'zi(l)] *m* (fine) hail.

grésiller¹ [grezi'je] (1a) *v/impers.* patter (*hail*).

grésiller² [~] (1a) *v/i.* crackle (*fire*); sizzle, sputter (*candle*).

grève [grɛ:v] *f* seashore, (*sandy*) beach; ⊕ strike, walkout; ~ *bouchon*

disruptive action, selective action; ~ *de la faim* hunger-strike; ~ *perlée* go-slow strike, *Am.* slow-down strike; ~ *sauvage* wildcat strike; ~ *sur le tas* sit-down strike; *faire* ~ be on strike; *faire la* ~ *du zèle* work to rule; *faire une* ~ *de sympathie* come out in sympathy; *se mettre en* ~ walk out.

grever [grə've] (1d) *v/t.* burden (*an estate*) (with, de); ⚖ entail (*an estate*); ⚖ mortgage (*land*); *admin.* rate (*a building*).

gréviste [gre'vist] *su.* striker.

gribouiller [gribu'je] (1a) *vt/i.* daub; scribble; **gribouillis** [~'ji] *m* scrawl, scribble.

grief [gri'ɛf] *m* grievance, ground for complaint; *faire* ~ *à q. de qch.* hold s.th. against s.o.

grièvement [griɛv'mã]: ~ *blessé(e)* seriously injured.

griffade [gri'fad] *f* scratch (*of claw*).

griffe [grif] *f* claw (*a.* ⊕); *fig. a.* clutches *pl.;* maker's label; signature (*stamp*); *a. fig.* stamp; **griffé, e ♱** [~'fe] with a famous label; **griffer** [~'fe] (1a) *v/t.* scratch, claw; fasten with a clamp; stamp (a signature on).

griffon [gri'fɔ̃] *m myth.* griffin; *orn.* tawny vulture; *dog:* griffon.

griffonnage [grifɔ'na:ʒ] *m* scrawl, scribble; **griffonner** [~'ne] (1a) *v/t.* scrawl, scribble; do a rough sketch of; **griffonneur** *m,* **-euse** *f* [~'nœ:r, ~'nø:z] scribbler.

grignoter [griɲɔ'te] (1a) *v/t.* nibble (at); pick at (*one's food*); gnaw (away) (at); *fig.* wear down (at); *v/i.* nibble (at one's food).

grigou F [gri'gu] *m* miser, skinflint.

gril [gril] *m cuis.* grill, gridiron (*a.* 🦀, *a.* ⚓); ⊕ *sluice-gate:* grating; *fig. être sur le* ~ be on tenterhooks.

grillade *cuis.* [gri'jad] *f* grill, grilled steak; grilling.

grillage¹ [gri'ja:ʒ] *m cuis.* grilling, roasting (*a. metall.*); ⚡ F *bulb:* burn-ing-out.

grillage² [gri'ja:ʒ] *m* lattice; (*wire*) netting or fencing; **grillager** [~ja'ʒe] (1l) *v/t.* surround with wire fencing or netting; **grille** [gri:j] *f* grate (*a.* ⊕); grating; iron gate, rail-ing; ⚡, *radio, fig.* grid; *mot.* grille; *fig.* schedule.

griller¹ [gri'je] (1a) *v/t. cuis.* grill; toast (*bread*); roast (*beans, a.* ⊕ *ore*);

singe (*cloth*); ⚗ calcine; scorch, burn; ⚡ burn out, blow (*a bulb, etc.*); *mot.* F race past; F jump (*the traffic lights*), jump, cut out (*a stop etc.*); F smoke (*a cigarette*); F *sp.* outrun (*an opponent*); *v/i.* F *fig.* be roasting (*in the heat*); *fig.* be burning (with s.th., *de qch.*; to *inf.*, *de inf.*).

griller[2] [~] (1a) *v/t.* rail in; bar (*a window*).

grillon *zo.* [gri'jɔ̃] *m* cricket.

grill-room [gril'rum] *m* grill-room.

grimace [gri'mas] *f* grimace, wry face; **grimacer** [~ma'se] (1k) *v/i.* make faces, screw one's face up, grimace; simper; *v/t.*: ~ *un sourire* force a smile; **grimacier, -ère** [~ma'sje, ~'sjɛ:r] **1.** *adj.* grimacing; grinning; affected; **2.** *su.* affected person; hypocrite.

grimer *thea.* [gri'me] (1a) *v/t. a.* se ~ make up.

grimoire [gri'mwa:r] *m* book of spells, gibberish; scribble, scrawl.

grimpant, e [grɛ̃'pɑ̃, ~'pɑ̃:t] climbing; ⚘ *a.* creeping, trailing; **grimper** [~'pe] (1a) *vt/i.* climb; *v/i.* climb up; ⚘ climb, creep, trail; **grimpereau** *orn.* [~'pro] *m* tree-creeper; **grimpette** [~'pɛt] *f* steep slope *or* climb; **grimpeur, -euse** [~'pœ:r, ~'pø:z] **1.** *adj.* climbing; **2.** *su./m orn.* climber; *cyclism*: good hill-climber.

grincement [grɛ̃s'mɑ̃] *m door, teeth, wheel*: grinding, grating; *door, gate*: creaking; *pen*: scratch; **grincer** [grɛ̃'se] (1a) *v/i.* grate, grind; gnash (*teeth*); creak (*door*); scratch (*pen*).

grincheux, -euse [grɛ̃'ʃø, ~'ʃø:z] **1.** *adj.* grumpy; testy; touchy; crabbed; **2.** *su.* grumbler, F grouser.

gringalet F [grɛ̃ga'lɛ] *m* shrimp (= *seedy boy*); whipper-snapper.

griot [gri'o] *m* ⚒ *flour etc.*: seconds *pl.*

griotte [gri'ɔt] *f* ⚘ morello cherry; *min.* griotte (= *sort of marble flecked with red and brown*).

grippage ⊕ [gri'pa:ʒ] *m* rubbing, friction; jamming; abrasion.

grippe [grip] *f* dislike; ⚕ influenza, F 'flu; *prendre q. en* ~ take a dislike to s.o.; **grippé, e** ⚕ [gri'pe] *adj.*: *être* ~ have influenza, F have the 'flu; **gripper** [~] (1a) *v/i. a.* se ~ ⊕ seize up, jam; run hot; become abraded; *tex.* pucker; *v/t.* seize, snatch; **grippe-sou,** *pl.* **grippe-sou(s)** F [grip'su] *m* skinflint, miser.

gris, grise [gri, gri:z] grey; dull (*weather, a. fig.*); F tipsy, fuddled; *faire grise mine à* give a cold welcome to; **grisaille** [gri'zɑ:j] *f paint.* grisaille; greyness; *fig.* dullness; **grisailler** [~zɑ'je] (1a) *v/t.* paint grey; paint (*s.th.*) in grisaille; *v/i.* turn grey (*hair*); **grisâtre** [~'zɑ:tr] greyish.

grisbi *sl.* [gris'bi] *m* dough (= *money*).

griser [gri'ze] (1a) *v/t.* intoxicate, make drunk; se ~ get drunk; **grisette** [~'zɛt] *f* grisette (*a. tex.*).

grisoller [grizɔ'le] (1a) *v/i.* sing (*lark*).

grison[1], **-onne** [gri'zɔ̃, ~'zɔn] **1.** *adj.* of the canton of Grisons; **2.** *su.* inhabitant of the canton of Grisons.

grison[2], **-onne** † [gri'zɔ̃, ~'zɔn] **1.** *adj.* grey(-haired), grizzled; **2.** *su./m* grey-beard; donkey; **grisonner** [~zɔ'ne] (1a) *v/i.* turn grey (*hair*).

grisou ⚒ [gri'zu] *m* fire-damp; gas; *coup m de* ~ fire-damp explosion.

grive *orn.* [gri:v] *f* thrush; **grivelé, e** [griv'le] speckled; **griveler** [~] (1d) *v/t.* obtain (*a meal etc.*) without being able to pay; **grivèlerie** [grivɛl'ri] *f* sponging; graft; pilfering.

grivois, e [gri'vwa, ~'vwa:z] broad, spicy (*joke, story, etc.*); **grivoiserie** [~vwaz'ri] *f* broad *or* smutty joke *or* story *etc.*; licentious gesture.

grog [grɔg] *m* grog, toddy.

grognard *hist.* [grɔ'ɲa:r] *m* soldier of Napoleon's Old Guard; **grognement** [grɔɲ'mɑ̃] *m* grunt; growl; snarl; grumbling; **grogner** [grɔ'ɲe] (1a) *v/i.* grunt; growl; grumble; *v/t.* growl out (*s.th.*); **grogneur, -euse** [~'ɲœ:r, ~'ɲø:z] **1.** *adj.* grumbling; **2.** *su./m* grumbler, F grouser; **grognon, -onne** [~'ɲɔ̃, ~'ɲɔn] **1.** *adj.* grumbling; peevish; **2.** *su./m* grumbler; cross-patch; **grognonner** F [~ɲɔ'ne] (1a) *v/i.* grunt; grumble, grouse; be peevish.

groin [grwɛ̃] *m pig*: snout.

grol(l)e *sl.* [grɔl] *f* shoe.

grommeler [grɔm'le] (1c) *vt/i.* mutter; growl; grumble.

grondement [grɔ̃d'mɑ̃] *m thunder*: rumble, rumbling; *storm*: roar(ing); *sea*: boom; *dog*: growl; **gronder** [grɔ̃'de] (1a) *v/i.* growl (*dog*);

grumble (at, *contre*); rumble (*thunder*); roar (*sea*, *storm*); v/t. scold; **gronderie** [~'dri] f scolding; **grondeur, -euse** [~'dœːr, ~'døːz] **1.** adj. grumbling, scolding; **2.** su. grumbler; su./f shrew.

groom [grum] m page-boy, *Am.* bell-hop.

gros, grosse [gro, groːs] **1.** adj. big, large; stout, fat; thick; broad (*humour etc.*); foul (*weather*, *word*); heavy (*rain*, *sea*); swollen (*river*); † *∦* pregnant; *fig.* teeming (with, de); *fig.* fraught (with, de); ~ *bétail* m cattle; ~ *doigt* m du pied big toe; F *grosse légume* f big shot; △ ~ *œuvre* m foundations *pl.*; *main walls pl.*; *avoir le cœur* ~ be heavy-hearted; **2.** adv. a great deal, a lot; *gagner* ~ earn a lot, make big money; *écrire* ~ write in large letters; **3.** su./m bulk, main part; ✗ main body (*of an army*); thickest part; essential (part); *winter etc.*: heart; ✝ *de* ~ wholesale (*price*, *firm*, *business*, *etc.*); *en* ~ rough, broad (*estimate etc.*); (*describe etc.*) roughly, broadly; all told, altogether; (*write*) in large letters; ✝ *wholesale* (*a. fig.*); ✝ *marchand* m en ~ wholesaler; ~ *faire le* ~ deal in wholesale; su./f gross, twelve dozen.

groseille ⚲ [gro'zɛːj] f (red *etc.*) currant; ~ *à maquereau* gooseberry; **groseillier** ⚲ [~zɛ'je] m currant bush.

gros-grain *tex.* [gro'grɛ̃] m grogram.

grossesse *∦* [gro'sɛs] f pregnancy; **grosseur** [~'sœːr] f size, bulk; *lips*: thickness; *∦* swelling; **grossier, -ère** [~'sje, ~'sjɛːr] coarse; gross, crude; rude, unmannerly; rough; boorish; crass (*ignorance*, *stupidity*, *etc.*); **grossièreté** [~sjɛr'te] f coarseness, roughness; rudeness; grossness; coarse language; *dire des* ~s be offensive; **grossir** [~'siːr] (2a) v/t. enlarge, magnify (*a. opt.*, *a. fig.*); swell; v/i. grow bigger, increase; put on weight (*person*); **grossissement** [~sis'mɑ̃] m magnification; enlargement; increase, swelling; **grossiste** ✝ [~'sist] m wholesaler; **grossoyer** [~swa'je] (1h) v/t. engross (*a document*).

grotesque [gro'tɛsk] **1.** adj. grotesque; **2.** su./m grotesque person; freak.

grotte [grot] f grotto; cave.

grouiller [gru'je] (1a) v/i. swarm, crawl, teem, be alive (with, de); rumble (*belly*); † stir; v/t.: sl. se ~ hurry up, F get a move on.

groupe [grup] m persons, objects, a. ♪: group; *stars*: cluster; *trees*: clump; *biol.* division; ~ *de pression* pressure group; *∦* ~ *sanguin* blood-group; **groupement** [~'mɑ̃] m grouping; group; **grouper** [gru'pe] (1a) v/t. group; se ~ form a group or groups; gather, cluster (round, *autour de*).

gruau [gry'o] m flour of wheat; ~ *d'avoine* groats *pl.*; *cuis.* gruel.

grue [gry] f *orn.*, a. ⊕ crane; F street-walker, prostitute; ⊕ ~ *à bras* (*or à flèche*) jib-crane; *∦* ~ *d'alimentation* water-pillar; F *faire le pied de* ~ cool one's heels, hang about (*ger.*, *à inf.*).

gruger [gry'ʒe] (1l) v/t. crunch; F eat; *fig.* sponge on (*s.o.*), fleece (*s.o.*).

grume [grym] f log; *bois m de* (*or en*) ~ undressed timber.

grumeau [gry'mo] m clot; *salt*: speck; **grumeler** [grym'le] (1c) v/t.: se ~ clot, curdle; **grumeleux, -euse** [~'lø, ~'løːz] curdled; gritty (*pear*).

grutier ⊕ [gry'tje] m crane-driver.

gruyère [gry'jɛːr] m gruyère.

gué [ge] m ford; **guéable** [~'abl] fordable; **guéer** [~'e] (1a) v/t. ford (*a river*, *a stream*); water (*a horse*).

guenille [gə'niːj] f rag; F trollop; *en* ~s in rags.

guenon [gə'nɔ̃] f *zo.* long-tailed monkey; F ugly woman.

guêpe *zo.* [gɛːp] f wasp; **guêpier** [gɛ'pje] m wasps' nest; *orn.* bee-eater.

guère [gɛːr] adv.: ne ... ~ hardly, little, scarcely, not much or many.

guéret [ge'rɛ] m ploughed land; fallow land.

guéridon [geri'dɔ̃] m pedestal table.

guérilla ✗ [geri'ja] f guerilla (warfare); **guérillero** ✗ [~je'ro] m person: guerilla.

guérir [ge'riːr] (2a) v/t. cure; heal (*a wound etc.*); v/i. get better, be cured; heal (*wound*); **guérison** [geri'zɔ̃] f cure; *wound*: healing; recovery; **guérissable** [~'sabl] curable; healable; **guérisseur, -euse** [~'sœːr, ~'søːz] su. healer; quack-doctor.

guérite [ge'rit] f ✗ sentry box; workman's hut; (*watchman's*) shelter.

guerre [gɛːr] f war(fare); fig. quarrel; Grande ♀ Great War, World War I; faire la ∼ make war (on, à); faire la ∼ à qch. a. fight s.th.; fig. de bonne ∼ fair; **guerrier, -ère** [gɛˈrje, ∼ˈrjɛːr] 1. adj. warlike; 2. su./m warrior; **guerroyer** [∼rwaˈje] (1h) v/i. wage war.

guet [gɛ] m watch; look-out; patrol; faire le ∼ be on the look-out; **∼-apens**, pl. **∼s-apens** [gɛtaˈpɑ̃] m ambush, trap.

guêtre [gɛtr] f gaiter; mot. patch, sleeve.

guetter [gɛˈte] (1a) v/t. lie in wait for, watch for; fig. wait (one's opportunity); **guetteur** ✕, ♣ [∼ˈtœːr] m person: look-out.

gueulard [gœˈlaːr, ∼ˈlard] 1. adj. loud-mouthed (person); noisy; 2. su. loudmouth, bigmouth; **gueule** [gœl] f animal, a. sl. person: mouth; sl. face; F look, appearance; gun: muzzle; opening; sl. casser la ∼ à q. break s.o.'s jaw, F sock s.o.; sl. ta ∼! shut up!; F avoir une drôle de ∼ look funny; F avoir de la ∼ look or be great; **gueule-de-loup**, pl. **gueules-de-loup** [∼dəˈlu] snapdragon, antirrhinum; **gueuler** sl. [gœˈle] (1a) vt/i. bawl; **gueuleton** F [gœlˈtɔ̃] m blowout, spread; **gueuletonner** [∼tɔˈne] (1a) v/i. have a blow-out.

gueusaille F [gøˈzaːj] f rabble; **gueusard** [∼ˈzaːr] m beggar; rascal, rogue.

gueuse metall. [gøːz] f pig-mo(u)ld; **gueuserie** [gøzˈri] f beggary; begging; fig. poor show, poor affair.

gueux, gueuse [gø, gøːz] 1. adj. poverty-stricken, poor; 2. su. beggar; tramp, vagabond; su./f wench; courir la ∼ lead a wild life.

gui¹ ♀ [gi] m mistletoe.

gui² ♣ [∼] m boom; guy(-rope).

guibolle sl. [giˈbɔl] f leg.

guichet [giˈʃɛ] m post office, bank etc.: counter, window; wicket, hatch; 🚉 booking office (window); thea. box office; sp. cricket: wicket; **guichetier** [giʃˈtje] m prison: turnkey.

guide¹ [gid] m guide (a. ✕, a. ⊕); guide-book.

guide² [∼] f rein; girl guide.

guide-âne [giˈdaːn] m (handbook of) elementary instructions pl.; writing pad: black lines pl., ruled guide; **guider** [∼ˈde] (1a) v/t. guide; direct, steer; lead; ⊕ control; se ∼ sur use as

a guide; ⊕ guidé par ordinateur computer-controlled.

guidon [giˈdɔ̃] m ♣ pennant; cycle: handle-bar; ✕ gun: foresight.

guigne [giɲ] f heart-cherry; F fig. bad luck; F avoir la ∼ be out of luck.

guigner F [giˈɲe] (1a) v/t. steal a glance at; have an eye to; ogle (s.o.). (tree).)

guignier ♀ [giˈɲje] m heart-cherry)

guignol [giˈɲɔl] m Punch and Judy show; puppet (show).

guignolet [giɲɔˈlɛ] m cherry-brandy.

guignon [giˈɲɔ̃] m bad luck; avoir du ∼ have a run of bad luck.

guillaume ⊕ [giˈjoːm] m plane: rabbet.

guillemets [gijˈme] m/pl. inverted commas, quotation marks.

guilleret, -ette [gijˈrɛ, ∼ˈrɛt] gay; broad (joke).

guillocher ⊕ [gijɔˈʃe] (1a) v/t. chequer.

guillotine [gijɔˈtin] f guillotine (a. for cutting paper); fenêtre f à ∼ sash-window.

guimauve ♀ [giˈmoːv] f marsh-mallow.

guimbarde [gɛ̃ˈbard] f ♪ Jew's-harp; ⊕ grooving-plane; sl. rattle-trap, Am. jalopy.

guimpe [gɛ̃ːp] f (nun's) wimple; chemisette.

guindage [gɛ̃ˈdaːʒ] m ⊕ hoisting; ⊕ tackle: hoist; **guindé, e** [∼ˈde] stiff, starchy; strained; stilted (style); **guinder** [∼ˈde] (1a) v/t. hoist; fig. strain; fig. make look stiff; fig. se ∼ become stilted or strained (story, etc.); adopt a stiff manner (person).

guinguette [gɛ̃ˈgɛt] f suburban tavern; out-of-town inn.

guiper [giˈpe] (1a) v/t. wind; wrap; lap (a. ⚡); **guipure** [∼ˈpyːr] f pillow-lace; ⚡ lapping.

guirlande [girˈlãːd] f garland, wreath, festoon; pearls: rope.

guise [giːz] f manner, way; à votre ∼! as you like!; please yourself!; en ∼ de by way of, as.

guitare ♪ [giˈtaːr] f guitar.

gustatif, -ve [gystaˈtif, ∼ˈtiːv] gustative; gustatory (nerve); **gustation** [∼taˈsjɔ̃] f tasting.

gutta-percha [gytaperˈka] f gutta-percha.

guttural, e, m/pl. -aux [gytyˈral, ∼ˈro] 1. adj. guttural; throaty *(voice)*; **2.** *su./f gramm.* guttural.

gymnase [ʒim'nɑːz] *m* gymnasium, F gym; **gymnaste** [~'nast] *su.* gymnast; **gymnastique** [~nas'tik] **1.** *adj.* gymnastic; **2.** *su./f* gymnastics *sg.*, F gym; ~ *rythmique* eurhythmics *sg.*; *faire de la* ~ do gymnastics.

gymnote *icht.* [ʒim'nɔt] *m* electric eel.

gynécologiste ⚕ [ʒinekɔlɔ'ʒist], **gy-**

nécologue ⚕ [~'lɔg] *su.* gyn(a)ecologist.

gypaète *orn.* [ʒipa'ɛt] *m* lammergeyer.

gypse [ʒips] *m min.* gypsum; ⚕ [plaster of Paris.]

gyrophare [ʒiro'faːr] *m* flashing light; **gyroscope** [~'skɔp] *m* gyroscope; **gyroscopique** [~skɔ'pik] gyroscopic; ✈ *appareil m* ~ *de pilotage* gyro-pilot; ⚓ *compas m* ~ gyro-compass.

H

(Before the so-called aspirate *h*, marked *h, there is neither elision nor liaison.)

H, h [aʃ] *m* H, h.

habile [a'bil] clever; skilful; ⚖ competent (to, *à*); **habileté** [abil'te] *f* skill, ability; cleverness; (clever) trick; **habilité** ⚖ [~'te] *f* competency; **habiliter** ⚖ [~'te] (1a) *v/t.* entitle (s.o. to *inf.*, *q. à inf.*).

habillage [abi'ja:ʒ] *m* dressing; ⊕ assembling; ✝ get-up; **habillement** [abij'mã] *m* clothing; clothes *pl.*; dress; clothe; ✝ get up; **habiller** [abi'je] (1a) *v/t.* dress; clothe; cover; *dress:* suit (s.o.); s'~ dress (o.s.), get dressed; dress up (as, *en*); **habilleur** *m*, **-euse** *f* [~'jœːr, ~'jøːz] *thea. etc.* dresser.

habit [a'bi] *m* (*a.* ~ de soirée) dress coat; dress; coat; *eccl.* habit; *eccl.* frock; ~ vert green coat (*of the Members of the Académie française*).

habitable [abi'tabl] habitable; **habitacle** [~'takl] *m* ♣ binnacle; ✈ cockpit; *poet.* dwelling; **habitant** *m*, **e** *f* [~'tã, ~'tãːt] inhabitant; occupier (*of a house*); resident; **habitat** ♀, *zo.*, *etc.* [~'ta] *m* habitat; **habitation** [~taˈsjõ] *f* habitation; dwelling, residence; **habiter** [~'te] (1a) *v/t.* inhabit, live in; *v/i.* dwell, live, reside.

habitude [abi'tyd] *f* habit, custom, practice, use; *avoir l'* ~ *de* be used to (s.th., *doing s.th.*); *avoir l'* ~ *de* (*inf.*) *a.* be in the habit of (*ger.*); *j'ai l'* ~, *j'en ai l'* ~ I am used to it; *d'* ~ usually; *par* ~ from sheer force of habit; **habitué** *m*, **e** *f* [~'tɥe] frequenter, regular attendant *or* customer; **habituel, -elle** [~'tɥɛl] usual; customary; **habituer** [~'tɥe] (1n) *v/t.:* ~ *q. à* accustom s.o. to *or* get s.o. used to (s.th., *doing s.th.*); s'~ *à* get used to.

***hâblerie** [ablə'ri] *f* boasting; ***hâbleur** *m*, **-euse** *f* [ɑ'blœːr, ~'blø:z] boaster.

***hache** [aʃ] *f* axe; ~-légumes [~le-'gym] *m/inv.* vegetable-cutter; ~-paille [~'pɑ:j] *m/inv.* chaff-cutter.

***hacher** [a'ʃe] (la) *v/t.* chop (up); hash (*meat*); hack up; *fig.* score (s.o.'s *face*); hatch (*a drawing etc.*); ***hachereau** [aʃ'ro] *m* small axe, hatchet; ***hachette** [a'ʃɛt] *f* hatchet; ***hachis** *cuis.* [a'ʃi] *m* hash (*a. fig.*), mince.

***hachisch** [a'ʃiʃ] *m* hashish.

***hachoir** [a'ʃwa:r] *m* chopper; chopping-knife; chopping-board; ***hachure** [a'ʃy:r] *f* hachure, hatching; *en* ~s hachured.

***hagard, e** [a'ga:r, ~'gard] wild, wild-looking; distraught.

***haï, e** [a'i] *p.p. of haïr.*

***haie** [ɛ] *f* hedge(row); *people:* line; *sp.* hurdle; ~ *d'honneur* guard of hono(u)r; *sp. course f de* ~s hurdle-race; *faire la* ~ be lined up.

***haillon** [a'jõ] *m* rag, tatter.

***haine** [ɛːn] *f* hate, hatred; ***haineux, -euse** [ɛ'nø, ~'nø:z] full of hatred.

***haïr** [a'i:r] (2m) *v/t.* hate, detest, loathe.

***haire** [ɛːr] *f* hair-shirt; *tex.* hair-cloth.

***hais** [ɛ] *1st p. sg. pres. of haïr;* ***haïs** [a'i] *1st p. sg. p.s. of haïr;* ***haïssable** [ai'sabl] hateful, odious; ***haïssent** [a'is] *3rd p. pl. pres. of haïr.*

***halage** [a'la:ʒ] *m* ♣ *ship:* hauling; towing; *chemin m de* ~ tow(ing)-path.

***hâle** [ɑːl] *m* tan(ning); sunburn; ***hâlé, e** [ɑ'le] (sun)tanned, sun-burnt.

haleine [a'lɛn] *f* breath; *fig.* wind; *à perte d'*~ until out of breath; *avoir l'*~ *courte* be short-winded; *de longue* ~ long and exacting, of long duration; long-term (*plans*); *hors d'*~ out of breath; *tenir en* ~ keep (s.o.) breath-less.

***haler** [a'le] (la) *v/t.* ♣ haul (in); tow.

***halètement** [alɛt'mã] *m* panting, gasping; ***haleter** [al'te] (1d) *v/i.* pant; gasp (for breath); puff.

***haleur** ♣ [a'lœːr] *m* hauler; towerer.

***hall** [ɔl] *m* entrance hall; *hotel:*

harpe

lounge; *mot.* open garage; ⊕ shop, room; ***hallage** ✝ [a'la:ʒ] *m* market dues *pl.*; ***halle** [al] *f* (covered) market.

*hallebarde *hist.* [al'bard] *f* halberd.

*hallier [a'lje] *m* thicket, copse; ~s *pl.* brushwood *sg.*

hallucinant, e [alysi'nɑ̃, ~'nɑ̃t] hallucinating; *fig.* incredible, staggering; **hallucination** [~na'sjɔ̃] *f* hallucination; **hallucinogène** [~nɔ-'ʒɛn] **1.** *adj.* hallucinogenic; **2.** *su./m* hallucinogen.

halo [a'lo] *m* meteor. halo; *phot.* halation; *opt.* blurring.

halogène ⚗ [alɔ'ʒɛn] **1.** *adj.* halogenous; **2.** *su./m* halogen.

halte [alt] *f* halt (*a.* 🚍), stop; stopping-place; *faire* ~ stop, ✕ halt; ~(-là)! stop!, ✕ halt!

haltère [al'tɛ:r] *m* dumbbell.

*hamac ⚓ *etc.* [a'mak] *m* hammock.

*hameau [a'mo] *m* hamlet.

hameçon [am'sɔ̃] *m* (fish) hook; *fig.* bait; *fig.* mordre à l'~ take the bait.

*hampe¹ [ɑ̃:p] *f* flag: pole; *spear*: shaft; handle; ♀ stem.

*hampe² *cuis.* [~] *f* (thin) flank of beef.

hamster [ams'tɛ:r] *m* zo. hamster; F hoarder (*of food*).

*hanap ✝ [a'nap] *m* hanap, goblet.

hanche [ɑ̃:ʃ] *f* hip; *horse*: haunch; ⚓ ship: quarter.

*handicap [ɑ̃di'kap] *m* sp. handicap (*a. fig.*); *fig.* disadvantage; ***handicaper** *sp.* [~ka'pe] (1a) *v/t.* handicap (*a. fig.*); *les handicapés* (*mentaux or physiques*) the (mentally *or* physically) handicapped.

*hangar [ɑ̃'ga:r] *m* shed; lean-to; ✈ hangar.

*hanneton [an'tɔ̃] *m* zo. cockchafer; F *fig.* harum-scarum, scatterbrain.

*hanter [ɑ̃'te] (1a) *v/t.* haunt; *maison f hantée* haunted house; ***hantise** [ɑ̃'ti:z] *f* obsession; haunting memory.

*happement [ap'mɑ̃] *m* snatching up, seizing; ***happer** [a'pe] *v/t.* catch, snatch; *v/i.* cling, stick.

*haquenée [ak'ne] *f* hack; ambling mare; *aller à la* ~ amble along.

*haquet [a'kɛ] *m* dray, waggon (*a.* ✕); ***haquetier** [ak'tje] *m* drayman.

*hara-kiri [araki'ri] *m* harakiri, happy dispatch.

*harangue [a'rɑ̃:g] *f* harangue; ***haranguer** [arɑ̃'ge] (1m) *v/t.* harangue; F *fig.* lecture (*s.o.*); F hold forth to; **haranguer** [~'gœ:r] *m* orator; F tub-thumper.

*haras [a'rɑ] *m* stud-farm; stud.

*harasser [ara'se] (1a) *v/t.* wear out, exhaust.

*harcèlement [arsɛl'mɑ̃] *m* harassing, harrying (*a.* ✕); ***harceler** [~sə'le] (1d) *v/t.* harass, harry (*a.* ✕); badger; nag at, be on at.

*harde¹ [ard] *f* herd; *orn.* flock.

*harde² *hunt.* [ard] *f* leash; ***harder** *hunt.* [ar'de] (1a) *v/t.* leash (*the hounds in couples*).

*hardes [ard] *f/pl.* old clothes.

*hardi, e [ar'di] bold; daring; rash; impudent; ***hardiesse** [~'djɛs] *f* boldness; temerity, daring; rashness; effrontery.

*hareng [a'rɑ̃] *m* herring; ~ *fumé* kipper; ~ *saur* red herring; ***harengaison** [arɑ̃gɛ'zɔ̃] *f* herring-season; herring-fishing; **'harengère** [~'ʒɛ:r] *f* fishwife.

*hargne [arɲ] *f* ill-temper; aggressiveness; ***hargneux, -euse** [ar'ɲø, ~'ɲø:z] surly; peevish; bad-tempered; aggressive; nagging (*wife*).

*haricot ♀ [ari'ko] *m* bean; ~ *blanc* haricot bean; ~ *rouge* kidney bean; ~ *vert* French bean; *sl. courir sur le* ~ *à q.* get on s.o.'s nerves.

*haricot² [~] *m* stew, haricot; ~ *de mouton* haricot mutton, *Am.* lamb stew.

*haridelle F [ari'dɛl] *f* jade, nag.

harmonica ♪ [armɔni'ka] *m* harmonica; mouth-organ.

harmonie [armɔ'ni] *f* ♪ harmony (*a. fig.*); *fig.* agreement; ♪ brass and reed band; **harmonieux, -euse** [~'njø, ~'njø:z] harmonious; **harmonique** [~'nik] harmonic; **harmoniser** [~ni'ze] (1a) *v/t.* a. *s'*~ harmonize; match (*colours*); **harmonium** ♪ [~'njɔm] *m* harmonium.

*harnacher [arna'ʃe] (1a) *v/t.* harness; rig (*s.o.*) out; ***harnacheur** [~'ʃœ:r] *m* harness-maker; saddler; groom.

*harnais [ar'nɛ] *m*, ✝ ***harnois** [~'nwa] *m* horse; *a. tex.*: harness.

*haro [a'ro] *m* hue and cry; *crier* ~ *sur* denounce.

harpagon [arpa'gɔ̃] *m* skinflint.

*harpe¹ ♪ [arp] *f* harp.

*harpe² ⚠ [~] f toothing-stone.
*harpie [ar'pi] f myth., a. fig. harpy; fig. hell-cat.
*harpin ⚓ [ar'pɛ̃] m boat-hook.
*harpiste ♪ [ar'pist] su. harpist.
*harpon [ar'pɔ̃] m harpoon; ⚠ wall-staple; *harponner [ˌarpɔ'ne] (1a) v/t. harpoon; fig. buttonhole (s.o.).
*hasard [a'za:r] m chance, luck; risk; hazard (a. golf); à tout ~ at all hazards or events; au ~ at random; ... de ~ chance ...; par ~ by chance; *hasardé, e [azar'de] risky, foolhardy; bold; hazardous; *hasarder [ˌ~'de] (1a) v/t. risk, venture; a. se ~ hasten; *hasardeux, -euse [ˌ'dø, ~'dø:z] perilous, risky, daring, foolhardy.
*hase zo. [ɑ:z] f doe-hare; doe-rabbit.
*hâte [ɑ:t] f haste, hurry; à la ~ in a hurry; hurriedly; avoir ~ de (inf.) be in a hurry to (inf.); long to (inf.); en (toute) ~ with all possible speed; *hâter [ɑ'te] (1a) v/t. a. se ~ hasten, hurry; *hâtif, -ve [ɑ'tif, ~'ti:v] hasty; premature; early (fruit etc.); *hâtiveau ♪ [ɑti'vo] m early fruit (esp. pear); early vegetable.
*hauban [o'bɑ̃] m ⚓ shroud; ⚠, △ stay; ⚡ (bracing-)wire; *haubaner [oba'ne] (1a) v/t. stay, guy.
*haubert hist. [o'bɛ:r] m hauberk, coat of mail.
*hausse [o:s] f rise (a. ♪), Am. raise; rifle: back-sight, rear-sight; ⊕ block, prop; à la ~ on the rise; *haussement [os'mɑ̃] m raising; ~ d'épaules shrug; *hausser [o'se] (1a) v/t. raise (a. ♪; a. a house, the price, one's voice); lift; increase; shrug (one's shoulders); v/i. rise, go up; ⚓ heave in sight; *haussier † [o'sje] m bull.
*haussière ⚓ [o'sjɛ:r] f hawser.
*haut, haute [o, o:t] 1. adj. high; elevated; eminent, important; loud (voice); erect (head); upper (floor etc.); la haute mer the open sea; la mer haute high tide; 2. haut adv. high (up); aloud; haughtily; further back (in time); fig. ~ la main easily; ~ les mains! hands up!; d'en ~ adj. upstairs; upper; en ~ adv. above; upstairs; 3. su./m height; top; summit; tomber de son ~ fall flat; fig. fall; fig. be dumbfounded;

vingt pieds de ~ 20 feet or foot high; su./f: la haute the smart set, the upper crust.
*hautain, e [o'tɛ̃, ~'tɛn] proud; haughty.
*haut...: *~bois ♪ [o'bwa] m oboe; (a. *~boïste [obo'ist] m) oboist; *~-de-chausses, pl. *~s-de-chausses [od'ʃo:s] m breeches pl.; *~-de-forme, pl. *~s-de-forme [~'fɔrm] m top hat.
*haute-contre, pl. *hautes-contre ♪ [ot'kɔ̃:tr] f voice: alto.
*hautement [ot'mɑ̃] adv. highly; loudly; loftily; frankly.
*Hautesse [o'tɛs] f title of sultan: Highness.
*hauteur [o'tœ:r] f height; eminence, high place; hill(-top); level; depth; ⚡, astr. altitude; ♪ pitch; fig. arrogance; fig. principles etc.: loftiness; être à la ~ de be equal to; be a match for; fig. be abreast of (developments, news); ⚓ be off (Calais); ⚡ prendre de la ~ gain height; tomber de sa ~ fall flat; F fig. be dumbfounded; sp. saut en ~ high jump.
*haut...: *~-fond, pl. *~s-fonds [o'fɔ̃] m sea: shoal, shallows pl.; *~le-cœur [ol'kœ:r] m/inv. heave; nausea; avoir des ~ retch; *~-le-corps [~'kɔ:r] m/inv. sudden start; *~-lieu, pl. *~s-lieux [o'ljø] centre, Mecca (of art etc.); *~-parleur [opar'lœ:r] m radio etc.: loudspeaker; amplifier; *~-relief, pl. *~s-reliefs [orə'ljɛf] m arts: alto-relievo.
*havanais, e [ava'nɛ, ~'nɛ:z] adj., a. su. ♀ Havanese; *havane [a'van] 1. su./m Havana (cigar); 2. adj./inv. tobacco-colo(u)red; brown.
*hâve [ɑ:v] haggard, gaunt; wan.
*havre ⚓ [ɑ:vr] m harbo(u)r, haven.
*havresac [avrə'sak] m ✕ knapsack; tool-bag; camping: haversack.
*hayon mot. [ɛ'jɔ̃] m rear door, tailgate; a. voiture à ~ arrière hatchback.
*hé! [e] int. hi!; I say!; what!
*heaume hist. [o:m] m helm(et).
hebdomadaire [ɛbdɔma'dɛ:r] 1. adj. weekly; 2. su./m weekly (paper or publication).
héberger [ebɛr'ʒe] (1l) v/t. accommodate, put up, take in, lodge.
hébéter [ebe'te] (1f) v/t. stupefy; daze; fig. stun; hébétude [~'tyd] f fig. daze, dazed condition; hebetude.

hébraïque [ebra'ik] Hebrew, Hebraic; **hébraïsant** m, e f [ˌɪ'zɑ̃, ˌ'zɑ̃:t] Hebraist; **hébreu** [e'brø] adj./m, a. su./m ling. Hebrew.

hécatombe [eka'tɔ̃:b] f hecatomb, F fig. persons: (great) slaughter.

hectare [ɛk'ta:r] m hectare (2.47 acres).

hectique [ɛk'tik] hectic.

hecto... [ɛkto] hecto...; **~gramme** [ˌ'gram] m hectogram(me); **~litre** [ˌ'litr] m hectolitre (2.75 bushels); **~mètre** [ˌ'mɛtr] m hectometre.

*__hein!__ F [ɛ̃] int. what?; isn't it?; did I not?, etc.

hélas! [e'lɑ:s] int. alas!

*__héler__ [e'le] (1f) v/t. hail (a ship, a taxi). [helianthus.]

hélianthe [e'ljɑ̃:t] m sunflower.)

hélice [e'lis] f Ⴓ, anat. helix (a. = snail); ♧ screw; ♧, ✈ propeller; Archimedean screw; escalier m en ~ spiral staircase; en ~ helical (ly adv.); ♧ vaisseau m à ~ screw-steamer.

hélicoptère ✈ [elikɔp'tɛ:r] m helicopter.

hélio... [eljo] helio...; **~graphe** astr. [ˌ'graf] m heliograph; **~gravure** [ˌgra'vy:r] f photogravure; heliogravure; **~scope** astr. [ˌ'skɔp] m solar prism; **~thérapie** 🜨 [ˌtera-'pi] f sunlight or sun ray treatment; **~trope** [ˌ'trɔp] m heliotrope.

héliport ✈ [eli'pɔ:r] m heliport.

hélium 🜨 [e'ljɔm] m helium.

helvétien, -enne [elve'sjɛ̃, ˌ'sjɛn] adj., a. su. ♀ Swiss; **helvétique** [ˌ'tik] Helvetic (confederation), Swiss.

*__hem!__ [em] int. ahem!; hm!

héma... [ema], **hémat(o)...** [emat(o)] h(a)ema..., h(a)emat(o)...; blood...; **hématite** min. [ema'tit] f h(a)ematite; ~ rouge red iron.

hémi... [emi] hemi...; **~cycle** ⌂ [ˌ'sikl] m hemicycle; **~sphère** [emis'fɛ:r] m hemisphere.

hémo... [emo] h(a)em...; **~globine** physiol. [ˌglɔ'bin] f h(a)emoglobin; **~philie** 🜨 [ˌfi'li] f h(a)emophilia; **~rragie** 🜨 [ˌra'ʒi] f h(a)emorrhage; **~rroïdes** 🜨 [ˌrɔ'id] f/pl. h(a)emorrhoids, piles.

*__henné__ [ɛn'ne] m henna (a. for hair); teindre au ~ henna.

*__hennir__ [e'ni:r] (2a) v/i. whinny, neigh; *__hennissement__ [enis'mɑ̃] m whinny(ing), neigh(ing).

hépatique [epa'tik] **1.** adj. hepatic; **2.** su. 🜨 hepatic; min./f hepatica, liverwort; **hépatite** [ˌ'tit] f 🜨 hepatitis; min. hepatite.

hepta... [ɛpta] hepta...

héraldique [eral'dik] heraldic, armorial.

*__héraut__ [e'ro] m herald (a. fig.).

herbacé, e 🜨 [ɛrba'se] herbaceous; **herbage** [ˌ'ba:ʒ] m grass-land; pasture; grass; cuis. green stuff; **herbager** [ˌba'ʒe] m grazier; **herbe** [ɛrb] f grass; herb; weed; ~s pl. potagères pot herbs; en ~ unripe; fig. budding; fines ~s pl. herbs for seasoning; mauvaise ~ weed; fig. bad lot; couper l'~ sous le pied de q. cut the ground from under s.o.'s feet; déjeuner sur l'~ (have a) picknick; manger son blé en ~ spend one's money before getting it; **herbeux, -euse** [ɛr'bø, ˌ'bø:z] grassy; **herbicide** [ˌbi'sid] m weed-killer; **herbivore** zo. [ˌbi'vɔ:r] **1.** adj. herbivorous; **2.** su./m herbivore; **herboriser** [ˌbɔri'ze] (1a) v/i. go botanizing; gather plants or herbs; **herboriste** [ˌbɔ'rist] su. herbalist; **herbu, e** [ɛr'by] **1.** adj. grassy; **2.** su./f light grazing-land.

*__here__ [ɛr] m: pauvre ~ poor devil.

héréditaire [eredi'tɛ:r] hereditary; **hérédité** [ˌ'te] f heredity; 🜨 (right of) inheritance.

hérésie [ere'zi] f heresy; **hérétique** [ˌ'tik] **1.** adj. heretical; **2.** su. heretic.

*__hérissé, e__ [eri'se] bristling (with, de); spiked (with, de); prickly; bristly (moustache); *__hérisser__ [ˌ'se] (1a) v/t. bristle up; cover with spikes; ruffle (its feathers); se ~ stand on end (hair); bristle (up) (a. fig.); *__hérisson__ [ˌ'sɔ̃] m zo. hedgehog; ⊕ brush.

héritage [eri'ta:ʒ] m inheritance, heritage; **hériter** [ˌ'te] (1a) vt/i. inherit; ~ (de) qch. inherit s.th. (from s.o., de q.); **héritier, -ère** [ˌ'tje, ˌ'tjɛ:r] su. heir; su./f heiress.

hermétique [ɛrme'tik] hermetic; (air-, water)tight; light-proof; impenetrable.

hermine zo. [ɛr'min] f ermine (a. ✝ fur), stoat.

*__herniaire__ 🜨 [ɛr'njɛ:r] hernial; bandage m ~ truss; *__hernie__ 🜨 [ˌ'ni] f hernia, rupture.

héroïne [erɔ'in] f heroine; 🜨 hero-

in; **héroïque** [∼'ik] heroic (a. ✗);
héroïsme [∼'ism] m heroism.
****héron** orn. [e'rɔ̃] m heron.
****héros** [e'ro] m hero.
herpès [ɛr'pɛs] m herpes.
****herse** [ɛrs] f ⚷ harrow; ⚔ portcullis; thea. ∼s pl. battens; ****herser** ⚷ [ɛr'se] (1a) v/t. harrow.
hésitation [ezita'sjɔ̃] f hesitation;
hesitancy; faltering; misgiving;
hésiter [∼'te] (1a) v/i. hesitate,
waver; falter (in speaking).
hétéro... [eterɔ] hetero...; ∼**clite**
[∼'klit] heteroclite, irregular; fig.
odd, strange; ∼**doxe** [∼'dɔks] heterodox, unorthodox; fig. ∼**gène**
[∼'ʒɛn] heterogeneous; fig. incongruous;
mixed (society).
****hêtre** ♣ [ɛːtr] m beech.
heure [œːr] f hour; time; moment;
period; ... o'clock; six∼s pl. 6 o'clock;
∼ d'été summer time; ✗ ∼ H zero
hour; ∼ légale standard time; ∼s pl.
supplémentaires overtime sg.; à l'∼ on
time, punctual(ly adv.); à l'∼ (de) ...
in the ... age; in the ... fashion; à la
bonne ∼! well done!; fine!; tout à l'∼ a
few minutes ago; in a few minutes;
presently; à tout à l'∼! so long!; see
you later!; F c'est l'∼ time's up!; de
bonne ∼ early; quelle ∼ est-il? what
time is it?; livre m d'∼s book of hours;
prayer-book.
heureux, -euse [œ'rø, ∼'røːz] happy,
glad, pleased, delighted; lucky;
successful; fortunate (accident, position, etc.); apt (expression, phrase,
word).
****heurt** [œːr] m blow, knock, shock;
fig. sans ∼ smoothly; ****heurté, e**
[œr'te] clashing (colours); ****heurter**
[∼'te] (1a) v/t/i. knock, hit, strike;
jostle; v/t. run into; collide with;
fig. offend (s.o.'s feelings); ⚔ ram,
strike; v/i. a. se ∼ collide; clash
(colours); ****heurtoir** [∼'twaːr] m
knocker; ⊕ stop; ⊕ tappet; ⚔
buffer.
hexagonal, e, m/pl. **-aux** ⚹ [ɛgza-
gɔ'nal, ∼'no] hexagonal; **hexagone**
[∼'gɔn] m ⚹ hexagon; fig. l'∼ France.
hiatus [ja'tys] m ling. hiatus; fig. gap;
fig. break.
hibernal, e, m/pl. **-aux** [ibɛr'nal,
∼'no] winter-...; hibernal; wintry;
hibernant, e [∼'nɑ̃, ∼'nɑ̃:t] hiber-
nating; **hiberner** [∼'ne] (1a) v/i.
hibernate.

****hibou** orn. [i'bu] m owl; jeune∼
owlet.
****hic** [ik] m: voilà le ∼! there's the
snag!
****hideux, -euse** [i'dø, i'dø:z] hideous.
hiémal, e, m/pl. **-aux** [je'mal, ∼'mo]
winter-...
hier [jɛːr] adv. yesterday; ∼ soir
yesterday evening, last night; d'∼
very recent; F fig. né d'∼ green.
****hiérarchie** [jerar'ʃi] f hierarchy;
****hiérarchique** [∼'ʃik] hierarchical;
voie f ∼ official channels pl.
hiéroglyphe [jerɔ'glif] m hiero-
glyph; fig. scrawl.
hilarant, e [ila'rɑ̃, ∼'rɑ̃:t] mirth-
provoking; **hilarité** [∼ri'te] f hilar-
ity, laughter, mirth.
hippique [ip'pik] equine, horse-...;
concours m ∼ horse-show; race-
meeting, Am. race-meet; **hippisme**
[∼'pism] m horse-racing.
hippo... [ipo] hippo...; horse-...;
∼**campe** zo. [∼'kɑ̃:p] m sea-horse,
hippocampus; ∼**drome** [∼'droːm]
m hippodrome, circus; race-course,
race-track; ∼**mobile** [∼mo'bil]horse-
drawn; ∼**potame** zo. [∼pɔ'tam] m
hippopotamus.
hirondelle [irɔ̃'dɛl] f orn. swallow.
hirsute [ir'syt] hirsute, hairy; fig.
boorish, rough.
hispanique [ispa'nik] Hispanic,
Spanish.
hispide ♀ [is'pid] hispid; hairy.
****hisser** [i'se] (1a) v/t. hoist (a. ⚓);
se ∼ a. pull o.s. up.
histoire [is'twaːr] f history; story; F
fib, invention; faire des ∼s make a to-
do; F ∼ de (faire qch.) just to (do s.th.).
historien [∼tɔ'rjɛ̃] m historian;
chronicler; narrator; **historier**
[∼'rje] (1o) v/t. illustrate; embellish
(a. fig.); **historiette** [∼'rjɛt] f anecdote; short story; **historique** [∼'rik]
1. adj. historic(al); **2.** su./m historical
record or account.
histrion [istri'ɔ̃] ham (actor).
hiver [i'vɛːr] m winter; **hivernage**
[ivɛr'na:ʒ] m ⚓ laying up for the
winter; winter season; winter quarters pl., ⚓ winter harbo(u)r; tropics: rainy season, wintering (of cattle); **hivernal, e,** m/pl. **-aux** [∼'nal,
∼'no]winter-...;wintry (weather); **hi-
vernant m, e f** [∼'nɑ̃, ∼'nɑ̃:t] winter
visitor; **hiverner** [∼'ne] (1a) v/i.

winter; hibernate (*animal*); *v/t.*
⚘ plough before winter.

*hobereau [ɔ'bro] *m* orn. hobby; F
small country squire, squireen.

*hochement [ɔʃ'mɑ̃] *m* shake or nod
(of the head); ***hochequeue** orn.
[.'kø] *m* wagtail; ***hocher** [ɔ'ʃe] (1a)
v/t.: ~ *la tête* shake or nod one's head;
*hochet [ɔ'ʃɛ] *m* rattle (*for babies*);
toy, bauble.

*hockey sp. [ɔ'kɛ] *m* hockey; ~ *sur
glace* ice-hockey; ***hockeyeur** sp.
[ɔkɛ'kœːr] *m* hockey-player.

hoir 🏛 [war] *m* heir; **hoirie** 🏛
[wa'ri] *f* inheritance, succession.

*holà [ɔ'la] 1. *int.* hallo!; stop!; 2.
m/inv.: *mettre le* ~ *à qch.* put a stop to
s.th.

*holding ✝ [ɔl'diŋ] *m* holding
company.

*hold-up [ɔl'dœp] *m/inv.* hold-up.

*hollandais, e [ɔlɑ̃'dɛ, .'dɛːz] 1. *adj.*
Dutch; 2. *su./m ling.* Dutch; ♀
Dutchman; *les* ♀ *m/pl.* the Dutch;
su./f ♀ Dutchwoman.

*Hollande [ɔ'lɑ̃ːd] *su./m* Dutch
cheese; *su./f tex.* Holland.

holocauste [ɔlɔ'koːst] *m* holocaust;
fig. sacrifice.

*homard zo. [ɔ'maːr] *m* lobster.

homélie [ɔme'li] *f eccl.* homily; F
*fig.*sermon, lecture.

homicide [ɔmi'sid] 1. *su. person:*
homicide; *su./m crime:* homicide;
~ *par imprudence* (*or involontaire*)
manslaughter; ~ *volontaire* (*or prémédité*) murder; 2. *adj.* homicidal.

hommage [ɔ'maːʒ] *m* homage; token
of esteem; ~s *pl.* compliments; ~
de l'auteur with the author's compliments; *rendre* ~ do homage,
pay tribute (to, *à*); **hommasse**
F [ɔ'mas] *f* mannish, masculine
(*woman*); **homme** [ɔm] *m* man;
mankind; ~ *d'affaires* businessman;
~ *d'État* statesman; ⊕ ~ *de métier*
craftsman; **~grenouille**, *pl.* **~s-
grenouilles** [.grə'nuːj] *m* frogman;
~-sandwich, *pl.* **~s-sandwichs**
[.sɑ̃'dwitʃ] *m* sandwich-man.

homo... [ɔmɔ] homo...; **~gène**
[.'ʒɛn] homogeneous; **~généiser**
[.ʒenei'ze] (1a) *v/t.* homogenize;
~logue [.'lɔg] 1. *adj.* homologous; 2.
su./m homologue: *person:* counterpart, opposite number; **~loguer** 🏛
[.lɔ'ge] (1m) *v/t.* confirm, endorse;
ratify (*a decision*); prove (*a will*);

~nyme gramm. [.'nim] 1. *adj.*
homonymous; 2. *su./m* homonym;
~sexuel, -elle [.sɛk'sɥɛl] *adj. a. su.*
homosexual.

*hongre [ɔ̃:gr] 1. *adj./m* gelded; 2.
su./m gelding; ***hongrois, e** [ɔ̃'grwa,
.'grwa:z] 1. *adj.* Hungarian; 2. *su./m
ling.* Hungarian; *su.* ♀ Hungarian.

honnête [ɔ'nɛːt] honest; upright;
decent; respectable; courteous,
well-bred; seemly (*behaviour*); reasonable (*price*); virtuous (*woman*); ~s
gens m/pl. decent people; **honnêteté** [ɔnɛt'te] *f* honesty; integrity; politeness; respectability (*of
behaviour*); ✝ fairness; *price etc.*:
reasonableness; (*feminine*) modesty.

honneur [ɔ'nœːr] *m* hono(u)r; ~s *pl.*
hono(u)rs, preferments; regalia;
avoir l'~ have the hono(u)r (*of ger.*,
de inf.); ✝ beg (*to inf.*, *de inf.*); ✝
faire ~ *à* hono(u)r, meet (*a bill, an
obligation*); ✖ *rendre les* ~ present
arms (to, *à*).

*honnir ✝ [ɔ'niːr] (2a) *v/t.* disgrace;
spurn; revile; *honni soit qui mal
y pense* evil be to him who evil
thinks.

honorabilité [ɔnɔrabili'te] *f* respectability; **honorable** [.'rabl]
hono(u)rable; respectable, credit-
able, ✝ reputable; **honoraire**
[.'rɛːr] 1. *adj.* honorary; 2. *su./m:* ~s
pl. fees (*pl.*) *sg.*, honorarium *sg.*; 🏛
retainer *sg.*; **honorer** [.'re] (1a) *v/t.*
hono(u)r (*a. ✝*); respect; do hono(u)r
to; ✝ meet; *s'*~ *de* pride o.s. on;
honorifique [.ri'fik] honorary
(*title*).

*honte [ɔ̃:t] *f* (sense of) shame; dis-
hono(u)r, disgrace; *fig.* reproach;
avoir ~ be ashamed (of, *de*); *faire* ~
à put to shame; **honteux, -euse**
[ɔ̃'tø, .'tøːz] ashamed; disgraceful,
shameful; scandalous; bashful.

hôpital [ɔpi'tal] *m* ⚚ hospital; poor-
house, (*orphan's*) home; ✖ ~ *militaire* (*de campagne*) station (field)
hospital.

*hoquet [ɔ'kɛ] *m* hiccough, hiccup;
emotion: gasp (*of surprise etc.*); ***hoqueter** [ɔk'te] (1c) *v/i.* hiccup;
have the hiccups.

horaire [ɔ'rɛːr] 1. *adj.* time...;
hour-...; ⊕ per hour, hourly;
2. *su./m* time-table; ~ *souple* flexible
working hours *pl.*

*horde [ɔrd] *f* horde.

horizon [ɔri'zɔ̃] *m* horizon (*a. fig.*); panorama, view; *fig.* à l'~ 2000 *etc.* in or for the year 2000 *etc.*; **horizontal, e,** *m/pl.* **-aux** [~zɔ̃'tal, ~'to] horizontal.

horloge [ɔr'lɔːʒ] *f* clock; ⊕~ centrale master clock; ~ normande grandfather('s) clock; *teleph.* ~ parlante speaking clock, Tim; **horloger** [~lɔ'ʒe] *m* watch-maker, clockmaker; **horlogerie** [~lɔʒ'ri] *f* watchmaking, clock-making; watchmaker's (shop).

hormis [ɔr'mi] *prp.* except.

hormone *physiol.* [ɔr'mɔn] *f* hormone.

horoscope [ɔrɔs'kɔp] *m* horoscope; *faire* (or *tirer*) *un* ~ cast a horoscope.

horreur [ɔ'rœːr] *f* horror; *avoir* ~ *de* loathe; abhor; hate; *avoir en* ~ detest, hold in abhorrence; *faire* ~ *à* disgust; horrify; **horrible** [ɔ'ribl] horrible, dreadful; appalling; **horripiler** [ɔripi'le] (1a) *v/t.* give (*s.o.*) gooseflesh; F make (*s.o.'s*) flesh creep; F *fig.* exasperate.

*****hors** [ɔːr] *prp.* out of; outside (*the town*); beyond, but, save (*two, this*); *⚡* ~ *circuit* cut off; *⚡* ~ *concours* hors concours; *sp.* ~ *jeu* offside; ~ *ligne* (or *classe*) outstanding; *🕇* ~ *vente* no longer on sale; *mettre* ~ *la loi* outlaw (*s.o.*); ~ (*de*) *pair* peerless; ~ *de* outside; out of (*breath, danger, fashion, hearing, reach, sight, use*); beyond (*dispute, doubt*); ~ *d'affaire* out of the wood; ~ *de combat* disabled; out of action; ~ *de propos* ill-timed; irrelevant (*remark*); ~ *de saison* unseasonable; ~ *de sens* out of one's senses; ~ *de soi* beside o.s. (with rage); ~ *d'ici!* get out!; *qch. est* ~ *de prix* the price of s.th. is prohibitive.

*****hors...:** *****~-bord** [ɔr'bɔːr] *m/inv.* outboard motor boat, F speed-boat; *****~-d'œuvre** [~'dœːvr] *m/inv.* *art etc.*: irrelevant matter; *cuis.* hors-d'œuvre, side dish; *****~-jeu** *sp.* [~'ʒø] *m/inv.* off side; *****~-la-loi** [~la'lwa] *m/inv.* outlaw; *****~-saison** [~sɛ'zɔ̃] *adj./inv.* off-season (*tariff etc.*); *****~-texte** [~'tɛkst] *m/inv.* (full page) plate (*in a book*).

hortensia *♀* [ɔrtɑ̃'sja] *m* hydrangea. **horticole** [ɔrti'kɔl] horticultural; **horticulture** [~kyl'tyːr] *f* horticulture, gardening.

hosanna [ɔzan'na] *int., a.* *su./m* hosanna.

hospice [ɔs'pis] *m* hospice; alms-house; (*orphan's*) home; **hospitalier, -ère** [ɔspita'lje, ~'ljɛːr] **1.** *adj.* hospitable; hospital-...; **2.** *su./m eccl.* hospitaller; *su./f eccl.* Sister of Mercy; **hospitaliser** [~li'ze] (1a) *v/t.* send or admit to a hospital or home, hospitalize; **hospitalité** [~li'te] *f* hospitality; *donner l'~ à q.* give s.o. hospitality, F put s.o. up.

hostie [ɔs'ti] *f* *bibl.* (sacrificial) victim; *eccl.* host.

hostile [ɔs'til] hostile; **hostilité** [~tili'te] *f* hostility (against, *contre*); enmity; *✕* ~s *pl.* hostilities.

hôte, hôtesse [oːt, o'tɛs] *su.* guest, visitor, lodger; *su./m* host; landlord; *su./f* hostess; landlady; *✈* hôtesse de l'air air hostess.

hôtel [o'tɛl] *m* hotel; ~ (*particulier*) (private) mansion; ~ *de ville* town hall, city hall; ~ *garni* residential hotel; *péj.* lodgings *pl.*, lodging-house; *maître m d'~* head waiter; *private house:* butler; *~-Dieu, pl. ~s-Dieu* [otɛl'djø] *m* principal hospital; **hôtelier, -ère** [otə'lje, ~'ljɛːr] *su.* innkeeper; hotel-keeper; *su./m* landlord; *su./f* landlady; **hôtellerie** [otɛl'ri] *f* hostelry, inn; hotel trade.

*****hotte** [ɔt] *f* basket; pannier; (*bricklayer's*) hod; ⊕ hopper; 🜂 hood.

*****houblon** *♀ etc.* [u'blɔ̃] *m* hop(s *pl.*); *****houblonner** [ublɔ'ne] (1a) *v/t.* hop (*beer*); *****houblonnier, -ère** [~'nje, ~'njɛːr] **1.** *adj.* hop-(growing); **2.** *su./f* hop-field.

*****houe** *✐* [u] *f* hoe; *****houer** [u'e] (1a) *v/t.* hoe.

*****houille** *🜨* [u:j] *f* coal; *fig.* ~ *blanche* water-power; *****houiller, -ère* *🜨* [u'je, ~'jɛːr] **1.** *adj.* coal-...; carboniferous; *production f* ~ère output of coal; **2.** *su./f* coal-mine, pit, colliery; *****houilleux, -euse* [u'jø, ~'jøːz] carboniferous, coal-bearing.

*****houle** [ul] *f* swell, surge, billows *pl.* *****houlette** [u'lɛt] *f* (shepherd's *etc.*) crook; *✐* trowel; *metall.* hand-ladle.

*****houleux, -euse** [u'lø, ~'løːz] swelling, surging (*a. fig.*), billowing; *⚓* rather rough (*sea*); *fig.* stormy (*meeting*).

*****houp!** [up] *int.* up!; off you go! *****houppe** [up] *f* *orn., a.* feathers, hair, wool: tuft; tassel, bob; pompom; orn., a. hair, tree: crest; (powder-)puff; hair: topknot; *houpper [u'pe] (1a) v/t. tuft; trim with tufts or pompoms; tex. comb (wool); *houppette [u'pɛt] f small tuft; powder-puff.

*hourra [u'ra] **1.** int. hurrah!; **2.** su./m: pousser des ~s cheer.

*houspiller [uspi'je] (1a) v/t. scold, tell (s.o.) off; rag (s.o.) (audience etc.); handle (s.o.) roughly.

*houssaie [u'sɛ] f holly-grove.

*housse [us] f furniture cover, Am. slip-cover; dust-sheet; horse-cloth; cost. (protective) bag; *housser [u'se] (1a) v/t. dust (furniture).

*houssine [u'sin] f furniture, riding: switch; *houssiner [usi'ne] (1a) v/t. switch.

*houssoir [u'swa:r] m featherduster; whisk.

*houx ⚓ [u] m holly.

*hoyau ✿ [wa'jo] m grubbing-hoe, mattock.

*hublot ⚓ [y'blo] m port-hole, scuttle; air-port; faux ~ dead-light.

*huche [yʃ] f kneading-trough; bin; ⊕ hopper.

*hue! [y] int. gee up!; a. to a horse: to the right!; fig. tirer à ~ et à dia pull in opposite directions.

*huée [y'e] f hunt. etc. hallooing; fig. boo, hoot; ~s pl. booing sg., jeers; *huer [y'e] (1a) v/t. boo or jeer (s.o.); v/i. hoot (owl).

*huguenot, e [yg'no, ~'nɔt] **1.** adj. eccl. Huguenot; **2.** su. eccl. Huguenot; su./f cuis. pipkin.

huilage [ɥi'la:ʒ] m oiling, lubrication; metall. oil-tempering; huile [ɥil] f oil; 🍴, ⚓ ~ de foie de morue cod-liver oil; ~ de graissage (de machine) lubricating (engine) oil; ~ minérale mineral oil, petroleum; ~ végétale vegetable oil; F les ~s pl. the big pots (= important people); eccl. les saintes ~s pl. extreme unction: the holy oil sg.; huiler [ɥi'le] (1a) v/t. oil, lubricate; fig. huilé working or running smoothly; huilerie [ɥil'ri] f oil-works usu. sg.; oil-store; huileux, -euse [ɥi'lø, ~'lø:z] oily, greasy; huilier [~'lje] m ⊕ oilcan; oil-merchant; cuis. oil-cruet; cruet-stand.

huis [ɥi] m † door; ⚖ à ~ clos in camera; F à ~ clos in private; ⚖

ordonner le *~ clos clear the court; huisserie ⚠ [ɥis'ri] f door-frame; huissier [ɥi'sje] m usher; ⚖ bailiff; process-server.

*huit [ɥit; before consonant ɥi] adj./ num., a. su./m/inv. eight; date, title: eighth; d'aujourd'hui en ~ today week; tous les ~ jours once a week; every week; *huité [ɥi'te] m octet; *huitaine [~'ten] f (about) eight; week; *huitième [~'tjɛm] **1.** adj./ num. eighth; **2.** su. eighth; su./m fraction: eighth; su./f secondary school: (approx.) second form.

huître [ɥi:tr] f oyster; F fig. ninny; huîtrier, -ère [ɥitri'e, ~'ɛ:r] **1.** adj. oyster-...; **2.** su./f oyster-bed.

*hulotte [y'lɔt] f brown owl, common wood-owl.

humain, e [y'mɛ̃, ~'mɛn] **1.** adj. human; humane; **2.** su./m: les ~s pl. mankind sg.; human beings; *humaniser [ymani'ze] (1a) v/t. humanize; s'~ become (more) human; fig. become more sociable; humanitaire [~'tɛ:r] adj., a. su. humanitarian; humanité [~'te] f humanity; kindness; mankind; ~s pl. classical studies, the humanities.

humble [œ̃:bl] humble; lowly; meek; ~ serviteur humble servant.

humecter [ymɛk'te] (1a) v/t. moisten, damp, wet; s'~ become moist.

*humer [y'me] (1a) v/t. breathe in (the air, a perfume); sip (tea, coffee); swallow (a raw egg).

humeur [y'mœ:r] f mood; disposition, temperament; temper; bad temper; ill humo(u)r; ⚕ ~s pl. body fluids; avec ~ crossly; peevishly; de bonne (mauvaise) ~ in a good (bad) mood; être or se sentir d'~ à faire qch. be in the mood to do or for doing s.th.; feel like doing s.th.

humide [y'mid] damp; humid; humidité [ymidi'te] f dampness; moisture; humidity.

humilier [ymi'lje] (1o) v/t. humiliate, humble; humilité [~li'te] f humility.

humoriste [ymɔ'rist] **1.** adj. humorous (writer); **2.** su. humorist; humoristique [~ris'tik] humorous.

humour [y'mu:r] m (sense of) humo(u)r.   [mo(u)ld.]

humus [y'mys] m humus, leaf]

*hune ⚓ [yn] f top; *hunier ⚓ [y'nje] m topsail.

huppe

*huppe [yp] *f orn.* hoopoe; *bird:* crest, tuft; ***huppé, e** [y'pe] *orn.* tufted, crested; F *fig.* smart; F *les gens m/pl. ~s* the swells.

*hure [y:r] *f* head (*usu. of boar*); *salmon:* jowl; *cuis.* brawn, *Am.* headcheese; *sl.* (ugly) head.

*hurlement [yrlə'mã] *m animal:* howl(ing); roar; bellow; ***hurler** [~'le] (1a) *v/i.* howl; roar; *v/t.* bawl out; ***hurleur, -euse** [~'lœ:r, ~'lø:z] **1.** *adj.* howling; **2.** *su.* howler; *su./m zo. monkey:* howler.

hurluberlu [yrlyber'ly] *m* scatterbrain; harum-scarum.

*hussard ✕ [y'sa:r] *m* hussar; ***hussarde** [y'sard] *f dance:* hussarde; *à la ~* cavalierly.

*hutte [yt] *f* hut, cabin, shanty.

hybride [i'brid] *adj., a. su./m* hybrid; **hybridité** [ibridi'te] *f* hybrid character, hybridity.

hydratation ♋ [idrata'sjɔ̃] *f* hydration; **hydrater** [~'te] (1a) *v/t.* hydrate, moisturize.

hydraulique [idro'lik] **1.** *adj.* hydraulic; water-...; **2.** *su./f* hydraulics *sg.*

hydravion [idra'vjɔ̃] *m* seaplane; *~ à coque* flying boat.

hydro... [idro] hydro...; water-...; **~carbure** ♋ [~kar'by:r] *m* hydrocarbon; **~céphalie** [~sefa'li] *f* hydrocephaly, F water on the brain; **~fuge** [~'fy:ʒ] waterproof; **~gène** ♋ [~'ʒɛn] *m* hydrogen; **~glisseur** [~gli'sœ:r] *m* hovercraft; **~mel** [~'mɛl] *m* hydromel; **~phile** [~'fil] absorbent (*cotton*); **~phobie** [~fɔ'bi] *f* rabies; **~pisie** ✻ [~pi'zi] *f* dropsy; **~thérapie** ✻ [~tera'pi] *f* hydrotherapy; water-cure.

hyène *zo.* [jɛn] *f* hyena.

hygiène [i'ʒjɛn] *f* hygiene; *admin.* health; **hygiénique** [iʒje'nik] hygienic, sanitary; healthy; *papier m ~* toilet paper; **hygiéniste** [~'nist] *su.* hygienist, authority on public health.

hygromètre *phys.* [igrɔ'mɛtr] *m* hygrometer; **hygrométricité** *phys.* [~metrisi'te] *f* humidity; humdity-absorption index.

hymen [i'mɛn] *m anat.* hymen; *poet.* = **hyménée** *poet.* [ime'ne] *m* marriage.

hymne [imn] *su./m* patriotic song; national anthem; *su./f eccl.* hymn.

hyper... [ipɛr] hyper...; **~bole** [~'bɔl] *f* ★ hyperbola; *gramm.* hyperbole; **~critique** [~kri'tik] hypercritical; **~métrope** ✻ [~me'trɔp] hypermetropic; long-sighted; **~tension** ✻ [~tã'sjɔ̃] *f* hypertension; *a. ~ artérielle* high blood pressure; **~trophie** ✻ [~trɔ'fi] *f* hypertrophy.

hypnose [ip'no:z] *f* hypnosis; trance; **hypnotiser** [ipnɔti'ze] (1a) *v/t.* hypnotize; **hypnotiseur** [~ti'zœ:r] *m* hypnotist; **hypnotisme** [~'tism] *m* hypnotism.

hypo... [ipo] hypo...; **~crisie** [~kri'zi] *f* hypocrisy; cant; **~crite** [~'krit] **1.** *adj.* hypocritical; **2.** *su.* hypocrite; **~thécaire** [~te'kɛːr] ... on mortgage; mortgage-...; *créancier m ~* mortgagee; **~thèque** [~'tɛk] *f* mortgage; *prendre* (*purger*) *une ~* raise (pay off *or* redeem) a mortgage; **~théquer** [~te'ke] (1f) *v/t.* mortgage; secure (*a debt*) by mortgage; **~thèse** [~'tɛ:z] *f* hypothesis; F theory.

hystérie ✻ [iste'ri] *f* hysteria; **hystérique** ✻ [~'rik] hysteric(al).

I

I, i [i] *m* I, i; *i grec* y.

ïambe [jã:b] *m* iambus; iambic; ∼s *pl.* satirical poem *sg.*; **ïambique** [jã- 'bik] iambic.

ibérique *geog.* [ibe'rik] Iberian, Spanish.

iceberg [is'bɛrg] *m* iceberg.

ichtyo... [iktjɔ] ichthyo..., fish-...; **∼colle** [∼'kɔl] *f* fish-glue, isinglass; **∼phage** [∼'fa:ʒ] **1.** fish-eating; **2.** *su.* ichthyophagist; **∼saure** [∼'sɔ:r] *m* ichthyosaurus.

ici [i'si] *adv.* here; now, at this point; *teleph.* ∼ *Jean* John speaking; ∼ *Londres radio:* London calling; this is London; *d'*∼ *(à) lundi* by Monday; *d'*∼ *(à) trois jours* within the next three days; *d'*∼ *demain* by tomorrow; *d'*∼ *là* by that time, by then; in the meantime; *d'*∼ *peu* before long; *jusqu'* ∼ *place:* as far as here; *time:* up to now; *par* ∼ here(abouts); this way; *près d'*∼ nearby; **∼bas** [isi'bɑ] *adv.* on earth, here below.

iconoclaste [ikɔnɔ'klast] **1.** *adj.* iconoclastic; **2.** *su.* iconoclast; **iconolâtrie** [∼la'tri] *f* image-worship.

icosaèdre 𝔸 [ikɔza'ɛ:dr] *m* icosahedron.

ictère 𝔰 [ik'tɛ:r] *m* jaundice; **ictérique** [∼te'rik] **1.** *adj.* jaundiced (*eyes, person*); icteric (*disorder*); **2.** *su.* sufferer from jaundice.

idéal, e, *m/pl.* **-als, -aux** [ide'al, ∼'o] **1.** *adj.* ideal; **2.** *su./m* ideal.

idée [i'de] *f* idea; notion; intention, purpose; mind, head; suggestion, hint; ∼ *fixe* fixed idea, obsession.

idem [i'dɛm] *adv.* idem; ditto.

identifier [idãti'fje] (1o) *v/t.* identify; *s'*∼ *à* identify o.s. with; **identique** [∼'tik] identical (with, *à*); **identité** [∼ti'te] *f* identity; *carte f d'*∼ identity card.

idéologie [ideɔlɔ'ʒi] *f* ideology (*a. pol.*).

idiomatique [idjɔma'tik] idiomatic; **idiome** [i'djo:m] *m* idiom; language.

idiot, e [i'djo, ∼'djɔt] **1.** 𝔰 idiot; *fig.* idiotic, absurd; **2.** *su.* 𝔰 idiot (*a. fig.*), imbecile; *fig.* fool; **idiotie** [idjɔ'si] *f* 𝔰 idiocy; *fig.* piece of nonsense; **idiotisme** [∼'tism] *m* idiom(atic expression).

idoine [i'dwan] appropriate.

idolâtre [idɔ'lɑ:tr] **1.** *adj.* idolatrous; *fig.* être ∼ *de* be passionately fond of, worship; **2.** *su./m* idolater; *su./f* idolatress; **idolâtrer** [∼la'tre] (1a) *v/i.* worship idols; *v/t. fig.* be passionately fond of, worship; **idolâtrie** [∼la'tri] *f* idolatry; **idole** [i'dɔl] *f* idol, image.

if ♣ [if] *m* yew (tree).

ignare [i'ɲa:r] **1.** *adj.* illiterate, ignorant; **2.** *su.* ignoramus.

igné, e [ig'ne] igneous; **ignicole** [igni'kɔl] **1.** *adj.* fire-worshipping; **2.** *su.* fire-worshipper; **ignifuge** [∼'fy:ʒ] **1.** *adj.* fireproof; non-inflammable; **2.** *su./m* fireproof(ing) material; **ignifuger** [∼fy'ʒe] (11) *v/t.* fireproof; **ignition** [∼'sjɔ̃] *f* ignition. [wretched.]

ignoble [i'nɔbl] ignoble, base; vile;ʃ

ignominie [iɲɔmi'ni] *f* ignominy, shame, disgrace; **ignominieux, -euse** [∼'njø, ∼'njø:z] ignominious, shameful, disgraceful.

ignorance [iɲɔ'rã:s] *f* ignorance; **ignorant, e** [∼'rã, ∼'rã:t] **1.** *adj.* ignorant (of, *de*), uneducated; **2.** *su.* ignoramus; **ignorer** [∼'re] (1a) *v/t.* be unaware of, not to know (about); *ne pas* ∼ *que* not to be unaware that (*ind.*), know quite well that (*ind.*).

il [il] **1.** *pron./pers./m* he, it, she (*ship etc.*); ∼*s pl.* they; **2.** *pron./impers.* it; there; *il est dix heures il* is 10 o'clock; *il vint deux hommes* two men came.

île [i:l] *f* island; isle.

illégal, e, *m/pl.* **-aux** [ille'gal, ∼'go] illegal, unlawful.

illégitime [illeʒi'tim] illegitimate (*child*); unlawful (*marriage*); *fig.* spurious; *fig.* unwarranted; **illégitimité** [∼timi'te] *f* illegitimacy.

illettré, e [ille'tre] illiterate, uneducated.

illicite [illi'sit] illicit; *sp.* foul.

illico F [illi'ko] *adv.* at once, straightaway.

illimité, e [illimi'te] unlimited.

illisible [illi'zibl] illegible; unreadable (*book*).

illogique [illɔ'ʒik] illogical.

illuminant, e [illymi'nɑ̃, ~'nɑ̃:t] illuminating; **illuminer** [~'ne] (1a) *v/t.* illuminate, flood-light (*buildings*); light up (*a. fig.*); *fig.* enlighten (*s.o.*).

illusion [illy'zjɔ̃] *f* illusion; delusion; **illusionner** [~zjɔ'ne] (1a) *v/t.* delude; deceive; **s'~** delude o.s.; **labo(u)r under a delusion; illusoire** [~'zwa:r] illusory.

illustration [illystra'sjɔ̃] *f* illustration; illustrating; † renown, illustriousness; **illustre** [~'lystr] illustrious, renowned, famous; **illustré** [illys'tre] *m* pictorial (paper), F magazine; **illustrer** [~] (1a) *v/t.* illustrate; † elucidate; **s'~** win fame.

îlot [i'lo] *m* islet, small island; *houses:* block.

ilote *hist.* [i'lɔt] *m* helot.

image, e [i'ma:ʒ] *f* image; picture; **imagé, e** [ima'ʒe] colo(u)rful (*style*); **imagerie** [imaʒ'ri] *f* imagery; **imaginable** [imaʒi'nabl] imaginable; **imaginaire** [~'nɛ:r] imaginary (*a. Å*); fictitious; **imaginatif, -ve** [~na'tif, ~'ti:v] imaginative; **imagination** [~na'sjɔ̃] *f* imagination; fancy; **imaginer** [~'ne] (1a) *v/t.* imagine, picture; think up; **s'~** imagine; imagine *or* picture o.s.

imbécile [ɛ̃be'sil] 1. *adj.* imbecile, half-witted; *fig.* idiotic; 2. *su.* imbecile; *fig.* idiot, F fat-head, *Am. sl.* nut; **imbécilité** [~sili'te] *f* imbecility; *fig.* stupidity; **~s** *pl.* nonsense *sg.*

imberbe [ɛ̃'bɛrb] beardless; F callow.

imbiber [ɛ̃bi'be] (1a) *v/t.* impregnate (with, de); **s'~** de soak up; become saturated with; F drink.

imbu, e [ɛ̃'by]: **~** de full of; steeped in.

imbuvable [ɛ̃by'vabl] undrinkable.

imitable [imi'tabl] imitable; worthy of imitation; **imitateur, -trice** [imita'tœ:r, ~'tris] 1. *adj.* imitative; 2. *su.* imitator; **imitatif, -ve** [~'tif,

~'ti:v] imitative; **imitation** [~'sjɔ̃] *f* imitation; *money:* counterfeiting; *signature:* forgery; *à l'~* de in imitation of; **imiter** [imi'te] (1a) *v/t.* imitate; copy.

immaculé, e [immaky'le] immaculate; unstained.

immanent, e *phls.* [imma'nɑ̃, ~'nɑ̃:t] immanent. [able.)

immangeable [ɛ̃mɑ̃'ʒabl] uneat-)

immanquable [ɛ̃mɑ̃'kabl] infallible, inevitable; which cannot be missed (*target etc.*).

immatériel, -elle [immate'rjɛl] immaterial; † intangible.

immatriculation [immatrikyla'sjɔ̃] *f* registration; *univ. etc.* enrolment, matriculation; *mot.* numéro d'~ registration (*Am.* license) number.

immaturité [immatyri'te] *f* immaturity.

immédiat, e [imme'dja, ~'djat] immediate; *dans l'~* for the moment.

immémorial, e, m/pl. -aux [immemɔ'rjal, ~'rjo] immemorial.

immense [im'mɑ̃:s] immense, huge, vast; *sl.* terrific (= *wonderful*); **immensité** [~mɑ̃si'te] *f* immensity; vastness.

immerger [immer'ʒe] (1l) *v/t.* immerse.

immérité, e [immeri'te] unmerited, undeserved.

immersion [immer'sjɔ̃] *f* immersion; ⚓ *submarine:* submergence; *astr.* occultation.

immeuble [im'mœbl] 1. *adj.* ⚖ real; 2. *su./m* ⚖ real estate, realty; † building, house; **~** tour tower block.

immigrant, e [immi'grɑ̃, ~'grɑ̃:t] *adj., a. su.* immigrant; **immigration** [~gra'sjɔ̃] *f* immigration; **immigré, m, e** *f* [immi'gre] immigrant; **immigrer** [~'gre] (1a) *v/i.* immigrate.

imminence [immi'nɑ̃:s] *f* imminence; **imminent, e** [~'nɑ̃, ~'nɑ̃:t] imminent, impending.

immiscer [immi'se] (1k) *v/t.:* **s'~** *dans* interfere with; **immixtion** [immik'sjɔ̃] *f* interference.

immobile [immɔ'bil] motionless, unmoving; *fig.* steadfast, unshaken; **immobilier, -ère** ⚖ [immɔbi'lje, ~'ljɛ:r] (real) estate (*agency, agent*); **immobiliser** [~li'ze] (1a) *v/t.* immobilize; fix in position; † tie up (*capital*); s'~ stop; come to a standstill; **immobilisme** [~'lism] *m* ultra-conservatism; **immobilité** [~li'te] *f* immobility.

immodéré, e [immɔde're] immoderate, excessive.

immodeste [immɔ'dɛst] immodest; shameless.

immoler [immɔ'le] (1a) *v/t.* sacrifice, immolate.

immonde [im'mɔ̃:d] filthy, foul; unclean (*animal, eccl. spirit*); **immondices** [~mɔ̃'dis] *f/pl.* rubbish *sg.*, refuse *sg.*, dirt *sg.*

immoral, e, *m/pl.* **-aux** [immɔ'ral, ~'ro] immoral; **immoralité** [~rali-'te] *f* immorality; immoral act.

immortaliser [immɔrtali'ze] (1a) *v/t.* immortalize; **immortalité** [~tali'te] *f* immortality; **immortel, -elle** [~'tɛl] **1.** *adj.* immortal; everlasting, imperishable; **2.** *su./f* ♀ everlasting flower; *su./m:* ♀s *pl.* immortals, F members of the Académie française. [vated.\]

immotivé, e [immɔti've] unmotivated.\]

immuable [im'mɥabl] unalterable, unchanging.

immuniser ♂ [immyni'ze] (1a) *v/t.* immunize; **immunité** [~'te] *f* immunity (from, *contre*); *admin.* exemption from tax.

immuno-dépresseur ♂ [immynɔdepre'sœːr] *m* immuno-suppressive drug.

immu(t)abilité [immɥabili'te, ~mytabili'te] *f* immutability, fixity.

impact [ɛ̃'pakt] *m* impact; effect.

impair, e [ɛ̃'pɛːr] **1.** *adj.* ♣ odd; *anat.* unpaired (*organ*), single (*bone*); 🀫 down (*line*); **2.** *su./m* F bloomer, blunder.

impalpable [ɛ̃pal'pabl] impalpable, intangible.

impardonnable [ɛ̃pardɔ'nabl] unpardonable; unforgivable.

imparfait, e [ɛ̃par'fɛ, ~'fɛt] **1.** *adj.* imperfect; unfinished; **2.** *su./m gramm.* imperfect (tense).

imparité [ɛ̃pari'te] *f* inequality; ♣ oddness.

impartial, e, *m/pl.* **-aux** [ɛ̃par'sjal, ~'sjo] impartial, unprejudiced, unbiassed.

impasse [ɛ̃'pɑːs] *f* dead end, blind alley; 'no through road'; *fig.* impasse, deadlock; ✝ (*a.* ~ *budgétaire*) budget deficit; *faire une* ~ *cards:*

finesse; *fig. faire l'*~ *sur qch.* neglect s.th. consciously.

impassibilité [ɛ̃pasibili'te] *f* impassiveness, impassibility; **impassible** [~'sibl] impassive, unmoved; unimpressionable.

impatience [ɛ̃pa'sjɑ̃:s] *f* impatience; **impatient, e** [~'sjɑ̃, ~'sjɑ̃:t] impatient; *eager* (to *inf.*, *de inf.*); **impatienter** [~sjɑ̃'te] (1a) *v/t.* irritate, annoy; s'~ lose patience; grow impatient.

impayable [ɛ̃pɛ'jabl] ✝ invaluable; F *fig.* screamingly funny; **impayé, e** ✝ [~'je] unpaid (*debt*); dishono(u)red (*bill*). [infallible.\]

impeccable [ɛ̃pɛk'kabl] impeccable;\]

impénétrable [ɛ̃pene'trabl] impenetrable (by, *à*); impervious (to, *à*); *fig.* inscrutable; close (*secret*).

impénitence [ɛ̃peni'tɑ̃:s] *f* impenitence; **impénitent, e** [~'tɑ̃, ~'tɑ̃:t] impenitent, unrepentant.

imper F [ɛ̃'pɛr] *m* (*abbr. of imperméable*) raincoat.

impératif, -ve [ɛ̃pera'tif, ~'tiːv] *adj.*, *a. su./m* imperative.

impératrice [ɛ̃pera'tris] *f* empress.

imperceptible [ɛ̃pɛrsep'tibl] imperceptible, undiscernible.

imperfection [ɛ̃pɛrfɛk'sjɔ̃] *f* imperfection; incompleteness; defect, flaw, fault; faultiness.

impérial, e, *m/pl.* **-aux** [ɛ̃pe'rjal, ~'rjo] **1.** *adj.* imperial; **2.** *su./f* top; *bus, tram:* top-deck, outside; *beard:* imperial; **impérialisme** [~rja-'lism] *m* imperialism; **impérieux, -euse** [~'rjø, ~'rjøːz] imperious; domineering; peremptory; urgent, pressing. [able, undying.\]

impérissable [ɛ̃peri'sabl] imperish-\]

imperméable [ɛ̃pɛrme'abl] **1.** *adj.* impermeable; watertight, waterproof; impervious (to, *à*); **2.** *su./m* rain-coat; waterproof.

impersonnel, -elle [ɛ̃pɛrsɔ'nɛl] impersonal.

impertinence [ɛ̃pɛrti'nɑ̃:s] *f* impertinence; rudeness, cheek; 🏛 irrelevance; **impertinent, e** [~'nɑ̃, ~'nɑ̃:t] **1.** *adj.* impertinent, cheeky, pert; 🏛 irrelevant; **2.** *su./m* impertinent fellow; *su./f* saucy girl.

imperturbable [ɛ̃pɛrtyr'babl] unruffled; imperturbable, phlegmatic.

impétrant, e 🏛 [ɛ̃pe'trɑ̃, ~'trɑ̃:t] *su.* grantee.

impétueux, -euse [ɛ̃peˈtɥø, ~ˈtɥøːz] impetuous; hot-headed, precipitate, impulsive; **impétuosité** [~tɥoziˈte] f impetuosity; impulsiveness.

impitoyable [ɛ̃pitwaˈjabl] pitiless (to[wards] à, envers); merciless; relentless.

implacable [ɛ̃plaˈkabl] implacable, unrelenting (towards à, à l'égard de, pour).

implanter [ɛ̃plɑ̃ˈte] (1a) v/t. plant; fig. implant; ✗ graft; s'~ take root.

implication [ɛ̃plikaˈsjɔ̃] f implication; phls. contradiction; ~s pl. consequences; **implicite** [~ˈsit] implicit; implied, tacit; **impliquer** [~ˈke] (1m) v/t. involve; imply; implicate.

implorer [ɛ̃plɔˈre] (1a) v/t. implore, beseech.

imploser [ɛ̃plɔˈze] (1a) v/i. implode; **implosion** [~ˈzjɔ̃] f implosion.

impoli, e [ɛ̃pɔˈli] impolite, discourteous; rude (to envers, avec); **impolitesse** [~liˈtɛs] f impoliteness, discourtesy; rudeness.

impolitique [ɛ̃pɔliˈtik] impolitic; ill-advised.

impondérable [ɛ̃pɔ̃deˈrabl] adj., a. su./m imponderable.

impopulaire [ɛ̃pɔpyˈlɛːr] unpopular; **impopularité** [~lariˈte] f unpopularity.

importance [ɛ̃pɔrˈtɑ̃ːs] f importance; size, extent; **important, e** [~ˈtɑ̃, ~ˈtɑ̃ːt] 1. adj. important; considerable, weighty; fig. pej. self-important, F bumptious; 2. su.: F faire l'~ give o.s. airs; su./m main thing, essential point.

importateur, -trice † [ɛ̃pɔrtaˈtœːr, ~ˈtris] 1. su. importer; 2. adj. importing; **importation** † [~ˈsjɔ̃] f importation; ~s pl. goods: imports.

importer[1] [ɛ̃pɔrˈte] (1a) v/t. † import; fig. introduce.

importer[2] [~] (1a) v/i. matter; be important; n'importe! it doesn't matter!; never mind!; n'importe quoi no matter what, anything; qu'importe? what does it matter?

importun, e [ɛ̃pɔrˈtœ̃, ~ˈtyn] 1. adj. importunate; tiresome; unwelcome; untimely (request); 2. su. person: nuisance; bore; **importunément** [ɛ̃pɔrtyneˈmɑ̃] adv. of importun 1; **importuner** [~ˈne] (1a) v/t. importune; bother, pester (with,

de); inconvenience; **importunité** [~niˈte] f importunity.

imposable [ɛ̃pɔˈzabl] taxable; **imposant, e** [~ˈzɑ̃, ~ˈzɑ̃ːt] imposing; commanding; **imposer** [~ˈze] (1a) v/t. prescribe, impose; force (an opinion, one's viewpoint) (upon, à); admin. tax, rate; eccl. lay on (hands); ~ du respect à q. fill s.o. with respect; ~ silence à q. enjoin silence on s.o.; s'~ assert o.s.; be essential; v/i.: en ~ à q. impress s.o.; en ~ be imposing; **imposition** [~ziˈsjɔ̃] f taxation; rating.

impossibilité [ɛ̃pɔsibiliˈte] f impossibility (a. = impossible thing); **impossible** [~ˈsibl] impossible; F fantastic.

imposteur [ɛ̃pɔsˈtœːr] m impostor; F sham; **imposture** [~ˈtyːr] f imposture; deception.

impôt [ɛ̃ˈpo] m tax, duty; taxation.

impotence [ɛ̃pɔˈtɑ̃ːs] f impotence; helplessness; **impotent, e** [~ˈtɑ̃, ~ˈtɑ̃ːt] 1. adj. impotent; crippled, helpless; 2. su. cripple, invalid.

impraticable [ɛ̃pratiˈkabl] impracticable; impassable (road); sp. unplayable (tennis court etc.).

imprécation [ɛ̃prekaˈsjɔ̃] f curse.

imprécis, e [ɛ̃preˈsi, ~ˈsiːz] vague; unprecise.

imprégner [ɛ̃preˈne] (1f) v/t. impregnate (a. fig.) (with, de).

imprenable ✗ [ɛ̃prəˈnabl] impregnable.

imprésario [ɛ̃presarˈjo] su. impresario.

imprescriptible 🕮 [ɛ̃preskripˈtibl] indefeasible.

impression [ɛ̃prɛˈsjɔ̃] f fig., a. book, seal: impression; tex., typ. book: printing; wind: pressure; footsteps: imprint; coins: stamping; (colour-)print; paint. priming; envoyer à l'~ send to press; **impressionnable** [ɛ̃presjɔˈnabl] impressionable; **impressionnant, e** [~ˈnɑ̃, ~ˈnɑ̃ːt] impressive; moving (sight, voice); stirring (news); **impressionner** [~ˈne] (1a) v/t. impress, affect, move; make an impression on; **impressionnisme** [~ˈnism] m impressionism; **impressionniste** [~ˈnist] su. impressionist.

imprévisible [ɛ̃previˈzibl] unforeseeable, unpredictable; **imprévision** [~ˈzjɔ̃] f lack of foresight; **imprévoyance** [ɛ̃prevwaˈjɑ̃ːs] f lack of foresight; improvidence; **imprévu, e** [~'vy] unforeseen, unexpected.

imprimé [ɛ̃pri'me] m printed paper or book; ~s pl. post: printed matter sg.; **imprimer** [~'me] (1a) v/t. typ., tex. print; impress (a seal); communicate, impart (a movement); paint. prime; **imprimerie** [ɛ̃prim'ri] f printing; printing-house; printing-press; **imprimeur** [ɛ̃pri'mœːr] m printer; **imprimeuse** [~'møːz] f (small) printing-machine.

improbable [ɛ̃prɔ'babl] improbable, unlikely; **improbateur, -trice** [~ba'tœːr, ~'tris] disapproving; **improbation** [~ba'sjɔ̃] f strong disapproval.

improbité [ɛ̃prɔbi'te] f dishonesty. **improductif, -ve** [ɛ̃prɔdyk'tif, ~'tiːv] unproductive; ✝ idle (assets, money).

impromptu [ɛ̃prɔ̃p'ty] 1. adj./inv. extempore (speech); impromptu, scratch (meal); 2. adv. without preparation, off the cuff; out of the blue; 3. su./m ♩ impromptu.

impropre [ɛ̃'prɔpr] wrong; unfit, unsuitable (for, à); **impropriété** [ɛ̃prɔprie'te] f impropriety; incorrectness.

improuvable [ɛ̃pru'vabl] unprovable.

improviser [ɛ̃prɔvi'ze] (1a) vt/i. improvise; v/i. speak extempore; F ad lib; **improviste** [~'vist] adv.: à l'~ unexpectedly, by surprise; without warning.

imprudence [ɛ̃pry'dɑ̃ːs] f imprudence; rashness; imprudent act; **imprudent, e** [~'dɑ̃, ~'dɑ̃ːt] imprudent, rash; unwise.

impudence [ɛ̃py'dɑ̃ːs] f impudence; effrontery; impudent act; **impudent, e** [~'dɑ̃, ~'dɑ̃ːt] 1. adj. impudent; 2. su. impudent person; **impudeur** [~'dœːr] f shamelessness; lewdness; effrontery; **impudicité** [~disi'te] f indecency; **impudique** [~'dik] indecent; shameless.

impuissance [ɛ̃pɥi'sɑ̃ːs] f powerlessness, helplessness; impotence (a. ✼); dans l'~ de (inf.) powerless to (inf.); **impuissant, e** [~'sɑ̃, ~'sɑ̃ːt] powerless, helpless; vain (effort); ✼ impotent.

impulsif, -ve [ɛ̃pyl'sif, ~'siːv] impulsive; **impulsion** [~'sjɔ̃] f ⚡, ⊕,

a. fig. impulse; F stimulus; fig. prompting; force f d'~ impulsive force.

impunément [ɛ̃pyne'mɑ̃] adv. with impunity; fig. harmlessly; **impuni, e** [~'ni] unpunished; **impunité** [~ni'te] f impunity.

impur, e [ɛ̃'pyːr] impure, tainted; unclean; **impureté** [ɛ̃pyr'te] f impurity, unchastity.

imputable [ɛ̃py'tabl] imputable, ascribable (to, à); ✝ chargeable (to, sur); **imputer** [~'te] (1a) v/t. impute, ascribe (to, à); ✝ ~ une somme à (or sur) un compte charge a sum to an account.

imputrescible [ɛ̃pytre'sibl] incorruptible; rot-proof.

inabordable [inabɔr'dabl] unapproachable, inaccessible; prohibitive (price).

inacceptable [inaksɛp'tabl] unacceptable.

inaccessible [inaksɛ'sibl] inaccessible; impervious (to, à) (flattery, light, rain).

inaccompli, e [inakɔ̃'pli] unaccomplished, unfulfilled.

inaccordable [inakɔr'dabl] ungrantable (favour).

inaccoutumé, e [inakuty'me] unaccustomed (to, à); unusual.

inachevé, e [inaʃ've] incomplete, unfinished.

inactif, -ve [inak'tif, ~'tiːv] inactive; idle (a. ✝ capital); ✝ dull (market); 🔬 inert; **inaction** [~'sjɔ̃] f inaction, idleness; ✝ dullness; **inactivité** [~tivi'te] f inactivity; ✝ dullness; 🔬 inertness.

inadapté, e [inadap'te] 1. adj. not adapted (to, à); maladjusted; 2. su. maladjusted person; misfit.

inadmissible [inadmi'sibl] inadmissible.

inadvertance [inadvɛr'tɑ̃ːs] f inadvertence, oversight; par ~ inadvertently. [able.]

inaliénable [inalje'nabl] inalien-⌋

inaltérable [inalte'rabl] unchanging, unvarying; which does not deteriorate.

inamovible [inamɔ'vibl] irremovable; for life (post); built in (furniture etc.); agencements m/pl. ~s fixtures.

inanimé, e [inani'me] inanimate, lifeless; unconscious.

inanité [inani'te] f futility; inane remark.

inanition [inani'sjɔ̃] f starvation.

inaperçu, e [inapɛr'sy] unnoticed.

inappréciable [inapre'sjabl] inappreciable (quantity); fig. invaluable.

inapte [i'napt] unfit (for, à); unsuited (to, à); incapable (of ger., de inf.); **inaptitude** [inapti'tyd] f inaptitude; unfitness (for, à).

inassouvi, e [inasu'vi] unappeased (hunger); unslaked, unquenched (thirst); fig. unsatisfied.

inattaquable [inata'kabl] unattackable; unassailable; irrefutable; irreproachable.

inattendu, e [inatɑ̃'dy] unexpected.

inattentif, -ve [inatɑ̃'tif, ~'tiːv] inattentive (to, à); heedless (of, à).

inaugurer [inogy're] (1a) v/t. inaugurate, open; unveil (a monument); fig. usher in (an epoch).

inavoué, e [ina'vwe] unacknowledged.

incalculable [ɛ̃kalky'labl] countless, incalculable.

incandescence [ɛ̃kɑ̃de'sɑ̃ːs] f incandescence, glow; ⚡ lampe f à ~ glow-lamp.

incapable [ɛ̃ka'pabl] incapable (of ger., de inf.); unfit (to inf., de inf.); **incapacité** [~pasi'te] f incapacity (a. ⚖); unfitness; incompetency.

incarcération [ɛ̃karsera'sjɔ̃] f incarceration, imprisonment; **incarcérer** [~'re] (1f) v/t. incarcerate, imprison.

incarnadin, e [ɛ̃karna'dɛ̃, ~'din] incarnadine, flesh-pink; **incarnat, e** [~'na, ~'nat] fleshcolo(u)red, rosy; **incarnation** [~na'sjɔ̃] f incarnation; fig. personification; ✦ nail: ingrowing; **incarné, e** [~'ne] incarnate; fig. personified; ✦ ingrowing (nail); **incarner** [~'ne] (1a) v/t. incarnate; fig. personify; s'~ grow in (nail).

incartade [ɛ̃kar'tad] f prank; freak; (verbal) outburst.

incassable [ɛ̃ka'sabl] unbreakable.

incendiaire [ɛ̃sɑ̃'djɛːr] 1. adj. incendiary (bomb); fig. inflammatory; 2. su. incendiary; fire-brand; **incendie** [~'di] m fire; ⚖ ~ volontaire arson; **incendié** m, e f [~'dje] person rendered homeless by fire; **incendier** [~'dje] (1o) v/t. set (s.th.) on fire, burn (s.th.).

incertain, e [ɛ̃sɛr'tɛ̃, ~'tɛn] uncertain, doubtful; unreliable; undecided (about, de) (person); unsettled (weather); **incertitude** [~ti'tyd] f uncertainty, doubt; result: inaccuracy; fig. indecision; unsettled state (of the weather).

incessamment [ɛ̃sɛsa'mɑ̃] adv. incessantly; at any moment; without delay, at once; **incessant, e** [~'sɑ̃, ~'sɑ̃ːt] ceaseless, unceasing, incessant.

inceste [ɛ̃'sɛst] 1. adj. incestuous; 2. su./m incest; su. see incestueux 2; **incestueux, -euse** [ɛ̃sɛs'tɥø, ~'tɥøːz] 1. adj. incestuous; 2. su. incestuous person.

inchiffrable [ɛ̃ʃi'frabl] immeasurable (wealth etc.); fig. invaluable.

incidemment [ɛ̃sida'mɑ̃] adv. of incident 1; **incidence** [~'dɑ̃ːs] f incidence; consequence, effect; **incident, e** [~'dɑ̃, ~'dɑ̃ːt] 1. adj. incidental; opt. incident; 2. su./m incident; occurrence; ⚖ point of law; fig. difficulty, hitch; ~ de parcours mishap, (minor) setback; ~ technique technical hitch.

incinération [ɛ̃sinera'sjɔ̃] f incineration; cremation; **incinérer** [~'re] (1f) v/t. incinerate; cremate.

inciser [ɛ̃si'ze] (1a) v/t. make an incision in, ✦ lance (an abscess); **incisif, -ve** [~'zif, ~'ziːv] 1. adj. incisive, cutting; dent f ~ve = 2. su./f tooth: incisor; **incision** [~'zjɔ̃] f incision; ✦ abscess: lancing.

inciter [ɛ̃si'te] (1a) v/t. incite; [instigate, urge (on).]

incivil, e [ɛ̃si'vil] uncivil, rude; **incivilité** [~vili'te] f incivility, rudeness; rude remark.

inclinaison [ɛ̃kline'zɔ̃] f incline, slope; ⚓ ship: list; ~ magnétique magnetic dip; **inclination** [~na'sjɔ̃] f inclination (a. fig.); body: bending; head: nod; fig. bent; **incliner** [~'ne] (1a) v/t. incline (a. fig.), slope; bend; nod (one's head); s'~ slant; bow; fig. yield (to, devant); ⚓ heel; ⚓ bank; v/i. incline (a. fig.); lean; ⚓ list.

inclure [ɛ̃'klyːr] (4g) v/t. include; letter: enclose; **inclus, e** [ɛ̃'kly, ~'klyːz] 1. adj. enclosed; la lettre ci-~e enclosed letter; **inclusif, -ve** [ɛ̃kly'zif, ~'ziːv] inclusive.

incognito [ɛ̃kɔɲi'to] adv., a. su./m incognito.

incohérent, e [ɛko̯eˈrɑ̃, ~ˈrɑ̃:t] incoherent (a. phys.), rambling.

incolore [ɛkoˈlɔ:r] colo(u)rless (a. fig.); fig. insipid.

incomber [ɛko̯ˈbe] (1a) v/i.: ~ à be incumbent upon; devolve upon.

incombustible [ɛko̯bysˈtibl] incombustible, fireproof.

incommensurable [ɛko̯mɑ̃syˈrabl] incommensurable; irrational (root); incommensurate; fig. enormous, huge.

incommode [ɛko̯ˈmɔd] inconvenient; uncomfortable; troublesome; unwieldy (object); **incommodément** [ɛko̯modeˈmɑ̃] adv. inconveniently, uncomfortably; **incommoder** [~ˈde] (1a) v/t. inconvenience, hinder; disturb, trouble; food etc.: disagree with (s.o.); **incommodité** [~diˈte] f inconvenience; discomfort; awkwardness.

incomparable [ɛko̯paˈrabl] incomparable, unrivalled.

incompatible [ɛko̯paˈtibl] incompatible.

incomplet, -ète [ɛko̯ˈplɛ, ~ˈplɛt] incomplete, unfinished.

incompréhensible [ɛko̯preɑ̃ˈsibl] incomprehensible; **incompréhensif, -ve** [~ˈsif, ~ˈsi:v] uncomprehending; unwilling or unable to understand; **incompréhension** [~sjõ] f incomprehension; unwillingness or inability to understand.

incompris, e [ɛko̯ˈpri, ~ˈpri:z] misunderstood; unappreciated.

inconcevable [ɛko̯səˈvabl] unimaginable, unthinkable.

inconciliable [ɛko̯siˈljabl] irreconcilable.

inconditionnel, -le [ɛko̯disjɔˈnɛl] unconditional, unreserved; unquestioning.

inconduite [ɛko̯ˈdɥit] f misbehavio(u)r; loose living; ₤₤ misconduct.

incongelable [ɛko̯ʒˈlabl] unfreezable; non-freezing.

incongru, e [ɛko̯ˈgry] incongruous; improper, unseemly; **incongruité** [~grɥiˈte] f incongruity; unseemliness; **incongrûment** [~gryˈmɑ̃] adv. of incongru.

inconnu, e [ɛko̯ˈny] **1.** adj. unknown (to à, de); **2.** su. unknown, stranger; su./f ₳ unknown (quantity).

inconscience [ɛko̯ˈsjɑ̃:s] f uncon-

sciousness; ignorance (of, de); **inconscient, e** [~ˈsjɑ̃, ~ˈsjɑ̃:t] **1.** adj. unconscious; **2.** su. unconscious person; su./m psych. the unconscious.

inconséquence [ɛko̯seˈkɑ̃:s] f inconsequence, inconsistency; thoughtlessness.

inconsidéré, e [ɛko̯sideˈre] inconsiderate (person); rash, ill-considered.

inconsistant, e [ɛko̯sisˈtɑ̃, ~ˈtɑ̃:t] unsubstantial; loose (ground); soft (mud); fig. inconsistent.

inconsolable [ɛko̯soˈlabl] unconsolable; disconsolate (person).

inconstance [ɛko̯sˈtɑ̃:s] f inconstancy, fickleness; changeableness (of weather); biol. variability; **inconstant, e** [~ˈtɑ̃, ~ˈtɑ̃:t] inconstant, fickle; changeable (weather); biol. variable.

inconstitutionnel, -elle [ɛko̯stitysjɔˈnɛl] unconstitutional.

incontestable [ɛko̯tesˈtabl] indisputable, unquestionable, beyond (all) question; **incontesté, e** [~ˈte] undisputed.

incontinence [ɛko̯tiˈnɑ̃:s] f incontinence (a. ♨); **incontinent, e** [~ˈnɑ̃, ~ˈnɑ̃:t] **1.** adj. incontinent; unchaste; **2.** incontinent adv. † forthwith.

inconvenance [ɛko̯vˈnɑ̃:s] f unsuitableness; impropriety; indecency; **inconvénient** [ɛko̯veˈnjɑ̃] m disadvantage, drawback; inconvenience; fig. objection; si vous n'y voyez pas d'~ if you dont mind, if you have no objections.

inconvertible [ɛko̯verˈtibl] inconvertible (a. ♱); **inconvertissable** [~tiˈsabl] fig. incorrigible; past praying for; ♱ inconvertible.

incorporation [ɛko̯rpora'sjõ] f incorporation; × enrolment; **incorporel, -elle** [~ˈrɛl] incorporeal; ₤₤ intangible (property); **incorporer** [~ˈre] (1a) v/t. incorporate; mix (with à, avec, dans); × draft (men).

incorrect, e [ɛko̯ˈrɛkt] incorrect; wrong; inaccurate; indecorous; **incorrection** [~rɛkˈsjõ] f incorrectness; error; wrong act; indecorousness.

incorrigible [ɛko̯riˈʒibl] incorrigible; fig. F hopeless. [ruptible.↓

incorruptible [ɛko̯rypˈtibl] incor-↓

incrédibilité [ɛ̃kredibili'te] f incredibility; **incrédule** [ˌˈdyl] **1.** adj. incredulous; sceptical (about, of à l'égard de); eccl. unbelieving; **2.** su. eccl. unbeliever; **incrédulité** [ˌdyli'te] f incredulity; eccl. unbelief.

incrimination [ɛ̃krimina'sjɔ̃] f (in-)crimination; indictment; charge; **incriminer** [ˌˈne] (1a) v/t. accuse, charge; fig. impeach (s.o.'s conduct).

incrochetable [ɛ̃krɔʃ'tabl] burglarproof.

incroyable [ɛ̃krwa'jabl] **1.** adj. incredible; **2.** su./m hist. beau; **incroyance** [ˌˈjɑ̃:s] f unbelief; **incroyant, e** [ˌˈjɑ̃, ˌˈjɑ̃:t] **1.** adj. unbelieving; **2.** su. unbeliever.

incrustation [ɛ̃krysta'sjɔ̃] f incrustation; ⊕ inlaid work; ⊕ boiler: fur(ring); **incruster** [ˌˈte] (1a) v/t. incrust; ⊕ inlay (with, de); ⚠ line; form a crust on; fig. s'~ become ingrained (in the mind); outstay one's welcome.

incubateur [ɛ̃kyba'tœːr] m incubator; **incubation** [ˌˈsjɔ̃] f eggs, a. ⚕: incubation; hens: sitting.

incube [ɛ̃'kyb] m incubus, nightmare.

inculper [ɛ̃kyl'pe] (1a) v/t. charge, indict.

inculquer [ɛ̃kyl'ke] (1m) v/t. inculcate, instil (into, à).

inculte [ɛ̃'kylt] uncultivated, wild; waste (land); fig. rough; fig. unkempt (hair).

incunable [ɛ̃ky'nabl] m early printed book; ~s pl. incunabula.

incurable [ɛ̃ky'rabl] adj., a. su. incurable; **incurie** [ˌˈri] f carelessness, negligence.

incursion [ɛ̃kyr'sjɔ̃] f inroad, foray, raid; fig. excursion (into, dans).

indébrouillable [ɛ̃debru'jabl] impossible to disentangle; fig. inextricable.

indécence [ɛ̃de'sɑ̃:s] f indecency; **indécent, e** [ˌˈsɑ̃, ˌˈsɑ̃:t] indecent; improper.

indéchiffrable [ɛ̃deʃi'frabl] undecipherable; fig. illegible; fig. unintelligible.

indécis, e [ɛ̃de'si, ˌˈsi:z] undecided; irresolute; blurred, vague (outline etc.); indecisive (battle, victory); **indécision** [ˌsi'zjɔ̃] f indecision; uncertainty.

indéfini, e [ɛ̃defi'ni] indefinite; un-

defined; **indéfinissable** [ˌni'sabl] indefinable; nondescript.

indéfrisable [ɛ̃defri'zabl] f permanent wave.

indélébile [ɛ̃dele'bil] indelible; kissproof (lipstick).

indélibéré, e [ɛ̃delibe're] unconsidered.

indélicat, e [ɛ̃deli'ka, ˌˈkat] indelicate, coarse; tactless (act); dishonest.

indémaillable [ɛ̃demaˈjabl] ladderproof, non-run (stocking).

indemne [ɛ̃'demn] undamaged; uninjured; without loss; free (from, de); **indemnisation** [ɛ̃demniza'sjɔ̃] f indemnification; **indemniser** [ˌˈze] (1a) v/t. indemnify, compensate (for, de); **indemnité** [ˌˈte] f indemnity; compensation; allowance; ~ de déplacement travel allowance; ~ de maladie sick pay; ~ journalière daily allowance.

indéniable [ɛ̃de'njabl] undeniable.

indépendamment [ɛ̃depɑ̃da'mɑ̃] adv. of indépendant; **indépendance** [ˌˈdɑ̃:s] f independence (of de, à l'égard de); **indépendant, e** [ˌˈdɑ̃, ˌˈdɑ̃:t] independent (of, de); free (from, de); self-contained (flat etc.). [ineradicable.]

indéracinable fig. [ɛ̃derasi'nabl]]

indéréglable [ɛ̃dere'glabl] foolproof (machine etc.).

indescriptible [ɛ̃deskrip'tibl] indescribable (F a. fig.).

indestructible [ɛ̃destryk'tibl] indestructible.

indéterminé, e [ɛ̃determi'ne] undetermined; indeterminate (🅐, a. fig.).

index [ɛ̃'dɛks] m forefinger, index (finger); book: index; pointer; eccl. the Index; fig. black list; mettre à l'~ blacklist.

indicateur, -trice [ɛ̃dika'tœːr, ˌˈtris] **1.** adj. indicatory; ~ de indicating (s.th.); **2.** su./m ⊕ indicator, ga(u)ge, pointer; 🚂 guide, time-table; directory (of streets etc.); informer, police spy; ~ de pression pressurega(u)ge; mot. ~ de vitesse speedometer; **indicatif, -ve** [ˌˈtif, ˌˈtiːv] **1.** adj. indicative; **2.** su./m radio etc.: station-signal; signature-tune; 📻 call sign; gramm. indicative; **indication** [ˌˈsjɔ̃] f indication; information; sign, token; mark; 🚆

declaration; ~s *pl.* ⚔ *etc.* instructions; ⊕ particulars; *thea.* ~s *pl.* scéniques stage-directions.

indice [ɛ̃'dis] *m* indication, sign; *opt.*; ♃ index; *fig.* clue; rating, grading; ~ de popularité popularity rating.

indicible [ɛ̃di'sibl] unspeakable; unutterable; *fig.* indescribable.

indien, -enne [ɛ̃'djɛ̃, ~'djɛn] **1.** *adj.* Indian; **2.** *su.* ♀ Indian; *su./f tex.* printed calico; *tex.* chintz.

indifférence [ɛ̃dife'rɑ̃:s] *f* indifference, apathy (towards, *pour*); **indifférent, e** [~'rɑ̃, ~'rɑ̃:t] indifferent (*a.* ♍) (to, *à*); unaffected (by, *à*); unconcerned; ♍ neutral (*salt etc.*); unimportant. *[fig.)*

indigence [ɛ̃di'ʒɑ̃:s] *f* poverty (*a.*)

indigène [ɛ̃di'ʒɛn] **1.** *adj.* indigenous (to, *à*); native; ♣ homegrown; **2.** *su.* native.

indigent, e [ɛ̃di'ʒɑ̃, ~'ʒɑ̃:t] **1.** *adj.* poor, needy; **2.** *su.* pauper; *su./m:* les ~s *pl.* the poor.

indigeste [ɛ̃di'ʒɛst] indigestible; stodgy (*a. fig.*); **indigestion** ⚔ [~ʒɛs'tjɔ̃] *f* indigestion; F *fig.* avoir une ~ de be fed up with.

indignation [ɛ̃diɲa'sjɔ̃] *f* indignation.

indigne [ɛ̃'diɲ] unworthy (of, *de*; to *inf.*, *de inf.*).

indigner [ɛ̃di'ɲe] (1a) *v/t.* make (*s.o.*) indignant; s'~ be indignant (with, at *contre*, *de*).

indignité [ɛ̃diɲi'te] *f* unworthiness; vileness; indignity.

indigo [ɛ̃di'go] *m* indigo.

indiquer [ɛ̃di'ke] (1m) *v/t.* indicate; point out; recommend; *fig.* show; fix.

indirect, e [ɛ̃di'rɛkt] indirect; *pej.* underhand; ⚖ circumstantial; ⚡ éclairage *m* ~ concealed lighting.

indiscipliné, e [ɛ̃disipli'ne] undisciplined; unmanageable; unruly; out of hand.

indiscret, -ète [ɛ̃dis'krɛ, ~'krɛt] indiscreet; tactless; prying (*look*).

indiscutable [ɛ̃disky'tabl] indisputable, unquestionable.

indispensable [ɛ̃dispɑ̃'sabl] **1.** *adj.* indispensable (to, for *à*); essential; unavoidable; **2.** *su./m* the necessary.

indisponible [ɛ̃dispo'nibl] unavailable; ⚖ inalienable.

indisposé, e [ɛ̃dispo'ze] unwell, indisposed; **indisposer** [~'ze] (1a) *v/t.*

make (*s.o.*) unwell; *fig.* antagonize, irritate, annoy; *fig.* ~ *q. contre* make s.o. hostile to; **indisposition** [~zi'sjɔ̃] *f* indisposition; upset.

indisputable [ɛ̃dispy'tabl] unquestionable.

indissociable [ɛ̃diso'sjabl] inseparable.

indissoluble [ɛ̃diso'lybl] ♐ insoluble; *fig.* indissoluble.

indistinct, e [ɛ̃dis'tɛ̃(:kt), ~'tɛ̃:kt] indistinct; faint; dim, hazy.

individu [ɛ̃divi'dy] *m* individual (*a. pej.*); **individualiser** [~dɥali'ze] (1a) *v/t.* particularize; individualize; **individualiste** [~dɥa'list] **1.** *adj.* individualistic; **2.** *su.* individualist; **invididualité** [~dɥali'te] *f* individuality; **individuel, -elle** [~'dɥɛl] individual, personal, private; separate.

indivis, e ⚖ [ɛ̃di'vi, ~'vi:z] joint; *par* ~ jointly; **indivisible** [~vi'zibl] indivisible; ⚖ joint.

indocile [ɛ̃do'sil] unmanageable, intractable; **indocilité** [~sili'te] *f* intractability.

indolence [ɛ̃do'lɑ̃:s] *f* ♐, *a. fig.* indolence; sloth; **indolent, e** [~'lɑ̃, ~'lɑ̃:t] **1.** ♐, *a. fig.* indolent; *fig.* apathetic; *fig.* sluggish; **2.** *su.* idler.

indolore ♐ [ɛ̃do'lɔ:r] painless.

indomptable [ɛ̃dɔ̃'tabl] inconquerable; *fig.* indomitable; uncontrollable.

indu, e [ɛ̃'dy] undue (*haste*); unseasonable (*remark*); *à une heure* ~e at some ungodly hour.

indubitable [ɛ̃dybi'tabl] unquestionable, undeniable.

inductance [ɛ̃dyk'tɑ̃:s] *f* inductance; **inducteur, -trice** ⚡ [~'tœ:r, ~'tris] **1.** *adj.* inducing (*current*); inductive (*capacity*); **2.** *su./m* inductor; field-magnet; **induction** ⚡, *phls.* [~'sjɔ̃] *f* induction.

induire [ɛ̃'dɥi:r] (4h) *v/t.* infer, induce; *fig.* lead (into, *à*); ~ *q. en erreur* mislead s.o.; **induit** [ɛ̃'dɥi] **1.** *adj./m* induced; **2.** *su./m* ⚡ induced circuit; armature.

indulgence [ɛ̃dyl'ʒɑ̃:s] *f* indulgence (*a. eccl.*); forbearance; **indulgent, e** [~'ʒɑ̃, ~'ʒɑ̃:t] *adj.*: ~ *pour* indulgent to, lenient with.

indûment [ɛ̃dy'mɑ̃] *adv.* unduly; improperly.

industrialiser [ɛ̃dystriali'ze] (1a)

v/t. industrialize; **industrie** [ˑ'tri] *f* industry; trade, manufacture; *fig.* activity; † *fig.* skill, ingenuity; ∿-*clef* key-industry; ∿ *minière* mining industry; *co. exercer sa coupable ∿* practise one's disreputable trade; **industriel, -elle** [ˑtri'ɛl] **1.** *adj.* industrial; **2.** *su./m* manufacturer; industrialist; **industrieux, -euse** [ˑtri'ø, ∿'ø:z] industrious, busy; skil(l)ful.

inébranlable [inebrɑ̃'labl] unshakable.

inédit, e [ine'di, ∿'dit] unpublished; novel, new; original.

ineffable [ine'tabl] ineffable, beyond expression.

inefficace [inɛfi'kas] ineffective; unavailing; **inefficacité** [ˑkasi'te] *f* inefficacy; ineffectiveness.

inégal, e, *m/pl.* **-aux** [ine'gal, ∿'go] unequal; irregular (*pulse etc.*); uneven (*ground, temper*); changeable (*moods, wind*); **inégalité** [ˑgali'te] *f* inequality (*a.* Ⓐ); irregularity; unevenness.

inéligible [ineli'ʒibl] ineligible.

inéluctable [inelyk'tabl] inescapable.

inemployé, e [inɑ̃plwa'je] unemployed; not made use of.

inepte [i'nɛpt] inept, fatuous, stupid; **ineptie** [inɛp'si] *f* ineptitude; stupidity, ineptness.

inépuisable [inepɥi'zabl] inexhaustible.

inerte [i'nɛrt] inert (*mass, a.* 🜍); inactive (🜍, *a.* mind); *fig.* sluggish; *fig.* passive (*resistance*); **inertie** [inɛr'si] *f phys. etc., a. fig.* inertia; *fig.* listlessness; *fig.* passive resistance; *force f* d'∿ inertia, vis inertiae.

inespéré, e [inɛspe're] unhoped-for, unexpected.

inestimable [inɛsti'mabl] invaluable; without price.

inévitable [inevi'tabl] inevitable; unavoidable.

inexact, e [inɛg'zakt] inexact; inaccurate; unpunctual; **inexactitude** [ˑzakti'tyd] *f* inexactitude; inaccuracy; unpunctuality.

inexcusable [inɛksky'zabl] inexcusable.

inexistant, e [inɛgzis'tɑ̃, ∿'tɑ̃:t] nonexistent.

inexorable [inɛgzɔ'rabl] inexorable, unrelenting.

inexpérience [inɛkspe'rjɑ̃:s] *f* lack of experience; **inexpérimenté, e** [ˑrimɑ̃'te] unskilled (*worker*); untested, untried; inexperienced (*person*).

inexplicable [inɛkspli'kabl] inexplicable.

inexploré, e [inɛksplɔ're] unexplored.

inexprimable [inɛkspri'mabl] inexpressible; unspeakable (*pleasure etc.*).

inexpugnable [inɛkspyg'nabl] impregnable.

inextinguible [inɛkstɛ̃'gɥibl] inextinguishable (*fire*); unquenchable; *fig.* uncontrollable.

inextirpable [inɛkstir'pabl] ineradicable.

inextricable [inɛkstri'kabl] inextricable.

infaillible [ɛ̃faj'ibl] infallible.

infaisable [ɛ̃fə'zabl] unfeasible; impracticable.

infamant, e [ɛ̃fa'mɑ̃, ∿'mɑ̃:t] defamatory; ignominious; **infâme** [ɛ̃'fa:m] infamous; vile (*deed, quarter, slum*); foul (*behaviour, deed*); **infamie** [ɛ̃fa'mi] *f* infamy, dishono(u)r; vile deed *or* thing; ∿s *pl.* abuse *sg.*, infamous accusations.

infant [ɛ̃'fɑ̃] *m* infante; **infante** [ɛ̃'fɑ̃:t] *f* infanta; **infanterie** ✕ [ɛ̃fɑ̃'tri] *f* infantry; **infanticide** [ˑti'sid] **1.** *adj.* infanticidal; **2.** *su. person:* infanticide; *su./m crime:* infanticide; **infantile** [ˑ'til] infantile (*disease, mortality*); *fig.* childish; **infantiliser** *psych.* [ɛ̃fɛk'te] (1a) *v/t.* make infantile.

infarctus 🜪 [ɛ̃fark'tys] *m* infarct(ion); ∿ *du myocarde* coronary (thrombosis).

infatigable [ɛ̃fati'gabl] indefatigable, untiring.

infatuer [ɛ̃fa'tɥe] (1n) *v/t.* infatuate; *s'*∿ *de* become infatuated with.

infécond, e [ɛ̃fe'kɔ̃, ∿'kɔ̃:d] barren; *fig.* unfruitful.

infect, e [ɛ̃'fɛkt] stinking; noisome (*smell*); filthy (*book, a. fig. lie, weather*); **infecter** [ɛ̃fɛk'te] (1a) *v/t.* infect; pollute; stink of; **infection** [ˑ'sjɔ̃] *f* infection; stench.

inférer [ɛ̃fe're] (1f) *v/t.* infer (from, de).

inférieur, e [ɛ̃fe'rjœːr] **1.** *adj.* inferior; lower; ∿ *à* below; **2.** *su.* inferior; subordinate; **inférioriser** [~rjɔri'ze] (1a) v/t. regard as inferior; **infériorité** [~rjɔri'te] f inferiority; complexe m d'~ inferiority complex.

infernal, e, m/pl. **-aux** [ɛfɛr'nal, ~'no] infernal (a. fig.); fig. devilish; ✶ pierre f ~e lunar caustic.

infertile [ɛfɛr'til] infertile, barren.

infestation [ɛfɛsta'sjɔ̃] f infestation; **infester** [~'te] (1a) v/t. infest (with, de) (a. fig.).

infidèle [ɛfi'dɛl] **1.** adj. unfaithful; inaccurate; infidel; unbelieving; **2.** su. unbeliever; infidel; **infidélité** [~deli'te] f infidelity (to, envers); unfaithfulness; inaccuracy; unbelief.

infiltration [ɛfiltra'sjɔ̃] f infiltration (a. ✶); **infiltrer** [~'tre] (1a) v/t.: s'~ infiltrate (a. ✕, a. ✶); filter in, seep in (a. fig.).

infime [ɛ'fim] lowly; lowest; least; minute, tiny.

infini, e [ɛfi'ni] **1.** adj. infinite; endless; **2.** su./m infinity; the infinite; à l'~ endless(ly); **infiniment** [~ni'mɑ̃] adv. infinitely; F extremely; **infinité** [~ni'te] f A etc. infinity; fig. host.

infirme [ɛ'firm] **1.** adj. infirm; disabled, crippled; fig. weak; **2.** su. invalid; cripple; **infirmer** [ɛfir'me] (1a) v/t. fig. weaken; disprove; ✞ quash; **infirmerie** [~mə'ri] f infirmary; sick-room; ⚓ sick-bay; **infirmier** [~'mje] m (hospital-)attendant; male nurse; ✕ medical orderly; ambulance man; **infirmière** [~'mjɛ:r] f nurse; **infirmité** [~mi'te] f infirmity; disability; fig. weakness.

inflammable [ɛfla'mabl] inflammable, Am. a. flammable; easily set on fire (a. fig.); **inflammation** [~ma'sjɔ̃] f inflammation (a. ✶); ignition; **inflammatoire** [~ma'twa:r] inflammatory.

inflation ✝ etc. [ɛfla'sjɔ̃] inflation.

infléchir [ɛfle'ʃi:r] (2a) v/t. bend, inflect; **infléchissement** [~ʃis'mɑ̃] m modification.

inflexible [ɛflɛk'sibl] inflexible; **inflexion** [~'sjɔ̃] f inflection, inflexion (a. A, opt., gramm.); voice: modulation; body: bow.

infliger [ɛfli'ʒe] (1l) v/t. inflict.

inflorescence ♀ [ɛflɔrɛ'sɑ̃:s] f inflorescence.

influence [ɛfly'ɑ̃:s] f influence; **influencer** [~ɑ̃'se] (1k) v/t. influence; **influent, e** [~'ɑ̃, ~'ɑ̃:t] influential; **influer** [~'e] (1a) v/i.: ~ sur influence. [inv. folio.\

in-folio typ. [ɛfɔ'ljo] m/inv., a. adj./\

informaticien [ɛfɔrmati'sjɛ̃] m computer scientist.

information [ɛfɔrma'sjɔ̃] f information; inquiry; ~s pl. radio: news (-bulletin) sg.; newscast sg.

informatique [ɛfɔrma'tik] f computer science; data processing; **informatisation** [~tiza'sjɔ̃] f computerization; **informatiser** [~ti'ze] (1a) v/t. computerize.

informe [ɛ'fɔrm] unformed; shapeless, unshapely; ✞ irregular, informal.

informel, -le [ɛfɔr'mɛl] informal; casual.

informer [ɛfɔr'me] (1a) v/t. inform, notify; s'~ inquire (about, de; of, from auprès de); v/i.: ✞ ~ contre inform against; ~ de, ~ sur investigate, inquire into.

infortune [ɛfɔr'tyn] f misfortune; adversity; **infortuné, e** [~ty'ne] unfortunate, unlucky.

infraction [ɛfrak'sjɔ̃] f infraction; right, treaty, etc.: infringement; ✞ offence; duty, peace: breach (of, à).

infranchissable [ɛfrɑ̃ʃi'sabl] impassable; fig. insuperable (difficulty).

infrarouge [ɛfra'ru:ʒ] infra-red.

infrastructure [ɛfrastryk'ty:r] f infrastructure; ✵ ground organization; ⊕ etc. substructure.

infroissabilité tex. [ɛfrwasabili'te] f crease-resistance; **infroissable** tex. [~'sabl] uncreasable.

infructueux, -euse [ɛfryk'tɥø, ~'tɥø:z] unfruitful, barren; fig. unavailing, fruitless.

infus, e [ɛ'fy, ~'fy:z] fig. innate, intuitive; avoir la science ~e know things by intuition; **infuser** [ɛfy'ze] (1a) v/t. infuse (a. fig. life), brew (tea); v/i. infuse; draw (tea); **infusible** [~'zibl] non-fusible; **infusion** [~'zjɔ̃] f infusion; herb tea; **infusoires** [~'zwa:r] m/pl. infusoria.

ingambe [ɛ'gɑ̃:b] active, nimble.

ingénier [ɛʒe'nje] (1o) v/t.: s'~ à tax one's ingenuity to, F go all out to; **ingénieur** [~'njœ:r] m engineer; ~ de l'État Government civil engineer; ~ du son radio: sound engineer, Am. sound man; ~ mécanicien mechanical engineer; **ingénieux, -euse** [~'njø, ~'njø:z] ingenious; clever; **ingéniosité** [~njozi'te] f ingenuity; cleverness.

ingénu, e [ɛ̃ʒe'ny] **1.** adj. ingenuous, artless, unsophisticated; **2.** su. artless person; su./f thea. ingénue; **ingénuité** [~nɥi'te] f artlessness, ingenuousness.

ingérence [ɛ̃ʒe'rɑ̃:s] f interference; **ingérer** [~'re] (1f) v/t. ingest; F consume (a meal); s'~ dans interfere in, meddle in.

ingrat, e [ɛ̃'gra, ~'grat] ungrateful (to[wards], envers; for, à); thankless (task); unpleasant (work); unpromising; ♬, fig. unproductive; âge m ~ awkward age; **ingratitude** [ɛ̃grati'tyd] f ingratitude; thanklessness; ♬, fig. unproductiveness.

ingrédient [ɛ̃gre'djɑ̃] m ingredient.

inguérissable [ɛ̃geri'sabl] incurable.

ingurgiter [ɛ̃gyrʒi'te] (1a) v/t. ♬ ingurgitate; F swallow.

inhabile [ina'bil] unskilful, inexpert; ♬ incompetent; **inhabileté** [~bil'te] f lack of skill (in, à); clumsiness; **inhabilité** ♬ [~bili'te] f incapacity, disability; incompetency.

inhabitable [inabi'tabl] uninhabitable; **inhabité, e** [~'te] uninhabited; untenanted (house).

inhalateur ♬ [inala'tœ:r] m inhaler; (oxygen-)breathing apparatus; **inhaler** ♬ [~'le] (1a) v/t. inhale.

inhérence [ine'rɑ̃:s] f inherence (in, à); **inhérent, e** [~'rɑ̃, ~'rɑ̃:t] inherent (in, à); intrinsic.

inhiber [ini'be] (1a) v/t. physiol., psych. inhibit; ♬ prohibit; **inhibition** [~bi'sjɔ̃] f ♬ prohibition; physiol., psych. inhibition.

inhospitalier, -ère [inɔspita'lje, ~'lje:r] inhospitable.

inhumain, e [iny'mɛ̃, ~'mɛn] inhuman; cruel. [inter.]

inhumer [iny'me] (1a) v/t. bury,[

inimaginable [inimaʒi'nabl] unimaginable.

inimitable [inimi'tabl] inimitable.

inimitié [inimi'tje] f hostility (a. fig.); enmity.

ininflammable [inɛ̃fla'mabl] noninflammable, uninflammable.

inintelligence [inɛ̃teli'ʒɑ̃:s] f lack of intelligence; **inintelligent, e** [~'ʒɑ̃, ~'ʒɑ̃:t] unintelligent; obtuse; **inintelligible** [~'ʒibl] unintelligible.

inique [i'nik] iniquitous; **iniquité** [iniki'te] f iniquity (a. eccl., a. fig.).

initial, e, m/pl. **-aux** [ini'sjal, ~'sjo] adj., a. su./f initial; adj. a. starting...; first; **initiateur, -trice** [~sja'tœ:r, ~'tris] **1.** adj. initiatory; initiation...; **2.** su. initiator; originator; **initiatique** [~sja'tik] initiatory (rite etc.); **initiative** [~sja'ti:v] f initiative; **initier** [~'sje] (1o) v/t. initiate (a. fig.).

injecter [ɛ̃ʒɛk'te] (1a) v/t. inject (with de, avec); impregnate (wood); injecté de sang bloodshot (eye); s'~ become bloodshot (eye); **injection** [~'sjɔ̃] f ♬, ⊕ injection; wood: impregnation.

injonction ♬ [ɛ̃ʒɔ̃k'sjɔ̃] f injunction; order.

injure [ɛ̃'ʒy:r] f insult; ravages pl. (of time); † wrong, injury, ♬ tort; ~s pl. abuse sg.; **injurier** [ɛ̃ʒy'rje] (1o) v/t. insult, abuse; call (s.o.) names; **injurieux, -euse** [~'rjø, ~'rjø:z] insulting, abusive (towards, pour); † ♬ tortious.

injuste [ɛ̃'ʒyst] **1.** adj. unjust, unfair (to, envers); unrighteous (person); **2.** su./m wrong; **injustice** [ɛ̃ʒys'tis] f injustice, unfairness; **injustifiable** [~ti'fjabl] unwarrantable, unjustifiable.

inlassable [ɛ̃la'sabl] tireless; fig. untiring.

inné, e [in'ne] innate.

innocemment [inɔsa'mɑ̃] adv. of innocent 1; **innocence** [~'sɑ̃:s] f innocence; **innocent, e** [~'sɑ̃, ~'sɑ̃:t] **1.** adj. innocent; simple, artless; **2.** su. simple or artless person; **innocenter** [~sɑ̃'te] (1a) v/t. clear (s.o.) (of, de), prove (s.o.) innocent; justify. [ness.]

innocuité [innɔkɥi'te] f harmless-[

innombrable [innɔ̃'brabl] innumerable, countless.

innovation [innɔva'sjɔ̃] f innovation; **innover** [~'ve] (1a) vt/i. innovate; v/i. introduce innovations (in, en); break new ground.

inoccupé, e [inɔky'pe] unoccupied; vacant; unemployed; idle (person).

in-octavo typ. [inɔkta'vo] m/inv., a. adj./inv. octavo.

inoculer [inɔkyˈle] (1a) v/t. ✍, a. fig. inoculate, infect (s.o. with s.th., qch. à q.).

inodore [inɔˈdɔːr] odo(u)rless; ♀ scentless.

inoffensif, -ve [inɔfɑ̃ˈsif, ˌ'siːv] inoffensive; harmless.

inondation [inɔ̃daˈsjɔ̃] f inundation; flood; fig. deluge; **inonder** [ˌ'de] (1a) v/t. inundate; flood (a. ✝); fig. deluge (with, de); F soak.

inopérant, e [inɔpeˈrɑ̃, ˌ'rɑ̃ːt] inoperative.

inopiné, e [inɔpiˈne] unforeseen, sudden.

inopportun, e [inɔpɔrˈtœ̃, ˌ'tyn] inopportune; untimely; **inopportunément** [ˌtyneˈmɑ̃] adv. of inopportun.

inorganisation [inɔrganizaˈsjɔ̃] f disorganization, lack of organization.

inoubliable [inubliˈabl] unforgettable.

inouï, e [iˈnwi] unheard of; extraordinary.

inoxydable [inɔksiˈdabl] rust-proof; rustless; stainless (steel).

inqualifiable [ɛ̃kaliˈfjabl] beyond words; fig. indescribable; fig. scandalous.

in-quarto typ. [ɛ̃kwarˈto] m/inv., a. adj./inv. quarto.

inquiet, -ète [ɛ̃ˈkjɛ, ˌ'kjɛt] restless; uneasy; anxious; **inquiétant, e** [ɛ̃kjeˈtɑ̃, ˌ'tɑ̃ːt] alarming, disturbing; fig. disquieting; **inquiéter** [ˌ'te] (1f) v/t. alarm, disturb; make (s.o.) uneasy; s'~ worry (about, de); **inquiétude** [ˌ'tyd] f disquiet; uneasiness, anxiety; restlessness.

insaisissable [ɛ̃sezeˈsabl] unseizable; elusive; imperceptible (difference, sound, etc.); ⚖ not attachable.

insalissable [ɛ̃saliˈsabl] dirt-proof.

insalubre [ɛ̃saˈlybr] unhealthy; insanitary; **insalubrité** [ˌlybriˈte] f unhealthiness; insanitary condition.

insanité [ɛ̃saniˈte] f insanity; fig. nonsense.

insatiable [ɛ̃saˈsjabl] insatiable.

insciemment [ɛ̃sjaˈmɑ̃] adv. unconsciously.

inscription [ɛ̃skripˈsjɔ̃] f inscription; registration, enrolment; univ. matriculation; ✝ script; ⚓ maritime seaboard conscription; **inscrire** [ˌ'kriːr] (4q) v/t. inscribe,

write down; register; enroll; s'~ register.

inscrutable [ɛ̃skryˈtabl] inscrutable.

insecte [ɛ̃ˈsɛkt] m insect, Am. F bug; **insecticide** [ɛ̃sɛktiˈsid] 1. adj. insecticidal; poudre f ~ insect-powder; 2. su./m insecticide; pesticide; **insectivore** zo. [ˌ'vɔːr] 1. su./m insectivore; 2. adj. insectivorous.

insécuriser [ɛ̃sekyriˈze] (1a) v/t. make (s.o.) feel unsure or uncertain, give (s.o.) a feeling of insecurity.

insensé, e [ɛ̃sɑ̃ˈse] 1. adj. mad (a. fig.); fig. senseless; fig. crazy (idea, plan); 2. su./m madman; su./f madwoman.

insensibilisation ✍ [ɛ̃sɑ̃sibilizaˈsjɔ̃] f an(a)esthetization; **insensibiliser** ✍ [ˌ'ze] (1a) v/t. an(a)esthetize; **insensibilité** [ˌ'te] f insensibility (a. fig.); insensitiveness; callousness, indifference; **insensible** [ɛ̃sɑ̃ˈsibl] insensible; insensitive; indifferent; imperceptible (difference).

inséparable [ɛ̃sepaˈrabl] 1. adj. inseparable; 2. su. inseparable companion; su./m orn. ~s love-birds.

insérer [ɛ̃seˈre] (1f) v/t. insert; **insertion** [ɛ̃serˈsjɔ̃] f insertion.

insidieux, -euse [ɛ̃siˈdjø, ˌ'djøːz] insidious (a. ✍ disease); crafty (person).

insigne[1] [ɛ̃ˈsiɲ] distinguished (by, for par); signal (favour); pej. notorious; glaring.

insigne[2] [ˌ] m ✕, sp., etc. badge; ~s pl. insignia; ~s pl. de la royauté royal insignia.

insignifiant, e [ɛ̃siɲiˈfjɑ̃, ˌ'fjɑ̃ːt] insignificant; trifling; trivial.

insinuer [ɛ̃siˈnɥe] (1n) v/t. insinuate (a. fig.); ✍ insert (a probe etc.); s'~ insinuate o.s.; worm one's way (into, dans).

insipide [ɛ̃siˈpid] insipid; tasteless (food); fig. dull, uninteresting; **insipidité** [ˌpidiˈte] f food: tastelessness, lack of taste; fig. insipidity, dullness; tameness.

insistance [ɛ̃sisˈtɑ̃ːs] f insistence (on ger., à inf.); avec ~ insistently; **insister** [ˌ'te] (1a) v/i. insist (on ger. à, pour inf.); ~ sur stress; persist in.

insociable [ɛ̃sɔˈsjabl] unsociable.

insolation [ɛ̃sɔlaˈsjɔ̃] f ✍ sunstroke; sun-bathing; phot. daylight printing.

insolence [ɛ̃sɔˈlɑ̃ːs] f insolence; impertinence; impudence; **insolent, e** [ɛ̃sɔ'lɑ̃, ~'lɑ̃:t] insolent, impertinent; overbearing.

insoler [ɛ̃sɔ'le] (1a) v/t. expose (s.th.) to the sun; phot. print by daylight.

insolite [ɛ̃sɔ'lit] unusual; strange (a. fig.).

insoluble [ɛ̃sɔ'lybl] insoluble (a. fig.).

insolvable † [ɛ̃sɔl'vabl] insolvent.

insomnie [ɛ̃sɔm'ni] f insomnia, sleeplessness.

insondable [ɛ̃sɔ̃'dabl] unsoundable (sea); fig. unfathomable.

insonorisé, e [ɛ̃sɔnɔri'ze] soundproof(ed); **insonoriser** [~] (1a) v/t. soundproof.

insouciance [ɛ̃su'sjɑ̃:s] f unconcern; jauntiness; carelessness; **insouciant, e** [~'sjɑ̃, ~'sjɑ̃:t] unconcerned, carefree, jaunty; thoughtless; **insoucieux, -euse** [~'sjø, ~'sjø:z] carefree; unconcerned (about, de).

insoumis, e [ɛ̃su'mi, ~'mi:z] **1.** adj. unsubdued; unruly, refractory; insubordinate; ✗ absent; **2.** su./m ✗ absentee.

insoutenable [ɛ̃sut'nabl] untenable, indefensible; unbearable (pain).

inspecter [ɛ̃spɛk'te] (1a) v/t. ✗ etc. inspect; ✝ examine (accounts); **inspecteur** [~'tœ:r] m factory, mines, police, school, sanitary, taxes: inspector; works: overseer; ✝ examiner; shop-walker, Am. floorwalker; **inspection** [~'sjɔ̃] f inspection; examination; inspectorate; ✗ muster parade.

inspiration [ɛ̃spira'sjɔ̃] f inspiration (a. fig.); **inspirer** [~'re] (1a) v/t. inspire (s.o. with s.th., qch. à q.) (a. fig.); fig. prompt (to inf., de inf.).

instabilité [ɛ̃stabili'te] f instability (a.fig.); **instable** [~'tabl] unstable; fig. unreliable.

installation [ɛ̃stala'sjɔ̃] f installation; setting (in); moving in, setting up house or shop; putting in; ⊕ equipment; ⊕ plant; ⊕ ~ d'aérage ventilation plant; **installer** [~'le] (1a) v/t. install; put in or up; ⊕ etc. fit up; fit out; furnish (a house); ✝ establish, settle; s'~ settle down; settle in; set up house or shop.

instamment [ɛ̃sta'mɑ̃] adv. earnestly; urgently.

instance [ɛ̃s'tɑ̃:s] f admin., ✝✝ authority; ✝✝ (legal) proceedings pl.; ~s

pl. entreaties; en ~ de on the point of;

instant, e [~'tɑ̃, ~'tɑ̃:t] **1.** adj. pressing; imminent; **2.** su./m moment, instant; à l'~ just now; immediately; **instantané, e** [~tɑ̃ta'ne] **1.** adj. instantaneous; instant (coffee etc.); **2.** su./m phot. snapshot; **instantanéité** [~tɑ̃tanei'te] f instantaneousness.

instar [ɛ̃s'ta:r] m: à l'~ de after the manner of, like.

instauration [ɛ̃stɔra'sjɔ̃] f founding; establishment; **instaurer** [~'re] (1a) v/t. found; establish.

instigateur m, -trice f [ɛ̃stiga'tœ:r, ~'tris] instigator (of, de); inciter (to, de); **instigation** [~'sjɔ̃] f instigation.

instiller [ɛ̃sti'le] (1a) v/t. instil (a. fig.), drop (liquid in the eye).

instinct [ɛ̃s'tɛ̃] m instinct; d'~, par ~ instinctively; **instinctif, -ve** [~tɛk'tif, ~'ti:v] instinctive.

instituer [ɛ̃sti'tɥe] (1n) v/t. institute; establish; admin., a. ✝✝ appoint (an heir etc.); **institut** [~'ty] m institute; eccl. order; eccl. rule; **instituteur, -trice** [~ty'tœ:r, ~'tris] su. schoolteacher; **institution** [~ty'sjɔ̃] f institution; institutionnaliser [~tysjɔnali'ze] (1a) v/t. institutionalize.

instructeur [ɛ̃stryk'tœ:r] **1.** su./m instructor (a. ✗), teacher; **2.** adj./m: ✝✝ juge m ~ examining magistrate; **instructif, -ve** [~'tif, ~'ti:v] instructive; **instruction** [~'sjɔ̃] f instruction; education; ✗ training (of troops); ✝✝ preliminary investigation, judicial inquiry; ~s pl. instructions, directions; ~ civique civics sg.; ~ publique state education; avoir de l'~ be well educated; **instruire** [ɛ̃s'trɥi:r] (4h) v/t. inform; educate, teach; ✗ train (troops etc.); ✗ drill (troops); ✝✝ investigate; **instruit, e** [ɛ̃s'trɥi, ~'trɥit] educated, learned.

instrument [ɛ̃stry'mɑ̃] m instrument (a. ♪, ♪, ✝✝), tool (a. fig.); ✝✝ deed; **instrumenter** [~mɑ̃'te] (1a) v/t. ♪ score; v/i. ✝✝ draw up a document; ~ contre order proceedings to be taken against.

insu [ɛ̃'sy] m: à l'~ de without the knowledge of, unknown to.

insubmersible [ɛ̃sybmɛr'sibl] unsinkable.

insubordination [ɛ̃sybɔrdina'sjɔ̃] f insubordination; **insubordonné, e** [~dɔ'ne] insubordinate.

insuccès [ɛ̃syk'sɛ] *m* failure.

insuffisance [ɛ̃syfi'zɑ̃:s] *f* insufficiency; *fig.* unsatisfactoriness; **insuffisant, e** [~'zɑ̃, ~'zɑ̃:t] insufficient; inadequate; *fig.* incompetent.

insuffler [ɛ̃sy'fle] (1a) *v/t.* inflate (*a balloon etc.*); ⚕ spray (*one's throat*); *fig.* inspire (s.o. with s.th., *qch. à q.*).

insulaire [ɛ̃sy'lɛ:r] **1.** *adj.* insular; **2.** *su.* islander.

insuline ⚕ [ɛ̃sy'lin] *f* insulin.

insulte [ɛ̃'sylt] *f* insult; **insulter** [ɛ̃syl'te] (1a) *v/t.* insult; *v/i.*: † ~ à abuse, revile; be an insult to.

insupportable [ɛ̃sypɔr'tabl] unbearable; insufferable (*person*); intolerable; F aggravating.

insurgé, e [ɛ̃syr'ʒe] *adj., a. su.* insurgent, rebel; **insurger** [~] (1l) *v/t.*: s'~ revolt, rebel (against, *contre*).

insurmontable [ɛ̃syrmɔ̃'tabl] insurmountable, insuperable.

insurrection [ɛ̃syrɛk'sjɔ̃] *f* insurrection, rebellion, rising.

intact, e [ɛ̃'takt] intact; undamaged; untouched; *fig.* unblemished (*reputation*).

intarissable [ɛ̃tari'sabl] inexhaustible; never-failing; long-winded (*talker*).

intégral, e [ɛ̃te'gral, ~'gro] **1.** *adj.* integral (*a.* 🄐), full, complete; **2.** *su./f* 🄐 integral; *music etc.*: complete works *pl.* or series; **3.** *su./m* crash helmet; **intégralement** [~gral'mɑ̃] fully, in full; **intégrant, e** [~grɑ̃, ~'grɑ̃:t] integral (*part etc.*); **intégration** [~gra'sjɔ̃] *f* integration; **intègre** [ɛ̃'tɛgr] upright, honest; incorruptible; **intégrer** [ɛ̃te'gre] (1f) *v/t.* integrate; **intégrité** [ɛ̃tegri'te] *f* integrity.

intellect [ɛ̃tɛl'lɛkt] *m* intellect; **intellectuel, -elle** [~lɛk'tɥɛl] *adj., a. su.* intellectual.

intelligence [ɛ̃telli'ʒɑ̃:s] *f* intelligence; understanding; d'~ avec in agreement or collusion with; en bonne (*mauvaise*) ~ on good (bad) terms; **intelligent, e** [~'ʒɑ̃, ~'ʒɑ̃:t] intelligent; clever; **intelligible** [~'ʒibl] intelligible; *fig.* distinct.

intempérance [ɛ̃tɑ̃pe'rɑ̃:s] *f* intemperance; **intempérant, e** [~'rɑ̃, ~'rɑ̃:t] intemperate; **intempérie** [~'ri] *f* weather: inclemency; ~s *pl.* bad weather *sg.*

intempestif, -ve [ɛ̃tɑ̃pɛs'tif, ~'ti:v] untimely, unseasonable.

intendance [ɛ̃tɑ̃'dɑ̃:s] *f* intendance; stewardship; ✗ Commissariat; *pol.* (*approx.*) domestic affairs *pl.*; **intendant** [~'dɑ̃] *m* intendant; steward; ✗ Commissariat officer; ⚓ paymaster; *school:* bursar.

intense [ɛ̃'tɑ̃:s] intense; severe (*cold, pain*); powerful; deep (*colour*); ⚡ strong (*current*); heavy (*flow*); high (*fever*); bitter (*cold*); **intensif, -ive** [ɛ̃tɑ̃'sif, ~'i:v] intensive; **intensifier** [ɛ̃tɑ̃si'fje] (1o. *a.* s'~) intensify; **intensité** [ɛ̃tɑ̃si'te] *f* intensity; severity; strength; *light:* brilliance; *colour:* depth, richness; *cold:* bitterness; *wind:* force.

intenter 🄳 [ɛ̃tɑ̃'te] (1a) *v/t.* bring (*an action*); institute (*proceedings*).

intention [ɛ̃tɑ̃'sjɔ̃] *f* intention; aim, purpose; à ton~ for you; **intentionné, e** [~sjɔ'ne] ...-disposed; ...-intentioned; bien ~ well-intentioned, well-meaning; **intentionnel, -elle** [~sjɔ'nɛl] intentional, wilful.

inter... [ɛ̃tɛr] inter...; **~agir** [~a'ʒi:r] (2a) *v/i.* interact; **~allié, e** *pol.* [~a'lje] interallied; **~calaire** [~ka-'lɛ:r] intercalated; intercalary (*day etc.*); **~caler** [~ka'le] (1a) *v/t.* intercalate; insert; ⚡ cut in; **~céder** [~se-'de] (1f) *v/i.* intercede (on s.o.'s behalf, *pour q.*; with s.o., *auprès de q.*); **~cepter** [~sɛp'te] (1a) *v/t.* intercept; ⊕ shut off (*steam*); **~ception** [~sɛp'sjɔ̃] *f* interception; ⊕ *steam:* shutting off; **~cesseur** [~sɛ'sœ:r] *m* intercessor; **~cession** [~se'sjɔ̃] *f* intercession; **~changeable** [~ʃɑ̃'ʒabl] interchangeable; **~continental, e** *m/pl.* -aux [~kɔ̃tinɑ̃'tal, ~'to] intercontinental (*a.* ✗ *missile*); **~dépendance** [~depɑ̃'dɑ̃:s] *f* interdependence; **~diction** [~dik'sjɔ̃] *f* interdiction; **~dire** [~'di:r] (4p) *v/t.* prohibit, forbid; *fig.* bewilder, dumbfound; *eccl.* (lay under an) interdict; *admin.* suspend; **~disciplinaire** [~disipli'nɛ:r] interdisciplinary; **~dit, e** [~'di, ~'dit] **1.** *adj.* forbidden; bewildered, perplexed, taken aback; **2.** *su./m* eccl. interdict.

intéressé, e [ɛ̃terɛ'se] **1.** *adj.* interested; selfish; **2.** *su.* interested party; **interessement** † [~rɛs'mɑ̃] *m* (workers') profit-sharing (scheme); **intéresser** [~rɛ'se] (1b) *v/t.* interest; concern; s'~ take an interest (in, à); **intérêt** [~'rɛ] *m* interest (*a.* ✝); advantage; *par* ~ out of selfishness; ✝ à ~ *fixe* fixed-interest; *sans* ~ uninteresting; ✝ interest-free.

interférence *phys., fig.* [ɛ̃tɛrfe'rã:s] *f* interference (*a. radio*).

interfolier [ɛ̃tɛrfɔ'lje] (1o) *v/t.* interleave (*a book*).

intérieur, e [ɛ̃te'rjœ:r] **1.** *adj.* interior, inner; inward; *geog., a.* ♣ inland...; *admin., pol.* domestic, home...; ♣ interior, inside; home; *sp.* inside; *d'~* domestic; domesticated (*person*).

intérim [ɛ̃te'rim] *m/inv.* interim; *par* ~ *adj.* interim; *adv.* temporarily; **intérimaire** [~ri'mɛ:r] **1.** *adj.* temporary, acting; **2.** *su.* locum tenens; deputy; ✝ temp.

inter...: **~jection** [ɛ̃tɛrʒɛk'sjɔ̃] *f* interjection; ✝ᵗⁱ *d'appel* lodging of an appeal; **~jeter** [~ʒə'te] (1c) *v/t.* interject; ✝ᵗⁱ *appel* appeal; **~ligne** [~'liɲ] *su./m* space (between two lines); *su./f typ.* lead; **~ligner** [~li'ɲe] (1a) *v/t.* interline; *typ.* lead out; **~linéaire** [~line'ɛ:r] interlinear; **~locuteur** *m*, **-trice** *f* [~lɔky'tœ:r, ~'tris] interlocutor; *conversation:* speaker; questioner; ~ *valable pol. etc.* valid representative; *fig.* worthy opponent; **~lope** [~'lɔp] **1.** *adj.* ✝ illegal, dishonest; *fig.* shady, dubious; **2.** *su./m* smuggler; blockade-runner; **~loquer** *fig.* [~lɔ'ke] (1m) *v/t.* disconcert, nonplus; **~mède** [~'mɛd] *m* medium; *thea.* interlude; **~médiaire** [~me'djɛ:r] **1.** *adj.* intermediate; ✝ middleman's ...; ⊕ *arbre m* ~ countershaft; **2.** *su./m* intermediary, go-between; medium; ✝ middleman; agent; *par l'*~ *de* through (the medium of).

interminable [ɛ̃tɛrmi'nabl] never-ending, interminable.

intermittence [ɛ̃tɛrmi'tã:s] *f* intermittence; *par* ~ intermittently; **intermittent, e** [~'tã, ~'tã:t] intermittent (*a.* ✝ *fever*); ✝ irregular (*pulse*); ✝ make-and-break (*current*).

internat [ɛ̃tɛr'na] *m* living-in; boarding-school; ✝ post of assistant house-physician *or* house-surgeon, *Am.* internship; *coll.* boarders *pl.*

international, e *m/pl.* **-aux** [ɛ̃tɛrnasjɔ'nal, ~'no] **1.** *adj.* international; **2.** *su. sp.* international; *su./f* Inter-

national (Working Men's Association); *song:* Internationale.

interne [ɛ̃'tɛrn] **1.** *adj.* internal; inner; municipal (*law*); ♣ interior (*angle*); resident; **2.** *su. school:* boarder; ✝ resident medical student in a hospital; **internement** [ɛ̃tɛrnə'mã] *m admin.* internment; *lunatic:* confinement; **interner** [~'ne] (1a) *v/t.* intern; shut up, confine (*a lunatic*).

inter...: **~pellateur** *m*, **-trice** *f* [ɛ̃tɛrpela'tœ:r, ~'tris] interpellator; **~pellation** [~pela'sjɔ̃] *f* peremptory question(ing); interruption; ✝ challenge; *parl.* interpellation; **~peller** [~pɛ'le] (1a) *v/t.* interpellate; ✝ *etc.* challenge; ✝ᵗⁱ *etc.* call upon (*s.o.*) to answer; **~phone** [~'fɔn] *m* intercom; **~planétaire** [~plane'tɛ:r] interplanetary; **~polateur** *m*, **-trice** *f* [~pɔla'tœ:r, ~'tris] interpolator; **~polation** [~pɔla'sjɔ̃] *f* interpolation; **~poler** [~pɔ'le] (1a) *v/t.* interpolate; **~poser** [~pɔ'ze] (1a) *v/t.* interpose; ✝ᵗⁱ *personne f interposée* intermediary; third party fraudulently hold out as a principal; *par* ... *interposé* through ..., by ..., with the help of ...; *s'*~ interpose *or* place o.s. (between, *entre*); **~position** [~pozi'sjɔ̃] *f* interposition; *fig.* intervention; ✝ᵗⁱ *de personnes* fraudulent holding out of a third party as principal; **~prétation** [~preta'sjɔ̃] *f* interpreting; interpretation (*a. thea.*, ♪, *etc.*); explanation; **~prète** [~'prɛt] *su.* interpreter; *fig.* exponent; **~préter** [~pre'te] (1f) *v/t.* interpret; expound; read (*a signal*); *mal* ~ misconstrue; **~professionnel, -elle** [~prɔfɛsjɔ'nɛl] (*salaries*) in comparable professions; **~rogateur, -trice** [ɛ̃tɛrɔga'tœ:r, ~'tris] **1.** *adj.* interrogative; questioning; **2.** *su.* questioner; interrogator; *school:* examiner; **~rogatif, -ive** *gramm.* [~rɔga'tif, ~'ti:v] *adj., a. su./m* interrogative; **~rogation** [~rɔga'sjɔ̃] *f* interrogation; question; questioning; *point m d'*~ question-mark; **~rogatoire** [~rɔga'twa:r] *m* ✝ᵗⁱ interrogatory, examination (*of an accused*); ✝ questioning; **~roger** [~rɔ'ʒe] (1l) *v/t.* interrogate, question *or* examine; *fig.* consult; **~rompre** [~'rɔ̃:pr] (4a) *v/t.* interrupt; break (*a. journey, a.* ♪); suspend, stop, cut short; ⊕ shut off (*steam*); **~rupteur, -trice** [~ryp-

'tœːr, ~'tris] **1.** *adj.* interrupting; **2.** *su.* interruptor; *su./m* ∮ switch, circuit breaker; **~ruption** [~ryp'sjɔ̃] *f* interruption; stopping; *communications:* severing; *work:* stopping; ∮ *current:* breaking; ⊕ *steam:* shutting off; *sans* ~ without a break; **~section** [~sɛk'sjɔ̃] *f* Ⓐ *etc.* intersection; *track, road:* crossing; **~stellaire** [~ste'lɛːr] interstellar; **~stice** [~tɛrs'tis] *m* interstice; chink; **~urbain, e** [~tɛryr-'bɛ̃, ~'bɛn] interurban; *teleph. pol.* trunk(-*call*, -*line*, *etc.*); **~valle** [~'val] *m* interval (*a.* ♪); space, gap; *time:* period; ∮ clearance; *dans l'~* in the meantime; *par* ~s off and on, at intervals; **~venir** [~və'niːr] (2h) *v/i.* intervene, interfere; *fig.* occur, happen; **~vention** [~vɑ̃'sjɔ̃] *f* intervention (*a.* ♪); interference; ∮ operation; ∮ ~ *chirurgicale* surgical intervention; **~vertir** [~vɛr'tiːr] (2a) *v/t.* invert (*an order, a.* Ⓐ); **~view** [~'vju] *f* interview(ing); **~viewer 1.** (1a) *v/t.* [~ju've] interview; *interviewé(e)* interviewee; **2.** *su./m* [~vju'vœːr] interviewer.

intestin, e [ɛ̃tɛs'tɛ̃, ~'tin] **1.** *adj.* internal; civil (*war*); **2.** *su./m anat.* intestine, bowel, gut; ~ *grêle* small intestine; *gros* ~ large intestine; **intestinal, e**, *m/pl.* **-aux** [~ti'nal, ~'no] intestinal.

intimation [ɛ̃tima'sjɔ̃] *f* intimation; *admin.* notice; ⚖ notice of appeal; **intime** [ɛ̃'tim] **1.** *adj.* intimate, close; inner; private; **2.** *su./m* intimate; **intimer** [ɛ̃ti'me] (1a) *v/t.* intimate; notify; ⚖ summons (*s.o.*) to appear before the Court of Appeal.

intimider [ɛ̃timi'de] (1a) *v/t.* intimidate; frighten; threaten; F bully.

intimité [ɛ̃timi'te] *f* intimacy, privacy; *fig.* depths *pl.*; *dans l'~* privately, in private life; in privacy.

intitulé [ɛ̃tity'le] *m book etc.*: title; *chapter:* heading; *deed:* premises *pl.*; **intituler** [~] (1a) *v/t.* entitle, call.

intolérable [ɛ̃tɔle'rabl] intolerable, unbearable; **intolérance** [~'rãːs] *f* intolerance; **intolérant, e** [~'rã, ~'rãːt] intolerant.

intonation [ɛ̃tɔna'sjɔ̃] *f speech:* intonation; *voice:* modulation, pitch.

intoxication ∮ [ɛ̃tɔksika'sjɔ̃] *f* poisoning; ~ *alimentaire* food poi-

soning; **intoxiquer** ∮ [~'ke] (1m) *v/t.* poison.

intraitable [ɛ̃trɛ'tabl] unmanageable; obstinate, inflexible; ∮ beyond treatment.

intramusculaire [ɛ̃tramysky'lɛːr] **1.** *adj.* intramuscular; **2.** *su./f* intramuscular injection.

intransigeant, e [ɛ̃trãzi'ʒã, ~'ʒãːt] **1.** *adj.* uncompromising; peremptory (*tone*); *pol.* intransigent; **2.** *su. pol.* die-hard.

intransitif, -ve *gramm.* [ɛ̃trãzi'tif, ~'tiːv] intransitive.

intraveineux, -euse ∮ [ɛ̃travɛ'nø, ~'nøːz] **1.** *adj.* intravenous; **2.** *su./f* intravenous injection.

intrépide [ɛ̃tre'pid] intrepid, fearless; *pej.* brazen; **intrépidité** [~pi-di'te] *f* intrepidity, fearlessness.

intrigant, e [ɛ̃tri'gã, ~'gãːt] **1.** *adj.* scheming; **2.** *su.* intriguer, schemer; **intrigue** [ɛ̃'trig] *f* intrigue; machination; plot (*a. thea., novel, etc.*); love-affair; **intriguer** [ɛ̃tri'ge] (1m) *v/i.* plot, intrigue; *v/t.* puzzle, intrigue (*s.o.*).

intrinsèque [ɛ̃trɛ̃'sɛk] intrinsic, specific (*value*).

introducteur *m*, **-trice** *f* [ɛ̃trɔdyk-'tœːr, ~'tris] introducer; **introduction** [~dyk'sjɔ̃] *f* introduction; ushering in; ⊕ *steam:* admission; *book:* preface; **introduire** [~'dɥiːr] (4h) *v/t.* introduce; usher in, show in; ⊕ admit (*steam*); *s'~* get in, enter.

introniser [ɛ̃trɔni'ze] (1a) *v/t.* enthrone; *fig.* establish (*a fashion*); *s'~* establish o.s.; become established (*fashion*).

introuvable [ɛ̃tru'vabl] undiscoverable.

intrus, e [ɛ̃'try, ~'tryːz] **1.** *adj.* intruding; **2.** *su.* intruder; ⚖ trespasser; **intrusion** [ɛ̃try'zjɔ̃] *f* intrusion.

intuitif, -ve [ɛ̃tɥi'tif, ~'tiːv] intuitive; **intuition** [~'sjɔ̃] *f* intuition, insight.

inusable [iny'zabl] everlasting; proof against wear.

inusité, e [inyzi'te] unusual; not in use (*word*).

inutile [iny'til] useless; pointless; needless; unnecessary; superfluous; **inutilisable** [inytili'zabl] unserviceable, unemployable (*person*);

worthless; **inutilisé, e** [~'ze] unused; **inutilité** [~'te] *f* uselessness; futility; useless thing.

invaincu, e [ɛ̃vɛ̃'ky] unbeaten; unvanquished; unconquered.

invalide [ɛ̃va'lid] **1.** *adj.* invalid (*a.* 🏛), infirm; ✕ disabled; rickety (*chair etc.*); **2.** *su.* invalid; *su./m* disabled soldier, pensioner; **invalider** [ɛ̃vali'de] (1a) *v/t.* 🏛 invalidate; quash (*elections*); *pol.* unseat (*a member of Parliament etc.*); **invalidité** [~di'te] *f* infirmity; disablement; 🏛 invalidism; 🏛 invalidity.

invariable [ɛ̃va'rjabl] invariable, unchanging. [ance.\
invariance ⚛ [ɛ̃va'rjɑ̃:s] *f* invari-\
invasion [ɛ̃va'zjɔ̃] *f* invasion.

invective [ɛ̃vɛk'ti:v] *f* invective; ~s *pl.* abuse *sg.*; **invectiver** [~ti've] (1a) *v/t.* rail at, abuse (*s.o.*); *v/i.*: ~ *contre* rail at, revile, inveigh against.

invendable ✝ [ɛ̃vɑ̃'dabl] unsaleable, unmerchantable.

inventaire [ɛ̃vɑ̃'tɛ:r] *m* inventory; ✝ stock-list; *faire son* ~ take stock; **inventer** [~'te] (1a) *v/t.* invent; **inventeur, -trice** [~'tœ:r, ~'tris] **1.** *adj.* inventive; **2.** *su.* inventor; discoverer; 🏛 finder; **inventif, -ve** [~'tif, ~'ti:v] inventive; **invention** [~'sjɔ̃] *f* invention; imaginative capacity; **inventorier** ✝ [~tɔ'rje] (1o) *v/t.* inventory, list; value (*bills etc.*); take stock of.

inverse [ɛ̃'vɛrs] *adj., su./m* opposite; inverse; reverse; **inverser** [ɛ̃vɛr'se] (1a) *v/t.* reverse (*a.* ⚡); **inverseur** [~'sœ:r] *m* ⚡ reverser; ⊕ reversing device *or* handle; **inversible** [~'sibl] reversible; **inversion** [~'sjɔ̃] *f* ⚡, *gramm.* inversion; ⚡ current: reversal; **invertir** [~'ti:r] (2a) *v/t.* reverse (*a.* ⚡ *the current*); invert.

investigateur, -trice [ɛ̃vɛstiga'tœ:r, ~'tris] **1.** *adj.* investigating; searching (*a. glance*); **2.** *su.* investigator, inquirer; **investigation** [~'sjɔ̃] *f* investigation, inquiry.

investir [ɛ̃vɛs'ti:r] (2a) *v/t.* invest; ✕ *a.* blockade; **investissement** [~tis'mɑ̃] *m* investment; **investisseur** [~ti'sœ:r] investor.

invétérer [ɛ̃vete're] (1f) *v/t.*: *s'*~ become inveterate, become deep-rooted.

invincible [ɛ̃vɛ̃'sibl] invincible; *fig.* insuperable (*difficulty*).

inviolable [ɛ̃vjɔ'labl] inviolable; burglar-proof (*lock*); immune (*diplomat, etc.*).

invisible [ɛ̃vi'zibl] invisible.

invitation [ɛ̃vita'sjɔ̃] *f* invitation; *sans* ~ uninvited(ly *adv.*); *sur l'*~ *de* at the invitation of; **invite** [ɛ̃'vit] *f* invitation, inducement; *cards*: lead; **invité m, e** [ɛ̃vi'te] guest; **inviter** [~] (1a) *v/t.* invite (to *inf., à inf.*); ask, request; *fig.* tempt; *cards*: call for.

invivable F [ɛ̃vi'vabl] unlivable-with, unbearable (*person*); impossible to live in (*building etc.*).

invocation [ɛ̃vɔka'sjɔ̃] *f* invocation.

involontaire [ɛ̃vɔlɔ̃'tɛ:r] involuntary.

invoquer [ɛ̃vɔ'ke] (1m) *v/t.* invoke; call upon; put forward (*an excuse, a reason, etc.*).

invraisemblable [ɛ̃vrɛsɑ̃'blabl] unlikely, improbable; **invraisemblance** [~blɑ̃:s] *f* unlikelihood, improbability. [nerable.\
invulnérable [ɛ̃vylne'rabl] invul-\
iode ⚗, 🏛 [jɔd] *m* iodine; **ioder** [jɔ'de] iodize; **iodique** [~'dik] iodic.

ion ⚗, ⚡, *phys.* [jɔ̃] *m* ion.

ionique[1] △ [jɔ'nik] Ionic.

ionique[2] [jɔ'nik] *phys.* ionic; *radio:* thermionic (*tube, valve*); **ionisation** ⚗ *phys.* [~niza'sjɔ̃] *f* ionization.

iouler ♪ [ju'le] (1a) *v/i.* yodel.

irai [i'rɛ] *1st p. sg. fut. of* **aller** 1.

irascible [ira'sibl] irritable, testy; quick-tempered.

iris [i'ris] *m* ♀, *anat., phot.* iris; *poet.* rainbow; ♀ *a.* flag; **irisation** [iriza-'sjɔ̃] *f* iridescence; **irisé, e** [~'ze] iridescent; **iriser** [~'ze] (1a) *v/t.* make iridescent.

irlandais, e [irlɑ̃'dɛ, ~'dɛ:z] **1.** *adj.* Irish; **2.** *su./m ling.* Irish; ♀ Irishman; *les* ♀ *pl.* the Irish; *su./f* ♀ Irishwoman.

ironie [irɔ'ni] *f* irony; **ironique** [~'nik] ironic(al); **ironiser** [~ni'ze] (1a) *v/i.* speak ironically.

irradiation [irradja'sjɔ̃] *f* 🏥, *phys.* irradiation; *phot.* halation; **irradier** [~'dje] (1o) *v/i.* radiate, spread (*pain, etc.*); *v/t.* irradiate.

irraisonnable [irrɛzɔ'nabl] irrational.

irréalisable [irreali'zabl] unrealizable (*a.* ♱); impracticable; **irréalité** [ᴠ'te] *f* unreality.

irrécusable [irreky'zabl] unimpeachable; unchallengeable.

irréductible [irredyk'tibl] ♀, ⚕ irreducible; *fig.* unshakable.

irréel, -elle [irre'ɛl] unreal.

irréfléchi, e [irrefle'ʃi] thoughtless; unthinking, rash (*person*).

irrégularité [irregylari'te] *f* irregularity; unevenness; **irrégulier, -ère** [ᴠ'lje, ᴠ'ljɛːr] irregular; uneven; erratic.

irrémédiable [irreme'djabl] incurable; *fig.* irreparable; irremediable; past remedy.

irréparable [irrepa'rabl] irreparable; *fig.* irretrievable.

irrépréhensible [irrepreã'sibl] blameless.

irrépressible [irrepre'sibl] uncontrollable, irrepressible.

irréprochable [irrepro'ʃabl] irreproachable; ⚖ unimpeachable.

irrésistible [irrezis'tibl] irresistible.

irrésolu, e [irrezo'ly] irresolute; unsolved (*problem*); **irrésolution** [ᴠly'sjõ] *f* indecision, irresolution.

irrespectueux, -euse [irrespɛk-'tɥø, ᴠ'tɥøːz] disrespectful (to [-wards] *pour, envers*).

irresponsabilité [irrespõsabili'te] *f* irresponsibility; **irresponsable** [ᴠ'sabl] irresponsible.

irrétrécissable *tex.* [irretresi'sabl] unshrinkable; *rendre* ᴠ sanforize.

irréversible [irever'sibl] irreversible.

irrévocable [irrevo'kabl] irrevocable; absolute (*decree*).

irrigateur [irriga'tœːr] *m* 🖋 hose (-pipe); water-cart; ⚕ *wounds:* irrigator; ⚕ douche, enema; **irrigation** [ᴠga'sjõ] *f* 🖋, ⚕ irrigation; flooding; ⚕ douching; **irriguer** [ᴠ'ge] (1m) *v/t.* 🖋, ⚕ irrigate; ⚕ water; ⚕ douche.

irritable [irri'tabl] irritable; touchy (*person*); sensitive (*skin*); **irritant, e** [ᴠ'tã, ᴠ'tãːt] irritating; ⚕ irritant; **irriter** [ᴠ'te] (1a) *v/t.* irritate; ⚕ inflame; *s'*ᴠ become angry (at, with s.o. *contre q.*; at s.th., *de qch.*); ⚕ become inflamed.

irruption [irryp'sjõ] *f* irruption; invasion; inrush; *river:* overflow, flood; *faire* ᴠ burst *or* barge in (on s.o., *chez q.*).

isard *zo.* [i'zaːr] *m* izard, (Pyrenean) wild goat.

islamique [isla'mik] Islamic; **islamisme** [ᴠ'mism] *m* Islam (ism).

islandais, e [islã'dɛ, ᴠ'dɛːz] 1. *adj.* Icelandic; 2. *su./m ling.* Icelandic; *su.* ♀ Icelander.

isobare *meteor.* [izo'baːr] *f* isobar; **isocèle** ♀ [ᴠ'sɛl] isosceles; **isochrone** ⊕ [ᴠ'kron], **isochronique** ⊕ [ᴠkro'nik] isochronous.

isolant, e [izo'lã, ᴠ'lãːt] 1. *adj.* isolating; ⚡ insulating; *bouteille f* ᴠe vacuum *or* thermos flask; 2. *su./m* insulator; insulating material; **isolateur** ⚡ [ᴠla'tœːr] *m* insulator; **isolé, e** [ᴠ'le] isolated; lonely; lone; remote, out-of-the-way; **isolement** [izol'mã] *m* ⚡, ⊕, *a. fig.* isolation; ⚡ insulation; **isolément** [izole'mã] *adv.* separately; **isoler** [ᴠ'le] (1a) *v/t.* isolate (*a.* 🔬) (from *d'avec, de*); ⚡ insulate; **isoloir** [ᴠ'lwaːr] *m* polling booth.

isomère [izo'mɛːr] 1. *adj.* 🔬, 🧪 isomerous, isomeric; 2. *su./m* 🔬 isomer.

isotope 🔬, *phys.* [izo'tɔp] *m* isotope.

israélien, -enne [israe'ljɛ̃, ᴠ'ljɛn] *adj., a. su.* ♀ Israeli; **israélite** [ᴠ'lit] 1. *adj.* Jewish, of the Israelites; 2. *su.* ♀ Israelite, Jew.

issu, e [i'sy] 1. *adj.:* ᴠ *de* descended from; born of; 2. *su./f* issue, end; upshot, result; outlet; ᴠe *pl.* by-products; *à l'*ᴠe *de* at the end of; after; *sans* ᴠe blind (*alley*).

isthme *geog., anat.* [ism] *m* isthmus.

italien, -enne [ita'ljɛ̃, ᴠ'ljɛn] 1. *adj.* Italian; 2. *su./m ling.* Italian; *su.* ♀ Italian; **italique** *typ.* [ᴠ'lik] *adj., a. su./m* italic.

item [i'tɛm] *adv.* item, also.

itératif, ve [itera'tif, ᴠ'tiːv] *gramm.* iterative; repeated.

itinéraire [itine'rɛːr] 1. *adj.* road-..., direction-...; 2. *su./m* itinerary; route; guide-book; **itinérant, e** [ᴠ'rã, ᴠ'rãːt] itinerant; ✗ mobile.

ivoire [i'vwaːr] *m* ivory; **ivoirerie** [ivwaro'ri] *f* ivory work or trade.

ivraie 🌿 [i'vrɛ] *f* cockle, darnel; *bibl.* tares *pl.*

ivre [iːvr] drunk (with, *de*); intoxicated; *fig.* mad (with, *de*); **ivresse** [i'vrɛs] *f* drunkenness, intoxication; *fig.* ecstasy; **ivrogne, -esse** [iˈvrɔɲ, ivrɔˈɲɛs] **1.** *adj.* addicted to drink; drunken; **2.** *su.* drunkard, toper, *sl.* boozer; **ivrognerie** [ivrɔɲˈri] *f* (habitual) drunkenness.

J

J, j [ʒi] *m* J, j.

jabot [ʒa'bo] *m bird*: crop; *cost. blouse, shirt*: frill; ruffle, jabot; **jaboter** F † [∼bɔ'te] (1a) *v/i.* jabber, chatter.

jacasse [ʒa'kas] *f zo.* magpie; F † chatterbox; **jacasser** [∼ka'se] (1a) *v/i.* chatter, gossip; **jacasserie** [∼kas'ri] *f* gossip.

jachère ✶ [ʒa'fɛːr] *f* fallow; **jachérer** ✶ [∼ʃe're] (1f) *v/t.* plough up *(fallow land)*; fallow *(land)*.

jacinthe [ʒa'sɛ̃ːt] *f* ♀ hyacinth; *min.* jacinth; ♀ ∼ des bois bluebell.

jack ⚡ [ʒak] *m* jack.

jacobin, e [ʒakɔ'bɛ̃, ∼'bin] *su. hist.* Jacobin; *fig.* sympathizer with radical democracy.

Jacques [ʒɑːk] *npr./m* James; *sl.* faire le ≗ play the fool.

ja(c)quot *orn.* [ʒa'ko] *m* parrot; Poll(y).

jactance [ʒak'tɑ̃ːs] *f* boast(ing); **jacter** *sl.* [∼'te] (1a) *v/i.* boast; brag.

jade *min.* ♀ [ʒad] *m* jade.

jadis [ʒa'dis] *adv.* formerly, long ago; de ∼ *a.* of old.

jaillir [ʒa'jiːr] (2a) *v/i.* gush, spurt out; shoot *or* burst forth; fly *(sparks)*; flash *(light)*; **jaillissement** [∼jis-'mã] *m* gushing *etc.* [jet-black.)

jais *min.* [ʒɛ] *m* jet; *noir comme du* ∼∫

jalon [ʒa'lɔ̃] *m* surveying staff; *(range-)*pole; ✗ aiming-post; *fig.* planter *(or poser)* des ∼s *(or les premiers* ∼s*)* pave the way *or* prepare the ground (for *de*, *pour*); **jalonner** [∼lɔ'ne] (1a) *v/t.* stake out; *fig.* mark; *fig.* be a landmark in *(a period)*.

jalouser [ʒalu'ze] (1a) *v/t.* be jealous of *(s.o.)*; **jalousie** [∼'zi] *f* jealousy; Venetian blind; screen; ♀ sweetwilliam; ∼ du métier professional jealousy; **jaloux, -ouse** [ʒa'lu, ∼'luːz] jealous; envious; *fig.* eager (for, *de*).

jamais [ʒa'mɛ] *adv.* ever; never; ∼ de la vie! out of the question!; ∼ plus never again; à *(or pour)* ∼ for ever; *ne* ... ∼ never.

jambage [ʒã'baːʒ] *m* △ *door*: jamb; *door, window*: post; *fireplace*: cheek, jamb; foundation-wall; *writing*: down-stroke; **jambe** [ʒãːb] *f leg*; *glass*: stem; △ *brickwork*: stone pier; △ ∼ de force strut, prop; *mot.* stay-rod; à toutes ∼s at top speed; cela me fait une belle ∼! a fat lot of good that does me; *sp.* jeu m de ∼s foot-work; prendre ses ∼s à son cou take to one's heels; **jambé, e** [ʒã'be] *adj.*: bien ∼ with shapely legs; **jambette** [∼'bɛt] *f* small leg; △ stanchion; **jambier, -ère** [∼'bje, ∼'bjɛːr] **1.** *adj. anat.* tibial; **2.** *su./f* elastic stocking; legging; *sp.* shinguard; **jambon** [∼'bɔ̃] *m* ham; œufs *m/pl.* au ∼ ham and eggs; **jambonneau** [∼bɔ'no] *m* knuckle of ham; small ham.

jamboree [ʒãbɔ're] *m* jamboree.

jansénisme *eccl.* [ʒãse'nism] *m* Jansenism.

jante [ʒãːt] *f wheel*: felloe; rim.

janvier [ʒã'vje] *m* January.

japon [ʒa'põ] *m* Japan porcelain; **japonais, e** [∼pɔ'nɛ, ∼'nɛːz] **1.** *adj.* Japanese; **2.** *su./m ling.* Japanese; su. ≗ Japanese; les ≗ *m/pl.* the Japanese.

japper [ʒa'pe] (1a) *v/i.* yelp.

jaquette [ʒa'kɛt] *f* morning coat; *(lady's)* jacket; *book etc.*: (dust) cover.

jardin [ʒar'dɛ̃] *m* garden; ∼ alpin rock-garden; ∼ anglais landscape garden; ∼ d'enfants kindergarten; *thea.* côté m ∼ prompt-side; **jardinage** [ʒardi'naːʒ] *m* gardening; *diamond*: flaw; ∼ paysagiste landscape gardening; **jardiner** [∼'ne] (1a) *v/i.* garden; **jardinet** [∼'nɛ] *m* small garden; **jardinier, -ère** [∼'nje, ∼'njɛːr] **1.** *adj.* garden...; **2.** *su.* gardener; ∼ paysagiste landscape gardener; *su./f* flower stand; window-box; spring cart; *orn.* ortolan; ∼ère d'enfants kindergarten teacher; *cuis.* à la ∼ère garnished with vegetables.

jargon [ʒarˈgɔ̃] *m* jargon; slang; *fig.* gibberish; **jargonner** [∼gɔˈne] (1a) *v/i.* talk jargon.

jarre [ʒaːr] *f* (earthenware) jar; ⚓ ∼ électrique Leyden jar.

jarret [ʒaˈrɛ] *m anat. man*: back of the knee; *horse*: hock; *cuis. beef*: shin; *veal*: knuckle; ⊕ *pipe*: elbow; △ bulge; **jarretelle** [ʒarˈtɛl] *f* suspender, *Am. a.* garter; **jarretière** [∼ˈtjɛːr] *f* garter.

jars *orn.* [ʒaːr] *m* gander.

jaser [ʒɑˈze] (1a) *v/i.* chatter, talk; gossip; **jaseur, -euse** [∼ˈzœːr, ∼ˈzøːz] **1.** *adj.* talkative; **2.** *su.* chatterbox; gossip; tale-bearer.

jasmin ♀ [ʒasˈmɛ̃] *m* jasmine.

jaspe *min.* [ʒasp] *m* jasper; ∼ *sanguin* bloodstone; **jaspé, e** [ʒasˈpe] marbled, veined.

jatte [ʒat] *f* bowl; *milk*: pan, basin; **jattée** [ʒaˈte] *f* bowlful; *milk*: panful.

jauge [ʒoːʒ] *f* ga(u)ge (*a.* ⊕); ga(u)ging-rod; *mot.* (∼ *d'huile*) dipstick; (∼ *d'essence*) petrol ga(u)ge, *Am.* gasoline ga(u)ge; ⚓ tonnage; **jauger** [ʒoˈʒe] (1l) *v/t.* ga(u)ge (*a.* ⊕); measure; *fig.* size up.

jaunâtre [ʒoˈnɑːtr] yellowish; sallow (*face*); **jaune** [ʒoːn] **1.** *adj.* yellow; **2.** *adv.*: *rire* ∼ give a sickly smile; **3.** *su/m* yellow; *egg.*: yolk; F blackleg, scab, *Am.* strike-braker; **jaunet, -ette** [ʒoˈnɛ, ∼ˈnɛt] yellowish; **jaunir** [∼ˈniːr] (2a) *vt/i.* yellow; **jaunisse** ✚ [∼ˈnis] *f* jaundice.

Javel [ʒaˈvɛl] *m*: *eau f de* ∼ liquid bleach (and disinfectant).

javeler [ʒavˈle] (1c) *v/t.* ✔ lay (*corn*) in swaths; *v/i.* turn yellow; **javelle** ✔ [ʒaˈvɛl] *f corn*: swath; bundle.

javelot [ʒavˈlo] *m* javelin.

jazz [dʒaːz] *m* jazz.

je [ʒə] *pron./pers.* I.

jeannette F [ʒaˈnɛt] *f* sleeve-board.

je-m'en-fichisme F [ʒəmɑ̃fiˈʃism], **je-m'en-foutisme** F [∼fuˈtism] *m/inv.* couldn't-care-less attitude.

je(-)ne(-)sais(-)quoi [ʒənsɛˈkwa] *m/inv.* indefinable something.

jerrycan *mot.* [dʒeriˈkan] *m* petrolcan.

jet [ʒɛ] *m* throw, cast(ing); jet (*a. gas, nozzle, etc.*); *liquid*: gush, spurt; *light*: flash; ⚓, ♀ jetsam; ♀ sprout; *metall.* casting; ✈ jet (aeroplane); ∼ *de sable* sandblast; ✕ *armes*

f/pl. de ∼ projectile *or* missile weapons; *du premier* ∼ at the first try; **jetable** [ʒəˈtabl] disposable, throwaway; **jetée** [ʒəˈte] *f* jetty; breakwater; **jeter** [∼ˈte] (1c) *v/t.* throw, fling, hurl; throw away; ⚓ drop (*anchor*), jettison (*goods*); △ lay (the *foundations*); ✔ discharge; utter (a *cry, a threat*); give off (*sparks*); *se* ∼ *river*: flow (into, *dans*); *se* ∼ *sur* pounce on; *se* ∼ *vers* rush towards; **jeton** [∼ˈtɔ̃] *m* counter; token; *teleph.* ∼ *de téléphone* telephone token.

jeu [ʒø] *m* game; play (*a.* ⊕); gambling; fun; *thea.* acting; *tools etc.*: set; *machine etc., a. fig.* working; ⊕ clearance; *fig.* action; *fig.* interaction; ♪ *organ*: stop; *cards*: pack, *Am.* deck; *thea.* ∼*x pl. de scène* stage business *sg.*; ∼ *de mots* pun, play on words; ∼ *d'esprit* witticism; *cacher son* ∼ hide one's cards; *être en* ∼ be at stake; *entrer en* ∼ come into play; *mettre en* ∼ stake; *il a beau* ∼ *de (pour)* (*inf.*) it's easy for him to (*inf.*).

jeudi [ʒøˈdi] *m* Thursday; ∼ *saint* Maundy Thursday.

jeun [ʒœ̃] *adv.*: *à* ∼ on an empty stomach, fasting.

jeune [ʒœn] **1.** *adj.* young; youthful; younger, junior; *fig.* new; recent; unripe, early (*fruit*); ∼ *fille* girl; ∼ *homme* young, lad; **2.** *su.* young person *or* animal; *su./m*: *les* ∼*s pl.* the young *pl.*; youth (*coll.*) *sg.*

jeûne [ʒøn] *m* fast(ing), abstinence; **jeûner** [ʒøˈne] (1a) *v/i.* fast (from, *de*).

jeunesse [ʒœˈnɛs] *f* youth; boyhood, girlhood; *fig.* youthfulness, freshness; F girl; ∼ *scolaire* schoolchildren *pl.*; **jeunet, -ette** F [∼ˈne, ∼ˈnɛt] very young.

jiu-jitsu [dʒydʒitˈsy] *m* ju-jitsu.

joaillerie [ʒɔajˈri] *f* jewellery; jeweller's business; **joaillier** *m*, **-ère** *f* [ʒɔaˈje, ∼ˈjɛːr] jeweller.

job F [ʒɔb] *m* job, employment.

jobard F [ʒɔˈbaːr] *m* dupe, F mug; **jobarder** F [∼barˈde] (1a) *v/t.* fool, dupe; **jobarderie** F [∼ˈdri] *f* gullibility.

jociste [ʒɔˈsist] *su.* member of the *Jeunesse ouvrière chrétienne*.

jocrisse [ʒɔˈkris] *m* fool; clown; F mug.

joie [ʒwa] *f* joy; delight; pleasure; ∼

de vivre joy in life; *fille de* ~ prostitute.

joignis [ʒwaˈɲi] *1st p. sg. p.s. of* joindre; **joignons** [~ˈɲɔ̃] *1st p. pl. pres. of* joindre; **joindre** [ʒwɛ̃:dr] (4m) *v/t.* join (*a.* ⊕); unite, combine; bring together; clasp (*one's hands*); † attach (*to a letter*); adjoin (*a house etc.*); † *etc. pièces f/pl. jointes* enclosures; *se* ~ *à* join (in); *v/i.* meet; **joins** [ʒwɛ̃] *1st p. sg. pres. of* joindre; **joint, e** [ʒwɛ̃, ʒwɛ̃:t] **1.** *p.p. of* joindre; **2.** *su./m* △, ⊕, ♪, *anat., geol.* joint; join; *metall.* seam; ⊕ *piston:* packing; ⊕ ~ *à rotule* ball-and-socket joint; *mot.* ~ *de culasse* gasket; *sans* ~ seamless; F *trouver le* ~ find a way (*to, inf., pour inf.; of ger., de inf.*); **jointé, e** [ʒwɛ̃ˈte] jointed; pasterned (*horse*); **jointif, -ve** △ [~ˈtif, ~ˈtiːv] placed edge to edge; joined; **jointoyer** △ [~twaˈje] (1h) *v/t.* point; grout; **jointure** [~ˈtyːr] *f* ⊕, *anat.* joint; *fingers:* knuckle.

joli, e [ʒɔˈli] pretty; nice; **joliet, -ette** [~ˈljɛ, ~ˈljɛt] rather pretty; **joliment** [~liˈmɑ̃] *adv.* prettily; *fig.* well; F awfully; F pretty.

jonc ♀ [ʒɔ̃] *m* rush; Malacca cane; *droit comme un* ~ straight as a die; **jonchaie** ♀ [ʒɔ̃ˈʃɛ] *f* rush bed; caneplantation; **joncher** [~ˈʃe] (1a) *v/t.* strew (with, *de*); *fig.* litter; **jonchère** [~ˈʃɛːr] *f see* jonchaie.

jonction [ʒɔ̃kˈsjɔ̃] *f* junction (*a.*⊕, *a.* ☻); ∮ connector; joining, meeting; ╤ junction.

jongler [ʒɔ̃ˈgle] (1a) *v/i.* juggle (*a. fig.*); **jonglerie** [~gləˈri] *f* juggling; *fig.* trick(ery); **jongleur** [~ˈglœːr] *m* juggler; cheat, charlatan; † jongleur.

jonque ⚓ [ʒɔ̃:k] *f* junk.

jouable ♪, *thea., etc.* [ʒwabl] playable; **jouailler** F [ʒwaˈje] (1a) *v/i. cards:* play for love; ♪ *piano:* strum, *violin:* scrape.

joue [ʒu] *f* cheek; ~ *contre* ~ cheek by jowl; *mettre en* ~ take aim at.

jouer [ʒwe] (1p) *v/t.* play (*a.* ♪, *thea., a game, cards*); back (*a horse*); stake, bet (*money*); pretend to be; imitate (*s.o.*); look like (*wool*); F fool (*s.o.*); *se* ~ *de* take (*s.th.*) in one's stride; make light of; *v/i.* play; gamble (on the Stock Exchange); speculate; ⊕ work, run well (*ma-*

chine); ⊕ have too much play; ~ *à* play (*a game, cards, football, at soldiers, etc.*); ~ *de* ♪ play (*an instrument*); *fig.* use, make use of; *à qui de* ~? *cards:* whose turn is it?; *faire* ~ set in motion, release; **jouet** [ʒwɛ] *m* toy; plaything (*a. fig.*); **joueur, -euse** [ʒwœːr, ʒwøːz] **1.** *su.* player; gambler; † speculator, operator; † *à la hausse* (*à la baisse*) bull (bear); **2.** *adj.* fond of playing *or* gambling.

joufflu, e [ʒuˈfly] chubby. [beam.)

joug [ʒu] *m* yoke (*a.* ⊕); *balance:*)

jouir [ʒwiːr] (2a) *v/i.* enjoy o.s.; ~ *de* enjoy (*s.th.*); **jouissance** [ʒwiˈsɑ̃:s] *f* enjoyment; † fruition, right to interest etc.

joujou, *pl.* **-x** F [ʒuˈʒu] *m* toy, plaything; *faire* ~ *avec* play with.

jour [ʒuːr] *m* day(light); daytime; light (*a. fig.*); dawn, daybreak; opening, gap; *sewing:* open-work; *fig.* aspect; ~ *de fête* holiday; ~ *de l'an* New Year's Day; ~ *ouvrable* working-day; ⊕ *sewing:* openwork ...; † posted, up to date; *au grand* ~ in broad daylight; *fig.* publicly; *au* ~ *le* ~ from day to day; *au point* (*or lever*) *du* ~ at daybreak; *de* ~ by day; *de nos* ~s nowadays; *donner le* ~ *à* give birth to; *du* ~ *au lendemain* overnight; *at a moment's notice*; ✕ *être de* ~ be on duty for the day; *l'autre* ~ the other day; *fig. mettre au* ~ reveal, disclose; *par* ~ per *or* a each day; *cuis. plat m du* ~ today's special dish; *petit* ~ morning twilight; *sous un nouveau* ~ in a new light; *tous les* (*deux*) ~s every (other) day; *un* ~ one day (*in the past*), some day (*in the future*); *un* ~ *ou l'autre* sooner or later; *vivre au* ~ *le* ~ live from hand to mouth; *see* voir.

journal [ʒurˈnal] *m* record, diary; journal (*a.* †); † day-book; ⚓, ✈ log-book; newspaper; ~ *financier* (*officiel*) financial (official) gazette; ~ *parlé radio:* news(-bulletin), Am. newscast; *le* ~ *du jour* today's paper; **journalier, -ère** [ʒurnaˈlje, ~ˈljɛːr] **1.** *adj.* daily; variable (*character*); **2.** *su./m* day-labo(u)rer, journeyman; **journalisme** [~ˈlism] *m* journalism; **journaliste** [~ˈlist] *su.* journalist; reporter; † journalizer.

journée [ʒurˈne] *f* day; daytime day's work *or* journey; *à la* ~ b) the day; *femme f de ~* charwoman, F daily; **journellement** [~nɛl'mã] *adv.* daily, every day.

joute [ʒut] *f* contest; † joust, tilt; **jouter** [ʒu'te] (1a) *v/i.* fight; † joust, tilt.

jovial, e, *m/pl.* **-als, -aux** [ʒɔ'vjal, ~'vjo] jolly, jovial; good-natured; **jovialité** [~vjali'te] *f* joviality, jollity.

joyau [ʒwa'jo] *m* jewel (*a. fig.*).

joyeux, -euse [ʒwa'jø, ~'jø:z] merry, joyful, cheerful.

jubé △, *eccl.* [ʒy'be] *m* rood-screen, rood-loft.

jubilaire [ʒybi'lɛ:r] jubilee-...; **jubilation** [~la'sjɔ̃] *f* jubilation; **jubilé** [~'le] *m* jubilee; fiftieth anniversary; golden wedding; **jubiler** F [~'le] (1a) *v/i.* be delighted, rejoice; F gloat.

jucher [ʒy'ʃe] (1a) *vt/i.* perch (*bird, a. fig. person*); roost; **juchoir** [~'ʃwa:r] *m* perch, hen-roost.

judaïque [ʒyda'ik] Judaic (*law*); Jewish (*history*); **judaïser** [~i'ze] (1a) *v/i.* Judaize; **judaïsme** [~'ism] *m* Judaism.

Judas [ʒy'dɑ] *m* Judas (*a. fig.*); F traitor; ♀ spy-hole, Judas(-hole) (*in a door*).

judicature [ʒydika'ty:r] *f* judicature; judgeship; **judiciaire** [~'sjɛ:r] judicial, legal; *poursuites f/pl.* ~*s* legal proceedings; **judicieux, -euse** [~'sjø, ~'sjø:z] judicious, sensible; discerning; *peu ~* injudicious; ill-advised.

judo *sp.* [ʒy'do] *m* judo.

juge [ʒy:ʒ] *m* judge (*a. fig.*); *sp.* umpire; ~ *d'instruction* examining magistrate; **jugement** [ʒyʒ'mã] *m* judgment; ⵒ *case*: trial; sentence (*on criminal*), *civil case*: award; *fig.* opinion; *fig.* discrimination, good sense; *eccl.* ~ *dernier* Last Judgment, doomsday (*a. fig.*); ⵒ ~ *par défaut* judgment by default; ⵒ *passer en* ~ stand trial; **jugeote** F [ʒy'ʒɔt] *f* common sense; **juger** [~'ʒe] (1l) *v/t.* judge; ⵒ *a.* pass sentence on; ~ *de* try (for, *pour*); *fig.* think; ~ *à propos de* think it proper to; *mal* ~ misjudge (*s.o.*).

jugulaire [ʒygy'lɛ:r] **1.** *adj.* jugular; **2.** *su./f anat.* jugular (vein); *helmet etc.*: chin strap; **juguler** [~'le] (1a) *v/t.* † strangle; *fig.* nip (*s.th.*) in the

bud; *fig.* check, stop; *fig.* stifle, put down; ⚕ jugulate.

juif, juive [ʒɥif, ʒɥi:v] **1.** *adj.* Jewish; **2.** *su./m eccl.* (*practising*) Jew; ♀ Jew; *petit ~* funny bone; *su./f* ♀ Jewess.

juillet [ʒɥi'jɛ] *m* July.

juin [ʒɥɛ̃] *m* June.

juiverie [ʒɥi'vri] *f* Jewry; *coll. the* Jews *pl.*

Jules [ʒyl] *m sl.* man, guy; F boy-friend.

julienne [ʒy'ljɛn] *f cuis.* vegetable soup; ♣ rocket.

jumeau, -elle, *m/pl.* **-aux** [ʒy'mo, ~'mɛl, ~'mo] **1.** *adj.* twin; **2.** *su.* twin; *su./f:* ~*elles pl. opt.* binoculars; opera-glasses; ⊕ cheeks; *lathe-bed:* slide-bars; **jumelage** [ʒym'la:ʒ] *m* twinning (of towns); **jumelé,** e [~'le] twin; coupled.

jument [ʒy'mã] *f* mare.

jumping *sp.* [dʒœm'piŋ] *m* jumping.

jungle [ʒɔ̃:gl] *f* jungle.

jupe [ʒyp] *f* skirt; **jupe-culotte,** *pl.* **jupes-culottes** [~ky'lɔt] *f* culotte, divided skirt; **jupon** [ʒy'pɔ̃] *m* petticoat; slip, *Am.* half-slip; *Sc.* kilt; *fig.* women *pl.*; *courir le* ~ be a skirt-chaser, run after women.

juré, e [ʒy're] **1.** *adj.* sworn; **2.** *su./m* juror, juryman; ~*s pl.* jury; **jurement** [ʒyr'mã] *m* swearing; oath; **jurer** [ʒy're] (1a) *v/t.* swear; vow; *v/i.* curse; *fig.* clash (*colours*); **jureur** [~'rœ:r] *m* swearer.

juridiction [ʒyridik'sjɔ̃] *f* ⵒ jurisdiction; venue; *fig.* province; **juridique** ⵒ [~'dik] judicial; legal.

jurisconsulte ⵒ [ʒyriskɔ̃'sylt] *m* jurist; legal expert; **jurisprudence** ⵒ [~pry'dã:s] *f* jurisprudence; statute law; case-law; (*legal*) precedents *pl.*

juriste ⵒ [ʒy'rist] *m* jurist; legal writer.

juron [ʒy'rɔ̃] *m* oath, swear-word.

jury [ʒy'ri] *m* ⵒ jury; *univ. etc.* board of examiners; selection committee.

jus [ʒy] *m* juice; *cuis.* gravy; *sl.* coffee; ⚡ juice (= *current*); *sl.* petrol, *Am.* gas; *sl.* elegance; *cuis. arroser de* ~ baste (*meat*); *mot. sl. donner du* ~ step on the gas.

jusant ⚓ [ʒy'zã] *m* ebb(-tide).

jusqu'au-boutisme *pol. etc.* [ʒyskobu'tism] *m* extremism; **jusqu'au-boutiste** *pol. etc.* [~'tist] *su.* whole-hogger; die-hard; **jusque** [ʒysk(ə)] *prp.* (*usu. jusqu'à*) until, till; as far as (to), up *or* down to; *jusqu'à ce que* (*sbj.*) until; *jusqu'au bout* to the (bitter) end; *jusqu'ici* thus *or* so far.

juste [ʒyst] **1.** *adj.* just, legitimate, fair; proper, fit; accurate; exact (*word*); tight (*fit*); right (*time, watch, word*); ~-*milieu m* happy *or* golden mean; *au* ~ exactly; **2.** *adv.* rightly; just; precisely; ♪ true; scarcely; *à 10 heures* ~ at ten (o'clock) sharp; **justement** [ʒystə'mã] rightly; just, precisely; **justesse** [~'tɛs] *f* exactness; accuracy; *de* ~ just, barely, by a hair's breadth; **justice** [~'tis] *f* justice; equity; legal proceedings *pl.*; *aller en* ~ go to law; *poursuivre en* ~ take legal action against; *se faire* ~ revenge o.s.; commit suicide; **justiciable** [~ti-'sjabl] *adj.*: ~ *de* amenable to (*a. fig.*); open to (*criticism*); **justicier, -ère** [~ti'sje, ~'sjɛːr] *adj., a. su.* justiciary.

justificatif, -ve [ʒystifika'tif, ~'tiːv] **1.** *adj.* justificatory; *pièce f* ~*ve* = **2.** *su./m* supporting document; † voucher; **justification** [~fika'sjɔ̃] *f* justification; **justifier** [~'fje] (1o) *v/t.* justify, vindicate; *se* ~ clear o.s.; *v/i.*: ~ *de* give proof of.

jute *tex.* [ʒyt] *m* jute.

juteux, -euse [ʒy'tø, ~'tøːz] **1.** *adj.* juicy; F *fig.* lucrative; **2.** *su./m* ✕ *sl.* company sergeant-major.

juvénile [ʒyve'nil] juvenile; youthful; **juvénilité** [~nili'te] *f* youthfulness.

juxtaposer [ʒykstapo'ze] (1a) *v/t.* juxtapose, place side by side.

K

K, k [ka] *m* K, k.

kakatoès *orn.* [kakatɔ'ɛs] *m* cockatoo.

kaki *tex.* [ka'ki] *su./m, a. adj./inv.* khaki.

kangourou *zo.* [kɑ̃gu'ru] *m* kangaroo.

kaolin [kaɔ'lɛ̃] *m* china clay, kaolin.

karaté [kara'te] *m* karate.

képi [ke'pi] *m* peaked cap, kepi.

kermesse [~] *f* village fair; church bazaar.

kérosène [kerɔ'zɛn] *m* paraffin(-oil), *Am.* kerosene.

khâgne [kaɲ] *f see* cagne.

kibboutz [ki'buts] *m* kibbutz.

kidnapper [kidna'pe] (1a) *v/t.* kidnap; **kidnappeur** *m,* **-euse** *f* [~'pœːr, ~'pøːz] kidnapper.

kif kif *sl.* [kif'kif] *adj./inv.* same; the same thing, much of a muchness.

kiki *sl.* [ki'ki] *m* throat, neck.

kilo... [kilɔ] kilo...; **~cycle** *≠* [~'sikl] *m* kilocycle; **~(gramme)** [~('gram)] *m measure:* kilogram(me); **~métrage** [~me'traːʒ] *m* measuring *or* length in kilometres, mileage; **~mètre** [~'mɛtr] *m measure:* kilometre, *Am.* kilometer; **~métrer** [~me'tre] (1f)

v/t. measure in kilometres; mark (*a road*) with kilometre stones; **~watt** *≠* [~'wat] *m* kilowatt; **~-heure** kilowatt-hour.

kimono *cost.* [kimɔ'no] *m* kimono; *manche f* ~ Magyar sleeve.

kinésithérapeute [kinezitera'pøːt] *su.* physiotherapist; **kinésithérapie** [~'pi] *f* physiotherapy.

kiosque [kjɔsk] *m* kiosk; *band:* stand; *flower, newspaper:* stall; ⚓ house; ⚓ *submarine:* conning tower.

kirsch [kirʃ] *m* kirsch(wasser).

kitchenette [kitʃə'nɛt] *f* kitchenette.

klaxon *mot. etc.* [klak'sɔ̃] *m* horn, hooter, klaxon; **klaxonner** [~sɔ'ne] (1a) *v/i.* hoot, sound the horn; *v/t.* hoot at.

kleptomane [klɛptɔ'man] *adj., a. su.* kleptomaniac; **kleptomanie** [~ma-'ni] *f* kleptomania.

knock-out *box.* [nɔ'kaut] **1.** *su./m/inv.* knock-out; **2.** *adj./inv.:* mettre q. ~ knock s.o. out.

krach ✝ [krak] *m* crash.

kyrielle F [ki'rjɛl] *f* rigmarole; long list (of, de).

kyste ✚ [kist] *m* cyst.

L

L, l [εl] *m* L, l.

la¹ [la] *see* le.

la² ♪ [∼] *m/inv.* la, *note:* A; donner le ∼ give the pitch.

là [la] *adv. place:* there; *time:* then; ∼ où where; *ce livre-*∼ that book; *c'est* que that is where; *de* ∼ hence; ∼**-bas** [∼'ba] *adv.* over there.

labeur [la'bœ:r] *m* labo(u)r, toil; *typ.* bookwork.

labial, e, *m/pl.* **-aux** [la'bjal, ∼'bjo] *adj., a. su./f* labial (*a. gramm.*).

labile [la'bil] ♀, ♠ labile; *fig.* unstable; *fig.* untrustworthy (*memory*).

laborantine [labɔrã'tin] *f* female laboratory assistant; **laboratoire** [∼ra'twa:r] *m* ♠ laboratory; *metall.* furnace: hearth; ∼ **de langues** language laboratory; ∼ *spatial* space lab; **laborieux, -euse** [∼'rjø, ∼'rjø:z] laborious, hardworking; working (*classes*).

labour [la'bu:r] *m* ploughing, tillage; ∼**s** *pl.* ploughed land *sg.*; *cheval m de* ∼ plough-horse; **labourable** [labu'rabl] arable; plough-...; **labourage** [∼'ra:ʒ] *m* ploughing, tilling; **labourer** [∼'re] (1a) *v/t.* plough, till; *fig.* furrow, gash, slash (into), dig into; *fig.* lacerate; **laboureur** [∼'rœ:r] *m* ploughman; farm-hand.

labyrinthe [labi'rɛ̃:t] *m* labyrinth (*a. anat.*); maze.

lac [lak] *m* lake; F *dans le* ∼ in a fix, in the soup.

laçage [la'sa:ʒ] *m* lacing (up); **lacer** [∼'se] (1k) *v/t.* lace (up); ♠ belay (*a rope*).

lacérer [lase're] (1f) lacerate; tear; slash.

lacet [la'sɛ] *m* (*shoe- etc.*) lace; *hunt.* noose, snare (*a. fig.*); *road:* hairpin bend; *en* ∼**s** winding (*road*).

lâchage [lɑ'ʃa:ʒ] *m* release; F *friends:* dropping; **lâche** [lɑ:ʃ] **1.** *adj.* loose, slack; lax (*discipline, style*), cowardly; **2.** *su./m* coward; **lâcher** [lɑ'ʃe] (1a) *v/t.* release (*a. mot.*), loosen, slacken; let go of; *fig.* give up, *a. friend:* drop; let out (*a curse, an* oath, *a secret*); ⊕ blow off (*steam*); *fig.* ∼ pied give way; *v/i.* become loose; give way; snap (*rope etc.*); *sp.* F give up; **lâcheté** [lɑʃ'te] *f* cowardice; **lâcheur** *m*, **-euse** *f* F [lɑ'ʃœ:r, ∼'ʃø:z] fickle person; quitter.

lacis ♀, *anat., etc.* [la'si] *m* network.

laconique [lakɔ'nik] laconic.

lacrymal, e, *m/pl.* **-aux** [lakri'mal, ∼'mo] tear-...; **lacrymogène** [∼mɔ-'ʒɛn] tear-exciting; *gaz m* ∼ tear-gas.

lacs [lɑ] *m* noose, snare; *fig.* trap.

lacté, e [lak'te] milky; milk-(*diet, fever*); *anat.* lacteal; *voie f* ∼**e** Milky Way, Galaxy; **lactose** ♠ [∼'to:z] *f* lactose, milk-sugar.

lacune [la'kyn] *f* gap, blank.

lacustre [la'kystr] lacustrine (*a. zo.*); *cité f* ∼ lake-dwelling.

lad *sp.* [lad] *m* stable-boy.

là-dessous [lat'su] *adv.* underneath, under there; **là-dessus** [∼'sy] *adv.* thereupon (*place, a. time*); on that.

ladite [la'dit] *see* ledit.

ladre [lɑ:dr] **1.** *adj.* stingy, mean; **2.** *su./m* skinflint, miser; **ladrerie** [lɑdrə'ri] *f* stinginess, meanness.

lai, e [lɛ] **1.** *adj. eccl.* lay-...; **2.** *su./m eccl.* layman; lay; **laïc, -ïque** [la'ik] *adj., a. su. see* laïque; **laïcisation** [laisiza'sjɔ̃] *f* secularisation; **laïciser** [∼'ze] (1a) *v/t.* secularize; **laïcité** [∼'te] *f* secularity, undenominationalism.

laid, e [lɛ, lɛ:d] ugly; plain (*face*); *Am.* homely; mean (*deed*); **laideron** F [lɛ'drɔ̃] *mf* plain woman or girl; **laideur** [∼'dœ:r] *f* ugliness; *face:* plainness, *Am.* homeliness.

laie¹ [∼] *f* wild sow.

laie² [∼] *f* ride; forest-path.

lainage [lɛ'na:ʒ] *m* fleece; woollen article; *tex.* teaseling; ♠ ∼**s** *pl.* woollens, woollen goods; **laine** [lɛn] *f* wool; *carpet:* pile; ∼ *artificielle* àrtificial wool; ∼ *peignée* worsted; **lainer** *tex.* [lɛ'ne] (1b) *v/t.* teasle, nap; **laineux, -euse** [∼'nø, ∼'nø:z] fleecy; woolly (*hair, sheep, a.* ♀); **lainier, -ère** [∼'nje, ∼'nje:r]

1. *adj.* wool(len); **2.** *su.* manufacturer of woollens.

laïque [la'ik] **1.** *adj.* secular; undenominational (*school*); **2.** *su./m* layman; ~s *pl.* laity; *su./f* laywoman.

laisse [les] *f* leash, lead; *fig.* tenir q. en ~ keep s.o. in leading-strings.

laissé(e)-pour-compte, *pl.* **laissé(e)s-pour-compte 1.** *adj.* ✝ returned; unsold; *a. fig.* rejected; **2.** *su.* ✝ returned *or* unsold article; *a. fig.* reject.

laisser [le'se] (1b) *v/t.* leave; let, allow, permit; abandon, quit; ~ là q. leave s.o. in the lurch; ~ là qch. give s.th. up; *v/i.*: ~ à désirer leave much to be desired; ~ à penser give food for thought; **~-aller** [lesea'le] *m/inv.* unconstraint; carelessness; **~-passer** pol. etc. [~'fɛːr] *m* inaction, non-interference; **laissez-passer** [~pa'se] *m/inv.* pass, permit.

lait [le] *m* milk; ~ de chaux whitewash; ~ en poudre powdered milk; cochon de ~ sucking-pig; **laitage** [le'taːʒ] *m* dairy products *pl.*; **laitance** [~'tãːs] *f*, **laite** [lɛt] *f* milt; soft roe; **laité, e** [le'te] soft-roed; **laiterie** [~'tri] *f* dairy; dairy-farming; **laiteux, -euse** [~'tø, ~'tøːz] milky; ✶ lacteal, milk-...; **laitier, -ère** [~'tje, ~'tjɛːr] **1.** *adj.* milk-...; dairy-...; **2.** *su./m* milk-man; ⊕ slag; *su./f* milk-woman; milkmaid; milk-cart.

laiton [le'tɔ̃] *m* (yellow) brass.

laitue ♀ [le'ty] *f* lettuce; ~ pommée cabbage-lettuce.

laïus F [la'jys] *m* speech.

lama[1] [la'ma] *m Buddhism*: lama.

lama[2] *zo.* [~] *m* llama.

lambeau [lã'bo] *m* shred, bit, scrap; rag.

lambin, e F [lã'bɛ̃, ~'bin] **1.** *adj.* dawdling, slow; **2.** *su.* dawdler; **lambiner** [~bi'ne] (1a) *v/i.* dawdle.

lambrequin [lãbrə'kɛ̃] *m* valance, pelmet.

lambris △ [lã'bri] *m wood*: wainscoting, panelling; *marble, stone*: wall-lining; **lambrissage** △ [lãbri'saːʒ] *m* wainscoting, panelling; *room*: lining; **lambrisser** △ [~'se] (1a) *v/t.* wainscot, panel; line (*a room*); plaster (*attic walls*).

lame [lam] *f metal*: thin plate, strip; *sword, razor, ♀ leaf, etc.*: blade; ⚡ accumulator etc.: plate; ⚓ wave;

feather: vane; *blind*: slat; (*metallic*) foil; **lamelle** [la'mɛl] *f* lamella; scale, flake; *metal*: thin sheet; *blind*: slat; ~s *pl.* à parquet steel shavings; **lamelleux, -euse** [~meˈlø, ~'løːz] fissile, F flaky; lamellate(d) (*fungus etc.*).

lamentable [lamã'tabl] deplorable, lamentable; grievous (*error*); pitiful; full of woe (*voice*); **lamentation** [~ta'sjɔ̃] *f* lamentation; **lamenter** [~'te] (1a) *v/t.*: se ~ lament, deplore (s.th., de qch.).

lamette [la'mɛt] *f metal*: small plate; small blade.

laminer [lami'ne] (1a) *v/t.* ⊕ laminate, roll (*metal*); calender (*paper*); throttle (*steam*); *fig.* reduce, cut down, curtail; **laminoir** ⊕ [~'nwaːr] *m* rolling mill; *fig.* passer au ~ put (*s.o.*) or go through the mill.

lampadaire [lãpa'dɛːr] *m street*: street lamp *or* light; *room*: standard lamp, *Am.* floor lamp; lamp post.

lampe [lãːp] *f* lamp; *radio*: valve; *telev.* tube; ~ à arc arc-light; ~ amplificatrice radio: amplifying valve; ⊕ ~ à souder blowlamp, blowtorch; ~ de chevet bedside lamp; ⚒ ~ de mineur safety-lamp; ~ de poche flashlamp, electric torch; ~ témoin pilot-lamp; ~ triode three-electrode lamp.

lampée [lã'pe] F *water etc.*: draught, *Am.* draft; *d'une seule* ~ at one gulp; **lamper** [~] (1a) *v/t.* gulp down, F swig (*a drink*).

lampion [lã'pjɔ̃] *m decorations*: fairy-light; Chinese lantern; **lampiste** [~'pist] *m* lamp-maker; lamplighter; F underling.

lamproie *icht.* [lã'prwa] *f* lamprey.

lampyre *zo.* [lã'piːr] *m* fire-fly, glow-worm.

lance [lãːs] *f* spear; lance; *waterhose*: nozzle; *railing*: spike; ~ d'incendie fire hose; ⊕ ~ hydraulique monitor; *fig.* rompre une ~ (or des ~s) avec cross swords with (s.o.); **lancée** [lã'se] *f* momentum; continuer sur sa ~ keep up the momentum (*a. fig.*); keep up, be (still) going strong.

lance-...: **~-eau** [lã'so] *m/inv.* water cannon; **~-flammes** ⚔ [lãsˈflaːm] *m/inv.* flame-thrower; **~-grenades** ⚔ [~grə'nad] *m/inv.* grenade-thrower; **lancement** [~'mã] *m* throwing; *Am. baseball*: pitch; ⚓ launching (*a. rocket, a. fig.*); bomb-

largesse

releasing; *propeller:* swinging; ✈ floating; *propeller* [lå'se] **1.** (1k) *v/t.* throw, fling, hurl; *Am. baseball:* pitch (*a ball*); launch (♨, ✈ *an article, a rocket,* fig. *an attack, a.* fig. *a person*); ♨ fire (*a torpedo*); utter (*an oath*); emit (*smoke, steam*); set (*a dog on s.o.*); ⚡ switch on; *mot.* start; ☒ swing (*the propeller*); ✈ float (*a company*); *fig.* crack (*a joke*); se ~ rush, dash, dart; *fig.* se ~ dans go or launch (out) into; **2.** *su./m sp.* throw; **lance-torpilles** ♨ [låstɔr'pi:j] *m/inv.* torpedo tube.

lancette ♟, ♨ [lå'sɛt] *f* lancet.

lanceur *m*, **-euse** *f* [lå'sœ:r, ~'sø:z] thrower; *cricket:* bowler; *Am. sp. baseball:* pitcher; ✈ promoter, floater; *fig.* initiator; **lancier** ☒ [~'sje] *m* lancer.

lancinant, e [låsi'nå, ~'nå:t] shooting, throbbing (*pain*).

landau, *pl.* **-s** [lå'do] *m* pram, *Am.* baby carriage; landau.

lande [lå:d] *f* heath, moor.

langage [lå'ga:ʒ] *m* language; speech; ~ chiffré coded text.

lange [lå:ʒ] *m* baby's napkin; ~s *pl.* swaddling-clothes (*a.* fig.).

langoureux, -euse [lågu'rø, ~'rø:z] languid, languishing.

langouste *zo.* [lå'gust] *f* lobster; F crayfish.

langue [lå:g] *f* tongue; language; ~ d'arrivée target language; ~ de départ source language; ~ maternelle native language, mother tongue; ~ verte slang; avoir la ~ bien pendue have a glib tongue; de ~ anglaise English-speaking (*country*); donner sa ~ aux chats give up (*a riddle etc.*); ne pas avoir sa ~ dans sa poche have a quick or ready tongue; **languette** [lå'gɛt] *f metal, wood:* small tongue; strip; *shoe, ♨ joint,* a. ♪: tongue; ⊕ feather; *balance:* pointer.

langueur [lå'gœ:r] *f* languor; listlessness.

languir [lå'gi:r] (2a) *v/i.* languish, pine; *thea.* drag; *fig.,* ✝ be dull; **languissant, e** [~gi'så, ~'så:t] languid, listless; languishing (*look etc.*); ✝ dull.

lanière [lå'njɛ:r] *f* thong, lash.

lansquenet [låskə'nɛ] *m* lansquenet (*a. card game*).

lanterne [lå'tɛrn] *f* lantern; *opt.* ~ à projections slide projector; ~ rouge

rear light; *fig.* tail-ender; ~ vénitienne Chinese lantern; **lanterneau** [låtɛr'no] *m* ♨ staircase: skylight; ♨ *Am.* monitor roof; **lanterner** F [~'ne] (1a) *v/i.* dawdle; *v/t.* put (*s.o.*) off; pester (*s.o.*); **lanternier** [~'nje] *m* lantern-maker; lamp-lighter.

lanugineux, -euse ♣ [lanyʒi'nø, ~'nø:z] downy.

lapalissade [lapali'sad] *f* truism, glimpse of the obvious.

laper [la'pe] (1a) *v/t.* lap.

lapereau [la'pro] *m* young rabbit.

lapidaire [lapi'dɛ:r] *adj., a. su./m* lapidary; **lapidation** [~da'sjõ] *f* stoning; **lapider** [~'de] (1a) *v/t.* stone to death; F throw stones at; *fig.* hurl (*abuse etc.*); **lapidifier** [~di'fje] (1o) *v/t.* petrify.

lapin, e [la'pɛ̃, ~'pin] *su./m* rabbit; F chap; ~ de choux (or domestique) tame rabbit; ~ de garenne wild rabbit; ~ mâle buck rabbit; ✝ peau f de ~ cony; F poser un ~ à q. fail to turn up; *su./f* doe; **lapinière** [~pi-'njɛ:r] *f* rabbit-hutch; rabbit-warren.

lapis(-lazuli) [la'pis, ~pislazy'li] *m min.* lapis lazuli; *colour:* bright blue.

lapon, -onne [la'põ, ~'pɔn] **1.** *adj.* Lapp(ish); **2.** *su./m ling.* Lapp(ish); *su.* ♀ Laplander, Lapp.

laps [laps] *m:* ~ de temps lapse or space of time; **lapsus** [la'psys] *m pen, tongue:* slip; *memory:* lapse.

laque [lak] *su./f* lac; *paint.* lake; hair spray; *su./m* lacquer; **laquer** [la'ke] (1m) *v/t.* lacquer, japan.

laquelle [la'kɛl] *see* lequel.

larbin F [lar'bɛ̃] *m* flunkey.

larcin 🕮 [lar'sɛ̃] *m* larceny; pilfering.

lard [la:r] *m* bacon; back-fat; F faire du ~ grow stout; **larder** [lar-'de] (1a) *v/t. cuis.* (inter)lard (*a.* fig.); *fig.* assail (with, de); **lardoire** [~'dwa:r] *f cuis.* larding-pin; ♨ *pile:* shoe; **lardon** [~'dõ] *m cuis.* piece of larding bacon; *fig.* cutting remark, jibe; F kid, baby; **lardonner** [~dɔ'ne] (1a) *v/t. cuis.* cut (*bacon*) into strips; *fig.* taunt.

large [larʒ] **1.** *adj.* broad; wide; big, ample; loose-fitting (*suit etc.*); **2.** *adv.* broadly; **3.** *su./m* breadth, width; room, space; ♨ open sea; offing; au ~! keep away!; **largesse** [lar'ʒɛs] *f* liberality; bounty, largesse; **largeur** [ʌˈʒœːr] f breadth, width; ⚓ arch: span; ~ d'esprit broadness of mind.

largue ⚓ [larg] slack (rope); free, large (wind); **larguer** [larˈge] (1m) v/t. ⚓ let go or cast off (a rope); unfurl (a sail); ✗ release (bombs); drop (a. fig.); ⸙ fig. chuck up (one's job etc.), chuck (out) (principles etc.).

larme [larm] f tear; teardrop; fig. drop; fig. ~s pl. de crocodile crocodile tears; **larmier** [larˈmje] m ⚓ dripstone; anat. eye: corner; **larmoyant, e** [larmwaˈjɑ̃, ~ˈjɑ̃ːt] weeping; tearful; pej. maudlin; **larmoyer** [~ˈje] (1h) v/i. fig. pej. weep.

larron [laˈrɔ̃] m † thief; s'entendre comme ~ s en foire be as thick as thieves.

larve biol. [larv] f larva, grub.

laryngite ✚ [larɛ̃ˈʒit] f laryngitis; **laryngoscope** ✚ [~gɔsˈkɔp] m laryngoscope; **laryngotomie** ✚ [~gɔtɔˈmi] f laryngotomy; **larynx** anat. [laˈrɛ̃ːks] m larynx.

las, lasse [lɑ, lɑːs] tired, weary.

lascar [lasˈkaːr] m lascar; F (smart) fellow.

lascif, -ve [laˈsif, ~ˈsiːv] lascivious, lewd; **lasciveté** [~sivˈte] f lasciviousness, lewdness.

lasser [lɑˈse] (1a) v/t. tire; fig. exhaust; se ~ grow weary (of, de); **lassitude** [~siˈtyd] f weariness, lassitude.

latent, e [laˈtɑ̃, ~ˈtɑ̃ːt] ✚, phys., phot., etc. latent; fig. concealed.

latéral, e, m/pl. -aux [lateˈral, ~ˈro] lateral; side-...

latin, e [laˈtɛ̃, ~ˈtin] **1.** adj. Latin; ⚓ lateen (sail); les nations f/pl. ~es the Latin peoples; **2.** su./m ling. Latin.

latitude [latiˈtyd] f geog., fig. latitude; fig. freedom; geog. par 10° de ~ Sud in latitude 10° South.

latrines [laˈtrin] f/pl. latrines.

latte [lat] f lath; floor: board; **latter** [laˈte] (1a) v/t. lath; ⊕ lag; **lattis** [~ˈti] m lathwork.

laudanum [lodaˈnɔm] m laudanum.

laudatif, -ve [lodaˈtif, ~ˈtiːv] laudatory.

lauréat, e [lɔreˈa, ~ˈat] **1.** adj. laureate; **2.** su. laureate, prize-winner.

laurier ♧, a. fig. [lɔˈrje] m laurel; ~-rose pl. ~s-roses ♧ [~rjeˈroːz] m common oleander.

lavable [laˈvabl] washable; ~ en ma-

chine machine-washable; **lavabo** [~vaˈbo] m wash-stand; lavatory; ✗ baths pl.; **lavage** [~ˈvaːʒ] m washing; pol. ~ de cerveau brain-washing; terre f de ~ alluvium; faire (subir) un ~ de cerveau à q. brainwash s.o.

lavande ♧ [laˈvɑ̃ːd] f lavender.

lavandière [lavɑ̃ˈdjɛːr] f washerwoman; laundress; **lavasse** F [~ˈvas] f watery soup; slops pl., dishwater, hog-wash.

lave geol. [laːv] f lava.

lave-glace, pl. lave-glaces [lavˈglas] m windscreen (Am. windshield) washer; **lave-mains** [~ˈmɛ̃] m/inv. hand-basin; **lavement** [~ˈmɑ̃] m eccl. washing; ✚ enema; **laver** [laˈve] (1a) v/t. wash; scrub (a. ✗ ⊕); bathe (a wound); fig. clear; F ~ la tête à tell (s.o.) off, Am. call (s.o.) down; **laverie** [lavˈri] f launderette; **lavette** [~ˈvɛt] f dish-mop; dish-cloth; **laveur, -euse** [~ˈvœːr, ~ˈvøːz] su. person: washer; ⊕, ✗ gas: scrubber; su./m ⊕ scrubber; su./f washing-machine; **lave-vaisselle** [lavvɛˈsɛl] m/inv. dish washer; **lavis** paint. [laˈvi] m washing; wash-tint; wash-drawing; **lavoir** [~ˈvwaːr] m wash-house, ✗ washing-plant; ~ de cuisine scullery; **lavure** [~ˈvyːr] f (a. ~ de vaisselle) dishwater.

laxatif, -ve ✚ [laksaˈtif, ~ˈtiːv] adj., a. su./m laxative, aperient; **laxisme** [laˈksism] m laxity, laxness; **laxité** [laksiˈte] f laxity.

layette [lɛˈjɛt] f packing-case; (baby's) layette, baby-linen.

lazaret ⚓ [lazaˈrɛ] m lazaret(to) (a. = quarantine station).

lazulite min. [lazyˈlit] f see lapis (-lazuli).

le m, la f, les pl. [lə, la, le] **1.** art./def. the; **2.** pron./pers. him, her, it; pl. them.

lé [le] m tex. width, breadth; ⚓ tow-path.

leader pol., journ., sp. [liˈdœːr] m leader.

lèche [lɛʃ] f F bread etc.: thin slice; sl. faire de la ~ à suck up to; ~-cul V [~ˈky] m/inv. arse-crawler; ~-frite [~ˈfrit] f dripping-pan.

lécher [leˈʃe] (1f) v/t. lick; fig. over-polish, elaborate (one's style); **lécheur, -euse** f [~ˈʃœːr, ~ˈʃøːz] † gourmand; pej. toady; **lèche-vitrines** F [lɛʃviˈtrin] m/inv. window-shopping; *faire du ~* go window-shopping, window-shop.

leçon [ləˈsɔ̃] *f* reading; *school, a. fig.:* lesson; *univ.* lecture; *~ particulière* private lesson.

lecteur *m*, **-trice** [lɛkˈtœ:r, ~ˈtris] reader; *univ.* foreign assistant; *typ.* proof-reader; **lecture** [~ˈty:r] *f* reading (*a. parl., a.* ⊕); reading matter; *avoir de la ~* be well read; *faire la ~ à q.* read to s.o.

ledit *m*, **ladite** *f, a. eccl.* [ləˈdi, laˈdit]; **lesdits** *m/pl.*, **lesdites** *f/pl.* [ləˈdi, laˈdit, leˈdi, leˈdit] *adj.* the aforesaid, the above-mentioned, the said ...

légal, e *m/pl.* **-aux** [leˈgal, ~ˈgo] legal; forensic (*medicine*); *monnaie f ~e* legal tender; **légaliser** [legaliˈze] (1a) *v/t.* legalize; attest, certify (*a declaration, a signature*); **légalité** [~ˈte] *f* legality, lawfulness.

légat *hist., a. eccl.* [leˈga] *m* legate; **légataire** ⚖ [legaˈtɛ:r] *su.* legatee; heir; *~ universel* residuary legatee; **légation** *eccl., pol.* [~ˈsjɔ̃] *f* legation.

légendaire [leʒɑ̃ˈdɛ:r] **1.** *adj.* legendary; F epic (*struggle, people*); **2.** *su./m* legendary; **légende** [~ˈʒɑ̃:d] *f* legend (*a. coins, illustrations, etc.*); *typ.* caption; *diagram, map, etc.:* key.

léger, -ère [leˈʒe, ~ˈʒɛ:r] light (*a. wine*); slight (*error, pain*); weak (*tea, coffee*); mild (*beer, tobacco*); *fig.* flighty (*conduct, woman*); free (*talk*); *à la légère* lightly; unthinkingly, too hastily; *prendre à la légère a.* make light of; **légèreté** [leʒɛrˈte] *f* lightness *etc.*, see *léger*.

légion [leˈʒjɔ̃] *f* ✗ *etc.* legion; *fig.* host; *~ d'Honneur* Legion of Hono(u)r; *✗ ~ étrangère* Foreign Legion; **légionnaire** [~ʒjɔˈnɛ:r] *m hist.* legionary; *✗* soldier of the Foreign Legion; member of the Legion of Hono(u)r.

législateur *m*, **-trice** *f* [leʒislaˈtœ:r, ~ˈtris] legislator; **législatif, -ve** [~ˈtif, ~ˈti:v] *adj.* legislative; **législation** [~ˈsjɔ̃] *f* legislation; law; **législature** [~ˈty:r] *f* legislature; period of office of a legislative body; **légiste** [leˈʒist] **1.** *su./m* legist, jurist; **2.** *adj.: médecin m ~* medical expert.

légitimation [leʒitimaˈsjɔ̃] *f* child: legitimation; official recognition;

légitime [~ˈtim] **1.** *adj.* legitimate, lawful; *fig.* justifiable; sound (*inference*); *~ défense f* self-defence; **2.** *su./f* ⚖ child's portion; *sl.* wife; **légitimer** [~tiˈme] (1a) *v/t.* legitimate; *fig.* justify; *admin.* recognize; **légitimité** [~timiˈte] *f* legitimacy; lawfulness.

legs [lɛ] *m* legacy; bequest; **léguer** [leˈge] (1s) *v/t.* bequeath (*a. fig.*), leave.

légume [leˈgym] *m* vegetable; ♀ pod; **légumier, -ère** [legyˈmje, ~ˈmjɛ:r] **1.** *adj.* vegetable...; **2.** *su./m* vegetable dish; **légumineux, -euse** ♀ [~miˈnø, ~ˈnø:z] **1.** *adj.* leguminous; **2.** *su./f* leguminous plant.

lendemain [lɑ̃dˈmɛ̃] *m* next day, day after; *fig.* morrow; *fig.* future; *fig.* consequences; *le ~ matin* the next morning; *fig. sans ~* short-lived.

lénifier *✗* [leniˈfje] (1o) *v/t.* soothe, assuage, alleviate; **lénitif, -ve** *✗* [~ˈtif, ~ˈti:v] **1.** *adj.* lenitive, soothing; **2.** *su./m* lenitive.

lent, lente [lɑ̃, lɑ̃:t] slow; slow-burning (*powder*).

lente [lɑ̃:t] *f louse:* nit.

lenteur [lɑ̃ˈtœ:r] *f* slowness; *~s pl.* slowness *sg.*; dilatoriness *sg.*

lentille [lɑ̃ˈti:j] *f* ♀ lentil; *opt.* lens; ⊕, *clock* pendulum: bob, ball; *~s pl. face:* freckles, spots; *opt. ~s pl. cornéennes* contact lenses.

léonin, e [leoˈnɛ̃, ~ˈnin] leonine; *fig. part f ~e* lion's share; **léopard** *zo.* [~ˈpa:r] *m* leopard.

lépidoptères [lepidɔpˈtɛ:r] *m/pl.* lepidoptera.

lèpre *✗* [lɛpr] *f* leprosy (*a. fig.*); **lépreux, -euse** *✗* [leˈprø, ~ˈprø:z] **1.** *adj.* leprous; **2.** *su.* leper; **léproserie** *✗* [~prozˈri] *f* leper-hospital.

lequel *m*, **laquelle** *f*, **lesquels** *m/pl.*, **lesquelles** *f/pl.* [ləˈkɛl, laˈkɛl, leˈkɛl] **1.** *pron./rel.* who, whom, which; **2.** *pron./interr.* which (one)?; **3.** *adj.* which.

lérot *zo.* [leˈro] *m* garden dormouse, leriot.

les [le] *see* le.

lès [lɛ] *prp.* near ... (*only in place names*).

lesbienne [lɛsˈbjɛn] *f* lesbian.

lèse-majesté *✗* [lɛzmaʒɛsˈte] *f* high treason, lese-majesty; **léser** [leˈze] (1f) *v/t.* wrong (*s.o.*); injure (*a. fig. s.o.'s pride*); *fig.* damage.

lésine [le'zin] f stinginess; **lésiner** [~zi'ne] (1a) v/i. be stingy; ~ sur haggle over; **lésinerie** [~zin'ri] f stinginess.

lésion [le'zjɔ̃] f injury (a. 🏛️); lesion.

lessivage [lɛsi'va:ʒ] m washing; ⊕ boiler: cleaning; ⊕, 🜨 leaching; **lessive** [~'si:v] f wash(ing); ✝ washing powder; faire la ~ do the laundry; jour m de ~ washing-day; **lessivé, e** F [lesi've] washed out, all in; **lessiver** [~] (1a) v/t. wash, scrub (the floor); clean (a boiler); ⊕, 🜨 leach; sl. clean (s.o.) out.

lest ⚓ [lest] m ballast.

leste [~] light, nimble, agile; fig. unscrupulous; fig. broad (humour).

lester [lɛs'te] (1a) v/t. ballast; weight (a net).

léthargie [letar'ʒi] f lethargy; **léthargique** [~'ʒik] lethargic.

letton, -onne [lɛ'tɔ̃, ~'tɔn] 1. adj. Lettonian; geog. Latvian; 2. su./m ling. Lettish; su. ♀ Lett.

lettre [lɛtr] f letter; ~s pl. literature sg., letters; 🏛️ ~s pl. de procuration letters of procuratory; ~s pl. patentes letters patent; ~ chargée (or recommandée) f post: registered letter; hist. ~ de cachet order under the king's private seal; ✝ ~ de change bill of exchange; ~ de commerce business letter; pol. ~ de créance credentials pl.; ~ de crédit letter of credit; ~ de faire-part notice (of wedding etc.); ~ de voiture way-bill, consignment note; à la ~, au pied de la ~ literally; en toutes ~s in full; homme m (femme m) de ~s man (woman) of letters; lever les ~s post: collect the post; F passer comme une ~ à la poste go off smoothly; go through easily; **lettré, e** [lɛ'tre] well-read, literate.

leu [lø] m: à la queue ~ in single file.

leur [lœːr] 1. adj./poss. their; 2. pron./pers. them; (to) them; 3. pron./poss.: le (la) ~, les ~s pl. theirs, their own; 4. su./m theirs, their own; les ~s pl. their (own) people.

leurre [lœːr] m fish, a. fig.: bait; fig. illusion, deception; **leurrer** [lœ're] (1a) v/t. bait (a fish); decoy; allure; fig. deceive, delude, take in; se ~ delude o.s.

levage [lə'va:ʒ] m hoisting; raising; dough: rising; appareil m de ~ hoist.

levain [lə'vɛ̃] m yeast; leaven (a. fig.).

levant [lə'vɑ̃] m east; **levantin, e** [~vɑ̃'tɛ̃, ~'tin] adj., a. su. ♀ Levantine.

levé [lə've] m 🎵 up beat; surv. survey; **levée** [~'ve] f thing, 🜨 siege: raising; thing, ban, embargo; meeting: closing; 🏛️ court: rising; levy(ing); embankment, causeway; post: collection; 🜨 camp: striking; ⚓ anchor: weighing, sea: swell; removal; ⊕ piston: travel, cam, valve: lift, cam, cog; cards: trick; **lever** [~'ve] 1. (1d) v/t. lift; raise (a. 🜨); adjourn, close (a meeting); levy (🜨, a. taxes); shrug (one's shoulders); post: collect; post: clear (a letter-box); 🜨 etc. strike (a. camp); ⚓ weigh (anchor); remove (a bandage, a difficulty, a doubt); cards: pick up (a trick); se ~ rise, stand up; clear (weather); v/i. 🌱 shoot; rise (dough); 2. su./m person, thing, sum: rising; thea. curtain: rise; (royal) levee; surv. surveying; **lève-tard** [lɛv'taːr] su./inv. late riser; **lève-tôt** [lɛv'to] su./inv. early riser.

levier [lə'vje] m lever; mot. ~ du changement de vitesse gear lever.

levraut [lə'vro] m leveret, young hare.

lèvre [lɛːvr] f lip (a. 🌱); crater: rim; geol. fault: wall; ~s pl. wound: lips; se mordre les ~s d'avoir parlé regret having spoken.

levrette [lə'vrɛt] f greyhound bitch; **lévrier** [le'vrje] m greyhound.

levure [lə'vyːr] f yeast; ~ artificielle baking-powder.

lexicographe [lɛksiko'graf] m lexicographer; **lexicographie** [~gra'fi] f lexicography.

lez [le] see lès.

lézard [le'zaːr] m zo. lizard; fig. idler, lounger; faire le ~ bask in the sun; **lézarde** [~'zard] f chink, crevice, crack; **lézarder** [~zar'de] (1a) v/t. crack, split; v/i. F bask in the sun; F lounge.

liage [lja:ʒ] m binding, tying, fastening; **liaison** [ljɛ'zɔ̃] f ✝ joining; connection (a. ✝); relationship; contact; dealings pl.; fig. link; 🔺 mortar, cement; 🜨, gramm. liaison (a. = intimacy); 🎵 slur; **liant, liante** [ljɑ̃, ljɑ̃:t] 1. adj. elastic; good-natured, sociable; 2. su./m sociability; flexibility, springiness; 🔺 binding agent.

liarder † [ljarˈde] (1a) *v/i.* pinch and scrape; count every halfpenny.

liasse [ljas] *f* bundle, packet; wad.

libation [libaˈsjɔ̃] *f* libation; **F** *faire d'amples ~s* drink deeply.

libelle [liˈbɛl] *m* lampoon; ✝⅟₂ libel; **libeller** [libɛlˈle] (1a) *v/t.* draw up (*a cheque, a document*); make out (*a cheque*); **libelliste** [⌂ˈlist] *m* lampoonist.

libellule *zo.* [libelˈlyl] *f* dragon-fly, (devil's) darning-needle.

liber ♀ [liˈbeːr] *m* bast, inner bark.

libéral, e, *m/pl.* **-aux** [libeˈral, ⌂ˈro] 1. *adj.* liberal; broad; generous; 2. *su./m* liberal; **libéralisme** *pol.* [liberaˈlism] *m* liberalism; **libéralité** [⌂liˈte] *f* liberality; *fig.* generosity; **libérateur, -trice** [⌂teˈtœːr, ⌂ˈtris] 1. *adj.* liberating; 2. *su.* liberator, deliverer; rescuer; **libération** [⌂sjɔ̃] *f* liberation; ⅟₂ discharge (*a.* ✗), release; ✝ payment in full; **libérer** [libeˈre] (1f) *v/t.* liberate; set free; ✗ discharge; ✗ exempt from military service; ✝ free (*s.o. of a debt*); *se ~ de* free o.s. from; ✝ liquidate (*a debt*); **libertaire** [liberˈtɛːr] *su. a. adj.* libertarian; **liberté** [⌂ˈte] *f* liberty, freedom; ⊕ *piston:* clearance; *~ de la presse* freedom of the press; *~ religieuse* freedom of worship; *prendre des ~ avec* take liberties with; *prendre la ~ de* (*inf.*) take the liberty of (*ger.*).

libertin, e [⌂ˈtɛ̃, ⌂ˈtin] 1. *adj.* dissolute; licentious; 2. *su.* libertine; **libertinage** [⌂tiˈnaːʒ] *m* dissolute behavio(u)r *or* ways *pl.*; licentiousness.

libidineux, -euse [libidiˈnø, ⌂ˈnøːz] lewd, lustful; **libido** *psych.* [⌂ˈdo] *f* libido.

libraire [liˈbrɛːr] *su.* bookseller; **~-éditeur,** *pl.* **~s-éditeurs** [⌂brɛredi-ˈtœːr] *m* publisher; **librairie** [⌂brɛ-ˈri] *f* bookshop; book-trade; publishing house.

libre [libr] free; clear (*passage etc.*); independent (*school*); temps *m* ~ spare time; *~ à vous de* (*inf.*) you are welcome *or* at liberty to (*inf.*); *teleph.* pas *~* line engaged, *Am.* line busy; **~-échange** [libreˈ|ãːʒ] *m* free(-)trade; **~-échangiste** [⌂ãˈʒist] *m* free-trader; **~-service,** *pl.* **~s-services** [libraserˈvis] *m* self-service; self-service store *or* restaurant, *etc.*

librettiste *thea.* [libreˈtist] *m* librettist; **libretto** *thea.* [⌂ˈto] *m* libretto.

lice [lis] *f* † lists *pl.*; *fig. entrer en ~ contre* enter the lists against, have a tilt at.

licence [liˈsãːs] *f fig., a. admin.* licence; *univ.* degree of licentiate; *fig.* licentiousness; *~ poétique* poetic licence; *prendre des ~s* take liberties with; **licencié m, e** *f* [lisãˈsje] licentiate; *univ.* bachelor (*of arts etc.*); ✝ licensee; **licenciement** ✗ *etc.* [⌂siˈmã] *m* disbanding; **licencier** [⌂ˈsje] (1o) *v/t.* disband; ⊕ lay off (*workmen*); **licencieux, -euse** [⌂ˈsjø, ⌂ˈsjøːz] licentious.

lichen ♀ [liˈkɛn] *m* lichen.   [(up).}

licher *sl.* [liˈʃe] (1a) *v/t.* lick; drink.}

licite [liˈsit] licit, lawful.

licol [liˈkɔl] *m* halter.

licorne [liˈkɔrn] *f* ⊘, *myth.* unicorn; *icht.* ~ de mer narwhal.

licou [liˈku] *m see* licol.

lie [li] *f* lees *pl.*; dregs *pl.* (*a. fig.*).

liège [ljɛːʒ] *m* ♀ cork oak; cork; float; **liégeux, -euse** [ljeˈʒø, ⌂ˈʒøːz] cork-like.

lien [ljɛ̃] *m* tie (*a.* ⊕), bond, link; ⊕ *metal:* strap, band; *~s pl.* chains; ⊕ *pipe:* collar; **lier** [lje] (1o) *v/t.* bind (*a.* ⅟₂), fasten, tie; connect, link (*ideas, questions, topics*); *cuis.* thicken (*a sauce*); *~ connaisance avec* strike up an acquaintance with; *se ~ avec* make friends with.

lierre ♀ [ljɛːr] *m* ivy.

liesse [ljes] *f* rejoicing, jollity.

lieu [ljø] *m* place; locality; spot; *fig.* grounds *pl.*, reason, cause; ♉ locus; site; *~x pl.* premises; *~x pl.* (*d'aisance*) privy *sg.*, toilet *sg.*; *gramm. ~x pl.* communs commonplaces; *au ~ de* instead of; *au ~ que* whereas; *avoir ~* take place, occur; *donner ~ à* give rise to; *en haut ~* in high places; *en premier ~* in the first place, first of all; *il y a (tout) ~ de* (*inf.*) there is (every) reason for (*ger.*); *sur les ~x* on the premises; **F** on the spot.

lieue [ljø] *f measure:* league.

lieur, -euse [ljœːr, ljøːz] *su. person:* binder; *su./f* (*mechanical*) binder.

lieutenance [ljøtˈnãːs] *f* lieutenancy; **lieutenant** [⌂ˈnã] *m* ✗ lieutenant; ⚓ *~ de vaisseau* lieutenant; *~-colonel* ✗ lieutenant-colonel; ✈ wing-commander.

lièvre zo. [lje:vr] m hare.

liftier [lif'tje] m lift boy, Am. elevator operator.

ligament anat. [liga'mã] m ligament; **ligamenteux, -euse** [‿mã‿'tø, ‿'tø:z] ligamentous; **ligature** [‿'ty:r] f binding, tying; ♪, typ. ligature; ♫, ⚡ splice; ♪ tie; **ligaturer** [‿ty're] (1a) v/t. bind; ♫ ligature; ♪ tie.

lignage [li'na:ʒ] m lineage; **lignard** ⚔ F [‿'na:r] m soldier of the line, infantryman; **ligne** [liɲ] f line, row; ⚔ flight; geog. the equator; (‿ de pêche fishing (Am. fish) line; ‿ aérienne ⚡ overhead line; airline; à la ‿! new paragraph!, indent!; F elle a de la ‿ she has a good figure; the dernière ‿ droite home straight or stretch; ⚫ grande ‿ main line; hors ‿ incomparable; lire entre les ‿s read between the lines; pêcher à la ‿ angle; **lignée** [li'ne] f line(age); stock; descendants pl.

ligneux, -euse [li'nø, ‿'nø:z] ligneous, woody; **lignifier** [‿ɲi'fje] (1o) v/t. a. se ‿ turn into wood; **lignite** min. [‿'nit] m lignite, brown coal.

ligoter [ligo'te] (1a) v/t. tie up.

ligue [lig] f league; **liguer** [li'ge] (1m) v/t. league; **ligueur** hist. [‿'gœ:r] m leaguer.

lilas ♀ [li'la] su./m, a. adj./inv. lilac.

limace [li'mas] f zo. slug; ⊕ Archimedean screw; **limaçon** [‿ma'sõ] m zo. snail; anat. cochlea; ‿ de mer periwinkle; escalier m en ‿ spiral staircase.

limaille ⊕ [li'ma:j] f filings pl.

limande [li'mã:d] f icht. dab; ⊕ graving piece.

limbe [lɛ:b] m astr. rim; ⚡, ♀ limb; ♀ leaf: lamina; eccl. ‿s pl. limbo sg.; fig. dans les ‿s rather vague, in the air.

lime ⊕ [lim] f file; ‿ à ongles nailfile; ‿ d'émeri emery board; enlever à la ‿ file (s.th.) off; **limer** [li'me] (1a) v/t. file; fig. polish; **limeuse** ⊕ [‿'mø:z] f filing-machine.

limier [li'mje] m zo. bloodhound; F sleuth.

limitatif, -ve [limita'tif, ‿'ti:v] limiting, restrictive; **limitation** [‿'sjõ] f limitation, restriction; ‿ des naissances birth-control; **limite** [li'mit] 1. su./f limit; boundary (a. sp.); ‿ d'élasticité elastic limit, tensile

strength; sans ‿ de durée a. openend(ed); 2. adj.: cas m ‿ border-line case; vitesse f ‿ maximum speed, speed limit; **limiter** [limi'te] (1a) v/t. limit; restrict; **limitrophe** [‿'trɔf] (de) adjacent (to); bordering (on); pays m ‿ borderland.

limoger [limo'ʒe] (1l) v/t. supersede (a general etc.); dismiss.

limon[1] [li'mõ] m mud, slime, alluvium.

limon[2] [‿] m cart etc.: shaft; △ string-board.

limon[3] ♀ [li'mõ] m sour lime; **limonade** [limo'nad] f lemonade; **limonadier** m, -ère [‿na'dje, ‿'dje:r] bar-keeper; dealer in soft drinks, Am. soda-fountain keeper.

limoneux, -euse [limo'nø, ‿'nø:z] muddy (water); geol. alluvial; ♀ growing in mud; bog-...

limousine [limu'zin] f rough woollen coat or cloak; mot. † limousine; **limousiner** △ [‿zi'ne] (1a) v/t. build in rubble work.

limpide [lɛ̃'pid] clear, transparent, limpid; **limpidité** [‿pidi'te] f limpidity; clarity.

lin [lɛ̃] m ♀ flax; tex. linen; **linaire** ♀ [li'nɛ:r] f linaria, ♀ toad-flax; **linceul** [lɛ̃'sœl] m shroud.

linéaire [line'ɛ:r] linear; ⊕ dessin m ‿ geometrical drawing; mesure f ‿ measure of length; **linéament** [‿a'mã] m feature (a. fig.).

linette ♀ [li'net] f linseed.

linge [lɛ̃:ʒ] m linen, calico; ‿ de corps underwear; ‿ de table table linen; ‿ sale dirty linen (a. fig.); **linger** m, -ère [lɛ̃'ʒe, ‿'ʒe:r] su. linen-draper; su./f wardrobe keeper; seamstress; **lingerie** [lɛ̃ʒ'ri] f underwear; † linen-drapery; linen-trade; linen-room.

lingot metall. [lɛ̃'go] m ingot; **lingotière** metall. [‿gɔ'tjɛ:r] f ingot-mo(u)ld.

lingual, e, m/pl. -aux [lɛ̃'gwal, ‿'gwo] lingual; **linguiste** [‿'gɥist] su. linguist; **linguistique** [‿gɥis'tik] 1. adj. linguistic; 2. su./f linguistics sg.

linier, -ère [li'nje, ‿'njɛ:r] 1. adj. linen...; flax...; 2. su./f flax-field.

liniment ⚕ [lini'mã] m liniment.

linoléum [linɔle'ɔm] m linoleum; oilcloth.

linon tex. [li'nõ] m lawn; buckram.

littoral

linotte *orn.* [li'nɔt] *f* linnet; red poll; F **tête** *f* de ~ feather-brain.

linteau △ [lɛ̃'to] *m* lintel.

lion [ljɔ̃] *m* lion (*a.* F); F celebrity; *astr.* le ♀ Leo, the Lion; *fig. part* f du ~ lion's share; **lionceau** [ljɔ̃-'so] *m* lion cub; **lionne** [ljɔn] *f* lioness.

lippe [lip] *f* thick lower lip; F *faire* la ~ pout; **lippée** † [li'pe] *f* feast; **lippu, e** [~'py] thick-lipped.

liquéfaction ⚗ etc. [likefak'sjɔ̃] *f* liquefaction; **liquéfier** ⚗ etc. [~'fje] (1o) *v/t.* liquefy; reduce to the liquid state; se ~ liquefy.

liquette F [li'kɛt] *f* shirt.

liqueur [li'kœːr] *f* liquor, drink; liqueur; ⚗ solution, liquid.

liquidateur ♯♯ [likida'tœːr] *m* liquidator; **liquidation** [~'sjɔ̃] *f* liquidation; ✝ *Stock Exchange:* settlement; ✝ clearance sale; ♯♯ † ~ *judiciaire* winding up.

liquide [li'kid] **1.** *adj.* liquid (*a.* gramm., a. ✝ *debt*); ready (*money*); *actif m* ~ liquid assets *pl.*; **2.** *su./m* liquid; drink; *su./f gramm.* liquid consonant; **liquider** [~ki'de] (1a) *v/t.* liquidate (*a. fig.*); ✝ settle (*an account, a. fig. a question*); ✝ sell off (*goods*); *fig.* get rid of; se ~ *avec* clear off one's debt to.

liquoreux, -euse [likɔ'rø, ~'røːz] liqueur-like; sweet (*wine*); **liquoriste** [~'rist] *m* wine and spirit merchant.

lire¹ [liːr] (4t) *v/i.* read (about, *sur*); *v/t.* read; *cela se lit sur votre visage* it shows in your face; *je vous lis difficilement* I have difficulty with your handwriting.

lire² [~] *f Italian currency:* lira.

lis ♀ [lis] *m* lily; ⊘ *fleur f de ~* fleur-de-lis.

liséré [lize're] *m* border, edging; piping, binding; **lisérer** [~] (1d) *v/t.* border, edge; pipe.

liseron ♀ [liz'rɔ̃] *m* bindweed, convolvulus.

liseur, -euse [li'zœːr, ~'zøːz] *su.* great reader; *su./f* reading stand; *book:* dust jacket; reading-lamp; *cost.* bed jacket; **lisibilité** [~zibili'te] *f* legibility; **lisible** [~'zibl] legible; *fig.* readable (*book*).

lisière [li'zjɛːr] *f tex.* selvedge, list; *field, forest:* edge; *country, field:* border; *fig.* leading-strings *pl.*

lisons [li'zɔ̃] *1st p. pl. pres. of lire¹.*

lissage [li'saːʒ] *m* ⊕ polishing; *metal:* burnishing.

lisse¹ [lis] smooth, polished; glossy.

lisse² ⚓ [~] *f* rail; *hull:* ribband.

lisser [li'se] (1a) *v/t.* smooth, polish; burnish (*metal*); glaze (*paper*); *bird:* preen (*its feathers*); se ~ become smoother; **lissoir** ⊕ [~'swaːr] *m* polishing-iron.

liste [list] *f* list; roll; register; ⚔ roster; ♯♯ jury: panel; ~ *civile* civil list; ~ *électorale* register of voters; ~ *noire* blacklist; *mettre sur la ~ noire* a. blacklist.

listeau [lis'to] *m,* **listel** [~'tɛl] *m* △ listel, fillet; coin: rim; ⚓ sheer rail.

lit [li] bed (*a.* △, ⊕, *river, etc.*); *river:* bottom; *geol.* layer, stratum; ~ de *camp* camp-bed; *hist.* ~ de *justice king's throne in old French parliament*; ~ de *mort* death-bed; ~ *d'enfant* cot; ~ de *plume* feather bed; *fig.* comfortable job; ⚓ du *vent* wind's eye; ~ *escamotable* folding-bed; *chambre f à deux ~s* twin-bedded room; *enfant m du second* ~ child of the second marriage; *faire* ~ à *part* sleep apart; *garder le* ~ be confined to one's bed.

litanie [lita'ni] *f* F litany; *eccl.* ~s *pl.* litany *sg.*; F *la même* ~ the old, old story; the same refrain.

liteau [li'to] *m* △ batten, rail; *tex.* stripe.

literie [li'tri] *f* bedding.

litho... [lito] litho...; **~graphe** [~'graf] *m* lithographer; **~graphie** [~gra'fi] *f* lithography; lithograph.

litière [li'tjɛːr] *f* litter; *fig.* faire ~ de trample underfoot.

litigant, e ♯♯ [liti'gɑ̃, ~'gɑ̃ːt] litigant; **litige** [~'tiːʒ] *m* dispute; ♯♯ (law-)suit; *en* ~ under dispute, at issue; **litigieux, -euse** [~ti'ʒjø, ~'ʒjøːz] litigious.

litre [litr] *m measure:* litre, *Am.* liter.

littéraire [lite'rɛːr] literary; **littéral, e, m/pl. -aux** [~'ral, ~'ro] literal (*a.* ♣); ♯♯ documentary (*evidence*); **littérateur** [~ra'tœːr] *m* man of letters; **littérature** [~'tyːr] *f* literature; ~ *professionnelle* technical literature.

littoral, e *m/pl.* **-aux** [lito'ral, ~'ro] **1.** *adj.* coastal, littoral; **2.** *su./m* coast-line; shore.

liturgie *eccl.* [lityr'ʒi] *f* liturgy; **liturgique** *eccl.* [~'ʒik] liturgical.

liure [ljy:r] *f* cart-load etc.: lashing.

livide [li'vid] livid; ghastly; **lividité** [~vidi'te] *f* lividness; ghastliness.

livrable † [li'vrabl] deliverable, ready for delivery; **livraison** [~vre-'zɔ̃] *f* † delivery; *book:* instalment; † ~ *à domicile* home delivery.

livre¹ [li:vr] *m* book; ⚓ ~ *de bord* log-book; ~ *de cuisine* cookery book, *Am.* cookbook; ~ *de raison* register; record; *pol.* ~ *jaune* (approx.) blue book; *à* ~ *ouvert* at sight; *tenir les* ~*s* keep the accounts; † *tenue f des* ~*s* book-keeping; *see* grand-livre.

livre² [~] *f money, weight:* pound.

livrée [li'vre] *f* livery; *coll.* servants *pl.*

livrer [~] (1a) *v/t.* deliver; give away (*a secret etc.*); ~ *à* give *or* hand over to, deliver up to; *se* ~ *à* give o.s. up to; confide in; indulge in; engage in; carry out; ⚔ ~ *bataille* give battle.

livret [li'vrɛ] *m* booklet; ♪ libretto; (*bank-*)book; *school:* record-book; (*student's*) handbook.

livreur † [li'vrœ:r] *m* delivery-man, delivery-boy; **livreuse** [li'vrø:z] *f* delivery-girl; delivery-van.

lobe [lɔb] *m* ♀, *anat.* lobe; ~ *de l'oreille* earlobe; **lobé, e** ♀ [lɔ'be] lobed, lobate; **lobule** ♀, *anat.* [~'byl] *m* lobule.

local, e, *m/pl.* **-aux** [lɔ'kal, ~'ko] **1.** *adj.* local; **2.** *su./m* premises *pl.*; site; room; **localiser** [lɔkali'ze] (1a) *v/t.* locate; localize; **localité** [~li'te] *f* locality, place; **locataire** [~'tɛ:r] *su.* tenant, occupier; ⚥ lessee; lodger; hirer; **locatif, -ve** [~'tif, ~'ti:v] rental; tenant's ...; *réparations f/pl.* ~*ves* repairs for which the tenant is liable; **location** [~'sjɔ̃] *f* hiring; letting, renting; tenancy; *thea. etc.* booking; ~ *de livres* lending-library; *bureau m de* ~ box-office; booking-office (*a.* ⚓); **location-vente,** *pl.* **locations-ventes** [~sjɔ̃'vɑ̃:t] *f* hire-purchase system.

loch ⚓ [lɔk] *m* log.

lock-out ⊕ [lɔ'kaut] *m/inv.* lock-out.

locomobile [lɔkɔmɔ'bil] **1.** *adj.* travelling; locomotive; **2.** *su./f* transportable steam-engine, locomobile; **locomotif, -ve** [~'tif, ~-

'ti:v] **1.** *adj.* ⊕, *a. physiol.* locomotive; transportable; **2.** *su./f* locomotive, engine; *fig.* pacemaker; *fig.* dynamic element; **locomotion** [~'sjɔ̃] *f* locomotion.

locuste *zo.* [lɔ'kyst] *f* locust.

locution [lɔky'sjɔ̃] *f* expression, phrase.

lof ⚓ [lɔf] *m* windward side; *sail:* luff; **lofer** ⚓ [lɔ'fe] (1a) *v/i.* luff.

loge [lɔ:ʒ] *f* hut; cabin; *freemason,* gardener, porter: lodge; *dog:* kennel; *thea.* box; *thea.* (*artist's*) dressing-room; ♀ cell, loculus; **logeable** [lɔ'ʒabl] fit for occupation (*house*); *mot.* comfortable; **logement** [lɔʒ-'mɑ̃] *m* lodging, housing; accommodation; ⚔ billeting; ⚔ quarters *pl.*; ⊕ bed, seating; † container; **loger** [lɔ'ʒe] (11) *v/t.* house; ⚔ billet, quarter; put; ⊕ fix, fit, set; *v/i.* lodge, live; ⚔ be quartered; ~ *en garni* live in lodgings; **logette** [~'ʒɛt] *f* small lodge; *thea.* small box; **logeur** [~'ʒœ:r] *m* landlord, lodging-house keeper; ♀ householder (*on whom a soldier is billeted*); **logeuse** [~'ʒø:z] *f* landlady.

logiciel [lɔʒi'sjɛl] *m computer:* software.

logicien *m,* **-enne** *f* [lɔʒi'sjɛ̃, ~'sjɛn] logician; **logique** [~'ʒik] **1.** *adj.* logical; **2.** *su./f* logic.

logis [lɔ'ʒi] *m* abode, home, dwelling; hostelry; *fig. la folle du* ~ imagination.

logistique(s) [lɔʒis'tik] *f/(pl.)* logistics *sg.*

loi [lwa] *f* law; rule; *mettre hors la* ~ outlaw; *parl. projet m de* ~ bill; *se faire une* ~ *de (inf.)* make a point of (*ger.*); ~**cadre,** *pl.* ~**s-cadres** [~'ka:dr] *f* skeleton law.

loin [lwɛ̃] *adv.* far, distant (from, de); ~ *de (inf.)* far from (*ger.*); *aller trop* ~ overdo it, go too far; *au* ~ far away; *bien* ~ very far; far back (*in the past*); further on (*in the book etc.*); *de* ~ at a distance; from afar; *de* ~ *en* ~ at long intervals, now and then; **lointain, e** [~'tɛ̃, ~'tɛn] **1.** *adj.* far (off), distant, remote; **2.** *su./m* distance; *dans le* ~ in the distance.

loir *zo.* [lwa:r] *m* dormouse.

loisible [lwa'zibl] permissible; *il lui est* ~ *de (inf.)* he is at liberty to (*inf.*); **loisir** [~'zi:r] *m* leisure; spare time; ~*s pl.* leisure activities; *à* ~ at leisure, leisurely.

lombaire *anat.* [lɔ̃'bɛ:r] lumbar; **lombes** *anat.* [lɔ̃:b] *m/pl.* lumbar region *sg.*; loins.

londonien, -enne [lɔ̃dɔ'njɛ̃, ~'njɛn] 1. *adj.* London ...; 2. *su.* ♀ Londoner.

long, longue [lɔ̃, lɔ̃:g] 1. *adj.* long; thin (*sauce*); ~ *à croître* slow-growing; **✝** *à* ~ *terme* long-dated (*bill*); *de longue main* well in advance; *être* ~ *à* (*inf.*) be long in (*ger.*); 2. *long adv.*: *fig. en dire* ~ speak volumes; *en savoir* ~ know a lot (about, *sur*); 3. *su./m* length; *de* ~ *en large* to and fro; *deux pieds de* ~ two feet long; *le* (*or au*) ~ *de* (all) along; *tomber de tout son* ~ fall full length; *su./f gramm.* long syllable; *cards*: long suit; *à la longue* in the long run; at length.

longanimité [lɔ̃ganimi'te] *f* forbearance; long-suffering.

long-courrier ✈ [lɔ̃ku'rje] *m* long-distance plane.

longe [lɔ̃:ʒ] *f* tether; *whip*: thong; longe; *cuis.* veal, venison: loin.

longer [lɔ̃'ʒe] (1l) *v/t.* pass or go along; skirt (*the coast, a wall*); **longeron** [lɔ̃ʒ'rɔ̃] *m* ⚙ stringer; longitudinal girder; ✈ *fuselage*: longeron, *wing*: spar.

longévité [lɔ̃ʒevi'te] *f* longevity, long life.

longitude *geog.* [lɔ̃ʒi'tyd] *f* longitude; **longitudinal, e,** *m/pl.* **-aux** [~tydi'nal, ~'no] longitudinal, lengthwise; ⚓ fore-and-aft.

longtemps [lɔ̃'tɑ̃] *adv.* long, a long time; *il y a* ~ long ago.

longueur [lɔ̃'gœ:r] *f* length (*a. sp.*); *fig. film, novel, etc.*: tedious passage; *à* ~ *de* all (*day, year, etc.*) long, throughout the (*day, year, etc.*); *for* (*days, years, etc.*); *phys.* ~ *d'onde radio*: wavelength; *a. fig. être sur la même* ~ *d'onde*(*s*) be on the same wavelength.

longue-vue, *pl.* **longues-vues** [lɔ̃g-'vy] *f* telescope, field-glass.

looping ✈ [lu'piŋ] *m* loop(ing); *faire un* ~ loop (the loop).

lopin [lɔ'pɛ̃] *m* ground: patch, plot.

loquace [lɔ'kwas] talkative; garrulous; **loquacité** [~kwasi'te] *f* loquacity, talkativeness.

loque [lɔk] *f* rag.

loquet [lɔ'kɛ] *m* latch; *knife*: clasp; **loqueteau** [lɔk'to] *m* catch, small latch.

loqueteux, -euse [lɔk'tø, ~'tø:z]

1. *adj.* ragged, in tatters; 2. *su.* tatterdemalion.

lorgner [lɔr'ne] (1a) *v/t.* ogle, leer at; *fig.* have one's eye on; stare at;
lorgnette [~'nɛt] *f* opera-glasses *pl.*; **lorgnon** [~'nɔ̃] *m* eye-glasses *pl.*; pince-nez.

loriot *orn.* [lɔ'rjo] *m* oriole.

lorrain, e [lɔ'rɛ̃, ~'rɛn] 1. *adj.* of or from Lorraine; 2. *su.* ♀ Lorrainer.

lors [lɔ:r] *adv.*: ~ *de* at the time of; ~ *même que* even when; *dès* ~ since that time; consequently; *pour* ~ so ...; **lorsque** [lɔrsk(ə)] *cj.* when.

losange ▲ [lɔ'zɑ̃:ʒ] *m* rhomb(us); *en* ~ diamond-shaped.

lot [lo] *m* portion, share, lot (*a. fig.*); prize; *gros* ~ first prize; jackpot;
loterie [lɔ'tri] *f* lottery (*a. fig.*); draw, raffle.

lotier ♀ [lɔ'tje] *m* lotus.

lotion [lɔ'sjɔ̃] *f* ♣, ⊕ washing; 🏥 lotion; ~ *capillaire* hairwash; **lotionner** [~sjɔ'ne] (1a) *v/t.* wash, bathe; sponge.

lotir [lɔ'ti:r] (2a) *v/t.* parcel out (**✝**, *a. an estate*); divide up (into lots *or* plots); ~ *q. de qch.* allot s.th. to s.o.; **lotissement** [~tis'mɑ̃] *m* lot, plot; (housing) development; **✝** parcelling out; dividing into lots; *estate*: apportionment.

loto [lɔ'to] *m* lotto; lotto set.

louable [lwabl] laudable, praiseworthy (*for, de*).

louage [lwa:ʒ] *m* hiring out; hire; ✈ chartering; *de* ~ hired; ✈ charter...

louange [lwã:ʒ] *f* praise; **louanger** [lwã'ʒe] (1l) *v/t.* praise, extol; **louangeur, -euse** [~'ʒœ:r, ~'ʒø:z] 1. *adj.* adulatory; 2. *su.* adulator, lauder. [ligan.]

loubar(d) [lu'ba:r] *m* young hoo-

louche¹ [luʃ] **✝** squinting; cross-eyed; *fig.* dubious, shady, F fishy, funny.

louche² [~] *f* (soup-)ladle; ⊕ reamer.

loucher [lu'ʃe] (1a) *v/i.* squint; **loucherie** [luʃ'ri] *f* squint.

louchet [lu'ʃɛ] *m* draining-spade.

louer¹ [lwe] (1p) *v/t.* rent, hire; book, reserve (*a place, seats*).

louer² [~] (1p) *v/t.* commend (*s.o. for s.th., q. de qch.*); *se* ~ *de* be very pleased with (*s.o., s.th.*); congratulate o.s. on (*ger., de inf.*).

loueur¹ *m,* **-euse** *f* [lwœ:r, lwø:z] hirer out.

loueur², **-euse** [~] 1. *adj.* flattering; 2. *su.* flatterer.

loufoque F [luˈfɔk] loony, daft, F dippy.

loulou zo. [luˈlu] *m* Pomeranian.

loup [lu] *m* zo. wolf; *fig.* (black velvet) mask; ✂ gas-mask: face-piece; ~ de mer *icht.* sea-perch; F old salt; à pas de ~ stealthily; *entre chien et ~* in the twilight; *hurler avec les ~* do in Rome as the Romans do; *jeune ~* ambitious young manager; **~-cervier**, *pl.* **~s-cerviers** [~sɛrˈvje] *m* zo. lynx; *fig.* profiteer.

loupe [lup] f ♣ wen; ♣ excrescence; *opt.* lens, magnifying-glass.

loupé ⊕ [luˈpe] defective (*piece*).

louper F [~ˈpe] (1a) *v/t.* muff; bungle, botch; miss (*one's train, an occasion, etc.*).

loup-garou, *pl.* **loups-garous** [lugaˈru] *m myth.* werewolf; F *fig.* bear; F bogy.

lourd, lourde [luːr, lurd] heavy; clumsy; *fig.* dull (*mind etc.*); sultry, close (*weather*); **lourdaud, e** [lurˈdo, ~ˈdoːd] 1. *adj.* clumsy, awkward; dull-witted; 2. *su.* lout; clod; blockhead; **lourdeur** [~ˈdœːr] f heaviness; clumsiness.

loustic F [lusˈtik] *m* wag.

loutre [lutr] f zo. otter; ♣ sealskin.

louve zo. [luːv] f she-wolf; **louveteau** [luvˈto] *m* wolf-cub (*a. Boy Scouts*).

louvoyer [luvwaˈje] (1h) *v/i.* ♣ tack; *fig.* manœuvre; *fig.* hedge.

loyal, e, *m/pl.* **-aux** [lwaˈjal, ~ˈjo] fair, straightforward, sincere; faithful; ⚖ true; **loyauté** [~joˈte] f fairness; honesty; loyalty (to, *envers*).

loyer [lwaˈje] *m* rent; ♣ money: price.

lu, e [ly] *p.p.* of *lire¹*.

lubie [lyˈbi] f whim, fad.

lubricité [lybrisiˈte] f lubricity, lust; **lubrifiant, e** ⊕ [~ˈfjɑ̃, ~ˈfjɑ̃ːt] 1. *adj.* lubricating; 2. *su./m* lubricant; **lubrification** [~fikaˈsjɔ̃] f lubrication; greasing; **lubrifier** [~ˈfje] (1o) *v/t.* lubricate; grease, oil; **lubrique** [lyˈbrik] lustful, lewd; wanton.

lucane [lyˈkan] *m* lucanus, stag beetle.

lucarne [lyˈkarn] f dormer or attic window; gable-window.

lucide [lyˈsid] lucid (*a.* ♣), clear; **lucidité** [~sidiˈte] f lucidity (*a.* ♣); ♣ sanity; clearness.

luciole zo. [lyˈsjɔl] f firefly, glow-worm.

lucratif, -ve [lykraˈtif, ~ˈtiːv] lucrative; **lucre** [lykr] *m* lucre, profit.

ludique [lyˈdik] play ...

luette *anat.* [lɥɛt] f uvula.

lueur [lɥœːr] f gleam, glimmer (*a. fig.*); flash.

luge [lyːʒ] f toboggan, sledge, *Am.* sled; **luger** [lyˈʒe] (1l) *v/i.* toboggan, sledge, *Am.* sled; **lugeur** *m*, **-euse** f [~ˈʒœːr, ~ˈʒøːz] tobogganer.

lugubre [lyˈgybr] dismal, gloomy; ominous.

lui¹ [lɥi] *p.p.* of *luire*.

lui² [~] *pron./pers. subject*: he; *object*: him, her, it; (to) him, (to) her, (to) it; à ~ to him, to her, to it; his, hers, its; *c'est* ~ it is he, F it's him; **~-même** [~ˈmɛːm] *pron./rfl./m* himself, itself.

luire [lɥiːr] (4u) *v/i.* shine, gleam; *fig.* dawn (*hope*); **luisant, e** [lɥiˈzɑ̃, ~ˈzɑ̃ːt] 1. *adj.* shining; gleaming; glossy (*surface*); 2. *su./m* gloss, shine; **luisis** [~ˈzi] *1st p. sg. p.s.* of *luire*; **luisons** [~ˈzɔ̃] *1st p. pl. pres.* of *luire*.

lumière [lyˈmjɛːr] f light; ⊕ port; *fig.* (*a.* ~s) knowledge; à la ~ de (*fig.* in) the light of; **lumignon** [lymiˈɲɔ̃] *m* candle-end; poor light; **luminaire** [~ˈnɛːr] *m coll.* lighting; **luminescence** [~nɛsˈsɑ̃ːs] f luminescence; *éclairage m par* ~ fluorescent lighting; **luminescent, e** [~nɛsˈsɑ̃, ~ˈsɑ̃ːt] luminescent; **lumineux, -euse** [~ˈnø, ~ˈnøːz] luminous; *phys.* light (-*wave*); bright, brilliant (*a. fig. idea*); illuminated (*advertisement*); **luminosité** [~noziˈte] f luminosity; brightness; radiance.

lunaire [lyˈnɛːr] 1. *adj.* lunar; 2. *su./f* ♣ lunaria; **lunaison** *astr.* [~nɛˈzɔ̃] f lunation; **lunatique** [~naˈtik] f moonstruck; *fig.* capricious, whimsical.

lunch [lœ̃ʃ] *m* lunch(eon); snack; **luncher** [lœ̃ʃe] (1a) *v/i.* lunch; have a snack.

lundi [lœ̃ˈdi] *m* Monday; F *faire le* ~ take Monday off.

lune [lyn] f moon; *poet.* month; ~ de miel honeymoon; *clair m de* ~ moonlight; *être dans la* ~ be in the clouds; *promettre la* ~ promise the moon and stars; **luné, e** [lyˈne]: *bien (mal)* ~

well- (ill-)disposed; in a good (bad) mood.

lunetier [lyn'tje] *m* spectacle-maker; optician; **lunette** [ly'nɛt] *f* telescope; **~s** *pl.* spectacles, glasses; *mot. etc.* goggles; 🚗 cab-window; ⊕ die; ⊕ *lathe*: back-rest; **~s** *pl. de soleil* sunglasses; **lunetterie** [lynɛ'tri] *f* spectacle-making; making of optical instruments.

lunule [ly'nyl] *f anat.*, *a.* ⚹ lunule, lunula; *finger-nail*: half-moon.

lupanar [lypa'naːr] *m* brothel.

lupin ⚘ [ly'pɛ̃] *m* lupin.

lurette F [ly'rɛt] *f: il y a belle ~* a long time ago.

luron [ly'rɔ̃] *m* (jolly) fellow; **luronne** [~'rɔn] *f* (lively) lass.

lus [ly] *1st p. sg. p.s. of* lire[1].

lustre[1] *poet.* [lystr] *m* lustre, period of five years.

lustre[2] [lystr] *m* lustre (*a. fig.*), gloss; chandelier; **lustrer** [lys'tre] (1a) *v/t.* glaze, gloss; F make shiny (*with wear*); **lustrine** *tex.* [~'trin] *f* (silk) lustrine; cotton lustre; *manches f/pl. de* ~ oversleeves.

lut ⊕ [lyt] *m* luting; **luter** ⊕ [ly'te] (1a) *v/t.* lute, seal with luting.

luth ♩ [lyt] *m* lute; **lutherie** [ly'tri] *f* stringed-instrument trade *or* industry.

luthérien, -enne *eccl.* [lyte'rjɛ̃, ~'rjɛn] *adj.*, *a. su.* Lutheran.

luthier [ly'tje] *m* lute-maker; stringed-instrument maker *or* seller.

lutin, e [ly'tɛ̃, ~'tin] **1.** *adj.* mischievous, impish; **2.** *su./m* imp (*a. fig. child*), elf, goblin; **lutiner** [~ti'ne] (1a) *v/t.* tease; pester.

lutrin *eccl.* [ly'trɛ̃] *m* lectern; *coll.* succentors *pl.*

lutte [lyt] *f* fight; struggle; conflict; *sp.* wrestling; *sp.* ~ *à la corde* tug-of-war; *pol.* ~ *des classes* class war *or* struggle; **lutter** [ly'te] (1a) *v/i.* fight, struggle; *sp.*, *a. fig.* wrestle; **lutteur** *m*, **-euse** *f* [~'tœːr, ~'tøːz] wrestler; *fig.* fighter.

luxation 🩺 [lyksa'sjɔ̃] *f* luxation, dislocation.

luxe [lyks] *m* luxury; wealth; *fig.* profusion; *de* ~ luxury, de luxe.

luxer 🩺 [lyk'se] (1a) *v/t.* luxate, dislocate.

luxueux, -euse [lyk'sɥø, ~'sɥøːz] luxurious; sumptuous (*feast*).

luxuriant, e [~sy'rjɑ̃, ~'rjɑ̃ːt] luxuriant; **luxurieux, -euse** [~sy'rjø, ~'rjøːz] lecherous, lewd.

luxure [lyk'syːr] *f* lewdness, lechery; **luxuriant, e** [~sy'rjɑ̃, ~'rjɑ̃ːt] luxuriant; **luxurieux, -euse** [~sy'rjø, ~'rjøːz] lecherous, lewd.

luzerne ⚘ [ly'zɛrn] *f* lucern(e), *Am.* alfalfa; **luzernière** 🌿 [~zɛr'njɛːr] *f* lucern(e)-field.

lycée [li'se] *m* (state) grammar-school; **lycéen, -enne** [~se'ɛ̃, ~se'ɛn] *su.* pupil at a *lycée*; *su./m* grammar-schoolboy; *su./f* grammar-schoolgirl.

lymphe 🩸 [lɛ̃ːf] *f* lymph.

lynchage [lɛ̃'ʃaːʒ] *m* lynching; **lyncher** [~'ʃe] (1a) *v/t.* lynch.

lynx *zo.* [lɛ̃ks] *m* lynx; *aux yeux de* ~ lynx-eyed.

lyre [liːr] *f* ♩ lyre; ⊕ quadrant; ⚓ *rowlock*: stirrup; *orn. oiseau-~* lyre-bird; **lyrique** [li'rik] **1.** *adj.* lyric (-al); **2.** *su./m* lyric poet; **lyrisme** [~'rism] *m* lyricism.

lys ⚘ [lis] *m* lily.

M

M, m [ɛm] *m* M, m.

ma [ma] *see* mon.

maboul, e F [maˈbul] **1.** *adj.* cracked, dippy; **2.** *su.* loony.

macabre [maˈkɑːbr] gruesome; ghastly; *danse f* ~ dance of Death.

macadamiser [makadamiˈze] (1a) *v/t.* macadamize (*a road*).

macaque *zo.* [maˈkak] *m* macaque.

macaron *cuis.* [makaˈrɔ̃] *m* macaroon; **macaroni** [~rɔˈni] *m/inv. cuis.* macaroni; F dago (= *Italian*).

macédoine [maseˈdwan] *f* (~ *de fruits*) fruit salad; *fig.* miscellany, *pej.* hotchpotch; ~ *de légumes* mixed (diced) vegetables *pl.*

macérer [maseˈre] (1f) *v/t.* soak, steep; *fig.* mortify (*the flesh*).

Mach *phys.* [mak] *npr.*: *nombre m de* ~ mach (number).

mâche [mɑːʃ] *f horses*: mash; ♥ corn-salad.

mâchefer ⊕ [maʃˈfɛːr] *m* clinker, slag; *lead*: dross.

mâcher [mɑˈʃe] (1a) *v/t.* chew; munch; ~ *à q. la besogne* half-do s.o.'s work for him; *ne pas* ~ *ses mots* not to mince matters.

machin F [maˈʃɛ̃] *m* thing, gadget; what's-his-name.

machinal, e, *m/pl.* **-aux** [maʃiˈnal, ~ˈno] mechanical, unconscious; **machinateur** [~naˈtœːr] *m* plotter, schemer; **machination** [~naˈsjɔ̃] *f* machination, plot; **machine** [maˈʃin] *f* machine; engine (*a.* ⚙); ⚡ dynamo; F thing, gadget; ~*s pl.* machinery *sg.*; ~ *à calculer* calculating machine, calculator; ~ *à écrire* typewriter; ~ *à photocopier* photocopier; ~ *à sous* slot-machine; **machine-outil,** *pl.* **machines-outils** [~ʃinuˈti] *f* machine-tool; **machiner** [~ʃiˈne] (1a) *v/t.* scheme, plot; hatch; *machiné à l'avance* put-up (*affair*); **machinery** [~ʃinˈri] *f* machinery; ♣ engine-room; **machiniste** [~ʃiˈnist] *m* bus driver; *thea.* scene shifter.

mâchoire [mɑˈʃwaːr] *f* jaw (*a.* ⊕); ⊕

vice; ⊕ flange; *mot.* ~*s pl.* (brake-) shoes; **mâchonner** [~ʃɔˈne] (1a) *v/t.* mumble; mutter; chew; *animal*: champ (*fodder*); **mâchure** [~ˈʃyːr] *f tex.* flaw; *fruit, flesh*: bruise; **mâchurer** [~ʃyˈre] (1a) *v/t.* soil, stain; *typ.* smudge; chew, munch.

macis ♥, *cuis.* [maˈsi] *m* mace.

maçon [maˈsɔ̃] *m* △ mason; F freemason.

mâcon [mɑˈkɔ̃] *m* Mâcon (= *wine of Burgundy*).

maçonner [masɔˈne] (1a) *v/t.* △ build; face (*with stone*); wall up (*a door, a window*); **maçonnerie** [~sɔnˈri] *f* △ masonry; △ stonework; F freemasonry; **maçonnique** [~sɔˈnik] masonic.

macro... [makrɔ] macro...; ~**biotique** [~bjɔˈtik] macrobiotic; ~**biotisme** [~bjɔˈtism] *m* macrobiotics *sg.*; ~**céphale** *zo.*, ♥ [~seˈfal] macrocephalic, large-headed; ~**cosme** [~ˈkɔsm] *m* macrocosm.

macule [maˈkyl] *f* spot, blemish, stain; *astr.* sun-spot; **maculer** [~kyˈle] (1a) *v/t.* maculate; stain; *typ.* mackle; *v/i. a. se* ~ mackle, blur.

madame, *pl.* **mesdames** [maˈdam, meˈdam] *f* Mrs.; madam; F Lady.

madeleine [madˈlɛn] *f* ♥ (*sort of*) pear; *cuis.* sponge-cake.

mademoiselle, *pl.* **mesdemoiselles** [madmwaˈzɛl, medmwaˈzɛl] *f* Miss; young lady.

madère [maˈdɛːr] *m* Madeira (wine).

Madone [maˈdɔn] *f* Madonna.

madras ✝, *tex.* [maˈdrɑːs] *m* Madras (handkerchief).

madré, e [mɑˈdre] **1.** *adj.* mottled; spotted; *fig.* sly, wily; **2.** *su. fig.* sly fox.

madrier △ [madriˈe] *m* timber; plank.

madrilène [madriˈlɛn] **1.** Madrilenian; of Madrid; **2.** *su.* ♀ inhabitant of Madrid.

maestria [maestriˈja] *f* skill.

mafflu, e F [maˈfly] heavy-jowled.

magasin [magaˈzɛ̃] *m* shop, Am.

store; warehouse, store; *camera, rifle*: magazine; ✗ armo(u)ry; ∼ *à succursales multiples* chain stores *pl.*; ✝ *grand* ∼ department store; ✝ *en* ∼ in stock; **magasinage** [∼zi'na:ʒ] *m* warehousing, storing; storage (charges *pl.*); **magasinier** [∼zi'nje] *m* warehouseman, store-keeper.

magazine [maga'zin] *m* (illustrated) magazine.

mage [ma:ʒ] **1.** *su./m* magus; seer; **2.** *adj.*: *bibl. les Rois m/pl.* ∼*s* the Three Wise Men, the (Three) Magi; **magicien** *m*, **-enne** *f* [maʒi-'sjɛ̃, ∼'sjɛn] magician; wizard; **magie** [∼'ʒi] *f* magic (*a. fig.*); **magique** [∼'ʒik] magic(al) (*a. fig.*).

magistral, e, *m/pl.* **-aux** [maʒis'tral, ∼'tro] magisterial; *fig.* pompous; *fig.* masterly (*work*); F first-rate; 𝔐 magistral; **magistrat** [∼'tra] *m* magistrate, judge; **magistrature** [∼tra'ty:r] *f* magistrature; magistracy; ∼ *assise* Bench, judges *pl.*; ∼ *debout* public prosecutors *pl.*

magma [mag'ma] *m geol.* magma; *fig.* muddle.

magnanime [maɲa'nim] magnanimous; **magnanimité** [∼nimi'te] *f* magnanimity.

magnat [mag'na] *m* magnate.

magnésie ⚗ [maɲe'zi] *f* magnesia, magnesium oxide; *sulfate m de* ∼ Epson salts *pl.*

magnésite [maɲe'zit] *f* magnesite, meerschaum.

magnésium [maɲe'zjɔm] *m* ⚗ magnesium; *phot.* flash-light.

magnétique [maɲe'tik] magnetic; **magnétisme** [∼'tism] *m* magnetism; **magnétite** *min.* [∼'tit] *f* lodestone, magnetite; **magnéto** [∼'to] *f* magneto; **magnétophone** [∼to'fɔn] *m* tape recorder; ∼ *à cassettes* cassette recorder; **magnétoscope** [∼to-'skɔp] *m* video(-tape) recorder; **magnétoscoper** (1a) *v/t.* video-tape.

magnificence [maɲifi'sɑ̃:s] *f* magnificence, splendo(u)r; ∼*s pl.* lavishness *sg.*; **magnifier** [∼'fje] (1a) *v/t.* magnify, glorify, glamorize; **magnifique** [∼'fik] magnificent, splendid; *fig.* marvellous.

magnolia [maɲɔ'lja] *m*, **magnolier** ♣ [∼'lje] *m* magnolia(-tree).

magot¹ [ma'go] *m zo.* barbary ape; macaque; *fig.* ugly man.

magot² F [∼] *m* savings *pl.*, hoard.

magouille *sl.* [ma'guj] *f* dealings *pl.*, tricks *pl.*: wangle: graft.

mahométan, e [maɔme'tɑ̃, ∼'tan] *adj., a. su.* Mohammedan, Moslem; **mahométisme** [∼'tism] *m* Mohammedanism.

mai [mɛ] *m* May; may-pole.

maie [∼] *f* kneading-trough.

maigre [mɛ:gr] **1.** *adj.* thin, lean; meagre, scanty (*meal, a. fig.*); **2.** *su./m meat*: lean; *icht.* meagre; *faire* ∼ fast, abstain from meat; **maigrelet, -ette** [mɛgrə'lɛ, ∼'lɛt] rather thin, slight; **maigreur** [∼-'grœ:r] *f* thinness; emaciation; *fig.* meagreness, poorness; **maigrir** [∼'gri:r] (2a) *v/i.* grow thin; lose weight; *v/t.* make thinner; ⊕ thin (*wood*).

mail [ma:j] *m* ⊕ sledge-hammer; avenue; ✝ *club, game*: mall.

maille¹ [ma:j] *f* stitch; *chain*: link; (chain-)mail; *net*: mesh; *feather*: speckle; *vine etc.*: bud; ⊕ two-handed mallet; *à larges (petites)* ∼*s* wide-(close-)meshed.

maille² [∼] *f*: *avoir* ∼ *à partir avec q.* have a bone to pick with s.o.

maillechort [maj'fɔ:r] *m* nickel *or* German silver.

mailler [ma'je] (1a) *v/t.* net; ⚓ lace; ⊕ shackle (*chains*); ⊕ make (*s.th.*) in lattice-work; *v/i.* ♣ bud; *a. se* ∼ become speckled (*partridge etc.*).

maillet [ma'jɛ] *m* mallet, maul; *sp.* polo-stick; croquet mallet.

maillon [ma'jɔ̃] *m chain*: link; *tex.* mail; ⚓ shackle; **maillot** [ma'jo] *m* swaddling-clothes *pl.*; *sp. football*: jersey; *rowing, running*: vest; ∼ *de bain woman*: swimsuit; *man*: bathing trunks *pl.*

main [mɛ̃] *f* hand (*a. cards, a. = handwriting*); ✝ *paper*: quire; *cards*: deal; ∼ *courante* handrail; *à la* ∼ in the *or* one's hand; (*do s.th.*) by hand; *à* ∼ *levée* freehanded; *à pleines* ∼*s* lavishly; *avoir la* ∼ *cards*: have the lead *or* deal; *bas (haut) les* ∼*s!* hands off (up)!; *battre des* ∼*s* clap (one's hands); *fig. de bonnes* ∼*s* on good authority; *en* ∼ under control; in hand; *en un tour de* ∼ straight off, F in a jiffy; *en venir aux* ∼*s* come to blows *or* grips; *fait à la* ∼ handmade; *la* ∼ *dans la* ∼ hand in hand; *payer de la* ∼ *à* la ~ pay direct without formalities; mettre la ~ sur lay hands on; prêter la ~ lend a hand; savoir de longue ~ have known for a long time; serrer la ~ à q. shake hands with s.o.; sous la ~ to hand, at hand, handy; sous ~ underhanded(ly adv.); ~**d'œuvre**, pl. ~**s-d'œuvres** ⊕ [~'dœ:vr] f labo(u)r; manpower; ~**forte** [~'fɔrt] f: prêter ~ give assistance (to the police etc.); ~**levée** ⚖ [~lə've] f withdrawal; ~**mise** [~'mi:z] f seizure (of, sur); ⚖ distraint; ~**morte** ⚖ [~'mɔrt] f mortmain.

maint, mainte poet. [mɛ̃, mɛ̃:t] many a; maintes fois many a time.

maintenance [mɛ̃t'nɑ̃s] f maintenance.

maintenant [mɛ̃t'nɑ̃] adv. now; dès ~ from now on, henceforth.

maintenir [mɛ̃t'ni:r] (2h) v/t. maintain (a. fig.); keep; support; uphold; se ~ continue; remain; hold one's own; **maintien** [mɛ̃'tjɛ̃] m maintenance; bearing, carriage; perdre son ~ lose countenance.

maire [mɛ:r] m mayor; **mairie** [mɛ'ri] f town hall; mayoralty.

mais [mɛ] **1.** cj. but; ~ non! no indeed!; but at all!; ~ oui! sure!, of course!; **2.** adv.: je n'en puis ~ I am completely exhausted; I don't know what to say.

maïs ⚘ [ma'is] m maize, Indian corn, Am. corn.

maison [mɛ'zɔ̃] f house; home; household; family; ✝ (a. ~ de commerce) firm; ~ close brothel; ~ d'arrêt gaol, lock-up; ~ de commission commission agency; ~ de rapport apartment house; ~ de santé nursing home; mental hospital; ~ du Roi Royal Household; ~ jumelle semi-detached house; ✝ ~ mère head office; de bonne ~ of a good family; la ~ des Bonaparte the House of Bonaparte; tenir ~ ouverte keep open house; **maisonnée** [mɛzɔ'ne] f household, family; **maisonnette** [~'nɛt] f cottage, small house.

maître, -esse [mɛ:tr, mɛ'trɛs] **1.** su./m master (a. fig.); fig. ruler; owner; school: teacher; ♣ petty officer; ⚖ title given to lawyers: maître; ~ d'armes fencing-master; univ. ~ de conférences lecturer; ~ d'hôtel head-waiter; ♣ chief steward; ~ d'œuvre foreman; être ~ de be in control of;

have at one's disposal; être passé ~ en be a past master of or in; su./f mistress; **2.** adj. ♠, ⊕, etc., a. fig. principal, main; ~**autel** [metro'tɛl] m high altar; **maîtrisable** [~tri'zabl] controllable; **maîtrise** [~'tri:z] f mastership; fig. feeling, profession, etc.: mastery; command, control; **maîtriser** [~tri'ze] v/t. master, overcome; se ~ control o.s.

majesté [maʒɛs'te] f majesty; **majestueux, -euse** [~'tɥø, ~'tɥø:z] majestic, stately.

majeur, e [ma'ʒœ:r] **1.** adj. major (a. ⚖, ♩, phls.), greater; fig. main, chief; devenir ~ reach one's majority; **2.** su./m ⚖ major; middle finger; **major** ⚔ [ma'ʒɔ:r] m regimental adjutant; ~ de place town major; ~ général chief of staff; **majoration** [~ʒɔra'sjɔ̃] f over-estimation; increase; admin. advancement; **majordome** [~ʒɔr'dɔm] m major-domo, steward; **majorer** [maʒɔ're] (1a) v/t. over-estimate; ✝ add to (a bill); increase; **majorité** [~ʒɔri'te] f majority (a. ⚖); ⚖ coming of age; ⚔ adjutancy.

majuscule [maʒys'kyl] **1.** adj. capital (letter). **2.** su./f capital letter.

mal [mal] **1.** su./m evil; hurt, harm; pain; ⚕ disease; wrong; ~ à l'estomac stomachache; ~ aux reins backache; ~ de cœur nausea, sickness; ~ de l'air air sickness; ~ de mer seasickness; ~ de tête headache; ~ du pays homesickness; ~ au ventre have a stomachache; avoir ~ à faire qch. have difficulty (in) doing s.th.; donner du ~ à q. give s.o. some trouble; faire ~ (à q.) hurt (s.o.); faire du ~ à q. harm s.o.; ⚕ haut ~ epilepsy; prendre ~ be taken ill; se donner du ~ take pains or trouble; **2.** adv. badly; ill; uncomfortable; ~ à l'aise ill at ease; ~ à propos inopportunely, at the wrong time; ~ fait badly made; botched (work); être ~ be uncomfortable; be wrong; être ~ pas good-looking, presentable (person); quite good; F pas ~ de a good many; a lot of; prendre ~ qch. take offence at s.th.; se sentir ~ feel ill; se trouver ~ faint.

malade [ma'lad] **1.** adj. ill, sick; diseased; **2.** su. patient; sick person; **maladie** [mala'di] f disease; illness; sickness; ailment; ~ de carence deficiency disease, vitamin deficiency; ~ *infantile* childhood disease; *fig.* teething troubles *pl.*; **maladif, -ve** [⌄'dif, ⌄'di:v] sickly, ailing.

maladresse [mala'drɛs] *f* clumsiness; blunder; **maladroit, e** [⌄'drwa, ⌄'drwat] 1. *adj.* clumsy, awkward; 2. *su.* duffer; blunderer; awkward person.

malais, e [ma'lɛ, ⌄'lɛ:z] 1. *adj.* Malay(an); 2. *su./m ling.* Malay(an); *su.* ♀ Malay(an).

malaise [ma'lɛ:z] *f* uneasiness; discomfort; *fig.* unrest; **malaisé, e** [⌄lɛ'ze] difficult.

malappris, e [mala'pri, ⌄'pri:z] 1. *adj.* ill-mannered; 2. *su.* ill-mannered person.

malavisé, e [malavi'ze] 1. *adj.* ill-advised; injudicious (*person*); 2. *su.* blunderer.

malaxage [malak'sa:ʒ] *m* mixing; *dough:* kneading; **malaxer** [⌄'se] (1a) *v/t.* mix; knead (*dough*); **malaxeur** ∅ [⌄'sœ:r] *m* (cement) mixer; mixing machine.   [uncouth.)

malbâti, e [malba'ti] misshapen;)

malchance [mal'ʃɑ̃:s] *f* bad luck; mishap; **malchanceux, -euse** [⌄ʃɑ̃sø, ⌄'sø:z] 1. *adj.* unlucky, luckless; 2. *su.* unlucky person.

maldonne [mal'dɔn] *f cards:* misdeal; error, mistake; misunderstanding.

mâle [mɑ:l] 1. *adj.* male (♀, ∅ *screw; person*); *zo.* buck (*rabbit*), dog (*fox, wolf*), bull (*elephant*); *orn.* cock; *fig.* virile; manly; 2. *su./m* male.

malédiction [maledik'sjɔ̃] *f* curse.

maléfice [male'fis] *m* evil spell; **maléfique** [⌄'fik] evil; maleficent.

malencontre † [malɑ̃'kɔ̃:tr] *f* mishap; **malencontreux, -euse** [malɑ̃kɔ̃'trø, ⌄'trø:z] unfortunate, awkward.

malentendu [malɑ̃tɑ̃'dy] *m* misunderstanding.

mal-être [mal'ɛ:tr] *m* (feeling of) discomfort; uneasiness.

malfaçon [malfa'sɔ̃] *f* bad workmanship; defect; **malfaire** [mal'fɛ:r] (4r) *v/i.* do evil; **malfaisant, e** [⌄fə'zɑ̃, ⌄'zɑ̃:t] harmful; mischievous; evil-minded (*person*); **malfaiteur** *m*, **-trice** *f* [⌄fɛ'tœ:r, ⌄'tris] malefactor; offender.

malfamé, e [malfa'me] ill-famed; notorious.

malformation [malfɔrma'sjɔ̃] *f* malformation (*a.* ♣).

malgré [mal'gre] *prp.* despite, in spite of; ~ *moi* against my will; ~ *tout* still.

malhabile [mala'bil] clumsy; inexperienced (in *ger., à inf.*).

malheur [ma'lœ:r] *m* bad luck; misfortune; unhappiness; ~ *à lui!* woe betide him!; *quel* ~*!* what a pity!; **malheureux, -euse** [⌄lœ'rø, ⌄'rø:z] 1. *adj.* unlucky, unhappy; unfortunate; *fig.* poor; *fig.* paltry; 2. *su.* unfortunate person; *pauvre* ~*!* poor soul!

malhonnête [malɔ'nɛt] dishonest; *fig.* impolite; indecent (*gesture*); **malhonnêteté** [⌄nɛt'te] *f* dishonesty; *fig.* rudeness; *gesture:* indecency.

malice [ma'lis] *f* malice; *fig.* trick; *ne pas voir* ~ *à* not to see any harm in; **malicieux, -euse** [⌄li'sjø, ⌄'sjø:z] mischievous; waggish, sly (*remark etc.*).

malignité [maliɲi'te] *f* malignity (*a.* ♣); piece of spite; **malin, -igne** [⌄'lɛ̃, ⌄'liɲ] 1. *adj.* malignant (*a.* ♣); wicked; *fig.* cunning, sharp, sly; *fig.* clever, smart; *fig.* difficult; *fig.* shrewd person; *su./m:* le ♀ the Devil.

malingre [ma'lɛ̃:gr] sickly, weakly.

malintentionné, e [malɛ̃tɑ̃sjɔ'ne] 1. *adj.* evil-minded, ill-intentioned; 2. *su.* evil-minded person.

malique ♠ [ma'lik] malic (*acid*).

mal-jugé ♯♯ [malʒy'ʒe] *m* miscarriage of justice.

malle [mal] *f* trunk; ♣ mail-boat; (*dé*)*faire sa* ~ (un)pack.

malléable [malle'abl] malleable (*a. fig.*); *fig.* pliant.

malle-poste, *pl.* **malles-poste** [mal'pɔst] *f* mail-coach; **malletier** [mal'tje] *m* trunk-maker; **mallette** [ma'lɛt] *f* suitcase; attaché case; small case.

malmener [malmə'ne] (1d) *v/t.* ill-treat, maltreat, handle roughly.

malotru, e [malɔ'try] 1. *adj.* uncouth; vulgar; 2. *su.* boor, churl.

malpeigné, e [malpɛ'ɲe] unkempt, untidy (*person*).

malpropre [mal'prɔpr] dirty (*a. fig.*); slovenly (*appearance*); **malpropreté** [⌄prɔprə'te] *f* dirtiness (*a. fig.*); dirt; slovenliness; ~*s pl.* dirty stories; F smut *sg.*

malsain, e [mal'sɛ̃, ~'sɛn] unhealthy; unwholesome (a. fig.); dangerous (coast); fig. unsound.

malséant, e [malse'ã, ~'ãːt] unbecoming, unseemly.

malsonnant, e [malsɔ'nã, ~'nãːt] offensive.

malt [malt] m malt; **malter** [mal'te] (1a) v/t. malt; **malterie** [~'tri] f malting; malt-house; **malteur** [~'tœːr] m maltster; **maltose** ♉, ⊕ [~'toːz] m maltose.

maltraiter [maltre'te] (1a) v/t. ill-treat, maltreat; handle roughly; batter.

malveillance [malvɛ'jãːs] f malevolence, ill will, spite (to[wards] pour, envers); **malveillant, e** [~'jã, ~'jãːt] ill-willed; malicious; spiteful.

malversation ♊️ [malvɛrsa'sjɔ̃] f embezzlement; breach of trust.

malvoisie [malvwa'zi] mf wine: malmsey.

maman [ma'mã] f mam(m)a, mummy, Am. a. mom.

mamelle [ma'mɛl] f breast; cow etc.: udder; teat; **mamelon** [mam-'lɔ̃] m nipple (a. ⊕ for oiling); person, a. animal: teat; ⊕ boss; geog. rounded hillock; **mamelonné, e** [~lɔ'ne] mamillate; hilly.

mamel(o)uk [mam'luk] m mameluke.

m'amie †, **ma mie** [ma'mi] f my dear.

mamillaire [mamil'lɛːr] mamillary; **mammaire** anat. [~'mɛːr] mammary; **mammifère** zo. [~mi'fɛːr] 1. adj. mammalian; 2. su./m mammal.

mamours [ma'muːr] m/pl. billing sg. and cooing sg., caresses.

mammouth zo. [ma'mut] m mammoth.

manant [ma'nã] m boor; yokel; † villager.

manche¹ [mãː∫] m handle; haft; (broom-)stick; whip: stock; ♪ violin: neck; ≱ à balai joy-stick; jeter le ~ après la cognée give up.

manche² [~] f sleeve; water: hose; (air-)shaft; geog. strait; sp. heat; tennis: set; cards: hand; ≱ ~ à air wind sock; la ♀ the (English) Channel; F faire la ~ beg (for alms).

mancheron [mã∫'rɔ̃] m plough: handle; cost. cuff; short sleeve; **manchette** [mã'∫ɛt] f cuff; wrist-

band; journ. headline; sl. ~s pl. handcuffs; **manchon** [~'∫ɔ̃] m muff; ⊕ casing, sleeve; gas-mantle.

manchot, e [mã'∫o, ~'∫ɔt] 1. adj. one-armed; fig. awkward with one's hands, F ham-fisted; 2. su. one-armed person; su./m orn. penguin.

mandant [mã'dã] m ♊️ principal; employer; pol. constituent.

mandarin [mãda'rɛ̃] m mandarin (a. fig., pej.); **mandarinat** [mãdari'na] m mandarinate.

mandarine ♀ [mãda'rin] f mandarin(e), tangerine.

mandat [mã'da] m mandate; commission; ♊️ power of attorney; ♊️ warrant; ♉ draft, order; sous ~ mandated (territory); **mandataire** [mãda'tɛːr] su. agent; ♊️ attorney; trustee; pol. mandatory; **mandat-carte**, pl. **mandats-cartes** [~'kart] m post: money order (in post-card form); **mandater** [~'te] (1a) v/t. give a mandate to; write a money order for (a sum); **mandat-poste**, pl. **mandats-poste** [~'pɔst] m postal money order.

mandement [mãd'mã] m eccl. pastoral letter; instructions pl.; **mander** [mã'de] (1a) v/t. instruct (s.o.); summon (s.o.); journ. on mande ... it is reported ...

mandibule anat. [mãdi'byl] f mandible.

mandoline ♪ [mãdɔ'lin] f mandolin(e).

mandragore ♀ [mãdra'gɔːr] f mandragora, F mandrake.

mandrin ⊕ [mã'drɛ̃] m mandrel; chuck; punch.

manducation [mãdyka'sjɔ̃] f mastication; eccl. manducation.

manège [ma'nɛːʒ] m riding school; fig. trick, stratagem; (a. ~ de chevaux de bois) roundabout, merry-go-round.

mânes [maːn] m/pl. manes, spirits (of the departed).

manette ⊕ [ma'nɛt] f lever (a. mot.); Morse: key.

manganèse ♉, min., metall. [mãga-'nɛːz] m manganese.

mangeable [mã'ʒabl] edible, eatable; **mangeaille** [~'ʒaːj] f † feed (for animals); F food, F grub; **mangeoire** [~'ʒwaːr] f manger; feeding-trough; **manger** [mã'ʒe] 1. (1l) vt/i. eat; v/t. corrode (metal); squander (*money*); mumble (*words*); *fig.* use up, consume (*coal, gas, petrol, etc.*); **2.** *su.*/*m* food; **mangetout** [mã3'tu] *m*/*inv.* † spendthrift; ♀ French bean; **mangeur** *m*, **-euse** *f* [mã'3œ:r, ~'3ø:r] eater; *fig.* devourer; **mangeure** † [~'3y:r] *f* place eaten (*by mice, moths, etc.*).

maniabilité [manjabili'te] *f* handiness; manageableness; *mot.* manœuvrability; **maniable** [~'njabl] manageable, manœuvrable, handy (*tool*); *fig.* tractable.

maniaque [ma'njak] **1.** *adj.* finnicky, fussy; fanatic; suffering from a mania; **2.** *su.* ⚕ maniac; **manie** [~'ni] *f* mania; funny habit.

maniement [mani'mã] *m* management; handling; **manier** [~'nje] (1o) *v/t.* manage; handle.

manière [ma'nje:r] *f* manner (*a. paint. etc.*), way; *fig.* mannerisms *pl.*; ~*s pl.* manners; *à la* ~ *de* after the manner of; *de* ~ *à* so as to; *de* ~ *que* so that; *d'une* ~ *ou d'une autre* somehow or other; *en aucune* ~ in no way; *en* ~ *de* by way of; *faire des* ~*s* be affected; affect reluctance; **maniéré, e** [manje're] affected; *paint. etc.* mannered; *fig.* genteel (*voice etc.*); **maniérisme** [~'rism] *m* mannerism.

manieur [ma'njœ:r] *m* controller; *pej.* ~ *d'argent* financier; financial adventurer.

manif F [ma'nif] *f* (*abbr. of manifestation*) demo; **manifestant, e** *pol.* [manifɛs'tã, ~'tãt] **1.** *adj.* demonstrating; **2.** *su.* demonstrator; **manifestation** [~ta'sjõ] *f* manifestation; *pol.* demonstration; *eccl.* revelation; **manifeste** [~'fɛst] **1.** *adj.* manifest, obvious; ⚖ evident; **2.** *su.*/*m* manifesto; ♣ manifest; **manifester** [~fɛs'te] (1a) *v/t.* show, manifest; reveal; se ~ appear; show o.s.; *v/i.* *pol.* demonstrate.

manigance F [mani'gã:s] *f* trick, scheme; *pej.* ~ monkey business; dealings *pl.*; **manigancer** F [~gã'se] (1k) *v/t.* plot, scheme.

manipulateur [manipyla'tœ:r] *m* handler; *tel.* sending key; *radio:* sender; **manipulation** [~la'sjõ] *f* manipulation; handling; **manipuler** [~'le] (1a) *v/t.* manipulate (*a. fig.*), handle; ⚡ operate (*a key etc.*).

manitou F [mani'tu] *m* boss, tycoon.

manivelle ⊕ [mani'vɛl] *f* crank (-handle).

manne¹ [man] *f* basket; (*baby's*) bassinet.

manne² [~] *f* *bibl.* manna; *fig.* godsend.

mannequin¹ [man'kɛ̃] *m* small hamper.

mannequin² [man'kɛ̃] *m* ♀, *paint.* manikin; *paint.* lay figure; *cost.* dummy; mannequin; *fig.* puppet; **mannequiner** [~ki'ne] (1a) *v/t.* pose (*s.o.*) unnaturally.

manœuvrabilité [manœvrabili'te] *f* manœuvrability; **manœuvrable** [~'vrabl] manageable, workable; **manœuvre** [ma'nœ:vr] *su.*/*f* working; operation; ✗ shunting, *Am.* switching; ✗, ♣ manœuvre (*a. fig.*); exercise; ✗, ♣ movement; *fig.* intrigue; *su.*/*m* (*manual*) labo(u)rer; unskilled worker; *fig.* hack; **manœuvrer** [manœ'vre] (1a) *v/t.* work (*a machine etc.*); ✗ shunt, marshal; *vt*/*i.* manœuvre (*a. ✗, ♣, fig.*); **manœuvrier, -ère** [~vri'e, ~'ε:r] skilful; capable.

manoir [ma'nwa:r] *m* country-house; *hist.* manor.

manomètre ⊕ [manɔ'mɛtr] *m* manometer.

manouvrier [manuvri'e] *m* day-labo(u)rer.

manque [mã:k] *m* lack, want; deficiency, shortage; *fig.* emptiness; *drugs etc., a. fig.* (*symptôme m de*) ~ withdrawal (symptom); ~ *de* for lack of; ~ *de foi* breach of faith; ~ *de parole* breaking of one's promise; F *à la* ~ poor, fifth-rate; **manqué, e** [mã'ke] unsuccessful; **manquement** [mãk-'mã] *m* failure, lapse; ~ *à* breach of; **manquer** [mã'ke] (1m) *v/t.* miss (*a. fig.*); spoil (*one's life, a picture*); se ~ miss one another; *v/i.* lack; be absent; be missing; fail; ~ *à q.* be missed by s.o.; ~ *à qch.* fail in s.th.; commit a breach of s.th.; ~ *de qch.* lack s.th., not to have s.th.; *ne pas* ~ *de rien* lack for nothing; ~ (*de*) *faire qch.* nearly do s.th.; *j'ai manqué (de) tomber* I nearly fell; *ne pas* ~ *de* (*inf.*) not to fail to (*inf.*).

mansarde △ [mã'sard] *f* attic, garret(-window); *roof:* mansard.

mansuétude [mãsɥe'tyd] *f* gentleness, meekness.

mante [mã:t] *f* (*woman's*) sleeveless

cloak; zo. ~ religieuse (or prie-Dieu) praying mantis.

manteau [mã'to] m coat; cloak (a. fig.); mantle (a. zo.); ⊕ casing; △ mantelpiece; sous le ~ on the quiet, secretly; **mantelet** [mãt'lɛ] m cost. tippet, mantlet; ♣ port-lid; **mantille** cost. [mã'ti:j] f mantilla.

manucure [many'ky:r] su. manicurist; **manucurer** [~ky're] (1a) v/t. manicure.

manuel, -elle [ma'nɥɛl] 1. adj. manual; 2. su./m handbook, manual, text-book; ~ d'entretien instruction handbook.

manufacture [manyfak'ty:r] f (manu)factory; ⊕ plant; **manufacturer** [~ty're] (1a) v/t. manufacture; **manufacturier, -ère** [~ty-'rje, ~'rjɛ:r] 1. adj. manufacturing; 2. su./m manufacturer; mill-owner.

manuscrit, e [manys'kri, ~'krit] 1. adj. manuscript; hand-written; 2. su./m manuscript.

manutention [manytã'sjõ] f control; handling; ✕, ♣ store-keeping; stores pl.; bakery; **manutentionner** [~sjo'ne] (1a) v/t. handle; ✕, ♣ store; bake.

mappemonde [map'mõ:d] f map of the world.

maquereau [ma'kro] m icht. mackerel; V pimp.

maquette [ma'kɛt] f model (a. thea.); ⊕ mock-up; book: dummy; metall. bloom.

maquignon [maki'nõ] m horse-dealer; pej. shady dealer or go-between; **maquignonnage** [~nɔ'na:ʒ] m horse-dealing; pej. sharp practice; **maquignonner** [~nɔ'ne] (1a) v/t. fake up (a horse); arrange (s.th.) by sharp practices, F work, sl. cook.

maquillage [maki'ja:ʒ] m make-up; **maquiller** [~'je] (1a) v/t. make up; phot. work up; fig. disguise; se ~ make up; **maquilleur** m, -euse f [~'jœ:r, ~'jø:z] thea. make-up artist; fig. faker.

maquis [ma'ki] m scrub; fig. maze; jungle; ✕ underground forces pl., maquis; prendre le ~ go underground.

maraîcher, -ère [marɛ'ʃe, ~'ʃɛ:r] 1. adj. market-(gardening)...; culture f mȓaraîchère market gardening, Am. truck farming; 2. su./m market-gardener, Am. truck farmer.

marais [ma'rɛ] m marsh; bog; swamp.

marasme [ma'rasm] m ♨ marasmus, wasting; fig. depression (a. ✝).

marathon sp. [mara'tõ] m marathon (a. fig.).

marâtre [ma'rɑ:tr] f step-mother; cruel or unnatural mother.

maraude [ma'ro:d] f plundering, looting; filching; F en ~ cruising, crawling (taxi); **marauder** [~ro-'de] (1a) v/i. plunder; filch; F cruise (taxi).

marbre [marbr] m marble; typ. press-stone; ⊕ (sur)face-plate; typ. sur le ~ in type; **marbrer** [mar-'bre] (1a) v/t. marble; fig. mottle; **marbrerie** [~brə'ri] f marble-cutting, marble-work; marble-mason's yard; **marbrier, -ère** [~bri'e, ~'ɛ:r] 1. adj. marble...; 2. su./m marble-cutter; monumental mason; su./f marble-quarry; **marbrure** [~'bry:r] f marbling; fig. mottling.

marc [ma:r] m grapes etc.: marc; (tea-)leaves pl., (coffee-)grounds pl.

marcassin zo. [marka'sɛ̃] m young wild boar.

marchand, e [mar'ʃã, ~'ʃã:d] 1.adj. saleable, marketable; trade (name, price); shopping (centre); commercial (town); ♣ merchant (navy, ship); 2. su. dealer, shopkeeper (coster-, fish-,iron-)monger; ~ d'antiquités antique dealer; ~ des quatre-saisons costermonger; ~ de tabac tobacconist; ~ en (or au) détail retailer; ~ en gros wholesaler; **marchandage** [marʃã'da:ʒ] m bargaining; **marchander** [~'de] (1a) v/t. haggle with (s.o., q.); bargain for (s.th.,qch.); beat (s.o.) down; ⊕ subcontract (a job); ne pas ~ not to spare; **marchandeur, -euse** f [~'dœ:r, ~'dø:z] bargainer; ⊕ subcontractor of labo(u)r; **marchandise** [~'di:z] f merchandise, wares pl., goods pl.; ⸬ train m de ~s goods train, Am. freight train.

marche¹ [marʃ] f walk; ✕, ♪ march; tread; step, stair; ⊕, ⸬ machine, train: running; fig. events, stars, time, etc.: course; fig. (rate of) progress; ~ arrière mot. reversing; ⊕ backing; en ~ etc. moving...; ⊕ running; en état de ~ in working order; ⊕, a. fig. mettre en ~ start, set going, set in motion.

marche² _geog._ [~] _f_ border(land); march(-land).

marché [mar'ʃe] _m_ market (_a. financial_); deal, bargain; ✝ ~ à terme time-bargain; ~ au comptant cash transaction; ✝, _pol._ ♀ commun Common Market; ~ des changes exchange market; ~ du travail labo(u)r market; ~ intérieur (étranger) home (foreign) market; ~ noir black market; (à) bon ~ cheap(ly); (à) meilleur ~ more cheap-ly; cheaper; le bon ~ the cheapness (of, de); (aller) faire son ~ go shopping; _fig._ par-dessus le ~ into the bargain.

marchepied [marʃə'pje] _m vehicle:_ footboard; _mot._ running-board; _wagon:_ tail-board; step-ladder; _fig._ stepping-stone.

marcher [mar'ʃe] (1a) _v/i._ walk, go (_a._ 🚂 _engine_); ✕ _etc._ march; ⊕ run (_a._ 🚂 _train_), work; _fig._ F swallow; ⚓ sail, head (for, _vers_); ⊕ ~ à vide run idle; ~ sur les pas de q. follow in s.o.'s footsteps; ~ sur les pieds de q. tread on s.o.'s feet; _faire_ ~ run (_a house, a business_); F _faire_ ~ q. pull s.o.'s leg; F (je ne) _marche pas!_ nothing doing!; F _ne pas se laisser_ ~ _sur les pieds_ not to let o.s. be put upon; _ma montre ne marche plus_ my watch is broken; **marcheur, -euse** [~'ʃœːr, ~'ʃøːz] 1. _adj._ walking; ⚓ _bon_ ~ fast-sailing; 2. _su._ walker; _su./m:_ F _vieux_ ~ old rake.

marcotte [mar'kɔt] _f_ layer; runner; **marcotter** [~kɔ'te] (1a) _v/t._ layer.

mardi [mar'di] _m_ Tuesday; ~ _gras_ Shrove Tuesday.

mare [maːr] _f_ pond; pool (_a. fig._).

marécage [mare'kaːʒ] _m_ bog, swamp; fen, marshland; **marécageux, -euse** [~ka'ʒø, ~'ʒøːz] boggy, swampy, marshy.

maréchal ✕ [mare'ʃal] _m_ marshal; (_a._ ~_ferrant_) farrier; ~ _des logis cavalry:_ sergeant; ~ _des logis-chef battery or squadron_ sergeant-major; **maréchalat** [~ʃa'la] _m_ marshalship; **maréchalerie** [~ʃal-'ri] _f_ horse-shoeing; smithy.

marée [ma're] _f_ tide; ✝ fresh fish; _fig._ flood, wave, surge; ~ _basse (haute)_ low (high) tide, low (high) water; _grande_ ~ springtide; _la_ ~ _descend (monte)_ the tide is going out (coming in).

marelle [ma'rɛl] _f game:_ hopscotch.

marémoteur, -trice [maremɔ'tœːr, ~'tris] tidal (_energy_); _usine_ ~_trice_ tidal power station.

mareyeur _m_, **-euse** _f_ [marɛ'jœːr, ~'jøːz] fishmonger.

margarine ✝ [marga'rin] _f_ margarine.

marge [marʒ] _f_ border, edge; margin (_a. fig._, _a._ ✝); _fig._ scope; ~ _bénéficiaire_ profit margin; ~ _de sécurité_ safety margin; _fig._ en ~ (de) on the fringe (of); **margelle** [mar'ʒɛl] _f well:_ curb(-stone); **margeur** [~-'ʒœːr] _m typ._ layer-on; _typewriter:_ margin stop; **marginal, e** _m/pl._ **-aux** [~ʒi'nal, ~'no] marginal.

margotin [margɔ'tɛ] _m_ bundle of firewood.

margouillis F [margu'ji] _m_ mud, slush; mess.

margoulin F [margu'lɛ̃] _m_ petty tradesman; swindler; (small-time) crook.

marguerite [margə'rit] _f_ daisy; _grande_ ~ marguerite, ox-eye daisy; _petite_ ~ daisy.

mari [ma'ri] _m_ husband; **mariable** [~'rjabl] marriageable, F in the marriage market; **mariage** [~'rja:ʒ] _m_ marriage; wedding; matrimony; ~ _d'amour_ love match; **marié, e** [~'rje] 1. _adj._ married; 2. _su./m_ bridegroom; _su./f_ bride; **marier** [~'rje] (1o) _v/t._ marry (_a. fig._), give or join in marriage; _fig._ join; _fig._ blend (_colours_); se ~ marry, get married; _fig._ harmonize (with, à); **marieur** _m_, **-euse** _f_ [~'rjœːr, ~'rjøːz] matchmaker.

marihuana [mariɥa'na], **marijuana** [mariʒɥa'na] _f_ marijuana.

marin, e [ma'rɛ̃, ~'rin] 1. _adj._ marine (_plant_); sea...; nautical; 2. _su./m_ sailor; moist wind (_in South-Eastern France_); F ~ _d'eau douce_ land-lubber.

marinade [mari'nad] _f_ pickle; brine; _cuis._ marinade.

marine [ma'rin] 1. _adj./inv._ navy (-blue); 2. _su./f_ ⚓ navy; ⚓ seamanship; _paint._ seascape; ~ _de guerre_ Navy; ~ _marchande_ merchant service or navy, _Am._ merchant marine.

mariner _cuis._ [mari'ne] (1a) _v/t._ marinade; pickle.

marinier, -ère [mari'nje, ~'njɛːr] 1. _adj._ naval; 2. _su./m_ waterman, bargee; _su./f swimming:_ side-stroke.

marionnette [marjɔ'nɛt] _f_ puppet

(a. fig.); théâtre m de ~s puppet-show.

marital, e, m/pl. **-aux** [mari'tal, ~'to] marital; **maritalement** [~tal'mã] adv. maritally; vivre ~ live together as husband and wife.

maritime [mari'tim] maritime (♀, law, power, province); shipping (agent, intelligence); naval (dockyard); marine (insurance); seaborne (trade); seaside (town). [tern.]

maritorne [mari'tɔrn] f slut, slat-]

marivaudage [marivo'da:ʒ] m preciosity in writing; mild flirting.

marjolaine ♀ [marʒɔ'lɛn] f marjoram.

marmaille F coll. [mar'ma:j] f children pl., F kids pl.

marmelade [marmə'lad] f compote (of fruit); (orange) marmalade; F mess; fig. en ~ pounded to a jelly.

marmite [mar'mit] f pan; (cooking-)pot; ✕ F heavy shell; ~ à pression (or de Papin) pressure-cooker; ~ norvégienne hay-box; F faire bouillir la ~ keep the pot boiling; **marmiton** [~mi'tõ] m cook's boy; (pastry-cook's) errand-boy.

marmonner [marmɔ'ne] (1a) v/t. mumble, mutter.

marmoréen, -enne [marmɔre'ɛ̃, ~'ɛn] marmoreal, marble...; **marmoriser** ⚗ [~ri'ze] (1a) v/t. marmarize.

marmot [mar'mo] m F brat; F croquer le ~ cool one's heels; wait.

marmotte [mar'mɔt] f zo. marmot, Am. woodchuck; ♱ case of samples; head-scarf.

marmotter [marmɔ'te] (1a) v/t. mumble, mutter.

marmouset [marmu'ze] m fig. F whipper-snapper, little chap; ⊕ fire-dog.

marne ✗, geol. [marn] f marl; **marner** [mar'ne] (1a) v/t. ✗ marl; v/i. ♻ rise (tide).

marocain, e [marɔ'kɛ̃, ~'kɛn] adj., a. su. ♀ Moroccan.

maronner [marɔ'ne] (1a) vt/i. growl, mutter.

maroquin [marɔ'kɛ̃] m morocco (-leather); pol. ♱ ministerial portfolio; **maroquiner** [~ki'ne] (1a) v/t. give a morocco finish to; make (skin) into morocco-leather; **maroquinerie** [~kin'ri] f fancy leather goods pl.

marotte [ma'rɔt] f (fool's) cap and bells pl.; hairdresser etc.: dummy head; F fad, F bee in the bonnet.

maroufle[1] † [ma'rufl] m lout, hooligan.

maroufle[2] [ma'rufl] f strong paste; **maroufler** [~ru'fle] (1a) v/t. remount (a picture); prime, size (canvas); ⚓ tape (a seam).

marquant, e [mar'kã, ~'kã:t] outstanding, prominent; **marque** [mark] f mark (a. ♱, a. fig.); ♱ brand, make (a. mot.); ♱ tally; sp. score; fig. token; fig. highest quality; ~ au crayon pencil mark; ~ de fabrique, ~ de fabrication trade mark; brand (name); ~ déposée registered trademark; de ~ distinguished (person); ♱ F choice, best quality; **marquer** [mar'ke] (1m) v/t. mark; stamp; brand; sp. score (goals, points); fig. denote, indicate; fig. show (one's age, one's feelings); fig. emphasize; ascertain (facts); fig. watch, keep a watch on (one's opponent etc.); ♪ ~ la mesure beat time; v/i. be outstanding; F ~ mal make a bad impression; **marqueter** [~kə'te] (1c) v/t. speckle; inlay (wood); **marqueterie** [~kə'tri] f inlaid work, marquetry; fig. patchwork.

marqueur, -euse [mar'kœ:r, ~'kø:z] su. marker; sp. scorer.

marquis [mar'ki] m marquis, marquess; **marquise** [~'ki:z] f title: marchioness; marquee; awning, canopy.

marraine [ma'rɛn] f godmother; eccl., a. fig. sponsor.

marrant, e sl. [ma'rã, ~'rã:t] screamingly funny; odd.

marre sl. [ma:r] f: en avoir ~ be fed up (with, de); **marrer** sl. [ma're] (1a) v/t.: se ~ (have a good) laugh, F split one's sides.

marri, e † [ma'ri] grieved.

marron[1] [ma'rõ] 1. su./m ♀ (edible) chestnut; F blow; ♀ ~ d'Inde horse-chestnut; 2. adj./inv. brown; chestnut(-coloured).

marron[2], -onne [ma'rõ, ~'rɔn] unqualified; unlicensed (taxi-driver, trader, etc.).

marronnier ♀ [marɔ'nje] m chestnut (-tree).

mars [mars] m March; astr. Mars; ✗ ~ pl. spring wheat sg.

marsouin [mar'swɛ̃] m zo. porpoise;

⚓ forecastle awning; ✕ F colonial infantry soldier.

marsupial *m*, **-e** *f*, *m/pl.* **-aux** *zo.* [marsy'pjal, ~'pjo] *adj.*, *a. su./m* marsupial.

marteau [mar'to] *m* hammer (*a.* ♪, *a.* *anat.*); (*door-*)knocker; *clock:* striker; *icht.* hammerhead; ~ **pneumatique** pneumatic drill; **~-pilon**, *pl.* **~x-pilons** *metall.* [~topi'lɔ̃] *m* power-hammer; forging-press.

martel [mar'tɛl] *m* † hammer; *fig.:* se mettre ~ en tête worry; **marteler** [~təˈle] (1d) *v/t.* hammer; pound; *fig.* ~ ses mots speak each word with emphasis.

martial, e, *m/pl.* **-aux** [mar'sjal, ~'sjo] martial (*a. law*); soldierly; **martien, -enne** [~'sjɛ̃, ~'sjɛn] *adj.*, *a. su.* ♀ Martian.

martinet[1] [marti'nɛ] *m* ⊕ tilt-hammer; (small) whip.

martinet[2] [marti'nɛ] *m* swift, martlet.

martin-pêcheur, *pl.* **martins-pêcheurs** *orn.* [martɛpɛˈʃœːr] *m* king-fisher.

martre *zo.* [martr] *f* marten.

martyr, **e** *m*, **e** *f* [mar'tiːr] martyr; enfant ~ battered child; **martyre** [~'tiːr] *m* martyrdom; *fig.* agonies *pl.*; **martyriser** [~tiriˈze] (1a) *v/t.*, *eccl.* martyr; *fig.* torment; *fig.* make a martyr of.

marxiser [marksiˈze] (1a) *v/t.* make Marxist; se ~ become Marxist; **marxisme** *pol.* [mark'sism] *m* Marxism; **marxiste** *pol.* [~'sist] *adj.*, *a. su.* Marxist.

mas [mas] *m* small farmhouse.

mascarade [maskaˈrad] *f* masquerade (*a. fig.*).

mascaret [maskaˈrɛ] *m* bore, tidal wave.

mascotte [mas'kɔt] *f* mascot, charm.

masculin, e [maskyˈlɛ̃, ~'lin] **1.** *adj.* masculine; male; **2.** *su./m gramm.* masculine.

masochiste [mazɔˈʃist] *su.* masochist.

masque [mask] *m* mask (*a. fig.*); *fig.* cloak, cover; *thea.* masque; masquerader; ~ *à gaz* gas-mask, respirator; **masquer** [mas'ke] (1m) *v/t.* mask; *fig.* conceal; ⚓ back (*a sail*).

massacrant, e [masaˈkrɑ̃, ~'krɑ̃:t] *adj.:* humeur *f* ~e bad *or* F foul temper; **massacre** [~'sakr] *m* massacre; slaughter (*a. fig.*); **massacrer** [masaˈkre] (1a) *v/t.* massacre, slaughter; *fig.* make a hash of, ruin; murder (*music*); *tennis:* kill (*a ball*); **massacreur** *m*, **-euse** *f* [~'krœːr, ~'krøːz] slaughterer; *fig.* bungler; *fig. music:* murderer.

massage ♣ [ma'sa:ʒ] *m* massage.

masse[1] [mas] *f* ⊕ sledge-hammer; (*ceremonial*) mace.

masse[2] [~] *f* ✕, *phys.*, *fig.* mass; ♰ bulk; ♱ fund; ⚡ earth; *persons, water:* body; *fig.* crowd, heap; en ~ in a body; as a whole; *fig.* mass..., a great number of.

massé [ma'se] *m billiards:* massé (shot).

massepain [mas'pɛ̃] *m* marzipan.

masser[1] [ma'se] (1a) *v/t.* mass (*people*); se ~ form a crowd.

masser[2] [ma'se] (1a) *v/t.* ♣ massage; rub down (*a horse*); **masseur** [~'sœːr] *m* (*a.* ~ kinésithérapeute) masseur; **masseuse** [~'søːz] *f* masseuse.

massicot[1] ♫, ⊕ [masi'ko] *m* yellow lead.

massicot[2] [~] *m books:* guillotine, trimmer.

massier [ma'sje] *m* mace-bearer.

massif, -ve [ma'sif, ~'si:v] **1.** *adj.* massive, bulky; heavy; solid (*gold*); **2.** *su./m* clump, cluster; ⚠ block, solid mass; *geog.* mountain mass.

massue [ma'sy] *f* club (*a. zo.*, ♀); *fig.* en coup de ~ sledge-hammer (*arguments*).

mastic [mas'tik] *m iron etc.:* mastic; *glazier:* cement; putty; *tooth:* filling, stopping.

masticateur [mastika'tœːr] **1.** *adj./ m* masticatory; **2.** *su./m* masticator; **masticatoire** [~'twaːr] **1.** *adj.* masticatory; **2.** *su./m* masticatory; chewing-gum.

mastiquer[1] [masti'ke] (1m) *v/t.* masticate; chew.

mastiquer[2] [~] (1m) *v/t.* ⊕ cement; stop (*a hole, a. a tooth*); putty (*a window*).

mastroquet F [mastro'ke] *m* public-house keeper, F pub-keeper.

masure [ma'zy:r] *f* hovel, shack.

mat[1], **mate** [mat] *adj.* dull, flat, lustre-less (*colour*); heavy (*bread, dough*).

mat[2] [~] *adj./inv.* checkmated; être ~ be checkmate; faire ~ checkmate (*s.o.*).

mât [mɑ] m ⚓ mast; (tent-)pole; 🚩 strut; ~ de pavillon flagstaff, flagpole; 🚩~ de signaux signalpost; ⚓ navire m à trois ~s threemaster.

matador [mata'dɔːr] m matador; fig. magnate; fig. bigwig.

matamore [mata'mɔːr] m swash-buckler.

match, pl. a. **matches** sp. [matʃ] m match; ~ de championnat league match; ~ de retard match in hand; ~ retour return match.

matelas [mat'la] m mattress; ⊕ ~ d'air air-cushion; ~ pneumatique air-bed, air-mattress; **matelasser** [matla'se] (1a) v/t. pad; stuff; porte f matelassée baize door; **matelassier** m, **-ère** f [~'sje, ~'sjɛːr] mattress-maker; mattress-cleaner; **matelassure** [~'syːr] f padding, stuffing.

matelot [mat'lo] m sailor; **matelote** [~'lɔt] f cuis. matelote; † (approx.) hornpipe; à la ~ sailor-fashion.

mater[1] [ma'te] (1a) v/t. mat, dull; ⊕ hammer; work (the dough).

mater[2] [~] (1a) v/t. (check)mate (at chess); fig. subdue, humble.

mâter ⚓ [mɑ'te] (1a) v/t. mast; rig (booms); step-up (a boat).

matérialiser [materjali'ze] (1a) v/t. a. se ~ materialize; **matérialisme** [~'lism] m (~ dialectique dialectic) materialism; **matérialiste** 1. adj. materialistic; 2. su. materialist; **matériau** △ [~'rjo] m material; **matériaux** ⊕, △, fig. [~'rjo] m/pl. materials; **matériel, -elle** [~'rjɛl] 1. adj. material; physical; fig. sensual; 🎲 dommages m/pl. ~s damage sg. to property; vie f ~elle necessities pl. of life; 2. su./m ⊕ plant; apparatus; school, a. ⚓: furniture; war: material; computer: hardware; ~ humain manpower; men pl.; 🚂 ~ roulant rolling stock.

maternel, -elle [matɛr'nɛl] maternal; mother (tongue); école f ~elle infant school; **maternité** [~ni'te] f maternity, motherhood; maternity hospital.

mathématicien m, **-enne** f [matemati'sjɛ̃, ~'sjɛn] mathematician; **mathématique** [~'tik] 1. adj. mathematical; 2. su./f: ~s pl. mathematics; ~s pl. spéciales higher mathematics.

matière [ma'tjɛːr] f material; matter,

substance; fig. subject; fig. grounds pl. (oft. 🎲); anat., fig. ~ grise grey matter; ~s pl. premières raw material sg.; ⊕~s plastiques plastics; en ~ de as regards; in matters of; en la ~ on the subject; entrer en ~ broach the subject; table f des ~s table of contents.

matin [ma'tɛ̃] 1. su./m morning; au ~ in the morning; de bon (or grand) ~, au petit ~ early in the morning; 2. adv. early.

mâtin [mɑ'tɛ̃] su./m mastiff hound.

matinal, e, m/pl. -aux [mati'nal, ~'no] morning...; early; être ~ be an early riser (person); **matinée** [~'ne] f morning, forenoon; morning's work; cost. wrapper; thea. matinee, afternoon performance; faire la grasse ~ sleep late, F have a lie in; **matines** eccl. [ma'tin] f/pl. mat(t)ins; **matineux, -euse** [mati'nø, ~'nøːz] 1. adj. early rising; 2. su. early riser; **matinier, -ère** [~'nje, ~'njɛːr] adj.: l'étoile f ~ère the morning star.   [⊕ hammer.}

matir [ma'tiːr] (2a) v/t. mat, dull;}

matois, e [ma'twa, ~'twaːz] 1. adj. sly, foxy, cunning; 2. su. crafty person.

matou zo. [ma'tu] m tom-cat.

matraquage [matra'kaːʒ] m bludgeoning, etc.; see matraquer; **matraque** [ma'trak] f bludgeon; rubber truncheon; **matraquer** [matra'ke] (1a) v/t. bludgeon, beat (s.o.) up; fig. overcharge (customer, etc.), overburden (tax-payer etc.); fig. bombard (the public); fig. plug (a song, etc.).

matriarcat [matriar'ka] m matriarchy; **matrice** [~'tris] 1. su./f matrix; ⊕ die; ⊕ master record; typ. type mo(u)ld; anat. womb, uterus; 2. adj. primary (colour); mother (church, tongue); **matricer** ⊕ [matri'se] (1k) v/t. stamp (out); swage; **matricide** [~'sid] 1. su. person: matricide; su./m crime: matricide; 2. adj. matricidal.

matricule [matri'kyl] su./f roll, register; registration; su./m registration or reference number; ✗ regimental number; F. ça devient mauvais pour son ~ his number is up, things are going to be hot for him.

matrimonial, e, m/pl. -aux [matrimo'njal, ~'njo] matrimonial.

matrone [ma'trɔn] f matron.

maturation [matyra'sjɔ̃] f ripening; tobacco: maturing.

mâture ⚓ [mɑ'ty:r] f masting; coll. masts pl.; sheer-legs pl.

maturité [matyri'te] f maturity; ripeness; avec ~ after mature consideration.

matutinal, e, m/pl. **-aux** [matyti'nal, ~'no] matutinal.

maudire [mo'di:r] (4p) v/t. curse; fig. grumble about; **maudit, e** [~'di, ~'dit] 1. p.p. of maudire; 2. adj. (ac)cursed; fig. execrable, damnable.

maugréer [mogre'e] (1a) v/i. curse; fig. grumble (about, at contre).

maure [mo:r] 1. adj./m Moorish; 2. su./m ♀ Moor; **mauresque** [mɔ'resk] 1. adj. Moorish; ♠ Moresque; 2. su./f ♀ Moorish woman.

mausolée [mozɔ'le] m mausoleum.

maussade [mo'sad] surly, sullen; fig. depressing, dull (weather); irritable (person, tone); **maussaderie** [~sa'dri] f sullenness; irritability, peevishness.

mauvais, e [mo've, ~'ve:z] 1. adj. bad (a. influence, news, ✝ season); evil, wicked; wrong; ill; nasty, unpleasant; offensive (smell); ✝ severe (illness); ~e excuse lame excuse; ~e foi dishonesty; unfairness; ~e tête unruly or obstinate 'person; de ~e humeur in a bad temper; 2. adv.: il fait ~ the weather is bad; sentir ~ smell bad, stink.

mauve [mo:v] su./f ♀ mallow; su./m, a. adj. mauve, purple.

mauviette [mo'vjɛt] f orn. skylark; fig. frail person; **mauvis** orn. [~'vi] m redwing.

maxillaire anat. [maksil'le:r] m jaw-bone; ~ supérieur maxilla.

maximal, e, m/pl. **-aux** [maksi'mal, ~'mo] maximal; **maxime** [mak'sim] f maxim; **maximiser** [~simi'ze] (1a) v/t. maximize; **maximum,** pl. a. **maxima** [~si'mɔm, ~'ma] su./m, a. adj. maximum; porter au ~ maximize.

mayonnaise cuis. [majɔ'nɛ:z] f mayonnaise.

mazout [ma'zut] m fuel oil; crude oil.

me [mə] 1. pron./pers. me; to me; ~ voici! here I am!; 2. pron./rfl. myself, to myself.

méandre [me'ã:dr] m wind(ing), bend; faire des ~s meander, wind (river).

mec F [mɛk] m gay, fellow.

mécanicien [mekani'sjɛ̃] m mechanic; engineer; 🚂 engine driver, Am. engineer; **mécanique** [~'nik] 1. adj. mechanical; 2. su./f mechanism, (piece of) machinery; engineering; phys. ~ ondulatoire wave-mechanics sg.; **mécaniser** [~ni'ze] (1a) v/t. mechanize; turn (s.o.) into a machine; **mécanisme** [~'nism] m mechanism; machinery; **mécano** ⊕ F [meka'no] m mechanic.

méchamment [meʃa'mã] adv. of méchant; **méchanceté** [~ʃãs'te] f nastiness; meanness; malice, spite; spiteful remark or action; **méchant, e** [~'ʃã, ~'ʃã:t] 1. adj. nasty; mean; bad; spiteful; fig. ✝ poor, sorry, paltry; il n'est pas ~ he's all right; he's harmless; 2. su./m naughty boy; su./f naughty girl.

mèche[1] [mɛʃ] f candle, lamp: wick; ⚔ match fuse; whip: cracker, Am. snapper; hair: lock; ⊕ bit, drill; éventer la ~ discover a secret; vendre la ~ let the cat out of the bag, sl. blow the gaff.

mèche[2] F [~] f: de ~ avec in collusion with; hand in glove with; il n'y a pas ~! it can't be done!

mécompte [me'kɔ̃:t] m miscalculation, mistake in reckoning; error; fig. disappointment.

méconnaissable [mekɔnɛ'sabl] unrecognizable; hardly recognizable; **méconnaissance** [~nɛ'sã:s] f failure to recognize; **méconnaître** [~'nɛ:tr] (4k) v/t. refuse to recognize, cut; fig. not to appreciate; fig. underrate; fig. disown.

mécontent, e [mekɔ̃'tã, ~'tã:t] dissatisfied, discontented (with, de); annoyed (at, de; that, que); **mécontentement** [~tãt'mã] m dissatisfaction (with, de); displeasure, annoyance (at, de); pol. disaffection; **mécontenter** [~tã'te] (1a) v/t. dissatisfy; displease, annoy.

mécréant, e [mekre'ã, ~'ã:t] 1. adj. unbelieving; heterodox; 2. su. unbeliever; misbeliever; miscreant.

médaille [me'da:j] f medal; badge; ♠ medallion; **médaillé, e** [meda'je] 1. adj. decorated; holding a medal; 2. su. medallist; medal-winner, prize-winner; **médaillier** [~'je] m medal cabinet; collection of medals; **médailliste** [~'jist] m collector of medals; medal-maker; **médaillon** [~'jõ] *m* medallion; locket; *journ.* inset; *cuis.* butter: pat; *cuis.* medaillon.

médecin [met'sɛ̃] *m* doctor, physician; ⚓ ~ *du bord* ship's doctor; ~ *légiste* medical expert; ~ *traitant* doctor in charge of the case; *femme f* ~ lady doctor; **médecine** [~'sin] *f* medicine; ~ *légale* forensic medicine.

media, média [me'dja] *m/pl.* (mass) media.

médian, e [me'djã, ~'djan] median; middle...; *foot.* half-way (*line*); **médiat, e** [~'dja, ~'djat] mediate; **médiateur, -trice** [medja'tœːr, ~'tris] 1. *adj.* mediatory; 2. *su.* mediator; intermediary; *pol.* ombudsman; **médiation** [~'sjõ] *f* mediation.

médical, e, *m/pl.* **-aux** [medi'kal, ~'ko] medical; **médicalisation** [~kaliza'sjõ] *f* medical care; **médicaliser** [~kali'ze] (1a) *v/t.* provide medical care for; **médicament** [medika'mã] *m* medicament, F medicine; **médicamenter** [~mã'te] (1a) *v/t.* doctor, dose (*s.o.*); **médicamenteux, -euse** [~mã'tø, ~'tøːz] medicinal; **médicastre** [medi'kastr] *m* quack (doctor); **médication** [~ka'sjõ] *f* medical treatment, medication; **médicinal, e,** *m/pl.* **-aux** [~si'nal, ~'no] medicinal; **médico-légal, e,** *m/pl.* **-aux** [~kole'gal, ~'go] medico-legal.

médiéval, e, *m/pl.* **-aux** [medje'val, ~'vo] medi(a)eval; **médiéviste** [~'vist] *su.* medi(a)evalist.

médiocre [me'djɔkr] mediocre; poor, second-rate; indifferent; **médiocrité** [~djɔkri'te] *f* mediocrity; F *person:* second-rater.

médire [me'diːr] (4p) *v/i.:* ~ *de q.* slander s.o., speak ill of s.o., F run s.o. down; **médisance** [medi'zã:s] *f* slander; scandal-mongering; **médisant, e** [~'zã, ~'zã:t] 1. *adj.* slanderous, backbiting; 2. *su.* slanderer; scandal-monger.

méditatif, -ve [medita'tif, ~'tiːv] meditative; contemplative, pensive; **méditation** [~ta'sjõ] *f* meditation (*a. eccl.*); cogitation, thought; **méditer** [~'te] (1a) *v/i.* meditate; *v/t.* contemplate (*s.th.*).

méditerrané, e *geog.* [mediterra'ne] mediterranean.

médium [me'djɔm] *m psychics:* medium; ♪ middle register.

médius *anat.* [me'djys] *m* middle finger.

médullaire ♀, *anat.* [medyl'lɛːr] medullary.

méduse [me'dyːz] *f* jelly-fish; **méduser** [~dy'ze] (1a) *v/t.* dumbfound; petrify.

meeting *sp., pol.* [mi'tiŋ] *m* meeting.

méfaire † [me'fɛːr] *v/i.* occurs only in *inf.* do wrong; **méfait** [~'fɛ] *m* misdeed; *fig.* ill or damaging effect, ravages *pl.*

méfiance [me'fjã:s] *f* distrust; **méfiant, e** [~'fjã, ~'fjã:t] suspicious, distrustful; **méfier** [~'fje] (1o) *v/t.:* *se* ~ be on one's guard; *se* ~ *de* be suspicious of, distrust; look out for, watch.

mégalo... [megalɔ] megalo...; **~mane** [~'man] *su.* megalomaniac; **~manie** [~ma'ni] *f* megalomania; **~pole** [~'pɔl] *f* megalopolis.

mégaphone [mega'fɔn] *m* megaphone.

mégarde [me'gard] *f:* *par* ~ inadvertently; accidentally.

mégatonne [mega'tɔn] *f* megaton.

mégère [me'ʒɛːr] *f* shrew, termagant.

mégot F [me'go] *m cigarette:* fag end, *Am.* butt; *cigar:* stump; (poor) cigar; **mégoter** F [~gɔ'te] (1a) *v/i.* skimp (on, sur).

meilleur, e [mɛ'jœːr] 1. *adj.* better; *le* ~ the better (*of two*), the best (*of several*); 2. *su./m* best (thing).

mélancolie [melãkɔ'li] *f* melancholy, gloom; ✻ melancholia; **mélancolique** [~'lik] mournful, gloomy, melancholy; ✻ melancholic.

mélange [me'lã:3] *m* mixture, blend; *cards:* shuffling; **~s** *pl.* miscellany *sg.*; ~ *réfrigérant* freezing-mixture; **mélanger** [melã'ʒe] (11) *v/t. a. se* ~ mix; blend; **mélangeur** [~'ʒœːr] *m* mixing-machine, mixer.

mélasse [me'las] *f* molasses *pl.*, treacle; *sl. dans la* ~ in the soup.

mêlée [me'le] *f* ✗ mêlée, fray; scuffle; scramble; *sp. rugby:* scrum; **mêler** [~] (1a) *v/t.* mix; mingle, blend; ~ *q. à* (*or dans*) involve s.o. in; *se* ~ *à* join; mix with; *se* ~ *de* meddle in, interfere in *or* with; dabble in (*politics*).

méninge

mélèze ♀ [me'lɛːz] *m* larch.
mélilot ♀ [meli'lo] *m* sweet clover, melilot.
méli-mélo, *pl.* **mélis-mélos** F [meli'me'lo] *m* jumble; clutter; hotchpotch.
mellifère [mɛlli'fɛːr] honey-bearing; **mellifique** [~'fik] mellific, honey-making; **melliflue** *fig.* [~'fly] mellifluous, honeyed.
mélodie [melɔ'di] *f* ♪ melody, tune; melodiousness; **mélodieux, -euse** [~'djø, ~'djøːz] melodious, tuneful; **mélodique** ♪ [~'dik] melodic; **mélodrame** [~'dram] *m* melodrama; **mélomane** [~'man] **1.** *adj.* mad on music; **2.** *su.* melomaniac.
melon [mə'lɔ̃] *m* ♀ melon; bowler (hat).
membrane [mã'bran] *f* ♀, anat., ⊕ membrane; zo. duck, goose, etc.: web; **membraneux, -euse** [~bra'nø, ~'nøːz] membranous.
membre [mãːbr] *m* member; body: limb; ♪ rib; **membré, e** [mã'bre] *adj.*: **bien ~** well-limbed; **membru, e** [~'bry] strong-limbed; big-limbed; **membrure** [~'bryːr] *f coll.* limbs *pl.*, ♪ ribs *pl.*; ♔ frame.
même [mɛːm] **1.** *adj.* same; *after noun:* self, very; *ce ~ soir* the same evening; *ce soir ~* this very evening; *en ~ temps* at the same time; *la bonté ~* kindness itself; *les ~s personnes* the same persons; *see vous-même;* **2.** *adv.* even; *à ~ de (inf.)* able to *(inf.),* in a position to *(inf.); boire à ~ la bouteille* drink out of the bottle; *de ~* in the same way, likewise; *de ~ que* like, (just) as; *pas ~* not even; *quand ~* even if; all the same; *tout de ~* all the same; *voire ~* ... indeed ...
mémère F [me'mɛːr] *f* mother, F mum(my); grandmother, F granny.
mémoire[1] [me'mwaːr] *f* memory; *de ~* by heart, from memory; *de ~ d'homme* within living memory; *en ~ de* in memory of.
mémoire[2] [~] *m* memorandum; memorial, memoir, dissertation; ⚖ abstract; **~s** *pl.* transactions; *⚜s pl.* (*historical*) memoirs.
mémorable [memɔ'rabl] memorable, noteworthy; **mémorial** [~'rjal] *m* Gazette; ⚜ memoirs *pl.*; **mémorialiste** [~rja'list] *m* memorialist.

menace [mə'nas] *f* threat, menace; **menacer** [~na'se] (1k) *v/t.* threaten (with, de).
ménage [me'naːʒ] *m* housekeeping; housework; † set of furniture; *fig.* household, family; *fig.* married couple; *faire bon ~ (avec)* get on well (with); *faire le ~* do the housework; *faux ~* unmarried couple living together; *femme f de ~* charwoman, cleaner; *être heureux en ~* be happily married; *jeune ~* newly married couple; *monter son ~* set up house; *tenir le ~ de* keep house for; **ménagement** [~naʒ'mã] *m* care; consideration, caution.
ménager[1] [mena'ʒe] (1l) *v/t.* save; use economically, make the most of; arrange; provide.
ménager[2], **-ère** [mena'ʒe, ~'ʒɛːr] **1.** *adj.* domestic; *fig.* thrifty, sparing (of, de); *enseignement m ~* domestic science; **2.** *su./f* housewife; housekeeper; canteen of cutlery; cruet-stand; **ménagerie** [~naʒ'ri] *f* menagerie.
mendiant, e [mã'djã, ~'djãːt] **1.** *adj.* mendicant; **2.** *su.* beggar; *su./m:* F les quatre **~s** *pl.* figs, raisins, almonds and hazel-nuts as dessert; **mendicité** [~disi'te] *f* begging; beggary; beggardom; **mendier** [~'dje] (1o) *v/i.* beg; *v/t.* beg for; *~ des compliments* fish for compliments; **mendigot** F [~di'go] *m* beggar.
meneau ⚠ [mə'no] *m* mullion; *à ~x* mullioned.
menée [mə'ne] *f* hunt. track; *fig.* manœuvre, intrigue.
mener [~] (1d) *v/t.* lead; take, get (s.o. to, q. à); ♫ draw (a line); *fig.* run, control, manage; steer (a boat); *~ qch. à bien (or à bonne fin)* see sth. through; *~ par le bout du nez* lead by the nose; *cela peut le ~ loin* that may take him a long way; *v/i.* lead (to, à).
ménestrel hist. [menɛs'trɛl] *m* minstrel; **ménétrier** [~ne'trje] *m* village musician, fiddler.
meneur [mə'nœːr] *m* leader; ring-leader; driver; *pej.* agitator, fomenter; *~ de jeu* emcee, *Br. a.* compère; quizmaster.
menhir geol. [me'niːr] *m* menhir.
méninge [me'nɛ̃ʒ] *f anat.* meninx; F **~s** *pl.* brains; F se creuser les **~s** rack one's brains; F se fatiguer les **~s**

overtax one's brains; **méningite** *
[menɛ̃'ʒit] f meningitis.
ménisque *anat.* [me'nisk] m meniscus.

ménopause * [meno'po:z] f menopause.

menotte [mə'nɔt] f ⊕ handle; *mot.
etc.* link; F little hand; ~s *pl.* handcuffs.

mensonge [mã'sɔ̃:ʒ] m lie, falsehood; *fig.* delusion; ~ *officieux* (*or
pieux*) white lie; **mensonger, -ère**
[~sɔ̃'ʒe, ~'ʒɛ:r] untrue; false; *fig.*
illusory.

mensualité [mãsɥali'te] f monthly
payment *or* instalment; monthly
salary; **mensuel, -elle** [~'sɥɛl] 1.
adj. monthly; 2. *su.* employee paid
by the month.

mensurations [mãsyra'sjɔ̃] f/pl.
measurements.

mental, e, *m/pl.* **-aux** [mã'tal, ~'to]
mental; *restriction f* ~e mental reservation; **mentalité** [~tali'te] f mentality.

menterie F [mã'tri] f lie, F fib;
menteur, -euse [~'tœːr, ~'tøːz] 1.
adj. lying; deceptive, false; 2. *su.* liar,
F fibber.

menthe ♀ [mãːt] f mint.
mention [mã'sjɔ̃] f mention; *faire ~
de* = **mentionner** [~sjɔ'ne] (1a) *v/t.*
mention; name.

mentir [mã'ti:r] (2b) *v/i.* lie (to, *à*).
menton [mã'tɔ̃] m chin; **mentonnet** [mãtɔ'nɛ] m ⊕ catch; ⊕ lug;
❀ flange; **mentonnière** [~'njɛ:r] f
(*bonnet-*)string; * chin-bandage; ✗
check-strap; ♪ *violin:* chin-rest.

mentor [mɛ̃'tɔ:r] m mentor.
menu, e [mə'ny] 1. *adj.* small; fine;
minute (*details, fragments*); slim,
slender (*figure*); petty, trifling;
2. *menu adv.* small, fine; *hacher* ~
mince; chop (*s.th.*) up small; 3. *su./m*
detail; *meal:* menu; ~ *à prix fixe*
table d'hôte; *par le* ~ in detail.

menuiser [mənɥi'ze] (1a) *v/t.* cut
(*wood*) down; *v/i.* do woodwork;
menuiserie [~nɥiz'ri] f woodwork,
carpentry; joiner's shop; **menuisier** [~nɥi'zje] m joiner; carpenter.

méphitique [mefi'tik] noxious,
foul; *gaz m* ~ choke-damp.
méplat, e [me'pla, ~'plat] 1. *adj.*
flat; ⚓ flat-laid; in planks (*wood*);
2. *su./m* flat part; *geol. rock:* ledge.
méprendre [me'prã:dr] (4aa) *v/t.:*

se ~ *sur* be mistaken about, misjudge; *fig. à s'y* ~ to the life; *il n'y
a pas à s'y* ~ there can be no mistake.

mépris [me'pri] m contempt, scorn;
au ~ *de* in defiance of, contrary to;
méprisable [mepri'zabl] contemptible; **méprisant, e** [~'zã,
~'zã:t] scornful, contemptuous.
méprise [me'pri:z] f mistake.
mépriser [mepri'ze] (1a) *v/t.* despise; scorn.

mer [mɛ:r] f sea; tide; ~ *haute* high
tide; *haute* ~ open sea; *porter de
l'eau à la* ~ carry coals to Newcastle.

mercanti F [mɛrkã'ti] m profiteer;
mercantile [~'til] profit-minded,
mercenary; *esprit m* ~ (absolute)
profit-mindedness.

mercenaire [mɛrsə'nɛ:r] 1. *adj.*
mercenary (*a.* ✗); 2. *su./m* hireling;
✗ mercenary.

mercerie [mɛrsə'ri] f haberdashery;
haberdasher's (shop), *Am.* notions
shop.

merci [mɛr'si] 1. *adv.* thank you,
thanks (for, *de*); ~ *bien,* ~ *beaucoup*
many thanks, thank you very much;
2. *su./m* thanks *pl.*; *sans* ~ mercy; *à la* ~
de at the mercy of; *crier* ~ cry mercy,
beg for mercy; *sans* ~ pitiless(ly
adv.), merciless(ly *adv.*).

mercier m, **-ère** f [mɛr'sje, ~'sjɛ:r]
haberdasher; small-ware dealer.
mercredi [mɛrkrə'di] m Wednesday.

mercure ♑ [mɛr'ky:r] m mercury,
quicksilver; **mercureux** ♑ [~ky'rø]
adj./m mercurous.

mercuriale [mɛrky'rjal] f ↑ market-
prices *pl.*; F *fig.* reprimand.
mercuriel, -elle [mɛrky'rjɛl] mercurial.

merde V [mɛrd] 1. *su./f* shit; 2. *int.*
hell!; **merdier** *sl.* [mɛr'dje] m (hell
of a) mess.

mère [mɛ:r] f mother (*a. fig.*); ⊕ die;
mo(u)ld; *fig.* source, root; (~-)*célibataire* unmarried mother; ~ *patrie*
mother country; ♀ *maison f* ~ head
office.

méridien, -enne [meri'djɛ̃, ~'djɛn]
1. *adj. geog.* meridian; midday;
astr. transit; 2. *su./m* meridian; *su./f*
meridian line; midday nap; sofa;
méridional, e, *m/pl.* **-aux** [~djo-
'nal, ~'no] 1. *adj.* south(ern); me-

ridional; **2.** *su.* southerner; merid-ional.

meringue *cuis.* [mə'rɛ̃:g] *f* meringue.

mérinos 🜚, *zo.* [meri'nos] *m* me-rino.

merise 🜚 [mə'ri:z] *f* wild cherry; **merisier** [ˌri'zje] *m* wild cherry (-tree).

mérite [me'rit] *m* merit; quality; ability; *sans* ∼ undeserving; **mériter** [meri'te] (1a) *vt./i.* deserve, merit; **méritoire** [ˌ'twa:r] *f* merito-rious, praiseworthy, commendable.

merlan [mɛr'lɑ̃] *m icht.* whiting; *sl.* hairdresser; **merle** [mɛrl] *m orn.* blackbird; F *fig.* ∼ *blanc* rara avis; F *fig.* *fin* ∼ sly fellow.

merluche [mɛr'lyʃ] *f icht.* hake; 🜚 dried cod.

merrain [mɛ'rɛ̃] *m* ⊕ stave-wood; wood for cooperage; *deer's antlers:* beam.

merveille [mɛr'vɛ:j] *f* marvel, won-der; *à* ∼ magnificently, F fine; **mer-veilleux, -euse** [ˌvɛ'jø, ˌ'jø:z] marvellous, wonderful; supernat-ural.

mes [me] *see* mon.

més... [mez] mis...; **∼alliance** [meza'ljɑ̃:s] *f* misalliance.

mésange *orn.* [me'zɑ̃:ʒ] *f* tit(mouse); **mésangette** [ˌzɑ̃'ʒet] *f* bird-trap.

mésaventure [mezavɑ̃'ty:r] *f* mis-adventure, mishap, mischance.

mesdames [me'dam] *pl. of* ma-dame; **mesdemoiselles** [medmwa-'zel] *pl. of* mademoiselle.

mésentente [mezɑ̃'tɑ̃:t] *f* misunder-standing, disagreement.

mésentère *anat.* [mezɑ̃'tɛ:r] *m* mesentery.

mésestimer [mezɛsti'me] (1a) *v/t.* underestimate; hold (*s.o.*) in low esteem.

mésintelligence [mezɛ̃teli'ʒɑ̃:s] *f* disagreement; *en* ∼ *avec* at logger-heads with.

mesquin, e [mɛs'kɛ̃, ˌ'kin] mean, stingy; **mesquinerie** [ˌkin'ri] *f* meanness; pettiness.

mess 🜚 [mɛs] *m* mess.

message [mɛ'sa:ʒ] *m* message (*a. fig.*); **messager** *m*, **-ère** *f* [ˌsa'ʒe, ˌ'ʒɛ:r] messenger, *fig.* harbinger; **messageries** [ˌsaʒ'ri] *f/pl.* delivery *or* distribution service *sg.*; shipping (company) *sg.*

messe *eccl.*, *a.* 🎵 [mɛs] *f* mass.

messeoir [mɛ'swa:r] (3k) *v/i.* be unbecoming (to, *à*).

Messie *bibl.* [me'si] *m* Messiah.

messieurs [me'sjø] *pl. of* monsieur.

mesurable [məzy'rabl] measurable; **mesurage** [ˌ'ra:ʒ] *m* measurement; **mesure** [mə'zy:r] *f* measure; meas-urement; extent, degree; step; *fig.* moderation; *verse:* metre; 🎵 time; 🎵 bar; *à* ∼ one by one; in propor-tion; *à* ∼ *que* (in proportion) as; *donner sa* ∼ show what one is capa-ble of; *en* ∼ *de* in a position to; *outre* ∼ excessively, beyond meas-ure; *poids m/pl.* et ∼*s pl.* weights and measures; *prendre des* ∼*s contre* take steps *or* measures against; *fig.* *prendre la* ∼ *de q.* size s.o. up; *prendre les* ∼*s de q.* take s.o.'s meas-urements; *fig. sans* ∼ boundless; *sur* ∼ to measure; to order; **mesurer** [məzy're] (1a) *v/t.* measure; calcu-late; *fig.* estimate; se ∼ *avec* pit o.s. against; **mesureur** [ˌ'rœ:r] *m* per-son, machine: measurer; ga(u)ge; 🎵 metre.

méta... [meta] Meta...

métairie [mete'ri] *f* small farm.

métal [me'tal] *m* metal; ∼ *brut* (com-mun) raw (base) metal; **métalli-fère** [metalli'fe:r] metalliferous; **métallique** [ˌ'lik] metallic; wire (rope); 🜚 *encaisse* ∼ gold reserve; **métalliser** ⊕ [ˌli'ze] (1a) *v/t.* cover with metal, plate; metallize; **métallo** F [ˌ'lo] *m* metal-worker; **métallurgie** ⊕ [ˌlyr'ʒi] *f* metal-lurgy; smelting; **métallurgiste** ⊕ [ˌlyr'ʒist] *m* metallurgist; metal-worker.

méta...: ∼morphose [metamɔr'fo:z] *f* metamorphosis, transformation; **∼morphoser** [ˌmɔrfo'ze] (1a) *v/t.* metamorphose; *se* ∼ change; **∼phore** [ˌ'fɔ:r] *f* metaphor; image; **∼phorique** [ˌfo'rik] metaphorical; **∼physique** [ˌfi'zik] *f* metaphysics *sg.*; **∼psychique** [ˌpsi'ʃik] *f* para-psychology; **∼stase** 🎵 [ˌ'sta:z] *f* metastasis.

métayer [mete'je] *m* metayer, tenant farmer; *Am.* share-cropper.

métempsycose [metɑ̃psi'ko:z] *f* metempsychosis.

météo [mete'o] *su./f* weather report; meteorological office; *su./m* meteor-ologist; weather man; **météore** [ˌ'ɔ:r] *m* meteor; **météorisme** [ˌɔ-

'rism] *m* 🔭 meteorism; flatulence; *vet.* hoove; **météorologie** [~ɔrɔlɔ-'ʒi] *f* meteorology.

métèque *pej.* [me'tɛk] *m sl.* wop, *Br. sl.* wog.

méthode [me'tɔd] *f* method, system; way; **méthodique** [~tɔ'dik] methodical, systematic.

méticuleux, -euse [metiky'lø, ~'lø:z] meticulous, punctilious, F fussy.

métier [me'tje] *m* job; trade; craft; profession; (~ *à tisser* weaving) loom.

métis, -isse [me'tis] **1.** *su.* half-breed; *dog:* mongrel; **2.** *adj.* half-bred; cross-bred; mongrel (*dog*).

métrage [me'tra:ʒ] *m* measurement; metric length; *cin. court* (*long*)~ short (full-length) film; **mètre** [mɛtr] *m* metre, *Am.* meter; rule, yardstick; ~ *à ruban* tape measure; ~ *carré* square metre; ~ *cube* cubic metre; ~ *pliant* folding rule; **métrique** [~'trik] **1.** *adj.* metric; **2.** *su./f* metrics *sg.*

métro F [me'tro] *m* underground railway, tube, *Am.* subway.

métro...: **~logie** [metrɔlɔ'ʒi] *f* metrology; **~manie** [~ma'ni] *f* metromania; **~nome** ♪ [~'nɔm] *m* metronome.

métropole [metrɔ'pɔl] *f* metropolis; capital; mother country; **métropolitain, e** [~pɔli'tɛ̃, ~'tɛn] **1.** *adj.* metropolitan; **2.** *su./m* metropolitan; *eccl.* archbishop; underground railway.

mets¹ [mɛ] *m* food; dish; ~ *tout préparé* ready-to-serve meal.

mets² [~] *1st p. sg. pres. of* mettre.

mettable [mɛ'tabl] wearable (*clothes*); **metteur** [~'tœ:r] *m* ⊕ setter; 🎬 (*plate-*)layer; ~ *en scène* *thea.* producer; *cin.* director.

mettre [mɛtr] (4v) *v/t.* put; place, set; lay (*a. the table*); put on (*clothes*); translate (into, en); put (on, sur); *fig.* suppose, assume; ~ *à l'aise* put (*s.o.*) at his ease; ⚡ ~ *à la terre* earth; ~ *au point* adjust; *opt.* focus (*a lens*); *fig.* clarify (*an affair*); ~ *bas* lamb (*sheep*), litter, whelp (*bitch*), foal (*mare*), farrow (*pig*), calve (*cow*); ~ *de côté* save; ~ *deux heures à* (*inf.*) take two hours to (*inf.*); ~ *en colère* make angry; ~ *en jeu* bring into play *or* discussion; ⊕ ~ *en marche* start (*a. fig.*); *typ.* ~ *en pages* make up; *thea.* ~ *en*

scène stage; *mettons que ce soit vrai* let us suppose this to be true *or* that this is true; *se* ~ *place* o.s., stand; *se* ~ *à* (*inf.*) begin (*ger.*, to *inf.*); start (*ger.*), take to; *se* ~ *à l'œuvre* set to work; *se* ~ *en colère* get angry; *se* ~ *en gala* put on formal dress; *se* ~ *en route* start out; *se* ~ *ensemble* live together (*unmarried couple*); *se* ~ *en tête de* (*inf.*) take it into one's head to (*inf.*); *s'y* ~ set about it.

meublant, e [mœ'blɑ̃, ~'blɑ̃:t] decorative, effective, nice; **meuble** [mœbl] **1.** *adj.* movable; loose (*ground*); 🏛 *biens m/pl.* ~*s* movables; **2.** *su./m* piece of furniture; ~*s pl.* furniture *sg.*; **meublé, e** [mœ'ble] **1.** *adj.:* (*non*) ~ (un)furnished; **2.** *su./m* furnished room; **meubler** [~] (1a) *v/t.* furnish; *fig.* fill (with, de).

meule¹ [mœl] *f hay:* stack, rick; *charcoal:* pile; *bricks:* clamp; 🍄 *mushrooms:* bed.

meule² [mœl] *f* ⊕ millstone; grindstone; ~ *de fromage* large round cheese; **meuler** ⊕ [mœ'le] (1a) *v/t.* grind; **meulerie** ⊕ [møl-'ri] *f* millstone-factory, grindstone-factory; **meulier** ⊕ [mø'lje] *m* millstone-maker, grindstone-maker; **meulière** [~'ljɛ:r] *f* millstone grit; millstone quarry.

meulon [mø'lõ] *m* small haystack; *corn:* stook; (*hay*)cock.

meunerie [møn'ri] *f* flour: milling; **meunier** [mø'nje] *m* miller; **meunière** [~'njɛ:r] *f* woman mill-owner, *a.* miller's wife.

meurent [mœ:r] *3rd p. pl. pres. of* mourir; **meurs** [~] *1st p. sg. pres. of* mourir; **meurt-de-faim** F [mœrdə'fɛ̃] *m/inv.* starveling; *de* ~ starvation (*wage*).

meurtre [mœrtr] *m* murder; 🏛 non-capital murder, *Am.* murder in the second degree; *au* ~*!* murder!; *fig. c'est un* ~ it is a downright shame; **meurtrier, -ère** [mœrtri'e, ~'ɛ:r] **1.** *adj.* murderous; guilty of murder (*person*); **2.** *su./m* murderer; *su./f* murderess; 🔺 loop-hole.

meurtrir [mœr'tri:r] (2a) *v/t.* bruise; **meurtrissure** [~tri'sy:r] *f* bruise. [voir.\

meus [mø] *1st p. sg. pres. of* mou-/

meute [mø:t] *f* pack; *fig.* mob.

meuvent [mœːv] *3rd p. pl. pres. of* mouvoir.

mévendre ✝ † [meˈvãːdr] (4a) *v/t.* sell at a loss; **mévente** ✝ † [ˌˈvãːt] *f goods*: sale at a loss; slump.

mezzanine [mɛdzaˈnin] *f* mezzanine (floor).

mi ♪ [mi] *m/inv.* mi, *note*: E.

mi... [mi] *adv.* half, mid, semi-; ~clos half open; à ~-chemin half-way; la ~-janvier mid-January; *sp.* poids m ~lourd light-heavy weight.

miaou [mjau] *m* miaow, mew.

miasme [mjasm] *m* miasma.

miauler [mjoˈle] (1a) *v/i.* mew, miaow.

mica *min.* [miˈka] *m* mica; **micelle** *biol.* [miˈsɛl] *m* micella.

miche [miʃ] *f* round loaf.

micheline 🚃 [miʃˈlin] *f* rail-car.

micmac F [mikˈmak] *m* intrigue; underhand work.

micro F [miˈkro] *m radio*: microphone, F mike; au ~ on the air.

micro... [mikro] *m* micro...

microbe [miˈkrɔb] *m* microbe, F germ.

microcéphale [mikrɔseˈfal] *adj.*, *a. su.* microcephalic.

micron [miˈkrõ] *m measure*: micron (1/1000 mm).

micro...: ~**cosme** [ˌkrɔˈkɔsm] *m* microcosm; ~**phone** [mikrɔˈfɔn] *m* microphone; ~**processeur** [ˌkrɔprɔseˈsœːr] *m* microprocessor; ~**scope** [ˌkrɔsˈkɔp] *m* microscope; ~**sillon** [ˌkrɔsiˈjõ] *m* microgroove; long-playing record.

midi [miˈdi] *m* midday, noon, twelve o'clock; *fig.* heyday (*of life*); ~ et demi half past twelve; plein ~ high noon; *geog.* le ♀ the South of France; **midinette** F [midiˈnɛt] *f* dressmaker's assistant, midinette.

mie [mi] *f bread*: soft part, cumb.

miel [mjɛl] *m* honey; **miellé, e** [mjɛˈle] honeyed; honey-colo(u)red; **mielleux, -euse** [ˌˈlø, ˌˈløːz] like honey; *fig.* honeyed (*words*); bland (*smile*); smooth-tongued (*person*).

mien, mienne [mjɛ̃, mjɛn] **1.** *pron./poss.*: le ~, la ~ne, les ~s *m/pl.*, les ~nes *f/pl.* mine; **2.** *adj./poss.* † of mine; un ~ ami a friend of mine; **3.** *su./m* mine, my own; les ~s *pl.* my (own) people.

miette [mjɛt] *f* crumb; *fig.* piece, bit.

mieux [mjø] **1.** *adv.* better; rather; aimer ~ prefer; 🎖 aller ~ feel *or* be better; à qui ~ ~ one trying to outdo the other; de ~ en ~ better and better; je ne demande pas ~ que de (*inf.*) I shall be delighted to (*inf.*); le ~ (the) best; tant ~ all the better; valoir ~ be better; vous feriez ~ de (*inf.*) you had better (*inf.*); **2.** *su./m* best; 🎖 change for the better; au ~ as well as possible, † at best; faire de son ~ do one's best.

mièvre [mjɛːvr] delicate; *fig.* affected (*style*); **mièvrerie** [mjɛvrəˈri] *f* delicateness; *fig.* style etc.: affectation.

mignard, e [miˈɲaːr, ˌˈɲard] affected, mincing; dainty; **mignardise** [ˌɲarˈdiːz] *f* affectation; *style*: finicalness; ♀ (garden) pink; **mignon, -onne** [ˌˈɲõ, ˌˈɲɔn] **1.** *adj.* dainty, sweet, nice, cute; péché m ~ besetting sin; **2.** *su.* darling, pet; **mignoter** † [ˌɲɔˈte] (1a) *v/t.* caress; pet.

migraine [miˈɡrɛn] *f* migraine, sick headache.

migrant, e [miˈɡrã, ˌˈɡrãːt] **1.** *adj.* migrant; **2.** *su.* migrant (worker); **migrateur, -trice** [migraˈtœːr, ˌˈtris] *orn.* migratory; migrant (*person*); **migration** [ˌˈsjõ] *f* migration; **migratoire** [ˌˈtwaːr] migratory.

mijaurée [miʒɔˈre] *f* affected woman.

mijoter [miʒɔˈte] (1a) *v/t.* let (*s.th.*) simmer (*a. fig. an idea*); hatch (*a plot*); *fig.* se ~ be brewing; *v/i.* simmer.

mil [mil] *adj./inv.* thousand (*only in dates*).

milan *orn.* [miˈlã] *m* kite.

mildiou ♀, ✗ [milˈdju] *m* mildew.

miliaire 🎖 [miˈljɛːr] miliary (*fever*).

milice ✗ [miˈlis] *f* militia; **milicien** ✗ [ˌliˈsjɛ̃] *m* militiaman.

milieu [miˈljø] *m* middle; *phys.* medium; *fig.* circle, sphere; *fig.* environment; *fig.* (social) background; *fig.* middle course; *the* underworld; au ~ de in the middle of.

militaire [miliˈtɛːr] **1.** *adj.* military; ♪ martial; **2.** *su./m* military man; soldier; **militant, e** [ˌˈtã, ˌˈtãːt] **1.** *adj.* militant; **2.** *su.* fighter (for, de); militant; **militariser** [ˌtariˈze] *v/t.* militarize; **militarisme** [ˌtaˈrism] *m* militarism; **militer** [ˌˈte]

(1a) v/i. militate (against, contre; in favo[u]r of pour, en faveur de); be a militant.

mille [mil] **1.** adj./num./inv. (a or one) thousand; **2.** su./m/inv. thousand; sp. bull's eye; mettre dans le ~ hit the bull's eye; F fig. be bang on target; su./m mile.

mille-feuille [mil'fœ:j] f ♀ yarrow; cuis. mille-feuille (sort of puff pastry); **millénaire** [mille'nɛ:r] **1.** adj. millennial; **2.** su./m one thousand; thousand years, millennium.

mille...: **~-pattes** zo. [mil'pat] m/inv. centipede, millepede; **~(-)pertuis** ♀ [~pɛr'tɥi] m St. John's wort.

millésime [mille'zim] m date (on coin); ⊕ year of manufacture.

millet ♀ [mi'je] m (wood) millet-grass; grains m/pl. de ~ bird-seed, canary-seed.

milliaire [mi'lje:r] milliary; borne f ~ milestone; **milliard** [~'lja:r] m milliard, one thousand million(s pl.), Am. billion; **millième** [~'ljɛm] adj., a. su., a. su./m fraction: thousandth; **millier** [~'lje] m (about) a thousand; **million** [~'ljɔ̃] m million.

mime [mim] m mimic; thea. hist. mime; **mimer** [mi'me] (1a) v/t. mime (a scene); mimic (s.o.).

mimétisme zo. [mime'tism] m mimicry. [ling.]

mimi [mi'mi] m pussy; F pet, dar-

mimique [mi'mik] mimic.

mimosa ♀ [mimo'za] m mimosa.

minable fig. [mi'nabl] seedy, shabby.

minauder [mino'de] (1a) v/i. simper, smirk; **minauderie** [~'dri] f simpering, smirking.

mince [mɛ̃:s] thin; slender, slight, slim; F ~ alors! hell!

mine¹ [min] f appearance, look; ~s pl. simperings; avoir bonne (mauvaise) ~ look well (ill); look good (bad); faire ~ de (inf.) make as if to (inf.); make a show of (s.th.; doing s.th.).

mine² [min] f ⚒, ⚔, ⚓, fig. mine; pencil: lead; fig. store; ~ de houille colliery, coal-mine; ~ de plomb graphite; faire sauter une ~ spring a mine; **miner** [mi'ne] (1a) v/t. ⚔ mine; fig. undermine, consume; **minerai** ⚒ [min'rɛ] m ore.

minéral, e, m/pl. **-aux** [mine'ral, ~'ro] **1.** adj. mineral; inorganic (chemistry); eau f ~ mineral water; spa water; **2.** su./m mineral; **minéraliser** [~rali'ze] (1a) v/t. mineralize; **minéralogie** [~ralɔ'ʒi] m mineralogy; **minéralogique** [~ralɔ'ʒik] mineralogical; mot. numéro m ~ registration (Am. license) number; mot. plaque f ~ number plate.

minet m, **-ette** f [mi'nɛ, ~'nɛt] puss(ycat); F pet, darling; young trendy.

mineur¹, e [mi'nœ:r] **1.** adj. minor, (a. ♫, a. ♪); **2.** su. ♫, ♪ minor; su./f minor premise; assumption.

mineur² [~] m ⚒ miner; ⚔ sapper.

miniature [minja'ty:r] f miniature; **miniaturiser** [~tyri'ze] (1a) v/t. miniaturize; **miniaturiste** [~ty'rist] adj., a. su. miniaturist.

minier, -ère [mi'nje, ~'njɛ:r] **1.** adj. mining; **2.** su./f open-cast mine.

mini-jupe [mini'ʒyp] f miniskirt.

minimal, e, m/pl. **-aux** [mini'mal, ~'mo] minimal; **minime** [~'nim] tiny, fig. trivial; **minimiser** [~nimi'ze] (1a) v/t. minimize, play down; **minimum,** pl. a. **minima** [~ni'mɔm, ~'ma] **1.** su./m minimum; ~ vital minimum living wage; **2.** adj. minimum.

ministère [minis'tɛ:r] m agency; pol., a. eccl. ministry; pol. office, government department; service; pol. ♀ Office; Ministry; ♀ de la Défense nationale Ministry of Defence, Am. Department of Defense; ♀ des Affaires étrangères Foreign Office, Am. State Department; ⚖ public Public Prosecutor; **ministre** [~'nistr] m pol., a. protestantism: minister; ♀ de la Défense nationale Minister of Defence, Am. Secretary of Defense; ♀ des Affaires étrangères Foreign Secretary, Am. Secretary of State; ♀ des Finances France: Minister of Finance, Britain: Chancellor of the Exchequer, Am. Secretary of the Treasury.

minium ♫ [mi'njɔm] m minium; red lead.

minois F [mi'nwa] m pretty face.

minorité [minɔri'te] f minority; ⚖ infancy; pol. mettre en ~ defeat (the government).

minoterie [minɔ'tri] f flour-mill;

flour-milling; **minotier** [~'tje] *m* (flour-)miller.

minuit [mi'nɥi] *m* midnight; ~ et demi half past twelve (at night).

minuscule [minys'kyl] **1.** *adj.* tiny; small (*letter*); **2.** *su./f* small letter, *typ.* lower-case letter.

minute [mi'nyt] **1.** *su./f* minute; *deed, judgment*: draft; record; *à la ~* this instant; to the minute; while you wait; **2.** *int.* wait a bit!; **minuter** *admin.* [miny'te] (1a) *v/t.* time; **minuterie** [~'tri] *f clocks etc.*: motion work; *ϟ* time switch.

minutie [miny'si] *f* (attention to) minute detail; **minutieux, -euse** [~'sjø, ~'sjø:z] detailed, painstaking, thorough.

mioche F [mjɔʃ] *su.* urchin; kid(die), tot.

mi-parti, e [mipar'ti] equally divided; halved.

miracle [mi'ra:kl] *m* miracle (*a. fig.*); **miraculeux, -euse** [~raky'lø, ~'lø:z] miraculous; F marvellous.

mirage [mi'ra:ʒ] *m* mirage; *fig.* illusion; **mire** [mi:r] *f* ✕ aiming; *gun:* bead; *surv.* pole, levelling-rod; *telev.* test-card, test-pattern; *point de* ~ ✕ aim; *fig.* cynosure; **mirer** [mi're] (1a) *v/t.* aim at; *surv.* take a sight on; *ϯ* candle (*an egg*); hold (*cloth*) against the light; se ~ look at o.s.; be reflected.

mirifique F [miri'fik] wonderful.

mirliton [mirli'tɔ̃] *m ♪* toy flute; *cuis.* cream puff; *vers m/pl. de* ~ doggerel.

mirobolant, e F [mirɔbɔ'lɑ̃, ~'lɑ̃:t] marvellous; staggering.

miroir [mi'rwa:r] *m* mirror, looking-glass; *mot.* ~ *rétroviseur* driving mirror; **miroitement** [~rwat'mɑ̃] *m* flash; gleam; *water:* shimmer; **miroiter** [mirwa'te] (1a) *v/i.* flash; glitter; sparkle; *fig.* faire ~ *qch.* à *s.o.* paint s.th. in glowing colo(u)rs for *s.o.*

miroton *cuis.* [mirɔ'tɔ̃] *m* re-heated beef in onion sauce.

mis¹ [mi] *1st p. sg. p.s. of* mettre.

mis², e [mi, mi:z] *p.p. of* mettre.

misaine ⚓ [mi'zɛn] *f* foresail; *mât m de* ~ foremast.

misanthrope [mizɑ̃'trɔp] **1.** *su./m* misanthropist; **2.** *adj.* misanthropic.

miscible [mi'sibl] miscible.

mise [mi:z] *f* placing, putting; *auc-*

tion: bid; *gamble:* stake; dress, attire; *ϯ* ~ *à la retraite* retirement; *ϟ* ~ *à la terre* earthing; ⚓ ~ *à l'eau* launching; ~ *à mort* bullfight: kill (of the bull); ~ *à pied* sacking; ~ *au point* adjustment; *phot.* focussing; ~*-bas* dropping (*of young animals*); ⊕ ~ *de fonds* putting up of money; ⊕ ~ *en fabrication* putting into production; ~ *en liberté* release; ⊕ ~ *en marche* starting; ~ *en ondes* radio adaptation; *typ.* ~ *en pages* making up; ~ *en plis hair:* setting; *mot.* ~ *en route* starting up; *thea.* ~ *en scène* staging, production; ~ *en service* commencement of service; ~ *en train* start(ing); *ϯ* ~ *en vente* putting up for sale; *ne pas être de* ~ be out of place *or* season; **miser** [mi'ze] (1a) *v/t.* bid; stake; *v/i.* count (on, sur).

misérable [mize'rabl] **1.** *adj.* miserable; *fig.* wretched; *fig.* mean (*action*); **2.** *su.* (poor) wretch; **misère** [~'zɛ:r] *f* misery; poverty; *fig.* trifle.

miséricorde [mizeri'kɔrd] **1.** *su./f* mercy, forgiveness; **2.** *int.* mercy!; **miséricordieux, -euse** [~kɔr'djø, ~'djø:z] merciful (to, envers).

missel *eccl.* [mi'sɛl] *m* missal.

missile [mi'sil] *m* (guided) missile; ~ *de croisière* cruise missile.

mission [mi'sjɔ̃] *f* mission; **missionnaire** [~sjɔ'nɛ:r] *m* missionary; **missive** [~'si:v] *f* missive, letter.

mistigri F [misti'gri] *m* puss.

mistral [mis'tral] *m* mistral (*cold north-east wind in Provence*).

mitage [mi'ta:ʒ] *m* spoiling (of the countryside) through architectural development.

mitaine [mi'tɛn] *f* mitten.

mite [mit] *f* moth; *cheese:* mite; **mité, e** [mi'te] moth-eaten; **miter** [~] (1a) *v/t.* spoil (*the countryside*) through architectural development.

mi-temps [mi'tɑ̃] *f sp.* half-time; interval; *ϯ* à ~ half-time (*work*).

miteux, -euse F [mi'tø, ~'tø:z] shabby; seedy (*person*).

mitiger [miti'ʒe] (1l) *v/t.* mitigate; relax (*a law etc.*).

miton *⚕* F [mi'tɔ̃] *m:* onguent *m* ~ *mitaine* harmless but useless ointment.

mitonner [mitɔ'ne] (1a) *v/i.* simmer; *v/t.* let (*s.th.*) simmer; *fig.* hatch.

mitoyen, -enne [mitwa'jɛ̃, ~'jɛn] common (*to two things*), △ party (*wall*).

mitraille ✕ [mi'trɑːj] f grape-shot; F coppers *pl.* (= *small change*); **mitrailler** ✕ [mitrɑ'je] (1a) *v/t.* machine-gun, strafe, rake with fire; **mitraillette** ✕ [~'jɛt] f submachine-gun; **mitrailleur** ✕ [~'jœːr] 1. *su./m* machine-gunner; 2. *adj./m:* fusil *m* ~ Bren gun; **mitrailleuse** ✕ [~'jøːz] f machine-gun.

mitre [mitr] f (*bishop's*) mitre; △ chimney-cowl; **mitron** [mi'trɔ̃] *m* journeyman baker; △ chimney-pot.

mixage [mik'saːʒ] *m* (sound) mixing; **mixer**[1] [~'se] (1a) *v/t.* mix (*sounds*); **mixer**[2] [~'sœːr] *m* (food) mixer; **mixte** [mikst] mixed; ⛴ combined; ~ doubles *m* tennis: mixed doubles *pl.*; enseignement *m* ~ co-education; **mixtion** 🔥 [miks'tjɔ̃] f mixture; *drugs:* compounding; **mixtionner** 🔥 [~tjɔ'ne] (1a) *v/t.* compound (*drugs*); **mixture** 🔥, 🌡 [~'tyːr] f mixture.

mobile [mɔ'bil] 1. *adj.* mobile; movable (*a. feast*); moving (*object, target, etc.*); detachable; *fig.* inconstant; ✕ colonne f ~ flying column; 2. *su./m* moving body; ⊕ moving part; *fig.* motive; *fig.* mainspring; premier ~ prime mover; **mobilier, -ère** [~bi'lje, ~'ljɛːr] 1. *adj.* 🏛 movable; 🏛 personal (*action, estate*); 🏛 transferable; 2. *su./m* furniture; suite.

mobilisation [mɔbiliza'sjɔ̃] f ✕, 🏛 mobilization; ✝ realization; ✝ liquidation; **mobiliser** [~ze] (1a) *v/t.* ✕, 🏛 mobilize; ✕ call up; ✝ realize (*an indemnity*); ✝ liquidate (*capital*).

mobilité [mɔbili'te] f mobility; *fig. temperament etc.:* fickleness.

mobylette (*TM*) [mɔbi'lɛt] f moped.

moche F [mɔʃ] ugly; F lousy; rotten; poor, shoddy; F awful.

modal, e, *m/pl.* **-aux** [mɔ'dal, ~'do] modal; **modalité** [~dali'te] f *phls.* modality; ♪ form of scale; ~s *pl.* ✝ terms and conditions; 🏛 restrictive clauses.

mode [mɔd] *su./m* ♪, *phls.* mood (*a. gramm.*); mode, method; 📜 ~ d'emploi directions *pl.* for use; ✝ ~ de paiement method of payment; *su./f* fashion; à la ~ fashionable, stylish, F

in; à la ~ de in the style of; *cuis.* ... fashion; à la dernière ~ in the latest fashion.

modèle [mɔ'dɛl] 1. *su./m* model (*a. fig.*), pattern; prendre q. *pour* ~ model o.s. on s.o.; 2. *adj.* model ...

modelé [mɔd'le] *m* relief; contours *pl.*; **modeler** [~'le] (1d) *v/t.* model (on, *sur*); mo(u)ld; shape; **modeleur** ⊕ [~'lœːr] *m* pattern-maker.

modérateur, -trice [mɔdera'tœːr, ~'tris] 1. *su.* moderator, restrainer; *su./m* ⊕ regulator; 🔧, *phys.* moderator; (*volume-*)control; 2. *adj.* moderating, restraining; **modération** [~ra'sjɔ̃] f moderation, restraint; *price, tax,* 🏛 *sentence:* reduction; **modéré, e** [~'re] *adj.* moderate; sober; conservative (*estimate*); **modérer** [~'re] (1f) *v/t.* moderate, restrain; check; reduce (*the price etc.*); se ~ abate (*weather*).

moderne [mɔ'dɛrn] modern; **moderniser** [mɔdɛrni'ze] (1a) *v/t.* modernize; **moderniste** [~'nist] modernist; **modernité** [~ni'te] f modernity; modern times *pl.*

modeste [mɔ'dɛst] modest; unpretentious; quiet; moderate (*price*); **modestie** [~dɛs'ti] f modesty; unpretentiousness.

modicité [mɔdisi'te] f *means:* modesty; *prices:* reasonableness.

modifiable [mɔdi'fjabl] modifiable; **modificateur, -trice** [~fika'tœːr, ~'tris] modifying; **modification** [~fika'sjɔ̃] f modification, alteration; **modifier** [~'fje] (1o) *v/t.* modify (*a. gramm.*); alter; ✝ rectify (*an entry*).

modique [mɔ'dik] reasonable, moderate (*price*); slender, modest (*means*).

modiste [mɔ'dist] f milliner, modiste.

modulateur 🔧 [mɔdyla'tœːr] *m* modulator; **modulation** [~'sjɔ̃] f modulation (♪, *a. voice*); *voice:* inflexion; **module** [mɔ'dyl] *m* ⚃ modulus; △ module; unit; size; **moduler** [~dy'le] (1a) *vt/i.* modulate.

moelle [mwal] f marrow; ♀ pith (*a. fig.*); *anat.* medulla; ~ épinière spinal cord; **moelleux, -euse** [mwa'lø, ~'løːz] marrowy (*bone*); ♀ pithy; *fig.* soft; *fig.* mellow (*light, voice*).

moellon [mwa'lõ] *m* quarry-stone; ~ de roche rubble.

mœurs [mœrs] *f/pl.* morals; manners, ways, customs; *animals:* habits.

mohair [mɔ'ɛːr] *m* mohair.

moi [mwa] **1.** *pron./pers. subject:* I; *object:* me; (to) me; à ~ to me; mine; c'est ~ it is I, F it's me; de vous à ~ between you and me; il a vu mon frère et ~ he has seen my brother and me; **2.** *su./m* ego, self.

moignon [mwa'ɲõ] *m* stump (*of amputated limb*).

moi-même [mwa'mɛːm] *pron./rfl.* myself.

moindre [mwɛ̃ːdr] less(er); le (la) ~ the least; the slightest; **moindrement** [mwɛ̃drə'mɑ̃] *adv.:* pas le ~ not in the least.

moine [mwan] *m* monk; *fig.* F bedwarmer, hot-water bottle; *metall.* blister; **moineau** *orn.* [mwa'no] *m* sparrow; *sl.* fellow; **moinerie** *usu. pej.* [mwan'ri] *f* friary, monkery; **moinillon** F [mwani'jõ] *m* young monk.

moins [mwɛ̃] **1.** *adv.* less (than, que); fewer; ~ de deux less than two; à ~ de (*inf.*), à ~ que ... (ne) (*sbj.*) unless; au ~ at least; de ~ en ~ less and less; du ~ at least (= at all events); le ~ (the) least; **2.** *prp.* minus, less; cinq heures ~ dix ten minutes to five; **3.** *su./m* ~ minus (sign); **~-value** ✝ [~va'ly] *f* depreciation.

moire *tex.* [mwaːr] *f* moire; watered silk; **moirer** *tex.*, *a.* ⊕ [mwa're] (1a) *v/t.* moiré.

mois [mwa] *m* month; month's pay; ✝ à un ~ de date one month after date; par ~, tous les ~ monthly; tous les ~ every month.

moisi, e [mwa'zi] **1.** *adj.* mo(u)ldy; musty (*smell, taste*); **2.** *su./m* mo(u)ld, mildew; sentir le ~ smell musty; **moisir** [~'ziːr] (2a) *vt/i.* mildew; *v/i. a.* se ~ go mo(u)ldy; F vegetate; **moisissure** [~zi'syːr] *f* ☂ mildew, mo(u)ld; mustiness.

moisson [mwa'sõ] *f* harvest, crop (*a. fig.*); harvest-time; **moissonner** [mwasɔ'ne] (1a) *v/t.* harvest, reap (*a. fig.*), gather; **moissonneur** [~'nœːr] *m* harvester, reaper; **moissonneuse** [~'nøːz] *f* harvester, reaper (*a. machine*); ~-batteuse combine-harvester; ~-lieuse *machine:* self-binder.

moite [mwat] moist, damp; clammy; ✝ limp; **moiteur** [mwa'tœːr] *f* moistness; ☂ perspiration.

moitié [mwa'tje] **1.** *su./f* half; F better half (= *wife*); à ~ chemin half-way; à ~ prix (at) half-price; se mettre de ~ avec q. go halves with s.o.; **2.** *adv.* half.

mol [mɔl] *see* mou 1.

molaire [mɔ'lɛːr] *adj., a. su./f* molar.

môle [moːl] *m* mole, breakwater; pier.

moléculaire [mɔleky'lɛːr] molecular; **molécule** [~'kyl] *f* molecule; ☂ ~-gramme gram(me)-molecule.

molester [mɔlɛs'te] (1a) *v/t.* molest.

molette [mɔ'lɛt] *f* spur: rowel; ⊕ cutting-wheel; *paint.* small pestle; ⚒ winding-pulley; *lighter:* wheel; clef f à ~ adjustable spanner.

mollasse F [mɔ'las] soft, flabby; slow (*person*); **molle** [mɔl] *see* mou 1; **mollesse** [mɔ'lɛs] *f* softness, flabbiness; slowness, indolence.

mollet, -ette [~'lɛ, ~'lɛt] **1.** *adj.* softish; soft-boiled (*egg*); tender (*feet*); pain m ~ roll; **2.** *su./m* leg: calf; **molletière** [mɔl'tjɛːr] *f* puttee; **mollir** [mɔ'liːr] (2a) *v/i.* soften; slacken; *fig.* get weak; ⚔ give ground; ✝ get easier (*price of commodity*). [F slowcoach.)

mollusque *zo.* [mɔ'lysk] *m* mollusc;)

mollo! [mɔ'lo] *int.* easy!; gently!; vas-y ~! easy does it!

molosse [mɔ'lɔs] *m* watch-dog; mastiff.

môme *sl.* [moːm] *su. child:* kid, brat.

moment [mɔ'mɑ̃] *m* moment (*a. phys.*); au ~ où (or que) since; par ~s now and again; pour le ~ for the time being; **momentané, e** [~mɑ̃ta'ne] momentary; temporary (*absence*).

momerie [mɔm'ri] *f* mummery; *fig.* affectations *pl.*

momie [mɔ'mi] *f* mummy; F old fogy; F bag of bones; **momifier** [~mi'fje] (1o) *v/t.* mummify.

mon *m*, **ma** *f*, *pl.* **mes** [mõ, ma, me] *adj./poss.* my.

monacal, e *m/pl.* **-aux** *eccl.* [mɔna'kal, ~'ko] monac(h)al; **monachisme** *eccl.* [~'kism] *m* monasticism.

monarchie [mɔnar'ʃi] *f* monarchy; **monarchiste** [‿'ʃist] *adj.*, *a. su.* monarchist; **monarque** [mɔ'nark] *m* monarch.

monastère [mɔnas'tɛːr] *m* monastery; *nuns:* convent; **monastique** [‿'tik] monastic.

monceau [mɔ̃'so] *m* heap, pile.

mondain, e [mɔ̃'dɛ̃, ‿'dɛn] **1.** *adj.* mundane, worldly; fashionable; **2.** *su.* wordly-minded person; *su./m* man-about-town; *su./f* society woman; *police: la* ♀ the vice squad; **mondanité** [‿dani'te] *f* worldliness; love of social functions; **monde** [mɔ̃ːd] *m* world (*a. fig.*); people; *fig.* society; *au bout du* ‿ at the back of beyond; *dans le* ‿ *entier* all over the world; *homme du* ‿ man of good breeding; *il y a du* ‿ there is a crowd; *recevoir du* ‿ entertain (guests); *tout le* ‿ everyone; *fig. un* ‿ *de lots pl. of;* *vieux comme le* ‿ as old as the hills; **mondial, e**, *m/pl.* **-aux** [mɔ̃'djal, ‿'djo] worldwide; world (*war*); **mondialisation** [mɔ̃djaliza'sjɔ̃] *f* establishing *or* application on a worldwide basis; spread(ing) throughout the world; **mondialiser** [‿'ze] (1a) *v/t.* establish *or* apply on a worldwide basis; (*a. se* ‿) spread throughout the world.

monégasque [mɔne'gask] of Monaco.

monétaire [mɔne'tɛːr] monetary; **monétisation** [‿tiza'sjɔ̃] *f* minting.

moniteur [mɔni'tœːr] *m* school, telev. monitor; *sp.* coach; ✈ *plane:* instructor; **monition** eccl. [‿'sjɔ̃] *f* monition; **monitoire** eccl. [‿'twaːr] *m* (*a. lettre f* ‿) monitory (letter).

monnaie [mɔ'nɛ] *f* money; (small) change; currency; ✝ ‿ *forte* hard currency; *donner la* ‿ *de* give change for, change (*a note etc.*); **monnayer** [‿nɛ'je] (1i) *v/t.* mint, coin; **monnayeur** [‿nɛ'jœːr] *m* minter, coiner.

mono [mɔ'no] *f*, *a. adj.* short for *monophonie, monophonique:* mono; *en* ‿ (in) mono.

mon(o)... [mɔn(ɔ)] mon(o)...; **monobloc** [mɔnɔ'blɔk] cast *or* made in one piece.

monocle [mɔ'nɔkl] *m* monocle.

mono...: ‿game [mɔnɔ'gam] monogamous; **‿gamie** [‿ga'mi] *f* monogamy; **‿gramme** [‿'gram] *m* monogram; initials *pl.;* **‿logue** [‿'lɔg] *m*

monologue; **‿loguer** [‿lɔ'ge] (1m) *v/i.* soliloquize.

monôme Å [mɔ'noːm] *m* monomial. **mono...: ‿phasé, e** ∉ [mɔnɔfa'ze] single-phase; **‿phonie** [‿fɔ'ni] *f* monaural reproduction; *en* ‿ (in) mono; **‿phonique** [‿fɔ'nik] monaural, mono(phonic); **‿place** ✈, *mot.* [‿'plas] *m* single-seater; **‿plan** ✈ [‿'plɑ̃] *m* monoplane; **‿pole** [‿'pɔl] *m* monopoly; **‿poliser** [‿pɔli'ze] (1a) *v/t.* monopolize; **‿rail** 🚅 [‿'raːj] *adj.*, *a. su./m* monorail; **‿syllabe** [‿si'lab] *m* monosyllable; **‿théisme** [‿te'ism] *m* monotheism; **‿tone** [‿'tɔn] monotonous; **‿tonie** [‿tɔ'ni] *f* monotony.

monseigneur, *pl.* **messeigneurs** [mɔ̃sɛ'nœːr, mɛsɛ'nœːr] *m* My Lord; *archbishop, duke:* Your Grace; *prince:* Your Royal Highness; His Lordship; His Grace; His Royal Highness; **monsieur**, *pl.* **messieurs** [mɔ'sjø, mɛ'sjø] *m* Mr.; sir; gentleman; man; *in letters:* Dear Sir; ‿ *le Président* Mr. President.

monstre [mɔ̃ːstr] **1.** *su./m* monster (*a. fig.*); freak of nature; ‿ *sacré* (super)star; **2.** *adj.* colossal, huge; **monstrueux, -euse** [mɔ̃stry'ø, ‿'øːz] monstrous; huge; frightful; **monstruosité** [‿ozi'te] *f* monstrosity; *fig.* enormity; *les* Alps.).

mont [mɔ̃] *m* mount(ain); *les* ‿*s pl.*

montage [mɔ̃'taːʒ] *m* putting up; loads, materials: hoisting; ⊕ *machine:* assembling; *gun, phot., etc.:* mounting; ∮ wiring, connecting up; *gems, scene, etc.:* setting; *mot. tyre:* fitting (on); *cin. film:* editing; ⊕ *chaîne f de* ‿ assembly line.

montagnard, e [mɔ̃ta'naːr, ‿'nard] **1.** *adj.* mountain..., highland...; **2.** *su.* mountaineer, highlander; **montagne** [‿'tan] *f* mountain; *la* ‿ the mountains *pl.;* ‿*s pl. russes* switchback *sg.;* **montagneux, -euse** [‿ta'nø, ‿'nøːz] mountainous, hilly.

montaison [mɔ̃tɛ'zɔ̃] *f* salmon: run-up; **montant, e** [‿'tɑ̃, ‿'tɑ̃ːt] **1.** *adj.* rising; uphill; ∮ up (*train, platform*); *cost.* high-necked; **2.** *su./m* reckoning, account: total; *tide:* flow, rising; *ladder:* upright; (*tent-*)pole; *stair:* riser; (*gate-*)post; leg; (*lamp-*)post.

mont-de-piété, *pl.* **monts-de-piété** [mɔ̃dəpje'te] *m* pawn-shop.

monte...: **~-charge** [mɔ̃'ʃarʒ] *m/ inv.* hoist; goods-lift; **~-pente** [~-'pãːt] *m* ski-lift; **~-plats** [~'pla] *m/ inv.* service-lift, *Am.* dumb-waiter.

monté, e [mɔ̃'te] **1.** *adj.* mounted (*a. police*); equipped; F *fig.* coup *m* ~ plot, put-up job; *fig.* être ~ have a grudge (against, *contre*); **2.** *su./f* rising; rise; ascent; climb, gradient; ⚔, *mot.* climbing; **monter** [~'te] (1a) *v/i.* climb (up), ascend, mount, go upstairs; rise (*anger, price, sun, barometer, tide*); amount (to, *à*) (*cost, total*); boil up (*milk*); ~ à (*or sur*) un arbre climb a tree; ~ dans un train get on a train, *Am.* board a train; ~ en avion get into a plane; ~ sur un navire go aboard a ship; faire ~ raise (*prices*); *v/t.* mount (*a. phot., a.* ⚔ *guard*), climb, go up (*the stairs, a hill*); ride (*a horse*); ☂ set up (*a factory*); take up, carry up; turn up (*a lamp, etc.*); equip; wind up (*a watch*); assemble (*a machine*); stage (*a play*); *fig.* plan, plot; F ~ la tête à q. work s.o. up (against, *contre*); ~ son ménage set up house; se ~ amount (to, *à*); **monteur** *m*, **-euse** *f* [~'tœːr, ~'tøːz] ☂ setter; *cin.* cutter; *thea.* producer; ⊕, ⚡ fitter; **monticule** [~ti'kyl] *m* hillock; *ice:* hummock.

montre [mɔ̃ːtr] *f* show, display, shop-window; show-case; watch, *mot.* clock; *mot. etc.* course *f contre la* ~ race against the clock; *faire* ~ *de* display; **~-bracelet**, *pl.* **~s-bracelets** [mɔ̃trabras'lɛ] *f* wrist-watch; **montrer** [mɔ̃'tre] (1a) *v/t.* show; display; indicate, point out; **se** ~ show o.s., *fig.* prove (o.s.); turn out; appear.

montueux, -euse [mɔ̃'tɥø, ~'tɥøːz] hilly, mountainous; **monture** [~'tyːr] *f* horse, picture; mount; ⊕ mounting, assembling; *gem:* setting; *spectacles:* frame; *gun etc.:* handle, stock; *sans* ~ rimless (*spectacles*).

monument [mɔny'mã] *m* monument (*a. fig.*), memorial; public building; **~s** *pl. town:* sights; ~ funéraire monument (*over tomb*); **monumental, e**, *m/pl.* **-aux** [~mã'tal, ~'to] monumental; F huge, enormous.

moquer [mɔ'ke] (1m) *v/t.*: **se** ~ *de* make fun of; F *s'en* ~ not to care (a damn); **moquerie** [mɔk'ri] *f* mockery; ridicule; jeer.

moquette[1] [mɔ'kɛt] *f* decoy(-bird). **moquette**[2] [~] *f* fitted carpet, wall-to-wall carpet(ing); *tex.* moquette.

moqueur, -euse [mɔ'kœːr, ~'køːz] **1.** *adj.* mocking; derisive; **2.** *su.* mocker; *su./m orn.* mocking-bird. **moraine** *geol.* [mɔ'rɛn] *f* moraine. **moral, e**, *m/pl.* **-aux** [mɔ'ral, ~'ro] **1.** *adj.* moral; *fig.* mental; **2.** *su./m* morale; (*moral*) nature; *su./f* morals *pl.*; ethics; *fables etc.:* moral; **moralisateur, -trice** [mɔraliza-'tœːr, ~'tris] moralizing (*person*); edifying; **moraliser** [~li'ze] *vt/i.* moralize; *v/t.* F lecture, preach at (s.o.); **moraliste** [~'list] *su.* moralist; moralizing; **moralité** [~li'te] *f* good (*moral*) conduct, morality; morals *pl.*; *story:* moral; *thea.* morality(-play). **moratoire** [mɔra'twaːr] ꜩ ꜩ moratory; ꜩ *intérêts* *m/pl.* **~s** interest *sg.* on over-due payments.

morbide [mɔr'bid] morbid, sickly; *paint.* delicate (*flesh-tints*); **morbidesse** *paint.* [~.bi'dɛs] *f* delicacy of flesh-tints, morbidezza; **morbidité** [~bidi'te] *f* morbidity.

morceau [mɔr'so] *m* piece, morsel; bit, scrap; *avoir qch. pour un* ~ *de pain* get s.th. for a song; **morceler** [~sə'le] (1c) *v/t.* cut up (into pieces); divide (*land, an estate*); **morcellement** [~sɛl'mã] *m* cutting up; *land, estate:* parcelling out.

mordache ⊕ [mɔr'daʃ] *f* clamp; chuck; jaw, grip. **mordacité** [mɔrdasi'te] *f* 🛠 corrosiveness; *fig.* causticity, mordancy; **mordant, e** [mɔr'dã, ~'dãt] biting, scathing, caustic; **mordicus** F [mɔrdi'kys] *adv.* stoutly, doggedly. **mordiller** [mɔrdi'je] (1a) *v/t.* nibble; *puppy etc.:* bite playfully. **mordoré, e** [mɔrdɔ're] *adj., a. su./m* bronze, reddish brown.

mordre [mɔrdr] (4a) *v/t.* bite; ⊕ catch; *acid:* corrode (*metal*); **se** ~ *les lèvres* bite one's lips; *v/i.* bite (*à*); ⊕ catch, engage (*wheel*); *fig.* ~ *à* get one's teeth into; take to (*a subject*); **mordu, e** F [mɔr'dy] **1.** *adj.* madly in love (with, *de*); mad or crazy or wild (about, *de*); **2.** *su.* fan, freak, buff; *un* ~ *du film* a film freak.

more [mɔːr] *adj./m, a. su./m* ♀ *see maure*; **moreau, -elle**, *m/pl.* **-eaux**

[mɔ'ro, ~'rɛl, ~'ro] **1.** adj. black (horse); **2.** su./f ♀ morel, black nightshade; **moresque** [~'rɛsk] adj., a. su./f see mauresque.

morfondre [mɔr'fɔ̃:dr] (4a) v/t. freeze; se ~ wait, F cool one's heels; fig. be bored.

morgue[1] [mɔrg] f haughtiness, arrogance.

morgue[2] [~] f mortuary, morgue.

moribond, e [mɔri'bɔ̃, ~'bɔ̃:d] **1.** adj. moribund, dying; **2.** su. dying person; su./m: les ~s pl. the dying.

moricaud, e [mɔri'ko, ~'ko:d] **1.** adj. dark-skinned, dusky; **2.** su. blackamoor; F darky.

morigéner [mɔriʒe'ne] (1f) v/t. lecture (s.o.); tell (s.o.) off.

morille ♀ [mɔ'ri:j] f fungus: morel.

morillon [mɔri'jɔ̃] m ♀ black grape; orn. tufted duck; ✂ rough emerald.

mormon, -onne [mɔr'mɔ̃, ~'mɔn] adj., a. su. Mormon.

morne [mɔrn] gloomy; dismal (scene, existence); bleak (scenery).

morose [mɔ'ro:z] morose; surly; forbidding (aspect); **morosité** [~rozi'te] f moroseness, surliness; gloominess.

morphine ⚕ [mɔr'fin] f morphia, morphine; **morphinisme** [~fi-'nism] m morphinism; **morphinomane** [~fino'man] adj., a. su. morphia addict, F drug-fiend; Am. dope-fiend.

morphologie [mɔrfɔlɔ'ʒi] f morphology; **morphologique** [~'ʒik] morphological.

mors [mɔ:r] m harness: bit; ⊕ vice: jaw; fig. prendre le ~ aux dents lose one's temper, get mad.

morse zo. [mɔrs] f walrus.

morsure [mɔr'sy:r] f bite; fig. sting.

mort[1] [mɔ:r] f death; à ~ deadly; attraper la ~ catch one's death; avoir la ~ dans l'âme be sick at heart; mourir de sa belle ~ die in bed.

mort[2], **e** [mɔ:r, mɔrt] **1.** p.p. of mourir; **2.** adj. dead; stagnant (water); paint. nature f ~e still life; poids m ~ dead weight; point m ~ mot. neutral (gear); fig. dead-lock; **3.** su. dead person; su./m dummy (at cards); faire le ~ be dummy; fig. sham dead; jour m des ♀s All Souls' Day; ~s pl. et blessés m/pl. casualties.

mortadelle [mɔrta'dɛl] f Bologna sausage.

mortaise ⊕ [mɔr'tɛ:z] f mortise.

mortalité [mɔrtali'te] f mortality; **mort-aux-rats** [mɔrɔ'ra] f ratsbane; **mortel, -elle** [mɔr'tɛl] **1.** adj. mortal; fatal (accident, wound); deadly, boring; **2.** su. mortal; **morte-saison**, pl. **mortes-saisons** ✝ [mɔrtsɛ'zɔ̃] f slack season, off-season.

mortier △, ✗ [mɔr'tje] m mortar.

mortification [mɔrtifika'sjɔ̃] f ⚕, eccl., fig. mortification; ⚕ gangrene; cuis. game: hanging; fig. humiliation; **mortifier** [~'fje] (1o) v/t. mortify (the body, one's passions, fig. s.o.); ⚕ gangrene; cuis. hang (game); ⚕ se ~ mortify, gangrene; **mortné, e** [mɔr'ne] **1.** adj. still-born (child, a. fig. project); **2.** su. stillborn baby; **mortuaire** [mɔr'tɥɛ:r] mortuary; death...; drap m ~ pall; extrait m ~ death certificate; maison f ~ house of the deceased.

morue icht. [mɔ'ry] f cod; ~ sèche salt cod; huile f de foie de ~ cod-liver oil.

morve [mɔrv] f vet. glanders pl.; (nasal) mucus, V snot; **morveux, -euse** [mɔr'vø, ~'vø:z] **1.** adj. vet. glandered; F snotty; **2.** su. F snotty-horn.

mosaïque[1] bibl. [mɔza'ik] Mosaic.

mosaïque[2] [mɔza'ik] f flooring, a. telev.: mosaic; **mosaïste** [~'ist] su. worker in mosaic.

moscoutaire pej. [mɔsku'tɛ:r] **1.** adj. Communist; **2.** su. F Bolshie.

mosquée [mɔs'ke] f mosque.

mot [mo] m word; note, line (= short letter); saying; ✗ password; ~s pl. croisés crossword (puzzle) sg.; à ~ word for word; ✗, fig. ~ d'ordre keyword, watchword; à ~s couverts by hints; au bas ~ at the lowest estimate; avoir des ~s avec q. fall out with s.o.; bon ~ witticism; en un ~ in a word, in a nutshell; jouer sur les ~s play upon words; ne pas souffler ~ keep one's mouth shut; prendre q. au ~ take s.o. at his word; sans ~ dire without a word.

motard F [mɔ'ta:r] m motor cyclist; courtesy cop.

motel [mɔ'tɛl] m motel.

moteur, -trice [mɔ'tœ:r, ~'tris] **1.** adj. motive, driving; anat. motory; **2.** su./m ⊕ motor; engine; fig.

(prime) mover, driving force; ~ à combustion interne, internal combustion engine; ~ à explosion internal combustion engine; ~ à deux temps two-stroke engine; ~ à injection injection engine; ~ à réaction jet engine; ~ fixe stationary engine.

motif, -ve [mɔ'tif, ~'tiːv] **1.** *adj.* motive; **2.** *su./m* motive; *fig.* grounds *pl.*; *♪* theme; *needlework:* pattern.

motion [mɔ'sjɔ̃] *f* motion; *parl.* ~ de confiance (cense) motion of confidence (no-confidence).

motivation [mɔtivɑ'sjɔ̃] *f* motivation; **motiver** [~'ve] (1a) *v/t.* motivate; cause; *t͡ɬ* give the reasons for.

moto [mɔ'to] *f* motor cycle, F motor bike.

moto... motor...; power-driven...; **~culteur** [mɔtokyl'tœːr] *m* power-driven cultivator; **~culture** [~kyl'tyːr] *f* mechanized farming; **~cyclette** [~si'klɛt] *f* motor cycle; ~ à sidecar motor cycle combination; faire de la ~ motor-cycle; **~cycliste** [~si'klist] *su.* motor cyclist; **~glisseur** *♣* [~gli'sœːr] *m* speed-boat; **~godille** *♣* [~gɔ'diːj] *f* out-board slung motor; **motoriser** [mɔtɔri'ze] (1a) *v/t.* motorize.

mot-souche, *pl.* **mots-souches** *typ.* [mɔ'suʃ] *m* catchword.

motte [mɔt] *f* mound; *earth:* clod; *lawn, peat:* sod; *butter:* pad.

motus! [mɔ'tys] *int.* keep it quiet!

mou (*adj. before vowel or h mute* **mol**) *m,* **molle** *f, m/pl.* **mous** [mu, mɔl, mu] **1.** *adj.* soft; *fig.* weak; flabby (*flesh*); slack (*rope*); close (*weather*); calm, smooth (*sea*); **2.** *su./m* belt, rope, *etc.:* slack; *cuis.* lights *pl.*

mouchard *pej.* [mu'ʃaːr] *m* (police) informer, F stool-pigeon; F *school:* sneak; **moucharder** [~ʃar'de] (1a) *v/t.* spy on (s.o.); *school:* sneak on; *v/i.* spy; sneak (*at school*); **mouche** [muʃ] *f* fly; foil; *target:* bull's-eye; spot, speck; patch (*on face*); beauty-spot; faire ~ hit the bull's-eye; faire d'une ~ un éléphant make a mountain out of a molehill; *fig.* pattes f/pl. de ~ handwriting; scrawl; prendre la ~ get angry; F quelle ~ le pique? what is biting him?

moucher [mu'ʃe] (1a) *v/t.* wipe (s.o.'s) nose; snuff (*a candle*); ⊕

trim; *fig.* snub (s.o.); se ~ blow *or* wipe one's nose.

moucherolle *orn.* [muʃ'rɔl] *f* fly-catcher.

moucheron[1] [muʃ'rɔ̃] *m* gnat, midge; F kid.

moucheron[2] [~] *m candle:* snuff.

moucheter [muʃ'te] (1c) *v/t.* spot, fleck; button (*a foil*); **mouchette** [mu'ʃɛt] *f* ⊕ mo(u)lding-plane; **~s** *pl.* snuffers; **moucheture**[muʃ'tyːr] *f* spot, speckle, fleck; *zo.* ermine: tail.

mouchoir [mu'ʃwaːr] *m* handkerchief; ⊕ triangular wooden bracket; ~ de tête head square; **mouchure** [~'ʃyːr] *f* (*nasal*) mucus; *candle:* snuff; *rope:* frayed end.

moudre [mudr] (4w) *v/t.* grind.

moue [mu] *f* pout; faire la ~ pout, look sulky.

mouette *orn.* [mwɛt] *f* gull.

moufle [mufl] ⊕ *f* set of pulleys; (block and) tackle; **△** tie, clamp; **~s** *pl.* mitts; *♂* wiring gloves.

mouflon *zo.* [mu'flɔ̃] *m* moufflon, wild sheep.

mouillage [mu'jaːʒ] *m* moistening, dampening; *wine:* watering; *♣* anchoring; **mouiller** [~'je] (1a) *v/t.* wet, damp, moisten; water (*wine etc.*); *♣* moor (*a ship*); *♣* drop (*the anchor*); *gramm.* palatalize (*a consonant*); se ~ get wet; grow moist (*with tears*); **mouillure** [~'jyːr] *f* wetting; damp-mark; *gramm.* palatalization.

moulage [~] *m* ⊕ cast(ing); *metall.* founding; **△** plaster mo(u)lding.

moulant, e [mu'lɑ̃, ~'lɑ̃ːt] skintight (*dress*).

moule[1] [mul] *m* ⊕ mo(u)ld; matrix; jeter en ~ cast.

moule[2] [mul] *f* mussel; F fat-head; F lazy-bones *sg.*

moulé, e [mu'le] mo(u)lded, cast; écriture moulée block letters *pl.*

mouler [mu'le] (1a) *v/t.* cast; mo(u)ld; *metall.* found; *fig.* fit tightly; ~ sur model (s.th.) on; **mouleur** [~'lœːr] *m* mo(u)lder, caster.

moulière [mu'ljɛːr] *f* mussel-bed.

moulin [mu'lɛ̃] *m* mill (*a.* ⊕); ~ à café coffee-mill; **mouliner** [muli'ne] (1a) *v/t. tex.* throw (*silk*); *insects:* eat into (*wood*); **moulinet** [~'nɛ] *m* winch; *fishing-rod:* reel; turnstile; *fencing, a. stick:* twirl; ~ à musique toy musical box; **mou-**

lineur *tex.* [ˌˈnœːr] *m,* **moulinier**
tex. [ˌˈnje] *m* silk-thrower.

moulons [muˈlɔ̃] *1st p. pl. pres. of*
moudre; **moulu, e** [ˌˈly] **1.** *adj. fig.*
F tired out; aching all over; **2.** *p.p.*
of moudre.

moulure △, ⊕ [muˈlyːr] *f* mo(u)ld-
ing; profiling.

moulus [muˈly] *1st p. sg. p.s. of*
moudre.

mourant, e [muˈrɑ̃, ˌˈrɑ̃t] **1.** *adj.*
dying; faint (*voice*); languishing
(*voice*); F screamingly funny; **2.** *su.*
dying person; **mourir** [ˌˈriːr] (2k)
v/i. die; die out (*fire*); die away
(*sound*); fall (*hope*); ~ *avant l'âge*
come to an untimely end; *être à* ~
de rire be screamingly funny; *en-*
nuyer q. à ~ bore s.o. to death; *v/t.: se*
~ be dying; die away.

mouron [muˈrɔ̃] *m* (~ *rouge*) scarlet
pimpernel; ♥~ *blanc* (*or des oiseaux*)
chickweed; *sl.* hair; *sl. se faire du* ~
worry (o.s. sick).

mourrai [muˈre] *1st p. sg. fut. of*
mourir; **mourus** [muˈry] *1st p. sg.*
p.s. of mourir.

mousquet ✗ [musˈkɛ] *m* musket;
mousquetade [muskəˈtad] *f* mus-
ket-shot; *musket-shots:* volley;
mousquetaire ✗ [ˌˈtɛːr] *m* mus-
keteer; **mousqueton** [ˌˈtɔ̃] *m* snap-
hook; ✗ † artillery carbine.

mousse¹ [mus] *m* ship's boy; cabin-
boy.

mousse² [ˌ] *f* ♥ moss; *beer:* froth;
sea: foam; *soap:* lather; *cuis.*
mousse.

mousse³ [ˌ] blunt.

mousseline [musˈlin] **1.** *su./f tex.*
muslin; **2.** *adj./inv.: cuis. pommes*
f/pl. ~ mashed potatoes; *verre m* ~
muslin-glass.

mousser [muˈse] (1a) *v/i.* froth;
lather (*soap*); effervesce, fizz (*cham-*
pagne); F *faire* ~ *q.* crack s.o. up;
mousseux, -euse [ˌˈsø, ˌˈsøːz]
1. *adj.* mossy; foaming; sparkling
(*wine*); **2.** *su./m* sparkling wine.

mousson [muˈsɔ̃] *f* monsoon.

moussu, e [muˈsy] mossy; ♥ *rose f*
~*e* moss-rose.

moustache [musˈtaʃ] *f* moustache;
cat: whiskers *pl.;* **moustachu, e**
[ˌtaˈʃy] moustached.

moustiquaire [mustiˈkɛːr] *f* mos-
quito-net; **moustique** *zo.* [ˌˈtik] *m*
mosquito; gnat.

moût [mu] *m grapes:* must; *unfer-*
mented wine.

moutarde ♥, *a. cuis.* [muˈtard] *f*
mustard; **moutardier** [ˌtarˈdje] *m*
mustard-pot; mustard-maker; F *se*
croire le premier ~ *du pape* think
no end of o.s.

mouton [muˈtɔ̃] *m* sheep; *cuis.*
mutton; ~*s pl.* fleecy clouds; *sea:*
white horses; *revenons à nos* ~*s* let us
get back to the subject; **moutonner**
[ˌˈne] (1a) *v/i.* foam, break into
white horses (*sea*); *ciel m moutonné*
mackerel sky; **moutonnerie** [ˌtɔn-
ˈri] *f* stupidity; **moutonneux,**
-euse [mutɔˈnø, ˌˈnøːz] fleecy (*sky*),
frothy, covered with white horses
(*sea*); **moutonnier, -ère** [ˌˈnje,
ˌˈnjɛːr] ovine; *fig.* sheep-like, easily
led.

mouture [muˈtyːr] *f* grinding, milling; milling dues *pl.*

mouvance [muˈvɑ̃ːs] *f* domain,
sphere (of influence); mobility; instability; **mouvant, e** [muˈvɑ̃, ˌˈvɑ̃ːt]
moving; shifting (*sands*); loose
(*ground*); *fig.* changeable; *sables*
m/pl. ~*s* quicksand *sg.;* **mouve-**
ment [muvˈmɑ̃] *m* movement (*a. ♩*);
motion (*a. phys.*); ♥, *a. fig.* change;
✝ *market:* fluctuation; *roads etc.:*
traffic; ⊕ *machine:* action, works *pl.;*
fig. impulse; *fig.* outburst; ~ *clandes-*
tin underground movement; ⊕ ~
perdu idle motion; ~ *perpétuel* perpetual motion; ~ *populaire* popular
uprising; ~ *syndical* trade-unionism;
✝ *faire un faux* ~ strain o.s. *or* a
muscle; **mouvementé, e** [ˌˈmɑ̃ˈte]
lively; busy; eventful (*life*); undulating (*ground*).

mouvoir [muˈvwaːr] (3f) *v/t.* ⊕
drive; ♣ propel (*a ship*); *fig.* move;
fig. urge, drive, prompt; *se* ~ move;
mouvrai [ˌˈvre] *1st p. sg. fut. of*
mouvoir.

moyen, -enne [mwaˈjɛ̃, ˌˈjɛn] **1.** *adj.*
middle; mean, average; medium
(*size, quality*); ♀ *Age* Middle Ages *pl.;*
classe f ~*enne* middle class; *du* ♀ *Age*
medi(*a*)*eval;* **2.** *su./m* means *sg.,* way,
manner; medium; ♠ mean; ♣
grounds *pl.* of a claim; ~*s pl.* resources; *au* ~ *de* by means of; *il* (*n'*)*y a*
(*pas*) ~ *de* (*inf.*) it is (im)possible to
(*inf.*); *pas* ~*!* nothing doing!; *le* ~ *de*
(*inf.*) how could one (*inf.*); *su./f*
average, mean; *examination:* pass-

mark; en ⁓enne on an average; **moyenâgeux, -euse** F [⁓jɛnɑ'ʒø, ⁓'ʒøːz] (pej. sham-)medi(a)eval, historic; fig. antiquated; **moyennant** [⁓jɛ'nɑ] prp. for (money etc.); ⁓ quoi in return for which.

moyeu¹ [mwa'jø] m wheel: hub, nave.

moyeu² [⁓] m preserved plum.

mû, mue, m/pl. **mus** [my] p.p. of mouvoir.

muance [mɥɑ̃ːs] f voice: breaking.

mucilage ⚕ [mysi'laːʒ] m gum, mucilage; **mucilagineux, -euse** [⁓laʒi'nø, ⁓'nøːz] mucilaginous, viscous.

mucosité [mykozi'te] f mucus.

mue [my] f birds: mo(u)lt(ing); snakes: sloughing; animals: shedding of coat etc.; mo(u)lting-season; hens: coop; voice: breaking; **muer** [mɥe] (1n) v/i. mo(u)lt (birds); slough (snake); shed its coat etc. (animal); break (voice); cast its antlers (stag).

muet, -ette [mɥɛ, mɥɛt] 1. adj. dumb; mute; 2. su. dumb or mute person.

mufle [myfl] m animal: muzzle, nose; fig. F boor, lout; F mug (= face); **muflerie** F [myflə'ri] f boorishness; **muflier** ⚘ [⁓fli'e] m snapdragon.

mugir [my'ʒiːr] (2a) v/i. bellow (bull, a. F person with rage); low (cow); howl (wind); roar (sea, a. fig.); **mugissement** [⁓ʒis'mɑ̃] m bellowing etc.

muguet [my'gɛ] m ⚘ lily of the valley; ⚕ thrush.

mulâtre m, **-tresse** f [my'lɑːtr, ⁓la'trɛs] mulatto.

mule¹ [myl] f mule, slipper; ⚕ kibe.

mule² zo. [⁓] f (she-)mule.

mulet¹ zo. [my'lɛ] m mule.

mulet² icht. [⁓] m grey mullet.

muletier [myl'tje] m muleteer.

mulot zo. [my'lo] m field-mouse.

mulsion [myl'sjɔ̃] f milking.

multi... [mylti] multi(-)...; many-...; ⁓**colore** [⁓kɔ'lɔːr] many-col-o(u)red, multi-colo(u)red; ⁓**latéral, e,** m/pl. **-aux** [⁓late'ral, ⁓'ro] multilateral.

multiple [myl'tipl] 1. adj. multiple; multifarious; 2. su./m multiple; **multiplication** [⁓tiplika'sjɔ̃] f multiplication; ⊕, mot. gear(-ratio); fig. increase; **multiplier** [⁓tipli'e]

(1a) vt/i. multiply; v/t.: ⊕ ⁓ la vitesse gear up.

multitude [mylti'tyd] f multitude; crowd.

municipal, e, m/pl. **-aux** [mynisi'pal, ⁓'po] municipal; bye-(law); local, town...; conseil m ⁓ town council; **municipalité** [⁓pali'te] f municipality, township.

munificence [mynifi'sɑ̃ːs] f munificence; bounty; **munificent, e** [⁓'sɑ̃, ⁓'sɑ̃ːt] munificent; bounteous.

munir [my'niːr] (2a) v/t. equip, provide (with, de); **munitions** [myni'sjɔ̃] f/pl. ✗ ammunition sg.; ⁓ de bouche provisions.

muqueux, -euse [my'kø, ⁓'køːz] mucous.

mûr, mûre [myːr] ripe; mature (age, mind, wine).

mur [myːr] m wall; ✈ ⁓ du son sound barrier; **murage** [my'raːʒ] m walling (in); bricking up; **muraille** [⁓'raːj] f high or thick wall; ⚓ ship: side; **mural, e,** m/pl. **-aux** [⁓'ral, ⁓'ro] mural; carte f ⁓e wall-map.

mûre ⚘ [myːr] f mulberry; blackberry.

murer [my're] (1a) v/t. wall in; wall or block up.

mûrier ⚘ [my'rje] m mulberry (-bush or -tree); ⁓ sauvage bramble.

mûrir [my'riːr] (2a) vt/i. ripen, mature (a. fig.); v/t. fig. meditate, think out thoroughly.

murmure [myr'myːr] m murmur (-ing); whisper; **murmurer** [⁓my're] (1a) vt/i. murmur; whisper; babble (child, stream); fig. complain.

mûron ⚘ [my'rɔ̃] m blackberry; wild raspberry.

mus [my] 1st p. sg. p.s. of mouvoir.

musaraigne zo. [myza'rɛɲ] f shrew-mouse.

musard, e [my'zaːr, ⁓'zard] 1. adj. idling; 2. su. idler; **musarder** F [⁓zar'de] (1a) v/i. idle; fritter away one's time.

musc [mysk] m musk; zo. musk-deer.

muscade ⚘ [mys'kad] f nutmeg.

muscadet [myska'dɛ] m (sort of) muscatel (wine).

muscardin zo. [myskar'dɛ̃] m dor-mouse.

muscat [mys'ka] m muscat (grape or wine); musk-pear.

muscle [myskl] *m* muscle; *fig.*
brawn; **musclé, e** [mys'kle] muscular; brawny; athletic; sinewy (*a.
fig.*); *fig.* powerful, strong; *fig.*
strong-arm (*politics etc.*); **muscler**
[∾] (1a) *v/t.* develop the muscles of;
fig. strengthen; **musculaire** [∾ky-
'lɛːr] muscular; **musculeux, -euse**
[∾ky'lø, ∾'løːz] muscular; *cuis.* sinewy (*meat*).   [mug (= face).\
museau [my'zo] *m* muzzle; snout; F\
musée [my'ze] *m* museum.
museler [myz'le] (1c) *v/t.* muzzle (*a.
fig.*); **muselière** [∾zə'ljɛːr] *f* muzzle.
muser [my'ze] (1a) *v/i.* dawdle; fritter away one's time.
musette [my'zɛt] *f horse*: nose-bag;
✕ haversack; ♪ country bagpipe;
bal m ∾ popular dance-hall.
musical, e, *m/pl.* **-aux** [myzi'kal,
∾'ko] musical; **music-hall** [myzi-
'koːl] *m* music-hall; variety; **musicien, -enne** [myzi'sjɛ̃, ∾'sjɛn]
1. *adj.* musical; **2.** *su.* musician;
performer, player; **musique** [my-
'zik] *f* music; ✕ *etc.* band; ∾ *enregistrée* recorded music.
musqué, e [mys'ke] musky, musk;
fig. paroles *f/pl.* ∾es honeyed words;
poire f ∾e musk-pear; *rose f* ∾e
musk-rose.
musulman, e [myzyl'mɑ̃, ∾'man]
adj., a. su. ♀ Moslem, Mohammedan.
mutabilité [mytabili'te] *f* instability; ⚖ alienability; **mutation**
[∾ta'sjɔ̃] *f* change, alteration; ♪, *biol.*
mutation; ♪ *violin-playing*: shift;
personnel, property: transfer; **muter**
[∾'te] (1a) *v/t.* transfer (*an official
etc.*).
mutilation [mytila'sjɔ̃] *f person,
book, statue, etc.*: mutilation; *person*: maiming; *book, statue, etc.*:
defacement; **mutilé** [∾'le] *m*: ∾ *de
guerre* disabled ex-serviceman; ∾
du travail disabled workman; **muti-

ler [∾'le] (1a) *v/t.* mutilate; maim;
deface.
mutin, e [my'tɛ̃, ∾'tin] **1.** *adj.* mischievous; † insubordinate; **2.** *su./m*
mutineer; **mutiner** [∾ti'ne] (1a)
v/t.: *se* ∾ rise in revolt, rebel; be
unruly; ✕ mutiny; **mutinerie**
[∾tin'ri] *f* rebellion; ✕ mutiny; unruliness; pertness.
mutisme [my'tism] *m* silence.
mutualité [mytɥali'te] *f* mutuality,
reciprocity; **mutuel, -elle** [my-
'tɥɛl] **1.** *adj.* mutual; *pari m* ∾
totalizator, F tote; *secours m/pl.* ∾s
mutual benefit; *société f de
secours* ∾ friendly society; **2.** *su./f*
mutual insurance company.
myocarde *anat.* [mjɔ'kard] *m* my-
ocardium; **myocardite** ✫ [∾kar-
'dit] *f* myocarditis.
myope ✫ [mjɔp] **1.** *adj.* myopic,
near-sighted, short-sighted; **2.** *su.*
near-sighted *or* short-sighted person; **myopie** ✫ [mjɔ'pi] *f* myopia,
near-sightedness, short-sighted-
ness.   [forget-me-not.\
myosotis ♀ [mjɔzɔ'tis] *m* myosotis,\
myrte ♀ [mirt] *m* myrtle; **myrtille**
♀ [mir'til] *f* whortleberry, bilberry,
Am. blueberry, huckleberry.
mystère [mis'tɛːr] *m* mystery (*a.
thea.*), secret; secrecy; **mystérieux,
-euse** [∾te'rjø, ∾'rjøːz] mysterious;
enigmatic; **mysticisme** [∾ti'sism]
m mysticism; **mystification** [∾tifi-
ka'sjɔ̃] *f* hoax; mystification; **mystifier** [∾ti'fje] (1o) *v/t.* hoax, fool;
mystify; **mystique** [∾'tik] **1.** *adj.*
mystic; **2.** *su.* mystic; *su./f* mystical
theology *or* doctrine.
mythe [mit] *m* myth (*a. fig.*); legend;
mythique [mi'tik] mythical; **mythologie** [mitɔlɔ'ʒi] *f* mythology;
mythologique [∾lɔ'ʒik] mytholog-
ical; **mythologue** [∾'lɔg] *m* mythol-
ogist; **mythomane** *psych.* [∾'man]
adj., a. su. mythomaniac.

N

N, n [ɛn] *m* N, n.

nabab [na'bab] *m* nabob.

nabot, e [na'bo, ~'bɔt] **1.** *su.* dwarf, midget; **2.** *adj.* dwarfish.

nacelle [na'sɛl] *f* ⚓ skiff, wherry; ✈ cockpit; *airship:* gondola; *balloon:* basket.

nacre [nakr] *m* mother of pearl; **nacré, e** [na'kre] pearly; **nacrer** [~] (1a) *v/t.* give a pearly sheen to.

nage [na:ʒ] *f* swimming; rowing; stroke; ~ *à la brasse* breast-stroke; ~ *libre* free style; ~ *sur le dos* back-stroke; *à la* ~ by swimming; *donner la* ~ *rowing:* set the stroke; F (*tout*) *en* ~ bathed in perspiration; **nageoire** [na'ʒwa:r] *f icht.* fin; *whale:* paddle; float; *sl.* arm; **nager** [~'ʒe] (11) *v/i.* swim; row; float; ~ *dans l'opulence* be rolling in money; *v/t.*: ~ *le crawl* swim the crawl; **nageur** *m*, **-euse** *f* [~'ʒœ:r, ~'ʒø:z] swimmer; rower.

naguère [na'gɛːr] *adv.* lately, a short time ago.

naïf, -ve [na'if, ~'i:v] naïve, artless, unaffected; unsophisticated, simple.

nain, naine [nɛ̃, nɛn] **1.** *su.* dwarf, midget; **2.** *adj.* dwarf(ish); stunted.

nais [nɛ] *1st p. sg. pres. of naître*; **naissance** [nɛ'sãːs] *f* birth; *fig.* origin; *fig.* beginning; *acte m de* ~ birth-certificate; *Français de* ~ French-born; ~ *des cheveux* hair line; *fig.* prendre ~ originate; **naissant, e** [~'sã, ~'sãːt] dawning; *fig. a.* incipient; **naissent** [nɛs] *3rd p. pl. pres. of naître*; **naître** [nɛːtr] (4x) *v/i.* be born; dawn; *fig.* originate, begin; *faire* ~ give rise to, cause.

naïveté [naiv'te] *f* naïvety, ingenuousness; simpleness; ingenuous remark.

naja *zo.* [na'ʒa] *m* cobra. [*woman*).

nana *sl.* [na'na] *f* chick (= *girl,*)

nantir [nã'tiːr] (2a) *v/t.* ⚖ *creditor:* secure; *fig.* provide (with, *de*); *bien nanti* well-off (for money); *les nantis* the well-to-do; **nantissement** [~tis'mã] *m* security; lien, hypothecation.

napalm ⚗, ✗ [na'palm] *m* napalm.

naphte ⚗ [naft] *m* naphtha.

nappe [nap] *f* (table)cloth; cover; *ice, water, etc.*: sheet; ~ *de pétrole* oil slick; **napperon** [na'prɔ̃] *m* (table)mat; ~ *individuel* place mat.

naquis [na'ki] *1st p. sg. p.s. of naître*.

narcisse ♥ [nar'sis] *m* narcissus; ~ *des bois* daffodil; **narcissique** [~si'sik] narcissistic; **narcissisme** [~si'sism] *m* narcissism.

narcose ♂ [nar'ko:z] *f* narcosis; **narcotique** [~kɔ'tik] *adj., a. su./m* narcotic.

nard ♥ [na:r] *m* (spike)nard.

narguer [nar'ge] (1m) *v/t.* flout; jeer at (*s.o.*).

narine [na'rin] *f anat.* nostril.

narquois, e [nar'kwa, ~'kwa:z] mocking.

narrateur *m*, **-trice** *f* [nara'tœ:r, ~'tris] narrator, teller, relater; **narratif, -ve** [~'tif, ~'ti:v] narrative; **narration** [~'sjɔ̃] *f* narration, narrative; **narrer** [na're] (1a) *v/t.* narrate, relate.

narval, *pl.* **-als** *zo.* [nar'val] *m* narwhal.

nasal, e, *m/pl.* **-aux** [na'zal, ~'zo] *adj., a. su./f gramm.* nasal; **nasaliser** *gramm.* [~zali'ze] (1a) *v/t.* nasalize; **naseau** [na'zo] *m* nostril; **nasillard, e** [nazi'ja:r, ~'jard] nasal, twanging; **nasiller** [~'je] (1a) *v/i.* speak through one's nose *or* with a twang; *v/t.* twang (*s.th.*) (out).

nasse [nas] *f* eel-pot; trap (*a. fig.*).

natal, e, *m/pl.* **-als** [na'tal] native; birth...; **natalité** [~tali'te] *f* birth-rate, natality.

natation [nata'sjɔ̃] *f* swimming; **natatoire** [~'twa:r] *zo.* natatory; *icht. vessie f* ~ air-bladder, swimming-bladder.

natif, -ve [na'tif, ~'ti:v] **1.** *adj.* native (*a.* ⚒); natural, innate; **2.** *su.* native.

nation [na'sjɔ̃] *f* nation; *bibl. les* ~*s pl.* the Gentiles; **national, e**, *m/pl.* **-aux** [~sjɔ'nal, ~'no] **1.** *adj.*

national; 2. *su./m:* ~s *pl.* nationals; *su./f* (*a. route f* ~e) highway; main road; **nationalisation** [nasjɔnaliza'sjɔ̃] *f* nationalization; **nationalisme** *pol.* [~'lism] *m* nationalism; **nationaliste** *pol.* [~'list] 1. *su.* nationalist; 2. *adj.* nationalistic; **nationalité** [~li'te] *f* nationality; nation.

nativité *eccl., astr.* [nativi'te] *f* nativity.

natte [nat] *f* (*straw- etc.*) mat(ting); *hair:* plait, braid; F pigtail; **natter** [na'te] (1a) *v/t.* cover (*s.th.*) with mats; plait (*one's hair, straw*).

naturalisation [natyraliza'sjɔ̃] *f pol.* naturalization; ♀, zo. acclimatizing; **naturaliser** [~li'ze] (1a) *v/t.* naturalize; ♀, zo. acclimatize; stuff, mount (*an animal*); se ~ become naturalized; **naturalisme** *paint. etc.* [~'lism] *m* naturalism; **naturaliste** [~'list] 1. *su.* naturalist; taxidermist; 2. *adj.* naturalistic; **naturalité** [~li'te] *f* naturalness.

nature [na'ty:r] 1. *su./f* nature; kind; type; disposition, temperament; *paint. d'après* ~ from nature; *de* ~ à (*inf.*) likely to (*inf.*), such as to (*inf.*); *lois f/pl. de la* ~ laws of nature; *de* ~, *par* ~ by nature, naturally; *payer en* ~ pay in kind; 2. *adj./inv.* plain; *café en* ~ black coffee; **naturel, -elle** [naty'rɛl] 1. *adj.* natural; 2. *su./m* disposition, nature; naturalness; native; *au* ~ realistically, true to life; *cuis.* plain; **naturiste** [~'rist] 1. *su.* naturist; 2. *adj.* naturistic.

naufrage [no'fra:ʒ] *m* shipwreck (*a. fig.*); *faire* ~ be shipwrecked; **naufragé, e** [nofra'ʒe] 1. *adj.* shipwrecked; castaway; 2. *su.* shipwrecked person; castaway; **naufrageur** [~'ʒœ:r] *m* wrecker.

nauséabond, e [nozea'bɔ̃, ~'bɔ̃:d] nauseous, foul; evil-smelling; **nausée** [~'ze] *f* nausea; seasickness; *fig.* loathing; **nauséeux, -euse** [~ze'ø, ~'ø:z] nauseous; loathsome.

nautique [no'tik] ♣ nautical; sea-...; aquatic (*sports*); **nautonier** [~tɔ'nje] *m* ferryman, pilot.

naval, e, *m/pl.* **-als** [na'val] naval, nautical; *constructions f/pl.* ~es ship-building *sg.*

navarin *cuis.* [nava'rɛ̃] *m* mutton stew with turnips.

navet [na'vɛ] *m* turnip; F *paint.* daub; F rubbish, tripe.

navette[1] [na'vɛt] *f eccl.* incense boat; ⊕ shuttle; 🖪 *etc.* shuttle service; ~ *spatiale* space shuttle; *fig. faire la* ~ shuttle; come and go; ply.

navette[2] ♀ [~] *f* rape.

navigabilité [navigabili'te] *f* navigability; *ship:* seaworthiness; 🖪 airworthiness; **navigable** [~'gabl] navigable; seaworthy (*ship*); 🖪 airworthy; 🖪 air-; **navigateur** [~ga'tœ:r] 1. *adj./m* seafaring; 2. *su./m* navigator; sailor; **navigation** [~ga'sjɔ̃] *f* navigation, sailing; ~ *intérieure* inland navigation; **naviguer** [~'ge] (1m) *vt/i.* ♣, 🖪 navigate; 🖪 steer.

naviplane ♣ [navi'plan] *m* hovercraft.

navire ♣ [na'vi:r] *m* ship, vessel; ♣ ~ *de commerce* merchantman; **~-citerne,** *pl.* **~s-citernes** ♣ [~virsi'tɛrn] *m* tanker; **~-école,** *pl.* **~s-écoles** ♣ [~vire'kɔl] *m* training ship; **~-hôpital,** *pl.* **~s-hôpitaux** ♣ [~virɔpi'tal, ~'to] *m* hospital-ship.

navrant, e [na'vrɑ̃, ~'vrɑ̃:t] heartrending, heart-breaking; **navré, e** [~'vre] deeply grieved; heart-broken; **navrer** [~'vre] (1a) *v/t.* grieve (*s.o.*) deeply; *j'en suis navré!* I am awfully *or* F terribly sorry!

ne [nə] *adv.:* ne ... *guère* not ... much, scarcely; ne ... *jamais* never; ne ... *pas* not; ne ... *plus* no more, no longer; ne ... *plus jamais* never again; ne ... *point* not (at all); ne ... *que* only.

né, née [ne] 1. *p.p. of naître;* 2. *adj.* born; *fig.* cut out (for, *pour*); *bien* ~ of a good family; *fig. être* ~ *coiffé* be born with a silver spoon in one's mouth.

néanmoins [neɑ̃'mwɛ̃] *adv.* nevertheless, however; yet.

néant [ne'ɑ̃] *m* nothing(ness), naught; *admin.* nil; 🕮 *mettre à* ~ dismiss; *réduire à* ~ reduce to naught; **néantiser** [~ɑ̃ti'ze] (1a) *v/t.* destroy; reduce to nothing.

nébuleux, -euse [neby'lø, ~'lø:z] 1. *adj.* nebulous; cloudy (*a. liquid*); misty (*sky, view*); *fig.* gloomy (*face*); F *fig.* obscure; 2. *su./f astr.* nebula; **nébulosité** [~lozi'te] *f* haziness (*a. fig.*); patch of haze *or* mist.

nécessaire [nesé'sɛ:r] 1. *adj.* neces-

sary (to, for à); requisite; **2.** su./m
necessaries pl.; outfit, kit, set; ~ de
toilette toilet bag; **nécessité** [~si'te] f
necessity, need; indigence; **nécessiter** [~si'te] (1a) v/t. necessitate,
entail, require; **nécessiteux, -euse**
[~si'tø, ~'tø:z] **1.** adj. needy; **2.** su./m:
les ~ pl. the needy.

nécro... [nekrɔ] necro...; **~loge**
[~'lɔ:ʒ] m obituary list; death-roll;
~logie [~lɔ'ʒi] f obituary; **~logue**
[~'lɔg] m necrologist; **~mancie**
[~ma'si] f necromancy; **~pole**
[~'pɔl] f necropolis, city of the dead.

nécrose [ne'kro:z] f 𝔰 necrosis; ♦
canker.

nectar ♀, a. myth. [nɛk'ta:r] m
nectar.

néerlandais, e [neɛrlɑ̃'dɛ, ~'dɛ:z]
1. adj. Dutch, Netherlandish;
2. su. ♀ Netherlander; su./m ♀ Dutchman; su./f ♀ Dutchwoman.

nef [nɛf] f church: nave; poet. ship.

néfaste [ne'fast] ill-omened; ill-
starred; ill-fated; disastrous.

nèfle ♀ [nɛfl] f medlar; sl. des ~s! not
likely!

négatif, -ve [nega'tif, ~'ti:v] **1.** adj.
negative (a. 𝔸); phot. épreuve f ~ve =
2. su./m phot. negative; su./f negative; dans la ~ve in the negative; if
not; répondre par la ~ve say no; se
tenir sur la ~ve maintain a negative
attitude; **négation** [~'sjɔ̃] f nega-
tion, denial; gramm. negative.

négligé, e [negli'ʒe] **1.** adj. neglected;
slovenly (dress, style); careless (appearance, dress); **2.** su./m undress;
informal dress; dishabille; négligé;
négligeable [~'ʒabl] negligible (a.
𝔸); trifling; **négligence** [~'ʒɑ̃:s] f
negligence, neglect; oversight; **négligent, e** [~'ʒɑ̃, ~'ʒɑ̃:t] negligent,
careless; **négliger** [~'ʒe] (1l) v/t.
neglect; overlook; disregard; slight
(s.o.); se ~ become careless or
slovenly.

négoce [ne'gɔs] m trade, business;
négociable ✝ [negɔ'sjabl] negotiable; market (value); **négociant**
[~'sjɑ̃] m (wholesale) merchant;
trader; **négociateur, m -trice** f
[~sja'tœ:r, ~'tris] negotiator; **négociation** [~sja'sjɔ̃] f negotiation (a.
✗); ✝ transaction; ✗ parley; **négocier** [~'sje] (1o) vt/i. negotiate; mot. ~
un virage negotiate a bend.

nègre [nɛ:gr] m negro; F ghost

(writer); (barrister's) devil; fig. travailler comme un ~ work like a slave;
négresse [ne'grɛs] f negress; **négrier** [negri'e] m slave trader; ♣ (a.
bateau m ~) slave ship; fig. slave
driver; **négrillon** F [~'jɔ̃] m negro
boy; F piccaninny; **négrillonne** F
[~'jɔn] f negro girl.

neige [nɛ:ʒ] f snow (a. sl. = cocaine);
~s pl. éternelles perpetual snow sg.;
☌ ~ carbonique dry ice; ~ croûteuse
(poudreuse) crusted (powdery)
snow; boule f de ~ snowball;
🜨 train m de ~ winter sports train;
neiger [ne'ʒe] (1l) v/impers. snow;
neigeux, -euse [~'ʒø, ~'ʒø:z]
snowy; snow-covered; snow-white.

nénuphar ♀ [neny'fa:r] m water-
lily.

néo... [neɔ] neo-...; **~logisme** [~lɔ-
'ʒism] m neologism.

néon ☌ [ne'ɔ̃] m neon; éclairage m
au ~ neon lighting.

néphrétique 𝔰 [nefre'tik] **1.** adj.
nephritic; **2.** su. sufferer from ne-
phritis; **néphrite** [~'frit] f 𝔰 ne-
phritis; min. jade; 𝔰 ~ chronique
Bright's disease.

népotisme [nepɔ'tism] m nepotism.

nerf [nɛ:r] m anat. nerve; fig.
vigo(u)r, F guts pl.; fig. ~ de bœuf
cosh; life-preserver; fig. avoir du ~ be
vigorous; avoir ses ~s, F avoir les ~s en
pelote or en boule be on edge; le ~ de la
guerre the sinews pl. of war; donner or
F taper sur les ~s à q. get on
s.o.'s nerves.

nerprun ♀ [nɛr'prœ̃] m buckthorn.

nerveux, -euse [nɛr'vø, ~'vø:z] nervous; sinewy; anat. nerve...; excitable, highly-strung (person); fig.
virile (style etc.); **nervin** 𝔰 [~'vɛ̃]
adj./m, a. su./m nervine; **nervosis-
me** 𝔰 [~vɔ'zism] m nervous predisposition; **nervosité** [~vozi'te]
f nervousness; irritability; irritation;
nervure [~'vy:r] f leaf etc.: vein; 𝔸,
♦ rib.

net, nette [nɛt] **1.** adj. clean; neat;
clear; clear-cut, distinct; ✝ net; **2.**
net adv. plainly, flatly; clearly; refuser ~ refuse point-blank; **3.** su./m:
copie f au ~ fair copy; mettre qch. au ~
make a fair copy of s.th.; **netteté**
[nɛt'te] f cleanness (bodily) cleanliness; fig. image, sound: clarity; dis-
tinctness; fig. decidedness; **nettoie-
ment** [nɛtwa'mɑ̃] m cleaning; clear-

ing; **nettoyage** [∼'ja:ʒ] m ⊕ scaling; ⚒ mopping-up; ∼ à sec dry-cleaning; **nettoyer** [∼'je] (1h) v/t. clean; clear; ⊕ scale; ⚒ mop up; F rifle (a house, s.o.); F clean out; ∼ à sec dry-clean; **nettoyeur** m, -euse f [∼'jœ:r, ∼'jø:z] cleaner.

neuf¹ [nœf; before vowel or h mute nœv] adj./num., a. su./m/inv. nine; date, title: ninth.

neuf², neuve [nœf, nœ:v] 1. adj. new; fig. inexperienced; 2. su./m new; quoi de ∼? what's new?; remettre à ∼ do up (like new); repeindre à ∼ redecorate.

neurasthénie ✠ [nøraste'ni] f neurasthenia; **neurasthénique** ✠ [∼'nik] adj., a. su. neurasthenic; **neurologue** ✠ [nørɔ'lɔg] m neurologist, nerve specialist; **neurone** [nø'rɔn] m neuron.

neutraliser [nøtrali'ze] (1a) v/t. neutralize; **neutraliste** pol. [∼'list] adj., a. su. neutralist; **neutralité** [∼li'te] f neutrality; ✠ neutral state; **neutre** [nø:tr] 1. adj. neuter (a. gramm.); ✠, ⚡, pol., a. colour: neutral; 2. su. pol. neutral; su./m gramm. neuter.

neutron phys. [nø'trɔ̃] m neutron.

neuvaine eccl. [nœ'vɛn] f novena; **neuvième** [∼'vjɛm] adj./num., a. su., a. su./m fraction: ninth.

névé geol. [ne've] m névé, firn.

neveu [nə'vø] m nephew; ∼x pl. descendants.

névralgie ✠ [nevral'ʒi] f neuralgia; **névralgique** [∼'ʒik] ✠ neuralgic; fig. point m ∼ sore spot.

névr(o)... [nevr(ɔ)] neur(o)...

névrose [ne'vro:z] f neurosis; **névrosé, e** [nevro'ze] adj., a. su. neurotic; **névrotique** [∼'tik] neurotic.

nez [ne] m nose; animal: snout; ⚓, ✈ bow, nose; scent; F ∼ à ∼ face to face; au ∼ de q. under s.o.'s nose; fig. avoir le ∼ fin be shrewd; F avoir q. dans le ∼ bear s.o. a grudge; mener par le bout du ∼ twist (s.o.) round one's little finger; mettre le ∼ dans poke one's nose into.

ni [ni] cj. nor, or; ni ... ni neither ... nor; ni moi non plus nor I (either).

niable [njabl] deniable; ⚖ traversable.

niais, e [njɛ, njɛ:z] 1. adj. simple, silly; Am. dumb; 2. su. fool; simpleton; Am. dumbbell; **niaiserie** [njɛz'ri] f foolishness, silliness.

niche¹ [niʃ] f trick, practical joke.

niche² [niʃ] f niche, recess; ∼ à chien kennel; **nichée** [ni'ʃe] f nestful; brood; **nicher** [∼] (1a) v/i. nest; F fig. live, hang out; v/t.: se ∼ (build it's) nest; fig. nestle; fig. lodge o.s. (thing), put o.s. (person).

nichrome metall. [ni'krɔm] m chrome-nickel steel.

nickel ✠ [ni'kɛl] m nickel; **nickelage** ⊕ [ni'kla:ʒ] m nickel-plating; **nickeler** ⊕ [∼'kle] (1c) v/t. nickel (-plate).

nicotine ✠ [nikɔ'tin] f nicotine.

nid [ni] m nest; fig. thieves: den; tex. ∼ d'abeilles honeycomb, Am. waffle weave; mot. ∼-de-poule pothole (on a road); **nidification** [nidifika'sjɔ̃] f nest-building.

nièce [njɛs] f niece.

nielle [njɛl] su./f 🌾 wheat: earcockle; 🌿 nigella; su./m ⊕ niello, inlaid enamel-work; **nieller** [njɛ'le] (1a) v/t. 🌾 blight, smut; ⊕ (inlay with) niello; 🌾 se ∼ smut; **niellure** [∼'ly:r] f 🌾 blighting; ⊕ niellowork.

nier [nje] (1o) v/t. deny; repudiate (a debt); on ne saurait ∼ que there can be no denying that.

nigaud, e [ni'go, ∼'go:d] 1. adj. simple, silly; 2. su. simpleton, booby, ass; **nigauderie** F [∼go'dri] f stupidity; simplicity.

nimbe [nɛ̃:b] m nimbus, halo; **nimbé, e** [nɛ̃'be] haloed.

nipper F [ni'pe] (1a) v/t. rig (s.o.) out; **nippes** F [nip] f/pl. old clothes; togs.

nippon, e [ni'pɔ̃, ∼'pɔn] adj., a. su. ☯ Japanese, Nipponne.

nique F [nik] f: faire la ∼ à cook a snook at (s.o.); treat (s.th.) with contempt.

nitouche [ni'tuʃ] f: sainte ∼ (little) hypocrite; F goody-goody.

nitrate ✠ [ni'trat] m nitrate; ∼ de ... ... nitrate; **nitre** ✠ [nitr] m nitre, saltpetre; **nitré, e** [ni'tre] nitrated; nitro-...; **nitreux, -euse** [∼'trø, ∼'trø:z] nitrous; **nitrière** [nitri'ɛ:r] f saltpetre-bed; nitreworks usu. sg.; **nitrification** [∼fika'sjɔ̃] f nitrification; **nitrifier** [∼'fje] (1o) v/t. a. se ∼ nitrify (acid); **nitrique** [ni'trik] nitric (acid).

nitro... [nitrɔ] nitro(-)...; **∼gène** ✠ [∼'ʒɛn] m nitrogen.

nitruration [nitryra'sjɔ̃] f nitriding. [nival.]

nivéal, e, m/pl. **-aux** ♀ [nive'al, ‿'o] f [nival.]

niveau [ni'vo] m level (a. ⊕); fig. standard; ⊕ ga(u)ge; ~ d'eau water-level; ~ de maçon plumb-level; mot. ~ d'essence petrol gauge, Am. gasoline level gage; ~ de vie standard of living; pol. ~ le plus élevé highest level; fig. au ~ de on a par with; de ~ level (with, avec); 🚆 passage m à ~ level crossing, Am. grade crossing; **niveler** [niv'le] (1c) v/t. level, even up; ⊕ true up; survey (the ground); **niveleur** [‿'lœːr] m leveller (a. fig.); **nivellement** [nivεl'mɑ̃] m land: surveying; ground, a. fig.: levelling.

nobiliaire [nɔbi'ljɛːr] 1. adj. nobiliary; 2. su./m peerage-list; **noble** [nɔbl] 1. adj. noble, lofty (style); 2. su./m nobleman; su./f noblewoman; **noblesse** [nɔ'blεs] f nobility (a. fig.).

noce [nɔs] f wedding; wedding-party; ~s pl. d'argent (d'or) silver (golden) wedding sg.; F faire la ~ go on the spree or sl. the binge; voyage m de ~s honeymoon (trip); **noceur** m, **-euse** f F [nɔ'sœːr, ‿'søːz] reveller; fast liver.

nocif, -ve [nɔ'sif, ‿'siːv] harmful, noxious; **nocivité** [‿sivi'te] f harmfulness.

noctambule [nɔktɑ̃'byl] su. latenighter, night bird; † sleepwalker; **nocturne** [‿'tyrn] 1. adj. nocturnal; by night; 2. su./m orn. nocturnal (bird of prey); ♪ nocturne.

Noël [nɔ'εl] m (oft. la [fête de]~) Christmas; yule-tide; Christmas present; ♪ ⵣ (Christmas) carol; arbre m de ~ Christmas tree; le Père ~, le Bon homme ~ Father Christmas, Santa Claus; joyeux ~! merry Christmas!

nœud [nø] m knot (a. ♣); band: bow; fig. tie, bond; fig. matter, play, question, etc.: crux; ♀, ⚕, ♂, astr., phys. node; ⊕ junction; ~ de tisserand weaver's knot; ~ papillon bow tie.

noir, noire [nwaːr] 1. adj. black; dark; fig. gloomy (thoughts); fig. illegal, illicit; sl. dead drunk; avoir des idées noires have the blues; cuis. beurre m ~ browned butter sauce; blé m ~ buckwheat; 2. su./m black (man); negro; colour: black; dark(ness); ~ de fumée lampblack; fig. ~ sur blanc in

black and white; au ~ illegally, illicitly; broyer du ~ be in the dumps; mettre dans le ~ hit the mark; prendre le ~ go into mourning; travailler au ~ moonlight; voir tout en ~ look on the black side of things; su./f black woman; negress; ♪ crotchet; **noirâtre** [nwa'rɑːtr] blackish, darkish; **noiraud, e** [‿'ro, ‿'roːd] 1. adj. swarthy; 2. su. swarthy person; **noirceur** [nwar'sœːr] f blackness; darkness; fig. gloominess; fig. foulness; crime: heinousness; **noircir** [‿'siːr] (2a) v/t. blacken (a. fig.); make gloomy (a picture, the sky, thoughts); se ~ darken; v/i. turn black or dark; **noircissure** [‿si'syːr] f smudge.

noise [nwaːz] f: chercher ~ à (try to) pick a quarrel with.

noisetier ♀ [nwaz'tje] m hazel(-tree, -bush); **noisette** [nwa'zεt] 1. su./f ♀ hazel-nut; 2. adj./inv. (a. couleur f ~) (nut-)brown; hazel (eyes).

noix [nwa] f ♀ walnut; ♀, a. ⚕ nut; ⊕ half-round groove; sl. head; sl. fellow; ~ de terre peanut; cuis. ~ de veau round shoulder of veal.

nom [nɔ̃] m name; gramm. noun; fig. reputation; ~ de baptême Christian or baptismal name, Am. given name; ~ de famille family name; surname; ~ de guerre assumed name; ~ de jeune fille maiden name; ~ de plume pen-name; ✝ ~ déposé registered trade name; ✝ ~ social name of (the) firm or company; de ~ by name; décliner ses ~ et prénoms give one's full name; du ~ de called, by the name of; petit ~ Christian name, Am. given name.

nomade [nɔ'mad] 1. adj. wandering, nomadic; 2. su. nomad.

nombrable [nɔ̃'brabl] countable; **nombre** [nɔ̃ːbr] m number (a. gramm.); ~ cardinal cardinal number; ~ entier integer; whole number; ~ impair (pair, premier) odd (even, prime) number; bon ~ de a good many ...; du ~ de one of; bibl. les ⵣs pl. Numbers; sans ~ countless; **nombrer** [nɔ̃'bre] (1a) v/t. count, number; **nombreux, -euse** [‿'brø, ‿'brøːz] numerous; manifold; rhythmic, harmonious.

nombril [nɔ̃'bri] m anat. navel; ♀ fruit: eye.

nomenclature [nɔmãklaˈtyːr] *f* nomenclature; list.

nominal, e, *m/pl.* **-aux** [nɔmiˈnal, ˌ'no] nominal; of names; *appel m* ~ roll-call; ✝ *valeur f* ~e face-value;

nominatif, -ve [ˌ'naˈtif, ˌ'tiːv] **1.** *adj.* nominal; of names; ✝ registered (*securities*); **2.** *su./m gramm.* nominative; **nomination** [ˌna'sjɔ̃] *f* nomination; appointment.

nommé, e [nɔˈme] **1.** *adj.* appointed (*day*); *à point* ~ in the nick of time; **2.** *su.:* *le* ~ *X,* *la* ~ *X* the person named X; *su./m:* *un* ~ *Jean* one John; **nommément** [ˌne'mã] *adv.* by name; especially; **nommer** [ˌ'me] (1a) *v/t.* name; mention; appoint (*to a post*); *se* ~ *be* called; give one's name.

non [nɔ̃] *adv.* no; not; ~ *pas!* not at all!; ~ (*pas*) *que* (*sbj.*) not that (*ind.*); *dire que* ~ say no; *ne* ... *pas* ~ *plus* not ... either.

non... [nɔ̃; *before vowel* nɔn] non-...; ~**activité** [nɔnaktiviˈte] *f* non-activity; *mettre en* ~ suspend.

nonagénaire [nɔnaʒeˈnɛːr] *adj., a. su.* nonagenarian.

non-aggression *pol.* [nɔnagrɛˈsjɔ̃] *f* non-aggression; *pacte m de* ~ non-aggression pact. [papal nuncio.)

nonce [nɔ̃ːs] *m* nuncio; ~ *apostolique)*

nonchalance [nɔ̃ʃaˈlãːs] *f* nonchalance; languidness; **nonchalant, e** [ˌ'lã, ˌ'lãːt] nonchalant, unconcerned, languid.

non...: ~**combattant** ✗ [nɔ̃kɔ̃baˈtã] *m* non-combattant; ~**conducteur, -trice** [ˌkɔ̃dykˈtœːr, ˌ'tris] **1.** *adj.* non-conducting; **2.** *su./m* non-conductor; ~**conformisme** *eccl.* [ˌkɔ̃fɔrˈmism] *m* nonconformity, dissent; ~**conformiste** [ˌkɔ̃fɔrˈmist] *m* non-conformist (*a. fig.*); ~**engagé, e** *pol.* [ˌãgaˈʒe] **1.** non-aligned; **2.** *su./m* non-aligned country; ~**ingérence** [nɔ̃ẽʒeˈrãːs] *f,* ~**intervention** [nɔ̃ẽtɛrvãˈsjɔ̃] *f* non-intervention, non-interference; ~**lieu** ⚖ [nɔ̃ˈljø] *m* no true bill; *rendre une ordonnance de* ~ dismiss the charge.

nonne †, *co.* [nɔn] *f* nun.

nonobstant [nɔnɔpˈstã] **1.** *prp.* notwithstanding; **2.** *adv.* † for all that.

nonpareil, -eille [nɔ̃paˈrɛːj] **1.** *adj.* matchless, unparalleled; **2.** *su./f* apple, *a. typ.*: nonpareil.

non...: ~**retour** [nɔ̃rəˈtuːr] *m:* point

m de ~ point of no return; ~**réussite** [ˌreyˈsit] *f* failure; *plan:* miscarriage; ~**sens** [ˌ'sãːs] *m* meaningless act *or* expression; ~**valeur** [ˌvaˈlœːr] *f* worthless object; unproductive land; F passenger (= *incompetent employee etc.*); *admin.* possible deficit; ~**violence** [ˌvjɔˈlãs] *f* non-violence.

nord [nɔːr] **1.** *su./m* north; ⚓ north wind; *du* ~ north(ern); northerly (*wind*); *le* ♀ the north (*of a country*); *fig. perdre le* ~ lose one's bearings; *vers le* ~ northward(s), to the north; **2.** *adj./inv.* northern (*latitudes etc.*); northerly (*wind*); ~**est** [nɔˈrɛst] **1.** *su./m* north-east; **2.** *adj./inv.* north-east; north-eastern (*region*); north-easterly (*wind*); ~**ouest** [nɔˈrwɛst] **1.** *su./m* north-west; **2.** *adj./inv.* north-west; north-western (*region*); north-westerly (*wind*).

noria [nɔˈrja] *f* ⊕ chain-pump; bucket-conveyor; *fig.* line, chain, string.

normal, e, *m/pl.* **-aux** [nɔrˈmal, ˌ'mo] **1.** *adj.* normal; usual; standard (*measures etc.*); natural; *École f* ~e (*teachers'*) training college; **2.** *su./f* norm; normal (*a.* ⚕); *au-dessus de la* ~ above average; *revenir à la* ~ get back to normal; **normalien** *m,* **-enne** *f* [nɔrmaˈljẽ, ˌ'ljɛn] student at an *École normale;* **normalisation** [ˌlizaˈsjɔ̃] *f* standardization; **normaliser** [ˌliˈze] (1a) *v/t.* standardize; normalize.

normand, e [nɔrˈmã, ˌ'mãːd] **1.** *adj.* Norman; F *réponse f* ~e non-committal answer; **2.** *su.* ♀ Norman.

norme [nɔrm] *f* norm, standard.

norvégien, -enne [nɔrveˈʒjẽ, ˌ'ʒjɛn] *adj., a. su.* ♀ Norwegian.

nos [no] *pl. of* notre.

nostalgie [nɔstalˈʒi] *f* ⚕ nostalgia; *fig.* homesickness; *fig.* yearning; **nostalgique** [ˌ'ʒik] nostalgic; *fig.* homesick.

notabilité [nɔtabiliˈte] *f* notability (*a. person*); *fig.* prominent person; **notable** [nɔˈtabl] **1.** *adj.* notable; considerable; distinguished; **2.** *su./f* person of distinction *or* note; *hist.* Notable.

notaire [nɔˈtɛːr] *m* notary (public).

notamment [nɔtaˈmã] *adv.* particularly, especially.

notarial, e, *m/pl.* **-aux** [nɔta'rjal, ‿'rjo] notarial; **notarié, e** [‿'rje] *adj.:* acte *m* ~ deed executed and authenticated by a notary.

notation ♪, ♪ [nɔta'sjɔ̃] *f* notation.

note [nɔt] *f* note (*a.* ♪, *pol.*, *fig.*), memo(randum); minute; annotation; *school:* mark; *journ.* notice; ~ account, bill; prendre ~ de note, make a note of; prendre des ~s jot down notes; **noter** [nɔ'te] (1a) *v/t.* note, make a note of; jot down; take notice of; ♪ write down.

notice [nɔ'tis] *f* note, notice.

notification [nɔtifika'sjɔ̃] *f* notification, notice; **notifier** [‿'fje] (1o) *v/t.* intimate (s.th. to s.o., qch. à q.); notify (s.o. of s.th., qch. à q.).

notion [nɔ'sjɔ̃] *f* notion, idea; ~s *pl.* smattering *sg.*; **notoire** [‿'twaːr] well-known; manifest; *pej.* notorious; **notoriété** [‿tɔrje'te] *f* notoriety; *person:* repute.

notre, *pl.* **nos** [nɔtr, no] *adj./poss.* our.

nôtre [noːtr] **1.** *pron./poss.:* le (la) ~, les ~s *pl.* ours; **2.** *su./m* ours, our own; les ~s *pl.* our (own) people.

nouage [nwa'ʒ] *m* tying; *bone:* knitting.

nouba *sl.* [nu'ba] *f:* faire la ~ go on a binge, live it up.

noué, e [nwe] knotty (*joint*); *fig.* stunted (*mind etc.*); **nouer** [nwe] (1p) *v/t.* tie (up); knot; *fig.* enter into (*conversation, relations*); se ~ become knotted; *fig.* be formed; build up; *v/i.* set (*fruit*); **nouet** *cuis.* [nwɛ] *m* bag of herbs; **noueux, -euse** [nwø, nwøːz] knotty; ✿ arthritic (*rheumatism*); gnarled (*hands, stem*).

nougat *cuis.* [nu'ga] *m* nougat.

nouille [nuːj] *f cuis.* noodle; F gutless individual, drip, idiot.

nourrain [nu'rɛ̃] *m* fry, young fish; **nourrice** [‿'ris] *f* (wet-)nurse; ⊕, ✿ service-tank; *mot.* feed-tank; mettre un enfant en ~ put a child out to nurse; **nourricerie** [‿ris'ri] *f* stock-farm; silkworm nursery; baby-farm; **nourricier, -ère** [‿ri'sje, ‿'sjeːr] nutritious, nutritive; foster-(*father, mother*); **nourrir** [‿'riːr] (2a) *v/t.* feed, nourish; suckle, nurse (*a baby*); *fig.* harbo(u)r (*hope, thoughts*); foster (*hatred*); cherish (*hope, a grudge*); strengthen; maintain (*a fire*); se ~ de live on;

v/i. be nourishing; **nourrissage** [nuri'saːʒ] *m* rearing; **nourrissant, e** [‿'sã, ‿'sãːt] nourishing; nutritious; rich (*food*); **nourrisseur** [‿'sœːr] *m* dairyman; ⊕ feed-roll; **nourrisson** [‿'sɔ̃] *m* suckling, nursling; foster-child; **nourriture** [‿'tyːr] *f* feeding; food; board, keep; la ~ et le logement board and lodging.

nous [nu] **1.** *pron./pers. subject:* we; *object:* us; (to) us; à ~ to us; ours; ce sont ~, F c'est ~ it is we, F it's us; **2.** *pron./rfl.* ourselves; **3.** *pron./recip.* one another; each other; ~-mêmes [‿'mɛːm] *pron./rfl.* ourselves.

nouveau (*adj. before vowel or h mute* -**el**) *m,* -**elle,** *m/pl.* -**aux** [nu'vo, ‿'vɛl, ‿'vo] **1.** *adj.* new; recent, fresh; new-style; another, further; novel; ~eaux riches *m/pl.* nouveaux riches, newly rich; le plus ~ latest; qch.(rien) de ~ s.th. (nothing) new; quoi de ~? what's the news? **2.** *nouveau adv.:* à ~ anew, afresh; de ~ again; **nouveau-né, e** [nuvo'ne] **1.** *adj.* new-born; **2.** *su./m* new-born child; **nouveauté** [‿'te] *f* newness, novelty; latest model; innovation; ✝ ~s *pl.* fancy goods; linen-drapery *sg.*; **nouvel** [nu'vɛl] **1.** *adj.* see nouveau 1; ~ an *m* New Year; **nouvelle** [nu'vɛl] **1.** *adj.* see nouveau 1; **2.** *su./f* news *sg.,* tidings *pl.*; short story; avoir des ~s de q. hear from or of s.o.; **nouvelliste** [‿vɛ'list] *su.* short-story writer; *journ.* F par writer.

novateur, -trice [nɔva'tœːr, ‿'tris] **1.** *adj.* innovating; **2.** *su.* innovator.

novembre [nɔ'vãːbr] *m* November.

novice [nɔ'vis] **1.** *adj.* inexperienced (in à, dans), new (to à, dans); **2.** *su.* novice (*a. eccl., a. fig.*); *fig.* tyro, beginner; *profession:* probationer; **noviciat** [‿vi'sja] *m* noviciate; F apprenticeship.

noyade [nwa'jad] *f* drowning.

noyau [nwa'jo] *m fruit:* stone, kernel; *phys., biol., fig.* nucleus (*a. atom etc.*); ⊕ wheel: hub; *metall., a.* ⚡ core; ⚠ kernel; *fig.* group; *pol.* cell; *fig.* ~ dur hard core; ✶ fruit m à ~ stone-fruit; **noyautage** [‿jo'ta:ʒ] *m pol.* infiltration (into, de); *metall.* coring.

noyer[1] [nwa'je] (1h) *v/t.* drown

(*a.* F *fig.*); flood (*a. mot.*), inundate, immerse; ⊕ countersink (*a screw*); ⊕ bed (*s.th.*) in cement; se ~ *suicide*: drown o.s.; *accident*: be drowned; *fig.* be steeped (in, *dans*); ⊕ vis *f* noyée countersunk screw.

noyer² ♀ [~] *m* walnut(-tree).

nu, nue [ny] **1.** *adj.*naked, nude, bare; *fig.* unadorned; ~*-pieds, pieds* ~*s* barefoot(ed); **2.** *su./m* nude; nudity; △ bare part; **3.** *adv.*: à nu bare; mettre à nu expose, lay bare; denude; *monter à nu* ride (*a horse*) bareback.

nuage [nɥɑ:ʒ] *m* cloud; *sans* ~*s* cloudless (*sky*), *fig.* perfect (*bliss*); **nuageux, -euse** [nɥɑˈʒø, ~ˈʒøːz] cloudy, overcast; *fig.* hazy (*idea*).

nuance [nɥɑ̃:s] *f* shade (*a. fig.*), hue; *fig.* tinge; *fig.* nuance, shade of meaning; **nuancer** [nɥɑ̃ˈse] (1k) *v/t.* shade (with, de); vary (*the tone*); express slight differences in.

nubile [nyˈbil] nubile, marriageable.

nucléaire *phys.* [nykleˈɛːr] nuclear (*a. armament*); **nucléon** *phys.* [~ˈlɔ̃] *m* nucleon.

nudisme [nyˈdism] *m* nudism; **nudiste** [~ˈdist] *su.* nudist; **nudité** [~diˈte] *f* nudity, nakedness; *paint.* nude; △ bareness.

nue [ny] *f* high cloud; ~*s pl.* skies (*a. fig.*); *porter aux* ~*s* praise to the skies; *fig. tomber des* ~*s* be thunderstruck; **nuée** [nɥe] *f* storm-cloud; *fig.* cloud; swarm, host.

nuire [nɥiːr] (4u *a.* h) *v/i.*: ~ à harm, hurt; be injurious to; **nuisance** [nɥiˈzɑ̃:s] *f* environment *etc.*: nuisance; **nuisant, e** [nɥiˈzɑ̃, ~ˈzɑ̃:t] harmful, polluting; **nuisibilité** [nɥizibiliˈte] *f* harmfulness; **nuisible** [~ˈzibl] harmful, injurious.

nuit [nɥi] *f* night; *de* ~ by night; *passer la* ~ stay overnight (with, *chez*); **nuitée** [nɥiˈte] *f* night's work; *hotel etc.*: overnight stay; **nuiteux**

m, -euse *f* [nɥiˈtø, ~ˈtøːz] person working by night.

nul, nulle [nyl] **1.** *adj.* no, not one; void, null; *sp.* drawn (*game*); nonexistent; ⚖ invalid (*marriage*); **2.** *pron./indef.* no(t) one, nobody; **nullement** [nylˈmɑ̃] *adv.* not at all; **nullité** [nyliˈte] *f* ⚖ nullity, invalidity; *fig.* nothingness; non-existence; *person*: nonentity; *fig.* incapacity.

numéraire [nymeˈrɛːr] **1.** *adj.* legal (*tender*); numerary (*value*); **2.** *su./m* specie; cash; currency; **numéral, e**, *m/pl.* -**aux** [~ˈral, ~ˈro] numeral; **numérateur** ♣ [~raˈtœːr] *m* numerator; **numération** ♣ [~raˈsjɔ̃] *f* numeration; number system; **numérique** [~ˈrik] numerical; digital; **numéro** [~ˈro] *m* number; *periodical*: issue, copy; ✝ size; F person, fellow; (~ *de téléphone*) telephone number; F ~ *deux* second-best; ~ *vestiaire* cloak-room ticket; F ~ *un* first-class; **numérotage** [~roˈtaːʒ] *m* numbering; *book*: paging; **numéroter** [~roˈte] (1a) *v/t.* number; paginate (*a book*); **numéroteur** [~roˈtœːr] *m* numbering machine *or* stamp.

numismate [nymisˈmat] *m* numismatist; **numismatique** [~maˈtik] *f* numismatics *sg.*

nuptial, e, *m/pl.* -**aux** [nypˈsjal, ~ˈsjo] bridal; wedding...

nuque [nyk] *f* nape *or* F scruff of the neck. [nanny.]

nurse [nœrs] *f* children's nurse, F⌡

nutritif, -ve [nytriˈtif, ~ˈtiːv] nourishing, nutritive; nutritional, food...; **nutrition** [~ˈsjɔ̃] *f* nutrition; **nutritionel, -le** [~sjɔˈnɛl] nutritional.

nylon *tex.* [niˈlɔ̃] *m* nylon.

nymphe [nɛ̃:f] *f myth.* nymph (*a. fig.*); *zo.* pupa, chrysalis; **nymphéa** ♀ [nɛ̃feˈa] *m* water-lily; nymphea; **nymphette** [nɛ̃ˈfɛt] *f* nymph.

O

O, o [o] *m* O, o.

ô! [o] *int.* oh!

oasis [oa'zis] *f* oasis (*a. fig.*).

obédience [obe'djɑ:s] *f eccl.* dutiful submission, obedience; F submission; *de même* ~ of the same (*religious etc.*) persuasion; *d'~ communiste* of Communist allegiance.

obéir [obe'i:r] (2a) *v/i.:* ~ *à* obey; comply with (*s.th.*); yield to; ⚔, *mot.* respond to; ♃ answer; *se faire* ~ compel obedience (from, *par*); **obéissance** [~i'sɑ:s] *f* obedience; submission (*to authority*); *fig.* pliancy; **obéissant, e** [~i'sɑ̃, ~i'sɑ̃:t] obedient; submissive; *fig.* pliant. [lisk.\

obélisque *archeol.* [obe'lisk] *m* obe-\

obérer [obe're] (1f) *v/t.* burden with debt; *s'~* run deep into debt.

obèse [ɔ'bɛ:z] **1.** *adj.* obese, stout; **2.** *su.* obese or stout person; **obésité** [obezi'te] *f* obesity, corpulence.

obit *eccl.* [ɔ'bit] *m* obit; **obituaire** [ɔbi'tɥɛ:r] *m* obituary list.

objecter [ɔbʒɛk'te] (1a) *v/t.* raise as an objection (to, *à*); ~ *qch. à q.* allege *or* hold s.th. against s.o.; **objecteur** [~'tœ:r] *m:* ⚔ ~ *de conscience* conscientious objector; **objectif, -ve** [~'tif, ~'ti:v] **1.** *adj.* objective; **2.** *su./ m opt.* objective; *phot.* lens; ⚔, ♃ target; *fig.* aim, object; **objection** [~'sjɔ̃] *f* objection; **objectiver** *phls.* [~ti've] (1a) *v/t.* objectify; **objectivité** [~tivi'te] *f* objectivity.

objet [ɔb'ʒɛ] *m* object (*a. gramm., phls., a. fig.*); thing; subject(-matter); *fig.* purpose, aim; *gramm.* complement; ~ *s article;* ~s *pl. trouvés* lost property *sg.;* *remplir son* ~ reach one's goal.

obligataire † [ɔbliga'tɛ:r] *m* bondholder, debenture-holder; **obligation** [~'sjɔ̃] *f* obligation, duty; † bond, debenture; favo(u)r; gratefulness; **obligatoire** [~'twa:r] obligatory; compulsory; binding (*agreement, decision*); *enseignement m* ~ compulsory education; ⚔ *service m*

militaire ~ compulsory military service.

obligé, e [ɔbli'ʒe] **1.** *adj.* obliged, compelled to (*inf., de inf.*); necessary, indispensable; inevitable; *fig.* grateful; **2.** *su.* person under an obligation, † obligor; **obligeamment** [~ʒa'mɑ̃] *adv.* of obligeant; **obligeance** [~'ʒɑ̃:s] *f* kindness; *avoir l'*~ *de (inf.)* be so kind as to (*inf.*); **obligeant, e** [~'ʒɑ̃, ~'ʒɑ̃:t] obliging; kind; **obliger** [~'ʒe] (1l) *v/t.* oblige, bind (to, *à*); compel (to, *de*); do (*s.o.*) a favo(u)r; *s'*~ *à* bind o.s. to.

oblique [ɔ'blik] **1.** *adj.* oblique; slanting; *fig.* regard *m* ~ sidelong glance; **2.** *su./f* oblique line; **obliquer** [ɔbli'ke] (1m) *v/i.* turn off (to[wards] *à, vers*); **obliquité** [~ki'te] *f* obliqueness.

oblitération [ɔblitera'sjɔ̃] *f* obliteration; *stamp:* cancellation; ⚕ obstruction; **oblitérer** [~'re] (1f) *v/t.* obliterate; cancel (*a stamp*); ⚕ obstruct (*a vein*).

oblong, -gue [ɔ'blɔ̃, ~'blɔ̃:g] oblong.

obnubiler [ɔbnybi'le] (1a) *v/t.* cloud, obnubilate (*the mind*); obsess (*idea etc.*).

obole [ɔ'bɔl] *f* † obol(us); F farthing; (*widow's*) mite; *apporter son* ~ *à* contribute one's mite to.

obombrer [ɔbɔ̃'bre] (1a) *v/t.* cloud over.

obscène [ɔp'sɛn] obscene; smutty; **obscénité** [~seni'te] *f* obscenity; smuttiness.

obscur, e [ɔps'ky:r] dark; gloomy (*weather*); obscure (*a. fig.*); abstruse (*argument etc.*); dim (*horizon, light*); humble (*person*); **obscurantisme** [~kyrɑ̃'tism] *m* obscurantism; **obscuration** *astr.* [~kyra'sjɔ̃] *f* occultation; **obscurcir** [~kyr'si:r] (2a) *v/t.* obscure; darken; dim (*the view*); **obscurcissement** [~kyrsis-'mɑ̃] *m* darkening; dimming; obscuring; **obscurément** [~kyre'mɑ̃] *adv.* of obscur; **obscurité** [~kyri'te] *f* obscurity (*a. fig.*); darkness; *fig.* vagueness. [importune, pester.]

obséder [ɔpse'de] (1f) *v/t.* obsess.)

obsèques [ɔp'sɛk] *f/pl.* funeral *sg.*, obsequies; **obséquieux, -euse** [ɔpse'kjø, ~'kjøːz] obsequious, fawning; **obséquiosité** [~kjozi'te] *f* obsequiousness.

observable [ɔpsɛr'vabl] observable; **observance** [~'vãːs] *f* observance (*a. eccl.*); **observateur, -trice** [~va'tœːr, ~'tris] **1.** *adj./m* observant; **2.** *su.* observer; ✕, ✈ spotter; **observation** [~va'sjɔ̃] *f* observation; *eccl., law, rule:* observance; reprimand; **observatoire** [~va'twaːr] *m astr.* observatory; ✕ observation post; **observer** [~'ve] (1a) *v/t.* observe, keep (*feast, law, rule, sabbath*); watch; notice; *faire* ~ *qch. à* draw s.o.'s attention to s.th.; *s'*~ be careful or cautious.

obsessif, -ve [ɔpsɛ'sif, ~'siːv] obsessive; **obsession** [~'sjɔ̃] *f* obsession.

obstacle [ɔps'takl] *m* obstacle; *sp.* hurdle; *sp. course f d'*~ *à* obstacle or hurdle race; *faire*~ *à* stand in the way of; hinder; obstruct.

obstétrique ✚ [ɔpste'trik] **1.** *adj.* obstetric(al); **2.** *su./f* obstetrics *sg.*

obstination [ɔpstina'sjɔ̃] *f* obstinacy; perversity; pig-headedness; **obstiné, e** [~'ne] obstinate, stubborn; persistent; pig-headed; **obstiner** [~'ne] (1a) *v/t.:* *s'*~ show obstinacy; *s'*~ *à* (*inf.*) persist in (*ger.*).

obstructif, -ve [ɔpstryk'tif, ~'tiːv] *pol.* obstructive; ✚ obstruent; **obstruction** [~'sjɔ̃] *f* ✚, *pol.* obstruction; *pol.* filibustering; ✚ stoppage; **obstructionnisme** *pol.* [~sjɔ'nism] *m* obstructionism, filibustering; **obstruer** [ɔpstry'e] (1a) *v/t.* obstruct, block; ⊕ choke.

obtempérer [ɔptɑ̃pe're] (1f) *v/i.:* ~ *à* comply with, obey.

obtenir [ɔptə'niːr] (2h) *v/t.* obtain, get; **obtention** [~tɑ̃'sjɔ̃] *f* obtaining.

obturateur, -trice [ɔptyra'tœːr, ~-'tris] **1.** *adj.* obturating, closing; **2.** *su./m* ✚, *anat.* obturator; *phot.* shutter; ⊕ stop-valve; *mot.* throttle; **obturation** [~ra'sjɔ̃] *f* ✚ obturation; closing; sealing; *tooth:* filling; **obturer** [~'re] (1a) *v/t.* stop, seal, obturate; fill (*a tooth*).

obtus, e [ɔp'ty, ~'tyːz] ✚, *a. fig.* obtuse; blunt; *fig.* dull; **obtusangle** ✚ [~tyˈzãːgl] obtuse-angled.

obus [ɔ'by] *m* ✕ shell; *mot.* valveplug; ~ *à balles* shrapnel; ~ *non éclaté* unexploded shell, dud; ~ *perforant* armo(u)r-piercing shell; **obusier** ✕ [ɔby'zje] *m* howitzer.

obvier [ɔb'vje] (1o) *v/i.:* ~ *à* prevent.

oc [ɔk] *adv.:* *langue f d'*~ Langue d'oc, Old Provençal.

occasion [ɔka'zjɔ̃] *f* opportunity, chance; occasion; *fig.* reason (for, *de*); ✝ bargain; *à l'*~ when the chance occurs; *à l'*~ *de* on the occasion of; *d'*~ second-hand; cheap; *par* ~ occasionally; **occasionner** [~zjɔ'ne] (1a) *v/t.* cause, give rise to.

occident [ɔksi'dɑ̃] *m* west, occident; **occidental, e, -aux** [~dã'tal, ~'to] **1.** *adj.* west(ern); occidental; **2.** *su.* occidental; westerner.

occiput *anat.* [ɔksi'pyt] *m* occiput, back of the head.

occire ✝ [ɔk'siːr] (4y) *v/t.* kill, slay; **occis, e** [~'si, ~'siːz] *p.p. of occire.*

occlusion [ɔkly'zjɔ̃] *f* ✚ stoppage, obstruction; ⊕ *valve:* closure; ⚗ occlusion.

occultation *astr.* [ɔkylta'sjɔ̃] *f* occultation; **occulte** [ɔ'kylt] occult; secret; hidden; **occultisme** [ɔkyl-'tism] *m* occultism.

occupant, e [ɔky'pɑ̃, ~'pɑ̃ːt] **1.** *adj.* occupying, in occupation; *fig.* engrossing (*work*); **2.** *su./m* occupant; ⚖ ✕ occupier; **occupation** [~pa'sjɔ̃] *f* occupation; profession; employment, work; ✕ *forces f/pl. d'*~ occupying forces; *sans* ~ unemployed; **occuper** [~'pe] (1a) *v/t.* occupy (*a.* ✕); employ (*workers etc.*); *s'*~ keep (o.s.) busy; *s'*~ *à* be engaged in; *s'*~ *de* see to (*s.th.*); take care of; deal with; be in charge of; look after; attend to (*customer*); be interested in.

occurrence [ɔky'rɑ̃ːs] *f* occurrence, happening; emergency, juncture; *en l'*~ at this juncture; *in* or F under the circumstances; in the present case.

océan [ɔse'ã] *m* ocean, sea (*a. fig.*); *F l'*~ the Atlantic; **océanien, -enne** [~a'njɛ̃, ~'njɛn] **1.** *adj.* Oceanian, Oceanic; **2.** *su.* ♀ South Sea Islander; **océanique** [~a'nik] oceanic, ocean...

ocelot *zo.* [ɔs'lo] *m* ocelot.

ocre [ɔkr] *f* ochre; **ocrer** [ɔ'kre] (1a) *v/t.* ochre; **ocreux, -euse** [ɔ'krø, ~'krø:z] ochrous.

oct... [ɔkt], **octa...** [ɔkta], **octo...** [ɔktɔ] oct..., octa..., octo...; **octaèdre** [ɔkta'ɛ:dr] **1.** *adj.* octahedral; **2.** *su./m* octahedron.

octane ⚗ [ɔk'tan] *m* octane.

octant ⚓, *astr., surv.* [ɔk'tɑ̃] *m* octant.

octobre [ɔk'tɔbr] *m* October.

octogénaire [ɔktɔʒe'nɛ:r] *adj., a. su.* octogenarian.

octogone ⚗ [ɔktɔ'gɔn] *m* octagon.

octroi [ɔk'trwa] *m* concession, grant; city toll; toll-house; **octroyer** [~trwa'je] (1h) *v/t.* grant; bestow (on, *à*).

octuple [ɔk'typl] eightfold; octuple.

oculaire [ɔky'lɛ:r] **1.** *adj.* ocular; eye(-witness); **2.** *su./m opt.* eye-piece; **oculiste** ✚ [~'list] *m* oculist.

odeur [ɔ'dœ:r] *f* odo(u)r (*a. fig.*), smell, scent.

odieux, -euse [ɔ'djø, ~'djø:z] **1.** *adj.* odious; hateful; heinous (*crime*); **2.** *su./m* odiousness; odium.

odontalgie ✚ [ɔdɔ̃tal'ʒi] *f* toothache, odontalgia.

odorant, e [ɔdɔ'rɑ̃, ~'rɑ̃:t] fragrant, sweet-smelling; scented; **odorat** [~'ra] *m* (sense of) smell; **odoriférant, e** [~rife'rɑ̃, ~'rɑ̃:t] fragrant, odoriferous.

œcuménique [ekyme'nik] (o)ecumenical.

œil, *pl.* **yeux** [œ:j, jø] *m* eye; *bread, cheese:* hole; notice, attention; *à l'~* by the eye; *sl.* on credit *or* tick; *à l'~ nu* with the naked eye; *à mes yeux* in my opinion; *avoir l'~ à qch.* see to s.th.; *avoir l'~ sur* keep an eye on; *coup m d'~* glance; *entre quatre yeux* in confidence; *être tout yeux* be all eyes; *F faire de l'~* ogle; *tip s.o. the wink; fermer les yeux sur* shut one's eyes to; *perdre des yeux* lose sight of; *F pour vos beaux yeux* for love, for your pretty face; *sauter aux yeux* be obvious; *sous mes yeux* before my face; **~-de-bœuf,** *pl.* **~s-de-bœuf** [œjdə'bœf] *m* bull's-eye window; **~-de-perdrix,** *pl.* **~s-de-perdrix** ✚ [~per'dri] *m* soft corn; **œillade** œ'jad] *f* wink, glance.

œillère [œ'jɛ:r] *f* blinker (*a. fig.*), *Am.*

blind; ✚ eye-bath; **œillet** [œ'jɛ] *m* eyelet(-hole); ♣ pink, carnation; **œilleton** [œj'tɔ̃] *m* ✿ eyebud; *phot.* eye; ✕ *rifle sight:* peephole; **œillette** ♣ [œ'jɛt] *f* oil-poppy.

œsophage *anat.* [ezɔ'fa:ʒ] *m* (o)esophagus, gullet.

œstrogène [ɛstrɔ'ʒɛn] *m* (o)estrogen.

œstre *zo.* [ɛstr] *m* oestrus; bot-fly.

œuf [œf, *pl.* ø] *m* egg; *biol.* ovum; *icht.* spawn, roe; *~s pl.* brouillés scrambled eggs; *~s sur le plat* fried eggs; *~ à la coque* (soft-)boiled egg; *~ dur* hard-boiled egg; *blanc m d'~* white of egg; *fig. dans l'~* in the bud; *jaune m d'~* egg-yolk.

œuvre [œ:vr] *su./f* work; effect; product(ion); (*welfare*) society; occupation; *~s pl.* works *pl.*; ⚓ *bois m d'~* timber; *se mettre à l'~* start working; *su./m* ⚒ main work; *writer:* complete works *pl.*; ♪ opus; *grand ~* philosopher's stone; ⚒ *gros ~* foundations *pl.* and walls *pl.*; **œuvrer** [œ'vre] (1a) *v/i.* work.

offense [ɔ'fɑ̃:s] *f* insult; ⚖ contempt (of Court, *à la Cour*); *eccl.* sin; **offenser** [ɔfɑ̃'se] (1a) *v/t.* offend; injure; *s'~* take offence (at, *de*); **offenseur** [~'sœ:r] *m* offender; **offensif, -ve** [~'sif, ~'si:v] *adj., a.* ✕ *su./f* offensive.

offert, e [ɔ'fɛ:r, ~'fɛrt] *p.p. of* **offrir**; **offertoire** *eccl.* [ɔfɛr'twa:r] *m* offertory.

office [ɔ'fis] *su./m* office (*a. fig.*); agency; bureau; service (*a. eccl., a. fig. = turn*); *d'~* officially; automatically; *faire ~ de* act as; *su./f* butler's pantry; servants' hall; **officiant** *eccl.* [ɔfi'sjɑ̃] *m* officiating priest; officiant; **officiel, -elle** [~'sjɛl] official; formal (*call*).

officier [ɔfi'sje] **1.** (1o) *v/i.* officiate; **2.** *su./m* officer; **officière** [~'sjɛ:r] *f* woman officer (*in the Salvation Army*); **officieux, -euse** [~'sjø, ~'sjø:z] unofficial; *à titre ~* unofficially.

officinal, e, *m/pl.* **-aux** ✚ [ɔfisi'nal, ~'no] medicinal; **officine** [~'sin] *f* ✚ dispensary; chemist's shop, *Am.* drugstore; *F fig.* den.

offrande *usu. eccl.* [ɔ'frɑ̃:d] *f* offering; **offrant** [ɔ'frɑ̃] *m: au plus ~* to the highest bidder; **offre** [ɔfr] **1.** *1st p. sg. pres. of* **offrir**; **2.** *su./f* offer; ⚖ tender; *auction:* bid; *journ. ~s pl. d'emploi* situations vacant; *l'~ et la* demande supply and demand; **offrir** [ɔ'fri:r] (2f) v/t. offer; give (to, à); expose (to, à); hold out (one's hand etc.); bid (at an auction); ~ le mariage à propose to; s'~ a. present itself (occasion etc.); s'~ qch. treat o.s. to s.th.; buy o.s. s.th.; s'~ à faire qch. offer or volunteer to do s.th.

offset typ. [ɔf'sɛt] m/inv. offset.

offusquer [ɔfys'ke] (1m) v/t. obscure (the view, a. fig.); offend; s'~ take offence (at, de).

ogival, e, m/pl. **-aux** △ [ɔʒi'val, ~'vo] ogival, pointed, Gothic; **ogive** [ɔ'ʒi:v] f △ ogee, ogive; Gothic or pointed arch; △ vault: rib; ✗ war-head.

ogre [ɔgr] m ogre; manger comme un ~ eat like a horse; **ogresse** [ɔ'grɛs] f ogress.

oh! [o] int. oh!

ohé! [o'e] int. hi!; hullo!; ⚓ ahoy!

oie zo. [wa] f goose.

oignon [ɔ'ɲɔ̃] m onion; ♀ bulb; 𝒮 bunion; F turnip (= watch); en rang d'~s in a row; **oignonade** cuis. [ɔɲɔ'nad] f onion-stew; **oignonière** [~'njɛ:r] f onion-bed.

oindre [wɛ̃dr] (4m) v/t. oil; eccl. anoint; **oint, ointe** bibl., a. eccl. [wɛ̃, wɛ̃t] adj., a. su./m anointed.

oiseau [wa'zo] m bird; △ (bricklayer's) hod; F fellow, Am. guy; ~ de passage bird of passage; ~ de proie bird of prey; à vol d'~ as the crow flies; vue f à vol d'~ bird's-eye view; **~-mouche,** pl. **~x-mouches** orn. [~zo'muʃ] m humming-bird; **oiseler** [waz'le] (1c) v/i. go bird-catching; **oiselet** [~'lɛ] m small bird; **oiseleur** [~'lœ:r] m fowler, bird-catcher; **oiselier** [wazə'lje] m bird-fancier; bird-seller; **oisellerie** [~zɛl'ri] f bird-catching; bird-breeding; bird-shop.

oiseux, -euse [wa'zø, ~'zø:z] idle (a. fig.); fig. useless; **oisif, -ve** [~'zif, ~'zi:v] idle (a. ✝); unemployed; unoccupied; **oisiveté** [~ziv'te] f idleness; sloth.

oison [wa'zɔ̃] m gosling.

oléagineux, -euse [ɔleaʒi'nø, ~'nø:z] oily, oleaginous; ♀ oil-yielding; **oléoduc** [ɔleɔ'dyk] m pipeline.

olfactif, -ve [ɔlfak'tif, ~'ti:v] olfactory; **olfaction** physiol. [~'sjɔ̃] f olfaction.

oligarchie [ɔligar'ʃi] f oligarchy.

olivacé, e [ɔliva'se] olive-green; **olivaie** [~'vɛ] f olive-grove; **olivaire** [~'vɛ:r] olive-shaped; **olivaison** [~vɛ'zɔ̃] f olive-harvest; **olivâtre** [~'vɑ:tr] olive (colour); sallow (complexion); **olive** [ɔ'li:v] **1.** su./f ♀ olive; **2.** adj./inv. olive-green; **oliverie** [ɔli'vri] f olive-oil factory; **olivier** ♀ [~'vje] m olive-tree; olive-wood; bibl. Mont m des ♀s Mount of Olives.

olympien, -enne [ɔlɛ̃'pjɛ̃, ~'pjɛn] Olympian; fig. godlike; **olympique** [~'pik] Olympic; Jeux m/pl. ♀s Olympic games.

ombelle ♀ [ɔ̃'bɛl] f umbel; en ~ = **ombellé, e** ♀ [ɔ̃bɛl'le] umbellate.

ombilical, e, m/pl. **-aux** [ɔ̃bili'kal, ~'ko] umbilical.

ombrage [ɔ̃'bra:ʒ] m shade; fig. offence, umbrage; porter ~ à q. offend s.o.; prendre ~ de qch. take umbrage or offence at s.th.; **ombrager** [ɔ̃bra'ʒe] (1l) v/t. (give) shade; **ombrageux, -euse** [~'ʒø, ~'ʒø:z] shy (horse); touchy, sensitive (person); **ombre** [ɔ̃:br] f shadow (a. fig.); shade (a. myth., a. paint.); fig. dark; fig. obscurity; fig. a. hint, suspicion; ~s pl. chinoises shadow-show sg.; fig. ~ d'une chance the ghost of a chance; à l'~ in the shade; à l'~ de in the shade of; fig. under cover of; rester dans l'~ stay in the background; sl. à l'~ in jail; **ombrelle** [ɔ̃'brɛl] f sunshade, parasol; **ombrer** [ɔ̃'bre] (1a) v/t. shade; darken (the eyelids); **ombreux, -euse** [ɔ̃'brø, ~'brø:z] shady.

omelette cuis. [ɔm'lɛt] f omelet(te).

omettre [ɔ'mɛtr] (4v) v/t. omit, leave out; ~ de (inf.) fail to (inf.); **omission** [ɔmi'sjɔ̃] f omission; oversight.

omni... [ɔmni] omni...; **~bus** [~'bys] m (omni)bus; ₲ train ~ stopping or local train, Am. accommodation train; **~potence** [~pɔ'tɑ̃:s] f omnipotence; **~potent, e** [~pɔ'tɑ̃, ~tɑ̃:t] omnipotent; **~présent, e** [~pre'zɑ̃, ~'zɑ̃t] omnipresent. [der-blade.]

omoplate anat. [ɔmɔ'plat] f shoul-⌡

on [ɔ̃] pron. one, people pl., you; somebody; ~ dit que it is said that.

once¹ [ɔ̃:s] f measure: ounce; F fig. scrap, bit.

once² zo. [~] f snow-leopard, ounce.

oncial, e, m/pl. **-aux** [ɔ̃'sjal, ~'sjo] adj., a. su./f uncial.

oncle [ɔ̃:kl] *m* uncle.

onction [ɔ̃k'sjɔ̃] *eccl., a. fig. pej.* unction; **onctueux, -euse** [ˌ'tɥø, ˌ'tɥøːz] creamy, rich; smooth; oily (surface, a. pej. manner); fig. unctuous (speech).

onde [ɔ̃:d] *f* wave (a. hair, a. radio); undulation; ~s *pl.* moyennes radio: medium waves; phys. ~ sonore sound wave; ~ ultra-courte ultrashort wave; grandes ~s pl. radio: long waves; longueur f d'~ wavelength; mettre en ~s radio: put on the air; **ondé, e** [ɔ̃'de] **1.** adj. wavy (hair, surface); undulating; watered (silk); **2.** su.f heavy shower; **ondin** m, **e** f [ɔ̃'dɛ̃, ˌ'din] water-sprite.

on-dit [ɔ̃'di] *m/inv.* rumo(u)r, hearsay.

ondoiement [ɔ̃dwa'mɑ̃] *m* undulation; eccl. emergency or private baptism; **ondoyant, e** [ˌ'jɑ̃, ˌ'jɑ̃:t] undulating, wavy, swaying (crowd); fig. changeable; **ondoyer** [ˌ'je] (1h) v/i. undulate, wave, sway (crowd); fall in waves (hair); v/t. eccl. baptize privately (a child); **ondulation** [ɔ̃dyla'sjɔ̃] *f* ground, water: undulation; hair: wave; ⊕ metal etc.: corrugation; **ondulatoire** phys. [ˌla'twaːr] undulatory; wave-(motion); **ondulé, e** [ˌ'le] undulating (ground); corrugated (metal etc.); wavy, waved (hair); tôle f ~e corrugated iron; **onduler** [ˌ'le] (1a) v/i. undulate, ripple; v/t. wave (one's hair); ⊕ corrugate; **onduleux, -euse** [ˌ'lø, ˌ'løːz] wavy, sinuous.

onéreux, -euse [ɔne'rø, ˌ'røːz] onerous; troublesome; fig. heavy; à titre ~ subject to liabilities; ✝✝ for valuable consideration.

ongle [ɔ̃:gl] *m* (finger)nail; zo. claw; eagle, falcon, etc.: talon; ~ des pieds toenail; jusqu'au bout des ~s to the fingertips; **onglée** [ɔ̃'gle] *f* numbness of the fingertips; **onglet** [ɔ̃'glɛ] *m* thimble; book: tab, thumb-index; ♀ ungula; ⊕ mitre; **onglier** [ɔ̃gli'e] *m* manicure-set; ~s *pl.* nail-scissors.

onguent ✗ [ɔ̃'gɑ̃] *m* ointment, salve.

ongulé, e zo. [ɔ̃gy'le] **1.** adj. ungulate, hoofed; **2.** su./m: ~s pl. ungulates, ungulata.

ont [ɔ̃] *3rd. p. pl. pres.* of avoir 1.

onze [ɔ̃:z] **1.** adj./num., a. su./m/inv. eleven; date, title: eleventh; **2.** su./m/inv. foot. team; **onzième** [ɔ̃'zjɛm] adj./num., a. su. eleventh.

opacité [ɔpasi'te] *f* opacity; fig. denseness.

opale [ɔ'pal] **1.** su./f opal; **2.** adj./inv. opalescent; opal (glass); **opalin, e** [ɔpa'lɛ̃, ˌ'lin] adj., a. su./f opaline.

opaque [ɔ'pak] opaque.

opéra [ɔpe'ra] *m* opera; building: opera-house.

opérable ✗ [ɔpe'rabl] operable.

opéra-comique, pl. **opéras-comiques** ♩, thea. [ɔperako'mik] *m* light opera.

opérateur, -trice [ɔpera'tœːr, ˌ'tris] su. operator; su./m cin. cameraman; ✗ operating surgeon; **opération** [ˌ'sjɔ̃] *f* ✗, Å, ✗, ✗, a. fig. operation; ✝ transaction; ✗ salle f d'~ operating theatre; **opérationnel, -le** [ˌsjɔ'nɛl] operational; **opératoire** ✗ [ˌ'twaːr] operating; postoperative; médicine f ~ subject: surgery.

opercule [ɔpɛr'kyl] *m* cover; lid (a. ♀); icht. gill-cover.

opérer [ɔpe're] (1f) v/t. operate, effect; Å, ✗ ✗ carry out; ✗ operate on (s.o.) (for, de); s'~ take place; v/i. act; work.

opérette ♩ [ɔpe'rɛt] *f* operetta; musical comedy.

ophtalmie ✗ [ɔftal'mi] *f* ophthalmia.

ophtalmo... ✗ [ɔftalmɔ] ophthalmo...; **~scope** [ˌmɔs'kɔp] *m* ophthalmoscope.

opiacé, e [ɔpja'se] opiated.

opiner [ɔpi'ne] (1a) v/i. be of (the) opinion (that, que); decide, vote; ~ du bonnet nod assent; **opiniâtre** [ˌ'njaːtr] obstinate, stubborn; **opiniâtrer** [ˌnja'tre] (1a) v/t.: s'~ remain stubborn; persist (in, dans; in ger., à inf.); **opiniâtreté** [ˌnjatre'te] *f* obstinacy, stubbornness.

opinion [ˌ'njɔ̃] *f* opinion; à mon ~ in my opinion; avoir bonne (mauvaise) ~ de think highly (poorly) of.

opiomane [ɔpjɔ'man] su. opium-eater; opium addict; **opium** [ɔ'pjɔm] *m* opium.

opportun, e [ɔpɔr'tœ̃, ˌ'tyn] opportune, timely; advisable; **opportunément** [ɔpɔrtyne'mɑ̃] adv. of opportun; **opportunisme** [ˌ'nism] *m* opportunism; **opportuniste** pol.

[ʌ'nist] **1.** *adj.* time-serving; **2.** *su.* opportunist; time-server; **opportunité** [ʌni'te] *f* timeliness; opportuneness; advisability.

opposant, e [ɔpo'zɑ̃, ʌ'zɑ̃:t] **1.** *adj.* opposing, adverse; **2.** *su.* opponent; **opposé, e** [ʌ'ze] **1.** *adj.* opposed; opposite (*a.* Ⱥ); *fig.* contrary; **2.** *su./m* opposite (of, de); à l'~ de contrary to, unlike; **opposer** [ʌ'ze] (1a) *v/t.* oppose; contrast (with, à); s'~ à be opposed to; resist (*s.th.*); **opposition** [ʌzi'sjɔ̃] *f* opposition (*a. parl., astr.*); contrast; être en ~ avec clash with; **oppositionnel, -le** [ʌzisjɔ'nɛl] **1.** *adj.* oppositional; **2.** *su.* oppositionist.

oppresser [ɔprɛ'se] (1a) *v/t.* oppress (*a.* Ɉ); *fig.* depress; **oppresseur** [ʌsœ:r] *m* oppressor; **oppressif, -ve** [ʌsif, ʌ'si:v] oppressive; **oppression** Ɉ [ʌ'sjɔ̃] *f* oppression (*a. fig.*); difficulty in breathing.

opprimer [ɔpri'me] (1a) *v/t.* oppress, crush.

opprobre [ɔ'prɔbr] *m* opprobrium, shame, disgrace.

optatif, -ve [ɔpta'tif, ʌ'ti:v] *adj., a. su./m gramm.* optative.

opter [ɔp'te] (1a) *v/i.* opt; choose; ~ *pour* decide in favo(u)r of.

opticien [ɔpti'sjɛ̃] *m* optician.

optimal, e, m/pl. -aux [ɔpti'mal, ʌ'mo] optimal; **optimiser** [ɔptimi'ze] (1a) *v/t.* optimize; **optimisme** [ʌti'mism] *m* optimism; **optimiste** [ʌ'mist] **1.** *adj.* optimistic; sanguine (*disposition*); **2.** *su.* optimist.

option [ɔp'sjɔ̃] *f* option (on, *sur*) (*a.* ✝); choice (between *de, entre*); **optionnel, -le** [ɔpsjɔ'nɛl] optional.

optique [ɔp'tik] **1.** *adj.* optic; optical; **2.** *su./f* optics *sg.*; optical device; illusion *f* d'~ optical illusion.

opulence [ɔpy'lɑ̃s] *f* affluence; wealth (*a. fig.*); **opulent, e** [ʌ'lɑ̃, ʌ'lɑ̃:t] opulent; wealthy; abundant; F buxom (*figure*).

opuscule [ɔpys'kyl] *m* pamphlet; short treatise.

or[1] [ɔːr] **1.** *su./m* gold; *de l'~ en barres* as good as ready money; *d'~* gold(en); *rouler sur l'~* be rolling in money.

or[2] [ʌ] *cj.* now, well (now).

oracle [ɔ'ra:kl] *m* oracle.

orage [ɔ'ra:ʒ] *m* storm (*a. fig.*);

orageux, -euse [ɔra'ʒø, ʌ'ʒø:z] stormy (*a. fig. debate*); thundery (*weather*); threatening (*sky etc.*).

oraison [ɔrɛ'zɔ̃] *f* prayer; oration; ~ *dominicale* Lord's Prayer; ~ *funèbre* funeral oration.

oral, e, m/pl. -aux [ɔ'ral, ʌ'ro] **1.** *adj.* oral; **2.** *su./m* oral examination.

orange [ɔ'rɑ̃:ʒ] **1.** *su./f* ♀ orange; *su./m colour:* orange; **2.** *adj./inv.* orange (*colour*); **orangé, e** [ɔrɑ̃'ʒe] *adj., a. su./m* orange; **orangeade** [ʌ'ʒad] *f* orangeade, orange squash; **orangeat** [ʌ'ʒa] *m* candied orange-peel; **oranger** [ʌ'ʒe] *m* ♀ orange-tree; orange-seller; **orangerie** [ɔrɑ̃ʒ'ri] *f* orangery; orange-grove.

orang-outan(g) *zo.* [ɔrɑ̃u'tɑ̃] *m* orang-(o)utang.

orateur [ɔra'tœ:r] *m* orator, speaker; spokesman; **oratoire** [ʌ'twa:r] **1.** *adj.* oratorical; **2.** *su./m eccl.* oratory; (private) chapel; **oratorio** ♪ [ʌtɔ'rjo] *m* oratorio.

orbe[1] △ [ɔrb] *adj.:* mur *m* ~ blind wall.

orbe[2] [ɔrb] **1.** *su./m* orb; globe, sphere; **orbite** [ɔr'bit] *f* orbit; *anat.* eye: socket; *mettre (or placer) en (or sur)* ~ put into orbit; **orbiter** [ɔrbi'te] (1a) *v/i.* orbit.

orchestre [ɔr'kɛstr] *m* orchestra; ~ *à cordes* string orchestra; *chef m d'*~ conductor; bandmaster; **orchestrer** [ʌkɛs'tre] (1a) *v/t.* ♪ orchestrate, score; *fig.* organize; *fig.* mastermind.

orchidée ♀ [ɔrki'de] *f* orchid.

ordalie † [ɔrda'li] *f* ordeal.

ordinaire [ɔrdi'nɛ:r] **1.** *adj.* ordinary, usual, customary; Ⱥ vulgar (*fractions*); average; *peu* ~ uncommon, unusual; *mot. essence f* ~ regular petrol (*Am.* gas); ɕ *tribunal m* ~ civil court; *vin m* ~ table wine; **2.** *su./m* daily fare; ✕ mess; *eccl.* Ordinary; *à l'~, d'~* as a rule, usually; *sortir de l'~* be out of the ordinary.

ordinateur [ɔrdina'tœ:r] *m* computer.

ordination *eccl.* [ɔrdina'sjɔ̃] *f* ordination.

ordonnance [ɔrdɔ'nɑ̃:s] *f* order (*a.* ⚖); arrangement; Ɉ prescription; *pol., admin.* statute; ✕ † orderly; ✝ ~ (*de paiement*) order to pay; **ordonnateur, -trice** [ʌna'tœ:r, ʌ'tris] **1.** *su.* director; organizer; **2.** *adj.*

managing; **ordonnée** ⚕ [~'ne] f ordinate; **ordonner** [~'ne] (1a) v/t. order, command; arrange; direct; ⚕ prescribe; tidy; eccl., ⚖ admin. ordain; v/i. dispose (of, de).

ordre [ɔrdr] m order; sequence; orderliness; (social) estate: class, sort; command; eccl. ~s pl. Holy Orders; ✝ ~ d'achat purchase permit; ~ du jour agenda; admin. ~ public law and order; fig. de l'~ de in the region of (2000); fig. de premier ~ first-class, outstanding; jusqu'à nouvel ~ until further notice; ✖ mot m d'~ password; numéro m d'~ serial number; ✖ porté (or cité) à l'~ du jour mentioned in dispatches.

ordure [ɔr'dy:r] f dirt, filth; ~s pl. refuse sg., rubbish, Am. garbage; **ordurier, -ère** [~dy'rje, ~'rjɛ:r] filthy; scurrilous; obscene (book); lewd.

oreillard, e zo. [ɔrɛ'ja:r, ~'jard] 1. adj. lop-eared; 2. su./m longeared bat; **oreille** [ɔ'rɛːj] f ear; metall. lug, flange; vase: handle; book: dog's ear; fig. hearing; fig. heed; avoir de l'~ have an ear (for music); ♪ avoir l'~ absolue have perfect pitch; avoir l'~ dure be hard of hearing; être tout ~s be all ears; faire la sourde ~ turn a deaf ear; ⚓ se faire tirer l'~ need a lot of persuading; tirer les ~s à (or de) pull (s.o.'s) ears; **oreille-d'ours,** pl. **oreilles-d'ours** ♀ [ɔrɛj'durs] f bear's ear; **oreiller** [ɔrɛ'je] m pillow; **oreillette** [~'jɛt] f anat. auricle; cap: ear-flap; **oreillons** ⚕ [~'jɔ̃] m/pl. mumps sg.

ores [ɔ:r] adv.: d'~ et déjà from now on.

orfèvre [ɔr'fɛ:vr] m goldsmith; **orfèvrerie** [~fɛvrə'ri] f goldsmith's trade or shop; gold plate.

orfraie orn. [ɔr'frɛ] f osprey.

organe [ɔr'gan] m anat., a. fig. organ; fig. voice; ⊕ ~s pl. de commande controls; **organigramme** [ɔrgani-'gram] m organization chart; flow chart or diagram(me); **organique** [ɔrga'nik] organic; **organisateur, -trice** [~niza'tœːr, ~'tris] 1. su. organizer; 2. adj. organizing; **organisation** [~niza'sjɔ̃] f organization; setting up; setup; **organisationnel, -le** [~nizasjɔ'nɛl] organizational; **organiser** [~ni'ze] (1a) v/t.

organize; arrange; set up; s'~ settle down, get into working order; **organisme** [~'nism] m organism; **organiste** [~'nist] su. organist.

orgasme physiol. [ɔr'gasm] m orgasm.

orge ♀ [ɔrʒ] su./f barley; su./m: ~ mondé hulled barley; ~ perlé pearl-barley; **orgeat** [ɔr'ʒa] m orgeat (sort of syrup); **orgelet** ⚕ [~ʒə'lɛ] m eyelid: stye.

orgie [ɔr'ʒi] f orgy; colours etc., fig.: riot; fig. profusion.

orgue ♪ [ɔrg] su./m organ; ~ de Barbarie barrel-organ; su./f: eccl. ~s pl. organ sg.; les grandes ~s pl. the grand organ sg.

orgueil [ɔr'gœːj] m pride; dignity; pej. arrogance; **orgueilleux, -euse** [~gœ'jø, ~'jøːz] proud; pej. arrogant.

orient [ɔ'rjɑ̃] m Orient, East; pearl: water; **oriental, e,** m/pl. **-aux** [ɔrjɑ̃-'tal, ~'to] 1. adj. oriental, east(ern); orient (jewel); 2. su. oriental; **orientation** [~tɑ'sjɔ̃] f orientation; bearings pl.; ground: lie, lay; aspect; pol. trend; ~ professionnelle vocational guidance; **orienter** [~'te] (1a) v/t. orient (a house etc.); train, point (a gun, an instrument); direct (a. radio); guide; antenne f orientable radio: directional aerial; s'~ find one's bearings; fig. s'~ vers turn towards.

orifice [ɔri'fis] m hole, opening; ⊕ port.

origan ♀ [ɔri'gɑ̃] m origanum.

originaire [ɔriʒi'nɛːr] originating (in, from de); native; innate; **original, e,** m/pl. **-aux** [~'nal, ~'no] 1. adj. original; novel (idea); inventive (mind); fig. queer; 2. su. eccentric; su./m text etc.: original; **originalité** [~nali'te] f originality; fig. eccentricity; **origine** [ɔri'ʒin] f origin; birth; fig. source; dès l'~ from the outset; **originel, -le** [~ʒi'nɛl] eccl. etc. original (sin, grace); primordial; fundamental.

oripeaux [ɔri'po] m/pl. rags.

ormaie [ɔr'mɛ] f elm-grove; **orme** ♀ [ɔrm] m tree, a. wood: elm; fig. attendez-moi sous l'~! you can wait for me till the cows come home!

ornement [ɔrnə'mɑ̃] m ornament; adornment; trimming; ♪ grace (-note); ✖ badge; eccl. ~s pl. vestments; *sans* ~s plain (*style*); **orne-mental, e** *m/pl.* **-aux** [~mã'tal, ~'to] ornamental, decorative; **ornemen-ter** [~mã'te] (1a) *v/t.* ornament; **orner** [ɔr'ne] (1a) *v/t.* decorate, ornament; adorn (*a. fig.*).

ornière [ɔr'njɛːr] *f* rut (*a. fig.*); ⊕ groove.

ornitho... [ɔrnitɔ] ornitho...; **~logie** [~lɔ'ʒi] *f* ornithology.

orphelin, e [ɔrfə'lɛ̃, ~'lin] **1.** *adj.* orphan(ed); ~ *de père* (*mère*) fatherless (motherless); ~ *de père* (*mère*) fatherless (motherless); **2.** *su.* orphan; **orphelinat** [~li'na] *m* orphanage.

orteil *anat.* [ɔr'tɛːj] *m* (big) toe.

ortho... [ɔrtɔ] orth(o)...; **~doxe** [~'dɔks] **1.** *adj.* orthodox; conventional; correct; **2.** *su.* orthodox; **~graphe** [~'graf] *f* spelling, orthography; **~graphier** [~gra'fje] (1o) *v/t.* spell (*a word*) correctly; *mal* ~ mis-spell; **~pédie** [~pe'di] *f* orthop(a)edy; **~phonie** [~fɔ'ni] *f* correct pronunciation; ✞ speech therapy.

ortie ♀ [ɔr'ti] *f* nettle; **ortier** ♠ [~'tje] (1o) *v/t.* urticate.

ortolan *orn.* [ɔrtɔ'lã] *m* ortolan.

orvet *zo.* [ɔr'vɛ] *m* slow-worm.

os [ɔs, *pl.* o] *m* bone; *fig. trempé jusqu'aux* ~ soaked to the skin.

oscillation [ɔsilla'sjɔ̃] *f* oscillation; *machine*: vibration; *pendulum*: swing; *fig.* fluctuation, change; **os-ciller** [~'le] (1a) *v/i.* oscillate, sway; swing (*pendulum*); ✞ fluctuate; *fig.* waver.

osé, e [o'ze] bold, daring.

oseille ♀ [o'zɛːj] *f* sorrel.

oser [o'ze] (1a) *v/t.* dare.

oseraie ♠ [oz'rɛ] *f* osier-bed; **osier** ♀ [o'zje] *m* osier, willow; wicker.

osmose [ɔs'moːz] *f* osmosis.

ossature *anat.*, ⊕, *fig.* [ɔsa'tyːr] *f* skeleton, frame; **osselet** [ɔs'lɛ] *m* knucklebone; *anat.* ossicle; **osse-ments** [~'mã] *m/pl.* bones, remains; **osseux, -euse** [ɔ'sø, ~'søːz] bony; **ossification** [ɔsifika'sjɔ̃] *f* ossification; **ossifier** [~'fje] (1o) *v/t. a.* s'~ ossify; **ossuaire** [ɔ'sɥɛːr] *m* ossuary, charnel-house.

ostensible [ɔstã'sibl] open, patent; **ostensoir** *eccl.* [~'swaːr] *m* monstrance; **ostentation** [~ta'sjɔ̃] *f* ostentation, show.

ostéo... [ɔsteɔ] osteo...

ostracisme [ɔstra'sism] *m* ostra-cism; *frapper q. d'*~ ostracize s.o.

ostréicole [ɔstrei'kɔl] oyster-...; **ostréiculteur** [~kyl'tœːr] *m* oyster-breeder; **ostréiculture** [~kyl'tyːr] *f* oyster-breeding.

ostrogot(h), e [ɔstrɔ'go, ~'gɔt] **1.** *adj.* Ostrogothic; *fig.* barbarous; **2.** *su.* ♀ Ostrogoth; *fig.* barbarian, vandal.

otage [ɔ'taːʒ] *m* hostage (for, de); *fig.* guarantee.

otalgie ✞ [ɔtal'ʒi] *f* ear-ache.

otarie *zo.* [ɔta'ri] *f* sea-lion.

ôter [o'te] (1a) *v/t.* remove, take away; take off (*one's gloves etc.*); ✟ deduct, subtract (*a number*).

otite ✞ [ɔ'tit] *f* otitis; ~ *moyenne* tympanitis.

oto-rhino ✞ [ɔtɔri'no], **oto-rhino-laryngologiste** [ɔtɔrinɔlarẽgɔlɔ'ʒist] *su.* ear, nose and throat specialist.

ottoman, e [ɔtɔ'mã, ~'man] **1.** *adj.* Ottoman; **2.** *su.* ♀ Ottoman; *su./m tex.* grogram; *su./f* divan, ottoman.

ou [u] *cj.* or; *ou ... ou* either ... or; *ou bien ou else*; *si ... ou* whether ... or.

où [u] **1.** *adv.* place, direction: where; *time*: when; **2.** *pron./rel.* place, direction: where; *time*: when, on which; *fig.* at or in which; *d'où* whence, where ... from; hence, therefore; *par où*? which way?

ouaille [wa:j] *f* †, *a. dial.* sheep; *fig., eccl.* ~s *pl.* flock *sg.*

ouate [wat] *f* wadding; cotton-wool; ~ *hydrophile* absorbent cotton-wool; **ouater** [wa'te] (1a) *v/t.* wad, pad; *fig.* soften (*a sound*); *cost.* quilt.

oubli [u'bli] *m* forgetfulness; forgetting; oblivion; oversight, omission.

oublie [~] *f wafer*: cornet.

oublier [ubli'e] (1a) *v/t.* forget; overlook; miss (*an occasion*); neglect; *faire* ~ live down; *n'oubliez pas* remember; *s'*~ forget o.s.; indulge (in, *à*); **oubliettes** [~'ɛt] *f/pl.* secret dungeon *sg.*, oubliette *sg.*; **oublieux, -euse** [~'ø, ~'øːz] forgetful, unmindful (of, de).

oued [wɛd] *m* wadi, watercourse.

ouest [wɛst] **1.** *su./m* west; *de l'*~ west(ern); *d'*~ westerly (*wind*); *l'*~ westward(s), to the west; **2.** *adj./inv.* west(ern); westerly.

ouf! [uf] *int.* phew! [(*wind*).]

oui [wi] **1.** *adv.* yes; *dire que* ~ say

yes; *mais* ~! certainly!; yes indeed!;
2. *su./m/inv.* yes.

ouiche! *sl.* [wiʃ] *int.* not on your
life!

ouï-dire [wi'diːr] *m/inv.* hearsay;
par ~ by hearsay; **ouïe** [wi] *f* (sense
of) hearing; ⊕ ear; ~*s pl.* ♪ sound-
holes; *icht.* gills (*of a fish*); **ouïr**
[wiːr] (2r) *v/t.* hear.

ouragan [ura'gɑ̃] *m* hurricane.

ourdir [ur'diːr] (2a) *v/t. tex.* warp;
fig. weave (*an intrigue*), hatch (*a
plot*).

ourler [ur'le] (1a) *v/t.* hem; ⊕ lap-
joint; **ourlet** [~'lɛ] *m* hem; *fig.*
edge; ⊕ lap-joint.

ours [urs] *m zo.* bear (*a. fig.*); ~ *blanc*
polar bear; ~ *en peluche* Teddy
bear; **ourse** [~] *f zo.* she-bear;
astr. la Grande ♀ the Great Bear,
Charles's Wain; *astr. la Petite* ♀
the Little Bear; **oursin** *zo.* [ur'sɛ̃]
m sea-urchin; **ourson** *zo.* [~'sɔ̃] *m*
bear cub.

oust(e)! F [ust] *int.* get a move on!;
out you go!

outarde *orn.* [u'tard] *f* bustard;
Canada goose.

outil [u'ti] *m* tool; **outillage** [uti-
'jaːʒ] *m* tool set *or* kit; ⊕ equipment, plant, machinery; **outiller**
[~'je] (1a) *v/t.* equip with tools; ⊕
fit out (*a factory*); **outilleur**
[~'jœːr] *m* tool-maker.

outrage [u'traːʒ] *m* outrage; *t͡ʒ* ~ *à
magistrat* contempt of court; **outrager** [utra'ʒe] (11) *v/t.* outrage; insult; violate (*a woman*); **outrageux, -euse** [~'ʒø, ~'ʒøːz] insulting,
scurrilous.

outrance [u'trɑ̃ːs] *f* excess; *à* ~ to
the bitter end; to the death (*war*);
outrancier, -ère [utrɑ̃'sje, ~'sjɛːr]
1. *adj.* extreme; **2.** *su.* extremist.

outre[1] [uːtr] *f* water-skin.

outre[2] [uːtr] **1.** *prp.* beyond; in addition to; **2.** *adv.:* *en* ~ moreover,
furthermore; *passer* ~ not to take
notice (of, *à*); *passer* ~ *à a.* disregard,
ignore; *percer q. d'* ~ *en* ~ run s.o.
through; **~cuidance** [utrəkɥi'dɑ̃ːs] *f*
bumptiousness, overweening conceit; **~cuidant, e** [~'dɑ̃, ~'dɑ̃ːt]
bumptious, overweening; **~mer**
[~'mɛːr] *m* lapis lazuli; *colour:* ultramarine; **~mer** [~'mɛːr] *adv.* overseas...; **~passer** [~pɑ'se] (1a) *v/t.*
exceed; go beyond.

outrer [u'tre] (1a) *v/t.* exaggerate;
tire out; *outré de colère* provoked
to anger, infuriated.

ouvert, e [u'vɛːr, ~'vɛrt] **1.** *p.p. of
ouvrir;* **2.** *adj.* open (*a. fig., a.* ✗
war, city); quick (*mind*); *fig. à bras*
~*s* with open arms; ✝ *compte en* ~
open account, open credit; **ouverture** [uvɛr'tyːr] *f* opening; aper-
ture; ♪ overture; ⊕ ~*s pl.* ports.

ouvrable [u'vrabl] workable; *jour*
m ~ working day; **ouvrage** [u'vraːʒ]
m work; *fig.* workmanship; product; **ouvrager** [uvra'ʒe] (11) *v/t.*
⊕ work; *tex.* embroider.

ouvré, e [u'vre] wrought (*iron*);
worked (*timber*); *tex.* figured.

ouvre-boîtes [uvrə'bwat] *m/inv.*
tin-opener, *Am.* can-opener;
ouvre-bouteilles [~bu'tɛ:j] *m/inv.*
bottle-opener; **ouvre-lettres** [~-
'lɛtr] *m/inv.* letter-opener.

ouvrer [u'vre] (1a) *v/t.* work; *tex.*
diaper, figure.

ouvreur, -euse [u'vrœːr, ~'vrøːz] *su.*
opener; *su./f thea.* usherette (*a. cin.*);
box-attendant; *tex. machine:* cotton-
opener.

ouvrier, -ère [uvri'e, ~'ɛːr] **1.** *su.*
worker; operator; factory-worker; ~
agricole farm-hand; ✗ ~ *au jour* surface hand; ~ *aux pièces* piece-worker;
su./m: ~ *qualifié* skilled workman; ~
simple unskilled worker; *su./f*
factory-girl; *zo.* worker (bee *or* ant);
2. *adj.* working (*class*); workmen's
...; *labo(u)r...;* worker (*ant, bee*);
ouvriérisme [~e'rism] *m* worker
control.

ouvrir [u'vriːr] (2f) *v/t.* open (*a. fig.*);
unfasten; turn on (*the gas, a tap*); *fig.*
begin; open (*s.th.*) up; *⚡* break (*the
circuit*); *⚡* lance (*a boil*); *fig. s'* ~ *à q.*
confide in s.o.; talk freely to s.o.; *v/i.*
a. s' ~ open.   [charity workshop.]

ouvroir [u'vrwaːr] *m* workroom;⌡

ovaire *anat.* [ɔ'vɛːr] *m* ovary.

ovale [ɔ'val] *adj., a. su./m* oval.

ovation [ɔva'sjɔ̃] *f* ovation; *faire
une* ~ *à q.* give s.o. an ovation.

ove [ɔːv] *m* △ ovolo; egg-shaped
section; **ové, e** [ɔ've] egg-shaped.

ovi... [ɔvi] ovi..., ovo...

ovin, e [ɔ'vɛ̃, ~'vin] ovine.

ovipare *zo.* [ɔvi'paːr] oviparous.

ovni [ɔv'ni] *m* (= *objet volant non identifié*) Ufo.

ovule

346

ovule *biol.* [ɔ'vyl] *m* ovum; ♀ ovule.
ox(y)... [ɔks(i)] ox(y)...
oxycoupeur [ɔksiku'pœːr] *m* oxyacet-
  ylene burner.
oxydable ⚗ [ɔksi'dabl] oxidizable;
  oxydation ⚗ [~da'sjɔ̃] *f* oxidization;
  oxyde ⚗ [ɔk'sid] *m* oxide; ~ de

carbone carbon monoxide; oxyder
  ⚗ [~si'de] (1a) *v/t. a.* s'~ oxidize.
oxygène ⚗ [ɔksi'ʒɛn] *m* oxygen;
  oxygéné, e [~ʒe'ne] ⚗ oxygenated;
  F cheveux *m/pl.* ~s peroxided hair;
  eau *f* ~e hydrogen peroxide.
ozone ⚗ [ɔ'zɔn] *m* ozone.

P

P, p [pe] *m* P, p.

pacage [paˈkaː3] *m* pasturage; grazing; **pacager** [ˌka'3e] (1l) *v/t.* pasture, graze.

pachyderme *zo.* [paʃi'dɛrm] **1.** *adj.* thick-skinned; **2.** *su./m* pachyderm.

pacificateur, -trice [pasifika'tœːr, ˌ'tris] **1.** *adj.* pacifying; **2.** *su.* peacemaker; **pacification** [ˌ'sjɔ̃] *f* pacification, pacifying; **pacifier** [pasi-'fje] (1o) *v/t.* pacify (*a country*); calm (*the crowd, s.o.'s mind*); **pacifique** [ˌ'fik] **1.** *adj.* pacific; peaceful, quiet; *l'océan m* ♀ = **2.** *su./m:* le ♀ the Pacific (Ocean).

pacotille [pakɔ'tiːj] *f* ✝ shoddy goods *pl.*; *fig.* cheap stuff, rubbish, junk; *de* ～ cheap; jerry-built (*house*).

pacte [pakt] *m* pact, agreement; **pactiser** [pakti'ze] (1a) *v/i.* come to terms; compromise (with, *avec*).

paf F [paf] **1.** *int.* slap!; **2.** *adj.* F tight (= *drunk*).

pagaie [pa'gɛ] *f* paddle.

pagaïe F, **pagaille** F [pa'gaːj] *f* disorder, mess; *fig.* chaos.

paganiser [pagani'ze] (1a) *vt/i.* paganize; **paganisme** [ˌ'nism] *m* paganism; heathendom.

pagayer [page'je] (1i) *vt/i.* paddle.

page¹ [paː3] *m* page(-boy).

page² [paː3] *f book:* page, leaf; *à la* ～ in the know, up to date; **paginer** [paʒi'ne] *v/t.* paginate.

pagne [paɲ] *m* loin-cloth.

paie [pɛ] *f* pay(ment), wages *pl.*; *enveloppe f de* ～ pay envelope; *jour m de* ～ pay-day; **paiement** [ˌ'mɑ̃] *m* payment; ～ *anticipé* advance payment *or* instalment; ～ *au comptant* cash payment; ～ *contre livraison* cash on delivery; ～ *partiel* part-payment; *suspendre ses* ～s suspend payment.

païen, -enne [pa'jɛ̃, ˌ'jɛn] *adj., a. su.* pagan, heathen.

paillage ↗ [pa'jaː3] *m* mulching.

paillard, e *sl.* [pa'jaːr, ˌ'jard] **1.** *adj.* ribald, lewd; **2.** *su./m* rake; *su./f*

wanton; **paillardise** [ˌjar'diːz] *f* lechery; lewd talk.

paillasse¹ [pa'jas] *m* buffoon, clown.

paillasse² [pa'jas] *f* straw mattress, palliasse; 🛠 bench; **paillasson** [ˌja'sɔ̃] *m* mat; matting; **paille** [paːj] **1.** *su./f* straw; ⊕ *iron:* shavings *pl.*; ⊕, *gem, glass, metal, a. fig.:* flaw; *fig.* poverty; ～ *de fer* steel wool; *fig.* homme m de ～ man of straw, tool, *Am.* front; tirer à la courte ～ draw lots; **2.** *adj./inv.* straw-colo(u)red; **paillé, e** [pa'je] flawed, flawy; scaly (*metal*); straw-colo(u)red; **pailler** [ˌ'je] **1.** (1a) *v/t.* mulch; (cover with) straw; **2.** *su./m* farm-yard; straw-stack; **paillet** [ˌ'je] *m* pale red wine; **pailleter** [paj'te] (1c) *v/t.* spangle (with, *de*); **paillette** [pa'jɛt] *f* sequin, spangle; *mica, soap:* flake; *metall. scale; jewel:* flaw; grain of golddust; **pailleux, -euse** [pa'jø, ˌ'jøːz] strawy; ⊕ flawy; scaly (*metal*); **paillis** [ˌ'ji] *m* mulch; **paillotte** [ˌ'jɔt] *f* straw hut.

pain [pɛ̃] *m* bread; loaf; *soap:* cake, tablet; *butter:* pat; *sugar:* lump; *fig.* livelihood; *sl.* punch, blow; ～ *à cacheter* wafer, seal; ～ *bis* brown bread; ～ *complet* whole-meal bread; ～ *d'épice* gingerbread; *petit* ～ roll.

pair, paire [pɛːr] **1.** *adj.* equal; 🄰 even (*number*); **2.** *su./m* equality; ✝ par; *parl.* peer; *person:* equal; *au* ～ in return for board and lodging, au pair; *de* ～ together, hand in hand (with, *avec*); *hors* (*de*) ～ peerless, unrivalled; *fig.* être au ～ de be up to date *or* schedule with; *parl. la* Chambre des ♀s the (House of) Lords *pl.*

paire [pɛːr] *f* pair; *birds etc.:* brace; *fig. faire la* ～ be two of a kind.

pairesse [pɛ'rɛs] *f* peeress; **pairie** [ˌ'ri] *f* peerage.

paisible [pɛ'zibl] peaceful, quiet.

paître [pɛːtr] (4k) *v/t.* graze (*cattle*); drive to pasture; feed on (*grass*); *v/i.* feed, graze; pasture, browse; F *envoyer q.* ～ send s.o. packing.

paix [pɛ] *f* peace; quiet; *fig.* reconciliation; ~ *donc!* keep quiet!; ~ *séparée* separate peace; *faire la* ~ make peace; F *ficher la* ~ *à q.* leave s.o. alone, let s.o. be.

pal, *pl.* **pals** [pal] *m* pale (*a.* ∅), stake.

palabre [pa'labr] *f or m* palaver; F speech.

paladin [pala'dɛ̃] *m* paladin, knight; knight-errant.

palais¹ [pa'lɛ] *m* (*royal or bishop's*) palace; *coll.* lawyers *pl.*; ~ *de justice* law-courts *pl.*

palais² ♉, *anat., fig.* [~] *m* palate; *anat.* voile *m du* ~ soft palate.

palan ⚓, ⊕ [pa'lɑ̃] *m* pulley-block, tackle; set of pulleys.

palanche [pa'lɑ̃:ʃ] *f* yoke (*for carrying buckets etc.*).

palangre [pa'lɑ̃:gr] *f* trawl-line, *Am.* trawl.

palanque [pa'lɑ̃:k] *f* stockade.

palanquin [palɑ̃kɛ̃] *m* palanquin.

palatal, e, *m/pl.* **-aux** [pala'tal, ~'to] *adj., a. su./f* palatal; **palatin, e** *anat.* [pala'tɛ̃, ~'tin] palatine.

pale¹ *eccl.* [pal] *f* chalice-cover, pall.

pale² [~] *f* ♉, ✂, *cin.* blade (*a. fan*); *fan:* vane; ⊕ arm.

pâle [pɑ:l] pale, pallid; wan; ashen (*complexion*); *fig.* colo(u)rless (*style*); ✗ *sl.* sick; *fig.* sickly (*smile*).

palefrenier [palfrə'nje] *m* groom; stable-boy; ostler; **palefroi** † [~'frwa] *m* palfrey.

paléo... [paleo] pal(a)eo...; **paléontologie** [~ɔ̃tɔlɔ'ʒi] *f* pal(a)eontology.

paleron [pal'rɔ̃] *m ox etc.:* shoulder-blade; *cuis.* chuck.

palet [pa'lɛ] *m* quoit.

paletot [pal'to] *m* overcoat; *sl.* tomber sur le ~ *à q.* jump on s.o., pitch into s.o.

palette [pa'lɛt] *f paint., a. fig.* palette; *cuis.* shoulder; ⊕ *wheel etc.:* paddle; † pallet.

pâleur [pa'lœːr] *f* pallor, paleness; *moon:* wanness.

palier [pa'lje] *m* ⚠ *stairs:* landing; ⊕ bearing; ⊕ pillow-block, ✂, 🐴, *mot.* level; *sur le même* ~ *on* the same floor; **palière** ⚠ [~'ljɛ:r] *adj./f* top (*step*).

palinodie [palinɔ'di] *f* recantation.

pâlir [pɑ'li:r] (2a) *v/i.* (grow) pale; *fig.* fade; *v/t.* make pale; bleach (*colours*).

palissade [pali'sad] *f* palisade,

fence; ✗ stockade; **palissader** [~sa'de] (1a) *v/t.* fence in, enclose; ✗ stockade; ✗ hedge in (*a field*).

palissandre [pali'sɑ̃:dr] *m* rosewood.

palisser ✗ [pali'se] (1a) *v/t.* train (*vine etc.*).

palliatif, -ve [pallja'tif, ~'ti:v] *adj., a. su./m* palliative.

pallier [pal'lje] (1o) *v/t.* palliate.

palmarès [palma'rɛ:s] *m* prize-list, hono(u)rs list.

palme¹ [palm] *f* ♉ palm(-branch); *fig.* palm; *skin diving etc.:* flipper.

palme² † [~] *m measure:* hand('s-breadth).

palmé, e [pal'me] ♉ palmate; *orn.* web-footed.

palmer ⊕ [pal'mɛːr] *m* micrometer ga(u)ge.

palmeraie [palmə'rɛ] *f* palm-grove; palm plantation.

palmette [~'mɛt] *f* ⚠ palm-leaf, palmette; ✗ fan-shaped espalier.

palmier ♉ [~'mje] *m* palm-tree; **palmipède** *zo.* [~mi'pɛd] *adj., a. su./m* palmiped; **palmite** [~'mit] *m* palm-marrow; **palmure** *orn.* [~'my:r] *f* web.

palombe *orn.* [pa'lɔ̃:b] *f* ring-dove, wood-pigeon.

palonnier [palɔ'nje] *m* ⊕ *carriage etc.:* swingle-bar; *mot.* compensation bar; ✂ rudder-bar.

pâlot, -otte [pɑ'lo, ~'lɔt] palish; peaky.

palpable [pal'pabl] palpable (*a. fig.*); tangible; *fig.* obvious; **palpe** [palp] *m zo.* feeler; *icht.* barbel; **palper** [pal'pe] (1a) *v/t.* feel; 🩺 palpate; F pocket (*money*).

palpitant, e [palpi'tɑ̃, ~'tɑ̃:t] **1.** *adj.* fluttering (*heart*); throbbing; *fig.* thrilling; **2.** *su./m sl.* ticker (= *heart*); **palpitation** [~ta'sjɔ̃] *f* throb(bing), 🩺 palpitation; fluttering; **palpiter** [~'te] (1a) *v/i.* palpitate; throb, beat (*heart*); flutter; *fig.* thrill (*with, de*).

paltoquet F † [paltɔ'kɛ] *m* lout; whipper-snapper.

paludéen, -enne [palyde'ɛ̃, ~'ɛn] marsh...; 🩺 malarial (*fever*); **paludisme** [~'dism] *m* malaria, marsh fever; **palustre** [pa'lystr] paludous; swampy (*ground*).

pâmer [pɑ'me] (1a) *v/t.:* † se ~ faint; *se* ~ *de qch.* be overcome with s.th.; *se* ~ *de joie a.* be in raptures; *se* ~ *de rire* split one's sides with laughter; **pâmoison** †, *co.* [~mwa'zɔ̃] *f* swoon.

pampa [pã'pa] f pampas pl.

pamphlet [pã'flɛ] m lampoon; **pamphlétaire** [‿flɛ'tɛ:r] m pamphleteer, lampoonist.

pamplemousse ♀ [pãplə'mus] m grapefruit; shaddock.

pampre ♀ [pã:pr] m vine-branch, vine-shoot.

pan[1] [pã] m cost. flap; coat-tail; △ wall: piece, section; (wooden) partition, framing; building, prism, nut: side; sky: stretch.

pan[2] [‿] int. bang!; slap!

pan... [pã; before vowel pan] pan...

panacée [pana'se] f panacea, cure-all.

panachage [pana'ʃa:ʒ] m election: splitting one's vote; **panache** [‿'na∫] m plume, tuft (on a helmet etc.); smoke: wreath; fig. gallantry; mot. etc. faire ~ turn over; **panaché, e** [pana'ʃe] **1.** adj. mixed (salad, s.o.); 2. su./m shandy(gaff); **panacher** [‿] (1a) v/t. variegate; election: split (one's votes).

panade [pa'nad] f cuis. panada; F dans la ~ in need; in the soup.

panais ♀ [pa'nɛ] m parsnip.

panama [pana'ma] m panama hat, F (fine-)straw hat.

panaris ♀ [pana'ri] m whitlow.

pancarte [pã'kart] f placard, bill; sign; notice.

pancréas anat. [pãkre'a:s] m pancreas.

panda zo. [pã'da] m panda.

panégyrique [paneʒi'rik] m panegyric; faire le ~ de panegyrize (s.o.).

paner cuis. [pa'ne] (1a) v/t. cover with bread-crumbs; **paneterie** [pan'tri] f bread-pantry; ✕, school, etc.: bread-store; **panetier** [‿'tje] m bread-store keeper; **panetière** [‿'tjɛ:r] f bread-cupboard; sideboard.

panier [pa'nje] m basket (a. sp.); ~ à salade salad washer; sl. Black Maria, prison van; fig. ~ percé spendthrift; F le dessus du ~ the pick of the bunch; **panier-repas**, pl. **paniers-repas** [‿rə'pa] m packed lunch, lunchpack.

panifiable [pani'fjabl] bread-...; farine f ~ bread-flour; **panification** [‿fika'sjɔ̃] f panification; **panifier** [‿'fje] (1o) v/t. turn (flour) into bread.

panique [pa'nik] adj., a. su./f panic; **paniquer** [‿ni'ke] (1a) v/t. (throw

into a) panic; se ~ v/i. (get into a) panic.

panne[1] tex. [pan] f plush.

panne[2] [‿] f lard, hog's fat.

panne[3] [‿] f mot. etc. breakdown; ⚡ etc. current, engine: failure; être en ~ be stuck; être en ~ de ... have run out of ...; laisser en ~ leave (s.o.) in the lurch; tomber en ~ break down.

panne[4] △ [‿] f pantile; roof: purlin.

panneau [pa'no] m wood, a. paint.: panel; board; ⛏ ground-signal, ⚓ hatch; ✎ glass frame; F snare, trap.

panneton ⊕ [pan'tɔ̃] m key: web; (window-)catch.

panoplie [panɔ'pli] f set (of tools, toys, etc.); outfit; ✕ armoury; fig. package, (whole) set, variety.

panorama [panɔra'ma] m panorama.

panse [pã:s] f F belly (a. 🐍 retort etc.); zo. first stomach, paunch.

pansement 🩹 [pãs'mã] m wound: dressing; **panser** [pã'se] (1a) v/t. groom, rub down (a horse); 🩹 dress (a wound), tend (a wounded man).

pansu, e [pã'sy] pot-bellied.

pantalon [pãta'lɔ̃] m trousers pl., Am. pants pl.; (woman's) knickers pl.; slacks pl.

panteler [pãt'le] (1c) v/i. pant.

panthère zo. [pã'tɛ:r] f panther.

pantin [pã'tɛ̃] m toy: jumping-jack; fig. puppet.

panto... [pãtɔ] pan...; **~graphe** [‿'graf] m drawing, a. ✎: pantograph; lazy-tongs pl.

pantois [pã'twa] adj./m flabbergasted.

pantomime [pãtɔ'mim] f dumb show; pantomime.

pantouflard [pãtu'fla:r] m stay-at-home type; **pantoufle** [‿'tufl] f slipper; fig. en ~s in a slipshod way; **pantoufflerie** ⊕ [‿tuflə'ri] f slipper-making.

paon orn. [pã] m peacock (a. fig.); **paonne** orn. [pan] f peahen; **paonneau** [pa'no] m pea-chick.

papa [pa'pa] m papa, dad(dy); fig. à la ~ in leisurely fashion; fig. de ~ old, antiquated, old-fashioned; (good) old; grandfather's.

papal, e, m/pl. -aux [pa'pal, ‿'po] papal; **papauté** [‿po'te] f papacy; **pape** eccl., a. fig. [pap] m pope.

papelard, e F [pa'pla:r, ‿'plard] **1.** adj. sanctimonious; **2.** su./m sanctimonious person; **papelardise** F [_ᵖlar'di:z] *f* cant, sanctimoniousness.

paperasse [pa'pras] *f* red tape; useless paper(s *pl.*); **paperasserie** [_pras'ri] *f* accumulation of old papers; F red tape, red-tapism; **paperassier** [_pra'sje] *m* bureaucrat.

papeterie [pap'tri] *f* paper-mill; paper trade; stationery; stationer's (shop); **papetier, -ère** [_'tje, _-'tje:r] **1.** *su.* stationer; paper-manufacturer; **2.** *adj.* paper(-making).

papier [pa'pje] *m* paper; document; ✝ bill(s *pl.*); ~ à calquer tracing-paper; ~ à la cuve hand-made paper; ~à lettres letter-paper; ~à musique music-paper; ~ bible (or indien) India paper; ~ buvard blotting paper; ~ carbone carbon paper; ~ couché art paper; ~ d'emballage brown paper; ~ de verre sand-paper, glass-paper; ~-émeri emery-paper; ~ filtre filter-paper; ~ hygiénique toilet-paper; ~ peint, ~-tenture wall-paper; ~ pelure tissue-paper; **~ monnaie** [_pjemɔ'nɛ] *m* paper money.

papille ♥, anat. [pa'pi:j] *f* papilla.

papillon [papi'jɔ̃] *m* zo. butterfly; cost. butterfly bow, bow-tie; (parking) ticket; poster: fly-bill; inset map; document: rider; ✝ label, tag; ⊕ butterfly-valve; ⊕ wing-nut; mot. throttle; F fig. ~s pl. noirs gloomy thoughts; **papillonner** [_jɔ'ne] (1a) *v/i.* flutter; F flit from subject to subject; **papillotte** [_'jɔt] *f* curl-paper; frill (round ham etc.); twist of paper; **papilloter** [_jɔ'te] (1a) *v/i.* blink (eyes, light); cin. flicker; fig. glitter.

paprika ♥, cuis. [papri'ka] *m* red pepper.

papule ✿, ♥ [pa'pyl] *f* papula, papule; **papuleux, -euse** [_py'lø, _-'løz] papulose, F pimply.

papyrus [papi'rys] *m* papyrus.

pâque [pɑ:k] *f* (Jewish) Passover.

paquebot ⚓ [pak'bo] *m* (passenger-)liner; packet-boat.

pâquerette [pɑ'krɛt] *f* daisy.

Pâques [pɑ:k] *su./m* Easter; *su./f*: ~ *pl.* closes Low Sunday *sg.*; ~ *pl. fleuries* Palm Sunday *sg.*; *faire ses* ♀ make one's Easter communion.

paquet [pa'kɛ] *m* parcel, package; pack; bundle; ⚓ ~ *de mer* heavy sea;

faire son ~ *or ses* ~s pack one's bags; *lâcher son* ~ à q. give s.o. a piece of one's mind; (y) *mettre le* ~ give all one has got; *risquer le* ~ chance the lot; **paqueter** [pak'te] (1c) *v/t.* make up into a parcel; **paqueteur** *m*, **-euse** *f* ✝, ⊕ [_'tœ:r, _-'tø:z] packer.

par [par] *prp. place:* by (sea), through (the door, the street); via (Calais); over; to; *time:* on (a fine evening, a summer's day); in (the rain); *motive:* from, through; out of (friendship, curiosity); *agent:* by; *instrument:* by (mail, telephone, train, boat, etc.); *distribution:* per (annum, capita), each; a (day, week, etc.); in (hundreds, numerical order); ~ *eau et* ~ *terre* by land and sea; ~ *monts et* ~ *vaux* over hill and dale; ~ *où?* which way?; ~ *toute la terre* (ville) all over the world (town); *regarder* (jeter) ~ *la fenêtre* look (throw) out of the window; *tomber* ~ *terre* fall to the ground; ~ *un beau temps* in fine weather; ~ *bonheur* (malheur) by good (ill) fortune, (un)fortunately; ~ *hasard* by chance; ~ *pitié!* for pity's sake! *vaincu* ~ *César* conquered by Caesar; *Phèdre* ~ *Racine* Phèdre by Racine; ~ *soi-même* (by or for) oneself; *célèbre* ~ famous for; ~ *conséquent* consequently; ~ *droit et raison* by rights; ~ *avion post:* via airmail; *venir* ~ *air* à fly to; *prendre* ~ *la main* take by the hand; *jour* ~ *jour* day by day; *deux* ~ *deux* two by two; *commencer* (finir etc.) ~ (*inf.*) begin (end) by (*ger.*); F ~ *trop court* (much or far) too short; *de* ~, by, in conformity with (the conditions, nature, etc.); *de* ~ *le roi* by order of the King; in the King's name; ~-*ci* here; ~-*là* there; ~-*ci* ~-*là* hither and thither; now and then; ~ *derrière* from behind; ~-*dessous* under, beneath; ~-*dessus* over (s.th.); ⚖ ~-*devant* before, in presence of.

para ✖ F [pa'ra] *m* paratrooper.

para...: ~bole [para'bɔl] *f* parable; A parabola.

parachever [paraʃ've] (1d) *v/t.* perfect.

para...: ~chute [para'ʃyt] *m* ✖ parachute; ✖ cage: safety device; ~**chuter** [_ʃy'te] (1a) *v/t.* (drop by) parachute; fig. pitchfork (s.o. into, q.

dans); **~chutiste** [~ʃy'tist] *m* parachutist; paratrooper.

parade [pa'rad] *f* box., *a.* fencing: parry; *horse:* checking; reply, repartee; ✠ parade (*a. fig.*); *fig.* show; *faire* ~ de show off, display; *lit m de* ~ lying-in-state bed; **parader** [~ra'de] (1a) *v/i.* strut (about).

paradigme *gramm.* [para'digm] *m* paradigm.

paradis [para'di] *m* paradise; *thea.* gallery, F the gods *pl.*; † ~ *fiscal* tax haven; **paradisiaque** [~di'zjak] paradisiac; of paradise; **paradisier** *orn.* [~di'zje] *m* bird of paradise.

paradoxal, e, *m/pl.* **-aux** [paradɔk'sal, ~'so] paradoxical; **paradoxe** [~'dɔks] *m* paradox.

parafe [pa'raf] *m see* **paraphe**; **parafer** [~ra'fe] *see* **parapher**.

paraffine 🝕 [para'fin] *f* paraffin.

parafoudre ⚡ [para'fudr] *m* lightning-arrester; *magneto:* safety-gap.

parage[1] [pa'ra:ʒ] *m* birth, descent; *de haut* ~ of high lineage.

parage[2] [~] *m:* ~*s pl.* ♣ latitudes; regions; vicinity *sg.*, quarters; *dans les* ~*s de* ... *a.* in the ... area, near ...; *dans les* ~ (around) here.

paragraphe [para'graf] *m* paragraph.

parais [pa'rɛ] *1st p. sg. pres. of paraître;* **paraissons** [~rɛ'sɔ̃] *1st p. pl. pres. of paraître;* **paraître** [~'rɛ:tr] (4k) *v/i.* appear; seem, look; be visible; come out (*book etc.*); vient de ~ just out (*book*); *v/impers.:* à ce qu'il paraît apparently; il paraît que (ind.) it seems that; il paraît que oui (non) it appears so (not).

parallèle [para'lɛl] **1.** *adj.* parallel; *fig.* unofficial (*institution etc.*); second, side (*job etc.*); alternative (*medicine etc.*); **2.** *su./f* ∆, ✠ parallel; *su./m geog.*, ⚡, *a. fig.* parallel; **parallélépipède** ∆ [~lelepi'pɛd] *m* parallelepiped; **parallélisme** [~le'lism] *m* parallelism (between ... and de ... à, entre ... et); **parallélogramme** ∆ [~lo'gram] *m* parallelogram.

para...: **~lyser** [parali'ze] (1a) *v/t.* 🝕 paralyse (*a. fig.*); *fig.* cripple; **~lysie** 🝕 [~'zi] *f* paralysis; † palsy; **~ agitante** Parkinson's disease; **~lytique** 🝕 [~'tik] *adj., a. su.* paralytic; **~mètre** ∆, *a. fig.* [para'mɛtr] *m* parameter; **~militaire** [paramili'tɛ:r] semi-military.

parangon [parã'gɔ̃] *m* paragon, model; flawless gem; *typ.* gros ~ double pica.

parapet [para'pɛ] *m* ∆, ✠ parapet; ✠ breastwork.

paraphe [pa'raf] *m signature:* flourish; initials *pl.*; **parapher** [~ra'fe] (1a) *v/t.* initial.

para...: **~phrase** [para'fra:z] *f* paraphrase; *fig.* circumlocution; **~phraser** [~fra'ze] (1a) *v/t.* paraphrase; *fig.* add to (*a story etc.*); **~plégie** 🝕 [~ple'ʒi] *f* paraplegia; **~pluie** [~'plɥi] *m* umbrella (*a.* ✠, ✗, ✈); **~site** [~'zit] **1.** *adj.* ♀, ⚡ parasitic; **2.** *su./m* ♀, *biol., zo., fig.* parasite; *fig.* sponger; ~*s pl. radio:* atmospherics; **~sol** [~'sɔl] *m* parasol, sunshade; *mot.* visor; **~tonnerre** [~tɔ'nɛ:r] *m* lightning-conductor; lightning-rod; **~typhoïde** 🝕 [~tifɔ'id] *f* paratyphoid fever; **~vent** [~'vɑ̃] *m* folding screen.

parbleu! [par'blø] *int.* rather!; of course!

parc [park] *m* park; enclose; *horses:* paddock; *cattle:* pen; *sheep:* fold; *oysters:* bed; ⊕ *coal:* yard; 🚅, ✗ depot; *child:* playpen; ✈, *a. fig.* stock; depot. ~ *de stationnement* car park, *Am.* parking lot; **parcage** [par'ka:ʒ] *m mot.* parking; *cattle:* penning; *sheep:* folding; *oysters:* laying down; *mot.* ~ *interdit* no parking.

parcellaire [parsɛl'lɛ:r] divided into small portions; **parcelle** [~'sɛl] *f* land: lot, plot; small fragment; *fig.* grain; **parceller** [~sɛ'le] (1a) *v/t.* divide into lots; portion out; **parcelliser** [~seli'ze] (1a) *v/t.* divide or split up.

parce [pars] *cj.:* ~ *que* because.

parchemin [parʃə'mɛ̃] *m* parchment; *bookbinding:* vellum; F ~*s pl. univ.* diplomas; 🝕 title-deeds; **parcheminé, e** [parʃəmi'ne] *fig.* parchment-like, dried; wizened (*skin*); **parchemineux, -euse** [~'nø, ~'nø:z] parchment-like.

parcimonie [parsimɔ'ni] *f* parsimony, stinginess; **parcimonieux, -euse** [~'njø, ~'njø:z] parsimonious, stingy.

parc(o)mètre [park(ɔ)'mɛtr] *m* parking meter.

parcourir [parku'ri:r] (2l) v/t. travel through; traverse (a. ♪); cover (a distance); skim, look through (a book, papers, etc.); eye: survey; **parcours** [~'ku:r] m distance covered; sp., golf, river: course; ⊕ path; trip, journey.

pardessus [pardə'sy] m overcoat, top-coat.

par-devers [pardə'vɛːr] in the presence of, before; in one's possession; garder qch. ~ soi keep s.th. to o.s.

pardi! † [par'di] int. of course!; rather!

pardon [par'dɔ̃] 1. su./m pardon (a. eccl.), forgiveness; eccl. pilgrimage (in Brittany); 2. int.: ~! excuse me!; ~? I beg your pardon?; **pardonnable** [~dɔ'nabl] forgivable, excusable; **pardonner** [~dɔ'ne] (1a) v/t. pardon, forgive; excuse; je ne pardonne pas que vous l'ayez visité I cannot forgive your having visited him.

pare...: ~-**balles** [par'bal] adj./inv. bullet-proof; ~-**boue** mot. [~'bu] m/inv. see garde-boue; ~-**brise** mot. [~'bri:z] m/inv. windscreen, Am. windshield; ~-**chocs** mot. [~'ʃɔk] m/inv. bumper; ~-**étincelles** [~etɛ̃'sɛl] m/inv. fire-guard; 🖾 spark-catcher; ~-**feu** [~'fø] m/inv. forest: fire-break.

pareil, -eille [pa'rɛːj] 1. adj. like, similar; such (a); sans ~ unrivalled, unequalled; 2. su. equal, like; peer; match; su./f rendre la ~eille à pay (s.o.) back in his own coin.

parement [par'mã] m adorning; ornament; cost., a. 🏛 facing; 🏛 stone: face; ⊕, cuis. dressing; kerb-stone, curb-stone.

parent, e [pa'rã, ~'rã:t] su. relative; relation; su./m: ~s pl. parents, father and mother; **parental, e, m/pl. -aux** [parã'tal, ~'to] parental; **parenté** [~rã'te] f relationship, kinship.

parenthèse [parã'tɛ:z] f parenthesis, digression; typ. bracket; entre ~s in brackets; fig. incidentally.

parer [pa're] (1a) v/t. ornament, adorn; dress (meat, vegetables); 🛟 clear (the anchor); 🛟 steer clear of, clear; ward off, parry; avoid; pull up (a horse); se ~ deck o.s. out (in, de); fig. show off; v/i.: ~ à provide against or for; obviate (a difficulty); avert (an accident).

pare-soleil [parsɔ'lɛ:j] m/inv. sun-visor (a. mot.).

paresse [pa'rɛs] f laziness, idleness; mind, a. 💊 bowels, etc.: sluggishness; **paresseux, -euse** [~rɛ'sø, ~'sø:z] 1. adj. sluggish; lazy, idle; 2. su. lazy or idle person; su./m zo. sloth.

pareur m, -euse f ⊕ [pa'rœːr, ~'rø:z] finisher, trimmer.

parfaire [par'fɛːr] (4r) v/t. complete, finish; make up (a total of money); **parfait, e** [~'fɛ̃, ~'fɛt] 1. adj. perfect; fig. thorough, utter; † full (payment); ✝ capital; (c'est) ~! splendid!; 2. su./m gramm. perfect; cuis. ice-cream; **parfaitement** [~fɛt'mã] adv. perfectly; thoroughly; ~! precisely!; exactly!

parfois [par'fwa] adv. sometimes, now and then.

parfum [par'fœ̃] m perfume, scent; fragrance; sl. être au ~ be in the know; sl. mettre q. au ~ put s.o. in the picture, wise s.o. up; **parfumer** [~fy'me] (1a) v/t. perfume, scent; se ~ use scent; **parfumerie** [~fym'ri] f perfumery; **parfumeur** m, -euse f ✝ [~fy'mœːr, ~'mø:z] perfumer.

pari [pa'ri] m bet, wager; sp. betting; ~ mutuel totalizator system, F tote; **pariade** orn. [~'rjad] f pairing; pairing season; pair; **parier** [~'rje] (1o) vt/i. bet (on, sur); wager.

pariétaire ♀ [parje'tɛːr] f wall-pellitory; **pariétal, e, m/pl. -aux** [~'tal, ~'to] 1. ♀, anat. parietal; paint. mural; 2. su./m anat. parietal bone.

parieur m, -euse f [pa'rjœːr, ~'rjø:z] better, punter.

Parigot m, e f F [pari'go, ~'gɔt] Parisian; **parisien, -enne** [~'zjɛ̃, ~'zjɛn] adj., a. ♀ 2 Parisian.

paritaire [pari'tɛːr] adj.: réunion f ~ round-table conference; **parité** [~'te] f parity; equality; 🏛 evenness.

parjure [par'ʒyːr] 1. adj. perjured; 2. su. person: perjurer; su./m perjury; **parjurer** [~ʒy're] (1a) v/t.: se ~ perjure o.s.

parking mot. [par'kiŋ] m parking; car park, Am. parking lot.

parlant, e [par'lã, ~'lã:t] speaking (a. fig.); fig. talkative; cin. sound (film); fig. expressive; fig. eloquent, that speaks for itself; **parlé, e** [~'le] spoken (language).

parlement [parlə'mã] m parliament; **parlementaire** [parləmã-'tɛːr] **1.** *adj.* parliamentary, *Am.* Congressional; *drapeau m* ~ flag of truce; **2.** *su./m* member of parliament, *Am.* Congressman; negotiator; **parlementarisme** *pol.* [ˌta'rism] *m* parliamentary government; **parlementer** [ˌte] (1a) *v/i.* parley.

parler [par'le] **1.** (1a) *v/i.* speak, talk (to, *à*; of, about *de*); be on speaking terms (with, *à*); *les faits parlent* the facts speak for themselves; *on m'a parlé de* I was told about; *sans* ~ *de* let alone ...; *v/t.* speak (*a language*); ~ *affaires* (F *boutique, politique, raison*) talk business (F shop, about politics, sense); ~ *se* ~ *be spoken* (*language*); **2.** *su./m* speech; dialect; way of speaking; **parleur, -euse** [ˌlœːr, ˌløːz] *su.* talker; **parloir** [ˌlwaːr] *m* parlo(u)r; **parlote** F [ˌlɔt] *f* chitchat.

parmesan [parmə'zã] *m* Parmesan (cheese).

parmi [par'mi] *prp.* among; amid.

parodie [parɔ'di] *f* parody; skit ([up]on, *de*); **parodier** [ˌdje] (1o) *v/t.* parody, burlesque.

paroi [pa'rwa] *f* biol., ⊕ *boiler, cylinder, a. rock, tent:* wall; △ partition-wall; *case, stomach, tunnel:* lining; *thea.* flat.

paroisse [pa'rwas] *f* parish; parish church; **paroissial, e** *m/pl.* **-aux** [parwa'sjal, ˌ'sjo] parochial; parish-...; **paroissien, -enne** [ˌ'sjɛ̃, ˌ'sjɛn] *su.* parishioner; *su./m* prayerbook; F *drôle de* ~ queer stick.

parole [pa'rɔl] *f* word; remark; promise; ✗ parole; *fig.* speech; eloquence; saying; *avoir la* ~ have the floor; *donner la* ~ *à q.* call upon s.o. to speak.

parpaing △ [par'pɛ̃] *m* parpen; breeze-block.

Parque *myth.* [park] *f* one of the Fates; *les* ~ the Fates, the Parcae.

parquer [par'ke] (1m) *v/t.* enclose; pen (*cattle*); fold (*sheep*); put (*a horse*) in paddock; *mot.*, ✗ park; *v/i. a. se* ~ park; **parquet** [ˌ'ke] *m* △ floor(ing); *mirror:* backing; ⚖ public prosecutor's department; ⚖ well; ✝ official market; *bourse:* Ring; **parqueter** ⊕ [parkə'te] (1c) *v/t.* lay a floor in (*a room*); parquet; **parqueterie** ⊕ [ˌ'tri] *f* laying of

floors; ~ *en mosaïque* inlaid floor; inlaying; **parqueteur** ⊕ [ˌ'tœːr] *m* parquet-layer.

parrain [pa'rɛ̃] *m* godfather; sponsor (*a. fig.*).

parricide [pari'sid] **1.** *adj.* parricidal; **2.** *su. person:* parricide; *su./m crime:* parricide.

parsemer [parsə'me] (1d) *v/t.* strew, sprinkle (with, *de*); *fig.* stud, spangle.

part [paːr] *f* share (*a.* ✝); portion (*a.* ⚖); place; *food:* helping, *cake:* piece; *à* ~ apart, separately; *à* ~ *cela* apart from that; except for that; *à* ~ *entière* full (*member etc.*); entirely, fully; *à* ~ *soi* in one's own heart, to o.s.; *autre* ~ elsewhere; *d'autre* ~ besides; *de la* ~ *de* on behalf of; from; *de ma* ~ from me; on my part; *de* ~ *en* ~ through and through; *de* ~ *et d'autre* on both sides (of, *de*), on either side; *d'une* ... *d'autre* ~ on the one hand ... on the other hand; *faire* ~ *de qch. à q.* inform s.o. of s.th.; *faire la* ~ *de* take into account; *nulle* ~ nowhere; *pour ma* ~ as to me, I for one; *prendre* ~ *à* take part in, join in; *quelque* ~ somewhere; **partage** [par'taːʒ] *m* division, sharing; ⚖, *a. pol.* partition; share, portion, lot (*a. fig.*); *geog. ligne f de* ~ *des eaux* watershed, *Am.* divide; *échoir en* ~ *à q.* fall to s.o.'s lot; **partager** [ˌta'ʒe] (11) *v/t.* divide (up); share (*a. fig. an opinion*); *se* ~ be divided; differ; *être bien (mal) partagé* be well (ill) provided for or endowed.

partance ⚓, ✈ [par'tãːs] *f* departure; *en* ~ (bound) for.

partant [par'tã] *cj.* therefore, hence.

partant [par'tã] *m* departing traveller; party leaving; *sp.* starter, runner.

partenaire [partə'nɛːr] *m* partner (*a. sp., cin., etc.*).

parterre [par'tɛːr] *m* ☘ flower-bed; *thea.* pit.

parti, e [par'ti] away; gone; F tipsy; ... *est bien (mal)* ... had a good (bad) start.

parti [par'ti] *m* pol., *fig.* party; *fig.* side; *marriage:* match; *fig.* choice, decision, option; *fig.* course of action, solution; ~ *pris* bias, set purpose; *prendre* ~ (*pour*) take sides (with); *prendre un* ~ come to a decision; *prendre le* ~ *de* (*inf.*) decide to (inf.); prendre son ~ de resign o.s. to; tirer ~ de turn (s.th.) to account; utilize; use; **partial, e,** m/pl. -aux [∼'sjal, ∼'sjo] biased; partial (to, envers); **partialité** [∼sjali'te] f partiality (for, to envers); bias.

participation [partisipa'sjɔ̃] f participation; ♱, a. fig. share (in, à); ♱~ majoritaire controlling interest; **participe** gramm. [∼'sip] m participle; **participer** [∼si'pe] (1a) v/i. participate, (have a) share (in, à); take part (in, à); ~ de partake of; resemble.

particulariser [partikylari'ze] (1a) v/t. particularize; specify; se ~ (par) be distinguished (by); **particularité** [∼'te] f particularity; (distinctive) feature; characteristic.

particule [parti'kyl] f particle (a. phys., a. gramm.).

particulier, -ère [partiky'lje, ∼'lje:r] 1. adj. particular, special; unusual; private (collection, room, etc.); 2. su. private individual; su./m private life; en ~ privately; particularly.

partie [par'ti] f part (a. ♪); pleasure, hunt., a. ♱♱: party; cricket, foot., tennis: match; ♱ line of business; ♱♱ ~ civile plaintiff; ♱ ~ simple (double) single (double) entry; en grande ~ largely; en ~ in part, partly; faire ~ de be one of, belong to; **partiel, -elle** [∼'sjɛl] partial, incomplete.

partir [par'ti:r] (2b) v/i. go (away); start; leave (for, pour); set out; go off (a. gun etc.); hunt. rise; come off (button etc.); ~ en voyage go on a journey; à ~ de (starting) from.

partisan, e [parti'zɑ̃, ∼'zan] 1. su. partisan, follower; supporter, advocate; j'en suis ~ I am (all) for it; su./m ✗ soldier: guerilla; guerre f de ∼s guerilla warfare; 2. adj. party ∼.

partitif, -ve gramm. [parti'tif, ∼'ti:v] partitive (article). [quarter.]

partition [parti'sjɔ̃] f ♪ score; ∅}

partout [par'tu] adv. everywhere; ∼ où wherever; rien ∼ tennis: love all.

partouze sl. [par'tu:z] f orgy.

paru, e [pa'ry] p.p. of paraître.

parure [pa'ry:r] f adornment; ornament; jewels etc.: set; ⊕ parings pl.

parus [pa'ry] 1st p. sg. p.s. of paraître.

parution [pary'sjɔ̃] f book: publication.

parvenir [parvə'ni:r] (2h) v/i.: ~ à arrive; reach; succeed in (doing s.th., faire qch.); **parvenu** m, e f [∼'ny] upstart.

parvis [par'vi] m 🔺 square (in front of church); bibl., a. fig. court.

pas [pɑ] 1. su./m step (a. dancing, a. of staircase), pace, gait, walk; footprint; door: threshold; geog. pass(age); ⚓, fig. straits pl.; ⊕ screw: thread; fig. move; distance (between seats, rows, etc.); fig. precedence; fig. difficulty, obstacle; ~ à ~ step by step; ~ cadencé measured step; ✗, sp. ~ gymnastique double; à grands ~ apace, quickly; mot. aller au ~ go dead slow; à ~ de loup stealthily; au ~ at a walking pace; faux ~ slip (a. fig.); fig. (social) blunder; geog. le ~ de Calais the Straits pl. of Dover; ~ de porte key money; ceder le ~ à give way to; être dans un mauvais ~ be in a bad patch; prendre le ~ sur take the lead from, outstrip; ✗, sp. marquer le ~ mark time; 2. adv. not; ne ... pas not; ne ... pas de no; ne ... pas un not (a single) one; ne ... pas non plus nor or not ... either.

pascal, e, m/pl. -als, -aux [pas'kal, ∼'ko] paschal; Easter (vacation).

pas-d'âne ♀ [pɑ'dɑ:n] m/inv. coltsfoot.

pasquinade † [paski'nad] f lampoon.

passable [pɑ'sabl] passable, acceptable; middling; mention f ~ examination: pass; **passade** F [∼'sad] f passing fancy; F brief love affair; **passage** [∼'sa:ʒ] m passage (a. in a book); 🚢, mountains, river, etc.: crossing; way; mountain: pass; 🔺 arcade; ✗ flow; fig. transition; 🚢~ à niveau level crossing, Am. grade crossing; psych. ~ à vide blank; ~ clouté pedestrian crossing, Am. crosswalk; ~ souterrain subway; ~ supérieur railway bridge; de ~ migratory (bird); fig. passing, casual; être de ∼ be passing through (a town etc.), be in (a town etc.) at the moment; **passager, -ère** [∼sa'ʒe, ∼'ʒɛ:r] 1. adj. of passage (bird); passing (a. fig.); 2. su. ✗ passenger;

passant, e [∼'sɑ̃, ∼'sɑ̃:t] 1. su. passer-by; 2. adj. busy, frequented (road); **passavant** [∼sa'vɑ̃] m ⚓ gangway; admin. permit; customs: transire.

passe [pɑ:s] f ⚓, 🚢, fencing, foot:

pass; *bonne* (*mauvaise*) ~ good (bad) position; *en* ~ *de* (*inf.*) in a fair way to (*inf.*), on the point of (*ger.*); *mot* m *de* ~ password.

passé, e [pɑ'se] **1.** *su./m* past; *gr̃* record; *gramm.* past (tense); **2.** *adj.* past; over; faded (*colour*); last (*week etc.*); **3.** *prp.* after, beyond.

passe...: **~-bouillon** *cuis.* [pɑsbu'jɔ̃] *m/inv.* soup-strainer; **~-carreau** [⁓ka'ro] *m* sleeve-board; **~-debout** *hist.* [⁓də'bu] *m/inv.* transire; **~-droit** [⁓'drwa] undeserved privilege; unfair promotion.

passéisme [pase'ism] *m* clinging to the past; **passéiste** [⁓'ist] *adj.* (*a. su.* person) clinging to the past.

passe...: **~-lacet** [⁓la'se] *m* bodkin; **~-lait** *cuis.* [⁓'lɛ] *m/inv.* milk strainer.

passement [pas'mɑ̃] *m cost.* lace; *chair etc.*: braid; **passementer** [⁓mɑ̃'te] (1a) *v/t.* trim with lace; braid (*furniture*); **passementier** m, **-ère** f [⁓mɑ̃'tje, ⁓'tjɛ:r] dealer in trimmings.

passe...: **~-montagne** [pasmɔ̃'taɲ] *m* Balaclava helmet; **~-partout** [⁓par'tu] **1.** *su./m/inv.* passkey, master key; *phot.* slip-in mount; ⊕ crosscut saw; compass-saw; **2.** *adj./inv.* all-purpose; general-purpose; *pej.* nondescript; **~-passe** [⁓'pas] *m/inv.* legerdemain, sleight-of-hand; *tour* m *de* ~ conjuring trick; **~-plats** [⁓'pla] *m/inv.* service-hatch; **~poil** *cost.* [⁓'pwal] *m* piping, braid; **~-port** [⁓'pɔ:r] *m admin.* passport; ⏚ sea-letter; **~-purée** *cuis.* [⁓py're] *m/inv.* potato masher.

passer [pɑ'se] (1a) **1.** *v/i.* pass (*a. time*); go (to, *à*); be moved (*pupil*); become, ⚒ be promoted; fade (*colour*), vanish; pass away, die; *fig.* wear off (*success etc.*); go by, elapse (*time*); be transmitted *or* handed down (*heritage, tradition*); ⚒ fly (over, *sur*); *gr̃* ~ *à la douane* go through the customs; ~ *chez q.* call at s.o.'s *or* on s.o.; ~ *en proverbe* become proverbial; *mot.* ~ *en seconde* change into second gear; ~ *par* go through; *road:* go over (*a mountain*); ~ *pour* be thought to be, be considered (*s.th.*), seem; ~ *sur* overlook (*a fault*); pass (*s.th.*) on (to, *à*); while away (*the time*); get rid of; *j'en passe* I

am skipping over many items; *laisser* ~ let (*s.o.*) pass; miss (*an opportunity*); *passons!* no more about it!; *se* ~ *pour* pose as; **2.** *v/t.* pass; cross; go past; hand (over) (to, *à*); slip (*s.th. into a pocket*); slip on, put on (*a garment*); omit, leave out; overlook; excuse (*a mistake*); spend (*time*); sit for (*an examination*); vent (*one's anger*) (on, *sur*); *cuis.* strain (*a liquid*), sift (*flour*); ✝ place (*an order*); *parl.* pass (*a bill*); ~ *en fraude* smuggle in; *elle ne passera pas le jour* she will not live out the day; *se* ~ pass, go by (*time*); happen, take place; pass away, cease; abate (*anger*); fade (*colour*); *se* ~ *de* do without (*s.th., sych., ger., inf.*).

passereau *orn.* [pas'ro] *m* sparrow.

passerelle [pas'rɛl] *f* footbridge; ⚒ gangway; catwalk; ⊕ crane: platform; ⏚ bridge; *fig.* (inter)link.

passe...: **~-temps** [pas'tɑ̃] *m/inv.* pastime; hobby; catwalk; **~-thé** [⁓'te] *m/inv.* tea-strainer.

passeur [pɑ'sœ:r] *m* ferryman; smuggler.

passible *gr̃* [pa'sibl] liable (to, *de*).

passif, -ve [pa'sif, ⁓'si:v] **1.** *adj.* passive (*a. gramm.*); *fig.* blind (*obedience*); *défense* f ~ve Civil Defence; Air Raid Precautions *pl.*; ✝ *dettes* f/pl. ~ves liabilities; **2.** *su./m gramm.* passive (voice); ✝ liabilities *pl.*

passion [pa'sjɔ̃] *f* passion (for, *de*) (*a.* ⚘, *eccl., a. fig.*); **passionnant, e** [pasjo'nɑ̃, ⁓'nɑ̃:t] thrilling; fascinating; **passionné, e** [⁓'ne] **1.** *adj.* passionate, impassioned (for, *pour*); enthusiastic (about, *de*); **2.** *su.* enthusiast, F fan; **passionnel, -elle** [⁓'nel] *adj.:* *gr̃* crime m ~ crime due to sexual passion; **passionner** [⁓'ne] (1a) *v/t.* rouse, excite; *fig.* fascinate; *se* ~ become passionately fond (of, *pour*); get excited.

passivité [pasivi'te] *f* passivity.

passoire *cuis.* [pa'swa:r] *f* strainer.

pastel [pas'tel] *m* crayon; pastel drawing; *bleu m* ~ pastel blue.

pasteur [pas'tœ:r] *m* shepherd; *eccl.* pastor.

pasteuriser [pastœri'ze] (1a) *v/t.* pasteurize (*milk*).

pastiche [pas'tiʃ] *m* pastiche; parody; **pasticher** [ˌti'ʃe] (1a) v/t. copy the style of; parody.

pastille [pas'tiːj] f pastille, lozenge.

pastis [pas'tis] m aniseed aperitif; F muddle.

pastoral, e, m/pl. **-aux** [pasto'ral, ~'ro] **1.** adj. pastoral; episcopal (ring); **2.** su./f pastoral; **pastorat** [~'ra] m pastorate.

pastourelle [pastu'rɛl] f poem: pastoral.

pat [pat] su./m, a. adj./m stalemate.

pataquès [pata'kɛːs] m faulty liaison (in speech).

patate [pa'tat] f ♀ sweet potato; F spud (= potato); sl. idiot, fathead.

patati* [pata'ti] int.: et ~ et patata and so forth and so on.

patatras* [pata'tra] int. crash!

pataud, e [pa'to, ~'toːd] **1.** su. clumsy puppy; F lout, **2.** adj. clumsy, loutish.

patauger [pato'ʒe] (1l) v/i. flounder (a. fig.); paddle, wade (in sea); **pataugeoire** [~'ʒwaːr] f paddling pool.

pâte [paːt] f paste; dough; paper: pulp; fig. stuff; fig. type; ~s pl. alimentaires Italian pastes; ~ dentifrice tooth-paste; F une bonne ~ a good sort; F une ~ molle a softy, a spineless individual; vivre comme un coq en ~ live like a fighting cock; **pâté** [pa'te] m cuis. pie; liver: paste; fig. trees etc.: clump, cluster; ink: blot; ~ de maisons block (of houses); ~ (de sable) sandcastle; **pâtée** [~] f hens: mash; dog food; fig. coarse food; F hiding, threshing.

patelin F [pat'lɛ̃] m native village; small place.

patelinage [patli'naːʒ] m smooth words pl., F blarney; **pateliner** F [~li'ne] (1a) v/t. cajole (s.o.); wheedle; v/i. blarney; **patelinerie** [~lin'ri] f see patelinage.

patelle [pa'tɛl] f zo., anat., archeol. patella; zo. limpet, barnacle.

patène eccl. [pa'tɛn] f paten.

patenôtre [pat'noːtr] f Lord's prayer; ⚙ bucket elevator; ~s pl. rosary sg., F beads.

patent, e [pa'tɑ̃, ~'tɑ̃ːt] **1.** adj. patent; obvious; hist. Lettres f/pl. ~es Letters patent; **2.** su./f licence; ✝ etc. tax; ♧ (a. ~e de santé) bill of health; **patenté, e** [~tɑ̃'te] **1.** adj. licensed; **2.** su. licensee.

pater eccl. [pa'teːr] m/inv. Lord's prayer; paternoster.

patère [~] f hat-peg, coat-peg; curtain-hook.

paterne [pa'tɛrn] benevolent; **paternel, -elle** [pater'nɛl] paternal; fatherly; **paternité** [~ni'te] f paternity, fatherhood.

pâteux, -euse [pa'tø, ~'tøːz] pasty; cloudy (jewel); thick (voice etc.); coated (tongue).

pathétique [pate'tik] **1.** adj. pathetic (a. anat.), moving, touching; **2.** su./m pathos, the pathetic.

pathogène ✼ [pato'ʒɛn] pathogenic; **pathologie** ✼ [~lɔ'ʒi] f pathology; **pathologique** ✼ [~lɔ'ʒik] pathological.

pathos [pa'tɔs] m pathos; emotionalism.

patibulaire [patiby'lɛːr] gallows...; fig. hang-dog (look).

patience [pa'sjɑ̃ːs] f patience; forbearance; (jig-saw) puzzle; prendre ~ be patient; **patient, e** [~'sjɑ̃, ~'sjɑ̃ːt] adj., a. su. patient; **patienter** [~sjɑ̃'te] (1a) v/i. be patient; wait patiently.

patin [pa'tɛ̃] m skate; sledge: runner; ⊕ brake, wheel: shoe; brake-block; ⊕ rail: flange; staircase: sleeper; ~ à roulettes roller-skate; **patinage** [~ti'naːʒ] m skating; wheel, belt: slipping.

patine [pa'tin] f bronze: patina.

patiner[1] [pati'ne] (1a) v/t. give a patina to.

patiner[2] [pati'ne] (1a) v/i. skate; slip (wheel, belt); skid (wheel); fig. get nowhere (fast), make no progress; **patinette** [~'nɛt] f scooter; **patineur** m, **-euse** f [~'nœːr, ~'nøːz] skater; **patinoire** [~'nwaːr] f skating-rink.

pâtir [pa'tiːr] (2a) v/i. suffer (from, de); vous en pâtirez you will rue it.

pâtisser [pati'se] (1a) v/i. make pastry; **pâtisserie** [~tis'ri] f pastry; pastry shop; pastry-making; cakes pl.; **pâtissier, -ère** f [~ti'sje, ~'sjɛːr] pastry-cook.

patois [pa'twa] m dialect, patois; F jargon.

patouiller F [patu'je] (1a) v/i. flounder, splash (in the mud).

patraque F [pa'trak] **1.** su./f worn-out machine; person: old crock;

2. adj. seedy (person); worn-out (machine).

pâtre [pɑ:tr] m shepherd; herdsman.

patriarcal, e, m/pl. **-aux** [patriar-'kal, ˷'ko] patriarchal; **patriarche** [˷'arʃ] m patriarch (a. eccl.).

patricien, -enne [patri'sjɛ̃, ˷'sjɛn] adj., a. su. patrician.

patrie [pa'tri] f fatherland; native or mother country; fig. home.

patrimoine [patri'mwan] m patrimony, inheritance; **patrimonial, e**, m/pl. **-aux** [˷mɔ'njal, ˷'njo] patrimonial.

patriote [patri'ɔt] **1.** adj. patriotic (person); **2.** su. patriot; **patriotique** [˷'tik] patriotic (sentiments, song, etc.); **patriotisme** [˷'tism] m patriotism.

patron [pa'trɔ̃] m master, F boss; head (of a firm); hotel: proprietor; protector; eccl. patron (saint); cost. pattern; ⊕ template; ✝ model; **patronage** [patrɔ'na:ʒ] m patronage (a. ✝); support; eccl. young people's club; **patronal, e**, m/pl. **-aux** [˷'nal, ˷'no] eccl. patronal (festival); patron (saint); ✝ employers' ...; **patronat** [˷'na] m protection; ✝ coll. employers pl.; **patronne** [pa'trɔn] f mistress; protectress; eccl. patroness; **patronner** [patrɔ'ne] (1a) v/t. patronize, sponsor, support; **patronnesse** [˷'nɛs] adj./f patroness.

patrouille ✗ [pa'tru:j] f patrol; **patrouiller** ✗ [patru'je] (1a) v/i. (go on) patrol; **patrouilleur** [˷'jœ:r] m ♣ patrol-boat; ✗ scout; ✗ member of a patrol.

patte [pat] f zo. paw (a. F = hand); orn. foot; insect: leg; ⊕ cramp, hook; ⊕ flange, clamp; ♣ anchor: fluke; cost. strap; envelope, a. pocket: flap; F authority, power; F ˷s pl. de mouche writing: scrawl; faire ˷ de velours draw in its claws (cat); fig. speak s.o. fair; F tomber sous la ˷ de q. fall into s.o.'s clutches; **˷d'oie**, pl. **˷s-d'oie** [˷'dwa] f crossroads pl.; wrinkle: crow's-foot.

pâturage [pɑty'ra:ʒ] m grazing; pasture(-land); pasturage; **pâture** [˷'ty:r] f fodder; food (a. fig.); pasture; **pâturer** [˷ty're] (1a) vt/i. graze.

pâturin ♀ [pɑty'rɛ̃] m meadow-grass, Am. spear-grass.

paturon [paty'rɔ̃] m horse: pastern.

paume [po:m] f palm of hand.

paumé, e F [po'me] miserable, wretched; fig. lost, at a loss; a. su. down(-)and(-)out; derelict.

paupérisme [pope'rism] m pauperism.

paupière [po'pjɛ:r] f eyelid.

paupiette cuis. [po'pjɛt] f (beef- or veal-)olive.

pause [po:z] f pause, break; foot. half time; ♪ rest; (lunch- etc.)interval; ˷-**café** coffee break; **pauser** [po'ze] (1a) v/i. pause; ♪ dwell (on a note).

pauvre [po:vr] **1.** adj. poor; needy; scanty (vegetation); fig. slight (chance); unfortunate; **2.** su./m poor man; admin. pauper; **pauvresse** [po'vrɛs] f poor woman; admin. pauper; **pauvret** m, **-ette** f fig. [˷'vrɛ, ˷'vrɛt] poorling; person: poor little thing; **pauvreté** [˷vrə'te] f poverty (a. fig.), destitution.

pavage [pa'va:ʒ] m paving; pavement.

pavaner [pava'ne] (1a) v/t.: se ˷ strut; F show off.

pavé [pa've] m paving-stone, paving-block; pavement; highway; fig. the streets pl.; F thick (boring) book; heavy tome; **pavement** [pav'mɑ̃] m see pavage; **paver** [pa've] v/t. pave; **paveur** [˷'vœ:r] m paver.

pavillon [pavi'jɔ̃] m pavilion; lodge, house; ✝ bed: canopy; gramophone, loud-speaker: horn; funnel: mouth; teleph. mouthpiece; ♣ flag, colo(u)rs pl.; ♪ trumpet: bell; anat. auricle, external ear.

pavois [pa'vwa] m hist. (body-)shield; ♣ bulwark; coll. flags pl.; élever sur le ˷ hist. raise to the throne; fig. extol; **pavoiser** [˷vwa'ze] (1a) v/t. deck with flags; v/i. put out (the flags; a. fig. wave the banners.

pavot ♀ [pa'vo] m poppy.

payable [pɛ'jabl] payable; **payant, e** [˷'jɑ̃, ˷'jɑ̃t] **1.** adj. paying; charged for; with a charge for admission; fig. profitable; **2.** su. payer; ✝ drawee.

paye [pɛ:j] f see paie; **payement** [pɛj'mɑ̃] m see paie; **payer** [pɛ'je] (1i) v/t. pay; pay for (an article, a. fig.); ✝ defray (expenses); settle (a debt); fig. reward (for, de); ˷ cher pay dear, fig. be sorry for; ˷ de retour reciprocate (an affection etc.); trop payé overpaid; trop peu payé underpaid; se ˷ be paid or recompensed; se ~ de paroles be satisfied by mere words; **payeur, -euse** [~'jœːr, ~'jøːz] su. payer; su./m ✕, ♣ paymaster; bank: teller.

pays [pe'i] m country; land; region; home, native land; F fellow-countryman; mal m du ~ homesickness; vin m du ~ local wine; **paysage** [pei'zaːʒ] m landscape, scenery; fig. scene; **paysagiste** [~za'ʒist] m landscape painter; landscape gardener; **paysan, -anne** [~'zɑ̃, ~'zan] adj., a. su. peasant, rustic; **paysannat** [~za'na] m, **paysannerie** [~zan'ri] f peasantry; farmers pl.; **payse** F [pe'iz] f fellow-countrywoman.

péage [pe'aːʒ] m toll; tollgate; auto-route f à ~ toll motorway, Am. turnpike (road); **péagiste** [pea'ʒist] su. toll collector.

peau [po] f ✝, anat., a. fruit, sausage, milk: skin; ✝ pelt, hide; ✝ leather; fruit: peel; faire ~ neuve change clothes; fig. turn over a new leaf; ♀-Rouge, pl. ♀x-Rouges [~'ruːʒ] m Red Indian, redskin.

peccable [pek'kabl] liable to sin.

peccadille [pɛka'diːj] f peccadillo.

pechblende ⛏, phys. [pɛʃ'blɛ̃ːd] f pitchblende.

pêche[1] ♀ [pɛːʃ] f peach.

pêche[2] [~] f fishing; fishery; catch; ~ à la ligne angling; aller à la ~ go fishing.

péché [pe'ʃe] m sin; fig. indiscretion, error; ~ mignon little weakness; **pécher** [~] (1f) v/i. sin; fig. offend (against, contre); fig. err.

pêcher[1] [pe'ʃe] m peach-tree.

pêcher[2] [pe'ʃe] (1a) v/t. fish for; drag up (a corpse); fig. find, pick up; v/i.: ~ à la ligne angle; **pêcherie** [peʃ'ri] f fishing-ground.

pécheur, -eresse [pe'ʃœːr, peʃ'rɛs] **1.** adj. sinning; sinful; **2.** su. sinner.

pêcheur, -euse [pe'ʃœːr, ~'ʃøːz] **1.** adj. fishing; **2.** su./m fisherman; su./f fisherwoman.

pectoral, e, m/pl. **-aux** [pɛktɔ'ral, ~'ro] pectoral; cough-(lozenge, syrup).

péculat [peky'la] m embezzlement, peculation; **péculateur** [~la'tœːr] m embezzler, peculator.

pécule [pe'kyl] m savings pl., F nest-egg; ✕, ♣ gratuity.

pécuniaire [peky'njɛːr] pecuniary, financial.

pédagogie [pedagɔ'ʒi] f pedagogy; **pédagogique** [~gɔ'ʒik] pedagogic; **pédagogue** [~'gɔg] su. pedagogue.

pédale [pedal] f cycle, a. ♪: pedal; ⊕ treadle; sl. queer, gay; mot. ~ d'embrayage clutch (pedal); sl. perdre les ~s get all mixed up; **pedaler** [peda'le] (1a) v/i. pedal; F cycle; **pédaleur** m, **-euse** f F [~'lœːr, ~'løːz] pedalist; cyclist; **pédalier** [~'lje] m cycle: crank gear; ♪ pedal-board; **pédalo** F [~'lo] m pedal-craft.

pédant, e [pe'dɑ̃, ~'dɑ̃ːt] **1.** adj. pedantic, priggish; **2.** su. pedant, prig; **pédanterie** [pedɑ̃'tri] f pedantry; priggishness; **pédantesque** [~'tɛsk] pedantic; **pédantisme** [~'tism] m see pédanterie.

pédé sl. [pe'de] m gay, queer.

pédestre [pe'dɛstr] pedestrian; **pédestrement** [~dɛstrə'mɑ̃] adv. on foot.

pédiatre 🩺 [pe'djaːtr] m p(a)ediatrist; **pédiatrie** 🩺 [~dja'tri] f p(a)ediatrics pl.

pédiculaire [pediky'lɛːr] pediculous, lousy; 🩺 maladie f ~ phthiriasis; **pédicule** biol. [~'kyl] m pedicle; **pédiculé, e** [~ky'le] pediculate.

pédicure [pedi'kyːr] su. chiropodist.

pédologie [pedɔlɔ'ʒi] f subject: child psychology.

pègre [pɛːgr] f coll. thieves pl., underworld, gangsterdom.

peignage tex. [pɛ'naːʒ] m combing, carding; **peigne** [pɛɲ] m comb (a. ⊕); shell-fish: scallop, clam; tex. wool: card; hemp: hackle; ~ de chignon back-comb; se donner un coup de ~ run a comb through one's hair; passer qch. au ~ fin go through or over s.th. with a fine-tooth comb; **peigné, e** [pɛ'ne] **1.** adj. combed; fig. affected (style); bien ~ trim; mal ~ unkempt; **2.** su./m tex. worsted; su./f tex. cardful of wool etc.); F fig. thrashing; **peigner** [~'ne] (1a) v/t. comb (a. tex.); tex. card (wool), hackle (hemp); polish (one's style); **peigneur, -euse** tex. [~'nœːr, ~'nøːz] su. wool-comber; su./f wool-combing machine; hackling-machine; **peignier** [~'nje] m comb-maker; comb-seller; **peignoir** [~'nwaːr] m (lady's) dressing gown; morning wrapper; ~ de bain bath-

penchant

wrap; **peignures** [~'ɲy:r] f/pl. combings.

peinard, e [pɛ'naːr, ~'nard] *adj.* quiet; cushy (*job etc.*); *se tenir (or rester)* ~ keep quiet or out of trouble.

peindre [pɛ̃:dr] (4m) v/t. paint; ~ *au pistolet* spray (*with paint*); *fig.* ~ en *beau* paint (*things*) in rosy colo(u)rs; F se ~ make up.

peine [pɛn] f sorrow; trouble, difficulty; effort; punishment; pain; *à* ~ hardly, scarcely; *à grand*-~ with difficulty; *en valoir la* ~ be worth while; *être en* ~ *de* be at a loss to; *faire de la* ~ *à* hurt (*s.o.*); *sous* ~ *de* under pain of;

peiner [pɛ'ne] (1a) v/t. pain, hurt, grieve; *fig.* tire; v/i. toil; labo(u)r (*a. mot. engine*).

peintre [pɛ̃:tr] m painter; artist; ~ *en bâtiments* house: painter and decorator, house-painter; *femme* f ~ woman artist; **peinture** [pɛ̃'ty:r] f painting; paint(work); ~ *au pistolet* spray-painting; *prenez garde à la* ~! wet paint!; **peinturer** [~ty're] (1a) v/t. paint; daub; **peinturlurer** [~tyrly're] (1a) v/t. paint in all the colo(u)rs of the rainbow.

péjoratif, -ve [peʒɔra'tif, ~'ti:v] pejorative; disparaging; *au sens* ~ in a disparaging sense.

pékin [pe'kɛ̃] m F ⚔ civilian; F ⚔ *en* ~ in civvies.

pékiné, e [peki'ne] *tex.* (peki'ne) candy-striped.

pelade ⚕ [pə'lad] f alopecia.

pelage [pə'la:ʒ] m pelt, coat, fur; **pelé, e** [pə'le] **1.** *adj.* peeled (*fruit, tree-bark*); bald (*person*); **2.** *su.* F bald-pate, bald person.

pêle-mêle [pɛl'mɛl] **1.** *adv.* higgledy-piggledy, in confusion; **2.** *su./m/inv.* disorder, jumble.

peler [pə'le] (1d) v/t./i. peel.

pèlerin [pɛl'rɛ̃, ~'rɛ̃] su. pilgrim; *su./m* orn. peregrine falcon; *icht.* basking shark; *su./f cost.* cape; **pèlerinage** [~ri'na:ʒ] m (place of) pilgrimage; *aller en* ~ go on a pilgrimage.

pélican [peli'kɑ̃] m orn. pelican; ⊕ bench: holdfast. [coat.]

pelisse [pə'lis] f pelisse, fur-lined]

pellagre ⚕ [pɛl'la:gr] f pellagra.

pelle [pɛl] f ⊕ shovel, scoop; *oar:* blade; (*child's*) spade; ~ *à poussière* dust-pan; ⊕ ~ *mécanique* grab;

shovel-dredger; F *fig. ramasser une* ~ come a cropper (*off a horse, a. fig.*); have a spill (*off a cycle*); **pelletée** [~'te] f shovelful, spadeful; **pelleter** [~'te] (1c) v/t. shovel; turn with a shovel.

pelleterie [pɛl'tri] f ⊕ fur-making; † fur-trade; *coll.* peltry.

pelleteuse, -euse [pɛl'tœ:r, ~'tø:z] shovel excavator.

pelletier m, **-ère** f [pɛl'tje, ~'tjɛːr] furrier.

pelliculaire [pɛlliky'lɛ:r] pellicular (*metal*); **pellicule** [~'kyl] f (thin) skin; *phot.*, a. *ice, oil:* film; *scalp:* dandruff, scurf.

pelotage [pəlɔ'ta:ʒ] m string, wool, *etc.:* winding into balls; *billiards:* knocking the balls about; F petting; **pelote** [~'lɔt] f string, wool: ball; *cotton-wool:* wad; (pin) cushion; *game:* pelota; *fig. faire sa* ~ feather one's nest; make one's pile; **peloter** [pəlɔ'te] (1a) v/t. † wind (*s.th.*) into a ball; F handle (*s.o.*) roughly; F pet (*a girl*); F paw (*a woman*); F flatter (*s.o.*); F se ~ pet, neck; **peloton** [~'tɔ̃] m string, wool: ball; ⚔ squad, platoon; *fig.* group; *sp. runners:* bunch, field, main body; ~ *de tête* squad: leaders pl. (*a. fig.*), *fig.* front-runners pl.; ~ *d'exécution* firing squad *or* party; **pelotonner** [~tɔ'ne] (1a) v/t. wind (*s.th.*) into a ball; *se* ~ curl up, roll o.s. up; huddle together.

pelouse [pə'lu:z] f lawn; grass-plot; turf, a. *golf:* green.

peluche *tex.* [pə'lyʃ] f plush; *ours* m *en* ~ teddy bear; **pelucher** [pəly'ʃe] (1a) v/i. become fluffy; shed fluff; **pelucheux, -euse** [~'ʃø, ~'ʃø:z] shaggy; fluffy.

pelure [pə'ly:r] f *fruit:* peel; *vegetable:* paring, peeling; *cheese:* rind; F overcoat, outer garment(s pl.).

pénal, e, m/pl. -aux [pe'nal, ~'no] penal; penalty (*clause*); **pénalisation** *sp.* [penaliza'sjɔ̃] f penalty; *area:* penalty; **pénalité** *sp.*, a. tt [~'te] f penalty; **penalty** *foot.* [pe-nal'ti] m penalty (kick).

pénates [pe'nat] m/pl. penates, household gods; *fig. home sg.*

penaud, e [pə'no, ~'noːd] shame-faced, abashed, crestfallen.

penchant, e [pɑ̃'ʃɑ̃, ~'ʃɑ̃:t] **1.** *adj.* sloping, leaning; *fig.* declining; **2.** *su./m* slope; (*hill*)side; *fig.* inclination, propensity (to, for à), tendency; fig. fondness (for s.o., pour q.); **pencher** [~'ʃe] (1a) v/t. tip, tilt (s.th.); bend (one's head); se ~ lean (over); bend (down); v/i. tilt, lean (over); be slanting; fig. se ~ sur study, look into; fig. incline, be inclined (to, vers).

pendable [pɑ̃'dabl] † meriting the gallows; fig. outrageous; **pendaison** [dɛ'zɔ̃] f death: hanging; **pendant, e** [~'dɑ̃, ~'dɑ̃:t] 1. adj. hanging; lop-(ears); flabby (cheeks); ⚖ pending; 2. su./m pendant; fig. fellow, counterpart; 3. pendant prp. during; for (2 days, 3 miles); ~ que while, whilst; **pendard, e** F [~'da:r, ~'dard] su. gallows-bird; rogue; su./f hussy.

pendeloque [pɑ̃d'lɔk] f ear-drop; ✕ cloth: shred; ~s pl. pendants; chandelier: drops; **pendentif** [pɑ̃dɑ̃'tif] m necklace, a. 🜄: pendant; 🜄 pendentive; en ~ hanging; **penderie** [~'dri] f hanging-wardrobe; hanging cupboard.

pendiller [pɑ̃di'je] (1a) v/i. dangle.

pendre [pɑ̃:dr] (4a) vt/i. hang (on, from à); dire pire (or pis) que ~ de q. sling mud at s.o.; run s.o. down; **pendu, e** [pɑ̃'dy] 1. p.p. of pendre; 2. adj. hanged; hanging (on, from à); 3. su. person who has been hanged or who has hanged himself.

pendulaire [pɑ̃dy'lɛ:r] swinging, pendular (motion); **pendule** [~'dyl] su./m phys. etc. pendulum; su./f clock; **pendulette** [~dy'lɛt] f small clock.

pêne [pɛ:n] m lock: bolt; latch.

pénétrable [pene'trabl] penetrable; **pénétrant, e** [~'trɑ̃, ~'trɑ̃:t] penetrating; keen (glance, intelligence, wind); pervasive (smell); acute (person); **pénétration** [~tra'sjɔ̃] f penetration (a. fig.); fig. insight, shrewdness; **pénétrer** [~'tre] (1f) v/t. penetrate; fig. fathom (a secret); permeate with, de); v/i. penetrate; enter; force one's way.

pénible [pe'nibl] painful; hard, laborious.

péniche ⚓ [pe'niʃ] f barge; lighter; ✕ ~ de débarquement landing-craft.

pénicillé, e [penisil'le] penicillate; **pénicilline** 💊 [~'lin] f penicillin.

péninsulaire [penɛ̃sy'lɛ:r] peninsu-

lar; **péninsule** geog. [~'syl] f peninsula.

pénis anat. [pe'nis] m penis.

pénitence [peni'tɑ̃:s] f penitence, repentance; eccl. penance; mettre q. en ~ school: make s.o. stand in the corner; **pénitencerie** eccl. [~tɑ̃s'ri] f penitentiary(ship); **pénitencier** [~tɑ̃'sje] m eccl., ⚖ penitentiary; ⚖ reformatory; **pénitent, e** [~'tɑ̃, ~'tɑ̃:t] adj., a. su. penitent; **pénitentiaux** [~tɑ̃'sjo] adj./m/pl. penitential (psalms); **pénitentiel, -elle** [~tɑ̃'sjɛl] penitential, (works) of penance.

pennage [pɛn'na:ʒ] m plumage.

penne¹ ⚓ [pɛn] f peak.

penne² [pɛn] f quill-feather; wing-feather, tail-feather; arrow: feather; tex. warp end; **penné, e** 🜚 [pe'ne] pennate, pinnate; **pennon** [~'nɔ̃] m pennon; arrow: feather.

pénombre [pe'nɔ̃:br] f half-light; penumbra; obscurity (a. fig.).

pensant, e [pɑ̃'sɑ̃, ~'sɑ̃:t] thinking; mal ~ heretical; see bien-pensant.

pensée¹ 🜚 [pɑ̃'se] f pansy.

pensée² [pɑ̃'se] f thought; idea; fig. mind; intention; **penser** [~'se] (1a) v/i. think (of, à); remember; intend; fig. expect; faire ~ remind (s.o. of s.th., q. à qch.); pensez à faire cela don't forget to do this; sans y ~ thoughtlessly; v/t. think, believe; consider; think out; elle pense venir she means to come; qu'en pensez-vous? what do you think of it?; **penseur** [~'sœ:r] m thinker; libre ~ free-thinker; **pensif, -ve** [~'sif, ~'si:v] pensive, thoughtful.

pension [pɑ̃'sjɔ̃] f pension, allowance; boarding house; boarding school; (charge for) board and lodging; ~ alimentaire maintenance allowance; **pensionnaire** [pɑ̃sjɔ-'nɛ:r] su. boarding house, school: boarder; hotel: resident; ⚖ inmate; **pensionnat** [~'na] m boarding school; school: hostel; coll. boarders pl.; **pensionner** [~'ne] (1a) v/t. pension off. [tion.)

pensum [pɛ̃'sɔm] m school: imposi-⟩

pent(a)... [pɛ̃t(a)] pent(a)...; five...; **pentathlon** sp. [pɛ̃ta'tlɔ̃] m pentathlon.

pente [pɑ̃:t] f slope, incline; gradient; river: fall; 🜄 roof: pitch; fig. bent, propensity.

Pentecôte [pãt'ko:t] f Whitsun (-tide); Pentecost; *dimanche m de la* ~ Whit Sunday.

pénultième [penyl'tjɛm] **1.** *adj.* penultimate; **2.** *su./f gramm.* penult, last syllable but one.

pénurie [peny'ri] f shortage, scarcity; *fig.* poverty, need.

pépère F [pe'pɛːr] **1.** *su./m* granddad; *gros* ~ big, quiet fellow; chubby child; **2.** *adj.* F quiet; cosy; cushy.

pépie [pe'pi] f *disease of birds:* pip; F *fig. avoir la* ~ have a terrible thirst.

pépiement [pepi'mã] m chirp(ing), cheep(ing); **pépier** [~'pje] (1o) *v/i.* chirp, cheep.

pépin [pe'pɛ̃] m *fruit:* pip; F snag; F umbrella, F brolly; *sl. avoir un* ~ *pour* be in love with, F be smitten by; **pépinière** [pepi'njɛːr] f ✓ seed-bed; ✓, *a. fig.* nursery; **pépiniériste** [~nje'rist] m nurseryman.

pépite [pe'pit] f *gold:* nugget.

pepsine 🕭 [pɛp'sin] f pepsin.

péquin F ✗ [pe'kɛ̃] *m see* pékin.

perçage [pɛr'sa:ʒ] m piercing, boring; *cask:* tapping.

percale *tex.* [pɛr'kal] f cambric; percale; **percaline** [~ka'lin] f *tex.* percaline; calico; *bookbinding:* cloth.

perçant, e [pɛr'sã, ~'sã:t] piercing, penetrating, keen (*cold, mind, etc.*); **perce** [pɛrs] f ⊕ borer, drill; ♪ *flute:* hole; *en* ~ broached (*cask*); *mettre en* ~ broach; **perce-bois** zo. [~'bwa] *m/inv.* wood-borer; **percée** [pɛr'se] f opening; ✗, *a. fig.* break-through; *metall.* tap-hole; *furnace:* tapping; **percement** [~sə'mã] m piercing, boring; perforation; opening; **perce-neige** 🌱 [pɛrs'nɛ:ʒ] f/inv. snowdrop; **perce-oreille** zo. [pɛrsɔ'rɛːj] m earwig.

percepteur, -trice [pɛrsɛp'tœ:r, ~'tris] **1.** *adj.* perceiving; **2.** *su./m* collector of taxes; **perceptibilité** [~tibili'te] f perceptibility; *sound:* audibility; *tax:* liability to collection; **perceptible** [~'tibl] perceptible; audible (*sound*); collectable, collectible (*tax*); **perceptif, -ve** [~'tif, ~'ti:v] perceptive; **perception** [~'sjõ] f perception; *admin.* collection; collectorship (*of taxes*).

percer [pɛr'se] (1k) *v/t.* pierce; *fig.* penetrate; break through; perforate; make a hole in (*a wall etc.*); broach (*a cask*); sink (*a well*); ⊕ lance (*an abscess*); *v/i.* pierce; come through; **perceur, -euse** [~'sœ:r, ~'sø:z] *su./f* drill, borer, driller; puncher; *su./f* drill (-ing-machine).

percevable [pɛrsə'vabl] perceivable; leviable (*tax*); **percevoir** [~'vwa:r] (3a) *v/t.* perceive; hear (*a sound*); collect (*taxes, fares, etc.*).

perche¹ *icht.* [pɛrʃ] f perch.

perche² [pɛrʃ] f pole; F lanky individual; *fig. tendre la* ~ *à q.* give s.o. a helping hand; *sp. saut m à la* ~ pole vault; **percher** [pɛr'ʃe] (1a) *v/i. a. se* ~ perch, roost; F *fig.* live, F hang out; F put, stick (*somewhere*); **percheur, -euse** [~'ʃœ:r, ~'ʃø:z] perching, roosting; *oiseau m* ~ percher; **perchoir** [~'ʃwa:r] m perch, roost.

perclus e [pɛr'kly, ~'kly:z] crippled; stiff; lame; paralyzed (*a. fig.*).

perçoir ⊕ [pɛr'swa:r] m punch, drill, gimlet.

percolateur [pɛrkɔla'tœ:r] m coffee-percolator.

percussion [pɛrky'sjõ] f ✗, ♪, *a. gun:* percussion; **percutant, e** [~'tã, ~'tã:t] percussive; *fig.* that strikes home; *fig.* trenchant; **percuter** [~'te] (1a) *v/t.* strike; hit; ✗ percuss; *v/i.* ~ *contre* crash into, hit; **percuteur** [~'tœ:r] m fuse; *gun:* hammer; *fuse:* plunger.

perdable [pɛr'dabl] losable; **perdant, e** [~'dã, ~'dã:t] **1.** *adj.* losing; *billet m* ~ ticket: blank; **2.** *su.* loser; **perdition** [~di'sjõ] f *eccl.* perdition; ⚓ *en* ~ sinking; in distress; **perdre** [pɛrdr] (4a) *v/t.* lose; waste (*time, pains*); get rid of; be the ruin of; ~ *la pratique* get out of practice; ~ *q. de vue* lose sight of s.o.; *je m'y perds* I can't make head or tail of it; *se* ~ be lost; disappear; lose one's way; be wasted; go bad; be wrecked; *v/i.* lose; ⊕ etc. leak.

perdreau [pɛr'dro] m *orn.* young partridge; *cuis.* partridge; **perdrix** *orn.* [~'dri] f partridge.

perdu, e [pɛr'dy] **1.** *p.p. of* perdre; **2.** *adj.* lost; waisted; *fig.* ruined; ⊕, ⚙ sunk; *phys.* idle (*motion*); ✗ stray (*bullet*); loose (*woman*); spare (*time*); out-of-the-way, god-forsaken (*place*); *à corps* ~ desperately; recklessly; *crier comme un* ~ shout like a madman; *reprise f* ~*e* invisible darn.

père [pɛ:r] *m* father (*a. fig.*); *eccl.* ♀ Father; ~*s pl.* forefathers; ~ *de famille* paterfamilias; ~ *spirituel* father confessor; F *le* ~ ... old ...; *Dumas* ~ Dumas Senior; *ses* ~ *et mère* his parents.

pérégrination [peregrina'sjɔ̃] *f* peregrination.

péremption ⚖ [perãp'sjɔ̃] *f* striking out of an action by reason of failure to comply with a time-limitation; **péremptoire** [~'twa:r] peremptory (*tone, a.* ⚖ *exception*); decisive (*argument*); ⚖ strict (*time-limit*).

perenniser [perɛni'ze] (1a) *v/t.* perpetuate; **pérennité** [~'te] *f* everlastingness.

péréquation *admin.* [perekwa'sjɔ̃] *f* equalization; standardizing; adjustment; balancing (out).

perfectibilité [pɛrfɛktibili'te] *f* perfectibility; **perfectible** [~'tibl] perfectible; **perfection** [~'sjɔ̃] *f* perfection; *à* (*or dans*) *la* ~ to perfection; **perfectionnement** [~sjɔn'mã] *m* improvement; perfecting; **perfectionner** [~sjɔ'ne] (1a) *v/t.* improve; perfect.

perfide [pɛr'fid] false; treacherous (to, *envers*); perfidious; **perfidie** [~fi'di] *f* perfidy, (act of) treachery.

perforage ⊕ [pɛrfɔ'ra:ʒ] *m see perforation*; **perforateur, -trice** [~ra'tœ:r, ~'tris] **1.** *adj.* perforating; **2.** *su./m* perforator; *su./f* ⊕ *boring or* drilling machine; card punch; **perforation** [~ra'sjɔ̃] *f* perforation (*a.* ⚕); drilling; *mot. etc.* puncture, puncturing; **perforer** [~'re] (1a) *v/t.* perforate; ⊕ drill, bore through; punch (*leather, paper*); *mot.* puncture; **perforeuse** [~'rø:z] *f see perforatrice*.

performance [pɛrfɔr'mã:s] *f* performance.

pergola [pɛrgɔ'la] *f* pergola.

péri... [peri] peri...; **~carde** *anat.* [~'kard] *m* pericardium; **~cardique** ⚕ [~kar'dik] pericardial; **~cardite** ⚕ [~kar'dit] *f* pericarditis; **~carpe** ♀ [~'karp] *m* pericarp, seed-vessel.

péricliter [perikli'te] *v/i.* be in jeopardy *or* F in a bad way.

péril [pe'ril] *m* peril, danger; risk; *au* ~ *de* at the risk of; **périlleux,**

-euse [~ri'jø, ~'jø:z] perilous, dangerous.

périmé, e [peri'me] out-of-date; expired (*ticket etc.*); ⚖ barred by limitation.

périmètre [peri'mɛtr] *m* ⚜ perimeter; *fig.* sphere.

périnée *anat.* [peri'ne] *m* perineum.

période [pe'rjɔd] *su./f* time, *a. astr., geol., gramm.,* ♫, *a. phys. wave*: period; ⚕ phase; ♪ phrase; age, era, epoch; ♫ *su./m* poet. point; zenith; **périodicité** [perjɔdisi'te] *f* periodicity; **périodique** [~'dik] **1.** *adj.* periodic(al); intermittent; ⚕ recurrent (*fever*); **2.** *su./m* periodical.

péri...: ~oste *anat.* [pe'rjɔst] *m* periosteum; **~ostite** ⚕ [~rjɔs'tit] *f* periostitis; **~pétie** [peripe'si] *f* sudden change; ~*s pl.* vicissitudes; **~phérie** [~fe'ri] *f* ⚜ periphery, circumference; *town:* outskirts *pl.*; **~phérique** [~fe'rik] **1.** *adj.* peripheral; outlying (*district etc.*); *mot.* boulevard *m* ~ = **2.** *su./m* ring road, circular route; **~phrase** *gramm.* [~'fra:z] *f* periphrasis; circumlocution; *par* ~ periphrastically; **~phrastique** *gramm.* [~fras'tik] periphrastic.

périr [pe'ri:r] (2a) *v/i.* perish, die; ♺ be wrecked, be lost.

périscope [peris'kɔp] *m* periscope; **périscopique** [~kɔ'pik] periscopic.

périssable [peri'sabl] perishable; **périssoire** [~'swa:r] *f* canoe.

péri...: ~style △ [peris'til] *m* peristyle; *eccl.* cloisters *pl.*; **~toine** *anat.* [peri'twan] *m* periton(a)eum; **~tonite** ⚕ [~tɔ'nit] *f* peritonitis; **~urbain, e** [~yr'bɛ̃, ~'bɛn] suburban, suburb ...

perle [pɛrl] *f* pearl (*a. typ.*); bead (*a. fig.* of dew); *fig.* maid, wife, *etc.*: jewel; F *school:* howler; **perlé, e** [pɛr'le] set with pearls; *fig.* pearly; ♪ *etc.* exquisitely executed; **perler** [~'le] (1a) *v/t.* pearl (*an article, a. barley*); set with pearls; ♪ *etc.* execute perfectly; *v/i.* stand in beads (*sweat*); bead (*sugar*); **perlier, -ère** [~'lje, ~'ljɛ:r] pearl-bearing; pearl-...

perlimpinpin [pɛrlɛ̃pɛ̃'pɛ̃] *m:* poudre f de ~ quack powder; *fig.* magic cure-all.

permanence [pɛrma'nã:s] *f* permanence; office *etc.* always open to the public; *en* ~ permanently; **perma-**

nent, e [~'nã, ~'nã:t] **1.** *adj.* permanent; *fig.* lasting; *admin.* standing (*committee*, *order*); *cin.* non-stop (*performance*); **2.** *su./f* permanent wave, perm; **permanenter** [~manã'te] (1a) *v/t.* perm.

perméable [pɛrme'abl] permeable, pervious.

permettre [pɛr'mɛtr] (4v) *v/t.* permit, allow; authorize; *se* ~ *de* (*inf.*) venture to (*inf.*), take the liberty of (*ger.*); **permis, e** [~'mi, ~'mi:z] **1.** *p.p. of* permettre; **2.** *adj.* permitted, allowed; lawful; **3.** *su./m* permit; driving licence, *Am.* driver's license; ~ *de conduire* driving licence, *Am.* driver's license; ~ *de séjour* residence permit; **permissif, -ve** [~mi'sif, ~'si:v] permissive; **permission** [~mi'sjɔ̃] *f* permission; ⚔, ⚓ leave (of absence); ⚔ ~ *de détente* furlough after strenuous service; **permissionnaire** [~misjɔ'nɛːr] *m* permit holder; ⚔ soldier on leave; ⚓ liberty man.

permutable [pɛrmy'tabl] interchangeable; **permutation** [~ta'sjɔ̃] *f* exchange of posts; Å *etc.* permutation; **permuter** [~'te] (1a) *v/t.* exchange (*posts etc.*); ⚡ change over; Å *etc.* permute; *v/i.* exchange posts (with, *avec*).

pernicieux, -euse [pɛrni'sjø, ~'sjø:z] pernicious, injurious.

péronnelle F *pej.* [perɔ'nɛl] *f* silly goose.

péroraison [perɔrɛ'zɔ̃] *f* peroration; **pérorer** [~'re] (1a) *v/i.* hold forth; F speechify.

peroxyde 🜂 [pɛrɔk'sid] *m* peroxide.

perpendiculaire [pɛrpãdiky'lɛːr] upright; Å perpendicular (to, *à*) (*a.* △ *style*).

perpétration 🜚 [pɛrpetra'sjɔ̃] *f* perpetration; **perpétrer** [~'tre] (1f) *v/t.* perpetrate, commit.

perpétuel, -elle [pɛrpe'tɥɛl] perpetual, everlasting; for life; **perpétuer** [~'tɥe] (1n) *v/t.* perpetuate; **perpétuité** [~tɥi'te] *f* perpetuity; *à* ~ in perpetuity; for life (🜚 *sentence*).

perplexe [pɛr'plɛks] perplexed (*person*); perplexing (*situation*); **perplexité** [~plɛksi'te] *f* perplexity.

perquisition 🜚 [pɛrkizi'sjɔ̃] *f* search; ~ *domiciliaire* search of a house; **perquisitionner** 🜚 [~sjɔ-'ne] (1a) *v/i.* (carry out a) search.

perron △ [pɛ'rɔ̃] *m* front steps *pl.*

perroquet [perɔ'kɛ] *m orn.* parrot; ⚓ sail: topgallant; **perruche** [~'ryʃ] *f orn.* parakeet; ⚡ hen-parrot; (~ *ondulée*) budgerigar; ⚓ mizzen topgallant sail.

perruque [pɛ'ryk] *f* wig; F *fig.* *vieille* ~ fogey; **perruquier** † [~ry-'kje] *m* wig-maker; barber.

persan, e [pɛr'sã, ~'san] **1.** *adj.* Persian; **2.** *su./m ling.* Persian; *su.* ♀ Persian; **perse** *tex.* [pɛrs] *f* chintz.

persécuter [pɛrseky'te] (1a) *v/t.* persecute; F *fig.* harass; **persécuteur, -trice** [~'tœːr, ~'tris] **1.** *adj.* persecuting; *fig.* troublesome; **2.** *su.* persecutor; **persécution** [~'sjɔ̃] *f* persecution; *fig.* importunity.

persévérance [perseve'rãːs] *f* perseverance (in *ger.*, *à inf.*); **persévérant, e** [~'rã, ~'rãːt] persevering (in *ger.*, *à inf.*); **persévérer** [~'re] (1f) *v/i.* persevere.

persienne [pɛr'sjɛn] *f* Venetian blind; slatted shutter.

persiflage [pɛrsi'flaːʒ] *m* mockery; **persifler** [~'fle] (1a) *v/t.* make fun of, mock; **persifleur, -euse** [~'flœːr, ~'fløːz] **1.** *adj.* mocking; **2.** *su.* mocker.

persil ♀ [pɛr'si] *m* parsley; **persillade** *cuis.* [~si'jad] *f* beef salad with parsley-sauce; **persillé, e** [~si'je] blue(-moulded) (*cheese*); spotted with green; marbled (*meat*).

persistance [pɛrsis'tãːs] *f* persistence (in *ger.*, *à inf.*); 🜚, *a. fig.* continuance; **persistant, e** [~'tã, ~'tãːt] persistent (*a.* ♀ *leaves*); dogged (*effort*); *fig.* lasting; steady (*rain*); **persister** [~'te] (1a) *v/i.* persist (in s.th., *dans qch.*; in *ger.*, *à inf.*); *la pluie persiste* it keeps on raining.

personnage [pɛrsɔ'naːʒ] *m* personage; person of distinction; *thea. etc.* character; *pej.* individual, person; **personnaliser** [~nali'ze] (1a) *v/t.* personalize; give a personal touch to; **personnalité** [~nali'te] *f* personality; person of distinction; *fig.* ~s *pl.* personal remarks, personalities; **personne** [pɛr'sɔn] **1.** *su./f* person (*a. gramm.*); one's self; body, appearance; 🜚 ~ *morale* corporate body, artificial person; *jeune* ~ young lady; **2.** *pron./indef./m/inv.* anybody, anyone; (*with negative*) not anyone, nobody; *qui l'a vu?* ~! who saw him? no one!; **personnel, -elle** [pɛrsɔ-'nɛl] **1.** *adj.* personal (*a.* ♟, *gramm.*); selfish, self-(*interest etc.*); not transferable (*ticket*); **2.** *su./m* staff, personnel; ♫ complement; ✗ ~ *à terre* (*or rampant*) ground staff *or* crew; ~ *enseignant school*: staff, *univ.* academic staff, *Am.* faculty; **personnification** [~nifika'sjɔ̃] *f* personification; impersonation; **personnifier** [~ni'fje] (1o) *v/t.* personify; impersonate.

perspectif, -ve [pɛrspɛk'tif, ~'tiːv] **1.** *adj.* perspective; **2.** *su./f* perspective; *fig.* outlook; prospect; vista; *en* ~ in view.

perspicace [pɛrspi'kas] shrewd, perspicacious; **perspicacité** [~kasi'te] *f* perspicacity, shrewdness, insight.

persuader [pɛrsua'de] (1a) *v/t.* persuade; (of, de; to *inf.*, de *inf.*); convince; **persuasif, -ve** [~'zif, ~'ziːv] persuasive; **persuasion** [~'zjɔ̃] *f* persuasion; conviction.

perte [pɛrt] *f* loss, ruin; waste; leakage; ✗ ~*s pl.* casualties; ~ *sèche* dead loss; ✝ *à* ~ at a loss; *à* ~ *de vue* as far as the eye can see; F *fig.* endlessly; *en pure* ~ to no purpose; *être en* ~ *de* 10 F be 10 francs down *or* out of pocket; *être en* ~ *de vitesse* ✗ lose lift, *fig.* lose momentum.

pertinence [pɛrti'nãːs] *f* pertinence; **pertinent, e** [~'nã, ~'nãːt] pertinent, relevant; judicious.

pertuis [pɛr'tɥi] *m* sluice; *metall.* tap-hole; *geog.* channel; *river:* narrows *pl.*; *geog.* pass.

perturbateur, -trice [pɛrtyrba-'tœːr, ~'tris] **1.** *adj.* disturbing; **2.** *su.* disturber; interferer; **perturbation** [~'sjɔ̃] *f* perturbation, agitation; ~*s pl.* atmosphériques *radio:* atmospherics.

péruvien, -enne [pery'vjɛ̃, ~'vjɛn] *adj., a. su.* ♀ Peruvian.

pervenche ♀ [pɛr'vãːʃ] *f* periwinkle.

pervers, e [pɛr'vɛːr, ~'vɛrs] **1.** *adj.* perverse; perverted; **2.** *su.* ♫ pervert; **perversion** [~vɛr'sjɔ̃] *f* perversion; perversity; **perversité** [~vɛrsi'te] *f* perversity; **pervertir** [~vɛr'tiːr] (2a) *v/t.* corrupt; pervert.

pesage [pə'zaːʒ] *m* weighing; *turf:* weighing-in; weighing-in room; paddock; **pesamment** [~za'mã] *adv.* of *pesant 1*; **pesant, e** [~'zã,

~'zãːt] **1.** *adj.* heavy; *fig.* ponderous (*style*); *fig.* dull (*mind*); **2.** *su./m* weight; **pesanteur** [~zã'tœːr] *f* weight; *phys.* gravity; heaviness; *fig.* clumsiness; *fig.* dullness.

pèse... [pɛz] ...ometer; ...-scales *pl.*; **~-bébé** [~be'be] *m* baby-scales *pl.*

pesée [pə'ze] *f* weighing; *faire la* ~ *de* weigh (*s.th.*); **pèse-lettre** [~'lɛtr] *m* letter scales *pl.*; **pèse-personnes** [~pɛr'sɔn] *m* (bathroom) scales *pl.*; **peser** [pə'ze] (1d) *v/t.* weigh; consider; *v/i. fig.* lie *or* weigh heavy (on *sur, à*); ~ *à q. a.* weigh s.o. down; ~ *sur a.* press hard on (*a lever*); **pesette** [~'zɛt] *f* assay scales *pl.*; **peseur** *m*, **-euse** *f* [~'zœːr, ~'zoːz] weigher; **peson** [~'zɔ̃] *m* balance.

pessimisme [pɛsi'mism] *m* pessimism; **pessimiste** [~'mist] **1.** *adj.* pessimistic; **2.** *su.* pessimist.

peste [pɛst] *f* plague (*a. fig.*), pestilence; F *fig.* pest, nuisance; ✗ ~! confound it!; *vet.* ~ *bovine* cattle-plague; ♫ ~ *bubonique* bubonic plague, *hist.* Black Death; ~ *soit de lui* a plague on him!; **pester** [pɛs-'te] (1a) *v/i.* rave, storm (at, *contre*); **pestiféré, e** [pɛstife're] **1.** *adj.* plague-stricken; **2.** *su.* plague-stricken person; **pestilence** ♫ † [~'lãːs] *f* pestilence; **pestilentiel, -elle** [~lã'sjɛl] pestilential.

pet [pɛ] *m* V fart; *cuis.* ~-de-nonne doughnut, fritter.

pétale ♀ [pe'tal] *m* petal.

pétarade [peta'rad] *f* fireworks: crackle; *mot.* back-fire; ✗ random firing; **pétard** [~'taːr] *m* ✗ shot; ⛏ detonator; *firework:* cracker; F sensational news; *sl.* backside, bum; F *faire du* ~ kick up a row; **péter** [~'te] (1f) *v/i.* crack (*fire, gun*); pop (*cork*); V fart; **pétillant, e** [~ti'jã, ~'jãt] sparkling; fizzy, bubbly (*liquid*); **pétiller** [~ti'je] (1a) *v/i.* crackle (*fire etc.*); sparkle (*champagne, eyes*); *fig.* scintillate (with wit, *d'esprit*).

petiot, e F [pə'tjo, ~'tjɔt] **1.** *adj.* tiny, little; **2.** *su./m* little boy; *su./f* little girl.

petit, e [pə'ti, ~'tit] **1.** *adj.* small, little; slight (*sound*); minor (*nobility, subject*); *school:* lower (*forms*); tight (*shoes*); short; young (*a. zo.*); petty, trifling, *pej.* mean; ~ *à* ~ little by little; ~*e industrie* smaller industries *pl.;* **~es gens** *pl.* humble people; **2.** *su.* child, kid; *zo.* cub, young; **petit-déjeuner** F [~tideʒøˈne] (1a) *v/i.* (have) breakfast; **petite-fille,** *pl.* **petites-filles** [~titˈfiːj] *f* granddaughter; **petitement** [~titˈmã] poorly; pettily; meanly; **petitesse** [~tiˈtɛs] *f* smallness, littleness, *pej.* meanness, pettiness; mean trick; **petit-fils,** *pl.* **petits-fils** [~tiˈfis] *m* grandson; **petit-gris,** *pl.* **petits-gris** [~tiˈgri] *m* zo. miniver; ⚕ *fur:* squirrel.

pétition [petiˈsjɔ̃] *f* petition; **pétitionnaire** [~sjɔˈnɛːr] *su.* petitioner; **pétitionner** [~sjɔˈne] (1a) *v/i.* petition.

petit...: **~-lait,** *pl.* **~s-laits** [pɔtiˈlɛ] *m* whey; **~-maître,** *pl.* **~s-maîtres** [~ˈmɛːtr] *m* fop; **~-nègre** F [~ˈnɛːgr] *m: parler ~* talk pidgin; **~-neveu,** *pl.* **~s-neveux** [~nəˈvø] *m* grandnephew; **~s-enfants** [~zãˈfã] *m/pl.* grandchildren; **~-suisse,** *pl.* **~s-suisses** *cuis.* [~ˈsɥis] *m* small cream cheese.

peton F [pɔˈtɔ̃] *m* tiny foot, F tootsy.

pétrel *orn.* [peˈtrɛl] *m* petrel.

pétrification [petrifikaˈsjɔ̃] *f* petrifaction; **pétrifier** [~ˈfje] (1o) *v/t.* petrify; F dumbfound; *se ~* petrify.

pétrin [peˈtrɛ̃] *m* kneading-trough; F *fig.* mess; F *dans le ~* in a mess or fix; **pétrir** [~ˈtriːr] (2a) *v/t.* knead; mo(u)ld *(clay, a. s.o.'s mind);* **pétrissage** [petriˈsaːʒ] *m* kneading; clay, *a. fig.* mind: mo(u)lding; **pétrisseur, -euse** [~ˈsœːr, ~ˈsøːz] *su.* kneader; *su./f* kneading-machine.

pétrochimie [petrɔʃiˈmi] *f* petrochemistry; **pétrochimique** [~ˈmik] petrochemical; **pétrochimiste** [~ˈmist] *su.* petrochemist.

pétrole [peˈtrɔl] *m* petroleum; mineral oil; paraffin, *Am.* kerosene; *brut* crude oil; *puits m de ~* oil-well; **pétrolier, -ère** [petrɔˈlje, ~ˈljeːr] **1.** *adj.* oil-...; **2.** *su./m (a. navire m ~)* tanker; **pétrolifère** [~liˈfeːr] oil-bearing; oil-*(belt, field, well).*

pétulance [petyˈlãːs] *f* liveliness; *horse:* friskiness; **pétulant, e** [~ˈlã, ~ˈlãːt] lively; frisky *(horse).*

peu [pø] **1.** *adv.* little; few; *before adj.:* un-..., not very; *~ à ~* bit by bit, little by little; *~ de little (bread etc.),* few *(people, things, etc.); ~ de chose* nothing much; *~ d'entre eux* few of them; *à ~ près* approximately, nearly; *depuis ~* of late; *pour ~ que (sbj.)* however little *(ind.),* if ever *(ind.); quelque ~* rather, slightly; *sous (or dans) ~* before long; *tant soit ~* ever so little, a little bit; *viens un ~!* come here!; **2.** *su./m* little, bit; want, lack; *le ~ de ...* the little ..., the lack of ...; *un ~ de* a bit of.

peuplade [pœˈplad] *f* small tribe, people; **peuple** [pœpl] *m* people; nation; **peupler** [pœˈple] (1a) *v/t.* populate (with, de); stock *(with animals etc.);* fig. fill; *se ~* become populated; fill up with people; *v/i.* multiply, breed.

peuplier ♀ [pœpliˈe] *m* poplar.

peur [pœːr] *f* fear, dread; *avoir ~* be afraid (of, de), be scared (of, de); *de ~ de (faire) qch.* for fear of (doing) s.th.; *de ~ que ... (ne) (sbj.)* for fear of (ger.); *faire ~ à* frighten *(s.o.);* **peureux, -euse** [pœˈrø, ~ˈrøːz] fearful; timid.

peut-être [pøˈtɛːtr] *adv.* perhaps, maybe; **peuvent** [pœːv] *3rd p. pl. pres. of pouvoir 1;* **peux** [pø] *1st p. sg. pres. of pouvoir 1.*

phagocyter [fagɔsiˈte] (1a) *v/t.* biol. phagocytose; fig. absorb.

phalange [faˈlãːʒ] *f anat., a.* ♀ phalanx; *fig.* host.

phalène *zo.* [faˈlɛn] *f* moth.

phallocrate [falɔˈkrat] *m* male chauvinist; **phallocratie** [~kraˈsi] *f* male chauvinism.

phare [faːr] *m* lighthouse; ⚓, ✈ beacon; *mot.* headlight, headlamp; *mot.* **~s** *pl.* code dipped or dimmed headlights, *Am. a.* dimmers; *mot. baisser les ~s* dim or dip the headlights.

pharisaïque [farizaˈik] pharisaic(al); **pharisaïsme** [~zaˈism] *m* pharisaism *(a. fig.);* **pharisien** [~ˈzjɛ̃] *m* pharisee *(a. fig.); fig.* self-righteous person; *fig.* hypocrite.

pharmaceutique [farmasøˈtik] **1.** *adj.* pharmaceutic(al); **2.** *su./f* pharmaceutics *sg.;* **pharmacie** [~ˈsi] *f* pharmacy; chemist's (shop), *Am.* drugstore; medicine-chest; **pharmacien** *m,* **-enne** *f* [~ˈsjɛ̃, ~ˈsjɛn] chemist, *Am.* druggist; **pharmacologie** [~kɔlɔˈʒi] *f* pharmacology; **pharmacopée** [~kɔˈpe] *f* pharmacopoeia.

phase [faːz] *f* phase *(a. ♂, ⚡, fig.).*

phénicien, -enne [feni'sjɛ̃, ~'sjɛn] **1.** adj. Phoenician; **2.** su./m ling. Phoenician; su. ♀ Phoenician.

phénique ♙ [fe'nik] adj.: acide m ~ = **phénol** ♙ [~'nɔl] m phenol, carbolic acid.

phénomène [feno'mɛn] m phenomenon; fig. wonder; freak.

philanthrope [filɑ̃'trɔp] su. philanthropist.

philatélie [filate'li] f stamp-collecting, philately; **philatéliste** [~'list] su. stamp-collector, philatelist.

philippique [fili'pik] f philippic.

Philistin [filis'tɛ̃] m Philistine (a. fig.).

phil(o)... [fil(o)] phil(o)...

philo... : ~**logie** [filolo'ʒi] f philology; ~**logue** [~'lɔg] su. philologist; ~**sophe** [~'zɔf] **1.** su. philosopher; **2.** adj. philosophical; ~**sophie** [~zɔ'fi] f philosophy; faire sa ~ be in the philosophy class (= [approx.] lower 6th form); ~**sophique** [~zɔ'fik] philosophic(al).

philtre [filtr] m philtre.

phlébite ♺ [fle'bit] f phlebitis.

phobie psych. [fɔ'bi] f phobia.

phonétique [fɔne'tik] **1.** adj. phonetic; **2.** su./f phonetics pl.; **phonique** [~'nik] phonic; sound (signal).

phonographe [fɔnɔ'graf] m, F **phono** [~'no] m gramophone, record-player, Am. a. phonograph.

phoque [fɔk] m zo. seal; ✝ sealskin.

phosphate ♙, ✍ [fɔs'fat] m phosphate; **phosphore** ♙ [~'fɔːr] m phosphorus; **phosphoré, e** [fɔsfɔ're] containing phosphorus, phosphorated, phosphuretted (hydrogen); **phosphorescence** [~re'sɑ̃ːs] f phosphorescence; **phosphorescent, e** [~re'sɑ̃, ~'sɑ̃ːt] phosphorescent; **phosphoreux, -euse** ♙ [~'rø, ~'røːz] phosphorous; **phosphorique** ♙ [~'rik] adj./m phosphoric; **phosphorite** min. [~'rit] f phosphorite; **phosphure** ♙ [fɔs'fyːr] m phosphide; **phosphuré, e** ♙ [~fy're] phosphuretted.

photo F [fɔ'to] f photograph, F photo; faire de la ~ go in for photography.

photo... [fɔtɔ] photo...; ~**calque** ⊕ [~'kalk] m blue print; ~**chimie** [~ʃi'mi] f photochemistry; ~**chromie** [~krɔ'mi] f colo(u)r photography; photochromy; ~**copie** [~kɔ'pi]

f photocopy; ~**copier** [~kɔ'pje] (1o) v/t. photocopy; ~**copieur** [~kɔ'pjœːr] m photocopier; ~**électrique** phys. [~elɛk'trik] photoelectric; ~**gène** phys. [~'ʒɛn] photogenic; ~**génique** [~ʒe'nik] actinic; cin., phot. photogenic; ~**graphe** [~'graf] m photographer; ~**graphie** [~gra'fi] f photograph, F photo; photography; ~ aérienne aerial photography; ~**graphier** [~gra'fje] (1o) v/t. photograph, take a photo(graph) of; se faire ~ have one's photo(graph) taken; ~**graphique** [~gra'fik] photographic; appareil m ~ camera; ~ reconnaissance f ~ photoreconnaissance; ~**gravure** [~gra'vyːr] f process, a. print: photogravure; ~**lithographie** [~litɔgra'fi] f photolithography; photolithograph; ~**mètre** [~'mɛtr] m photometer, light meter; ~**pile** [~'pil] f solar battery; ~**sensible** [~sɑ̃'sibl] photosensitive; ~**stoppeur** [~stɔ'pœːr] m street photographer; ~**thérapie** ♺ [~tera-'pi] f phototherapy; light-cure; ~**tropisme** ♗ [~trɔ'pism] m phototropism; ~**type** ⊕ [~'tip] m phototype; collotype; ~**typie** ⊕ [~ti'pi] f process: collotype.

phrase [frɑːz] f sentence; ♪ phrase; **phraséologie** [frazeɔlɔ'ʒi] f phraseology; **phraséologique** [~'ʒik] phraseological; **phraser** [frɑ'ze] (1a) vt/i. phrase (a. ♪); **phraseur** m, **-euse** f F [~'zœːr, ~'zøːz] phrasemonger, speechifier.

phrénologie [frenɔlɔ'ʒi] f phrenology; **phrénologique** [~'ʒik] phrenological; **phrénologiste** [~'ʒist] m phrenologist.

phtisie ♺ [fti'zi] f phthisis; consumption.

phyllo... zo. [filo] phyllo...; ~**xéra** [~lɔkse'ra] m phylloxera.

physicien m, -enne f [fizi'sjɛ̃, ~'sjɛn] physicist.

physico... [fiziko] physico...; physical (chemistry).

physio... [fizjo] physio...; ~**logie** [~lɔ'ʒi] f physiology; ~**logique** [~lɔ'ʒik] physiological; ~**logiste** [~lɔ-'ʒist] su. physiologist; ~**nomie** [~nɔ-'mi] f physiognomy; appearance; countenance; fig. aspect, character.

physique [fi'zik] **1.** adj. physical; bodily; **2.** su./f physics sg.; ~ nucléaire nuclear physics sg.; su./m

physique; constitution; appearance.
phyto... [fito] phyto...; **phytopte**
zo. [ˌ*ˈ*tɔpt] *m* rust-mite.

piaffement [pjafˈmɑ̃] *m* horse: paw-
ing, piaffer; **piaffer** [pjaˈfe] (1a)
v/i. paw the ground (*horse*); prance
(*horse*); fig. ~ *d'impatience* fidget;
piaffeur, -euse [ˌ*ˈ*fœːr, ˌ*ˈ*føːz]
prancing, high-stepping (*horse*); fig.
fidgety; swaggering.

piaillard, e F [pjaˈjaːr, ˌ*ˈ*jard] **1.** *adj.*
cheeping (*bird*); squalling (*child*);
2. *su.* squalling child; **piailler** [ˌ*ˈ*
ˈje] (1a) *v/i.* cheep (*bird*); squeal,
screech (*child, animal*); **piaillerie**
[pjajˈri] *f* birds: (continuous) cheeping; *children etc.*: squealing, screech-
ing; **piailleur m, -euse** *f* [pjaˈjœːr,
ˌ*ˈ*jøːz] bird: cheeper; *child etc.*:
squealer, squaller.

pianino ♩ [pjaniˈno] *m* pianino; **pianiste** ♩ [ˌ*ˈ*nist] *su.* pianist; **piano**
[ˌ*ˈ*no] **1.** *adv.* ♩ piano; F fig. gently,
easy; **2.** *su./m* piano(forte); ~ *à queue*
grand piano; ~ *droit* upright piano;
jouer du ~ play the piano; **pianoter** F
[ˌ*ˈ*nɔˈte] (1a) *v/i.* ♩ tinkle (on the
piano); fig. drum one's fingers (on,
sur).

piaule *sl.* [pjol] *f* digs *pl.* (= *lodgings*); **piauler** [pjoˈle] (1a) *v/i.*
cheep (*chicks*); whine, pule (*children*).

pic¹ [pik] *m* 🦅 *etc.* pick(axe); *geog., a.*
⚓ peak; *cards*: pique (*at piquet*); ~
pneumatique pneumatic drill; *à* ~
perpendicular(ly *adv.*), sheer; just at
the right moment or time.

pic² *orn.* [ˌ*ˈ*] *m* woodpecker.

picaillons *sl.* [pikaˈjɔ̃] *m/pl.* dough
sg. (= *money*).   [(*novel*).]

picaresque [pikaˈrɛsk] picaresque

pichet [piˈʃɛ] *m* pitcher, jug.

pickpocket [pikpɔˈkɛt] *m* pickpocket.

pick-up [piˈkœp] *m/inv.* radio:
pickup, record-player.

picorer [pikɔˈre] (1a) *vt/i.* peck (at).

picoté, e [pikɔˈte] pitted (*face etc.*).

picotement [ˌ*ˈ*mɑ̃] *m* smarting
(sensation); prickling; **picoter** [ˌ*ˈ*te]
(1a) *v/t.* make smart; prickle; peck
(at) (*bird*).

picotin [pikɔˈtɛ̃] *m measure*: peck.

pie¹ [pi] **1.** *su./f orn.* magpie; **2.** *adj./
inv.* piebald (*horse*).

pie² [ˌ*ˈ*] *adj./f: œuvre f* ~ charitable
deed, good work.

pièce [pjɛs] *f* piece; bit, fragment;
cost. patch; *wine*: cask, barrel; *tex.*
roll; *money*: coin, piece; ⊕ *machine*: part; *thea.* play; room (*in a
house*); fig. mo(u)ld; ⚖ document (*in
a case*); ⊕, *mot., etc.* ~s *pl.* de rechange spare parts; ⊕ ~s *pl.* dé-
tachées attendant parts; ~ *d'eau*
ornamental lake; ~ *de résistance*
cuis. principal dish; fig. principal
feature; *à la* ~ in ones, separately;
5 F la ~, *5 F* each; *mettre en* ~s
break or tear (*s.th.*) to pieces; *tout
d'une* ~ all of a piece.

pied [pje] *m* 🦶, *anat., column, glass,
measure, mountain, stocking, tree,
verse, wall*: foot; foothold; footing
(*a.* ⚔); *furniture*: leg; ♣ stalk;
wine-glass: stem; *camera etc.*: stand,
rest; *asparagus, lettuce, etc.*: head;
hunt. track; ~ *à coulisse* slide ga(u)ge,
sliding cal(l)ipers *pl.*; ~ *plat* flat-
foot; *à* ~ on foot; walking; *au* ~
de la lettre literal(ly *adv.*); *au* ~ *levé*
off the cuff; at a moment's notice;
avoir ~ have a footing; *sl. c'est le* ~!
that's great!; *coup m de* ~ kick; *en* ~
full-length (*portrait*); F *faire du* ~
play footsie (with *à, avec*); F *lever le* ~
make o.s. scarce; get out; F *mettre q.
à* ~ dismiss or F sack s.o.; *mettre sur*
~ establish, set up; *prendre (perdre)* ~
gain a (lose one's) foothold; ~-**à-
terre** [ˌ*ˈ*taˈtɛːr] *m/inv.* temporary
lodging; town apartment; ~-**bot,**
pl. ~**s-bots** [ˌ*ˈ*bo] *m* club-footed
person; ~-**d'alouette,** *pl.* ~**s-
d'alouette** [ˌ*ˈ*daˈlwɛt] *m* larkspur,
delphinium; ~-**de-biche,** *pl.* ~**s-de-
biche** [ˌ*ˈ*dəˈbiʃ] ⊕ bell-pull; ⊕ nail-
claw; *sewing-machine*: presser-foot;
⚕ molar forceps; ~-**de-chèvre,** *pl.*
~**s-de-chèvre** ⊕ [ˌ*ˈ*dəˈʃɛːvr] *m* footing; ~-**de-poule** *tex.* [ˌ*ˈ*dəˈpul] *m*
broken-check; ~-**droit,** *pl.* ~**s-
droits** [ˌ*ˈ*drwa] 🏛 *arch.* bridge: pier;
side-wall; *window*: jamb.

piédestal [pjedɛsˈtal] *m* pedestal.

pied-noir, *pl.* **pieds-noirs** F [pje-
ˈnwaːr] *m* European settler in
Algeria.

piège [pjɛːʒ] *m* trap (*a. fig.*); *prendre
au* ~ trap; *tendre un* ~ *à* set a trap for;
piéger [pjeˈʒe] (1g) *v/t.* trap (*a. fig.
s.o.*); booby-trap (*s.th.*).

pie-grièche, *pl.* **pies-grièches** [pi-
griˈɛʃ] *f orn.* shrike; F *fig. woman*:
shrew.

pierraille [pjɛˈrɑːj] f rubble; road metal; **pierre** [pjɛːr] f stone (a. ⚒); ~ à briquet flint; △ ~ de taille freestone; ashlar; ~ fine semi-precious stone; ~ précieuse precious stone, gem; **pierreries** [pjɛrəˈri] f/pl. precious stones, gems, jewels; **pierrette** [ˌˈrɛt] f small stone; thea. pierrette; **pierreux, -euse** [ˌˈrø, ˌˈrøːz] stony; gravelly (river-bed); gritty (pear); ⚕ calculous; ⚕ suffering from calculus.

pierrot [pjɛˈro] m thea. pierrot, clown; F orn. cock-sparrow; F fellow.

piété [pjeˈte] f piety; devotion.

piétiner [pjetiˈne] (1a) v/t. trample (s.th.) underfoot, ↗, ⊕ tread; v/i. stamp; (a. ~ sur place) mark time.

piétisme [pjeˈtism] m pietism; **piétiste** [ˌˈtist] 1. su. pietist; 2. adj. pietistic.

piéton, -onne [pjeˈtɔ̃, ˌˈtɔn] 1. su. pedestrian; 2. adj. = **piétonnier, -ère** [ˌtɔˈnje, ˌˈnjɛːr] pedestrian, for pedestrians; rue f (or aire f or zone f) piétonne (or piétonnière) pedestrian precinct.

piètre [pjɛtr] wretched, poor (a. fig.); fig. lame (excuse).

pieu [pjø] m stake, pile, post; sl. bed; **pieuter** sl. [ˌˈte] (1a) v/rfl.: se ~ hit the sack.

pieuvre zo. [pjœːvr] f octopus, squid, devil-fish.

pieux, -euse [pjø, pjøːz] pious, devout; dutiful (child); ⚖ charitable (bequest).

pif¹ F [pif] m nose.

pif²! [~] int.: ~ (ou)!, ~ paf! bang, bang!

pif(f)er sl. [piˈfe]: je ne peux pas le ~ I can't stand him; **pifomètre** F [pifɔˈmɛːtr] m instinct, intuition; au ~ by guesswork; by chance.

pige [piːʒ] f measuring rod; journ. etc. à la ~ (paid) by the line; sl. faire la ~ à do better than, outdo.

pigeon [piˈʒɔ̃] m orn. pigeon (a. F fig.); △ builder's plaster; ~ voyageur carrier-pigeon; **pigeonne** orn. [ˌˈʒɔn] f hen-pigeon; **pigeonneau** [piʒɔˈno] m young pigeon; F fig. dupe; **pigeonnier** [ˌˈnje] m pigeon-house, dovecot(e).

piger sl. [piˈʒe] (1l) v/t./v/i. cotton on (to, à), get (it), get the message (= understand); look (at).

pigment [pigˈmɑ̃] m skin etc.: pigment.

pigne ⚘ [piɲ] f fir-cone, pine-cone.

pignocher F [piɲɔˈʃe] (1a) v/i. pick (at one's food).

pignon [piˈɲɔ̃] m △ gable; ⊕ pinion; ⊕ cogwheel; ⚘ pine seed; fig. avoir ~ sur rue be well set up.

pignouf F [piˈɲuf] m rotten cad; miser.

pilage [piˈlaːʒ] m pounding, crushing.

pilastre △ [piˈlastr] m pilaster; newel.

pile¹ [pil] f pile, heap; △ bridge: pier; phys. (atomic, nuclear) pile; ⚡ battery; ⊕ beating-trough; sl. thrashing; ⚡ ~ sèche dry cell.

pile² [~] f reverse (of a coin); ~ ou face heads pl. or tails pl.; jouer à ~ ou face toss up; F exactly, just, right; F s'arrêter ~ stop short or dead.

piler [piˈle] (1a) v/t. pound, crush, grind (almonds, pepper); F beat.

pileux, -euse zo., a. ⚘ [piˈlø, ˌˈløːz] pilose, hairy.

pilier [piˈlje] m △ pillar (a. fig.), column; bridge: pier; fig. frequenter (of a place).

pillage [piˈjaːʒ] m looting, pillaging; mettre au ~ plunder; **pillard, e** [ˌˈjaːr, ˌˈjard] 1. adj. pillaging, pilfering; 2. su. looter, plunderer; **piller** [ˌˈje] (1a) v/t. pillage, loot, plunder; fig. steal from (an author); fig. ransack (a book, a work); **pilleur, -euse** [ˌˈjœːr, ˌˈjøːz] 1. adj. looting; pilfering; 2. su. looter; plunderer; ⚓ ~ d'épaves wrecker.

pilon [piˈlɔ̃] m ⊕ rammer; metall. stamper; pestle; F wooden leg; cuis. fowl: drumstick; mettre au ~ pulp (a book); **pilonner** [ˌˈne] (1a) v/t. pound ⊕ ram; metall. stamp (ore); ✕ shell, ✈ bomb, a. fig. bombard.

pilori [piloˈri] m pillory.

pilot [piˈlo] m △ pile; salt-pans: heap of salt.

pilotage [pilɔˈtaːʒ] m ⚓ pilotage (a. ✈); ✈ flying; ✈ ~ sans visibilité blind flying, flying on instruments; **pilote** [ˌˈlɔt] 1. su./m ⚓, ✈, etc., a. fig. pilot; fig. leader, guide; ✈ ~ automatique automatic pilot, gyropilot; ~ d'essai test-pilot; 2. adj. pilot (project etc.), experimental; ✝ low-priced (drink etc.).

piloter [pilɔˈte] (1a) v/t. ⚓, ✈ pilot;

🦋 fly (*a plane*); *fig.* guide, show (round Paris, *dans Paris*).

pilotis [pilɔ'ti] *m* pile-work; piling.

pilule 🦋, *a. fig.* [pi'lyl] *f* pill.

pimbêche F [pɛ̃'bɛʃ] *f* stuck-up woman *or* girl.

piment [pi'mã] *m* 🦋, *a. cuis.* pimento, Jamaica pepper; *cuis.* red pepper; *fig.* spice; **pimenter** [∼mã'te] (1a) *v/t. cuis.* season with pimento; *fig.* give spice to (*a story*).

pimpant, e [pɛ̃'pã, ∼'pã:t] smart; fresh and trim; spruce.

pin 🦋 [pɛ̃] *m* pine(-tree), fir(-tree); ∼ sylvestre Scotch fir; **pomme** f **de** ∼ fir-cone, pine-cone.

pinacle [pi'nakl] *m* pinnacle; *fig.* height of power *or* fame; F **porter au** ∼ praise (*s.o.*) to the skies.

pinailler *sl.* [pina'je] (1a) *v/i.* quibble.

pinard F [pi'na:r] *m* wine.

pinasse ⚓ [pi'nas] *f* pinnace.

pince [pɛ̃:s] *f* ⊕ pincers *pl.*, pliers *pl.*; riveting, sugar, *etc.*: tongs *pl.*; ⊕ clip (*a. bicycle, paper, etc.*); ⊕ crowbar; *zo.* crab, lobster: claw; *sl.* fig. paw, hand; *cost.* dart, pleat; *zo.* ∼s *pl. herbivora*: incisors; ∼ **à épiler** tweezers *pl.*; ∼ **à linge** clothes peg (*Am.* pin); ∼ **à ongles** nail clippers *pl.*

pincé, e [pɛ̃'se] **1.** *adj.* prim, affected; stiff (*voice*); tight-lipped (*smile*); **2.** *su.*/f pinch (*of salt etc.*).

pinceau [pɛ̃'so] *m* (paint-)brush; *opt.* light: pencil; *fig.* touch.

pincement [pɛ̃s'mã] *m* pinch(ing); plucking; twinge; *j'ai eu un* ∼ *au cœur* my heart missed a beat; **pince-monseigneur**, *pl.* **pinces-monseigneur** [pɛ̃smɔ̃sɛ'nœ:r] *m* crowbar, jemmy; **pince-nez** [∼'ne] *m*/*inv.* pince-nez, eye-glasses *pl.*; **pincer** [pɛ̃'se] (1k) *v/t.* pinch; nip; grip; purse (*one's lips*); F arrest; ♪ pluck (*the strings*); **en** ∼ **pour** have a crush on (*s.o.*); **pince-sans-rire** F [pɛ̃ssɑ̃'ri:r] *m*/*inv.* man of dry and sly humo(u)r; **pincettes** [pɛ̃'sɛt] *f*/*pl.* tweezers; (fire) tongs; **pinçon** [∼'sɔ̃] *m* pinch mark.

pineraie 🦋 [pin'rɛ] *f*, **pinède** [pi'nɛd] *f see* pinière.

pingouin *orn.* [pɛ̃'gwɛ̃] *m* auk, razorbill.

pingre F [pɛ̃:gr] **1.** *adj.* miserly, stingy, near; **2.** *su.* skinflint; **pingrerie** F [pɛ̃grə'ri] *f* stinginess.

pinière 🦋 [pi'njɛ:r] *f* pine-wood, fir-grove.

pinson *orn.* [pɛ̃'sɔ̃] *m* finch.

pintade [pɛ̃'tad] *f orn.* guinea-fowl; F stuck-up woman.

pinte [pɛ̃:t] *f measure*: (*French*) pint, (*approx.*) English quart; **pinter** *sl.* [pɛ̃'te] (1a) *v/i.* tipple, booze; *v/t.* swill (*beer etc.*).

piochage [pjɔ'ʃa:ʒ] *m* swotting; **pioche** ⊕ [pjɔʃ] *f* pick(axe); **piocher** [pjɔ'ʃe] (1a) *v/t.*/i. dig (*with a pick*); F *fig.* grind; *v/t.* F *fig.* swot at; *v/i.* F *fig.* swot; **piocheur, -euse** [∼'ʃœ:r, ∼'ʃø:z] *su.* F person: swot, *Am.* grind; *su.*/m ⊕ navvy, digger; *su.*/f ⊕ steam-digger.

piolet *mount.* [pjɔ'lɛ] *m* ice-axe.

pion [pjɔ̃] *m chess*: pawn; *draughts*: man; F *school*: usher, supervisor (*of preparation*).

pioncer *sl.* [pjɔ̃'se] (1k) *v/i.* sleep.

pionnier ✗ [pjɔ'nje] *m* pioneer (*a. fig.*).

pipe [pip] *f* pipe (*a. measure for wine*); 🦋, gas, liquid: tube; **pipeau** [pi'po] *m* ♪ (reed-)pipe; bird-call; *birds*: limed-twig, snare; **pipée** [∼'pe] *f* bird-snaring (*with bird-calls*).

pipe-line [pajp'lajn] *m oil*: pipe-line.

piper [pi'pe] (1a) *v/t.* lure (*with bird-calls*); *fig.* † trick, dupe (*s.o.*); load (*a dice*); mark (*a card*).

pipette 🦋 [pi'pɛt] *f* pipette.

pipeur [pi'pœ:r] *m* bird-lurer; F sharper, cheat.

pipi *ch.sp.* [pi'pi] *m*: *faire* ∼ wee.

piquant, e [pi'kã, ∼'kã:t] **1.** *adj.* pricking; stinging (*nettle, a. remark*); biting (*remark, wind*); tart (*wine*); pungent (*smell, taste*); *fig.* piquant (*a. sauce*), stimulating; *cuis.* hot (*spice*); *mot m* ∼ witty remark, quip; **2.** *su.*/m plant: sting; *porcupine*: quill; *sauce etc.*: bite; *fig.* piquancy; *fig.* point; **pique** [pik] *su.*/f ♀ ✗ pike; pointed tip; pique, ill feeling; *su.*/m *cards*: spade(s *pl.*); **piqué, e** [pi'ke] **1.** *adj.* quilted (*garment*); sour (*wine*); ♪ staccato (*note*); 🦋 nose-(dive); *cuis.* larded (*meat*); F cracked, dotty, moth-eaten; **2.** *su.*/m quilting; piqué; 🦋 nose-dive, vertical dive; **pique-assiette** F [pika'sjɛt] *m* sponger; **pique-**

feu [pik'fø] *m/inv.* fire-rake, poker;
pique-nique [~'nik] *m* picnic;
pique-notes [~'nɔt] *m/inv.* spike-file; **piquer** [pi'ke] (1m) *vt/i.*
prick; sting; *v/t.* nettle, wasp, *F fig.* remark: sting (*s.o.*); make (*eyes, tongue*) smart; *moths, worms:* eat into; *tex.* quilt; pink (*silk*); stick (into, dans), *fig.* offend; arouse (*s.o.'s curiosity*); *cuis.* lard; *fig.* interlard (*an account, a story*); *♂ ~ q. à qch.* give an injection of s.th. to *s.o.*; *♂ ~ un animal* put an animal to sleep; *♂ ~ une tête* dive, take a header; *F ~ un soleil* blush; *se ~* get mildewy; turn sour; *fig.* get offended; *se ~ de* pride *o.s.* on; have pretensions to; *v/i.: ~ des deux* spur one's horse; *~ sur* head for; *✈ etc.* dive down on.
piquet¹ [pi'kɛ] *m* peg, stake, post; *⚔* picket; *~ de grève* strike picket.
piquet² [~] *m* cards: piquet; pack of piquet cards.
piqueter [pik'te] (1c) *v/t.* stake out (*a camp, a. surv., a. △*); peg out; spot, dot; *⊕* picket (*a factory etc.*).
piquette [pi'kɛt] *f* second wine; poor wine; **piqueur, -euse** [~'kœːr, ~'køːz] *su.* stitcher, sewer; *su./m hunt.* whip(per-in); groom; outrider; *⚒* hewer; *⊕* plate-layer; **piqûre** [~'kyːr] *f* sting, prick; (*flea-*)bite; *♂* injection; puncture; spot; *books, leather, etc.:* stitching, sewing.
pirate [pi'rat] *m* pirate; *~ de l'air* highjacker; **pirater** [pira'te] (1a) *v/i.* practise piracy; pirate; **piraterie** [~'tri] *f* piracy (*a. fig.*); *~ aérienne* highjacking.
pire [piːr] worse; *au ~ if the worst comes to the worst; le ~* (the) worst.
piriforme [piri'fɔrm] pear-shaped.
pirogue [pi'rɔg] *f* (dug-out) canoe.
pirouette [pi'rwɛt] *f* toy: whirligig; *horsemanship, a. dancing:* pirouette; **pirouetter** [~rwe'te] (1a) *v/i.* pirouette; twirl.
pis¹ *zo.* [pi] *m* udder.
pis² [pi] *adv.* worse; *le ~* (the) worst; *~-aller* [piza'le] *m/inv.* stopgap, last resource.
piscicole [pisi'kɔl] piscicultural; **pisciculteur** [~kyl'tœːr] *m* pisciculturist; **pisciculture** [~kyl'tyːr] *f* pisciculture, fish-breeding; **pisciforme** [~'fɔrm] pisciform, fish-shaped.

piscine [pi'sin] *f* swimming-pool; public baths *pl.*; † fish-pond.
piscivore [pisi'vɔːr] piscivorous.
pisé △ [pi'ze] *m* puddled clay.
pissat [pi'sa] *m* (*animal*) urine; **pissenlit** ♀ [~sã'li] *m* dandelion; *F fig.* manger les ~s par la racine be pushing up the daisies (= *be dead*); **pisser** V [~'se] (1a) *v/i.* piss, pee; **pissoir** [~'swaːr] *m* urinal; **pissotière** V [~sɔ'tjɛːr] *f* urinal.
pistache ♀ [pis'taʃ] *f* pistachio-nut; **pistachier** ♀ [~ta'tʃje] *m* pistachio tree.
piste [pist] *f* track; race-track; race-course; *circus:* ring; *hunt., a. fig.* trail, scent; clue, lead; *✈* tarmac; *~ d'atterrissage* landing-strip; *✈ ~ d'envol* runway; *cin. ~ sonore* sound-track; **pister** [pis'te] *v/t. hunt.* track; tail (*s.o.*).
pistil ♀ [pis'til] *m* pistil.
pistolet [pistɔ'le] *m* pistol; gun; *a. ~ pulvérisateur* spray gun.
piston [pis'tõ] *m* ⊕ piston; *♪* valve; *♪* cornet; *fig.* influence; *F* pull; ⊕ course *f* du ~ piston-stroke; **pistonner** *F* [~tɔ'ne] (1a) *v/t.* pull strings for (*s.o.*).
pitance [pi'tãːs] *f* (allowance of) food; **piteux, -euse** [~'tø, ~'tøːz] piteous, sorry, woeful.
pithécanthrope [piteka'trɔp] *~m* pithecanthrope, ape-man.
pitié [pi'tje] *f* pity (on, de).
piton [pi'tõ] *m* ⊕ eye-bolt, ring-bolt; *F* large nose; *geog.* peak; *mount.* piton, peg; *~ à vis* screweye.
pitoyable [pitwa'jabl] pitiful; pitiable; poor.
pitre [pitr] *m* clown (*a. pej. fig.*); **pitrerie** [pitrə'ri] *f* buffoonery.
pittoresque [pitɔ'rɛsk] **1.** *adj.* picturesque; graphic (*description, style*); **2.** *su./m* picturesqueness; vividness.
pivert *orn.* [pi'vɛːr] *m* green woodpecker.
pivoine ♀ [pi'vwan] *f* peony.
pivot [pi'vo] *m* ⊕ pivot (*a. ⚔ sl.*), pin, axis; *lever:* fulcrum; *fig.* central figure *etc.*; ♀ tap-root; *F ~s pl.* legs; **pivoter** [~vɔ'te] (1a) *v/i.* pivot; turn, swivel; *⚔* wheel; ♀ form tap-roots; *F faire ~* drill, put (*s.o.*) through it.
placage [pla'kaːʒ] *m* ⊕ veneer(ing); *metal:* plating; *♪* patchwork; **placard** [~'kaːr] *m* cupboard; △ *door:*

panel; poster, bill; *typ. proof*: galley; **placarder** [ˌkarˈde] (1a) *v/t.* post (*a bill*); stick (*a poster*) on a wall.

place [plas] *f* place, position; space, room; seat (*a.* 🚂, *thea., etc.*); square; (*taxi-*)stand; job, employment; rank; ✕ ~ d'armes parade-ground; ✕ ~ *forte* fortified town; fortress; *à la* ~ *de* instead of; *à votre* ~ if I were you; † *faire la* ~ canvass for orders; *par* ~*s* here and there; *sur* ~ on the spot; **placement** [plasˈmɑ̃] *m* placing; † sale, disposal; † *money*: investing, investment.

placer [plaˈse] (1k) *v/t.* place; put; find employment for; † sell, dispose of; † invest (*money*); seat (*s.o.*); show (*s.o.*) to a seat; *il n'a pu* ~ *un mot* he couldn't get a word in; *se* ~ find a job; sell (*article*).

placet 🏛 [plaˈsɛ] *m* claim; petition.

placeur, -euse [plaˈsœːr, ~ˈsøːz] *su.* manager of an employment agency; steward (*at meetings*); † placer, seller; *su./f thea.* usherette, attendant.

placide [plaˈsid] placid, calm; **placidité** [ˌsidiˈte] *f* calmness, serenity, placidity.

placier *m*, **-ère** *f* [plaˈsje, ~ˈsjɛːr] † agent, canvasser; *admin.* clerk in charge of letting market pitches.

plafond [plaˈfɔ̃] 1. *su./m* ceiling (*a. fig., a.* ✈); *mot.* maximum speed; ✈ roof; ♣ *hold*: floor; ⊕ *canal*: bottom; 2. *adj.* maximum, ceiling; **plafonner** [ˌfɔˈne] (1a) *v/t.* ♠ ceil; *v/i.* reach a maximum; *mot.* reach one's top speed; ✈ fly at the ceiling; † reach the ceiling (of, *à*) (*prices*); **plafonnier** [ˌfɔˈnje] *m* ceiling-light; *mot.* roof-light.

plage [plaːʒ] *f* beach, shore; seaside resort; surface; place; area, zone; period (*of time*); section, portion; range; ~ *arrière* ♣ quarter-deck; *mot.* back shelf.

plagiaire [plaˈʒjɛːr] *m* plagiarist (*from, de*); **plagiat** [~ˈʒja] *m* plagiarism, plagiary; **plagier** [~ˈʒje] (1o) *v/t.* plagiarize, † crib from.

plaid [plɛd] *m tex., cost.* plaid; travelling-rug.

plaider [plɛˈde] (1a) *v/i.* plead; litigate, go to court; *v/t.* plead; **plaideur** *m*, **-euse** *f* 🏛 [~ˈdœːr, ~ˈdøːz]

litigious person; **plaidoirie** [ˌdwaˈri] *f* 🏛 counsel's speech; **plaidoyer** [ˌdwaˈje] *m* 🏛 defence speech; *fig.* plea, argument (for, *en faveur de*).

plaie [plɛ] *f* wound; sore (*a. fig.*); scourge; *bibl.*, *fig.* plague.

plaignant, e 🏛 [plɛˈɲɑ̃, ~ˈɲɑ̃ːt] *adj., a. su.* plaintiff; complainant.

plain, plaine [plɛ̃, plɛn] *adj.*: *de* ~*-pied* on a level (with, *avec*), on the same floor; *fig.* straight; ~*-chant, pl.* ~*s-chants* ♪ [plɛ̃ˈʃɑ̃] *m* plainsong.

plaindre [plɛ̃ːdr] (4m) *v/t.* pity, be sorry for; † grudge; *se* ~ complain;⎫ **plaine** [plɛn] *f* plain. (grumble.⎭

plainte [plɛ̃ːt] *f* complaint (*a.* 🏛); reproach; lamentation; **plaintif, -ve** [plɛ̃ˈtif, ~ˈtiːv] plaintive; querulous (*person, voice*).

plaire [plɛːr] (4z) *v/i.*: ~ *à* please; *à Dieu ne plaise* God forbid (that, *que*); *v/impers.*: *cela lui plaît* he likes that; *plaît-il?* I beg your pardon?; *qu'il vous plaise ou non* if you like it or not; *s'il vous plaît, s'il te plaît* please; *v/t.*: *se* ~ delight (in, *à*); enjoy *o.s.*; be happy; please one another.

plaisamment [plɛzaˈmɑ̃] *adv. of plaisant 1*; **plaisance** [~ˈzɑ̃ːs] *f*: *de* ~ pleasure-(*boat, ground*); country (*seat*), in the country (*house*); **plaisant, e** [~ˈzɑ̃, ~ˈzɑ̃ːt] 1. *adj.* pleasant; amusing; † ridiculous; 2. *su./m* the amusing part (*of s.th.*); *mauvais* ~ practical joker; **plaisanter** [plɛzɑ̃ˈte] (1a) *v/i.* joke; *pour* ~ for fun, for a joke; *v/t.* chaff (*s.o.*); **plaisanterie** [~ˈtri] *f* joke; *mauvaise* ~ silly joke; *par* ~ for fun; **plaisantin** [~ˈtɛ̃] *m* joker.

plaisir [plɛˈziːr] *m* pleasure (*a. fig.*); delight; amusement; favo(u)r; *à* ~ at will; without cause; *avec* ~ willingly; *de* ~ pleasure-...; *faire* ~ *à* please; *les* ~*s pl. de la table* the pleasures of the palate; *menus* ~*s pl.* little luxuries; *par* ~ for pleasure.

plaisons [plɛˈzɔ̃] *1st p. pl. pres. of plaire*; **plaît** [plɛ] *3rd p. sg. pres. of plaire*.

plan, plane [plɑ̃, plan] 1. *adj.* plane (*a.* 📐), level, flat; 2. *su./m* 📐, △, ✈, ⚡, *opt.* plane; ⊕ *plane*: sole; ✕ *fire*: line; ✈ *wing*; *fig.* level, sphere; *fig.* rank, importance; △ *etc.*, *fig.* plan; draft, drawing; *cin. gros* ~ close-up; ⸻

laisser q. en ~ leave s.o. in the lurch; *premier ~ thea.* down-stage; *paint.* foreground; *fig.* first importance; *second ~ paint.* middle ground; *fig.* background, *fig.* second rank.

planche [plɑ̃:ʃ] *f* board; plank; *(book-)*shelf; ⊕ plate, block; ✗ land; ✓ *(flower- etc.)*bed; *thea.* ~*s pl.* boards, stage *sg.*; ♣ ~ *de débarquement* gang-plank; *faire la ~ swimming:* float (on one's back); ♣, ✈ *jours m/pl. de* ~*s* lay days; **planchéier** [plɑ̃ʃeˈje] (1a) *v/t.* board (over); floor (*a room*); **plancher** [~ˈʃe] **1.** *su./m* (boarded) floor; ✈, *mot.* floor-board; F ~ *des vaches* terra firma; F *débarrasser le* ~ clear out (= *go away*); F *mot. mettre le pied au* ~ step on it; **2.** *adj.* bottom, minimum (*price etc.*), **planchette** [~ˈʃɛt] *f* small board *or* plank.

plan-concave *opt.* [plɑ̃kɔ̃ˈka:v] planoconcave; **plan-convexe** *opt.* [~ˈvɛks] planoconvex.

plane ⊕ [plan] *f* drawing-knife; turning-chisel.

plané, e ✈ [plaˈne] gliding; *vol m* ~ glide, volplane; *birds:* soaring.

planer¹ [plaˈne] (1a) *v/t.* ⊕ make even; plane (*wood*).

planer² [~] *v/i.* ✈ glide; soar (*bird*); hover (*bird, mist, a. fig.*).

planétaire [planeˈtɛ:r] **1.** *adj.* planetary; **2.** *su./m* planetarium; **planète** *astr.* [~ˈnɛt] *f* planet.

planeur [plaˈnœ:r] *m* ✈ glider; ⊕ *metals:* planisher; **planeuse** ⊕ [~ˈnøːz] *f* planing-machine; planishing-machine.

planification *pol.* [planifikaˈsjɔ̃] *f* planning; **planifier** [~ˈfje] (1a) *v/t.* plan; *économie f planifiée* planned economy.

planimétrie ⅄ [planimeˈtri] *f* planimetry; **planimétrique** [~ˈtrik] planimetric(al).

planning [plaˈniŋ] *m* planning (a. *pol.*); ~ *familial* family planning.

planque *sl.* [plɑ̃k] *f* hideaway; cushy job; **planquer** *sl.* [plɑ̃ˈke] (1m) *v/t.* hide; *se* ~ take cover; hide; lie flat.

plant ✓ [plɑ̃] *m* sapling; slip; (*nursery*) plantation; **plantage** ✓ [plɑ̃ˈta:ʒ] *m* planting; plantation.

plantain ♀ [plɑ̃ˈtɛ̃] *m* plantain.

plantation [plɑ̃taˈsjɔ̃] *f* planting; plantation; *fig.* setting up, erection; **plante** [plɑ̃t] *f* ♀ plant; *anat.* foot:

sole; ~ *d'appartement* indoor plant; ~ *marine* seaweed; *jardin m des* ~*s* botanical gardens *pl.*, F zoo; **planter** [plɑ̃ˈte] (1a) *v/t.* plant; fix, set up; F *fig.* ~ *là* run out on (*s.o.*) jilt (*s.o.*); chuck (up); *se* ~ take (up) a stand; **planteur** [~ˈtœ:r] *m* planter; **planteuse** [~ˈtø:z] *f* planting-machine.

plantigrade *zo.* [plɑ̃tiˈgrad] *adj.*, *a. su./m* plantigrade.

plantoir ✓ [plɑ̃ˈtwa:r] *m* dibble.

planton ✗ [plɑ̃ˈtɔ̃] *m* orderly.

plantule ♀ [plɑ̃ˈtyl] *f* plantlet, plantling.

plantureux, -euse [plɑ̃tyˈrø, ~ˈrø:z] plentiful, copious; fertile, rich (*country*); *fig.* buxom (*woman*).

plaque [plak] *f* sheet; *metal, a. phot.:* plate; *marble:* slab; *engine, a.* ⬛: bed-plate; (*ornamental*) plaque; badge; ~ *commémorative* (votive) tablet; *mot.* ~ *de police,* ~ *minéralogique* number plate; ~ *de porte* (*rue*) name plate (street plate); ~ *d'identité* identification plate, ✗ identity disc; ~ *tournante* ⬛ turntable; *fig.* centre; **plaqué** ⊕ [plaˈke] *m* plated metal; electroplate; veneered wood; **plaquer** [~ˈke] (1m) *v/t.* ⊕ plate (*metal*); ⊕ veneer (*wood*); ✓ lay down (*turf*); *foot.* tackle; ♪ strike (*a chord*); F run out on (*s.o.*); jilt (*s.o.*); chuck (up); **plaquette** [~ˈkɛt] *f metal, wood:* small plate; *stone, marble:* thin slab; brochure; **plaqueur** [~ˈkœ:r] *m* ⊕ *metal:* plater; *wood:* veneerer; *foot.* tackler.

plastic ⌘ [plasˈtik] *m* explosive gelatine; **plasticité** [~tisiˈte] *f* plasticity; **plastique** [~ˈtik] **1.** *adj.* plastic; **2.** *su./f* plastic art; *fig.* figure; *su./m* ⊕ plastic goods *pl.*

plastron [plasˈtrɔ̃] *m* ✗ breast-plate; ⊕ drill-plate; fencing-jacket; *fig.* butt; *cost. woman's* modesty-front; *cost. man's* shirt-front; **plastronner** [~trɔˈne] (1a) *v/i.* F strut, put on side.

plat, plate [pla, plat] **1.** *adj.* flat (*a. fig.*); level; smooth (*sea*); straight (*hair*); low-heeled (*shoes*); empty (*purse*); plain (*water*); *fig.* dull; *fig.* poor, paltry; *calme m* ~ dead calm; **2.** *su./m* flat part (*of s.th.*); *oar, tongue:* blade; *book:* board; *cuis.* dish; *cuis.* course; *à* ~ flat; F *fig.* washed out, all in; F *mettre les pieds dans le* ~ put one's foot in it; *tomber à ~* fall flat on one's face, *thea.* fall flat (*play*).

platane ♀ [pla'tan] *m* plane-tree; *faux ~* sycamore, great maple.

plateau [pla'to] *m* tray; platform; *thea.* stage; *geog.* plateau; *balance:* scale; ⊕ (bed-)plate; ⊕ table.

plate-bande, *pl.* **plates-bandes** [plat'bã:d] *f* ✿ flower-bed; (grass) border; △ plat band; F *plates-bandes pl.* preserves, private ground *sg.*

platée [pla'te] *f* △ concrete: foundation; F dishful.

plate-forme, *pl.* **plates-formes** [plat'fɔrm] *f* bus, *a. fig.:* platform; 🚂 engine: foot-plate.

platine [pla'tin] *su./f* lock, watch: plate; *typewriter, printing press:* platen; *record player:* turntable; deck; *su./m* 🜩, *min.* platinum; **platiné, e** [ti'ne] platinized; *une blonde ~e* a platinum blonde.

platitude [plati'tyd] *f* platitude, commonplace remark; *fig.* servility; *style:* flatness.

plâtrage [plɑ'tra:ʒ] *m* ⊕ plastering; △ plaster-work; F rubbish; **plâtras** [~'trɑ] *m* debris (of building materials); **plâtre** [plɑ:tr] *m* plaster; plaster cast; plaster-work; *battre comme ~* beat (*s.o.*) to a jelly; 🟥 *mettre en ~* (put into) plaster; **plâtrer** [plɑ'tre] (1a) *v/t.* plaster; *fig.* patch up; 🟥 *etc.* drip; **plâtreux, -euse** [~'trø, ~'trø:z] plastery; chalky (*soil, water*); gypseous; **plâtrier** [~tri'e] *m* plasterer; calciner of gypsum; **plâtrière** [~tri'ɛ:r] *f* gypsum-quarry, gypsum-kiln; chalk-pit.

plausible [plo'zibl] plausible; specious.

plèbe [plɛb] *f* the plebs; *the common people pl.*; **plébéien, -enne** [plebe'jɛ̃, ~'jɛn] *adj., a. su.* plebeian; **plébiscite** [plebi'sit] *m* plebiscite; **plébisciter** [~si'te] (1a) *v/t.* vote for by plebiscite; vote for *or* elect *or* approve (of) by an overwhelming majority; F measure (*s.o.'s*) popularity.

plein, pleine [plɛ̃, plɛn] **1.** *adj.* full (of, de); filled (with, de); high (*sea, tide*); open (*country, street*); big with young (*animal*); solid (*brick, wood, tyre, wire*); *~ emploi* see **plein-emploi**; *fig. pleine saison* the

height of the season; *de son ~ gré* of one's own free will; *en ~ air* in the open; *en ~ jour* in broad daylight; *fig.* publicly, openly; *en pleine mer* on the open sea; *en pleine rue* in the open street; openly; **2.** *su./m* full part; *building:* solid part; ✗ *etc.* bull's-eye; fill(ing); *battre son ~* be at the full (*tide*); *fig.* be in full swing (*party, season, etc.*); *mot.* *faire le ~* fill up with petrol *or* Am. gas, fill up the tank; **plein-emploi** [plɛnɑ̃'plwa] *m* full employment; **plein-temps** [plɛ̃'tɑ̃] **1.** *adj./inv.* full-time; **2.** *m/inv.* full-time job.

plénier, -ère [ple'nje, ~'njɛ:r] complete, absolute, *eccl.* plenary; **plénipotentiaire** [plenipotɑ̃'sjɛ:r] *adj., a. su./m* plenipotentiary; **plénitude** [~'tyd] *f* fullness; completeness.

plénum, plenum [ple'nɔm] *m* plenum.

pléonasme [pleɔ'nasm] *m* pleonasm.

pléthore [ple'tɔ:r] *f* 🟥, *a. fig.* plethora; *fig.* (super)abundance; **pléthorique** [~tɔ'rik] 🟥 plethoric, full-blooded; *fig.* (super)abundant.

pleur [plœ:r] *f* tear; **pleurard, e** [plœ'ra:r, ~'rard] **1.** *adj.* whimpering; whining (*voice*); tearful; **2.** *su.* whiner; F cry-baby; **pleure-misère** [plœrmi'zɛ:r] *su./inv.* person who is always pleading poverty; **pleurer** [plœ're] (1a) *v/t.* weep for, mourn for; *v/i.* weep; cry (for, de; over, sur) (*a. fig.*); water, run (*eyes*) (*de etc.* drip); ♥ bleed.

pleurésie 🟥 [plœre'zi] *f* pleurisy.

pleureur, -euse [plœ'rœ:r, ~'rø:z] **1.** *adj.* tearful, lachrymose; weeping (*person, rock, ♀ willow*); **2.** *su.* weeper; whimperer; *su./f* hired mourner; **pleurnicher** F [plœrni-'ʃe] (1a) *v/i.* whimper, whine, snivel; **pleurnicherie** [~niʃ'ri] *f* whining; **pleurnicheur, -euse** [~ni'ʃœ:r, ~'ʃø:z] **1.** *adj.* whining, whimpering, peevish; **2.** *su.* whiner, whimperer; F cry-baby.

pleut [plø] *3rd p. sg. pres. of* **pleuvoir**.

pleutre [plø:tr] *m* cad; coward.

pleuvoir [plø'vwa:r] (3g) *v/impers.* rain; *il pleut à verse* it is pouring (with rain), it is raining hard; *v/i. fig.* pour in; **pleuvra** [~'vra] *3rd p. sg. fut. of* **pleuvoir**.

plèvre *anat.* [plɛ:vr] *f* pleura.

plexus 374

plexus *anat.* [plɛkˈsys] *m*: ~ solaire solar plexus.

pli [pli] *m* fold, pleat; wrinkle; (*a. faux* ~) crease; ✝ cover, envelope; *bridge, whist*: trick; *arm, leg*: bend; *fig.* habit; *ground*: undulation; ~s *pl. non repassés* unpressed pleats; *faire des* ~s *crease* (up); *faire des* ~s *à plat* (*s.th.*); F *cela ne fait pas un* ~ that's for sure; *fig. prendre un* ~ acquire a habit; ✝ *sous ce* ~ enclosed, herewith; ✝ *sous* ~ *séparé* under separate cover; **pliable** [ˈabl] foldable, folding; pliable, flexible (*a. fig.*); **pliant, e** [ˈã, ˈãːt] **1.** *adj.* pliant, flexible; folding, flexible (*a. fig.*) docile; *mot. capote f* ~e collapsible hood; **2.** *su./m* folding-stool, camp-stool.

plie *icht.* [pli] *f* plaice.

plier [pliˈe] (1a) *v/t.* fold (up); bend; bow (*one's head*); *se* ~ *à* submit to; *fig.* give o.s. up to; *v/i.* bend; yield (*a.* ⚔); **plieur, -euse** [ˈœːr, ˈøːz] *su.* folder; *su./f* folding-machine.

plinthe ⌂ *etc.* [plɛ̃ːt] *f* plinth.

plioir [pliˈwaːr] *m bookbinding*: folder; paper-knife; *fishing-line*-winder.

plisser [pliˈse] (1a) *v/t.* pleat; crumple, crease; corrugate (*metal, paper*); pucker up (*one's face etc.*); *v/i.* crease, pucker; hang in or have folds; **plissure** [ˈsyːr] *f* pleating; pleats *pl.*

pliure [pliˈyːr] *f* fold; bend; *bookbinding*: folding.

plomb [plɔ̃] *m* lead; ⌂ lead sink; ⚡ fuse; ✝ lead seal; ⚓ plummet; *hunt.* ~s shot; *typ.* metal, type; *fig.* weight; *à* ~ vertically; upright; straight down; *mine f de* ~ black-lead, graphite; *sommeil m de* ~ heavy sleep; *tomber à* ~ fall plumb or vertically; **plombage** [plɔ̃ˈbaːʒ] *m* leading, plumbing; ✝ sealing; *teeth*: stopping, filling; **plombagine** [ˌbaˈʒin] *f* graphite, plumbago; **plombé, e** [ˈbe] leaded (*a. cane*); leaden (*sky*); livid (*complexion*); **plomber** [ˈbe] (1a) *v/t.* cover or weight with lead; glaze (*pottery*); stop, fill (*a tooth*); plumb; ✝ seal; *fig.* give a livid hue to; **plomberie** [ˈbri] *f* plumbing; lead industry; lead-works *usu. sg.*; plumber's (shop); **plombier** [ˈbje] *m* lead-worker; plumber;

plombifère [ˌbiˈfɛːr] lead-bearing; lead (*glaze*).

plongeant, e [plɔ̃ˈʒã, ˈʒãːt] plunging; from above (*view*); **plongée** [ˈʒe] *f* plunge, dive; diving; slope; *ground*: dip; ~ *sous-marine* (skin) diving; **plongeoir** [ˈʒwaːr] *m* diving-board; **plongeon** [ˈʒɔ̃] *m* dive; *orn.* diver; *faire le* ~ dive; *fig.* make up one's mind, F take the plunge; **plonger** [ˈʒe] (1l) *vt/i.* plunge; *v/t.* dip (into, *dans*); *se* ~ immerse o.s.; *fig. être plongé dans* be absorbed in; *v/i.* dive; ⚓ submerge (*submarine*); dip (*ground, a.* ⚔ *seam*); ⚓ ~ *du nez* pitch; **plongeur, -euse** [ˈʒœːr, ˈʒøːz] **1.** *adj.* diving; **2.** *su. person*: diver; dish-washer, washer-up (*in a restaurant*); *su./m orn.* diver; ⊕ plunger.

plot ⚡ [plo] *m* stud, terminal; plug.

plouc, plouk, plouque F *pej.* [pluk] **1.** *su./m* rustic, country bumpkin; provinciality, provincialism; **2.** *adj./inv.* rustic, provincial.

ploutocratie [plutɔkraˈsi] *f* plutocracy.

ployable [plwaˈjabl] pliable; **ployer** [ˈje] † (1h) *vt/i.* bend; *v/i.* give way.

plu¹ [ply] *p.p. of plaire.*

plu² [ˈ] *p.p. of pleuvoir.*

pluie [plɥi] *f* rain (*a. fig.*); *fig.* shower; ~s (*pl.*) *acide*(s) acid rain; *craint la* ~! keep dry!; F *fig. faire la* ~ *et le beau temps* rule the roost.

plumage [plyˈmaːʒ] *m* plumage; **plumard** *sl.* [ˈmaːr] *m* bed; **plume** [plym] *f* feather; pen; pen-nib; *homme m de* ~ man of letters; **plumeau** [plyˈmo] *m* feather duster; **plumée** [ˈme] *f poultry*: plucking; **plumer** [ˈme] (1a) *v/t.* pluck (*poultry*); F fleece (*s.o.*); **plumet** [ˈmɛ] *m* ⚔ *helmet*: plume; **plumier** [ˈmje] *m* pen(cil) box; pen tray; **plumitif** *pej.* [ˈmiˈtif] *m* penpusher; scribbler.

plupart [plyˈpaːr] *f*: *la* ~ most, the majority, the greater part; *la* ~ *des gens, la* ~ *du monde* most people; *la* ~ *du temps* most of the time; generally; *pour la* ~ mostly.

pluralité [plyraliˈte] *f* plurality; *votes*: majority.

pluri... [plyri] pluri..., multi...

pluriel, -elle *gramm.* [plyˈrjɛl] **1.** *adj.* plural; **2.** *su./m* plural; *au* ~ in the plural.

plus¹ [ply; *oft.* plys *at end of word-group; before vowel* plyz] **1.** *adv.* more; ~ plus; ~ ... ~ ... the more ... the more ...; ~ *confortable* more comfortable; ~ *de* more than (*2 days*); ~ *de soucis!* no more worries!; ~ *grand* bigger; ~ *haut!* speak up!; ~ *que* more than (*he*); ~ *rien* nothing more; *de* ~ *further(more); de* ~ *en* ~ more and more; *en* ~ in addition (to, *de*); extra; *le* ~ *confortable* most comfortable; *le* ~ *grand* biggest; *moi non* ~ nor I, F me neither; *ne* ... ~ no more, no longer; *not again; non* ~ (not) either; *rien de* ~ nothing else *or* more; *sans* ~ simply, only, nothing more; *tant et* ~ any amount, plenty; **2.** *su./m:* *le* ~ the most, the best; *au* ~ at the best, at most; *tout au* ~ at the best, at the very most.

plus² [ply] *1st p. sg. p.s. of* plaire.

plusieurs [ply'zjœːr] *adj./pl., a. pron./indef./pl.* several; some. [plyskə-

plus-que-parfait *gramm.* par'fɛ] *m* pluperfect.

plus-value ✝, *pol.* [plyva'ly] *f* appreciation, increment value; betterment; extra-payment; *impôt m sur la* ~ (*approx.*) capital gains tax.

plut [ply] *3rd p. sg. p.s. of* pleuvoir.

plutonium ⚛ [plytɔ'njɔm] *m* plutonium.

plutôt [ply'to] *adv.* rather, sooner (*than, que*); on the whole.

pluvial, e, *m/pl.* -aux [ply'vjal, ~'vjo] rain-...; rainy (*season*); **pluvier** *orn.* [~'vje] *m* plover; **pluvieux, -euse** [~'vjø, ~'vjøːz] rainy; wet; of rain; **pluviomètre** *meteor.* [~vjɔ'mɛtr] *m* rain-ga(u)ge, udometer.

pneu, *pl.* pneus [pnø] *m mot.* tyre, Am. tire; express letter; ~ *anti-dérapant* non-skid tyre; **pneumatique** [~ma'tik] **1.** *adj.* air-..., pneumatic; **2.** *su./m* (pneumatic) tyre; (*a. carte f* ~) express letter.

pneumonie ⚕ [pnømɔ'ni] *f* pneumonia; **pneumonique** ⚕ [~'nik] pneumonic.

pochade [pɔ'ʃad] *f* rapid *or* rough sketch. [drunk.)

pochard, e [pɔ'ʃaːr, ~'ʃard] *adj., su.*

poche [pɔʃ] *f* pocket; sack; case; pouch; *geol.* pot-hole; *geol.* washout; *cost.* pucker, F bag; *fig.* isolated case(s *pl.*); ~ *d'air* ✈ air-pocket; ⊕

airlock; *argent m de* ~ pocket-money; **pochée** [pɔ'ʃe] *f* pocketful; **pocher** [~'ʃe] (1a) *v/t. cuis.* poach; *fig.* black (*s.o.'s eye*); dash off (*an essay, a sketch, etc.*); *cost.* make baggy at the knees; **pochetée** [pɔʃ'te] *f* pocketful; *sl.* stupid (person); **pochette** [pɔ'ʃɛt] *f* small pocket; handbag, sachet; *matches:* book; fancy handkerchief; ✈ pocket-set (*of mathematical instruments*).

podagre ✻ [pɔ'daːgr] **1.** *su.* gouty person; *su./f* podagra; **2.** *adj.* gouty. **podomètre** [pɔdɔ'mɛtr] *m* pedometer.

poêle¹ [pwaːl] *m* (funeral-)pall.

poêle² [pwaːl] *m* stove, cooker.

poêle³ [pwaːl] *f* frying-pan; F *fig. tenir la queue de la* ~ be in charge *or* control; **poêlée** [pwa'le] *f* panful.

poêlier [pwa'lje] *m* dealer in stoves and cookers; stove-setter.

poêlon [pwa'lɔ̃] *m* small saucepan; casserole.

poème [pɔ'ɛm] *m* poem; **poésie** [~e'zi] *f* (piece of) poetry; **poète** [~'ɛt] *m* poet; *femme f* ~ woman poet, poetess; **poétereau** [pɔe'tro] *m* poetaster; **poétesse** [~'tɛs] *f* poetess; **poétique** [~'tik] **1.** *adj.* poetic(al); **2.** *su./f* poetics *sg.*; **poétiser** [~ti'ze] (1a) *v/i.* write poetry; *v/t.* poet(ic)ize.

poids [pwa] *m* weight; heaviness; *fig.* importance; load; *fig.* burden; ✝ ~ *brut* gross weight; *box.* ~ *coq* bantam weight; *box.* ~ *léger* lightweight; ~ *lourd box.* heavy-weight; *mot.* heavy lorry *or* truck; *box.* ~ *mi-lourd* light heavy-weight; ~ *mort* dead weight; *box.* ~ *mouche* flyweight; *box.* ~ *moyen* middle-weight; ✝ ~ *net* net weight; *box.* ~ *plume* feather-weight; ⚛ ~ *spécifique* specific gravity; ⚡ ~ *utile* payload; ~ *vif* live weight; *sp. lancer m* (*or lancement m*) *du* ~ shot put; *fig. ne pas faire le* ~ not to measure up.

poignant, e [pwa'ɲɑ̃, ~'ɲãːt] poignant; keen; *fig.* heart-breaking.

poignard [pwa'ɲaːr] *m* dagger; **poignarder** [~ɲar'de] (1a) *v/t.* stab; *fig.* wound (*s.o.*) deeply; **poigne** F [pwaɲ] *f* grip, grasp; **poignée** [pwa'ɲe] *f* handful (*a. fig.*); *door etc.:* handle; *sword:* hilt; ⊕ *tool:* haft; ~ *de main* handshake; **poignet** [~'ɲɛ] *m* wrist; *cost.* cuff; *shirt:* wristband.

poil [pwal] *m* hair; fur, coat (*of
animal*); *tex. cloth:* nap; *velvet:* pile;
♀ down; *brush:* bristle; F à ∼ naked; F
au ∼ great, fantastic, perfectly, fine; F
de bon (*mauvais*) ∼ in a good (bad)
mood; **poilu, e** [pwa'ly] **1.** *adj.* hairy,
shaggy; **2.** *su./m* ✗ French soldier.
poinçon ⊕ [pwɛ̃'sɔ̃] *m* (brad)awl;
punch; stamp; *silver etc.:* (hall-)
mark; *embroidery:* pricker; **poinçonner** [pwɛ̃sɔ'ne] (1a) *v/t.* prick,
punch (*ex. tickets*); stamp; hallmark (*silver etc.*); **poinçonneur** [∼-
'nœ:r] *m* puncher; **poinçonneuse**
[∼'nø:z] *f* ⊕ stamping-machine; 🚋
ticket-punch.
poindre [pwɛ̃:dr] (4m) *v/t.* † sting;
v/i. dawn (*day[light]*); *fig.* come up,
appear; ♀ sprout.
poing [pwɛ̃] *m* fist.
point¹ [pwɛ̃] *m* ♐, ♠, *phys., typ.,
sp., fig., time, place:* point; *gramm.*
full stop, *Am.* period; ♠, *needle-
work:* stitch; *opt.* focus; *sp.* score;
school: mark; speck; dot (*a. on letter* i); *cards, dice:* pip; *fig.* extent,
degree; *fig.* state, condition; *cost.*
lace; *fig.* ∼ chaud hot spot, trouble
spot; ∼ d'arrêt stopping place; ♠∼ de
côté stitch in one's side; ♠∼ de suture
stitch (*in a wound*); ∼ de vue point of
view, viewpoint; ∼ d'exclamation exclamation mark; ∼ d'interrogation
question mark; ∼ du jour daybreak;
fig. ∼ faible weak point; *fig.* ∼ noir
problem; difficulty; weak spot or
link; ∼-virgule semicolon; à ce ∼ que
so much so that; à ∼ in the right
condition; in the nick of time;
medium-cooked (*meat*); au ∼ mort
mot. in neutral; *fig.* at a standstill; *sp.*
battre aux ∼s beat (*s.o.*) on points; de ∼
en ∼ in every particular; deux ∼s
colon; en tout ∼ in every way, on all
points; être sur le ∼ de (*inf.*) to be about
to (*inf.*); ⚓ faire le ∼ take the ship's
position; *mauvais* ∼ *school:* bad or
poor mark; mettre au ∼ *opt.* focus;
mot. etc. tune (*the engine*); restate (*a
question*); clarify (*an affair*); sur ce ∼
on that score or head.
point² [∼] *adv.:* ne ... ∼ not ... at all; ∼
du tout! not at all!
pointe [pwɛ̃:t] *f* point; *arrow etc.:* tip;
bullet: nose; *spire, tree:* top; touch (*of
bronchitis etc., a. fig.*); *geog.* headland, *land:* tongue; *day:* break; witticism; *fig.* peak, maximum; ∼ des

pieds tiptoe; ⊕ ∼ sèche etching-needle; dry-point engraving; F avoir une
∼ de vin be slightly excited with
drink; *fig. de ∼ top, leading; top,
maximum; latest (*developments etc.*);
**décolleté en ∼ V-neck; en ∼ pointed
(*beard*); tapering; *fig.* top, leading;
heures f/pl. de ∼ peak hours.
pointer¹ [pwɛ̃'te] (1a) *v/t.* prick up
(*one's ears*); sharpen (*a pencil*); ♪ dot
(*a note*); *v/i.* ♀ sprout, come up; rear
(*horse*); rise, soar (*bird, spire*).
pointer² [pwɛ̃'te] (1a) *v/t.* aim (*a gun
etc.*); check (off) (*items, names*);
prick; F se ∼ turn up, show up; *v/i.*
clock in or out (*worker*); **pointillé, e**
[pwɛ̃ti'je] *su./m* dotted line; stip-
pling; **pointiller** [∼'je] (1a) *v/t.* dot;
stipple; **pointilleux, -euse** [∼'jø,
∼'jø:z] particular (about, sur); finicky; touchy.
pointu, e [pwɛ̃'ty] pointed, sharp;
fig. shrill (*voice*); *fig.* touchy (*disposition*); **pointure** [∼'ty:r] *f* collars,
shoes, etc.: size.
poire [pwa:r] *f* ♀ pear; ⚡ bulb; ⚡
pear-switch; *sl.* mug, sucker, F head;
∼ à poudre powder-flask; F garder une
∼ pour la soif put s.th. by for a rainy
day; **poiré** [pwa're] *m* perry.
poireau [pwa'ro] *m* ♀ leek; F waiting
person; F faire le ∼ = **poireauter** F
[∼ro'te] (1a) *v/i.* be kept waiting, F
cool or kick one's heels; **poirée** ♀
[∼'re] *f* white beet.
poirier ♀ [pwa'rje] *m* pear-tree.
pois [pwa] *m* ♀ pea; *tex.* polka dot; ∼
pl. cassés split peas; ∼ chiche chick-
pea; *tex.* à ∼ spotted, dotted; *cuis.*
petits ∼ *pl.* green peas.
poison [pwa'zɔ̃] *m* poison.
poissant, e F [pwa'sã, ∼'sã:t] importunate, a pest.
poissard, e [pwa'sa:r, ∼'sard] **1.** *adj.*
vulgar; **2.** *su./f* fishwife; foul-
mouthed woman; langue f de ∼e F
Billingsgate.
poisse F [pwas] *f* bad luck; **poisser**
[pwa'se] (1a) *v/t.* make sticky; ⊕
pitch; F nab (*s.o.*); **poisseux, -euse**
[∼'sø, ∼'sø:z] sticky.
poisson [pwa'sɔ̃] *m* fish; ∼ d'avril
April Fool trick or joke; ∼ rouge
goldfish; faire un ∼ d'avril à make an
April Fool of (*s.o.*); *astr.* les ♐s *pl.*
Pisces, the Fishes; **∼-chat,** *pl.* **∼s-
chats** *icht.* [∼sɔ̃'ʃa] *m* cat-fish; **pois-
sonnerie** [∼sɔn'ri] *f* fish-market;

fish-shop; **poissonneux, -euse** [ˌsɔˈnø, ˌˈnøːz] teeming with fish; **poissonnier, -ère** [ˌsɔˈnje, ˌˈnjeːr] su. fishmonger; su./f fishkettle.

poitrail [pwaˈtraːj] m zo. breast; co. (human) chest; **poitrinaire** [ˌtriˈneːr] adj., a. su. consumptive; **poitrine** [ˌˈtrin] f breast, chest; woman: bust.

poivrade cuis. [pwaˈvrad] f dressing of oil, vinegar and pepper; **poivre** [pwaːvr] m pepper; F ~ et sel grey-haired (person); grain m de ~ peppercorn; **poivré, e** [pwaˈvre] peppery, hot (food); pungent (smell); stiff (price); fig. spicy (story); **poivrer** [ˌˈvre] (1a) v/t. pepper; F spice (a story etc.); **poivrier** [ˌvriˈe] m pepper-box; ⊕ pepper-plant; **poivrière** [ˌvriˈeːr] f pepper-pot; pepper-box (a. △); pepper-plantation; **poivron** [ˌˈvrɔ̃] m pimento, allspice; **poivrot** F [ˌˈvro] m drunkard.

poix [pwa] f pitch; cobbler's wax.

polaire ⚡, ♈, geog. [pɔˈlɛːr] polar; **polarisation** phys. [pɔlariza'sjɔ̃] f polarization; **polariser** [ˌˈze] (1a) v/t. phys. polarize; fig. focus, centre; **polarité** phys. [ˌˈte] f polarity.

pôle [poːl] m pole; geog. ~ Nord (Sud) North (South) Pole.

polémique [pɔleˈmik] 1. adj. polemic; 2. su./f polemic; eccl. polemics pl.; **polémiquer** [ˌmiˈke] (1m) v/i. polemize.

poli, e [pɔˈli] 1. adj. polished (a. fig.); burnished (metal); glossy; fig. polite; fig. urbane, elegant; 2. su./m polish, gloss.

police¹ [pɔˈlis] f police, constabulary; policing; regulations pl.; ~ de la circulation traffic police; ~ fluviale river police; ~ judiciaire (approx.) Criminal Investigation Department, C.I.D.; agent m de ~ policeman; appeler ~(-)secours dial 999; ⚔ bonnet m de ~ forage cap; fiche f de ~ registration form (at a hotel); ⚔ salle f de ~ guard-room.

police² [ˌˈ] f insurance policy; † ~ de chargement bill of lading; ~ flottante floating policy.

policer † [pɔliˈse] (1k) v/t. bring law and order to; organize; civilize.

polichinelle [pɔliʃiˈnɛl] m Punch; F buffoon; secret m de ~ open secret.

policier, -ère [pɔliˈsje, ˌsjɛːr] 1. adj.

police...; detective (film, novel); 2. su./m policeman; detective; detective novel.

poliment [pɔliˈmɑ̃] adv. of poli 1.

poliomyélite 💉 [pɔljɔmjeˈlit] f poliomyelitis, F polio; infantile paralysis.

polir [pɔˈliːr] (2a) v/t. polish (a. fig.); make glossy; burnish (metal); refine; **polisseur, -euse** [pɔliˈsœːr, ˌˈsøːz] su. polisher; su./f polishing machine; **polissoir** [ˌˈswaːr] m ⊕ tool: polisher; polishing machine; buff-stick; nail-polisher.

polisson, -onne [pɔliˈsɔ̃, ˌˈsɔn] 1. adj. naughty; pej. indecent; saucy; 2. su. naughty child, scamp; dissolute person; **polissonner** [ˌsɔˈne] (1a) v/i. run the streets (child); behave or talk lewdly; **polissonnerie** [ˌsɔnˈri] f child: mischievousness; indecent act; smutty story; depravity.

polissure [pɔliˈsyːr] f polish(ing).

politesse [pɔliˈtɛs] f politeness, courtesy; ~s pl. civilities.

politicien m, **-enne** f usu. pej [pɔliˈsjɛ̃, ˌˈsjɛn] politician; **politique** [ˌˈtik] 1. adj. political; fig. prudent, wary; fig. diplomatic; homme m ~ politician; 2. su./m politician; su./f politics; policy; ~ de clocher parish-pump politics; ~ de la porte ouverte open-door policy; ~ extérieure (intérieure) foreign (home) policy; **politiquer** F [ˌtiˈke] (1m) v/i. dabble in politics; talk politics; **politologie** [pɔlitɔlɔˈʒi] f political science; **politologue** [ˌˈlɔg] su. political scientist.

polka [pɔlˈka] f ♪ dance: polka; ⊕ quarryman's hammer.

pollen 🌿 [pɔlˈlɛn] m pollen; **pollinique** [ˌliˈnik] pollinic; pollen-(sac, tube); **pollinisation** 🌿 [ˌliniza'sjɔ̃] f fertilisation, pollinization.

polluant, e [pɔlˈlɥɑ̃, ˌˈlɥɑ̃t] 1. adj. polluting; 2. su./m pollutant, polluting agent; **polluer** [ˌˈlɥe] (1n) v/t. pollute; defile; eccl. profane; **pollution** [ˌlyˈsjɔ̃] f pollution (a. 💉); eccl. profanation.

polochon sl. [pɔlɔˈʃɔ̃] m bolster.

polonais, e [pɔlɔˈnɛ, ˌˈnɛːz] 1. adj. Polish; 2. su./m ling. Polish; su. ♀ Pole; su./f ♪ dance: polonaise.

poltron, -onne [pɔltrɔ̃, ˌˈtrɔn] 1. adj. timid; cowardly, craven; 2. su.

coward, craven, *sl.* funk; **poltron-nerie** [\~tronˈri] *f* timidity; coward-ice.

poly... [pɔli] poly...; **\~clinique** [\~kliˈnik] *f* polyclinic; **\~copier** [\~kɔ-ˈpje] (1o) *v/t.* duplicate, *Am.* mimeograph; **\~èdre** ▲ [\~ˈɛːdr] 1. *adj.* polyhedral; 2. *su./m* polyhedron; **\~game** [\~ˈgam] 1. *adj.* polygamous; ♀ polygamic; 2. *su.* polygamist; **\~gamie** [\~gaˈmi] *f* polygamy; **\~glotte** [\~ˈglɔt] *adj., a. su.* polyglot; **\~gone** [\~ˈgɔn] 1. *adj.* polygonal; 2. *su./m* polygon; ⚔ *artillery:* shooting-range; **\~mère** ▲ [\~ˈmɛːr] *m* polymeric; **\~nôme** ▲ [\~ˈnoːm] *m* polynomial.

polype [pɔˈlip] *m zo.* polyp; ✖ polypus; **polypeux, -euse** [\~liˈpø, \~ˈpøːz] polypous.

poly...: **\~phonie** ♪ [pɔlifɔˈni] *f* polyphony; **\~phonique** ♪ [\~fɔˈnik] polyphonic; **\~technicien** [\~tɛkni-ˈsjɛ̃] *m* student at the *École polytechnique*; **\~technique** [\~tɛkˈnik] ♀ *f* or *École f* \~ Academy of Engineering; **\~valance** [\~vaˈlɑ̃ːs] *f* ✿ polyvalency; ⊕ *etc., a. fig.* versatility, flexibility; **\~valant, e** [\~vaˈlɑ̃, \~ˈlɑ̃ːt] ✿ polyvalent; ⊕ *etc., a. fig.* versatile, flexible, multi-purpose.

pomiculteur [pɔmikylˈtœːr] *m* fruit grower.

pommade [pɔˈmad] *f* pomade, pomatum, (*hair-*)cream; F *passer de la \~ à* soft-soap (*s.o.*); **pommader** [\~maˈde] (1a) *v/t.* pomade, put cream on (*one's hair*).

pommard [pɔˈmaːr] *m* Pommard (*a red burgundy*).

pomme [pɔm] *f* apple; ♀ pome; *lettuce etc.:* head; *bedstead, stick:* knob; *sprinkler etc.:* rose; F head; \~ *de discorde* bone of contention; \~ *de terre* potato; \~*s pl.* chips potato crisps, *Am.* chips; \~*s pl. frites* Br. chips, *Am.* French fries, French fried potatoes; \~*s pl. mousseline* mashed potatoes; F *tomber dans les \~s* pass out (= *faint*); **pommé, e** [pɔˈme] 1. *adj.* rounded; F downright (*fool*); first-rate; *chou m* \~ white-heart cabbage; *laitue f* \~e cabbage lettuce; 2. *su./m* cider.

pommeau [pɔˈmo] *m* pommel; *fishing-rod:* butt.

pommelé, e [pɔmˈle] dappled; *ciel m* \~ mackerel sky; *gris* \~ dapple-grey; **pommelle** ⊕ [pɔˈmɛl] *f*

grating (*over pipe*); **pommer** [\~ˈme] (1a) *v/i. a. se* \~ form a head (*cabbage, lettuce, etc.*); **pomme-raie** 🌳 [pɔmˈrɛ] *f* apple-orchard; **pommette** [pɔˈmɛt] *f* knob; *anat.* cheek-bone; **pommier** [\~ˈmje] *m* apple-tree; **pomologie** [\~mɔlɔˈʒi] *f* pomology.

pompe[1] [pɔ̃ːp] *f* pomp, ceremony; *entrepreneur m de \~s funèbres* funeral director, undertaker, *Am.* mortician.

pompe[2] [pɔ̃ːp] *f* ⊕ pump; *mot.* \~ *à essence* petrol-pump, *Am.* gas-pump; *sl.* shoe, boot; \~ *à graisse* grease-gun; \~ *à incendie* fire-engine; \~ *à pneumatique* tyre-pump; \~ *à aspirante* suction-pump; \~ *aspirante-foulante* lift-and-force pump; F *à toute* \~ at top speed, at full tilt; F *sp.* *faire des* \~*s* do push-ups; **pomper** [pɔ̃ˈpe] (1a) *v/t.* pump (*a. fig.*); suck up *or* in; F tire out; **pompette** F [\~ˈpɛt] tipsy.

pompeux, -euse [pɔ̃ˈpø, \~ˈpøːz] pompous; stately; high-flown (*style*).

pompier [pɔ̃ˈpje] 1. *su./m* fireman; *les* \~*s pl.* the fire brigade *sg.*; 2. *adj.* F corny; high-falutin' (*style*); **pompiste** *mot.* [\~ˈpist] *m* pump attendant.

pompon [pɔ̃ˈpɔ̃] *m* pompon, tuft; powder-puff; F *iro. avoir* (*or tenir*) *le* \~ surpass everyone; **pomponner** [\~pɔˈne] (1a) *v/t.* dress up, F doll up.

ponant *hist.* [pɔˈnɑ̃] *m* West; Occident.

ponce[1] [pɔ̃ːs] *f* (*a. pierre f* \~) pumice-stone; *drawing:* pounce.

ponceau[1] ▲ [pɔ̃ˈso] *m* culvert.

ponceau[2] [\~] 1. *su./m* corn-poppy; poppy-red; 2. *adj./inv.* poppy-red.

poncer [pɔ̃ˈse] (1k) *v/t.* pumice; *floor etc.:* sand-paper; rub down (*paint*); pounce (*a drawing*); **ponceux, -euse** [\~ˈsø, \~ˈsøːz] 1. *adj.* pumiceous; 2. *su./f* ⊕ sand-papering machine; **poncif, -ve** [\~ˈsif, \~ˈsiːv] 1. *adj.* conventional; trite; stereotyped (*effect, plot*); 2. *su./m* conventionalism; *fig.* conventional piece of writing.

ponction ✖ [pɔ̃kˈsjɔ̃] *f* puncture; *blister:* pricking; **ponctionner** [\~sjɔˈne] (1a) *v/t.* puncture; tap; prick (*a blister*).

ponctualité [pɔ̃ktɥaliˈte] *f* punctuality; **ponctuation** *gramm.* [\~ˈsjɔ̃] *f* punctuation; **ponctuel, -elle** [pɔ̃k'tɥɛl] punctual; *phys.* pinpoint (*a. fig.*); *fig.* isolated, selective, individual; **ponctuer** [~'tɥe] (1n) *v/t.* punctuate; emphasize (*a spoken word*).

pondaison [pɔ̃dɛ'zɔ̃] *f* eggs: laying.

pondérable [pɔ̃de'rabl] ponderable; **pondérateur, -trice** [~ra'tœːr, ~'tris] stabilizing, balancing; **pondération** [~ra'sjɔ̃] *f* balance (*a. fig.*); *fig.* level-headedness; **pondéré, e** [~'re] level-headed.

pondeur, -euse [pɔ̃'dœːr, ~'døːz] **1.** *adj.* (egg-)laying; **2.** *su. fig.* prolific producer (*of novels etc.*); *su./f hen:* layer; **pondoir** [~'dwaːr] *m* nest-box; *hens:* laying-place; **pondre** [pɔ̃ːdr] (4a) *v/t.* lay (*an egg*); F *fig.* produce, bring forth.

poney *zo.* [pɔ'nɛ] *m* pony.

pongiste [pɔ̃'ʒist] *su.* table tennis player.

pont [pɔ̃] *m △, ⊕, fig.* bridge; ⊕, *mot.* axle; ⛴ deck; ~s *pl. et chaussées f/pl.* Highways Department *sg.* (*in France*); ⊕~ *à bascule* weigh-bridge; ~ *aérien* air-lift; *mot.* ~ *arrière* rear-axle; *mot.* ~ *élévateur* garage: repair or car ramp; ~ *roulant* ⊕ travelling crane; ⛴ traverser; △ ~ *suspendu* suspension-bridge; △ ~ *tournant* swing-bridge; *fig.* couper les ~s burn one's boats; **pontage** [pɔ̃'taːʒ] *m* bridge-building; bridging; 🚂 by-pass.

ponte[1] [pɔ̃ːt] *f* eggs: laying; eggs *pl.*

ponte[2] [~] *m* cards: punter; F top brass, V.I.P.

ponter [pɔ̃'te] (1a) *v/i.* cards: punt.

pontife [pɔ̃'tif] *m* pontiff; *fig.* pundit; *souverain m ~* pope, sovereign pontiff; **pontifical, e,** *m/pl.* **-aux** [pɔ̃tifi'kal, ~'ko] *adj., a. su./m* pontifical; **pontificat** [~fi'ka] *m* pontificate; **pontifier** [~'fje] (1o) *v/i.* pontificate (*a. fig.*).

pont-levis, *pl.* **ponts-levis** [pɔ̃le'vi] *m* drawbridge.

ponton [pɔ̃'tɔ̃] *m* ⚔ pontoon; ⛴ lighter; *in river etc.*: floating landing stage; † hulk; **pontonnier** ⚔ [~tɔ'nje] *m* pontoneer.

popeline *tex.* [pɔ'plin] *f* poplin.

popote F [pɔ'pɔt] **1.** *su./f* cooking; ⚔ cook-shop; ⚔ (*field-*)mess; *faire la* ~ do the cooking; **2.** *adj.* stay-at-home, quiet.

populace *pej.* [pɔpy'las] *f* populace, rabble; **populacier, -ère** F [~la-'sje, ~'sjeːr] vulgar, common.

populage ♀ [pɔpy'laːʒ] *m* marsh marigold.

populaire [pɔpy'lɛːr] **1.** *adj.* popular (with, *auprès de*); **2.** *su./m* common people; herd; **populariser** [pɔpy-lari'ze] (1a) *v/t.* popularize; make (*s.o.*) popular; **popularité** [~'te] *f* popularity; **population** [pɔpyla-'sjɔ̃] *f* population; ~ *active* working population; **populeux, -euse** [~'lø, ~'løːz] populous; crowded (*city etc.*); **populo** F [~'lo] *m* common people, riff-raff.

porc [pɔːr] *m* pig, hog; *cuis.* pork; *fig.* (dirty) swine.

porcelaine [pɔrsə'lɛn] *f* china (-ware); porcelain; ~ *de Limoges* Limoges ware; **porcelainier, -ère** [~lɛ'nje, ~'njeːr] **1.** *adj.* china...; porcelain...; **2.** *su./m* porcelain manufacturer.

porcelet [pɔrsə'lɛ] *m* piglet, *ch.sp.* piggy.

porc-épic, *pl.* **porcs-épics** *zo.* [pɔrke'pik] *m* porcupine, *Am.* hedgehog.

porche △ [pɔrʃ] *m* porch, portal.

porcher [pɔr'ʃe] *m* swine-herd; **porchère** [~'ʃeːr] *f* swine-maiden; **porcherie** [~ʃə'ri] *f* pig-farm; pigsty (*a. fig.*).

pore [pɔːr] *m* pore; **poreux, -euse** [pɔ'rø, ~'røːz] porous; unglazed (*pottery etc.*).

porion ⚒ [pɔ'rjɔ̃] *m* overman.

pornographie [pɔrnɔgra'fi] *f* pornography.

porosité [pɔrozi'te] *f* porosity.

porphyre [pɔr'fiːr] *m min.* porphyry; 🪨 slab; **porphyrique** *min.* [~fi'rik] porphyritic.

porreau [pɔ'ro] *m see* poireau.

port[1] [pɔːr] *m* ⛴, ⚓ port; harbo(u)r; haven (*a. fig.*); ~ *d'attache* port of registry; ~ *de (or à) marée* tidal harbo(u)r; ~ *de mer* seaport; ~ *franc* free port; *arriver à bon* ~ ⚓ come safe into port; *fig.* arrive safely; *capitaine m de* ~ harbo(u)r-master; *entrer au* ~ come into port.

port[2] [pɔːr] *m* carrying; *goods etc.*: carriage; *letter, parcel*: postage; ⛴ ship: tonnage; *transport, telegram, etc.*: charge; *decorations, uniform*: wearing; *person*: bearing, carriage; ~ *dû* carriage forward; ~

payé carriage or postage paid; **portable** [pɔr'tabl] portable; cost. wearable; **portage** [ˌ'ta:ʒ] m ⊕ conveyance, transport; ♣ portage; ⊕ bearing. [door.)

portail △ [pɔr'ta:j] m portal; main)

portant, e [pɔr'tã, ˌ'tã:t] **1.** adj. ⊕ bearing, carrying; fig. bien (mal) ~ in good (bad) health; **2.** su./m ⊕ stay, strut; box, trunk: handle; thea. framework (of a flat); **portatif, -ve** [ˌta'tif, ˌ'ti:v] adj.

porte [pɔrt] **1.** su./f △, a. ⊕ door (a. fig.); gate (a. ♣); doorway, entrance; geog. pass, gorge; ~ à deux battants folding-door; ~ cochère carriage entrance, gateway; ⚒ ~ d'aérage trap, air-gate; ~ vitrée glass door; écouter aux ~s eavesdrop; mettre (or F flanquer) q. à la ~ turn s.o. out; give s.o. the sack; nous habitons ~ à ~ we are next-door neighbo(u)rs; **2.** adj.: anat. veine f ~ portal vein.

porte...: ~(-)à(-)**faux** [pɔrta'fo] m: en ~ in an unstable position; ~**aiguilles** [ˌe'gɥi:j] m/inv. needle case; ~**avions** ♣ [ˌa'vjɔ̃] m/inv. aircraft carrier; ~**bagages** [ˌba'ga:ʒ] m/inv. luggage (Am. baggage) rack; ~**billets** [ˌbi'jɛ] m/inv. note case, Am. billfold; ~**bonheur** [ˌbɔ'nœ:r] m/inv. talisman, lucky charm; mascot; ~**bouteilles** [ˌbu'tɛ:j] m/inv. bottle rack; ~**cigarettes** [ˌsiga'rɛt] m/inv. cigarette case; ~**clefs** [ˌ'kle] m/inv. key ring; hotel: key rack; ~**drapeau** ⚔ [ˌdra'po] m/inv. colo(u)r bearer.

portée [pɔr'te] f bearing, △ span; gun: range; voice: compass; arm: reach; ♪ stave; animals: litter; fig. comprehension; fig. meaning, consequences pl., implications pl.; à (la) ~ (de) within reach (of); hors de (la) ~ (de) without reach (of); à (hors de) ~ de voix within (out of) earshot; être à la ~ de a. be within the understanding of (s.o.); vues f/pl. à longue ~ farsighted policy sg.

porte...: ~**enseigne** [pɔrtɑ'sɛɲ] m/inv. colo(u)r-bearer; ~**faix** [ˌɔ'fɛ] m (street-)porter; docks: stevedore.

porte-fenêtre, pl. **portes-fenêtres** △ [pɔrtə'fnɛ:tr] f French window.

porte...: ~**feuille** [pɔrtə'fœ:j] m documents, a. pol.: portfolio; wallet, note-case, Am. bill-fold; ♱ ~ titres

investments pl., securities pl.; ~**habits** [pɔrta'bi] m/inv. hall-stand; ~**malheur** [ˌma'lœ:r] m/inv. bringer of bad luck, F Jonah; ~**manteau** [ˌmã'to] m coat-rack, hat-stand; ~**mine** [ˌ'min] m/inv. pencil-case; propelling pencil; ~**monnaie** [ˌmɔ'nɛ] m/inv. purse; ~**parapluies** [ˌpara'plɥi] m/inv. umbrella-stand; ~**parole** [ˌpa'rɔl] m/inv. spokesman, F mouthpiece; ~**plume** [pɔrtə'plym] m/inv. penholder.

porter [pɔr'te] (1a) v/t. carry; bear; wear (clothing); take; strike, deal (a blow); 🏛 bring (a charge, a complaint); ♱ charge; ♱ place (to s.o.'s credit); ♱ post (in ledger); produce (fruit etc.); ⚔ shoulder (arms); fig. lead (s.o.) (to, à); fig. increase (the number, the price, the temperature); fig. have (an affection, an interest), bear (the responsibility, witness); se ~ proceed (to, à); feel, be (well, unwell etc.); se ~ bien (mal) a. be in good (bad) health; se ~ comme un charme be as fit as a fiddle; se ~ candidat stand as candidate; pol. run (for, à); se ~ garant de vouch for; v/i. bear (a. fig.), rest (on, sur); deal (with, sur); carry (sound etc.); hit the mark, strike home (shot, a. fig. insult, etc.); 🐾 be pregnant; be with young (animal); fig. ~ à la tête go to the head (wine); ~ sur les nerfs get on one's nerves.

porte...: ~**respect** [pɔrtrɛs'pɛ] m/inv. defensive weapon; ~**savon** [ˌsa'vɔ̃] m or m/inv. soap-dish, soap-holder; ~**serviettes** [ˌsɛr'vjɛt] m/inv. towel-rack.

porteur, -euse [pɔr'tœ:r, ˌ'tø:z] **1.** su. porter; letter, message, news, etc.: bearer; 🐾 (germ-)carrier; su./m ♱ bearer, payee (of cheque); (stock-, share)holder; au ~ (payable) to bearer (cheque); **2.** adj. pack-(animal); ⊕ bearing; suspension-...; carrier (wave, rocket).

porte-voix [pɔrtə'vwa] m/inv. speaking-tube; megaphone.

portier, -ère [pɔr'tje, ˌ'tjɛ:r] su. doorman; gatekeeper; porter; su./f mot., a. 🚗 door; door-curtain; **portillon** [ˌti'jɔ̃] m wicket(-gate); small gate.

portion [pɔr'sjɔ̃] f portion, share, part; meal: helping; F ~ congrue bare living.

portique [pɔr'tik] *m* portico, porch; ⊕ gantry; *sp.* crossbar.

porto [pɔr'to] *m wine:* port.

portrait [pɔr'trɛ] *m paint.* portrait; face; *fig.* likeness; *fig.* description; character-sketch, profile; ~ **robot** identikit (portrait); **portraitiste** [pɔrtrɛ'tist] *su.* portrait-painter; **portraiturer** [~ty're] (1a) *v/t.* portray.

portugais, e [pɔrty'gɛ, ~'gɛːz] **1.** *adj.* Portuguese; **2.** *su./m ling.* Portuguese; *su.* ♀ Portuguese; *les* ♀ *m/pl.* the Portuguese.

posage ⊕ [po'za:ʒ] *m* placing; fixing; *bricks, pipes:* laying; **pose** [po:z] *f* ⊕ placing; fixing; *bricks, pipes:* laying; ✕ posting; *phot.* time-exposure; *fig.* posture; pose; *fig.* affectation; **prendre une ~** adopt *or* strike an attitude; **posé, e** [po'ze] *fig.* sedate, staid, grave; steady (*bearing, person, voice*); sitting (*bird*); **posemètre** *phot.* [poz'mɛtr] *m* exposure meter; **poser** [po'ze] (1a) *v/t.* place, put (*a.* a question, a motion), lay (*a.* ▲ bricks, pipes, carpet, 🚂 rails, *etc.*); lay down (*a* book, *a. fig.* a principle); hang (*curtains*); set (*a* problem); ⊕ fix, fit; ✕ ~ **les armes** lay down one's arms; ~ **q.** establish s.o.'s reputation; **posons le cas que** let us suppose that; **se ~** *fig.* achieve a certain standing; ✈ land (*plane*); **se ~ comme** pass o.s. off as, claim to be; *v/i.* rest, lie; *paint.* pose (*a. fig.*), sit; F *fig.* put it on, *Am.* put on dog; *fig.* ~ **pour** claim to be; **poseur, -euse** [~'zœːr, ~'zøːz] *su.* affected person; attitudinizer; *su./m pipes, a. mines:* layer; (bill-)sticker.

positif, -ve [pozi'tif, ~'tiːv] **1.** *adj.* ♣, ♪, *gramm., phys., math.* positive; real, actual; matter-of-fact, practical (*person*); **2.** *su./m phot., gramm., phot.* positive; ♪ choir-organ.

position [pozi'sjɔ̃] *f* position; situation (*a. fig.*); job; (*physical*) posture, attitude; (*social*) standing; ~ **clé** key position; *feux m/pl. de* ~ ✈ navigation lights; ⚓ riding lights; *mot.* parking lights; *prendre* ~ **sur** take up a definite stand about.

posologie ⚕ [pozɔlɔ'ʒi] *f* dosage, directions *pl.* for use.

possédé, e [pose'de] **1.** *adj.* possessed

(by, de; *fig. a.* with, pour); **2.** *su./m* madman, maniac; *su./f* madwoman; **posséder** [~] (1f) *v/t.* possess (*a. fig.*); own; have; *fig.* passion, influence; dominate; have a thorough knowledge of; *fig.* **se ~** contain o.s., control o.s.

possesseur [pose'sœːr] *m* owner, possessor; possessor; **possessif, -ve** *gramm.* [~'sif, ~'siːv] *adj., a. su./m* possessive; **possession** [~'sjɔ̃] *f* possession (*a. by a demon*); *fig.* thorough knowledge (*of a subject*); ~ **de soi** self-control.

possibilité [pɔsibili'te] *f* possibility; **possible** [~'sibl] **1.** *adj.* possible; *le plus* ~ as far as possible; as many *or* much as possible; *le plus vite* ~ as quickly as possible; **2.** *su./m* what is possible; *faire tout son* ~ do all one can (to *inf.*, *pour inf.*).

post... [pɔst] post...

postal, e, *m/pl.* **-aux** [pɔs'tal, ~'to] postal; *sac m* ~ mail-bag.

postdater [pɔstda'te] (1a) *v/t.* post-date.

poste¹ [pɔst] *f* post; mail; postal service; post office; ~ **aérienne** air-mail; ~ **restante** to be called for, *Am.* general delivery; **mettre à la** ~ post, *Am.* mail (*a letter*); *par la* ~ by post.

poste² [~] *m* post (*a.* ✕); job; position; *pilot:* cockpit; ✕, ⊕, ⚓, *police, fire, radio, tel., etc.:* station; *radio, teleph.:* set; *teleph.* extension; ✝ entry; ✝ item; *mot.* (filling) station, (petrol) pump; ✕ ~ **avancé** advanced post, outpost; 🚂 ~ **d'aiguillage** signal-box; 🚂 ~ **de contrôle** control tower; ~ **de secours** first-aid post; ✕ regimental aid post; ~ **de télévision** television set; ~ **de T.S.F.** radio; ~ **téléphonique** telephone-station; *conduire q. au* ~ take s.o. to the police station.

poster [pɔs'te] (1a) *v/t.* post, *Am.* mail (*a letter*); post, station (*a sentry*).

postérieur, e [pɔste'rjœːr] **1.** *adj.* posterior; subsequent (*time*); hind (-er) (*place*); back (*vowel*); **2.** *su./m* posterior, F backside.

postérité [pɔsteri'te] *f* posterity; descendants *pl.*; *la* ~ generations *pl.* to come.

postface [pɔst'fas] *f book:* postscript.

posthume [pɔs'tym] posthumous.

postiche [pɔs'tiʃ] **1.** *adj.* false (*hair*

etc.); imitation (*pearl*); **2.** *su./m* hairpiece; postiche.

postier *m,* **-ère** *f* [pɔsˈtje, ~ˈtjɛːr] post-office employee; **postillon** [~tiˈjɔ̃] *m* postilion; *F speech:* splutter(ing).

post...: **~position** [pɔstpoziˈsjɔ̃] *f* postposition; **~scolaire** [~skɔˈlɛːr] after-school; *class, school:* continuation ...; **~scriptum** [~skripˈtɔm] *m/inv.* postscript, P.S.

postulant *m,* **e** *f* [pɔstyˈlɑ̃, ~ˈlɑ̃ːt] *post:* applicant, candidate; *eccl.* postulant; **postulat** [~ˈla] *m* postulate, assumption; **postulation** [~laˈsjɔ̃] *f* postulation; **postuler** [~ˈle] (1a) *v/t.* apply for (*a post*); postulate; *v/i.* ⚖ conduct a (law)suit.

posture [pɔsˈtyːr] *f* posture, attitude; *fig.* position.

pot [po] *m* pot; jar, jug, can; 🔥 crucible; *~ à eau* water jug, ewer; *~ à fleurs* flower-pot; *~ à lait* milkcan, milk-jug; *~ de chambre* chamber(-pot); *~ de fleurs* pot of flowers; *fig. découvrir le ~ aux roses* smell out the secret; *manger à la fortune du ~* take pot luck; *F fig. tourner autour du ~* beat about the bush.

potable [pɔˈtabl] drinkable, fit to drink; *F* fair, acceptable; *eau f ~* drinking water.

potache *F* [pɔˈtaʃ] *m* secondary-school boy, grammar-school boy.

potage [pɔˈtaːʒ] *m* soup; *fig. pej. pour tout ~* in all; **potager, -ère** [~taˈʒe, ~ˈʒɛːr] **1.** *adj.* pot-(*herbs*); kitchen (*garden*); **2.** *su./m* (*a. jardin m* ~) kitchen *or* vegetable garden.

potasse [pɔˈtas] *f* 🔥 potash; 🔥 (impure) potassium carbonate; **potasser** *F* [pɔtaˈse] (1a) *v/t.* swot at *or* for; **potassique** 🔥 [~ˈsik] potassium...; potassic (*salt*); **potassium** 🔥 [~ˈsjɔm] *m* potassium.

pot-au-feu [pɔtoˈfø] **1.** *su./m/inv.* stock-pot; beef-broth; boiled beef and vegetables; **2.** *adj.* stay-at-home; **pot-bouille** † *sl.* [poˈbuːj] *f:* *faire ~ ensemble* live together; **pot-de-vin,** *pl.* **pots-de-vin** *F* [podˈvɛ̃] *m* tip, gratuity; *pej.* bribe; *pej. hush-money, Am. sl.* rake-off. **pote** *sl.* [pɔt] *m* pal, chum, buddy.

poteau [pɔˈto] *m* post (*a. sp.*), stake; pole; 🪓 pit-prop; *sl.* pal, *Am.*

buddy; *~ indicateur* sign-post; *~ télégraphique* telegraph pole.

potée [pɔˈte] *f* potful, jugful; *beer:* mugful; ⊕ emery, putty, *etc.:* powder.

potelé, e [pɔtˈle] plump, chubby; dimpled.

potence [pɔˈtɑ̃ːs] *f* gallows *usu. sg.,* gibbet; △, ⊕ arm, cross-piece; ⊕ *crane:* jib; *mériter la ~* deserve hanging.

potentat [pɔtɑ̃ˈta] *m* potentate; † *F* magnate.

potentialiser 🧪 *etc.* [pɔtɑ̃sjaliˈze] (1a) *v/t.* potentiate, increase the effect of; **potentiel, -elle** [~ˈsjɛl] *adj., a. su./m* potential (*a. gramm.*).

poterie [pɔˈtri] *f* pottery (*a. works*); earthenware; *~ d'étain* pewter; **potiche** [~ˈtiʃ] *f* vase of Chinese *or* Japanese porcelain; *F fig.* figurehead; **potier** [~ˈtje] *m* potter; *~ d'étain* pewterer.

potin [pɔˈtɛ̃] *m* pewter; pinchbeck; *F* gossip; *F* din, rumpus; *~ jaune* brass; **potiner** *F* [pɔtiˈne] (1a) *v/i.* gossip; **potinier, -ère** [~ˈnje, ~ˈnjɛːr] **1.** *adj.* gossipy; **2.** *su.* scandalmonger, gossip; *su./f* gossipshop.

potion 🧪 [pɔˈsjɔ̃] *f* potion, draught. **potiron** ♀ [pɔtiˈrɔ̃] *m* pumpkin.

pot-pourri, *pl.* **pots-pourris** [popuˈri] *m cuis.* meat-stew; ♪ pot-pourri (*a. perfume*), medley.

pou, *pl.* **poux** [pu] *m* louse; (*bird-*)mite; (*sheep-*)tick.

pouah! [pwa] *int.* ugh!

poubelle [puˈbɛl] *f* refuse-bin, *Am.* garbage-can; dustbin.

pouce [puːs] *m* thumb; † *measure:* inch (*a. fig.*); big toe; *manger sur le ~* have a snack; *mettre les ~s* knuckle under, give in; *s'en mordre les ~s* regret it bitterly; *se tourner les ~s* twiddle one's thumbs; **poucettes** [puˈsɛt] *f/pl.* thumb-cuffs; † *torture:* thumb-screw *sg.*; **poucier** [~ˈsje] *m* 🧪 thumb-stall; ⊕ *latch:* thumb-piece.

pouding *cuis.* [puˈdiŋ] *m* pudding. **poudre** [puːdr] *f* powder; dust (*a. fig.*); ⚔ (gun)powder; 🪓 *~ de mine* blasting powder; *café m en ~* instant coffee; *il n'a pas inventé la ~* he won't set the Thames on fire; *fig. jeter de la ~ aux yeux de q.* throw dust in s.o.'s eyes; bluff s.o.;

réduire en ~ pulverize; sucre m en ~ castor sugar; **poudrer** [pu'dre] (1a) v/t. (sprinkle [s.th.] with) powder;
poudrerie [~drə'ri] f (gun)powder-factory; **poudreux, -euse** [~'drø, ~'drø:z] **1.** adj. dusty; powdery; neige f ~euse = **2.** su/f powder snow;
poudrier [~dri'e] m powder-case, powder-box; compact; **poudrière** [~dri'jɛ:r] f esp. fig. powder keg;
poudrin [~'drɛ̃] m see embrun; **poudroyer** [~drwa'je] (1h) v/i. form or send up clouds of dust.

pouf [puf] **1.** int. sound of falling: plop!; plump!; feelings: phew!; **2.** su/m cushion: pouf; puff (= exaggerated advertisement); **pouffant, e** F [pu'fã, ~'fã:t] screamingly funny; **pouffer** [~'fe] (1a) v/i. (a. ~ de rire) burst out laughing.
pouffiasse sl. [puf'jas] f whore, tart; slattern, slut; fat woman.
pouillerie sl. [puj'ri] f abject poverty; filthy hole.
pouilles [pu:j] f/pl.: chanter ~ à jeer at.
pouilleux, -euse [pu'jø, ~'jø:z] lousy, lice-infested; F wretched.
poulailler [pula'je] m hen-house, hen-roost; F thea. gallery, gods pl.; **poulaillerie** [~laj'ri] f poultry-market.
poulain [pu'lɛ̃] m zo. foal, colt; ⊕ skid; slide-way.
poulaine [pu'lɛn] f ♣ head; hist. souliers m/pl. à la ~ shoes with long pointed toes.
poularde cuis. [pu'lard] f fowl; fat (-tened) pullet; **poule** [pul] f hen; cuis. fowl; games, a. fencing: pool; races: sweepstake; F girl; F tart, prostitute; ~ d'Inde turkey-hen; F ~ mouillée milksop; fig. chair f de ~ goose-flesh; **poulet** [pu'lɛ] m chicken; F love-letter; sl. copper (= policeman); **poulette** [pu'lɛt] **1.** su/f zo. pullet; F girl; **2.** adj.: cuis. sauce f ~ sauce of butter, yolk of egg and vinegar.
pouliche zo. [pu'liʃ] f filly.
poulie ⊕ [pu'li] f pulley; block; driving wheel.
pouliner [puli'ne] (1a) v/i. foal.
poulot m, **-otte** F [pu'lo, ~'lɔt] darling, pet (addressing children).
poulpe zo. [pulp] m see pieuvre.
pouls ♣ [pu] m pulse; prendre le ~ à q. feel s.o.'s pulse; F fig. tâter le ~ à q.

sound s.o.; F se tâter le ~ reflect, hesitate.
poumon [pu'mɔ̃] m anat. lung; ♣ d'acier iron lung.
poupard [pu'pa:r] m baby in long clothes; baby-doll.
poupe ♣ [pup] f stern, poop; avoir le vent en ~ ♣ have the wind astern; fig. have the wind in one's sails, be on the road to success.
poupée [pu'pe] f doll; puppet; F chick (= girl); bandaged finger.
poupin, e [pu'pɛ̃, ~'pin] chubby; visage ~ baby face.
poupon m, **-onne** f F [pu'pɔ̃, ~'pɔn] baby; **pouponner** F [pupo'ne] (1a) v/t. coddle (a child etc.); **pouponnière** [~'njɛ:r] f babies' room (in day-nursery); day-nursery; infants' nursery.
pour [pu:r] **1.** prp. for (s.o., this reason, negligence, ten dollars, the moment, Christmas, ever); on account of, because of, for the sake of; instead of; in favo(u)r of; considering; as; (al)though, in spite of, for; calculated or of a nature to (inf.); about to (inf.); ✝ per (cent); du respect ~ consideration for; prendre ~ take for; passer ~ be looked upon as; see partir; ~ le plaisir (la vie) for fun (life); ~ ma part as for me; ~ moi in my opinion; ~ (ce qui est de) cela as far as that goes; see amour; il fut puni ~ avoir menti he was punished for lying or because he had lied; ~ être riche il ... though he is rich he ...; in spite of being rich he ...; être ~ (inf.) be on the point of (ger.); ~ affaires on business; ~ de bon seriously, in earnest; ~ le moins at least; ~ ainsi dire so to speak, as it were; ~ important qu'il soit however important it may be; ~ peu que (sbj.) if ever (ind.); however little (ind.); ~ que (sbj.) so or in order that; être ~ beaucoup (peu) dans qch. play a big (small) part in s.th.; être ~ be in favo(u)r of; sévère ~ hard on, strict with; **2.** su/m: le ~ et le contre the pros pl. and cons pl.
pourboire [pur'bwa:r] m tip, gratuity.
pourceau [pur'so] m pig, hog, swine.
pour-cent ✝ [pur'sã] m/inv. percentage, rate per cent; **pourcen-**

tage † [∼sɑ'taːʒ] *m* percentage; rate.
pourchasser [purʃa'se] (1a) *v/t.* pursue; *fig.* chase; hound (*a debtor etc.*).
pourfendeur *iro.* [purfɑ̃'dœːr] *m* destroyer; **pourfendre** *iro.* [∼'fɑ̃ːdr] (4a) *v/t.* attack, fight (against).
pourlécher F [purle'ʃe] (1f) *v/t.*: se ∼ lick; se ∼ les babines lick one's chops.
pourparlers [purpar'le] *m/pl.* (*diplomatic*) talks, negotiations; ⚔ parley *sg.*
pourpoint *cost.* † [pur'pwɛ̃] *m* doublet.
pourpre [purpr] **1.** *su./f* dye, robe, *a. fig.*: purple; *su./m* dark red, crimson; ⚕ purpura; **2.** *adj.* dark red, crimson, purple; **pourpré, e** [pur'pre] crimson; purple.
pourquoi [pur'kwa] **1.** *adv.*, *cj.* why; c'est ∼ therefore; that's why; **2.** *su./m/inv.*: le ∼ the reason (for, de).
pourrai [pu're] *1st p. sg. fut. of pouvoir 1.*
pourri, e [pu'ri] **1.** *adj.* rotten (with, de) (*fruit, wood, a. fig.*); bad (*egg, meat*); addled (*egg*); dank (*air*); damp (*weather*); putrid(*flesh*); **2.** *su./m* rotten part, bad patch (*of fruit etc.*); **pourrir** [∼'riːr] (2a) *v/i.* rot; *v/i.* go bad *or* rotten; rot (away) (*wood etc.*); addle (*egg*); *fig.* ∼ en prison rot in goal; **pourriture** [∼ri'tyːr] *f* decay, rot(ting); putrefaction; *fig.* rottenness, corruption.
poursuite [pur'sɥit] *f* pursuit (*a. fig.*); chase; ∼s *pl.* legal action *sg.*; prosecution *sg.*; **poursuivant, e** [∼sɥi'vɑ̃, ∼'vɑ̃ːt] **1.** *su.* pursuer; ⚖ plaintiff; prosecutor; **2.** *adj.* prosecuting; **poursuivre** [∼'sɥiːvr] (4ee) *v/t.* pursue (a ⚔, *a. fig.*); *fig.* continue, go on with; ⚖ sue (*s.o.*); prosecute (*s.o.*).
pourtant [pur'tɑ̃] *cj.* nevertheless, (and) yet.
pourtour [pur'tuːr] *m* periphery; precincts *pl.*; *thea.* gangway round the stalls; *avoir cent mètres de ∼* be 100 metres round.
pourvoi ⚖ [pur'vwa] *m* appeal; petition (for mercy, en grâce); **pourvoir** [∼'vwaːr] (3m) *v/t.* provide, supply, furnish (with, de); ⚖ se ∼ appeal to the Supreme Court, en cassation); se ∼ en grâce petition

for mercy; *v/i.*: ∼ à provide for; ∼ à un emploi fill a post; **pourvoyeur** *m*, **-euse** *f* [∼vwa'jœːr, ∼'jøːz] provider; caterer; contractor. [(that).]
pourvu [pur'vy] *cj.*: ∼ que provided|
poussah [pu'sa] *m* toy: tumbler; *fig.* pot-bellied man.
pousse [pus] *f* leaves, hair, etc.: growth; *teeth*: cutting; ✿ (*young*) shoot; *wine*: ropiness; **∼-café** F [∼ka'fe] *m/inv.* liqueur (*after coffee*), F chaser; **∼-caillou** ⚔ *sl.* [∼ka'ju] *m/inv.* foot-slogger (= *infantrymen*); **poussé, e** [pu'se] advanced; extensive, thorough (*studies etc.*); highly developped; exaggerated; **poussée** [∼] *f* ⊕, ⚔ thrust; *phys.* pressure (*a. business*); *fig.* push, shove; *fig.* upsurge; ✿ upward tendency; ⚕ outbreak; ✿ growth; **pousse-pousse** [pus'pus] *m/inv.* rickshaw (*in the East*); pushchair; **pousser** [pu'se] (1a) *v/t.* push, shove; push (*the door*) to, push (*a bolt*) across; drive (*a tunnel*); jostle (*s.o.*); *fig.* carry (to, jusqu'à); *fig.* urge on (*a crowd, a horse*); incite (*a crowd, s.o.*); *fig.* utter (*a cry*), heave (*a sigh*); extend (*one's studies*); push (*s.o.*) on; ✿ put forth (*roots, leaves*); se ∼ push o.s. forward; push one's way to the front; *v/i.* push, apply pressure; ✿ grow (*a. hair etc.*); *fig.* make one's way, push on; **poussette** [∼'sɛt] *f* game: push-pin; baby-carriage; push-chair.
poussier [pu'sje] *m* coal-dust; **poussière** [∼'sjɛːr] *f* dust; speck of dust; *water*: spray, spindrift; ✿ *fécondante* pollen; *mordre la ∼* bite the dust; F *fig.* 300 F et des ∼s three-hundred odd francs; **poussiéreux, -euse** [∼'sjɛ'rø, ∼'røːz] dusty; dust-colo(u)red.
poussif, -ve [pu'sif, ∼'siːv] broken-winded (*horse etc.*); F shortwinded (*person*).
poussin [pu'sɛ̃] *m* chick; *cuis.* spring chicken; **poussinière** [∼si'njɛːr] *f* chicken-coop; incubator.
poussoir [pu'swaːr] *m* electric bell, clock, etc.: push; ⊕, *mot.* push-rod; ⚔ machine-gun: button.
poutrage △ [pu'traːʒ] *m* framework, beams *pl.*; **poutre** △ [pu'tr] *f* beam; joist; *metal*: girder; **poutrelle** △ [pu'trɛl] *f* small beam; girder.

pouvoir [pu'vwa:r] **1.** (3h) *v/t.* be able; can; be possible; *cela se peut bien* it is quite possible; *il se peut que* (*sbj.*) it is possible that (*ind.*); *puis-je? may I?*; *n'en ~ plus* be worn out; be at the end of one's resources; **2.** *su./m* power; *en mon* (*son etc.*) *~* (with)in my (his *etc.*) power.

pragmatique [pragma'tik] **1.** *adj.* pragmatic; **2.** *su./f hist.* Pragmatic Sanction; **pragmatisme** [~'tism] *m* pragmatism.

prairie [prɛ'ri] *f* meadow; grassland, *Am.* prairie.

praline *cuis.* [pra'lin] *f* burnt almond; praline; **praliner** *cuis.* [~li'ne] (1a) *v/t.* brown, crisp (*almonds*).

praticable [prati'kabl] practicable; feasible (*idea, plan*), negotiable, passable (*road etc.*); **praticien** *m*, **-enne** *f* [~sjɛ̃, ~'sjɛn] *✻, ⚕* practitioner; practician; **pratiquant, e** *eccl.* [~'kɑ̃, ~'kɑ̃:t] practising (*Catholic etc.*), churchgoing; **pratique** [pra'tik] **1.** *adj.* practical; convenient; useful; **2.** *su./f* practice (*a. eccl.*); habit, use; experience; *mettre en ~* put into practice; **pratiquer** [~ti'ke] (1m) *v/t.* practise (*⚕, ⚖, a. a religion, etc.*); exercise (*a profession*); put into practice (*a rule, virtues, etc.*); carry out; ⚕ make, cut (*a hole, a path, etc.*); *se ~* be the practice.

pré [pre] *m* (small) meadow.

pré... [~] pre...; prae..., ante..., fore...

préalable [prea'labl] **1.** *adj.* previous; preliminary; **2.** *su./m* prerequisite, (pre)condition; † preliminary; *au ~ = préalablement* [~labl(ə)'mɑ̃] first, beforehand.

préambule [preɑ̃'byl] *m* preamble (to, *de*).

préau [pre'o] *m* yard; *school:* covered playground.

préavis [prea'vi] *m* previous (*or advance*) notice; warning; *donner son ~* give (one's) notice.

prébende *eccl.* [pre'bɑ̃:d] *f* prebend.

précaire [pre'kɛ:r] precarious; delicate (*health*); **précarité** [~kari'te] *f* precariousness.

précaution [preko'sjɔ̃] *f* precaution; caution; care; *avec ~* cautiously; warily; **précautionner** [~'sjɔ'ne] (1a) *v/t.* warn; caution; *se ~ contre* take precautions against.

précédemment [preseda'mɑ̃] *adv.*

previously, before; **précédent, e** [~'dɑ̃, ~'dɑ̃:t] **1.** *adj.* preceding, previous, prior; former; **2.** *su./m* precedent; *⚖⚓ ~s pl.* case-law *sg.*; *sans ~* unprecedented; **précéder** [~'de] (1f) *v/t.* precede; go before; *fig.* take precedence over, have precedence of.

précepte [pre'sɛpt] *m* precept; **précepteur** *m*, **-trice** *f* [presep-'tœ:r, ~'tris] tutor; teacher; **préceptoral, e**, *m/pl.* **-aux** [~tɔ'ral, ~'ro] tutorial; **préceptorat** [~tɔ-'ra] *m* tutorship.

prêche [prɛ:ʃ] *m protestantism:* sermon; *fig.* protestantism; **prêcher** [prɛ'ʃe] (1a) *v/t.* preach (*a. fig.*); preach to (*s.o.*); *v/i.* preach; *fig. ~ à q. de* (*inf.*) exhort s.o. to (*inf.*); *~ d'exemple* (*or par l'exemple*) set an example; **prêcheur** *m*, **-euse** *f* [~'ʃœ:r, ~'ʃø:z] sermonizer; **prêchi-prêcha** F [~ʃipre'ʃa] *m* preachifying.

précieux, -euse [pre'sjø, ~'sjø:z] **1.** *adj.* precious; valuable; *fig.* affected (*style etc.*); **2.** *su.* affected person; **préciosité** [~sjozi'te] *f* preciosity, affectation.

précipice [presi'pis] *m* precipice.

précipitamment [presipita'mɑ̃] *adv.* in a hurry, headlong; **précipitation** [~ta'sjɔ̃] *f* (violent) haste, hurry, precipitancy; *⚡, phys., meteor.* precipitation; **précipité, e** [~'te] **1.** *adj.* precipitate; hasty; *⚓* racing (*pulse*); headlong (*flight*); **2.** *su./m ⚡ etc.* precipitate; **précipiter** [~'te] (1a) *v/t.* throw (down); hurl (down); *fig.* plunge (*into war, despair, etc.*); quicken, hasten; precipitate (*events, a. ⚡*); *se ~* rush (at, upon *sur*).

précis, e [pre'si, ~'si:z] **1.** *adj.* precise, accurate, exact; definite (*explanation, reason, time*); *à dix heures ~es* at ten o'clock precisely *or* F sharp; **2.** *su./m* summary, précis, abstract; **précisément** [presize'mɑ̃] *adv.* of précis 1; **préciser** [~'ze] (1a) *v/t.* state precisely; define; specify; make clear; *se ~* become clear(er); **précision** [~'zjɔ̃] *f* precision, accuracy, exactness; *~s pl.* detailed information *sg.*, particulars.

précité, e [presi'te] above(-mentioned), aforesaid.

précoce [pre'kɔs] precocious (*child, talent, a. ⚕*); early (*⚕, a. season*); *fig.*

premature; **précocité** [⌣kɔsi'te] *f* precocity; earliness.

précompte † [pre'kɔ̃:t] *m* previous deduction; **précompter** [⌣kɔ̃'te] (1a) *v/t.* deduct beforehand.

préconçu, e [prekɔ̃'sy] preconceived; *idée f* ⌣e preconception.

préconiser [prekoni'ze] (1a) *v/t.* recommend; advocate.

préconstruction ⚠ [prekɔ̃stryk'sjɔ̃] *f* prefabrication.

précontraint, e ⊕ [prekɔ̃'trɛ̃, ⌣'trɛ̃:t] prestressed (*concrete*).

précurseur [prekyr'sœ:r] **1.** *su./m* forerunner, precursor; harbinger (*of spring*); **2.** *adj./m* premonitory.

prédécesseur [predese'sœ:r] *m* predecessor.

prédestination [predestina'sjɔ̃] *f* predestination; **prédestiné, e** [⌣'ne] foredoomed; *fig.* fated (to, *à*); **prédestiner** [⌣'ne] (1a) *v/t.* predestine (to, *à*) (*a. fig.*).

prédicateur *m*, **-trice** *f* [predika-'tœ:r, ⌣'tris] preacher; **prédication** [⌣'sjɔ̃] *f* preaching; sermon.

prédiction [predik'sjɔ̃] *f* prediction; forecast; **prédire** [⌣'di:r] (4p) *v/t.* predict, prophesy, foretell; forecast.

prédisposer ⚕, *a. fig.* [predispo'ze] (1a) *v/t.* predispose; ⌣ *contre* prejudice (*s.o.*) against (*s.o.*); **prédisposition** ⚕, *a. fig.* [⌣zi'sjɔ̃] *f* predisposition.

prédominance [predomi'nɑ̃:s] *f* predominance, prevalence; **prédominant, e** [⌣'nɑ̃, ⌣'nɑ̃:t] predominant, prevalent, prevailing; **prédominer** [⌣'ne] (1a) *v/i.* predominate, prevail (over, *sur*); *v/t.* take pride of place over.

prééminence [preemi'nɑ̃:s] *f* preeminence (over, *sur*); **prééminent, e** [⌣'nɑ̃, ⌣'nɑ̃:t] pre-eminent.

préemption [preɑ̃p'sjɔ̃] *f* preemption; *droit m de* ⌣ preemptive right.

préexistant, e [preeksis'tɑ̃, ⌣'tɑ̃:t] pre-existent, pre-existing.

préfabriqué, e [prefabri'ke] prefabricated; *maison f* ⌣e prefab (-ricated house); **préfabriquer** [⌣] (1m) *v/t.* prefabricate.

préface [pre'fas] *f* preface (*a. eccl.*); foreword, introduction (to *à*, *de*); **préfacer** [⌣fa'se] (1k) *v/t.* write a preface to.

préfectoral, e, *m/pl.* **-aux** [prefɛk-tɔ'ral, ⌣'ro] prefectorial; *of the* *or a* prefect; **préfecture** [⌣'ty:r] *f hist.* prefectship; *hist., a. admin.* prefecture; *admin.* Paris police headquarters *pl.*

préférable [prefe'rabl] preferable (to, *à*), better (than, *à*); **préférence** [⌣'rɑ̃s] *f* preference (*a.* †); ⚖ priority; *de* ⌣ in preference (to, *à*), preferential (*tariff*), † preference (*shares*); **préférer** [⌣'re] (1f) *v/t.* prefer.

préfet [pre'fɛ] *m hist.,* *a. admin.* prefect; civil administrator; *of the* *police* chief commissioner of the Paris police; ⌣ *des études school:* master in charge of discipline; ⚓ ⌣ *maritime* port-admiral; **préfète** F [⌣'fɛt] *f* prefect's wife.

préfixe *gramm.* [pre'fiks] *m* prefix; **préfixer** [⌣fik'se] (1a) *v/t.* fix (*a date etc.*) in advance; *gramm.* prefix.

préhistoire [preis'twa:r] *f* prehistory; **préhistorique** [⌣tɔ'rik] prehistoric.

préjudice [prezy'dis] *m* prejudice, harm; wrong, damage; ⚖ tort; *au* ⌣ *de* to the detriment of; *sans* ⌣ *de* without prejudice to; **préjudiciable** [prezydi'sjabl] prejudicial, detrimental (to, *à*); ⚖ tortious; **préjudiciaux** ⚖ [⌣'sjo] *adj./m/pl.:* *frais m/pl.* ⌣ security *sg.* for costs; **préjudiciel, -elle** ⚖ [⌣'sjɛl] interlocutory; **préjudicier** [⌣'sje] (1o) *v/i.* be prejudicial *or* detrimental (to, *à*); ⌣ *à* injure.

préjugé [prezy'ʒe] *m* prejudice; bias; presumption; ⚖ (*legal*) precedent; *sans* ⌣s unprejudiced; **préjuger** [⌣] (1l) *v/t.* (*or v/i.:* ⌣ *de*) prejudge, judge in advance.

prélasser F [prela'se] (1a) *v/t.:* *se* ⌣ lounge, loll (*in a chair etc.*); strut.

prélat *eccl.* [pre'la] *m* prelate.

prélèvement [prelɛv'mɑ̃] *m* previous deduction; deduction, amount deducted; *blood, gas, ore, etc.:* sample; **prélever** [prel'və] (1d) *v/t.* deduct in advance; levy; take (*a sample* [*a.* ⚕ *of blood*]) (from, *à*).

préliminaire [prelimi'nɛ:r] **1.** *adj.* preliminary (to, *de*); **2.** *su./m* preliminary; ⌣s *pl. document:* preamble *sg.*

prélude ♪, *a. fig.* [pre'lyd] *m* prel-

préparer

ude; **préluder** [⌣ly'de] (1a) v/i. ♪
(play a) prelude; fig. ~ à lead up to,
serve as prelude to.

prématuré, e [prematy're] premature, untimely; **prématurément**
[⌣re'mã] adv. of prématuré.

préméditation [premedita'sjɔ̃] f
premeditation; avec ~ wilfully; ⚖
with malice aforethought; **prémédité, e** [⌣'te] deliberate; **préméditer** [⌣'te] (1a) v/t. premeditate.

prémices [pre'mis] f/pl. first fruits;
cattle: firstlings; † fig. beginnings.

premier, -ère [prə'mje, ⌣'mjɛːr]
1. adj. first (time, degree, position,
rank); fig. leading, best; title: the
first; ♔ prime (number); admin.
etc. principal, head (clerk); former
(of two); mot. ⌣ère vitesse f first or
low gear; ~ livre m school: primer;
pol. ~ ministre m Prime Minister;
au ~ coup at the first attempt; ce
n'est pas le ~ venu he isn't just anybody; le ~ venu the first comer; les
cinq ~s pl. the first five; Napoléon
Ier Napoleon I, Napoleon the
First; partir le ~ be the first to
leave; **2.** su./m first; first, Am. second floor; en ~ in the first place;
thea. jeune ~ leading man; le ~ du
mois the first of the month; su./f
secondary school: (approx.) sixth
form; thea. first night or performance; cin., a. fig. première; mot. first
(gear); ♠ first class (carriage); thea.
jeune ~ère leading woman; ✈ voyager
en ~ère travel first (class); **premièrement** [⌣mjɛr'mã] adv. first; in the
first place; **premier-né, premier-
née** or **première-née,** m/pl.
premiers-nés [⌣mje'ne, ⌣mjɛr'ne]
adj., a. su./m first-born.

prémilitaire [premilitɛːr] premil-
itary (training).

prémisse [pre'mis] f logic: premise,
premiss.

prémonition [premɔni'sjɔ̃] f pre-
monition; **prémonitoire** ⚕
[⌣'twaːr] premonitory.

prémunir [premy'niːr] (2a) v/t. put
(s.o.) on his guard, forewarn (s.o.)
(against, contre); se ~ take precautions (against, contre).

prenable [prə'nabl] pregnable; **prenant, e** [⌣'nã, ⌣'nãːt] captivating;
absorbing; † partie f ~e payee;
recipient.

prénatal, e, m/pl. **-als** or **-aux**

[prena'tal, ⌣'to] prenatal, antenatal.

prendre [prɑ̃ːdr] (4aa) **1.** v/t. take
(a. lessons, a degree, a road, ⚔ a
town), grasp; catch (fire, a cold,
the train), trap (a rat); steal; seize;
accept; eat (a meal), have (tea, a
meal); pick up; engage (a servant);
take (up) (time); handle, treat; ✝
choose; buy (a ticket); ⚔ conquer;
⚔ etc. capture; ~ à mentir catch
(s.o.) in a lie; ~ corps put on weight;
~ en amitié take to (s.o.); ⚓ ~ le
large put to sea; ~ mal misunder-
stand; take (s.th.) badly; ~ plaisir à
take pleasure in; ~ pour take (s.o.)
for; ~ q. dans sa voiture give s.o. a
lift; ~ rendez-vous avec make an
appointment with; ~ sur soi take
(s.th.) upon o.s.; pour qui me pre-
nez-vous? what do you take me
for?; se laisser ~ let o.s. be taken
in; se ~ be caught; cling (to, à);
set (liquid); curdle (milk); se ~ à
undertake (a task); begin; fig. s'en
~ à find fault with (s.o.); fig. s'y ~
manage, go about things; **2.** v/i.
set (plaster etc.); congeal, freeze;
curdle (milk); cuis. thicken; cuis.
catch (milk in pan); take root (tree);
take (fire); fig. be successful; ça ne
prend pas that cock won't fight;
preneur m, **-euse** f [prə'nœːr,
⌣'nøːz] taker; ⚖ lessee; ✝ buyer,
purchaser; chèque: payee; **prennent** [prɛn] 3rd p. pl. pres. of prendre.

prénom [pre'nɔ̃] m first or Christian
name, Am. given name; **prénom-
mé, e** [preno'me] above-named;
prénommer [⌣] (1a) v/t.: se ~ be
called.

prenons [prə'nɔ̃] 1st p. pl. pres. of
prendre.

préoccupation [preɔkypa'sjɔ̃] f pre-
occupation; anxiety, concern; **préoccuper** [⌣'pe] (1a) v/t. preoccupy,
worry, trouble; se ~ de concern o.s.
with; be concerned about, worry or
care about.

préparateur m, **-trice** f [prepara-
'tœːr, ⌣'tris] preparer; experiments:
demonstrator; assistant; **préparatifs** [⌣'tif] m/pl. preparations; **préparation** [⌣'sjɔ̃] f preparation (a.
⚕ etc.) (for, à); preparing; ⊕ dressing; typ. ouvrage m en ~ work to
appear shortly; **préparatoire** [⌣-
'twaːr] preparatory (a. school); preliminary; **préparer** [prepa're] (1a)

v/t. prepare (for, *à*); train (*for a career*); coach (*a pupil*); prepare for (*an examination*); draw up (*a speech*); ⊕ dress; make (*tea etc.*); se ~ prepare (o.s.) (for, *à*); get ready; *fig.* be in the wind, be brewing (*event*).

prépondérance [prepɔ̃de'rɑ̃:s] *f* preponderance (over, *sur*); *avoir la* ~ preponderate; **prépondérant, e** [~'rɑ̃, ~'rɑ̃:t] preponderant; leading (*part, role*); casting (*vote*).

préposé *m*, **e** *f* [prepo'ze] official in charge; employee, attendant; postman, *Am.* mailman; **préposer** [~] (1a) *v/t.* appoint (as *comme, pour*; to, *à*).

préposition *gramm.* [prepozi'sjɔ̃] *f* preposition; **prépositionnel, -elle** *gramm.* [~sjɔ'nɛl] prepositional.

pré(-)retraite [prerə'trɛt] *f* early retirement.

prérogative [prerɔga'ti:v] *f* prerogative; *parl.* privilege.

près [prɛ] **1.** *adv.* near, close (at hand); *à beaucoup* ~ by far; *à cela* ~ except for that; *à cela* ~ *que* except that; *à peu de chose* ~ little short of; *à peu* ~ nearly; about; *fig. au plus* ~ to the nearest point; *de* ~ closely; from close to; (*fire*) at close range; *ici* ~ near by, quite near, close at hand; *regarder de plus* ~ take a closer look, examine more closely; *tout* ~ very near, quite close; **2.** *prp.* near; to; *ambassadeur m* ~ *le Saint-Siège* ambassador to the Holy See; ~ *de* near, close to (*Paris, the station*), by; nearly (*two hours, two o'clock, ten pounds, three miles*), almost; ⚓ *courir* ~ *du vent* sail close to the wind; *il était* ~ *de tomber* he was on the point of falling.

présage [pre'za:ʒ] *m* portent, foreboding; omen; **présager** [~za'ʒe] (1l) *v/t.* portend; bode; foresee.

pré-salé, *pl.* **prés-salés** [presa'le] *m* salt-marsh sheep; *cuis.* salt-marsh mutton.

presbyte 🇫 [prɛz'bit] *adj.*, *a. su.* long-sighted; **presbytéral, e,** *m/pl.* **-aux** [prɛzbite'ral, ~'ro] priestly; **presbytère** *eccl.* [~'tɛ:r] *m* presbytery; *protestantism:* vicarage, rectory, *Sc.* manse; **presbytie** 🇫 [~'si] *f* long-sightedness.

prescience [pre'sjɑ̃:s] *f* foreknowledge.

préscolaire [preskɔ'lɛ:r] preschool.

prescriptible 🇫🇧 [prɛskrip'tibl] prescriptible; **prescription** [~'sjɔ̃] ⊕, *admin.* regulation(s *pl.*); 🇫🇧, 🇫 prescription; ⊕~s *pl.* specifications; **prescrire** [prɛs'kri:r] (4q) *v/t.* prescribe (*s.o.'s conduct, a rule, a.* 🇫), lay down (*the law, a time, s.o.'s conduct, etc.*); 🇫🇧 bar (*by statute of limitations etc.*); 🇫🇧 *se* ~ *par* be barred at the end of (*5 years*).

préséance [prese'ɑ̃:s] *f* precedence (of, over *sur*).

présélection [preselɛk'sjɔ̃] *f* preselection.

présence [pre'zɑ̃:s] *f* presence (at, *à*); ~ *d'esprit* presence of mind; *en* ~ face to face (with, *de*); *faire acte de* ~ put in *or* enter an appearance.

présent¹, e [pre'zɑ̃, ~'zɑ̃:t] **1.** *adj.* present (at, *à*); current; ~*!* present!; *esprit m* ~ ready wit; *gramm.* *temps m* ~ present (tense); **2.** *su./m* present (time *or gramm.* tense); *à* ~ just now, at present; *les* ~*s pl.* exceptés present company *sg.* excepted; *pour le* ~ for the time being, for the present; *quant à* ~ as for now; *su./f: la* ~*e* this letter.

présent² [pre'zɑ̃] *m* present, gift; *faire* ~ *de* make a present of; **présentable** 🇫 [prezɑ̃'tabl] presentable; **présentateur** *m*, **-trice** *f* [~tɑ̃'tœ:r, ~'tris] presenter; *show, etc.:* host, emcee; **présentation** [~tɑ̃'sjɔ̃] *f* ✝, 🇫, *eccl., thea., court:* presentation; introduction (to *s.o.*, *à q.*); ✕ trooping (the colo[u]r, *du drapeau*); ✝ *à* ~ on demand, at sight.

présentement † [prezɑ̃t'mɑ̃] *adv.* now, this minute; at present.

présenter [prezɑ̃'te] (1a) *v/t.* present (*a.* ✕, ✝, *a.* difficulties, ✕ arms), offer; show; introduce (*formally*); nominate (*a candidate*) (for, *pour*); produce (*one's passport*); *parl.* table (*a bill*); submit (*a conclusion*); *cin. etc.* ~ *q.* (*en vedette*) star *s.o.*; *je vous présente ma femme* may I introduce my wife?; se~ appear; arise (*problem, question*); occur; present *o.s.*; ✕ report (*o.s.*); introduce *o.s.*; se ~ *chez q.* call on *s.o.*; se ~ *bien* (*mal*) look good (not too good); *v/i.:* ~ *bien* (*mal*) have a pleasant (*an unattractive*) appearance; **présentoir** [~'twa:r] *m* display stand *or* shelf.

préservateur, -trice [prezɛrva-ˈtœːr, ˌˈtris] preserving (from, *de*); **préservatif, -ve** [ˌˈvaˈtif, ˌˈtiːv] **1.** *adj.* preservative; **2.** *su./m* preservative; 💉 condom; **préservation** [ˌˈvaˈsjɔ̃] *f* preservation, protection; **préserver** [ˌˈve] (1a) *v/t.* preserve, protect (from, *de*).

présidence [preziˈdãːs] *f* presidency; President's house; ✝ board; ✝, *a.* admin. chairmanship; **président** *m*, **e** *f* [ˌˈdã, ˌˈdãːt] president; admin. chairman; ⚖ presiding judge; **présidentiel, -elle** [ˌˈdãˈsjɛl] **1.** *adj.* presidential; **2.** *su./f pol.* ..*les pl.* presidential elections; **présider** [ˌˈde] (1a) *v/t.* preside over or at (*s.th.*); *fig.* direct; *v/i.*: ~ à preside at or over.

présomptif, -ve [prezɔ̃pˈtif, ˌˈtiːv] presumptive; ⚖ *héritier m* ~ heir apparent; **présomption** [ˌˈsjɔ̃] *f* presumption (*a.* ⚖, *a. fig. pej.*); **présomptueux, -euse** [ˌˈtɥø, ˌˈtɥøːz] presumptuous; self-conceited, self-important.

presque [prɛsk(ə)] *adv.* almost, nearly; **presqu'île** *geog.* [prɛsˈkil] *f* peninsula.

pressage ⊕ [prɛˈsaːʒ] *m* pressing; **pressant, e** [ˌˈsã, ˌˈsãːt] pressing, urgent; earnest (*request*); **presse** [prɛs] *f* ⊕, *journ.*, *typ.* pressing-machine; crowd, throng; haste; *business*: pressure; *exemplaire m du service de* ~ review copy; *heures f/pl. de* ~ rush hours; *sous* ~ in the press (*book*); **pressé, e** [prɛˈse] hurried (*style*, *words*); in a hurry (*person*); crowded, close; ⊕ pressed; urgent (*letter*, *task*); *citron m* ~ (*fresh*) lemon squash; **presse-bouton** [prɛsbuˈtɔ̃] *adj./inv.* push-button; automatic; **presse-citron** [prɛsiˈtrɔ̃] *m/inv.* lemon-squeezer; **presse-étoffe** [ˌˈtɔf] *m/inv.* sewing-machine; presser-foot; **presse-étoupe** ⊕ [ˌˈtup] *m/inv.* stuffing box.

pressentiment [prɛsãtiˈmã] *m* presentiment; foreboding; F feeling, *Am.* hunch; **pressentir** [ˌˈtiːr] (2b) *v/t.* have a presentiment of; sound (*s.o.*) (out) (on, *sur*); *faire* ~ foreshadow (*s.th.*).

presse...: ~**-pantalon** [prɛspãtaˈlɔ̃] *m/inv.* trouser-press; ~**-papiers** [ˌˈpaˈpje] *m/inv.* paper-weight;

~**-purée** [ˌˈpyˈre] *m/inv.* potato-masher.

presser [prɛˈse] (1a) *v/t.* press (*a.* ⊕, *a. fig.*), squeeze; hasten (one's steps, *le pas*); hurry (*s.o.*); push on, urge on (*a horse etc.*); *cuis.* squeeze; *se* ~ crowd, throng; hurry, hasten; *v/i.* press; be urgent; *rien ne presse* there is no hurry.

pressing [prɛˈsiŋ] *m* (steam) pressing.

pression [prɛˈsjɔ̃] *f* pressure (*a.* ⊕, *meteor.*, *mot.*, *a. fig.*); *cost.* snap fastener; ⊕ ~ *artérielle* blood pressure; *bière f à la* ~ draught (*Am.* draft) beer; *faire* ~ *sur* (*s.th.*) down, press (down) on (*s.th.*); *fig. a. exercer une* ~ *sur* put pressure on (*s.o.*), pressurize (*s.o.*); **pressoir** [ˌˈswaːr] *m* (wine- *etc.*)-press; **pressurage** [prɛsyˈraːʒ] *m* pressing; F *fig.* extortion; **pressurer** [ˌˈre] (1a) *v/t.* press (*grapes*); press out (*juice*); F *fig.* extort money from; **pressureur** [ˌˈrœːr] *m* pressman; **pressuriser** [ˌˈriˈze] (1a) *v/t.* pressurize.

prestance [prɛsˈtãːs] *f* fine presence, commanding appearance; **prestataire** [ˌˈtaˈtɛːr] *su.* person receiving benefits *or* allowances; ~ *de services* service(s) (*trade etc.*); **prestation** [ˌˈtaˈsjɔ̃] *f* dues: prestation; *money*: lending; (*insurance-*)benefit; service; *sp.*, *thea. etc.*, *a. fig.* performance; ⚖ ~ *de serment* taking (of) the oath; ~*s pl.* en nature allowances in kind.

preste [prɛst] nimble, quick; F ~! quick!; **prestesse** [prɛsˈtɛs] *f* quickness, nimbleness; alertness.

prestidigitateur [prɛstidiʒitaˈtœːr] *m* conjurer; juggler; **prestidigitation** [ˌˈsjɔ̃] *f* conjuring, sleight of hand; juggling.

prestige [prɛsˈtiːʒ] *m* prestige; *fig.* influence; **prestigieux, -euse** [ˌˈtiˈʒjø, ˌˈʒjøːz] prestigious.

présumable [prezyˈmabl] presumable; **présumer** [ˌˈme] (1a) *v/t.* presume; assume; *il est à* ~ *que* the presumption is that; *trop* ~ *de* overestimate (*s.th.*); *trop* ~ *de soi* be too presuming.

présure [preˈzyːr] *f* rennet.

prêt[1] [prɛ] *m* loan; *wages*: advance; ⚔ pay; ~ *à intérêt* loan at interest; ~ *sur gage* loan against security.

prêt[2], **prête** [prɛ, prɛt] ready (for

s.th., à qch.; to *inf.*, à *inf.*); prepared; ~ à on the verge of.

pretantaine F [pretɑ̃'tɛn] *f: courir la ~* gad about.

prêt-à-porter [pretapor'te] *m coll.* ready-to-wear *or* ready-made clothes *pl. or* clothing.

prêt-bail, *pl.* **prêts-baux** *pol.* [prɛ'ba:j, ~'bo] *m* lease-lend, lend-lease.

prétendant, e [pretɑ̃'dɑ̃, ~'dɑ̃:t] *su.* candidate (for, à); *su./m* pretender (to *throne*); suitor; **prétendre** [~'tɑ̃:dr] (4a) *v/t.* claim; assert, affirm, maintain; intend; *v/i.* lay claim (to, à); aspire (to, à); **prétendu, e** [~tɑ̃'dy] **1.** *adj.* alleged; *pej.* so-called; **2.** *su.* F (*my*) intended.

prête-nom *usu. pej.* [prɛt'nɔ̃] *m* man of straw, figure-head, F front.

pretentaine [pretɑ̃'tɛn] *f see pretantaine.*

prétentieux, -euse [pretɑ̃'sjø, ~'sjø:z] pretentious; conceited; **prétention** [~'sjɔ̃] *f* pretension (*a. fig.*), claim; *fig.* conceit.

prêter [prɛ'te] (1a) *v/t.* lend, *Am.* loan; take (*an oath*); attribute; *fig.* credit (s.o. with s.th., qch. à q.); ~ à impart to; *se* ~ à lend o.s. to; be a party to; *v/i.* give (*gloves etc.*); ~ à give rise to.

prétérit *gramm.* [prete'rit] *m* (*English*) preterite.

prêteur *m*, **-euse** *f* [prɛ'tœ:r, ~'tø:z] lender; ~ *sur gages* pawnbroker; ☆ pledgee.

prétexte [pre'tɛkst] *m* pretext, excuse; *prendre* ~ *que* put forward as a pretext that; *sous* ~ *que* on the plea *or* under the pretext that; **prétexter** [~tɛks'te] (1a) *v/t.* plead; allege; give (*s.th.*) as a pretext.

prétoire [pre'twa:r] *m hist.* praetorium; ☆ court.

prêtraille † *pej.* [prɛ'trɑ:j] *f* priests *pl.*; shavelings *pl.*; **prêtre** [prɛ:tr] *m* priest; ~*ouvrier* worker priest; **prêtresse** [prɛ'trɛs] *f* priestess; **prêtrise** [~'tri:z] *f* priesthood.

preuve [prœ:v] *f* proof (*a.* ♬, ☆, *fig.*); ☆, *a. fig.* evidence; signs *pl.*; *faire* ~ *de* show, display; *faire la* ~ *de* prove; *faire ses* ~*s* prove o.s. *or* itself.

preux † [prø] **1.** *adj.* valiant, gallant; **2.** *su./m/inv.* valiant knight.

prévaloir [preva'lwa:r] (31) *v/i.* prevail (against, *sur*); *faire* ~ make good (*a claim, one's right*), win people over

to (*an idea, an opinion*); *v/t.: se* ~ *de* take advantage of; exercise (*a right*); pride o.s. on.

prévaricateur, -trice [prevarika'tœ:r, ~'tris] **1.** *adj.* unjust; **2.** *su.* unjust judge; person guilty of a breach of trust; **prévarication** [~ka'sjɔ̃] *f* maladministration of justice; breach *or* abuse of trust; **prévariquer** [~'ke] (1m) *v/i.* be unjust (*judge*); betray one's trust.

prévenance [prev'nɑ̃:s] *f* kindness, (kind) attention; **prévenant, e** [~'nɑ̃, ~'nɑ̃:t] kind, attentive, considerate (to, *envers*); prepossessing (*manners etc.*); **prévenir** [~'ni:r] (2h) *v/t.* forestall; prevent (*an accident, danger, illness*); anticipate (*a wish*); warn; *admin.* inform, give notice; prepossess; *pej.* prejudice; **préventif, -ve** [prevɑ̃'tif, ~'ti:v] ♂, *a.* ☆ preventive; deterrent (*effect*); ☆ *détention* ~*ve* remand in custody, detention awaiting trial; **prévention** [~'sjɔ̃] *f* prevention; prepossession, *pej.* prejudice; ☆ custody; ~ *routière* road safety; **préventionnaire** ☆ [~sjɔ̃'nɛ:r] *su.* prisoner on remand; **préventorium** ♂ [~tɔ'rjɔm] *m* convalescent sanatorium; **prévenu, e** [prev'ny] **1.** *p.p. of* prévenir; **2.** *adj.* prepossessed; prejudiced; **3.** *su.* accused; prisoner.

prévisible [previ'zibl] foreseeable; **prévision** [~'zjɔ̃] *f* forecast (*a. meteor.*); anticipation; expectation; **provisionnel, -elle** [~zjɔ'nɛl] forward-looking; **provisionniste** † [~zjɔ'nist] *su.* forecaster.

prévoir [pre'vwa:r] (3m) *v/t.* forecast (*a. the weather*), foresee, anticipate; plan, provide for; lay down (*s.th.*) (in advance).

prévôt [pre'vo] *m* ☆, *a. hist.* provost; ✗ assistant provost marshal; ~ *de salle fencing:* assistant fencingmaster; **prévôté** [~vo'te] *f hist.* provostship; *hist.* provostry; ✗ military police (establishment *or* service).

prévoyance [prevwa'jɑ̃:s] *f* foresight; precaution; ~ *sociale* national insurance; *mesures f/pl. de* ~ precautionary measures; *société f de* ~ provident society; **prévoyant, e** [~'jɑ̃, ~'jɑ̃:t] provident; careful, cautious; far-sighted.

prise

prie-Dieu [pri'djø] *m/inv.* prayer stool, prie-Dieu, praying-desk;
prier [~'e] (1a) *v/t.* pray; ask, entreat, beg, beseech; invite (*to dinner etc.*); *je vous (en) prie!* please (do)!; don't mention it!; *les priés m/pl.* the guests; *sans se faire* ~ willingly, readily; *se faire* ~ require pressing, need persuading; **prière** [~'ε:r] *f* prayer; request, entreaty; ~ *de (ne pas)* (*inf.*) please (do not) (*inf.*).

prieur *eccl.* [pri'œ:r] *m* prior;
prieure *eccl.* [~'œ:r] *f* prioress;
prieuré [~œ're] *m* priory; priorship.

primaire [pri'mε:r] primary; simplistic; simple-minded (*person*).

primat [pri'ma] *m eccl.* primate; *fig.* pre-eminence; **primates** *zo.* [~'mat] *m/pl.* primates; **primatie** *eccl.* [~ma'si] *f* primacy; **primauté** [~mo'te] *f* primacy (*a. eccl.*); priority.

prime[1] [~] *f* † premium; † subsidy; †, ⊕ bonus; † free gift; *fig. faire* ~ be highly appreciated.

prime[2] [prim] **1.** *adj.* ~ prime; *fig.* first; ~ *jeunesse* earliest youth; *de* ~ *abord* at first; *de* ~ *saut* at the first attempt; **2.** *su./f eccl., a.* fencing: prime.

primer[1] [pri'me] (1a) *v/i.* prevail; have priority; ⊕, *a. astr.* prime; *v/t.* surpass; take precedence of; have *or* take priority over; *la force prime le droit* might is right.

primer[2] [~] (1a) *v/t.* award a prize to; † give a bonus to.

primerose ♀ [prim'ro:z] *f* hollyhock.

primesautier, -ère [primso'tje, ~'tjε:r] impulsive; ready.

primeur [pri'mœ:r] *f* † freshness, newness; ~*s pl.* † early vegetables *or* fruit; *avoir la* ~ *d'une nouvelle* be the first to hear a piece of news; **primeuriste** ✓ [~mœ'rist] *m* grower of early vegetables *or* fruit.

primevère ♀ [prim've:r] *f* primula; primrose.

primitif, -ve [primi'tif, ~'ti:v] primitive; first, early; original, pristine; *gramm.* primary (*tense*).

primo [pri'mo] *adv.* first, in the first place; **primogéniture** [~mɔ-ʒeni'ty:r] *f* primogeniture.

primordial, e, *m/pl.* **-aux** [primɔr-

'djal, ~'djo] primordial; *fig.* of primary importance.

prince [prε̃:s] *m* prince.

princeps [prε̃'sεps] *adj.:* *édition f* ~ first edition.

princesse [prε̃'sεs] *f* princess;
princier, -ère [~'sje, ~'sjε:r] princely.

principal, e, *m/pl.* **-aux** [prε̃si'pal, ~'po] **1.** *adj.* principal (*fig., a.* ♟, ♫, *gramm.*), chief, main; **2.** *su./m school:* head(master); *admin.* chief clerk; † principal; *fig.* main thing;
principalat [~pala'la] *m school:* headship; **principat** [~'pa] *m* principate; **principauté** [~po'te] *f* principality.

principe [prε̃'sip] *m* principle; *en* ~ in principle; *par* ~ on principle; *sans* ~*s* unprincipled (*person*).

printanier, -ère [prε̃ta'nje, ~'njε:r] spring...; **printemps** [~'tã] *m* spring; springtime (*a. fig.*); *fig.* heyday.

priorat [prio'ra] *m* priorate, priorship.

prioritaire [priori'tε:r] **1.** *adj.* having priority, priority...; **2.** *su.* priority-holder; **priorité** [~'te] *f* priority; *mot. a.* right of way; *de* ~ *mot.* major (*road*); † preference (*shares*).

pris[1] [pri] *1st p. sg. p.s.* of prendre.

pris[2], **e** [pri, pri:z] **1.** *p.p.* of prendre; **2.** *adj.:* *bien* ~ well-proportioned (*figure*), well-built (*man*); ~ *de sommeil* drowsy.

prise [pri:z] *f* hold, grip (*a. fig.*), grasp; ✂ taking (*a. phot.*); ✂ town: capture; ⚓ prize; ⊕ machine: mesh, engagement; † parcels: collection; *cement etc.:* setting; *snuff:* pinch; *fish:* catch; ⊕ ore: sample; *analysis:* specimen, sample; ⊕ air, steam, etc.: intake; ~ *d'air* ✈ airinlet; ✈ air scoop; ~ *d'eau* intake of water; tap, cock; hydrant; 🔧 water-crane; F ~ *de bec* squabble; ⚡ ~ *de corps* arrest; ✎ ~ *de courant* wall-plug, socket, power point; *trolley:* current collector; ~ *de sang* blood specimen; ⚡ ~ *de terre* earth-connection; ~ *de vues* taking of photographs, photography; *cin.* shooting; *avoir* ~ *sur* have a hold over *or* on; *fig. donner* ~ *à* lay o.s. open to; *en* ~ ⊕ engaged, in gear; ⚓ holding (*anchor*); *fig. en* ~ *directe avec* in close contact with, in touch with; *être aux* ~s avec be at grips with; *faire* ~ set (cement); *faire une* ~ *à* (or *sur*) tap (river, *✶* coil, cable); *lâcher* ~ let go; F *fig.* give in.

prisée 🏛 [pri'ze] *f* valuation; appraisal.

priser[1] [pri'ze] (1a) *v/t.* inhale, snuff, take; *v/i.* take snuff.

priser[2] [~] (1a) *v/t.* value, appreciate, prize.

priseur[1] *m*, **-euse** *f* [pri'zœ:r, ~'zø:z] snuff-taker.

priseur[2] 🏛 [pri'zœ:r] *m* goods: appraiser; valuer.

prismatique [prisma'tik] prismatic; **prisme** [prism] *m* prism.

prison [pri'zɔ̃] *f* prison; gaol, *Am.* jail; ✗, ⚓ cell(s *pl.*); imprisonment; ✗ F cells *pl.*; **prisonnier, -ère** [~zɔ'nje, ~'njɛ:r] **1.** *su.* prisoner; *se constituer* ~ give o.s. up (to the police); **2.** *adj.* ✗ captive; 🏛 imprisoned.

privatif, -ve *gramm.* [priva'tif, ~'ti:v] *adj.*, *a. su./m* privative; **privation** [~'sjɔ̃] *f* 🏛, ✗, *fig.* deprivation, loss; *fig.* privation; ✗ forfeiture.

privautés *pej.* [privo'te] *f/pl.* familiarity *sg.*, liberties.

privé, -e [pri've] **1.** *adj.* private; **2.** *su./m* private life; private sector; *en* ~ privately; *in private life.

priver [pri've] (1a) *v/t.* deprive; *se* ~ *de* do without; stint o.s. of.

privilège [privi'lɛ:ʒ] *m* privilege; **privilégier** [~le'ʒje] (1o) *v/t.* privilege; favo(u)r, prefer, give preference to.

prix [pri] *m* price, cost; value (*a. fig.*); prize; reward; *sp.* challenge-cup race, prize race, stakes *pl.*; *✞ exchange*: rate; ~ *courant* market or current price; price-list; ~ *de revient* cost price; ~ *de vente* selling price; ~ *fait* (or *fixe*) fixed price; ~ *fort* list price; ~ *homologué* established price; ~ *régulateur* standard of value; ~ *unique* one-price store; ~ *unitaire* unit-price; *à* ~ *d'ami* cheap; *à aucun* ~ not at any price, on no account; *à tout* ~ at all costs; *à vil* ~ at a low price, F dirt cheap; *dernier* ~ lowest price, F rock-bottom price; *faire un* ~ quote a price (to, *à*); *hors de* ~ at ransom prices; ~ *fixe* F [~'fiks] *m* restaurant with a fixed-price meal.

pro F [pro] *m* pro(fessional).

probabilité [probabili'te] *f* probability (*a.* ⚖); *selon toute* ~ in all probability; **probable** [~'babl] probable, likely.

probant, e 🏛 *etc.* [pro'bɑ̃, ~'bɑ̃:t] probative; conclusive; **probation** [~ba'sjɔ̃] *f* probation; **probatoire** [~ba'twa:r] probative; **probe** [prɔb] honest (of integrity (*man*)); **probité** [prɔbi'te] *f* probity, integrity.

problématique [problema'tik] **1.** *adj.* problematical; questionable; **2.** *su./f* problem(s *pl.*); **problème** [~'blɛm] *m* problem (*a.* ⚖, *a. fig.*); puzzle.

procédé [prɔse'de] *m* *fig.* proceeding; conduct; *billiard cue*: tip; ⊕ process; ~s *pl.* behaviour *sg.*; *bons* ~s *pl.* civilities; *manquer aux* ~s be ill-mannered; **procéder** [~'de] (1f) *v/i.* proceed (from, *de*); 🏛 against, *contre*; to, *à*); arise (from, *de*); act; **procédure** [~'dy:r] *f* procedure (*a.* 🏛); 🏛 proceedings *pl.*

procès [prɔ'sɛ] *m* 🏛 (legal) proceedings *pl.*; legal action; trial; ~ *civil* (law)suit; ~ *criminel* (criminal) trial; **processif, -ve** [~sɛ'sif, ~'si:v] litigious; procedural (*form*).

procession [prɔse'sjɔ̃] *f* *eccl. etc.* procession; parade; *fig.* cars, visitors: string; **processionnaire** *zo.* [prɔsesjɔ'nɛ:r] **1.** *adj.* processionary; **2.** *su./f zo.* processionary caterpillar; **processional** *eccl.* [~'nal] *m* processional; **processionnel, -elle** [~'nɛl] processional (*hymn etc.*); **processionnellement** [~nɛl'mɑ̃] *adv.* in procession.

processus [prɔse'sys] *m* *anat.*, *a. fig.* process; progress; method.

procès-verbal 🏛 [prɔsɛvɛr'bal] *m* official report, statement; *mot.* parking ticket; *meeting*: proceedings *pl.*; *dresser* (*un*) ~ *contre q.* make a report on s.o., take s.o.'s name and address; *mot.* book (*a motorist*).

prochain, e [prɔ'ʃɛ̃, ~'ʃɛn] **1.** *adj.* next (*in a series*); nearest; near; impending (*departure, storm, etc.*); **2.** *su./m* neighbo(u)r, fellow-creature; **prochainement** [~ʃɛn'mɑ̃] *adv.* soon, shortly; **proche** [prɔʃ] **1.** *adj.* near, close; **2.** *adv.*: *de* ~ *en* ~ by degrees; **3.** *su./m*: ~s *pl.* relatives.

proclamation [prɔklama'sjɔ̃] *f* proclamation; *faire une ~ issue* a proclamation; **proclamer** [~'me] (1a) *v/t.* proclaim (*a. fig.*); declare, announce. [create.|

procréer [prɔkre'e] (1a) *v/t.* procreate.

procuration [prɔkyra'sjɔ̃] *f* ⚖, *a.* ⚖ procuration, power of attorney; *par ~* by proxy *or* procuration; **procurer** [~'re] (1a) *v/t. a. se ~* obtain, get, procure; **procureur** [~'rœːr] *m* ⚖ procurator, proxy; *eccl.* bursar; ⚖ attorney; ⚤ *de la République* (*approx.*) Public Prosecutor, *Am.* district attorney; *~ général* (*approx.*) Attorney General.

prodigalité [prɔdigali'te] *f* prodigality; extravagance, lavishness.

prodige [prɔ'diːʒ] **1.** *su./m* prodigy; marvel (*a. fig.*); **2.** *adj.: enfant mf ~* infant prodigy; **prodigieux, -euse** [~di'3jø, ~'3jøːz] prodigious, stupendous.

prodigue [prɔ'dig] **1.** *adj.* prodigal (*a. pej.*); lavish (of, with *de*), profuse (in, *de*); spendthrift; *bibl. l'enfant m ~* the Prodigal Son; **2.** *su.* spendthrift, prodigal; **prodiguer** [~di'ge] (1m) *v/t.* lavish; be unsparing of; squander; *se ~* set out to please.

prodrome [prɔ'drɔm] *m* prodrome (to, *de*); ⚕ premonitory symptom; *fig.* preamble (to, *de*).

producteur, -trice [prɔdyk'tœːr, ~'tris] **1.** *adj.* productive (of, *de*); producing; ⊕ generating (*apparatus*); **2.** *su.* producer; ⚘ *a.* grower; **productible** [~'tibl] producible; **productif, -ve** [~'tif, ~'tiːv] productive, fruitful; **production** [~'sjɔ̃] *f* production (*a.* ⚖, ♪, ⊕, *cin.*); ⚡, *gas, steam*: generation; ⊕ output; product; ⚛ growth; **productivité** [~tivi'te] *f* productivity; **produire** [prɔ'dɥiːr] (4h) *v/t.* produce (*a.* ⚖ *evidence, a. cin.*); ♏, ⚘ yield; ⊕ turn out (*products*); generate (⚡, *gas, steam*); *fig.* give rise to; *fig.* bring about; *se ~* take place, happen, occur; **produit** [~'dɥi] *m* ⚖, ⊕, ⚒ product; ⚘ produce; proceeds *pl.* (*of sale*), receipts *pl.*; ♏ yield; *~ accessoire* (*or secondaire*) by-product; *~ d'un capital* yield of a capital sum; ♏ *~ manufacturé* manufacture(*d product*); ♏ *~ national brut* gross national product; ⊕ *~ ouvré* finished article.

proéminence [prɔemi'nãːs] *f* prominence; protuberance; **proéminent, e** [~'nã, ~'nãːt] prominent; projecting.

profanateur *m*, **-trice** *f* [prɔfana'tœːr, ~'tris] desecrator; **profanation** [~'sjɔ̃] *f* desecration; **profane** [prɔ'fan] **1.** *adj.* profane; secular (*history, art, theatre, etc.*); sacrilegious; impious; **2.** *su.* layman (*a. fig.*); F *fig.* outsider; **profaner** [~fa'ne] (1a) *v/t.* profane; desecrate (*a church, a tomb*); *fig.* degrade (*one's talent etc.*).

proférer [prɔfe're] (1f) *v/t.* utter; pour forth (*insults*).

professer [prɔfe'se] (1a) *v/t.* profess; be a professor of (*a subject*); practise (*law, medicine, etc.*); **professeur** [~'sœːr] *m* teacher, master; (*a. femme f ~*) secondary school: mistress; *univ.* professor, lecturer; *~ d'athéisme* avowed *or* open atheist; **profession** [~'sjɔ̃] *f* eccl., *a. fig.* profession; occupation; trade; *de ~* by profession; *fig.* habitual (*drunkard*); *sans ~* of private means (*person*); **professionnaliser** [~sjɔna-lize] (1a) *v/t.: se ~* become *or* go professional; acquire (a) professional character; **professionnel, -elle** [~sjɔ'nɛl] **1.** *adj.* professional; vocational; ⚒ occupational (*disease*); *enseignement m~* vocational training; **2.** *su. usu. sp.* professional; **professorat** [~sɔ'ra] *m* secondary school: post of teacher; *univ.* professorship; *coll.* teaching profession, teachers *pl.*; *univ.* professoriate.

profil [prɔ'fil] *m* profile; outline; △ *etc.* section; *geog.* contour; **profilé, e** [prɔfi'le] **1.** *adj.* ✈, ⚓, *mot.* streamlined; **2.** *su./m* ⊕, *mot., etc.* section; **profiler** [~] (1a) *v/t.* ⊕ shape; draw [~] in section; profile; *mot.* streamline; *se ~* be silhouetted (against *contre, sur, à*).

profit [prɔ'fi] *m* ♏ profit (*a. fig.*); *fig.* advantage, benefit; ♏ *~s pl. et pertes f/pl.* profit *sg.* and loss *sg.*; *mettre qch. à ~* turn s.th. to account, take advantage of s.th.; **profitable** [prɔfi'tabl] profitable, advantageous; **profiter** [~'te] (1a) *v/i.* profit (by, *de*); *fig.* grow, thrive; *fig.* wear well (*material etc.*), be economical; *~ à q.* benefit s.o.; be profitable to s.o.; *~ de* take advantage of, make the

most of; **profiteur** *pej.* [~'tœ:r] *m* profit-taker; F profiteer; F ~ *de guerre* war profiteer.
profond, e [prɔ'fɔ̃, ~'fɔ̃:d] **1.** *adj.* deep (*a. fig. sigh, sleep*); *fig.* profound; **2.** *profond adv.* deep; **3.** *su./m* depth(s *pl.*); *au ~ de la nuit* in the dead of night; **profondément** [~fɔ̃de'mɑ̃] *adv. of profond 1*; **profondeur** [~fɔ̃-'dœ:r] *f* depth (*a. fig.*); *en ~* in depth; thorough(going); in-depth.
profus, e [prɔ'fy, ~'fy:z] profuse; **profusément** [prɔfyze'mɑ̃] *adv. of profus*; **profusion** [~'zjɔ̃] *f* profusion; abundance; *fig.* lavishness; *fig. à ~* lavishly.
progéniture [prɔʒeni'ty:r] *f* progeny, offspring.
prognose ⚕ [prɔg'no:z] *f* prognosis.
programme [prɔ'gram] *m* programme, *Am.* program (*a. pol., radio, data processing*); *pol.* platform; *univ. etc. examination*: syllabus; ~ *des auditeurs radio*: request program(me); ~ *d'études* curriculum; **programmateur, -trice** [prɔgrama'tœ:r, ~'tris] *su. radio* (*person*), *su./m data processing* (*machine*): programmer; **programmation** [~ma'sjɔ̃] *f radio, data processing*: programming; **programmer** [~'me] *vt/i.* (1a) *data processing, etc.*: program; *fig. a.* plan; **programmeur** *m*, **-euse** *f* [~'mœ:r, ~'mø:z] *data processing* (*person*): programmer.
progrès [prɔ'grɛ] *m* progress; advancement; *faire des ~* progress, make headway; **progresser** [prɔgrɛ'se] (1a) *v/i.* progress, make headway, advance; *fig.* improve; **progressif, -ve** [~'sif, ~'si:v] progressive; forward; gradual; graduated (*tax*); **progression** [~'sjɔ̃] *f* progress; progression (*a.* ⅄); advance(ment); increase; **progressiste** *pol.* [~'sist] *adj., a. su.* progressive.
prohiber [prɔi'be] (1a) *v/t.* forbid, prohibit; *hunt. temps m prohibé* close season; **prohibitif, -ve** [prɔibi'tif, ~'ti:v] prohibitive (*price etc.*); prohibitory (*law etc.*); **prohibition** [~'sjɔ̃] *f* prohibition; ~*s pl. de sortie* ban *sg.* on exports; **prohibitionniste** [~sjɔ'nist] *adj., a. su./m* prohibitionist.
proie [prwa] *f* prey (*a. fig.*); *être en ~ à* be a prey to, be consumed by (*hatred etc.*), be tortured by (*pains, remorse, etc.*).
projecteur [prɔʒɛk'tœ:r] *m* projector; floodlight; spot(light); searchlight; **projectif, -ve** [~'tif, ~'ti:v] projective; **projectile** [~'til] *adj., a. su./m* projectile; missile; **projection** [~'sjɔ̃] *f* projection (*a.* △, ⅄); △ plan; (lantern) slide; **projecture** △ [~'ty:r] *f* projection.
projet [prɔ'ʒɛ] *m* project, plan; draft; scheme; *parl. ~ de loi* government bill; *état m de ~* planning stage; **projeter** [prɔʒ'te] (1c) *v/t.* project; throw; cast (*a shadow*); *fig.* plan, contemplate, intend; *se ~* stand out; be cast (*shadow*); jut out (*cliff etc.*).
prolétaire *pol.* [prɔle'tɛ:r] *m* proletarian; **prolétariat** [~ta'rja] *m coll.* proletariate; **prolétarien, -enne** [~ta'rjɛ̃, ~'rjɛn] proletarian.
prolifération [prɔlifera'sjɔ̃] *f* proliferation; **proliférer** [~fe're] (1f) *v/i.* proliferate; **prolifique** [~'fik] prolific.
prolixe [prɔ'liks] prolix, diffuse; F *fig.* long-winded; **prolixité** [~liksi'te] *f* prolixity; F *fig.* verbosity.
prologue [prɔ'lɔg] *m* prolog(ue) (to, *de*).
prolongation [prɔlɔ̃ga'sjɔ̃] *f time*: prolongation; *leave, stay, ticket*: extension; *sp.* extra time; **prolonge** ⚔ [prɔ'lɔ̃:ʒ] *f* ammunition waggon; lashing-rope; **prolongement** [~lɔ̃ʒ'mɑ̃] *m space*: prolongation; extension; **prolonger** [~lɔ̃'ʒe] (1l) *v/t.* prolong, extend (*in time or space*); ⚕ protract (*a disease*); ⅄ produce (*a line*); ⚓ coast (along); *se ~* continue; extend; be protracted.
promenade [prɔm'nad] *f* walk(ing); stroll (*on foot*), drive (*in a car*), sail (*in a boat*), ride (*on a bicycle*); trip, excursion; *place*: promenade, avenue; ⚔ ~ (*militaire*) route march; *faire une ~* go for *or* take a walk; **promener** [~'ne] (1d) *v/t.* take (*s.o.*) for a walk *or* a drive *etc.*; exercise (*an animal*); take, conduct; *fig.* run (*one's hand, one's eyes*) (over, *sur*); cast (*one's mind, one's thoughts*) (over, *sur*); *envoyer ~ q.* send s.o. about his business; *se ~* walk, go for a walk *or* ride *etc.*; *fig.* rove, wander (*eyes, gaze*); *va te ~!* get away with you!; **promeneur** *m*,

prophétiser

-euse f [⌐'nœːr, ⌐'nøːz] walker, stroller; tripper; *thea.* promenader; **promenoir** [⌐'nwaːr] *m* promenade, covered walk; ♣ promenade deck; 🎭 lobby.

promesse [prɔ'mɛs] f promise; assurance; ♱ promissory note; *manquer à sa* ~ break one's promise; **prometteur, -euse** [⌐me'tœːr, ⌐'tøːz] **1.** *adj.* free with his (her, *etc.*) promises; *fig.* promising, full of promise, attractive; **2.** *su.* person free with his (her) promises, ready promiser; **promettre** [⌐'mɛtr] (4v) *v/t.* promise (*a. fig.*); *fig.* bid fair to (*inf.*); *se* ~ *qch.* promise o.s. s.th.; look forward to s.th.; *v/i.* look or be promising; **promis, e** [⌐'mi, ⌐'miːz] **1.** *p.p. of* promettre; **2.** *adj.* promised; engaged (*to be married*); *la terre* ~e the Promised Land (*a. fig.*); **3.** *su.* betrothed, F intended.

promiscuité [prɔmiskɥi'te] f promiscuity; *en* ~ promiscuously.

promission *bibl., a. fig.* [prɔmi'sjɔ̃] f: *la terre de* ~ the Promised Land.

promontoire *geog.* [prɔmɔ̃'twaːr] *m* promontory; headland.

promoteur, -trice [prɔmɔ'tœːr, ⌐'tris] **1.** *adj.* promoting; **2.** *su.* promoter; (*a.* ~-constructeur, ~ de construction) property developer; ♱ ~ de ventes sales promoter; **promotion** [⌐mɔ'sjɔ̃] f promotion; *school:* class (= *year*); *coll.* persons *pl.* promoted; ♱ special offer; ♱ ~ des ventes sales promotion; ♱ *en* ~ on special offer; ~ *ouvrière* or *sociale* rise in the social scale, social advancement; **promotionnel, -elle** ♱ [⌐mɔsjɔ'nɛl] *adj.* promotion(al); **promouvoir** [⌐mu'vwaːr] (3f) *v/t.* promote.

prompt, prompte [prɔ̃, prɔ̃ːt] prompt, quick, speedy, ready; ~ *à se décider* quick to make up one's mind; **promptitude** [prɔ̃ti'tyd] f promptness, promptitude, quickness; readiness.

promu, e [prɔ'my] *p.p. of* promouvoir.

promulgation [prɔmylga'sjɔ̃] f *law:* promulgation; *decree:* publication; **promulguer** [⌐'ge] (1m) *v/t.* promulgate (*a law*); publish, issue (*a decree*).

prône *eccl.* [proːn] *m* sermon; **prôner** [pro'ne] (1a) *v/t. eccl.* preach to; *fig.* extol, crack (*s.th., s.o.*) up;

read (*s.o.*) a lecture, scold; **prôneur** *m*, **-euse** f [⌐'nœːr, ⌐'nøːz] extoller, *sl.* booster.

pronom *gramm.* [prɔ'nɔ̃] *m* pronoun; **pronominal, e**, *m/pl.* **-aux** *gramm.* [⌐nɔmi'nal, ⌐'no] pronominal.

prononçable [prɔnɔ̃'sabl] pronounceable; **prononcé, e** [⌐'se] **1.** *adj.* pronounced (*a. fig.*); *fig.* marked; **2.** *su./m* ♱ decision; **prononcer** [⌐'se] (1k) *v/t.* pronounce; ♱ pass (*sentence*); make (*a. a speech*); *fig.* mention (*a name*); *mal* ~ mispronounce (*a word etc.*); *se* ~ give one's opinion *or* decision; come to a decision (on, about *sur*); be pronounced (*word*); *v/i.* pronounce; ~ *sur* rule upon, adjudicate upon (*a question*); ~ *sur* give one's verdict on; **prononciation** [⌐sja'sjɔ̃] f gramm. pronunciation; ♱ *sentence:* passing; *verdict:* bringing in; *speech:* delivery.

pronostic [prɔnɔs'tik] *m* prognostic(ation); forecast; *turf:* (*tipster's*) selection; 🩺 prognosis; **pronostiquer** [⌐ti'ke] (1m) *v/t.* foretell; 🩺 prognose, give a prognosis; forecast (*the weather*); **pronostiqueur** *m*, **-euse** f [⌐ti'kœːr, ⌐'køːz] prognosticator.

propagande [prɔpa'gãːd] f propaganda; publicity; advertising; *de* ~ propaganda ...; **propagandisme** [⌐gã'dism] *m* propagandism; **propagandiste** [⌐gã'dist] *su.* propagandist.

propagateur, -trice [prɔpaga'tœːr, ⌐'tris] **1.** *adj.* propagating; **2.** *su.* propagator; *news, germs, etc.:* spreader; **propagation** [⌐ga'sjɔ̃] f propagation, spread(ing); *phys.* ~ *des ondes* wave propagation; **propager** [⌐'ʒe] (1l) *v/t.* propagate (*biol., phys., a. fig.*); spread (*news, germs*); *fig.* popularize; *se* ~ propagate; spread; *phys.* be propagated.

propane 🜋 [prɔ'pan] *m* propane.

propension [prɔpã'sjɔ̃] f propensity, tendency.

prophète [prɔ'fɛt] *m* prophet, seer; *fig.* prophesier; **prophétesse** [prɔfe'tɛs] f prophetess; **prophétie** [⌐'si] f prophecy; **prophétique** [⌐'tik] prophetic; **prophétiser** [⌐ti'ze] (1a) *v/t.* prophesy, foretell.

prophylactique 🐟 [prɔfilak'tik]; prophylactic; **prophylaxie** 🐟 [.~'si] f prophylaxis; prevention of disease.

propice [prɔ'pis] propitious (to, à; for s.th., à qch.); favo(u)rable (to, à); **propitiation** [prɔpisja'sjɔ̃] f propitiation; **propitiatoire** [.~'twaːr] propitiatory; F don m ~ sop (to Cerberus).

proportion [prɔpɔr'sjɔ̃] f proportion (with, avec); ratio; fig. ~s pl. size sg., dimensions; à ~ que in proportion as; en ~ de in proportion or relation to; **proportionnel, -elle** [.~sjɔ'nɛl] 1. adj. proportional; 🏿 moyenne f ~elle mean proportional; 2. su./f 🏿 proportional; **proportionner** [.~sjɔ'ne] (1a) v/t. proportion or adjust or adapt (to, à); bien proportionné well-proportioned.

propos [prɔ'po] m purpose; topic; remark; convenience; ~ pl. talk sg.; à ~ relevant, pertinent, timely; à ~! by the way!; à ~ de about; regarding, concerning, in connection with; à ~ de rien for no reason at all; à ce ~ in this connection; à tout ~ at every (end and) turn; changer de ~ change the subject; hors de ~ irrelevant (comment); ill-timed; juger à ~ think fit; mal à ~ inopportunely, at the wrong moment; **proposable** [prɔpo'zabl] worthy of consideration; **proposer** [.~'ze] (1a) v/t. propose; suggest; offer (a solution, money); put forward (a candidate, s.o. as a model); se ~ propose or offer o.s. (as, comme); se ~ de (inf.) propose or intend to (inf.); se ~ pour (inf.) offer to (inf.); **proposition** [.~zi'sjɔ̃] f offer, proposal; 🏿, phls., ♪ proposition; gramm. clause; motion (to be voted upon).

propre [prɔpr] 1. adj. proper, correct; peculiar (to, à); characteristic (of, à); own; fit, able (to, à) calculated (to, à); clean; neat; house-trained, Am. housebroken (animal); toilet-trained, clean (child); ~ à rien good for nothing; ~ maison f own house; maison f ~ clean house; en ~s termes in so many words; 2. su./m nature, characteristic, peculiarity; gramm. literal sense; ~ à rien good-for-nothing; iro. c'est du ~! that's a fine thing!; **propret, -ette** † [prɔ'prɛ, .~'prɛt] neat, tidy; **propreté**

[.~prɔ'te] f cleanness; neatness; cleanliness.

propriétaire [prɔprie'tɛːr] su./m proprietor, owner; landlord; su./f landlady; proprietress; **propriété** [.~'te] f property (a. phys.); estate; ownership; fig. characteristic, property; language, words, etc.: correctness; ~ immobilière real estate; ~ littéraire copyright.

proprio F [prɔpri'o] m proprietor; owner; landlord.

propulser [prɔpyl'se] (1a) v/t. propel; 🚀 propulsé par réaction rocket-powered; **propulseur** [.~'sœːr] 1. adj./m propulsive, propelling, propellent; 2. su./m propeller; **propulsif, -ve** [.~'sif, .~'siːv] propulsive, propelling; **propulsion** [.~'sjɔ̃] f propulsion; ~ par réaction rocket-propulsion.

prorata [prɔra'ta] m/inv. proportion; au ~ pro rata (payment); au ~ de in proportion to, proportionately to.

prorogation [prɔrɔga'sjɔ̃] f parl. prorogation; 🏛 etc. extension of time; fig. prolongation; **proroger** [.~'ʒe] (11) v/t. parl. adjourn, prorogue; 🏛, ♱ extend (a time-limit), prolong.

prosaïque [prɔza'ik] prosaic; fig. unimaginative, dull; **prosaïsme** [.~'ism] m prosaic style; fig. dullness; **prosateur** [.~'tœːr] m prose-writer.

proscription [prɔskrip'sjɔ̃] f proscription; banishment; fig. abolition; **proscrire** [.~'kriːr] (4q) v/t. proscribe; fig. abolish; fig. forbid; **proscrit** m, e f [.~'kri, .~'krit] proscript, outlaw, exile.

prose [proːz] f prose; eccl. sequence; **prosélyte** [prɔze'lit] m proselyte.

prospecter [prɔspɛk'te] (1a) v/t. 🏿 prospect; ♱ canvass; **prospecteur** 🏿 etc. [.~'tœːr] m prospector; **prospectif, -ve** [.~'tif, .~'tiːv] 1. adj. prospective; forward-looking; 2. su./f forecasting (the future); research into the future development; **prospection** [.~'sjɔ̃] f 🏿 etc. prospecting; prospection; ♱ canvassing; **prospectus** [.~'tys] m prospectus; leaflet; brochure; handbill.

prospère [prɔs'pɛːr] prosperous, thriving; favo(u)rable (circumstances etc.); well-to-do (person); **prospé-**

rer [~pe're] (1f) *v/i.* prosper, thrive; succeed; **prospérité** [~peri'te] *f* prosperity; **↑ vague** *f* de ~ boom.

prostate *anat.* [prɔ'stat] *f* prostate (gland).

prosterner [prɔster'ne] (1a) *v/t.*: se ~ prostrate o.s.; bow down (before, *à* *devant*); F kowtow (to, *devant*).

prostituée [prɔsti'tɥe] *f* prostitute, whore; **prostituer** [~'tɥe] (1a) *v/t.* prostitute (*a. fig.*); **prostitution** [~ty'sjɔ̃] *f* prostitution (*a. fig.*).

prostration [prɔstra'sjɔ̃] *f* prostration (*a.* ⊕*); *** exhaustion; **prostré, e** [~'tre] prostrate; *** exhausted.

protagoniste *thea., a. fig.* [prɔtagɔ-'nist] *m* protagonist.

protecteur, -trice [prɔtek'tœːr, ~'tris] **1.** *adj.* ⊕, *a. pol.* protective; *fig. pej.* patronizing; **2.** *su.* protector; patron; ~ de *l'environnement* environmentalist; **protection** [~'sjɔ̃] protection (against, from *contre*); patronage, influence; wire-pulling; ~ *civile* civil defence; *air* *m* de ~ patronizing air; **protectionnisme** *pol.* [~sjɔ'nism] *m* protectionism; **protectionniste** *pol.* [~sjɔ'nist] *adj., a. su.* protectionist; **protectorat** [~tɔ'ra] *m* protectorate.

protégé [prɔte'ʒe] *m* favo(u)rite; protégé; **protégée** [~te'ʒe] *f* protégée; **protège-oreilles** [~teʒɔ're:j] *m/inv.* ear-protector; **protéger** [~te'ʒe] (1g) *v/t.* protect (from, *contre*); *fig.* be a patron of; patronize.

protéine [prɔte'i:n] *f* protein; **protéique** [~'ik] protein., proteinic.

protestant, e [prɔtes'tɑ̃, ~'tɑ̃:t] *adj., a. su.* Protestant; **protestantisme** [~tɑ̃'tism] *m* Protestantism; **protestataire** *pol.* [~ta'tɛːr] *su.* objector; **protestation** [~ta'sjɔ̃] *f* protest (against, *contre*); protestation (*of friendship, innocence, etc.*); **protester** [~'te] (1a) *v/t.* protest (*a.* ↑ *a bill*); *v/i.*: ~ *contre* challenge; protest against; ~ de *qch.* protest s.th.; **protêt** [prɔ'tɛ] *m* protest.

prothèse [prɔ'tɛːz] *f* prosthesis; artificial limb; (*a.* ~ *dentaire*) false teeth *pl.*, denture.

prot(o)... [prɔt(ɔ)] prot(o)...

protocolaire [prɔtɔkɔ'lɛːr] formal; of etiquette; **protocole** [~'kɔl] *m* protocol; ceremonial; F etiquette; *pol.* *chef* *m* du ~ Chief of Protocol.

prototype [prɔtɔ'tip] *m* prototype.

protubérance [prɔtybe'rɑ̃:s] *f* protuberance; (*solar*) prominence; knob.

protuteur *m*, **-trice** *f* ⚖ [prɔty-'tœːr, ~'tris] acting guardian.

prou [pru] *adv.*: *ni peu ni* ~ none *or* not at all; *peu ou* ~ more *or* less.

proue ⚓ [~] *f* prow, bows *pl.*

prouesse [pru'ɛs] *f* prowess; ~*s* *pl.* exploits.

prouvable [pru'vabl] provable.

prouver [~'ve] (1a) *v/t.* prove.

provenance [prɔv'nɑ̃:s] *f* source, origin; ↑ product; produce; ₲ *en* ~ de from; **provenir** [~'ni:r] (2h) *v/i.*: ~ de arise from, come from; originate in.

proverbe [prɔ'vɛrb] *m* proverb; **proverbial, e** *m/pl.* **-aux** [~ver-'bjal, ~'bjo] proverbial.

providence [prɔvi'dɑ̃:s] *f* providence; F *fig.* guardian angel; **providentiel, -elle** [~dɑ̃'sjɛl] providential; *fig.* opportune, heavensent.

province [prɔ'vɛ̃:s] *f* provinces *pl.*; *fig.* de ~ provincial, *pej.* countrified; **provincial, e** *m/pl.* **-aux** [~vɛ̃'sjal, ~'sjo] **1.** *adj.* provincial, *fig. pej.* countrified; **2.** *su., a. su./m eccl.* provincial.

proviseur [prɔvi'zœːr] *m* lycee: headmaster; **provision** [~'zjɔ̃] *f* provision, stock, supply; *finance:* funds *pl.*, cover; ⚖ sum paid into court; *faire* *ses* ~*s* go shopping; *par* ~ provisional; *sac* *m* à ~*s* shopping-bag; **provisoire** [~'zwaːr] provisional; temporary; acting (*official etc.*); **provisorat** [~zɔ'ra] *m* lycee: headmastership.

provocant, e [prɔvɔ'kɑ̃, ~'kɑ̃:t] provocative (*a. fig.*); *fig.* enticing; **provocateur, -trice** [~ka'tœːr, ~'tris] **1.** *adj.* provocative; **2.** *su.* aggressor; instigator; provoker; **provocation** [~ka'sjɔ̃] *f* provocation; instigation; *crime:* incitement; challenge; *** *sleep etc.:* inducement; **provoquer** [~'ke] (1m) *v/t.* provoke; incite (to, *à*); *** induce (*sleep etc.*); *fig.* cause, bring about; *fig.* arouse (*suspicion etc.*).

proxénète [prɔkse'nɛt] *su./m* procurer; *su./f* procuress.

proximité [prɔksimi'te] *f* proximity; nearness; ~ de *parenté* near relationship; à ~ near at hand; à ~ de close to.

prude [pryd] **1.** *adj.* prudish; **2.** *su./f* prude.

prudemment [pryda'mɑ̃] *adv.* of *prudent*; **prudence** [~'dɑ̃:s] *f* care(fulness), cautiousness; prudence; discretion; wisdom; **prudent, e** [~'dɑ̃, ~'dɑ̃:t] careful, cautious; prudent; discreet; *fig.* wise, advisable (to *inf.*, *de inf.*).

pruderie [pry'dri] *f* prudery, prudishness; **prud'homme** [~'dɔm] *m* man of integrity, *fig.* wise man; *conseil m des* ~s conciliation board.

prudhommerie [prydɔm'ri] *f* pomposity.

pruine [prɥin] *f* bloom (*on fruit*).

prune [pryn] **1.** *su./f* plum; F *fig. pour des* ~s for nothing; **2.** *adj./inv.* plum-colo(u)red; **pruneau** [pry'no] *m* prune; F ✗ (*rifle-*)bullet; *sl.* black eye; **prunelaie** ✔ [pryn'lɛ] *f* plum orchard; **prunelée** [~'le] *f* plum jam; **prunelle** [pry'nɛl] *f* ♀ sloe; ♀, *a. tex.* prunella; *anat.* eye: pupil; *fig.* apple (*of the eye*); **prunellier** ♀ [~nɛ'lje] *m* blackthorn, sloetree; **prunier** ♀ [~'nje] *m* plum-tree.

prurigineux, -euse ✗ [pryriʒi'nø, ~'nøːz] pruriginous; **prurit** ✗ [~'ri(t)] *m* pruritus, itching.

Prusse [prys] *f*: *bleu m de* ~ Prussian blue; **prussien, -enne** [pry'sjɛ̃, ~'sjɛn] *adj., a. su.* ♀ Prussian; **prussique** ♀ [~'sik] *adj.: acide m* ~ prussic acid.

psalmiste [psal'mist] *m* psalmist; *bibl. le* ♀ the Psalmist (= *king David*); **psalmodie** [~mɔ'di] *f eccl.* psalmody; intoned psalm; F *voice:* singsong; **psalmodier** [~mɔ'dje] (1o) *vt/i.* intone, chant; *v/t.* F *fig.* drone (*s.th.*) out; **psaume** [psoːm] *m* psalm; **psautier** [pso'tje] *m* psalter.

pseud(o)... [psød(ɔ)] pseud(o)...

pseudonyme [psødɔ'nim] *m* assumed name; pseudonym; *nom de plume;* stage name.

ps(it)t! [ps(i)t] *int.* psst!; I say!

psittacisme ✗ [psita'sism] *m* psittacism, parrotry; **psittacose** ✗ [~'koːz] *f* psittacosis; parrot disease.

psych... [psik] psych(o)...; **~analyse** ✗ [psikana'liːz] *f* psychoanalysis;

psychanalyser ✗ [~li'ze] (1a) *v/t.* psychoanalyze; **~analyste** ✗ [~'list] *m* psychoanalyst; **~analytique** ✗ [~li'tik] psychoanalytic(al).

psyché [psi'ʃe] *f* cheval-glass.

psych...: **~iatre** [psi'kjaːtr] *m* psychiatrist; **~iatrie** [psikja'tri] *f* psychiatry; **~iatrique** [~'trik] psychiatric; *hôpital m* ~ *a.* mental hospital.

psychique [psi'ʃik] psychic; **psychisme** [~'ʃism] *m* psychism.

psycho... [psiko] psycho...; **~logie** [~lɔ'ʒi] *f* psychology; ~ *des enfants* (*foules*) child (mass) psychology; **~logique** [~lɔ'ʒik] psychological (*a.* F *fig. moment*); **~logue** [~'lɔg] *su.* psychologist; **~pathe** [~'pat] *su.* psychopath.

psychose [psi'koːz] *f* ♀ psychosis; obsessive fear; ~ *de guerre* war scare.

psycho...: **~somatique** [psikosɔma'tik] **1.** *adj.* psychosomatic; **2.** *su./f* psychosomatics *sg.*; **~thérapeute** [~tera'pøːt] *su.* psychotherapist; **~thérapie** [~tera'pi] *f* psychotherapy; **~trope** [~'trɔp] **1.** *adj.* psychotropic; **2.** *su./m* psychotropic (substance).

ptomaïne ✗, ♣ [ptɔma'in] *f* ptomaine.

pu [py] *p.p. of pouvoir* 1.

puant, e [pɥɑ̃, pɥɑ̃:t] stinking; foul (*a. fig.*); F conceited; **puanteur** [pɥɑ̃'tœːr] *f* stench, stink.

pubère [py'bɛːr] pubescent; **pubertaire** [~bɛr'tɛːr] (of) puberty; adolescent; *l'âge m* ~ puberty; **puberté** [~bɛr'te] *f* puberty.

pubescent, e ♀ [pybe'sɑ̃, ~'sɑ̃:t] pubescent, downy.

pubien, -enne *anat.* [py'bjɛ̃, ~'bjɛn] pubic; **pubis** *anat.* [~'bis] *m* pubis.

publiable [pybli'able] publishable; **public, -que** [~'blik] **1.** *adj.* public; *la chose* ~*que* the state, the government; *la vie* ~*que* public life, politics *pl.*; *maison f* ~*que* brothel; **2.** *su./m* public; *thea. etc.* audience; *en* ~ in public; *le grand* ~ the general public; F the man in the street; **publication** [pyblika'sjɔ̃] *f* publication; publishing; *en cours de* ~ printing (*book*); **publiciste** [~'sist] *su.* publicist; public relations officer; **publicitaire** [~si'tɛːr] **1.** *adj.* publicity-..., advertising...; promotion...; **2.** *su./m* publicity man;

pupitre

publicité [~si'te] f publicity; public relations pl.; advertising; ~ aérienne sky-writing; ~ lumineuse illuminated advertising; bureau m de ~ advertising agency; exemplaires m/pl. de ~ press copies; **publier** [~'e] (1a) v/t. publish; make public; release (news); proclaim.

puce [pys] 1. su./f flea; F marché m aux ~s flea market; F secouer les ~s à qn (s.o.) a good hiding; 2. adj./inv. puce.

pucelle [py'sɛl] f maiden, virgin; la ~ (d'Orléans) the Maid of Orleans, Joan of Arc.

puceron ✽ [pys'rɔ̃] m plant-louse; aphis.

pucier sl. [py'sje] m bed.

pudeur [py'dœːr] f modesty; decency; reserve; sans ~ shameless(ly adv.); **pudibond, e** [~di'bɔ̃, ~'bɔ̃ːd] prudish; **pudicité** [~disi'te] f modesty; bashfulness; chastity; **pudique** [~'dik] modest, bashful; chaste.

puer [pue] (1n) v/i. stink, reek, smell; v/t. smell of; stink of.

puériculture [pueriŋkyl'tyːr] f rearing of children; infant care; **puéril, e** [~'ril] puerile, childish (a. argument etc.); âge m ~ childhood; **puérilité** [~rili'te] f childishness; puerility (a. fig.).

pugilat [pyʒi'la] m pugilism; F set-to, fistfight; **pugiliste** [~'list] m pugilist, boxer, F pug.

puîné, e [pui'ne] 1. adj. younger; 2. su./m younger brother; su./f younger sister.

puis¹ [pui] adv. then, afterwards, next; et ~ and then; moreover; et ~ après? what then?; what about it?, so what?

puis² [~] 1st p. sg. pres. of pouvoir 1.

puisage ⊕ [pui'zaʒ] m pumping up; **puisard** [~'zaːr] m ⊕ sump; **puisatier** [~za'tje] m well digger; **puiser** [~'ze] (1a) v/t. draw (from à, dans) (a. fig.); dip (into, dans).

puisque [puisk(ə)] cj. since, as; seeing that.

puissamment [puisa'mã] adv. powerfully; fig. extremely; **puissance** [~'sãːs] f fig., a. ⊕, ⚡, ♃, eccl., pol., radio: power; force; fig. influence; ⚖, fig. authority; phys. ~ en bougies candle-power; ~ lumineuse searchlight: candle-power; pol. ~ mondiale world(-)power; **puissant, e** [~'sã, ~'sãːt] powerful; strong;

weighty (argument); thick (coal-seams).

puisse [puis] 1st p. sg. pres. sbj. of pouvoir 1.

puits [pui] m well; ⚒ shaft; ⊕, ⚒ pit; ~ d'aérage air-shaft; cuis. ~ d'amour cream-puff; jam-puff; fig. ~ de science person: mine of information. (sweater.)

pull-over [pylɔ'vœːr] m pullover;

pulluler [pyly'le] (1a) v/i. swarm, teem; multiply rapidly.

pulmonaire [pylmɔ'nɛːr] 1. adj. pulmonary; 2. su./f ✽ lungwort.

pulpe [pylp] f pulp; finger etc.: pad; **pulpeux, -euse** [pyl'pø, ~'pøːz] pulpy, pulpous.

pulsatif, -ve [pylsa'tif, ~'tiːv] pulsatory; throbbing (pain); **pulsation** [~'sjɔ̃] f pulsation (a. ⚡, a. phys.); heart: throb(bing), beat (-ing); **pulsatoire** ⚕ [~'twaːr] pulsatory.

pulsion psych. [pyl'sjɔ̃] f urge, drive; ~ sexuelle sexual urge.

pulsoréacteur ✈ [pylsoreak'tœːr] m intermittent jet; pulsojet.

pulvérisateur [pylveriza'tœːr] m pulverizer; spray, atomizer; liquids: vaporizer; **pulvériser** [~'ze] (1a) v/t. pulverize (a. fig. also); F sp. smash (a record); mot. etc., a. fig. atomize (petrol, liquids); **pulvérulence** [pylvery'lãːs] f powderiness; dustiness; **pulvérulent, e** [~'lã, ~'lãːt] powdery; dusty.

puma zo. [py'ma] m puma, cougar.

punais, e [py'nɛ, ~'nɛːz] 1. adj. foulsmelling; 2. su./f zo. bug; drawing-pin, Am. thumbtack.

punch [pɔ̃:ʃ] m punch.

punique hist. [py'nik] Punic; fig. foi f ~ treachery.

punir [py'niːr] (2a) v/t. punish (with, de); **punissable** [pyni'sabl] punishable; **punition** [~'sjɔ̃] f punishment; games: forfeit.

pupillaire anat., ⚖ [pypil'lɛːr] pupil(l)ary; **pupillarité** ⚖ [~lari'te] f wardship.

pupille¹ [py'pil] su. ⚖ ward; orphanage-child; ~ de la nation war orphan (in France).

pupille² anat. [~] f eye: pupil.

pupitre [py'pitr] m desk; ♪ (music-) stand; eccl. lectern; ⊕~ de commande control desk; ♪, thea. ~ de distribution (or commutation) switch-desk.

pur, pure [py:r] pure (*a. fig.*), spotless; *fig.* clear (*conscience etc.*); *fig.* innocent, chaste (*girl*); *fig.* sheer, downright; *zo.* ~ *sang* thoroughbred; *folie f pure* utter folly.

purée [py're] *f cuis. vegetables:* mash; mashed potatoes *pl.*; thick soup; *sl.* *être dans la* ~ be in the soup, be hard up.

pureté [pyr'te] *f* purity (*a. fig.*); chastity; *fig.* clearness.

purgatif, -ve ✵ [pyrga'tif, ~'ti:v] *adj.*, *a. su./m* purgative; **purgation** [~'sjõ] *f* ✵, *eccl.* purgation; ✵ purging; ✵ purge; **purgatoire** *eccl.* [~'twa:r] *m* purgatory (*a. fig.*); **purge** [pyrʒ] *f* ✵ purge (*a. pol.*), purgative; ⚖ *mortgage:* redemption; ⊕ blow-off; *tex.* cleaning; **purgeoir** ⊕ [pyr'ʒwa:r] *m* filtering-tank; **purger** [~'ʒe] (1l) *v/t.* purge (*fig.*, *a.* ✵), cleanse; ⚖ serve (*a sentence*); ⊕, *a. fig.* clear; *se* ~ take a purgative; *fig.* clear o.s.

purification [pyrifika'sjõ] *f* purification (*a. eccl.*); cleansing; **purifier** [~'fje] (1o) *v/t.* purify, cleanse; refine (*metal*); ⊕ disinfect (*the air etc.*).

purin ✍ [py'rɛ̃] *m* liquid manure.

purisme [py'rism] *m* purism; **puriste** [~'rist] 1. *su.* purist; 2. *adj.* puristic.

puritain, e [pyri'tɛ̃, ~'ten] 1. *su.* Puritan; 2. *adj.* puritan(ical) (*a. fig.*); **puritanisme** [~ta'nism] *m* puritanism (*a. fig.*).

purpurin, e [pyrpy'rɛ̃, ~'rin] purplish; crimson. [thoroughbred.)

pur-sang [pyr'sã] *m/inv. horse:*)

purulence [pyry'lã:s] *f* purulence; **purulent, e** ✵ [~'lã, ~'lã:t] purulent; *foyer m* ~ abscess.

pus[1] ✵ [py] *m* pus, matter.

pus[2] [~] *1st p. sg. p.s. of pouvoir 1.*

pusillanime [pyzilla'nim] pusillanimous; faint-hearted; **pusillanimité** [~nimi'te] *f* faint-heartedness.

pustule ✵ [pys'tyl] *f* pustule; **pustulé, e** [~ty'le], **pustuleux, -euse** ✵ [~ty'lø, ~'lø:z] pustulous.

putain ∨ [py'tɛ̃] *f* whore; ~! goddamn it!

putatif, -ve [pyta'tif, ~'ti:v] putative; reputed.

putois *zo.* [py'twa] *m* polecat.

putréfaction [pytrefak'sjõ] *f* putrefaction, decay; **putréfier** [~'fje] (1o) *v/t.* putrefy, rot, decompose; *se* ~ putrefy; **putrescence** [pytre-'sã:s] *f* putrescence; ✵ sepsis; **putrescent, e** [~'sã, ~'sã:t] putrescent; **putrescible** [~'sibl] liable to putrefaction; **putride** [py'trid] putrid; tainted. [*(Auvergne).*)

puy *geog.* [pɥi] *m* peak (*in the*)

puzzle [pœzl] *m* jig-saw puzzle.

pygmée [pig'me] *m* pygmy.

pyjama [piʒa'ma] *m* (*pair of*) pyjamas *pl.*, *Am.* pajamas *pl.*

pylône [pi'lo:n] *m* ⚡ pylon (*a.* ▲), mast; 🏛, ⚒ post.

pyramidal, e, *m/pl.* **-aux** [pirami-'dal, ~'do] pyramidal; **pyramide** ▲, ⧍ [~'mid] *f* pyramid; ~ *des âges statistics:* age pyramid.

pyrite *min.* [pi'rit] *f* pyrites.

pyro... [piro] pyro...; ~**gravure** [~gra'vy:r] *f* poker-work; ~**ligneux** 🜍 [~li'nø] *adj.:* acide m ~ pyroligneous acid; ~**mane** [~'man] *su.* pyromaniac; ~**phore** 🜍, *zo.* [~'fɔ:r] *m* pyrophorus.

pyrosis ✵ [piro'zis] *m* pyrosis, heartburn.

pyro...: ~**technicien** [pirotɛkni'sjɛ̃] *m* pyrotechnist; ~**technie** [~tɛk'ni] *f* pyrotechnics *pl.*

pyroxyle 🜍 [pirɔk'sil] *m* pyroxyline; gun-cotton.

Pyrrhus [pi'rys] *npr./m: victoire f* *à la* ~ Pyrrhic victory.

python *zo. etc.* [pi'tõ] *m* python; **pythonisse** [~tɔ'nis] *f* prophetess; clairvoyante.

Q, q [ky] *m* Q, q.

quadragénaire [kwadraʒe'nɛ:r] *adj., a. su.* quadragenarian.

quadrangulaire [kwadrãgy'lɛ:r] *etc.* quadrangular; △ four-cornered.

quadrant ⅍ [ka'drã] *m* quadrant; **quadrature** [kwadra'ty:r] *f* ⅍, *astr.* quadrature; ⅍ *circle:* squaring (*a. fig.*).

quadri... [kwadri] quadri...; **~folié, e** ♀ [~fɔ'lje] quadrifoliate.

quadrilatère ⅍ *etc.* [kwadrila'tɛ:r] *su./m, a. adj.* quadrilateral.

quadrillage [kadri'ja:ʒ] *m* cross-ruling; cross-gridding; chequerwork; squares *pl.; fig.* cover(ing), control(ling); **quadrille** [~'dri:j] *m* ♪ dance, *a. cards:* quadrille; **quadriller** [~dri'je] (1a) *v/t.* square (*paper etc.*); grid (*map*); chequer; *fig.* cover (*an area etc.*); (bring under) control.

quadri...: ~moteur ⅊ [kwadrimɔ'tœ:r] 1. *adj./m* four-engined; 2. *su./m* four-engined plane; **~phonie** [~fɔ'ni] *f* quadrophony; **en ~** in quadrophonic sound; **~réacteur** ⅊ [~reak'tœ:r] *m* four-engined jet plane.

quadrupède [kwadry'pɛd] 1. *adj.* four-footed, quadruped; 2. *su./m* quadruped.

quadruple [kwa'drypl] *adj., a. su./m* quadruple, fourfold; **quadruplé(e)s** [~dry'ple] *su./pl.* quadruplets; **quadrupler** [~] (1a) *vt/i.* quadruple; increase fourfold.

quai [ke] *m* quay, wharf; ⛟ platform; embankment (*along a river*); droits *m/pl.* de ~ quayage (dues) *sg.*

qualifiable [kali'fjabl] subject to qualification; describable (as, de); **qualificatif, -ve** *gramm.* [~fika'tif, ~'ti:v] 1. *adj.* qualifying; 2. *su./m* qualifier; **qualification** [~fika'sjõ] *f* qualification (*a. sp.*); calling; *gramm.,* † qualifying; description, designation; **qualifié, e** [~'fje] qualified (to, pour); ⊕ skilled (*workman*); ⚐

aggravated (*larceny*); **qualifier** [~'fje] (1o) *v/t.* call, style (by, de; s.o. s.th., q. de qch.); qualify (*a. gramm.*); **se ~** call o.s.; qualify (for, pour); **qualitatif, -ve** [~ta'tif, ~'ti:v] qualitative; **qualité** [~'te] *f* quality, property; nature; qualification; *fig.* capacity (as, de); title; *avoir ~ pour* be qualified to; *de première ~* first-rate; *en (sa) ~ de* in his capacity as; † *gens m/pl. de ~* gentlefolk.

quand [kã] 1. *adv.* when; *depuis ~?* how long?, since when?; *pour ~ est ...?* when is ...?; 2. *cj.* when; *~ même* none the less, nevertheless; even though.

quant à [kã'ta] *prp.* as for; as regards; in relation to.

quantième [kã'tjɛm] *m* day of the month, date.

quantifier [kãti'fje] (1o) *v/t.* quantify.

quantique *phys.* [kwã'tik] *adj.:* *mécanique f ~* quantum mechanics.

quantitatif, -ve [kãtita'tif, ~'tiv] ⚕ *etc.* quantitative; *gramm.* (*adjective*) of quantity, (*adverb*) of degree; **quantité** [~'te] *f* quantity.

quantum, *pl.* **-ta** [kwã'tɔm, ~'ta] *m* ⅍, ⚕, 𝄞, *phys.* quantum; *phys.* *théorie f des quanta* quantum theory.

quarantaine [karã'ten] *f* (about) forty; ⚓ quarantine; *la ~* the age of forty, the forties *pl.;* *mettre q. en ~* ✹, ⚓ quarantine s.o.; *fig.* send s.o. to Coventry; **quarante** [~'rã:t] 1. *adj./num.,* forty; 2. *su./m/inv.* forty; *les* ♀ the Forty (*members of the Académie française*); *~-cinq tours m record:* single; **quarantième** [~'tjɛm] *adj./num., a. su.* fortieth.

quart [ka:r] *m* ⅍ *etc.* quarter; ⅍ point (*of the compass*); ⚓ watch; ♪ *~ de soupir* semiquaver rest; *~ d'heure* quarter of an hour; *fig. passer un mauvais ~ d'heure* have a hard time (of it); *faire passer un mauvais ~ d'heure à q.* give s.o. a hard time; *deux heures moins le ~* a quarter to two; *le ~ a sonné* it has struck quarter past; *un*

~ (de livre) a quarter (of a pound); fig. aux trois ~s almost (completely); fig. les trois ~s de most (of); fig. au ~ de tour immediately, straight off; fig. un petit ~ d'heure a few minutes; quarte [kart] **1.** adj./f ✠ quartan (fever); **2.** su./f ♩ fourth; fencing: carte, quart(e).

quartier [kar'tje] m quarter; (fourth) part; piece, portion; venison: haunch; bacon: gammon; stone: block; district, neighbo(u)rhood; fig. mercy, clemency; ✕ quarters pl.; ~ chic residential quarter; ✕ ~ général headquarters pl.; ✕ ~ ouvrier working-class district; ✕ demander ~ ask for or cry quarter; ✕ faire ~ give quarter; ~-maître, pl. ~s-maîtres [⸰tje'mɛːtr] m ♩ leading seaman; ✕ † quartermaster.

quarto [kwar'to] adv. fourthly.

quartz min. [kwarts] m quartz; **quartzeux, -euse** adj. [kwart'sø, ⸰'søːz] quartzose; quartz (sand).

quasi [ka'zi] adv. almost, practically; quasi; ~-délit ✟✟ [⸰zide'li] m technical offence; **quasiment** F [⸰zi'mɑ̃] adv. almost, practically.

Quasimodo eccl. [kazimo'do] f Low Sunday.

quaternaire ⚛, ⚒, geol., etc. [kwater'nɛːr] quaternary.

quatorze [ka'tɔrz] adj./num., a. su./m/inv. fourteen; date, title: fourteenth; **quatorzième** [⸰tɔr'zjɛm] adj./num., a. su. fourteenth.

quatrain [ka'trɛ̃] m quatrain.

quatre [katr] adj./num., a. su./m/inv. four; date, title: fourth; à ~ pas d'ici close by; à ~ pattes on all fours; entre ~ yeux between you and me; pol. les ♀ Grands the Big Four; ~-mâts ⚓ [katrɑ̃'ma] m/inv. four-master; ~-saisons [⸰se'zɔ̃] f/inv. (sort of) strawberry; see marchand **2.**; ~-temps eccl. [⸰'tɑ̃] m/pl. ember days; ~-vingt-dix [⸰vɛ̃'dis; before consonant ⸰'di; before vowel or h mute ⸰'diz] adj./num., a. su./m/inv. ninety; ~-vingt-dixième [⸰vɛ̃di'zjɛm] adj./num., a. su. ninetieth; ~-vingtième [⸰vɛ̃'tjɛm] adj./num., a. su. eightieth; ~-vingts [⸰'vɛ̃] adj./num., a. su./m (loses its ~s when followed by another number) eighty; quatre-vingt-un eighty-one; **quatrième** [katri'ɛm] **1.** adj./num. fourth; **2.** su. fourth; su./m fraction:

fourth, quarter; fourth, Am. fifth floor; su./f secondary school: (approx.) third form.

quatuor ♩ [kwa'tɥɔːr] m quartet; ~ à cordes string quartet.

que [kə] **1.** pron./interr. what?; how (many)!; ~ cherchez-vous?, qu'est-ce que vous cherchez? what are you looking for?; ~ c'est beau! how beautiful it is!; ~ de monde! what a lot of people!; ~ faire? what can (could) be done?; qu'est-ce ~ c'est ~ cela? what's that?; qu'est-ce ~ la littérature? what is literature?; **2.** pron./rel. whom, that; which, what; (autant) ~ je sache so far as I know; je ne sais ~ dire I don't know what to say; je sais ce qu'il veut I know what he wants; le jour qu'il vint the day (when) he came; l'homme ~ j'aime the man (whom or that) I love; misérable ~ tu es! wretch that you are!; you wretch!; **3.** cj. that; so that; when; whether; replacing another cj. to avoid its repetition: puisque vous le dites et ~ nous le croyons since you say so and we believe it; ~ (sbj.) ... ~ (sbj.) whether (ind.) ... or (ind.); ~ la lumière soit! let there be light!; ~ le diable l'emporte! to hell with him!; approchez ~ je vous regarde come closer and let me look at you; aussi ... ~ ... as; d'autant plus ... ~ all the more ... as or because; il ne partira pas sans ~ cela ne soit fait he will not leave before it is done; il y a ... ~ since ...; je crois ~ oui I think so; ne ... ~ only, but; non (pas) ~ (sbj.) not that (ind.); plus ~ more than; tel ~ such as; tel ~ je suis as I am; un tel vacarme ~ such a row that.

quel m, **quelle** f, **quels** m/pl., **quelles** f/pl. [kɛl] **1.** adj./interr. what; who; which; what (a)!; quelle bonté! how kind!; quelle heure est-il? what time is it?; ~ que (sbj.) whatever (ind.); quelle que soit son influence whatever his influence (may be); ~s que soient ces messieurs whoever these gentlemen may be; **2.** adj./indef. whatever, whoever, whichever.

quelconque [kɛl'kɔ̃:k] adj./indef. any whatever; some ... or other; ordinary, commonplace; indifferent, poor.

quelque [kɛlk(ə)] **1.** adj. some, any;

~s *pl.* some, (a) few; **~ chose** something, anything; **~ peu** something; **~ ... qui** (*or* **que**) (*sbj.*) whatever (*ind.*); **ne ... ~ chose** not ... anything; **2.** *adv.* some, about; **~ peu** somewhat, a little; **~ ... que** (*sbj.*) however (*adj.*); **~fois** [kɛlkə'fwa] *adv.* sometimes, now and then.

quelqu'un *m*, **e** *f*, *m/pl.* **quelques-uns** [kɛl'kœ̃, ~'kyn, ~kə'zœ̃] *pron./indef.* someone, anyone; somebody, anybody; *pl.* some, any; **~! ✝** shop!; F *W.C.*: engaged!; **~ des** ... one (*or* other) of the ...; **être ~** be s.o. (important).

quémander [kemɑ̃'de] (1a) *v/i.* beg (from, *à*); *v/t.* beg for; **quémandeur,** *m* **-euse** *f* [~'dœːr, ~'døːz] importunate beggar; (*place-*)hunter.

qu'en-dira-t-on [kɑ̃dira'tɔ̃] *m/inv.* what people will say; public opinion.

quenelle *cuis.* [kə'nɛl] *f* (*fish-, meat-*)ball.

quenotte F [kə'nɔt] *f* tooth.

quenouille [kə'nuːj] *f* distaff; ♀ cat's-tail; *fig.* **tomber en ~** fall to the distaff side.

querelle [kə'rɛl] *f* quarrel; dispute; **~ d'Allemand** groundless quarrel; **quereller** [kərɛ'le] (1a) *v/t.* quarrel with (*s.o.*), nag (*s.o.*); **se ~** quarrel; fall out (with, *avec*); **querelleur, -euse** [~'lœːr, ~'løːz] **1.** *adj.* quarrelsome; nagging (*wife*); **2.** *su.* quarrelsome person.

quérir [ke'riːr] (2v) *v/t.*: **aller ~** go and fetch, go for; **envoyer ~** send for; **venir ~** come and fetch, come for.

question [kɛs'tjɔ̃] *f* question; matter; ⚖ issue; ⚖ *hist.* torture; **~ d'actualité** topic of the moment *or* day; **~ en suspens** outstanding question, question still unresolved; **~-piège** trick question, loaded question; **ce n'est pas la ~** that is not the point; **il est ~ de** it is a question of; there is talk of; **mettre en ~** challenge s.th.; question s.th.; **... ne fait pas ~** there is no doubt about ...; **questionnaire** [kɛstjɔ'nɛːr] *m* list of questions; quiz; questionnaire; **questionner** [~'ne] (1a) *v/t.* question (*s.o.*); **questionneur, -euse** [~'nœːr, ~'nøːz] **1.** *adj.* inquisitive; **2.** *su.* inquisitive person; *su./m*: **c'est un éternel ~** he never stops asking questions.

quête [kɛt] *f* quest, search; *hunt.*

tracking (*by dogs*); *eccl. etc.* collection; **en ~ de** in search of; *fig.* looking for (*information*); **quêter** [kɛ'te] (1a) *v/t.* collect; F *fig.* seek (for); *hunt.* seek (*game*); *v/i.* take up a collection; **quêteur** *m*, **-euse** *f* [~'tœːr, ~'tøːz] collector (*of alms*); *eccl.* taker-up of the collection.

quetsche [kwɛtʃ] *f* damson.

queue [kø] *f* ✗, *zo., astr. etc.* tail; *pan:* handle; *cost. dress:* train; (*billiard-*)cue; *fig.* bottom, (tail) end; *people:* queue, *Am.* line; rear; ♀ stalk; *tool, button:* shank; **en ~** in the rear; *fig.* **à le bottom** *or* tail-end; **faire (la) ~** queue up, form a queue, *Am.* line up, stand in line; *mot.* **faire une ~ de poisson** cut in (on, *à*); *fig.* **finir en ~ de poisson** fizzle out; **n'avoir ni ~ ni tête** be disconnected (*story*); ♪ **piano m à ~** grand piano; **~-d'aronde,** *pl.* **~s-d'aronde** ⊕ [~da'rɔ̃d] *f* dovetail; **~-de-cochon,** *pl.* **~s-de-cochon** ⊕ [~dkɔ'ʃɔ̃] *f* auger-bit, gimlet; **~-de-morue,** *pl.* **~s-de-morue** [~dmɔ'ry] *f* (*painter's*) flat brush; F evening dress, tails *pl.*; **~-de-pie,** *pl.* **~s-de-pie** [~d'pi] *f* swallow-tail coat; **~-de-rat,** *pl.* **~s-de-rat** [~d'ra] *f* ⊕ rattail(ed file); reamer; (*sort of*) snuffbox.

qui [ki] **1.** *pron./interr. subject:* persons: who, *two persons:* which; *things:* which what; *object:* persons: whom; *things:* which; **~ des deux?** which of the two?; **~ est-ce ~ chante?** who sings?, who is singing?; **~ est-ce que tu as vu?** who(m) did you see?; **à ~** to whom? **à ~ est ce livre?** whose book is this?; **à ~** whom does this book belong to?; **de ~** whose?; of *or* from whom?; **2.** *pron./rel. subject:* persons: who, that; (he *or* anyone) who; *things:* which, that; what; *after prp.:* persons: whom; *things:* which; **~ pis est** what is worse; **~ que ce soit** whoever it is; anyone; **à ~ mieux mieux** vying with one another; **ce ~** what; which; **n'avoir ~ tromper** have no one to deceive; **3.** *pron./indef.* some, **~ ..., ~ ...** some ..., some *or* others ...

quia † [kɥi'a] *adv.*: **être à ~** be nonplussed; **mettre** (*or* **réduire**) **à ~** nonplus.

quiconque [ki'kɔ̃:k] *pron./indef.* whoever, anyone who; anybody.

quidam [ki'dam] *m: un ~ an individual, someone.

quiétude [kчie'tyd] *f* quietude.

quignon [ki'ɲ5] *m bread:* chunk, hunk.

quille¹ ⚓ [ki:j] *f* keel.

quille² [ki:j] *f sp.* skittle, ninepin; *sl.* leg; *fig.* recevoir q. *comme un chien dans un jeu de* ~s give s.o. a cold welcome; **quillier** *sp.* [ki'je] *m* skittle-alley.

quinaire [kчi'nɛ:r] ⚕ quinary; ⚕, *zo.* pentamerous.

quincaille [kɛ̃'kɑ:j] *f* † (piece of) hardware, ironmongery; F *coins:* coppers *pl.*; **quincaillerie** † [~kaj-'ri] *f* hardware, ironmongery; hardware shop; **quincaillier** † [~ka'je] *m* hardware merchant, ironmonger.

quinconce [kɛ̃'k5s] *m: en ~* staggered; zigzag.

quinine ⚕, ⚗ [ki'nin] *f* quinine.

quinquagénaire [kчɛ̃kwaʒe'nɛ:r] *adj., a. su.* quinquagenarian.

quinquennal, e, *m/pl.* **-aux** [kчɛ̃-kчɛn'nal, ~'no] five-year (*plan*).

quinquina ⚗ [kɛ̃ki'na] *m* cinchona, quinquina.

quint [kɛ̃] *adj./m* fifth; *Charles* ♀ Charles V.

quinte [kɛ̃t] *f cards:* quint; *fencing:* quinte; ♪ fifth; F *fig.* whim; *coughing:* fit.

quintessence [kɛ̃te'sã:s] *f* quintessence; **quintessencier** [~sã'sje] (1o) *v/t.* refine.

quintette ♪ [kɛ̃'tet] *f* quintet(te).

quinteux, -euse [kɛ̃'tø, ~'tø:z] crotchety, cantankerous (*person*); restive (*horse*); ⚗ fitful.

quintuple [kɛ̃'typl] *adj., a. su./m* quintuple, fivefold; **quintupler** [~ty'ple] (1a) *vt/i.* increase fivefold, quintuple.

quinzaine [kɛ̃'zɛn] *f* (about) fifteen; fortnight; fortnight's pay; **quinze** [kɛ̃:z] *adj./num., a. su./m/inv.* fifteen; *date, title:* fifteenth; ~ *jours*

a fortnight; **quinzième** [kɛ̃'zjɛm] *adj./num., a. su.* fifteenth.

quiproquo [kiprɔ'ko] *m* misunderstanding; mistake.

quittance † [ki'tã:s] *f* receipt; *donner* ~ *à* give (*s.o.*) a receipt in full; *fig.* forgive (*s.o.*); **quittancer** † [~tã'se] (1k) *v/t.* receipt.

quitte [kit] *adj.* free, clear (of, *de*); discharged (from, *de*); *être* ~ *be* quits, be even; *en être* ~ *pour qch.* get or come off with s.th.; *adj./inv.:* ~ *à* (*inf.*) even if (*ind.*); *il le fera* ~ *à perdre son argent* he will do it even if he loses his money.

quitter [ki'te] (1a) *v/t.* leave (*a person, a place*); resign (*a post*); give up (*a post, business, a. fig.*); take off (*one's coat, hat, etc.*); *teleph.* ne quittez pas! hold the line, please!

quitus †, ⚖ [ki'tys] *m* full discharge; receipt in full.

qui-vive [ki'vi:v] *m/inv.* ✕ (*sentry's*) challenge; *fig.* être sur le ~ be on the qui vive *or* on the alert.

quoi [kwa] **1.** *pron./interr. things:* what; ~ *de neuf?* what's the news?; ~ *donc!* what!; ~ *que* (*sbj.*) whatever (*ind.*); ~ *qu'il en soit* be that as it may; *avoir de* ~ *have the wherewithal; avoir de* ~ *vivre* have enough to live on; (*il n'y a pas de* ~!) don't mention it!; you're welcome!; *sans* ... otherwise, or else; *un je-ne-sais-* ~ (*or je ne sais* ~) a(n indescribable) something, just something.

quoique [kwak(ə)] *cj.* (al)though.

quolibet [kɔli'bɛ] *m* gibe.

quote-part [kɔt'pa:r] *f* quota, share.

quotidien, -enne [kɔti'djɛ̃, ~'djɛn] **1.** *adj.* daily, everyday; ⚗ quotidian; **2.** *su./m* daily (*paper*); **quotidiennité** [~djɛn'te] *f* everyday life.

quotient [kɔ'sjɑ̃] *m* ⚕ quotient; *pol., admin.* quota; *psych.* ~ *intellectuel* intelligence quotient, *abbr.* I. Q.

quotité [kɔti'te] *f* share, portion, amount.

R

R, r [ɛːr] *m* R, r.

rabâchage [rabɑ'ʃaːʒ] *m* tiresome repetition, rigmarole; **rabâcher** [~'ʃe] (1a) *v/i.* repeat the same thing over and over again; *v/t.* repeat (*s.th.*) over and over again; **rabâcheur, -euse** [~'ʃœːr, ~'ʃøːz] *su.* person who repeats the same thing over and over again.

rabais [ra'bɛ] *m* † *price:* reduction, discount; *au* ~ at a discount *or* reduced price; **rabaisser** [~bɛ'se] (1a) *v/t.* lower; † depreciate (*the coinage*); *fig.* belittle; humble (*s.o., s.o.'s pride*).

rabat [ra'ba] *m cost.* bands *pl.*; *handbag etc.:* flap; ⊕ rabbet; **~-joie** [~ba'ʒwa] *m/inv.* spoil-sport, wet blanket; **rabattage** [~ba'taːʒ] *m* † *prices:* lowering; *hunt.* beating (*for game*); heading back (*of game*); *fig.* heading off (*of people*); ✗ cutting back; **rabatteur** [~ba'tœːr] *m* † tout; *hunt.* beater; **rabattre** [~'batr] (4a) *v/t.* fold back *or* down; lower (*a. fig.*); *fig.* reduce; ✗ cut back; *hunt.* beat up (*game*); head (*game*) back; *fig.* head off (*people*); tone down (*a colour*); lower (*the price, s.o.'s pride, one's claims*); ~ *qch. de* take *s.th.* off (*the price etc.*); *fig.* en ~ climb down; *mot. etc.* se ~ get back into the inside lane; se ~ *sur* fall down upon; *fig.* fall back on.

rabbin [ra'bɛ̃] *m* rabbi.

rabibocher F [rabibo'ʃe] (1a) *v/t.* patch up; *fig.* reconcile (*two adversaries*); se ~ make it up.

rabiot *sl.* [ra'bjo] *m food:* extra; overtime; extra time.

rabique 🐾 [ra'bik] rabic.

râble [rɑːbl] *m zo.* hare *etc.:* back; *cuis. hare:* saddle; **râblé, e** [rɑ'ble] thick-backed (*hare*); broad-backed, strapping, strong (*person*).

rabonnir [rabɔ'niːr] (2a) *vt/i.* improve.

rabot [ra'bo] *m* plane; ~ *en caoutchouc* squeegee; **raboter** [rabo'te] (1a) *v/t.* ⊕ plane (*wood*); *fig.* polish;

sl. filch, *Am.* lift (*s.o.'s money*); **raboteur** ⊕ [~'tœːr] *m* planer; **raboteuse** ⊕ [~'tøːz] *f* planing-machine; **raboteux, -euse** [~'tø, ~'tøːz] rough; knotty (*wood*); uneven (*road*); rugged (*country, a. fig. style*).

rabougri, e [rabu'gri] stunted, dwarfed (*person, a. plant*); scraggy (*vegetation*); **rabougrir** [~'griːr] (2a) *v/t.* stunt the growth of; *v/i.* a. se ~ become stunted.

rabouter [rabu'te] (1a), **raboutir** [~'tiːr] (2a) *v/t.* join end to end.

rabrouer F [rabru'e] (1a) *v/t.* scold, F dress down; snub.

racaille [ra'kɑːj] *f people:* riff-raff, scum; *things:* trash.

raccommodage [rakɔmɔ'daːʒ] *m* mending, repairing; *socks etc.:* darning; repair; darn; **raccommodement** [~mɔd'mɑ̃] *m* reconciliation; *quarrel:* mending; **raccommoder** [~mɔ'de] (1a) *v/t.* mend, repair; darn (*socks etc.*); *fig.* reconcile; se ~ *avec* make it up with (*s.o.*); **raccommodeur, *m* -euse** *f* [~mɔ'dœːr, ~'døːz] repairer, mender.

raccord [ra'kɔːr] *m* ⊕ joint, connection; link; 🔺 join (*a. picture etc.*); linking up; touch-up; **raccordement** [rakɔrdə'mɑ̃] *m* ⊕, 🔺 joining, linking, connection; 🚂 *voie f de* ~ slip line; **raccorder** [~'de] (1a) *v/t.* join, connect, link (up).

raccourci, e [raku'rsi] **1.** *adj.* shortened; abridged (*account*); 🔺 oblate; bobbed (*hair*); short (*stature*); *fig. à bras* ~(*s*) with might and main; **2.** *su./m* abridgement; short cut (*to somewhere*); *en* ~ in a few words, briefly; **raccourcir** [~'siːr] (2a) *v/t.* shorten; cut short (*a speech*); curtail; abridge (*an account, a story*); *v/i.* grow shorter; *tex.* shrink; **raccourcissement** [~sis'mɑ̃] *m* shortening; abridgement; *tex.* shrinking.

raccroc [ra'kro] *m billiards:* fluke;

fig. par ~ by chance; **raccrocher** [rakrɔ'ʃe] (1a) *v/t.* hang up again; F get hold of (*s.o.*, *s.th.*); F solicit, accost (*s.o.*); se ~ clutch (at, à); *fig.* link (with); F recoup one's losses; *v/i. teleph.* hang up, ring off.

race [ras] *f* race; *zo.* species, breed; *fig.* breeding; **racé, e** [ra'se] thoroughbred (*a. fig.*); pure(bred).

racer [re'sœːr] *m* racing-horse; *mot.* racing-car.

rachat [ra'ʃa] *m* repurchase; *goods:* buying in; *annuity, covenant, loan, option, a. eccl.:* redemption; *policy, value:* surrender; **rachetable** [raʃ'tabl] † redeemable; *eccl.* atonable (*sin*); **racheter** [~'te] (1d) *v/t.* buy back; † buy (*s.th.*) in; redeem († *annuity, debt, loan, a. fig.*); ransom (*a prisoner*); atone for (*one's sins, a. fig.*); † surrender (*a policy*); buy more of (*s.th.*).

rachitique [raʃi'tik] rachitic, rickety; **rachitisme** [~'tism] *m* rachitis, rickets.

racinage [rasi'naːʒ] *m coll.* (edible) roots *pl.*; *tex.* walnut dye; *bookbinding:* tree-marbling; **racine** [~'sin] *f* ♪, ♀, ♬, *ling., a. fig.* root; *mountain:* foot; **raciner** [~si'ne] (1a) *v/i.* ♀ (take) root; *v/t. tex.* dye with walnut; *bookbinding:* marble.

racisme [ra'sism] *m* racialism, racism; **raciste** [~'sist] *adj., a. su.* racialist, racist.

racle ⊕ [rɑːkl] *f* scraper.

raclée F [rɑ'kle] *f* hiding, thrashing, dressing-down; **racler** [~'kle] (1a) *v/t.* scrape; make a clean sweep of; thin out; se ~ la gorge clear one's throat; *v/i.*: ♪ ~ du violon scrape on the fiddle; **raclette** [~'klɛt] *f* ⊕ scraper; ♪ hoe; *phot.* squeegee; **racloir** ⊕ [~'klwaːr] *m* scraper; **racloire** [~'klwaːr] *f* ⊕ spokeshave; tongue scraper; **raclure** [~'klyːr] *f* scrapings *pl.*

racolage [rakɔ'laːʒ] *m* ✕, ♬ recruiting; *fig.* enlisting; *prostitute:* soliciting; **racoler** [~'le] (1a) *v/t.* ✕, ♬ recruit; *fig.* enlist; *fig.* tout for; *prostitute:* solicit; **racoleur** [~'lœːr] *m* tout; **racoleuse** [~'løːz] *f* prostitute, streetwalker.

raconter [rakɔ̃'te] (1a) *v/t.* tell, relate; **raconteur** *m,* **-euse** *f* [~'tœːr, ~'tøːz] (story-)teller.

racornir [rakɔr'niːr] (2a) *v/t.* hard-

en, toughen; se ~ harden; grow hard or horny; *fig.* grow callous; *fig.* shrivel up.

radar [ra'daːr] *m* radar (set); **radariste** [~da'rist] *m* radar operator.

rade ♬ [rad] *f* roads *pl.*, roadstead; *fig.* laisser en ~ abandon.

radeau [ra'do] *m* raft; ~ de sauvetage life raft.

radiaire [ra'djɛːr] radiate(d); **radial, e,** *m/pl.* **-aux** ♬, *anat.* [~'djal, ~'djo] radial; **radiance** [~'djãːs] *f* radiance; radiant heat; **radiant, e** [~'djã, ~'djã:t] *adj., su./m* radiant; **radiateur** [~dja'tœːr] *m* radiator.

radiation¹ *phys.* [radja'sjɔ̃] *f* radiation.

radiation² [~] *f* striking out; *debt etc.:* cancellation; ♪ striking off; *barrister:* disbarment.

radical, e, *m/pl.* **-aux** [radi'kal, ~'ko] **1.** *adj.* radical (*a.* ♬, ♀, ♬, *pol., gramm.*); **2.** *su./m* radical; ♬ root(-sign); *gramm.* root; **radicaliser** [~kali'ze] (1a) *v/t.* radicalize; intensify; **radicelle** ♀ [~'sɛl] *f* radicle.

radié, e [ra'dje] radiate(d), rayed.

radier¹ ⚓ *etc.* [ra'dje] *m* floor, base, bed; level; *basin, dock:* apron; (*foundation-*)raft; *tunnel:* invert.

radier² [~] (1o) *v/t.* strike out, erase; delete; cancel.

radieusement [radjøz'mã] radiantly; brilliantly; gloriously; **radieux, -euse** [~'djø, ~'djø:z] radiant (*a. fig.*).

radin *sl.* [ra'dɛ̃] stingy.

radio [ra'djo] *su./f* radio; radio set; ♬ X-ray photograph; à la ~ on the radio; *su./m* radio(tele)gram; radio operator.

radio... [radjo] radio...; **~actif, -ve** *phys.* [~ak'tif, ~'ti:v] radioactive; **~conducteur** ♬ [~kɔ̃duk'tœːr] *m* radio conductor; **~détection** [~detɛk'sjɔ̃] *f* radiodetection; **~diffuser** [~dify'ze] (1a) *v/t.* broadcast; **~diffusion** [~dify'zjɔ̃] *f* broadcasting; **~électricité** *radio. a. phys.* [~elɛktrisi'te] *f* radioelectricity; **~élément** *phys.* [~ele'mã] *m* radioactive element, radio-element; **~goniométrie** [~gɔnjome'tri] *f* direction-finding; **~gramme** [~'gram] *m* ♪ radiogram; ♬ X-ray photograph; skiagraph; **~graphe** [~'graf] *su.* radiographer; **~graphie** ☢ [~gra'fi] f radiography; X-ray photograph(y); **~graphier** [~gra'fje] (1o) v/t. X-ray; **~guidage** [~gi'da:ʒ] m ⚓ radio control; *mot.* traffic news *pl.*; **~guidé, e** [~gi'de] radiocontrolled; **~journal** [~ʒur'nal] *m radio:* news bulletin; **~logie** ☢, *a. phys.* [~lɔ'ʒi] f radiology; **~logue** ☢ [~'lɔg] *m,* **~logiste** ☢ [~lɔ'ʒist] *m* radiologist; **~mètre** *phys.* [~'mɛtr] *m* radiometer; **~phare** ⚓ [~'fa:r] *m* radio beacon; **~phonie** [~fɔ'ni] f radiotelephony; **~phonique** [~fɔ'nik] wireless ...; *radio*...; **~phono** [~fɔ'no] *m instrument, furniture:* radiogram; **repérage** [~rəpe'ra:ʒ] *m* radiolocation; **~reporter** [~rəpɔr'tɛ:r] *m* (radio) commentator; **~réveil,** *pl.* **~s-réveils** [~re'vɛj] *m* clock radio; **~scopie** [~skɔ'pi] f radioscopy; **~télégramme** ☢ [~tele'gram] *m* radiotelegram; **~télégraphie** ☢ [~telegra'fi] f radiotelegraphy; **~téléphonie** [~telefɔ'ni] f radiotelephony; **~(-)télévisé, e** [~televi'ze] broadcast on both radio and. television; **~thérapie** ☢ [~tera'pi] f radiotherapy.

radis ♀ [ra'di] *m* radish; F *ne pas avoir un ~* be penniless, F be broke.

radium ⚛ [ra'djɔm] *m* radium; **~térapie** ☢ [~djɔmtera'pi] f radium treatment, radium-therapy.

radius *anat., a. zo.* [ra'djys] *m* radius.

radotage [radɔ'ta:ʒ] *m* drivel, twaddle, dotage; **radoter** [~'te] (1a) v/i. talk nonsense; drivel; be in one's dotage; **radoteur** *m,* **-euse** f [~'tœ:r, ~'tø:z] dotard; driveller.

radoub ⚓ [ra'du] *m* repair; *bassin m de ~* graving-dock, dry dock; **radouber** ⚓ [~du'be] (1a) v/t. repair the hull of; dock.

radoucir [radu'si:r] (2a) v/t. calm (*a. fig.*); make (*s.th.*) milder or softer; *se ~* become milder or softer.

rafale [ra'fal] f squall; *wind:* (strong) gust; ✕ *gun-fire:* burst; *~ de pluie* cloud-burst.

raffermir [rafɛr'mi:r] (2a) v/t. harden, make firm(er); *fig.* strengthen; *fig.* fortify; *se ~* harden (*a.* ✝ *prices*); ✝ level off (*prices*); ☢ improve; **raffermissement** [~mis'mã] *m* hardening (*a.* ✝ *of prices*); *fig.* strengthening; *fig.* improvement.

raffinage ⊕ [rafi'na:ʒ] *m sugar, petrol, etc.:* refining; *oil:* distilling; **raffiné, e** [~fi'ne] refined (*sugar, petrol, a. fig.*); *fig.* subtle; **raffinement** [~fin'mã] *m fig.* refinement; *fig.* subtlety; ⊕ *sugar, petrol, etc.:* refining; *oil:* distilling; **raffiner** [~fi'ne] (1a) v/t. refine (*a.* ⊕, *a. fig.*); v/i. be punctilious or overnice (on, upon *sur*); **raffinerie** ⊕ [~fin'ri] f refinery; (sugar-)refining; oil distillery; **raffineur** *m,* **-euse** f ⊕ [~fi'nœ:r, ~'nø:z] refiner.

raffoler F [rafɔ'le] (1a) v/i.: *~ de* be passionately fond of, F be mad about; dote on.

raffut F [ra'fy] *m* row, din.

raffûter [rafy'te] (1a) v/t. reset, sharpen (*a tool*).

rafiot ⚓ [ra'fjo] *m* skiff.

rafistoler F [rafistɔ'le] (1a) v/t. patch (*s.th.*).

rafle ♀ [ra:fl] f *grapes etc.:* stalk; *maize:* cob.

rafle² [ra:fl] f *police etc.:* raid, round-up; swipe.

rafraîchir [rafre'ʃi:r] (2a) v/t. cool; renovate; freshen up; refresh (*a. one's memory*); revive; brush up (*a subject*); restore (*a painting*); v/i. cool; grow cooler (*weather*); **rafraîchissement** [~ʃis'mã] *m* ⊕ *etc.* cooling; *memory:* refreshing; *subject:* brushing up; *painting etc.:* restoring; *~s pl.* refreshments; **rafraîchisseur** [~ʃi'sœ:r] *m,* **rafraîchissoir** [~ʃi'swa:r] *m* cooler.

ragaillardir F [ragajar'di:r] (2a) v/t. cheer (*s.o.*) up.

rage [ra:ʒ] f rage, fury; *fig.* mania; violent pain; ☢ rabies; *faire ~* rage, be raging; **rager** [ra'ʒe] (1l) v/i. rage; be infuriated; **rageur, -euse** [~'ʒœ:r, ~'ʒø:z] violent-tempered; choleric; angry.

raglan *cost.* [ra'glã] *m* raglan.

ragot¹, e [ra'go, ~'gɔt] 1. *adj.* squat; stocky (*person, a. horse*); 2. *su./m hunt.* boar in its third year.

ragot² F [ra'go] *m* tittle-tattle, gossip.

ragoût *cuis.* [ra'gu] *m cuis.* stew; † *fig.* relish, spice; **ragoûtant, e** [ragu'tã, ~'tã:t]: *peu ~* unsavo(u)ry; unpleasant; unpalatable.

ragréer [ragre'e] (1a) v/t. finish, polish; ⚓ clean down (*brickwork*); ⚓ re-rig; *fig.* restore.

rai [rɛ] *m light:* ray; *wheel:* spoke.

raid [rɛd] *m mot.* long-distance run *or* ✈ flight; *mot.* (long-distance) endurance test; ✕, ✈ raid.

raide [rɛd] **1.** *adj.* stiff (*a. manner*); rigid; tight (*rope*); straight (*flight, hair*); steep (*path, slope, stair, a. fig.* remark); F *fig.* unyielding (*character*); **2.** *adv.* steep(ly); hard; tomber ~ mort drop stone dead; **raideur** [rɛ'dœːr] *f* stiffness (*a. of manner*); rigidity; *rope:* tautness; *path, slope, stair:* steepness; *character, temperament:* inflexibility; *avec* ~ violently; stubbornly; **raidir** [~'diːr] (2a) *v/t.* stiffen (*a. fig.*); tighten (*a rope*); se ~ brace o.s., *v/i. a.* se ~ grow stiff; harden; **raidissement** [~dis'mã] *m* stiffening; tautening.

raie[1] [rɛ] *f* line; streak; stripe; scratch; *hair:* parting; ✍ furrow; *anat., a.* ♪ ridge.

raie[2] *icht.* [~] *f* skate, ray.

raifort ♀ [rɛ'fɔːr] *m* horse-radish.

rail [rɑːj] *m* rail; railway, *Am.* railroad; ~ conducteur live rail.

railler [rɑ'je] (1a) *v/t.* laugh at (*s.o.*); make fun of (*s.o.*); twit (*s.o.*); se ~ de make fun of; *v/i.* joke; **raillerie** [rɑj'ri] *f* banter; jest; scoffing; ~ à part joking aside; entendre la ~ be able to take a joke; ne pas entendre ~ be very touchy; be unable to take a joke; **railleur, -euse** [rɑ'jœːr, ~'jøːz] **1.** *adj.* bantering, mocking; **2.** *su.* scoffer; banterer.

rainette [rɛ'nɛt] *f zo.* tree-frog; ♀ *apple:* pippin.

rainure ⊕ [rɛ'nyːr] *f* groove; slot.

raire [rɛːr] (4ff) *v/i.* bell (*stag*).

rais [rɛ] *m see* rai.

raisin [rɛ'zɛ̃] *m* grape(s *pl.*); ~s *pl.* de Corinthe currants; ~s *pl.* de Smyrne sultanas; ~s *pl.* secs raisins; **raisiné** [~zi'ne] *m* grape jam.

raison [rɛ'zɔ̃] *f* reason; sense; satisfaction; justice; right; proof, ground; justification; motive; ⚖ claim; ♫ ratio; ✝ ~ sociale name, style (*of a firm*); à ~ de at the rate of; à plus forte ~ so much *or* all the more; avec (juste) ~ rightly, with good reason; avoir ~ be right; avoir ~ de get the better of; get the upper hand of; comme de ~ as one might expect; of course; en ~ de in proportion to; because of; parler ~ talk sense; **raisonnable** [~zɔ'nabl] sensible, reasonable (*a.* ✝); rational; adequate; fair; **raisonné, e** [~zɔ'ne]

reasoned; descriptive (*catalogue*); **raisonnement** [~zɔn'mã] *m* reasoning; argument; *pas de* ~s! don't argue!; **raisonner** [rɛzɔ'ne] (1a) *v/i.* reason, argue (about, sur); *v/t.* reason with (*s.o.*); weigh (*actions*); **raisonneur, -euse** [~'nœːr, ~'nøːz] **1.** *adj.* reasoning; *fig.* argumentative; **2.** *su.* reasoner; *fig.* argumentative person; su./m: faire le ~ argue.

rait [rɛ] *p.p./inv. of* raire.

rajeunir [raʒœ'niːr] (2a) *v/t.* make younger, rejuvenate; renovate; se ~ make o.s. look younger; *v/i.* get or look younger; **rajeunissement** [~nis'mã] *m person:* rejuvenation; renovation.

rajouter [raʒu'te] (1a) *v/t.* add.

rajustement [raʒysta'mã] *m* readjustment, setting right; ✝ ~ des salaires wage adjustment; **rajuster** [~'te] (1a) *v/t.* readjust, set to rights; *fig.* settle (*a quarrel*).

râle [rɑːl] *m orn.* rail; (*a.* **râlement** [rɑl'mã] *m*) 𝒮 râle; *throat:* rattle; death-rattle.

ralenti [ralã'ti] *m* slow motion *or* speed; au ~ slow(ly *adv.*); tourner au ~ idle, tick over; **ralentir** [~'tiːr] (2a) *vt/i. a.* se ~ slow down; relax; **ralentissement** [~tis'mã] *m* slowing down, slackening; decrease.

râler [rɑ'le] *v/i.* groan; be in one's death agony; F grouse, fume (with anger, de colère); **râleur** *m*, **-euse** *f* F [~'lœːr, ~'løːz] grouser.

ralliement [rali'mã] *m* ✕ rally(ing); ✕, ♣ assembly; mot m de ~ password; point m de ~ rallying-point; **rallier** [~'lje] (1o) *v/t.* ✕, ♣ assemble (*troops, ships*); ✕, ♣ rejoin (*a unit, a ship*); *fig.* win, attract (*support, votes, etc.*); se ~ à rally to; ♣ hug (*the shore*).

rallonge [ra'lɔ̃ːʒ] *f* ⊕ extension-piece; *table:* extension-leaf; ✝ additional sum *or* payment; une ~ de ... an additional ...; *table f* à ~s extension table; **rallongement** [~lɔ̃ʒ-'mã] *m* extension; **rallonger** [~lɔ̃-'ʒe] (11) *v/t.* lengthen; eke out; *cuis.* thin (*a sauce*).

rallumer [raly'me] (1a) *v/t.* relight; *fig.* revive (*an emotion*); se ~ rekindle; break out again (*war*); *fig.* revive (*emotion*).

rallye *mot. etc.* [ra'li] *m* race-meeting, rally.

ramage [ra'ma:ʒ] *m tex.* floral design; *orn.* song, warbling; **ramager** *orn.* [~ma'ʒe] (11) *v/t.* sing, warble.

ramassage [rama'sa:ʒ] *m* gathering; collection; picking up; ~ *scolaire* school bus service; *point de* ~ pick-up point; **ramassé, e** [~'se] stocky (*person, horse*); ⊕, *a. fig.* compact; **ramasse-miettes** [~mas'mjɛt] *m/inv.* crumb-tray, crumb-scoop; **ramasser** [rama'se] (1a) *v/t.* gather (together); collect; pick up (*an object*); *fig.* ~ *une bûche* come a cropper; *se* ~ collect; pick o.s. up; *fig.* crouch (*animal*); *fig.* gather o.s. (*for an effort*); **ramassis** [~'si] *m* pile; F *people*: pack.

rame[1] ⚓ [ram] *f* oar.

rame[2] [~] † *paper*: ream; 🚃 *coaches*, ⚓ *barges etc.*: string; 🚃 train.

rame[3] 🌱 [~] *f* stick, prop.

rameau [ra'mo] *m* 🌿 bough; 🌿 twig; *geog., a. family, science, etc.*: branch; 🦌 vein; *zo.* ~ *pl.* antlers; ~ *d'olivier* olive-branch (*a. fig.*); *eccl.* (*dimanche m des*) 🌿x Palm Sunday; **ramée** [~'me] *f* leafy branches *pl.*, arbo(u)r; small wood (*for burning etc.*).

ramender [ramɑ̃'de] (1a) *v/t.* mend (*nets*); 🌱 manure again; renew the gilt of (*a picture-frame*).

ramener [ram'ne] (1d) *v/t.* bring back; 🖊, *a. fig.* reduce (to, à); draw (down, back, *etc.*); *fig.* restore (*peace*); *fig.* win (*s.o.*) over; *sl.* ~ *sa fraise* (*or gueule*), *la* ~ protest; talk big; *se* ~ amount, come down (to, à); F turn up, come (back).

ramequin *cuis.* [ram'kɛ̃] *m* ramekin, ramequin (= *mixture of cheese, eggs, etc.*).

ramer[1] 🌱 [ra'me] (1a) *v/t.* stick; prop (up).

ramer[2] [ra'me] (1a) *v/i.* row; **rameur, -euse** [~'mœ:r, ~'mø:z] *su.* rower; *su./m* oarsman; *su./f* oarswoman.

rameux, -euse [ra'mø, ~'mø:z] ramose; branching; **ramier** *orn.* [~'mje] *m* ring-dove, wood-pigeon; **ramification** [~mifika'sjɔ̃] *f* ramification (*a. fig.*); branch(ing); **ramifier** [~mi'fje] (1o) *v/t.*: *se* ~ ramify; branch out; **ramille** [~'mi:j] *f* twig; ~*s pl.* fire-lighting: small wood *sg.*

ramolli, e [ramɔ'li] softened; F *fig.* soft-headed; **ramollir** [~'li:r] (2a) *v/t.* soften; *se* ~ soften, grow soft;

ramollissement [~lis'mɑ̃] *m* softening; 🖊 ~ *cérébral* softening of the brain.

ramoner [ramɔ'ne] (1a) *v/t.* sweep (*the chimney*); ⊕ scour, clear; *mount.* climb (*a chimney*); **ramoneur** [~'nœ:r] *m* (chimney-)sweep.

rampant, e [rɑ̃'pɑ̃, ~'pɑ̃:t] 1. *adj.* 🔺 sloping; 🌿, *zo.* creeping; *zo.* crawling; *fig.* cringing; *fig.* pedestrian (*style*); 2. *su./m* 🔺 sloping part; **rampe** [rɑ̃:p] *f* slope, incline; inclined plane; gradient, *Am.* road: grade; 🔺, 🚃, 🚂 ramp; *stairs*: handrail; *thea.* limelight (*a. fig.*); footlights *pl.*; 🚃 runway lights *pl.*; ~ *de lancement* launching ramp; **ramper** [rɑ̃'pe] (1a) *v/i.* creep (*a.* 🌿, *zo., a. person*); crawl (*zo., person, a.* F *fig.*); *fig.* fawn (*person*); 🌿 trail; *fig.* lurk.

ramponneau F [rɑ̃pɔ'no] *m* blow.

ramure [ra'my:r] *f* branches *pl.*; *stag*: antlers *pl.*

rancard *sl.* [rɑ̃'ka:r] *m* info, tip-off; meeting, date; **rancarder** *sl.* [~kar'de] (1a) *v/t.* inform, tip (*s.o.*) off; make a date with, date (*s.o.*); *se* ~ get the info (about, *sur*).

rancart F [rɑ̃'ka:r] *m*: *mettre au* ~ discard; throw on the scrap-heap; F chuck out; shelve (*a project*); *admin.* retire (*s.o.*).

rance [rɑ̃:s] 1. *adj.* rancid; 2. *su./m*: *sentir le* ~ smell rancid.

ranch, *pl.* **ranches** [rɑ̃:ʃ] *m* ranch.

ranche [rɑ̃:ʃ] *f* ladder: peg; **rancher** [rɑ̃'ʃe] *m* peg-ladder, pole-ladder.

rancir [rɑ̃'si:r] (2a) *v/i.* become rancid; **rancissure** [~si'sy:r] *f* rancidness.

rancœur [rɑ̃'kœ:r] *f* ranco(u)r; resentment.

rançon [rɑ̃'sɔ̃] *f* ransom; *fig.* price; **rançonner** [rɑ̃sɔ'ne] (1a) *v/t.* hold to ransom; ransom (*s.o.*); † F fleece; **rançonneur, -euse** F [~'nœ:r, ~'nø:z] extortionate.

rancune [rɑ̃'kyn] *f* grudge; *garder* (*de la*) ~ *à q.* bear s.o. a grudge (for, *de*); *sans* ~! no offence!; no hard feelings!; **rancunier, -ère** [~ky'nje, ~'nje:r] 1. *adj.* spiteful; 2. *su.* spiteful person; person bearing a grudge.

randonnée [rɑ̃dɔ'ne] *f* tour, excursion, (*long*) trip; outing; hike; **randonneur** *m*, **-euse** *f* [~'nœ:r, ~'nø:z] hiker; excursionist.

rang [rɑ̃] *m* row, line; order; class; tier; ✕, *a. fig.* rank; F *fig. de premier* ~ first-rate, first-class; **rangé, e** [rɑ̃'ʒe] **1.** *adj.* tidy, steady (*person*), orderly; (*a. bien* ~) well-ordered; ~ pitched (*battle*); **2.** *su./f* row, line; *thea.* tier; *figures:* set; **ranger** [~'ʒe] (1l) *v/t.* (ar)range; ✕ draw up, marshal; put (*s.th.*) away; tidy (*objects, a room*); *fig.* rank (*among, parmi*); ⚓ hug (*the coast*); *fig.* steady (*s.o.*); restrain; keep back (*a crowd*); *mot.* park (*one's car*); se ~ line up, get into rows *or* line; *fig.* settle down (*in life, behaviour, etc.*); *mot.* pull over; *fig.* make way (*person*); *fig.* se ~ à fall in with, come round to.

ranimer [rani'me] (1a) *v/t. a.* se ~ revive; *fig.* cheer up.

rapace [ra'pas] rapacious (*a. fig.*); predatory; **rapacité** [~pasi'te] *f* rapacity; *avec* ~ rapaciously.

rapatriement [rapatri'mɑ̃] *m* repatriation; **rapatrier** [~'e] (1a) *v/t.* repatriate.

râpe [rɑ:p] *f* ⊕ rasp, rough file; *cuis.* grater; ♣ *grapes etc.:* stalk; **râper** [rɑ'pe] (1a) *v/t.* ⊕ rasp; grind (*snuff*); *cuis.* grate; wear threadbare (*clothes*); râpé threadbare (*clothes*).

rapetasser F [rapta'se] (1a) *v/t.* patch up; cobble (*shoes*); *fig.* botch up.

rapetisser [rapti'se] (1a) *v/t.* make (*s.th.*) smaller; shorten (*clothes*); *v/i. a.* se ~ become smaller; shorten; *tex.* shrink.

râpeux, -euse [rɑ'pø, ~'pø:z] rough; raspy (*tongue*); harsh (*voice, wine*).

rapiat, e F [ra'pja, ~'pjat] **1.** *adj.* stingy; **2.** *su.* skinflint.

rapide [ra'pid] **1.** *adj.* rapid, fast, swift; steep (*slope*); **2.** *su./m geog.* rapid; 🚄 express (*train*); **rapidité** [~pidi'te] *f* swiftness, speed; *slope:* steepness.

rapiéçage [rapje'sa:ʒ] *m* patching (-up); patchwork; **rapiécer** [~'se] (1f *a.* 1k) *v/t.* patch.

rapière † [ra'pjɛ:r] *f* rapier.

rapin † F [ra'pɛ̃] *m* art student; *pej.* dauber (= *painter*).

rapine [ra'pin] *f* rapine; *pej.* graft; **rapiner** [~pi'ne] (1a) *vt/i.* pillage.

rappareiller [rapaʀɛ'je] (1a) *v/t.* match, complete (*a set*).

rapparier [rapa'rje] (1o) *v/t.* match, complete (*a pair*).

rappel [ra'pɛl] *m pol. etc.* recall; reminder; ✝ *money:* calling in; ✝ back pay; 💉 (*injection de* ~) booster (*shot*); *thea.* curtain call; call (*to order*); ⊕ backmotion; *fig.* touch, suspicion; *mount.* faire une descente en ~ rope down; *touche f de* ~ *typewriter:* backspacer; **rappeler** [ra'ple] (1c) *pol., a. fig.* recall; *thea.* call for (*an actor*); remind (s.o. of s.th., *qch. à* q.); ☎ ring back; *fig.* restore (s.o. *to health*); *parl.* ~ à *l'ordre* call to order; se ~ recall, remember (*s.th.*).

rappliquer [rapli'ke] (1m) *v/t.* reapply; *v/i.* F come *or* go back.

rapport [ra'pɔːr] *m* ✝, ⊕ return, yield; ✝ *etc.* report; statement, account; ♣, *a. mot.* ratio; connection (*with, avec*); relation; *fig.* resemblance; ~s *pl.* intercourse *sg.*; *fig.* en ~ *avec* in keeping *or* touch with; F *faire des* ~s tell tales; *maison f de* ~ apartment house; *mettre q. en* ~ *avec* put s.o. in touch with; *par* ~ à in relation to; compared with; *sous tous les* ~s in every respect *or* way; **rapporter** [rapɔr'te] (1a) *v/t.* bring back; *hunt.* retrieve; ⚖ restore; ⚖, *admin.* revoke; ⊕ join, add; ✝ yield, produce; *fig.* get; report (*a fact, an observation, etc.*); *fig.* ~ à relate to; se ~ à relate to; s'en ~ à rely on; *v/i.* pay, be profitable; F tell tales; present a report (*on, about sur*); **rapporteur, -euse** [~'tœ:r, ~'tø:z] **1.** *adj.* sneaking; **2.** *su.* sneak, telltale; *su./m committee, conference:* rapporteur; ✕, ⚖ judge advocate; ♣ protractor.

rapprendre [ra'prɑ̃:dr] (4aa) *v/t.* learn *or* teach (*s.th.*) again.

rapprochement [raprɔʃ'mɑ̃] *m* bringing together; comparison; connection, closeness; *fig.* reconciliation; *pol.* rapprochement, re-establishment of harmonious relations; **rapprocher** [~prɔ'ʃe] (1a) *v/t.* bring together; bring (*s.th.*) near again; bring (*things*) closer together; put (*s.th.*) nearer (*to, de*); compare, put together; *fig.* reconcile; se ~ get closer *or* draw near(er) (*to, de*); *fig.* become reconciled (*with, de*); *fig.* se ~ de be close to.

ratisser

rapt F[rapt] [rapt] *m* abduction of a minor; kidnapping.

râpure [rɑ'py:r] *f* filings *pl.*; raspings *pl.*

raquette [ra'kɛt] *f sp.* racket, pingpong: snowshoe; ♣ prickly pear.

rare [ra:r] rare (*a.* ♠, *phys.*, *fig.*); *fig.* singular, uncommon; ♂ slow (*pulse*); thin, scanty (*hair etc.*); **raréfaction** [rarefak'sjɔ̃] *f phys.* rarefaction; ✝ growing scarcity; **raréfier** [∼'fje] (1o) *v/t. phys.* rarefy; ✝ *etc.* make scarce; se ∼ rarefy; grow scarce(r); **rareté** [rar'te] *f phys.*, *a. fig.* rarity; ✝, *a. fig.* scarcity; rare occurrence.

ras¹, rase [ra, ra:z] **1.** *adj.* closecropped (*hair, head*); close-shaven (*cheek, chin, beard*); *fig.* blank, bare; open (*country*); full (*measure*); à ∼ bord to the brim, brim-full; faire table rase make a clean sweep; cuis. une cuillerée ∼e a level spoonful; **2.** *adv.*: coupé (or taillé) ∼ cut short; **3.** *prp.*: à (or au) ∼ de level or flush with.

ras² [ra] *m see* raz.

rasade [ra'zad] *f* brim-full glass; verser une ∼ à fill (*s.o.'s*) glass to the brim; **rasage** [∼'za:ʒ] *m* beard: shaving; *tex. cloth*: shearing; **rasemottes** [∼ razˈmɔt] *m/inv.*: voler en ∼ hedge-hop; **raser** [ra'ze] (1a) *v/t.* shave; *tex.* shear (*cloth*); F *fig.* bore (*s.o.*); ✂ raze (*to the ground*); graze, skim; crème ♂ à ∼ shaving cream; se ∼ shave; F *fig.* be bored; rasé de près clean-shaven, close-shaven; **raseur** *m*, **-euse** *f* [∼'zœ:r, ∼'zo:z] shaver; *tex.* shearer; F *fig.* bore, *Am. sl.* bromide; **rasibus** F [∼zi'bys] *adv.* very close to, to (de); **rasoir** [∼'zwa:r] **1.** *su./m* razor; *tex.* knife; ∼ de sûreté safety razor; *fig. au* ∼ perfectly; **2.** *adj.* F boring.

rassasier [rasa'zje] (1o) *v/t.* satisfy; satiate (with, de); cloy (with, de) se ∼ take one's fill.

rassemblement [rasɑ̃blə'mɑ̃] *m* collecting; gathering; crowd; ✗ parade; **rassembler** [∼'ble] (1a) *v/t.* (re)assemble; gather together (again); *fig.* muster (*strength*); ✗ parade. [down again.]

rasseoir [ra'swa:r] (3c) *v/t.*: se ∼ sit

rasséréner [rasere'ne] (1f) *v/t.*: se ∼ become serene again.

rassis, e [ra'si, ∼'si:z] settled, calm, sedate; stale (*bread*).

rassurer [rasy're] (1a) *v/t.* reassure; ⚠ strengthen.

rastaquouère F [rasta'kwɛ:r] *m* flashy adventurer.

rat [ra] *m zo.* rat; F *fig.* miser; F *fig.* ∼ de bibliothèque book-worm; ∼ de cave exciseman; ∼ d'eglise frequent church-goer; ∼ d'hôtel hotel thief.

rata *sl.* [ra'ta] *m* stew.

ratage [ra'ta:ʒ] *m* failure, F washout, flop; messing-up.

ratatiner [ratati'ne] (1a) *v/t. a.* se ∼ shrivel, shrink; crinkle up (*parchment*).

ratatouille *sl.* [rata'tu:j] *f* stew; skilly.

rate¹ [rat] *f anat.* spleen; *zo., anat.* milt; F dilater la ∼ de q. make s.o. shake with laughter; F ne pas se fouler la ∼ take things easy.

rate² *zo.* [∼] *f* (*female*) rat.

raté, e [ra'te] **1.** *adj.* botched (*work*); miscarried; coup *m* ∼ failure; **2.** *su.* person: failure, F washout; *su./m* ⊕, mot. misfire.

râteau [ra'to] *m* ♂ *etc.* rake; F large comb; ⊕ lock: wards *pl.*; **râteler** [rat'le] (1c) *v/t.* ♂ rake (up); **râtelier** [ratə'lje] *m* rack; F (set of) false teeth *pl.*, denture.

rater [ra'te] (1a) *v/i. mot.* misfire (*a. fig.*); fail to go off (*gun*); *fig.* fail; *v/t.* miss; F mess up, spoil; fail in (*an examination, attempt, etc.*).

ratiboiser *sl.* [ratibwa'ze] (1a) *v/t.* pinch (= steal) (from s.o., à q.); clean (*s.o.*) out; ruin, wreck (*s.o.*).

ratière [ra'tjɛ:r] *f* rat-trap.

ratification [ratifika'sjɔ̃] *f* ratification; **ratifier** [∼'fje] (1o) *v/t.* ratify, approve.

ratiner *tex.* [rati'ne] (1a) *v/t.* freeze (*cloth*).

ratiociner *pej.* [rasjɔsi'ne] (1a) *v/i.* reason, quibble.

ration [ra'sjɔ̃] *f* ration(s *pl.*), allowance; *physiol.* intake.

rationaliser [rasjɔnali'ze] (1a) *v/t.* rationalize; **rationalisme** *phls.* [∼ 'lism] *m* rationalism; **rationaliste** *phls.* [∼'list] *adj., a. su.* rationalist; **rationalité** [∼li'te] *f* rationality.

rationnel, -elle [rasjɔ'nɛl] rational (*a.* ♠); F *fig.* sensible.

rationnement [rasjɔn'mɑ̃] *m* rationing; **rationner** [∼sjɔ'ne] (1a) *v/t.* ration (*a. fig.*).

ratisser [rati'se] (1a) *v/t.* ♂ rake; ♂

hoe; scrape (*skins, potatoes*); *fig.* comb (*police etc.*); F rake in, grab; F clean (*s.o.*) out; **ratissoire** [~'swɑːr] *f* ⚒ hoe; ⚒ rake; scraper.

raton [ra'tɔ̃] *m* zo. little rat; F darling; zo. ~ *laveur* rac(c)oon.

rattachement [rataʃ'mɑ̃] *m* linking up; *pol.* union; **rattacher** [~ta'ʃe] (1a) *v/t.* (re)fasten; tie up (again); *fig.* connect; *fig.* bind; *se ~* be fastened; *fig.* be connected (with, *à*).

rattraper [ratra'pe] (1a) *v/t.* catch again; recover (*one's health, one's money*); catch up on (*time*); overtake; *fig.* make good, make up for (*an error etc.*), compensate; ⊕ take up (*play*); *se ~ à* catch hold of (*a branch etc.*); *fig.* *se ~* make up for it; catch up.

raturage [raty'raːʒ] *m* erasing; crossing out; **rature** [~'tyːr] *f* erasure; crossing out; **raturer** [~ty're] (1a) *v/t.* erase; cross out; scrape (*parchment*).

rauque [roːk] hoarse; harsh.

ravage [ra'vaːʒ] *m* ravages *pl.*, havoc; **ravager** [~va'ʒe] (1l) *v/t.* ravage, lay waste; devastate; play havoc with.

ravalement [raval'mɑ̃] *m* building: re-surfacing, refurbishing; **ravaler** [~va'le] (1a) *v/t.* swallow (again or down); F *fig.* take back (*a statement*); ⊕, *fig.* reduce (to, *à*); *fig.* lower, disparage; △ re-surface, refurbish (*a wall, a building*); ⚒ cut back, trim; *fig. se ~* lower o.s.

ravauder [ravo'de] (1a) *v/t.* mend, patch; darn (*socks etc.*); botch; **ravaudeur** *m*, **-euse** *f* [~'dœːr, ~'døːz] mender; darner; botcher.

rave ♃ [raːv] *f* rape.

ravi, e [ra'vi] enraptured; F delighted (with *s.th.*, *de qch.*; *to inf.*, *de inf.*).

ravier [ra'vje] *m* radish-dish, hors-d'œuvres dish; **ravière** ✔ [~'vjɛːr] *f* radish-bed; turnip-field.

ravigote *cuis.* [ravi'ɡɔt] *f* ravigote sauce; **ravigoter** [~ɡɔ'te] (1a) *v/t.* revive, refresh, F buck (*s.o.*) up.

ravilir [ravi'liːr] (2a) *v/t.* degrade, debase.

ravin [ra'vɛ̃] *m*, **ravine** [~'vin] *f*, **ravinée** [ravi'ne] *f* ravine, gully; **raviner** [~] (1a) *v/t.* cut channels in (*the ground*).

ravir [ra'viːr] (2a) *v/t.* carry off, abduct; steal; *fig.* charm, delight; *à ~* delightfully.

raviser [ravi'ze] (1a) *v/t.*: *se ~* change one's mind; think again.

ravissant, e [ravi'sɑ̃, ~'sɑ̃ːt] ravishing; enchanting; delightful, lovely; **ravissement** [~vis'mɑ̃] *m* carrying off; *fig.* rapture; **ravisseur** [~vi-'sœːr] *m* plunderer; abductor (*of a woman*); kidnapper (*of a child*).

ravitaillement [ravitaj'mɑ̃] *m* supplying (with, en); ⊕ refuel(l)ing; **ravitailler** [~ta'je] (1a) *v/t.* supply (with, en); *mot. etc.* refuel; *se ~* get fresh supplies; ⊕ refuel; **ravitailleur** [~ta'jœːr] *m* ♣ supply ship; ♣ parent ship; ✈ refuelling aircraft.

raviver [ravi've] (1a) *v/t.* revive; brighten up; *se ~* revive; break out again (*struggle*).

ravoir [ra'vwaːr] *v/t.* occurs only in *inf.* get (*s.th.*) back again; have (*s.th.*) again.

rayer [rɛ'je] (1i) *v/t.* scratch (*a surface*); stripe (*cloth etc.*); ⊕ groove (*a cylinder*); rifle (*a gun*); rule (*paper*); strike out, cross out.

rayon[1] [rɛ'jɔ̃] *m* book-case: shelf; store: department; *fig.* speciality, F line, field; ~ *de miel* honeycomb.

rayon[2] [rɛ'jɔ̃] *m* *phys., a.* ray; *sun, light:* beam; ⚕ radius (*a. fig.*); *wheel:* spoke; ✔ drill; ✔ lettuce *etc.*: row; ⚕ ~s *pl.* X X-rays; (*grand*) ~ *d'action* (long) range; **rayonnage** [rɛjɔ'naːʒ] *m* set of shelves; **rayonnant, e** [~jɔ'nɑ̃, ~'nɑ̃ːt] radiant (*heat, a. fig.*); *fig.* beaming (*face*); *phys.* radio-active (*matter*).

rayonne *tex.* [rɛ'jɔn] *f* rayon.

rayonnement [rɛjɔn'mɑ̃] *m* *phys.* radiation; *astr., fig.* radiance; **rayonner** [~jɔ'ne] (1a) *v/i.* *phys. u. fig.* radiate; *fig.* shine (forth); *fig.* beam (with, *de*); tour; go touring.

rayure [rɛ'jyːr] *f* *tex.* stripe; streak; *glass etc.*: scratch; ⊕ groove; *gun:* rifling; erasure, striking out.

raz [rɑ] *m* strong current, race; ~ *de marée* tidal wave (*a. fig.*); *fig.* land-slide; *fig.* flood.

razzia [ra(d)'zja] *f* raid, razzia.

re... [rə], **ré...** [re] re-...; ... again; ... back.

ré ♩ [re] *m/inv.* re, note: D.

réacteur [reak'tœːr] *m* ⚡, *phys.* reactor; *mot.* choke; ✈ jet engine; F jet; **réactif, -ve** ⚗ [~'tif, ~'tiːv] **1.** *adj.* reactive; test-(*paper*); **2.** *su./m* reagent; **réaction** [~'sjɔ̃] f pol., ⊕ reaction; rifle: kick; 🜟 jet; 🜚 physiol., etc. test; phys.: **~ en chaîne** chain reaction; **avion** m **à ~ jet** (plane); **réactionnaire** pol. [~sjɔ-'nɛːr] adj., a. su. reactionary.

réadmettre [read'mɛtr] (4p) v/t. re-admit; **réadmission** [~mi'sjɔ̃] f readmittance.

réagir [rea'ʒiːr] (2a) v/i. react (to, à; on, sur).

réalisable [reali'zabl] realizable; available (assets); feasible (plan); **réalisateur, -trice**[~za'tœːr,~'tris] su. realizer; shares: seller; plan: worker out; su./m. cin. director; **réalisation** [~za'sjɔ̃] f realization; shares: selling out; carrying out, performing; production; **réaliser** [~'ze] (1a) v/t. realize; achieve; produce; sell out (shares); carry out (a plan); **se ~** be realized; come true; **réalisme** [rea'lism] m realism; **réaliste** [~'list] **1.** adj. realist(ic); **2.** su. realist; **réalité** [~li'te] f reality; **~s** pl. facts; **en ~** really, actually.

réanimation [reanima'sjɔ̃] f resuscitation; **réanimer** [~'me] (1a) v/t. resuscitate, revive.

réapparaître [reapa'rɛːtr] (4k) v/i. reappear; **réapparition** [~ri'sjɔ̃] f reappearance.

réapprovisionner [reaprɔvizjɔ'ne] (1a) v/t. restock (with, en).

réarmement [rearmə'mã] m ✕ rearming; rearmement; ⚓ refitting; **réarmer** [~'me] (1a) v/t. re-arm; ✕ rearm; reload (a gun); ⚓ refit.

réassigner ⚖️ [reasi'ɲe] (1a) v/t. re-summon.

réassortir † [reasɔr'tiːr] (2a) v/t. restock; match up.

réassurer [reasy're] (1a) v/t. re-insure, reassure.

rebaptiser [rəbati'ze] (1a) v/t. re-baptize (child); rename (s.th.).

rébarbatif, -ve [rebarba'tif, ~'tiːv] forbidding, grim; fig. crabbed (style); surly (disposition).

rebâtir [rəba'tiːr] (2a) v/t. re-build; fig. reconstruct.

rebattre [rə'batr] (4a) v/t. beat again; reshuffle (cards); F fig. repeat over and over again; **avoir les oreilles rebattues de** be sick of hearing (s.th.); **sentier** m **rebattu** beaten track.

rebelle [rə'bɛl] **1.** adj. rebellious; 🜟 obstinate; ⊕ refractory (ore); unruly (spirit); **2.** su. rebel; **rebeller** [~bɛ'le] (1a) v/t.: **se ~** rebel, rise (against, contre); **rébellion** [rebe-'ljɔ̃] f rebellion, revolt, rising.

rebiffer F [rəbi'fe] (1a) v/t.: **se ~** bristle (up); get one's back up.

reboisement [rəbwaz'mã] m reafforestation; **reboiser** [~bwa'ze] (1a) v/t. reafforest (land).

rebond [rə'bɔ̃] m bounce; rebound; **rebondi, e** [rəbɔ̃'di] chubby; plump; **rebondir** [~'diːr] (2a) v/i. rebound; bounce; fig. get going again.

rebord [rə'bɔːr] m edge, rim, border; (window-)sill; ⊕ flange; cost. hem.

reboucher [rəbu'fe] (1a) v/t. stop (s.th.) up again; recork (a bottle); fill up.

rebours [rə'buːr] m: **à** (or **au**) **~** against the grain; fig. the wrong way; backwards; contrary (to, de).

rebouter 🜟 [rəbu'te] (1a) v/t. set (a broken leg); **rebouteur** 🜟 [~'tœːr] m, **rebouteux** 🜟 [~'tø] m bone-setter.

rebras [rə'brɑ] m glove: gauntlet; book jacket: flap.

rebrousse-poil [rəbrus'pwal] adv.: **à ~** against the nap; the wrong way (a. F fig.); **rebrousser** [~bru'se] (1a) v/t. brush up (one's hair, tex.); ruffle up; F fig. rub (s.o.) the wrong way; **~ chemin** retrace one's steps; turn back.

rebuffade [rəby'fad] f rebuff, snub.

rébus [re'bys] m picture-puzzle.

rebut [rə'by] m rejection; ✝ etc. reject; ⊕ waste, rubbish; fig. scum; post: dead letter; ✝ **marchandises** f/pl. **de ~** trash sg.; **mettre au ~** discard; put on the scrap-heap; throw out; ⊕ scrap; **rebutant, e** [rəby'tã, ~'tãːt] tiresome; forbidding; **rebuter** [~'te] (1a) v/t. repel; discourage, take the heart out of (s.o.); **se ~** be(come) discouraged.

récalcitrant, e [rekalsi'trã, ~'trãːt] adj., a. su. recalcitrant.

recaler [rəka'le] (1a) v/t. wedge again (furniture); ⊕ reset; F fail, F plough (a candidate).

récapituler [rekapity'le] (1a) v/t. recapitulate, sum up, summarize.

recel ⚖️ [rə'sɛl] m, **recèlement** ⚖️ [~sɛl'mã] m stolen goods: receiving;

criminal: harbo(u)ring; conceal-ment; **receler** [rəs'le] (1d) *v/t.* 🐟 receive; harbo(u)r; conceal (*a. fig.*); **receleur** *m*, **-euse** *f* 🐟 [~'lœːr, ~'løːz] receiver (of stolen goods), F fence.

récemment [resa'mɑ̃] *adv.* recently, lately, of late.

recensement [rəsɑ̃s'mɑ̃] *m admin.* census; *admin.* record; *admin. votes*: count(ing); ✝ (new) inventory; *parl.* review; ✗ registration; **recenser** [rəsɑ̃'se] (1a) *v/t. admin.* take a census of; count (*votes*): record; ✗ register; ✝ inventory; **recension** [~'sjɔ̃] *f text*: recension.

récent, e [re'sɑ̃, ~'sɑ̃ːt] recent, fresh, new.

recéper [rəse'pe] (1f) *v/t.* ✔ cut down *or* back; ⊕ cut down to level.

récépissé ✝ [resepi'se] *m* receipt; acknowledgement.

réceptacle [resɛp'takl] *m* recepta-cle (*a.* ♥); ⊕ steam; *waters*: collector; **récepteur, -trice** [~'tœːr, ~'tris] 1. *adj.* receiving; *appareil m* ⊕ *tel., teleph.* receiver; *radio*: set; 2. *su./m* ⊕, *tel., teleph.* receiver; *radio*: set; ⊕ *machine*-driven part; *teleph.* décrocher (rac-crocher) le ~ lift (hang up) the re-ceiver; **réceptif, -ve** [~'tif, ~'tiːv] receptive; **réception** [~'sjɔ̃] *f* re-ceipt; *tel., teleph., telev., a. hotel, a.* at court: reception; welcome; *thea.* acceptance (*of a new play*); **réceptionner** ✝ [~sjɔ'ne] (1a) *v/t.* check and sign for; **réceptionniste** [~sjɔ'nist] *su.* receptionist; **récep-tivité** [~tivi'te] *f* receptivity; ✗ *en état de ~* liable to infection.

récession [resɛ'sjɔ̃] *f* recession (*a.* ✝).

recette [rə'sɛt] *f* ✝ receipts *pl.*, re-turns *pl.*; *thea. etc.* takings *pl.*; ✝ acceptance, receipt; *admin.* collec-torship; *cuis.* recipe; ✝ bills, debts: collection; ✗ landing; *garçon m de ~* bank-messenger; *thea. etc. faire ~* be a (box-office) hit; be a success.

recevable [rəsə'vabl] admissible (*a.* 🐟); ✝ fit for acceptance; **rece-veur, -euse** [~'vœːr, ~'vøːz] *su.* receiver; *admin.* collector; *tel.* ad-dressee; *su./m bus, tram*: conductor; (post)master; *su./f* (post)mistress; *thea.* usherette; *bus, tram*: conduc-tress; **recevoir** [~'vwaːr] (3a) *v/t.* receive; *fig.* welcome; admit (*pu-*

pils, a. fig. customs), promote (*to a higher class*); accept (*an excuse*); *être reçu à* (*inf.*) be permitted or authorized to (*inf.*); *être reçu à un examen* pass an examination; *être reçu avocat* (*médecin*) qualify as a barrister (doctor); *v/i.* hold a re-ception, be at home; **recevrai** [~vre] *1st p. sg. fut.* of recevoir.

rechange [rə'ʃɑ̃ːʒ] *m*: *de ~ spare* (*part etc.*); alternative (*plan etc.*); *des vête-ments de ~* a change of clothes; **re-changer** [~ʃɑ̃'ʒe] (1l) *v/t.* (ex)-change (*s.th.*) again.

rechaper [rəʃa'pe] (1a) *v/t.* re-tread (*a tyre*).

réchapper [reʃa'pe] (1a) *v/i.*: ~ *de* escape from; get over (*s.th.*); ✗ re-cover from (*an illness*).

recharger [rəʃar'ʒe] (1l) *v/t.* reload; ⚡ recharge; refill (*a pen, a lighter, etc.*).

réchaud [re'ʃo] *m* hot-plate; chaf-ing-dish; ~ *à alcool* spirit-stove; ~ *à gaz* gas-oven, gas-cooker; ~ *à pé-trole* oil-stove.

réchauffé [reʃo'fe] *m cuis.* warmed-up dish; *fig.* rehash; *fig.* old *or* stale news; **réchauffer** [~'fe] (1a) *v/t.* (re)heat; warm up *or Am.* over (*food*); *fig.* warm (*s.o.'s heart*); *fig.* reawaken (*s.o.'s enthusiasm etc.*); *se ~* warm o.s. up; **réchauffeur** ⊕ [~'fœːr] *m* (pre-)heater; **réchauf-foir** [~'fwaːr] *m* hot-plate.

rechausser [rəʃo'se] (1a) *v/t.* fit (*s.o.*) with new shoes; *mot.* fit (*a car*) with new tyres; ✔ bank up the foot of (*a tree etc.*); ⚠ line the foot of (*a wall*).

rêche [rɛʃ] rough; difficult (*person*).

recherche [rə'ʃɛrʃ] *f* search; re-search, investigation; 🐟 enquiry; *fig. style*: studied elegance; 🐟 ~ *de* (*la*) *paternité* affiliation; *à la ~ de* in search of; *fig. sans ~* unaffected, easy; **recherché, e** [rəʃɛr'ʃe] sought after; ✝ in demand; studied (*ele-gance, style*); *fig.* choice, exquisite (*dress etc.*); *fig.* strained (*interpreta-tion, style*); **rechercher** [~] (1a) *v/t.* search for, seek; look for; *fig.* court (*praise, a woman*); try to obtain; ✔ find (*the value of s.th.*).

rechigné, e [rəʃi'ne] sour (*look etc.*); sour-tempered, surly (*person*); **re-chigner** [~] (1a) *v/i.* jib, balk (*at, devant*; *at ger., à inf.*); look sour; *sans ~* with a good grace.

rechute ✠, eccl. [rə'ʃyt] f relapse.

récidive [resi'diːv] f ✠ recurrence; ⚖ repetition of an offence; **récidiver** [∼di've] (1a) v/i. ✠ recur; ⚖ commit an offence for the second time, relapse into crime; **récidiviste** [∼di'vist] su. second or habitual offender, recidivist.

récif ⚓, geog. [re'sif] m reef.

récipiendaire [resipjɑ̃'dɛːr] su. newly elected member; **récipient** [∼'pjɑ̃] m container, receptable; ⊕ air-pump etc.: receiver; ⊕ cistern.

réciprocité [resiprɔsi'te] f reciprocity; interchange; **réciproque** [∼'prɔk] **1.** adj. reciprocal (a. ♣, phls., gramm.), mutual; ♣ inverse (ratio), converse (proposition); et ∼ment and vice versa; **2.** su./f ♣, phls. converse; fig. la ∼ the same; the opposite, the reverse.

récit [re'si] m account; narrative; ♪ recitative; ♪ organ: swell-box; **récital**, pl. **-als** ♪ [∼'tal] m recital; **récitant** m, e f [∼'tɑ̃, ∼'tɑ̃t] radio, telev., etc.: narrator; **récitateur** m, **-trice** f [∼ta'tœːr, ∼'tris] reciter; **récitatif** ♪ [∼ta'tif] m recitative; **récitation** [∼ta'sjɔ̃] f recitation; **réciter** [∼'te] (1a) vt/i. recite.

réclamant m, e f [rekla'mɑ̃, ∼'mɑ̃t] complainer; ⚖ claimant; **réclamation** [∼ma'sjɔ̃] f complaint (a. admin.); objection; ⚖ claim; bureau m des ∼s claims department; **réclame** [re'klaːm] f advertising, advertisement; pej. blurb; typ. catchword; ∼ lumineuse illuminated sign; faire de la ∼ advertise, boost one's goods; **réclamer** [∼kla'me] (1a) v/t. claim (from, à); demand (s.th.) back; call for; require; se ∼ de appeal to; fig. use (s.o.) as one's authority; v/i.: ∼ contre complain of; protest against; ⚖ appeal against.

reclassement [rəklas'mɑ̃] m re-classifying, re-classification; re-grouping; admin. regrading; **reclasser** [∼kla'se] (1a) v/t. re-classify; regroup; regrade.

reclus e [rə'kly, ∼'klyːz] **1.** adj. cloistered; **2.** su. recluse; **réclusion** [rekly'sjɔ̃] f seclusion, retirement; ⚖ solitary confinement with hard labo(u)r.

récognition phls. [rekɔgni'sjɔ̃] f recognition.

recoiffer [rəkwa'fe] (1a) v/t. do (s.o.'s) hair (again); se ∼ do one's hair (again); put one's hat on again.

recoin [rə'kwɛ̃] m nook, cranny.

reçois [rə'swa] 1st p. sg. pres. of recevoir; **reçoivent** [∼'swaːv] 3rd p. pl. pres. of recevoir.

récolement ⚖ [rekɔl'mɑ̃] m verification; depositions: reading; **récoler** ⚖ [∼kɔ'le] (1a) v/t. check; read over a deposition to (a witness).

recollection eccl. [rekɔlek'sjɔ̃] f recollection.

recoller [rəkɔ'le] (1a) v/t. re-glue; re-paste; F plough (again) (in an examination).

récolte [re'kɔlt] f harvest, crop; harvesting, ♣ fig. collection; fig. profits pl.; **récolter** [∼kɔl'te] (1a) v/t. harvest; gather in; fig. collect.

recommandable [rəkɔmɑ̃'dabl] to be recommended; estimable (person); fig. advisable; **recommandation** [∼da'sjɔ̃] f recommendation; fig. instruction, advice; post: registration; **recommander** [∼'de] (1a) v/t. recommend; fig. advise; fig. bring (to s.o.'s attention) to; post: register; se ∼ à commend o.s. to; se ∼ de qch (s.o.) as a reference; post: en recommandé by registered post (Am. mail).

recommencer [rəkɔmɑ̃'se] (1k) vt/i. begin again, start afresh.

récompense [rekɔ̃'pɑ̃ːs] f reward (for, de); iro. punishment; show etc.: prize, award; en ∼ in return (for, de); **récompenser** [∼pɑ̃'se] (1a) v/t. reward, recompense (for, de).

recomposer [rəkɔ̃po'ze] (1a) v/t. ♣ recompose; typ. reset.

recompter [rəkɔ̃'te] (1a) v/t. re-count, count again.

réconciliable [rekɔ̃si'ljabl] reconcilable; **réconciliateur** m, **-trice** f [∼lja'tœːr, ∼'tris] reconciler; **réconciliation** [∼lja'sjɔ̃] f reconciliation; **réconcilier** [∼'lje] (1o) v/t. reconcile; se ∼ à make one's peace with (a. eccl.); make it up with (s.o.).

reconduction ⚖ [rəkɔ̃dyk'sjɔ̃] f lease: renewal; tacite ∼ renewal of lease by tacit agreement; **reconduire** [∼'dɥiːr] (4h) v/t. escort (s.o.) (back); lead back; show (s.o.) to the door; ⚖ renew (a lease); **reconduite** [∼'dɥit] f escorting (s.o.) (back); showing (s.o.) to the door.

réconfort [rekõ'fɔːr] *m* comfort, consolation; **réconfortant** [~fɔr'tã] *m* tonic, stimulant; **réconforter** [~fɔr'te] (1a) *v/t.* cheer (s.o.) up, comfort; strengthen.

reconnaissable [rəkɔnɛ'sabl] recognizable (by, from *à*); **reconnaissance** [~'sãːs] *f* recognition; ✕ *etc.* reconnaissance, reconnoitring; ✝ note of hand, F I.O.U.; ⚖ *fig.* acknowledgment; *fig.* gratitude; ⚖ *bastard:* affiliation; **reconnaissant, e** [~'sã, ~'sãːt] grateful (for, de; to, envers); **reconnaître** [rəkɔ-'nɛːtr] (4k) *v/t.* recognize (a. ⚖, a. pol. a government); know again; ✝ credit; *fig.* acknowledge; ✕, ✗, *etc.* reconnoitre; ⚓ identify (a ship); *fig.* be grateful for; *fig.* se ~ collect one's thoughts; get one's bearings.

reconquérir [rəkõke'riːr] (2l) *v/t.* reconquer; win back (a. *fig.*); **reconquête** [~'kɛːt] *f* reconquest.

reconstituant, e ⚖ [rəkõsti'tɥã, ~'tɥãːt] *adj.* a. *su./m* tonic, restorative; **reconstituer** [~'tɥe] (1n) *v/t.* reconstitute; reconstruct (a crime); restore (△ an edifice, *fig.* s.o.'s health).

reconstruction [rəkõstryk'sjõ] *f* reconstruction, rebuilding; **reconstruire** [~'trɥiːr] (4h) *v/t.* reconstruct, rebuild.

recoquiller [rəkɔki'je] (1a) *v/t.* a. se ~ curl up; shrivel; *page f* recoquillée dog-eared page.

record [rə'kɔːr] **1.** *su./m* sp. *etc.* record; ⊕ maximum output; *sp.* détenir le ~ hold the record; **2.** *adj./inv.* record...; bumper (crop).

recordman [rəkɔr'dman], **-men** [~kɔrd'man, ~'mɛn] *m* record-holder.

recoucher [rəku'ʃe] (1a) *v/t.* put (s.o.) to bed again; lay down again; se ~ go back to bed.

recoudre [rə'kudr] (4l) *v/t.* sew up or on again; *fig.* link up.

recoupe [rə'kup] *f* stone, metal, *etc.:* chips *pl.,* chippings *pl.; food:* scraps *pl.; ✹* second crop; ✝ flour: sharps *pl.;* **recouper** [~ku'pe] (1a) *v/t.* cut (again); intersect; △ step; blend (wines); cross-check; confirm, support (a declaration *etc.*); se ~ intersect, overlap; match up, tally

(declarations *etc.*); *v/i. cards:* cut again.

recourbement [rəkurbə'mã] *m* bending; **recourber** [~'be] (1a) *v/t.* bend (again or down).

recourir [rəku'riːr] (2i) *v/i.* run back; ~ à turn to (s.o.); resort to, have recourse to; **recours** [~'kuːr] *m* recourse; resort; ⚖ appeal (for mercy, en grâce).

recouvrement¹ [rəkuvrə'mã] *m* covering, coating.

recouvrement² [rəkuvrə'mã] *m* debt, health, strength, *etc.:* recovery; ~s *pl.* outstanding debts; **recouvrer** [~'vre] (1a) *v/t.* recover, regain; collect (a tax, a debt, *etc.*).

recouvrir [rəku'vriːr] (2f) *v/t.* recover, cover (s.th.) again (with, de); cover (a. *fig.*); coat; ⊕ overlap.

récréatif, -ve [rekrea'tif, ~'tiːv] recreational; entertaining; light (reading); **récréation** [~'sjõ] *f* recreation; *school:* play.

recréer [rəkre'e] (1a) *v/t.* recreate; re-establish.

récréer [rekre'e] (1a) *v/t.* entertain, amuse; refresh; se ~ take some recreation.

recrépir [rəkre'piːr] (2a) *v/t.* △ replaster; rough-cast again; F *fig.* patch up, touch up.

récrier [rekri'e] (1a) *v/t.:* se ~ (sur) cry out, exclaim (against); object (to).

récrimination [rekrimina'sjõ] *f* remonstration; **récriminer** [~'ne] (1a) *v/i.* remonstrate (against, contre).

récrire [re'kriːr] (4q) *v/t.* rewrite; *v/i.* reply by letter.

recroître [rə'krwaːtr] (4o) *v/i.* grow again.

recroqueviller [rəkrɔkvi'je] (1a) *v/t.:* se ~ curl up, shrivel up (leaf *etc.*); curl or huddle o.s. up (person).

recru, -crue [rə'kry] **1.** *su./m* copsewood: new growth; **2.** *p.p.* of recroître.

recrudescence [rəkrydɛ'sãːs] *f* recrudescence; fresh outbreak; **recrudescent, e** [~'sã, ~'sãːt] recrudescent.

recrue ✕, pol., *fig.* [rə'kry] *f* recruit; **recruter** ✕, pol., *fig.* [rəkry'te] (1a) *v/t.* recruit; se ~ be recruited; **recruteur** [~'tœːr] *m* recruiter; recruiting officer.

rectangle ⚙ [rɛkˈtɑ̃:gl] 1. *adj.* right-angled; 2. *su./m* rectangle; **rectangulaire** ⚙ [ˌtăguˈlɛ:r] rectangular, right-angled.

recteur, -trice [rɛkˈtœ:r, ˌ~ˈtris] 1. *adj.* guiding; *orn.* tail(-*feather*); 2. *su./m univ.* rector, vice-chancellor.

rectificateur ⚙, ⚡ [rɛktifikaˈtœ:r] *m* rectifier; **rectificatif, -ve** [ˌ~ˈtif, ˌ~ˈti:v] 1. *adj.* rectifying; 2. *su./m* corrigendum (*to a circular*); **rectification** [ˌ~ˈsjɔ̃] *f* rectification; *alcohol:* rectifying; *fig.* correction; **rectifier** [rɛktiˈfje] (1o) *v/t.* straighten; correct (*an error, a price,* ✕ *the range*); ⚙, ⚙, *a. fig.* rectify; *fig.* put (*s.th.*) right; ⊕ adjust (*a machine etc.*); ⊕ true up (*on the lathe*).

rectiligne [rɛktiˈliɲ] rectilinear, linear (*movement*); *fig.* unswerving.

rectitude [rɛktiˈtyd] *f* straightness; *fig.* rectitude; *fig.* correctness.

recto [rɛkˈto] *m page:* recto; *book:* right-hand page.

reçu, e [rəˈsy] 1. *su./m* receipt; *au* ~ de (up)on receipt of; 2. *adj.* received, accepted, recognized; 3. *p.p.* of *recevoir*.

recueil [rəˈkœ:j] *m* collection; anthology; ⚖ compendium, digest; **recueillement** [ˌkœjˈmɑ̃] *m* collectedness; meditation; **recueillir** [ˌkœˈji:r] (2c) *v/t.* collect, gather; ✓, *a. fig.* reap; *fig.* give shelter to (*s.o.*), take (*s.o.*) in; obtain (*information*); se ~ collect one's thoughts; meditate.

recuire [rəˈkɥi:r] (4h) *v/t.* recook, cook (*s.th.*) again; ⊕ reheat; ⊕ anneal (*glass*), temper (*steel*).

recul [rəˈkyl] *m* retirement; backward movement; *rifle:* kick; *cannon:* recoil; **reculade** [rəkyˈlad] *f* retreat (*a.* ✕, *fig.*), falling back; **reculé, e** [ˌ~ˈle] remote, distant; **reculer** [ˌ~ˈle] (1a) *v/i.* move or draw back; back (*car, horse*); *fig.* shrink (from, *devant*); *v/t.* move back; set back; *fig.* postpone; **reculons** [ˌ~ˈlɔ̃] *adv.:* à ~ backwards.

récupérateur ⊕ [rekyperaˈtœ:r] *m* regenerator; *oil:* extractor; **récupération** [ˌ~raˈsjɔ̃] *f loss:* recoupment; ⊕, *a.* ✕ recovery; ⊕ retrieval, salvage, reprocessing; rehabilitation; **récupérer** [ˌ~ˈre] (1f) *v/t.*

recover; recoup (*a loss*); ⊕ retrieve, salvage, reprocess (*materials*); rehabilitate (*persons*); bring (*a satellite*) back to earth; *v/i. a.* se ~ recuperate, recover.

récurer [rekyˈre] (1a) *v/t.* scour; clean; **récureur** [ˌ~ˈrœ:r] *m* scourer.

reçus [rəˈsy] *1st p. sg. p.s.* of *recevoir*.

récusable ⚖ [rekyˈzabl] challengeable; impeachable (*evidence, witness*); **récuser** ⚖ [ˌ~ˈze] (1a) *v/t.* challenge, object to (*a witness*); impeach (*s.o.'s evidence*); se ~ declare o.s. incompetent, decline to give an opinion.

recyclage [rəsiˈkla:ʒ] *m* reorientation; retraining; ⊕ recycling, reprocessing; **recycler** [ˌ~ˈkle] (1a) *v/t.* reorient; retrain; ⊕ recycle, reprocess.

rédacteur, -trice [redakˈtœ:r, ˌ~ˈtris] *su.* writer, author; drafter; *journ.* sub-editor; *su./m:* ~ en chef editor; **rédaction** [ˌ~ˈsjɔ̃] *f* drafting; *journ.* editorial staff; *journ.* editing; *journ.* (newspaper) office; *school:* composition, essay.

reddition [rediˈsjɔ̃] *f* surrender; ✝ rendering (*of an account*).

redécouvrir [rədekuˈvri:r] (2f) *v/t.* rediscover.

redemander [rədmɑ̃ˈde] (1a) *v/t.* ask for (*s.th.*) again or back; ask for more of (*s.th.*).

rédempteur, -trice [redɑ̃pˈtœ:r, ˌ~ˈtris] 1. *adj.* redeeming; 2. *su.* redeemer; **rédemption** [ˌ~ˈsjɔ̃] *f* redemption (*a. eccl.*).

redescendre [rədesɑ̃ˈdr] (4a) *v/i.* go or come down again; ♩ back (*wind*); fall (*barometer*); *v/t.* bring down again; take (*s.th.*) down again; ~ l'escalier go downstairs again.

redevable [rədˈvabl] 1. *adj.* indebted (for, de); être ~ de qch. à q. owe s.o. s.th.; 2. *su.* debtor; **redevance** [ˌ~ˈvɑ̃:s] *f* charge, fee; (*author's*) royalty; *admin.* tax, dues *pl.*; **redevoir** [ˌ~ˈvwa:r] (3a) *v/t.* owe a balance of.

rédhibition ⚖ [redibiˈsjɔ̃] *f* annulment of sale (*owing to latent defect*); **rédhibitoire** ⚖ [ˌ~ˈtwa:r] *adj.* ⚖ redhibitory (*defect*); *fig.* crippling, dooming (*defect etc.*); vice *m* ~ *a.* latent defect that makes a sale void.

rédiger [rediˈʒe] (1l) *v/t.* draw up, draft, write; *journ.* edit.

rédimer [redi'me] (1a) v/t. redeem; se ∼ de redeem o.s. from; compound for (a tax).

redingote cost. [rədɛ̃'gɔt] f frock-coat.

redire [rə'di:r] (4p) v/t. repeat; say or tell again; v/i.: avoir (or trouver or voir) à ∼ à find fault with; take exception to, criticize; **rediseur** m, **-euse** f [∼di'zœ:r, ∼'zø:z] repeater; **redite** [∼'dit] f repetition, tautology; **redites** [∼'dit] 2nd p. pl. pres. of redire.

redondance [rədɔ̃'dɑ̃:s] f redundancy; **redondant, e** [∼'dɑ̃, ∼'dɑ̃:t] redundant.

redonner [rədɔ'ne] (1a) v/t. re-give (s.th.) again; restore (s.th., a. strength); v/i. return, come on again; ∼ dans fall back into; la pluie redonne de plus belle the rain is coming on again worse than ever.

redoubler [rədu'ble] (1a) v/t. re-double; cost. reline; ∼ une classe school: stay down; v/i. increase (fever); ∼ d'efforts strive harder than ever.

redoutable [rədu'tabl] formidable; to be feared (by, à).

redoute [rə'dut] f ✕ redoubt; dancing-hall: gala evening. [dread.)

redouter [rədu'te] (1a) v/t. fear,)

redressement [rədrɛs'mã] m fig. rectification; ⊕, fig. straightening; ⚡ rectifying; ✶, opt., phot. correction; **redresser** [rədrɛ'se] (1a) v/t. re-erect (a statue); raise (a pole); ⚓ right (a boat); set right (a wrong etc.); ✕ lift the nose of; ⚡, a. fig. rectify; ⊕ straighten out, true; se ∼ stand up again; draw o.s. up; right itself (boat); ✕ flatten out; fig. mend one's ways; **redresseur** [∼'sœ:r] m ⚡ rectifier; ⚡ commutator; ⊕ straightener; fig. righter (of wrongs).

redû, -due [rə'dy] 1. p.p. of redevoir; 2. su./m ✝ balance due.

réducteur, -trice [redyk'tœ:r, ∼'tris] 1. adj. reducing; 2. su./m ♠, phot. reducer; reducing camera or apparatus; ⊕, mot. reducing gear; **réductibilité** [∼tibili'te] f reducibility; **réductible** Å, ♠, ✝ [∼'tibl] reducible; **réductif, -ve** ♠ [∼'tif, ∼'ti:v] reducing; **réduction** [∼'sjɔ̃] f decrease; ✝, Å, ♠, ⚖ metall., admin., phot., paint., a. fig. reduc-

tion, taxes, wages, production, etc.: a. cut; ⚡ voltage: stepping down; ⊕ gearing down; ⚖ sentence: mitigation; **réduire** [re'dɥi:r] (4h) v/t. reduce; lessen; cut down (expenses); subjugate; ⚡ step down; ⊕ gear down; se ∼ à boil down to; fig. come or F boil down to; **réduit** [∼'dɥi] 1. su./m retreat, nook; pej. hovel; ✕ keep; 2. adj./m: à prix ∼ at a reduced price.

réédifier [reedi'fje] (1o) v/t. re-build; re-erect.

rééditer [reedi'te] (1a) v/t. republish; cin. remake (a film); **réédition** [∼'sjɔ̃] f re-issue; cin. a. re-make.

rééducatif, -ve ♠ [reedyka'tif, ∼'ti:v] occupational (therapy); **rééducation** ♠ [∼ka'sjɔ̃] f re-education; rehabilitation; **rééduquer** ♠ [∼'ke] (1m) v/t. re-educate; rehabilitate.

réel, -elle [re'ɛl] 1. adj. real (a. ⚖ action, estate); actual; ✝ (in) cash; 2. su./m reality, the real.

réélection [reelɛk'sjɔ̃] f re-election; **rééligible** [∼li'ʒibl] re-eligible; **réélire** [∼'li:r] (4t) v/t. re-elect.

réescompte ✝ [reɛs'kɔ̃:t] m rediscount; **réescompter** ✝ [∼kɔ̃'te] (1a) v/t. rediscount.

réévaluation [reevalɥa'sjɔ̃] f revaluation; **réévaluer** [∼'lɥe] (1n) v/t. revalue.

réexpédier [reɛkspe'dje] (1o) v/t. send back; forward, send on.

refaire [rə'fɛ:r] (4r) v/t. remake; do or make (s.th.) again; mend, repair; ♠ restore to health; F swindle, do (s.o.), dupe; F steal (from, à); se ∼ ♠ recuperate; ✝ retrieve one's losses; **refait, e** F [∼'fɛ, ∼'fɛt] duped.

réfection [refɛk'sjɔ̃] f remaking; Δ rebuilding; repair(ing); ♠ recuperation; **réfectoire** [∼'twa:r] m refectory, dining-hall.

refend [rə'fɑ̃] m splitting; ⊕ bois m de ∼ wood in planks; Δ mur m de ∼ partition-wall; **refendre** [∼'fɑ̃:dr] (4a) v/t. split; rip (timber); slit (leather).

référé ⚖ [refe're] m summary procedure; provisional order; **référence** [∼'rɑ̃:s] f reference (a. of a servant); ✝ pattern-book; ✝ sample-book; fig. allusion; ouvrage m de ∼ reference book; **référendaire** [∼

refuser

rã'dɛ:r] *m* 🏛 *commercial court*: chief clerk; *hist.* grand ~ Great Referendary; **référendum** [ˌrɛ̃'dɔm] *m* referendum; strike ballot; **référer** [~'re] (1f) *v/t.* se ~ à refer to (*s.th.*); ask (*s.o.'s*) opinion; consult; en ~ à *q* submit the matter to.

refermer [rəfɛr'me] (1a) *v/t.* shut (again), close (again); se ~ close up (*wound*); shut (again).

réfléchi, e [refle'ʃi] thoughtful (*person*); considered (*action, opinion*); 🏛 premeditated (*crime*); *gramm.* reflexive; *tout* ~ everything considered; **réfléchir** [~'ʃi:r] (2a) *v/t.* reflect; se ~ curl back; *phys.* be reflected; reverberate (*sound*); *v/i.* consider; reflect (on *à, sur*); **réfléchissement** *phys.* [~ʃis'mã] *m* reflection; *sound:* reverberation; **réflecteur** [reflɛk'tœ:r] *m* 🔌, *mot.*, *phys.* reflector; *fig.* searchlight; **reflet** [rə'flɛ] *m* reflection, glint, gleam, glimmer; *picture, etc.:* highlight; **refléter** [~fle'te] (1f) *v/t.* reflect, throw back (*colour, light*); *fig.* se ~ sur be reflected in (*s.o.*).

réflexe *phys., physiol.* [re'flɛks] *adj., a. su./m* reflex; **réflexion** [~flɛk'sjõ] *f phys., a. fig.* reflection, *fig.* thought; *toute* ~ *faite* everything considered.

refluer [rəfly'e] (1a) *v/i.* flow back; ebb (*tide*); *fig.* fall back; *fig.* pour (into, *dans*); **reflux** [~'fly] *m tide:* ebb; ebbtide; flowing back; *fig.* crowd etc.: falling back.

refondre [rə'fõ:dr] (4a) *v/t.* 🔌 remelt; *metall., a. fig.* recast; *fig.* remodel; ⚓ refit (*a ship*); **refonte** [~'fõ:t] *f* remelting; recasting (*a. fig.*); reorganization; ⚓ refit(ting).

réformable [refɔr'mabl] reformable; 🏛 liable to discharge; 🏛 reversible; **réformateur, -trice** [~ma'tœ:r, ~'tris] **1.** *adj.* reforming; **2.** *su.* reformer; **réformation** [~ma'sjõ] *f* reformation (*a. eccl.*); **réforme** [re'fɔrm] *f* reform(ation); 🏛, ⚓ discharge; *horse:* casting; *eccl.* la ⚲ the Reformation; 🏛 mettre à la ~ discharge (*s.o.*); cast (*a horse*); dismiss, cashier (*an officer*); **réformé, e** [refɔr'me] **1.** *su. eccl.* protestant; 🏛 person invalided out of the service; **2.** *adj. eccl.* reformed; 🏛 discharged (*soldier*).

reformer [rəfɔr'me] (1a) *v/t.* reform, form anew.

réformer [refɔr'me] (1a) *v/t.* reform, amend; 🏛, ⚓ invalid (*s.o.*) out of the service; dismiss; cashier (*an officer*); retire (*an officer*); cast (*a horse*); 🏛 reverse (*a judgment*).

refoulement [reful'mã] *m* driving back; *fig.* repression (*a. psych.*); **refouler** [rəfu'le] (1a) *v/t.* drive back, repel; *fig.* repress (*a. psych.*), hold back, force back.

réfractaire [refrak'tɛ:r] **1.** *adj.* refractory (*a.* ⊕ *ore*), rebellious, recalcitrant; ⊕ fire-proof; proof (against, *à*); **2.** *su.* refractory person; 🏛 defaulter, Am. draft-dodger; **réfraction** *phys., opt.* [~'sjõ] *f* refraction; *indice m de* ~ refractive index.

refrain [rə'frɛ̃] *m* refrain (*a. fig.*); F *fig.* le même ~ the same old story.

refrènement [rafrɛn'mã] *m instincts:* curbing; **réfréner** [~fre'ne] (1f) *v/t.* curb, restrain.

réfrigérant, e [refriʒe'rã, ~'rã:t] **1.** *adj.* refrigerating, cooling; freezing; 🔬 refrigerant; ⊕ cooler-...; **2.** *su./m* 🔬 condenser; refrigerator; 🔬 refrigerant; **réfrigérateur** [~ra'tœ:r] *m* refrigerator; *fig.* mettre qch. au ~ put s.th. on ice or in cold storage; **réfrigératif, -ve** [~ra'tif, ~'ti:v] *adj., a. su./m* refrigerant; **réfrigération** [~ra'sjõ] *f* refrigeration; *meat.:* chilling; **réfrigérer** [~'re] (1f) *v/t.* refrigerate; cool; chill (*meat*).

refroidir [rəfrwa'di:r] (2a) *v/t.* cool, chill; ⊕, *a. fig.* quench (*metal, a. one's enthusiasm, one's sympathy*); *sl.* kill; 🔬 se ~ *refroidi par l'air* air-cooled (*engine*); 🔬 se ~ catch a chill; *v/i. a.* se ~ grow cold; cool off (*a. fig.*); **refroidissement** [~dis'mã] *m* cooling (down); 🔬 chill; *temperature:* drop.

refuge [rə'fy:ʒ] *m* refuge; shelter (*a. admin.*); *birds:* sanctuary; *traffic island;* *mot.* lay-by; *fig.* pretext; F way out; **réfugié** *m, e f* [refy'ʒje] refugee; **réfugier** [~] (1o) *v/t.* se ~ take refuge; seek shelter; *fig.* have recourse (to, *dans*).

refus [rə'fy] *m* refusal; denial; rejection; ✝ ~ *m d'acceptation* nonacceptance; *essuyer un* ~ meet with a refusal; **refuser** [~fy'ze] (1a) *vt/i.* refuse, decline; *v/t.* 🏛 reject (*a* *man*); fail (*a candidate*); ~ de (*inf.*), se ~ à (*inf.*) refuse to (*inf.*); se ~ à qch. resist s.th., object to s.th.

réfutation [refyta'sjɔ̃] *f* refutation; proof to the contrary; **réfuter** [~'te] (1a) *v/t.* refute; disprove.

regagner [rəga'ɲe] (1a) *v/t.* regain; win back; recover; return to (*a place*).

regain [rə'gɛ̃] *m* ♪ aftergrowth, second growth; *fig.* renewal, revival; ~ de vie new lease of (*Am.* on) life.

régal, *pl.* **-als** [re'gal] *m* treat; delight; **régalade** [~ga'lad] *f*: boire à la ~ drink without the lips coming into contact with the glass *or* bottle.

régalage ⊕ [rega'la:ʒ] *m* levelling.

régale [re'gal] **1.** *adj./f*: ♠ eau *f* ~ aqua regia; **2.** *su./f hist.* royal prerogative. [(*ground*).⟩

régaler¹ [rega'le] (1a) *v/t.* level (*the*⟩

régaler² [~] (1a) *v/t.* treat (*s.o.*) to a (fine) meal; ~ q. de qch. treat s.o. to s.th.; se ~ have a fine meal *etc.*; *fig.* enjoy o.s.; se ~ de feast on; treat o.s. to.

regard [rə'ga:r] *m* look, glance; *sewer etc.*: man-hole; inspection hole; peep-hole; *geol.* inlier; *fig.* attention, eyes *pl.*; au ~ de compared to; en ~ opposite, facing; **regardant, e** F [rəgar'dã, ~'dã:t] stingy, niggardly; **regarder** [~'de] (1a) *v/t.* look at, watch; glance at; face, look on to; *telev.* look in; *fig.* consider (as, comme); *fig.* concern; ~ fixement stare at; cela me regarde that is my business; *v/i.* (have a) look; ~ à pay attention to (*s.th.*); look through (*s.th.*); ~ par (à) la fenêtre look through (in at) the window; ~ fixement stare.

régate [re'gat] *f* regatta; *cost.* sailor-knot tie.

regel [rə'ʒɛl] *m* renewed frost.

régence [re'ʒã:s] *f* regency; fob-chain.

régénération [reʒenera'sjɔ̃] *f* regeneration; ⊕ reclamation; ... à ~ regenerative ...; **régénérer** [~'re] (1f) *v/t.* regenerate; ⊕ reclaim.

régent, e [re'ʒã, ~'ʒã:t] *su.* regent; *su./m* † *collège:* form-master; **régenter** [~ʒã'te] (1a) *v/t.* † teach; F *fig.* lord it over.

régicide [reʒi'sid] **1.** *adj.* regicidal; **2.** *su. person:* regicide; *su./m crime:* regicide.

régie [re'ʒi] *f* administration; management; state control; excise-office.

regimber [rəʒɛ̃'be] (1a) *v/i.* balk (at, contre); kick (against, at contre).

régime [re'ʒim] *m* organization; regulations *pl.*; system; ⊕ *engine:* normal running; *mot.* speed; ✖ diet; *gramm.* object; ♀ *bananas etc.:* bunch; *hist.* Ancien ♀ Ancien Regime (*before 1789*); *gramm.* cas *m* ~ objective case; ✖ mettre au ~ put (*s.o.*) on a diet; suivre un ~ (follow a special) diet.

régiment [reʒi'mã] *m* ✖ regiment; F host; **régimentaire** ✖ [~mã-'te:r] regimental; army-...; troop (*train*).

région [re'ʒjɔ̃] *f* region (*a. anat.*); area; *phys.* field; ~ désertique desert region; ~ vinicole wine-producing district; **régional, e**, *m/pl.* **-aux** [~ʒjo'nal, ~'no] regional, local.

régir [re'ʒi:r] (2a) *v/t.* pol., *gramm.*, *fig.* govern; ♣ direct, manage; **régisseur** [~ʒi'sœ:r] *m* manager; *thea.* stage-manager; *cin.* assistant director; ♪ *farm:* bailiff; *estate:* agent.

registre [rə'ʒistr] *m* register (*a.* ♪), record; ♣ account-book; ⊕ log-book; ⊕ *chimney etc.:* damper; ⊕ *steam engine:* throttle; ~ de l'état civil register of births, deaths and marriages; tenir ~ de keep a record of, note (down).

réglable [re'glabl] adjustable; **réglage** [~'gla:ʒ] *m* ⊕ regulating, adjustment; *speed:* control; *paper:* ruling; *radio:* tuning; **règle** [regl] *f* rule; ⊕ ruler, rule; *surv.* measuring rod; ✖ ~s *pl.* menses; ♠ ~ à calcul slide rule; ♠ ~ de trois rule of three; de ~ usual, customary; en ~ in order, straight; **réglé, e** [re'gle] regular; steady (*pace, person*); ▵ uniform (*courses*); ruled (*paper*); fixed (*hour etc.*); **règlement** [reglə'mã] *m* admin., ✖ *etc.* regulation(s *pl.*); rule; ♣ settlement; **réglementaire** [regləmã'te:r] regular, prescribed; regulation-...; pas ~ against the rules; **réglementation** [~ta'sjɔ̃] *f* regulation; regulating, control; ~ de la circulation traffic regulations *pl.*; **réglementer** [~'te] (1a) *v/t.* regulate, control; make rules for; **régler** [re'gle] (1f) *v/t.* ⊕, *a. fig.* regulate; ⊕, ✝ adjust; *fig.* settle (*a quarrel, a question,* ✝ *an account*); ✝ settle (up), pay (up); rule (*paper*); *mot.* tune (*an engine*); ~ *sur* model on; adjust to.

réglet [re'glɛ] *m* carpenter's rule; ⚙ reglet; **réglette** [~'glɛt] *f typ.* reglet; small rule; (*metal*) strip; *slide-rule:* slide; *mot.* ~*-jauge* dipstick.

réglisse ♀, ⚕ [re'glis] *f* liquorice.

réglure [re'gly:r] *f paper:* ruling.

règne [rɛɲ] *m* ♀, *zo.* kingdom; *pol.*, *a. fig.* reign; **régner** [re'ɲe] (1f) *v/i.* reign (*a. fig.*), rule; *fig.* prevail.

regorger [rəgɔr'ʒe] (1l) *v/i.* overflow; abound (in, de); be crowded (with, de); *v/t.* bring up (*food*); *fig.* disgorge.

regratter [rəgra'te] (1a) *v/t.* ⚙ scrape, rub down (*a wall*); *v/i.* ✝ F huckster.

régresser [regrɛ'se] (1a) *v/i.* decrease, decline, fall off; **régressif, -ve** [~'sif, ~'si:v] regressive; **régression** [~'sjɔ̃] *f* regression; *biol.* retrogression; *biol.* throw-back; *sales etc.:* drop.

regret [rə'grɛ] *m* regret (for, of de); *à* ~ regretfully, with regret; *avoir* ~ *de* (*inf.*) regret to (*inf.*); **regrettable** [rəgrɛ'tabl] regrettable; unfortunate; **regretter** [~'te] (1a) *v/t.* regret; be sorry (that *ind., que sbj.*; for *ger., de inf.*); miss, mourn (for).

regroupement [rəgrup'mɑ̃] *m* regrouping; **regrouper** [~gru'pe] (1a) *v/t.* regroup.

régulariser [regylari'ze] (1a) *v/t.* regularize; put (*s.th.*) in order; ⚖ put into legal form; **régularité** [~'te] *f* regularity; *temper:* evenness; punctuality; **régulateur, -trice** [regyla'tœ:r, ~'tris] **1.** *adj.* regulating; ✝ buffer-(*stocks*); **2.** *su.* ⚙ *m* regulator; *watch:* balance-wheel; **régulier, -ère** [~'lje, ~'ljɛ:r] **1.** *adj.* regular (*a.* Å, *gramm.*); steady; even, equable (*temper*); **2.** *su.* ⚔, *eccl.* regular.

régurgiter [regyrʒi'te] (1a) *v/t.* regurgitate.

réhabilitation [reabilita'sjɔ̃] *f* rehabilitation (*a. fig.*); *bankrupt:* discharge; △ modernization (*of buildings etc.*); **réhabiliter** [~'te] (1a) *v/t.* reinstate; discharge (*a bankrupt*); *fig.* rehabilitate.

favo(u)r; △ modernize (*buildings etc.*); *se* ~ clear one's name.

réhabituer [reabi'tɥe] (1n) *v/t.* reaccustom (to, à).

rehaussement [rəos'mɑ̃] *m* raising (*a. prices*); *fig.* enhancing; **rehausser** [~o'se] (1a) *v/t.* raise; increase (*one's courage*); *fig.* enhance, set off (*one's beauty, a colour, one's merit*).

réimporter [reɛ̃pɔr'te] (1a) *v/t.* reimport.

réimposer [reɛ̃po'ze] (1a) *v/t.* reimpose (*a tax*); tax (*s.o.*) again.

réimpression [reɛ̃prɛ'sjɔ̃] *f* reprint (-ing); **réimprimer** [~pri'me] (1a) *v/t.* reprint.

rein [rɛ̃] *m anat.* kidney; ~*s pl.* back *sg.*, loins; △ *arch.:* sides; ⚕ *artificiel* kidney machine; ⚕ ~ *flottant* floating kidney; *avoir les* ~*s solides* be sturdy; F *fig.* be wealthy; *avoir mal aux* ~*s* have backache; *casser les* ~*s à q.* ruin *s.o.*

réincorporer [reɛ̃kɔrpo're] (1a) *v/t.* reincorporate.

reine [rɛn] *f* queen; ~*-claude,* *pl.* ~*s-claudes* ♀ [~'klo:d] *f* greengage; ~*-des-prés,* *pl.* ~*s-des-prés* ♀ [~de-'pre] *f* meadow-sweet; ~*-marguerite,* *pl.* ~*s-marguerites* ♀ [~marga'rit] *f* china aster; **reinette** ♀ [rɛ'nɛt] *f apple:* pippin; ~ *grise* russet.

réinsérer [reɛ̃se're] (1f) *v/t.* reinsert; *fig.* reintegrate (*persons*); **réinsertion** [~sɛr'sjɔ̃] *f* reinsertion; *fig.* reintegration.

réintégration [reɛ̃tegra'sjɔ̃] *f admin. person:* reinstatement; ⚖ reintegration; ⚖ *conjugal rights:* restitution; *residence:* resumption; **réintégrer** [~'gre] (1f) *v/t. admin.* reinstate (*a person*); ⚖ reintegrate; return to, resume (*one's domicile*).

réitératif, -ve [reitera'tif, ~'ti:v] reiterative; second (*summons*); **réitérer** [~'re] (1f) *v/t.* repeat, reiterate.

reître [rɛtr] *m* ruffianly soldier.

rejaillir [rəʒa'ji:r] (2a) *v/i.* gush out; spurt; be reflected (*light*); spring; *fig.* fall (upon, *sur*), reflect (on, *sur*).

rejet [rə'ʒɛ] *m* throwing out; *food:* throwing up; ⚖ dismissal; *fig., parl.,* ⚖ *etc.* rejection; ✝ transfer; ♀ shoot; **rejetable** [rəʒ'tabl] rejectable; **rejeter** [~'te] (1c) *v/t.* throw back *or* again; fling back (*a.* ⚔ *the enemy*);

throw up (*a. food*); reject (*s.o.'s advice, parl. a. bill, an offer, a. ⚙ etc.*); ♫ dismiss; ♠ transfer; cast off (*stitches*); shift (*a. fig. the blame etc.*); ♦ throw out (*shoots*); ∼ **la responsabilité sur** throw *or* cast the responsibility on; **rejeton** [∼'tɔ̃] *m* ♀ (off)shoot; *fig.* offspring, scion.

rejoindre [rə'ʒwɛ̃:dr] (4m) *v/t.* rejoin (*a. ⚔*); catch (*s.o.*) up; se ∼ meet (again).

réjoui, e [re'ʒwi] **1.** *adj.* jolly, jovial, merry; **2.** *su./m:* **gros ∼** merry *or* jovial fellow; **réjouir** [∼'ʒwiːr] (2a) *v/t.* cheer, delight; entertain, amuse (*the company*); se ∼ rejoice (at, in de), be delighted (at, de); enjoy o.s., make merry; **réjouissance** [∼ʒwi'sɑ̃:s] *f* rejoicing; ♦ makeweight.

relâche¹ [rə'lɑ:ʃ] *m* rest, respite; *thea. ∼!* closed!; *thea. faire ∼* be closed; *sans ∼* without respite.

relâche² ⚓ [∼] *f* (port of) call; *faire ∼* put into port.

relâché, e [rəla'ʃe] relaxed; slack (*rope*); *fig.* loose; **relâchement** [∼laʃ'mɑ̃] *m* relaxing, slackening; *fig.* relaxation (*a. ⚙, a. from work*); *bowels, conduct:* looseness; **relâcher** [∼la'ʃe] (1a) *v/t.* loosen (*a. ⚙ the bowels*), slacken; *fig.* relax; release (*a prisoner*); ∼ **le temps** make the weather milder; se ∼ grow milder; *v/i.* ⚓ put into port.

relais [rə'lɛ] *m* ♫ radio: relay; ⊕ shift; *mot. ∼ des routiers* truck stop; *sp. course f de* (*or par*) ∼ relay race; *prendre le* ∼ (*de*) take over (from); *sans ∼* without rest.

relance [rə'lɑ̃s] *f* boost(ing), stimulation; revival, relaunching; **relancer** [rəlɑ̃'se] (1k) *v/t.* throw back *or* again; return (*a ball*); *hunt.* start (*the quarry*); *fig.* pester (*s.o.*); *mot.* restart (*the engine*); *fig.* boost, stimulate; *fig.* revive, relaunch.

relaps, e *eccl.* [rə'laps] **1.** *adj.* relapsed; **2.** *su.* apostate, relapsed heretic.

relater [rəla'te] (1a) *v/t.* relate, recount; report.

relatif, -ve [rəla'tif,∼'tiːv] relative (*a. gramm.*); ∼ **à** referring to, connected with, related to; **relation** [∼'sjɔ̃] *f* relation; connection; account, report; ∼**s** *pl.* acquaintances; ♠ ∼**s** *pl. publiques* public relations; **relativiser** [∼tivi'ze] (1a) *v/t.* relativize; see

(*s.th.*) in (its true) perspective; **relativité** [∼tivi'te] *f* relativity; *phys. théorie f de la ∼* relativity theory.

relaxer [rəlak'se] (1a) *v/t.* relax; ♫ release; se ∼ relax.

relayer [rəlɛ'je] (1i) *v/t.* relieve, take over from; take turns with; ♫, *tel., radio:* relay; se ∼ take turns; work in shifts; *v/i.* change horses.

relégation ♫ [rəlega'sjɔ̃] *f* relegation; **reléguer** [∼'ge] (1s) *v/t.* relegate; *fig.* banish; *fig.* remove.

relent [rə'lɑ̃] *m* musty smell *or* taste; unpleasant smell.

relevant, e [rəl'vɑ̃, ∼'vɑ̃:t] *adj.:* ∼ **de** dependent on; within the jurisdiction of.

relève [rə'lɛ:v] *f* ⚔, ⚓ relief; F relieving troops *pl.*; ⚔ guard: changing; **relevé, e** [rəl've] **1.** *adj.* raised (*head etc.*); turned up (*sleeve, trousers, etc.*); *fig.* high; lofty; noble (*sentiment*); *cuis.* highly seasoned; *fig.* spicy (*story*); **2.** *su./m* abstract, summary; ♠ statement; *admin.* return; survey; *cost.* tuck; *cuis.* remove (= *course after soup*); ∼ **du gaz** gas-meter reading; *su./f* afternoon; **relèvement** [rəlɛv'mɑ̃] *m* raising again; picking up; *bankrate, temperature, wages:* rise; raising (*a.* ♠ *bank-rate etc.*); ⚓, *surv.* bearing, ♫, *fig.* recovery, improvement; ♠ *account:* making out; ⚔ sentry: relieving; *wounded:* collecting; **relever** [rəl've] (1d) *v/t.* raise (*a.* ♠ *prices, wages, etc.*); lift; pick up (*from the ground*); ⚓ rebuild; ⚓ take the bearings of; *surv.* survey; *fig.* bring into relief, set off, enhance; ♠ make out (*an account*), put up (*a price*); read (*the meter*); *fig.* call attention to; notice; *fig.* accept (*a challenge*); relieve, take over from (*s.o.*); *fig.* release (from, de); *cuis.* season; se ∼ get up; rise (*a. fig.*); ♫, *a. fig.* revive, recover; take turns; *v/i.:* ∼ **de** be dependent on; *admin.* be a matter for; pertain to; arise from; ♫ have just recovered from.

reliage [rə'lja:ʒ] *m* binding; joining; *casks:* hooping.

relief [rə'ljɛf] *m* relief (*a. fig.*); *fig.* prominence; **en ∼** relief (*map*); *fig. mettre en ∼* set off, throw into relief.

relier [rə'lje] (1o) *v/t.* bind (*a. books*); join; connect (*a.* ♫, *teleph.*, 📞); tie

                              remise

(*s.th.*) up again; hoop (*a cask*); **relieur, -euse** [rə'ljœːr, ~'ljøːz] *su.* (book)binder; *su./f* bookbinding machine.

religieux, -euse [rəli'ʒjø, ~'ʒjøːz] **1.** *adj.* religious; sacred (*music*), church —; **2.** *su./m* monk; *su./f* nun;

religion [~'ʒjɔ̃] *f* religion; *fig.* sacred duty; *entrer en* ~ enter into religion, take the vows; **religiosité** [~ʒjozi-'te] *f* religiosity; *fig.* scrupulousness (*in ger., à inf.*).

reliquaire [rəli'kɛːr] *m* reliquary, shrine.

reliquat [rəli'ka] *m* 🏛 residue; ✝ *account:* balance; 🟥 after-effects *pl.*

relique [rə'lik] *f* relic; F *fig. garder comme une* ~ treasure.

relire [rə'liːr] (4t) *v/t.* re-read.

reliure [rə'ljyːr] *f* (book)binding; ~ *en toile* cloth binding.

relouer [rəlu'e] (1a) *v/t.* re-let; renew the lease of.

reluire [rə'lɥiːr] (4u) *v/i.* gleam; glisten, glitter; faire ~ polish (*s.th.*); **reluisant, e** [~lɥi'zɑ̃, ~'zɑ̃ːt] gleaming, shining; glittering; well-groomed (*horse*).

reluquer [rəly'ke] (1m) *v/t.* eye, ogle; have one's eye on; covet.

remâcher [rəmɑ'ʃe] (1a) *v/t.* chew again; *fig.* turn (*s.th.*) over in one's mind; brood over.

remailler [rəmɑ'je] (1a) *v/t.* mend a ladder in (*a stocking*).

remanent, e 🔬, *phys.* [rəma'nɑ̃, ~'nɑ̃ːt] remanent, residual.

remaniement [rəmani'mɑ̃] *m* reshuffle; **remanier** [~'nje] (1o) *v/t.* rehandle; 🔺 retile (*a roof*), re-lay (*a pavement, pipes, etc.*); *fig.* recast; *fig.* adapt (*a play etc.*).

remarier [rəma'rje] (1o) *v/t. a. se* ~ remarry, marry again.

remarquable [rəmar'kabl] remarkable (for, *par*); distinguished (by, *par*); outstanding (for, *par*); astonishing; **remarque** [~'mark] *f* remark; note; ⚓ landmark; **remarquer** [~mar'ke] (1m) *v/t.* notice, note; re-mark; remark, observe; *faire* ~ *qch. à q.* point s.th. out to s.o.; *se faire* ~ attract attention; make o.s. conspicuous.

remballer [rɑ̃ba'le] (1a) *v/t.* re-pack; pack up again.

rembarquer [rɑ̃bar'ke] (1m) *vt/i.* ⚓ re-embark; *v/i. a. se* ~ go to sea

again; *v/t.:* F *fig. se* ~ *dans* embark again upon (*s.th.*).

remblai [rɑ̃'blɛ] *m* embankment; filling up or in; banking (up); *material:* filling; ⊕ slag dump; **remblayer** [~blɛ'je] (1i) *v/t.* fill (up); bank (up).

remboîter 🔬 [rɑ̃bwa'te] (1a) *v/t.* set (*a bone*).

rembourrage [rɑ̃bu'ra:ʒ] *m* stuffing, padding, upholstering; **rembourrer** [~'re] (1a) *v/t.* stuff, pad, upholster.

remboursable ✝ [rɑ̃bur'sabl] repayable; redeemable (*annuity, stock, etc.*); **remboursement** ✝ [~sə'mɑ̃] *m* reimbursement, repayment; *annuity, stock:* redemption; *livraison f contre* ~ *post:* cash on delivery; **rembourser** [~'se] (1a) *v/t.* reimburse, repay; redeem (*stocks etc.*).

rembrunir [rɑ̃bry'niːr] (2a) *v/t.: se* ~ darken; cloud over; become gloomy.

remède [rə'mɛd] *m* remedy, cure (for, *à*) (*a. fig.*); *porter* ~ *à* remedy; *sans* ~ beyond remedy; **remédiable** [rəme'djabl] remediable; **remédier** [~'dje] (1o) *v/i.:* ~ *à* remedy, cure; ⚒ stop (*a leak*).

remembrement *admin.* [rəmɑ̃brə-'mɑ̃] *m* regrouping of lands.

remémorer [rəmemo're] (1a) *v/t.* remind (s.o. of s.th., *qch. à q.*); *se* ~ call (*s.th.*) to mind.

remerciements [rəmɛrsi'mɑ̃] *m/pl.* thanks; **remercier** [~'sje] (1o) *v/t.* thank (for, *de*); dismiss (*an employee*); *je vous remercie* thank you.

remettre [rə'mɛtr] (4v) *v/t.* put (*s.th.*) back again, replace; *cost.* put (*s.th.*) on again; return; restore; *fig.* calm (*s.o.'s mind*), reassure (*s.o.*); 🔬 set (*a bone*); deliver; hand over (*a. a command, an office*); tender (*one's resignation*); pardon (*an offence*); remit (*a penalty, a. sins*); ✝ give a discount of, allow; *fig.* postpone; ~ *au hasard* leave to chance; F ~ *ça* begin again; ~ *en état* overhaul; *se* ~ return; *fig.* recover (from, *de*); *s'en* ~ *à q.* rely on s.o. (for, *de*); leave it to s.o.

réminiscence [remini'sɑ̃:s] *f* reminiscence.

remise [rə'mi:z] *su./f* putting back; postponement; *thea.* revival; *pointer*, 🟥 *bone:* setting; ✝ remittance; ✝ discount (of, *de*; on, *sur*); *resto-*

ration; *post*: delivery; *debt, penalty*: remission; *duties, office, ticket*: handing over; coach-house; ⚙ (*engine-*)shed; *à neuf* renovation; ~ *de bagages* luggage (*Am.* baggage) reclaim; F *sous la* ~ on the shelf; *su./m* livery carriage; **remiser** [~mi'ze] (1a) *v/t.* put (*a vehicle*) away; lay (*s.th.*) aside; F *fig.* superannuate (*s.o.*); F snub (*s.o.*); *hunt.* se ~ take cover.

rémissible [remi'sibl] remissible; **rémission** [~'sjõ] *f debt, sin*: remission; *abatement*, remission; *sans* ~ unremitting(ly *adv.*).

rémittence 𝒮 [remi'tã:s] *f* abatement, remission; **rémittent, e** 𝒮 [~'tã, ~'tã:t] remittent.

remmailler [rãma'je] (1a) *v/t.* see remailler.

remodelage [rəmɔd'la:ʒ] *m* remodelling; reorganization; **remodeler** [~'le] (1d) remodel, reshape; reorganize.

remontage [rəmõ'ta:ʒ] *m* going up; *furniture*: assembling; ⚓ ascending; ⊕ *machine* etc.: (re)assembling, refitting; ✝ *shop*: restocking; *wine*: fortifying; *clock*: winding up; *shoes*: vamping; *à* ~ *automatique* self-winding (*watch*); **remontant, e** [~'tã, ~'tã:t] 1. *adj.* ascending; 𝒮 remontant; 𝒮 *etc.* stimulating, tonic, 2. *su./m* 𝒮 stimulant, F pick-me-up; **remonte** [rə'mõ:t] *f* ascent, running; ✗ *cavalry*: remount(ing); ☆ *fish*: run; **remontée** [~mõ'te] *f road*: climb; 𝒦 climbing; **remonte-pente** *mount.* [~mõt'pã:t] *m* see monte-pente; **remonter** [rə-mõ'te] (1a) *v/i.* go up (again) (*a.* ✝); get (*into a car, on a horse, etc.*) again; rise (*barometer*); re-ascend (*the throne, sur le trône*); get higher (*sun*); *fig.* date *or* go back (*to, à*); ✈ flow (*tide*), come round (*wind*); *v/t.* go up (again), climb up (again); raise (up); take (*s.th.*) up; pull up (*socks, trousers*); ✗ remount (*s.o.*); wind up (*a watch*); ⊕ reassemble; refit, reset; ✝ restock; *thea.* put (*a play*) on again; refurnish (*a house*); F *fig.* cheer (*s.o.*) up; se ~ recover one's strength *or* spirits; get in a new supply (*of, de*); **remontoir** ⊕ [~'twa:r] *m watch*: winder; *clock, watch*: key.

remontrance [rəmõ'trã:s] *f* reprimand, reproof.

remontrer [rəmõ'tre] (1a) *v/t.* show (again); point out; *v/i.*: *en* ~ *à* q. show *or* prove one knows better than s.o., prove one's superiority to s.o.

remordre [rə'mɔrdr] (4a) *v/t.* bite again; *v/i.*: ~ *à* take up *or* tackle again; **remords** [~'mɔ:r] *m* remorse; twinge of conscience.

remorque [rə'mɔrk] *f* ⚓, *mot.* tow(ing); tow-rope; ⚓ vessel in tow; *mot.* trailer; *prendre en* ~ tow; *être en* ~ be on tow; **remorquer** [rəmɔr'ke] (1m) *v/t.* ⚓, *mot.* tow; pull; **remorqueur, -euse** [~'kœ:r, ~'kø:z] 1. *adj.* towing; 𝒦 relief (*engine*); 2. *su./m* tug(boat); towboat.

rémoulade *cuis.* [remu'lad] *f* remoulade-sauce.

rémouleur ⊕ [remu'lœ:r] *m* (*scissors-*, etc.)grinder.

remous [rə'mu] *m water, wind*: eddy; *tide*: swirl; crowd: movement; ⚓ *ship*: wash; *river*: rise in level; 𝒦 slip-stream.

rempailler [rãpa'je] (1a) *v/t.* re-seat (*a rush-bottomed chair*); re-stuff (*with straw*).

rempart [rã'pa:r] *m* 𝒜 rampart; *fig.* bulwark.

rempiler [rãpi'le] (1a) *v/t.* pile up again; *v/i.* ✗ *sl.* re-engage, re-enlist.

remplaçant *m, e f* [rãpla'sã, ~'sã:t] *person*: substitute, deputy; 𝒮, *eccl.* locum tenens, F locum; **remplacement** [~plas'mã] *m* replacement; substitution; ... *de* ~ refill ...; spare ...; *en* ~ *de* in place of; **remplacer** [~pla'se] (1k) *v/t.* replace (by, *par*); take the place of; supersede (*an official, a rule*); appoint a successor to (*an official, a diplomat*); deputize for.

rempli *cost.* [rã'pli] *m dress*: tuck; *hem or seam*: turning; **remplier** *cost.* [~pli'e] (1a) *v/t.* put a tuck in (*a dress* etc.); lay (*a hem, a seam*).

remplir [rã'pli:r] (2a) *v/t.* fill (up), refill (with, *de*); *admin.* complete, fill in *or* up (*a form*); *fig.* fulfil (*a hope, a promise*), perform (*a duty*), comply with (*formalities*); *thea.* play (*a part*); se ~ fill; **remplissage** [~pli'sa:ʒ] *m* filling (up); 𝒳 infilling; 𝒜 *etc.* filling (in); *fig.* padding, F *radio*: fill-up.

remploi [rã'plwa] *m* re-use, using again; re-employment; 𝓃 reinvestment; **remployer** [~plwa'je] (1h *v/t.* re-use; use again; employ (*s.o.*) again; reinvest (*money*).

remplumer [răply'me] (1a) *v/t.*: se ~ F put on flesh again, get better, recover; F get back on one's feet (*financially*); *orn.* grow new feathers.

rempocher [răpɔ'ʃe] (1a) *v/t.* put (*s.th.*) back in one's pocket.

remporter [răpɔr'te] (1a) *v/t.* take *or* carry back; carry off *or* away; *fig.* win, gain (*a prize, a victory*).

rempoter [~pɔ'te] (1a) *v/t.* repot.

remuage [rə'mɥa:ʒ] *m* moving, removal; shaking (up), stirring (up); *wine:* settling the deposit; **remuant, e** [~'mɥã, ~'mɥã:t] restless; bustling; **remue-ménage** [~myme-'na:ʒ] *m/inv.* bustle, commotion, stir; **remue-méninges** [~myme-'nɛ̃:ʒ] *m/inv.* brainstorming; **remuement** [~my'mã] *m* moving, furniture, earth: removal; *fig.* stir, commotion; **remuer** [~'mɥe] (1n) *v/t.* move (*furniture, one's head, a fig. s.o.'s heart, etc.*); stir (*coffee, tea, etc.*); *fig.* stir up (*a crowd*); *dog:* wag (*its tail*); se ~ move, stir; bestir o.s., F get a move on; *v/i.* move; budge; be loose (*tooth*).

remugle [rə'my:gl] *m* musty smell.

rémunérateur, -trice [remynera-'tœ:r, ~'tris] **1.** *adj.* remunerative; profitable; **2.** *su.* rewarder; **rémunération** [~ra'sjɔ̃] *f* remuneration, payment (for, de); **rémunératoire** [~ra'twa:r] *tr̄* for services rendered; (*money*) by way of recompense; **rémunérer** [~re] (1f) *v/t.* remunerate, reward; pay for (*services*).

renâcler [rənɑ'kle] (1a) *v/i.* snort (*horse*); sniff (*person*); *fig.* turn up one's nose (at, à); F *fig.* be reluctant; jib (at, à).

renaissance [rənɛ'sɑ̃:s] *f* rebirth; revival; *art etc.*: ♀ Renaissance, Renascence; **renaître** [~'nɛ:tr] (4x) *v/i.* be born again; *fig.* reappear; *fig.* revive (*arts, hope, etc.*).

rénal, e, *m/pl.* **-aux** ♣, *anat.* [re'nal, ~'no] renal; *calcul m ~* ♣ renal calculus.

renard [rə'na:r] *m zo.* fox; F ♣ *sl.* strike-breaker, F blackleg; ⊕, ♣ dog(-hook); F *fig.* fin ~ sly dog; **renarde** *zo.* [~'nard] *f* vixen, she-fox; **renardeau** *zo.* [rənar'do] *m* fox-cub; **renardière** [~'djɛ:r] *f* fox-hole, fox's earth, burrow.

renchéri, e [rãʃe'ri] **1.** *adj.* dearer; F particular, fastidious; **2.** *su.* fastidious person; *su./m: faire le ~* be squeamish; put on airs; **renchérir** [~'ri:r] (2a) *v/t.* raise the price of; *v/i.* get dearer, go up in price; ~ *sur* go one better than (*s.o.*); improve upon (*s.th.*); **renchérissement** [~ris'mã] *m* increase *or* rise in price; **renchérisseur** [~ri'sœ:r] *m* outdoer, outbidder; ✝ runner up of prices.

rencogner F [rãkɔ'ɲe] (1a) *v/t.* drive *or* push (*s.o.*) into a corner; se ~ huddle (o.s.) up.

rencontre F [rã'kɔ̃:tr] *f* ♣, person, streams: meeting; ✕, persons: encounter; ⊟, mot. collision; ✕ skirmish; *fig.* occasion; *aller à la ~ de* go to meet; *de ~* casual; chance ...; **rencontrer** [~kɔ̃'tre] (1a) *v/t.* meet; ⊟, mot. collide with; *fig.* come across; find; ✕ encounter; *fig.* meet with, come up against; se ~ meet; ⊟, mot. collide; *fig.* happen; *fig.* appear (*person*); se ~ agree (*persons, ideas*).

rendement [rãd'mã] *m* ♪, ♣, ⊕ yield; ⊕ works, men: output; ⊕ efficiency (*a. of machines*); ⊕, ♣, mot. performance; *sp. time:* handicap; ~ *maximum* maximum output *or* speed.

rendez-vous [rãde'vu] *m* rendezvous (*a.* ✕); appointment, F date; meeting-place; haunt; ~ *social* collective bargaining.

rendormir [rãdɔr'mi:r] (2b) *v/t.* put to sleep again; se ~ fall asleep again.

rendre [rã:dr] (4a) *v/t.* return, give back; restore (*s.o.'s liberty, s.o.'s health*); give (*an account, change, tr̄ a verdict*); pay (*an homage*); *fig.* convey (*the meaning*), translate; render (✝ *an account, services*); *tr̄* pronounce (*judgment*); ♪ perform, play; ✝ deliver; ♪, ♣ yield, produce; ✕ surrender (*a fortress*); ♠ throw up, vomit; ~ (*adj.*) make (*adj.*); ~ *compte de* account for; *fig.* ~ *justice à do* (*s.o.*) justice; *tr̄* ~ *la justice* dispense justice; ~ *les derniers devoirs à* pay (*s.o.*) the last hono(u)rs; ~ *nul* nullify; vitiate (*a contract*); se ~, go (to, à); *fig.* yield, give way; ✕ surrender; *v/i.* be productive *or* fig. profitable; ♠ vomit; work, run (*engine*); ~ *à* lead to (*way*); **rendu, e** [rã'dy] **1.** *adj.* arrived;

exhausted; **2.** *su./m paint. etc.* rendering; † returned article; F *un prêté pour un ~* tit for tat.

rendurcir [rᾶdyr'siːr] (2a) *v/t. a. se ~* harden.

rêne [ren] *f* rein (*a. fig.*); *lâcher les ~s* slacken the reins; *give a horse its head.* [gade, turncoat.]

renégat *m*, e *f* [rəne'ga, ~'gat] rene-

rénette ⊕ [re'net] *f* tracing-iron; *leather:* race-knife; *horse's hoof:* paring-knife.

renfermé, e [rᾶfer'me] **1.** *adj. fig.* uncommunicative; **2.** *su./m* fustiness; *odeur f de ~* fusty *or* stale smell; *sentir le ~* smell fusty *or* stuffy; **renfermer** [~] (1a) *v/t.* shut *or* lock up (again); enclose; *fig.* contain, include; *fig.* confine (*to dans, en*); *fig.* hide; *se ~* (*dans, en*) confine o.s. (*to*); withdraw (*into o.s., silence*).

renflé, e [rᾶ'fle] bulging, swelling; **renflement** [rᾶflə'mᾶ] *m* bulging, bulge, swelling; **renfler** [~'fle] (1a) *v/t.* swell (out); *se ~* bulge (out), swell (out).

renflouer [rᾶflu'e] (1a) *v/t.* ♣ refloat; *fig.* put in funds.

renfoncement [rᾶfõs'mᾶ] *m* knocking in (*of s.th.*) again; ⌂ recess, hollow; *paint.* effect of depth; **renfoncer** [~fõ'se] (1k) *v/t.* knock *or* push (further) in; ⌂ recess, set back; dent; pull down (*one's hat*).

renforçateur *phot.* [rᾶfɔrsa'tœːr] *m* intensifier; **renforcement** [~sə'mᾶ] *m* ⌂, ⚔ strengthening (*a. fig. opinion*); reinforcing; *phys. sound:* magnification; *phot.* intensification; **renforcer** [~'se] (1k) *v/t.* reinforce; ⊕ *a.* strengthen; increase (*the sound, the expenditure*); *phot.* intensify; *phys.* magnify; **renfort** [rᾶ'fɔːr] *m* ⚔, ⊕, *etc.* reinforcement(*s pl.*); *de ~* stiffening ...; *à grand ~ de* with a great deal of.

renfrogné, e [rᾶfrɔ'ɲe] sullen, sulky; **renfrogner** [~] (1a) *v/t.: se ~* scowl; frown.

rengager [rᾶga'ʒe] (1l) *v/t.* re-engage; *v/i., a. se ~* ⚔ re-enlist.

rengaine F [rᾶ'gɛːn] *f* old refrain, (*the same*) old story; **rengainer** [~gɛ'ne] (1a) *v/t.* † put up (*the sword*); F withhold, hold back, save.

rengorger [rᾶgɔr'ʒe] (1l) *v/t.: se ~* puff o.s. up, give o.s. airs.

rengraisser [rᾶgrɛ'se] (1a) *v/t.* fatten up again; *v/i.* grow fat again.

renier [rə'nje] (1o) *v/t. eccl.* deny; abjure (*one's faith*); disown (*a friend, an opinion*); repudiate (*an action, an opinion*).

reniflement [rəniflə'mᾶ] *m* sniffing; **renifler** [~'fle] (1a) *v/t.* sniff (*s.th.*) (up); *fig.* scent; *v/i.* sniff; snivel (*child*); **renifleur** *m*, **-euse** *f* [~'flœːr, ~'fløːz] sniffer.

rénitence ✱ [reni'tᾶːs] *f* resistance to pressure; **rénitent, e** [~'tᾶ, ~'tᾶːt] renitent.

renne *zo.* [rɛn] *m* reindeer.

renom [rə'nõ] *m* fame, renown; **renommé, e** [rənɔ'me] **1.** *adj.* famed, renowned, famous (for, *pour*); **2.** *su./f* fame, renown; reputation; *esp.* ✱ report; rumo(u)r; **renommer** [~] (1a) *v/t.* re-elect, re-appoint; † praise.

renoncement [rənõs'mᾶ] *m* renouncing; renunciation (*a.* ✱); *~ à soi-même* self-denial; **renoncer** [rənõ'se] (1k) *v/t.: ~ à* give up, renounce, abandon; waive (*a claim, a right*); **renonciation** [~sja'sjõ] *f* renunciation.

renoncule ♀ [rənõ'kyl] *f* ranunculus; *~ âcre* crowfoot; buttercup.

renouement [rənu'mᾶ] *m* renewal; **renouer** [~'e] (1a) *v/t.* re-knot; tie up again; *fig.* renew; resume (*a conversation*).

renouveau [rənu'vo] *m* spring (-time); renewal; *~ catholique* Catholic (literary) revival; **renouveler** [~nuv'le] (1c) *v/t.* renew; revive (*a custom, a lawsuit, a quarrel*); *fig.* transform; † repeat (*an order*); *mot.* fit a new set of (*tyres*); *se ~* be renewed; happen again; **renouvellement** [~nuvɛl'mᾶ] *m* renovation; replacement; renewal; *fig.* increase.

rénovateur, -trice [renova'tœːr, ~'tris] **1.** *adj.* renovating; **2.** *su.* renovator, restorer; **rénovation** [~'sjõ] *f* renovation, restoration; renewal; reform; (*religious*) revival; **rénover** [~'ve] (1a) *v/t.* renovate, restore; renew; reform.

renseigné, e [rᾶse'ɲe] (well-)informed (about, *sur*); **renseignement** [~sɛɲ'mᾶ] *m* (piece of) information; *teleph.* *~s pl.* inquiries; *bureau m de ~s* information bureau *or Am.* booth, inquiry office;

prendre des ~*s sur* make inquiries about; ✕ *service m de* ~ *s* Intelligence Corps; **renseigner** [~se'ɲe] (1a) *v/t.* inform (*s.o.*), give (*s.o.*) information (about, *sur*); give (*s.o.*) directions; *se* ~ inquire, find out (about, *sur*).

rentabiliser [rɑ̃tabili'ze] (1a) *v/t.* make profitable, make pay; **rentabilité** [rɑ̃tabili'te] *f* profitableness; **rentable** [rɑ̃'tabl] profitable.

rente [rɑ̃:t] *f* revenue; annuity, pension; stock(s *pl.*), bonds *pl.*; ~*s pl.* (private) income *sg.*; ~ *foncière* ground rent; ~ *perpétuelle* perpetuity; ~ *viagère* life annuity; **rentier** *m*, **-ère** *f* [~'tje, ~'tjɛ:r] stockholder; annuitant; person living on private means; *petit* ~ small investor.

rentrant, e [rɑ̃'trɑ̃, ~'trɑ̃:t] **1.** *adj.* re-entrant; ✕ retractable; ⊕ inset; **2.** *su. sp.* new player; **rentré, e** [rɑ̃'tre] suppressed (*anger*); sunken (*eyes, cheeks*); **rentrée** [~] *f* return, home-coming; re-entry (a. ♪); ✓ *crops*: gathering; *school etc.*: reopening; *parl.* re-assembly; ✝ *taxes etc.*: collection; ✝ *money*: receipt; *air etc.*: entry; *actor etc.*: comeback; **rentrer** [~] *v/i.* re-enter (a. *thea.*, a. ♪); come *or* go in (again); return *or* come *or* go home; re-open (*school etc.*); *parl.* re-assemble; go back to school (*child*); ✝ come in (*money*); ✝ *dans* be included in, be part of; get back, recover (*rights etc.*); crash into (*a wall, car, etc.*); ~ *en fonctions* resume one's duties; *v/t.* take *or* bring *or* get *or* pull in; put away; ✓ gather in (*crops*); ✝ re-enter (*in an account*); *fig.* suppress (*a desire, one's tears*); ✕ retract (*the undercarriage*).

renversable [rɑ̃vɛr'sabl] reversible; capsizable (*boat etc.*); **renversant, e** F [~'sɑ̃, ~'sɑ̃:t] staggering, stunning; **renverse** [rɑ̃'vɛrs] *f* ⚓ tide: turn; *à la* ~ backwards; **renversement** [rɑ̃vɛrsə'mɑ̃] *m* reversal (a. *phys.*), ♪, *opt.*, *phls.*, *geol.* inversion; ⊕ reversing; ⚓ *tide:* turn(ing); *wind:* shift(ing); overturning; *fig.* disorder; *fig.*, *a. pol.* overthrow; **renverser** [~'se] (1a) *v/t.* reverse (a. ✕, ⚡, ⊕ *an engine, the steam, mot.*); ♪, *opt.*, *phls.* invert; turn upside down; knock down; knock over; overturn, upset; spill; *fig.*, a.

pol. overthrow; F *fig.* amaze; F ~ *les rôles* turn the tables; *se* ~ fall over; overturn; lie back (*in a chair*); *v/i.* F spill over.

renvoi [rɑ̃'vwa] *m* return(ing), sending back; *ball, sound:* throwing back; *tennis:* return; *heat, light:* reflecting; ♫ belch; ♪ repeat (sign); *servant:* dismissal; adjournment; ♊♊, *pol.*, *typ.* reference; ♊♊ transfer; ♊♊ remand; **renvoyer** [~vwa'je] (1r) *v/t.* return (a. *tennis*), send back; throw back (*a ball, a sound*); reflect (*heat, light*); dismiss (*s.o.*); postpone; adjourn; *pol.* refer; ♊♊ defer; ♊♊ remand.

réoccuper [reɔky'pe] (1a) *v/t.* re-occupy.

réorganiser [reɔrgani'ze] (1a) *v/t.* reorganize.

réouverture [reuver'ty:r] *f* reopening; resumption.

repaire [rə'pɛ:r] *m animals, a. fig.:* den; *fig. criminal:* haunt; hideout.

repaître [rə'pɛ:tr] (4k) *v/t.* feed (a. *fig.*); *se* ~ eat one's fill; *se* ~ *de* feed on; *fig.* indulge in (*vain hopes*); wallow in (*blood*).

répandre [re'pɑ̃:dr] (4a) *v/t.* spill, shed; spread (*light, news*); scatter (*flowers, money, sand, etc.*); give off (*heat, a smell*); *il s'est répandu que* the rumo(u)r has spread that; *fig. se* ~ go out, be seen in society; **répandu, e** [~pɑ̃'dy] widespread, widely held (*opinion*); well known.

réparable [repa'rabl] reparable; *cost.* repairable; remediable.

reparaître [rəpa'rɛ:tr] (4k) *v/i.* reappear; ✓ recur.

réparateur, -trice [repara'tœ:r, ~'tris] **1.** *adj.* repairing; restoring; **2.** *su.* repairer; repairman; **réparation** [~ra'sjɔ̃] *f* repair(ing); *fig.* amends *pl.*; (*legal*) redress; ✕ ~*s pl.* reparations; ♊♊ ~ *civile* compensation; *foot. coup m de pied de* ~ penalty kick; **réparer** [~'re] (1a) *v/t.* mend, repair, *Am.* fix; *fig.* make good (*losses, wear*); *fig.* make amends for, put (*s.th.*) right.

repartie [rəpar'ti] *f* repartee; retort; ~ *spirituelle* witty rejoinder; *avoir de la* ~, *avoir la* ~ *facile* be quick at repartee; **repartir** [~'ti:r] (2b) *v/i.* set out *or* leave again; retort, reply.

répartir [repar'ti:r] (2a) *v/t.* share out, distribute (amongst, *entre*);

admin. assess; **✝** allot (*shares*); **répartition** [ₓti'sjɔ̃] *f* distribution (*a. ⚡*); apportionment, division, sharing out; *errors:* frequency; *admin.* assessment; allocation; **✝** allotment.

repas [rə'pɑ] *m* meal; *petit* ∼ snack.

repassage [rəpa'saːʒ] *m* repassing; *water, mountains:* recrossing; *clothes:* ironing; *lessons:* revision; ⊕ sharpening; **repasser** [ₓ'se] (1a) *v/i.* pass again; call again (on s.o., *chez* q.); cross over again (to, en); *v/t.* repass; cross (*the sea etc.*) again; iron (*clothes*); go over (*in the mind, a lesson, an outline, accounts, etc.*); take (*s.o.*) back; ⊕ sharpen, whet, *fer m à* ∼ iron; **repasseur** [ₓ'sœːr] *m* (*knife- etc.*)grinder; ⊕ examiner; **repasseuse** [ₓ'søːz] *f* woman, a. *machine:* ironer.

repayer [rəpɛ'je] (1i) *v/t.* repay; pay back.

repêchage [rəpɛ'ʃaːʒ] *m* fishing up *or* out; *fig.* giving a helping hand (to, de); *univ., school:* supplementary examination, F resit; **repêcher** [ₓ'ʃe] (1a) *v/t.* fish up *or* out; *fig.* come to the rescue of, help (*s.o.*) out; give (*s.o.*) a second chance; *school:* let (*s.o.*) through, give (*s.o.*) a chance to scrape through.

repeindre [rə'pɛ̃ːdr] (4m) *v/t.* repaint.

repenser [rəpɑ̃'se] (1a) *v/i.* think again (about, of à); *y* ∼ think it over.

repentant, e [rəpɑ̃'tɑ̃, ∼'tɑ̃ːt] repentant; **repenti, e** [ₓ'ti] *adj., a. su.* repentant, penitent; **repentir** [ₓ'tiːr] **1.** (2b) *v/t.: se* ∼ (de qch.) repent (*[of] s.th.*), be sorry (for s.th.); **2.** *su./m* repentance.

repérage [rəpe'raːʒ] *m* marking with guide *or* reference marks; locating.

répercussion [repɛrky'sjɔ̃] *f* repercussion; consequences *pl.*; *phys. sound:* reverberation; **répercuter** [ₓ'te] (1a) *v/t.* reverberate, send *or* throw back; reflect (*heat, light, etc., a. fig.*); *fig.* pass on (*costs etc.*) (to, sur); *se* ∼ *phys.* reverberate; *fig.* have repercussions.

repère [rə'pɛːr] *m* (reference *or* guide) mark; *surv.* benchmark; *cin.* synchronizing mark; *point m de* ∼ landmark (*a. fig.*); **repérer** [rəpe're] (1f) *v/t.* mark with guide *or* reference marks; fix *or* adjust by guide marks;

✕, ⚓ *etc.* locate; spot; *se* ∼ get *or* take one's bearings.

répertoire [reper'twaːr] *m* index, list; *thea., a. fig.* repertory; *thea.* repertoire; *fig.* ∼ *vivant* mine of information.

repeser [rəpə'ze] (1d) *v/t.* re-weigh.

répéter [repe'te] (1f) *v/t.* repeat; do *or* say again; *con* (*a lesson, thea. a part*); *thea.* rehearse (*a play*); *mirror:* reflect; **répéteur** [ₓ'tœːr] *m teleph.* repeater; *phys.* reflector; reproducer; **répétiteur, -trice** [ₓti'tœːr, ∼'tris] *su.* private tutor; *su./m school:* assistant-master; ⚓ repeating ship; *teleph.* repeater; *su./f school:* assistant-mistress; **répétition** [ₓti'sjɔ̃] *f* repetition; recurrence; private lesson; *thea.* rehearsal; *picture etc.:* reproduction, replica; *thea.* ∼ *générale* dress rehearsal; ✕ *fusil m à* ∼ repeating rifle; *montre f à* ∼ repeater (*watch*).

repeupler [rəpœ'ple] (1a) *v/t.* repeople, ⚓ replant; restock (*a pond, a river, etc.*).

repiquer [rəpi'ke] (1m) *v/t.* prick (*s.th.*) again; repair (*a road*); *cost.* restitch; ✎ prick *or* plant out; *sl.* catch *or* F nab again; *v/i.:* F ∼ *au plat* have a second helping; F ∼ *au truc* begin again.

répit [re'pi] *m* respite; F *fig.* breather; *sans* ∼ incessant(ly *adv.*).

replacer [rəpla'se] (1k) *v/t.* replace; **✝** reinvest; find a new position for (*a servant*).

replanter [rəplɑ̃'te] (1a) *v/t.* replant.

replâtrer [rəplɑ'tre] (1a) *v/t.* △ replaster; *fig.* patch up.

replet, -ète [rə'plɛ, ∼'plɛt] stoutish; **réplétion** [reple'sjɔ̃] *f* repletion.

repli [rə'pli] *m cost.* fold (*a. of ground*), crease; *rope, snake:* coil; *river:* bend, winding; ✕ falling back; **repliable** [rəpli'abl] folding; collapsible (*boat, chair*); **repliement** [ₓ'mɑ̃] *m* re-folding, turning up; bending back; ✕ falling back; *fig.* withdrawal (into o.s.); **replier** [ₓ'e] (1a) *v/t. a. se* ∼ fold up; coil up; bend back; ✕ withdraw (*outposts*); *se* ∼ ✕ fall back; *fig.* retire (within o.s., *sur soi-même*).

réplique [re'plik] *f* rejoinder, retort; *thea.* cue; *work of art etc.:* replica; *cin.* retake; ♪ *counterpoint:* answer; *fig. sans* ∼ unanswerable (*argument*);

répliquer [~pli'ke] (1m) v/i. retort; answer back.

reploiement [rəplwa'mã] m see repliement.

répondant [repõ'dã] m ⚖ surety, guarantor; eccl. server; servir de ~ à q. stand surety for s.o.; F avoir du ~ have money behind one, a. fig. have something to fall back on; **répondeur** teleph. [~'dœːr] m (a. ~ téléphonique) answering machine; **répondre** [~'põːdr] (4a) v/t. answer, reply; eccl. make the responses at (mass); v/i. ⊕ etc., a. fig. respond; ~ à answer; comply with, satisfy; correspond to, match; ~ de answer for, be responsible for; guarantee; **réponse** [~'põːs] f answer, reply; phys., physiol., a. fig. response; options: declaration; ⚖ ~s pl. de droit judicial decisions; ~ payée reply paid.

report [rə'pɔːr] m ✝ carrying forward; ✝ amount carried forward; transfer; postponement; **reportage** journ. [rəpɔr'taːʒ] m report(ing); article, story; coverage; (live) commentary.

reporter[1] [rəpɔr'te] (1a) v/t. carry or take back; transfer (a. phot.), transmit; ✝ carry forward; ✝ Stock Exchange: continue; fig. postpone (to, until à).

reporter[2] journ. [rəpɔr'tɛːr] m reporter; sportif sports reporter or commentator.

repos [rə'po] m rest, repose; peace (of mind etc.); ♪ pause; resting-place; stair: landing; ✕ ~! stand easy!; au ~ at rest (a. machine); still; **reposé, e** [~po'ze] **1.** adj. rested, refreshed; restful, quiet, fresh (complexion); à tête ~e at leisure; deliberately; **2.** su./f animal: lair; **repose-pied** [~poz'pje] m/inv. foot-rest; **reposer** [rəpo'ze] (1a) v/t. place, put, lay; 🚂 re-lay (a track); fig. rest; ✕ reposez armes! order arms!; se ~ (take a) rest; rely (up)on, sur); settle (bird, wine, etc.); fig. se ~ sur ses lauriers rest on one's laurels; v/i. lie, rest; be at rest; fig. ~ sur rest on, be based on; ici reposse here lies; **reposoir** eccl. [~'zwaːr] m temporary altar, station.

repoussant, e [rəpu'sã, ~'sãːt] repulsive; offensive, obnoxious (odour); **repousser** [~'se] (1a) v/t. push back or away, repel; ✕, a. fig. repulse (an attack, an offer); pol., a. fig. reject (a bill, overtures); ⊕ chase (metal), emboss (leather); v/i. ✿ shoot (up) again; grow again (hair); recoil (gun); resist (spring); **repoussoir** [~'swaːr] m cuticle remover; paint. strong piece of foreground; fig. foil.

répréhensible [repreã'sibl] reprehensible; **répréhension** [~'sjõ] f reprehension.

reprendre [rə'prãːdr] (4aa) v/t. take again; recapture; get (s.th.) back; pick (s.o.) up (again); fig. recover (senses, strength, taste, tongue); take back (an object, a gift, a promise, a servant, etc.); resume (a talk, one's work); repeat (an operation); thea. revive (a play); fig. catch (cold, F s.o.) again; fig. reprove (s.o.); put on again (one's summer clothes); v/i. begin again; ✿, ✝ improve; 🌱 heal again (wound); ✿ take root (again); set again (liquid); reply; come in again (fashion).

représailles [rəpre'zaːj] f/pl. reprisal(s pl.) sg.; user de ~ make reprisals.

représentable [rəprezã'tabl] representable; thea. performable; **représentant, e** [~'tã, ~'tãːt] **1.** adj. representative; **2.** su. representative; su./m ✝ agent, traveller; ~ exclusif de sole agent for; **représentatif, -ve** [~ta'tif, ~'tiːv] representative (of, de); **représentation** [~ta'sjõ] f ⚖, paint., pol., fig. representation; thea. performance, show; ✝ agency; admin. official entertainment; fig. protest; **représenter** [~'te] (1a) v/t. re-present; ⚖, ✝, pol., fig. represent; stand for; symbolize; thea. perform, give (a play), take the rôle of (a character); paint. depict, portray, fig. describe (as, comme); introduce (s.o.) again; recall (s.o.); point (s.th.) out (to, à); fig. se ~ qch. imagine or picture s.th.; v/i. have a good presence; keep up appearances.

répressif, -ve [repre'sif, ~'siːv] repressive; **répression** [~'sjõ] f repression.

réprimable [repri'mabl] repressible.

réprimandable [reprimã'dabl] deserving (of) censure; **réprimande**

[ʌˈmɑ:d] f reprimand, rebuke; **réprimander** [ʌmɑˈde] (1a) v/t. reprimand, rebuke, reprove (for, de).

réprimer [repriˈme] (1a) v/t. repress.

repris, e [rəˈpri, ʌˈpri:z] 1. p.p. of reprendre; 2. adj. recaptured; 3. su./m: ~ de justice old offender; habitual criminal; F old lag, Am. repeater; su./f recapture, recovery; talks, work: resumption; thea. play, ✝ business: revival; box. round; foot. second half; ♪ repetition; fig. renewal; ✗ fresh attack; mot. engine: pick-up; cost. darn(ing), mend(ing); repairing, mending; ~ perdue invisible mending; à plusieurs ~es again and again; on several occasions; ✝ valeur f de ~ trade-in value; ✝ prendre qch. en ~ take s.th. as a trade-in; **repriser** [ʌpriˈze] (1a) v/t. mend, darn; **repriseuse** [ʌˈzøːz] f mender, darner.

réprobateur, -trice [reprɔbaˈtœːr, ʌˈtris] reproachful; reproving; **réprobation** [ʌˈsjɔ̃] f reprobation, censure; fig. (howl of) protest.

reprochable [reprɔˈʃabl] reproachable, blameworthy; **reproche** [ʌˈprɔʃ] m reproach; reproof; sans ~ blameless, unimpeachable; **reprocher** [ʌprɔˈʃe] (1a) v/t.: ~ qch. à q. reproach or blame s.o. for s.th.; grudge s.o. s.th.

reproducteur, -trice [reprɔdykˈtœːr, ʌˈtris] 1. adj. reproductive; 2. su./m stud animal; **reproductible** [ʌˈtibl] reproducible; **reproduction** [ʌˈsjɔ̃] f ♀, zo., etc. reproduction; ✝ reproducing; copy; replica; ✗ droits m/pl. de ~ copyright sg.; **reproduire** [reprɔˈdɥiːr] (4h) v/t. reproduce; produce (s.th.) again; copy; se ~ fig. recur; zo. etc. reproduce, breed.

reprographie [reprɔgraˈfi] f reprography; **reprographier** [ʌˈfje] (1o) v/t. reproduce, copy.

réprouvable [repruˈvabl] blamable; blameworthy; **réprouvé, e** [ʌˈve] su. outcast; su./m: eccl. les ~s pl. the damned; **réprouver** [ʌˈve] (1a) v/t. reprobate (a. eccl.); fig. disapprove of; eccl. damn.

reps tex. [rɛps] m rep.

reptile zo. [rɛpˈtil] adj., a. su./m reptile.

repu, e [rəˈpy] 1. p.p. of repaître; 2. adj. satiated, full.

républicain, e [repybliˈkɛ̃, ʌˈken] adj., a. su. republican; **république** [ʌˈblik] f republic (a. fig.).

répudier [repyˈdje] (1o) v/t. repudiate (an opinion, one's wife); ✗ relinquish (a succession).

répugnance [repyˈɲɑ̃:s] f repugnance; dislike (of, to pour); loathing (of, for pour); fig. reluctance (to inf., à inf.); avec ~ reluctantly; **répugnant, e** [ʌˈɲɑ̃, ʌˈɲɑ̃:t] repugnant, loathsome, disgusting; **répugner** [ʌˈɲe] (1a) v/i.: ~ à q. be repugnant to s.o., disgust s.o.; ~ à faire qch. be loath to do s.th.; il me répugne de (inf.) I am loath or reluctant to (inf.).

répulsif, -ve [repylˈsif, ʌˈsiːv] repulsive; **répulsion** phys., a. fig. [ʌˈsjɔ̃] f repulsion (for, pour).

réputation [repytaˈsjɔ̃] f reputation, F character; (good or bad) name; connaître q. de ~ know s.o. by reputation; **réputer** [ʌˈte] (1a) v/t. think, consider, hold.

requérant, e ✗ [rəkeˈrɑ̃, ʌˈrɑ̃:t] 1. su. plaintiff; petitioner; applicant; 2. adj.: partie f ~e applicant; petitioner; claimant; **requérir** [ʌkeˈriːr] (2l) v/t. ask (for); claim, demand; fig. require; ✗ requisition; ask; call upon (s.o.) for help; **requête** [ʌˈket] f request, petition; demand; ✗ ~ civile appeal against a judgment.

requin icht. [rəˈkɛ̃] m shark (a. F = swindler).

requis, e [rəˈki, ʌˈkiːz] 1. adj. required, necessary, requisite; 2. p.p. of requérir; 3. su./m labo(u)r conscript.

réquisition [rekiziˈsjɔ̃] f requisition(ing) (a. ✗); levy; demand; **réquisitionner** [ʌsjɔˈne] (1a) v/t. requisition; seize, commandeer; **réquisitoire** ✗ [ʌˈtwaːr] m charge, indictment.

rescapé, e [reskaˈpe] 1. adj. rescued; 2. su. survivor; rescued person.

rescinder ✗ [resɛ̃ˈde] (1a) v/t. rescind, annul; avoid (a contract); **rescision** ✗ [ʌsiˈzjɔ̃] f rescission, annulment; contract: avoiding.

rescousse [resˈkus] f: aller (venir) à la ~ de go (come) to the rescue of.

réseau [reˈzo] m ⚓, teleph., roads,

lace, a. fig.: network; *teleph., fig.* area (served); ⚡ mains *pl.;* 🔥, *rivers, roads:* system; ✕ barbed wire *etc.:* entanglement; *opt.* diffraction grating; *anat. nerves:* plexus.

résection ⚕️ [resek'sjɔ̃] *f* resection.

réséda ♃ [reze'da] *m* reseda.

réséquer ⚕️ [rese'ke] (1s) *v/t.* resect.

réservation [rezɛrva'sjɔ̃] *f* reservation; 🏛 ~ *faite de* without prejudice to; **réserve** [~'zɛrv] *f* 🔥, 🏛, *eccl., a. fig.* reservation; ✕, ⚓, ✈, 🏛, *pol.,* provisions, ⊕ *power:* reserve; *fig.* caution; 🏛 *(legal)* portion; ✕ *officier m de* ~ reserve officer; *fig. sans* ~ unreserved(ly *adv.*), unstinted (*praise*); 🏛 *sous* ~ without prejudice to; *sous* ~ *de* subject to; **réservé, e** [rezɛr've] reserved; cautious; stand-offish; shy; 🏛 *tous droits* ~s all rights reserved; **réserver** [~'ve] (1a) *v/t.* reserve; set (*s.th.*) aside; save (*s.th.*) up; set apart (*money for a specific purpose*); **réserviste** ✕ [~'vist] *m* reservist; **réservoir** [~'vwa:r] *m* reservoir; container; (*fish-*)pond; ⊕, *mot.* tank; ⊕ (*grease-*)box; 🔩, *mot.* ~ *de secours* reserve tank.

résidant, e [rezi'dɑ̃, ~'dɑ̃:t] resident; *eccl.* residentiary; **résidence** [~'dɑ̃:s] *f* residence; residential flats *pl.;* ~ *principale* (*secondaire*) main (second) home; **résident** *admin.* [~'dɑ̃] *m* resident; **résidentiel, -elle** [~dɑ̃'sjɛl] residential (*quarter*); **résider** [~'de] (1a) *v/i.* live, dwell, reside (at, *à;* *in, dans*); *fig.* lie (*in dans, en*); **résidu** [~'dy] *m* 🔬, ⊕, ♃ residue; ♃ remainder.

résignation 🏛, *eccl. etc., a. fig.* [reziɲa'sjɔ̃] *f* resignation; **résigné, e** [~'ɲe] resigned (to, *à*); meek; **résigner** [~'ɲe] (1a) *v/t.* resign (*s.th.*); give (*s.th.*) up; ~ *le pouvoir* abdicate (*king*); lay down office; *se* ~ resign o.s. (to, *à*).

résilier [rezi'lje] (1o) *v/t.* cancel, annul; terminate (*a contract*).

résille [re'zi:j] *f* hair-net.

résine [re'zin] *f* resin; **résineux, -euse** [~zi'nø, ~'nø:z] resinous; coniferous (*forest*).

résistance [rezis'tɑ̃:s] *f* ⚡, ⊕, ✕, *pol., fig.* resistance; ⊕ *materials:* strength; *fig.* opposition; *fig.* stamina, endurance; *pol.* ♀ underground movement; ⚡ ~ *de fuite de grille*

radio: grid-leak; *faire* ~ offer *or* put up resistance; **résistant, e** [~'tɑ̃, ~'tɑ̃:t] 1. *adj.* resistant; strong; tough; fast (*colour*); hard-wearing; ⊕ *très* ~ *a.* heavy-duty ...; ~ *à la chaleur* heat-proof; 2. *su. pol.* member of the *Résistance* (*1939—45 war*); **résister** [~'te] (1a) *v/i.:* ~ *à* resist; ⚓ weather (*a storm*); ⊕ take (*a stress*); *fig.* bear; hold out against.

résolu, e [rezɔ'ly] 1. *adj.* resolute; determined to, *à;* 2. *p.p. de* **résoudre**; **résolus** [~] *1st p. sg. p.s. de* **résoudre**; **résolutif, -ve** [rezɔly'tif, ~'ti:v] *adj. a. su./m* resolvent; **résolution** [~'sjɔ̃] *f* 🔬, ♃, ♪, *admin., a. fig.* resolution; *fig.* resolve, determination; 🏛 *contract:* avoidance, termination; *prendre la* ~ *de* determine to; *admin.* resolve; *en* ~ *pass* a resolution; **résolutoire** 🏛 [~'twa:r] (*condition of avoidance;* **résolvons** [rezɔl'vɔ̃] *1st p. pl. pres. de* **résoudre**.

résonance [rezɔ'nɑ̃:s] *f* resonance; *radio a.* tuning; **résonnement** [~zɔn'mɑ̃] *m* resounding, reverberation, re-echoing; **résonner** [~zɔ'ne] (1a) *v/i.* resound, reverberate, ring; be resonant (*room*); echo (*sound*).

résorber ⚕️ [rezɔr'be] (1a) *v/t.* re-(ab)sorb; **résorption** ⚕️ [~zɔrp'sjɔ̃] *f* re(ab)sorption.

résoudre [re'zudr] (4bb) *v/t.* resolve (*a.* ♪ *a dissonance, fig. a difficulty*); ♃ solve (*a. fig. a problem*); *fig.* decide on; settle (*a question*); 🏛 rescind, avoid; *se* ~ *à* (*inf.*) decide to (*inf.*), make up one's mind to (*inf.*); **résous** 🔥 [~'zu] *p.p./m de* **résoudre**.

respect [rɛs'pɛ] *m* respect; ~ *de soi* self-respect; *sauf votre* ~ with all (due) respect; saving your presence; *tenir q. en* ~ keep s.o. at arm's length or in check; **respectable** [rɛspɛk'tabl] respectable (*a. fig.*); *fig. a.* fair-sized, sizeable; **respecter** [~'te] (1a) *v/t.* respect; *se* ~ have self-respect; **respectif, -ve** [~'tif, ~'ti:v] respective; **respectueux, -euse** [~'tɥø, ~'tɥø:z] respectful (towards, *envers;* of, *de*); dutiful (*child*).

respirable [rɛspi'rabl] respirable; **respiration** [~ra'sjɔ̃] *f* respiration, breathing; **respiratoire** [~ra'twa:r] breathing; respiratory; *exercice m* ~ breathing exercise; **respirer** [~'re] (1a) *v/i.* breathe; *fig.* breathe again;

fig. take breath, get one's breath; *v/t.* breathe (in), inhale; *fig.* exude.

resplendir [rɛsplã'di:r] (2a) *v/i.* be resplendent, glitter (with, de); *fig.* glow (with, de); **resplendissant, e** [∼di'sã, ∼'sã:t] resplendent; **resplendissement** [∼dis'mã] *m* splendo(u)r, resplendence, brightness.

responsabilité [rɛspõsabili'te] *f* responsibility, liability (a. 🏛) (for, de); accountability; 🏛 ∼ *civile* civil liability; **responsable** [∼'sabl] responsible, accountable (for s.th., de qch.; for s.o., pour q.; to devant, envers); *rendre q.* ∼ *de* hold s.o. responsible for, blame s.o. for.

resquiller F [rɛski'je] (1a) *v/i.* get in on the sly; fiddle a free ride; *v/t.* avoid paying for.

ressac ⚓ [rə'sak] *m* backwash, undertow; surf.

ressaisir [rəsɛ'zi:r] (2a) *v/t.* recapture, seize again; recover possession of; *se* ∼ recover o.s.; recover one's balance.

ressasser [rəsɑ'se] (1a) *v/t.* repeat (a story etc.) over and over; keep going back over (a story etc.); keep turning over (memories etc.).

ressaut [rə'so] *m* ⌂ projection; shelf (along a track); geol. rockstep; geog. sharp rise.

ressemblance [rəsã'blã:s] *f* likeness; resemblance (to, avec); **ressemblant, e** [∼'blã, ∼'blã:t] lifelike, true to life; **ressembler** [∼'ble] (1a) *v/i.:* ∼ *à* resemble, look like; *ils se ressemblent* they are alike.

ressemeler [rəsəm'le] (1c) *v/t.* resole (a shoe).

ressentiment [rəsãti'mã] *m* resentment (against, contre; at, de); *avec* ∼ resentfully; **ressentir** [∼'ti:r] (2b) *v/t.* feel, experience (an emotion, pain, etc.); resent (an insult etc.); *se* ∼ *de* feel the (after)effects of.

resserre [rə'sɛr] *f* shed; **resserré, e** [rəsɛ're] narrow, confined; **resserrement** [∼sɛr'mã] *m* contraction; tightening; closing up; narrowness; **resserrer** [∼sɛ're] (1b) *v/t.* (a. *se* ∼) tighten (up); contract; close (up); *se* ∼ *a.* narrow, grow narrow(er); *se* ∼ *autour de* close in on.

ressort¹ [rə'sɔːr] *m* elasticity; ⊕ spring; *fig.* incentive, motive; ∼ *à boudin* (*à lames*) spiral (laminated)

spring; *faire* ∼ act as a spring; be elastic; *fig. faire jouer tous les* ∼*s* leave no stone unturned.

ressort² [∼] *m* 🏛 competence, jurisdiction; *fig.* scope; *en dernier* ∼ 🏛 without appeal; *fig.* in the last resort.

ressortir¹ [rəsɔr'ti:r] (2b) *v/i.* go or come out again; *fig.* stand out, be thrown into relief; *fig.* result, follow (from, de); *v/t.* bring or take out again.

ressortir² [rəsɔr'ti:r] (2a) *v/i.* 🏛 be within the jurisdiction (of, *à*); *fig.* pertain (to, *à*); **ressortissant** *m*, *-e f* [∼tisã, ∼'sã:t] national (of a country), subject.

ressource [rə'surs] *f* resource(fulness); expedient; 🗲 pull-out; ∼*s pl.* resources, means; funds; *en dernière* ∼ in the last resort.

ressouvenir [rəsuv'ni:r] (2h) *v/t.:* *se* ∼ *de* remember, recall.

ressuer [rə'sɥe] (1n) *v/i.* △, *metall.* sweat; ⊕ *faire* ∼ roast (ore).

ressusciter [resysi'te] (1a) *vt/i.* resuscitate, revive; *v/t.* raise from the dead; *v/i.* rise from the dead.

restant, e [rɛs'tã, ∼'tã:t] 1. *adj.* remaining, left; 🏛 surviving; 2. *su.* survivor; *su./m* remainder, rest; ✝ account: balance.

restaurant [rɛsto'rã] *m* restaurant; *manger au* ∼ eat out; **restaurateur, -trice** [∼ra'tœːr, ∼'tris] *su.* restorer; *su./m* restaurateur, keeper of a restaurant; **restauration** [∼ra'sjõ] *f* restoration; **restaurer** [∼'re] (1a) *v/t.* restore; ✴ etc. set (s.o.) up again; *se* ∼ take refreshment; feed up.

reste [rɛst] *m* rest, remainder, remnant(s pl.); ∼*s pl.* ✝, *cuis.* remnants, leavings; left-overs; mortal remains; *au* ∼, *du* ∼ moreover; *de* ∼ (time, money, etc.) to spare; *en* ∼ ✝ in arrears; *fig.* indebted (to, avec); **rester** [rɛs'te] (1a) *v/i.* remain; be left (behind); stay; *en* ∼ *là* leave it at that; *(il) reste à savoir si* it remains to be seen whether.

restituable [rɛsti'tɥabl] repayable; restorable; **restituer** [∼'tɥe] (1n) *v/t.* restore (a text, a.th. to s.o.); return; restitute; 🏛 reinstate (s.o.). **restitution** [∼tɥ'sjõ] *f* restitution (of a text, a. of s.th. to s.o.); 🏛 restitution; return. [side restaurant.]

restoroute (TM) [rɛsto'rut] *m* road-⌐

restreindre [rɛs'trɛ̃:dr] (4m) v/t. restrict, limit, cut down; fig. se ~ à limit o.s. to; **restrictif, -ve** [~trik'tif, ~'ti:v] restrictive; **restriction** [~trik'sjɔ̃] f restriction (a. fig.); limitation; fig. ~ mentale mental reservation.

restructurer [rəstrykty're] (1a) v/t. restructure.

résultante ⚕, phys. [rezyl'tɑ̃:t] f resultant; **résultat** [~'ta] m result (a. ⚕), issue; effect; avoir pour ~ result in; **résulter** [~'te] (1a) v/i. (3rd persons only) result, follow (from, de); il en résulte que it follows that.

résumé [rezy'me] m summary, précis; en ~ to sum up, in short; **résumer** [~] (1a) v/t. summarize; sum up (⚕⚕, arguments, etc.); se ~ sum up; fig. amount, F boil down (to, à).

résurrection [rezyrɛk'sjɔ̃] f resurrection; fig. revival.

retable △, eccl. [rə'tabl] m reredos, altar-piece.

rétablir [reta'bli:r] (2a) v/t. reestablish, restore (a. ✕); reinstate (an official); ⚕ recover (one's health); fig. retrieve (one's fortune, a position, one's reputation); se ~ recover (a. ⚕); ✝ revive; **rétablissement** [~blis'mɑ̃] m re-establishment; restoration; reinstatement; ⚕ recovery (a. fig.); ✝ revival.

retailler [rətɑ'je] (1a) v/t. recut (a. ⊕); resharpen (a pencil); prune (a tree) again.

rétamé, e F [reta'me] worn out; stoned (= drunk); broke; bust(ed); **rétamer** ⊕ [~'me] (1a) v/t. re-tin; re-coat; F fig. clean (s.o.) out; **rétameur** [~'mœːr] m tinker.

retaper F [rətɑ'pe] (1a) v/t. touch up, recast; straighten (a bed); retrim (a hat etc.); fig. restore (s.o.); F buck (s.o.) up; plough (a candidate); se ~ recover; F buck up.

retard [rə'ta:r] m delay; lateness; child, harvest: backwardness; ⚕, ⚓ lag; ✝ suspension; être en ~ be late; be slow (clock etc.); be behind (with, dans or pour); be backward; être en ~ sur be behind (the fashion, the times); ma montre est en ~ de cinq minutes my watch is 5 minutes slow; **retardataire** [rətardɑ'tɛ:r] 1. adj. late; ✝ in arrears; behindhand; backward

(child, country, etc.); 2. su. latecomer; laggard; ✝ etc. person in arrears; ✕, ⚓ defaulter; **retardadeur, -trice** [~'tœ:r, ~'tris] retarding; **retardation** phys. [~'sjɔ̃] f retardation, negative acceleration; **retardement** [rətardə'mɑ̃] m delay; retarding; F à ~ after the event, afterwards; bombe f à ~ delayed-action bomb; **retarder** [~'de] (1a) v/t. delay, retard; make late; defer (an event, payment); put back (a clock); v/i. be late; be slow, lose (clock); ⚕, ⚓ lag; ~ sur son temps be behind the times.

reteindre [rə'tɛ̃:dr] (4m) v/t. redye.

retéléphoner [rətelefɔ'ne] (1a) v/i.: ~ (à q.) phone (s.o.) again, call (s.o.) back.

retenir [rət'ni:r] (2h) v/t. hold back; detain (s.o.); keep; hold (s.o., s.o.'s attention); withhold (wages); fig. remember; book (a seat, a room); engage (a servant etc.); fig. repress, hold back (a sob, tears, one's anger, etc.); restrain (from ger., de ger.); se ~ control o.s.; refrain (from, de); se ~ à clutch at (s.th.); **rétention** [retɑ̃'sjɔ̃] f, a. ⚕⚕ case: retention; ⚕⚕ pledge: retaining.

retentir [rətɑ̃'ti:r] (2a) v/i. (re-)sound, ring, echo; fig. ~ sur affect; **retentissement** [~tis'mɑ̃] m re-sounding, echoing; fig. repercussion (of an event); fig. stir.

retenu, e [rət'ny] restrained, reserved; discreet; low-key(ed); **retenue** [~] f money: deduction; stoppage; ⚕ carry over; school: detention; holding back; reservoir; dam; ⚓ guy(-rope); fig. discretion; modesty; fig. actions, speech: restraint.

réticence [reti'sɑ̃:s] f reticence; hesitation, reluctance.

réticule [reti'kyl] m opt. graticule; hand-bag, reticule; **réticulé, e** [~ky'le] reticulated.

rétif, -ve [re'tif, ~'ti:v] restive, stubborn (a. fig.).

rétine anat. [re'tin] f eye: retina; **rétinite** [~ti'nit] f ⚕ retinitis; min. pitchstone.

retiré, e [rəti're] retired, secluded, solitary; remote; in retirement; **retirer** [~] (1a) v/t. withdraw; take out; extract (a bullet, a cork); derive, get (profit); obtain; ✝ take up (a bill); fig. take back (an insult, a *promise, etc.*); *fig.* give shelter to (*s.o.*); *typ.* reprint (*a book*); fire (*a gun*); take out, *Am.* check out (*luggage*); ~ *de la circulation* call in (*currency*); se ~ retire, withdraw; ebb (*tide*), recede (*sea*), subside (*waters*).

retombée [rətõ'be] *f* fallout; △ *arch etc.*: springing; *fig.* ~s *pl.* repercussions, consequences, effect(s) (*sg.*); *fig.* spin-off (*sg.*); *phys.* ~s *pl.* radioactives fallout *sg.*; **retomber** [~] (1a) *v/i.* fall (down) again; fall (back); ~ *dans* lapse into; *fig.* ~ *sur* blame, glory; fall upon.

retoquer F [rətɔ'ke] (1m) *v/t.* fail, F plough (*a candidate*).

retordoir ⊕ [rətɔr'dwaːr] *m* instrument: twister; **retordre** [~'tɔrdr] (4a) *v/t.* wring out again; *tex.* twist; *fig.* donner du fil à ~ à q. give s.o. trouble.

retorquer [rətɔr'ke] (1m) retort; turn (*an argument*); cast back (*an accusation*).

retors, e [rə'tɔːr, ~'tɔrs] *tex.* twisted; curved (*beak*); *fig.* crafty; rascally.

retouche [rə'tuʃ] *f paint. etc.* retouch; *phot.* retouching; ⊕ finishing, dressing; **retoucher** [~tu'ʃe] (1a) *v/t. paint., phot.,* etc. retouch; ⊕ finish, dress; *v/i.:* ~ *à* meddle with (*s.th.*) (again).

retour [rə'tuːr] *m* return (*a.* △ *wall, ↑, ♪, sp.,* post, *a. fig.*); going back; *♫, life, feeling, fortune, opinion, rope:* turn; *fig. feeling, fortune, opinion, etc.:* change; *♪, ♫* recurrence; *↑* dishono(u)red bill; *⚡ biol.* reversion; *♫ ~ d'âge* critical age, change of life; *mot.* ~ *de flamme* back-fire; *♫ ~ par la terre* earth return; *à son* ~ on his return; ✉ *billet m de* ~ return ticket; *en* ~ *de* in return *or* exchange for; *être de* ~ be back; *être sur le* ~ be past one's prime, F be getting on; *sp. match m* ~ return match; **retourne** [~'turn] *f cards:* turn-up; trumps *pl.*; **retourner** [~tur'ne] (1a) *v/i.* return; go back; *fig.* recoil (upon, *sur*); *⚡ biol.* revert; *de quoi retourne-t-il?* what is it all about?; *il retourne cœur cards:* hearts are trumps; *v/t.* turn (*s.th.*) inside out; turn (*hay, one's head, omelette, ship, a. fig. argument, etc.*), turn over (*an*

idea, the soil); turn up (*a card*); twist (*s.o.'s arm*); *cuis.* mix (*salad*); *fig.* upset, disturb (*s.o.*); return (*s.th. to s.o., qch. à q.*); se ~ turn (*round or over*); round (on, *contre*); change (*opinion*); F *s'en* ~ go back.

retracer [rətra'se] (1k) *v/t.* retrace; mark (*s.th.*) out again; *fig.* bring to mind, recall; se ~ recur.

rétracter [retrak'te] (1a) *v/t.* retract; draw in; withdraw (*an opinion etc.*); *✝* rescind (*a decree*); se ~ *tex.* shrink; *♫, a. fig.* retract; **rétractile** [~'til] retractile; **rétraction** [~'sjõ] *f* contraction *or* retraction.

retrait [rə'trɛ] *m* ⊕ *metal, wood, etc.*: shrinkage, contraction; withdrawal (*a. ↑, parl.*); licence, ticket, order, *etc.*: cancelling; *⚡* recess; *✝* redemption; *en* ~ sunk (*panel*), recessed (*shelves*), set back (*house*).

retraite [~'trɛt] *f* ✕, ♪ retreat (*a. fig.*); withdrawal; ✕ tattoo; retirement, superannuation; pension, ✕, ♪ retired pay; *animals:* lair; *↑* redraft; △ offset; *caisse f de* ~ superannuation fund; *en* ~ retired; *mettre q. à la* ~ retire s.o., pension s.o. off; *prendre sa* ~ retire; **retraité, e** [rətrɛ'te] **1.** *adj.* pensioned off; superannuated; ✕, ♪ on the retired list; **2.** *su.* pensioner.

retraitement ⊕ [rətrɛt'mã] *m* reprocessing; **retraiter**[1] [rətrɛ'te] (1a) *v/t.* treat *or* handle again; ⊕ reprocess.

retraiter[2] [~] (1a) *v/t.* pension (*s.o.*) off, retire (*s.o.*), superannuate (*s.o.*); ✕, ♪ place on the retired list.

retranchement [rətrãʃ'mã] *m* cutting off; ✕ entrenchment; *pension:* docking; suppression; **retrancher** [~trã'ʃe] (1a) *v/t.* cut off (from, de); remove (from, de); cut out (*a. fig.*); ✕ entrench; *A* deduct; se ~ retrench; ✕ entrench o.s.; dig o.s. in; *fig.* take refuge (behind, *derrière*).

retransmettre [rətrãs'mɛtr] (4v) *v/t.* radio: broadcast; telev. show; **retransmission** [~mi'sjõ] *f* broadcast; showing.

rétrécir [retre'siːr] (2a) *vt/i.* se ~ narrow; contract; *tex.* shrink; **rétrécissement** [~sis'mã] *m* narrowing; contraction (*a. opt.*); *tex.* shrinking; *♫* stricture.

retremper [rətrã'pe] (1a) *v/t.* soak

(s.th.) again; ⊕ retemper (steel, a. fig. one's mind, etc.); fig. strengthen (s.o.); se ~ be toned up; get new strength.

rétribuer [retri'bɥe] (1n) v/t. pay, remunerate; **rétribution** [‿by'sjɔ̃] f remuneration, payment; salary; sans ~ honorary.

rétro [re'tro] **1.** adj. reminiscent of times past; la vogue ~ nostalgia; **2.** su./m nostalgia; mot. (= rétroviseur) back-view mirror.

rétro... [retro] retro...; **~actif, -ve** [‿aktif, ‿'tiːv] retroactive, retrospective; admin. avec effet ~ (à) backdated (to) (measure etc.); **~action** [‿ak'sjɔ̃] f retroaction; ∉, radio: feedback; **~céder** [‿se'de] (1f) v/t. ⚖ retrocede; redemise; ✝ return (a commission); **~fusée** ⚔ [‿fy'ze] f retrorocket; braking-rocket; **~grade** [‿'grad] retrograde, backward; **~grader** [‿gra'de] (1a) v/i. move backwards; regress; retrograde; fall back; mot. change (Am. shift) down (from ... to ..., de ... en ...); v/t. admin. ✕ etc. demote; **~pédalage** [‿peda'laːʒ] m bicycle: back-pedalling; **~spectif, -ve** [‿spɛk'tif, ‿'tiːv] retrospective.

retrousser [rətru'se] (1a) v/t. turn up (a sleeve, one's trousers, one's moustache); tuck up (one's skirt); curl up (one's lips); nez m retroussé turned-up or snub nose.

retrouvailles [rətru'vaːj] f/pl. reunion, reconciliation; **retrouver** [‿'ve] (1a) v/t. find (again); rediscover (s.th.); meet (s.o.) again; return to (a place); recover (one's health, one's strength); aller ~ go and see (s.o.) again; se ~ find o.s. back; a. s'y ~ find one's way.

rétro...: **~version** ⚕ [retrɔver'sjɔ̃] f retroversion; **~viseur** mot. [‿vi-'zœːr] m driving-mirror, rear-view mirror.

rets hunt. [rɛ] m net.

réunifier [reyni'fje] (1o) v/t. reunify.

réunion [rey'njɔ̃] f reunion; meeting; ∉, a. pol. union; gathering; party, function; **réunir** [‿'niːr] (2a) v/t. (re)unite; join (to, with à); join together, link; collect (money, water); ✕ raise (troops).

réussir [rey'siːr] (2a) v/i. succeed (in ger.; à inf.; at or in s.th., dans qch.); be a success (thea. etc.); ♥ thrive; ~ à pass (an examination); v/t. be suc-

cessful in; carry (s.th.) out well; **réussite** [‿'sit] f † result, outcome; success; cards: patience.

revacciner ⚕ [rəvaksi'ne] (1a) v/t. revaccinate.

revaloir [rəva'lwaːr] (3l) v/t. pay back in kind; repay; **revalorisation** [rəvaloriza'sjɔ̃] f † revalorization, revaluation; fig. reassertion of the value of; **revaloriser** [‿'ze] (1a) v/t. ✝ revalorize, revalue; fig. reassert the value of.

revanche [rə'vɑ̃ːʃ] f revenge; return; en ~ in return; on the other hand; **revancher** [rəvɑ̃'ʃe] (1a) v/t.: se ~ have one's revenge; revenge o.s. (for, de).

rêvasser [rɛva'se] (1a) v/i. muse (on, à), day-dream (about, à); **rêvasserie** [‿vas'ri] f musing, daydream(ing); **rêvasseur** m, -euse f [‿vɑ'sœːr, ‿'søːz] day-dreamer.

rêve [rɛːv] m dream (a. fig.); faire un ~ have a dream.

revêche [rə'vɛʃ] harsh, rough; ⊕ difficult to work (stone, wood); brittle (iron); fig. cantankerous, crabby; sour (face).

réveil [re'vɛːj] m waking, awakening; religion: revival; by ext. ~ reveille; alarm(-clock); fig. fâcheux ~ rude awakening; **réveille-matin** [‿vej-ma'tɛ̃] m/inv. alarm(-clock); **réveiller** [reve'je] (1a) v/t. (a)wake; waken (a. fig.); rouse (a. fig.); ✕ turn out; se ~ wake up, awake (person); fig. be awakened or aroused; **réveillon** [‿'jɔ̃] m midnight supper (usu. on Christmas Eve and New Year's Eve).

révélateur, -trice [revela'tœːr, ~'tris] **1.** adj. revealing; tell-tale (sign); phot. developing (bath); **2.** su. revealer; su./m phot. developer; ⊕ detector; **révélation** [‿la-'sjɔ̃] f revelation; F eye-opener; ⚖ information; bibl. ♀s pl. the Revelation sg.; **révéler** [‿'le] (1f) v/t. reveal (a. eccl.), disclose, F let out (a secret); fig. show; phot. develop.

revenant [rəv'nɑ̃] m ghost; F fig. stranger; il y a des ~s ici this place is haunted.

revendeur m, -euse f † [rəvɑ̃'dœːr, ~'døːz] retailer; second-hand dealer.

revendication [rəvɑ̃dika'sjɔ̃] f claim, demand; **revendiquer** [‿'ke] (1m) v/t. claim, demand; assume (a *responsibility*); claim (*an attempt, an attack, etc.*).

revendre [rə'vãːdr] (4a) *v/t.* resell; ✝ sell out; F *fig.* spare; en ~ à outwit (*s.o.*), be too much for (*s.o.*).

revenez-y [rəvne'zi] *m/inv.* renewal, revival, return; F *avoir un goût de ~* be very more-ish.

revenir [rəv'niːr] (2h) *v/i.* return, come back *or* again (à *fig.*); recover (from, *de*); cost (s.o. s.th., *à q. à qch.*); *fig.* amount (to, *à*); *fig.* fall by right (to, *à*); *✎ ~ à soi* come round; ~ *à qch.* amount *or* come down to s.th.; *cela revient au même* it amounts *or* comes to the same thing; ~ *de* get over (*s.th.*); ~ *sur* retrace (*one's steps*); go back on (*a decision, a promise*); go back over (*the past, an affair, etc.*); *cuis. faire* ~ brown (*meat*); ... *ne me revient pas* I don't like the look of ...; I cannot recall ...; *ne pas en* ~ be unable to get over it.

revente [rə'vãːt] *f* re-sale; ✝ *stock:* selling-out.

revenu [rəv'ny] *m person:* income; *State:* revenue; ✝ yield; *metall.* tempering; *admin. impôt m sur le* ~ income tax; **revenue** ⚲ [~] *f* new growth; young wood.

rêver [re've] (1a) *v/i.* dream (about, of *de*); ~ *à* think about, ponder over; ~ *de* long for; *v/t.* dream of; *fig.* imagine; *fig.* desire ardently.

réverbère [rever'bɛːr] *m* heat, lamp, *etc.:* reflector; street-lamp; **réverbérer** [~be're] (1f) *v/t.* reflect (*light*); re-echo (*a sound*).

reverdir [rəver'diːr] (2a) *v/t.* make *or* paint green again; *v/i.* turn green again; F *fig.* grow young again (*person*).

révérence [reve'rãːs] *f* reverence (*à.* ♀ *title*); bow; curtsey; F ~ *parler* with all due respect; *tirer sa* ~ take one's leave; **révérenciel, -elle** [~rã'sjɛl] reverential; **révérencieux, -euse** [~rã'sjø, ~'sjøːz] ceremonious; over-polite (*person*); **révérend, e** *eccl.* [~'rã, ~'rãːd] Reverend; **révérendissime** *eccl.* [~rãdi'sim] Most *or* Right Reverend; **révérer** [~'re] (1f) *v/t.* revere, (hold in) reverence.

rêverie [rev'ri] *f* reverie; dreaming.

revers [rə'vɛːr] *m* coin, fencing, a. *fig.* fortune: reverse; *hand., page:* back; *tex.* wrong side; *cost. coat:*

lapel; *trousers:* turn-up, *Am.* cuff; *stocking:* turn-down, top; ✗ *uniform:* facing; *fig.* set-back; backhanded blow; *sp.* back-hand stroke; **reverser** [rəver'se] (1a) *v/t.* pour (*s.th.*) out again; pour (*s.th.*) back; *fig.* shift (on, to *sur*); ✝ transfer; **réversible** [rever'sibl] reversible; *⚖* revertible; **réversion** *⚖, biol.* [~'sjõ] *f* reversion (to, *à*).

revêtement [rəvɛt'mã] *m* △ facing, coating, sheathing; *road:* surface; △, *a.* ✗ revetment; *⚡ flex:* cover; ⊕ *wood:* veneer(ing); △ *mur m de* ~ retaining wall, revetment wall; **revêtir** [~ve'tiːr] (2g) *v/t.* (re-)clothe; dress (in, *de*); ✝ invest (with, *de*); *cost.* put on; *fig.* assume (*a form, a shape, etc.*); △ face, coat, cover; ⊕ *lag* (*a boiler*); ✗ revet; ✝ ~ *qch. de sa signature* sign s.th.; affix one's signature to s.th.

rêveur, -euse [rɛ'vœːr, ~'vøːz] **1.** *adj.* dreamy; dreaming; **2.** *su.* (day-)dreamer.

revient ✝ [rə'vjɛ̃] *m: prix m de* ~ cost (price).

revirement [rəvir'mã] *m* ✝, *a. fig.* sudden change *or* turn; ✝ *debt etc.:* transfer; ⚓ money: transfer; **revirer** [~vi're] (1a) *v/i.* ⚓ go about; *fig.* change sides.

réviser [revi'ze] (1a) *v/t.* revise; ✝ audit (*accounts*); *⚖* review; ⊕, *mot.* recondition, overhaul; inspect; **réviseur** [~'zœːr] *m* reviser; examiner; *typ.* proof-reader; ✝ auditor; **révision** [~'zjõ] *f* revision; audit(ing); *⚖* review; *a.*, *mot.* overhaul(ing); ⊕ inspection; *typ.* proof-reading; ✗ *conseil m de* ~ recruiting board, *Am.* draft board; military appeal court; **révisionnisme** *pol.* [~zjõ-'nism] *m* revisionism.

revitaliser [rəvitali'ze] (1a) *v/t.* revitalize; *crème f revitalisante* nourishing cream.

revivifier [rəvivi'fje] (1o) *v/t.* revitalize, revive.

revivre [rə'viːvr] (4hh) *v/i.* live again, come alive again; *fig.* revive; *v/t.* live (*s.th.*) over again.

révocable [revɔ'kabl] revocable, removable (*official*); **révocation** [~ka'sjõ] *f* *⚖ will:* revocation, *law:* repeal; *admin. order:* cancellation, official: removal, dismissal; **révocatoire** [~ka'twaːr] revocatory.

revoici F [rəvwa'si] *prp.*: me ~! here I am again!; **revoilà** F [~'la] *prp.*: le ~ malade! there he is, ill again!

revoir [rə'vwa:r] **1.** (3m) *v/t.* see again; meet (*s.o.*) again; revise; inspect; $\frac{\text{t}}{\text{t}\text{t}}$ review; *typ.* read (*proofs*); go over (*accounts etc.*) again; **2.** *su./m:* au ~ good-bye.

révoltant, e [revɔl'tɑ̃, ~'tɑ̃:t] shocking, revolting; **révolte** [~'vɔlt] *f* revolt, rebellion; $\cancel{\times}$, Φ mutiny; **révolté, e** [revɔl'te] **1.** *adj.* in revolt; **2.** *su.* rebel, insurgent; $\cancel{\times}$, Φ mutineer; **révolter** [~] (1a) *v/t.* rouse to rebellion, cause to revolt; *F fig.* revolt, shock, disgust; se ~ revolt, rebel (*a. fig.*); $\cancel{\times}$, Φ mutiny.

révolu, e [revɔ'ly] past, bygone (*time*), completed (*period of time*); **révolution** [revɔly'sjɔ̃] *f* $\frac{1}{4}$, *pol.*, *fig.* revolution; *astr.* rotation; **révolutionnaire** [~sjɔ'nɛ:r] *adj.*, *a. su.* revolutionary; **révolutionner** [~sjɔ'ne] (1a) *v/t.* revolutionize (*a. fig.*); *F fig.* stir up.

revolver [revɔl'vɛ:r] *m* revolver, gun; $\oplus$ *lathe:* turret.

révoquer [revɔ'ke] (1m) *v/t.* revoke, cancel (*an order*); dismiss, remove (*an official*); recall (*an ambassador*); ~ en doute question (*s.th.*), call (*s.th.*) in question.

revue [rə'vy] *f* review (= survey, *a.* $\cancel{\times}$, *journ.*); inspection (*a.* $\cancel{\times}$); *journ.* magazine, periodical; *thea.* revue; *F nous sommes de* ~ we'll meet again; we often meet; *passer en* ~ review, run over (*s.th.*); $\cancel{\times}$ be reviewed *or* inspected; **revuiste** *thea.* [~'vɥist] *su.* composer of revues.

révulsé, e [revyl'se] *adj.*: l'œil ~ with turned-up eyes; **révulsif, -ve** $\frac{1}{8}$ [~'sif, ~'si:v] *adj.*, *a. su./m* revulsive; counter-irritant; **révulsion** $\frac{1}{8}$ [~'sjɔ̃] *f* revulsion; counter-irritation.

rez-de-chaussée [retʃo'se] *m/inv.* street level; ground floor, *Am.* first floor; au ~ on the ground *or Am.* first floor.

rhabiller [rabi'je] (1a) *v/t.* dress (*s.o.*); provide (*s.o.*) with new clothing; *fig.* refurbish; $\oplus$ repair; $\triangle$ renovate; se ~ get dressed again; *F il peut aller se* ~ he'd better give up!; **rhabilleur** [~'jœ:r] *m* repairer; watch repairer.

rhénan, e [re'nɑ̃, ~'nan] Rhine ..., Rhenish.

rhéostat $\cancel{\ell}$ [reɔs'ta] *m* rheostat.

rhétoricien † [retɔri'sjɛ̃] *m* rhetorician; **rhétorique** [~'rik] *f* rhetoric; † (*a. classe f de* ~) *school:* top classical form (*preparing for first part of the baccalauréat*).

Rhin *geog.* [rɛ̃] *m:* vin *m* du ~ hock.

rhino... [rino] rhino...; **~céros** *zo.* [~se'rɔs] *m* rhinoceros; **~logie** $\frac{1}{8}$ [~lɔ'ʒi] *f* rhinology; **~plastie** $\frac{1}{8}$ [~plas'tie] *f* rhinoplasty; **~scopie** $\frac{1}{8}$ [~skɔ'pi] *f* rhinoscopy.

rhodanien, -enne *geog.* [rɔda'njɛ̃, ~'njen] of the Rhone.

rhombe $\cancel{A}$ [rɔ̃:b] *m* rhomb(us); **rhombique** [rɔ̃'bik] rhombic; **rhomboïdal, e,** *m/pl.* **-aux** [~bɔi-'dal, ~'do] rhomboidal.

rhubarbe $\cancel{\Psi}$ [ry'barb] *f* rhubarb.

rhum [rɔm] *m* rum.

rhumatisant, e $\frac{1}{8}$ [rymati'zɑ̃, ~-'zɑ̃:t] *adj.*, *a. su.* rheumatic; **rhumatismal, e,** *m/pl.* **-aux** $\frac{1}{8}$ [~tis-'mal, ~'mo] rheumatic; **rhumatisme** $\frac{1}{8}$ [~'tism] *m* rheumatism; *F* rheumatics *pl.*; ~ articulaire rheumatoid arthritis.

rhume $\frac{1}{8}$ [rym] *m* cold; ~ de cerveau (*poitrine*) cold in the head (on the chest); ~ des foins hayfever; *prendre un* ~ catch (a) cold.

ri [ri] *p.p. of* rire 1; **riant, e** [rjɑ̃, rjɑ̃:t] smiling (*person, face, a. countryside*); pleasant (*thought*). [*su.* ribald.}

ribaud, e † [ri'bo, ~'bo:d] *adj., a.}

riblons $\oplus$ [ri'blɔ̃] *m/pl.* swarf *sg.*

ribote F [ri'bɔt] *f* drunken bout; *sl.* binge; *être en* ~ be tipsy; be on the spree.

ribouldingue F [ribul'dɛ̃:g] *f* spree.

ricaner [rika'ne] (1a) *v/i.* snigger, sneer; laugh derisively; **ricaneur, -euse** [~ka'nœ:r, ~'nø:z] **1.** *su.* sneerer; **2.** *adj.* derisive, sneering.

ric-(à-)rac F [rik(a)'rak] *adv.* strictly, exactly; punctually.

richard *m, e* f [ri'ʃa:r, ~'ʃard] wealthy person; **riche** [riʃ] **1.** *adj.* rich (in en, de) (*a. fig.*); wealthy; *fig.* valuable, handsome (*present*); *F fig.* fine, first-class; **2.** *su.* rich person; *su./m:* bibl. le mauvais ~ Dives; les ~s *pl.* the rich; **richesse** [ri'ʃes] *f* wealth; riches *pl.*; *fig.* opulence; $\cancel{\ell}$ *soil:* richness; *vegetation:* exuberance; **richissime** F

[~ʃi'sim] extremely rich, F rolling in money.

ricin ♀ [ri'sɛ̃] m castor-oil plant; *huile f de ~* castor oil.

ricocher [riko'ʃe] (1a) v/i. glance off; ricochet (*bullet etc.*); **ricochet** [~'ʃe] m rebound; ⚔ ricochet; fig. par ~ indirectly; *faire ~* rebound (a. fig.); *faire des ~s* play drakes and ducks.

rictus [rik'tys] m ✷ rictus; F grin.

ride [rid] f *face, forehead*: wrinkle; geol. *ground*: fold; *sand, water*: ripple; *sand*: ridge; ⚓ (shroud) lanyard; **rideau** [ri'do] m curtain, Am. a. drape; ✕, ⚓, ⚠, a. fig. screen; thea. (drop-)curtain; ⊕ roll-top, roll-shutter; ~! that's enough!; ~ de fer thea. safety curtain; pol. Iron Curtain; fig. tirer le ~ sur draw a veil over.

ridelle [ri'dɛl] f *cart, truck*: rail.

rider [ri'de] (1a) v/t. wrinkle; ripple (*water, sand*); ⊕ corrugate (*metal*); ⚓ tighten (*the shrouds*).

ridicule [ridi'kyl] **1.** adj. ridiculous; **2.** su./m absurdity; ridiculous aspect; ridicule; *tourner en ~* (hold up to) ridicule; **ridiculiser** [~kyli'ze] (1a) v/t. ridicule, deride.

rien [rjɛ̃] **1.** su./m mere nothing, trifle; F tiny bit; **2.** pron./indef. anything; nothing; not ... anything; ~ de nouveau nothing new; ~ du tout nothing at all; ~ moins que nothing less than; cela ne fait ~ that does not matter; de ~! don't mention it!; en moins de ~ in less than no time; il ne dit jamais ~ he never says a thing; il n'y a ~ à faire it can't be helped; obtenir pour ~ get for a song; plus ~ nothing more; sans ~ dire without (saying) a word.

rieur, -euse [rjœ:r, rjø:z] **1.** adj. laughing; merry; mocking; **2.** su. laugher.

rififi sl. [rifi'fi] m fight, brawl; trouble.

riflard¹ F [ri'fla:r] m umbrella, F brolly.

riflard² [~] m ⊕ *metal*: coarse file; *wood*: jack-plane; paring chisel; plastering trowel.

rigide [ri'ʒid] rigid, stiff (a. fig.); fixed (*axle*); tense (*muscle, cord*); **rigidifier** [~ʒidi'fje] (1o) v/t. make rigid; harden; **rigidité** [~ʒidi'te] f rigidity, stiffness (a. fig.); tenseness.

rigolade F [rigo'lad] f fun, lark.

rigolage ✗ [rigo'la:ʒ] m *field*: trenching.

rigolard, e sl. [rigo'la:r, ~'lard] fond of a lark; full of fun, jolly.

rigole [ri'gɔl] f ✗ trench, ditch; ✗, ⊕ channel; ✕ trough.

rigoler F [rigo'le] (1a) v/i. laugh; enjoy o.s.; **rigoleur, -euse** [~'lœ:r, ~'lø:z] **1.** adj. jolly; fond of fun; laugher; **rigolo, -ote** F [~'lo, ~'lɔt] **1.** adj. funny, comical; queer, odd; **2.** su./m funny fellow; F card; F revolver, Am. gun.

rigorisme [rigo'rism] m rigorism, strictness; **rigoriste** [~'rist] **1.** adj. rigorous; strict; **2.** su. rigorist; rigid moralist; **rigoureux, -euse** [rigu'rø, ~'rø:z] rigorous; strict; severe (*climate, punishment*); close (*reasoning*); **rigueur** [~'gœ:r] f rigo(u)r, severity; fig. strictness; fig. reasoning: closeness, accuracy; à la ~ strictly; if really necessary, sl. at a push; de ~ obligatory, compulsory.

rillettes cuis. [ri'jɛt] f/pl. potted pork mince sg.

rimailler † [rima'je] (1a) v/i. write doggerel, dabble in poetry; **rimailleur** † [~'jœ:r] m poetaster, rhymester; **rime** [rim] f rhyme; fig. sans ~ ni raison without rhyme or reason; **rimer** [ri'me] (1a) v/t. put into rhyme; v/i. rhyme (with, avec); **rimeur** [~'mœ:r] m rhymer, versifier.

rinçage [rɛ̃'sa:ʒ] m rinsing.

rinceau [rɛ̃'so] m ⚠ foliage; ⬚ branch.

rince-bouteilles [rɛ̃sbu'tɛ:j] m/inv. bottle washer; **rince-doigts** [~'dwa] m/inv. finger bowl; **rincée** [rɛ̃'se] f sl. thrashing; F downpour; **rincer** [~'se] (1k) v/t. rinse; sl. clean (s.o.) out; rain: soak (s.o.); sl. se ~ la dalle wet one's whistle; sl. se ~ l'œil get an eyeful; **rinceur** m, **-euse** f [~'sœ:r, ~'sø:z] washer, rinser; **rinçure** [~'sy:r] f slops pl. (a. F = very thin wine).

ring box. [riŋ] m ring.

ringard ⊕ [rɛ̃'ga:r] m poker.

ripaille F † [ri'pa:j] f revelry; faire ~ carouse; **ripailleur** m, **-euse** f F † [~pa'jœ:r, ~'jø:z] reveller, carouser.

ripoliner [ripoli'ne] (1a) v/t. (paint with) enamel.

riposte [ri'pɔst] *f* retort, smart reply; *sp.* counter; **riposter** [~pɔs'te] (1a) *v/i.* retort; *sp.* counter, riposte; *fig.* ~ à counteract.

riquiqui F [riki'ki] *m* shrimp (= undersized man).

rire [ri:r] **1.** (4cc) *v/i.* laugh (at, de); jest, joke; smile (on, at à); make light (of, de); ~ au nez de q. laugh in s.o.'s face; ~ dans sa barbe chuckle to o.s.; ~ jaune give a sickly smile; à crever de ~ killingly funny; éclater de ~ burst out laughing; je ne ris pas I am in earnest; pour ~ for fun, as a joke; comic (*paper*); mock (*action, king*); se ~ de take (*s.th.*) in one's stride; ~ make fun of, laugh at; **2.** *su./m* laugh(ter); fou ~ uncontrollable laughter.

ris¹ ♻ [ri] *m* reef (in a sail).

ris² *cuis.* [~] *m*: ~ de veau sweetbread.

ris³ [ri] *1st p. sg. p.s. of rire* 1; **risée** [ri'ze] *f* derision; *person:* laughing stock; ♻ light sqall; **risette** [~'zɛt] *f* (*child's*) smile; faire (la) ~ smile (at, à), give a smile; **risible** [~'zibl] ludicrous; ridiculous (*a. person*).

risotto *cuis.* [rizɔ'to] *m* risotto (*Italian rice dish*).

risque [risk] *m* risk; ~ du métier occupational hazard; ~ pour la santé health hazard; **risqué, e** [ris'ke] risky; daring, risqué (*joke, etc.*); ♈ à ses ~ et périls at one's own risk; à tout ~ at all hazards; au ~ de (*inf.*) at the risk of (*ger.*); **risquer** [ris'ke] (1m) *v/t.* risk; venture (*a question etc.*); ~ le coup take a chance, chance it; *v/i.:* ~ de (*inf.*) run the risk of (*ger.*); be likely to (*inf.*); **risque-tout** [~kə'tu] *m/inv.* daredevil.

rissole *cuis.* [ri'sɔl] *f* rissole, (*fish-*)ball; **rissoler** *cuis.* [~sɔ'le] *vt/i.* brown (*meat*).

ristourne † [ris'turn] *f* repayment; refund; rebate; **ristourner** † [~tur'ne] (1a) *v/t.* repay; refund.

rite *eccl.* [rit] *m* rite.

ritournelle [ritur'nɛl] *f* ♩ ritornello, F *fig.* la même ~ the same old story.

ritualiser [rityali'ze] (1a) *v/t.* ritualize; **rituel, -elle** [ri'tɥɛl] *adj., a. su./m* ritual, ceremonial.

rivage [ri'va:ʒ] *m* river: bank; *lake, sea:* shore; beach.

rival, e *m/pl.* **-aux** [ri'val, ~'vo] *adj., a. su.* rival; **rivaliser** [rivali'ze] (1a) *v/i.:* ~ avec rival; compete with,

vie with; **rivalité** [~'te] *f* rivalry, competition.

rive [ri:v] *f* river: bank; *lake, river:* side; *lake,* † *sea:* shore; *forest:* edge.

river ⊕ [ri've] (1a) *v/t.* rivet; clinch (*a nail*); F ~ son clou à q. settle s.o.'s hash.

riverain, e [ri'vrɛ̃, ~'vrɛn] **1.** *adj.* riverside ..., riparian; bordering on a road *etc.*; **2.** *su.* riverside resident; riparian owner; dweller along a road *etc.*

rivet ⊕ [ri've] *m* rivet; *nail:* clinch; **rivetage** ⊕ [riv'ta:ʒ] *m* riveting; clinching.

rivière [ri'vjɛ:r] *f* river; stream (*a. fig.*); *sp.* water-jump; rivière (*of diamonds*).

rixe [riks] *f* brawl, fight; affray.

riz [ri] *m* rice; *cuis.* ~ au lait rice pudding; ~ glacé polished rice; **rizerie** [riz'ri] *f* rice-mill; **rizière** [ri'zjɛ:r] *f* rice-field, rice-swamp.

roadster *mot.* [rɔds'tœ:r] *m* two-seater, *Am.* roadster.

rob [rɔb] *m* cards: rubber; faire un ~ play a rubber.

robe [rɔb] *f* dress, frock; gown (*a. 🎓, a. univ.*); *animal:* coat; *bird:* plumage; *onion, potato, sausage:* skin; *cigar:* outer leaf; 🎓 legal profession; ~ de chambre dressing-gown; **robin** F *pej.* [rɔ'bɛ̃] *m* lawyer.

robinet [rɔbi'nɛ] *m* tap, *Am.* faucet; ~ d'arrêt stop cock; ~ mélangeur mixer tap; **robinetterie** [~nɛ'tri] *f* plumbing.

robot [rɔ'bo] *m* robot; 🛩 pilotless plane; **robotiser** [rɔbɔti'ze] (1a) *v/t.* robotize; ⊕ a. automate; *fig. a.* turn (*s.o.*) into a robot.

robre [rɔbr] *m see* rob.

robuste [rɔ'byst] robust, sturdy; ♧ hardy; *fig.* firm (*faith etc.*); **robustesse** [~bys'tɛs] *f* sturdiness; strength; hardiness.

roc [rɔk] *m* rock (*a. fig.*).

rocade [rɔ'kad] *f* road: bypass.

rocaille [rɔ'kɑ:j] *f* rock-work; rubble; † rococo; jardin m de ~ rock-garden; **rocailleux, -euse** [~kɑ'jø, ~'jø:z] rocky, stony, pebbly; *fig.* rugged, rough.

rocambolesque [rɔkãbɔ'lɛsk] fantastic.

roche [rɔʃ] *f* rock; boulder; ✗ ~ mère

matrix, parent-rock; *fig.* cœur *m* de ~ heart of stone; **rocher** [rɔ'ʃe] *m* (mass of) rock; *anat.* otic bone.

rochet[1] *eccl.* [rɔ'ʃɛ] *m* rochet.

rochet[2] [~] *m* ⊕ ratchet; *tex.* bobbin; ⊕ roue *f* à ~ ratchet-wheel.

rocheux, -euse [rɔ'ʃø, ~'ʃøːz] rocky, stony.

rococo [rɔkɔ'ko] **1.** *su./m* rococo; **2.** *adj./inv.* rococo; *fig.* antiquated.

rodage [rɔ'daːʒ] *m* ⊕ grinding; *mot.*, *a. fig.* running in; **rodé, e** [~'de] run in; *fig.* broken in; *fig.* running well or smoothly; **roder** [~'de] (1a) *v/t.* *mot.* run in (*an engine*, *a. fig.*); grind in (*valves*).

rôder [ro'de] (1a) *v/i.* loiter; prowl (about); ♣ veer (at anchor, *sur son ancre*); **rôdeur** *m.* **-euse** *f* [~'dœːr, ~'døːz] prowler.

rodomontade [rɔdɔmɔ̃'tad] *f* bragging.

rogations *eccl.* [rɔga'sjɔ̃] *f/pl.* Rogation days; **rogatoire** [~'twaːr] *f* rogatory; commission *f* ~ commission (*issued by foreign court*) to take evidence for that court), Commission Rogatoire.

rogatons F [rɔga'tɔ̃] *m/pl.* food: scraps, left-overs.

rogne F [rɔɲ] *f* (bad) temper; se mettre en ~ blow one's top (*Am. a.* one's stack).

rogner [rɔ'ɲe] (1a) *v/t.* trim, pare; clip (*claws*, *a. fig. the wings*); cut down (*s.o.'s salary*); *v/i. sl.* be in a temper, be cross; grumble; **rogneuse** ⊕ [~'ɲøːz] *f* trimming-machine.

rognon *usu. cuis.* [rɔ'ɲɔ̃] *m* kidney.

rognures [rɔ'ɲyːr] *f/pl.* clippings, cuttings; trimmings; scraps.

rogomme F [rɔ'gɔm] *m* spirits *pl.*; voix *f* de ~ drunkard: husky voice.

rogue [rɔg] haughty, arrogant.

roi [rwa] *m* king (*a. cards, chess*); jour *m* des ♀s Twelfth-night.

roide [rwad] *see* raide. [wren.]

roitelet [rwat'lɛ] *m* petty king; *orn.*]

rôle [roːl] *m thea.*, *a. fig.* part, rôle; *thea.* ~ principal title rôle; *thea.* ~ secondaire supporting part; à tour de ~ in turn.

romain, e [rɔ'mɛ̃, ~'mɛn] **1.** *adj.* Roman; **2.** *su./m ling.* Roman; *typ.* roman, primer; *su.* ♀ Roman.

romaine[1] [rɔ'mɛn] *f balance:* steelyard.

romaine[2] ♀ [~] *f* Cos lettuce.

romaïque [rɔma'ik] *adj.*, *a. su./m ling.* Romaic; modern Greek.

roman, e [rɔ'mɑ̃, ~'mɑ̃:d] **1.** *adj.* Romance; △ Norman (*in England*), Romanesque; **2.** *su./m ling.* Romance; novel; (*medieval*) romance; *usu.* ~s *pl.* fiction *sg.*; ~ à thèse tendenz novel.

romance ♩ [rɔ'mɑ̃:s] *f* song, ballad; ~ sans paroles song without words.

romanche *ling.* [rɔ'mɑ̃:ʃ] *m* Ro(u)-mansh.

romancier *m*, **-ère** *f* [rɔmɑ̃'sje, ~'sjɛːr] novelist; fiction-writer; **roman-cycle**, *pl.* **romans-cycles** [~'sikl] *m* saga (novel).

romand, e *geog.* [rɔ'mɑ̃, ~'mɑ̃:d] *adj.:* la Suisse ~e French(-speaking) Switzerland.

romanesque [rɔma'nɛsk] **1.** *adj.* romantic; **2.** *su./m fig.* romance; **roman-feuilleton**, *pl.* **romans-feuilletons** *journ.* [rɔmɑ̃fœj'tɔ̃] *m* serial (story); **roman-fleuve**, *pl.* **romans-fleuves** [~'flœːv] *m* saga (novel), river novel.

romanichel, -elle *f* [rɔmani'ʃɛl] gipsy; Romany.

romaniser [rɔmani'ze] (1a) *vt/i.* Romanize (*a. eccl.*); **romaniste** [~'nist] *su. eccl., a. ling.* Romanist; *ling.* student of the Romance languages; **romantique** [rɔmɑ̃'tik] **1.** *adj.* Romantic; *fig.* imaginative; **2.** *su.* Romantic; **romantisme** [~'tism] *m* Romanticism.

romarin ♀ [rɔma'rɛ̃] *m* rosemary.

rompre [rɔ̃:pr] (4a) *v/t.* break (*s.th.*) in two; break (♩ circuit, one's neck, object, peace, promise, silence, ✗ step); ⚜ *hist.* break on the wheel; break up (*an alliance*, ✗ *an attack, the road, etc.*); ✗ scatter (*a regiment*); break off (*a conversation, an engagement*); disrupt (✗ *an army, fig. unity*); burst (*an artery, the river banks*); break in (*an animal*); ♦ cancel; *fig.* disturb, upset; *fig.* interrupt; *fig.* deaden (*a shock*); *fig.* accustom (*s.o.* to, à); se ~ break; snap; accustom or harden o.s. (to, à) *v/i.* break; ✗, *a. sp.* give ground; ✗ *rompez!* dismiss!; **rompu, e** [rɔ̃'py] **1.** *p.p. of* rompre; **2.** *adj.* broken; broken in; ~ à used to, hardened to; experienced in (*business*); ~ de fatigue worn out; à bâtons ~s by fits and starts.

romsteck cuis. [rɔms'tɛk] m rump-steak.

ronce [rɔ̃:s] f ❦ bramble branch; *wood grain*: curl; F ~s pl. thorns; *fig.* difficulties; ~ *artificielle* barbed wire; **ronceraie** [~'rɛ] f ground covered with brambles.

ronchonner F [rɔ̃ʃɔ'ne] (1a) v/i. grumble, grouse; hum (*radio-set*); **ronchonneur** m, **-euse** f F [~'nœ:r, ~'nø:z] grumbler.

rond, ronde [rɔ̃, rɔ̃:d] **1.** adj. round, plump (*face, person*); *fig.* brisk (*wind*); *fig.* straight, honest (*person*); F tipsy, tight, Am. high; 2. rond adv.: ⊕ *etc.*, *a. fig.* tourner ~ run smoothly; *fig.* qu'est-ce qui ne tourne pas ~ what's wrong?; **3.** su./m circle, round, ring; *bread etc.*: slice; *butter*: pat; ⊕ washer; F des ~s pl., F money, F cash; en ~ in a circle; su./f ✕ *etc.*, dance, *a.* song: round; ♩ semibreve; *script*: round hand; à la ~e around; (*do s.th.*) in turn; **rond-de-cuir**, pl. **ronds-de-cuir** [~d-'kɥi:r] m round leather cushion; pen-pusher, clerk; bureaucrat; **rondeau** [rɔ̃'do] m poem: rondeau; ♩ roller; **rondelet, -ette** [rɔ̃d'lɛ, ~'lɛt] plumpish; nice round (*sum*); **rondelle** [rɔ̃'dɛl] f disc; slice; ⊕ washer; ⊕ (*ball*-)race; **rondeur** [~'dœ:r] f roundness (*a. fig. style*); fullness; *figure*: curve; *fig.* straightforwardness, frankness; **rondin** [~'dɛ̃] m log; billet; *iron*: round bar; **rond-point**, pl. **ronds-points** [rɔ̃'pwɛ̃] m road: roundabout, Am. traffic circus.

ronflant, e [rɔ̃'flɑ̃, ~'flɑ̃:t] snoring (*person*); throbbing, roaring, rumbling (*noise*); resounding (*titles, voice*); *fig.* pretentious, bombastic; **ronflement** [~flə'mɑ̃] m snore; snoring; *noise*: roar(ing), boom (-ing); *machine, top, a. radio*: hum; **ronfler** [~'fle] (1a) v/i. snore (*sleeper*); roar, boom; hum; sl. prosper; **ronfleur, -euse** [~'flœ:r, ~'flø:z] su. snorer; su./m ⚡ buzzer.

rongeant, e [rɔ̃'ʒɑ̃, ~'ʒɑ̃:t] ⚕ corroding; ⚜ rodent; *fig.* gnawing (*worries*); **ronger** [~'ʒe] (1l) v/t. gnaw; *worms etc.*: eat into; ⚕ corrode; pit (*metal*); *fig.* erode; *fig.* fret (*s.o.'s heart*); *fig.* rongé de tormented by (*grief*); worn by (*care*); **rongeur,**

-euse [~'ʒœ:r, ~'ʒø:z] **1.** adj. zo., a. ⚜ rodent; *fig.* gnawing (*care, worry*); **2.** su./m zo. rodent.

ronron [rɔ̃'rɔ̃] m cat: purr(ing); F *machine*: hum; **ronronner** [~rɔ̃'ne] (1a) v/i. purr (*cat, engine*); ⊕, radio, *etc.*: hum.

roquer [rɔ'ke] (1m) v/i. chess: castle.

roquet [rɔ'kɛ] m pug(-dog); mongrel, Am. yellow dog.

roquette¹ ✕ [rɔ'kɛt] f rocket.

roquette² ❦ [~] f rocket.

rosace ⚖ [rɔ'zas] f rose-window; (*ceiling*-)rose; **rosacé, e** [~za'se] **1.** adj. rosaceous; **2.** su./f: ~s pl. rosaceae; **rosage** ❦ [~'za:ʒ] m rhododendron; **rosaire** eccl. [~'zɛ:r] m rosary; **rosâtre** [~'za:tr] pinkish.

rosbif cuis. [rɔs'bif] m roast beef.

rose [ro:z] **1.** su./f ❦ rose; ⚖ rose-window; ⚓ ~ des vents compass-card; ❦ ~ sauvage dog-rose; su./m rose (colo[u]r), pink; *voir tout* (*or la vie*) en ~ see things (*or the world*) through rose-colo(u)red glasses; **2.** adj. pink; rosy; **rosé, e** [ro'ze] **1.** adj. rose-pink; rosy; rose, rosé (*wine*); **2.** su./m wine: rosé.

roseau [rɔ'zo] m ❦ reed; *fig.* (broken) reed.

rose-croix [roz'krwa] m/inv. Rosicrucian.

rosée [ro'ze] f dew.

roseraie [roz'rɛ] f rose garden; **rosette** [ro'zɛt] f ribbion: bow; rosette (*a. = decoration*); red ink *or* chalk; ⊕ burr; **rosier** ❦ [~'zje] m rose tree, rose bush.

rossard sl. [rɔ'sa:r] m skunk, beast (= *objectionable individual*).

rosse [rɔs] **1.** su./f ✝ horse: nag; *see* rossard; **2.** adj. nasty; beastly; cynical (*comedy*).

rossée F [rɔ'se] f thrashing; **rosser** F [~] (1a) v/t. give (*s.o.*) a thrashing.

rossignol [rɔsi'ɲɔl] m orn. nightingale; ✝ F piece of junk, old stock; F white elephant; ⊕ skeleton-key; ⚓ whistle.

rossinante F [rɔsi'nɑ̃:t] f worn-out old hack, Rosinante.

rossolis [rɔsɔ'li] m ❦ sundew; *cordial*: rosolio.

rot sl. [ro] m belch.

rôt [~] m roast (meat).

rotateur, -trice [rɔta'tœ:r, ~'tris] **1.** adj. rotatory; **2.** su./m anat. rotator; *biol.* rotifer; **rotatif, -ve**

[‿'tif, ‿'ti:v] **1.** *adj.* rotary; **2.** *su./f typ.* rotary (printing-)press; **rotation** [‿'sjɔ̃] *f* rotation (a. ✈, ✍); ✝ ~ *du stock* merchandise turnover; **rotativiste** *typ.* [‿ti'vist] *m* rotary printer; **rotatoire** [‿'twa:r] ⊕ rotatory (a. *phys. power*); **rotational** (*force*) *phys.* rotary (*polarization*).

roter *sl.* [rɔ'te] (1a) *v/i.* belch, bring up wind; *j'en rotais* it took my breath away.

rôti *cuis.* [ro'ti] *m* roast (meat); ~ *de bœuf* (*porc*) roast beef (pork); **rôtie** [‿] *f* (round of) toast; ~ *à l'anglaise* Welch rarebit.

rotin [rɔ'tɛ̃] *m* rattan; rattan cane.

rôtir [ro'ti:r] (2a) *vt/i.* roast (a. *fig.*); *fig.* scorch; *cuis.* prêt(e) à ~ ovenready; *v/t.* toast (*bread*); **rôtissage** [‿ti'sa:ʒ] *m* roasting; **rôtisserie** [‿tis'ri] *f* cook-shop; **rôtisseur** *m*, **-euse** *f* [roti'sœ:r, ‿'sø:z] seller of roast meats; cook-shop keeper; **rôtissoire** *cuis.* [‿'swa:r] *f* Dutch oven; roaster.

rotonde [rɔ'tɔ̃:d] *f* ▲ rotunda; 🚂 engine shed; *en* ~ circular; **rotondité** [‿tɔ̃di'te] *f* rotundity; F stoutness.

rotor ✍, ✈ [rɔ'tɔ:r] *m* rotor.

rotule [rɔ'tyl] *f anat.* knee-cap; ⊕ ball-and-socket joint; *mot.* (*steering-*)knuckle.

roture [rɔ'ty:r] *f* commoner's condition; *coll.* commons *pl.*; **roturier, -ère** [‿ty'rje, ‿'rjɛ:r] **1.** *adj.* common, plebeian; **2.** *su.* commoner; self-made man.

rouage ⊕ [rwa:ʒ] *m* wheels *pl.* (a. *fig.*); work(s *pl.*); cog-wheel, gearwheel; *fig.* cog.

rouan, -anne *zo.* [rwɑ̃, rwan] roan.

rouanne [rwan] *f* rasing-knife; scribing-compass; carpenter's auger.

roublard, e F [ru'bla:r, ‿'blard] **1.** *adj.* wily, crafty; **2.** *su.* wily or crafty person; **roublardise** F [‿blar'di:z] *f* cunning; piece of trickery.

rouble [rubl] *m* Russian coinage: r(o)uble.

roucouler [ruku'le] (1a) *vt/i.* coo; *v/t. fig.* warble (a song).

roue [ru] *f* wheel; ~ *arrière* (*avant*) back (front) wheel; ~ *de secours* spare wheel; ~ *directrice mot.* steering-wheel; *cycl.* front wheel

~ *motrice* driving wheel; *faire la* ~ *orn.* spread its tail (*peacock etc.*); *sp.* turn cart-wheels; 🤸 wheel about; *fig.* swagger; *mot.* freins m/pl. sur quatre ~s four-wheel brakes; *mettre* (*or jeter*) *des bâtons dans les* ~*s de q.* put a spoke in s.o.'s wheel; *sur* ~s wheeled, on wheels; **roué, e** [rwe] **1.** *su.* cunning or artful person; *su./m* rake, roué; **2.** *adj.* cunning, artful; exhausted; **rouelle** [rwɛl] *f* round slice; *veal:* fillet, *beef:* round.

rouennerie *tex.* [rwan'ri] *f* printed cotton goods *pl.*

rouer [rwe] (1p) *v/t.* coil (a rope); 🜨 *hist.* break (s.o.) on the wheel; *fig.* ~ *de coups* thrash (s.o.) soundly, beat (s.o.) black and blue; **rouerie** [ru'ri] *f* trick; piece of trickery; **rouet** [rwɛ] *m* small wheel; spinning-wheel; ⊕ pulley-wheel; ⊕ pully: sheave; *lock:* scutcheon; ⚓ gin.

rouge [ru:ʒ] **1.** *adj.* red (with, de); ruddy (*cheek*); red-hot (*metal etc.*); ~ *brique* brick-red; ~ *sang* blood-red; **2.** *adv.:* *fig. voir* ~ see red; **3.** *su./m colour:* red; F red wine; ~ *à lèvres, bâton m de* ~ lipstick; ⊕ *au* ~ at red heat, red-hot; *pont m de* ~ make (s.th.); red-hot; *se mettre du* ~ put on rouge; *traffic:* passer au ~ jump the lights; *su. fig. person:* red; **rougeâtre** [ru'ʒɑ:tr] reddish; **rougeaud, e** [‿'ʒo, ‿'ʒo:d] **1.** *adj.* red-faced; **2.** *su.* red-faced person; **rouge-gorge**, *pl.* **rouges-gorges** *orn.* [ruʒ'gɔrʒ] *m* robin (redbreast).

rougeole [ru'ʒɔl] *f* 🐟 measles *sg.*; ♀ filed-cowwheat.

rouge-queue, *pl.* **rouges-queues** *orn.* [ruʒ'kø] *m* redstart; **rouget** [ru'ʒɛ] *m icht.* red mullet; gurnard; *vet.* swine-fever; *zo.* harvest-bug; **rougeur** [‿'ʒœ:r] *f* redness; *face:* blush, flush; blotch, red spot (*on the skin*); **rougir** [‿'ʒi:r] (2a) *vt/i.* redden; turn red; *fig.* flush; *v/t.* make (s.th.) red-hot, bring (s.th.) to a red heat; *v/i.* blush.

rouille [ru:j] *f* rust (a. ♀); mildew; **rouillé, e** [ru'je] rusty (a. *fig.*), rusted; ♀ mildewed; **rouiller** [‿'je] (1a) *v/t.* rust (a. ♀); ♀ mildew, blight; *se* ~ rust; ♀ go mildewed; *fig.* get out of practice; **rouillure** [‿'jy:r] *f* rustiness; ♀ rust, blight.

rourir [rwi:r] (2a) *v/t.* ret, steep (*flax etc.*); **rouissage** [rwi'sa:ʒ] *m* retting, steeping.

roulade [ru'lad] *f* roll; ♩ (vocal) flourish, roulade; **roulage** [~'la:ʒ] *m* ♪, *a.* mot. rolling; *goods*: carriage; haulage; cartage; (road) traffic; ✝ haulage firm; **roulant, e** [~'lɑ̃, ~'lɑ̃:t] **1.** *adj.* rolling; sliding (*door*); good, smooth (*road*); smooth-running (*car*); ✝ floating, working (*capital*), going (*concern*); F screamingly funny; ✗, *fig.* feu *m* ~ running fire; **2.** *su./m* les ~s train *or* truck crews; **3.** *su./f* (*a.* cuisine *f* ~e) field kitchen; **rouleau** [~'lo] *m* roll; ⊕ *etc.* roller; *rope etc.*: coil; *phot.* spool; *tobacco*: twist; *hair*: curler, roller; (~ à pâtisserie) rolling pin; ~ hygiénique toilet roll; *fig.* être au bout de son ~ be at one's wit's end; **roulement** [rul'mɑ̃] *m* rolling; ⊕ *machine*: running; rumble, rattle; ⊕ (~ à billes) ball bearings *pl.*; ⊕ rolling (mechanism), race; ♩ *drum*: roll; ✝ *capital*: circulation; *fig.* alternation; ✗ run, taxiing; mot. bande *f* de ~ tread; ✗ chemin *m* de ~ runway; par ~ in rotation; **rouler** [ru'le] (1a) *v/t.* roll (*along or about or up*); *ling.* roll (*one's r's*), trill; *fig.* turn over (*in one's mind*); F cheat, fleece (*s.o.*); F ~ sa bosse knock about the world; se ~ roll; F se ~ par terre (de rire) fall about laughing; *v/i.* roll (*a.* ♫); roll about or along or over; travel; wander; mot. ride, drive (along); ✗ taxi; ⊕, mot. run; ✝ circulate (*money*); take turns, rotate; vary (*between, entre*); ~ sur turn upon, depend on; be rolling in (*money*).

roulette [ru'lɛt] *f* small wheel; *chair etc.*: caster, truckle; *tram*: trolley-wheel; ⚙ dentist's drill; ⅄ cycloid; *game*: roulette; bathchair; F aller comme sur des ~s go like clockwork; *sp.* patin *m* à ~s roller-skate.

rouleur, -euse [ru'lœ:r, ~'lø:z] *su.* travelling journeyman; worker who keeps changing jobs; *barrow*: wheeler; *su./m* ✗ trammer, haulier; *zo.* vine-weevil; *su./f* *zo.* leaf-roller; F low prostitute; **roulier, -ère** [~'lje, ~'ljɛ:r] **1.** *adj.* carrying; **2.** *su./m* carrier, carter; **roulis** [~'li] *m* roll(ing); **roulotte** [~'lɔt] *f* (gipsy-)van; mot. caravan, trailer;

roulure [~'ly:r] *f* ⊕ *metal*: rolled edge; *timber*: cup-shake, cup; *sl.* low prostitute.

roumain, e [ru'mɛ̃, ~'mɛn] **1.** *adj.* Rumanian; **2.** *su./m ling.* Rumanian; *su.* ♀ Rumanian.

roupie¹ [ru'pi] *f Indian coinage*: rupee.

roupie² [~] *f* ✝ drop of mucus; *fig.* bit of trash; F ce n'est pas de la ~ de sansonnet that's not half bad.

roupiller F [rupi'je] (1a) *v/i.* snooze, doze; *sl.* sleep; **roupilleur** F [~'jœ:r] *m* snoozer; **roupillon** F [~'jõ] *m* snooze; nap; *piquer un* ~ have a snooze.

rouquin, e F [ru'kɛ̃, ~'kin] **1.** *adj.* red-haired, sandy-haired; **2.** *su.* red-haired *or* sandy-haired person, red-head.

rouspéter F [ruspe'te] (1f) *v/i.* resist, show fight; protest; complain; **rouspéteur** F [~'tœ:r] *m* complainer; quarrelsome fellow; *Am. sl.* griper, sorehead.

roussâtre [ru'sɑ:tr] reddish; **rousseur** [~'sœ:r] *f hair etc.*: redness; *tache f* de ~ freckle.

roussi [ru'si] *m*: sentir le ~ smell of burning; *fig.* smack of heresy (*opinion, statement*); be something of a heretic (*person*).

roussin ✝ [ru'sɛ̃] *m* cart-horse; cob; *sl.* cop(per) (= *policeman*); *sl.* police-spy; *Am. sl.* stool pigeon.

roussir [ru'si:r] (2a) *vt/i.* turn brown; scorch, singe (*linen*); *cuis.* brown.

routage [ru'ta:ʒ] *m* post: sorting; routing.

route [rut] *f* road(way); path; route (*a.* ✗, ♫, ✗); course (*a.* ♫); ✗ chanson *f* de ~ marching song; en ~ on the way; ♫ on her course; ✝ on the road; en ~! off you go!; let's go!; ⛵ right away!; ♫ full speed ahead!; faire ~ sur make for; faire fausse ~ go astray, take the wrong road; *fig.* be on the wrong track; mettre en ~ start (up); se mettre en ~ set out; ♫ get under way.

router [ru'te] (1a) *v/t.* post: sort; route.

routier, -ère [ru'tje, ~'tjɛ:r] **1.** *adj.* road-...; carte *f* ~ère road-map; réseau *m* ~ highway network; voie *f* ~ère traffic lane; carriage-way; **2.** *su./m* track-chart; mot. long-distance driver; *cyclist*: (road) racer; *boy scout*: rover; F *vieux* ~ old stager; *su./f* roadster; road-map; traction-engine; **routine** [~'tin] *f* routine; red tape; *par* ~ as a matter of routine; *de* ~ routine ...; **routinier, -ère** [~ti'nje, ~'njɛːr] **1.** *adj.* routine (*activities*); who works to a routine (*person*); F in a rut; **2.** *su.* routinist; lover of routine; F *fig.* stick-in-the-mud.

rouvre ⚘ [ruːvr] **1.** *adj.*: *chêne m* ~ = **2.** *su./m* Austrian *or* Russian oak, robur.

rouvrir [ru'vriːr] (2f) *vt/i.* reopen.

roux, rousse [ru, rus] **1.** *adj.* russet; reddish(-brown); red (*hair*); *cuis.* brown(ed) (*butter, sauce*); *lune f rousse* April moon; *vents m/pl.* ~ cold winds of April; **2.** *su.* red-haired *or* sandy person; *su./m colour*: russet; reddish-brown; *cuis.* brown sauce; browning; brown(ed) butter.

royal, e, *m/pl.* **-aux** [rwa'jal, ~'jo] royal, regal; kingly; crown (*prince*); *fig.* (*suivre*) *la voie* ~ (take) the royal road; **royaliste** [~ja'list] *adj., a. su.* royalist; **royaume** [~'joːm] *m* kingdom; realm (*a. fig.*); **royauté** [~jo'te] *f* royalty; kingship.

ru [ry] *m* water-course; gully; brook.

ruade [rɥad] *f* horse: kick, lashing out.

ruban [ry'bɑ̃] *m* ribbon (*a.* ✂, *a.* typewriter, decorations), band; tape; measuring-tape; ~ *adhésif* adhesive tape; ~ *bleu* ⚓ Blue Ribbon; *fig.* first place *or* prize; *fig.* (sign of) superiority; ~ *d'acier* steel band; *mot.* ~ *de frein* brake band; ⚡ ~ *isolant* insulating (*Am. a.* friction) tape; ~ *magnétique* (or *de magnétophone*) recording tape; ⊕ ~ *roulant* conveyor belt; ⊕ *scie f à* ~ band saw; **rubaner** [ryba'ne] (1a) *v/t.* trim (*s.th.*) with ribbons; cut (*s.th.*) (in)to ribbons; ⚡ tape (*a wire*); **rubanier, -ère** [~'nje, ~'njɛːr] ribbon-...

rubéfier ⚕ [rybe'fje] (1o) *v/t.* rubefy; **rubicond, e** [~bi'kɔ̃, ~'kɔ̃ːd] florid, rubicund, redfaced.

rubigineux, -euse [rybiʒi'nø, ~'nøːz] rusty, rust-colo(u)red.

rubis [ry'bi] *m min.* ruby; *watch*: jewel; *faire* ~ *sur l'ongle* drain to the dregs; *montre f montée sur* ~ jewelled watch; *payer* ~ *sur l'ongle* pay to the last farthing *or Am.* last cent.

rubrique [ry'brik] *f journ.* column; heading, rubric.

ruche [ryʃ] *f* (bee-)hive; *cost.* ruching, ruche, frill; **rucher** [ry'ʃe] **1.** (1a) *v/t. cost.* ruche, frill; **2.** *su./m* apiary.

rude [ryd] rough (*cloth, path, sea, skin, wine*); hard (*blow, brush, climb, task, times, weather*); severe (*blow, cold, shock, trial, weather, a. fig.*); harsh (*voice, a. fig.*); primitive (*people etc.*); *fig.* brusque; F enormous; **rudement** [~'mɑ̃] *adv.* roughly *etc. see* rude; F extremely, awfully, real (= *very*).

rudesse [ry'dɛs] *f* roughness; hardness; severity; harshness; primitiveness; brusqueness; abruptness.

rudiment [rydi'mɑ̃] *m anat., biol., zo., etc.* rudiment; *fig.* ~s *pl. a.* grounding *sg.*; **rudimentaire** [~mɑ̃'tɛːr] rudimentary.

rudoyer [rydwa'je] (1h) *v/t.* treat roughly; bully.

rue[1] [ry] *f* street, thoroughfare; ~ *à sens unique* one-way street; ~ *barrée!* no thoroughfare; ~ *commerçante* shopping street.

rue[2] ⚘ [~] *f* rue.

ruée [rɥe] *f* rush, stampede.

ruelle [rɥɛl] *f* lane, alley; space between bed and wall.

ruer [rɥe] (1n) *v/i.* lash out, kick; *se* ~ (*sur*) fling o.s. (at); rush (at, to); **rueur, -euse** [rɥœːr, rɥøːz] **1.** *adj.* kicking (*horse*); **2.** *su. horse*: kicker.

rugby *sp.* [rg'bi] *m* rugby (football).

rugir [ry'ʒiːr] (2a) *v/i.* roar (*a. fig.*); howl (*storm, wind*); **rugissement** [~ʒis'mɑ̃] *m* roar(ing); *storm, wind*: howl(ing).

rugosité [rygozi'te] *f* roughness, ruggedness; corrugation; ground: unevenness; **rugueux, -euse** [~'gø, ~'gøːz] rough, rugged, corrugated; gnarled (*tree, trunk*).

ruine [rɥin] *f* ruin (*a. fig.*); downfall (*a. fig.*); *fig.* fall; *tomber en* ~s fall in ruins; **ruiner** [rɥi'ne] (1a) *v/t.* ruin (*s.o. a. fig.*), destroy; ✝ bankrupt (*s.o.*); disprove (*a theory*); *se* ~ ruin o.s. (*person*); *fig.* go to ruin (*thing*); **ruineux, -euse** [~'nø, ~'nøːz] ruinous; *fig.* disastrous.

ruisseau [rɥi'so] *m* brook; stream (*a. fig. of blood*); street, *a. fig. pej.*: gutter; **ruisseler** [rɥis'le] (1c) *v/i.* stream (with, *de*), run (down);

trickle; drip; **ruisselet** [ˌ'lɛ] *m* rivulet, brooklet; **ruissellement** [rᴜisɛl'mɑ̃] *m* streaming, running; trickling; dripping; *fig. jewels*: glitter, shimmer.

rumeur [ry'mœːr] *f* distant sound; confused noise; *traffic*: hum; uproar; *fig.* rumo(u)r, report.

ruminant, e *zo.* [rymi'nɑ̃, ˌ'nɑ̃ːt] *adj., a. su./m* ruminant; **ruminer** [ˌ'ne] (1a) *v/t.* ruminate (*fig.* on an idea, *une idée*); *fig.* ponder; *v/i. zo., fig.* chew the cud, ruminate.

rune [ryn] *f* rune; **runique** [ry'nik] runic.

ruolz [ry'ɔls] *m* electroplate(d ware).

rupestre [ry'pɛstr] ♧ rupestral, rock-dwelling; rock-(*drawings*).

rupin, e F [ry'pɛ̃, ˌ'pin] **1.** *adj.* first-rate, *Am.* swell; wealthy (*person*); **2.** *su./m* swell, toff, nob.

rupteur ⚡ [ryp'tœːr] *m* circuit-breaker; **rupture** [ˌ'tyːr] *f dam*: breaking (*a. ⚡ circuit*), bursting; ⚕ *blood-vessel*: rupture; *bone*: fracture; *battle, engagement, negotiations*: breaking off; ⚖ *contract, promise*: breach; *road surface*: breaking up; *fig.* falling out, quarrel (*between persons*); 🚂 ˌ de charge dividing of load; ⚖ ˌ de promesse de mariage breach of promise; *charge f* de ˌ breaking load.

rural, e, *m/pl.* **-aux** [ry'ral, ˌ'ro] **1.** *adj.* rural, country...; **2.** *su.* peasant.

ruse [ryːz] *f* ruse, trick, wile; ⚔ ˌ de guerre stratagem; *en amour la* ˌ *est de bonne guerre* all's fair in love and war; *user de* ˌ practise deceit; **rusé, e** [ry'ze] artful, wily, crafty, cunning; **ruser** [ˌ] (1a) *v/i.* use guile; resort to trickery.

rush [rœʃ] *m sp.* (final) spurt, sprint; *fig.* rush.

russe [rys] **1.** *adj.* Russian; **2.** *su./m ling.* Russian; *su.* ♀ Russian; **russifier** [rysi'fje] (1o) *v/t.* Russianize.

russo... [ryso] Russo...; ˌ**phile** [ˌ'fil] *adj., a. su.* Russophile.

rustaud, e [rys'to, ˌ'toːd] **1.** *adj.* boorish, loutish, uncouth; **2.** *su.* boor, lout; F bumpkin; **rusticité** [ˌtisi'te] *f* rusticity; boorishness; primitiveness; ♧ hardiness; **rustique** [ˌ'tik] **1.** *adj.* rustic (*a. fig.*); country...; *fig.* countrified, unrefined; ♧ hardy; **2.** *su./m* △ bush-hammer; **rustiquer** △ [ˌti'ke] (1m) *v/t.* give a rustic appearance to; **rustre** [rystr] **1.** *adj.* boorish, loutish, churlish; **2.** *su./m* boor, lout, churl; F bumpkin.

rut [ryt] *m animals*: rut(ting), heat; *être en* ˌ be in *or* on heat (*female*); rut (*male*).

rutilant, e [ryti'lɑ̃, ˌ'lɑ̃ːt] glowing red; gleaming (*a. fig.*); ♫ rutilant; *fig.* glittering; **rutiler** [ˌ'le] (1a) *v/i.* glow, gleam (red).

rythme [ritm] *m* rhythm; **rythmique** [rit'mik] rhythmic.

S

S, s [ɛs] *m* S, s; s... *sl.* = sacré.
sa [sa] *see* son¹.
sabbat [sa'ba] *m eccl.* Sabbath; *fig.* witches' sabbath; F *fig.* din, racket;
sabbatique [ˌba'tik] sabbatical.
sabine ♀ [sa'bin] *f* savin(e).
sabir *ling.* [sa'biːr] *m* Levant: lingua franca. [ing.]
sablage ⊕ [sa'blaːʒ] *m* sand-blast-⟋
sable¹ [saːbl] *m* sand; ⚓ gravel; sand-glass; ~ mouvant quicksand; bâtir sur le ~ build on sand; F être sur le ~ be broke; be down and out.
sable² *zo.* [~] *m* sable.
sablé *cuis.* [sa'ble] *m* shortbread;
sabler [~'ble] (1a) *v/t.* sand, gravel (a path); ⊕ cast (s.th.) in a sandmo(u)ld; ⊕ sand-blast; F *fig.* swig (a drink); **sableur** [~'blœːr] *m* ⊕ sand-mo(u)lder; F *fig.* hard drinker; **sableux, -euse** [~'blø, ~'bløːz] 1. *adj.* sandy; 2. *su./f* ⊕ sand-jet; **sablier** [~bli'e] *m* sand-man; sand-box, sand-sifter; sand-glass; *cuis.* egg-timer.
sablière¹ ⚒ [sabli'ɛːr] *f* plate; stringer.
sablière² [sabli'ɛːr] *f* sand-pit; gravel-pit; ⊜ sand-box; **sablon** [~'blɔ̃] *m* fine sand; **sablonner** [sablɔ'ne] (1a) *v/t.* sand; *metall.* sprinkle with welding sand; **sablonneux, -euse** [~'nø, ~'nøːz] sandy; gritty (fruit); **sablonnière** [~'njɛːr] *f* sand-pit, gravel-pit; *metall.* sand-box.
sabord ♆ [sa'bɔːr] *m* port(hole); scuttle; **saborder** [~bɔr'de] (1a) *v/t.* ♆ scuttle; *fig.* shut down, wind up (a company etc.); se ~ ♆ scuttle one's ship; *fig.* shut down.
sabot [sa'bo] *m* sabot (a. ⚔); wooden shoe or clog; zo. hoof; ⊕, ⚡, mot. (brake-, contact-, etc.)shoe; F dud; toy: top; mot. ~ (de Denver) (TM) Denver shoe; mot. ~ de pare-choc overrider; F *fig.* dormir comme un ~ sleep like a log; **sabotage** [sabɔ'taːʒ] *m work:* scamping, bungling; scamped or bungled work;

(act of) sabotage (during strikes etc.);
saboter [~'te] (1a) *v/i.* bungle one's work; commit acts of sabotage; *v/t.* ⊕ shoe (a pile); ⚒ chair (a sleeper); *fig.* bungle (one's work etc.); ⊕ sabotage (a job, machinery); **saboteur** *m*, **-euse** *f* [~'tœːr, ~'tøːz] ⊕ saboteur; *work:* bungler, botcher; **sabotier** [~'tje] *m* sabot-maker.
sabre [saːbr] *m* sabre, broadsword; *icht.* sword-fish; ~ au clair (with) drawn sword; coup m de ~ sabre cut; slash; F *fig.* traîneur m de ~ sabre-rattler; **sabrer** [~'bre] (1a) *v/t.* sabre; slash; F botch, scamp (one's work); F *fig.* make drastic cuts in (a play etc.); **sabretache** ⚔ [~brə'taʃ] *f* sabretache; **sabreur** [~'brœːr] *m* † dashing cavalry officer; F *work:* scamper.
sac¹ [sak] *m coal, flour, etc.:* sack; bag; ⚔ kit-bag, knapsack; rucksack; zo. pouch; anat. sac; geol. pocket; (wind-)cone; sackcloth; ~ à main handbag, Am. a. purse; ~ de couchage sleeping-bag; ~ de voyage travelling-case; ~ en bandoulière shoulder-bag; ~ en papier paper-bag; F homme m de ~ et de corde thorough scoundrel; F c'est dans le ~ it's in the bag; F vider son ~ get it off one's chest.
sac² [~] *m* pillage, sacking.
saccade [sa'kad] *f* jerk; par ~s in jerks; *fig.* by fits and starts; **saccadé, e** [saka'de] jerky; irregular.
saccage [sa'kaːʒ] *m* sacking; havoc; **saccager** [saka'ʒe] (1l) *v/t.* sack; create havoc in; upset; **saccageur** *m*, **-euse** *f* [~'ʒœːr, ~'ʒøːz] plunderer.
saccharate ⚗ [sakka'rat] *m* saccharate; **saccharide** ⚗ [~'rid] *m* saccharide; **saccharifier** ⚗ [~ri-'fje] (1o) *v/t.* saccharify; **saccharin, e** [~'rɛ̃, ~'rin] *adj., a. su./f* saccharine; **saccharose** ⚗ [~'roːz] *m* saccharose.
sacerdoce [saser'dɔs] *m* priesthood (a. coll.); **sacerdotal, e** *m/pl.* **-aux** [~dɔ'tal, ~'to] priestly; *fig.* priestlike.

saint

sachant [sa'ʃɑ̃] *p.pr.* of savoir 1; **sache** [saʃ] 1st *p. sg. pres. sbj.* of savoir 1.

sachée [sa'ʃe] *f* sackful, bagful; **sachet** [~'ʃɛ] *m* small bag; *scent:* sachet; ~ de thé teabag.

sacoche [sa'kɔʃ] *f* satchel, wallet; *mot., bicycle, etc.:* tool-bag; ✕ saddle-bag.

sacramental *eccl.* [sakramɑ̃'tal] *m* sacramental; **sacramentel, -elle** [~'tɛl] *eccl.* sacramental; *fig.* ritual.

sacre [sakr] *m king:* anointing, coronation; *bishop:* consecration.

sacraliser [sakrali'ze] (1a) *v/t.* make or consider (*s.th., s.o.*) sacred; **sacralité** [~'te] *f* sacredness; **sacré, e** [sa'kre] holy (*orders, scripture*); sacred (*spot, vessel, a. fig.*); *anat.* sacral; *sl.* (*before su.*) confounded, damned; **sacre-bleu!** [~krə'blø] *int.* damn (it)!; **sacrement** [~krə'mɑ̃] *m* sacrament; *derniers* ~s *pl.* last rites; *fréquenter les* ~s *be* a regular communicant; **sacrer** [~'kre] (1a) *v/t.* anoint, crown (*a king*); consecrate (*a bishop*); *v/i.* F curse.

sacrificateur *m*, **-trice** *f* † [sakrifika'tœːr, ~'tris] sacrificer; **sacrifice** [~'fis] *m* sacrifice (*a. fig.*); *eccl.* **saint** Blessed Sacrament; **sacrifier** [~'fje] (1o) *v/t.* sacrifice (*a. ✝, a. fig.*); *fig.* give (*s.th.*) up (to, for *à*); *se* ~ devote o.s. (to, *à*); *v/i.* sacrifice; conform (to, *à*); **sacrilège** [~'lɛ:ʒ] 1. *adj.* sacrilegious, impious; 2. *su.* sacrilegious person; *su./m* sacrilege.

sacripant [sakri'pɑ̃] *m* F scoundrel, knave; † braggart.

sacristain *eccl.* [sakris'tɛ̃] *m* sacristan; sexton; **sacristi!** [~'ti] *int.* Good Lord!; hang it!; **sacristie** *eccl.* [~'ti] *f* sacristy, vestry.

sacro... [sakro] sacro-... (*a. anat.*); ~-saint, e [~'sɛ̃, ~'sɛ:t] sacrosanct; **sacrum** *anat.* [sa'krɔm] *m* sacrum.

sadique [sa'dik] 1. *adj.* sadistic; 2. *su.* sadist; **sadisme** [~'dism] *m* sadism.

safari [safa'ri] *m* safari; ~-photo photographic safari.

safran [sa'frɑ̃] 1. *su./m* ♀, *cuis.* saffron; ♣ crocus; 2. *adj./inv.* saffron (-colo[u]red); **safraner** *cuis.* [~fra-'ne] (1a) *v/t.* (colo[u]r *or* flavo[u]r with) saffron.

sagace [sa'gas] sagacious; shrewd; **sagacité** [~gasi'te] *f* sagacity, shrewdness; *avec* ~ sagaciously.

sage [sa:ʒ] 1. *adj.* wise; prudent; discreet (*person, conduct*); well-behaved; good (*child*); modest (*woman*); 2. *su./m* wise man, sage; ~-femme, *pl.* ~s-femmes [sa3-'fam] *f* midwife; **sagesse** [sa'3ɛs] *f* wisdom; discretion; good behavio(u)r; *woman:* modesty; *la* ~ (*d'*)*après coup* hindsight.

sagittaire [saʒi'tɛ:r] *su./m hist.* archer; *astr. le* ♐ Sagittarius, the Archer; *su./f* ♀ sagittaria, arrowhead.

sagou *cuis.* [sa'gu] *m* sago.

sagouin, e [sa'gwɛ̃, ~'gwin] *su. zo.* squirrel-monkey; *su./m* F slovenly fellow; *su./f* F slattern, slut.

sagoutier ♀ [sagu'tje] *m* sago-palm.

saignant, e [sɛ'ɲɑ̃, ~'ɲɑ̃:t] bleeding; *cuis.* underdone, rare (*meat*); F *fig.* sensational, F hot; **saignée** [~'ɲe] *f* ✚ bleeding; *anat.* (~ *du bras*) bend of the arm; *drainage:* ditch; *fig. resources:* drain, loss(es *pl.*); ⊕ (*oil-*)groove; **saigner** [~'ɲe] (1b) *vt/i.* bleed (*a. fig.*); ⊕, *fig.* drain; tap.

saillant, e [sa'jɑ̃, ~'jɑ̃:t] 1. *adj.* △ projecting; prominent; *fig.* outstanding, striking; 2. *su./m* ✕ salient; **saillie** [~'ji] *f* spurt, bound; ✕ sally (*a. fig. wit*); *zo.* covering; *fig.* outburst; *fig.* prominence; △ projection; ⊕ lug; *en* ~ projecting; bay(*-window*); *faire* ~ project; protrude; *par* ~s by leaps and bounds.

saillir¹ [sa'ji:r] (2a) *v/i.* spurt out, gush out; ✕ (make a) sally; *v/t. zo.* cover (*a mare*).

saillir² [~] (2p) *v/i.* project; *paint. etc.* stand out.

sain, saine [sɛ̃, sɛn] healthy (*person, climate, a. sp.*); sound (*doctrine, horse, fruit, timber, views, ✝, ♣, etc.*); wholesome (*food*); ♣ clear; ~ *et sauf* safe and sound; **sain**(-) *bois* ♀ [sɛ̃'bwa] *m* spurge-flax.

saindoux *cuis.* [sɛ̃'du] *m* lard.

sainfoin ♀, ✔ [sɛ̃'fwɛ̃] *m* sainfoin.

saint, sainte [sɛ̃, sɛ̃:t] 1. *adj.* holy; *eccl.* saintly; consecrated (*building, ground, etc.*); ♀ *Jean* St. John; F *toute la sainte semaine* all the blessed week; 2. *su.* saint; *su./m: les* ~s *pl. de glace* the Ice *or* Frost Saints; *le* ~ *des* ~s the Holy of

Holies; **~-bernard** zo. [sɛ̃bɛr-'na:r] m/inv. St. Bernard; **~-crépin** [~kre'pɛ̃] m shoemaker's tools pl.; fig. possessions pl.; ⚥-**Esprit** [~tɛs-'pri] m Holy Ghost; **sainteté** [sɛ̃-tə'te] f holiness, saintliness; fig. sanctity.

saint...: **~-frusquin** F [sɛ̃frys'kɛ̃] m/inv. possessions pl.; tout le ~ the whole caboodle; **~-glinglin** F [~glɛ̃'glɛ̃]: à la ~ never; **~-office** eccl. [~tɔ'fis] m Holy Office; ⚥-**Père** eccl. [~'pɛːr] m the Holy Father, the Pope; ⚥-**Siège** eccl. [~'sjɛː3] m the Holy See; ⚥-**Sylvestre** [~sil'vɛstrə]: la ~ New Year's Eve.

sais [sɛ] 1st p. sg. pres. of savoir 1.

saisi ⚖ [sɛ'zi] m distrainee; **saisie** [~] f seizure (a. ⚖); ⚖ distraint; **saisine** [~'zin] f ⚖ livery of seisin; ⚓ etc. lashing; boat: sling; **saisir** [~'ziːr] (2a) v/t. seize; catch hold of; ⚖ attach; distrain upon (goods); foreclose (a mortgage); ⚓ stow (anchors, boats); cuis. cook (meat) at high temperature; fig. catch, grasp; understand; ~ q. de refer (s.th.) to s.o.; vest s.o. with; se ~ de seize upon (a. fig.); **saisissable** [~zi'sabl] seizable; attachable; fig. distinguishable; **saisissant, e** [~zi'sɑ̃, ~'sɑ̃ːt] striking; gripping (scene, spectacle, speech); piercing (cold); **saisissement** [~zis'mɑ̃] m † seizure; sudden chill; shock, emotion.

saison [sɛ'zɔ̃] f season; tourist season; time: period; ~ hivernale winter season; (hors) de ~ (un)seasonable, (in)opportune; la ~ bat son plein it is the height of the season; **saisonnier, -ère** [~zɔ'nje, ~'njɛːr] 1. adj. seasonal; 2. su. seasonal worker.

salade [sa'lad] f salad; lettuce; fig. confusion, jumble; sl. panier m à ~ Black Maria (= prison van); **saladier** [~la'dje] m salad-bowl.

salage [sa'laː3] m salting; † salt-tax.

salaire [sa'lɛːr] m wage(s pl.) (a. fig.); pay; fig. reward; ~ de base basic wage; les gros ~s pl. the top earners.

salaison [salɛ'zɔ̃] f salting; bacon: curing; salt provisions pl.; marchand m de ~s dry-salter.

salamandre [sala'mɑ̃:dr] f zo. salamander; ⊕ slow-combustion stove.

salami [sala'mi] m salami; fig. métho-

de f (ou tactique f) du ~ salami tactics sg.

salangane orn. [salɑ̃'gan] f salangane; cuis. nid m de ~ bird's nest.

salant [sa'lɑ̃] adj./m salt-...

salariat [sala'rja] m salaried or wage-earning classes pl.; **salarié, e** [~'rje] 1. adj. wage-earning (person); paid (work); 2. su. wage-earner; pej. hireling; **salarier** [~'rje] (1o) v/t. pay wages to (s.o.).

salaud sl. [sa'lo] m dirty person; fig. bastard, Br. a. bugger; **sale** [sal] dirty (a. fig.); fig. foul.

salé, e [sa'le] 1. adj. salt(ed); fig. spicy, coarse (story); biting (comment etc.); F stiff (price, ⚖ sentence); 2. su./m salt pork; petit ~ pickled pork.

salement [sal'mɑ̃] adv. dirtily; meanly, nastily; sl. very, extremely; **saler** [sa'le] (1a) v/t. salt (a. fig.); cure (bacon); fig. fleece, overcharge (s.o.).

saleté [sal'te] f dirt(iness), filth(iness); fig. indecency; dirty story; fig. dirty trick; fig. dire des ~s talk smut.

salicylate 🜨 [salisi'lat] m salicylate; **salicylique** 🜨 [~'lik] salicylic.

salière [sa'ljɛːr] f table: salt-cellar, Am. saltshaker; kitchen: salt-box.

saligaud, e sl. [sali'go, ~'goːd] m dirty dog, skunk, rotter; sloven.

salin, e [sa'lɛ̃, ~'lin] 1. adj. saline, salty; salt (air); 2. su./m salt-marsh; ⊕, 🜨 (crude) potash; 2. su./f salt-pan, salt works ou. sg; rock-salt mine; **salinier** [~li'nje] m salter; salt-mine owner; † salt merchant.

salir [sa'liːr] (2a) v/t. dirty, soil; fig. sully; se ~ get dirty or soiled; fig. tarnish one's reputation; **salissant, e** [~li'sɑ̃, ~'sɑ̃ːt] dirty(ing); tex. etc. easily soiled.

salivaire anat. [sali'vɛːr] salivary; **salivation** 💢 [~va'sjɔ̃] f salivation; **salive** [sa'liːv] f saliva; F perdre sa ~ waste one's breath; **saliver** [~li-'ve] (1a) v/i. salivate.

salle [sal] f hall; (large) room; hospital: ward; thea. (a. ~ de spectacle) auditorium, F house; ~ à manger dining-room; ~ d'attente waiting-room; ~ de bain(s) bathroom; ~ de classe class-room, schoolroom; ⚔ ~ de police guard-room; ~ des pas perdus lobby, waiting-hall.

salmigondis [salmigɔ̃'di] m cuis.

salmagundi, ragout; *fig.* hotch-potch.

salmis *cuis.* [sal'mi] *m* salmi; ragout (*of roasted game*).

saloir [sa'lwa:r] *m* salting-tub.

salon [sa'lɔ̃] *m* drawing-room; ♣ *etc.* saloon, cabin; (*tea-*)room; ♀ exhibition; *fig.* ~s *pl.* society *sg.*, fashionable circles; ♀ *de l'automobile* motor-show; *fréquenter les* ~s move in high society; **salonnier** [~lɔ'nje] *m* art critic; critic of the *Salon* (*the annual art exhibition in Paris*).

salopard *sl.* [salɔ'pa:r] *m* unprepossessing person; **salope** *sl.* [~'lɔp] *f* tart; bitch; **saloper** F [salɔ'pe] (1a) *v/t.* mess up, *sl.* goof up; **saloperie** F [salɔ'pri] *f* filth; rubbish, trash; mess; bungled piece of work; ~s *pl.* smut *sg.*, dirt *sg.*; *faire une* ~ *à q.* play a dirty trick on; **salopette** [~'pɛt] *f* overall(s *pl.*); dungarees *pl.*

salpêtre [sal'pɛ:tr] *m* saltpetre, potassium nitrate, nitre.

salsifis ♀, *cuis.* [salsi'fi] *m* salsify.

saltimbanque [saltɛ̃'bɑ̃:k] *m* (travelling) showman; *pol.*, *fig.* charlatan, mountebank; † tumbler.

salubre [sa'ly:br] salubrious, healthy; wholesome (*food etc.*); **salubrité** [~lybri'te] *f* salubrity, healthiness; *food etc.*: wholesomeness; ~ *publique* public health.

saluer [sa'lɥe] (1n) *v/t.* bow to; salute (*a.* ✕, ♣), greet (*s.o.*); *fig.* welcome; ♣ *du pavillon* dip the flag to. [(*of the sea air*).]

salure [sa'ly:r] *f* saltness; salt tang

salut [sa'ly] *m* safety; *eccl.*, *a. fig.* salvation; greeting; bow; ✕ salute; ♣ *flag:* dipping; ✕ *colour:* lowering; *eccl.* Benediction (*of the Blessed Sacrament*); ~! hullo!; how do you do?; *Armée f du* ♀ Salvation Army; **salutaire** [saly'tɛ:r] salutary, wholesome, beneficent; **salutation** [~ta'sjɔ̃] *f* greeting; bow; *agréez mes meilleures* ~s *end of letter:* yours faithfully; **salutiste** [~'tist] *su.* Salvationist, member of the Salvation Army.

salve [salv] *f* ✕ salvo *guns:* salute; *fig.* round (*of applause*).

samedi [sam'di] *m* Saturday; ~ *saint* Holy Saturday, Saturday before Easter.

sanctificateur, -trice [sãktifika-'tœ:r, ~'tris] **1.** *adj.* sanctifying;

2. *su.* sanctifier; *su./m:* le ♀ the Holy Ghost; **sanctification** [~fika'sjɔ̃] *f* sanctification; *Sabbath:* observance; **sanctifier** [~'fje] (1o) *v/t.* sanctify, make holy; observe (*the Sabbath*); *que votre nom soit sanctifié* hallowed be Thy name.

sanction [sãk'sjɔ̃] *f* sanction (*a. pol.*); approval; penalty, punishment; **sanctionner** [~sjɔ'ne] (1a) *v/t.* sanction; approve; punish.

sanctuaire [sãk'tɥɛ:r] *m* sanctuary (*a. fig.*); **sanctus** *eccl.*, ♪ [~'tys] *m Mass:* sanctus.

sandal, *pl.* **-als** [sã'dal] *m see* santal.

sandale [sã'dal] *f* sandal; gym-shoe.

sandow (*TM*) [sã'dɔf] *m* elastic; *sp.* chest-expander.

sandre *icht.* [sã:dr] *f* pike-perch.

sandwich, *pl.* **-es** [sã'dwit∫] *m* sandwich; *sl. faire* ~ play gooseberry.

sang [sã] *m* blood; race, lineage; kinship, relationship; *biol. à* ~ *chaud* (*froid*) warm-blooded (cold-blooded) (*animal*); F *avoir le* ~ *chaud* be quick-tempered; ♣ *coup m de* ~ (apoplectic) fit; *droit m du* ~ birth-right; ♣ *écoulement m de* ~ h(a)emorrhage; *être tout en* ~ be covered with blood; *se faire du mauvais* ~ worry; ~*froid* [~'frwa] *m* composure, self-control; *de* ~ in cold blood, cold-bloodedly; *accompli de* ~ cold-blooded (*murder etc.*).

sanglant, e [sã'glã, ~'glã:t] bloody; blood-covered; blood-red; *fig.* bitter (*attack, criticism, tears, etc.*); deadly (*insult*).

sangle [sã:gl] *f* strap; (*saddle-*)girth; *fit m de* ~ camp-bed; **sangler** [sã'gle] (1a) *v/t.* strap; girth (*a horse*); strike (*s.o.*); fasten the webbing on (*a bed, a chair*).

sanglier *zo.* [sã'glie] *m* wild boar.

sanglot [sã'glo] *m* sob; **sangloter** [~glɔ'te] (1a) *v/i.* sob.

sangsue *zo.*, *fig.* [sã'sy] *f* leech.

sanguin, e [sã'gɛ̃, ~'gin] of blood...; of blood; full-blooded (*person*); red-faced (*person*); **sanguinaire** [~gi'nɛ:r] **1.** *adj.* bloodthirsty (*person*); bloody (*fight*); **2.** *su./f* blood-root; **sanguine** [~'gin] *f* blood-orange; red h(a)ematite, red chalk; *min.* bloodstone; *paint.* red chalk (*drawing*); **sanguinolent, e** [~gino'lã, ~'lã:t] blood-red; ♣ sanguinolent.

sanie ♂ [sa'ni] f pus, F matter;
sanieux, -euse ♂ [~'njø, ~'njøːz]
sanious.
sanitaire [sani'tɛːr] 1. adj. sanitary;
⚔ hospital (train), ambulance (aeroplane); 2. su./m (a. ~s pl.) sanitation;
(bathroom) plumbing; bathroom.
sans [sɑ̃] prp. without; free from
or of; ...less; un...; ~ hésiter without hesitating or hesitation; non ~
peine not without difficulty; ~ plus
tarder without further delay; ~
bretelles strapless; ~ cesse ceaseless; ~ doute doubtless, no doubt;
~ exemple unparalleled; ~ faute
without fail; faultless; ~ le sou
penniless; ~ que (sbj.) without (ger.);
~ cela, ~ quoi but for that; see mot;
~-abri [~za'bri] m/inv. homeless
person; **~-atout** [~za'tu] m cards:
no trumps; **~-cœur** F [~'kœːr] su./
inv. heartless person; **~-culotte**
hist. [~ky'lɔt] m sansculotte (= extreme republican); **~-façon** [~fa'sɔ̃]
m/inv. straightforwardness, blunt-
ness; **~-fil** [~'fil] f/inv. wireless
message; **~-filiste** [~fi'list] su. wireless enthusiast; wireless operator;
~-gêne [~'ʒɛn] su./inv. off-handed
or unceremonious person; su./m/
inv. pej. off-handedness; F cheek;
~-le-sou F [~lə'su] su./inv. penniless
person.
sansonnet orn. [sɑ̃sɔ'ne] m starling.
sans...: ~-parti pol. [~par'ti] su./inv.
independent; **~-souci** [sɑ̃su'si]
adj./inv. carefree; unconcerned; ~
travail [~tra'vaj] su./inv. jobless
person.
santal, pl. -als ♀ [sɑ̃'tal] m sandal-
wood.
santé [sɑ̃'te] f health; à votre ~!
cheers! your health!; être en bonne ~
be well; maison f de ~ private hospital, nursing home; mental hospital; médecin m de (la) ~ medical
officer of health, F M.O.H.; service m
de (la) ~ Health Service, ⚔ medical
service, ⚓ quarantine service.
saoul [su] see soûl.
sape [sap] f ⚔ etc. sap(ping); under-
mining (a. fig.); **saper** [sa'pe] (1a)
v/t. sap, undermine (a. fig.).
sapeur ⚔ [sa'pœːr] m sapper;
pioneer; **~-pompier**, pl. **~s-pom-
piers** [~pœrpɔ'pje] m fireman;
sapeurs-pompiers pl. fire-brigade.
saphir min., a. orn. [sa'fiːr] m sap-

phire; **saphirine** min. [~fi'rin] f
sapphirine.
sapientiaux bibl. [sapjɑ̃'sjo] adj./m/
pl.: Livres m/pl. ♀ wisdom-literature
sg.
sapin [sa'pɛ̃] m ♀ fir(-tree), spruce;
♰ deal; F coffin; faux ~ pitch-pine;
F toux f qui sent le ~ churchyard
cough; **sapinière** ♀ [~pi'njɛːr] f
fir-plantation.
saponacé, e [sapona'se] sapona-
ceous, soapy; **saponaire** ♀ [~'nɛːr] f
saponaria, usu. soapwort; **saponi-
fier** [~ni'fje] (1o) v/t. a. se ~ saponify.
sapristi! † ✝ [sapris'ti] int. Good
Lord!; hang it!
sarbacane [sarba'kan] f blow-pipe.
sarcasme [sar'kasm] m sarcasm;
sarcastic remark; **sarcastique** [~
kas'tik] sarcastic.
sarcelle orn. [sar'sɛl] f teal.
sarclage ✿ [sar'klaːʒ] m weeding;
sarcler [~'kle] v/t. ✿ weed; hoe
(up); fig. weed out; **sarcloir** ✿
[~'klwaːr] m hoe; **sarclure** ✿ [~
'klyːr] f (uprooted) weeds pl.
sarcome ♂ [sar'koːm] m sarcoma.
sarcophage [sarkɔ'faːʒ] m sarcoph-
agus.
sarde [sard] 1. adj. Sardinian; 2.
su./m ling. Sardinian; su. ♀ Sardinian; **sardine** [sar'din] f icht. pil-
chard; ♰ sardine; ⚔ F N.C.O.'s
stripe; **sardinerie** [~din'ri] f sar-
dine-packing factory etc.; **sar-
dinier, -ère** [~di'nje, ~'njɛːr] su.
sardine fisher; sardine packer or
curer; su./m sardine-net; sardine-
boat.
sardoine min. [sar'dwan] f sard;
[bibl. sardine stone.]
sardonique [sardɔ'nik] sardonic.
sargasse ♀ [sar'gas] f sargasso.
sarigue zo. [sa'rig] m sarigue;
South America: opossum.
sarment ♀ [sar'mɑ̃] m vine-shoot;
bine; **sarmenteux, -euse** ♀ [~mɑ̃-
'tø, ~'tøːz] sarmentous; vine: climbing.
sarrasin, e [sara'zɛ̃, ~'zin] 1. adj. hist.
Saracen; 2. su. hist. ♀ Saracen; su./m
✿ buckwheat; ♀ portcullis.
sarrau, pl. a. -s cost. [sa'ro] m
overall, smock.
sarriette ♀ [sa'rjet] f savory.
sas ⊕ [sɑ] m sieve, riddle, screen;
(air-)lock; lock-chamber; ⚓ submarine: flooding-chamber; passer
au ~ sift, bolt (s.th.).

sasse [sɑ:s] *f* ⚓ bailing-scoop, bailer; ⊕ *flour:* bolter.

sassement [sɑs'mɑ̃] *m* ⚓ passing through a lock; ⊕ sifting, screening, *flour etc.;* bolting; **sasser** [sɑ'se] (1a) *v/t.* ⚓ pass (*a boat*) through a lock; ⊕ sift (*a. fig.*), screen, bolt (*flour etc.*); jig (*ore*); *fig.* examine in detail.

satané, e F [sata'ne] confounded; **satanique** [ˌ'nik] satanic; *fig.* diabolical.

satellisation [satɛlliza'sjɔ̃] *f satellite:* putting into orbit; *fig.* making into or becoming a satellite; **satelliser** [ˌli'ze] (1a) *v/t.* put (*a satellite*) into orbit; *fig.* make a satellite of (*a country etc.*); **satellite** [ˌ'lit] *m* astr., phys., *a. fig.* satellite.

satiété [sasje'te] *f* satiety; à ~ to repletion, to satiety.

satin †, *tex.* [sa'tɛ̃] *m* satin; *bois m* de ~ satinwood; **satinade** †, *tex.* [sati'nad] *f silk:* satinette; **satinage** [ˌ'na:ʒ] *m* ⊕ glazing; *tex.* satining; *paper:* surfacing; *phot. print:* burnishing; **satiné, e** [ˌ'ne] **1.** *adj.* satiny, glazed (*leather, paper*); *geol.* satin-(spar, stone); **2.** *su./m* gloss; **satiner** [ˌ'ne] (1a) *v/t.* satin, glaze; surface (*paper*); press (*linen, paper*); *phot.* burnish; **satinette** †, *tex.* [ˌ'nɛt] *f* (*cotton*) satinette, sateen; **satineur, -euse** *tex.* [ˌ'nœ:r, ˌ'nø:z] *su.* satiner, glazer; *su./f* satining-machine, glazing-machine.

satire [sa'ti:r] *f* satire (on, *contre*); lampoon; satirizing; **satirique** [sati'rik] **1.** *adj.* satiric(al); **2.** *su./m* satirist; **satiriser** [ˌri'ze] (1a) *v/t.* satirize.

satisfaction [satisfak'sjɔ̃] *f* satisfaction (*a. fig.*); *fig.* amends pl. (for *pour, de*); *eccl.* atonement (for, *de*); **satisfaire** [ˌfɛ:r] (4r) *v/t.* satisfy (*a. fig.*); make amends to (*s.o.*); *v/i. eccl.* make atonement; ~ à satisfy; *fig.* meet (*an objection etc.*); *fig.* fulfil (*a duty*); **satisfaisant, e** [ˌfɛ-'zɑ̃, ˌ'zɑ̃:t] satisfactory, satisfying; **satisfait, e** [ˌ'fɛ, ˌ'fɛt] satisfied, pleased (with, *de*).

saturable ⚕, phys. [saty'rabl] saturable; **saturer** [ˌ're] (1a) *v/t.* ⚕, phys. saturate (with, *de*); *fig.* satiate.

saturnin, e ⚕ [satyr'nɛ̃, ˌ'nin]

lead-...; **saturnisme** ⚕ [ˌ'nism] *m* lead-poisoning.

satyre [sa'ti:r] *m* myth. satyr; zo. satyr butterfly.

sauce [so:s] *f cuis., a. tobacco:* sauce; *cuis.* gravy; *drawing:* lamp-black; ~ *tomate* tomato sauce; *F dans la* ~ in the soup; **saucée** F [so'se] *f rain:* downpour; *fig.* dressing-down, F telling-off; **saucer** [ˌ'se] (1k) *v/t.* dip (*s.th.*) in the sauce; soak (*a.* F *fig.*); F scold, tell (*s.o.*) off; **saucière** [ˌ'sjɛ:r] *f* sauce-boat; gravy-boat.

saucisse [so'sis] *f* (*fresh*) sausage; *sl.* fat-head; idiot; F *ne pas attacher son chien avec des* ~s be careful with one's money.

saucisson [sosi'sɔ̃] *m* (*dry, smoked, etc.*) sausage; **saucissonnage** F *fig.* [ˌso'na:ʒ] *m* splitting (up); **saucissonner** F [ˌso'ne] (1a) *v/t.* have a snack; picknick.

sauf, sauve [sof, so:v] **1.** *adj.* safe, unhurt; unscathed; **2.** *sauf prp.* except, but; save; in the absence of; ~ à (*inf.*) subject to (*ger.*); ~ *erreur ou omission* errors and omissions excepted; ~ *imprévu* except for unforeseen circumstances; ~ *que* (*sbj.*) except that (*ind.*); **~-conduit** [sofkɔ̃'dɥi] *m* safe-conduct, pass.

sauge ⚘, *cuis.* [so:ʒ] *f* sage.

saugrenu, e [sogra'ny] preposterous, ridiculous.

saulaie ⚘ [so'lɛ] *f* willow-plantation; **saule** ⚘ [so:l] *m* willow; ~ *pleureur* weeping willow; **saulée** [so'le] *f* row of willows.

saumâtre [so'mɑ:tr] brackish; F nasty; sour (*person*).

saumon [so'mɔ̃] **1.** *su./m* icht. salmon; ⊕ *lead:* pig; ⊕ *metal:* ingot, block; **2.** *adj./inv.* salmon-pink; **saumoné, e** [somɔ'ne] salmon; *icht. truite f* ~e salmon-trout; **saumoneau** *icht.* [ˌ'no] *m* young salmon; parr.

saumure [so'my:r] *f* pickling brine; pickle; **saumurer** [ˌmy're] (1a) *v/t.* pickle in brine; brine (*anchovies, meat*).

sauna [so'na] *m* sauna.

saupoudrage [supu'dra:ʒ] *m* sprinkling; *fig.* scattering; **saupoudrer** [ˌ'dre] (1a) *v/t.* sprinkle, powder (with, *de*); dust (with, *de*); *fig.* scatter; *fig.* stud (*the sky, a speech*) (with, *de*); **saupoudreuse** [ˌ'drø:z] *f*,

saupoudroir [~'drwa:r] m sprinkler. [herring.]

saur [sɔ:r] adj./m: hareng m ~ red⟩

saurai [so're] 1st p. sg. fut. of savoir 1.

saurer [so're] (1a) v/t. kipper, cure (herrings); **sauret** [~'rɛ] adj./m lightly cured (herring); **saurin** [~'rɛ̃] m bloater.

saut [so] m leap, jump; (water)fall; sp. ~ à la perche pole-jump; sp. ~ d'ange swallow-dive; sp. ~ de haie hurdling; sp. ~ en hauteur (longueur) high (long) jump; ~ en parachute parachute jump; sp. ~ périlleux somersault; F au ~ du lit on getting out of bed; faire le ~ give way; take the plunge; F faire un ~ chez pop round to (a shop etc.); par ~s et par bonds by leaps and bounds; fig. jerkily; **~-de-lit**, pl. **~s-de-lit** cost. [~d'li] m dressing-gown; **saut** [so:t] f price, temperature; jump; sudden change; wind, a. fig.: shift; **saute-mouton** sp. etc. [sotmu'tɔ̃] m leap-frog; jouer à ~ play leapfrog; **sauter** [so'te] (1a) 1. v/i. jump, leap (a. fig. for joy, de joie); ⚓ shift, veer (wind); blow up (explosive, mine, etc.); ⚡ blow (fuse); † go bankrupt, fail; ~ aux yeux be obvious; faire ~ blow (s.th.) up; ⚡ blow (a fuse); burst (a boiler); blast (a rock); spring (a trap); burst (a button, a lock); fig. dismiss, F fire (an official); fig. pol. bring down (the government); v/t. jump (over), leap (over); fig. skip, omit; ⚡ blow (a fuse); toss (a child, a. cuis. a pancake); cuis. fry quickly; **sauterelle** [~'trɛl] f zo. grasshopper; F fig. (a. grande ~) beanpole; **sauterie** [~'tri] f jumping, hopping, F (informal) dance, F hop; **sauteur, -euse** [~'tœ:r,~'tø:z] 1. adj. jumping, leaping, fig. unreliable (person); 2. su. jumper (a. sp.), leaper; circus: tumbler; fig. unreliable individual; su./f cuis. shallow pan; **sautiller** [~ti'je] (1a) v/i. hop, jump (about); throb (heart); fig. be jerky (style).

sautoir [so'twa:r] m sp. hurdle; St. Andrew's cross, ⊗ saltire; cost. neckerchief (worn crossed in front); long chain worn round the neck; en ~ diagonal; porter en ~ wear (s.th.) crosswise; carry (a haversack etc.) with the straps crossed over the chest; porter un ordre en ~ wear an order round one's neck.

sauvage [so'va:ʒ] 1. adj. wild (a. zo., a. ⚓, a. fig.); savage; fig. shy; fig. unsociable; fig. unauthorized, illegal; wildcat (strike); 2. su. (f. a. **sauvagesse** [~va'ʒɛs]) savage; unsociable person; **sauvageon** ⚘ [~va'ʒɔ̃] m wilding; grafting: wild stock; **sauvagerie** [~vaʒ'ri] f savagery; fig. unsociability; shyness; **sauvagine** [~va'ʒin] su./f coll. orn. waterfowl pl.; † common pelts pl.

sauvegarde [sov'gard] f safeguard (a. fig.), protection; safety; life-conduct; ⚓ life-line; **sauvegarder** [~gar'de] (1a) v/t. safeguard, protect; keep up (appearances).

sauve-qui-peut [sovki'pø] m stampede; headlong flight; **sauver** [so've] (1a) v/t. save, rescue (from, de); keep up (appearances); ⚓ salvage, salve; sauve qui peut! every man for himself!; se ~ escape (from, de); † recoup o.s.; fig. run away, F clear out, Am. F beat it; **sauvetage** [sov'ta:ʒ] m life-saving; rescue; ⚓ salvage; bateau m (or canot m) de ~ lifeboat; ceinture f de ~ lifebelt; **sauveteur** [~'tœ:r] 1. su./m rescuer; lifeboatman; ⚓ salvager; 2. adj./m: bateau m~ lifeboat; ⚓ salvage vessel; **sauvette** [so'vɛt]: à la ~ hurriedly, hastily, with undue haste; unauthorized, illicit (hawking etc.); hawk etc. illicitly, without authorization; **sauveur** [so'vœ:r] m saver, preserver; eccl. ♀ Savio(u)r, Redeemer.

savamment [sava'mɑ̃] adv. learnedly; knowingly, wittingly; with full knowledge.

savane ⚘ [sa'van] f savanna(h).

savant, e [sa'vɑ̃,~vɑ̃:t] 1. adj. learned (in, en); scholarly, erudite; performing (dog); fig. clever, skilful; 2. su. scholar; scientist.

savate [sa'vat] f old shoe; sp. French or foot boxing; F bungler, clumsy workman; F traîner la ~ be down at heel; **savetier** † [sav'tje] m cobbler.

saveur [sa'vœ:r] f flavo(u)r, taste; fig. zest, pungency; sans ~ insipid, tasteless.

savoir [sa'vwa:r] 1. (3i) v/t. know (of), be aware of, know how; be able to; learn, get to know; ~ l'anglais know English; ~ vivre know how to behave; autant (pas) que je sache as far as I know (not that I know of); faire ~ qch. à q. inform s.o. of s.th.; *je ne saurais* (*inf.*) I cannot (*inf.*), I could not (*inf.*); *ne ~ que* (*inf.*) not to know what to (*inf.*); *sans le ~* unintentionally; *v/i.* know; know how; (*à*) ~ to wit, namely; *c'est à ~* that remains to be seen; **2.** *su./m* knowledge, learning, erudition, scholarship; **~faire** [savwar'fɛ:r] *m/inv.* ability; know-how; skill(s *pl.*); **~vivre** [ʌ'vi:vr] *m/inv.* good manners *pl.*; (good) breeding.

savon [sa'vɔ̃] *m* soap; F *fig.* rebuke, F telling-off; ~ *à barbe* shaving-soap; ~ *de Marseille* yellow soap, scrubbing-soap; *bulle f de ~* soap bubble; *donner un coup de ~ à* give (*s.th.*) a wash; F *passer un ~ à q.* dress s.o. down, F tell s.o. off; *pain m de ~* cake of soap; **savonnage** [savɔ'na:ʒ] *m* washing, soaping; **savonner** [ʌ'ne] (1a) *v/t.* soap; wash (*clothes*); lather (*one's face before shaving*); F dress (*s.o.*) down; *tex.* se ~ wash; **savonnette** [savɔ'nɛt] *f* cake of soap; **savonneux, -euse** [ʌ'nø, ʌ'nø:z] soapy; **savonnier, -ère** [ʌ'nje, ʌ'njɛ:r] **1.** *adj.* soap...; **2.** *su./m* soap-maker; soap-berry(-tree).

savourer [savu're] (1a) *v/t.* enjoy; *fig.* savo(u)r; **savoureux, -euse** [ʌ'rø, ʌ'rø:z] tasty, savo(u)ry; *fig.* enjoyable; *fig.* racy (*story*).

savoyard, e [savwa'ja:r, ʌ'jard] *adj., a. su.* ♀ Savoyard.

saxe [saks] *m* Dresden china.

saxifrage ♀ [saksi'fra:ʒ] *f* saxifrage.

saxon, -onne [sak'sɔ̃, ʌ'sɔn] *adj., a. su.* ♀ Saxon.

saynète *thea.* [sɛ'nɛt] *f* sketch; short comedy.

sbire [sbi:r] *m* henchman; F cop (= *policeman*).

scabieux, -euse [ska'bjø, ʌ'bjø:z] *adj., a. su./f* scabious.

scabreux, -euse ♀ [ska'brø, ʌ'brø:z] *fig.* scabrous (*behaviour, tale*); risky; difficult, F ticklish (*work*); delicate (*question*); indelicate (*allusion*); rough (*path*).

scaferlati [skaferla'ti] *m* ordinary cut tobacco.

scalène ♀, anat. [ska'lɛn] *adj., a. su./m* scalene.

scalpe [skalp] *m* trophy: scalp.

scalpel ♀ [skal'pɛl] *m* scalpel.

scandale [skɑ̃'dal] *m* scandal; *fig.* disgrace, shame; *faire ~* create a

scandal; **scandaleux, -euse** [skɑ̃da'lø, ʌ'lø:z] scandalous, disgraceful; notorious; **scandaliser** [ʌli'ze] (1a) *v/t.* shock, scandalize; *se ~ de* be shocked at.

scander [skɑ̃'de] (1a) *v/t.* scan (*a verse*); ♪ stress; *fig.* punctuate (with, *de*).

scandinave [skɑ̃di'na:v] *adj., a. su.* ♀ Scandinavian.

scaphandre [ska'fɑ̃:dr] *m* diving suit; space suit; ~ *autonome* aqualung; *casque m de ~* diver's helmet; **scaphandrier** [ʌfɑ̃dri'e] *m* deepsea diver.

scapulaire [skapy'lɛ:r] *adj. anat., a. su./m eccl.* scapular.

scarabée *zo.* [skara'be] *m* beetle; *hist. Egypt.:* scarab.

scarificateur [skarifika'tœ:r] *m* ✗ scarifier; ♀ scarificator; **scarifier** [ʌ'fje] (1o) *v/t.* scarify.

scarlatine ♀ [skarla'tin] *f* (*a. fièvre f ~*) scarlet fever.

sceau [so] *m* seal (*a. fig.*); *fig.* mark; *admin.* le ~ *de l'État* the Great Seal.

scélérat, e [sele'ra, ʌ'rat] **1.** *adj.* villainous (*person*); outrageous (*act*); **2.** *su.* villain, scoundrel; **scélératesse** [ʌra'tɛs] *f* villainy.

scellé ⚖ [se'le] *m* seal; **sceller** [ʌ] (1a) *v/t.* seal; F ratify; ⚒ bed (*a post etc., in concrete etc.*); plug (*a nail in the wall etc.*).

scénario [sena'rjo] *m thea., cin.* scenario; *cin.* script; *cin.* screenplay; *fig.* le ~ *habituel* the usual pattern; **scénariste** [ʌ'rist] *su.* scenario writer; *cin.* script-writer; **scène** [sɛn] *f thea.* stage; *fig.* drama; *play, a.* F *fig.:* scene; *fig. faire une ~* create a scene; *mettre en ~* stage (*a play*); *mise f en ~* production; (*stage*) setting; **scénique** [se'nik] *scenic*; stage...; *indications f/pl.* ~s stage directions.

sceptique [sɛp'tik] **1.** *adj.* sceptical, *Am.* skeptical; **2.** *su.* sceptic, *Am.* skeptic.

sceptre [sɛptr] *m* sceptre; *fig.* power.

schéma [ʃe'ma] *m* diagram; (sketch-) plan; design; **schématique** [ʌma'tik] schematic.

schisme [ʃism] *m* schism.

schiste *geol.* [ʃist] *m* shale, schist; **schisteux, -euse** *geol.* [ʃis'tø, ʌ'tø:z] schistose; *coal:* slaty.

schlague [ʃlag] *f* ✗ † flogging; beating.

schlitte [ʃlit] f wood-sledge (for transport of lumber down mountain); Am. dray; **schlitteur** [ʃli'tœːr] m lumberman (in charge of a schlitte).

schnaps F [ʃnaps] m brandy.

schnock sl. [ʃnɔk] m (old) fathead.

schooner ⚓ [sku'nœːr] m schooner.

sciable ⊕ [sjabl] fit for sawing; **sciage** ⊕ [sja:ʒ] m sawing; (a. bois m de ~) sawn timber; **sciant, e** F [sjɑ̃, sjɑ̃:t] boring; fig. irritating.

sciatique [sja'tik] **1.** adj. sciatic; **2.** su./m sciatic nerve; su./f sciatica.

scie ⊕ [si] f saw; sl. bore, nuisance; fig. catchword, cliché; fig. catch tune, hit tune; ~ à chantourner compass-saw; ⊕ main hand-saw; ~à manche pad-saw; ~ à ruban band-saw; ~ circulaire circular saw, Am. buzz-saw; trait m de ~ sawcut.

sciemment [sja'mɑ̃] adv. knowingly, intentionally; **science** [sjɑ̃:s] f knowledge, learning; science; ~s pl. naturelles natural science sg.; homme m de ~ scientist, man of science; **science-fiction** [sjɑ̃sfik-'sjɔ̃] f science fiction; **scientifique** [sjɑ̃ti'fik] **1.** adj. scientific; **2.** su. scientist.

scier [sje] (1o) v/t. ⊕ saw; ✗ saw off (a branch); F ~ le dos à bore (s.o.) stiff; **scierie** ⊕ [si'ri] f sawmill; **scieur** [sjœːr] m ⊕ sawyer; ~ de long pit sawyer.

scille [sil] f ♣ scilla; ✗ squills pl.

scindement [sɛ̃d'mɑ̃] m splitting up; **scinder** [sɛ̃'de] (1a) v/t. split up, divide; se ~ split (pol. party).

scintillation [sɛ̃tila'sjɔ̃] f, **scintillement** [~tij'mɑ̃] m sparkling, scintillation (a. fig.); star: twinkling; cin. flicker(ing); **scintiller** [~ti'je] (1a) v/i. sparkle, scintillate (a. fig.); twinkle (star); cin. flicker.

scion [sjɔ̃] m ✗ shoot, scion; fishing-rod: tip.

scirpe ♣ [sirp] m bulrush, clubrush.

scissile min. [si'sil] scissile; **scission** [~'sjɔ̃] f scission, split, division; faire ~ secede; **scissipare** biol. [sisi'paːr] fissiparous, scissiparous; **scissiparité** biol. [~pari'te] f fissiparity, scissiparity; **scissure** anat. etc. [si'sy:r] f fissure, cleft.

sciure ⊕ [sjy:r] f (saw)dust.

scléreux, -euse ✗ [skle'rø, ~'røːz] sclerous; **sclérose** [~'roːz] f ✗

sclerosis; fig. ossification; **sclérosé, e** [~rɔ'ze] ✗ sclerotic; fig. ossified; **sclérotique** anat. [~rɔ'tik] adj., su./f sclerotic.

scolaire [skɔ'lɛːr] school...; **scolariser** [~lari'ze] (1a) v/t. provide with schools or schooling; **scolarité** [~lari'te] f schooling; années f/pl. de ~ school years; **scolastique** phls. [~las'tik] **1.** adj. scholastic; **2.** su./m scholastic, schoolman; su./f scholasticism.

scolopendre [skɔlɔ'pɑ̃:dr] f zo. centipede; ♣ hart's-tongue.

sconse ✝ [skɔ̃:s] m skunk (fur).

scooter [sku'tœːr] m scooter.

scorbut ✗ [skɔr'by] m scurvy; **scorbutique** ✗ [~by'tik] adj., a. su. scorbutic.

score sp. [skɔr] m score.

scorie [skɔ'ri] f slag, scoria; iron: dross.

scorpion [skɔr'pjɔ̃] m zo. scorpion; astr. le ♀ Scorpio, the Scorpion.

scorsonère ♣ [skɔrsɔ'nɛːr] f scorzonera, black salsify.

scout, e [skut] **1.** su./m boy-scout; **2.** adj. scout...; **scoutisme** [sku-'tism] m boy-scout movement, scouting.

scribe [skrib] m hist. (Jewish) scribe; copyist; F pen-pusher.

script cin. [skript] m film-script; **~-girl** cin. [~'gœːrl] f continuity-girl.

scriptural, e, m/pl. **-aux** [skripty-'ral, ~'ro) scriptural; ✝ monnaie f ~e deposit currency.

scrofulaire ♣ [skrɔfy'lɛːr] f figwort; **scrofule** ✗ [~'fyl] f scrofula; **scrofuleux, -euse** ✗ [~fy'lø, ~'løːz] scrofulous (person); strumous (tumour).

scrupule [skry'pyl] m weight, a. fig.: scruple; avoir des ~s à (inf.) have scruples about (ger.); sans ~ unscrupulous(ly adv.); **scrupuleux, -euse** [~py'lø, ~'løːz] scrupulous (about, over sur); punctilious; peu ~ unscrupulous.

scrutateur, -trice [skryta'tœːr, ~'tris] **1.** adj. searching; **2.** su./m scrutinizer, investigator; pol. etc., ballot etc.: teller; **scruter** [~'te] (1a) v/t. scrutinize, investigate; search (one's memory); **scrutin** [~'tɛ̃] m poll; admin. vote; voting; ~ public (secret) open (secret) vote;

dépouiller le ~ count the votes; *tour m* de ~ ballot.

sculpter [skyl'te] (1a) *v/t.* sculpture, carve (out of, *dans*); **sculpteur** [~'tœ:r] *m* sculptor; ~ *sur bois* wood-carver; **sculpture** [~'ty:r] *f* sculpture; ~ *sur bois* wood-carving.

se [sə] **1.** *pron./rfl.* oneself; himself, herself, itself; themselves; *to express passive:* ~ *vendre* be sold; ~ *roser* be(come) pink; **2.** *pron./recip.* each other, one another.

séance [se'ã:s] *f* seat; sitting (*a. paint.*), session, meeting; *cin.* performance; ~ *plénière (de clôture)* plenary (closing) session; *fig.* ~ *tenante* immediately; **séant, e** [~'ã, ~'ã:t] **1.** *adj.* in session, sitting; *fig.* seemly, fitting; becoming (to, *à*); **2.** *su./m F posterior; se mettre sur son* ~ sit up (*in bed*).

seau [so] *m* pail, bucket; *biscuit:* barrel; ~ *à charbon* coal-scuttle; F *il pleut à* ~*x* it is raining in bucketfuls.

sébacé, e <AsA> [seba'se] sebaceous.

sébile [se'bil] *f* wooden bowl.

sec, sèche [sɛk, sɛʃ] **1.** *adj.* dry (*a. wine, fig. remark*); dried (*cod, raisins*); lean (*person, horse*); sharp (*blow, answer, remark, tone*); *fig.* harsh, unsympathetic; barren; ♣ dead (*loss*); split (*peas*); hard (*cash*); *cards:* bare (*ace, king, etc.*); **2.** *sec adv.:* boire ~ drink neat; drink hard; *brûler* ~ burn like tinder; *parler* ~ not to mince one's words; *rire* ~ laugh harshly; *à* ~ dry; dried up; F hard-up, broke; **3.** *su./m être à* ~ be dried (up), be dry; F be broke; *mettre à* ~ dry (up or out); drain; F clean (*s.o.*) out; **4.** *su./f* ♣ flat; *sl.* fag (= *cigarette*); *sl. piquer une sèche* be stumped (*in oral examination*), get no marks (*in examination*).

sécante <A> [se'kã:t] *f* secant; **sécateur** <J> [~ka'tœ:r] *m* pruning shears *pl.*, secateurs *pl.*

sécession [sesɛ'sjɔ̃] *f* secession; *faire* ~ secede (from, *de*); **sécessionniste** [~sjɔ'nist] *adj., a. su.* secessionist.

séchage [se'ʃa:ʒ] *m* drying; ⊕ *wood:* seasoning; F *univ. lecture:* cutting; **sèche-cheveux** [sɛʃə'vø] *m/inv.* hair-drier; **sécher** [se'ʃe] (1f) *v/i.* (become) dry; F waste away (with, *de*); F be stumped (*in an ex-*

amination); *sl.* smoke; *faire* ~ dry; ⊕ *season* (*wood*); *v/t.* dry; ⊕ *season* (*wood*); F *univ.* cut (*a lecture*); F fail (*a candidate*); **sécheresse** [seʃ'rɛs] *f* dryness; drought; *person, horse:* leanness; *answer, remark, tone:* curtness; *fig. heart:* coldness; *fig. style etc.:* bareness; **sécherie** [~'ri] *f* drying-floor; *machine:* drier; ✎ seed-kiln; **sécheur** ⊕ [se'ʃœ:r] *m* drier; **sécheuse** [~'ʃø:z] *f* steam-drier; **séchoir** [~'ʃwa:r] *m* ⊕ drying-room; drying-ground; ⊕ drier; clothes-horse, airer.

second, e [sə'gɔ̃, ~'gɔ:d] **1.** *adj.* second (*a. fig.*); **2.** *su.* (the) second; *su./m* second in command, principal assistant; ♣ first mate, first officer, *sl.* number one; *box., a. duel:* second; △ second floor, *Am.* third floor; ♣ ~ *maître* petty officer; *su./f* A, *time:* second; 🎵 second (*class*); *secondary school:* (*approx.*) fifth form; *typ.* revise; **secondaire** [səgɔ̃'dɛ:r] **1.** *adj.* secondary; *fig. a.* subordinate, minor; **2.** *su./m fig.* ∮ secondary winding; **seconder** [~'de] (1a) *v/t.* second, support; further (*s.o.'s interests*).

secouer [sə'kwe] (1p) *v/t.* shake (*a. fig.*); shake down *or* off; knock out (*a pipe*); F *fig.* rouse (*s.o.*); F se ~ get a move on; rouse o.s.

secourable [səku'rabl] helpful; ready to help; **secourir** [~'ri:r] (2i) *v/t.* aid, succo(u)r, help; **secouriste** [~'rist] *su.* first-aid worker; voluntary ambulance worker; **secours** [sə'ku:r] *m* help, assistance, aid; ✗ ~ *pl.* relieving force *sg.*, relief troops; *au* ~! help!; *de* ~ relief-...; spare (*wheel*); emergency (*exit, landing-ground*); ✗, ⚕ *premier* ~ first aid.

secousse [sə'kus] *f* bump, jolt, jerk; ⚡, *a. fig.* shock.

secret, -ète [sə'krɛ, ~'krɛt] **1.** *adj.* secret, concealed; *fig.* reticent; **2.** *su./m* secret; secrecy; 🕮 solitary confinement; ⊕ *desk etc.:* secret spring; ~ *postal* secrecy of correspondence; *en* ~ in secret, in secrecy; privately; *su./f prayer:* secret; **secrétaire** [sokre'tɛ:r] *su. person:* secretary; *su./m furniture:* secretaire, writing-desk; *orn.* secretary-bird; ~ *d'État* Secretary of State; ~ *particulier* private secretary;

secrétairerie [‿tεrə'ri] *f* secretary's staff; secretariat; *pol.* chancery, registry; **secrétariat** [‿ta-'rja] *m* secretariat, secretary's office; secretaryship.

sécréter *physiol.* [sekre'te] (1f) *v/t.* secrete; **sécréteur, -trice** *or* **-euse** *physiol.* [‿'tœːr, ‿'tris, ‿'tøːz] secretory; **sécrétion** *physiol.* [‿'sjõ] *f* secretion; **sécrétoire** *physiol.* [‿-'twaːr] secretory.

sectaire [sεk'tεːr] *adj., a. su.* sectarian; **secte** [sεkt] *f* sect.

secteur [sεk'tœːr] *m* ⚜, ⊕, ✕, *astr.* sector; *admin.* district, area; ⚡ mains *pl.*; ⚓ (steering-)quadrant.

section [sεk'sjõ] *f* section (*a.* ⚜, ⚤); cutting, docking; ✕ *infantry:* platoon, *artillery:* section; ✕ *ammunition:* column; ⚓ subdivision; *admin.* branch; *bus, tram:* stage; *admin.* ‿ de vote polling-district; **sectionnel, -elle** [sεksjɔ'nεl] sectional; **sectionner** [‿'ne] (1a) *v/t.* divide into sections; cut, sever.

séculaire [seky'lεːr] secular (= *once in 100 years*); century-old; *fig.* time-hono(u)red, ancient; **séculariser** [‿lari'ze] (1a) *v/t.* secularize; convert (*a church etc.*) to secular use; **sécularité** [‿lari'te] *f* secularity; *eccl.* secular jurisdiction; **séculier, -ère** [‿'lje, ‿'ljεːr] *adj., su./m* secular.

sécuriser [sekyri'ze] (1a) *v/t.* give (*s.o.*) a feeling of security, make (*s.o.*) feel (more) secure; **sécurité** [‿'te] *f* security; *admin., mot., a.* ⊕ safety; *pol.* ‿ collective collective security; ‿ routière road safety; ⊕ *etc.* de ‿ safety ...   [*a. su./m* sedative.\]

sédatif, -ve ⚕ [seda'tif, ‿'tiːv] *adj.*\}

sédentaire [sedã'tεːr] sedentary (*life, profession*); settled, sedentary (*people etc.*); settled, fixed; *orn.* non-migrant; **sédentariser** [‿tari'ze] (1a) *v/t.* make sedentary, settle (*a tribe etc.*).

sédiment [sedi'mã] *m* sediment, deposit; **sédimentaire** *geol. etc.* [‿mã'tεːr] sedimentary; aqueous (*rock*); **sédimentation** [‿mãta'sjõ] *f* sedimentation.

séditieux, -euse [sedi'sjø, ‿'sjøːz] **1.** *adj.* seditious; mutinous; **2.** *su.* seditionist, fomenter of sedition; **sédition** [‿'sjõ] *f* sedition; en ‿ in revolt.

séducteur, -trice [sedyk'tœːr, ‿'tris] **1.** *adj.* seductive, alluring; tempting (*look, word*); **2.** *su.* seducer; **séductible** [‿'tibl] seducible; **séduction** [‿'sjõ] *f* seduction (*a.* ⚤); *fig.* attraction; **séduire** [se'dɥiːr] (4h) *v/t.* seduce (*a.* ⚤); suborn, bribe (*a witness*); *fig.* attract (*s.o.*), fascinate (*s.o.*); **séduisant, e** [‿dɥi-'zã, ‿'zãːt] seductive, tempting; *fig.* attractive, fascinating.

segment [sεg'mã] *m* ⚜, *zo.* segment; ⊕ (*piston-*)ring; *caterpillar tyre:* joint; **segmentaire** [‿mã-'tεːr] ⚜ segmentary; △, *anat.* segmental; **segmenter** [‿mã'te] (1a) *v/t. a. se* ‿ segment, divide into segments.

ségrégation [segrega'sjõ] *f* segregation (*a. pol.*); isolation; **ségrég(u)é, e** [‿'ge] segregated.

seiche *zo.* [sεʃ] *f* cuttle-fish; *os m* de ‿ cuttle-bone.

séide [se'id] *m* henchman; blind supporter.

seigle 🌿 [sεgl] *m* rye; ‿ ergoté spurred rye.

seigneur [sε'ɲœːr] *m* lord; noble; lord of the manor; *faire le* (*or vivre en*) *grand* ‿ live like a lord; *eccl.* le ♀ the Lord; **seigneurial, e** *m/pl.* **-aux** † [sεɲœ'rjal, ‿'rjo] seigniorial, manorial; *maison f* ‿e manor-house; **seigneurie** [‿'ri] *f* lordship; manor.

seille [sεj] *f* pail, bucket.

sein [sε̃] *m* breast; bosom; *au* ‿ de within; in the midst of.

seine [sεn] *f fishing:* seine, drag-net.

seing [sε̃] *m* signature, † sign manual; *acte m sous* ‿ *privé* simple contract; private agreement.

séisme [se'ism] *m* earthquake, seism.

seize [sεːz] *adj./num., a. su./m/inv.* sixteen; *date, title:* sixteenth; **seizième** [se'zjεm] **1.** *adj./num., a. su.* sixteenth.

séjour [se'ʒuːr] *m* stay; *place:* abode, residence, dwelling; ⚤ *interdiction f de* ‿ prohibition from entering certain localities; *permis m de* ‿ residence permit; **séjournant, e** [‿ʒur'nã, ‿'nãːt] *su.* visitor, guest; **séjourner** [‿ʒur'ne] (1a) *v/i.* stay, reside; stop; remain.

sel [sεl] *m* salt (*a.* 🜔); *fig.* wit; ‿s *pl.* smelling-salts; *prendre qch. avec un* *grain de* ~ take s.th. with a grain of salt.

select F [se'lɛkt] select; *réunions f/pl.* selects exclusive parties.

sélecter F ✝ [selɛk'te] (1a) *v/t.* choose; **sélecteur** [~'tœ:r] *m* ⚡, *a. radio:* selector; **sélectif, -ve** [~'tif, ~'ti:v] selective; **sélection** [~'sjɔ̃] *f* selection (*a.* ♪, ⚡, *radio, biol., a. sp.*); choice; **sélectionner** [~sjɔ'ne] (1a) *v/t.* select, choose; **sélectivité** [~tivi'te] *f radio:* selectivity.

sélénique ⚗, *astr.* [sele'nik] selenic; **sélénium** ⚗ [~'njɔm] *m* selenium; **sélénographie** [~nɔgra'fi] *f* selenography.

self [sɛlf] *F* self-service restaurant; ⚡ (*a.* bobine *f* de ~) inductance-coil; **~-induction** ⚡ [~ɛ̃dyk'sjɔ̃] *f* self-induction; inductance.

selle [sɛl] *f* ⊕, *mot., cuis., horse, bicycle:* saddle; ⚙ plate; *physiol.* motion, stool; ~ *anglaise* hunting saddle; *physiol. aller à la* ~ go to stool; F *mettre q. en* ~ give s.o. a helping hand; **seller** [se'le] (1a) *v/t.* saddle (*a horse*); **sellette** [sɛ'lɛt] *f* stool, seat; ⊕ slung cradle; *fig. mettre (or tenir) q. sur la* ~ cross-examine s.o., F carpet s.o.; **sellier** [sɛ'lje] *m* saddler.

selon [sə'lɔ̃] **1.** *prp.* according to; ~ *moi* in my opinion; *c'est* ~ ! it all or that depends!; **2.** *cj.:* ~ *que* according as, depending upon whether.

Seltz [sɛlts] *m:* eau *f* de ~ soda-water.

semailles [sə'ma:j] *f/pl.* sowing *sg.*; seeds.

semaine [sə'mɛn] *f* week; ⊕, ✝ working week; ⚔ *etc.* duty for the week; week's pay; ~ *anglaise* five and a half day (working) week; ~ *sainte* Holy Week; *à la* ~ by the week; *en* ~ during the week; *être de* ~ be on duty for the week.

sémantique [semɑ̃'tik] **1.** *adj.* semantic; **2.** *su./f* semantics *pl.*

sémaphore [sema'fɔ:r] *m* semaphore; ♘ signal-station (*on land*).

semblable [sɑ̃'blabl] **1.** *adj.* similar (*to, à*) (*a.* ⚠ *triangles*); alike; like (*a.* ⚠ *terms*); such; **2.** *su.* like, equal; fellow; *su./m: nos* ~*s pl.* our fellow-men; **semblablement** [~blabl(ə)-'mɑ̃] *adv.* in like manner; **semblant** [~'blɑ̃] *m* appearance, look; *fig.* show (of, *de*); *faire* ~ pretend (to *inf.*, *de inf.*); make a show (of

s.th., *de qch.*); *faux* ~ pretence; *sans faire* ~ *de rien* as if nothing had happened; surreptitiously; **sembler** [~'ble] (1a) *v/i.* seem, appear; *il me semble* I think; *que vous en semble?* what do you think (about it)?

semelle [sə'mɛl] *f shoe:* sole; *stocking:* foot; *mot. tyre:* tread; ⊕ ⚠ foundation; ~ *de liège* cork insole; *battre la* ~ stamp one's feet (to warm them); kick one's heels; *remettre des* ~*s* re-sole.

semence [sə'mɑ̃:s] *f* seed (*a. fig.*); *physiol.* semen; ⊕ (tin)tack; ~ *de perles* seed-pearls *pl.*; **semer** [~'me] (1d) *v/t.* ⚜ sow (*a. fig. discord etc.*); scatter; *fig.* disseminate, spread (*a rumour*); squander (*one's money*); F lose; F shake off, drop (*s.o.*).

semestre [sə'mɛstr] *m* half-year; six months' duty or pay or ⚔ leave of absence; *univ. etc.* semester; **semestriel, -elle** [~mɛstri'ɛl] half-yearly; lasting six months.

semeur, -euse [sə'mœ:r, ~'mø:z] *su.* sower (*a. fig. of discord*); *fig.* spreader (*of rumours*).

semi... [səmi] semi...; **~brève** ♪ [~'brɛ:v] *f* semibreve, *Am.* whole note; **~conducteur** ⚡ [~kɔ̃dyk-'tœ:r] *m* semi-conductor; **~coke** [~'kɔk] *m* coalite.

sémillant, e [semi'jɑ̃, ~'jɑ̃:t] vivacious.

séminaire [semi'nɛ:r] *m* seminary; *fig.* training centre; *fig.* colloque, symposium; *univ.* seminar; *petit* ~ secondary school run by priests.

séminal, e, m/pl. -aux [semi'nal, ~'no] seminal.

semi-remorque [səmirə'mɔrk] *f* articulated truck, *Am.* trailer truck.

semis ⚜ [sə'mi] *m* sowing; seedling; seed-bed.

semi-ton ♪ [səmi'tɔ̃] *m* semitone; **semi-voyelle** *gramm.* [~vwa'jɛl] *f* semivowel.

semoir ⚜ [sə'mwa:r] *m* sowing-machine; seed-drill; seeder.

semonce [sə'mɔ̃:s] *f fig.* reprimand; ♘ *coup m de* ~ warning shot; **semoncer** (1k) *v/t.* ✝ reprimand, F read (*s.o.*) a lecture; ♘ call upon (*a ship*) to heave to or show her flag.

semoule *cuis.* [sə'mul] *f* semolina.

sempiternel, -elle [sɑ̃piter'nɛl] sempiternal, everlasting.

458

sénat [se'na] *m* senate(-house); **sénateur** [sena'tœ:r] *m* senator.
séneçon ♀ [sen'sɔ̃] *m* groundsel.
sénevé ♀ [sen've] *m* black mustard.
sénile ☞ [se'nil] senile; **sénilité** ☞ [∼nili'te] *f* senility, senile decay.
sens [sã:s] *m fig.* smell etc.: sense; *fig.* opinion; understanding; judg(e)-ment; meaning; direction (*a.* ⚜); way; ∼ *de la musique* musicianship; ∼ *de l'orientation* sense of direction; ∼ *dessus dessous* upside down; ∼ *devant derrière* back to front; ∼ *interdit* no entry; ∼ *moral* moral sense; ∼ *unique* one-way street; *à mon* ∼ in my view or opinion; *le bon* ∼, *le* ∼ *commun* common sense; *plaisirs m/pl. des* ∼ sensual pleasures; **sensation** [sãsa'sjɔ̃] *f* sensation; (*physical*) feeling; *à* ∼ sensational (*news*); **sensationnel, -elle** [∼sjɔ'nɛl] sensational; *fig.* thrilling; *roman m* ∼ thriller; **sensé, e** [sã'se] sensible, intelligent; practical.
sensibiliser [sãsibili'ze] (1a) *v/t.* sensitize; *fig.* make sensitive (to, *à*); *sensibiliser à* alive to; ...-minded; **sensibilité** [∼'te] *f* sensitiveness (*a. phot.*); *fig.* feeling, compassion; **sensible** [sã'sibl] sensitive (*ear, instrument, phot. paper, skin, spot, a. fig.* to pain *etc.*); tender (*flesh, spot*); responsive; susceptible; *fig.* appreciative (of, *à*); *fig.* sympathetic; perceptible, real (*difference, progress*); *phot.* sensitized (*paper*); ♪ *note f* ∼ leading note *or Am.* tone; **sensiblerie** [∼siblə'ri] *f* sentiment(ality); F sob-stuff.
sensitif, -ve [sãsi'tif, ∼'ti:v] **1.** *adj.* sensitive; *anat.* sensory; **2.** *su./f* ♀ sensitive plant; F very sensitive woman *or* girl; **sensitivité** [∼tivi'te] *f* sensitivity.
sensoriel, -elle [sãsɔ'rjɛl] sensorial, sensory.
sensualisme *phls.* [sãsua'lism] *m* sensualism; **sensualiste** *phls.* [∼'list] **1.** *adj.* sensual; **2.** *su.* sensualist; **sensualité** [∼li'te] *f* sensuality; sensuousness; **sensuel, -elle** [sã'sɥɛl] sensual; sensuous.
sentence [sã'tã:s] *f* maxim; ⚜ sentence; (*a.* ∼ *arbitrale*) award; **sentencieux, -euse** [∼tã'sjø, ∼'sjø:z] sententious.
senteur *hunt.* [sã'tœ:r] *f* scent (*a. poet. = perfume*).

sentier [sã'tje] *m* footpath; path (*a. fig.*); ∼ *battu* beaten track.
sentiment [sãti'mã] *m* feeling (*a. fig.*); emotion; consciousness, sense; *fig.* opinion, sentiment; ∼ *d'infériorité* sense of inferiority; *avoir le* ∼ *de a.* be aware of; *voilà mon* ∼ that is my opinion; **sentimental, e,** *m/pl.* **-aux** [∼mã'tal, ∼'to] sentimental; **sentimentalité** [∼mãtali'te] *f* sentimentality.
sentine [sã'tin] *f ship*: well; cesspit (*a. fig.*); *fig.* sink of iniquity.
sentinelle ⚔ [sãti'nɛl] *f* sentry; guard; watch; *faire* ∼ mount guard; F *fig.* faire la ∼ be on the watch.
sentir [sã'ti:r] (2b) *v/t.* feel; be conscious of, be alive to; smell (*a. fig.*); taste of, smack of (*s.th.*); F *je ne peux pas le* ∼ I can't stand him; *vin m qui sent le bouchon* corked wine; *se* ∼ feel; *ne pas se* ∼ *de joie* be beside oneself with joy; *v/i.* smell (bad, *mauvais*; bon, good).
seoir [swa:r] (3k) *v/i.*: ∼ *à q.* become s.o.
sépale ♀ [se'pal] *m* sepal.
séparable [sepa'rabl] separable (from, *de*); **séparateur, -trice** [separa'tœ:r, ∼'tris] **1.** *adj.* separating, separative; **2.** *su./m* ⊕ separator; **séparation** [∼'sjɔ̃] *f* ⊕, ⚒, ⚒⚒, *a. fig.* separation (from, *d'avec*); parting; *fig. family, meeting*: breaking up; division; ⚒⚒ ∼ *de biens* separate maintenance; ⚒⚒ ∼ *de corps* judicial separation; *pol.* ∼ *des pouvoirs* separation of powers; ⚠ *mur m de* ∼ partition wall; **séparatiste** [∼'tist] **1.** *adj.* separatist; **2.** *su.* separatist, separationist; secessionist; **séparément** [separe'mã] *adv.* separately; **séparer** [∼'re] (1a) *v/t.* separate (from, *de*); part; drive apart; divide; *fig.* distinguish (from, *de*); *se* ∼ part (company); break up (*assembly*); divide; *se* ∼ *de* part with.
sépia [se'pja] *f zo.*, *colour*: sepia; *zo.* cuttle-fish; *paint.* sepia drawing.
sept [sɛt] *adj./num.*, *a. su./m/inv.* seven; *date, title*: seventh; **septain** [sɛ'tɛ̃] *m* seven-line stanza; ⊕ seven-strand rope (*holding clock weights*); **septante †** [sɛp'tã:t] *adj./num.*, *a. su./m/inv.* seventy; *bibl.* version des ♀ Septuagint; **septembre** [∼'tã:br] *m* September; **septembrisades** *hist.* [∼tãbri'zad]

f/pl. September massacres (*1792 in Paris*); **septénaire** [⌐te'ne:r] *adj., a. su./m* septenary; **septennal, e,** *m/pl.* **-aux** [⌐tɛn'nal, ⌐no] septennial; **septennat** [⌐tɛn'na] *m* septennate.

septentrion *poet.* [sɛptɑ̃tri'ɔ̃] *m* noᴿth; **septentrional, e,** *m/pl.* **-aux** [⌐'nal, ⌐no] 1. *adj.* north(ern); 2. *su.* northerner.

septicémie ℱ [sɛptise'mi] *f* septic(a)emia; blood-poisoning; **septicémique** ℱ [⌐se'mik] septic(a)emic; **septicité** ℱ [⌐si'te] *f* septicity.

septième [sɛ'tjɛm] 1. *adj./num.* seventh; 2. *su.* seventh; *su./m* fraction: seventh; *su./f* ♩ seventh; *school:* top form of lower school.

septique ℱ [sɛp'tik] septic; *fosse f* ∼ septic tank.

septuagénaire [sɛptɥaʒe'nɛ:r] *adj., a. su.* septuagenarian.

septuple [sɛp'typl] *adj., a. su./m* sevenfold; septuple; **septupler** [⌐ty'ple] (1a) *vt/i.* increase sevenfold, septuple.

sépulcral, e, *m/pl.* **-aux** [sepyl'kral, ⌐'kro] sepulchral; **sépulcre** [⌐'pylkr] *m* sepulchre; *le saint* ∼ the Holy Sepulchre.

sépulture [sepyl'ty:r] *f* burial; tomb; burial-place.

séquelles [se'kɛl] *f/pl.* after-effects; aftermath *sg.*

séquence [se'kɑ̃:s] *f* sequence.

séquestration [sekɛstra'sjɔ̃] illegal confinement; **séquestre** ⚖ [⌐'kɛstr] *m* impoundment; *mettre sous* ∼ impound; **séquestrer** [⌐kɛs'tre] (1a) *vt/t.* confine (*s.o.*) illegally; hold (*s.o.*) captive; ⚖ impound (*property*); *fig.* se ∼ sequester o.s.

serai [sə're] *1st p. sg. fut.* of *être* 1.

sérail [se'ra:j] *m* seraglio.

sérancer *tex.* [serɑ̃'se] (1k) *vt/t.* heckle, comb (*flax*).

séraphin [sera'fɛ̃] *m* seraph; ∼s *pl.* seraphim; **séraphique** [⌐'fik] seraphic.

serbe [sɛrb] 1. *adj.* Serb(ian); 2. *su./m ling.* Serb(ian); *su.* ♀ Serb(ian).

serein, e [sə're̊, ⌐'rɛn] 1. *adj.* serene, calm (*a. fig.*); *fig.* tranquil; ℱ *goutte f* ∼ amaurosis; 2. *su./m* evening dew.

sérénade ♩ [sere'nad] *f* serenade.

sérénissime [sereni'sim] *title*: (Most) Serene; **sérénité** [⌐'te] *f*

serenity (*a. title*); calmness; tranquillity.

séreux, -euse ℱ [se'rø, ⌐'rø:z] serous.

serf, serve [sɛrf, sɛrv] 1. *adj.* in bondage; *condition f serve* serfdom; 2. *su.* serf; *su./m* bond(s)man; *su./f* bond(s)woman.

serfouette ⚒ [sɛr'fwɛt] *f* combined hoe and fork; **serfouir** ⚒ [⌐'fwi:r] (2a) *v/t.* hoe; loosen (*the soil*).

serge *tex.* [sɛrʒ] *f* serge.

sergent [sɛr'ʒɑ̃] *m* ✗ *etc.* sergeant; ⊕ cramp, clamp; ⚓ ∼ *d'armes* (*approx.*) ship's corporal; † ∼ *de ville* policeman; ✗ ∼*-major,* ∼*-chef* infantry: quartermaster-sergeant.

sériciculteur [serisikyl'tœ:r] *m* silkworm breeder; **sériciculture** [⌐'ty:r] *f* silkworm breeding.

série [se'ri] *f* series; sequence; *tools etc.*: set; *sp. race*: heat; *billiards*: break; *en* ∼, *par* ∼ in series; ♦ *fait en* ∼ mass-produced; ♦ *fin f de* ∼ remnants *pl.*; *fig. hors* ∼ extraordinary; *fig. la* ∼ *noire* one disaster after another, a run of hard luck; *fig.* ∼ *noire* crime-thriller (*atmosphere, style, etc.*); eerie, sinister; **sérier** [⌐'rje] (1o) *v/t.* arrange, classify.

sérieux, -euse [se'rjø, ⌐'rjø:z] 1. *adj.* serious; grave; earnest; genuine (*offer, purchaser*); *fig. peu* ∼ irresponsible (*person*); 2. *su./m* gravity, seriousness; *thea.* serious rôle; *garder son* ∼ preserve one's gravity; *prendre au* ∼ take (*s.th.*) seriously.

serin [sə're̊] *m orn.* serin; canary; F fool, *Am.* sap; greenhorn; **seriner** [səri'ne] (1a) *v/t.* teach (*a canary*) to sing; F *fig.* drum (*a rule etc.*) (into s.o., *à* q.); F ∼ *thump out, grind out (a tune).

seringue [sə're̊:g] *f* ⚒, ℱ syringe; *mot.* ∼ *à graisse* grease-gun; **seringuer** [⌐re̊'ge] (1m) *v/t.* syringe (*the ear etc.*), inject (*a drug*); squirt (*a liquid*).

serment [sɛr'mɑ̃] *m* oath; *faux* ∼ perjury; *prêter* ∼ take an oath; *sous* ∼ sworn (*evidence*).

sermon [sɛr'mɔ̃] *m* sermon; *fig.* lecture; **sermonner** F [⌐mɔ'ne] (1a) *vt/i.* sermonize; *fig. v/t.* reprimand; **sermonneur, -euse** F [⌐mɔ'nœ:r, ⌐'nø:z] 1. *adj.* fault-finding; 2. *su.* fault-finder.

sérosité *physiol.* [serozi'te] *f* serosity; **sérothérapie** 🏥 [ˌrotera'pi] *f* serotherapy.

serpe ⚒ [sɛrp] *f* bill-hook.

serpent [sɛr'pɑ̃] *m* ♪, *zo.*, *astr.*, *fig.* serpent; *zo.*, *fig.* snake; ~ *à lunettes* cobra; ~ *à sonnettes* rattlesnake; **serpentaire** [sɛrpɑ̃'tɛːr] *su./m orn.* secretary-bird; *su./f* ♀, 🌿 serpentaria, snake-root; **serpenteau** [ˌ'to] *m zo.* young snake; *firework:* serpent, squib; **serpenter** [ˌ'te] (1a) *v/i.* (a. *aller en serpentant*) wind, meander; **serpentin, e** [ˌ'tɛ̃, ˌ'tin] **1.** *adj.* serpentine; **2.** *su./m* ⊕ coil; ticker tape, paper streamer; *su./f* ♀ snake-wood; *min.* serpentine.

serpette ⚒ [sɛr'pɛt] *f* bill-hook, pruning-knife.

serpillière [sɛrpi'jɛːr] *f tex.* packing-cloth; *tex.* dish-cloth; F apron made from sacking.

serpolet ♀ [sɛrpɔ'lɛ] *m* wild thyme.

serrage ⊕ [sɛ'raːʒ] *m* tightening, gripping; *mot.* ~ *des freins* braking.

serre [sɛːr] *f* 🌿 greenhouse, glasshouse, conservatory; ⚒ (a. ~ *chaude*) hot-house; grip; *orn.* claw, talon; ⊕, ⚒ clip; ⊕ mo(u)ld press.

serré, e [sɛ're] **1.** *adj.* tight; closegrained (*wood*); compact; narrow (*défilé etc.*); close (*buildings*, ✕ order, *reasoning*, *texture*, *translation*, *sp. finish*); tightly packed (*people etc.*); **2.** *serré adv.*: *jouer* ~ play cautiously; *vivre* ~ live on a tight budget.

serre...: ~**-file** [sɛr'fil] *m/inv.* ✕ file closer; ⚓ rear ship; *marcher en* ~ bring up the rear; ~**-fils** [sɛr'fil] *m/inv.* 𝆑 binding-srew; 𝆑 clamp; ~**-freins** [ˌ'frɛ̃] *m/inv.* 🔧 brakesman; ⊕ brake-adjuster; ~**-joint** ⊕ [ˌ'ʒwɛ̃] *m* cramp; screw-clamp.

serrement [sɛr'mɑ̃] *m* squeezing; 🔧 dam; ~ *de main* handshake; hand pressure; *fig.* ~ *de cœur* pang; **serre-papiers** [sɛrpa'pje] *m/inv.* file (*for papers*); **serrer** [sɛ're] (1b) *v/t.* press, squeeze; grasp (*s.o.'s hand*); grip; put (*away*); tighten (*a knot*, ⊕ *a screw*); *fig.* compress, condense; ✕ close (*the ranks*); skirt (*the coast*, *a wall*); *sp.* jostle (*other runners etc.*); crowd (*s.o.'s car*); *mot.* ~ *à droite* keep (to the) right; ~ *la main à* shake hands with; ~ *les dents* clench one's teeth; *serrez-vous!* sit closer!; F move up!; *se* ~ crowd, stand (sit *etc.*) close

together; tighten (*lips*); *fig.* feel a pang, contract (*heart*); **serre-tête** [sɛr'tɛːt] *m/inv.* headband; skullcap.

serrure [sɛ'ryːr] *f* lock; **serrurerie** [sɛryrə'ri] *f* locksmith's trade; locksmith's (shop); lock-mechanism; metal-work; **serrurier** [ˌ'rje] *m* locksmith; metal-worker.

serte [sɛrt] *f gem:* mounting *or* setting (in a bezel); **sertir** [sɛr'tiːr] (2a) *v/t.* set (*a gem*) (in a bezel); set (*window-panes*) (in, de); **sertissage** [sɛrti'saːʒ] *m gem:* setting; *panes:* setting in lead; **sertisseur** [ˌ'sœːr] *m* setter; setting; **sertissure** [ˌ'syːr] *f* bezel; setting.

sérum 🏥 [se'rɔm] *m* serum.

servage [sɛr'vaːʒ] *m* serfdom; bondage.

serval, *pl.* **-als** *zo.* [sɛr'val] *m* serval, tiger-cat.

servant, e [sɛr'vɑ̃, ~'vɑ̃ːt] **1.** *adj.* serving; *eccl.* lay (*brother*); **2.** *su./m* ✕ gunner; *tennis:* server; *su./f* servant; dumb waiter, dinner-waggon; ⊕ prop; ⊕ (*bench*-)vice.

serveur [sɛr'vœːr] *m* waiter; **serveuse** [ˌ'vøːz] *f* waitress.

serviabilité [sɛrvjabili'te] *f* obligingness; **serviable** [ˌ'vjabl] obliging, helpful (*person*); **service** [ˌ'vis] *m* service (a. ✕, ✝, *eccl.*, *tennis*); ✕, ⚓ *guard etc.:* duty; *hotel:* service charge; ✝, *admin.* department; *cuis. meal:* course; *tools:* set; ~ *compris* service included; ~ *de table* dinner-service; ~ *diplomatique* diplomatic service, *Am.* corps; ~ *divin* divine service; ✕ ~ *obligatoire* compulsory (military) service; ~*s pl. publics* public services; ✕ *être de* ~ be on duty; ✝ *libre* ~ self-service; *rendre (un)* ~ *à q.* do s.o. a good turn.

serviette [sɛr'vjɛt] *f* (table) napkin, serviette; towel; briefcase, portfolio; ~*-éponge* Turkish towel; 🏥 ~ *hygiénique* sanitary towel *or Am.* napkin.

servile [sɛr'vil] servile; abject (to, envers); menial (*duties*); slavish (*imitation*); **servilité** [ˌvili'te] *f* servility.

servir [sɛr'viːr] (2b) *v/t.* serve (*a dish*, *s.o. at table*, ✝ *a customer*, *one's country*, *a. tennis a ball*); help, assist; be in the service of; wait on; *cards:* deal; ✝ supply; pay (*a rent*); *eccl.* ~ *la messe* serve at mass; *hunt.*

~ un sanglier au couteau dispatch a
boar with a knife; se ~ help o.s. to
food; se ~ de use; v/i. serve (a. ⚔.); be
used (as, de); be in service; be useful;
à quoi cela sert-il? what's the good of
that?; à quoi cela sert-il de (inf.)?, à
quoi sert de (inf.)? what is the good
of (ger.)?; **serviteur** [~vi'tœːr] m
servant; ~! no thank you; **servitude**
[~vi'tyd] f servitude; slavery; fig.
tyranny; 🚂 easement; fig. obligation.

servo... ⊕ [sɛrvo] servo(-assisted) ...,
power(-assisted) ...; **~commande**
[~kɔ'mãd] f servo-control; **~direc-**
tion [~dirɛk'sjɔ̃] f servo- or power
steering; **~moteur** [~mɔ'tœːr] m
servo-motor.

ses [se] see son¹.
sessile ♀ etc. [sɛ'sil] sessile.
session 🚂 parl. [sɛ'sjɔ̃] f session.
set [sɛt] m tennis: set; table: place mat.
sétacé, e [seta'se] bristly, setaceous.
séton 🩺, zo. [se'tɔ̃] m seton; plaie f en
~ flesh wound.
seuil [sœːj] m phys., psych., fig. fame,
door: threshold; doorstep.
seul, seule [sœl] adj. before su. one,
only, single; very, mere; after su.
or verb alone, lonely; before art.
only; ... alone; comme un ~ homme
like one man; un homme ~ a single
or lonely man; **seulement** [~l'mã]
adv. only; solely; but; ne ... pas ~
not even; si ~ ... if only ...; **seulet,**
-ette F [sœ'lɛ, ~'lɛt] alone; lonely.
sève [sɛːv] f ♀ sap; fig. vigo(u)r,
pith.
sévère [se'vɛːr] severe (a. fig.);
stern; strict (discipline, morals);
hard (person, climate); **sévérité** [~-
veri'te] f severity (a. fig.); person,
look: sternness; fig. taste: austerity;
discipline, morals: strictness; 🚂 ~s
pl. harsh sentences.
sévices [se'vis] m/pl. cruelty sg., ill
treatment; **sévir** [~'viːr] (2a) v/i.
rage (plague, war); ~ contre deal se-
verely with.
sevrage [sə'vraːʒ] m child, lamb:
weaning; **sevrer** [~'vre] (1d) v/t.
wean (a child, a lamb); ♪ separate;
fig. deprive (of, de).
sexagénaire [sɛksaʒe'nɛːr] adj., a.
su. sexagenarian.
sex-appeal [sɛksa'piːl] m sex-appeal.
sexe [sɛks] m sex; F le beau ~, le ~
faible the fair or weaker sex, women

pl.; le ~ fort the strong sex, men
pl.; des deux ~s of both sexes.
sextuor ♪ [sɛks'tɥɔːr] m sextet.
sextuple [sɛks'typl] adj., a. su./m
sixfold, sextuple; **sextupler** [~ty-
'ple] (1a) vt/i. increase sixfold, sextuple.
sexuel, -elle [sɛk'sɥɛl] sexual.
seyant, e [se'jã, ~'jãːt] becoming.
shake-hand [ʃɛk'hand] m/inv. handshake.
shaker [ʃɛ'kœːr] m cocktail-shaker.
shampooing [ʃɑ̃'pwɛ̃] m shampoo;
faire un ~ shampoo.
shooter [ʃu'te] (1a) v/i. foot. shoot; sl.
se ~ shoot (up), fix (drug addict).
short cost. [ʃɔrt] m shorts pl.
shot foot. [ʃɔt] m shot.
shunt ⚡ [ʃœ̃ːt] m shunt; ~ de grille
grid leak; **shunter** ⚡ [ʃœ̃'te] (1a) v/t.
shunt.
si¹ [si] cj. if; whether; suppose; ~
ce n'est que were it not that; if it
were not that; ~ je ne me trompe
if I am not mistaken; ~ tant est que
(sbj.) if it happens that (ind.).
si² [~] adv. so, so much; answer to
negative question: yes; ~ bien que
so that; with the result that; ~ fait!
yes indeed!; ~ riche qu'il soit however rich he may be.
si³ ♪ [~] m/inv. si; note: B; ~ bémol
B flat.
siamois, e [sja'mwa, ~'mwaːz]
Siamese; 🩺 frères m/pl. ~, sœurs
f/pl. ~es Siamese twins.
sibérien, -enne [sibe'rjɛ̃, ~'rjɛn]
Siberian.
sibilant, e 🩺 [sibi'lã, ~'lãːt] sibilant.
siccatif, -ve [sika'tif, ~'tiːv] 1. adj.
(quick-)drying, siccative; 2. su./m
siccative; quick-drying substance.
side-car [sajd'kaːr] m motor-cycle
combination; side-car.
sidéral, e, m/pl. **-aux** [side'ral, ~ro]
astr. sidereal; **sidérer** F [~'re] (1a)
v/t. stagger, shatter.
sidérose [side'roːz] f min. siderite;
🩺 siderosis; **sidérostat** astr. [~-
rɔs'ta] m sidereostat; **sidérotechnie**
[~rɔtɛk'ni] f metallurgy of iron;
sidérurgie [~ryr'ʒi] f metallurgy
of iron; **sidérurgique** [~ryr'ʒik]
ironworking; usine f ~ ironworks
usu. sg.
siècle [sjɛkl] m century; eccl.
world(ly life); fig. period, time, age;

F il y a un ~ que it's ages since; ℒ des lumières age of enlightenment; Grand ℒ the age of Louis XIV.

sied [sje] 3rd p. sg. pres. of seoir.

siège [sjɛːʒ] m chair etc., ⊕, disease, government, parl.: seat; centre (of activity, learning, etc.); ✝ office; ✗ siege; ⚖ judge: bench; eccl. (episcopal) see; chair: bottom; mot. etc. ~ arrière back-seat; ~ du cocher coachman's box; ✝ ~ social head office, registered office; **siéger** [sje'ʒe] (1g) v/i. sit (⚖, a. in Parliament, au parlement); ✝ have its head office; ✗ be seated; eccl. hold one's see (bishop).

sien, sienne [sjɛ̃, sjɛn] **1.** pron.|poss.: le ~, la ~ne, les ~s pl., les ~nes pl. his, hers, its, one's; **2.** su.|m his or her or its or one's own; les ~s pl. his or her or one's (own) people; su.|f: faire des ~nes lark (about).

sieste [sjɛst] f siesta; F nap; faire la ~ take a nap.

sieur, e [sjœːr] m: le ~ ... Mr. ...

sifflant, e [si'flɑ̃, ~'flɑ̃ːt] **1.** adj. hissing; wheezing (breath); whistling (note); gramm. sibilant; **2.** su.|f gramm. sibilant; **sifflement** [~flə'mɑ̃] m person, a. arrow, bullet, wind: whistle, whistling; gas, goose, steam: hiss(ing); cuis., a. ⚡ sizzling; breathing: wheezing; **siffler** [~'fle] (1a) v/i. whistle; hiss; cuis., a. ⚡ sizzle; ⚡ wheeze; blow a whistle; ⚓ pipe; v/t. whistle (a tune); whistle to (a dog); whistle for (a taxi); ⚓ pipe; thea. hiss, boo; F swig (a drink); **sifflet** [~'flɛ] m whistle, ⚓ pipe; thea. hiss, catcall; ~ d'alarme alarmwhistle; coup m de ~ (blast of the) whistle; sl. couper le ~ à q. cut s.o.'s throat; fig. nonplus s.o.; donner un coup de ~ blow a whistle; ⊕ en ~ slantwise; bevelled; **siffleur, -euse** [~'flœːr, ~'fløːz] **1.** adj. whistling; wheezy (horse); hissing (serpent); **2.** su. whistler; thea. hisser, booer; su.|m orn. widgeon; **sifflotement** [~flɔt'mɑ̃] m soft whistling; **siffloter** [~flɔ'te] (1a) vt/i. whistle softly or under one's breath.

sigillaire [siʒil'lɛːr] sigillary; signet (-ring); **sigillé, e** [~'le] sigillate(d).

sigisbée †, co. [siʒis'be] m gallant.

sigle [sigl] m shorthand: outline; abbreviation; ~s pl. sigla (in old manuscripts).

signal [si'ɲal] m signal; teleph. (dialling) tone; ~ à bras hand signal, ✗ etc. semaphore signal; ~ avancé distant signal; ~ d'alarme alarmsignal, ~ communication cord; teleph. ~ d'appel calling signal; ~ de danger (détresse) danger (distress) signal; ~ horaire radio: time signal, F pips pl.; ~ lumineux traffic-light; **signalé, e** [siɲa'le] outstanding, pej. notorious; **signalement** [~ɲal-'mɑ̃] m description; particulars pl.; **signaler** [siɲa'le] (1a) v/t. signal (a train etc.); fig. indicate; point out (s.th. to s.o., qch. à q.), draw attention to; describe, give a description of (s.o.); report (to, à); **signalétique** admin. [~le'tik] descriptive; **signalisation** [~liza'sjɔ̃] f signalling; signals pl., signal system; mot. ~ routière road signs pl.; panneau m de ~ road sign.

signataire [siɲa'tɛːr] su. signatory; **signature** [siɲa'tyːr] f signature; apposer sa ~ à set one's hand to; **signe** [siɲ] m sign (bodily, punctuation) mark; ✗ insignia (of rank); ~ de tête (des yeux) nod (wink); faire ~ à beckon to; **signer** [si'ɲe] (1a) v/t. sign; se ~ cross o.s.; **signet** [~'ɲɛ] m bookmark.

significatif, -ve [siɲifika'tif, ~'tiːv] significant (a. ∱ figure); **signification** [~'sjɔ̃] f meaning; sense; ⚖ notice, petition, writ, etc.: service; **signifier** [siɲi'fje] (1o) v/t. mean, signify; ⚖ serve (a writ etc.); ~ qch. à q. make s.th. known to s.o., inform s.o. of s.th.; qu'est-ce que cela signifie? what is the meaning of this? (indicating disapproval).

silence [si'lɑ̃ːs] m silence; stillness; fig. secrecy; ♪ rest; garder le ~ keep silent (about, sur); passer qch. sous ~ pass s.th. over in silence; say nothing about s.th.; **silencieux, -euse** [~lɑ̃'sjø, ~'sjøːz] **1.** adj. silent; still (evening etc.); **2.** su.|m mot. silencer.

silex min. [si'lɛks] m flint, silex.

silhouette [si'lwɛt] f silhouette; outline; profile; **silhouetter** [~lwɛ-'te] (1a) v/t. silhouette, outline; phot. block out; se ~ stand out (against, contre).

silicate ⚗ [sili'kat] m silicate; ~ de potasse water-glass; **silice** ⚗ [~'lis] f silica; **siliceux, -euse** [sili'sø,

~'sø:z] siliceous; **silicium** ⚗ [~-'sjɔm] *m* silicon; **siliciure** ⚗ [~-'sjy:r] *m* silicide.

sillage [si'ja:ʒ] *m* ⚓ wake; ✈, *fig.* trail; *fig.* marcher dans le ~ de follow in (*s.o.'s*) footsteps.

sillet ♪ [si'jɛ] *m* violin *etc.*: nut.

sillon [si'jɔ̃] *m* furrow; *anat.*, *a.* gram-*ophone*: groove; *poet.* ~s *pl.* fields; **sillonner** [~jɔ'ne] (1a) *v/t.* furrow (*a.* one's forehead); *fig.* criss-cross.

silo [si'lo] *m* silo; *potatoes*: clamp; **silotage** ✔ [~lɔ'ta:ʒ] *m* ensilage.

silphe *zo.* [silf] *m* carrion-beetle.

silure *icht.* [si'ly:r] *m* silurus, catfish.

simagrée F [sima'gre] *f* pretence; ~s *pl.* affectation *sg.*; affected airs; *faire* des ~s put on airs.

simien, -enne *zo.* [si'mjɛ̃, ~'mjɛn] *adj.*, *a.* *su./m* simian; **simiesque** [~'mjɛsk] simian; ape-like.

similaire [simi'lɛ:r] similar (*a.* ✚); like; **similairement** [~lɛr'mɑ̃] *adv.* in like manner; **similarité** [~lari-'te] *f* similarity, likeness; **simili** [~'li] *f* imitation; **similitude** [~li-'tyd] *f* similitude; similarity (*a.* ✚); *gramm.* simile.

simonie *eccl.* [simɔ'ni] *f* simony.

simoun *m* wind: simoom.

simple [sɛ̃:pl] **1.** *adj.* simple; single (*a.* 🚂 ticket); ✕, ⚓ ordinary; *fig.* elementary; plain (*food*, *dress*); *fig.* simple(-minded); half-witted; **2.** *su./m* the simple; simple-minded person, simpleton; *tennis*: single; ⚕ ~s *pl.* medicinal herbs, simples; ~ messieurs *tennis*: men's single(s *pl.*); **simplicité** [sɛ̃pli'te] *f* simplicity; *fig.* simple-mindedness, ~s *pl.* naïve remarks; **simplification** [~fika'sjɔ̃] *f* simplification; **simplifier** [~'fje] (1o) *v/t.* simplify; ✚ reduce to its lowest terms; *se* ~ become simple(r); **simpliste** [sɛ̃'plist] **1.** *adj.* simplistic; over-simple; **2.** *su.* person who over-simplifies.

simulacre [simy'lakr] *m* image; *fig.* pretence, semblance; ✕ flight simulator; ~ de combat sham fight. **simulateur** *m*, **-trice** *f* [simyla'tœ:r, ~'tris] shammer; ✕ malingerer; ⊕ simulator; **simulation** [~'sjɔ̃] *f* simulation; ✕ malingering; **simulé, e** [simy'le] feigned (*illness*); fictitious; sham (*fight*); **simuler** [~] (1a) *v/t.* simulate; feign (*illness*).

simultané, e [simulta'ne] simul-taneous; **simultanéité** [~nei'te] *f* simultaneity; **simultanément** [~ne'mɑ̃] *adv. of* simultané.

sinapisme ⚕ [sina'pism] *m* mus-tard-plaster, sinapism.

sincère [sɛ̃'sɛ:r] sincere; **sincérité** [~seri'te] *f* sincerity, frankness; genuineness.

singe [sɛ̃:ʒ] *m* *zo.* monkey; *zo.* ape (*a.* F *fig.* = imitator); ⊕ winch; F bully (beef); *sl.* boss; F faire le ~ monkey about; *laid comme un* ~ as ugly as sin; **singer** [sɛ̃'ʒe] (11) *v/t.* mimic, ape; **singerie** [sɛ̃ʒ'ri] *f* monkey trick; grimace; ~s *pl. a.* airs and graces.

singulariser [sɛ̃gylari'ze] (1a) *v/t.* make (*s.o.*) conspicuous; render (*s.o.*) singular; *se* ~ make o.s. con-spicuous; **singularité** [~'te] *f* sin-gularity; peculiarity; conspicuous-ness; oddness; **singulier, -ère** [sɛ̃gy'lje, ~'ljɛ:r] **1.** *adj.* singular (*a.* ✚); pe-culiar; unusual; strange; conspic-uous; single (*combat*); **2.** *su./m* *gramm.* singular; *au* ~ in the sin-gular.

sinistre [si'nistr] **1.** *adj.* sinister; ominous, threatening; **2.** *su./m* dis-aster, catastrophe; fire; loss (*from fire etc.*); **sinistré, e** [~nis'tre] **1.** *adj.* (disaster-)stricken; shipwrecked; homeless (*through fire, bombs, etc.*); bomb-damaged (*house etc.*); **2.** *su.* victim (*of a disaster*).

sinon [si'nɔ̃] *cj.* otherwise, if not; except (that, que).

sinueux, -euse [si'nɥø, ~'nɥø:z] sinuous; winding (*path*, *river*); **sinuosité** [~nɥozi'te] *f* winding; meandering; bend (*in river*); **sinus** [~'nys] *m* *anat.* sinus; ✚ sine; **sinu-site** ⚕ [~ny'zit] *f* sinusitis.

sionisme [sjɔ'nism] *m* Zionism.

siphon [si'fɔ̃] *m* *phys. etc.* siphon; △ drain *etc.*: trap.

sire [si:r] *m* king: Sire, Sir; † lord; † pauvre ~ person: sorry specimen.

sirène [si'rɛn] *f* ⚓, ⊕, *myth.*, *zo.*, *fig.* siren; ⚓, ⊕ hooter; ⚓ foghorn.

sirocco [sirɔ'ko] *m* wind: sirocco.

sirop [si'ro] *m* syrup; (fruit) cordial; ⚗ *a.* mixture.

siroter [sirɔ'te] (1a) *v/t.* F sip; *v/i. sl.* tipple.

sirupeux, -euse [siry'pø, ~'pø:z] syrupy; F *fig.* sloppy, sentimental.

sis, e [si, si:z] *p.p. of* seoir.

sismique [sis'mik] seismic.

sismo... [sismɔ] seismo...; **~graphe** [~'graf] *m* seismograph.

site [sit] *m* setting; site, spot; △, ✕ lie of the ground; ~ *propre* bus lane; ✕ *angle m de* ~ angle of sight.

sitôt [si'to] *adv.* as or so soon; ~ *après* immediately after; ~ *dit,* ~ *fait* no sooner said than done; ~ *que* as soon as; *ne ... pas de* ~ not ... for a long time.

situation [situa'sjɔ̃] *f* situation; position; *fig.* job, post; location; bearing; ✝, ✕, *admin.* return, report; ~ *économique* economic position; ~ *sociale* station in life; **situé, e** [si'tɥe] situated (at, *à*); **situer** [~] (1n) *v/t.* situate, place; locate (*a. fig.*).

six [sis; *before consonant* si; *before vowel and h mute* siz] *adj./num. a. su./m/inv.* six; *date, title:* sixth; *à la ~-quatre-deux* in a slapdash way; **sixain** [si'zɛ̃] *m prosody:* six-line stanza; *cards:* packet of six packs; **sixième** [~'zjɛm] **1.** *adj./num.* sixth; **2.** *su.* sixth; *su./m fraction:* sixth; sixth, *Am.* seventh floor; *su./f secondary school:* (approx.) first form; **sixte** ♪ [sikst] *f* sixth.

sizain [si'zɛ̃] *m see* sixain.

skating [ske'tiŋ] *m* roller-skating; skating-rink.

ski [ski] *m* ski; skiing; ~ *nautique* water skiing; *faire du* ~ = **skier** [~'e] (1a) *v/i.* ski; **skieur** *m,* **-euse** *f* [~'œːr, ~'øːz] skier.

slalom [sla'lɔm] *m sp.* slalom; *fig.* zigzag (movement); *sp. descente en* ~ slalom descent; *faire du* ~ = **slalomer** [~b'me] (1a) *v/i. sp.* slalom; *fig.* zigzag (one's) way, dodge in and out.

slave [slaːv] **1.** *adj.* Slavonic; **2.** *su./m ling.* Slavonic; *su.* 2 Slav; **slavisme** [sla'vism] *m* Slavism.

slip [slip] *m women:* panties *pl.; men:* (short) pants *pl.*

sloop ♣ [slup] *m* sloop.

slovaque [slɔ'vak] *adj., a. su.* 2 Slovak; **slovène** [~'vɛn] *adj., a. su.* 2 Slovene.

smash [smaʃ] *m tennis:* smash.

smoking [smɔ'kiŋ] *m* dinner-jacket, *Am.* tuxedo.

snob [snɔb] **1.** *adj.* snobbish, swanky, swell; **2.** *su./m* snob; vulgar follower of fashion; **snober** [snɔ'be] (1a) *v/t.* look down on (*s.o.*); cold-shoulder, cut (*s.o.*); **snobisme**

[~'bism] *m* vulgar following of fashion; snobbery.

sobre [sɔbr] abstemious (*person*); sober; frugal (*eater, meal*); *fig.* ~ *de* sparing of (*compliments*); **sobriété** [sɔbrie'te] *f* abstemiousness; moderation (*in drinking, eating, speech*).

sobriquet [sɔbri'kɛ] *m* nickname.

soc ✗ [sɔk] *m* ploughshare.

sociabilité [sɔsjabili'te] *f* sociability; **sociable** [~'sjabl] sociable, companionable; *il est* ~ he is a good mixer.

social, e *m/pl.* **-aux** [sɔ'sjal, ~'sjo] social; ✝ registered (*capital, name of company*); ✝ trading, financial (*year*); *assistante f* ~*e* social worker; ✝ *raison f* ~*e* (registered) name of company *or* firm; **socialisation** *pol.* [sɔsjaliza'sjɔ̃] *f* socialization; **socialiser** *pol.* [~li'ze] (1a) *v/t.* socialize; **socialisme** *pol.* [~'lism] *m* socialism; **socialiste** [~'list] **1.** *adj.* socialist; socialistic (*doctrine*); **2.** *su.* socialist.

sociétaire [sɔsje'tɛːr] *su.* (full) member; ✝ shareholder; **société** [~'te] *f* society; company (*a.* ✝); association, club; ~ *anonyme* company limited by shares; ~ *à responsabilité limitée* (sort of) limited company; ~ *d'abondance* affluent society; ~ *de consommation* consumer society; ~ *de masse* mass society; 2 *des Nations* League of Nations; ~ *en commandite* (*par actions*) limited partnership; ~ *en nom collectif* firm; private company; ~ *filiale* daughter (company); ~ *par actions* company limited by shares; *acte m de* ~ deed of partnership.

sociologie [sɔsjɔlɔ'ʒi] *f* sociology; **sociologique** [~'ʒik] sociological; **sociologue** [~'lɔg] *su.* sociologist.

socle [sɔkl] *m* △ base (*a. fig.*); *column:* plinth; *wall:* footing; ⊕ bed-plate (*of engine etc.*); bracket; stand.

socque [sɔk] *m* clog.

socquettes [sɔ'kɛt] *f/pl.* (*ladies'*) ankle socks.

soda [sɔ'da] *m* fizzy drink.

sodium ♠ [sɔ'djɔm] *m* sodium.

sœur [sœːr] *f* sister (*a. eccl.*); *eccl.* nun; ~ *de lait* foster-sister.

sofa [sɔ'fa] *m* sofa, settee.

soi [swa] *pron.* oneself; himself, herself, itself; *amour m de* ~ self-love; *cela va de* ~ that goes without saying;

être chez ~ be at home; en (or de) ~ in itself; ~**disant** [~di'zɑ̃] 1. adj./inv. so-called; 2. adv. supposedly, apparently; ostensibly.

soie [swa] f silk; (hog-)bristle; ⊕ crank: pin; ⊕ tool etc.: tongue; ✝ ~ artificielle artificial silk; rayon; ~ grège raw silk; **soierie** ✝ [~'ri] f silk (fabric); silk trade; silk factory.

soif [swaf] f thirst (a. fig. for, de); avoir ~ be thirsty.

soigné, e [swa'ɲe] neat, trim; well-groomed (appearance); cuis. first-rate (meal); **soigner** [~'ɲe] (1a) v/t. look after; ✚ nurse (a sick person); ✚ doctor: attend (a patient); fig. elle soigne sa mise she dresses with care; ✚ se faire ~ have treatment; **soigneux, -euse** [~'ɲø, ~'ɲø:z] careful (of, de; to inf., de inf.); neat; painstaking.

soi-même [swa'mɛ:m] oneself.

soin [swɛ̃] m care, pains pl.; neatness, tidiness; ~s pl. ✚ etc. attention sg.; aux bons ~s de post: care of, c/o.; par les ~s de thanks to, by courtesy of; premiers ~s pl. first aid sg.; avoir (or prendre) ~ de take care of (s.th.); take care to (do s.th.), be or make sure to (do s.th.).

soir [swa:r] m evening; afternoon; du matin au ~ from morning to night; le ~ in the evening; sur le ~ towards evening; tous les ~s every evening; **soirée** [swa're] f duration, period: evening; (evening) party; thea. evening performance; ~ d'adieu farewell party; ~ dansante dance; thea. ~ unique one-night stand.

sois [swa] 1st & 2nd p. sg. pres. sbj. of être 1; **soit** 1. adv. [swat] (let us) suppose…; say…; ~! all right!, agreed!; ainsi ~-il so be it!, amen!; tant ~ peu ever so little; 2. cj. [swa]: ~ …, ~ …, ~ ou … either … or …; whether … or …; ~ que (sbj.) whether (ind.).

soixantaine [swasɑ̃'tɛn] f (about) sixty; la ~ the age of sixty, the sixties pl.; **soixante** [~'sɑ̃:t] adj./num., a. su./m./inv. sixty; **soixante-dix** [~sɑ̃t'dis; before consonant ~'di; before vowel and h mute ~'diz] adj./num., a. su./m./inv. seventy; **soixante-dixième** [~sɑ̃ti'zjɛm] adj./num., a. su. seventieth; **soixantième** [~sɑ̃'tjɛm] adj./num., a. su. sixtieth.

soja ⚘ [sɔ'ja] m soya-bean, Am. soy-bean.

[f de ~ G-clef.]

sol¹ ♪ [sɔl] m/inv. sol; note: G; clef

sol² [sɔl] m earth, ground; ✈ soil; field; **~-air** ✖ [~'ɛ:r] adj./inv. ground-to-air (missile).

solaire [sɔ'lɛ:r] solar; sun(-dial, glasses); ✚ sun-ray (treatment).

soldat usu. ✖ [sɔl'da] m soldier; ~ de plomb toy or tin soldier; ♀ inconnu the Unknown Warrior; les simples ~s pl. the rank sg. and file sg.; se faire ~ join the army; simple ~ private; **soldatesque** pej. [~da'tɛsk] 1. adj. barrack-room …; 2. su./f soldiery.

solde¹ ✖, ⚓ [sɔld] f pay.

solde² ✝ [~] m account: balance, job lot, remnant, ~s pl. (clearance) sale sg.; ~ créditeur (débiteur) credit (debit) balance.

solder¹ ✖, ⚓ [sɔl'de] (1a) v/t. pay.

solder² [~] (1a) v/t. balance (accounts); settle (a bill, an account); sell off, clear (goods); remainder (a book); se ~ par (or en) show (a profit, deficit, etc.); end (up) in (failure etc.).

sole¹ 𝄢 [sɔl] f break.

sole² [~] f vet. sole; ⊕ bed-plate; ⊕ furnace: hearth; ⚓ sleeper; ⚓ boat: flat bottom.

sole³ icht. [~] f sole.

solécisme gramm., a. fig. [sole-'sism] m solecism.

soleil [sɔ'lɛ:j] m sun; sunshine; eccl. monstrance; ⚘ sunflower; firework: Catherine-wheel; ✚ coup m de ~ sunstroke; sunburn; il fait (du) ~ the sun is shining; **soleilleux, -euse** [~lɛ'jø, ~'jø:z] sunny.

solennel, -elle [sola'nɛl] solemn; fig. grave (tone); **solenniser** [~ni'ze] (1a) v/t. solemnize; **solennité** [~ni'te] f solemnity; eccl. ceremony; ~s pl. celebrations.

solfège ♪ [sɔl'fɛ:3] m sol-fa; **solfier** ♪ [~'fje] (1o) v/t. sol-fa.

solidage ⚘ [sɔli'da:3] m golden-rod.

solidaire [sɔli'dɛ:r] ⊕ etc. interdependent; ⚖ joint and several; être ~ (de) show solidarity (with); ⊕ etc. be bound up with (s.th.); **solidariser** [sɔlidari'ze] (1a) v/t.: se ~ show solidarity (with, avec); make common cause; **solidarité** [~'te] f solidarity; ⚖ joint responsibility; grève f de ~ sympathetic strike.

solide [sɔ'lid] **1.** *adj.* solid (*body, earth, food, foundation, wall,* a. ⚓ *angle*); fast (*colour*); strong (*flow, cloth, building, person*); ✈ sound (*a. reason*); *fig.* reliable; **2.** *su./m* solid (⚓); △ solid ground *or* foundations *pl.*; **solidification** [sɔlidifika'sjɔ̃] *f* solidifying; **solidifier** [~'fje] (1o) *v/t.* a. se ~ solidify; **solidité** [~'te] *f* solidity; *building, friendship,* a. *tex.*: strength; *fig.* soundness (*of judgment, a.* ✈).

soliloque [sɔli'lɔk] *m* soliloquy.

solipède *zo.* [sɔli'pɛd] solid-ungulate; whole-hoofed.

soliste ♪ [sɔ'list] **1.** *su.* soloist; **2.** *adj.* solo (*violin etc.*).

solitaire [sɔli'tɛːr] **1.** *adj.* solitary, lonely; lonesome; ✦ *ver* ~ a tapeworm; **2.** *su.* solitary, recluse; loner, lone wolf; *su./m diamond,* a. *game:* solitaire; *zo.* old boar.

solitude [sɔli'tyd] *f* solitude, loneliness; lonely spot.

solive △ [sɔ'liːv] *f* beam, joist; **soliveau** △ [~li'vo] *m* small joist.

sollicitation [sɔllisita'sjɔ̃] *f* entreaty, earnest request; ⚡ attraction, *magnet:* pull; ⚖ application (*to the judge*); **solliciter** [~'te] (1a) *v/t.* seek, request, ask *or* beg for; appeal to; solicit; urge; attract; **solliciteur** *m,* **-euse** *f* [~'tœːr, ~'tøːz] applicant (for, de); petitioner; **sollicitude** [~'tyd] *f* concern, solicitude; anxiety (for, pour).

solo [sɔ'lo] **1.** *su./m* ♪ (*pl.* a. **-li** [~'li]) solo; **2.** *adj./inv.* solo (*cycle, violin, etc.*).

solstice [sɔls'tis] *m* solstice; **solsticial, e,** *m/pl.* **-aux** [~ti'sjal, ~'sjo] solstitial.

solubilité [sɔlybili'te] *f* solubility; *fig.* solvability; **soluble** [~'lybl] soluble (*a. fig.*); **solution** [~ly'sjɔ̃] *f* 🜔, ⚓, ⚡, a. *fig.* solution; resolution; ⚖ discharge (*of obligation*); ~ de continuité gap; break; *f* fault. **solvabilité** ✈ [sɔlvabili'te] *f* solvency; **solvable** ✈ [~'vabl] solvent; **solvant** 🜔 [~'vã] *m* solvent.

sombre [sɔ̃:br] dark, gloomy; dull, murky (*sky, weather*); dim (*light*); melancholy (*face, temperament, thoughts*).

sombrer [sɔ̃'bre] (1a) *v/i.* ♆, a. *fig.* founder; sink; *fig.* fail.

sommaire [sɔ'mɛːr] **1.** *adj.* sum-

mary (*a.* ⚖), brief, concise; *fig.* improvised; **2.** *su./m* summary, synopsis; **sommation** [~ma'sjɔ̃] *f* ⚖ demand; notice; summons *sg.*; warning; ⚓ summation.

somme[1] [sɔm] *f* sum, amount; ~ globale lump *or* global sum; ~ toute ... on the whole ...; en ~ in short.

somme[2] [~] *f* beast; *bête f de* ~ beast of burden; *mulet m de* ~ pack-mule.

somme[3] [sɔm] *m* nap; *faire un* ~ take a nap, F have a snooze; **sommeil** [sɔ'mɛːj] *m* sleep, slumber; sleepiness; *avoir* ~ feel *or* be sleepy; **sommeiller** [~mɛ'je] (1a) *v/i.* be asleep; doze; *fig.* lie dormant.

sommelier [sɔmə'lje] *m* butler; cellarman; *restaurant:* wine-waiter.

sommer[1] [sɔ'me] (1a) *v/t.* summon; call on (*s.o.*) (to *inf.,* de *inf.*); ⚔ call upon (*a place*) to surrender.

sommer[2] ⚓ [~] (1a) *v/t.* find the sum of.

sommes [sɔm] *1st p. pl. pres. of être 1.*

sommet [sɔ'mɛ] *m* summit (a. *pol.*), top (a. *fig.*); ⚡, △ apex; ⚓, ⚔ vertex; *head, arch:* crown; *wave:* crest; *fig.* zenith, height; ⚔ ~ du poumon apex of the lung; *pol.* conférence f au ~ summit conference.

sommier[1] [sɔ'mje] *m* ✈ cash-book; *admin.* register; *les* ~s criminal records office.

sommier[2] [~] *m* pack-horse; △ *arch:* springer; *floor:* cross-beam; *door:* lintel; ⊕ *machine:* bed; 🛏 bolster; ♪ *organ:* wind-chest; *piano:* stringplate; (a. ~ élastique *or* à ressorts) spring-mattress, box-mattress.

sommité [sɔmi'te] *f* summit; tip; ♀ top; *fig. person:* leading figure.

somnambule [sɔmnã'byl] **1.** *adj.* somnambulant; **2.** *su.* somnambulist, sleep-walker; **somnambulisme** [~nãby'lism] *m* somnambulism, sleep-walking; **somnifère** [~ni'fɛːr] **1.** *adj.* sleep-inducing; ✦ soporific; F boring; **2.** *su./m* ✦ sleeping drug; sleeping pill.

somnolence [sɔmnɔ'lãːs] *f* sleepiness, somnolence; **somnolent, e** [~nɔ'lã, ~'lãːt] sleepy, drowsy.

somptuaire [sɔp'tɥɛːr] sumptuary; **somptueux, -euse** [~'tɥø, ~'tɥøːz] sumptuous; *fig.* magnificent; **somptuosité** [~tɥozi'te] *f* sumptuousness, magnificence.

son¹ *m*, **sa** *f*, *pl.* **ses** [sõ, sa, se] *adj./poss.* his, her, its, one's.

son² [sõ] *m* sound, noise; *phys.* mur *m* de ~ sound-barrier.

son³ [~] *m* bran; F **tache** *f* de ~ freckle.

sonate ♪ [sɔ'nat] *f* sonata; **sonatine** ♪ [~na'tin] *f* sonatina.

sondage [sõ'da:ʒ] *m* 💥 boring; ⚓ sounding; 🩺 probing; ⊕ drill-hole; *fig.* survey; (*a.* ~ *d'opinion* opinion) poll; *enquête* f par ~ sampling survey; *fig.* **faire des** ~s make a spot check; **sonde** [sõ:d] *f* sounding-rod; ⚓ lead; ⚓ sounding(s *pl.*); 🩺 probe; 💥 drill(er), borer; **sonder** [sõ'de] (1a) *v/t.* sound (*a.* 💥 *a patient, a. fig.*); 🩺 probe (*a wound, a. fig.*); *fig.* investigate; *fig.* explore.

songe [sõ:ʒ] *m* dream (*a. fig.*); ~**creux** [sõʒ'krø] *m/inv.* dreamer; **songer** [sõ'ʒe] (1l) *v/i.* dream (of, de); think (of, à); *songez donc!* just fancy!; **songerie** [sõʒ'ri] *f* reverie; (day)dream(ing); **songeur, -euse** [sõ'ʒœ:r, ~'ʒø:z] **1.** *adj.* pensive; dreamy; thoughtful; **2.** *su.* dreamer.

sonique [sɔ'nik] sonic; sound ...; *barrière* f ~ sound barrier.

sonnaille [sɔ'na:j] *f* cattle-bell; **sonnailler** [~na'je] **1.** *su./m* bell-wether; **2.** (1a) *v/i.* ring the bell all the time; **sonnant, e** [~'nã, ~'nã:t] striking; *fig.* resounding; hard (*cash*); *à* **trois heures** ~**es** on the stroke of three; **sonner** [~'ne] (1a) *v/t.* sound (*a.* 💥); ring (*a bell*); strike (*the hour*); ring for (*s.o., a. church service*); *fig.* **ne** *pas* ~ **mot** not to utter a word; *v/i.* sound; ring (*bell, coin*); strike (*clock*); *gramm.* be sounded *or* pronounced; *fig.* ~ **bien** (*creux*) sound well (hollow); *dix heures sonnent* it is striking 10; *dix heures sont sonnées* it has struck 10; *les vêpres sonnent* the bell is ringing for vespers; **sonnerie** [sɔn-'ri] *f* bells: ringing; *church etc.*: bells *pl.*; alarm (*mechanism*); ⊕ striking mechanism; 🎵, *teleph., etc.* bell; 💥 (bugle-)call.

sonnet [sɔ'nɛ] *m* sonnet.

sonnette [sɔ'nɛt] *f* (house-)bell; hand-bell; ⊕ pile-driver; *cordon m de* ~ bell-pull; *coup m de* ~ ring; **sonneur** [sɔ'nœ:r] *m* bell-ringer; *tel.* sounder; 💥 bugler.

sono F [sɔ'no] *f* P.A. (system); **sono-**

-re [~'nɔ:r] resonant; *phys.* acoustic; resounding, loud; ringing (*voice*); *gramm.* voiced (*consonant*); *bande* f ~ sound track; *phys.* **onde** f ~ soundwave; **sonorisation** [~nɔriza'sjõ] *f* (fitting with) a P.A. (system); **sonorité** [~nɔri'te] *f* sonority; *instrument etc.*: tone, sound; *room:* acoustics *pl.*

sont [sõ] 3rd *p. pl. pres.* of *être* 1.

sophisme [sɔ'fism] *m* sophism; *logic:* fallacy.

sophistication [sɔfistika'sjõ] *f* use of sophistry; sophistication; † *wine etc.:* adulteration; **sophistique** [sɔfis'tik] **1.** *adj.* sophistic(al); **2.** *su./f* sophistry; **sophistiqué, e** [~ti'ke] sophisticated; highly developed; **sophistiquer** [~ti'ke] (1m) *v/t.* sophisticate; *se* ~ become (more) sophisticated; **sophistiqueur** [~ti'kœ:r] *m* quibbler. [*su./m* soporific.)

soporifique [sɔpɔri'fik] *adj.,*

soprano, *pl. a.* **-ni** ♪ [sɔpra'no, ~'ni] *m* soprano (*voice, a. singer*).

sorbe ♀ [sɔrb] *f* rowanberry.

sorbet *cuis.* [sɔr'bɛ] *m* sorbet, water-ice; † sherbet.

sorbier ♀ [sɔr'bje] *m* sorb; ~ *sauvage* rowan(-tree), mountain-ash.

sorcellerie [sɔrsɛl'ri] *f* witchcraft, sorcery; **sorcier** [~'sje] *m* sorcerer; wizard; *fig.* brilliant mind; **sorcière** [~'sjɛ:r] *f* sorceress; witch; *fig.* **vieille** ~ old hag.

sordide [sɔr'did] sordid, squalid; filthy; *fig.* base; **sordidité** [~didi'te] *f* sordidness.

sornettes [sɔr'nɛt] *f/pl.* nonsense *sg.*; idle talk *sg.*; **conter des** ~ talk nonsense.

sort [sɔ:r] *m* fate, destiny; lot; chance, fortune; spell; *fig.* **jeter un** ~ *sur* cast a spell on *or* over; *tirer au* ~ draw lots; **sortable** [sɔr'tabl] presentable; **sorte** [sɔrt] *f* sort (*a. typ.*), kind; way, manner; *de la* ~ of that sort; in that way; *de* ~ *que* so that; *en quelque* ~ in a way, to some extent; *en* ~ *que* so that; *toutes* ~*s de* all sorts of.

sortie [sɔr'ti] *f* going out; exit; outlet (*a.* ⊕); ⊕ *a.* outflow; leaving; *admin. goods:* issue; 🕈 export(ation); 💥 sortie, sally; outing; trip, excursion; *fig.* outburst; ~ *de secours* emergency exit; 🕈 ~*s pl.* de fonds outgoings; *à la* ~ *de* on leaving; *cost.* ~ *de bain* bathrobe.

sortilège [sɔrti'lɛːʒ] *m* witchcraft; spell.

sortir¹ [sɔr'tiːr] **1.** (2b) *v/i.* go or come out, leave; ♀, ✗, *etc.* come up; come through (*tooth*); stand out, protrude (from, de); ~ de come from; come of (*a good family*); have been at (*a school*); get out of (*one's bed, a difficulty*); *fig.* deviate from (*a subject*); F ~ de (*inf.*) have just done *or* finished (*ger.*); ⚕ ~ de l'hôpital be discharged from *or Am.* the hospital; 🚂 ~ des rails jump the metals; *être* sorti be out; *thea.* sort exit; *v/t.* bring *or* take *or* put *or* send out; ✝ bring out (*a product*), release (*a film etc.*), publish (*a book*); F throw (*s.o.*) out; F come out with (*a remark, joke, etc.*); **2.** *su./m:* au ~ de on leaving; *fig.* at the end of.

sortir² 🏛 [~] (2a, *3rd pers. only*) *v/t.* take, have (*effect*).

sosie F [sɔ'zi] *m* (*person's*) double.

sot, sotte [so, sɔt] **1.** *adj.* stupid, foolish; disconcerted; **2.** *su.* fool; **sottise** [sɔ'tiːz] *f* folly, stupidity; stupid act *or* saying; insult.

sou [su] *m* sou (= 5 centimes); *sans* le ~ penniless.

soubassement [subas'mã] *m* ⚠ sub-foundation; base (*a.* ⊕); ⊕ base-plate; *geol.* bed-rock; *bed:* valance; *fig.* substructure.

soubresaut [subrə'so] *m* jerk; sudden start; *vehicle:* jolt; 🐎 ~s *pl.* trembling *sg.*

soubrette [su'brɛt] *f thea.* soubrette, maid-servant; F ✝ maid.

souche [suʃ] *f ♪* tree etc.: stump; ♪, *a. fig.* stock; ♣ virus: strain; ⚠ (chimney-)stack; *eccl.* candle-stock; *fig.* blockhead; *fig.* head (*of a family*); ✝ cheque, ticket: counterfoil, stub; *carnet* m à ~s counterfoil book, *Am.* stub-book; *fig. faire* ~ found a family *or* a line.

souci¹ ♀ [su'si] *m* marigold.

souci² [su'si] *m* care; worry; concern; **soucier** [~'sje] (1o) *v/t.* trouble (*s.o.*); se ~ be anxious; ne se ~ de rien care for nothing; se ~ de trouble o.s. about; care for *or* about; mind about; **soucieux, -euse** [~'sjø, ~'sjøːz] anxious, concerned (about, de; to *inf.*, de *inf.*); *fig.* worried.

soucoupe [su'kup] *f* saucer; F ~ *volante* flying saucer.

soudable ⊕ [su'dabl] that can be soldered *or* welded; **soudage** ⊕ [~'daːʒ] *m* soldering; welding.

soudain, e [su'dɛ̃, ~'dɛn] **1.** *adj.* sudden; **2.** *soudain adv.* suddenly, all of a sudden; **soudaineté** [~dɛn'te] *f* suddenness.

soudard *usu. pej.* [su'daːr] *m* ✝ old soldier, F old sweat; *fig.* ruffian.

soude [sud] *f ♀*, ✝, ⊕ soda; ♀ saltwort; 🜹 ~ *caustique* caustic soda.

souder [su'de] (1a) *v/t.* ⊕ solder, weld; *fig.* join; *lampe* f à ~ blowlamp.

soudoyer [sudwa'je] (1h) *v/t.* hire (the services of); *fig.* bribe, buy (*s.o.*) (over).

soudure ⊕ [su'dyːr] *f* solder; soldering; welding; soldered joint; weld, (*welded*) seam; 🐎, ⊕, *inner tube, etc.:* F join; *fig. faire la* ~ bridge the gap.

soue [su] *f* pigsty.

souffert, e [su'fɛːr, ~'fɛrt] *p.p.* of *souffrir.*

soufflage [su'flaːʒ] *m* ⊕ glass-blowing; ⊕ *furnace:* blast; **soufflante** ⊕ [~'flãːt] *f* blower; **souffle** [sufl] *m* breath (*a. ♪*); breathing; blast; *fig.* inspiration; ⚕ murmur; *sp.*, *fig.* wind; *à bout de* ~ out of breath; *trouver son second* (*ou deuxième*) ~ *sp.*, *a. fig.* get one's second wind; **soufflé** *cuis.* [su'fle] *m* soufflé; **soufflement** [~flə'mã] *m* blowing; **souffler** [~'fle] (1a) *v/i.* blow (*person, a. wind*); pant; get one's breath; *v/t.* blow (♪ the organ, ⊕ glass); inflate; blow up (*a balloon, a. the fire*); *thea.* prompt; *fig.* whisper; *fig.* breathe (*a word, a sound*); blow out (*a candle*); F trick (*s.o.* out of s.th., qch. à q.); F foment (*a strife*); *fig.* ~ *le chaud et le froid* blow hot and cold; **soufflerie** [~flə'ri] *f forge, a. ♪ organ:* bellows *pl.*; ⊕ blower; ⊕ wind-tunnel; **soufflet** [~'flɛ] *m* bellows *pl.* (*a. phot.*); ⊕ fan; ♪ concertina vestibule; *carriage:* (*folding*) hood; ♪ swell; *cost.* gusset, gore; *fig.* slap, box on the ear; *fig.* affront; **souffleter** [~flə'te] (1c) *v/t.* slap (*s.o.*) in the face; *fig.* insult; **souffleur, -euse** [~'flœːr, ~'fløːz] *su.* blower; *thea. etc.* prompter; *vet. horse:* roarer; *su./m* ⊕ blower; ♪ blow-out; **soufflure** [~'flyːr] *f glass:* bubble; *metall.* flaw, blowhole; *paint:* blister.

souffrance [su'frãːs] *f* suffering; 🏛 sufferance; ✝ *en* ~ suspended (*busi-*

ness); held up (*post etc.*); outstanding (*bill etc.*); **souffrant, e** [~'frã, ~'frã:t] suffering, in pain; *✝* unwell, ill; **souffre** [sufr] *1st p. sg. pres. of* **souffrir**; **souffre-douleur** [~frə-du'lœ:r] *su./inv.* drudge; scapegoat; laughing-stock.

souffreteux, -euse [sufrə'tø, ~'tø:z] destitute; sickly (*child etc.*).

souffrir [su'fri:r] (2f) *vt/i.* suffer; *v/t.* bear (*a. fig.*); permit, allow; *v/i. fig.* be grieved (to *inf.*, de *inf.*); be injured.

souhait [swɛ] *m* wish; à ~ to one's liking; **souhaitable** [swɛ'tabl] desirable; **souhaiter** [~'te] (1a) *v/t.* wish.

souillard [su'ja:r] *m ⊕* sink-hole; *⊕* sink-stone; *♣* strut; **souillarde** [~'jard] *f* scullery; **souille** [su:j] *f* (*wild boar's*) wallow; *♣* bed; **souiller** [su'je] (1a) *v/t.* soil (with, de); pollute; stain (*a. fig.*); *fig.* tarnish (*one's reputation etc.*); **souillon** [~'jɔ̃] *su.* sloven; *woman:* slut; **souillure** [~'jy:r] *f* stain (*a. fig.*); spot; *fig.* blemish; *✝* impurity.

soûl, soûle F [su, sul] **1.** *adj.* drunk; surfeited (with, de); satiated; **2.** *su. m* fill (*a. fig.*); *dormir tout son* ~ have one's sleep out.

soulagement [sulaʒ'mã] *m* relief (*a. ⊕*); **soulager** [~la'ʒe] (1l) *v/t.* relieve; *se* ~ relieve o.s. (*of a burden, a. F fig.*); relieve one's mind.

soûlard *m, e f* [su'la:r, ~'lard], **soûlaud, e** *f* [~'lo, ~'lo:d] drunkard, soaker; **soûler** [~'le] (1a) *v/t.* satiate, glut (*s.o.*) (with, de); F make (*s.o.*) drunk; F get on (*s.o.'s*) nerves, bore (*s.o.*); F *se* ~ get drunk.

soulèvement [sulɛv'mã] *m* ground, stomach, *a. fig. people:* rising; *♣* sea: swell(ing); *fig.* general protest; *geol.* upheaval; *✝* ~ *de cœur* nausea; **soulever** [sul've] (1d) *v/t.* raise (*a. fig. an objection, a question, etc.*); lift (up); *fig.* provoke (*an emotion*); *fig.* rouse (*peole*) to revolt; F steal, *sl.* lift; *fig.* ~ *le cœur à* make s.o. sick; *se* ~ rise (*a. in revolt*); raise o.s.; turn (*stomach*).

soulier [su'lje] *m* shoe; ~s *pl.* de ski ski-boots; ~ *ferré* (*plat*) spiked (low-heeled) shoe; ~ *Richelieu* lace-up shoe; *être dans ses petits* ~s be on pins and needles; be ill at ease.

soulignement [sulin'mã] *m* underlining; *fig.* stressing; **souligner** [~li'ne] (1a) *v/t.* underline; *fig.* stress, emphasize.

soumettre [su'mɛtr] (4v) *v/t.* subdue (*s.o., one's feelings, a. a country*); *fig.* subject (s.o. to s.th., q. à qch.); *fig.* submit (*an idea, a plan, a request*) (to s.o., à q.); *se* ~ à submit to, comply with; **soumis, e** [~'mi, ~'mi:z] submissive, obedient; dutiful; **soumission** [~mi'sjɔ̃] *f ✗, pol.* submission, surrender; obedience (to, à); *✝* tender (for, pour); **soumissionnaire** *✝* [~misjɔ'nɛ:r] *m* tenderer; *finance:* underwriter; **soumissionner** *✝* [~'ne] (1a) *v/t.* tender for; *finance:* underwrite.

soupape ⊕ [su'pap] *f* valve; *bath etc.:* plug; *fig.* safety-valve; ~ à *papillon* throttle-valve; ~ *d'admission* intake valve; ~ *d'échappement* outlet valve; *mot.* exhaust-valve; *⚡* ~ *électrique* rectifier.

soupçon [sup'sɔ̃] *m* suspicion; *fig.* inkling, idea, hint; *fig., a. cuis.* touch, dash; *liquid:* drop; *fig. pas un* ~ *de* not a shadow of, not the ghost of; **soupçonner** [~sɔ'ne] (1a) *v/t.* suspect; surmise; **soupçonneux, -euse** [~sɔ'nø, ~'nø:z] suspicious.

soupe [sup] *f* soup; F, *a. ✗* meal; F food, *sl.* grub; sop (*for soaking in soup, wine, etc.*); ~ *à l'oignon* onion-soup; F ~ *populaire* soup kitchen; F *monter* (*or s'emporter*) *comme une* ~ *au lait* flare up; F *être* ~ *au lait* be irritable; F *être trempé comme une* ~ be wet through.

soupente [su'pã:t] *f ⊕* support; *♠* loft, garret; closet.

souper [su'pe] **1.** *v/i.* (1a) have supper; *sl. fig. j'en ai soupé* I'm fed up with it; **2.** *su./m* supper.

soupeser [supə'ze] (1d) *v/t.* feel the weight of; weigh (*s.th.*) in the hand.

soupière [su'pjɛ:r] *f* soup-tureen.

soupir [su'pi:r] *m* sigh; *♪* crotchet rest; *♪* (*demi-*)*quart m de* ~ (demi-)semiquaver rest; *♪ ~* quaver rest; **soupirail**, *pl.* -**aux** [supi-'ra:j, ~'ro] *m* air-hole; vent (*in air-*

shaft etc.); ventilator; **soupirant** F [ɔ̃'rɑ̃] suitor, admirer; **soupirer** [ɔ̃'re] (1a) *v/i.* sigh; ~ *après* (*or pour*) long *or* sigh for.

souple [supl] supple; flexible; *fig.* compliant, docile; **souplesse** [su'plɛs] *f* suppleness; flexibility; *fig.* adaptability; *fig. character:* pliability.

souquenille † [suk'ni:j] *f* smock.

source [surs] *f* source (*a. fig.*); spring; *fig.* origin; ~ *jaillissante* gusher; *de bonne* ~ on good authority; *prendre sa* ~ *dans river:* rise in; **sourcier** [sur'sje] *m* water-diviner.

sourcil [sur'si] *m* eyebrow; *froncer les* ~*s* frown; **sourciller** [ɔ̃si'je] (1a) *v/i.* knit one's brows, frown; *fig.* flinch; *ne pas* ~ F not to turn a hair, *Am.* never to bat an eyelid; **sourcilleux, -euse** [ɔ̃si'jø, ɔ̃'jø:z] finicky, pernickety; supercilious.

sourd, sourde [su:r, surd] **1.** *adj.* deaf; dull (*blow, colour, noise, pain, thud*); low (*cry*); hollow (*voice*); *fig.* hidden, veiled (*hostility*); *fig.* underhand; *gramm.* voiceless; F ~ *comme un pot* deaf as a (door-)post; *faire la sourde oreille* turn a deaf ear; *lanterne f sourde* dark-lantern; **2.** *su.* deaf person.

sourdine [sur'din] *f* ♪ mute; ♪ damper; *en* ~ ♪ muted; *fig.* softly; *fig.* on the quiet; *fig. mettre une* ~ *à qch.* tone s.th. down.

sourd-muet, sourde-muette [sur'mɥɛ, surd'mɥɛt] **1.** *adj.* deaf-and-dumb; **2.** *su.* deaf-mute.

sourdre [surdr] (4dd) *v/i.* spring; *a. fig.* arise.

souriant, e [su'rjɑ̃, ɔ̃'rjɑ̃:t] smiling.

souriceau [suri'so] *m* young mouse; **souricière** [ɔ̃'sjɛ:r] *f* mouse-trap; *fig.* (police-)trap.

sourire [su'ri:r] **1.** (4cc) *v/i.* smile; *pej.* smirk; ~ *à q.* smile at s.o.; *fig.* appeal *or* be attractive to s.o.; **2.** *su./m* smile.

souris [su'ri] *f* mouse.

sournois, e [sur'nwa, ɔ̃'nwa:z] underhand; deceitful; **sournoiserie** [ɔ̃nwaz'ri] *f* underhand manner *or* trick; deceitfulness.

sous [su] *prp. usu.* under (*the table, s.o.'s command, etc.*); underneath; below; at (*the equator*); in (*the tropics, the rain, a favourable light*); within (*three months*); ~ *clé* under

lock and key; ~ *les drapeaux* with the colo(u)rs; ~ *enveloppe* under cover, in an envelope; ~ *le nom de* by the name of; ~ *peine de* on pain of; ~ *peu* before long, shortly; ~ *ce pli* enclosed; ~ *prétexte de* on the pretext of; ~ *le rapport de* in respect of; ~ (*le règne de*) *Louis XIV* under *or* in the reign of Louis XIV; *passer* ~ *silence* pass (*s.th.*) over in silence; ~ *mes yeux* before my eyes; *see cape; main.*

sous... [su; suz] sub..., under...; **~-aide** [su'zɛd] *su.* sub-assistant; **~-alimenté, e** [ɔ̃zalimɑ̃'te] undernourished, underfed; **~-arrondissement** [ɔ̃zardis'mɑ̃] *m* sub-district; **~-bail** [su'ba:j] *m* sub-lease; **~-bois** [ɔ̃'bwɑ] *m* undergrowth.

souscripteur ✝ [suskrip'tœ:r] *m* shares, periodical, *etc.*: subscriber; *cheque:* drawer; **souscription** [ɔ̃'sjɔ̃] *f* subscription (for shares, *à des actions*); signature; (*public*) fund; **souscrire** [sus'kri:r] (4q) *v/i.* ✝, *a. fig.* ~ *à* subscribe to; ~ *pour* subscribe (*a sum of money*); **souscrit, e** ✝ [ɔ̃'kri, ɔ̃'krit] subscribed (*capital*).

sous...: **~-cutané, e** ✗ [sukyta'ne] subcutaneous; **~-développé, e** [ɔ̃devlɔ'pe] underdeveloped; **~-emploi** [suzɑ̃'plwa] *m* underemployment; **~-entendre** [ɔ̃ɑ̃'tɑ̃:dr] (4a) *v/t.* understand (*a. gramm.*); imply; **~-entendu** [ɔ̃zɑ̃tɑ̃'dy] *m* implication; innuendo; allusion; overtone; **~-entente** [ɔ̃zɑ̃'tɑ̃:t] *f* mental reservation; **~-equipé, e** [ɔ̃zeki'pe] underequipped; **~-estimer** [ɔ̃zɛsti'me] (1a) *v/t.* underestimate; **~-exposer** *phot.* [ɔ̃zɛkspo'ze] (1a) *v/t.* under-expose; **~-fifre** F [su'fifr] *m* underling; sidekick; **~-locataire** [ɔ̃bka'tɛ:r] *su.* subtenant, sublessee; **~-location** [ɔ̃bka'sjɔ̃] *f* sub-letting; sub-lease; **~-louer** [ɔ̃'lwe] (1p) *v/t.* sub-let; sub-lease; rent (*a house*) *from a tenant*; **~-main** [ɔ̃'mɛ̃] *m/inv.* blotting-pad, writing-pad; *en* ~ secretly, behind the scenes; **~-maître** [ɔ̃'mɛ:tr] *m* assistant master; **~-maîtresse** [ɔ̃'mɛtrɛs] *f* assistant mistress; **~-marin, e** ⚓ [ɔ̃'ma'rɛ̃, ɔ̃'rin] *adj., a. su./m* submarine; **~-officier** [suzɔfi'sje] *m*, F **~-off** [ɔ̃'zɔf] *m* ✗ non-commissioned officer, N.C.O.; ⚓ petty officer; **~-ordre**

[ʌˈzɔrdr] *m* ♣ sub-order; *admin.* subordinate; **en ~** subordinate(ly *adv.*); **~-payer** [ʌpɛˈje] (1i) *v/t.* underpay; **~-pied** [suˈpje] *m* trouser-strap; *gaiters:* under-strap; **~-préfet** [ʌpreˈfɛ] *m* sub-prefect; **~-produit** ⊕ [ʌprɔˈdɥi] *m* by-product; spin-off; **~-prolétariat** [ʌprɔletarˈja] *m* underprivileged class; **~-secrétaire** [ʌsəkreˈtɛːr] *m* under-secretary of State, d'État]; **~signé, e** [ʌsiˈɲe] **1.** *adj.* undersigned; **je ~** ... I the undersigned; **~-sol** [ʌˈsɔl] *m* ✦ subsoil; ⚐ basement; basement-flat; underground; *richesses f/pl. de ~* mineral resources; **~-tendre** [ʌˈtɑ̃dr] (4a) *v/t.* ⚐ subtend; *fig.* underlie.

soustraction [sustrakˈsjɔ̃] *f* removal, abstraction (*a.* ⚖); *ℛ* subtraction; **soustraire** [ʌˈtrɛːr] (4ff) *v/t.* remove; withdraw; *ℛ* subtract (from, **de**); *fig.* shield (s.o. from s.th., **q. à qch.**); **se ~ à** escape from; avoid (*a duty*).

sous...: **~-traitance** [sutreˈtɑ̃ːs] *f* subcontracting; **~-traitant** [ʌtreˈtɑ̃] *m* subcontractor; **~-traiter** [ʌtreˈte] (1a) *v/t.* subcontract; **~-ventrière** [ʌvɑ̃triˈɛːr] *f* saddle-girth; bellyband; **~-verge** [ʌˈvɛrʒ] *m/inv.* offhorse; ✝ *fig.* underling; **~-vêtement** [ʌvɛtmɑ̃] *m* undergarment.

soutache ✂, *a. cost.* [suˈtaʃ] *f* braid.

soutane *eccl.* [suˈtan] *f* cassock, soutane; *fig.* **la ~** holy orders *pl.*, F the cloth.

soute [sut] *f* ♧ store-room; **~ à bombes** bomb-bay; **~ à charbon** coal-bunker; **~ aux poudres** (powder-)magazine.

soutenable [sutˈnabl] bearable, tenable (*opinion, theory, a.* ℛ ✝); **soutenance** [ʌˈnɑ̃ːs] *f thesis:* maintaining; **soutènement** [sutenˈmɑ̃] *m* support(ing); ⚐ **de ~** retaining (*wall*), relieving (*arch*); **souteneur** [sutˈnœːr] *m* procurer; **soutenir** [sutˈniːr] (2h) *v/t.* support; hold (*s.th.*) up; back (*s.o.*) (*financially*); keep up (*a conversation, a credit, a part*); maintain, assert (*a fact*); uphold (*an opinion, a theory, a thesis*); *fig.* endure, bear (*a. comparison*), stand; **soutenu, e** [ʌˈny] sustained; unflagging (*attention,*

effort, interest); ✝ steady (*market*); *fig.* lofty (*style*).

souterrain, e [suteˈrɛ̃, ʌˈrɛn] **1.** *adj.* underground; *a. fig.* subterranian; **2.** *su./m* underground passage.

soutien [suˈtjɛ̃] *m* support(ing); *person:* mainstay; *fig.* mainstay; **~-gorge**, *pl.* **~s-gorge** *cost.* [ʌtjɛ̃ˈgɔrʒ] *m* brassière, F bra.

soutirer [sutiˈre] (1a) *v/t.* draw off (*wine etc.*); *fig.* get (s.th. out of s.o., **qch. à q.**).

souvenir [suvˈniːr] **1.** (2h) *v/t.:* **se ~ de** remember, recall; *v/impers.:* **il me souvient de** (*inf.*) I remember (*ger.*); **2.** *su./m* memory, remembrance; souvenir, keepsake.

souvent [suˈvɑ̃] *adv.* often; **assez ~** fairly often; **peu ~** seldom, not often.

souverain, e [suˈvrɛ̃, ʌˈvrɛn] **1.** *adj.* sovereign; supreme; **2.** *su.* sovereign; **souveraineté** [ʌvrɛnˈte] *f* sovereignty; territory (*of a sovereign*).

soviet *pol.* [sɔˈvjet] *m* Soviet; **soviétique** [ʌvjeˈtik] **1.** *adj.* Soviet; **2.** *su.* ♀ Soviet citizen.

soya ♣ [sɔˈja] *m see* soja.

soyeux, -euse [swaˈjø, ʌˈjøːz] **1.** *adj.* silky, silken; **2.** *su./m* silk manufacturer.

soyons [swaˈjɔ̃] *1st p. pl. pres. sbj. of* être 1.

spacieux, -euse [spaˈsjø, ʌˈsjøːz] spacious, roomy.

spadassin [spadaˈsɛ̃] *m* hired killer; ✝ swordsman.

spalter [spalˈtɛːr] *m painting:* graining-brush.

sparadrap ♂ [sparaˈdra] *m* sticking *or* adhesive plaster, *Am. a.* Band-Aid (*TM*).

spasme ♂ [spasm] *m* spasm; **spasmodique** ♂ [spasmɔˈdik] spasmodic, spastic.

spath *min.* [spat] *m* spar; **~ fluor** fluorite.

spatial, e, *m/pl.* **-aux** [spaˈsjal, ʌˈsjo] spatial; space ...; *navire m* **~** space craft.

spatule [spaˈtyl] *f* ♂ spatula; ⊕ spoon tool; *sp.* ski-tip; *orn.* spoonbill; **spatulé, e** [ʌtyˈle] spatulate.

speaker, speakerine [spiˈkœːr, ʌkɔˈrin] *su. radio:* announcer; newscaster, newsreader; *su./m parl.* speaker.

spécial, e, *m/pl.* **-aux** [spe'sjal, ~'sjo] **1.** *adj.* special, particular; ✗ *armes f/pl.* ~es technical arms; **2.** *su./f school:* higher mathematics class; **spécialiser** [spesjali'ze] (1a) *v/t.* particularize; ear-mark (*funds*); se ~ *dans* specialize in, make a special study of, *Am.* major in; **spécialiste** [~'list] *su.* specialist (*a.* ⚕); expert; ✗ tradesman; **spécialité** [~,li'te] *f* speciality; special study; ⚓ special duty; ⚓ specialized branch; ~ *pharmaceutique* patent medicine.

spécieux, -euse [spe'sjø, ~'sjø:z] specious, plausible.

spécification [spesifika'sjõ] *f* specification; *raw material:* working up; **spécificité** [~fisi'te] *f* specificity (*a.* ⚕); **spécifier** [~'fje] (1o) *v/t.* specify; lay down; stipulate; determine (*s.th.*) specifically; **spécifique** [~'fik] **1.** *su./m* specific (for, de); **2.** *adj.* specific; *phys. poids m* ~ specific gravity.

spécimen [spesi'mɛn] **1.** *su./m* specimen, sample; **2.** *adj.* specimen (*copy*).

spéciosité [spesjozi'te] *f* speciousness.

spectacle [spɛk'takl] *m* spectacle, sight; *pej.* exhibition; *thea.* play, show; "~s" *pl.* «entertainment» (*le* (*monde d'*)~ ⊕ show business; *fig.* se donner en ~ make an ass of o.s.; *taxe f sur les* ~s entertainment tax.

spectateur, -trice [spɛkta'tœ:r, ~'tris] *su.* spectator; witness (*of an accident, an event, etc.*); *su./m: thea.* ~s *pl.* audience *sg.*

spectral, e, *m/pl.* **-aux** [spɛk'tral, ~'tro] spectral (*a.* 🜚); spectrum (*analysis*); *opt.* of the spectrum; *fig.* ghostly; **spectre** [spɛktr] *m* spectre; ghost (*a. fig.*); *opt., a. phys.* spectrum; **spectroscopie** *phys.* [spɛktrɔskɔ'pi] *f* spectroscopy.

spéculaire [speky'lɛ:r] **1.** *adj.* specular; *psych.* mirror (*writing*); *pierre f* ~ mica; **2.** *su./f* ⚘ specularia.

spéculateur, m, -trice *f* [spekyla'tœ:r, ~'tris] 🜚, *a. fig.* speculator; *fig.* theorizer; **spéculatif, -ve** [~'tif, ~'ti:v] 🜚, *a. fig.* speculative; *fig.* contemplative; **spéculation** [~'sjõ] *f* 🜚, *a. fig.* speculation; *fig.* theory, conjecture; *fig.* cogitation; **spéculer** [speky'le] (1a) *v/i.* 🜚, *a. fig.* speculate (*fig.* on, 🜚 in *sur*; 🜚 for, *à*).

spéléologie [speleɔlɔ'ʒi] *f* spel(a)eology; cave hunting; F pot-holing; **spéléologue** [~'lɔg] *m* spel(a)eologist; cave hunter; F pot-holer.

spencer *cost.* [spɛ̃'sɛ:r] *m* spencer.

sperme *physiol.* [spɛrm] *m* sperm, semen.

sphère [sfɛ:r] *f* sphere (*a.* 🝠, *fig.*); *geog.* globe; **sphéricité** [sferisi'te] *f* sphericity, curvature; **sphérique** [~'rik] **1.** *adj.* spherical (*a.* 🝠); **2.** *su./m* 🜚 spherical balloon.

sphinx [sfɛ̃ks] *m* sphynx (*a. fig.*); *zo.* hawk-moth.

spic ⚘ [spik] *m* spike-lavender.

spider *mot.* [spi'dɛ:r] *m* dick(e)y (seat).

spinal, e, *m/pl.* **-aux** *anat.* [spi'nal, ~'no] spinal.

spinelle *min.* [spi'nɛl] *m* spinel.

spiral, e, *m/pl.* **-aux** [spi'ral, ~'ro] **1.** *adj.* spiral; **2.** *su./f* spiral; *en* ~e spiral(ly *adv.*), winding; *su./m* ⊕ *watch:* hairspring; **spire** [spi:r] *f* single turn, whorl (*a.* 🝠); 🜚 *bobbin:* one winding.

spirée ⚘ [spi're] *f* spiraea.

spirite [spi'rit] **1.** *adj.* spiritualistic; **2.** *su.* spiritualist; **spiritisme** [spiri'tism] *m* spirit(ual)ism; **spiritualiser** [~tɥali'ze] (1a) *v/t.* spiritualize; 🜚 † distil; **spiritualité** [~tɥali'te] *f* spirituality; **spirituel, -elle** [~'tɥɛl] spiritual (*a. eccl., phls., etc.*); *fig.* witty, humorous; **spiritueux, -euse** 🜚 [~'tɥø, ~'tɥø:z] **1.** *adj.* spirituous; **2.** *su./m* spirit(uous liquor); *les* ~ *pl.* spirits.

spleen † [splin] *m* spleen, melancholy.

splendeur [splɑ̃'dœ:r] *f* splendo(u)r; brilliance, brightness; *fig.* grandeur, glory; **splendide** [~'did] splendid; brilliant; *fig.* magnificent.

spoliateur, -trice [spɔlja'tœ:r, ~'tris] **1.** *adj.* spoliatory (*law, measure*); **2.** *su.* despoiler; **spoliation** [~lja'sjõ] *f* despoilment; **spolier** [~'lje] (1o) *v/t.* despoil, rob (of, de). [dee.⟩

spondée [spõ'de] *m prosody:* spon-⟩

spongiaires [spõ'ʒjɛ:r] *m/pl.* spongiae; **spongieux, -euse** [~'ʒjø, ~'ʒjø:z] spongy; *anat.* ethmoid (*bone*); **spongiosité** [~ʒjozi'te] *f* sponginess.

spontané, e [spõta'ne] spontaneous; ⚖ voluntary (*confession*); ⚖ self-sown; **spontanéite** [ˌˈnei'te] *f* spontaneity; **spontanément** [ˌˈne-'mã] *adv.* of spontané.

sporadique ♗, ♀ [spora'dik] sporadic; **spore** ♀, *biol.* [spɔːr] *f* spore.

sport [spɔːr] *m* sport; ∼*s pl.* nautiques aquatic sports; *le* ∼ sports *pl.*; **sportif, -ve** [spɔr'tif, ∼'tiːv] **1.** *adj.* sporting; sports...; **2.** *su.* follower of sports, F sports fan; *su./m* sportsman; *su./f* sportswoman; **sportsman,** *pl.* **sportsmen** [spɔrts'man, ∼'men] *m* sportsman; **sportswoman,** *pl.* **sportswomen** [ˌwu'man, ∼'men] *f* sportswoman.

spot [spɔt] *m* radio, TV, *etc.*: spot; spot(light).

spoutnik [sput'nik] *m* sputnik.

sprat *icht.* [sprat] *m* sprat.

sprint *sp.* [sprint] *m* sprint; **sprinter** *sp.* **1.** [sprin'tœːr] *su./m* sprinter; **2.** [ˌˈte] (1a) *v/i.* sprint.

spumeux, -euse [spy'mø, ∼'møːz] frothy, foamy.

squale *icht.* [skwal] *m* dog-fish.

squame [skwam] *f skin*: scale; *bone*: exfoliation; squama; **squameux, -euse** [skwa'mø, ∼'møːz] *f*, *anat.*, *etc.* scaly; squamous (*a.* ♀).

square [skwaːr] *m* (public) square (with garden).

squelette [skə'lɛt] *m* skeleton (*a. fig.*); ⚓ carcass; *fig. book, plot*: outline; **squelettique** [ˌle'tik] skeletal; *fig.* skeleton-like.

stabilisateur, -trice [stabiliza'tœːr, ∼'tris] **1.** *adj.* stabilizing; **2.** *su./m* 🛩 *etc.* stabilizer; **stabilisation** [ˌza'sjɔ̃] *f* stabilization; 🛠 standstill; ⊕ annealing; **stabiliser** [ˌˈze] (1a) *v/t.* stabilize (*a.* ♈ *the currency*); ⊕ anneal; *se* ∼ become steady; **stabilité** [ˌˈte] *f* stability; **stable** [stabl] stable; steady, firm; *fig.* lasting.

stade [stad] *m sp.* stadium; *sp.* athletic club; ♈, *a. fig.* stage, period.

stage [staːʒ] *m* (period of) probation; training period *or* course; ⚖ articles *pl.*; **stagiaire** [sta'ʒjɛːr] *adj.*, *su.* trainee.

stagnant, e [stag'nã, ∼'nãːt] stagnant (*a.* ♈); **stagnation** [ˌna'sjɔ̃] *f* stagnation (*a.* ♈); ⚓ compass: slowness; ♈ dullness.

stalle [stal] *f eccl.*, *thea.*, *stable*, *etc.*: stall; *stable*: box.

staminé, e ♀ [stami'ne] stamened, staminate.

stance [stãːs] *f* stanza.

stand [stãːd] *m* races, show, exhibition: stand; ∼ de tir shooting-gallery, rifle range.

standard [stã'daːr] **1.** *su./m teleph.* switchboard; *fig.* standard (of living, de vie); **2.** *adj.* standard; **standardisation** ⊕ [stãdardiza'sjɔ̃] *f* standardization; **standardiser** ⊕ [ˌdi'ze] (1a) *v/t.* standardize; **standardiste** *teleph.* [ˌ'dist] *su.* switchboard operator.

standing [stã'diŋ] *m* (social) status, standing, reputation; (de) grand ∼ luxury (flat, apartment, etc.).

starter [star'tɛːr] *m sp.* starter; *mot.* choke.

station [sta'sjɔ̃] *f* ☒, ♐, ♐, radio, 🚇 underground: station; stop, halt; (taxi-)rank; bus, tram: (fare) stage; (holiday) resort; ♐ ∼ centrale power station; ∼ climatique health resort; ∼ de correspondance underground railway: interchange station; en ∼ standing; faire une ∼ break one's journey. **stationnaire** [ˌsjɔ'nɛːr] **1.** *adj.* stationary; **2.** *su./m* ⚓ guard ship; **stationnement** *mot.* [ˌsjɔn'mã] *m* parking; ∼ bilatéral parking on both sides; ∼ interdit road sign: no parking; no waiting; ∼ unilatéral parking on one side only; **stationner** [ˌsjɔ'ne] (1a) *v/i.* stop; halt; stand; park (*car*); ☒ be stationed; *défense f de* ∼ no parking; **station-service,** *pl.* **stations-service** [ˌsjɔsɛr'vis] *f* service station; repair station.

statique [sta'tik] **1.** *adj.* static; **2.** *su./f* ⊕ statics *sg.*

statisticien [statisti'sjɛ̃] *m* statistician; **statistique** [ˌ'tik] **1.** *adj.* statistical; **2.** *su./f* statistics *sg.*

statuaire [sta'tɥɛːr] **1.** *adj.* statuary; **2.** *su./m person*: sculptor; *su./f art*: statuary; sculptress; **statue** [ˌ'ty] *f* statue; image.

statuer [sta'tɥe] (1n) *v/t.* decree, enact; rule; *v/i.*: ∼ sur qch. decide s.th., give judgment on s.th.

stature [sta'tyːr] *f* stature; height.

statut [sta'ty] *m* ⚖ statute; regulation; charter; *pol.* status; constitution; **statutaire** [ˌty'tɛːr] statutory; ♈ qualifying (share).

stéarine ♓ [stea'rin] *f* stearin(e); **stéarique** ♓ [ˌ'rik] stearic.

steeple-chase *sp.* [stiplə'tʃɛz] *m*
track: hurdle-race.

stellaire [stel'lɛːr] **1.** *adj. astr.* stel-
lar; **2.** *su./f* ♀ starwort.

sténo... [steno] steno...; **~dactylo-**
graphe [ˌdaktilɔˈgraf], F **~dactylo**
[ˌdakti'lo] *su.* shorthand-typist; **~**
gramme [ˌˈgram] *m* shorthand
report; **~graphe** [ˌˈgraf] *su.* shorthand writer; stenographer; **~gra-**
phie [ˌgraˈfi] *f* shorthand; **~type**
[ˌˈtip] *su./m* stenotype; *su./f* shorthand typewriter; **~typiste** [ˌti-
ˈpist] *su.* stenotypist.

stentor [stɑ̃'tɔːr] *npr./m*: *fig.* voix *f*
de ~ stentorian voice.

steppe *geog.* [step] *f* steppe.

stercoraire [stɛrkɔˈrɛːr] *m zo.* dung-
beetle; *orn.* skua.

stère [stɛːr] *m measure of wood*: stere,
cubic metre; *bois m de ~* cordwood.

stéréo [stereˈo] *f*, *a. adj.* short for
stéréophonie, stéréophonique: stereo;
en ~ (in) stereo.

stéréo... [stereo] stereo...; **~métrie**
Å [ˌmeˈtri] *f* stereometry; **~métri-**
que Å [ˌmeˈtrik] stereometric;
~phonie [ˌfɔˈni] *f* stereophony,
stereo (sound); **~phonique** [ˌfɔˈnik]
stereophonic; **~scope** *opt.* [stereo-
sˈkɔp] *m* stereoscope; **~scopique**
[ˌskɔˈpik] stereoscopic; **~type** *typ.*
[stereoˈtip] **1.** *adj.* stereotype; stereotyped (*book*); **2.** *su./m* stereotype
(plate); **~typer** [ˌtiˈpe] (1a) *v/t.*
stereotype; *expression f* stéréotypée
hackneyed phrase; *sourire m* stéréo-
type fixed smile; **~typie** [ˌtiˈpi] *f*
stereotypy; stereotype foundry.

stérile [steˈril] ✔, ♀, *zo.*, *a. fig.*
sterile, barren (*a. woman*); childless
(*marriage*); *fig.* fruitless, vain
(*effort*); **~stériliser** [sterili'ze] (1a)
v/t. sterilize (*a.* ♀); **stérilité** [ˌˈte] *f*
sterility; barrenness (*a. fig.*).

sternum *anat.* [stɛrˈnɔm] *m* sternum, breast-bone.

sternutation ♀ [stɛrnytaˈsjɔ̃] *f* sternutation, sneezing; **sternutatoire**
♀ [ˌˈtwaːr] *adj.* sternutatory; sneez-
ing(-*powder*).

stéthoscope ♀ [stetɔsˈkɔp] *m* stetho-
scope.

stick [stik] *m* ⚔ swagger-stick;
(riding-)switch.

stigmate ♀ [stigˈmat] *m* ♀, ♀, *a. fig.*
stigma; ♀ *wound*: scar, mark; *smallpox*: pock-mark; *fig.* stain (*on*

character); *eccl.* ~s *pl.* stigmata.

stigmatique [ˌmaˈtik] stigmatic;
opt. anastigmatic; **stigmatiser**
[ˌmatiˈze] (1a) *v/t. eccl.*, *a. fig.* stig-
matize (with, de); ♀ pock-mark
(*s.o.*); *fig.* brand (*s.o.*).

stimulant, e [stimyˈlɑ̃, ˌˈlɑ̃ːt] **1.** *adj.*
stimulating; **2.** *su./m* ♀ stimulant;
fig. stimulus, incentive; **stimula-**
teur, -trice [ˌlaˈtœːr, ˌˈtris] **1.** *adj.*
stimulative; **2.** *su./m*: ♀ ~ cardiaque
pacemaker; **stimuler** [ˌˈle] (1a) *v/t.*
stimulate; *fig.* incite, give a stimulus
to; **stimulus** ♀, *biol.* [ˌˈlys] *m*
stimulus.

stipendier *pej.* [stipɑ̃ˈdje] (1o) *v/t.*
hire, buy (*s.o.*).

stipulation ♃ [stipylaˈsjɔ̃] *f* condition; stipulation; **stipuler** [ˌˈle]
(1a) *v/t.* stipulate.

stock ✝ [stɔk] *m* stock; **stockage**
[stɔˈkaːʒ] *m* ✝ stocking; storing;
stocker [ˌˈke] (1a) *v/t.* ✝ stock,
store; ⚔ stockpile (*bombs*).

stoïcien, -enne *phls.* [stɔiˈsjɛ̃, ˌˈsjɛn]
1. *adj.* stoic(al); **2.** *su.* stoic; **stoïcis-**
me *phls.*, *a. fig.* [ˌˈsism] *m* stoicism;
stoïque [ˌˈik] **1.** *adj. fig.* stoic(al); **2.**
su. stoic.

stolon ♀ [stɔˈlɔ̃] *f* stolon, runner,
sucker.

stomacal, e *m/pl.* **-aux** [stɔmaˈkal,
ˌˈko] gastric; stomach-(pump, tube);
stomachique ♀, *anat.* [ˌˈʃik] *adj.*,
a. su./m stomachic.

stop [stɔp] **1.** *int.* stop!; **2.** *su./m* mot.
stop sign; brake light, *Am.* stoplight;
F hitchhiking, hitching.

stoppage [stɔˈpaːʒ] *m cost.* invisible
mending; *stockings*: invisible darning; **stopper** [ˌˈpe] (1a) *v/t.* stop;
check; *cost.* repair by invisible
mending; *v/i.* (come to a) stop;
stoppeur, -euse [ˌˈpœːr, ˌˈpøːz] *su.*
cost. fine-darner, invisible mender; F
hitchhiker.

store [stɔːr] *m* blind; awning.

strabique ♀ [straˈbik] **1.** *adj.* squint-
eyed, F cross-eyed; **2.** *su.* squinter;
strabisme ♀ [ˌˈbism] *m* squinting,
strabism(us).

strangulation [strɑ̃gylaˈsjɔ̃] *f* strangulation.

strapontin [strapɔ̃ˈtɛ̃] *m bus, taxi,
thea.*: folding seat, jump seat; *fig.*
back seat, minor role.

strass [stras] *m* paste jewellery,
strass.

stratagème ✕, *a. fig.* [strata'ʒɛm] *m* stratagem.

stratégie ✕, *a. fig.* [strate'ʒi] *f* strategy; **stratégiste** [~'ʒist] *m* strategist.

stratifié, e [strati'fje] (1o) stratified; ⊕ laminated; **stratigraphie** *geol.* [~tigra'fi] *f* stratigraphy; **strato-sphère** *meteor.* [~tɔs'fɛːr] *f* stratosphere.

stress *psych.* [strɛs] *m* stress; **stressant, e** [strɛ'sɑ̃, ~'sãːt] stress (*situation, etc.*), full of stress.

strict, stricte [strikt] strict (*a. fig.*); *fig.* severe; exact; **striction** [strik'sjɔ̃] *f* 𝒮 constriction; 𝐀 striction.

strident, e [stri'dɑ̃, ~'dãːt] strident, harsh, shrill.

stridulant, e [stridy'lɑ̃, ~'lãːt] stridulant, chirring; **stridulation** [~la'sjɔ̃] *f* stridulation, chirring; **striduleux, -euse** 𝒮 [~'lø, ~'løːz] stridulous.

strie [stri] *f* groove; 𝐀, 𝒮, *anat., geol.* stria; *colour:* streak; **strier** [stri'e] (1a) *v/t.* score, scratch; 𝒮 striate; 𝐀 flute, groove; ⊕ corrugate (*iron*); streak; **striure** [~'yːr] *f see* strie.   [strophe.)

strophe [strɔf] *f* stanza, verse;)

structure [stryk'tyːr] *f* structure; ~(*s*) *d'accueil* reception facilities *pl.*; *psych.* ~ *de comportement* behavio(u)r pattern; ~ *gonflable* air hall; **structurel, -elle** [~ty'rɛl] structural.

strychnine 🜪 [strik'nin] *f* strychnine.

stuc 𝐀 [styk] *m* stucco; **stucateur** [styka'tœːr] *m* stucco-worker.

studieux, -euse [sty'djø, ~'djøːz] studious; devoted to study.

studio [sty'djo] *m radio, a. cin.* studio; one-roomed flat, flatlet, *Am.* studio apartment.

stupéfaction [stypefak'sjɔ̃] *f* stupe-faction; amazement; **stupéfait, e** [~'fɛ, ~'fɛt] stupefied; amazed (*a,* de); **stupéfiant, e** [~'fjɑ̃, ~'fjãːt] **1.** *adj.* stupefying (𝒮, *a. fig.*); *fig.* astounding; **2.** *su./m* 𝒮 drug, narcotic; **stupéfier** [~'fje] (1o) *v/t.* 𝒮, *a. fig.* stupefy; *fig.* astound; **stupeur** [sty'pœːr] *f* stupor; *fig.* amazement.

stupide [sty'pid] **1.** *adj.* stupid, *Am.* F dumb; dumbfounded; silly, foolish; **2.** *su.* stupid person; dolt; **stupidité** [~pidi'te] *f* stupidity; folly.

stuquer 𝐀 [sty'ke] (1m) *v/t.* stucco.

style [stil] *m* 𝒮, 𝐀, *fig., a. sun-dial:* style; etching-needle; *sun-dial:* gnomon; **styler** [sti'le] (1a) *v/t.* train, form; F school (*s.o.*) (in, à).

stylet [sti'lɛ] *m* stiletto; 𝒮 stylet, probe.

styliser [stili'ze] (1a) *v/t.* stylize; **styliste** [sti'list] *su.* stylist; **stylistique** [~lis'tik] *f* stylistics *sg.*

stylo [sti'lo] *m* pen; F fountain pen; ~ (*à*) *bille*, ~-*bille* ball-point pen; ~(-)*feutre* felt-tip pen; **stylographe** [~lɔ'graf] *m* fountain pen.

styptique 𝒮 [stip'tik] *adj., a. su./m* styptic, astringent.

su, e [sy] **1.** *p.p. of savoir*; **2.** *su./m:* au vu et au ~ *de* to the knowledge of.

suaire [sɥɛːr] *m* shroud; *eccl. saint* ~ vernicle, veronica.

suant, e [sɥɑ̃, sɥãːt] sweaty; *sl.* boring, deadly dull.

suave [sɥaːv] sweet; bland (*manner, tone*); soft (*shade*); mild (*cigar*); **suavité** [sɥavi'te] *f* sweetness, softness; *manner, tone:* blandness, suavity.

sub... [syb] sub...

subalterne [sybal'tɛrn] **1.** *adj.* subordinate; inferior; **2.** *su./m* underling; ✕ subaltern.

subconscience [sybkɔ̃'sjãːs] *f* subconsciousness; **subconscient, e** [~'sjã, ~'sjãːt] **1.** *adj.* subconscious; **2.** *su./m:* le ~ the subconscious.

subdiviser [sybdivi'ze] (1a) *v/t.* sub-divide; **subdivision** [~'zjɔ̃] *f* sub-division.

subéreux, -euse 🍃 [sybe'rø, ~'røːz] suberose; corky; *enveloppe f* ~*euse* cortex.

subir [sy'biːr] (2a) *v/t.* undergo; suffer (*death, defeat, a penalty*); submit to (*a law, a rule*); come under (*an influence*); put up with, endure.

subit, e [sy'bi, ~'bit] sudden, unexpected.

subjectif, -ve [sybʒɛk'tif, ~'tiːv] subjective.

subjonctif, -ve *gramm.* [sybʒɔ̃k'tif, ~'tiːv] **1.** *adj.* subjunctive; **2.** *su./m* subjunctive; *au* ~ in the subjunctive.

subjuguer [sybʒy'ge] (1m) *v/t.* cap-tivate, thrill; † subdue (*a. fig.*); *fig.* master (*one's feelings*).

sublimation 🜪 *psych.* [syblima'sjɔ̃] *f* sublimation; **sublime** [~'blim] **1.** *adj.* sublime (*a. anat., fig.*); lofty; **2.** *su./m the* sublime; **sublimé** 🜪

[sybli'me] *m* sublimate; **sublimer** [~] (1a) *v/t.* sublimate (*a. psych.*), sublime; **sublimité** [syblimi'te] *f* sublimity.

submerger [sybmɛr'ʒe] (1l) *v/t.* submerge; flood (*a field, a village, a valley*); immerse (*an object in water*); swamp (*a boat, a field*); *fig.* inundate, overwhelm (with, de); *submergé de besogne* snowed under *or* inundated with work; **submersible** [~'sibl] *adj., su./m* ♣ † submarine; **submersion** [~'sjɔ̃] *f* submersion, submergence; ♣ sinking; ✓ flooding; *mort f par ~* death by drowning.

subordination [sybɔrdina'sjɔ̃] *f* subordination; **subordonné, e** [~dɔ'ne] **1.** *adj.* subordinate, dependent (*a. gramm.*); **2.** *su.* subordinate, underling; **subordonner** [~dɔ'ne] (1a) *v/t.* subordinate; *fig.* regulate (according to, in the light of à).

suborner [sybɔr'ne] (1a) *v/t.* suborn (*a. ⚖ a witness etc.*); bribe; **suborneur, -euse** [~'nœːr, ~'nøːz] **1.** *adj.* persuasive; **2.** *su.* ⚖ suborner.

subreptice [sybrɛp'tis] surreptitious; clandestine; **subreption** ⚖ [~'sjɔ̃] *f* subreption.

subroger ⚖ [sybrɔ'ʒe] (1l) *v/t.* subrogate; appoint (*s.o.*) as deputy; *subrogé tuteur m* surrogate guardian.

subséquemment [sypseka'mã] *adv.* subsequently, in due course; **subséquent, e** [~'kã, ~'kãːt] subsequent.

subside [syp'sid] *m* grant, allowance; **subsidiaire** [si'djɛːr] subsidiary, accessory, additional (to, à).

subsistance [sybzis'tãːs] *f* subsistence; keep; *~s pl.* provisions, supplies; *mis en ~* attached to another unit for rations; **subsistant, e** [~'tã, ~'tãːt] **1.** *adj.* subsisting, extant; **2.** *su./m* soldier attached (*to a unit*) for rations; **subsister** [~'te] (1a) *v/i.* subsist; exist, continue, be extant; live (on, de); *moyens m/pl. de ~* means of subsistence.

substance [syps'tãːs] *f* substance (*a. fig.*); ⊕ *etc.* material; *fig.* gist; *anat. ~ grise* grey matter; *en ~* substantially; **substantiel, -elle** [~tã'sjɛl] substantial; nourishing (*food*).

substantif, -ve [sypstã'tif, ~'tiːv] **1.** *adj.* substantive (*a. gramm.*); **2.** *su./m gramm.* substantive, noun.

substitué, e [sypsti'tɥe] suppositious (*child*); **substituer** [~'tɥe] (1n) *v/t.* substitute (for, à); *se ~ à* substitute for, act as substitute for (*s.o.*); take the place of; **substitut** [~'ty] *m* deputy; ⚖ locum tenens, F locum; ⚖ deputy public prosecutor; **substitution** [~ty'sjɔ̃] *f* substitution (for, à); mix-up.

substrat [syps'tra] *m* substratum.

substruction ⚑ [sypstryk'sjɔ̃] *f* foundation, substructure; underpinning; **substructure** ⚑ [~'tyːr] *f* substructure.

subterfuge [syptɛr'fyːʒ] *m* subterfuge; evasion, shift.

subtil, e [syp'til] subtle; fine, nice (*distinction, point*); **subtiliser** [syptili'ze] (1a) *v/t.* subtilize; F steal, filch, pinch; *v/i.: ~ sur* subtilize on (*a question*); **subtilité** [~'te] *f* subtlety; *distinction:* fineness; *~s pl. a.* niceties.

suburbain, e [sybyr'bɛ̃, ~'bɛn] suburban.

subvenir [subvə'niːr] (2h) *v/i.: ~ à* provide for; **subvention** [sybvã'sjɔ̃] *f* subsidy, subvention; **subventionnel, -elle** [~sjɔ'nɛl] subventionary; **subventionner** [~sjɔ'ne] (1a) *v/t.* subsidize.

subversif, -ve [sybvɛr'sif, ~'siːv] subversive, destructive (of, de); **subversion** [~'sjɔ̃] *f* subversion; overthrow.

suc [syk] *m* juice; ♀ sap; *fig.* essence, pith.

succédané, e [sykseda'ne] *adj., su./m* substitute (for, de); **succéder** [~'de] (1f) *v/i.: ~ à* succeed, follow; replace; ⚖ come into (*a fortune*); *~ au trône* succeed to the throne.

succès [syk'sɛ] *m* success; hit; *à ~* successful; *avec (sans) ~ a.* (un)successfully.

successeur [sykse'sœːr] *m* successor (to, of de); **successible** ⚖ [~'sibl] entitled to inherit *or* succeed; **successif, -ve** [~'sif, ~'siːv] successive; in succession; ⚖ ... of succession; **succession** [~'sjɔ̃] *f* succession; series; ⚖ inheritance; **successivement** [~siv'mã] *adv.* in succession; one after another, consecutively; **successoral, e,** *m/pl.* **-aux** [~sɔ'ral, ~'ro] relating to a succession; death (*duties*).

succin [syk'sɛ̃] *m* yellow amber.

succinct, e [syk'sɛ̃, ~'sɛ̃:(k)t] succinct, concise, brief.

succion [syk'sjɔ̃] f suction; sucking (of a wound).

succomber [sykɔ̃'be] (1a) v/i. succumb (fig. to, à); fig. yield (to, à) (grief, temptation, etc.); be overcome; die.

succube [sy'kyb] m succubus.

succulence [syky'lɑ̃:s] f succulence; tasty morsel; **succulent, e** [~'lɑ̃, ~'lɑ̃:t] succulent (food, morsel, a. ⚘, a. fig. style); tasty (morsel).

succursale [sykyr'sal] f † branch; sub-office; magasin m à ~s multiples multiple store, chain store.

sucer [sy'se] (1k) v/t. suck; fig. avec le lait imbibe (s.th.) from infancy; **sucette** [~'sɛt] f ⊕ sucker; † lollipop, F lolly; **suceur, -euse** [~'sœːr, ~'søːz] **1.** adj. sucking; zo. suctorial; **2.** su. sucker; su./m ⊕ vacuum cleaner: nozzle, sucker; zo. ~s pl. suctoria; **suçoir** zo. [~'swaːr] m organ: sucker; **suçon** [~'sɔ̃] m barley-sugar stick; kiss-mark, mark left by sucking (on the skin); **suçoter** F [~sɔ'te] (1a) v/t. suck (at).

sucrage ⊕ [sy'kraːʒ] m sugaring, sweetening; **sucrase** ⚗, [~'kraːz] f invert sugar; **sucrate** † [~'krat] m sucrate; **sucre** [sykr] m sugar; ~ de betterave beet sugar; ~ de lait lactose; ~ de raisin grape sugar; ~ en morceaux (poudre) lump (castor) sugar; **sucré, e** [sy'kre] **1.** adj. sweet; **2.** su./f: faire la ~e be all honey or sweetness; **sucrer** [~'kre] (1a) v/t. sugar, sweeten; fig. a. sugar-coat; sl. stop, cut; se ~ help o.s. to sugar; sl. line one's pockets; **sucrerie** [~krə'ri] f sugar-refinery; ~s pl. confectionery sg., sweets, Am. candies; **sucrier, -ère** [~kri'e, ~'ɛːr] **1.** adj. sugar-...; **2.** su. sugar-refiner, sugar-boiler; su./m sugar-bowl, sugar-basin; **sucrin** [~'krɛ̃] m sugary melon.

sud [syd] **1.** su./m south; ⚓ south wind; du ~ south(ern); le ♀ le south (of a country); vers le ~ southward(s), to the south; **2.** adj./inv. southern (latitudes); southerly (wind).

sudation ⚕ [syda'sjɔ̃] f sudation, sweating; **sudatoire** [~'twaːr] **1.** adj. sudatory; **2.** su./m hot-air bath; sweating-room.

sud-est [sy'dɛst] **1.** su./m southeast; **2.** adj./inv. south-east; southeastern (region); south-easterly (wind).

sudiste Am. hist. [sy'dist] **1.** su./m southerner (in Civil War); **2.** adj. southern.

sudorifique ⚕ [sydɔri'fik] adj., a.)

sud-ouest [sy'dwɛst] **1.** su./m southwest; **2.** adj./inv. south-west; southwestern (region); south-westerly (wind).

suède † [sɥɛd] m: de (or en) ~ suède (gloves); **suédois, e** [sɥe'dwa, ~'dwaːz] **1.** adj. Swedish; **2.** su./m ling. Swedish; su. ♀ Swede.

suée [sɥe] f F sweat(ing); sl. drag, pain; **suer** [~] (1n) v/i. sweat (a. wall, a. fig. = toil); perspire; F faire ~ q. get on s.o.'s nerves; bore s.o.; make s.o. sick; F se faire ~ be bored, get cheesed off; v/t. sweat (iron, a horse, etc.); fig. reek of; fig. ~ sang et eau toil hard, F sweat blood; **suette** ⚕ [sɥɛt] f fever; **sueur** [sɥœːr] f sweat, perspiration.

suffi [sy'fi] p.p. of suffire; **suffire** [~'fiːr] (4i) v/i. suffice, be sufficient; fig. ~ à meet (expenses); v/impers.: il suffit que it is enough that; **suffisamment** [syfiza'mɑ̃] adv. sufficiently, enough; **suffisance** [~'zɑ̃:s] f sufficiency; pej. (self-)conceit, self-importance; à (or en) ~ in plenty; **suffisant, e** [~'zɑ̃, ~'zɑ̃:t] **1.** adj. sufficient, adequate; pej. conceited, self-important; **2.** su. conceited person; **suffisons** [~'zɔ̃] 1st p. pl. pres. of suffire.

suffixe gramm. [sy'fiks] **1.** su./m suffix; **2.** adj. suffixed.

suffocant, e [syfɔ'kɑ̃, ~'kɑ̃:t] suffocating, stifling; **suffocation** [~ka'sjɔ̃] f suffocation, choking; **suffoquer** [~'ke] (1m) v/t. suffocate, choke; v/i. choke (with, de).

suffragant, e [syfra'gɑ̃, ~'gɑ̃:t] adj., a. su./m suffragan; **suffrage** [~'fraːʒ] m pol., a. eccl. suffrage; pol. vote; franchise; fig. approbation, approval.

suffusion ⚕ [syffy'zjɔ̃] f suffusion (usu. of blood); flush.

suggérer [sygʒe're] (1f) v/t. suggest; inspire; **suggestif, -ve** [~ʒes'tif, ~'tiːv] suggestive; **suggestion** [~ʒes'tjɔ̃] f suggestion.

suicidaire [sɥisi'dɛːr] **1.** adj. suicidal; **suicide**-prone, with suicidal tendencies (*person*); 2. *su.* person with suicidal tendencies; **suicide** [sɥi'sid] *adj.*: suicidal; **suicidé** *m*, *e f* [sɥisi'de] *person*: suicide; **suicider** [~] (1a) *v/t.*: se ~ commit suicide.

suie [sɥi] *f* soot.

suif [sɥif] *m* tallow; *cuis.* (*mutton*) fat; *sl.* **suiffer** [sɥi'fe] (1a) *v/t.* tallow; grease; **suiffeux, -euse** [~'fø, ~'fø:z] tallowy; greasy.

suint [sɥɛ̃] *m* ⊕ yolk, wool grease; glass gall; *laines f/pl.* en ~ greasy wool *sg.*; **suintant, e** [sɥɛ̃'tɑ̃, ~'tɑ̃:t] oozing; sweating; **suinter** [~'te] (1a) *v/i.* ooze, sweat; ⚓ leak; exude; *v/t. fig.* ooze (*hatred*).

suis¹ [sɥi] *1st p. sg. pres.* de être 1.

suis² [~] *1st p. sg. pres.* de suivre.

suisse [sɥis] 1. *adj.* Swiss; 2. *su./m eccl.* beadle, (*approx.*) verger; *hotel*: porter; ♀ Swiss; *les* ♀*s pl.* the Swiss; *petit* ~ small cream cheese; **Suissesse** [sɥi'sɛs] *f* Swiss (woman).

suite [sɥit] *f* continuation; retinue, train, followers *pl.*; sequence, series; *fig.* result, consequence; sequel; *fig.* coherence; ♱ ~ à with reference to; ✗ à la ~ on passing; à la ~ de following (*s.th.*); in (*s.o.'s*) train; de ~ in succession, on end; F at once; *donner* ~ à give effect to, carry out (*a decision*); ♱ carry out (*an order*); et ainsi de ~ and so on; *manquer* (*d'esprit*) de ~ lack method or coherence; *par la* ~ later on, eventually; *par* ~ therefore, consequently; *par* ~ de as a result of, because of; *tout de* ~ at once, immediately.

suitée [sɥi'te] *adj./f: jument f* ~ mare and foal; wild sow with her young.

suivant, e [sɥi'vɑ̃, ~'vɑ̃:t] 1. *adj.* following, next; 2. *su.* follower; *su./m* attendant, follower; *su./f* lady's-maid; *thea.* soubrette; 3. **suivant** *prp.* following, along; *fig.* according to; ~ *que* according as; **suivi, e** [~'vi] 1. *p.p.* de suivre; consistent; steady, regular; coherent (*speech, reasoning, story, etc.*); *très (peu)* ~ very popular (unpopular); (not) widely followed; well- (poorly) attended; **suivre** [sɥi:vr] (4ee) *v/t.* follow; take (*a course*); practise (*a profession*); succeed, come after; attend (*lectures etc.*); ~ *des yeux* look after (*s.o.*); ~ *la*

mode keep up with fashion; *v/i.* follow, come after; *à* ~ to be continued; *faire* ~ *post:* forward (*a letter*); (*prière de*) *faire* ~ please forward.

sujet, -ette [sy'ʒɛ, ~'ʒɛt] 1. *adj.* subject (*to*, à); 2. *su. pol.* subject; *su./m* subject (*a. gramm.*, ♪, *a. fig.*); theme; (subject-)matter; reason (for, de); *fig.* individual, person; *à ce* ~ on this matter, about this; *au* ~ de about, concerning, with reference to (*a.* ♱); *mauvais* ~ person: bad lot; *school:* bad boy; **sujétion** [syʒe'sjɔ̃] *f* subjection; constraint.

sulfamide ⚕ [sylfa'mid] *f* sulpha drug, sulphonamide; **sulfate** ⚗ [~'fat] *m* sulphate; **sulfure** ⚗ [~'fy:r] *m* sulphide; **sulfurer** [sylfy're] (1a) *v/t.* sulphurate; treat (*vines*) with sulphide; **sulfureux, -euse** [~'rø, ~'rø:z] sulphurous; sulphur...; **sulfurique** ⚗ [~'rik] sulphuric (*acid*).

sultan [syl'tɑ̃] *m* sultan; scent sachet; **sultanat** [~ta'na] *m* sultanate; **sultane** [~'tan] *f* sultana.

super [sy'pɛːr] 1. *su./m* high-octane petrol or *Am.* gasoline, F super; 2. *adj./inv.* F super, fantastic, great.

super... [sypɛr] super-...

superbe [sy'pɛrb] 1. *adj.* superb; fine, magnificent; 2. † *su./f* pride, vainglory.

super...: ~**carburant** *mot.* [syper-karby'rɑ̃] *m* high-octane petrol or *Am.* gasoline, F super; ~**cherie** [~ʃə'ri] *f* swindle, fraud, deceit; ~**fétation** [~feta'sjɔ̃] *f* *physiol.* superfetation; *words etc.:* superfluity; ~**ficie** [~fi'si] *f* area; surface (*a. fig.*); ~**ficiel, -elle** [~fi'sjɛl] superficial (*a. fig.*); ~**fin,** e [~fɛ̃, ~'fin] superfine; ~**flu, e** [~'fly] 1. *adj.* superfluous; useless; 2. *su./m* superfluity; ~**fluité** [~flɥi'te] *f* superfluity; *fig.* ~s *pl.* extras, F luxuries; ~**forteresse** ✗ [~fɔrtə'rɛs]

supérieur, e [sype'rjœːr] 1. *adj.* superior (*a. fig.*); upper, higher (*a.* ♈, *zo.*); ♱ of superior quality; ~ à superior to; above; 2. *su.* superior; **supériorité** [~rjɔri'te] *f* superiority (*a. fig.*); *eccl.* superiority; seniority (in age, d'âge).

super...: ~**latif, -ve** [sypɛrla'tif, ~'ti:v] 1. *adj.* superlative; 2. *su./m* *gramm.* superlative; *au* ~ *gramm.* in the superlative; *fig.* superlatively; ~**marché** † [~mar'ʃe] *m* supermarket; ~**posable** [~po'zabl] super(im)posable; ~**poser** [~po'ze] (1a) *v/t.* super(im)pose (on, *à*); ~**position** [~pozi'sjɔ̃] *f* superimposition; ♣ superposition; *cin.* double exposure; ~(-)**puissance** *pol.* [~pɥi-'sɑ̃:s] *f* superpower; ~**sonique** ✈ [~sɔ'nik] supersonic; *bang m* = sonic boom *or* bang; ~**stitieux, -euse** [~sti'sjø, ~'sjø:z] superstitious; ~**stition** [~sti'sjɔ̃] *f* superstition; *fig.* mania, obsession; ~**structure** [~stryk'ty:r] *f* ⚠, 🚢 superstructure; 🚢 permanent way; ~**viser** [~vi'ze] (1a) *v/t.* supervise, control; ~**vision** [~vi'zjɔ̃] *f* control, supervision.

supplanter [syplɑ̃'te] (1a) *v/t.* supplant, supersede.

suppléant, e [syple'ɑ̃, ~'ɑ̃:t] **1.** *adj.* deputy ...; acting ...; **2.** *su.* deputy; supply teacher; ✝ locum; ~**s** *pl.* ⚔. temporary staff *sg.*; **suppléer** [~'e] (1a) *v/t.* supply; make up; complete; deputize for; replace, take the place of; *v/i.:* ~ *à* make up for; remedy; **supplément** [~'mɑ̃] *m* supplement (*a.* ♣, *a. book*); addition; extra charge, ⚔ excess (fare); *restaurant:* extra course; **supplémentaire** [~mɑ̃'tɛ:r] extra, additional; supplementary; ♣ supplemental; ♪ leger (*line*); ⊕ *heures f/pl.* ~**s** overtime *sg.*; 🚢 *train m* = relief train; **supplétif, -ve** [~'tif, ~'ti:v] suppletive, suppletory; ⚔ auxiliary.

suppliant, e [sypli'ɑ̃, ~'ɑ̃:t] **1.** *adj.* suppliant, pleading, imploring; **2.** *su.* suppli(c)ant; **supplication** [~ka'sjɔ̃] *f* supplication, entreaty.

supplice [sy'plis] *m* torture; *fig. a.* agony, torment; ⚔ *dernier* ~ capital punishment; *fig. être au* ~ be on tenterhooks; be agonized; **supplicier** [~pli'sje] (1o) *v/t. a. fig.* torture; torment.

supplier [sypli'e] (1a) *v/t.* beseech, implore, beg; **supplique** [sy'plik] *f* petition.

support [sy'pɔ:r] *m* support (*a. fig.*); stand, pedestal; **supportable** [sypɔr'tabl] tolerable, bearable; *fig.* fairly good, moderate; **supporter** [~'te] (1a) *v/t.* support; tolerate; withstand; bear, endure; put up with.

supposé, e [sypo'ze] supposed, es-

timated (*number etc.*); **supposer** [~'ze] (1a) *v/t.* suppose; imply, presuppose; *à* ~ *que, en supposant que* supposing (that); **supposition** [~zi'sjɔ̃] *f* supposition, surmise; ⚔ *will:* forging, setting up (*of a suppositious child*); production of forged document(s), assumption (*of a false name*).

suppositoire ⚕ [sypozi'twa:r] *m* suppository.

suppôt *fig.* [sy'po] *m* tool, instrument; henchman; ~ *du Satan* (*or du diable*) hellhound.

suppression [syprɛ'sjɔ̃] *f* suppression; ⚕ stoppage; *difficulty:* removal; ⚔ *d'enfant* concealment of birth; **supprimer** [sypri'me] (1a) *v/t.* suppress; end; abolish; stop; cut out; do away with; *fig.* omit; *typ.* delete; ⚔ conceal; F kill (*s.o.*); cancel (*a train etc.*).

suppurant, e ⚕ [sypy'rɑ̃, ~'rɑ̃:t] suppurating; **suppuratif, -ve** ⚕ [~ra'tif, ~'ti:v] *adj. a. su./m* suppurative; **suppuration** [~ra'sjɔ̃] *f* suppuration, running; **suppurer** [~'re] (1a) *v/i.* suppurate, run.

supputer [sypy'te] (1a) *v/t.* calculate, reckon; work out (*expenses, interest*).

supra... [sypra] supra..., super...

suprématie [syprema'si] *f* supremacy; **suprême** [~'prɛm] **1.** *adj.* supreme; highest; *fig.* last (*honours, hour, request*); **2.** *su./m cuis.* supreme.

sur[1] [syr] *prp. usu.* on (*a chair, the Thames, my word, my honour*); upon; *destination:* towards (*evening, old age*); *measurement:* by; *number:* out of; *succession:* after; *tomber* ~ hit upon; *donner* ~ *la rue* look on to the street; ~ *la droite on or* to the right; ~ *place* on the spot; *avoir de l'argent* ~ *soi* have money on *or* about one; ~ *ce* thereupon, and then; ~ *quoi* whereupon, and then; *un impôt* ~ *a* tax on; *travailler* ~ work on (*wood etc.*); *être* ~ *un travail* be at a task; 8 ~ 10 8 out of 10; *measurement:* 8 by 10; *une fois* ~ *deux* every other time; *juger* ~ *les apparences* judge by appearances; *coup* ~ *coup* blow after blow; *revenir* ~ *ses pas* turn back; *fermer la porte* ~ *soi* close the door behind one; ~ *toute(s) chose(s)* above all; *lire qch.* ~ *le journal* read s.th. in the paper; ~ *un ton sévère* in a grave voice; *retenir* ~ keep (*s.th.*)

back out of; stop (*s.th.*) out of (*s.o.'s wages*); *autorité f* ~ authority over.

sur², **sure** [sy:r] sour; tart.

sur... [syr] over-...; super...; supra...; sur...

sûr, sûre [sy:r] sure (of, de); safe; reliable (*person*, ⊕, *information, a. weather*); *fig.* unerring; *fig.* certain, unfailing; ~ de soi self-confident; *à coup* ~ for certain, definitely; *bien* ~! certainly!; surely!, *Am.* sure!; *F pour* ~ of course.

surabondance [syrabõ'dã:s] *f* superabundance; ✝ glut; **surabondant, e** [~'dã, ~'dã:t] superabundant; superfluous; **surabonder** [~'de] (1a) *v/i.* overflow (with de, en); ✝ be glutted (with de, en).

suraigu, -guë [syre'gy] high-pitched, (very) shrill.

suranné, e [syra'ne] old-fashioned; superannuated; out of date.

surbaisser [syrbɛ'se] (1b) *v/t.* ⌂ depress; *mot.* undersling.

surcharge [syr'ʃarʒ] *f* overload; extra *or* excess load; *fig.* extra work; ~ de bagages excess luggage (*Am.* baggage); *manuscript etc.*: alteration, correction; **surcharger** [~ʃar'ʒe] (1l) *v/t.* overload (a. ⨍), overburden; ⨍ overcharge (*an accumulator*); *post:* overprint (*a stamp*); *typ.* interline; write over (*other words in a line*); *fig.* overtax (*s.o.*).

surchauffe [syr'ʃof] *f* overheating; ⊕ superheat(ing); **surchauffer** [syrʃo'fe] (1a) *v/t.* overheat; superheat (*steam*); burn (*iron*).

surchoix [syr'ʃwa] *m* finest quality.

surclasser *sp.* [syrkla'se] (1a) *v/t.* outclass.

surcontrer [syrkõ'tre] (1a) *v/t.* cards: redouble.

surcoupe [syr'kup] *f* cards: overtrumping; **surcouper** [~ku'pe] (1a) *v/t.* cards: overtrump.

surcroît [syr'krwa] *m* increase; *un* ~ de qch. an added s.th.; *par* ~ in addition.

surdi-mutité [syrdimyti'te] *f* deaf-and-dumbness; **surdité** ♪ [~'te] *f* deafness.

surdos [syr'do] *m horse:* back-band; *porter:* carrying-pad.

surdoué, e [syr'dwe] exceptionally gifted.

sureau ♀ [sy'ro] *m* elder.

surélever [syrel've] (1d) *v/t.* ⌂, ✝ heighten, raise; ✝ put up, boost (*prices*); *road-building:* bank (*a road bend*).

surenchère [syrã'ʃɛ:r] *f auction:* higher bid, outbidding; overbid; *fig.* exaggerated promises *pl.*; *fig. une* ~ de violences ever-increasing violence; **surenchérir** [~ʃe'ri:r] (2a) *v/i.* rise higher in price; *auction:* bid higher; ~ *sur q.* outbid s.o.; *fig. a.* go one better than s.o.; **surenchérisseur** *m, -euse f* [~ʃeri'sœ:r, ~'sø:z] outbidder.

surentraînement *sp.* [syrãtrɛn'mã] *m* over-training.

surestimer [syrɛsti'me] (1a) *v/t.* over-estimate; overrate (*s.o.*).

suret, -ette [sy're, ~'rɛt] sourish.

sûreté [syr'te] *f* safety; security (a. ✝); *fig.* blow, foot, hand, stroke: sureness; *judgment etc.:* soundness; *memory:* reliability; ~ de soi self-assurance; *de* ~ safety-...; *la* ♀ the Criminal Investigation Department, the C.I.D., *Am.* the Federal Bureau of Investigation, the F.B.I.

surexcitation [syrɛksita'sjõ] *f* over-excitement; ✝ over-stimulation; **surexciter** [~'te] (1a) *v/t.* over-excite (*s.o.*); over-stimulate (a. ✪).

surexposer *phot.* [syrɛkspo'ze] (1a) *v/t.* over-expose.

surface [syr'fas] *f* surface; ⅄ surface area; area; ♣ *faire* ~ surface (*submarine*).

surfaire [syr'fɛ:r] (4r) *v/t.* overrate (*a book, a writer*); ✝ charge too much for.

surfer [sœr'fe] (1a) *v/i.* surf(ride); go surfing; **surfeur** *m, -euse f* [~'fœ:r, ~'fø:z] surfer, surfrider.

surgelé, e [syrʒə'le] deep-frozen; quick-frozen.

surgeon ♀ [syr'ʒõ] *m* sucker; *pousser des* ~ sucker; **surgir** [~'ʒi:r] (2a) *v/i.* appear (suddenly); loom up; spring up; *fig.* arise.

surhausser [syro'se] (1a) *v/t.* ⌂ raise; ✇ cant; ✝ force up the price of.

surhomme [sy'rɔm] *m* superman; **surhumain, e** [~ry'mẽ, ~'mɛn] superhuman.

surimposer [syrɛ̃po'ze] (1a) *v/t.* superimpose; ✝ overtax, increase the tax on.

surimpression *phot.* [syrɛ̃prɛ'sjõ] *f* double exposure.

surin sl. [syˈrɛ̃] m dagger, knife; **suriner** † sl. [ˌˈri'ne] (1a) v/t. knife (s.o.), murder (s.o.).

surintendant, e [syrɛ̃tɑ̃ˈdɑ̃, ˌˈdɑ̃:t] su. superintendent, overseer; su./f superintendent's wife; lady-in-waiting in chief.

surir [syˈriːr] (2a) v/i. turn sour.

surjet [syrˈʒɛ] m seam: whipping; **surjeter** [ˌʒəˈte] (1c) v/t. whip (a seam). [once, on the spot.]

sur-le-champ [syrləˈʃɑ̃] adv. at⟩

surlendemain [syrlɑ̃dˈmɛ̃] m day after the morrow, second day (after s.th., de qch.).

surmenage [syrməˈnaːʒ] m over-work(ing); **surmener** [ˌˈne] (1d) v/t. overwork; work (s.o.) too hard; override (a horse); ⊕, ⚡ overrun.

surmontable [syrmɔ̃ˈtabl] sur-mountable; **surmonter** [ˌˈte] (1a) v/t. rise above (a. fig.); surmount (a building, a. fig. feelings, an obstacle); fig. overcome (an enemy, feelings); se ~ control o.s.; surmonté de crowned by, surmounted by.

surnager [syrnaˈʒe] (1l) v/i. float on the surface; fig. linger (on).

surnaturel, -elle [syrnatyˈrɛl] 1. adj. supernatural; fig. uncanny, extraordinary; 2. su./m: le ~ the super-natural.

surnom [syrˈnɔ̃] m nickname; appellation, name; hist. agnomen.

surnombre [syrˈnɔ̃:br] m excess number; en ~ supernumerary; en ~ des habitants overpopulation; en ~ extra; supernumerary.

surnommer [syrnɔˈme] (1a) v/t. call (s.o. s.th., q. qch.); nickname.

surnuméraire [syrnymeˈrɛːr] adj., a. su./m supernumerary.

suroffre † [syˈrɔfr] f better offer.

suroît ⚓ [syˈrwa] m south-west; hat, a. wind: sou'wester.

surpasser [syrpaˈse] (1a) v/t. sur-pass (a. fig.); be higher than; be taller than (a person); fig. exceed, outdo.

surpaye [syrˈpɛːj] f overpayment; bonus, extra pay; **surpayer** [ˌpeˈje] (1i) v/t. overpay (s.o.); pay too much for (s.th.).

surpeuplé, e [syrpœˈple] overpopulated (area); **surpeuplement** [ˌpləˈmɑ̃] m overpopulation.

sur(-)place [syrˈplas] m: faire du ~ mark time.

surplis eccl. [syrˈpli] m surplice.

surplomb [syrˈplɔ̃] m overhang; en ~ overhanging; **surplombement** [ˌplɔ̃bˈmɑ̃] m overhang(ing); **sur-plomber** [ˌplɔ̃ˈbe] (1a) vt/i. over-hang; v/t. jut out over (s.th.).

surplus [syrˈply] m surplus, excess; remainder; au ~ besides; moreover; en ~ excess ..., surplus ...

surprenant, e [syrprəˈnɑ̃, ˌˈnɑ̃:t] surprising, astonishing, amazing; **surprendre** [ˌˈprɑ̃:dr] (4aa) v/t. surprise; astonish; amaze; come upon (s.o.); catch (s.o.) (unawares); pay (s.o.) a surprise visit; overhear (a conversation, a remark); inter-cept (a glance, a letter); à la bonne foi de q. abuse s.o.'s good faith.

surprime † [syrˈprim] f insurance: extra premium.

surprise [syrˈpriːz] f surprise: ✕ surprise attack; bag. surprise-packet, lucky dip; par ~ by sur-prise.

sur(-)prix [syrˈpri] m excessive price; overcharge.

surproduction [syrprɔdykˈsjɔ̃] f overproduction.

surrégénérateur phys. [syrʒeneraˈtœːr] m: a. ~ rapide) fast breeder.

sursalaire [syrsaˈlɛːr] m bonus; extra pay.

sursaturer ⚗ [syrsatyˈre] (1a) v/t. supersaturate.

sursaut [syrˈso] m start, jump; s'éveiller en ~ wake with a start.

surseoir [syrˈswaːr] (3c) v/i.: ⚖ ~ à stay (a judgment, proceedings), suspend (a judgment); defer, post-pone; il a été sursis à qch. s.th. has been postponed; **sursis, e** [ˌˈsi, ˌˈsi:z] 1. p.p. of surseoir; 2. su./m ⚖ delay; suspension of sentence; ✕ call-up: deferment; **sursitaire** ✕ [ˌsiˈtɛːr] m deferred conscript.

surtaux [syrˈto] m over-assessment.

surtaxe [syrˈtaks] f surtax; post: postage due, surcharge; admin. over-assessment; **surtaxer** [ˌtakˈse] (1a) v/t. surtax; post: surcharge (a letter); admin. over-assess, over-tax.

surtout¹ [syrˈtu] adv. above all; particularly, especially.

surtout² [ˌ] m dinner table: centre-piece; metall. mantle; light hand-cart; † overcoat.

surveillance [syrvɛˈjɑ̃:s] f supervision; ⊕ inspection; ✐ surveillance; *sous la ~ de la police* under police supervision; **surveillant, e** [‿'jã, ‿'jã:t] *su.* supervisor, overseer; ✐ inspector; ✝ shop-walker, *Am.* floorwalker; *examination*: invigilator; *su./f ✐* (ward-)sister; **surveille** [syr've:j] *f: la ~* de two days before …; **surveiller** [‿ve'je] (1a) *v/t.* supervise; superintend; tend (*a machine*); ⊕ inspect, test; *examination*: invigilate; *fig.* keep an eye on, watch; ✐ *liberté f surveillée* probation.

survenir [syrvə'ni:r] (2h) *v/i.* occur, happen; take place; set in (*complications etc.*); arrive unexpectedly (*person*).

survente ✝ [syr'vã:t] *f* overcharge.

survie [syr'vi] *f* survival; ✐ (presumption of) survivorship; ✝ expectation of life; **survivance** [‿vi'vã:s] *f* survival (*a. biol., a. fig.*); *estate*: reversion; **survivant, e** [‿vi'vã, ‿'vã:t] **1.** *adj.* surviving; **2.** *su.* survivor; **survivre** [‿'vi:vr] (4hh) *v/i.: ~ à* outlive, survive.

survol [syr'vɔl] *m* ✈ flight over; *cin.* panning; **survoler** ✈ [‿vɔ'le] (1a) *v/t.* fly over.

survolté, e [syrvɔl'te] ≠ boosted; *fig.* (over)excited, worked up.

sus¹ [sy] *1st p. sg. p.s. of savoir 1.*

sus² [sy(s)] **1.** *adv.: courir ~ à* rush at (*s.o.*); *en ~* (de) in addition (to); **2.** *int.* come on!; *~ à …! at* (*s.o.*)!, away with (*s.th.*)!

susceptibilité [syseptibili'te] *f* susceptibility, sensitiveness, touchiness; **susceptible** [‿'tibl] susceptible; sensitive, touchy; *~ de* capable of; liable to.

susciter [sysi'te] (1a) *v/t.* cause, give rise to; provoke, stir up (*a rebellion*); (a)rouse (*envy*); raise up.

suscription [syskrip'sjɔ̃] *f letter*: address.

susdit, e ✐ [sys'di, ‿'dit] *adj., a. su.* aforesaid, above-mentioned; **susmentionné, e** ✐ [‿mãsjɔ'ne] *see susdit.*

susnommé, e ✐ [sysnɔ'me] *adj., a. su.* above-named, afore-named.

suspect, e [sys'pɛ, ‿'pɛkt] **1.** *adj.* suspicious; suspect (*person*); *~ de* suspected of; **2.** *su.* suspect; **suspecter** [‿pɛk'te] (1a) *v/t.* suspect (*s.o.*); doubt (*s.th.*).

suspendre [sys'pã:dr] (4a) *v/t.* suspend (*a. a judgment, payment*); hang up; *fig.* defer; *fig.* interrupt; **suspendu, e** [‿pã'dy] hanging (on, from *à*); *mot. bien (mal) ~* with a good (poor) suspension (*car*); **suspens** [‿'pã] *m: en ~* in suspense (*a.* ✝); outstanding (*question, a.* ✝ *bills*); **suspense** [sys'pɛns] *m* suspense; **suspensif, -ve** [syspã'sif, ‿'si:v] suspensive; *gramm.* points *m/pl. ~s* points of suspension; **suspension** [‿'sjɔ̃] *f* suspension; hanging (*a.* ✐); (hanging) lamp; *mot.* springs *pl.*; ≠, ⊕ suspension; *d'armes* truce; armistice; suspension of hostilities; ✄ *en ~* in suspension; *gramm.* points *m/pl. de ~* points of suspension; **suspensoir** [‿'swa:r] *m* suspensory bandage; jockstrap.

suspicion ✐ *etc.* [syspi'sjɔ̃] *f* suspicion; *en ~* suspected.

sustentateur, -trice ✈ [systãta'tœ:r, ‿'tris] lifting; main (*wing*); **sustentation** [‿ta'sjɔ̃] *f* ✝ sustenance; ✈ lift(ing force); **sustenter** [‿'te] (1a) *v/t.: F se ~* take sustenance.

susurrer [sysy're] (1a) *vt/i.* whisper, murmur.

suture [sy'ty:r] *f* ✐, *anat.* suture; ✐ *wound*: stitching; *fig. etc.* join.

suzerain, e [syz'rɛ̃, ‿'rɛn] **1.** *adj.* paramount; **2.** *su.* suzerain; **suzeraineté** [‿rɛn'te] *f* lordship; suzerainty; ✐ suzerain (state).

svelte [svɛlt] slender, slim; **sveltesse** [svɛl'tɛs] *f* slenderness, slimness.

sweater *cost.* [swi'tœ:r] *m* sweater.

swing ♪, *a. box.* [swiŋ] *m* swing; **swinguer** ♪ [swiŋ'ge] (1a) swing (*a. fig.*).

sybaritique [sibari'tik] sybaritic; voluptuary; **sybaritisme** [‿'tism] *m* sybaritism.

sycomore ♀ [sikɔ'mɔ:r] *m* sycamore.

sycophante [sikɔ'fã:t] *m* sycophant, F toady.

syllabaire [silla'bɛ:r] *m* spelling book; **syllabe** [‿'lab] *f* syllable; **syllabique** [‿la'bik] syllabic.

sylphe [silf] *m*, **sylphide** [sil'fid] *f* sylph; *taille f de sylphide* sylph-like waist.

sylvain [sil'vɛ̃] *m* sylvan, silvan; *~s pl.* genii of the woods; **sylvestre** ♀ [‿'vɛstr] woodland (*tree*); wood (*plant*), growing in the woods; **sylviculteur** [silvikyl'tœ:r] *m* sylviculturist; **sylviculture** [~'ty:r] f forestry, sylviculture.

symbiose [sẽ'bjo:z] f symbiosis.

symbole [sẽ'bɔl] m symbol; emblem; *eccl.* ♀ creed; **symbolique** [sẽbɔ'lik] symbolic(al); **symboliser** [~li'ze] (1a) v/t. symbolize; **symbolisme** [~'lism] m symbolism; **symboliste** [~'list] 1. adj. symbolistic; 2. su. symbolist.

symétrie [sime'tri] f symmetry; *sans* ~ unsymmetrical; **symétrique** [~'trik] symmetrical.

sympa F [sẽ'pa] adj./inv. likeable; **sympathie** [sẽpa'ti] f sympathy (a. ♣, physiol.); fig. liking, congeniality; **sympathique** [~'tik] sympathetic (a. ♣, physiol.); nice, likable (person); attractive; congenial (task, work); invisible (ink); il m'est ~ I like him, I take to him; **sympathisant, e** [~ti'zã, ~'zã:t] 1. adj. sympathizing; 2. su./m pol. fellow-traveller; sympathizer; **sympathiser** [~ti'ze] (1a) v/i. fig. blend, harmonize, go together; sympathize (with, avec).

symphonie ♩ [sẽfɔ'ni] f symphony; **symphoniste** ♩ [~'nist] m composer of symphonies; orchestral player.

symposium [sẽpɔ'zjɔm] m symposium.

symptôme [sẽp'to:m] m ♣, a. fig. symptom; fig. sign.

syn... [before vowel sin...; before consonant sẽ...] syn...; **~chronique** [sẽkrɔ'nik] synchronological; synchronistic; **~chronisateur** mot. [~niza'tœ:r] m synchromesh (device); **~chronisation** [~niza'sjɔ̃] f synchronization; **~chroniser** [~ni'ze] (1a) v/t. synchronize (a. cin.); ⚡ parallel; **~chronisme** [~'nism] m synchronism; ♩, phys. step; synchrony (a cin.); **~cope** [sẽ'kɔp] f ♣, gramm. syncope; ♣ fainting fit, blackout; ♩ syncopation; ♩ syncopated note; **~coper** [~kɔ'pe] (1a) v/t. ♩, gramm. syncopate.

syndic [sẽ'dik] m managing agent; ⚖ receiver; **syndical, e**, m/pl. -aux [sẽdi'kal, ~'ko] trade-union (movement); ✝ chambre f ~e (approx.) Stock Exchange Committee; **syndicali-**

sation [~kaliza'sjɔ̃] f unionization; **syndicaliser** [~kali'ze] (1a) v/t. unionize; **syndicalisme** [~ka'lism] m trade unionism; **syndicaliste** [~ka'list] su. trade unionist; **syndicat** [~'ka] m trade union; syndicate; association; receivership, trusteeship (in bankruptcy); ~ d'initiative tourist information bureau; **syndiqué, e** [~'ke] 1. adj. associated; belonging to a (trade) union; union-...; 2. su. trade unionist; union member; **syndiquer** [~'ke] (1m) v/t. unionize; form (men) into a trade union; se ~ combine; form a syndicate or trade-union.

syndrome [sẽ'drɔm] m syndrome.

synodal, e, m/pl. **-aux** [sinɔ'dal, ~'do] synodical; synodal (examiner); **synode** eccl. [~'nɔd] m synod; **synodique** [~nɔ'dik] synodical(al).

synonyme [sinɔ'nim] 1. adj. synonymous (with, de); 2. su./m synonym; **synonymie** [~ni'mi] f synonymity; **synonymique** [~ni'mik] 1. adj. synonymic; 2. su./f synonymy, synonymics sg.

synoptique [sinɔp'tik] synoptic.

syntaxe gramm. [sẽ'taks] f syntax; **syntaxique** gramm. [~tak'sik] syntactic(al).

synthèse [sẽ'tɛ:z] f synthesis; **synthétique** [sẽte'tik] synthetic; **synthétiser** [~ti'ze] (1a) v/t. synthesize.

syntonisation [sẽtɔniza'sjɔ̃] f radio: tuning; bobine f de ~ tuning-coil; **syntoniser** [~'ze] (1a) v/t. radio: tune in.

syphilis ♣ [sifi'lis] f syphilis.

syrien, -enne [si'rjɛ̃, ~'rjɛn] adj., a. su. ♀ Syrian.

systématique [sistema'tik] systematic; methodical; fig. hide-bound; **systématiser** [~ti'ze] (1a) v/t. systematize; **système** [sis'tɛm] m system; phot. (back, front) lens; fig. device; ⊕ etc. set; F ~ D resourcefulness; wangling; ♣ ~ décimal (métrique) decimal (metric) system; anat. ~ nerveux nervous system; fig. esprit m de ~ pigheadedness; **systémique** [~te'mik] systemic.

systole ♣ [sis'tɔl] f systole.

T

T, t [te] *m* T, t; ⊕ *fer m en* T T-iron; tee; ⊕ *poutre f en double* T I-section, H-beam.

ta [ta] *see* ton[1].

tabac [ta'ba] **1.** *su./m* ⚕, *a.* ✝ tobacco; ∼ *à chiquer* chewing tobacco; ∼ *à fumer* (smoking) tobacco; ∼ *à priser* snuff; ⚖ *pl.* (State) Tobacco Department *sg.*; *bureau m* (*or débit m*) *de* ∼ tobacconist's (shop); *sl. faire un* ∼ be a hit; F *passer* (q.) *à* ∼ *see* tabasser; *prendre du* ∼ take snuff; **2.** *adj./inv.* snuff-colo(u)red; **tabagie** [taba'ʒi] *f* † smoking-room; place smelling of stale tobacco-smoke; **tabagisme** [∼'ʒism] *m* nicotine-poisoning; **tabasser** F [∼'se] (1a) *v/t.* handle (s.o.) roughly, beat (s.o.) up; **tabatière** [∼'tjɛːr] *f* snuff-box.

tabernacle [tabɛr'nakl] *m* tabernacle.

table [tabl] *f* table; *stone*: slab, tablet; *teleph.* switchboard; index; ∼ *à rallonges* extending table; ∆ ∼ *de multiplication* multiplication table; ∼ *des matières* table of contents; ♪ ∼ *d'harmonie violin*: belly; ∼ *d'hôte* dinner, table d'hôte; *pol. etc.* ∼ *ronde* round table conference; *à* ∼! dinner is served!; *mettre la* ∼ lay the table; *sainte* ∼ Lord's table, altar; *se mettre à* ∼ sit down at table; *sl.* talk, come clean; **tableau** [ta'blo] *m paint. etc.* picture, painting; *thea.* tableau; *thea. a. fig.* scene; view; *notices, a.* ⚡, *sp.*: board; *hotel*: key-board; (∼ *noir*) blackboard; list, table; ♪, *a.* ⚖ *jurors*: panel; ⚖ *solicitors*: roll, *barristers*: list; *typ.* table; 🚂 train indicator; *fig.* description; ∼ *d'annonces* notice-board, *Am.* bulletin-board; ∼ *de bord mot.* dashboard; ⚡ *instrument panel*; ⚡ ∼ *de distribution* switchboard; *mot.* ∼ *de graissage* lubrication chart; F *au* ∼ in the bag; **tableautin** [∼blo'tɛ̃] *m* small picture; **tablée** [∼'ble] *f* (tableful of) guests *pl.*; **tabler** [∼'ble] (1a) *v/i.*: ∼ *sur* count on.

tabletier ✝ [tablə'tje] *m* dealer in *or* maker of fancy articles and inlaid work; **tablette** [∼'blɛt] *f* shelf; *stone*: slab; (window-)sill; *sideboard etc.*: (flat) top; *joist*: bearing surface; ⚡ plate; ✝ *lozenge*; *chocolate*: bar; ∼ *de cheminée* mantelpiece; *rayez ça de vos* ∼s! you can forget that!; don't count on that!; **tabletterie** [∼blɛ'tri] *f* fancy-goods *pl.* (industry); inlaid work.

tablier [tabli'e] *m* apron, *child*: pinafore; *bridge*: road(way); ⊕ *etc.* shutter; *fig. rendre son* ∼ resign; give notice.

tabou, *f* [ta'bu] **1.** *adj.* taboo; forbidden; **2.** *su./m* taboo.

tabouret [tabu'rɛ] *m* (foot)stool.

tabulaire [taby'lɛːr] *adj.* tabular; **tabulateur** [∼la'tœːr] *m* tabulator; **tabulatrice** [∼la'tris] *f machine*: tabulator.

tac [tak] *m mill*: clack; *sword-blades*: click; *riposter du* ∼ *au* ∼ *fencing*: parry with the riposte; *fig.* give tit for tat.

tache [taʃ] *f* stain (*a. fig.*), spot; mark; *ink, a. fig.*: blot; *colour*: blob, patch; *fig.* blemish; *fruit*: bruise; ∼ *de naissance* birthmark; ∼ *de rousseur face etc.*: freckle; ∼ *de suie* smut; *fig. faire* ∼ jar, be out of place.

tâche [tɑːʃ] *f* task, job; *ouvrier m à la* ∼ jobbing workman; piece-worker; *prendre à* ∼ *de* (*inf.*) undertake to (*inf.*), make a point of (*ger.*); *travailler à la* ∼ do piece-work.

tacher [ta'ʃe] (1a) *v/t.* stain (*a. fig.*), spot; *fig.* tarnish (*s.o.'s reputation*); *se* ∼ get one's clothes stained; stain, spot (*cloth*).

tâcher [tɑ'ʃe] (1a) *v/i.* try (to *inf.*, *de inf.*); labo(u)r, toil (at, *à*); ∼ (*à ce*) *que* (*sbj.*) try to (*inf.*); **tâcheron** [tɑʃ'rɔ̃] *m* jobbing workman; ∆ sub-contractor, jobber.

tacheter [taʃ'te] (1c) *v/t.* fleck, mottle speckle.

tachy... [taki] tachy...; tacho...; ∼**mètre** ⊕ [∼'mɛtr] *m* speedometer, tachometer.

tamis

tacite [ta'sit] tacit; implied; **taciturne** [~si'tyrn] taciturn; reserved; close-mouthed.

tacot F [ta'ko] *m mot.* old rattletrap, banger, crate.

tact [takt] *m* (sense of) touch; *fig.* tact; *manque* ~ *de* ~ tactlessness.

tacticien ✕ *etc.* [takti'sjɛ̃] *m* tactician.

tactile [tak'til] tactile.

tactique [tak'tik] **1.** *adj.* tactical; **2.** *su./f* ✕, *a. fig.* tactics *pl.*

taffetas *tex.* [taf'ta] *m* taffeta.

taie [tɛ] *f* (pillow-)case, slip; ✍ albugo, white speck (*on the eye*).

taillade [ta'jad] *f* slash, gash, cut; **taillader** [~ja'de] (1a) *v/t.* slash (*a. cost., a. fig.*); gash; **taillage** [~'ja:ʒ] *m* file, gear: cutting; **taillant** [~'jã] *m* blade, tool: (cutting) edge; **taille** [ta:j] *f* cutting; ✍ plant: pruning; hedge: clipping; stone: hewing; hair, tool, clothes: cut; blade: edge; *fig.* size, dimensions *pl.*; person: height, stature; waist, figure; waist(line); *cost. à* ~ *haute* (*basse*) high-waisted (low-waisted); F *de* ~ big; *grandes* ~s *pl.* outsizes; *par rang de* ~ in order of size *or* height; *être de* ~ *à* (*inf.*) be capable of (*ger.*); **taille-crayon** [tajkrɛ'jɔ̃] *m/inv.* pencil sharpener; **taille-douce**, *pl.* **tailles-douces** [~'dus] *f* copperplate (engraving); **tailler** [ta'je] (1a) *v/t.* cut (*gem, hair, lawn, stone*); hew (*a stone*); trim (*one's beard*); ✍ prune (*a plant*), clip (*a hedge*); ⊕ mill (*gears*); sharpen (*a pencil*); carve (*in a rock etc., a. fig. a way*); hew (*the enemy to pieces*); *bien taillé* well set-up (*person*); *cost.* well-cut; *v/i.* cards: deal; **taillerie** [taj'ri] *f* gem-cutting; gem-cutter's workshop; **tailleur** [ta'jœːr] *m* ⊕ cutter; *cost.* tailor; *gaming:* banker; *cost.* (*a. costume* ~) tailor-made costume; ~*pantalon* trouser suit, pant(s) suit; **taillis** [~'ji] *m* copse; brushwood; **tailloir** [taj'wa:r] *m* trencher; Δ abacus.

tain [tɛ̃] *m* mirrors: silvering; *iron:* tin-bath; foil.

taire [tɛ:r] (4z) *v/t.* suppress, hush (*s.th.*) up, say nothing about, not to mention (*s.th.*); *faire* ~ silence, hush; *se* ~ be silent, say nothing; stop talking; *taisez-vous!* be quiet!; **taisons** [tɛ'zɔ̃] *1st p. pl. pres. of taire*; **tait** [tɛ] *3rd p. sg. pres. of taire.*

talc *min.* [talk] *m* talc; French chalk; talcum powder; **talcique** [tal'sik] talcose.

talent [ta'lã] *m* talent (*fig., a. ancient weight*); aptitude; *de* ~ talented, gifted; **talentueux, -euse** F [~lã-'tɥø, ~'tɥøːz] talented.

talion [ta'ljɔ̃] *m* retaliation.

talisman [talis'mã] *m* talisman.

talle ✍ [tal] *f* sucker; *wheat etc.:* tiller; **taller** ✍ [ta'le] (1a) *v/i.* throw out suckers; tiller (*wheat*).

taloche [ta'lɔʃ] *f* ⊕ (*plasterer's*) hawk; F cuff, clout; **talocher** F [~lɔ'ʃe] (1a) *v/t.* cuff, clout.

talon [ta'lɔ̃] *m* foot, shoe, ♣ rudder, ⊕ tool, rifle, mast, *a.* ♪ violin bow: heel; spur; ✓ catch; clip; *mot. tyre:* bead(ing); ⊕ axle, bayonet: shoulder; axle: flange; loaf: end; bread, cheese: remnant; cards etc.: stock, pile; ♦ counterfoil, stub; ✍ ~s *pl.* aiguille stiletto heels; *tourner les* ~s take to one's heels; **talonner** [talɔ'ne] (1a) *v/t.* follow (on the heels of); dog (*s.o.*); spur on, urge on (*a horse, a. fig. a person*); dun (*s.o.*); *v/i.* ♣ touch; strike; **talonnette** [~'nɛt] *f* heel.

talqueux, -euse *min.* [tal'kø, ~'køːz] talcose.

talus [ta'ly] *m* slope; bank, embankment; *en* ~ sloping.

talweg *geol.* [tal'vɛg] *m* thalweg.

tamanoir *zo.* [tama'nwa:r] *m* great ant-eater.

tamarin ✍ [tama'rɛ̃] *m* tamarind; tamarind-tree; **tamarinier** ✍ [~ri-'nje] *m* tamarind-tree.

tambouille *sl.* [tã'bu:j] *f* kitchen (staff) cooking.

tambour [tã'bu:r] *m* ♪, ✕, ✍, ⊕ oil, ✍ cable, *mot. brake,* Δ column: drum; person: drummer; ✍ coil: cylinder; *hotel etc.:* revolving door; *embroidery:* frame; ♪ ~ *de basque* tambourine (*with jingles*); ~ *de ville* town-crier; *fig. mener q.* ~ *battant* treat s.o. with a high hand; *sans* ~ *ni trompette* quietly, on the quiet; **tambourin** [tãbu'rɛ̃] *m* ♪ tambourine (*without jingles*); (*Provençal*) long, narrow drum; *ball-games:* tambourine-like racquet; **tambouriner** [~ri'ne] (1a) *vt/i.* drum (*a. fig.*).

tamis [ta'mi] *m* sieve; *liquids:* strainer; ⊕ screen; *cinders etc.:*

riddle; *flour*: bolter; *passer au ~*
sift (*a. fig.*); **tamiser** [tami'ze] (1a)
v/t. sift, sieve; strain; filter (*air,
light, a. liquid*); bolt (*flour*); *fig.*
soften (*the light*); *lumière tamisée*
subdued *or* soft(ened) light; **tamiseur** *m*, **-euse** *f* [~'zœːr, ~'zøːz]
person: sifter, screener; strainer.
tampon [tã'põ] *m* ⚓ wall, 🔨 bath,
wash-basin, cask, metall.: plug;
inking, polishing, a. 🔨 *cotton-wool*:
pad; *paper, cotton-wool, etc.*: wad;
rubber stamp; 🚂 (*a. ~ de choc*)
buffer; *~ buvard* hand-blotter; *~ encreur* inking pad, stamp pad; *coup m
de ~* collision; *F fig.* thump; *pol. État
m ~* buffer State; **tamponnement**
[~pɔn'mã] *m* 🚂, *mot.* collision; dab-
bing (*with pad*); *F* thumping; **tamponner** [~pɔ'ne] (1a) *v/t.* mop, dab
(*with a handkerchief, a pad, etc.*);
🚂 *etc.* collide with; *mot.* bump into;
stamp (*a letter etc.*); ⊕ plug.
tam-tam [tam'tam] *m* 🎵 tom-tom; 🎵
(*Chinese*) gong; *fig.* fuss, to-do.
tan [tã] *m* tan, tanner's bark.
tancer [tã'se] (1k) *v/t.* scold, *F* tell
(*s.o.*) off.
tanche *icht.* [tãːʃ] *f* tench.
tandem [tã'dɛm] *m* tandem (*bicycle*); *fig.* twosome, pair, couple; *fig.*
partnership; 🚂 combination; *en ~*
tandem; *fig.* together.
tandis [tã'di] *cj.*: *~ que* whereas
(*emphasizing difference*); while.
tangage ⚓, ✈ [tã'gaːʒ] *m* pitch
(-ing).
tangent, e [tã'ʒã, ~'ʒãːt] **1.** *adj.* 🅰
tangent(ial) (to, à); **2.** *su./f* 🅰 tangent; *F prendre la ~e, s'échapper par la
~e* make off; dodge the issue; wriggle
out; **tangenter** [~ʒã'te] (1a) *v/t.* run
along(side), border, skirt; **tangible**
[~'ʒibl] tangible.
tanguer ⚓, ✈ [tã'ge] (1m) *v/i.*
pitch, rock; be down by the head.
tanière [ta'njɛːr] *f* den, lair (*a. fig.*);
(*fox-*)hole, earth.
tank ✕ [tãːk] *m* tank; **tankiste** ✕
[tã'kist] *m* member of a tank crew.
tannant, e [ta'nã, ~'nãːt] tanning;
F tiresome; boring.
tanne [tan] *f* 🔨 *face*: blackhead; ⊕
leather: spot.
tanné, e [ta'ne] **1.** *adj.* tan(ned); **2.**
su./m colour: tan; **tanner** [~] (1a) *v/t.*
⊕ tan; *F* irritate; pester; *F* thrash
(*s.o.*); *F ~ le cuir à q.* tan s.o.'s hide;

tannerie ⊕ [tan'ri] *f* tannery; *trade*:
tanning; **tanneur** ⊕ [ta'nœːr] *m*
tanner; **tan(n)in** [~'nɛ̃] *m* tannin;
tan(n)iser [~ni'ze] (1a) *v/t.* treat
(*s.th.*) with tannin.
tan-sad [tã'sad] *m* pillion.
tant [tã] *adv.* so much; so *or* as
many; so; as much, as hard (as,
que); so *or* as long (as, *que*); *~ bien
que mal* somehow (or other); *~ de
fois* so often; *~ heureuse qu'elle pa-
raisse* however happy she may
seem; *~ il y a que* the fact remains,
however, that; *~ mieux!* so much
the better!; *F good!*; *~ pis!* so much
the worse!; what a pity!; *F too bad!*;
~ s'en faut far from it; *~ s'en faut
que* (*sbj.*) far from (*ger.*); *~ soit peu*
ever so little; even a little; somewhat; *en ~ que* in so far as (+ *verb*);
considered as (+ *su.*); *si ~ est que*
if indeed.
tante [tãːt] *f* aunt; *sl.* queer, nancy-
boy; *F chez ma ~* pawned, in pawn.
tantième ✝ [tã'tjɛm] *m* percentage,
share.
tantinet [tãti'nɛ] *m*: *un ~* a little, a
bit.
tantôt [tã'to] **1.** *adv.* presently,
soon, by and by; a little while ago,
just now; *~ ... ~ ...* now ... now ...,
sometimes ... sometimes ...; *à ~!*
good-bye for the present!; *F* so
long!; **2.** *su./m F* afternoon.
taon *zo.* [tã] *m* gad-fly, horse-fly.
tapage [ta'paːʒ] *m* noise; din; *fig.*
row; fuss; *F* touching (*s.o. for
money*); *faire du ~* make a stir
(*news*); **tapageur, -euse** [~pa'ʒœːr,
~'ʒøːz] **1.** *adj.* noisy, rowdy; *cost.*
flashy; *fig.* blustering (*manner,
speech*); **2.** *su.* rowdy, roisterer;
brawler; noisy person; 🏛 disturber
of the peace; **tape** [tap] *f* slap; *F* ✝
ramasser une ~ fail, *F* flop; **tapé, e**
[ta'pe] **1.** *adj.* dried (*fruit*); *fig.* first-
class; *sl.* crazy, nutty; *réponse f ~e*
smart answer; **2.** *su./f F* lots *pl.*, heaps
pl.; tons *pl.*; *children*: horde; **tape-
à-l'œil** *F* [tapa'lœj] **1.** *adj.* showy,
flashy; **2.** *su./m* show, window-
dressing; **tapecul** [tap'ky] *m* seesaw, *Am.* teeter-totter; gig; *pej. carriage*: rattletrap; **taper** [ta'pe] (1a)
v/t. plug, stop (up); *F* smack, slap;
slam (*the door*); 🎵 thump out (*a tune*),
beat (*a drum*); type (*a letter etc.*); dab
on (*paint*); *F* touch (*s.o.*) (for, de); *sl.*

se ~ qch. put s.th. away (= eat, drink); do s.th.; saddle o.s. with s.th.; *sl.* tu peux te ~! nothing doing!; *sl.* you've had it!; v/i. knock; hit; bang; ~ dans l'œil à take (s.o.'s) fancy; ~ du pied stamp (one's foot); ~ sur q. slate s.o., pitch into s.o.; F ~ sur le ventre à q. give s.o. a dig in the waistcoat; **tapette** [~'pɛt] f gentle tap; ⊕ bat (for corking bottles); fly-swatter; carpet-beater; F chatter-box; *sl.* queer, fairy, nancy-boy; F avoir une de ces ~s (or une fière ~) be a real chatterbox; **tapeur** F [~'pœːr] m cadger; piano strummer.

tapinois [tapi'nwa] adv.: en ~ quietly, on the sly.

tapioca [tapjɔ'ka] m tapioca; *cuis.* tapioca soup.

tapir[1] [ta'piːr] (2a) v/t.: se ~ crouch; hide (o.s. away); être tapi crouch; hide, be hidden; *fig.* lurk.

tapir[2] zo. [~] m tapir.

tapis [ta'pi] m carpet; cloth; ⚙ ~ chauffant electrically heated mat; ⊕ ~ roulant endless belt, assembly line; ~ vert (gaming) table; *fig.* mettre sur le ~ bring (s.th.) up (for discussion); **tapisser** [~pi'se] (1a) v/t. paper (a room); hang (a wall) with tapestry; *fig.* cover, line; **tapisserie** [~pis'ri] f tapestry, hangings pl.; tapestry-weaving; tapestry-work; wall-paper; *fig.* faire ~ be a wall-flower (at a dance); pantoufles f/pl. en ~ carpet-slippers; **tapissier, -ère** [~pi'sje, ~'sjɛːr] su. tapestry-maker; *furniture:* upholsterer; crewel-worker; su./f delivery-van; covered waggon.

tapon † [ta'pɔ̃] m plug, stopper; en ~ screwed up.

tapoter F [tapo'te] (1a) v/t. tap; pat; strum (a tune); drum (on the table).

taquer *typ.* [ta'ke] (1m) v/t. plane (down); **taquet** [~'kɛ] m ⊕ wedge, angle-block; *metall.* lug; ⚓ cleat.

taquin, e [ta'kɛ̃, ~'kin] 1. adj. (fond of) teasing; 2. su. tease; **taquiner** [~ki'ne] (1a) v/t. tease; *fig.* worry; **taquinerie** [~kin'ri] f teasing (disposition).

tarabiscoté, e [tarabiskɔ'te] ⊕ grooved; *fig.* over-elaborate (style).

tarabuster F [tarabys'te] (1a) v/t. pester (person); worry, bother (thing, idea, etc.).   [tare.)

tarage † [ta'raːʒ] m allowance for∫

tarare ⚙ [ta'raːr] m winnower.

taratata! F [tarata'ta] int. fiddle-sticks!

taraud ⊕ [ta'ro] m (screw-)tap; **taraudage** ⊕ [taro'daːʒ] m nut etc.: tapping; screw-cutting; screw-pitch; **tarauder** [~'de] (1a) v/t. ⊕ tap, cut; a. fig. pierce; **taraudeuse** ⊕ [~'døːz] f machine: screw-cutter, thread-cutter.

tard [taːr] 1. adv. late; au plus ~ at the latest; il se fait ~ it is getting late; pas plus ~ que ... only ..., not later than ...; tôt ou ~ sooner or later; 2. su./m: sur le ~ late in the day; *fig.* late in life; **tarder** [tar'de] (1a) v/i. delay; il me tarde de (inf.) I am anxious to (inf.); ne pas ~ à (inf.) not to have to wait long before (ger.); sans (plus) ~ without (further) delay; **tardif, -ve** [~'dif, ~'diːv] late; belated (apology, regret); *fig.* slow (to, à); backward (fruit, a. fig. intelligence); **tardigrade** zo. [~di'grad] adj., a. su./m tardigrade; **tardillon** [~di'jɔ̃] m animal: latest born; *fig.* Benjamin (of a family); **tardiveté** [~div'te] f lateness; backwardness.

tare [taːr] f † tare; *fig.* defect, flaw, taint; † faire la ~ allow for the tare; **taré, e** [ta're] spoiled, damaged; with a defect; a. fig. tainted; *fig.* corrupt.

tarentelle ♪ etc. [tarɑ̃'tɛl] f tarantella.

tarentule zo. [tarɑ̃'tyl] f tarantula; *fig.* être piqué (or mordu) de la ~ be very excited.

tarer † [ta're] (1a) v/t. tare.

targette ⊕ [tar'ʒɛt] f sash-bolt; flat door-bolt.

targuer [tar'ge] (1m) v/t.: se ~ de pride o.s. on (s.th.), qch.; doing, faire); claim (a privilege).

tarière ⊕ [ta'rjɛːr] f auger; drill; ⚒ borer.

tarif [ta'rif] m price-list, tariff; rate(s pl.); schedule of charges; ~ différentiel (préférentiel) differential (preferential) tariff; ~ postal postage (rates pl.); ~ réduit reduced tariff; plein ~ goods: full tariff; person: full fare; **tarifaire** [tari'fɛːr] tariff-...; **tarifer** [~'fe] (1a) v/t. fix the rate of (a duty, a tariff); fix the price of (goods); **tarification** [~fi-ka'sjɔ̃] f tariffing.

tarin sl. [ta'rɛ̃] m conk (= nose).

tarir [ta'ri:r] (2a) v/t. dry up; fig. exhaust; v/i. a. se ~ dry up, run dry; fig. cease; **tarissement** [∼ris-'mɑ̃] m drying up; fig. exhausting.

tarot [ta'ro] m cards: tarot pack; ~s pl. cards, game: tarots.

tarse anat. [tars] m tarsus; F human foot: instep; **tarsien, -enne** anat. [tar'sjɛ̃, ∼'sjɛn] tarsal.

tartan tex. [tar'tɑ̃] m tartan.

tartarinade F [tartari'nad] f boast.

tarte cuis. [tart] f (open) tart; flan; **tartelette** cuis. [∼'lɛt] f tartlet; **tartine** [tar'tin] f slice of bread and butter or jam etc.; F fig. rigmarole; long-winded speech or article or sermon; **tartiner** [∼ti'ne] (1a) v/t. spread (bread) (with, de); butter (bread); spread (butter etc.) (on, sur); fromage m à ~ cheese spread.

tartrate [tar'trat] m tartrate.

tartre [tartr] m tartar (a. [tar'trɛ], a. dental); ⊕ boiler: scale, fur; **tartreux, -euse** [tar'trø, ∼'trø:z] tartarous; ⊕ furry, scaly; **tartrique** [∼'trik] tartaric (acid).

tartufe [tar'tyf] m hypocrite; **tartuferie** [∼ty'fri] f (piece of) hypocrisy, cant.

tas [tɑ] m heap, pile (a. fig. of things); fig. crowd, lot; lies, a. people: pack; ⊕ hand or small anvil; mettre en ~ pile up; sur le ~ on the job, at work.

tasse [tɑ:s] f cup; ~ à café coffee-cup; ~ de café cup of coffee.

tasseau [tɑ'so] m △ bracket; (supporting) batten; brick foundation.

tassée [tɑ'se] f cupful.

tassement [tɑs'mɑ̃] m sinking; settling; subsidence; ⊕, fig. fall(-off), drop; **tasser** [tɑ'se] (1a) v/t. cram together; pack (tightly); shake down; se ~ crowd together; squeeze up; △ settle; △ sink, subside; ⊕ weaken; shrink, grow smaller (with age) (person); F fig. settle down, come out in the wash.

tâter [tɑ'te] (1a) v/t. touch, feel; grope for (s.th.); fig. feel out, explore, try; ⚕ feel (the pulse); v/i.: ~ à (or de) taste, try; fig. ~ de try (one's hand at) (work); **tâte-vin** [tɑt'vɛ̃] m/inv. instrument: wine-taster; sampling-tube.

tatillon, -onne F [tati'jɔ̃, ∼'jɔn] 1. adj. niggling, finicky; over-par-

ticular; 2. su. fusspot; busybody; **tatillonner** F [∼jɔ'ne] (1a) v/i. niggle, fuss over details; be meddlesome.

tâtonner [tɑtɔ'ne] (1a) v/i. feel one's way (a. fig.); grope; fumble; **tâtonneur** m, -euse f [∼tɔ'nœːr, ∼'nøːz] groper, fumbler; **tâtons** [∼'tɔ̃] adv.: à ~ gropingly; marcher etc. à ~ grope one's way.

tatou zo. [ta'tu] m armadillo.

tatouage [ta'twa:ʒ] m tattooing; design: tattoo; **tatouer** [∼'twe] (1p) v/t. tattoo; **tatoueur** [∼'twœːr] m tattooist.

taudis [to'di] m hovel; wretched room; squalid hole; ~ pl. slums.

taule [to:l] f see tôle.

taupe [to:p] f zo. mole; ♣ moleskin; F myope comme une ~ (as) blind as a bat; sl. pej. vieille ~ old hag; **taupinière** [∼pi'njɛ:r] f molehill.

taureau [tɔ'ro] m bull; astr. le ♉ Taurus, the Bull; avoir un cou de ~ be bull-necked; course f de ~x bull-fight; **taurillon** [∼ri'jɔ̃] m bull-calf; **tauromachie** [∼rɔma'ʃi] f bull-fighting. (redundancy.)

tautologie [totɔlɔ'ʒi] f tautology.)

taux [to] m rate (a. ♦); ♣ fixed price; ⊕ ratio; ♦ proportion, amount; ♣ ~ de change (rate of) exchange; ~ de charge load per unit area; ~ de la mortalité death-rate; ♣ ~ d'escompte bank rate; ♣ ~ d'intérêt rate of interest; au ~ de at the rate of.

tavelé, e [tav'le] marked; spotted, speckled; **tavelure** [∼'ly:r] f mark; spot, speckle.

taverne [ta'vɛrn] f tavern; public house, F pub; café-restaurant.

taxateur [taksa'tœːr] m assessor; ⚖ taxing master; **taxation** [∼'sjɔ̃] f fixing of prices etc.; admin., a. ⚖ taxation; admin. assessment; **taxe** [taks] f admin. tax, duty; rate; fixed price; ♦ controlled price; **taxer** [tak'se] (1a) v/t. tax; put a tax on (goods); fix (the price); fix the price or rate of; fig. accuse (of, de).

taxi [tak'si] m taxi(-cab); cab; ~ mètre [∼si'mɛtr] m taximeter; ~ phone teleph. [∼si'fɔn] m (public) call-box.

tayloriser ⊕ [tɛlɔri'ze] (1a) v/t. Taylorize; **taylorisme** ⊕ [∼'rism] m Taylorism.

tchécoslovaque [tʃekɔslɔ'vak] adj., a. su. ♀ Czechoslovak; **tchèque** [tʃɛk] 1. adj. Czech; 2. su./m ling. Czech; su. ♀ Czech.

te [tə] 1. pron./pers. you; to you; 2. pron./rfl. yourself, to yourself.

té [te] m letter: T; T-square; ⚠ tee-iron.

technicien m, -enne f [tɛkni'sjɛ̃, ~'sjɛn] technician; **techni(ci)ser** [~(si)'ze] (1a) v/t. ⊕ mechanize; fig. technicalize; **technicité** [~si'te] f technicality; **technique** [tɛk'nik] 1. adj. technical; 2. su./f technique; ~ électrique electrical engineering; **technocrate** [~'krat] m technocrat; **technocratie** [~nɔkra'si] f technocracy; **technocratique** [~nɔkra'tik] technocratic; **technologie** [~nɔb'ʒi] f technology; **technologique** [~nɔb'ʒik] technological.

te(c)k ♀, ♦ [tɛk] m teak.

tectrice orn. [tɛk'tris] adj./f: plumes f/pl. ~ tectrices.

tégument ♀, anat., zo. [tegy'mɑ̃] m tegument.

teigne [tɛɲ] f zo. moth; ♣ tinea, scalp-disease; ♀ scurf; vet. thrush; F fig. pest; **teigneux, -euse** [tɛ'ɲø, ~'ɲøːz] 1. adj. suffering from scalp-disease; 2. su. person suffering from scalp-disease.

teignis [tɛ'ni] 1st p. sg. p.s. of teindre; **teignons** [~'ɲɔ̃] 1st p. pl. pres. of teindre; **teindre** [tɛ̃:dr] (4m) v/t. dye (blue etc., en bleu etc.); stain (a. fig.); se ~ dye one's hair; **teins** [tɛ̃] 1st p. sg. pres. of teindre; **teint** [tɛ̃, tɛ̃:t] 1. p.p. of teindre; 2. su./m dye, colo(u)r; complexion; tex. bon (or grand) ~ fast colo(u)r; fig. partisan m bon ~ staunch supporter; petit ~ fading dye; su./f tint, hue, shade; fig. touch, tinge; **teinter** [tɛ̃'te] (1a) v/t. tint; fig. tinge (with, de); **teinture** [~'ty:r] f tex., a. hair: tinge, dye(ing); pharm. etc. tinting; colo(u)r, hue; fig. touch; ♣, ♣ tincture; **teinturerie** ⊕ [~tyr'ri] f (dry) cleaner's, cleaners pl.; dye-works usu. sg.; dyeing; **teinturier** [~ty'rje] m (dry) cleaner, dyer.

tel m, telle f, **tels** m/pl., **telles** f/pl. [tɛl] 1. adj./indef. such; so great; like; as; ~ maître, ~ valet like master, like man; ~ que (such) as; like; such that; ~ quel ordinary; just as he or it is or was; ♣ with all faults;

à telle ville in such and such a town; de telle sorte que in such a way that; il n'y a rien de ~ que there's nothing like; un ~ repas such a meal; 2. pron./indef. (such a) one; some; Monsieur un ~ (or Un ♀) Mr. So-and-so; Madame une telle (or Une Telle) Mrs. So-and-so; ~ qui he who.

télautographe [telotɔ'graf] m telewriter.

télé F [te'le] television, Br. F telly.

télé... [tele] tele...; **~commande** [~kɔ'mɑ̃:d] f remote control; **~commander** [~kɔmɑ̃'de] (1a) v/t. operate by remote control; **~communication** [~kɔmynika'sjɔ̃] f telecommunication; **~distribution** [~distriby'sjɔ̃] f cable television; **~enseignement** [~ɑ̃sɛɲ'mɑ̃] m educational broadcast or television program(me)s pl.; **~férique** [~fe'rik] m see téléphérique; **~génique** telev. [~ʒe'nik] telegenous; **~gramme** [~'gram] m telegram, F wire; **~graphe** [~'graf] m telegraph; **~graphie** [~gra'fi] f telegraphy; ~ sans fil, abbr. T.S.F. wireless, radio; **~graphier** [~gra'fje] (1o) vt/i. telegraph, wire; **~graphique** [~gra'fik] telegraphic; mandat m ~ telegraph(ic) money order; poteau m ~ telegraph-pole; réponse f ~ reply by wire or cable; **~graphiste** [~gra'fist] su. telegraph operator; telegraph boy or messenger; **~guidé, e** [~gi'de] radio-controlled; guided (missile); **~imprimeur** [~ɛ̃pri'mœːr] m teleprinter; **~mètre** phot. [~'mɛtr] m rangefinder; **~objectif** phot. [~ɔbʒɛk'tif] m telephoto lens; **~phérique** [~fe'rik] m telpher railway; cableway; cable car; **~phone** [~'fɔn] m telephone, F phone; ~ intérieur house telephone; internal telephone, F intercom; annuaire m du ~ telephone directory or F book; appeler q. au ~ ring s.o. up; avez-vous le ~? are you on the phone?; **~phoner** [~fɔ'ne] (1a) vt/i. (tele)phone (s.o., à q.); **~phonie** [~fɔ'ni] f telephony; ~ sans fil radiotelephony; **~phonique** [~fɔ'nik] telephone...; telephonic; cabine f (or cabinet m) ~ telephone booth, call-box; **~phoniste** [~fɔ'nist] su. telephone operator.

télescopage [telɛskɔ'pa:ʒ] m smashing up; concertinaing; telescoping;

traffic: ~ *en serie* pile-up; **télescope** [~'kɔp] *m* telescope; **télescoper** 🚗 *etc.* [~kɔ'pe] (1a) *v/t.* smash up, crash into; se ~ concertina, telescope.

télé...: ~**scripteur** ✍ [teleskrip'tœːr] *m* teleprinter; ~**spectateur** *m*, **-trice** *f* [~spɛkta'tœːr, ~'tris] (tele-)viewer; ~**viser** [~vi'ze] (1a) *v/t.* televise; ~**viseur** [~vi'zœːr] *m* television set; televisor; ~**vision** [~vi'zjɔ̃] *f* television; ~ *en couleurs* colo(u)r television; ~ *par câble* cable television.

télex [te'lɛks] *m* telex; **télexer** [~lɛk'se] (1a) *v/t.* telex.

tellement [tel'mã] *adv.* so, in such a way; to such an extent.

tellure 🜍 [tel'lyːr] *m* tellurium; **tellureux, -euse** 🜍 [telly'rø, ~'røːz] tellurous; **tellurien, -enne** [~'rjɛ̃, ~'rjɛn] tellurian; earth...

téméraire [teme'rɛːr] **1.** *adj.* rash (*a. fig.* judgment *etc.*), reckless; daring; **2.** *su.* rash person; dare-devil; **témérité** [~ri'te] (1a) *f* temerity, rashness, recklessness; piece of daring; bold speech.

témoignage [temwa'ɲaːʒ] *m* 🜨 *etc.* evidence (*a. fig.*); 🜨 hearing (of witness); *eccl.* witness; *fig.* proof; *fig. en ~ de* as a token of; *porter ~* certify; *rendre ~* bear witness (to, *à*); **témoigner** [~'ɲe] (1a) *vt/i.* testify; *v/i.* bear witness; *v/t.* show; bear witness to; **témoin** [tem'wɛ̃] **1.** *su./m* witness; *duel:* second; boundary mark; 🜨 reference solution; sample; *sp.* stick (*etc. in relay race*); 🜨 ~ *à charge (décharge)* prosecution (defence) witness; ~ *oculaire* eye witness; **2.** *adj./inv.* pilot..., test...; control...; *appartement m* ~ show flat; *lampe f* ~ warning light.

tempe *anat.* [tãːp] *f* temple.

tempérament [tãpera'mã] *m* temperament; constitution; disposition; 🜨 *à* ~ by instal(l)ments, on the instal(l)ment plan; *vente f à* ~ hire-purchase; sale on the instalment plan.

tempérance [tãpe'rãːs] *f* temperance, moderation; **tempérant, e** [~'rã, ~'rãːt] temperate, moderate; 💊 sedative; **température** [~ra'tyːr] *f* temperature; 🜍 (*boiling-, freezing-*)point; *fig.* feeling; 💊 *avoir de la* ~ have a temperature; **tempéré, e**

[~'re] temperate, moderate (*climate, a. fig. speech*); *fig.* sober, restrained; 🎵 equally tempered; *geog. zone f* ~*e* temperate zone; **tempérer** [~'re] (1f) *v/t.* moderate, temper (*a. fig.*); se ~ moderate.

tempête [tã'pɛːt] *f* wind, *a. fig.:* storm; ⚓ hurricane; **tempêter** F [~pɛ'te] (1a) *v/i.* rant and rave, storm, rage; **tempétueux, -euse** [~pe'tɥø, ~'tɥøːz] stormy, tempestuous (*a. fig.*).

temple [tãːpl] *m* temple (*a. hist.* ⛪); *protestantism:* church, chapel; *free-masonry:* lodge; **templier** [tãpli'e] *m* Knight Templar; F *jurer comme un* ~ swear like a trooper.

temporaire [tãpɔ'rɛːr] temporary; provisional; 🎵 time(-*value*).

temporal, e, *m./pl.* **-aux** *anat.* [tãpɔ'ral, ~'ro] **1.** *adj.* temporal; **2.** *su./m* temporal (bone).

temporalité *eccl.* † [tãpɔrali'te] *f* temporality; **temporel, -elle** [~'rɛl] **1.** *adj.* secular; temporal (= *not eternal, not spiritual*); **2.** *su./m* temporal power; revenue, temporalities *pl.* (*of a benefice*).

temporisateur, -trice [tãpɔriza'tœːr, ~'tris] **1.** *adj.* temporizing; **2.** *su.* temporizer; ⊕ *welding:* timer; **temporisation** [~za'sjɔ̃] *f* temporization, temporizing; **temporiser** [~'ze] (1a) *v/i.* temporize, delay action deliberately, play for time, stall.

temps¹ [tã] *m* time (⊕, 🎵); time; *times pl.*; 🞂, ⊕ phase; *mot. etc.* stroke; 🎵 *a.* beat; *gramm.* tense; *à deux* ~ two-stroke (*engine*); *à* ~ in (the nick of) time; *avec le* ~ in (the course of) time; *de mon* ~ in my time; *de* ~ *à autre* (or *en* ~) now and then, from time to time; *en même* ~ at the same time; *en* ~ *de guerre* in wartime; *entre* ~ meanwhile; *être de son* ~ keep up with the times; *gagner du* ~ play for time; *il est grand* ~ it is high time (to *inf., de inf.*; *that ind., que sbj.*); *le bon vieux* ~ the good old days *pl.*; *les* ~ *pl. sont durs* times are hard; *le* ~, *c'est de l'argent* time is money; 🎵 *mesure f à deux* ~ duple time; *(ne pas) avoir le* ~ *de* (*inf.*) have (no) time to (*inf.*).

temps² [tã] *m* the weather; *quel* ~ *fait-il?* what is the weather like?; *il fait beau (mauvais)* ~ the weather is fine (bad).

tenable [tə'nabl] 🞂, *a. fig.* tenable;

habitable (*house*); *fig.* pas ~ unbearable.

tenace [tə'nas] tenacious; clinging (*perfume*, *a.* ♀); adhesive; stiff (*soil*); tough (*metal*); *fig.* stubborn, persistent; retentive (*memory*); **ténacité** [tenasi'te] *f* tenacity (*a. fig.*); stickiness; *soil:* stiffness; *metal:* toughness; *fig.* stubbornness; doggedness; *memory:* retentiveness; avec ~ tenaciously or stubbornly.

tenaille ⊕ [tə'nɑ:j] *f* tongs *pl.*; clamp; pliers *pl.*; pincers *pl.* (*a.* ✂); **tenailler** *fig.* [~nɑ'je] (1a) *v/t.* torture.

tenancier [tənɑ̃'sje] *m* manager; tenant-farmer; keeper; † freeholder; **tenant, e** [~'nɑ̃, ~'nɑ̃:t] 1. *adj.:* séance f ~e during the sitting; *fig.* then and there; 2. *su./m* supporter; *sp. title etc.:* holder; *bet:* taker; 🏛 d'un seul ~ all in one block; continuous; ~s *pl.* lands bordering on an estate; ~s *pl. et aboutissants m/pl.* estate: adjacent parts; *fig.* the full details, the ins and outs.

tendance [tɑ̃'dɑ̃:s] *f* tendency; leanings *pl.*; drift, trend; à ~ tendentious (*book*); avoir ~ à tend to, be inclined to; **tendancieux, -euse** [~dɑ̃'sjø, ~'sjø:z] tendentious; 🏛 leading (*question*).

tender 🚂 [tɑ̃'dɛ:r] *m* tender.

tenderie *hunt.* [tɑ̃'dri] *f* (bird-)snare; setting of snares (*for birds*).

tendeur, -euse [tɑ̃'dœ:r, ~'dø:z] *su.* carpet: layer; wallpaper: hanger; *hunt.* snares: setter; *su./m* ⊕ tightener; (*trouser- etc.*)stretcher (*shoe-*)tree; *mot.* tension-rod; ~ de chaine chain-adjuster.

tendineux, -euse [tɑ̃di'nø, ~'nø:z] *anat.* tendinous; *cuis.* stringy (*meat*).

tendoir [tɑ̃'dwa:r] *m* clothes-line; *tex.* tenter.

tendon *anat.* [tɑ̃'dɔ̃] *m* tendon, sinew.

tendre¹ [tɑ̃:dr] (4a) *v/t.* stretch; hang (*wallpaper*), paper (*a room*); lay (*a carpet, a snare*); pitch (*a tent*); spread (*a net, a sail*); hold out (*one's hand*); offer (*one's hand etc.*), *fig.* strain; ~ l'oreille prick up one's ears; *v/i.:* ~ à tend towards *s.th.* or to do *s.th.*; aim at *s.th.* or to do *s.th.*

tendre² [tɑ̃:dr] tender (*heart, meat, skin, years, youth*); soft (*colour, grass, metal, pencil, stone, wood,*

etc.); early (*childhood, years*); *fig.* affectionate, fond; **tendresse** [tɑ̃-'drɛs] *f* tenderness; love; ~s *pl.* caresses, endearments; **tendron** [~'drɔ̃] *m* ♀ tender shoot; *cuis.* gristle; F *fig.* little or young girl.

tendu, e [tɑ̃'dy] 1. *p.p.* of *tendre¹*; 2. *adj.* stretched; tight; taut; tense, strained (*a. fig.*).

ténèbres [te'nɛ:br] *f/pl.* darkness *sg.* (*a. fig.*), gloom *sg.*; *eccl.* tenebrae; **ténébreux, -euse** [~ne'brø, ~'brø:z] dark, gloomy; lowering (*sky*); *fig.* deep, sinister; obscure (*style*).

teneur¹, -euse [tə'nœ:r, ~'nø:z] *su.* holder; *su./m:* † ~ de livres bookkeeper.

teneur² [tə'nœ:r] *f* tenor (*of book, conduct, etc.*); ⊕, 🜊 percentage, amount; *solution:* strength; *min.* grade; (*gold- etc.*)content; 🜊 ~ en alcool alcoholic content.

ténia 🐛, *zo.* [te'nja] *m* taenia, tapeworm; **ténifuge** 🐛 [~ni'fy:ʒ] *adj., a. su./m* t(a)enifuge.

tenir [tə'ni:r] (2h) 1. *v/t.* hold (*a. a meeting*); have, possess; grasp (*a.* = understand); retain; *fig.* have in hand, control; manage, run (*a firm*); keep; contain (*a pint*); *fig.* accommodate, seat (*200 persons*); 🏛 support; occupy, take up; consider, think; regard (*as, pour*); ⚓ hug (*the coast*); *thea.* take, play (*a rôle*); ⚓ stock (*goods*); take (*on*) (*a bet*); ~ compte de take (*s.th.*) into account; ~ en respect hold in awe; ~ l'eau be watertight; ~ le lit stay in bed; † ~ les livres do the bookkeeping; ~ sa langue hold one's tongue; ~ sa promesse keep one's word; *mot.* ~ (bien) la route hold the road well; ~ son tempérament de son père have got one's temper from one's father; ~ tête à resist; tenez votre droite keep to the right; se ~ keep (*quiet*); remain (*standing*); be; s'en ~ à keep to; be satisfied with; 2. *v/i.* hold; hold firm; ✕ hold out; remain; *fig.* last; † be held (*market*); 🏛 sit; border (*on, à*) (*land*); *fig.* be joined (*to, à*); be keen (*on ger., à inf.*); ~ à value (*s.th.*); be due to, depend on; ~ à ce que (*sbj.*) be anxious that (*ind.*); ~ bon (*or ferme*) stand firm; hold out; ⚓ hold tight; ~ de take after (*s.o.*), be akin to (*s.th.*); ~ pour be in favo(u)r of; en ~ pour be fond of (s.o.), stick to (s.th.); je n'y tiens pas I don't care for it, F I am not keen (on it); ne pouvoir plus y ~ be unable to stand it; tiens!, tenez! look (here)!; here!; tiens! well!; really?

tennis [tɛ'nis] m (lawn) tennis; tennis court; pl. (a. chaussures f de ~) plimsolls, Am. sneakers; ~ de table table tennis.

tenon [tə'nɔ̃] m ⊕ tenon; ⊕ lug; ⚙ nut.

ténor ♩ [te'nɔːr] m tenor; fort ~ heroic tenor.

tenseur [tã'sœːr] adj., a. su./m ⚓, anat. tensor; **tension** [~'sjɔ̃] f phys., ⚡, etc., a. fig. tension; ⊕, ⚙ blood, steam: pressure; ⚡ voltage; ⚙ prices: hardness, firmness; ⚙ (a. ~ artérielle) blood-pressure; ⚡ ~ de service operating potential; ⚙ avoir de la ~ have high blood pressure; ⚡ sous ~ live (wire); **tensiomètre** [~sjɔ'mɛːtr] m blood pressure meter.

tentacule [tãta'kyl] m tentacle.

tentant, e [tã'tã, ~'tãːt] tempting, alluring, **tentateur, -trice** [tãta'tœːr, ~'tris] 1. adj. tempting; 2. su./m tempter; su./f temptress; **tentation** [~'sjɔ̃] f temptation (to inf., de inf.); **tentative** [~'tiːv] f attempt (at, de); ⚖ ~ d'assassinat attempted murder.

tente [tãːt] f tent; fair etc.: booth; ⚓ awning; dresser une ~ pitch a tent.

tenter [tã'te] (1a) v/t. tempt (s.o.); put to the test; ⚖ ~ l'assaut de attempt (a place); être tenté de (inf.) be tempted to (inf.); v/i.: ~ de (inf.) try to (inf.), attempt to (inf.).

tenture [tã'tyːr] f (paper-)hanging; tapestry; hangings pl.; wallpaper.

tenu, e [tə'ny] 1. p.p. of tenir; 2. adj. ⚙ holding (a. ⚙); ⚙ beams, shop, etc.: keeping; fig. shape; person: bearing; behavio(u)r; ⊕ maintenance; ⚖ etc. sitting; cost., a. ⚓ dress; ⚙ market, prices: firmness; ♩ sustained note; ⚓ ~e de campagne battle-dress; ~e de détente leisure wear; mot. ~e de route road-holding qualities pl.; ~e de soirée evening dress; ~e de ville morning or street dress; ~e walking-out dress; de la ~e! school etc.: behave yourself!; en grande (petite) ~e in full dress (undress); en petite ~, en ~ légère in light clothing; F scantily dressed.

ténu, e [te'ny] thin, slender; fig. fine; **ténuité** [~nɥi'te] f tenuousness; slenderness; thinness (a. of a liquid); sand, a. fig.: fineness.

ter [tɛːr] adv. three times, ♩ ter; for the third time; in house numbers: 3ter 3b.

tercet ♩ [tɛr'sɛ] m triplet (a. prosody).

térébenthène ⚗ [tereba'tɛn] m terebenthene; **térébenthine** ⚗ [~'tin] f turpentine.

térébrant, e [tere'brã, ~'brãːt] zo. boring; ⚕ terebrating (pain).

tergiversation [tɛrʒivɛrsa'sjɔ̃] f equivocation; beating about the bush; **tergiverser** [~'se] (1a) v/i. shilly-shally; beat about the bush.

terme [tɛrm] m end, conclusion; statue: terminus; ⚖ quarter, quarter's rent; quarter day; ✕, ⚙, ⚖ time; † stocks etc.: settlement; delay (for payment); † price: instalment; expression, ⚓, phls., ⚖ contract: term; ⚖ ~ pl. wording sg.; conditions; ~ de métier technical term; à ~ in due time; à court (long) ~ short- (long-)dated; fig. short- (long-)term (policy etc.); † demander un ~ de grâce ask for time to pay; en ~s de commerce in commercial language; en propres ~s in so many words; fig. être en bons ~s avec be on good terms with; † opérations f/pl. à ~ forward deals; vente f (achat m) à ~ credit sale (purchase).

terminaison [tɛrminɛ'zɔ̃] f ending, termination (a. gramm.); **terminal, e,** m/pl. **-aux** adj., a. su./m [~'nal, ~'no] terminal; **terminer** [~'ne] (1a) v/t. terminate; end, finish, complete; se ~ come to an end; gramm. se ~ en end in.

terminologie [tɛrminɔlɔ'ʒi] f terminology; **terminologique** [~'ʒik] terminological.

terminus ⚙ etc. [tɛrmi'nys] 1. su./m terminus; 2. adj.: gare f ~ (railway) terminus.

termite zo. [tɛr'mit] m termite, white ant; **termitière** [~mi'tjɛːr] f termitary.

ternaire [tɛr'nɛːr] ⚗, ⚓ ternary; ♩ triple (measure). [two treys pl.]

terne[1] [tɛrn] m lottery: tern; dice;

terne[2] [tɛrn] dull; colo(u)rless; tarnished (metal etc.); **ternir** [tɛr'niːr] (2a) v/t. tarnish (metal etc., a. fig. s.o.'s honour, s.o.'s reputation); fig. dull; se ~ become tarnished or dull;

ternissure [∼ni'sy:r] f tarnish; dullness; *metal*: dull spot.

terrain [tε'rɛ̃] m ground; soil, land; terrain; ✕ (*parade- etc.*)ground;*foot.* field; *cricket*: ground; *golf*: course; △ site; *geol.* rock formation; (*ne plus*) être sur son ∼ be in one's element (*out of one's depth*).

terrasse [tε'ras] f terrace; bank; △ flat roof; *café*: pavement (area); *assis à la* ∼ sitting outside the café; *en* ∼ terraced; **terrassement** [∼ras'mɑ̃] m banking; earthwork; **terrasser** [∼ra'se] (1a) v/t. embank, bank up; throw (*s.o.*) down, floor, down (*s.o.*); lay (*s.o.*) low; *fig.* overwhelm; **terrassier** [∼ra'sje] m excavation *or* road worker.

terre [tε:r] f earth (*a. ⚡*), ground; ∼ soil; ⊕ loam; clay; ⚓ land, shore; property, estate; *fig.* world; ∼ *à* ∼ prosaic; down-to-earth; ∼ *cuite* terracotta; ∼ *ferme* mainland; firm land, terra firma; ✕ *armées* f/pl. *de* ∼ land forces; F *avoir les pieds sur* ∼ have both feet firmly on the ground; *de* ∼ earth(en)...; *⚡ mettre à la* ∼ earth: *mettre pied à* ∼ alight; *toucher* ∼ land; *se coucher par* ∼ lie on the ground; *tomber par* ∼ fall (flat).

terreau *⚡* [tε'ro] m vegetable-mo(u)ld; compost; leaf-mo(u)ld.

terre-neuvas [tεrnœ'va] m Newfoundland fishing-boat *or* fisherman; **terre-neuve** *zo.* [∼'nœ:v] m/inv. Newfoundland dog; **terre-neuvien** [∼nœ'vjɛ̃] m *see* terre-neuvas.

terre-plein [tεr'plɛ̃] m earth platform, terrace; 🚂 road-bed; ✕ terreplein.

terrer [tε're] (1a) v/t. *⚡* earth up; warp (*a field*); spread mo(u)ld over; ⊕ clay (*sugar*); *tex.* full; *se* ∼ entrench o.s., ✕ lie flat on the ground; go to earth (*fox*); burrow (*rabbit*); **terrestre** [∼'rɛstr] ⚡, *zo.* terrestrial; ⚡ ground-...; ✕ land-... (*a. insurance*); *fig.* earthly, worldly.

terreur [tε'rœ:r] f terror (*a. fig.*), dread; *hist. la* ♀ the (Reign of) Terror.

terreux, -euse [tε'rø, ∼'rø:z] earthy; *fig.* grubby, dirty; *fig.* muddy (*colour, complexion*).

terrible [tε'ribl] terrible (*a. fig.*), dreadful, frightful.

terrien, -enne [tε'rjɛ̃, ∼'rjɛn] **1.** *adj.*

landed (*proprietor*); country..., of the soil; **2.** *su.* earthling; ⚓ landsman, *pej.* land-lubber.

terrier [tε'rje] m (*rabbit-*)hole, (*fox-*)earth; *zo.* terrier.

terrifier [tεri'fje] (1o) v/t. terrify.

terri(l) *⚒* [tε'ri] m heap, tip.

terrine *cuis.* [tε'rin] f earthenware vessel *or* pot; potted meat; **terrinée** [∼ri'ne] f potful; panful.

territoire [teri'twa:r] m territory; area of jurisdiction; *anat.* area; **territorial, e,** m/pl. **-aux** [∼tɔ'rjal, ∼'rjo] **1.** *adj.* territorial; **2.** *su./m* ✕ territorial (*soldier*); *su./f* ✕ territorial army; **territorialité** [∼tɔrjali-'te] f territoriality.

terroir *⚡* [tε'rwa:r] m soil; *sentir le* ∼ smack of the soil.

terroriser [terɔri'ze] (1a) v/t. terrorize; **terrorisme** [∼'rism] m terrorism; **terroriste** *pol.* [∼'rist] *adj., a. su.* terrorist.

tertiaire *geol. etc.* [tεr'sjε:r] tertiary.

tertre [tεrtr] m mound, hillock.

tes [te] *see* ton[1].

tessiture *♪* [tesi'ty:r] f tessitura.

tesson [tε'sɔ̃] m potsherd; *glass etc.*: fragment.

test[1] *⚡ etc.* [tεst] m test; ∼ *mental* intelligence test.

test[2] [tεst] m *zo.* shell, test; *♣ seed*: testa, skin; **testacé, e** *zo.* [testa'se] testaceous.

testament [testa'mɑ̃] m *⚖* will, testament; *bibl.* Ancien (Nouveau) ♀ Old (New) Testament; **testamentaire** *⚖* [∼mɑ̃'tε:r] testamentary; **testateur** *⚖* [∼'tœ:r] m testator m; **testatrice** *⚖* [∼'tris] f testatrix.

tester[1] *⚖* [tεs'te] (1a) v/i. make a will.

tester[2] *etc.* [∼] (1a) v/t. test.

testicule *anat.* [tεsti'kyl] m testicle.

testimonial, e, m/pl. **-aux** [testi-mɔ'njal, ∼'njo] oral (*evidence*); deponed to by a witness; *lettre* f ∼e testimonial.

têt *🔬* [tε] m small fire-clay cup, crucible.

tétanos [teta'nɔs] m *🦠* tetanus, lockjaw; *vet.* stag-evil.

têtard [tε'ta:r] m *zo.* tadpole; *sl.* child, kid; **tête** [tε:t] f head (*a. = leader; a. = person*); *fig.* face; *fig.* intelligence; *fig.* memory; *fig.* self-possession; *fig.* mind, reason; *page, class, tree, etc.*: top; *column, vehicle*:

front; *chapter*: heading; *foot.* header; ~ *carrée* stubborn person, *sl.* squarehead; ~ *chercheuse* rocket etc.: homing device; *fig.* trail blazer; ~ *de bielle* ⊕ crank-head; *mot.* big end; 🚬 ~ *de ligne* rail-head; ⚔ ~ *de pont* bridge-head; *iro.* ~ *d'œuf* egghead; ~ *nue* bareheaded; *agir* ~ *baissée* act blindly; *avoir la* ~ *chaude (froide) de* hot- (cool-)headed; *calculer de* ~ work (*s.th.*) out in one's head; *coup m de* ~ rash action; *de* ~ from memory; *faire à sa* ~ go one's own way; *en* ~ *à* ~ privately; *faire la* ~ *à* frown at; be sulky with; *faire une* ~ look glum; *forte* ~ strong-minded *or* unmanageable person; *sp. gagner d'une* ~ win by a head; *la* ~ *la première* head first, headlong; *piquer une* ~ dive; *se mettre en* ~ *de* (*inf.*) take it into one's head to (*inf.*); *se monter la* ~ get worked up; F *se payer la* ~ *de q.* make fun of s.o.; take s.o. for a ride; *tenir à* stand up to, hold one's own against; *un homme m de* ~ a capable man; ~**-à-tête** [tɛta'tɛːt] *m/inv.* tête-à-tête; private interview; sofa; ~**bêche** [tɛt'bɛʃ] *adv.* head to tail; ~**de-loup,** *pl.* ~**s-de-loup** [~d'lu] *f* wall-broom; longhandled brush.

tétée [te'te] *f* (baby's) feed; suck; **téter** [~] (1f) *v/t.* baby: suck; *v/i.* suck (baby).

têtière [tɛ'tjɛːr] *f* infant's cap; antimacassar; ⚓ sail: head; *horse*: head-stall.

tétin [te'tɛ̃] *m* nipple; **tétine** [~'tin] *f* *animal*: teat, dug; **téton** F [~'tɔ̃] *m* (woman's) breast.

tétra... [tetra] tetra...; *four-...*; **~èdre** ⚛ [~'ɛdr] 1. *adj.* tetrahedral; 2. *su./m* tetrahedron; **~phonie** [~fɔ'ni] *f* quadrophony.

tétras *orn.* [te'trɑ] *m* grouse.

tette [tɛt] *f* *animal*: teat, dug.

têtu, e [tɛ'ty] 1. *adj.* stubborn, obstinate; 2. *su.* stubborn *or* obstinate person; *su./m* ⊕ granite-hammer.

teuf-teuf [tœf'tœf] *m/inv.* puff-puff (= *train*); motor-car, *Am.* automobile.

texte [tɛkst] *m* text.

textile [tɛks'til] 1. *adj.* textile; 2. *su./m* textile (industries *pl.*).

textuaire [tɛks'tɥɛːr] textual; **textuel, -elle** [~'tɥɛl] *adj.* textual; word-for-word (*quotation*); **texture** [~'tyːr] *f* texture; *fig.* construction, make-up.

thalweg *geol.* [tal'vɛg] *m* thalweg.

thaumaturge [toma'tyrʒ] *m* miracle-worker; thaumaturge; **thaumaturgie** [~tyr'ʒi] *f* thaumaturgy.

thé [te] *m* tea; tea-party; *boîte f à* ~ tea-caddy, tea-canister; *heure f du* ~ tea-time.

théâtral, e, *m/pl.* **-aux** [tea'tral, ~'tro] theatrical; *fig.* theatrical; *pej.* stagy; **théâtraliser** [~trali'ze] (1a) *v/t.* put on the stage, dramatize; **théâtralisme** [~tra'lism] *m* theatricalism, theatricalness; **théâtre** [~'ɑːtr] *m* theatre, *Am.* theater (*a.* ⚔ *of war*); stage, F boards *pl.*; scene (*a. fig.*); *fig.* setting; dramatic art; plays *pl.* (*of s.o.*); ~ *en plein air,* ~ *de verdure* open-air theatre; *coup m de* ~ sensational development; *faire du* ~ go *or* be on the stage; *fig.* playact.

thébaïde [teba'id] *f* solitary retreat; wilderness; **thébaïque** ⚕ [~'ik] thebaic; opium...; **thébaïsme** ⚕ [~'ism] *m* opium poisoning, thebaism.

théière [te'jɛːr] *f* teapot.

théine ⚕ [te'in] *f* theine.

théisme *phls.* [te'ism] *m* theism.

thématique [tema'tik] 1. *adj.* thematic; 2. *su./f* subject; **thème** [tɛm] *m* theme (*a.* ♪); topic; ♪ subject; *gramm.* stem; ⚔, ⚓ scheme; *school*: prose (composition).

théo... [teo] theo...; **~cratie** [~kra'si] *f* theocracy; **~dolite** [~dɔ'lit] *m* theodolite; **~logie** [~lɔ'ʒi] *f* theology; *univ. a.* divinity; *docteur m en* ~ doctor of divinity, D.D.; **~logien** *m,* **-enne** *f* [~lɔ'ʒjɛ̃, ~'ʒjɛn] theologian; **~logique** [~lɔ'ʒik] theological.

théorème ⚛ [teo'rɛm] *m* theorem.

théoricien *m,* **-enne** *f* [teori'sjɛ̃, ~'sjɛn] theoretician, theorist; **théorie** [~'ri] *f* theory (*a.* ⚔); **théorique** [~'rik] theoretical; **théoriser** [~ri'ze] (1a) *vt/i.* theorize.

théosophe [teo'zɔf] *su.* theosophist; **théosophie** [~zɔ'fi] *f* theosophy.

thérapeute ⚕ [tera'pøːt] *m* therapeutist; **thérapeutique** ⚕ [~pø-'tik] 1. *adj.* therapeutic; 2. *su./f* therapy; therapeutics *pl.*; ~ *de choc* shock-treatment; **thérapie** ⚕ [~'pi] *f* therapy; ~ **occupationnelle** occupational therapy; ~ **de groupe** group therapy.

thermal, e, *m/pl.* **-aux** [tɛr'mal, ~'mo] thermal; **eaux** *f/pl.* ~**es** hot springs; **station** *f* ~**e** spa; **thermalisme** [~ma'lism] *m* balneology; hydrotherapeutics *sg.*; running and organization of spas; **thermes** [tɛrm] *m/pl.* thermal baths; *hist.* Greece and Rome: thermae, public baths; **thermique** *phys.* [tɛr'mik] thermal, thermic, heat (*engine*); **thermo...** [tɛrmɔ] thermo...; ~**électrique** *phys.* [~elɛk'trik] thermo-electric(al); ~**gène** *physiol.* [~'ʒɛn] thermogenic; heat-producing; ✳ **ouate** *f* ♀ thermogene (wool); ~**mètre** [~'mɛtr] *m* thermometer; ~**nucléaire** *phys.* [~nykle'ɛːr] thermonuclear; ~**siphon** *phys.* [~si'fɔ̃] *m* thermo-siphon; ~**stat** [~s'ta] *m* thermostat; ~**thérapie** ✳ [~tera'pi] *f* heat treatment.

thésauriser [tezɔri'ze] (1a) *v/i.* hoard; amass money; *v/t.* hoard, pile up, amass.

thèse [tɛːz] *f* thesis (*a. univ.*); argument.

thon *icht.* [tɔ̃] *m* tunny(-fish), tuna.

thoracique *anat.* [tɔra'sik] thoracic; **thorax** [~'raks] *m anat.* chest; thorax (*a. of insect*).

thrombose ✳ [trɔ̃'boːz] *f* thrombosis.

thuriféraire [tyrife'rɛːr] *m eccl.* thurifer, censer-bearer; *fig.* fawner; sycophant.

thym ♀ [tɛ̃] *m* thyme.

tiare [tja:r] *f* (papal) tiara; papacy.

tibia *anat.* [ti'bja] *m* shin(-bone), tibia.

tic [tik] *m* ✳ tic, twitch; *fig.* mannerism.

ticket [ti'kɛ] *m* ticket; cloak-room etc.: check; (ration-)coupon; 🚋 ~ **de quai** platform ticket; ✳ ~ **modérateur** patient's contribution, portion paid by the insured.

tic-tac [tik'tak] *m/inv.* tick-tack; click-clack; *clock:* tick(-tock); *heart:* pit-a-pat; **tictaquer** [~ta'ke] (1m) *v/i.* tick (away) (*clock*); go pit-a-pat (*heart*).

tiède [tjɛd] tepid; lukewarm (*a. fig.*); warm (*wind*); **tiédeur** [tje'dœːr] *f* tepidity; lukewarmness (*a. fig.*); *fig.* indifference; **tiédir** [~'diːr] (2a) *v/i.*

become tepid *or* lukewarm; *v/t.* take the chill off; make tepid *or* lukewarm.

tien *m,* **tienne** *f* [tjɛ̃, tjɛn] **1.** *pron./poss.: le* ~, *la* ~**ne,** *les* ~**s** *pl.*, *les* ~**nes** *pl.* yours; † thine; **2.** *su./m* your own; *les* ~**s** *pl.* your (own) people.

tiendrai [tjɛ̃'dre] *1st p. sg. fut. of* **tenir**; **tiennent** [tjɛn] *3rd p. pl.* pres. of tenir; **tiens** [tjɛ̃] *1st p. sg.* pres. of tenir.

tierce [tjɛrs] *f* ♪, ♫, *astr.* third; *eccl.* terce; *cards, fencing:* tierce; *typ.* final revise; **tiercé** [tjɛr'se] *m* bet to forecast the first three horses in a race; **tiers, tierce** [tjɛːr, tjɛrs] **1.** *adj.* third; *hist.* ~ **état** *m* third estate, commonalty; ♪ **fièvre** *f* tierce tertian (ague); **2.** *su./m* third (part); third person; ⚖️ third party; **Tiers-Monde** [tjɛːr'mɔ̃d] *m: le* ~ the Third World; **tiers-point** [tjɛr'pwɛ̃] *m* ⊕ triangular file; △ *vaulting:* intersection of two ribs.

tige [tiːʒ] *f* ♀ stem, stalk; *tree:* trunk; *column:* shaft; ⊕ rod; *boot:* upper; ⚓ anchor, *a. key:* shank; *fig.* family: stock; ⊕ ~ **du piston** piston-rod.

tignasse F [ti'ɲas] *f hair:* mop.

tigre *zo.* [tigr] *m* tiger; **tigré, e** [ti'gre] striped (*fur*); spotted (*skin*); tabby (*cat*); **tigresse** *zo.* [~'grɛs] *f* tigress.

tilde *typ.* [tild] *m* tilde (~).

tillac ⚓ [ti'jak] *m* deck.

tilleul [ti'jœl] *m* ♀ linden, lime (-tree); *infusion:* lime-blossom tea.

timbale [tɛ̃'bal] *f* ♪ kettledrum; *cuis.* pie-dish; metal drinking-cup; F **décrocher la** ~ carry off the prize; ♪ *les* ~**s** *pl.* orchestra: the timpani; **timbalier** ♪ [~ba'lje] *m* kettledrummer; *orchestra:* timpanist.

timbre [tɛ̃:br] *m* date, postage, etc.: stamp; bicycle, clock, etc.: bell; *fig.* voice etc.: timbre; ~ **fiscal** revenue stamp; ~ **humide** rubber stamp; F **avoir le** ~ **fêlé** be cracked or crazy; **timbré, e** [tɛ̃'bre] sonorous (*voice*); *admin.* stamped (*paper*); ⊕ tested (*boiler*); F *fig.* cracked, crazy, daft; **timbre-poste**, *pl.* **timbres-poste** [~brə'pɔst] *m* postage stamp; **timbre-quittance**, *pl.* **timbres-quittance** [~brəki'tɑ̃:s] *m* receipt stamp; **timbrer** [~'bre] (1a) *v/t.* stamp (a passport, paper); post-mark (a letter); test (*a boiler*); **timbreur** [~'brœ:r] *m* stamper.

timide [ti'mid] timid; shy; apprehensive; **timidité** [~midi'te] *f* timidity; shyness; diffidence (*in ger., à inf.*).

timon [ti'mɔ̃] *m plough*: beam; *vehicle*: pole; *fig.* helm; ⚓ † tiller; **timonerie** [~mɔn'ri] *f* ⚓ steering; ⚓ wheel-house; *mot.* steering-gear, brake-gear; ⚓ *maître m de* ~ quartermaster; *Royal Navy*: yeoman of signals; **timonier** [~mɔ'nje] *m vehicle*: wheel-horse; ⚓ helmsman; ⊕ quartermaster; ⚓ signalman.

timoré, e [timɔ're] timorous.

tinctorial, e, *m/pl.* **-aux** [tɛ̃ktɔ'rjal, ~'rjo] ⊕ tinctorial; *dye*(*-stuffs, -woods*).

tins [tɛ̃] *1st p. sg. p.s. of tenir.*

tintamarre F [tɛ̃ta'ma:r] *m* din, noise; *fig.* publicity, fuss; **tintement** [tɛ̃t'mɑ̃] *m bell*: ringing; *glasses, small bells*: tinkle; *coins*: jingle; ♪ tinnitus, buzzing (*in the ears*); **tinter** [tɛ̃'te] (1a) *v/t.* ring, toll (*the bell*); ring the bell for (*mass etc.*); *v/i.* ring, toll (*bell*); tinkle (*glasses, small bells, etc.*); jingle (*coins*); ♪ buzz (*ears*); *fig.* tingle, burn (*ears*); **tintouin** F [~'twɛ̃] *m* trouble, worry.

tique *zo.* [tik] *f* tick.

tiquer [ti'ke] (1m) *v/i.* *vet.* be a crib-biter, crib; F twitch (*face etc.*); wince; F *sans* ~ without turning a hair.

tiqueté, e ♀, *orn., etc.* [tik'te] variegated, speckled.

tiqueur *m,* **-euse** *f psych.* [ti'kœ:r, ~'kø:z] person with a tic.

tir [ti:r] *m* shooting; musketry; *artillery*: gunnery; fire, firing; shooting-match; rifle-range; (*a. jeu m de* ~) shooting gallery; ~ *à la cible* target-practice; ~ *à volonté* individual fire; ~ *sur zone barrage;* ~ *à* ~ *rapide* quick-firing (*gun*); *ligne f de* ~ line of fire.

tirade [ti'rad] *f* tirade; *thea.* long declamatory speech; ♪ run.

tirage [ti'ra:ʒ] *m* drawing, pulling, hauling; *chimney etc.*: draught, *Am.* draft; wire-drawing; *stone*: quarrying; *lottery*: draw; *typ., phot. action, a. number printed*: printing; *journ.* circulation; *book*: (print) run; *fig.* disagreement, friction; ~ *à part* off-

print; ~ *au sort* drawing lots; *cheval m de* ~ draught horse; **tiraillement** [~raj'mɑ̃] *m* tugging, pulling; *fig.* disagreement, friction; ⚭ ~*s pl. d'estomac* pangs of hunger, F aching void *sg.*; **tirailler** [~rɑ'je] (1a) *v/t.* pull about; tug at; *fig.* pester (*s.o.*); *v/i.* blaze away, shoot at random; ✖ *contre snipe at;* **tirailleur** [~rɑ'jœ:r] *m* ✖, *a. fig.* skirmisher; **tirant** [~'rɑ̃] *m* drawstring; bootstrap; *strap etc.*: pull; ⊕ rod; ⚓ tie-beam; tie-rod; ⚓ ~ *d'eau* draught.

tire [ti:r] *f*: *voleur m à la* ~ pickpocket.

tiré, e [ti're] **1.** *adj.* haggard, drawn; *fig.* ~ *par les cheveux* far-fetched; **2.** *su./m* ✝ drawee; *su./f*: F *une* ~ a long haul, quite a distance; quite a lot.

tire...: ~*-au-flanc* *sl.* [tiro'flɑ̃] *m/inv.* skirker; ~*-balle* ✖ [~'bal] *m* bullet-forceps; ~*-botte* [~'bɔt] *m* bootjack; boot-hook; ~*-bouchon* [~bu'ʃɔ̃] *m* corkscrew; *hair*: ringlet; *en* ~ corkscrew (*curls*); ~*-bouton* [~bu'tɔ̃] *m* button-hook; ~*-clou* ⊕ [~'klu] *m* nail-puller; ~*-d'aile* [~'dɛl] *adv.*: *à* ~ at full speed, swiftly; ~*-fesses* F [~'fɛs] *m/inv.* ski tow; ~*-larigot* F [~lari'go] *adv.*: *à* ~ *to one's heart's content; boire à* ~ drink heavily or like a fish; ~*-ligne* [~'liɲ] *m* drawing pen; ⊕ scriber.

tirelire [tir'li:r] *f* moneybox; piggy bank; *sl.* tummy (= *stomach*); *sl. nut* (= *head*); *sl.* mug (= *face*).

tire-pied [tir'pje] *m* shoe-horn, shoe-lift; (*shoemaker's*) stirrup; **tirer** [ti're] (1a) **1.** *v/t.* pull, drag; draw (*a. a wire, a line, wine etc.*); ✝ *a cheque, money;* *a.* ⚓ *10 feet; fig. lots*); tug; stretch; pull off (*boots*); raise (*one's hat*) (to, *devant*); ✖ pull out (*a tooth*); take out (*s.th. from somewhere*); *fig.* derive, get; fire (*a gun etc.*), let off (*a firearm*); *hunt.* shoot at (*an animal*); *typ.* pull (*a proof*), run off (*copies*); *gramm.* borrow (*a word*) (from Greek, *du grec*); ~ *du sang à* take a blood specimen from (*s.o.*); ~ *en longueur* stretch (*s.th.*) out; ~ *la langue* put one's tongue out; *phot.* ~ *le portrait de* snap (*s.o.*); ~ *les cartes* tell fortunes (by the cards); ~ *les conséquences* draw the consequences; ~ *plaisir* (*vanité*) *de* derive pleasure from (take pride in); ~ *son origine* de spring from; ✝ ~ *une lettre de change sur* draw a bill on (*s.o.*); **film** m *tiré d'un roman* film adapted from a novel; se ~ extricate o.s. (from, *de*); F beat it; F *l'année se tire* the year is drawing to its close; *s'en* ~ get off; pull through; make ends meet; scrape through; se ~ *d'affaire* pull through, get out of trouble; **2.** *v/i.* pull (at, on *sur*); draw (*chimney, oven, etc.*); tend (to *à, sur*), verge (on *à, sur*); go, make (for, *vers*); shoot, fire (at, *sur*); ✝ ~ *à découvert* over-draw one's account; ~ *à sa fin* draw to a close; run low (*stock*); ✗ F ~ *au flanc* swing the lead, malinger; ~ *au large* ♘ stand out to sea; F fig. beat it, clear off; ~ *au sort* draw lots; ~ *en longueur* drag on; ~ *sur le rouge* shade into *or* border on red; ~ *sur une cigarette* (*sa pipe*) draw on a cigarette (suck one's pipe); **tiret** *typ.* m hyphen; dash; **tirette** [~'rɛt] f draw-cords *pl.*, curtain cords *pl.*; *mot.* (bonnet) fastener; *desk:* writing-slide; **tireur, -euse** [~'rœːr, ~'røːz] su. ⊕, ✝, a. beer, etc.: drawer; *typ.* (proof-) puller; *gun:* firer; shooter; marksman, shot; *phot.* printer; pickpocket; su./f *phot.* printing-box; *~euse de cartes* fortune-teller.

tiroir [ti'rwaːr] m desk, table, etc.: drawer; ⊕, a. slide-rule: slide; slide-valve; *à ~s* episodic (play, novel); F *nom* m *à ~s* double-barrel(l)ed name; *~-caisse, pl. ~s-caisses* [~rwar'kɛs] m till.

tisane [ti'zan] f infusion; (herb-)tea; **tisanerie** [~zan'ri] f hospital: patients' kitchen.

tison [ti'zɔ̃] m fire-brand; half-burned log; fusee; **tisonné, e** [ti-zɔ'ne] with black spots (horse's coat); **tisonner** [~'ne] (1a) *vt/i.* poke, stir; *v/t. fig.* fan (a quarrel); **tisonnier** [~'nje] m poker; ⊕ *~s pl.* firing tools.

tissage *tex.* [ti'saːʒ] m weaving, weave, mesh; cloth-mill; **tisser** *tex.,* a. fig. [~'se] (1a) *v/t.* weave; **tisserand** *tex.* [tis'rɑ̃] m weaver; **tisserin** *orn.* [~'rɛ̃] m weaver-bird; **tisseur** *m,* -**euse** f [ti'sœːr, ~'søːz] weaver; **tissu, e** [~'sy] **1.** adj. fig. woven, made up; **2.** su./m tex. fabric, textile, cloth; fig. texture; biol., a. fig. lies etc.: tissue; **tissu-éponge,** pl. **tissus-éponges** [~sye-

'pɔ̃ːʒ] m terry (cloth), towelling; **tis-sure** tex., a. fig. [~'syːr] f texture.

titane ⚛ [ti'tan] m titanium; **tita-nesque** [~ta'nɛsk], **titanique** [~ta-'nik] titanic.

titiller [titil'le] (1a) *v/t.* tickle, titillate.

titrage [ti'traːʒ] m ⚛, ⊕ titration; metall. assaying; ⊕ thread, wire: sizing; cin. insertion of the titles; **titre** [ti:tr] m book, claim, eccl., gold, honour, nobility, office, song: title; book: title-page; chapter, page: heading; journ. headline; school: certificate (a. ✝); univ. diploma; ✝ bond; admin. pass (a. ✗), voucher; ♟ deed; fig. claim; ⚛ strength, alcohol: degree; metall. ore: content; coinage: standard; ⊕ thread, wire: size; ~s pl. qualifications (for, à); ✝ stocks and shares, securities; typ. ~ courant running headline; ~ de créance proof of debt; à ~ de by right or virtue of; as a (friend); à ~ d'office ex officio; à ~ gratuit free; as a favo(u)r; à ~ juste ~ rightly, deservedly; en ~ titular; on the permanent staff; fig. acknowledged; typ. faux ~ half-title; or m au ~ standard gold; **titrer** [ti'tre] (1a) *v/t.* confer a title on (s.o.); give a title to; cin. title (a film); ⚛ ⊕ titrate; metall. assay; journ. run as a headline; wine etc.: ~ 10° be 10° proof.

tituber [tity'be] (1a) *v/i.* stagger, lurch, reel.

titulaire [tity'lɛːr] **1.** adj. titular (a. eccl.); full, regular (member); **2.** su. holder; passport: bearer; su./m eccl. incumbent; univ. regular professor.

toast [tɔst] m toast; porter un ~ propose a toast ((to, à); **toaster** [tɔs'te] (1a) *v/t.* toast (s.o.), drink to (s.o.'s) health.

toboggan [tɔbɔ'gɑ̃] m toboggan; mot. overpass; *piste* f de ~ toboggan-run.

toc [tɔk] **1.** int. tap, tap!; rat-rat! (at door); **2.** su./m sound: tap, rap; ⊕ (lathe-)carrier; ⊕ catch; F sham jewellery; ✝ en ~ pinchbeck; **3.** adj./inv. sl. touched, crazy.

tocante F [tɔ'kɑ̃ːt] f watch, F ticker.

tocsin [tɔk'sɛ̃] m alarm(-bell, -signal).

toge [tɔːʒ] f hist. Rome: toga; ♟, univ. gown; ♟ robe.   [hubbub.⟩

tohu-bohu [tɔybɔ'y] m confusion;⟩

toi [twa] *pron./pers. subject:* you; *object:* you; (to) you; *à* ~ to you; yours.

toile [twal] *f* linen; cloth; *paint.* canvas; (oil) painting; (*spider's*) web; *thea.* curtain; ♣ sail; ✗ tent; ~s *pl. hunt.* toils; ~ *à matelas* tick(ing); ~ *à sac* sackcloth; ~ *à voiles* sail-cloth; ~ *cirée* ✝ oilcloth, American cloth; ♣ oilskin; ~ *de coton* cotton(-cloth); *thea., a. fig.* ~ *de fond* backdrop; ~ *métallique* wire gauze; *reliure f en* ~ cloth binding; **toilerie** ✝ [~'ri] *f* linen *or* textile trade; linen goods *pl.*; **toilettage** [twale'ta:ʒ] *m* grooming (*of pets*); *fig.* touch-up; **toilette** [~'lɛt] *f* toilet, washing; dressing; dressing table; (*woman's*) dress, costume; wash-stand; ~s *pl.* toilet, lavatory; *faire sa* ~ have a wash, get washed; *objets pl. de* ~ toilet accessories; **toilier, -ère** [~'lje, ~'ljɛ:r] 1. *adj.* linen...; 2. *su./m* ✝ linen dealer *or* manufacturer. [yourself.]

toi-même [twa'mɛːm] *pron./rfl.*]

toise [twaːz] *f* measuring apparatus; *fig.* standard (*of comparison*); ✝ *measure:* fathom; **toiser** [twa'ze] (1a) *v/t.* measure; △, *surv.* survey for quantities; *fig.* eye (s.o.) from head to foot, weigh (s.o.) up.

toison [twa'zɔ̃] *f* fleece; F *fig.* shock of hair.

toit [twa] *m* roof (*a.* ✗); house-top; *mot.* ~ *ouvrant* sunshine roof; *fig. crier sur les* ~s shout (s.th.) from the housetops; **toiture** [twa'ty:r] *f* roof (-ing).

tokai, tokay [tɔ'kɛ] *m* wine: Tokay.

tôle [to:l] *f* ⊕ sheet-metal, sheet-iron; (*galvanized, enamelled, etc.*) iron; plate; boiler-plate; *sl.* clink (= *prison*); ~ *ondulée* corrugated iron.

tolérable [tɔle'rabl] tolerable, bearable; **tolérance** [~'rãːs] *f* ⊕, coinage, *a. fig.:* tolerance; ⊕ limits *pl.*, margin; *admin.* allowance; (*religious*) toleration; **tolérant, e** [~'rã, ~'rãːt] tolerant; **tolérer** [~'re] (1f) *v/t.* tolerate (*a.* ✿ *a drug*); *fig.* overlook; F bear, endure.

tôlerie [tol'ri] *f* sheet-iron and steel-plate goods *pl. or* trade *or* works *usu. sg.*

tolet ♣ [tɔ'lɛ] *m* thole-pin.

tôlier [to'lje] *m* ✝ sheet-iron merchant; sheet-iron worker; *sl.* innkeeper; *sl. hotel:* boss.

tomate ♀ [tɔ'mat] *f* tomato.

tombale [tɔ̃'bal] *adj./f:* pierre *f* ~ tombstone.

tombant, e [tɔ̃'bã, ~'bãːt] falling; drooping (*moustache, shoulders*); sagging (*branch*); flowing (*hair*); *à la nuit* ~e at nightfall.

tombe [tɔ̃:b] *f* tomb, grave; tombstone; **tombeau** [tɔ̃'bo] *m* tomb; *fig.* death.

tombée [tɔ̃'be] *f* rain: fall; *à la* ~ *de la nuit* (*or du jour*) at nightfall; **tomber** [~'be] (1a) 1. *v/i.* fall (*a.* ✗, *a. fig.* hair, night, government, *etc.*); tumble (down), fall (down); decline; drop (*a.* ✿ *fever*); decrease; subside (*rage, wind, a. fever*); die down (*feelings, fire, storm*); flag (*conversation*); *fig.* fail; *thea.* fall flat (*play*); ✗ crash; *fig.* become; *fig.* go out of fashion; *fig.* drop in (on, *chez*); ~ *à rien* come to nothing; ~ *bien* (*or juste*) happen *or* come at the right moment; ~ *d'accord* reach agreement, agree; ~ *dans le ridicule* make a fool of o.s.; ~ *de fatigue* be ready to drop; ~ *en disgrâce* fall into disgrace; ~ *le mardi* fall on a Tuesday (*festival*); ~ *mal* be inopportune; ~ *malade* fall ill (dead, in love); ~ *sur* meet (with), run *or* come across; ✗ fall on (*the enemy*); *faire* ~ bring down; *cards:* drop; *il tombe de la neige* it is snowing; *laisser* ~ drop (s.th., one's voice, F s.o.); give up, discard; F *les bras m'en tombent* I am flabbergasted; 2. *v/t. wrestling:* throw (s.o.); ⊕ turn up *or* down (*the edge of a plate etc.*); *thea.* bring about the failure of, F kill; F ~ *la veste* slip off one's jacket; *sl.* ~ *une femme* lay a woman; **tombereau** [tɔ̃'bro] *m* (tip-)cart; ☷ open truck; truckload; *hist.* tumbrel; ~ *à ordures* dust-cart; **tombeur** [tɔ̃'bœ:r] *m sp.* wrestler; F ~ *de femmes* lady-killer.

tombola [tɔ̃bɔ'la] *f* lottery, raffle.

tome [to:m] *m* tome, (large) volume.

ton¹ *m*, **ta** *f*, *pl.* **tes** [tɔ̃, ta, te] *adj./poss.* your.

ton² [tɔ̃] *m* voice, *paint., phot.*, ✿, *a.* ♪ *instrument, a. fig.* tone; *paint., phot.* tint; ✝ shade, colo(u)r; *fig.* (*good etc.*) form; ♪ pitch; ♪ key; ♪ mode; *fig. le bon* ~ good form; *être de bon* ~ be good form, be in good taste;

tordeur

donner le ∼ ♩ give the pitch; *fig.* set the tone *or* the fashion; *être dans le ton, avoir le* ∼ ♩ be in tune; *fig.* tone in, match; *fig.* fit in; *ne pas être dans le* ∼ ♩ be out of tune; *fig.* clash; *fig.* be out of place; ♫ *donner du* ∼ (*à q.*) brace (s.o.) up, act as a tonic (on s.o.).

tonal, e, *m/pl.* -als [tɔ'nal] tonal; **tonalité** [∼nali'te] *f* ♩, *paint., phot.* tonality; *radio*: tone.

tondage [tɔ̃'da:ʒ] *m vet.* dipping, shearing (*a. tex.*); **tondaille** [∼'da:j] *f* (sheep-)shearing; **tondaison** [∼dɛ'zɔ̃] *f see* tonte; **tondeur, -euse** [∼'dœ:r, ∼'dø:z] *su.* shearer; *vet.*, *a.* ✂ clipper; *su./f* shears *pl.*; ✂ lawn-mower; *hair, dog's coat*: clippers *pl.*; **tondre** [tɔ̃:dr] (4a) *v/t. vet.*, *a.* ⊕ shear; *sheep*: crop (*the grass*); clip (*dog, hair, hedge, horse*); *fig.* fleece (*s.o.*).

tonicité ♫ [tɔnisi'te] *f* tonicity; **tonifier** ♫ [∼ni'fje] (1o) *v/t.* tone up, brace; **tonique** [∼'nik] **1.** *adj.* tonic (♫, *a. gramm.*); *accent m* ∼ stress, tonic; **2.** *su./m* ♫ tonic; *su./f* ♩ tonic, key-note.

tonitruant, e *fig.* [tɔnitry'ɑ̃, ∼'ɑ̃:t] thundering; violent (*wind*); **tonitruer** *fig.* [∼'e] (1a) *v/i.* thunder.

tonnage ⚓ [tɔ'na:ʒ] *m* tonnage; displacement.

tonnant, e [tɔ'nɑ̃, ∼'nɑ̃:t] thundering (*a. fig. voice*).

tonne [tɔn] *f measure*: metric ton; *tun, cask;* **tonneau** [tɔ'no] *m* cask, barrel; *governess-cart;* *mot.* tonneau; ✈ toll, horizontal spin; *au* ∼ draught (*beer*); **tonnelage** [tɔn'la:ʒ] *m* cooperage; † *marchandises f/pl. de* ∼ goods in barrels; **tonnelet** [∼'lɛ] *m* keg (*a.* ⚓); small cask; *oil:* drum; **tonnelier** ⊕ [tɔnə'lje] *m* cooper; **tonnelle** [∼'nɛl] *f* ♫ barrel-vault, semicircular arch; *fig.* bower; *hunt.* tunnel-net; **tonnellerie** ⊕ [∼nɛl'ri] *f* cooperage; cooper's shop.

tonner [tɔ'ne] (1a) *v/i.* thunder (*a. fig.*); *fig.* boom (out); **tonnerre** [∼'nɛ:r] *m* thunder (*a. fig.*); † thunderbolt, lightning; *coup m de* ∼ thunderclap, peal of thunder; *fig.* thunderbolt; F *du* ∼ (*de Dieu*) terrific, a hell of a ...

tonsure [tɔ̃'sy:r] *f* tonsure; *fig.* priesthood; **tonsurer** [∼sy're] (1a) *v/t.* tonsure.

tonte [tɔ̃:t] *f* (sheep-)shearing; shearing-time; *tex.* shearing; ✂ clipping; *lawn:* mowing.

tonton F [tɔ̃'tɔ̃] *m* uncle.

tonus [tɔ'nys] *m* ♫ tonus, tone; *fig.* energy.

topaze *min.* [tɔ'pa:z] *f* topaz; ∼ *brûlée* (*occidentale*) pink (false) topaz.

tope! [tɔp] *int.* agreed!; done!; **to-per** [tɔ'pe] (1a) *v/i.* agree; shake hands on it.

topinambour ♀, *cuis.* [tɔpinã'bu:r] *m* Jerusalem artichoke.

topique [tɔ'pik] **1.** *adj.* local (*a.* ♫); *fig.* to the point, relevant; ♫ local *or* topical remedy; *phls.* commonplace. **2.** *su./m* ♫ local *or* topical remedy; *phls.* commonplace.

topographe [tɔpɔ'graf] *m* topographer; **topographie** [∼gra'fi] *f* topography; surveying; topographical map *or* plan; **topographique** [∼gra'fik] topographic(al); ordnance (*map, survey*).

toquade F [tɔ'kad] *f* passing craze, infatuation.

toquante F [tɔ'kã:t] *f* watch, F ticker.

toque *cost.* [tɔk] *f* chef, jockey, *univ.*, ♄: cap; (*woman's*) toque.

toqué, e F [tɔ'ke] crazy, cracked, nuts; ∼ *de* infatuated with, *sl.* mad about (*a hobby, a woman, etc.*); **toquer** [∼] (1m) *v/t.* drive (*s.o.*) crazy; *fig.* infatuate; *se* ∼ lose one's head (over, *de*).

torche [tɔrʃ] *f* torch; straw pad; **torcher** [tɔr'ʃe] (1a) *v/t.* wipe (*s.th.*) (clean); daub (*the wall*), cover (*the floor, the wall*) with cobmortar; F *fig.* polish off, do (*s.th.*) quickly; *pej.* botch, scamp (*one's work*); **torchère** [∼'ʃɛ:r] *f* candelabra; **torchette** [∼'ʃɛt] *f* wisp of straw (*for cleaning*); house flannel; *tex.* hank; **torchis** ♫ [∼'ʃi] *m* cob; **torchon** [∼'ʃɔ̃] *m* (kitchen) cloth; (∼ *à vaisselle*) dish towel; duster; floor cloth; F *fig.* rag (= *bad newspaper*); *coup de* ∼ wipe; *a. fig.* clean-up; F *fig.* fight, quarrel; **torchonner** F [∼ʃɔ'ne] (1a) *v/t.* wipe; *sl.* botch, scamp (*one's work*).

tordage [tɔr'da:ʒ] *m* twisting; *tex. etc.* twist; **tordant, e** F [∼'dã, ∼'dã:t] screamingly funny; **tord-boyaux** F [tɔrbwa'jo] *m/inv.* strong (but poor) brandy, *sl.* rot-gut; rat poison; **tordeur, -euse** [∼'dœ:r, ∼'dø:z] *su.* (*person*): twister; *su./f* ⊕ cable-twisting machine; *zo.* leafroller moth; **tordoir** ⊕ [ˌˈdwaːr] m rope-twister, rack-stick; cable-twisting machine; *laundry*: wringer; oil-mill; **tordre** [tɔrdr] (4a) *v/t.* ⊕ twist; wring (*hands, s.o.'s neck, clothes, a. fig. s.o.'s heart*); distort, twist (*one's features, the mouth, the meaning*); ⊕ buckle (*metal*); se ~ twist, writhe; (*a. se ~ de rire*) roar with laughter; **tordu, e** [tɔrˈdy] twisted; bent; crooked; warped (*a. fig. mind*); F nuts, crazy, loony.

toréador [tɔreaˈdɔːr] m bull-fighter.

torgn(i)ole F [tɔrˈɲɔl] f slap, blow.

tornade [tɔrˈnad] f tornado; *fig.* torrent of abuse.

toron [tɔˈrɔ̃] m rope: strand; *straw*: wisp.

torpeur [tɔrˈpœːr] f torpor; **torpide** [ˌˈpid] torpid.

torpille ⚓, ⚔, *a. icht.* [tɔrˈpiːj] f torpedo; **torpiller** ⚓ [ˌpiˈje] (1a) *v/t.* torpedo (*a ship, a. fig. a scheme*); **torpilleur** ⚓ [ˌpiˈjœːr] m destroyer; *person*: torpedo man.

torréfacteur [tɔrrefakˈtœːr] m (coffee-)roaster; **torréfaction** [ˌfakˈsjɔ̃] f (coffee-)roasting; torrefaction; **torréfier** [ˌˈfje] (1o) *v/t.* roast (*coffee etc.*); torrefy; *sun*: scorch (*s.o.*).

torrent [tɔˈrɑ̃] m torrent (*a. fig.*); *fig.* abuse, light, tears: flood; **torrentiel, -elle** [tɔrɑ̃ˈsjɛl] torrential; **torrentueux, -euse** [ˌˈtɥø, ˌˈtɥøːz] torrent-like, torrential.

torride [tɔrˈrid] *geog.* torrid; *fig.* scorching (*heat*).

tors, torse [tɔːr, tɔrs] **1.** *adj.* twisted, ⚙ wreathed (*column*); crooked, bandy; *cou* m ~ wry neck; **2.** *su./m* *rope etc.*: twist; (twisted) cord; **torsade** [tɔrˈsad] f *hair*: twist, coil; twisted cord; *en* ~ coiled (*hair*); **torsader** [ˌsaˈde] (1a) *v/t.* twist (together); coil (*hair*).

torse [tɔrs] m trunk, torso; chest.

torsion [tɔrˈsjɔ̃] f *rope, wire, etc.*: twisting; *phys.*, ⚡, *mot.* torsion; *moment* m de ~ torque.

tort [tɔːr] m wrong; mistake, error, fault; damage, harm; *à* ~ wrongly; *à* ~ *ou à raison* rightly or wrongly; *avoir* ~ be wrong; *dans (or en) son* ~ be in the wrong, at fault; *donner* ~ *à* blame, lay the blame on; *prove* (to be) wrong; *faire (du)* ~ *à q.* harm s.o., do s.o. harm; be detrimental to s.o.

torticolis ⚕ [tɔrtikoˈli] m crick (in the neck); stiff neck.

tortillard, e [tɔrtiˈjaːr, ˌˈjard] m small local railway; **tortille** [ˌˈtiːj] † f winding path (*in a wood etc.*); **tortillement** [ˌtijˈmɑ̃] m twist(ing); *worm, a. fig.*: wriggling; *fig.* quibbling, subterfuge; **tortiller** [ˌtiˈje] (1a) *v/t.* twist (up); twiddle; twirl (*one's moustache*); se ~ wriggle; writhe, squirm; *v/i.* F *fig.* wriggle (a)round; ~ *des hanches* swing or F wiggle one's hips; **tortillon** [ˌtiˈjɔ̃] m *hair, paper*: twist; *market porter*: headpad.

tortionnaire [tɔrsjɔˈnɛːr] **1.** *adj.* torture-..., of torture; *fig.* wicked; **2.** *su./m* torturer.

tortis [tɔrˈti] m twisted threads *pl.*; torsel.

tortu, e † [tɔrˈty] crooked.

tortue [tɔrˈty] f *zo.* tortoise; F *à pas de* ~ at a snail's pace; *cuis.* *soupe* f *à la* ~ turtle-soup.

tortueux, -euse [tɔrˈtɥø, ˌˈtɥøːz] tortuous (*a. fig. conduct*), winding; twisted (*tree*); *fig.* crooked (*conduct, person*); *fig.* wily (*person*).

torture [tɔrˈtyːr] f torture; **torturer** [ˌtyˈre] (1a) *v/t.* torture; *fig.* twist, strain (*the sense, a text*); se ~ *l'esprit* rack one's brains.

torve [tɔrv] menacing; forbidding; *regard* m ~ grim look; scowl.

tôt [to] *adv.* soon; early; ~ *ou tard* sooner or later; *au plus* ~ at the earliest; *le plus* ~ *possible* as soon as possible; *pas de si* ~ not so soon.

total, e, *m/pl.* **-aux** [tɔˈtal, ˌˈto] **1.** *adj.* total, complete; **2.** *su./m* (sum) total; *au* ~ on the whole; **totalisateur** [tɔtalizaˈtœːr] m adding-machine; *turf*: totalizator; **totalisation** [ˌzaˈsjɔ̃] f totalization; totting up, adding up; **totalisatrice** [ˌzaˈtris] f cash register; **totaliser** [ˌˈze] (1a) *v/t.* totalize, tot up, add up; **totalitaire** [tɔtaliˈtɛːr] f totalitarian; **totalitarisme** [ˌtaˈrism] m totalitarianism; **totalité** [ˌˈte] f whole, total; *en* ~ wholly.

toton [tɔˈtɔ̃] m teetotum; F *faire tourner q. comme un* ~ twist s.o. round one's little finger.

touage ⚓ [twaˈʒ] m chain-towage (*dues pl.*); kedging.

touaille [twaˈj] f roller-towel.

toubib F [tuˈbib] m doctor, F doc.

touchant, e [tuʃ'ɑ̃, ~'ʃɑ̃:t] **1.** *adj.* touching, moving; **2.** *su./m* touching thing (about s.th., *de qch.*); **3.** † *touchant prp.* concerning, about, with regard to; **touchau** [tu'ʃo] *m* (goldsmith's) touch-needle, test-needle; **touche** [tuʃ] *f* touch (*a. paint., sp.*); typewriter, ♪ piano: key; ♪ violin etc.: fingerboard; *paint. etc., a. fig.* style, manner; *foot.* throw-in; *foot.* (*a. ligne f de ~*) touch-line; fencing, billiards: hit; ♪ ~s *pl. guitar*: frets; *tel.* ~ *d'interruption* break-key; *arbitre m de ~ foot.* linesman; *rugby*: touch-judge; *pierre f de ~* touchstone (*a. fig.*); *sl. avoir une drôle de ~* look funny; *sur la ~ sp.* on the sidelines; *fig.* out in the cold; *fig.* aloof; **touche-à-tout** [tuʃa'tu] *su./inv.* dabbler; meddler; Jack of all trades; **toucheau** [~'ʃo] *m see touchau;* **toucher** [~'ʃe] **1.** (1a) *v/t.* touch, hit (*a ball, ⚔ the mark, an opponent*); feel; contact, reach (*s.o.*); receive, draw (*money*); ✝ collect (*a bill*); *fig.* move (*s.o.*) (*to tears etc.*); deal with, touch on, allude to (*a matter, a question*); strike (*a. ⚓ rock*); *v/i.*: ~ *à* border on (*a place, a. fig.*); be in contact with (*s.th.*); be near to (*an age, a place, a. fig.*); reach to; *fig.* affect (*interests, question, welfare*); ⚓ call at; ~ *à sa fin* be drawing to a close; *défense f de ~!* hands off!; F *touchez là!* shake hands on it!; F *put it there!*; shake! **2.** *su./m* touch (*a. ♪ of a pianist*); feel; **touchette** ♪ [~'ʃɛt] *f guitar etc.:* fret, stop; **toucheur** [~'ʃœ:r] *m* (cattle-)drover.

toue ⚓ [tu] *f* river barge; **touée** ⚓ [twe] *f* warping-cable; *cable, rope, ship at anchor:* scope; *fig.* stretch, length; **touer** ⚓ [~] (1p) *v/t.* chain-tow; take in tow.

touffe [tuf] *f grass, hair:* tuft; *hay, straw:* wisp; *flowers:* bunch; *trees:* clump; **touffeur** [tu'fœ:r] *f room:* stifling heat; F *fug:* stuffiness; **touffu, e** [~'fy] bushy (*beard etc.*); thickly wooded (*scenery*); close, tangled (*thicket*); *fig.* abstruse; that is heavy reading (*book*).

toujours [tu'ʒu:r] *adv.* always, ever; still; nevertheless, anyhow; ~ *est-il que* the fact remains that; *pour* (*or à*) ~ for ever.

toundra *geog.* [tun'dra] *f* tundra.

toupet [tu'pɛ] *m* tuft of hair; *person,*

a. horse: forelock; F *fig.* impudence, cheek; *faux ~* toupet.

toupie [tu'pi] *f* (spinning-)top; peg-top; ⊕ mo(u)lding lathe; ~ *d'Allemagne* humming-top; F *vieille ~* old frump; **toupiller** [tupi'je] (1a) *v/t.* ⊕ shape (*wood*); *v/i.* spin round; bustle about.

toupillon [tupi'jɔ̃] *m* (small) bunch.

tour¹ [tu:r] *f* tower; *chess:* castle, rook; high-rise *or* tower block; *fig.* ~ *d'ivoire* ivory tower.

tour² [~] *m* ⊕ *machine, key, phrase, order, fig.:* turn; ⊕ revolution (*potter's*) wheel; ⊕ lathe; circuit, circumference; *cost.* size, measurement; turning, winding; *face:* outline; *affairs:* course; trip, walk, stroll; ✗, *a. road:* twist; ✗ sprain; *sp. tennis:* round; *fig.* feat; trick; *fig.* manner, style; ~ *à* ~ by turns; *sp.* ~ *cycliste* cycle race; ~ *de force* feat (*of strength or skill*); ~ *de main* knack, skill; *fig.* tricks *pl.* of the trade; *sp.* ~ *de piste* lap (*circuit*); *cost.* ~ *de poitrine* man: chest measurement, *woman:* bust measurement; ✗ ~ *de reins* crick in the back; *cost.* ~ *de taille* waist measurement; *à mon ~* in my turn; *à* ~ *de bras* with all one's might; *à* ~ *de rôle* in rotation; *c'est* (*à*) *son* ~ it is his turn; *en un* ~ *de main* in a twinkling, straight away; ⚓ *faire le* ~ swing the ship; cap-size; *faire le* ~ *de* go round (*the world etc.*); *faire un mauvais* ~ *à q.* play a dirty trick on s.o.; *faire un* ~ take a stroll; *fermer à double* ~ double-lock (*a door*); *par* ~ *de faveur* out of (one's proper) turn.

touraille ⊕ [tu'ra:j] *f* malt-kiln.

tourbe¹ † *pej.* [turb] *f* mob, rabble.

tourbe² [turb] *f* peat, turf; **tourbeux, -euse** [tur'bø, ~'bø:z] ✔ peaty, boggy; *marais m* ~ peat-bog; **tourbier** [~'bje] *m* peat-worker; **tourbière** [~'bjɛ:r] *f* peat-bog.

tourbillon [turbi'jɔ̃] *m* whirlwind; *dust:* swirl; whirlpool, eddy; *astr., fig.* vortex; *fig.* whirl; *fig.* round; ~ *de neige* snowstorm; **tourbillonner** [~jɔ'ne] (1a) *v/i.* swirl; whirl round.

tourelle [tu'rɛl] *f* ⚔, ✗, ⚓, ⊕, 💺 turret; ⊕ *lathe:* capstan.

tourie [tu'ri] *f* carboy.

tourisme [tu'rism] *m* tourism; touring; holiday travel; tourist industry; *bureau m de* ~ travel agency; *voiture f* de ~ touring car; **touriste** [~'rist] *su.* tourist; **touristique** [~ris'tik] travel ...; touristic, tourist ...

tourment [tur'mã] *m* torment, torture (*a. fig.*); *fig.* agony, anguish; ~s *pl. hunger*: pangs; **tourmente** [~'mã:t] *f* storm (*a.fig.*); *fig.* turmoil; ~ de neige blizzard; **tourmenter** [turmã'te] (1a) *v/t.* torture, torment; *fig.* worry, trouble; *fig.* pester, harry; ♣ *wind*: toss (*a ship*) about; *fig.* overelaborate (*a picture, a theme, etc.*); se ~ worry, fret; **tourmenteur, -euse** [~'tœ:r, ~'tø:z] tormenting; **tourmentin** ♣ [~'tɛ̃] *m* storm-jib.

tournage [tur'na:ʒ] *m* ⊕ turning (*on a lathe*); ♣ belaying; *cin.* shooting; **tournailler** F [~na'je] (1a) *v/i.* wander up and down *or* about; **tournant, e** [~'nã, ~'nã:t] **1.** *adj.* turning; revolving; winding (*path, road*); spiral (*staircase*); **2.** *su./m road, river*: turning, bend; (*street*) corner; winding; *mill*: water-wheel; *fig.* turning point; F *fig.* avoir (*or* rattraper*) q. au ~ pay s.o. back; **tourne-broche** [turnə'brɔʃ] *m* roasting jack; † turnspit; **tourne-disque** [~'disk] *m* grammophone: turntable; **tournedos** *cuis.* [~'do] *m* tournedos; fillet steak; **tournée** [tur'ne] *f* admin., a. ♣ round; ⚖ circuit; *thea.* tour; *fig.* round (*of drinks*); F *fig.* thrashing; faire la ~ de visit, do the round of, F do; **tournemain** † [~nə'mɛ̃] *m*: en un ~ in a twinkling, straight away; **tourner** [~'ne] (1a) **1.** *v/t.* turn; rotate (*a wheel*); turn round (*a corner*); wind (*s.th. round s.th.*); ⊕ shape, fashion; *cuis.* stir (*a liquid*); ♣ make fast (*a hawser*); *cin.* shoot, make (*a film*), *actor*: star in (*a film*); ✗ outflank; *fig.* evade (*a difficulty, a law*), get round (*a.* ✗); *fig.* turn over (*a. a page*), revolve (*a problem*); convert (into, en); ~ la tête (l'estomac) à q. turn s.o.'s head (stomach); se ~ turn (round); change (into, en); **2.** *v/i.* turn; go round, revolve; ⊕ run, go; spin (*top*); wind (*path, road*); *fig.* whirl (*head*); change (*weather, wind*); shift (*wind*); *cin.* film; turn (*sour*) (*milk etc.*); *fig.* turn out (*badly, well*); *fig.* ~ à become, tend to(wards); ~ à droite turn to the right; ~ au beau turn fine; *mot.* ~ au ralenti idle, tick over; bien tourné handsome, well set-up; il tourne cœur *cards*: the turn-up is

hearts; la tête me tourne I feel giddy, my head is spinning; *mal* ~ go to the bad; **tournerie** ⊕ [~nə'ri] *f* turner's shop.

tournesol [turnə'sɔl] *m* ⊕ sunflower; 🜓 litmus.

tournette [tur'nɛt] *f* tex. reel; squirrel's cage; turn-table; ⊕ circular glass-cutter; **tourneur, -euse** [~'nœ:r, ~'nø:z] **1.** *adj.* dancing (*dervish*); **2.** *su./m* ⊕ turner; ⊕ lathe operator; **tournevent** [~nə'vã] *m* chimney-jack; chimney-cowl; **tournevis** ⊕ [~nə'vis] *m* screwdriver.

tourniole 🝆 F [~'njɔl] *f* whitlow (*round a nail*).

tourniquet [turni'kɛ] *m* turnstile; † revolving stand; ✐ sprinkler; ⊕ catch; *shutter*: button; 🔩 vane; 🝆 tourniquet; ✗ F passer au ~ be court-martialled.

tournis *vet.* [tur'ni] *m sheep*: staggers *pl.*

tournoi [tur'nwa] *m sp. etc.* tournament; *whist*: drive; **tournoiement** [turnwa'mã] *m* spinning, whirling; *water*: swirling; *bird*: wheeling; 🝆 dizziness; **tournoyer** [~'je] (1h) *v/i.* spin; turn round and round, whirl; swirl (*water*); wheel (*bird*); *fig.* quibble.

tournure [tur'ny:r] *f fig.* turn (*of events etc.*); shape; cast; phrase: turn; ⊕ *lathe*: turning(s *pl.*); ~ d'esprit cast of mind; way of thinking; prendre une meilleure ~ take a turn for the better.

tourte [turt] *f cuis.* (covered) pie or tart; F dolt, duffer; **tourteau** [tur'to] *m* round loaf; cattle-cake, oil-cake; edible crab; ⊕ centre-boss.

tourtereau *orn.* [turtə'ro] *m* young turtle-dove (*a. fig.*); **tourterelle** *orn.* [~'rɛl] *f* turtle-dove.

tourtière *cuis.* [tur'tjɛ:r] *f* pie-dish; baking-tin.

tous [tu; tus] *see* tout.

Toussaint *eccl.* [tu'sɛ̃] *f*: la ~ All Saints' Day; la veille de la ~ Hallowe'en.

tousser [tu'se] (1a) *v/i.* cough; **tousseur *m*, -euse** *f* [~'sœ:r, ~'sø:z] cougher; **toussoter** [~sɔ'te] (1a) *v/i.* give little coughs; have a slight cough.

tous-temps [tu'tã] *adj./inv.* all-weather.

tout *m*, **toute** *f*, **tous** *m/pl.*, **toutes** *f/pl.* [tu, tut, tu, tut] **1.** *adj. before unparticularized noun*: all, any, every; sole, only; *intensive*: very, most, utmost, extreme; *before particularized su./sg.*: all, the whole (of); *before particularized su./pl.*: all, every, every one of; *with numerals*: all; *with numeral + su./pl.* every + *su./sg.*; ~ homme every or any man; *pour toute nourriture* as sole food; *de toute fausseté* completely false; *toute la (une) ville* the (a) whole town; ~ *le monde* everyone; ~ *Paris* all or the whole of Paris; *toutes les semaines* every week; *tous les cinq* all five; *tous les deux* both; *toutes les cinq (deux) semaines* every fifth (other) week; **2.** *pron./indef.* [*m/pl.* tus] all; everything; ~ *est là* everything is there; *après* ~ after all; *bonne f à ~ faire* maid of all work; *c'est (or voilà)* ~ that is all; *c'est* ~ *dire* that's the long and the short of it; *et* ~ *et* ~ and all the rest of it; *nous tous* all of us; *six fois en* ~ six times in all; **3.** *su./m* the whole, all; the main thing; *À* (*pl.* **touts** [tu]) total; *du* ~ *au* ~ completely, entirely; *pas du* ~ not at all; **4.** *adv. (before adj./f beginning with consonant or aspirate h, agrees as if adj.)* quite, completely; all; very; ready(-cooked, -made, etc.); right; stark (naked, mad); straight (ahead, forward); ~ *à coup* suddenly; ~ *à fait* completely; ~ *à l'heure* a few minutes ago; in a few minutes; ~ *au plus* at the very most; ~ *autant* quite as much or many; ~ *d'abord* at first; ~ *de même* all or just the same; ~ *de suite* at once, immediately; ~ *restaurant*: in a moment; ~ *d'un coup* at one fell swoop; ~ *en (ger.)*: while (*ger.*); ~ *petits enfants* very young children; ~ *sobre qu'il paraît* however sober he seems *or* may seem, sober though he seems *or* may seem; *à* ~ *à l'heure!* see you later!; *c'est* ~ *un* it's all the same; *elle est toute contente* (*honteuse*) she is quite content (a-shamed); *elle est tout étonnée* she is quite astonished.

tout-à-l'égout [tutale'gu] *m/inv.* main-drainage, direct-to-sewer drainage.

toute [tut] *see* **tout;** ~**fois** [~'fwa]

cj. however, still, nevertheless; ~**-puissance** *eccl.* [~pчi'sã:s] *f* omnipotence. [wow.\

toutou *ch.sp.* [tu'tu] *m* doggie, bow-\

tout(~)va F [tu'va]: *à* ~ enormous, unbounded, super; (*adv.*) enormously, F like crazy.

tout-venant [tuvə'nã] *m* ⁰ un-screened coal; † ungraded products; *fig.* hoi polloi.

toux [tu] *f* cough; *accès m (or quinte f) de* ~ fit of coughing.

toxicité [tɔksisi'te] *f* toxicity; **toxicologie** 🞵 [~kɔlɔ'ʒi] *f* toxicology; **toxicomane** 🞵 [~kɔ'man] **1.** *su.* dope fiend; drug-addict; **2.** *adj.* drug-addicted; **toxicomanie** 🞵 [~kɔma'ni] *f* dope-habit; drug-habit; **toxine** 🞵 [tɔk'sin] *f* toxin; **toxique** [~'sik] **1.** *adj.* toxic; poisonous; **2.** *su./m* poison.

trac F [trak] *m* fright; *thea.* stage-fright; *avoir le* ~ get the wind up; *tout à* ~ without reflection.

tracas [tra'ka] *m* bother, worry, trouble; **tracasser** [~ka'se] (1a) *v/t.* bother, worry; *se* ~ worry, fret (about, *pour*); **tracasserie** [~kas'ri] *f* worry; harassment; **tracassier, -ère** [~ka'sje, ~'sjɛ:r] **1.** *adj.* vexatious; irksome; **2.** *su.* fussy person; troublesome person.

trace [tras] *f* trace; *vehicle*: track; *animal, person*: trail; footprints *pl.*; *fig.* footsteps *pl.*; burn, suffering: mark; *fig.* sign; **tracé** [tra'se] *m* tracing, sketching; *town etc.*: layout; *road*: lie; *À* graph; *À* etc. outline, drawing, plan; **tracer** [~] (1k) *v/t.* trace; mark out; *À* plot (a curve, a graph); draw (a line, a plan); sketch (an outline, a plan); *fig.* open up (a route etc.); *fig.* show (the way); *v/i.* sl. get a move on; **traceret** [tras'rɛ] *m* scriber, tracing-awl; **traceur, -euse** [tra'sœ:r, ~'sø:z] *su., a. adj.* ⊕, ✕, etc. tracer.

trachée [tra'ʃe] *f* ♀, *zo.* trachea; ♀ duct; F *anat.* = ~**artère,** *pl.* ~**s-artères** *anat.* [~ʃear'tɛ:r] *f* trachea, windpipe; **trachéite** [~ke'it] *f* tracheitis; **trachéotomie** [~keɔto'mi] *f* tracheotomy; **trachome** 🞵 [~'kɔm] *m* trachoma.

traçoir ⊕ [tra'swa:r] *m see* **traceret.**

tract [trakt] *m* tract; leaflet.

tractations *pej.* [trakta'sjɔ̃] *m f/pl.* dealings.

tracté, e [trak'te] tractor-drawn; **tracteur** [~'tœ:r] *m* tractor; **traction** [~'sjɔ̃] *f* traction; pulling; draught, *Am.* draft; *sp.* pull-up; *sp.* press-up, push-up; 🚂 rolling-stock department; *mot.* (*a.* ~ *avant*) car with front-wheel drive; ⊕ *etc.* essai *m de* ~ tension test; **tractoriste** [~tɔ-'rist] *su.* tractor driver.

tradition [tradi'sjɔ̃] *f* tradition; ⚖️ delivery; folklore; *de* ~ traditional; **traditionaliste** [~sjɔna'list] *su.* traditionalist; **traditionnel, -elle** [~sjɔ'nɛl] traditional; standing (*joke etc.*); habitual.

traducteur *m*, **-trice** *f* [tradyk'tœ:r, ~'tris] translator; **traduction** [~'sjɔ̃] *f* translation; interpretation; **traduire** [tra'dɥi:r] (4h) *v/t.* translate (into, en); fig. render, convey, express; ⚖️ ~ *en justice* summon, sue, prosecute; *se* ~ *par* be translated by; fig. find it's expression in, be expressed by; **traduisible** [~dɥi'zibl] translatable; ⚖️ ~ *en justice* liable to prosecution *or* to be sued.

trafic [tra'fik] *m* traffic (*a. fig. pej.*); trading; *teleph.* ~ *interurbain* trunk traffic; *faire le* ~ *de* traffic in; **traficotage** [~fikɔ'ta:ʒ] *m* trafficking, underhand(ed) dealings *pl.*; **trafiquant** [trafi'kɑ̃] *m* trader; trafficker (*in de, en*) (*a. pej.*); **trafiquer** [~'ke] (1m) *v/i.* trade, deal (in, en); *usu. pej.* traffic; *pej. fig.* ~ *de* make profit out of, sell; *v/t.* F doctor (*s.th.*) (up); **trafiqueur** *pej.* [~'kœ:r] *m* trafficker (*in de, en*).

tragédie [traʒe'di] *f* tragedy (*a. fig.*); **tragédien** [~'djɛ̃] *m* tragedian, tragic actor; **tragédienne** [~'djɛn] *f* tragic actress, tragedienne; **tragicomique** [traʒikɔ'mik] tragi-comic; **tragique** [tra'ʒik] **1.** *adj.* tragic; F *ce n'est pas* (*si*) ~ (*que ça*) that's not so bad; **2.** *su./m* tragic aspect (*of an event*); tragedy (*a.* = *tragic art*); tragic poet; *prendre au* ~ make a tragedy of (*s.th.*).

trahir [tra'i:r] (2a) *v/t.* betray; disclose; deceive (*s.o.*); fig. strength: fail (*s.o.*); be false to (*one's oath*); not to come up to (*expectations, hopes*); **trahison** [~i'zɔ̃] *f* treachery, perfidy; betrayal (of, de); ⚖️ treason; *haute* ~ high treason.

traille [trɑ:j] *f* trail-ferry; ferry-cable.

train [trɛ̃] *m* 🚂 train; *vehicles etc.*: string; *tyres, wheels*: set; *admin. laws, decrees etc.*: set, batch, series; *metall.* rolls *pl.*; ⊕ gear; (*timber-, Am. lumber-*)raft, float; *zo. horse*: quarters *pl.*; pace (*a. sp.*), speed; fig. mood; 🚂~*auto* car sleeper train; ~ *correspondant* connection; 🚂 ~ *de banlieue* (*ceinture*) suburban (circle) train; ~ *de derrière* (*devant*) *horse*: hind- (fore-) quarters *pl.*; ⊕ ~ *de laminoir* rolling-mill; 🚂 ~ *de marchandises* (*plaisir, voyageurs*) goods, *Am.* freight (excursion, passenger) train; ⊕~*d'engrenages* gear train; ⊕ ~ *de roues* wheel train; 🚂~ *direct* (*or express*) through *or* express train; 🚂 ~ *omnibus* slow *or Am.* accommodation train; 🚂 ~ *rapide* fast express (train); fig. *à fond de* ~ at top speed; *aller son petit* ~ jog along; fig. *dans le* ~ up to date, F in the swim; *en bon* ~ in a good state, doing *or* going well; *être en* ~ *de* (*inf.*) be (engaged in) (*ger.*); *être in a mood for* (*ger. or su.*); ✖ F *le* ♀ (*approx.*) (Royal) Army Service Corps; *mal en* ~ out of sorts; fig. *manquer le* ~ miss the bus; *mener grand* ~ live in great style; *sp. mener le* ~ set the pace; *mettre en* ~ set (*s.th.*) going; *typ.* make ready; fig. *monter dans* (*or prendre*) *le* ~ (*en marche*) jump on the bandwagon.

traînage [trɛ'na:ʒ] *m* hauling; sleighing; sleigh transport; ° haulage; *telev.* streaking; **traînant, e** [~'nɑ̃, ~'nɑ̃:t] dragging; trailing (*robe*); fig. sluggish; **traînard, e** [~'na:r, ~'nard] *su.* dawdler, *Am.* F slowpoke; *su./m* ✖ straggler; fig. carriage; **traînasser** [~na'se] (1a) *v/t.* ⚰ drag out; spin out; *v/i.* hang about; dawdle; **traîne** [trɛ:n] *f* dress: train; *fishing*: dragnet; *à la* ~ in tow (*a. fig.*); lagging behind; **traîneau** [trɛ'no] *m* sleigh, sledge; **traînée** [~'ne] *f* blood, light, smoke, snail: trail; gunpowder: train; *fishing*: powder-train; *sl.* prostitute; **traîner** [~'ne] (1b) *v/t.* draw, drag, pull; tow (*a barge*); drawl out (*words*); drag out (*an affair, an existence, a speech*); ~ *la jambe* limp; *se* ~ crawl; drag o.s. along; fig. linger; drag (*time*); *v/i.* trail; fig. linger on (*a. 🚑 illness*); hang about; dawdle; lag behind; languish; flag; remain unpaid (*account*); lie around, lie about (*things*); ~ *en longueur* drag on;

traîneur, -euse [\\'nœːr, \\'nøːz] *su.* dawdler; ~ *de cafés* person who is hanging about the cafés; *su./m* hauler, dragger; ~ *de sabre* swashbuckler; sabre-rattler.

train-poste, *pl.* **trains-poste(s)** [trɛ̃'pɔst] *m* mail-train.

train-train F [trɛ̃'trɛ̃] *m* (daily) round; (humdrum) routine.

traire [trɛːr] (4ff) *v/t.* milk (*a cow*); draw (*milk*); **trait, traite** [trɛ, trɛt] 1. *p.p. of traire*; 2. *su./m* pull(ing); *arrow*: shooting; *dart*: throwing; arrow, dart; *pen*: stroke; mark, line; *liquid*: draught, *Am.* draft; gulp; *light*: shaft, beam; *fig.* act; stroke (*of genius*); characteristic touch; trait (*of character*); *appearance*: feature; *fig.* reference, relation; *paint.* outline, contour; ~ *d'esprit* witticism; ~ *d'union* hyphen; *avoir* ~ *à* have reference to, refer to; *boire d'un seul* ~ drink (*s.th.*) at one gulp *or* F go; *cheval m de* ~ draught-horse, *Am.* draft-horse, cart-horse; *su./f road*: stretch; *journey*: stage; † *bank*: bill, draft; *bill*: drawing; trade; milking; ~*e des blanches* white-slave traffic; ~*e des Noirs* slave-trade; *d'une (seule)* ~ at a stretch; in one go.

traitable [trɛ'tabl] treatable; manageable; *fig.* tractable.

traité [trɛ'te] *m* treatise (on *de, sur*); *pol. etc.* treaty, agreement.

traitement [trɛt'mɑ̃] *m* treatment (*a.* 🖋️); *salary*: 💰 *etc.* pay; ⊕ *material*: processing; ~ *initial* starting *or* initial salary; *mauvais* ~*s pl.* illtreatment *sg.*; maltreatment *sg.*; ~ *des données* data processing; **traiter** [trɛ'te] (1a) *v/t.* treat (🖋️, *s.o., a. fig.*); call (*s.o.* s.th., *q. de qch.*); entertain (*s.o.*); deal with; discuss (*a subject*); negotiate (*business, a deal, a marriage, etc.*); ~ *q. de prince* address *s.o.* as prince; *v/i.* negotiate, treat (for *de, pour;* with, *avec*); ~ *de* deal with (*a subject*); **traiteur** [\\'tœːr] *m banquet*: caterer; restaurant keeper.

traître, -esse [trɛːtr, trɛ'trɛs] 1. *adj.* treacherous (*a. fig.*); *fig.* dangerous; vicious (*animal*); *ne pas dire un* ~ *mot* not to say a (single) word; 2. *su./m* traitor; *thea.* villain; *prendre q. en* ~ attack *s.o.* when he is off his guard; *su./f* traitress; **traîtreusement** [trɛtrøz'mɑ̃] *adv. of traître* 1; **traîtrise** [\\'triːz] *f* treachery.

trajectoire *phys.,* 🔫*, etc.* [traʒɛk'twaːr] *su./f, a. adj.* trajectory.

trajet [tra'ʒɛ] *m* 🚂, *mot. etc.* journey; ⚓, *anat., tex.* passage; *channel etc.*: crossing; *mot. etc.* ride; 💺 flight; 🖋️, *a. phys.* artery, nerve, projectile, *etc.*: course.

tralala [trala'la] *m* ♪ tra la la; F *fig.* fuss, ceremony; *en grand* ~ all dressed up, F dressed up to the nines.

tram F [tram] *m* tram(car), *Am.* streetcar, trolley(-car).

trame [tram] *f tex.* woof, weft; *fig.* frame(work); *fig.* texture; *phot.* ruled screen; *telev.* frame; *fig.* plot; **tramer** [tra'me] (1a) *v/t. tex.* weave (*a. fig. a plot*); *fig.* plot; *fig.* hatch (*a plot*); *fig. il se trame qch.* s.th. is brewing.

traminot [trami'no] *m* tramway employee, *Am.* streetcar employee.

tramontane [tramɔ̃'tan] *f* ⚓ north wind; north; *astr.* North Star; *fig. perdre la* ~ lose one's bearings.

tramway [tram'wɛ] *m* tramway; tram(car), *Am.* streetcar, trolley (-car); *remorque f de* ~ trailer (of a tramcar).

tranchant, e [trɑ̃'ʃɑ̃, ~'ʃɑ̃ːt] 1. *adj.* cutting; sharp (*tool, edge, a. fig.* tone, *voice*); *fig.* trenchant (*argument etc*); glaring (*colour, a. fig. contradiction*); ⊕ *outil m* ~ edgetool; 2. *su./m* edge; *knife*: cutting edge; *fig. argument m à deux* ~*s* argument that cuts both ways; **tranche** [trɑ̃ːʃ] *f bread, meat, etc., a. fig.*: slice; *book, coin, plank*: edge; *wheel*: face; ⊕ *tools*: set; 🔩 ridge; † *shares*: block; *fig.* portion; 🖋️ *section; bacon*: rasher; *couper en* ~*s* slice; *en* ~*s* sliced, in slices; ⊕ *par la* ~ edgeways; *sl. s'en payer une* ~ have a lot of fun; **tranché, e** [trɑ̃'ʃe] 1. *adj.* distinct, sharp; 🔲 tranché; 2. *su./f* trench (*a.* ⚔️); 🌲 *forest etc.*: cutting; ⊕ ~*es pl.* gripes; colic *sg.*; **tranchefil** [trɑ̃ʃ'fil] *m horse*: curbchain; **tranchefile** [\\'fil] *f book*: headband; **tranchelard** *cuis.* [\\'laːr] *m* cook's knife; **tranchemontagne** [~mɔ̃'tan] *m* blusterer, fire-eater; **tranche-pain** [\\'pɛ̃] *m/inv.* breadcutter; **trancher** [trɑ̃'ʃe] (1a) *v/t.* slice, cut; cut off; *fig.* cut short; settle (*a question*) once and for all; settle (*a difficulty, a problem, a quarrel*); ~ *le mot* speak out, speak plainly; *v/i.* cut; contrast sharply (with, *sur*);

fig. take drastic action; † *fig.* ~ de set up for *or* as; **tranchoir** [~'ʃwaːr] *m* cutting board.

tranquille [trã'kil] tranquil; calm, still, quiet; *fig.* easy (*a.* ✝ *market*), untroubled (*mind*); *laissez-moi* ~ leave me alone; **tranquillisant** ✻ [trãkili'zã] *m* tranquil(l)izer; **tranquilliser** [~'ze] (1a) *v/t.* calm (*s.o., one's mind, etc.*); reassure (*s.o.*) (*about, sur*); se ~ calm down; *fig.* set one's mind at rest; **tranquillité** [~'te] tranquil(l)ity, calm, stillness, quiet; peace (*of mind*).

trans... [trãs, trãz] trans...; **~action** [trãzak'sjɔ̃] *f* ✝ transaction; ✝ deal; ✐ settlement, arrangement, ✝, ✐ composition; compromise (*a. pej.*); ~s *pl.* dealings; transactions (*of a learned society*); **~atlantique** [~zatlɑ̃'tik] 1. *adj.* transatlantic; 2. *su./m* Atlantic liner; deck-chair; **~bahuter** F [~bay'te] (1a) *v/t.* lug (along); shift (around); **~bordement** [trãsbɔrdə'mã] *m* ✚ transshipment; *river:* ferrying across; ✚ *goods, passengers:* transfer; *trucks etc.:* traversing; **~border** [~'de] (1a) *v/t.* ✚ tranship; ferry across (*a river*); ✚ transfer (*goods, passengers*); traverse; **~bordeur** [~'dœːr] *m* travelling platform; (*a. pont m* ~) transporter-bridge; ✚ train-ferry; **~cendance** *phls.* [trãsã'dãːs] *f* transcendency, transcendence; **~cendant, e** [~'dã, ~'dãːt] *phls., a. fig.* transcendent; ᴀ transcendental.

transcription [trãskrip'sjɔ̃] *f* transcription (*a.* ♪); copy, transcript; **transcrire** [~'kriːr] (4q) *v/t.* transcribe (*notes, a. a text, a.* ♪); copy (out).

transe [trãs] *f* (hypnotic) trance; ~s *pl.* fear *sg.*, fright *sg.*

transept ᴪ *eccl.* [trã'sɛpt] *m* transept.

trans...: ~férer [trãsfe're] (1f) *v/t.* transfer; (re)move from one place to another; relocate; move (*an appointment, a date*); *eccl.* translate (*a bishop*); ✐ convey (*an estate*); **~fert** [~'fɛːr] *m* transference; transfer (*a. phot.,* ✝); relocation; ✐ estate: conveyance; **~figuration** [~figyra'sjɔ̃] *f* transfiguration; **~figurer** [~figy're] (1a) *v/t.* transfigure; se ~ be(come) transfigured; **~formable** [trãsfɔr'mabl] transformable; *mot.* convertible; **~formateur, -trice** [~ma'tœːr, ~'tris] 1. *adj.* transforming; 2. *su./m* ⚡ transformer; **~formation** [~ma'sjɔ̃] *f* transformation (*into, en*); *phls.* conversion; de ~ ⚡ transformer ...; ⊕ processing ...; **~former** [~'me] (1a) *v/t.* transform, convert (*a. foot., a. phls.*), change (*into, en*); se ~ change, turn (*into, en*); **~formisme** *biol. etc.* [~'mism] *m* transformism; **~formiste** [~'mist] *su. phls. etc.* transformist; *thea.* quick-change artist; **~fuge** [trãs'fyːʒ] *m* renegade; defector; **~fuser** *usu.* ✻ [~fy'ze] (1a) *v/t.* transfuse; **~fusion** [~fy'zjɔ̃] *f:* ~ *sanguine or de sang* blood-)transfusion; **~gresser** [~grɛ'se] (1a) *v/t.* transgress, infringe, break (*a law etc.*); **~humer** [trãzy'me] (1a) *v/t.* move (*flocks*) to *or* from the Alpine pastures; *v/i.* move to *or* from the hills.

transi, e [trã'zi]: (~ de froid) chilled to the bone; ~ de peur paralyzed with fear.

transiger [trãzi'ʒe] (1l) *v/i.* compromise (*a. fig.*); come to terms (with, *avec*).

transir [trã'siːr] (2a) *v/t.* chill; benumb; *fig.* paralyse (with, de); *v/i.* be chilled to the bone; be paralysed with fear.

transistor [trãzis'tɔr] *m radio:* transistor; **transistoriser** [~tɔri'ze] (1a) *v/t.* transistorize.

transit [trã'zit] *m* ✝ transit; ✚ through traffic; **transitaire** ✝ [trãzi'tɛːr] 1. *adj.* relating to transit of goods, (*country*) across which goods are conveyed in transit; 2. *su./m* forwarding *or* transport agent; **transiter** ✝ [~'te] (1a) *v/t.* convey (*goods*) in transit; *v/i.* be in transit; **transitif, -ve** [~'tif, ~'tiːv] *gramm.* transitive; *geol.* transitional; **transition** [~'sjɔ̃] *f* transition; ♪ modulation; *geol.* de ~ transitional; **transitoire** [~'twaːr] transitory, transient; temporary; *gramm.* glide (*consonant, vowel*).

trans...: ~lation [trãsla'sjɔ̃] *f* transfer; ⊕, *eccl.* translation; ⊕ shifting; *tel.* retransmission; ✐ conveyance; **~lucide** [~ly'sid] semi-transparent, translucent; **~lucidité** [~lysidi'te] *f* semi-transparency, translucence; **~metteur** [~me'tœːr] *m* transmitter; ⚓ signals (officer) *sg.*; ⚓ ship's telegraph; ~**mettre** [~'metr] (4v) *v/t.* transmit (*tel., radio, a. heat, light, a message*); pass on (*a disease, a message*); hand down (*to other generations*); ⬚ convey, transfer; ⬚ assign (*a patent, shares*); ~**migration** [~migra'sjɔ̃] *f* people, soul: transmigration; ~**migrer** [~mi'gre] (1a) *v/i.* transmigrate; ~**missibilité** [~misibili'te] *f* transmissibility; ⬚ transferability; ~**missible** [~mi'sibl] transmissible; ⬚ *etc.* transferable; ~**mission** [~mi'sjɔ̃] *f* message, order, *a.* ⊕, 💥, *phys., radio, tel.*: transmission; *disease, message, order*: passing on; ⊕ drive, (transmission) gear, machine; ⬚ transfer, conveyance; ⬚ patent, shares: assignment; *foot.* passing; ✕, ⚓ ~*s pl.* signals; *mot.* ~ *par chaîne* chain-drive; ~**muable** [~'mɥabl] transmutable (into, en); ~**muer** [~'mɥe] (1n) *v/t.* transmute (into, en); ~**mutabilité** [~mɥtabili'te] *f* transmutability (into, en); ~**mutable** [~my'tabl] transmutable (into, en); ~**mutation** [~myta'sjɔ̃] *f* transmutation (into, en); ~**océanique** [trãzɔsea'nik] transoceanic; ~**paraître** [trãspa'rɛːtr] (4k) *v/i.* show through; ~**parence** [~pa'rãːs] *f* transparency; ~**parent, e** [~pa'rã, ~'rãːt] **1.** *adj.* transparent (*a. fig.*); **2.** *su./m* transparent screen; *writing-pad*: guide-lines *pl.*; ~**percer** [~pɛr'se] (1k) *v/t.* pierce (through); run (*s.o.*) through; transfix; *fig.* pierce (*s.o.* to the heart, *le cœur à q.*); *fig. rain*: soak.

transpiration [trãspira'sjɔ̃] *f* perspiring; perspiration, sweat; 🜖, *phys., physiol., a. fig.* transpiration; *en ~* in a sweat; ~**spirer** [~'re] (1a) *v/i.* 💥 perspire, sweat; *physiol., a. fig.* transpire; *fig.* leak (out) (*news, secret*).

trans...: ~**plantable** 🜖, 💥 [trãsplã'tabl] transplantable; ~**plantation** [~plãta'sjɔ̃] *f* transplanting, transplantation; ~**planter** [Å, ✐, 💥, *fig.* [~plã'te] (1a) *v/t.* transplant; ~**port** [~'pɔːr] *m* 🕇 transport, carriage; ⬚ conveyance; ⬚ assignment; 🕇 account: transfer; balance brought forward; ⚓ troop-ship, transport; *fig. anger:* (out)burst; delight, joy: transport, ecstasy; 💥 ~ *au cerveau* brain-storm; light-headedness;

stroke; ~ *d'aviation* aircraft transport; ⬚ ~ *sur les lieux* visit to the scene (of the occurrence); 🕇 *compagnie f de ~* forwarding company; ⊕ *courroie f de ~* conveyor-belt; *de ~* ⊕ conveyor-...; *geol.* alluvial (*deposit*); ~**portable** [~pɔr'tabl] transportable; 💥 fit to be moved (*patient*); ~**portation** [~pɔrta'sjɔ̃] *f* 🕇 goods: conveyance; 🕇, ⬚ transportation; conveyance; ~**porter** [~pɔr'te] (1a) *v/t.* transport; carry, convey; bring; *fig.* carry (*s.o.*) away; *transporté de joie* beside o.s. with joy, enraptured; *se ~* betake o.s.; ⬚ *se ~ sur les lieux* visit the scene (of the occurrence); ~**porteur** [~pɔr'tœːr] *m* 🕇 carrier; ⊕ conveyor; ~ *aérien* overhead runway, cableway; ~**posable** [~po'zabl] transposable; ~**poser** [~po'ze] (1a) *v/t.* typ., ♩, ♯, *etc.* transpose; ~**positeur** ♩ [~pozi'tœːr] *m* (*a. instrument m ~*) transposing instrument; ~**position** [~pozi'sjɔ̃] *f* transposition; *cin.* dubbing; ~**sibérien, -enne** *geog.* [~sibe'rjɛ̃, ~'rjɛn] trans-Siberian; ~**substantiation** *eccl.* [~sypstãsja'sjɔ̃] *f* transubstantiation; ~**suder** [~sy'de] (1a) *vt/i.* transude; *v/i.* ooze through; *fig.* emanate (from, de); ~**vasement** [~vaz'mã] *m* liquid: decanting; ~**vaser** [~va'ze] (1a) *v/t.* decant; ~ siphon; ~**versal, e, m/pl.-aux** [~vɛr'sal, ~'so] **1.** *adj.* cross (-section), transverse (*a. anat. muscle*), transversal; ⚓ athwartship; Å *coupe f ~e* cross-section; **2.** *su./f* Å transversal; ~**versalement** [~vɛrsal'mã] *adv.* transversely, crosswise; ⚓ athwartship.

trapèze [tra'pɛːz] *m* Å trapezium; *sp.* trapeze; *anat.* (*a. muscle m ~*) trapezius; ~**péziste** *sp.* [~pe'zist] *su.* trapeze-artist; trapezist; **trapézoïde** Å [~pezɔ'id] *m* trapezoid.

trappe [trap] *f* trap-door; *thea., a. hunt.* trap; ⊕ *etc.* hatch; **trappeur** [tra'pœːr] *m* trapper.

trapu, e [tra'py] thick-set, stocky, squat.

traque *hunt.* [trak] *f* game: beating; **traquenard** [~'naːr] *m* trap (*a. fig.*); pitfall; *fig. être pris dans son propre ~* fall into one's own trap; **traquer** [tra'ke] (1m) *v/t.* beat (*the wood*) for game; beat up (*game*); track down (*a criminal*); surround, hem (*s.o.*) in; **traqueur** *hunt.* [~'kœːr] *m* beater.

trauma psych., ✦ [tro'ma] m trauma; **traumatique** [troma'tik] traumatic; **traumatiser** [∿ti'ze] (1a) v/t. traumatize; **traumatisme** [∿'tism] m traumatism; psych. traumatic experience.

travail[1] vet. [tra'va:j] m frame, sling.
travail[2], pl. **-aux** [tra'va:j, ∿'vo] m work; ✦, ⚒, pol. labo(u)r; ⚒, physiol., a. wine: working; ✦ childbirth; employment; piece of work, F job; workmanship; business; ⊕ power; ∿ à la tâche piece-work; ∿ en série mass production; ∿ intellectuel (manuel) brain-work (manual work); accident m du ∿ accident at work; être sans ∿ be out of work; ⚒ ∿aux m pl. forcés hard labo(u)r sg.; **travailler** [trava'je] (1a) v/i. work (on, sur); be at work; strive, endeavo(u)r; practise (musician etc.); train; work, ferment (wine); warp, shrink (wood); fade (colour); be active (mind, volcano); ⊕ be stressed (beam); strain (cable, ship, etc.); ✦ produce interest (capital); v/t. work (a. ✦, ⊕); torment (s.o., s.o.'s mind); ⊕ shape, fashion; knead (dough); overwork (a horse); work (hard) at, study (a subject); phot. work up; fig. tamper with; **travailleur, -euse** [∿'jœ:r, ∿'jø:z] 1. adj. hard-working, industrious; 2. su. worker; su./m workman, labo(u)rer; ∿ de force heavy worker; ∿ intellectuel (manuel) brain-worker (manual worker); su./f (lady's) work-table; zo. worker (bee); **travaillisme** pol. [∿'jism] m Labour; **travailliste** pol. [∿'jist] 1. adj. Labour ...; 2. su./m member of the Labour party; parl. Labour member.
travée △ [tra've] f bay (a. of a bridge); span; row (of seats).
travers [tra'vɛ:r] 1. su./m † breadth; fig. fault, failing; † ∿ de doigt finger's breadth; 2. adv.: de ∿ askew, awry; (look) askance; fig. wrong; en ∿ (de) across (s.th.); 3. prp.: à ∿, au ∿ de through (s.th.); à ∿ champs across country; **traversable** [∿vɛr'sabl] traversable; fordable (river); **traverse** [∿'vɛrs] f △ traverse beam or girder; ladder: rung; transom; ⚞ sleeper, Am. tie; mot. etc. cross-member; ⊕ crosshead; ✗ ground-sill; ⚓ harbour; fig. fig. set-back; (a. chemin m de ∿) crossroad, short cut; cross-street; **traversée** [travɛr'se] f

⚓, 🚂 crossing; ⚓ voyage, passage; mount. traverse; fig. ∿ du désert time in the wilderness; bad patch; low ebb; **traverser** [∿'se] (1a) v/t. cross (a. fig.); pass or go through; △ bridge: span (a river); **traversier, -ère** [∿'sje, ∿'sjɛ:r] cross-..., crossing; ferry(-boat); ⚓ leading (wind); ♪ transverse (flute); **traversin** [∿'sɛ̃] m carpentry: cross-bar, cross-piece; balance: beam; bed: bolster; **traversine** [∿'sin] f cross-bar, cross-beam, ⚓ gangplank.
travesti, e [travɛs'ti] 1. adj. disguised; fancy-dress (ball); burlesqued; 2. su./m fancy dress; thea. man's part (played by a woman) (or vice versa); transvestite; **travestir** [∿'ti:r] (2a) v/t. misrepresent, distort; se ∿ put on fancy dress; dress up (as, en); **travestisme** [∿'tism] m transvestism; **travestissement** [∿tis'mã] m disguise; disguising; fig. travesty, misrepresentation (of a fact).
trayeur [trɛ'jœ:r] m milker; **trayeuse** [∿'jø:z] f milkmaid; milking-machine; **trayon** [∿'jɔ̃] m cow: teat, dug.
trébuchant, e [treby'ʃã, ∿'ʃã:t] stumbling; staggering; of full weight (coin); **trébucher** [∿'ʃe] (1a) v/i. stumble (a. fig.), stagger; turn the scale (coin); fig. trip; v/t. test (a coin) for weight; **trébuchet** [∿'ʃe] m assay or precision balance; trap (for small birds).
tréfiler ⊕ [trefi'le] (1a) v/t. wire-draw; **tréfilerie** ⊕ [∿fil'ri] f wire-drawing (mill); **tréfileur** ⊕ [∿fi-'lœ:r] m wire-drawer.
trèfle [trɛfl] m ♣ clover; △, ♣ trefoil; cards: club (spl.); ♣ ∿ blanc shamrock; mot. croisement m en ∿ cloverleaf (crossing); jouer ∿ play a club, play clubs; **tréflière** ✦ [trefli'ɛ:r] f clover-field.
tréfonds [tre'fɔ̃] m fig. (inmost) depths pl.
treillage [trɛ'ja:ʒ] m trellis; lattice-work; wire netting; wire fencing; **treillager** [∿ja'ʒe] (1l) v/t. trellis; lattice (a wall, a window); enclose with wire netting.
treille [trɛ:j] f vine-arbo(u)r; ♣ climbing vine, grape-vine; F jus m de la ∿ juice of the grape, wine.
treillis [trɛ'ji] m trellis(-work), lat-

tice; grid (for maps etc.); tex. glazed calico; tex. coarse canvas, sackcloth; ✂ fatigue-dress, fatigues pl.; **treillisser** [⌣ji'se] (1a) v/t. see treillager.

treize [trɛːz] 1. adj./num. thirteen; date, title: thirteenth; ~ à la douzaine baker's dozen; 2. su./m/inv. thirteen; **treizième** [trɛ'zjɛm] adj./ num., a. su. thirteenth.

tremblaie ♣ [trɑ̃'blɛ] f aspen grove; **tremblant, e** [trɑ̃'blɑ̃, ~'blɑ̃ːt] 1. adj. trembling (with, de); quaking, shaking (ground, voice); quavering (voice); flickering (light); shaky (bridge, a. fig. person); quivering (face); 2. su./m ⊕ organ: tremolo (stop); **tremble** ♣ [trɑ̃ːbl] m aspen; **tremblement** [trɑ̃blə'mɑ̃] m trembling, shaking, quivering; voice: quaver(ing); fig. horror: shudder(ing); ♪ tremolo; ♫, a. fig. emotion: tremor; ~ de terre earthquake, earth tremor; F tout le ~ the whole shoot or caboodle; **trembler** [⌣'ble] (1a) v/i. tremble, shake, quiver (with, de); quaver (♪, a. voice); flicker (light); flutter (bird's wings); fig. tremble, be afraid; ~ que (sbj.) be terrified lest (cond.); **trembleur, -euse** [⌣'blœːr, ~'bløːz] su. trembler; fig. timid or anxious person; su./m ✦ make-and-break; tel., teleph. buzzer; **trembloter** F [⌣blɔ'te] (1a) v/i. quiver, quaver (voice); flicker (light); flutter (wings); shiver (with, de).

trémière ♣ [tre'mjɛːr] adj./f: rose f ~ hollyhock.

tremolo [tremɔ'lo] m ♪ tremolo; fig. quaver.

trémousser [tremu'se] (1a) v/t.: se ~ wiggle; fidget (child etc.); jig about.

trempage [trɑ̃'paːʒ] m ⊕ soaking, steeping; typ. paper: damping; **trempe** [trɑ̃ːp] f ⊕ soaking, steeping; quenching; metall. tempering, hardening; steel: temper; fig. calibre, stamp; F thrashing, hiding; ~ de surface casehardening; **trempée** [trɑ̃'pe] soaked, drenched, wet (through); metall. tempered; fig. sturdy, energetic; **tremper** [⌣'pe] (1a) v/t. soak; drench; dip (the pen in ink); dip, Am. dunk (bread, biscuit in a liquid); ⊕ etc. quench; typ. damp (paper); dilute (wine) with water; v/i. soak; fig. be a party (to, dans); **trem-**

pette [⌣'pɛt] f: faire ~ dip a biscuit etc. in one's wine or coffee etc.; F have a dip.

tremplin [trɑ̃'plɛ̃] m sp. etc. springboard; diving-board; ski: platform; fig. stepping-stone (to, pour).

trémulation [tremyla'sjɔ̃] f vibration, trepidation; ♫ tremor.

trentaine [trɑ̃'tɛn] f (about) thirty; la ~ the age of thirty, the thirties pl.; **trente** [trɑ̃ːt] adj./num., a. su./m/inv. thirty; date, title: thirtieth; ~-trois tours m long-playing record, album; **trentième** [trɑ̃'tjɛm] adj./num., a. su. thirtieth.

trépan [tre'pɑ̃] m ♫, ⊕ trepan; ⊕ rock-drill; a. = **trépanation** [~pana'sjɔ̃] f trepanning; **trépaner** [~pa'ne] (1a) v/t. ♫ trepan; ⊕ drill or bore into (rock).

trépas poet. [tre'pɑ] m death, decease; **trépassé, e** [trepa'se] adj., a. su. dead, departed, deceased; **trépasser** [~] (1a) v/i. die, pass away.

trépidation [trepida'sjɔ̃] f ♫, a. fig. trembling; fig. flurry, agitation; trepidation, vibration.

trépied [tre'pje] m tripod; cuis. trivet.

trépigner [trepi'ne] (1a) stamp one's feet; jump (for joy, de joie); dance (with, de); v/t. trample (the earth).

trépointe [tre'pwɛ̃t] f shoe: welt.

très [trɛ] adv. very, most; very much.

trésaille [tre'zaːj] f ⊕ crosspiece.

Très-Haut [trɛ'o] m/inv.: le ~ the Almighty, God.

trésor [tre'zɔːr] m treasure (a. fig.); treasure-house; eccl. relics pl. and ornaments pl.; ♯ treasure-trove; pol. ♀ Treasury; ~s pl. wealth sg.; F dépenser des ~s pour spend a fortune on; **trésorerie** [~zɔr'ri] f treasury; treasurer's office; treasurership; pol. ♀ Treasury; Britain: Exchequer; **trésorier, -ère** [~zɔ'rje, ~'rjɛːr] su. treasurer; su./m admin., a. ✂ paymaster; su./f admin. paymistress.

tressage [trɛ'saːʒ] m plaiting, braiding.

tressaillement [tresaj'mɑ̃] m surprise: start; fear: shudder; pleasure, joy: thrill; pain: wince; **tressaillir** [~sa'jiːr] (2s) v/i. quiver, flutter (heart); ~ de start (etc.) with; shudder with (fear); thrill with (joy); wince (pain).

tressauter [treso'te] (1a) v/i. jump (with fear, surprise, etc.); jolt, jump about (things).

tresse [tres] f hair, straw: tress, plait; yarn, a. ♀: braid; **tresser** [tre'se] (1a) v/t. plait (hair, straw); braid (yarn, a. ♀); weave (a basket, flowers, a garland); **tresseur** m, **-euse** f [∿'sœ:r, ∿'sø:z] braider, plaiter.

tréteau [tre'to] m trestle, support; thea. ∿x pl. stage sg.

treuil ⊕ [trœ:j] m winch, windlass.

trève [trɛ:v] f truce; fig. respite; sans ∿ unremittingly, relentlessly; ∿ de ... enough of ..., no more ...; ∿ de plaisanteries! no more joking!

tri [tri] m sorting.

triade [tri'ad] f triad.

triage [tri'a:ʒ] m sorting; selecting; ⚒ grading; ⊞ gare f de ∿ marshalling yard.

triangle [tri'ɑ̃:gl] m ♪, ♩, astr. triangle; ⚓ triangular flag; ⚡ three-phase mesh; set square, Am. triangle; **triangulaire** [triɑ̃gy'lɛ:r] triangular; pol. three-cornered (contest); **triangulation** surv. [∿la'sjɔ̃] f triangulation.

trias geol. [tri'ɑ:s] m trias; **triasique** geol. [∿a'zik] triassic.

tribal, e [tri'bal] tribal.

tribord ⚓ [tri'bɔ:r] m starboard; à (or par) ∿ to starboard.   [ily.\

tribu [tri'by] f tribe; zo. sub-fam-∫

tribulation [tribyla'sjɔ̃] f tribulation; fig. trial; F worry, trouble.

tribun [tri'bœ̃] m hist. tribune; fig. popular orator; demagogue.

tribunal [triby'nal] m ⚖, ✕, 🎗 admin. tribunal; ⚖ (law-)court; judges: bench; ∿ arbitral (de commerce) arbitration (commercial) court; ∿ de première instance court of first instance; (approx.) County Court; ∿ de simple police magistrate's court, F police-court; ∿ pour enfants juvenile court; **tribune** [∿'byn] f rostrum, (speaker's) platform; ⚓ (organ) loft; ⚓, eccl., etc. gallery; turf: grand stand; fig. forum; ∿ de la presse press galery; parl. monter à la ∿ address the House.

tribut [tri'by] m tribute (a. fig.); fig. reward; **tributaire** [∿by'tɛ:r] tributary (a. geog.).

tricar mot. [tri'ka:r] m motor-tricycle; three-wheeler.

tricher [tri'ʃe] (1a) v/t/i. cheat; **tricherie** [triʃ'ri] f cards etc.: cheating; trickery; **tricheur** m, **-euse** f [tri'ʃœ:r, ∿'ʃø:z] cheat, trickster; cards: sharper.

trichine ☸ [tri'ʃin, ∿'kin] f trichina; **thread-worm**; **trichinose** ☸ [∿ki'no:z] f trichinosis.

trichromie phot., typ. [trikrɔ'mi] f three-colo(u)r process.

tricolore [triko'lɔ:r] tricolo(u)r(ed); drapeau m ∿ tricolo(u)r, French (national) flag.

tricorne [tri'kɔrn] 1. adj. zo. three-horned; cost. tricorn (hat); 2. su./m tricorn, three-cornered hat.

tricot [tri'ko] m knitting; tex. stockinet; ⚓ knitwear; jersey, sweater, pullover; (a. ∿ de corps) vest, Am. undershirt; **tricotage** [trikɔ'ta:ʒ] m knitting; **tricoter** [∿'te] (1a) v/t. knit; F se ∿ make off; v/i. F legs: move or walk fast; F dance; **tricoteur**, **-euse** [∿'tœ:r, ∿'tø:z] su. knitter; su./f knitting-machine; ⊕ knitting-loom.

trictrac [trik'trak] m backgammon (-board); dice: rattle.

tricycle [tri'sikl] m tricycle; three-wheeled vehicle.

trident [tri'dɑ̃] m myth. etc. trident; ⚒ three-pronged pitch-fork; ♐ trident curve; fish-spear.

tridimensionnel, -elle [tridimɑ̃sjɔ'nɛl] threedimensional.

trièdre ♐ [tri'ɛdr] 1. adj. trihedral; 2. su./m trihedral, trihedron.

triennal, e, m/pl. **-aux** [trien'nal, ∿'no] triennial; **triennat** [∿'na] m triennium; three-year term of office.

trier [tri'e] (1a) v/t. sort (out); tex. pick; ⊞ marshal (trucks); fig. choose, select; **trieur, -euse** [∿'œ:r, ∿'ø:z] su. person: sorter; tex. (wool-)picker; su./m ⊕ screening-machine; separator, sorter; su./f wool-picking machine; computer: sorter.

trifolié, e ♀ [trifɔ'lje] three-leaved, trifoliate.

trigone ♐ [tri'gɔn] trigonal, three-cornered; **trigonométrie** ♐ [∿gɔnɔme'tri] f trigonometry.

trilatéral, e, m/pl. **-aux** [trilate'ral, ∿'ro] trilateral, three-sided.

trilingue [tri'lɛ̃:g] trilingual.

trille ♪ [tri:j] m trill; **triller** ♪ [tri'je] (1a) v/t/i. trill.

trillion [tri'ljɔ̃] *m* a million of billions, trillion, *Am.* a billion of billions, quintillion.

trilogie [trilɔ'ʒi] *f* trilogy.

trimard † *sl.* [tri'ma:r] *m* high road; **trimarder** *sl.* [trimar'de] (1a) *v/i.* be on the tramp; *v/t.* carry, F lug; **trimardeur** *sl.* [ʌ'dœ:r] *m* tramp, *Am.* hobo.

trimbaler F [trɛ̃ba'le] (1a) *v/t.* carry about, F tote about; trail (*s.o.*) along; have (*s.o.*) in tow; F lug (*s.th.*) about.

trimer F [tri'me] (1a) *v/i.* drudge, toil.

trimestre [tri'mɛstr] *m* quarter, three month; quarter's rent *or* salary; *univ.*, *school*: term, *Am.* session; term's fees *pl.*, *Am.* sessional fees *pl.*; **trimestriel, -elle** [ʌmɛs-tri'ɛl] quarterly; trimestrial.

trimoteur ✈ [trimɔ'tœ:r] **1.** *adj./m* three-engined; **2.** *su./m* three-engined aeroplane.

tringle [trɛ̃:gl] *f* rod; 🚃 bar; ⚓ etc. (*wooden*) batten; △ square mo(u)lding, tringle.

trinité [trini'te] *f* trinity (*a.* ♀ *eccl.*).

trinôme ♈ [tri'no:m] *adj.*, *a.* su./m trinomial.

trinquart ⚓ [trɛ̃'ka:r] *m* herring-boat.

trinquer [trɛ̃'ke] (1m) *v/i.* clink *or* touch glasses (with, *avec*); (have a) drink (with, *avec*); F *fig.* hobnob (with, *avec*); *sl.* get the worst of it, suffer.

trio [tri'o] *m* ♪ etc. trio.

triode [tri'ɔd] *f* (*a. lampe f* ~) *radio*: three-electrode lamp, triode.

triolet [triɔ'le] *m* ♪ triplet; *prosody*: triolet.

triomphal, e, *m/pl.* **-aux** [triɔ̃'fal, ʌ'fo] triumphal; **triomphalement** [ʌfal'mã] *adv.* triumphantly; **triomphant, e** [ʌ'fã, ʌ'fã:t] triumphant; **triomphateur, -trice** [ʌfa-'tœ:r, ʌ'tris] **1.** *adj.* triumphing; **2.** *su./m* (triumphant) victor; winner; **triomphe** [tri'ɔ̃:f] *m* triumph; *arc m de* ~ triumphal arch; **triompher** [ʌɔ̃'fe] (1a) *v/i.* triumph (over, de); *fig.* rejoice, exult (over, de); ~ *dans* excel in *or* at; ~ *de a.* overcome, get over (*s.th.*).

tripaille F [tri'pɑ:j] *f* garbage; (*butcher's*) offal.

triparti, e [tripar'ti], **tripartite** [ʌ'tit] tripartite; *pol.* three-party

(*government*), three-power; **tripartition** [ʌti'sjɔ̃] *f* tripartition.

tripe [trip] *f* *cuis.* (*usu.* ~*s pl.*) tripe; *cigar*: core; F ~*s pl.* guts; *tex.* ~ de velours velveteen; **triperie** [tri'pri] *f* tripe-shop, tripe trade; **tripette** F [ʌ'pɛt] *f*: *ça ne vaut pas* ~ it's not worth a cent.

triphasé, e ⚡ [trifa'ze] three-phase, triphase.

tripler [tri'plje] *m* tripe-dealer, tripe-seller.

triple [tripl] **1.** *adj.* threefold, treble; triple (*a.* ♈, ♈, *astr.*); F *fig.* out-and-out (*fool*); **2.** *su./m* treble; **triplé m, e f** [tri'ple] *children*: triplet; **tripler** [ʌ] (1a) *vt/i.* treble; increase threefold.

triporteur [tripɔr'tœ:r] *m* carrier-tricycle; (*commercial*) tri-car.

tripot [tri'po] *m* gambling house, dive; **tripotage** [tripɔ'ta:ʒ] *m* messing about *or* round; *fig.* intrigue; tampering (*with accounts, the cash, etc.*); **tripotée** *sl.* [ʌ'te] *f* hiding, beating; lots *pl.* (*of people, things*); **tripoter** [ʌ'te] (1a) *v/i.* mess about *or* around; rummage about; *v/t.* finger, fiddle with, play with; meddle with (*s.th.*); paw (*s.o.*); *fig.* be up to; **tripoteur** [ʌ'tœ:r] *m* intriguer; mischief-maker; shady speculator.

triptyque [trip'tik] *m* *art*: triptych; *admin.* triptyque; *fig.* three-part plan *etc.*

trique F [trik] *f* cudgel, big stick; *maigre* (*or sec*) *comme un coup de* ~ as thin as a rake.

triqueballe † [tri'kbal] *m* timber-cart; logging-wheels *pl.*

triquer [tri'ke] (1m) *v/t.* sort (*timber*); beat, thrash (*s.o.*).

trisaïeul [triza'jœl] *m* great-great grandfather; **trisaïeule** [ʌ] *f* great-great grandmother.

trisannuel, -elle [triza'nɥɛl] triennial.

trisection [trisɛk'sjɔ̃] *f* trisection.

trisser¹ *sl.* [tri'se] (1a) *v/t.*: *se* ~ clear off.

trisser² [ʌ] (1a) *v/i.* call for a second encore; *v/t.* encore twice.

triste [trist] sad; sorrowful, melancholy (*face, news, person*); downcast (*expression, face, person*); dull (*life, weather*); gloomy, dreary (*life, room, scene, weather*); painful (*duty,* *news*); *fig.* sorry, poor; **tristesse** [tris'tɛs] *f* sadness; gloom; *life, room, scene, weather:* gloominess, dreariness; *scenery:* bleakness.

triton¹ *zo.* [tri'tɔ̃] *m* water-salamander, newt; *mollusc:* trumpetshell.

triton² ♩ [~] *m* tritone.

trituration ⊕ [trityra'sjɔ̃] *f* trituration, grinding; **triturer** ⊕ [~'re] (1a) *v/t.* grind (up); knead, pommel; manipulate; F se ~ *la cervelle* rack one's brains.

trivalence 🜂 [triva'lɑ̃:s] *f* trivalence; **trivalent, e** 🜂 [~'lɑ̃, ~'lɑ̃:t] trivalent.

trivial, e, *m/pl.* **-aux** [tri'vjal, ~'vjo] trite, hackneyed; vulgar, coarse; **trivialité** [~vjali'te] *f* triteness; vulgarity, coarseness, vulgarism.

troc [trɔk] *m* barter, exchange; F swop(ping), *Am.* swap(ping).

trochée [trɔ'ʃe] *m prosody:* trochee.

troène ♀ [trɔ'ɛn] *m* privet.

troglodyte [trɔglɔ'dit] *m zo.*, *orn.* troglodyte; *person:* caveman, cavedweller.

trogne [trɔɲ] *f* bloated face.

trognon [trɔ'ɲɔ̃] *m fruit:* core; *cabbage:* stump, stalk; *sl.* darling; F *fig. jusqu'au ~* completely, utterly.

trois [trwa] **1.** *adj./num.* three; *date, title:* third; **2.** *su./m/inv.* three; *règle f de ~* rule of three; *~-étoiles* [trwaze'twal] *adj.* (*a. su./inv.*) three-star (restaurant *or* hotel, *etc.*); **troisième** [~'zjɛm] **1.** *adj./num.*, *a. su.* third; **2.** *su./m fraction:* third; third (*Am.* fourth) floor; *su./f secondary school:* (approx.) fourth form; **trois-mâts** ⚓ [trwa'mɑ] *m/inv.* threemaster; **trois-pièces** *cost.* [~'pjɛs] *m/inv.* three-piece suit; **trois-quarts** [~'ka:r] *m/inv.* F threequarter suit; *rugby:* three-quarter; three-quarter length coat; **trois-six** † [~'sis] *m* proof spirit.

trolley [trɔ'lɛ] *m* ⊕ trolley, runner; ✍ trolley(-pole and wheel); **~bus** [~lɛ-'bys] *m* trolley-bus.

trombe [trɔ:b] *f meteor.* waterspout; *fig.* stream, torrent; ~ *d'eau* cloudburst; *fig. en ~* like a whirlwind; *entrer* (*passer*) *en ~* burst in (dash by).

trombine *sl.* [trɔ̃'bin] *f* face; head.

trombone [trɔ̃'bɔn] *m* ♩ trombone; (wire) paper-clip; **tromboniste** ♩ [~bɔ'nist] *m* trombonist.

trommel ⊕, 🜨 [trɔ'mɛl] *m* revolving screen; drum.

trompe [trɔ:p] *f* ♩ horn (*a. mot.*); *zo.* proboscis, *elephant:* trunk, *anat.* tube; *~s pl.* utérines Fallopian tubes.

trompe-la-mort F [trɔ̃pla'mɔ:r] *su./inv.* death-dodger; **trompe-l'œil** [~'plœ:j] *m/inv.* art: trompe-l'œil; *fig.* eyewash, window dressing; **tromper** [~'pe] (1a) *v/t.* deceive; cheat; mislead; delude (about, *sur*); be unfaithful to (one's husband *or* wife); outwit, elude (the law, a watch); *fig.* beguile (one's grief, one's hunger, the time); *fig.* run counter to (hopes, intentions); se ~ be wrong; make a mistake; se ~ *de chemin* take the wrong road; **tromperie** [~'pri] *f* deceit, deception; illusion; piece of deceit.

trompeter [trɔ̃p'te] (1c) *v/t.* trumpet abroad (*a. fig.*); *fig.* divulge; *v/i.* sound the trumpet; scream (eagle).

trompette [trɔ̃'pɛt] *su./f* trumpet; *en ~* turned-up (nose); *su./m* = **trompettiste** [~pɛ'tist] *m* trumpeter.

trompeur, -euse [trɔ̃'pœ:r, ~'pø:z] **1.** *adj.* deceitful (person); lying (tongue, words); *fig.* deceptive (appearance *etc.*); **2.** *su.* deceiver; cheat; betrayer.

tronc [trɔ̃] *m* 🜂, △, *anat.* trunk; ♀ *tree:* bole; △ *column:* drum; *eccl.* collection-box; alms-box; △ frustum; ♀ ~ *de cône* truncated cone; **tronche** *sl.* [trɔ̃ʃ] *f* head; **tronçon** [~'sɔ̃] *m* stump; piece; length; offcut; 🝆, *tel.*, *etc.* section; **tronconique** ♀ [~kɔ'nik] in the shape of a truncated cone; **tronçonner** [~sɔ'ne] (1a) *v/t.* cut up; cut into lengths *or* sections.

trône [tro:n] *m* throne; *monter sur le* ~ ascend the throne; **trôner** [tro'ne] (1a) *v/i.* sit enthroned; F *fig.* sit in state, lord it.

tronquer [trɔ̃'ke] (1m) *v/t.* △, ♀ truncate; *fig.* shorten; *fig.* cut down.

trop [tro] *adv.* too much *or* many; too, over-...; unduly; too long *or* far; too often; too well; *de* ~ too many; *être de* ~ be unwelcome, be in the way; *ne ... que* ~ far too ..., only too ...; *par* ~ altogether *or* really too ...

trophée [trɔ'fe] *m* trophy.

trophique *physiol.* [trɔ'fik] trophic; digestive (trouble).

tropical, e, *m/pl.* **-aux** [trɔpi'kal,

~'ko] tropical (*climate, heat, plant*);
tropique *astr., geog.* [~'pik] *m*
tropic.

trop-plein [trɔ'plɛ̃] *m* overflow;
waste-pipe; overflow-pipe; *fig.* superabundance.

troquer [trɔ'ke] (1m) *v/t.* exchange,
barter, F swop, *Am.* swap (for,
contre).

troquet F [trɔ'kɛ] *m* (*small*) café.

trot [tro] *m* trot; *aller au ~* trot; F
au ~ quickly; *prendre le ~* break
into a trot; **trotte** F [trɔt] *f* (*a good*)
distance; **trotte-menu** † [~mə'ny]
adj./inv. scampering; *poet. la gent ~*
mice *pl.*; **trotter** [trɔ'te] (1a) *v/i.*
trot; scamper (about); F *fig.* be on the
move or go; ~ *par* (or *dans*) *la tête de q.*
haunt s.o. (*tune*); *v/t.*: F *se ~* be off;
trotteur, -euse [~'tœːr, ~'tøːz] 1.
adj. walking(-*costume etc.*); 2. *su./f*
horse: trotter; *fig.* quick walker; *su./f*
clock, watch: second hand; **trottiner** [~ti'ne] (1a) *v/i.* trot short
(*horse*); jog along (*on a horse*); *fig.*
toddle (*child*); *fig.* trot about; **trottinette** [~ti'nɛt] (1a) *f* scooter; **trottoir**
[~'twaːr] *m* pavement, footpath, *Am.*
sidewalk; ~ *cyclable* cycle path; F *pej.*
faire le ~ walk the streets.

trou [tru] *m* hole; *needle*: eye; gap (*a.
fig.*); *anat.* foramen; *thea.* (*prompter's*) box; ✗ ~ *d'air* air pocket; ⊕~ *de
graissage* oil-hole; *fig. boucher un ~*
pay off a debt; *faire* (or *créer*) *un ~ sp.*
break clear; *fig.* outdistance one's
rivals; F *faire un ~ à la lune* do a
moonlight flit; abscond.

troublant, e [tru'blɑ̃, ~'blɑ̃ːt] disturbing; disquieting; unsettling;
trouble [trubl] 1. *adj.* blurred,
hazy; cloudy (*liquid etc.*); confused;
murky (*light, sky, etc.*); dim (*eyes,
light*); 2. *su./m* confusion, disorder;
agitation, distress; discord, dissension; *fig.* uneasiness, turmoil; ~*s pl.*
pol. unrest *sg.*, disturbances; F
trouble *sg.*, disorders; **trouble-fête**
[trublə'fɛːt] *su./inv.* spoilsport; wet
blanket; **troubler** [~'ble] (1a) *v/t.*
disturb; cloud (*a liquid*); *fig.* interrupt; *fig.* perplex, disconcert; make
(*s.o.*) uneasy; ruffle (*s.o.*); *se ~*
become cloudy or overcast (*sky*);
falter (*voice*); become flustered
(*person*); show concern.

trouée [tru'e] *f* gap, break; ✗ breach,
break-through; **trouer** [~] (1a) *v/t.*

make a hole or holes in; *fig.* pit (with,
de); *fig.* make gaps in; *se ~* wear into
holes, develop holes; *être troué* have a
hole or holes (in it).

trouille *sl.* [truːj] *f* fear, jitters *pl.*;
avoir la ~ have the wind up, be in a
blue funk.

troupe [trup] *f* people: troop (*a.* ✗),
band; *pej.* gang; *thea.* company,
troupe; ✗ regiment; ✗ men *pl.*;
cattle, deer, etc.: herd; *geese, sheep:*
flock; *flies*: swarm; *birds*: flight; ✗ ~*s*
pl. forces, troops; **troupeau** [tru-
'po] *m cattle etc.*: herd; *geese, sheep, a.*
fig., *eccl.*: flock; *fig.* set, pack; **troupier** † F [~'pje] *m* soldier; *jurer
comme un ~* swear like a trooper.

trousse [trus] *f* † bundle; hay: truss;
⊕, ✗ instruments, tools: case, kit; ~ *à
pharmacie* first-aid box or kit; ~ *de
maquillage* vanity case or bag; ~ *à
outils* toolkit; ~ *de réparation* repair
kit; ~ *de toilette* toilet bag, sponge
bag; ~ *de voyage* travelling case; *aux
~s de on* (*s.o.'s*) heels, after (*s.o.*);
trousseau [tru'so] *m* keys *etc.*:
bunch; outfit; *bride*: trousseau;
metall. sweep; **trousse-queue**
[trus'kø] *m/inv. horse*: tail-case;
trousser [tru'se] (1a) *v/t.* tuck up;
turn up (*one's trousers*); *cuis.* truss
(*fowl*); *metall.* sweep (*a mould*); F *fig.*
dash (*s.th.*) off.

trouvable [tru'vabl] that can be
found, findable; **trouvaille** [~'vaːj]
f (*lucky*) find, godsend; **trouver**
[~'ve] (1a) *v/t.* find; discover; hit
or come upon; meet (with); *fig.*
consider, think; ~ *bon* (*mauvais*)
(dis)approve; ~ *bon de* (*inf.*) think
fit to (*inf.*); ~ *la mort* meet one's
death; *aller* (*venir*) ~ *q.* go (come)
and see s.o.; *comment trouvez-vous
...?* what do you think of ...?;
enfant m trouvé foundling; *objets
m/pl. trouvés* lost property *sg.*;
vous trouvez? do you think so?; *se ~*
be (present, situated); feel (*better
etc.*); happen; *il se trouve que ...*
it happens that; **trouvère** [~'vɛːr]
m minstrel; **trouveur** *m*, **-euse** *f*
[~'vœːr, ~'vøːz] discoverer; finder.

truand [try'ɑ̃] *m* crook, villain; †
begger; **truander** F [~ɑ̃'de] *v/t.* (1a)
swindle, do.   [shove-net.]

truble [trybl] *f fishing*: hoop-net,}

truc F [tryk] *m* knack, hang; dodge,
trick; thingummy, thing, gadget.

trucage [try'ka:ʒ] *m* faking; cheating; fake; F *accounts:* cooking; *cin.* trick picture; ✕ dummy work; *pol. elections:* gerrymandering.

truchement [tryʃ'mã] *m* † interpreter; *fig.* go-between; *fig.* means of expression; *par le ~ de* through.

trucider F [trysi'de] (1a) *v/t.* massacre, kill.

truc(k) 🚂 [tryk] *m* truck.

truculent, e [tryky'lã, ~'lã:t] colo(u)rful.

truelle [try'ɛl] *f* 🔺, ⊕, *etc.* trowel; *cuis.* (*fish-*)slice; **truellée** [~ɛ'le] *f* trowelful.

truffe [tryf] *f*, *cuis.* truffle; *dog:* nose; F idiot; **truffer** [try'fe] (1a) *v/t. cuis.* stuff with truffles; *fig.* truffé de full of, bristling with; **trufficulteur** [~fikyl'tœ:r] *m* truffle-grower; **truffier, -ère** [~'fje, ~'fjɛ:r] 1. *adj.* truffle-...; 2. *su./m* truffle-grower; *su./f* truffle-bed.

truie [trɥi] *f* sow.

truisme [try'ism] *m* truism.

truite *icht.* [trɥit] *f* trout; ~ saumonée salmon trout; **truité, e** [trɥi'te] spotted; speckled; crackled (*china*).

trumeau [try'mo] *m* 🔺 pier; pier-glass; *cuis.* leg of beef.

truquage [try'ka:ʒ] *m see trucage*; **truquer** [~'ke] (1m) *v/t.* fake; F fiddle with, fix; cook (*accounts*); *pol.* gerrymander (*elections*); *v/i.* cheat; sham; **truqueur** *m*, **-euse** *f* [~'kœ:r, ~'kø:z] *person:* fraud, humbug; faker (*of antiques etc.*).

trust † [trœst] *m* trust; **truster** † [trœs'te] (1a) *v/i.* trust; *v/t.* monopolize (*a. fig.*).

tsar [tsa:r] *m* tsar, czar; **tsarine** [tsa'rin] *f* tsarina, czarina; **tsariste** [~'rist] *adj.*, *a. su.* tsarist, czarist.

tsé-tsé *zo.* [tse'tse] *f* tsetse-fly.

tu¹ [ty] *pron./pers.* you.

tu², **e** [~] *p.p. of taire.*

tuable [tɥabl] fit for slaughter (*animal*); **tuant, tuante** F [tɥã, tɥã:t] killing (*work*); splitting (*headache*); *fig.* exasperating; boring (*person*).

tub [tœb] *m* tub, bath.

tuba [ty'ba] *m* ♪ tuba; *sp.* snorkel.

tubage [ty'ba:ʒ] *m* ⊕, 🔺, ✚, *vet.* tubing; *shaft, well:* casing; **tube** [tyb] *m* ♀, 🎵 ✚, ⊕ boiler, ⚓ torpedo, *anat., paint., phys., telev.,* † tooth-paste, *etc.*: tube; ⊕, 🔺 pipe; *radio:*

valve; *anat.* duct; *sl.* hit (song); *sl.* (tele)phone; 🎵 ~ à essai test-tube; *telev.* ~ de prise de vue camera tube; *sl.* coup de ~ phone call; F buzz.

tuber [ty'be] (1a) *v/t.* ⊕, ✚, *vet.* tube (*boiler, bore-hole, larynx, well*); ⊕ case (*a shaft*).

tubercule [tybɛr'kyl] *m* ♀ tuber; ✚ tubercle; **tuberculé, e** *biol.* [~ky'le] tubercled, tuberculate(d); **tuberculeux, -euse** [~ky'lø, ~'lø:z] 1. *adj.* ♀ tubercular; ✚ tuberculous; 2. *su.* ✚ tubercular patient; consumptive; **tuberculose** ✚ [~ky'lo:z] *f* tuberculosis.

tubéreux, -euse ♀ [tybe'rø, ~'rø:z] *m/inv.* tuberose; **tubérosité** [~rozi'te] *f* tuberosity. (*tubular.*\)

tubulaire ♀, 🔺, ⊕, ✚ [tyby'lɛ:r]\)

tubulure [tyby'ly:r] *f* pump *etc.*: pipe; nozzle; *bottle:* neck; *mot.* manifold.

tue-chien ♀ [ty'ʃjɛ̃] *m/inv.* meadow-saffron; **tue-mouches** [~'muʃ] *m/inv.* ♀ fly agaric; fly-swatter; (*a. papier m* ~) fly-paper; **tuer** [tɥe] (1n) *v/t.* kill (*a. fig. time*); *butcher:* slaughter; *fig.* bore (*s.o.*) to death; *fig.* while away (*one's time*); ✕ tué à l'ennemi killed in action; se ~ kill o.s.; commit suicide; be killed; *fig.* wear o.s. out (in, with à); **tuerie** [ty'ri] *f fig.* slaughter, massacre; slaughter-house; **tue-tête** [~'tɛt] *adv.:* à ~ at the top of one's voice; **tueur** *m*, **tueuse** *f* [tɥœ:r, tɥø:z] killer, slayer, slaughterer (*a. fig.*).

tuf [tyf] *m geol.* tufa; *fig.* foundation, bed-rock; *geol.* ~ volcanique tuff.

tuile [tɥil] *f* tile; F *fig.* (piece of) bad luck, blow; **tuileau** [tɥi'lo] *m* broken tile; piece of tile; **tuilerie** ⊕ [tɥil'ri] *f* tileworks *usu. sg.*, tilery; **tuilier** ⊕ [tɥi'lje] *m* tiler, tile maker.

tulipe [ty'lip] *f* ♀ tulip; ⚡ (tulip-shaped) lamp-shade; **tulipier** ♀ [~li'pje] *m* tulip-tree.

tulle *tex.* [tyl] *m* tulle; net.

tuméfaction ✚ [tymefak'sjɔ̃] *f* swelling, tumefaction; **tuméfié, e** ✚ [~'fje] (1o) swollen.

tumeur ✚ [ty'mœ:r] *f* tumo(u)r, F growth; swelling.

tumulaire [tymy'lɛ:r] tomb-..., grave-...; tumular(y).

tumulte [ty'mylt] *m* tumult, uproar; *passions, politics:* turmoil; *business:* rush, bustle; riot; **tumultueux,**

-euse [~myl'tɥø, ~'tɥø:z] tumultu-ous, riotous; *fig.* noisy, rowdy.

tumulus [tymy'lys] *m* tumulus, barrow.

tungstène 🜞 *metall.* [tœks'tɛn] *m* tungsten, wolfram; *acier m au* ~ tungsten steel.

tunique [ty'nik] *f* 🌿, ✕, *cost.* tunic; *eccl.* tunicle.

tunnel [ty'nɛl] *m* tunnel (*a. fig.*); ~ *aérodynamique* wind tunnel.

turban *cost.* [tyr'bɑ̃] *m* turban.

turbin F [tyr'bɛ̃] *m* work, job, F grind.

turbine ⊕ [tyr'bin] *f* turbine; *vacuum cleaner:* rotary fan.

turbiner F [tyrbi'ne] (1a) *v/i.* work, toil; school: swot, grind; **turbineur** F [~'nœ:r] *m* hard worker.

turbocompresseur ⊕, ✕ [tyrbɔ-kɔ̃prɛ'sœ:r] *m* turbo-compressor, turbo-supercharger; **turbopropulseur** ✕ [~prɔpyl'sœ:r] *m* propeller turbine; *avion m à* ~ turboprop aircraft; **turboréacteur** ✕ [~reak-'tœ:r] *m* turbo-jet engine.

turbot *icht.* [tyr'bo] *m* turbot.

turbulence [tyrby'lɑ̃:s] *f* turbulence (*a. phys.*); *child:* boisterous-ness; *fig.* unruliness; **turbulent, e** [~lɑ̃, ~'lɑ̃:t] turbulent; boisterous (*child, wind*); wild (*sea*); stormy (*life*); *fig.* unruly (*people*).

turc, turque [tyrk] **1.** *adj.* Turkish; † *fig.* hard-hearted, harsh; **2.** *su./m ling.* Turkish; *su.* ♀ Turk; *tête f de* ♀ scapegoat; try-your-strength ma-chine (*at a fair*).

turf [tyrf] *m* racecourse; turf, racing; **turfiste** [tyr'fist] *su.* racegoer.

turgide [tyr'ʒid] turgid, swollen.

turion 🌿 [ty'rjɔ̃] *m* turion.

turlupin † [tyrly'pɛ̃] *m* buffoon, clown; **turlupinade** † [~pi'nad] *f* piece of low buffoonery; low pun; **turlupiner** [~pi'ne] (1a) *v/t.* F worry; bother; *v/i.* play the clown, act the buffoon.

turlututu [tyrlyty'ty] **1.** *su./m* ♪ (*sort of*) toy flute; **2.** *int.* fiddle-sticks!; hoity-toity!

turne F [tyrn] *f* digs *pl.*; den, room; dilapidated house; *quelle* ~! what a hole!; what a dump!

turnep(s) 🌿 [tyr'nɛp(s)] *m* kohl-rabi.

turpitude [tyrpi'tyd] *f* turpitude; depravity; smut(ty talk *or* story); foul deed.

turquin [tyr'kɛ̃] *adj./m:* bleu ~ bluish-grey, slate-blue.

turquoise [tyr'kwa:z] **1.** *su./f* stone: turquoise; **2.** *adj./inv.* turquoise (*colour*).

tus [ty] *1st p. sg. p.s.* of taire.

tussilage 🌿 [tysi'la:ʒ] *m* coltsfoot.

tutélaire [tyte'lɛ:r] tutelary; guard-ian ...; **tutelle** 🜖 [~'tɛl] *f* 🜖 guardian-ship, tutelage; *pol.* trusteeship; *fig.* protection.

tuteur, -trice [ty'tœ:r, ~'tris] *su.* 🜖 guradian; *fig.* protector; *su./m* 🌿 prop, stake; **tuteurage** 🜖 [~tœ'ra:ʒ] *m* staking.

tutoiement [tytwa'mɑ̃] *m* use of *tu* and *toi* (*as a sign of familiarity*); **tutoyer** [~'je] (1h) *v/t.* address (*s.o.*) as *tu*; be on familiar terms with (*s.o.*).

tutu [ty'ty] *m* ballet-skirt.

tuyau [tɥi'jo] *m* pipe; tube; *cost.* fluting, goffer; ✕ stalk; *pipe:* stem; *chimney:* flue; F *fig.* tip, wrinkle, hint; 🜖 ~ *d'arrosage* garden-hose; *mot.* ~ *d'échappement* exhaust (pipe), tailpipe; ~ *d'écoulement* drain pipe; ~ *de jonction* (*or communication*) con-necting pipe; ~ *de poêle* stovepipe; *sl.* top-hat; ~ *d'incendie* firehose; *fig. dire qch. à q. dans le* ~ *de l'oreille* whisper s.th. in s.o.'s ear; **tuyautage** [tɥijo'ta:ʒ] *m* ⊕ piping, tubing; pipes *pl.*; pipe-line; *cost.* fluting, goffering; F *fig.* tipping (off); **tuyauter** [~'te] (1a) *v/t.* flute (*linen*); F give (*s.o.*) a tip; *fer m à* ~ goffering iron *or* tongs *pl.*; **tuyauterie** [~'tri] *f* pipe and tube works *usu. sg. or* fac-tory *or* trade; *cost.* fluting, goffer-ing.

tuyère [tɥi'jɛ:r] *f* ⊕ nozzle; ✕ ~ *d'éjection* outlet jet, *Am.* jet out-let.

tympan [tɛ̃'pɑ̃] *m* △, *anat.* tympa-num; *anat.* (ear-)drum; ⊕ pinion; *hydraulics:* scoop-wheel; treadmill; *typ.* tympan; *fig. crever le* ~ *à q.* split s.o.'s ears; **tympanisme** [~pa-'nism] *m* tympanites; **tympanon** ♪ [~'nɔ̃] *m* dulcimer.

type [tip] **1.** *su./m* type (*a. typ., fig.*); standard model *or* pattern; † sample; F fellow, chap, guy; **2.** *adj.* typical; standard ...; **typesse** *sl.* [ti-'pɛs] *f* female.

typhique 🜏 [ti'fik] typhous; **ty-phoïde** 🜏 [~fɔ'id] **1.** *adj.* typhoid; **2.** *su./f* typhoid (fever).

typhon *meteor.* [ti'fõ] *m* typhoon.
typhus ❡ [ti'fys] *m* typhus.
typique [ti'pik] typical (of, de); symbolical.
typographe [tipo'graf] *m* typographer, printer; **typographie** [ˌgra'fi] *f* typography; letterpress printing; printing-works *usu. sg.*; **typographique** [ˌgra'fik] typographical; *erreur f* ~ misprint.
tyran [ti'rɑ̃] *m* tyrant (*a. fig.*); *orn.* king-bird; **tyrannicide** [tirani'sid] *su. person:* tyrannicide; *su./m act:* tyrannicide; **tyrannie** [ˌ'ni] *f* tyranny (*a. fig.*); **tyrannique** [ˌ'nik] tyrannical (*a. fig.*); **tyranniser** [ˌni'ze] (1a) *v/t.* tyrannize (*s.o.*); oppress (*s.o.*); rule (*s.o.*) with a rod of iron; *fig.* bully (*s.o.*).
tyrolien, -enne [tirɔ'ljɛ̃, ˌ'ljɛn] **1.** *adj.* Tyrolese; **2.** *su.* ♀ Tyrolese; *les* ♀s *m/pl.* the Tyrolese; *su./f* ♩ yodelled melody; ♩ Tyrolienne.
tzar [tsaːr] *etc. see tsar etc.*
tzigane [tsi'gan] *su.* Hungarian gipsy, Tzigane.

U

U, u [y] *m* U, u; ⊕ fer *m* en U U-girder.

ubiquité [ybikɥi'te] *f* ubiquity; *avoir le don d'~* be everywhere at the same time.

ubuesque [yby'ɛsk] grotesque.

ukase *pol., a. fig.* [y'kɑ:z] *m* ukase, edict.

ulcération ✦ [ylsera'sjɔ̃] *f* ulceration; **ulcère** ✦ [~'sɛːr] *m* ulcer; sore; ~ *à l'estomac* stomach ulcer; **ulcérer** [ylse're] (1f) *v/t.* ✦ ulcerate; *fig.* embitter; **ulcéreux, -euse** [~'rø, ~'røːz] ulcerated; ulcerous.

ultérieur, e [ylte'rjœːr] ulterior; further; subsequent (to, *à*), later (time).

ultimatum [yltima'tɔm] *m* ultimatum; **ultime** [~'tim] ultimate, final; **ultimo** [~'mo] *adv.* lastly, finally.

ultra *pol.* [yl'tra] *m* extremist; ultra.

ultra... [yltra] ultra...; **~court, e** *phys.* [~'kuːr, ~'kurt] ultra-short (wave); **~montain, e** [~mɔ̃'tɛ̃, ~'ten] 1. *adj. geog., pol., eccl.* ultramontane; 2. *su. eccl., pol.* ultramontanist, Vaticanist; **~sensible** [~sɑ̃'sibl] high-speed (film); **~son** *phys.* [~'sɔ̃] *m* ultra-sound; **~sonore** *phys.* [~sɔ'nɔːr] ultrasonic; supersonic; **~violet, -ette** *opt.* [~vjɔ'lɛ, ~'lɛt] ultraviolet.

ululer [yly'le] (1a) *v/i.* hoot (owl).

un, une [œ̃, yn] 1. *art./indef.* a, *before vowel:* an; *fig.* someone like; such a (*in int. as intensive*); *not translated before abstract nouns qualified by an adj.: avec une grande joie* with great joy; ~ *de ces jours* one of these days; ~ *jour ou l'autre* some day or other; 2. *adj./num./inv.* one; *une fois* once; *une heure* one o'clock; ~ *jour sur deux* every other day; *c'est tout* ~ it makes no difference; *de deux choses l'une* (it's) one thing or the other; 3. *su.* one; ~ *à* ~ one by one; *ne faire qu'* ~ be as one; *la main dans le gant,* be as one; *bande la une* page one; *su./m:* le un (number) one; *thea.* first act; 4. *pron./indef.* one; *les* ~s *les autres* one

another, each other; *les* ~s ..., *les autres* ... some ..., others ...; *l'* ~ *l'autre* one another, each other.

unanime [yna'nim] unanimous (in s.th., *dans qch.*; in ger. *à, pour inf.*); **unanimité** [~nimi'te] *f* unanimity; *à l'* ~ unanimously, with one voice.

uni, e [y'ni] 1. *p.p. of unir;* 2. *adj.* smooth; level, even (ground); regular; plain (colour, *a. tex.*); *fig., a. pol.* united; close(-knit) (family *etc.*); 3. *su./m* plain *or* simple material.

unicellulaire ♀, *a. zo.* [ynisɛly'lɛːr] unicellular.

unicité [ynisi'te] *f* uniqueness; *phls.* oneness.

unicolore [yniko'lɔːr] unicolo(u)red; one-colo(u)red.

unicorne [yni'kɔrn] 1. *adj.* single-horned; 2. *su./m* 🐟, zo., myth. unicorn.

unidirectionnel, -elle [ynidirɛksjɔ'nɛl] unidirectional.

unième [y'njɛm] *adj./num., a. su.* in compounds: first; *vingt et* ~ twenty-first.

unification [ynifika'sjɔ̃] *f* unification; ⊕, ♦ *companies:* amalgamation, merger; ♦ standardization; **unifier** [~'fje] (1o) *v/t.* unify; ⊕, ♦ amalgamate, merge (companies); ♦ standardize.

uniforme [yni'fɔrm] 1. *adj.* uniform, unvarying; flat (rate); *fig.* monotonous; 2. *su./m* ✕, ⚓, school, *etc.*: uniform; **uniformément** [ynifɔrme'mɑ̃] *adv. of uniforme 1;* **uniformiser** [~mi'ze] (1a) *v/t.* standardize; make (s.th.) uniform; **uniformité** [~mi'te] *f* uniformity; *fig.* consistency; evenness.

unijambiste [yniʒɑ̃'bist] *su.* one-legged person.

unilatéral, e, *m/pl.* -aux ♀, ⚕, *pol., etc.* [ynilate'ral, ~'ro] unilateral.

union [y'njɔ̃] *f* union; combination; *admin.* association; marriage; ⊕ coupling, union-joint; *fig.* agreement.

unipare biol. [yni'pa:r] uniparous.

uniphasé, e ⚡ [ynifa'ze] monophase; single-phase.

unipolaire [ynipɔ'lɛ:r] unipolar, single-pole ...

unique [y'nik] unique; single, alone; only; ⚔, pol. united; fig. unrivalled; fig. pej. impossible; seul et ~ one and only; **uniquement** [ynik'mã] adv. solely; simply, merely.

unir [y'ni:r] (2a) v/t. unite (with, à); combine (with, à); join in marriage; s'~ (à, avec) unite (with); combine (with); be joined in marriage.

unisson [yni'sõ] m ♪ unison; à l'~ in unison (with, de); fig. in harmony or keeping (with, de).

unitaire [yni'tɛ:r] unitary; unitarian (a. eccl.); ♄, ♯ unit-...; **unitarisme** eccl. [ˌta'rism] m Unitarianism; **unité** [ˌ'te] f ⚔, ♄ unit; ♄ one; ♄, phls., fig., thea. unity; fig. consistency, uniformity; ✻ prix m de l'~ price of one.

univalent, e ♑ [yniva'lã, ˌ'lã:t] univalent, monovalent.

univers [yni'vɛ:r] m universe; **universaliser** [yniversali'ze] (1a) v/t. universalize; **universalité** [ˌsali'te] f universality; whole (a. ♯♯); entirety; **universel, -elle** [ˌ'sɛl] universal (a. phls., ⊕); ✻ etc. a. all-purpose, general-purpose; world (-wide); ♯♯ residuary (legatee); fig. homme m ~ all-rounder; ✻ remède m ~ panacea.

universitaire [yniversi'tɛ:r] **1.** adj. university ...; academic; **2.** su. academic; **université** [ˌ'te] f university.

univoque [yni'vɔk] univocal; fig. unequivocal (language, proof, words); fig. uniform.

Untel [ɛ̃'tɛl] m: Monsieur (Madame) ~ Mr (Mrs) so-and-so.

uppercut [ypɛr'kyt] m uppercut.

uranate ♑ [yra'nat] m uranate; **urane** ♑ [y'ran] m uranium oxide; **uranite** min. [yra'nit] f uranite; **uranium** ♑ [ˌ'njɔm] m uranium.

urbain, e [yr'bɛ̃, ˌ'bɛn] urban; town ...; city ...; urbane; **urbaniser** [ˌni'ze] (1a) v/t. urbanize; **urbanisme** [ˌ'nism] m urbanism; town planning, Am. city planning; **urbaniste** [ˌ'nist] m urbanist; town planner, Am. city planner; **urbanis**

tique [ˌni'stik] urbanistic, town-planning ...; **urbanité** [ˌni'te] f urbanity.

urée ♑ [y're] f urea; **urémie** ♑ [yre'mi] f ur(a)emia; **urétérite** ♑ [ˌte'rit] f ureteritis; **urètre** anat. [y'rɛ:tr] m urethra.

urgence [yr'ʒã:s] f urgency; ♯ etc. emergency; affairs: pressure; d'~ immediately; emergency...; en cas d'~ in case of or in an emergency; il y a (grande) ~ it is (very) urgent; **urgent, e** [ˌ'ʒã, ˌ'ʒã:t] urgent, pressing; ♯ cas m ~ emergency; **urger** F [ˌ'ʒe] (1l) v/i. be urgent; rien n'urge there's no hurry.

urinaire anat. [yri'nɛ:r] urinary; **urinal** ♯ [ˌ'nal] m (day-, bed-) urinal; **urine** physiol. [y'rin] f urine; **uriner** [yri'ne] (1a) v/i. urinate, make water; **urinoir** [ˌ'nwa:r] m (public) urinal.

urique ♑ [y'rik] uric.

urne [yrn] f urn; (~ électorale) ballot box; ~ funéraire cinerary urn; aller (or se rendre) aux ~s go to the polls.

urologie ♯ [yrɔlɔ'ʒi] f urology; **urologiste** [ˌ'ʒist] m urologist.

urticacées ♣ [yrtika'se] f/pl. urticaceae; **urticaire** ♯ [ˌ'kɛ:r] f urticaria, nettle-rash.

us [ys] m/pl.: ~ et coutumes f/pl. ways and customs.

usage [y'za:ʒ] m use (a. ♯♯), employment; cost., carpet, etc.: service, wear; fig. custom; usage; fig. practice; ~ du monde good breeding; ♯ ~ externe for external use; à ~s multiples multi-purpose; à l'~ de intended for; faire ~ de use; faire bon ~ to good use; hors d'~ disused; il est d'~ de (inf.) it is usual to (inf.); **usagé, e** [yza'ʒe] second-hand; worn (clothes); used; **usager, -ère** [ˌ'ʒe, ˌ'ʒɛ:r] **1.** su. user; ♯♯ pasturage: commoner; **2.** adj. in everyday use; ♯♯ customs: for personal use; **usant, e** [y'zã, y'zã:t] wearing; exhausting; tiresome (person); **usé, e** [y'ze] worn (out); cost. threadbare, shabby; frayed (rope); fig. hackneyed, commonplace; worn-out (horse); exhausted (soil); **user** [~] **1.** (1a) v/t. use up; consume (fuel); wear out; spoil (one's eyes etc.); waste (one's youth); s'~ wear away or out; fig. be spent; v/i.: ~ de use; make use of; resort to (tricks, violence).

usinage ⊕ [yzi'na:ʒ] *m* machining, tooling; **usine** [y'zin] *f* works *usu. sg.*, factory, plant; *tex.*, *metall.*, *paper*: mill; ~ *atomique* atomic plant; ~ *électrique* power station, powerhouse; ~ *hydraulique* waterworks *usu. sg.*; **usiner** [yzi'ne] (1a) *v/t.* ⊕ machine, tool; process.

usité, e [yzi'te] in use, current.

ustensile [ystɑ̃'sil] *m* utensil, implement; tool.

usuel, -elle [y'zɥɛl] usual, customary; common; *langue f* ~*elle* everyday language.

usufruit t̸t̸ [yzy'frɥi] *m* usufruct; life interest; **usufruitier, -ère** t̸t̸ [~frɥi'tje, ~'tjɛ:r] **1.** *adj.* usufructuary; **2.** *su.* tenant for life; usufructuary. [orbitant.]

usuraire [yzy'rɛ:r] usurious; ex-∫

usure[1] [y'zy:r] *f* ⊕, *cost.*, *furnishings*, *etc.*: wear (and tear); *geol.*, *gramm.* erosion; ⚔ *guerre f d'*~ war of attrition; F *avoir q. à l'*~ wear s.o. down (in the end).

usure[2] [y'zy:r] *f* usury; *fig. rendre avec* ~ repay (*s.th.*) with interest; **usurier** *m*, **-ère** *f* [yzy'rje, ~'rjɛ:r] usurer.

usurpateur, -trice [yzyrpa'tœ:r, ~'tris] **1.** *adj.* usurping; *fig.* encroaching; **2.** *su.* usurper; **usurpation** [~'sjɔ̃] *f* usurpation (of, *de*); *fig.* encroachment (upon, *de*); **usurpatoire** [~'twa:r] usurpatory; **usurper** [yzyr'pe] (1a) *v/t.* usurp (*the throne, a title*) (from, *sur*); *v/i. fig.* encroach (upon, *sur*).

ut ♪ [yt] *m/inv.* ut; *note*: C; *clef f d'*~ C-clef.

utérin, e [yte'rɛ̃, ~'rin] t̸t̸, ♂ uterine; t̸t̸ *half-*(-*brother, -sister*) on the mother's side.

utile [y'til] **1.** *adj.* useful; of service; *fig.* convenient; *en temps* ~ in (good) time; in due course; **2.** *su./m* the useful; *joindre l'*~ *à l'agréable* combine business with pleasure; **utilisable** [ytili'zabl] usable; utilizable; available (*ticket*); **utilisateur** [~za-'tœ:r] *m* user; **utilisation** [~za'sjɔ̃] *f* utilization; turning (*of s.th.*) to account; use; **utiliser** [~'ze] (1a) *v/t.* make use of; use; utilize; **utilitaire** [~'tɛ:r] *adj.*, *a. su.* utilitarian; **utilitarisme** [~ta'rism] *m* utilitarianism; **utilité** [~'te] *f* utility, usefulness; use; service, useful purpose; *thea.* small *or* minor part; *actor*: utility man.

utopie [ytɔ'pi] *f* utopia; *d'*~ utopian; **utopique** [~'pik] *adj.*, *a. su.* utopian; **utopiste** [~'pist] *su.* utopian, utopist.

utricule *anat.* [ytri'kyl] *m* utricle.

uval, e, *m/pl.* **-aux** [y'val, ~'vo] grape-...

uvulaire *anat.* [yvy'lɛ:r] uvular.

V

V, v [ve] *m* V, v; *double v* W, w.

va! [va] *int.* to be sure!; believe me!; well!; good!; ~ *pour cette somme!* done (at that price)!; agreed (at that figure)!

vacance [va'kãːs] *f* vacancy; vacant post; ~*s pl.* holidays; vacation *sg.* (*Am. a. univ.*), *parl.* recess *sg.*; *grandes* ~*s* long holidays *etc.*; **vacancier** *m*, **-ière** *f* [~kã'sje, ~'sjɛːr] holiday-maker, *Am.* vacationist; **vacant, e** [~'kã, ~'kãːt] vacant, unoccupied (*house, post, seat, etc.*); *ⁿⁿ* in abeyance (*estate*).

vacarme [va'karm] *m* uproar, din, racket, row.

vacation *ⁿⁿ* [vaka'sjɔ̃] *f* attendance, sitting; *rights etc.*: abeyance; ~*s pl.* fees; *law-courts*: vacation *sg.*

vaccin *⚕* [vak'sɛ̃] *m* vaccine; **vaccinal, e** *m/pl.* **-aux** *⚕* [vaksi'nal, ~'no] vaccinal; **vaccination** *⚕* [~na'sjɔ̃] *f* vaccination; inoculation; **vaccine** *⚕* [vak'sin] *f* cowpox; **vacciner** *⚕* [~si'ne] (1a) *v/t.* vaccinate; inoculate.

vache [vaʃ] **1.** *su./f* cow; *✝* cowhide; *sl.* fat woman, ∨ cow; *woman*: bitch; *sl. man etc.*: swine; F *le plancher m des* ~*s* terra firma, dry land; F *fig. manger de la* ~ *enragée* have a hard time of it; F *parler français comme une* ~ *espagnole* murder the French language. **2.** *adj. sl.* harsh; bad; mean, foul; **vachement** *sl.* [vaʃ'mã] terribly, real, damned; (*rain etc.*) damned hard; **vacher** *m*, **-ère** *f* [va'ʃe, ~'ʃɛːr] cowherd; **vacherie** [vaʃ'ri] *f* cowshed, cowhouse; *sl.* dirty trick; nasty remark; **vachette** *✝* [va'ʃɛt] *f* leather: calfskin.

vacillant, e [vasi'jã, ~'jãːt] unsteady; swaying; staggering; flickering (*flame*); shaky (*hand, ladder*); *fig.* undecided; uncertain (*health*); **vacillation** [~ja'sjɔ̃] *f* unsteadiness; *flame*: flickering; shakiness; *fig.* wavering, vacillation; **vacillatoire** [~ja'twaːr] vacillatory; **vaciller** [~'je] (1a) *v/i.* be unsteady; sway (to and fro); stagger; be shaky; flicker (*light*); twinkle (*star*); *fig.* vacillate; waver.

vacuité [vakɥi'te] *f* emptiness, vacuity; **vacuum** [~'kɥɔm] *m* vacuum.

vade-mecum [vademe'kɔm] *m/inv.* vade-mecum; companion (= *book*).

vadrouille [va'druːj] *f* ⚓ swab; F stroll; **vadrouiller** F [vadru'je] (1a) *v/i.* stroll or roam (about *or* around); **vadrouilleur, -euse** [~'jœːr, ~'jøːz] **1.** *adj.* strolling; roaming (the streets); **2.** *su.* stroller; roamer.

va-et-vient [vae'vjɛ̃] *m/inv.* comings and goings *pl.*; movement to and fro; backward and forward motion, *Am.* back and forth motion; ⚓ shuttle-service; ⊕ reciprocating gear; ⚡ two-way switch; *faire le* ~ *entre 🚌, bus, etc.*: ply between.

vagabond, e [vaga'bɔ̃, ~'bɔ̃ːd] **1.** *adj.* vagabond; wandering; roving (*a. fig.*); **2.** *su.* vagabond; vagrant, tramp; **vagabondage** [~bɔ̃'daːʒ] *m* wandering; vagrancy; **vagabonder** [~bɔ̃'de] (1a) *v/i.* be a vagabond; wander, roam (*a. fig.*).

vagin *anat.* [va'ʒɛ̃] *m* vagina.

vagir [va'ʒiːr] (2a) *v/i.* wail (*newborn infant*); squeak (*hare*); **vagissement** [~ʒis'mã] *m* new-born infant: vagitus, wail; *hare*: squeak(ing).

vague¹ [vag] *f* ⚓ wave (*a. fig., a. ✕*); billow; ⚡ current, *fig.* anger: surge; *fig. la nouvelle* ~ the new wave; F *fig. faire des* ~*s* cause a stir; F *fig. pas de* ~*s!* no fuss!

vague² [~] **1.** *adj.* vague; hazy; indeterminate; dim (*memory*); loose (-fitting) (*garment*); **2.** *su./m* vagueness.

vague³ [~] **1.** *adj.* vacant, empty (*look, stare*); **2.** *su./m* empty space; *fig.* vacancy.

vaguemestre [vag'mɛstr] *m* ✕ post-orderly; ⚓ postman.

vaguer [va'ge] (1m) *v/i.* roam, wander.

vaillamment [vaja'mã] *adv. of* *vaillant*; **vaillance** [~'jãːs] *f* valo(u)r, courage, gallantry; **vaillant,**

e [~'jã, ~'jã:t] valiant, brave, courageous; ✗ gallant; stout (*heart*); F fig. in good health.

vaille [vaj] *1st p. sg. pres. sbj. of* valoir.

vain, vaine [vẽ, vɛn] **1.** adj. vain; empty (*promise, title, words, etc.*); useless (*effort*); conceited (*person*); **2.** vain adv.: en ~ vainly, in vain.

vainc [vẽ] *3rd p. sg. pres. of* vaincre.

vaincre [vẽ:kr] (4gg) v/t. conquer (a. fig. an emotion, hardship, etc.); defeat, beat (s.o.) (a. sp.); fig. outdo (s.o.) (a. sp.).

vaincu, e [vẽ'ky] *1. p.p. of* vaincre; **2.** su. defeated person or party; sp. etc. loser; **vainqueur** [~'kœ:r] **1.** su./m victor, conqueror; sp. etc. winner; **2.** adj. victorious; **vainquis** [~'ki] *1st p. sg. p.s. of* vaincre; **vainquons** [~'kõ] *1st p. pl. pres. of* vaincre.

vairon [vɛ'rõ] **1.** adj./m: 🐟, vet. wall-eyed; yeux m/pl. ~s eyes of different colo(u)rs; **2.** su./m icht. minnow.

vais [vɛ] *1st p. sg. pres. of* aller 1.

vaisseau [vɛ'so] m 🐟 ♠, ♣, anat., cuis. vessel; ♣ ship; ♣, anat. duct, canal; △ building: body; church: nave: anat. ~ sanguin blood-vessel; ~ spatial spacecraft; fig. brûler ses ~x burn one's boats; **~école**, pl. **~x-écoles** [~soe'kɔl] m training ship.

vaisselier [vɛsə'lje] m furniture: dresser; **vaisselle** [~'sɛl] f dishes pl.; tableware; crockery, china; eau f de ~ dishwater; faire la ~ do the washing-up, wash up, Am. wash the dishes.

val, pl. **vals**, a. **vaux** [val, vo] m vale, dale; par monts et par vaux up hill and down dale.

valable [va'labl] valid (a. fig.).

valdinguer sl. [valdẽ'ge] v/i. see dinguer.

valence 🜍 [va'lã:s] f valency.

valenciennes [valã'sjen] f Valenciennes (lace).

valériane 🌿, ♀ [vale'rjan] f valerian; **valérianelle** ♀ [~rja'nel] f lamb's-lettuce.

valet [va'lɛ] m (man-)servant; cards: knave, jack; ⊕ door-counterweight; ⊕ clamp, dog; mirror, etc., a. 🜍: stand; fig. toady; ~ de chambre valet, man-servant; ✗ ~ de ferme farm-hand.

valétudinaire [valetydi'nɛ:r] adj., a. su. valetudinarian.

valeur [va'lœ:r] f value (a. ♪, ✝, phls., fig.), worth; asset (a. fig.); ♪

note: length; ✗ valo(u)r, gallantry; ✝ ~s pl. shares, securities; ✝ ~s pl. actives assets; ✗ ~ militaire fighting qualities pl.; ♣ ~ nautique seaworthiness; ✝ ~ nominale face value; de ~ valuable; fig. of value; able (person); mettre en ~ enhance the value of; develop (the soil); reclaim (a marsh); fig. emphasize, bring out; objets m/pl. de ~ valuables; **valeureux, -euse** ✗ [~lœ'rø, ~'rø:z] brave, gallant, valiant.

validation [valida'sjõ] f validation; law: ratifying; **valide** [~'lid] valid; healthy; fig. sound; ✗ fit (for service); F fig. peu ~ off colo(u)r; **valider** [vali'de] (1a) v/t. validate; authenticate (a document); ratify (a contract); **validité** [~di'te] f validity.

valise [va'li:z] f suitcase; (diplomatic) bag; faire sa ~ (or ses ~s) pack one's suitcase(s) or one's bags (a. fig.).

vallée [va'le] f valley; **valleuse** [~'lø:z] f small dry valley; **vallon** [~'lõ] m small valley; dale, vale; **vallonné, e** [~lɔ'ne] undulating; **vallonnement** [~lɔn'mã] m undulation.

valoir [va'lwa:r] (3l) v/i. be worth; be profitable; be as good as; be equal to; apply, hold, be valid; ✝ à ~ on account (of, sur); ça vaut la peine (de inf.) it's worth while (ger.); ça vaut le coup it's worth trying; faire ~ make the most of (s.th.); ✝ invest profitably; ✝ exploit, make productive; fig. emphasize, bring out; v/t.: ~ qch. à q. earn or win s.o. s.th.; se faire ~ make the most of o.s.; v/impers.: il vaut mieux (inf.) it's better to (inf.); mieux vaut tard que jamais better late than never.

valorisation [valɔriza'sjõ] f ✝, fig. increase in value or importance; **valoriser** [~'ze] (1a) v/t. increase the value or importance of; upgrade.

valse ♪ [vals] f waltz; F aller ~ go flying or crash (against, contre); F envoyer ~ send (s.th.) flying; send (s.o.) packing; F faire ~ juggle around; faire ~ l'argent spend money like water; **valseur, -euse** [~'sœ:r, ~'sø:z] **1.** adj. waltzing; **2.** su. waltzer.

valu, e [va'ly] **1.** p.p. of valoir; **2.** su./f see moins-value; plus-value; **valus** [~] *1st p. sg. p.s. of* valoir.

valvaire ♀ etc. [val'vɛ:r] valvar, valvate; **valve** [valv] *f anat., mot., metall., radio,* ♥, ✈: valve; **valvé, e** ♥ [val've] valvate; **valvule** [∼'vyl] *f* valvule; *anat.* valve.

vamp [vã:mp] *f* vamp; **vamper** [∼'pe] (1a) *v/t.* vamp, seduce (by coquetry).

vampire [vã'pi:r] *m zo., a. fig.* vampire; *fig.* blood-sucker; **vampirique** [∼pi'rik] vampiric; blood-sucking.

van [vã] *m* ✗ winnowing-basket; fan; winnowing-machine; ✗ van (-ning-shovel); ✗ *passer au ∼* winnow.

vandalisme [vãda'lism] *m* vandalism.

vanesse *zo.* [va'nɛs] *f* vanessa.

vanille ♥, *cuis.* [va'ni:j] *f* vanilla; *à la ∼* vanilla ...; **vanillé, e** *cuis.* [∼ni'je] vanilla-(flavo[u]red); **vanillerie** ✗ [∼nij'ri] *f* vanilla-plantation; **vanillier** [vani'je] *m* ✗ vanilla plant; **vanilline** ♑, ⊕ [∼'jin] *f* vanillin.

vanité [vani'te] *f* vanity; *fig.* futility; *pej. tirer ∼ de* pride o.s. on; **vaniteux, -euse** [∼'tø, ∼'tø:z] **1.** *adj.* vain, conceited; **2.** *su.* conceited person.

vannage¹ [va'na:ʒ] *m* ✗ winnowing, sifting; ✗ *ore:* vanning; F *fig.* exhaustion.

vannage² ⊕ [∼] *m water-gate:* sluice-gates *pl.; turbine:* gating; **vanne** [van] *f* sluice(-gate), watergate; *turbine:* gate; (overflow) weir; *mot. etc.* valve; *fan, ventilator:* shutter.

vanneau *orn.* [va'no] *m* lapwing, (green) plover.

vanner¹ [va'ne] (1a) *v/t.* ✗ winnow, sift; ✗ van; *fig.* exhaust, wear out, tire out.

vanner² ⊕ [∼] (1a) *v/t.* fit sluices in; gate (*a turbine*).

vannerie [van'ri] *f* basket-making; ✚ wicker-work, basket-work.

vanneur [va'nœ:r] *m* ✗ winnower; ✗ *vanner (a. machine);* **vanneuse** ✗ [∼'nø:z] *f* winnowing-machine.

vannier [va nje] *m* basket-maker.

vannure ✗ [va'ny:r] *f* chaff, husks *pl.*

vantail, *pl.* **-aux** [vã'ta:j, ∼'to] *m* door, shutter, etc.: leaf.

vantard, e [vã'ta:r, ∼'tard] **1.** *adj.* boastful, bragging; **2.** *su.* bragger, braggart; *Am. sl.* blow-hard, *Am.*

sl. wind-jammer; **vantardise** [∼tar'di:z] *f* bragging; boasting; piece of bluff; **vanter** [∼'te] (1a) *v/t.* vaunt, extol; F boost, crack up; *se ∼ (de)* boast (of); **vanterie** [vã'tri] *f* bragging; boasting; boast(ing).

va-nu-pieds [vany'pje] *m/inv.* tramp, hobo; beggar.

vap(e)(s) *sl.* [vap] *f*/(*pl.*): *etre dans la vap(e) (or les vap[e]s)* be in a daze.

vapeur [va'pœ:r] *su./f* steam; vapo(u)r; fumes *pl.;* ⊕ *machine f* à *∼* steam engine; *su./m* ♣ steamer, steamship; **vaporeux, -euse** [∼'rø, ∼'rø:z] vaporous, misty; steamy; *fig.* hazy; *fig.* nebulous; **vaporisateur** [∼riza'tœ:r] *m* vaporizer; atomizer; scent-spray; ⊕ evaporator; **vaporiser** [∼ri'ze] (1a) *v/t.* vaporize; atomize, spray (*a liquid*); F spray (*s.th.*) with scent; *tex.* steam (*cloth*); *se ∼* vaporize; spray o.s.

vaquer [va'ke] (1m) *v/i.* † be vacant; ✝ *parl.* not to be sitting; *∼ à* attend to; be occupied with; *see* to; *∼ à* ses *affaires a.* go about one's business.

varan *zo.* [va'rã] *m* varan, monitor.

varappe *mount.* [va'rap] *f* rock climbing; rock climb.

varech ♥ [va'rɛk] *m* seaweed, wrack.

vareuse [va'rø:z] *f* (pea *or* sports) jacket; ✗ tunic.

variabilité [varjabili'te] *f* variability; *weather, a. fig.* mood: changeableness; **variable** [∼'rjabl] **1.** *adj.* ♈, *astr., gramm., biol.* variable; changeable (*weather, a. mood*); *fig.* fickle; ♪ unequal (*pulse*); **2.** *su./f* ♈ variable; **variant, e** [∼'rjã, ∼'rjã:t] **1.** *adj.* variable, inconstant; **2.** *su./f text:* variant, different reading; **variation** [∼rja'sjɔ] *f* variation (*a.* ♪).

varice ♑ [va'ris] *f* varix, varicose vein. [varicella.]

varicelle ♑ [vari'sɛl] *f* chicken-pox,

varié, e [va'rje] varied; various; variegated (*colours etc.*); miscellaneous (*news, items, objects*); ⊕ variable (*motion*); **varier** [∼'rje] (1o) *v/t.* vary, variegate (*colours*); ♪ make variations on (*an air*); *v/i.* vary; ✝ fluctuate (*market*); *fig. ∼ sur* be at variance on, disagree over; **variété** [∼rje'te] *f* variety; *scenery:* varied nature; *opinions:* diversity; ✝ range; *thea. ∼s pl.* variety theatre *sg.*

variole [va'rjɔl] f 🐝 smallpox, variola; *vet.* (cow-, sheep-)pox; **variolé, e** [varjɔ'le] pock-marked; **varioleux, -euse** 🐝 [∼'lø, ∼'løːz] 1. *adj.* variolous; 2. *su.* smallpox patient; sufferer from smallpox; **variolique** 🐝 [∼'lik] variolous.

variomètre ⚡ [varjɔ'mɛtr] m variometer.

variqueux, -euse 🐝 [vari'kø, ∼'køːz] varicose.

varlope ⊕ [var'lɔp] f trying-plane; **varloper** ⊕ [∼lɔ'pe] (1a) v/t. try up (a plank).

vasculaire 🌿, *anat.* [vasky'lɛːr], **vasculeux, -euse** 🌿, *anat.* [∼'lø, ∼'løːz] vascular; ⚡ *pression* f *vasculaire* blood-pressure.

vase¹ [vɑːz] m vase; vessel; receptacle; ∼ *de nuit* chamber; *fig.* en ∼ *clos* in seclusion.

vase² [∼] f mud, silt.

vaseline 🜓 [vaz'lin] f vaseline, petroleum jelly, *Am.* petrolatum; *enduire de* ∼ vaseline.

vaseux, -euse [va'zø, ∼'zøːz] muddy, silty; F *fig.* woolly (*ideas*); *sl. fig.* seedy, ill.

vasistas [vazis'tɑs] m fanlight (*over door*), *Am.* transom.

vaso-moteur, -trice *anat.* [vazɔmɔ'tœːr, ∼'tris] vaso-motor.

vasque [vask] f fountain: basin.

vassal, e, m/pl. -aux [va'sal, ∼'so] 1. *adj.* vassal; ∼ *de* (*region*) under the suzerainty of; 2. *su.* vassal; **vassalité** [∼sali'te] f, **vasselage** [vas'laːʒ] m vassalage; *fig.* bondage.

vaste [vast] 1. *adj.* vast, immense; comprehensive; *anat.* vastus; 2. *su./m anat.* vastus; **vastitude** [∼i'tyd] f vastness; vastity.

va-t-en-guerre [vatɑ̃'gɛr] 1. *su./inv.* sabre-rattler; 2. *adj.* sabre-rattling.

vaticinateur, -trice [vatisina'tœːr, ∼'tris] 1. *adj.* prophetic; 2. *su./m* prophet; *su./f* prophetess; **vaticination** [∼na'sjɔ̃] f prophecy; pompous predictions *pl.*; **vaticiner** [∼'ne] (1a) v/i. prophesy; make pompous predictions.

va-tout [va'tu] m/inv. the whole of one's stakes; *jouer son* ∼ stake one's all.

vaudeville [vod'vil] m light comedy.

vaudois, e [vo'dwa, ∼'dwaːz] *adj., a. su.* ♀ Vaudois; *eccl. hist.* Waldensian.

vaudrai [vo'dre] *1st p. sg. fut. of valoir.*

vau-l'eau [vo'lo] *adv.:* † *à* ∼ down-stream; *fig. aller à* ∼ go to rack and ruin.

vaurien, -enne [vo'rjɛ̃, ∼'rjɛn] *su.* bad lot; F *child:* rascal; *su./m* waster, ne'er-do-well; *su./f* worthless woman.

vautour *orn.* [vo'tuːr] m vulture (*a. fig.*).

vautrer [vo'tre] (1a) v/t.: se ∼ wallow (in, *dans*) (*pig, a. fig. person*); F *fig.* sprawl (*on a sofa, etc.*); revel (in, *dans*).

vau-vent *hunt.* [vo'vɑ̃] *adv.:* à ∼ down (the) wind; (*fly*) before the wind.

vaux [vo] *1st p. sg. pres. of valoir.*

va-vite [va'vit]: à la ∼ in a hurry, hurriedly; carelessly.

veau [vo] m calf; *meat:* veal; † *calf*(-leather); F *person:* clod, lout; F *fig.* gutless person or car; ∼ *marin* sea-calf, seal; *fig. adorer le* ∼ *d'or* worship the golden calf; F *pleurer comme un* ∼ blubber; *cuis. tête f de* ∼ calf's-head.

vecteur ⚡ [vɛk'tœːr] *adj., a. su./m* vector.

vécu, e [ve'ky] *p.p. of vivre 1.*

vécus [∼] *1st p. sg. p. s. of vivre 1.*

vedettariat *thea. etc.* [vɔdeta'rja] m stardom; *the stars* (*pl.*); **vedette** [vɔ'dɛt] f *thea., cin. etc.* star; ♣ patrol boat, scout; motor boat; *en* ∼ F *fig.* in the forefront; in the limelight; *typ., journ.* in bold type; *attraction f* ∼ highlight.

végétal, e, m/pl. -aux [veʒe'tal, ∼'to] 1. *adj.* plant(-*life*); vegetable (*butter, kingdom*); 2. *su./m* plant; **végétarien, -enne** [∼ta'rjɛ̃, ∼'rjɛn] *adj., a. su.* vegetarian; **végétarisme** [∼ta'rism] m vegetarianism.

végétatif, -ve [veʒeta'tif, ∼'tiːv] vegetative; **végétation** [∼ta'sjɔ̃] f vegetation; growth; 🐝 ∼*s pl.* adénoïdes adenoids; **végéter** [∼'te] (1d) v/i. † 🌿 grow; 🌿 *a. fig.* vegetate.

véhémence [vee'mɑ̃ːs] f vehemence; *avec* ∼ vehemently; **véhément, e** [∼'mɑ̃, ∼'mɑ̃ːt] vehement; *fig.* violent.

véhiculaire [veiky'lɛːr] vehicular (*language*); **véhicule** [∼'kyl] m vehicle (*a. fig.*); *fig. a.* medium; **véhiculer** [∼ky'le] (1a) v/t. convey, carry; cart.

veille [vɛːj] f staying up (*at night*); wakefulness, waking; *eccl.* vigil; eve (of, *de*), day before; *fig.* verge, brink; (*night*) watch; *fig. à la* ∼ *de* on the brink *or* eve *or* point of; *la ~ de Noël* Christmas Eve; **veillée** [vɛ'je] *f* evening (spent in company); watch; *fig. ~ d'armes* night before combat; **veiller** [~'je] (1a) *v/i.* stay *or* sit up (late); remain *or* lie awake; *eccl.* keep vigil; ✗ watch, be on the lookout; stand by; *~ à* see to; attend to; *~ à ce que* (*sbj.*) see to it *or* make sure that (*ind.*); *~ sur* look after, watch over; *v/t.* watch over, attend to (*a patient etc.*); sit up with (*a patient, a corpse*); *Am.* wake (*a corpse*); **veilleur** [~'jœːr] *m*: (*~ de nuit* night) watchman; **veilleuse** [~'jøːz] *f* (night) night light; *mot.* sidelight; *gas:* pilot light; *mettre en ~* turn down (*the gas etc.*); dim (*a light*); *fig.* put (*a project etc.*) on ice.

veinard, e [vɛ'naːr, ~'nard] **1.** *adj.* lucky; **2.** *su.* lucky person; **veine** [vɛn] *f* ✿, *anat., geol., a. fig.* vein (*a. = marking in marble, wood, etc.*); ✗ *ore:* lode; *coal:* seam; *fig.* inspiration; *fig.* mood; F (good) luck; *avoir de la ~* be lucky; *être en ~ de* ... be in a ... mood, be in the mood for ...; **veiné, e** [vɛ'ne] veined; grained (*door*); **veiner** ⊕ [~'ne] (1a) *v/t.* grain, vein (*paintwork*); **veineux, -euse** [~'nø, ~'nøːz] ⊕ veiny (*wood etc.*); *anat., physiol.* venous; ✿ venose, veiny; **veinule** [~'nyl] *f anat. etc.* veinlet; venule; ✗ thread (*of ore*).

vélaire *gramm.* [vɛ'lɛːr] **1.** *adj.* velar; uvular (R); **2.** *su./f* velar (consonant).

vêler [vɛ'le] (1b) *v/i.* calve (*cow*).

vélin [vɛ'lɛ̃] *m* vellum (paper).

velléité [vɛlei'te] *f* stray impulse; slight inclination; vague desire; *fig.* hint (*of a smile etc.*).

vélo F [ve'lo] *m* (push-)bike, wheel; *aller à ~* cycle, F bike, wheel.

vélocité [velɔsi'te] *f* speed, velocity; **vélodrome** [~'droːm] *m* cycle-racing track, velodrome; **vélomoteur** [~mɔ'tœːr] *m* light motor-cycle; motor-assisted bicycle.

velours [və'luːr] *m* velvet; *gramm.* faulty liaison; *velv. ~ à côtes* corduroy; *~ de coton* velveteen; *~ de soie* silk velvet; **velouté, e** [velu'te] **1.** *adj.* velvety; mellow (*wine*); downy (*cheek, peach*); *phot.* velvet-surface (*paper*); **2.** *su./m* softness, velvetiness; *fruit:* bloom; *tex.* velvet braid; *cuis.* rich thick gravy soup; *tex.* (*a. ~*

de laine) velours; **velouter** [~'te] (1a) *v/t.* give a soft *or* velvety appearance to (*s.th.*); *fig.* soften (*an outline*); *se ~* soften, mellow; **velouteux, -euse** [~'tø, ~'tøːz] soft, velvety; **veloutier** [~'tje] *m* velvet-maker.

velu, e [və'ly] hairy; △ uncut, rough; ✿ pubescent, villous.

vélum [ve'lɔm] *m* awning.

venaison *cuis.* [vənɛ'zɔ̃] *f* venison.

vénal, e, *m/pl.* **-aux** [ve'nal, ~'no] venal (*a. pej.*); *pej.* mercenary, corrupt(ible); ✝ *valeur f ~* market value; **vénalité** [~nali'te] *f* venality; *pej.* corruptibility.

venant, e [və'nɑ̃, ~'nɑ̃ːt] **1.** *adj.* thriving; **2.** *su./m: à tout ~* to all and sundry, to anyone.

vendable [vɑ̃'dabl] saleable, marketable.

vendange [vɑ̃'dɑ̃ːʒ] *f* grape-gathering; wine-harvest; (*a. ~s pl.*) *season:* vintage; **vendangeoir** [vɑ̃dɑ̃'ʒwaːr] *m* grape-basket; **vendanger** [~'ʒe] (11) *v/t/i.* vintage; *v/t.* gather the grapes of; *v/i.* harvest grapes; gather the grapes; **vendangeur** *m*, **-euse** *f* [~'ʒœːr, ~'ʒøːz] vintager; wine-harvester.

venderesse 𝔯𝔱 [vɑ̃'drɛs] *f* vendor.

vendetta [vɛ̃dɛt'ta] *f* vendetta.

vendeur [vɑ̃'dœːr] *m* ✝ vendor (*a.* 𝔯𝔱), seller; shop assistant, *Am.* sales clerk; salesman; **vendeuse** ✝ [~'døːz] *f* seller, shop assistant, *Am.* sales clerk; saleswoman; **vendre** [vɑ̃:dr] (4a) *v/t.* sell (for, *à*); *à ~* for sale; *se ~* sell, be sold (at, for *à*).

vendredi [vɑ̃drə'di] *m* Friday; *le ~ saint* Good Friday.

vendu, e [vɑ̃'dy] **1.** *su./m* traitor; **2.** *p.p. of* **vendre**.

venelle [və'nɛl] *f* alley.

vénéneux, -euse [vene'nø, ~'nøːz] poisonous (*a.* 🝖 ✿).

vénérable [vene'rabl] **1.** *adj.* venerable; **2.** *su./m* freemasonry: Worshipful Master; **vénération** [~ra'sjɔ̃] *f* veneration; **vénérer** [~'re] (1f) *v/t.* venerate; revere.

vénerie [ven'ri] *f* hunting; venery.

vénérien, -enne 🞋 [vene'rjɛ̃, ~'rjɛn] venereal.

venette † *sl.* [və'nɛt] *f* funk.

veneur [və'nœːr] *m* huntsman.

vengeance [vɑ̃'ʒɑ̃:s] *f* revenge; vengeance; *tirer ~ de* be revenged for (*s.th.*); take vengeance on (*s.o.*);

venger [~'ʒe] (11) *v/t.* avenge
(for, de); **se** ~ take (one's) revenge
(for, de); be revenged (on s.o., *de*
q.); **vengeur, -eresse** [vã'ʒœ:r,
vãʒ'rɛs] **1.** *su.* avenger; **2.** *adj.*
avenging.

véniel, -elle *eccl.* [ve'njɛl] venial
(*sin*).

venimeux, -euse [vəni'mø, ~'mø:z]
zo., *a. fig.* venomous; *zo.* poisonous
(*serpent*, *bite*); *fig.* malicious; **veni-
mosité** [~mozi'te] *f* sting, *a. fig.*:
venomousness; **venin** *zo.*, *fig.* [və-
'nɛ̃] *m* venom.

venir [və'ni:r] (2h) *v/i.* come, be
coming; arrive; grow (*a. ❄, child,*
tooth); *fig.* issue, be descended
(from, de); occur, happen (to *inf.*,
à inf.); ~ *à* reach (*maturity*); ~ *à*
bien be successful; ~ *au monde* be
born; ~ *de ce que* (*ind.*) result from
(*ger.*); *se dire* have just said; ~
prendre come and fetch (*s.o.*); *à* ~
future (*event*, *state*), (*years*) to
come; *bien* ~ thrive; *d'où cela*
vient-il? what's the reason for
that?; *en* ~ *aux coups* come to
blows; *en* ~ *aux faits* get down to
business; *être bien* (*mal*) *venu* be
(un)welcome; *typ.* be well (badly)
produced (*book*); be (un)success-
ful; *être mal venu à* (*inf.*) be inap-
propriate *or* unseemly to (*inf.*);
faire ~ send for; grow (*wheat*); *où*
voulez-vous en ~? what are you
getting *or* driving at?; *se faire bien*
~ *de* q. ingratiate o.s. with s.o.;
s'en ~ come *or* go along; *v/impers.*
come; happen; occur; *d'où vient-il*
que (*ind.*)? how is it that (*ind.*)?; *est-il*
venu q.? has anyone called?; *il est*
venu quatre hommes four men have
come.

vénitien, -enne [veni'sjɛ̃, ~'sjɛn] **1.**
adj. Venetian; *blond* m ~ Titian red;
2. *su.* ♀ Venetian.

vent [vã] *m* wind; ~ *arrière* tailwind; ~
debout headwind; ~ *de travers* cross-
wind; *aller comme le* ~ go like the
wind; ❄ *au* ~ *de* to windward of; *fig.*
avoir ~ *de* get wind of; *coup m de* ~
gust of wind, squall; *fig. en coup de* ~
very fast; *fig. dans le* ~ trendy, hip,
hep, with(-)it; *♩ instrument m d* ~
wind instrument; *prendre le* ~ see
how the land lies.

vente [vã:t] *f* ♱ sale; ♱ *fig.* business;
timber; *timber:* felling; ~ *forcée* com-

pulsory sale; ~ *publique* public sale;
auction; *de* ~ *difficile* hard to sell; *en* ~
on sale; *typ.* out (*book*); *en* ~ *chez* sold
by; *en* ~ *libre* off the ration; *un-
rationed*; *être de bonne* ~ sell well;
mettre en ~ *offer* (*s.th.*) for sale;
publish, issue (*a book*).

venter [vã'te] (1a) *v/impers.*: *il vente*
it is windy, it is blowing; *qu'il pleuve*
ou qu'il vente (come) rain or shine, in
all weathers; **venteux, -euse** [~'tø,
~'tø:z] windy; windswept (*region*).

ventilateur [vãtila'tœ:r] *m* ventilator; ⚡ *etc.* fan; ~ *soufflant* blower;
ventilation [~la'sjɔ̃] *f* ventilation; ♱
apportionment; ⚖ separate valu-
ation; **ventiler** [~'le] (1a) *v/t.* ventilate, air (*a. fig.*); ♱ apportion; ⚖
value separately; *mal ventilé* stuffy
(*room*).

ventis [vã'ti] *m/pl.* wind-fallen trees.

ventosité ♧, *vet.* [vãtozi'te] *f* flatulence.

ventouse [vã'tu:z] *f* ♧ cupping glass;
⊕ *etc.* suction pad; *zo.* leech, *octopus*:
sucker; **ventouser** ♧ [~tu'ze] (1a)
v/t. cup (*a patient*).

ventral, e, *m/pl.* **-aux** [vã'tral, ~'tro]
ventral; **ventre** [vã:tr] *m* abdomen,
belly; stomach, paunch; *pregnant*
woman: womb; ⊕, *furnace*, ⚓ *sail,*
ship: belly; ~ *fig.* bulge; ⚡, *phys.*
antinode; ~ *à terre* at full speed;
à plat ~ flat on one's face or one's
stomach; *avoir* (*prendre*) *du* ~ be
(grow) stout; *faire* ~ bulge (out) (⊕
vessel, ⚓ *wall*); F *fig. taper sur le* ~ *à* q.
be overfamiliar *or* chummy with
s.o.; **ventrebleu!** [vãtrə'blø] *int.*
zounds!; **ventrée** [vã'tre] *f lambs:*
fall; *animals:* litter; F bellyful.

ventricule *anat.* [vãtri'kyl] *m* ven-
tricle.

ventrière [vãtri'ɛ:r] *f* ♧ binder, abdominal belt; ⚓ cross-tie, purlin;
⚓ bilge-block.

ventriloque [vãtri'lɔk] **1.** *adj.* ven-
triloquial, ventriloquous; **2.** *su.*
ventriloquist; **ventriloquie** [~lɔ'ki]
f ventriloquism, ventriloquy.

ventripotent, e F [vãtripɔ'tã, ~'tã:t]
big-bellied; corpulent.

ventru, e [vã'try] corpulent; big-
bellied (*a. bottle*); ⊕ dished (*out-
wards*).

venu, e [və'ny] **1.** *p.p. of venir;* **2.** *adj.*:
bien (*mal*) ~ well- (poorly) devel-
oped; (un)timely (*remark etc.*); *être*

mal ~ *de* (*or à*) (*inf.*) be in no position to (*inf.*); *su.* (*first, last, new-*)comer; *le premier* ~ *a.* anybody; *su./f* arrival; coming; *water:* inflow; *tree etc.:* growth; ~ *au monde* birth; *♂ d'une belle* ~ well-grown; *fig. tout d'une* ~ straight.

vêpres *eccl.* [vɛ:pr] *f/pl.* vespers; *evensong sg.*

ver [vɛ:r] *m* worm (*a. fig. person*); maggot, grub; ~ *à soie* silk-worm; ~ *blanc* grub; ~ *de terre* earthworm; ~ *luisant* glow-worm; *♣* ~ *solitaire* tapeworm; *tirer les* ~*s du nez à q.* worm secrets out of s.o.

vérace [ve'ras] *veracious;* **véracité** [~rasi'te] *f* veracity, truth(fulness).

véranda *Δ* [verɑ̃'da] *f* veranda(h), *Am.* porch.

verbal, e, *m/pl.* -aux [vɛr'bal, ~'bo] verbal; *ⵜⵟ* oral (*contract*); *see procès-verbal;* **verbalisation** *ⵜⵟ* [vɛrbaliza-'sjɔ̃] *f* official entry of an offence; F taking of (*s.o.'s*) name and address (*by police*); **verbaliser** [~'ze] (1a) *v/i. admin.* draw up an official report (*of an offence etc.*); ~ *contre police:* take (*s.o.'s*) name and address; *vt/i.* verbalize; **verbe** [vɛrb] *m gramm.* verb; *eccl. ♀ the* Word; F *avoir le* ~ *haut* be loud of speech; *fig.* be over-bearing; **verbeux, -euse** [vɛr'bø, ~'bø:z] verbose, long-winded; **verbiage** [~'bja:ʒ] *m* verbosity; verbiage, wordiness; **verbosité** [~bozi-'te] *f* verbosity, wordiness.

verdâtre [vɛr'dɑ:tr] *greenish;* **verdelet, -ette** [~də'lɛ, ~'lɛt] *greenish;* slightly acid (*wine*); **verdet** *ⵟ* [~'dɛ] *m* verdigris; **verdeur** *ⵟ* [~'dœ:r] *f* greenness (*a. of wood*); *wine etc., a. fig. remarks:* acidity; *old person:* vigo(u)r.

verdict *ⵜⵟ* [vɛr'dikt] *m* verdict (*against, contre; for, en faveur de*).

verdier *orn.* [vɛr'dje] *m* greenfinch; **verdir** [~'di:r] (2a) *v/t.* make or paint (*s.th.*) green; *v/i. ♀* become green; *♤* become covered with verdigris; **verdoyant, e** [vɛrdwa'jɑ̃, ~'jɑ̃:t] verdant, green; greenish (*colour*); **verdoyer** [~'je] (1h) *v/i.* become verdant; take on a green colo(u)r.

verdunisation [vɛrdyniza'sjɔ̃] *f water:* chlorination; **verduniser** [~'ze] (1a) *v/t.* chlorinate (*water*).

verdure [vɛr'dy:r] *f* greenness; *♣*

greenery, verdure; *cuis.* greenstuff, pot-herbs *pl.*; **verdurier** [~dy'rje] *m* greengrocer.

véreux, -euse [ve'rø, ~'rø:z] wormy (*fruit*); *fig.* bad (*debts*), shady (*company, firm, person*); shaky (*case*).

verge [vɛrʒ] *f* † rod; *anat.* penis.

vergé, e [vɛr'ʒe] **1.** *adj. tex.* streaky, unevenly dyed; *tex.* corded; laid (*paper*); **2.** *su./m* ~ *blanc* cream-laid paper.

verger [vɛr'ʒe] *m* orchard.

vergeté, e [vɛrʒə'te] streaky; *⊘* paly; **vergette** [~'ʒɛt] *f* switch, cane; *drum:* hoop; *feathers, twigs:* whisk; *⊘* pallet.

verglacé, e [vɛrglɑ'se] iced-over, icy (*road*); **verglas** [~'glɑ] *m* black ice; thin coating of ice.

vergogne [vɛr'gɔɲ] *f* shame; *sans* ~ shameless(ly *adv.*).

vergue *♣* [vɛrg] *f* yard; ~ *de misaine* foreyard; *bout m de* ~ yard-arm; *grande* ~ main yard.

véridique [veri'dik] *veracious,* truthful (*account, person*); **vérifiable** [~'fjabl] *verifiable;* **vérificateur, -trice** [verifika'tœ:r, ~'tris] **1.** *su./m weights etc.:* inspector, examiner; *⊕* ga(u)ge,calipers *pl. :mot.* ~ *de pression tyres:* pressure-ga(u)ge; *♭* ~ *comptable* auditor; **2.** *adj.⊕*testing; verifying; **vérificatif, -ve** [~'tif, ~'ti:v] verificatory; verifying-...; **vérification** [~'sjɔ̃] *f* checking, verification; check; confirming; confirmation; **vérifier** [veri'fje] (1o) *v/t.* check, verify; confirm, bear out; *♭* audit (*accounts*).

vérin *⊕, mot.* [ve'rɛ̃] *m* jack.

véritable [veri'tabl] true; real, genuine (*a. fig.*); *fig. usu. pej.* downright.

vérité [veri'te] *f* truth; fact; *fig.* truthfulness, sincerity; *à la* ~ *as a matter of fact;* F *c'est la* ~ *vraie* it's the honest truth; *dire la* ~ tell the truth; *en* ~, really, truly.

verjus [vɛr'ʒy] *m* verjuice (grape); **verjuté, e** [~ʒy'te] acid, sour (*a. fig.*).

vermeil, -eille [vɛr'mɛ:j] **1.** *adj.* ruby (*lips*), bright red; rosy (*cheek*); **2.** *su./m* silver-gilt, vermeil; vermeil varnish.

vermicelle *cuis.* [vɛrmi'sɛl] *m* vermicelli *pl.*

vermiculaire [vɛrmiky'lɛ:r] vermicular (*a. physiol.*); *anat.* vermiform (*appendix*); **vermiculé, e** [ˌ.ky'le] ⚠ vermiculate(d); *zo. etc.* vermiculate; **vermiculure** ⚠ *etc.* [ˌ.ky'ly:r] *f* vermiculation: **vermifuge** ⚕ [ˌ.'fy:ʒ] *adj.*, *a. su./m* vermifuge.

vermillon [vεrmi'jɔ̃] **1.** *su./m* vermilion (*a. colour*); bright red; **2.** *adj./inv.* bright red; **vermillonner** [ˌ.jɔ'ne] (1a) *v/t.* paint (*s.th.*) bright red; rouge (*one's cheeks*).

vermine [vεr'min] *f* vermin (*usu.* = *lice, fleas*); F *fig.* rabble; **vermineux, -euse** ⚕ [vεrmi'nø, ˌ.'nø:z] caused by worms, verminous (*disease*); **vermisseau** *zo.* [ˌ.'so] *m* small earthworm; **vermivore** *zo.* [ˌ.'vɔ:r] vermivorous; **vermouler** [vεrmu'le] (1a) *v/t.*: se ~ become worm-eaten (*wood*); **vermoulu, e** [ˌ.'ly] worm-eaten (*wood*); *fig.* decrepit; out-of-date; **vermoulure** [ˌ.'ly:r] *f* worm-holes *pl.*; *wood*: worm-eaten state; wood dust (*from wormhole*); *fig.* decrepitude.

vermouth [vεr'mut] *m* vermouth.

vernaculaire [vεrnaky'lε:r] *adj.*, *a. su./m* vernacular.

vernal, e, *m/pl.* **-aux** ♀, *astr., etc.* [vεr'nal, ˌ.'no] vernal.

verni, e [vεr'ni] varnished; patent (*leather*); F lucky.

vernier Å, *astr., surv.* [vεr'nje] *m* vernier; sliding-ga(u)ge.

vernir [vεr'ni:r] (2a) *v/t.* varnish; japan (*iron, leather*); polish (*furniture*); glaze (*pottery*); *fig.* gloss over; **vernis** [ˌ.'ni] *m* varnish; polish; gloss (*a. fig.*); glaze; ~ à ongles nail varnish; ~ au tampon French polish; **vernis-émail,** *pl.* **vernis-émaux** [vεrnie'ma:j, ˌ.'mo] *m* Japan enamel; **vernissage** [ˌ.'sa:ʒ] *m* ⊕ varnish (-ing); glaze; glazing; *exhibition:* varnishing-day; ~ au tampon French-polishing; **vernisser** ⊕ [ˌ.'se] (1a) *v/t.* glaze (*pottery*).

vérole ⚕ [ve'rɔl] *f* V pox (= *syphilis*); petite ~ *see* variole; **vérolé, e** ⚕ V [ˌ.rɔ'le] poxed (= *syphilitic*).

véronal ♆ [verɔ'nal] *m* veronal; barbitone.

véronique [verɔ'nik] *f* ♀ speedwell; *eccl.* veronica, vernicle.

verrai [vε're] *1st p. sg. fut. of* voir.

verrat *zo.* [vε'ra] *m* boar.

verre [vε:r] *m* glass; glassful; *opt.* lens; ~ armé wired *or* reinforced glass; ~ à vin wine glass; 🔬 ~ de contact contact lens; *mot.* ~ de sûreté safety glass; ~ de vin glass of wine; ~ soluble water-glass; boire (*or* prendre) un ~ have a drink; se noyer dans un ~ d'eau make a mountain out of a molehill; **verre, e** [vε're] *adj.*: papier *m* ~ glass-paper, sand-paper; **verrerie** [vε'rri] *f* ⊕ glass-works *usu. sg.*; ⊕ glass-making; ♣ glassware; ~ allant au four flame-proof glassware; **verrier** [vε'rje] **1.** *su./m* glassmaker; glass-blower; glass-rack; **2.** *adj./inv.* peintre *m* ~ artist in stained glass; **verrière** [vε'rjε:r] *f* glass (casing); *eccl. etc.* stained glass window; 🏛 station: glass-roof; **verrine** [ˌ.'rin] *f* glass (casing); *barometer:* glass; ⚓ lantern; **verroterie** [ˌ.rɔ'tri] *f* glass trinkets *pl.*; small glassware; glass beads *pl.*

verrou [vε'ru] *m* bolt; *shot-gun:* breech-bolt; 🔫 ~ de blocage switchlock; ⚖ sous les ~s under lock and key; **verrouiller** [ˌ.ru'je] (1a) *v/t.* bolt (*a door etc.*); ⊕ lock; lock (*s.o.*) in *or* up; se ~ bolt o.s. in.

verrue ⚕ [vε'ry] *f* wart; **verruqueux, -euse** [ˌ.ry'kø, ˌ.'kø:z] ⚕ warty; ♀ warted; ⚕, ♀ verrucose.

vers[1] [vε:r] *m* poetry: line, verse; ~ *pl.* blancs blank verse *sg.*

vers[2] [ˌ.] *prp. direction:* to, towards (*a place*); *time:* towards; about (*3 o'clock*), around (*noon, Easter*); ~ l'époque about the time; ~ l'est eastwards, towards the east.

versant [vεr'sɑ̃] *m* slope; hill etc.: side; canal etc.: sloping band.

versatile *fig.* [vεrsa'til] changeable, fickle; **versatilité** [ˌ.tili'te] *f* changeableness, fickleness, inconstancy.

verse [vεrs] *adv.*: à ~ in torrents; il pleut à ~ it is pouring; **versé, e** [vεr'se] versed, practised (in, *dans*); **Verseau** *astr.* [vεr'so] *m*: le ~ Aquarius, the Water-bearer.

versement [vεrsə'mɑ̃] *m* liquid: pouring (out); ♆ paying in, deposit, payment; instalment; carnet m de ~s paying-in book; en (*or par*) ~s (*échelonnés*) in (*or by*) instalments; **verser** [ˌ.'se] (1a) *v/t.* pour (out); overturn (*a vehicle etc.*); tip (*a truck*); shed (*blood, light, tears*); ♆ pay (in), deposit (*money*); ✗ assign (*men*); *v/i.* turn over; upset; *fig.* ~ *dans lapse into.*

verset [vɛrˈsɛ] *m bibl. etc.* verse; *typ.* versicle.

verseur, -euse [vɛrˈsœːr, ~ˈsøːz] **1.** *adj.* ⊕ *etc.* pouring, pour-through; **2.** *su.* pourer; *su./f* coffee-pot.

versicolore [vɛrsikoˈlɔːr] variegated, versicolo(u)r(ed); chameleon-like.

versificateur *m*, **-trice** *f* [vɛrsifikaˈtœːr, ~ˈtris] versifier; **versification** [~fikaˈsjɔ̃] *f* versification; **versifier** [~ˈfje] (1o) *v/t.* write in verse; put (*prose*) into verse; *v/i.* versify; write poetry.

version [vɛrˈsjɔ̃] *f* version; *school:* translation into one's own language.

verso [vɛrˈso] *m* verso, back (*of a sheet of paper*); *au* ~ overleaf, on the back.

vert, verte [vɛːr, vɛrt] **1.** *adj.* green; unripe (*fruit*); sharp, young (*wine*); raw (*hide*); callow (*youth*); hale and hearty (*old man*); *fig.* severe (*reprimand, punishment*); sharp (*reply*); smutty, spicy (*story*); *haricots m/pl.* ~s French beans; *langue f* ~e slang; *en dire (or raconter) des* ~es (*et de pas mûres*) tell some spicy things; **2.** *su./m colour*, ♻ *a. min.* ~: green; (green) grass; *golf:* putting-green; *wine:* sharpness; *inv. when used adjectivally in compounds:* une robe ~ *foncé* a dark green dress; *des rideaux* ~ *olive* olive-green curtains; ~**-de-gris** [vɛrdəˈgri] *m* verdigris; ~**-de-grisé, e** [~griˈze] coated *or* covered with verdigris.

vertébral, e *m/pl.* **-aux** *anat.* [vɛrteˈbral, ~ˈbro] vertebral; *colonne f* ~*e* spine, backbone, spinal column; **vertèbre** *anat.* [~ˈtɛːbr] *f* vertebra; **vertébré, e** *zo.* [~teˈbre] *adj.*, *a. su./m* vertebrate.

vertement [vɛrtəˈmɑ̃] *adv.* sharply; sternly.

vertical, e *m/pl.* **-aux** [vɛrtiˈkal, ~ˈko] **1.** *adj.* vertical; perpendicular; upright; **2.** *su./f* ⅄ vertical; **verticalité** [~kaliˈte] *f* perpendicularity, uprightness.

verticille ♀ [vɛrtiˈsil] *m* verticil, whorl; **verticillé, e** ♀ [~siˈle] verticillate, whorled.

vertige [vɛrˈtiːʒ] *m* giddiness, dizziness, vertigo; fear of heights; *avoir le* ~ feel dizzy; *cela me donne le* ~ it makes me (feel) dizzy; **vertigi-**

neux, -euse [~tiʒiˈnø, ~ˈnøːz] dizzy, giddy (*hight, speed*); breathtaking; **vertigo** *vet.* [~tiˈgo] *m* (blind) staggers *pl.*

vertu [vɛrˈty] *f* virtue; chastity; virtuous woman; *substance:* property; *en* ~ *de* by virtue of; because of; in accordance with; thanks to; *faire de nécessité* ~ make a virtue of necessity; **vertueux, -euse** [~ˈtɥø, ~ˈtɥøːz] virtuous; chaste (*woman*).

verve [vɛrv] *f* (witty) eloquence; † zest, verve, spirits *pl.*, F go; *être en* ~ have got going, be in brilliant form.

verveine ♀ [vɛrˈvɛn] *f* verbena, vervain.

vésanie † [vezaˈni] *f* insanity; madness.

vesce ♀ [vɛs] *f* vetch, tare.

vésicant, e ⚕ [veziˈkɑ̃, ~ˈkɑ̃ːt] *see* **vésicatoire 1; vésicatoire** ⚕ [~kaˈtwaːr] **1.** *adj.* vesicatory, blistering; **2.** *su./m* blister, vesicatory; **vésiculaire** ♀, *zo.* [~kyˈlɛːr] vesicular (*a.* ⚕); bladder-like; **vésicule** [~ˈkyl] *f anat. etc.* vesicle, bladder (*a. icht.*); *metall.* blister; *anat.* ~ *biliaire* gall bladder.

vespasienne [vɛspaˈzjɛn] *f* street urinal.

vespéral, e *m/pl.* **-aux** [vɛspeˈral, ~ˈro] **1.** *adj.* evening-...; **2.** *su./m eccl.* vesperal.

vesse *sl.* [vɛs] *f* silent fart; ~**-de-loup**, *pl.* ~**s-de-loup** ♀ [~dəˈlu] *f* puffball.

vessie [vɛˈsi] *f anat.*, *a. foot.* bladder; F blister (*filled with serum*); ⚕ ~ *à glace* ice-bag; *icht.* ~ *natatoire* air-bladder, swim(ming)-bladder; *fig. prendre des* ~*s pour des lanternes* believe that the moon is made of green cheese, not to know chalk from cheese.

vestale [vɛsˈtal] *f* vestal (virgin).

veste *cost.* [vɛst] *f* short jacket; *fig. remporter une* ~ fail; *fig., pol. etc. retourner sa* ~ turn one's coat, change sides *or* one's party; **vestiaire** [vɛsˈtjɛːr] *m thea. etc.* cloak-room, *Am.* check-room; hat-and-coat rack; ⚕ robing-room; ⚔, *sp. etc.* changing-room.

vestibule [vɛstiˈbyl] *m* (entrance-) hall; vestibule (*a. anat.*).

vestige [vɛsˈtiːʒ] *m* relic, remnant, vestige.

veston [vɛsˈtɔ̃] *m cost.* (*man's*) jacket; ⚓ monkey-jacket; *complet m* ~

lounge suit; être en ~ wear a lounge suit.

vêtement [vɛt'mɑ̃] *m* garment; ~s *pl.* clothes; dress *sg.*; *eccl.* vestments; ~s *pl. de dehors* outdoor things; ~s *pl. de dessous* underwear; ~s *pl. de deuil* mourning *sg.*; window's weeds.

vétéran [vete'rɑ̃] *m* ✗ *etc.* veteran; *school etc.*: pupil repeating a course.

vétérinaire [veteri'nɛːr] **1.** *adj.* veterinary; **2.** *su./m* veterinary surgeon, F vet, *Am.* veterinarian.

vétillard *m, e* f † [veti'jaːr, ~'jard] *see* **vétilleur, -euse** ✗ **vétille** [~'tiːj] f trifle; **vétilleur** *m,* **-euse** f [~'jœːr, ~'jøːz] quibbler; niggler; **vétilleux, -euse** [~'jø, ~'jøːz] punctilious, particular (*person*).

vêtir [ve'tiːr] (2g) *v/t.* clothe, dress (in, de); se ~ dress o.s. (in, de); put on one's clothes.

veto [ve'to] *m/inv.* veto; *droit m de ~* power of veto; *mettre son ~ à* veto (*s.th.*).

vêts [vɛ] *1st p. sg. pres. of* vêtir; **vêtu, e** [ve'ty] *p.p. of* vêtir; **vêture** [~'tyːr] f † clothing; † *clothes pl.*; *eccl.* taking of the habit (*monk*) or of the veil (*nun*).

vétuste [ve'tyst] timeworn; decrepit; **vétusté** [~tys'te] f decrepitude.

veuf, veuve [vœf, vœːv] **1.** *adj.* widowed; être (*or* rester) ~ de q. be left s.o.'s widow(er); bereft of; **2.** *su./m* widower; *su./f* widow; *orn.* widowbird, whidah-bird.

veuille [vœj] *1st p. sg. pres. sbj. of* vouloir 1.

veule [vøːl] feeble, flabby (*person etc.*); drab (*life*); toneless, flat (*voice*); ✿ sickly (*plant*).

veulent [vœl] *3rd p. pl. pres. of* vouloir 1.

veulerie [vøl'ri] f *person etc.*: listlessness, flabbiness; *life*: drabness; dullness; *voice*: flatness.

veuvage [vœ'vaːʒ] *m woman*: widowhood; *man*: widowerhood.

veux [vø] *1st p. sg. pres. of* vouloir 1.

vexant, e [vɛk'sɑ̃, ~'sɑ̃ːt] annoying, upsetting; **vexateur, -trice** [vɛksa-'tœːr, ~'tris] **1.** *adj.* vexatious; **2.** *su.* vexer; **vexation** [~'sjɔ̃] f humiliation; harassing, harassment; **vexatoire** [~'twaːr] humiliating, harassing; **vexer** [vɛk'se] (1a) *v/t.* upset, annoy; se ~ get upset or annoyed; se ~ become vexed or annoyed or chagrined (at, de).

via [vi'a] *prp. before place-name:* via, by way of.

viabilité [vjabili'te] f viability; *road:* practicability; **viable** [vjabl] viable.

viaduc [vja'dyk] *m* viaduct.

viager, -ère [vja'ʒe, ~'ʒɛːr] **1.** *adj.* for life; life ...; *rente* f ~ère life annuity; *rentier m* ~ annuitant; **2.** *su./m* life income; en ~ as life income.

viande [vjɑ̃ːd] f meat; F substance; ~ *fraîche* (*frigorifiée*) fresh (frozen *or* chilled) meat; ~s *pl. froides* restaurant: cold buffet; *conserve* f de ~ preserved meat. [(*deer*).]

viander *hunt.* [vjɑ̃'de] (1a) *v/i.* graze ⏐

viatique [vja'tik] *m eccl.* viaticum, last sacrament; *fig.* money *or* provisions *pl.* for a journey; *fig.* resource.

vibrant, e [vi'brɑ̃, ~'brɑ̃ːt] vibrating; *fig.* ringing, resonant (*voice, tone*); *fig.* rousing (*speech*); **vibrateur** ⚡ [vibra'tœːr] *m* buzzer, vibrator; **vibration** [~'sjɔ̃] f vibration; ✗ flutter(ing); *voice:* resonance; **vibrer** [vi'bre] (1a) *v/i.* vibrate; ⚡ *appel m vibré* buzzer call; *faire* ~ make (*s.th.*) vibrate; *fig.* thrill; **vibreur** ⚡ [~'brœːr] *m* vibrator, make-and-break; buzzer.

vibromasseur ⚡ [vibrɔma'sœːr] *m* massage: vibrator.

vicaire [vi'kɛːr] *m parish:* curate, assistant priest; † deputy; ~ *de Jésus-Christ* the Vicar of Christ, *the* Pope; ~ *général, grand* ~ vicar-general; **vicariat** *eccl.* [~ka'rja] *m* curacy; vicariate.

vice [vis] *m* vice; defect, fault; ~ *de conformation* defect in build; malformation; ⚖ ~ *de forme* legal flaw; ~ *propre* inherent defect.

vice-... [vis] vice-...; **~-consul** [~kɔ̃-'syl] *m* vice-consul; **~-président** [~prezi'dɑ̃] *m* vice-president; **~-roi** [~'rwa] *m* viceroy.

vichy [vi'ʃi] *m* vichy water.

viciateur, -trice [visja'tœːr, ~'tris] vitiating; *fig.* contaminating; **viciation** [~'sjɔ̃] f vitiation (a. ⚖); *air:* contamination; *fig. morals etc.:* corruption; **vicier** [vi'sje] (1o) *v/t.* vitiate (a. ⚖); corrupt, taint, spoil; *air m vicié* stale *or* foul air; se ~ become tainted; **vicieux, -euse** [~'sjø, ~'sjøːz] vicious (*a. fig. circle*); depraved (*person*); defective; faulty (*expression, reasoning*); restive, bad-tempered (*horse*).

vicinal, e, *m/pl.* **-aux** [visi'nal, ~'no]
local, by(-road).
vicissitude [visisi'tyd] *f* vicissitude;
~s *pl.* ups and downs.
vicomte [vi'kɔ̃:t] *m* viscount; **vi-
comté** [vikɔ̃'te] *f* viscountcy; vis-
county; **vicomtesse** [~'tes] *f* vis-
countess.
victime [vik'tim] *f* victim (*a. fig.*);
disaster: casualty; être~ de be a or the
victim of; be down with (*bronchitis*);
fig. labo(u)r under (*a delusion etc.*).
victoire [vik'twa:r] *f* victory; remporter la ~ gain a or the victory (over,
sur); win the day; **victoria** [~tɔ'rja]
su./f carriage: Victoria; *su./m*: ♀ ~
regia victoria regia, watermaize; **victorieux, -euse** [~tɔ'rjø, ~'rjø:z]
victorious (over, de); triumphant
(over, de); *fig.* decisive (*proof*).
victuailles F [vik'tɥa:j] *f/pl.* eat-
ables, victuals.
vidage [vi'da:ʒ] *m* emptying; F *fig.*
dismissal; **vidange** [~'dɑ̃:ʒ] *f* emptying; draining; *mot.* oil change; ~s
pl. sewage *sg.*; en ~ broached (*cask*),
opened (*bottle*); *mot.* faire la ~ change
the oil; **vidanger** [vidɑ̃'ʒe] (1*t*) *v/t.*
empty; drain; clean out; **vidangeur**
[~'ʒœ:r] *m* nightman; **vide** [vid] **1.**
adj. empty; blank (*space*); *fig.* vain; ~
de sens (de)void of meaning; *avoir le
cerveau* ~ feel light-headed (*from lack
of food*). **2.** *su./m* (empty) space;
blank (*in document*); gap (*between
objects, a. fig.*); *phys.* vacuum, space;
fig. vacancy, emptiness; *fig.* nothingness; à ~ empty; ⚡ no-load; ✝ emballé sous ~ vacuum-packed; frapper à ~ miss (the mark, the nail, *etc.*);
⊕ marcher à ~ run light; *mot.* tourner
à ~ tick over, idle; **vide-bouteille**
[~bu'te:j] *m* siphon; ✝ country-
lodge; **vide-citron** [~si'trɔ̃] *m*
lemon-squeezer.
vidéo [vide'o] **1.** *adj.* video(-)...; **2.**
su./f video; videofrequency; **vidéophone** [~'fɔn] *m* videophone.
vide-ordures [vidɔr'dy:r] *m/inv.*
rubbish shoot; **vide-poches** [~'pɔʃ]
m/inv. tidy; *mot.* glove compartment; **vide-pomme** [~'pɔm] *m/inv.*
apple corer; **vider** [vi'de] (1*a*) *v/t.*
empty; drain; clear out; clear (*a
forest*); *fig.* exhaust; F *fig.* dismiss,
sack (*s.o.*); F chuck (*s.o.*) out; gut,
clean (*fish*); draw (*poultry*); stone
(*fruit*), core (*an apple*); bail out (*a

boat*); *fig.* settle (*an argument, a question*); ✝ make up (*accounts*); ~ les
arçons be thrown (*from a horse*);
videur [~'dœ:r] *m* F bouncer.
vidimer [vidi'me] (1*a*) *v/t.* attest (*a
copy*); **vidimus** [~'mys] *m* vidimus,
attested copy.
viduité [vidɥi'te] *f* widowhood.
vidure [vi'dy:r] *f* poultry: entrails *pl.*,
fish: guts *pl.*; ~s *pl.* rubbish *sg.*
vie [vi] *f* life; lifetime; way of life;
livelihood, living; biography; *fig.*
animation, spirit; ~ moyenne expectation of life; ⊕ ~ utile *machine*:
life; à ~ for life; de ma ~ in all my
life; donner la ~ à give birth to (*a
child, fig. a project*); être en ~ be
alive; F jamais de la ~! never!;
F not on your life!; sans ~ lifeless.
vieil [vjɛ:j] see vieux **1**; **vieillard**
[vjɛ'ja:r] *m* old man; ~s *pl.* old
people; **vieille** [vjɛ:j] see vieux; ~
fille f old maid, spinster; **vieillerie**
[vjɛj'ri] *f* old clothes *pl.*; old stuff
(= *furniture etc.*; *a. fig.*); *fig.* out-
dated ideas; **vieillesse** [vjɛ'jes] *f*
old age; *coll.* old people *pl.*; *fig.*
custom, wine, *etc.*: age; **vieillir**
[~'ji:r] (2*a*) *v/t.* age; *v/i.* grow old;
age; *fig.* go out of fashion; **vieillissement** [~jis'mã] *m* ageing;
fig. obsolescence; **vieillot, -otte**
[~'jo, ~'jɔt] oldish; wizened (*face*);
fig. old-fashioned.
vielle ♩ † [vjɛl] *f* hurdy-gurdy.
viendrai [vjɛ̃'dre] *1st p. sg. fut. of
venir*; **viennent** [vjɛn] *3rd p. pl. pres.
of venir*; **viens** [vjɛ̃] *1st p. sg. pres. of
venir.*
vierge [vjɛrʒ] **1.** *su./f* virgin, maiden;
astr. la ♎ Virgo, the Virgin; **2.** *adj.*
virgin (*forest, gold, soil*); *fig.* clean,
spotless, pure; blank (*page*); *phot.*
unexposed (*film*); ~ de clear of.
vieux (*adj. before vowel or h mute*
vieil) *m*, **vieille** *f*, *m/pl.* **vieux**
[vjø, vjɛ:j, vjø] **1.** *adj.* old; aged; ~ *jeu*
old-fashioned; **2.** *su./m* old man; old
things *pl.*; *mon* ~! old boy!; prendre
un coup de ~ grow old overnight; *su./f*
old woman.
vif, vive [vif, vi:v] **1.** *adj.* alive,
living; *fig.* lively (*imagination*);
brisk (*action, discussion, fire, game,
pace*); sharp (*wind*); bright (*colour*);
quick (*temper, wit*); de vive force by
main force; eau ~ vive running
water; *vive arête* sharp edge; *vives*

eaux *pl.* spring tide *sg.*; **2.** *su./m* 🜨 living person; living flesh; *paint.* life; *fig.* fight: thick, heart; *blesser au ~* wound to the quick; *entrer dans le ~ du sujet* get to the heart of the matter; *pris sur le ~* taken from (real) life; lifelike; **vifargent** [vifar'ʒɑ̃] *m* quicksilver, mercury.

vigie [vi'ʒi] *f* look-out (post).

vigilamment [viʒila'mɑ̃] *adv. of vigilant;* **vigilance** [~'lɑ̃:s] *f* vigilance; caution; **vigilant, e** [~'lɑ̃, ~'lɑ̃:t] vigilant, watchful, alert; **vigile** [vi'ʒil] *su./f* eccl. vigil; *su./m* watchman.

vigne [viɲ] *f* 🜪 vine; 🜪 vineyard; 🜪 ~ *blanche* clematis; 🜪 ~ *de Judée* woody nightshade; 🜪 ~ *vierge* Virginia creeper; *cep m de ~* vinestock; *fig. dans les ~s du Seigneur* in one's cups (= *drunk*); **vigneron** [viɲə'rɔ̃] *m* wine-grower; vine-dresser; **vignette** [~'ɲɛt] *f* vignette; 🜨 manufacturer's label; *typ.* engraving; *admin.* packet of cigarettes *etc.*: revenue band or seal; *mot.* (*a. ~ de l'impôt*) approx. road tax disc; **vignettiste** [viɲe'tist] *m* vignettist; **vigneture** [viɲə'ty:r] *f* ornamental border of vine-leaves (*round miniatures*); **vignoble** [vi-'ɲɔbl] **1.** *su./m* 🜪 vineyard; vineyards *pl.* (*of a region*); **2.** *adj.* wine ...

vigogne *zo., a. tex.* [vi'gɔɲ] *f* vicuña.

vigoureux, -euse [vigu'rø, ~'rø:z] vigorous, strong; powerful (*blow*); *fig.* energetic; **vigueur** [~'gœ:r] *f* vigo(u)r, strength; *fig.* force; *en ~* in force; *entrer (mettre) en ~* come (put) into force.

vil, vile [vil] base (*a. metal*), vile; *à ~ prix* at a low price, F dirt cheap.

vilain, e [vi'lɛ̃, ~'lɛn] **1.** *adj.* ugly; nasty, unpleasant; dirty (*trick*); *fig.* mean (*person, deed*); **2.** *su.* blackguard, villain; † villein; F naughty child; *su./m* F *fig.* trouble.

vilebrequin [vilbrə'kɛ̃] *m* 🜨 brace (and bit); wimble; 🜨, *mot.* crankshaft.

vilenie [vil'ni] *f* meanness, *fig.* abuse; vile story; dirty trick, mean action. [*ify:* run (*s.o.*) down.\]

vilipender [vilipɑ̃'de] (1a) *v/t.* vil-/

villa [vi'la] *f* villa; country-house; cottage; **village** [~'la:ʒ] *m* village; **villageois, e** [~,la'ʒwa, ~'ʒwa:z] **1.** *adj.* rustic, country-...; **2.** *su.* villager; *su./m* countryman; *su./f* countrywoman.

ville [vil] *f* town, city; ~ *maritime* town on the sea, seaside town; ~ *natale* hometown; *à la ~* in town (= *not in the country*); *aller en ~* go (in)to town; *dîner en ~* dine out; *en ~ post:* Local.

villégiature [vileʒja'ty:r] *f* stay in the country; holiday (*away from town*); *en ~* on holiday.

vin [vɛ̃] *m* wine; ~ *chaud* mulled wine; ~ *de marque* vintage wine; ~ *de pays* local wine; ~ *ordinaire* table or dinner wine; *grand ~* wine from a famous vineyard; vintage wine; *gros (petit)* ~ full-bodied *or* heavy (light) wine; *offrir un ~ d'honneur à* give an official reception in hono(u)r of; *entre deux ~s* slightly tipsy; **vinage** [vi'na:ʒ] *m* wine *etc.*: fortifying; **vinaigre** [~'nɛ:gr] *m* vinegar; *tourner au ~* turn sour (*a. fig.*); **vinaigrer** [vinɛ'gre] (1a) *v/t.* season with vinegar; *fig.* give an acid edge to; **vinaigrerie** [~grɛ-'ri] *f* vinegar factory *or* trade; vinegar-making; **vinaigrette** *cuis.* [~'grɛt] *f* vinegar sauce; French dressing, oil and vinegar dressing; **vinaigrier** [~gri'e] *m* vinegar-maker; vinegar-merchant; vinegar-cruet; **vinasse** [~'nas] *f* poor, thin wine, F plonk; 🜪 residuary liquor.

vindicatif, -ve [vɛ̃dika'tif, ~'ti:v] vindictive; spiteful; 🜪 punitive; **vindicte** [~'dikt] *f* 🜪 prosecution; F *fig.* obloquy.

vinée [vi'ne] *f* wine-crop, vintage; 🜪 fruit-branch of a vine; **viner** 🜨 [~'ne] (1a) *v/t.* fortify (*wine etc.*); **vineux, -euse** [~'nø, ~'nø:z] vinous; wine-flavo(u)red; wine-colo(u)red; full-bodied (*wine*); vintage (*year*).

vingt [vɛ̃; *before vowel and h mute, and when followed by another numeral* vɛ̃:t] *adj./num., a. su./m/inv.* twenty; *date, title:* twentieth; ~ *et un* twenty-one; ~*-deux* twenty-two; **vingtaine** [vɛ̃'tɛn] *f* (about) twenty; score; **vingtième** [~'tjɛm] *adj./num., a. su./m* fraction: twentieth.

vinicole [vini'kɔl] wine-growing; **viniculture** [~kyl'ty:r] *f* viniculture, wine-growing; **vinification** 🜨 [~fika'sjɔ̃] *f* vinification; **vinique** [vi'nik] vinic (*alcohol etc.*); **vinosité** [~nozi'te] *f* wine: flavo(u)r and strength, vinosity.

viol 532

viol 𝄢 [vjɔl] *m* rape; violation.

violacé, e [vjola'se] **1.** *adj.* purplish-blue; blue (*person*); **2.** *su./f:* ♀ ~s *pl.* violaceae; **violacer** [~] (1k) *v/i.* become covered with purplish spots; become purplish.

violateur, -trice [vjola'tœːr, ~'tris] *su.* violator (*a. fig.*); *fig.* breaker (*of law, Sabbath, etc.*); *su./m* † 𝄢 ravisher; **violation** [~'sjɔ̃] *f* violation (*a. fig.*); *fig.* breach; *Sabbath:* breaking; ~ de domicile violation of privacy (*of one's home*).

violâtre [vjo'lɑːtr] purplish.

viole ♩ [vjɔl] *f* † viol; ~ d'amour viola d'amore.

violemment [vjola'mɑ̃] *adv.* of violent; **violence** [~'lɑ̃ːs] *f* violence, force; 𝄢 duress; *faire* ~ *à* do violence to (*a. fig.*); violate (*a woman*); **violent, e** [~'lɑ̃, ~'lɑ̃ːt] violent (*a. death*); fierce; *fig.* intense; F *fig. c'est un peu* ~! that's a bit thick!; **violenter** [~lɑ̃'te] (1a) *v/t.* do violence to; 𝄢 rape, ravish (*a woman*); *fig.* break; 𝄢 rape, ravish (*a woman*).

violet, -ette [vjo'lɛ, ~'lɛt] **1.** *adj.* violet, purple; *inv. in compounds:* ~ *évêque* bishop's-purple; *su./m colour:* violet; *su./f* ♀ violet; *sl. faire sa* ~ play the shrinking violet.

violon [vjo'lɔ̃] *m* ♩ instrument, *a. player:* violin; F fiddle; ⊕ fiddle-block; F jail, sl. quod, clink; *fig.* ~ d'Ingres (*artistic*) hobby; *fig. aller plus vite que les* ~s jump the gun; **violoncelle** ♩ [~lɔ̃'sɛl] *m* (violon-)cello; cellist; **violoncelliste** ♩ [~lɔ̃-se'list] *su.* (violon)cellist; **violoniste** ♩ [~lɔ'nist] *su.* violinist.

viorne ♀ [vjɔrn] *f* viburnum.

vipère [vi'pɛːr] *f* zo. viper, adder; *fig. langue* f *de* ~ venomous tongue; **vipéridés** zo. [viperi'de] *m/pl.* viperidae, viper family *sg.*; **vipérin, e** [~'rɛ̃, ~'rin] **1.** *adj.* viperine; *fig.* venomous (*tongue*); **2.** *su./f* zo. viperine snake; ♀ viper's bugloss.

virage [vi'raːʒ] *m* turning; *road etc.:* turn, bend, corner; ✗, mot., *etc.* sweeping round; ⚓ bank(ing); *sp. racing-track:* bank(ed corner); mot. turning space; ⚓ going about; *phot.* toning; *tex.* changing of colo(u)r; 🎞 reversal; *fig.* change (of direction or policy); ~ à *droite* right turn; right-hand bend; ~ à

visibilité réduite blind corner; *prendre un* ~ take a corner; **~-fixage,** *pl.* **~s-fixages** *phot.* [~raʒfik'saːʒ] *m* combined toning and fixing.

viral, e *m/pl.* **-aux** [vi'ral, ~'ro] viral; virus (*disease*); infectious.

vire [viːr] *f* winding mountain track.

virée [vi're] *f* trip, tour; joyride; **virement** [vir'mɑ̃] *m* ⚓ tide, change: turn; ✝ transfer; *banque* f *de* ~ clearing bank; **virer** [vi're] (1a) *v/i.* turn; mot. (take a) corner; ⚓ bank; ⚓ heave; *phot.* tone; change colo(u)r; ~ *au bleu* turn blue; *v/t.* ✝ transfer (*money*); *phot.* tone; F chuck (*s.o.*) (out).

vireux, -euse [vi'rø, ~'røːz] noxious, poisonous; malodorous, F stinking.

virevolte [vir'vɔlt] *f* half turn; spinning round; *fig.* sudden change, about-turn; **virevolter** [~vɔl'te] (1a) *v/i.* spin round.

virginal, e, *m/pl.* **-aux** [virʒi'nal, ~'no] **1.** *adj.* virginal, maidenly; **2.** *su./m* ♩ virginal; **virginité** [~ni'te] *f* virginity; maidenhood.

virgule [vir'gyl] *f* gramm. comma; ♫ (decimal) point.

viril, e [vi'ril] male (*clothing, sex*); *fig.* manly; virile; *âge* m ~ manhood; *anat.* membre m ~ penis; **viriliser** [virili'ze] (1a) *v/t.* make (*s.o.*) look like a man; make a man of (*s.o.*); **virilité** [~'te] *f* virility; manliness, manhood.

viro-fixateur *phot.* [virofiksa'tœːr] **1.** *adj./m* toning and fixing; **2.** *su./m* toning and fixing bath.

virole [vi'rɔl] *f* ⊕ handle, stick, tube: ferrule; ⊕ *machine:* collar; *pipes:* thimble-joint; **viroler** [~rɔ'le] (1a) *v/t.* ferrule.

virtualité [virtɥali'te] *f* potentiality; virtuality; **virtuel, -elle** [~tɥ'ɛl] potential; virtual; **virtuellement** [~tɥɛl'mɑ̃] *adv.* potentially; virtually, practically.

virtuose [vir'tɥoːz] *su.* virtuoso; **virtuosité** [~tɥozi'te] *f* virtuosity.

virulence 𝄢, *a. fig.* [viry'lɑ̃ːs] *f* virulence; **virulent, e** 𝄢, *a. fig.* [~'lɑ̃, ~'lɑ̃ːt] virulent; **virus** 𝄢 [vi'rys] *m* virus (*a. fig.*); *fig.* plague; *fig.* mania; ~ *filtrant* filterable virus; *maladie* f *à* ~ virus disease.

vis¹ [vis] *f* screw; ~ *de rappel* adjusting screw; ~ *sans fin* endless screw; *pas m*

de ~ thread of screw; F fig. serrer la ~ à
q. put the screw on s.o.

vis² [vi] 1st p. sg. pres. of vivre 1.

vis³ [~] 1st p. sg. p.s. of voir.

visa [vi'za] m passport: visa; document: signature; supervisor etc.: initials pl.; cheque: certification; bill: sighting; ~ d'entrée entry visa; ~ de sortie exit visa; ~ de transit transit visa.

visage [vi'za:ʒ] m face; countenance; à ~ découvert openly; fig. à ~ humain humane, fit for human beings; faire bon (mauvais) ~ à be friendly (unfriendly) towards, smile (frown) on (s.o.); F trouver ~ de bois find nobody at home; meet with a closed door; **visagiste** [viza'ʒist] su. beautician.

vis-à-vis [viza'vi] 1. adv. opposite; 2. prp.: ~ de opposite, facing; fig. in relation to, with respect to; 3. su./m person opposite; partner (at cards etc.); S-shaped couch.

viscéral, e, m/pl. **-aux** anat. [vise-'ral, ~'ro] visceral; **viscère** anat. [~'sɛ:r] m internal organ; ~s pl. viscera.

viscose ⚗, ⊕, ✝ [vis'ko:z] f viscose; **viscosité** [~kozi'te] f viscosity; stickiness.

visée [vi'ze] f aim (a. fig.); ✕, surv. aim(ing); sight(ing); ~s pl. aims, designs.

viser¹ [vi'ze] (1a) v/i. aim (at, à) (a. fig.); v/t. aim at (a. fig.); surv. sight; fig. relate to, have (s.th.) in view; fig. refer to (s.o.), allude to (s.o.); sl. (take a) look at; ~ q. à la tête aim at s.o.'s head.

viser² [~] (1a) v/t. visa (a passport); initial, sign (a document); certify (a cheque); 🚂 stamp (the ticket when a journey is broken).

viseur [vi'zœ:r] m gun: sights pl.; phot. view-finder.

visibilité [vizibili'te] f visibility; conspicuousness (of s.th.); **visible** [~'zibl] visible; fig. evident, obvious; fig. able to receive (company), at home (to visitors) (person).

visière [vi'zjɛ:r] f helmet: visor; cap: peak; eyeshade; ⊕ inspection-hole; fig. rompre en ~ avec q. contradict s.o. flatly; quarrel openly with s.o.

vision [vi'zjɔ̃] f vision (a. eccl.); sight; fig. fantasy; phantom; imagination; trouble m de la ~ eyesight

trouble; **visionnaire** [~zjɔ'nɛ:r] adj., a. su. visionary.

visitation eccl. [vizita'sjɔ̃] f: la ♀ (the Feast of) the Visitation; **visite** [~'zit] f visit (a. ✄); (social or ceremonial) call; admin. inspection; customs: examination; ✄ medical examination; ⚖ search; ⚖ ~ domiciliaire domiciliary visit; heures f/pl. de ~ calling hours; hospital: visiting hours; rendre ~ à pay (s.o.) a visit; **visiter** [vizi'te] (1a) v/t. visit; admin. inspect, examine; ⚖ search; **visiteur, -euse** [~'tœ:r, ~'tø:z] 1. adj. visiting; infirmière f ~euse visiting nurse; 2. su. visitor, caller; ⊕, admin., etc. inspector; customs: searcher; ✝ representative; su./f: ~euse de santé health visitor.

vison [vi'zɔ̃] m zo. (American) mink; ✝ mink.

visqueux, -euse [vis'kø, ~'kø:z] viscous; sticky; gooey, slimy (a. fig).

vissage ⊕ [vi'sa:ʒ] m screwing (on or down); **visser** [~'se] (1a) v/t. ⊕ screw (on, down, in, etc.); F clamp down on.

visualiser [vizuali'ze] (1a) v/t. visualize; make visible; **visuel, -elle** [vi'zyɛl] visual; champ m ~ field of vision.

vital, e, m/pl. **-aux** [vi'tal, ~'to] vital (a. fig. question); **vitaliser** [vitali'ze] (1a) v/t. vitalize; **vitalité** [~'te] f vitality.

vitamine [vita'min] f vitamin.

vite [vit] 1. adv. quickly, rapidly, fast; soon; 2. adj. fast, swift.

vitellus [vitɛl'lys] m ♀, biol. vitellus; biol. yolk.

vitesse [vi'tɛs] f speed; quickness; rapidity, swiftness; phys. bullet, light, sound: velocity; speed; mot. gear; ~ imposée prescribed speed; ~s gear-box, Am. transmission; grande (petite) ~ high (low) speed; mot. indicateur m de ~ speedometer; mot. première (quatrième) ~ first (fourth) gear; bottom (top) gear; à toute ~ at top speed; en ~ quickly; in a hurry; prendre q. de ~ outrun s.o.

viticole [viti'kɔl] vine-, viticultural; **viticulteur** [~kyl'tœ:r] m vine-grower, viticulturist; **viticulture** [~kyl'ty:r] f vine-growing, viticulture.

vitrage [vi'tra:ʒ] *m* windows *pl.*; glass work; glass door; glass partition; glass roof; ⊕ glazing; net curtain; **vitrail**, *pl.* -**aux** [~'tra:j, ~'tro] *m* leaded glass window; *eccl.* stained glass window; **vitre** [vitr] *f* pane (of glass); window-pane; F *fig.* *casser les* ~s kick up a fuss; **vitré, e** [vi'tre] *f* glazed; ~f, *anat., etc.* vitreous; **vitrer** [~'tre] (1a) *v/t.* ⊕ glaze (*a door, a window, etc.*); **vitrerie** [~tro'ri] *f* glazing, glaziery; **vitreux, -euse** [~'trø, ~'trø:z] vitreous (*a.* 🐟); glassy; **vitrier** [vitri'e] *m* glass maker; ⊕ glazier; **vitrière** [~'ɛ:r] *f* metal window framing; **vitrifiable** [~'fjabl] vitrifiable; **vitrification** [~fika'sjõ] *f* vitrification; **vitrifier** [~'fje] (1o) *v/t.* vitrify; ~ *par* fusion fuse; *se* ~ vitrify; **vitrine** [vi'trin] *f* shop-window; glass case, showcase, display case.

vitriol 🜍 [vitri'ɔl] *m* vitriol (*a. fig.*); *fig. au* ~ biting, caustic (*remark*); **vitriolé, e** 🜍 [~ɔ'le] vitriolized; **vitrioler** [~ɔ'le] (1a) *v/t.* vitriolize; throw vitriol at (*s.o.*); *tex.* sour (*fabric*); **vitrioleur** *m*, **-euse** *f* [~'lœ:r, ~'lø:z] vitriol-thrower.

vitupération [vitypera'sjõ] *f* vituperation, abuse; **vitupérer** [~'re] (1f) *v/t.* abuse; ~ *contre* rail against.

vivace [vi'vas] long-lived; ♃ perennial; ♃ hardy; *fig.* enduring; *fig.* inveterate; **vivacité** [~vasi'te] *f* promptness; alertness; *fig. combat, discussion*: heat; *fig.* hastiness; *colour, feelings, etc.*: vividness; *fig.* liveliness; *horse*: mettle; *avec* ~ vivaciously.

vivandier, -ère † [vivã'dje, ~'djɛ:r] *su.* canteen-keeper; *su./f* vivandière.

vivant, e [vi'vã, ~'vã:t] **1.** *adj.* living (*a. fig.*), alive; modern (*language*); *fig.* lively (*scene etc.*); vivid (*account, picture, etc.*); **2.** *su./m*: *les* ~s the living; *bon* ~ man who enjoys life; easy-going fellow; *de son* ~ in his lifetime.

vivat [va'vat] **1.** *int.* hurrah; **2.** *su./m* hurrah; ~s *pl.* cheers.

vive *icht.* [vi:v] *f* weever, sting-fish.

viveur [vi'vœ:r] *m* pleasure-seeker; fast liver.

vivier [vi'vje] *m* fishpond, fish tank.

vivificateur, -trice [vivifika'tœ:r, ~'tris] vivifying; invigorating; **vivi-**

fication [~'sjõ] *f* reviving; **vivifier** [vivi'fje] (1o) *v/t.* vitalize; enliven; give life to; invigorate; **vivipare** [~'pa:r] **1.** *adj.* ♃, *zo.* viviparous; **2.** *su. zo.* viviparous animal; **vivisection** [~sɛk'sjõ] *f* vivisection.

vivoter [vivɔ'te] (1a) *v/i.* live from hand to mouth; rub *or* struggle along; **vivre** [vi:vr] **1.** (4hh) *v/i.* live (on, de; at, in à); be alive; subsist, exist; *fig.* survive, last (*memory etc.*); F *apprendre à* ~ *à* teach (*s.o.*) manners; *avoir beaucoup vécu* have seen life; *difficile à* ~ difficult to get along with; ⚔ *qui vive?* who goes there?; *qui vivra verra* time will show; *se laisser* ~ take life as it comes, take life *or* things easy; *vive ...!* long live ...!; hurrah for (*s.th.*)!; *v/t.* live (*one's life*); live through (*experiences*); **2.** *su./m* † living; food; ~s *pl.* provisions; ⚔ rations; *le* ~ *et le couvert* board and bed; *le* ~ *et le logement* board and lodging.

vizir [vi'zi:r] *m* vizi(e)r.

vlan!, v'lan! [vlã] *int.* slap-bang!

vocable [vɔ'kabl] *m* word, term; *eccl.* *sous le* ~ *de* dedicated to; **vocabulaire** [~kaby'lɛ:r] *m* vocabulary; word-list.

vocal, e, *m/pl.* -**aux** [vɔ'kal, ~'ko] vocal (*a. anat., a.* ♪); **vocalique** *gramm.* [vɔka'lik] vocalic, vowel-...; **vocalisation** *gramm., a.* ♪ [~liza-'sjõ] *f* vocalization; **vocalise** ♪ [~-'li:z] *f* exercise in vocalization; *faire des* ~s vocalize; **vocaliser** *gramm., a.* ♪ [~li'ze] (1a) *vt/i.* vocalize; **vocalisme** *gramm., a.* ♪ [~'lism] *m* vocalism; **vocation** [~'sjõ] *f* vocation.

vociférations [vɔsifera'sjõ] *f/pl.* shouts, yells; outcries; **vociférer** [~'re] (1f) *v/i.* shout, yell, scream (at, *contre*); vociferate (against, *contre*).

vodka [vɔd'ka] *f* vodka.

vœu [vø] *m* vow; *fig.* wish, desire.

vogue [vɔg] *f* fashion, F rage, craze; *dial. eccl.* patronal festival; *être en* ~ be popular, be in fashion, F be in; *entrer (mettre) en* ~ come (bring) into fashion.

voguer [vɔ'ge] (1m) *v/i.* sail (*boat, cloud*); float, drift; *fig. vogue la galère!* let's risk *or* chance it!

voici [vwa'si] *prp.* here is, here are; F ~! look!; ~ *un an que je suis ici* I have been here for a year; *me ~!* here I am!

voie [vwa] *f* way (*a. fig.*), road; path; *anat.* duct, tract; *fig.* means *pl.*, course; 🚂 railway; *Am.* railroad; ⚡ circuit; ⚙ (*dry, wet, etc.*) process; *~* aérienne air-route, airway; *~ de communication* road, thoroughfare; line of communication; 🎖 *~ de départ* runway; *~s pl. de droit* legal channels; ⚖ *~s pl. de fait* assault *sg.* and battery *sg.*; *fig. ~s et moyens* ways and means; ⚕ *~s pl. respiratoires* respiratory tract *sg.*; ⚓ *~ d'eau* leak; 🚂 *à deux ~s* double-track (*line*); 🚂 *à ~ normale* (*étroite*) standard-ga(u)ge (narrow-ga[u]ge) (*line*); 🚂 *à ~ unique* single-track (*line*); *en ~ de* in process of; under (*repair*); *par ~ de fig.* by (means of); 🚂 *via*; *par ~ ferrée* by rail(way).

voilà [vwa'la] *prp.* there is, there are; that is, those are; *~!* here you are are!; *~ ce que je dis* that's what I say; *~ qui est drôle* that's funny; *~ tout* that's all; *~ un an que je suis ici* I have been here for a year; *en ~ assez!* that's enough!; *me ~!* here I am!

voilage [vwa'la:ʒ] *m* net curtain(s *pl.*); *tex.* veiling, net; **voile** [vwal] *su./m* veil (*a. fig., a. eccl.*); *fig.* cloak; *fig.* blur; *tex.* voile; *phot.* fog; ⊕ buckle, warping; *anat. ~ du palais* soft palate; *sous le ~ de* under the cloak of; *su./f* ⚓ sail; *fig.* ship; *bateau m à ~s* sailing boat; *faire ~* set sail (*for, pour*); *grand-~* mainsail; *F mettre les ~s* clear out; **voiler** [vwa'le] (1a) *v/t.* veil (*a.* ♪ *one's voice*); shade, dim (*the light*); *fig.* cloak, hide; *phot.* fog; ⊕ buckle, warp; ⚓ rig (*a ship*) with sails; *fig. voix f voilée* husky voice; *fig. se ~* become overcast (*sky*); *v/i. a. se ~* ⊕ go out of true; warp (*wood*); **voilerie** ⚓ [vwal'ri] *f* sail-making; sailloft; **voilette** *cost.* [vwa'lɛt] *f* (hat-)veil; **voilier** [~'lje] *m* ⚓ sailing ship, sailing boat; sail-maker; *bâtiment m bon~* good sailer; **voilure** [~'ly:r] *f* ⚓ sails *pl.*; 🎖 wings *pl.*, wing surface; ⊕ rod, wheel: buckling; *wood:* warping.

voir [vwa:r] (3m) *v/t.* see; perceive; watch; observe; remark; witness (*an incident*); visit; inspect; examine; ⚕ attend (*a patient*); ⚕ consult (*a physician*); *fig.* consider, take a view of

(*s.th.*); *fig.* understand; *fig.* experience, go through (*misfortunes*); F tolerate, stand; *~ à* (*inf.*) see to it that (*ind.*); *~ le jour* be born; *~ venir q.* see s.o. coming; *fig.* see what s.o. is up to; *à ce que je vois* from what I see; *aller ~* (go and) see (*s.o.*), look (*s.o.*) up; visit; *cela se voit* that's obvious; *c'est à ~* that remains to be seen; *faire ~* show; *laisser ~* betray, reveal; *n'avoir rien à ~ avec* (*or à*) have nothing to do with; *fig. se faire ~ par le médecin* get examined; *venir ~* call on (*s.o.*).

voire [vwa:r] *adv.* † truly; (*a. ~ même*) (and) even, indeed.

voirie [vwa'ri] *f* highway system; system of roads; *admin.* Roads Department, *Am.* Highway Division; highway maintenance; refuse (*Am.* garbage) collection; refuse (*Am.* garbage) dump.

voisin, e [vwa'zɛ̃, ~'zin] **1.** *adj.* neighbo(u)ring; adjacent; next (*building, house, room, etc.*); *~ de* in the vicinity of; *fig.* similar to, akin to, approximating to; **2.** *su.* neighbo(u)r; **voisinage** [~zi'na:ʒ] *m* neighbo(u)rhood; vicinity; surroundings *pl.*; *bon ~* neighbo(u)rliness; **voisiner** [~zi'ne] (1a) *v/i.* be adjacent, be side by side; be neighbo(u)rly, be on friendly terms with, (*avec*).

voiturage † [vwaty'ra:ʒ] *m* carriage, conveyance; cost of conveyance; **voiture** [~'ty:r] *f* carriage, conveyance; vehicle; *mot.* car, *Am. a.* automobile; † van; 🚂 cart; 🚂 coach, *Am.* car; † *goods pl.*, *Am.* freight; 🚂 *~ à marchandises* goods truck, *Am.* freight car; *~ carénée* streamlined car or *Am.* automobile; *~ de livraison* delivery van; *~ d'enfant* perambulator, F pram, *Am.* baby carriage; *~ de place* taxi; *~ de remise* hired carriage; *~ des quatre saisons* costermonger's barrow; 🚂 *~ directe* through carriage; F *~-pie* radio patrol car; 🚂 *~-restaurant* dining car, diner; *en ~!* all aboard!; take your seats!; **voiturée** [~ty're] *f* people: carriageful; *goods:* cart-load, van-load; **voiturer** [~ty're] (1a) *v/t.* convey, carry (*goods*); *fig.* drive; **voiturette** [~ty'rɛt] *f mot.* baby car; light car; trap;

voiturier, -ère [ˌty'rje, ˌ'rjɛːr] **1.** adj. carriageable; carrying; carriage (-drive); **2.** su./m ♣ carrier.

voix [vwa] f voice (a. gramm., a. ♪); ♪ part; speech; tone; fig. opinion; parl., pol. vote; à haute ~ aloud; à ~ basse softly, in a low voice; pol. aller aux ~ vote; de vive ~ by word of mouth; fig. demeurer sans ~ remain speechless; donner de la ~ give tongue, bark (hounds); mettre qch. aux ~ put s.th. to the vote.

vol¹ ⚖ [vɔl] m theft, larceny, robbery; ~ à l'américaine confidence trick; ~ à l'étalage shop-lifting; ~ avec effraction housebreaking and larceny.

vol² [vɔl] m orn., ✈ flying; flight (a. distance, a. fig., a. birds); locusts: swarm; ~ à voile gliding; ~ d'acrobatie stunt flying; ~ de nuit night-flight; ~ habité manned spaceflight; ~ plané ✈ glide; orn. soaring flight; à ~ d'oiseau as the crow flies; bird's-eye (view); au ~ on the wing; prendre son ~ ✈ take off; orn. take wing, fly off;

volage [vɔ'laːʒ] fickle, inconstant.

volaille [vɔ'laːj] f poultry; cuis. fowl; **volailler** [ˌla'je] m poulterer; poultry-yard.

volant, e [vɔ'lɑ̃, ˌ'lɑ̃ːt] **1.** adj. flying; fig. loose, floating (dress); portable; ✐ wander(-plug); **2.** su./m game: shuttlecock; ⊕ fly-wheel; ⊕ lathe etc.: hand-wheel; mot. steering-wheel, F wheel; cost. flounce; ♣ de sécurité reserve fund; mot. prendre le ~ drive, take the wheel.

volatil, e [vɔla'til] volatile.

volatile [~] m, a. f fowl; †, co. bird, winged creature.

volatiliser [vɔlatili'ze] (1a) v/t. a. se ~ volatilize.

vol-au-vent cuis. [vɔlo'vɑ̃] m/inv. vol-au-vent (small filled puff-pie).

volcan [vɔl'kɑ̃] m volcano; **volcanique** [ˌka'nik] volcanic; fig. fiery; **volcanisme** geol. [ˌka'nism] m volcanism. [a slam or vole.)

vole [vɔl] f: faire la ~ cards: make)

volée [vɔ'le] f bird, bullet, stars: flight; birds: flight, flock; ✕ volley, ⚓ broadside; bells: peal; blows etc.: shower; thrashing, hiding; ~ basse tennis: low volley; ~ haute tennis: smash; à la ~ in the air; catch etc. in mid air; fig. at random; à toute ~ with full force; entre bond et ~ tennis:

on the half-volley; fig. at a lucky moment; † fig. la haute ~ the upper ten pl.; fig. de haute ~ top-flight, top-notch (people).

voler¹ ⚖ [vɔ'le] (1a) vt/i. steal; v/t. rob (s.o.); swindle, cheat (s.o.).

voler² [~] (1a) v/i. ✈, orn. fly (a. fig.); fig. rush; ~ à voile glide; v/t. hunt. fly (a hawk); fly at (the quarry).

volerie¹ † [vɔl'ri] f robbery; larceny.

volerie² hunt. [~] f hawking.

volet [vɔ'le] m window, a. phot., mot., etc.: shutter; mot. flap; mot. butterfly-valve; ✐ etc. indicator: disk; sorting-board; fig. trier sur le ~ select (persons) carefully; screen (candidates).

voleter [vɔl'te] (1c) v/i. orn. flit (a. fig. person); flutter.

voleur, -euse [vɔ'lœːr, ~'løːz] **1.** adj. thieving; pilfering; fig. rapacious; **2.** su. thief; (sheep- etc.)stealer; fig. robber; su./m: au ~! stop thief!

volière [vɔ'ljɛːr] f aviary; large bird-cage; pigeon-run.

volige △ [vɔ'liːʒ] f batten; lath; roofing-strip; **voliger** △ [ˌli'ʒe] (1l) v/t. batten; lath.

volitif, -ve [vɔli'tif, ~'tiːv] volitional; **volition** [~'sjõ] f volition.

volontaire [vɔlõ'tɛːr] **1.** adj. voluntary; spontaneous; fig. self-willed, obstinate; **2.** su./m ✕ volunteer; **volonté** [ˌ'te] f will; will-power; fig. pleasure, desire; ~s pl. ⚖ (last) will sg. and testament sg.; fig. whims; à ~ at pleasure, at will; en faire à sa ~ have one's own way; montrer de la bonne (mauvaise) ~ show (un)willingness; **volontiers** [ˌ'tje] adv. willingly, with pleasure; fig. readily, easily.

volt ✐ [vɔlt] m volt; **voltage** ✐ [vɔl'taːʒ] m voltage; **voltaïque** ✐ [~ta'ik] voltaic.

voltaire [vɔl'tɛːr] m Voltaire chair (= high-backed armchair).

volte [vɔlt] f horsemanship, a. fencing: volt; sp. vaulting; ~-face [ˌ~'fas] f/inv. volte-face; about-face; right-about turn.

voltige [vɔl'tiːʒ] f horsemanship: trick-riding; sp. exercises pl. on the flying trapeze; leaping-rope; **voltiger** [ˌti'ʒe] (1l) v/i. orn. flit (a. fig.); fly about; flutter; sp. perform on the flying trapeze; horsemanship: do trick-riding; **voltigeur** [ˌti-

'ʒœ:r] *m sp.* performer on the flying trapeze (*etc.*); ✕ light infantryman.

volubile [vɔly'bil] ✿ voluble (*a. person*), turning; *fig.* glib; fluent; **volubilité** ✿ [~bili'te] *f* volubility; *fig.* glibness.

volume [vɔ'lym] *m* volume; tome; ♪, *phys.*, *etc.* volume, mass; ✝, ⚓ bulk; **volumineux, -euse** [~lymi'nø, ~'nø:z] voluminous (*a. fig.*); bulky, large.

volupté [vɔlyp'te] *f* (sensual) pleasure; **voluptueux, -euse** [~'tɥø, ~'tɥø:z] **1.** *adj.* voluptuous; **2.** *su.* sensualist.

volute [vɔ'lyt] *f* shell, *a.* △: volute; △, *a.* ♪ violin: scroll; *fig.* smoke *etc.*: curl.

vomique ♀, ✿ [vɔ'mik] *adj.*: noix *f* ~ nux vomica; **vomir** [~'mi:r] (2a) *v/t.* vomit; *fig.* belch forth; *v/i.* be sick, ✿ vomit; **vomissement** ✿ [~mis'mã] *m action:* vomiting; vomit; **vomitif, -ve** ✿ [~mi'tif, ~'ti:v] *adj.*, *a. su./m* emetic.

vont [vɔ̃] *3rd. p. pl. pres. of* aller 1.

vorace [vɔ'ras] voracious; **voracité** [~rasi'te] *f* voracity; avec ~ voraciously.   [(-ring).]

vortex [vɔr'tɛks] *m* whorl; vortex]

vos [vo] *pl. of* votre.

vosgien, -enne [vo'ʒjɛ̃, ~'ʒjɛn] of the Vosges.

votant, e [vɔ'tã, ~'tã:t] **1.** *adj.* voting; **2.** *su.* voter; *su./m:* liste *f* des ~s electoral roll; **votation** [~ta'sjɔ̃] *f* voting; **vote** [vɔt] *m* vote; voting; poll, ballot; *parl.* bill: division; passing (of a bill, d'une loi); result (of the voting or ballot); **voter** [vɔ'te] (1a) *v/i.* vote; *v/t.* vote (money); pass (a bill); ~ des remerciements à pass a vote of thanks to.

votif, -ve *eccl. etc.* [vɔ'tif, ~'ti:v] votive.

votre, *pl.* **vos** [vɔtr, vo] *adj./poss.* your.

vôtre, *pl.* **vos** [vo:tr] **1.** *pron./poss.:* le (la) ~, les ~s *pl.* yours; F à la ~ cheerio!; your health!; je suis des ~ I am on your side; **2.** *su./m* yours, your own; les ~s *pl.* your (own) people.

voudrai [vu'dre] *1st p. sg. fut. of* vouloir 1.

vouer [vwe] (1p) *v/t.* dedicate, vow, pledge; *fig.* devote (one's life, one's time).

vouloir [vu'lwa:r] **1.** (3n) *v/t.* want; need; require; claim; ~ bien be willing; ~ dire mean (to say); se ~ ... want or claim to be ...; ~ be meant to be ...; je voudrais ... I would like ...; Dieu veuille que God grant that; je le veux bien I am quite willing; je veux que cela soit I insist that it shall be so; je veux que ce soit fait I want this to be done; le moteur ne voulut pas marcher the engine refused to work; sans le ~ unintentionally; veuillez me dire please tell me; *v/i.:* en ~ à bear (s.o.) a grudge; have designs on (s.th.); **2.** *su./m* will; bon (mauvais) ~ good (ill) will; de son bon ~ of one's own accord; **voulu, e** [~'ly] *p.p. of* vouloir 1; **voulus** [~'ly] *1st p. sg. p.s. of* vouloir 1.

vous [vu] **1.** *pron./pers. subject:* you; *object:* you; (to) you; à ~ to you; yours; **2.** *pron./rfl.* yourself, yourselves; **3.** *pron./recip.* each other, one another; **~-même** [~'mɛm] *pron./rfl.* yourself; **~s** *pl.* yourselves.

vousseau △ [vu'so] *m*, **voussoir** △ [~'swa:r] *m* arch-stone, voussoir; **voussure** △ [~'sy:r] *f arch:* curve; ceiling etc.: arching; **voûte** [vut] *f* △ arch, vault (*a. fig.*); archway; *anat.* mouth: roof, skull: dome; *fig.* ~ céleste canopy of heaven; ~ en berceau barrel vault(ing); ~ en ogive ogive vault; **voûté, e** [vu'te] △ vaulted, arched; *anat.* round (shoulders); round-shouldered, bent (person); **voûter** [~] (1a) *v/t. fig.* bend; *v/t. a.* se ~ vault; arch.

vouvoyer [vuvwa'je] (1h) *v/t.* address (s.o.) as vous.

voyage [vwa'ja:ʒ] *m* journey; tour, trip; run (in a car); ⚓ voyage; ✈ flight; ~ à pied walk; ~ circulaire circular trip; ~ d'affaires business trip; ~ d'agrément pleasure trip; ~ de retour return journey; ~ surprise mystery tour; ~ touristique conducted tour; ... de ~ travelling-...; il est en ~ he is travelling; partir en ~ go on a journey, F go away; **voyager** [~ja'ʒe] (1l) *v/i.* travel (*a.* ✝); (make a) journey; *fig.* get about; *orn.* migrate; il a beaucoup voyagé he has travelled widely; **voyageur, -euse** [~ja'ʒœ:r, ~'ʒø:z] **1.** *su.* traveller; ⚓, 🚂, *etc.* passenger; fare (in a taxi); ✝ (a. commis *m* ~) commercial traveller; **2.** *adj.* travelling; migratory (*bird*); **pigeon** *m* ~ homing pigeon, carrier-pigeon.

voyant, e [vwa'jɑ̃, ~'jɑ̃:t] **1.** *adj.* who can see (*person*); *fig.* loud, gaudy (*colour etc.*); conspicuous (*building, landmark, etc.*); **2.** *su.* sighted person, person who can see; clairvoyant; † seer; *su./m* mark; ⊕ sighting-slit; *surv.* sighting-board.

voyelle *gramm.* [vwa'jɛl] *f* vowel.

voyons [vwa'jɔ̃] *1st p. pl. pres. of* **voir.**

voyou [vwa'ju] *m* street-arab; hooligan, loafer, *Am.* hoodlum.

vrac [vrak] *m*: † **en** ~ in bulk; loose; *fig.* higgledy-piggledy, in a jumble.

vrai, vraie [vrɛ] **1.** *adj.* true; truthful; sta(u)nch, loyal (*friend*); *fig.* real, genuine; *fig. usu. pej.* downright, regular; F (*pour*) ⊕ ~ really; in earnest; **2.** *vrai adv.* truly; really; *à* ~ *dire* as a matter of fact; strictly speaking; *dire* ~ tell the truth; ~ *de* ~! F honestly!; *sl.* cross my heart!; **3.** *su./m* truth; *au* ~ really; *être dans le* ~ be right; **vraiment** [~'mɑ̃] *adv.* really, truly; indeed; **vraisemblable** [~sɑ̃'blabl] **1.** *adj.* likely, probable; **2.** *su./m* probability; what is probable; **vraisemblance** [~sɑ̃'blɑ̃:s] *f* probability, likelihood; *story etc.*: verisimilitude; *selon toute* ~ in all probability.

vrille [vri:j] *f* ⊕ gimlet, borer; ⚑ tendril; ⚑ spin; ⚑ *tomber en* ~ go into a spin; **vrillé, e** [vri'je] **1.** *adj.* ⊕ bored; ⚑ tendrilled, with tendrils; *tex.* twisted, kinked; curled; **2.** *su./f* ⚑ bindweed; **vriller** [~'je] (1a) *v/t.* ⊕ bore; *v/i. tex.* twist, kink; slant; ascend in a spiral (*rocket etc.*); **vrillette** *zo.* [~'jɛt] *f* death-watch beetle.

vrombir [vrɔ̃'bi:r] (2a) *v/i.* buzz (*insect, engine*); ⊕, ⚑ hum (*a. top*); throb; **vrombissement** [~bis'mɑ̃] *m insect, engine*: buzz(ing); ⚑, *top*: hum(ming); ⊕ throb(bing); *mot.* purr(ing).

vu, vue [vy] **1.** *p.p. of* **voir;** **2.** *vu*

prp. considering, seeing (that, *que*); ~ *que a.* since; ➚ whereas; **3.** *su./m* sight; *au* ~ *de tous* openly; *au* ~ *et au su de tous* to everybody's knowledge.

vue [~] *f* sight; eyesight; appearance, look; view; purpose, intention; idea, notion; *cin.* (lantern)slide; *à* ~ ♪, ✝ at sight; free-hand (*drawing*); *à* ~ *de* within sight of; *à* ~ *d'œil* visibly; *fig.* roughly, at a rough estimate; *à la* ~ *de* in the *or* at the sight of; *à première* ~ at first sight; ✝ *à trois jours de* ~ three days after sight; *fig. avoir des* ~*s sur* have one's eye(s) on; *avoir en* ~ have in mind; have it in mind (*to do*); *avoir la* ~ *courte* be shortsighted; *connaître q. de* ~ know s.o. by sight; *en* ~ in sight; *fig.* conspicuous; *fig.* prominent (*person*); *en* ~ *de* with a view to; for the purpose of; in order to; *garder q. à* ~ keep a close watch on s.o.; *perdre de* ~ lose sight of; *point m de* ~ point of view; *prise f de* ~*s* photography; *cin.* film-shooting.

Vulcain [vyl'kɛ̃] *m astr., myth.* Vulcan; *zo.* ♀ red admiral; **vulcaniser** ⊕ [~kani'ze] (1a) *v/t.* vulcanize, cure.

vulgaire [vyl'gɛ:r] **1.** *adj.* vulgar (*a. pej.*); common; general; *pej.* low, coarse; **langue** *f* ~ vernacular; **2.** *su./m* common people *pl.*; *fig. pej.* vulgarity; **vulgariser** [vylgari'ze] (1a) *v/t.* popularize; *pej.* coarsen; *se* ~ become common; grow vulgar; **vulgarité** [~'te] *f* vulgarity.

vulnérabilité [vylnerabili'te] *f* vulnerability; **vulnérable** [~'rabl] vulnerable; **vulnéraire** [~'rɛ:r] **1.** *adj.* ⚕ vulnerary, healing; **2.** *su./f* ⚑ kidney-vetch; **vulnérant, e** [~'rɑ̃, ~'rɑ̃:t] wounding.

vultueux, -euse [vyl'tɥø, ~'tɥø:z] bloated, red and puffy (*face*); **vultuosité** ⚕ [~tɥozi'te] *f face:* puffiness.

vulve *anat.* [vylv] *f* vulva.

W

W, w [dublə've] *m* W, w.

wagon 🚋 [va'gɔ̃] *m* carriage, coach, *surt. Am.* car; *goods:* waggon, truck; ~ de *marchandises* goods-van, *Am.* freight-car; ~ *frigorifique* refrigerator van *or* car; *monter en* ~ get into *or* board the train; **~-bar,** *pl.* **~s-bars** [vagɔ̃'baːr] *m* refreshment-car; **~citerne,** *pl.* **~s-citernes** [~si'tɛrn] *m* tank-car, tank-waggon; **~-lit,** *pl.* **~s-lits** [~'li] *m* sleeping-car, F sleeper, *Am.* pullman.

wagonnet [vagɔ'nɛ] *m* tip-truck, tip-waggon, *Am.* dump-truck.

wagon...: **~poste,** *pl.* **~s-poste** [vagɔ̃'pɔst] *m* mail-van, *Am.* mail-car; **~restaurant,** *pl.* **~s-restaurants** [~rɛstɔ'rɑ̃] *m* dining-car; restaurant-car; **~salon,** *pl.* **~s-salons** [~sa'lɔ̃] *m* saloon(-car), *Am.* observation-car, parlor-car; **~tombereau,** *pl.* **~s-tombereaux** [~tɔ̃'bro] *m* tipping-car.

wallon, -onne [va'lɔ̃, ~'lɔn] **1.** *adj.* Walloon; **2.** *su./m ling.* Walloon; *su.* ♀ Walloon.

waters F [wa'tɛːr] *m/pl.* water-closet *sg.*, W.C. *sg.*, toilet *sg.*

watt ⚡ [wat] *m* watt; **~heure,** *pl.* **~s-heures** ⚡ [wa'tœːr] *m* watthour; **~man,** *pl.* **~men** [wat'man, ~'mɛn] *m* electric tram *or* train: driver, *Am.* motorman.

week-end [wi'kɛnd] *m* week-end; **weekendard** *m,* **e** *f* F [~kɛn'daːr, ~'dard] week-ender.

western *cin.* [wɛs'tœrn] *m* western (film).

wigwam [wig'wam] *m* wigwam.

wisigoth, e [vizi'go, ~'gɔt] **1.** *adj.* Visigothic; **2.** *su.* ♀ Visigoth.

X

X, x [iks] *m* X, x; *l'X sl.* the *École polytechnique; phys.* rayons *m/pl.* X X-rays; ⚔ *passer aux rayons X* X-ray.

xénophobe [ksenɔˈfɔb] *adj., a. su.* xenophobe; **xénophobie** [~fɔˈbi] *f* xenophobia.

xérès [keˈrɛs] *m* sherry.

xylo... [ksilɔ] xylo...; **~graphe** [~ˈgraf] *m* xylographer, wood-engraver; **~graphie** [~graˈfi] *f* wood-engraving; wood-cut; **~phage** *zo.* [~ˈfaːʒ] **1.** *su./m* xylophagan, xylophage; **2.** *adj.* xylophagous; **~phone** ♪ [~ˈfɔn] *m* xylophone.

Y

Y, y [i'grɛk] *m* Y, y.

y [i] **1.** *adv.* there, here; *fig.* in, at home; *il y a* there is, there are; *il y a deux ans* two years ago; *je l'y ai rencontré* I met him there; *on y va!* come on!; **2.** *pron.* to *or* by *or* at *or* in it (him, her, them); *ça y est* that's it; *il n'y gagna rien* he gained nothing by it; *il n'y peut rien* there's nothing he can do about it; *il y va de* it is a matter of; *je n'y suis pour rien* I had nothing to do with it; *pendant que j'y pense* by the way; *vous y êtes?* do you follow?; F do you get it?

yacht ⚓ [jak] *m* yacht.

ya(c)k *zo.* [jak] *m* yak.

yaourt *cuis.* [ja'ur(t)] *m* yog(h)urt, yaourt.

yeuse ♀ [jø:z] *f* holm-oak, holly-oak, [ilex.]

yeux [jø] *pl. of* œil. [Yiddish.]

yiddish [(j)i'diʃ] *adj., a. su./m*

yodler ♪ [jɔd'le] (1a) *v/i.* yodel.

yoga [jɔ'ga] *m* yoga.

yogourt *cuis.* [jɔ'gurt] *m see yaourt.*

yole ⚓ [jɔl] *f* yawl, gig.

yougoslave [jugɔ'sla:v] *adj., a. su.* ⚥ Jugoslav, Yugoslav.

youpin, e F *pej.* [ju'pɛ̃, ~'pin] **1.** *su.* Yid (= *Jew*); **2.** *adj.* Jewish.

youyou ⚓ [ju'ju] *m* dinghy.

ypérite 🜊 [ipe'rit] *f* yperite, mustard-gas; **ypréau** ♀ [ipre'o] *m* wych-elm; white poplar.

Z

Z, z [zɛd] *m* Z, z.

zanzibar [zãzi'baːr] *m* dice-throwing *(for drinks).*

zazou F [za'zu] *m* hepcat.

zèbre [zɛbr] *m zo.* zebra; F chap, *Am.* guy; **zébrer** [ze'bre] (1f) *v/t.* streak; mark *(s.th.)* with stripes; **zébrure** [∼'bryːr] *f* stripe; zebra markings *pl.*, stripes *pl.*

zébu *zo.* [ze'by] *m* zebu.

zélateur, -trice [zela'tœːr, ∼'tris] **1.** *su.* zealot, zealous worker (for, de); **2.** *adj.* zealous; **zèle** [zɛːl] *m* zeal, enthusiasm (for, *pour);* F faire du ∼ make a show of zeal; go beyond one's orders; **zélé, e** [ze'le] **1.** *adj.* zealous; **2.** *su.* zealot; **zélote** *bibl.* [∼'lɔt] *m* zealot; **zélotisme** [∼lɔ-'tism] *m* zealotry.

zénith [ze'nit] *m* zenith *(a. fig.).*

zéphire *tex.* [ze'fiːr] *adj.:* laine *f* ∼ zephyr; **zéphyr** [∼'fiːr] *m* zephyr; soft breeze; **zéphyrien, -enne** [∼fi'rjɛ̃, ∼'rjɛn] zephyr-like.

zéro [ze'ro] **1.** *su./m* nought, cipher; scale: zero; *sp. tennis:* love, *cricket:* duck; F nobody, nonentity; ∉ off *(on cooker etc.); fig.* partir de ∼ start from scratch; **2.** *adj./inv.:* à ∼ heure at midnight; **zérotage** *phys.* [∼rɔ-'taːʒ] *m* determination of the zero point; *thermometer etc.:* calibration.

zeste [zɛst] *m lemon etc.:* peel, twist; F *fig.* cela ne vaut pas un ∼ it's not worth a straw; **zester** [zɛs-'te] (1a) *v/t.* peel *(a lemon etc.).*

zézaiement [zeze'mã] *m* lisp(ing); **zézayer** [∼zɛ'je] (1i) *v/t.* lisp.

zibeline *zo.*, ✝ [zi'blin] *f* sable.

zigouiller *sl.* [zigu'je] (1a) *v/t.* knife, kill; ✗ bayonet; cut to pieces.

zig(ue) *sl.* [zig] *m* chap, *Am.* guy.

zigzag [zig'zag] *m* zigzag *(a.* ✗, ⚓); ⊕ lazy-tongs *pl.;* ⊕ disposé en ∼ staggered; en ∼ zigzag...; forked *(lightning);* **zigzaguer** [∼za'ge] (1m) *v/i.* zigzag; flit about *(bat); mot.* drive erratically.

zinc [zɛ̃ːg] *m* zinc; ✝ spelter; F counter, bar; ✗ *sl.* (heavy) aeroplane.

zinguer [zɛ̃'ge] (1m) *v/t. metall.* coat with zinc; galvanize *(iron);* ⊿ *etc.* cover *(s.th.)* with zinc; **zingueur** [∼'gœːr] *m* ⊕ zinc-worker; ⊿ zincroofer.

zinzin *sl.* [zɛ̃'zɛ̃] **1.** *su./m* thingummy, thingamajig, contraption; dance hall; **2.** *adj.* cracked, nuts.

zippé, e [zi'pe] with a zip(per).

zizanie [ziza'ni] *f* ♃ zizania, Indian rice; *fig.* discord; *fig.* semer (or mettre) la ∼ stir up ill-feeling.

zodiacal, e, *m/pl.* ***aux** *astr.* [zɔdja-'kal, ∼'ko] zodiacal; **zodiaque** *astr.* [∼'djak] *m* zodiac.

zona ✚ [zɔ'na] *m* shingles *pl.;* **zone** [zoːn] *f* ⚐, ✗, *geog.* zone; ✗, *geog.* belt; *admin.* area; F outskirts *pl.* of Paris; *fig.* ∼ sombre grey zone; ∼ de silence radio: skip zone, silent zone.

zoo F [zɔ'o] *m* zoo.

zoo... [zɔɔ] zoo...; **∼logie** [∼lɔ'ʒi] *f* zoology; **∼logique** [∼lɔ'ʒik] zoological; **∼phytes** *biol.* [∼'fit] *m/pl.* zoophytes; phytozoa; **∼tomie** [∼tɔ'mi] *f* zootomy, comparative anatomy.

zostère ♃ [zɔs'tɛːr] *f* sea-wrack, grass-wrack, *Am.* eel-grass.

zouave ✗ *hist.* [zwa:v] *m* zouave (= French colonial infantryman).

zozoter F [zɔzɔ'te] (1a) *v/i.* lisp.

zut! *sl.* [zyt] *int.* anger, disappointment: hang it!; dash it!; darn it!

Proper names with pronunciation
and explanation

Noms propres avec leur prononciation
et notes explicatives

A

Abyssinie [abisi'ni] *f*: *l'~* Abyssinia (*former name of Ethiopia*).

Académie [akade'mi] *f*: *~ française* the French Academy.

Achille [a'ʃil] *m* Achilles.

Adam [a'dã] *m* Adam.

Adélaïde [adela'id] *f* Adelaide.

Adolphe [a'dɔlf] *m* Adolf, Adolphus.

Adour [a'duːr] *French river*.

Adriatique [adria'tik] *f*: *l'~ (or la mer ~)* the Adriatic (Sea).

Afghanistan [afganis'tã] *m*: *l'~* Afghanistan.

Afrique [a'frik] *f*: *l'~* Africa; *l'~ du Sud* South Africa.

Agathe [a'gat] *f* Agatha.

Agen [a'ʒɛ̃] *capital of the department of Lot-et-Garonne*.

Agnès [a'nɛs] *f* Agnes.

Aimée [ɛ'me] *f* Amy.

Ain [ɛ̃] *French river; department of eastern France*.

Aisne [ɛn] *French river; department of northern France*.

Aix-en-Provence [ɛksãprɔ'vãːs] *former capital of the province of Provence*.

Ajaccio [aʒak'sjo] *capital of the department of Corse*.

Alain [a'lɛ̃] *m* Allen.

Alain-Fournier [alɛ̃fur'nje] *French writer*.

Albanie [alba'ni] *f*: *l'~* Albania.

Albert [al'bɛːr] *m* Albert.

Albi [al'bi] *capital of the department of Tarn*.

Albion *poet.* [al'bjɔ̃] *f* Albion, Britain.

Alembert, d' [dalã'bɛːr] *French philosopher and mathematician*.

Alençon [alã'sɔ̃] *capital of the department of Orne*.

Alexandre [alɛk'sãːdr] *m* Alexander.

Alger [al'ʒe] Algiers (*capital and port of Algeria*); Algier (*department of Algeria*).

Algérie [alʒe'ri] *f*: *l'~* Algeria.

Allemagne [al'maɲ] *f*: *l'~* Germany; *l'~ de l'Est* East Germany; *l'~ de l'Ouest* West Germany; *l'~ fédérale* the Federal Republic of Germany.

Allier [a'lje] *French river; department of central France*.

Alpes [alp] *f/pl.* Alps; **~-de-Haute-Provence** [alpdəotprɔ'vãːs] *f/pl. department of southeastern France*; **Hautes-~** [ot'salp] *f/pl. department of southeastern France*; **~-Maritimes** [~mari'tim] *f/pl. department of southeastern France*.

Alphonse [al'fɔ̃ːs] *m* Alphonso; Alfonso.

Alsace [al'zas] *f*: *l'~* Alsace, Alsatia (*old province of France*).

Amboise [ã'bwaːz] *French town in the Loire valley with a famous castle*.

Amélie [ame'li] *f* Amelia.

Amérique [ame'rik] *f*: *l'~* America; *l'~ centrale* Central America; *l'~ du Nord* North America; *l'~ du Sud* South America.

Amiens [a'mjɛ̃] *capital of the department of Somme; former capital of the province of Picardie*.

Ampère [ã'pɛːr] *French physicist*.

Anatole [ana'tɔl] *m Christian name*.

544

Andorre [ãˈdɔːr] f Andorra.
André [ãˈdre] m Andrew.
Andrée [ãˈdre] f Christian name.
Aneto [aneˈto]: pic m d'~ highest peak of the Pyrénées.
Angers [ãˈʒe] capital of the department of Maine-et-Loire; former capital of the province of Anjou.
Angleterre [ãɡlaˈtɛːr] f: l'~ England.
Anglo-Normandes [ãɡlonɔrˈmãːd]: les îles f/pl. ~ the Channel Islands.
Angoulême [ãɡuˈlɛm] capital of the department of Charente; former capital of the province of Angoumois.
Anjou [ãˈʒu] m old province of France.
Anne [aːn] f Ann(e).
Annecy [anˈsi] capital of the department of Haute-Savoie; lac m d'~ French lake.
Annette [aˈnɛt] f Annie, Nancy, Nanny, Nan.
Anouilh [aˈnuːj] French writer.
Antarctique [ãtar(k)ˈtik] m: l'~ the Antarctic.
Antibes [ãˈtib] French health resort on the Mediterranean.
Antoine [ãˈtwan] m Ant(h)ony.
Anvers [ãˈvɛːr; Belgian: ~ˈvɛrs] Antwerp.
Apennins [apɛnˈnɛ̃] m/pl. Apennines.
Aquitaine [akiˈtɛn] f old province of France.
Arabe [aˈrab]: République f ♀ unie United Arab Republic.
Arabie [araˈbi] f: l'~ Arabia; l'~ Saoudite Saudi Arabia.
Aragon [araˈɡõ] French poet.
Archimède [arʃiˈmɛd] m Archimedes (Greek scientist).
Arctique [arkˈtik] m: l'~ the Arctic.
Ardèche [arˈdɛʃ] French river; department of southern France.
Ardennes [arˈdɛn] f/pl. department of northeastern France.
Argentine [arʒãˈtin] f: l'~ Argentina, the Argentine.
Ariège [aˈrjɛːʒ] French river; department of southern France.
Aristide [arisˈtid] m Aristides.
Aristote [arisˈtɔt] m Aristotle (Greek philosopher).
Arnaud [arˈno] m Christian name.
Arras [aˈrɑːs] capital of the department of Pas-de-Calais; former capital of the county of Artois.
Artus [arˈtys] m: le roi ~ King Arthur.
Artois [arˈtwa] m former French county.

Asie [aˈzi] f: l'~ Asia; l'~ Mineure Asia Minor.
Athènes [aˈtɛn] f Athens.
Atlantique [atlɑ̃ˈtik] m: l'~ (or l'océan m ~) the Atlantic (Ocean).
Aube [oːb] French river; department of east-central France.
Auch [oːʃ] capital of the department of Gers; former capital of the duchy of Gascogne.
Aude [oːd] French river; department of southern France.
Auguste [ɔˈɡyst] m Augustus.
Aurigny [oriˈɲi] Alderney (one of the Channel Islands).
Aurillac [oriˈjak] capital of the department of Cantal.
Australie [ɔstraˈli] f: l'~ Australia.
Autriche [oˈtriʃ] f: l'~ Austria.
Auvergne [ɔˈvɛrɲ] f old province of France.
Auxerre [ɔˈsɛːr] capital of the department of Yonne.
Aveyron [avɛˈrõ] French river; department of southern France.
Avignon [aviˈɲõ] capital of the department of Vaucluse.
Azay-le-Rideau [azɛlriˈdo] famous French castle.

B

Bahamas [baaˈmas] f/pl.: les (îles f/pl.) ~ the Bahamas, the Bahama Islands.
Bâle [bal] Basle, Basel.
Balkans [balˈkɑ̃] m/pl.: les ~ the Balkan Peninsula sg.
Baltique [balˈtik]: la mer ~ the Baltic Sea.
Balzac [balˈzak] French writer.
Barbe [barb] f Barbara.
Bar-le-Duc [barləˈdyk] capital of the department of Meuse.
Barrès [baˈrɛs] French writer.
Barthélemy [bartelaˈmi] m Bartholomew.
Basque [bask]: le pays ~ the Basque Provinces pl. (in Spain); the Basque Region (in France).
Basse-Terre [bɑsˈtɛːr] capital of the overseas department of Guadeloupe.
Bastille [basˈtiːj] f state prison destroyed in 1789.
Baudelaire [bodˈlɛːr] French poet.
Baudouin [boˈdwɛ̃] m Baldwin.
Bavière [baˈvjɛːr] f: la ~ Bavaria.

Bayeux [ba'jø] *French town.*

Béarn [be'arn] *m old province of France.*

Beaumarchais [bomar'ʃɛ] *French writer.*

Beauvais [bo'vɛ] *capital of the department of Oise.*

Belfort [bɛl'fɔːr] *capital of the Territoire de ~;* **Territoire** *m* **de ~** [tɛritwardəbɛl'fɔːr] *department of eastern France.*

Belgique [bɛl'ʒik] *f: la ~ Belgium.*

Belgrade [bɛl'grad] *capital of Yugoslavia.*

Benjamin [bɛʒa'mɛ̃] *m Benjamin.*

Benoît [bə'nwa] *m Benedict.*

Bergson [bɛrk'sɔn] *French philosopher.*

Berlin [bɛr'lɛ̃] *Berlin.*

Berlioz [bɛr'ljoːz] *French composer.*

Bernadotte [bɛrna'dɔt] *French Marshal.*

Bernanos [bɛrna'noːs] *French Catholic writer.*

Bernard [bɛr'naːr] *m Bernard.*

Berne [bɛrn] *Bern(e).*

Berry [bɛ'ri] *m old province of France.*

Berthe [bɛrt] *f Bertha.*

Bertrand [bɛr'trã] *m Bertram, Bertrand.*

Besançon [bəzãsõ] *capital of the department of Doubs; former capital of the province of Franche-Comté.*

Beyrouth [be'rut] *Beirut.*

Birmanie [birma'ni] *f: la ~ Burma.*

Bizet [bi'zɛ] *French composer.*

Blanc [blã]: *mont ~ highest peak of the Alpes.*

Blanche [blã:ʃ] *f Blanche.*

Blois [blwa] *capital of the department of Loir-et-Cher with a famous castle.*

Blum [blum] *French socialist.*

Bohême [bo'ɛm] *f: la ~ Bohemia.*

Bolivie [bɔli'vi] *f: la ~ Bolivia.*

Bonaparte [bona'part] *French (Corsican) family; see Napoléon.*

Bonn [bɔn] *capital of the Federal Republic of Germany.*

Bordeaux [bɔr'do] *capital of the department of Gironde.*

Bossuet [bɔ'sɥɛ] *French prelate, orator and writer.*

Bouches-du-Rhône [buʃdy'roːn] *f/pl. department of southeastern France.*

Bouddha [bu'da] *m Buddha.*

Boulogne-sur-Mer [bulɔnsyr'mɛːr] *French port and town.*

Bourbons *hist.* [bur'bõ] *m/pl. Bourbons (French royal house).*

Bourbonnais [burbo'nɛ] *m old province of France.*

Bourg [burk] *capital of the department of Ain.*

Bourges [burʒ] *capital of the department of Cher; former capital of the province of Berry.*

Bourget [bur'ʒɛ]: *lac m du ~ French lake;* **Le ~** [ləbur'ʒɛ] *airport of Paris.*

Bourgogne [bur'gɔɲ] *f: la ~ Burgundy (old province of France).*

Braille [bra:j] *Frenchman who invented the alphabet named after him.*

Braque [brak] *French painter.*

Brésil [bre'zil] *m: le ~ Brazil.*

Brest [brest] *French port and town.*

Bretagne [brə'taɲ] *f: la ~ Brittany (old province of France).*

Briand [bri'ã] *French state man.*

Brigitte [bri'ʒit] *f Bridget.*

Broglie, de [də'brɔ:i] *name of two French physicists.*

Bruges [bry:ʒ] *Belgian port and town.*

Bruxelles [bry'sɛl] *Brussels.*

Bucarest [byka'rɛst] *Bucharest.*

Budapest [byda'pɛst] *capital of Hungary.*

Bulgarie [bylga'ri] *f: la ~ Bulgaria.*

C

Caen [kã] *capital of the department of Calvados.*

Cahors [ka'ɔːr] *capital of the department of Lot.*

Caire, Le [lə'kɛːr] *Cairo.*

Calais [ka'lɛ] *French port and town; le Pas de ~ the Straits pl. of Dover.*

Californie [kalifɔr'ni] *f: la ~ California.*

Calvados [kalva'doːs] *m department of northern France.*

Calvin [kal'vɛ̃] *famous French Protestant reformer.*

Camargue [ka'marg] *f region in the delta of the Rhône.*

Cambodge [kã'bɔdʒ] *m: le ~ Cambodia.*

Cambrai [kã'brɛ] *French town.*

Cameroun [kam'run] *m: le ~ Cameroon.*

Camus [ka'my] *French writer.*

Canada [kana'da] *m: le ~ Canada.*

Canaries [kana'ri] *f/pl.: les (îles f/pl.) ~ the Canary Islands.*

Cannes [kan] *French health resort on the Mediterranean.*

Cantal [kã'tal] *m department of central France.*

Cap [kap] *m*: le ~ *Cape Town.*

Capétiens *hist.* [kape'sjɛ̃] *m/pl.* Capetians (*French royal house*).

Caroline [karɔ'lin] *f* Caroline.

Carolingiens *hist.* [karɔlɛ̃'ʒjɛ̃] *m/pl.* Carolingians (*French royal house*).

Carpates [kar'pat] *f/pl.* Carpathians.

Catherine [ka'trin] *f* Catherine, Katharine, Katherine, Kathleen.

Caucase [kɔ'ka:z] *m* Caucasus.

Cayenne [ka'jɛn] *capital of the overseas department of Guyane française.*

Cécile [se'sil] *f* Cecilia, Cecily.

Centre ['sɑtr(ə)] *m*: le ~ *Central France.*

Cervin [sɛr'vɛ̃]: le mont m ~ *the Matterhorn.*

César [se'za:r] *m*: (*Jules*) ~ *Julius Caesar.*

Cévennes [se'vɛn] *f/pl. mountain range of France.*

Cézanne [se'zan] *French painter.*

Chagall [ʃa'gal] *French painter.*

Châlons-sur-Marne [ʃalɔ̃syr'marn] *capital of the department of Marne.*

Chambéry [ʃɑ̃be'ri] *capital of the department of Savoie; former capital of the province of Savoie.*

Chambord [ʃɑ̃'bɔ:r] *famous French castle.*

Champagne [ʃɑ̃'paɲ] *f old province of France.*

Champ-de-Mars [ʃɑ̃d'mars] *m area of Paris between the École militaire and the Seine.*

Champs-Elysées [ʃɑ̃zeli'ze] *m/pl. famous Paris avenue.*

Chantilly [ʃɑ̃ti'ji] *French town with famous castle; a. famous race course.*

Charente [ʃa'rɑ̃:t] *f French river; department of western France;* ~**-Maritime** [ʃarɑ̃tmari'tim] *f department of western France.*

Charles [ʃarl] *m* Charles.

Charlot [ʃar'lo] *m* Charlie, Charley; F *cin.* Charlie Chaplin.

Charlotte [ʃar'lɔt] *f* Charlotte.

Chartres [ʃartr] *capital of the department of Eure-et-Loir.*

Chartreuse [ʃar'trø:z] *f*: la Grande-~ *famous monastery near Grenoble.*

Chateaubriand [ʃatobri'ɑ̃] *French writer.*

Châteauroux [ʃato'ru] *capital of the department of Indre.*

Chaumont [ʃo'mõ] *capital of the department of Haute-Marne.*

Chenonceaux [ʃənõ'so] *famous French castle.*

Cher [ʃɛ:r] *m French river; department of central France.*

Cherbourg [ʃɛr'bu:r] *French port and town.*

Chili [ʃi'li] *m*: le ~ Chile, Chili.

Chine [ʃin] *f*: la ~ China.

Chirac [ʃi'rak] *French politician.*

Christine [kris'tin] *f* Christina, Christine.

Christophe [kris'tɔf] *m* Christopher.

Citroën [sitrɔ'ɛn] *French industrialist.*

Claire [klɛ:r] *f* Clara, Clare.

Claudel [klo'dɛl] *French Catholic writer.*

Clemenceau [klemɑ̃'so] *French statesman.*

Clermont-Ferrand [klɛrmõfɛ'rɑ̃] *capital of the department of Puy-de-Dôme; former capital of the province of Auvergne.*

Cocteau [kɔk'to] *French writer.*

Cognac [kɔ'nak] *French town.*

Colbert [kɔl'bɛ:r] *French statesman.*

Colette [kɔ'lɛt] *French authoress.*

Collège de France [kɔlɛʒdə'frɑ̃:s] *famous institution of higher education in Paris.*

Colmar [kɔl'ma:r] *capital of the department of Haut-Rhin.*

Colombie [kɔlõ'bi] *f*: la ~ Colombia.

Comédie-Française [kɔmedifrɑ̃'sɛ:z] *f National Theatre of France.*

Concorde [kõ'kɔrd]: place *f* de la ~ *one of the most famous squares in Paris.*

Congo [kõ'go] *m African river.*

Constance [kõs'tɑ̃:s] *m/f* Constance; le lac m de ~ *the Lake of Constance.*

Copenhague [kɔpe'nag] Copenhagen.

Corée [kɔ're] *f*: la ~ Korea.

Corneille [kɔr'nɛ:j] *French classical dramatist.*

Cornouailles [kɔr'nwa:j] *f/pl.*: les ~ Cornwall *sg.*

Corot [kɔ'ro] *French painter.*

Corrèze [kɔ'rɛ:z] *f French river; department of central France.*

Corse [kɔrs] *f*: la ~ Corsica (*French island; department of France*).

Costa Rica [kɔstari'ka] *m* Costa Rica.

Côte d'Argent [kotdar'ʒɑ̃] *f part of French Atlantic coast.*

Côte d'Azur [kotda'zy:r] *f part of French Mediterranean coast.*

Côte d'Emeraude [kotdem'ro:d] *f part of French Channel coast.*

Côte-d'Ivoire [kotdi'vwa:r] *f: la ～ the Ivory Coast.*

Côte-d'Or [kot'dɔ:r] *f department of east-central France.*

Côtes-du-Nord [kotdy'nɔ:r] *f/pl. department of northwestern France.*

Coulomb, de [dəku'lɔ̃] *French physicist.*

Couperin [ku'prɛ̃] *family of French musicians.*

Courbet [kur'bɛ] *French painter.*

Couve de Murville [kuvdəmyr'vil] *French politician.*

Crète [krɛt] *f: la ～ Crete.*

Creuse [krø:z] *f French river; department of central France.*

Crimée [kri'me] *f: la ～ the Crimea.*

Cuba [ky'ba] *f: Cuba.*

Cupidon [kypi'dɔ̃] *m Cupid (Roman god of Love).*

Curie [ky'ri] *name of two eminent French physicists, discoverers of radium.*

D

Daguerre [da'gɛ:r] *French inventor of the earliest photographic process.*

Dalmatie [dalma'si] *f Dalmatia.*

Danemark [dan'mark] *m: le ～ Denmark.*

Daniel [da'njɛl] *m Daniel.*

Danton [dɑ̃'tɔ̃] *French revolutionary.*

Danube [da'nyb] *m Danube.*

Dardanelles [darda'nɛl] *f/pl.: les ～ the Dardanelles.*

Daudet [do'dɛ] *French writer.*

Daumier [do'mje] *French lithographer.*

Dauphiné [dofi'ne] *m old province of France.*

David [da'vid] *m David (a. French painter).*

Deauville [do'vil] *French health resort on the Channel.*

Debré [də'bre] *French politician.*

Debussy [dəby'si] *French composer.*

Degas [də'ga] *French painter.*

Delacroix [dəla'krwa] *French painter.*

Denis [də'ni] *m Den(n)is.*

Descartes [de'kart] *French philosopher.*

Deux-Sèvres [də'sɛ:vr] *department of western France.*

Diane [djan] *f Diana.*

Diderot [did'ro] *French philosopher.*

Dieppe [djɛp] *French port and town.*

Digne [diɲ] *capital of the department of Alpes-de-Haute-Provence.*

Dijon [di'ʒɔ̃] *capital of the department of the Côte-d'Or; former capital of the province of Bourgogne.*

Dinard [di'na:r] *French health resort on the Channel.*

Dominicaine [dɔmini'kɛn]: *la République f ～ the Dominican Republic.*

Dominique [dɔmi'nik] *m Dominic.*

Don Quichotte [dɔki'ʃɔt] *m Don Quixote.*

Dordogne [dɔr'dɔɲ] *f French river; department of southwestern France.*

Dorothée [dɔrɔ'te] *f Dorothea, Dorothy.*

Doubs [du] *m French river; department of eastern France.*

Douvres [du:vr] *Dover.*

Draguignan [dragi'nɑ̃] *capital of the department of Var.*

Dresde [drɛsd] *Dresden.*

Dreyfus [drɛ'fys] *French army officer convicted of treason and imprisoned, but cleared in 1906.*

Drôme [dro:m] *f French river; department of southeastern France.*

Dublin [du'blɛ̃] *capital of the Republic of Ireland.*

Duhamel [dya'mɛl] *French writer.*

Dumas [dy'ma] *name of two French writers.*

Dunant [dy'nɑ̃] *Swiss merchant, founder of the Red Cross.*

Dunkerque [dœ̃'kɛrk] *Dunkirk (French port and town).*

Durance [dy'rɑ̃:s] *f French river.*

E

Écosse [e'kɔs] *f Scotland.*

Édimbourg [edɛ̃'bu:r] *Edinburgh.*

Edmond [ɛd'mɔ̃] *m Edmund.*

Édouard [e'dwa:r] *m Edward.*

Égée [e'ʒe] *f: la mer ～ the Aegaean Sea.*

Égypte [e'ʒipt] *f: l'～ Egypt.*

Eiffel [ɛ'fɛl] *French engineer.*

Elbe [ɛlb] *f: l'île d'～ Elba (scene of Napoleon's exile).*

Éléonore [eleɔ'nɔ:r] *f Eleanor, Elinor.*

Élisabeth [eliza'bɛt] *f* Elizabeth.

Élysée [eli'ze] *m palace in Paris, official residence of the President of the Republic.*

Émile [e'mil] *m Christian name.*

Émilie [emi'li] *f* Emily.

Épinal [epi'nal] *capital of the department of Vosges.*

Équateur [ekwa'tœːr] *m*: *l'~* Ecuador.

Escaut [ɛs'ko] *m the* Scheldt.

Ésope [e'zɔp] *m* Aesop *(Greek fabulist).*

Espagne [ɛs'paɲ] *f* Spain.

État français [etafrã'sɛ] *m name of the Pétain regime.*

États-Unis d'Amérique [etazynidame'rik] *m/pl. the* United States (of America), *the* U.S.A.

Éthiopie [etjɔ'pi] *f*: *l'~* Ethiopia.

Étienne [e'tjɛn] *m* Stephen.

Euclide [ø'klid] Euclid *(Greek mathematician).*

Eugène [ø'ʒɛn] *m* Eugene.

Eugénie [øʒe'ni] *f* Eugenia.

Euphrate [ø'frat] *m the* Euphrates.

Eure [œːr] *French river; department of northern France*; **~-et-Loir** [œːr-'lwaːr] *department of northern France.*

Europe [ø'rɔp] *f*: *l'~* Europe.

Eustache [øs'taʃ] *m* Eustace.

Ève [ɛːv] *f* Eve, Eva.

Évreux [e'vrø] *capital of the department of Eure.*

Extrême-Orient [ɛkstrɛmɔr'jã] *m*: *l'~* the Far East.

F

Fauré [fɔ're] *French composer.*

Félix [fe'liks] *m* Felix.

Fénelon [fen'lɔ̃] *French prelate and writer.*

Ferdinand [fɛrdi'nã] *m* Ferdinand.

Finistère [finis'tɛːr] *m department of northwestern France.*

Finlande [fɛ̃'lãːd] *f*: *la ~* Finland.

Flandre [flã'dr] *f*: *la ~* (*or les ~s*) Flanders *sg. (old province of France).*

Flaubert [flo'bɛːr] *French writer.*

Flessingue [fle'sɛ̃g] Flushing.

Florence [flɔ'rãs] *f* Florence.

Foch [fɔʃ] *French Marshal.*

Foix [fwa] *capital of the department of Ariège; former county and its capital; old province of France.*

Fontainebleau [fɔ̃tɛn'blo] *famous French castle.*

Fort-de-France [fɔrdə'frãːs] *capital of the overseas department of Martinique.*

Fragonard [fragɔ'naːr] *French painter.*

France¹ [frãːs] *f*: *la ~* France.

France² [frãːs] *French writer.*

Franche-Comté [frãʃkɔ̃'te] *f old province of France.*

Franck [frãːk] *French composer.*

François [frã'swa] *m* Francis.

Françoise [frã'swaːz] *f* Frances.

Frédéric [frede'rik] *m* Frederick.

G

Gabon [gabɔ̃] *m*: *le ~* Gabon.

Gabriel [gabri'ɛl] *m* Gabriel.

Galles [gal] *f*: *le pays m de ~* Wales.

Gambetta [gãbe'ta] *French politician.*

Gand [gã] Ghent.

Gange [gãːʒ] *m the* Ganges.

Gap [gap] *capital of the department of Hautes-Alpes.*

Gard [gaːr] *m French river; department of southern France.*

Garonne [ga'rɔn] *f French river*; **Haute-~** [otga'rɔn] *f department of southwestern France.*

Gascogne [gas'kɔɲ] *f*: *la ~* Gascony; *le golfe de ~* the Bay of Biscay.

Gauguin [go'gɛ̃] *French painter.*

Gaule [goːl] *f*: *la ~* Gaul.

Gaulle, de [də'goːl] *French general and president.*

Gautier [go'tje] *French poet.*

Gay-Lussac [gɛly'sak] *French scientist.*

Gênes [ʒɛn] *f* Genoa.

Genève [ʒə'nɛːv] *f* Geneva.

Geneviève [ʒən'vjɛːv] *f* Genevieve, Winifred.

Geoffroi [ʒɔ'frwa] *m* Geoffrey, Jeffery, Godfrey.

Georges [ʒɔrʒ] *m* George.

Gérard [ʒe'raːr] *m* Gerald.

Germaine [ʒɛr'mɛn] *f Christian name.*

Gers [ʒɛːr] *m French river; department of southwestern France.*

Gertrude [ʒɛr'tryd] *f* Gertrude.

Gévaudan [ʒevo'dã] *m former French county.*

Ghana [ga'na] *m*: *le ~* Ghana.

Gide [ʒid] *French writer.*

Gilbert [ʒil'bɛːr] *m* Gilbert.

Gilles [ʒil] *m* Giles.

Giraudoux [ʒiroˈdu] *French writer.*

Gironde [ʒiˈrɔ̃ːd] *f French river; department of southwestern France.*

Giscard d'Estaing [ʒiskardɛsˈtɛ̃] *French president.*

Gobelins, les [legoˈblɛ̃] *m/pl. famous tapestry factory in Paris.*

Goncourt [gɔ̃ˈkuːr] *name of two French writers.*

Gounod [guˈno] *French composer.*

Grande-Bretagne [grɑ̃dbrəˈtaɲ] *f: la ~* Great Britain.

Grandlieu [grɑ̃ˈljø] *lac m de ~ French lake.*

Grèce [grɛs] *f: la ~* Greece.

Grégoire [greˈgwaːr] *m* Gregory.

Grenoble [grəˈnɔbl] *capital of the department of Isère; former capital of the province of Dauphiné.*

Greuze [grøːz] *French painter.*

Grisons [griˈzɔ̃] *m/pl.: les ~* (the Canton of) Grisons.

Groenland [grɔɛnˈlɑ̃ːd] *m: le ~* Greenland.

Groningue [grɔˈnɛ̃ːg] *Groningen.*

Guadeloupe [gwadˈlup] *f French overseas department.*

Guatemala [gwateˈmala] *m: le ~* Guatemala.

Guebwiller [gɛbviˈlɛːr] *: ballon m de ~ highest peak of the Vosges.*

Guéret [geˈrɛ] *capital of the department of Creuse; former capital of the province of Marche.*

Guernesey [gɛrnəˈze] *Guernsey (one of the Channel Islands).*

Gui [gi] *m* Guy.

Guillaume [giˈjoːm] *m* William, Will.

Guillotin [gijoˈtɛ̃] *French physician who first proposed the use of the guillotine.*

Guinée [giˈne] *f: la ~* Guinea.

Guise, de [dəˈgiːz] *French noble family.*

Guitry [giˈtri] *French actor and playwright.*

Guizot [giˈzo] *French statesman and historian.*

Guy [gi] *m* Guy.

Guyane [gɥiˈjan] *f: la ~* Guiana; *~ française* [gɥijanfrɑ̃ˈsɛːz] *f French overseas department.*

Guyenne [gɥiˈjɛn] *f: la ~* Guienne; *~ et Gascogne* [gɥijɛnegasˈkɔɲ] *old province of France.*

H

Hainaut [*ɛˈno] *m province of southern Belgium.*

Haïti [aiˈti] *f* Haiti.

Halles [*al] *f/pl.: les ~ quarter of Paris, formerly with the principal market.*

Hambourg [ɑ̃ˈbuːr] *f* Hamburg.

Haussmann [osˈman] *French administrator.*

Havane [*aˈvan] *f: la ~* Havana.

Havre, Le [ləˈ*aːvr] *m French port and town.*

Haye, La [laˈ*ɛ] *the Hague.*

Hélène [eˈlɛn] *f* Helen.

Helsinki [ɛlsiŋˈki] *capital of Finland.*

Henri [ɑ̃ˈri] *m* Henry.

Henriette [ɑ̃ˈrjɛt] *f* Harriet.

Hérault [eˈro] *m French river; department of southern France.*

Hercule [ɛrˈkyl] *m* Hercules.

Hilaire [iˈlɛːr] *m* Hilary.

Hildegarde [ildəˈgard] *f* Hildegard.

Hippolyte [ipoˈlit] *m Christian name.*

Hoche [*ɔʃ] *French revolutionary general.*

Hollande [*ɔˈlɑ̃ːd] *f: la ~* Holland.

Homère [ɔˈmɛːr] *m* Homer (Greek poet).

Honduras [*ɔndyˈraːs] *m: le ~* Honduras.

Hongrie [*ɔ̃ˈgri] *f: la ~* Hungary.

Hortense [ɔrˈtɑ̃ːs] *f* Hortense.

Hôtel-Dieu [otɛlˈdjø] *m name of the oldest hospital in Paris.*

Hugo [*yˈgo] *French writer.*

Hugues [yg] *m* Hugh.

I

Ibert [iˈbɛːr] *French composer.*

If [if] *m small island near Marseilles, former state prison.*

Île-de-France [ildəˈfrɑ̃ːs] *f old province of France.*

Ille-et-Vilaine [ileviˈlɛn] *department of northwestern France.*

Inde [ɛ̃ːd] *f: l'~* India.

Indien [ɛ̃ˈdjɛ̃] *: océan m ~* Indian Ocean.

Indochine [ɛ̃dɔˈʃin] *f: l'~* Indo-China.

Indonésie [ɛ̃dɔneˈzi] *f: l'~* Indonesia.

Indre [ɛ̃ːdr] *French river; department*

* Before the so-called aspirate h, marked *, there is neither elision nor liaison.

of central France; **~-et-Loire** [ɛ̃drə-ˈlwaːr] *department of central France.*

Indus [ɛ̃ˈdys] *m the Indus.*

Ingres [ɛ̃ːgr] *French painter.*

Invalides, Les [lezɛ̃vaˈlid] *m/pl. army pensioners' hospital in Paris; its church contains the tomb of Napoleon.*

Iphigénie [ifiʒeˈni] *f Iphigenia.*

Irak, Iraq [iˈrak] *m: l'~ Irak, Iraq.*

Iran [iˈrɑ̃] *m: l'~ Iran.*

Irène [iˈrɛn] *f Irene.*

Irlande [irˈlɑ̃ːd] *f: l'~ Ireland; l'~ du Nord Northern Ireland.*

Isabelle [izaˈbɛl] *f Isabel.*

Isère [iˈzɛːr] *French river; department of southeastern France.*

Islande [isˈlɑ̃ːd] *f: l'~ Iceland.*

Israël [israˈɛl] *m Israel.*

Italie [itaˈli] *f: l'~ Italy.*

J

Jacquard [ʒaˈkaːr] *inventor of the loom named after him.*

Jacqueline [ʒaˈklin] *f Jacqueline.*

Jacques [ʒaːk] *m James.*

Jamaïque [ʒamaˈik] *f: la ~ Jamaica.*

Japon [ʒaˈpɔ̃] *m: le ~ Japan.*

Jaurès [ʒɔˈrɛs] *French politician and orator.*

Jean [ʒɑ̃] *m John;* **~-Jacques** [~ˈʒaːk] *m Christian name;* **~-Paul** [~ˈpɔl] *m Christian name;* **~ sans Terre** [~sɑ̃-ˈtɛːr] *m John Lackland (English king).*

Jeanne [ʒaːn] *f Jean, Joan;* **~ d'Arc** [ʒanˈdark] *f Joan of Arc.*

Jeanneton [ʒanˈtɔ̃] *f Jenny.*

Jeannette [ʒaˈnɛt] *f Jenny, Janet.*

Jeannot [ʒaˈno] *m Jack, Johnny.*

Jérôme [ʒeˈroːm] *m Jerome.*

Jersey [ʒɛrˈzɛ] *one of the Channel Islands.*

Jérusalem [ʒeryzaˈlɛm] *Jerusalem.*

Jésus [ʒeˈzy], **Jésus-Christ** [ʒezy-ˈkri] *m Jesus (Christ).*

Joliot-Curie [ʒɔljokyˈri] *name of two French physicists.*

Jordanie [ʒɔrdaˈni] *f: la ~ Jordan.*

Joseph [ʒɔˈzɛf] *m Joseph.*

Joséphine [ʒozeˈfin] *f Josephine (first wife of Napoleon I).*

Jourdain [ʒurˈdɛ̃] *m: le ~ the Jordan.*

Juin [ʒɥɛ̃] *French Marshal.*

Jules [ʒyl] *m Julius.*

Julie [ʒyˈli] *f Julia, Juliet, Gill, Jill.*

Julien [ʒyˈljɛ̃] *m Julian.*

Julienne [ʒyˈljɛn] *f Juliana; Gillian.*

Juliette [ʒyˈljɛt] *f Juliet.*

Jura [ʒyˈra] *m mountain department of eastern France.*

K

Karpates [karˈpat] *f/pl. Carpathians.*

Kenya [keˈnja] *m: le ~ Kenya.*

Kléber [kleˈbɛːr] *French general.*

Koweït [kɔˈwɛjt] *Kuweit.*

Kremlin [krɛmˈlɛ̃] *m the Kremlin.*

L

La Boétie [laboeˈsi] *French writer.*

La Bruyère [labryˈjɛːr] *French moralist.*

La Chaise [laˈʃɛːz] *French Jesuit.*

Laclos [laˈklo] *French writer.*

La Fayette, de [dəlafaˈjɛt] *French general and statesman; French woman writer.*

Laffitte [laˈfit] *French financier.*

La Fontaine [lafɔ̃ˈtɛn] *French fabulist.*

Lamarck [laˈmark] *French naturalist.*

Lamartine [lamarˈtin] *French poet.*

Lamennais [lamˈnɛ] *French philosopher.*

La Motte-Picquet [lamɔtpiˈkɛ] *French naval commander.*

Landes [lɑ̃ːd] *f/pl. department of southwestern France.*

Languedoc [lɑ̃gˈdɔk] *m old province of France.*

Laon [lɑ̃] *capital of the department of Aisne.*

Laos [laˈoːs] *m: le ~ Laos.*

Laplace [laˈplas] *French physicist.*

Laponie [lapɔˈni] *f: la ~ Lapland.*

La Rochefoucauld [larɔʃfuˈko] *French moralist.*

Larousse [laˈrus] *French lexicographer.*

Laure [lɔːr] *f Laura.*

Laurent [lɔˈrɑ̃] *m Laurence.*

Lausanne [loˈzan] *Swiss town.*

Laval [laˈval] *capital of the department of Mayenne; French politician.*

Lavoisier [lavwaˈzje] *French chemist.*

Law [lo; Fr. laːs] *Scottish financier, controller-general of the French finances.*

Lazare [laˈzaːr] *m Lazarus.*

Leconte de Lisle [ləkɔ̃tdəˈlil] *French poet.*

Le Corbusier [ləkɔrbyˈzje] *French architect.*

Léman [le'mã] *m*: *le lac m~* the lake of Geneva, Lake Leman.

Leningrad [lenin'grad] *town of the U.S.S.R.*

Léon [le'ɔ̃] *m* Leo.

Léonard [leɔ'na:r] *m* Leonard.

Léopold [leɔ'pɔl] *m* Leopold.

Lesage [lə'sa:ʒ] *French writer.*

Lesseps [le'sɛps] *French diplomat who conceived the idea of the Suez Canal.*

Leyde [lɛd] Leyden.

Liban [li'bã] *m*: *le ~* Lebanon.

Libéria [liber'ja] *m*: *le ~* Liberia.

Libye [li'bi] *f*: *la ~* Libya.

Liège [ljɛ:ʒ] *Belgian town.*

Lille [lil] *capital of the department of Nord.*

Limoges [li'mɔ:ʒ] *capital of the department of Haute-Vienne; former capital of the province of Limousin; renowned for its porcelain.*

Limousin [limu'zɛ̃] *m old province of France.*

Lisbonne [liz'bɔn] *f* Lisbon.

Lise [li:z], **Lisette** [li'zɛt] *f* Betty; Lizzie.

Lisieux [li'zjø] *French town, place of pilgrimage.*

Littré [li'tre] *French lexicographer.*

Livourne [li'vurn] Leghorn.

Loire [lwa:r] *f French river; department of central France;* **Haute-~** [ot'lwa:r] *f department of central France;* **~-Atlantique** [lwaratlã'tik] *f department of northwestern France.*

Loiret [lwa'rɛ] *m French river; department of central France.*

Loir-et-Cher [lware'ʃɛ:r] *department of central France.*

Londres [lɔ̃:dr] London.

Lons-le-Saunier [lɔ̃ləso'nje] *capital of the department of Jura.*

Lorrain [lɔ'rɛ̃] *French painter.*

Lorraine [lɔ'rɛn] *f old province of France.*

Lot [lɔt] *m French river; department of southern France;* **~-et-Garonne** [~ega-'rɔn] *department of southwestern France.*

Loti [lɔ'ti] *French writer.*

Louis [lwi] *m* Lewis.

Louise [lwi:z] *f* Louisa, Louise.

Lourdes [lurd] *French town, place of pilgrimage.*

Louvre [lu:vr] *m former royal palace in Paris, now famous museum.*

Lozère [lo'zɛ:r] *f department of southeastern France.*

Luc [lyk] *m* Luke.

Lucette [ly'sɛt] *f diminutive of Lucie.*

Lucie [ly'si] *f* Lucy; Lucia.

Lucien [ly'sjɛ̃] *m* Lucian.

Lucienne [ly'sjɛn] *f Christian name.*

Lully [lyl'li] *French composer.*

Lumière [ly'mjɛ:r] *name of two French chemists, inventors of the cinematograph.*

Luxembourg [lyksã'bu:r] *m* Luxemb(o)urg; *palace and gardens in Paris.*

Lydie [li'di] *f* Lydia.

Lyon [ljɔ̃] Lyons *(capital of the department of Rhône; former capital of the province of Lyonnais).*

Lyonnais [ljɔ'nɛ] *m old province of France.*

M

Mac-Mahon [makma'ɔ̃] *French Marshal.*

Mâcon [mɑ'kɔ̃] *capital of the department of Saône-et-Loire.*

Madagascar [madagas'ka:r] *f* Madagascar.

Madeleine [mad'lɛn] *f* Madeleine; *bibl.* Magdalen.

Madelon [mad'lɔ̃] *f diminutive of Madeleine.*

Madère [ma'dɛ:r] *f* Madeira.

Madrid [ma'drid] *capital of Spain.*

Maeterlinck [metɛr'lɛ̃:k] *Belgian writer.*

Maginot [maʒi'no] *French politician.*

Mahomet [maɔ'mɛ] *m* Mahomet.

Maillol [ma'jɔl] *French sculptor.*

Maine [mɛn] *f French river; m old province of France;* **~-et-Loire** [~e-'lwa:r] *department of western France.*

Mainfroi [mɛ̃'frwa] *m* Manfred.

Maintenon, de [dəmɛ̃t'nɔ̃] *French marquise, secret wife of Louis XIV.*

Majorque [ma'ʒɔrk] *f* Majorca.

Malaisie [male'zi] *f*: *la ~* Malaysia.

Malaysia [male'zja] *f*: *la ~* Malaysia.

Malebranche [mal'brã:ʃ] *French metaphysician.*

Malherbe [ma'lɛrb] *French poet.*

Mallarmé [malar'me] *French poet.*

Malmaison [malmɛ'zɔ̃] *residence of Joséphine after her divorce from Napoléon I.*

Malraux [mal'ro] *French writer.*

Malte [malt] *f* Malta.

Manche [mã:ʃ] *f*: *la ~* the English

Channel; *department of northwestern France.*

Manet [ma'nɛ] *French painter.*

Manon [ma'nɔ̃] *f Moll.*

Mans, Le [lɔ'mɑ̃] *capital of the department of Sarthe; former capital of the province of Maine.*

Marat [ma'ra] *French revolutionary.*

Marc [mark] *m Mark.*

Marcel [mar'sɛl] *m Christian name.*

Marche [marʃ] *f old province of France.*

Margot [mar'go] *f Maggie, Margot, Peg(gy).*

Marguerite [margə'rit] *f Margaret.*

Marie [ma'ri] *f Mary.*

Maritain [mari'tɛ̃] *French philosopher.*

Marivaux [mari'vo] *French playwright.*

Marne [marn] *f French river; department of northeastern France;* **Haute-~** [ot'marn] *f department of northeastern France.*

Maroc [ma'rɔk] *m: le ~ Morocco.*

Marseille [mar'sɛ:j] *Marseilles (capital of the department of Bouches-du-Rhône).*

Marthe [mart] *f Martha.*

Martin du Gard [martɛ̃dy'ga:r] *French writer.*

Martinique [marti'nik] *f French overseas department.*

Massif central [masifsɑ̃'tral] *m upland area of France.*

Mathilde [ma'tild] *f Mathilda, Maud.*

Matignon [mati'ɲɔ̃]: *l'hôtel m ~ residence of the French Prime Minister.*

Matisse [ma'tis] *French painter.*

Mat(t)hieu [ma'tjø] *m Mat(t)hew.*

Maupassant [mopa'sɑ̃] *French writer.*

Mauriac [mɔ'rjak] *French writer.*

Maurice [mɔ'ris]: *l'île f ~ Mauritius.*

Mauritanie [mɔrita'ni] *f: la ~ Mauritania.*

Maurois [mɔ'rwa] *French writer.*

Maurras [mɔ'ras] *French writer.*

Maxime [mak'sim] *m Christian name.*

Maximilien [maksimi'ljɛ̃] *m Maximilian.*

Mayenne [ma'jɛn] *f French river; department of northwestern France.*

Mecque [mɛk] *f: la ~ Mecca.*

Médicis [medi'sis] *Medici (Florentine noble family).*

Méditerranée [meditɛra'ne] *f: la ~ the Mediterranean.*

Melun [mə'lœ̃] *capital of the department of Seine-et-Marne.*

Mende [mɑ̃:d] *capital of the department of Lozère.*

Menton [mɑ̃'tɔ̃] *French tourist centre on the Mediterranean.*

Mérimée [meri'me] *French writer.*

Mérovingiens *hist.* [merɔvɛ̃'ʒjɛ̃] *m/pl.* Merovingians *(French royal family).*

Metz [mɛs] *capital of the department of Moselle.*

Meurthe [mœrt] *f French river; former department of northeastern France;* **~-et-Moselle** [~emɔ'zɛl] *department of northeastern France.*

Meuse [mø:z] *f French river; department of northeastern France.*

Mexico [mɛksi'ko] Mexico City.

Mexique [mɛk'sik] *m: le ~ Mexico.*

Mézières [me'zjɛ:r] *capital of the department of Ardennes.*

Michel [mi'ʃɛl] *m* Michael.

Michelet [miʃ'lɛ] *French historian.*

Milan [mi'lɑ̃] *m* Milan.

Millet [mi'lɛ; mi'jɛ] *French painter.*

Minorque [mi'nɔrk] *f* Minorca.

Mirabeau [mira'bo] *revolutionary orator.*

Mistral [mis'tral] *Provençal poet.*

Mitterand [mitɛ'rɑ̃] *French president.*

Mohammed [mɔa'mɛd] *see* Mahomet.

Molière [mɔ'ljɛ:r] *French writer of comedies.*

Mollet [mɔ'lɛ] *French politician.*

Monaco [mɔna'ko] *m* Monaco.

Monet [mɔ'nɛ] *French painter.*

Mongolie [mɔ̃gɔ'li] *f: la ~ Mongolia.*

Monique [mɔ'nik] *f* Monica.

Montaigne [mɔ̃'tɛɲ] *French moralist.*

Montalembert [mɔ̃talɑ̃'bɛ:r] *French politician and writer.*

Montauban [mɔ̃to'bɑ̃] *capital of the department of Tarn-et-Garonne.*

Montcalm, le [dəmɔ̃'kalm] *French general in Canada.*

Mont-de-Marsan [mɔ̃dmar'sɑ̃] *capital of the department of Landes.*

Montespan [mɔ̃tɛs'pɑ̃] *mistress of Louis XIV.*

Montesquieu [mɔ̃tɛs'kjø] *French writer and constitutionalist.*

Montherlant [mɔ̃tɛr'lɑ̃] *French writer.*

Montmartre [mɔ̃'martr] *part of Paris famous for its night life.*

Montparnasse [mɔ̃par'nɑːs] *famous artistic quarter of Paris.*

Montpellier [mɔ̃pə'lje] *capital of the department of Hérault.*

Montréal [mɔ̃re'al] *Montreal.*

Moravie [mɔra'vi] *f: la ~ Moravia.*

Morbihan [mɔrbi'ɑ̃] *m department of western France.*

Morvan [mɔr'vɑ̃] *m mountain range of France.*

Moscou [mɔs'ku] *Moscow.*

Moselle [mɔ'zɛl] *f French river; department of northeastern France.*

Moulins [mu'lɛ̃] *capital of the department of Allier; former capital of the province of Bourbonnais.*

Moyen-Orient [mwaɛnɔr'jɑ̃] *m: le ~ the Middle East.*

Mozambique [mɔzɑ̃'bik] *m: le ~ Mozambique.*

Munich [my'nik] *m Munich.*

Musset [my'sɛ] *French writer.*

N

Nancy [nɑ̃'si] *capital of the department of Meurthe-et-Moselle.*

Nanette [na'nɛt] *f Nancy.*

Nantes [nɑ̃ːt] *French port; capital of the department of Loire-Atlantique.*

Naples ['naplə] *m, f Naples.*

Napoléon [napɔle'ɔ̃]: *~ Ier Napoleon I (emperor of the French).*

Navarre [na'vaːr] *f former kingdom.*

Necker [ne'kɛːr] *French financier.*

Neige [nɛːʒ]: *crêt m de la ~ highest peak of the Jura.*

Népal [ne'pal] *m: le ~ Nepal.*

Nerval [nɛr'val] *French writer.*

Nevers [nə'vɛːr] *capital of the department of Nièvre; former capital of the province of Nivernais.*

Nicaragua [nikara'gwa] *m: le ~ Nicaragua.*

Nice [nis] *capital of the department of Alpes-Maritimes.*

Nicolas [nikɔ'la] *m Nicholas.*

Nicolette [nikɔ'lɛt] *f Christian name.*

Nièvre [njɛːvr] *f French river; department of central France.*

Niger [ni'ʒɛːr] *m Niger.*

Nigeria [niʒer'ja] *m, f: le (or la) ~ Nigeria.*

Nil [nil] *m Nile.*

Nîmes [nim] *capital of the department of Gard.*

Ninon [ni'nɔ̃] *f Nina.*

Niort [njɔːr] *capital of the department of Deux-Sèvres.*

Nivernais [niver'nɛ] *m old province of France.*

Nord [nɔːr] *m department of northern France; la mer du ~ the North Sea.*

Normandie [nɔrmɑ̃'di] *f: la ~ Normandy (old province of France).*

Norvège [nɔr'vɛːʒ] *f: la ~ Norway.*

Notre-Dame [nɔtrə'dam] *metropolitan church of Paris.*

Nouvelle-Calédonie [nuvɛlkaledɔ'ni] *f: la ~ New Caledonia.*

Nouvelle-Zélande [nuvɛlze'lɑ̃d] *f: la ~ New Zealand.*

O

Océanie [ɔsea'ni] *f: l'~ Oceania.*

Oise [waːz] *French river; department of northern France.*

Olivier [ɔli'vje] *m Oliver.*

Oran [ɔ'rɑ̃] *town and department of Algeria.*

Orléanais [ɔrlea'nɛ] *m old province of France.*

Orléans [ɔrle'ɑ̃] *capital of the department of Loiret; former capital of the province of Orléanais; hist. branch of the French royal house of Bourbon.*

Orly [ɔr'li] *airport of Paris.*

Orne [ɔrn] *French river; department of northern France.*

Orphée [ɔr'fe] *m Orpheus.*

Oslo [ɔs'lo] *capital of Norway.*

Ottawa [ɔta'wa] *capital of Canada.*

Ouganda [ugɑ̃'da] *m: l'~ Uganda.*

Oural [u'ral] *Ural.*

P

Pacifique [pasi'fik] *m: le (or l'océan) ~ the Pacific (Ocean).*

Pagnol [pa'ɲɔl] *French writer.*

Pakistan [pakis'tɑ̃] *m: le ~ Pakistan.*

Palestine [palɛs'tin] *f: la ~ Palestine.*

Panamá [pana'ma] *m: le ~ Panama.*

Panthéon [pɑ̃te'ɔ̃] *m Pantheon (building in Paris in the crypt of which are buried some of France's greatest men).*

Paraguay [para'gɛ] *m: le ~ Paraguay.*

Paris [pa'ri] *m capital of France; capital of the department of Seine; former capital of the province of Ile-de-France.*

Parmentier [parmã'tje] *French economist and agronomist.*

Pascal [pas'kal] *French mathematician, physicist, and philosopher.*

Pas-de-Calais [padka'lɛ] *m department of northern France.*

Pasteur [pas'tœːr] *French chemist and biologist.*

Patrice [pa'tris], **Patrick** [pa'trik] *m Patrick.*

Pau [po] *capital of the department of Basses-Pyrénées; former capital of the province of Béarn.*

Paul [pɔl] *m Paul.*

Pays-Bays [pei'ba] *m/pl.:* les ~ the *Netherlands.*

Pékin [pe'kɛ̃] Pekin(g).

Père-Lachaise [pɛrla'ʃɛːz] *m main cemetery of Paris, named after La Chaise.*

Périgord [peri'gɔr] *m former county of France.*

Périgueux [peri'gø] *capital of the department of Dordogne; former capital of the county of Périgord.*

Pérou [pe'ru] *m:* le ~ Peru.

Perpignan [pɛrpi'ɲã] *capital of the department of Pyrénées-Orientales; former capital of the province of Roussillon.*

Perrault [pɛ'ro] *French writer of fairy tales.*

Perrier [pɛ'rje] *French naturalist.*

Perse *hist.* [pɛrs] *f:* la ~ Persia.

Persique [pɛr'sik]: le golfe ~ Persian *Gulf.*

Pétain [pe'tɛ̃] *French Marshal and politician.*

Peugeot [pø'ʒo] *French industrialist.*

Phèdre [fɛdr] *f* Phaedra.

Philippe [fi'lip] *m* Philip.

Philippines [fili'pin] *f/pl.:* les ~ the *Philippines.*

Picardie [pikar'di] *f old province of France.*

Picasso [pika'so] *Spanish painter.*

Piccard [pi'kaːr] *Swiss physicist.*

Pierre [pjɛːr] *m* Peter.

Pissarro [pisa'ro] *French painter.*

Platon [pla'tõ] *m* Plato (*Greek philosopher*).

Pleyel [plɛ'jɛl] *family of musicians.*

Poincaré [pwɛ̃ka're] *French statesman.*

Poitiers [pwa'tje] *capital of the department of Vienne; former capital of the province of Poitou.*

Poitou [pwa'tu] *m old province of France.*

Pologne [pɔ'lɔɲ] *f:* la ~ Poland.

Polynésie [pɔline'zi] *f:* la ~ Polynesia.

Pompadour [põpa'duːr] *mistress of Louis XV.*

Pompidou [põpi'du] *French president.*

Port-Royal [pɔrrwa'jal] *French abbey, centre of jansenism.*

Portugal [pɔrty'gal] *m:* le ~ Portugal.

Poussin [pu'sɛ̃] *French painter.*

Prague [prag] *capital of Czechoslovakia.*

Prévost [pre'vo] *French writer.*

Privas [pri'va] *capital of the department of Ardèche.*

Proche-Orient [prɔʃɔr'jã] *m:* le ~ the *Near East.*

Proudhon [pru'dõ] *French philosopher.*

Proust [prust] *French writer.*

Provence [prɔ'vãːs] *f old province of France.*

Prud'hon [pry'dõ] *French painter.*

Prusse [prys] *f:* la ~ Prussia.

Puy [pɥi]: Le ~ *capital of the department of Haute-Loire;* ~**-de-Dôme** [~d'doːm] *m department of central France.*

Pyrénées [pire'ne] *f/pl.* Pyrenees. **Basses-**~ [baspire'ne] *f/pl. department of southwestern France;* **Hautes-**~ [otpire'ne] *f/pl. department of southwestern France;* ~**Orientales** [pirenezɔrjã'tal] *f/pl. department of southwestern France.*

Q

Quai d'Orsay [kedɔr'sɛ] *m French Ministry of Defence.*

Quartier latin [kartjela'tɛ̃] *m the student quarter of Paris.*

Quatre-Cantons [katrəkã'tõ]: le lac *m des* ~ the Lake of Lucerne.

Québec [ke'bɛk] Quebec.

Queneau [kə'no] *French writer.*

Quesnay [ke'nɛ] *French physiocrat.*

Quimper [kɛ̃'pɛːr] *capital of the department of Finistère; former capital of the county of Cornouaille.*

R

Rabelais [ra'blɛ] *French writer.*

Rachel [ra'ʃɛl] *f* Rachel.

Racine [ra'sin] *French classical dramatist.*

Rambouillet [rãbu'jɛ] *French town with a famous castle.*

Rameau [ra'mo] *French composer.*

Raoul [ra'ul] *m Ralph; Rudolph.*

Ravel [ra'vɛl] *French composer.*

Raymond [rɛ'mõ] *m Raymond.*

Réaumur [reo'my:r] *French naturalist and physicist.*

Récamier [reka'mje] *French woman whose salon under the Restoration was famous.*

Reims [rɛ̃:s] *Rheims (French town).*

Renan [rə'nã] *French writer.*

Renaud [rə'no] *m Reginald.*

Renault [rə'no] *French industrialist.*

René [rə'ne] *m Christian name.*

Renée [rə'ne] *f Christian name.*

Rennes [rɛn] *capital of the department of Ille-et-Vilaine; former capital of the province of Bretagne.*

Renoir [rə'nwa:r] *French painter.*

Réunion [rey'njõ] *f French overseas department.*

Reykjavik [rɛkja'vik] *capital of Iceland.*

Rhénanie [rena'ni] *f: la ~ the Rhineland.*

Rhin [rɛ̃] *m Rhine;* **Bas-~** [bɑ'rɛ̃] *m department of eastern France;* **Haut-~** [o'rɛ̃] *m department of eastern France.*

Rhodésie [rɔde'zi] *f: la ~ Rhodesia.*

Rhône [ro:n] *m French river; department of southeastern France.*

Richard [ri'fa:r] *m Richard;* **~ Cœur de Lion** [rifarkœrdə'ljõ] *m Richard the Lionhearted.*

Richelieu [rifə'ljø] *French cardinal and statesman.*

Rimbaud [rɛ̃'bo] *French poet.*

Rivarol [riva'rɔl] *French writer.*

Robert [rɔ'bɛ:r] *m Robert.*

Robespierre [rɔbɛs'pjɛ:r] *French revolutionary.*

Rochelle, La [larɔ'ʃɛl] *capital of the department of Charente-Maritime; former capital of the province of Aunis.*

Roche-sur-Yon, La [larɔʃsy'rjõ] *capital of the department of Vendée.*

Rodez [rɔ'dɛ:z] *capital of the department of Aveyron; former capital of the province of Rouergue.*

Rodin [rɔ'dɛ̃] *French sculptor.*

Rodolphe [rɔ'dɔlf] *m Ralph, Rudolph.*

Roger [rɔ'ʒe] *m Roger.*

Rohan [rɔ'ã] *French general and Calvinist leader; French cardinal.*

Roland [rɔ'lã] *French woman and republican whose salon had considerable influence in the 18th century.*

Rolland [rɔ'lã] *French writer.*

Romains [rɔ'mɛ̃] *French writer.*

Rome [rɔm] *f Rome.*

Ronsard [rõ'sa:r] *French poet.*

Rostand [rɔs'tã] *French dramatist.*

Rouault [rwo] *French painter.*

Roubaix [ru'bɛ] *French town.*

Rouen [rwã] *French port; capital of the department of Seine-Maritime; former capital of the province of Normandie.*

Rouergue [rwɛrg] *m old province of France.*

Rouget de Lisle [ruʒɛd'lil] *author of the Marseillaise.*

Roumanie [ruma'ni] *f: la ~ Rumania.*

Rousseau [ru'so] *Swiss-born French philosopher.*

Roussillon [rusi'jõ] *old province of France.*

Ruanda [rwã'da, rwan'da] *m: le ~ Rwanda.*

Rude [ryd] *French sculptor.*

Russie [ry'si] *f: la ~ Russia.*

S

Sade [sad] *French writer.*

Sahara [saa'ra] *m: le ~ the Sahara.*

Saint-Barthélemy, la [lasɛ̃bartelə'mi] *f Massacre of St. Bartholomew.*

Saint-Brieuc [sɛ̃bri'ø] *capital of the department of Côtes-du-Nord.*

Saint-Cloud [sɛ̃'klu] *French town with famous race-course.*

Saint-Denis-de-la-Réunion [sɛ̃dnidələrey'njõ] *capital of the overseas department of Réunion.*

Sainte-Beuve [sɛ̃t'bœ:v] *French writer.*

Sainte-Hélène [sɛ̃te'lɛn] *f Saint Helena.*

Saintes [sɛ̃:t] *former capital of the province of Saintonge.*

Saint-Étienne [sɛ̃te'tjɛn] *capital of the department of Loire.*

Saint-Exupéry [sɛ̃tɛksype'ri] *French writer.*

Saint-Germain-des-Prés [sɛ̃-ʒɛrmɛ̃de'pre] *very old church and* *popular quarter of Paris*; **Saint-Germain-en-Laye** [~ã'lɛ] *French town with a famous castle.*

Saint-Just [sẽ'ʒyst] *French revolutionary.*

Saint-Laurent [sɛlɔ'rã] *m the St. Lawrence.*

Saint-Lô [sẽ'lo] *capital of the department of Manche.*

Saint-Malo [sẽma'lo] *French port and town.*

Saint-Marin [sẽma'rẽ] *m San Marino.*

Saintonge [sẽ'tɔ̃:ʒ] *old province of France.*

Saint-Pétersbourg [sẽpetɛr'sbu:r] *St. Petersburg (former name of Leningrad).*

Saint-Saëns [sẽ'sã:s] *French composer.*

Saint-Simon [sẽsi'mɔ̃] *French economist and philosopher.*

Salvador, El [ɛlsalva'dɔ:r] *m El Salvador.*

Salzbourg [salz'bu:r] *f Salzburg.*

Sancy [sã'si]: *puy m de ~ highest peak of the Massif central.*

Sand [sã, sã:d] *French woman writer.*

Saône [so:n] *f French river;* **Haute-~** [ot'so:n] *f department of eastern France;* **~-et-Loire** [sone'lwa:r] *department of east-central France.*

Sardaigne [sar'dɛɲ] *f: la ~ Sardinia.*

Sarre [sar] *f: la ~ the Saar.*

Sarthe [sart] *f French river; department of northwestern France.*

Sartre [sartr] *French philosopher.*

Savoie [sa'vwa] *f: la ~ Savoy (department of southeastern France; old province of France);* **Haute-~** [otsa'vwa] *f department of eastern France.*

Saxe [saks] *f: la ~ Saxony.*

Scandinavie [skãdina'vi] *f: la ~ Scandinavia.*

Scudéry [skyde'ri] *French woman writer.*

Ségur [se'gy:r] *French woman writer.*

Seine [sɛn] *f French river; department of northern France;* **~-et-Marne** [~e'marn] *department of northern France;* **~-et-Oise** [~e'wa:z] *department of northern France;* **~-Maritime** [~mari'tim] *department of northern France.*

Serbie [sɛr'bi] *f: la ~ Serbia.*

Seurat [sø'ra] *French painter.*

Sévigné [sevi'ɲe] *French woman writer.*

Sèvres [sɛ:vr] *French town renowned for its porcelain.*

Sibérie [sibe'ri] *f: la ~ Siberia.*

Sicile [si'sil] *f: la ~ Sicily.*

Sieyès [sje'jɛs] *French politician.*

Silésie [sile'zi] *f: la ~ Silesia.*

Sisley [sis'lɛ] *French painter.*

Slovaquie [slɔva'ki] *f: la ~ Slovakia.*

Sluter [sly'tɛ:r] *Burgundian sculptor.*

Sofia [sɔ'fja] *capital of Bulgaria.*

Somme [sɔm] *f French river; department of northern France.*

Sophie [sɔ'fi] *f Sophia, Sophy.*

Sorbonne [sɔr'bɔn] *f seat of the faculties of letters and science of the University of Paris.*

Soubise [su'bi:z]: *hôtel m de ~ the National Archives in Paris.*

Soudan [su'dã] *m: le ~ the Sudan.*

Staël [stal] *French woman writer.*

Stendhal [stẽ'dal] *French writer.*

Stockholm [stɔ'kɔlm] *capital of Sweden.*

Strasbourg [straz'bu:r] *Strasb(o)urg (capital of the department of Bas-Rhin; former capital of the province of Alsace).*

Suède [sɥɛd] *f: la ~ Sweden.*

Suez [sɥe:z] *m Suez.*

Suisse [sɥis] *f: la ~ Switzerland.*

Sully [syl'li] *French politician.*

Sully Prudhomme [syllipry'dɔm] *French poet.*

Suzanne [sy'zan] *f Susan, F Sue.*

Sylvestre [sil'vɛstr] *m Sylvester.*

Syrie [si'ri] *f: la ~ Syria.*

T

Taine [tɛn] *French philosopher and historian.*

Talleyrand-Périgord [talɛrãperi'gɔ:r] *French statesman.*

Tamise [ta'mi:z] *f: la ~ the Thames.*

Tanger [tã'ʒe] *Tangier.*

Tarbes [tarb] *capital of the department of Hautes-Pyrénées.*

Tarn [tarn] *m French river; department of southern France;* **~-et-Garonne** [~ega'rɔn] *department of southwestern France.*

Tchad [tʃad] *m: le ~ the Republic of Chad.*

Tchécoslovaquie [tʃekɔslɔva'ki] *f: la ~ Czechoslovakia.*

Téhéran [tee'rã] *m* Teheran.

Teilhard de Chardin [tɛjardəʃar-'dɛ̃] *French Jesuit and philosopher.*

Tel-Aviv [tɛla'vif] *city in West Israel.*

Terre de Feu [tɛrdə'fø] *f: la ~* Tierra del Fuego.

Terre-Neuve [tɛr'nœːv] Newfoundland.

Texas [tɛk'sas] *m: le ~* Texas.

Thaïlande [taj'lã:d] *f: la ~* Thailand.

Théophile [teɔ'fil] *m* Theophilus.

Thérèse [te'rɛːz] *f* Theresa.

Thibau(l)t [ti'bo] *m* Theobald.

Thierry [tjɛ'ri] *m* Theodoric (*Christian name*); *French historian.*

Thomas [tɔ'ma] *m* Thomas.

Tibet [ti'bɛ] *m: le ~* Tibet.

Tigre [tigr] *m the* Tigris.

Tirana [tira'na] *capital of Albania.*

Tocqueville [tɔk'vil] *French politician and writer.*

Tokyo [tɔ'kjo] *m* Tokyo.

Toulon [tu'lõ] *French port and town.*

Toulouse [tu'luːz] *capital of the department of Haute-Garonne; former capital of the province of Languedoc;* **~-Lautrec** [tuluzlo'trɛk] *French painter.*

Touraine [tu'rɛn] *f old province of France.*

Tours [tuːr] *capital of the department of Indre-et-Loire; former capital of the province of Touraine.*

Trocadéro [trɔkade'ro] *m formerly building on the heights of Passy, Paris, replaced by the Palais de Chaillot.*

Trouville [tru'vil] *French health resort on the Channel.*

Troyes [trwa] *capital of the department of Aube; former capital of the province of Champagne.*

Tuileries [tɥil'ri] *f/pl.: les ~ gardens and former royal palace in Paris.*

Tulle [tyl] *capital of the department of Corrèze.*

Tunisie [tyni'zi] *f: la ~* Tunisia.

Turquie [tyr'ki] *f: la ~* Turkey.

U

Union soviétique [ynjõsɔvje'tik] *f: l'~ the* Soviet Union.

Uruguay [yry'gɛ] *m: l'~* Uruguay.

Utrillo [ytri'jo] *French painter.*

V

Valadon [vala'dõ] *French woman painter.*

Valence [va'lã:s] *m capital of the department of Drôme; f* Valencia (*Spain*).

Valéry [vale'ri] *French writer.*

Valois *hist.* [va'lwa] *m/pl. French royal house.*

Van Gogh [van'gɔg] *Dutch painter.*

Vanne [van] *f French river.*

Vannes [van] *f capital of the department of Morbihan.*

Var [vaːr] *m French river; department of southeastern France.*

Varsovie [varsɔ'vi] Warsaw.

Vatican [vati'kã] *m: le ~ the* Vatican.

Vaucluse [vo'kly:z] *department of southeastern France.*

Vaud [vo] *m: le canton de ~* Vaud.

Vaugelas [voʒ'la] *French grammarian.*

Vauvenargues [vov'narg] *French moralist.*

Vendée [vã'de] *f French river; department of western France.*

Venezuela [venezɥe'la] *m: le ~* Venezuela.

Venise [və'niz] *f* Venice.

Verdun [vɛr'dœ̃] *French town.*

Verhaeren [vɛ'rarən] *Belgian poet.*

Verlaine [vɛr'lɛn] *French poet.*

Véronique [verɔ'nik] *f* Veronica.

Versailles [vɛr'saːj] *capital of the department of Seine-et-Oise with famous royal palace.*

Vesoul [və'zul] *capital of the department of Haute-Saône.*

Vichy [vi'ʃi] *French health resort; seat of Pétain government.*

Victor [vik'tɔːr] *m* Victor.

Vienne [vjɛn] *f* Vienna (*capital of Austria*); *French river; department of west-central France; m town of Isère, near Grenoble;* **Haute-~** [ot'vjɛn] *f department of central France.*

Viêt-nam [vjɛt'nam] *m: le ~* Vietnam.

Vigny [vi'ɲi] *French writer.*

Vilaine [vi'lɛn] *f French river.*

Villon [vi'lõ, vi'jõ] *French poet.*

Vincennes [vɛ̃'sɛn] *suburb of Paris; famous castle and wood.*

Vlaminck [vla'mɛ̃:k] *French painter.*

Voltaire [vɔl'tɛːr] *French philosopher.*

Vosges [voːʒ] *f/pl. mountain range; department of eastern France.*

W

Wallonie [walɔ'ni] *f French speaking part of Belgium.*

Waterloo [vatɛrˈlo] *Belgian village, scene of famous defeat of Napoleon.*
Watteau [vaˈto] *French painter.*
Weygand [veˈgɑ̃] *Belgian-born French general.*

Y

Yémen [jeˈmɛn] *m:* le ~ *Yemen.*
Yonne [jɔn] *f French river; department of central France.*
Yougoslavie [jugɔslaˈvi] *f:* la ~

Yugoslavia, Jugoslavia.
Ypres [ipr] *Belgian town.*
Yves [iːv] *m Christian name.*

Z

Zaïre [zaˈiːr] *m:* le ~ *Zaïre.*
Zambèze [zɑ̃ˈbɛːz] *m the* Zambezi.
Zambie [zɑ̃ˈbi] *f:* la ~ *Zambia.*
Zola [zɔˈla] *French writer.*
Zurich [zyˈrik] *m Zurich.*

Common French Abbreviations
Abréviations françaises usuelles

A

A *ampère* ampere.
A 2 *Antenne deux* channel two (*on French television*).
A.A. *antiaérien* A.A., anti-aircraft.
ac., à cte. *acompte* payment on account.
a.c. *argent comptant* ready money.
A.C.F. *Automobile Club de France* Automobile Association of France.
act. *action* share.
A.D.A.V. *avion à décollage et atterrissage vertical* V.T.O.(L.), vertical take-off (and landing) (aircraft).
à dr. *à droite* on *or* to the right.
A.d.S. *Académie des Sciences* Academy of Science.
AELE *Association européenne de libre échange* EFTA, European Free Trade Association.
AF *Air France* (*French airline*); *anciens francs* old francs.
A.F. *Allocations familiales* family allowance.
A.F.P. *Agence France-Presse* French press agency.
A.G. *Assemblée générale* general meeting; G.A., General Assembly.
à g. *à gauche* on *or* to the left.
AIH *Association internationale de l'hôtellerie* IHA, International Hotel Association.
A.J. *auberge de la jeunesse* youth hostel.
AME *Accord monétaire européen* EMA, European Monetary Agreement.
A.N.P.E. *Agence nationale pour l'emploi* national employment bureau.
A.O.C. *appellation d'origine contrôlée* guaranteed vintage.
A.P. *à protester* to be protested; *Assistance publique* Public Assistance.

ap. J.-C. *après Jesus-Christ* A.D., anno Domini.
arr. *arrondissement* district.
A.S. *Assurances sociales* social insurance; *association sportive* sports club.
a/s. *aux soins de* c/o., care of.
av. *avenue* avenue; *avoir* credit.
av. J.-C. *avant Jésus-Christ* B.C., before Jesus Christ.

B

B *bougie* candle-power.
B. *balle* bale; *billet* bill.
B.C.G. *vaccin bilié Calmette-Guérin* (*antitubercular vaccine*).
B.D. *bande dessinée* cartoon; comic.
Bd. *boulevard* boulevard.
BENELUX *Belgique-Nederland-Luxembourg* BENELUX, Belgium, Netherlands, Luxemb(o)urg.
B. ès L. (*or* **Sc.**) *Bachelier ès Lettres* (*or Sciences*) (*approx.*) Advanced Level of the General Certificate of Education in Arts (*or* Science).
B.F. *Banque de France* Bank of France.
B.O. *Bulletin officiel* Official Bulletin.
B.P. *boîte postale* POB, Post Office Box.
B.P.F. *bon pour francs* value in francs.
B.R.I. *Banque de règlements internationaux* B.I.S., Bank for International Settlements.
B.S.G.D.G. *breveté sans garantie du gouvernement* patent.

C

C *cent* hundred; **°C** *degré Celsius* degree centigrade.
c. *centime* (*hundredth part of a franc*).
C.A. *courant alternatif* A.C., alternating current; *chiffre d'affaires* turnover.

c.-à-d. *c'est-à-dire* i.e., that is to say.

C.A.F. *coût, assurance, fret* c.i.f., cost, insurance, freight.

cal *calorie* calory.

C.A.P. *Certificat d'aptitude professionnelle (certificate granted to a qualified apprentice).*

C.C. *corps consulaire* consular corps; *compte courant* a/c, current account.

CCI *Chambre de Commerce Internationale* ICC, International Chamber of Commerce.

C.C.P. *compte chèques postaux* postal cheque account.

C.D. *corps diplomatique* diplomatic corps.

CE *Conseil de l'Europe* Council of Europe.

CECA *Communauté européenne du charbon et de l'acier* E.C.S.C., European Coal and Steel Community.

CED *Communauté européenne de défense* E.D.C., European Defence Community.

CEE *Communauté économique européenne* E.E.C., European Economic Community.

CEEA *Commission européenne de l'énergie atomique* EURATOM, European Atomic Energy Commission.

C.E.G. *collège d'enseignement général (Secondary Modern School).*

CERN *Organisation européenne pour la recherche nucléaire* European Organisation for Nuclear Research.

C.E.S. *collège d'enseignement secondaire (Secondary School).*

C.E.T. *collège d'enseignement technique (a technical college).*

Cf. *conférez* cf., compare.

C.F.D.T. *Confédération française (et) démocratique du travail (a major association of French trade unions).*

C.F.T.C. *Confédération française des travailleurs chrétiens* French Confederation of Christian Workers.

C.G.A. *Confédération générale de l'agriculture* General Confederation of Agriculture.

C.G.C. *Confédération générale des cadres* General confederation of higher administrative staffs.

C.G.T. *Confédération générale du travail* General confederation of Labour, *(approx.)* T.U.C., Trade Union(s) Congress.

ch *cheval(-vapeur)* H.P., h.p., horse-power.

ch.d.f. *chemin de fer* Ry., railway.

ch.-l. *chef-lieu* capital.

CICR *Comité international de la Croix-Rouge* ICRC, International Committee of the Red Cross.

Cⁱᵉ., Cie. *Compagnie* Co., Company.

CIO *Comité international olympique* IOC., International Olympic Committee.

CISL *Confédération internationale des syndicats libres* ICFTU, International Confederation of Free Trade Unions.

cl *centilitre* centilitre, *Am.* centiliter.

cm *centimètre* centimetre, *Am.* centimeter.

C.N.P.F. *Conseil national du patronat français (employers' association).*

C.N.R. *Conseil national de la Resistance* National Resistance Council.

C.N.R.S. *Centre national de la recherche scientifique (approx.)* S.R.C., Scientific Research Centre.

COE *Conseil œcuménique des églises* WCC, World Council of Churches.

cour. *courant* inst., instant.

C.Q.F.D. *ce qu'il fallait démontrer* Q.E.D., quod erat demonstrandum which was to be proved.

C.-R.F. *Croix-Rouge française* French Red Cross.

CRI *Croix-Rouge internationale* IRC, International Red Cross.

C.R.S. *Compagnies républicaines de sécurité (state security police; member of the C.R.S.).*

cᵗ. *courant* inst., instant.

C.V. *cheval-vapeur* H.P., h.p., horse-power; *cette ville* this town.

D

D.A.T. *Défense aérienne du territoire* Air Space Defence.

D.C.A. *défense contre avions* A.A., anti-aircraft (defence).

D.D.T. *Dichlorodiphényltrichloroéthane* DDT, dichlorodiphenyltrichloroethane.

dép. *départ* departure; *député(e)* member of Parliament, *Am.* representative.

dépt. *département* administrative department.

der. *dernier* ult., ultimo.

dest. *destinataire* addressee, consignee.

D.É.U.G. [døg] *diplôme d'études universitaires générales* certificate of general studies at university level.

D.G.S.E. *Direction générale de la sécurité extérieure (counterintelligence agency).*

D.I.T. *défense intérieure du territoire (internal defence).*

div. *dividende* dividend.

D.M. *Docteur Médecin* Doctor of Medicine.

dᵒ *dito* ditto.

D.O.M. *départements d'outre-mer* overseas administrative departments.

D.O.M.-T.O.M., Dom-Tom [dɔm-'tɔm] *départements, territoires d'outre-mer* overseas administrative departments and territories.

D.P.L.G. *Diplômé par le gouvernement* state certificated.

Dr *Docteur* Dr., Doctor *(university degree).*

dr. *droit* right.

D.S.T. *Direction de la surveillance du territoire (counterintelligence service).*

dt *doit* debit.

dz *douzaine* doz., dozen.

E

E. *est* E., east.

E.-M. *État-major* H.Q., Headquarters.

E.N.A. *École nationale d'administration* national administrative school.

E.N.S. *École normale supérieure* Training College for secondary school teachers.

E.N.S.I. *Écoles nationales supérieures d'ingénieurs* state colleges of advanced engineering.

env. *environ* about.

e.o.o.e. *erreur ou omission exceptée* E. & O.E., errors and omissions excepted.

etc. *et cætera* etc., etcetera.

Éts *établissements* establishments.

É.-U. *États-Unis* U.S.A., United States.

E.V. *en ville* Local *(on envelopes).*

ex. *exemple* example; *exercice* year's trading.

ex. att. *exercice attaché* cum dividend.

Exc. *Excellence* Excellency *(title).*

exD. *ex-dividende* ex div., ex dividend.

exp. *expéditeur* consigner.

ext. *externe* external; *extérieur* exterior.

F

F *franc* franc; **°F** *degré Fahrenheit* degree Fahrenheit.

F.A.B. *franco à bord* f.o.b., free on board.

FB *franc(s) belge(s)* Belgian franc(s).

f.c(t). *fin courant* at the end of this month.

Fᶜᵒ *franco* free, carriage paid.

F.E.N. *Fédération de l'éducation nationale* National Education Federation *(autonomous professional union).*

FF *franc(s) français* French franc(s).

F.F.I. *Forces françaises de l'intérieur* French Forces of the Interior.

F.F.L. *Forces françaises libres* Free French Forces.

F.I.A.A. *Fédération internationale d'athlétisme amateur* I.A.A.F., International Amateur Athletic Federation.

FIFA *Fédération internationale de football association (federation controlling international football competitions).*

fig. *figure* figure.

FISE *Fonds des Nations Unies pour l'enfance* UNICEF, United Nations Children's Fund.

FIT *Fédération internationale des traducteurs* IFT, International Federation of Translators.

F.M. *fréquence modulée, modulation de fréquence* F.M., frequency modulation.

FMI *Fond monétaire international* IMF, International Monetary Fund.

FMPA *Fédération mondiale pour la protection des animaux* WFPA, World Federation for the Protection of Animals.

F.N.A.C. *Fédération nationale d'achats des cadres (department store [chain] for high-quality goods).*

F.O. *Force Ouvrière (a Socialist trade union).*

fᵒ *franco* free, carriage paid.

F.O.Q. *franco à quai* f.a.s., free alongside ship.

F.O.R. *franco sur rail* f.o.r., free on rail.

F.O.T. *franco en wagon* f.o.t., free on truck.

f.p. *fin prochain* at the end of next month.

fque *fabrique* make.

FR 3 *France trois* channel three (*on French television*).

fro *franco* free, carriage paid.

Frs *Frères* Bros., Brothers.

FS *franc(s) suisse(s)* Swiss franc(s).

F.S. *faire suivre* please forward (*on letters*).

F.S.M. *Fédération syndicale mondiale* WFTU, World Federation of Trade Unions.

I.N.P.I. [in'pi] *Institut national de la propriété industrielle* French Patent office.

I.N.S.E. [in'se] *Institut national des statistiques et des études économiques* national institute for statistics and economic research.

int. *interne* internal; *intérieur* interior.

I.U.T. *Institut universitaire de technologie* (*a technical college*).

I.V.G. *interruption volontaire de grossesse* voluntary termination of pregnancy.

G

g *gramme* gramme, *Am.* gram; *gravité* gravity.

g. *gauche* left.

G.C. (*route de*) *grande communication* (*approx.*) B-road.

G(r.)C. *Grand'Croix* Grand Cross (*of the Legion of Honour*).

G.D.F. *Gaz de France* (*French Gas Board*).

G.O. *grandes ondes* L.W., long wave(s).

G.V. *grande vitesse* per passenger train.

H

h *heure* hour, o'clock.

ha *hectare* hectare.

H.B.M. *habitations à bon marché* property to let at low rents.

H.C. *hors concours* not competing.

H.E.C. (*École des*) *Hautes Études commerciales* School of Advanced Commercial and Management Studies, Paris; *heure de l'Europe Centrale* CET, Central European Time.

H.F. *haute fréquence* high frequency.

H.L.M. *habitations à loyer modéré* property to let at moderate rents.

H.T. *haute tension* high tension.

I

Ibid. *ibidem* ibid., in the same place, ibidem.

Id. *idem* id., same, idem.

I.D.S. *Initiative de défense stratégique* S.D.I., Strategic Defense Initiative.

I.F.O.P. [i'fɔp] *Institut français d'opinion publique* (*state institute monitoring public opinion*).

ing(én.). *ingénieur* engineer.

J

j *jour* day.

J.A.C. *Jeunesse agricole chrétienne* Christian Agricultural Youth.

J.-B. *Jean-Baptiste* John the Baptist.

J.-C. *Jésus-Christ* J.C., Jesus (Christ).

Je *Jeune* Jun., Junior.

J.E.C. *Jeunesse étudiante chrétienne* Y.C.S., Young Christian Students.

J.-J. *Jean-Jacques* John James.

J.O. *Journal officiel* Official Gazette.

J.O.C. *Jeunesse ouvrière chrétienne* YCW, Young Christian Workers.

K

kg *kilogramme* kilogramme, *Am.* kilogram.

km *kilomètre* kilometre, *Am.* kilometer.

km:h *kilomètres par heure* kilometres (*Am.* -meters) per hour.

kV *kilovolt* k.v., kilovolt.

kW *kilowatt* k.w., kilowatt.

kWh *kilowatt-heure* kilowatt-hour.

L

l *litre* litre, *Am.* liter.

lat. *latitude* latitude.

L. ès L. *licencié ès lettres* (*approx.*) B.A., Bachelor of Arts.

L. ès Sc. *licencié ès sciences* (*approx.*) B.Sc., Bachelor of Science.

Lieut. *lieutenant* Lieut., Lieutenant.

ll. *lignes* ll., lines.

loc. cit. *loco citato* at the place cited.

long. *longitude* longitude.

Lt *lieutenant* Lt., Lieutenant.

Lt-Col. *lieutenant-colonel* Lt.-Col., Lieutenant-Colonel.

M

M. *Monsieur* Mr., Mister.

m *mètre* metre, *Am.* meter.

m. *mort* died.

mb *millibar* millibar.

md(e) *marchand(e)* merchant.

Me *Maître* (*barrister's title of address*).

mg *milligramme* milligramme, *Am.* milligram.

Mgr *Monseigneur* Monsignor.

M.L.F. *Mouvement de libération des femmes* Women's Liberation Movement.

Mlle *Mademoiselle* Miss.

Mlles *Mesdemoiselles* the Misses.

MM. *Messieurs* Messrs.

mm *millimètre* millimetre, *Am.* millimeter.

Mme *Madame* Mrs., Mistress.

Mmes *Mesdames* Mesdames.

mn *minute* minute.

Mon *maison* firm.

M.R.P. *Mouvement Républicain Populaire* Popular Republican Movement.

M/S *navire à moteur Diesel* M.S., motorship.

ms *manuscrit* MS., manuscript.

mss *manuscrits* MSS, manuscripts.

M.T.S. *mètre-tonne-seconde* metre (*Am.* meter)-ton-second.

MV *maladie vénérienne* V.D., venereal disease.

mV *millivolt* millivolt.

N

N. *nord* N., North; *nom* name.

n/... *notre, nos* our.

n. *notre* our.

N.B. *notez bien* N.B., note well.

N.-D. *Notre-Dame* Our Lady.

N.D.L.R. *note de la rédaction* editor's note.

N.E. *nord-est* N.E., north-east.

NF *nouveaux francs* new francs.

N.F. *norme française* French Standard.

No., no *numéro* number.

N.O., N.W. *nord-ouest* N.W., Northwest.

n/sr. *notre sieur ...* our Mr. ...

N.U. *Nations Unies* U.N., United Nations.

n/v. *notre ville* our town.

O

O. *ouest* W., west; *officier* Officer (*of an Order*).

OAA *Organisation pour l'alimentation et l'agriculture* F.A.O., Food and Agriculture Organization.

OACI *Organisation de l'aviation civile internationale* ICAO, International Civil Aviation Organization.

OAS *Organisation de l'Armée Secrète* Secret Army Organization.

O.C. *ondes courtes* s.w., short wave(s).

OCDE *Organisation de coopération et de développement économiques* O.E.C.D., Organization for Economic Co-operation and Development.

OECE *Organisation européenne de coopération économique* O.E.E.C., Organization for European Economic Co-operation.

OIC *Organisation internationale du commerce* ITO, International Trade Organization.

OIN *Organisation internationale de normalisation* ISO, International Organization for Standardization.

OIPC *Organisation internationale de police criminelle* ICPO, INTERPOL, International Criminal Police Organization.

OIR *Organisation internationale pour les réfugiés* IRO, International Refugee Organization.

OIT *Organisation internationale du travail* ILO, International Labour Organization.

O.L.P. *Organisation de libération de la Palestine* PLO, Palestine Liberation Organization.

OMS *Organisation mondiale de la santé* WHO, World Health Organization.

O.N.M. *Office national météorologique* Meteorological Office.

ONU *Organisation des Nations Unies* UNO, United Nations Organization.

op. cit. *opere citato* in the work quoted.

O.P.E.P. [ɔˈpep] *Organisation des pays exportateurs de pétrole* OPEC, Organization of Petroleum Exporting Countries.

O.S *ouvrier spécialisé* semi-skilled worker.

OTAN *Organisation du Traité de l'Atlantique Nord* NATO, North Atlantic Treaty Organization.

OTASE *Organisation du Traité de défense collective pour l'Asie du Sud-Est*

SEATO, Southeast Asia Treaty Organization.

OTC *onde très courte* VHF, very high frequency.

P

P. *Père* Fr., Father.

p. *pour* per; *par* per; *page* page.

P.C. *Parti Communiste* Communist Party; *poste de commandement* Headquarters.

p.c. *pour cent* $^0/_0$, per cent.

p/c. *pour compte* on account.

P.C.B. *physique, chimie, biologie* physics, chemistry, biology.

P.C.C., p.c.c. *pour copie conforme* true copy.

P.C.V. [pese've] *paiement contre vérification (a. communication f en ~)* reverse charge call.

p.d. *port dû* carriage forward.

P.(-)D.G. *président-directeur général* chairman (of the board).

P. et T. *postes et télécommunications (approx.)* The Post Office.

p.ex. *par exemple* e.g., for example.

P.G. *Prisonnier de guerre* P.O.W., Prisoner of War.

P.J. *Police judiciaire (approx.)* C.I.D., Criminal Investigation Department.

pl. *planche* plate, full-page illustration.

P.M. *police militaire* MP, M.P., Military Police.

p.m. *poids mort* dead weight.

P.M.E. *petites et moyennes entreprises* small businesses.

PMI *Protection maternelle et infantile* MCH, Maternal and Child Health; *petites et moyennes industries* small industries.

P.M.U. *Pari mutuel urbain* local tote.

P.N.B. *produit national brut* gross national product.

P.O. *par ordre* by order.

pp. *pages* pages.

p.p. *port payé* carriage paid.

P.p.c. *pour prendre congé* to take leave.

prov. *province* province.

P.-S. *post-scriptum* P.S., postscript.

P.S.V. *pilotage sans visibilité* instrument flying, blind flying.

P.T.T. *Postes, Télégraphes, Téléphones (French)* G.P.O., General Post Office.

P.V. *petite vitesse* per goods train.

P.-V. *procès-verbal (see main dictionary).*

Q

q. *carré* square; *quintal* quintal.

Q.G. *Quartier général* H.Q., Headquarters.

Q.I. *quotient intellectuel* I.Q., intelligence quotient.

qq. *quelque* some; *quelqu'un* someone.

qqf. *quelquefois* sometimes.

Q.S. *quantité suffisante* sufficient quantity.

R

R, r. *rue* Rd., road, street.

R.A.T.P. *régie autonome des transports parisiens (Paris Public Transport Board).*

R.A.U. *République arabe unie* United Arab Republic.

RB *(envoi) contre remboursement* C.O.D., cash on delivery.

R.C. *registre du commerce* register of trade.

r.d. *rive droite* right bank.

R.D.A. *République démocratique allemande* G.D.R., German Democratic Republic.

Rem. *remarque* annotation.

R.E.R. *Réseau express régional (commuter-train network).*

R.F. *République française* French Republic.

R.F.A. *République fédérale d'Allemagne* G.F.R., German Federal Republic.

r.g. *rive gauche* left bank.

R.N. *route nationale (approx.)* National Highway.

R.P. *réponse payée* R.P., reply paid; *Révérend Père* Rev. Fr., Reverend Father; *Représentation proportionnelle* P.R., proportional representation.

R.P.F. *Rassemblement du Peuple Français* Rally of the French People *(de Gaull's party).*

R.P.R. *Rassemblement pour la Republique* Rally for the Republic *(Gaullist party).*

R.S.V.P. *répondez, s'il vous plaît* the favour of an answer is requested.

Rte *route* road.

R.T.F. *Radiodiffusion-télévision française* French Radio and Television.

S

S. *sud* S., south; *Saint* St., Saint.

s. *seconde* s., second.

S.A. *Société anonyme* Co Ltd., limited company; *Am.* Inc., Incorporated.

S.A.R.L. *société à responsabilité limitée* limited liability company.

s.b.f. *sauf bonne fin* under usual reserve.

S.C.E. *service contre-espionnage* C.I.C., Counter Intelligence Corps.

s.d. *sans date* n.d., no date.

SDN *Société des Nations* L of N, League of Nations.

S.-E. *sud-est* S.E., southeast.

s.e. ou o. *sauf erreur ou omission* E. & O.E., errors and omissions excepted.

S.E. *Son Excellence* His Excellency (*Minister's title of address*).

S.F. *sans frais* no expenses; *sience-fiction* science fiction.

S.F.I.O. *Section française de l'internationale ouvrière* French section of the Workers' International (*unified Socialist Party*).

SG *Secrétaire général* SG, Secretary General.

S.G.D.G. *sans garantie du gouvernement* (*patent*) without government guarantee.

S.I. *Syndicat d'initiative* Travel and Tourist Bureau *or* Association.

S.I.D.A. [si'da] *syndrome immunodéficitaire acquis* AIDS, Acquired Immunity Deficiency Syndrome.

S.J. *Société de Jésus* SJ, Society of Jesus.

s.l.n.d. *sans lieu ni date* n. p. or d., no place or date.

S.M. *Sa Majesté* H.M., His (Her) Majesty.

S.M.E. *Système monétaire européen* European Monetary System.

S.M.I.G. *salaire minimum interprofessionnel garanti* guaranteed minimum wage.

S.N.C.F. *Société nationale des chemins de fer français* French National Railways.

S.-O. *sud-ouest* S.W., southwest.

S.O.F.R.S. [sɔ'frɛs] *Société française d'enquêtes par sondage* (*a French institute for opinion-polling and market research*).

S.P.A. *Société protectrice des animaux* (*French*) Society for the Prevention of Cruelty to Animals.

SR *service de renseignement* Intelligence (Service *or* Department).

SS *Saints* Saints.

S.S. *Sa Sainteté* His Holiness; *sécurité sociale* Social Security.

S/S *navire à vapeur* S.S., steamship.

st *stère* cubic metre, *Am.* meter.

St(e) *Saint(e)* St., Saint.

Sté *société* company.

S.V.P., s.v.p. *s'il vous plaît* please.

T

t *tonne* ton.

t. *tour* revolution; *tome* volume.

TB *tuberculose* TB, tuberculosis.

T.C.F. *Touring Club de France* Touring Club of France.

tél. *téléphone* telephone.

TF 1 *Télévision française un* channel one (*on French television*).

T.G.V. *train à grande vitesse* high-speed train.

T.N.P. *Théâtre National Populaire* (*one of the Paris theatres subsidized by the State*).

T.N.T. *trinitrotoluène* TNT, trinitrotoluene.

t.p.m. *tours par minute* r.p.m., revolutions per minute.

tr/s *tours par seconde* revolutions per second.

T.S.F. *Télégraphie sans fil* wireless telegraphy; wireless (set).

T.S.V.P. *tournez, s'il vous plaît* P.T.O., please turn over.

T.T.C. *toutes taxes comprises* all taxes included.

T.U. *temps universel* G.M.T., Greenwich mean time.

T.V. *télévision* TV, television.

T.V.A. *taxe à la valeur ajoutée* V.A.T., value-added tax.

U

UEO *Union européenne occidentale* WEU, Western European Union.

UEP *Union européenne de paiements* EPU, European Payments Union.

U.E.R. *unité d'enseignement et de recherche* area of study.

U.H.T. *ultra-haute température* ultra-high temperature.

UIE *Union internationale des étudiants* IUS, International Union of Students.

UIJS *Union internationale de la jeunesse socialiste* IUSY, International Union of Socialist Youth.

UIP *Union interparlementaire* IPU, Inter-parliamentary Union.

UIT *Union internationale des télécommunications* ITU, International Telecommunication Union.

U.N.E.D.I.C. *Union nationale pour l'emploi dans l'industrie et le commerce* (*unemployment insurance scheme*).

U.N.E.F. *Union nationale des étudiants de France* French National Union of Students.

UNESCO *Organisation des Nations Unies pour l'éducation, la science et la culture* UNESCO, United Nations Educational, Scientific, and Cultural Organization.

U.R.S.S. [yrs] *Union des républiques socialistes soviétiques* U.S.S.R., Union of Soviet Socialist Republics.

V

V *volt* V, volt.

v. *votre, vos* your; *voir, voyez* see; *vers* verse; *verset* versicle.

v/ *votre, vos* your.

Var. *variante* variant.

V.D.Q.S. *vin délimité de qualité supérieure* (*medium-quality wine*).

Ve *veuve* widow.

vo *verso* verso, back of the page.

vol. *volume* volume.

V/Réf. *votre référence* your reference.

vv. *vers* ll., lines.

Vve *veuve* widow.

W

W *watt* watt.

W. *ouest* W., west.

Wh *watt-heure* watt-hour.

W.L. *Wagons-lits* sleeping cars.

W.R. *Wagons-restaurants* dining cars.

X

X. *anonym* anonymous.

X.P. *exprès payé* express paid.

Z

Z.I. *zone industrielle* industrial area.

Z.U.P. *zone à urbaniser en priorité* priority development area *or* zone.

Numerals

Nombres

Cardinal Numbers — Nombres cardinaux

0 zéro *nought, zero, cipher*
1 un, une *one*
2 deux *two*
3 trois *three*
4 quatre *four*
5 cinq *five*
6 six *six*
7 sept *seven*
8 huit *eight*
9 neuf *nine*
10 dix *ten*
11 onze *eleven*
12 douze *twelve*
13 treize *thirteen*
14 quatorze *fourteen*
15 quinze *fifteen*
16 seize *sixteen*
17 dix-sept *seventeen*
18 dix-huit *eighteen*
19 dix-neuf *nineteen*
20 vingt *twenty*
21 vingt et un *twenty-one*
22 vingt-deux *twenty-two*
30 trente *thirty*
40 quarante *forty*
50 cinquante *fifty*

60 soixante *sixty*
70 soixante-dix *seventy*
71 soixante et onze *seventy-one*
72 soixante-douze *seventy-two*
80 quatre-vingts *eighty*
81 quatre-vingt-un *eighty-one*
90 quatre-vingt-dix *ninety*
91 quatre-vingt-onze *ninety-one*
100 cent *a or one hundred*
101 cent un *one hundred and one*
200 deux cents *two hundred*
211 deux cent onze *two hundred and eleven*
1000 mille *a or one thousand*
1001 mille un *one thousand and one*
1100 onze cents *eleven hundred*
1967 dix-neuf cent soixante-sept *nineteen hundred and sixty-seven*
2000 deux mille *two thousand*
1 000 000 un million *a or one million* [*million*]
2 000 000 deux millions *two* [*million*]
1 000 000 000 un milliard *one thousand millions, Am. one billion*

Ordinal Numbers — Nombres ordinaux

1er le premier, 1re la première *the first*
2e le deuxième, la deuxième *the second*
3e le *or* la troisième *the third*
4e quatrième *fourth*
5e cinquième *fifth*
6e sixième *sixth*
7e septième *seventh*
8e huitième *eighth*
9e neuvième *ninth*
10e dixième *tenth*
11e onzième *eleventh*
12e douzième *twelfth*
13e treizième *thirteenth*
14e quatorzième *fourteenth*

15e quinzième *fifteenth*
16e seizième *sixteenth*
17e dix-septième *seventeenth*
18e dix-huitième *eighteenth*
19e dix-neuvième *ninteenth*
20e vingtième *twentieth*
21e vingt et unième *twenty-first*
22e vingt-deuxième *twenty-second*
30e trentième *thirtieth*
31e trente et unième *thirty-first*
40e quarantième *fortieth*
41e quarante et unième *forty-first*
50e cinquantième *fiftieth*
51e cinquante et unième *fifty-first*
60e soixantième *sixtieth*

61ᵉ soixante et unième *sixty-first*
70ᵉ soixante-dixième *seventieth*
71ᵉ soixante et onzième *seventy-first*
72ᵉ soixante-douzième *seventy-second*
80ᵉ quatre-vingtième *eightieth*
81ᵉ quatre-vingt-unième *eighty-first*

90ᵉ quatre-vingt-dixième *ninetieth*
91ᵉ quatre-vingt-onzième *ninety-first*
100ᵉ centième *hundredth*
101ᵉ cent unième *hundred and first*
200ᵉ deux centième *two hundredth*
1000ᵉ millième *thousandth*

Fractions — Fractions

½ (un) demi *one half;* la moitié *(the) half*
1½ un et demi *one and a half*
⅓ un tiers *one third*
⅔ (les) deux tiers *two thirds*
¼ un quart *one quarter*
¾ (les) trois quarts *three quarters*

⅕ un cinquième *one fifth*
⅝ (les) cinq huitièmes *five eighths*
⁹⁄₁₀ (les) neuf dixièmes *nine tenths*
0,45 zéro, virgule, quarante-cinq *point four five*
17,38 dix-sept, virgule, trente-huit *seventeen point three eight*

French weights and measures
Mesures françaises

Linear Measures — Mesures de longueur

km	*kilomètre*	=	1000 m	= 0.6214 mi.
hm	*hectomètre*	=	100 m	= 109 yd. 1 ft. 1 in.
dam	*décamètre*	=	10 m	= 32.808 ft.
m	*mètre*	=	1 m	= 3.281 ft.
dm	*décimètre*	=	$\frac{1}{10}$ m	= 3.937 in.
cm	*centimètre*	=	$\frac{1}{100}$ m	= 0.394 in.
mm	*millimètre*	=	$\frac{1}{1000}$ m	= 0.039 in.
μm or **μ**	*micron*	=	$\frac{1}{1\,000\,000}$ m	= 0.000039 in.
	mille marin	=	1852 m	= 6080 ft.

Square Measures — Mesures de surface

km²	*kilomètre carré*	=	1 000 000 m²	= 0.3861 sq. mi.
hm²	*hectomètre carré*	=	10 000 m²	= 2.471 acres
dam²	*décamètre carré*	=	100 m²	= 119.599 sq. yd.
m²	*mètre carré*	=	1 m²	= 1.196 sq. yd.
dm²	*décimètre carré*	=	$\frac{1}{100}$ m²	= 15.5 sq. in.
cm²	*centimètre carré*	=	$\frac{1}{10000}$ m²	= 0.155 sq. in.
mm²	*millimètre carré*	=	$\frac{1}{1\,000\,000}$ m²	= 0.002 sq. in.

Land Measures — Mesures de surfaces agraires

ha	*hectare*	= 100 a *or*	10 000 m² =	2.471 acres
a	*are*	= dam² *or*	100 m² =	119.599 sq. yd.
ca	*centiare*	= $\frac{1}{100}$ a *or*	1 m² =	1.196 sq. yd.

Cubic Measures — Mesures de volume

m³	*mètre cube*	=	1 m³	= 35.32 cu. ft.
dm³	*décimètre cube*	=	$\frac{1}{1000}$ m²	= 61.023 cu. in.
cm³	*centimètre cube*	=	$\frac{1}{1\,000\,000}$ m²	= 0.061 cu. in.
mm³	*millimètre cube*	=	$\frac{1}{1\,000\,000\,000}$ m³	= 0.00006 cu. in.

Measures of Capacity — Mesures de capacité

hl	*hectolitre*	=	100 l	= 22.01 gals.
dal	*décalitre*	=	10 l	= 2.2 gals.
l	*litre*	=	1 l	= 1.76 pt.
dl	*décilitre*	=	$\frac{1}{10}$ l	= 0.176 pt.
cl	*centilitre*	=	$\frac{1}{100}$ l	= 0.018 pt.
ml	*millilitre*	=	$\frac{1}{1000}$ l	= 0.002 pt.
st	*stère*	=	1 m³	= 35.32 cu. ft. (*of wood*)

Weights — Poids

t	*tonne*	=	1 t *or* 1000 kg	=	19.68 cwt.
q	*quintal*	=	¹⁄₁₀ t *or* 100 kg	=	1.968 cwt.
kg	*kilogramme*	=	1000 g	=	2.205 lb.
hg	*hectogramme*	=	100 g	=	3.527 oz.
dag	*décagramme*	=	10 g	=	5.644 dr.
g	*gramme*	=	1 g	=	15.432 gr.
dg	*décigramme*	=	¹⁄₁₀ g	=	1.543 gr.
cg	*centigramme*	=	¹⁄₁₀₀ g	=	0.154 gr.
mg	*milligramme*	=	¹⁄₁₀₀₀ g	=	0.015 gr.

Former Measures — Anciennes mesures

aune f	=	1,188 m	ell*
pied m	=	0,3248 m	foot
pouce m	=	¹⁄₁₂ pied *or* 27,07 mm	inch
ligne f	=	¹⁄₁₂ pouce *or* 2,258 mm	line
livre f	=	489,50 g; F 500 g	pound
lieue f	=	4 km	league
arpent m	=	42,21 a	acre

Conjugation of French verbs
Conjugaison des verbes français

In this section specimen verb-tables are set out. Within the body of the Dictionary every infinitive is followed by a number in brackets, *e.g.* (1 a), (2 b), (3 c), *etc.* This number refers to the appropriate model or type in the following pages. (1 a), (2 a), (3 a), (4 a) are the **regular** verbs of their conjugation. Others have some irregularity or other special feature.

How to Form the Tenses

Impératif. Take the 2nd person singular and the 1st and 2nd persons plural of the *Indicatif présent.* In verbs of the 1st Conjugation the singular imperative has no final **s** unless followed by *en* or *y*.

Imparfait. From the 1st person plural of the *Indicatif présent:* replace **-ons** by **-ais** etc.

Participe présent. From the 1st person plural of the *Indicatif présent:* replace **-ons** by **-ant**.

Subjonctif présent. From the 3rd person plural of the *Indicatif présent:* replace **-ent** by **-e** etc.

Subjonctif imparfait. To the 2nd person singular of the *Passé simple* add **-se** etc.

Future simple. To the *Infinitif présent* add **-ai** etc.

Conditionnel présent. To the *Infinitif présent* add **-ais** etc.

---

*The English 'translation' given does not mean that the English measure of that name is exactly the same length, etc., as the French, e.g. the French *pouce* is 27,07 mm and the English *inch* is 25,4 mm.

Auxiliary Verbs

(1) être

A. Indicatif

I. Simple Tenses

Présent

sg. je suis
tu es
il est

pl. nous sommes
vous êtes
ils sont

Imparfait

sg. j'étais
tu étais
il était

pl. nous étions
vous étiez
ils étaient

Passé simple

sg. je fus
tu fus
il fut

pl. nous fûmes
vous fûtes
ils furent

Futur simple

sg. je serai
tu seras
il sera

pl. nous serons
vous serez
ils seront

Conditionnel présent

sg. je serais
tu serais
il serait

pl. nous serions
vous seriez
ils seraient

Participe présent

etant

Participe passé

été

II. Compound Tenses

Passé composé

j'ai été

Plus-que-parfait

j'avais été

Passé antérieur

j'eus été

Futur antérieur

j'aurai été

Conditionnel passé

j'aurais été

Participe composé

ayant été

Infinitif passé

avoir été

B. Subjonctif

I. Simple Tenses

Présent

sg. que je sois
que tu sois
qu'il soit

pl. que nous soyons
que vous soyez
qu'ils soient

Imparfait

sg. que je fusse
que tu fusses
qu'il fût

pl. que nous fussions
que vous fussiez
qu'ils fussent

Impératif

sois — soyons — soyez

II. Compound Tenses

Passé

que j'aie été

Plus-que-parfait

que j'eusse été

Auxiliary Verbs

(1) avoir

A. Indicatif

I. Simple Tenses

Présent
sg. j'*ai*
tu *as*
il *a*[1]
pl. nous *avons*
vous *avez*
ils *ont*

Imparfait
sg. j'*avais*
tu *avais*
il *avait*
pl. nous *avions*
vous *aviez*
ils *avaient*

Passé simple
sg. j'*eus*
tu *eus*
il *eut*
pl. nous *eûmes*
vous *eûtes*
ils *eurent*

Futur simple
sg. j'*aurai*
tu *auras*
il *aura*
pl. nous *aurons*
vous *aurez*
ils *auront*

Conditionnel présent
sg. j'*aurais*
tu *aurais*
il *aurait*
pl. nous *aurions*
vous *auriez*
ils *auraient*

Participe présent
ayant

Participe passé
eu (*f* eue)

II. Compound Tenses

Passé composé
j'ai eu

Plus-que-parfait
j'avais eu

Passé antérieur
j'eus eu

Futur antérieur
j'aurai eu

Conditionnel passé
j'aurais eu

Participe composé
ayant eu

Infinitif passé
avoir eu

B. Subjonctif

I. Simple Tenses

Présent
sg. que j'aie
que tu aies
qu'il ait
pl. que nous ayons
que vous ayez
qu'ils aient

Imparfait
sg. que j'eusse
que tu eusses
qu'il eût
pl. que nous eussions
que vous eussiez
qu'ils eussent

Impératif
aie — ayons — ayez

II. Compound Tenses

Passé
que j'aie eu

Plus-que-parfait
que j'eusse eu,

---

[1] a-t-il?

(1 a) blâmer

First Conjugation

	I. Simple Tenses	II. Compound Tenses (*Participe passé* with the help of **avoir** and **être**)

II. Compound Tenses (*Participe passé* with the help of **avoir** and **être**)

1. Actif

Passé composé: j'ai blâmé
Plus-que-parfait: j'avais blâmé
Passé antérieur: j'eus blâmé
Futur antérieur: j'aurai blâmé
Conditionnel passé: j'aurais blâmé

2. Passif

Présent: je suis blâmé
Imparfait: j'étais blâmé
Passé simple: je fus blâmé
Passé composé: j'ai été blâmé
Plus-que-parf.: j'avais été blâmé
Passé antérieur: j'eus été blâmé
Futur simple: je serai blâmé
Futur antérieur: j'aurai été blâmé
Conditionnel présent: je serais blâmé
Conditionnel passé: j'aurais été blâmé
Impératif: sois blâmé
Participe présent: étant blâmé
Participe composé: ayant été blâmé
Infinitif présent: être blâmé
Infinitif passe: avoir été blâmé

I. Simple Tenses

Présent

sg. je blâme
tu blâmes
il blâme[1]

pl. nous blâmons
vous blâmez
ils blâment

Passé simple

sg. je blâmai
tu blâmas
il blâma

pl. nous blâmâmes
vous blâmâtes
ils blâmèrent

Participe passé

blâmé, e

Infinitif présent

blâmer

[1] blâme-t-il?

Impératif

blâme[2]
blâmons
blâmez

Imparfait

sg. je blâmais
tu blâmais
il blâmait

pl. nous blâmions
vous blâmiez
ils blâmaient

Participe présent

blâmant

Futur simple

sg. je blâmerai
tu blâmeras
il blâmera

pl. nous blâmerons
vous blâmerez
ils blâmeront

[2] blâmes-en
blâmes-y

Conditionnel présent

sg. je blâmerais
tu blâmerais
il blâmerait

pl. nous blâmerions
vous blâmeriez
ils blâmeraient

Subjonctif présent

sg. que je blâme
que tu blâmes
qu'il blâme

pl. que nous blâmions
que vous blâmiez
qu'ils blâment

Subjonctif imparfait

sg. que je blâmasse
que tu blâmasses
qu'il blâmât

pl. que nous blâmassions
que vous blâmassiez
qu'ils blâmassent

	Infinitif	Remarks	Présent de l'indicatif	Présent du subjonctif	Passé simple	Futur simple	Impératif	Participe passé
(1 b)	aimer	Unstressed ai- may be pronounced [ɛ] or [e]	aime aimes aime aimons aimez aiment	aime aimes aime aimions aimiez aiment	aimai aimas aima aimâmes aimâtes aimèrent	aimerai aimeras aimera aimerons aimerez aimeront	aime aimons aimez	aimé, e
(1 c)	appeler	The final consonant of the stem is doubled and [ə] becomes [ɛ] before a mute syllable (including the *fut.* and *cond.*)	apelle appelles appelle appelons appelez appellent	appelle appelles appelle appelions appeliez appellent	appelai appelas appela appelâmes appelâtes appelèrent	appellerai appelleras appellera appellerons appellerez appelleront	appelle appelons appelez	appelé, e
(1 d)	amener	The e [ə] of the stem becomes è when stressed and also in the *fut.* and *cond.*	amène amènes amène amenons amenez amènent	amène amènes amène amenions ameniez amènent	amenai amenas amena amenâmes amenâtes amenèrent	amènerai amèneras amènera amènerons amènerez amèneront	amène amenons amenez	amené, e
(1 e)	arguer	In this particular verb a mute e after the **u** is written **ë** and an **i** after the **u** is written **ï**	arguë arguës arguë arguons arguez arguënt	arguë arguës arguë arguïons arguïez arguënt	arguai arguas argua arguâmes arguâtes arguèrent	arguërai arguëras arguëra arguërons arguërez arguëront	arguë arguons arguez	argué, e

	Infinitif	Remarks	Présent de l'indicatif	Présent du subjonctif	Passé simple	Futur simple	Impératif	Participe passé
(1 f)	céder	The **é** of the stem becomes **è** when stressed, i.e. **not** in the *fut.* or *cond.*	cède cèdes cède cédons cédez cèdent	cède cèdes cède cédions cédiez cèdent	cédas cédas céda cédâmes cédâtes cédèrent	céderai céderas cédera céderons céderez céderont	cède cédons cédez	cédé, e
(1 g)	abreger	The **é** of the stem becomes **è** when stressed, i.e. **not** in the *fut.* or *cond.* In addition, between the **g** and **a** or **o**, an **e** is inserted in the spelling but is not pronounced	abrège abrèges abrège abrégeons abrégez abrègent	abrège abrèges abrège abrégions abrégiez abrègent	abrégeas abrégeas abrégea abrégeâmes abrégeâtes abrégèrent	abrégerai abrégeras abrégera abrégerons abrégerez abrégeront	abrège abrégeons abrégez	abrégé, e
(1 h)	employer	The **y** of the stem becomes **i** when followed by a mute **e** (including the *fut.* and *cond.*)	emploie emploies emploie employons employez emploient	emploie emploies emploie employions employiez emploient	employai employas employa employâmes employâtes employèrent	emploierai emploieras emploiera emploierons emploierez emploieront	emploie employons employez	employé, e

	Infinitif	Remarks	Présent de l'indicatif	Présent du subjonctif	Passé simple	Futur simple	Impératif	Participe passé
(1i)	payer	The **y** of the stem may be written **y** or **i** when followed by a mute **e** (including the *fut.* and *cond.*)	paie, paye / paies, payes / paie, paye / payons / payez / paient, -yent	paie, paye / paies, payes / paie, paye / payions / payiez / paient, -yent	payai / payas / paya / payâmes / payâtes / payèrent	paierai, paye.. / paieras / paiera / paierons / paierez / paieront	paie, paye / payons / payez	payé, e
(1k)	menacer	**c** takes a cedilla (**ç**) before **a** and **o** to preserve the [s] sound	menace / menaces / menace / menaçons / menacez / menacent	menace / menaces / menace / menacions / menaciez / menacent	menaçai / menaças / menaça / menaçâmes / menaçâtes / menacèrent	menacerai / menaceras / menacera / menacerons / menacerez / menaceront	menace / menaçons / menacez	menacé, e
(1l)	manger	Between the **g** of the stem and an ending beginning with **a** or **o**, a mute **e** is inserted to preserve the [ʒ] sound	mange / manges / mange / mangeons / mangez / mangent	mange / manges / mange / mangions / mangiez / mangent	mangeai / mangeas / mangea / mangeâmes / mangeâtes / mangèrent	mangerai / mangeras / mangera / mangerons / mangerez / mangeront	mange / mangeons / mangez	mangé, e
(1m)	conjuguer	The mute **u** at the end of the stem remains throughout, even before **a** and **o**.	conjugue / conjugues / conjugue / conjuguons / conjuguez / conjuguent	conjugue / conjugues / conjugue / conjuguions / conjuguiez / conjuguent	conjuguai / conjuguas / conjugua / conjuguâmes / conjuguâtes / conjuguèrent	conjuguerai / conjugueras / conjuguera / conjuguerons / conjuguerez / conjugueront	conjugue / conjuguons / conjuguez	conjugué, e

	Infinitif	Remarks	Présent de l'indicatif	Présent du subjonctif	Passé simple	Futur simple	Impératif	Participe passé
(1 n)	saluer	The **u** of the stem, pronounced [ɥ], becomes [y] when stressed and in the *fut.* and *cond.*	salue salues salue saluons saluez saluent	salue salues salue saluions saluiez saluent	saluai saluas salua saluâmes saluâtes saluèrent	saluerai salueras saluera saluerons saluerez salueront	salue saluons saluez	salué, e
(1 o)	châtier	The **i** of the stem, pronounced [j], becomes [i] when stressed and in the *fut.* and *cond.* The 1st and 2nd persons pl. of the *pres. sbj.* and of the *impf. ind.* are **-iions, -iiez.**	châtie châties châtie châtions châtiez châtient	châtie châties châtie châtiions châtiiez châtient	châtiai châtias châtia châtiâmes châtiâtes châtièrent	châtierai châtieras châtiera châtierons châtierez châtieront	châtie châtions châtiez	châtié, e
(1 p)	allouer	The **ou** of the stem, pronounced [w], becomes [u] when stressed and in the *fut.* and *cond.*	alloue alloues alloue allouons allouez allouent	alloue alloues alloue allouions allouiez allouent	allouai allouas alloua allouâmes allouâtes allouèrent	allouerai alloueras allouera allouerons allouerez alloueront	alloue allouons allouez	alloué, e
(1 q)	aller		vais vas va allons allez vont	aille ailles aille allions alliez aillent	allai allas alla allâmes allâtes allèrent	irai iras ira irons irez iront	va (vas-y) allons allez	allé, e

	Infinitif	Remarks	Présent de l'indicatif	Présent du subjonctif	Passé simple	Futur simple	Impératif	Participe passé
(1 r)	envoyer	Like (1h) but with an irregular *fut.* and *cond.*	envoie envoies envoie envoyons envoyez envoient	envoie envoies envoie envoyions envoyiez envoient	envoyai envoyas envoya envoyâmes envoyâtes envoyèrent	enverrai enverras enverra enverrons enverrez enverront	envoie envoyons envoyez	envoyé, e
(1 s)	léguer	The **é** of the stem becomes **è** when stressed, i.e. **not** in the *fut.* or *cond.* In addition, the mute **u** at the end of the stem remains throughout, even before **a** and **o**.	lègue lègues lègue léguons léguez lèguent	lègue lègues lègue léguions léguiez lèguent	léguai léguas légua léguâmes léguâtes léguèrent	léguerai légueras léguera léguerons léguerez légueront	lègue léguons léguez	légué, e

Second Conjugation

(2a) **punir**[2],

Note the cases in which the verb stem is lengthened by ...**iss**...

I. Simple Tenses

Présent

sg. je punis
tu punis
il punit

pl. nous punissons
vous punissez
ils punissent

Passé simple

sg. je punis
tu punis
il punit

pl. nous punîmes
vous punîtes
ils punirent

Participe passé

puni, e

Infinitif présent

punir

Impératif

punis
punissons
punissez

Imparfait

sg. je punissais
tu punissais
il punissait

pl. nous punissions
vous punissiez
ils punissaient

Participe présent

punissant

Futur simple

sg. je punirai
tu puniras
il punira

pl. nous punirons
vous punirez
ils puniront

Conditionnel présent

sg. je punirais
tu punirais
il punirait

pl. nous punirions
vous puniriez
ils puniraient

Subjonctif présent

sg. que je punisse
que tu punisses
qu'il punisse

pl. que nous punissions
que vous punissiez
qu'ils punissent

Subjonctif imparfait

sg. que je punisse
que tu punisses
qu'il punît

pl. que nous punissions
que vous punissiez
qu'ils punissent

II. Compound Tenses

Participe passé with the help of **avoir** and **être**; see (1a)

P.pr. **saillant**

---

[1] **saillir** is used only in the 3rd persons of the simple tenses.

	Infinitif	Remarks	Présent de l'indicatif	Présent du subjonctif	Passé simple	Futur simple	Impératif	Participe passé
(2b)	sentir	No stem lengthening by **...iss**... The last consonant of the stem is lost in the 1st and 2nd persons sg. of the *pres. ind.* and the sg. *imper.*	sens sens sent sentons sentez sentent	sente sentes sente sentions sentiez sentent	sentis sentis sentit sentîmes sentîtes sentirent	sentirai sentiras sentira sentirons sentirez sentiront	sens sentons sentez	senti, *e*
(2c)	cueillir	*Pres., fut.* and derivatives like (1a)	cueille cueilles cueille cueillons cueillez cueillent	cueille cueilles cueille cueillions cueilliez cueillent	cueillis cueillis cueillit cueillîmes cueillîtes cueillirent	cueillerai cueilleras cueillera cueillerons cueillerez cueilleront	cueille cueillons cueillez	cueilli, *e*
(2d)	fuir	No stem lengthening by **...iss**... Note the alternation between the **y** and **i**: y appears in 1st and 2nd persons pl. of *pres. ind., pres. sbj.,* and *imper.,* in the *p.pr.* and throughout the *impf. ind.*	fuis fuis fuit fuyons fuyez fuient	fuie fuies fuie fuyions fuyez fuient	fuis fuis fuit fuîmes fuîtes fuirent	fuirai fuiras fuira fuirons fuirez fuiront	fuis fuyons fuyez	fui, *e*

	Infinitif	Remarks	Présent de l'indicatif	Présent du subjonctif	Passé simple	Futur simple	Impératif	Participe passé
(2e)	bouillir	Pres. *ind.* and derivatives like (4a)	bous bous bout bouillons bouillez bouillent	bouille bouilles bouille bouillions bouilliez bouillent	bouillis bouillis bouillit bouillîmes bouillîtes bouillirent	bouillirai bouilliras bouillira bouillirons bouillirez bouilliront	bous bouillons bouillez	bouilli, *e*
(2f)	couvrir	Pres. and derivatives like (1a); *p.p.* in **-ert**	couvre couvres couvre couvrons couvrez couvrent	couvre couvres couvre couvrions couvriez couvrent	couvris couvris couvrit couvrîmes couvrîtes couvrirent	couvrirai couvriras couvrira couvrirons couvrirez couvriront	couvre couvrons couvrez	couvert, *e*
(2g)	vêtir	As (2b) but keeps the final consonant of the stem throughout the *pres. ind.* and the *imper.* and has *p.p.* in **-u**	vêts vêts vêt vêtons vêtez vêtent	vête vêtes vête vêtions vêtiez vêtent	vêtis vêtis vêtit vêtîmes vêtîtes vêtirent	vêtirai vêtiras vêtira vêtirons vêtirez vêtiront	vêts vêtons vêtez	vêtu, *e*
(2h)	venir	Note that the ..**en**... of the *inf.* becomes ..**ien**... in the *fut.* and *cond.*, and when stressed except in the *p.s.* where it becomes ..**in**... [ɛ̃]. Note too the ..**d**... inserted in the *fut.* and *cond.*	viens viens vient venons venez viennent	vienne viennes vienne venions veniez viennent	vins vins vint vînmes vîntes vinrent	viendrai viendras viendra viendrons viendrez viendront	viens venons venez	venu, *e*

	Infinitif	Remarks	Présent de l'indicatif	Présent du subjonctif	Passé simple	Futur simple	Impératif	Participe passé
(2i)	courir	*Pres., p.p., fut.* and derivatives as in (4a); *p.s.* like (3a); ...**rr**... in *fut.* and *cond.*	cours cours court courons courez courent	coure coures coure courions couriez courent	courus courus courut courûmes courûtes coururent	courrai courras courra courrons courrez courront	cours courons courez	couru, e
(2k)	mourir	*Pres., fut.* and derivatives as in (4a) with change of ...**ou**... to ...**eu**... in the sg. and the 3rd person pl. of the *pres.*; *p.s.* like (3a); ...**rr**...in *fut.* and *cond.*	meurs meurs meurt mourons mourez meurent	meure meures meure mourions mouriez meurent	mourus mourus mourut mourûmes mourûtes moururent	mourrai mourras mourra mourrons mourrez mourront	meurs mourons mourez	mort, e
(2l)	acquérir	*Pres.* and derivatives as in (4a) with change of ...**ér**... to ...**ier**... (*ind.*) and ...**ièr**... (*sbj.*) [jɛr] when stressed; *p.p* in ...**is**; *fut.* and *cond.* in ...**err**..., not ...**érir**...	acquiers acquiers acquiert acquérons acquérez acquièrent	acquière acquières acquière acquérions acquériez acquièrent	acquis acquis acquit acquîmes acquîtes acquirent	acquerrai acquerras acquerra acquerrons acquerrez acquerront	acquiers acquérons acquérez	acquis, e

Infinitif	Remarks	Présent de l'indicatif	Présent du subjonctif	Passé simple	Futur simple	Impératif	Participe passé
(2m) haïr	Regular except that it loses trema from the i in the sg. of the *pres. ind.* and of the *imper.* with a corresponding change of pronunciation	hais [ɛ] hais hait haïssons haïssez haïssent	haïsse haïsses haïsse haïssions haïssiez haïssent	haïs [aɪ] haïs haït haïmes haïtes haïrent	haïrai haïras haïra haïrons haïrez haïront	hais [ɛ] haïssons haïssez	haï, *e*
(2n) faillir	Defective verb			faillis faillis faillit faillîmes faillîtes faillirent	faillirai failliras faillira faillirons faillirez failliront		failli, *e*
(2o) fleurir	Regular (like 2a) but in the sense of *prosper* has *p.pr.* **florissant** and *impf. ind.* **florissais**, etc.	fleuris fleuris fleurit fleurissons fleurissez fleurissent	fleurisse fleurisses fleurisse fleurissions fleurissiez fleurissent	fleuris fleuris fleurit fleurîmes fleurîtes fleurirent	fleurirai fleuriras fleurira fleurirons fleurirez fleuriront	fleuris fleurissons fleurissez	fleuri, *e*
(2p) saillir	Defective verb. *P.pr.* **saillant**	saille saillent	saille saillent		saillera sailleront		sailli, *e*

	Infinitif	Remarks	Présent de l'indicatif	Présent du subjonctif	Passé simple	Futur simple	Impératif	Participe passé
(2q)	gésir	Defective verb. Used only in *pres.* and *impf. ind. P.pr.* **gisant**	— — gît gisons gisez gisent					
(2r)	ouïr	Defective verb						ouï, *e*
(2s)	assaillir	*Pres.* and occasionally *fut.* and their derivatives like (1a)	assaille assailles assaille assaillons assaillez assaillent	assaille assailles assaille assaillions assailliez assaillent	assaillis assaillis assaillit assaillîmes assaillîtes assaillirent	assaillirai assailliras assaillira assaillirons assaillirez assailliront	assaille assaillons assaillez	assailli, *e*
(2t)	défaillir	Like (2s). But there is an old 3rd person sg. *pres. ind.* **défaut** in addition	défaille défailles défaille défaillons défaillez défaillent	défaille défailles défaille défaillions défailliez défaillent	défaillis défaillis défaillit défaillîmes défaillîtes défaillirent	défaillirai défailliras défaillira défaillirons défaillirez défailliront	défaille défaillons défaillez	défailli, *e*
(2u)	férir	Defective verb						féru, *e*
(2v)	quérir	Defective verb						

Third Conjugation

(3a) recevoir

I. Simple Tenses

Présent	Futur simple	Subjonctif présent
sg. je reçois	sg. je recevrai	sg. que je reçoive
tu reçois	tu recevras	que tu reçoives
il reçoit	il recevra	qu'il reçoive
pl. nous recevons	pl. nous recevrons	pl. que nous recevions
vous recevez	vous recevrez	que vous receviez
ils reçoivent	ils recevront	qu'ils reçoivent

Impératif	Conditionnel présent	Subjonctif imparfait
reçois	sg. je recevrais	sg. que je reçusse
recevons	tu recevrais	que tu reçusses
recevez	il recevrait	qu'il reçût
	pl. nous recevrions	pl. que nous reçussions
	vous recevriez	que vous reçussiez
	ils recevraient	qu'ils reçussent

Imparfait
sg. je recevais
tu recevais
il recevait
pl. nous recevions
vous receviez
ils recevaient

Passé simple
sg. je reçus
tu reçus
il reçut
pl. nous reçûmes
vous reçûtes
ils reçurent

Participe présent
recevant

Participe passé[1]

reçu, e

Infinitif présent

recevoir

II. Compound Tenses

Participe passé with the help of avoir and être; see (1a)

[1] devoir and its derivative redevoir have dû, due, m/pl. dus and redû, redue, m/pl. redus

	Infinitif	Remarks	Présent de l'indicatif	Présent du subjonctif	Passé simple	Futur simple	Impératif	Participe passé
(3b)	apparoir	Defective verb	il appert					
(3c)	asseoir	There are alternative forms; pres. ind. **as-sois** etc.; pres. sbj. **as-soie** etc.; fut. **assoirai** etc.; imper. **assois, asseyez; assoyons, assoyez;** p.pr. **assoyant;** impf. ind. **assoyais**	assieds assieds assied asseyons asseyez asseyent	asseye asseyes asseye asseyions asseyiez asseyent	assis assis assit assîmes assîtes assirent	assiérai assiéras assiéra assiérons assiérez assiéront	assieds asseyons asseyez	assis, e
	surseoir		sursois sursois sursoit sursoyons sursoyez sursoient	sursoie sursoies sursoie sursoyions sursoyiez sursoient	sursis sursis sursit sursîmes sursîtes sursirent	surseoirai surseoiras surseoira surseoirons surseoirez surseoiront	sursois sursoyons sursoyez	sursis, e
(3d)	choir	Defective verb. No p.pr. There are alternative forms: fut. **cherrai** etc.	chois chois choir		chus chus chut chûmes chûtes churent	choirai choiras choira choirons choirez choiront		chu, e

	Infinitif	Remarks	Présent de l'indicatif	Présent du subjonctif	Passé simple	Futur simple	Impératif	Participe passé
	déchoir	Defective verb. No *impf. ind.* and no *p.pr.*	déchois déchois déchoit déchoyons déchoyez déchoient	déchoie déchoies déchoie déchoyions déchoyiez déchoient	déchus déchus déchut déchûmes déchûtes déchurent	déchoirai déchoiras déchoira déchoirons déchoirez déchoiront		déchu, e
	échoir	Defective verb. *P.pr.* **échéant.** *Impf. ind.* **il échoyait** or **échéait.** There are alternative forms: *fut.* **il écherra, ils écherront**	il échoit ils échoient	qu'il échoie	il échut ils échurent	il échoira ils échoiront		échu, e
(3 e)	falloir	Impersonal verb	il faut	qu'il faille	il fallut	il faudra		fallu *inv.*
(3 f)	mouvoir	The ...ou... of the stem becomes ...eu... when stressed. **Promouvoir** is used chiefly in the *inf.*, *p.p.* (**promu,** e) and compound tenses; **émouvoir** has *p.p.* **ému,** e	meus meus meut mouvons mouvez meuvent	meuve meuves meuve mouvions mouviez meuvent	mus mus mut mûmes mûtes murent	mouvrai mouvras mouvra mouvrons mouvrez mouvront	meus mouvons mouvez	mû, mue

	Infinitif	Remarks	Présent de l'indicatif	Présent du subjonctif	Passé simple	Futur simple	Impératif	Participe passé
(3g)	pleuvoir	Impersonal verb	il pleu	qu'il pleuve	il plut	il pleuvra		plu *inv.*
(3h)	pouvoir	In the *pres. ind.* the 1st person can also be **je puis** and the interrogative is **puis-je** not **peux-je**. No *imper.* In the sg. and 3rd person pl. the ...**ou**... of the stem becomes ...**eu**... when stressed	peux peux peut pouvons pouvez peuvent	puisse puisses puisse puissions puissiez puissent	pus pus put pûmes pûtes purent	pourrai pourras pourra pourrons pourrez pourront		pu *inv.*
(3i)	savoir	*P.pr.* **sachant**	sais sais sait savons savez savent	sache saches sache sachions sachiez sachent	sus sus sut sûmes sûtes surent	saurai sauras saura saurons saurez sauront	sache sachons sachez	su, *e*
(3k)	seoir	Defective verb. *P.pr.* **seyant** or **séant.** *Impf. ind.* is **il seyait, ils seyaient**	il sied ils siéent	il siée ils siéent		il siéra ils siéront		sis, *e*

	Infinitif	Remarks	Présent de l'indicatif	Présent du subjonctif	Passé simple	Futur simple	Impératif	Participe passé
(31)	valoir	Prévaloir forms its pres. sbj. regularly: que je prévale, etc. Note the fut. and cond. with ...d...	vaux vaux vaut valons valez valent	vaille vailles vaille valions valiez vaillent	valus valus valut valûmes valûtes valurent	vaudrai vaudras vaudra vaudrons vaudrez vaudront		*valu*, e
(3m)	voir	Alternation between **i** and **y** as in (2d). **Pourvoir** and **prévoir** have *fut.* and *cond.* in ...oir...; **pourvoir** has *p.s.* **pourvus**	vois vois voit voyons voyez voient	voie voies voie voyions voyiez voient	vis vis vit vîmes vîtes virent	verrai verras verra verrons verrez verront	vois voyons voyez	*vu*, e
(3n)	vouloir	The ...**ou**... of the stem becomes ...**eu**... when stressed. Note the *fut.* and cond. with ...**d**...	veux veux veut voulons voulez veulent	veuille veuilles veuille voulions vouliez veuillent	voulus voulus voulut voulûmes voulûtes voulurent	voudrai voudras voudra voudrons voudrez voudront	veuille veuillons veuillez	*voulu*, e

Fourth Conjugation

In the regular 4th Conjugation verbs, the stem does not change

(4a) vendre

I. Simple Tenses

Présent[1]

sg. je vends
tu vends
il vend[2]

pl. nous vendons
vous vendez
ils vendent

Passé simple

sg. je vendis
tu vendis
il vendit

pl. nous vendîmes
vous vendîtes
ils vendirent

Participe passé

vendu, e

Infinitif présent

vendre

Impératif

vends
vendons
vendez

Imparfait

sg. je vendais
tu vendais
il vendait

pl. nous vendions
vous vendiez
ils vendaient

Participe présent

vendent

Futur simple

sg. je vendrai
tu vendras
il vendra

pl. nous vendrons
vous vendrez
ils vendront

Conditionnel présent

sg. je vendrais
tu vendrais
il vendrait

pl. nous vendrions
vous vendriez
ils vendraient

Subjonctif présent

sg. que je vende
que tu vendes
qu'il vende

pl. que nous vendions
que vous vendiez
qu'ils vendent

Subjonctif imparfait

sg. que je vendisse
que tu vendisses
qu'il vendît

pl. que nous vendissions
que vous vendissiez
qu'ils vendissent

II. Compound Tenses

Participe passé with the help of **avoir** and **être;** *see* (1 a)

[1] **battre** and its derivatives have **bats, bats, bat** in the sg.; the pl. is regular: **battons**, etc.
[2] **rompre** and its derivatives have **il rompt.**

Infinitif	Remarks	Présent de l'indicatif	Présent du subjonctif	Passé simple	Futur simple	Impératif	Participe passé
(4b) boire	Note the ...v... in some forms and the ...u... [y] which appears instead of ...oi... The *p.s.* endings are as in (3a). *P.-pr.* **buvant**	bois bois boit buvons buvez boivent	boive boives boive buvions buviez boivent	bus bus but bûmes bûtes burent	boirai boiras boira boirons boirez boiront	bois buvons buvez	bu, e
(4c) braire	Defective verb. *Impf.* *ind.* is **il brayait**	il brait ils braient			il braira ils brairont		brait
(4d) bruire	Defective verb. *Impf.* *ind.* is **bruissait** or **ils bruissent**	il bruit ils bruissent			il bruira		
(4e) circoncire	Goes like (4i) except for *p.p.* **circoncis, e**	circoncis circoncis circoncit circoncisons circoncisez circoncisent	circoncise circoncises circoncise circoncisions circoncisiez circoncisent	circoncis circoncis circoncit circoncîmes circoncîtes circoncirent	circoncirai circonciras circoncira circoncirons circoncirez circonciront	circoncis circoncisons circoncisez	circoncis, e
(4f) clore	Defective verb. Note the circumflex in the 3rd person sg. *pres. ind.* **clôt**. **Enclore** is conjugated like **clore**, but has all forms of the *pres. ind.*	je clos tu clos il clôt	close closes close closions closiez closent		clorai cloras clora clorons clorez cloront	clos	clos, e

	Infinitif	Remarks	Présent de l'indicatif	Présent du subjonctif	Passé simple	Futur simple	Impératif	Participe passé
	éclore	Defective verb	il éclôt ils éclosent	qu'il éclose qu'ils éclosent		il éclora ils écloront		éclos, e
(4g)	conclure	P.s. as in (3a). **Reclure** is used only in the *inf.*, the *p.p.* (**reclus, e**) and the *compound tenses*	conclus conclus conclut concluons concluez concluent	conclue conclues conclue concluions concluiez concluent	conclus conclus conclut conclûmes conclûtes conclurent	conclurai concluras conclura conclurons conclurez concluront	conclus concluons concluez	conclu, e
(4h)	conduire	**Luire, reluire, nuire** have not t in the *p.p.*	conduis conduis conduit conduisons conduisez conduisent	conduise conduises conduise conduisions conduisiez conduisent	conduisis conduisis conduisit conduisîmes conduisîtes conduisirent	conduirai conduiras conduira conduirons conduirez conduiront	conduis conduisons conduisez	conduit, e
(4i)	suffire	**Confire** has *p.p.* confit, e	suffis suffis suffit suffisons suffisez suffisent	suffise suffises suffise suffisions suffisiez suffisent	suffis suffis suffit suffîmes suffîtes suffirent	suffirai suffiras suffira suffirons suffirez suffiront	suffis suffisons suffisez	suffi *inv.*

Infinitif	Remarks	Présent de l'indicatif	Présent du subjonctif	Passé simple	Futur simple	Impératif	Participe passé
(4k) connaître	The f keeps its circumflex only in the 3rd person sg. *pres. ind.* and in the *fut.* and *cond.*; *p.s.* ends as in (3a). **Repaître** goes like **connaître**, **paître** has no *p.s.* and no *p.p.*	connais connais connaît connaissons connaissez connaissent	connaisse connaisses connaisse connaissions connaissiez connaissent	connus connus connut connûmes connûtes connurent	connaîtrai connaîtras connaîtra connaîtrons connaîtrez connaîtront	connais connaissons connaissez	connu, e
(4l) coudre	Note that ...**s**... replaces ...**d**... before a vowel	couds couds coud cousons cousez cousent	couse couses couse cousions cousiez cousent	cousis cousis cousit cousîmes cousîtes cousirent	coudrai coudras coudra coudrons coudrez coudront	couds cousons cousez	cousu, e
(4m) craindre	Note alternation of nasal **n** and **n mouillé** (**gn**); also ...**d**... before the ...**r**... only in the *inf.*, *fut.* and *cond.* **Oindre** has only *inf.* and *p.p.*; **poindre** has only *inf.*, 3rd person sg. *pres. ind.*, *fut.* and *cond.*, and the compound tenses	crains crains craint craignons craignez craignent	craigne craignes craigne craignions craigniez craignent	craignis craignis craignit craignîmes craignîtes craignirent	craindrai craindras craindra craindrons craindrez craindront	crains craignons craignez	craint, e

	Infinitif	Remarks	Présent de l'indicatif	Présent du subjonctif	Passé simple	Futur simple	Impératif	Participe passé
(4n)	croire	*P.s.* ends as in (3a). **Accroire** occurs only in the *inf.*	crois crois croit croyons croyez croient	croie croies croie croyions croyiez croient	crus crus crut crûmes crûtes crurent	croirai croiras croira croirons croirez croiront	crois croyons croyez	cru, e
(4o)	croître	The î keeps its circumflex only in the *pres. ind. sg., imper. sg.,* and the *fut.* and *cond.* **Décroître** and **accroître** have no circumflex in *p.s.* or *p.p.*	croîs croîs croît croissons croissez croissent	croisse croisses croisse croissions croissiez croissent	crûs crûs crût crûmes crûtes crûrent	croîtrai croîtras croîtra croîtrons croîtrez croîtront	croîs croissons croissez	crû, crue *m/pl.* crus
(4p)	dire	**Redire** is conjugated like **dire**. The other derivatives of **dire** have **...disez** in the 2nd person pl. *pres. ind.* and *imper.*, except **maudire** which is conjugated like (2a) but has *p.p.* **maudit, e**	dis dis dit disons dites disent	dise dises dise disions disiez disent	dis dis dit dîmes dîtes dirent	dirai diras dira dirons direz diront	dis disons dites	dit, e

	Infinitif	Remarks	Présent (de l'indicatif)	Présent (du subjonctif)	Passé simple	Futur simple	Impératif	Participe passé
(4q)	écrire	Note the ...v... which appears when the verb-ending begins with a vowel	écris écris écrit écrivons écrivez écrivent	écrive écrives écrive écrivions écriviez écrivent	écrivis écrivis écrivit écrivîmes écrivîtes écrivirent	écrirai écriras écrira écrirons écrirez écriront	écris écrivons écrivez	écrit, e
(4r)	faire	**Malfaire** is used only in the *inf.* and **forfaire** only in the *inf.*, *p.p.* and compound tenses	fais fais fait faisons faites font	fasse fasses fasse fassions fassiez fassent	fis fis fit fîmes fîtes firent	ferai feras fera ferons ferez feront	fais faisons faites	fait, e
(4s)	frire	Defective verb	fris fris frit			frirai friras frira frirons frirez friront	fris	frit, e
(4t)	lire	*P.s.* ends as in (3a)	lis lis lit lisons lisez lisent	lise lises lise lisions lisiez lisent	lus lus lut lûmes lûtes lurent	lirai liras lira lirons lirez liront	lis lisons lisez	lu, e

	Infinitif	Remarks	Présent de l'indicatif	Présent du subjonctif	Passé simple	Futur simple	Impératif	Participe passé
(4 u)	luire	See (4h). *P.s.* and *impf. sbj.* are rarely used						
(4 v)	mettre	Note that one **t** drops in the *pres. ind. sg.* and *imper. sg.*	mets mets met mettons mettez mettent	mette mettes mette mettions mettiez mettent	mis mis mit mîmes mîtes mirent	mettrai mettras mettra mettrons mettrez mettront	mets mettons mettez	mis, *e*
(4 w)	moudre	Note that **...l...** replaces **...d...** before a vowel	mouds mouds moud moulons moulez moulent	moule moules moule moulions mouliez moulent	moulus moulus moulut moulûmes moulûtes moulurent	moudrai moudras moudra moudrons moudrez moudront	mouds moulons moulez	moulu, *e*
(4 x)	naître	Note that **...ss...** replaces **...t...** in the *pres. ind. pl.* and its derivatives; note the circumflex in **il naît** and in the *fut.* and *cond.*, and the *p.p.* **né.** In **renaître** the *p.p.* and the *compound tenses* are not used	nais nais naît naissons naissez naissent	naisse naisses naisse naissions naissiez naissent	naquis naquis naquit naquîmes naquîtes naquirent	naîtrai naîtras naîtra naîtrons naîtrez naîtront	nais naissons naissez	né, *e*

	Infinitif	Remarks	Présent de l'indicatif	Présent du subjonctif	Passé simple	Futur simple	Impératif	Participe passé
(4y)	occire	Defective verb						occis, *e*
(4z)	plaire	*P.s.* ends as in (3a). **Taire** has no circumflex in il **tait**; *p.p.* **tu, e**	plais plais plaît plaisons plaisez plaisent	plaise plaises plaise plaisions plaisiez plaisent	plus plus plut plûmes plûtes plurent	plairai plairas plaira plairons plairez plairont	plais plaisons plaisez	plu *inv.*
(4aa)	prendre		prends prends prend prenons prenez prennent	prenne prennes prenne prenions preniez prennent	pris pris prit prîmes prîtes prirent	prendrai prendras prendra prendrons prendrez prendront	prends prenons prenez	pris, *e*
(4bb)	résoudre	**Absoudre** has *p.p.* **absous, absoute**, but no *p.s.* or *impf.* sbj. **Dissoudre** goes like **absoudre**	résous résous résout résolvons résolvez résolvent	résolve résolves résolve résolvions résolviez résolvent	résolus résolus résolut résolûmes résolûtes résolurent	résoudrai résoudras résoudra résoudrons résoudrez résoudront	résous résolvons résolvez	résolu, *e* In ⚡ résous
(4cc)	rire	*P.p.* as in (2a)	ris ris rit rions riez rient	rie ries rie riions riiez rient	ris ris rit rîmes rîtes rirent	rirai riras rira rirons rirez riront	ris rions riez	ri *inv.*

	Infinitif	Remarks	Présent de l'indicatif	Présent du subjonctif	Passé simple	Futur simple	Impératif	Participe passé
(4dd)	sourdre	Defective verb. The past tenses are rare	il sourd ils sourdent	qu'il sourde qu'ils sourdent	il sourdit ils sour-dirent	il sourdra ils sour-dront		
(4ee)	suivre	Note the p.p. **suivi, e.** **S'ensuivre** occurs only in the 3rd person of each tense	suis suis suit suivons suivez suivent	suive suives suive suivions suiviez suivent	suivis suivis suivit suivîmes suivîtes suivirent	suivrai suivras suivra suivrons suivrez suivront	suis suivons suivez	suivi, e
(4ff)	traire	Defective verb. No *impf. sbj.*; **raire** goes like **traire**; p.p. **rait** is *inv.*	trais trais trait trayons trayez traient	traie traies traie trayions trayiez traient		trairai trairas traira trairons trairez trairont	trais trayons trayez	trait, e
(4gg)	vaincre	No **t** in the 3rd person sg. *pres. ind.* Note **c** is replaced by **qu** before a vowel except in the p.p. **vaincu, e**	vaincs vaincs vainc vainquons vainquez vainquent	vainque vainques vainque vainquions vainquiez vainquent	vainquis vainquis vainquit vainquîmes vainquîtes vainquirent	vaincrai vaincras vaincra vaincrons vaincrez vaincront	vaincs vainquons vainquez	vaincu, e
(4hh)	vivre	Note omission of the final **v** of the stem in the *pres. ind.* sg., the p.s. and the p.p.	vis vis vit vivons vivez vivent	vive vives vive vivions viviez vivent	vécus vécus vécut vécûmes vécûtes vécurent	vivrai vivras vivra vivrons vivrez vivront	vis vivons vivez	vécu, e

Second Part

English-French

Contents

Table des matières

Preface

Language has two faces: one looking back, one looking forward. "Langenscheidt's Compact French Dictionary" has tried to take both of these aspects into account: In retaining some of yesterday's speech, it will help the user to grapple with the great 19th century authors, whether for school or for pleasure. At the same time, he will find language's path into the future staked out by such words as: *acceleration lane, acid rain, antipollution device, cassette recorder, chat show, deejay, ecocide, typing pool*, etc., etc.

Needless to say, a great deal of the material old and new is made up of phrases and phraselike expressions covering all registers of speech from everyday language down to slang. Irregular forms of verbs and nouns have been put in their proper alphabetic position to help the beginner.

After each entry word the phonetic transcription has been given, using the system of the International Phonetic Association. For English entry words syllabification has been indicated by centred dots. American English, both spelling and usage, has been the object of particular attention.

We recommend the user to read carefully pages 603–604 – instructions on how to use the dictionary, which should increase its practical value. On page 605 ff. there is the explanation of the devices used to save space without sacrificing clarity.

A series of appendices to the dictionary proper gives lists – of proper names, of common abbreviations, of numerals, weights and measures – as well as a list of irregular verbs and an introduction to the conjugations of English verbs.

LANGENSCHEIDT

Préface

La langue a deux visages: l'un est tourné vers le passé, l'autre vers le futur. «Langenscheidt's Compact French Dictionary» s'efforce de tenir compte de ces deux aspects: En gardant une certaine partie du vocabulaire d'hier, il aidera l'utilisateur dans la lecture des auteurs classiques, que ce soit à l'école ou pour son plaisir personnel; mais d'autre part, pour rendre son dû à l'aspect «futuriste» de la langue, de nombreux «mots nouveaux» ont été introduits, comme par ex.: *acceleration lane, acid rain, antipollution device, cassette recorder, chat show, deejay, ecocide, typing pool, etc., etc.*

Il va sans dire qu'une bonne partie de ce dictionnaire consiste en phrases et expressions idiomatiques appartenant à tous les niveaux de langue. Les formes irrégulières des verbes et des substantifs sont mises à leur place alphabétique pour aider les débutants.

À la suite de chaque mot-souche la prononciation est indiquée entre crochets selon le système de l'Association Phonétique Internationale. En outre, pour les mots-souches anglais la division en syllabes est marquée par des points à l'intérieur des mots. L'américain, tant dans son orthographe que dans ses idiotismes, a été l'objet d'une attention spéciale et détaillée.

Nous recommandons la lecture attentive des pages 603/604 – indications pour l'emploi du dictionnaire qui en releveront la valeur pratique. A la page 605 ss. on trouvera l'explication des expédients auxquels on a eu recours pour gagner de la place sans nuire à la clarté.

En complément du dictionnaire proprement dit on trouvera des listes – de noms propres, d'abréviations usuelles, de nombres, de poids, de mesures, – ainsi qu'une liste des verbes irréguliers et une introduction aux conjugaisons des verbes anglais.

LANGENSCHEIDT

Directions for the use of this dictionary
Indications pour l'emploi de ce dictionnaire

1. **Arrangement.** The alphabetic order of the entry words has been observed throughout. Hence you will find, in their proper alphabetic order:

a) the irregular forms of verbs, nouns, comparatives and superlatives;

b) the various forms of the pronouns;

c) compounds.

2. **Homonyms** of different etymologies have been subdivided by exponents;

e.g. *March*[1] mars ...
march[2] marche ...
march[3] marche ...

3. **Vocabulary.** Some of the numerous nouns ending in ...*er*, ...*ing*, ...*ism*, ...*ist* or ...*ness* and adjectives formed with *in*... or *un*... have not been listed in this dictionary. In order to find out their meanings, look up the radical.

4. **Differences in meaning.** The different senses of English words have been distinguished by:

a) explanatory additions given in italics after a translation;

e.g. **a·bate** ...(ra)baisser (*le prix*); ... tomber (*vent*); ...
an·cient 2. *the* ~*s pl.* les anciens *m/pl.* (*grecs et romains*);

b) symbols and abbreviations before the particular meaning (see list on pages 605–607). If, however, the symbol or abbreviation applies to all translations alike, it is placed

1. **Classement.** L'ordre alphabétique des mots-souches a été rigoureusement observé. Ainsi on trouvera dans leur ordre alphabétique:

a) les formes irrégulières des verbes, des noms, des comparatifs et des superlatifs;

b) les formes diverses des pronoms;

c) les mots composés.

2. Les **homonymes** d'étymologie différente font l'objet d'articles différents distingués par un chiffre placé en haut derrière le mot en question;

p.ex. *March*[1] mars ...
march[2] marche ...
march[3] marche ...

3. **Vocabulaire.** De nombreux noms à terminaison en ...*er*, ...*ing*, ...*ism*, ...*ist* ou ...*ness*, ainsi que beaucoup d'adjectifs formés à l'aide des préfixes *in*... ou *un*... n'ont pas été inclus dans ce dictionnaire. Pour trouver leurs sens il faut chercher les radicaux appropriés.

4. **Distinction de sens.** Les différents sens des mots anglais se reconnaissent grâce à:

a) des additions explicatives, en italique, placées à la suite des versions proposées;

p.ex. **a·bate** ...(ra)baisser (*le prix*); ... tomber (*vent*); ...
an·cient 2. *the* ~*s pl.* les anciens *m/pl.* (*grecs et romains*);

b) des symboles ou des definitions en abrégé qui les précèdent (voir liste pages 605–607). Si, cependant, les symboles ou abréviations se rapportent à l'ensemble des tra-

604

between the entry word and its phonetic transcription.

A semicolon separates a given meaning from another one which is essentially different.

5. **Letters in brackets** within an entry word indicate that in most cases in British English the word is spelt with the letter bracketed, in American English without.

6. The **indication of the parts of speech** has been omitted when it is obvious.

7. **Syllabification** has been indicated by centred dots in all entry words of more than one syllable. If, however, a syllabification dot coincides with a stress mark the former is left out.

8. In order to save space we have omitted:

a) *to* before English infinitives;

b) the phonetic transcriptions of compounds whose component parts are separate entry words with transcriptions;

c) the phonetic transcriptions of entry words having one of the endings listed on page 611. In this case the entry word itself takes the stress mark.

9. **Preterite and past participle** of irregular verbs have been given as separate entries. [*irr.*] given after the infinitive of each irregular verb refers to the list of the strong and irregular weak verbs at the end of this volume (pages 1257–1260). Irregular forms of compound verbs, however, have not been listed; instead, their infinitive has been supplemented by [*irr.*] and the respective radical in round brackets;

e.g. **un·der·stand** [*irr.* (*stand*)].

ductions, ils sont intercalés entre le mot-souche et la transcription phonétique.

Le point-virgule sépare une acception d'une autre essentiellement différente.

5. Les **lettres entre parenthèses** dans les mots-souches indiquent que dans la plupart des cas en anglais britannique le mot s'écrit avec cette lettre, pendant qu'en anglais américain sans cette lettre.

6. L'**indication des différentes fonctions des mots** est omise lorsqu'elle est évidente.

7. Les **points de séparation de syllabes** à l'intérieur des mots-souches de plus d'une syllabe indiquent après quelles syllabes le mot peut se diviser. Si, cependant, le point de séparation coïncide avec l'apostrophe d'accentuation, on laisse de côté le point.

8. Afin de gagner de la place, nous avons omis:

a) *to* devant les infinitifs anglais;

b) la transcription phonétique de mots composés dont les parties composantes sont données en tant que mots-souches individuels avec leurs transcriptions;

c) les transcriptions phonétiques de mots-souches possédant l'une des terminaisons mentionnées page 611. L'apostrophe d'accentuation de ces mots se trouve à l'intérieur même du mot-souche.

9. Le **prétérite et le participe passé** des verbes irréguliers se trouvent dans le vocabulaire sous forme de mots-souches individuels. [*irr.*] après l'infinitif de chaque verbe irrégulier renvoie à la liste des verbes forts et des verbes faibles irréguliers à la fin de ce dictionnaire (pages 1257–1260). Les formes irrégulières des verbes composés sont supprimées; au lieu de quoi leurs infinitifs sont supplementés par [*irr.*] et leurs radicaux;

p.ex. **un·der·stand** [*irr.* (*stand*)].

Key to the symbols and abbreviations
Explication des symboles et des abréviations

1. Symbols

The tilde (∼, ∼) serves as a mark of repetition. To save space, compound entry words are often given with a tilde replacing one part.

The tilde in bold type (∼) replaces the entry word at the beginning of the entry;

e.g. **day** ...; '∼**·book** = daybook.

The simple tilde (∼) replaces:

a) the entry word immediately preceding (which itself may contain a tilde in bold type);

   e.g. **half** ...; ∼ *a crown* = half a crown;
   day ...; '∼**·light** ...; ∼*saving time* = daylight-saving time;

b) within the phonetic transcription, the whole of the pronunciation of the preceding entry word, or of some part of it which remains unchanged;

   e.g. **bill**[1] [bil] ...; **bill**[2] [∼] ...;
   pil·lar ['pilə] ...; **pil·lared** ['∼ləd] = ['piləd].

The tilde with a circle (≗, ≗).

When the first letter changes from small to capital or vice-versa, the usual tilde is replaced by a tilde with circle (≗, ≗).

e.g. **grand** ...; ≗ *Duchess* = Grand Duchess; **can·dle** ...; '≗**·mas** = Candlemas.

□ after an adjective indicates that the adjective takes the regular adverbial form;

e.g. **bit·ter** □ = bitterly;
   a·ble □ = ably;
   hap·py □ = happily.

1. Symboles

Le tilde (∼, ∼) est le signe de la répétition. Afin de gagner de la place, souvent le mot-souche ou un de ses éléments a été remplacé par le tilde.

Le tilde en caractère gras (∼) remplace le mot-souche qui se trouve au début de l'article;

p.ex. **day** ...; '∼**·book** = daybook.

Le tilde simple (∼) remplace:

a) le mot-souche qui précède (qui d'ailleurs peut également être formé à l'aide du tilde en caractère gras);

   p.ex. **half** ...; ∼ *a crown* = half a crown;
   day ...; '∼**·light** ...; ∼*saving time* = daylight-saving time;

b) dans la transcription phonétique, la prononciation entière ou la partie qui demeure inchangée;

   p.ex. **bill**[1] [bil] ...; **bill**[2] [∼] ...;
   pil·lar ['pilə] ...; **pil·lared** ['∼ləd] = ['piləd].

Le tilde avec cercle (≗, ≗).

Quand la première lettre se transforme de minuscule en majuscule ou vice versa, le tilde normal est remplacé par le tilde avec cercle (≗, ≗);

p.ex. **grand** ...; ≗ *Duchess* = Grand Duchess; **can·dle** ...; '≗**·mas** = Candlemas.

□ placé après un adjectif signifie qu'à partir de lui un adverbe régulier peut se former;

p.ex. **bit·ter** □ = bitterly;
   a·ble □ = ably;
   hap·py □ = happily.

(∼ally) after an adjective indicates that an adverb is formed by affixing -ally to the entry word;

e.g. **ar·o·mat·ic** (∼ally) = aromatically.

When there is but one adverbial form for adjectives ending in both -ic and -ical, this is indicated in the following way:

his·tor·ic, his·tor·i·cal □,

i.e. historically is the adverb of both adjectives.

The other symbols used in this dictionary are:

(∼ally) placé après un adjectif signifie qu'à partir de lui un adverbe peut se former en ajoutant -ally au mot-souche;

p.ex. **ar·o·mat·ic** (∼ally) = aromatically.

Quand il n'y a qu'un seul adverbe pour des adjectifs à terminaison en -ic et -ical, c'est indiqué de manière suivante:

his·tor·ic, his·tor·i·cal □,

c.-à-d. historically est l'adverbe des deux adjectifs.

Les autres symboles employés dans ce dictionnaire sont:

F	*familier*, colloquial.	🚇	*chemin de fer*, railway, *Am.* railroad.
V	*vulgaire*, vulgar.		
†	*vieilli*, obsolete.	✈	*aviation*, aviation.
❀	*botanique*, botany.	♪	*musique*, music.
⊕	*technologie*, technology; *mécanique*, mechanics.	△	*architecture*, architecture.
		⚡	*électricité*, electricity.
⚒	*mines*, mining.	⚖	*droit*, law.
✕	*militaire*, military.	A͞	*mathématique*, mathematics.
⚓	*nautique*, nautical; *marine*, navy.	✿	*agriculture*, agriculture.
		🜍	*chimie*, chemistry.
✝	*commerce*, commercial; *finances*, finance.	✚	*médecine*, medicine.
		Ⓩ	*blason*, heraldry.

2. Abbreviations – Abréviations

a.	*aussi*, also.		*co.*	*comique*, comical.
abr.,	*abréviation*, abbreviation.		*coll.*	*collectif*, collective.
abbr.			*comp.*	*comparatif*, comparative.
adj.	*adjectif*, adjective.		*cond.*	*conditionnel*, conditional.
admin.	*administration*, administration.		*cons.*	*consonne*, consonant.
			cost.	*costume*, costume.
adv.	*adverbe*, adverb.		*cuis.*	*cuisine*, culinary art.
alp.	*alpinisme*, mountaineering.		*cycl.*	*cyclisme*, cycling.
Am.	Americanism, *américanisme*.		*dém.*	*démonstratif*, demonstrative.
anat.	*anatomie*, anatomy.			
Angl.	*Angleterre*, England.		*dial.*	*dialectal*, dialectal.
approx.	*approximativement*, approximately.		*eccl.*	*ecclésiastique*, ecclesiastical.
			écoss.	*écossais*, Scottish.
art.	*article*, article.		*enf.*	*enfantin*, childish speech.
astr.	*astronomie*, astronomy.		*équit.*	*équitation*, horsemanship.
attr.	*attribut*, attributively.		*etc.*	*et cætera*, and so on.
bibl.	*biblique*, biblical.		*É.-U.*	*États-Unis*, U.S.A.
biol.	*biologie*, biology.		*f*	*féminin*, feminine.
box.	*boxe*, boxing.		*fig.*	figuratively, *sens figuré*.
Brit.	British, *britannique*.		*foot.*	*football*, football.
cin.	*cinéma*, cinema.		*Fr.*	French, *français*.
cj.	*conjonction*, conjunction.		*fut.*	*futur*, future.

géog.	*géographie,* geography.	*p.pr.*	*participe présent,* present participle.
géol.	*géologie,* geology.	*préf.*	*préfixe,* prefix.
gér.	*gérondif,* gerund.	*prét.*	*prétérit,* preterite.
gramm.	*grammaire,* grammar.	*pron.*	*pronom,* pronoun.
gymn.	*gymnastique,* gymnastics.	*prov.*	*provincialisme,* provincialism.
hist.	*histoire,* history.		
icht.	*ichtyologie,* ichthyology.	*prp.*	*préposition,* preposition.
impér.	*impératif,* imperative.	*p.s.*	*passé simple,* past tense.
impf.	*imparfait,* imperfect.	*psych.*	*psychologie,* psychology.
ind.	*indicatif,* indicative.	*q., q.*	*quelqu'un,* someone.
indéf.	*indéfini,* indefinite.	*qch.,*	*quelque chose,* something.
inf.	*infinitif,* infinitive.	*qch.*	
int.	*interjection,* interjection.	*qqfois*	*quelquefois,* sometimes.
interr.	*interrogatif,* interrogative.	*rel.*	*relatif,* relative.
inv.	*invariable,* invariable.	*sbj.*	*subjonctif,* subjunctive.
Ir.	Irish, *irlandais.*	*sc.*	*scilicet,* namely, *c'est-à-dire.*
iro.	*ironiquement,* ironically.	*sg.*	*singulier,* singular.
irr.	*irrégulier,* irregular; *see page 604.*	*sl.*	slang, *argot.*
		s.o.	someone, *quelqu'un.*
journ.	*journalisme,* journalism.	*souv.*	*souvent,* often.
ling.	*linguistique,* linguistics.	*sp.*	*sport,* sports.
m	*masculin,* masculine.	*s.th.*	something, *quelque chose.*
mes.	*mesure,* measure.	*str.*	strictly taken, *au sens étroit.*
métall.	*métallurgie,* metallurgy.		
météor.	*météorologie,* meteorology.	*su.*	*substantif,* substantive; *nom,* noun.
min.	*minéralogie,* mineralogy.		
mot.	motoring, *automobilisme.*	*sup.*	*superlatif,* superlative.
myth.	*mythologie,* mythology.	*surt.*	*surtout,* especially.
n	*neutre,* neuter.	*surv.*	surveying, *arpentage.*
nég.	*négatif,* negative.	*tél.*	*télégraphie,* telegraphy.
npr.	*nom propre,* proper name.	*téléph.*	*téléphonie,* telephony.
opt.	*optique,* optics.	*télév.*	*télévision,* television.
orn.	*ornithologie,* ornithology.	*tex.*	*industries textiles,* textiles.
o.s.	oneself, *soi-même.*	*théâ.*	*théâtre,* theatre.
parl.	*parlement,* parliament.	*(TM)*	trademark, *marque déposée.*
peint.	*peinture,* painting.	*typ.*	*typographie,* typography.
péj.	*sens péjoratif,* pejoratively.	*univ.*	*université,* university.
pers.	*personnel,* personal.	*usu.*	usually, *d'ordinaire.*
p.ex.	*par exemple,* for example.	*v/aux.*	*verbe auxiliaire,* auxiliary verb.
p.ext.	*par extension,* more widely taken.		
		vét.	*vétérinaire,* veterinary.
pharm.	*pharmacie,* pharmacy.	*v/i.*	*verbe intransitif,* intransitive verb.
phls.	*philosophie,* philosophy.		
phot.	*photographie,* photography.	*v/impers.*	*verbe impersonnel,* impersonal verb.
phys.	*physique,* physics.		
physiol.	*physiologie,* physiology.	*v/rfl.*	*verbe réfléchi,* reflexive verb.
pl.	*pluriel,* plural.	*v/t.*	*verbe transitif,* transitive verb.
poét.	*poétique,* poetic.		
pol.	*politique,* politics.	*vt/i.*	*verbe transitif et intransitif,* transitive and intransitive verb.
poss.	*possessif,* possessive.		
p.p.	*participe passé,* past participle.	*zo.*	*zoologie,* zoology.

The phonetic symbols
of the International Phonetic Association

Signes phonétiques
de l'Association Phonétique Internationale

A. Voyelles et Diphtongues

[ɑː] a long, clair, postérieur, comme dans pâte, âme, pâle: far [fɑː], father ['fɑːðə].

[ʌ] n'existe pas en français. A bref, obscur, sans que les lèvres ne s'arrondissent. Se forme à l'avant de la bouche, ouvertement: butter ['bʌtə], come [kʌm], colour ['kʌlə], blood [blʌd], flourish ['flʌriʃ], twopence ['tʌpəns].

[æ] clair, plutôt ouvert, pas trop bref. On relève la langue vers la partie antérieure du palais dur, en appliquant les lèvres contre les dents: fat [fæt], man [mæn].

[ɛə] e ouvert, semi-long, pas trop ouvert; ne se trouve en anglais que devant le r qui apparaît en tant que [ə] après l'e ouvert: bare [bɛə], pair [pɛə], there [ðɛə].

[ai] a clair entre le [ɑː] et le [æ], et un i plus faible, ouvert. La langue s'élève à demi comme pour prononcer l'i: I [ai], lie [lai], dry [drai].

[au] a clair entre le [ɑː] et le [æ], et un [u] plus faible, ouvert: house [haus], now [nau].

[e] e court à demi ouvert, un peu moins pur que l'e dans paix: bed [bed], less [les].

[ei] e à demi ouvert, tendant à finir en i; la langue se soulève à demi comme pour prononcer l'i: date [deit], play [plei], obey [o'bei].

[ə] son glissant, semblable à l'e muet du français debout, mais plus rapide: about [ə'baut], butter ['bʌtə], connect [kə'nekt].

[iː] i long, comme dans vie, bible, mais un peu plus ouvert qu'en français; se prononce avec redoublement dans le sud de l'Angleterre, la langue se soulevant lentement pour prononcer l'i: scene [siːn], sea [siː], feet [fiːt], ceiling ['siːliŋ].

[i] i court, ouvert, qui n'existe pas en français; s'articule avec les lèvres lâches: big [big], city ['siti].

[iə] i à demi ouvert, semi-long, finissant en [ə]: here [hiə], hear [hiə], inferior [in'fiəriə].

[ɔː] son ouvert, long, entre l'a et l'o: fall [fɔːl], nought [nɔːt], or [ɔː], before [bi'fɔː].

[ɔ] son ouvert, court, entre l'a et l'o, un peu comme [ɑː] très bref, les muscles peu tendus: god [gɔd], not [nɔt], wash [wɔʃ], hobby ['hɔbi].

[ɔi] o ouvert et i ouvert plus faible. La langue se soulève à demi comme pour prononcer l'i: voice [vɔis], boy [bɔi], annoy [ə'nɔi].

[o] o fermé comme: obey [o'bei], molest [mo'lest].

[ou] o long, à demi ouvert, finissant en [u] faible; lèvres non arrondies, langue non soulevée: note

[nout], *boat* [bout], *below* [bi'lou].

[ə:] n'existe pas en français; un peu comme l'[œ] dans peur, mais les lèvres ne s'avancent ni s'arrondissent: *word* [wəːd], *girl* [gəːl], *learn* [ləːn], *murmur* ['məːmə].

[uː] [u] long comme dans poule, mais aussi que les lèvres s'arrondissent; se prononce souvent comme [u] long, à demi ouvert, se terminant en [u] fermé: *fool* [fuːl], *shoe* [ʃuː], *you*

[juː], *rule* [ruːl], *canoe* [kə'nuː].

[u] rapide: *put* [put], *look* [luk], *careful* ['keəful].

[uə] [u] à demi ouvert et à demi long, se terminant en [ə]: *poor* [puə], *sure* [ʃuə], *allure* [ə'ljuə].

Parfois on emploie les nasales françaises suivantes: [ã] comme dans *détente*, [ɔ̃] comme dans *bonbon*, et [ɛ̃] comme dans *vin*.

La **longueur d'une voyelle** se traduit par [ː], p.ex. *ask* [ɑːsk], *astir* [əs'təː].

B. Consonnes

[r] ne se prononce que devant les voyelles. Tout à fait différent du r vélaire français. Le bout de la langue forme avec la partie antérieure du palais un passage étroit, par lequel le souffle, voisé, passe, sans pourtant que le son soit roulé. A la fin d'un mot, r ne se prononce qu'en liaison avec la voyelle initiale du mot suivant: *rose* [rouz], *pride* [praid], *there is* [ðɛər'iz].

[ʒ] ch sonore, comme g dans génie, j dans journal: *gentle* ['dʒentl], *jazz* [dʒæz], *large* [lɑːdʒ], *azure* ['æʒə].

[ʃ] ch sourd, comme dans champ, cher: *shake* [ʃeik], *fetch* [fetʃ], *chivalrous* ['ʃivlrəs].

[θ] n'existe pas en français; résulte de l'application de la langue contre les incisives supérieures: *thin* [θin], *path* [pɑːθ], *method* ['meθəd].

[ð] le même son sonorisé: *there* [ðɛə], *breathe* [briːð], *father* ['fɑːðə].

[s] sifflante sourde, comme dans sourd, sot: *see* [siː], *hats* [hæts], *decide* [di'said].

[z] sifflante sonore, comme dans chose, zèle: *zeal* [ziːl], *rise* [raiz], *horizon* [hə'raizn].

[ŋ] n'existe pas en français (sauf dans quelques mots empruntes à l'anglais comme *meeting*); se prononce comme pour une voyelle nasale mais en abaissant le voile du palais vers la fin, de sorte à produire une espèce de n guttural: *ring* [riŋ], *singer* ['siŋə], *finger* ['fiŋgə], *ink* [iŋk].

[w] [u] rapide, prononcé lèvre contre lèvre; se forme avec la bouche dans la même position que u elle allait prononcer [uː]: *will* [wil], *swear* [swɛə], *queen* [kwiːn].

[f] labiale sourde: *fat* [fæt], *tough* [tʌf], *effort* ['efət].

[v] labiale sonore: *vein* [vein], *velvet* ['velvit].

[j] son rapide comme l'i dans diable ou l'y dans yeux: *onion* ['ʌnjən], *yes* [jes], *filial* ['filjəl].

La prononciation des autres consonnes correspond à peu près à celle du français, mais en anglais les occlusives sont plus plosives.

C. Apostrophes d'accentuation

L'accentuation des mots anglais est indiquée par le signe ['] devant la syllabe à accentuer; p.ex. **on·ion** ['ʌnjən]. Si deux des syllabes d'un

mot donné se trouvent pourvues d'une apostrophe d'accentuation, à faut les accentuer également tous les deux; p.ex. **up·stairs** ['ʌp'stɛəz], cependant, souvent on n'accentue que l'une des deux syllabes, selon la position du mot dans l'ensemble de la phrase, ou en langue emphatique; p.ex. *upstairs* dans *"the upstairs rooms"* [ðі ˈʌpstɛəz ˈrumz] et *"on going upstairs"* [ɔn ˈgouіŋ ʌpˈstɛəz].

Dans les mots-souches composés, dont les éléments sont donnés dans le dictionnaire en tant que mots-souches indépendants avec leurs transcriptions phonétiques, et dans les mots-souches qui possèdent l'une des terminaisons mentionnées sous D, l'apostrophe d'accentuation est donnée dans le mot-souche lui-même. L'accentuation est indiquée également dans le mot-souche, si on ne donne qu'une partie de la transcription phonétique et que l'accent ne porte pas sur la première syllabe de la partie phonétique remplacée par un signe. p.ex. **ad·min·is·tra·tor** [ˌ~tə]. Si, cependant, l'accent porte sur la première syllabe ou sur une partie phonétique transcrite, l'apostrophe d'accentuation n'est pas donnée dans le mot-souche, mais se trouve dans la partie entre crochets; p.ex. **ac·cu·rate** [ˈ~rit], **ad·a·man·tine** [ˌ~ˈmæntain].

D. Syllabes finales sans symboles phonétiques

Afin de gagner de la place, nous donnerons ici les terminaisons les plus fréquentes des mots-souches avec leur transcription phonétique; par conséquent, ils figurent, sauf exception, dans le dictionnaire sans transcription phonétique. Ces terminaisons ne se trouvent pas transcrites non plus, quand elles sont précédées d'une consonne qui n'a pas été donnée dans les symboles phonétiques du mot précédent, mais qui en français, comme en anglais, demande le même signe phonétique; p.ex. -tation, -ring.

-ability [-əbiliti]	-ent [-e(ə)nt]	-ize [-aiz]
-able [-əbl]	-er [-ə]	-izing [-aiziŋ]
-age [-idʒ]	-ery [-əri]	-less [-lis]
-al [-(ə)l]	-ess [-is]	-ly [-li]
-ally [-(ə)li]	-fication [-fikeiʃ(ə)n]	-ment(s) [-mənt(s)]
-an [-(ə)n]	-ial [-(ə)l]	-ness [-nis]
-ance [-(ə)ns]	-ible [-əbl]	-oid [-ɔid]
-ancy [-ənsi]	-ian [-(jə)n]	-oidic [-ɔidik]
-ant [-ənt]	-ic(s) [-ik(s)]	-or [-ə]
-ar [-ə]	-ical [-ik(ə)l]	-ous [-əs]
-ary [-(ə)ri]	-ily [-ili]	-ry [-ri]
-ation [-eiʃ(ə)n]	-iness [-inis]	-ship [-ʃip]
-cious [-ʃəs]	-ing [-iŋ]	-(s)sion [-ʃ(ə)n]
-cy [-si]	-ish [-iʃ]	-sive [-siv]
-dom [-dəm]	-ism [-iz(ə)m]	-ties [-tiz]
-ed [-d; -t; -id]*	-ist [-ist]	-tion [-ʃ(ə)n]
-edness [-dnis;	-istic [-istik]	-tious [-ʃəs]
-tnis; -idnis]	-ite [-ait]	-trous [-trəs]
-ee [-i:]	-ity [-iti]	-try [-tri]
-en [-n]	-ive [-iv]	-y [-i]
-ence [-(ə)ns]	-ization [-aizeiʃ(ə)n]	

Pour la prononciation de l'américain, voir à la page 613.

* [-d] après voyelles et consonnes sonores; [-t] après consonnes sourdes; [-id] après d et t finals.

The spelling of American English

L'orthographe de l'américain

L'orthographe de l'anglais de l'Amérique (AA) se distingue de l'anglais britannique (AB) par les particularités suivantes:

1. L'**u** tombe dans la terminaison -**our**; p.ex. col*o*r, hum*o*r, hon*o*rable, fav*o*r.

2. -**er** au lieu de l'AB -**re** dans les syllabes finales; p.ex. cent*er*, fib*er*, theat*er*, mais pas dans massacre.

3. Le redoublement de la consonne finale **l** ne se produit que quand l'accent principal porte sur la syllabe finale; d'où p.ex. AA counci*l*or, jewe*l*ry, quarre*l*ed, trave*l*ed, woo*l*en au lieu de l'AB councillor, jewellery, quarrelled, travelled, woollen; d'autre part on trouve en AA enroll(s), fulfill(s), skillful, installment au lieu de l'AB enrol(s), fulfil(s), skilful, instalment.

4. En AA **s** au lieu du **c** en AB, surtout dans la syllabe finale -ence; p.ex. def*e*nse, off*e*nse, lic*e*nse, mais aussi en AA practice et practise en tant que verbe.

5. On simplifie et on abandonne couramment les terminaisons d'origine étrangère; p.ex. dialog(*ue*), prolog(*ue*), catalog(*ue*), progra*m*(*me*), envelo*p*(*e*).

6. La simplification d'**ae** et d'**œ** ou **oe** en **e** est également courante; p.ex. an(*a*)emia, an(*a*)esthesia, man*e*uvers = AB manœuvers, subp(*o*)ena.

7. On préfère la terminaison -**ction** à -**xion**; p.ex. conne*ction*, infle*ction*.

8. On trouve fréquemment une simplification des consonnes; p.ex. wago*n*, kidna*p*er, worshi*p*er, benefi*t*ed pour l'AB waggon, kidnapper, worshipper, benefitted.

9. L'AA préfère **o** à **ou**; p.ex. mo(*u*)ld, smo(*u*)lder, plow au lieu de l'AB plough.

10. L'**e** muet disparaît dans des mots comme abridg(*e*)ment, judg(*e*)ment, acknowledg(*e*)ment.

11. L'AA utilise le préfixe **in**- au lieu de **en**- plus souvent que l'AB; p.ex. *in*close, *in*case.

12. L'AA préfère l'orthographe suivante dans des cas particuliers: *check* = AB cheque, *hello* = AB hallo, *cozy* = AB cosy, *mustache* = AB moustache, *skeptic* = AB sceptic, *peddler* = AB pedlar, *gray* = AB grey, *tire* = AB tyre.

13. A côté de although, through, on trouve les formules familières *altho*, *thru*.

The pronunciation of American English

La prononciation de l'américain

L'anglais de l'Amérique (AA), en ce qui concerne l'intonation, le rythme et le son, se distingue de l'anglais britannique (AB) par les particularités suivantes:

1. **Intonation:** L'AA est plus monotone que l'AB.

2. **Rythme:** Des mots à une ou plusieurs syllabes après la syllabe principale accentuée ['] ont en AA un accent secondaire très marqué [ˌ], que les mots en AB n'ont pas ou n'ont que dans une faible mesure; p.ex. dictionary [AA 'dikʃəˌnɛri = AB 'dikʃənri], secretary [AA 'sekrəˌtɛri = AB 'sekrətri]; en AA, les voyelles courtes accentuées s'allongent (*American drawl*); p.ex. food [AA fuːd = AB fud], capital [AA 'kæːpətəl = AB 'kæpitl]; en AA, la syllabe inaccentuée (après une syllabe accentuée) subit un affaiblissement qui adoucit p, t, k en b, d, g; p.ex. property [AA 'prabərti = AB 'prɔpəti], united [AA juˈnaidid = AB juːˈnaitid].

3. Une autre particularité courante dans la façon de parler américaine, par opposition à l'AB, c'est la **nasalisation** avant et après une consonne nasale [m, n, ŋ] (*nasal twang*), ainsi que la prononciation plus fermée de [e] et de [o] en tant que premier élément d'une diphtongue; p.ex. home [AA hoːm], take [AA teːk].

4. Le **r** écrit à la finale après une voyelle, ou entre une voyelle et une consonne, se prononce clairement (r rétrofléchi); p.ex. car [AA kaːr = AB kaː], care [AA kɛr = AB kɛə], border [AA 'bɔːrdər = AB 'bɔːdə].

5. L'**o** [AB ɔ] se prononce en AA un peu comme l'**a** voilé [AA ɑ]; p.ex. dollar [AA 'dɑlər = AB 'dɔlə], college [AA 'kɑlidʒ = AB 'kɔlidʒ], lot [AA lɑt = AB lɔt], problem [AA 'prɑbləm = AB 'prɔbləm]; dans de nombreux cas [ɑ] et [ɔ] peuvent exister simultanément.

6. L'**a** [AB ɑ:] donne [æ] ou [æ:] en AA dans des mots du genre pass [AA pæ(ː)s = AB pɑːs], answer [AA 'æ(ː)nsər = AB 'ɑːnsə], dance [AA dæ(ː)ns = AB dɑːns], half [AA hæ(ː)f = AB hɑːf], laugh [AA læ(ː)f = AB lɑːf].

7. L'**u** [AB juː] après consonne dans les syllabes qui portent l'accent principal donne en AA [uː]; p.ex. Tuesday [AA 'tuːzdi = AB 'tjuːzdi], student [AA 'stuːdənt = AB 'stjuːdənt], mais pas dans music [AA, AB = 'mjuːzik], fuel [AA, AB = 'fjuːəl].

8. Le suffixe -**ile** (en AB de préférence [-ail]) s'abrège en AA très souvent en [-əl] ou [-il]; p.ex. futile [AA 'fjuːtəl = AB 'fjuːtail], textile [AA 'tekstil = AB 'tekstail]; quant à [-əl] ou [-il] il n'y a pas de prononciation obligatoire.

9. La terminaison -**ization** donne le plus souvent [-ai'zeiʃən] se prononce en AA de préférence [-ə'zeiʃən]. Cette différence de sons correspond au rapport des prononciations AA (préférée) [ə] et AB (standard) [i]; p.ex. editor [AA 'edətər = AB 'editə], basket [AA 'bæ(ː)skət = AB 'bɑːskit].

A

A, a [ei] A *m*, a *m*.

a *gramm.* [ei; ə] *article:* un(e *f*); **20 miles a day** 20 milles par jour; **2 shillings a pound** 2 shillings la livre.

A 1 ['ei'wʌn] F de première qualité.

a·back [ə'bæk] masqué (*voile*); F **taken ~** déconcerté, interdit, étonné.

ab·a·cus ['æbəkəs], *pl.* **-ci** ['⌣sai] boulier *m* compteur; △ abaque *m*.

a·baft ⚓ [ə'bɑ:ft] **1.** *adv.* sur l'arrière; **2.** *prp.* en arrière de.

a·ban·don [ə'bændən] abandonner (*a. sp.*), délaisser (*q.*), renoncer à (*un projet*); **~ o.s. to** se livrer à; **a'ban·doned** *adj.* dévergondé; abandonné; **a'ban·don·ment** abandon (-nement) *m*.

a·base [ə'beis] abaisser; F ravaler (*q.*); **a'base·ment** abaissement *m*; humilité *f*.

a·bash [ə'bæʃ] confondre, déconcerter, interdire; **~ed at** confus de; **a'bash·ment** confusion *f*, embarras *m*.

a·bate [ə'beit] *v/t.* diminuer; faire cesser (*la douleur*); (r)abattre (*l'orgueil*); (ra)baisser (*le prix*); ⚖ annuler; mettre fin à (*un abus*); *v/i.* diminuer, s'affaiblir, s'apaiser, se modérer; tomber (*vent*); baisser (*prix*); **a'bate·ment** diminution *f*, affaiblissement *m*; *prix, eaux:* baisse *f*; tempête: apaisement *m*.

ab·a·(t)·tis ⚔ [ə'bætis] abattis *m*.

ab·at·toir ['æbətwɑ:] abattoir *m*.

ab·ba·cy ['æbəsi] dignité *f* d'abbé; **'ab·bess** abbesse *f*; **ab·bey** ['æbi] abbaye *f*; **ab·bot** ['æbət] abbé *m*, supérieur *m*.

ab·bre·vi·ate [ə'bri:vieit] abréger (*a.* 𝒜); **ab·bre·vi'a·tion** abréviation *f*.

ABC ['ei'bi:'si:] ABC *m*; 🚂 indicateur *m* alphabétique; abécédaire *m*; **~ warfare** guerre *f* atomique, bactériologique (*ou* microbienne) et chimique.

ab·di·cate ['æbdikeit] *v/t.* abdiquer (*le trône*); renoncer à (*un droit*); résigner (*une fonction*); *v/i.* abdiquer; **ab·di'ca·tion** abdication *f*, démission *f*.

ab·do·men *anat.* ['æbdəmen; 𝒜 æb-'doumen] abdomen *m*; ventre *m*; **ab·dom·i·nal** [æb'dɔminl] abdominal (-aux *m/pl.*).

ab·duct [æb'dʌkt] enlever; **ab'duc·tion** enlèvement *m*; **ab'duc·tor** ravisseur *m*.

a·be·ce·dar·i·an [eibi:si:'dɛəriən] **1.** abécédaire; ignorant; **2.** élève *mf* d'une classe élémentaire.

a·bed [ə'bed] au lit, couché.

ab·er·ra·tion [æbə'reiʃn] aberration *f*.

a·bet [ə'bet] encourager; prêter assistance à; (*usu.* **aid and ~**) être le complice de; **a'bet·ment** encouragement *m*; complicité *f* (dans, **in**); **a'bet·tor** complice *mf*; fauteur (-trice *f*) *m* (de, **in**).

a·bey·ance [ə'beiəns] suspension *f*; ⚖ **in ~** en suspens, pendant; vacant (*estate*).

ab·hor [əb'hɔ:] abhorrer; **ab·hor·rence** [əb'hɔrns] horreur *f*, aversion *f* (pour, **of**); **hold in ~** avoir en horreur; **ab'hor·rent** ☐ répugnant (à, **to**); incompatible (avec, **with**); contraire (à, **to**).

a·bide [ə'baid] [*irr.*] *v/i.* demeurer; **~ by** rester fidèle à (*une promesse*), maintenir; *v/t.* attendre; **I cannot ~ him** je ne peux pas le sentir *ou* supporter; **a'bid·ing** ☐ permanent.

a·bil·i·ty [ə'biliti] capacité *f*; **to the best of one's ~** de son mieux; **a'bil·i·ties** *pl.* intelligence *f*; aptitude *f*.

ab·ject ☐ ['æbdʒekt] misérable; servile; **ab'jec·tion**, **ab'ject·ness** abjection *f*, misère *f*.

ab·jure [əb'dʒuə] abjurer; renoncer à.

a·blaze [ə'bleiz] en flammes; *a. fig.* enflammé (de, **with**).

a·ble ☐ ['eibl] capable; habile; compétent; ⚖ apte; **be ~ to** (*inf.*) être à même de (*inf.*); pouvoir (*inf.*); **~ to**

pay en mesure de payer; **~·bod·ied** ['~'bodid] robuste; ✕ bon pour le service; ♍ ~ *seaman* matelot *m* de deuxième classe.

ab·lu·tion [ə'bluːʃn] ablution *f*.

ab·ne·gate ['æbnigeit] renoncer à; faire abnégation de (*droits etc.*); **ab·ne'ga·tion** renoncement *m*; désaveu *m*; (*a. self-~*) abnégation *f* de soi.

ab·nor·mal □ [æb'nɔːml] anormal (-aux *m/pl.*); **ab·nor·mal·i·ty** caractère *m* anormal; difformité *f*.

a·board ♍ [ə'bɔːd] à bord (de); *Am.*; ✎, ♋, *tram: all~!* en voiture!; ♍ embarquez!

a·bode [ə'boud] 1. *prét. et p.p. de* abide; 2. demeure *f*; résidence *f*; séjour *m*.

a·bol·ish [ə'bɔliʃ] abolir, supprimer; **a'bol·ish·ment**, **ab·o·li·tion** [æbə'liʃn] abolissement *m*, suppression *f*; **ab·o'li·tion·ist** abolitionniste *mf*.

A-bomb ['eibɔm] *see atomic bomb*.

a·bom·i·na·ble □ [ə'bɔminəbl] abominable; **a·bom·i·na·tion** abomination *f*, horreur *f*.

ab·o·rig·i·nal [æbə'ridʒənl] □ aborigène, indigène, primitif (-ive *f*); **ab·o'rig·i·nes** [.niːz] *pl.* aborigènes *m/pl.*

a·bort *biol.* [ə'bɔːt] avorter; ✕, *espace*: ~ *a mission* interrompre *ou* abandonner une mission; **a'bor·tion** avortement *m*; *fig.* œuvre *f* manquée; monstre *m*; procure ~ faire avorter; **a'bor·tive** □ abortif (-ive *f*); avorté (*projet*); mort-né (*projet*).

a·bound [ə'baund] abonder (en *with, in*).

a·bout [ə'baut] 1. *prp.* autour de; environ, presque; au sujet de; ~ *the house* quelque part dans la maison; ~ *the streets* dans les rues; *I had no money* ~ *me* je n'avais pas d'argent sur moi; ~ *ten o'clock* vers 10 heures; *he is* ~ *my height* il a à peu près la même taille que moi; *talk* ~ *business* parler affaires; *what are you* ~? qu'est-ce que vous faites là?; *send s.o.* ~ *his business* envoyer promener q.; 2. *adv.* tout autour; à l'entour; çà et là; de ci, de là; *be* ~ *to do* être sur le point de faire; *a long way* ~ un long détour; *bring* ~ accomplir; faire naître; *come* ~ arriver; *right* ~! demi-tour!; ~ *turn!* demi-tour à droite!

a·bove [ə'bʌv] 1. *prp.* au-dessus de, par-dessus; au delà de; *fig.* supérieur à; ~ *300* plus de 300; ~ *all* (*things*) surtout; *be* ~ *s.o.* in surpasser q. par (*l'intelligence etc.*); *fig.* it *is* ~ *me* cela me dépasse; 2. *adv.* en haut; là-haut; *over and* ~ en outre; 3. *adj.* précédent; *the* ~ *points* ce qui a été mentionné plus haut, les remarques précédentes; 4. *su.: the* ~ le susdit; **a'bove-'board** loyal (-aux *m/pl.*), franc(he *f*); **a'bove-'ground** au-dessus de terre; vivant; **a'bove-'men·tioned** susmentionné, (cité) ci-dessus.

ab·ra·ca·dab·ra [æbrəkə'dæbrə] baragouin *m*.

ab·rade [ə'breid] user par le frottement; écorcher (*la peau*).

ab·ra·sion [ə'breiʒn] frottement *m*; attrition *f*; ✿ écorchure *f*, excoriation *f*; *monnaies:* frai *m*; **ab'ra·sive** ⊕ abrasif *m*.

a·breast [ə'brest] de front; côte à côte; ~ *of* (*ou with*) à la hauteur de; *keep* ~ *of* marcher de pair avec.

a·bridge [ə'bridʒ] abréger; *fig.* restreindre; **a'bridg(e)·ment** raccourcissement *m*; abrégé *m*, résumé *m*; restriction *f*.

a·broad [ə'brɔːd] à l'étranger, en voyage; sorti (*de la maison*); *there is a report* ~ le bruit court que; *the thing has got* ~ la nouvelle s'est répandue; F *he is all* ~ il est tout désorienté.

ab·ro·gate ['æbrogeit] abroger; **ab·ro'ga·tion** abrogation *f*.

ab·rupt □ [ə'brʌpt] brusque, précipité; saccadé, abrupt (*style*); à pic (*montagne*); **ab'rupt·ness** brusquerie *f*; *chemin:* raideur *f*.

ab·scess ['æbsis] abcès *m*.

ab·scond [əb'skɔnd] s'évader (de, *from*), s'enfuir; se soustraire à la justice; F décamper, filer.

ab·sence ['æbsns] absence *f*, éloignement *m* (de, *from*); ~ *of mind* distraction *f*; *leave of* ~ permission *f*, congé *m*.

ab·sent 1. □ ['æbsnt] absent, manquant; *fig.* = '~-'**mind·ed** □ distrait; 2. [æb'sent]: ~ *o.s.* s'absenter (de, *from*); **ab·sen·tee** [æbsn'tiː] absent(e *f*) *m*; ~ *ballot* vote *m* par correspondance; ~ *voter* électeur (-trice *f*) *m* par correspondance; **ab'sen·tee·ism** absence *f* de l'atelier; absentéisme *m*; F carottage *m*.

ab·sinth ['æbsinθ] absinthe *f*.

ab·so·lute □ ['æbsəlu:t] absolu; autoritaire; 🌣 irrévocable; F achevé (*coquin etc.*); **'ab·so·lute·ness** caractère *m* absolu; **ab·so'lu·tion** absolution *f*; **'ab·so·lut·ism** *hist.* absolutisme *m*.

ab·solve [əb'zɔlv] absoudre (de, from), remettre (*un péché*); dispenser, affranchir (de, from).

ab·sorb [əb'sɔ:b] absorber; amortir (*un choc*); résorber (*un excédent*); *fig.* engloutir; ~ed in absorbé dans; tout entier à; **ab'sorb·ent** absorbant (*a. su./m*).

ab·sorp·tion [əb'sɔ:pʃn] absorption *f*; *choc:* amortissement *m*; *fig.* engloutissement *m*; *esprit:* absorbement *m*.

ab·stain [əb'stein] s'abstenir (de, from); ~ *from meat* faire maigre; *parl.* ~ (*from voting*) s'abstenir (de voter); **ab'stain·er** (*souv. total* ~) abstème *mf*.

ab·ste·mi·ous □ [əb'sti:miəs] sobre, tempérant.

ab·sten·tion [æb'stenʃn] abstinence *f* (de, from); *parl.* abstention *f*.

ab·ster·gent [əb'stə:dʒnt] **1.** abstergent (*a. su./m*); **2.** 🐾 détersif *m*.

ab·sti·nence ['æbstinəns] abstinence *f* (de, from); *total* ~ abstinence *f* complète; **'ab·sti·nent** □ abstinent, sobre.

ab·stract 1. ['æbstrækt] □ abstrait; F abstrus; **2.** [~] abstrait *m*; résumé *m*, abrégé *m*; *gramm.* ~ (*noun*) nom *m* abstrait; *in the* ~ du point de vue abstrait, en théorie; **3.** [æb'strækt] *v/t.* soustraire (à, from); détourner (*l'attention*); dérober (à, from); résumer (*un livre*); 🜍 extraire; **ab'stract·ed** □ *fig.* distrait, rêveur (-euse *f*); **ab'strac·tion** *papiers etc.*: soustraction *f*; vol *m*; *phls.* abstraction *f*; distraction *f* (*d'esprit*); 🜍 extraction *f*.

ab·struse □ [æb'stru:s] *fig.* abstrus, obscur; caché; **ab'struse·ness** obscurité *f*, caractère *m* abstrus *etc.*

ab·surd □ [əb'sə:d] absurde, déraisonnable; F idiot; **ab'surd·i·ty** absurdité *f*; absurde *m*.

a·bun·dance [ə'bʌndəns] abondance *f*, affluence *f*; épanchement *m* (*du cœur*); **a'bun·dant** □ abondant, copieux (-euse *f*); ~ *in* abondant

en; **a'bun·dant·ly** abondamment.

a·buse 1. [ə'bju:s] abus *m*; insultes *f/pl*; **2.** [~z] abuser de, mésuser de, faire abus de; maltraiter (*q.*); dénigrer (*q.*); injurier; **a'bu·sive** □ abusif (-ive *f*); injurieux (-euse *f*) (*propos*); *be* ~ dire des injures (à, to).

a·but [ə'bʌt] aboutir (à, upon), confiner (à, upon); △ s'appuyer (contre on, against); **a'but·ment** △ arc-boutant (*pl.* arcs-boutants) *m*; *pont:* butée *f*; *voûte:* pied-droit (*pl.* pieds-droits) *m*; **a'but·ter** propriétaire *m* limitrophe.

a·bysm [ə'bizm] *see* abyss; **a'bys·mal** □ insondable; **a·byss** [ə'bis] abîme *m*, gouffre *m*.

a·ca·cia 🌿 [ə'keiʃə] acacia *m*.

ac·a·dem·ic, ac·a·dem·i·cal □ [ækə'demik(l)] académique; *academic freedom* liberté *f* de l'enseignement; *academic year* année *f* universitaire; **a·cad·e·mi·cian** [əkædə'miʃn] académicien *m*; **ac·a'dem·ics** *pl.* discussion *f* abstraite.

a·cad·e·my [ə'kædəmi] académie *f*.

a·can·thus [ə'kænθəs] 🌿 acanthe *f*; △ (feuille *f* d')acanthe *f*.

ac·cede [æk'si:d] ~ *to* accueillir (*une demande*); entrer en possession de (*une charge*); monter sur (*le trône*).

ac·cel·er·ate [æk'seləreit] (s')accélérer; *v/t. fig.* activer; **ac·cel·er'a·tion** accélération *f*; *mot.* ~ *lane* rampe *f* d'accès; **ac'cel·er·a·tor** *mot.* accélérateur *m*.

ac·cent 1. ['æksnt] accent *m*; ♪ temps *m* fort; temps *m* marqué; ton *m*; voix *f*; **2.** [æk'sent] accentuer; (*a. fig.*) appuyer sur, souligner.

ac·cen·tu·ate [æk'sentjueit] accentuer; faire ressortir; **ac·cen·tu'a·tion** accentuation *f*.

ac·cept [ək'sept] accepter; agréer (*des vœux*); (*ou* ~ *of*) ✝ accepter, prendre en recette; admettre; **ac·cept·a·ble** □ [ək'septəbl] acceptable, agréable (à, to); **ac'cept·a·ble·ness** acceptabilité *f*; **ac'cept·ance** acceptation *f*; accueil *m* favorable; réception *f*; ✝ *article:* réception *f*; *traite:* acceptation *f*; **ac·cep·ta·tion** [æksep'teiʃn] acception *f*, signification *f* (*d'un mot*); **ac'cept·ed** □ reconnu, admis; **ac'cept·er, ac'cept·or** acceptant(e *f*) *m*; ✝ tiré *m*; accepteur *m*.

ac·cess [ˈækses] 1. accès *m* (*a.* ⚡, *a. ordinateur*), abord *m* (à, to); entrée *f*; *easy of* ~ abordable; ~ *to power* accession *f* au pouvoir; 2. *ordinateur*: accéder à; **ac'ces·sa·ry** complice *m*, fauteur *m* (de, to); *see* accessory *f*.
ac·ces·si·bil·i·ty [~i'biliti] accessibilité *f*; **ac'ces·si·ble** □ [~əbl] accessible (à, to); **ac'ces·sion** admission *f* (*d'air*); entrée *f* en fonctions; arrivée *f* (*à un âge*); accroissement *m*, ~ *to the throne* avènement *m* au trône.
ac·ces·so·ry [æk'sesəri] 1. □ accessoire, subsidiaire (à, to); 2. accessoire *m*; accesories *pl.* objets *m/pl.* de toilette; accessoires *m/pl.* (*a. théâ.*); *see* accesary *f*.
ac·ci·dence *gramm.* [ˈæksidəns] morphologie *f*.
ac·ci·dent [ˈæksidənt] accident *m*; *terrain*: inégalité *f*; *machine*: avarie *f*; ~ *insurance* assurance *f* contre les accidents; *by* ~ accidentellement; *par hasard*; *be killed in an* ~ perdre la vie dans un accident; **ac·ci·den·tal** [æksi'dentl] 1. □ accidentel(le *f*), fortuit; accessoire; ~ *death* mort *f* accidentelle; 2. accessoire *m*; ♪ signe *m* accidentel, accident *m*.
ac·claim [ə'kleim] acclamer.
ac·cla·ma·tion [ækləˈmeiʃn] acclamation *f*; *by* ~ par acclamation.
ac·cli·mate *surt. Am.* [əˈklaimit] *see* acclimatize.
ac·cli·ma·ti·za·tion [əklaimətaiˈzeiʃn] acclimatation *f*; **ac'cli·ma·tize** acclimater; habituer.
ac·cliv·i·ty [əˈkliviti] montée *f*; côte *f*; rampe *f*; pente *f*.
ac·com·mo·date [ə'kɔmədeit] accommoder, conformer; adapter; arranger (*une querelle*); prêter (qch. à q., s.o. with s.th.); recevoir, loger; ~ *o.s. to* s'accommoder à; **ac'com·mo·dat·ing** □ complaisant; peu difficile (sur, about); **ac·com·mo·da·tion** adaptation *f*; arrangement *m*; *dispute*: ajustement *m*; compromis *m*; logement *m*; prêt *m* (*d'argent*); *Am.* ~s *pl.* hébergement *m*, hôtels *m/pl.*; ♱ ~ *bill* billet *m* de complaisance; *seating* ~ nombre *m* de places assises; *Am.* ~ *train* train *m* omnibus.
ac·com·pa·ni·ment [əˈkʌmpənimənt] accompagnement *m*; accessoires *m/pl.*; **ac'com·pa·nist** ♪ accompagnateur (-trice *f*) *m*; **ac'com·pa·ny** accompagner; ac-

companied *with* accompagné de, par.
ac·com·plice [ə'kɔmplis] complice *mf* (de, in), fauteur (-trice *f*) *m* (de, in).
ac·com·plish [ə'kɔmpliʃ] accomplir; venir à bout de; mener à bonne fin (*une tâche etc.*); réaliser (*un projet*); **ac'com·plished** achevé; doué; **ac'com·plish·ment** accomplissement *m*; réalisation *f*; *usu.* ~s *pl.* talents *m/pl.*, arts *m/pl.* d'agrément.
ac·cord [ə'kɔ:d] 1. accord *m*, consentement *m*; ⚖ consentement *m* mutuel; *with one* ~ d'un commun accord; *of one's own* ~ de sa propre volonté; 2. *v/i.* concorder (avec, with); *v/t.* concéder; **ac'cord·ance** conformité *f*, accord *m*; *in* ~ *with* conformément à, suivant; **ac'cord·ant** □ (with, to) conforme (à), d'accord (avec); **ac'cord·ing**: ~ *to* selon, suivant, d'après; ~ *as* selon que; **ac'cord·ing·ly** en conséquence; donc.
ac·cor·di·on ♪ [ə'kɔ:djən] accordéon *m*.
ac·cost [ə'kɔst] aborder, accoster.
ac·cou·cheur [æku:ˈʃəː], *f* **ac·cou·cheuse** [~z] accoucheur (-euse *f*) *m*.
ac·count [ə'kaunt] 1. calcul *m*, compte *m*, note *f*; récit *m*, relation *f*; valeur *f*; *blocked* ~ compte *m* bloqué; *current* ~ compte *m* courant; ~ *agreed upon* compte *m* arrêté; *payment on* ~ acompte *m*, versement *m* à compte; *sale for the* ~ vente *f* à terme; *statement of* ~ relevé *m* de compte; *of no* ~ de peu d'importance; *on no* ~ dans aucun cas; *on his* ~ à cause de lui, pour lui; *on* ~ *of* à cause de; *sl.* *be no* ~ ne pas compter; *find one's* ~ *in* trouver son compte à; *have (ou hold) an* ~ *with* avoir un compte chez; *have a bank* ~ avoir un compte en banque; *lay one's* ~ *with* compter sur; *place to s.o.'s* ~ verser au compte de q.; *take into* ~, *take* ~ *of* tenir compte de; *leave out of* ~ négliger; *turn to* ~ tirer parti de; *keep* ~s tenir les livres; *call to* ~ demander compte (*à q. de* qch.); *give (ou render) an* ~ *of* rendre raison de; faire un rapport sur; expliquer (qch.); *F give a good* ~ *of o.s.* s'acquitter bien; *make (little)* ~ *of* faire (peu de) cas de; 2. *v/i.*

~ *for* expliquer (*qch.*); rendre raison de; justifier (de); *sp.* avoir à son actif; *v/t.* estimer, tenir pour; *be much* (*little*) ~ *ed of* être beaucoup (peu) estimé; **ac·count·a·bil·i·ty** responsabilité *f*; **ac'count·a·ble** ☐ responsable; redevable, (de, for); **ac'count·ant** comptable *m*; *chartered* ~, *Am.* certified public ~ expert *m* comptable diplômé; **ac'count-book** livre *m* de comptes.

ac·cou·tred [əˈkuːtəd] accoutré; équipé; **ac·cou·tre·ments** [əˈkuːtəmənts] *pl.* équipement *m*.

ac·cred·it [əˈkredit] accréditer (*q.*, *qch.*, *a.* un ambassadeur auprès d'un gouvernement); ~ *s.th. to s.o.*, ~ *s.o. with s.th.* mettre qch. sur le compte de q.   [ment *m.*]

ac·cre·tion [æˈkriːʃn] accroisse-

ac·crue [əˈkruː] provenir, dériver (de, from); ✝ s'accumuler (*intérêts*).

ac·cu·mu·late [əˈkjuːmjuleit] (s')accumuler; (s')amonceler; *v/t.* amasser (de l'argent); **ac·cu·mu·la·tion** accumulation *f*, amoncellement *m*; amas *m*; **ac·cu·mu·la·tive** [əˈkjuːmjulətiv] qui s'accumule; **ac'cu·mu·la·tor** accumulateur (-trice *f*) *m*; *phys.* accumulateur *m*.

ac·cu·ra·cy [ˈækjurəsi] exactitude *f*; fidélité *f*; **ac·cu·rate** ☐ [ˈ~rit] exact, juste; fidèle.

ac·cursed [əˈkɜːsid], **ac·curst** [əˈkɜːst] *usu.* F *fig.* maudit; exécrable.

ac·cu·sa·tion [ækjuːˈzeiʃn] accusation *f*; t̴ incrimination *f*; **ac·cu·sa·tive** *gramm.* [əˈkjuːzətiv] (*a.* ~ *case*) accusatif *m*; **ac·cu·sa·to·ry** [əˈkjuːzətəri] accusateur (-trice *f*); **ac·cuse** [əˈkjuːz] accuser (q. de qch., *s.o. of s.th.*), t̴ incriminer (q.) (auprès de before, to); *the* ~*d* le (la) prévenu(e) *f*) *m*; **ac'cus·er** accusateur (-trice *f*) *m*.

ac·cus·tom [əˈkʌstəm] accoutumer (à, to); **ac'cus·tomed** habitué, accoutumé (à, to); *be* ~ *to do(ing)* a. avoir coutume *ou* avoir l'habitude de faire; *get* ~ *to become* ~ *to* (*doing*) s.th. s'habituer *ou* s'accoutumer à (faire) qch.

ace [eis] as *m* (*a. sl. fig.*, *usu. un aviateur*); *Am.* F ~ *in the hole fig.* encore une ressource; *within an* ~ *of* à deux doigts de.

a·cer·bi·ty [əˈsɜːbiti] aigreur *f*; *ton*: âpreté *f*.

ac·e·tate ⚗ [ˈæsiteit] acétate *m*; **a·cetic** [əˈsiːtik] acétique; ~ *acid* acide *m* acétique; **a·cet·i·fy** [əˈsetifai] (s')acétifier; **ac·e·tone** [ˈæsitoun] acétone *f*; **ac·e·tous** [ˈ~təs] acéteux (-euse *f*); *fig.* aigre; **a·cet·y·lene** [əˈsetiliːn] acétylène *m*.

ache [eik] **1.** faire mal à; **2.** douleur *f*.

a·chieve [əˈtʃiːv] atteindre à, parvenir à; réaliser (*un but*); accomplir (*un exploit*); acquérir (*de l'estime*); **a'chieve·ment** accomplissement *m*; projet: exécution *f*; exploit *m*.

ach·ing [ˈeikiŋ] **1.** ☐ douloureux (-euse *f*); **2.** douleur *f*, mal *m*.

ach·ro·mat·ic [ækroˈmætik] (~*ally*) achromatique.

ac·id [ˈæsid] **1.** aigre; ~ *rain* pluies *f/pl.* acides; **2.** acide *m* (*a.* = LSD); **'ac·id·head** *sl.* acidomane *mf*; **a·cid·i·fy** [əˈsidifai] (s')acidifier; **a'cid·i·ty** acidité *f*; *fig.* aigreur *f*; **ac·i·do·sis** [æsiˈdousis] acidose *f*; **ac·id·u·late** [əˈsidjuleit] aciduler; ~*d drops* bonbons *m/pl.* acidulés *ou* anglais; **a·cid·u·lous** [əˈsidjuləs] acidulé.

ac·knowl·edge [əkˈnɔlidʒ] reconnaître (pour, as); répondre à (*un salut*); accuser réception de (*une lettre*); s'avouer; **ac'knowl·edg(e)·ment** reconnaissance *f*; aveu *m*; ~*s pl.* remerciements *m/pl.*; *usu.* ✝ accusé *m* de réception; reçu *m*, quittance *f*.

ac·me [ˈækmi] comble *m*; apogée *m*.

ac·ne ✻ [ˈækni] acné *f*.

a·cock [əˈkɔk] d'un air de défi.

ac·o·nite ♣ [ˈækonait] aconit *m*.

a·corn ♣ [ˈeikɔːn] gland *m*.

a·cous·tic, **a·cous·ti·cal** [əˈkuːstik(l)] acoustique; sonore; **a'cous·tics** *usu. sg.* acoustique *f*.

ac·quaint [əˈkweint] informer; ~ *s.o. with s.th.* apprendre qch. à q.; *be* ~*ed with* connaître; *become* ~*ed with* faire *ou* lier connaissance avec; **ac'quaint·ance** connaissance *f*; ~ *with* connaissance de.

ac·qui·esce [ækwiˈes] (*in*) acquiescer (à); accepter (*qch.*); **ac·qui·es·cence** (*in*) acquiescement *m* (à); assentiment *m* (à); soumission *f* (à); **ac·qui·es·cent** ☐ consentant; résigné.

ac·quire [əˈkwaiə] acquérir (*a. fig.*); ~*d taste* goût *m* acquis; **ac'quire·ment** acquisition *f* (de, of); talent *m*; usu. ~s *pl.* connaissances *f/pl.*

ac·qui·si·tion [ækwiˈziʃn] acquisition *f*; **ac·quis·i·tive** □ [əˈkwizitiv] apte *ou* âpre au gain.

ac·quit [əˈkwit] acquitter, absoudre (de, of); ~ *o.s. of* s'acquitter de; ~ *o.s. well (ill)* se bien (mal) acquitter; **acˈquit·tal** ⚖ décharge *f*; *devoir*: exécution *f*; **acˈquit·tance** †, ⚖ acquit *m*, acquittement *m*.

a·cre [ˈeikə] acre *f*; *(approx.)* arpent *m*; † champ *m*.

ac·rid □ [ˈækrid] âcre; mordant *(style)*.

ac·ri·mo·ni·ous □ [ækriˈmounjəs] acrimonieux (-euse *f*), atrabilaire; **ac·ri·mo·ny** [ˈækriməni] acrimonie *f*, aigreur *f*.

ac·ro·bat [ˈækrobæt] acrobate *mf*; **ac·roˈbat·ic** *(~ally)* acrobatique; **ac·roˈbat·ics** *pl.* acrobatie *f*; ✕ acrobaties *f/pl.* aériennes.

a·cross [əˈkrɔs] **1.** *adv.* à travers, en travers; de l'autre côté; en croix; **2.** *prp.* à travers, sur; en travers de; *come* ~, *run* ~ rencontrer; tomber sur.

act [ækt] **1.** *v/i.* agir (en, *as*; sur, *on*); prendre des mesures; se comporter; fonctionner; opérer; *théâ.* jouer; ~ *(up)on* exercer une action sur, agir sur; *Am.* F ~ *up* devenir insoumis; *v/t.* représenter, jouer (*un rôle*, *une pièce*); **2.** acte *m*; action *f*; *théâ.* acte *m*; loi *f*, décret *m*; ~*s pl.* actes *m/pl.*; ♀ *of God* force *f* majeure; ♀*s pl. of the Apostles les* Actes *m/pl.* des Apôtres; **ˈact·a·ble** jouable; **ˈact·ing 1.** action *f*; *théâ.* acteur: jeu *m*; *pièce*: exécution *f*; **2.** suppléant; intérimaire; provisoire; gérant.

ac·tion [ˈækʃn] action *f* (*a. théâ.*); acte *m*; *cheval*: allure *f*; procès *m*; combat *m*, bataille *f*; mécanisme *m*; *couleurs*: jeu *m*; gestes *m/pl.*; ~ *radius* rayon *m* d'action; *bring an* ~ *against* intenter une action *ou* un procès à *ou* contre; *take* ~ prendre des mesures; **ˈac·tion·a·ble** actionnable, sujet(te *f*) à procès.

ac·ti·vate [ˈæktiveit] activer; *phys.* rendre radioactif (-ive *f*).

ac·tive □ [ˈæktiv] actif (-ive *f*); alerte; agile; vif (vive *f*); † ~ *partner* commandité *m*; **acˈtiv·i·ty** (*souv. pl.*) activité *f*; occupation *f*; ~ *in full* ~ en pleine activité; *intense* ~ activité *f* intense.

ac·tor [ˈæktə] acteur *m*; **ac·tress** [ˈæktris] actrice *f*.

ac·tu·al □ [ˈæktjuəl] réel(le *f*), véritable; actuel(le *f*), présent; **ac·tu·al·i·ty** [æktjuˈæliti] réalité *f*; actualité *f*; **ac·tu·al·ize** [ˈæktjuəlaiz] réaliser; **ac·tu·al·ly** [ˈækʃuəli] en fait; réellement; en réalité; à vrai dire.

ac·tu·ar·y [ˈæktjuəri] actuaire *m*.

ac·tu·ate [ˈæktjueit] mettre en action; animer (q. à, *s.o.* to).

a·cu·men [əˈkjuːmen] finesse *f* (d'esprit).

a·cu·punc·ture [ˈækjupʌŋtʃə] acupuncture *f*. [puncture *f*.]

a·cute □ [əˈkjuːt] aigu (-uë *f*) (*a.* ♪, *a.* angle, pointe, accent, son); vif (vive *f*) (*douleur*); fin (*ouïe*, *esprit*); qui sévit (*crise*); **aˈcute·ness** angle: aiguïté *f*; son: acuité *f*; *douleur etc.*: intensité *f*; *ouïe*: finesse *f*; *esprit*: pénétration *f*.

ad F [æd] *see* advertisement.

ad·age [ˈædidʒ] maxime *f*.

ad·a·mant [ˈædəmənt] *fig.* inflexible; insensible (à, to); **ad·a·man·tine** [~ˈmæntain] adamantin; *fig. see* adamant.

a·dapt [əˈdæpt] adapter (à to, for); accommoder; adapter (*un texte*) (de, from); **a·dapt·a·bil·i·ty** souplesse *f*; **aˈdapt·a·ble** adaptable; commode; **ad·apˈta·tion** adaptation *f* (à, to); appropriation *f*; **aˈdap·ter** *radio*: (bouchon *m* de) raccord *m*; *télév.* adaptateur *m*.

add [æd] *v/t.* ajouter; joindre; ~ *in* inclure; ~ *up* additionner; *v/i.* ~ *to* augmenter; accentuer; ~ *up to* se totaliser par.

ad·den·dum [əˈdendəm], *pl.* **-da** [~də] addenda *m*; supplément *m*.

ad·der [ˈædə] vipère *f*.

ad·dict 1. [əˈdikt]: ~ *o.s.* s'adonner (à, to), se livrer (à, to); **2.** [ˈædikt] (*opium etc.* ~) -mane *mf*; **adˈdict·ed** adonné (à, to); *become* ~ *to* s'adonner à (*la boisson etc.*), s'abandonner à (*un vice*).

add·ing [ˈædiŋ] (d')arithmétique.

ad·di·tion [əˈdiʃn] addition *f*; adjonction *f*; *bâtiment*: rajout *m*; *ville*: extension *f*; *Am. terrain*: agrandissement *m*; ~ *to* addition à; *he had an* ~ *to his family* sa famille vient d'augmenter; *in* ~ en outre; *in* ~ *to* en plus de; **adˈdi·tion·al** additionnel(le *f*), supplémentaire; nouveau

(-el *devant une voyelle ou un h muet*; -elle *f*; -aux *m*/*pl*.); de plus.

ad·di·tive ['ædɪtɪv] additif *m*.

ad·dle ['ædl] **1.** (se) pourrir (*œufs*); *v*/*t*. *fig.* troubler (*le cerveau, la tête etc.*); **2.** pourri (*œuf*); trouble, brouillé (*cerveau*).

ad·dress [ə'dres] **1.** adresser; haranguer (*une foule*); (*a.* ∼ *o.s. to*) adresser la parole à (*q.*); ∼ *o.s. to s.th.* entreprendre qch.; se mettre à qch.; **2.** adresse *f*; habileté *f*; *parl.* profession *f* de foi; supplique *f*; abord *m*; discours *m*; *give an* ∼ faire une allocution; *pay one's* ∼*es* faire la cour à (*une femme*); **ad·dress·ee** [ædre'si:] destinataire *mf*; **ad·dress tag** étiquette *f* d'adresse.

ad·e·noids 🞉 ['ædɪnɔɪdz] *pl.* végétations *f*/*pl.* adénoïdes.

ad·ept ['ædept] **1.** expert (à *at, in*); versé (dans *at, in*); **2.** adepte *mf*; initié(e *f*) *m*; expert *m* (en, *in*); F *be an* ∼ at être expert à.

ad·e·qua·cy ['ædɪkwəsi] suffisance *f*; **ad·e·quate** □ ['∼kwɪt] suffisant; juste; raisonnable.

ad·here [əd'hiə] (*to*) adhérer (à), se coller (à); *fig.* persister (dans), s'en tenir (à); observer (*une règle etc.*); donner son adhésion (à) (*un parti etc.*); **ad·her·ence** (*to*) adhérence *f*, adhésion *f* (à); fidélité *f* (à) (*un parti*); observance *f* (de) (*une règle*); **ad·her·ent 1.** adhérent; **2.** adhérent(e *f*) *m*; partisan *m*.

ad·he·sion [əd'hi:ʒn] *see* adherence; *fig.* adhésion *f*; *phys.* adhérence *f*; *give one's* ∼ donner son adhésion (à, *to*).

ad·he·sive [əd'hi:siv] adhésif (-ive *f*); collant; tenace; ∼ *plaster*, ∼ *tape* sparadrap *m*, emplâtre *m* adhésif.

a·dieu [ə'dju:] **1.** adieu!; **2.** adieu *m*.

ad·i·pose ['ædɪpous] adipeux (-euse *f*); gras(se *f*).

ad·it ['ædɪt] accès *m*; 🞉 galerie *f*.

ad·ja·cen·cy [ə'dʒeɪsənsi] contiguïté *f*; *adjacencies pl.* voisinage *m* immédiat; **ad·ja·cent** □ (*to*) contigu (-uë *f*) (à), attenant (à); limitrophe (de).

ad·jec·ti·val □ [ædʒek'taɪvl] adjectif (-ive *f*); **ad·jec·tive** ['ædʒɪktɪv] adjectif *m*.

ad·join [ə'dʒɔɪn] avoisiner (*qch.*), toucher (à); **ad'join·ing** contigu (-uë *f*); avoisinant.

ad·journ [ə'dʒəːn] (s') ajourner; *v*/*t*. remettre, différer; lever (*une séance*) (jusque, *to*); **ad'journ·ment** ajournement *m*; remise *f*.

ad·judge [ə'dʒʌdʒ] juger; ⚖ décider, déclarer (*coupable etc.*); condamner (à, *to*); **ad'judge·ment** décision *f*.

ad·ju·di·cate [ə'dʒuːdikeit] *see* adjudge; **ad·ju·di'ca·tion** jugement *m*; décision *f*; arrêt *m*.

ad·junct ['ædʒʌŋkt] accessoire *m*; adjoint(e *f*) *m*; *gramm.* complément *m*.

ad·ju·ra·tion [ædʒuə'reiʃn] adjuration *f*; **ad·jure** [ə'dʒuə] conjurer (de, *to*).

ad·just [ə'dʒʌst] ajuster; arranger; arrêter (*un compte*); régler (*un différend*); agencer (*une machine*); ajuster (*une balance*); *fig.* ∼ *to* adapter à; ∼*ing screw* vis *f* de serrage; **ad'just·a·ble** □ réglable, ajustable; **ad'just·ment** ajustement *m*; arrangement *m*; règlement *m*; réglage *m*; correction *f*; accommodement *m*.

ad·ju·tan·cy ✗ ['ædʒutənsi] fonctions *f*/*pl.* de capitaine adjudant major; **ad·ju·tant** capitaine *m* adjudant major.

ad-lib *Am.* F [æd'lib] improviser.

ad·meas·ure·ment [æd'meʒəmənt] mensuration *f*; mesurage *m*.

ad·min·is·ter [əd'ministə] *v*/*t*. administrer (*pays, affaires, sacrement, médicament*); assermenter; appliquer (*la loi*); ∼ *justice*, ∼ *the law* dispenser *ou* rendre la justice; *v*/*i*. pourvoir aux besoins (de *q.*, *to s.o.*); **ad·min·is'tra·tion** administration *f*; gestion *f*; prestation *f* (*d'un serment*); *surt. Am.* Administration *f*, Gouvernement *m*; ∼ *of justice* administration *f* de la justice; **ad'min·is·tra·tive** [∼trətiv] administratif (-ive *f*); d'administration; **ad'min·is·tra·tor** [∼treitə] administrateur *m*; gérant *m*; ⚖ curateur *m*.

ad·mi·ra·ble □ ['ædmərəbl] admirable, excellent.

ad·mi·ral ['ædmərəl] amiral *m*; ♀ of the Fleet amiral *m* commandant en chef; **'ad·mi·ral·ty** amirauté *f*; First Lord of the ♀ ministre *m* britannique de la marine.

ad·mi·ra·tion [ædmi'reiʃn] admiration *f*.

ad·mire [əd'maiə] admirer; s'extasier devant; **ad'mir·er** admirateur (-trice f) m; adorateur (-trice f) m.

ad·mis·si·bil·i·ty [ədmisə'biliti] admissibilité f; **ad'mis·si·ble** □ admissible; recevable; **ad'mis·sion** admission f, accès m (à, to); entrée f; confession f, aveu m; F prix m d'entrée.

ad·mit [əd'mit] v/t. admettre (à, dans to, into); laisser entrer; avoir de la place pour; reconnaître (une faute etc.); ⚖ surt. Am. ~ to the bar inscrire au tableau des avocats; v/i.: ~ of permettre, comporter; it ~s of no excuse il est sans excuse; **ad'mit·tance** entrée f; accès m; no ~! entrée interdite!; **ad'mit·ted·ly** de l'aveu de tous; de son propre aveu.

ad·mix·ture [əd'mikstʃə] mélange m, dosage m; pharm. mixtion f.

ad·mon·ish [əd'mɔniʃ] admonester; exhorter (à, to); prévenir (de, of); **ad·mo·ni·tion** [ædmə'niʃn] remontrance f; avertissement m; **ad·mon·i·to·ry** □ [əd'mɔnitəri] de remontrances; d'avertissement.

a·do [ə'du:] agitation f, activité f, embarras m, bruit m; difficulté f; without much ~ sans difficulté; sans embarras.

a·do·be [ə'doubi] adobe m.

ad·o·les·cence [ædo'lesns] adolescence f; **ad·o'les·cent** adj., a. su./mf adolescent(e f) m.

a·dopt [ə'dɔpt] adopter; fig. choisir, adopter, embrasser; fig. F chiper; ~ed country pays m ou patrie f d'adoption; **a'dop·tion** adoption f; choix m; **a'dop·tive** adoptif (-ive f); ~ country pays m ou patrie f d'adoption.

a·dor·a·ble [ə'dɔ:rəbl] adorable; **ad·o·ra·tion** [ædɔ:'reiʃn] adoration f; F amour m; **a·dore** [ə'dɔ:] adorer; **a'dor·er** adorateur (-trice f) m.

a·dorn [ə'dɔ:n] orner, parer; **a'dorn·ment** ornement m, parure f; ornementation f.

a·drift [ə'drift] ⚓ à la dérive; fig. loin du compte; turn s.o. ~ abandonner q., mettre q. sur le pavé.

a·droit [ə'drɔit] adroit; **a'droit·ness** adresse f.

ad·u·late [ædjuleit] aduler, flatter (q.); **ad·u'la·tion** adulation f; **'ad·u·la·tor** adulateur (-trice f) m;

'ad·u·la·to·ry adulateur (-trice f).

a·dult ['ædʌlt] adj., a. su./mf adulte mf.

a·dul·ter·ant [ə'dʌltərənt] adultérant m; **a'dul·ter·ate 1.** [~reit] adultérer; fig. altérer; **2.** [~it] adultéré; falsifié; altéré; **a·dul·ter·a·tion** [ədʌltə'reiʃn] adultération f; altération f; **a'dul·ter·a·tor** falsificateur (-trice f) m; **a'dul·ter·er** adultère m; **a'dul·ter·ess** adultère f; **a'dul·ter·ous** □ adultère; **a'dul·ter·y** adultère m.

ad·um·brate ['ædʌmbreit] ébaucher, esquisser; laisser entrevoir; † voiler; **ad·um'bra·tion** ébauche f, esquisse f; pressentiment m.

ad·vance [əd'vɑ:ns] **1.** v/i. s'avancer; avancer (en âge); monter (en grade); hausser (prix); biol. évoluer; v/t. avancer; mettre en avant (des opinions); augmenter, hausser (prix); élever (en grade); faire avancer; **2.** marche f en avant; ✕ avance f; progrès m; avancement m (en grade); prix: hausse f; in ~ d'avance, en avance; en avant; be in ~ of s.o. devancer q.; **3.** avant-; **ad'vanced** adj. avancé; supérieur (cours, école, etc.); ~ English anglais m supérieur; **ad'vance·ment** avancement m; progrès m.

ad·van·tage [əd'vɑ:ntidʒ] avantage m (a. au tennis); dessus m; profit m; gain an ~ over se procurer un avantage sur; gain the ~ over l'emporter sur; take ~ of profiter de (qch.); abuser de (la crédulité de) (q.); to ~ avantageusement; **ad·van·ta·geous** □ [ædvən'teidʒəs] avantageux (-euse f) (pour, to); utile.

ad·vent ['ædvənt] arrivée f; ♀ eccl. Avent m; **ad·ven·ti·tious** □ [ædvən'tiʃəs] adventice; accidentel(le f); accessoire.

ad·ven·ture [əd'ventʃə] **1.** aventure f, entreprise f; ♰ spéculation f hasardée; **2.** (se) hasarder; **ad'ven·tur·er** aventurier m; spéculateur m; **ad'ven·tur·ess** [~ɔris] intrigante f; **ad'ven·tur·ous** □ aventureux (-euse f); audacieux (-euse f); entreprenant (personne).

ad·verb ['ædvə:b] adverbe m; **ad'ver·bi·al** □ [əd'və:bjəl] adverbial (-aux m/pl.).

ad·ver·sar·y ['ædvəsəri] adversaire m; ennemi(e f) m; **ad·verse** □

['ˌvə:s] adverse; contraire; ennemi (de, to), hostile (à, to); opposé; défavorable; ~ **balance** déficit m; **ad·ver·si·ty** [ədˈvəːsiti] adversité f, infortune f.

ad·vert [ədˈvəːt]: ~ **to** faire allusion à; parler de.

ad·ver·tise [ˈædvətaiz] faire de la réclame (pour); v/t. annoncer, faire savoir, faire connaître; v/i. insérer une annonce; ~ **for** chercher par voie d'annonce; **ad·ver·tise·ment** [ədˈvəːtismənt] publicité f; journal: annonce f; affiche f (sur un mur); réclame f; **ad·ver·tis·er** [ˈædvətaizə] auteur m d'une annonce; faiseur m de réclame; '**ad·ver·tis·ing**: ~ **agency** agence f de publicité; ~ **campaign** campagne f publicitaire; ~ **designer** dessinateur m publicitaire; ~ **film** film m publicitaire; ~ **manager** chef m de publicité; ~ **media** supports m/pl. publicitaires; ~ **medium** organe m de publicité.

ad·vice [ədˈvais] conseil m, -s m/pl.; avis m; † lettre f ou note f d'avis, usu. ~s pl. nouvelles f/pl.; on the ~ of sur le conseil de, suivant les conseils de; take medical ~ consulter un médecin; **adˈvice-boat** ♣ aviso m.

ad·vis·a·ble □ [ədˈvaizəbl] recommandable; **adˈvise** v/t. recommander (qch.); conseiller (q.); conseiller (à q. de inf., s.o. to inf.); prévenir (de, of, que, that); † aviser de; v/i. se consulter; ~ **with** consulter (q.), se consulter avec (q.); ~ **on** renseigner (q.) sur; **adˈvised** □ réfléchi (acte); **adˈvis·ed·ly** [ˌidli] à dessein; **adˈvis·er** conseiller (-ère f) m; **adˈvi·so·ry** [ˌəri] consultatif (-ive f); ♀ **Board** conseil m consultatif.

ad·vo·ca·cy [ˈædvəkəsi] fonction f d'avocat; appui m (donné à une cause); **ad·vo·cate 1.** [ˈˌkit] avocat m; fig. défenseur m, partisan m; **2.** [ˈˌkeit] plaider en faveur de (qch.); appuyer (une cause); préconiser.

adze ⊕ [ædz] (h)erminette f.

ae·gis [ˈiːdʒis] fig. égide f.

ae·on [ˈiːən] éon m; fig. éternité f.

a·er·at·ed [ˈeiəreitid] aéré (pain); gazeux (-euse f) (eau).

a·e·ri·al [ˈeəriəl] **1.** □ aérien(ne f); ~ **camera** aérophoto m; ~ **survey** prise f de vue aérienne; ~ **view** vue f aérienne; **2.** radio, télév.: antenne f; high ~ antenne f haute; mains ~ antenne f secteur; outdoor ~ antenne f d'extérieur; ~ **mast** mât m d'antenne.

a·er·ie [ˈeəri] aire f.

aero... [ɛərə] aéro-; **a·er·o·bat·ics** [ˌˈbætiks] pl. acrobaties f/pl. (aériennes); **a·er·o·drome** [ˈɛərədroum] aérodrome m; **a·er·o·gram** [ˈˌgræm] radiogramme m; **a·er·o·lite** [ˈˌlait] aérolithe m; **a·er·o·naut** [ˈˌnɔːt] aéronaute m; **a·er·o·nau·tic, a·er·o·nau·ti·cal** □ aéronautique; **a·er·o·nau·tics** sg. aéronautique f; **a·er·o·plane** [ˈˌplein] aéroplane m, avion m; **a·er·o·sol (can)** [ˈˌsɔl] aérosol m, atomiseur m; **a·er·o·space in·du·stry** industrie f aérospatiale; **a·er·o·stat** [ˈˌoustæt] aérostat m; **a·er·oˈsta·tic** aérostatique.

aes·thete [ˈiːsθiːt] esthète mf; **aes·thet·ic, aes·thet·i·cal** □ [iːsˈθetik(l)] esthétique; **aesˈthet·ics** sg. esthétique f.

a·far [əˈfɑː] (surt. ~ off) au loin, éloigné; from ~ de loin.

af·fa·bil·i·ty [æfəˈbiliti] affabilité f; **af·fa·ble** □ [ˈæfəbl] affable, courtois.

af·fair [əˈfɛə] affaire f; love ~ affaire f de cœur; F affaire f, chose f; ~ **of honour** affaire f d'honneur; duel m.

af·fect [əˈfekt] atteindre, attaquer, toucher; influer sur (qch.); affliger; concerner; altérer (la santé); ♣ intéresser (un organe); affecter (une manière); he ~s the freethinker il pose au libre penseur; he ~s to sleep il affecte de dormir; **af·fec·ta·tion** [æfekˈteiʃn] affectation f, simulation f (de, of); langage: affèterie f; style: mièvrerie f; **af·fect·ed** □ [əˈfektid] atteint (santé); disposé (pour q., towards s.o.); ému; touché, affecté, maniéré (style, maintien, etc.); minauder (-ère f) (personne); simulé; **af·fec·tion** affection f (a. ♣) (pour for, towards); tendresse f (pour, for); impression f; **af·fec·tion·ate** □ [ˌkʃənit] affectueux (-euse f), aimant; **af·fec·tive** affectif (-ive f).

af·fi·ance [əˈfaiəns] **1.** confiance f (en, in); **2.** fiancer (avec, to).

af·fi·da·vit [æfiˈdeivit] attestation f

par écrit; *make an* ~ faire une déclaration sous serment.

af·fil·i·ate [ə'filieit] affilier (*un membre*) (*à une société to, with a society*); ᵗ᛭ᵗ, *a. fig.* attribuer la paternité de (*q., a. qch.*) (à, on); ~ *o.s. with* s'affilier à; *Am.* fraterniser avec; ~**d company** filiale *f*; **af·fil·i·a·tion** affiliation *f* (*à une société etc.*); ᵗ᛭ᵗ légitimation *f*; *Am. usu.* ~**s** *pl.* attaches *f/pl.* (*politiques*).

af·fin·i·ty [ə'finiti] parenté *f*; affinité *f* (*a.* ᵗ᛭ᵗ, *a. fig.*).

af·firm [ə'fə:m] affirmer, soutenir; ᵗ᛭ᵗ confirmer; **af·fir·ma·tion** [æfə:-'meiʃn] affirmation *f*; assertion *f*; ᵗ᛭ᵗ confirmation *f*; **af·firm·a·tive** □ [ə'fə:mətiv] **1.** affirmatif (-ive *f*); **2.** affirmative *f*; *answer in the* ~ répondre affirmativement *ou* que oui.

af·fix 1. ['æfiks] addition *f*; **2.** [ə'fiks] attacher (à, to); apposer (*un sceau, un timbre*) (sur, à).

af·flict [ə'flikt] affliger, tourmenter; ~*ed with* affligé de; **af'flic·tion** affliction *f*; calamité *f*; infirmité *f*.

af·flu·ence ['æfluəns] affluence *f*; abondance *f*; **'af·flu·ent 1.** abondant, riche (en, in); opulent, riche; **2.** affluent *m*.

af·flux ['æflʌks] afflux *m*; concours *m* (*de gens*).

af·ford [ə'fɔ:d] avoir les moyens de; être en mesure de; disposer de (*le temps*); offrir; *I can* ~ *it* mes moyens me le permettent.

af·for·est [æ'fɔrist] (re)boiser; **af·for·es·ta·tion** (re)boisement *m*.

af·fran·chise [ə'fræntʃaiz] affranchir.

af·fray [ə'frei] bagarre *f*; rixe *f*.

af·front [ə'frʌnt] **1.** offenser; faire rougir (*q.*); **2.** affront *m*, offense *f*; *put an* ~ *upon*, *offer an* ~ *to* faire (un) affront *ou* une avanie à (*q.*).

a·fi·cio·na·do [əfisjə'nɑ:dou] aficionado *m*, amateur *m*, fana *m.*

a·field [ə'fi:ld] aux champs; à la campagne; *far* ~ très loin.

a·fire [ə'faiə] en feu, embrasé; *set* ~ mettre le feu à.

a·flame [ə'fleim] en flammes, embrasé; *set* ~ mettre en flammes, faire brûler.

a·float ⚓ *a. fig.* [ə'flout] à flot (*a. fig.* = *quitte de dettes*); sur l'eau, à la mer; à bord; en circulation (*idée, bruit*); ♱ en cours; *keep* ~ se main-

tenir à flot; *set* ~ lancer (*un navire, un journal, etc.*).

a·foot [ə'fut] à pied; en mouvement, sur pied; *be* ~ être en route *ou* marche *ou* train.

a·fore ⚓ [ə'fɔ:] *see before*; **a'fore·men·tioned** [ˌmenʃnd], **a'fore·named** [ˌneimd], **a'fore·said** susdit, précité; **a'fore·thought** prémédité; *with malice* ~ avec préméditation.

a·fraid [ə'freid] pris de peur, effrayé; *be* ~ *of* avoir peur de, craindre (*q., qch.*); F *I am* ~ *I have to go* je crains bien que je doive partir.

a·fresh [ə'freʃ] de *ou* à nouveau.

Af·ri·caans [æfri'kɑ:ns] africaans *m* □ [ə'fɔ:mətiv] (= *patois hollandais parlé au Cap*); **Af·ri·can** ['æfrikən] **1.** africain; **2.** Africain(e *f*) *m*; *surt. Am.* nègre; **Af·ri·can·der** [ˌ'kændə] Afrikander *m*; **Af·ro** ['æfrou] **1.** afro; **2.** coiffure *f* afro.

aft ⚓ [ɑ:ft] à *ou* sur l'arrière.

aft·er ['ɑ:ftə] **1.** *adv.* après; plus tard; ensuite; **2.** *prp. temps:* après; *lieu:* après; à la suite de; *manière:* suivant, selon, d'après; ~ *all* après tout, enfin; *I'll go* ~ *him* j'irai le chercher; *time* ~ *time* à maintes reprises; ~ *having seen him* après l'avoir vu; **3.** *cj.* après que; **4.** *adj.* subséquent; futur; ⚓ arrière; '~**·birth** arrière-faix *m/inv.*; '~**·crop** regain *m*; seconde récolte *f*; '~**·din·ner** d'après dîner; '~**·ef·fect** répercussion *f*; '~**·glow** dernières lueurs *f/pl.* du couchant; '~**·grass**, '~**·math** ✿ regain *m*; *fig.* suites *f/pl.*; '~**·hours** le temps *m* après la fermeture (*des magasins, cafés, etc.*); '~**·noon** après-midi *m/inv.*; *fig.* ~ (*of life*) déclin *m* de la vie; *this* ~ cet après-midi.

aft·ers F ['ɑ:ftəz] *pl.* dessert *m.*

after...: '~**·sales serv·ice** service *m* après-vente; '~**·sea·son** arrière-saison *f*; '~**·shave (lo·tion)** lotion *f* après-rasage, after-shave *m*; '~**·taste** arrière-goût *m*; '~**·thought** réflexion *f* après coup; '~**·wards** ['ˌwədz] après, plus tard, ensuite; par la suite.

a·gain [ə'gen] encore; encore une fois, de nouveau; en outre, d'autre part; ~ *and* ~, *time and* ~ maintes et maintes fois; *as much (ou many)* ~ deux fois autant; *twice as much* ~

agree

trois fois autant; *now and* ~ de temps en temps; de temps à autre.

a·gainst [ə'genst] *prp.* contre; à l'encontre de; *fig.* en prévision de; *as* ~ comparé à; ~ *the wall* contre le mur; ~ *a background* sur un fond; *over* ~ vis-à-vis de; F *run* ~ rencontrer (*q.*) par hasard.

a·gape [ə'geip] bouche *f* bée.

ag·ate *min.* ['ægət] agate *f*; *Am.* marbre *m*; *Am. typ. see* ruby.

a·ga·ve ♀ [ə'geivi] agave *m*.

age [eidʒ] **1.** âge *m*; époque *f*, siècle *m*; génération *f*; F éternité *f*; (*old*) ~ vieillesse *f*; *at the* ~ *of* à l'âge de; *in the* ~ *of Queen Anne* à l'époque de *ou* du temps de la reine Anne; *of* ~ majeur; *over* ~ trop âgé; *under* ~ mineur; *what is your* ~? quel âge avez-vous?; *when I was your* ~ quand j'avais ton âge, à ton âge; *act ou be your* ~! tu n'es plus un(e) enfant!; F *wait for* ~s attendre des éternités; *come of* ~ atteindre sa majorité; **2.** vieillir; **age brack·et** groupe *m ou* catégorie *f ou* tranche *f* d'âge; **a·ged** ['·id] âgé, vieux (vieil *devant une voyelle ou un h muet*; vieille *f*; vieux *m/pl.*); [eidʒd]: ~ *twenty* âgé de vingt ans; **age group** → *age bracket*; **'age·less** toujours jeune; **'age-old** séculaire.

a·gen·cy ['eidʒənsi] action *f*, opération *f*; entremise *f*, intermédiaire *m*; agent *m* (*naturel*); agence *f*, bureau *m*. [du jour.﹚

a·gen·da [ə'dʒendə] *sg.* ordre m﹚

a·gent ['eidʒənt] agent *m*, représentant(e *f*) *m*; régisseur *m* (*d'une propriété*); mandataire *mf*; commis *m* voyageur; 🚂 *Am.* chef *m* de gare; ♚ agent *m*.

ag·glom·er·ate [ə'glɔməreit] (s')agglomérer; **ag·glom·er'a·tion** agglomération *f*.

ag·glu·ti·nate 1. [ə'glu:tineit] (s'ag-) glutiner (*a.* 🦠, *gramm.*); **2.** [·nit] agglutiné; **ag·glu·ti·na·tion** [·'neiʃn] agglutination *f* (*a.* 🦠, *gramm.*).

ag·gran·dize [ə'grændaiz] agrandir; exagérer; **ag'gran·dize·ment** [·dizmənt] agrandissement *m*.

ag·gra·vate ['ægrəveit] aggraver; empirer; envenimer (*une querelle*); F agacer (*q.*); **ag·gra'va·tion** aggravation *f*; envenimement *m*; F agacement *m*.

ag·gre·gate 1. ['ægrigeit] (s')agréger (à, *to*); *v/i.* F s'élever à *ou* au total de; **2.** □ ['·git] collectif (-ive *f*); global (-aux *m/pl.*), total (-aux *m/pl.*); 🌍, *géol., etc.* agrégé; **3.** [·] ensemble *m*, total *m*; masse *f*; *in the* ~ dans l'ensemble; **ag·gre·ga·tion** [·'geiʃn] agrégation *f*; assemblage *m*.

ag·gres·sion [ə'greʃn] agression *f*; **ag'gres·sive** □ [ə'gresiv] agressif (-ive *f*); militant; casseur (*air*); ~ *war* guerre *f* offensive; take (*ou assume*) *the* ~ prendre l'offensive; **ag'gres·sive·ness** agressivité *f*; **ag'gres·sor** agresseur *m*.

ag·grieve [ə'gri:v] chagriner, blesser.

ag·gro *Brit. sl.* ['ægrou] agressivité *f*; violences *f/pl.*

a·ghast [ə'gɑ:st] consterné; stupéfait (de, *at*).

ag·ile □ ['ædʒail] agile, leste.

a·gil·i·ty [ə'dʒiliti] agilité *f*

ag·i·o ✝ ['ædʒiou] agio *m*; **ag·i·o·tage** ['ædʒətidʒ] agiotage *m*.

ag·i·tate ['ædʒiteit] *v/t.* agiter, remuer; agiter (*une question*); *fig.* émouvoir, troubler; *v/i.* faire de l'agitation (en faveur de, *for*); **ag·i'ta·tion** agitation *f*; mouvement *m*; émotion *f*, trouble *m*; discussion *f*; *insidious* ~ menées *f/pl.* insidieuses; **'ag·i·ta·tor** agitateur *m*; meneur *m*; fauteur *m* de troubles.

ag·let ['æglit] ferret *m*.

a·glow [ə'glou] enflammé; *fig.* resplendissant.

ag·nail 🦶 ['ægneil] envie *f*.

ag·nate ['ægneit] **1.** agnat(e *f*) *m*; **2.** agnat.

a·go [ə'gou]: *a year* ~ il y a un an; *it is a year* ~ il y a un an (que, *since*); *long* ~ il y a longtemps.

a·gog [ə'gɔg] en émoi; dans l'expectative (de, *for*).

ag·o·nize ['ægənaiz] *v/t.* torturer, mettre au supplice; *v/i.* être au supplice *ou* au martyre; **'ag·o·niz·ing** □ atroce; navrant.

ag·o·ny ['ægəni] angoisse *f*; paroxysme *m* (*de joie*); (~ *of death, mortal* ~) agonie *f*; *journ.* F ~ *column* annonces *f/pl.* personnelles.

a·grar·i·an [ə'grɛəriən] **1.** agrarien(ne *f*) *m*; **2.** agraire.

a·gree [ə'gri:] *v/i.* consentir; tomber d'accord; s'accorder; (*upon, on*) convenir (de), accepter (*qch.*);

tomber d'accord (sur); admettre (que, *that*); être du même avis (que q., *with s.o.*); ~ *to* consentir à, accepter (*qch.*); ~ *to differ* différer à l'amiable; *v/t.* † faire accorder (*les livres*), faire cadrer (*un compte*); *be* ~*d* être d'accord (sur, *on*; que, *that*); ~*d!* d'accord!, soit!; **a'gree-a·ble** □ agréable (à, *to*); aimable (envers, *to*); F consentant (à, *to*); **a'gree·a·ble·ness** amabilité *f*; *endroit*: agrément *m*; **a'gree·ment** accord *m*; conformité *f*, concordance *f*; convention *f*, contrat *m*; traité *m*; *come to an* ~ arriver à une entente; *make an* ~ passer un contrat (avec *q.*, *with s.o.*);

ag·ri·cul·tur·al [ægri'kʌltʃərəl] agricole (*produit, nation*); agriculteur (*peuple*); **ag·ri·cul·ture** [˗tʃə] agriculture *f*; **ag·ri·cul·tur·ist** [˗tʃərist] agriculteur *m*, agronome *m*.

a·ground ♻ [ə'graund] échoué; *run* ~ échouer; *mettre* (*un navire*) à la côte.

a·gue ['eigju:] fièvre *f* (*intermittente*); **'a·gu·ish** fiévreux (-euse *f*); impaludé (*personne*); *fig.* frissonnant.

ah [ɑː] ah!, ha!, heu!

a·head [ə'hed] en avant, sur l'avant; *straight* ~ droit devant; ~ *of s.o.* en avant de q.; *go* ~ aller de l'avant; avancer; *go* ~*!* marchez!; allez-y!; continuez!

a·hoy ♻ [ə'hɔi] ho *ou* ohé, du canot!

aid [eid] **1.** aider, secourir; venir en aide à; **2.** aide *f*, secours *m*; *by* (*ou with*) *the* ~ *of* à l'aide de (*q.*); à l'aide de (*qch.*); ~*s and appliances* moyens *m/pl.*

aide-de-camp ✕ [ˈeiddə'kɑ̃:ŋ], *pl.* **aides-de-camp** ['eidzdə'kɑ̃:ŋ] officier *m* d'ordonnance.

ai·grette ['eigret] aigrette *f*.

ai·guil·lette ✕ [eigwi'let] aiguillette *f*.

ail [eil] *v/i.* être souffrant; *v/t.* faire souffrir (*q.*); *what* ~*s him?* qu'est-ce qu'il a?; **'ail·ing** souffrant, indisposé; **'ail·ment** mal *m*, maladie *f*.

aim [eim] **1.** viser (*qch.*); *fig.* ~ *at* viser (à *inf.*; *qch.*, *s.th.*); *surt. Am.* ~ *to* (*inf.*) aspirer à (*inf.*); *v/t.*: ~ *a gun* (*ou blow*) *at* viser (*q.*); ~ *remarks at* parler à l'adresse de; **2.** action *f* de viser; but *m*; *fig.*

dessein *m*, visées *f/pl.*, but *m*; *take* ~ viser; **'aim·less** □ sans but.

ain't F [eint] = *are not, am not, is not, have not, has not.*

air¹ [ɛə] **1.** air *m*; souffle *m*; brise *f*; *by* ~ en avion, par la voie des airs; *in the open* ~ au grand air; *castles in the* ~ châteaux *m/pl.* en Espagne; *be in the* ~ être en l'air; *fig.* se préparer; *war in the* ~ guerre *f* aérienne; *on the* ~ radiodiffusé; à la radio; *be on* (*off*) *the* ~ (ne pas) radiodiffuser; *go on* (*off*) *the* ~ commencer (terminer) une émission; *put on the* ~ mettre en ondes, émettre; ~ *supply* entrée *f* d'air; *take the* ~ prendre l'air; ✈ décoller; **2.** aérer (*une chambre, le linge*); mettre à l'air; bassiner (*un lit*); ventiler (*une question*); faire parade de (*son savoir, ses opinions*); ~ *o.s.* prendre l'air.

air² [~] air *m*, mine *f*, apparence *f*; *give o.s.* ~*s* se donner des airs; *with an* ~ d'un grand geste; ~*s and graces* minauderies *f/pl.*

air³ ♪ [~] air *m*, mélodie *f*.

air...: **'~-base** base *f* d'aviation; **'~-bath** bain *m* d'air; **'~-bed** matelas *m* pneumatique; **'~-blad·der** vésicule *f* (aérienne); vessie *f* natatoire; **'~-borne** ✕ en vol; ✕ aéroporté; **'~-brake** frein *m* à air comprimé; **~-bus** aérobus *m*, airbus *m*; **~-car·go** fret *m* aérien; **'~-cham·ber** *biol.* chambre *f* à air; ⊕ cloche *f* d'air; **'~-con·di·tioned** climatisé; **'~-con·di·tion·er** climatiseur *m*; **'~-cooled** (*moteur*) à refroidissement par l'air; **'~-craft** avion *m*, -s *m/pl.*; ~ *carrier* porte-avions *m/inv.*; **'~-cush·ion** coussin *m* à air; **'~-drop 1.** parachuter; **2.** parachutage *m*; **'~-field** champ *m* d'aviation; **'~-force** aviation *f*; ♀ *Force* armée *f* de l'air; **~ freight** *m* aérien; transport *m* par air; *by* ~ par voie aérienne, par avion; **'~-gun** fusil *m* à vent; ~ **host·ess** *see* stewardess.

air·i·ness ['ɛərinis] situation *f* aérée; bonne ventilation *f*; *fig.* légèreté *f* d'esprit, gaieté *f*.

air·ing ['ɛəriŋ] ventilation *f*; aérage *m*; *vêtements*: éventage *m*; *give s.th. an* ~ aérer qch.; *that room needs an* ~ il faut aérer cette pièce; *take an* ~ faire un (petit) tour, prendre l'air.

air...: **'~-jack·et** gilet *m* de sauvetage; ⊕ chemise *f* d'air; ~ **let·ter** lettre *f* par avion, aérogramme *m*; **~-lift** pont *m* aérien; **~-line** ligne *f* aérienne; service *m* de transports aériens; trajet *m* à vol d'oiseau; ~ **lin·er** avion *m* de ligne; ~ **mail** poste *f* aérienne; **~-man** aviateur *m*; ~ **me'chan·ic** mécanicien *m* d'avion; **~-mind·ed** ayant le sens de l'air; **~-pas·sen·ger** passager (-ère *f*) *m*; **~-pipe** ⊕ tuyau *m* d'air; **~-plane** *surt. Am.* avion *m*; ~ **pilot** pilote *m* (d'avion); **~-pock·et** ✈ trou *m* d'air; **~-port** aéroport *m*; **~-pump** pompe *f* à air; **~-raid** ✕ raid *m* aérien; ~ *precautions* défense *f* anti-aérienne; ~ *shelter* abri *m*; **~-ship** dirigeable *m*; **~-sick**: *be* ~ avoir la nausée; **~-strip** piste *f* d'atterrissage; ~ **ter·mi·nal** ✈ aérogare *f*; **~-tight** (à clôture) hermétique; *sl.* ~ *case* thèse *f* inébranlable; **~-traf·fic con'trol·ler** contrôleur *m* de la navigation aérienne, aiguilleur *m* du ciel; **~-tube** tuyau *m* à air; **~-way** voie *f* aérienne; **~-wom·an** aviatrice *f*; **~-wor·thy** navigable.

air·y □ ['ɛəri] bien aéré; léger (-ère *f*); désinvolte; *fig.* en l'air.

aisle △ [ail] nef *f* latérale; bas-côté *m*; passage *m* (*entre bancs*).

aitch [eitʃ] h *m*.

aitch·bone ['eitʃboun] culotte *f* (de bœuf).

a·jar [ə'dʒɑ:] entrouvert, entre-bâillé; *fig.* en désaccord (avec, *with*).

a·kim·bo [ə'kimbou] (les poings) sur les hanches.

a·kin [ə'kin] apparenté (à, avec *to*).

al·a·bas·ter ['æləba:stə] **1.** albâtre *m*; **2.** d'albâtre.

a·lack † [ə'læk] hélas!, ~-*a-day!* ô jour malheureux!

a·lac·ri·ty [ə'lækriti] empressement *m*, alacrité *f*; promptitude *f*.

a·larm [ə'lɑ:m] **1.** alarme *f*, alerte *f*; avertisseur *m*, signal *m*; *fig.* agitation *f*; réveille-matin *m/inv.*; **~-gun** canon *m* d'alarme; *give the* ~, *raise* ~ *an* ~ donner l'alarme, alerter; **2.** alarmer (*a. fig.*); alerter; **a'larm-bell** tocsin *m*; timbre *m* avertisseur; **a'larm-clock** réveille-matin *m/inv.*, réveil *m*; **a'larm-cord** cordon *m* de la sonnette d'alarme; **a'larm·ist** alarmiste *mf* (*a. adj.*).

a·lar·um [ə'lɛərəm] alerte *f*; réveille-matin *m/inv.*; timbre *m*.

a·las [ə'lɑ:s] hélas!, las!

alb *eccl.* [ælb] aube *f*.

Al·ba·ni·an [æl'beinjən] **1.** albanais; **2.** Albanais(e *f*) *m*.

al·be·it [ɔ:l'bi:it] quoique, bien que.

al·bi·no *biol.* [æl'bi:nou] **1.** albinos *mf*; **2.** blanc(he *f*) (*animal*).

al·bum ['ælbəm] album *m* (*a.* = *disque*).

al·bu·men, al·bu·min ⚗ ['ælbju-min] albumen *m*; blanc *m* d'œuf; **al'bu·mi·nous** albumineux (-euse *f*).

al·chem·ic, al·chem·i·cal □ [æl-'kemik(l)] alchimique; **al·che·mist** ['ælkimist] alchimiste *m*; **'al·che·my** alchimie *f*.

al·co·hol ['ælkəhɔl] alcool *m*; **al·co·'hol·ic** alcoolique (*adj., mf*); **'al·co·hol·ism** alcoolisme *m*; **al·co·hol·ize** ['~laiz] alcooliser.

al·cove ['ælkouv] alcôve *f*; niche *f*; tonnelle *f* (de jardin).

al·der ⚘ ['ɔ:ldə] aune *m*.

al·der·man ['ɔ:ldəmən] alderman *m*, magistrat *m* municipal; **al·der·man·ship** ['~mənʃip] fonctions *f/pl.* d'alderman; magistrature *f*.

ale [eil] ale *f*; bière *f* anglaise.

a·lee ⚓ [ə'li:] sous le vent.

a·lem·bic ⚗ [ə'lembik] alambic *m*.

a·lert [ə'lə:t] **1.** □ alerte, éveillé; actif (-ive *f*); **2.** alerte *f*; *on the* ~ sur le qui-vive; éveillé; **a'lert·ness** vigilance *f*; promptitude *f*.

al·fal·fa ⚘ [æl'fælfə] luzerne *f*.

al·ga ⚘ ['ælgə], *pl.* -gae [~dʒi:] algue *f*.

al·ge·bra ⊼ ['ældʒibrə] algèbre *f*; **al·ge·bra·ic** [~'breiik] algébrique.

a·li·as ['eiliæs] **1.** autrement nommé; **2.** nom *m* d'emprunt. [excuse *f*.)

al·i·bi ['ælibai] alibi *m*; *Am.* F

al·ien ['eiljən] **1.** étranger (-ère *f*); *fig.* ~ *to* contraire à; qui répugne à; **2.** étranger (-ère *f*) *m*; **'al·ien·a·ble** aliénable, mutable; **al·ien·ate** ['~eit] aliéner (*des biens*); *fig.* détacher, éloigner (de, *from*), (s')aliéner (*q.*); **al·ien·a·tion** biens, cœur: aliénation *f*; désaffection *f*; ~ *of mind* égarement *m* d'esprit; **'al·ien·ist** ⚕ aliéniste *m*.

a·light¹ [ə'lait] allumé; en feu.

a·light² [~] descendre; mettre pied à terre; se poser (*oiseau*); ✈ atterrir; amerrir.

a·lign [ə'lain] *v/t.* aligner (*a. surv.*);

mettre en ligne; ~ o.s. with se ranger du côté de; v/i. s'aligner; a'**lign·ment** alignement m (a. surv.).

a·**like** [ə'laik] **1.** adj. semblable, pareil(le f); **2.** adv. semblablement; de la même manière; de même.

al·**i·ment** ['ælimənt] aliment m; **al·i·men·ta·ry** [ˌ'mentəri] alimentaire; ~ canal tube m ou canal m alimentaire; **al·i·men'ta·tion** alimentation f.

al·**i·mo·ny** ['æliməni] pension f alimentaire; aliments m/pl.

a·**line(·ment)** [ə'lain(mənt)] see align(ment).

al·**i·quot** ♪ ['ælikwɔt] (partie f) aliquote f.

a·**live** [ə'laiv] vivant, en vie; sensible (à, to), conscient (de, to); fig. éveillé; ⚡ sous tension; no man ~ personne au monde; F look ~! dépêchez-vous!; F man ~! par exemple!; grand Dieu!; be ~ to avoir conscience de; be ~ with grouiller de.

al·**ka·li** ♫ ['ælkəlai] alcali m; **al·ka·line** ['ˌlain] alcalin; make ~ alcaliser.

all [ɔ:l] **1.** adj. tout; sans exception; entier (-ère f); ~ day (long) (pendant) toute la journée; ~ kind(s) of books toutes sortes de livres; for ~ that toutefois, cependant; see above; after **2.** su. tout m; totalité f; my ~ mon tout; ~ of them eux tous; at ~ quoi que ce soit; aucunement; not at ~ (pas) du tout; for ~ (that) I care pour ce que cela me fait; for ~ I know autant que je sache; **3.** adv. tout; entièrement; ~ at once tout à coup; tout d'un coup; ~ the better tant mieux; ~ but à peu près, presque; ~ right en règle; en bon état; entendu! bon!; c'est ça!

all-A·**mer·i·can** [ɔ:lə'merikən] **1.** relevant entièrement des É.-U.; **2.** sp. champion m américain.

al·**lay** [ə'lei] apaiser, calmer; modérer; dissiper (des soupçons); apaiser (la faim, la soif).

al·**le·ga·tion** [æle'geiʃn] allégation f; **al·lege** [ə'ledʒ] alléguer; prétendre; **al'leged** allégué; prétendu; présumé.

al·**le·giance** [ə'li:dʒəns] fidélité f (à, to), obéissance f (à, to); oath of ~ serment m d'allégeance.

al·**le·gor·ic**, **al·le·gor·i·cal** □ [æle-

'gɔrik(l)] allégorique; **al·le·go·rize** ['æligəraiz] allégoriser; 'al·le·go·ry allégorie f.

al·**le·lu·ia** [æli'lu:jə] alléluia m.

al·**ler·gic** [ə'lə:dʒik] a. fig. allergique (à to); **al'ler·gy** ['ælədʒi] allergie f.

al·**le·vi·ate** [ə'li:vieit] alléger, soulager; apaiser (la soif); **al·le·vi'a·tion** allègement m, soulagement m; adoucissement m.

al·**ley** ['æli] jardin: allée f; ruelle f, ville: passage m; Am. ruelle f latérale; see back ~; see blind; a. skittle-~; F that is right down his ~ c'est son rayon; '~·way Am. ruelle f.

All Fools' Day ['ɔ:l'fu:lzdei] le premier avril.

al·**li·ance** [ə'laiəns] alliance f; apparentage m; form an ~ s'allier (avec, with).

al·**li·ga·tor** zo. ['æligeitə] alligator m.

all-**in** [ɔ:l'in] mixte; ... tous risques; tout compris; Am. F fini, sl. fichu.

al·**lit·er·ate** [ə'litəreit] allitérer; **al·lit·er'a·tion** allitération f.

all-**met·al** ⊕ ['ɔ:l'metl] tout métal.

al·**lo·cate** ['æləkeit] allouer, assigner; distribuer; **al·lo·ca·tion** allocation f; répartition f (des dépenses); part f assignée.

al·**lo·cu·tion** [ælo'kju:ʃn] allocution f.

al·**lo·di·al** □ [ə'loudjəl] allodial (-aux m/pl.).

al·**lop·a·thist** ♯ [ə'lɔpəθist] allopathe m/f; **al'lop·a·thy** allopathie f.

al·**lot** [ə'lɔt] assigner, attribuer; affecter (qch.) (à, for); répartir; **al'lot·ment** attribution f; somme: affectation f; ✕ délégation f de solde; partage m; distribution f; portion f; terre: lopin m.

all-**out** ['ɔ:l'aut] avec toute son énergie, de toutes ses forces.

al·**low** [ə'lau] permettre; admettre; tolérer; laisser; Am. F opiner; he is ~ed to be on lui reconnaît (su.); ~ for tenir compte de; avoir égard à; F it ~s of no excuse c'est impardonnable; **al'low·a·ble** □ admissible, admis, légitime; **al'low·ance 1.** tolérance f; pension f alimentaire; rente f; argent m de poche; ✕ nourriture: indemnité f; frais mais m/pl.; rabais m, remise f; marge f; ⊕ tolérance f; make ~ for s.o. se montrer indulgent envers q.; make ~ for s.th. faire la part de qch.; **2.** faire une rente à; rationner (le pain etc.).

al·loy [əˈlɔi] **1.** alliage *m*; *fig.* mélange *m*; **2.** (s')allier; *v/t. fig.* altérer, diminuer, porter atteinte à.

all...: '~-**pur·pose** universel(le *f*), à tout faire; '~-**red** entièrement britannique; '~-**round** universel(le *f*); complet (-ète *f*); à tout usage; ✝ global (-aux *m/pl.*).

All Saints' Day [ˈɔːlˈseintsdei] la Toussaint *f*.

All Souls' Day [ˈɔːlˈsoulzdei] la fête *f* des morts.

all-star *sp. Am.* [ˈɔːlˈstɑː] composé de joueurs de premier ordre.

al·lude [əˈluːd] faire allusion (à, *to*).

al·lure [əˈljuə] attirer; séduire; **al-**'**lure·ment** attrait *m*; appât *m*; séduction *f*; **al**'**lur·ing** ☐ attrayant, séduisant.

al·lu·sion [əˈluːʒn] allusion *f* (à, *to*); **al**'**lu·sive** ☐ allusif (-ive *f*); faisant allusion (à, *to*).

al·lu·vi·al ☐ [əˈluːvjəl] alluvial (-aux *m/pl.*) (*terrain*); alluvien(ne *f*) (*gîte*); **al**'**lu·vi·on** [~ən] alluvion *f*; **al·lu·vi·um** [~əm], *pl.* **-ums, -vi·a** [~vjə] alluvion *f*; lais *m*.

all-weath·er [ˈɔːlˈweðə] tous-temps; *sp.* ~ **court** (terrain *m* en) quick *m* (*TM*).

al·ly¹ **1.** [əˈlai] (s')allier (à, avec *to*, *with*); *v/t.* apparenter (*des familles*); allied to *fig.* allié à *ou* avec; de la même nature que; **2.** [ˈælai] allié *m*, coallié *m*.

al·ly² [ˈæli] grosse bille *f*; calot *m*.

al·ma·nac [ˈɔːlmənæk] almanach *m*.

al·might·i·ness [ɔːlˈmaitinis] toute-puissance *f*; **al**'**might·y 1.** ☐ tout-puissant (toute-puissante *f*); **2.** F rudement; **2.** ♀ *le* Tout-Puissant.

al·mond [ˈɑːmənd] amande *f*.

al·mon·er [ˈɑːmənə] aumônier (-ère *f*) *m*.

al·most [ˈɔːlmoust] presque, à peu près.

alms [ɑːmz] *usu. sg.* aumône *f*; '~-**bag** aumônière *f*; '~-**house** asile *m* de vieillards *ou* d'indigents.

al·oe ♀, *a. pharm.* [ˈæləu] aloès *m*.

a·loft [əˈlɔft] ♣ en haut (*dans la mâture*); *fig.* en l'air; ✈ en vol.

a·lone [əˈloun] seul; *let* (*ou leave*) ~ laisser (*q.*) tranquille; *let it* ~! n'y touchez pas!; *let* ~ sans compter; sans parler de.

a·long [əˈlɔŋ] **1.** *adv.*: *move* ~ avancer; *come* ~! venez donc! *stride* ~ avan-

cer à grandes enjambées; *all* ~ depuis longtemps; tout le temps; ~ *with* avec; F *get* ~ *with you!* filez!; allons donc! **2.** *prp.* le long de; **a**'**long'shore** le long de la côte; **a**'**long'side 1.** ♣ *adv.* bord à bord, contre à contre; **2.** *prp.* ♣ accosté le long de; *fig.* tout près de.

a·loof [əˈluːf] à l'écart; distant; ♣ au large; *keep* ~ se tenir éloigné (de, *from*); *stand* ~ s'abstenir; **a**'**loof-ness** réserve *f* (à l'égard de, *from*).

a·loud [əˈlaud] à haute voix; tout haut.

alp [ælp] **1.** alpe *f*; **2.** the 2s *pl.* les Alpes *f/pl.*; **al·pen·stock** [ˈælpin-stɔk] alpenstock *m*; bâton *m* ferré.

al·pha·bet [ˈælfəbit] alphabet *m*; **al-pha·bet·ic, al·pha·bet·i·cal** ☐ [~ˈbetik(l)] alphabétique.

Al·pine [ˈælpain] alpin; alpestre (*climat etc.*); 2~ sun rayons *m/pl.* ultraviolets; **al·pin·ist** [ˈ~pinist] alpiniste *mf*.

al·read·y [ɔːlˈredi] déjà; dès à présent.

Al·sa·tian [ælˈseiʃjən] **1.** alsacien (-ne *f*); **2.** Alsacien(ne *f*) *m*; (a. ~ *wolf-hound*) chien-loup (*pl.* chiens-loups) *m*.

al·so [ˈɔːlsou] aussi; encore; également; *dont.* ~ *ran* non classé.

al·tar [ˈɔːltə] autel *m*; '~-**piece** retable *m*; tableau *m* d'autel.

al·ter [ˈɔːltə] changer; *v/t.* modifier; remanier (*un texte*); *Am.* F châtrer (*un animal*); '**al·ter·a·ble** variable, modifiable; **al·ter·a·tion** [~əˈreiʃn] changement *m*, modification *f* (à, *to*); remaniement *m*.

al·ter·cate [ˈɔːltəkeit] se quereller; **al·ter·ca·tion** dispute *f*, querelle *f*.

al·ter·nate 1. [ˈɔːltəːneit] (faire) alterner; *∮ alternating current* courant *m* alternatif; **2.** ☐ [ɔːlˈtəːnit] alternatif (-ive *f*), alterné; *on* ~ *days* tous les deux jours; **3.** [~] *Am.* suppléant(e *f*) *m*; remplaçant(e *f*) *m*; **al·ter·na·tion** [~ˈneiʃn] alternation *f*; alternance *f*; **al·ter·na·tive** [~ˈnətiv] **1.** ☐ alternatif (-ive *f*); second, autre; ⊕ d'emprunt (*route*); **2.** alternative, parti *m* entre (*entre deux*); *I have no* ~ je n'ai pas le choix; **al·ter·na·tor** ∮ [ˈ~neitə] alternateur *m*.

al·though [ɔːlˈðou] quoique, bien que.

al·tim·e·ter [æl'timitə] altimètre m.

al·ti·tude ['æltitjuːd] altitude f; élévation f; hauteur f; ~ recorder altitraceur m. [contralto m.⟩

al·to ♩ ['æltou] alto m; femme:⟩

al·to·geth·er [ɔːltə'geðə] 1. tout à fait, entièrement; en tout; somme toute; F tous ensemble; 2. F in the ~ tout nu, F à poil.

al·tru·ism ['æltruizm] altruisme m; 'al·tru·ist altruiste m; al·tru·is·tic (~ally) altruiste.

al·um 🔬 ['æləm] alun m; a·lu·mi·na [ə'ljuːminə] alumine f; a·lu·min·i·um [ælju'minjəm], Am. a·lu·mi·num [ə'luːminəm] aluminium m; ~ acetate acétate m d'aluminium; a·lu·mi·nous [ə'ljuːminəs] alumineux (-euse f).

a·lum·nus [ə'lʌmnəs], pl. **-ni** [~nai] m; **a·lum·na** [~nə], pl. **-nae** [~niː] f élève mf (d'un collège); étudiant(e f) m (à une université); gradué(e f) m; Am. sp. ancien équipier m.

al·ve·o·lar [æl'viələ] alvéolaire.

al·ways ['ɔːlwəz] toujours; tout le temps; as ~ comme toujours, F comme d'habitude.

a·mal·gam [ə'mælgəm] amalgame m; a'mal·gam·ate [~meit] (s')amalgamer; fusionner; a·mal·gam·'a·tion amalgamation f; mélange m; ✝ fusion f.

a·man·u·en·sis [əmænju'ensis], pl. **-ses** [~siːz] secrétaire mf.

am·a·ranth ♀ ['æmərænθ] amarante f.

a·mass [ə'mæs] amasser, accumuler.

am·a·teur ['æmətə:] amateur m; dilettante m; am·a'teur·ish d'amateur.

am·a·tive ['æmətiv], **am·a·to·ry** ['~təri] amoureux (-euse f); érotique; d'amour.

a·maze [ə'meiz] stupéfier, confondre; a'maze·ment stupéfaction f, stupeur f; a'maz·ing ☐ stupéfiant, étonnant.

Am·a·zon ['æməzən] Amazone f; fig. ♀ femme f hommasse; **Am·a·zo·ni·an** [~'zounjən] d'Amazone; géog. de l'Amazone.

am·bas·sa·dor [æm'bæsədə] ambassadeur m; **am·bas·sa·do·ri·al** [~'dɔːriəl] ambassadorial (-aux m/pl.), d'ambassadeur; **am'bas·sa·dress** [~dris] ambassadrice f.

am·ber ['æmbə] 1. ambre m; 2. ambré; jaune; d'ambre; **am·ber·gris** ['~griːs] ambre m gris.

am·bi·dex·trous ☐ ['æmbi'dekstrəs] ambidextre; fig. fourbe.

am·bi·ent ['æmbiənt] ambiant.

am·bi·gu·i·ty [æmbi'gjuiti] ambiguïté f; équivoque f; **am'big·u·ous** ☐ ambigu(ë f), équivoque; incertain; obscur.

am·bi·tion [æm'biʃn] ambition f (de, to); ~s pl. ambitions f/pl.; visées f/pl.; **am'bi·tious** ☐ ambitieux (-euse f) (de of, to); prétentieux (-euse f) (style).

am·ble ['æmbl] 1. amble m, entrepas m; 2. aller (à l'amble; traquenarder; fig. marcher d'un pas tranquille; ~ up s'approcher d'un pas tranquille; 'am·bler flâneur (-euse f) m; cheval m ambleur.

am·bro·si·a [æm'brouziə] ambroisie f; **am'bro·si·al** ☐ ambrosiaque; fig. délicieux (-euse f).

am·bu·lance ['æmbjuləns] ambulance f; hôpital m ambulant; attr. sanitaire; ~ box infirmerie f portative; Am. F ~ chaser avoué qui guette les accidents pour faire poursuivre le responsable en dommages-intérêts; ~ man ambulancier m; ~ station poste m d'ambulance; poste m de secours; 'am·bu·lant ambulant.

am·bu·la·to·ry ['æmbjulətəri] 1. ambulant, mobile; ⚕ ambulatoire; 2. promenoir m, préau m; eccl. déambulatoire m.

am·bus·cade [æmbəs'keid], **am·bush** ['æmbuʃ] 1. guet-apens (pl. guets-apens) m; embuscade f; lay (ou make) an ~ dresser une embuscade (à q., for s.o.); 2. v/t. attirer (q.) dans un piège; v/i. s'embusquer.

a·mel·io·rate [ə'miːliəreit] (s')améliorer; **a·mel·io·ra·tion** amélioration f.

a·men ['ɑː'men] amen; ainsi soit-il.

a·me·na·ble ☐ [ə'miːnəbl] soumis, docile (à, to); ⚖ justiciable.

a·mend [ə'mend] v/t. amender; réformer; ⚖ corriger; parl. modifier, amender; v/i. s'amender; a'mend·ment modification f; ⚖ rectification f; parl. amendement m (Am. a. article ajouté à la Constitution des É.-U.); **a'mends** [~dz] sg. réparation *f*; *make* ~ *for* réparer (*un tort*); compenser (*un défaut*).

a·men·i·ty [ə'miːniti] *lieu*: aménité *f*; *charme m*; amabilité *f*; **amenities** *pl.* commodités *f/pl.* (*de l'existence*); civilités *f/pl.*

a·merce † [ə'məːs] confisquer (*des terres*); mettre à l'amende.

A·mer·i·can [ə'merikən] **1.** américain; ~ *cloth* toile *f* cirée; ~ *leather* molesquine *f*; *Am.* ~ *Legion* association *f* des anciens combattants des deux guerres mondiales; *tourisme:* ~ *plan* pension *f* complète; **2.** Américain(e *f*) *m*; **a'mer·i·can·ism** américanisme *m*; **a'mer·i·can·ize** (s')américaniser.

Am·er·in·di·an[æmər'indjən], **Am·er·ind** ['æmərind] Indien *m* indigène de l'Amérique.

am·e·thyst *min.* ['æmiθist] améthyste *f*.

a·mi·a·bil·i·ty [eimjə'biliti] amabilité *f* (*envers, to*); **'a·mi·a·ble** ☐ aimable (*envers, to*).

am·i·ca·ble ☐ ['æmikəbl] amical (-aux *m/pl.*); bien disposé; **'am·i·ca·ble·ness** disposition *f* amicale.

a·mid(st) [ə'mid(st)] *prp.* au milieu de; parmi; entre.

a·mid·ships ⚓ [ə'midʃips] par le travers, au milieu du navire.

a·miss [ə'mis] *mal*; de travers; *mal* à propos; *take* ~ prendre (*qch.*) en mauvaise part; *it would not be* ~ (*for him*) *to* il ne (lui) ferait pas mal de; *what is* ~ *with him?* qu'est-ce qu'il a?

am·i·ty ['æmiti] amitié *f*; concorde *f*.

am·me·ter ⚡ ['æmitə] ampèremètre *m*.

am·mo·ni·a [ə'mounjə] ammoniaque *f*; *liquid* ~ (solution *f* aqueuse d')ammoniaque *f*; F alcali *m* volatil; **am'mo·ni·ac** [~æk], **am·mo·ni·a·cal** [æmo'naiəkl] ammoniac (-aque *f*); *see* sal.

am·mu·ni·tion ⚔ [æmju'niʃn] **1.** munitions *f/pl.* de guerre; **2.** d'ordonnance; ~ *boots* chaussures *f/pl.* de munition; ~ *bread* pain *m* de guerre.

am·nes·ty ['æmnesti] **1.** amnistie *f*; **2.** amnistier.

a·moe·ba *zo.* [ə'miːbə] amibe *f*.

a·mong(st) [ə'mʌŋ(st)] *prp.* parmi, entre; *from* ~ d'entre; *be* ~ être du nombre de; *they have it* ~ *them* ils l'ont en commun.

a·mor·al [æ'mɔrəl] amoral (-aux *m/pl.*).

am·o·rous ☐ ['æmərəs] amoureux (-euse *f*) (*de, of*); érotique (*poésie*).

a·mor·phous [ə'mɔːfəs] *min.* amorphe; *fig.* sans forme; vague.

am·or·ti·za·tion [əmɔːti'zeiʃn] amortissement *m*; **am'or·tize** [~taiz] amortir.

a·mount [ə'maunt] **1.** ~ *to* s'élever à, monter à; revenir à, se réduire à; **2.** somme *f*, montant *m*, total *m*; quantité *f*; valeur *f*; *to the* ~ *of* à la valeur de; jusqu'à concurrence de.

a·mour [ə'muə] intrigue *f* galante.

am·pere ⚡ ['æmpεə] ampère *m*.

am·phet·a·mine [æm'fetəmiːn] amphétamine *f*.

am·phib·i·an ✈, *zo.* [æm'fibiən] **1.** amphibie *m*; **2.** = **am'phib·i·ous** ☐ amphibie.

am·phi·the·a·tre ['æmfiθiətə] amphithéâtre *m*.

am·ple ☐ ['æmpl] ample, large; vaste; gros(se *f*); grand; abondant; **'am·ple·ness** ampleur *f*; abondance *f*.

am·pli·fi·ca·tion [æmplifi'keiʃn] amplification *f* (*a. poét., a. phys.*); *gramm. attribut:* extension *f*; **am·pli·fi·er** ['~faiə] *radio:* amplificateur *m*; haut-parleur *m*; **am·pli·fy** ['~fai] *v/t.* amplifier; développer; exagérer; *v/i.* discourir; *radio:* ~*ing valve* lampe *f* amplificatrice; **am·pli·tude** ['~tjuːd] amplitude *f* (*a. phys.*); ampleur *f*.

am·poule ['æmpuːl] ampoule *f*.

am·pu·tate ⚕ ['æmpjuteit] amputer, faire l'amputation de; **am·pu·'ta·tion** amputation *f*.

a·muck [ə'mʌk]: *run* ~ tomber dans la folie meurtrière de l'amok; *fig.* faire les cent coups; *run* ~ *at* (*ou on ou against*) *fig.* s'emballer contre.

am·u·let ['æmjulit] amulette *f*.

a·muse [ə'mjuːz] amuser, divertir, faire rire, égayer; distraire; **a'muse·ment** amusement *m*; divertissement *m*; distraction *f*; ~ *arcade* luna-park *m*; ~ *park* parc *m* d'attraction; fête *f* foraine; *for* ~ pour se distraire; pour (faire) rire; **a'mus·ing** ☐ amusant, divertissant (*pour, to*).

am·y·la·ceous [æmi'leiʃəs] amylacé.

an *gramm.* [æn; ən] *article:* un(e *f*).

an·a·bap·tist [ænə'bæptist] anabaptiste *mf*.

a·nach·ro·nism [ə'nækrənizm] anachronisme *m*.

a·n(a)e·mi·a [ə'ni:mjə] anémie *f*; **a'n(a)e·mic** anémique.

an·(a)es·the·si·a [ænis'θi:zjə] anesthésie *f*; **an·(a)es·thet·ic** [∼'θetik] (∼ally) anesthésique (*a. su./m*); **a·n(a)es·the·tist** [æ'ni:sθitist] anesthésiste *mf*; **a·n(a)es·the·tize** [æ'ni:sθitaiz] anesthésier, insensibiliser.

an·a·log·ic, an·a·log·i·cal □ [ænə-'lɔdʒik(l)] analogique; **a·nal·o·gous** [ə'næləgəs] analogue (à *with, to*); **a'nal·o·gy** analogie *f* (avec *with, to*; entre, *between*).

an·a·lyse ['ænəlaiz] analyser; faire l'analyse de (*a. gramm.*); **a·nal·y·sis** [ə'næləsis], *pl.* -ses [∼si:z] analyse *f*; *compte*: dépouillement *m*; *gramm.* analyse *f* logique; **an·a·lyst** ['ænə-list] analyste *mf*; *public* ∼ analyste *m* officiel.

an·a·lyt·ic, an·a·lyt·i·cal □ [ænə-'litik(l)] analytique.

an·ar·chic, an·ar·chi·cal □ [æ-'nɑːkik(l)] anarchique; **an·ar·chism** ['ænəkizm] anarchisme *m*; **an·arch·ist** ['ænəkist] anarchiste *mf*; **'an·arch·y** anarchie *f*; désordre *m*.

an·a·the·ma [ə'næθimə] anathème *m*; malédiction *f*; **a'nath·e·ma·tize** anathématiser, frapper d'anathème; *F* maudire.

an·a·tom·i·cal □ [ænə'tɔmikl] anatomique; **a·nat·o·mist** [ə'nætə-mist] anatomiste *mf*; **a'nat·o·mize** anatomiser; disséquer; **a'nat·o·my** anatomie *f*; dissection *f*; *F fig.* squelette *m*.

an·ces·tor ['ænsistə] ancêtre *m*; aïeul (*pl.* -eux) *m*; **an·ces·tral** [∼'sestrəl] *biol.* ancestral (-aux *m/pl.*); héréditaire, de famille; **an·ces·tress** ['ænsistris] ancêtre *f*; aïeule *f*; **'an·ces·try** race *f*; lignage *m*; aïeux *m/pl.*

an·chor ['æŋkə] ♣, *a. fig.* 1. ancre *f*; *at* ∼ à l'ancre; mouillé; 2. *v/t.* ancrer, mettre à l'ancre; *v/i.* jeter l'ancre, mouiller; **'an·chor·age** ancrage *m*, mouillage *m*.

an·cho·ret ['æŋkəret], **an·cho·rite** ['∼rait] anachorète *m*.

'an·chor·man ['æŋkə'mæn] *radio, télév.*: présentateur-réalisateur *m* (*pl.* présentateurs-réalisateurs).

an·cho·vy [æn'tʃouvi] anchois *m*.

an·cient ['einʃənt] 1. ancien(ne *f*); antique; 2. *the* ∼*s pl.* les anciens *m/pl.* (*grecs et romains*); **'an·cient·ly** anciennement; jadis.

an·cil·lar·y [æn'siləri] *fig.* subordonné, ancillaire (à, *to*); accessoire (à, *to*).

and [ænd; ənd] et; *thousands* ∼ *thousands* des milliers et des milliers; *there are flowers* ∼ *flowers* il y a des fleurs et encore des fleurs; *try* ∼ *take it* tâchez de le prendre.

and·i·ron ['ændaiən] landier *m*; chenet *m*.

an·ec·do·tal [ænek'doutl], **an·ec·dot·i·cal** □ [∼'dɔtikl] anecdotique; **an·ec·dote** ['ænikdout] anecdote *f*.

an·e·lec·tric *phys.* [æni'lektrik] anélectrique.

an·e·mom·e·ter [æni'mɔmitə] anémomètre *m*.

a·nem·o·ne [ə'nemoni] anémone *f*.

an·er·oid ['ænərɔid] (baromètre *m*) anéroïde *m*.

a·new [ə'nju:] de nouveau; à nouveau.

an·gel ['eindʒl] ange *m*; **an·gel·ic, an·gel·i·cal** □ [æn'dʒelik(l)] angélique.

an·ger ['æŋgə] 1. colère *f*; emportement *m* (contre, *at*); 2. irriter, mettre (*q.*) en colère.

an·gi·na [æn'dʒainə] angine *f*; ∼ *pectoris* angine *f* de poitrine.

an·gle ['æŋgl] 1. angle *m*; *fig.* point *m* de vue; 2. pêcher à la ligne; ∼ *for F* quêter; **'an·gler** pêcheur (-euse *f*) *m* à la ligne.

An·gles ['æŋglz] *pl.* Angles *m/pl.*

An·gli·can ['æŋglikən] 1. anglican; *Am. a.* anglais; 2. anglican(e *f*) *m*.

An·gli·cism ['æŋglisizm] anglicisme *m*; idiotisme *m* anglais.

an·gling ['æŋgliŋ] pêche *f* à la ligne.

An·glo-Sax·on ['æŋglou'sæksn] 1. Anglo-Saxon(ne *f*) *m*; 2. anglo-saxon(ne *f*).

an·go·ra [æŋ'gɔːrə] (laine *f*) angora *m*; (*a.* ∼ *cat*) (chat *m*) angora *m*.

an·gry ['æŋgri] fâché, irrité, courroucé (contre q., *with s.o.*; de qch. *about s.th.*); *☞* irrité, enflammé.

an·guish ['æŋgwiʃ] angoisse *f*; douleur *f*; *fig.* supplice *m*.

an·gu·lar ['æŋgjulə] angulaire; anguleux (-euse *f*) (*visage*); *fig.* maigre, décharné; ∼ *point ♗* sommet *m*; **an·gu·lar·i·ty** [∼'læriti] angularité *f*; *fig.* caractère *m* anguleux.

an·hy·drous 🜍 [æn'haidrɔs] anhydre; sec (sèche *f*), tapé (*fruits*).

an·ile ['einail] de vieille femme.

an·i·line 🜍 ['ænili:n] aniline *f*; ~ **dyes** *pl.* colorants *m/pl.* d'aniline.

an·i·mad·ver·sion [ænimæd'və:ʃn] censure *f*, blâme *m*; **an·i·mad·vert** [~'və:t] censurer, censurer, blâmer (*qch.*, *on* s.th.).

an·i·mal ['ænimɔl] **1.** animal *m*; bête *f*; **2.** animal (-aux *m/pl.*); *Brit.* ~ **home** asyle *m* pour animaux; *zo.* ~ **kingdom** règne *m* animal; ~ **lover** ami(e *f*) *m* des animaux; *Am.* ~ **shelter** asyle *m* pour animaux; ~ **spirits** *pl.* verve *f*, entrain *m*; **an·i·mal·cule** [~'mælkju:l] animalcule *m*; **an·i·mal·ism** [~'məlizm] animalité *f*; *biol.* animalisme *m*; **an·i·mal·i·ty** animalité *f*.

an·i·mate 1. ['ænimeit] animer; stimuler; mouvementer; **2.** ['~mit], *usu.* **an·i·mat·ed** ['~meitid] animé (*a. fig.*); doué de vie; ~ **cartoon** dessins *m/pl.* animés.

an·i·ma·tion [æni'meiʃn] animation *f*; vivacité *f*; chaleur *f*; entrain *m*; stimulation *f*.

an·i·mos·i·ty [æni'mɔsiti], *a.* **an·i·mus** ['ænimɔs] animosité *f*.

an·ise ♀ ['ænis] anis *m*; **an·i·seed** ['~si:d] (graine *f* d')anis *m*; *attr.* à l'anis. [astragale *m.*]

an·kle ['æŋkl] cheville *f*; ~ **bone**]

an·klet ['æŋklit] bracelet *m* de jambe; manille *f* (de forçat); F socquette *f*.

an·nals ['ænlz] *pl.* annales *f/pl.*; *fig.* archives *f/pl.*

an·neal ⊕ [ə'ni:l] recuire, adoucir (*un métal etc.*); *fig.* tremper.

an·nex 1. [ə'neks] annexer (à, to); ajouter; joindre; ~ **to** poser (*des conditions*) à; **2.** ['æneks] annexe *f*; dépendance *f*; adjonction *f*; **an·nex·a·tion** annexion *f* (de, of); mainmise *f* (sur, of).

an·ni·hi·late [ə'naiəleit] anéantir; annihiler; *see annul*; **an·ni·hi·la·tion** anéantissement *m*; annihilation *f*; *see annulment*.

an·ni·ver·sa·ry [æni'və:səri] anniversaire *m*.

an·no·tate ['ænouteit] annoter, commenter; accompagner de remarques; **an·no·ta·tion** annotation *f*; commentaire *m*; note *f*.

an·nounce [ə'nauns] annoncer; faire connaître; **an·nounce·ment** annonce *f*; avis *m*; faire-part *m/inv.*; **an·nounc·er** radio: speaker *m*.

an·noy [ə'nɔi] contrarier; gêner; molester; vexer; **an·noy·ance** contrariété *f*; chagrin *m*; ennui *m*; **an·noyed** contrarié, ennuyé, vexé; **an·noy·ing** ☐ contrariant, ennuyeux (-euse *f*), ennuyant.

an·nu·al [ə'njuəl] **1.** ☐ annuel(le *f*) (*a.* ♀); ~ **ring** ♀ couche *f* annuelle; **2.** ♀ plante *f* annuelle; *livre*: annuaire *m*.

an·nu·i·tant [ə'njuitənt] rentier (-ère *f*) *m*; **an·nu·i·ty** rente *f* (annuelle); ✝ (*a.* ~ **bond**) obligation *f*; *see life.*

an·nul [ə'nʌl] annuler, résilier; dissoudre (*un mariage*); abroger (*une loi*).

an·nu·lar ☐ ['ænjulə] annulaire.

an·nul·ment [ə'nʌlmənt] annulation *f*, résiliation *f*; dissolution *f*; abrogation *f*.

an·nun·ci·a·tion [ənʌnsi'eiʃn] proclamation *f*, annonce *f*; *eccl.* ♀ Annonciation *f*; **an·nun·ci·a·tor** [~ʃieitə] annonciateur *m*; *Am.* bouton *m* (de sonnerie).

an·ode ⚡ ['ænoud] **1.** anode *f*; **2.** de plaque; ~ **potential** tension *f* de plaque.

an·o·dyne ✗ ['ænodain] anodin (*a. su./m*); calmant (*a. su./m*).

a·noint [ə'nɔint] *surt. eccl.* oindre; sacrer; *fig.* graisser.

a·nom·a·lous ☐ [ə'nɔmələs] anomal (-aux *m/pl.*); F exceptionnel(le *f*), anormal (-aux *m/pl.*), irrégulier (-ère *f*); **a·nom·a·ly** [ə'nɔmɔli] anomalie *f*.

a·non [ə'nɔn] bientôt, tout à l'heure; *ever and* ~ de temps en temps.

an·o·nym·i·ty [ænə'nimiti] anonymat *m*, anonyme *m*; **a·non·y·mous** ☐ [ə'nɔnimɔs] anonyme; inconnu.

an·oth·er [ə'nʌðə] encore un(e); un(e) autre; un(e) second(e); *just such* ~ un autre du même genre; F *tell me ou us* ~! à d'autres!, tu ne le crois pas toi-même!

an·swer ['a:nsə] **1.** *v/t.* répondre (*qch.*) (à q., s.o.); faire réponse à; remplir (*un but*); obéir (*à la barre*); répondre à (*une accusation*); ~ **the bell** (*ou door*) aller *ou* venir ouvrir; *v/i.* répondre (à q., *to* s.o.; à qch., *to* s.th.;

à une question, *to a question*); ne pas réussir; F ~ *back* répliquer, répondre avec impertinence; *don't ~ back!* ne réponds pas!; ~ *for* être responsable de; répondre de (*q.*), se porter garant de (*q., qch.*); ~ *to the name of* s'appeler; **2.** réponse *f* (à, *to*); ✞ solution *f*; ✞ réplique *f*, réfutation *f*; **'an·swer·a·ble** □ responsable; comptable.

ant [ænt] fourmi *f*.

an't [ɑ:nt] F = *are not, am not*; *sl. ou prov.* = *is not*.

an·tag·o·nism [æn'tægənizm] antagonisme *m* (entre, *between*); opposition *f* (à, *to*; avec, *with*); **an'tag·o·nist** adversaire *m*; antagoniste *m*; **an·tag·o'nis·tic** (~*ally*) opposé, contraire (à, *to*); adverse; **an'tag·o·nize** éveiller l'hostilité de (*q.*); s'opposer à; contrarier (*une force*).

ant·arc·tic [ænt'ɑ:ktik] antarctique; ♀ *Circle* cercle *m* polaire antarctique.

an·te *Am.* ['ænti] *poker*: **1.** première mise *f*; **2.** F (*usu.* ~ *up*) *v/t., a. v/i.* ouvrir (le jeu); *v/i. fig.* donner son obole.

an·te·ced·ence [ænti'si:dəns] priorité *f*; antériorité *f*; *astr.* antécédence *f*; **an·te'ced·ent 1.** □ antécédent; antérieur (à, *to*); **2.** antécédent *m* (*a. gramm.*); thème *m*; *his* ~*s pl.* ses ancêtres *m/pl.*; son passé *m.*

an·te·cham·ber ['æntitʃeimbə] antichambre *f.*

an·te·date ['ænti'deit] antidater (*un document*); précéder, venir avant.

an·te·di·lu·vi·an ['æntidi'lu:vjən] antédiluvien(ne) *f* (*a. su./mf*).

an·te·lope *zo.* ['æntiloup] antilope *f.*

an·te·na·tal [ænti'neitl] prénatal.

an·ten·na [æn'tenə], *pl.* -**nae** [~ni:] *zo., radio, télév.*: antenne *f*; *limaçon*: corne *f.*

an·te·ri·or [æn'tiəriə] antérieur (à, *to*).

an·te·room ['æntirum] antichambre *f*, vestibule *m.*

an·them ['ænθəm] *eccl.* antienne *f*, motet *m*; hymne *m.*

ant·hill ['ænthil] fourmilière *f.*

an·thol·o·gy [æn'θɔlədʒi] *fig.* anthologie *f*, florilège *m.*

an·thra·cite *min.* ['ænθrəsait] anthracite *m*; F houille *f* sèche; **an·thrax** ['ænθræks] *vét.* charbon *m.*

an·thro·poid ['ænθrəpoid] anthropoïde (*a. su./m*); **an·thro·po·log·i-**

cal □ [ænθrəpə'lɔdʒikəl] anthropologique; **an·thro·pol·o·gist** [~'pɔlədʒist] anthropologiste *mf*, -logue *mf*; **an·thro'pol·o·gy** [~dʒi] anthropologie *f*; **an·thro·poph·a·gy** [ænθrə'pɔfədʒi] anthropophagie *f.*

anti... [ænti] *préf.* anti-; anté-; contre-.

an·ti·air·craft ['ænti'ɛəkrɑ:ft]: ~ *alarm* alerte *f* (aux avions); ~ *defence* défense *f* contre avions; D.C.A.; ~ *gun* canon *m* antiaérien.

an·ti·bi·ot·ic ♣ ['æntibai'ɔtik] antibiotique (*a. su./m*).

an·tic ['æntik] **1.** □ † grotesque; **2.** bouffonnerie *f*, singerie *f*; ~*s pl.* gambades *f/pl.*

An·ti·christ ['æntikraist] Antéchrist *m.*

an·tic·i·pate [æn'tisipeit] anticiper (*un paiement*; *sur les événements*); devancer; prévoir; s'attendre à; promettre; escompter (*un résultat*); **an·tic·i'pa·tion** anticipation *f*; prévision *f*; attente *f*; expectative *f*; *payment by* ~ paiement *m* par anticipation; *in* ~ d'avance; *Thanking you in* ~ Avec mes *ou* nos remerciements anticipés; **an'tic·i·pa·to·ry** [~peitəri] anticipé, anticipatif (-ive *f*); par anticipation.

an·ti·cler·i·cal ['ænti'klerikəl] anticlérical.

an·ti·cli·max ['ænti'klaimæks] anticlimax *m.*

an·ti·cor·ro·sive a·gent ['æntikə'rousiv'eidʒənt] antirouille *m.*

an·ti·cy·clone *météor.* ['ænti'saikloun] anticyclone *m.*

an·ti·daz·zle *mot.* ['ænti'dæzl] antiaveuglant; ~ *headlights pl.* pharescode *m/pl.*

an·ti·dote ['æntidout] antidote *m*, contrepoison *m* (de, contre *against, for*, to).

an·ti·freeze *mot.* ['ænti'fri:z] antigel *m.*

an·ti·fric·tion ['ænti'frikʃn] antifriction *f*; *attr.* ⊕ antifriction.

an·ti·ha·lo *phot.* ['ænti'heilou] antihalo *m* (*a. su./m*).

an·ti·ic·er ⊕, ✈ ['ænti'aisə] antigivreur *m.*

an·ti·knock *mot.* ['ænti'nɔk] (*produit m*) antidétonant.

an·ti·mo·ny *min.* ['æntiməni] antimoine *m.*

an·tip·a·thy [æn'tipəθi] antipathie *f*

(pour, contre *against*, to); aversion *f* (pour q., *against* s.th.).

an·tip·o·dal [æn'tipədl] situé aux antipodes; **an·ti·pode** ['~poud], *pl.* **an·tip·o·des** [~'tipədi:z] chose *f* diamétralement opposée; rebours *m*; ~s *pl. géog.* antipodes *m/pl.*

an·ti·pol·lu·tion de·vice ['æntipə-'luʃəndi'vais] équipement *m* antipollution.

An·ti·py·rin [ænti'paiərin] antipyrine *f*, analgésine *f*.

an·ti·quar·i·an [ænti'kwɛəriən] archéologique, de l'antique; **an·ti·quar·y** ['~kwəri] archéologue *m*; amateur *m* d'antiquités; antiquaire *m*; **an·ti·quat·ed** ['~kweitid] vieilli; désuet (-ète *f*); suranné, démodé. **an·tique** [æn'ti:k] **1.** □ antique; ancien(ne *f*) suranné; **2.** antiquité *f*; objet *m* antique; **an·tiq·ui·ty** [~'tikwiti] antiquité *f* (*romaine etc.*); ancienneté *f*; *antiquities pl.* antiquités *f/pl.*

an·ti·rust [ænti'rʌst] antirouille *m*.

an·ti·sem·ite [ænti'si:mait] antisémite (*a. su./mf*); **an·ti-Se·mit·ic** ['~si'mitik] antisémite; **an·ti·sem·i·tism** [~'semitizm] antisémitisme *m*.

an·ti·sep·tic [ænti'septik] antiseptique (*a. su./m*).

an·ti·skid *mot.* ['ænti'skid] antidérapant.

an·tith·e·sis [æn'tiθisis], *pl.* **-ses** [~si:z] antithèse *f*; contraire *m*; **an·ti·thet·ic, an·ti·thet·i·cal** □ [~'θetik]) antithétique.

ant·ler ['æntlə] *cerf etc.:* andouiller *m*; ~s *pl.* bois *m* (*pl.*).

an·to·nym *gramm.* ['æntənim] antonyme *m*.

A num·ber 1 *Am.* F see A 1.

a·nus *anat.* ['einəs] anus *m*.

an·vil ['ænvil] enclume *f*; *fig.* chantier *m*, métier *m*.

anx·i·e·ty [æŋ'zaiəti] inquiétude *f*; soucis *m/pl.*; *fig.* désir *m* (de *inf.*; to *inf.*); *fig.* sollicitude *f* (pour, for); ✚ anxiété *f*; ~ *dream* rêve *m* anxieux. **anx·ious** □ [æŋkʃəs] inquiet (-ète *f*), soucieux (-euse *f*) (sur, de, au sujet de *about*); désireux (-euse *f*) (de *inf.*, to *inf.*); impatient (de *inf.*, to *inf.*).

an·y ['eni] **1.** *adj., a. pron.* un(e *f*); tout (e *f*); n'importe quel(le *f*);

n'importe lequel (laquelle *f*); *are there ~ nails?* y a-t-il des clous?; *not ~* aucun, nul; **2.** *adv. ne se traduit pas d'ordinaire;* '**~bod·y**, '**~one** quelqu'un(e *f*); n'importe qui; tout le monde; quiconque; *(avec négation)* personne; *not ~* personne; '**~·how 1.** *cj.* en tout cas; **2.** *adv.* n'importe comment; '**~·thing** quelque chose; *(avec négation)* rien; ~ *but* rien moins que; '**~·way** *see anyhow*; '**~·where** n'importe où.

a·pace [ə'peis] vite; à grands pas.

a·part [ə'pɑ:t] à part; de côté, écarté; ~ *from* en dehors de; hormis que; plaisanterie à part; *set ~ for* mettre de côté pour; réserver à; **a'part·ment** salle *f*, chambre *f*; pièce *f*; *Am.* appartement *m*; ~s *pl.* logement *m*; *Am.* ~ *hotel* hôtel *m* meublé avec *ou* sans service; *Am.* ~ *house* maison *f* de rapport.

ap·a·thet·ic [æpə'θetik] (~*ally*) indifférent; '**ap·a·thy** apathie *f*, indifférence *f*; nonchalance *f*.

ape [eip] **1.** (grand) singe *m*; *Am.* F *go ~* devenir fou (folle *f*); **2.** imiter, singer.

a·peak ⚓ [ə'pi:k] à pic, dérapé (*ancre*).

a·pe·ri·ent [ə'piəriənt] **1.** laxatif (-ive *f*); relâchant; **2.** laxatif *m*; relâchant *m*.

ap·er·ture ['æpətjuə] ouverture *f*.

a·pex ['eipeks], *pl.* '**a·pex·es, a·pi·ces** ['eipisi:z] sommet *m*; *fig.* apogée *m*.

aph·o·rism ['æfərizm] aphorisme *m*; **aph·o'ris·tic** (~*ally*) aphoristique.

a·pi·ar·y ['eipiəri] rucher *m*; **a·pi·cul·ture** ['~kʌltʃə] apiculture *f*.

a·piece [ə'pi:s] chacun(e *f*); la pièce.

ap·ish □ ['eipiʃ] simiesque; imitateur (-trice *f*).

A·poc·ry·pha *bibl.* [ə'pɔkrifə] *pl. les* Apocryphes *m/pl.*; **a'poc·ry·phal** apocryphe.

ap·o·gee *astr.* ['æpɔdʒi:] apogée *m*.

a·pol·o·get·ic [əpɔlə'dʒetik] **1.** (~*ally*) d'excuse; *eccl.* apologétique (*livre*); **2.** *eccl. usu.* ~s *pl.* apologétique *f*; **a·pol·o·gist** apologiste *m*, défenseur *m*; **a'pol·o·gize** s'excuser (de, for; auprès de, to); **a'pol·o·gy** excuses *f/pl.*; apologie *f*, justification *f* (de, for); *fig.* semblant *m* (de, for); F (mauvais) substitut *m* (de, for); make an ~ présenter des excuses.

ap·o·plec·tic, ap·o·plec·ti·cal □ [æpɔ'plektik(l)] apoplectique (*personne*); d'apoplexie; **'ap·o·plex·y** apoplexie *f*; congestion *f* cérébrale.

a·pos·ta·sy [ə'pɔstəsi] apostasie *f*; **a'pos·tate** [⁀stit] apostat (*a. su./m*); relaps(e *f*) *m*; **a'pos·ta·tize** [⁀stətaiz] apostasier (qch., *from* s.th.).

a·pos·tle [ə'pɔsl] apôtre *m*; **ap·os·tol·ic, ap·os·tol·i·cal** □ [æpə-'stɔlik(l)] apostolique.

a·pos·tro·phe *gramm., a. rhétorique*: [ə'pɔstrəfi] apostrophe *f*; **a'pos·tro·phize** apostropher; *gramm.* mettre une apostrophe à.

a·poth·e·car·y † [ə'pɔθikəri] apothicaire *m*, pharmacien *m*.

a·poth·e·o·sis [əpɔθi'ousis] apothéose *f*.

ap·pal [ə'pɔːl] épouvanter; consterner; **ap'pall·ing** épouvantable, effroyable.

ap·pa·ra·tus [æpə'reitəs], *pl.* -tus·es [⁀təsiz] appareil *m*, dispositif *m*; attirail *m*; ~ exercises *pl.* gymnastique *f* aux agrès.

ap·par·el [ə'pærəl]: wearing ~ vêtements *m/pl.*, habits *m/pl.*

ap·par·ent □ [ə'pærənt] apparent, évident, manifeste; *see* heir; **ap·pa·ri·tion** [æpə'riʃn] apparition *f*; fantôme *m*, revenant *m*.

ap·peal [ə'piːl] **1.** faire appel (à, to); demander (qch., *for* s.th.; à, to); interjeter appel; se pourvoir en cassation; ~ *to* attirer, séduire; ⚖ invoquer l'aide de (*la loi*); appeler de (*un jugement*); *see* country; **2.** appel *m*; recours *m*; *fig.* prière *f*, supplication *f*; attrait *m*; ⚖ *court of* ~ cour *f* d'appel; *lodge ou file an* ~ interjeter appel; se pourvoir en appel; *notice of* ~ intimation *f*; *right of* ~ droit *m* d'appel; ~ *for mercy* demande *f* de grâce; **ap'peal·ing** □ suppliant; émouvant; sympathique.

ap·pear [ə'piə] paraître (*a. livres*); se montrer; se présenter; apparaître; sembler; ⚖ comparaître; ~ *for* plaider pour (q.); **ap'pear·ance** apparition *f*; entrée *f*; *livre*: parution *f*; apparence *f*; ⚖ comparution *f*; ~*s pl.* dehors *m/pl.*; keep up (*ou* save) ~*s* sauver *ou* garder les apparences; make one's ~ débuter;

paraître; *put in an* ~ faire acte de présence; *to all* ~*s* selon toute apparence.

ap·pease [ə'piːz] apaiser, calmer (*l'agitation, une douleur*); assouvir (*la faim*); **ap'pease·ment** apaisement *m*; assouvissement *m*; ~ *policy* politique *f* d'apaisement.

ap·pel·lant [ə'pelənt] appelant(e *f*) (*a.* su./*mf*); **ap'pel·late** [⁀lit] d'appel; **ap·pel·la·tion** [æpe'leiʃn] appellation *f*, nom *m*, désignation *f*, titre *m*; **ap·pel·la·tive** *gramm.* [ə'pelətiv] (*a.* ~ *name*) nom *m* commun *ou* générique.

ap·pend [ə'pend] attacher, joindre; apposer (*une signature, un sceau*); annexer (*un document*); **ap'pend·age** accessoire *m*, apanage *m* (de, to); annexe *f*; *anat.* appendice *m*; **ap·pen·dec·to·my** *Am.* [⁀-'dektəmi] appendicectomie *f*; **ap·pen·di·ci·tis** [⁀di'saitis] appendicite *f*; **ap'pen·dix** [⁀diks], *pl.* -dix·es, -di·ces [⁀disiːz] appendice *m*; ⚕ appendice *m* (vermiculaire).

ap·per·tain [æpə'tein]: ~ *to* appartenir à; incomber à; convenir à.

ap·pe·tence, ap·pe·ten·cy ['æpitəns(i)] (*for, after, of*) appétence *f*; désir *m* (de); convoitise *f* (pour).

ap·pe·tite ['æpitait] (*for*) appétit *m* (de); *fig.* désir *m* (de), soif *f* (de); ~ *suppressant* coupe-faim *m/inv.*, anorexigène *m*.

ap·pe·tiz·er ['æpitaizə] apéritif *m*; **'ap·pe·tiz·ing** alléchant, appétissant.

ap·plaud [ə'plɔːd] *v/i.* applaudir, battre des mains; *v/t.* applaudir (q.; *aux efforts de q.*).

ap·plause [ə'plɔːz] applaudissements *m/pl.*; approbation *f*.

ap·ple ['æpl] pomme *f*; '~**-cart** voiture *f* à bras; F *upset s.o.'s* ~ bouleverser les plans de q.; ~ *pie* tourte *f* aux pommes; '~**-pie**: F *in* ~ *order* rangé en ordre parfait; '~**-pol·ish** *sl.* flatter, flagorner (q.); '~**-sauce** compote *f* de pommes; *Am. sl.* flagornerie *f*; *int.* chansons!; '~**-tree** pommier *m*.

ap·pli·ance [ə'plaiəns] appareil *m*; instrument *m*; dispositif *m*; ~*s pl.* attirail *m*.

ap·pli·ca·bil·i·ty [æplikə'biliti] applicabilité *f*; **'ap·pli·ca·ble** (à, to) applicable; approprié; **'ap·pli·cant**

candidat(e f) m (à, for); postulant(e f) m (de, for); **ap·pli·ca·tion** (to) application f (à, sur); apposition f (à); *frein:* serrage m; assiduité f; demande f (de, for); sollicitation f (de, for); ~ form bulletin m de demande; ✏ *for external* ~ pour l'usage externe; (letter of) ~ (lettre f de) demande f d'emploi; *make an* ~ formuler *ou* faire une demande.

ap·ply [ə'plai] v/t. (to) appliquer (qch. sur qch.); faire l'application de (qch. à qch.); coller (sur); serrer (le frein); mettre en pratique; affecter (un paiement) (à); ~ o.s. to s'attacher à; v/i. (to) s'appliquer (à); s'adresser (à); avoir recours (à); ~ for poser sa candidature à, solliciter (qch.); applied science science f appliquée *ou* expérimentale.

ap·point [ə'point] v/t. (to) nommer (q. governeur, s.o. governor); désigner(pour inf., to inf.); fixer, assigner (l'heure, un endroit); arrêter (un jour); prescrire (que, that); well ~ed bien installé, bien équipé; **ap'point·ment** rendez-vous m; entrevue f; nomination f; désignation f; charge f, emploi m; ~s pl. aménagement m, installation f; équipement m; † émoluments m/pl.; ~ book agenda m, calepin m; by special ~ to (fournisseur) breveté *ou* attitré de.

ap·por·tion [ə'pɔːʃn] répartir; assigner (à, to); **ap'por·tion·ment** partage m, répartition f; allocation f.

ap·po·site □ ['æpəzit] approprié (à, to); juste; be ~ to convenir à; **'ap·po·site·ness** justesse f; à-propos m.   [tion f.

ap·po·si·tion [æpə'ziʃn] apposi-

ap·prais·al [ə'preizl] évaluation f; **ap·praise** [~'preiz] priser, estimer; **ap'praise·ment** évaluation f, estimation f; **ap'prais·er** estimateur m, priseur m.

ap·pre·ci·a·ble □ [ə'priːʃəbl] appréciable; sensible; **ap'pre·ci·ate** [~ʃieit] v/t. apprécier, faire cas de; estimer; évaluer; hausser la valeur de; v/i. augmenter de valeur; **ap·pre·ci·a·tion** appréciation f (de, of); estimation f (de, of); évaluation f; amélioration f; hausse f; plus-value f; **ap'pre·ci·a·tive** □ [~ʃiətiv], **ap'pre·ci·a·to·ry** [~ʃətəri] appréciateur (-trice f); sensible (à, of); be ~ of apprécier; être sensible à.

ap·pre·hend [æpri'hend] arrêter; saisir; *poét.* comprendre; *poét.* redouter; **ap·pre·hen·si·ble** □ [~'hensəbl] appréhensible; perceptible; **ap·pre'hen·sion** arrestation f; prise f de corps; perception f; compréhension f; appréhension f, crainte f; **ap·pre'hen·sive** □ perceptif (-ive f); timide, craintif (-ive f); be ~ redouter (qch., of s.th.); craindre (qch., of s.th.; pour q., for s.o.; que, that).

ap·pren·tice [ə'prentis] 1. apprenti(e f) m; 2. placer en apprentissage (chez, to); ~d to en apprentissage chez; **ap'pren·tice·ship** [~tiʃip] apprentissage m.

ap·prise [ə'praiz] ~ s.o. of s.th. apprendre qch. à q.; prévenir q. de qch.   [condition.

ap·pro † ['æprou] m.

ap·proach [ə'proutʃ] 1. v/i. (s')approcher; *fig.* approcher (de, to); ♒ atterrir; v/t. (s')approcher de; aborder (q.); entrer en communication avec (q.); *fig.* faire une démarche auprès de (q.) (au sujet de, about); *fig.* s'attaquer à, aborder (un problème); 2. approche f; approches f/pl.; venue f; voie f d'accès; accès m; abord m; *fig.* rapprochement m; **ap'proach·a·ble** accessible; abordable.

ap·pro·ba·tion [æpro'beiʃn] approbation f; consentement m.

ap·pro·pri·ate 1. [ə'proupriit] (s')approprier; s'emparer de; *parl.* affecter, consacrer (à, for); 2. □ [~iit] (to) approprié; convenable, propre (à, to); à propos; **ap·pro·pri·a·tion** appropriation f; crédit m, budget m; affectation f de fonds; *parl.* ♀ Committee commission f du budget.

ap·prov·a·ble [ə'pruːvəbl] louable; **ap'prov·al** approbation f; ratification f; on ~ à l'essai, à l'examen; **ap'prove** approuver; ratifier; (a. ~ of) agréer; ~ o.s. † faire ses preuves; **ap'proved** autorisé; approuvé; **ap'prov·er** ⚖ complice m qui dénonce ses camarades.

ap·prox·i·mate 1. [ə'prɔksimeit] (se) rapprocher (de, to); 2. □ [~mit] rapproché, proche, voisin (de, to); approximatif (-ive f); **ap'prox·i·mate·ly** [~mitli] environ, à peu près; **ap·prox·i·ma·tion** [~'meiʃn]

rapprochement *m*; approximation *f*;
ap'prox·i·ma·tive ☐ [~mətiv] approximatif (-ive *f*).

ap·pur·te·nance [ə'pə:tinəns] *usu.*
~s *pl.* accessoires *m/pl.*, attirail *m*.

a·pri·cot ⚘ ['eiprikɔt] abricot *m*;
arbre: abricotier *m*.

A·pril ['eiprəl] avril *m*; **make an**
~**-fool of** s.o. faire un poisson
d'avril à q.

a·pron ['eiprən] tablier *m* (*a. mot.*);
théâ. avant-scène *f*; '~**-string** cordon *m* de tablier; *fig.* **be tied to her**
~**s** être pendu à ses jupes; être tenu
en laisse.

ap·ro·pos ['æprəpou] **1.** à propos
(de, *of*), opportun; **2.** à-propos *m*.

apt ☐ [æpt] juste, fin; heureux
(-euse *f*) (*expression etc.*); enclin (à,
to); susceptible (de, *to*); habile (à,
at); intelligent; apte, propre (à, *to*);
~ **to take fire** sujet à prendre feu;
qui prend feu facilement; **ap·ti·tude** ['~titju:d], **'apt·ness** justesse
f, à-propos *m*; penchant *m*, tendance *f* (à, *to*); talent *m* (pour, *for*);
aptitude test test *m* d'aptitude.

aq·ua for·tis 🜍 ['ækwə'fɔ:tis] eau-forte (*pl.* eaux-fortes) *f*.

aq·ua·lung ['ækwəlʌŋ] scaphandre
m autonome.

aq·ua·ma·rine min. [ækwəmə'ri:n]
aigue-marine (*pl.* aigues-marines) *f*.

aq·ua·plane ['ækwəplein] **1.** aquaplane *m*; **2.** faire de l'aquaplane; *mot.*
faire de l'aquaplaning; **aq·ua·plan·ing** *mot.* [~'pleiniŋ] aquaplaning
m.

aq·ua·relle [ækwə'rel] aquarelle *f*.

a·quar·i·um [ə'kwɛəriəm], *pl.*
-ums, -i·a [~iə] aquarium *m*.

A·quar·i·us *astr.* [ə'kwɛəriəs] le
Verseau.

a·quat·ic [ə'kwætik] **1.** aquatique;
~ **sports see aquatics; 2.** plante *f*
ou animal *m* aquatique; **a'quat·ics**
pl. sports *m/pl.* nautiques.

aq·ua·tint ['ækwətint] aquatinte *f*.

aq·ue·duct ['ækwidʌkt] aqueduc *m*.

a·que·ous ['eikwiəs] ☐ aqueux
(-euse *f*); *géol.* sédimentaire.

aq·ui·line nose ['ækwilain'nouz]
nez *m* aquilin *ou* busqué.

Ar·ab ['ærəb] *ou sl. street* ♀ gamin *m* des
rues; gavroche *m*; **ar·a·besque**
[~'besk] **1.** *usu. pl.* arabesque *f*, -s
f/pl.; **2.** arabesque, dans le style ara-

be; **A·ra·bi·an** [ə'reibjən] **1.** arabe;
The ~ *Nights* les Mille et Une Nuits;
2. Arabe *mf*; **Ar·a·bic** ['ærəbik]
1. arabe; *gum* ♀ gomme *f* arabique;
2. *ling.* arabe *m*.

ar·a·ble ['ærəbl] **1.** labourable;
2. (*ou* ~ *land*) terre *f* arable *ou* labourable.

a·rach·nid [ə'ræknid] arachnide *m*.

ar·bi·ter ['ɑ:bitə] arbitre *m* (*a. fig.*).

ar·bi·trage 🜪 ['ɑ:bi'trɑ:ʒ] arbitrage *m*; **ar'bi·tral tri'bu·nal**
tribunal *m* arbitral; **ar'bi·tra·ment**
[~'trəmənt] arbitrage *m*; **'ar·bi·trar·i·ness** arbitraire *m*; **'ar·bi·trar·y** ☐ arbitraire; **ar·bi·trate**
['~treit] arbitrer (*a. v/i.*); juger;
trancher (*un différend*); **ar·bi'tra·tion** arbitrage *m*; procédure *f*
arbitrale; ~ *court* tribunal *m* arbitral; 🜪 ~ *of exchange* arbitrage *m* du
change; **'ar·bi·tra·tor** ['~ treitə] ♀
arbitre *m*; arbitre-juge *m*; **ar·bi·tress** ['~tris] *femme:* arbitre *m*.

ar·bor ['ɑ:bə] ⊕, *roue, meule:* arbre
m; *tour:* mandrin *m*; ♀ *Day* Am.
jour *m* où on est tenu de planter un
arbre; **ar·bo·re·al** [ɑ:'bɔ:riəl], **ar'bo·re·ous** d'arbre(s); arboricole
(*animal*); **ar·bo·res·cent** ☐ [ɑ:bo·'resnt] arborescent; **ar·bo·ri·cul·ture** ['ɑ:borikʌltʃə] arboriculture *f*.

ar·bour ['ɑ:bə] tonnelle *f*, charmille *f*; *vine* ~ treille *f*.

arc ♀, *astr., etc.* [ɑ:k] arc *m* (⚡ électrique); **ar·cade** [ɑ:'keid] arcade *f*,
-s *f/pl.*; galerie *f*, -s *f/pl.*; passage *m*.

ar·ca·num [ɑ:'keinəm], *pl.* -**na** [~nə]
arcane *m*, secret *m*.

arch¹ [ɑ:tʃ] **1.** *surt.* 🜪 voûte *f*, arc
m; *cintre m*; *pont:* arche *f*; ~**sup·port** cambrure (*f*). **2.** (*se*) voûter;
v/t. bomber (*a. v/i.*); arquer, cintrer; cambrer.

arch² [~] ☐ espiègle; malin (-igne
f); malicieux (-euse *f*).

arch³ [~] insigne, grand; archi-.

ar·ch(a)e·o·log·i·cal ☐ [ɑ:kiə'lɔdʒikəl] archéologique; **ar·ch(a)e·ol·o·gist** [ɑ:ki'ɔlədʒist] archéologue
su./mf; **ar·ch(a)e·ol·o·gy** archéologie *f*.

ar·cha·ic [ɑ:'keiik] (~ally) archaïque;
'ar·cha·ism archaïsme *m*.

arch·an·gel ['ɑ:keindʒl] archange *m*.

arch·bish·op ['ɑ:tʃ'biʃəp] archevêque *m*; **arch·bish·op·ric** [~rik] archevêché *m*; archiépiscopat *m*.

arch·dea·con ['ɑːtʃ'diːkən] archidiacre *m*.

arch·duch·ess ['ɑːtʃ'dʌtʃis] archiduchesse *f*; **'arch'duch·y** archiduché *m*.

arch·duke ['ɑːtʃ'djuːk] archiduc *m*.

arch·er ['ɑːtʃə] archer *m*; **'arch·er·y** tir *m* à l'arc.

ar·chi·di·ac·o·nal [ɑːkidai'ækənl] d'archidiacre.

ar·chi·e·pis·co·pal [ɑːkiiˈpiskəpl] archiépiscopal (-aux *m/pl.*); métropolitain.

ar·chi·pel·a·go [ɑːkiˈpeligou] *géog.* archipel *m*.

ar·chives ['ɑːkaivz] *pl.* archives *f/pl.*

arch·ness ['ɑːtʃnis] espièglerie *f*; malice *f*.

arch·way ['ɑːtʃwei] passage *m* voûté; porte *f* cintrée; portail *m*.

arc·lamp ⚡ ['ɑːklæmp] lampe *f* à arc.

arc·tic ['ɑːktik] **1.** arctique; *fig.* glacial (-als *m/pl.*); ♀ *Circle* cercle *m* polaire; ♀ *Ocean* (océan *m*) Arctique *m*; **2.** *s pl.* snowboots *m/pl.*

ar·den·cy ['ɑːdənsi] ardeur *f*; **'ar·dent** □ *usu. fig.* ardent; *fig.* fort; *~ spirits pl.* alcool *m*, spiritueux *m/pl.*

ar·do(u)r ['ɑːdə] *fig.* ardeur *f*; chaleur *f*.

ar·du·ous ['ɑːdjuəs] ardu (*sentier, travail*); rude (*travail*); escarpé (*chemin*); pénible; laborieux (-euse *f*).

a·re·a ['ɛəriə] aire *f*, superficie *f*; surface *f*; région *f*; territoire *m*; terrain *m* vide; *cinéma etc.*: parterre *m*; cour *f* d'entrée en sous-sol; zone *f*; *Am. téléph.* ~ *code* numéro *m* de présélection; *danger* ~ zone *f* dangereuse; *foot. goal* ~ surface *f* de but; 🚸 *judicial* ~ ressort *m* judiciaire; *foot. penalty* ~ surface *f* de réparation; *prohibited* ~ zone *f* interdite; ~ *bell* sonnette *f* de la porte de service.

a·re·na [əˈriːnə] arène *f*; champ *m* (*a. fig.*); *fig.* théâtre *m*.

aren't F [ɑːnt] = *are not*.

a·rête *alp.* [æˈreit] arête *f*.

ar·gent ['ɑːdʒənt] argenté; 🛡 (d')argent.

Ar·gen·tine ['ɑːdʒəntain] argentin; Argentin(e *f*) *m*.

ar·gil ['ɑːdʒil] argile *f*; **ar·gil·la·ceous** [~'leiʃəs] argileux (-euse *f*), argillacé.

Ar·go·naut ['ɑːgənɔːt] argonaute *m*; *Am.* chercheur *m* d'or en Californie.

ar·gu·a·ble ['ɑːgjuəbl] discutable; soutenable; **ar·gue** ['ɑːgjuː] *v/t.* discuter, débattre; raisonner sur; prouver, démontrer; ~ *s.o. into doing s.th.* persuader à q. de faire qch.; ~ *s.o. out of doing s.th.* dissuader q. de faire qch.; *v/i.* argumenter (sur, *about*); discuter; raisonner; (se) disputer; plaider; ~ *from* tirer argument de.

ar·gu·ment ['ɑːgjumənt] argument *m*; raisonnement *m*; débat *m*, discussion *f*, dispute *f*; **ar·gu·men·ta·tion** [~men'teiʃn] argumentation *f*; **ar·gu·men·ta·tive** □ [~'tətiv] disposé à argumenter; critique.

a·ri·a ♪ ['ɑːriə] aria *f*.

ar·id ['ærid] aride (*a. fig.*); **a'rid·i·ty** aridité *f*.

Ar·ies *astr.* ['ɛəriːz] le Bélier.

a·right [əˈrait] bien, correctement.

a·rise [əˈraiz] [*irr.*] *fig.* s'élever, surgir (de, *from*); se produire; *bibl.* ressusciter; **a'ris·en** *p.p. de arise*.

ar·is·toc·ra·cy [æris'tɔkrəsi] aristocratie *f*; *fig.* élite *f*; **a·ris·to·crat** ['æristəkræt] aristocrate *mf*; **a·ris·to·'crat·ic, a·ris·to·'crat·i·cal** □ aristocratique.

a·rith·me·tic [əˈriθmətik] arithmétique *f*, calcul *m*; **ar·ith·met·i·cal** □ [~'metikl] arithmétique; **a·rith·me·ti·cian** [~məˈtiʃn] arithméticien(ne *f*) *m*.

ark [ɑːk] arche *f*; *bibl.* ♀ *of the Covenant* Arche *f* d'alliance.

arm¹ [ɑːm] bras *m*; *fauteuil:* accoudoir *m*; *within ~'s reach* à portée de la main; *keep s.o. at ~'s length* tenir q. à distance; *infant in ~s* bébé *m*; F *poupon m; take s.o. to (ou in) one's ~s* prendre q. dans ses bras.

arm² [~] **1.** arme *f*; *~s pl.* armes *f/pl.*; 🛡 armes *f/pl.*, armoiries *f/pl.*; *see coat* 1; *~s race* course *f* aux armements; *~s reduction* désarmement *m*; *~s (reduction) talks* pourparlers *m/pl.* ou négociations *f/pl.* sur le désarmement; *be (all) up in ~s* être en révolte; se gendarmer *ou* s'élever (contre, *against*); *take up ~s* prendre les armes; **2.** (s')armer; *fig.* (se) nantir de; *v/t.* ⊕ armer; renforcer; ⚭ ~ed spinifère.

ar·ma·da [ɑːˈmɑːdə] flotte *f* de guerre; *hist.* the (Invincible) ♀ l'(Invincible) Armada *f*.

ar·ma·ment [ˈɑːməmənt] armement *m*; munitions *f/pl.* de guerre; ⚓ artillerie *f*; (*a.* naval ~) armements *m/pl.* navals; flotte *f* navale; ~s industry industrie *f* d'armements.

ar·ma·ture [ˈɑːtjuə] armure *f* (*a.* ⚓, zo.); ⚓, *phys.* armature *f*; *phys.* induit *m*.

arm·chair [ˈɑːmˈtʃɛə] fauteuil *m*; ~ strategist, ~ politician stratège *m* du café du commerce.

armed [ɑːmd] à *ou* aux bras ...

Ar·me·ni·an [ɑːˈmiːnjən] **1.** arménien(ne *f*); **2.** Arménien(ne *f*) *m.*

arm·ful [ˈɑːmful] brassée *f*.

ar·mi·stice [ˈɑːmistis] armistice *m* (*a. fig.*).

arm·let [ˈɑːmlit] bracelet *m*; brassard *m* (*de parti politique etc.*).

ar·mo·ri·al [ɑːˈmɔːriəl] armorial (-aux *m/pl.*), héraldique.

ar·mo(u)r [ˈɑːmə] **1.** ✗ armure *f*, blindés *m/pl.*; cuirasse *f* (*a. fig.*, zo.); scaphandre *m*; **2.** cuirasser; blinder; ~ed car automitrailleuse *f*, char *m* blindé; ~ed train train *m* blindé; ~ed turret tourelle *f* blindée; 'ʌ-clad, 'ʌ-plat·ed blindé, cuirassé; 'ar·mo(u)r·er armurier *m* (✗, ⚓); 'ar·mo(u)r·y magasin *m* d'armes; caserne: armurerie *f*; *fig.* arsenal *m*; *Am.* fabrique *f* d'armes; *Am.* salle *f* d'exercice.

arm·pit [ˈɑːmpit] aisselle *f*; 'arm·rest accoudoir *m*, accotoir *m*.

ar·my [ˈɑːmi] armée *f*; *fig.* foule *f*; ~ chaplain aumônier *m* militaire; ~ command staff état-major (*pl.* états-majors) *m*; Salvation ♀ Armée *f* du Salut; *see* service; 'ʌ-a·gent, 'ʌ-bro·ker, 'ʌ-con·trac·tor fournisseur *m* de l'armée; 'ʌ-corps corps *m* d'armée; 'ʌ-list ✗ Annuaire *m* militaire.

a·ro·ma [əˈroumə] arôme *m*; bouquet *m*; **ar·o·mat·ic** [æroˈmætik] (~ally) aromatique; balsamique.

a·rose [əˈrouz] *prét. de* arise.

a·round [əˈraund] **1.** *adv.* autour, à l'entour; d'alentour; *Am.* F par ici, dans ces parages; *Am.* sur pied;

2. *prp.* autour de; *surt. Am.* F environ, presque.

a·rouse [əˈrauz] *usu. fig.* éveiller; stimuler (*q.*); soulever (*une passion*).

ar·rack [ˈærək] arac(k) *m*.

ar·raign [əˈrein] accuser, inculper; traduire en justice; *fig.* s'en prendre à; **ar'raign·ment** mise *f* en accusation; interpellation *f* de l'accusé.

ar·range [əˈreindʒ] *v/t.* arranger; ranger; régler (*des affaires*); ♪ adapter, arranger; fixer (*un jour*); ménager (*des effets*); ♫ ordonner; *v/i.* prendre des dispositions (pour for, to); convenir (de, to); s'arranger (pour for, to); ~ for s.th. to be there prendre des mesures pour que qch. soit là; **ar'range·ment** arrangement *m*, disposition *f*, aménagement *m*; ♪ arrangement *m*, adaptation *f*; accord *m*; ♱ compromis *m*; make one's ~s prendre ses dispositions.

ar·rant □ [ˈærənt] insigne, achevé; ~ knave franc coquin *m*.

ar·ray [əˈrei] **1.** rangs *m/pl.*; *fig.* étalage *m*, rangée *f*; *poét.* atours *m/pl.*, parure *f*; **2.** ranger, mettre en ordre; déployer (*des troupes etc.*); *poét.* revêtir, parer (*de*).

ar·rear [əˈriə] arrérages *m/pl.*; arriéré *m*; ~s of rent arriéré *m* de loyer; be in ~s s'arriérer; **ar'rear·age** retard *m*; *Am.* ~s *pl.* arrérages *m/pl.*, dettes *f/pl.*

ar·rest [əˈrest] **1.** arrestation *f*; prise *f* de corps; ✗, ⚓ arrêts *m/pl.*; suspension *f*, mouvement: arrêt *m*; under ~ aux arrêts; **2.** arrêter (*criminel, mouvement, regard, attention, etc.*); appréhender (*q.*) au corps; fixer (*l'attention, le regard*); surseoir à (*un jugement*).

ar·riv·al [əˈraivl] arrivée *f*; ♱ arrivage *m*; ⚓ entrée *f* (*du vaisseau*); ~s *pl.* nouveaux venus *m/pl. ou* arrivés *m/pl.*; ~ platform quai *m* de débarquement; on ~ à l'arrivée; To await ~ ne pas faire suivre; **ar'rive** arriver; parvenir; ~ at arriver à; atteindre (*a. un âge*); parvenir à.

ar·ro·gance [ˈærəgəns] arrogance *f*; morgue *f*; **'ar·ro·gant** □ arrogant; **ar·ro·gate** [ˈærogeit] (s')attribuer (*qch.*) (à tort); (*usu.* ~ to o.s.) s'arroger, usurper (*qch.*).

ar·row [ˈærou] flèche *f*; *surv.* flèche *f* d'arpenteur; 'ʌ-head pointe *f* de

flèche; *broad* ~ marque *f* de l'État (*britannique*); **~root** ['ɑːrəruːt] 🌢 marante *f*; *cuis.* arrow-root *m*;
ar·row·y ['ærouɪ] en forme de flèche.

arse *sl.* [ɑːs] derrière *m*; *sl.* cul *m*.

ar·se·nal ['ɑːsinl] arsenal *m*.

ar·se·nic ['ɑːsnik] arsenic *m*; **ar·sen·ic** [ɑːˈsenik] arsénique; **ar'sen·i·cal** arsenical (-aux *m/pl.*).

ar·son [ɑːsn] crime *m* d'incendie.

art¹ [ɑːt] art *m*; adresse *f*, habileté *f*; *fig.* artifice *m*; finesse *f*; *péj.* astuce *f*; ~ *critic* critique *mf* d'art; ~ *dealer* marchand *m* d'objets d'art; *Master of* ♎s (*abbr.* M.A.) maître *m* ès arts, agrégé *m* de lettres; *applied* ~s arts *m/pl.* industriels; *fine* ~s les beaux-arts *m/pl.*; *liberal* ~s arts *m/pl.* libéraux; ~s *and crafts* arts *m/pl.* et métiers *m/pl.*; *Faculty of* ♎s Faculté *f* des Lettres; *journal*: ~s *page* page *f* littéraire.

art² † [~] *tu es*.

ar·te·ri·al [ɑːˈtɪərɪəl] artériel(le *f*); ~ *road* artère *f*, grande voie *f* de communication; **ar·te·ri·o·scle·ro·sis** [ɑːˈtɪərɪouskliˈrousis] artériosclérose *f*; **ar·ter·y** ['ɑːtərɪ] artère *f* (*a. fig.*); *traffic* ~ artère *f* de circulation.

ar·te·sian well [ɑːˈtiːzjən'wel] puits *m* artésien.

art·ful ['ɑːtful] adroit, habile, ingénieux (-euse *f*); rusé.

ar·thrit·ic 🝢 [ɑːˈθritik] arthritique; **ar·thri·tis** [ɑːˈθraitis] arthrite *f*.

ar·ti·choke ['ɑːtitʃouk] artichaut *m*; *Jerusalem* ~ topinambour *m*.

ar·ti·cle ['ɑːtikl] 1. 🌢, 🝢, 🜊, *eccl.*, *gramm.*, *etc.* article *m*; 🜍, 🜊 code *m*; objet *m*; ~ *of clothing* vêtement *m*, article *m* ou pièce *f* d'habillement; ~s *pl. of apprenticeship* contrat *m* d'apprentissage; ~s *pl. of association* acte *m* de société; contrat *m* de société; 2. placer comme apprenti (chez, *to*); accuser (de, *for*); *be* ~*ed* faire son apprentissage (chez *to*, with).

ar·tic·u·late 1. [ɑːˈtikjuleit] *v/t.* articuler (*anat.*, *a. mots*); énoncer (*des mots*); *v/i.* s'articuler (*os*); 2. [~lit], *a.* **ar·tic·u·lat·ed** [~leitid] net(te *f*), distinct; *surt. zo.* articulé (*a. langage*); *Brit. mot.* ~ *lorry* semi-remorque *m*; **ar·tic·u'la·tion** articulation *f*; netteté *f* d'énonciation.

ar·ti·fice ['ɑːtifis] artifice *m*, ruse *f*;

adresse *f*, habileté *f*; **ar'tif·i·cer** artisan *m*, ouvrier *m*; 🜍 artificier *m*; 🜊 mécanicien *m*; **ar·ti·fi·cial** □ [~ˈfiʃl] artificiel(le *f*); simili-; factice (*larmes*); ~ *manure* engrais *m/pl.* chimiques; 🝢 ~ *person* personne *f* juridique *ou* morale; ~ *respiration* respiration *f* artificielle; ~ *silk* soie *f* artificielle; ~ *stone* simili *m*.

ar·til·ler·y [ɑːˈtilərɪ] artillerie *f*; **ar'til·ler·y·man** artilleur *m*.

ar·ti·san [ɑːtiˈzæn] artisan *m*, ouvrier *m*.

art·ist ['ɑːtist] artiste *mf*, *surt.* (*artiste-*)peintre [*pl.* (artistes-)peintres] *m*; **ar·tiste** [ɑːˈtiːst]artiste *mf*; **ar·tis·tic, ar·tis·ti·cal** □ [~ˈtistik(l)] artistique; *artiste* (*tempérament*).

art·less □ ['ɑːtlis] sans art; naturel (-le *f*), sans artifice; naïf (-ïve *f*), candide; **'art·less·ness** naturel *m*, simplicité *f*; naïveté *f*, candeur *f*.

art·y ['ɑːti] prétentieux (-euse *f*); *péj.* pseudo-artistique.

Ar·y·an ['εəriən] 1. aryen(ne *f*), japhétique; 2. Aryen(ne *f*) *m*.

as [æz, əz] 1. *adv. a. cj.* aussi, si; comme; puisque, étant donné que; tout ... que; au moment où; (au-)tant que; ~ *good* ~ aussi bon que; ~ *far* ~ aussi loin que; autant que; ~ *if*, ~ *though* comme si; *as if* (*gér.*) comme pour (*inf.*); ~ *it were* pour ainsi dire; ~ *well* aussi, également; opportun; (~) *well* ~ de même que; comme; ~ *yet* jusqu'ici, jusqu'à présent; (~) *cold* ~ *ice* glacé, glacial (-als *m/pl.*); *fair* ~ *she is* si belle qu'elle soit; *so kind* ~ *to do* assez aimable pour faire; *such* ~ *to* (*inf.*) de sorte à (*inf.*), de façon que; *such* ~ tel que, tel; par exemple; 2. *prp.* ~ *for*, ~ *to* quant à; ~ *from* à partir de (*telle date*), depuis; 🜊 ~ *per* conformément à, suivant. (*[amiante m.*\)
as·bes·tos [æzˈbestɔs] asbeste *m*,\)
as·cend [əˈsend] *v/i.* monter, s'élever (à, jusqu'à *to*); remonter (*généalogie*); *v/t.* monter (*un escalier*); gravir (*une colline etc.*); monter sur (*le trône*); remonter (*un fleuve*); **as·'cend·an·cy, as'cend·en·cy** ascendant *m*, pouvoir *m*, influence *f* (sur, *over*); suprématie *f*; **as'cend·ant, as'cend·ent** 1. ascendant; 2. *see* *ascendancy*; *astr.* ascendant; *F* position *f* prééminente; *be in the* ~ être à l'ascendant; prédominer.

as·cen·sion [əˈsenʃn] *surt. astr.*, *Am. a. montagne, ballon, etc.*: ascension *f*; ♀ (*Day*) jour *m* de l'Ascension.

as·cent [əˈsent] *montagne*, *ballon*: ascension *f*; montée *f*; pente *f*, rampe *f*.

as·cer·tain [æsəˈtein] constater; s'informer de; **as·cerˈtain·a·ble** □ vérifiable; dont on peut s'assurer; **as·cerˈtain·ment** constatation *f*; vérification *f*.

as·cet·ic [əˈsetik] **1.** (*~ally*) ascétique; **2.** ascète *mf*; **asˈcet·i·cism** [~tisizəm] ascétisme *m*.

as·crib·a·ble [əsˈkraibəbl] imputable, attribuable; **asˈcribe** imputer, attribuer.

a·sep·tic 𝖒 [æˈseptik] aseptique (*a. su./m*).

ash¹ [æʃ] ♀ frêne *m*; mountain ~ sorbier *m* sauvage.

ash² [~] *usu. ~es pl.* cendre *f*, -s *f/pl.*; Ash Wednesday mercredi *m* des Cendres.

a·shamed [əˈʃeimd] honteux (-euse *f*), confus; *be* (*ou feel*) ~ *of* avoir honte de; être honteux (-euse *f*) de; *be* ~ *of o.s.* avoir honte.

ash-can *Am.* [ˈæʃkæn] boîte *f* à ordures, poubelle *f*.

ash·en¹ [ˈæʃn] de frêne, en frêne.

ash·en² [~] de cendres; cendré; gris; terreux (-euse *f*) (*visage*); blême.

ash·lar [ˈæʃlə] pierre *f* de taille; moellon *m* d'appareil.

a·shore [əˈʃɔː] à terre; échoué; *run ~, be driven ~* s'échouer; faire côte.

ash-tray [ˈæʃtrei] cendrier *m*.

ash·y [ˈæʃi] cendreux (-euse *f*); couvert de cendres; gris; blême.

A·si·at·ic [eiʃiˈætik] **1.** asiatique, d'Asie; **2.** Asiatique *mf*.

a·side [əˈsaid] **1.** de côté; à part; à l'écart; *théâ.* en aparté; ~ *from Am.* à part, en plus de; **2.** à-côté *m*; *théâ.* aparté *m*.

as·i·nine [ˈæsinain] asine *f*, F stupide.

ask [ɑːsk] *v/t.* demander (qch., *s.th.*; qch. à q., *s.o. s.th.*; que *that*); q. à. inviter (à, *to*); solliciter (qch. de q., *s.o. for s.th.*); prier (q. de *inf.*, q.o. *to inf.*); ~ (*s.o.*) *a question* poser une question (à q.); *v/i.*: ~ *about* se renseigner sur; ~ *after* s'informer de, demander des nouvelles de; ~ *for* demander (qch.); demander à voir (q.); *sl.* he ~s for it il ne l'a pas volé;

it is to be had for the ~ing il n'y a qu'à le demander.

a·skance [əˈskæns], **a·skant**, **a·skew** [əˈskjuː] de côté, de travers, obliquement; *fig.* de guingois.

a·slant [əˈslɑːnt] de biais, de travers.

a·sleep [əˈsliːp] endormi, plongé dans le sommeil; engourdi (*pied etc.*); *be* ~ être endormi, dormir; *see fall.*

a·slope [əˈsloup] en pente, en talus.

asp¹ *zo.* [æsp] aspic *m*.

asp² [~] *see aspen.*

as·par·a·gus ♀ [əsˈpærəgəs] asperge *f*, *cuis.* -s *f/pl.*

as·pect [ˈæspekt] exposition *f*, vue *f*; aspect *m*, air *m*; point *m* de vue; *the house has a southern ~* la maison est exposée au sud *ou* à une exposition sud.

as·pen [ˈæspən] tremble *m*; *attr.* de tremble.

as·per·gill [ˈæspədʒil], **as·per·gil·lum** *eccl.* [~ˈdʒiləm] goupillon *m*.

as·per·i·ty [æsˈperiti] âpreté *f*; sévérité *f*; rudesse *f*; aspérité *f* (*du style, a. fig.*).

as·perse [əsˈpəːs] asperger; *fig.* calomnier, dénigrer; salir (*la réputation*); **asˈper·sion** [əsˈpəːʃn] aspersion *f*; *fig.* calomnie *f*.

as·phalt [ˈæsfælt] **1.** asphalte *m*; ♀ bitume *m*; **2.** d'asphalte; bitumé.

as·phyx·i·a 𝖒 [æsˈfiksiə] asphyxie *f*; **asˈphyx·i·ate** [~ieit] asphyxier; **as·phyx·iˈa·tion** asphyxie *f*.

as·pic [ˈæspik] aspic *m*; ♀ grande lavande *f*.

as·pir·ant [əsˈpaiərənt] aspirant(e *f*) *m* (à *to, after, for*); candidat(e *f*) *m*; ~ *officer* candidat *m* au rang d'officier; **as·pi·rate** [ˈæspirit] **1.** *gramm.* aspiré; **2.** *gramm.* aspirée *f*; **3.** [~reit] aspirer (*a.* ⊕, 𝖒); **as·piˈra·tion** aspiration *f* (*a.* ⊕, 𝖒); ambition *f*; visée *f*; **asˈpire** [əsˈpaiə] aspirer, viser (à *to, after, at*); ambitionner (*qch.*).

as·pi·rin *pharm.* [ˈæspərin] aspirine *f*; F comprimé *m* d'aspirine.

as·pir·ing □ [əsˈpaiəriŋ] ambitieux (-euse *f*).

ass¹ [æs] âne(sse *f*) *m*; *make an ~ of o.s.* faire des âneries; se donner en spectacle.

ass² *Am. sl.* [æs] derrière *m*, *sl.* cul *m*.

as·sail [əˈseil] assaillir, attaquer; *fig.* s'attaquer à; accabler de; *crainte,* *doute, etc.*: saisir, envahir (*q.*); frapper (*l'œil etc.*); ~ *s.o. with questions* assaillir ou harceler ou bombarder q. de questions; **as'sail·a·ble** attaquable; mal défendable; **as'sail·ant, as'sail·er** assaillant(e *f*) *m*; agresseur *m*.

as·sas·sin [ə'sæsin] assassin *m*; **as·'sas·si·nate** [⊢neit] assassiner; **assas·si·na·tion** assassinat *m*.

as·sault [ə'sɔːlt] **1.** assaut *m* (*a.* ✗); ✗ attaque *f*; ᵗᵗᵗ tentative *f* de voie de fait; agression *f*; *see battery*; *indecent;* **2.** attaquer, assaillir; ᵗᵗᵗ se livrer à des voies de fait sur (*q.*); ✗ livrer l'assaut à.

as·say [ə'sei] **1.** *métal etc.*: essai *m*; **2.** *v/t.* essayer, titrer; *v/i. Am.* titrer; **as'say·er** essayeur *m*.

as·sem·blage [ə'semblidʒ] réunion *f*; rassemblement *m*; ⊕ montage *m*, assemblage *m*; **as·sem'ble** (s')assembler; (se) rassembler (*troupes*); (se) réunir; *v/t.* ⊕ assembler, monter; **as'sem·bler** ⊕ monteur (-euse *f*) *m*; ajusteur (-euse *f*) *m*; **as'sem·bly** assemblée *f*; assemblement *m*, réunion *f*; ✗ (sonnerie *f* du) rassemblement *m*; ⊕ montage *m*, assemblage *m*; (*a.* ~ *shop*) salle *f* ou atelier *m* de montage; *moving* ~ *belt* chaîne *f* de montage; *Am.* ~ *line* banc *m* de montage; *Am. pol.* ~ *man* député *m*.

as·sent [ə'sent] **1.** assentiment *m*, consentement *m*; **2.**: ~ *to* acquiescer, accéder à; admettre (*qch.*).

as·sert [ə'sɔːt] affirmer (que, *that*); (*surt.* ~ *o.s.*) soutenir ses droits; (~ *o.s. s'*) imposer; **as'ser·tion** assertion *f*, affirmation *f*; revendication *f* (*de droits*); **as'ser·tive** □ péremptoire; *gramm.* assertif (-ive *f*); impérieux (-euse *f*); **as'ser·tor** celui (celle *f*) qui affirme; défenseur *m*.

as·sess [ə'ses] estimer, évaluer; répartir (*un impôt*); fixer (*une somme*); coter, taxer (à *in, at*); **as'sess·a·ble** □ évaluable (*dommage*); imposable (*propriété*); **as'sess·ment** répartition *f*; évaluation *f*; cotisation *f*, côte *f*; **as'ses·sor** assesseur *m*; contrôleur *m* (*des contributions*).

as·set [ˈæset] ✝ avoir *m*, actif *m*; *fig.* atout *m*, avantage *m*, valeur *f*; ~*s pl.* biens *m/pl.*; ✝ actifs *m/pl.*; ~*s pl. and liabilities pl.* actif et passif *m*.

as·sev·er·ate [ə'sevəreit] affirmer; **as·sev·er·a·tion** affirmation *f*.

as·si·du·i·ty [æsi'djuiti] assiduité *f*, diligence *f* (à, *in*); *assiduities pl.* petits soins *m/pl.*; **as·sid·u·ous** □ assidu; diligent.

as·sign [ə'sain] **1.** assigner; consacrer; attribuer; donner (*la raison de qch.*); ᵗᵗᵗ transférer, céder; **2.** ᵗᵗᵗ ayant droit (*pl.* ayants droit) *m*; **as·'sign·a·ble** □ assignable, attribuable; cessible; **as·sig·na·tion** [æsig'neiʃn] attribution *f*; rendez-vous *m*; *see assignment*; **as·sign·ee** [æsi'niː] *see assign 2*; délégué(e *f*) *m*; ᵗᵗᵗ syndic *m*; ᵗᵗᵗ séquestre *m*; **as·sign·ment** [ə'sainmənt] allocation *f*; citation *f*; *surt. Am.* désignation *f*, nomination *f*; *univ.* tâche *f* assignée, devoir *m*; ᵗᵗᵗ transfert *m*, cession *f*; **as·sign·or** [æsi'nɔː] ᵗᵗᵗ cédant(e *f*) *m*.

as·sim·i·late [ə'simileit] (*to, with*) (s')assimiler (à) (*a. physiol.*); *v/t.* comparer (à); **as·sim·i·la·tion** assimilation *f* (*a. physiol.*); comparaison *f*.

as·sist [ə'sist] *v/t.* aider; prêter assistance à; secourir; *v/i.* ~ *at* prendre part à; assister à; **as'sist·ance** aide *f*, secours *m*, assistance *f*; **as'sist·ant 1.** qui aide; adjoint (à, *to*); sous-; **2.** adjoint(e *f*) *m*, auxiliaire *m/f*; ✝ commis *m*, employé(e *f*) *m*.

as·size ᵗᵗᵗ [ə'saiz] assises *f/pl.*; ~*s pl.* (cour *f* d')assises *f/pl.*

as·so·ci·a·ble [ə'souʃjəbl] associable (à, *with*); **as·so·ci·ate 1.** [⊢ʃieit] (s')associer (avec, *with*); *v/i. s'*affilier (à, *with*); ~ *in s'*associer pour (*qch.*); fréquenter (*q.*); **2.** [⊢ʃiit] associé; adjoint; **3.** [⊢ʃ] associé *m* (*a.* ✝); adjoint *m*; compagnon *m*, camarade *m/f*; membre *m* correspondant (*d'une académie*); professeur *m* adjoint; **as·so·ci·a·tion** [⊢si'eiʃn] association *f* (*a. d'idée*); fréquentation *f*; société *f*, amicale *f* (*d'étudiants etc.*); ~ *football* football *m* association.

as·so·nance [ˈæsənəns] assonance *f*.

as·sort [ə'sɔːt] *v/t.* assortir; classer, ranger; ✝ assortir; *v/i.* (*with*) (s')assortir (avec); aller ensemble; **as'sort·ment** assortiment *m*; classement *m*; ✝ assortiment *m*, choix *m*.

as·suage [ə'sweidʒ] apaiser (*la faim, un désir, etc.*); calmer; soulager; assoupir (*la souffrance*); **as-ˈsuage·ment** apaisement *m*, soulagement *m*, adoucissement *m*.

as·sume [əˈsjuːm] prendre; affecter; revêtir; assumer (*une charge etc.*); simuler; présumer, supposer; **as'sum·ing** □ présomptueux (-euse *f*); **as'sump·tion** [əˈsʌmpʃn] action *f* de prendre; entrée *f* en fonctions; affectation *f*; arrogance *f*; hypothèse *f*; *eccl.* ♀ Assomption *f*; on the ∼ that en supposant que; **as'sump·tive** □ hypothétique; admis; arrogant.

as·sur·ance [əˈʃuərəns] affirmation *f*; promesse *f*; assurance *f* (*a.* = sûreté; aplomb); *péj.* hardiesse *f*; *Brit.* life ∼ assurance-vie *f* (*pl.* assurances-vie); **as'sure** assurer; assurer la vie de; s'assurer sur la vie; ∼ *s.o.* of *s.th.* assurer q. de qch., assurer qch. à q.; **as'sured 1.** assuré (*a.* = certain; *a.* = sûr de soi); *péj.* affronté; **2.** assuré(e *f*) *m*; **as'sur·ed·ly** [∼ridli] assurément, sans aucun doute; avec assurance, d'un ton assuré; **as'sur·er** [∼rə] assuré(e *f*) *m*.

As·syr·i·an [əˈsiriən] **1.** assyrien(ne *f*); **2.** Assyrien(ne *f*).

as·ter ♀ [ˈæstə] aster *m*; **as·ter·isk** [ˈæstərisk] *typ.* astérisque *m*.

a·stern ⚓ [əˈstəːn] à *ou* sur l'arrière.

asth·ma [ˈæsmə] asthme *m*; **asth·mat·ic** [∼ˈmætik] **1.** *a.* asthˈmat·i·cal □ asthmatique; **2.** asthmatique *mf*.

a·stig·mat·ic [æstigˈmætik] (∼ally) *opt.* astigmate; **aˈstig·ma·tism** [∼mətizm] astigmatisme *m*.

a·stir [əˈstəː] animé; debout; agité.

as·ton·ish [əsˈtɔniʃ] étonner, surprendre; be ∼*ed* être étonné, s'étonner (de *at*, to); **asˈton·ish·ing** □ étonnant, surprenant; **asˈton·ish·ment** étonnement *m*, surprise *f*.   [stupéfier.]

as·tound [əsˈtaund] confondre;⌡

as·tra·gal △ [ˈæstrəgəl] astragale *m*, chapelet *m*.

as·tra·khan [æstrəˈkæn] *fourrure*; astrakan *m*.

as·tral [ˈæstrəl] astral (-aux *m/pl.*).

a·stray [əˈstrei] égaré; *péj.* dévoyé; go ∼ s'égarer; *péj.* se dévoyer.

a·stride [əˈstraid] à califourchon (sur, of); ride ∼ aller jambe deçà, jambe delà (*sur un cheval etc.*).

as·trin·gent □, ♫ [əsˈtrindʒənt] astringent (*a. su./m*); styptique (*a. su./m*).

as·trol·o·ger [əsˈtrɔlədʒə] astrologue *m*; **as·trol·o·gy** [əsˈtrɔlədʒi] astrologie *f*; **as·tro·naut** [ˈæstrənɔːt] astronaute *mf*; **as·tro·nau·tics** [æstrəˈnɔːtiks] *sg.* astronautique *f*; **as·tron·o·mer** [əsˈtrɔnəmə] astronome *m*; **as·tro·nom·i·cal** □ [æstrəˈnɔmikl] astronomique; **as·tron·o·my** [əsˈtrɔnəmi] astronomie *f*.

as·tute □ [əsˈtjuːt] avisé, fin; *péj.* rusé, astucieux (-euse *f*); **as'tute·ness** finesse *f*, pénétration *f*; *péj.* astuce *f*.

a·sun·der [əˈsʌndə] éloignés l'un de l'autre; en deux.

a·sy·lum [əˈsailəm] asile *m*, refuge *m*; hospice *m* (*d'aliénés*).

a·sym·me·try [æˈsimitri] asymétrie *f*, dissymétrie *f*.

at [æt; ət] *prp.* à; en (*guerre, mer*); (au)près de; sur (*demande*); *après certains verbes comme* rire, se réjouir, s'étonner: de; ∼ the door à la porte; sur le seuil; ∼ *my* expense à mes frais; ∼ *my aunt's* chez ma tante; ∼ *s.o.* se jeter sur q.; ∼ day-break au jour levant; ∼ night la nuit; ∼ table à table; ∼ *a low* price à un bas prix; ∼ *all* events en tout cas; ∼ school à l'école; 2 ∼ *a time* 2 par 2; ∼ peace en paix; ∼ *the age of* à l'âge de; ∼ *one blow* d'un seul coup; ∼ *five o'clock* à cinq heures; ∼ *Christmas* à Noël.   [visme *m*.]

at·a·vism *biol.* [ˈætəvizm] ata-⌡

a·tax·y ♫ [əˈtæksi] ataxie *f*, incoordination *f*.

ate [et] *prét. de* eat 1.

a·the·ism [ˈeiθiizm] athéisme *m*; **'a·the·ist** athée *mf*; **a·the·is·tic**, **a·the·is·ti·cal** □ athéistique; athée.

ath·lete [ˈæθliːt] athlète *m*; ♫ ∼'s foot pied *m* de l'athlète; ∼'s heart cardiectasie *f*; **ath·let·ic** [∼ˈletik] athlétique; F sportif (-ive *f*); ∼ heave effort *m* vigoureux; ∼ sports *pl.* sports *m/pl.* athlétiques; **ath'let·ics** *pl.*, **ath·let·i·cism** [∼tisizm] athlétisme *m*.

at-home [ətˈhoum] réception *f*; soirée *f*.

a·thwart [əˈθwɔːt] **1.** *prp.* en travers de; **2.** *adv.* en travers (*a.* ⚓); ⚓ par le travers.

a·tilt [ə'tilt] incliné, penché; sur l'oreille (*chapeau*).

At·lan·tic [ət'læntik] **1.** atlantique; **2.** (*a.* ~ *Ocean*) (océan *m*) Atlantique *m*.

at·las ['ætləs] atlas *m*; △ atlante *m*.

at·mos·phere ['ætməsfiə] atmosphère *f* (*a. fig.*); **at·mos·pher·ic, at·mos·pher·i·cal** □ [~'ferik(l)] atmosphérique; **at·mos·pher·ics** *pl. radio:* parasites *m/pl.*, perturbations *f/pl.* atmosphériques.

at·oll *géog.* [ə'tɔl] atoll *m*; île *f* de corail.

at·om ⚛, *phys.* ['ætəm] atome *m* (*a. fig.*); **a·tom·ic** [ə'tɔmik] atomique; ~ *age* (*bomb, energy, number, warfare, weight*) âge *m* (bombe *f*, énergie *f*, nombre *m*, guerre *f*, poids *m*) atomique; ~ *fission* fission *f* de l'atome; ~-*powered* actionné par l'énergie atomique; ~ *pile* (*ou reactor*) pile *f* atomique; réacteur *m* nucléaire; ~ *research* recherche *f* atomique, recherches *f/pl.* nucléaires; ~ *waste* déchets *m/pl.* nucléaires.

at·om·ism ['ætəmizm] atomisme *m*; **at·om·is·tic** (~*ally*) atomistique; **'at·om·ize** vaporiser; **'at·om·iz·er** pulvérisateur *m*, atomiseur *m*; **'at·o·my** surt. *F* squelette *m*.

a·tone [ə'toun]: ~ *for* expier (*qch.*), racheter (*qch.*); **a'tone·ment** expiation *f*, réparation *f*.

a·ton·ic [æ'tɔnik] *♀* atonique; *gramm.* atone; **at·o·ny** ['ætəni] atonie *f*; F aveulissement *m*.

a·top [ə'tɔp] en haut, au sommet; ~ *of* en haut de.

a·tro·cious □ [ə'trouʃəs] atroce; F affreux (-euse *f*); **a·troc·i·ty** [ə'trɔsiti] atrocité *f* (*a. fig.*).

at·ro·phy *♀* ['ætrəfi] **1.** atrophie *f*; contabescence *f*; **2.** (s')atrophier.

at·tach [ə'tætʃ] *v/t.* (*to*) attacher (*chose, valeur, sens, etc.*) (à); lier, fixer (à); annexer (*un document*) (à); imputer (*une responsabilité*) (à); ajouter (*de la foi*) (à); prêter (*de l'importance*) (à); *tt* arrêter (*q.*); saisir (*qch.*); ~ *o.s.* to s'attacher à; ~ *value to* attacher du prix à; *v/i.* s'attacher (à, *to*); **at'tach·a·ble** qui peut être attaché (à, *to*); *tt* saisissable; **at·ta·ché** [ə'tæʃei] attaché *m*; ~ *case* mallette *f* (*pour documents*); **at·tached** [ə'tætʃt]: be ~ to être atta-

ché à, tenir à; faire parti de, être adjoint à; ~ *house* maison *f* individuelle standard; **at'tach·ment** action *f* d'attacher; attachement *m* (pour, *for*); attache, lien *m*; affection *f* (pour, for); ⊕, *machine:* accessoire *m*; attelage *m*; *tt* saisie-arrêt (*pl.* saisies-arrêts) *f*; contrainte *f* par corps.

at·tack [ə'tæk] **1.** attaquer (*a. fig.*); s'attaquer à (*un travail, un repas, etc.*); *maladie:* s'attaquer à (*q.*); **2.** assaut *m*; attaque *f* (*a. ♣*); attentat *m* (*à la vie*); *♀* crise *f*; accès *m*; *heart* ~ crise *f* cardiaque; **at'tack·er** agresseur *m*; attaquant(e *f*) *m*.

at·tain [ə'tein] *v/t.* atteindre, arriver à (*a. fig.*); acquérir (*des connaissances*); *v/i.:* ~ *to* atteindre à; atteindre (*un âge*); **at'tain·a·ble** accessible; **at'tain·der** *tt* confiscation *f* de biens et mort *f* civile; **at'tain·ment** arrivée *f*; *fig.* réalisation *f*; ~*s pl.* connaissance *f*, -*s f/pl.*, savoir *m*.

at·taint *tt* [ə'teint] frapper (*q.*) de mort civile; *fig.* attaquer; souiller.

at·tar ['ætə] essence *f* de roses.

at·tem·per [ə'tempə] tremper; adoucir; modérer; accorder (avec, *fig.*

at·tempt [ə'tempt] **1.** essayer (de, *to*), tâcher (de, *to*); ~ *the life of* attenter à la vie de; **2.** tentative *f*, essai *m*, effort *m* (de, *to*); attentat *m* (contre la vie de q., [*up*]*on s.o.'s life*).

at·tend [ə'tend] *v/t.* assister à; aller à; servir; visiter; soigner (*un malade*); accompagner; suivre (*un cours*); *v/i.* faire attention; assister; se charger (de, *to*); s'appliquer (à, *to*); ~ *on* visiter, soigner (*un malade*); ~ *to* s'occuper de (*affaires etc.*); **at'tend·ance** *hôtel, magasin, etc.:* service *m*; présence *f*; assistance *f* (à, *at*); *♀* soins *m/pl.* (pour, on), visites *f/pl.* (à, on); assiduité *f* (*aux cours, à l'école*); *hours pl. of* ~ heures *f/pl.* de présence; *be in* ~ être de service (auprès de, on); F *dance* ~ faire les trente-six volontés (de, on); **at'tend·ant 1.** qui accompagne, qui sert, qui suit (*q.*, [*up*]*on s.o.*); qui assiste; concomitant; **2.** serviteur *m*, domestique *mf*; surveillant(e *f*) *m*; *théâ.* ouvreuse *f*; gardien(ne *f*) *m*; appariteur *m*; ⊕ surveillant *m*, soigneur *m*; ~s *pl*. personnel *m*.

at·ten·tion [ə'tenʃn] attention *f* (*a. fig.* = *civilité*); ✕~! garde à vous!; *see* call; give; pay; **at'ten·tive** □ attentif (-ive *f*) (*a*, to); soucieux (-euse *f*) (de, to), *fig*. empressé (auprès de, to).

at·ten·u·ate [ə'tenjueit] atténuer (*a. fig*.); amincir; raréfier (*un gaz etc*.); **at'ten·u·at·ed** atténué; amaigri; ténu; **at·ten·u'a·tion** atténuation *f*; amaigrissement *m*.

at·test [ə'test] attester, certifier (*a. fig*.); (*a. v/i.* ~ to) témoigner de; affirmer sous serment; ⚖ assermenter (*q*.); *surt*. ✕ faire prêter serment à (*q*.); **at·tes·ta·tion** [ætes'teiʃn] attestation *f*; témoignage *m*; prestation *f* de serment; *surt*. ✕ assermentation *f*; **at'test·er, at·test'or** [ə'testə] témoin *m* (⚖ instrumentaire); ⚖ certificateur *m*.

At·tic [ˈætik] 1. attique; 2. ⌂ mansarde *f*, F grenier *m*; ~s *pl*. combles *m/pl*.; étage *m* mansardé.

at·tire *poét*. [ə'taiə] 1. vêtir; parer; 2. costume *m*, vêtements *m/pl*.

at·ti·tude [ˈætitjuːd] attitude *f* (envers, to[wards]); pose *f*; position *f* (*d'un avion en vol*); strike an ~ poser, prendre une attitude dramatique; ~ of mind disposition *f* d'esprit; manière *f* de penser; **at·ti·tu·di·nize** poser; faire des grâces.

at·tor·ney [ə'tɔːni] mandataire *mf*; *Am*. avoué *m*; ⚖ *Am*. circuit ~, district ~ procureur *m* de la République; letter (ou warrant) of ~ procuration *f*; power of ~ pouvoirs *m/pl*.; ⚖ General avocat *m* du Gouvernement; procureur *m* général; *Am*. chef *m* du Ministère de Justice.

at·tract [ə'trækt] attirer (*a. l'attention*); *fig*. séduire; avoir de l'attrait pour; **at'trac·tion** [~kʃn] attraction *f*; *fig*. attrait *m*; *théâ*. attraction *f*; clou *m* (*du spectacle*); **at'trac·tive** [~tiv] □ *usu. fig.* attrayant, attirant; *théâ*. alléchant; **at'trac·tive·ness** attrait *m*, charme *m*.

at·trib·ut·a·ble [ə'tribjutəbl] imputable; **at·tri·bute** 1. [ə'tribjuːt] imputer, attribuer; prêter (*une qualité, des vertus*); 2. [ˈætribjuːt] attribut *m*, qualité *f*; apanage *m*; symbole *m*; *gramm*. épithète *f*; **at·tri·bu·tion** [ætri'bjuːʃn] attribution

f, imputation *f* (à, to); affectation *f* (*à un but*); compétence *f*; **at'trib·u·tive** *gramm*. [~'tribjutiv] 1. □ qualificatif (-ive *f*); 2. épithète *f*.

at·tri·tion [ə'triʃn] attrition *f*; usure *f* par le frottement; ⊕ usure *f*, *machine*: fatigue *f*; war of ~ guerre *f* d'usure.

at·tune [ə'tjuːn] ♪ accorder, *fig*. harmoniser (avec, to).

au·burn [ˈɔːbən] châtain roux, blond ardent; acajou.

auc·tion [ˈɔːkʃn] 1. (*a.* sale by ~) vente *f* aux enchères; vente *f* à l'encan; sell by (*Am.* at) ~, put up for ~ vendre aux enchères; vendre à la criée (*du poisson etc*.); 2. (*usu.* ~ off) vendre aux enchères; **auc·tion·eer** [~ʃə'niə] commissaire-priseur *m* (*pl.* commissaires-priseurs) *m*.

au·da·cious □ [ɔː'deiʃəs] audacieux (-euse *f*), hardi; *péj*. effronté, cynique; **au·dac·i·ty** [ɔː'dæsiti] audace *f*; hardiesse *f* (*a. péj*.); *péj*. effronterie *f*, cynisme *m*.

au·di·bil·i·ty [ɔːdi'biliti] perceptibilité *f*; **au·di·ble** [ˈɔːdəbl] perceptible; intelligible (*voix etc*.).

au·di·ence [ˈɔːdjəns] audience *f* (avec of, with); assistance *f*, assistants *m/pl*. (à une réunion); public *m*, spectateurs *m/pl*. (au théâtre); auditeurs *m/pl*. (au concert).

au·dio... [ˈɔːdiou] audio..., **au·di·o-fre·quen·cy** [~'friːkwənsi] *radio*: audiofréquence *f*; **au·di·o·phile** [ˈ~fail] amateur *m* de hi-fi; **au·di·o-vis·u·al aids** [~'viʒjuəl eidz] support *m* audio-visuel.

au·dit [ˈɔːdit] 1. *comptes*: vérification *f*; 2. vérifier, apurer (*des comptes*); *univ*. † assister à (*un cours*); **au'di·tion** audition *f*; **au·di·tor** commissaire *m* aux comptes; expert *m* comptable; auditeur *m* (*surt. univ*.); **au·di·to·ri·um** [~'tɔːriəm] salle *f*; *eccl*. parloir *m*; *Am*. salle *f* (de concert, de conférence, etc.); **au·di·to·ry** [ˈ~təri] 1. auditif (-ive *f*); de l'ouïe; 2. auditoire *m*; auditeurs *m/pl*.; *see* auditorium.

au·ger ⊕ [ˈɔːgə] perçoir *m*; tarière *f*.

aught [ɔːt] quelque chose *m*; for ~ I care pour ce qui m'importe; for ~ I know autant que je sache.

aug·ment [ɔːg'ment] *v/t*. augmenter, accroître; *v/i*. augmenter, s'accroître; **aug·men·ta·tion** augmen-

tation *f*, accroissement *m*; **aug·**
'ment·a·tive □ [ˌ‿tətiv] augmenta-
tif (-ive *f*).

au·gur ['ɔːgə] **1.** augure *m*; **2.** augurer; prédire; *v/i.* être de bon *ou* de
mauvais augure; **au·gu·ry** ['ɔːgju-
ri] augure *m*; F présage *m*; science *f*
des augures.

Au·gust 1. ['ɔːgəst] août *m*; **2.** ♀ □
[ɔː'gʌst] auguste, imposant; **Au·**
gus·tan [ɔː'gʌstən] d'Auguste;
littérature anglaise: de la reine Anne.

auk *orn.* [ɔːk] pingouin *m*.

aunt [ɑːnt] tante *f*; ♀ *Sally* jeu *m* de
massacre; **aunt·ie, aunt·y** F [ˌ‿ti]
tata *f*; ma tante.

au pair [əu'pɛə] (*a. ~ girl*) jeune fille *f*
au pair.

au·ral ['ɔːrəl] de l'oreille.

au·re·ole ['ɔːrioul] *eccl., astr.* auréole *f*; *saint:* gloire *f*.

au·ri·cle *anat.* ['ɔːrikl] auricule *f*;
au·ric·u·la ♀ [ɔː'rikjulə] auricule *f*;
au·ric·u·lar [ɔː'rikjulə] auriculaire; de l'oreille, des oreillettes du
cœur; *~witness* témoin *m* auriculaire.

au·rif·er·ous [ɔː'rifərəs] aurifère.

au·rist ♣ ['ɔːrist] auriste *m*.

au·rochs *zo.* ['ɔːrɔks] bœuf *m* urus.

au·ro·ra [ɔː'rɔːrə] Aurore *f* (*fig.* ♀);
~ borealis aurore *f* boréale; **au·ro·**
ral auroral (-aux *m/pl.*); de l'aurore.

aus·cul·ta·tion ♣ [ɔːskəl'teiʃn] auscultation *f*.

aus·pice ['ɔːspis] augure *m*; *~s pl.*
auspices *m/pl.*; **aus·pi·cious** □
[ˌ‿pifəs] propice; prospère, heureux
(-euse *f*).

Aus·sie F ['ɔsi] **1.** Australien(ne *f*) *m*;
2. australien(ne *f*).

aus·tere □ [ɔs'tiə] austère; frugal
(-aux *m/pl.*) (*repas*); sans luxe (*chambre etc.*); cénobitique (*vie*); **aus·ter·**
i·ty [ˌ‿teriti] austérité *f*; sévérité *f*
de goût; absence *f* de luxe; *~ budget*
budget *m* d'austérité.

aus·tral ['ɔːstrəl] austral (-als *ou*
-aux *m/pl.*).

Aus·tra·lian [ɔs'treiljən] **1.** austra-
lien(ne *f*); **2.** Australien(ne *f*) *m*.

Aus·tri·an ['ɔstriən] **1.** autrichien
(-ne *f*); **2.** Autrichien(ne *f*) *m*.

au·tarch·y ['ɔːtɑːki] autarchie *f*
(= *souveraineté*); *Am. see* autarky.

au·tark·y ['ɔːtɑːki] autarcie *f*.

au·then·tic [ɔː'θentik] (ˌ‿ally) authentique; digne de foi; **au·then·**
ti·cate [ˌ‿keit] certifier, légaliser,

valider, viser (*un acte etc.*); établir
l'authenticité de; **au·then'ti·ca·**
tion certification *f*; validation *f*;
au·then·tic·i·ty [ˌ‿tisiti] authenticité *f*; crédibilité *f*.

au·thor ['ɔːθə] auteur *m* (*a. fig.*);
écrivain *m*; **au·thor·ess** ['ɔːθəris]
femme *f* auteur; femme *f* écrivain;
au·thor·i·tar·i·an [ɔːθɔri'tɛəriən]
autoritaire (*a. su./m*); **au'thor·i·ta·**
tive □ [ˌ‿tətiv] autoritaire; péremptoire; qui fait autorité (*document*);
de bonne source; **au'thor·i·ta·tive·**
ness autorité *f*; ton *m* autoritaire;
au'thor·i·ty autorité *f* (*sur, over*);
ascendant *m* (sur, over); domination
f; autorisation *f*, mandat *m* (de *inf.*,
to inf.); qualité *f* (pour *inf.*, *to inf.*);
expert *m* (dans *qch.*, on *of*); source
f (de *renseignements*); surt. *~s pl.*
l'administration *f*; on *good ~* de bonne
source; on *the ~ of* sur la foi de
(*q.*); *I have it on the ~ of Mr. X* je le
tiens de Monsieur X; **au·thor·i·**
za·tion [ɔːθərai'zeiʃn] autorisation
f; pouvoir *m*; mandat *m*; **'au·thor·**
ize autoriser, sanctionner; donner
mandat à; **'au·thor·ship** profession *f ou* qualité *f* d'auteur; *livre:*
paternité *f*.

au·tism ['ɔːtizm] autisme *m*; **au·tis·**
tic [ɔː'tistik] autistique.

au·to ['ɔːtou] auto(mobile) *f*.

auto... [ɔːto] auto-.

au·to·bi·og·ra·pher [ɔːtobai'ɔgrəfə]
autobiographe *m*; **'au·to·bi·o·**
graph·ic, 'au·to·bi·o'graph·i·cal
□ [ˌ‿o'græfik(l)] autobiographique;
au·to·bi·og·ra·phy [ˌ‿'ɔgrəfi] autobiographie *f*.   [*torcade.*]

au·to·cade *Am.* [ɔː'toukeid] *see* mo-

au·to·car ['ɔːtoukɑː] autocar *m*.

au·toch·thon [ɔː'tɔkθən] autochthone *m* (= *aborigène*); **au'toch·tho·**
nous autochthone.

au·toc·ra·cy [ɔː'tɔkrəsi] autocratie *f*;
au·to·crat ['ɔːtokræt] autocrate *m*;
au·to'crat·ic, au·to'crat·i·cal □
autocratique; autocrate (*personne*);
absolu (*caractère*).

au·tog·e·nous weld·ing ⊕ [ɔː'tɔ-
dʒənəs'weldiŋ] soudure *f* (à l')auto-
gène.

au·to·gi·ro ✈ ['ɔːtou'dʒaiərou] au-
togyre *m*.

au·to·graph ['ɔːtəgrɑːf] **1.** autographe *m*; *~ album* keepsake *m*;
2. signer, dédicacer; ⊕ autogra-

phier; **au·to·graph·ic** [ˌ-'græfik] (ally) autographe; ⊕ autographique; **au·tog·ra·phy** [ɔː'tɒgrəfi] autographe m; ⊕ autographie f.

au·to·mat Am. ['ɔːtəmæt] restaurant m à distributeurs automatiques; **au·to·mate** [ˈ-meit] automatiser; **au·to·mat·ic** [ˌ-'mætik] (ally) **1.** automatique; inconscient; ~ machine distributeur m; ~ telephone (téléphone m) automatique m; mot. ~ transmission transmission f automatique; **2.** Am. automatique; **au·tom·a·tion** ⊕ automatisation f; **au·tom·a·ton** [ɔː'tɒmətən], pl. **-tons, -ta** [ˌ-tə] automate m (a. fig.).

au·to·mo·bile surt. Am. ['ɔːtəməbiːl] automobile f; F voiture f.

au·ton·o·mous [ɔː'tɒnəməs] autonome; **au·ton·o·my** autonomie f.

au·top·sy [ɔː'tɒpsi] autopsie f.

au·to·type ⊕ ['ɔːtətaip] fac-similé m.

au·tumn ['ɔːtəm] automne m; **au·tum·nal** [ɔː'tʌmnəl] automnal (-aux m/pl.); d'automne.

aux·il·ia·ry [ɔːg'ziljəri] **1.** auxiliaire, subsidiaire (à, to); **2.** (a. ~ verb) gramm. verbe m auxiliaire; auxiliaries pl. (troupes f/pl.) auxiliaires m/pl.

a·vail [ə'veil] **1.** servir (à), être utile (à) (q.); ~ o.s. of profiter de (qch.); user de (qch.); saisir (une opportunité); **2.** avantage m, utilité f; of no ~ inutile; of what ~ is it? à quoi bon?; à quoi sert (de inf., to inf.)?; **a·vail-a·bil·i·ty** disponibilité f; billet: durée f, validité f; **a·vail·a·ble** ☐ disponible; libre; accessible; valable, bon(ne f), valide; **a·vail·ments** pl. disponibilités f/pl.

av·a·lanche ['ævəlɑːnʃ] avalanche f.

av·a·rice ['ævəris] avarice f; mesquinerie f; **av·a·ri·cious** ☐ avare, avaricieux (-euse f).

a·venge [ə'vendʒ] venger; prendre la vengeance de (q.); ~ o.s. (ou be ~d) (up)on se venger de ou sur; aveng·ing angel divinité f vengeresse; **a·veng·er** vengeur (-eresse f) m.

av·e·nue ['ævinjuː] avenue f; chemin m d'accès; promenade f plantée d'arbres; Am. boulevard m.

a·ver [ə'vɜː] avérer, affirmer, déclarer; ᵗᵗ prouver; alléguer.

av·er·age ['ævəridʒ] **1.** moyenne f; ⚓ avarie f; ⚓ general ~ avaries f/pl. communes; ⚓ particular ~ avarie f particulière; on an ~ en moyenne; **2.** ☐ moyen(ne f); fig. ordinaire, normal (-aux m/pl.); **3.** prendre ou faire ou établir la moyenne (de, of); donner une moyenne (de, at).

a·ver·ment [ə'vɜːmənt] affirmation f; ᵗᵗ allégation f; preuve f.

a·verse [ə'vɜːs] opposé (à to, from); ennemi (de); **a·verse·ness**, **a·ver·sion** aversion f (pour to, from); répugnance f (à); he is my aversion il est mon cauchemar.

a·vert [ə'vɜːt] détourner (a. fig.); écarter.

a·vi·ar·y ['eivjəri] volière f.

a·vi·ate ☆ ['eivieit] voler; **a·vi·a·tion** aviation f; vol m; ~ ground aérodrome m; **'a·vi·a·tor** aviateur (-trice f) m.

av·id ☐ ['ævid] avide (de of, for); **a·vid·i·ty** [ə'viditi] avidité f (de, pour for).

av·o·ca·do ♀ [ævou'kɑːdou] (a. ~ pear) avocat m.

av·o·ca·tion [ævo'keiʃn] occupation f; vocation f; profession f; métier m.

a·void [ə'void] éviter; se soustraire à; se dérober à; ᵗᵗ résoudre, annuler, résilier (un contrat etc.); **a·void-a·ble** évitable; **a·void·ance** action f d'éviter; usu. eccl. vacance f; ᵗᵗ contrat etc.: résolution f, annulation f, résiliation f.

av·oir·du·pois ✝ [ævədə'pɔiz] poids m du commerce; Am. sl. poids m, pesanteur f.

a·vouch [ə'vautʃ] garantir; reconnaître; see avow.

a·vow [ə'vau] reconnaître; s'avérer; déclarer; **a·vow·al** aveu m; **a·vow·ed·ly** [ˌ-idli] franchement, ouvertement.

a·wait [ə'weit] attendre (a. fig.).

a·wake [ə'weik] **1.** éveillé; attentif (-ive f); be ~ to avoir conscience de; wide ~ bien ou tout éveillé; fig. averti, avisé; **2.** [irr.] v/t. (usu. **a·wak·en**) éveiller; réveiller; ~ s.o. to ouvrir les yeux à q. sur; v/i. se réveiller, s'éveiller; prendre conscience (de qch., to s.th.).

a·ward [ə'wɔːd] **1.** adjudication f, sentence f arbitrale; récompense f; Am. bourse f; ᵗᵗ dommages-intérêts m/pl.; **2.** adjuger, décerner; accorder; conférer (un titre etc.).

a·ware [ə'wɛə]: be ~ avoir connaissance (de, of); avoir conscience (de, *of*); ne pas ignorer (qch., *of s.th.*; que, *that*); become ~ of prendre connaissance *ou* conscience de; se rendre compte de; **a'ware·ness** conscience *f*.

a·wash ⚓ [ə'wɔʃ] à fleur d'eau; ras (*écueil*); *fig.* inondé.

a·way [ə'wei] (au) loin; dans le lointain; absent; à une distance *ou* ~ with supprimer; ~ with it! emportez-le!; ~ *with you!* allez-vous-en!; *Am.* F ~ *back* il y a (déjà) longtemps; dès (*une date*); *I cannot* ~ *with it* je ne peux pas sentir cela.

awe [ɔ:] crainte *f*, terreur *f* (de, of); *qqfois* respect *m* (pour, of); terreur *f* religieuse; effroi *m* religieux; **awe·some** ['~səm] *see* awful; **'awe-struck** frappé d'une terreur profonde religieuse *ou* mystérieuse; intimidé.

aw·ful ☐ ['ɔ:ful] redoutable, effroyable; F fameux (-euse *f*); fier (-ère *f*), affreux (-euse *f*); terrible *ou* caractère *m* terrible; solennité *f*; **'aw·ful·ness** caractère *m* terrible; solennité *f*.

a·while [ə'wail] un moment; pendant quelque temps.

awk·ward ☐ ['ɔ:kwəd] gauche, maladroit; gêné; fâcheux (-euse *f*), gênant; incommode, peu commode; **'awk·ward·ness** gaucherie *f*; maladresse *f*; manque *m* de grâce; embarras *m*; inconvénient *m*.

awl [ɔ:l] alène *f*, poinçon *m*.

awn ✿ [ɔ:n] barbe *f*, barbelure *f*.

awn·ing ['ɔ:niŋ] ⚓, *a.* *voiture:* tente *f*; *boutique:* banne *f*; *théâtre, hôtel:* marquise *f*; ⚓ tendelet *m*.

a·woke [ə'wouk] *prét. et p.p. de* awake 2.

a·wry [ə'rai] de travers; de guingois; go ~, turn ~ aller de travers.

axe [æks] **1.** hache *f*; F *the* ~ coupe *f*; *traitement, personnel, etc.:* réductions *f/pl.*; *have an* ~ *to grind* avoir un intérêt personnel à servir; **2.** *v/t.* F faire des coupes dans; mettre à pied (*des fonctionnaires*).

ax·i·om ['æksiəm] *principe:* axiome *m*; **ax·i·o'mat·ic** (~ally) axiomatique; F évident.

ax·is ['æksis], *pl.* **ax·es** ['~si:z] axe *m*.

ax·le ⊕ ['æksl] tourillon *m*; arbre *m*; (*a.* ~-tree) essieu *m*.

ay(e) [ai] **1.** *parl.* oui; ⚓ ~, ~! bien (monsieur)!; **2.** oui *m*; *parl.* voix *f* pour; *the* ~s *have it* le vote est pour.

a·za·lea ✿ [ə'zeiljə] azalée *f*.

az·i·muth *astr.* ['æziməθ] azimut *m*; ~ *instrument* compas *m* de relèvement; **az·i·muth·al** [~'mju:θl] azimutal (-aux *m/pl.*).

a·zo·ic *géol.* [ə'zouik] azoïque.

az·ure ['æʒə] **1.** d'azur, azuré; **2.** azur *m*.

B

B, b [biː] B *m*, b *m*.

baa [baː] 1. bêler; 2. bêlement *m*.

Bab·bitt *Am.* ['bæbit] philistin *m*; affreux bourgeois *m*; ⊕ ♀ *metal* métal *m* blanc antifriction.

bab·ble ['bæbl] 1. babiller; jaser; murmurer; gazouiller; raconter (*qch.*) en babillant; 2. babil(lage) *m*, babillement *m*; bavardage *m*, jaserie *f*; murmure *m*; '**bab·bler** bavard(e *f*) *m*; jaseur (-euse *f*) *m*.

babe [beib] *poét.* petit(e) enfant *m(f)*.

Ba·bel ['beibl] *bibl.* Tour *f* de Babel; *fig.* brouhaha *m*, vacarme *m*.

ba·boon *zo.* [bə'buːn] babouin *m*.

ba·by ['beibi] 1. bébé *m*; poupon(ne *f*) *m*; poupard *m*; F *it's your ~* c'est votre affaire; F *be left holding the ~* rester avec l'affaire sur les bras; 2. d'enfant, de bébé, petit; *~ act usu. plead (ou play) the ~ Am.* plaider son inexpérience; appuyer sa défense sur sa minorité; *~ boom* montée *f* en flèche des naissances; '**~·car·riage** *Am.* voiture *f* d'enfant; '**~·farm·er** personne *f* qui prend des enfants en nourrice; *péj.* faiseuse *f* d'anges; *~ grand ♩* piano *m* (à) demi-queue; '**ba·by·hood** ['~hud] première enfance *f*; bas âge *m*; '**ba·by·ish** □ puéril; de bébé.

Bab·y·lo·ni·an [bæbi'lounjən] 1. babylonien(ne *f*); 2. Babylonien(ne *f m*.

ba·by...: '**~·mind·er** nourrice *f*; '**~·sit** [*irr.* (*sit*)] veiller sur un enfant; faire du baby-sitting; '**ba·by'sit·ter** baby-sitter *m*, garde-bébé *mf* (*pl.* gardes-bébés).

bac·ca·lau·re·ate [bækə'lɔːriit] baccalauréat *m*; *univ. usu.* licence *f* (*ès lettres, ès sciences, etc.*).

Bac·cha·nal ['bækənl] *see Bacchant*; '**Bac·cha·nals** *pl.*, **Bac·cha·na·li·a** [~'neiljə] *pl.* bacchanales *f/pl.*; **Bac·cha'na·li·an** 1. bachique; 2. *fig.* noceur *m*.

Bac·chant ['bækənt] adorateur *m* de Bacchus; (*a.* **Bac·chante** [bə'kænti]) bacchante *f*.

bach·e·lor ['bætʃələ] célibataire *m*, garçon *m*; *hist.* bachelier *m*; *univ.* licencié(e *f*) *m*; ~ *girl* garçonne *f*; **bach·e·lor·hood** ['~hud] célibat *m*; vie *f* de garçon.

ba·cil·la·ry [bə'siləri] bacillaire; **ba·cil·lus** [~əs], *pl.* **-li** [~lai] bacille *m*.

back [bæk] 1. *su. personne, animal*: dos *m*; reins *m/pl.*; revers *m*; *chaise*: dossier *m*; *salle, armoire, scène*: fond *m*; *tête, maison*: derrière *m*; *foot., maison*: arrière *m*; (*at the*) ~ *of* au fond de; *put one's ~ into it* y aller de tout son cœur; F *put s.o.'s ~ up* mettre q. en colère; faire rebiffer q.; 2. *adj.* arrière, de derrière; sur le derrière (*pièce*); sur la cour (*chambre d'hôtel*); *gramm.* vélaire; *~ formation* dérivation *f* régressive; ~ *issue* ancien numéro *m*, ancien volume *m*; ~ *pay* (*ou salary*) rappel *m* de traitement; 3. *adv.* en arrière; de retour; 4. *v/t.* renforcer (*un mur, un livre*); endosser (*un livre*); parier sur, miser sur (*un cheval*); appuyer, (*a. ~ up*) soutenir; servir de fond à; reculer (*une charrette*); faire (re)culer (*un cheval*); refouler (*un train*); mettre en arrière (*une machine*); ♦ endosser (*un effet*); financer (*q.*); ♦ *~ the sails* masquer les voiles; ~ *water*, ~ *the oars* ramer à rebours; scier; ~ *up* prêter son appui à (*qch., q.*); *v/i.* aller en arrière; marcher à reculons; reculer (*cheval*); faire marche arrière (*voiture*); faire volte-face (*vent*); F ~ *se* dégager (*de, out of*); F ~ *down* en rabattre; rabattre (*de, from*); '**~·ache** mal *m* aux reins; ~ *al·ley Am.* rue *f* misérable (*dans le bas quartier*); '**~·bas·ket** hotte *f*; '**~·bench·er** membre *m* du Parlement sans portefeuille; '**~·bend** *sp.* pont *m*; ~ *bite* [*irr.* (*bite*)] médire de (*q.*); '**~·board** dossier *m*; ♦ planche *f* à dos; '**~·bone** échine *f*; colonne *f* vertébrale; *fig.* caractère *m*, fermeté *f*; *to the ~ fig.* à la moelle des os; '**~·chat** impertinence *f*, répliques *f/pl.* impertinentes; '**~·cloth** *théâ.*

toile *f* de fond; '~·**date** antidater; ~*d* to avec effet rétroactif à, avec rappel à compter de; '~·**door** porte *f* de derrière; *fig.* petite porte *f*; '~·**drop** *théâ.* toile *f* de fond; **backed** à dos, à dossier; *phot.* ocré (*plaque*); '~en·trance** entrée *f* de derrière; '**back·er** parieur (-euse) *m*; partisan *m*; ♦ donneur *m* d'aval; commanditaire *m*.

back...: '~·**fire** mot. 1. pétarde *f*; 2. pétarder; ~·**gam·mon** trictrac *m*; jacquet *m*; '~·**ground** fond *m*, arrière-plan *m*; '~·**hand** 1. coup *m* fourré; *tennis*: revers *m*; 2. déloyal (-aux *m/pl.*); de revers; '~·**hand·ed** renversé; *fig.* équivoque; '~·**hand·er** *see* back-hand 1; riposte *f* inattendue; '~·**lash** contre-coup *m*, répercussion(s *pl.*) *f*, *fig. a.* réaction *f* brutale; '~·**log** réserve *f*; arriéré *m*; '~·**pack** sac *m* à dos; '~·**pay** rappel *m* de salaire; '~·**ped·al** contre-pédaler; ~*ling* brake frein *m* par contre-pédalage; '~·**side** derrière *m*; '~·**sight** hausse *f*; *surv.* coup *m* arrière; '~·**slap·per** *Am.* luron *m*; '~·**slide** (*irr.* slide) retomber dans l'erreur *m*; rechuter; '~·**slid·er** relaps(e *f*) *m*; '~·**slid·ing** récidive *f*; '~·**stage** derrière la scène, dans les coulisses; '~·**stairs** escalier *m* de service; '~·**stitch** 1. point *m* arrière; 2. coudre à points de piqûre; ~ **street** rue *f* latérale, petite rue *f*; ~ **abortionist** faiseuse *f* d'anges; '~·**stroke** (ou ~ swimming) nage *f* sur le dos; ~ **talk** *Am.* impertinence *f*; ~ **to back** *sp. Am.* F l'un après l'autre; ~ **to front** sens devant derrière; '~·**track** *Am.* F *fig.* s'en retourner (*chez soi etc.*).

back·ward ['bækwəd] 1. *adj.* attardé, arrière (*personne*); en arrière, rétrograde; en retard; peu empressé (à *inf.*, in *gér.*); 2. *adv.* (a. '**back·wards**) en arrière; *walk* backwards and forwards aller et venir; **back·war·d'a·tion** ♦ *Br.* déport *m*; '**back·ward·ness** retard *m*; hésitation *f*, lenteur *f* (a. *d'intelligence*); tardiveté *f*.

back...: '~·**wa·ter** eau *f* arrêtée; bras *m* de décharge; remous *m*; '~·**wheel** roue *f* arrière; roue *f* motrice; ~ **drive** pont *m* arrière; '~·**woods** *m/pl.* forêts *f/pl.* de l'intérieur (de l'Amérique du Nord); '~·**woods·man** colon *m* des forêts (de l'Amérique du Nord).

ba·con ['beikən] lard *m*; F *save one's ~* sauver sa peau; se tirer d'affaire; *sl.* bring home the ~ revenir triomphant; décrocher la timbale.

bac·te·ri·al □ [bæk'tiəriəl] bactérien(ne *f*); **bac·te·ri·o·log·i·cal** □ [bæktiəriə'lɔdʒikl] bactériologique; **bac·te·ri·ol·o·gist** [~'ɔlədʒist] bactériologiste *m*; **bac·te·ri·um** [~iəm], *pl.* **-ri·a** [~riə] bactérie *f*.

bad □ [bæd] mauvais; triste (*affaire*); avarié (*viande*); piteux (-euse *f*) (*état*); méchant (*enfant*); grave (*accident*); malade; faux (fausse *f*) (*monnaie*); vilain (*mot. a. Am.*); F *not ~* pas mal du tout; *not too ~* comme ci comme ça; *things are not so ~* ça ne marche pas si mal; *he is ~ly off* il est mal loti; *~ly wounded* gravement blessé; F *want ~ly* avoir grand besoin de.

bade [beid] *prét.* de bid 1.

badge [bædʒ] insigne *m*; *fig.* symbole *m*.

badg·er ['bædʒə] 1. *zo.* blaireau *m*; 2. tracasser, harceler, importuner.

bad·lands *Am.* ['bæd'lændz] *pl.* terres *f/pl.* incultivables.

bad·min·ton *sp.* ['bædmintən] badminton *m*.

bad·ness ['bædnis] mauvaise qualité *f*; mauvais état *m*; méchanceté *f* (*d'une personne*).

bad-tem·pered ['bæd'tempəd] grincheux (-euse *f*); acariâtre.

baf·fle ['bæfl] dérouter (*q., des soupçons*); faire échouer (*un projet etc.*); confondre; dépister (*un chasseur*); it *~s* description il défie toute description; **baf·fling** déconcertant.

bag [bæg] 1. sac *m*; sacoche *f*; bourse *f*; F poche *f* (*sous l'œil*); chasse: tableau *m*; *sl.* ~*s pl.* pantalon *m*; *Am.* F *it's in the ~* c'est dans le sac; *depart ~* and baggage emporter ses cliques et ses claques; 2. (se) gonfler, bouffer; *v/t.* mettre en sac; F chiper, voler; chasse: abattre, tuer.

bag·a·telle [bægə'tel] bagatelle *f*; billard *m* anglais.

bag·gage ['bægidʒ] *Am.* bagages *m/pl.*; ~ **al·low·ance** franchise *f* de bagages; ~ **car** fourgon *m* aux bagages; '~·**check** bulletin *m* de bagages; '~·**rack** *auto*: galerie *f*, 🚂 porte-bagages *m/inv.*; ~ **re·claim** (guichet *m* de) remise *f* des bagages; ~ **room** consigne *f*.

bag·ging ['bægiŋ] mise *f* en sac; toile *f* à sac.

bag·gy ['bægi] bouffant; pendant (*joues*); formant poches (*pantalon*).

bag...: '**~·man** F commis *m* voyageur; '**~·pipe** cornemuse *f*; '**~·snatch·er** voleur *m* à la tire.

bail¹ [beil] **1.** garant *m*; caution *f*; ✠ *admit to ~* accorder la liberté provisoire sous caution à (*q.*); *be (ou go ou stand) ~ for* fournir caution pour; **2.** cautionner; *~ out* porter caution pour (*q.*).

bail² ⚓ [~] écoper.

bail³ [~] *cricket*: *~s pl.* bâtonnets *m/pl.*, barrettes *f/pl.*

bail⁴ [~] *baquet etc.*: poignée *f*.

bail·a·ble ✠ ['beiləbl] admettant l'élargissement *m* sous caution.

bail·ee ✠ [bei'li:] dépositaire *m*; emprunteur (-euse *f*) *m*.

bail·er ⚓ ['beilə] **1.** écope *f*; **2.** écoper.

bail·iff ['beilif] ✎ régisseur *m*, intendant *m*; ✠ agent *m* de poursuites, huissier *m*.

bail·ment ✠ ['beilmənt] dépôt *m* (*de biens*); mise *f* en liberté sous caution.

bail·or ✠ ['beilə] déposant *m*; prêteur (-euse *f*) *m*; ✠ caution *f*.

bairn *écos.* [bɛən] enfant *mf*.

bait [beit] **1.** amorce *f*; appât *m* (*a. fig.*); *a. fig.* take the *~* mordre à l'hameçon; **2.** *v/t.* amorcer (*un piège, une ligne, etc.*); faire manger (*un cheval pendant une halte*); *fig.* harceler; importuner; *v/i.* se restaurer; s'arrêter pour se rafraîchir.

bait·ing ['beitiŋ] harcelage *m*; amorcement *m*.

baize [beiz] serge *f*; tapis *m* vert.

bake [beik] **1.** (faire) cuire *v/i.* boulanger; F brûler; *~d potatoes pl.* pommes *f/pl.* (de terre) au four; **2.** soirée *f*; '**~·house** fournil *m*, boulangerie *f*.

ba·ke·lite ['beikəlait] bakélite *f*.

bak·er ['beikə] boulanger *m*; '**bak·er·y** boulangerie *f*; '**bak·ing** rôtissant, desséchant (*soleil*); F brûlant; *~ hot* torride; '**bak·ing-pow·der** poudre *f* à lever; '**bak·ing-soda** bicarbonate *m* de soude.

bak·sheesh ['bækʃi:ʃ] bakchich *m*.

bal·a·lai·ka [bælə'laikə] balalaïka *f*.

bal·ance ['bæləns] **1.** balance *f*; équilibre *m*, aplomb *m*; *montre*: balancier *m*, *a. horloge*: régulateur *m*;

✠ solde *m*; bilan *m*; *surt. Am.* F reste *m*; *~ in hand* solde *m* créditeur; *~ of payments* balance *f* des paiements; *~ of power* balance *f* politique; *~ of trade* balance *f* commerciale; *see strike* 2; **2.** *v/t.* balancer; équilibrer, stabiliser; compenser; faire contrepoids à; ✠ balancer, solder; dresser le bilan de; *v/i.* se faire équilibre; se balancer; '**~·sheet** ✠ bilan *m*.

bald [bɔ:ld] chauve; *fig.* nu; dénudé.

bal·da·chin ['bɔ:ldəkin] baldaquin *m*.

bal·der·dash ['bɔ:ldədæʃ] bêtises *f/pl.*, balivernes *f/pl.*

bald...: '**~·head**, '**~·pate** tête *f* chauve; '**~·head·ed** à la tête chauve; *go ~ into* faire (*qch.*) tête baissée; '**bald·ness** calvitie *f*; *fig.* nudité *f*; *surt. style*: sécheresse *f*.

bale¹ ✝ [beil] balle *f*, ballot *m*.

bale² ⚓ [~] *v/t.* écoper; *v/i.* ✈ *~ out* sauter en parachute.

bale·fire ['beilfaiə] ✝ feu *m* d'alarme; *see bonfire*; bûcher *m* funéraire.

bale·ful □ ['beilful] sinistre; funeste.

balk [bɔ:k] **1.** bande *f* de délimitation; billon *m*; *fig.* obstacle *m*; **2.** *v/t.* contrarier; entraver; éviter (*un sujet*); se soustraire à; frustrer; *v/i.* refuser; reculer (*devant, at*); regimber (*contre, at*).

Bal·kan ['bɔ:lkən] balkanique, des Balkans.

ball¹ [bɔ:l] **1.** *cricket, tennis, hockey, fusil, etc.*: balle *f*; *croquet, neige*: boule *f*; *foot., enfant*: ballon *m*; *billard*: bille *f*; *laine, ficelle*: pelote *f*, peloton *m*; *canon*: boulet *m*; *Am. baseball*: coup *m* manqué; F *be on the ~* être à la hauteur (de la situation); connaître son affaire; *keep the ~ rolling* soutenir la conversation; *Am.* F *play ~* coopérer (avec, with); **2.** (s')agglomérer.

ball² [~] (*pl. -s*) *m*; F *fig.* have a *~* s'amuser bien; *open the ~* ouvrir le bal (*a. fig.*).

bal·lad ['bæləd] ballade *f*; ♪ romance *f*; '**~·mon·ger** chansonnier *m*.

ball-and-sock·et ['bɔ:lən'sɔkit]: *~ joint* joint *m* à rotule.

bal·last ['bæləst] **1.** ⚓ lest *m*; *fig.* esprit *m* rassis; ⛟ ballast *m*, empierrement *m*; *mental* ~ sens *m* rassis; 2. lester; ⚓ ballaster.

ball...: '~-**bear·ing(s** *pl.*) ⊕ roulement *m* à billes; '~-**boy** *tennis*: ramasseur *m* de balles.

bal·let ['bælei] ballet *m*.

bal·lis·tics [bə'listiks] *usu. sg.* balistique *f*.

bal·loon [bə'lu:n] 1. 🎈, *a.* ✈ ballon *m*; △ pomme *f*; *mot.* ~ tyre pneu *m* ballon *ou* confort; 2. monter en ballon; bouffer, se ballonner; **bal'loon fab·ric** entoilage *m*; **bal·'loon·ist** aéronaute *m*, aérostier *m*.

bal·lot ['bælət] 1. (tour *m* de) scrutin *m*; vote *m*; *parl.* tirage *m* au sort; 2. voter au scrutin; tirer au sort; ~ *for* tirer (*qch.*) au sort; tirer au sort pour; '~-**box** urne *f*.

ball-point-pen ['bɔːlpɔint'pen] stylo *m* à bille.

ball-room ['bɔːlrum] salle *f* de bal; *hôtel*: salle *f* de danse.

bal·ly·hoo *Am.* [bæli'hu:] grosse réclame *f*; battage *m*.   [*dever* (*q.*).\

bal·ly·rag F [bæliræg] faire en-\

balm [bɑːm] baume *m* (*a. fig.*).

bal·mor·al [bæl'mɔrl] (*béret m*) balmoral *m*; (*brodequin m*) balmoral *m*.

balm·y □ ['bɑːmi] balsamique *f*; *fig.* embaumé, doux (douce *f*); F toqué.

ba·lo·ney *Am. sl.* [bə'louni] sottises *f/pl.*; foutaise *f*.

bal·sam ['bɔːlsəm] baume *m*; **bal·sam·ic** [~'sæmik] (~*ally*) balsamique.

bal·us·ter ['bæləstə] balustre *m*.

bal·us·trade [bæləs'treid] balustrade *f*; *fenêtre etc.*: accoudoir *m*; garde-corps *m/inv.*

bam·boo [bæm'bu:] bambou *m*.

bam·boo·zle F [bæm'bu:zl] frauder (de, *out of*); amener par ruse (à, *into*).

ban [bæn] 1. ban *m*, proscription *f*; *eccl.* interdit *m*; 2. interdire (qch. à q., *s.o. from s.th.*); mettre (*un livre*) à l'index.

ba·nan·a ♀ [bə'nɑːnə] banane *f*; *Am.* ~ split banane *f* à la glace.

band [bænd] 1. bande *f*, lien *m*; *chapeau etc.*, *frein*: ruban *m*; raie *f*; *deuil*: brassard *m*; ⊕ *roue*: bandage *m*; *reliure*: nerf *m*, nervure *f*; *radio*: bande *f*; ♪ orchestre *m*, musique *f* (*militaire*); 2. bander; fretter (*un four etc.*); ~ *o.s.*, *be* ~*ed* se bander; *péj.* s'ameuter.

band·age ['bændidʒ] 1. bandage *m*; bande *f*; bandeau *m*; pansement *m*; *first aid* ~ bandage *m*; pansement *m*; 2. bander; mettre un pansement à (*une plaie*). [sparadrap *m*.\

Band-Aid (*TM*) *Am.* ['bændeid]\

ban·dan·(n)a [bæn'dænə] foulard *m*; F mouchoir *m*.

band·box ['bændbɔks] carton *m* à chapeaux; carton *m* de modiste; *look as if one came out of a* ~ être tiré à quatre épingles.

ban·dit ['bændit] bandit *m*, brigand *m*; **'ban·dit·ry** brigandage *m*.

band-mas·ter ['bændmɑːstə] chef *m* d'orchestre *ou* de musique *etc.*

ban·dog † ['bændɔg] mâtin *m*.

ban·do·leer [bændə'liə] bandoulière *f*; cartouchière *f*.

bands·man ['bændzmən] musicien *m*; fanfariste *m*; **'band·stand** kiosque *m* à musique; **'band·wag·on** *Am.* F *pol.* char *m* des musiciens; *fig.* cause *f* victorieuse; *get into* (*ou on*) *the* ~ se ranger du bon côté.

ban·dy ['bændi] 1. *sp.* jeu *m* de crosse; ~-*ball* hockey *m*; 2. (se) renvoyer (*balle, paroles, reproches, etc.*); échanger (*des coups, des plaisanteries*); (*a.* ~ *about*) faire courir (*des bruits*); '~-**leg·ged** bancal (-als *m/pl.*).

bane [bein] *fig.* tourment *m*, malheur *m*; † poison *m*; **bane·ful** □ ['beinful] *fig.* funeste; pernicieux (-euse *f*).

bang [bæŋ] 1. boum! pan!; *go* ~ éclater; 2. exactement, pile; directement, en plein; 3. coup *m*; détonation *f*; *porte*: claquement *m*; 4. frapper; (faire) claquer *ou* heurter à (*la porte*); F faire baisser (*le prix*); *sl.* baiser; **'bang·er** pétard *m*; F vieux tacot *m*; F saucisse; ~*s and mash* saucisses *f/pl.* à la purée.

ban·gle ['bæŋgl] bracelet *m* de poignet *ou* de cheville.

bang-on F [bæŋ'ɔn] exactement, tout juste; *it's* ~ *a.* c'est au poil; il tombe pile; *go* ~ à l'heure pile.

bangs *Am.* [bæŋz] *pl.* coiffure: franges *f/pl.*

bang-up F ['bæŋʌp] première classe; chic *adj./inv. en genre.*

ban·ish ['bæniʃ] bannir; proscrire; **'ban·ish·ment** exil *m*, proscription *f*.

ban·is·ters ['bænistəz] *pl.* balustres *m/pl.*; rampe *f*.

ban·jo ♪ ['bændʒou] banjo *m*.

bank [bæŋk] **1.** talus *m*; terrasse *f*; *sable, brouillard, huîtres*: banc *m*; *rivière*: berge *f*; *nuages*: couche *f*; ♣, *a*. jeu: banque *f*; ~ *of deposit* banque *f* de dépôt; ~ *of issue* banque *f* d'émission; *joint-stock* ~ banque *f* sous forme de société par actions; **2.** *v/t*. endiguer; terrasser; ⊕ surhausser (*un virage*); ♣ déposer en banque; ⭍ pencher; incliner sur l'aile; *v/i*. s'entasser, s'amonceler; avoir un compte de banque (*chez, with*); ⭍ virer, pencher l'avion; ~ *on* compter sur, miser sur; ~ *up* (s')amonceler; **'bank·a·ble** bancable, négociable en banque; **'bank-ac·count** compte *m* en banque; **'bank-bill** effet *m*; *Am*. see banknote; **'bank·er** banquier *m* (*a. jeu*); *jeu*: tailleur *m*; **bank hol·i·day** jour *m* férié; **'bank·ing 1.** (affaires *f/pl*. de) banque *f*; ⭍ virage *m* incliné; **2.** de banque, en banque; ~ *charges pl*. frais *m/pl*. de banque; ~ *hours pl*. heures *f/pl*. d'ouverture des banques; ~ *house* maison *f* de banque; **'bank·note** billet *m* de banque; **'bank-rate** taux *m* officiel *ou* de la Banque *ou* de l'escompte; **bank·rupt** ['~rʌpt] **1.** (commerçant *m*) failli *m*; *fraudulent* ~ banqueroutier (-ère *f*) *m*; ~'*s estate* masse *f* des biens (de la faillite); *go* ~ faire faillite; **2.** failli; banqueroutier (-ère *f*); *fig*. ~ *in* (*ou of*) dépourvu de (*une qualité*); **3.** mettre (*q.*) en faillite; **bank·rupt·cy** ['~rʌptsi] faillite *f*; *fraudulent* ~ banqueroute *f*; *declaration of* ~ déclaration *f* de faillite.

ban·ner ['bænə] **1.** bannière *f* (*a. eccl.*); étendard *m*; **2.** *Am*. excellent, de première classe; principal (-aux *m/pl*.).

banns [bænz] *pl*. bans *m/pl*. (*de mariage*); *put up the* ~ (*faire*) publier les bans; *call the* ~ *of* annoncer le mariage de (*q.*).

ban·quet ['bæŋkwit] **1.** banquet *m*; dîner *m* de gala; **2.** *v/t*. offrir un banquet à (*q.*); *v/i*. F faire festin; ~*ing hall* salle *f* de banquet; **'ban·quet·er** banqueteur (-euse *f*) *m*.

ban·shee *écoss., Ir*. [bæn'ʃiː] fée *f* de mauvais augure.

ban·tam ['bæntəm] coq *m* (poule *f*)

Bantam; *fig*. nain *m*; *sp*. ~ *weight* poids *m* coq.

ban·ter ['bæntə] **1.** badinage *m*; raillerie *f*; **2.** badiner; railler; **'ban·ter·er** railleur (-euse *f*) *m*.

bap·tism ['bæptizm] baptême *m*; ~ *of fire* baptême *f* du feu; **bap·tis·mal** [bæp'tizməl] de baptême; baptistaire (*registre*).

bap·tist ['bæptist] (ana)baptiste *mf*; **bap·tis·ter·y** ['~tistri] baptistère *m*; **bap·tize** [~'taiz] baptiser (*a. fig.*).

bar [baː] **1.** barre *f* (*a. métal, a. sable, port*); traverse *f*; bar *m*, estaminet *m*; *savon*: brique *f*; *or*: lingot *m*; ♪ barre *f*; mesure *f*; ✠ lame *f*; ♫ barre *f* (*des accolades*), barreau *m* (*des avocats*); *théâ. etc.*: buvette *f*; *fig*. empêchement *m*; *sp*. horizontal ~ barre *f* fixe; *be called to the* ~ être reçu avocat; *prisoner at the* ~ accusé(e *f*) *m*; *stand at the* ~ paraître à la barre; **2.** barrer; griller (*une fenêtre*); bâcler (*une porte*); interdire, exclure (*de, from*); rayer (*de lignes*); empêcher (*q. de inf.*), s.o. *from gér.*); ~ *out* barrer la porte à; **3.** excepté, sauf, à l'exception de; ~ *none* sans exception; ~ *one* sauf un(e).

barb [baːb] *hameçon*: barbillon *m*; *flèche*: barbelure *f*; *plume*: barbe *f*; *fig*. ⟨*mot m acéré*⟩; ♀ ~*s pl*. arêtes *f/pl*.

bar·bar·i·an [baː'bɛəriən] barbare (*a. su./mf*); **bar·bar·ic** [~'bærik] (~*ally*) barbare; rude; **bar·ba·rism** ['~bərizm] barbarie *f*, rudesse *f*, grossièreté *f*; *ling*. barbarisme *m*; **bar·bar·i·ty** [~'bæriti] barbarie *f*, cruauté *f*; **bar·ba·rize** ['~bəraiz] barbariser; **bar·ba·rous** □ barbare; cruel(le *f*), inhumain.

bar·be·cue ['baːbikjuː] **1.** grand châssis *m* pour le rôtissage; animal *m* rôti tout entier; *Am*. grande fête *f* (*en plein air*) où on rôtit des animaux tout entiers; **2.** griller au charbon de bois (*de la viande*); rôtir tout entier (*un animal*).

barbed barbelé; ♀ aristé, hameçonné; ~ *wire* fil *m* de fer barbelé; ~*wire fence* haie *f* barbelée, haie *f* de barbelés.

bar·bel *icht*. ['baːbl] barbeau *m*.

bar·bell *sp*. ['baːbel] barre *f* à sphères *ou* à boules.

bar·ber ['baːbə] coiffeur *m*; barbier

barricade

m; surt. Am. ~ *shop* salon *m* de coiffure.

bar·bi·tu·rate [bɑːˈbitjuərət] barbiturique *m*.

bard [bɑːd] barde *m; F* poète *m*.

bare [bɛə] 1. nu; dénudé; vide; dégarni; sec (sèche *f*) (*as, valet, etc.*); *the* ~ *idea* la seule pensée; *to* ~ découvrir; '~**back(ed)** à nu, à poil; '~**faced** □ F éhonté, cynique; '~**faced·ness** effronterie *f*, cynisme *m*; '~**foot·ed** aux pieds nus; nu-pieds; '~**head·ed** tête nue, (la) tête nue; '**bare·ly** à peine, tout juste; '**bare·ness** nudité *f*, dénuement *m; style:* simplicité *f*.

bar·gain [ˈbɑːgin] 1. marché *m*, affaire *f*; emplette *f*; occasion *f*; *une* véritable occasion; *a good (bad)* ~ une bonne (mauvaise) affaire; *a* ~ *is a* ~ marché conclu reste conclu; *it's a* ~! entendu!, convenu!; *into the* ~ en plus, pardessus le marché; *make (ou strike) a* ~ conclure un marché (*avec, with*); ~ *basement* coin *m ou* sous-sol *m* des bonnes affaires; ~ *price* prix *m* de solde; ~ *sale* soldes *m/pl.*; 2. négocier; traiter (*de, for*); marchander (*qch., about s.th.*); ~ *for* s'attendre à.

barge [bɑːdʒ] 1. chaland *m*, péniche *f*; gabare *f* (*à voiles*); barge *f* de parade; ♣ deuxième canot *m*; 2. F se heurter (*contre, into*); bousculer (*q.*); ~ *in* faire irruption; ~ *into the conversation* se mêler à la conversation; '**bar·gee**, '**barge·man** chalandier *m*; gabarier *m; F* batelier *m*.

bar·i·ron [ˈbɑːaiən] fer *m* en barres.

bar·i·tone [ˈbæritoun] baryton *m*.

bar·i·um [ˈbɛəriəm] baryum *m*.

bark[1] [bɑːk] 1. écorce *f*; *inner* ~ liber *m*; ⊕ tan *m*; 2. écorcer, décortiquer; F écorcher (*la peau*).

bark[2] [~] 1. aboyer (après, contre *at*); glapir (*renard*); F tousser; F be ~*ing up the wrong tree* faire fausse route; 2. aboiement *m*, aboi *m*; glapissement *m*; F toux *f*.

bark[3] [~] ♣ see barque; *poét.* barque *f*.

bar·keep·(er) [ˈbɑːkiːp(ə)] cabaretier *m*; tenancier *m* d'un bar.

bark·er [ˈbɑːkə] aboyeur (-euse *f*) *m* (*a. fig.*); F revolver *m*.

bar·ley [ˈbɑːli] orge *f*.

barm [bɑːm] levure *f*, levain *m* de bière.

bar·maid [ˈbɑːmeid] barmaid *f*.

bar·man [ˈbɑːmən] *see bartender.*

barm·y [ˈbɑːmi] en fermentation; *sl.* toqué.

barn [bɑːn] grange *f; Am.* étable *f*, écurie *f*.

bar·na·cle[1] [ˈbɑːnəkl] *orn.* bernacle *f*; oie *f* marine; *zo.* bernache *f*; anatife *m; fig.* individu *m* cramponnant.

bar·na·cle[2] [~] *vét. usu.* ~*s pl.* morailles *f/pl.; fig.* ~*s pl.* besicles *f/pl.*

barn·storm *Am. pol.* [ˈbɑːnstɔːm] faire une tournée de discours électoraux.

ba·rom·e·ter [bəˈrɔmitə] baromètre *m*; **bar·o·met·ric**, **bar·o·met·ri·cal** □ [bærəˈmetrik(l)] barométrique.

bar·on [ˈbærən] baron *m*; ~ *of beef* selle *f* de bœuf; *coal etc.* ~ (haut) baron *m* du charbon *etc.*; '**bar·on·age** baronnage *m*; barons *m/pl.*; annuaire *m* de la noblesse; '**bar·on·ess** baronne *f*; **bar·on·et** [ˈ~it] baronnet *m*; **bar·on·et·cy** [ˈ~si] dignité *f* de baronnet; **ba·ro·ni·al** [bəˈrouniəl] de baron; F seigneurial (-aux *m/pl.*); **bar·o·ny** [ˈbærəni] baronnie *f*.

ba·roque [bəˈrouk] baroque (*a. su./m*), rococo (*a. su./m*).

barque ♣ [bɑːk] trois-mâts barque *m*.

bar·rack [ˈbærək] 1. *usu.* ~*s pl.* caserne *f*; ~ *room* chambrée *f*; 2. *v/t. sl.* conspuer (*q.*); *v/i.* chahuter; '~**square** cour *f* du quartier.

bar·rage [ˈbærɑːʒ] barrage *m*; ✗ tir *m* de barrage *ou* sur zone; *creeping* ~ barrage *m* rampant.

bar·rel [ˈbærl] 1. tonneau *m*, futaille *f*, *vin etc.*: fût *m*; *fusil etc.*: canon *m*; *serrure:* cylindre *m*; *montre:* barillet *m*; ♪ cylindre *m* noté; *anat.* caisse *f* (du tympan); *harengs:* caque *f*; 2. mettre (*qch.*) en fût; enfûtailler; (*souv.* ~ *off,* ~*up*) encaquer; '**bar·relled** en tonneau(x); en caque (*harengs*); bombé; '**bar·rel-or·gan** ♪ orgue *m* mécanique *ou* de Barbarie; piano *m* mécanique.

bar·ren □ [ˈbærən] stérile; aride (*a. fig.*); peu fertile (*a. fig.*); ✝ improductif (-ive *f*) (*argent*); '**bar·ren·ness** stérilité *f; fig.* aridité *f*.

bar·ri·cade [bæriˈkeid] 1. barricade *f*; 2. barricader.

bar·ri·er ['bæriə] barrière f; obstacle m (a. fig.); muraille f (de glace); 🚢 portillon m d'accès.

bar·ring ['bɑːriŋ] prp. excepté, sauf; à part.

bar·ris·ter ['bæristə] (a. ~-at-law) avocat m.

bar·row[1] ['bærou] tumulus m; tertre m funéraire.

bar·row[2] [~] see hand-~, wheel-~; ~**man** marchand m des quatre saisons.

bar·tend·er ['bɑːtendə] buvetier m; garçon m de comptoir, barman m.

bar·ter ['bɑːtə] 1. échange m; troc m; ~ shop boutique f pour l'échange de marchandises; 2. échanger, troquer (contre, for); péj. faire trafic de; a. fig. ~ away vendre.

bar·y·tone ♪ ['bæritoun] baryton m.

ba·salt ['bæsɔːlt] basalte m.

base[1] □ [beis] bas(se f), vil, indigne, ignoble; faux (fausse f) (monnaie).

base[2] [~] 1. base f (a. 🔬, ♟); fondement m; 🔺 soubassement m; ⊕ socle m; phot. support m; lampe, cartouche f: culot m; 2. fig. baser, fonder (sur, [up]on); ✗ baser; ~ o.s. on se baser ou fonder sur; ~d (up)on dépendre de; être fondé sur.

base...: '~-ball Am. base-ball m; '~-less sans base ou fondement; '~-line ✗ base f d'approvisionnement; sp. ligne f de fond; surv. base f; '**base·ment** soubassement m; sous-sol m. [fig.).]

base·ness ['beisnis] bassesse f (a.)

bash·ful □ ['bæʃful] timide, modeste.

bash F [bæʃ] 1. frapper ou cogner dur ou fort; 2. coup m violent; have a ~ at s.th. essayer qch., s'essayer à qch.; have a ~ at it essayer le coup.

bas·ic ['beisik] (~ally) fondamental (-aux m/pl.); de base; 🔬 basique; 🚩 English (= British, American, Scientific, International, Commercial English) l'anglais m basique, le basic m; ~ iron fer m basique; **bas·ics** pl.: the ~ l'essentiel m, les éléments m/pl.

ba·sil·i·ca 🔺 [bə'zilikə] basilique f.

bas·i·lisk ['bæzilisk] 1. basilic m; 2. de basilic.

ba·sin ['beisn] bassin m; soupe: écuelle f, bol m; lait: jatte f; cuvette f; lavabo m; ⚓, géog. bassin m.

ba·sis ['beisis], pl. -ses ['~siːz] base f; fondement m; impôt: assiette f; ✗ base f; ⚓ station f; take as ~ se baser sur.

bask [bɑːsk] se chauffer au soleil; prendre un bain de soleil; F jouir (de, in).

bas·ket ['bɑːskit] corbeille f; panier m; '~-ball basket-ball m; ~**din·ner**, ~ **sup·per** Am. souper m en piquenique; '**bas·ket·ful** plein panier m; '**bas·ket-work** vannerie f.

bass[1] ♪ [beis] basse f.

bass[2] [bæs] liber m; tille f, filasse f; '~-broom balai m.

bas·si·net [bæsi'net] berceau m; voiture f d'enfant.

bas·so ♪ ['bæsou] basse f.

bas·soon ♪ [bə'suːn] basson m.

bast [bæst] liber m; tille f.

bas·tard ['bæstəd] 1. □ bâtard; faux (fausse f), corrompu; 2. bâtard(e f) m; enfant mf naturel(le f); '**bas·tar·dy** bâtardise f.

baste[1] [beist] arroser (de graisse) (un rôti); F bâtonner (q.).

baste[2] [~] bâtir, bauguer.

bas·ti·na·do [bæsti'neidou] 1. bastonnade f; 2. donner la bastonnade à (q.).

bas·tion ✗ ['bæstiən] bastion m.

bat[1] [bæt] chauve-souris f; chauves-souris f; be blind as a ~ ne pas y voir plus clair qu'une taupe.

bat[2] [~] cricket: batte f; ping-pong: raquette f; baseball: at ~ (être) à la batte; Am. F come (go) to ~ for porter secours à; off one's own ~ fig. de sa propre initiative; 2. manier la batte; être au guichet.

batch [bætʃ] pain, a. fig.: fournée f; papiers: paquet m; lot m.

bate [beit] diminuer; rabattre (le prix); baisser (la voix); with ~d breath en retenant son souffle.

Bath[1] [bɑːθ]: ~ brick brique f anglaise; ~ chair fauteuil m roulant.

bath[2] [~] 1. (pl. baths [bɑːðz]) bain m (de boue, de pieds, de soleil, de trempe, de vapeur, ~ douche); ~ foam mousse f de bain; ~ house cabines f/pl. de bains; 2. (se) baigner.

bathe [beið] 1. (se) baigner; 2. bain m (de mer etc.); baignade f.

bath·ing ['beiðiŋ] bains m/pl. (de mer etc.); baignades f/pl.; attr. de bain(s); ~ **beau·ty** belle baigneuse f; '~-cap bonnet m de bain; '~-cos-

'tume maillot *m* de bain; '~**hut** cabine *f* de bains (de plage); ~**re'sort** station *f* balnéaire, plage *f*; '~**suit** maillot *m* de bain; '~**trunks** *pl.* caleçon *m* de bain.

ba·thos ['beiθɔs] ampoulé *m*; enflure *f*; anticlimax *m*.

bath...: '~**robe** *Am.* peignoir *m* de bain; '~**tow·el** serviette *f* de bain; '~**tub** baignoire *f*; '~**wa·ter** eau *f* de bain.

ba·tiste † [bæ'ti:st] batiste *f*.

bat·man ['bætmən] brosseur *m*; ordonnance *mf*.

ba·ton ['bætən] *maréchal, chef d'orchestre, police:* bâton *m*; *police:* matraque *f*.

ba·tra·chi·an [bə'treikjən] batracien *m*.

bats·man ['bætsmən] *cricket etc.:* batteur *m*.

bat·tal·ion [bə'tæljən] bataillon *m*.

bat·ten ['bætn] **1.** couvre-joint *m*; latte *f* (*a.* ♣); **2.** *v/t.* latter; (♣ ~*down*) assujettir; *v/i.* repaître (*de,* [up]*on*).

bat·ter ['bætə] **1.** *cricket:* batteur *m*; *cuis.* pâte *f* lisse; **2.** battre; (*a.* ~ *at*) frapper avec violence; bossuer (*un chapeau etc.*); rouer (*q.*) de coups; ✕ battre en brèche; *fig. critique:* démolir (*q.*); '**bat·ter·ed** délabré, bossué; maltraité; ~ *babies* enfants *m/pl.* martyrs; '**bat·ter·ing-ram** bélier *m*; '**bat·ter·y** batterie *f*; *Am. baseball:* the ~ le lanceur et le batteur; ✕ *a.* ⊕ batterie *f*; ⚡ pile *f*; accumulateur *m*; ⚖ voie *f* de fait; rixe *f*; *assault and* ~ (menaces *f/pl.* et) voies *f/pl.* de fait; '**bat·ter·y-charg·ing 'sta·tion** ⚡ station *f* de charge; '**bat·ter·y-op·er·at·ed** ⚡ à piles.

bat·tle ['bætl] **1.** bataille *f*, combat *m*; ~ *royal* bataille *f* en règle; mêlée *f* générale; **2.** se battre, lutter (pour, *for*; avec, *with*; contre, *against*); '~**axe** hache *f* d'armes; *Am. fig.* mégère *f*.

bat·tle·dore ['bætldɔ:] *lessive:* battoir *m*; raquette *f*.

bat·tle·field ['bætlfi:ld], **bat·tle·ground** ['~graund] champ *m* de bataille.

bat·tle·ments ['bætlmənts] *pl.* créneaux *m/pl.*; parapet *m*.

bat·tle...: '~**plane** ✕ avion *m* de combat; '~**ship** ✕ cuirassé *m* (de ligne).

bat·tue [bæ'tu:] battue *f*; F carnage *m*.

bau·ble ['bɔ:bl] babiole *f*; fanfreluche *f*.

baulk [bɔ:k] *see* balk.

baux·ite *min.* ['bɔ:ksait] bauxite *f*.

baw·bee *écoss.* [bɔ:'bi:] *see* half-penny.

bawd [bɔ:d] procureuse *f*; '**bawd·y** obscène; ordurier (-ère *f*) (*propos*).

bawl [bɔ:l] brailler; hurler; crier à tue-tête; F beugler; ~*out* brailler *etc.*; gueuler; *Am. sl.* injurier; F engueuler (*q.*).

bay¹ [bei] **1.** bai (*cheval*); isabelle *m*; **2.** cheval *m* bai; isabelle *m*.

bay² [~] baie *f*; golfe *m*; anse *f*; échancrure *f*; ~ *salt* sel *m* de mer; *cuis.* gros sel *m*.

bay³ △ [~] travée *f*; claire-voie (*pl.* claires-voies) *f*; enfoncement *m*; 🚂 quai *m* subsidiaire.

bay⁴ [~] laurier *m*.

bay⁵ [~] **1.** aboyer; hurler (*chien*); ~ *at* hurler *etc.* à; ~ **2. stand at** ~ s'acculer à *ou* contre (*qch.*); être aux abois; *bring to* ~, *keep* (*ou hold*) *at* ~ acculer (*un cerf*).

bay·o·net ✕ ['beiənit] **1.** baïonnette *f*; **2.** percer d'un coup de baïonnette; passer (*des gens*) à la baïonnette; '~**catch** ⊕ encliquetage *m*.

bay·ou *géog.* Am. ['baiu:] bras *m* marécageux (*de rivière*).

bay win·dow ['bei'windou] fenêtre *f* en saillie; *Am. sl.* bedaine *f*.

ba·zaar [bə'zɑ:] bazar *m*; vente *f* de charité.

be [bi:; bi] (*irr.*) **1.** être; se trouver; *there is, there are* il y a; *here's to you(r health)!* à votre santé!; *here you are again!* vous revoilà!; ~ *about* (*gér.*) être occupé à (*inf.*), de (*qch.*); ~ *after* venir après (*q.*); F être en quête de (*q.*); ~ *at* s'occuper de (*qch.*); ~ *off* s'en aller; partir; finir; couper (*courant*); ~ *off with you!* allez-vous-en!; filez!; ~ *on* à *s.o.* harceler q.; ~ *on* to être en contact avec; être sur la piste de (*q.*); ~ *up to* être à la hauteur de (*q.*); **2.** *v/aux. et p.pr.* pour exprimer la durée *ou* une action incomplète: ~ *reading* (être en train de) lire; **3.** *v/aux. et inf.* pour exprimer le devoir, l'intention *ou* la possibilité: I *am to inform you* je suis chargé de vous faire savoir; *it is* (*not*) *to* ~ *seen* on (ne) peut (pas) le voir *ou* visiter; *if*

he were to die s'il mourait; **4.** v/aux. et
p.p. à la voix passive: se rend ordi-
nairement par on et la voix active, ou
par la voix passive, ou par un verbe
réfléchi; I am asked on me demande.

beach [biːʃ] **1.** plage f, grève f;
2. ♻ échouer; tirer à sec; **'~·ball**
ballon m de plage; **'~·comb·er** F
rôdeur m de grève; sl. propre m à
rien; **'~·head** ✕ tête f de pont.

bea·con ['biːkn] **1.** † feu m d'alarme;
feu m de joie; ♻ phare m, fanal m;
balise f; **2.** baliser; éclairer.

bead [biːd] **1.** perle f (d'émail etc.);
goutte f (de sueur etc.); pneu: talon
m; chapelet: grain m; fusil: guidon
m; ~s pl. a. chapelet m; **2.** v/t.
couvrir ou orner de perles; ⊕
appliquer une baguette ou; v/i.
perler; **'bead·ing** ⊕, △ baguette f.

bea·dle ['biːdl] bedeau m; univ. appariteur m.

bead·y ['biːdi] qui perle; percé en
vrille (yeux).

beak [biːk] bec m; F nez m crochu;
'beaked à bec; crochu (nez).

beak·er ['biːkə] gobelet m; coupe f.

beam [biːm] **1.** bois: poutre f; solive f;
charrue: flèche f; fig. rayon m; éclat
m; ⊕ balancier m; ♻ bau m, barrot m
de pont; chasse: merrain m (bois de
cerf); radio: (wireless ~) faisceau m
hertzien; phare: faisceau m; F fig. be
off (the) ~ faire fausse route, faire
erreur; F fig. be on the ~ être sur la
bonne voie; **2.** v/i. a. fig. rayonner
(fig. de with); v/t. émettre (des ondes
etc.); transmettre (par ondes diri-
gées); **'~·ends** pl.: the ship is on her ~
le navire est engagé; F fig. be on one's
~ F être à la côte.

bean [biːn] fève f; grain m (de café);
Am. sl. tête f, caboche f; F full of ~s
plein d'entrain; sl. give s.o. ~s laver
la tête à q.; **'~·feast, bean·o** sl.
['biːnou] régal m; sl. bombe f.

bear¹ [bɛə] ours(e f) m; fig.
homme m maussade; † sl. baissier
m; **2.** † spéculer à la baisse; prendre
position à la baisse.

bear² [~] (irr.) **1.** v/t. porter (qch.,
épée, nom, date, amour etc.); jouir de
(une réputation); supporter (poids,
frais, conséquences); soutenir (un
poids); souffrir (une douleur etc.);
tolérer, supporter, souffrir; ~ away
(r)emporter, enlever; ~ down
vaincre; accabler; ~ out emporter;

confirmer (une assertion); ~ up soutenir; résister à; **2.** v/i. endurer; avoir
rapport (à, upon); porter; ♻ (avec
adv.) faire route; ♻ ~ down upon
courir sur (qch.); ~ to the right
prendre à droite; ~ up tenir bon;
~ up! courage! ~ (up)on porter sur;
peser sur; ~ with se montrer indulgent pour; supporter; bring to ~
mettre (qch.) en action; braquer
(une lunette) (sur, [up]on); **bear·a·
ble** ['bɛərəbl] supportable.

beard [biəd] **1.** barbe f; ♀ arête f;
2. v/t. braver, défier, narguer (q.).
'beard·ed barbu; **'beard·less** imberbe; sans barbe.

bear·er ['bɛərə] porteur (-euse f) m;
passeport: titulaire mf; † chèque:
porteur m; ⊕ support m.

bear·ing ['bɛəriŋ] port m (d'armes,
de nouvelles); a. = maintien);
allure f, maintien m; capacité f de
supporter; appui m; ♻ relèvement;
⊕ souv. ~s pl. palier m; coussinet m,
-s m/pl.; ~s pl. ⊘ armoiries f/pl.,
blason m; lose one's ~s perdre le nord,
être désorienté; take one's ~s s'orienter, se repérer.

bear·ish ['bɛəriʃ] d'ours; bourru
(personne); à la baisse (tendance).

beast [biːst] bête f; fig. a. animal m,
brute f; ~s pl. bétail m; **'beast·li-
ness** bestialité f, brutalité f; F saleté
f; **'beast·ly** bestial (-aux m/pl.),
brutal (-aux m/pl.); F sale, dégoûtant; fig. adv. terriblement.

beat [biːt] **1.** (irr.) v/t. battre (a.
chasse: un bois; a. ♪ la mesure) donner des coups de bâton à; cogner à
(une porte); oiseau: battre de (l'aile);
dépasser (q.); (a. ~ out) aplatir,
marteler (un métal); frayer, battre
(un chemin); F assommer; F devancer
(q.); Am. F rouler, refaire (q.); Am. sl.
~ it! filez!; ~ the air F taper dans le
vide; Am. F it ~s the band ça c'est le
comble; ~ one's brains se creuser la
cervelle; ✕ ~ a retreat battre en retraite; Am. F ~ one's way to gagner
(un endroit, souv. sans payer); ~
down (r)abattre; donner à plomb
(sur, [up]on); † faire baisser le
prix à (q.); marchander (avec) ~ up
fouetter (œufs, crème etc.); recruter
(des partisans); Am. F rosser (q.);
v/i. battre; ~ about the bush tourner
autour du pot; **2.** battement m (a.
phys.); pulsation f; tambour: batte-

rie f; ♩ mesure f, temps m; police: ronde f; chasse: battue f; radio: battement m; Am. reportage m sensationnel que l'on est le premier à publier; fig. domaine m; 3. F battu, confondu; F ~ out épuisé; **'beat·en** p.p. de beat 1; adj. battu (chemin, métal); **'beat·er** batteur (-euse f) m; battoir m (de laveuse); chasse: rabatteur m, traqueur m.

be·a·tif·ic [biːəˈtifik] béatifique; wear a ~ smile rire aux anges; **be·at·i·fi·ca·tion** eccl. [biːætifiˈkeiʃn] béatification f; **be'at·i·fy** eccl. béatifier; **be'at·i·tude** [~tjuːd] béatitude f.

beau [bou], pl. **beaux** [bouz] galant m, prétendant m; dandy m, élégant m; ~ ideal idéal m.

beau·ti·cian [bjuːˈtiʃən] esthéticien(ne f)m, visagiste mf.

beau·ti·ful □ [ˈbjuːtəful] beau (bel devant une voyelle ou un h muet); belle f; beaux m/pl.); the ~ people les gens chic; the ~ people of Paris a. le Tout-Paris.

beau·ti·fy [ˈbjuːtifai] embellir.

beau·ty [ˈbjuːti] beauté f (a. = belle femme); F drôle m de type; Sleeping ♀ Belle f au bois dormant; ~ par·lo(u)r, ~ shop institut m de beauté; ~ spot mouche f (collée sur le visage); lieu: coin m pittoresque.

bea·ver [ˈbiːvə] zo. castor m; † chapeau m de castor; F barbu m; cas·que: visière f.

be·calm [biˈkɑːm] abriter, déventer (un navire); poét. calmer; ⚓ ~ed accalminé.

be·came [biˈkeim] prét. de become.

be·cause [biˈkɔz] parce que; ~ of à cause de.

beck [bek] signe m (de tête etc.).

beck·on [ˈbekn] faire signe (à q.).

be·cloud [biˈklaud] ennuager, voiler.

be·come [biˈkʌm] [irr. (come)] v/i. devenir; se faire; advenir (de q., of s.o.); v/t. convenir à, aller (bien) à; **be'com·ing** □ convenable, bienséant; seyant (costume etc.).

bed [bed] **1.** lit m (a. d'un fleuve etc.); banc m (d'huîtres); tanière f (d'un animal); ♣ fleurs: parterre m; légumes: planche f; ⊕ sommier m; assise f; chaussée etc.: assiette f; ~ and breakfast chambre(s pl.)f (avec petit déjeuner); **2.** mettre au lit; faire la litière à (un cheval etc.); ✕ ~ (out) dépoter.

be·daub [biˈdɔːb] barbouiller (de peinture).

be·daz·zle [biˈdæzl] aveugler, éblouir.

bed-clothes [ˈbedklouðz] pl. draps m/pl. de lit.

bed·ding [ˈbedin] literie f; litière f; ~(-out) plantes: dépotage m.

be·deck [biˈdek] parer, orner.

be·dev·il [biˈdevl] ensorceler; fig. tourmenter, lutiner; **be'dev·il·ment** ensorcellement m; vexation f.

be·dew [biˈdjuː] humecter de rosée; poét. baigner.

bed·fel·low [ˈbedfelou] compagnon m de lit.

be·dim [biˈdim] obscurcir.

be·diz·en [biˈdaizn] attifer; chamarrer (a. fig.).

bed·lam [ˈbedləm] F maison f de fous; **bed·lam·ite** [~mait] F fou m, folle f.

bed·lin·en [ˈbedlinin] draps m/pl. de lit et taies f/pl.

bed·ou·in [ˈbeduin] **1.** bédouin(e f); **2.** Bédouin(e f) m.

bed·pan [ˈbedpæn] bassin m de lit.

be·drag·gle [biˈdrægl] tacher de boue; crotter.

bed...: '~·rid(·den) cloué au lit; '~·rock géol. roche f de fond; tuf m; fig. fondement m, fond m; '~·room chambre f (à coucher); ~side: at the ~ au chevet (de q.); ✚ good ~ manner bonne manière f professionnelle; ~ lamp lampe f de chevet; ~ rug descente f de lit; '~·sit·ting-room pièce f unique avec lit ou divan; '~·sore f escarre f; '~·space hôtel etc.: lits m/pl.; '~·spread dessus m de lit; '~·stead châlit m; '~·straw ♣ gaillet m; '~·tick toile f à matelas; '~·time heure f du coucher.

bee [biː] abeille f; Am. réunion f pour travaux en commun; F have a ~ in one's bonnet avoir une araignée au plafond.

beech ♣ [biːtʃ] hêtre m; '~·nut faine f.

beef [biːf] **1.** bœuf m; F muscle m; **2.** Am. F grommeler, se plaindre; '~·eat·er hallebardier m (à la Tour de Londres); ~·steak [ˈbiːfˈsteik] bifteck m; ~ tea cuis. jus m de viande de bœuf; consommé m; '**beef·y** F musculeux (-euse f).

bee...: '**~hive** ruche f; '**~keep·er** apiculteur m; '**~keep·ing** apiculture f; '**~line** ligne f à vol d'oiseau; Am. make a ~ for aller droit vers (qch.); '**~mas·ter** apiculteur m.

been [bi:n, bin] p.p. de be.

beer [biə] bière f; ~ on tap bière f à la pression; small ~ petite bière f; F détail m, petite affaire f; ~ **can** boîte f de bière; ~ **en·gine** pompe f à bière; '**beer·y** F un peu gris.

bees·wax ['bi:zwæks] cire f d'abeilles.

beet ♀ [bi:t] betterave f; white ~ bette f, poirée f; betterave f à sucre; red ~ betterave f rouge.

bee·tle[1] ['bi:tl] **1.** mailloche f; maillet m; **2.** damer.

bee·tle[2] [~] coléoptère m.

bee·tle[3] [~] **1.** bombé (front); touffu (sourcils); **2.** v/i. surplomber.

beet·root ['bi:tru:t] Brit. betterave f.

beet·sug·ar ['bi:tʃugə] sucre m de betterave.

be·fall [bi'fɔ:l] [irr. (fall)] arriver ou survenir à (q.).

be·fit [bi'fit] convenir ou seoir à (q., qch.).

be·fog [bi'fɔg] envelopper de brouillard; fig. obscurcir.

be·fool [bi'fu:l] duper, mystifier.

be·fore [bi'fɔ:] **1.** adv. lieu: en avant; devant; temps: auparavant; avant; **2.** cj. avant que; **3.** prp. lieu: devant; temps: avant; be ~ one's time être en avance; be ~ s.o. être en présence de q.; fig. attendre q.; devancer q.; ~ long avant longtemps; ~ now déjà; be'**fore·hand** préalablement; d'avance.

be·foul [bi'faul] souiller, salir.

be·friend [bi'frend] venir en aide à (q.); secourir (q.).

beg [beg] v/t. mendier; solliciter; prier; supplier (q. de faire qch.); I ~ your pardon je vous demande pardon; plaît-il?; ~ the question supposer vrai ce qui est en question; v/i. mendier (qch. à q., for s.th. of s.o.); demander, prier; faire le beau (chien); ✝ I ~ to inform you j'ai l'honneur de vous faire savoir.

be·gan [bi'gæn] prét. de begin.

be·get [bi'get] [irr. (get)] engendrer; be'**get·ter** père m; F auteur m (de, of).

beg·gar ['begə] **1.** mendiant(e f) m; F individu m; diable m; **2.** de men-

diant; **3.** réduire (q.) à la mendicité; it ~s all description cela ne peut pas se décrire, cela défie toute description; '**beg·gar·ly** chétif (-ive f); mesquin; '**beg·gar·y** mendicité f, misère f; reduce to ~ réduire à la mendicité.

be·gin [bi'gin] [irr.] v/i. commencer (à, de to; par, à at); se mettre (à inf., to inf.); ~ (up)on s.th. entamer qch.; to ~ with pour commencer; (tout) d'abord; to ~ by (gér.) commencer par (inf.); v/t. commencer; be'**gin·ner** commençant(e f) m; be'**gin·ning** commencement m; début m; from the ~ dès le commencement.

be·gird [bi'gə:d] [irr. (gird)] ceindre, entourer (de, with).

be·gone [bi'gɔn] partez!, hors d'ici!

be·go·ni·a ♀ [bi'gounjə] bégonia m.

be·got, **be·got·ten** [bi'gɔt(n)] prét. et p.p. de beget.

be·grime [bi'graim] noircir, salir.

be·grudge [bi'grʌdʒ] envier, mesurer (qch. à q., s.o. s.th.).

be·guile [bi'gail] enjôler, tromper; distraire; soutirer (qch. à q., s.o. out of s.th.); faire passer (le temps); ~ s.o. into (gér.) induire q. à (inf.).

be·gun [bi'gʌn] p.p. de begin.

be·half [bi'hɑ:f]: on (ou in) ~ of au nom de; de la part de; en faveur de; ✝ au compte de.

be·have [bi'heiv] se conduire, se comporter (bien, mal, etc.); ~ yourself (yourselves)! sois (soyez) sage(s)!; be'**hav·io(u)r** [~jə] conduite f (avec, envers to[wards]); tenue f (a. d'une voiture); machine: allure f, fonctionnement m; be on one's best ~ se surveiller; be'**hav·io(u)r·al** [~jərəl] de comportement; behavioriste; ~ pattern type m de comportement; ~ psychology psychologie f du comportement.

be·head [bi'hed] décapiter; be-'**head·ing** décapitation f.

be·hest poét. [bi'hest] ordre m.

be·hind [bi'haind] **1.** adv. (par) derrière; en arrière; en retard; be ~ with s.th. être en retard dans qch.; **2.** prp. derrière; en retard sur; en retard sur; see time; **3.** F derrière m, postérieur m.

be·hold [bi'hould] [irr. (hold)] voir, apercevoir; ~! voyez!; be-'**hold·en** redevable (à, to); be'**hold·er** témoin m; spectateur (-trice f) m.

be·hoof [bi'hu:f]: *to (for, on)* the ~ of au profit de, à l'avantage de.

be·hove [bi'houv]: *it* ~s s.o. *to (inf.)* il appartient à q. de (*inf.*).

beige [beiʒ] **1.** *tex.* beige *f*; **2.** beige; blond.

be·ing ['bi:iŋ] être *m*; existence *f*; *in* ~ vivant; existant; *come into* ~ prendre naissance; se produire.

be·la·bou(r F [bi'leibə] rouer (*q.*) de coups.

be·laid [bi'leid] *prét. et p.p. de belay.*

be·lat·ed [bi'leitid] attardé (*personne*); tardif (*-ive f*) (*regret, heure, etc.*).

be·laud [bi'lɔːd] combler (*q.*) de louanges.

be·lay [bi'lei] [*irr.*] ⚓ tourner, amarrer; *alp.* assurer; **be'lay·ing** tournage *m*.

belch [beltʃ] éructer; *sl.* roter; ~ *forth* (*ou* out) vomir (*des flammes etc.*).

bel·dam ['beldəm] mégère *f*; vieille sorcière *f*.

be·lea·guer [bi'li:gə] assiéger.

bel·fry ['belfri] beffroi *m*, clocher *m*.

Bel·gian ['beldʒən] **1.** belge, de Belgique; **2.** Belge *mf*.

be·lie [bi'lai] démentir; donner un démenti à; faire mentir.

be·lief [bi'li:f] croyance *f* (à, *in*; en Dieu, *in* God); *fig.* confiance *f*; *past all* ~ incroyable; *to the best of my* ~ autant que je puis.

be·liev·a·ble [bi'li:vəbl] croyable.

be·lieve [bi'li:v] *v/i.* croire (à, en *in*); F (*not*) ~ *in* (ne pas) être partisan de (*qch.*); (ne pas) avoir confiance dans (*qch.*); *v/t.* croire; **be'liev·er** croyant(e *f*) *m*.

Be·li·sha bea·con [bə'li:ʃə'bi:kən] globe *m* orange (*indiquant un passage clouté*).

be·lit·tle [bi'litl] *fig.* décrier, amoindrir.

bell[1] [bel] **1.** cloche *f*; sonnette *f*; timbre *m*; sonnerie *f* (*électrique*); ♀ clochette *f*; ⚓ campane *f*; vase *m*; ⚓ coup *m*; ♪ trompette: pavillon *m*; **2.** *v/t.* ~ *the cat* attacher le grelot.

bell[2] *chasse:* [~] **1.** bramer; **2.** bramement *m*.

bell·boy *Am.* ['belbɔi] *see* bellhop.

belle [bel] beauté *f*.

bell...: '~**flow·er** campanule *f*; '~**found·er** fondeur *m* de cloches; '~**hop** *Am. sl.* chasseur *m*.

bel·li·cose ['belikous] belliqueux

(*-euse f*); **bel·li·cos·i·ty** [~'kɔsiti] bellicosité *f*; humeur *f* belliqueuse.

bel·lied ['belid] ventru.

bel·lig·er·ent [bi'lidʒərənt] belligérant(e *f*) (*a. su./mf*).

bel·low ['belou] **1.** beugler; mugir (*a.* F); **2.** beuglement *m*; F hurlement *m*.

bel·lows ['belouz] *pl.: (a pair of)* ~ (un) soufflet *m*; *sg. phot.* soufflet *m*.

bell...: '~**pull** cordon *m* de sonnette; '~**push** poussoir *m*; bouton *m*; '~**weth·er** sonnailler *m*; '~**wire** fil *m* à sonnerie.

bel·ly ['beli] **1.** ventre *m*; ~ *button* F nombril *m*; ~ *flop* plat-ventre *m/inv.*; ✈ ~ *landing* atterrissage *m* sur le ventre; ~ *laugh* gros rire *m*; **2.** (s')enfler; (se) gonfler.

be·long [bi'lɔŋ] appartenir (à, *to*); faire partie (de, *to*); être (à, de *to* a *place*); *Am.* ~ *with* aller avec; **be'long·ings** [~iŋz] *pl.* affaires *f/pl.*; effets *m/pl.*

be·lov·ed [bi'lʌvd] **1.** aimé; **2.** chéri (*-e f*) *m*; bien-aimé(e *f*) *m*.

be·low [bi'lou] **1.** *adv.* en bas, (au-)dessous; *poét.* ici-bas; **2.** *prp.* au-dessous de; *fig.* ~ *me* indigne de moi (*de inf.*, *to inf.*).

belt [belt] **1.** ceinture *f*; porte-jarretelles *m*; *fig.* zone *f*, bande *f*; ✗ ceinturon *m*; ⊕ courroie *f*; ⚓ ceinture *f* cuirassée; *box. below the* ~ déloyal (*-aux m/pl.*) (*coup*); green ~ ceinture *f* verte; *mot. seat* ~ ceinture *f* de sécurité; **2.** ceindre; entourer (*qch.*) d'une ceinture; *Am.* F ~ *out* faire retentir *ou* éclater.

bel·ve·dere ['belvidiə] ⌂ belvédère *m*; mirador *m*; pavillon *m*.

be·moan [bi'moun] pleurer, déplorer (*qch.*).

be·mused ☐ [bi'mju:zd] confus, embrouillé; rêveur (*-euse f*).

bench [bentʃ] banc *m*; banquette *f*; siège *m* (*du juge*); magistrature *f*; menuiserie: établi *m*; *see* treasury; **'bench·er** membre *m* du conseil d'une École de droit.

bend [bend] **1.** tournant *m*; chemin: coude *m*; courbure *f*; courbe *f*; fleuve: sinuosité *f*; ⌂ bande *f*; ✤ nœud *m*; **2.** [*irr.*] (se) courber; *v/i.* tourner (*route*); *v/t.* plier; fléchir; baisser (*la tête*); tendre (*un arc*); fixer (*les regards*); porter (*les pas* *vers qch.);* appliquer (*l'esprit*); ⚓ enverguer.

be·neath [bi'ni:θ] *see below.*

Ben·e·dick ['benidik] nouveau marié *m* (*surt. vieux garçon*).

Ben·e·dic·tine [beni'diktin] *eccl.* Bénédictin(e *f*) *m*; [ˌ~ti:n] *liqueur:* Bénédictine *f*.

ben·e·dic·tion *eccl.* [beni'dikʃn] bénédiction *f*; bénédicité *m* (*avant les repas*).

ben·e·fac·tion [beni'fækʃn] bienfait *m*; donation *f*; œuvre *f* de charité; **'ben·e·fac·tor** bienfaiteur *m*; **ben·e·fac·tress** ['ˌ~tris] bienfaitrice *f*.

ben·e·fice ['benifis] bénéfice *m*; **ben·ef·i·cence** [bi'nefisns] bienfaisance *f*; **be'nef·i·cent** □ bienfaisant; salutaire.

ben·e·fi·cial □ [beni'fiʃl] avantageux (-euse *f*), salutaire, utile; ~ *interest* usufruit *m*; ⚖ ~ *owner* usufruitier (-ère *f*) *m*; **ben·e'fi·ci·ar·y** ⚖, *eccl.* bénéficier (-ère *f*) *m*; bénéficiaire *mf*; ayant droit (*pl.* ayants droit) *m*.

ben·e·fit ['benifit] **1.** avantage *m*, profit *m*; *théâ.* représentation *f* au bénéfice (*de q.*); indemnité *f* (*de chômage*); ~ *of the doubt* bénéfice *m* du doute; *for the* ~ *of* à l'intention de; au bénéfice de; **2.** *v/t.* profiter à; être avantageux (-euse *f*) à; faire du bien à; *v/i.* profiter (*de by, from*).

be·nev·o·lence [bi'nevələns] bienveillance *f*, bonté *f*; **be'nev·o·lent** □ (*envers q.*) bienveillant; charitable; ~ *society* association *f* de bienfaisance.

Ben·gal [beŋ'gɔ:l] du Bengale; **Ben·gal·i** [ˌ~li] **1.** bengali; **2.** *ling.* bengali *m*; Bengali *mf*.

be·night·ed [bi'naitid] anuité; surpris par la nuit; *fig.* aveugle; plongé dans l'ignorance.

be·nign □ [bi'nain] bénin (-igne *f*) (*a.* ⚕); doux (douce *f*); favorable; **be·nig·nant** □ [bi'nignənt] bénin (-igne *f*); bienveillant; **be'nig·ni·ty** bienveillance *f*, bonté *f*; ⚕, *a.* climat: bénignité *f*.

bent¹ [bent] **1.** *prét. et p.p. de* bend 2; ~ *on* acharné à; **2.** penchant *m*, disposition *f* (*pour, for*); to the top of one's ~ tant qu'on peut.

bent² ♦ [ˌ~] jonc *m*; agrostide *f*; prairie *f*.

be·numb [bi'nʌm] engourdir (*a.* F); transir.

ben·zine ⚗ ['benzi:n] benzine *f*.

ben·zol(e) ⚗ ['benzɔl] benzol *m*.

be·queath [bi'kwi:ð] léguer.

be·quest [bi'kwest] legs *m*.

be·rate [bi'reit] réprimander.

be·reave [bi'ri:v] [*irr.*] priver; *be* ~*d of* perdre (*q. par la mort*); ~*d* affligé; **be'reave·ment** perte *f* (*d'un père etc.*); deuil *m*.

be·reft [bi'reft] *prét. et p.p. de* bereave.

be·ret ['berei] béret *m*.

Ber·lin [bə:'lin] **1.** de Berlin; ~ *black* vernis *m*; **2.** *voiture:* berline *f*; (*usu.* ~ *glove*) gant *m* de laine de Berlin; (*usu.* ~ *wool*) laine *f* de Berlin.

ber·ry ['beri] ♀ baie *f*.

berth [bə:θ] **1.** ⚓ évitée *f*; couchette *f*; *fig.* place *f*; emploi *m*; *give s.o. a wide* ~ éviter q.; **2.** *v/t.* accoster (*un navire*) le long du quai; *v/i.* mouiller; aborder à quai.

ber·yl *min.* ['beril] béryl *m*.

be·seech [bi'si:tʃ] [*irr.*] supplier (q. de *inf.*, *s.o. to inf.*); implorer; **be'seech·ing** □ suppliant.

be·seem [bi'si:m]: *it* ~*s* il sied (à q. de *inf.*, *s.o. to inf.*).

be·set [bi'set] [*irr.* (set)] assaillir; serrer de près; assiéger; ~*ting sin* péché *m* d'habitude.

be·side [bi'said] **1.** *adv. see besides;* **2.** *prp.* à côté de (*a. fig.*); auprès de; ~ *o.s.* transporté (*de joie etc.*, *with*); *be* ~ *the purpose* ne pas entrer dans les intentions (*de q.*); ~ *the question* en dehors du sujet; **be'sides** [ˌ~dz] **1.** *adv.* en plus, en outre; d'ailleurs; **2.** *prp. fig.* sans compter; en plus de; excepté.

be·siege [bi'si:dʒ] assiéger (*a. fig.*); faire le siège de; *fig.* entourer; **be·'sieg·er** assiégeant *m*.

be·slav·er [bi'slævə] baver sur; *fig.* flagorner.

be·slob·ber [bi'slɔbə] prodiguer des baisers à (*q.*).

be·smear [bi'smiə] barbouiller.

be·smirch [bi'smə:tʃ] salir.

be·som ['bi:zm] balai *m*.

be·sot·ted [bi'sɔtid] assoté; abruti (par, *with*) (*a. fig.*). [beseech.\

be·sought [bi'sɔ:t] *prét. et p.p. de*]

be·spat·ter [bi'spætə] éclabousser; *fig.* salir le nom de; accabler (de, *with*).

be·speak [bi'spiːk] [*irr.* (*speak*)] commander; retenir; *fig.* annoncer; *usu. poét.* s'adresser à, parler à.

be·spoke [bi'spouk] **1.** *prét.* de bespeak; **2.** *adj.:* ~ *tailor* tailleur *m* à façon; ~ *work* travail *m* sur commande; **be'spoken** *p.p.* de bespeak.

be·sprin·kle [bi'spriŋkl] arroser.

best [best] **1.** *adj.* meilleur; F *la* crème *de*; ~ *man* garçon *m* d'honneur; *at* ~ au mieux; *see seller*; **2.** *adv.* le mieux; **3.** *su.* meilleur *m*; mieux *m*; *all the* ~! bonne chance!; *Sunday* ~ habits *m/pl.* du dimanche; *for the* ~ pour le mieux; *to the* ~ *of my knowledge* autant que je sache; *make the* ~ *of* s'accommoder de; *make the* ~ *of a bad job* faire bonne mine à mauvais jeu; *the* ~ *of the way* la plus grande partie du chemin; *at* ~ pour dire le mieux; **4.** *v/t.* l'emporter sur (*q.*).

be·stead [bi'sted] [*irr.*] aider.

be·ste(a)d [⌐]: *hard* ~ serré de près; *ill* ~ F en mauvaise passe.

bes·tial □ ['bestjəl] bestial (-aux *m/pl.*); **bes·ti·al·i·ty** [besti'æliti] bestialité *f*.

be·stir [bi'stəː]: ~ *o.s.* se remuer.

be·stow [bi'stou] accorder, octroyer (à, [up]on); † déposer; **be'stow·al**, **be'stow·ment** don *m*, octroi *m*.

be·strew [bi'struː] [*irr.*] joncher, parsemer (de, *with*).

be·strid·den [bi'stridn] *p.p.* de bestride.

be·stride [bi'straid] [*irr.*] être à cheval sur; enjamber (*un endroit*); enfourcher (*un cheval*).

be·strode [bi'stroud] *prét.* de bestride.

bet [bet] **1.** pari *m*; **2.** [*irr.*] parier; F *you* ~ pour sûr!; *I* ~ *you a shilling* F je vous parie 50 francs.

be·take [bi'teik] [*irr.* (*take*)]: ~ *o.s.* se rendre à; *fig.* se livrer à.

be·think [bi'θiŋk] [*irr.* (*think*)]: ~ *o.s.* se rappeler (qch. of *s.th.*); ~ *o.s. to* (*inf.*) s'aviser de (*inf.*).

be·tide [bi'taid]: *whate'er* ~ advienne que pourra; *woe* ~ *him!* gare à lui!

be·times [bi'taimz] de bonne heure.

be·to·ken [bi'toukn] être signe de, révéler; présager.

be·tray [bi'trei] trahir (*a. fig.* = *laisser voir*); séduire (*une femme*); **be'tray·al** trahison *f*; ~ *of trust* abus

m de confiance; **be'tray·er** traître(sse *f*) *m*; trompeur (-euse *f*) *m*.

be·troth [bi'trouð] fiancer (à, avec to); *the* ~*ed* le fiancé *m*; la fiancée *f*; *pl.* les fiancés *m/pl.*; **be'troth·al** fiançailles *f/pl.*

bet·ter¹ ['betə] **1.** *adj.* meilleur, mieux; *he is* ~ il va mieux; *get* ~ s'améliorer; se remettre; *for* ~ *or* (*for*) *worse* pour le meilleur ou pour le pire; **2.** *su.* meilleur *m*; mieux *m*; ~*s* *pl.* supérieurs *m/pl.*; *get the* ~ *of* l'emporter sur (*q.*); rouler (*q.*) (= *duper*); surmonter (*un obstacle*); maîtriser (*une émotion*); *he is my* ~ il est plus fort que moi; **3.** *adv.* mieux; *be* ~ *off* être plus à son aise (*matériellement*); *so much the* ~ tant mieux; *you had* ~ *go* vous feriez mieux de vous en aller *ou* de partir; *I know* ~ j'en sais plus long; *think* ~ *of it* se raviser; revenir de; **4.** *v/t.* améliorer; surpasser; ~ *o.s.* améliorer sa position (*etc.*); *v/i.* s'améliorer.

bet·ter² [⌐] parieur (-euse *f*) *m*.

bet·ter·ment ['betəmənt] amélioration *f*.

bet·ting ['betiŋ] paris *m/pl.*; cote *f*; mise *f*; ~*debt* dette *f* d'honneur.

be·tween [bi'twiːn] (*poét.* et *prov.* a. **be·twixt** [bi'twikst]) **1.** *adv.* entre les deux; *betwixt and between* entre les deux; **2.** *prp.* entre; ~ *ourselves* entre nous, de vous à moi; *they bought it* ~ *them* ils l'ont acheté à eux deux (*trois etc.*); **be'tween-decks** ⚓ entrepont *m*; *adv.* sous barrots; **be'tween-maid** aide *f* de maison.

bev·el ['bevl] **1.** oblique; **2.** ⊕ biseau *m*, biais *m*; conicité *f*; **3.** *v/t.* biseauter; *v/i.* biaiser; aller de biais; aller en biseau; '~*wheel* ⊕ roue *f* dentée conique; pignon *m* conique.

bev·er·age ['bevəridʒ] boisson *f*.

bev·y [bevi] bande *f*, troupe *f*.

be·wail [bi'weil] *v/t.* pleurer (*qch.*); *v/i.* se lamenter.

be·ware [bi'wɛə] se méfier (de *q.*, *of s.o.*); se garder (de qch., *of s.th.*); ~ *of the dog!* chien méchant!

be·wil·der [bi'wildə] égarer, désorienter; F ahurir; abasourdir; **be'wil·der·ment** trouble *m*, confusion *f*; ahurissement *m*; abasourdissement *m*.

be·witch F [bi'witʃ] ensorceler; F

enchanter; **be'witch·ment** ensorcellement *m*; charme *m*.

be·yond [bi'jɔnd] **1.** *adv.* au-delà, par-delà, plus loin; **2.** *prp.* au-delà de; par-delà; au-dessus de; excepté; en dehors de; autre ... que; ~ *endurance* intolérable; ~ *measure* outre mesure; ~ *dispute* incontestable; ~ *words* au-delà de toute expression; *get* ~ *s.o.* dépasser q.; *go* ~ *one's depth* ne pas avoir pied; *it is* ~ *me* cela me dépasse; je n'y comprends rien.

bi... [bai] bi(s)-; di(s)-; semi-.

bi·an·nu·al □ [bai'ænjuəl] semestriel; biennal (-aux *m/pl.*).

bi·as ['baiəs] **1.** *adj. et adv.* oblique (-ment); en biais; de biais; *couture* coupé de biais, en biais; **2.** *couture* biais *m*; *boules*: décentrement *m*; déviation *f*; *radio*: polarisation *f*; *fig.* parti *m* pris; penchant *m*; **3.** décentrer (*une boule*); *fig.* rendre partial; prévenir (contre, *against*; en faveur de, *towards*); ~*sed* partial (-aux *m/pl.*).

bib [bib] bavette *f* (*d'enfant*); tablier: baverette *f*.

bib·cock ['bibkɔk] robinet *m* coudé.

Bi·ble ['baibl] Bible *f*.

bib·li·cal □ ['biblikl] biblique.

bib·li·og·ra·pher [bibli'ɔgrəfə] bibliographe *m*; **bib·li·o·graph·ic, bib·li·o·graph·i·cal** [‿o'græfik(l)] bibliographique; **bib·li·og·ra·phy** [‿'ɔgrəfi] bibliographie *f*; **bib·li·o·ma·ni·a** [‿o'meinjə] bibliomanie *f*; **bib·li·o·ma·ni·ac** [‿niæk] bibliomane *m*; **bib·li·o·phile** ['‿ofail] bibliophile *m*.

bib·u·lous □ ['bibjuləs] adonné à la boisson; absorbant (*chose*).

bi·car·bon·ate [bai'kɑ:bənit] bicarbonate *m*.

bi·ceps *anat.* ['baiseps] biceps *m*.

bick·er ['bikə] se quereller; être toujours en zizanie; trembloter (*lumière*); murmurer (*ruisseau etc.*); **'bick·er·ing(s** *pl.*) querelles *f/pl.*; bisbille *f*.

bi·cy·cle ['baisikl] **1.** bicyclette *f*, vélo *m*; *folding* ~ bicyclette *f* pliante; ~ *bell* timbre *m* ou sonnette *f* de bicyclette; ~ *rack* porte-vélos *m/inv.*; râtelier *m* à bicyclette; ~ *track* piste *f* cyclable; **2.** faire de la bicyclette ou du vélo; aller à bicyclette; **'bi·cy·clist** (bi)cycliste *mf*.

bid [bid] **1.** [*irr.*] *v/t.* commander, ordonner; inviter (*à dîner*); *cartes*: appeler; *fig.* ~ *fair* promettre de; s'annoncer; ~ *farewell* faire ses adieux; ~ *up* surenchérir; ~ *welcome* souhaiter la bienvenue; *v/i.* (*prét. et p.p.* bid) faire une offre (pour, for); **2.** offre *f*, mise *f*, enchère *f*; *cartes*: appel *m*; *a* ~ *to* (*inf.*) un effort pour (*inf.*); *cartes*: *no* ~ Parole!; **'bid·den** *p.p. de* bid 1; **'bid·der** enchérisseur *m*; *cartes*: demandeur (-euse *f*) *m*; *see high* 1, *low*¹ 1; **'bid·ding** ordre *m*; invitation *f*; enchères *f/pl.*; *cartes*: enchère *f*.

bide [baid] attendre (*le moment*).

bi·en·ni·al [bai'enjəl] **1.** biennal (-aux *m/pl.*); **2.** ♀ plante *f* bisannuelle.

bier [biə] civière *f* (*pour un cercueil*).

bi·fo·cals [bai'foukəlz] *pl.* lunettes *f/pl.* bifocales.

bi·fur·cate ['baifə:keit] (se) bifurquer; **bi·fur·ca·tion** bifurcation *f*.

big [big] grand; gros(se *f*); *fig.* lourd, gros(se *f*) (de, with); enceinte *f* (*grosse d'enfant*); *fig.* hautain, fanfaron (-ne *f*); ♀ *Apple surnom de New York City*; F ♀ *Ben grosse cloche du Palais du Parlement à Londres*; *business* grosses affaires *f/pl.*; F *fig.* ~ *shot* chef *m* de file; personnage *m* important, *sl.* grosse légume *f*; *Am.* ~ *stick fig.* trique *f*; *hit ou make the* ~ *time* réussir, arriver; *Am.* ~ *top cirque*: chapiteau *m*, *a. fig.* cirque *m*; *talk* ~ faire l'important; fanfaronner.

big·a·mous ['bigəməs] bigame; **'big·a·my** bigamie *f*.

bight ♧ [bait] crique *f*; golfe *m*.

big-mouth F ['bigmauθ] gueulard(e *f*) *m*.

big·ness ['bignis] grandeur *f*; grosseur *f*.

big·ot ['bigət] bigot(e *f*) *m*; *fig.* fanatique *mf*; sectaire *mf*; **'big·ot·ed** fanatique; *fig.* à l'esprit sectaire; outré; **'big·ot·ry** fanatisme *m*; zèle *m* outré.

'big-time ['bigtaim] de première catégorie, important; de grande envergure; extraordinaire; magnifique.

big·wig F ♧ ['bigwig] gros bonnet *m*; *sl.* grosse légume *f*.

bike F [baik] vélo *m*.

bi·lat·er·al □ [bai'lætərl] bilatéral (-aux *m/pl.*).

bil·ber·ry ✿ ['bilbəri] airelle *f*, myrtille *f*.

bile [bail] bile *f* (*fig.* = *colère*).

bilge [bildʒ] bouge *m* (*de barrique*); ♻ fond *m* de cale; bouchain *m*; *sl.* bêtises *f/pl.*

bi·lin·gual [bai'liŋgwəl] bilingue.

bil·ious □ ['biljəs] bilieux (-euse *f*); *fig.* colérique.

bilk [bilk] F tromper, escroquer.

bill¹ [bil] **1.** *oiseau, ancre, géog.*: bec *m*; serpette *f* (*pour tailler*); **2.** (*a. fig.* ~ *and coo*) se becqueter.

bill² [~] **1.** note *f*, facture *f*; *restaurant*: addition *f*; ♻ effet *m*; ♻ (~ *of exchange*) traite *f*; *Am.* billet *m* (*de banque*); *théâ. etc.* affiche *f*; *parl.* projet *m* de loi; ~ *of costs* compte *m* de frais; ~ *of expenses* note *f* de(s) frais; ~ *of fare* carte *f* du jour; ♻ ~ *of health* patente *f* de santé; ~ *of lading* connaissement *m*, police *f* de chargement; ⚖ ~ *of sale* acte *m* de vente; ♻ ~ *of sight* déclaration *f* d'entrée; ♀ *of Rights Brit.* Déclaration *f* des Droits du citoyen (*1689*); *Am.* les amendements *m/pl.* (*1791*) à la constitution des É.-U.; **2.** facturer (*des marchandises*); afficher.

bill·board *Am.* ['bil'bɔ:d] panneau *m* d'affichage.

bil·let ['bilit] **1.** ✗ (billet *m* de) logement *m*; bûche *f*; billette *f* (*a. métall.*); **2.** ✗ loger (*des troupes*) (*chez on, with*).

bill·fold ['bilfould]   porte-billets *m/inv.*

bil·liard ['biljəd] *attr.* de billard; '~-cue queue *f* de billard; '**bil·liards** *sg. ou pl.* (jeu *m* de) billard *m*.

bil·lion ['biljən] billion *m*; *Am.* milliard *m*.

bil·low ['bilou] **1.** lame *f* (*de mer*), grande vague *f*; **2.** se soulever en vagues; ondoyer (*foule etc.*); '**bil·low·y** houleux (-euse *f*).

bill-stick·er ['bilstikə] afficheur *m*; placardeur *m*.

bil·ly *Am.* ['bili] bâton *m* (*de police*); '~-cock chapeau *m* melon; '~-goat F bouc *m*.

bi·mo·tored ✈ ['baimoutəd] bimoteur.

bin [bin] coffre *m*; casier *m*; F poubelle *f*.

bi·na·ry ['bainəri] binaire; *biol.* ~ *fission* division *f* binaire *ou* cellulaire.

bin·au·ral [bain'ɔ:rəl] binauriculaire; stéréophonique.

bind [baind] [*irr.*] *v/t.* lier, attacher; (*res*)serrer; garrotter; rendre constipé; ratifier, confirmer (*un marché*); border (*un marché*); relier (*des livres*); fixer (*un ski*); bander (*une blessure*); lier, agglutiner (*le sable*); ~ *over* sommer (*q.*) d'observer une bonne conduite; *fig.* be bound with être engagé (à *to, with*); ~ *s.o. apprentice* to mettre q. en apprentissage chez; *I'll be bound* je m'engagerai (à, *to*); F j'en suis sûr!; *v/i.* se lier; durcir; bander; ⊕ bound *m*, relieur *m* (*de livres*); '**bind·ing 1.** obligatoire (pour, *on*); agglomératif (-ive *f*); **2.** agglutination *f*; serrage *m*; lien *m*; *étoffe*: bordure *f*; *livres*: reliure *f*; '**bind·weed** ✿ liseron *m*.

binge *sl.* [bindʒ] bombe *f*, ribote *f*.

bin·na·cle ♻ ['binəkl] habitacle *m*.

bin·o·cle ['binɔkl] binoculaire *m*; **bin·oc·u·lar 1.** [bai'nɔkjulə] binoculaire; **2.** [bi'nɔkjulə] jumelle *f*, -s *f/pl.*

bi·o·chem·i·cal ['baio'kemikl] biochimique; '**bi·o'chem·is·try** biochimie *f*.

bi·og·ra·pher [bai'ɔgrəfə] biographe *m*; **bi·o·graph·ic, bi·o·graph·i·cal** □ [~o'græfik(l)] biographique; **bi·og·ra·phy** [~'ɔgrəfi] biographie *f*.

bi·o·log·ic, bi·o·log·i·cal □ [baio'lɔdʒik(l)] biologique; **bi·ol·o·gist** [~'ɔlədʒist] biologiste *mf*; **bi·ol·o·gy** biologie *f*.

bi·par·tite [bai'pɑ:tait] biparti(te *f*); ⚖ rédigé en double.   [*su./m*).\

bi·ped *zo.* ['baiped] bipède (*a.*)

bi·plane ✈ ['baiplein] biplan *m*.

birch [bə:tʃ] **1.** ✿ (*ou* ~-*tree*) bouleau *m*; (*a.* ~-*rod*) verge *f*; **2.** de bouleau; '**birch·en** de bouleau.

bird [bə:d] oiseau *m*; ~ *of passage* oiseau *m* de passage; ~ *of prey* oiseau *m* de proie; F *that's for the* ~s ça ne vaut rien; *tell a child about the* ~s *and the bees* expliquer à un enfant comment font les petits oiseaux; *kill two* ~s *with one stone* faire d'une pierre deux coups; '~-cage cage *f* à oiseaux; '~-fan·ci·er oiselier *m*; marchand(e *f*) *m* d'oiseaux; connaisseur (-euse *f*) *m* en oiseaux; '~-lime glu *f*; '~-nest **1.** see bird's nest; **2.**

dénicher des oiseaux; **'bird's-eye view** perspective *f* à vol d'oiseau; **'bird's nest** nid *m* d'oiseaux; ~ soup soupe *f* aux nids d'hirondelles; ~ **sanc·tu·ar·y** refuge *m* d'oiseaux.

bi·ro *(TM)* ['baiərou] stylo *m* (à bille).

birth [bə:θ] naissance *f*; accouchement; *animaux:* mise *f* bas; *bring to* ~ faire naître, engendrer; *come to* ~ naître, prendre naissance; **'~·con·trol** limitation *f* des naissances; **'~·day** anniversaire *m*; jour *m* natal; ~ *cake* gâteau *m* d'anniversaire; *Brit.* ~ *honours pl.* distinctions *f/pl.* honorifiques accordées à l'occasion de l'anniversaire du monarque; ~ *present* cadeau *m* d'anniversaire; **~·place** lieu *m* de naissance; **'~·rate** natalité *f*; **'~·right** droit *m* de naissance; droit *m* d'aînesse.

bis·cuit ['biskit] biscuit *m* (a. poterie).

bi·sect ⚛ [bai'sekt] bissecter (*un angle*); couper en deux parties égales (*une ligne, un angle*); **bi'sec·tion** bissection *f*.

bish·op ['biʃəp] évêque *m*; *échecs:* fou *m*; **'bish·op·ric** évêché *m*.

bis·muth ♓ ['bizməθ] bismuth *m*.

bi·son *zo.* ['baisn] bison *m*.

bis·sex·tile [bi'sekstail] **1.** bissextil; ~ *year* = **2.** année *f* bissextile.

bit [bit] **1.** morceau *m*; bout *m* (*de papier etc.*); *monnaie:* pièce *f*; *cheval, tenaille:* mors *m*; ⊕ mèche *f*; perçoir *m*; *ordinateur:* bit *m*; ~ *by* peu à peu; F be *a* ~ *of a coward* être plutôt lâche; **2.** mettre le mors à, brider; **3.** *prét.* de *bite* 2.

bitch [bitʃ] **1.** chienne *f*; *sl.* garce *f*; renarde *f*; louve *f*; F gâcher.

bite [bait] **1.** coup *m* de dent; morsure *f*; *sauce:* piquant *m*; *poisson:* touche *f*; ⊕ mordant *m*; **2.** [*irr.*] mordre (*a. poisson, ancre, outil, acide, etc.*); piquer (*insecte, poivre*); ronger (*rouille*); F *fig.* ~ *the dust* mordre la poussière (= *mourir*); *one's nails* se ronger les ongles; *v/i.* adhérer (*roues*); ♻ crocher (*ancre*); ~ *at* rembarrer (*q.*); **'bit·er** animal *etc.* qui mord; *the* ~ *bit* le trompeur trompé.

bit·ing ☐ ['baitin] mordant; perçant (*froid*); cinglant (*vent*).

bit·ten ['bitn] *p.p.* de *bite* 2; *be* ~ *fig.* se faire attraper; F *be* ~ *with* s'en-

ticher de; *once* ~ *twice shy* chat échaudé craint l'eau froide.

bit·ter ['bitə] **1.** ☐ amer (-ère *f*); aigre; glacial (-als *m/pl.*) (*vent*); **~·sweet** aigre-doux (-douce *f*); **2.** bière *f* amère.

bit·tern *orn.* ['bitə:n] butor *m*.

bit·ter·ness ['bitənis] amertume *f*; âpreté *f*; rancune *f*.

bit·ters ['bitəz] *pl.* bitter *m*, -s *m/pl.*, amer *m*, -s *m/pl.*

bitts ♻ [bits] *pl.* bittes *f/pl.*

bi·tu·men ['bitjumin] bitume *m*; **bi·tu·mi·nous** [~'tju:minəs] bitumineux (-euse *f*); gras(se *f*) (*houille*).

biv·ouac ['bivuæk] **1.** bivouac *m*; **2.** bivouaquer.

biz F [biz] affaire *f*, -s *f/pl.*

bi·zarre [bi'zɑ:] bizarre.

blab F [blæb] **1.** (*a. 'blab·ber*) jaseur (-euse *f*) *m*; indiscret (-ète *f*) *m*; **2.** *v/i.* jaser, bavarder; *v/t.* divulguer (*un secret*).

black [blæk] **1.** ☐ noir; *fig.* sombre, triste; ~ *cattle* bœufs *m/pl.* de race écossaise ou galloise; ~ *eye* œil *m* poché; *see frost;* ~ *ice* verglas *m*; ~ *market* marché *m* noir; ~ *marketeer* profiteur (-euse *f*) *m*; ~ *marketing* vente *f* ou achats *m/pl.* au marché noir; ~ *sheep fig.* brebis *f* galeuse; **2.** noircir; *v/t.* cirer (*des bottes*); F pocher (*l'œil*); ~ *out* v/t. obscurcir; *v/i.* couper la lumière; **3.** noir *m* (*vêtements*); noir(e *f*) *m* (= *nègre*); flocon *m* de suie.

black...: **~·a·moor** † ['~əmuə] nègre *m*, négresse *f*; **~·ball** blackbouler; **'~·ber·ry** ❦ mûre *f* (sauvage); **'~·bird** merle *m*; **'~·board** tableau *m* noir; **'~·coat·ed** vêtu de noir; **'~·cock** *orn.* tétras *m*; **'black·en** *v/t.* noircir (*a. fig.*); *fig.* calomnier; *v/i.* (se) noircir; s'assombrir.

black...: **~·guard** ['blægɑːd] **1.** vaurien *m*; ignoble personnage *m*; **2.** (*a. '~·guard·ly*) ☐ ignoble, canaille; **3.** adjectiver (*q.*); **'~·head** ♂ ['blækhed] comédon *m*; **'black·ing** cirage *m*; **'black·ish** ☐ noirâtre, tirant sur le noir.

black...: **'~·jack 1.** *surt. Am.* assommoir *m*; **2.** assener un coup d'assommoir à (*q.*); **'~·lead 1.** plombagine *f*; crayon *m* (de mine de plomb); **2.** passer à la mine de plomb; **'~·leg** renard *m*; jaune *m*; **'~·let·ter** *typ.* caractères *m/pl.* go-

bleak

thiques; '**~list** 1. liste f noire; 2. mettre sur la liste noire; '**~mail** 1. extorsion f sous menace; chantage m; 2. faire chanter (q.); '**~mail·er** maître m chanteur; '**black·ness** noirceur f; obscurité f.

black...: '**~out** black-out m; fig. syncope f, amnésie f passagère; '**~smith** forgeron m; '**~thorn** ♀ épine f noire; '**black·y** F nègre m; moricaud m.

blad·der ['blædə] anat., a. foot. vessie f; anat., ♀ vésicule f.

blade [bleid] herbe: brin m; couteau, rasoir, scie, épée: lame f; langue: plat m; aviron: pale f; hélice: aile f; ventilateur: vanne f; ♀ gaillard m; (a. ~-bone) anat. omoplate f.

blain [blein] pustule f.

blam·a·ble □ ['bleiməbl] blâmable; répréhensible; '**blam·a·ble·ness** caractère m répréhensible.

blame [bleim] 1. reproches m/pl.; blâme m; faute f; 2. blâmer; he is not to ~ for il n'y a pas de faute de sa part; he is to ~ for il y a de sa faute; il est responsable de; ~ s.th. on s.o. imputer (la faute de) qch. à q.

blame·ful ['bleimful] blâmable; répréhensible; '**blame·less** □ innocent; irréprochable; '**blame·less·ness** innocence f; irréprochabilité f; '**blame·wor·thi·ness** caractère m blâmable ou répréhensible; '**blame·wor·thy** blâmable; répréhensible.

blanch [bla:ntʃ] blanchir; pâlir; ~ over pallier; F blanchir.

blanc·mange cuis. [blə'mɔnʒ] blanc-manger (pl. blancs-mangers) m.

bland [blænd] doux (douce f); débonnaire; narquois (sourire); '**blan·dish** cajoler, flatter; '**blan·dish·ment** flatterie f.

blank [blæŋk] 1. □ blanc(he f); vierge (page); sans expression, étonné (regard); ✗ ~ cartridge cartouche f à blanc; ♥ ~ cheque (Am. check) chèque m en blanc; fig. give s.o. a ~ cheque donner carte blanche à q. (pour faire, to do); ✗ fire ~ tirer à blanc; 2. blanc m; vide m; lacune f; mémoire: trou m; loterie: billet m blanc; ⊕ flan m; F fig. draw a ~ échouer.

blan·ket ['blæŋkit] 1. lit., cheval: couverture f; F neige, fumée: manteau m; typ. blanchet m; fig. wet ~ trouble-fête m/inv.; rabat-joie

m/inv.; 2. mettre une couverture à; ⚓ déventer; F étouffer, supprimer; Am. éclipser; 3. Am. général (~aux m/pl.), d'une portée générale.

blank·ness ['blæŋknis] vide m; air m confus.

blare [blɛə] v/i. sonner, cuivrer (trompette); v/t. faire retentir.

blar·ney ['bla:ni] 1. patelinage n; 2. cajoler, enjôler.

blas·pheme [blæs'fi:m] blasphémer; ~ against outrager; **blas·phem·er** blasphémateur (-trice f) m; **blas·phe·mous** □ ['blæsfiməs] blasphémateur (-trice f) (personne); blasphématoire (propos); '**blas·phe·my** blasphème m.

blast [bla:st] 1. vent: rafale f; vent, explosion: souffle m; trompette: sonnerie f; sifflet, sirène, mot. coup m; explosion f; ⊕ soufflerie f; ♀ cloque f; at full ~ en pleine activité; 2. v/t. faire sauter, pétarder; flétrir; fig. ruiner, briser; v/i. cuivrer; ~ (it)! sacrebleu!; '**~fur·nace** ⊕ haut fourneau m; '**blast·ing** abattage m à la poudre; travail m aux explosifs; '**blast-off** espace: lancement m, mise f à feu (d'une fusée).

bla·tan·cy ['bleitənsi] vulgarité f criarde; '**bla·tant** □ d'une vulgarité criarde; criant (tort etc.).

blath·er Am. ['blæðə] 1. bêtises f/pl.; 2. débiter des inepties.

blaze [bleiz] 1. flamme f; feu m; conflagration f; éclat m; étoile f (au front du cheval); arbre: griffe f; pl. F enfer m; 2. v/i. flamber; flamboyer (soleil, couleurs); étinceler; F ~ away tirer sans désemparer (sur, at); chasse: blazing scent piste f toute fraîche; v/t. (usu. ~ abroad) répandre, publier; griffer (un arbre); '**blaz·er** blazer m.

bla·zon ['bleizn] 1. blason m; armoiries f/pl.; 2. ☒ blasonner; marquer (qch.) aux armoiries (de q.); fig. célébrer, exalter; F publier; '**bla·zon·ry** blasonnement m; science f héraldique; fig. ornementation f.

bleach [bli:tʃ] 1. blanchir; v/i. blondir (cheveux); 2. décolorant m; '**bleach·er** blanchisseur (-euse f) m; Am. ~s pl. places f/pl. découvertes d'un terrain de baseball; '**bleach·ing** blanchiment m; '**bleach·ing-pow·der** poudre f à blanchir.

bleak □ [bli:k] sans abri, exposé au

vent; *fig.* froid; triste, morne; **'bleak·ness** froideur *f*; aspect *m* morne.

blear [bliə] **1.** chassieux (-euse *f*) (*surt. des yeux*); **2.** rendre trouble; estomper (*des couleurs*); **~-eyed** ['bliəraid], **'blear·y** aux yeux chassieux.

bleat [bli:t] **1.** bêlement *m*; **2.** bêler.

bleb [bleb] bouton *m*, (petite) ampoule *f*.

bled [bled] *prét. et p.p. de* bleed.

bleed [bli:d] [*irr.*] *v/i.* saigner, perdre du sang; *v/t.* saigner; ~ *white* saigner (*q.*) à blanc; **'bleed·ing** écoulement *m* de sang; ✗ saignée *f*.

blem·ish ['blemiʃ] **1.** défaut *m*, imperfection *f*; tache *f*; **2.** tacher, souiller; abîmer.

blench [blentʃ] blêmir, pâlir.

blend [blend] **1.** (se) mêler (à, avec *with*); (se) mélanger (*thé, café*); *v/t.* couper (*le vin*); *fig. v/i.* s'allier; se marier (*voix, couleurs*); **2.** mélange *m*.

blende *min.* [blend] blende *f*.

bless [bles] bénir; consacrer; ~ *s.o. with* accorder à q. le bonheur de; F ~ *me!*, ~ *my soul!* tiens, tiens!; ~ *you!* à vos souhaits!; **bless·ed** □ [*p.p.* blest; *adj.* 'blesid] bienheureux (-euse *f*); saint; *sl.* fichu; be ~ *with* jouir de; ~ *event* heureux événement *m* (= *naissance*); **bless·ed·ness** ['~sidnis] félicité *f*, béatitude *f*; *live in single* ~ vivre dans le bonheur du célibat; **'bless·ing** bénédiction *f*; bienfait *m*; *aux repas:* bénédicité *m*.

blest *poét.* [blest] *see* blessed.

bleth·er ['bleðə] *see* blather.

blew [blu:] *prét. de* blow² *et* blow³ *V*.

blight [blait] **1.** ✗ nielle *f* (*des céréales*); cloque *f* (*du fruit*); *fig.* influence *f* néfaste; **2.** nieller; brouir; *fig.* flétrir; **'blight·er** *sl.* bon m à rien; individu *m*; *poor* ~ pauvre hère *m*; *lucky* ~ veinard *m*.

Blight·y ✗ *sl.* ['blaiti] la patrie (*usu.* l'*Angleterre*); *a* ~ (*one*) la bonne blessure.

blind □ [blaind] **1.** aveugle; sans issue (*chemin*); faux (fausse *f*) (*porte*); *be* ~ *to* ne pas voir (*qch.*); *the* ~ *pl.* les aveugles *m/pl.*; ~ *alley* impasse *f* (*a. fig.*); ~ *corner* tournant *m* encaissé; virage *m* masqué; ✗ *flying* vol *m* sans visibilité, vol *m* en P.S.V.; *anat.* ~ *gut* cæcum *m*; ⚓,

✗ ~ *shell* obus *m* qui a raté; ~ *spot anat.* point *m* aveugle, papille *f* optique; *radar etc.:* angle *m* mort; *fig.* côté *m* faible (*d'une personne*); *that's your* ~ *spot* c'est là où vous n'y voyez pas clair; c'est là où vous refusez de voir clair; ~ *story* conte *m* en l'air; *v/t. fig.* aveuglément; à l'aveuglette; **2.** store *m*; jalousie *f*; abat-jour *m/inv.*; banne *f*; ✗ blinde *f*; *Am. cheval:* œillère *f*; masque *m*, prétexte *m*; **3.** aveugler (sur, to); *fig.* éblouir; *min.* blinder.

blind...: **'~·fold 1.** aveuglément; **2.** bander les yeux (à *ou* de q., *s.o.*); **'~-man's-'buff** colin-maillard *m*; **'blind·ness** cécité *f*.

blink [bliŋk] **1.** clignotement *m* des paupières; lueur *f* momentanée; signal *m* optique; F *fig. on the* ~ abîmé, détraqué; **2.** *v/i.* ♦ battre *ou* cligner des paupières; papilloter (*lumière*); *v/t. fig.* fermer les yeux sur; dissimuler; **'blink·er** clignotant *m*; *cheval:* œillère *f*; **'blink·ing** F sacré.

bliss [blis] félicité *f*, béatitude *f*. **bliss·ful** □ ['blisful] bienheureux (-euse *f*); serein; **'bliss·ful·ness** félicité *f*, béatitude *f*; bonheur *m*.

blis·ter ['blistə] **1.** ampoule *f*; *peint., peau:* cloque *f*; ✗ vésicatoire *m*; **2.** (se) couvrir d'ampoules; (se) cloquer (*peinture*).

blithe □ [blaið], **~·some** ['blaiðsəm] *surt. poét.* joyeux (-euse *f*), gai. **blith·er** *sl.* ['bliðə] dire des bêtises; **~·ing** F sacré.

blitz [blits] **1.** F bombardement *m* aérien; **2.** détruire par un bombardement.

bliz·zard ['blizəd] tempête *f* de neige.

bloat [blout] gonfler; boursoufler; bouffir (*a. fig.*); saurer (*des harengs*); *~ed* boursouflé, gonflé; bouffi (*a. fig.*); **'bloat·er** hareng *m* bouffi.

blob [blɔb] tache *f*; pâté *m*; goutte *f* d'eau.

block [blɔk] **1.** *marbre, fer, papier, etc.:* bloc *m*; *bois:* tronçon *m*; *roche:* quartier *m*; *mot.* tin *m*; sabot *m* (de *frein*); (*a.* ~ *of flats*) pâté *m* (de *maisons*); (*a. dead* ~) embouteillage *m*; blocus *m*; ~ *letter* typ. caractère *m* gras; majuscule *f*; **2.** bloquer; entraver; fermer (*une voie, un jeu*); ~ *in* esquisser à grands traits; (*usu.* ~ *up*) bloquer, obstruer; murer (*une porte*); ♣ bâcler (*un port*); ~ out caviarder (*une censure*).

block·ade [blɔˈkeid] **1.** blocus *m*; **2.** bloquer; faire le blocus de; **block·ade-run·ner** forceur *m* de blocus.

block...: '**~·bust·er** F ⚔ bombe *f* de très gros calibre; *fig.* succès *m* fou; *fig.* personne *f* *ou* chose *f* d'une efficacité à tout casser; '**~·head** sot *m*; tête *f* de bois; '**~·house** blockhaus *m*.

bloke F [blouk] type *m*, individu *m*.

blond(e *f*) [blɔnd] **1.** blond; **2.** blondin(e *f*) *m*; ✠ (*a. blonde lace*) blonde *f*.

blood [blʌd] sang *m* (*a.* = *descendance*); race *f*; † bandit *m*; *in cold* ~ de sang-froid; *see* run.

blood...: '**~·bank** banque *f* du sang; '**~·bath** *fig.* bain *f* de sang; '**~·clot** caillot *m* de sang; '**~·cur·dling** à (vous) figer le sang (*histoire etc.*); '**~·do·nor** donneur (-euse *f*) *m* sang; '**~·group** groupe *m* sanguin; '**~·guilt·i·ness** culpabilité *f* d'avoir versé du sang; '**~·heat** température *f* du sang; '**~·horse** cheval *m* de race, pur-sang *m*/*inv.*; '**~·hound** limier *m*; '**blood·i·ness** état *m* sanglant; disposition *f* sanguinaire; '**blood·less** □ exsangue, anémié; sans effusion de sang; *fig.* pâle; sans énergie; sans courage.

blood...: '**~·let·ting** saignée *f*; '**~·poi·son·ing** ☞ empoisonnement *m* du sang; '**~·pres·sure** pression *f* vasculaire; '**~·sam·ple** prélèvement *m* de sang; '**~·shed** carnage *m*; '**~·shot** éraillé (*œil*); ~ **sports** *pl.* sports *m*/*pl.* sanguinaires; '**~·stanch·ing** styptique; ~ **test** analyse *f* de sang; '**~·thirst·y** avide de sang; ~ **trans·fu·sion** transfusion *f* de sang; '**~·ves·sel** vaisseau *m* sanguin; '**blood·y 1.** □ ensanglanté; sanguinaire; *sl.* sacré; **2.** *sl.* vachement; '**blood·y·mind·ed** *sl.* mauvais coucheur (-euse *f*); *she's just being* ~ elle le fait rien que pour nous emmerder.

bloom[1] [bluːm] **1.** fleur *f* (*a. fig.*); épanouissement *m*; duvet *m* (*d'un fruit*); *fig.* incarnat *m*; **2.** fleurir.

bloom[2] *métall.* [~] loupe *f*.

bloom·er *sl.* [ˈbluːmə] gaffe *f*, bévue *f*; *usu.* ~s *pl.* culotte *f* bouffante.

bloom·ing □ [ˈbluːmiŋ] fleurissant,

en fleur; florissant, prospère; *sl.* sacré; *souv. ne se traduit pas.*

blos·som [ˈblɔsəm] **1.** fleur *f* (*surt. des arbres*); **2.** fleurir; ~ *into* devenir.

blot [blɔt] **1.** tache *f* (*a. fig.*); pâté *m* (*d'encre*); **2.** *v/t.* tacher; tacher (*a. fig.*); sécher, passer le buvard sur (*l'encre*); (*usu.* ~ *out*) effacer, *fig.* masquer; *v/i.* faire des pâtés (*plume*); boire l'encre (*buvard*).

blotch [blɔtʃ] tache *f*; pustule *f*; *peau:* tache *f* rouge.

blot·ter [ˈblɔtə] buvard *m*; *Am.* registre *m* d'arrestations *etc.*

blot·ting...: '**~·book** bloc *m* buvard; '**~·pad** bloc *m* buvard, sous-main *m*/*inv.*; '**~·pa·per** papier *m* buvard.

blot·to *sl.* [ˈblɔtou] soûl perdu.

blouse [blauz] blouse *f*; ⚔, *a. Am.* vareuse *f*.

blow[1] [blou] coup *m* (*de poing, de bâton, etc.*); *at one* ~ d'un (seul) coup; *come to* ~s en venir aux coups.

blow[2] [~] [*irr.*] s'épanouir.

blow[3] [~] **1.** [*irr.*] *v/i.* souffler; faire du vent; claquer (*ampoule*); sauter (*plomb*); ~ *in* entrer; ~ *over* se calmer; ~ *up* éclater, sauter; *Am.* F entrer en colère; *v/t.* souffler (*a. un verre*); *vent:* pousser; vider (*un œuf*); sonner (*un instrument*); *mouches:* gâter (*la viande*); évacuer (*une chaudière*); ⚡ faire sauter (*les plombs*); *sl.* manger (*son argent*); F *louper* (*une chance*); *sl.* ~ *me!, l'm* ~*ed!* zut alors!; F ~ *s.o. a kiss* envoyer un baiser à q.; ~ *one's nose* se moucher; F ~ *one's top* sortir de ses gonds; ~ *up* faire sauter; gonfler (*un pneu*); *sl.* semoncer; tancer; *phot.* agrandir; **2.** coup *m* de vent, souffle *m*; '**blow·dry** sécher (*au sèche-cheveux*); '**blow·er** souffleur (-euse *f*) *m*; rideau *m* (*de cheminée*); ⊕ machine *f* à vent; *sl.* téléphone *m*.

blow...: '**~·fly** mouche *f* à viande; '**~·hole** évent *m* (*de baleine*; *a.* ⊕); ventilateur *m*.

blown [bloun] *p.p. de* blow[3] 1.

'**blow·lamp** lampe *f* à souder, chalumeau *m*; '**blow-out** *mot.* éclatement *m* (*de pneu*); *sl.* gueuleton *m*; '**blow·pipe** sarbacane *f*; *métall.* chalumeau *m*; '**blow·torch** *see* blowlamp; '**blow·up** explosion *f*; *phot.* agrandissement *m*; F accès *m* de colère; *sl.* engueulade *m*; '**blow·y** venteux (-euse *f*); tempétueux (-euse *f*).

blowz·y ['blauzi] rougeaud; ébouriffé.

blub·ber ['blʌbə] **1.** graisse *f* de baleine; **2.** *v/i.* pleurnicher; *v/t.* dire en pleurant; barbouiller de larmes.

bludg·eon ['blʌdʒn] **1.** matraque *f*; **2.** assener un coup de matraque à.

blue [blu:] **1.** □ bleu; F triste, sombre; **2.** bleu (*pl.* -s) *m*; azur *m*; *pol.* conservateur (-trice *f*) *m*; *out of the* ~ à l'improviste, sans crier gare; **3.** bleuir; azurer (*le linge*); ~**ba·by** 🏥 enfant *mf* bleu(e); '~**ber·ry** myrtille *f*, airelle *f*; '~**book** *Am.* registre *m* des employés de l'État; '~**bot·tle** 🦋 bl(e)uet *m*; *zo.* mouche *f* à viande; ~**dev·ils** F *pl.* cafard *m*; '~**jack·et** col-bleu (*pl.* cols-bleus) *m* (= matelot); ~ **jeans** *sg. ou pl.* blue-jean(s) *m*(*pl.*); ~ **laws** *Am.* lois *f/pl.* inspirées par le puritanisme; '**blue·ness** couleur *f* bleue; '**blue·print** dessin *m* négatif; *fig.* projet *m*; **blues** *pl.*, *a. sg.* humeur *f* noire, cafard *m*; ♪ *Am.* blues *m*; '**blue·stock·ing** *fig.* basbleu *m*.

bluff [blʌf] **1.** □ escarpé (*falaise etc.*); brusque (*personne*); **2.** bluff *m*; menaces *f/pl.* exagérées; *géog.* cap *m* à pic; **3.** bluffer; *v/i.* faire du bluff.

blu·ish ['blu:iʃ] bleuâtre; bleuté.

blun·der ['blʌndə] **1.** bévue *f*; erreur *f*; faux pas *m*; **2.** faire une bévue en une bévue; ~ *into* heurter (*q.*), se heurter contre (*q.*); F ~ *out* laisser échapper (*un secret*) par maladresse; '**blun·der·er**, '**blun·der·head** maladroit(e *f*) *m*; lourdaud (-e *f*) *m*.

blunt [blʌnt] **1.** □ émoussé; épointé; obtus (*angle*); *fig.* brusque, carré; **2.** émousser (*un couteau*); épointer (*un crayon*); '**blunt·ness** état *m* épointé; manque *m* de tranchant; *fig.* franchise *f*.

blur [blə:] **1.** tache *f*; *fig.* brouillard *m*; apparence *f* confuse; **2.** *v/t.* barbouiller; brouiller, troubler; estomper (*les lignes*); ~*red surt. phot.* mal réussi, flou.

blurb [blə:b] *livre:* bande *f* de publicité.

blurt [blə:t]: ~ *out* trahir (*qch.*) par maladresse.

blush [blʌʃ] **1.** rougeur *f*; incarnat *m* (*d'une rose*); prémices *f/pl.* (*de la jeunesse*); *at the first* ~ à l'abord; **2.** rougir (*de for, with, at*); ~ *to*

(*inf.*) avoir honte de (*inf.*); '**blush·ing** □ rougissant.

blus·ter ['blʌstə] **1.** fureur *f*, fracas *m*; rodomontades *f/pl.*; **2.** souffler en rafales (*vent*); faire du fracas; faire le rodomont; '**blus·ter·er** rodomont *m*, bravache *m*.

bo·a *zo.*, 🧣 ['bouə] boa *m*.

boar [bɔ:] verrat *m*; sanglier *m*.

board [bɔ:d] **1.** planche *f*; madrier *m*; tableau *m* (*d'annonces etc.*); carton *m*; *reliure:* emboîtage *m*; table *f*; pension *f*; *admin.* commission *f*; 🏛 conseil *m*; *pol.* ministère *m*; ⚓ bord *m*; ~*s pl. box.* canevas *m*; *théâ.* scène *f*, tréteaux *m/pl.*; *see director*; ♀ *of Trade* Ministère *m* du Commerce; *on* ~ *a ship* (*a train etc.*) à bord d'un navire (dans un train, en wagon, *etc.*); *above* ~ dans les règles; *across the* ~ général; **2.** *v/t.* planchéier; cartonner (*un livre*); nourrir (*des élèves*); (*a.* ~ *out*) mettre en pension; ⚓ aller à bord de (*un navire*); ⚓ accoster; *surt. Am.* monter (en, dans); ~ *up* boucher (*une fenêtre*); couvrir ou entourer de planches; *v/i.* être en pension (chez, with); '**board·er** pensionnaire *mf*.

board·ing ['bɔ:diŋ] planchéiage *m*; cartonnage *m*; planches *f/pl.*; pension *f*; ⚓ accostage *m*; '~**house** pension *f* de famille; '~**school** pensionnat *m*, internat *m*.

board...: '~**wag·es** *pl.* indemnité *f* de logement ou de nourriture; '~**walk** *surt. Am.* trottoir *m* (en planches), caillebotis *m*.

boast [boust] **1.** vanterie *f*; *fig.* orgueil *m*; **2.** *v/i.* (*of, about* de) se vanter, se faire gloire; *v/t. fig.* (se glorifier de) posséder (*qch.*); '**boast·er** vantard(e *f*) *m*, fanfaron(ne *f*) *m*; **boast·ful** □ ['~ful] vantard.

boat [bout] **1.** bateau *m*; embarcation *f*; navire *m* (*marchand*); *be in the same* ~ être logé(s) à la même enseigne; **2.** aller en bateau; faire du canotage; '**boat·hook** gaffe *f*; '**boat·house** hangar *m* à bateaux; '**boat·ing** canotage *m*; '**boat·race** régate *f*, -s *f/pl.*; **boat·swain** ['bousn] maître *m* d'équipage.

bob [bob] **1.** *pendule:* lentille *f*; plomb *m*; *pêche:* bouchon *m*; *cheval:* queue *f* écourtée; *sl.* shilling *m*; *Am. traîneau:* patin *m*; chignon *m*; petite révérence *f*; *see* ~*bed hair*; **2.**

v/t. écourter; couper (*les cheveux*); ~*bed hair* cheveux *m/pl.* à la Jeanne d'Arc; *v/i.* s'agiter, danser; faire une petite révérence; *fig.* ~ *for* chercher à saisir avec les dents.

bob·bin ['bɔbin] bobine *f*; *⚡* pelote *m* de bobine; fuseau *m* pour dentelles; '~**·lace** dentelle *f* aux fuseaux.

bob·ble *Am.* ['bɔbl] gaffe *f*.

bob·by *Brit. sl.* ['bɔbi] agent *m* de police; '~**·pin** pince *f* à cheveux; '~**·socks** *pl.* socquettes *f/pl.*; '~**·sox·er** *Am. sl.* adolescente *f*.

bob·sled ['bɔbsled], **bob·sleigh** ['bɔbslei] bobsleigh *m*.

bob·tail ['bɔbteil] queue *f* écourtée; cheval *m* ou chien *m* à queue écourtée; *F* canaille *f*.

bode [boud] présager; ~ *well* (*ill*) être de bon (mauvais) augure.

bod·ice ['bɔdis] corsage *m*; brassière *f* (*d'enfant*).

bod·i·less ['bɔdilis] sans corps.

bod·i·ly ['bɔdili] corporel(le *f*), physique; *⚕* ~ *harm* lésion *f* corporelle.

bod·kin ['bɔdkin] passe-lacet *m*; poinçon *m*; grande épingle *f*; *F sit* ~ être en lapin.

body ['bɔdi] **1.** corps *m*; consistance *f*; *vin*: sève *f*; foule *f*; *église*: vaisseau *m*; fond *m* (*de chapeau*); (*a. dead* ~) cadavre *m*; *⚹* fuselage *m*; *⊕* bâti *m*, corps *m*; *mot.* (*a.* ~-*work*) carrosserie *f*; *⚔* troupe *f*, bande *f*; *astr.* astre *m*; *F* bonhomme *f*, type *m*; ~ *odo(u)r* odeur *f* corporelle; *in a* ~ en masse, en corps; **2.** ~ *forth* donner une forme à; '~**·guard** garde *f* du corps.

Boer [buə] **1.** Boer *mf*; **2.** boer.

bog [bɔg] **1.** marécage *m*; **2.** embourber; be ~*ged* s'embourber.

bog·gle ['bɔgl] rechigner (devant *at*, *over*; à *inf. at*, *about gér.*).

bog·gy ['bɔgi] marécageux (-euse *f*).

bo·gie ['bougi] *🚂* bog(g)ie *m*; *a. see bogy.*

bo·gus ['bougəs] faux (fausse *f*), feint.

bo·gy ['bougi] épouvantail *m*; croque-mitaine *m*.

bo(h) [bou].

Bo·he·mi·an [bou'hi:mjən] **1.** bohémien(ne *f*); **2.** Bohémien(ne *f*) *m*; *fig.* bohème *m*.

boil [bɔil] **1.** *v/i.* bouillir (*a. fig.*); *v/t.* faire bouillir; cuire à l'eau; ~*ed egg* œuf *m* à la coque; **2.** ébullition *f*;

furoncle *m*, *F* clou *m*; '**boil·er** chaudière *f*; bain-marie (*pl.* bains-marie) *m*; ~ *suit* bleu(s) *m(pl.)* (*de travail*); '**boil·ing** ébullition *f*; *sl. the whole* ~ tout le bazar.

bois·ter·ous ['bɔistərəs] bruyant; violent; tumultueux (-euse *f*); tempétueux (-euse *f*); **bois·ter·ous·ness** violence *f*; turbulence *f*.

bold □ [bould] hardi, courageux (-euse *f*); assuré; à pic, escarpé (*côte etc.*); *péj.* effronté; *typ.* en vedette; *make* (*so*) ~ (*as*) *to* (*inf.*) s'enhardir jusqu'à (*inf.*); '**bold·face** *typ.* caractères *m/pl.* gras; '**bold·ness** hardiesse *f etc.*; *péj.* effronterie *f*.

bole [boul] fût *m*, tronc *m* (*d'arbre*).

boll *♀* [boul] capsule *f*.

bol·lard *⚓* ['bɔləd] pieu *m* d'amarrage; à bord: bitte *f*.

bo·lo·ney [bə'louni] *see baloney.*

Bol·she·vism ['bɔlʃivizm] bolchevisme; '**Bol·she·vist** bolchevik (*a. su./mf*), bolchéviste (*a. su./mf*).

bol·ster ['boulstə] **1.** traversin *m*; coussinet *m*; *⊕* matrice *f*; coussinet *m*; **2.** (*usu.* ~ *up*) soutenir; *F* appuyer.

bolt[1] [boult] **1.** *arbalète*: carreau *m*; *porte*: verrou *m*; *serrure*: pêne *m*, *fig.*, *a. poét.* coup *m* de foudre; *fig.* élan *m* soudain, fuite *f*; ~ *upright* tout droit; **2.** *v/t.* verrouiller; bâcler; *F* gober; *Am. pol.* abandonner (*son parti, q.*); *v/i.* partir au plus vite; *F* s'emballer (*cheval*); filer, décamper (*personne*).

bolt[2] [~] tamiser.

bolt·er[1] ['boultə] cheval *m* porté à s'emballer; déserteur *m*.

bolt·er[2] [~] blutoir *m*.

bolt-hole ['boulthoul] *animal*: trou *m* de refuge; *fig.* échappée *f*.

bomb [bɔm] **1.** *surt.* *⚔* bombe *f*; *F* grenade *f* à main; *hydrogen* ~ bombe *f* H; *incendiary* ~ bombe *f* incendiaire; **2.** lancer des bombes sur; ~*ed out* sinistré par suite des bombardements.

bom·bard [bɔm'ba:d] bombarder (*a. fig.*); **bom'bard·ment** bombardement *m*.

bom·bast ['bɔmbæst] emphase *f*, enflure *f*; **bom'bas·tic**, **bom'bas·ti·cal** □ enflé, ampoulé (*style*).

bomb·er *⚔* ['bɔmə] bombardier *m* (*a. personne*).

bomb-proof ['bɔmpru:f] à l'épreuve des bombes; blindé (*abri*).

bo·na fi·de [ˈbəunəˈfaidi] **1.** de bonne foi; sérieux (-euse f) (offre etc.); **2.** de bonne foi.

bo·nan·za F [boˈnænzə] **1.** fig. vraie mine f d'or; **2.** prospère, favorable.

bon·bon [ˈbɔnbɔn] bonbon m.

bond [bɔnd] **1.** lien m (a. fig.); attache f (a. fig.); contrat m; ⊕ joint m; † bon m; † in ~ entreposé; **2.** liaisonner; appareiller (un mur); † entreposer, mettre en dépôt; ~ed warehouse entrepôt m de la douane; '**bond·age** esclavage m, servitude f, asservissement m; † servage m; fig. in ~ to s.o. sous la férule de q.; '**bond(s)·man** hist. serf m; F esclave m; '**bond(s)·wom·an** hist. serve f; F esclave f.

bone [boun] **1.** os m; arête f (de poisson); ~s pl. a. ossements m/pl. (des morts); ~ of contention pomme f de discorde; feel in one's ~s en avoir le pressentiment; frozen to the ~ glacé jusqu'à la moelle, transi de froid; F have a ~ to pick with avoir maille à partir avec (q.); F make no ~s about (gér.) ne pas se gêner pour (inf.); **2.** désosser; ôter les arêtes de; garnir de baleines (un corset); Am. F (a. ~ up) potasser; **3.** d'os; monté à (aux) os ...; désossé etc.; '~-'i·dle, '~-la·zy paresseux (-euse f) comme une couleuvre; '**bone-meal** engrais m d'os; '**bon·er** Am. sl. bourde f; '**bone·set·ter** rebouteur m; F renoueur m.

bon·fire [ˈbɔnfaiə] feu m de joie; feu m (de jardin); F conflagration f.

bon·kers Brit. sl. [ˈbɔŋkəz] cinglé, dingue.

bon·net [ˈbɔnit] **1.** bonnet m; béret m; chapeau m à brides (de femme); béguin m (d'enfant); capote f de cheminée; ⊕ capot m; fig. compère m, complice mf; ⚓ bonnette f maillée; **2.** mettre un béret ou chapeau à; F enfoncer le chapeau sur la tête à (q.).

bon·ny surt. écoss. [ˈbɔni] joli, gentil(le f).

bo·nus † [ˈbounəs] prime f; boni m; actions: bonus m.

bon·y [ˈbouni] osseux (-euse f); anguleux (-euse f), décharné (personne); plein d'os ou d'arêtes.

boo [bu:] huer, conspuer (q.).

boob Am. [bu:b] rigaud(e f) m, benêt m.

boo·by [ˈbu:bi] orn. fou m; a. see boob; ~ prize prix m décerné à celui qui vient en dernier; ~ trap attrape-niais m/inv.; ✕ mine-piège f.

boo·hoo F [buˈhu:] pleurnicher.

book [buk] **1.** livre m; volume m; tome m; registre m; cahier m (de billets etc.); cahier m (d'écolier); † stand in the ~s at ... être porté pour ...; be in s.o.'s good (bad) ~s être bien (mal) dans les papiers de q.; **2.** v/t. inscrire (une commande, un voyageur à l'hôtel); délivrer un billet à (q.); prendre (un billet); retenir (une chambre, une place); louer (une place); enregistrer; v/i. s'inscrire; prendre un billet; ~ through prendre un billet direct (pour, to); '~-bind·er relieur (-euse f) m; '~-burn·er Am. F fanatique mf; zélateur (-trice f) m; '~-case bibliothèque f; ~ end serre-livres m/inv.; '**book·ie** F se [ˈbuki] bookmaker m; '**book·ing-clerk** employé(e f) m du guichet; '**book·ing-of·fice** se, théâ. guichet m; guichets m/pl.; '**book·ish** ☐ studieux (-euse f); livresque (style); '**book-keep·er** comptable m, teneur m de livres; '**book-keep·ing** tenue f des livres; comptabilité f; **book·let** [ˈbuklit] livret m; opuscule m.

book...: '~-mak·er faiseur m de livres; sp. bookmaker m; '~-mark signet m; '~-plate ex-libris m; '~-sell·er libraire m; wholesale ~ libraire-éditeur (pl. libraires-éditeurs) m; '~-worm zo. gerce f, teigne f; fig. rat m de bibliothèque.

boom¹ ⚓ [bu:m] bout-dehors (pl. bouts-dehors) m; gui m; port: barrage m.

boom² [~] **1.** † hausse f rapide; boom m; vogue f; ~ and bust prospérité f économique suivie d'une crise sévère; **2.** v/i. être en hausse; fig. aller très fort; v/t. faire du battage autour de (q., qch.).

boom³ [~] gronder, mugir; bourdonner (insectes).

boon¹ [bu:n] faveur f; bienfait m.

boon² [~] gai, joyeux (-euse f); ~ companion bon vivant m.

boor fig. [buə] rustre m, rustaud m; butor m.

boor·ish ☐ [ˈbuəriʃ] rustre, rustaud, grossier (-ère f); malappris; '**boor-**

ish·ness grossièreté *f*; manque *m* de savoir-vivre.

boost [bu:st] faire de la réclame pour; F chauffer; ⚡ survolter; *business* augmenter les affaires; **'boost·er** ⚡ survolteur *m*; *radio:* amplificateur *m*; ⊕ (*a. ∼ rocket*) fusée *f* de lancement; ✈*: ∼ shot* injection *f* ou piqûre *f* de rappel, rappel *m* (de vaccination).

boot¹ [bu:t]: *to ∼* en sus, de plus.

boot² [∼] chaussure *f*; *mot.* caisson *m*; F *get the ∼* se faire flanquer à la porte; *give s.o. the ∼* flanquer q. à la porte; **'∼·black** *Am. see* shoeblack; **'boot·ed** chaussé; **boot·ee** ['bu:ti:] bottine *f* (*d'intérieur*) (*de dame*); bottine *f* d'enfant.

booth [bu:ð] baraque *f*, tente *f* (*de marché etc.*).

boot...: **'∼·jack** tire-botte *m*; **'∼·lace** lacet *m*; **'∼·leg** *surt. Am.* **1.** de contrebande (*alcool*); **2.** faire la contrebande de l'alcool; **'∼·leg·ger** contrebandier *m* de boissons alcooliques; *p.ext.* profiteur *m*.

boots [bu:ts] *sg. hôtel:* garçon *m* d'étage.

boot-tree ['bu:ttri:] tendeur *m*.

boo·ty ['bu:ti] butin *m*.

booze *sl.* [bu:z] **1.** faire ribote; **2.** boisson *f* alcoolique; **'booz·y** *sl.* soûlard; pompette.

bo·rax ⚗ ['bɔ:ræks] borax *m*.

bor·der ['bɔ:də] **1.** bord *m*; *bois:* lisière *f*; *chemin:* marge *f*; *région:* frontière *f*, confins *m/pl.*; *tableau:* bordure *f*; platebande *f* (*de gazon*); *∼ state* état *m* limitrophe; **2.** *v/t.* border; encadrer; *v/i.* confiner à, [*up*] on); **'bor·der·er** frontalier (-ère *f*) *m*; **'bor·der·land** *usu. fig.* pays *m* limitrophe *ou* frontière.

bore¹ [bɔ:] **1.** tuyau, *arme à feu:* calibre *m*; *min.* trou *m* de sonde *ou* de mine; **2.** creuser.

bore² [∼] **1.** importun(e *f*) *m*; ennui *m*; **2.** ennuyer, F raser, assommer.

bore³ [∼] mascaret *m*; raz *m* de marée.

bore⁴ [∼] *prét. de bear*². [*m/pl.*).\

bo·re·al ['bɔ:riəl] boréal (-aux)/

bore·dom ['bɔ:dəm] ennui *m*.

bor·er ['bɔ:rə] perceur *m*; outil *m* de perforation.

bo·ric ⚗ ['bɔ:rik] borique.

bor·ing ['bɔ:riŋ] d'alésage; de perçage; à aléser.

born [bɔ:n] *p.p. de bear*² naître.

borne [bɔ:n] *p.p. de bear*² porter.

bo·ron ⚗ ['bɔ:rɔn] bore *m*.

bor·ough ['bʌrə] bourg *m*; commune *f*; *Am. a.* quartier *m* de *New York City*; municipal *∼* ville *f* (avec municipalité).

bor·row ['bɔrou] emprunter (à, *from*); **'bor·row·er** emprunteur (-euse *f*) *m*; **'bor·row·ing** emprunts *m/pl.*; *ling.:* emprunt *m*.

Bor·stal in·sti·tu·tion ['bɔ:stl in-sti'tju:ʃn] maison *f* de redressement, école *f* de réforme.

bos·cage ['bɔskidʒ] *poét.* bocage *m*.

bosh F [bɔʃ] bêtises *f/pl.*; blague *f*.

bos·om ['buzəm] sein *m*, giron *m*; poitrine *f*; *fig.* cœur *m*; *∼-friend* ami(e *f*) *m* de cœur; intime *mf*.

boss¹ [bɔs] **1.** protubérance *f*; △ bosse *f*; ⊕ mamelon *m*; moyeu *m* de l'hélice; **2.** relever en bosse.

boss² [∼] **1.** F patron *m*, chef *m*; *pol. Am.* grand manitou *m* (*d'un parti*); **2.** mener; *sl.* commander, régenter.

boss·y ['bɔsi] F autoritaire, tyrannique.

Bos·ton ['bɔstən] *cartes, danse:* boston *m*.

bo·tan·ic, bo·tan·i·cal ☐ [bo-'tænik(l)] botanique; **bot·a·nist** ['bɔtənist] botaniste *m*; **bot·a·nize** ['∼naiz] botaniser, herboriser; **'bot·a·ny** botanique *f*.

botch [bɔtʃ] **1.** F travail *m* mal fait; travail *m* bousillé; **2.** bousiller, saboter; rafistoler (*des souliers*); **'botch·er** bousilleur (-euse *f*) *m*; *fig.* savetier *m*.

both [bouθ] tous (toutes *f*) (les) deux; l'un(e) et l'autre; *∼ ... and ...* et ... et ...; *∼ of them* tous (toutes) (les) deux.

both·er F [bɔðə] **1.** ennui *m*; tracas *m*; **2.** *v/t.* gêner, tracasser; *v/i.* s'inquiéter (de, *about*); *∼ it!* zut!; quelle scie!; **both·er'a·tion** F ennui *m*, vexation *f*; *∼!* zut!

bot·tle ['bɔtl] **1.** bouteille *f*; flacon *m*; botte *f* (*de foin*); **2.** mettre en bouteille(s); *fig. ∼ up* embouteiller (*une flotte etc.*); F étouffer (*des sentiments*); *∼d beer* bière *f* en canette; **'∼·neck** *fig. circulation:* embouteillage *m*; ⚙ col *m* de bouteille; **'∼·o·pen·er** ouvre-bouteilles *m/inv.*

bot·tom ['bɔtəm] **1.** colline, escalier,

page: bas m; *boîte, mer, cœur, navire, jardin:* fond m; *chaussée:* assiette f; *verre, assiette:* dessous m; *classe:* queue f; *chaise:* siège m; *terrain:* creux m; F derrière m, postérieur m; *at the ~ (of)* au fond (de); *au bas bout (de); fig. (a. at ~)* au fond; *get to the ~ of a matter* aller au fond d'une chose; *examiner une chose à fond; jealousy is at the ~ of it* c'est la jalousie qui en est la cause; **2.** inférieur; en bas; du bas, dernier (-ère f); *~ drawer* trousseau m (de mariage), F trésor m, cache f; **3.** (re)mettre un fond à; fonder (sur, upon); ♪ toucher le fond; '**bottomed** à fond ..., à siège (de)...; '**bot·tom·less** sans fond; *fig.* insondable; '**bot·tom·ry** ♪ (emprunt m à la) grosse aventure f.

bough [bau] branche f, rameau m.
bought [bɔːt] *prét.* et *p.p.* de *buy*.
bou·gie ['buːʒiː] bougie f (*a.* ⚕).
boul·der ['bouldə] bloc m de pierre roulé; *géol.* bloc m erratique.
bounce [bauns] **1.** rebond m; bond m; rebondissement m; F jactance f, vantardise f; bluff m; **2.** *v/i.* rebondir; F faire de l'épate; *v/t.* faire rebondir; ~ *in (out)* entrer (sortir) en coup de vent; ~ *s.o. out of s.th.* obtenir qch. de q. à force de bluff ou d'intimidation; **3.** boum!, v(')lan!; '**bounc·er** F vantard m, épateur m; mensonge m effronté; *sl.* chèque m sans provision; *Am. sl.* agent m du service d'ordre; *Am. sl.* videur m; '**bounc·ing** F plein de vie, plein de santé.
bound[1] [baund] **1.** *prét.* et *p.p.* de *bind*; **2.** *adj.* obligé; *be ~ to do* être obligé de faire, devoir faire; *I will be ~* je vous le promets.
bound[2] [~] en partance, en route (pour, for).
bound[3] [~] **1.** limite f, borne f; *in ~s* accès permis (à, to); *out of ~s* accès interdit (à, to), *sp.* hors du jeu; **2.** borner, limiter.
bound[4] [~] **1.** bond m, saut m; **2.** bondir, sauter; *fig.* sursauter.
bound·a·ry ['baundəri] limite f; frontière f; ~ *line* ligne f frontière.
bound·less □ ['baundlis] sans bornes; illimité.
boun·te·ous □ ['bauntiəs], **boun·ti·ful** □ ['~tiful] généreux (-euse f); libéral (-aux m/pl.).

boun·ty ['baunti] générosité f; libéralité f; don m; ✝ indemnité f; prime f (*a.* ✕, ♪).
bou·quet ['bukei] *fleurs etc.,* vin: bouquet m.
bour·geois[1] *péj.* ['buəʒwaː] bourgeois(e f) (*a. su./mf*).
bour·geois[2] *typ.* [bəːˈdʒɔis] petit romain m.
bour·geoi·sie [buəʒwaːˈziː] bour-
bout [baut] tour m, *jeux:* reprise f; *lutte:* assaut m, *maladie:* accès m, attaque f, crise f.
bo·vine ['bouvain] **1.** bovin; F lourd; **2.** ~*s pl.* bovidés m/pl.
bov·ver *sl.* ['bɒvə] bagarre f, *sl.* rififi m.
bow[1] [bau] **1.** révérence f; salut m; inclination f de tête; **2.** *v/i.* s'incliner (devant, to); saluer (q., to s.o.); *fig.* se plier (à, to); *have a ~ing acquaintance* connaître (q.) pour lui dire bonjour; *v/t.* incliner, baisser (*la tête*); fléchir (*le genou*); voûter (*le dos*).
bow[2] [~] ♪ avant m; *poét.* proue f; *dirigeable:* nez m.
bow[3] [bou] arc m; *ruban:* nœud m; ♪ archet m; **2.** ♪ gouverner l'archet; faire des coups d'archet.
bowd·ler·ize ['baudləraiz] expurger (*un texte*).
bow·els ['bauəlz] *pl.* intestins m/pl.; entrailles f/pl. (*a. fig.*); *fig.* sein m.
bow·er ['bauə] tonnelle f; *poét.* boudoir m; ♪ ancre f de bossoir.
bow·ie-knife ['bouinaif] couteau m de chasse.
bow·ing ♪ ['bouiŋ] manière f de gouverner l'archet m.
bowl[1] [boul] bol m, jatte f; sébile f (*de mendiant*); coupe f; *pipe:* fourneau m; *lampe:* culot m.
bowl[2] [~] **1.** boule f, ~*s pl.* (jeu m de) boules f/pl.; *Am.* (jeu m de) quilles f/pl.; **2.** *v/t.* rouler; *cricket:* bôler; ~ *out* renverser (q., *le guichet de q.*); *v/i.* rouler rapidement; servir la balle; rouler la boule.
bow-legged ['boulegd] bancal (-als m/pl.), aux jambes arquées.
'**bowl·er** *cricket:* bôleur m; joueur m de boules; (chapeau m) melon m.
bowl·ing ['bouliŋ] bowling m; jeu m de boules; ~ *al·ley* bowling m.
bow-wow ['bau'wau] ouâ-ouâ!
box[1] [bɒks] **1.** boîte f (*a. d'essieu*); coffret m; caisse f; *voyage:* malle f;

chapeaux: carton *m*; siège *m* (*de cocher*); ⬛ cabine *f* (*de signaleur*), wagon *m* à chevaux; ⊕ moyeu *m* de roue; *mot.* carter *m*; *théá.* loge *f*; ⚖ banc *m* (*du jury*), barre *f* (*des témoins*); *écurie*: stalle *f*; 2. emboîter, encaisser; mettre en boîte; *fig.* (*a. ~up*) serrer, renfermer.

box² [~] 1. *sp.* boxer; ~ *s.o.'s ear* gifler q.; 2. ~ *on the ear* gifle *f*, claque *f*; '~'**calf** ⊕, 🐐 veau *m* chromé; '**box·er** boxeur *m*, pugiliste *m*.

box·ing ['bɔksiŋ] boxe *f*; ~ *gloves* gants *m/pl.* de boxe; ~ *match* match *m* de boxe; ~ *ring* ring *m*.

Box·ing-day ['bɔksiŋdei] lendemain *m* de Noël.

box...: '~-**keep·er** ouvreuse *f* de loges; '~-**of·fice** bureau *m* de location; caisse *f*; ~ *hit* (spectacle *m etc.* à) succès *m*; *be a ~ hit a.* faire recette; ~ *room Brit.* (cabinet *m* de) débarras *m*. [de) buis *m*.]

box(·wood) ['bɔkswud] (bois *m*)

boy [bɔi] 1. garçon *m*; *école*: élève *m*; domestique *m*; 2. garçon ...; jeune; ~ *scout* boy-scout *m*.

boy·cott ['bɔikɔt] 1. boycotter; 2. mise *f* en interdit; boycottage *m*.

boy·hood ['bɔihud] enfance *f*, (première) jeunesse *f*.

boy·ish ☐ ['bɔiiʃ] puéril, enfantin, d'enfant, de garçon.

bra [brɑ:] *see* brassière.

brace [breis] 1. ⊕ vilebrequin *m*; armature *f*; *mur*: bracon *m*; ancre *f*; ♪, *typ.* accolade *f*; *chasse*: couple *f* (*de perdrix etc.*); laisse *f* (*de lévriers*); paire *f* (*de pistolets*); ♣ bras *m* (*de vergue*); ~*s pl.* pantalon: bretelles *f/pl.*; *tambour*: corde *f*; 2. ancrer; accolader; tendre (*les jarrets*); ♣ brasser; *fig.* fortifier.

brace·let ['breislit] bracelet *m*.

brack·en ⚘ ['brækn] fougère *f* arborescente.

brack·et ['brækit] 1. ⚓ corbeau *m*; console *f*; support *m*; *typ.* [ ] crochet *m*; ( ) parenthèse *f*; applique *f* (*électrique, à gaz, etc.*); ⚓ courbaton *m*; support *m*; 2. mettre entre crochets *etc.*; *fig.* placer ex aequo.

brack·ish ['brækiʃ] saumâtre.

bract ⚘ [brækt] bractée *f*.

brad [bræd] pointe *f*, clou *m* étêté.

brag [bræg] 1. vanterie *f*; 2. se vanter (*de* of, *about*).

brag·gart ['brægət] fanfaron (*a. su./m*); vantard (*a. su./m*).

Brah·man ['brɑ:mən], *usu.* **Brahmin** ['~min] brahmane *m*, brame *m*.

braid [breid] 1. *cheveux*: tresse *f*; galon *m* (*a.* ✖); ganse *f*; 2. tresser; galonner; passementer.

brail ♣ [breil] cargue *f*.

braille [breil] alphabet *m* des aveugles; système *m* Braille.

brain [brein] 1. *anat.* cerveau *m*; F cervelle *f* (*a. cuis.*); *p.ext. usu.* ~*s pl.* tête *f*, intelligence *f*, esprit *m*; *have s.th. on the ~* être hanté par qch.; avoir l'obsession de qch.; F *pick* (*ou suck*) *s.o.'s ~* exploiter les connaissances de q.; 2. défoncer le crâne à (*q.*); '~·**child** F idée *f*; invention *f*; ~ **drain** exode *m* des cerveaux; **brained** *dull·~* à l'esprit lourd.

brain...: '~-**fag** épuisement *m* cérébral; ~ **fe·ver** fièvre *f* cérébrale; '~-**less** sans cervelle, stupide; *fig.* irréfléchi; '~-**pan** (boîte *f* du) crâne *m*; '~-**storm** transport *m* au cerveau; **brain's trust** braintrust *m*.

brain...: '~-**twist·er** problème *m* à faire casser la tête à q.; '~-**wash** faire (subir) un lavage de cerveau à (*q.*); '~-**wash·ing** lavage *m* de cerveau; *media etc.*: bourrage *m* de crâne; '~-**wave** F idée *f* lumineuse; '~-**work** travail *m* cérébral; '**brain·y** intelligent.

braise [breiz] *cuis.* braiser; **braised** *cuis.* en daube, en casserole.

brake¹ [breik] fougère *f* arborescente *ou* impériale; fourré *m*.

brake² [~] 1. *lin. etc.*: brisoir *m*; ⊕ frein (*a. fig.*); ~ *fluid* liquide *m* pour freins; ~ *lining* garniture *f* de frein; ~ *pedal* pédale *f* de frein; 2. briser, broyer (*le lin etc.*); *mot.* serrer le frein; '**brake(·s)·man** serre-freins *m/inv.*; *Am.* chef *m* de train; '**brak·ing**: ~ *distance* distance *f* de freinage; ~ *power* puissance *f* de freinage.

bram·ble ⚘ ['bræmbl] ronce *f* sauvage; mûrier *m* sauvage.

bran [bræn] son *m*.

branch [brɑ:ntʃ] 1. *arbre, famille, fleuve*: branche *f*; *arbre, montagnes*: rameau *m*; *fleuve*: bras *m*; ⬛, *route*: embranchement *m*; (*ou local ~*) succursale *f*, filiale *f*; *chief of ~* chef *m* de service; 2. (*a. ~ out*) se ramifier; (a. ~ off) (se) bifurquer (sur, from), se partager (à, at); **'branch-line** embranchement m; **branch of·fice** agence f; bureau m de quartier; **'branch·y** branchu; rameux (-euse f).

brand [brænd] **1.** brandon m, tison m; fer m chaud; marque f; stigmate m; ⚓ poét: flambeau m; poét. glaive m; ~ name marque f (de fabrique); **2.** marquer au fer chaud; fig. flétrir, stigmatiser (q.).

bran·dish ['brændiʃ] brandir.

bran(d)-new ['bræn(d)'nju:] tout (battant) neuf (neuve f).

bran·dy ['brændi] cognac m, eau-de-vie (pl. eaux-de-vie) f.

brash □ ['bræʃ] impertinent, effronté; présomptueux (-euse f); impétueux (-euse f); indiscret (-ète f).

brass [brɑːs] cuivre m jaune; laiton m; fig. impertinence f, sl. toupet m; F argent m, galette f; ♪ les cuivres m/pl.; ~ band fanfare f; ~ hat ✗ sl. officier m d'état-major; Am. ~ knuckles coup-de-poing (pl. coups-de-poing) m américain; sl. ~ tacks pl. les faits m/pl.; get down to ~ tacks en venir au fait.

bras·sière ['bræsiɛə] soutien-gorge (pl. soutiens-gorge) m.

bras·sy ['brɑːsi] qui ressemble au cuivre; usu. fig. cuivré; sl. effronté.

brat F [bræt] marmot m, mioche mf.

bra·va·do [brə'vɑːdou], pl. -dos, does [⸺douz] bravade f.

brave [breiv] **1.** courageux (-euse f), brave; **2.** braver; défier (q.); **'brav·er·y** courage m, bravoure f; vaillance f.

bra·vo ['brɑː'vou] **1.** (pl. -vos, -voes ['⸺vouz]) bravo m; spadassin m; **2.** bravo!

brawl [brɔːl] **1.** rixe f, bagarre f, querelle f; **2.** brailler; se chamailler; **'brawl·er** braillard(e f) m; tapageur (-euse f) m.

brawn [brɔːn] cuis. fromage m de cochon; muscles m/pl.; fig. force f corporelle; **'brawn·i·ness** carrure f musclée; force f; **'brawn·y** musculeux (-euse f) musclé (personne).

bray[1] [brei] **1.** âne: braiment m; fanfare f; trompette: son m strident; **2.** braire (âne); émettre un son strident.

bray[2] [⸺] broyer, piler.

braze ⊕ [breiz] souder au laiton.

bra·zen □ ['breizn] d'airain; fig. (a. ~-faced) effronté.

bra·zier ['breiziə] personne: chaudronnier m; brasero m (à charbon de bois).

Bra·zil·ian [brə'ziljən] **1.** brésilien (-ne f); **2.** Brésilien(ne f) m.

Bra·zil-nut [brə'zil'nʌt] noix f du Brésil.

breach [briːtʃ] **1.** rupture f; fig. infraction f (à, of); ✗ brèche f; ~ of contract rupture f de contrat; ~ of duty violation f des devoirs; ~ of peace attentat m contre l'ordre public; **2.** v/t. ouvrir une brèche dans; v/i. se rompre.

bread [bred] pain m (a. = subsistance); sl. fric m; ~ and butter pain m beurré; take the ~ out of s.o.'s mouth ôter le pain à q.; know which side one's ~ is buttered savoir d'où vient le vent; **'~-bas·ket** corbeille f à pain; sl. estomac m; **'~-bin, '~-box** boîte f à pain; **'~-crumb** 1. paner (une escalope etc.), gratiner (une sole etc.); **2.** miette f; **'~-knife** couteau m à pain.

breadth [bredθ] largeur f (a. de pensées, d'esprit); style: ampleur f; étoffe: lé m.

bread-win·ner ['bredwinə] gagne-pain m/inv.; chef m de famille.

break [breik] **1.** rupture f; fracture f; percée f, brèche f; éclaircie f (à travers les nuages); lacune f; ✝ Am. baisse f (de prix); voitures: break m; voiture f de dressage (des chevaux); billard: série f de carambolages; ≠ rupture f (du circuit); école: récréation f; voix: mue f (dans la puberté), émotion f: altération f; temps: changement m; répit m; ~ of day point m du jour; see brake[2]; F a bad ~ une sottise f; F give s.o. a ~ agir loyalement avec q.; mettre q. à l'essai; **2.** [irr.] v/t. briser, casser; enfoncer (une porte); rompre (chose, pain, rangs, cheval); entamer (la peau); résilier (un contrat); faire sauter (la banque); s'évader de (la prison); ≠ interrompre (le courant), rompre (un circuit); ⚔ défricher; ✗ casser (un officier); violer (une loi, une trêve); ~ down abattre, démolir; 🜍 décomposer; ~ in enfoncer; défoncer (un tonneau); dresser (un cheval); rompre (à, to); ~ up mettre (qch.) en morceaux; disperser (*une foule*); rompre; démolir; **3.** [*irr.*] *v/i.* (se) casser, se briser, se rompre; déferler (*vagues*); crever (*abcès*); se dissiper (*nuages*); se briser, se fendre (*cœur*); changer (*temps*); s'altérer (*voix*); ~ *away* se détacher (de, from); s'évader (*de prison*); ~ *down* échouer (*projet*); fondre en larmes; *mot.* avoir une panne; ~ *up* entrer en vacances; *see a.* broken; '**break·a·ble** fragile; '**break·age** rupture *f*; *verre:* fracture *f*; ✝ *a.* ~*s pl.* casse *f*; '**break-down** rupture *f*; *service:* arrêt *m* complet; insuccès *m*; débâcle *f* de la santé; *mot.* panne *f*; ~ *lorry* dépanneuse *f*; ~ *service* service *m* de dépannage; ~ *truck* dépanneuse *f*; '**break·er** casseur (-euse *f*) *m*; ⚓ brisant *m*.

break...: ~**·fast** ['brekfəst] **1.** petit déjeuner *m*; **2.** déjeuner; ~**·neck** ['brek. nek] à se casser le cou; '~**·out** évasion *f*; '~**·through** ✕, *a. fig.* percée *f*; *fig. a.* bond *m* en avant; découverte *f*; solution *f*; réussite *f*; '~**·up** dissolution *f*, fin *f*; affaissement *m*; *école:* entrée *f* en vacances; *temps:* changement *m*; '~**·wa·ter** brise-lames *m/inv.*; môle *m*.

bream *icht.* [bri:m] brème *f*.

breast [brest] **1.** sein *m*; mamelle *f*; poitrine *f*; *make a clean* ~ *of it* dire ce qu'on a sur la conscience; **2.** affronter; lutter contre, faire front à; poitriner à poitrine ...

breast...: '~**·feed** donner le sein à (*un bébé*); élever au sein; '~**·pin** épingle *f* de cravate; '~**·stroke** brasse *f* sur le ventre; '~**·work** ✕ parapet *m*.

breath [breθ] haleine *f*, souffle *m*, respiration *f*; *bad* ~ mauvaise haleine *f*; *under* (*ou below*) *one's* ~ à voix basse, à mi-voix; *take a* ~ respirer; *mot.* [~·alaiz] faire subir l'alcootest à (*q.*); **breath·a·lys·er** ['~·alaizə] alcootest *m*; **breathe** [bri:ð] *v/i.* respirer, souffler; *fig.* vivre; *v/t.* respirer, exhaler (*un soupir*); murmurer (*une prière*); aspirer (*l'air, un son*); '**breath·er** F moment *m* de repos; brin *m* d'air; répit *m*.

breath·ing ['bri:ðiŋ] **1.** vivant (*portrait*); **2.** respiration *f*; '~**·space** souffle *m*; '~**·time** répit *m*; intervalle *m* de repos.

breath·less □ ['breθlis] essoufflé;

fig. fiévreux (-euse *f*); '**breath·lessness** essoufflement *m*.

breath-tak·ing ['breθteikiŋ] F ahurissant.

bred [bred] *prét. et p.p. de* breed 2.

breech ⊕ [bri:tʃ] *fusil, canon:* culasse *f*, tonnerre *m*; **breech·es** ['~iz] *pl.:* (*a pair of*) ~ (*une*) culotte *f*; F (*un*) pantalon *m*; '**breech-load·er** ⊕ fusil *m* se chargeant par la culasse.

breed [bri:d] **1.** race *f*; *péj.* espèce *f*; *Am.* métis(se *f*) *m*; **2.** [*irr.*] *v/t.* produire, engendrer; élever (*du bétail*); 🜚. se reproduire; multiplier; '**breed·er** reproducteur (-trice *f*) *m*; éleveur *m* (*d'animaux*); '**breed·ing** reproduction *f*; élevage *m* (*d'animaux*); bonnes manières *f/pl.*

breeze¹ [bri:z] **1.** brise *f*; F querelle *f*; altercation *f*; **2.** *Am.* F s'en aller (à la hâte).

breeze² *zo.* [~] œstre *m*.

breeze³ ⊕ [~] braise *f* de houille; fraisil *m*.

breez·y ['bri:zi] venteux (-euse *f*); jovial (-als, -aux *m/pl.*) (*personne*).

breth·ren *eccl.* ['breðrin] *pl.* frères *m/pl.*; *my* ~ mes très chers frères.

breve [bri:v] *syllabe:* brève *f*.

bre·vet ✕ ['brevit] brevet *m* (*avancement d'un officier sans augmentation de solde*); ~ *rank* grade *m* honoraire; ~ *colonel* lieutenant-colonel *m* faisant fonction de colonel.

bre·vi·ar·y *eccl.* ['bri:vjəri] bréviaire *m*.

brev·i·ty ['breviti] brièveté *f*.

brew [bru:] **1.** *v/t/i.* brasser; *fig.* (se) tramer; *v/i.* s'infuser; couver (*orage, tempête*); **2.** brassage *m*; brassin *m*; infusion *f*; '**brew·age** *poét. see* brew 2; '**brew·er** brasseur *m*; '**brew·er·y** brasserie *f*.

bri·ar ['braiə] *see* brier¹ *et* brier².

bribe [braib] **1.** paiement *m* illicite; **2.** corrompre, acheter (*pour que, to*); '**brib·er** corrupteur (-trice *f*) *m*; '**brib·er·y** corruption *f*; 🜚 subornation *f* (*d'un témoin*); 🜚 ~ *and corruption* corruption *f*; *be open to* ~ être corruptible.

bric-a-brac ['brikəbræk] bric-à-brac *m*.

brick [brik] **1.** brique *f*; F *a regular* ~ un chic type; *sl. drop a* ~ faire une gaffe; **2.** briqueter; ~ *up* murer (*une fenêtre etc.*); '~**·bat** briqueton *m*; '~**·kiln** four *m* à briques; '~**·lay·er**

maçon *m*; '~**-works** *usu. sg.* briqueterie *f*; '**brick·y** de *ou* en brique; comme une brique.

brid·al ['braidl] **1.** □ nuptial (-aux *m/pl.*), de noce(s); **2.** *usu. poét.* noce *f*, -s *f/pl.*

bride [braid] future *f* (*sur le point de se marier*); (nouvelle) mariée *f*; '~**-groom** futur *m* (*sur le point de se marier*); (nouveau) marié *m*; '**brides·maid** demoiselle *f* d'honneur; '**brides·man** garçon *m* d'honneur; **bride-to-'be** future fiancée *f ou* épouse *f*.

bride·well *Brit.* ['braidwəl] maison *f* de correction.

bridge[1] [bridʒ] **1.** pont *m*; ♱ passerelle *f*; **2.** jeter un pont sur; *fig.* relier, combler.

bridge[2] [~] *cartes:* bridge *m*.

bridge...: '~**-head** tête *f* de pont; '~**-work** bridge-work *m* (*dentaire*).

bri·dle ['braidl] **1.** bride *f*; *fig.* frein *m*; **2.** *v/t.* brider (*a. fig.*); *v/i.* (*a. ~ up*) redresser la tête; se rebiffer; '~**-path** piste *f* cavalière.

bri·doon ['bri'du:n] bridon *m*.

brief [bri:f] **1.** □ bref (brève *f*); court; passager (-ère *f*); **2.** dossier *m* (*d'avocat*); abrégé *m*; *p.ext.* ordres *m/pl.*; *eccl.* bref *m*; hold a ~ for défendre; prendre le parti de; ♱ take a ~ for accepter de représenter (*q.*) en justice; **3.** ♱ confier une cause à (*un avocat*); × munir d'instructions; fournir des directives à; '~**-bag**, '~**-case** serviette *f*, porte-documents *m*; '**brief·ing** instructions *f/pl.*; séance *f* d'information; '**brief·ness** brièveté *f*.

bri·er[1] ♱ ['braiə] bruyère *f* arborescente; églantier *m*.

bri·er[2] [~] (*a. ~ pipe*) pipe *f* en bruyère.

brig ♱ [brig] brick *m*.

bri·gade × [bri'geid] **1.** brigade *f*; **2.** embrigader; **brig·a·dier** [brigə'diə] général *m* de brigade.

brig·and ['brigənd] brigand *m*, bandit *m*; '**brig·and·age** brigandage *m*; brigantine *f*.

bright □ [brait] brillant; éclatant; vif (vive *f*); clair; animé; F intelligent; '**bright·en** *v/t.* faire briller; fourbir (*un métal*); *fig.* égayer; *v/i.* s'éclaircir; *yeux:* s'allumer; '**bright·ness** éclat *m*; clarté *f*; vivacité *f*; intensité *f*; intelligence *f*; *télév.* ~

control (dispositif *m* de) réglage *m* de la luminosité.

brill *icht.* [bril] barbue *f*.

bril·lian·cy ['briljənsi] brillant *m*; éclat *m*; '**bril·liant 1.** □ brillant, éclatant; lumineux (-euse *f*) (*idée*); **2.** brillant *m*.

brim [brim] **1.** bord *m*; **2.** *v/t.* remplir jusqu'au bord; *v/i.* déborder (de, with); '~**-ful**, '~**-full** plein jusqu'aux bords; débordant (de, of).

brim·stone ['brimstən] ♱ soufre *m* (brut); *zo.* (*ou ~ butterfly*) papillon *m* citrin.

brin·dle(d) ['brindl(d)] tacheté, tavelé.

brine [brain] **1.** saumure *f*; eau *f* salée; *poét.* mer *f*, océan *m*; **2.** saumurer.

bring [briŋ] [*irr.*] amener; apporter; intenter (*un procès*); avancer (*des arguments*); ~ about amener, occasionner; (*a. ~ to pass*) entraîner; ~ *along* amener (*q.*), apporter (*qch.*); ~ *down* faire baisser (*le prix*); avilir (*les prix*); *théá.* ~ *down the house* faire crouler la salle; ~ *forth* produire; mettre au monde; mettre bas (*des petits*); ~ *forward* (faire) avancer; produire; ♱ reporter; ~ *s.th. home to s.o.* faire sentir qch. à q.; prouver qch. contre q.; ~ *in* introduire; rapporter (*une somme*); ~ *in guilty* déclarer coupable; ~ *off* ramener à terre *ou* à bord; réussir; ~ *on* occasionner; faire pousser (*une plante*); ~ *out* apporter dehors; publier; mettre en relief; faire valoir; lancer (*une actrice etc.*); ~ *round* ramener à la vie; convertir (*q.*); ~ *s.o. to* (*inf.*) amener q. à (*inf.*); ♱ ~ *to* mettre en panne; ~ *s.o. to himself* faire reprendre connaissance à q.; ranimer q.; ~ *under* assujettir; ~ *up* approcher; élever (*un enfant*); citer en justice; vomir; (faire) monter; ♱ mouiller.

bring·er ['briŋə] porteur (-euse *f*) *m*.

brink [briŋk] bord *m* '~**-man·ship** politique *f* du bord du gouffre.

brin·y ['braini] **1.** saumâtre, salé; **2.** F mer *f*.

bri·quette [bri'ket], **bri·quet** ['brikit] briquette *f*; aggloméré *m*.

brisk [brisk] **1.** □ vif (vive *f*), alerte, plein d'entrain, animé; *feu:* vif (vive *f*), × nourri; *air:* vivifiant; **2.** (*usu. ~ up*) (s')animer.

brown

bris·ket ['briskit] poitrine *f* (*de bœuf*).

brisk·ness ['brisknis] vivacité *f*, entrain *m*; *air*: fraîcheur *f*.

bris·tle ['brisl] **1.** soie *f*; *barbe*: poil *m* raide; **2.** (*souv. ~ up*) se hérisser; *F* se rebiffer (*personne*); *fig. ~ with* être hérissé de; '**bris·tled**, '**bris·tly** hérissé; poilu; garni de soies.

Bri·tan·nic [bri'tænik] britannique.

Brit·ish ['britiʃ] **1.** anglais; britannique; **2.** *the ~ pl.* les Britanniques *m/pl.*; '**Brit·ish·er** *surt. Am.* natif (-ive *f*) *m* de la Grande-Bretagne.

Brit·on *hist., poét.* ['britən] Anglais(e *f*) *m*.

brit·tle ['britl] fragile, cassant; cendreux (-euse *f*) (*acier*); '**brit·tle·ness** fragilité *f* etc.

broach [broutʃ] **1.** broche *f*; △ flèche *f*, aiguille *f*; **2.** percer, entamer (*un fût*); aborder (*un sujet*); entrer en (*matière*).

broad □ [brɔːd] large; plein, grand (*jour*); peu voilé (*avis, allusion*); hardi, risqué (*histoire*); épanoui (*sourire*); prononcé (*accent*); *~ly speaking* généralement parlant; '**~·axe** ⊕ doloire *f*; '**~·cast 1.** ✍ semé à la volée; *fig.* (radio)diffusé; répandu; **2.** (*irr.* [cast]) *v/t.* ✍ semer à la volée; *fig.* répandre; radiodiffuser; transmettre; *v/i.* parler *etc.* à la radio; *~ing* station poste *m* émetteur; station *f* de radiodiffusion; **3.** émission *f*; '**~·cloth** drap *m* noir fin; *Am.* popeline *f*; '**broad·en** (s')élargir; '**broad-'mind·ed** tolérant; à l'esprit large; '**broad·ness** largeur *f*, grossièreté *f*; *~ of speech* accent *m* prononcé.

broad...: '**~·sheet** placard *m*; *hist.* canard *m*; '**~·side** ⚓ flanc *m*, travers *m*; bordée *f*, feu *m* de travers; *a. see broadsheet*; '**~·sword** latte *f*; sabre *m*.

bro·cade † [bro'keid] brocart *m*; **bro'cad·ed** broché; de brocart.

broc·co·li ♆ ['brɔkəli] brocoli *m*.

bro·chure [brou'ʃjuə] brochure *f*.

brock *zo.* [brɔk] blaireau *m*.

brogue [broug] soulier *m* de golf; accent *m* (*surt.* irlandais).

broil [brɔil] **1.** querelle *f*, bagarre *f*; **2.** griller (*a. fig.*); (faire) cuire sur le gril; *~ing* brûlant; torride; '**broil·er** gril *m*; poulet *m* à rôtir.

broke [brouk] *prét.* de break 2.

bro·ken ['broukn] *p.p.* de break 2; *~ health* santé *f* délabrée ou ruinée; *~ stones pl.* pierraille *f*, cailloutis *m*; *~ weather* temps *m* variable; *speak ~ English* écorcher l'anglais; '**~·'heart·ed** navré de douleur; au cœur brisé; '**bro·ken·ly** par saccades; sans suite; à mots entrecoupés; '**bro·ken-'wind·ed** *vét.* poussif (-ive *f*).

bro·ker ['broukə] † courtier *m*; agent *m* de change; '**bro·ker·age** † courtage *m*; frais *m/pl.* de courtage.

bro·mide 🜍 ['broumaid] bromure *m*; *sl.* banalité *f*; **bro·mine** 🜍 ['broumiːn] brome *m*.

bron·chi·al *anat.* ['brɔŋkjəl] bronchial (-aux *m/pl.*); des bronches; **bron·chi·tis** ✻ [brɔŋ'kaitis] bronchite *f*.

Bronx cheer *Am. sl.* ['brɔŋks'tʃiə] sifflement *m* de mépris.

bronze [brɔnz] **1.** bronze *m*; **2.** de ou en bronze; **3.** (se) bronzer; (se) brunir.

brooch [broutʃ] broche *f*, épingle *f*.

brood [bruːd] **1.** couvée *f*; volée *f*; *F* enfants *m/pl.*; *~·hen* couveuse *f*; *~·mare* poulinière *f*; **2.** couver; *v/i.* *F* broyer du noir; *v/t.* *F* ruminer (*une idée*); *fig.* planer sur; '**brood·er** couveuse *f* (*Am.* artificielle).

brook¹ [bruk] ruisseau *m*.

brook² [~] *usu.* au *nég.* souffrir.

brook·let ['bruklit] ruisselet *m*.

broom ♣ [bruːm] genêt *m*; [brum] balai *m*; **~·stick** ['brumstik] manche *m* à balai.

broth [brɔθ] bouillon *m*.

broth·el ['brɔθl] bordel *m*, maison *f* de tolérance.

broth·er ['brʌðə] frère *m*; *younger ~* cadet *m*; '**~·hood** ['~hud] fraternité *f*; confraternité *f*; *eccl.* confrérie *f*; '**~-in-law** beau-frère (*pl.* beaux-frères) *m*; '**broth·er·ly** fraternel(le *f*).

brougham ['bruːəm] coupé *m*; *mot.* coupé *m* (de ville).

brought [brɔːt] *prét. et p.p.* de bring; *~·in capital* capital *m* d'apport.

brow [brau] sourcil *m*; arcade *f* sourcilière; front *m*; *précipice*: bord *m*; *colline*: croupe *f*; '**~·beat** [*irr* (*beat*)] rabrouer; rudoyer.

brown [braun] **1.** brun, marron(ne

f); châtain (*cheveux*); jaune (*chaussures*); ~ *bread* pain *m* bis; ~ *paper* papier *m* gris; *be in a* ~ *study* être plongé dans ses réflexions; **2.** brun *m*, marron *m*; **3.** (se) brunir; **brown·ie** ['~ɪ] farfadet *m*; **'brown·ish** brunâtre; **'brown·ness** couleur *f* brune; **'brown·stone** ~ *house* grès *m* de construction; **2.** ... des gens prospères.

browse [brauz] **1.** jeunes pousses *f/pl.*; **2.** (a. ~ *on*) brouter, paître; *fig.* feuilleter (*des livres*).

bruise [bruːz] **1.** bleu *m*, meurtrissure *f*; *fruit*: talure *f*; **2.** (se) meurtrir; *v/t.* broyer (*une substance*); **'bruis·er** *F* boxeur *m* (brutal).

Brum·ma·gem ['brʌmədʒəm] de camelote, en toc.

bru·nette [bruː'net] brunette *f*.

brunt [brʌnt] choc *m*; attaque *f*; violence *f*; *the* ~ *of* le plus fort de.

brush [brʌʃ] **1.** brosse *f*; pinceau *m*; *renard*: queue *f*; coup *m* de brosse (*aux vêtements*); échauffourée *f* (*avec un ennemi*); ⚡ faisceau *m* de rayons; *commutateur*: balai *m*; *Am. see ~wood*; *see backwoods*; *give s.o. a* ~ brosser q.; *have a* ~ *with s.o.* froisser les opinions de q.; **2.** *v/t.* brosser; balayer (*un tapis etc.*); frôler, toucher légèrement; ~ *away* (*ou off*) enlever (*qch.*) d'un coup de brosse *ou* de balai; essuyer (*des larmes*); écarter (*un avis, une pensée*); ~ *down* donner un coup de brosse à (*q.*); ~ *up* donner un coup de brosse à (*qch.*); *fig.* se remettre à, dérouiller; *v/i.* ~ *against* frôler *ou* froisser (*q.*) en passant; ~ *by* (*ou past*) passer rapidement auprès de (*q.*), frôler (*q.*) en passant; **'~-off** *sl.*: *give s.o. the* ~ envoyer promener q.; **'~wood** broussailles *f/pl.*; bois *m* taillis; menu bois *m*.

brusque □ [brusk] brusque; *ton:* bourru.

Brus·sels ['brʌslz]: ⚘ ~ *sprouts pl.* choux *m/pl.* de Bruxelles.

bru·tal □ ['bruːtl] brutal (-aux *m/pl.*); de brute; animal (-aux *m/pl.*); **bru·tal·i·ty** [bruː'tælɪtɪ] brutalité *f*; **bru·tal·ize** ['bruːtəlaɪz] abrutir; animaliser; **brute** [bruːt] **1.** brut; vif (vive *f*), brutal (-aux *m/pl.*) (*force*); **2.** bête *f* brute; brute *f* (a. *fig.* = *homme brutal*); *F* animal *m*; *a* ~ *of a* ... un(e) ... de chien; **'brut·ish** □ *see* brute *1*; **'brut·ish·ness** bestialité *f*; abrutissement *m*.

bub·ble ['bʌbl] **1.** bulle *f*; *fig.* projet *m* chimérique; tromperie *f*; **2.** bouillonner; glouglouter (*en versant*).

buc·ca·neer [bʌkə'nɪə] **1.** *F* pirate *m*; flibustier *m* (a. *hist.*); **2.** faire le boucanier; flibuster.

buck [bʌk] **1.** *zo.* daim *m*; chevreuil *m*; mâle (*du lapin etc.*); *Am. sl.* dollar *m*; *Am. F pass the* ~ passer la décision (à, *to*); se débrouiller sur le voisin; **2.** *Am. F* résister, opposer; *Am. F* chercher à prendre le dessus de; *Am.* ~ *for* viser; essayer d'obtenir (*qch.*); *F* ~ *up* (se) ragaillardir.

buck·et ['bʌkɪt] seau *m*; *a mere drop in the* ~ une goutte d'eau dans la mer; *sl. kick the* ~ casser sa pipe (= *mourir*); **2.** surmener (*un cheval*); **'~·ful** plein seau *m*; **'~-shop** bureau *m* d'un courtier marron.

buck·le ['bʌkl] **1.** boucle *f*, agrafe *f*; **2.** *v/t.* boucler; attacher; ceindre (*l'épée*); *v/i.* ⊕ (se) gondoler, arquer; se voiler (*tôle*); ~ *to v/t.* s'appliquer à (*un travail*); *v/i.* s'y atteler; **'buck·ler** bouclier *m*.

buck·ram ['bʌkrəm] bougran *m*; *fig.* raideur *f*.

buck...: '~·skin (peau *f* de) daim *m*; '~·wheat ⚘ blé *m* noir.

bud [bʌd] **1.** ⚘ bourgeon *m*; œil (*pl.* yeux) *m*; bouton *m*; *fig.* germe *m*; *Am.* débutante *f*; *sl.* jeune fille *f*; *in* ~ qui bourgeonne; *fig. in the* ~ en germe, en herbe; **2.** *fig.* écussonner; *v/i.* bourgeonner; boutonner (*fleur*); ~*ding lawyer* juriste *m* en herbe.

bud·dy *Am. F* ['bʌdɪ] ami *m*; copain *m*.

budge [bʌdʒ] *v/i.* bouger, céder; reculer; *v/t.* bouger.   [che *f*.]

bud·ger·i·gar ['bʌdʒərɪgɑː] perru-

budg·et ['bʌdʒɪt] collection *f*; recueil *m*; budget *m*; *usu. fig.* plein sac *m*; *draft* ~ budget *m* du ménage; *open the* ~ présenter le budget; **'budg·et·ar·y** budgétaire.

buff¹ [bʌf] **1.** (peau *f* de) buffle *m*; cuir *m* épais; couleur *f* chamois; *in* (*one's*) ~ tout nu; **2.** jaune clair; **3.** polir (au buffle).

buff² *F* [~] enthousiaste *m/f*, mordu(e *f*) *m*.

buf·fa·lo *zo.* ['bʌfələu], *pl.* **-loes** ['~louz] buffle *m*; *Am. F* bison *m*.

681

bulrush

buff·er¹ ['bʌfə] 🚃 tampon *m*; (*a. ~ stop*) butoir *m*; tampon *m* d'arrêt; *sl.* vieux bonze *m*; ~ *state* état *m* tampon.

buf·fet¹ ['bʌfit] **1.** coup *m* (de poing); *poét.* soufflet *m*; **2.** flanquer une torgn(i)ole à (*q.*); bourrer (*q.*) de coups.

buf·fet² [*meuble*: 'bʌfit; *autres sens*: 'bufei] buffet *m*.

buf·foon [bʌ'fu:n] bouffon *m*, paillasse *m*; **buf'foon·er·y** bouffonneries *f/pl.*

bug [bʌg] punaise *f*; *Am.* insecte *m*; bacille *m*; loup *m* (de fabrication); *Am. sl.* fou *m*, folle *f*; maboul(e *f*) *m*; F appareil *m* d'écoute; microphone *m* clandestin; **bug·a·boo** ['~əbu:], **'bug·bear** objet *m* d'épouvante; F cauchemar *m*; F bête *f* noire; **'bug·ger** *sl.* pédéraste *m*; con *m*, salaud *m*; bougre *m*; *poor ~!* pauvre bougre!; *a ~ of a job* un boulot infernal; *little ~* petit bonhomme; **'bug·ging de·vice** appareil *m* d'écoute (clandestine); **bug·gy** ['bʌgi] boghei *m*. [*m.*]

bu·gle¹ ['bju:gl] (*a. ~-horn*) clairon⌡

bu·gle² [~] verroterie *f* noire.

bu·gler ✗ ['bju:glə] (sonneur *m* de) clairon *m*.

buhl [bu:l] *meubles*: boul(l)e *m*.

build [bild] **1.** [*irr.*] bâtir; édifier; construire; *fig.* fonder (sur, [*up*]*on*); faire construire; ~ *in* murer, boucher; ~ *up* affermir (*la santé*); bâtir; *be ~ing* être en construction; **2.** construction *f*; taille *f*; **'build·er** entrepreneur *m* en bâtiments; constructeur *m*; **'build·ing** construction *f*; bâtiment *m*; maison *f*; édifice *m*; *attr.* de construction; ~ *contractor* entrepreneur *m* en ou de bâtiment(s); ~ *site* chantier *m*; ~ (*p*)*lot* terrain *m* à bâtir; ~*society* Brit. coopérative *f* de construction; ~ *trade* industrie *f* du bâtiment; **'build-up** construction *f*; échafaudage *m*.

built [bilt] **1.** *prét. et p.p. de build*¹; **2.** *adj.* ... bâti; de construction ...; **'built-'up** '**a·re·a** agglomération *f* urbaine.

bulb [bʌlb] ♀ bulbe *m*, oignon *m*; thermomètre, *a.* ⚡ ampoule *f*; **'bulb·ous** ♀ bulbeux (-euse *f*).

Bul·gar·i·an ['bʌlgə:] Bulgare *mf*; **Bul·gar·i·an** [bʌl'gɛəriən] **1.** bulgare; **2.** *ling.* bulgare *m*; Bulgare *mf*.

bulge [bʌldʒ] **1.** bombement *m*; saillie *f*; ✝, *a.fig.* hausse *f*; **2.** bomber; faire saillie; se déjeter (*mur etc.*).

bulk [bʌlk] masse *f*, grosseur *f*, volume *m* (*a.* ✝); ♐ charge *f*; chargement *m* arrimé; *in ~* en bloc, en vrac; *in the ~* en bloc, en gros; ~ *goods* marchandise *f ou* marchandises *f/pl.* en masse; **'~head** ♐ cloison *f*; **'bulk·i·ness** grosseur *f*; volume *m* (excessif); **'bulk·y** gros(se *f*); volumineux (-euse *f*), encombrant.

bull¹ [bul] **1.** taureau *m*; ✝ *sl.* haussier *m*; F ~ *session* réunion *f* d'hommes; **2.** ✝ *sl.* spéculer à la hausse; chercher à faire hausser (*les cours*).

bull² *eccl.* [~] bulle *f*.

bull³ [~] bévue *f*; *a. Am.* bêtises *f/pl.*; *Irish ~* inconséquence *f*.

bull·dog ['buldɔg] bouledogue *m*; chienne *f* de bouledogue; F *univ.* appariteur *m*.

bull·doze *Am.* F ['buldouz] intimider; **'bull·doz·er** ⊕ machine *f* à cintrer; bulldozer *m*.

bul·let [bulit] *fusil, revolver*: balle *f*.

bul·le·tin ['bulitin] bulletin *m*, communiqué *m*; *radio*: informations *f/pl.*; *Am.* ~ *board* tableau *m* d'affichage (*des nouvelles du jour*).

bul·let-proof ['bulitpru:f] blindé, pare-balles *inv.*

bull...: **'~fight** course *f* de taureaux; **'~finch** *orn.* bouvreuil *m*; haie *f* (*avec fossé*); **'~frog** *zo.* grenouille *f* mugissante; **'~head·ed** F entêté.

bul·lion ['buljən] or *m* en barres; *or m ou* argent *m* en lingot; ✗ franges *f/pl.*

bull·ock ['bulək] bœuf *m*.

bull·pen *Am.* ['bulpen] F salle *f* de détention.

bull's-eye ['bulzai] ♐ (verre *m* de) hublot *m*; *cible*: noir *m*, centre *m*, blanc *m*; ~ *pane* carreau *m* à boudine.

bull·shit V ['bulʃit] merde *f*.

bul·ly¹ ['buli] **1.** brute *f*, brutal *m*, tyran *m*; *école*: brimeur *m*, bravache *m*; **2.** bravache; *surt. Am.* F fameux (-euse *f*); *a. int.* bravo; **3.** brutaliser, rudoyer, intimider.

bul·ly² [~] (*a. ~ beef*) bœuf *m* en conserve; F singe *m*.

bul·rush ♀ ['bulrʌʃ] jonc *m*.

bul·wark ['bulwək] *usu. fig.* rempart *m*; ~s *pl.* ♻ pavois *m*.

bum[1] *sl.* [bʌm] derrière *m*, cul *m*.

bum[2] *Am.* F [~] **1.** fainéant *m*; chemineau *m*; *(be) go on the ~* fainéanter; vagabonder; **2.** *v/t.* mendier; resquiller *(le trajet)*; **3.** misérable.

bum·ble·bee ['bʌmblbiː] bourdon *m*.

bum·boat ['bʌmbout] bateau *m* à provisions.

bump [bʌmp] **1.** choc *m*; coup *m*, heurt *m*; *fig.* bosse *f* (de, of); **2.** (se) cogner; (se) heurter; *v/t.* entrer en collision avec *(qch.)*; *Am. sl.* ~ *off* assassiner, supprimer *(q.)*; *v/i.* ~ *against* buter contre; F ~ *into s.o.* rencontrer q. par hasard.

bump·er ['bʌmpə] **1.** verre *m* plein; rasade *f*, *mot.* pare-chocs *m/inv.*; *théâ. (a. ~ house)* salle *f* comble *ou* bondée; ~ *sticker* autocollant *m*; **2.** plein ...; magnifique; F exceptionnel(le *f*) *(récolte)*.

bump·kin ['bʌmpkin] rustre *m*.

bump·tious □ F ['bʌmpʃəs] arrogant, présomptueux (-euse *f*), suffisant.

bump·y ['bʌmpi] cahoteux (-euse *f*); couvert de bosses; ↗ chahuté.

bun [bʌn] petit pain *m* au lait; *cheveux:* chignon *m*.

bunch [bʌntʃ] **1.** botte *f*; *fleurs:* bouquet *m*; *personnes:* groupe *m*; ~ *of grapes* grappe *f* de raisin; **2.** (se) grouper; *v/t.* lier.

bun·combe *Am.* ['bʌnkəm] blague *f*; *paroles f/pl.* vides.

bun·dle ['bʌndl] **1.** paquet *m*; ballot *m*; *bois:* fagot *m*; **2.** *(a. ~ up)* empaqueter; F ~ *away ou off* se débarrasser de *(q.)*; *v/i.* ~ *off* s'en aller sans cérémonie.

bung [bʌŋ] **1.** *fût:* bondon *m*; **2.** bondonner *(un fût)*; boucher *(un trou)*; F ~*ed up* poché *(œil)*.

bun·ga·low ['bʌŋɡəlou] bungalow *m*.

bung·hole ['bʌŋhoul] bonde *f*.

bun·gle ['bʌŋɡl] **1.** gâchis *m*; maladresse *f*; **2.** bousiller; *sl.* rater; **'bun·gler** bousilleur (-euse *f*) *m*; maladroit(e *f*) *m*; **'bun·gling 1.** □ maladroit; **2.** *see* bungle 1.

bun·ion ♒ ['bʌnjən] oignon *m* *(callosité au gros orteil)*.

bunk[1] *surt. Am. sl.* [bʌŋk] blague *f*; baliverues *f/pl.*

bunk[2] [~] ♻, 🚆 couchette *f*.

bunk·er ♻ ['bʌŋkə] **1.** soute *f* (à *charbon)*; **2.** mettre en soute; F *fig. be ~ed* se trouver dans une impasse.

bun·kum ['bʌŋkəm] *see* buncombe.

bun·ny ['bʌni] F Jeannot lapin *m*.

bunt *Am.* [bʌnt] *baseball:* coup *m* qui arrête la balle.

bun·ting[1] *orn.* ['bʌntiŋ] bruant *m*.

bun·ting[2] [~] *tex.* étamine *f*; *p.ext.* pavillons *m/pl.*

buoy ♻ [bɔi] **1.** bouée *f*; **2.** baliser *(le chenal)*; *(usu. ~ up)* faire flotter; *fig.* soutenir, appuyer.

buoy·an·cy ['bɔiənsi] flottabilité *f*; *fig.* élasticité *f* de caractère; *fig.* entrain *m*; **'buoy·ant** □ flottable; léger (-ère *f*); *fig.* allègre, optimiste; *fig.* élastique *(pas)*; ✝ soutenu.

bur ♒ [bəː] capsule *f* épineuse; teigne *f* (de bardane); *personne:* crampon *m*.

Bur·ber·ry ['bəːbəri] imperméable *m* *(marque Burberry)*.

bur·bot *icht.* ['bəːbət] lotte *f*, barbot *m*.

bur·den[1] ['bəːdn] refrain *m*.

bur·den[2] ['bəːdn] **1.** fardeau *m*, charge *f* (a. ♻); ♻ charge *f*, contenance *f*; *discours:* substance *f*; **2.** charger; *fig.* accabler; **'bur·den·some** onéreux (-euse *f*); fâcheux (-euse *f*).

bur·dock ♒ ['bəːdɔk] bardane *f*.

bu·reau [bjuəˈrou], *pl.* -**reaux** [~ˈrouz] *surt. Am.* bureau *m*; service *m* (*du gouvernement*); *meuble:* secrétaire *m*, bureau *m*; *Am.* commode *f*; **bu·reauc·ra·cy** [~ˈrɔkrəsi] bureaucratie *f*; **bu·reau·crat** ['bjuəˈrokræt] bureaucrate *mf*; **bu·reau·crat·ic** (~*ally*) bureaucratique; **bu·reauc·ra·tize** [bjuəˈrɔkrətaiz] bureaucratiser.

bur·gee ♻ [bəːˈdʒiː] guidon *m*.

bur·geon *poét.* ['bəːdʒən] **1.** bourgeon *m*; bouton *m*; **2.** bourgeonner; commencer à éclore.

bur·gess ['bəːdʒis] bourgeois *m*, citoyen *m*; *hist.* représentant *m* d'un bourg *(au Parlement)*.

burgh *écoss.* ['bʌrə] bourg *m*.

bur·glar ['bəːɡlə] cambrioleur *m* *(nocturne)*; ~ *alarm* sonnerie *f* d'alarme *ou* antivol; **bur·glar·i·ous** □ [bəːˈɡlɛəriəs] de cambriolage; **bur·glar-proof** à l'épreuve de l'infraction; incrochetable *(serrure)*; **bur-**

gla·ry ['~əri] vol *m* nocturne avec effraction; **bur·gle** ['bə:gl] cambrioler.

bur·gun·dy ['bə:gəndi] (vin *m* de) bourgogne *m*.

bur·i·al ['beriəl] enterrement *m*; '~**ground** cimetière *m*.

bu·rin ⊕ ['bjuərin] burin *m*.

burke [bə:k] étouffer (*un scandale*); escamoter (*une question*).

burl *tex.* [bə:l] nope *f*.

bur·lap ['bə:læp] toile *f* d'emballage.

bur·lesque [bə:'lesk] **1.** burlesque; **2.** burlesque *m*; parodie *f*; **3.** travestir, parodier; tourner (*qch.*) en ridicule. [dement bâti.]

bur·ly ['bə:li] de forte carrure; soli-]

Bur·mese [bə:'mi:z] **1.** birman; **2.** Birman(*e*) *f* *m*.

burn [bə:n] **1.** brûlure *f*; **2.** [*irr.*] brûler, cuire; '**burn·er** brûleur (-euse *f*) *m*; bec *m* de gaz; '**burn·ing** □ brûlant, ardent.

bur·nish ['bə:niʃ] brunir, (se) polir; '**bur·nish·er** *personne*: brunisseur (-euse *f*) *m*; ⊕ brunissoir *m*.

burnt [bə:nt] *prét.* et *p.p.* de **burn** 2; ~ **almond** amande *f* grillée; praline *f*; *mot.* ~ **gas** gaz *m* d'échappement; ~ **offering** holocauste *m*.

burr [bə:] **1.** r *m* de la gorge; **2.** prononcer l'r de la gorge.

bur·row ['bʌrou] **1.** terrier *m* (*de lapin, de renard*); **2.** *v/t.* creuser; *v/i.* se terrer; *fig.* fouiller.

bur·sa·ry ['bə:səri] bourse *f* (*d'études*).

burst [bə:st] **1.** éclat(ement) *m*; jaillissement *m*; coup *m*; *fig.* poussée *f*; rafale *f*; emballage *m* (*de vitesse*); **2.** [*irr.*] *v/i.* éclater, exploser; crever (*abcès, pneu, rire, boîte, etc.*); *fig.* déborder (*de, with*); ♦ éclore (*bouton*); s'épanouir (*fleur*); ~ **from** s'affranchir de; ~ **forth** (*ou* **out**) jaillir; s'exclamer; apparaître (*soleil*); ~ **into a gallop** prendre le galop; ~ **into flame** s'enflammer brusquement; ~ **into leaf** (se) feuiller; ~ **into tears** fondre en larmes; ~ **out laughing** éclater de rire; *v/t.* faire éclater; enfoncer (*une porte*). [tenance *f*.]

bur·then ⊕ ['bə:ðn] charge *f*, con-]

bur·y ['beri] enterrer, ensevelir; inhumer; ♦ immerger; *fig.* plonger.

bus F [bʌs] *m.* autobus *m*; *sl.* bagnole *f*; *sl. fig.* **miss the** ~ laisser échapper l'occasion; *Am.* ~ **boy**

garçon *m* de restaurant qui débarrasse la table après le repas; ~ **driver** conducteur *m* d'autobus; **2.** ~ **it** aller *ou* venir *ou* voyager en autobus.

bus·by ✗ ['bʌzbi] colback *m*.

bush [buʃ] buisson *m*; fourré *m*; ⊕ fourrure *f* métallique; **bush·el** ['buʃl] boisseau *m* (*a. mesure*); F (grande) quantité *f*; **bush league** *Am. baseball:* ligue *f* de second ordre; '**bush-rang·er** broussard *m*.

bush·y ['buʃi] touffu; broussailleux (-euse *f*); buissonnant (*arbrisseau*).

busi·ness ['biznis] affaire *f*, besogne *f*; occupation *f*; devoir *m*; affaires *f/pl.* (*a.* †); † entreprise *f*; maison *f* (de commerce); fonds *m* de commerce; ~ **address** adresse *f* du bureau (*de q.*); ~ **of the day** ordre *m* du jour; agenda *m*; ~ **end** côté *m* opérant (*d'un outil etc.*), tranchant *m* (*d'un couteau etc.*); ~ **hours** *pl.* heures *f/pl.* d'ouverture; ~**man** homme *m* d'affaires; ~ **quarter** quartier *m* commerçant; ~ **research** étude *f* du mouvement des prix *ou* des cycles économiques; *surt. Am.* ~ **suit** *see* **lounge suit**; ~ **tour**, ~ **trip** voyage *m* d'affaires; **on** ~ pour affaires; **have no** ~ **to** (*inf.*) ne pas avoir le droit de (*inf.*); **get down to** ~ en venir au fait; **mind one's own** ~ s'occuper de ses affaires; **send s.o. about his** ~ F envoyer promener q.; **that's none of your** ~ cela ne vous regarde pas; '~**like** pratique; sérieux (-euse *f*) (*manière*); capable.

bus·kin ['bʌskin] antiquité, *théâ.*: cothurne *m*; *fig.* tragédie *f*.

bus·man ['bʌsmən] conducteur *m* *ou* receveur *m* d'autobus; ~**'s holiday** congé *m* passé à exercer son métier. [trine *f*.]

bust¹ [bʌst] buste *m*, gorge *f*; poi-]

bust² *sl.* [bʌst] **1.** fiasco *m*, four *m* (noir); faillite *f*; coup *m* (violent); bringue *f*, bombe *f*; **go on the** ~, **have a** ~ faire la bombe; **2.** casser; (faire) crever; abîmer; arrêter, choper (*un criminel etc.*); **3.** foutu; fauché; abîmé; **go** ~ faire faillite; s'abîmer.

bus·tard *orn.* ['bʌstəd] outarde *f*.

bus·tle ['bʌsl] **1.** mouvement *m*, confusion *f*, remue-ménage *m/inv.*; va-et-vient *m/inv.*; *cost.* tournure *f*; **2.** *v/i.* s'affairer; s'activer; faire l'empressé; se dépêcher; *v/t.* faire dépêcher (*q.*); bousculer; '**bus·tler** personne *f* très active; homme *m* expéditif; **'bus·tling** □ affairé; empressé;

bust-up *sl.* ['bʌst'ʌp] grabuge *f*; engueulade *f*; débâcle *f*; faillite *f*; *surt. Am.* rupture *f* (*d'un mariage etc.*).

bus·y □ ['bizi] **1.** occupé (à, de *at*, *with*); affairé; actif (-ive *f*); mouvementé (*rue*) diligent; ~ *packing* occupé à faire ses malles; **~body** officieux (-euse *f*) *m*; **2.** (*usu.* ~ *o.s.*) s'occuper (à *with*, *in*, *about*; à, de *inf. with gér.*); **'bus·y·ness** affairement *m*; activité *f*.

but [bʌt] **1.** *cj.* mais; or; sauf que; (*a.* ~ *that*) sans que; et cependant, toutefois; **2.** *prp.* sauf; *the last* ~ *one* l'avant-dernier (-ère *f*); *the next* ~ *one* le (la) deuxième; ~ *for* sans; ne fût-ce pour; **3.** *après négation:* que (*sbj.*); qui (*sbj.*); *there is no one* ~ *knows* il n'y a personne qui ne sache (*qch.*); **4.** *adv.* ne ... que; seulement; ~ *just* tout à l'heure; tout récemment; ~ *now* à l'instant; il n'y a qu'un instant que; *all* ~ presque; *nothing* ~ rien que; *I cannot* ~ (*inf.*) il m'est impossible de ne pas (*inf.*); je ne peux m'empêcher de (*inf.*).

bu·tane ['bjuːtein] butane *m*.

butch·er ['butʃə] **1.** boucher *m* (*a. fig.*); *fig.* massacreur *m*; 🐂 *Am.* F vendeur *m* de fruits *etc.*; **2.** égorger; massacrer (*a. fig.*); ~('*s*) *shop* boucherie *f*; **'butch·er·y** (*a.* ~ *business*) boucherie *f* (*a. fig.*); F massacre *m*; abattoir *m*.

but·ler ['bʌtlə] maître *m* d'hôtel; † sommelier *m*.

butt¹ [bʌt] **1.** coup *m* de corne (*d'un bélier*); (*a.* ~*-end*) gros bout *m*; *arbre, chèque:* souche *f*; *fusil:* couche *f*, crosse *f*; 🔫 butte *f*; *fig.* souffre-douleur *m/inv.*; F mégot *m*; ⊕ bout *m*; *about m:* ~*s pl.* butte *f*; *fig.* but *m*; *fig.* objectif *m*; **2.** *v/t.* donner un coup de corne *ou* de tête à; *v/i.* F ~ *in* intervenir sans façon.

butt² [.] futaille *f*; (*gros*) tonneau *m*.

but·ter ['bʌtə] **1.** beurre *m*; *fig.* flatterie *f*, F pommade *f*; *F he looks as if* ~ *would not melt in his mouth* il fait la sainte nitouche; **2.** beurrer; (*a.* ~ *up*) F flatter; **'~cup** bouton-d'or (*pl.* boutons-d'or) *m*; **'~dish** beurrier *m*; **'~fin·gered** maladroit, empoté; **'~fly** papillon *m* (*a. fig.*) F *have butterflies in one's stomach* avoir

le trac; avoir l'estomac serré; **'but·ter·y 1.** de beurre; butyreux (-euse *f*); graisseux (-euse *f*); **2.** *univ.* dépense *f*.

but·tock ['bʌtək] fesse *f*; *usu.* ~*s pl.* fesses *f/pl.*, derrière *m*.

but·ton ['bʌtn] **1.** bouton *m* (*a.* ♥); **2.** (*se*) boutonner; (*usu.* ~ *up*) *fig.* renfermer; mettre les boutons à; **'~hole 1.** boutonnière *f* (*fleur f* portée à la) boutonnière *f*; **2.** festonner; F accrocher (*q.*) au passage; **'~hook** tire-bouton *m*.

but·tress ['bʌtris] contrefort *m*; butoir *m* (*d'une chaîne de montagnes*); *fig.* pilier *m*.

bux·om ['bʌksəm] dodu; rondelet(te *f*) (*femme*); grassouillet(te *f*).

buy [bai] [*irr.*] *v/t.* acheter (à, *from*); prendre (*un billet*); *fig.* payer, F suborner; ~ *back* racheter; *v/i.* (*a.* ~ *and sell*) brocanter; *order to* ~ ordre *m* d'achat; **'buy·er** acheteur (-euse *f*) *m*; acquéreur *m*; † acquisiteur *m*, acheteur *m*, chef *m* de rayon.

buzz [bʌz] **1.** bourdonnement *m*; *conversation:* brouhaha *m*; ♪ ronflement *m*; *Am.* ~ *saw* scie *f* circulaire; F *give s.o. a* ~ donner un coup de fil à q. (*téléphoner*); **2.** *v/i.* bourdonner, vrombir; *v/t.* lancer, jeter.

buz·zard *orn.* ['bʌzəd] buse *f*, busard *m*.

buzz·er ♪ ['bʌzə] appel *m*; sonnerie *f*.

by [bai] **1.** *prp. lieu:* (au)près de, à côté de, (la *m:er*); *direction:* par; *temps:* avant, pour; *moyen:* par, de; à (la *main, la machine, bicyclette, cheval, etc.*); en (*auto, tramway*); *auteur:* de; *serment:* au nom de, par (*qch.*); *mesures:* sur; selon; *North* ~ *East* nord quart nord-est; *side* ~ *side* côte à côte; ~ *day* de jour, le jour; ~ *name* de nom; (*connu*) sous le nom de; ~ *now* déjà, à l'heure qu'il est; ~ *the time* (*that*) quand; avant que (*sbj.*); *a play* ~ *Shaw* une pièce de Shaw; ~ *lamplight* à (la lumière de) la lampe; ~ *the dozen* à la douzaine; ~ *far* de beaucoup; *50 feet* ~ *20* quinze pieds sur vingt; ~ *half* de moitié; F beaucoup; ~ *o.s.* seul; à l'écart; *land* par terre; ~ *rail* par le chemin de fer; *day* ~ *day* de jour en jour; ~ *twos* deux par deux; **2.** *adv.* près;

de côté; ~ *and* ~ tout à l'heure, tantôt, bientôt, par la suite; ~ *the* ~ à propos ...; *close* ~ tout près; *go* ~ passer; ~ *and large* à tout prendre; **3.** *adj.* latéral (-aux *m/pl.*); écarté; supplémentaire.

bye [bai] *cricket*: balle *f* passée; *tennis*: exemption *f* (*d'un match dans un tournoi, accordée à un joueur qui ne tire pas d'adversaire*); *be a* ~ se trouver exempt d'un match.

bye-bye F ['bai'bai] au revoir!; adieu!; *go to* ~ F aller faire dodo.

by...: '~-e·lec·tion élection *f* partielle; '~-gone **1.** écoulé, d'autrefois; **2.** ~s *pl.* passé *m*; *let* ~s *be* ~s oublions le passé!; sans rancune!; '~-law arrêté *m* municipal; '~-line *Am.* rubrique *f* d'un article qui en

nomme l'auteur; '~-name sobriquet *m*; '~-pass **1.** *gaz*: veilleuse *f*; route *f* de contournement; **2.** F éviter; dévier (*la circulation*); '~-path sentier *m* écarté; '~-play *théâ.* jeu *m* accessoire; aparté *m* mimé; '~-prod·uct dérivé *m*; '~-road chemin *m* détourné; chemin *m* vicinal.

By·ron·ic [bai'rɔnik] (~*ally*) byronien.

by...: '~-stand·er assistant *m*; spectateur (-trice *f*) *m*; '~-street ruelle *f*; rue *f* écartée; '~-way chemin *m* détourné; détour *m* (*a. péj.*); *fig.* à-côté *m*; '~-word proverbe *m*; *be a* ~ *for* être passé en proverbe pour; *be the* ~ *of* être la fable de.

By·zan·tine [bi'zæntain] **1.** byzantin; **2.** Byzantin(e *f*) *m*.

C

C, c [si:] C *m*, c *m*.

cab [kæb] **1.** taxi *m*; fiacre *m*; *camion, grue, etc.*: guérite *f*; 🚂 poste *m* de conduite; **2.** *de fiacres, de taxis*; **3.** F ~ *it* aller *ou* venir en taxi.

ca·bal [kə'bæl] **1.** cabale *f*, brigue *f*; **2.** cabaler; comploter.

cab·a·ret ['kæbərei] cabaret *m*; concert *m* genre music-hall.

cab·bage ['kæbidʒ] chou *m*; ~ **butterfly** piéride *f* du chou; ~ **lettuce** laitue *f* pommée.

cab·by F ['kæbi] cocher *m*.

cab·in ['kæbin] **1.** cabane *f*; câble *f*; ♻ cabine *f*; 🚂 guérite *f*; **2.** enfermer; '~**boy** mousse *m*.

cab·i·net ['kæbinit] meuble *m* à tiroirs; *étalage etc.*: vitrine *f*; *radio*: coffret *m*; *phot.* format *m* album; *pol.* cabinet *m*, ministère *m*; ♀ **Council** conseil *m* des ministres; '~**mak·er** ébéniste *m*.

ca·ble ['keibl] **1.** ♻, *a. tél.* câble *m*; ♻ chaîne *f*; câble-chaîne (*pl.* câbles--chaînes) *m*; *buried* ~ câble *m* souterrain; **2.** *tél.* câbler; '~**car** téléphérique *m*; *sur rail*: funiculaire *m*; '~**gram** câblogramme *m*; ~ **railway** funiculaire *m*; ~ **tel·e·vi·sion** télédistribution *f*, télévision *f* par câble(s).

cab·man ['kæbmən] cocher *m* de fiacre.

ca·boo·dle *sl.* [kə'bu:dl]: *the whole* ~ tout le bazar.

ca·boose [kə'bu:s] ♻ cuisine *f*; 🚂 *Am.* fourgon *m*.

cab·ri·o·let *surt. mot.* [kæbrio'lei] cabriolet *m*.

cab·stand ['kæbstænd] station *f* de voitures.   [perlée.]

ca'can·ny [kɔ:'kæni] faire la grève

ca·ca·o [kə'kɑ:ou] cacao *m*; *arbre*: cacaotier *m*.

cache [kæʃ] cache *f*, cachette *f*.

cack·le ['kækl] **1.** caquet *m* (*a. fig.*); ricanement *m*; **2.** caqueter (*a. fig.*); ricaner; cacarder (*oie*); '**cack·ler** poule *f* qui caquette; *fig.* caqueteur (-euse *f*) *m*; ricaneur (-euse *f*) *m*.

cac·tus ♀ ['kæktəs] cactus *m*.

cad F [kæd] goujat *m*; canaille *f*.

ca·das·tre [kə'dæstə] cadastre *m*.

ca·dav·er·ous [kə'dævərəs] cadavéreux (-euse *f*); *fig.* exsangue.

cad·die ['kædi] *golf*: cadet *m*.

cad·dish F □ ['kædiʃ] voyou; digne d'un goujat.

cad·dy ['kædi] boîte *f* à thé.

ca·dence ['keidəns] ♪ cadence *f*; intonation *f*; rythme *m*.

ca·det [kə'det] cadet *m*; ~ **corps** bataillon *m* scolaire.

cadge [kædʒ] colporter; mendier; chiner (*qch.*); '**cadg·er** colporteur *m*; mendiant(e *f*) *m*; chineur (-euse *f*) *m*.

ca·du·cous ♀, *a. zo.* [kə'dju:kəs] caduc (-uque *f*).

cae·cum *anat.* ['si:kəm] cæcum *m*.

Cae·sar ['si:zə] César *m*; **C(a)e·sar·i·an** (**sec·tion**) ♂ [si:'zɛəriən ('sekʃən)] césarienne *f*.

cae·su·ra [si'zjuərə] césure *f*.

ca·fé ['kæfei] café(-restaurant) *m*.

caf·e·te·ri·a *Am.* [kæfi'tiəriə] cafeteria *f*, restaurant *m* de libre service *m*.

caf·e·to·ri·um *Am.* [kæfi'tɔ:riəm] salle *f* des festins, restaurant *m*.

caf·feine ♀ □ ['kæfii:n] caféine *f*.

cage [keidʒ] **1.** cage *f*; *oiseau*: cage *f*, volière *f*; ⚒ cage *f* (*de puits*); **2.** encager (*a. fig.*); mettre en cage.

cag·ey □ F ['keidʒi] peu communicatif (-ive *f*); prudent; *be* ~ *about a.* ne pas vouloir parler de, cacher.

cairn [kɛən] cairn *m*.

cais·son [kə'su:n] ⚔ caisson *m* (à munitions); *hydraulique*: caisson *m*, batardeau *m*.

ca·jole [kə'dʒoul] enjôler; cajoler; persuader (à q. de *inf.*, *s.o. into gér.*); **ca'jol·er** cajoleur (-euse *f*) *m*; **ca·jol·er·y** cajolerie *f*, *-s f/pl.*; enjôlement *m*.

cake [keik] **1.** gâteau *m*; pâtisserie *f*; *chocolat*: tablette *f*; *savon*: pain *m*; **2.** faire croûte; se coller; se cailler (*sang*).

cal·a·bash ['kæləbæʃ] calebasse f.

cal·a·mine min. ['kæləmain] calamine f.

ca·lam·i·tous □ [kə'læmitəs] calamiteux (-euse f), désastreux (-euse f); **ca'lam·i·ty** calamité f, infortune f; désastre m; catastrophe f; **ca'lam·i·ty-howl·er** surt. Am. pessimiste mf; prophète m de malheur; **ca'lam·i·ty-howl·ing** surt. Am. défaitisme m; prophéties f/pl. de malheur.

ca·lash [kə'læʃ] calèche f.

cal·car·e·ous min. [kæl'kɛəriəs] calcaire.

cal·ci·fi·ca·tion [kælsifi'keiʃn] calcification f; **cal·ci·fy** ['ᷱfai] (se) calcifier; **cal·ci·na·tion** ♈ [kælsi'neiʃn] calcination f; cuisson f; **cal·cine** ['kælsain] v/t. ♈ calciner; cuire; v/i. se calciner; **'cal·cite** min. calcite f; **cal·ci·um** ♈ ['ᷱsiəm] calcium m.

cal·cu·la·ble ['kælkjuləbl] calculable; **cal·cu·late** ['ᷱleit] v/t. calculer; estimer; faire le compte de; ~d propre (à, to), fait (pour, to); v/i. compter (sur, on); Am. F supposer; calculating-machine machine f à calculer; **cal·cu'la·tion** calcul m; **'cal·cu·la·tor** calculateur (-trice f) m; machine f à calculer, calculatrice f; **'cal·cu·lus** ♈, ♈ [ᷱləs] calcul m.

cal·dron ['kɔːldrən] see cauldron.

cal·en·dar ['kælində] 1. calendrier m; ♈ rôle m des assises; univ. annuaire m; 2. inscrire sur un calendrier ou sur une liste.

cal·en·der ⊕ [ᷱ] 1. calandre f; laminoir m; 2. calandrer; laminer.

calf [kaːf], pl. **calves** [kaːvz] veau m; fig. petit(e f) m; (a. ~-leather) veau m, vachette f; ⊕ reliure f en veau; anat. mollet m; in ~s, with ~ pleine (vache); F ~-love amours f/pl. enfantines; **'~skin** (cuir m de) veau m.

cal·i·brate ⊕ ['kælibreit] étalonner; calibrer (un tube); **cal·i·bre** ['ᷱbə] calibre m (a. fig.); alésage m.

cal·i·co ['kælikou] calicot m; surt. Am. indienne f.

Cal·i·for·nian [kæli'fɔːnjən] 1. californien(ne f); de Californie; 2. Californien(ne f) m.

ca·liph ['kælif] calife m; **cal·iph·ate** ['ᷱeit] califat m.

calk¹ [kɔːk] peint. décalquer.

calk² [ᷱ] see caulk.

calk³ [ᷱ] 1. a. calk·in ['kælkin] crampon m, clou m à glace; 2. ferrer (un cheval) à glace.

call [kɔːl] 1. appel m (a. téléph., bridge, etc.); cri m (a. oiseau); téléph., clairon, etc.: coup m; théâ. rappel m; bridge: annonce f; visite f; demande f (de, for); vocation f; invitation f, nomination f (à un poste, à une chaire, etc.); Bourse: appel m de fonds; option f; ♱ ~-money prêts m/pl. au jour le jour; port ♱ port m d'escale; ♱ on ~ sur demande; au jour le jour; give s.o. a ~ donner un coup de fil à q.; 2. v/t. appeler (a. ♈), crier; convoquer (une réunion); héler (un taxi); faire venir (un médecin); appeler, attirer (l'attention) (sur, to); théâ. rappeler; réveiller; cartes: déclarer; décréter (une grève); qualifier de (un titre); injurier; fig. nommer (à, to); be ~ed s'appeler; ~ s.o. names injurier q.; Am. F ~ down injurier; reprendre (q.); ✝ forth produire, évoquer; faire appel à (le courage); ~ in retirer (une monnaie) de la circulation; faire (r)entrer (q.); ~ over faire l'appel de (les noms); ~ up évoquer; ✗ mobiliser, appeler sous les drapeaux; appeler au téléphone; 3. v/i. téléphoner; faire une visite, passer (chez qn, on); ~ at a port faire escale; ~ for faire venir (q.) ou apporter (qch.); commander; théâ. rappeler, réclamer; venir chercher (q., qch.); to be (left till) ~ed poste restante; ~ in invoquer; réclamer (qch. à q., s.o. for s.th.) requérir (q.) (de, to inf.). ~ to crier à (q.); ~ upon see ~ on; **'call·a·ble** ✝ au jour le jour (prêt); **'call·box** cabine f téléphonique; **'call·er** personne f qui appelle; visiteur (-euse f) m; téléph. demandeur (-euse f) m.

cal·li·graph·ic [kæli'græfik] (~ally) calligraphique; **cal·lig·ra·phy** [kə'ligrəfi] calligraphie f, belle écriture f.

call-in ['kɔːlin] radio, télév. programme m ou émission f avec participation des assistants, programme m à ligne ouverte.

call·ing [kɔːliŋ] appel m; convocation f; métier m; visite f (à, on); Am. ~ card carte f de visite.

cal·(l)i·pers pl. ['kælipəz] compas m d'épaisseur.

cal·lis·then·ics [kælis'θeniks] *usu. sg.* callisthénie *f.*

call-of·fice ['kɔːlɔfis] bureau *m* téléphonique.

cal·los·i·ty [kæ'lɔsiti] callosité *f;* cal *(pl.* -s) *m; fig.* dureté *f;* **'cal·lous** □ calleux (-euse *f); fig.* insensible, dur.

cal·low ['kælou] sans plumes; *fig.* imberbe, sans expérience.

call-up [kɔl'ʌp] appel *m* (✕ sous les drapeaux).

cal·lus ['kæləs] callosité *f.*

calm [kɑːm] **1.** □ calme, tranquille *(a. fig.);* **2.** tranquillité *f;* calme *m (a. fig., a.* ♫*);* sérénité *f;* **3.** (~ down *se)* calmer; apaiser; adoucir; **'calm·ness** tranquillité *f;* calme *m;* sérénité *f.*

ca·lor·ic *phys.* [kə'lɔrik] calorique *m;* **cal·o·rie** *phys.* ['kæləri] calorie *f;* **cal·o·rif·ic** [kælə'rifik] calorifique, calorifiant.

cal·trop ['kæltrɔp] ♣ chardon *m* étoilé; ✕ *hist.* chausse-trape *f.*

ca·lum·ni·ate [kə'lʌmnieit] calomnier; **ca·lum·ni·a·tion** calomnie *f;* **ca·lum·ni·a·tor** calomniateur (-trice *f*) *m;* **ca·lum·ni·ous** □ calomnieux (-euse *f);* **cal·um·ny** ['kæləmni] calomnie *f.*

Cal·va·ry ['kælvəri] *le* Calvaire *m.*

calve [kɑːv] vêler *(a. géol.);* **calves** [kɑːvz] *see* calf. [nisme *m.*]

Cal·vin·ism ['kælvinizm] calvi-)

ca·lyx ['keiliks], *pl. a.* **ca·ly·ces** ['~lisiːz] ♣, *a. zo.* calice *m.*

cam ⊕ [kæm] came *f;* excentrique *m;* ~ *gear* distribution *f* à came(s).

cam·ber ⊕ ['kæmbə] **1.** poutre: cambrure *f; chaussée:* bombement *m;* **2.** (se) cambrer; bomber.

cam·bric † ['keimbrik] batiste *f.*

came [keim] *prét. de* come.

cam·el *zo., a.* ♫ ['kæml] chameau*m.*

ca·mel·li·a ♣ [kə'miːljə] camélia *m.*

cam·e·o ['kæmiou] camée *m.*

cam·er·a ['kæmərə] *phot.* appareil *m;* ⁑⁑ *in* ~ à huis clos; **'~·man** caméraman *m;* preneur *m* de vues.

cam·i·knick·ers ['kæmi'nikəz] *pl.* chemise-culotte *(pl.* chemises-culottes) *f.*

cam·o·mile ♣ ['kæməmail] camomille *f;* ~ *tea* (tisane *f* de) camomille *f.*

cam·ou·flage ✕ ['kæmuflɑːʒ] **1.** camouflage *m;* **2.** camoufler.

camp *etc.* [kæmp] **1.** camp *m;* campement *m;* ~·*bed* lit *m* de camp; ~·*chair,* ~·*stool* chaise *f* pliante; pliant *m;* **2.** camper; ~ *out* camper; faire du camping.

cam·paign [kæm'pein] **1.** campagne *f (a. pol., a. fig.);* election ~ campagne *f* électorale; **2.** faire une (des) campagne(s); **cam'paign·er:** F *old* ~ vieux routier *m;* vétéran *m.*

camp·er ['kæmpə] campeur (-euse *f*) *m; Am. a.* caravane *f.*

cam·phor ['kæmfə] camphre *m;* **cam·phor·at·ed** ['~reitid] camphré.

camp·ing ['kæmpiŋ] camping *m;* ✕ campement *m.*

camp·site ['kæmpsait] (terrain *m* de) camping *m.*

cam·pus *Am.* ['kæmpəs] terrains *m/pl. (d'une université).*

cam·shaft ⊕ ['kæmʃɑːft] arbre *m* à cames.

can¹ [kæn] *[irr.] v/aux. (défectif)* je peux *etc.,* je suis *etc.* capable de *(inf.).*

can² [~] **1.** bidon *m,* broc *m,* pot *m; Am. conserves:* boîte *f;* canette *f* en métal; ~ *opener* ouvre-boîtes *m/inv.;* F *carry the* ~ rester avec l'affaire sur les bras; **2.** *Am.* conserver *(qch.)* en boîte; *Am. sl.* ~ *it!* la ferme!

Ca·na·di·an [kə'neidjən] **1.** canadien(ne *f);* **2.** Canadien(ne *f*) *m.*

ca·nal [kə'næl] canal *m (a.* ♣*);* **ca·nal·i·za·tion** [kænəlai'zeiʃn] canalisation *f;* **'ca·nal·ize** (se) canaliser.

ca·nard [kæ'nɑːd] canard *m,* fausse nouvelle *f.*

ca·nar·y [kə'nɛəri] *(a.~bird)* serin *m.*

can·cel ['kænsl] biffer; annuler; *fig. (a.* ~ *out)* éliminer; **can·cel·la·tion** [kænse'leiʃn] annulation *f;* résiliation *f;* révocation *f.*

can·cer ['kænsə] *astr. le* Cancer *m;* ✹ cancer *m; attr.* cancéreux (-euse *f);* **'can·cer·ous** cancéreux (-euse *f*).

can·did □ ['kændid] franc(he *f);* sincère; impartial (-aux *m/pl.*).

can·di·date ['kændidit] candidat *m,* aspirant *m* (à, *for);* **can·di·da·ture** ['~ʃə] candidature *f.*

can·died ['kændid] candi; confit.

can·dle ['kændl] bougie *f;* chandelle *f;* cierge *m;* ~·*power* bougie *f,* ~·*s f/pl.;* 2·*mas eccl.* ['~məs] la Chandeleur *f;* '~·*stick* chandelier *m;* bougeoir *m.*

cap

can·do(u)r ['kændə] franchise *f*, sincérité *f*; impartialité *f*.

can·dy ['kændi] **1.** sucre *m* candi; *Am.* bonbons *m/pl.*; confiseries *f/pl.*; ~ floss barbe *f* à papa; **2.** *v/t.* faire candir (*du sucre*); glacer (*des fruits*); *v/i.* se cristalliser.

cane [kein] **1.** ⚘ jonc *m*; canne *f*; *pour sièges:* rotin *m*; **2.** battre à coups de canne; canner (*une chaise*).

ca·nine ['keinain] **1.** de chien, canin; **2.** ['kænain] *a.* ~ *tooth* canine *f*.

can·is·ter ['kænistə] boîte *f* (*en fer blanc*).

can·ker ['kæŋkə] **1.** 🌳, *a.* ⚘ chancre *m* (*a. fig. = influence corruptrice*); **2.** ronger; *fig.* corrompre; **'can·kered** *fig.* plein d'amertume; **'can·ker·ous** chancreux (-euse *f*).

can·na·bis ['kænəbis] chanvre *m*; cannabis *m*.

canned *Am.* [kænd] (conservé) en boîte; ~ *music* musique enregistrée *ou* en conserve.

can·ner·y *Am.* ['kænəri] conserverie *f*.

can·ni·bal ['kænibl] cannibale (*a. su./mf*).

can·non ['kænən] **1.** ✕ canon *m*; pièce *f* d'artillerie; *billard:* carambolage *m*; **2.** caramboler; *fig.* ~ *against* (*ou with*) se heurter contre; **can·non·ade** [~'neid] canonnade *f*; **'can·non·ball** boulet *m* de canon.

can·not ['kænɔt] *je ne peux pas etc.*

can·ny □ *écoss.* ['kæni] prudent, finaud.

ca·noe [kə'nu:] **1.** canoë *m*; pirogue *f*; périssoire *f*; *paddle one's own* ~ se débrouiller tout seul, diriger seul sa barque; **2.** faire du canoë *ou* de la périssoire; aller en canoë.

can·on ['kænən] *eccl., a.* ♪ canon *m*; **F** règle *f*, critère *m*; canon *m*; *eccl. personne:* chanoine *m*; *typ.* gros canon *m*; 🛠 *law* droit *m* canon; **can·on·i·za·tion** [~nai'zeiʃn] canonisation *f*; **'can·on·ize** canoniser (*q.*); sanctionner (*un usage*); **'can·on·ry** canonicat *m*.

can·o·py ['kænəpi] **1.** dais *m*; baldaquin *m*; marquise *f*; *fig.* voûte *f*; 🔺 gable *m*; **2.** couvrir d'un dais *etc.*

cant¹ [kænt] **1.** inclinaison *f*, dévers *m*; 🔺 pan *m* coupé; **2.** (s')incliner; pencher; *v/i.* 🔺 éviter; ~ *over* se renverser.

cant² [~] **1.** jargon *m*, argot *m* (*des*

mendiants, criminels, etc.); langage *m* hypocrite; boniments *m/pl.*; **2.** faire le cafard; parler avec hypocrisie (de, *about*).

can't **F** [kɑ:nt] *see* cannot.

can·ta·loup ⚘ ['kæntəlu:p] cantaloup *m*.

can·tan·ker·ous **F** □ [kən'tæŋkərəs] revêche, acariâtre.

can·teen [kæn'ti:n] cantine *f*; *coutellerie:* service *m* de table en coffre; ✕ bidon *m*; ✕ gamelle *f*.

can·ter ['kæntə] **1.** petit galop *m*; **2.** aller au petit galop.

can·ter·bur·y ['kæntəbəri] casier *m* à musique; ♫ *bell* ⚘ campanule *f*.

can·tha·ris *zo.* ['kænθəris], *pl.* **-thar·i·des** [~'θæridi:z] cantharide *f*.

can·ti·cle ['kæntikl] cantique *m*; *bibl.* ♫s *pl.* le Cantique des Cantiques.

can·ti·le·ver 🔺 ['kæntili:və] encorbellement *m*; cantilever *m*.

can·to ['kæntou] chant *m* (*d'un poème*).

can·ton 1. ['kæntən] canton *m*; **2.** ✕ [kæn'tu:n] cantonner; **'can·ton·ment** ✕ cantonnement *m*.

can·vas ['kænvəs] (*grosse*) toile *f*; toile *f* de tente; *navire:* voiles *f/pl.*; *peint.* toile *f*; *p.ext.* tableau *m*.

can·vass [~] **1.** sollicitation *f* de suffrages; tournée *f* électorale; *Am. a.* dépouillement *m* (*des voix*); **2.** *v/t.* discuter; solliciter (*des suffrages,* ✝ *des commandes*); *v/i.* *pol.* faire une tournée électorale; ✝ faire la place; **'can·vass·er** solliciteur (-euse *f*) *m*; ✝ placier *m*; *pol.* courtier *m* électoral; *Am. a.* scrutateur *m* (*du scrutin*).

caou·tchouc ['kautʃuk] caoutchouc *m*.

cap [kæp] **1.** casquette *f*; béret *m*; *univ.* toque *f*, mortier *m*; ⊕ *etc.* chapeau *m*, capuchon *m*; ⊕ *pompe:* calotte *f*; ~ *and gown* toque *f* et toge *f*, costume *m* académique; ~ *in hand* le bonnet à la main; *set one's* ~ *at s.o.* entreprendre la conquête de q.; **2.** *v/t.* coiffer; choisir comme membre de la première équipe; capsuler (*une bouteille etc.*); *fig.* couronner; **F** surpasser; *sp. be* ~*ped* être admis *ou* jouer dans l'équipe nationale; *v/i.* **F** se découvrir (devant q., [to] s.o.).

ca·pa·bil·i·ty [keipə'biliti] capacité *f* (pour *inf.*, *of gér.*); faculté *f* (de *inf.*, *of gér.*); **'ca·pa·ble** capable, susceptible (de, *of*).

ca·pa·cious □ [kə'peiʃəs] vaste; ample; **ca·pac·i·tate** [ˌ'pæsiteit] rendre capable (de, *for*); **ca'pac·i·ty** capacité *f* (pour *inf.*, for *gér.*); volume *m*, contenance *f*; *locomotive*: rendement *m*; *rivière*: débit *m*; qualité *f* (*professionnelle*); *disposing* (*ou legal*) ~ capacité *f* juridique; *in my* ~ *as* en ma qualité de.

cap-à-pie [kæpə'piː] de pied en cap.

ca·par·i·son [kə'pærisn] caparaçon *m*; *fig.* parure *f* somptueuse.

cape¹ [keip] cap *m*, promontoire *m*.

cape² [ˌ] pèlerine *f*, cape *f*.

ca·per¹ ♀ [keipə] câpre *f*; *plante*: câprier *m*.

ca·per² [ˌ] **1.** cabriole *f*, entrechat *m* (*a. fig.*); *cut* ~*s* = **2.** faire des entrechats *ou* des cabrioles; gambader.

cap·i·as ⁜ ['keipiæs]: *writ of* ~ mandat *m* d'arrêt.

cap·il·lar·i·ty [kæpi'læriti] capillarité *f*; **cap·il·lar·y** [kə'piləri] **1.** capillaire; **2.** *anat.* (*vaisseau m*) capillaire *m*.

cap·i·tal ['kæpitl] **1.** □ capital (-aux *m/pl.*) (*lettre, peine, crime, ville*); *F* le plus haut; **2.** excellent, fameux (-euse *f*); **2.** capitale *f*; ✝ capital *m*, fonds *m/pl.*; *typ.* (*ou* ~ *letter*) majuscule *f*, capitale *f*; ✝ ~ *assets pl.* actif *m* immobilisé; ✝ ~ *gains* (*tax*) (impôt *m* sur les) plus-values *f/pl.* (en capital); **3.** △ chapiteau *m*; **'cap·i·tal·ism** capitalisme *m*; **'cap·i·tal·ist** capitaliste *mf*; **cap·i·tal'is·tic** capitaliste; **cap·i·tal·i·za·tion** [kæpitəlai'zeiʃn] capitalisation *f*; **'cap·i·tal·ize** capitaliser; écrire avec une majuscule.

cap·i·ta·tion [kæpi'teiʃn] capitation *f* (*a.* ⁜); *attr.* par tête.

Cap·i·tol ['kæpitl] Capitole *m*.

ca·pit·u·late [kə'pitjuleit] capituler; **ca·pit·u·la·tion** capitulation *f*, reddition *f*.

ca·pon ['keipɔn] chapon *m*, poulet *m*.

ca·price [kə'priːs] caprice *m* (*a.* ♪), lubie *f*; **ca·pri·cious** [kə'priʃəs] capricieux (-euse *f*); **ca'pri·cious·ness** humeur *f* capricieuse.

Cap·ri·corn *astr.* ['kæprikɔːn] *le* Capricorne *m*.

cap·ri·ole ['kæprioul] cabriole *f*.

cap·size ⚓ [kæp'saiz] *v/i.* chavirer; *fig.* se renverser; *v/t.* faire chavirer.

cap·stan ⚓ ['kæpstən] cabestan *m*.

cap·su·lar ['kæpsjulə] capsulaire; **cap·sule** ♀, ✚ [ˌ'sjuːl] capsule *f*.

cap·tain ['kæptin] capitaine *m*, chef *m*; *sp.* chef *m* d'équipe; ⚓, ✈ capitaine *m*; ✕ *group* ~ colonel *m*; ~ *of horse* capitaine *m* de cavalerie; ~ *of industry* chef *m* de l'industrie; **'cap·tain·cy**, **'cap·tain·ship** grade *m* de capitaine; *sp.* commandement *m* de l'équipe; *entreprise*: conduite *f*.

cap·tion ['kæpʃn] **1.** en-tête *m*; légende *f*; *journal*: rubrique *f*; *cin.* sous-titre *m*; **2.** *v/t. Am.* fournir d'en-têtes *etc.*

cap·tious □ ['kæpʃəs] captieux (-euse *f*); pointilleux (-euse *f*) (*personne*).

cap·ti·vate ['kæptiveit] *fig.* captiver, charmer; **cap·ti'va·tion** séduction *f*; **'cap·tive 1.** captif (-ive *f*); ~ *balloon* ballon *m* captif; **2.** captif (-ive *f*) *m*; prisonnier (-ère *f* *m*); **cap·tiv·i·ty** [ˌ'tiviti] captivité *f*.

cap·tor ['kæptə] preneur *m*; ⚓ capteur *m*; **cap·ture** ['ˌtʃə] **1.** capture *f*; prise *f* (*a.* ⚓); **2.** capturer, s'emparer de (*un malfaiteur*); prendre (*une ville*); ⚓ capturer.

Cap·u·chin *eccl.* ['kæpjuʃin] capucin *m*.

car [kaː] *mot.* automobile *f*, voiture *f*; 🚋 *Am.* voiture *f*, wagon *m*; *Am.* ascenseur: cabine *f*; *poét.* char *m*; *ballon*: nacelle *f*; ~ *park* parking *m*, parc *m* de stationnement; ~ *port* auvent *m* *ou* abri *m* pour voitures; ~ *wash* lave-auto *m*, tunnel *m* de lavage.

car·a·cole ['kærəkoul] *équit.* **1.** caracole *f*; **2.** caracoler.

ca·rafe [kə'raːf] carafe *f*.

car·a·mel ['kærəmel] caramel *m*; bonbon *m* au caramel.

car·at ['kærət] *mesure*: carat *m*.

car·a·van [kærə'væn] caravane *f* (*a. mot.*); roulotte *f*; ~ *site* camping *m* pour caravanes; **car·a·van·se·rai** [ˌserai] caravansérail *m*.

car·a·way ♀ ['kærəwei] carvi *m*.

car·bide 🜂 ['kaːbaid] carbure *m*.

car·bine ['kaːbain] carabine *f*.

car·bo·hy·drate 🜂 ['kaːbou'haidreit] hydrate *m* de carbone.

car·bol·ic ac·id 🜂 [kaː'bɔlik'æsid] phénol *m*.

car·bon ['kɑ:bən] 🜍 carbone m; ♨ charbon m; ~ copy copie f ou double m au carbone; (ou ~ paper) papier m carbone; **car·bo·na·ceous** [~'neiʃəs] géol. charbonneux (-euse f); **car·bon·ate** ['~bənit] carbonate m; **car·bon·ic** [~'bɒnik] carbonique; ~ acid anhydride m carbonique; **car·bon·i·za·tion** [~bənai'zeiʃn] carbonisation f; **'car·bon·ize** carboniser.

car·boy ['kɑ:bɔi] bonbonne f.

car·bun·cle ['kɑ:bʌŋkl] min. escarboucle f; ♨ anthrax m.

car·bu·ret 🜍 [kɑ:'bjuret] carburer; **'car·bu·ret·ter**, usu. **'car·bu·ret·tor** mot. carburateur m.

car·case, **car·cass** ['kɑ:kəs] homme, animal: cadavre m; animal, maison: carcasse f; fig. squelette m, carcasse f.

car·ci·no·ma ♨ [kɑ:sinoumə] carcinome m; **car·cin·o·gen·ic** [~nə'dʒenik] cancérigène.

card[1] ⊕ [kɑ:d] **1.** carde f, peigne m; **2.** carder, peigner (la laine).

card[2] [~] carte f; ~ catalogue fichier m; F house of ~s château de cartes; sl. queer ~ drôle m de type ou de numéro.

car·dan ⊕ ['kɑ:dən] ~ joint joint m de cardan, joint m universel; ~ shaft arbre m à cardan.

card...: '~·board carton m; cartonnage m; ~ box carton m; '~·case porte-cartes m/inv.

car·di·ac ♨ ['kɑ:diæk] **1.** cardiaque, cardiaire; ~ arrest arrêt m du coeur; ~ stimulant stimulant m cardiaque; **2.** cordial m.

car·di·gan ['kɑ:digən] cardigan m.

car·di·nal □ ['kɑ:dinl] **1.** cardinal (-aux m/pl.); principal (-aux m/pl.); ~ number nombre m cardinal; **2.** eccl. cardinal m (a. orn.); **car·di·nal·ate** ['~eit] cardinalat m.

card...: '~·in·dex fichier m, classeur m; '~·sharp·er tricheur m, escroc m.

care [kɛə] **1.** souci m; soin m, attention f; charge f; tenue f; medical ~ soins m/pl. médicaux; ~ of the mouth hygiène f orale; ~ of the nails soin m des ongles; ~ of (abbr. c/o) aux bons soins de; chez; take ~ soin faire attention; take ~ (of yourself)! fais bien attention (à toi); take ~ to do faire attention ou prendre soin de faire; take ~ of s'occuper de;

garder; with ~! fragile!; **2.** se soucier; s'inquiéter; ~ for soigner; aimer; se soucier de; usu. au nég.: tenir à; être important à (q.); F I don't ~ (if I do)! ça m'est égal; I don't ~ what he said peu m'importe ce qu'il a dit.

ca·reen ⚓ [kə'ri:n] v/t. caréner; v/i. donner de la bande.

ca·reer [kə'riə] **1.** carrière f; fig. course f précipitée; ~ diplomat diplomate m de carrière; **2.** fig. courir rapidement; **ca·reer·ist** [kə'riərist] arriviste m.

care·free ['kɛəfri:] insouciant; exempt de soucis.

care·ful □ ['kɛəful] soigneux (-euse f) (de of, for); attentif (-ive f) (à, of); prudent; soigné; be ~ to (inf.) avoir soin de (inf.); be ~ not to fall! prenez garde de tomber; **'care·ful·ness** soin m, attention f; prudence f.

care·less □ ['kɛəlis] sans soin; négligent; inconsidéré; nonchalant; insouciant (de of, about); **'care·less·ness** inattention f; insouciance f; manque m de soin.

ca·ress [kə'res] **1.** caresse f; **2.** caresser; fig. mignoter.

care·tak·er ['kɛəteikə] concierge mf; gardien(ne f) m; école: dépensier (-ère f) m.

care·worn ['kɛəwɔ:n] usé par le chagrin.

car·fare Am. ['kɑ:fɛə] prix m du voyage.

car·go ⚓ ['kɑ:gou] cargaison f; mixed (ou general) ~ cargaison f mixte; shifting ~ cargaison f volante.

car·i·ca·ture [kærikə'tjuə] **1.** caricature f; **2.** caricaturer; **car·i·ca·tur·ist** [kærikə'tjuərist] caricaturiste m.

car·i·es ♨ ['kɛərii:z] carie f; **'car·i·ous** carié; gâté (dent etc.).

car·man ['kɑ:mən] charretier m.

car·mine ['kɑ:main] **1.** carmin m; **2.** carmin adj./inv., carminé.

car·nage ['kɑ:nidʒ] carnage m; **'car·nal** □ charnel(le f); de la chair; sensuel(le f); usu. au nég.: tenir à; être mondain; **car·nal·i·ty** [~'næliti] sensualité f; **car·na·tion** [~'neiʃn] **1.** incarnat m; ♣ œillet m; **2.** incarnat.

car·ni·val ['kɑ:nivl] carnaval (pl. -s) m; fig. réjouissances f/pl.

car·ni·vore ['kɑ:nivɔ:] carnassier m;

car·niv·o·rous [ˌ\~'nivərəs] carnassier (-ère f) (animal); carnivore (plante, personne).

car·ol ['kærl] **1.** chant m, chanson f; noël m; **2.** chanter joyeusement.

ca·rot·id anat. [kə'rɔtid] (a. \~ artery) carotide f.

ca·rouse [kə'rauz] **1.** a. **ca'rous·al** buverie f, F bombe f; **2.** faire la fête.

carp[1] [kɑ:p] carpe f.

carp[2] [\~] gloser, épiloguer; \~ at trouver à redire à.

car·pen·ter ['kɑ:pintə] **1.** charpentier m; menuisier m; **2.** v/i. faire de la charpenterie; v/t. charpenter; '**car·pen·try** charpente(rie) f.

car·pet ['kɑ:pit] **1.** tapis m (a. fig.); bring on the \~ soulever (une question); F \~-dance sauterie f; **2.** recouvrir d'un tapis; F mettre (q.) sur la sellette; '**\~-bag·ger** parl. candidat m étranger à la circonscription; '**\~-beat·er** tapette f.

car·pet·ing ['kɑ:pitiŋ] tapis m/pl. en pièce; pose f de tapis.

car·pet-sweep·er ['kɑ:pitswiːpə] balai m mécanique.

car·riage ['kæridʒ] port m; transport m; (a. ⊕) voiture f, wagon m; ✕ affût m; personne: allure f; machine à écrire: chariot m; voiture: train m; '**car·riage·a·ble** charriable (objet); praticable (chemin).

car·riage...: '**\~-and-'pair** voiture f à deux chevaux; '**\~-door** porte f cochère; '**\~-drive** allée f; avenue f pour voitures; '**\~-free**, '**\~-paid** franc(he f) ou franco de port, envoi franco; '**\~-road**, '**\~-way** chaussée f; route f carrossable.

car·ri·er ['kæriə] porteur (-euse f) m (a. ⚕); ✕ ravitailleur m; ✝ camionneur m, voiturier m; bicyclette: porte-bagages m/inv.; '**\~-bag** sac m (en plastique); '**\~-pi·geon** pigeon m voyageur.

car·ri·on ['kæriən] **1.** charogne f; **2.** pourri.

car·rot ['kærət] carotte f; '**car·rot·y** F roux (rousse f).

car·ry ['kæri] **1.** v/t. porter; transporter; conduire (q.); mener (q.); mener à bonne fin (une entreprise); (rap)porter (intérêt); remporter (un prix); élever (un mur); (sup)porter (une poutre); faire adopter (une proposition); ♪ retenir (un chiffre); bien supporter (du vin); avoir en ma-

gasin (des marchandises); ✕ enlever (une forteresse); be carried être voté, être adopté; univ. \~ a course suivre un cours; \~away emmener (q.); emporter (a. fig.); \~ everything before one triompher sur toute la ligne; ✝ \~ forward (ou over) reporter (une somme); transporter (un solde); \~ on continuer; entretenir; exercer (un métier); poursuivre (un procès); \~ out porter dehors; exécuter; mener à bonne fin; \~ through exécuter, réaliser; **2.** v/i. porter (son, fusil); faire une trajectoire (balle); \~ on persister; F faire des scènes; F se comporter; F \~ on with flirter avec (q.); '**\~ing capacity** charge f utile; **3.** fusil: portée f; trajet m.

cart [kɑ:t] **1.** charrette f; ✕ fourgon m; \~ grease cambouis m; fig. put the \~ before the horse mettre la charrue devant les bœufs; sl. in the \~ dans le pétrin; **2.** charrier, charroyer; '**cart·age** charroi m; (prix m ou) charriage m.

car·tel [kɑ:'tel] cartel m; ✝ syndicat m de producteurs; ✕ convention f pour l'échange de prisonniers.

car·ter ['kɑ:tə] charretier m, camionneur m.

car·ti·lage ['kɑ:tilidʒ] cartilage m; **car·ti·lag·i·nous** [ˌ\~'lædʒinəs] cartilagineux (-euse f).

cart·load ['kɑ:tloud] charretée f; charbon: tombereau m.

car·tog·ra·pher [kɑː'tɔgrəfə] cartographe m; **car'tog·ra·phy** cartographie f.

car·ton ['kɑːtən] carton m; a \~ of cigarettes une cartouche de cigarettes.

car·toon [kɑː'tuːn] **1.** peint. carton m; ⊕ dessin m (sur page entière), surt. portrait m caricature; cin. dessin m animé; **2.** faire la caricature de.

car·touche [kɑː'tuːʃ] cartouche m.

car·tridge ['kɑːtridʒ] cartouche f; '**\~-belt** ceinture: cartouchière f.

cart-wheel ['kɑːtwiːl] roue f de charrette; gymn. roue f; co. Am. dollar m d'argent.

cart·wright ['kɑːtrait] charron m.

carve [kɑːv] v/t. découper (de la viande); tailler; se frayer (un chemin); vt./i. sculpter (dans, in); graver (sur, in); '**carv·er** couteau m à découper; personne: découpeur m;

693

caster

serveur *m*; ciseleur *m*; ~s *pl.* service *m* à découper.

carv·ing ['kɑ:viŋ] **1.** sculpture *f*, gravure *f*; découpage *m* de la viande; **2.** à découper; à sculpter.

cas·cade [kæs'keid] chute *f* d'eau; cascade *f*.

case¹ [keis] **1.** caisse *f*; colis *m*; (*a. cartridge-*~) étui *m*; *instruments:* trousse *f*; *violon:* boîte *f*; *montre:* boîtier *m*; *magasin:* vitrine *f*; *livre:* couverture *f*; *typ.* casse *f*; **2.** encaisser; cartonner (*un livre*); ⊕ chemiser (*une chaudière*); envelopper (de, with).

case² [~] cas *m* (*a.* ⚕, ♀, ♀¼, *gramm.*); ♀¼ *a.* malade *mf*; *Am.* F original *m*; ♀¼ *a.* cause *f*, affaire *f*; exposé *m* des faits; réclamation *f*; *a* ~ for (*gér.*) des raisons de (*inf.*); have a strong ~ être dans son droit; avoir des raisons sérieuses (pour, for); as the ~ may be selon le cas; in ~ au cas où; à tout hasard; in any ~ en tout cas; '~-book dossier *m* médical; rapports *m/pl.* de cas sociaux.

case-hard·en ⊕ ['keishɑ:dn] aciérer; *fig.* ~ed endurci.

ca·se·in ♀¼ ['keisii:n] caséine *f*.

case-knife ['keisnaif] couteau *m* à gaine.

case·mate ⚔ ['keismeit] casemate *f*.

case·ment ['keismənt] fenêtre *f* à deux battants; croisée *f*; ~ cloth tissu *m* de rideaux.

case-shot ['keisʃɔt] mitraille *f*.

cash [kæʃ] **1.** espèces *f/pl.*; argent *m* comptant; ~ down, for ~ argent comptant; in ~ en espèces; be in (out of) ~ (ne pas) être en fonds; ~ payment paiement *m* (au) comptant; ~ on delivery livraison *f* contre remboursement; ~ dispenser changeur *m* de monnaie; ~ price prix *m* au comptant; ~ register caisse *f* enregistreuse; **2.** encaisser (*un coupon*); toucher (*un chèque*); '~-book livre *m* de caisse; sommier *m*; '~-cheque chèque *m* ouvert; *théâ. etc.* guichet; **cash·ier** [kæ'ʃiə] **1.** caissier (-ère *f*) *m*; **2.** ⚔ casser (*un officier*); '**cash·less** sans argent (*m.*) à sec.

cash·mere [kæʃ'miə] *tex.* cachemire *m*.

cas·ing ['keisiŋ] encaissement *m*; enveloppe *f*; *livre:* cartonnage *m*; *cylindre:* chemise *f*; *turbine:* bâche *f*; ▲ revêtement *m*.

ca·si·no [kə'si:nou] casino *m*.

cask [kɑ:sk] fût *m*, tonneau *m*.

cas·ket ['kɑ:skit] cassette *f*, coffret *m*; *Am.* cercueil *m* (de luxe).

cas·sa·tion ♀¼ [kæ'seiʃn] cassation *f*.

cas·se·role ['kæsəroul] *cuis.* daubière *f*; ♀ casserole *f*; ~ of chicken poulet *m* en cocotte.

cas·sette [kə'set] cassette *f*; ~ deck platine *f* à cassettes; ~ play·er lecteur *m* de cassettes; ~ re·cord·er magnétophone *m* à cassettes.

cas·si·a ♀ ['kæsiə] casse *f* (*a. pharm.*); *arbre:* cassier *m*.

cas·sock ['kæsək] soutane *f*.

cas·so·war·y *orn.* ['kæsəwɛəri] casoar *m*; *New Holland* ~ émeu *m*.

cast [kɑ:st] **1.** jet *m*; coup *m*; ⊕ *metall.* coulée *f*; moulage *m*; ♣ coup *m* (*de sonde*); bas *m* de ligne; *théâ.* troupe *f*; distribution *f* des rôles; ✝ addition *f*; *fig.* trempe *f*, tournure *f* (*d'esprit*); **2.** [*irr.*] *v/t.* jeter (*a.* ♣ *l'ancre*), lancer; donner (*son suffrage*); *zo.* jeter (*sa dépouille*); *orn.* (*usu.* ~ *its feathers*) muer; perdre (*les dents*); jeter (*un regard*); projeter (*une lumière, une ombre, etc.*); *métall.* couler; *typ.* clicher (*une page*); *théâ.* distribuer les rôles de (*une pièce*), assigner (*un rôle à q., s.o. for a part*); ✝, À (*a. ~ up*) additionner, faire le total; ~ iron fonte *f* (de fer); ~ steel fonte *f* d'acier; *être à* ~ be ~ in costs être condamné aux frais; ♀¼ be ~ in a lawsuit perdre un procès, être débouté; ~ lots tirer au sort (pour, for); ~ one's skin se dépouiller; ~ s.th. in s.o.'s teeth reprocher qch. à q.; ~ away rejeter; ♣ be ~ away faire naufrage; ~ down jeter bas; baisser (*les yeux*); be ~ down être découragé; ~ up lever au ciel; ♀ rejeter; ✝ ~ up (*accounts*) additionner, faire le total; **3.** *v/i.* se voiler; ⊕ se couler; ~ about for chercher; briguer; ♣ ~ off abattre sous le vent; démarrer.

cas·ta·net [kæstə'net] castagnette *f*.

cast·a·way ['kɑ:stəwei] **1.** rejeté; ♣ naufragé; **2.** naufragé(e *f*) *m*; *fig.* proscrit(e *f*) *m*; exilé(e *f*) *m*.

caste [kɑ:st] caste *f*; *fig.* rang *m*, classe *f*; ~ feeling esprit *m* de caste.

cas·tel·lan ['kɑ:stələn] châtelain *m*; **cas·tel·lat·ed** ['kæsteleitid] crénelé; bâti dans le style féodal.

cas·ter ['kɑ:stə] *see* castor².

cas·ti·gate [ˈkæstigeit] châtier; *fig.* critiquer sévèrement; **cas·ti·ga·tion** châtiment *m*, correction *f*; *fig.* critique *f* sévère.

cast·ing [ˈkɑːstiŋ] **1.** ~ *vote* voix *f* prépondérante; **2.** jet *m*; moulage *m*, fonte *f*; *théâ.* distribution *f* des rôles; ♪ addition *f*; ~s *pl.* pièces *f*/*pl.*

cast-i·ron [ˈkɑːstˈaiən] en fonte; *fig.* de fer, rigide; ~ *alibi* alibi *m* de fer.

cas·tle [ˈkɑːsl] **1.** château *m* (fort); *échecs:* tour *f*; **2.** *échecs:* roquer.

cas·tor¹ [ˈkɑːstə] *pharm.* castoréum *m*; F chapeau *m* castor; ~ *oil* huile *f* de ricin.

cas·tor² [~] roulette *f* (*de meuble*), *sucre etc.:* saupoudroir *m*; ~s *pl.* huilier *m*; ♪ ~ *sugar* sucre *m* en poudre.

cas·trate [kæsˈtreit] châtrer; **cas·tra·tion** castration *f*; éviration *f*; *fig.* émasculation *f*.

cas·u·al [ˈkæʒjuəl] **1.** □ fortuit, accidentel(le *f*); F insouciant; ~ *labo(u)rer* homme *m* à l'heure, manœuvre *m* d'emploi intermittent; ~ *pauper* = **2.** indigent(e *f*) *m* de passage; **cas·u·al·ty** accident *m*; ✕ *casualties pl.* pertes *f*/*pl.*

cas·u·ist [ˈkæzjuist] casuiste *m* (*a. péj.*); **cas·u·ist·ry** casuistique *f* (*a. péj.*).

cat [kæt] **1.** chat(te *f*) *m*; *Am. sl.* fanatique *mf* du jazz; **2.** *sl.* renarder.

cat·a·clysm [ˈkætəklizm] cataclysme *m*.

cat·a·comb [ˈkætəkoum] catacombe *f*.

cat·a·logue, *Am. a.* **cat·a·log** [ˈkætələg] **1.** catalogue *m*, répertoire *m*; *univ. Am.* annuaire *m*; prospectus *m*; **2.** cataloguer.

ca·tal·y·sis [kəˈtælisis], *pl.* **ca·tal·y·ses** [~siːz] catalyse *f*; **cat·a·lyst** [ˈkætəlist] catalyseur *m*.

cat·a·pult [ˈkætəpʌlt] catapulte *f* (*a.* ✈); ~ *launching* catapultage *m*.

cat·a·ract [ˈkætərækt] cataracte *f* (*a. fig., a.* ✎).

ca·tarrh [kəˈtɑː] catarrhe *m*; F *surt.* rhume *m* de cerveau; **ca·tarrh·al** [kəˈtɑːrəl] catarrhal (-aux *m*/*pl.*).

ca·tas·tro·phe [kəˈtæstrəfi] catastrophe *f*, désastre *m*; **cat·a·stroph·ic** [kætəˈstrɔfik] (~ally) désastreux (-euse *f*).

cat...: **~bur·glar** cambrioleur *m*

par escalade; **~call 1.** *théâ. etc.* sifflet *m*; **2.** siffler; chahuter.

catch [kætʃ] **1.** prise *f*; *porte, fenêtre:* loqueteau *m*; attrape *f*, tromperie *f*; *fig.* aubaine *f*; F bon parti *m* (*à épouser*); ♪ chant *m* à reprises, canon *m*; ⊕ crochet *m* d'arrêt; cliquet *m*; *cricket:* prise *f* au vol; *see* ~ *word*; **2.** [*irr.*] *v*/*t.* attraper, prendre; saisir; F obtenir, gagner; rencontrer (*un regard*); son: frapper (*l'oreille*); recueillir (*de l'eau*); prendre; ne pas manquer (*le train etc.*); attraper, être atteint de (*une maladie*); flanquer (*un coup*) à (*q.*); prendre (*un poisson*); accrocher (*sa robe*); attirer (*l'attention*); contracter (*une habitude*); *orage etc.:* surprendre (*q.*); *fig.* entendre, comprendre; F ~ *it* se faire attraper (*par, from*); ~ *in the act* prendre (*q.*) en flagrant délit; prendre (*q.*) sur le fait; ~ *me!* F pas si bête!; ~ *cold* prendre froid; s'enrhumer; ~ *one's breath* avoir un sursaut; ~ *s.o.'s eye* attirer l'attention de q.; *parl.* ~ *the Speaker's eye* obtenir la parole; ~ *up* ramasser vivement; F couper la parole à (*q.*), interrompre; rattraper (*q.*); **3.** [*irr.*] *v*/*i.* prendre; ⊕ mordre; s'engager (*verrou etc.*); *cuis.* attacher; ~ *at* s'accrocher à; saisir; F ~ *on* avoir du succès, prendre; *Am.* F comprendre; ~ *up with* rattraper (*q.*); ~ *all Am.* fourre-tout *m*/*inv.*; **~as-catch-can** *sp.* catch *m*; **catch·er** *baseball:* rattrapeur *m*; **catch·ing** ♪ entraînant; ✚ contagieux (-euse *f*); infectieux (-euse *f*); **catch·ment ba·sin** bassin *m* de réception.

catch...: **~pen·ny** ♠ **1.** d'attrape; **2.** camelote *f* de réclame; attrape-nigaud *m*; **~phrase** F scie *f*, rengaine *f*; devise *f*; **~pole** huissier *m*; **~word** *pol.* mot *m* de ralliement; F scie *f*; *théâ.* réplique *f*; *typ.* mot-souche (*pl.* mots-souches) *m*; **catch·y** *fig.* F entraînant; insidieux (-euse *f*) (*question etc.*).

cat·e·chism [ˈkætikizm] catéchisme *m*; **cat·e·chize** [ˈ~kaiz] catéchiser; **cat·e·chu·men** [ˈkjuːmən] catéchumène *mf*.

cat·e·gor·i·cal □ [kætiˈgɔrikl] catégorique; **cat·e·go·ry** [ˈ~gəri] catégorie *f*.

cat·e·nar·y [kəˈtiːnəri] **1.** caténaire;

$_{f}$; ~ *curve* funiculaire f; **2.** caténaire f; chaînette f.

ca·ter ['keitə]: ~ *for* approvisionner; *fig.* pourvoir à; **'ca·ter·er** approvisionneur (-euse f) m; fournisseur m; *banquet:* traiteur m; **'ca·ter·ing** approvisionnement m.

cat·er·pil·lar ['kætəpilə] chenille f; ~ *wheel* roue f à chenille.

cat·er·waul ['kætəwɔːl] miauler.

cat·gut ['kætgʌt] corde f à boyau.

ca·the·dral [kə'θiːdrl] **1.** *su.* cathédrale f; **2.** *adj.* cathédral (-aux $m/pl.$).

Cath·er·ine-wheel △ ['kæθərinwiːl] rosace f rayonnante; *pièce d'artifice:* soleil m; roue f à feu.

cath·e·ter ['kæθitə] sonde f creuse, cathéter m.

cath·ode ⚡ ['kæθoud] **1.** cathode f; **2.** cathodique.

cath·o·lic ['kæθəlik] **1.** (~[al]ly) universel(le f); catholique; **2.** catholique mf; **ca·thol·i·cism** [kə'θɔlisizm] catholicisme m.

cat·kin ♀ ['kætkin] chaton m.

cat·nap ['kætnæp] **1.** petit somme m; **2.** faire un petit somme.

cat's...: ~ *eye* cataphote m; **'~-paw** ['kætspɔː] *fig.* dupe f; *be s.o.'s* ~ tirer les marrons du feu pour q.

cat·sup ['kætsəp] *Am. see* ketchup.

cat·tle ['kætl] bétail m; bestiaux $m/pl.$; **'~-plague** peste f bovine; **'~-rus·tler** *Am.* voleur m de bétail; **'~-show** comice m agricole; concours m d'élevage.

cat·walk ['kætwɔːk] passerelle f.

Cau·ca·sian [kɔːˈkeiziən] **1.** caucasien(ne f); du Caucase; **2.** Caucasien(ne f) m.

cau·cus ['kɔːkəs] comité m électoral; *usu. péj.* clique f politique; *pol. Am.* réunion f préliminaire (*d'un comité électoral*).

cau·dal *zo.* ['kɔːdl] caudal (-aux $m/pl.$); **cau·date** ['kɔːdeit] caudifère.

cau·dle ['kɔːdl] chaudeau m.

caught [kɔːt] *prét. et p.p. de* catch 2, 3.

cau(l)·dron ['kɔːldrən] chaudron m; ⊕ chaudière f.

cau·li·flow·er ♀ ['kɔliflauə] choufleur m (*pl.* choux-fleurs) m.

caulk ⚓ [kɔːk] calfater; **'caulk·er** calfat m.

caus·al ['kɔːzl] causal (*sg. seulement*); causatif (-ive f); **cau·sal·i·ty** ['~'zæliti] causalité f; **'caus·a·tive**

causatif (-ive f); **cause** [kɔːz] **1.** cause f; raison f, motif m; ᴢᴢ cause f; procès m; *fig.* querelle f; *with good* ~ pour cause f; **2.** occasionner, causer; faire (faire qch. à q., *s.o. to do s.th.*); **'cause·less** ☐ sans cause, sans motif.

cause·way ['kɔːzwei], **a. cau·sey** ['~zei] chaussée f, digue f (*à travers des marécages*).

caus·tic ['kɔːstik] **1.** caustique m; *phys.* caustique f; **2.** (~ally) caustique; *fig. a.* mordant.

cau·ter·i·za·tion ♫ [kɔːtərai'zeiʃn] cautérisation f; **'cau·ter·ize** cautériser; **'cau·ter** cautère m.

cau·tion ['kɔːʃn] **1.** précaution f; prudence f; avertissement m; réprimande f; F drôle m de pistolet; ᴢᴢ caution f, garant m; ~ *money* cautionnement m; **2.** avertir (contre, *against*); **'cau·tion·ar·y** d'avertissement, avertisseur (-euse f).

cau·tious ☐ ['kɔːʃəs] prudent, circonspect; **'cau·tious·ness** prudence f, circonspection f.

cav·al·cade [kævl'keid] cavalcade f.

cav·a·lier [kævə'liə] **1.** cavalier m; F cavalier m; **2.** ☐ désinvolte, cavalier (-ère f).

cav·al·ry ✗ ['kævlri] cavalerie f.

cave [keiv] **1.** caverne f, antre m; grotte f; **2.** des cavernes; **3.**: ~ *in* $v/i.$ s'effondrer; F céder (*personne*); $v/t.$ aplatir.

cave·at ᴢᴢ ['keiviæt] opposition f.

cave-man ['keivmæn] troglodyte m; F homme m à la manière forte.

cav·en·dish ['kævəndiʃ] tabac m foncé édulcoré.

cav·ern ['kævən] caverne f (*a.* ♫); souterrain m; **'cav·ern·ous** caverneux (-euse f) (*a. fig.*).

cav·i·ar(e) ['kæviaː] caviar m.

cav·il ['kævil] **1.** argutie f; **2.** pointiller (sur *at*, *about*); **'cav·il·ler** chicaneur (-euse f) m.

cav·i·ty ['kæviti] cavité f; creux m; trou m.

ca·vort *Am.* F [kə'vɔːt] cabrioler; faire des galopades.

ca·vy *zo.* ['keivi] cobaye m, cochon m d'Inde. [ment m.]

caw [kɔː] **1.** croasser; **2.** croasse-∫

cay·enne [kei'en], **cay·enne pep·per** ['keien] poivre m de Cayenne.

cay·man *zo.* ['keimən], *pl.* **-mans** caïman m.

cay·use *Am.* ['kaiju:s] petit cheval *m* (indien).

cease [si:s] *v/i.* cesser (de, *from*); *v/t.* cesser (*a.* ⚔ *le feu*); arrêter; '~·**fire** ⚔ cessez-le-feu *m/inv.*; '**cease·less** □ incessant; sans arrêt.

ce·dar ♀ ['si:də] cèdre *m*.

cede [si:d] céder.

ceil [si:l] plafonner (*une pièce*); † lambrisser; '**ceil·ing** plafond *m* (*a. fig.*); ⚓ vaigrage *m*; ~ **lighting** illumination *f* de plafond; ~ **price** prix *m* maximum.

cel·an·dine ♀ ['seləndain] éclaire *f*.

cel·e·brate ['selibreit] célébrer (*a. eccl., a. fig.* = glorifier); '**cel·e·brat·ed** célèbre (par, *for*); renommé (pour, *for*); **cel·e'bra·tion** célébration *f* (*a. eccl.*); in ~ of pour commémorer *ou* fêter (*qch.*); ~ of May-day fête *f* du premier mai; '**cel·e·bra·tor** célébrateur *m*.

ce·leb·ri·ty [si'lebriti] célébrité *f* (*a. personne*).

ce·ler·i·ty [si'leriti] célérité *f*.

cel·er·y ♀ ['seləri] céleri *m*.

ce·les·tial □ [si'lestjəl] céleste.

cel·i·ba·cy ['selibəsi] célibat *m*; **cel·i·bate** ['~bit] 1. célibataire, de célibataire; 2. célibataire *mf*.

cell [sel] cellule *f*; ⚡ élément *m* de pile.

cel·lar ['selə] 1. cave *f*; 2. mettre en cave *ou* en chai; '**cel·lar·age** emmagasinage *m*; caves *f/pl.*; '**cel·lar·et** cave *f* à liqueurs.

celled [seld] à cellule(s); ⚡ à pile(s).

cel·list ♪ ['tʃelist] violoncelliste *mf*; **cel·lo** ['tʃelou] violoncelle *m*.

cel·lo·phane ['seləfein] cellophane *f*.

cel·lu·lar ['seljulə] cellulaire; **cel·lule** ['~ju:l] cellule *f*; **cel·lu·loid** ['~julɔid] celluloïd *m*; **cel·lu·lose** ['~lous] cellulose *f*.

Celt [kelt] Celte *mf*; '**Celt·ic** celte; celtique.

ce·ment [si'ment] 1. ciment *m* (*anat., a.* métall. cément *m*); 2. cimenter (*a. fig.*); coller; métall. cémenter; ~ *mixer* bétonnière *f*; **ce·men·ta·tion** [si:men'teiʃn] cimentage *m*; collage *m*; métall. cémentation *f*.

cem·e·ter·y ['semitri] cimetière *m*.

cen·o·taph ['senətɑ:f] cénotaphe *m*.

cense [sens] encenser; '**cen·ser** encensoir *m*.

cen·sor ['sensə] 1. censeur *m*; 2. interdire; expurger; **cen·so·ri·ous** □ [sen'sɔ:riəs] porté à censurer; sévère; **cen·sor·ship** ['~səʃip] censure *f*; contrôle *m*.

cen·sur·a·ble □ ['senʃərəbl] censurable, blâmable; **cen·sure** ['senʃə] 1. censure *f*, blâme *m*; réprimande *f*; 2. censurer; blâmer publiquement.

cen·sus ['sensəs] recensement *m*.

cent [sent] *Am.* cent *m* (= ¹/₁₀₀ *dollar*); F sou *m*; per ~ pour cent.

cen·taur *myth.* ['sentɔ:] centaure *m*.

cen·tau·ry ♀ ['sentɔ:ri] centaurée *f*.

cen·te·nar·i·an [senti'nɛəriən] centenaire (*a. su./mf*).

cen·te·nar·y [sen'ti:nəri] centenaire *m*.

cen·ten·ni·al [sen'tenjəl] centennal (-aux *m/pl.*); *Am. see* centenary.

cen·tes·i·mal □ [sen'tesiml] centésimal (-aux *m/pl.*).

centi... [senti]: '~·**grade** centigrade; '~·**gramme** centigramme; '~·**me·tre** centimètre *m*; ~·**pede** *zo.* ['~pi:d] centipède *m*; F mille-pattes *m/inv.*

cen·tral ['sentrəl] □ central (-aux *m/pl.*); ~ *heating* chauffage *m* central; ~ *office*, ⚡ ~ *station* centrale *f*; *téléph. Am.* central *m*; **cen·tral·i·za·tion** [~lai'zeiʃn] centralisation *f*; '**cen·tral·ize** (se) centraliser.

cen·tre, *Am.* **cen·ter** ['sentə] 1. centre *m* (*a.* ⚔, *pol.*); milieu *m*; *foot.* ~ *forward* avant-centre *m*; *foot.* ~ *half* demi-centre *m*; 2. central (-aux *m/pl.*), du centre; 3. *v/t.* placer au centre; centrer (*a. foot.*); concentrer; *v/i.* se concentrer (dans, in; sur, on; autour de, round); '~·**bit** ⚙ mèche *f* anglaise.

cen·tric, cen·tri·cal □ ['sentrik(l)] central (-aux *m/pl.*), du centre; **cen·trif·u·gal** □ [sen'trifjugl] centrifuge; **cen'trip·e·tal** □ [~pitl] centripète.

cen·tu·ple ['sentjupl] 1. □ centuple (*a. su./m*); 2. centupler.

cen·tu·ry ['sentʃuri] siècle *m*; *cricket*: centaine *f*.

ce·ram·ic [si'ræmik] céramique; **ce'ram·ics** *pl.* céramique *f*.

ce·re·al ['siəriəl] 1. céréale; 2. céréale *f*; *usu.* ~s *pl.* céréales *f/pl.* en flocons.

cer·e·bel·lum *anat.* [seri'beləm] cervelet *m*; **cer·e·bral** ['seribrəl] céré-

champ

bral (-aux *m/pl.*); **ce·re·brum** ['seribrəm] cerveau *m*.

cere·cloth ['siəklɔθ] toile *f* d'embaumement.

cer·e·mo·ni·al [seri'mounjəl] **1.** □ (*a.* **cer·e·mo·ni·ous** □) cérémonieux (-euse *f*), de cérémonie; **2.** cérémonial (*pl.* -s) *m*; **cer·e·mo·ny** ['seriməni] cérémonie *f*; formalité *f*; *Master of Ceremonies* maître *m* des cérémonies; *without* ~ sans cérémonie, sans façon; *stand on* ~ faire des façons.

cer·tain □ ['sə:tn] certain, sûr; infaillible; *see some* 2; **'cer·tain·ty** certitude *f*; chose *f* certaine; conviction *f*.

cer·tif·i·cate 1. [sə'tifikit] certificat *m*, attestation *f*; diplôme *m*; brevet *m*; ~ *of birth* (*death, marriage*) acte *m* de naissance (de décès, de mariage); ~ *of employment* certificat *m* de travail; *medical* ~ certificat *m* médical; **2.** [~keit] diplômer, breveter; délivrer un certificat *etc.* à (*q.*); ~ed diplômé; **cer·ti·fi·a·ble** ['sə:tifaiəbl] qu'on peut certifier; bon(ne *f*) à enfermer, fou (folle *f*); **cer·ti·fi·ca·tion** certification *f*; **cer·ti·fy** [~fai] certifier, attester; diplômer; authentiquer; *this is to* ~ je soussigné certifie; **cer·ti·tude** [~tju:d] certitude *f*.   [*m/pl.*).)

cer·vi·cal ['sə:vikl] cervical (-aux)

ces·sa·tion [se'seiʃn] cessation *f*, arrêt *m*.

ces·sion ['seʃn] cession *f*; abandon *m*.

cess·pool ['sespu:l] fosse *f* d'aisance.

ce·ta·cean *zo.* [si'teiʃiən] **1.** cétacé *m*; **2.** (*a.* **ce·ta·ceous**) cétacé.

chafe [tʃeif] *v/t.* frictionner; user par le frottement; écorcher (*la peau*); irriter; *v/i.* s'user par le frottement; s'écorcher; s'irriter (contre, *against*); s'érailler (*corde*); *chafing dish* réchaud *m* (de table).

chaff [tʃɑ:f] **1.** balle *f* (*de grain*); menue paille *f*; paille *f* hachée; *fig.* vétilles *f/pl.*; F raillerie *f*; **2.** hacher (*de la paille*); F railler, plaisanter (*q.*); **'~-cut·ter** hache-paille *m/inv.*

chaf·fer ['tʃæfə] marchander (*q.*, *with s.o.*).

chaf·finch *orn.* ['tʃæfintʃ] pinson *m*.

cha·grin ['ʃægrin] **1.** chagrin *m*; **2.** chagriner.

chain [tʃein] **1.** chaîne *f* (*a. fig.*);

suite *f* (*des événements*); chaînette *f*; *surt. Am.* ~*-store* succursale *f* de grand magasin; *mot.* ~ *drive* transmission *f* par chaînes; **2.** attacher par des chaînes; enchaîner; ~ **re·ac·tion** *phys.* réaction *f* en chaîne; **'~-smoke** fumer une cigarette après l'autre; **'~-smok·er** fumeur (-euse *f*) *m* invétéré(e) (qui fume sans arrêt).

chair [tʃɛə] **1.** chaise *f*, siège *m*; fauteuil *m*; (*a. professoral* ~) chaire *f*; ⚙ coussinet *m*; ⚡ *Am.* fauteuil *m* électrique; *see chair(wo)man*; ~! ~! à l'ordre! à l'ordre!; *be in the* ~ présider; **2.** *v/i.* prendre la présidence; *v/t.* porter (*q.*) en triomphe; **'~·man** président *m*; **'~·wom·an** présidente *f*.

chaise [ʃeiz] cabriolet *m*, chaise *f*.

chal·dron ['tʃɔ:ldrən] *mesure à charbon de 36 boisseaux* (72 *à Newcastle*) *anglais*.

chal·ice ['tʃælis] calice *m*.

chalk [tʃɔ:k] **1.** craie *f*; *billard:* blanc *m*; *red* ~ sanguine *f*; F *by a long* ~ de beaucoup; **2.** marquer à la craie; talquer; (*usu.* ~ *up*) écrire à la craie; ~ *out* tracer (*un plan*); **'chalk·y** crayeux (-euse *f*), crétacé; terreux (-euse *f*) (*teint*).

chal·lenge ['tʃælindʒ] **1.** défi *m*; provocation *f* (en duel, *to a duel*); ⚖ interpellation *f*; récusation *f*; **2.** défier, provoquer (*q.*); *sp.* porter un défi à; ⚖ interpeller; récuser; disputer; mettre en doute; **'chal·leng·er** provocateur (-trice *f*) *m*; *sp.* lanceur *m* d'un challenge.

cha·lyb·e·ate [kə'libiit] ferrugineux (-euse *f*).

cham·ber ['tʃeimbə] ⚙, ⊕, *poét.*, *parl.*, *zo.*, *Am.* chambre *f*; ~*s pl.* appartement *m* de garçon; cabinet *m*, étude *f*; *see* ~*pot*; **cham·ber·lain** ['~lin] chambellan *m*; **'cham·ber·maid** *hôtel:* femme *f* de chambre; **'cham·ber·pot** vase *m* de nuit.

cha·me·le·on *zo.* [kə'mi:ljən] caméléon *m*.

cham·fer △ ['tʃæmfə] **1.** biseau *m*; **2.** biseauter, canneler (*une colonne*).

cham·ois ['ʃæmwɑ:; *pl.* -wɑ:z] *zo.* chamois *m*; ⊕ (*ou* ~ *leather*) [*souv.* 'ʃæmi] (peau *f* de) chamois *m*.

champ¹ [tʃæmp] (*at*) mâcher bruyamment; ronger (*le mors*).

champ² *Am. sl.* [~] *see champion* 1.

cham·pagne [ʃæmˈpein] champagne *m.*

cham·paign [ˈtʃæmpein] campagne *f* ouverte.

cham·pi·on [ˈtʃæmpjən] **1.** champion *m* (*a. sp.*); *sp.* recordman (*pl.* recordmen) *m*; **2.** soutenir, défendre; **ˈcham·pi·on·ship** défense *f*; *sp.* championnat *m.*

chance [tʃɑːns] **1.** chance *f*, hasard *m*; occasion *f* (de, of); *surt.* AM. risque *m*; *by* ~ par hasard; *take a* (*ou* one's) ~ encourir un risque; **2.** fortuit, accidentel(le *f*); de rencontre; *v/i.*: ~ *to see* voir par hasard; avoir l'occasion de voir; ~ *upon* rencontrer par hasard; *v/t.* F risquer.

chan·cel [ˈtʃɑːnsəl] chœur *m*; sanctuaire *m*; **ˈchan·cel·ler·y** chancellerie *f*; **ˈchan·cel·lor** chancelier *m*; *see* exchequer; **ˈchan·cel·lor·ship** dignité *f* de chancelier.

chan·cer·y ¾ [ˈtʃɑːnsəri] cour *f* de la chancellerie; *fig. in* ~ en danger; dans une situation difficile.

chanc·y F [ˈtʃɑːnsi] risqué.

chan·de·lier [ʃændiˈliə] lustre *m.*

chan·dler [ˈtʃɑːndlə] marchand *m* (de couleurs), droguiste *m*; **ˈchan·dler·y** épicerie-droguerie *f.*

change [tʃeindʒ] **1.** changement *m*; revirement *m* (*d'opinion etc.*); monnaie *f*; *Bourse:* change *m*; **2.** *v/t.* changer (de) (*qch.*); échanger; modifier; relever (*la garde*); échanger (contre, for); ~*one's mind* changer d'avis; *v/i.* (se) changer (en, into); varier; changer de vêtements; ⊞ (*ou* ~ *trains*) changer de) **ˈChange** [~] Bourse *f.* [train.]

change·a·bil·i·ty [tʃeindʒəˈbiliti] *temps:* variabilité *f*; versatilité *f*; *caractère:* mobilité *f*; **ˈchange·a·ble** □ changeant; variable; mobile; **ˈchange·less** □ immuable; fixe; **ˈchange·ling** enfant *m* changé en nourrice; **ˈchange-ˈo·ver** changement *m*; *pol.* renversement *m.*

chan·nel [ˈtʃænl] **1.** *géog.* canal *m*; conduit *m*; *rivière:* lit *m*; *port:* passe *f*; *irrigation:* rigole *f*; *télév.* chaîne *f*; *fig.* voie *f* (*diplomatique*); artère *f*; *by the official* ~*s* par (la) voie hiérarchique; **2.** creuser des rigoles dans; canneler.

chant *eccl.* [tʃɑːnt] **1.** plain-chant (*pl.* plains-chants) *m*; psalmodie *f*;

chant *m* monotone; **2.** psalmodier; *fig.* chanter (*des louanges*); **ˈchant·try** *eccl.* chapelle *f*, chantrerie *f.*

cha·os [ˈkeiɔs] chaos *m*; **cha·ot·ic** (~*ally*) chaotique, sans ordre.

chap¹ [tʃæp] **1.** gerçure *f*, crevasse *f*; **2.** gercer, crevasser.

chap² [~] bajoue *f* (*d'un animal*, F *d'une personne*).

chap³ F [~] garçon *m*, type *m*, individu *m.*

chap-book [ˈtʃæpbuk] livre *m* de colportage.

chap·el [ˈtʃæpl] chapelle *f*; oratoire *m*; *typ.* atelier *m* (syndiqué).

chap·er·on [ˈʃæpərəun] **1.** chaperon *m*; **2.** chaperonner.

chap·fall·en [ˈtʃæpfɔːlən] abattu.

chap·lain [ˈtʃæplin] aumônier *m*; **ˈchap·lain·cy** aumônerie *f.*

chap·let [ˈtʃæplit] guirlande *f*; *eccl.* chapelet *m.*

chap·ter [ˈtʃæptə] chapitre *m* (*a. eccl.*); *Am.* filiale *f* (*d'une société*); régionale *f*; *Brit.* ~ *of accidents* suite *f* de malheurs, serie *f* noire; *give* (*ou quote*) ~ *and verse* citer ses autorités; fournir des preuves.

char¹ *icht.* [tʃɑː] ombre *m.*

char² [~] (se) carboniser.

char-à-banc [ˈʃærəbæŋ] autocar *m*; F car *m.*

char·ac·ter [ˈkæriktə] caractère *m* (*a. typ.*); marque *f* distinctive; réputation *f*; genre *m*; *domestique:* certificat *m* de moralité; *métier:* qualité *f*; *typ. a.* lettre *f*; *thea. roman:* personnage *m*; *théâ. a.* rôle *m*; F personnalité *f*; F type *m*, original *m*; F mauvais sujet *m*; ~ *assassination* assassinat *m* moral; *that's in* (*out of*) ~ *for him* cela (ne) lui ressemble (pas); **char·ac·ter·is·tic 1.** (~*ally*) caractéristique (de, of); particulier(-ère *f*) (*signe*); ♯ diacritique; ♪ de genre; **2.** trait *m* caractéristique *ou* de caractère; propre *m*; **char·ac·ter·i·za·tion** [~raiˈzeiʃn] caractérisation *f*; **ˈchar·ac·ter·ize** caractériser; être caractéristique de.

cha·rade [ʃəˈrɑːd] charade *f.*

char·coal [ˈtʃɑːkoul] charbon *m* (de bois); *peint.* fusain *m*; **ˈ~-burn·er** charbonnier *m.*

chare [tʃɛə] **1.** faire des ménages en ville; travailler à la journée; **2.** *usu.* ~*s pl.* travaux *m/pl.* domestiques.

charge [tʃɑːdʒ] **1.** ✕, ⚔, ⚒, ⚓, foot.,

wagon, cartouche: charge *f* (*a. fig.*) (de, *of*); emploi *m*, fonction *f*; *eccl.* cure *f*; devoir *m*; soin *m*, garde *f*; recommandation *f*; *arme à feu:* décharge *f*; ✗ *a.* attaque *f*; *foot. a.* choc *m*; 🔥 plainte *f*, chef *m* d'accusation, réquisitoire *m*; *fig.* privilège *m* (sur, *on*); prix *m*; *admin.* droits *m/pl.*; ✝ ~*s pl.* frais *m/pl.*; tarif *m*; ✝ ~ *account* compte *m* crédit d'achats; *be in* ~ *of* être préposé à la garde de (*qch.*); *take* ~ *of* se charger de; *free of* ~ exempt de frais; franco; à titre gratuit; **2.** *v/t.* charger (a. ✗); passer (à, *to*) (*dépense*); débiter (des marchandises à un client, *goods to a customer*); accuser, inculper (q. de *qch., s.o. with s.th.*); 🔥~ *the jury* faire le résumé des débats; ~ *on, upon* foncer sur (*q.*); porter sur (*la note*); ~ *s.o. a price* demander un prix à q. (pour *qch., for s.th.*); '**charge·a·ble** ☐ inculpable (de, *with*); imputable (à, *to*); à la charge (de, *on*).

char·gé d'af·faires *pol.* [ˈʃɑːʒei dæˈfɛə] chargé *m* d'affaires.

charg·er ✗, *poét.* [ˈʃɑːdʒə] cheval *m* de bataille, cheval *m* d'armes.

char·i·ot *poét., hist.* [ˈtʃæriət] char *m*; **char·i·ot·eer** [~ˈtiə] conducteur *m* de char.

char·i·ta·ble ☐ [ˈtʃæritəbl] charitable; indulgent (*personne*); de charité (*œuvre*); ~ *society* société *f* de bienfaisance.

char·i·ty [ˈtʃæriti] charité *f*; bienfaisance *f*, aumônes *f/pl.*; œuvre *f* de bienfaisance; fondation *f* pieuse; *sister of* ~ fille *f* de la Charité, sœur *f* de charité; ~ *begins at home* charité bien ordonnée commence par soi-même; '~-'**child** enfant *mf* élevé(e) dans un orphelinat; '~-'**school** orphelinat *m*.

char·la·tan [ˈʃɑːlətən] charlatan *m*; '**char·la·tan·ry** charlatanerie *f*.

char·lotte *cuis.* [ˈʃɑːlət] charlotte *f*.

charm [tʃɑːm] **1.** charme *m* (*a. fig.*); porte-bonheur *m/inv.*; sortilège *m*; **2.** jeter un sort sur; *fig.* charmer; ~ *away etc.* charmer (*les ennuis etc.*); *bear a* ~*ed life* F être verni; '**charm·er** *fig.* charmeur (-euse *f*) *m*; F jolie femme *f*; '**charm·ing** ☐ charmant, ravissant.

char·nel-house [ˈtʃɑːnlhaus] charnier *m*, ossuaire *m*.

chart [tʃɑːt] **1.** ♩ carte *f* marine; ⊕

graphique *m*; tableau *m*; **2.** dresser la carte de; porter sur une carte.

char·ter [ˈtʃɑːtə] **1.** charte *f*; privilège *m* (*a. fig.*); ♩ affrètement *m*; (*usu.* ~*party*) charte-partie (*pl.* chartes-parties) *f*; *Am.* ~ *member* membre *m* fondateur; **2.** instituer (*une compagnie*) par charte; ~*ed ac- countant* expert *m* comptable.

char·wom·an [ˈtʃɑːwumən] femme *f* de journée ou de ménage.

char·y ☐ [ˈtʃɛəri] circonspect; chiche (de); sobre (de).

chase¹ [tʃeis] **1.** chasse *f* (*a.* = *proie*), poursuite *f* (*a. fig.*); *beasts of* ~ bêtes *f/pl.* fauves; **2.** chasser; poursuivre (*a. fig.*); *fig.* donner la chasse à (*q.*); *v/i.* (*usu.* ~ *off*) partir à la hâte.

chase² [~] ciseler; sertir (*un bijou*).

chase³ *typ.* [~] châssis *m*.

chas·er¹ [ˈtʃeisə] chasseur (-euse *f*) *m* (*a.* ✈); ♩ (navire *m*) chasseur *m*.

chas·er² [~] ciseleur *m*.

chasm [ˈkæzm] gouffre *m* béant; gorge *f*; fissure *f*; abîme *m* (*a. fig.*); *fig.* immense lacune *f*.

chas·sis [ˈʃæsi], *pl.* -**sis** [-siz] châssis *m*.

chaste ☐ [tʃeist] chaste, pudique; pur (*a. style*).

chas·ten [ˈtʃeisn] châtier (*q., son style, ses passions*); assagir (*q.*).

chas·tise [tʃæsˈtaiz] corriger; **chas·tise·ment** [ˈ~tizmənt] châtiment *m*.

chas·ti·ty [ˈtʃæstiti] chasteté *f*; *fig.* pureté *f*.

chas·u·ble *eccl.* [ˈtʃæzjubl] cha- suble *f*.

chat [tʃæt] **1.** causerie *f*; *télév.* ~ *show* causerie *f* télévisée; **2.** causer, bavarder.

chat·tels [ˈtʃætlz] *pl.* (*usu. goods and* ~) biens *m/pl.* et effets *m/pl.*; meubles *m/pl.*

chat·ter [ˈtʃætə] **1.** bavarder; caqueter (*personne, a. oiseau*); jaser (*oiseau, a. personne*); claquer (*dents*); **2.** caquet(age) *m*; bavardage *m*; '~-'**box** F babillard(e *f*) *m*; '**chat- ter·er** bavard(e *f*) *m*.

chat·ty [ˈtʃæti] causeur (-euse *f*) (*personne*); sur le ton de la conver- sation (*article*).

chauf·feur [ˈʃoufə] chauffeur *m*; '**chauf·feuse** [~ˈfəːz] chauffeuse *f*.

chau·vin·ism [ˈʃouvinizm] chau- vinisme *m*; '**chau·vin·ist** chauvin(e *f*) *m*; ˈ**chau·vin·is·tic** (*~ally*) chauvin, chauviniste.

chaw *sl.* [tʃɔː] mâcher; *Am. sl.* ~ *up usu. fig.* démolir; massacrer.

cheap □ [tʃiːp] bon marché, pas cher (chère *f*); à prix réduits; *fig.* trivial (-aux *m/pl.*), vulgaire; F *feel* ~ ne pas être dans son assiette; *hold* ~ faire peu de cas de; F *on the* ~ à peu de frais; ♀ *jack* camelot *m*; ✝ ~ *money policy* politique *f* de facilités d'escompte; ˈ**cheap·en** *v/t.* baisser le prix de; *v/i.* diminuer de prix; ˈ**cheap·skate** *Am. sl.* radin *m.*

cheat [ˈtʃiːt] **1.** trompeur (-euse *f*) *m*; escroc *m*; *jeux*: tricheur (-euse *f*) *m*; **2.** tromper; frauder; frustrer (q. de qch., *s.o.* [*out*] *of s.th.*); *fig.* échapper à; ˈ**cheat·ing** tromperie *f*; *jeux*: tricherie *f*.

check [tʃek] **1.** échec *m* (*a. jeu, a.* ⚔); revers *m* (*a.* ⚔); arrêt *m*; frein *m*; contrôle *m*; billet *m*, ticket *m*; *Am.* bulletin *m* (de bagages); ✝ *Am. see cheque*; *Am. restaurant*: addition *f*; *tex.* étoffe *m* en damier; carreau *m*; ~ *pattern* damier *m*; *Am.* F *pass* (*ou hand*) *in one's* ~*s* mourir, avaler sa chique; *keep s.o. in* ~ tenir q. en échec; **2.** faire échec à (*a. jeu*); contenir; arrêter; retenir; refréner; vérifier (*un compte*); pointer (*des noms*); (*souv.* ~ *up on*) contrôler, vérifier; (faire) enregistrer (*ses bagages*); *Am.* déposer (*son chapeau au vestiaire*); *v/i.* s'arrêter (devant, *at*); refuser (*cheval*); ~ *in* arriver; descendre à un hôtel; s'inscrire sur le registre d'un hôtel; *aéroport*: se présenter à l'enregistrement; ~ *off* cocher, pointer; ~ *out v/i.* partir; régler son compte *ou* la note en quittant un hôtel; *v/t.* retirer (*ses bagages etc.*); *surt. Am.* vérifier, contrôler; ~ *up v/t.* contrôler (*des renseignements*); *v/i.* faire la vérification; ~ **ac·count** *Am.* compte *m* courant; ˈ~**·book** *Am.* carnet *m* de chèques, chéquier *m*; ˈ**check·er** contrôleur *m*; ~*s pl. Am.* jeu *m* de dames; *see chequer*; ˈ**check·er·board** *Am.* damier *m*; équiquier *m*; ˈ**check·er·ed** *Am. see chequered*; **check-ˈin** *aéroport*: enregistrement *m*; ~ *counter* (guichet *m* d')enregistrement *m*; ~ *desk hôtel*: réception *f*; *your* ~ *time is at* ... présentez-vous à l'enregistrement à ...; ˈ**check·ing** répression *f*; contrôle *m*; enregistrement *m*; ˈ**check(·ing)·room** vestiaire *m*; 🚂 *Am.* consigne *f*; ˈ**check·list** liste *f* de contrôle, checklist *f*; ˈ**checkˈmate 1.** échec et mat *m*; **2.** mater; faire échec et mat à (*a. fig.*); **check-ˈout** (*a.* ~ *counter*) caisse *f* (*à la sortie d'un self-service etc.*); ˈ**check·up** vérification *f*; F visite *f* médicale.

cheek [tʃiːk] **1.** joue *f*; F toupet *m*; ⊕ *poulie*: joue *f*; *manivelle*: bras *m*; *étau*: mâchoire *f*; *see jowl*; **2.** F faire l'insolent avec; ˈ**cheek·y** F insolent, effronté.

cheep [tʃiːp] piauler.

cheer [tʃiə] **1.** (bonne) disposition *f*; encouragement *m*; bonne chère *f*; hourra *m*; bravos *m/pl.*; applaudissements *m/pl.*; *be of good* ~ prendre courage; *three* ~*s!* un ban (pour, *for*)!; vive (*q.*)!; **2.** *v/t.* applaudir (*q.*); (*a.* ~ *up*) égayer, relever le moral de; (*a.* ~ *on*) encourager; *v/i.* applaudir; pousser des vivats; (*a.* ~ *up*) reprendre sa gaieté; **cheer·ful** □ [ˈ~ful] gai; allègre; riant; ˈ**cheer·ful·ness**, ˈ**cheer·i·ness** gaieté *f*; **cheer·i·o** [ˈ~riˈou] F à bientôt!; à la vôtre!; □ ˈ**cheer·less** triste, sombre; ˈ**cheer·y** □ gai, joyeux (-euse *f*).

cheese [tʃiːz] fromage *m*; *hard* ~ *sl.* ça, c'est de la déveine; ˈ~**-cake** talmouse *f*; ˈ~**·mon·ger** marchand(e *f*) *m* de fromage; ˈ~**-par·ing** pelure *f* de fromage; *fig.* lésine *f*.

chees·y [ˈtʃiːzi] caséeux (-euse *f*); de fromage.

chef [ʃef] chef *m* de cuisine.

chem·i·cal [ˈkemikl] **1.** □ chimique; **2.** ~*s pl.* produits *m/pl.* chimiques.

che·mise [ʃiˈmiːz] chemise *f* (*de femme*).

chem·ist [ˈkemist] chimiste *mf*; (*ou pharmaceutical* ~) pharmacien (-ne *f*) *m*; ˈ**chem·is·try** chimie *f*.

chem·o·ther·a·py ⚕ [kemoˈθerəpi] chimiothérapie *f*.

cheque ✝ [tʃek] chèque *m*; *not negotiable* (*ou crossed*) ~ chèque *m* barré; ~ **ac·count** compte *m* courant; ˈ~**-book** carnet *m* de chéques, chéquier *m*.

cheq·uer [ˈtʃekə] **1.** *usu.* ~*s pl.* quadrillage *m*; **2.** quadriller; ˈ**cheq·uered** à carreaux, en échiquier; diapré; *fig.* accidenté (*vie*).

cher·ish [ˈtʃeriʃ] chérir; *fig.* caresser.

chink

che·root [ʃə'ru:t] manille m.

cher·ry ['tʃeri] **1.** cerise f; arbre: cerisier m; **2.** cerise adj./inv.; vermeil(le f) (lèvres).

cher·ub ['tʃerəb], pl. **-ubs, -u·bim** ['_əbim] chérubin m; **che·ru·bic** [tʃə'ru:bik] chérubique; de chérubin.

cher·vil 💠 ['tʃə:vil] cerfeuil m.

chess [tʃes] (jeu m d'échecs m/pl.); '**~·board** échiquier m; '**~·man** jeu d'échecs: pièce f.

chest [tʃest] caisse f, coffre m; anat. poitrine f; ~ of drawers commode f; ♪ ~ note note f de poitrine; get it off one's ~ dire ce qu'on a sur le cœur.

chest·nut ['tʃesnʌt] **1.** châtaigne f; marron m; arbre: châtaignier m (commun); marronnier m; fig. vieille histoire f; **2.** châtain (-aine f).

chest·y F ['tʃesti] de poitrine (toux etc.); qui a la poitrine bien développée.

che·val-glass [ʃə'vælglɑ:s] psyché f.

chev·a·lier [ʃevə'liə] chevalier m.

chev·i·ot tex. ['tʃeviət] cheviotte f.

chev·ron ⚔ ['ʃevrən] chevron m (d'ancienneté de service); galon m (de grade).

chev·y F ['tʃevi] **1.** poursuite f; sp. (jeu m de) barres f/pl.; **2.** poursuivre; relancer (q.).

chew [tʃu:] v/t. mâcher; F ~ the fat bavarder; F ~ the rag Brit. ronchonner, Am. bavarder; v/i. fig. méditer (sur [up]on, over); '**chew·ing gum** chewing-gum m.

chi·cane [ʃi'kein] **1.** chicane f; **2.** chicaner; **chi'can·er·y** chicanerie f; fig. arguties f/pl.

chick, chick·en ['tʃik(in)] **1.** poussin m, poulet m; **2.** sl. chicken out se dégonfler, flancher, caner.

chick·en: ... '**~-feed** Am. mangeaille f; sl. petite monnaie f; '**~-heart·ed**, '**~-liv·ered** F froussard; '**~-pox** 💠 varicelle f; ~ **run**, Am. ~ **yard** poulailler m.

chick...: '**~-pea** 💠 pois m chiche; '**~-weed** 💠 mouron m des oiseaux.

chic·o·ry ['tʃikəri] chicorée f.

chid [tʃid] prét. et p.p.; '**chid·den** p.p. de chide.

chide poét. [tʃaid] [irr.] gronder.

chief [tʃi:f] **1.** □ principal (-aux m/pl.); premier (-ère f); en chef; ~ clerk chef m de bureau; premier

clerc m; **2.** chef m; F patron m; ...-in-~ ... en chef; **chief·tain** ['_tən] chef m de clan.

chil·blain ['tʃilblein] engelure f.

child [tʃaild] enfant mf; be a good ~ être sage; from a ~ dès mon etc. enfance; with ~ enceinte; '**~·bed** couches f/pl.; '**~·birth** accouchement m; '**child·hood** enfance f; '**child·ish** □ enfantin; péj. puéril; '**child·ish·ness** péj. enfantillage m; puérilité f; '**child·less** sans enfant(s); '**child·like** enfantin; fig. naïf (-ïve f);

chil·dren ['tʃildrən] pl. de child;

child's play fig. jeu m d'enfant.

chill [tʃil] **1.** froid, glacé; **2.** froideur f; froid m (a. fig.); 💠 coup m de froid; take the ~ off dégourdir (un liquide), chambrer (le vin); **3.** v/t. refroidir, glacer; fig. donner le frisson à (q.); métall. tremper en coquille; ~ed meat viande f frigorifiée; v/i. se refroidir, se glacer; '**chill·ness**, '**chill·i·ness** froid m, fraîcheur f (a. fig.) froideur f; '**chill·y** froid; frais (fraîche f).

chime [tʃaim] **1.** carillon m; fig. harmonie f; **2.** carillonner; v/i. fig. s'accorder, s'harmoniser (avec, with); ~ in intervenir.

chi·me·ra [kai'miərə] chimère f; **chi·mer·i·cal** □ [_'merikl] chimérique, imaginaire.

chim·ney ['tʃimni] cheminée f (a. alp.); lampe: verre m; '**~-piece** (chambranle m de) cheminée f; '**~-pot** mitre f ou pot m de cheminée; F fig. chapeau: tuyau m de poêle; '**~-stack**, '**~-stalk** souche f; (corps m de) cheminée f; cheminée f d'usine; '**~-sweep(·er)** ramoneur m.

chim·pan·zee zo. [tʃimpən'zi:] chimpanzé m.

chin[1] [tʃin] **1.** menton m; **2.** gymn. Am. (usu. ~ o.s.) faire une traction à la barre fixe.

chin[2] sl. [_] discourir, jaboter.

chi·na ['tʃainə] porcelaine f; 2**·man** Chinois m.

chine [tʃain] anat. échine f; cuis. échinée f; géog. arête f.

Chi·nese ['tʃai'ni:z] **1.** chinois; **2.** ling. chinois m; Chinois(e f) m.

chink[1] [tʃiŋk] fente f; mur: lézarde f; porte: entrebâillement m.

chink[2] [_] **1.** métal, verre: tintement m; **2.** (faire) sonner (son argent); (faire) tinter.

chink³ *sl.* [~] Chinois *m*.

chintz *tex.* [tʃints] perse *f*, indienne *f*.

chin·wag *sl.* ['tʃinwæg] causerie *f*.

chip [tʃip] **1.** éclat *m*; *bois*: copeau *m*; *jeu*: jeton *m*; *ordinateur*: chip *m*; *cuis.* (*potato*) ~s *pl. Brit.* (pommes *f/pl.* de terre) frites *f/pl.*, *Am.* chips *m/pl.*; F *have a* ~ *on one's shoulder* chercher noise à tout le monde; **2.** *v/t.* tailler par éclats; doler (*du bois*); ébrécher (*un couteau*); enlever un morceau à (*qch.*); *v/i.* s'écailler, s'ébrécher; F ~ *in(to)* intervenir dans; se mêler à; **chip·muck** ['tʃipmʌk], **chip·munk** ['tʃipmʌŋk] tamias *m*; '**chippan** friteuse *f*; '**chip·py** sec (sèche *f*); sans saveur.

chi·rop·o·dist [ki'rɔpədist] pédicure *mf*; **chi'rop·o·dy** chirurgie *f* pédicure.

chirp [tʃəːp] **1.** gazouiller, pépier, ramager; grésiller (*grillon*); **2.** gazouillement *m*; *grillon*: grésillement *m*; '**chirp·y** F d'humeur gaie.

chirr [tʃəː] grésiller.

chir·rup ['tʃirəp] **1.** gazouillement *m etc.*; **2.** gazouiller *etc.*

chis·el ['tʃizl] **1.** ciseau *m*; burin *m*; **2.** ciseler; buriner (*du métal*); *sl.* filouter; '**chis·el·er** ciseleur *m*; *sl.* escroc *m*.

chit [tʃit] miocke *mf*; *a* ~ *of a girl* une simple gosse *f*.

chit-chat ['tʃittʃæt] bavardages *m/pl.*

chiv·al·rous □ ['ʃivlrəs] chevaleresque; courtois; '**chiv·al·ry** chevalerie *f*; courtoisie *f*.

chive ⚘ [tʃaiv] ciboulette *f*.

chiv·y F ['tʃivi] *see* chevy.

chlo·ral ⚗ ['klɔːrl] chloral *m*; **chlo·ride** ['~aid] chlorure *m*; **chlo·rine** ['~iːn] chlore *m*; **chlo·ro·form** ['~əfɔːm] **1.** chloroforme *m*; **2.** chloroformer.

chock [tʃɔk] **1.** cale *f*; **2.** caler; '~-**a'·block** F bondé (de, with); '~-'**full** comble.

choc·o·late ['tʃɔkəlit] chocolat *m*; ~ *cream* chocolat *m* fourré à la crème.

choice [tʃɔis] **1.** choix *m*; *for* ~ *de* préférence; *leave s.o. no* ~ ôter à q. toute alternative; *make (ou take) one's* ~ faire son choix *m*; **2.** □ (bien) choisi; d'élite; de choix; surfin; † surchoix; † ~ *quality* première qualité *f*.

choir ⚘, ♪ ['kwaiə] chœur *m*; '~-

mas·ter chef *m* de chœur; ~ **stalls** *pl.* stalles *f/pl.* (de chœur).

choke [tʃouk] **1.** *v/t.* étouffer; suffoquer (*a. fig.*); étrangler; ⊕ engorger; (*usu.* ~ *up*) obstruer, boucher; (*usu.* ~ *down*) étouffer, ravaler; fermer (*le gaz*); ~ *off* se débarrasser de; décourager; *v/i.* étouffer, se boucher; **2.** étranglement *m*; ⊕ étrangleur *m*; starter *m*; ⚡ ~ *coil* bobine *f* de réactance; self *f*; '~-**bore** ⊕ (fusil *m* de chasse à) choke-bore *m*; '~-**damp** ⚒ mofette *f*; '**chok·er** F *co.* foulard *m* (*d'ouvrier*); cravate *f* de fourrure; col *m* montant; *perles*: collier *m* court.

chol·er·a ⚕ ['kɔlərə] choléra *m*; '**chol·er·ic** colérique, irascible.

cho·les·te·rol [kə'lestərɔl] cholestérol *m*.

choose [tʃuːz] [*irr.*] choisir; *v/t.* opter pour; *v/i.* ~ *to* (*inf.*) vouloir que (*sbj.*), aimer mieux (*inf.*); '**choos·y** F difficile.

chop¹ [tʃɔp] **1.** coup *m* de hache; *cuis.* côtelette *f*; ~s *pl.* bajoues *f/pl.*; babines *f/pl.*; ⊕ mâchoires *f/pl.*; ~s *and changes* vicissitudes *f/pl.*; **2.** *v/t.* couper, fendre, hacher; (*souv.* ~ *up*) couper en morceaux; ~ *down* abattre; *v/i.* clapoter (*mer*); ~ *about* changer; ~ *and change* girouetter; tergiverser; ~*ping sea* mer *f* clapoteuse.

chop² † [~] marque *f*; *first* ~ (de) première qualité *f*.

chop-house ['tʃɔphaus] restaurant *m* populaire; '**chop·per** couperet *m*; *sl.* moulin *m*, banane *f* (*hélicoptère*); '**chop·ping-block** hachoir *m*; '**chop·py** variable; clapoteux (-euse *f*) (*mer*); '**chop·stick** baguette *f*, bâtonnet *m* (*des Chinois*).

cho·ral □ ['kɔːrl] choral (-als *ou* -aux *m/pl.*); chanté en chœur; **cho·ral(e)** ♪ [kɔ'rɑːl] choral (*pl.* -als) *m*.

chord [kɔːd] ♪, ⚗, *poét.*, *fig.* corde *f*; ♪ accord *m*; *anat.* corde *f* (*vocale*); cordon *m*.

chore *surt. Am.* [tʃɔː] *see* chare.

chor·e·og·ra·phy [kɔri'ɔgrəfi] choréographie *f*.

chor·is·ter ['kɔristə] choriste *mf*; *eccl.* enfant *m* de chœur; *Am. a.* chef *m* de chœur.

cho·rus ['kɔːrəs] **1.** chœur *m*; refrain *m*; **2.** répéter en chœur; ~ **girl** girl *f*.

chose [tʃouz] *prét.,* **'cho·sen** *p.p. de* choose.

chough *orn.* [tʃʌf] crave *m.*

chouse F [tʃaus] **1.** filouterie *f;* **2.** filouter.

chow *Am. sl.* [tʃau] mangeaille *f.*

chrism ['krizm] chrême *m.*

Christ [kraist] le Christ *m,* Jésus-Christ *m; for ~'s sake* pour l'amour de Dieu; F *for ~'s sake!, ~!* Bon Dieu de Bon Dieu!

chris·ten ['krisn] baptiser; **Christen·dom** ['~dəm] chrétienté *f;* **'chris·ten·ing 1.** de baptême; **2.** baptême *m.*

Chris·tian ['kristjən] **1.** □ chrétien(ne *f*); *~ name* prénom *m,* nom *m* de baptême; **2.** chrétien (ne *f*) *m;* **Chris·ti·an·i·ty** [ˌtiˈæniti] christianisme *m;* **Chris·tian·ize** ['~tjənaiz] convertir au christianisme; christianiser.

Christ·mas ['krisməs] **1.** Noël *m,* (fête *f* de) Noël *f;* **2.** de Noël; *~ box* étrennes *f/pl.;* gratification *f; ~ Day* le jour de Noël; *~ Eve* la veille de Noël; *~ pres·ent* cadeau *m* de Noël; *~ tide, ~ time* (saison *f* de) Noël; *~ tree* arbre *m* de Noël.

chro·mat·ic ♪, *phys.* [krəˈmætik] **1.** (*~ally*) chromatique; **2.** *~s sg.* chromatique *f.*

chrome ♪ₘ [kroum] *teinture:* bichromate *m* de potasse; **chro·mi·um** ['~jəm] chrome *m;* **'chro·mi·um-plat·ed** chromé; **chro·mo·lith·o·graph** ['kroumouˈliθəgra:f] chromolithographie *f.*

chron·ic ['krɔnik] (*~ally*) (*usu.* ♣) chronique, constant; *sl.* insupportable; **chron·i·cle** ['~kl] **1.** chronique *f;* **2.** enregistrer, faire la chronique de; **'chron·i·cler** chroniqueur *m.*

chron·o·log·i·cal [krɔnəˈlɔdʒikl] chronologique; *~ly* par ordre de dates; **chro·nol·o·gy** [krəˈnɔlədʒi] chronologie *f* [nomètre *m.*]

chro·nom·e·ter [krəˈnɔmitə] chro-]

chrys·a·lis *zo.* ['krisəlis], *pl.-a.* **chrys·al·i·des** [ˌ~ˈsælidiːz] chrysalide *f.*

chrys·an·the·mum ♀ [kriˈsænθə-məm] chrysanthème *m.*

chub *icht.* [tʃʌb] chabot *m* de rivière; **'chub·by** F potelé; joufflu (*visage*); rebondi (*joues*).

chuck¹ [tʃʌk] **1.** gloussement *m; my ~!* mon petit chou!; **2.** glousser; **3.** petit!, petit! (*appel aux poules*).

chuck² F [~] **1.** lancer; *~ out* flanquer (*q.*) à la porte; *~ under the chin* donner une tape sous le menton; **2.** congé *m;* lancement *m.*

chuck³ ⊕ [~] mandrin *m.*

chuck·le ['tʃʌkl] rire tout bas.

chum F [tʃʌm] **1.** camarade *mf;* copain *m,* copine *f; be great ~s* être (amis) intimes; **2.** se lier d'amitié (avec, *with*).

chump F [tʃʌmp] tronçon *m* de bois; tête *f;* nigaud(e *f*) *m; Brit. sl. off one's ~* timbré; fou (*fol devant une voyelle ou un h muet;* folle *f*); déboussolé.

chunk [tʃʌŋk] gros morceau *m;* pain *a.* quignon *m.*

church [tʃə:tʃ] **1.** église *f; protestantisme:* temple *m; attr.* d'église; de l'Église; ♀ *of England* Église *f* anglicane; *~ rate* dîme *f; ~ service* office *m;* **2.** *be ~ed* faire ses relevailles (*femme après ses couches*); **'church·go·er** pratiquant(e *f*) *m;* **'church·ing** relevailles *f/pl.* (*d'une femme après ses couches*); **'church·ward·en** marguillier *m;* pipe *f* hollandaise; **'church·y** F bigot; **'church·yard** cimetière *m.*

churl [tʃə:l] manant *m; fig.* rustre *m;* F grincheux (-euse *f*) *m;* **'churl·ish** □ mal élevé; grincheux (-euse *f*), hargneux (-euse *f*).

churn [tʃə:n] **1.** baratte *f;* **2.** *v/t.* baratter; *fig.* agiter (*qch.*); *v/i.* faire du beurre.

chute [ʃu:t] chute *f* d'eau; *sp.* glissière *f;* ♣ couloir *m.*

chut·ney ['tʃʌtni] chutney *m.*

chyle *physiol.* [kail] chyle *m.*

chyme ♣ [kaim] chyme *m.*

ci·ca·da *zo.* [siˈka:də] cigale *f.*

ci·ca·trice ['sikətris] cicatrice *f;* **'ci·ca·trize** (se) cicatriser.

cic·e·ro·ne [tʃitʃəˈrouni], *pl.* -ni [~ni:] cicérone *m.*

ci·der ['saidə] cidre *m.*

ci·gar [siˈga:] cigare *m;* **ci'gar-case** étui *m* à cigares; **ci'gar-cut·ter** coupe-cigares *m/inv.*

cig·a·rette [sigəˈret] cigarette *f;* **cig·a·rette-case** étui *m* à cigarettes; **cig·a·rette-end** mégot *m;* **cig·a·rette-hold·er** fume-cigarette *m/inv.;* **cig·a·rette-pa·per** papier *m* à cigarettes.

ci·gar-hold·er [siˈga:houldə] fume-cigare *m/inv.*

ciliary

cil·i·ar·y ['siliəri] ciliaire.

cinch *Am. sl.* [sintʃ] certitude *f*; chose *f* certaine.

cinc·ture ['siŋktʃə] ceinture *f*.

cin·der ['sində] cendre *f*; **~s** *pl. a.* escarbilles *f/pl.*; **Cin·der·el·la** [ˌ~'relə] Cendrillon *f* (*a. fig.*); '**cin·der-track** *sp.* piste *f* cendrée.

cin·e·cam·er·a ['sini'kæmərə] caméra *f*; **cin·e·film** ['sinifilm] film *m* de format réduit.

cin·e·ma ['sinimə] cinéma *m*; F ciné *m*; '**~-go·er** amateur *m* de cinéma, cinéphile *mf*; **cin·e·mat·o·graph** [ˌ~'mætəgra:f] 1. cinématographe *m*, F cinéma *m*; 2. filmer; **cin·e·mat·o·graph·ic** [ˌ~mætə'græfik] (*~ally*) cinématographique.

cin·er·ar·y ['sinərəri] cinéraire.

cin·na·bar ['sinəba:] cinabre *m*; vermillon *m*.

cin·na·mon ['sinəmən] 1. cannelle *f*; *arbre*: cannelier *m*; 2. cannelle *adj./inv.* (*couleur*).

cinque [siŋk] *dés:* cinq *m*.

ci·pher ['saifə] 1. zéro *m* (*a. fig.*); *fig.* nullité *f*; *code secret:* chiffre *m*; message *m* chiffré; 2. chiffrer.

cir·cle ['sə:kl] 1. cercle *m* (*a. fig.*); *fig.* milieu *m*, monde *m*, coterie *f*; *théât.* galerie *f*; ⏚ ceinture *f*; 2. *v/t.* ceindre; *v/i.* tournoyer, circuler; **cir·clet** ['~klit] petit cercle *m*; anneau *m*.

circs F [sə:ks] *see* circumstances.

cir·cuit ['sə:kit] ✍, *sp.* circuit *m*; 🏛 tournée *f*, circonscription *f*; *soleil:* révolution *f*; *ville:* pourtour *m*; ✍ parcours *m*; ✍ *integrated* **~** circuit *m* intégré; *radio:* ✍ *short* **~** courtcircuit (*pl. courts-circuits*) *m*; ✍ **~** *breaker* coupe-circuit *m/inv.*; **cir·cu·i·tous** □ [sə'kjuitəs] détourné, sinueux, (-euse *f*).

cir·cu·lar ['sə:kjulə] 1. □ circulaire; de cercle; **~** *letter* (lettre *f*) circulaire *f*; ✝ **~** *note* lettre *f* de crédit circulaire; **~** *railway* chemin *m* de fer de ceinture; **~** *saw* scie *f* circulaire; 2. (lettre *f*) circulaire *f*.

cir·cu·late ['sə:kjuleit] *v/i.* circuler; *v/t.* faire circuler (*un bruit, l'air, le vin*); mettre en circulation; ✝ transmettre par voie d'endossement; '**cir·cu·lat·ing:** **~** *decimal* fraction *f* périodique; **~** *library* bibliothèque *f* circulante; **cir·cu·la·tion** circulation *f*; *fonds:* roulement *m*; *journal:*

tirage *m*; '**cir·cu·la·to·ry** circulatoire; 🦴 **~** *system* appareil *m* circulatoire; **~** *troubles pl.* troubles *m/pl.* de la circulation.

circum... [sə:kəm] circon..., circum...; **cir·cum·cise** ['~saiz] circoncire (*le prépuce*); **cir·cum·ci·sion** [ˌ~'siʒn] circoncision *f*; **cir·cum·fer·ence** [sə'kʌmfərəns] circonférence *f*; périphérie *f*; **cir·cum·flex** *gramm.* ['sə:kəmfleks] accent *m* circonflexe; **cir·cum·ja·cent** [ˌ~'dʒeisnt] circonjacent; **cir·cum·lo·cu·tion** [ˌə'lju:kju:ʃn] circonlocution *f*; ambages *f/pl.*; **cir·cum·nav·i·gate** [ˌ~'nævigeit] faire le tour de; **cir·cum·nav·i·ga·tor** circumnavigateur *m*; **cir·cum·scribe** 🜊 [ˌ~'skraib] circonscrire; *fig.* limiter; **cir·cum·scrip·tion** [ˌ~'skripʃn] 🜊 circonscription *f*; *fig.* restriction *f*; **circum·spect** □ ['~spekt] circonspect; prudent; **cir·cum·spec·tion** [ˌ~'spekʃn] circonspection *f*; prudence *f*; **cir·cum·stance** ['~stəns] circonstance *f*; détail *m*; *in* (*ou under*) *the* **~s** puisqu'il en est ainsi; **~d** dans une ... situation; **cir·cum·stan·tial** [ˌ~'stænʃl] circonstanciel(le *f*); détaillé; 🏛 **~** *evidence* preuves *f/pl.* indirectes; **cir·cum·stan·ti·al·i·ty** [ˌ~stænʃi'æliti] abondance *f* de détails; détail *m*; **cir·cum·val·la·tion** [ˌ~və'leiʃn] retranchements *m/pl.*; **cir·cum·vent** [ˌ~'vent] circonvenir.

cir·cus ['sə:kəs] cirque *m*; *place:* rond-point (*pl. ronds-points*) *m*.

cir·rho·sis 🦴 [si'rousis] cirrhose *f*.

cir·rous ['sirəs] cirreux (-euse *f*); **cir·rus** ['~rəs], *pl.* **-ri** [ˌ~'rai] *nuages:* cirrus *m*; ♃ vrille *f*.

cis·tern ['sistən] réservoir *m* à eau; citerne *f* (*souterraine*).

cit·a·del ['sitədl] citadelle *f*.

ci·ta·tion [sai'teiʃn] citation *f* (*a.* 🏛); *Am. souv.* citation *f* à l'ordre du jour; **cite** [sait] citer; assigner (*un témoin*).

cit·i·zen ['sitizn] citoyen(ne *f*) *m*; bourgeois(e *f*) *m*; *a. Am.* civil *m*; *attr.* civique; '**cit·i·zen·ship** droit *m* de cité; nationalité *f*.

cit·ric ac·id ['sitrik'æsid] acide *m* citrique; **cit·ron** ['~rən] cédrat *m*; *arbre:* cédratier *m*; **cit·rus** ['~rəs] agrumes *m/pl.*

ci·ty ['siti] 1. ville *f*; *Londres:* the 🜊

la Cité; *fig.* les affaires *f/pl.*; **2.** *urbain*, municipal (-aux *m/pl.*); *Am.* ~ *editor* rédacteur *m* chargé des nouvelles locales; *Am.* ~ *father* conseiller *m* municipal; ~ *hall* hôtel *m* de ville; *Am.* ~ *manager* chef *m* des services municipaux.

civ·ic ['sivik] **1.** civique; municipal (-aux *m/pl.*); ~ *rights pl.* droits *m/pl.* de citoyen, droits *m/pl.* civiques; **2.** ~s *pl.* instruction *f* civique.

civ·il □ ['sivl] civil (*a.* ⚖); poli, courtois; civique (*droits*); ~ *engineering* travaux *m/pl.* publics; ~ *rights movement* mouvement *m* de défense des droits du citoyen; ⚖ *Servant* fonctionnaire *mf*; ⚖ *Service Administration f*; **ci·vil·ian** ⚔ [si'viljən] civil *m*; ~ *population* civils *m/pl.*; **ci·vil·i·ty** civilité *f*; politesse *f*; **civ·i·li·za·tion** [ˌsivilai'zeiʃn] civilisation *f*; *fig.* culture *f*; **'civ·i·lize** civiliser.

clack [klæk] **1.** claquement *m*; *fig.* caquet *m*; ⊕ (soupape *f* à) clapet *m*; **2.** claquer; *fig.* caqueter.

clad [klæd] *prét. et p.p. de clothe.*

claim [kleim] **1.** demande *f*; revendication *f*; droit *m*, titre *m* (à, to); ⚖ réclamation *f*; *dette:* créance *f*; ⚒ concession *f*; *surt. Am.* terrain *m* revendiqué par un chercheur d'or *etc.*; *lay* ~ *to* prétendre à; **2.** réclamer; revendiquer; prétendre à; ~ *to be* se prétendre (*qch.*); **'claim·a·ble** revendicable, exigible; **'claim·ant** prétendant(e *f*) *m*; réclamant(e *f*) *m.*

clair·voy·ance [klɛə'vɔiəns] voyance *f*; *fig.* clairvoyance *f*; **clair'voy·ant** voyant(e *f*) *m.*

clam *zo.* [klæm] peigne *m.*

cla·mant ['kleimənt] criant; urgent.

clam·ber ['klæmbə] grimper.

clam·mi·ness ['klæminis] moiteur *f* froide; **'clam·my** □ moite; froid et humide; collant.

clam·or·ous □ ['klæmərəs] bruyant; vociférant (*foule etc.*); **'clam·o(u)r 1.** clameur *f*; cris *m/pl.*; **2.** vociférer; réclamer à grands cris (*qch.*, *for s.th.*).

clamp ⊕ [klæmp] **1.** crampon *m*; *étau:* mordache *f*; **2.** agrafer; cramponner; *fig.* fixer.

clan [klæn] clan *m*; *p.ext.* tribu *f*; *fig.* coterie *f.*

clan·des·tine □ [klæn'destin] clandestin.

clang [klæŋ] **1.** bruit *m* métallique *ou* retentissant; **2.** (faire) retentir; (faire) résonner; **clang·or·ous** ['klæŋgərəs] retentissant, strident; **'clang·o(u)r** *see* clang 1.

clank [klæŋk] **1.** bruit *m* sec; cliquetis *m*; **2.** rendre un bruit métallique; *v/t.* faire sonner.

clan·nish *péj.* ['klæniʃ] imbu de l'esprit de coterie; exclusif (-ive *f*).

clap [klæp] **1.** battement *m* de mains; applaudissements *m/pl.*; ☞ *sl.* chaude-pisse *f*; **2.** *vt/i.* applaudir; *v/t.* donner à (*q.*) une tape (dans le dos, *on the back*); ~ *one's hands* battre des mains; **'~·board** *Am.* bardeau *m*; **'~·net** *chasse:* tirasse *f*; **'clap·per** claquet *m*; *cloche:* battant *m*; **'clap·trap 1.** boniment *m*; phrases *f/pl.* dénuées de sens; **2.** sans sincérité; creux (creuse *f*).

clar·et ['klærət] bordeaux *m* (rouge); *sl.* sang *m* (*usu. du nez*).

clar·i·fi·ca·tion [klærifi'keiʃn] clarification *f*; *fig.* mise *f* au point; **clar·i·fy** ['~fai] *v/t.* clarifier; *fig.* éclaircir; *v/i.* s'éclaircir.

clar·i·(o·)net [klæri(o)'net] clarinette *f.*

clar·i·ty ['klæriti] clarté *f.*

clash [klæʃ] **1.** choc *m*; fracas *m*; *couleurs:* disparate *f*; **2.** (faire) résonner; (se) heurter; (s')entrechoquer; *v/i.* faire disparate (*couleurs*).

clasp [klɑːsp] **1.** *médaille, broche:* agrafe *f*; *livre, bourse:* fermoir *m*; *collier:* fermeture *f*; *fig.* étreinte *f*; serrement *m* de mains; **2.** *v/t.* agrafer; *fig.* étreindre; serrer (*les mains*); ~ *s.o.'s hand* serrer la main à q.; *v/i.* s'agrafer; **'~·knife** couteau *m* pliant; F eustache *m.*

class [klɑːs] **1.** classe *f*; cours *m*; genre *m*, sorte *f.* catégorie *f*; *univ.* *Am.* année *f*; **2.** classer; ranger par classes; ~ *with* assimiler à; **'~·'con·scious** conscient de sa classe; imbu de l'esprit de caste.

clas·sic ['klæsik] **1.** classique *m*; humaniste *mf*; ~s *pl.* études *f/pl.* classiques, humanités *f/pl.*; **2.** = **'clas·si·cal** □ classique.

clas·si·fi·ca·tion [klæsifi'keiʃn] *plantes etc.:* classification *f*; codification *f*; *navire:* cote *f*; *papiers:*

classement *m*; **clas·si·fied** ['ˌfaid] classifié; secret (-ète *f*); ~ *ads pl.* petites annonces *f/pl.*; **clas·si·fy** ['ˌfai] classifier; classer; ranger par classes.

class...: '~·**mate** camarade *mf* de classe; '~·**room** salle *f* de classe; ~ **strug·gle,** ~ **war(fare)** lutte *f* des classes.

clas·sy F ['klæsi] chic *inv.*

clat·ter ['klætə] **1.** vacarme *m*; bruit *m* (*de tasses etc.*); *fig.* brouhaha *m*; **2.** *v/i.* faire du bruit; retentir; *fig.* bavarder; *v/t.* faire retentir.

clause [klɔːz] clause *f*, article *m*; *gramm.* membre *m* de phrase; proposition *f*.

claus·tral ['klɔːstrəl] claustral (-aux *m/pl.*).

claus·tro·pho·bi·a *psych.* [klɔːstrə-'foubiə] claustrophobie *f*.

clav·i·cle *anat.* ['klævikl] clavicule *f*.

claw [klɔː] **1.** griffe *f*; *aigle etc.*: serre *f*; *écrevisse:* pince *f*; ⊕ *étau:* mordache *f*; coup *m* de griffe *etc.*; **2.** griffer; s'accrocher à (*qch.*); **clawed** [ˌd] armé de griffes *etc.*

clay [klei] argile *f*; glaise *f*; *sp. pigeon* pigeon *m* artificiel; **clay·ey** ['kleii] argileux (-euse *f*), glaiseux (-euse *f*).

clean [kliːn] **1.** *adj.* □ propre; net (-te *f*) (*assiette, cassure, a. fig.*); **2.** *adv.* tout à fait, absolument; **3.** *v/t.* nettoyer; balayer; faire (*une chambre*); cirer (*les souliers*); ~ *up* nettoyer; *v/i.* faire le nettoyage; ⯑ se débarbouiller; '~·**cut** net (-te *f*), bien défini; '**clean·er** nettoyeur *m* (-euse *f*); femme *f* de ménage; ~'**s** (*shop*) ~s *pl.* teinturerie *f*; *take to the* ~s donner (*qch.*) à la teinturerie; ⯑ nettoyer (*q.*), mettre (*q.*) à sec; '**clean·ing** nettoyage *m*; dégraissage *m*; ~ *woman* femme *f* de ménage; **clean·li·ness** ['klenlinis] propreté *f*; netteté *f*; **clean·ly 1.** *adv.* ['kliːnli] proprement, nettement; **2.** *adj.* ['klenli] propre; **clean·ness** ['kliːn-nis] propreté *f*; netteté *f*; **cleanse** [klenz] nettoyer (*a.* ⯑); assainir; purifier; '**cleans·er** ['klenzə] détergent *m*; démaquillant *m*; **clean-shav·en** ['kliːn'∫eivən] rasé de près; **clean-up** ['kliːnˌʌp] nettoyage *m*; *pol.* épuration *f* (*de personnel etc.*).

clear [kliə] **1.** □ *usu.* clair; net(te *f*) (*idée, vision, conscience*); évident;

dégagé; lucide; certain (*de, about*); *fig.* libre (*de, of*); débarrassé (*de, of*); disculpé (*de, of*) (*un soupçon*); ⯑ net(te *f*); ~ *of* libre *etc.*; exempt de; *as* ~ *as day* clair comme le jour; *get* ~ *of* quitter, sortir de; *se dégager de; steer* ~ *of* éviter, s'écarter de; **2.** ⚓ *in the* ~ en terrain découvert; **3.** *v/t.* éclaircir (*a. fig.*); nettoyer; *fig.* dépeupler; déblayer (*le terrain*) (*a. fig.*); rafraîchir (*l'air*); écarter (*un obstacle*); désencombrer (*une salle*); défricher (*un terrain*); dégager (*une route, une voie*); acquitter (*une dette*); clarifier (*un liquide*) (*a.* ~ *away*) enlever, ôter; disculper (*de of, from*); ⯑ *see* ~ *off*; ⯑ faire (*un bénéfice net*); arrêter (*un compte*); ⚖ innocenter (*de of, from*); ⯑ ~ *out* vendre (*des marchandises*); ~ *a port* sortir d'un port; *a ship for action* faire le branle-bas de combat; ~ *one's throat* s'éclaircir la voix; se racler la gorge; *v/i.* (*a.* ~ *up*) s'éclaircir; (*a.* ~ *off*) se dissiper (*nuages, brouillard*); '**clear·ance** dégagement *m*; déblaiement *m*; ⊕ jeu *m*, espace *m* libre; *boîte à lettres:* levée *f*; ⯑ compensation *f* (*d'un chèque*); ⚓, ⯑ dédouanement *m*; ⚓ départ *m*; ⯑ solde *m*; ⊕ jeu *m*, espace *m* libre; ~ *sale* vente *f* de soldes; '**clear·cut** net(te *f*); '**clear·ing** éclaircissement *m etc.* (*see clear 3*); *forêt:* clairière *f*; ⯑ *see clearance*; ~ *procedure* voie *f* de compensation; ~ *bank* banque *f* de virement; ♀ *House* chambre *f* de compensation.

cleat ⚓ [kliːt] agrafe *f*; taquet *m*.

cleav·age ['kliːvidʒ] fendage *m*; *fig.* scission *f*; *min.* clivage *m*.

cleave¹ [kliːv] [*irr.*] (se) fendre (*a. eau, air*).

cleave² *fig.* [ˌ] adhérer, être fidèle (*à, to*); ~ *together* rester fidèles l'un à l'autre. [ret *m* (*de viande*).\]

cleav·er ['kliːvə] fendoir *m*; coupe-\]

cleek *sp.* [kliːk] cleek *m*.

clef ♪ [klef] clef *f*, clé *f*.

cleft [kleft] **1.** fente *f*, fissure *f*, crevasse *f*; **2.** *prét. et p.p. de cleave¹.*

clem·en·cy ['klemənsi] clémence *f*; '**clem·ent** □ clément.

clench [klent∫] (se) serrer (*lèvres, dents, poings*); (se) crisper (*mains*).

cler·gy ['klɜːdʒi] clergé *m* (*m/pl.* du clergé *m*; '~·**man** ecclésiastique *m*; *protestantisme:* pasteur *m*.

close

cler·i·cal [ˈklerikl] **1.** □ *eccl.* clérical (-aux *m/pl.*); de bureau; ~ **error** faute *f* de copiste; **2.** *pol.* clérical *m.*

clerk [klɑːk] employé(e *f*) *m* de bureau; ✝ commis *m*, employé(e *f*) *m* de magasin; *surt. Am.* vendeur (-euse *f*) *m* (*de magasin*); *eccl.* clerc *m.*

clev·er □ [ˈklevə] habile, adroit; intelligent; ~ **dick** *Brit. sl.* gros malin *m*, je-sais-tout *m*; **ˈclev·er·ness** habileté *f*, adresse *f*; intelligence.

clew [kluː] *see* clue.

cli·ché [ˈkliːʃei] cliché *m.*

click [klik] **1.** cliquetis *m*, bruit *m* sec; ⊕ cliquet *m*; déclic *m*; **2.** *v/i.* cliqueter; faire tic tac; se plaire au premier coup; *v/t.* (faire) claquer (*les talons*).

cli·ent [ˈklaiənt] client(e *f*) *m*; **cli·en·tele** [kliːɑ̃ːnˈteil] clientèle *f.*

cliff [klif] falaise *f*; escarpement *m.*

cli·mac·ter·ic [klaiˈmæktərik] **1.** climatérique; **2.** ménopause *f*, retour d'âge *m*; *fig.* tournant *m.*

cli·mate [ˈklaimit] climat *m*; **cli·mat·ic** [klaiˈmætik] (~*ally*) climat(ér)ique.

cli·max [ˈklaimæks] gradation *f*; *fig.* apogée *m*, plus haut point *m.*

climb [klaim] monter; gravir, grimper à; escalader; **ˈclimb·er** ascensionniste *mf*; *fig.* arriviste *mf*; ♣ plante *f* grimpante; **ˈclimb·ing** montée *f*, escalade *f*; **ˈclimb·ing-i·ron** crampon *m.*

clinch [klintʃ] **1.** ⊕ rivet *m*, accrochage *m*; *fig.* étreinte *f*; *box.* corps-à-corps *m*; **2.** *v/t.* river; confirmer (*un argument etc.*); conclure (*un marché*); *see* clench; *v/i.* s'accrocher; **ˈclinch·er** ⊕ crampon *m*; *fig.* argument *m* sans réplique.

cling [kliŋ] [*irr.*] (à, to) s'accrocher, se cramponner, s'attacher; adhérer; coller (*robe*); **ˈcling·ing** qui s'accroche *etc.*; collant (*robe*).

clin·ic [ˈklinik] **1.** clinique *f*; **2.** = **ˈclin·i·cal** □ clinique; ~ **thermome·ter** thermomètre *m* médical.

clink [kliŋk] tintement *m*, choc *m*; épées: cliquetis *m*; **2.** *v/i.* tinter (*verres*); *v/t.* faire tinter, faire résonner; ~ **glasses with** trinquer avec; **ˈclink·er** escarbilles *f/pl.*; *sl.* personne *f* ou chose *f* épatante; **ˈclink·ing** *Brit. sl.* **1.** *adj.* épatant; **2.** *adv. sl.* très.

clip¹ [klip] **1.** tonte; *Am.* F **at one** ~ d'un seul coup; **2.** tondre; rogner; tailler; écourter (*un mot*).

clip² [~] pince *f*, pince *f*; *paper-*~ agrafe *f* de bureau; trombone *m.*

clip·per [ˈklipə] tondeur (-euse *f*) *m*; (*a pair of*) ~s *pl.* (une) tondeuse *f*; ⚓ fin voilier *m* qui va comme le vent; ✈ (*flying* ~) clipper *m*; *sl.* type *m* épatant; **ˈclip·pings** *pl.* tonte *f*; ongles *etc.*: rognures *f/pl.*; *Am.* presse: coupures *f/pl.*

clique [kliːk] coterie *f*; F clan *m.*

cloak [klouk] **1.** manteau *m* (*a. fig.*); *fig.* voile *m*; **2.** revêtir d'un manteau; *fig.* masquer, voiler; **~-room** vestiaire *m*; ⛫ consigne *f.*

clob·ber *sl.* [ˈklɔbə] **1.** battre; rosser; **2.** *Brit.* frusques *f/pl.*, barda *m.*

clock [klɔk] **1.** horloge *f*; *moins grand:* pendule *f*; *bas:* coin *m*; *sp. sl.* chronomètre *m* à déclic; **2.** *v/t. sp. sl.* chronométrer; *v/i.:* ~ **in** (**out**) pointer à l'arrivée (au départ) (*ouvrier etc.*); **~-face** cadran *m*; **~-ra·di·o** radio-réveil *m* (*pl.* radios-réveils); **~-wise** à droite; dans le sens des aiguilles d'une montre.

clod [klɔd] motte *f* (de terre); *fig.* terre *f*; (*a.* ~-hopper) lourdaud *m.*

clog [klɔg] **1.** entrave *f*; *fig.* empêchement *m*; galoche *f*; sabot *m*; **2.** entraver; *fig.* (se) boucher, (s')obstruer; **ˈclog·gy** collant.

clois·ter [ˈklɔistə] **1.** cloître *m*; **2.** cloîtrer.

close 1. [klouz] fin *f*, conclusion *f*; clôture *f*; [klous] clos *m*, enclos *m*; *cathédrale:* enceinte *f*; **2.** [klouz] *v/t.* fermer; barrer; terminer; arrêter (*un compte*); ~**d shop** atelier *etc.* qui n'admet pas de travailleurs non syndiqués; ~ **down** fermer (*une usine etc.*); ~ **one's eyes to** fermer les yeux sur; *v/i.* (se) fermer; se terminer, finir; se prendre corps à corps (avec, with); ✝ ~ **with** conclure le marché avec; ~ **in** cerner de près; tomber (*nuit*); ~ **on** (*prp.*) se (re)fermer sur; **3.** □ [klous] bien fermé; clos; avare; peu communicatif (-ive *f*); étroit (*vêtement etc.*); exclusif (-ive *f*) (*société*); serré (*style, rangs, lutte*); *typ.* compact; soutenu (*attention*); minutieux (-euse *f*) (*étude*); vivement contesté (*lutte*); lourd (*temps*); impénétrable (*secret*); intime (*ami*); fidèle (*traduction*); ~ **by**

(*ou to*) tout près (de); ~ **fight** (*ou combat ou quarters*) combat *m* corps à corps; **have a** ~ **call** (*ou shave*) l'échapper belle, y échapper de justesse; *that was a* ~ *call* (*ou shave ou thing*) il était moins une; *at* ~ *quarters* de près; ~(*d*) *season* (*ou time*) *chasse:* chasse *f* fermée; *shave* ~*ly* (se) raser de près; '~-**knit** étroitement lié, très uni; '~-**meshed** à petites mailles; '**close·ness** proximité *f*; exactitude *f*; *temps:* lourdeur *f*; manque *m* d'air; réserve *f*.

clos·et ['klɔzit] **1.** cabinet *m*; armoire *f*, placard *m*; *see* water-~; **2.** be ~*ed with* être enfermé avec (*q.*), être en tête avec (*q.*).

close-up *cin.* ['klousʌp] premier plan *m*; gros plan *m*.

clos·ing ['klouziŋ] **1.** fermeture *f*; clôture *f*; **2.** dernier (-ère *f*), final; de fermeture; *the* ~ *days* les derniers jours *m/pl.*; ~ *time* heure *f* de fermeture; ~ *time!* on ferme!

clo·sure ['klouʒə] **1.** fermeture *f*; clôture *f*; *parl.* move the ~ voter la clôture; *apply the* ~ clôturer le débat; **2.** clôturer (*un débat etc.*).

clot [klɔt] *sang:* caillot *m*; encre: bourbillon *m*; **2.** figer (*le sang*); cailler (*le lait*).

cloth [klɔθ], *pl.* **cloths** [klɔðs] étoffe *f* de laine; drap *m*; toile *f*; linge *m*; tapis *m*; (*a.* table-~) nappe *f*; habit *m* (*surt.* ecclésiastique); F *the* ~ le clergé; *lay the* ~ mettre la nappe *ou* le couvert; *bound in* ~ relié toile; ~-*binding* reliure *f* en toile.

clothe [klouð] [*irr.*] vêtir, habiller (de *in*, with); revêtir (de, with) (*a. fig.*).

clothes [klouðz] *pl.* vêtements *m/pl.*, habits *m/pl.*; (*a. suit of* ~) complet *m*; linge *m* (*propre, sale, etc.*); '~-**bas·ket** panier *m* à linge; '~-**brush** brosse *f* à habits; '~-**hang·er** cintre *m*; '~-**horse** séchoir *m* (à linge); '~-**line** corde *f* à linge; '~-**peg** pince *f*; *fichoir m*; Am. pince *f*; '~-**pin** *surt.* Am. pince *f*; '~-**press** armoire *f* à linge.

cloth·ier ['klouðiə] drapier *m*; marchand *m* de confections.

cloth·ing ['klouðiŋ] vêtements *m/pl.*

cloud [klaud] **1.** nuage *m* (*a. fig.*); *fig.* voile *m*; *liquide:* turbidité *f*; *poét., a.* sauterelle: nuée *f*; be under a ~ être l'objet de soupçons; **2.** (se) couvrir, (se) voiler; *fig.* s'assombrir; ⊕ ~ed nuageux (-euse *f*) (*joyau*); nuagé (*poil*); tacheté (*marbre*); '~-**burst** rafale *f* de pluie; trombe *f*; ~-'**cuck·oo·land** pays *m* utopique *ou* imaginaire; *live in* ~ être *ou* planer dans les nuages; '**cloud·less** □ sans nuages; **cloud·let** ['~lit] petit nuage *m*; '**cloud·y** □ nuageux (-euse *f*), assombri; couvert (*temps*); trouble (*liquide*); *fig.* fumeur (-euse *f*).

clout [klaut] **1.** rapiécer; F flanquer une taloche à (*q.*); **2.** chiffon *m*, torchon *m*; F taloche *f*, claque *f*.

clove¹ [klouv] clou *m* de girofle; gousse *f* (*d'ail*).

clove² [~] *prét. de* cleave¹; '**clo·ven 1.** *p.p. de* cleave¹; **2.** *adj.* fendu, fourchu.

clo·ver ♣ ['klouvə] trèfle *m*; '~-**leaf** ♣ feuille *f* de trèfle; *mot.* (*a.* ~ *crossing*) croisement *m* en trèfle.

clown [klaun] *théâ.* bouffon *m*; *cirque:* clown *m*; rustre *m*; *poét.* paysan *m*; '**clown·ish** □ de bouffon; de clown; gauche; grossier (-ère *f*).

cloy [klɔi] rassasier (de, with) (*a. fig.*); affadir.

club [klʌb] **1.** massue *f*, assommoir *m*; *sp.* crosse *f*; cercle *m*, club *m*; ~*s pl.* cartes: trèfle *m*; **2.** *v/t.* frapper avec une massue; ~ *together* mettre en commun; *v/i.* ~ (*usu.* ~ *together*) s'associer (*pour faire qch.*); '**club·ba·ble** sociable; '**club-'foot** pied-bot (*pl.* pieds-bots) *m*; '**club-'law** la loi du plus fort.

cluck [klʌk] glousser (*poule*).

clue [klu:] *fig.* indication *f*, indice *m*; *mots croisés:* définition *f*.

clump [klʌmp] **1.** bloc *m*; *arbres:* groupe *m*; *fleurs:* massif *m*; F taloche *f*; (*a.* ~-*sole*) semelle *f* supplémentaire; **2.** marcher lourdement; ajouter des patins à (*des chaussures*).

clum·si·ness ['klʌmzinis] gaucherie *f*, maladresse *f*; '**clum·sy** □ gauche, maladroit; informe.

clung [klʌŋ] *prét. et p.p. de* cling.

clus·ter ['klʌstə] **1.** ♣ *fleurs:* massif *m*, bouquet *m*; *arbres:* groupe *m*; *raisins:* grappe *f*; **2.** (se) grouper; (se) rassembler.

clutch [klʌtʃ] **1.** griffe *f*; *aigle etc.:* serre *f*; ⊕ embrayage *m*; *in his* ~*es* dans ses griffes, sous sa patte; *mot.* ~ *pedal* pédale *f* d'embrayage; **2.** *v/t.*

saisir, empoigner; *v/i.* se raccrocher (à, *at*).

clut·ter [ˈklʌtə] **1.** méli-mélo (*pl.* mélis-mélos) *m*, encombrement *m*; désordre *m*; **2.** (*a.* ~ *up*) encombrer (de, *with*); mettre le désordre dans.

clys·ter [ˈklistə] clystère *m*.

coach [kəutʃ] **1.** carrosse *m*; 🚗 voiture *f*, wagon *m*; *Am.* autocar *m*; *univ.* répétiteur *m*; *sp.* entraîneur *m*; **2.** *v/i.* aller en carrosse; *v/t. univ.* donner des leçons particulières à; *sp.* entraîner; '~·box siège *m* (du cocher); '~·build·er carrossier *m*; '~·house remise *f*; '~·man cocher *m*; '~·work carrosserie *f*.

co·ad·ju·tor *surt. eccl.* [kəuˈædʒutə] coadjuteur *m*.

co·ag·u·late [kəuˈæɡjuleit] (se) figer; (se) cailler (*lait*); **co·ag·u·la·tion** coagulation *f*, figement *m*.

coal [kəul] **1.** charbon *m*; houille *f*; morceau *m* de charbon; *carry* ~*s to Newcastle* porter de l'eau à la mer; *haul* (*ou call*) *s.o. over the* ~*s fig.* semoncer q.; **2.** ⚓ (s')approvisionner de charbon; ~*ing station* port *m* à charbon; '~·bed couche *f* de houille, couche *f* carbonifère; '~·dust charbon *m* en poussière.

co·a·lesce [kəuəˈles] se fondre; se combiner; fusionner; **co·a·les·cence** coalescence *f*; fusion *f*; combinaison *f*.

co·a·li·tion [kəuəˈliʃn] coalition *f*; *pol.* cartel *m*.

coal-field [ˈkəulfiːld] bassin *m* houiller.

coal...: '~·pit houillère *f*; '~·scut·tle seau *m* à charbon.

coarse □ [kɔːs] grossier (-ère *f*) (*a. fig.*); gros(se *f*); rude *f*; '**coarse·ness** grossièreté *f*; rudesse *f*.

coast [kəust] **1.** côte *f*, rivage *m*; plage *f*; littoral *m*; *cycl.* descente *f* en roue libre; *surt. Am.* piste *f* (*de toboggan*); **2.** suivre la côte; descendre (en toboggan, en roue libre, *mot.* le moteur débrayé); '**coast·er** *Am.* bobsleigh *m*; ⚓ caboteur *m*; **coast·er brake** *Am.* frein *m* à contre-pédalage; '**coast-guard** garde-côte (*pl.* gardes-côtes) *m*; '**coast·ing** navigation *f* côtière; cabotage *m*; ~ *trade* commerce *m*; caboteur *m*; cabotage *m*.

coat [kəut] **1.** *hommes:* habit *m*; *femmes:* manteau *m*, jaquette *f*

(*courte*); robe *f*, poil *m*; *animaux:* peau *f*, fourrure *f*; *peinture:* couche *f*; ~ *of arms* armoiries *f/pl.*; écusson *m*; ~ *of mail* cotte *f* de mailles; *cut the* ~ *according to the cloth* subordonner ses dépenses à son revenu; **2.** enduire (de, *with*); revêtir, couvrir (de, *with*); '~·hang·er cintre *m*; '**coat·ing** enduit *m*, revêtement *m*; enveloppe *f*; couche *f*; *tex.* étoffe *f* pour habits; '**coat-rack** portemanteau *m*.

coax [kəuks] cajoler, enjôler; encourager (*q.*) à force de cajoleries (à *inf.*, *into gér.*); ~ *s.th. out of s.o.* soutirer qch. à q. en le cajolant.

cob [kɔb] cob *m*, bidet *m*; cygne *m* mâle; △ pisé *m*; *Am.* épi *m* de maïs; ~ *nut s. pl. charbon:* gaillette *f*; ~·**loaf** miche *f*.

co·balt *min.* [kəˈbɔːlt] cobalt *m*.

cob·ble [ˈkɔbl] **1.** galet *m*; ~*s pl.* gaillette *f*, -s *f/pl.*; **2.** paver en cailloutis; carreler (*des chaussures*); '**cob·bler** cordonnier *m*; *fig.* rapetasseur *m*; *Am.* boisson *f* rafraîchissante.

cob·nut ♦ [ˈkɔbnʌt] grosse noisette *f*.

cob·web [ˈkɔbweb] toile *f* d'araignée.

co·caine ⚕ [kəˈkein] cocaïne *f*.

coch·i·neal [ˈkɔtʃiniːl] cochenille *f*.

cock [kɔk] **1.** coq *m* (*a. fig.*); oiseau *m* mâle; chien *m* (*de fusil*); meulon *m* (*de foin*); robinet *m*; **2.** (*souv.* ~ *up*) (re)lever; dresser (*les oreilles*); armer le chien de (*un fusil*); retrousser (*le chapeau*); mettre (*le chapeau*) de travers; ~ *one's eye at s.o.* lancer une œillade à q.; ~ *one's nose at s.o.* toiser q.; ~*ed hat* tricorne *m*.

Cock·aigne [kɔˈkein] pays *m* de cocagne.

cock-and-bull sto·ry [ˈkɔkəndˈbulstɔːri] histoire *f* de pure invention.

cock·a·too [kɔkəˈtuː] cacatoès *m*.

cock·a·trice [ˈkɔkətrais] basilic *m*.

cock·boat ⚓ [ˈkɔkbout] petit canot *m*.

cock·chaf·er [ˈkɔktʃeifə] hanneton *m*.

cock-crow(·ing) [ˈkɔkkrou(iŋ)] (premier) chant *m* du coq; aube *f*.

cock·er¹ [ˈkɔkə]: ~ *up* câliner.

cock·er² [~] (*épagneul m*) cocker *m*.

cock·er·el [ˈkɔkərəl] jeune coq *m*.

cock...: '~**-eyed** ['kɔkaid] *sl.* qui louche; de biais; *Am.* gris (*ivre*); '~**-fight**(**·ing**) combat, -s *m/pl.* de coqs; '~**-horse** cheval m de bois.
cock·le¹ ♣ ['kɔkl] nielle f des blés.
cock·le² [~] 1. *zo.* bucarde f; pli m; 2. *v/t.* recoquiller (*les pages d'un livre*); faire goder (*une étoffe*); *v/i.* se recroqueviller; goder.
cock·ney ['kɔkni] londonien(ne) f (*a. su./mf*); '**cock·ney·ism** locution f *ou* prononciation f londonienne.
cock·pit ['kɔkpit] arène f de combats de coqs; ♣ poste m des blessés; ✈ baquet m, carlingue f; poste m du pilote. [*f*; F cafard *m.*]
cock·roach *zo.* ['kɔkroutʃ] blatte⌋
cocks·comb ['kɔkskoum] crête f de coq; ♣ crête-de-coq (*pl.* crêtes-de-coq) f; '**cock·'sure** F outrecuidant; '**cock·tail** demi-sang *m/inv.* † parvenu *m*; cocktail *m*; '**cock-'up** *sl.* pagaille f; *make a* ~ *of* saloper, gâcher; '**cock·y** □ F outrecuidant, suffisant, effronté.
co·co ['koukou] cocotier m.
co·coa ['koukou] cacao m.
co·co·nut ['koukənʌt] noix f de coco.
co·coon *zo.* [kə'ku:n] cocon m.
cod *icht.* [kɔd] morue f; *dried* ~ merluche f; *cured* ~ morue f. salée.
cod·dle ['kɔdl] gâter, câliner; douilletter; ~ *up* élever dans la ouate.
code [koud] 1. code *m*; *secret:* chiffre *m*; 2. *tél.* codifier; chiffrer.
co·de·ine ♣ ['koudi:n] codéine f.
cod·fish ['kɔdfiʃ] *see* cod.
codg·er F ['kɔdʒə] vieux bonhomme *m*.
cod·i·cil ['kɔdisil] codicille *m*; **cod·i·fi·ca·tion** [‿fi'keiʃn] codification f; **cod·i·fy** [‿fai] codifier (*des lois*).
cod·ling ['kɔdliŋ] ♣ pomme f à cuire; *icht.* petite morue f.
cod-liv·er oil ['kɔdlivər'ɔil] huile f de foie de morue.
co·ed *Am.* ['kou'ed] élève f d'une école coéducationelle.
co·ed·u·ca·tion [kouedju'keiʃn] école mixte; coéducation f.
co·ef·fi·cient [koui'fiʃnt] coefficient *m*; facteur *m* (*de sûreté*).
co·erce [kou'ə:s] contraindre; forcer; **co·er·ci·ble** contraignable; coercible (*gaz*); **co·er·cion** [‿ʃn] contrainte f; *under* ~ par contrainte; *à son corps défendant*; **co·er·cive** □ [‿siv] coercitif (-ive f).

co·e·val □ [kou'i:vəl] (*with*) de l'âge (de); contemporain (de).
co·ex·ist ['kouig'zist] coexister (avec, with); '**co·ex·ist·ence** coexistence f; '**co·ex·ist·ent** coexistant.
cof·fee ['kɔfi] café *m*; ~ **bar** café *m*, cafétéria f; '~**-bean** grain m de café; '~**-grounds** *pl.* marc m de café; '~**pot** cafetière f; '~**-room** *hôtel:* salle f à manger; ~ **shop** *Am.* café m, cafétéria f; ~ **ta·ble** table f basse.
cof·fer ['kɔfə] coffre *m*; ⚠ caisson *m*; ~**s** *pl.* coffres *m/pl.*; fonds *m/pl.*
cof·fin ['kɔfin] 1. cercueil *m*; 2. mettre en bière.
cog ⊕ [kɔg] dent f (*d'une roue*).
co·gen·cy ['koudʒənsi] force f; '**co·gent** □ valable, incontestable.
cogged ⊕ [kɔgd] à dents, denté.
cog·i·tate ['kɔdʒiteit] *v/i.* réfléchir, méditer (sur, [up]on); *v/t.* méditer (*qch.*); **cog·i·ta·tion** réflexion f.
co·gnac ['kounjæk] cognac m.
cog·nate ['kɔgneit] 1. (*with*) parent (de), analogue (à); 2. cognat m.
cog·ni·tion [kɔg'niʃn] connaissance f.
cog·ni·za·ble ['kɔgnizəbl] (re)connaissable; ⚖ du ressort du tribunal; '**cog·ni·zance** connaissance f (*a. ⚖*); ⚖ compétence f, ressort m (*de la cour*); '**cog·ni·zant** (*of*) ayant connaissance (de); instruit (de).
cog·no·men [kɔg'noumen] nom *m* de famille; sobriquet m, surnom m.
cog-wheel ⊕ ['kɔgwi:l] roue f dentée.
co·hab·it [kou'hæbit] cohabiter; **co·hab·i·ta·tion** cohabitation f.
co·heir ['kou'ɛə] cohéritier *m*; **co·heir·ess** ['kou'ɛəris] cohéritière f.
co·here [kou'hiə] se tenir (ensemble); **co'her·en·cy** cohérence f; **co'her·ent** □ cohérent; conséquent; **co'her·er** cohéreur m.
co·he·sion [kou'hi:ʒn] cohésion f; **co'he·sive** cohésif (-ive f).
coif·feur [kwɑ:'fə:] coiffeur *m*; **coif·fure** [‿'fjuə] 1. coiffure f; 2. coiffer.
coign of van·tage [kɔinəv'vɑ:ntidʒ] position f avantageuse.
coil [kɔil] 1. corde f, fil métallique, cheveux: rouleau m; *câble:* roue f; ⚡ bobine f; *serpent:* repli m; ⊕ *tube:* serpentin m; ~ *spring* ressort m en spirale; 2. (*souv.* ~ *up*) *v/t.*

(en)rouler; *v/i.* serpenter; s'enrouler.

coin [kɔin] **1.** (pièce *f* de) monnaie *f*; *false* ~ fausse monnaie *f*; *small* ~ monnaie *f* divisionnaire; **2.** frapper (*de la monnaie*); *fig.* inventer; *fig.* ~ *money* faire des affaires d'or; ~ed *money* argent *m* monnayé; '**coinage** monnayage *m*; monnaie *f*, -s *f/pl.*; *fig.* invention *f*.

co·in·cide [kouin'said] (*with*) coïncider (avec); *fig.* s'accorder (avec); **co·in·ci·dence** [kou'insidəns] coïncidence *f*; *fig.* rencontre *f*, concours *m*; **co'in·ci·dent** □ coïncident; *fig.* d'accord.

coin·er [kɔinə] monnayeur *m*; *souv.* faux-monnayeur *m*; *fig.* inventeur (-trice *f*) *m*.

coir ['kɔiə] fibre *f* de coco; coir *m*.

coke [kouk] **1.** coke *m* (*a. sl.* = *cocaïne*); *Am.* F Coca-Cola *f*; **2.** (se) cokéfier.

col·an·der ['kʌləndə] *cuis.* passoire *f*.

cold [kould] **1.** □ froid (*a. fig.*); ~ *meat* viande *f* froide; *give s.o. the* ~ *shoulder see* ~-*shoulder*; F *have* ~ *feet* avoir le trac (= *avoir peur*); **2.** froid *m*; froideur *f*; (*souv.* ~ *in the head*) rhume *m*; '~-'**blood·ed** *zo.* à sang froid; *fig.* insensible, sans pitié (*personne*); accompli de sang-froid (*action*); '~-'**cream** crème *f* de beauté, cold-cream *m*; '~-'**heart·ed** au cœur froid, sans pitié; '**cold·ness** froideur *f*; *climat:* froidure *f*.

cold...: '~-'**shoul·der** battre froid à (*q.*); tourner le dos à (*q.*); ~ *stor·age* conservation *f* par le froid; glacière *f*; '~-'**stor·age** frigorifique; ~ *store* entrepôt *m* frigorifique.

cole ♣ [koul] chou-marin (*pl.* choux-marins) *m*.

cole-seed ♣ ['koulsi:d] (graine *f* de) colza *m*.

cole-slaw ['koulslɔ:] *Am.* salade *f* de choux.

col·ic ♣ ['kɔlik] colique *f*.

col·lab·o·rate [kə'læbəreit] collaborer; **col·lab·o'ra·tion** collaboration *f*; **col'lab·o·ra·tor** collaborateur (-trice *f*) *m*.

col·lapse [kə'læps] **1.** s'affaisser; s'écrouler; s'effondrer (*prix, a. personne*); **2.** affaissement *m etc.*; **col'laps·i·ble** pliant, démontable; ~ *boat* canot *m* pliant, berthon *m*.

col·lar ['kɔlə] **1.** *robe:* col *m*; *manteau:* collet *m*; *chemise:* (faux) col *m*; *ordre:* collier *m*; ⊕ anneau *m*, collet *m*; **2.** saisir au collet; ⊕ baguer; *cuis.* rouler (*de la viande*) pour la ficeler; '~-**bone** *anat.* clavicule *f*.

col·late [kɔ'leit] collationner (*des textes*).

col·lat·er·al [kɔ'lætərəl] **1.** □ collatéral (-aux *m/pl.*); accessoire; additionnel(le *f*); concomitant; **2.** garantie *f* accessoire.

col·la·tion [kɔ'leiʃn] *textes, cuis., a. eccl.* collation *f*.

col·league ['kɔli:g] collègue *mf*.

col·lect 1. ['kɔlekt] *prière:* collecte *f*; **2.** [kə'lekt] *v/t.* (r)assembler; amasser; collectionner (*des timbres*); percevoir (*des impôts*); faire rentrer (*une créance*); quêter (*pour les pauvres*); ~ *one's thoughts* se recueillir; ~ing *business* service *m* d'encaissement; *v/i.* s'assembler; ~ *call* Am. *téléph.* PCV (= *Per-Ce-Voir*), communication *f* téléphonique payable par le destinateur; **col'lect·ed** □ *fig.* plein de sang-froid; **col'lect·ed·ness** *fig.* sang-froid *m*; **col'lec·tion** rassemblement *m*; recouvrement *m*; perception *f*; *billet:* encaissement *m*; *eccl.* quête *f*; *forcible* ~ réquisition *f*; **col'lec·tive** collectif (-ive *f*); multiple (*fruit*); ⚻ *ownership* possession *f* en commun; ~ *bargaining* convention *f* collective; **col'lec·tive·ly** collectivement; en commun; **col'lec·tiv·ism** collectivisme *m*; **col'lec·tor** quêteur (-euse *f*) *m*; encaisseur *m*; collectionneur (-euse *f*) *m*; *contributions indirectes:* receveur *m*, *directes:* percepteur *m*; ⚙ contrôleur *m* de billets; ∮ prise *f* de courant; ~'*s item* pièce *f* de collection.

col·leen *Ir.* ['kɔli:n] *Ir.* kɔ'li:n] jeune fille *f*.

col·lege ['kɔlidʒ] collège *m*; *souv.* université *f*; école *f* secondaire, lycée *m*; école *f* (*militaire ou navale*); **col·le·gi·an** [kə'li:dʒiən] étudiant(e *f*) *m*; lycéen(ne *f*) *m*; élève *mf*; **col'le·gi·ate** [~dʒiit] collégial (-aux *m/pl.*); de collège.

col·lide [kə'laid] se heurter; entrer en collision (avec, *with*); ~ *with* heurter (*qch.*) (*a. fig.*).

col·lie ['kɔli] colley *m*.

col·lier ['kɔliə] houilleur *m*, mineur *m*; ⚓ charbonnier *m*; **col·lier·y** ['kɔljəri] houillère *f*; mine *f* de charbon.

col·li·sion [kə'liʒn] collision *f* (*a. fig.*); rencontre *f*; *fig.* conflit *m*.

col·lo·ca·tion [kɔlo'keiʃn] collocation *f*, arrangement *m*.

col·lo·di·on [kə'loudiən] collodion *m*.

col·lo·qui·al □ [kə'loukwiəl] familier (-ère *f*); de (la) conversation; **col·lo·qui·al·ism** expression *f* familière; **col·lo·quy** ['kɔləkwi] colloque *m*.

col·lude [kə'lju:d] s'entendre (avec, with); **col·lu·sion** [kə'lu:ʒn] collusion *f*; 🏛 complicité *f*, connivence *f*.

col·ly·wob·bles F ['kɔliwɔblz]: *have the* ~ se sentir mal; avoir le trac.

col·o·cynth ♀ ['kɔləsinθ] coloquinte *f*.

co·lon ['koulən] *typ.* deux-points *m/inv.*; *anat.* côlon *m*.

colo·nel ['kə:nl] colonel *m*; **colo·nel·cy** grade *m* de colonel.

co·lo·ni·al [kə'lounjəl] colonial (-aux *m/pl.*) (*a. su./m*); **co·lo·nist** ['kɔlənist] colon *m*; **co·lo·ni·za·tion** colonisation *f*; **col·o·nize** *v/t.* coloniser; *v/i.* former une colonie.

col·on·nade [kɔlə'neid] colonnade *f*.

col·o·ny ['kɔləni] colonie *f* (*a. fig.*).

col·o·pho·ny [kə'lɔfəni] colophane *f*.

col·or *see* colo(u)r.

Col·o·ra·do bee·tle [kɔlə'rɑːdou'bi:tl] doryphore *m*.

co·los·sal □ [kə'lɔsl] colossal (-aux *m/pl.*).

col·o·u·r ['kʌlə] 1. couleur *f*; pigment *m*; *visage*: teint *m*; *nuance*: teinte *f*; *fig.* courage *f*, prétexte *m*; ✕ ~s *pl.* drapeau *m*; ~ *bar*, ~ *line* discrimination *f* raciale; ~ *problem* problème *m* racial; ~ *supplement* supplément illustré (*d'un journal*); ~ *television* télévision *f* (en) couleur; ~ *television set* téléviseur *m* couleur; *local* ~ couleur *f* locale; 2. *v/t.* colorer; colorier; teindre; *fig.* imager (*son style*); présenter sous un faux jour; *v/i.* se colorer; rougir (*personne*); **col·o·u·r·a·ble** □ plausible; trompeur; **col·o·u·r-blind** daltonien(ne *f*); **col·o·u·r blind·ness** daltonisme *m*; **col·o·u·red** coloré; de couleur; en couleurs; ~ *film* film *m* en couleurs; ~ *pencil* crayon *m* de cou-

leur; ~ (*wo*)*man* homme *m* (femme *f*) de couleur; **col·o·u·r-fast** bon teint; **col·o·u·r·ful** ['~ful] coloré; **col·o·u·r·ing** 1. colorant; ~ *matter* colorant *m*; 2. coloration *f*; *peint.* coloris *m*; *visage*: teint *m*; *nuance*: teinte *f*; *fig.* apparence *f*; **col·o·u·r·ist** coloriste *m*; **col·o·u·r·less** □ sans couleur; terne; pâle.

colt [koult] poulain *m*, pouliche *f*; *fig.* débutant(e *f*) *m*; **colts·foot** ♀ tussilage *m*.

col·um·bine ♀ ['kɔləmbain] ancolie *f*.

col·umn ['kɔləm] colonne *f* (*a. typ., a.* ✕); *journ. a.* rubrique *f*; **co·lum·nar** [kə'lʌmnə] en forme de colonne; en colonnes; **col·um·nist** ['kɔləmnist] *Am. journ.* collaborateur *m* régulier d'un journal.

col·za ♀ ['kɔlzə] colza *m*.

co·ma[1] ♫ ['koumə] coma *m*.

co·ma[2] [~], *pl.* **-mae** ['~mi:] ♀ barbe *f*, *astr.* chevelure *f*.

comb [koum] 1. peigne *m*; *coq, vague, colline*: crête *f*; ⊕ peigne *m*, carde *f*; *curry*~ *see honey* ~; 2. *v/t.* peigner; *a.* carder (*la laine*); ~ *out fig.* F éplucher; *v/i.* déferler (*vague*).

com·bat ['kɔmbət] 1. combat *m*; 2. combattre (contre, with; pour, for); **com·bat·ant** combattant *m*; **com·bat·ive** □ combattif (-ive *f*); agressif (-ive *f*).

comb·er ['koumə] ⊕ peigneuse *f*; ⚓ vague *f* déferlante.

com·bi·na·tion [kɔmbi'neiʃn] combinaison *f*; association *f*; 🔐 combiné *m*; *fig.* mélange *m*; *usu.* ~s *pl. cost.* combinaison *f*; ~ *lock* serrure *f* à combinaison; **com·bine** 1. [~'bain] (se) réunir; (s')allier; 2. ['~bain] entente *f* industrielle; cartel *m*; *surt. Am.* moissonneuse-batteuse (*pl.* moissonneuses-batteuses) *f*.

comb·ings ['koumiŋz] *pl.* peignures *f/pl.*

com·bus·ti·ble [kəm'bʌstəbl] 1. combustible, comburable; inflammable (*foule etc.*); 2. ~s *pl.* matière *f* inflammable; *mot.* combustibles *m/pl.*; **com·bus·tion** [kəm'bʌstʃn] combustion *f*.

come [kʌm] [*irr.*] venir, arriver; ~! allons!; voyons!; *to* ~ futur, à venir, qui vient; F *how* ~? comment ça?; ~ *about* arriver, se passer; ~ *across* *s.o.* tomber sur q.; ~ *along* se dépêcher; arriver; ~ *at* se jeter sur; parvenir à (*la vérité*); ~ *by* passer par; obtenir; ~ *down* descendre; *fig.* s'abaisser; déchoir; ~ *down upon s.o.* blâmer q. sévèrement; ~ *down with* F se fendre de (*une somme*); *Am.* F être frappé par (*une maladie*); ~ *for* venir chercher; ~ *in* entrer; 💠 arriver; être de saison; devenir la mode; ~ *in!* entrez!; ~ *off* tomber (de); se détacher (*bouton*); s'enlever (*tache*); avoir lieu; réussir; tomber (*cheveux*); ~ *on* s'avancer; survenir; ~ *on!* allons-y!; ~ *out* sortir (de, of); se développer; débuter; ~ *out right* donner la solution juste; ~ *round fig.* reprendre connaissance; ~ *to adv. see* ~ *to o.s.*; 💠 venir sur bâbord *ou* tribord; *prp.* arriver à; ~ *to o.s.* (*ou* to one's senses) revenir à soi; reprendre ses sens; ~ *to anchor* s'ancrer, mouiller; ~ *to know* en venir à connaître *ou* savoir; ~ *up* monter; surgir; pousser (*plante*); paraître; ~ *up to* répondre à (*une attente*); s'élever jusqu'à; s'approcher de (q.); égaler; ~ *up with* rattraper, rejoindre (q.); ~ *upon* tomber sur (q.); rencontrer (q.); venir à l'esprit de (q.); **~·at·a·ble** □ accessible; **'~·back** rentrée f; retour, m en vogue *ou* au pouvoir; *Am.* revanche f; *Am. sl.* réplique f.

co·me·di·an [kəˈmiːdjən] comédien(ne f) m; *music-hall:* comique m.

com·e·dy [ˈkɔmidi] comédie f.

come·li·ness [ˈkʌmlinis] mine f avenante; **'come·ly** avenant.

come-off F [ˈkʌmˈɔːf] résultat m; issue f.

com·er [ˈkʌmə] arrivant(e f) m; venant(e f) m.

co·mes·ti·ble [kəˈmestibl] *usu.* ~s *pl.* comestible m, -s m/pl.

com·et [ˈkɔmit] comète f.

com·fort [ˈkʌmfət] **1.** soulagement m; consolation f; bien-être m; confort m; aisance f; agrément m; *fig.* réconfort m; **2.** soulager; consoler; réconforter; **'com·fort·a·ble** □ confortable; à son aise (*personne*); tranquille; *I am* ~ je suis à mon aise; je suis bien; **'com·fort·er** consolateur (-trice f) m; *fig.* cache-nez m/inv.; *Am.* couvre-pied m

piqué; *Brit.* sucette f; **'com·fort·less** □ incommode; dépourvu de confort.

com·frey ♣ [ˈkʌmfri] consoude f.

com·fy □ F [ˈkʌmfi] *see* comfortable.

com·ic [ˈkɔmik] (~ally) comique; *fig.* (*usu.* **'com·i·cal**) □ ~ *journal* (*ou paper*) journal m pour rire; *journ. Am. comic strip* bande f dessinée; **'com·ics** *pl. journ. Am.* bandes f/pl. dessinées (*souvent humoristiques*).

com·ing [ˈkʌmiŋ] **1.** futur, qui vient; ~, *Sir!* tout de suite, monsieur!; **2.** venue f; approche f.

com·i·ty [ˈkɔmiti]: ~ *of nations* bon accord m entre les nations; courtoisie f internationale.

com·ma [ˈkɔmə] virgule f; *inverted* ~s *pl.* guillemets m/pl.

com·mand [kəˈmɑːnd] **1.** ordre m; maîtrise f (*d'une langue*); 💥 commandement m (*souv.* ♀, *p.ex. Southern* ♀); *at* (*ou by*) ~ *of* d'après les ordres de, suivant l'ordre de; *have* ~ *of* commander; dominer; *be* (*have*) *at* ~ être à la (avoir à sa) disposition; 💥 *be in* ~ commander; **2.** ordonner; commander; inspirer (*un sentiment*); forcer (*l'attention*); dominer (*une vallée*); commander; *fig.* être maître de, maîtriser; disposer de; **com·mand·ant** 💥 [kɔmənˈdænt] commandant m; **com·man·deer** [~ˈdiə] 💥 réquisitionner; **com·mand·er** [kəˈmɑːndə] commandant m; chef m de corps; 💠 capitaine m de frégate; *ordres:* commandeur m; **com·mand·er-in-'chief** commandant m en chef; **com·mand·ing** commandant; en chef; *fig.* d'autorité; imposant; éminent (*lieu*); ~ *point* point m stratégique; **com·mand·ment** commandement m.

com·mem·o·rate [kəˈmeməreit] commémorer; célébrer le souvenir de; **com·mem·o·ra·tion** commémoration f; **com·mem·o·ra·tive** [~rətiv] □ commémoratif (-ive f) (de, of).

com·mence [kəˈmens] commencer; initier; entamer; ⚖ intenter (*un procès*); **com·mence·ment** commencement m, début m.

com·mend [kəˈmend] recommander; confier; louer; F ~ *me to* ...

saluez ... de ma part; **com·mend·a·ble** □ louable; digne d'éloges; **com·men·da·tion** [kɔmen'deiʃn] éloge *m*, louange *f*; **com'mend·a·to·ry** [ˌ.ətəri] élogieux (-euse *f*).

com·men·su·ra·ble □ [kə'menʃərəbl] commensurable (avec *with*, to); *see* commensurate; **com'men·su·rate** □ [ˌ.rit] proportionné (à *with*, to); coétendu (à *with*).

com·ment ['kɔmənt] **1.** commentaire *m*; critique *f*, glose *f*, observation *f* (sur, on); **2.** (upon) commenter, critiquer (qch.); faire le commentaire (de); **com·men·tar·y** ['.təri] commentaire *m*, glose *f*; radioreportage *m*; **'com·men·ta·tor** ['ˌ.teitə] commentateur (-trice *f*) *m*; radioreporter *m*.

com·merce ['kɔmə:s] commerce *m*; affaires *f/pl.*; *Chamber of* ♀ Chambre *f* de Commerce; **com·mer·cial** □ [kə'mə:ʃəl] **1.** commercial (-aux *m/pl.*); mercantile; marchand; de (du) commerce; ~ *traveller* commis *m* voyageur; représentant(e *f*) *m*; **2.** *Brit.* F *see* ~ traveller, surt. *Am. radio:* réclame *f*; **com'mer·cial·ism** esprit *m* commercial; **com'mer·cial·ize** commercialiser.

com·mis·er·ate [kə'mizəreit] s'apitoyer sur le sort de (q.); **com·mis·er'a·tion** compassion *f* (pour, with).

com·mis·sar·i·at ✕ [kɔmi'sɛəriət] intendance *f*; **com·mis·sar·y** ['.səri] commissaire *m*; ✕ intendant *m* général d'armée.

com·mis·sion [kə'miʃn] **1.** commission *f*; ordre *m*, mandat *m*; délégation *f* (d'autorité, de devoirs); *crime:* perpétration *f*; ✕ brevet *m* (d'officier), grade *m* d'officier; ♇ *navire:* armement *m*; commission *f*, pourcentage *m*; on ~ à la commission; **2.** commissionner; déléguer; charger; ✕ nommer (*un officier*); ♇ armer; **com·mis·sion·aire** [ˌ.ə'nɛə] commissionnaire *m*; *hôtel:* chasseur *m*; **com'mis·sion·er** [ˌ.ʃnə] commissaire *m*; délégué *m* d'une commission.

com·mit [kə'mit] commettre (*a. un crime, une erreur*); confier; engager (*sa parole*); coucher (*par écrit*); *pol.* renvoyer à une commission; ~ (*o.s.* s')engager (à, to); se compromettre; ~ (*to prison*) envoyer en prison,

écrouer (q.); ~ *for trial* renvoyer aux assises; **com'mit·ment** délégation *f*; *pol.* renvoi *m* à une commission; mise *f* en prison; renvoi *m* aux assises; engagement *m* financier; **com'mit·tal** *see* commitment; mise *f* en terre (*d'un cadavre*); *crime:* perpétration *f*; ~ *order* mandat *m* de dépôt; **com'mit·tee** comité *m*, commission *f*.

com·mode [kə'moud] commode *f*; chaise *f* percée; **com'mo·di·ous** □ [ˌ.djəs] spacieux (-euse *f*); **com·mod·i·ty** [kə'mɔditi] (*usu.* ~s *pl.*) marchandise *f*, ~s *f/pl.*; denrée *f*, ~s *f/pl.*; ~ *value* valeur *f* vénale.

com·mo·dore ♇ ['kɔmədɔ:] chef *m* de division; commodore *m*.

com·mon ['kɔmən] **1.** □ commun; public (-ique *f*); courant; ordinaire; vulgaire; trivial (-aux *m/pl.*); *gramm.* ~ *noun* nom *m* commun; ♀ *Council* conseil *m* municipal; *Book of* ♀ *Prayer* rituel *m* de l'Église anglicane; ~ *law* droit *m* commun *ou* coutumier; ~ *room* salle *f* commune; salle *f* des professeurs; ~ *sense* sens *m* commun, bon sens *m*; ♇ ~ *stock* actions *f/pl.* ordinaires; ~ *weal* bien *m* public; *in* ~ en commun (avec, with); **2.** pâtis *m*; terrain *m* communal; **com·mon·al·ty** [ˌ.nlti] le commun des hommes; **'com·mon·er** bourgeois *m*; homme *m* du peuple; *qqfois* membre *m* de la Chambre des Communes; *univ.* étudiant *m* ordinaire; **'com·mon·place 1.** lieu *m* commun; **2.** banal (-aux *m/pl.*); terre à terre; médiocre; **com·mons** ['ˌ.z] *pl.* le peuple *m*; le tiers état *m*; ordinaire *m* (*de la table*); *short* ~ maigre chère *f*; (*usu.* House of) ♀ Chambre *f* des Communes; **'com·mon·sense** sensé, raisonnable; **'com·mon·wealth** État *m*; *souv.* république *f*; chose *f* publique; *the British* ♀ *l'*Empire *m* Britannique; *the* ♀ *of Australia* le Commonwealth *m* d'Australie.

com·mo·tion [kə'mouʃn] agitation *f*; troubles *m/pl.*; brouhaha *m*.

com·mu·nal □ ['kɔmjunl] communal (-aux *m/pl.*); ~ *estate* ⚜ communauté *f* de biens; **com·mu·nal·ize** ['.nəlaiz] mettre en commun.

com·mu·ni·ca·bil·i·ty [kəmju:nikə'biliti] communicabilité *f*; **com-**

'mu·ni·ca·ble □ communicable; *⚕* contagieux (-euse *f*); com'mu·ni·cant *eccl.* communiant(e *f*) *m*; com'mu·ni·cate [ˌkeit] *v/t.* communiquer (à, to); *v/i.* communiquer (avec, with); par, by); *eccl.* recevoir la communion; com·mu·ni'ca·tion communication *f* (a. ✗, *téléph., voie*); voie *f* d'accès; ⚓ cord signal *m* d'alarme; be in ~ with être en relation avec; com'mu·ni·ca·tive □ communicatif (-ive *f*); expansif (-ive *f*); com'mu·ni·ca·tor débiteur (-euse *f*) *m* (*de nouvelles*); ⊕ communicateur *m*.

com·mun·ion [kəˈmjuːnjən] rapport *m*; relations *f/pl.*; *eccl.* communion *f*.

com·mu·ni·qué [kəˈmjuːnikei] communiqué *m*.

com·mu·nism [ˈkɔmjunizm] communisme *m*; com·mu·nist 1. communiste *mf*; 2. = com·mu·nis·tic (ˌally) communiste.

com·mu·ni·ty [kəˈmjuːniti] communauté *f* (*a. eccl.*); solidarité *f*; the ~ l'État *m*; le public *m*; ~ ownership collectivité *f*; ~ service service *m* public; ~ spirit sens *m* du groupe; ~ work travail *m* en commun.

com·mu·nize [ˈkɔmjunaiz] collectiviser; rendre communiste.

com·mut·a·ble [kəˈmjuːtəbl] permutable; commuable (*peine*); com·mu·ta·tion [kɔmjuˈteiʃn] commutation *f* (en into, for); *Am.* ~ ticket carte *f* d'abonnement; com·mu·ta·tive [kəˈmjuːtətiv] commutatif (-ive *f*); com·mu·ta·tor ⚡ [ˈkɔmjuˌteitə] commutateur *m*; com·mute [kəˈmjuːt] *v/t.* échanger (pour, contre for, into); commuer (*une peine*) (en, into); racheter (*qch.*) (par, into) (*une rente, une servitude*); *v/i. Am.* prendre un abonnement; com'mut·er *Am.* abonné(e *f*) *m*.

com·pact 1. [ˈkɔmpækt] convention *f*; poudrier *m*; 2. [kəmˈpækt] compact; serré; formé (de, of); 3. [ˌ] *v/t.* rendre compact; com'pact·ness compacité *f*; *style:* concision *f*.

com·pan·ion [kəmˈpænjən] compagnon *m*, compagne *f*; manuel *m*; pendant *m*; *ordre:* compagnon *m*; ⚓ capot *m* (d'échelle); ~ in arms compagnon *m* d'armes; com'pan·ion·a·ble □ sociable; com'pan-

ion·ship camaraderie *f*; compagnie *f*.

com·pa·ny [ˈkʌmpəni] compagnie *f* (*a. ✞, a. ✗*); assemblée *f*; bande *f*; *invités:* monde *m*; ✞ *a.* société *f*; ⚓ équipage *m*; *théâ.* troupe *f*; good (bad) ~ bonne (mauvaise) compagnie *f*; bear s.o. ~ tenir compagnie à q.; have ~ avoir du monde; keep ~ with sortir avec.

com·pa·ra·ble □ [ˈkɔmpərəbl] comparable (avec, à with, to); com·par·a·tive [kəmˈpærətiv] 1. □ comparatif (-ive *f*); comparé; relatif (-ive *f*); ~ degree 2. *gramm.* comparatif *m*; com·pare [ˌˈpɛə] 1.: beyond (ou without ou past) ~ sans pareil(le *f*) *m*; 2. *v/t.* comparer (avec, à with, to); confronter (avec, with); *gramm.* former les degrés de comparaison de; (as) ~d with en comparaison de; *v/i.* être comparable (à, with); com·par·i·son [ˌˈpærisn] comparaison *f* (*a. gramm.*); confrontation *f*; in ~ with en comparaison de; auprès de.

com·part·ment [kəmˈpɑːtmənt] compartiment *m* (*a. △, a. 🚂*); *tiroir:* case *f*; *bagages:* soute *f*.

com·pass [ˈkʌmpəs] 1. boussole *f*; limite *f*, -s *f/pl.*; ♪ registre *m*; (a pair of) ~es *pl.* (un) compas *m*; 2. faire le tour de; entourer; comploter (*la mort, la ruine*); atteindre (*un but*).

com·pas·sion [kəmˈpæʃn] compassion *f*; have ~ on avoir compassion de; com'pas·sion·ate □ [ˌˈʃənit] compatissant (à, pour to[wards]).

com·pat·i·bil·i·ty [kəmpætiˈbiliti] compatibilité *f*; com'pat·i·ble □ compatible (avec, with).

com·pa·tri·ot [kəmˈpætriət] compatriote *mf*.

com·peer [kɔmˈpiə] égal *m*, pair *m*; compagnon *m*.

com·pel [kəmˈpel] contraindre, forcer, obliger (q. à *inf.*, s.o. to *inf.*).

com·pen·di·ous □ [kəmˈpendiəs] abrégé, concis; com'pen·di·ous·ness concision *f*; forme *f* succincte.

com·pen·di·um [kəmˈpendiəm] abrégé *m*; recueil *m*.

com·pen·sate [ˈkɔmpenseit] *v/t.* dédommager (de, for); compenser (*a. ⊕*) (avec, with, by); *v/i.* ~ for racheter (*qch.*); compenser (*qch.*); com·pen·sa·tion compensation *f*; dédommagement *m*; indemnité *f*;

réparation *f*; *Am.* appointements *m/pl.*; ⊕ compensation *f*, rattrapage *m*; **ˈcom·pen·sa·tive, ˈcom·pen·sa·to·ry** compensatoire, -teur (-trice *f*).

com·pete [kəmˈpi:t] concourir (pour qch., *for s.th.*); disputer (qch. à q., *with s.o. for s.th.*); rivaliser (avec q. de qch., *with s.o. in s.th.*); faire concurrence (à q., *with s.o.*).

com·pe·tence, com·pe·ten·cy [ˈkɔmpitəns(i)] compétence *f* (en *in, at*) (*a.* ⚖); moyens *m/pl.* (*d'existence*); attributions *f/pl.*; **ˈcom·pe·tent** □ capable; compétent (*a.* ⚖); suffisant (*connaissances*).

com·pe·ti·tion [kɔmpiˈtiʃn] rivalité *f*; concurrence *f* (*a.* ✝); concours *m*; *échecs*: tournoi *m*; *sp.* meeting *m*; *rifle* ~ concours *m* de tir; **com·pet·i·tive** □ [kəmˈpetitiv] de concurrence; de concours; **comˈpet·i·tor** concurrent(e *f*) *m*; rival(e *f*) *m*; compétiteur (-trice *f*) *m*.

com·pi·la·tion [kɔmpiˈleiʃn] compilation *f*; recueil *m*; **com·pile** [kəmˈpail] compiler; composer, établir (de, *from*); recueillir.

com·pla·cence, com·pla·cen·cy [kəmˈpleisns(i)] satisfaction *f*; contentement *m* de soi-même; **comˈpla·cent** □ content de soi-même; suffisant.

com·plain [kəmˈplein] se plaindre (de *of, about*; à, *to*; que, *that*); porter plainte (contre *against, about*); *poét.* se lamenter; **comˈplain·ant** plaignant(e *f*) *m*; **comˈplain·er** réclamant(e *f*) *m*; mécontent(e *f*) *m*; **comˈplaint** grief *m*; plainte *f*; doléances *f/pl.*; maladie *f*, mal *m*.

com·plai·sance [kəmˈpleizns] complaisance *f*, obligeance *f*; **comˈplai·sant** □ complaisant, obligeant.

com·ple·ment 1. [ˈkɔmplimənt] effectif *m* (complet); plein *m*; *gramm.* attribut *m*; *livre, a.* ⅍ complément *m*; **2.** [ˈ~ment] compléter; **com·pleˈmen·tal, com·pleˈmen·ta·ry** complémentaire; *be* ~ (*to*) compléter.

com·plete [kəmˈpli:t] **1.** □ complet (-ète *f*); entier (-ère *f*); total (-aux *m/pl.*); achevé, parfait; **2.** compléter; achever; remplir (*un bulletin*); **comˈple·tion** achèvement *m*; *contrat*: signature *f*; réalisation *f*; accomplissement *m*.

com·plex [ˈkɔmpleks] **1.** □ complexe; *fig.* compliqué; **2.** tout *m*, ensemble *m*; *psych.* complexe *m*; **com·plex·ion** [kəmˈplekʃn] teint *m*; aspect *m*, caractère *m*, jour *m*; **comˈplex·i·ty** complexité *f*.

com·pli·ance [kəmˈplaiəns] acquiescement *m* (à, *with*); obéissance *f*; *péj.* basse complaisance *f*; *in* ~ *with* en conformité de; suivant; **comˈpli·ant** □ accommodant, obligeant.

com·pli·cate [ˈkɔmplikeit] compliquer; **com·pliˈca·tion** complication *f* (*a.* ⚕).

com·plic·i·ty [kəmˈplisiti] complicité *f* (à, *in*).

com·pli·ment 1. [ˈkɔmplimənt] compliment *m*; honneur *m*; ~*s pl. a.* hommages *m/pl.*, amitiés *f/pl.*; galanteries *f/pl.*; **2.** [ˈ~ment] *v/t.* féliciter, complimenter (de, *on*); **com·pliˈmen·ta·ry** flatteur (-euse *f*); ✝ à titre gracieux, en hommage; ~ *copy* livre *m* offert en hommage; *give s.o. a* ~ *dinner* donner un dîner *m* en l'honneur de q.; ~ *ticket* billet *m* de faveur.

com·ply [kəmˈplai] *v/i.* ~ *with* se conformer à; se soumettre à; accéder à; accomplir (*une condition*); observer (*une règle*).

com·po·nent [kəmˈpounənt] **1.** partie *f* constituante; composant *m*; **2.** constituant; composant; ~ *part see* ~ *1.*

com·port [kəmˈpɔ:t] *v/i.* convenir (à, *with*); *v/t.*: ~ *o.s.* se comporter.

com·pose [kəmˈpouz] composer (*a. typ.*); arranger; disposer; régler (*un différend*); calmer (*l'esprit*); rasseoir; **comˈposed**, *adv.* **comˈpos·ed·ly** [~zidli] calme, tranquille; composé (*visage*); **comˈpos·er** auteur *m*; ♪ compositeur (-trice *f*) *m*; **comˈpos·ing 1.** calmant; **2.** composition *f*; ~*-machine* composeuse *f*; ~*-room* atelier *m* de composition; **com·pos·ite** [ˈkɔmpəzit] **1.** composé; mixte; ▲ composite; **2.** (corps *m*) composé; ⚘ composée *f*; **com·poˈsi·tion** composition *f* (*a.* ♪, *peint.*, ⚗); mélange *m*; *exercice*: dissertation *f*, rédaction *f*; thème *m*; *fig.* caractère *m*; ✝ arrangement *m*; **com·pos·i·tor** [kəmˈpɔzitə] compositeur *m*, typographe *m*; **com·post** [ˈkɔmpɔst] compost *m*; **com·po·sure** [kəmˈpouʒə] sang-froid *m*, calme *m*.

com·pote [ˈkɔmpout] compote *f*.

com·pound[1] [ˈkɔmpaund] composé; *♫* ~ *fracture* fracture *f* compliquée; ~ *interest* intérêts *m/pl.* composés; **2.** composé *m* (*a.* ⚗); ⊕ mastic *m*; *gramm.* (*a.* ~ *word*) mot *m* composé; **3.** [kəmˈpaund] *v/t.* mélanger; arranger (*un différend*); *v/i.* s'arranger; transiger (*avec q.*, *avec sa conscience*); *♰* se rédimer (de, for); s'accommoder.

com·pound[2] [ˈkɔmpaund] enceinte *f*; ✕ camp *m* de concentration.

com·pre·hend [kɔmpriˈhend] comprendre; se rendre compte de.

com·pre·hen·si·ble □ [kɔmpriˈhensəbl] compréhensible; **com·pre·hen·sion** compréhension *f*; entendement *m*; **com·pre·hen·sive** □ compréhensif (-ive *f*); ~ *insurance* assurance *f* tous risques; **com·pre·hen·sive·ness** étendue *f*.

com·press 1. *♫* [kəmˈpres] comprimer; condenser (*un discours*); **2.** [ˈkɔmpres] *♫* compresse *f*; **com·press·i·bil·i·ty** [kɔmpresiˈbiliti] compressibilité *f*; **com·press·i·ble** [ˌ~ˈpresəbl] compressible; **com·pres·sion** [ˌ~ˈpreʃn] compression *f* (*a. phys.*); **com·pres·sor** [ˌ~ˈpresə] ⊕ compresseur *m*. [dre, contenir.)

com·prise [kəmˈpraiz] comprendre.)

com·pro·mise [ˈkɔmprəmaiz] **1.** compromis *m*; *fig.* accommodement *m*; **2.** *v/t.* compromettre; arranger (*un différend*); *v/i.* aboutir à un compromis; transiger (sur, on); s'accommoder.

com·pul·sion [kəmˈpʌlʃn] contrainte *f*; **com·pul·sive** [ˌ~ˈsiv] compulsif (-ive *f*); **com·pul·so·ry** [ˌ~ˈsəri] obligatoire; forcé; par contrainte.

com·punc·tion [kəmˈpʌŋkʃn] remords *m*; componction *f*.

com·put·a·ble [kəmˈpjuːtəbl] calculable; **com·pu·ta·tion** [kɔmpjuːˈteiʃn] calcul *m*, estimation *f*; **com·pute** [kəmˈpjuːt] calculer, computer, estimer (à, at); **com·put·er** ⊕ [kəmˈpjuːtə] ordinateur *m*; ~ *age* ère *f* de l'ordinateur *ou* de l'informatique; ~*-controlled* commandé par ordinateur; ~ *language* langage *m* machine; ~ *science* informatique *f*; ~ *scientist* informaticien(ne *f*) *m*.

com·rade [ˈkɔmrid] camarade *m*, compagnon *m*. [leçon).\]

con[1] [kɔn] étudier; répéter (*une*)

con[2] ♣ [~] gouverner (*un navire*); diriger la manœuvre.

con[3] [~] *abr. de contra*; pro and ~ pour et contre; *the pros and* ~*s* le pour et le contre.

con[4] *Am. sl.* [~] **1.** *mots composés*: *abr. de confidence*; **2.** duper, tromper.

con·cat·e·nate [kɔnˈkætineit] *usu. fig.* enchaîner; **con·cat·e·na·tion** enchaînement *m*; *circonstances*: concours *m*.

con·cave □ [ˈkɔnˈkeiv] concave, incurvé; **con·cav·i·ty** [ˌ~ˈkæviti] concavité *f*; *qqfois* creux *m*.

con·ceal [kənˈsiːl] cacher (*a. fig.*); celer; taire (à, from); masquer; voiler; **con·ceal·ment** dissimulation *f*; action *f* de (se) cacher; (*a. place of* ~) cachette *f*, retraite *f*.

con·cede [kənˈsiːd] concéder; admettre; **con·ced·ed·ly** [ˌidly] *Am.* reconnu (pour, comme).

con·ceit [kənˈsiːt] vanité *f*, suffisance *f*; (*ou self-*~) amour-propre (*pl.* amours-propres) *m*, infatuation *f*; *out of* ~ *with* dégoûté de; **con·ceit·ed** □ vaniteux (-euse *f*), prétentieux (-euse *f*); **con·ceit·ed·ness** vanité *f*, suffisance *f*.

con·ceiv·a·ble □ [kənˈsiːvəbl] imaginable, concevable; **con·ceive** *v/i.* devenir enceinte; ~ *of s.th.* (s')imaginer qch.; *v/t.* concevoir (*un enfant, un projet, de l'amour*); rédiger.

con·cen·trate [ˈkɔnsentreit] *v/t.* concentrer (*a. fig.*); ✕ faire converger (*les feux*); *v/i.* se concentrer; **2.** [ˈ~trit] concentré *m*; **con·cen·tra·tion** concentration *f* (*a.* ⚗); ✕ convergence *f*; **con·cen·tre**, **con·cen·ter** [ˌ~tə] (se) réunir; (se) centrer; **con·cen·tric** (~ally) concentrique.

con·cep·tion [kənˈsepʃn] *biol.* enfant, idée: conception *f*; idée *f*, imagination *f*; **con·cep·tu·al** □ [kɔnˈseptjuəl] conceptuel(le *f*).

con·cern [kənˈsəːn] **1.** rapport *m*; affaire *f*; intérêt *m* (dans, in); souci *m*, inquiétude *f* (à l'égard de, about); *♰* entreprise *f*; maison *f* de commerce; F appareil *m*; **2.** concerner, regarder, intéresser (*q.*, *qch.*); ~ *o.s. with* s'occuper de; ~

o.s. about (*ou* for)s'intéresser à, s'inquiéter de; **con'cerned** ☐ inquiet (-ète *f*) (de *at, about*; au sujet de *about, for*); soucieux (-euse *f*); impliqué (dans, *in*); those ~ les intéressés; be ~ être en cause; be ~ that s'inquiéter que (*sbj.*); be ~ to (*inf.*) tâcher de (*inf.*), chercher à (*inf.*); be ~ with s'occuper de; s'intéresser à; **con'cern·ing** *prp.* au sujet de, concernant, touchant, en ce qui concerne.

con·cert 1. ['kɔnsət] concert *m* (*a.* ♪); accord *m*; **2.** [kən'sə:t] *v/t.* concerter (avec, *with*); ♪ ~ed concertant, d'ensemble; **con·cer·ti·na** ♪ [kɔnsə'ti:nə] accordéon *m* hexagonal, concertina *f*; '**con·cert-pitch** ♪ diapason *m* de concert.

con·ces·sion [kən'seʃn] *opinion, terrain*: concession *f*; make ~s to sacrifier à; **con·ces·sion·aire** [kənseʃə'nɛə] concessionnaire *m*.

con·ces·sive ☐ [kən'sesiv] concessif *f*.

conch [kɔŋk] conque *f*.   [(-ive *f*).♪

con·cil·i·ate [kən'silieit] (ré)concilier; gagner (*q.*) à son parti; se concilier (*la faveur de q.*); **con·cil·i·a·tion** conciliation *f*; arbitrage *m*; **con'cil·i·a·tor** conciliateur (-trice *f*) *m*; **con'cil·i·a·to·ry** [~ətəri] conciliant, conciliatoire; ~ proposal offre *f* de conciliation.

con·cin·ni·ty [kən'siniti] élégance *f* (*de style*).

con·cise ☐ [kən'sais] concis; bref (brève *f*); serré (*style*); **con'cise·ness** concision *f*.

con·clave ['kɔnkleiv] *eccl.* conclave *m*; *fig.* conseil *m*; assemblée *f*.

con·clude [kən'klu:d] *v/t.* conclure; terminer, achever; arranger, régler (*une affaire*); to be ~d in our next la fin au prochain numéro; *v/i.* conclure, estimer; *Am.* ~ to (*inf.*) décider de (*inf.*); **con'clud·ing** final (-als *m/pl.*).

con·clu·sion [kən'klu:ʒn] conclusion *f*, fin *f*; *séance*: clôture *f*; conclusion *f*, décision *f*; try ~s with se mesurer contre *ou* avec; **con·clu·sive** ☐ [~siv] concluant, décisif (-ive *f*).

con·coct [kən'kɔkt] confectionner; *fig.* imaginer; tramer; **con'coc·tion** confection *f*; mixtion *f*; *fig.* plan *etc.*: élaboration *f*.

con·com·i·tance, con·com·i·tan·cy

[kən'kɔmitəns(i)] concomitance *f* (*a. eccl.*); **con'com·i·tant 1.** ☐ concomitant (de, *with*); **2.** accessoire *m*, accompagnement *m*.

con·cord 1. ['kɔŋkɔ:d] concorde *f*; harmonie *f*; ♪ *gramm.* concordance *f*; *fig.* accord *m*; **2.** [kən'kɔ:d] concorder, s'accorder; être d'accord; **con'cord·ance** accord *m* (avec, *with*); concordance *f* (*a. eccl.*); **con'cord·ant** ☐ concordant (avec, *with*); qui s'accorde (avec, *with*); ♪ consonant; **con'cor·dat** *eccl.* [~dæt] concordat *m*.

con·course ['kɔŋkɔ:s] foule *f*; rassemblement *m*; carrefour *m*; concours *m*; *Am.* hall *m* (*de gare*).

con·crete ['kɔnkri:t] **1.** ☐ concret (-ète *f*); de *ou* en béton; **2.** △ béton *m*, ciment *m*; *phls., gramm.* concret *m*; in the ~ sous forme concrète; **3.** [kən'kri:t] concréter; (se) solidifier; ['kɔnkri:t] *v/t.* bétonner; **con·cre·tion** [kən'kri:ʃn] concrétion *f*.

con·cu·bi·nage [kən'kju:binidʒ] concubinage *m*; **con·cu·bine** ['kɔŋkjubain] concubine *f*.

con·cu·pis·cence [kən'kju:pisns] concupiscence *f*; **con'cu·pis·cent** libidineux (-euse *f*), lascif (-ive *f*).

con·cur [kən'kə:] coïncider; être d'accord (avec, *with*); concourir (à, *in*); contribuer (à, *to*); **con·cur·rence** [~'kʌrəns] concours *m*; coopération *f*; simultanéité *f*; accord *m*; approbation *f*; in ~ with en commun avec; d'accord avec; **con'cur·rent** ☐ concourant; simultané; unanime.

con·cus·sion [kən'kʌʃn] secousse *f*; commotion *f* (*cérébrale*).

con·demn [kən'dem] condamner (*a. fig.*); condamner à mort; déclarer coupable; *fig.* blâmer; ~ed cell cellule *f* des condamnés; **con'dem·na·ble** condamnable, blâmable; **con·dem·na·tion** [kɔndem'neiʃn] condamnation *f*; censure *f*; blâme *m*; **con·dem·na·to·ry** ☐ [kən'demnətəri] condamnatoire.

con·den·sa·ble [kən'densəbl] condensable; **con·den·sa·tion** [kɔnden'seiʃn] condensation *f*; liquide *m* condensé; **con·dense** [kən'dens] (se) condenser; *v/t.* concentrer; **con-**

'**dens·er** condenseur *m* (*a.* ⊕); ⊕, *a.* ⚡ condensateur *m*.

con·de·scend [kɔndi'send] s'abaisser; condescendre; **con·de'scend·ing** ☐ condescendant (envers, *to*); **con·de'scen·sion** condescendance *f*; complaisance *f*.

con·dign ☐ [kən'dain] mérité; exemplaire.

con·di·ment ['kɔndimənt] condiment *m*.

con·di·tion [kən'diʃn] 1. condition *f*; stipulation *f*; état *m*, situation *f*; on ~ *that* à condition que; 2. soumettre à une condition; stipuler; conditionner (*l'air, la laine*; *a. psych.*); **con'di·tion·al** [~ʃənl] 1. ☐ conditionnel(le *f*); dépendant (de, [up]on); ~ *on* = 2. *gramm.* conditionnel *m*; *in the* ~ au conditionnel; **con·di·tion·al·i·ty** [~æliti] état *m* conditionnel; **con'di·tion·al·ly** [~ʃnəli] sous certaines conditions; **con'di·tioned** conditionné; en ... état.

con·dole [kən'doul] (*with s.o.*) partager la douleur (de q.); exprimer ses condoléances (à q.); **con'do·lence** condoléance *f*.

con·do·min·i·um [kɔndə'miniəm] condominium *m*; *Am.* immeuble *m* en copropriété.

con·do·na·tion [kɔndou'neiʃn] pardon *m*; indulgence *f* (pour, *of*); **con'done** [kən'doun] pardonner; *action*: rachter (*une offense*).

con·duce [kən'djuːs] contribuer (à, *to*); favoriser (*qch., to s.th.*); **con'du·cive** (*to*) favorable (à); qui contribue (à).

con·duct 1. ['kɔndəkt] conduite *f*; affaire: gestion *f*; manière *f* de se conduire; 2. [kən'dʌkt] conduire; (a)mener (*q.*); accompagner (*une excursion*); diriger (*♪, une opération*); mener, gérer (*une affaire*); *phys.* être conducteur (-trice *f*) de; ~ *o.s.* se comporter (*bien, mal, etc.*); **con·duc·t·i·bil·i·ty** [kəndʌkti'biliti] *phys.* conductibilité *f*; **con'duct·i·ble** [~təbl] *phys.* conductible; **con'duct·ing** conducteur (-trice *f*); **con'duc·tion** conduction *f*; **con'duc·tive** ☐ *phys.* conducteur (-trice *f*); **con·duc·tiv·i·ty** [kɔndʌk'tiviti] *phys.* conductivité *f*; conductibilité *f*; **con·duc·tor** [kən'dʌktə] conducteur *m* (*a. phys.*);

accompagnateur *m*; *tramway etc.*: receveur; *Am.* 🚂 chef *m* de train; ♪ chef *m* d'orchestre; ⚡ (conducteur *m* de) paratonnerre *m*; **con'duc·tress** conductrice *f*; *tramway etc.*: receveuse *f*.

con·duit ['kɔndit] conduit *m*; tuyau *m* conducteur.

cone [koun] cône *m*; ⊕ cloche *f*; ♀ pomme *f*, cône *m*; *glace*: cornet *m*.

co·ney ['kouni] (peau *f* de) lapin *m*.

con·fab F ['kɔnfæb] 1. (= **con·fab·u·late** [kən'fæbjuleit]) causer (*entre intimes*) 2. (= **con·fab·u'la·tion**) causerie *f* intime.

con·fec·tion [kən'fekʃn] confection *f* (*de qch., a. pharm.*); *cost.* (*vêtement m de*) confection *f*; friandise *f*; **con'fec·tion·er** confiseur (-euse *f*) *m*; **con'fec·tion·er·y** confiserie *f*; bonbons *m/pl.*

con·fed·er·a·cy [kən'fedərəsi] confédération *f*; *fig.* entente *f*; *surt. Am.* the ♀ les Confédérés *m/pl.* (= *les sudistes pendant la guerre de Sécession 1860—65*); 🏛 conspiration *f*; **con'fed·er·ate** [~rit] 1. confédéré; 2. confédéré *m*; complice *m*; 3. [~reit] (se) confédérer; **confed·er'a·tion** confédération *f*; *surt. Am.* the ♀ la Confédération *f* des 11 États sécessionnistes.

con·fer [kən'fəː] *v/t.* (à, on) conférer; accorder (*une faveur*); décerner (*un honneur*); *v/i.* conférer; entrer en consultation (avec, *with*); sur *about*, on); **con'fer·ence** ['kɔnfərəns] conférence *f*; consultation *f*; entretien *m*; congrès *m*.

con·fess [kən'fes] *v/t.* confesser; avouer (*qch.*; que, *that*; *inf.*, to *gér.*); *v/i. eccl.* se confesser; **con'fess·ed·ly** [~idli] de l'aveu général; franchement; **con·fes·sion** [~'feʃn] confession *f* (*a. eccl.*); *go to* ~ aller à confesse; **con'fes·sion·al** 1. confessionnel(le *f*); 2. confessionnal *m*; **con'fes·sor** [~sə] celui (celle) qui avoue; confesseur *m*.

con·fi·dant [kɔnfi'dænt] confident *m*; **con·fi'dante** [~] confidente *f*.

con·fide [kən'faid] confier; se (con)fier (à q., *in s.o.*); avouer (*qch.*) en confidence (à q. *to s.o.*); **con'fi·dence** ['kɔnfidəns] confiance *f* (en, *in*); assurance *f*, hardiesse *f*; confidence *f*; ~ *man* escroc *m*; ~ *trick* vol *m* à l'américaine; *man of* ~

homme *m* de confiance; **'con·fi·dent** □ assuré, sûr (de, of); *péj.* effronté; **con·fi·den·tial** [~'denʃl] □ confidentiel(le *f*); ~ *clerk* clerc *m* de confiance; ~ *agent* homme *m* de confiance.

con·fig·u·ra·tion [kənfigju'reiʃn] configuration *f*.

con·fine [kən'fain] *usu.* ~*s pl.* confins *m/pl.*; 2. [kən'fain] (r)enfermer (dans, to); borner, limiter (à, to); *be* ~*d to bed* être alité, garder le lit; *be* ~*d* faire ses couches; accoucher (*d'un fils etc.*); **con'fine·ment** emprisonnement *m*, réclusion *f*; alitement *m*; restriction *f*; *femme:* couches *f/pl.*, accouchement *m*.

con·firm [kən'fəːm] confirmer (*a. eccl.*); affermir (*un pouvoir*); *the* entériner; **con·fir·ma·tion** [kənfə'meiʃn] confirmation *f*; affermissement *m*; **con'firm·a·tive** [~'fəːmətiv], **con'firm·a·to·ry** [~təri] confirmatif (-ive *f*); confirmatoire; **con'firmed** invétéré; endurci; incorrigible; (*surt. ⚕*) chronique.

con·fis·cate [kən'fiskeit] confisquer; *F* voler; **con·fis·ca·tion** confiscation *f*; *F fig.* vol *m*; **con'fis·ca·to·ry** [~kətəri] de confiscation.

con·fla·gra·tion [kənflə'greiʃn] conflagration *f*; incendie *m*.

con·flict 1. ['kɔnflikt] conflit *m*, lutte *f*; *intérêts:* antagonisme *m*; 2. [kən'flikt] (with) être en conflit *ou* désaccord *ou* contradiction (avec); se heurter (à).

con·flu·ence ['kɔnfluəns], **con·flux** ['~flʌks] *voies, rivières, etc.:* confluent *m*; concours *m* (*d'hommes etc.*); **con'flu·ent** ['~fluənt] 1. qui confluent; qui se confondent; 2. *fleuve:* affluent *m*.

con·form [kən'fɔːm] *v/t.* conformer; *v/i.:* ~ *to* se conformer à; obéir à; s'adapter à; ~ *with* se soumettre à; **con'form·a·ble** □ (*to*) conforme (à); docile, soumis (à); **con·for·ma·tion** [kɔnfɔ'meiʃn] conformation *f*, structure *f*; **con·form·ist** [kən'fɔːmist] conformiste *m*; adhérent *m* de l'Église anglicane; **con'form·i·ty** conformité *f* (*a* with, to); *in* ~ with conformément à.

con·found [kən'faund] confondre (*q., un plan*); déconcerter; bouleverser; *F* ~ *it!* zut!; **con'found·ed** □ *F* maudit, sacré.

con·fra·ter·ni·ty [kɔnfrə'təːniti] confrérie *f*; confraternité *f*.

con·front [kən'frʌnt] être en face de; faire face à; confronter (avec, with); *find o.s.* ~*ed with* se trouver en présence de; **con·fron·ta·tion** [kɔnfrʌn'teiʃn] confrontation *f*.

con·fuse [kən'fjuːz] confondre (*a. fig.*); mêler, brouiller; embrouiller; troubler; **con'fus·ed** □ embrouillé; bouleversé; confus; interdit; **con'fu·sion** confusion *f*; désordre *m*; *poét.* déconfiture *f*.

con·fut·a·ble [kən'fjuːtəbl] réfutable; **con·fu·ta·tion** [kɔnfjuː'teiʃn] réfutation *f*; **con·fute** [kən'fjuːt] réfuter; convaincre (*q.*) d'erreur.

con·gé ['kɔːnʒei] congé *m*.

con·geal [kən'dʒiːl] (se) congeler; (se) cailler; (se) figer; geler; **con'geal·a·ble** congelable; **con·ge·la·tion** [kɔndʒi'leiʃn] congélation *f*.

con·ge·ner ['kɔndʒinə] congénère (*a. su./mf*) (de, to).

con·gen·ial □ [kən'dʒiːnjəl] sympathique (*esprit*); agréable; convenable (à, to); ~ *with* du même caractère que; **con·ge·ni·al·i·ty** [~ni'æliti] communauté *f* de goûts; accord *m* d'humeur *etc.*

con·gen·i·tal [kən'dʒenitl] congénital (-aux *m/pl.*), de naissance; **con'gen·i·tal·ly** de naissance.

con·ge·ri·es [kən'dʒiəriːz] *sg. et pl.* amas *m*, accumulation *f*.

con·gest [kən'dʒest] *⚕* (se) congestionner; *v/t.* encombrer; **con'ges·tion** encombrement *m*; *⚕* congestion *f*; ~ *of population* surpeuplement *m*; ~ *of traffic* encombrement *m* de circulation.

con·glo·bate ['kɔnglobeit] 1. (se) conglober; 2. conglobé.

con·glom·er·ate [kən'glɔmərit] 1. conglomérée; 2. conglomérat *m*; aggloméré *m*; 3. [~reit] (se) conglomérer; **con·glom·er·a·tion** conglomération *f*; *roches:* agrégation *f*.

con·grat·u·late [kən'grætjuleit] féliciter (*q. de qch., s.o.* [up]*on s.th.*); **con·grat·u·la·tion** félicitation *f*; **con·grat·u·la·tor** congratulateur (-trice *f*) *m*; **con'grat·u·la·to·ry** [~lətəri] de félicitation(s).

con·gre·gate ['kɔngrigeit] (se) rassembler; **con·gre·ga·tion** *eccl.* assistance *f*, paroissiens *m/pl.*; **con-**

gre'ga·tion·al en assemblée; *eccl.* congrégationaliste.

con·gress ['kɔŋgres] réunion *f*; congrès *m*; ♀ Congrès *m* (*assemblée des représentants aux É.-U.*); **con·gres·sion·al** [ˌˢgreʃənl] du congrès; congressionnel(le *f*); **'Con·gress·man**, **'Con·gress·wo·man** *Am.* membre *m* du Congrès.

con·gru·ence, **con·gru·en·cy** ['kɔŋgruəns(i)] *see* congruity; Å con·gruence *f*; **'con·gru·ent** *see* congruous; Å congruent; **con'gru·i·ty** conformité *f*, convenance *f*; **'con·gru·ous** □ conforme (*à to, usu. with*).

con·ic ['kɔnik] conique; Å ~ section section *f* conique; **'con·i·cal** □ *see* conic.

co·ni·fer ['kounifə] conifère *m*; **co'nif·er·ous** conifère.

con·jec·tur·al □ [kən'dʒektʃərəl] conjectural (-aux *m/pl.*); **con'jec·ture 1.** hypothèse *f*, supposition *f*; conjecture *f*; **2.** conjecturer; supposer.

con·join [kən'dʒɔin] *v/t.* conjoindre; *v/i.* s'unir; **con'joint** conjoint, associé; **con'joint·ly** conjointement, ensemble.

con·ju·gal □ ['kɔndʒugl] conjugal (-aux *m/pl.*); **con·ju·gate 1.** [ˌˢgeit] *v/t.* conjuguer; *v/i. biol.* se conjuguer; **2.** [ˌˢgit] ♀ conjugué; **con·ju·ga·tion** [ˌˢ'geiʃn] conjugaison *f*.

con·junct [kən'dʒʌŋkt] conjoint, associé; **con'junc·tion** conjonction *f* (*a. astr., a. gramm.*); **con·junc·ti·va** *anat.* [kɔndʒʌŋk'taivə] conjonctive *f*; **con·junc·tive** [kən'dʒʌŋk·tiv] conjonctif (-ive *f*); ~ *mood gramm.* (mode *m*) conjonctif *m*; **con'junc·tive·ly** conjointement, ensemble; **con·junc·ti·vi·tis** [ˌˢvai·tis] conjonctivite *f*; **con'junc·ture** [ˌtʃə] conjoncture *f*, circonstance *f*, occasion *f*, rencontre *f*.

con·ju·ra·tion [kɔndʒuə'reiʃn] conjuration *f*; **con·jure** [kən'dʒuə] *v/t.* conjurer (q. *de inf., s.o.* to *inf.*); ['kʌndʒə] *v/t.* conjurer (*un démon*); ~ *up* évoquer (*a. fig.*); *v/i.* faire des tours de passe-passe; **'con·jur·er**, **'con·jur·or** † conjurateur *m*; prestidigitateur *m*, illusionniste *m/f*; **con'jur·ing trick** tour *m* de passe-passe.

conk F [kɔŋk] avoir des ratés; flancher (*moteur*); ~ *out* (se) caler.

con·ker F *Brit.* ['kɔŋkə] marron *m*.

con·man F ['kɔnmæn] escroc *m*.

con·nate ['kɔneit] ♂ inné; ♀, *a. anat.* conné, coadné; **con·nat·u·ral** [kə'nætʃrl] de la même nature (que, to).

con·nect [kə'nekt] (se) (re)lier, (se) joindre; *v/t.* ⚡ (inter)connecter; brancher (*une lampe*); **con'nect·ed** □ connexe; apparenté (*personne*); suivi (*discours*); *be* ~ *with* être allié à *ou* avec; se rattacher à; avoir des rapports avec; *be well* ~ être de bonne famille; **con'nect·ing** de connexion (*fil*); de communication; qui relie; ~ *rod* bielle *f* (motrice); **con'nec·tion** *see* connexion; **con'nec·tive** □ connectif (-ive *f*); *anat.* ~ *tissue* tissu *m* cellulaire connectif.

con·nex·ion [kə'nekʃn] rapport *m*, liaison *f*; *idées:* suite *f*; ⚡ connexion *f*; ⚡ contact *m*; prise *f* de courant; ⊕ raccord *m*; 📞 correspondance *f*; *eccl.* secte *f*; *famille:* parenté *f*, parent(e *f*) *m*; allié(e *f*) *m*; *personne:* relations *f/pl.*; 👤 clientèle *f*; relation *f* (entre, between); ~*s pl.* belles relations *f/pl.*; amis *m/pl.* influents.

conn·ing-tow·er ⚓ ['kɔniŋtauə] sous-marin: capot *m*; cuirassé: tourelle *f* de commandement.

con·niv·ance [kə'naivəns] complicité *f* (dans *at, in*); connivence *f* (avec, with); **con'nive:** ~ *at* fermer les yeux sur; être fauteur de (*un crime*).

con·nois·seur [kɔni'sə:] connaisseur (-euse *f*) *m* (en *of, in*).

con·no·ta·tion [kɔnou'teiʃn] signification *f*; *phls.* compréhension *f*; **con'no·ta·tive** □ compréhensif (-ive *f*); **con'note** *phls.* comporter; F signifier.

con·nu·bi·al □ [kə'nju:bjəl] conjugal (-aux *m/pl.*).

con·quer ['kɔŋkə] vaincre; *v/t.* conquérir; *fig.* subjuguer; **'con·quer·a·ble** qui peut être vaincu *ou* conquis; **'con·quer·or** conquérant(e *f*) *m*; vainqueur *m*; *cartes:* la belle *f*.

con·quest ['kɔŋkwest] conquête *f*.

con·san·guin·e·ous [kɔnsæŋ'gwin·iəs] consanguin; F parent; **con·san·guin·i·ty** consanguinité *f*; parenté *f* (du côté du père).

con·science ['kɔnʃns] conscience *f*;

F in all ~ certes, en vérité; have the ~ to (inf.) avoir l'audace de (inf.); ~ money restitution f anonyme au fisc; 'con·science·less sans conscience.

con·sci·en·tious □ [kɔnʃi'enʃəs] consciencieux (-euse f); de conscience; ~ objector objecteur m de conscience; con·sci·en·tious·ness conscience f; droiture f.

con·scious □ ['kɔnʃəs] conscient; be ~ of avoir conscience de; be ~ that sentir que; 'con·scious·ness conscience f; ✠ connaissance f.

con·script 1. ✠ [kɔn'skript] (ou con·scribe [~'skraib]) enrôler par la conscription; 2. ['kɔnskript] conscrit (a. ✠ su./m); con·scrip·tion ✠ [kɔn'skripʃn] conscription f; industrial ~ conscription f industrielle.

con·se·crate ['kɔnsikreit] consacrer (a. fig.); bénir; sacrer (un évêque, un roi); con·se·cra·tion consécration f; fig. dévouement m; roi: sacre m; 'con·se·cra·tor consacrant m.

con·sec·u·tive [kɔn'sekjutiv] consécutif (-ive f) (a. ♪, a. gramm.); de suite; qui se suivent; con'sec·u·tive·ly de suite; consécutivement.

con·sen·sus [kɔn'sensəs] consensus m; unanimité f.

con·sent [kɔn'sent] 1. consentement m, assentiment m (à, to); accord m; with one ~ d'un commun accord; 2. consentir (à, to); accepter (qch. to, in s.th.); con·sen·ta·ne·ous □ [kɔnsen'teinjəs] (to) d'accord (avec); en harmonie (avec); con·sen·tient [kɔn'senʃnt] unanime (sur, in); consentant (à, to).

con·se·quence ['kɔnsikwəns] (to) conséquence f; suites f/pl.; importance f (pour q., à qch.); in ~ of par suite de; en conséquence de; 'con·se·quent 1. résultant; logique; be ~ on résulter de; 2. ✠ conséquent m; phls. conclusion f; con·se·quen·tial □ [~'kwenʃl] conséquent (à to, [up]on); consécutif (-ive f) (à, to); personne: suffisant; con·se·quent·ly ['~kwəntli] par conséquent; donc.

con·ser·va·tion [kɔnsə'veiʃn] conservation f; con·ser·va·tion·ist partisan(e f) m de la défense de l'environnement; con·ser·va·tism [kɔn'sə:vətizm] conservatisme m;

con·serv·a·tive □ 1. conservateur (-trice f) (a. pol.) (de, of); préservateur (-trice f) (de, from); prudent (évaluation); 2. conservateur (-trice f) m; con·serv·a·toire [~twa:] conservatoire m; con·serv·a·tor conservateur (-trice f) m; con·serv·a·to·ry [~tri] serre f; conservatoire m; con·serve conserver; préserver.

con·sid·er [kɔn'sidə] v/t. considérer (une question); envisager (une possibilité); étudier, examiner (une proposition); estimer, regarder (= penser); prendre en considération; avoir égard à; v/i. réfléchir; con·sid·er·a·ble □ considérable, important; con·sid·er·ate [~rit] □ plein d'égards (pour, envers to[wards]); con·sid·er·a·tion [~'reiʃn] considération f; égard m, -s m/pl.; compensation f, rémunération f; pourboire m; fig. importance f; ✝ prix m; cause f (d'un billet); be under ~ être en délibération ou à l'examen; take into ~ prendre en considération; tenir compte de; money is no ~ l'argent n'est rien; l'argent n'entre pas en ligne de compte; on no ~ sous aucun prétexte; con·sid·er·ing.□ 1. prp. en égard à, étant donné ...; 2. F adv. somme toute, malgré tout.

con·sign [kɔn'sain] remettre, livrer; reléguer; déposer (de l'argent); con·sig·na·tion [kɔnsai'neiʃn], con·sign·ment [kɔn'sainmənt] ✝ expédition f; envoi m, consignation f; con·sign·ee [kɔnsai'ni:] destinataire m; con·sign·er, con·sign·or [kɔn'sainə] consignateur m, expéditeur m.

con·sist [kɔn'sist] consister (en, dans of; à inf., in gér.); se composer (de, of); con·sist·ence, con·sist·en·cy sirop, esprit: consistance f; sol: compacité f; conduite: uniformité f; logique f; con·sist·ent □ conséquent; logique; compatible (avec, with); ~ly a. uniformément; con·sis·to·ry [~təri] eccl. consistoire f.

con·sol·a·ble [kɔn'souləbl] consolable; con·so·la·tion [kɔnsə'leiʃn] consolation f; sp. ~ goal but m qui sauve l'honneur; con·sol·a·to·ry [kɔn'sɔlətəri] consolateur (-trice f); consolant; de consolation.

con·sole 1. ['kɔnsoul] console f (a.

𝓐); ~**table** (table *f*) console *f*; **2.** [kən'soul] consoler; **con'sol·er** consolateur (-trice *f*) *m*.

con·sol·i·date [kən'sɔlideit] (se) consolider (*a. fig.*); (se) tasser (*chaussée*); *v/t.* affermir; solidifier; unir (*des entreprises, des propriétés, etc.*); **con·sol·i'da·tion** consolidation *f*; affermissement *m*; tassement *m*; unification *f*.

con·sols [kən'sɔlz] *pl.* fonds *m/pl.* consolidés; *3 per cent* ~ consolidés *m/pl.* trois pour cent.

con·so·nance ['kɔnsənəns] consonance *f*; accord *m* (*a. ♪*); '**con·so·nant 1.** □ *♪* harmonieux (-euse *f*); consonant; conforme (à with, to); **2.** consonne *f*; ~ *shift* mutation *f* consonantique.

con·sort 1. ['kɔnsɔ:t] époux *m*, épouse *f*; *reine*: consort *m*; ⚓ conserve *f*; **2.** [kən'sɔ:t] (with) fréquenter (*q.*); frayer (avec).

con·spic·u·ous □ [kən'spikjuəs] apparent, bien visible, manifeste; *fig.* frappant; insigne; *be* ~ *by one's absence* briller par son absence.

con·spir·a·cy [kən'spirəsi] conspiration *f*; **con·spir'a·tor** [~tə] conspirateur (-trice *f*) *m*; **con·spir·a·tress** [~tris] conspiratrice *f*; **con·spire** [~'spaiə] conspirer (contre, against); comploter (de, to); *fig.* concourir (à, to).

con·sta·ble ['kʌnstəbl] gardien *m* de la paix; *château:* gouverneur *m*; *hist.* connétable *m*; *chief* ~ commissaire *m* de police; **con·stab·u·lar·y** [kən'stæbjuləri] police *f*; *county* ~ gendarmerie *f*.

con·stan·cy ['kɔnstənsi] constance *f*, fermeté *f*; fidélité *f*; régularité *f*; '**con·stant 1.** □ constant; ferme; fidèle; invariable; continuel(le *f*); assidu; **2.** Ⱥ constante *f*.

con·stel·la·tion *astr.* [kɔnstə'leiʃn] constellation *f* (*a. fig.*).

con·ster·na·tion [kɔnstə'neiʃn] consternation *f*; atterrement *m*.

con·sti·pate ['kɔnstipeit] constiper; **con·sti'pa·tion** ☞ constipation *f*.

con·stit·u·en·cy [kən'stitjuənsi] circonscription *f* électorale; électeurs *m/pl.*; **con'stit·u·ent 1.** constituant, constitutif (-ive *f*); composant; ~ *body see constituency*; **2.** élément *m* (constitutif); ☞ constituant *m*; *pol.*

électeur (-trice *f*) *m*; ~*s pl.* commettants *m/pl.*, électeurs *m/pl.*

con·sti·tute ['kɔnstitju:t] constituer; faire (*le bonheur de q.*); constituer, nommer (*q.* arbitre, *s.o. judge*); **con·sti'tu·tion** constitution *f* (*de qch., a. = santé, a. pol.*); *chose:* composition *f*; 2*s pl.* hist. arrêts *m/pl.*; **con·sti'tu·tion·al 1.** □ constitutionnel(le *f*) (*a. ♛*); *fig.* hygiénique; naturel(le *f*); ~ *law* droit *m* constitutionnel; **2.** F promenade *f* hygiénique *ou* quotidienne; **con·sti'tu·tion·al·ist** historien *m* des constitutions politiques; *pol.* constitutionnel *m*; **con·sti·tu·tive** □ [kən'stitjutiv] constitutif (-ive *f*).

con·strain [kən'strein] contraindre (à, de *inf.* to *inf.*); retenir de force; **con'straint** contrainte *f* (*a. ♑*); retenue *f*.

con·strict [kən'strikt] (res)serrer; rétrécir; gêner; **con'stric·tion** resserrement *m*; *♜* artères: strangulation *f*; **con'stric·tor** *anat.* constricteur *m*; *zo.* (*a. boa* ~) boa *m* constricteur.

con·strin·gent [kən'strindʒnt] constringent; *♜* astringent.

con·struct [kən'strʌkt] construire; bâtir; établir (*un chemin de fer*); *fig.* confectionner; **con'struc·tion** construction *f*; *machine:* établissement *m*; édifice *m*, bâtiment *m*; *fig.* interprétation *f*; ~ *site* chantier *m*; *under* ~ en construction; **con'struc·tive** □ constructif (-ive *f*); *esprit:* créateur; de construction; *♜* implicite; par interprétation; **con'struc·tor** constructeur *m*; ~ *constructions navales:* ingénieur *m*.

con·strue [kən'stru:] *gramm.* analyser; décomposer (*une phrase*); faire le mot à mot de (*un texte*); interpréter (*une conduite, des paroles, etc.*).

con·sue·tu·di·nar·y [kɔnswi'tju:dinəri] coutumier (-ère *f*).

con·sul ['kɔnsl] consul *m*; ~ *general* consul *m* général; **con·su·lar** ['kɔnsjulə] consulaire (*a. ou du consul*); **con·su·late** ['~lit] consulat *m* (*a. bâtiment*); ~ *general* consulat *m* général; **con·sul·ship** ['kɔnslʃip] consulat *m*.

con·sult [kən'sʌlt] *v/t.* consulter (*a. fig.*); avoir égard à (*la sensibilité*); ~*ing engineer* ingénieur-conseil (*pl.* ingénieurs-conseils) *m*; *v/i.* consulter (avec q., s.o.); (a. ~ together) délibérer; **con'sult·ant** médecin m etc. consultant; ⊕ expert-conseil (pl. experts-conseils) m; **con·sul·ta·tion** [kɔnsəl'teiʃn] ⚕, ⚖, livre: consultation f; délibération f; **con·sul·ta·tive** [kən'sʌltətiv] consultatif (-ive f); **con'sult·ing** consultant; ~-hours heures f/pl. de consultation; ~ physician médecin m consultant; ~ room cabinet m de consultation.

con·sum·a·ble [kən'sju:məbl] consumable (feu) consommable; **con'sume** v/t. consumer (a. feu), dévorer; consommer (des vivres); fig. absorber, brûler; dévorer; v/i. se consumer; **con'sum·er** consommateur (-trice f) m; abonné(e f) m (au gaz etc.); ~ association f des consommateurs; ~ demand demande f; ~ durables pl. biens m/pl. de consommation durables; ~('s') goods pl. biens m/pl. de consommation; ~ resistance résistance f du consommateur; ~ society société f de consommation.

con·sum·mate 1. □ [kən'sʌmit] achevé; **2.** ['kɔnsʌmeit] consommer (un sacrifice, le mariage); **con·sum·ma·tion** [~'meiʃn] mariage, crime: consommation f; achèvement m; fin f; fig. but m, comble m.

con·sump·tion [kən'sʌmpʃn] vivres, charbon: consommation f; charbon, chaleur: dépense f; ⚕ phtisie f; tuberculose f; **con'sump·tive** □ poitrinaire (a. su./mf); tuberculeux (-euse f) phtisique (a. su./mf).

con·tact 1. ['kɔntækt] contact m (a. ⚡); ⚡ ~ breaker interrupteur m; opt. ~ lenses pl. lentilles f/pl. cornéennes, verres m/pl. de contact; phot. ~ print négatif m contact; ⚡ make (break) ~ établir (rompre) le contact; **2.** [kən'tækt] contacter (q.).

con·ta·gion ⚕ [kən'teidʒn] contagion f; maladie f contagieuse; **con'ta·gious** □ contagieux (-euse f).

con·tain [kən'tein] contenir; renfermer; ✕ maintenir, contenir (l'ennemi); fig. retenir, maîtriser; ~ o.s. se contenir; **con'tain·er** récipient m, boîte f; ✝ conteneur m; **con'tain·er·ize** conteneuriser; **con'tain·ment** conduite: retenue f; ✕ échec m.

con·tam·i·nate [kən'tæmineit] contaminer; fig. corrompre; vicier;

con·tam·i·na·tion textes, a. ling.: contamination f; souillure f.

con·tan·go ✝ [kən'tæŋgou] intérêt m de report.

con·tem·plate ['kɔntempleit] v/t. contempler, considérer; v/i. méditer; **con·tem'pla·tion** contemplation f; méditation f; have in ~ projeter; **con·tem·pla·tive** □ [kən'templətiv] contemplatif (-ive f); recueilli; songeur (-euse f).

con·tem·po·ra·ne·ous □ [kəntempə'reinjəs] contemporain; ⚖ ~ performance exécution f simultanée; **con'tem·po·rar·y 1.** contemporain (de, with); **2.** contemporain(e f) m; confrère m.

con·tempt [kən'tempt] mépris m, dédain m; ~ of court contumace f, outrage m à la Cour; hold in ~ mépriser; in ~ of au ou en mépris de; **con'tempt·i·ble** □ méprisable; bas(se f); indigne; **con'temp·tu·ous** □ [~juəs] dédaigneux (-euse f) (de, of); méprisant, de mépris.

con·tend [kən'tend] v/i. lutter; contester (qch., for s.th.; à q., with s.o.); v/t. soutenir (que, that).

con·tent¹ ['kɔntent] vase etc: contenance f; min. teneur f; ~s pl. contenu m.

con·tent² [kən'tent] **1.** satisfait (de, with); parl. pour; oui; not ~ contre; non; **2.** contenter, satisfaire; ~ o.s. se contenter (de, with); se borner à; **3.** contentement m; to one's heart's ~ à souhait; **con'tent·ed** □ content, satisfait (de, with); be ~ to (inf.) se contenter de (inf.).

con·ten·tion [kən'tenʃn] dispute f, débat m; affirmation f, prétention f; **con'ten·tious** □ contentieux (-euse f); disputeur (-euse f) (personne).

con·tent·ment [kən'tentmənt] contentement m (de son sort).

con·ter·mi·nous [kɔn'tə:minəs] limitrophe (de to, with); de même étendue ou durée (que, with).

con·test 1. ['kɔntest] lutte f; concours m; sp. match (pl. matches, matches) m; **2.** [kən'test] (se) disputer; contester, débattre; pol. ~ a seat se poser candidat pour un siège; **con'test·a·ble** contestable; débattable; **con'test·ant** contestant(e f) m; concurrent(e f) m; **con·'test·ed** disputé.

con·text ['kɔntekst] texte: contexte

m; **con·tex·tu·al** □ [kənˈtekstjuəl] d'après le contexte; **conˈtex·ture** [ˌtʃə] os, tissu: texture f; poème, discours: facture f.

con·ti·gu·i·ty [kɔntiˈgjuiti] contiguïté f; **con·tig·u·ous** □ [kənˈtigjuəs] contigu(ë f), attenant (à, to).

con·ti·nence [ˈkɔntinəns] continence f, chasteté f; **ˈcon·ti·nent 1.** □ continent, chaste; **2.** continent m; the ♀ l'Europe f (continentale); **con·ti·nen·tal** □ [ˌˈnentl] continental (-aux m/pl.); F de l'Europe; ~ quilt duvet m; **con·tiˈnen·tal·ize** continentaliser.

con·tin·gen·cy [kənˈtindʒənsi] éventualité f; cas m imprévu; **con·tin·gen·cies** pl. imprévu m; ♱ faux frais m/pl.; **con·tin·gent 1.** éventuel(le f); accidentel(le f); aléatoire; conditionnel(le f); be ~ on dépendre de; **2.** ✕ contingent m.

con·tin·u·al □ [kənˈtinjuəl] continuel(le f), incessant; **con·tin·u·ance** continuation f; durée f; **con·tin·u·a·tion** continuation f; suite f; prolongement m; ♱ report m; sl. ~s pl. pantalon m; guêtres f/pl.; ~ school école f du soir, cours m complémentaire; **con·tin·ue** v/t. continuer; prolonger; reprendre; maintenir; ~ reading continuer à ou de lire; to be ~d à suivre; v/i. (se) continuer; se prolonger; persévérer; se poursuivre; ~ (in) a business continuer dans une affaire; **con·tin·u·i·ty** [kɔntiˈnjuiti] continuité f; ~ girl script-girl f; **con·tin·u·ous** □ [kənˈtinjuəs] continu; suivi; ✝ ~ current courant m continu.

con·tort [kənˈtɔːt] tordre; tourner; **con·tor·tion** contorsion f; **con·tor·tion·ist** contorsionniste m.

con·tour [ˈkɔntuə] contour m, profil m; plan: tracé m; ~ line courbe f de niveau.

con·tra [ˈkɔntrə] contre; ✝ per ~ par contre.

con·tra·band [ˈkɔntrəbænd] **1.** de contrebande; **2.** contrebande f.

con·tract 1. [ˈkɔntrækt] v/t. contracter (habitudes, maladie, dettes, mariage, muscles); prendre (des habitudes, un goût); v/i. se resserrer, se contracter (a. ling.); traiter (pour, for); entreprendre (de, to); ~ for entreprendre (qch.); ~ing party con-

tractant(e f) m; **2.** [ˈkɔntrækt] pacte m, contrat m; entreprise f; by ~ par contrat; under ~ engagé par contrat; ~ work travail m à forfait; **con·tract·ed** □ [kənˈtræktid] contracté; fig. rétréci; **con·tract·i·bil·i·ty** contractilité f; **con·tract·i·ble** contractile; **con·trac·tile** ⚕ [ˌtail] contractile; de contraction; **con·trac·tion** contraction f (a. gramm.), rétrécissement m; ✝ crédit: amoindrissement m; habitudes: prise f; **con·trac·tor** bâtiments: entrepreneur m; armée, gouvernement: fournisseur m; anat. (muscle m) fléchisseur m; **con·trac·tu·al** □ [ˌtjuəl] contractuel(le f).

con·tra·dict [kɔntrəˈdikt] contredire (q., qch.); contradiction f; **con·tra·dic·tious** contredisant; ergoteur (-euse f); **con·tra·dic·to·ri·ness** [ˌtərinis] nature f contradictoire; esprit m de contradiction; **con·tra·dic·to·ry** □ contradictoire; opposé (à, to).

con·tral·to ♪ [kənˈtræltou] **1.** contralto m; **2.** (de) contralto.

con·tra·dis·tinc·tion [kɔntrədisˈtiŋkʃn] opposition f, contraste m.

con·trap·tion sl. [kənˈtræpʃn] dispositif m, machin m; invention f baroque.

con·tra·ri·e·ty [kɔntrəˈraiəti] contrariété f; **con·tra·ri·ly** [ˌrili] contrairement; **con·tra·ri·ness** esprit m contrariant ou de contradiction; contrariété f; **con·tra·ri·wise** [ˈˌwaiz] au contraire; d'autre part; en sens opposé; **con·tra·ry 1.** contraire, opposé; F (a. kənˈtreəri) indocile, revêche; ~ to contraire à, contre, à l'encontre de; **2.** contraire m; on (ou to) the ~ au contraire; to the ~ a. à l'encontre.

con·trast 1. [ˈkɔntræst] contraste m (avec to, with); in ~ to par contraste avec; by ~ en opposition; comme contraste; **2.** [kənˈtræst] v/t. faire contraster (avec, with); opposer; mettre en contraste (avec, with); v/i. contraster, faire contraste (avec, with).

con·tra·vene [kɔntrəˈviːn] enfreindre, transgresser; contrevenir à; aller à l'encontre de; **con·tra·ven·tion** [ˌvenʃn] contravention f, infraction f (à, of); violation f (de, of).

con·trib·ute [kənˈtribjuːt] v/t. contribuer pour (*une somme*); payer; écrire (*des articles*); *v/i.* contribuer, aider (à, to); collaborer (à *un journal*); **con·tri'bu·tion** [kɔntri'bju:ʃn] contribution *f*; cotisation *f*; ✝ apport *m* (*de capitaux*), versement *m*; *journal*: article *m*; ✕ contribution *f*, réquisition *f*; **con'trib·u·tor** [kən-'tribjutə] contribuant (-e *f*) *m*; collaborateur (-trice *f*) *m* (d'un journal, *to a newspaper*); **con'trib·u·to·ry** contribuant.

con·trite □ ['kɔntrait] contrit, pénitent; **con·tri·tion** [kən'triʃn] contrition *f*, pénitence *f*.

con·triv·ance [kən'traivəns] invention *f*; combinaison *f*, artifice *m*; appareil *m*, dispositif *m*; F truc *m*; **con'trive** *v/t.* inventer, imaginer, combiner; pratiquer; *v/i.* se débrouiller; se tirer d'affaire; s'arranger; trouver moyen (de *inf.*, to *inf.*); **con'triv·er** inventeur (-trice *f*) *m*; *péj.* machinateur (-trice *f*) *m*.

con·trol [kən'troul] **1.** autorité *f*; maîtrise *f*, contrainte *f*; empire *m*; contrôle *m*; *train, navire*: manœuvre *f*; *mot.* (*a. ∼ lever*) manette *f* de commande; surveillance *f*; ⊕ commande *f*; contrôleur (-euse *f*) *m* (*d'un médium*); *exchange ∼* contrôle *m* des changes; *attr.* de commande, de contrôle; ✺ *∼ surfaces pl.* empennage *m*; *remote* (*ou distant*) *∼* commande *f* à distance; ∮ *∼ board* commutateur *m*; ✺ *∼ column* levier *m* de commande; ⊕ *∼ desk* pupitre *m* de commande; *∼ knob* bouton *m* de réglage; ✺ *∼ panel* tableau *m* de bord; ✺ *∼ tower* tour *f* de contrôle; *be in ∼* commander (*qch.*, *of s.th.*); avoir de l'autorité (sur, *of*); *put s.o. in ∼* charger q. du contrôle *ou* de la direction (de, *of*); **2.** diriger; régler; tenir (*ses élèves*) maîtriser; gouverner (*a. fig.*); dompter (*ses passions*); réglementer (*la circulation*); retenir (*ses larmes*); ⊕ commander (*a.* ✺); ✝ *∼ling interest* participation majoritaire; **con'trol·la·ble** contrôlable; maniable, manœuvrable; maîtrisable; **con'trol·ler** contrôleur (-euse *f*) *m*; appareil, *a.* ∮ contrôleur *m*; *affaire*: gérant *m*.

con·tro·ver·sial □ [kɔntrə'və:ʃl] controversable; polémique; *personne*: disputailleur (-euse *f*) *m*; **con·tro·ver·sy** ['∼si] controverse *f*;

polémique *f*; **con·tro·vert** ['∼və:t] controverser (*une question*); disputer (*qch.*); **con·tro'vert·i·ble** □ controversable.

con·tu·ma·cious □ [kɔntju'meiʃəs] rebelle, récalcitrant; ⚖ contumace; **con·tu·ma·cy** ['kɔntjuməsi] obstination *f*, entêtement *m*; ⚖ contumace *f*.

con·tu·me·li·ous [kɔntju'mi:liəs] insolent, dédaigneux (-euse *f*); **con·tu·me·ly** ['kɔntjumli] insolence *f*; mépris *m*; honte *f*.

con·tuse ✄ [kən'tju:z] contusionner; **con'tu·sion** contusion *f*.

co·nun·drum [kə'nʌndrəm] devinette *f*; *fig.* énigme *f*.

con·va·lesce [kɔnvə'les] être en convalescence; **con·va'les·cence** convalescence *f*; **con·va'les·cent** □ convalescent(e *f*) (*a. su./mf*).

con·vec·tion [kən'vekʃn] *phys.* convection *f*.

con·vene [kən'vi:n] (s')assembler, (se) réunir; *v/t.* convoquer (*une assemblée*); ⚖ citer (devant, *before*).

con·ven·ience [kən'vi:njəns] commodité *f*, convenance *f*; plaisir *m*; (*a. public ∼*) cabinets *m/pl.* d'aisance, commodités *f/pl.*; *at your earliest ∼* au premier moment favorable; *make a ∼ of s.o.* abuser de la bonté de q.; *marriage of ∼* mariage *m* de convenance; **con'ven·ient** □ commode; à proximité (de to, for).

con·vent ['kɔnvənt] couvent *m* (*surt. de femmes*); **con·ven·ti·cle** [kən'ventikl] conciliabule *m*; venticule *m* (*surt. de dissidents*); **con'ven·tion** convention *f*; accord *m*; *usu. ∼s pl.* bienséances *f/pl.*; **con'ven·tion·al** conventionnel(le *f*); *de convention*; courant (*a.* ✕ *armes*); **con'ven·tion·al·ism** respect *m* des convenances; *art*: formalisme *m*; **con·ven·tion·al·i·ty** [∼'næliti] convention *f*; conventions *f/pl.* sociales; **con'ven·tu·al** [∼'tjuəl] □ conventuel(le *f*) (*a. su./mf*).

con·verge [kən'və:dʒ] *v/i.* converger (sur, *on*); *v/t.* faire converger; **con'ver·gence**, **con'ver·gen·cy** convergence *f*; **con'ver·gent**, **con'verg·ing** convergent.

con·vers·a·ble [kən'və:səbl] sociable; de commerce agréable; **con'ver·sant** familier (-ère *f*) (avec q., *with s.o.*); versé (dans *with, in*); compétent (*in with, in*); **con·ver·sa·tion** [ˌvɔˈseiʃn] conversation *f*, entretien *m*; **con·ver·sa·tion·al** de (la) conversation; **con·verse** [ˈkɔnvəːs] 1. contraire; 2. conversation *f*; relations *f/pl.*, commerce *m*; ⚘ proposition *f* réciproque; *phls.* proposition *f* converse; 3. [kənˈvəːs] causer; s'entretenir (avec, *with*); **con·ver·sion** ⊕, *phls.*, *eccl.*, *pol.*, ⚘ *rentes*: conversion *f* (à, *to*; en *into*); transformation *f* (*a.* ⚘); ⚖ détournement *m* (*de fonds*); ⚘ accommodation *f* (*d'une usine aux usages de qch.*).

con·vert 1. [ˈkɔnvəːt] converti(e *f*) *m*; 2. [kənˈvəːt] transformer (*a.* ⚘) changer; convertir (*a.* ⊕, *eccl.*, *pol.*, *phls.*); *sp.* transformer (*un essai*); ⚘ affecter (*des fonds*); ⚖ détourner (*des fonds*); ⚘ accommoder (*une usine etc.*); **con·vert·er** convertisseur (-euse *f*) *m*; ⊕, *a.* ⚘ convertisseur *m*; *radio:* adapteur *m*; **con·vert·i·bil·i·ty** [ˌvəˈbiliti] convertibilité *f*; **con·vert·i·ble** ⊟ convertissable (*personne*); convertible (en, *into*) (*chose*); interchangeable (*termes*), réciproque; *mot.* décapotable, transformable.

con·vex ⊟ [ˈkɔnveks] convexe; **con·vex·i·ty** convexité *f*.

con·vey [kənˈvei] (trans)porter; conduire; (a)mener (*q.*); communiquer (*une pensée, une nouvelle, etc.*); transmettre (*phys., a. odeur, son, ordre, remerciements, etc.*); ⚖ faire cession *f*; dresser l'acte translatif de propriété *f*; **con·vey·ance** transport *m*; moyen(s) *m(pl.)* de transport; transmission *f* (*a.* ⚖, *a. phys.*); communication *f*; voiture *f*; véhicule *m*; ⚖ transfert *m*, cession *f*; ⚖ acte *m* translatif de propriété; ⚘ transmission *f*; transport *m* (*d'énergie*); *public* ~ voiture *f* publique; **con·vey·anc·er** notaire *m* (*qui dresse des actes translatifs de propriété*); **con·vey·or** ⊕ (*a.* ~ *belt*) bande *f* transporteuse.

con·vict 1. [ˈkɔnvikt] forçat *m*; 2. [kənˈvikt] convaincre (de, *of*); **con·vic·tion** conviction *f*; ⚖ condamnation *f*; *previous* ~s dossier *m* du prévenu.

con·vince [kənˈvins] persuader,

convaincre (*q. de qch., s.o. of s.th.*).

con·viv·i·al [kənˈviviəl] joyeux (-euse *f*), jovial (-als *ou* -aux *m/pl.*), bon vivant; **con·viv·i·al·i·ty** [ˌviˈæliti] franche gaieté *f*; sociabilité *f*.

con·vo·ca·tion [kɔnvəˈkeiʃn] convocation *f*; *eccl.* assemblée *f*.

con·voke [kənˈvouk] convoquer.

con·vo·lu·tion [kɔnvəˈluːʃn] ⚘ circonvolution *f*; *fig.* repli *m*, sinuosité *f*. [volubilis *m*.]

con·vol·vu·lus ⚘ [kənˈvɔlvjuləs]

con·voy 1. [ˈkɔnvɔi] convoi *m*; escorte *f*; 2. [kənˈvɔi] convoyer, escorter.

con·vulse [kənˈvʌls] *fig.* bouleverser; *be* ~*d with laughter* se tordre de rire; **con·vul·sion** *usu.* ~*s pl.* convulsion *f*, -s *f/pl.*; *fig.* bouleversement *m*; *go off in* ~*s of laughter* se tordre de rire; **con·vul·sive** ⊟ convulsif (-ive *f*).

coo [kuː] 1. roucouler; 2. roucoulement *m*.

cook [kuk] 1. cuisinier (-ère *f*) *m*; (*a. head* ~) chef *m*; 2. *v/t.* (faire) cuire; F cuisiner (*les comptes etc.*); *v/i.* faire la cuisine; '~**book** *Am.* livre *m* de cuisine; **cook·er** cuisinière *f*; pomme *f ou* fruit *m* à cuire; F falsificateur (-trice *f*) *m* des comptes; pressure-~ marmite *f* express; '**cook·er·y** cuisine *f*; **cook·ie** ['~i] *Am.* galette *f*; '**cook·ing** cuisson *f*; cuisine *f*; *attr.* de cuisine.

cool [kuːl] 1. ⊟ frais (fraîche *f*), froid, tiède (*sentiments*); *fig.* calme, de sang-froid; *péj.* sans gêne, peu gêné; F *a* ~ *thousand pounds* mille livres bien comptées; 2. frais *m*; 3. (se) rafraîchir; '**cool·er** rafraîchisseur *m*; *vin:* glacière *f*, *sl.* prison *f*; '**cool·'head·ed** à l'esprit calme; de sang-froid, imperturbable.

coo·lie ['kuːli] coolie *m*.

cool·ing ⊕ ['kuːliŋ] refroidissement *m*; *attr.* de réfrigération; '**cool·ness** fraîcheur *f*; *fig.* personne: froideur *f*; sang-froid *m*; flegme *m*; **coolth** F *ou co.* *Brit.* [kuːlθ] frais *m*.

coomb(e) *géog.* [kuːm] combe *f*.

coon *Am.* F [kuːn] *zo. abr. de* rac(c)oon; nègre *m*; type *m*; *he is a gone* ~ c'en est fait de lui; ~ *song* chanson *f* nègre.

coop [kuːp] 1. cage *f* à poules;

poussinière *f*; **2.** ~ *up* (*ou in*) enfermer; tenir enfermé.

co-op F [kouˈɔp] *see* co(-)operative store; co(-)operative society.

coop·er [ˈkuːpə] tonnelier *m*; *dry* ~ boisselier *m*; *vins*: embouteilleur *m*; **ˈcoop·er·age** tonnellerie *f*.

co(-)op·er·ate [kouˈɔpəreit]coopérer (*avec*, *with*); concourir (*à*, *in*); *ready to* ~ prêt à aider; **co(-)op·er·ˈa·tion** coopération *f*, concours *m* (*à*, *in*); **co(-)ˈop·er·a·tive** [~pərətiv] **1.** coopératif (-ive *f*); ~ *society* société *f* coopérative; ~ *store* société *f* coopérative de consommation; F coopérative *f*; **2.** *see* ~ *store*; **co-ˈop·er·a·tor** [~reitə] coopérateur (-trice *f*) *m*.

co-opt [kouˈɔpt] coopter; **co-opˈta·tion** cooptation *f*.

co-or·di·nate [kouˈɔːdinit] **1.** □ coordonné; **2.** Ⓐ coordonnée *f*; **3.** [~neit] coordonner (*à*, *with*); **co-or·di·ˈna·tion** coordination *f*.

coot [kuːt] *orn.* foulque *f* noire; F niais(e *f*) *m*; **coot·ie** [ˈ~i] *sl.* pou *m* (*pl.* poux) *m*.

cop[1] *sl.* [kɔp] **1.** pincer (=*attraper*); ~ *it* (se faire) attiger; recevoir un savon; **2.** sergot *m*, flic *m*.

co·par·ce·nar·y [ˈkouˈpɑːsinəri] copartage *m*; copropriété *f*; **ˈco·par·ce·ner** indivisaire *m*.

co·part·ner [ˈkouˈpɑːtnə] coassocié(e *f*) *m*; **ˈco·part·ner·ship** coassociation *f*; coparticipation *f*; actionnariat *m* ouvrier.

cope[1] [koup] **1.** *eccl.* chape *f*; *fig.* voile *m*, manteau *m*; voûte *f* (*céleste*); **2.** recouvrir d'une voûte; chaperonner (*un mur*).

cope[2] [~] se débrouiller, s'en tirer; ~ *with* tenir tête à, faire face à; s'occuper de; venir à bout de.

cop·i·er [ˈkɔpiə] machine *f* à photocopier.

cope·stone [ˈkoupstoun] *usu. fig.* couronnement *m*.

cop·ing Ⓐ [ˈkoupiŋ] chaperon *m* (*d'un mur*).

co·pi·ous □ [ˈkoupjəs] copieux (-euse *f*), abondant; **ˈco·pi·ous·ness** profusion *f*, abondance *f*.

cop·per[1] [ˈkɔpə] **1.** cuivre *m* (rouge); pièce *f* de deux sous; lessiveuse *f*; ~*s pl.* petite monnaie *f*; **2.** de *ou* en cuivre; **3.** cuivrer; doubler (*un navire*).

cop·per[2] [~] *Brit. sl. see* cop 2.

cop·per·as ♏ [ˈkɔpərəs] couperose *f* verte.

cop·per...: ˈ~**plate** plaque *f* de cuivre; ~ *writing* écriture *f* moulée; ˈ~**works** *usu. sg.* fonderie *f* de cuivre; **ˈcop·per·y** cuivreux (-euse *f*).

cop·pice [ˈkɔpis], **copse** [kɔps] taillis *m*, hallier *m*.

cop·u·late *zo.* [ˈkɔpjuleit] s'accoupler; **cop·u·ˈla·tion** coït *m*; *zo.* accouplement *m*; **cop·u·la·tive** [ˈ~lətiv] **1.** *anat.*, *physiol.* copulateur (-trice *f*); *gramm.* copulatif (-ive *f*); **2.** copulative *f*.

cop·y [ˈkɔpi] **1.** copie *f*; reproduction *f*; transcription *f*; *livre*: exemplaire *m*; *journal*: numéro *m*; *écriture*: modèle *m*; *imprimerie*: manuscrit *m*; *journal*: matière *f* à reportage; (*a. carbon* ~) double *m*; *fair* (*ou clean*) ~ copie *f* au net; *fig.* corrigé *m*; *rough* (*ou foul*) ~ brouillon *m*; **2.** copier; reproduire; transcrire; ~ *fair* mettre au net; *phot.* ~*ing stand* porte-copie *m/inv.*; ˈ~**book** cahier *m* d'écriture; ˈ~**cat** F imitateur *m* (-trice *f*); ~ **ed·i·tor** secrétaire *mf* de rédaction; ˈ~**hold** ☖ tenure *f* censitaire; **ˈcop·y·ing-ink** encre *f* à copier; **ˈcop·y·ing-press** presse *f* à copier; **ˈcop·y·ist** copiste *mf*; scribe *m*; **ˈcop·y·right** propriété *f* littéraire; droit *m* d'auteur; *attr.* protégé par des droits d'auteur; qui n'est pas dans le domaine public (*livre*); **cop·y writ·er** rédacteur (-trice *f*) *m* publicitaire.

co·quet [kouˈket] faire la coquette; **co·quet·ry** [ˈ~kitri] coquetterie *f*; **co·quette** [~ˈket] coquette *f*; **co·ˈquet·tish** □ provocant; coquet(te *f*) (*chapeau etc.*); flirteur (-euse *f*) (*femme*).

cor·al [ˈkɔrəl] **1.** corail (*pl.* -aux) *m*; anneau *m* de corail (*pour bébé*); **2.** (*a.* **cor·al·line** [ˈ~lain]) corallien (-ne *f*); corallin (*couleur*).

cor·bel Ⓐ [ˈkɔːbl] corbeau *m*, console *f*.

cord [kɔːd] **1.** corde *f*; cordon *m* (*a.* ♃); ficelle *f*; *bois de chauffage*: corde *f*; *fig.* lien *m*; *anat.* corde *f* (*vocale*); cordon *m* (*médullaire*, *ombilical*); *see* corduroy; **2.** corder; attacher ou lier avec une corde; **ˈcord·ed** *tex.* côtelé; **ˈcord·age** cordages *m/pl.*

cor·dial [ˈkɔːdjəl] **1.** □ cordial (-aux *m/pl.*); chaleureux (-euse *f*); **2.** cordial *m*; **cor·dial·i·ty** [ˌdiˈæliti] cordialité *f*.

cord-mak·er [ˈkɔːdmeikə] cordier *m*.

cor·don [ˈkɔːdən] **1.** △, ✗, *etc.* cordon *m*; **2.** ~ *off* isoler par un cordon (*de police etc.*).

cor·do·van [ˈkɔːdəvən] (cuir *m*) de Cordoue.

cor·du·roy [ˈkɔːdərɔi] *tex.* velours *m* côtelé; ~s *pl.* pantalon *m ou* culotte *f* de velours à côtes; ~ *road Am.* chemin *m* de rondins.

core [kɔː] **1.** ♀ *pomme*: trognon *m*; *bois*: cœur *m*; *fig.* cœur *m*; intérieur *m*; *abcès*: bourbillon *m*; ✗ carotte *f*; ⊕ noyau *m*; ~ *time* temps *m* de présence obligatoire; **2.** enlever le cœur de (*une pomme*); **ˈcor·er** (*a. apple·~*) vide-pomme *m/inv.*

co·re·li·gion·ist [ˈkouriˈlidʒənist] coreligionnaire *m*.

Co·rin·thi·an [kəˈrinθiən] **1.** corinthien(ne *f*); **2.** Corinthien(ne *f*) *m*.

cork [kɔːk] **1.** liège *m*; *bouteille*: bouchon *m*; **2.** boucher; *fig.* (*a.* ~ *up*) étouffer; **ˈcork·age** bouchage *m*; débouchage *m*; *restaurant*: droit *m* de débouchage; **ˈcorked** qui sent le bouchon (*vin*); **ˈcork·er** *sl.* dernier cri *m*; type *m etc.* épatant; mensonge *m* un peu fort; **ˈcork·ing** *Am.* F fameux (-euse *f*); bath.

cork...: ~ *jack·et* gilet *m* de sauvetage; '~**screw 1.** tire-bouchon *m*; ~ *curl cheveux*: tire-bouchon *m*; **2.** *v/i.* vriller (*fil*); tourner en vrille (*escalier*); '~**tree** ♀ chêne-liège (*pl.* chênes-lièges) *m*); **ˈcork·y** semblable au liège; *fig.* enjoué.

cor·mo·rant *orn.* [ˈkɔːmərənt] cormoran *m*, F corbeau *m* de mer.

corn¹ [kɔːn] **1.** grain *m*; blé *m*; *Am.* (*a. Indian* ~) maïs *m*; *Am.* ~ *bread* pain *m* de maïs; *Am.* '~**flakes** paillettes *f/pl.* de maïs; **2.** saler; ~*ed beef* bœuf *m* de conserve.

corn² 🦶 [~] *orteil*: cor *m*; *pied*: oignon *m*.

corn...: '~**chan·dler** *Brit.* marchand *m* de grains; '~**cob** *Am.* épi *m* de maïs.

cor·ne·a *anat.* [ˈkɔːniə] œil: cornée *f*.

cor·nel ♀ [ˈkɔːnl] cornouille *f*; *arbre*: cornouiller *m*.

cor·nel·ian *min.* [kɔːˈniːljən] cornaline *f*.

cor·ne·ous [ˈkɔːniəs] corné.

cor·ner [ˈkɔːnə] **1.** coin *m*, angle *m*; tournant *m*; *mot.* virage *m*; *fig.* dilemme *m*, impasse *f*; ✝ monopole *m*; ✝ trust *m* d'accapareurs; *foot.* (*a.* ~ *kick*) corner *m*; **2.** mettre dans un coin (*fig.* une impasse); acculer (*q.*); mettre (*un animal*) à l'accul; ✝ accaparer; **ˈcor·nered** à angles et coins.

corner...: '~**house** maison *f* du coin; '~**stone** pierre *f* angulaire (*a. fig.*).

cor·net [ˈkɔːnit] ♩ cornet *m* à pistons; *papier*: cornet *m*; *glaces*: plaisir *m*.

corn...: '~**ex·change** bourse *f* des céréales; halle *f* aux blés; '~**flow·er** bl(e)uet *m*; ~ *blue* bleu barbeau *m*.

cor·nice [ˈkɔːnis] △, *alp.* corniche *f*; chapiteau *m* d'armoire.

Cor·nish [ˈkɔːniʃ] cornouaillais, de Cornouailles.

corn...: '~**meal** *Am.* farine *f* de maïs; '~**pop·py** ♀ coquelicot *m*; pavot *m* rouge.

cor·nu·co·pi·a [kɔːnjuˈkoupjə] corne *f* d'abondance.

corn·y [ˈkɔːni] abondant en blé; *sl.* suranné, rebattu; *surt. Am.* ♩ sentimental (-aux *m/pl.*); gnangnan *inv.*

co·rol·la ♀ [kəˈrɔlə] corolle *f*; **ˈcor·ol·la·ry** corollaire *m*; *fig.* conséquence *f*.

co·ro·na [kəˈrounə], *pl.* **-nae** [~niː] *astr.* couronne *f*; △ larmier *m*; **co·ro·nal** [ˈkɔrənl] *anat.* coronal (-aux *m/pl.*); **cor·o·nar·y** 📛 [ˈkɔrənəri] **1.** coronaire; ~ *thrombosis* infarctus *m* du myocarde; **2.** infarctus *m*; **cor·o·na·tion** couronnement *m*, sacre *m*; **ˈcor·o·ner** 📛 coroner *m*; **ˈcor·o·net** [~nit] cercle *m*, couronne *f*; *dame*: diadème *m*.

cor·po·ral [ˈkɔːpərəl] **1.** □ corporel (-le *f*); **2.** ✗ *infanterie*: caporal *m*; *artillerie*, *cavalerie*: brigadier *m*; **cor·po·rate** [ˈ~rit] □ constitué; ~ *body* corps *m* constitué; personne *f* civile; **cor·po·ra·tion** corporation *f*, corps *m* constitué; personne *f* civile; municipalité *f*; *Am.* société *f* par actions; F gros ventre *m*; **cor·po·ra·tive** [ˈ~rətiv] corporatif (-ive *f*); **cor·po·re·al** □ [~-

'pɔːriəl] corporel(le f); matériel(le f) (a. ✠); cor·po·re·i·ty [‿pəˈriːiti] corporéité f.

corps [kɔː], pl. corps [kɔːz] corps m.

corpse [kɔːps] cadavre m; corps m.

cor·pu·lence, cor·pu·len·cy ['kɔː-pjuləns(i)] corpulence f; 'cor·pu·lent corpulent.

cor·pus ['kɔːpəs], pl. -po·ra ['‿pərə] corpus m, recueil m; ✞ Christ·i ['kɔːpəsˈkristi] la Fête-Dieu f; cor·pus·cle ['kɔːpʌsl] corpuscule m; sanguin: globule m; fig. atome m.

cor·ral surt. Am. [kɔˈrɑːl] 1. corral (pl. -als) m; 2. renfermer dans un corral; fig. s'emparer de; parquer (des chevaux etc.).

cor·rect [kəˈrekt] 1. adj. □ correct; juste; bienséant; be ~ avoir raison; fig. être en règle; 2. v/t. corriger; rectifier (une erreur); neutraliser (une influence);reprendre (un enfant); cor·rec·tion correction f; rectification f; châtiment m, punition f; house of ~ maison f de correction; I speak under ~ je le dis sous toutes réserves, sauf correction; cor·rect·i·tude [‿itjuːd] correction f; cor·rec·tive 1. correctif (-ive f), rectificatif (-ive f); punitif (-ive f); 2. correctif m; cor·rec·tor correcteur (-euse f) m; typ. corriger (-euse f) m; ⊕ appareil m etc. correcteur.

cor·re·late ['kɔrileit] 1. v/t. mettre en corrélation (avec, with); v/i. correspondre (à with, to); 2. corrélatif m; cor·re·la·tion corrélation f; cor·rel·a·tive □ [‿ˈrelətiv] corrélatif (-ive f); en corrélation (avec, with).

cor·re·spond [kɔrisˈpɔnd] (with, to) correspondre (avec, à); être conforme (à); (s')écrire (à); cor·re·'spond·ence correspondance f; courrier m; cor·re·spond·ent 1. □ conforme; 2. correspondant(e f) m (a. ✝); journ. envoyé(e f) m.

cor·ri·dor ['kɔridɔː] couloir m, corridor m; ⛟ ~ train train m à intercirculation.

cor·ri·gi·ble □ ['kɔridʒəbl] corrigible.

cor·rob·o·rant [kəˈrɔbərənt] 1. corroborant; corroboratif (-ive f); 2. corroborant m; fortifiant m; cor·rob·o·rate [‿reit] corroborer, confirmer; cor·rob·o·ra·tion corrobo-

ration f, confirmation f; cor·rob·o·ra·tive [‿rətiv] corroboratif (-ive f); corroborant.

cor·rode [kəˈroud] corroder, ronger (un métal, a. fig.); cor·ro·dent corrodant (a. su./m); cor·ro·sion corrosion f; ⚙ qqfois rouille f; ⚡ sulfatage m (des bornes); cor·ro·sive [‿siv] 1. □ corrosif (-ive f) (a. fig.); corrodant; 2. corrosif m, corrodant m; cor·ro·sive·ness corrosivité f; mordant m.

cor·ru·gate ['kɔrugeit] ⊕ strier de nervures; ~d cardboard carton m ondulé; ~d iron tôle f ondulée.

cor·rupt [kəˈrʌpt] 1. □ corrompu, altéré (a. texte); fig. dépravé; vénal (-aux m/pl.) (presse); pol. ~ practices brigues f/pl.; abus m; trafic m d'influence; 2. v/t. corrompre, altérer (a. texte); fig. dépraver, dévoyer; v/i. se corrompre; s'altérer; cor·rupt·er corrupteur (-trice f) m; démoralisateur (-trice f) m; cor·rupt·i·bil·i·ty [‿əˈbiliti] corruptibilité f; vénalité f; cor·rupt·i·ble □ corruptible; vénal (-aux m/pl.); cor·rup·tion corruption f (a. fig.); dépravation f; subornation f (d'un témoin); cor·rup·tive □ corruptif (-ive f).

cor·sage [kɔːˈsɑːʒ] corsage m; Am. bouquet m.

cor·sair ['kɔːsɛə] homme, vaisseau: corsaire m; pirate m.

cors(e)·let ['kɔːslit] corselet m.

cor·set ['kɔːsit] corset m; 'cor·set·ed corseté.

cor·ti·cal ['kɔːtikl] cortical (-aux m/pl.); fig. extérieur.

cor·ti·sone ['kɔːtizoun] cortisone f.

co·run·dum min. [kəˈrʌndəm] corindon m.

cor·us·cate ['kɔrəskeit] scintiller; briller; cor·us·ca·tion vif éclat m; fig. ~s of wit paillettes f/pl. d'esprit.

cor·vette ⚓ [kɔːˈvet] corvette f.

cor·vine ['kɔːvain] orn. corvin.

cor·y·phae·us [kɔriˈfiːəs], pl.-phae·i [‿ˈfiːai] coryphée m (a. fig.); fig. chef m de secte etc.; co·ry·phée [‿ˈfei] ballet: première danseuse f.

cosh·er ['kɔʃə] dorloter, gâter.

co·sig·na·to·ry ['kou'signətəri] cosignataire (a. su.).

co·sine ⚼ [ˈkousain] cosinus m.

co·si·ness ['kouzinis] confortable m; chaleur f agréable.

cos·met·ic [kɔzˈmetik] (~ally) cos-métique (a. su./m).

cos·mic, cos·mi·cal □ [ˈkɔzmik(l)] cosmique.

cos·mo·naut [ˈkɔzmɔnɔːt] cosmonaute m.

cos·mo·pol·i·tan [kɔzməˈpɔlitən], **cos·mop·o·lite** [~ˈmɔpəlait] cosmopolite (a. su./m).

Cos·sack [ˈkɔsæk] cosaque (a. su.).

cos·set [ˈkɔsit] 1. (agneau m) favori m; 2. dorloter, gâter.

cost [kɔst] 1. coût m; frais m/pl.; dépens m/pl.; prix m; ½⅔ ₃s pl. frais m/pl. d'instance; les frais m/pl. et dépens m/pl.; first (ou prime) ~ prix m coûtant; prix m de revient; ~ of living coût m de la vie; to my ~ à mes dépens; as I know to my ~ (comme) je l'ai appris pour mon malheur; 2. [irr.] coûter; ✝ établir le prix de revient de (un article); ~ dear coûter cher (à q., s.o.).

co·star cin. [ˈkouˈstɑː] 1. partenaire mf, acteur m (actrice f) qui partage la vedette; 2. partager la vedette.

cos·ter F [ˈkɔstə], **·mon·ger** marchand m des quatre-saisons.

cost·ing [ˈkɔstiŋ] établissement m du prix de revient.

cos·tive □ [ˈkɔstiv] constipé.

cost·li·ness [ˈkɔstlinis] prix m élevé; meubles: somptuosité f; **cost·ly** de grand prix; riche (meubles); coûteux (~euse f).

cost-price ✝ [ˈkɔstprais] prix m coûtant, prix m de revient, prix m de fabrique.

cos·tume [ˈkɔstjuːm] 1. costume m (pour dames: tailleur); ~ play pièce f historique; 2. costumer; **cos·tum·i·er** [~miə] costumier m.

co·sy [ˈkouzi] 1. □ chaud, commode, confortable; 2. cosy m (pour œufs à la coque); couvre-théière m; molleton m.

cot [kɔt] lit m d'enfants; lit m de camp; ⚓ hamac m à cadre.

co·te·rie [ˈkoutəri] coterie f; cénacle m (littéraire etc.).

cot·tage [ˈkɔtidʒ] chaumière f; petite maison f de campagne; Am. résidence f d'été; Am. ~ cheese fromage m blanc; ~ industry industrie f à domicile; ~ piano petit piano m droit; **cot·tag·er** paysan(ne f) m; habitant(e f) m d'une chaumière; Am. estivant(e f) m.

cot·ter ⊕ [ˈkɔtə] clavette f, goupille f.

cot·ton [ˈkɔtn] 1. coton m; arbre: cotonnier m; toile f ou fil m de coton; fil m à coudre; 2. de coton; Am. ~ candy barbe f à papa; ~ wool ouate f; 3. F s'accorder, faire bon ménage (avec, with); se sentir attiré (par, to); ~ on (to s.th.) piger (qch.); ~ to s.th. s'accommoder à qch.; ~ up faire des avances (à to, with); **'~-grass** linairegrette f; **'cot·ton·y** cotonneux (-euse f).

couch [kautʃ] 1. canapé m, divan m; chaise f longue; poét. lit m; 2. v/t. coucher; mettre (sa lance) en arrêt; envelopper (sa pensée); rédiger (une lettre, une réclamation); abaisser (une cataracte); v/i. se coucher; se tapir; **'~-grass** ♣ chiendent m.

cou·gar zo. [ˈkuːgɑː] couguar m, puma m.

cough [kɔf] 1. toux f; ~ drop pastille f pour la toux; ~ mixture sirop m pour la toux; 2. v/i. tousser; v/t. ~ down réduire (q.) au silence à force de tousser; ~ up cracher (a. sl. = payer).

could [kud] prét. de can[1].

couldn't [ˈkudnt] = could not.

coul·ter [ˈkoultə] coutre m (de charrue).

coun·cil [ˈkaunsl] conseil m; eccl. concile m; **coun·ci(l)·lor** [~ilə] conseiller m; membre m du conseil.

coun·sel [ˈkaunsl] 1. consultation f; conseil m; dessein m; ½⅔ avocat m; conseil m; ~ for the defence défenseur m; avocat m du défendeur; ~ for the prosecution avocat m de la partie publique; keep o.'s (own) ~ observer le silence; take ~ with consulter avec; 2. conseiller, recommander (q. de inf., s.o. to inf.); **coun·se(l)·lor** [~lə] conseiller m.

count[1] [kaunt] 1. compte m, calcul m; votes: dépouillement m; dénombrement m; ½⅔ chef m (d'accusation); box. compte m; parl. (a. ~out) ajournement m; lose ~ perdre le compte (de, of); ½⅔ compter; dénombrer; fig. tenir (q.) pour; box. be ~ed out rester sur le plancher dix secondes; F être compté dehors; v/i. compter (sur, on; pour as, for); au nombre de, among); avoir de l'importance; ~ for little compter pour peu, ne compter guère.

count² [∠] *titre étranger*: comte *m*.

count·down ['kauntdaun] *fusée*: compte *m* à rebours.

coun·te·nance ['kauntinəns] **1.** visage *m*, figure *f*, mine *f*; expression *f* (du visage); faveur *f*; **2.** approuver; encourager, appuyer.

count·er¹ ['kauntə] compteur (-euse *f*) *m*; ⊕ compteur *m*; *jeux*: fiche *f* (carrée), jeton *m* (rond); *boutique*: comptoir *m*; *banque etc.*: guichets *m/pl.*; caisse *f*; *phys. Geiger* ~ compteur *m* Geiger.

count·er² [∠] **1.** *adj.* contraire, opposé (à, to); **2.** *adv.* à contresens; contrairement; **3.** *su.* contre *m*; *box.* coup *m* d'arrêt; **4.** *v/t.* aller à l'encontre de; contrecarrer (*des desseins*); *box.* parer.

coun·ter·act [kauntə'rækt] neutraliser; parer à; **coun·ter'ac·tion** action *f* contraire; neutralisation *f*; contre-mesure *f*.

coun·ter·at·tack ['kauntərətæk] contre-attaque *f*.

coun·ter·bal·ance 1. ['kauntəbæləns] contrepoids *m*; **2.** [∠'bæləns] contrebalancer; compenser; ✝ équilibrer.

coun·ter·blast ['kauntəblɑ:st] riposte *f*.

coun·ter·change [kauntə'tʃeindʒ] échanger (pour, contre for).

coun·ter·charge ['kauntətʃɑ:dʒ] contre-accusation *f*.

coun·ter·check ['kauntətʃek] force *f* opposée *ou* antagoniste; riposte *f*.

coun·ter·clock·wise ['kauntə'klɔkwaiz] en sens inverse des aiguilles d'une montre.

coun·ter·cur·rent ['kauntə'kʌrənt] contre-courant *m*.

coun·ter·es·pi·o·nage ['kauntərespiə'nɑ:ʒ] contre-espionnage *m*.

coun·ter·feit ['kauntəfit] **1.** □ contrefait; faux (fausse *f*); simulé; ~ *money* fausse monnaie *f*; **2.** contrefaçon *f*; *document*: faux *m*; F fausse monnaie *f*; **3.** contrefaire; simuler, feindre (*une émotion*); '**coun·ter·feit·er** contrefacteur *m*; faux-monnayeur *m*; simulateur (-trice *f*) *m*.

coun·ter·foil ['kauntəfɔil] souche *f*, *chèque*: talon *m*.

coun·ter·fort ⚞ ['kauntəfɔ:t] contrefort *m*.

coun·ter·in·tel·li·gence ['kauntərintelidʒəns] *see* counter-espionage.

coun·ter·jump·er F ['kauntədʒʌmpə] commis *m*; calicot *m*.

coun·ter·mand [kauntə'mɑ:nd] **1.** contrordre *m*, contremandement *m*; **2.** contremander; révoquer; ✝ décommander.

coun·ter·march ['kauntəmɑ:tʃ] **1.** contremarche *f*; **2.** (faire) contremarcher.

coun·ter·mark ['kauntəmɑ:k] contremarque *f*.

coun·ter·meas·ure ['kauntəmeʒə] contre-mesure *f*.

coun·ter·mine ['kauntəmain] **1.** contre-mine *f*; **2.** contre-miner (*a. fig.*).

coun·ter·or·der ['kauntərɔ:də] contrordre *m*.

coun·ter·pane ['kauntəpein] couvre-lit *m*; courtepointe *f*.

coun·ter·part ['kauntəpɑ:t] contrepartie *f*; double *m*.

coun·ter·point ♪ ['kauntəpɔint] contrepoint *m*.

coun·ter·poise ['kauntəpɔiz] **1.** contrepoids *m*; équilibre *m*; **2.** contrebalancer; faire contrepoids à (*a. fig.*).

coun·ter·pro·duc·tive ['kauntəprə'dʌktiv] improductif (-ive *f*); inutile; absurde; *be* ~ *a.* n'aboutir à rien.

coun·ter·scarp ⚔ ['kauntəskɑ:p] contrescarpe *f*.

coun·ter·sign ['kauntəsain] **1.** contreseing *m*; mot *m* d'ordre; **2.** contresigner.

coun·ter·sink ⊕ ['kauntə'siŋk] [*irr.*] fraiser; noyer (*la tête d'une vis*); encastrer (*la tête d'un rivet*).

coun·ter·stroke ['kauntəstrouk] retour *m* offensif.

coun·ter·ten·or ♪ ['kauntə'tenə] haute-contre (*pl.* hautes-contre) *f*; alto *m*.

coun·ter·vail ['kauntəveil] *v/t.* compenser; *v/t.* prévaloir (contre, *against*).

coun·ter·weight ['kauntəweit] contrepoids *m* (à, to).

coun·ter·work ['kauntəwə:k] contrarier; contrecarrer.

count·ess ['kauntis] comtesse *f*.

count·ing-house ['kauntiŋhaus] (bureau *m* de la) comptabilité *f*.

count·less ['kauntlis] innombrable.

coun·tri·fied ['kʌntrifaid] aux allures agrestes; province *inv.* (*personne*).

coun·try ['kʌntri] **1.** pays *m*; région *f*; patrie *f*; campagne *f*; province *f*; *appeal* (*ou go*) *to the* ~ en appeler au pays; **2.** campagnard *m* *ou* à la campagne; ~ *policeman* garde *m* champêtre; ~ **dance** danse *f* rustique; '~**man** campagnard *m*, paysan *m*; compatriote *m*; '~**side** campagnes *f/pl.*; (population *f* de la) région *f*; '~**wom·an** campagnarde *f*, paysanne *f*; compatriote *f*.

coun·ty ['kaunti] comté *m*; ~ *town, Am.* ~ *seat* chef-lieu (*pl. chefs-lieux*) *m* de comté.

coup [ku:] coup *m* (audacieux).

cou·ple ['kʌpl] **1.** couple *m*, deux ...; couple *f* (*a. d'œufs, de pigeons*); **2.** *v/t.* coupler; associer; ⊕ engrener; ⛓ atteler, accrocher; ⚡ brancher (sur, to), interconnecter; *v/i.* s'accoupler (*personne*); ~ *back* coupler à réaction; '**cou·pler** *radio:* accouplement *m*; **cou·plet** ['~lit] distique *m*.

cou·pling ⊕ ['kʌpliŋ] accouplement *m*; ⛓ accrochage *m*; ⚡ couplage *m*; *radio:* accouplement *m*; *attr.* d'accouplement.

cou·pon ['ku:pɔn] coupon *m* (*a.* ⚘); ticket *m* (*de carte alimentaire*).

cour·age ['kʌridʒ] courage *m*; **cou·ra·geous** □ [kə'reidʒəs] courageux (-euse *f*).

cour·gette [kuə'ʒet] courgette *f*.

cour·i·er ['kuriə] courrier *m*, messager *m*.

course [kɔ:s] **1.** *événements, fleuve, temps, univ.:* cours *m*; *événements:* marche *f*; direction *f*, route *f* (*a.* ⚓); *affaires:* courant *m*; *balle:* trajet *m*; *repas:* plat *m*, service *m*; *fig.* chemin *m*; *fig.* parti *m*; *sp.* piste *f*; *sp.* champ *m* de course(s); *golf:* parcours *m*; ⚓ cap *m*; ⚓ basse voile *f*; ✚ cote *f* (*des changes*); ✱ traitement *m*; ⊕ *piston:* course *f*; △ assise *f*; *cours d'eau:* lit *m*; ~ *of action* ligne *f* de conduite; *in due* ~ en temps utile; *of* ~ (bien) entendu, naturellement; *be a matter of* ~ aller de soi; ~ *of exchange* cote *f* des changes; **2.** *v/t. chasse:* (faire) courir; *v/i.* courir, couler (*liquide, surt. sang*).

cours·ing ['kɔ:siŋ] chasse *f* (à courre) au lièvre.

court [kɔ:t] **1.** cour *f* (*royale, a.* 🏛); 🏛 tribunal *m*; ruelle *f*; ⚔, ⚓ commission *f* (d'enquête); *sp.* court *m* (de tennis), terrain *m*; *Am. General* ♀ Parlement *m* (*des États de Vermont et New Hampshire*); *at* ~ à la cour; *pay* (*one's*) ~ faire la cour (à, to); **2.** courtiser; faire la cour à (*une femme*); solliciter (*qch.*); rechercher (*qch.*); aller au-devant de (*un échec, un danger*); '~-**card** cartes: figure *f*, carte *f* peinte; '~-**day** jour *m* d'audience; **cour·te·ous** □ ['kɔ:tiəs] courtois, poli (envers, to); **cour·te·san,** *a.* **cour·te·zan** [kɔ:ti'zæn] courtisane *f*; **cour·te·sy** ['kɔ:tisi] courtoisie *f*, politesse *f*; ~ *call* visite *f* de politesse; *mot.* ~ *light* plafonnier *m*; '**court-house** ['kɔ:t-'haus] palais *m* de justice; *Am. a.* administration *f* (d'un département); **cour·ti·er** ['~jə] courtisan *m*; '**court·li·ness** courtoisie *f*; élégance *f*; '**court·ly** courtois, poli.

court-...: ~ *mar·tial, pl.* ~*s mar·tial* ⚔ conseil *m* de guerre; '~-'**mar·tial** faire passer en conseil de guerre; '~-'**plas·ter** taffetas *m* gommé; '~-**ship** cour *f* (*faite à une femme*); '~-**yard** cour *f* (*d'une maison*).

cous·in ['kʌzn] cousin(e *f*) *m*; *first* ~, ~ *german* cousin(e *f*) *m* germain(e *f*); '**cous·in·ly** de bon cousinage; **cous·in·hood** ['~hud], '**cous·in·ship** cousinage *m*; parenté *f*.

cove[1] [kouv] **1.** anse *f*; petite baie *f*; △ grande gorge *f*; voûte *f* (*de plafond*); **2.** voûter.

cove[2] *sl.* [~] type *m*, individu *m*.

cov·e·nant ['kʌvinənt] **1.** 🏛 convention *f*, contrat *m*; *bibl.* alliance *f*; *pol.* pacte *m*; **2.** *v/t.* accorder par contrat; stipuler (*de l'argent*); *v/i.* convenir (de qch. avec q., with s.o. for s.th.).

Cov·en·try ['kɔvəntri]: *send s.o. to* ~ mettre q. en quarantaine.

cov·er ['kʌvə] **1.** couverture *f*; *table:* tapis *m*; *buffet:* dessus *m*; couvercle *m*; abri *m*; *poste:* enveloppe *f*; *fig.* masque *m*, voile *m*; *mot.:* bicyclette, *etc.*: bâche *f*; ✚ provision *f*, marge *f*; *repas:* couvert *m*; (*ou* ~ *address*) adresse *f* de convenance; *Am.* ~ *charge* couvert *m*; *journ.* ~ *story* article *m* principal; **2.** recouvrir; couvrir (de, with) (*q., qch.,* ✚ *risque,*

⚓ retraite, dépenses); envelopper; revêtir; dominer (une vue, un terrain); parcourir (une distance); tapisser (un mur); combler (un déficit); guiper (un fil); assurer le compte-rendu de (un journal); F couvrir, dissimuler; fig. tenir compte de, comprendre; ~ed button bouton m d'étoffe; ~ed court tennis: court m couvert; ~ed wire fil m guipé; '**cover·ing** recouvrement m; couverture f (a. de lit); enveloppe f; ⚡ fil etc.: guipage m; meubles: housse f; ⚓ bâche f; floor ~ linoléum m; **cov·er·let** ['~lit] couvre-lit m; dessus m de lit.

cov·ert ['kʌvət] **1.** □ voilé, caché; secret (-ète f); ⚖ en puissance de mari; **2.** chasse: abri m, couvert m, fourré m; retraite f; **cov·er·ture** ['~tjuə] abri m; ⚖ condition f de la femme mariée.

cov·er-up ['kʌvərʌp] dissimulation f; tentatives f/pl. pour étouffer ou dissimuler un scandale.

cov·et ['kʌvit] convoiter; aspirer à; '**cov·et·ous** ☐ avide (de, of); avare, cupide; '**cov·et·ous·ness** convoitise f; cupidité f.

cov·ey ['kʌvi] vol m ou couvée f (de perdrix etc.).

cov·ing ⚠ ['kouviŋ] plafond etc.: voussure f; saillie f.

cow[1] [kau] vache f.

cow[2] [~] intimider, dompter.

cow·ard ['kauəd] **1.** ☐ lâche; **2.** lâche m/f; '**cow·ard·ice**, '**cow·ard·li·ness** lâcheté f; '**cow·ard·ly 1.** lâche; **2.** lâchement.

cow·boy ['kauboi] jeune vacher m; Am. cow-boy m; '**cow-catch·er** Am. chasse-pierres m/inv.

cow·er ['kauə] se blottir, se tapir; fig. trembler (devant, before).

cow·herd ['kauhə:d] vacher m; '**cow·hide 1.** (peau f de) vache f; **2.** Am. donner le fouet à (q.).

cowl [kaul] moine, cheminée: capuchon m; cheminée: mitre f; ⚒, ⚓ capot m.

cow…: '~**man** Am. éleveur m de bétail; '~**pars·ley** ♀ cerfeuil m sauvage; '~**pars·nip** ♀ berce f; '~**pox** variole f des vaches; '~**punch·er** Am. F cow-boy m.

cow·rie ['kauri] porcelaine f; argent: cauris m.

cow…: '~**shed** étable f; '~**slip** ♀ (fleur f de) coucou m.

cox F [kɔks] **1.** see coxswain; **2.** diriger, gouverner.

cox·comb ['kɔkskoum] petit-maître (pl. petits-maîtres) m; fat m; **cox·comb·i·cal** ☐ fat.

cox·swain ['kɔkswein; 'kɔksn] barreur m; ⚓ patron m (d'une chaloupe).

coy [kɔi] ☐ modeste, farouche, réservé; '**coy·ness** modestie f, réserve f.

coz·en ['kʌzn] tromper; '**coz·en·age** tromperie f.

co·zy ['kouzi] see cosy.

crab[1] [kræb] crabe m, cancre m; astr. le Cancer m; ⊕ treuil m; chèvre f; zt. see crab-louse; catch a ~ faire fausse rame; F turn out ~s échouer.

crab[2] [~] **1.** pomme f sauvage; F personne f revêche; critique f; grognon(ne f) m; **2.** v/t. dénigrer; v/i. trouver à redire (à, about).

crab·bed ['kræbid] ☐ maussade, grognon(ne f); pénible (style); illisible (écriture); **crab-louse** ['kræblaus] pou m du pubis.

crack [kræk] **1.** craquement m; fente f; fissure f; lézarde f; cloche, verre, porcelaine, etc.: fêlure f; F coup m sec; écoss. F cousette f; sp. sl. crack m, as m; sl. cambriolage m; sl. toqué(e f) m; surt. Am. sl. remarque f mordante, observation f satirique; plaisanterie f; in a ~ en un clin d'œil; **2.** F fameux (-euse f), de premier ordre; **3.** clac!; pan!; **4.** v/t. faire claquer (un fouet); fêler; crevasser; fendre; casser (une noisette); 🜊 fractionner (une huile lourde); ~ a bottle déboucher ou entamer ou boire une bouteille; ~ a joke faire une plaisanterie; F ~ up vanter (q., qch.); v/i. craquer; claquer; se fêler; se crevasser; se lézarder; se gercer (peau); se casser (voix etc.); Am. sl. ~ down on s.o. F laver la tête à q.; prendre des mesures sévères contre q.; '~**brained** (au cerveau) timbré; '~**down** Am. sl. razzia f; '**cracked** fêlé, fendu etc.; F timbré, toqué; '**crack·er** papillote f à pétard; pétard m; F mensonge m; Am. craquelin m, croquet m; biscuit m dur; '**crack·er·jack** Am.

F as *m*, expert *m*; **'crack-jaw** F (mot *m*) à vous décrocher la mâchoire; **'crack·le** craqueter; crépiter; pétiller (*feu*) (se) fendiller; **'crack·ling** *porc rôti:* peau *f* croquante; couenne *f*; **crack·nel** [~nl] craquelin *m*; **'crack·pot 1.** type *m* cinglé; **2.** cinglé; **'crack-up** collision *f*; ✕ crash *m*; **'crack·y** *see* cracked.

cra·dle ['kreidl] **1.** berceau *m* (*a. fig.*); *fig.* première enfance *f*; ⚓ ber *m* (de lancement); chantier *m*; *téléph.* étrier *m* du récepteur; **2.** mettre dans un berceau *etc.*

craft [krɑːft] habileté *f*; ruse *f*, artifice *m*; métier *m* manuel; profession *f*; corps *m* de métier; *coll. pl.* embarcations *f/pl.*, petits navires *m/pl.*; *the gentle* ~ la pêche à la ligne, *fig. co.* le noble art; **'craft·i·ness** ruse *f*, astuce *f*; **'crafts·man** artisan *m*, ouvrier *m*; artiste *m* dans son métier; **'crafts·man·ship** exécution *f* merveilleuse; dextérité *f* manuelle; **'craft·y** □ astucieux (-euse *f*), rusé.

crag [kræg] rocher *m* à pic; *alp.* varappe *f*; **'crag·gy** rocailleux (-euse *f*); escarpé; **'crags·man** varappeur *m*.

crake *orn.* [kreik] (cri *m* du) râle *m*.

cram [kræm] **1.** fourrer, bourrer; empâter (*de la volaille*); *fig.* empiffrer; F bûcher (*un sujet*), bourrer; *v/i.* s'entasser; se gorger de nourriture; préparer un examen; **2.** F chauffage *m* (*pour un examen*); F mensonge *m*; **'~-'full** regorgeant (de, *of*), bondé; **'cram·mer** chauffeur *m*; F mensonge *m*.

cramp [kræmp] **1.** 🐾 crampe *f*; ⊕ crampon *m*; presse *f* à vis; *fig.* contrainte *f*; **2.** ⊕ cramponner, agrafer; serrer à (*l'étau*); *fig.* gêner; **'cramped** gêné; à l'étroit; **'cramp-frame** ⊕ serre-joint *m*; presse *f* à main; **'cramp-i·ron** crampon *m*, agrafe *f*.

cram·pon ['kræmpən] crampon *m* à glace.

cran·ber·ry ♀ ['krænbəri] airelle *f*; canneberge *f*.

crane [krein] **1.** grue *f* (*a.* ⊕); **2.** tendre *ou* allonger (*le cou*); ⊕ hisser *ou* descendre au moyen d'une grue; ~ *at* refuser *ou* reculer devant; **crane-fly** *zo.* ['~flai] tipule *f*;

crane's-bill ♀ bec-de-grue (*pl.* becs-de-grue) *m*.

cra·ni·um *anat.* ['kreiniəm] crâne *m*.

crank [kræŋk] **1.** ⊕ détraqué, délabré; ⚓ instable, mal équilibré; **2.** manivelle *f*; *meule* à *aiguiser:* cigogne *f*; coude *m*; *cloche:* bascule *f*; *starting* ~ *mot.* (manivelle *f* de) mise *f* en marche; **3.** *v/t.* ~ *off* bobiner (*un film*); *mot.* ~ *up* lancer (*une auto, un moteur*); **'~-case** carter *m* (du moteur); **'crank·i·ness** humeur *f* difficile; excentricité *f*; **'crank-shaft** ⊕ vilebrequin *m*; **'crank·y** d'humeur difficile; excentrique; capricieux (-euse *f*).

cran·nied ['krænid] lézardé, crevassé; **'cran·ny** fente *f*, crevasse *f*; niche *f*.

crape [kreip] **1.** crêpe *m* noir; **2.** draper de crêpe.

craps *Am.* [kræps] *pl.* dés *m/pl.*

crap·u·lence ['kræpjuləns] crapule *f*; F débauche *f*.

crash¹ [kræʃ] **1.** fracas *m*; catastrophe *f*; ✝ krach *m*; ✕ crash *m*; ~*helmet* casque *m* protecteur; ~ *landing* atterrissage *m* brutal, crash *m*; **2.** *v/i.* retentir; éclater avec fracas; ✕ s'écraser, atterrir brutalement; *v/t.* jeter avec fracas; **3.** F à exécuter rapidement; ~ *course* cours *m* intensif; ~ *diet* régime *m* radical (*pour maigrir*).

crash² [~] toile *f* à serviettes.

crass [kræs] grossier (-ère *f*); stupide.

crate [kreit] caisse *f* à claire-voie.

cra·ter ['kreitə] *volcan, a.* ✍ cratère *m*; ✕ entonnoir *m*.

cra·vat [krə'væt] foulard *m*; ✝ cravate *f*.

crave [kreiv] *v/t.* implorer avec instance (de, *from*), solliciter; *v/i.* (*for*) désirer avidement (*qch.*).

cra·ven ['kreivn] **1.** poltron(ne *f*), lâche; poltron(ne *f*) *m*, lâche *mf*.

crav·ing ['kreiviŋ] désir *m* ardent, besoin *m*, passion *f*, appétit *m* insatiable (de, *for*).

craw [krɔː] jabot *m* (*d'oiseau*).

craw-fish ['krɔːfiʃ] **1.** *eau douce:* écrevisse *f*; *mer:* langouste *f*; **2.** *Am.* F se dérober; *sl. clause.*

crawl [krɔːl] **1.** rampement *m*; *personne:* mouvement *m* traînant; *nage:* crawl *m*; **2.** ramper; se traîner; grouiller (de, *with*); marauder; **'crawl·er** reptile *m*; *personne:*

traînard(e f) m; fig. plat valet m; taxi m en maraude; nage: crawleur m; vêtement pour enfants: barboteuse f.

cray·fish ['kreifiʃ] eau douce: écrevisse f; mer: langouste f.

cray·on ['kreiən] **1.** craie f à dessiner; surt. (crayon m de) pastel m; fusain m; blue (red) ~ crayon m bleu (rouge); **2.** dessiner au pastel; crayonner.

craze [kreiz] manie f (de, for); fig. fureur f (de); be the ~ faire fureur; **'crazed** affolé (de, with); **'cra·zi·ness** folie f, démence f; maison: délabrement m; **'cra·zy** □ fou (fol devant une voyelle ou un h muet; folle f) (de with, about, for); affolé (de, with); branlant; délabré (maison); irrégulier (-ère f); en pièces rapportées.

creak [kri:k] **1.** grincement m; **2.** grincer, crier; **'creak·y** □ qui crie, qui grince.

cream [kri:m] **1.** crème f (a. fig.); fig. le plus beau (de l'histoire); cold ~ crème f, cold-cream m; ~ of tartar crème f de tartre; **2.** (souv. ~-colo(u)red) crème inv.; **3.** v/t. écrémer; ajouter de la crème à; battre (du beurre) en crème; v/i. se couvrir de crème; mousser; **'cream·er·y** crémerie f; **'cream·y** □ crémeux (-euse f); fig. velouté.

crease [kri:s] **1.** (faux) pli m; tex. ancrure f; papier: fronce f; cricket: ligne f de limite; **2.** (se) plisser; (se) froisser.

cre·ate [kri'eit] v/t. créer (qch., q. chevalier, théâ. rôle, difficulté, mode); faire; produire; faire naître; v/i. sl. faire une scène (à propos de, about); **cre'a·tion** création f (a. mode); **cre'a·tive** créateur (-trice f); **cre·'a·tor** créateur (-trice f) m; **cre'a·tress** créatrice f; **crea·ture** ['kri:tʃə] créature f (a. péj.); être m (vivant); animal m, bête f; ~ comforts pl. l'aisance f matérielle.

cre·dence ['kri:dəns] foi f, croyance f; give ~ to ajouter foi à; letter of ~ lettre f de créance; **cre·den·tials** [kri'denʃlz] pl. lettres f/pl. de créance; domestique: certificat m, papiers m/pl. d'identité.

cred·i·bil·i·ty [kredi'biliti] crédibilité f; **cred·i·ble** □ ['kredəbl] croyable; digne de foi.

cred·it ['kredit] **1.** foi f, croyance f, créance f; réputation f, crédit m (a. ✝); mérite m; honneur m; banque: crédit m, actif m; Am. école: unité f de valeur, U.V. f; ✝ on ~ à crédit, à terme; ✝ ~ balance solde m créditeur; ✝ ~ card carte f de crédit; ✝ ~ note f ou facture f d'avoir; ✝ ~ rate degré m de solvabilité; ✝ ~ rating limite f de crédit; do s.o. ~ honorer q., faire honneur à q.; get ~ for s.th. se voir attribuer le mérite de qch.; give s.o. ~ for s.th. attribuer (le mérite de) qch. à q.; put (ou place ou pass) to s.o.'s ~ porter (qch.) au crédit de q.; **2.** ajouter foi à; attribuer, prêter (une qualité à q., s.o. with a quality); ✝ créditer (q. d'une somme ou with a sum, a sum to s.o.); porter (une somme) au crédit; ~ s.o. with s.th. prêter qch. à q.; **'cred·it·a·ble** □ honorable, estimable; be ~ to faire honneur à; **'cred·i·tor 1.** créancier (-ère f) m; **2.** créditeur (-trice f).

cre·du·li·ty [kri'dju:liti] crédulité f; **cred·u·lous** □ ['kredjuləs] crédule.

creed [kri:d] credo m (a. pol.); croyance f. [m; petite vallée f.]
creek [kri:k] crique f; Am. ruisseau]
creel [kri:l] panier m de pêche; casier m à homards; ⊕ râtelier m (à bobines).

creep [kri:p] **1.** [irr.] ramper; se traîner; se glisser (a. fig.); fig. entrer doucement; ⊕ glisser; **2.** glissement m; ~s pl. chair f de poule; **'creep·er** F homme m rampant; femme f rampante; ♀ plante f rampante ou grimpante; **'creep·y** rampant; qui donne la chair de poule.

creese [kri:s] criss m (= poignard malais).

cre·mate [kri'meit] incinérer (un mort); **cre'ma·tion** incinération f, crémation f; **crem·a·to·ri·um** [kremə'tɔ:riəm], pl. -ums, -ri·a [~riə], **cre·ma·to·ry** ['~təri] crématorium m; four m crématoire.

cren·el·(l)at·ed ['krenileitid] crénelé.

cre·ole ['kri:oul] créole (a. su.).

cre·o·sote ♙ ['kriəsout] créosote f.

crep·i·tate ['krepiteit] crépiter; **crep·i·ta·tion** crépitation f.

crept [krept] prét. et p.p. de creep **1**.
cre·pus·cu·lar [kri'pʌskjulə] crépusculaire, du crépuscule.

cres·cent ['kresnt] **1.** (en forme de) croissant; **2.** croissant *m* (*a. pâtisserie*); rue *f* en arc de cercle; ♀ *City* la Nouvelle-Orléans *f*.

cress ♧ [kres] cresson *m*.

cres·set ['kresit] *tour*, *phare*: fanal *m*.

crest [krest] △, *casque, coq, montagne, vague*: crête *f*; *arête f*, *colline*: sommet *m*; *alouette*: huppe *f*; *paon*: aigrette *f*; *blason*: timbre *m*; *sceau*: armoiries *f/pl.*; *casque*: cimier *m*; **'crest·ed** à crête *etc.*; *casque*: orné d'un cimier; **~ lark** cochevis *m*; **'crest·fall·en** abattu, découragé; penaud (*air*).

cre·ta·ceous [kri'teiʃəs] crétacé, crayeux (*sol etc.*).

cre·tin ['kretin] crétin(e *f*) *m*.

cre·vasse [kri'væs] crevasse *f* (*glaciaire*); *Am.* fissure *f*.

crev·ice ['krevis] fente *f*; lézarde *f*; fissure *f*.

crew¹ [kruː] ♧ équipage *m*; *ouvriers*: équipe *f*; *péj.* bande *f*; **~ cut** cheveux *m/pl.* en brosse.

crew² [~] *prét.* de crow 2.

crew·el ♱ ['kruːil] laine *f* à broder *ou* à tapisserie.

crib [krib] **1.** mangeoire *f*; lit *m* d'enfant; *eccl.* crèche *f*; F *école*: calle *f*; F plagiat *m*; *sl.* emploi *m*; *surt. Am.* huche *f* (*pour le maïs etc.*); *sl. crack* à ~ cambrioler une maison; **2.** † enfermer; F plagier (*qch.*); F copier; F tuyauter; **'crib·bage** cribbage *m*; **'crib·ble** crible *m*; **crib·bit·er** ['~baitə] tiqueur (-euse *f*) *m*.

crick [krik] **1.** crampe *f*; **~ in the neck** torticolis *m*; **2.** se donner un torticolis *ou* un tour de reins.

crick·et¹ *zo.* ['krikit] grillon *m*.

crick·et² [~] **1.** *sp.* cricket *m*; F *not* ~ déloyal (-aux *m/pl.*); ne pas (être) de jeu; **2.** jouer au cricket; **'crick·et·er** joueur de cricket, cricketeur *m*.

cri·er ['kraiə] crieur *m* (public).

crime [kraim] crime *m*, délit *m*.

Cri·me·an War [krai'miən wɔː] guerre *f* de Crimée.

crim·i·nal ['kriminl] criminel(le *f*) (*a. su./m/f*); **crim·i·nal·i·ty** [~'næliti] criminalité *f*; **crim·i·nate** ['~neit] incriminer, accuser; convaincre d'un crime; **crim·i'na·tion** incrimination *f*.

crimp¹ ♧, ✗ [krimp] **1.** racoleur *m*,

embaucheur *m*; **2.** racoler, embaucher.

crimp² [~] gaufrer, friser.

crim·son ['krimzn] **1.** cramoisi (*a. su./m*); **2.** *v/t.* teindre en cramoisi; *v/i.* s'empourprer.

cringe [krindʒ] **1.** se faire tout petit, se blottir; *fig.* s'humilier, ramper (*devant* to, *before*); **2.** *fig.* courbette *f* servile.

crin·kle ['kriŋkl] **1.** pli *m*, ride *f*; **2.** (se) froisser; onduler (*a. cheveux*).

crin·o·line ['krinəliːn] crinoline *f*.

crip·ple ['kripl] **1.** boiteux (-euse *f*) *m*, estropié(e *f*) *m*; **2.** estropier; *fig.* disloquer.

cri·sis ['kraisis], *pl.* **-ses** ['~siːz] crise *f*.

crisp [krisp] **1.** crêpé, frisé (*cheveux etc.*); croquant (*biscuit*); vif (vive *f*), froid (*air, vent*); net(te *f*) (*profil*); tranchant (*ton*); nerveux (-euse *f*) (*style*); **2.** (se) crêper (*cheveux*); (se) froncer; *v/t.* donner du croustillant à.

criss-cross ['kriskrɔs] **1.** entrecroisement *m*; enchevêtrement *m*; **2.** entrecroisé; **3.** (s')entrecroiser.

cri·te·ri·on [krai'tiəriən], *pl.* **-ri·a** [~riə] critérium *m*, critère *m*.

crit·ic ['kritik] critique (*littéraire etc.*) *m*; censeur *m* (*de conduite*); critiqueur *m*; **'crit·i·cal** □ critique; ✍ dangereux (-euse *f*); *be* ~ *of* critiquer; regarder d'un œil sévère; ✍ *in* ~ *condition* dans un état critique; **crit·i·cism** ['~sizm], **cri·tique** [kri'tiːk] critique *f* (de, sur *of*); **crit·i·cize** ['~saiz] critiquer, faire la critique de; censurer.

croak [krouk] **1.** *v/i.* coasser (*grenouille*); croasser (*corbeau*); *fig.* grogner; *sl.* casser sa pipe (= mourir); *v/t. sl.* descendre (= tuer); **2.** c(r)oassement *m*; **'croak·er** *fig.* prophète *m* de malheur; **'croak·y** □ rauque, enroué (*voix*).

Cro·at ['krouət] **1.** croate; **2.** Croate *mf*.

cro·chet ['krouʃei] **1.** crochet *m*; **2.** *v/t.* faire (*qch.*) au crochet; *v/i.* faire du crochet.

crock [krɔk] **1.** pot *m* de terre; cruche *f*; F cheval *m* claqué; F *auto*: tacot *m*; F bonhomme *m* fini; F patraque *f* (= *personne maladive*); **2.** *sl.* (*usu.* ~ *up*) tomber malade, se faire abîmer; **'crock·er·y** faïence *f*, poterie *f*.

croc·o·dile zo. ['krɔkədail] crocodile *m*; *fig.* ~ tears *pl* larmes *f/pl.* de crocodile.

cro·cus ✿ ['kroukəs] crocus *m*.

croft·er Brit. ['krɔftə] petit fermier *m*.

crom·lech ['krɔmlek] dolmen *m*.

crone F [kroun] commère *f*, vieille *f*.

cro·ny F ['krouni] copain *m*; ami(e *f*) *m* intime.

crook [kruk] 1. croc *m*, crochet *m*; *berger:* houlette *f*; *eccl.* crosse *f*; *fig.* angle *m*; *chemin etc.:* détour *m*, coude *m*; *sl.* escroc *m*; *sl.* fraude *f*; on the ~ malhonnête(ment); 2. (se) recourber; **crooked** ['~kt] (re-)courbé; à béquille (*canne*); ['~kid] □ *fig.* tordu; tortueux (*-euse f*) (*chemin*); contourné (*jambe, arbre*); F déshonnête; oblique (*moyen*).

croon [kru:n] fredonner, chanter à demi-voix; **'croon·er** chanteur (*-euse f*) *m* de charme.

crop [krɔp] 1. *oiseau:* jabot *m*; *fouet:* manche *m*; stick *m* (de chasse); récolte *f*, moisson *f*; *fruits:* cueillette *f*; *fig.* tas *m*; *cheveux:* coupe *f*; ~ failure mauvaise récolte *f*; F ~ of hair chevelure *f*; 2. *v/t.* tondre, tailler, couper; brouter, paître (*l'herbe*); *v/i.* donner une récolte; ~ up *géol.* affleurer; F surgir; **'~-eared** essorillé (*chien*); *hist.* aux cheveux coupés ras; **'crop·per** tondeur *m etc.* (*see* crop 2); (pigeon *m*) boulant *m*; F plante *f* qui donne bien ou mal; F culbute *f*; Am. sl. métayer *m*.

cro·quet ['kroukei] 1. (jeu *m* de) croquet *m*; 2. (a. tight-) croquer; (a. loose-~) roquer.

cro·sier eccl. ['krouʒə] crosse *f*.

cross [krɔs] 1. croix *f* (a. *médaille, a. fig.*); croisement *m* (de races); métis(se *f*) *m*; *sl.* escroquerie *f*; 2. □ (entre)croisé; mis en travers; oblique; contraire; maussade (*personne*); fâché (de qch., at s.th.; contre q., with s.o.); de mauvaise humeur; *sl.* illicite, déshonnête; be at ~ purposes y avoir malentendu; 3. *v/t.* croiser (*deux choses, ~aces, q. dans la rue*); traverser; passer (*la mer*); franchir (*le seuil*); barrer (*un chèque*); mettre les

barres à (*ses t*); *fig.* contrarier, contrebarrer (*q., un projet*); ~ o.s. signer, faire le signe de la croix; ~ out biffer, rayer (*un mot etc.*); *v/i.* se croiser; passer; faire la traversée; **'~-bar** foot. barre *f*; **'~-beam** △ sommier *m*; **'~-bench** parl. Centre *m*; **'~-bow** arbalète *f*; **'~-breed** race *f* croisée; F métis(se *f*) *m*; **'~-check** 1. contre-épreuve *f*; 2. vérifier par contre-épreuve; **'~-coun-try** à travers champs; ~ running le cross-country *m*; ~ runner crossman (*pl. -men*) *m*; ~ skiing ski *m* de randonnée; **'~-cut saw** scie *f* de travers; **'~-ex·am·i·na·tion** interrogatoire *m* contradictoire; **~-ex·am·ine** ['krɔsig'zæmin] contre-interroger; **'~-fer·ti·li·za·tion** ⚥ fécondation *f* croisée; *fig.* fécondation *f* mutuelle; **'~-grained** tortillard (*bois*); *fig.* revêche; bourru; **'cross·ing** passage *m* (pour piétons); intersection *f* (*de voies*); 🚂 passage *m* à niveau; croisement *m* (*de lignes*); traversée *f*; **'cross·leg·ged** les jambes croisées; **'cross·ness** mauvaise humeur *f*.

cross...: **'~-patch** F grincheux (*-euse f*) *m*; grognon *mf*; ~ **ref·er·ence** renvoi *m*, référence *f*; **'~-'road** chemin *m* de traverse; ~s *pl. ou sg.* carrefour *m* (a. *fig.*); croisement *m* de routes; **'~-sec·tion** coupe *f* en travers; ~ **talk** répliques *f/pl.*, échange *m* de propos; *radio etc.:* interférence *f*; **'~-walk** Am. passage *m* clouté; **'~-wind** vent *m* de travers; **'~-wise** en croix, en travers; **'~-word puz·zle** mots *m/pl.* croisés.

crotch [krɔtʃ] fourche *f*; **crotch·et** ['~it] crochet *m*; ♩ noire *f*; F lubie *f*; **'crotch·et·y** F capricieux (*-euse f*); (à l'humeur) difficile.

crouch [krautʃ] se blottir, s'accroupir (devant, to).

croup¹ [kru:p] croupe *f* (de cheval).

croup² ⚕ [~] croup *m*.

crou·pi·er ['kru:piə] croupier *m*.

crow [krou] 1. corneille *f*; chant *m* du coq; *Am.* F eat ~ avaler des couleuvres; have a ~ to pick with avoir maille à partir avec; as the ~ flies à vol d'oiseau; 2. [*irr.*] chanter; *fig.* chanter victoire (sur, over); gazouiller (*enfant*); **'~-bar** levier *m*, pied-de-biche (*pl.* pieds-de-biche) *m*.

crying

crowd [kraud] **1.** foule *f*, rassemblement *m*, affluence *f*; F tas *m*; F bande *f*; *péj.* monde *m*; **2.** *v/t.* serrer; remplir (de, *with*); *v/i.* se presser (en foule); s'attrouper; ~ *out v/t.* ne pas laisser de place à; *v/i.* sortir en foule; ♣ ~ *sail* (*on*) faire force de voiles; ~*ed hours pl.* heures *f/pl.* de pointe.

crow·foot ♣ ['kroufut] renoncule *f*.

crown [kraun] **1.** *roi, dent, fleurs, monnaie, etc.:* couronne *f*; *bonheur etc.:* comble *m*; *carrière:* couronnement *m*; *chapeau:* forme *f*; *tête:* sommet *m*; *arbre:* cime *f*; *mot. axe m* (de la chaussée); **2.** couronner; sacrer (*roi*); F mettre le comble à; '**crown·ing** *fig.* suprême; final (-als *m/pl.*).

crow's... [krouz]: '~**-foot** patte *f* d'oie (*au coin de l'œil*); '~**-nest** ♣ nid *m* de pie.

cru·cial □ ['kru:ʃjəl] décisif (-ive *f*); critique; **cru·ci·ble** ['kru:sibl] creuset *m* (*a. fig.*); **cru·ci·fix** ['~fiks] crucifix *m*; **cru·ci·fix·ion** ['~fikʃn] crucifixion *f*; mise *f* en croix; '**cru·ci·form** cruciforme; **cru·ci·fy** ['~fai] crucifier (*a. fig.*).

crude □ [kru:d] (à l'état) brut (*métal, matériel, huile, etc.*); cru (*a. lumière, couleur*); vert, aigre (*fruit*); brutal (-aux *m/pl.*); grossier (-ère *f*) (*style*); fruste (*manières*); ♣ non encore développé (*maladie*); non assimilé (*aliment*); '**crude·ness, cru·di·ty** ['~iti] crudité *f* (*a. fig.*).

cru·el □ ['kruəl] cruel(le *f*) (*a. fig.*); '**cru·el·ty** cruauté *f*.

cru·et ['kru:it] burette *f*; '~**-stand** ménagère *f*.

cruise ♣ [kru:z] **1.** croisière *f*; voyage *m* d'agrément; ⚔ ~ *missile* engin *m* atmosphérique; **2.** ♣ croiser; *cruising speed* vitesse *f* économique; '**cruis·er** croiseur *m*; *light* ~ contre-torpilleur *m*; *Am.* voiture *f* cellulaire; *box.* ~ *weight* poids *m* milourd.

crul·ler *Am.* ['krʌlə] *cuis.* roussette *f*.

crumb [krʌm] **1.** *pain:* miette *f*; *fig.* brin *m*; **2.** *cuis.* paner (*la viande etc.*); *a.* = **crum·ble** ['~bl] (s')émietter (*pain*); *v/t. fig.* réduire en miettes; *v/i.* s'écrouler (*maison etc.*); s'ébouler (*sol*); '**crum·bling,** '**crum·bly** friable, ébouleux (-euse

f); '**crumb·y** ['krʌmi] qui s'émiette; couvert de miettes.

crum·my *sl.* ['krʌmi] minable, moche.

crump *sl.* [krʌmp] chute *f*; coup *m* violent; ⚔ obus *m* qui éclate.

crum·pet ['krʌmpit] *sorte de brioche grillée* (*plate et poreuse*); *sl.* caboche *f* (= *tête*); *be off one's* ~ *être maboul* (= *fou*).

crum·ple ['krʌmpl] *v/t.* froisser, friper; *v/i.* se froisser; se recroqueviller (*parchemin, feuilles*); *fig.* s'effondrer.

crunch [krʌntʃ] *v/t.* croquer, broyer (*avec les dents*); écraser; *v/i.* craquer; s'écraser.

cru·ral ['kruərəl] *anat.* crural (-aux *m/pl.*).

cru·sade [kru:'seid] **1.** croisade *f*; (*a. fig.*); ~ *aller ou être en croisade*; *fig.* mener une campagne (*contre qch.*); **cru·sad·er** croisé *m*.

crush [krʌʃ] **1.** écrasement *m*; F presse *f*, foule *f*; *sl. have a* ~ avoir un béguin (*pour, on*); ~ *hat claque m*; *Am.* chapeau *m* mou; **2.** *v/t.* écraser, aplatir; froisser (*une robe*); *fig.* anéantir; accabler (*de douleur etc.*); † vider (*une bouteille*); ~ *out fig.* étouffer; *v/i.* se presser en foule; *Am. sl.* flirter; '**crush·er** broyeur *m*; F malheur *m etc.* accablant; coup *m* d'assommoir; '**crush-room** *théâ.* foyer *m*.

crust [krʌst] **1.** croûte *f*; *Am. sl.* toupet *m*; **2.** (se) couvrir d'une croûte; '**crust·ed** qui a du dépôt (*vin*); *fig.* invétéré; '**crust·y** □ qui a une forte croûte; *fig.* bourru.

crutch [krʌtʃ] béquille *f*; '**crutched** à béquille; à poignée à croisillon.

crux [krʌks] *fig.* nœud *m*; point *m* capital.

cry [krai] **1.** cri *m*; plainte *f*; pleurs *m/pl.*; *it is a far* ~ *from ... to* il y a loin de ... à (*a. fig.*); *within* ~ à portée de voix; **2.** crier; *v/i.* s'écrier, pousser un cri *ou* des cris; pleurer; ~ *for* demander en pleurant; crier à (*le secours*); réclamer; ~ *off* se dédire; s'excuser; annuler (*une affaire*); ~ *out v/t.* crier; *v/i.* s'écrier, pousser des cris; se récrier (*contre, against*); ~ *up* prôner, vanter; '~**-ba·by** pleurard(e *f*) *m*; '**cry·ing** *fig.* criant, urgent; scandaleux (-euse *f*).

crypt [kript] crypte *f*; **'cryp·tic** occulte, secret (-ète *f*); énigmatique.

crys·tal ['kristl] 1. cristal *m*; *surt. Am.* verre *m* de montre; 2. cristallin, limpide; **'~-clear** clair comme le jour *ou* comme de l'eau de roche; **crys·tal·line** ['~təlain] cristallin, de cristal; **crys·tal·i'za·tion** cristallisation *f*; **'crys·tal·lize** cristalliser; **~d candi** (*fruits*).

cub [kʌb] 1. petit *m* (*d'un animal*); *ours*: ourson *m*; lionceau *m*, louveteau *m*, renardeau *m*, *etc.*; 2. *v/t.* mettre bas (*des petits*); *v/i.* faire des petits.

cu·bage ['kju:bidʒ] cubage *m*.

cub·by-hole ['kʌbihoul] retraite *f*; placard *m*.

cube ⚷ ['kju:b] 1. cube *m*; **~ root** racine *f* cubique; 2. cuber.

cub·hood ['kʌbhud] adolescence *f*.

cu·bic, cu·bi·cal □ ['kju:bik(l)] cubique.

cu·bi·cle ['kju:bikl] *dortoir*: alcôve *f*; *piscine etc.*: cabine *f*.

cuck·old ['kʌkəld] 1. cocu *m*; 2. cocufier (*son mari*).

cuck·oo ['kuku:] 1. coucou *m*; 2. *sl.* maboul, loufoque (= *fou*).

cu·cum·ber ['kju:kʌmbə] concombre *m*.

cu·cur·bit [kju:'kə:bit] ⚷ courge *f*; *alambic*: cucurbite *f*.

cud [kʌd] bol *m* alimentaire; *chew the ~* ruminer (*a. fig.*).

cud·dle ['kʌdl] 1. F embrassade *f*; 2. *v/t.* serrer doucement dans ses bras; *v/i.* se peloter.

cudg·el ['kʌdʒl] 1. gourdin *m*; *take up the ~s for* prendre fait et cause pour; 2. bâtonner; *~ one's brains* se creuser la cervelle (*pour inf.*, *for gér.*; pour, *about*).

cue [kju:] *billard*: queue *f*; *surt. théâ.* réplique *f*; avis *m*, mot *m*; *take the ~ from s.o.* prendre exemple sur q.

cuff¹ [kʌf] 1. calotte *f*, taloche *f*; 2. calotter, flanquer une taloche à (*q.*).

cuff² [~] *chemise*: poignet *m*; manchette *f* (*empesée*); *jaquette etc.*: parement *m*; *Am. pantalon*: bord *m* relevé.

cui·rass [kwi'ræs] cuirasse *f*.

cui·sine [kwi'zi:n] cuisine *f*.

cu·li·nar·y ['kʌlinəri] culinaire.

cull [kʌl] (re)cueillir; choisir (dans, *from*).

cul·ly *sl.* ['kʌli] copain *m*, camaro *m*.

culm [kʌlm] ⚷ chaume *m*, tige *f*.

cul·mi·nate ['kʌlmineit] *astr.* culminer; *fig.* atteindre son apogée; *fig.* terminer (par, *in*); **cul·mi'na·tion** *astr.* culmination *f*; *fig.* point *m* culminant.

cu·lottes [kju:'lɔts] *pl.* (*a pair of ~* une) jupe-culotte *f* (*pl.* jupes-culottes).

cul·pa·bil·i·ty [kʌlpə'biliti] culpabilité *f*; **'cul·pa·ble** □ coupable; digne de blâme.

cul·prit ['kʌlprit] coupable *mf*; prévenu(e *f*) *m*.

cult [kʌlt] culte *m*.

cul·ti·va·ble ['kʌltivəbl] cultivable.

cul·ti·vate ['kʌltiveit] *usu.* cultiver; *biol.* faire une culture de (*un bacille*); **cul·ti'va·tion** culture *f*; **'cul·ti·va·tor** *personne*: cultivateur (-trice *f*) *m*; *machine*: cultivateur *m*, extirpateur *m*; *fig.* ami *m*.

cul·tur·al □ ['kʌltʃərəl] culturel (-le *f*); ⚷ cultural (-aux *m/pl.*).

cul·ture ['kʌltʃə] culture *f*; **'cul·tured** cultivé, lettré; **cul·ture me·di·um**, *pl.* **-di·a** biol. bouillon *m* de culture; **'cul·ture-pearl** perle *f* japonaise.

cul·vert ['kʌlvət] ponceau *m*, canal *m*; ⚡ conduit *m* souterrain.

cum·ber ['kʌmbə] encombrer, gêner (de, *with*); **~some** ['~səm], **cum·brous** □ ['~brəs] encombrant, gênant; difficile à remuer; lourd; entravant.

cum·in ⚷ ['kʌmin] cumin *m*.

cu·mu·la·tive □ ['kju:mjulətiv] cumulatif (-ive *f*); **cu·mu·lus** ['~ləs], *pl.* **-li** ['~lai] cumulus *m*.

cu·ne·i·form ['kju:niifɔ:m] cunéiforme.

cun·ning ['kʌniŋ] 1. □ rusé; astucieux (-euse *f*); malin (-igne *f*); *Am.* mignon(ne *f*); 2. ruse *f*; *péj.* astuce *f*.

cup [kʌp] 1. tasse *f*; *métal*: gobelet *m*; *soutien-gorge*: bonnet *m*; *Am. cuis.* demi-pinte *f*; calice *m* (*a.* ⚷, *a. fig.*); *sp.* coupe *f*; *sp.* **~ final** finale *f* de la coupe; *sp.* **~ tie** match *m* de coupe; 2. ⚕ ventouser; mettre (*la main*) en cornet *ou* en porte-voix; **~-board** ['kʌbəd] armoire *f*; *mur*: placard *m*; F **~ love** amour *m* intéressé.

Cu·pid ['kju:pid] Cupidon *m*, Amour *m*.

cu·pid·i·ty [kju'piditi] cupidité *f*.

cu·po·la ['kju:pələ] coupole *f* (*a.* ✕, ⚓); dôme *m*.

cup·ping-glass ✻ ['kʌpiŋglɑːs] ventouse *f*.

cu·pre·ous ['kju:priəs] cuivreux (-euse *f*).

cur [kəː] roquet *m*; chien *m* sans race; villain *f*.

cur·a·bil·i·ty [kjuərə'biliti] curabilité *f*; '**cur·a·ble** guérissable.

cu·ra·cy ['kjuərəsi] vicariat *m*; **cu·rate** ['ˌrit] vicaire *m*; **cu·ra·tor** [ˌ'reitə] musée *m*; conservateur *m*.

curb [kəːb] 1. gourmette *f*; *fig.* frein *m*; (*a.* ⁓*stone*) bordure *f* (*de trottoir*); margelle *f* (*de puits*); 2. gourmer (*un cheval*); *fig.* contenir, refréner; ⁓ **mar·ket** *Am.* Bourse: coulisse *f*; ⁓ **roof** toit *m* en mansarde.

curd [kəːd] 1. (lait *m*) caillé *m*; 2. (*usu.* ⁓**dle** ['ˌdl]) se cailler (*lait*); F se figer (*sang*).

cure [kjuə] 1. guérison *f*; cure *f* (*de raisins, de lait, etc.*); remède *m*; ⁓ *of souls* cure *f* d'âmes; 2. guérir; saurer (*des harengs*); saler (*les peaux, la viande*); fumer (*la viande*); '⁓-**all** panacée *f*.

cur·few ['kəːfjuː] couvre-feu *m* (*a. pol.*); *ring the* ⁓(*-bell*) sonner le couvre-feu.

cu·ri·o ['kjuəriou] curiosité *f*; bibelot *m*; **cu·ri·os·i·ty** [ˌ'ɔsiti] curiosité *f*; F excentrique *m*; '**cu·ri·ous** ☐ curieux (-euse *f*); singulier (-ère *f*); *péj.* indiscret (-ète *f*).

curl [kəːl] 1. cheveux: boucle *f*; fumée, vague: spirale *f*; 2. boucler; *v/t.* friser; ⁓ *one's lip* faire la moue; *v/i.* s'élever en spirales (*fumée*); ⁓ *up* (*ou* ⁓ *o.s. up*) se mettre en boule (*chat etc.*); '**curl·er** bigoudi *m*, rouleau *m*.

curl·ing ['kəːliŋ] *sp.* curling *m*; '⁓-**i·ron**, '⁓-**tongs** *pl.* fer *m* à friser, frisoir *m*; '**curl·y** bouclé, frisé; en spirale.

cur·mudg·eon [kəː'mʌdʒn] bourru *m*; grippe-sou (*pl.* grippe-sou[s]) *m*.

cur·rant ['kʌrənt] groseille *f*; (*a. dried* ⁓) raisin *m* de Corinthe.

cur·ren·cy ['kʌrənsi] circulation *f*; cours *m*; ✝ (*terme m d'échéance f*; ✝ espèces *f/pl.* de cours; monnaie *f*; *fig.* vogue *f*, idées: crédit *m*; '**cur·**

rent 1. ☐ en cours, courant (*argent, compte, mois, prix, opinion, etc.*); reçu (*opinion*); qui court (*bruit*); ⁓ *events pl.* actualités *f/pl.*; ⁓ *hand* (*-writing*) (écriture *f*) courante *f*; *pass* ⁓ avoir cours, être accepté *ou* en vogue; ⁓ *issue* dernier numéro *m* (*d'une publication*); ⁓ *problem* question *f* d'actualité; 2. courant *m* (*a.* ⚡, *a. d'air*); fil *m* de l'eau; *fig.* cours *m*, marche *f*; ⊕ jet *m* (*d'air*); ⚡ ⁓ *impulse* impulsion *f* de courant; ⁓ *junction* prise *f* de courant.

cur·ric·u·lum [kə'rikjuləm], *pl.* **-la** [ˌlə] programme *m ou* plan *m* d'études.

cur·ri·er ['kʌriə] corroyeur *m*.

cur·rish ☐ ['kəːriʃ] *fig.* chien *m* de; qui ne vaut pas mieux qu'un roquet.

cur·ry¹ ['kʌri] 1. *poudre, plat:* cari *m*, curry *m*; 2. apprêter au cari; *curried eggs pl.* œufs *m/pl.* à l'indienne.

cur·ry² [ˌ] corroyer (*le cuir*); étriller (*un cheval*); ⁓ *favo(u)r with* s'insinuer dans les bonnes grâces de (*q.*); '⁓-**comb** étrille *f*.

curse [kəːs] 1. malédiction *f*, anathème *m*; juron *m*; *fig.* fléau *m*; 2. *v/i.* blasphémer, jurer; *v/t.* maudire; **curs·ed** ☐ ['kəːsid] maudit; F sacré.

cur·sive ['kəːsiv] cursif (-ive *f*); ⁓ *handwriting* cursive *f*.

cur·so·ry ☐ ['kəːsəri] rapide; superficiel(le *f*).

curt ☐ [kəːt] brusque; sec (sèche *f*); cassant.

cur·tail [kəː'teil] raccourcir; tronquer; *fig.* restreindre; *fig.* enlever (de, *of*); **cur'tail·ment** raccourcissement *m*; restriction *f*.

cur·tain ['kəːtn] 1. rideau *m* (*a. fig.*); *fig.* voile *m*; ✕ courtine *f*; rideau *m* (*de feu*); 2. garnir de rideaux; ⁓ *off* séparer *ou* dissimuler par des rideaux; ⁓ *fire* ✕ (tir *m* de) barrage *m*; ⁓ *lec·ture* F semonce *f* conjugale; '⁓-**rais·er** *théâ., a. fig.* lever *m* de rideau.

curt·s(e)y ['kəːtsi] 1. révérence *f*; *drop a* ⁓ = 2. faire une révérence (à, *to*).

cur·va·ture ['kəːvətʃə] courbure *f*; ⁓ *of the spine* déviation *f* de la colonne vertébrale.

curve [kəːv] 1. courbe *f*; *rue:* tournant *m*; *mot.* virage *m*; *Am.* base-

ball: balle *f* qui a de l'effet; **2.** (se) courber; *v/i.* décrire une courbe.

cush·ion ['kuʃn] **1.** coussin *m*; bourrelet *m*; *billard*: bande *f*; *mot.* ~ *tyre* bandage *m* plein avec canal à air; **2.** garnir de coussins; rembourrer; *fig.* amortir (*des coups*); ⊕ matelasser.

cush·y *sl.* ['kuʃi] facile; F pépère.

cusp [kʌsp] pointe *f*; *lune*: corne *f*; ♀ cuspide *f*; ♓ point *m* de rebroussement, sommet *m*.

cuss *Am.* F [kʌs] **1.** juron *m*; *co.* type *m*; *it's not worth a* ~ ça ne vaut pas chipette; **2.** jurer; '**cuss·ed** ['kʌsid] sacré; têtu.

cus·tard ['kʌstəd] crème *f*; œufs *m/pl.* au lait.

cus·to·di·an [kʌs'toudjən] gardien (-ne *f*) *m*; *musée*: conservateur *m*; **cus·to·dy** ['kʌstədi] garde *f*; emprisonnement *m*, détention *f*.

cus·tom ['kʌstəm] coutume *f*, usage *m*, habitude *f*; ~ *made* coutumier; ♀ clientèle *f*; patronage *m* (*du client*); **cus·tom·ar·y** ['~əri] □ habituel(le *f*); d'usage; coutumier (-ère *f*) (*droit*); '**cus·tom·er** client(e *f*) *m*; *boutique*: chaland(e *f*) *m*; F type *m*; '**cus·tom-house** (bureau *m* de la) douane *f*; ~ *officer* douanier *m*; '**cus·tom-made** *Am.* fait sur commande; '**cus·toms** *pl.* douane *f*; ~ *clearance* dédouanement *m*, expédition *f* douanière; ~ *duty* droits *m/pl.* de douane; ~ *inspection* visite *f* douanière; ~ *officer* douanier *m*.

cut [kʌt] **1.** coupe *f* (*a. vêtements*); coupure *f* (*théâ., a. blessure*); *sp.*, *épée*, *fouet*: coup *m*; *pierre*, ⊕ taille: taille *f*; réduction *f* (*de salaire*); gravure *f* (*sur bois*); *cuis.* morceau *m*; *unkindest* ~ *of all* coup *m* de pied de l'âne; (*a. short-*~) raccourci *m*; *cheveux*: taille *f*, coupe *f*; ✄ coupure *f* (*de courant*); ⚔ tranchée *f*; 🗡 havage *m*; 🗡 incision *f*, ✄ enture *f*; *cartes*: tirage *m* (*pour les places*); F revers *m*; F absence *f* sans permission; *iro.* sarcasme *m* blessant; *fig.* refus *m* de saluer; *cuis.* *cold* ~s *pl.* tranches *f/pl.* de viande froide; F *give s.o. the* ~ (*direct*) passer près de q.; tourner le dos à q.; **2.** [*irr.*] *v/t.* couper (*a. cartes*), (*a.* ~ *in slices*) trancher; hacher (*le tabac*); ⚓ filer (*le câble*); réduire (*le prix*); *mot.* prendre (*un virage*); F

manquer exprès à; F sécher (*une classe*); F abandonner; ~ *s.o. dead* passer q. sans le saluer, tourner le dos à q.; ~ *one's finger* se couper le ou au doigt; *he is* ~*ting his teeth* ses dents percent; F ~ *a figure* faire figure; ~ *short* couper la parole à (*q.*); *to* ~ *a long story short* pour abréger, en fin de compte; *v/i.* (se) couper; percer (*dent*); ~ *and come again* revenir au plat; F ~ *and run* déguerpir, filer; ~ *back* rabattre (*un arbre*); F rebrousser chemin; ~ *down* abattre; couper (*un arbre, le blé*); réduire (*une distance, le prix*); (ra)baisser (*le prix*); restreindre (*la production*); raccourcir (*une jupe*); abréger (*un livre etc.*); ~ *in v/i.* intervenir; *mot.* couper; ~ *off* couper (*a. fig., a. téléph.*) (*de, from*); trancher; *fig.* priver; *fig.* déshériter; ~ *out* couper; découper (*des images*); tailler (*une robe, une statue*); *Am.* détacher (*des bêtes*) d'un troupeau; *fig.* supplanter (*q.*); évincer (auprès de, *with*); *fig.* cesser; supprimer; abandonner; ⚡ mettre hors circuit; faire taire (*la radio*), supprimer; ⚡ exciser; *be* ~ *out for* être taillé pour (*qch.*); *have one's work* ~ *out* avoir de quoi faire; *he had his work* ~ *out for him* on lui avait taillé de la besogne; *sl.* ~ *it out!* pas de ça!; ça suffit!; ~ *up* (dé)couper; tailler (*par morceaux, en pièces*); *fig.* affliger; critiquer sévèrement; ~ *up rough* se fâcher; **3.** coupé *etc.*; *sl.* ivre; ~ *flowers pl.* fleurs *f/pl.* coupées; ~ *glass* cristal *m* taillé; ~ *and dry* (*ou dried*) tout fait; tout taillé (*travail*).

cu·ta·ne·ous [kju'teinjəs] cutané.

cut·a·way ['kʌtəwei] (*a.* ~ *coat*) jaquette *f*.

cut·back ['kʌtbæk] *cin.* retour *m* en arrière.

cute □ F [kju:t] malin (-igne *f*); *Am.* F gentil(le *f*), coquet(te *f*).

cu·ti·cle ['kju:tikl] *anat.* épiderme *m*; ♀ cuticule *f*; ~ *scissors pl.* ciseaux *m/pl.* de manucure.

cut-in ['kʌt'in] *cin.* scène *f* raccord; ⚡ conjoncteur *m*.

cut·lass ['kʌtləs] ⚓ sabre *m* d'abordage; *Am.* couteau *m* de chasse.

cut·ler ['kʌtlə] coutelier *m*; '**cut·ler·y** coutellerie *f* (♀ et argenterie *f* de table); *canteen of* ~ ménagère *f*.

cut·let [ˈkʌtlit] *mouton, agneau:* côtelette *f; veau:* escalope *f.*

cut...: ¹**'~-off** *Am.* raccourci *m; attr.* ⊕ de détente; *cin.* de sûreté; d'obscuration; **'~-out** *mot.* clapet *m* d'échappement libre; ⚡ coupe-circuit *m/inv.; cin.* déchet *m* de film; *Am.* décor *m etc.* découpé; '**~-price,** '**~-rate** ✝ à prix réduit; '**cut·ter** coupeur *m (a. de vêtements); pierre etc.:* tailleur *m; cin.* monteur (-euse *f) m;* 🛠 *personne:* abatteur *m (de charbon);* haveur *m; machine:* haveuse *f;* ⊕ coupoir *m,* couteau *m;* ⚓ canot *m;* patache *f (de la douane); Am.* traîneau *m;* '**cut-throat 1.** coupe-jarret *m;* F rasoir *m* à manche; **2.** de coupe-jarret; *fig.* acharné; ~ **bridge** bridge *m* à trois; '**cut·ting 1.** □ tranchant; cinglant (*vent*); ⊕ *a.* de coupe, à couper; ~ **edge** coupant *m; outil:* fil *m;* ~ **nippers** *pl.* pinces *f/pl.* coupantes; **2.** coupe *f;* ⊕ cisaillage *m; bijou, vêtement:* taille *f;* 🗑 déblai *m;* tranchée *f;* ♣ bouture *f; journal:* coupure *f;* **~s** *pl.* bouts *m/pl.;* ⊕ copeaux *m/pl.;* rognures *f/pl.*

cut·tle *zo.* [ˈkʌtl] (*usu.* ~-**fish**) seiche *f,* sépia *f;* '~-**bone** os *m* de seiche; biscuit *m* de mer.

cy·a·nide 🜍 [ˈsaiənaid] cyanure *m;* ~ **of potassium** prussiate *m* de potasse.

cyc·la·men [ˈsikləmən] cyclamen *m.*

cy·cle [ˈsaikl] **1.** cycle *m;* période *f;* ⊕ cycle *m* (d'opérations); ✝ *a.* ~**s** *pl.* (*periode f* de) vogue *f;* bicyclette *f; mot.* four-~ *engine* moteur *m* à quatre temps; **2.** faire de la *ou* aller à bicyclette; **cy·clic, cy·cli·cal** □ [ˈsiklik(l)] cyclique; **cy·cling** [ˈsaikliŋ] **1.** cycliste; de cyclisme; **2.** cyclisme *m;* '**cy·clist** cycliste *mf.*

cy·clone [ˈsaikloun] cyclone *m.*

cy·clo·p(a)e·di·a [saiklə'pi:djə] encyclopédie *f.*

cyg·net [ˈsignit] jeune cygne *m.*

cyl·in·der [ˈsilində] cylindre *m; revolver:* barillet *m; machine à écrire:* rouleau *m* porte-papier; **cy·lin·dric, cy·lin·dri·cal** □ cylindrique.

cym·bal ♪ [ˈsimbl] cymbale *f.*

cyn·ic [ˈsinik] **1.** (*a.* '**cyn·i·cal** □) cynique; sceptique; **2.** *phls.* cynique *m;* sceptique *m;* **cyn·i·cism** [ˈ~sizm] *phls.* cynisme *m;* scepticisme *m* railleur.

cy·no·sure *fig.* [ˈsinəsjuə] point *m* de mire.

cy·press ♣ [ˈsaipris] cyprès *m.*

cyst [sist] sac *m;* 🜍, *a.* ♣ kyste *m;* '**cyst·ic** kystique, cystique; **cys·ti·tis** [sisˈtaitis] cystite *f.*

Czar [za:] tsar *m.*

Czech [tʃek] **1.** tchèque; **2.** *ling.* tchèque *m;* Tchèque *mf.*

Czech·o·Slo·vak [ˈtʃekou'slouvæk] **1.** tchécoslovaque; **2.** Tchécoslovaque *mf.*

D

D, d [di:] D *m*, d *m*.

'd F *see* had; would.

dab [dæb] **1.** coup *m* léger; tape *f*; tache *f*; petit morceau *m* (de beurre); *icht.* limande *f*; F expert *m*; *sl.* ~s *pl.* empreintes *f/pl.* digitales; be a ~ (hand) at être passé maître en (*qch.*); **2.** lancer une tape à; tapoter; appliquer légèrement (*des couleurs*); *typ.* clicher.

dab·ble ['dæbl] *v/t.* humecter; mouiller; *v/i.* ~ in barboter dans; *fig.* s'occuper un peu de; **'dab·bler** dilettante *mf*.

dac·ty·lo·gram [dæk'tilogræm] dactylogramme *m*.

dad(·dy) F ['dæd(i)] papa *m*.

dad·dy-long-legs *zo.* F ['dædi'lɔŋlegz] tipule *f*.

daf·fo·dil ♀ ['dæfədil] narcisse *m* sauvage *ou* des bois.

dag·ger ['dægə] poignard *m*; be at ~s drawn être à couteaux tirés; look ~s at s.o. foudroyer q. du regard.

dag·gle ['dægl] (se) mouiller.

da·go *Am. sl. péj.* ['deigou] Espagnol *m*, Portugais *m*, *surt.* Italien *m*.

dahl·ia ♀ ['deiljə] dahlia *m*.

Dail Eir·eann ['dail'ɛərən] *Chambre des députés de l'État libre d'Irlande.*

dai·ly ['deili] **1.** quotidien(ne *f*); F ~ dozen gymnastique *f* quotidienne; **2.** quotidien *m*, journal *m*; domestique à la journée.

dain·ti·ness ['deintinis] délicatesse *f*, raffinement *m*; *taille:* mignonnesse *f*; **'dain·ty** □ **1.** délicat (*personne, a. chose*); friand (*mets*); exquis (*personne*); F mignon(ne *f*); **2.** friandise *f*; morceau *m* de choix.

dair·y ['dɛəri] laiterie *f* (*a. boutique*); crémerie *f*; **'~-farm** vacherie *f*; '~-**maid** fille *f* de laiterie; '~-**man** nourrisseur *m*; ✝ laitier *m*, crémier *m*.

da·is ['deiis] estrade *f*; dais *m*.

dai·sy ['deizi] ♀ marguerite *f*; F pâquerette *f*; F personne *f ou* chose *f* épatante; (*as*) fresh as a ~ frais (fraîche *f*) comme une rose; F push up

the *daisies* manger les pissenlits par la racine (= être mort).

dale [deil] vallée *f*, vallon *m*.

dal·li·ance ['dæliəns] échange *m* de tendresses; flirtage *m*; badinage *m*; **dal·ly** ['dæli] flirter (avec, *with*); caresser (*qch., with s.th.*); badiner; *fig.* tarder.

dam¹ [dæm] mère *f* (*d'animaux*).

dam² [~] **1.** barrage *m* de retenue; digue *f*; 🜄 serrement *m*; *rivière:* décharge *f*; **2.** (*a.* ~ up) contenir, endiguer; obstruer.

dam·age ['dæmidʒ] **1.** dégâts *m/pl.*; 🏛 ~s *pl.* dommages-intérêts *m/pl.*; **2.** endommager; abîmer; *fig.* nuire à (*q.*); '**dam·age·a·ble** avariable.

dam·a·scene ['dæməsi:n] damasquiner; **dam·ask** ['dæməsk] **1.** damas *m*; *couleur:* incarnat *m*; **2.** rose foncé *adj./inv.*; vermeil(le *f*); **3.** damasquiner (*l'acier*); damasser (*une étoffe*).

dame [deim] dame *f* (*a. titre*); *sl.* femme *f*; madame *f*.

damn [dæm] **1.** condamner; ruiner; *eccl.* damner; *théâ.* éreinter (*une pièce*); ~ it! zut!, sapristi!; je m'en moque pas mal!, je m'en fiche!; **dam·na·ble** □ ['~nəbl] damnable, F maudit; **dam·na·tion** [~'neiʃn] damnation *f*; *théâ.* éreintement *m*; ~! sacrebleu!; **dam·na·to·ry** ['~nətəri] □ qui condamne; **damned** ['dæmd] *adj. et adv.* damné, F sacré (*a.* = très, bigrement); **damn·ing** ['dæmiŋ] accablant (*fait*).

damp [dæmp] **1.** humide; moite; **2.** humidité *f*; *peau:* moiteur *f*; *fig.* froid *m*; nuage *m* de tristesse; 🜄 (*a.* choke-~) mofette *f*; 🜂, 🜨 ~ course couche *f* isolante; **3.** (*a.* '**damp·en**) mouiller; humecter; assourdir (*un son*); étouffer (*le feu*); refroidir (*le courage etc.*); décourager; '**damp·er** rabat-joie *m/inv.*; *fig.* froid *m*; *mot.* amortisseur *m*; ♪ étouffoir *m*; *foyer:* registre *m*; '**damp·ish**

un peu humide *ou* moite; '**damp-proof** imperméable.

dam·son ♀ ['dæmzn] prune *f* de Damas.

dance [dɑːns] **1.** danse *f*; bal (*pl.* -s) *m*; F sauterie *f*; lead s.o. a ~ donner du fil à retordre à q.; faire danser q.; **2.** danser; '**danc·er** danseur (-euse *f*) *m*.

danc·ing ['dɑːnsiŋ] danse *f*; *attr.* de danse; '**~girl** bayadère *f*; '**~les-son** leçon *f* de danse; '**~room** dancing *m*.

dan·de·li·on ♀ [dændiˈlaiən] pissenlit *m*.

dan·der *sl.* ['dændə]: get s.o.'s ~ up mettre q. en colère; get one's ~ up prendre la mouche.

dan·dle ['dændl] dodeliner (*un enfant*); faire sauter (*un enfant sur ses genoux*).

dan·driff ['dændrif], **dan·druff** ['dændrəf] pellicules *f/pl.*

dan·dy ['dændi] **1.** dandy *m*, gommeux *m*; **2.** *int. surt. Am.* F chic *inv. en genre*, chouette, *sl.* bath; **dan·dy·ish** ['~diiʃ] élégant, gommeux (-euse *f*); '**dan·dy·ism** dandysme *m*.

Dane [dein] Danois(e *f*) *m*; *chien*:

dan·ger ['deindʒə] danger *m*, péril *m*; **~ list**: F be on the ~ être dans un état grave; '**dan·ger·ous** □ dangereux (-euse *f*); '**dan·ger sig·nal** 🚂 (signal *m* à l')arrêt *m*.

dan·gle ['dæŋgl] (faire) pendiller, pendre; balancer; ~ *about* (*ou after* *ou round*) tourner autour de (*q.*); '**dan·gler** (*ou* ~ *after women*) soupirant *m*.

Dan·ish ['deiniʃ] **1.** danois; **2.** *ling.* danois *m*; *the* ~ *pl.* les Danois *m/pl.*

dank [dæŋk] humide.

dap·per □ F ['dæpə] pimpant, coquet(te *f*), correct; sémillant.

dap·ple ['dæpl] **1.** (se) tacheter; *v/i.* se pommeler (*ciel*); **2.** tache(ture *f*); '**dap·pled** tacheté, pommelé; '**dap-ple-'grey** (cheval *m*) gris pommelé.

dare [dɛə] *v/i.* oser; *I* ~ *say* je crois bien; sans doute; peut-être bien; *v/t.* oser faire; braver, risquer (*la mort*); défier (*q.*); '**~dev·il** casse-cou *m/inv.*; '**dar·ing** □ **1.** audacieux (-euse *f*); **2.** audace *f*, hardiesse *f*.

dark [dɑːk] **1.** □ *usu.* sombre; obscur; triste; foncé (*couleur*); basané (*teint*); ténébreux (-euse *f*); *the* ~ *ages* l'âge *m* des ténèbres; ~ *horse* cheval *m* dont on ne sait rien; *fig.* concurrent *m* que l'on ne croyait pas dangereux; ~ *lantern* lanterne *f* sourde; ~ *room* chambre *f* noire; **2.** obscurité *f*, ténèbres *f/pl.*; *fig.* ignorance *f*; *leap in the* ~ saut *m* dans l'inconnu; '**dark·en** (s')obscurcir; (s')assombrir; *v/t.* attrister; embrumer; *never* ~ *s.o.'s door* ne plus remettre les pieds chez q.; '**dark·ish** un peu sombre; '**dark-ness** obscurité *f*, ténèbres *f/pl.*; **dark·some** *poét.* ['~səm] *see* **dark** 1; '**dark·y** F moricaud(e *f*) *m*.

dar·ling ['dɑːliŋ] **1.** bien-aimé(e *f*) *m*; chéri(e *f*) *m*; **2.** bien-aimé; favori(te *f*) *m*.

darn[1] *sl.* [dɑːn] *see* **damn** 1; *a. int.* sacré.

darn[2] [~] **1.** reprise *f*; **2.** repriser, raccommoder; (*a. fine-*~) stopper; '**darn·er** repriseur (-euse *f*) *m etc.*; '**darn·ing** reprise *f*; '**~nee-dle** aiguille *f* à repriser; '**~wool** laine *f* à repriser.

dart [dɑːt] **1.** dard *m*, trait *m* (*a. fig.*); *couture*: pince *f*, suçon *m*; élan *m*, mouvement *m* soudain en avant; **2.** *v/t.* darder; lancer; *v/i. fig.* se précipiter, foncer (*sur at*, [*up*]*on*).

Dar·win·ism ['dɑːwinizm] darwinisme *m*.

dash [dæʃ] **1.** coup *m*, heurt *m*; attaque *f* soudaine; trait *m* (*de plume*, *a. tél.*); ♪ brio *m*; *typ.* tiret *m*; 🜨 prime; *couleur*: touche *f*, tache *f*; *fig.* brillante figure *f*; élan *m*, entrain *m*, fougue *f*; élan *m* (vers for, to); *fig. sel etc.*: soupçon *m*, *liquide*: goutte *f*; *cut a* ~ faire de l'effet; *at first* ~ du premier coup; **2.** *v/t.* lancer violemment; éclabousser (de boue, *with* mud); (*usu.* ~ *to pieces*) fracasser; anéantir (*une espérance*); jeter, flaquer; déconcerter, confondre; abattre (*le courage*, *l'entrain*); ~ *down* (*ou off*) enlever, exécuter à la vavite (*une lettre etc.*); *sl.* ~ *it!* zut!; *v/i.* se précipiter, s'élancer (*sur*, *at*); courir; se jeter (contre, *against*); ~ *off* partir en vitesse; ~ *through* traverser (*une pièce etc.*) en toute hâte; ~ *up* monter à toute vitesse; '**~board** garde-boue *m/inv.*; 🚗, *mot.* tableau *m* de bord; '**dash·er** F élégant *m*, *péj.* épateur m; 'dash·ing □ plein d'élan; fougueux (-euse f) (cheval); fig. brillant, beau (bel devant une voyelle ou un h muet); belle f; beaux m/pl.).

das·tard ['dæstəd] 1. □ (a. 'dastard·ly) lâche, ignoble; 2. lâche m; personnage m ignoble.

da·ta ['deitə] pl., Am. a. sg. donnée f, -s f/pl.; éléments m/pl. d'information; ~ bank banque f de données; ~ file fichier m de données; personal ~ détails m/pl. personnels.

date¹ [deit] ♀ datte f; arbre: dattier m.

date² [~] 1. date f; jour m, temps m; ♱ terme m, échéance f; surt. Am. F rendez-vous m; celui m ou celle f avec qui on a rendez-vous; make a ~ fixer un rendez-vous; out of ~ démodé; to ~ à ce jour; up to ~ au courant, à jour; F à la page; 2. dater; assigner une date à; surt. Am. F fixer un rendez-vous avec; ~ back antidater; v/i. dater, être démodé; ~d démodé; ~ from, ~ back to remonter à; '~-block calendrier m à effeuiller; '~·less sans date; '~-line ligne f de changement de date; '~-stamp (timbre m) dateur m.

da·tive gramm. ['deitiv] (ou ~ case) datif m.

da·tum ['deitəm], pl. -ta ['~tə] donnée f; ~·point point m de repère.

daub [dɔːb] 1. enduit m; peint. croûte f; 2. barbouiller (de, with) (a. peint.); 'daub·(st)er barbouilleur (-euse f) m.

daugh·ter ['dɔːtə] fille f; ♱ ~ company société f filiale; ~-in-law ['dɔːtərinlɔː] belle-fille (pl. belles-filles) f; 'daugh·ter·ly filial (-aux m/pl.).

daunt [dɔːnt] intimider, décourager; '~·less intrépide.

dav·it ⚓ ['dævit] bossoir m, davier m.

da·vy¹ ⚒ ['deivi] (a. ~-lamp) lampe f Davy (= lampe de sûreté).

da·vy² sl. [~] see affidavit; take one's ~ donner sa parole ou son billet.

daw orn. [dɔː] choucas m.

daw·dle F ['dɔːdl] v/i. flâner; v/t. gaspiller (son temps); 'daw·dler F flâneur (-euse f) m; fig. lambin(e f) m.

dawn [dɔːn] 1. aube f (a. fig.), aurore f; point m du jour; 2. poindre; se lever (jour); fig. venir à l'esprit (de, upon).

day [dei] jour m (a. = aube); journée f; souv. ~s pl. temps m; vivant m; âge m; ~ off jour m de congé; carry (ou win) the ~ remporter la victoire; this ~ aujourd'hui; the other ~ l'autre jour; this ~ week (d')aujourd'hui en huit; the next ~ le lendemain; the ~ before la veille (de qch., s.th.); '~·book m journal m; '~·break point m du jour; aube f; '~-care cen·ter Am. crèche f; '~-dream rêverie f; '~-fly éphémère m; '~-la·bo(u)r·er journalier m; '~·light (lumière f du) jour m; ~-saving time heure f d'été; sl. beat the living ~s out of tabasser, rosser; '~·nur·se·ry garderie f, crèche f; '~-star étoile f du matin; soleil m; '~·time temps m, journée f; '~-times de jour.

daze [deiz] 1. étourdir (coup); stupéfier (narcotique); 2. étourdissement m, stupéfaction f.

daz·zle ['dæzl] éblouir, aveugler.

dea·con ['diːkn] diacre m; dea·con·ess ['diːkənis] diaconesse f; 'dea·con·ry diaconat m.

dead [ded] 1. adj. usu. mort; de mort (silence, sommeil); sourd (douleur, son); engourdi (par le froid); subit (halte); profond (secret); perdu (puits); terne (couleur); mat (or); aveugle (fenêtre); sans éclat (yeux); éventé (boissons); éteint (charbon); sl. vide (bouteille); ⊕ fixe (essieu); sourd (à, to), mort (à, to); ⚡ hors courant; sans courant; épuisé (pile etc.); ~ bargain véritable occasion f; at a ~ bargain à un prix risible; ~ calm calme m plat; fig. silence m de mort; ⊕ ~ centre (ou point) point m mort; centre m fixe; ~ heat manche f nulle; course f à égalité; ~ letter lettre f de rebut; fig. lettre morte (loi etc.); ~-letter of·fice bureau m des rebuts; ~ level niveau m parfait; ~ lift effort m extrême; ~ load poids m mort; charge f constante; ~ loss perte f sèche; sl. un bon à rien m; ~ man mort m; sl. bouteille f vide; ~ march marche f funèbre; play ~ faire le mort; ~ set fig. attaque f furieuse; F make a ~ set at se jeter à la tête de (q.); a ~ shot tireur m sûr de son coup, tireur m qui ne rate jamais son coup; ♱ ~ stock fonds m/pl. de boutique; ~ wall mur m orbe; ~ water remous m de sillage; ~ weight poids *m* mort; *fig.* poids *m* inutile; *cut out the* ~ *wood* élaguer le personnel; **2.** *adv.* absolument; complètement; ~ *against* absolument opposé à; ~ *asleep* profondément endormi; ~ *broke* fauché; ~ *drunk* ivre mort; ~ *sure* absolument certain; ~ *tired* mort de fatigue; **3.** *su.* the ~ *pl.* les morts *m/pl.*; les trépassés *m/pl.*; *in the* ~ *of winter* au cœur de l'hiver; *in the* ~ *of night* au plus profond de la nuit; '~-a·'live (à moitié) mort; sans animation; '~-'beat **1.** épuisé; ⚡ apériodique (*instrument*); **2.** *Am. sl.* chemineau *m*; quémandeur *m*; filou *m*; chevalier *m* d'industrie; '**dead·en** amortir (*un coup*); assourdir (*un son*); *fig.* feutrer (*le pas*); émousser (*les sens*); ⊕ hourder (*le plancher etc.*); '**dead·end:** ~ (*street*) cul-de-sac (*pl.* culs-de-sac) *m*; ~ *Am.* ~ *kids pl.* gavroches *m/pl.*; '**dead-'end·ed sid·ing** voie *f* (de garage) à bout fermé.

dead...: '~-head personne *f* munie d'un billet de faveur; *métall.* masselotte *f*; ⊕ contre-pointe *f*; '~-line *Am.* limites *f/pl.* (*d'une prison pour forçats etc.*); date *f* limite; délai *m* de rigueur; '~-lock impasse *f* (*a. fig.*); situation *f* insoluble; '**dead·ly** mortel(le *f*); ~ *pale* d'une pâleur mortelle; '**dead·ness** torpeur *f*; membres; engourdissement *m*, indifférence *f* (envers, to); ✝ stagnation *f*.

dead...: '~-net·tle ortie *f* blanche; ~ *pan Am. sl.* acteur *m etc.* sans expression.

deaf □ [def] sourd (à, to); *turn a* ~ *ear* faire la sourde oreille (à, to); ~ *aid* appareil *m* acoustique, audiophone *m*; '**deaf·en** rendre sourd; assourdir; '**deaf-'mute** sourd(e *f*)-muet(te *f*) *m*.

deal¹ [diːl] madrier *m*; planche *f*; (bois *m* de) sapin *m*.

deal² [⌐] **1.** *cartes:* donne *f*, main *f*; *fig.* marché *m*, affaire *f*, ✝ coup *m* (*de Bourse*); *Am. usu.* ~ tractation *f*; *a good* ~ quantité *f*, beaucoup; *a great* ~ (grande) quantité *f*, beaucoup; *give a square* ~ *to* agir loyalement envers; **2.** [*irr.*] *v/t.* distribuer, répartir, partager (entre to, among); *cartes:* donner, distribuer; porter, donner (*un coup*) (à, to); *v/i.* faire le commerce (de,

in); *cartes:* donner; en user (*bien ou mal*) (avec q., by s.o.); ~ *with* avoir affaire à *ou* avec (q.); s'occuper de; conclure (*une affaire*); faire justice à, négocier avec; *have* ~t *with* avoir pris des mesures à l'égard de (q.); '**deal·er** *cartes:* donneur *m*; ✝ négociant(e *f*) *m* (en, in); marchand(e *f*) *m* (de, in); *plain* ~ homme *m* franc et loyal; *sharp* ~ un fin matois; '**deal·ing** *usu.* ~s *pl.* distribution *f*; commerce *m*; conduite *f*; relations *f/pl.*; *péj.* tractations *f/pl.*

dealt [delt] *prét. et p.p. de deal*² **2.**

dean [diːn] doyen *m*; '**dean·er·y** doyenné *m*; résidence *f* du doyen.

dear [diə] **1.** ~! cher (chère *f*); coûteux (-euse *f*); **2.** F o(h) ~! oh là là! hélas; ~ *me!* mon Dieu!; vraiment?; '**dear·ness** cherté *f*; tendresse *f*; **dearth** [dɜːθ] disette *f*; *fig.* dénuement *m*; **dear·y** [⌐diəri] F mon chéri *m*, ma chérie *f*.

death [deθ] mort *f*; décès *m*; *journ.* ~s *pl.* nécrologie *f*; ~ *penalty* peine *f* capitale; *tired to* ~ mort de fatigue; épuisé; '~-bed lit *m* de mort; '~-blow coup *m* fatal *ou* mortel; '~-du·ty droit *m* de succession; '~-less □ immortel(le *f*); '~-like de mort; semblable à la mort; '**death·ly 1.** *adj. see deathlike;* **2.** *adv.* comme la mort; '**death-rate** (taux *m* de la) mortalité *f*; '**death-roll** liste *f* des morts; '**death's-head** tête *f* de mort; '**death-war·rant** ⚖ ordre *m* d'exécution.

dé·bâ·cle [dei⌐bɑːkl] débâcle *f*.

de·bar [di⌐bɑː] exclure, priver (q. de qch., s.o. from s.th.); défendre (à q. de *inf.*, s.o. from *gér.*).

de·bar·ka·tion [diːbɑː⌐keiʃn] débarquement *m*.

de·base [di⌐beis] avilir; rabaisser (*son style*); altérer (*la monnaie*); **de·'base·ment** avilissement *m*, dégradation *f*; *monnaie:* altération *f*.

de·bat·a·ble □ [di⌐beitəbl] discutable; contestable; **de·'bate 1.** débat *m*, discussion *f*; **2.** discuter, disputer (sur qch., [on] s.th.; avec q., with s.o.); **de·'bat·er** orateur *m*.

de·bauch [di⌐bɔːtʃ] **1.** débauche *f*; **2.** débaucher; *fig.* corrompre; **deb·au·'chee** débauché(e *f*) *m*; **de·'bauch·er·y** débauche *f*.

de·ben·ture [di⌐bentʃə] obligation *f*; certificat *m* de drawback.

de·bil·i·tate [di'biliteit] débiliter; **de·bil·i'ta·tion** débilitation f; **de·bil·i·ty** débilité f.

deb·it ✝ ['debit] **1.** débit m, doit m; ~ *balance* solde m débiteur; **2.** débiter; porter (*une somme*) au débit (*de q. to, against s.o.*).

de·bouch [di'bautʃ] déboucher (*dans, into*).

de·bris ['debri:] débris m/pl.; géol. détritus m/pl.

debt [det] dette f; créance f; ~ *collector* agent m de recouvrement; *active* ~ dette f active; *pay the* ~ *of nature* payer le tribut à l'humanité (= *mourir*); **'debt·or** débiteur (-trice f) m.

de·bug F [di:'bʌg] remettre en ordre, réparer.

de·bunk F surt. Am. [di:'bʌŋk] débronzer; déboulonner.

de·bus [di:'bʌs] (faire) débarquer d'un autobus; (faire) descendre.

dé·but ['deibu:] début m; entrée f dans le monde.

dec·ade ['dekəd] décade f; (période f de) dix ans m/pl. ou jours m/pl.

de·ca·dence ['dekədəns] décadence f; **'de·ca·dent** décadent; en décadence.

de·caf·fei·nat·ed [di:'kæfineitid] décaféiné.

dec·a·log(ue) ['dekəlɔg] décalogue m; les dix commandements m/pl.

de·camp [di'kæmp] ✕ lever le camp; F décamper, filer.

de·cant [di'kænt] décanter, transvaser; tirer au clair; **de'cant·er** carafe f; carafon m. [obus.]

de·cap [di:'kæp] désamorcer (*un)*

de·cap·i·tate [di'kæpiteit] décapiter; Am. congédier, F liquider; **de·cap·i'ta·tion** décapitation f.

de·cath·lon sp. [di'kæθlɔn] décathlon m.

de·cay [di'kei] **1.** décadence f; délabrement m; déclin m; pourriture f; dents: carie f; **2.** tomber en décadence; pourrir; se carier (*dents*), fig. décliner, se perdre; ~ed with age rongé par le temps.

de·cease surt. ⚕⚕ [di'si:s] **1.** décès m; **2.** décéder; the ~d le défunt m, la défunte f; pl. les défunts m/pl.

de·ceit [di'si:t] tromperie f; fourberie f; **de'ceit·ful** □ trompeur (-euse f); faux (fausse f); mensonger (-ère f) (*regard etc.*); de-

'ceit·ful·ness fausseté f; nature f trompeuse.

de·ceiv·a·ble [di'si:vəbl] facile à tromper; **de·ceive** [di'si:v] tromper; en imposer à (*q.*); amener (*q.*) par supercherie (à *inf.*, *into gér.*); be ~d se tromper; **de'ceiv·er** trompeur (-euse f) m; fourbe m.

de·cel·er·ate [di:'seləreit] ralentir; **de·cel·er'a·tion** ralentissement m; mot. a. décélération f.

De·cem·ber [di'sembə] décembre m.

de·cen·cy ['di:snsi] bienséance f; pudeur f; decencies pl. les convenances f/pl.

de·cen·ni·al [di'senjəl] décennal (-aux m/pl.); **de'cen·ni·um** [~jəm] décennie f, période f de dix ans.

de·cent □ ['di:snt] convenable; honnête; assez bon(ne f); sl. très bon(ne f), brave.

de·cen·tral·i·za·tion [di:sentrəlai-'zeiʃn] décentralisation f; **de'central·ize** décentraliser.

de·cep·tion [di'sepʃn] tromperie f; fraude f; supercherie f; **de'cep·tive** □ trompeur (-euse f); mensonger (-ère f).

de·cide [di'said] v/i. décider (de, to); se décider (pour *in favour of, for*; à *inf.*, on gér.); prendre son parti; v/t. trancher (*une question*); (a. ~ on) déterminer (qch.); **de'cid·ed** □ décidé; arrêté (*opinion*); résolu; **de'cid·er** sp. course f ou match m de décision; la belle f.

de·cid·u·ous ⚕, zo. □ [di'sidjuəs] caduc (-uque f); ~ tree arbre m à feuilles caduques.

dec·i·mal ['desiml] **1.** décimal (-aux m/pl.); ⚖ ~ point virgule f; **2.** décimale f, nombre m décimal; **dec·i·mate** ['~meit] décimer; **dec·i'ma·tion** décimation f.

de·ci·pher [di'saifə] déchiffrer; transcrire en clair; **de'ci·pher·a·ble** [~rəbl] déchiffrable; **de'cipher·ment** déchiffrement m.

de·ci·sion [di'siʒn] décision f (a. ⚖⚖); ⚖⚖ jugement m, arrêt m; fig. caractère: fermeté f, résolution f; take a ~ prendre une décision ou un parti; **de·ci·sive** [di'saisiv] □ décisif (-ive f); tranchant (*ton*).

deck [dek] **1.** ⚓ pont m; tillac m; top ~ impériale f; surt. Am. paquet m de cartes; Am. F on ~ prêt; **2.** parer, orner; ⚓ ponter; **'~-'chair**

chaise *f* longue; F transat(lantique) *m*; '**deck·er**: *double-* (*single-*)~ autobus *m etc.* à (sans) impériale.

de·claim [di'kleim] déclamer (contre, *against*).

dec·la·ma·tion [deklə'mei∫n] déclamation *f*; **de·clam·a·to·ry** [di-'klæmətəri] déclamatoire.

de·clar·a·ble [di'klɛərəbl] déclarable; à déclarer; **dec·la·ra·tion** [deklə'rei∫n] déclaration *f* (en douane); *make a* ~ déclarer, proclamer; émettre une déclaration; **de·clar·a·tive** [di'klærətiv] qui déclare, qui annonce (*qch.*); **de·clar·a·to·ry** [⸏təri] déclaratoire; **de·clare** [di'klɛə] *v/t.* déclarer (*qch. à q., la guerre, qch. en douane, q. coupable, etc.*); annoncer; ~ *o.s.* prendre parti; faire sa déclaration (*amant*); ~ *off* rompre (*un marché*); *v/i.* se déclarer, se prononcer (pour, *for*; contre, *against*); F *well, I* ~*l* par exemple!; eh bien, alors!; **de-'clared** □ ouvert, avoué, déclaré.

de·clen·sion [di'klen∫n] déclin *m*, décadence *f*; *caractère etc.*: altération *f*; *gramm.* déclinaison *f*.

de·clin·a·ble [di'klainəbl] déclinable; **dec·li·na·tion** [dekli'nei∫n] † pente *f*, déclin *m*; *Am.* refus *m*; *astr., phys.* déclinaison *f*; **de·cline** [di'klain] **1.** déclin *m* (*a. fig.*); *prix*: baisse *f*; 𝒔⃰ consommation *f*; **2.** *v/t.* refuser (courtoisement); *gramm.* décliner; *v/i.* décliner (*santé, soleil*); baisser; s'incliner (*terrain*); tomber en décadence; s'excuser.

de·cliv·i·ty [di'kliviti] pente *f*, déclivité *f*; **de·cliv·i·tous** [⸏təs] escarpé.

de·clutch ['di:'klʌt∫] *mot.* débrayer.

de·coct [di'kɔkt] faire bouillir; **de-'coc·tion** décoction *f*; *pharm.* décocté *m*.

de·code ['di:'koud] déchiffrer.

dé·col·le·té [dei'kɔltei] **1.** décolletage *m*; **2.** décolleté.

de·col·o(u)r·ize [di:'kʌləraiz] décolorer.

de·com·pose [di:kəm'pouz] (se) décomposer; *v/t.* analyser; *v/i.* pourrir; **de·com·po·si·tion** [di:kɔmpə-'zi∫n] décomposition *f*; désintégration *f*; putréfaction *f*.

de·com·pres·sor *mot.* [di:kəm'presə] décompresseur *m*.

de·con·tam·i·nate [di:kən'tæmi-

neit] désinfecter; **de·con·tam·i-'na·tion** désinfection *f*.

de·con·trol [di:kən'troul] libérer (*qch.*) des contraintes du gouvernement; ~ *the price of* détaxer (*qch.*).

dec·o·rate ['dekəreit] décorer (*a. d'une médaille*); orner; pavoiser (*une rue*); remettre une décoration à (*q.*); **dec·o·ra·tion** décoration *f*; remise *f* d'une décoration (*à q.*); *appartement etc.*: décor *m*; *Am. 2 Day* le 30 mai; **dec·o·ra·tive** ['dekərətiv] décoratif (-ive *f*); **dec·o-ra·tor** ['⸏reitə] décorateur (-trice *f*) *m*; (*a. house* ~) peintre *m* décorateur.

dec·o·rous □ ['dekərəs] bienséant; **de·co·rum** [di'kɔ:rəm] bienséance *f*.

de·cor·ti·cate [di'kɔ:tikeit] décortiquer.

de·coy [di'kɔi] **1.** leurre *m*, appât *m*; (*a.* ~*-duck*) oiseau *m* de leurre; moquette *f*; canard *m* privé; *fig.* compère *m* (*d'un escroc*); **2.** piper; leurrer (*a. fig.*).

de·crease 1. ['di:kri:s] diminution *f*; **2.** [di:'kri:s] diminuer; (s')amoindrir.

de·cree [di'kri:] **1.** *admin.*, *a. eccl.* décret *m*; arrêté *m*; ordonnance *f* (*royale*); 𝒔⃰ jugement *m*; **2.** décréter, ordonner.

dec·re·ment ['dekrimənt] décroissement *m*; perte *f*.

de·crep·it [di'krepit] décrépit (*personne*); qui tombe en ruine (*chose*); **de'crep·i·tude** [⸏tju:d] décrépitude *f*; vermoulure *f*.

de·cres·cent [di:'kresnt] en décroissance.

de·cry [di'krai] dénigrer, décrier.

de·cu·ple ['dekjupl] **1.** décuple (*a. su./m*); **2.** (se) décupler.

ded·i·cate ['dedikeit] dédier (*a. fig.*); **ded·i·ca·tion** dédicace *f*; '**ded·i·ca·tor** dédicateur (-trice *f*) *m*; '**ded·i·ca·to·ry** dédicatoire.

de·duce [di'dju:s] déduire, conclure (de, *from*); **de'duc·i·ble** que l'on peut déduire.

de·duct [di'dʌkt] retrancher (de, *from*); **de'duc·tion** déduction *f*; *salaire*: retenue *f*; imputation *f* (sur, *from*); **de'duc·tive** déductif (-ive *f*).

deed [di:d] **1.** action *f*, acte *m*; fait *m*; 𝒔⃰ acte *m* (notarié); **2.** *Am.* transférer par un acte.

dee-jay F ['diː'dʒei] disc-jockey *m*; animateur *m*.

deem [diːm] *v/t.* juger, considérer, estimer.

deep [diːp] **1.** □ profond (*a. fig.*); foncé, sombre (*couleur*); *fig.* vif (vive *f*); difficile à pénétrer; malin (-igne *f*) (*personne*); plongé (dans, in); *box.* ~ hit coup *m* bas; **2.** abîme *m*; *poét.* océan *m*; '~'**breath·ing** respiration *f* à pleins poumons; '**deep·en** (s')approfondir; rendre *ou* devenir plus profond; rendre *ou* devenir plus intense (*sentiment*); *v/t.* foncer; *v/i.* devenir plus foncé (*couleur*); '~'**freez·er** congélateur *m*; '~'**fro·zen** surgelé; '~-**fry** faire frire *ou* cuire dans la friture; ~**ing** *pan* friteuse *f*; '**deep·ness** profondeur *f*; '**deep-'root·ed** profondément enraciné; '**deep-'seat·ed** enraciné.

deer [diə] cerf *m*; *coll.* cervidés *m/pl.*; '~-**lick** *Am.* roches *f/pl.* couvertes de sel; '~-**skin** cuir: daim *m*; '~-**stalk·er** chasseur *m* à l'affût.

de-es-ca-late [diː'eskəleit] réduire; limiter; **de-es·ca'la·tion** reduction *f*; limitation *f*, désescalade *f*.

de-face [di'feis] défigurer; mutiler; oblitérer (*un timbre*); **de'face-ment** défiguration *f etc.*

de-fal-cate [diː'fælkeit] détourner des fonds; **de·fal'ca·tion** détournement *m* de fonds; fonds *m/pl.* manquants; '**de·fal·ca·tor** détourneur *m* de fonds.

def-a-ma-tion [defə'meiʃn] diffamation *f*; **de-fam·a·to·ry** [di-'fæmətəri] diffamatoire; diffamant; **de-fame** [di'feim] diffamer; **de-'fam·er** diffamateur (-trice *f*) *m*.

de-fault [di'fɔːlt] **1.** manquement *m*, ✝, ⚖ défaut *m*; *droit criminel:* contumace *f*; *sp.* forfait *m*; ⚖ *judgement by* ~ jugement *m* par défaut; *in* ~ *of which* faute de quoi; au défaut duquel *etc.*; *make* ~ faire défaut; être en état de contumace; **2.** *v/i.* manquer à ses engagements; ⚖ faire défaut; être en état de contumace; *v/t.* condamner (*q.*) par défaut; **de'fault·er** délinquant(e *f*) *m*; ✝ défaillant(e *f*) *m*; auteur *m* de détournements de fonds; ⚖ contumace *mf*; ✕ retardataire *m*; consigné *m*.

de-fea-sance [di'fiːzns] annulation *f*.

de-feat [di'fiːt] **1.** défaite *f*; insuccès *m*; *suffer a* ~ essuyer une défaite; **2.** ✕ battre, vaincre; faire échouer; *parl. qgfois* renverser; mettre en minorité; **de'feat·ist** défaitiste *mf*.

def-e-cate ['defikeit] déféquer, aller à la selle; **def·e'ca·tion** défécation *f*.

de-fect [di'fekt] défaut *m*; manque *m*; imperfection *f*; **de'fec·tion** défection *f*; *eccl.* apostasie *f*; **de'fec·tive** □ défectueux (-euse *f*); imparfait; anormal (-aux *m/pl.*); en mauvais état; *gramm.* défectif (-ive *f*); *be* ~ *in* manquer de; **de'fec·tor** transfuge *m*.

de-fence [di'fens] défense *f*; protection *f*; ~ *mechanism physiol.* mécanisme *m* de défense; *psych.* défenses *f/pl.*; ✕ ~ *spending* dépenses *f/pl.* pour la défense; *witness for the* ~ témoin *m* à décharge; **de'fence·less** sans défense; désarmé.

de-fend [di'fend] défendre, protéger (contre *against, from*); justifier (*une opinion*); **de'fen·dant** défendeur (-eresse *f*) *m*; accusé(e *f*) *m*; **de'fend·er** défenseur *m*.

de-fense·(·less) [di'fens(lis)] *Am. see* defence(less).

de-fen-si-ble [di'fensəbl] défendable; soutenable (*opinion*); **de-'fen·sive 1.** □ défensif (-ive *f*); de défense; **2.** défensive *f*; *be* (*ou stand*) *on the* ~ se tenir sur la défensive.

de-fer[1] [di'fəː] différer; *v/t. a.* remettre; ajourner; ⚖ mettre en sursis; ~*red annuity* rente *f* à paiement différé; ~*red payment* paiement *m* par versements échelonnés.

de-fer[2] [~] (*to*) déférer (à); se soumettre (à); s'incliner (devant); **def·er·ence** ['defərəns] déférence *f*; respect *m*; *in* ~ *to, out of* ~ *to* par déférence pour; **def·er·en·tial** □ [~'renʃl] de déférence.

de-fer-ment [di'fəːmənt] ajournement *m* (*a.* ✕); remise *f*; ✕ *be on* ~ être en sursis.

de-fi-ance [di'faiəns] défi *m*; *bid* ~ *to* porter un défi à; *in* ~ *of* en dépit de (*q.*); **de'fi·ant** □ provocant; irritable; *se* ~ *of* braver (*qch.*).

de-fi-cien-cy [di'fiʃənsi] manque *m*, défaut *m*; insuffisance *f*; *a. see* deficit; **de'fi·cient** défectueux

(-euse *f*); insuffisant; à petite mentalité (*personne*); be ∼ in manquer de; être au-dessous de.

def·i·cit ['defisit] déficit *m*.

de·fi·er [di'faiə] provocateur (-trice *f*) *m*.

de·file¹ 1. ['difail] défilé *m*; gorge *f*; **2.** [di'fail] défiler (*troupes etc.*).

de·file² [di'fail] souiller, salir; polluer (*une église, les mœurs*); **de'file·ment** souillure *f*; pollution *f*.

de·fin·a·ble [di'fainəbl] définissable; **de'fine** définir; délimiter (*un territoire*); **def·i·nite** ['definit] □ défini; bien déterminé; **def·i·ni·tion** définition *f*; † délimitation *f*; opt. netteté *f*; by ∼ par définition; **de·fin·i·tive** □ [di'finitiv] définitif (-ive *f*).

de·flate [di:'fleit] dégonfler (*un ballon, fig. une personne*); † amener la déflation de (*la monnaie*); **de'fla·tion** dégonflement *m*; † déflation *f*; **de'fla·tion·a·ry** de déflation.

de·flect [di'flekt] dévier, défléchir; **de'flec·tion**, souv. **de·flex·ion** [di'flekʃn] lumière: déflexion *f*; compas: déviation *f*; déformation *f*; ⊕ flèche *f*.

de·flow·er [di:'flauə] défleurir (*une plante*); fig. déflorer (*un paysage, un sujet, une jeune fille*).

de·fo·li·ate [di:'foulieit] (se) défeuiller.

de·form [di'fɔ:m] déformer; ∼ed contrefait, difforme; **de·for·ma·tion** [di:fɔ:'meiʃn] déformation *f*; **de·form·i·ty** [di'fɔ:miti] difformité *f*; † caractère *m*: laideur *f*.

de·fraud [di'frɔ:d] frustrer (q. de qch., s.o. of s.th.); ⟟t⟟ frauder.

de·fray [di'frei] couvrir (*les frais de q.*); défrayer (*q.*). [givreur *m.*⟨

de·freez·er mot. [di:'fri:zə] dé-⟩

de·frost [di:'frɔst] dégivrer, décongeler; **de'frost·er** dégivreur *m*.

deft □ [deft] adroit, habile.

de·funct [di'fʌŋkt] **1.** défunt; décédé; fig. désuet (-ète *f*); **2.** défunt(e *f*) *m*.

de·fy [di'fai] défier; mettre (*q.*) au défi.

de·gen·er·a·cy [di'dʒenərəsi] dégénération *f*; **de'gen·er·ate 1.** [∼reit] dégénérer (en, *into*); **2.** [∼rit] dégénéré; **de·gen·er·a·tion** [∼'reiʃn] dégénération *f*; dégénérescence *f*.

deg·ra·da·tion [degrə'deiʃn] dégradation *f*; avilissement *m*; ✗ cassation *f*; **de·grade** [di'greid] *v/t.* dégrader (*a. fig.*, ✗, géol.); ✗ casser (*un officier*); géol. effriter; fig. avilir; *v/i.* dégénérer; géol. se dégrader.

de·gree [di'gri:] degré *m* (*a.* ⅍, géog., gramm., phys.); ♪ gamme: échelon *m*; autel: marche *f*; univ. grade *m*; fig. rang *m*, condition *f*; by ∼s petit à petit; par degrés; in no ∼ pas le moins du monde; in some ∼ dans une certaine mesure; F to a ∼ éminemment; take one's ∼ prendre ses grades.

de·hy·drat·ed [di:'haidreitid] déshydraté (*pommes de terre, légumes, etc.*); en poudre (*œufs*).

de-ice ⍍ ['di:'ais] dégivrer; **de-'ic·er** dégivreur *m*.

de·i·fi·ca·tion [di:ifi'keiʃn] déification *f*; **de·i·fy** ['di:ifai] déifier.

deign [dein] daigner (à, to).

de·ism ['di:izm] déisme *m*; **'de·ist** déiste *mf*; **de'is·tic, de·is·ti·cal** □ déiste.

de·i·ty ['di:iti] divinité *f*; dieu *m*, déesse *f*.

de·ject [di'dʒekt] décourager; **de-'ject·ed** □ abattu, déprimé; **de-'ject·ed·ness, de'jec·tion** découragement *m*, tristesse *f*.

dek·ko *Brit. sl.* ['dekou] (petit) coup d'œil; have a ∼ jeter un coup d')œil.

de·la·tion [di'leiʃn] dénonciation *f*.

de·lay [di'lei] **1.** délai *m*, retard *m*; arrêt *m*; sursis *m*; **2.** *v/t.* retarder, différer; retenir; arrêter; ∼ing tactics *pl.* moyens *m/pl.* dilatoires; ∼ed-action... ... à retardement; *v/i.* tarder (à *inf.*, in *gér.*); s'attarder.

de·lec·ta·ble co. □ [di'lektəbl] délicieux (-euse *f*); **de·lec·ta·tion** [di:lek'teiʃn] délectation *f*.

del·e·ga·cy [deli'gəsi] délégation *f*; **del·e·gate 1.** [∼geit] déléguer; **2.** [∼git] délégué(e *f*) *m*; **del·e·ga·tion** [∼'geiʃn] délégation *f* (*a. parl. Am.*); députation *f*.

de·lete [di'li:t] rayer, supprimer; **del·e·te·ri·ous** □ [deli'tiəriəs] nuisible (à la santé); **de·le·tion** [di-'li:ʃn] suppression *f*; passage *m* supprimé.

delf(t) † [delf(t)] faïence *f* de Delft.

de·lib·er·ate 1. [di'libəreit] *v/i.* délibérer (de, sur on); *v/t.* délibérer au sujet de; **2.** □ [˗rit] prémédité, voulu; réfléchi, avisé (*personne*); lent, mesuré (*pas etc.*); **de·lib·er·ate·ness** intention *f* marquée; mesure *f*; **de·lib·er·a·tion** [˗'reiʃn] délibération *f*; circonspection *f*; lenteur *f* réfléchie; **de·'lib·er·a·tive** □ [˗rətiv] de réflexion; délibératif (-ive *f*); délibérant.

del·i·ca·cy ['delikəsi] délicatesse *f* (*a. fig.*); sensibilité *f*; santé: faiblesse *f*; friandise *f*; *fig.* scrupule *m*; *touche*: légèreté *f*; **del·i·cate** ['˗kit] □ délicat (*a. fig.*): fin (*esprit*); raffiné (*sentiment*); léger (-ère *f*) (*touche*); épineux (-euse *f*) (*question*); faible (*santé*); **del·i·ca·tes·sen** *Am.* [delikə'tesn] *pl.* charcuterie *f*. [(-euse *f*).]

de·li·cious [di'liʃəs] délicieux

de·light [di'lait] **1.** délices *f/pl.*, délice *m*; joie *f*; **2.** *v/t.* enchanter, ravir; *v/i.* se délecter (à, *in*); se complaire (à *inf.*, *in gér.*); ~ to (*inf.*) mettre son bonheur à (*inf.*); **de·'light·ful** □ [˗ful] ravissant; charmant; délicieux (-euse *f*); **de·'light·ful·ness** délices *f/pl.*; charme *m*.

de·lim·it [di'limit], **de·lim·i·tate** [˗teit] délimiter; **de·lim·i'ta·tion** délimitation *f*.

de·lin·e·ate [di'linieit] tracer; dessiner; délinéer; **de·lin·e·a·tion** tracé *m*; délinéation *f*; **de·'lin·e·a·tor** dessinateur *m*; instrument *m* traceur.

de·lin·quen·cy [di'liŋkwənsi] culpabilité *f*; délit *m*; délinquance *f*; **de·'lin·quent** **1.** délinquant; coupable; **2.** délinquant(e *f*) *m*.

del·i·quesce [deli'kwes] fondre; ⌐ se liquéfier; *fig.* tomber en déliquescence.

de·lir·i·ous □ [di'liriəs] en délire; délirant; F fou (fol *devant une voyelle ou un h muet*; folle *f*) (de, *with*); **de·'lir·i·ous·ness** délire *m*; **de·'lir·i·um** [˗əm] délire *m*; fièvre *f* délirante; ~ *tremens* [˗'tri:menz] delirium *m* tremens.

de·liv·er [di'livə] délivrer (de, *from*); (*a.* ~ *up*) restituer, rendre; livrer; faire (*une commission, une conférence*); exprimer (*une opinion*); prononcer (*un discours*); livrer (*un assaut, des marchandises*); ⚼ (faire) accoucher (de, *of*); distribuer (*des lettres*), remettre (*un paquet*); porter, donner (*un coup*); lancer (*une attaque, une balle*); ⚼ be ~ed of accoucher de; **de·'liv·er·a·ble** [˗rəbl] livrable; **de·'liv·er·ance** délivrance *f*; libération *f*; expression *f*; **de·'liv·er·er** libérateur (-trice *f*) *m*; † livreur (-euse *f*) *m*; **de·'liv·er·y** remise *f*; *discours*: prononciation *f*; *orateur*: diction *f*; ⚼ accouchement *m*; *lettres*: distribution *f*; *colis, a.* † livraison *f*; ⚖ signification *f* (*d'un acte*); *cricket*: envoi *m* (*de la balle*); ✕ *ville, prisonnier*: reddition *f*; † ~ charge frais *m/pl.* de livraison; ~ *man* livreur *m*; ⚼ ~ *room* salle *f* d'accouchement; ~ *truck*, ~ *van* voiture *f* de livraison; *special* ~ envoi *m* par exprès; *on* ~ of au reçu de; **de·'liv·er·y-note** bulletin *m* de livraison; **de·'liv·er·y-truck**, **de·'liv·er·y-van** voiture *f* de livraison.

dell [del] vallon *m*, combe *f*.

de·louse [di:'laus] épouiller.

del·ta ['deltə] delta *m*.

de·lude [di'lu:d] abuser (au point de *inf.*, *into gér.*); tromper; duper.

de·luge ['delju:dʒ] **1.** déluge *m* (*a. fig.*); ⌐ *le* Déluge *m*; **2.** inonder (de, *with*) (*a. fig.*).

de·lu·sion [di'lu:ʒn] illusion *f*, erreur *f*; action *f* de duper; **de·'lu·sive** [˗siv] □, **de·'lu·so·ry** [˗səri] illusoire; trompeur (-euse *f*).

dem·a·gog·ic, **dem·a·gog·i·cal** [deməʹgɔgik(l)] démagogique; **dem·a·gogue** ['˗gɔg] démagogue *m*; **'dem·a·gog·y** démagogie *f*.

de·mand [di'mɑ:nd] **1.** demande *f*, réclamation *f*; ⚖ requête *f* (à on, to); † *in* ~ très demandé; *on* ~ à vue, sur demande; *make* ~s faire des demandes (à q., *on* s.o.); ~ *note* avertissement *m*; **2.** demander (formellement); exiger (de, *from*); insister (*pour inf.*, *to inf.*); ⚖ réclamer (à, *from*).

de·mar·cate [di'mɑ:keit] délimiter; **de·mar'ca·tion** démarcation *f*; (*usu. line of* ~) ligne *f* de démarcation; délimitation *f*. [(baisser).]

de·mean¹ [di'mi:n] (*usu.* ~ *o.s.* s')a-‚

de·mean² [˗]: ~ *o.s.* se comporter; **de·'mean·o(u)r** [˗ə] air *m*, tenue *f*.

de·ment·ed [di'mentid] fou (fol *devant une voyelle ou un h muet*; folle *f*).

de·mer·it [di:'merit] démérite m.

de·mesne [di'mein] possession f; domaine m (a. fig.).

demi... [demi] demi-.

dem·i·john ['demidʒən] dame-jeanne (pl. dames-jeannes) f; bouteille f clissée; bac m à acide.

de·mil·i·ta·ri·za·tion ['di:militarai'zeiʃn] démilitarisation f; **de'mil·ita·rize** démilitariser.

de·mise [di'maiz] **1.** F décès m; ⚖ cession f; transfert m; *terrain*: affermage m; **2.** céder, transmettre.

de·mob sl. [di:'mɔb] see demobilize; **de·mo·bi·li·za·tion** ['di:moubilai'zeiʃn] démobilisation f; **de'mo·bilize** démobiliser.

de·moc·ra·cy [di'mɔkrəsi] démocratie f; **dem·o·crat** ['deməkræt] démocrate m; **dem·o'crat·ic**, **dem·o'crat·i·cal** □ démocratique; **de·moc·ra·tize** [di'mɔkrətaiz] (se) démocratiser.

de·mol·ish [di'mɔliʃ] démolir (a. fig.); F dévorer, avaler; **dem·o·li·tion** [demo'liʃn] démolition f.

de·mon ['di:mən] démon m; diable m; **de·mo·ni·ac** [di'mouniæk] **1.** (a. **de·mo·ni·a·cal** □ [di:mə'naiəkl]) démoniaque; diabolique; **2.** démoniaque mf; **de·mon·ic** [di:'mɔnik] diabolique; du Démon.

de·mon·stra·ble □ ['demənstrəbl] démontrable; **dem·on·strate** ['~streit] v/t. démontrer; expliquer; décrire (*un système*); v/i. manifester; ⚔ faire une démonstration; **demon'stra·tion** démonstration f (a. ⚔); *sentiments*: témoignage m, démonstration f, effusion f; pol. manifestation f; ✝ mot. ~ car voiture f de démonstration; **de·mon·stra·tive** [di'mɔnstrətiv] **1.** □ démonstratif (-ive f) (a. gramm.); a. expansif (-ive f) (*personne*); démontrable (*vérité etc.*); **2.** gramm. pronom m etc. démonstratif; **dem·on·stra·tor** ['demənstreitə] démonstrateur m (a. anat.); univ. préparateur m; pol. manifestant m.

de·mor·al·i·za·tion [dimɔrəlai'zeiʃn] démoralisation f; **de'moral·ize** corrompre; démoraliser.

de·mote Am. [di:'mout] réduire à un grade inférieur ou à une classe inférieure; *école*: faire descendre d'une classe; **de'mo·tion** réduction f à un grade inférieur etc.

de·mur [di'mə:] **1.** hésitation f; objection f; **2.** hésiter; soulever des objections (contre to, at).

de·mure [di'mjuə] grave; réservé; d'une modestie affectée; F (*air*) de sainte nitouche; **de'mure·ness** gravité f; modestie f (affectée); air m de sainte nitouche.

de·mur·rage [di'mʌridʒ] ⚓ surestarie f, -s f/pl.; 🚃 magasinage m; **de'mur·rer** ⚖ fin f de non-recevoir.

de·my ✝ [di'mai] *papier*: coquille f.

den [den] tanière f, antre m; fig. retraite f; F cabinet m de travail; F bouge m. [dénationaliser.]

de·na·tion·al·ize [di:'næʃnəlaiz]⟩

de·na·ture ⚗ [di'neitʃə] dénaturer.

de·ni·a·ble [di'naiəbl] niable; **de·ni·al** déni m, refus m; dénégation f, démenti m; **de'ni·er** dénégateur (-trice f) m.

den·i·grate ['denigreit] diffamer (q.); noircir (*la réputation*); dénigrer (q., *un projet*).

den·im ['denim] *tex.* étoffe f croisée de coton (*pour salopette*); F ~s pl. bleus m/pl.

den·i·zen ['denizn] habitant(e f) m.

de·nom·i·nate [di'nɔmineit] dénommer; **de·nom·i·na·tion** dénomination f; catégorie f; eccl. secte f, culte m; **de·nom·i·nation·al** confessionnel(le f), sectaire; **de·nom·i·na·tive** [~nətiv] dénominatif (-ive f); **de·nom·i·nator** ✝ [~neitə] dénominateur m; common ~ dénominateur m commun.

de·no·ta·tion [di:nou'teiʃn] désignation f; signification f; fig. indication f; **de·no·ta·tive** [di'noutətiv] indicatif (-ive f) (de, of); **de'note** dénoter; signifier; indiquer.

de·nounce [di'nauns] dénoncer (q., *un traité, etc.*); démasquer (*un imposteur*); s'élever contre (*un abus*); ✝ prononcer (*un jugement*); **de'nounce·ment** dénonciation f.

dense □ [dens] épais(se f); profond (*obscurité etc.*); lourd (*esprit*); fig. stupide; phot. opaque; **'dense·ness** épaisseur f; *population*: densité f; fig. stupidité f; **'den·si·ty** phys. densité f; a. see denseness.

dent [dent] **1.** bosselure f; *lame*: brèche f; **2.** bosseler, bossuer; ébrécher (*une lame*).

den·tal ['dentl] **1.** dentaire; *gramm.* dental (-aux *m/pl.*); ~ *science* chirurgie *f* dentaire; **2.** *gramm.* dentale *f*; **den·tate** ['~teit] ♀ denté; dentelé; **den·ti·frice** ['~tifris] dentifrice *m*; **'den·tist** dentiste *mf*; **'den·tist·ry** art *m* dentaire; **den·ti·tion** [~'tiʃn] dentition *f*; **den·ture** ['~tʃə] dentier *m*; *zo.* denture *f*.

den·u·da·tion [di:nju:'deiʃn] dénudation *f*; *géol.* érosion *f*; **de·nude** (*of*) dénuder; dépouiller (de); *fig.* dégarnir (de).

de·nun·ci·a·tion [dinʌnsi'eiʃn] dénonciation *f*; condamnation *f*; accusation *f* publique; **de·nun·ci·a·tor** dénonciateur (-trice *f*) *m*.

de·ny [di'nai] nier, dénier (*un crime*); repousser (*une accusation*); démentir (*une nouvelle*); renier (*sa foi*); refuser (qch. à q., *s.o. s.th.*, *s.th. to s.o.*); ~ *s. s.th.* se refuser qch.; ~ *o.s.* fermer sa porte (à q., *to s.o.*).

de·o·dor·ant [di:'oudərant] désodorisant *m*; **de·o·dor·ize** [di:'oudəraiz] désodoriser; **de·o·dor·iz·er** désodorisateur *m*.

de·part [di'pɑ:t] *v/i.* partir (pour, *for*), s'en aller (à, *for*); quitter (un lieu, *from a place*); F sortir (de, *from*); s'écarter (de, *from*); démordre (de, *from*); mourir; *le* ~ défunt *m*, la défunte *f*; *pl.* les morts *m/pl.*; *v/t.* ~ *this life* quitter ce monde; **de'part·ment** département *m* (*a. géog.*); service *m*; † rayon *m*, comptoir *m*; *Am.* ministère *m*; ♀ *of Education* (*and Science*) Ministère *m* de l'Éducation nationale *ou* de l'Instruction publique; ♀ *of the Environment* Ministère *m* de l'Environnement; *State* ♀ Ministère *m* des Affaires étrangères; ~ *store* grand magasin *m*; **de·part·men·tal** [~'mentl] départemental (-aux *m/pl.*); **de'par·ture** [~tʃə] départ *m* (*a.* 🚆, ⚓); déviation (de, *from*); *a new* ~ une nouvelle tendance *f*; une nouveauté *f*; une nouvelle orientation *f*; *aéroport:* ~ *lounge* salle *f* de départ; ~ *platform* (quai *m* de) départ *m*; embarcadère *m*.

de·pend [di'pend] † pendre (à, *from*); *le* être pendant; ~ (*up*)*on* dépendre de; se trouver à la charge de; compter sur; se fier à (*qch.*); F *it* ~*s* cela dépend, F c'est selon; **de'pend·a·ble** bien fondé; digne de confiance (*personne*); **de'pend·ant** protégé(e *f*) *m*; pensionnaire *mf*; ~*s pl.* charges *f/pl.* de famille; **de'pend·ence** dépendance *f* (de, [*up*]*on*); confiance *f* (en, on); **de'pend·en·cy**, *souv.* dependencies *pl.* dépendance *f*; **de'pend·ent** ☐ (*on*) dépendant (de); à la charge (de); *be* ~ *on charity* subsister d'aumônes; **2.** *see dependant*; **de'pend·ing** *le* *be* ~ être pendant.

de·pict [di'pikt] (dé)peindre.

de·pil·a·to·ry [de'pilətəri] **1.** (d)épilatoire; **2.** dépilatoire *m*.

de·plane [di'plein] descendre d'avion.

de·plete [di'pli:t] épuiser (*a. fig.*); ⚔ dégarnir (*une garnison*); **de'ple·tion** épuisement *m*; ⚔ dégarnissement *m*; **de'ple·tive** épuisant, qui épuise.

de·plor·a·ble ☐ [di'plɔ:rəbl] déplorable; lamentable; **de·plore** [di'plɔ:] déplorer; regretter vivement.

de·ploy ⚔ [di'plɔi] (se) déployer; **de'ploy·ment** ⚔ déploiement *m*.

de·plume [di'plu:m] déplumer.

de·po·nent [di'pounənt] *le* déposant *m*; *gramm.* (verbe *m*) déponent *m*.

de·pop·u·late [di:'pɔpjuleit] (se) dépeupler; **'de·pop·u'la·tion** *pays:* dépopulation *f*; *forêt:* dépeuplement *m*.

de·port [di'pɔ:t] expulser (*un étranger*); ~ *o.s.* se conduire; **de·por'ta·tion** expulsion *f*; **de·por·tee** [di:pɔ:'ti:] détenu(e *f*) *m*; **de'port·ment** tenue *f*; conduite *f*.

de·pos·a·ble [di'pouzəbl] capable d'être déposé; **de'pose** déposer; *le* témoigner (que, *that*; de qch., *to s.th.*).

de·pos·it [di'pɔzit] **1.** *géol.* gisement *m*, couche *f*; 🔬 encroûtement *m*; ⚕ précipité *m*, sédiment *m*; † acompte *m*, somme *f* en gage, arrhes *f/pl.*; dépôt *m* (*en banque*); † ~ *account* compte *m* d'épargne (à terme); **2.** de dépôts; **3.** déposer (*qch. sur qch., des œufs, de l'argent, a.* ⚕); consigner (*de l'argent*); cautionner (*des droits de douane*); **de'pos·i·ta·ry** dépositaire *m*; **dep·o·si·tion** [depə'ziʃn] déposition *f*; témoignage *m*; ⚕ dépôt *m*; *eccl.* Descente *f* de Croix; **de'pos·i·tor** [di'pɔzitə] déposant *m*; **de'pos·i·to·ry** dépôt *m*, entrepôt *m*;

garde-meuble (*pl.* garde-meuble[s]) *m*; *fig.* mine *f*, trésor *m*.

de·pot ['depou] ⚔, ⚓, ✈ dépôt *m*; ✈ entrepôt *m*; *Am.* gare *f*.

dep·ra·va·tion [deprə'veiʃn] dépravation *f*; *see* depravity; **de·prave** [di'preiv] dépraver; **de'praved** dépravé (*a.* goût); **de·prav·i·ty** [di'præviti] perversité *f*; dépravation *f*.

dep·re·cate ['deprikeit] désapprouver, désavouer, déconseiller (*une action*); **dep·re'ca·tion** désapprobation *f*; désaveu *m*; *eccl.* † déprécation *f*; **dep·re·ca·to·ry** [‿kətəri] déprécatif (-ive *f*).

de·pre·ci·ate [di'pri:ʃieit] *v/t.* déprécier (*a. fig.*); avilir; *fig.* dénigrer; *v/i.* se déprécier; diminuer de valeur; **de·pre·ci·a·tion** dépréciation *f* (*a.* ✝); dénigrement *m*; ✝ amortissement *m*; **de'pre·ci·a·to·ry** [‿ətəri] dépréciateur (-trice *f*).

dep·re·da·tion [depri'deiʃn] déprédation *f*; pillage *m*; **'dep·re·da·tor** déprédateur (-trice *f*); **dep·re·da·to·ry** [di'predətəri] de déprédation.

de·press [di'pres] abaisser (*a.* 🄰); baisser; abattre (*les forces*); faire languir (*le commerce*); faire baisser (*le prix*); baisser le ton de (*la voix*); appuyer sur (*la pédale*); *fig.* attrister, décourager; **de'press·ing** *fig.* déprimant; **de'pressed** *fig.* triste, abattu; **de·pres·sion** [di'preʃn] abaissement *m* (*a. phys.*); ✝, *astr.*, *géog.*, *météor.* dépression *f*; 🖉 abattement *m*; 🖉 affaissement *m* (*a.* ✝); ⊕ trou *m*, godet *m*; *géog.* creux *m*; *météor.* baisse *f*; *tir:* pointage *m* négatif; *fig.* découragement *m*.

dep·ri·va·tion [depri'veiʃn] privation *f*; ⚔, *admin.* retrait *m* (*d'emploi*); *eccl.* révocation *f*, destitution *f*; **de·prive** [di'praiv] priver (*q.* de qch., *s.o.* of *s.th.*); déposséder (*q.*) d'une charge; *eccl.* destituer; **de'prived** déshérité.

depth [depθ] profondeur *f*; *forêt*, *eau:* fond *m*; *couche:* épaisseur *f*; *couleur:* intensité *f*; *son:* gravité *f*; *intelligence:* portée *f*; ~ bomb (*ou* charge) grenade *f* sous-marine; *phot.* ~ of field, ~ of focus profondeur *f* de foyer; go beyond one's ~ perdre pied; *a.* be out of one's ~ avoir perdu pied; *fig.* sortir de sa compétence; *fig.* in ~ profond, en profondeur.

dep·u·ta·tion [depju'teiʃn] délégation *f*, députation *f*; **de·pute** [di'pju:t] déléguer, députer; **dep·u·tize** ['depjutaiz] remplacer (*q.*); ~ for faire l'intérim de; **'dep·u·ty 1.** remplaçant(e *f*) *m*; ⚖ fondé *m* de pouvoir; substitut *m* (*d'un juge*); suppléant(e *f*) *m*; délégué(e *f*) *m*; **2.** sous-; suppléant.

de·rac·i·nate [di'ræsineit] déraciner.

de·rail 🚊 [di'reil] (faire) dérailler; **de'rail·ment** déraillement *m*.

de·range [di'reindʒ] déranger; désorganiser; ⊕ fausser (*une machine*); aliéner (*l'esprit*); **de'ranged** détraqué (*cerveau*); dérangé (*estomac*); **de'range·ment** dérèglement *m* (*de l'esprit*); dérangement *m*; troubles *m/pl.* (*de digestion*).

de·rate [di:'reit] dégrever.

Der·by *sp.* ['dɑ:bi] le Derby *m*; **'der·by** *Am.* chapeau *m* melon.

der·e·lict ['derilikt] **1.** abandonné, délaissé; *surt. Am.* négligent; **2.** objet *m* abandonné; épave *f*; **der·e·lic·tion** [deri'likʃn] abandon *m*, délaissement *m*; ~ of duty manquement *m* au devoir.

de·ride [di'raid] tourner en dérision; se moquer de; railler.

de·ri·sion [di'riʒn] dérision *f*; ridicule *m*; **de·ri·sive** [di'raisiv] □, **de·ri·so·ry** [‿səri] moqueur (-euse *f*); *fig.* dérisoire (*offre*).

de·riv·a·ble □ [di'raivəbl] dérivable; que l'on peut tirer (de, from); **der·i·va·tion** [deri'veiʃn] dérivation *f* (*a.* 🄰, 🖉); **de·riv·a·tive** [di'rivətiv] **1.** □ dérivé; **2.** dérivé *m*; 🄰 dérivée *f*; **de·rive** [di'raiv] (from) tirer (de); prendre (*du plaisir etc.*) (à); devoir (*qch.*) (à); be ~ed from dériver de. [matite *f*.]

der·ma·ti·tis [də:mə'taitis] dermatite *f*.

der·ma·tol·o·gy [də:mə'tɔlədʒi] dermatologie *f*.

der·o·gate ['derəgeit] déroger (à sa dignité, from one's *dignity*); diminuer (qch., from *s.th.*); **der·o'ga·tion** dérogation *f* (à une loi, from a *law*); atteinte *f* (portée à qch., from *s.th.*); **de·rog·a·to·ry** □ [di'rɔgətəri] (to) dérogatoire (à); attentatoire (à); qui déroge (à).

der·rick ['derik] ⊕ chevalement *m*; ⚓ mât *m* de charge; ⚒ chevalement *m* de sondage.

de·sal·i·nate ['diː'sælineit] dessaler;
de·sal·i·na·tion dessalage *m*.

des·cant [dis'kænt] discourir, s'é-
tendre (sur, [up]on).

de·scend [di'send] descendre; *v/i.*
tomber (*pluie*); s'abaisser; tirer son
origine (de, *from*); ~ (up)on s'abattre
sur, tomber sur, descendre sur; ~
to passer à (*q. par héritage*); ~
descendre jusqu'à (*bassesse etc.*); ~ (*a.
be ~ed*) from descendre de; **de-
'scend·ant** descendant(e *f*) *m*.

de·scent [di'sent] *usu.* descente *f*;
pente *f*; chute *f*; abaissement *m*;
déchéance *f*; descendance *f*; ⚖
transmission *f* par héritage; atterrissage *m* (*p.ex. forcé, d'un avion*).

de·scrib·a·ble [dis'kraibəbl] des-
criptible; **de·scribe** décrire, dépeindre.

de·scrip·tion [dis'kripʃn] description *f*; *police etc.*: signalement *m*;
♱ désignation *f*; espèce *f*, sorte *f*;
de·scrip·tive □ descriptif (-ive *f*);
raisonné (*catalogue*).

de·scry [dis'krai] apercevoir, aviser.

des·e·crate ['desikreit] profaner;
des·e'cra·tion profanation *f*.

de·seg·re·gate *Am.* [diː'segrigeit]
abolir les distinctions légales *ou*
sociales entre les blancs et les races
de couleur dans (*une école etc.*); **'de-
seg·re'ga·tion** déségrégation *f*.

de·sen·si·tize ['diː'sensitaiz] désensibiliser.

des·ert[1] ['dezət] **1.** désert; désertique (*flore*); aride (*sujet*); **2.** désert
m; **3.** [di'zəːt] *v/t.* déserter; *fig.*
abandonner, délaisser (*q.*); *v/i.* faire
défection; ✗ déserter.

de·sert[2] [di'zəːt], *a.* ~s *pl.* mérite *m*,
-s *m/pl.*; dû *m*; ce qu'on mérite.

de·sert·er [di'zəːtə] déserteur *m*; *pol.*
F saxon *m*; **de·ser·tion** abandon *m*;
⚖ abandon *m* criminel; ✗ désertion *f*; *pol.* défection *f*.

de·serve [di'zəːv] mériter (de, *of*);
être digne de; **de·serv·ed·ly** [~vid-
li] à juste titre; **de'serv·ing** méritant (*qch., of s.th.*); méritoire
(*action*).

des·ic·cate ['desikeit] dessécher;
des·ic'ca·tion dessèchement *m*;
'des·ic·ca·tor dessiccateur *m*.

de·sid·er·ate [di'zidəreit] soupirer
après; sentir le besoin de; **de·sid-
er·a·tum** [~'reitəm], *pl.* -ta [~tə]
desiderata *m/pl.*

de·sign [di'zain] **1.** dessein *m* (*péj. a.
~s pl.*); projet *m*; intention *f*; dessin
m d'ornement; plan *m*; modèle *m*
(*a. mot.*, ⊕); ⊕ dessein *m*; étude *f*;
by ~ à dessein; with the ~ dans le
dessein (de *inf.*, *of gér.*); **2.** préparer;
construire; étudier (*une machine*);
destiner (à, *for*); projeter (de *inf.*,
to inf.); créer (*des modes*); ~ed for
(*inf.*) conçu pour, fait pour (*inf.*).

des·ig·nate ['dezigneit] nommer;
désigner (pour, comme *as*, for);
qualifier (de, *as*); indiquer (*qch.*);
2. [~nit] *après le su.* (*p.ex. bishop* ~):
désigné; **des·ig·na·tion** désignation *f*; nomination *f*; nom *m*.

de·sign·ed·ly [di'zainidli] à dessein;
de'sign·er dessinateur (-trice *f*) *m*;
inventeur (-trice *f*) *m*; concepteur-
projeteur *m* (*pl.* concepteurs-proje-
teurs); *théa.* décorateur *m*; *fig.* intri-
gant(e *f*) *m*; **de'sign·ing** □ artificieux (-euse *f*).

de·sir·a·ble □ [di'zaiərəbl] désirable; avantageux (-euse *f*); attrayant; **de·sire** [di'zaiə] **1.** désir *m*
(de, *for*; de *inf.*, *to inf.*); souhait
m; envie *f* (de *inf.*, *to inf.*); at s.o.'s
~ selon le désir de *q.*; **2.** désirer;
avoir envie de; vouloir (que *q. sbj.*,
s.o. to inf.); ~ to (*inf.*) désirer (*inf.*);
de·sir·ous □ [di'zaiərəs] désireux
(-euse *f*) (de *inf. of gér., to inf.*).

de·sist [di'zist] cesser (de *inf.*, *from
gér.*); renoncer (à *qch.*, *from s.th.*).

desk [desk] pupitre *m*; bureau *m*; ♱
caisse *f*; ~ pad sous-main *m* (*pl.* sous-
mains); bloc-notes *m* (*pl.* blocs-notes).

des·o·late 1. ['desəleit] ravager; affliger (*q.*); **2.** [~lit] désert, morne;
affligé (*personne*); **des·o·la·tor**
['~leitə] dévastateur (-trice *f*) *m*;
des·o·la·tion désolation *f* (*a. fig.*).

de·spair [dis'pɛə] **1.** désespoir *m*;
2. désespérer (de, *of*); **de·spair·ing**
□ [dis'pɛəriŋ] désespéré.

des·patch *see* dispatch.

des·per·a·do [despə'rɑːdou] risque-
tout *m/inv.*; tête *f* brûlée; bandit *m*.

des·per·ate □ ['despərit] *adj.* désespéré; *fig.* acharné; *fig.* épouvantable; **des·per·a·tion** [despə'reiʃn]
désespoir *m*.

des·pic·a·ble □ ['despikəbl] méprisable.

de·spise [dis'paiz] mépriser; dédaigner.

757 ... determine

de·spite [dis'pait] **1.** *poét.* dépit *m*; *in ~ of* en dépit de; **2.** *prp.* (*a. ~ of*) en dépit de; **de'spite·ful** □ [~ful] *poét.* dédaigneux (-euse *f*).

de·spoil [dis'poil] dépouiller (de, of); **de'spoil·ment** spoliation *f*.

de·spond [dis'pond] perdre courage; *~ of* envisager (*qch.*) sans espoir; **de'spond·en·cy** [~dənsi] découragement *m*, abattement *m*; **de'spond·ent** □, **de'spond·ing** □ découragé, abattu.

des·pot ['despot] despote *m*; tyran *m*; **des'pot·ic** (~ally) despotique; **des·pot·ism** ['~pətizm] despotisme *m*.

des·qua·ma·tion [deskwə'meiʃn] exfoliation *f*.

des·sert [di'zə:t] dessert *m*; *Am.* entremets *m*.

des·ti·na·tion [desti'neiʃn] destination *f*; **des·tine** ['~tin] destiner (à for, to); be *~d* to (*inf.*) être destiné à (*inf.*); **'des·ti·ny** destin *m*, destinée *f*; sort *m*.

des·ti·tute ['destitju:t] dépourvu, dénué (de, of); sans ressources; **des·ti'tu·tion** dénuement *m*; misère *f*.

de·stroy [dis'troi] détruire; anéantir; tuer; **de'stroy·er** destructeur (-trice *f*) *m*; ⚓ torpilleur *m*.

de·struc·ti·bil·i·ty [distrʌkti'biliti] destructibilité *f*; **de'struc·ti·ble** [~əbl] destructible; **de'struc·tion** destruction *f*; anéantissement *m*; *feu, tempête:* ravages *m/pl.*; *fig.* perte *f*; **de'struc·tive** □ destructeur (-trice *f*); destructif (-ive *f*); fatal (à, of); **de'struc·tive·ness** effet *m* destructeur; penchant *m* à tout briser; **de'struc·tor** incinérateur *m* (*d'ordures*).

des·ue·tude [dis'sju:itju:d] désuétude *f*.

des·ul·to·ri·ness ['desəltərinis] manque *m* de méthode *ou* de suite; décousu *m*; **'des·ul·to·ry** □ décousu, sans suite.

de·tach [di'tætʃ] détacher (*a.* ✕); séparer; dételer (*des wagons*); **de'tach·a·ble** détachable; amovible; mobile; **de'tached** détaché (*a.* maison); à part; séparé; désintéressé (*personne*); désinvolte (*manière*); ✕ isolé (*poste*); **de'tach·ment** séparation *f* (de, from); indifférence *f* (envers, from); détachement *m* (*d'esprit; a.* ✕).

de·tail ['di:teil] **1.** détail *m*, particularité *f*; ⊕ organe *m*; ✕ détachement *m* (*de corvée*); *~s pl.* détails *m/pl.*; accessoires *m/pl.*; *in ~* de point en point, en détail; *go into ~* entrer dans tous les détails; **2.** détailler; raconter en détail; ✕ affecter (à un service, for a duty); **'de·tailed** détaillé.

de·tain [di'tein] retenir; arrêter; empêcher de partir; consigner (*un élève*); ✥ détenir; **de·tain·ee** [~'ni:] détenu(e *f*) *m*; **de'tain·er** détention *f*; ✥ ordre *m* d'incarcération.

de·tect [di'tekt] découvrir; apercevoir; détecter (*radio*); **de'tect·a·ble** discernable; **de'tec·tion** découverte *f*; *radio:* détection *f*; **de'tec·tive 1.** révélateur (-trice *f*); de détective; policier (-ère *f*) (*roman etc.*); **2.** agent *m* de la sûreté; policier *m*; **de'tec·tor** découvreur (-euse *f*) *m*; signal *m* d'alarme; ⊕, *a. radio:* détecteur *m*.

de·tent ⊕ [di'tent] détente *f*, arrêt *m*.

dé·tente [dei'tã:nt] *pol.* détente *f*.

de·ten·tion [di'tenʃn] détention *f*; arrêt *m*; retenue *f* (*d'un élève*); retard *m*; *~ camp* camp de d'internement; *house of ~* maison *f* d'arrêt.

de·ter [di'tə:] détourner (de, from).

de·ter·gent [di'tə:dʒənt] **1.** détersif (-ive *f*), détergent; **2.** détersif *m*, détergent *m*.

de·te·ri·o·rate [di'tiəriəreit] (se) détériorer; *v/i.* diminuer de valeur; dégénérer (*race*); **de·te·ri·o'ra·tion** détérioration *f*; diminution *f* de valeur; *race:* dégénération *f*.

de·ter·ment [di'tə:mənt] action *f* de détourner.

de·ter·mi·na·ble □ [di'tə:minəbl] déterminable; ✥ résoluble; **de'ter·mi·nant** déterminant (*a. su./m*); **de'ter·mi·nate** □ [~nit] déterminé; défini; définitif (-ive *f*); **de·ter·mi'na·tion** détermination *f*, résolution *f* (*a. d'un contrat etc.*); décision *f*; délimitation *f*; **de'ter·mi·na·tive** [~nətiv] **1.** déterminant; *gramm.* déterminatif (-ive *f*); **2.** *gramm.* déterminatif *m*; **de'ter·mine** [~min] *v/t.* déterminer, fixer; décider (de, to); *surt.* ✥ décider (*une question*); résoudre (*un contrat*); *v/i.* décider (de *inf.* on gér., to *inf.*); se décider (à *inf.* on gér., to *inf.*);

de·ter·mined déterminé; résolu (*personne*); de'ter·min·er *gramm.* déterminant *m.*

de·ter·rent [di'terənt] 1. préventif (-ive *f*); ✗ ~weapon arme *f* de dissuasion; 2. préventif *m.*

de·test [di'test] détester; de'test·able □ détestable; de·tes'ta·tion détestation *f* (de, *of*); horreur *f*; he is my ~ c'est ma bête noire.

de·throne [di'θroun] détrôner; de'throne·ment détrônement *m.*

det·o·nate ['detouneit] (faire) détoner; 'det·o·nat·ing détonant, explosif (-ive *f*); det·o'na·tion détonation *f*; explosion *f*; 'det·o·na·tor ['~tə] pétard *m*; ✗ détonateur *m*; amorce *f.*

de·tour [di'tuə], dé·tour [di'tuə] détour *m*; *Am.* déviation *f* (*d'itinéraire*).

de·tract [di'trækt] diminuer, amoindrir (*qch.*, *from s.th.*); de'trac·tion détraction *f*, dénigrement *m*; de'trac·tive détracteur (-trice *f*); de'trac·tor détracteur (-trice *f*) *m.*

de·train [di:'trein] débarquer.

det·ri·ment ['detrimənt] détriment *m*, dommage *m*; préjudice *m* (de, *to*); det·ri'men·tal □ [detri'mentl] nuisible (à, *to*). [*m.*⟩

de·tri·tus [di'traitəs] détritus⟩

deuce [dju:s] *jeu*: deux *m*; *tennis*: égalité *f*; F diable *m*; the ~! diable!; (the) ~ a one personne, pas un; 'deu·ced F satané, fichu.

de·val·u·ate [di:'væljueit] dévaluer; de·val·u·a·tion [di:vælju'eiʃn] dévaluation *f*; de'val·ue [~ju:] dévaluer.

dev·as·tate ['devəsteit] dévaster, ravager; 'dev·as·tat·ing dévastateur (-trice *f*), écrasant (*critique etc.*); irrésistible (*charme etc.*); dev·as'ta·tion dévastation *f.*

de·vel·op [di'veləp] (se) développer; *v/t.* manifester; exploiter (*une région*); contracter (*une habitude*, *une maladie*); *Am.* mettre à jour; *v/i.* prendre une nouvelle tournure; apprendre (que, *that*); de'vel·op·er *phot.* révélateur *m*; de'vel·op·ing *phot.* développement *m*; *attr.* de ou à développement; de'vel·op·ment développement *m*; exploitation *f*; événement *m*, fait *m* nouveau; déroulement *m* (*des événements*).

de·vi·ate ['di:vieit] (*from*) s'écarter (de); dévier (de); de·vi'a·tion déviation *f* (*a. boussole*); écart *m.*

de·vice [di'vais] expédient *m*, moyen *m*; ruse *f*, stratagème *m*; plan *m*; appareil *m*; emblème *m*, devise *f*; leave s.o. to his own ~s livrer q. à lui-même.

dev·il ['devl] 1. diable *m* (*a. fig.*); démon *m*; F mauvaise passion *f*, élan *m*; bruit *m* infernal; *fig.* nègre *m*; ⊕ dispositif *m* à dents ou à pointes; *cuis.* plat *m* grillé et poivré; the ~! diable!; play the ~ with ruiner!; 2. *v/t.* faire griller et poivrer fortement; ⊕ effilocher; *Am.* harceler (de, *with*); *v/i.* F servir de nègre (à, *for*); 'dev·il·ish □ diabolique; maudit; 'dev·il-may-'care 1. F insouciant; téméraire (*a. su./m*); 2. tête *f* brûlée; 'dev·il·(t)ry diablerie *f*; magie *f* (noire); *fig.* mauvais coup *m.*

de·vi·ous □ ['di:viəs] tortueux (-euse *f*); détourné (*a. fig.*); ~ path détour *m*; chemin *m* tortueux.

de·vis·a·ble [di'vaizəbl] imaginable; de·vise 1. ✞ legs *m* (immobilier); dispositions *f/pl.* testamentaires de biens immobiliers; 2. imaginer; combiner; ✞ disposer par testament de (*biens immobiliers*); de·vi·see ✞ [devi'zi:] légataire *mf*; de·vis·er [di'vaizə] inventeur (-trice *f*) *m*; de·vi·sor ✞ [devi'zɔː] testateur (-trice *f*) *m.* [ser.⟩

de·vi·tal·ize [di:'vaitəlaiz] dévitali-⟩

de·void [di'vɔid] dénué, dépourvu, exempt (de, *of*).

dev·o·lu·tion [di:və'lu:ʃn] ✞ dévolution *f*; transmission *f*; *parl.* délégation *f*; décentralisation *f* administrative; *biol.* dégénération *f*; de·volve [di'vɔlv] (*upon*, to) *v/t.* déléguer, transmettre (*qch.* à *q.*); *v/i.* incomber (à); ✞ être dévolu (à).

de·vote [di'vout] consacrer, vouer; de'vot·ed □ dévoué, attaché; dev·o·tee [devou'ti:] fervent(e *f*) *m*; fanatique *m* (de, *of*); de·vo·tion [di'vouʃn] dévouement *m* (à, pour *q.*, to *s.o.*); dévotion *f* (à Dieu); assiduité *f* (*au travail*); ~s *pl.* dévotions *f/pl.*, prières *f/pl.*; de·vo·tion·al □ de dévotion, de prière.

de·vour [di'vauə] dévorer (*a. fig.*); ~ed with dévoré de, rongé de; de'vour·ing □ dévorateur (-trice *f*).

de·vout □ [di'vaut] dévot, pieux (-euse *f*); fervent; **de'vout·ness** dévotion *f*, piété *f*.

dew [dju:] **1.** rosée *f*; **2.** humecter de rosée; *fig.* mouiller (de, with); **'~-drop** goutte *f* de rosée; **'~·lap** fanon *m* (*de la vache*); **'dew·y** humecté *ou* couvert de rosée.

dex·ter·i·ty [deks'teriti] dextérité *f*; **dex·ter·ous** □ [' ̄tərəs] adroit, habile (à *inf.*, *in gér.*).

di·a·be·tes [daiə'bi:ti:z] diabète *m*; glycosurie *f*; **di·a·bet·ic** [~'betik] diabétique (*adj.*, *mf*).

di·a·bol·ic, di·a·bol·i·cal □ [daiə-'bolik(l)] diabolique; infernal (-aux *m/pl.*).

di·a·dem ['daiədem] diadème *m*.

di·ag·nose ['daiəgnouz] diagnostiquer; **di·ag·no·sis** [~'sis], *pl.* **-ses** [~si:z] diagnostic *m*.

di·ag·o·nal [dai'ægənl] **1.** □ diagonal (-aux *m/pl.*); **2.** diagonale *f* (*a. tex.*).

di·a·gram ['daiəgræm] diagramme *m*, tracé *m*, schéma *m*; graphique *m*; **di·a·gram·mat·ic** [daiəgrə'mætik] (~ally) schématique.

di·al ['daiəl] **1.** *usu.* cadran *m*; *téléph.* tabulateur *m*; *sl.* visage *m*; ⚓ rose *f* (*des vents*); ~ *light* lampe *f* de cadran; **2.** *téléph.* *v/i.* composer un numéro; *v/t.* appeler.

di·a·lect ['daiəlekt] dialecte *m*, parler *m*, idiome *m*; **di·a·lec·tic, di·a·lec·ti·cal** □ de dialecte, dialectal (-aux *m/pl.*); **di·a·lec·tics** *usu. sg.* dialectique *f*.

di·a·logue, Am. a. di·a·log ['daiə-log] dialogue *m*.

di·al...: **'~-plate** *téléph.* tabulateur *m*; *montre:* cadran *m*; **'~-sys·tem** téléphone *m* automatique; **'~-tone** *téléph.* signal *m* de numérotage.

di·am·e·ter [dai'æmitə] diamètre *m*; **di·a·met·ri·cal** [daiə'metrikl] diamétral (-aux *m/pl.*).

di·a·mond ['daiəmənd] **1.** diamant *m*; losange *m*; *Am. baseball:* terrain *m* (*de baseball*); *cartes:* carreau *m*; ~ *cut* ~ à malin malin et demi; **2.** de diamant; à diamants; en losange; **'~-'cut·ter** tailleur *m* de diamants.

di·a·pa·son ♪ [daiə'peisn] *voix*, *ton:* diapason *m*; *orgue:* principaux jeux *m/pl.* de fond; *poét.* harmonie *f*.

di·a·per ['daiəpə] **1.** toile *f* gaufrée; serviette *f* ouvrée; couche *f*, maillot

m (*des bébés*); **2.** ouvrer (*le linge*); gaufrer (*la toile*); emmailloter (*un bébé*).

di·aph·a·nous [dai'æfənəs] diaphane.

di·a·phragm ['daiəfræm] diaphragme *m* (*a. ⊕, a. opt.*); *téléph.* membrane *f*.

di·a·rist ['daiərist] personne *f* qui tient un journal; **'di·a·rize** *v/i.* tenir son journal; *v/t.* noter (*qch.*) dans son journal.

di·ar·rhoe·a ✗ [daiə'riə] diarrhée *f*.

di·a·ry ['daiəri] journal *m* intime; agenda *m*.

di·a·ther·my ✗ ['daiəθə:mi] diathermie *f*.

di·a·tribe ['daiətraib] diatribe *f*.

dib·ble ['dibl] **1.** plantoir *m*; **2.** repiquer au plantoir.

dibs *sl.* [dibz] *pl.* argent *m*; *sl.* pépette *f*.

dice [dais] **1.** *pl.* de *die²*; F *no* ~ rien à faire; **2.** *v/i.* jouer aux dés; *v/t. cuis.* couper en cubes; **dic·ey** F ['daisi] risqué.

dick *Am. sl.* [dik] agent *m* de la sûreté; policier *m*; *take one's* ~ jurer.

dick·ens F ['dikinz] diable *m*.

dick·er *Am.* ['dikə] marchander.

dick·(e)y ['diki] âne *m*; (*a. ~-bird*) F petit oiseau *m*; siège *m* de derrière; *mot.* spider *m*; *chemise:* faux plastron *m*.

dic·ta·phone ['diktəfoun] dictaphone *m* (*marque*); machine *f* à dicter.

dic·tate 1. ['dikteit] commandement *m*, ordre *m*; dictamen *m*; **2.** [dik-'teit] dicter; *fig.* prescrire; **dic'ta·tion** dictée *f*; ordres *m/pl.*; **dic'ta·tor** celui *m ou* celle *f* qui dicte; *pol.* dictateur *m*; **dic·ta·to·ri·al** □ [diktə'tɔ:riəl] dictatorial (-aux *m/pl.*); impérieux (-euse *f*) (*ton etc.*); **dic·ta·tor·ship** [dik'teitəʃip] dictature *f*.

dic·tion ['dikʃn] style *m*; diction *f*; **dic·tion·ar·y** ['dikʃənri] dictionnaire *m*; glossaire *m*.

dic·tum ['diktəm], *pl.* **-ta** ['~tə] affirmation *f*; maxime *f*, dicton *m*.

did [did] *prét.* de *do 1, 2, 3.*

di·dac·tic [di'dæktik] (~ally) didactique.

did·dle ['didl] duper; rouler (q. de qch, *s.o. out of s.th.*).

didn't 760

didn't ['dɪdnt] = did not.

die¹ [daɪ] (*p.pr. dying*) mourir (de *of, from*); périr; crever (*animal*); brûler (de *inf., to inf.*); tomber, languir (de, *of*); ~ *away* s'éteindre (*voix*); s'affaiblir (*son*); s'effacer (*couleur*); disparaître (*lumières*); ~ *down* s'éteindre; se calmer; baisser; ~ *out* s'éteindre; disparaître; F ~ *hard* vendre chèrement sa vie; être dur à tuer (*abus*); F *never say* ~! il ne faut pas jeter le manche après la cognée.

die² [~] (*pl. dice*) dé *m*.

die³ [~], *pl.* **dies** [daɪz] matrice *f*; étampe *f*; *monnaie*: coin *m*; *lower* ~ matrice *f*; *as straight as a* ~ d'une droiture absolue.

die...: '~**a'way** langoureux (-euse *f*); '~**cast·ing** ⊕ moulage *m* sous pression; '~**hard** conservateur *m* à outrance; jusqu'au-boutiste *m*.

di·e·lec·tric [daɪɪ'lektrɪk] diélectrique (*a. su./m*).

Die·sel en·gine ['diːzl'endʒɪn] moteur *m* Diesel. ['d'étampes.)

die-sink·er ['daɪsɪŋkə] graveur *m*.

di·et¹ ['daɪət] 1. nourriture *f*; régime *m*; *be on a* ~ être au régime; *put on a* ~ mettre (*q.*) au régime; 2. *v/t.* mettre (*q.*) au régime; *v/i.* être au régime.

di·et² [~] diète *f*.

di·e·tar·y ['daɪətərɪ] 1. régime *m*; 2. diététique; alimentaire.

dif·fer ['dɪfə] différer (de *in, from*); être différent (de); ne pas s'accorder (sur, *about*); **dif·fer·ence** ['dɪfrəns] différence *f* (*a.* A); écart *m* (entre, *between*); dispute *f*; différend *m* (*a.* ♈); 🌏, *théâ., etc.* supplément *m*; *split the* ~ partager le différend; '**dif·fer·ent** □ différent (de *from, to*); divers; autre (que, *from*); **dif·fer·en·ti·a** [~ʃə'renʃiə], *pl.* **-ti·ae** [~ʃiiː] attribut *m* distinctif; **dif·fer·'en·tial** [~ʃl] 1. différentiel(le *f*); distinctif (-ive *f*); ~ *calculus* calcul *m* différentiel; 2. *mot.* différentiel *m*; A différentielle *f*; **dif·fer·'en·ti·ate** [~ʃieɪt] (se) différencier; A différentier.

dif·fi·cult □ ['dɪfɪkəlt] difficile (*a. caractère etc.*); malaisé; **dif·fi·cul·ty** difficulté *f*; obstacle *m*; ennui *m*; embarras *m*.

dif·fi·dence ['dɪfɪdəns] manque *m* d'assurance; '**dif·fi·dent** □ qui manque d'assurance.

dif·fract *phys.* [dɪ'frækt] diffracter; **dif·frac·tion** diffraction *f*.

dif·fuse 1. [dɪ'fjuːz] *fig.* (se) répandre; se diffuser; 2. □ [~s] diffus (*lumière, style, etc.*); prolixe (*style*); **dif·fu·sion** [~ʒn] diffusion *f* (*a.* 🜍); *phys.* dispersion *f*; **dif·fu·sive** □ [~sɪv] diffusif (-ive *f*); diffus (*style*).

dig [dɪg] 1. [*irr.*] *vt/i.* creuser; *v/t.* bêcher, retourner (*la terre*); enfoncer; F cogner; F loger en garni; ~ *in* enterrer; ~ *into* creuser (*qch.*); mordre dans (*qch.*); ~ *out*, ~ *up* déraciner, arracher; (*fig. a.* ~ *out*) mettre à jour; *v/i.* travailler la terre; ~ *for* fouiller pour trouver (*qch.*); ~ *in* ✗ se terrer; *fig.* s'assurer; 2. F coup *m* (*de coude etc.*); sarcasme *m*.

di·gest 1. [dɪ'dʒest] *v/t.* mettre en ordre; faire un résumé de; digérer, élaborer (*un projet*); ⚖ digérer (*une insulte*); *v/i.* se digérer; 2. ['daɪdʒest] abrégé *m*, résumé *m*, sommaire *m*; ⚖ recueil *m* de lois, digeste *m*; **di·gest·er** [dɪ'dʒestə] rédacteur *m* d'un résumé *etc.*; marmite *f* (*de Papin*); **di·gest·i·bil·i·ty** [~ə'bɪlɪtɪ] digestibilité *f*; **di·'gest·i·ble** digestible; **di·'ges·tion** digestion *f*; **di·'ges·tive** digestif *m*.

dig·ger ['dɪgə] bêcheur *m*; *Am. sl.* exploiteuse *f* d'hommes riches; **dig·gings** F ['~ɪŋz] *pl.* logement *m*, garni *m*; *Am.* placer *m*.

dig·it ['dɪdʒɪt] doigt *m* (*a. de pied*); A chiffre *m*; '**dig·it·al** digital (-aux *m/pl.*); numérique (*ordinateur, montre etc.*).

dig·ni·fied ['dɪgnɪfaɪd] plein de dignité; **dig·ni·fy** ['~faɪ] revêtir d'un air de majesté; donner de la décore (*d'un titre*).

dig·ni·tar·y *usu. eccl.* ['dɪgnɪtərɪ] dignitaire *m*; '**dig·ni·ty** dignité *f*.

di·gress [daɪ'gres] faire une digression (de, *from*); **di·'gres·sion** [~ʃn] digression *f*, écart *m*; **di·'gres·sive** □ digressif (-ive *f*).

dike¹ [daɪk] 1. digue *f*, levée *f*; chaussée *f* surélevée; 2. protéger par des digues.

dike² *sl.* [~] gouine *f*.

di·lap·i·date [dɪ'læpɪdeɪt] (se) délabrer; **di·lap·i·dat·ed** délabré, décrépit; **di·lap·i·da·tion** délabrement *m*; ~*s pl.* ⚖ détériorations *f/pl.*

dil·at·a·bil·i·ty *phys.* [daileitə'biliti] dilatabilité *f*; **di·lat·a·ble** dilatable; **dil·a·ta·tion** dilatation *f*; **di·late** (se) dilater; ~ *upon* s'étendre sur (*qch.*); **di·la·tion** *see* dilatation; **dil·a·to·ri·ness** ['dilətərinis] lenteur *f* (à agir); '**dil·a·to·ry** □ lent (à agir); tardif (-ive *f*) (*action*).

di·lem·ma *phls.* [di'lemə] dilemme *m*; *fig.* embarras *m*.

dil·et·tan·te [dili'tænti], *pl.* **-ti** [‿ti:] dilettante *mf*.

dil·i·gence ['dilidʒəns] assiduité *f*; '**dil·i·gent** □ assidu, diligent, appliqué.

dill ♀ [dil] aneth *m*.

dil·ly-dal·ly F ['dilidæli] traînasser.

dil·u·ent ['diljuənt] délayant (*a. su./m*); **di·lute** [dai'lju:t] **1.** diluer; arroser; délayer; *fig.* atténuer; couper avec de l'eau; **2.** dilué; délayé; *fig.* atténué; **di·lu·tion** dilution *f*; *fig.* atténuation *f*; délayage *m*; *fig.* atténuation *f*; mouillage *m*.

di·lu·vi·al [dai'lu:vjəl], **di·lu·vi·an** *géol.* diluvien(ne *f*); diluvial (-aux *m/pl.*).

dim [dim] **1.** □ faible; effacé (*couleur*); vague (*mémoire*); **2.** *v/t.* obscurcir; réduire (*la lumière*); ternir (*un miroir, a. fig.*); *mot.* baisser (*les phares*); *Am. mot.* ~ *the headlights a.* se mettre en code; *v/i.* s'obscurcir; baisser.

dime *Am.* [daim] dime *f*; ~ *novel* roman *m* à quatre sous; ~ *store* magasin *m* uniprix.

di·men·sion [di'menʃn] dimension *f*; ⊕ cote *f*; ~s *pl. a.* encombrement *m* hors tout.

di·min·ish [di'miniʃ] (se) réduire; *vt/i.* diminuer; **dim·i·nu·tion** [dimi'nju:ʃn] diminution *f*; amoindrissement *m* (de, *in*); **di·min·u·tive** [‿jutiv] **1.** □ *gramm.* diminutif (-ive *f*); *fig.* minuscule; **2.** *gramm.* diminutif *m*.

dim·mer ['dimə] ⚡ rhéostat *m*, interrupteur *m* à gradation de lumière; *Am. mot.* ~s *pl.* phares *m/pl.* code; feux *m/pl.* de position.

dim·ple ['dimpl] **1.** fossette *f*; ride *f* (*dans l'eau*); **2.** *v/t.* former des fossettes dans; *v/i.* se former en fossettes; onduler (*eau*); '**dim·pled** à fossette(s).

din [din] **1.** fracas *m*, vacarme *m*; **2.** *v/i.* retentir; *v/t.* ~ *s.th. into s.o.*

('*s ears*) corner qch. aux oreilles à q.

dine [dain] dîner; ~ *out* dîner en ville; '**din·er** dîneur (-euse *f*) *m*; 🚃 *surt. Am.* wagon-restaurant (*pl.* wagons-restaurants) *m*; **di·nette** [dai'net] aire *f* de repas.

ding [diŋ] retentir, résonner; ~**dong** ['‿'dɔŋ] **1.** digue-don; **2.** digue-don *m/inv.*; **3.** *sp.* durement disputé.

din·gey, din·ghy ['diŋgi] canot *m*, youyou *m*; *rubber* ~ berthon *m*.

din·gle ['diŋgl] vallon *m* (boisé).

din·gus *Am. sl.* ['diŋgəs] machin *m*, truc *m*.

din·gy □ ['dindʒi] qui manque d'éclat; terne; sale; défraîchi (*meubles*).

din·ing... ['dainiŋ]: '~**-car** 🚃 wagon-restaurant (*pl.* wagons-restaurants) *m*; '~**-room** salle *f* à manger.

dink·ey *Am.* ['diŋki] locomotive *f* de manœuvres.

dink·y ['diŋki] F coquet(te *f*), mignon(ne *f*).

din·ner ['dinə] dîner *m*; banquet *m*; F déjeuner *m*; '~**-jack·et** smoking *m*; '~**-pail** *Am.* gamelle *f* d'(ou-vrier); '~**-par·ty** dîner *m* (par invitations); '~**-set** service *m* de table; '~**-suit** smoking *m*; ~**ta·ble** table *f* de salle à manger; '~**-wag·(g)on** fourniture: servante *f*.

dint [dint] **1.** marque *f* de coup; creux *m*; *by* ~ *of* à force de; **2.** bosseler; ébrécher (*une lame*).

di·o·ce·san *eccl.* [dai'ɔsisn] diocésain (*a. su./m*); **di·o·cese** ['daiəsis] diocèse *m*.

di·ode ⚡ ['daioud] diode *f*; *light-emitting* ~ diode *f* lumineuse.

di·op·tric *opt.* [dai'ɔptrik] **1.** dioptrique; **2.** dioptrie *f*; ~s *pl.* dioptrique *f*.

di·o·ra·ma [daiə'rɑ:mə] diorama *m*.

dip [dip] **1.** *v/t.* plonger; tremper; immerger; baisser subitement; écoper (*dans from, out of*); teindre (*une étoffe*); baigner (*les moutons*); ⚓ saluer avec (*son pavillon*); *mot.* baisser (*les phares*); *mot.* ~ *the headlights a.* se mettre en code; *v/i.* plonger; baisser (*soleil*); incliner; s'abaisser (*terrain*); *géol.* s'incliner; ~ *into* puiser dans (*une bourse*); effleurer (*un sujet*); feuilleter (*un livre*); **2.** plongement *m*, immersion *f*; pente *f*, déclivité *f*; chandelle *f* plongée; ⚓ salut *m*; *géol.* pendage *m*; dépression *f (de l'horizon);* bain *m* parasiticide *(pour moutons);* aiguille aimantée: inclinaison *f;* F coup *m* d'œil; F baignade *f;* F *have ou take a* ~ prendre un bain rapide, faire trempette; ⚓ *at the* ~ à mi-drisse.

diph·the·ri·a [dif⁰iəriə] diphtérie *f.*

diph·thong ['difθɔŋ] diphtongue *f.*

di·plo·ma [di'plouma] diplôme *m;* **di'plo·ma·cy** diplomatie *f;* **di'plo·maed** [‿məd] diplômé; **dip·lo·mat** ['dipləmæt] diplomate *m;* **dip·lo'mat·ic, dip·lo'mat·i·cal** □ diplomatique; **dip·lo'mat·ics** *pl.* diplomatique *f;* **di·plo·ma·tist** [di'ploumətist] diplomate *m.*

dip·per ['dipə] plongeur (-euse *f) m;* orn. merle *m* d'eau; *mot.* basculeur *m; Am.* cuiller *f* à pot; *Am.* Great *(ou* Big*)* ♀ *astr. la* Grande Ourse; **'dip·py** *sl.* maboul.

dip·so·ma·ni·a ♯ [dipsou'meinjə] dipsomanie *f;* **dip·so'ma·ni·ac** [‿niæk] dipsomane *mf.*

dip...: '~**rod** *Am.,* '~**stick** *mot.* jauge *f* (de niveau d'huile); '~**switch** *mot.* alternateur *m* pharescode.

dire ['daiə] néfaste; affreux (-euse *f).*

di·rect [di'rekt] 1. □ direct; absolu; franc(he *f) (personne);* catégorique *(réponse);* ✕ de plein fouet *(tir);* ⚡ ~ current courant *m* continu; *téléph.* ~ dial(l)ing (numéro *m* interurbain) automatique *m; gramm.* ~ speech discours *m ou* style *m* direct; ~ train train *m* direct; 2. tout droit; *see* ~*ly* 1; 3. diriger (vers *at, to[wards]);* conduire *(les affaires, un orchestre);* gérer, régir, administrer; adresser *(une lettre* à q., *to* s.o.); ordonner *(à* q. *de inf., s.o. to inf.);* indiquer *(qch.* à q., *s.th. to* s.o.); **di'rec·tion** direction *f;* administration *f;* sens *m;* adresse *f;* instruction *f;* **di'rec·tion·al** dirigeable *(radio)* radiogoniométrique; **di'rec·tion-find·er** *radio:* radiogoniomètre *m;* **di'rec·tion-find·ing** *radio:* radiogoniométrie *f; attr.* radiogoniométrique; ~ set radiogoniomètre *m;* **di'rec·tion-in·di·ca·tor** *mot.* clignotant *m;* flèche *f* lumineuse; signalisateur *m* de direction; ✙ indicateur *m* de direction; **di'rec·tive** [~tiv] directif (-ive *f);* **di'rect·ly** 1. *adv.* directement, tout droit; tout de suite; tout à fait; 2. *cj.* aussitôt que;

di'rect·ness direction *f ou* mouvement *m* en droite ligne; *fig.* franchise *f.*

di'rec·tor [di'rektə] directeur *m,* administrateur *m;* membre *m* d'un conseil d'administration; *théâ., cin.* metteur *m* en scène; *cin.* réalisateur *m;* **di'rec·to·rate** [~rit] (conseil *m* d')administration *f;* (*a.* **di'rec·tor·ship**) directorat *m;* **di'rec·to·ry** répertoire *m* d'adresses; *téléph.* annuaire *m* (des téléphones); *en France: le* Bottin *m; téléph. Am.* ~ assistance, *Brit.* ~ enquiries *(service m* des) renseignements *m/pl.*

di'rec·tress [di'rektris] directrice *f.*

dire·ful □ ['daiəful] néfaste.

dirge [də:dʒ] hymne *m* funèbre.

dir·i·gi·ble ['diridʒəbl] dirigeable *m (a. adj.).*

dirk [də:k] 1. poignard *m;* 2. poignarder.

dirt [də:t] saleté *f;* boue *f (surt. fig. péj.);* langage *m* ordurier; terre *f,* sol *m; Am. sl.* do (one) ~ jouer un vilain tour (à q.); '~**cheap** F à vil prix; donné; ~ **road** *Am.* chemin *m ou* route *f* non macadamisé(e); '~**track** *sp.* (piste *f* en)cendrée *f;* **'dirt·y** 1. □ sale *(a. fig.);* 2. (se) salir.

dis·a·bil·i·ty [disə'biliti] incapacité *f;* infirmité *f;* ⚖ inhabilité *f; admin.* invalidité *f.*

dis·a·ble [dis'eibl] mettre hors de service *ou* de combat; mettre *(q.)* hors d'état (de *inf. from, for gér.);* **dis'a·bled** estropié, mutilé; hors de service *ou* de combat *ou* d'état; **dis'a·ble·ment** mise *f* hors de combat; incapacité *f;* invalidité *f.*

dis·a·buse [disə'bju:z] désabuser (de, *of).*

dis·ac·cord [disə'kɔ:d] être en désaccord (avec, *with).*

dis·ac·cus·tom [disə'kʌstəm] déshabituer (q. de qch., *s.o. to* s.th.).

dis·ad·van·tage [disəd'vɑ:ntidʒ] désavantage *m,* inconvénient *m;* sell *to* ~ vendre à perte; **dis·ad·van·ta·geous** □ [disædvɑ:n'teidʒəs] désavorable.

dis·af·fect·ed □ [disə'fektid] désaffectionné, mal disposé (à l'égard de, envers *to, towards);* **dis·af'fec·tion** désaffection *f.*

dis·af·firm ⚖ [disə'fə:m] annuler.

dis·a·gree [disə'gri:] *(with)* ne pas être d'accord, être en désaccord

discomfort

(avec); donner tort (à); ne pas convenir (à q.); se brouiller (avec); **dis·a'gree·a·ble** □ désagréable (a. *fig.*); **dis·a'gree·ment** différence *f*; désaccord *m* (avec q. sur qch., *with s.o. in s.th.*); querelle *f*, différend *m*; mésentente *f*.

dis·al·low ['dɪsə'lau] ne pas admettre; ne pas permettre; interdire.

dis·ap·pear [dɪsə'pɪə] disparaître; **dis·ap'pear·ance** [~'pɪərəns] disparition *f*.

dis·ap·point [dɪsə'pɔint] décevoir; désappointer; manquer de parole à; **dis·ap'point·ment** déception *f*; mécompte *m*.

dis·ap·pro·ba·tion [dɪsæproʊ'beiʃn], **dis·ap·prov·al** [dɪsə'pruːvl] désapprobation *f*; **dis·ap'prove** désapprouver (qch., *of s.th.*).

dis·arm [dɪs'ɑːm] *vt/i.* désarmer (a. *fig.*); **dis'ar·ma·ment** [~məmənt] désarmement *m*.

dis·ar·range ['dɪsə'reindʒ] mettre en désordre; déranger; **dis·ar'range·ment** désordre *m*; dérangement *m*.

dis·as·sem·bly ⊕ [dɪsə'sembli] démontage *m*.

dis·as·ter [dɪ'zɑːstə] désastre *m*; sinistre *m*; catastrophe *f*; **dis'as·trous** □ désastreux (-euse *f*).

dis·a·vow ['dɪsə'vau] désavouer; renier; **dis·a'vow·al** désaveu *m*; reniement *m*.

dis·band [dɪs'bænd] ✗ *v/t.* licencier; *v/i.* se débander; être licencié; **dis'band·ment** licenciement *m*.

dis·bar [dɪs'bɑː] rayer (*un avocat*) du tableau de l'ordre.

dis·be·lief ['dɪsbi'liːf] incrédulité *f* (à l'égard de, *in*); refus *m* de croire (à, *in*); **dis·be·lieve** ['dɪsbi'liːv] *v/i.* ne pas croire (à, *in*); *v/t.* refuser créance à (*q.*); '**dis·be'liev·er** incrédule *mf*.

dis·bur·den [dɪs'bəːdn] décharger (d'un fardeau, *of a burden*); déposer (*un fardeau*); ouvrir (*son cœur*); *fig.* décharger.

dis·burse [dɪs'bəːs] débourser; **dis'burse·ment** déboursement *m*; ~s *pl.* débours *m/pl.*

disc [dɪsk] *see* disk.

dis·card [dɪs'kɑːd] **1.** se défaire de; abandonner (*une théorie etc.*); laisser de côté, mettre au rebut (*des vêtements*); *bridge:* se défausser (de

qch., *s.th.*); **2.** *bridge:* défausse *f*; *surt. Am.* (pièce *f* de) rebut *m*.

dis·cern [dɪ'səːn] discerner; distinguer; apercevoir; **dis'cern·i·ble** □ perceptible; **dis'cern·ing 1.** □ pénétrant; judicieux (-euse *f*) (*personne*); **2.** discernement *m*; pénétration *f*; **dis'cern·ment** discernement *m*; jugement *m*.

dis·charge [dɪs'tʃɑːdʒ] **1.** *v/t.* décharger (a. ♣ *un navire*, ⚡, ⚖ *un fusil*); ♣ débarquer (*un équipage*); lancer (*un projectile*); jeter (*du pus*); renvoyer (*un malade*); congédier (*un employé*), débaucher (*un ouvrier*); s'acquitter de (*un devoir*); verser (*du chagrin*); déverser (*du mépris*); acquitter (*un accusé, une dette, etc.*); libérer (*q. d'une obligation*); payer, apurer (*un compte*); *v/i.* se dégorger; suppurer; se déverser (*partir* (*fusil*)); **2.** décharge *f* (a. ⚡); ♣ déchargement *m*; *cargaison:* débardage *m*; *employé:* renvoi *m*; ✗ libération *f*; *prisonnier:* élargissement *m*; *accusé:* acquittement *m*; *dette:* paiement *m*; *devoir:* accomplissement *m*; *fonctions:* exercice *m*; ⚡ écoulement *m*; **dis'charg·er** ⚡ excitateur *m*.

dis·ci·ple [dɪ'saipl] disciple *mf*; élève *mf*; **dis'ci·ple·ship** qualité *f* de disciple.

dis·ci·plin·a·ble ['dɪsiplinəbl] disciplinable; docile; '**dis·ci·pli·nal** disciplinaire; **dis·ci·pli·nar·i·an** [~'neəriən] **1.** (a. **dis·ci·pli·nar·y** ['~əri]) disciplinaire; de discipline; **2.** disciplinaire *mf*; **dis·ci·pline** ['~plin] **1.** discipline *f* (a. = *sujet d'étude*); **2.** discipliner; former, élever; dresser (*un animal*).

dis·claim [dɪs'kleim] renoncer à; renier; désavouer; **dis'claim·er** renonciation *f*; déni *m*; désaveu *m*.

dis·close [dɪs'klouz] révéler, découvrir; divulguer; **dis'clo·sure** [~ʒə] révélation *f*; divulgation *f*.

dis·col·o(u)r·a·tion [dɪskʌlə'reiʃn] décoloration *f*; **dis'col·o(u)r** (se) décolorer; (se) ternir.

dis·com·fit [dɪs'kʌmfit] déconfire; F déconcerter; **dis'com·fi·ture** [~tʃə] déconfiture *f* (*d'une armée*); *personne:* déconvenue *f*.

dis·com·fort [dɪs'kʌmfət] **1.** inconfort *m*; malaise *m*, gêne *f*; **2.** incommoder.

dis·com·pose [diskəm'pouz] troubler; **dis·com'po·sure** [~ʒə] trouble *m*; perturbation *f*.

dis·con·cert [diskən'sə:t] déconcerter; troubler.

dis·con·nect ['diskə'nekt] disjoindre (de *from, with*); ⊕ débrayer; ⚡ déconnecter; couper; **'dis·con'nect·ed** □ détaché; décousu (*style etc.*); **'dis·con'nec·tion** séparation *f*; ⊕ débrayage *m*.

dis·con·so·late □ [dis'kɔnsəlit] désolé; triste.

dis·con·tent ['diskən'tent] **1.** † *see* ~ed; **2.** mécontentement *m*; **'dis·con'tent·ed** □ mécontent (de, *with*); peu satisfait.

dis·con·tin·u·ance ['diskən'tinju·əns] discontinuation *f*; abandon *m*; **'dis·con'tin·ue** [~nju:] discontinuer; cesser (*a. v/i.*); se désabonner à (*un journal*); **'dis·con'tin·u·ous** □ discontinu; ❧ discret (-ète *f*).

dis·cord ['diskɔ:d], **dis'cord·ance** discorde *f*; ♪ dissonance *f*, accord *m* dissonant; **dis'cord·ant** □ discordant; en désaccord (avec *to, from, with*); ♪ dissonant.

dis·co·theque ['diskoutek] discothèque *f*.

dis·count ['diskaunt] **1.** ✝ remise *f*, rabais *m*; *banque etc.*: escompte *m*; ~ rate taux *m* de l'escompte; ~ store magasin *m* à demi-gros; *at a* ~ en perte; *fig.* en défaveur, peu estimé; **2.** ✝ escompter; faire l'escompte de; *fig.* ne pas tenir compte de; faire peu de cas de; envisager (*un événement*); **dis'count·a·ble** escomptable; à négliger.

dis·coun·te·nance [dis'kauntinəns] déconcerter; désapprouver; **dis'coun·te·nanced** décontenancé.

dis·cour·age [dis'kʌridʒ] décourager (de, *from*); abattre; détourner (de, *from*); **dis'cour·age·ment** découragement *m*; désapprobation *f*.

dis·course [dis'kɔ:s] **1.** allocution *f*; discours *m*; dissertation *f*; **2.** (*on, upon, about*) discourir (sur); s'entretenir (de).

dis·cour·te·ous □ [dis'kə:tiəs] impoli; **dis'cour·te·sy** [~tisi] impolitesse *f*.

dis·cov·er [dis'kʌvə] trouver, découvrir; *poét.* révéler; **dis'cov·er·a·ble** □ que l'on peut découvrir; **dis'cov·er·er** découvreur (-euse *f*)

m; **dis'cov·er·y** découverte *f*; *poét.* révélation *f*.

dis·cred·it [dis'kredit] **1.** discrédit *m*; doute *m*; **2.** mettre en doute; ne pas croire; discréditer; **dis'cred·it·a·ble** □ (*to*) indigne, peu digne (de); qui ne fait pas honneur (à).

dis·creet □ [dis'kri:t] discret (~ète *f*); avisé.

dis·crep·an·cy [dis'krepənsi] divergence *f*; désaccord *m*; écart *m*.

dis·crete □ † [dis'kri:t] discret (-ète *f*); distinct; *phls.* abstrait.

dis·cre·tion [dis'kreʃn] discrétion *f*; sagesse *f*, jugement *m*, prudence *f*; silence *m* judicieux; *at s.o.'s* ~ à la discrétion de q.; *age* (*ou years*) *of* ~ âge *m* de raison; *surrender at* ~ se rendre à discrétion; **dis'cre·tion·al** □, **dis'cre·tion·ar·y** discrétionnaire.

dis·crim·i·nate [dis'krimineit] distinguer; ~ *against* faire des distinctions contre (*q.*); **dis'crim·i·nat·ing** □ avisé; plein de discernement; différentiel(le *f*) (*tarif*); **dis'crim·i·na·tion** discernement *m*; jugement *m*; distinction *f*; **dis'crim·i·na·tive** [~nətiv] □ avisé; plein de discernement; différentiel(le *f*); **dis'crim·i·na·to·ry** ⚖, † [dis'kriminətəri] qui fait la distinction des personnes.

dis·cur·sive □ [dis'kə:siv] décousu, sans suite; *phls.* discursif (-ive *f*).

dis·cus ['diskəs] *sp.* disque *m*.

dis·cuss [dis'kʌs] discuter; délibérer; *co.* expédier (*un plat*), vider (*une bouteille*); **dis'cuss·i·ble** [~əbl] discutable; **dis'cus·sion** discussion *f*; débat *m*.

dis·dain [dis'dein] **1.** dédain *m* (de, *of*); mépris (de, *of*); **2.** dédaigner; **dis'dain·ful** □ [~ful] dédaigneux (-euse *f*) (de, *of*).

dis·ease [di'zi:z] maladie *f*; mal *m*; **dis'eased** malade; morbide.

dis·em·bark ['disim'ba:k] débarquer; **dis·em·bar·ka·tion** [disemba:'keiʃn] débarquement *m*.

dis·em·bar·rass ['disim'bærəs] débarrasser (de, *of*); dégager (de, *from*).

dis·em·bod·y ['disim'bɔdi] désincorporer; ✕ licencier (*des troupes*).

dis·em·bogue [disim'boug] *v/t.* verser; *v/i.* déboucher (*rivière*); déboucher (*navire*).   [cérer.}

dis·em·bow·el [disim'bauəl] évis-

dis·en·chant ['dɪsɪn'tʃɑːnt] désenchanter; désabuser.

dis·en·cum·ber ['dɪsɪn'kʌmbə] débarrasser (de *of, from*); désencombrer (*q.*).

dis·en·gage ['dɪsɪn'geɪdʒ] (se) dégager; ⊕ (se) déclencher; *v/t.* débrayer; **'dis·en·gaged** libre; **dis·en·gage·ment** dégagement *m*; rupture *f* de fiançailles.

dis·en·tan·gle ['dɪsɪn'tæŋgl] (se) démêler; *fig.* dépêtrer (de, *from*); **dis·en·tan·gle·ment** débrouillement *m*.

dis·en·tomb [dɪsɪn'tuːm] exhumer.

dis·es·tab·lish ['dɪsɪs'tæblɪʃ] séparer (*l'Église*) de l'État; **dis·es·tab·lish·ment** séparation *f* de l'Église et de l'État.

dis·fa·vo(u)r [dɪs'feɪvə] 1. défaveur *f*; disgrâce *f*; désapprobation *f*; 2. voir avec défaveur; désapprouver.

dis·fig·ure [dɪs'fɪgə] défigurer; gâter; **dis·fig·ure·ment** défiguration *f*.

dis·fran·chise ['dɪs'fræntʃaɪz] priver (*q.*) du droit électoral; priver (*un bourg*) de ses droits de représentation; **dis·fran·chise·ment** [dɪs-'fræntʃɪzmənt] privation *f* du droit de vote *ou* des droits civiques.

dis·gorge [dɪs'gɔːdʒ] rendre (= *vomir*); (*a. ~ o.s.*) dégorger; décharger (*rivière*).

dis·grace [dɪs'greɪs] 1. disgrâce *f*; honte *f*; déshonneur *m*; 2. déshonorer; disgracier (*q.*); être disgracié; **dis'grace·ful** □ [~ful] honteux (-euse *f*); scandaleux (-euse *f*).

dis·grun·tled [dɪs'grʌntld] maussade; mécontent (de, *at*).

dis·guise [dɪs'gaɪz] 1. déguiser; masquer (*une odeur*); dissimuler (*une émotion*); 2. déguisement *m*; fausse apparence *f*; feinte *f*; *blessing in ~* bienfait *m* insoupçonné.

dis·gust [dɪs'gʌst] 1. (*at, for*) dégoût *m* (pour); répugnance *f* (pour); *fig. in ~* dégoûté; 2. dégoûter, écœurer; *~ed with* profondément mécontent de; **dis'gust·ing** □ dégoûtant.

dish [dɪʃ] 1. plat *m*; récipient *m*; *cuis.* plat *m* (*de viande etc.*), mets *m*; *fig. standing ~* plat *m* de résistance (*a. fig.*); 2. (*usu. ~ up*) servir (*a. fig.*), dresser; *sl.* enfoncer, rouler (*q.*).

dis·ha·bille [dɪsæ'biːl] négligé *m*,

déshabillé *m*; *in ~* en déshabillé.

dis·har·mo·ny [dɪs'hɑːmənɪ] dissonance *f*; désaccord *m*.

dish·cloth ['dɪʃklɔθ] torchon *m*; lavette *f*.

dis·heart·en [dɪs'hɑːtn] décourager.

di·shev·el(l)ed [dɪ'ʃevld] échevelé; ébouriffé; en désordre.

dis·hon·est □ [dɪs'ɔnɪst] malhonnête; déloyal (-aux *m/pl.*); **dis'hon·es·ty** malhonnêteté *f*.

dis·hon·o(u)r [dɪs'ɔnə] 1. déshonneur *m*; honte *f*; 2. déshonorer; manquer à (*sa parole*); ✝ ne pas honorer; **dis'hon·o(u)r·a·ble** □ déshonorant, honteux (-euse *f*); sans honneur (*personne*).

dish...: '~-**pan** *Am.* cuvette *f*; '~-**rag** *Am. see* dish-cloth; '~-**wa·ter** eau *f* de vaisselle; *sl.* lavasse *f*.

dish·y F ['dɪʃɪ] appétissant.

dis·il·lu·sion [dɪsɪ'luːʒn] 1. désillusion *f*, désabusement *m*; 2. *a.* **dis·il·lu·sion·ize** désillusionner, désabuser; **dis·il'lu·sion·ment** *see* disillusion 1.

dis·in·cli·na·tion [dɪsɪnklɪ'neɪʃn] répugnance *f* (pour *for, to*); manque *m* d'empressement (à, *to*); **dis·in·cline** ['~'klaɪn] détourner (de *for, to*); **'dis·in'clined** peu disposé (à *for, to*).

dis·in·fect ['dɪsɪn'fekt] désinfecter; **dis·in'fect·ant** désinfectant (*a. su./m*); **dis·in'fec·tion** désinfection *f*.

dis·in·gen·u·ous □ [dɪsɪn'dʒenjuəs] sans franchise; faux (fausse *f*).

dis·in·her·it ['dɪsɪn'herɪt] déshériter; **dis·in'her·it·ance** déshéritement *m*; 🏛 exhérédation *f*.

dis·in·te·grate [dɪs'ɪntɪgreɪt] (se) désagréger; (se) désintégrer (*minerai*); **dis·in·te'gra·tion** désagrégation *f*; effritement *m*.

dis·in·ter ['dɪsɪn'təː] déterrer, exhumer.

dis·in·ter·est·ed □ [dɪs'ɪntrɪstɪd] désintéressé.

dis·join [dɪs'dʒɔɪn] disjoindre; **dis'joint** [~t] démembrer, disjoindre; désassembler; 🐾 désarticuler; **dis'joint·ed** disjoint, disloqué; *fig.* décousu.

dis·junc·tion [dɪs'dʒʌŋkʃn] disjonction *f*; **dis'junc·tive** □ 1. disjonctif (-ive *f*) (*a. gramm.*); 2. *gramm.* disjonctive *f*.

disk [disk] disque *m*; plaque *f* (*d'identité*); *mot.* ~ brakes freins *m/pl.* à disque; *mot.* ~ clutch embrayage *m* par disque unique; *✗* slipped ~ hernie *f* discale; *Am. sl.* ~ jockey radio: présenteur *m ou* présentatrice *f* du disque des auditeurs.

dis·like [dis'laik] **1.** aversion *f*, répugnance *f* (pour for, of, to); **2.** ne pas aimer; détester; trouver mauvais; ~ mal vu.

dis·lo·cate ['disləkeit] disloquer; déboîter (*un membre*); *fig.* désorganiser; **dis·lo'ca·tion** dislocation *f* (*a. géol., a. anat.*); *fig.* désorganisation *f*. [tacher.]

dis·lodge [dis'lɔdʒ] déloger; dé-] **dis·loy·al** □ ['dis'lɔiəl] infidèle; déloyal (-aux *m/pl.*); **dis'loy·al·ty** infidélité *f*; déloyauté *f*.

dis·mal □ ['dizməl] **1.** *fig.* sombre, triste; morne; lugubre; **2.**: the ~s *pl.* le cafard *m*.

dis·man·tle [dis'mæntl] dégarnir, dépouiller (de, of); démanteler (*une forteresse*, *⚓* un vaisseau de guerre); *⚓* dégréer (*un navire*); *⊕* démonter (*une machine*), déséquiper (*une grue* etc.); **dis'man·tling** dégarnissement *m* etc.; *⊕* démontage *m*.

dis·mast *⚓* [dis'mɑːst] démâter.

dis·may [dis'mei] **1.** consternation *f*; épouvante *f*; **2.** consterner; épouvanter.

dis·mem·ber [dis'membə] démembrer; écarteler (*un corps*); **dis'mem·ber·ment** démembrement *m*.

dis·miss [dis'mis] *v/t.* congédier; renvoyer; éconduire (*un importun* etc.); relever (*q.*) de ses fonctions; quitter (*un sujet*); *cricket*: mettre hors jeu; *⚖* acquitter (*un accusé*), rejeter (*une demande*); be ~ed the service être renvoyé du service; *v/i.* *✗* ~! rompez (les rangs)!; **dis'miss·al** congédiement *m*; renvoi *m*; *⚖* acquittement *m* (*d'un accusé*); fin *f* de non-recevoir.

dis·mount ['dis'maunt] *v/t.* faire descendre (*q.*) de cheval; *⊕* démonter (*a. un canon*); *v/i.* descendre (de cheval, de voiture).

dis·o·be·di·ence [disə'biːdjəns] désobéissance *f* (à to, of); **dis·o'be·di·ent** □ désobéissant; **dis·o'bey** désobéir à; enfreindre; *I will not be ~ed* je ne veux pas qu'on me désobéisse.

dis·o·blige ['disə'blaidʒ] désobliger (*q.*); **'dis·o'blig·ing** □ désobligeant, peu complaisant (envers, to); **'dis·o'blig·ing·ness** désobligeance *f*.

dis·or·der [dis'ɔːdə] **1.** désordre *m* (*a. ✗*); confusion *f*; tumulte *m*; *✗* affection *f*; mental ~ dérangement *m* d'esprit; **2.** déranger (*a. ✗*); mettre le désordre dans; **dis·or·dered** □ en désordre; désordonné; *✗* dérangé (*estomac* etc.); **dis·or·der·ly** en désordre; désordonné (*a. personne*); qui manque d'ordre; turbulent (*foule* etc.).

dis·or·gan·i·za·tion [disɔːgənai-'zeiʃn] désorganisation *f*; **dis'or·gan·ize** désorganiser.

dis·own [dis'oun] désavouer; renier.

dis·par·age [dis'pæridʒ] déprécier, dénigrer; discréditer; **dis'par·age·ment** dénigrement *m*, dépréciation *f*; déshonneur *m*; **dis'par·ag·ing** □ dépréciateur (-trice *f*); peu flatteur (-euse *f*).

dis·pa·rate □ ['dispərit] **1.** disparate; **2.** ~s *pl.* disparates *f/pl.*; **dis·par·i·ty** [dis'pæriti] inégalité *f*; différence *f*.

dis·part [dis'pɑːt] *poét. ou †* (se) fendre; (se) séparer; *v/t.* *⊕* distribuer.

dis·pas·sion·ate □ [dis'pæʃnit] impartial (-aux *m/pl.*); calme; sans passion.

dis·patch [dis'pætʃ] **1.** expédition *f*; envoi *m*; promptitude *f*, diligence *f*; dépêche *f*; mise *f* à mort; *bearer of ~es* messager *m*; *mentioned in ~es* cité à l'ordre du jour; by ~ par exprès; **2.** expédier (*a. = mettre à mort*); envoyer; dépêcher (*un courrier*); ~·box valise *f* diplomatique; ~ note bulletin *m ou* bordereau *m* d'expédition; ~·rid·er *✗* estafette *f*.

dis·pel [dis'pel] dissiper, chasser (*a. fig.*).

dis·pen·sa·ble [dis'pensəbl] dont on peut se passer; *eccl.* dispensable; **dis'pen·sa·ry** pharmacie *f*; policlinique *f*; *hôpital*: dépense *f*; **dis·pen·sa·tion** [dispen'seiʃn] distribution *f*; décret *m*; *eccl.* dispense *f*; fait *m* d'être dispensé (de, from).

dis·pense [dis'pens] *v/t.* dispenser, distribuer; administrer (*la loi*); préparer (*un médicament*); exécuter (*une ordonnance*); ~ from dispenser de; *v/i.* ~ **with** se passer de; supprimer (*une main-d'œuvre*); ne pas exiger; **dis'pens·er** dispensateur (-trice *f*) *m*; pharmacien(ne *f*) *m*.

dis·perse [dis'pə:s] (se) disperser; *v/t.* dissiper; répandre; *⚛* résoudre; **dis'per·sion, dis'per·sal** dispersion *f* (*a. opt.*); **dis'per·sive** □ dispersif (-ive *f*) (*a. opt.*).

dis·pir·it [dis'pirit] décourager; **dis'pir·it·ed** □ découragé, abattu.

dis·place [dis'pleis] déplacer; évincer (*q.*); supplanter, remplacer; **~d person** (*abr. D.P.*) personne *f* déplacée; **dis'place·ment** déplacement *m* (*a. ⚓*); changement *m* de place; remplacement *m*; *géol.* dislocation *f*.

dis·play [dis'plei] **1.** étalage *m* (*a. ♣*); manifestation *f*; exposition *f*; parade *f*, apparat *m*; **2.** étaler, exposer; afficher; montrer; faire preuve de; révéler; **~ case** vitrine *f* (d'exposition); **~ stand** présentoir *m*.

dis·please [dis'pli:z] déplaire (à *q.*, *s.o.*); *fig.* contrarier; **dis'pleased** □ mécontent (de *at*, with); **dis'pleas·ing** □ désagréable, déplaisant (à, to); **dis·pleas·ure** [~'pleʒə] mécontentement *m* (de *at*, over); déplaisir *m*.

dis·port [dis'pɔ:t]: ~ *o.s.* se diver- } tir.

dis·pos·a·ble [dis'pouzəbl] disponible; **dis'pos·al** disposition *f*; action *f* de disposer (de, of); expédition *f* (*d'une affaire*); résolution *f* (*d'une question*); ♱ délivrance *f*; *at s.o.'s* ~ à la disposition de q.; **dis·'pose** *v/t.* disposer (*a. q., a. s.o.* to); arranger; incliner (q. à, *s.o.* to; q. à qch., *s.o.* for *s.th.*); *v/i.* ~ **of** disposer de; se défaire de; vaincre; expédier; ♱ vendre; écouler; trancher (*une question*); résoudre (*un problème*); **dis'posed** □ porté, enclin (à to, for); disposé (à, to); (bien, mal) intentionné (envers, pour, à l'égard de towards); **dis'pos·er** dispensateur (-trice *f*) *m*; ordonnateur (-trice *f*) *m*; vendeur (-euse *f*) *m*; **dis·po·si·tion** [~pə'ziʃn] disposition *f* (*a. testamentaire*); arrangement *m*; humeur *f*, naturel *m*, caractère *m*; tendance *f* (à, to); *at my* ~ à ma disposition, à mon service; *make* ~**s** prendre des dispositions (pour, to).

dis·pos·sess [dispə'zes] (*of*) déposséder (de); exproprier; † délivrer (de); ♱♱ dessaisir (de); **dis·pos·ses·sion** [~'zeʃn] dépossession *f*; expropriation *f*; ♱♱ dessaisissement *m*.

dis·praise [dis'preiz] **1.** blâme *m*; dépréciation *f*; **2.** blâmer; dénigrer.

dis·proof ['dis'pru:f] réfutation *f*.

dis·pro·por·tion ['dispro'pɔ:ʃn] disproportion *f*; **dis'pro'por·tion·ate** □ [~it] disproportionné (à, to); hors de proportion (avec, to); **dis'pro·'por·tion·ate·ness** disproportion *f*.

dis·prove ['dis'pru:v] réfuter.

dis·pu·ta·ble [dis'pju:təbl] contestable; **dis'pu·tant** discuteur (-euse *f*) *m*; *écoles:* disputant *m*; **dis·pu·ta·tion** [~'teiʃn] débat *m*; discussion *f*; **dis·pu'ta·tious** □ chicanier (-ère *f*); **dis'pute 1.** contestation *f*, controverse *f*; querelle *f*; discussion *f*; *beyond* ~ incontestable; *in* ~ contesté; **2.** *v/t.* contester; débattre; disputer (qch. à q., s.th. with *s.o.*); *v/i.* se disputer (sur, au sujet de *about*).

dis·qual·i·fi·ca·tion [diskwɔlifi-'keiʃn] incapacité *f*; mise *f* en état ou cause *f* d'incapacité; *sp.* disqualification *f*; ♱♱ inhabilité *f*; **dis·'qual·i·fy** [~fai] rendre incapable (de *inf.*, for *ger.*); *sp.* disqualifier.

dis·qui·et [dis'kwaiət] **1.** inquiétude *f*; agitation *f*; **2.** inquiéter; troubler; *~ing* alarmant; **dis·qui·e·tude** [~'kwaiitju:d] inquiétude *f*; agitation *f*.

dis·qui·si·tion [diskwi'ziʃn] disser- } [tation *f* (sur, on).}

dis·re·gard ['disri'ga:d] **1.** indifférence *f* (à l'égard de of, for); inobservation *f* (*de la loi*); **2.** ne tenir aucun compte de; négliger.

dis·rel·ish [dis'reliʃ] **1.** dégoût *m*, aversion *f* (pour, for); **2.** éprouver du dégoût pour; trouver mauvais.

dis·re·pair ['disri'pɛə] délabrement *m*; *fall into* ~ tomber en ruines; *in* ~ en mauvais état.

dis·rep·u·ta·ble □ [dis'repjutəbl] honteux (-euse *f*); minable; de mauvaise réputation (*personne*); **dis·re·pute** ['~ri'pju:t] discrédit *m*, mépris *m*.

dis·re·spect ['disris'pekt] manque *m* de respect ou d'égards (envers, for); **dis·re·spect·ful** □ [~'pektful] irrespectueux (-euse *f*), irrévérencieux (-euse *f*).

disrobe 768

dis·robe ['dis'roub] (aider à) se dévêtir de sa robe; (se) déshabiller.

dis·root [dis'ru:t] déraciner.

dis·rupt [dis'rʌpt] rompre, disloquer; démembrer; **dis·rup·tion** rupture *f*; dislocation *f*; démembrement *m*; **dis·rup·tive** perturbateur (-trice *f*).

dis·sat·is·fac·tion ['dissætis'fækʃn] mécontentement *m* (de with, at); dissatisfaction *f*; **dis·sat·is·fac·to·ry** [~təri] peu satisfaisant; **dis·sat·is·fy** [~fai] mécontenter; ne pas satisfaire (*q.*).

dis·sect [di'sekt] disséquer (*a. anat.*); découper; ♣ exciser (*une tumeur etc.*); **dis·sec·tion** [di'sekʃn] dissection *f*; découpage *m*.

dis·sem·ble [di'sembl] *v/t.* dissimuler; passer sous silence; feindre; *v/i.* déguiser sa pensée; user de dissimulation.

dis·sem·i·nate [di'semineit] disséminer; **dis·sem·i·na·tion** dissémination *f*. [désaccord *m.*\]

dis·sen·sion [di'senʃn] dissension *f*,/

dis·sent [di'sent] **1.** dissentiment *m*; avis *m* contraire; *eccl.* dissidence *f*; **2.** différer (de, from); *eccl.* être dissident; **dis·sent·er** dissident(e *f*) *m*; **dis·sen·tient** [di'senʃiənt] dissident(e *f*) *m* (*a. adj.*).

dis·ser·ta·tion [disə'teiʃn] dissertation *f* (sur, on).

dis·serv·ice ['dis'sə:vis] mauvais service *m* (rendu à, to).

dis·sev·er [dis'sevə] (se) séparer, (se) désunir; **dis·sev·er·ance** [~ərəns] séparation *f*.

dis·si·dence ['disidəns] dissidence *f*; **dis·si·dent 1.** dissident; **2.** membre *m* dissident; dissident(e *f*) *m*.

dis·sim·i·lar □ ['di'similə] (to) différent (de); dissemblable (à); **dis·sim·i·lar·i·ty** [~'læriti] dissemblance *f*, dissimilitude *f* (de, to).

dis·sim·u·late [di'simjuleit] *see* dissemble; **dis·sim·u·la·tion** dissimulation *f*.

dis·si·pate ['disipeit] (se) dissiper; *v/i.* F mener une vie dissipée; **dis·si·pat·ed** dissipé; **dis·si·pa·tion** dissipation *f*; gaspillage *m*; divertissement *m*; F vie *f* désordonnée.

dis·so·ci·ate [di'souʃieit] dissocier; ⚗ dissocier (~ o.s. se désintéresser (de, from); **dis·so·ci·a·tion** désassociation *f*; ⚗ dissociation *f*;

psych. dédoublement *m* de la personnalité.

dis·sol·u·bil·i·ty [disɔlju'biliti] dissolubilité *f*; **dis·sol·u·ble** [di'sɔljubl] dissoluble (dans, in).

dis·so·lute □ ['disəlu:t] dissolu, débauché; **dis·so·lu·tion** dissolution *f*; fonte *f*; mort *f*.

dis·solv·a·ble [di'zɔlvəbl] dissoluble; **dis·solve 1.** *v/t.* (faire) dissoudre (*a. fig.*); *v/i.* se dissoudre; fondre (*a. fig.*); se dissoudre; **2.** *Am. cin.* fondu *m*; **dis·solv·ent 1.** † dissolvant; **2.** dissolvant *m*.

dis·so·nance ['disənəns] ♪ dissonance *f*; désaccord *m*; **dis·so·nant** ♪ dissonant; en désaccord (avec, from, to).

dis·suade [di'sweid] dissuader, détourner (de, from); **dis·sua·sion** [di'sweiʒn] dissuasion *f*; **dis·sua·sive** [di'sweisiv] □ dissuasif (-ive *f*).

dis·taff ['dista:f] quenouille *f*; *attr. fig.* du côté féminin.

dis·tance ['distəns] **1.** lieu, *temps*: distance *f*; éloignement *m*; lointain *m*; intervalle *m*; *fig.* réserve *f*; *at a* ~ de loin; à une distance (de, of); dans le lointain; *in the* ~ au loin; dans le lointain; de loin; *a great* ~ *away* très loin, à une grande distance; *striking* ~ portée *f* (de la main); **2.** éloigner; *fig.* reculer; **~-con·trolled** commandé à distance; **dis·tant** □ éloigné; lointain; à distance; réservé, distant (*personne*); *two miles* ~ à deux milles de distance; ~ *control* commande *f* à distance; ~ *relative* cousin *m* (cousine *f*) éloigné(e).

dis·taste ['dis'teist] dégoût *m* (de, for); aversion *f* (pour, for); **dis·taste·ful** □ [~ful] désagréable, antipathique (à, to).

dis·tem·per[1] ['dis'tempə] **1.** détrempe *f*; badigeon *m*; **2.** peindre (*un tableau, un mur*) en détrempe; badigeonner (*un mur*) en couleur.

dis·tem·per[2] [~] † maladie *f*; *vét.* maladie *f* des chiens; *pol.* † désordre *m*; **dis·tem·pered** troublé, dérangé (*esprit*).

dis·tend [dis'tend] (se) dilater; (se) distendre; *v/t.* gonfler; *v/i.* enfler; **dis·ten·sion** dilatation *f*.

dis·tich ['distik] distique *m*.

dis·til(l) [dis'til] *usu.* (se) distiller; (laisser) tomber goutte à goutte;

v/t. raffiner (*le pétrole*); *fig.* faire couler; **dis·til·late** ['dɪstɪlɪt] distillat *m*; **dis·til·la·tion** [ˌ'leɪʃn] distillation *f*; **dis·till·er** distillateur *m*; **dis·till·er·y** distillerie *f*.

dis·tinct □ [dis'tɪŋkt] distinct (de, from); net(te *f*); clair; marqué; **dis·tinc·tion** distinction *f*; *draw a ~ between* faire une distinction entre; *have the ~ of (gér.)* avoir l'honneur de (*inf.*); **dis·tinc·tive** □ distinctif (-ive *f*); d'identification; **dis·tinct·ness** clarté *f*, netteté *f*; différence *f* totale.

dis·tin·guish [dis'tɪŋgwɪʃ] *v/t.* distinguer; différencier (de, from); *v/i.* faire une *ou* la distinction (entre, between); **dis·tin·guish·a·ble** que l'on peut distinguer; perceptible; **dis·tin·guished** distingué; de distinction *ou* marque; remarquable (par, for); *~ by* connu pour; reconnu à (*sa marche etc.*).

dis·tort [dis'tɔːt] tordre; déformer; *fig.* fausser, défigurer; *~ing mirror* miroir *m* déformant; **dis·tor·tion** distorsion *f*; déformation *f* (*a. opt., a. tél.*).

dis·tract [dis'trækt] distraire, détourner (*q.*); affoler (*l'esprit*); brouiller (*l'esprit*); **dis·tract·ed** □ affolé, éperdu (de, with); **dis·tract·ing** □ affolant; tourmentant; **dis·trac·tion** distraction *f*; confusion *f*; affolement *m*, folie *f*.

dis·train [dis'treɪn]: *~ upon* saisir; exécuter (*q.*); **dis·train·a·ble** saisissable; **dis·traint** saisie *f*.

dis·tress [dis'tres] 1. détresse *f*, angoisse *f*; embarras *m*; gêne *f*; *see distraint*; ♆ *~ rocket* signal *m* de détresse; 2. affliger, chagriner; épuiser; **dis·tressed** affligé, désolé; épuisé; *fig.* ruiné, réduit à la misère; **dis·tress·ing** □, *poét.* **dis·tress·ful** □ [ˌ'ful] angoissant, affligeant.

dis·trib·ut·a·ble [dis'trɪbjutəbl] répartissable, partageable; **dis·trib·ute** [ˌ'juːt] distribuer (*a. typ.*); répartir; **dis·tri·bu·tion** (mise *f* en) distribution *f*; répartition *f* (*a. des dettes*); *typ.* mise *f* en casse; **dis'trib·u·tive** [ˌ] □ distributif (-ive *f*) (*a. gramm.*); 2. *gramm.* distributif *m*; **dis'trib·u·tor** distributeur *m* (*a. ⊕*); ✝ concessionnaire *m*.

dis·trict ['dɪstrɪkt] région *f*, contrée *f*; district *m* (*a. admin.*); quartier *m*

(*de ville*); circonscription *f* (*electorale*); *~ council* conseil *m* départemental; *Am.* ⚖ *~ court* cour *f* fédérale; *✝ ~ manager* directeur (-trice *f*) *m* régional(e).

dis·trust [dis'trʌst] 1. méfiance *f*, défiance *f* (de, of); 2. se méfier *ou* défier de; **dis'trust·ful** □ [ˌful] méfiant, défiant; soupçonneux (-euse *f*); *~ of o.s.* timide.

dis·turb [dis'təːb] déranger; troubler; agiter; inquiéter; **dis'turb·ance** trouble *m*; agitation *f*; tapage *m*; émeute *f*; ⚖ trouble *m* de jouissance; **dis'turbed** *psych.* inadapté.

dis·un·ion ['dis'juːnjən] désunion *f*; séparation *f*; **dis·u·nite** ['dɪsjuː'naɪt] (se) désunir; (se) séparer; **dis·u·ni·ty** [dis'juːnɪtɪ] désunion *f*.

dis·use 1. ['dis'juːs] désuétude *f*; *fall into ~* tomber en désuétude; *F* être mis au rancart; 2. ['dis'juːz] cesser d'employer; abandonner.

di·syl·lab·ic ['dɪsɪ'læbɪk] (*~ally*) dissyllabe (*mot*); dissyllabique (*vers*); **di·syl·la·ble** [di'sɪləbl] dissyllabe *m*.

ditch [dɪtʃ] 1. fossé *m*; *Am.* Canal *m* de Panama; *die in the last ~* résister jusqu'à la dernière extrémité; 2. *v/t.* entourer de fossés; *sl.* se débarrasser de, plaquer; *mot.* verser dans le fossé; *v/i.* curer les fossés; *sl.* faire un amerrissage forcé; **'ditch·er** cureur *m* de fossés.

dith·er F ['dɪðə] trembloter; s'agiter sans but.

dith·y·ramb ['dɪθɪræmb] dithyrambe *m*.

dit·to ['dɪtou] 1. idem; de même; 2. ✝ dito *m/inv.*; (*suit of*) *~s pl.* complet *m*.

dit·ty ['dɪtɪ] chanson(nette *f*) *f*.

di·ur·nal □ [dai'əːnl] diurne.

di·va·gate ['daɪvəgeɪt] diverger, divaguer, s'éloigner du sujet; **di·va·ga·tion** [daivə'geiʃn] divagation *f*.

di·van [di'væn] divan *m*.

di·var·i·cate [dai'værikeit] diverger; bifurquer.

dive [daiv] 1. plonger (dans, into); ⚓, *a. fig.* piquer (du nez); *F ~ into* s'enfoncer dans, entrer précipitamment dans; plonger (la main) dans (*la poche*); 2. plongeon *m*; *sous-marin:* plongée *f*; ⚓ (*vol m*) piqué *m*; *Am.* F cabaret *m* borgne;

gargote *f*; boîte *f*; **'div·er** plongeur *m*; scaphandrier *m*; *orn.* plongeon *m*.

di·verge [dai'və:dʒ] diverger, s'écarter; **di'ver·gence**, **di'ver·gen·cy** divergence *f*; écart *m*; *biol.* variation *f*; **di'ver·gent** □ divergent.

di·verse □ [dai'və:s] divers, différent; varié; **di·ver·si·fi·ca·tion** [⁀sifi'keiʃn] variation *f*; **di'ver·si·fy** [⁀fai] diversifier, varier; **di'ver·sion** [⁀ʃn] détournement *m*; ✗ diversion *f* (*a. de l'esprit*); *fig.* divertissement *m*, distraction *f*; **di'ver·si·ty** [⁀siti] diversité *f*.

di·vert [dai'və:t] détourner; écarter; divertir; distraire.

di·vest [dai'vest] dévêtir; *fig.* dépouiller, priver; ~ *o.s. of* renoncer à; **di'vest·ment** dévête̵ment *m*; *fig.* privation *f*.

di·vide [di'vaid] **1.** *v/t.* diviser (*a.* ✗); (*souv.* ~ *up*) démembrer; partager, répartir (*entre, among*); séparer (*de, from*); *parl.* ~ *the house* aller aux voix; *v/i.* se diviser, se partager (*en, into*); se séparer; ✗ être divisible (*par, by*); fourcher (*chemin*); *parl.* aller aux voix; **2.** *Am.* ligne *f* de partage des eaux; **div·i·dend** ['dividend] †, ✗, ✗ dividende *m*; **di·vi·der** [di'vaidə] *Am. mot.* bande *f* médiane; ✗ ~s *pl.* compas *m* à pointes sèches; **di'vid·ing** [di'vaidiŋ] de démarcation; mitoyen(ne *f*) (*mur*).

di·vi·na·tion [divi'neiʃn] divination *f*; **di·vine** [di'vain] **1.** □ divin (*a. fig.*); ~ *service* office *m* divin; **2.** théologien *m*; **3.** deviner, prédire (l'avenir); **di'vin·er** devin(eresse *f*) *m*; divinateur (-trice *f*) *m*.

div·ing ['daiviŋ] action *f* de plonger; *attr.* à *ou* de plongeon; à plonger; **'~-bell** cloche *f* à *ou* de plongeur.

di·vin·ing-rod [di'vainiŋrɔd] baguette *f* divinatoire.

di·vin·i·ty [di'viniti] divinité *f* (*a.* = *dieu*); théologie *f*.

di·vis·i·bil·i·ty [divizi'biliti] divisibilité *f*; **di'vis·i·ble** □ [⁀zəbl] divisible; **di·vi·sion** [⁀ʒn] division *f* (*a.* = *désunion, a.* ✗, ✗); partage *m* (*en, into*); *biol.* classe *f*; *parl.* vote *m*; *parl.* circonscription *f* (*électorale*); **di·vi·sion·al** ✗ *etc.* divisionnaire; qui désunit; qui sème la discorde; **di·vi·sor** ✗ [⁀zə] diviseur *m*.

di·vorce [di'vɔ:s] **1.** divorce *m* (*a. fig.*); **2.** divorcer d'avec (*sa femme, son mari*); F *a. fig.* séparer (*de, from*), détacher (*de, from*); **di·vor·cee** divorcé(e *f*) *m*.

di·vulge [dai'vʌldʒ] divulguer; révéler.

dix·ie ✗ *sl.* ['diksi] gamelle *f*; *Am.* ♀ États *m/pl.* du Sud; ♀crat *Am. pol.* démocrate *m* dissident des États du Sud.

diz·zi·ness ['dizinis] vertige *m*; **'diz·zy 1.** □ pris de vertige (*personne*); *sl.* étourdi, écervelé; vertigineux (-euse *f*) (*chose*); ~ *spell* étourdissement *m*; **2.** étourdir.

do [du:] (*see a. done*) **1.** *v/t.* [*irr.*] *usu.* faire; (faire) cuire; s'acquitter de; finir; jouer (*une pièce*); F duper, refaire (*q.*); *sl.* ~ *London* visiter Londres; *sl.* ~ *s.o.* traiter, soigner *q.*; *what is to be done?* que faire?; ~ *the polite etc.* faire l'aimable *etc.*; *have done reading* avoir fini de lire; ~ (*over*) *again* refaire; F ~ *in* tuer; ~ *into* traduire en (*une langue*); ~ *out* nettoyer; ~ *over* couvrir (*de peinture etc.*); ~ *up* envelopper, ficeler; emballer; boutonner; décorer, réparer; F éreinter (*q.*); F ~ *o.s. up* faire toilette; **2.** *v/i.* [*irr.*] faire l'affaire; aller; suffire; convenir; *that will* ~ c'est bien; cela va; cela suffit; *that won't* ~ cela ne va *ou* n'ira pas; *how you* ~? comment allez-vous?; comment vous portez-vous?; F ça va?; ~ *well* aller bien; réussir; ~ *badly* aller mal; ne pas réussir; *have done!* finissez donc!; cela suffit!; ~ *away with* abolir; détruire; F tuer; ~ *for* faire le ménage de (*q.*); tuer (*q.*); ~ *with* s'accommoder de; *I could* ~ *with some coffee* je prendrais volontiers du café; *I have done with him* j'ai rompu avec lui; ~ *without* se passer de; **3.** *v/aux.* [*irr.*] *interr.:* ~ *you know him?* le connaissez-vous?; *avec not:* I ~ *not know him* je ne le connais pas; *accentué:* I ~ *feel better* je me sens vraiment mieux; ~ *come and see me* venez me voir, je vous en prie; ~ *be quick* dépêchez-vous donc; *remplaçant un verbe déjà exprimé:* *do you like London?* — I ~ aimez-vous Londres?

— Oui; *you write better than I* ~ vous écrivez mieux que moi; *I take a bath every day.* — So ~ *l* je prends un bain tous les jours. — *Mais aussi;* **4.** F su. attrape *f;* réception *f,* dîner *m;* make ~ *with* s'accommoder de.

doc·ile ['dousail] docile; **do·cil·i·ty** [dou'siliti] docilité *f.*

dock¹ [dɔk] écourter; *fig.* diminuer; retrancher (qch. à q., *s.o. of s.th.*).

dock² [⌐] **1.** ⚓ bassin *m; surt. Am.* quai *m;* ⚖ banc *m* des prévenus; ⚓ ~ *pl.* docks *m/pl.; dry ~* cale *f* sèche; *floating* ~ dock *m* flottant; *wet* ~ bassin *m* à flot; **2.** ⚓ (faire) entrer au bassin; *espace:* (s')amarrer; '~ **hand**, **'dock·er** travailleur *m* aux docks.

dock·et ['dɔkit] **1.** fiche *f;* étiquette *f;* ⚖ registre *m* des jugements rendus, *Am.* rôle *m* des causes; ⊕ bordereau *m;* **2.** étiqueter; classer.

dock·yard ['dɔkjɑːd] chantier *m* de construction de navires; arsenal *m* maritime.

doc·tor ['dɔktə] **1.** docteur *m;* médecin *m;* ~'s *certificate* certificat *m* médical; **2.** F soigner; F droguer; *(a.* ~ *up)* réparer; fausser; frelater *(du vin);* **doc·tor·ate** ['~rit] doctorat *m.*

doc·tri·naire [dɔktri'nɛə] **1.** idéologue *m;* **2.** pédant; de théoriciens; **doc·tri·nal** □ [~'trainl] doctrinal (-aux *m/pl.);* **doc·trine** ['~trin] doctrine *f;* dogme *m.*

doc·u·ment 1. ['dɔkjumənt] document *m;* pièce *f;* **2.** ['~ment] documenter; **doc·u·men·tal** *see* documentary 1; **doc·u·men·ta·ry 1.** □ documentaire; **2.** *(a.* ~ *film)* documentaire *m;* **doc·u·men·ta·tion** documentation *f.*

dod·der ['dɔdə] **1.** ♀ cuscute *f;* **2.** trembloter; branler.

dodge [dɔdʒ] **1.** mouvement *m* de côté; *sp.* esquive *f;* ruse *f,* F truc *m;* **2.** *v/t.* esquiver; éviter (*une question*); *v/i.* se jeter de côté; *sp.* éviter; *fig.* user d'artifices; **'dodg·er** malin *m; Am.* prospectus *m; Am. (sorte de)* biscuit *m* dur; **dodg·y** F ['dɔdʒi] épineux (-euse *f);* délicat; difficile; risqué; louche.

doe [dou] daine *f;* lapine *f;* hase *f.*

do·er ['duːə] faiseur (-euse *f)* *m;* auteur *m.*

does [dʌz] *(il, elle)* fait.

doe·skin ['douskin] (peau *f* de) daim *m.*

dog [dɔg] **1.** chien *m (qqfois a.* chienne *f);* renard *m etc.* mâle; ⊕ cliquet *m;* agrafe *f,* serre *f; (a.* fire-~) chenet *m;* ✕ *(landing-~)* taquets *m/pl.; (safety* ~) chambrière *f;* F type *m; Am.* F épate *f; Am.* F ✝ billet *m* à ordre; ~ chien *m;* *go to the* ~s marcher à la ruine; se débaucher; ✝ aller à vaul'eau; *lead a* ~'s *life* mener une vie de chien; *lead s.o. a* ~'s *life* faire une vie de chien à q.; *filer (q.);* suivre *(q.)* à la piste; '~**cart** charrette *f* anglaise; '~-**cheap** à vil prix; '~-**col·lar** collier *m* de chien; F col *m* de pasteur; '~-**days** *pl.* canicule *f.*

doge [doudʒ] doge *m.*

dog·ged □ ['dɔgid] tenace.

dog·ger·el ['dɔgərəl] **1.** *(a.* ~ *rhymes pl.)* vers *m/pl.* de mirliton; **2.** de mirliton.

dog·gie ['dɔgi] *see* doggy.

dog·gish ['dɔgiʃ] qui ressemble à un chien; qui a un air de chien; **dog·go** *sl.* ['dɔgou]: *lie* ~ se tenir coi; '**dog·gy 1.** toutou *m;* **2.** de chien; canin; *Am.* F affichant; à effet; **dog lat·in** latin *m* de cuisine.

dog·ma ['dɔgmə] dogme *m;* **dog·mat·ic, dog·mat·i·cal** □ [dɔg'mætik(l)] dogmatique; *fig.* autoritaire, tranchant; **dog·mat·ics** sg. dogmatique *f;* **dog·ma·tism** ['~mə-tizm] dogmatisme *m; fig.* ton *m ou* esprit *m* autoritaire; '**dog·ma·tist** dogmatiste *m; fig.* individu *m* positif; **dog·ma·tize** ['~taiz] dogmatiser.

dog('s)-ear F ['dɔg(z)iə] corne *f* (*dans un livre*).

dog-tired ['dɔg'taiəd] éreinté.

doi·ly ['dɔili] dessus *m* d'assiette; petit napperon *m.*

do·ing ['duːiŋ] **1.** *p.pr.* de do 1, 2; *nothing* ~ rien à faire; ✝ le marché est mort; **2.** action *f* de faire; fait *m;* ~s *pl.* faits *m/pl.;* événements *m/pl.;* conduite *f; péj.* agissements *m/pl.; sl.* machin *m,* truc *m.*

doit [dɔit] F sou *m,* liard *m;* bagatelle *f.*

dol·drums ['dɔldrəmz] *pl.* cafard *m;* ✝ marasme *m;* ⚓ zone *f* des calmes.

dole [doul] **1.** aumône *f;* ✝ portion *f;* F allocation *f* de chômage; *be (ou* go) *on the* ~ ne vivre que des allocations de chômage; **2.** (*usu.* ~ *out*) distribuer avec parcimonie.

dole·ful □ ['doulful] lugubre; douloureux (-euse *f*); triste; '**dole·ful·ness** tristesse *f*, chagrin *m*; caractère *m* contristant.

doll [dɔl] **1.** poupée *f*; *Am.* jeune fille *f*; **2.** F ~*ed up* en grand tra-lala.

dol·lar ['dɔlə] dollar *m*; *Am.* F ~*s to doughnuts* très probable.

dol·lop F ['dɔləp] morceau *m* informe.

doll·y ['dɔli] poupée *f*.

dol·o·mite *min.* ['dɔləmait] dolo-mit(e *f*).

dol·o·rous □ ['dɔlərəs] *usu. poét.*, *co.* douloureux (-euse *f*); plaintif (-ive *f*); triste.

dol·phin *icht.* ['dɔlfin] dauphin *m*.

dolt [doult] benêt *m*; *sl.* cruche *f*; '**dolt·ish** □ lourdaud, sot(te *f*).

do·main [də'mein] domaine *m* (*a. fig.*); propriété *f*; terres *f*/*pl.*

dome [doum] dôme *m* (*a. fig.*); ≬ couronne *f*, dôme *m*.

do·mes·tic [də'mestik] **1.** (~*ally*) domestique; de ménage; de famille; intérieur (*commerce etc.*); casanier (-ère *f*); ~ *appliance* appareil *m* ménager; ~ *bliss* bonheur *m* familial *ou* de ménage; ~ *coal* houille *f* de ménage; ⚓ ~ *flight* vol *m* intérieur; ~ *science* enseignement *m* ménager; **2.** domestique *mf*; **do'mes·ti·cate** [~keit] apprivoiser, domestiquer (*un animal*); ♀ *zo.* acclimater; rendre (*q.*) casanier (-ère *f*); **do·mes·ti·ca·tion** domestication *f*; acclimatation *f*; **do·mes·tic·i·ty** [doumes'tisiti] vie *f* de famille; goûts *m*/*pl.* domestiques.

dom·i·cile ['dɔmisail] **1.** *surt.* ☆ domicile *m*; **2.** ✝ domicilier (*un effet*); F résider, s'établir (*dans*); '**dom·i·ciled** domicilié, demeurant (à, *at*); **dom·i·cil·i·ar·y** [dɔmi-'siljəri] domiciliaire (*visite etc.*).

dom·i·nance ['dɔminəns] (pré-) dominance *f*; '**dom·i·nant 1.** dominant; **2.** ♪ dominante *f*.

dom·i·nate ['dɔmineit] dominer; **dom·i'na·tion** domination *f*; '**dom·i·na·tor** dominateur (-trice *f*) *m*; **dom·i·neer** [dɔmi'niə] se montrer autoritaire; ~ *over* tyranniser; **dom·i'neer·ing** □ autoritaire; tyrannique.

do·min·i·cal [də'minikl] dominical (-aux *m*/*pl.*) (*oraison*).

Do·min·i·can [də'minikən] domini-cain(e *f*) *m* (*a. adj.*).

do·min·ion [də'minjən] domination *f*, maîtrise *f*; *souv.* ~*s pl.* dominion *m*, -s *m*/*pl.*; possessions *f*/*pl.*; colonie *f*, -s *f*/*pl.*; ♀ Dominion *m*.

dom·i·no ['dɔminou], *pl.* **-noes** ['~nouz] domino *m*; ~*s sg.* jeu: dominos *m*/*pl.*

don [dɔn] professeur *m* d'université.

do·nate *Am.* [dou'neit] donner; faire un don à; **do·na·tion, do·na·tive** ['dounətiv] don *m*, donation *f*.

done [dʌn] **1.** *p.p.* de *do 1, 2*; *be* ~ *souv.* se faire; **2.** *adj.* fait; cuit; (*ou* ~ *up*) éreinté, fourbu; *well* ~ bien cuit; *he is* ~ *for* c'est un homme coulé; **3.** *int.* d'accord!

do·nee ♯⧉ [dou'ni:] donataire *mf*.

don·jon ['dɔndʒən] cachot *m*.

don·key ['dɔŋki] âne(sse *f*) *m*; *attr.* qqfois auxiliaire; '~·**work** F le gros (du) travail.

do·nor ['dounə] donateur (-trice *f*) *m*; ♂ donneur (-euse *f*) *m* de sang.

do-noth·ing F ['du:nʌθiŋ] fainé-ant(e *f*) (*a. su.*/*mf*.).

don't [dount] **1.** = do not; *impér.* ne fai(te)s pas ça!; **2.** défense *f*.

doo·dle ['du:dl] **1.** griffonnage *m*; griffonner.

doom [du:m] **1.** *surt. péj.* sort *m*, destin *m*; mort *f*; ruine *f*; **2.** con-damner; dooms·day ['du:mzdei] (jour *m* du) jugement *m* dernier.

door [dɔ:] porte *f*; *auto, wagon, etc.*: portière *f*; *next* ~ (*to*) à côté (de); *fig.* approchant (de); *two* ~*s off* deux portes plus loin; (*with*)*in* ~*s* chez soi; *out of* ~*s* dehors; en plein air; *turn s.o. out of* ~*s* mettre q. à la porte; *lay s.th. to* (*ou at*) *s.o.'s* ~ imputer qch. à q.; '~·**bell** sonnette *f*; '~·**han·dle** poignée *f* de port(ièr)e; '~·**keep·er** concierge *mf*; portier *m*; ~ **knob** poignée *f ou* bouton *m* de porte; '~·**man** concierge *m*; portier *m*; '~·**way** porte *f*; portail *m*.

dope [doup] **1.** liquide *m* visqueux; ⚓ enduit *m*; *mot.* laque *f*; F stupéfiant *m*; narcotique *m*; *Am. sl.* tuyau *m*; renseignement *m*; imbécile *mf*; idiot(e *f*) *m*; type *m*; ~ *fiend* toxicomane *mf*, drogué(e *f*) *m*; ~ *peddler*, ~ *pusher* revendeur (-euse *f*) *m* de stupéfiants; **2.** *v/t.*

enduire; administrer un narcotique à; *sp.* doper (*a. un combustible*); narcotiser (*une cigarette*); *v/i.* F prendre des stupéfiants; **'dope·y** *Am. sl.* stupide; hébété.

dor·mant ['dɔːmənt] *usu. fig.* endormi, assoupi; en repos; tombé en désuétude; ⚓, ⊘ dormant; ✝ ~ *partner* commanditaire *m.*

dor·mer ['dɔːmə] (*a. ~-window*) lucarne *f*; (fenêtre *f* en) mansarde *f.*

dor·mi·to·ry ['dɔːmitri] dortoir *m*; *surt. Am.* maison *f* d'étudiants.

dor·mouse ['dɔːmaus], *pl.* **-mice** [⌐mais] loir *m*; lérot *m.*

dor·sal □ ['dɔːsl] dorsal (-aux *m/pl.*); ⚓ *Sew* hotte *f.*

dose [dous] **1.** dose *f*; **2.** médicamenter (*q.* avec qch., *s.o.* with *s.th.*); doser (*le vin etc.*).

doss *Brit. sl.* [dɔs] **1.** pieu *m* (*lit*); roupillon *m* (*sommeil*); somme *m*; **2.** ~ *down* se pieuter (*se coucher*); crécher (*coucher, loger*); **'~·house** asile *m* de nuit.

dos·si·er ['dɔsiei] dossier *m*, documents *m/pl.*

dot [dɔt] **1.** point *m*; mioche *mf*; *on the* ~ F à l'heure tapante; *argent comptant*; **2.** mettre un point sur; pointiller; (*a. ~ about*) *fig.* (par-)semer (de, with); ♪ pointer; marquer (*une surface*) avec des points.

dot·age ['doutidʒ] seconde enfance *f*; radotage *m*; **do·tard** ['⌐təd] radoteur (-euse *f*) *m*; gâteux (-euse *f*) *m*; **dote** [dout] radoter; tomber dans la sénilité; ~ (*[u]p*)*on* aimer (*q.*) à la folie; **'dot·ing** sénile; qui aime follement (*q., on s.o.*).

dot·ty *sl.* ['dɔti] toqué, maboul.

dou·ble □ ['dʌbl] **1.** double; à deux personnes *ou* lits (*chambre*); deux (*lettres*); ~ *tooth* grosse dent *f*; **2.** double *m* (*a. tennis*); deux fois autant; *fleuve, lièvre*: détour *m*; ✗ pas *m* de course; **3.** *v/t.* doubler (*a.* ⚓); serrer (*le poing*); *bridge*: contrer; plier en deux (*un papier*); *théâ.* jouer deux (*rôles*); ~ *up* replier; faire plier (*q.*) en deux; ~*d up* ployé; *v/i.* (se) doubler; ✗ prendre le pas de course; (*a.* ~ *back*) faire un brusque crochet (*animal*); *cartes*: contrer; **'~·bar·relled** à deux coups (*fusil*); *fig.* (*nom*) à charnière; ~ **bass** ♪ contrebasse *f*; ~ **bend** virage *m* en S;

'~-'**breast·ed** croisé (*gilet etc.*); '~-'**check** revérifier; '~-'**cross** *Am. sl.* tomper, duper; '~-'**deal·er** homme *m* à deux visages; fourbe *m*; '~-'**deal·ing** duplicité *f*, fourberie *f*; '~-'**deck·er** autobus *m* à impériale; *cuis.* sandwich *m* double; '~-'**edged** à deux tranchants; ~ **en·try** ✝ comptabilité *f* en partie double; ~ **fea·ture** *cin. Am.* programme *m* double; '~-'**glaz·ing** doubles fenêtres *f/pl.*; double vitrage *m*; '~-'**head·er** *Am. baseball:* deux parties *f/pl.* de suite; '~-'**joint·ed** désarticulé; ~ **line** ⚓ ligne *f* à voie double; '**dou·ble·ness** état *m* double; duplicité *f* (*a. fig.*); *fig.* mauvaise foi *f*, fausseté *f*; '**dou·ble·park** *Am.* stationner contrairement à la loi; '**dou·ble·quick** ✗ (*au*) *pas m* gymnastique.

dou·blet ['dʌblit] pourpoint *m*; doublet *m* (*a. gramm.*); ~s *pl.* doublet *m* (*aux dés*).

dou·ble...: '~-'**talk** paroles *f/pl.* trompeuses *ou* ambiguës; ~ **take** F *do a* ~ y regarder à deux fois; ~ **time** ✗ pas *m* gymnastique; '~-'**track** à voie double.

doub·ling ['dʌblin] doublement *m*; doublage *m*; détour *m*, crochet *m.*

doubt [daut] **1.** *v/i.* hésiter; douter; *v/t.* douter de (*q., qch.*); révoquer (*qch.*) en doute; **2.** doute *m*; incertitude *f*; *no* ~ sans (aucun) doute; '**doubt·er** sceptique *mf*, douteur (-euse *f*) *m*; **doubt·ful** □ ['⌐ful] douteux (-euse *f*); incertain; équivoque; suspect; '**doubt·ful·ness** incertitude *f*; ambiguïté *f*; irrésolution *f*; '**doubt·less** sans doute.

douche [duːʃ] **1.** douche *f* (*a.* ✎); **2.** (se) doucher.

dough [dou] pâte *f* (*à pain*); *Am. sl.* argent *m*; '~-**boy** *Am.* F simple soldat *m*; '~-**nut** pet *m* de nonne; '**dough·y** pâteux (-euse *f*); *fig.* terreux (-euse *f*).

dour *écoss.* ['duə] austère; obstiné.

douse [daus] tremper; arroser; doucher.

dove [dʌv] colombe *f* (*a. fig.*); '~·**cot** colombier *m*; '~·**tail** ⊕ **1.** queue-d'aronde (*pl.* queues-d'aronde) *f*; **2.** *v/t.* adenter; *fig.* opérer le raccord entre; *v/i.* se raccorder. **dow·a·ger** ['dauədʒə] douairière *f.*

dow·dy F ['daudi] **1.** sans élégance; **2.** femme f mal habillée.

dow·el ⊕ ['dauəl] goujon m; cheville f (en bois).

dow·er ['dauə] **1.** douaire m; fig. don m, apanage m; **2.** assigner un douaire à (une veuve); doter (une jeune fille).

dow·las ['dauləs] toile f commune.

down¹ [daun] duvet m; oreiller; plume f.

down² [~] see dune; 2s pl. hautes plaines f/pl. du Sussex etc.

down³ [~] **1.** adv. vers le bas; en bas; (vu) d'en haut; par terre; ~ and out fig. ruiné, à bout de ressources; be ~ en baisse (prix); être de chute (cartes); F be ~ upon en vouloir à (q.); être toujours sur le dos de (q.); ~ in the country à la campagne; **2.** prp. vers le bas de; en bas de; au fond de; en descendant; le long de; ~ the river en aval; ~ the wind à vauvent; **3.** int. à bas!; **4.** adj. ✝ ~ payment acompte m, arrhes f/pl.; ~ platform quai m montant; ~ train train m montant; **5.** F v/t. abattre; terrasser; ~ tools se mettre en grève; **6.** su. see up 5; '~-and-'out clochard m; sans-le-sou m/inv.; '~·fall chute f (a. fig.); fig. ruine f; écroulement m; '~·grade Am. déprécier; dégrader; '~-'heart·ed déprimé, découragé; '~·hill **1.** en descendant; **2.** incliné; en pente; '~·pour grosse averse f; déluge m; '~·right □ **1.** adv. tout à fait; carrément; nettement; **2.** adj. franc(he f); direct; carré; éclatant (mensonge); pur (bêtises); véritable; '~·right·ness franchise f; droiture f; '~·stairs **1.** d'en bas, du rez-de-chaussée (pièce); **2.** en bas de l'escalier; '~·stream en aval, à l'aval; '~·stroke écriture: jambage m; ⊕ mouvement m de descente; '~-to-'earth terre-à-terre; '~·town surt. Am. centre m des affaires municipales; '~·ward **1.** de haut en bas; descendant; fig. fatal, vers la ruine; dirigé en bas (regard); **2.** (a. ~·wards) de haut en bas; '~·wash ✈ etc. remous m d'air descendant.

down·y ['dauni] duveteux (-euse f); velouté (fruit); sl. rusé.

dow·ry ['dauəri] dot f (a. fig.).

dowse [daus] **1.** see douse; **2.** faire de l'hydroscopie; '**dows·er** hydroscope m; homme m à baguette; radiesthésiste m f; '**dows·ing-rod** baguette f divinatoire.

doze [douz] **1.** sommeiller; ~ away passer (le temps) à sommeiller; **2.** petit somme m.

doz·en ['dʌzn] douzaine f.

doz·y ['douzi] somnolent; F gourde.

drab [dræb] **1.** gris brunâtre; beige; fig. terne; **2.** drap m beige; toile f bise; couleur: gris m brunâtre; fig. monotonie f.

drachm [dræm] (poids), **drach·ma** ['drækmə] (monnaie) drachme f.

draff [dræf] † lie f de vin; † lavure f; drèche f.

draft [drɑːft] **1.** see draught; ✝ traite f; lettre f de change; ✕ détachement m; Am. conscription f; ~ agreement projet m de contract; Am. ✕ ~ dodger insoumis m; **2.** rédiger; faire le brouillon de; désigner (à, pour to); ✕ détacher; envoyer (des troupes) en détachement; Am. appeler sous les armes; '**draft·ee** ✕ [drɑːˈftiː] Am. conscrit m; '**drafts·man** dessinateur m, traceur m.

drag [dræg] **1.** filet m à la trôle, drague f; traîneau m; herse f; sabot m; drag m; résistance f; fig. obstacle m, entrave f; fig. corvée f; F casse-pieds m; sl. travesti m (vêtements de femme); **2.** v/t. (en)traîner, tirer; ⚓ chasser sur (ses ancres); draguer; ✗ herser; enrayer (une roue); see dredge¹; ~ along (en)traîner; ~ out one's life traîner sa vie (jusqu'à sa fin); v/i. traîner; draguer (à la recherche de, for); pêcher à la drague; ✝ languir.

drag·gle ['drægl] traîner dans la boue; '~·tail F souillon f.

drag·on ['drægən] dragon m; '~-fly libellule f.

dra·goon [drəˈguːn] **1.** dragon m; **2.** dragonner; fig. tyranniser.

drain [drein] **1.** tranchée f, caniveau m; égout m; ✗ saignée f, fuite f; **2.** v/t. assécher, dessécher; vider (un étang, un verre, etc.); draguer (des légumes); fig. épuiser; (a. ~ off) faire écouler; évacuer (de, of); v/i. s'écouler; '**drain·age** écoulement m; ✗ drainage m; '**drain·ing**

drencher

1. d'écoulement; **2.** see drainage; ~s pl. égouttures f; '**drain·pipe** tuyau m d'écoulement; gouttière f; ~ trousers pantalon-cigarette m (pl. pantalons-cigarette).

drake [dreik] canard m, malard m.

dram [dræm] poids: drachme f; goutte f; petit verre m.

dra·ma ['drɑːmə] drame m; **dra·mat·ic** [drə'mætik] (~ally) dramatique; **dram·a·tist** ['dræmətist] auteur m dramatique; '**dram·a·tize** dramatiser; adapter (qch.) à la scène; **dram·a·tur·gy** ['~təːdʒi] dramaturgie f.

drank [dræŋk] prét. de drink 2.

drape [dreip] v/t. draper, tendre (de with, in); v/i. se draper; '**drap·er** marchand m d'étoffes; '**dra·per·y** draperie f; nouveautés f/pl.

dras·tic ['dræstik] (~ally) énergique.

draught [drɑːft] tirage m; pêche f; courant m d'air; plan m, tracé m, ébauche f; boisson: coup m, trait m; ♣ potion f; ♣ tirant m d'eau; ~s pl. dames f/pl.; see draft; ~ beer bière f au tonneau; at a ~ d'un seul trait; '~·board damier m; '~·horse cheval m de trait; '**draughts·man** dessinateur m, traceur m; '**draught·y** exposé; plein de courants d'air.

draw [drɔː] **1.** [irr.] v/t. souv. tirer; attirer (une foule); tracer; dessiner; établir (une distinction); faire infuser (le thé); chasse: battre (le couvert); vider (un poulet); toucher (de l'argent); dresser, rédiger (un contrat, un acte); aspirer (l'air); arracher (des larmes) (à, from); sp. faire partie nulle; ♣ tirer; the battle was ~n la bataille resta indécise; ~ away entraîner; détourner; ~ down baisser; faire descendre; ~ forth faire paraître; susciter; ~ near s'approcher (de); ~ on mettre; fig. attirer; ~ out tirer; allonger; prolonger; ~ up tirer en haut; faire monter; ~ dresser, rédiger; ~ (up)on fournir (une traite) sur (q.); tirer (un chèque); fig. faire appel à; **2.** tirage m; loterie f, tombola f; sp. partie f nulle; F attraction f; '~·back désavantage m, inconvénient m; ✝ drawback m; Am. remboursement m; '~·bridge pont-levis (pl. pont-levis) m; draw'ee ✝ tiré m; payeur m; '**draw·er** dessinateur m; tireur

m (a. ✝); tiroir m; (a pair of) ~s pl. (un) pantalon m (de femme); (un) caleçon m (d'homme); (usu. chest of ~s) commode f.

draw·ing ['drɔːiŋ] tirage m; puisement m; attraction f; tirage m au sort, loterie f; dessin m; ébauche f; ✝ effets: traite f; chèque: tirage m; out of ~ mal dessiné; ~ instruments pl. instruments m/pl. de dessin; '~·ac'count compte m en banque; '~·board planche f à dessin; '~·pen tire-ligne m; '~·pin punaise f; '~·room salon m; réception f.

drawl [drɔːl] **1.** v/t. (souv. ~ out) dire (qch.) avec une nonchalance affectée; v/i. parler d'une voix traînante; **2.** voix f traînante; débit m traînant.

drawn [drɔːn] **1.** p.p. de draw 1; **2.** adj. tiré; ⊕ étiré; sp. égal; cuis. Am. ~ butter beurre m fondu (aux fines herbes).

draw-well ['drɔːwel] puits m à poulie.

dray [drei] (a. ~·cart) camion m (surt. de brasseur); '~·man livreur m de brasserie.

dread [dred] **1.** terreur f, épouvante f; **2.** redouter; **dread·ful** □ ['~ful] **1.** redoutable; terrible; atroce; **2.** penny ~ roman m à sensation; **dread·nought** ['~nɔːt] tex. frise f; ♣ dreadnought m.

dream [driːm] **1.** rêve m; songe m; **2.** [irr.] rêver (de, of); ~ away passer à rêver; '**dream·er** rêveur (-euse f) m; '**dream-read·er** interprète m des rêves; **dreamt** [dremt] prét. et p.p. de dream 2; '**dream·y** ['driːmi] □ rêveur (-euse f); langoureux (-euse f).

drear·i·ness ['driərinis] tristesse f; aspect m morne; '**drear·y** □ triste; morne.

dredge¹ [dredʒ] **1.** (filet m de) drague f; **2.** draguer (fig. à la recherche de); (a. ~ up, ~ out) dévaser.

dredge² [~] cuis. saupoudrer.

dredg·er¹ ['dredʒə] drague f; personne: dragueur m.

dredg·er² [~] saupoudroir m.

dregs [dregz] pl. lie f.

drench [drentʃ] **1.** vét. breuvage m, purge f; F see drencher; **2.** tremper, mouiller (de, with); vét. donner un breuvage à; '**drench·er** F pluie f battante.

dress [dres] **1.** robe *f*, toilette *f*, costume *m*; *fig.* habillement *m*, habits *m/pl.*; *théâ.* ~ *rehearsal* répétition *f* générale; *full* ~ grande tenue *f*; **2.** (s')habiller, (se) vêtir; ✕ (s')aligner; *v/t.* orner; panser (*une blessure*); tailler (*une vigne*); ⊕ dresser, parer (*des pierres*); *cuis.* apprêter; ✔ donner une façon à (*un champ*); *théâ.* costumer; *v/i.* faire sa toilette; ~ *circle théâ.* (premier) balcon *m*; '~-**coat** frac *m*; '**dress·er** ⊕, *cuis.* apprêteur (-euse *f*) *m*; buffet *m* de cuisine; panseur (-euse *f*) *m*; *théâ.* habilleur (-euse *f*) *m*; *Am.* dressoir *m*.

dress·ing ['dresiŋ] habillement *m*, toilette *f*; pansement *m* (*d'une blessure*); ✕ alignement *m*; *cuis.* sauce *f* mayonnaise; ⊕ apprêt *m*; dressage *m* (*de pierres*); ✔ façon *f*; fumages *m/pl.*; ~s *pl.* ⚠ moulures *f/pl.*; 🎗 pansements *m/pl.*; ~ *down* F semonce *f*; '~-**case** mallette *f* garnie, sac *m* de toilette; ✔ trousse *f* de pansement; '~-**down** F réprimande *f*; F engueulade *f*; *get a* ~ se faire passer un savon; *give s.o. a* (*good*) ~ passer un savon à q.; '~-**gown** robe *f* de chambre; '~-**jack·et** camisole *f*; '~-**ta·ble** (table *f* de) toilette *f*.

dress...: '~-**mak·er** couturier (-ère *f*) *m*; '~-**mak·ing** couture *f*; '~-**shield** dessous-de-bras *m/inv.*; '~-**suit** habit *m* (de soirée); '**dress·y** F élégant; chic *inv.* en *genre*; coquet(te *f*) (*femme*).

drew [dru:] *prét. de* draw 1.

drib·ble ['dribl] dégoutter; baver (*enfant etc.*); *foot.* dribbler.

drib·(b)let ['driblit] chiquet *m*; *in* ~s petit à petit.

dribs and drabs F ['dribzən'dræbz] *pl.*: *in* ~ petit à petit, peu à peu.

dried [draid] (des)séché; ~ *fruit* fruits *m/pl.* secs; ~ *vegetables pl.* légumes *m/pl.* déshydratés.

drift [drift] **1.** mouvement *m*; direction *f*, sens *m*; ⚓ dérive *f*; *fig.* cours *m*; *fig.* portée *f*, tendance *f*; *neige:* amoncellement *m*; *pluie:* rafale *f*; ⊕ poinçon *m*; *géol.* apport *m*, -s *m/pl.*; ✕ galerie *f* (chassante); ~ *from the land* dépeuplement *m* des campagnes. **2.** *v/t.* flotter; entasser;

v/i. flotter; être entraîné; ⚓ dériver; se laisser aller (*a. fig.*); '**drift·er** ⚓ chalutier *m*; *fig.* vagabond(e *f*) *m*; '**drift-ice** glaces *f/pl.* flottantes.

drill¹ [dril] **1.** foret *m*; perçoir *m*; vilebrequin *m*; ✔ rayon *m*; semeuse *f*; ✕ manœuvre *f*, -s *f/pl.*; exercice *m*, -s *m/pl.* (*a. fig.*); ~ *ground* terrain *m* d'exercice; **2.** ✕ (faire) faire l'exercice (*a. fig.*); *v/t.* forer; percer; buriner (*une dent*); ✔ semer en rayons.

drill² [~], **drill·ing** ['~iŋ] *tex.* coutil *m*, treillis *m*.

drink [driŋk] **1.** boire *m*; boisson *f*; consommation *f*; *in* ~ ivre; **2.** [*irr.*] *vt/i.* boire; *v/i.* être adonné à la boisson; ~ *s.o.'s health* boire à la santé de q.; ~ *away* boire; ~ *in* absorber; ~ *to* boire à; ~ *off*, ~ *out*, ~ *up* vider; achever de boire; avaler; '**drink·a·ble** buvable; potable (*eau*).

drink·ing ['driŋkiŋ] boire *m*; *fig.* boisson *f*; ivrognerie *f*; '~-**bout** ribote *f*; '~-**foun·tain** borne-fontaine (*pl.* bornes-fontaines) *f*; poste *m* d'eau potable; '~-**song** chanson *f* à boire; '~-**wa·ter** eau *f* potable.

drip [drip] **1.** (d')égouttement *m*; goutte *f*; F nouille *f* (*personne*); 🎗 (*be on the* ~ avoir le) goutte-à-goutte *m/inv.*; **2.** (laisser) tomber goutte à goutte; *v/i.* dégoutter; ~*ping wet* trempé; '**drip·ping** (d')égouttement *m*; *cuis.* ~s *pl.* graisse *f* (de rôti).

drive [draiv] **1.** promenade *f* en voiture; course *f*; avenue *f*; *tennis:* drive *m*; *cartes:* tournoi *m*; *sp.* coup *m* droit; *mot.* prise *f*; traction *f*; ⊕ attaque *f*; commande *f*; propulsion *f*; *chasse:* battue *f*; *fig.* énergie *f*; urgence *f*; *Am.* campagne *f* de propagande; **2.** [*irr.*] *v/t.* chasser, pousser; conduire; faire marcher; surmener; exercer (*un métier*); contraindre (à, [*in*]to); (*a.* ~ *away*) éloigner; *v/i.* chasser; ⚓ dériver; *chasse:* battre un bois; *mot.* rouler; ~ *at* viser (*qch.*); travailler à (*qch.*) sans relâche; ~ *on v/t.* pousser; *v/i.* continuer sa route; ~ *up* to s'approcher de (*qch.*) en voiture.

drive-in *Am.* ['draiv'in] *usu. attr.* (restaurant *m ou* cinéma *m*) où l'on accède en voiture.

driv·el ['drivl] **1.** baver; **2.** bave *f*; F baliverne *f/pl.*

driv·en ['drivn] *p.p. de* drive 2.

driv·er ['draivə] conducteur (-trice f) m (a. mot.); 🚋 mécanicien m; tramway: wattman (pl. -men) m; ⊕ poinçon m, heurtoir m (d'une soupape); Am. ~'s license permis m de conduire.

drive·way ['draivwei] allée f; entrée f (pour voitures).

driv·ing ['draiviŋ] conduite f etc.; attr. de transmission; conducteur (-trice f); a. fig. ~ force force f motrice ou agissante; fig. a. moteur m; ~ instructor moniteur m de conduite; ~ licence permis m de conduire; ~ mirror rétroviseur m; ~ school auto-école f; '~·belt courroie f de commande; '~·gear transmission f; '~·wheel roue f motrice.

driz·zle ['drizl] 1. bruine f; 2. bruiner.

droll [droul] (adv. drolly) drôle; 'droll·er·y drôlerie f.

drom·e·dar·y zo. ['drʌmədəri] dromadaire m.

drone¹ [droun] 1. zo. faux bourdon m; fig. fainéant m; 2. fainéanter.

drone² [~] 1. bourdonnement m; 2. bourdonner; parler d'un ton monotone.

drool [dru:l] 1. baver; F radoter; 2. Am. F radotage m.

droop [dru:p] v/t. baisser; laisser pendre; v/i. pendre; languir; s'affaisser; (se) pencher; 'droop·ing □ (re)tombant; (a)baissé; languissant.

drop [drɔp] 1. goutte f; bonbon: pastille f; chute f; pendant m; échafaud: trappe f; théâ. rideau m d'entracte; ✝ baisse f; Am. F get (ou have) the ~ on prendre (q.) au dépourvu; ~ light lampe f suspendue; 2. v/t. lâcher; laisser tomber (qch., une question, la voix); mouiller (l'ancre); lancer (une bombe); jeter à la poste (une lettre); verser (des larmes); laisser (un sujet); glisser (un mot à q.); laisser échapper (une remarque); déposer (un passager); baisser (la voix, les yeux, le rideau); supprimer (une lettre, une syllabe); abattre (le gibier); tirer (une révérence); perdre (de l'argent); ~ s.o. a line écrire un mot à q.; F ~ it! assez!; v/i. tomber; dégoutter; s'égoutter; s'abaisser (terrain); se laisser tomber (dans un fauteuil); baisser (prix, température); se calmer; ~ in entrer

en passant (à, chez at, [up]on); attraper (q., [up]on s.o.); ~ off tomber, se détacher; F s'endormir; ~ out v/t. omettre; v/i. tomber dehors; renoncer; rester en arrière; **drop·let** ['drɔplit] gouttelette f; 'drop·ping dégouttement m; abandon m; ~s pl. fiente f (d'animaux); 'drop-scene théâ. toile f de fond; rideau m d'entracte; fig. dernier acte m.

drop·si·cal □ ['drɔpsikl] hydropique; 'drop·sy hydropisie f.

dross [drɔs] scories f/pl.; déchet m; fig. rebut m.

drought [draut] sécheresse f; 'drought·y aride, sec (sèche f).

drove [drouv] 1. troupeau m (de bœufs) (en marche); fig. bande f, foule f; 2. prét. de drive 2; 'dro·ver conducteur m ou marchand m de bestiaux.

drown [draun] v/t. noyer (a. fig.); submerger; étouffer, couvrir (un son); v/i. (ou be ~ed) se noyer; être noyé.

drowse [drauz] v/i. somnoler, s'assoupir; v/t. assoupir; 'drow·si·ness somnolence f; 'drow·sy somnolent, assoupi; soporifique.

drub [drʌb] battre, rosser; 'drub·bing volée f de coups; F tripotée f.

drudge [drʌdʒ] 1. fig. cheval m de bât; esclave mf; 2. peiner; mener une vie d'esclave; 'drudg·er·y travail m ingrat; fig. esclavage m.

drug [drʌg] 1. drogue f; stupéfiant m; be a ~ in the market être invendable; ~ abuse abus m des drogues; ~ pusher (ou peddler) revendeur (-euse f) m de stupéfiants; ~ traffic(king) trafic m des stupéfiants; 2. v/t. donner ou administrer des stupéfiants à (q.); v/i. s'adonner aux stupéfiants; **drug·gist** ['drʌgist] Am., a. écoss. pharmacien m; **drug·gist's shop,** Am. **'drug·store** pharmacie f; Am. p.ext. débit m de boissons non alcoolisés et de casse-croûte.

drum [drʌm] 1. tambour m (a. ⊕); tonneau m; anat. tympan m; 2. battre du tambour; tambouriner (a. fig.); '~·fire ✕ tir m de barrage; '~·head peau f de tambour; 'drum·mer tambour m; Am. F commis m voyageur; 'drum·stick baguette f de tambour; cuis. pilon m.

drunk [drʌŋk] 1. p.p. de drink 2;

2. ivre, soûl (de, *with*); get ~ s'enivrer, se soûler; **drunk·ard** ['ʌəd] ivrogne(sse) m; '**drunk·en** ivre; ~ *driving* conduite f en état d'ivresse; '**drunk·en·ness** ivresse f, ivrognerie f.

drupe ♀ [druːp] drupe m.

dry [drai] **1.** □ *usu.* sec (sèche f) (F a. = *prohibitionniste*); aride (*sujet, terrain*); tari; à sec (*maçonnerie, puits, etc.*); mordant, caustique (*esprit*); be ~ F avoir le gosier sec; ∮ ~ *cell* pile f sèche; ~ *goods pl.* F *Am.* tissus m/pl.; articles m/pl. de nouveauté; **2.** *Am.* F prohibitionniste; **3.** *vt/i.* sécher; *v/t.* faire sécher; essuyer (*les yeux*); *v/i.* (*a.* ~ *up*) tarir, se dessécher; F ~*up!* taisez-vous!

dry·ad ['draiəd] dryade f.

dry-clean ['drai'kliːn] nettoyer à sec; '**dry-'clean·ing** nettoyage m à sec.

dry...: '~*-nurse* **1.** nourrice f sèche; **2.** élever au biberon; '~*-'rot* carie f sèche; *fig.* désintégration f; '~*-'shod* à pied sec.

du·al □ ['djuːəl] **1.** double; jumelé (*pneus*); **2.** *gramm.* duel m; '**du·al·ism** dualité f; *phls.* dualisme m.

dub [dʌb] adouber (*q.*); donner l'accolade à; F qualifier (*q.*) de (*qch.*); préparer (*le cuir*) avec le dégras; *cin.* doubler; **dub·bing** ['~iŋ] *hist.* adoubement m; (*a.* **dub·bin** ['~in]) dégras m.

du·bi·ous □ ['djuːbjəs] douteux (-euse f); incertain (de of, *about, over*); '**du·bi·ous·ness** incertitude f.

du·cal ['djuːkl] de duc; ducal (-aux m/pl.).

duc·at ['dʌkət] ducat m.

duch·ess ['dʌtʃis] duchesse f.

duch·y ['dʌtʃi] duché m.

duck¹ [dʌk] canard m; cane f; *Am. sl.* type m, individu m; *cricket:* zéro m; ⚔ camion m amphibie.

duck² [~] **1.** plongeon m; courbette f; box. esquive f; **2.** plonger dans l'eau; faire (faire) une courbette; *v/t. Am.* éviter; *v/i.* F partir, quitter.

duck³ F [~] (mon) petit chou m; poulet(te f) m; chat(te f) m.

duck⁴ [~] toile f fine (*pour voiles*).

duck·ling ['dʌkliŋ] caneton m.

duck·y F ['dʌki] **1.** *see duck³*; **2.** mignon(ne f); chic *inv. en genre*.

duct [dʌkt] conduit m; ♀, *anat.* canal m.

duc·tile □ ['dʌktail] malléable; *fig. a.* docile; **duc·til·i·ty** [~'tiliti] malléabilité f; *fig.* souplesse f.

dud *sl.* [dʌd] **1.** ⚔ obus m non éclaté; type m nul; raté m; chèque m sans provision; fausse monnaie f; crétin m; ~s *pl.* frusques f/pl.; **2.** faux (fausse f); *sl.* moche.

dude *Am.* [djuːd] gommeux m; *Am.* ~ *ranch* ranch m d'opérette.

dudg·eon ['dʌdʒn] colère f.

due [djuː] **1.** échu; exigible; mérité; *in* ~ *time* en temps utile; *the train is* ~ *at* le train arrive *ou* doit arriver à; *in* ~ *course* en temps et lieu; be ~ *to* être dû (due f) à, être causé par; be ~ *to* (*inf.*) devoir (*inf.*); *Am.* être sur le point de (*inf.*); ✝ *fall* ~ échoir, venir à échéance; ~ *date* échéance f; **2.** *adv.* ⚓ droit; ~ *east* est franc, droit vers l'est; **3.** *th.* m; droit m; *usu.* ~s *pl.* droits m/pl.; frais m/pl.; cotisation f.

du·el ['djuːəl] **1.** duel m; **2.** se battre en duel; '**du·el·list** duelliste m.

du·et(t) [djuːet] duo m.

duf·fel ['dʌfl] ~ *bag* sac m marin; ~ *coat* duffel-coat m.

duff·er F ['dʌfə] cancre m; *sp.* maladroit(e f) m.

dug [dʌg] **1.** *prét. et p.p. de dig* 1; **2.** mamelle f; '~*-out* ⚔ abri m (*blindé*); *canot:* pirogue f; *Am. baseball:* (*sorte de*) fosse f où se tiennent les joueurs en attendant leur tour. [*duché* m; *titre* m de duc.)

duke [djuːk] duc m; '**duke·dom**)

dull [dʌl] **1.** □ terne (*a. style*), mat (*couleur*); sans éclat (*œil*); atone (*regard*); dur (*oreille*); peu sensible (*ouïe*); sourd (*bruit, douleur*); lourd (*esprit, temps*); sombre (*temps*); émoussé (*ciseau*); ✝ inactif (-ive f) (*marché*); triste, ennuyeux (-euse f); ⚓ calme; **2.** *v/t.* émousser; assourdir; ternir; amortir (*une douleur*); engourdir (*l'esprit*); hébéter (*q.*); *v/i.* se ternir; s'engourdir; **dull·ard** ['~əd] lourdaud(e f) m; '**dull·ness** manque m d'éclat *ou* de tranchant; lenteur f de l'esprit; dureté f (d'*oreille*); tristesse f, ennui m; bruit m sourd; ✝ marasme m, inactivité f.

du·ly ['djuːli] *see due* 1; dûment; convenablement; en temps voulu.

dumb □ [dʌm] muet(te f); interdit; *Am.* F sot(te f); bête; *deaf and* ~ sourd(e f)-muet(te f); *see show* 2;

strike ~ rendre muet; ~**-waiter** meu-ble: servante f; Am. monte-plats m/inv.; '~**-bell** haltère m e; Am. sl. imbécile m f; ~'**found** F interdire; abasourdir; '**dumb·ness** mutisme m; silence m.

dum·my ['dʌmi] chose f factice; mannequin m; fig. muet(te f) m; fig. homme m de paille; fig. sot(te f) m; cartes: mort m; sucette f (de bébé); attr. faux (fausse f); factice; ~ whist whist m avec un mort.

dump [dʌmp] 1. déposer (a. fig.); jeter (des ordures); décharger, vider; ✝ écouler à perte, faire du dumping; fig. laisser lourdement; 2. coup m sourd; tas m; ✗ etc.: halde f; chantier m; décharge f; dépôt m (de vivres, a. ✗ de munitions); (a. refuse ~) voirie f; see ~**ing**; fig. ~**s** pl. cafard m; '**dump·ing** basculement m; dépôt m; ✝ dumping m; '**dump·ing-ground** (lieu m de) décharge f; dépotoir m (a. fig.); '**dump·ling** boulette f (a. fig.); '**dump·y** trapu, replet (-ète f).

dun¹ [dʌn] 1. brun foncé; 2. (cheval m) gris louvet m.

dun² [~] 1. demande f pressante; créancier m importun; 2. importuner, harceler (un débiteur); ~**ning letter** demande f pressante.

dunce [dʌns], **dun·der·head** ['dʌndəhed] F crétin(e f) m; lourdaud(e f) m.

dune [djuːn] dune f; ~ **buggy** buggy m.

dung [dʌŋ] 1. fiente f; ✗ engrais m; 2. fumer (un champ).

dun·geon ['dʌndʒən] cachot m.

dung·hill ['dʌŋhil] fumier m.

dunk Am. F [dʌŋk] v/t. tremper (dans son café etc.); v/i. faire la trempette.

du·o ['djuːou] duo m.

du·o·dec·i·mal [djuːou'desiml] duodécimal (-aux m/pl.); **du·o'dec·i·mo** [~mou] typ. in-douze m/inv.

dupe [djuːp] 1. dupe f; 2. duper, tromper; '**dup·er·y** duperie f.

du·plex ⊕ ['djuːpleks] double; tél. duplex; Am. maison f comprenant deux appartements indépendants.

du·pli·cate 1. ['djuːplikit] 1. double; en double; 2. double m; cin., phot. contretype m; 3. ['~keit] reproduire; copier; **du·pli·ca·tion** [~'keiʃn] reproduction f; dédoublement m; '**du·pli·ca·tor** duplicateur

m; **du·plic·i·ty** [djuː'plisiti] duplicité f; mauvaise foi f.

du·ra·bil·i·ty [djuərə'biliti] durabilité f; stabilité f; ⊕ résistance f; '**du·ra·ble** □ durable; résistant; '**dur·ance** poét. captivité f; **du·ra·tion** [~'reiʃn] durée f.

du·ress(e) ✝✝ [djuə'res] contrainte f, violence f; captivité f.

dur·ing ['djuəriŋ] prp. pendant.

durst [dəːst] prét. de dare.

dusk [dʌsk] demi-jour m/inv.; crépuscule m; (a. '**dusk·i·ness**) obscurité f; '**dusk·y** □ obscur, sombre; noirâtre; brun foncé (teint); moricaud.

dust [dʌst] 1. poussière f; 2. épousseter (a. une pièce); saupoudrer (de, with); '~**bin** boîte f à ordures; poubelle f; '~**bowl** Am. étendue f désertique et inculte (États de la Prairie); '~**cart** tombereau m aux ordures; '~**cloak**, '~**coat** cache-poussière m/inv.; '**dust·er** torchon m; chiffon m; ♣ F pavillon m; Am. cache-poussière m/inv.; '**dust·i·ness** état m poudreux ou poussiéreux; '**dust·ing** sl. raclée f, frottée f; '**dust·jack·et** Am. livre: jaquette f; '**dust·man** boueur m F marchand m de sable; '**dust·pan** pelle f à ordures ou à poussière; '**dust·up** F querelle f; scène f; '**dust·y** □ poussiéreux (-euse f), poudreux (-euse f).

Dutch [dʌtʃ] 1. hollandais, de Hollande ~ **courage** courage m puisé dans la bouteille; Am. F ~ **treat** repas m où chacun paie sa part; go ~ (with s.o.) partager les frais (avec q.); Am. F in ~ (with s.o.) en défaveur (auprès de q.); 2. ling. hollandais m; the ~ pl. les Hollandais m/pl.; double ~ baragouin m; F hébreu m; '**Dutch·man** Hollandais m; '**Dutch·wom·an** Hollandaise f.

du·ti·a·ble ['djuːtjəbl] taxable; F déclarable; **du·ti·ful** □ ['~tiful] respectueux (-euse f); soumis, obéissant; '**du·ti·ful·ness** soumission f, obéissance f.

du·ty ['djuːti] devoir m (envers, to); respect m; obéissance f; fonction f, -s f/pl.; douane etc.: droit m, -s m/pl.; service m; on ~ de service; off ~ libre; ~ **call** visite f obligée ou de politesse; in ~ **bound** de (mon) devoir; do ~ **for** remplacer; fig. servir de; '~-'**free** exempt de droits.

du·vet ['dju:vei] édredon *m*.

dwarf [dwɔ:f] **1.** nain(e *f*) *m*; **2.** rabougrir; *fig.* rapetisser; **'dwarf·ish** □ (de) nain; chétif (-ive *f*); **'dwarf·ish·ness** nanisme *m*; petite taille *f*.

dwell [dwel] [*irr.*] habiter; demeurer (dans, à); se fixer; ~ (*up*)*on* s'étendre sur, insister sur; **'dwell·ing** demeure *f*; **'dwell·ing-house** maison *f* d'habitation.

dwelt [dwelt] *prét. et p.p de dwell*.

dwin·dle ['dwindl] diminuer; dépérir; se réduire (à, [*in*]to); **'dwin-dling** diminution *f*.

dye [dai] **1.** teint(ure *f*) *m*; *fig.* of deepest ~ fieffé; endurci; **2.** teindre; **'dy·er** teinturier *m*; **'dye-stuff** matière *f* colorante; **'dye-works** *usu. sg.* teinturerie *f*.

dy·ing ['daiiŋ] (*see die*[1]) **1.** mourant, moribond; **2.** mort *f*.

dy·nam·ic [dai'næmik] **1.** (*a.* **dy-'nam·i·cal** □) dynamique; **2.** force *f* dynamique; **dy'nam·ics** *usu. sg.* dynamique *f*; **dy·na·mite** ['dainəmait] **1.** dynamite *f*; **2.** faire sauter à la dynamite; **'dy·na·mit·er** dynamiteur *m*; **dy·na·mo** ['dainəmou] dynamo *f*.

dy·nas·tic [di'næstik] (~*ally*) dynastique; **dy·nas·ty** ['dinəsti] dynastie *f*.

dyne *phys.* [dain] dyne *f*.

dys·en·ter·y 🐟 ['disntri] dysenterie *f*.

dys·lex·i·a [dis'leksiə] dyslexie *f*.

dys·pep·sia 🐟 [dis'pepsiə] dyspepsie *f*; **dys'pep·tic** (~*ally*) dyspepsique, dyspeptique (*a. su./mf*).

E

E, e [i:] E *m*, e *m*.

each [i:tʃ] *adj.* chaque; *pron.* chacun (-e *f*); ~ other l'un(e) l'autre, les un(e)s les autres; *devant verbe:* se; they cost a shilling ~ ils coûtent un shilling chacun.

ea·ger □ ['i:gə] passionné; avide (de after, for); *fig.* vif (vive *f*); acharné; **'ea·ger·ness** ardeur *f*; vif désir *m*; empressement *m*.

ea·gle ['i:gl] aigle *mf*; pièce *f* de 10 dollars; **ea·glet** ['i:glit] aiglon *m*.

ea·gre ['eigə] mascaret *m*.

ear¹ [iə] *blé:* épi *m*.

ear² [~] oreille *f*; *sens:* ouïe *f*; ⊕ anse *f*; be all ~s être tout oreilles; *surt. Am.* keep an ~ to the ground se tenir aux écoutes; play by ~ ♪ jouer à l'oreille; *fig.* décider quoi faire le moment venu; turn a deaf ~ to faire la sourde oreille à; **~ache** ['iəreik] mal *m* ou maux *m/pl.* d'oreille; **~deaf·en·ing** ['~defniŋ] assourdissant; **'~drum** *anat.* tympan *m*.

earl [ə:l] comte *m* (*d'Angleterre*); ♀ Marshal grand maréchal *m*; **earl·dom** ['~dəm] comté *m*.

ear·li·ness ['ə:linis] heure *f* peu avancée; précocité *f*.

ear·lobe ['iəloub] lobe *m*.

ear·ly ['ə:li] **1.** *adj.* matinal (-aux *m/pl.*); premier (-ère *f*); précoce; be an ~ bird être matinal, se lever de bonne heure; *Brit.* it's ~ closing (day) today aujourd'hui les magasins sont fermés l'après-midi; ~ life jeunesse *f*; ✕ ~ warning system système *m* de pré-alerte; **2.** *adv.* de bonne heure; tôt; as ~ as dès; pas plus tard que.

ear...: **'~mark 1.** *bétail:* marque *f* à l'oreille; *fig.* marque *f* distinctive; **2.** marquer (*les bestiaux*) à l'oreille; *fig.* faire une marque distinctive à; affecter (*qch. à une entreprise*); réserver (*une somme*); **'~muffs** *pl.* protège-oreilles *m/inv.*, cache-oreilles *m/inv.*

earn [ə:n] gagner; acquérir (de, for); ~ed income revenu *m* du travail.

ear·nest¹ ['ə:nist] (*a.* ~-money) arrhes *f/pl.*; garantie *f*, gage *m*.

ear·nest² [~] **1.** sérieux (-euse *f*); sincère; délibéré; **2.** sérieux *m*; be in ~ être sérieux; **'ear·nest·ness** (caractère *m*) sérieux *m*; ardeur *f*.

earn·ings ['ə:niŋz] *pl.* gages *m/pl.*, salaire *m*; gain *m*; profits *m/pl.*

ear...: **'~phones** *pl.* radio: casques *m/pl.* (d'écoute); **'~pick** cure-oreille *m*; **'~piece** *téléph.* écouteur *m*; **'~pierc·ing** qui vous perce les oreilles; **'~plugs** *pl.* boules *f/pl.* Quiès (*TM*) *f* d'oreille; **'~shot** portée *f* de la voix; within ~ à portée de voix; **'~split·ting** assourdissant; à vous fendre les oreilles.

earth [ə:θ] **1.** terre *f* (*a.* ⚡); sol *m*; monde *m*; *renard etc.:* terrier *m*; radio: (*a.* earth-connection) contact *m* à la terre; **2.** *v/t.* ⚡ relier à la terre *ou* mot. à la masse; ⚡ ~ up butter, terrer; *v/i.* se terrer; **'earth·en** de *ou* en terre; **'earth·en·ware** poterie *f*; **'earth·i·ness** nature *f* terreuse; **'earth·ing** ⚡ mise *f* à la terre (*mot.* à la masse); **'earth·li·ness** nature *f* terrestre; mondanité *f*; **'earth·ly** terrestre; F imaginable; no ~ pas le *ou* la moindre; **'earth·quake** tremblement *m* de terre; **'earth·worm** lombric *m*; *fig.* piètre personnage *m*; **'earth·y** terreux (-euse *f*); de terre; *fig.* grossier (-ère *f*); terre à terre *inv.*

ear...: **'~trum·pet** cornet *m* acoustique; **'~wax** cérumen *m*.

ease [i:z] **1.** repos *m*, bien-être *m*, aise *f*; tranquillité *f* (*d'esprit*); soulagement *m*; loisir *m*; oisiveté *f*; manières: aisance *f*; facilité *f*; simplicité *f*; at ~ tranquille; à son etc. aise; ill at ~ mal à l'aise; ✕ stand at ~! repos!; take one's ~ prendre ses aises; with ~ facilement; live at ~ vivre à l'aise; **2.** adoucir, soulager (*la douleur*), calmer; ⚓ larguer (*une amarre*), mollir (*une barre*); débarrasser (de, of); it ~d the situation la situation se détendit; **∼** *nature* faire ses besoins; **ease·ful** □ ['∼ful] tranquille; calmant; doux (douce *f*).

ea·sel ['i:zl] chevalet *m*.

ease·ment ⚖ ['i:zmənt] *charges:* servitude *f*.

eas·i·ness ['i:zinis] commodité *f*, bien-être *m*; aisance *f*; facilité *f*; douceur *f*; complaisance *f*; **∼** *of belief* facilité *f* à croire.

east [i:st] **1.** *su.* est *m*, orient *m*; *the* ♈ *Am.* les États *m/pl.* de l'Est (*des É.-U.*); **2.** *adj.* d'est, de l'est; oriental (-aux *m/pl.*); **3.** *adv.* à *ou* vers l'est; **'∼·bound** (allant) en direction de l'est.

East·er ['i:stə] Pâques *m/pl.*; *attr.* de Pâques; **∼** *egg* œuf *m* de Pâques.

east·er·ly ['i:stəli] de *ou* à l'est; **east·ern** ['i:stən] de l'est; oriental (-aux *m/pl.*); **'east·ern·er** oriental(e *f*) *m*; habitant(e *f*) *m* de l'est; **east·ern·most** ['i:stənmoust] *le* plus à l'est.

east·ing ⚓ ['i:stiŋ] chemin *m* est; route *f* vers l'est.

east·ward ['i:stwəd] **1.** *adj.* à *ou* de l'est; **2.** *adv. a.* **east·wards** ['∼dz] vers l'est.

eas·y □ ['i:zi] **1.** à l'aise; tranquille; aisé (*air, style, tâche*); libre; facile (*personne, style, tâche*); doux (douce *f*); ample (*vêtement*); † calme; in **∼** *circumstances* dans l'aisance; *Am.* on **∼** *street* très à l'aise, F bien renté; ✝ on **∼** *terms* avec facilités de paiement; *make o.s.* **∼** se rassurer (*sur, about*); *take it* **∼**! doucement; ✗ *Brit.* stand **∼** repos!; **2.** halte *f*; **∼** *chair* fauteuil *m*; bergère *f*; **'∼-go·ing** *fig.* accommodant; insouciant; d'humeur facile.

eat [i:t] **1.** [*irr.*] *v/t.* manger; déjeuner, dîner, souper; prendre (*un plat*); **∼** *up* manger jusqu'à la dernière miette; consumer; dévorer (*a. fig.*); *v/i.* manger; déjeuner etc.; **∼** *out* manger au restaurant; **2.** *Am. sl.* **∼** *s pl.* manger *m*; mangeaille *f*; **'eat·a·ble 1.** mangeable; **2.** **∼** *s pl.* comestibles *m/pl.*; **'eat·en** *p.p.* de eat 1; **'eat·er** mangeur (-euse *f*) *m*; be a great (poor) **∼** être gros (petit) mangeur; **'eat·ing** manger *m*; **'eat·ing-house** restaurant *m*.

eaves [i:vz] *pl.* avance *f*, gouttières *f/pl.*; **'∼·drop** écouter à la porte,

être aux écoutes; **'∼·drop·per** écouteur (-euse *f*) *m* aux portes.

ebb [eb] **1.** (*a.* **∼·tide**) reflux *m*; *fig.* déclin *m*; *at a low* **∼** très bas; **2.** baisser (*a. fig.*); refluer; *fig.* décroître; être sur le déclin.

eb·on·ite ['ebənait] ébonite *f*; **'eb·on·y** (bois *m* d')ébène *f*.

e·bri·e·ty [i:'braiəti] ivresse *f*.

e·bul·li·ent [i'bʌljənt] bouillonnant; *fig.* débordant (de, *with*); **eb·ul·li·tion** [ebə'liʃn] ébullition *f*; *surt. fig.* débordement *m*; insurrection *f*.

ec·cen·tric [ik'sentrik] **1.** (*a.* **ec'cen·tri·cal** □) excentrique (*a. fig.*); *fig.* original (-aux *m/pl.*); ⊕ excentrique *m*; original(e *f*) *m*; **ec·cen·tric·i·ty** [eksen'trisiti] excentricité *f*.

ec·cle·si·as·tic [ikli:zi'æstik] **1.** †, *usu.* **ec·cle·si·as·ti·cal** □ ecclésiastique; **2.** ecclésiastique *m*.

ech·e·lon ✗ ['eʃələn] **1.** échelon *m*; **2.** échelonner.

e·chi·nus *zo.* [e'kainəs] oursin *m*.

ech·o ['ekou] **1.** écho *m*; **2.** *v/t.* répéter; *fig.* se faire l'écho de; *v/i.* faire écho; retentir; **'∼·sound·er** ['∼saundə] sondeur *m* acoustique.

é·clat [ei'klɑ:] éclat *m*, gloire *f*.

ec·lec·tic [ek'lektik] éclectique (*a. su./mf*); **ec'lec·ti·cism** [∼tisizm] éclectisme *m*.

e·clipse [i'klips] **1.** éclipse *f* (*a. fig.*); *fig.* ombre *f*; *in* **∼** éclipsé; *orn.* dans son plumage d'hiver; **2.** *v/t.* éclipser; *v/i.* être éclipsé; **e'clip·tic** *astr.* écliptique (*a. su./f*).

ec·logue ['eklɔg] églogue *f*.

e·co·cid·al ['i:kou'saidl] nuisible à l'environnement; **e·co·cide** ['∼said] destruction de l'environnement.

e·co·log·i·cal [i:kə'lɔdʒikl] écologique; **e·col·o·gist** [i:'kɔlədʒist] écologiste *mf*; **e'col·o·gy** écologie *f*; **∼** *movement* mouvement *m* écologique, écologisme *m*.

e·co·nom·ic, e·co·nom·i·cal □ [i:kə'nɔmik(l)] économique; économe (*personne*); *economic aid* aide *f* économique; **∼** *growth* croissance *f* économique; **∼** *summit* sommet *m* économique; **e·co'nom·ics** *sg.* économie *f* politique; **e·con·o·mist** [i'kɔnəmist] économiste *m*; personne *f* économe (qch.); **e·con·o·mize** [i'kɔnəmaiz] économiser (qch. *in, on, with s.th.*); **e'con·o·my** économie *f*; économies *pl.* économies *f|pl.*; épargnes *f|pl.*; *political* ~ économie *f* politique; ~ *class* classe *f* touriste; ~ *drive* (mesures *f|pl. ou* campagne *f* de) restrictions *f|pl.*; ~ *pack* paquet *m* économique.

e·co·sys·tem ['i:kousistəm] écosystème *m*.

ec·sta·size ['ekstəsaiz] *v|t.* ravir; *v|i.* s'extasier (devant, *over*); **'ec·sta·sy** transport *m*; extase *f* (*religieuse etc.*); *go into ecstasies* s'extasier (devant, *over*); **ec·stat·ic** [eks'tætik] (*~ally*) extatique.

e·cu·men·i·cal [i:kju:'menikl] œcuménique.

ec·ze·ma ⚕ ['eksimə] eczéma *m*.

e·da·cious [i'deiʃəs] vorace.

ed·dy ['edi] **1.** remous *m*; tourbillon *m*; **2.** faire des remous; tourbillonner.

e·den·tate *zo.* [i'denteit] édenté (*a. su./m*).

edge [edʒ] **1.** tranchant *m*; angle *m*; crête *f*; *livre*, *shilling*: tranche *f*; *forêt*: lisière *f*, orée *f*; *étoffe*, *table*, *lac*, *etc.*: bord *m*; *be on* ~ être nerveux (-euse *f*); *surt. Am.* F *have the* ~ *on* être avantagé par rapport à; *put an* ~ *on* aiguiser; *lay on* ~ mettre de champ; *set s.o.'s teeth on* ~ faire grincer les dents à q.; *énerver* q.; *stand on* ~ mettre de champ; **2.** *v|t.* aiguiser; border; *v|i.* (se) faufiler; ~ *in* (se) glisser dans; ~ *forward* avancer tout doucement; ~ *off v|t.* amincir; *v|i. fig.* s'écarter tout doucement; **edged** [edʒd] tranchant, acéré; *à ... tranchant(s)*.

edge ...: '~·**less** dépourvu de bords; émoussé; '~·**tool** outil *m* tranchant; '~·**ways**, '~·**wise** de côté; de *ou* sur champ.

edg·ing ['edʒiŋ] bordure *f*; *robe*: liséré *m*, ganse *f*.

edg·y ['edʒi] anguleux (-euse *f*); F énervé, agacé.

ed·i·ble ['edibl] **1.** bon(ne *f*) à manger; **2.** ~*s pl.* comestibles *m|pl.*

e·dict ['i:dikt] édit *m*.

ed·i·fi·ca·tion [edifi'keiʃn] édification *f*; **ed·i·fice** ['~fis] édifice *m*; **ed·i·fy** ['~fai] édifier; **'ed·i·fy·ing** ☐ édifiant.

ed·it ['edit] éditer (*un livre*); diriger (*un journal*, *une série*); **e·di·tion** [i'diʃn] édition *f*; *fig.* double *m*; **ed·i·tor** ['editə] éditeur *m*; direc-

teur *m*; rédacteur *m* en chef; *letters pl. to the* ~ courrier *m* des lecteurs; **ed·i·to·ri·al** [~'tɔ:riəl] **1.** éditorial (-aux *m|pl.*) (*a. su./m*); ~ *office* (bureau *m* de) rédaction *f*; ~ *staff* la rédaction *f*; **2.** article *m* de fond; **ed·i·tor·ship** ['~təʃip] direction *f*; travail *m* d'éditeur.

ed·u·cate ['edjukeit] instruire; pourvoir à l'instruction de; former; éduquer (*un animal*); **ed·u·ca·tion** éducation *f*; enseignement *m*; instruction *f*; *elementary* ~ enseignement *m* primaire; *secondary* ~ enseignement *m* secondaire; *Ministry of* ~ Ministère *m* de l'Éducation nationale; **ed·u·ca·tion·al** ☐ d'enseignement; pédagogique; ~ *film* film *m* éducatif; ~ *policy* politique *f* d'enseignement; **ed·u·ca·tion·(al)·ist** [~'keiʃn(ə)list] pédagogue *mf*; spécialiste *mf* de pédagogie; **ed·u·ca·tive** ['~kətiv] *see educational*; **ed·u·ca·tor** ['~keitə] éducateur (-trice *f*) *m*.

e·duce [i'dju:s] dégager (*a.* 🜄); déduire; évoquer.

e·duc·tion [i'dʌkʃn] extraction *f*; déduction *f*; ⊕ échappement *m*.

eel [i:l] anguille *f*.

e'en [i:n] *see even*[1] 2.

e'er [ɛə] *see ever*.

ee·rie, ee·ry ['iəri] mystérieux (-euse *f*); étrange; qui donne le frisson.

ef·face [i'feis] effacer (*a. fig.*); *fig.* éclipser; **ef'face·a·ble** effaçable; **ef'face·ment** effacement *m*.

ef·fect [i'fekt] **1.** effet *m*; action *f* (*a.* ⊕); conséquence *f*; vigueur *f* (*d'une loi*); réalisation *f*; sens *m*, teneur *f*; ~*s pl.* effets *m|pl.* (*théâ.*, *a. d'un mort*); 🜨 provision *f*; *bring to* ~ exécuter; *take* ~, *be of* ~ produire un effet; entrer en vigueur; *deprive of* ~ rendre ineffectif (-ive *f*); *of no* ~ sans effet, inefficace; *in* ~ en effet; en réalité; *to the* ~ *portant* (*que*, *that*); *to this* ~ dans ce sens; **2.** réaliser, effectuer; *be* ~*ed* s'opérer, intervenir; **ef'fec·tive 1.** ☐ efficace; utile; effectif (-ive *f*) (*a.* ⊕); 🜨 en vigueur; *fig.* frappant; ✗, ⚓ valide; ⊕ *capacity* rendement *m*; ~ *date* date *f* d'entrée en vigueur; ~ *range* portée *f* utile; **2.** ✗ *usu.* ~*s pl.* effectifs *m|pl.*; **ef'fec·tu·al** [~juəl] efficace; valide;

en vigueur; **ef·fec·tu·ate** [~jueit] effectuer; réaliser.

ef·fem·i·na·cy [i'feminəsi] caractère *m* efféminé; **ef·fem·i·nate** [~nit] □ efféminé.

ef·fer·vesce [efə'ves] entrer en effervescence, mousser; **ef·fer·'ves·cence** effervescence *f*; **ef·fer·'ves·cent** effervescent; ~ **drink** boisson *f* gazeuse.

ef·fete [e'fiːt] caduc (-uque *f*); épuisé.

ef·fi·ca·cious □ [efi'keiʃəs] efficace; **ef·fi·ca·cy** ['ₓkəsi] efficacité *f*.

ef·fi·cien·cy [e'fiʃnsi] efficacité *f*; capacité *f*; valeur *f*; ⊕ rendement *m*; bon fonctionnement *m*; *Am.* ~ *expert* expert *m* de l'organisation rationnelle (*de l'industrie*); **ef·fi·cient** [~ʃnt] □ efficace; effectif (-ive *f*); à bon rendement.

ef·fi·gy [e'fidʒi] effigie *f*.

ef·flo·resce [eflɔː'res] ♣ fleurir (*a. fig.*); 🜍 (s')effleurir; **ef·flo·'res·cence** efflorescence *f* (*a.* 🜍); fleuraison *f*; **ef·flo·'res·cent** florescent; ♣ en fleur.

ef·flu·ence ['efluəns] émanation *f*, effluence *f*; **ef·flu·ent** 1. effluent (*a. su./m.*); 2. cours *m* d'eau dérivé; **ef·flu·vi·um** [e'fluːvjəm], *pl.* **-vi·a** [~vjə] exhalaison *f*; effluve *f*; **ef·flux** ['eflʌks] flux *m*, écoulement *m*.

ef·fort ['efət] effort *m* (*pour inf., at gér.*); ♿ œuvre *f*; **ef·fort·less** □ sans effort; facile.

ef·fron·ter·y [e'frʌntəri] effronterie *f*; *fig.* toupet *m*.

ef·ful·gence [e'fʌldʒns] splendeur *f*; éclat *m*; **ef·ful·gent** □ resplendissant.

ef·fuse [e'fjuːz] (se) répandre; **ef·fu·sion** [i'fjuːʒn] effusion *f*, épanchement *m* (*a. fig.*); **ef·fu·sive** □ [~siv] expansif (-ive *f*); **ef·fu·sive·ness** effusion *f*; volubilité *f*.

eft [eft] *see* newt.

egg[1] [eg] (*usu.* ~ *on*) pousser, inciter.

egg[2] [~] œuf *m*; *buttered* (*ou scrambled*) ~*s* *pl.* œufs *m/pl.* brouillés; *boiled* ~*s pl.* œufs *m/pl.* à la coque; *fried* ~*s pl.* œufs *m/pl.* sur le plat; *sl. bad* ~ vaurien *m*, bon *m* à rien; *as sure as* ~*s* aussi sûr que deux et deux font quatre; **'~-beat·er** batteur *m* à œufs; **'~-cup** coquetier *m*; **'~-flip**, **'~-nog** flip *m*; **'~-head** *Am. sl.* intellectuel *m*; **'~-plant**

aubergine *f*; **'~-shell** coquille *f*; **'~-whisk** fouet *m* (à œufs).

eg·lan·tine ♣ ['egləntain] églantine *f*; *buisson:* églantier *m*.

e·go ['egou] *le* moi; **e·go·cen·tric** [~'sentrik] égocentrique; **'e·go·ism** égotisme *m*; culte *m* du moi; *phls.* égoïsme *m*; **'e·go·ist** égotiste *mf*; égoïste *mf*; **e·go·is·tic, e·go·is·ti·cal** □ égotiste; *fig.* vaniteux (-euse *f*); **e·go·tism** ['egoutizm] égotisme *m*; **e·go·tist** égotiste *mf*; **e·go·tis·tic, e·go·tis·ti·cal** □ égotiste.

e·gre·gious *iro.* □ [i'griːdʒəs] insigne; fameux (-euse *f*).

e·gress ['iːgres] sortie *f*, issue *f*; ⊕ échappement *m*.

e·gret ['iːgret] *orn.* aigrette *f* (*a.* ♣); héron *m* argenté.

E·gyp·tian [i'dʒipʃn] 1. égyptien(ne *f*); 2. Égyptien(ne *f*) *m*.

eh [ei] eh!; hé!; hein?

ei·der ['aidə] (*a.* ~-duck) eider *m*; **'~-down** duvet *m* d'eider; (*a.* ~ *quilt*) édredon *m* piqué.

eight [eit] 1. huit; 2. huit *m*; ♿ équipe *f* de huit rameurs; huit *m* de pointe; *Am. fig. behind the* ~ *ball* dans une position précaire; **eight·een** ['ei'tiːn] dix-huit; **'eight·'eenth** [~θ] dix-huitième; **'eight·fold** octuple; *adv.* huit fois autant; **eighth** [eitθ] huitième (*a. su./m.*); **'eighth·ly** en huitième lieu; **eight-'hour day** ['~'auədei] journée *f* de huit heures; **eight·i·eth** ['~iiθ] quatre-vingtième; **'eight·y** quatre-vingt(s); ~-*two* quatre-vingt-deux; ~-*first* quatre-vingt-unième.

ei·ther ['aiðə, 'iːðə] 1. *adj.* chaque; l'un(e *f*) et l'autre de; l'un(e *f*) ou l'autre de; 2. *pron.* chacun(e *f*); l'un(e *f*) et ou l'autre; l'un(e *f*) ou l'autre; 3. *cj.* ~ ... *or* ... ou ... ou ...; soit ... soit ...; *not* (...) ~ ne ... non plus.

e·jac·u·late [i'dʒækjuleit] éjaculer; lancer; proférer; **e·jac·u·la·tion** ♣, *eccl.* éjaculation *f*; exclamation *f*.

e·ject [i'dʒekt] émettre; expulser (*un agitateur, un locataire*); **e·jec·tion** *flammes:* jet *m*, expulsion *f*; éviction *f*; **e·ject·ment** 🜍 réintégrande *f*; expulsion *f*; **e·jec·tor** ⊕ éjecteur *m*.

eke [iːk]: ~ *out* suppléer à l'insuffisance de (*en y ajoutant, with*); allonger (*un liquide*); faire du remplissage (avec, *with*); ~ *out a* *miserable existence* gagner une maigre pitance.

el *Am.* F [el] *abr. de* elevated 2.

e·lab·o·rate 1. [i'læbərit] □ compliqué; travaillé (*style*); recherché; soigné; 2. [~reit] élaborer (*a. physiol.*) (en, *into*); travailler (*son style*); **e'lab·o·rate·ness** [~ritnis] soin *m*, minutie *f*; **e·lab·o·ra·tion** [~'reiʃn] élaboration *f*.

e·lapse [i'læps] (se) passer; s'écouler.

e·las·tic [i'læstik] 1. (~ally) élastique (*a. fig.*); flexible; *he is* ~ *il a du ressort*; 2. élastique *m*; **e·las·tic·i·ty** [~'tisiti] élasticité *f*; souplesse *f*; *fig.* ressort *m*.

e·late [i'leit] 1. □ élevé (*usu.* ~ed) transporté (de, *with*); 2. exalter, transporter; **e'la·tion** exaltation *f*; gaieté *f*.

el·bow ['elbou] 1. coude *m* (*a.* ⊕); *route*: tournant *m*; ⊕ genou *m*, jarret *m*; *at one's* ~ tout à côté; tout près; *out at* ~s troué aux coudes; *fig.* déguenillé; 2. coudoyer; pousser du coude; ~ *one's way through* se frayer un passage à travers; ~ *out* évincer (de, *of*); '~·**chair** fauteuil *m*; '~·**grease** F huile *f* de bras (= *travail, énergie*); '~·**room** *have* ~ avoir du champ.

eld·er[1] ['eldə] 1. plus âgé, aîné; *cartes*: ~ *hand* premier *m* en main; ~ *statesman* vétéran *m* de la politique, homme *m* d'État chevronné; 2. plus âgé(e) *f*; aîné(e) *f*; *eccl.* ancien *m*; *my* ~s *pl.* mes aînés *m/pl.*

el·der[2] ♀ [~] sureau *m*; '~·**ber·ry** baie *f* de sureau.

eld·er·ly ['eldəli] assez âgé.

eld·est ['eldist] aîné.

e·lect [i'lekt] 1. élu (*a. eccl.*); futur; *bride* ~ la future *f*; 2. élire; *eccl.* mettre parmi les élus; choisir (de *inf.*, *to inf.*); **e'lec·tion** élection *f*; ~ *address ou speech* discours *m* électoral; **e·lec·tion·eer** [~ʃə'niə] solliciter des voix; **e·lec·tion'eer·ing** propagande *f* électorale; **e'lec·tive** 1. □ électif (-ive *f*); électoral (-aux *m/pl.*); *Am. univ. etc.* facultatif (-ive *f*); 2. *Am.* cours *m ou* sujet *m* facultatif; **e'lec·tive·ly** par choix; **e'lec·tor** électeur *m*; *Am.* membre du Collège électoral; **e'lec·tor·al** électoral (-aux *m/pl.*); ~ *address ou speech* discours *m* électoral; ~ *campaign*

campagne *f* électorale; ~ *district ou division* circonscription *f* électorale; ~ *roll* liste *f* électorale; **e'lec·tor·ate** [~rit] corps *m* électoral; votants *m/pl.*; **e'lec·tress** électrice *f*.

e·lec·tric [i'lektrik] électrique; *fig.* électrisant; ⚡ ~ *arc* arc *m* voltaïque; ~ *blue* bleu électrique; ~ *circuit* circuit *m*; *zo.* ~ *eel* anguille *f* électrique; ~ *eye* cellule *f* photoélectrique; **e'lec·tri·cal** □ électrique; ~ *engineer* ingénieur *m* électricien; ~ *engineering* technique *f* électrique; **e·lec·tri·cian** [~'triʃn] (monteur-)électricien *m*; **e·lec·tric·i·ty** [~siti] électricité *f*; ~ *works* centrale *f* électrique; **e·lec·tri·fi·ca·tion** [~fi'keiʃn] électrisation *f*; ⓺ électrification *f*; **e'lec·tri·fy** [~fai], **e'lec·trize** électriser (*a. fig.*); ⓺ électrifier.

electro... [ilektrou] électro-; **e'lec·tro·cute** [~trəkju:t] électrocuter; **e·lec·tro·cu·tion** électrocution *f*; **e'lec·trode** [~troud] électrode *f*; **e'lec·tro·dy'nam·ics** *usu. sg.* électrodynamique *f*; **e·lec·tro·lier** [~'liə] lustre *m* électrique; **e'lec·tro·lyse** [~trolaiz] électrolyser; **e·lec·trol·y·sis** [~'trolisis] électrolyse *f*; **e'lec·tro'mag·net** électro-aimant *m*; **e·lec·tro·met·al·lur·gy** électrométallurgie *f*; **e'lec·tro'mo·tor** électromoteur *m*.

e·lec·tron [i'lektron] électron *m*; *attr.* à électrons, électronique; ~ *ray tube* oscillographe *m* cathodique; **e·lec'tron·ic** 1. électronique; ~ *data processing* traitement électronique de(s) données; 2. ~s *sg.* électronique *f*.

e·lec·tro·plate [i'lektroupleit] 1. plaquer; argenter; 2. articles *m/pl.* argentés *ou* plaqués; **e·lec·tro·type** [i'lektrotaip] électrotype *m*; (cliché *m*) galvano *m*.

e·lec·tu·ar·y ♣ [i'lektjuəri] électuaire *m*.

el·e·gance ['eligəns] élégance *f*; **'el·e·gant** □ élégant; *Am.* excellent.

el·e·gi·ac [eli'dʒaiək] élégiaque.

el·e·gy ['elidʒi] élégie *f*.

el·e·ment ['elimənt] élément *m* (*a.* ⚡, *eccl., temps, fig.*); partie *f*; 🦎 corps *m* simple; ~s *pl.* rudiments *m/pl.*, éléments *m/pl.*; **el·e·men·tal** [~'mentl] □ élémentaire; des éléments; *fig.* premier (-ère *f*); **el·e-**

'men·ta·ry [⁓təri] □ élémentaire; simple; ⁓ school école f primaire.

el·e·phant ['elifənt] éléphant m (mâle, femelle); white ⁓ objet m inutile qui occupe trop de place; el·e·phan·tine [⁓'fæntain] éléphantin; éléphantesque; fig. lourd.

el·e·vate ['eliveit] élever; lever; relever; 'el·e·vat·ed 1. élevé, haut; F un peu ivre; 2. (a. ⁓ railroad ou train) Am. F chemin m de fer aérien; el·e-'va·tion élévation f (a. ⊕, △, astr., eccl., colline); altitude f, hauteur f; fig. noblesse f; 'el·e·va·tor ⊕ élévateur m; Am. ascenseur m; ✈ gouvernail m d'altitude; Am. (grain) ⁓ silo m à élévateur pneumatique; Am. ⁓ shaft cage f d'ascenseur.

e·lev·en [i'levn] onze (a. su./m); e'lev·en·ses Brit. F [⁓ziz] pause-café f, (pl. pauses-café), casse-croûte m/inv. dans la matinée; e'lev·enth [⁓θ] onzième.

elf [elf], pl. elves [elvz] elfe m; lutin(e f) m; elf·in ['⁓in] d'elfe, de lutin; 'elf·ish des elfes, de lutin; espiègle (enfant); [tir; obtenir.)

e·lic·it [i'lisit] faire jaillir, faire sor-)

e·lide gramm. [i'laid] élider.

el·i·gi·bil·i·ty [elidʒə'biliti] acceptabilité f; éligibilité f; 'el·i·gi·ble □ admissible; éligible; F bon(ne f) (parti), acceptable; be ⁓ for a. avoir droit à (qch.).

e·lim·i·nate [i'limineit] éliminer (surt. ⚗, △, ⚙); supprimer; e·lim-i'na·tion élimination f.

e·li·sion [i'liʒn] gramm. élision f.

é·lite [ei'li:t] élite f, (fine) fleur f, choix m; 'é·lit·ist [⁓ist] élitiste, élitaire.

e·lix·ir [i'liksə] élixir m.

E·liz·a·be·than [ilizə'bi:θn] élisabéthain.

elk zo. [elk] élan m.

ell hist. [el] aune f; aunée f (de drap).

el·lipse ⅍ [i'lips] ellipse f; gramm. el'lip·sis [⁓sis], pl. -ses [⁓si:z] ellipse f; el'lip·tic, el'lip·ti·cal □ elliptique.

elm ♀ [elm] orme m.

el·o·cu·tion [elə'kju:ʃn] élocution f, diction f; el·o'cu·tion·ar·y de diction; oratoire; el·o'cu·tion·ist déclamateur m; professeur m d'élocution.

e·lon·gate ['i:lɔŋgeit] (s')allonger; e·lon'ga·tion allongement m; prolongement m; astr. élongation f.

e·lope [i'loup] s'enfuir (avec un amant); ⁓ with se faire enlever par; e'lope·ment fuite f amoureuse; enlèvement m (consenti).

e·lo·quence ['eləkwəns] éloquence f; 'el·o·quent □ éloquent.

else [els] 1. adv. autrement; ou bien; 2. adj. autre; encore; all ⁓ tout le reste; anyone ⁓ quelqu'un d'autre; what ⁓? quoi encore?; or ⁓ ou bien; 'else'where ailleurs.

e·lu·ci·date [i'lu:sideit] éclaircir, élucider; e·lu·ci'da·tion éclaircissement m, élucidation f; e'lu·ci·da·to·ry [⁓təri] éclaircissant.

e·lude [i'lu:d] éviter; échapper à; éluder (une question).

e·lu·sion [i'lu:ʒn] esquive f; évasion f; e'lu·sive [⁓siv] insaisissable; évasif (-ive f) (réponse); e'lu·sive·ness nature f insaisissable; caractère m évasif; e'lu·so·ry [⁓səri] évasif (-ive f).

elves [elvz] pl. de elf.

E·ly·si·um [i'liziəm] l'Élysée m.

em typ. [em] cadratin m.

e·ma·ci·ate [i'meiʃieit] amaigrir; émacier; e·ma·ci·a·tion [imeisi-'eiʃn] amaigrissement m, émaciation f.

em·a·nate ['eməneit] émaner (de, from); em·a'na·tion émanation f (a. phys., a. fig.); effluve m.

e·man·ci·pate [i'mænsipeit] émanciper; affranchir; e·man·ci'pa·tion émancipation f; affranchissement m; e'man·ci·pa·tor émancipateur (-trice f) m; affranchisseur m.

e·mas·cu·late 1. [i'mæskjuleit] émasculer, châtrer (a. un texte); efféminer (le style); 2. [⁓lit] émasculé, châtré; énervé; e·mas·cu·la·tion [⁓'leiʃn] émasculation f.

em·balm [im'ba:m] embaumer (a. fig.); fig. parfumer; be ⁓ed in fig. être perpétué par ou dans.

em·bank [im'bæŋk] endiguer; remblayer (une route); em'bank·ment endiguement m; remblayage m; digue f; talus m; remblai m; quai m.

em·bar·go [em'ba:gou] 1. pl. -goes [⁓gouz] embargo m, séquestre m, arrêt m; put an ⁓ on fig. interdire; 2. mettre l'embargo sur, séquestrer (un navire etc.); réquisitionner.

em·bark [im'bɑ:k] (s')embarquer (*a. fig.* dans, [*up*]*on*); *v/t.* prendre (*qch.*) à bord; *v/i.*: ~ (*up*)*on s.th.* entreprendre qch.; **em·bar·ka·tion** [emba:'keiʃn] embarquement *m.*
em·bar·rass [im'bærəs] embarrasser, gêner; déconcerter; ~*ed* embarrassé, gêné; dans l'embarras; **em'bar·rass·ing** □ embarrassant; gênant; **em'bar·rass·ment** embarras *m*, gêne *f.*
em·bas·sy ['embəsi] ambassade *f.*
em·bat·tle ⚔ [im'bætl] ranger en bataille; ~*d* crénelé. [châsser.]
em·bed [im'bed] enfoncer; en-}
em·bel·lish [im'beliʃ] embellir, orner; enjoliver (*un conte*); **em'bel·lish·ment** embellissement *m*, ornement *m*; enjolivure *f.*
em·ber-days ['embədeiz] *pl. les* Quatre-Temps *m/pl.*
em·bers ['embəz] *pl.* cendres *f/pl.* ardentes; *fig.* cendres *f/pl.*
em·bez·zle [im'bezl] détourner, s'approprier; **em'bez·zle·ment** détournement *m* de fonds; **em'bez·zler** détourneur *m* de fonds.
em·bit·ter [im'bitə] remplir d'amertume; envenimer (*une querelle etc.*).
em·bla·zon(**·ry**) [im'bleizn(ri)] *see blazon*(*ry*).
em·blem ['embləm] emblème *m*; *sp.* insigne *m*; ▧ devise *f*; **em·blem·at·ic, em·blem·at·i·cal** □ [embli'mætik(l)] emblématique.
em·bod·i·ment [im'bɔdimənt] incorporation *f*; personnification *f*; incarnation *f*; **em'bod·y** incarner; personnifier; incorporer (dans, *in*); réaliser; ⚔ rassembler. [*in*).]
em·bog [im'bɔg] embourber (dans,}
em·bold·en [im'bouldn] enhardir.
em·bo·lism ⚕ ['embəlizm] embolie *f.*
em·bos·om [im'buzəm] cacher dans son sein; serrer contre son sein.
em·boss [im'bɔs] graver en relief; repousser (*du métal, du cuir*); **em'bossed** gravé en relief; repoussé, estampé.
em·bow·el [im'bauəl] éventrer.
em·brace [im'breis] **1.** *v/t.* embrasser (*a. une carrière*); saisir, profiter de (*une occasion*); adopter (*une cause, une philosophie*); contenir (dans, *in*); comprendre; envisager tous les aspects de; *v/i.* s'embrasser; **2.** étreinte *f.*
em·bra·sure [im'breiʒə] embrasure *f.*
em·bro·cate ['embrokeit] frictionner (à, *with*); **em·bro'ca·tion** embrocation *f.*
em·broi·der [im'brɔidə] broder (*a. fig.*); **em'broi·der·y** broderie *f* (*a. fig.*).
em·broil [im'brɔil] brouiller; embrouiller; **em'broil·ment** brouillement *m*; embrouillement *m*; brouille *f* (*entre personnes*).
em·bry·o ['embriou] **1.** embryon *m*; *in* ~ embryonnaire; F en herbe; **2.** (*ou* **em·bry·on·ic** [~'ɔnik]) *fig.* F en germe.
em·bus [im'bʌs] *v/t.* embarquer en autobus; *v/i.* s'embarquer dans un autobus.
em·cee F [em'si:] animateur (-trice *f*) *m*, présentateur (-trice *f*) *m.*
e·men·da·tion [i:men'deiʃn] émendation *f*; correction *f*; **'e·men·da·tor** correcteur *m*; **e'mend·a·to·ry** [~dətəri] rectificatif (-ive *f*).
em·er·ald ['emərəld] **1.** émeraude *f*; **2.** vert d'émeraude.
e·merge [i'mə:dʒ] émerger, surgir, déboucher (de, *from*); *fig.* apparaître, surgir; **e'mer·gence** émergence *f*; **e'mer·gen·cy** urgence *f*; cas *m* imprévu; circonstance *f* critique; ~ *brake* frein *m* de secours; *téléph.* ~ *call* appel *m* urgent; ~ *exit* sortie *f* de secours; ~ *fund* masse *f* de secours; ~ *house* habitation *f* provisoire; ✈ ~ *landing* atterrissage *m* forcé; ~ *man* ouvrier *m* supplémentaire; remplaçant *m*; ~ *measure* mesure *f* extraordinaire; ~ *number* police-secours *f*; ~ *service* service *m* des urgences; **e'mer·gent 1.** émergent; surgissant; **2.** résultat *m.*
e·mer·sion [i'mə:ʃn] émersion *f.*
em·er·y ['eməri] émeri *m*; ~ **board** lime *f* émeri; '~**-pa·per** papier *m* d'émeri.
e·met·ic [i'metik] émétique (*a su./m*).
em·i·grant ['emigrənt] émigrant(e *f*) (*a. su./mf*); **em·i·grate** ['~greit] (faire) émigrer; **em·i'gra·tion** émigration *f*; **em·i·gra·to·ry** ['~grətəri] émigrant.
em·i·nence ['eminəns] éminence *f* (*titre*: ♀); grandeur *f*; élévation *f*; monticule *m*; saillie *f*; **'em·i·nent**

□ *fig.* éminent, célèbre (pour *in*, *for*); **'em·i·nent·ly** par excellence.

em·is·sar·y ['emisəri] émissaire *m*; **e·mis·sion** [i'mi∫n] émission *f* (*a. phys.*, ✝); lancement *m*.

e·mit [i'mit] dégager; lancer; laisser échapper; émettre (*une opinion*, *a.* ✝). [(*a. su.*/*m*).]

e·mol·li·ent [i'mɔliənt] émollient *f*.)

e·mol·u·ment [i'mɔljumənt] émolument *m*; ~s *pl.* appointements *m*/*pl.*

e·mo·tion [i'mou∫n] émotion *f*; émoi *m*; **e'mo·tion·al** □ émotionnable; facile à émouvoir; ✇ émotif (-ive *f*); **e·mo·tion·al·i·ty** [~'næliti] émotivité *f*; **e'mo·tive** émotif (-ive *f*); émouvant.

em·pan·el [im'pænl] inscrire (*q.*) sur la liste du jury.

em·per·or ['empərə] empereur *m*.

em·pha·sis ['emfəsis], *pl.* **-ses** [~si:z] force *f*; accentuation *f*; insistance *f*; accent *m* (*a. gramm.*); **em·pha·size** ['~saiz] accentuer; appuyer sur; souligner; faire ressortir; **em·phat·ic** [im'fætik] (~ally) énergique; explicite (-ive *f*); autoritaire; *be* ~ *that* faire valoir que.

em·pire ['empaiə] empire *m*.

em·pir·ic [em'pirik] **1.** empirique *m*, empiriste *m*; *péj.* charlatan *m*; **2.** (*usu.* **em'pir·i·cal** □) empirique.

em·place·ment ✕ [im'pleismənt] emplacement *m*. [en avion.]

em·plane [im'plein] (faire) monter)

em·ploy [im'plɔi] **1.** employer; faire usage de; ~ *oneself* s'occuper (à *in*, *on*, *for*); **2.** emploi *m*; *in the* ~ *of* au service de; **em·ploy·é** [ɔm'plɔiei] employé *m*; **em·ploy·ee** [~] employé *f*; **em·ploy·ee** [em-plɔi'i:] employé (*e f*) *m*; ~s' *spokesman* porte-parole *m* des employés; **em·ploy·er** [im'plɔiə] patron(ne *f*) *m*; maître(sse *f*) *m*; employeur *m*; **em·ploy·ment** emploi *m*; occupation *f*; situation *f*, place *f*; travail *m*; ~ *agency* bureau *m* de placement; *full* ~ plein(-)emploi *m*; *place of* ~ emploi *m*; bureau *m*, atelier *m etc.*; ♀ *Exchange* Bourse *f* du Travail.

em·po·ri·um [em'pɔ:riəm] entrepôt *m*; marché *m*; F grand magasin *m*.

em·pow·er [im'pauə] autoriser; donner (plein) pouvoir à (*q.*) (pour *inf.*, *to inf.*); rendre capable (de *inf.*, *to inf.*).

em·press ['empris] impératrice *f*.

emp·ti·er ['emptiə] videur *m*; **'emp·ti·ness** vide *m*; *fig.* néant *m*, vanité *f*; **'emp·ty** □ **1.** vide; *fig.* vain; F creux (creuse *f*), affamé; **2.** (se) vider; (se) décharger; **3.** bouteille *f* ou *caisse f ou* ✝ emballage *m* vide; **'emp·ty-hand·ed** les mains vides; *return* ~ *a.* revenir bredouille.

em·pur·ple [im'pə:pl] empourprer.

e·mu *orn.* ['i:mju:] émeu *m*.

em·u·late ['emjuleit] imiter; rivaliser avec; **em·u·la·tion** émulation *f*; **'em·u·la·tive** ['~lətiv] qui tente de rivaliser (avec, *of*); **em·u·la·tor** ['~leitə] émule *mf*; **'em·u·lous** □ émulateur (-trice *f*) (de, *of*).

e·mul·sion ♫ [i'mʌl∫n] émulsion *f*.

en·a·ble [i'neibl] rendre capable, mettre à même (de, *to*); donner pouvoir à (*q.*) (de *inf.*, *to inf.*).

en·act [i'nækt] décréter (*une loi*, *une mesure*); *théâ.* jouer, représenter; *be* ~*ed* se dérouler; **en'ac·tive** décrétant; représentant; **en'act·ment** promulgation *f*; loi *f*; décret *m*.

en·am·el [i'næml] **1.** émail (*pl.* -*aux*) *m*; (peinture *f* au) vernis *m*; F ripolin *m*; **2.** émailler; peindre au ripolin; *poét.* embellir, orner.

en·am·o·u·r [i'næmə] rendre amoureux (-euse *f*); ~*d* épris, amoureux (-euse *f*) (de, *of*).

en·cage ✕ [in'keidʒ] mettre en cage.

en·camp ✕ [in'kæmp] camper; **en·'camp·ment** camp(ement) *m*.

en·case [in'keis] enfermer (dans, *in*); F revêtir (de, *with*); **en'case·ment** revêtement *m*; enveloppe *f*.

en·cash·ment ✝ [in'kæ∫mənt] recette *f*; encaissement *m*.

en·caus·tic [en'kɔ:stik] encaustique (*a. su./f*).

en·chain [in't∫ein] enchaîner.

en·chant [in't∫a:nt] ensorceler; *fig.* enchanter, ravir; **en'chant·er** enchanteur *m*; **en'chant·ing** ravissant; **en'chant·ment** enchantement *m*; **en'chant·ress** enchanteresse *f*.

en·chase [in't∫eis] enchâsser (*a. fig.*); sertir (*une pierre précieuse*); graver; incruster.

en·ci·pher [in'saifə] chiffrer.

en·cir·cle [in'sə:kl] ceindre; entourer; *surt.* ✕ envelopper; **en·'cir·cle·ment** *pol.* encerclement *m*.

en·close [in'klouz] enclore; entourer; renfermer; joindre (à une lettre, *in a letter*); *eccl.* cloîtrer; ~d herewith sous ce pli, ci-joint; **en·clo·sure** [~ʒə] clôture *f* (*a. eccl.*); (en)clos *m*; ✝ pièce *f* annexée *ou* jointe.

en·code [in'koud] chiffrer.

en·co·mi·ast [en'koumiæst] panégyriste *m*; **en·co·mi·um** [~mjən] panégyrique *m*, éloge *m*.

en·com·pass [in'kʌmpəs] entourer; renfermer.

en·core [ɔŋ'kɔː] 1. bis!; 2. bisser; crier bis; 3. bis *m*.

en·coun·ter [in'kauntə] 1. rencontre *f*; duel *m*; combat *m*; *fig.* assaut *m* (*d'esprit*); 2. rencontrer; éprouver (*des difficultés*); affronter.

en·cour·age [in'kʌridʒ] encourager; inciter; aider, soutenir; favoriser; **en·cour·age·ment** encouragement *m*; **en·cour·ag·er** celui (celle *f*) qui encourage.

en·croach [in'kroutʃ] empiéter (sur, [up]on), léser (les droits de *q.*); ~ upon s.o.'s kindness abuser de la bonté de q.; **en·croach·ment** ([up]on) empiétement *m* (sur); anticipation *f* (sur), usurpation *f* (de).

en·crust [in'krʌst] (s')incruster.

en·cum·ber [in'kʌmbə] encombrer (de, with); gêner; grever (*une propriété*); **en·cum·brance** embarras *m*; charge *f* (*a. fig.*); servitude *f*; without ~ sans charges de famille.

en·cy·clo·p(a)e·di·a [ensaiklo'piːdiə] encyclopédie *f*; **en·cy·clo·'p(a)e·dic** encyclopédique.

end [end] 1. bout *m*, extrémité *f*; fin *f*; limite *f*; but *m*, dessein *m*; be at an ~ être au bout (de qch., of s.th.); être fini; no ~ of une infinité de, infiniment de, ... sans nombre; have s.th. at one's fingers' ~s savoir qch. sur le bout du doigt; in the ~ à la fin, enfin; à la longue; on ~ de suite; debout; stand on ~ se dresser (sur la tête); to the ~ that afin que (*sbj.*), afin de (*inf.*); to no ~ en vain; to this ~ dans ce but; make an ~ of, put an ~ to mettre fin à, achever; make both ~s meet joindre les deux bouts; s'en tirer; 2. finir, (se) terminer, (s')achever.

en·dan·ger [in'deindʒə] mettre en danger.

en·dear [in'diə] rendre cher; en-

'dear·ing qui rend sympathique; attirant; **en'dear·ment** (*ou* term of ~) mot *m* tendre; attrait *m*.

en·deav·o(u)r [in'devə] 1. effort *m*, tentative *f*; 2. (to inf.) essayer (de inf.); chercher (à inf.); s'efforcer (de inf.).

en·dem·ic ✽ [en'demik] 1. (*a.* en·'dem·i·cal □) endémique; 2. maladie *f* endémique.

end·ing ['endiŋ] fin *f*; achèvement *m*; *gramm.* terminaison *f*.

en·dive ♣ ['endiv] chicorée *f*; *a.* endive *f*.

end·less □ ['endlis] sans fin (*a.* ⊕); infini; continuel(le *f*).

end-of-term [endəv'tɜːm] *école:* de fin de semestre.

en·dorse ✝ [in'dɔːs] endosser (*un document*); mentionner (*qch.*) au verso de; avaliser (*un effet*); viser (*un passeport*); *fig.* appuyer; endorsing ink encre *f* à tampon; **en·dor·see** ✝ [dɔː'siː] endossataire *mf*; **en·dorse·ment** [in'dɔːsmənt] ✝ endos(sement) *m*; *fig.* approbation *f*; adhésion *f*; **en·dors·er** ✝ endosseur *m*.

en·dow [in'dau] doter (*une église etc.*); fonder; *fig.* douer (*de*); **en'dow·ment** dotation *f*; fondation *f*; *fig.* don *m* (= qualité); ~ assurance assurance *f* à terme fixe.

en·due [in'djuː] revêtir (*un vêtement*; *q.* de, with); *usu. fig.* investir; douer.

en·dur·a·ble [in'djuərəbl] supportable; **en'dur·ance** endurance *f*, résistance *f*; patience *f*; past ~ insupportable; ~ flight vol *m* d'endurance; ~ run course *f* d'endurance; **en·dure** [in'djuə] *v/t.* supporter, souffrir (*qch.*); *v/i.* durer, rester, persister.

end·way(s) ['endwei(z)], **end·wise** ['~waiz] debout; bout à bout.

en·e·ma ✽ ['enimə] lavement *m*; irrigateur *m*.

en·e·my ['enimi] 1. ennemi(e *f*) *m*; the ♀ le diable *m*; *sl.* how goes the ~? quelle heure est-il?; 2. ennemi(e *f*).

en·er·get·ic [enə'dʒetik] (~ally) énergique; **'en·er·gize** stimuler; ⚡ aimanter; amorcer (*un dynamo*); **'en·er·gy** énergie *f* (*a.* phys.); force *f*; vigueur *f*; ~ crisis crise *f* de l'énergie; **'en·er·gy-sav·ing** qui économie de l'énergie, à faible consommation d'énergie.

en·er·vate ['enə:veit] énerver, affaiblir; **en·er'va·tion** affaiblissement *m*; mollesse *f*.

en·fee·ble [in'fi:bl] affaiblir; **en-'fee·ble·ment** affaiblissement *m*.

en·feoff [in'fef] investir d'un fief; inféoder (*une terre*); **en'feoff·ment** inféodation *f*.

en·fi·lade ✗ [enfi'leid] **1.** enfilade *f*; **2.** battre d'enfilade.

en·fold [in'fould] envelopper.

en·force [in'fɔ:s] faire valoir (*un argument*); exécuter (*une loi*); rendre effectif (-ive *f*); faire observer; imposer (à *q.*, *upon s.o.*); **en'force·ment** application *f*; exécution *f*; contrainte *f*; mise *f* en force.

en·fran·chise [in'fræntʃaiz] donner le droit de vote à (*q.*) *ou* de cité à (*une ville*); affranchir (*un esclave*); **en'fran·chise·ment** [⁓tʃizmənt] admission *f* au suffrage; affranchissement *m*.

en·gage [in'geidʒ] *v/t.* engager (*l'honneur*, *la parole*, *un domestique*); embaucher (*un ouvrier*); retenir, réserver, louer (*une place*); mettre en prise (*un engrenage*); fixer (*l'attention*); attaquer (*l'ennemi*); attirer (*l'affection*); be ⁓d être fiancé; être pris; être occupé (*a. téléph.*); be ⁓d in être occupé à; prendre part à; lier (*une conversation*); *v/i.* s'engager; s'obliger (à, *to*); s'embarquer (dans, *in*); ✗ livrer combat, en venir aux mains; **en'gaged sig·nal** *ou* **tone** *téléph.* signal *m* d'occupé *ou* pas libre; **en-gage·ment** engagement *m*; promesse *f*; poste *m*, situation *f*; rendezvous *m*; invitation *f*; fiançailles *f/pl.*; ⊕ mise *f* en prise; ✗ action *f*, combat *m*.

en·gag·ing □ [in'geidʒiŋ] *fig.* attrayant, séduisant.

en·gen·der [in'dʒendə] *fig.* faire naître; engendrer; produire.

en·gine ['endʒin] machine *f*, appareil *m*; 🚂 locomotive *f*; ⊕ moteur *m*; *fig.* engin *m*, instrument *m*; **'en·gined** ✗ à ... moteurs.

en·gine...: **'⁓-driv·er** 🚂 mécanicien *m*; **'⁓-fit·ter** ajusteur *m* mécanicien.

en·gi·neer [endʒi'niə] **1.** ingénieur *m*; *fig.* agenceur (-euse *f*) *m*, *péj.* machinateur (-trice *f*) *m*; ✗ soldat

m du génie, ⁓s *pl.* le génie *m*; ⚓ ingénieur *m* maritime; 🚂 *Am.* mécanicien *m*; **2.** construire; F machiner, manigancer; **en·gi'neer·ing** art *m* de l'ingénieur; génie *m*; technique *f*; construction *f* mécanique; F manœuvres *f/pl.*; *attr.* du génie; ⁓ college école *f* des arts et métiers.

en·gine·man ['endʒinmən] machiniste *m*; 🚂 mécanicien *m*; **en·gine-ry** ['⁓nəri] machines *f/pl.*; *fig.* machinations *f/pl.*

en·gird [in'gə:d] [*irr.* (*gird*)] ceindre (de, *with*).

Eng·lish ['iŋgliʃ] **1.** anglais; the ⁓ Channel la Manche; **2.** *ling.* anglais *m*; the ⁓ *pl.* les Anglais *m/pl.*; ⁓-speaking anglophone (*pays etc.*); qui parle anglais (*personne*); **'Eng-lish·man** Anglais *m*; **'Eng·lish-wom·an** Anglaise *f*.

en·gorge [in'gɔ:dʒ] dévorer, engloutir.

en·graft ⚊ [in'grɑ:ft] greffer (sur in[*to*], [*up*]*on*); *fig.* inculquer (à, *in*).

en·grain [in'grein] teindre grand teint; *fig.* enraciner; **en'grained** encrassé; enraciné.

en·grave [in'greiv] graver (*a. fig.*); **en'grav·er** *personne:* graveur *m*; *outil:* burin *m*; ⁓ on copper chalcographe *m*; **en'grav·ing** gravure *f* (*sur bois*, *acier*); estampe *f*.

en·gross [in'grous] écrire en grosse; rédiger; absorber (*l'attention*, *q.*); s'emparer de; ⁓ing hand écriture *f* en grosse; **en'gross·ment** 🏛 (rédaction *f* de la) grosse *f*; absorption *f* (dans, *in*).

en·gulf [in'gʌlf] *fig.* engloutir, engouffrer; be ⁓ed *a.* être sombré.

en·hance [in'hɑ:ns] rehausser; augmenter; relever; **en'hance·ment** rehaussement *m*; augmentation *f*; ♥ *prix:* hausse *f*.

e·nig·ma [i'nigmə] énigme *f*; **e·nig·mat·ic, e·nig·mat·i·cal** □ [enig'mætik(l)] énigmatique.

en·join [in'dʒɔin] enjoindre, imposer; recommander (à *q.*, [*up*]*on s.o.*); ⁓ *s.o. from* (*gér.*) interdire à q. de (*inf.*).

en·joy [in'dʒɔi] prendre plaisir à; goûter; jouir de; ⁓ *o.s.* s'amuser; se divertir; *I* ⁓ *my dinner* je trouve le dîner bon; **en'joy·a·ble** agréable; excellent; **en'joy·ment** plaisir *m*; 🏛 jouissance *f*.

en·kin·dle [in'kindl] allumer; *fig.* enflammer.

en·lace [in'leis] enlacer.

en·large [in'lɑːdʒ] *v/t.* agrandir (*a. phot.*); élargir; augmenter; *v/i.* s'agrandir, s'élargir, s'étendre (sur, [up]on); **en'large·ment** agrandissement *m* (*a. phot.*); élargissement *m*; accroissement *m*; **en'larg·er** *phot.* agrandisseur *m*.

en·light·en [in'laitn] *fig.* éclairer (q. sur qch., *s.o. on s.th.*); **en'light·en·ment** éclaircissements *m/pl.*

en·list [in'list] *v/t.* enrôler (*un soldat*); engager, rattacher (à, in); ✗ ~ed man (simple) soldat *m*; *v/i.* s'enrôler; s'engager (dans *in*).

en·liv·en [in'laivn] animer; *fig.* égayer, stimuler (*surt.* ✝).

en·mesh [in'meʃ] prendre dans un piège; empêtrer.

en·mi·ty ['enmiti] inimitié *f*.

en·no·ble [i'noubl] anoblir; *fig.* ennoblir.

e·nor·mi·ty [i'nɔːmiti] énormité *f*; **e'nor·mous** □ énorme.

e·nough [i'nʌf] assez; sure ~! assurement!; c'est bien vrai!; well ~ passablement; très bien; be kind ~ to (*inf.*) avoir la bonté de (*inf.*).

e·nounce [i'nauns] *see* enunciate.

en·quire [in'kwaiə] *see* inquire.

en·rage [in'reidʒ] enrager, rendre furieux (-euse *f*); **en'raged** furieux (-euse *f*) (contre, *at*).

en·rap·ture [in'ræptʃə] ravir.

en·rich [in'ritʃ] enrichir; ✓ fertiliser (*le sol*); **en'rich·ment** enrichissement *m*.

en·rol(l) [in'roul] *v/t.* immatriculer (*un étudiant*); inscrire (*dans une liste*); engager (*des ouvriers*); ✗ enrôler, encadrer; *v/i.* (*ou* ~ *o.s.*) s'engager; s'inscrire (à une société, *in a society*); se faire inscrire; **en'rol(l)·ment** enrôlement *m*; engagement *m*.

en route [ãːn'ruːt] en route.

en·sconce [in'skɔns] cacher; ~ *o.s.* se camper, se blottir (dans, in).

en·shrine [in'ʃrain] enchâsser (*a. fig.*) (dans, *in*).   [ensevelir.)

en·shroud [in'ʃraud] envelopper,)

en·sign ['ensain] étendard *m*, drapeau *m*; ⚓ ['ensn] pavillon *m*; *Am.* enseigne *m*.

en·si·lage ['ensilidʒ] **1.** ensil(ot)age *m*; **2.** (*a.* **en·sile** [in'sail]) ensil(ot)er.

en·slave [in'sleiv] réduire à l'esclavage; asservir; **en'slave·ment** asservissement *m*; **en'slav·er** *surt. fig.* ensorceleuse *f*.

en·snare [in'snɛə] prendre au piège (*a. fig.*); *fig.* séduire (*une femme*).

en·sue [in'sjuː] s'ensuivre (de *from*, on).

en·sure [in'ʃuə] (*against*, *from*) garantir (de), assurer (contre).

en·tab·la·ture △ [en'tæblətʃə] entablement *m*.

en·tail [in'teil] **1.** substitution *f*; bien *m* substitué; **2.** (*of*) substituer (*un bien*) (au profit de); entraîner (*des conséquences*) (pour); comporter (*des difficultés*) (pour).

en·tan·gle [in'tæŋgl] emmêler; enchevêtrer (*a. fig.*); *fig.* empêtrer; **en'tan·gle·ment** embrouillement *m*, enchevêtrement *m*; embarras *m*; ✗ barbelé *m*, -s *m/pl.*

en·ter ['entə] *v/t.* entrer dans, pénétrer dans; monter dans (*un taxi etc.*); inscrire, porter (*un nom*) dans une liste; entrer à (*l'armée, une école*); s'inscrire à (*une université etc.*); prendre part à (*une discussion, une querelle*); ✝ déclarer en douane, ✝ inscrire (*au grand livre*); faire (*des protestations*); dresser (*un animal*); ✝ ~ *up v/t.* inscrire (à un compte); *v/i.* entrer, s'inscrire, *sp.* s'engager (pour, *for*); entrer (à, *at school etc.*); ~ *into* entrer dans (*les affaires, les détails*); entrer en (*conversation*); prendre part à; partager (*des idées, des sentiments*); *fig.* contracter (*un mariage*), conclure (*un marché*); fournir (*des explications*); ~ (*up*)*on* entrer en (*fonctions*); entreprendre; embrasser (*une carrière*); entrer dans (*une année*); entamer (*un sujet*); s'engager dans (*qch.*); ⚖ entrer en possession de (*qch.*); *théâ.* ~ *Macbeth* entre Macbeth; **'en·ter·a·ble** ✝ importable; **'en·ter·ing** entrée *f*; inscription *f*; *attr.* d'entrée, d'attaque, de pénétration.

en·ter·ic ⚕ [en'terik] entérique; **en·ter·i·tis** [ˌentə'raitis] entérite *f*.

en·ter·prise ['entəpraiz] entreprise *f*; *fig.* initiative *f*; *private* ~ entreprise *f* privée; le secteur privé; **'en·ter·pris·ing** □ entreprenant.

en·ter·tain [entə'tein] *v/t.* amuser, divertir; recevoir (*des invités*); fêter; accepter, accueillir (*une proposition* *etc.*); entretenir (*la correspondance*); avoir (*des doutes, une opinion*); être animé de (*un sentiment*); *v/i.* recevoir, donner une réception; **en·ter'tain·er** hôte(sse *f*) *m*; comique *m*; diseu·r (-euse *f*) *m*; **en·ter'tain·ing** □ amusant, divertissant; **en·ter'tain·ment** hospitalité *f*; soirée *f*; spectacle *m*; divertissement *m*, *a.* accueil *m*; ~ *tax* taxe *f* sur les spectacles.

en·thral(l) [in'θrɔːl] asservir; *fig.* captiver, charmer.

en·throne [in'θroun] mettre sur le trône; introniser (*un roi, un évêque*); **en'throne·ment**, **en·thron·i·za·tion** [enθronai'zeiʃn] intronisation *f*.

en·thuse F [in'θjuːz] s'enthousiasmer (*de, pour about, over*).

en·thu·si·asm [in'θjuːziæzm] enthousiasme *m*; **en'thu·si·ast** [~æst] enthousiaste *mf* (*de, for*); **en·thu·si·as·tic** (~*ally*) enthousiaste (*de at, about*); passionné.

en·tice [in'tais] séduire, attirer; **en'tice·ment** séduction *f*; attrait *m*; **en'tic·er** séducteu·r (-trice *f*) *m*; **en'tic·ing** □ séduisant; attrayant.

en·tire [in'taiə] **1.** □ entier (-ère *f*) (*a. cheval*), complet (-ète *f*), tout; intact; **2.** entier *m*; totalité *f*; **en'tire·ly** entièrement, tout entier; du tout au tout; **en'tire·ness** intégralité *f*; **en'tire·ty** intégr(al)ité *f*.

en·ti·tle [in'taitl] intituler; donner à (*q.*) le droit (à, *to*).

en·ti·ty *phls.* ['entiti] entité *f*; *legal* ~ personne *f* juridique.

en·tomb [in'tuːm] ensevelir; **en'tomb·ment** ensevelissement *m*.

en·to·mol·o·gy *zo.* [entə'mɔlədʒi] entomologie *f*.

en·trails ['entreilz] *pl.* entrailles *f/pl.*

en·train ✗ [in'trein] (s')embarquer en chemin de fer.

en·trance[1] ['entrəns] entrée *f* (dans, *into*; *a.* en fonctions, *into* [*ou* upon] *office*); accès *m*; pénétration *f*; (*a.* ~ *fee*) prix *m* d'entrée; *théá.* entrée *f* en scène; ~ *examination* examen *m* d'entrée.

en·trance[2] [in'trɑːns] ravir, extasier.

en·trant ['entrənt] débutant(e *f*) *m*; *sp.* inscrit(e *f*) *m*.

en·trap [in'træp] prendre au piège;

amener (*q.*) par ruse (à *inf.*, *into gér.*).

en·treat [in'triːt] supplier, prier; demander instamment (à, *of*); **en'treat·y** prière *f*, supplication *f*.

en·trench ✗ [in'trentʃ] retrancher; ~ *upon* empiéter sur; **en'trench·ment** retranchement *m*.

en·tre·pre·neur [ɔntrəprə'nəː] entrepreneur (-euse *f*) *m*; **en·tre·pre·neur·i·al** [~'nəːriəl] des entrepreneurs.

en·trust [in'trʌst] confier (qch. à q., *s.th. to s.o.*); charger (q. de qch., *s.o. with s.th.*).

en·try ['entri] entrée *f*; inscription *f*; ⚖ prise *f* de possession, entrée *f* en jouissance (de, [*up*]*on*); † *comptabilité:* partie *f*, compte: article *m*; *sp.* liste *f* des inscrits; *sp.* inscription *f*; ⚓ élément *m* (*du journal*); *Am.* commencement *m*; *no* ~ entrée interdite; *rue:* sens interdit; ~ *permit* permis *m* d'entrée; ~ *visa* visa *m* d'entrée; *make an* ~ *of s.th.* passer qch. en écriture; *bookkeeping by double (single)* ~ tenue *f* des livres *ou* comptabilité *f* en partie double (simple).

en·twine [in'twain], **en·twist** [in'twist] (s')entrelacer.

e·nu·mer·ate [i'njuːməreit] énumérer; **e·nu·mer·a·tion** énumération *f*.

e·nun·ci·ate [i'nʌnsieit] prononcer, articuler; énoncer, exprimer (*une opinion*); **e·nun·ci·a·tion** prononciation *f*, articulation *f*; *opinion:* énonciation *f*; *problème:* énoncé *m*.

en·vel·op [in'veləp] envelopper (*a.* ✗); *fig.* voiler; **en·ve·lope** ['enviloup], *Am. a.* **en·vel·op** [in'veləp] enveloppe *f*; ⚕, *biol.* tunique *f*; *in an* ~ sous enveloppe; **en·vel·op·ment** [in'veləpmənt] enveloppement *m*; *biol.* enveloppe *f*.

en·ven·om [in'venəm] empoisonner; *fig.* envenimer.

en·vi·a·ble □ ['enviəbl] enviable, digne d'envie; **'en·vi·er** envieu·x (-euse *f*) *m*; **'en·vi·ous** envieu·x (-euse *f*) (*de, of*).

en·vi·ron [in'vaiərən] entourer, environner (*de with*); **en'vi·ron·ment** environnement *m*; milieu *m*; ambiance *f*; **en·vi·ron·men·tal** [~'mentl] du milieu; de l'environnement; écologiste; **en·vi·ron'men·**

tal·ist environnementaliste *mf*; **en·vi·rons** ['enviranz] *pl.* environs *m/pl.*, alentours *m/pl.*; voisinage *m*.

en·vis·age [in'vizidʒ] envisager (*un danger*); faire face à; se proposer (*un but*).

en·vi·sion [in'viʒən] prévoir.

en·voy ['envɔi] envoyé *m*.

en·vy ['envi] **1.** envie *f* (au sujet de qch. *of*, *at s.th.*; de q., *of s.o.*); **2.** envier (qch. à q., *s.o. s.th.*); porter envie à (*q.*).

en·wrap [in'ræp] envelopper, enrouler.

en·zyme *biol.* ['enzaim] enzyme *m*.

e·pergne [i'pəːn] surtout *m* (*de table*).

e·phem·er·a *zo.* [i'femərə], **e'phem·er·on** [~rɔn], *pl.* **a** [~ərə] éphémère *m*; *fig.* chose *f* éphémère (-ère *f*).

e'phem·er·al éphémère; passager (-ère *f*).

ep·ic ['epik] **1.** (*a.* **'ep·i·cal** □) épique; **2.** épopée *f*.

ep·i·cure ['epikjuə] gourmet *m*, gastronome *m*; **ep·i·cu·re·an** [~'riən] épicurien(ne *f*) (*a. su./mf*).

ep·i·dem·ic [epi'demik] **1.** (~ally) épidémique; ~ *disease* = **2.** épidémie *f*.   [derme *m*.]

ep·i·der·mis *anat.* [epi'dəːmis] épi-)

ep·i·gram ['epigræm] épigramme *f*; **ep·i·gram·mat·ic**, **ep·i·gram·mat·i·cal** □ [~grə'mætik(l)] épigrammatique.

ep·i·lep·sy ✻ ['epilepsi] épilepsie *f*; **ep·i·lep·tic** ✻ épileptique (*a. su./mf*).

ep·i·logue ['epilɔg] épilogue *m*.

E·piph·a·ny [i'pifəni] Épiphanie *f*; *F* jour *m* des Rois.

e·pis·co·pa·cy [i'piskəpəsi] épiscopat *m*; gouvernement *m* par les évêques; **e'pis·co·pal** épiscopal (-aux *m/pl.*); **e·pis·co·pa·li·an** [~'peiljən] membre *m* de l'Église épiscopale; **e'pis·co·pate** [~pit] épiscopat *m*; évêques *m/pl.*; évêché *m*.

ep·i·sode ['episoud] épisode *m*; **ep·i·sod·ic**, **ep·i·sod·i·cal** □ [~'sodik(l)] épisodique.

e·pis·tle [i'pisl] épître *f*; *fig.* lettre *f*; **e'pis·to·lar·y** [~tələri] épistolaire.

ep·i·taph ['epitaːf] épitaphe *f*.

ep·i·thet ['epiθet] épithète *f*.

e·pit·o·me [i'pitəmi] abrégé *m*, résumé *m*; **e'pit·o·mize** abréger, résumer.

ep·och ['iːpɔk] époque *f*.

Ep·som salts ['epsəm'sɔːlts] *pl.* sulfate *m* de magnésie; sels *m/pl.* anglais.

e·qua·bil·i·ty [ekwə'biliti] uniformité *f*, égalité *f*; **e·qua·ble** □ uniforme; égal (-aux *m/pl.*) (*a. fig.*).

e·qual ['iːkwl] **1.** □ égal (-aux *m/pl.*); ~ *to* à la hauteur de; égal à; ~ *opportunities pl.* égalité *f* des chances, chances *f/pl.* égales; ~ *rights pl.* égalité *f* des droits; **2.** égal (-e *f*) *m*; *my* ~*s pl.* mes pareil(le)s; **3.** égaler; *not to be* ~*led* sans égal; **e·qual·i·ty** [i'kwɔliti] égalité *f*; **e·qual·i·za·tion** [iːkwəlai'zei∫n] égalisation *f*; compensation *f*; **'e·qual·ize** *v/t.* égaliser (avec *to*, with); *v/i. sp.* marquer égalité de points; **'e·qual·iz·er** *sp.* but *m* égalisateur.

e·qua·nim·i·ty [iːkwə'nimiti] sérénité *f*; tranquillité *f* d'esprit.

e·quate [i'kweit] égaler (à *to*, with); 🅰 mettre en équation; **e'qua·tion** égalisation *f*; 🅰, *astr.* équation *f*; **e'qua·tor** équateur *m*; *at the* ~ sous l'équateur; **e·qua·to·ri·al** □ [ekwə'tɔːriəl] équatorial (-aux *m/pl.*).

eq·uer·ry [i'kweri] écuyer *m*.

e·ques·tri·an [i'kwestriən] **1.** équestre; d'équitation; **2.** cavalier (-ère *f*) *m*.   équilatéral (-aux *m/pl.*).)

e·qui·lat·er·al □ ['iːkwi'lætərəl])

e·qui·li·brate [iːkwi'laibreit] *v/t.* mettre en équilibre; contrebalancer; *v/i.* être en équilibre; **e'quil·i·brist** [i'kwilibrist] équilibriste *mf*; danseur (-euse *f*) *m* de corde; **e·qui'lib·ri·um** [~əm] équilibre *m*.

e·quine ['iːkwain] équin; du cheval; chevalin (*race*).

e·qui·noc·tial [iːkwi'nɔk∫l] équinoxial (-aux *m/pl.*); **e·qui·nox** ['~nɔks] équinoxe *m*.

e·quip [i'kwip] équiper; monter (*une maison, une usine*); **eq·ui·page** ['ekwipidʒ] équipement *m*; *véhicule*: équipage *m*; † suite *f*; **e·quip·ment** [i'kwipmənt] équipement *m*; *maison*: aménagement *m*; ⊕ outillage *m*.

e·qui·poise ['ekwipɔiz] **1.** équilibre *m*; poids *m* égal; **2.** équilibrer.

eq·ui·ta·ble □ ['ekwitəbl] équitable; **'eq·ui·ty** justice *f*; ⚖ équité *f*, droit *m* équitable.

e·quiv·a·lence [i'kwivələns] équivalence *f*; **e'quiv·a·lent** équivalent (à, *to*) (*a. su./m*).

e·quiv·o·cal □ [i'kwivəkl] équivoque; ambigu(ë f); **e·quiv·o·cal·i·ty** [ˌ~'kæliti] caractère m ou expression f équivoque; **e'quiv·o·cate** [ˌ~keit] équivoquer; tergiverser; **e·quiv·o'ca·tion** équivocation f, tergiversation f.

eq·ui·voque, **eq·ui·voke** ['ekwivouk] équivoque f; jeu m de mots.

e·ra ['iərə] ère f; époque f; âge m.

e·rad·i·cate [i'rædikeit] déraciner; **e·rad·i'ca·tion** déracinement m; fig. extirpation f.

e·rase [i'reiz] effacer (a. fig.), gratter, raturer; fig. oblitérer; **e'ras·er** grattoir m; gomme f; **e'ra·sure** [ˌ~ʒə] rature f; suppression f.

ere † [ɛə] **1.** cj. avant que (sbj.); **2.** prp. avant; ~ this déjà; ~ long sous peu; ~ now déjà, auparavant.

e·rect [i'rekt] **1.** □ droit; debout; **2.** dresser; ériger; élever (une statue); édifier (une théorie etc.); **e'rec·tion** dressage m; construction f; érection f; édifice m; **e'rect·ness** attitude f droite; position f perpendiculaire; **e'rec·tor** constructeur m; ⊕ monteur m; anat. érecteur m.

e·re·mite ['erimait] ermite m; **er·e·mit·ic** [ˌ~'mitik] érémitique.

erg phys. [ə:g] mesure f: erg m.

er·go·nom·ics [ə:gou'nɔmiks] sg. ergonomie f.

er·got ♀ ['ə:gət] ergot m.

er·mine zo. ['ə:min] hermine f (a. fourrure); fig. (dignité f de) juge m.

e·rode [i'roud] éroder; ronger.

e·rog·e·nous [i'rɔdʒinəs] érogène.

e·ro·sion [i'rouʒn] érosion f; mer etc.: affouillement m; chaudière: usure f; **e'ro·sive** [ˌ~siv] érosif (-ive f).

e·rot·ic [i'rɔtik] (poème m) érotique; **e'rot·i·cism** [ˌ~sizm] érotisme m.

err [ə:] errer, se tromper; s'égarer (de, from).

er·rand ['erənd] commission f, course f, message m; go (on) ~s faire des commissions; **'~·boy** garçon m de courses; hôtel: chasseur m.

er·rant □ ['erənt] errant; see knight~; **'er·rant·ry** vie f errante (des chevaliers).

er·rat·ic [i'rætik] (ˌ~ally) capricieux (-euse f); irrégulier (-ère f); géol., ♀ erratique; ~ fever fièvre f intermittente; **er·ra·tum** [i'reitəm], pl. **-ta** [ˌ~tə] erratum m (pl. -ta).

er·ro·ne·ous □ [i'rounjəs] erroné.

er·ror ['erə] erreur f, faute f; ~ of judgement erreur f de jugement; ~ rate pourcentage m de fautes; ~s and omissions excepted sauf erreur ou omission.

e·ruc·ta·tion [i:rʌk'teiʃn] éructation f, renvoi m.

er·u·dite ['erudait] érudit, savant; **er·u·di·tion** [ˌ~'diʃn] érudition f.

e·rupt [i'rʌpt] entrer en éruption (volcan etc.); percer (dent); **e'rup·tion** volcan, a. fig., a. ♀ éruption f; fig. éclat m, accès m; **e'rup·tive** éruptif (-ive f).

er·y·sip·e·las ♀ [eri'sipiləs] érysipèle m, érésipèle m.

es·ca·lade ✕ [eskə'leid] escalade f.

es·ca·late ['eskəleit] (s')intensifier; monter (en flèche); **es·ca'la·tion** intensification f; montée f (en flèche).

es·ca·la·tor ['eskəleitə] escalier m roulant, escalator m.

es·ca·pade [eskə'peid] escapade f.

es·cape [is'keip] **1.** v/t. échapper à, éviter; faillir (inf., gér.); v/i. s'échapper, s'évader (de, from); se dégager (gaz etc.); **2.** évasion f, fuite f; vapeur: échappement m; attr. d'échappement; ~ hatch trappe f de secours; have a narrow ~ l'échapper belle; **es'cape·ment** ⊕ pendule etc.: échappement m.

es·carp [is'ka:p] **1.** (a. **es'carp·ment**) talus m; escarpement m; **2.** escarper; taluter.

es·cheat ⊕ [is'tʃi:t] **1.** déshérence f; dévolution f d'héritage à l'État; **2.** v/i. tomber en déshérence; v/t. confisquer.

es·chew [is'tʃu:] éviter, renoncer à.

es·cort 1. [is'kɔ:t] escorte f; bal: cavalier m; **2.** [is'kɔ:t] escorter; accompagner.

es·cri·toire [eskri'twa:] secrétaire m.

es·cu·lent ['eskjulənt] comestible (a. su./m). [(a. ⊕, ♣).)

es·cutch·eon [is'kʌtʃn] écusson m]

Es·ki·mo ['eskimou] Esquimau (pl. -aux) m, Esquimaude f.

es·pal·ier ✗ [is'pæljə] espalier m.

es·pe·cial [is'peʃl] spécial (-aux m/pl.); particulier (-ère f); **es'pe·cial·ly** particulièrement, surtout; spécialement.

es·pi·al [isˈpaiəl] espionnage *m*; vue *f*. [nage *m*.]

es·pi·o·nage [espiəˈnaːʒ] espion-⌋

es·pous·al [isˈpauzl] *fig.* adoption *f* (de, of); **es·pouse** [ˏz] † donner en mariage; épouser (*a. fig.*); *fig.* embrasser.

es·py [isˈpai] apercevoir, entrevoir.

es·quire [isˈkwaiə] † écuyer *m*; *adresse*: Monsieur.

es·say 1. [eˈsei] essayer; mettre à l'épreuve; **2.** [ˈesei] essai *m*; tentative *f* (de, at); *école*: composition *f*, dissertation *f*; **es·say·ist** essayiste *mf*.

es·sence [ˈesns] essence *f*; extrait *m*; *fig.* fond *m*; **es·sen·tial** [iˈsenʃl] **1.** □ essentiel(le *f*), indispensable; ~ *likeness* ressemblance *f* fondamentale; ~ *oil* huile *f* essentielle; **2.** essentiel *m*; qualité *f* indispensable.

es·tab·lish [isˈtæbliʃ] établir; fonder; créer; confirmer (*dans un emploi*); ratifier; démontrer; ~ *o.s.* s'établir; **⁀***ed Church* Église *f* d'État établie; **⁀***ed merchant* marchand *m* patenté; **es·tab·lish·ment** établissement *m* (*a.* ✝); création *f*; fondation *f*; ✝ maison *f*; confirmation *f*; ménage *m*; ⚔, ⚓ effectif *m*.

es·tate [isˈteit] état *m* (*a. pol.*), condition *f*; terre *f*, propriété *f*; ⚱ immeuble *m*, bien *m*, domaine *m*; ⚱ succession *f*; rang *m*; *personal* ~ biens *m/pl.* mobiliers; *real* ~ biensfonds *m/pl.*, propriété *f* immobilière; ~ *agent* agent *m* de location; administrateur *m* foncier; ~ *duty* droits *m/pl.* de succession.

es·teem [isˈtiːm] **1.** estime *f*, considération *f*; **2.** estimer; priser; considérer (comme, *as*).

Es·tho·ni·an [esˈtounjən] **1.** Estonien(ne *f*) *m*; **2.** estonien(ne *f*).

es·ti·ma·ble [ˈestiməbl] estimable, digne d'estime.

es·ti·mate 1. [ˈestimeit] estimer; évaluer (à, at); **2.** [ˏmit] calcul *m*, estimation *f*; évaluation *f*; appréciation *f*; ✝ devis *m*; *parl.* ~s *pl.* prévisions *f/pl.* budgétaires; **es·ti·ma·tion** [ˏmeiʃn] jugement *m*; opinion *f*; considération *f*; **es·ti·ma·tor** appréciateur *m*; estimateur *m*.

es·trange [isˈtreindʒ] aliéner l'estime (de q., *from s.o.*); ~*d couple* époux *m/pl.* séparés; **es·trange·ment** aliénation *f*; brouille *f*.

es·tro·gen *biol.* [ˈestrədʒen] œstrogène *m*.

es·tu·ar·y [ˈestjuəri] estuaire *m*.

et·cet·er·as [itˈsetrəz] *pl.* extra *m/inv.*

etch [etʃ] *v/t.* graver à l'eau-forte; *v/i.* faire de la gravure à l'eau-forte. **'etch·ing** (gravure *f* à l')eau-forte (*pl.* eaux-fortes) *f*; art *m* de graver à l'eau-forte.

e·ter·nal □ [iˈtəːnl] éternel(le *f*); *fig.* sans fin; **e'ter·nal·ize** [ˏnəlaiz] éterniser; **e'ter·ni·ty** éternité *f*; **e·ter·nize** [iˈtəːnaiz] éterniser.

e·ther [ˈiːθə] éther *m* (*a.* ⚛); **e·the·re·al** □ [iːˈθiəriəl] éthéré; *fig.* impalpable; **'e·ther·ize** éthériser; endormir.

eth·i·cal □ [ˈeθikl] éthique; moral (-aux *m/pl.*); **'eth·ics** *usu. sg.* morale *f*, éthique *f*.

E·thi·o·pi·an [iːθiˈoupjən] **1.** éthiopien(ne *f*); **2.** Éthiopien(ne *f*) *m*.

eth·nog·ra·phy [eθˈnɔgrəfi] ethnographie *f*; **eth·nol·o·gy** [ˏlədʒi] ethnologie *f*.

e·ti·o·late [ˈiːtiɵleit] (s')étioler.

et·i·quette [etiˈket] étiquette *f*; protocole *m*; cérémonial *m* (*souv.* de cour).

E·ton crop [ˈiːtnˈkrɔp] cheveux *m/pl.* à la garçonne; cheveux *m/pl.* garçon.

et·y·mo·log·i·cal □ [etiməˈlɔdʒikl] étymologique; **et·y·mol·o·gy** [ˏˈmɔlədʒi] étymologie *f*.

eu·cha·rist [ˈjuːkərist] eucharistie *f*.

Eu·clid ⒜ [ˈjuːklid] géométrie *f*.

eu·gen·ic *biol.* [juːˈdʒenik] **1.** (~*ally*) eugénésique; **2.** ~*s sg.* eugénique *f*; eugénisme *m*.

eu·lo·gist [ˈjuːlədʒist] panégyriste *m*; **eu·lo·gize** [ˏˏdʒaiz] faire l'éloge de, louer; **eu·lo·gy** [ˏˏdʒi] éloge *m*.

eu·nuch [ˈjuːnək] eunuque *m*, castrat *m*.

eu·phe·mism [ˈjuːfimizm] euphémisme *m*; **eu·phe·mis·tic, eu·phe·mis·ti·cal** □ euphémique.

eu·phon·ic, eu·phon·i·cal □ [juːˈfɔnik(l)] euphonique; **eu·pho·ny** [ˈjuːfəni] euphonie *f*.

eu·phu·ism [ˈjuːfjuizm] euphuisme *m*; *fig.* préciosité *f*.

Eu·ro·cheque [ˈjuərətʃek] eurochèque *m*; **Eu·ro·crat** [ˏˏkræt] eurocrate *mf*.

Eu·ro·pe·an [juərəˈpiːən] **1.** européen(ne f); ~ Community Communauté f Économique Européenne; ~ Parliament Assemblée f européenne; **2.** Européen(ne f) m.

Eu·ro·pol·i·tics [ˈjuərəpɔliтiks] sg. politique f européenne.

eu·tha·na·si·a [juːθəˈneiziə] euthanasie f.

e·vac·u·ate [iˈvækjueit] évacuer (région, ville, blessés, ventre); mot. expulser (des gaz brûlés); **e·vac·u·a·tion** évacuation f; **e·vac·u·ee** évacué(e f) m.

e·vade [iˈveid] éviter, échapper à; éluder (question, justice, obstacle).

e·val·u·ate surt. Å [iˈvæljueit] évaluer; **e·val·u·a·tion** évaluation f.

ev·a·nesce [iːvəˈnes] s'effacer; **ev·a·nes·cence** évanouissement m; nature f éphémère; **ev·a·nes·cent** évanescent.

e·van·gel·ic, e·van·gel·i·cal □ [iːvænˈdʒelik(l)] évangélique; **e·van·ge·list** [iˈvændʒilist] évangéliste m; **e·van·ge·lize** prêcher l'évangile (à q.).

e·vap·o·rate [iˈvæpəreit] v/t. (faire) évaporer; v/i. s'évaporer (a. fig.); ~d fruit fruits m/pl. secs; ~d milk lait m concentré; **e·vap·o·ra·tion** évaporation f, vaporisation f.

e·va·sion [iˈveiʒn] évasion f, évitement m; subterfuge m; **e·va·sive** □ [~siv] évasif (-ive f); fig. be ~ faire une réponse évasive.

eve [iːv] veille f; poét. soir m; on the ~ of sur le point de; à la veille de.

e·ven¹ [ˈiːvn] **1.** adj. □ égal (-aux m/pl.); uni; plat, uniforme; régulier (-ère f); calme; pair (nombre); ~ with the ground au ras du sol, à fleur de terre; be ~ with être quitte avec (q.); odd or ~ pair ou impair; ✝ of ~ date de même date; **2.** adv. même; devant comp.: encore; aussi (négation: seulement, même; not ~ pas même; ~ though, ~ if quand même; **3.** v/t. égaliser, rendre égal.

e·ven² poét. [~] soir m.

e·ven...: '~·hand·ed impartial (-aux m/pl.); '~·tem·pered d'humeur égale.

eve·ning [ˈiːvniŋ] soir m; soirée f; ~ class cours m du soir; ~ dress tenue f ou toilette f de soirée; habit m (à queue); ~ star étoile f du berger.

e·ven·ness [ˈiːvənnis] égalité f; ré-

gularité f; sérénité f; impartialité f.

e·ven·song [ˈiːvənsɔŋ] office m du soir; vêpres f/pl.

e·vent [iˈvent] événement m; cas m; fig. résultat m, issue f; sp. réunion f sportive; sp. épreuve f; box. rencontre f; athletic ~s pl. concours m athlétique; table of ~s programme m; at all ~s en tout cas; quoi qu'il arrive; in any ~ en tout cas; in the ~ of dans le cas où (cond.); **e·vent·ful** [~ful] mémorable.

e·ven·tu·al □ [iˈventjuəl] éventuel (-le f); définitif (-ive f); ~ly à la fin, en fin de compte; par la suite; **e·ven·tu·al·i·ty** [~ˈæliti] éventualité f; **e·ven·tu·ate** [~eit] se terminer (par, in); aboutir (à, in).

ev·er [ˈevə] jamais; toujours; ~ so très, infiniment; ... au possible; ~ as soon as ~ I can aussitôt que je pourrai; le plus vite possible; ~ after, ~ since depuis lors; depuis le jour où ...; ~ and anon de temps en temps; for ~, a. for ~ and ~, for ~ and a day à tout jamais; liberty for ~! vive la liberté!; F ~ so much infiniment; for ~ so much pour rien au monde; I wonder who ~ je me demande qui donc ou diable; F the best ~ le meilleur etc. du monde; formule finale d'une lettre: ~ yours bien cordialement; '~·glade Am. région f marécageuse; '~·green (arbre m) toujours vert; ~·last·ing **1.** □ éternel(le f); inusable; **2.** éternité f; ♀ immortelle f; '~·more toujours; éternellement.

ev·er·y [ˈevri] chaque; tous (toutes f/pl.) m/pl. les; ~ bit as much tout autant que; ~ now and then de temps à autre; par moments; ~·one chacun(e f); ~ other day tous les deux jours; un jour sur deux; ~ twenty years tous les vingt ans; her ~ movement son moindre mouvement; '~·bod·y, '~·one chacun; tout le monde; '~·day de tous les jours; '~·thing tout; '~·way sous tous les rapports; de toutes les manières; '~·where partout.

e·vict [iˈvikt] évincer, expulser; **e·vic·tion** éviction f, expulsion f.

ev·i·dence [ˈevidəns] **1.** évidence f; preuve f; témoignage m; fig. signe m; in ~ présent, en évidence; furnish ~ of fournir des preuves de;

give ~ témoigner (de, of; en faveur de, for; contre, against); 2. v/t. manifester, prouver (qch.); v/i. porter témoignage; **'ev·i·dent** □ évident, clair; patent; **ev·i·den·tial** □ [~'denʃl] indicateur (-trice f) (de, of).

e·vil ['i:vl] **1.** □ mauvais; méchant; sinistre; malfaisant; the ~ eye le mauvais œil m; the ♀ One le Malin m, le Mauvais m, le diable m; **2.** mal m; malheur m; **'~'do·er** malfaiteur (-trice f) m.   [moigner.

e·vince [i'vins] manifester, té-
e·vis·cer·ate [i'visəreit] éviscérer.

ev·o·ca·tion [evo'keiʃn] évocation f; **e·voc·a·tive** [i'vɔkətiv] évocateur (-trice f).

e·voke [i'vouk] évoquer.

ev·o·lu·tion [i:və'lu:ʃn] développement m; évolution f (a. ✕); ♣ extraction f (d'une racine).

e·volve [i'vɔlv] (se) développer; (se) dérouler; (se) dégager (gaz).

ewe [ju:] brebis f.

ew·er ['ju:ə] pot m à eau; broc m.

ex [eks] **1.** ✝ dégagé de, hors de; ~ store en magasin; bourse: ex-; ~ officio de droit, (à titre) d'office; **2.** devant su.: ancien(ne f); ex-minister ex-ministre m.

ex·ac·er·bate [eks'æsəbeit] exaspérer, irriter; aggraver.

ex·act [ig'zækt] **1.** □ exact; précis; juste; **2.** exiger (un impôt); extorquer; réclamer; **ex'act·ing** exigeant; astreignant (travail); **ex'ac·tion** exaction f; **ex'act·i·tude** [~ti-tju:d] exactitude f; **ex'act·ly** exactement; à vrai dire; ~! précisément; not ~ ne ... pas à proprement parler; **ex'act·ness** see exactitude.

ex·ag·ger·ate [ig'zædʒəreit] exagérer; **ex·ag·ger'a·tion** exagération f; **ex'ag·ger·a·tive** □ [~ətiv] exagératif (-ive f); exagéré (personne).

ex·alt [ig'zɔ:lt] élever; louer; **ex·al·ta·tion** [egzɔ:l'teiʃn] élévation f; exaltation f; émotion f passionnée; **ex·alt·ed** [ig'zɔ:ltid] élevé; haut; exalté.

ex·am F [ig'zæm] école: examen m.

ex·am·i·na·tion [igzæmi'neiʃn] examen m; douane: visite f; interrogatoire m; inspection f; épreuve f (écrite, orale); competitive ~ examen: concours m; **ex'am·ine** [~min] examiner (q., qch.); faire une enquête sur (qch.); visiter; contrôler; inter-

roger; **ex·am·i'nee** candidat(e f) m; **ex'am·in·er** examinateur (-trice f) m; **ex'am·in·ing 'bod·y** jury m d'examen.

ex·am·ple [ig'za:mpl] exemple m; précédent m; beyond ~ sans précédent; for ~ par exemple; make an ~ of faire un exemple de (q.).

ex·as·per·ate [ig'za:spəreit] exaspérer; irriter; aggraver (la douleur etc.); **ex·as·per'a·tion** exaspération f; aggravation f (de, of).

ex·ca·vate ['ekskəveit] v/t. creuser; approfondir; v/i. faire des fouilles; **ex·ca'va·tion** excavation f; fouille f; **'ex·ca·va·tor** excavateur m; fouilleuse f.

ex·ceed [ik'si:d] v/t. excéder, dépasser, outrepasser; surpasser (en, in), v/i. prédominer; **ex'ceed·ing** excessif (-ive f); **ex'ceed·ing·ly** extrêmement, excessivement.

ex·cel [ik'sel] v/t. surpasser; v/i. exceller (à, in, at); **ex·cel·lence** ['eksələns] excellence f; perfection f; mérite m; **'Ex·cel·len·cy** Excellence f; **'ex·cel·lent** □ excellent, parfait.

ex·cept [ik'sept] **1.** v/t. excepter, exclure; v/i. faire des objections; **2.** cj. à moins que; excepté que; **3.** prp. excepté, à l'exception de, sauf; ~ for à part; **ex'cept·ing** prp. à l'exception de; **ex'cep·tion** exception f; objection f (à, to); take ~ to s'offenser de; objecter (qch.) (à q., in s.o.); **ex'cep·tion·a·ble** récusable; blâmable; **ex'cep·tion·al** □ exceptionnel(le f); **~·ly** par exception.

ex·cerpt 1. [ek'sə:pt] extraire (un passage) (de, from); **2.** ['eksə:pt] extrait m (de, from); emprunt m (à).

ex·cess [ik'ses] excès m; excédent m; surpoids m; attr. en surpoids; en excédent; in ~ of au-dessus de; carry to ~ pousser (qch.) trop loin; ~ charge supplément m; ~ fare supplément m; ~ luggage excédent m de bagages; ~ money argent m en surplus; ~ postage surtaxe f postale; ~ profit surplus m des bénéfices; **ex'ces·sive** □ excessif (-ive f); immodéré; **~·ly** à l'excès.

ex·change [iks'tʃeindʒ] **1.** échanger (contre, for); faire un échange de; **2.** échange m; ✝ change m; (bill of ~) traite f; (a. ♀) Bourse f; téléph.

central *m*; *foreign* ~*(s pl.)* devises *f/pl.* étrangères *ou* sur l'étranger; *in* ~ *for* en échange de; ~ *control* contrôle *m* des changes; ~ *list* bulletin *m* des changes; ~ *market* marché *m* des changes; ~ *office* bureau *m* de change; *free* ~ libre-échange *m*; *par of* ~ pair *m* du change; *(rate of)* ~ cours *m ou* taux *m* du change; **ex·'change·a·ble** échangeable (contre, pour *for*); ~*value* valeur *f* d'échange; ✝ contre-valeur *f*.

ex·cheq·uer [iks'tʃekə] Trésor *m* public; F budget *m*; Ministère *m* des Finances; *Chancellor of the* ♀ Ministre *m* des Finances (*britannique*); ~ *bill* bon *m* du Trésor.

ex·cise¹ [ek'saiz] **1.** régie *f*; contributions *f/pl.* indirectes; **2.** imposer; frapper d'une imposition.

ex·cise² [~] retrancher; **ex·ci·sion** [ek'siʒn] excision *f*; incision *f*.

ex·cit·a·bil·i·ty [iksaitə'biliti] émotivité *f*; **ex·'cit·a·ble** émotionnable, mobile (*foule*); **ex·cit·ant** ['eksitənt] stimulant *m*; **ex·ci·ta·tion** [eksi'teiʃn] excitation *f*; **ex·cite** [ik'sait] provoquer, soulever, exciter; animer; **ex·'cite·ment** agitation *f*; émotion *f*; excitation *f*; **ex·'cit·er** instigateur (-trice *f*) *m*; ⚡ excitateur *m*; excitant *m*; ⚡ excitateur *m*.

ex·claim [iks'kleim] *v/i.* s'exclamer; s'écrier; ~ *against* se récrier contre; *v/t.* crier.

ex·cla·ma·tion [eksklə'meiʃn] exclamation *f*; *note (ou mark ou point) of* ~, ~ *mark* point *m* d'exclamation; **ex·clam·a·to·ry** [~'klæmətəri] exclamatif (-ive *f*).

ex·clude [iks'klu:d] exclure; *fig.* écarter.

ex·clu·sion [iks'klu:ʒn] exclusion *f*; refus *m* d'admission (à, *from*); **ex·'clu·sive** □ [~siv] exclusif (-ive *f*); *en exclusivité* (*film*); seul, unique; très fermé (*cercle*); *of* non compris; *be mutually* ~ s'exclure mutuellement.

ex·cog·i·tate [eks'kɔdʒiteit] combiner; *péj.* machiner; **ex·cog·i·ta·tion** excogitation *f*; méditation *f*.

ex·com·mu·ni·cate [ekskə'mju:nikeit] excommunier; **ex·com·mu·ni·ca·tion** excommunication *f*.

ex·co·ri·ate [eks'kɔ:rieit] excorier, écorcher (*la peau*).

ex·cre·ment ['ekskrimənt] excrément *m*; **ex·cre·men·tal** [~'mentl], **ex·cre·men·ti·tious** [~'tiʃəs] excrémen(ti)tiel(le *f*).

ex·cres·cence [iks'kresns] excroissance *f*; excrescence *f*; **ex·'cres·cent** qui forme une excroissance; superflu.

ex·crete [eks'kri:t] excréter; sécréter; **ex·'cre·tion** excrétion *f*; sécrétion *f*; **ex·'cre·tive**, **ex·'cre·to·ry** [~təri] excréteur (-trice *f*); excrétoire.

ex·cru·ci·ate [iks'kru:ʃieit] torturer; **ex·'cru·ci·at·ing** □ atroce; **ex·cru·ci·a·tion** torture *f*, supplice *m*.

ex·cul·pate ['ekskʌlpeit] disculper, exonérer; justifier (*q.*); **ex·cul·'pa·tion** exonération *f*; justification *f*; **ex·'cul·pa·to·ry** [~pətəri] justificatif (-ive *f*).

ex·cur·sion [iks'kə:ʃn] excursion *f*; partie *f* de plaisir; *mot.* randonnée *f*; ~ *train* train *m* de plaisir; **ex·'cur·sion·ist** excursionniste *mf*.

ex·cur·sive □ [eks'kə:siv] digressif (-ive *f*); vagabond.

ex·cus·a·ble □ [iks'kju:zəbl] excusable; **ex·cuse** [~'kju:z] **1.** excuser; pardonner (qch. à q., *s.o. s.th.*); **2.** [~'kju:s] excuse *f*, prétexte *m*.

ex·di·rec·to·ry [eksdi'rektəri] qui n'est pas dans l'annuaire téléphonique.

ex·e·cra·ble □ ['eksikrəbl] exécrable; **ex·e·crate** ['~kreit] exécrer, détester; **ex·e·'cra·tion** exécration *f*; malédiction *f*.

ex·e·cu·tant ♪ [ig'zekjutənt] exécutant(e *f*) *m*; **ex·e·cute** ['eksikju:t] exécuter (*projet, ordre, testament*, ♪, ⚖); ✝ effectuer (*un transfert*); ⚖ souscrire (*un acte*); **ex·e·'cu·tion** exécution *f* (*see execute*); ⚖ souscription *f* (*d'un acte*), saisie-exécution (*pl.* saisies-exécutions) *f*; jeu *m* (*d'un musicien*); *fig.* carnage *m*; *a man of* ~ un homme *m* énergique; *take out an* ~ against faire une exécution sur; ✗, *a. fig.* do ~ causer des ravages; **ex·e·'cu·tion·er** bourreau *m*; **ex·ec·u·tive** [ig'zekjutiv] **1.** □ exécutif (-ive *f*); ~ *committee* bureau *m* (*d'une société*), commission *f* exécutive (*d'un parti*); ~ *editor* rédacteur *m* en chef; ~ *suite* bureaux *m/pl.* de la direction;

2. (pouvoir *m*) exécutif *m*; bureau *m*; *Am.* président *m*; *pol.* gouverneur *m*; ♥ directeur *m* (*commercial*); **ex'ec·u·tor** [ʌtə] exécuteur *m* testamentaire; **ex'ec·u·to·ry** exécutif (-ive *f*); ♰ exécutoire, en vigueur; non encore exécuté.

ex·em·plar [ig'zemplə] exemplaire *m*; **ex'em·pla·ri·ness** exemplarité *f*; **ex'em·pla·ry** exemplaire; typique.

ex·em·pli·fi·ca·tion [igzemplifi-'keiʃn] démonstration *f*; exemple *m*; ♰ copie *f* authentique; **ex'em·pli·fy** [ʌfai] démontrer, expliquer; servir d'exemple; donner un exemple de; ♰ faire une ampliation de.

ex·empt [ig'zempt] **1.** exempt, franc(he *f*), dispensé (de, *from*); **2.** exempter, dispenser (de, *from*); **ex'emp·tion** exemption *f*, dispense *f* (de, *from*).

ex·e·quies ['eksikwiz] *pl.* convoi *m* funèbre; obsèques *f/pl.*

ex·er·cise ['eksəsaiz] **1.** exercice *m* (*d'une faculté, a. école, ♪, etc.*); ✗, ♣ évolution *f*; *école:* devoir *m*, thème *m*; ~ *book* école: cahier *m*; take ~ prendre de l'exercice; *Am.* ~s *pl.* cérémonies *f/pl.*; **2.** *v/t.* exercer (*corps, esprit, influence, métier, faculté*); pratiquer; user de; promener (*un cheval*); tracasser; *v/i.* s'entraîner; ✗ faire l'exercice; **'ex·er·cis·er** exerciseur *m*.

ex·ert [ig'zə:t] exercer (*de l'influence etc.*); employer (*de la force*); ~ *o.s.* s'employer, s'efforcer (de, *to*); **ex'er·tion** effort *m*; emploi *m*.

ex·e·unt *théâ.* ['eksiʌnt] ... sortent.

ex·fo·li·ate [eks'foulieit] (s')exfolier (se) déliter (*pierre*).

ex·ha·la·tion [ekshə'leiʃn] exhalaison *f*; souffle: expiration *f*; **ex'hale** [ʌ'heil] *v/t.* exhaler (*odeur, souffle, prière, rage*); *fig.* respirer; *v/i.* s'exhaler.

ex·haust [ig'zə:st] **1.** épuiser (*a. fig.*); vider (*l'air, du gaz, etc.*); ~ *the air* faire le vide (dans, *of*); **2.** ⊕ échappement *m*; ~ *box* pot *m* d'échappement; silencieux *m*; ~ *cut-out* (*ou muffler*) soupape *f* d'échappement libre; silencieux *m*; ~ *fumes pl.*, ~ *gas* gaz *m* d'échappement; ~ *pipe* tuyau *m* d'échappement; ~ *steam* vapeur *f*

d'échappement; ~ *valve* soupape *f* d'échappement; **ex'haust·ed** *usu.* épuisé (*a. fig.*), usé; vide d'air; **ex'haust·i·ble** épuisable; **ex-'haust·ing** □ épuisant; ⊕ d'épuisement; **ex'haus·tion** épuisement *m*; **ex'haus·tive** □ *see* exhausting; approfondi.

ex·hib·it [ig'zibit] **1.** exhiber (*a. ♰*); montrer; offrir; exposer; **2.** objet *m* exposé; exposition *f*; ♰ pièce *f* à l'appui; on ~ exposé; **ex·hi·bi·tion** [eksi'biʃn] exposition *f*; étalage *m*; démonstration *f*; *cin.* présentation *f*; ♰ exhibition *f*; *make an ~ of o.s.* faire spectacle; on ~ exposé; **ex·hi-'bi·tion·er** boursier (-ère *f*) *m*; **ex·hib·i·tor** [ig'zibitə] exposant(e *f*) *m*; *cin.* exploitant *m* d'un cinéma.

ex·hil·a·rate [ig'ziləreit] égayer; ranimer; **ex·hil·a'ra·tion** gaieté *f*, joie *f* de vivre.

ex·hort [ig'zə:t] exhorter; **ex·hor·ta·tion** [egzə:'teiʃn] exhortation *f*; **ex·hor·ta·tive** [ig'zə:tətiv], **ex-'hor·ta·to·ry** [ʌtəri] exhortatif (-ive *f*), exhortatoire.

ex·hu·ma·tion [ekshju'meiʃn] exhumation *f*; **ex'hume** déterrer.

ex·i·gence, ex·i·gen·cy ['eksidʒəns(i)] exigence *f*; nécessité *f*; situation *f* critique; **'ex·i·gent** urgent, pressant; exigeant; *be* ~ *of* exiger.

ex·ig·u·ous [eg'zigjuəs] exigu (-üe *f*); modique (*revenu etc.*).

ex·ile ['eksail] **1.** exil *m*; *personne:* exilé(e *f*) *m*; **2.** exiler, bannir.

ex·ist [ig'zist] exister; être; se trouver; vivre; **ex'ist·ence** existence *f*; vie *f*; *phls.* être *m*; *in* ~ = **ex'ist·ent** existant; actuel(le *f*).

ex·it ['eksit] **1.** sortie *f*; *fig.* fin *f*, mort *f*; ~ *permit* permis *m* de sortie; ~ *visa* visa *m* de sortie; **2.** *théâ.* ... sort. {*fig.* sortie *f*.}

ex·o·dus ['eksədəs] *bibl.* exode *m*;}

ex·on·er·ate [ig'zɔnəreit] exonérer, disculper; dispenser (de, *from*); **ex·on·er'a·tion** exonération *f*, décharge *f*.

ex·or·bi·tance, ex·or·bi·tan·cy [ig-'zɔ:bitəns(i)] énormité *f*; **ex'or·bi·tant** □ exorbitant, excessif (-ive *f*).

ex·or·cism ['eksɔ:sizm] exorcisme *m*; **'ex·or·cist** exorciste *m*; **ex·or·cize** ['ʌsaiz] exorciser (*un démon, un possédé*); chasser (de, *from*). {*que.*}

ex·ot·ic [eg'zɔtik] (*plante f*) exoti-}

ex·pand [iks'pænd] (s')étendre; (se) déployer (*ailes*); (se) dilater (*yeux, gaz, solide*); (se) développer (*abrégé, poitrine, formule*); amplifier; (s')élargir; **ex'pand·er** extenseur *m*; ⊕ mécanisme *m* d'expansion; **ex·panse** [ˌ'pæns] étendue *f*; **ex·pan·si·bil·i·ty** [ˌssə'biliti] expansibilité *f*; *phys.* dilatabilité *f*; **ex'pan·si·ble** expansible; *phys.* dilatable; **ex'pan·sion** expansion *f* (*a. pol.*); dilatation *f*; ⊕ détente *f*; **ex'pan·sive** expansif (-ive *f*) (*a. fig.*); dilatable; étendu; **ex'pan·sive·ness** expansibilité *f* (*a. d'une personne*); dilatabilité *f*.

ex·pa·ti·ate [eks'peiʃieit] s'étendre (sur, *on*); **ex·pa·ti'a·tion** long discours *m*; prolixité *f*.

ex·pa·tri·ate [eks'pætrieit] expatrier, bannir; **ex·pa·tri'a·tion** expatriation *f*.

ex·pect [iks'pekt] attendre (de *of*, *from*); compter sur; s'attendre à; F penser, croire; **ex'pect·an·cy** attente *f*, espoir *m*; **ex'pect·ant 1.** qui attend; *be* ~ *of* attendre (*qch.*); *be* ~ attendre un bébé; ~ *mother* future maman *f*; **2.** aspirant (-e *f*) *m*; **ex·pec'ta·tion** attente *f*; espérance *f*; probabilité *f*; 🏛 expectative *f* d'héritage; *beyond* ~ au-delà de mes *etc.* espérances; *on* (*ou in*) ~ *of* dans l'attente de; **ex'pect·ing** *see* expectant 1.

ex·pec·to·rate [eks'pektəreit] *v/t.* expectorer; *v/i.* cracher; **ex·pec·to·'ra·tion** expectoration *f*; crachat *m*.

ex·pe·di·ence, ex·pe·di·en·cy [iks-'piːdjəns(i)] convenance *f*, à-propos *m*; *péj.* opportunisme *m*; **ex'pe·di·ent 1.** □ expédient, avantageux (-euse *f*); pratique; **2.** expédient *m*, moyen *m*, ressource *f*; **ex·pe·dite** ['ekspidait] expédier; accélérer, hâter; **ex·pe·di·tion** [ˌ'diʃn] promptitude *f*; diligence *f*; ✗ *etc.*; expédition *f*; **ex·pe·di·tion·ar·y** expéditionnaire; **ex·pe·di·tious** □ prompt; rapide; expéditif (-ive *f*).

ex·pel [iks'pel] expulser, chasser; renvoyer (q. de l'école, *s.o.* [*from*] *the school*).

ex·pend [iks'pend] dépenser (*de l'argent*); consacrer (*le temps*) (à *on s.th.*, *in inf.*); épuiser (*les forces, les ressources*); **ex'pend·a·ble** dépensable; **ex'pend·i·ture** [ˌˌitʃə] dé-

pense *f* (*d'argent etc.*); consommation *f*; dépense *f*, -s *f/pl.*; **ex·pense** [ˌ'pens] dépense *f*; frais *m/pl.*; *at* ~ *prix m*; dépens *m/pl.*; ~ *f/pl.* dépenses *f/pl.*, frais *m/pl.*; indemnité *f*; *at my* ~ à mes frais; à mes dépens; *at the* ~ *of* aux dépens de; *at great* ~ à grands frais; **ex'pen·sive** □ coûteux (-euse *f*), cher (chère *f*).

ex·pe·ri·ence [iks'piəriəns] **1.** expérience *f*; aventure *f*; **2.** éprouver; essuyer (*des insultes*); **ex·pe·ri·enced** éprouvé; averti; expérimenté; exercé (à, *in*); consommé.

ex·per·i·ment 1. [iks'perimənt] expérience *f*; épreuve *f*; **2.** [ˌment] expérimenter (sur, avec *on*, *with*); faire des expériences; **ex·per·i·men·tal** □ [eksperi'mentl] expérimental (-aux *m/pl.*); d'expérience; d'essai; d'épreuve; **ex·per·i·men·tal·ist** [ˌtəlist], **ex·per·i·men·ter** [iks'perimentə] expérimentaliste *mf*; expérimentateur (-trice *f*) *m*.

ex·pert ['ekspəːt] **1.** □ [*préd.* eks-'pəːt] expert (en *at*, *in*), adroit, habile; ~ *opinion* avis *m* d'expert; expertise *f*; ~ *worker* ouvrier *m* spécialisé; homme *m* du métier; **2.** expert *m*; spécialiste *m*; **'ex·pert·ness** adresse *f* (à, *in*); expertise *f*.

ex·pi·a·ble ['ekspiəbl] expiable; **ex·pi·ate** ['ˌpieit] expier; **ex·pi·'a·tion** expiation *f*; **ex·pi·a·to·ry** ['ˌpiətəri] expiatoire.

ex·pi·ra·tion [ekspaiə'reiʃn] expiration *f*; cessation *f*; fin *f*; ✝ échéance *f*; **ex·pi·ra·to·ry** [iks'paiərətəri] expirateur; **ex'pire** *v/t.* expirer; *v/i.* expirer (*a. temps, contrat, etc.*); mourir; s'éteindre (*feu*); *fig.* s'évanouir.

ex·plain [iks'plein] expliquer; éclaircir; élucider; justifier (*une conduite*); **ex'plain·a·ble** explicable; justifiable (*conduite*).

ex·pla·na·tion [eksplə'neiʃn] explication *f*, éclaircissement *m*; **ex·plan·a·to·ry** □ [iks'plænətəri] explicatif (-ive *f*).

ex·ple·tive [eks'pliːtiv] **1.** □ explétif (-ive *f*); **2.** *gramm.* explétif *m*; *fig.* juron *m*.

ex·pli·ca·ble ['eksplikəbl] explicable; justifiable (*conduite*); **ex·pli·cate** ['ˌkeit] développer; **ex·pli·ca-**

tive ['ˌkətiv], **ex·pli·ca·to·ry** ['ˌ-təri] explicatif (-ive f).

ex·plic·it □ [iks'plisit] explicite; formel(le f), clair; *fig.* franc(he f).

ex·plode [iks'ploud] (faire) sauter; (faire) éclater (de, *with*); *v/t.* discréditer; **ex'plod·ed** éclaté; discrédité (*théorie*).

ex·ploit 1. [iks'plɔit] exploiter (*a. fig.*); **2.** ['eksplɔit] exploit *m*; **ex·ploi'ta·tion** exploitation *f*.

ex·plo·ra·tion [eksplɔː'reiʃn] exploration *f* (*a.* ✻); reconnaissance *f* (*du terrain*); **ex'plor·a·to·ry** [ˌ-rətəri] d'exploration; de découverte; **ex·plore** [iks'plɔː] explorer; aller à la découverte dans (*un pays*); reconnaître (*un terrain*); **ex'plor·er** explorateur (-trice f) *m*.

ex·plo·sion [iks'plouʒn] explosion *f* (*a. fig.*); détonation *f*; **ex'plo·sive** [ˌ-siv] **1.** □ explosif (-ive f); explosible (*arme etc.*); **2.** explosif *m*.

ex·po·nent [eks'pounənt] interprète *mf*; explicateur (-trice f) *m*; ♫ exposant *m*.

ex·port 1. [eks'pɔːt] exporter; **2.** ['ekspɔːt] marchandise *f* exportée; exportation *f*; *~s pl.* articles *m/pl.* d'exportation; exportation *f*; **ex'port·a·ble** exportable; **ex·por·ta·tion** [ˌ-'teiʃn] exportation *f*; **ex'port·er** exportateur (-trice f) *m*.

ex·pose [iks'pouz] exposer (*a. phot.*); étaler; démasquer; mettre à découvert; dévoiler; **ex·po·si·tion** [ekspə'ziʃn] exposition *f*; exposé *m*; **ex·pos·i·tive** [ˌ-'pozitiv] expositoire; **ex'pos·i·tor** interprète *mf*; commentateur (-trice f) *m*.

ex·pos·tu·late [iks'postjuleit] reprocher (amicalement) (qch. à q., *with s.o. for s.th*); sermonner (sur, [up]on); **ex·pos·tu·la·tion** remontrance *f*, *~s f/pl.*

ex·po·sure [iks'pouʒə] exposition *f* (*au danger, au froid, d'un bébé*); étalage *m* (*d'articles*); *fig.* dévoilement *m*, mise *f* à nu; *phot.* pose *f*; *~ meter* photomètre *m*; *~ table* tableau *m* de temps de pose; *death from ~* mort *f* de froid.

ex·pound [iks'paund] expliquer; exposer (*une doctrine*).

ex·press [iks'pres] **1.** □ exprès (-esse f); formel(le f); 🚂 rapide; *~ company Am.* compagnie *f* de messageries; *Am. ~way* autostrade *f*; **2.** exprès *m*; (*a ~ train*) rapide *m*, express *m*; *by ~* = **3.** *adv.* en toute hâte; sans arrêt; *send s.th. ~ poste:* envoyer qch. exprès; **4.** exprimer (*un sentiment, du jus, etc.*); énoncer (*un principe*); émettre (*une opinion*); *not ~ed* sous-entendu; **ex'press·i·ble** exprimable; **ex'pres·sion** [ˌ-preʃn] ♫, ♫, *gramm., peint., visage:* expression *f*; **ex'pres·sive** □ [ˌsiv] expressif (-ive f); *be ~ of* exprimer (qch.); **ex'press·ly** expressément; exprès.

ex·pro·pri·ate [eks'prouprieit] exproprier (q. de qch., *s.o. from s.th.*); **ex·pro·pri·a·tion** expropriation *f*.

ex·pul·sion [iks'pʌlʃn] expulsion *f*; **ex'pul·sive** expulsif (-ive f).

ex·punge [eks'pʌndʒ] effacer, biffer.

ex·pur·gate ['ekspəːgeit] expurger (*un livre*); épurer (*un texte*); supprimer (*un passage*); **ex·pur·ga·tion** expurgation *f*; épuration *f*.

ex·qui·site ['ekskwizit] **1.** □ exquis; ravissant; délicieux (-euse f); délicat; vif (vive f), atroce (*douleur etc.*); **2.** dandy *m*; **ex·qui·site·ness** perfection *f*; exquisité *f*; finesse *f*; *douleur etc.:* acuité *f*.

ex-serv·ice·man ✕ ['eks'səːvismən] ancien combattant *m*.

ex·tant [eks'tænt] existant, qui existe.

ex·tem·po·ra·ne·ous □ [ekstempə'reinjəs], **ex·tem·po·rar·y** [iks'tempərəri], **ex·tem·po·re** [eks'tempəri] impromptu, improvisé; **ex·tem·po·rize** [iks'tempəraiz] improviser; **ex'tem·po·riz·er** improvisateur (-trice f) *m*.

ex·tend [iks'tend] *v/t.* étendre (*a. fig., la bonté, etc.*); tendre (*la main*); agrandir (*un territoire*); reculer (*des frontières*); prolonger (*une ligne, un billet, une période*); transcrire (*de la sténographie*); ✝ proroger; ✕ déployer; *in ~ed order* en fourrageurs; *v/i.* s'étendre, se prolonger; continuer.

ex·ten·si·bil·i·ty [ikstensə'biliti] extensibilité *f*; **ex'ten·si·ble**, **ex'ten·sile** extensible; **ex'ten·sion** extension *f*; prolongation *f*; *table:* (r)allonge *f*; *gramm.* complément *m*; annexe *f*; *téléph.* poste *m*; ⚡ *~ cord* allonge *f* de câble; *~ ladder* échelle *f* coulissante; *University ~* cours *m* populaire

extensive 802

organisé par une université; **ex'ten-sive** □ (~siv) étendu, vaste; **ex'ten-sive-ness** étendue *f*.

ex-tent [iks'tent] étendue *f*; importance *f*; to the ~ of au point de; *prêt d'argent etc.*: jusqu'à concurrence de; *to a certain* ~ jusqu'à un certain point; *to some* ~ dans une certaine mesure; *to that* ~ à ce point-là; *grant* ~ *for* atermoyer.

ex-ten-u-ate [eks'tenjueit] atténuer; † amaigrir; **ex-ten-u'a-tion** *f*; affaiblissement *m* extrême.

ex-te-ri-or [eks'tiəriə] **1.** □ extérieur (à, *to*); en dehors (de, *to*); ♣ externe; **2.** extérieur *m* (*a. cin.*).

ex-ter-mi-nate [eks'tə:mineit] exterminer; **ex-ter-mi'na-tion** extermination *f*; **ex'ter-mi-na-tor** exterminateur (-trice *f*) *m*.

ex-ter-nal [eks'tə:nl] **1.** □ extérieur (à, *to*); du dehors; ♂, ♣ externe; ~ *to* en dehors de; **2.** ~*s pl.* dehors *m* (*a. pl.*); *fig.* apparence *f*; **ex'ter-nal-ize** extérioriser.

ex-tinct [iks'tiŋkt] éteint (*a. fig.*); **ex'tinc-tion** extinction *f* (*a. fig.*).

ex-tin-guish [iks'tiŋgwiʃ] éteindre (*a. fig.*); abolir (*un office, une loi, etc.*); exterminer; réduire (*q.*) au silence; **ex'tin-guish-er** *lampe etc.*: éteignoir *m*; *personne*: éteigneur (-euse *f* *m*); *see fire-~*; **ex'tin-guish-ment** extinction *f*.

ex-tir-pate ['ekstə:peit] extirper; déraciner (*a.* ♂); **ex-tir'pa-tion** extirpation *f*, éradication *f*; **ex'tir-pa-tor** extirpateur (-trice *f*) *m*.

ex-tol [iks'tɔl] louer, vanter.

ex-tort [iks'tɔ:t] extorquer, arracher (à, *from*); **ex'tor-tion** extorsion *f*; **ex'tor-tion-ate** (~ʃnit) exorbitant; **ex'tor-tion-er** extorqueur (-euse *f*) *m*; exacteur *m*.

ex-tra ['ekstrə] **1.** *adj.* en plus, à part; supplémentaire; ~ *pay* salaire *m etc.* supplémentaire; *sp.* ~ *time* prolongation *f*; **2.** *adv.* extra-; plus que d'ordinaire; **3.** *su.* supplément *m*; numéro *m etc.* supplémentaire; *cin.* figurant(e *f*) *m*; *journ.* édition *f* spéciale; ~*s pl.* frais *m*/*pl.* ou dépenses *f*/*pl.* supplémentaires; ~ *special* deuxième édition *f* spéciale (*d'un journal du soir*); ~-*special* F d'extra; supérieur.

ex-tract 1. ['ekstrækt] extrait *m*;

concentré *m* (*a.* 🦌); **2.** [iks'trækt] extraire (*a.* 🦌, *une dent, un passage*); tirer (*argent, aveu, doctrine, plaisir, sons*) (de, *from*); arracher (*argent, aveu, dent*) (à, *from*); **ex'trac-tion** extraction *f*; origine *f*; **ex'trac-tive 1.** extractif (-ive *f*); **2.** extractif *m*; **ex'trac-tor** arracheur (-euse *f*) *m*; ⊕ pince *f*; extracteur *m*.

ex-tra-cur-ric-u-lar ['ekstrəkə'rikjulə] hors programme.

ex-tra-dit-a-ble ['ekstrədaitəbl] qui justifie l'extradition; passible d'extradition (*personne*); **ex'tra-dite** ['~dait] extrader; obtenir l'extradition de; **ex-tra-di-tion** (~'diʃn) extradition *f*.

extra-...: '~'**ju-di-cial** officieux (-euse *f*); extra-légal (-aux *m*/*pl.*); '~'**mar-i-tal** extra-conjugal (-aux *m*/*pl.*); '~'**mu-ral** en dehors de la ville; *univ.* hors faculté (*professeur, cours, etc.*).

ex-tra-ne-ous [eks'treinjəs] étranger (-ère *f*) (à, *to*).

ex-tra-or-di-nar-y [iks'trɔ:dnri] extraordinaire; remarquable; F prodigieux (-euse *f*); [trapoler.]

ex-trap-o-late [ek'stræpouleit] ex-]

ex-tra-ter-res-tri-al ['ekstrəti'restri,əl] extraterrestre.

ex-trav-a-gance [iks'trævigəns] extravagance *f*, exagération *f*; prodigalité *f*, gaspillage *m* (*d'argent*); **ex'trav-a-gant** □ extravagant, exagéré; prodigue (*personne*); exorbitant (*prix*); **ex-trav-a-gan-za** *théâ.* [ekstrævə'gænzə] œuvre *f* (musicale) fantaisiste.

ex-treme [iks'tri:m] **1.** □ extrême; très grand *ou* haut; dernier (-ère *f*) (*point, supplice*); *eccl.* ~ *unction* extrême onction *f*; **2.** extrême *m*; *in the* ~ au dernier degré; **ex'trem-ist** extrémiste *mf*, ultra *m*; **ex'trem-i-ty** (~'tremiti) extrémité *f*, bout *m*, point *m* extrême; gêne *f*; *extremities pl.* extrémités *f*/*pl.* (*du corps*); *be reduced to extremities* être dans la plus grande gêne.

ex-tri-cate ['ekstrikeit] dégager, tirer; 🦌 libérer; **ex-tri'ca-tion** dégagement *m*, délivrance *f*; 🦌 libération *f*.

ex-trin-sic [eks'trinsik] (~ally) extrinsèque; ~ *to* en dehors de.

ex-tro-vert ['ekstrouvə:t] extroverti(e *f*) *m*.

ex·trude [eks'tru:d] v/t. expulser; ⊕ refouler; v/i. géol. s'épancher.

ex·u·ber·ance [ig'zju:bərəns] exubérance f; richesse f; surabondance f (en idées); **ex·u·ber·ant** exubérant; débordant, surabondant; riche.

ex·u·da·tion [eksju:'deiʃn] exsudation f; écoulement m; **ex·ude** [ig'zju:d] exsuder; s'écouler (sève).

ex·ult [ig'zʌlt] exulter, se réjouir (de qch. at, in s.th.); triompher (de qch., at s.th.; sur q., over s.o.); **ex·ult·ant** exultant; triomphant; **ex·ul·ta·tion** [egzʌl'teiʃn] exultation f; triomphe m.

ex·u·vi·ate [ig'zju:vieit] (se) dépouiller (peau etc.).

eye [ai] **1.** œil (pl. yeux) m (a. ⚓, outil); regard m; aiguille: trou m; have an ~ for s'y connaître en; sl. my ~(s)! mince alors!; sl. it's all my ~! c'est de la blague!; mind your ~! gare à vous!; with an ~ to en vue de; **2.** observer, regarder; suivre des yeux; mesurer (q.) des yeux; '~·ball prunelle f; globe m de l'œil; '~·brow sourcil m; '~·catch·er F attraction f; **eyed** [aid] aux yeux ...; ocellé (plume, aile).

eye ...: '~·drops pl. gouttes f/pl. pour les yeux; '~·ful F coup m d'œil; be (quite) an ~ a. valoir le coup d'œil; get an ~ se rincer l'œil; get an ~ of viser (= regarder); '~·glass monocle m; (a pair of) ~es pl. (un) pince-nez m/inv., (un) binocle m, (un) lorgnon m; '~·hole œillet m; △ judas m; ♂ cavité f de l'œil; '~·lash cil m; **eye·let** ['ailit] œillet m; petit trou m; aile: ocelle m.

eye ...: '~·lid paupière f; '~·o·pen·er révélation f; surprise f; '~·piece opt. oculaire m; ~ shad·ow fard m à paupières; '~·shot portée f de (la) vue; '~·sight vue f; portée f de la vue; '~·sore fig. chose f qui offense le regard; horreur f; '~·tooth dent f œillère; '~·wash **1.** collyre m; sl. boniment m, bourrage m de crâne; **2.** sl. jeter de la poudre aux yeux de (q.); '~·wit·ness témoin m oculaire.

ey·ot [eit] îlot m.

eyre hist. [ɛə]: justices in ~ juges m/pl. en tournée.

ey·rie, ey·ry ['aiəri] see aerie.

F

F, f [ef] F *m*, f *m*.

fa·ble ['feibl] **1.** fable *m*, conte *m*; *fig.* mythe *m*, invention *f*.

fab·ric ['fæbrik] édifice *m*, bâtiment *m*; *eccl.* fabrique *f*; étoffe *f*, tissu *m*; **fab·ri·cate** ['‿keit] fabriquer (*usu. fig.*); inventer; **fab·ri·ca·tion** fabrication *f*; *fig.* invention *f*; contrefaçon *f*; **fab·ri·ca·tor** inventeur *m*; *document*: contrefacteur *m*.

fab·u·list ['fæbjulist] fabuliste *m*; *fig.* menteur (-euse *f*) *m*; **fab·u·lous** □ légendaire.

fa·çade △ [fə'sɑːd] façade *f*.

face [feis] **1.** face *f*; visage *m*, figure *f*; air *m*, mine *f*; *horloge:* cadran *m*; *étoffe:* endroit *m*; aspect *m*; *fig.* impudence *f*, front *m*; in (the) ~ of devant; en présence de; ~ to ~ with vis-à-vis de; *save one's* ~ sauver la face; *on the* ~ *of it* à première vue; *set one's* ~ *against* s'opposer à, s'élever contre; ~ *value* valeur *f* nominale; **2.** *v/t.* affronter, braver; donner sur (*la cour etc.*); parer (*un habit*); envisager (*les faits*); revêtir (*un mur*); faire face à (*q.*); *be* ~*d with* être menacé de, se heurter à; *v/i.* être exposé *ou* tourné *ou* orienté; ~ *about* faire demi-tour; ✕ *left* ~! à gauche, gauche!; *about* ~! volte-face!; ~ *up to* affronter (*un danger etc.*); **face card** *cartes:* figure *f*; **faced** (*with*) à revers (de *qch.*); contre-plaqué (de *bois*); **face·down** épreuve *f* de force; **face·less** *fig.* anonyme; **face-lift·ing** remontée *f* du visage; lifting *m*; **fac·er** gifle *f*, F tuile *f*.

fac·et ⊕ ['fæsit] facette *f*; **fac·et·ed** à facettes.

fa·ce·tious □ [fə'siːʃəs] facétieux (-euse *f*), plaisant. [visage.\]

fa·cial ['feiʃl] facial (-aux *m/pl.*); du]

fac·ile ['fæsail] facile; complaisant (*personne*); **fa·cil·i·tate** [fə'siliteit] faciliter; **fa·cil·i·ta·tion** action *f* de faciliter; **fa·cil·i·ty** facilité *f*; souplesse *f* de caractère.

fac·ing ['feisiŋ] ⊕ revêtement *m*; *moule:* poncif *m*; ✕ conversion *f* (à droite *etc.*); ~*s pl.* ✕ parement *m*.

fac·sim·i·le [fæk'simili] fac-similé *m*; ✎ copie *f* figurée; ~ *broadcast* (-*ing*) téléphotographie *f*.

fact [fækt] fait *m*, action *f*; réalité *f*; ~*s pl.* (of the case) faits *m/pl.* (de la cause), vérité *f*; *after the* ~ par assistance; *before the* ~ par instigation; *in* (*point of*) ~ au fait, en vérité; *tell s.o. about the* ~*s of life* apprendre à q. les choses de la vie; **'~-find·ing** pour établir les faits.

fac·tion ['fækʃn] *péj.* cabale *f*, faction *f*; dissension *f*; **'fac·tion·ist** factieux (-euse *f*) *m*, partisan *m*.

fac·tious □ ['fækʃəs] factieux (-euse *f*); **'fac·tious·ness** esprit *m* factieux.

fac·ti·tious □ [fæk'tiʃəs] factice, contrefait; faux (fausse *f*).

fac·tor ['fæktə] A̸, *fig.* facteur *m*; agent *m*, commissionnaire *m* en gros; **'fac·to·ry** fabrique *f*, usine *f*.

fac·to·tum [fæk'toutəm] factotum *m*, homme *m* à tout faire.

fac·tu·al ['fæktjuəl] effectif (-ive *f*), positif (-ive *f*), réel(le *f*); ~ *knowledge* connaissance *f* des faits.

fac·ul·ty ['fækəlti] pouvoir *m*; faculté *f* (*a. univ.*); *fig.* talent *m*; *eccl.* autorisation *f*; ✎ droit *m*; *Am.* corps *m* enseignant.

fad F [fæd] lubie *f*, marotte *f*, dada *m*; **'fad·dish**, **'fad·dy** maniaque; capricieux (-euse *f*); **'fad·dist** maniaque *mf*.

fade [feid] (se) faner, flétrir; (se) décolorer (*tissu*); s'affaiblir; (*a.* ~ *out*) s'évanouir, s'éteindre; *cin.* down (*ou out*) *cin.* (faire) partir dans un fondu; *radio:* faire fondre dans le lointain; ~ *in* (faire) arriver dans un fondu; **'fade·less** ineffaçable; *tex.* bon teint; **'fad·ing 1.** □ qui se fane *etc.*; **2.** *radio:* fading *m*, évanouissement *m*; *cin.* fondu *m*.

fae·ces *pl.* ['fiːsiːz] fèces *f/pl.*; matières *f/pl.* fécales.

fag F [fæg] **1.** corvée f, travail m pénible; *école*: petit m (*élève*) qui fait les corvées d'un grand; *sl.* sèche f, cigarette f; **2.** v/i. travailler dur; faire les corvées d'un grand élève; v/t. éreinter, fatiguer; '~-**'end** F fond m; queue f; *sl.* mégot m.

fag·ot, fag·got ['fægət] fagot m; ⊕ faisceau m, paquet m; *Am.* F pédé m.

Fahr·en·heit ['færənhait]: ~ thermometer thermomètre m Fahrenheit.

fail [feil] **1.** v/i. faire défaut, faillir; manquer (*cœur, force, pluie, voix, etc.*); diminuer; être refusé, échouer (*à un examen*); faire faillite; *mot.* rester en panne; baisser (*jour, lumière, santé*); he ~ed to do (*a. in doing*) manquer de faire; omettre de faire; he cannot ~ to il ne peut manquer de; v/t. manquer (à); abandonner; manquer à ses engagements envers (*q.*); refuser (*un candidat*); his heart ~ed him le cœur lui manqua; **2.** without ~ sans faute; à coup sûr; 'fail·ing **1.** su. défaut m; faiblesse f; **2.** prp. faute de, à défaut de; ~ which faute de quoi; **fail·ure** ['feiljə] manque m; défaut m; insuccès m; mot. panne f; affaissement m; fiasco m; faillite f; *personne*: raté(e f) m.

fain [fein] **1.** adj. bien disposé; trop heureux (-euse f) (de, to); **2.** adv. avec plaisir.

faint [feint] **1.** □ faible; léger (-ère f); feel ~ se sentir mal; **2.** s'évanouir; *fig.* mourir (de, with); **3.** évanouissement m; '~**-heart·ed** □ ['~'ha:tid] timide; lâche; '~-**'heart·ed·ness** pusillanimité f; 'faint·ness faiblesse f.

fair[1] [fɛə] **1.** adj. beau (bel *devant une voyelle ou un h muet*); belle f; beaux m/pl.); juste; blond; † loyal; **2.** adj., a. adv. poli(ment); doux (douce f), adv. doucement; favorable(ment); *école*: passable, assez bien (*mention*); passablement; ~ copy f au net; corrigé m; ~ dealing probité f, loyauté f; ~ play jeu m loyal, franc jeu m; traitement m juste; our ~ readers nos aimables lectrices f/pl.; the ~ pl. (a. the ~ sex) le beau sexe; ~ and softly tout doucement; † ~ trade système m réciproque de libre échange; bid ~ to promettre de; speak

s.o. ~ parler poliment à q.; strike ~ frapper carrément.

fair[2] [~] foire f; grand marché m; '~-**ground** champ m de foire; 'fair·ing † cadeau m acheté à la foire; ⚓ entoilage m; profilage m.

fair·ly ['fɛəli] adv. de fair[1]; honnêtement, loyalement, assez; 'fair·ness beauté f; *cheveux*: couleur f blonde; teint m blond; blancheur f; loyauté f; probité f; *sp.* franc jeu m; 'fair-**spo·ken** à la parole courtoise; 'fair·way ⚓ passage m, chenal m; 'fair-**weath·er friend** ami m jusqu'à la bourse.

fair·y ['fɛəri] **1.** féérique; des fées; ~ lamp, ~ light lampion m; **2.** fée f; 'fair·y·land pays m ou royaume m des fées; *fig.* pays m enchanté; 'fair·y·tale féérique; de fée; 'fair·y-tale conte m de fées; *fig.* conte m bleu.

faith [feiθ] foi f (à qch., en Dieu); confiance f (en, in); croyance f; religion f; parole f; in good ~ de bonne foi; '~-**cure** guérison f par (auto)suggestion; **faith·ful** □ ['~ful] fidèle; loyal (-aux m/pl.); exact; the ~ pl. les fidèles m/pl.; yours ~ly Agréez l'expression de mes sentiments distingués; 'faith·ful·ness loyauté f (envers, to), fidélité f; exactitude f; 'faith·less □ infidèle; perfide; incrédule; 'faith·less·ness infidélité f; déloyauté f; perfidie f.

fake *sl.* [feik] **1.** chose f truquée; article m faux; (*Am. a.* '**fak·er**) *personne*: simulateur (-trice f) m; **2.** (*a. ~ up*) truquer.

fal·con ['fɔ:lkən] faucon m; 'fal·con·er fauconnier m; 'fal·con·ry fauconnerie f.

fald·stool ['fɔ:ldstu:l] prie-dieu m/inv.; siège m d'évêque; pliant m.

fall [fɔ:l] **1.** chute f (a. d'eau, du jour, d'une ville); *baromètre, eaux, théâ., rideau, température*: baisse f; *nuit*: tombée f; pente f; descente f; *arbres*: abattis m; *surt. Am.* automne m; *pluie, neige, etc.*: quantité f; *usu.* ~s pl. chute f d'eau, cascade f; *voix*: cadence f; perte f, ruine f; ⚓ *usu.* ~s pl. garants m/pl.; the ♀ (of Man) la chute de l'homme; have a ~ tomber; **2.** [irr.] tomber (a. gouvernement, nuit, vent); baisser (jour, prix, etc.); arriver; capituler (ville);

(*avec adj.*) devenir, tomber; naître (*animal*); (se) calmer (*mer*); retomber (*blâme, responsabilité, etc.*); s'effondrer (*bâtiment*); aller en pente, descendre; se projeter (*ombre*); *his countenance fell* sa figure s'allongea; *his spirits fell* il perdit courage; ~ *asleep* s'endormir; ~ *away* s'abaisser; déserter; ~ *back* tomber en arrière; reculer; se rabattre (sur, *upon*); ~ *behind* rester en arrière; se laisser devancer; ~ *between two stools* demeurer entre deux selles; ~ *down* tomber (par terre); s'écrouler; F échouer; ~ *due* venir à échéance; *surt. Am.* F ~ *for* tomber amoureux de; adopter (*qch.*) avec enthousiasme; ~ *from* (re)tomber de; ~ *ill* (*ou* ~ *sick*) tomber malade; ~ *in* s'effondrer; ✕ former les rangs; ⚖ expirer (*bail*); arriver à échéance (*dette*); ~ *in with* se prêter à (*un projet*); rencontrer (*q.*); s'accorder avec; ~ *in love with* tomber amoureux de; ~ *into* tomber dans (*l'eau*); contracter (*une habitude*); être induit en (*erreur*); dégénérer en; ~ *into line* se mettre en rangs; rentrer dans les rangs; ~ *off* tomber; faire défection; *fig.* décliner, diminuer; ~ *on* ✕ attaquer; fondre sur; se jeter sur; tomber sur (*q.*); ~ *out* se brouiller (avec, *with*); se passer, arriver; ✕ quitter les rangs; ~ *short* tomber en deçà (de, *of*); ~ *short of* ne pas atteindre, être au-dessous de; ~ *to see* ~ *on*; *a.* se mettre au travail; commencer; ~ *under* entrer dans (*une catégorie*).

fal·la·cious □ [fəˈleiʃəs] illusoire; trompeur (-euse *f*); **fal·la·cious·ness** fausseté *f*.

fal·la·cy □ [ˈfæləsi] sophisme *m*; erreur *f*; faux raisonnement *m*.

fall·en [ˈfɔːlən] *p.p. de* **fall 2**.

fall guy *Am. sl.* [ˈfɔːlˈgai] bouc *m* émissaire.

fal·li·bil·i·ty [fæliˈbiliti] faillibilité *f*; **fal·li·ble** □ [ˈfæləbl] faillible.

fall·ing [ˈfɔːliŋ] baisse *f*; chute *f etc.*; '~-**'off** chute *f*; défection *f*; décroissement *m*; déclin *m*; ~ **star** étoile *f* filante. [radioactives.]

fall·out [ˈfɔːlaut] retombées *f/pl.*]

fal·low [ˈfæləu] **1.** *zo.* fauve; ~ en friche; **2.** ⚞ jachère *f*, friche *f*; **3.** ~ jachérer, défricher; '~-**deer** *zo.* daim *m*.

false □ [fɔːls] **1.** *adj.* faux (fausse *f*); artificiel(le *f*); erroné; infidèle (à, *to*); *be* ~ *to* trahir; tromper; ~ *imprisonment* détention *f* illégale; ~ *key* crochet *m*, rossignol *m*; ~ *teeth pl.* dentier *m*; **2.** *adv. play s.o.* ~ trahir q.

false·hood [ˈ~hud] mensonge *m*; fausseté *f*; faux *m*; '**false·ness** fausseté *f*; *femme etc.*: infidélité *f*.

fal·set·to ♪ [fɔːlˈsetou] fausset *m*.

fal·si·fi·ca·tion [fɔːlsifiˈkeiʃn] falsification *f*; altération *f*; **fal·si·fi·er** [ˈ~faiə] falsificateur (-trice *f*) *m*; **fal·si·fy** [ˈ~fai] falsifier; altérer; rendre vain; tromper; **fal·si·ty** [ˈ~ti] fausseté *f*.

fal·ter [ˈfɔːltə] *v/i.* chanceler; *fig.* hésiter, trembler (*voix*); défaillir (*courage, personne*); *v/t.* balbutier.

fame [feim] renom(mée *f*) *m*; **famed** célèbre, renommé (pour, *for*).

fa·mil·iar [fəˈmiljə] **1.** □ familier (-ère *f*) (à, *to*); intime; bien connu (de, *to*); au courant (de, *with*); **2.** ami(e *f*) *m* intime; (*a.* ~ *spirit*) démon *m* familier; **fa·mil·i·ar·i·ty** [ˌ~liˈæriti] familiarité *f*; connaissance *f* (de, *with*); **fa·mil·iar·i·za·tion** [ˌljəraiˈzeiʃn] accoutumance *f* (à, *with*), habitude *f* (de, *with*); **fa·mil·iar·ize** rendre familier.

fam·i·ly [ˈfæmili] **1.** famille *f*; **2.** de famille, familial (-aux *m/pl.*); *in the* ~ *way* enceinte (*f*); ~ *allowance* allocation *f* familiale; ~ *doctor* médecin *m* de famille; ~ *man* père *m* de famille; ~ *tree* arbre *m* généalogique.

fam·ine [ˈfæmin] famine *f*; disette *f*.

fam·ish [ˈfæmiʃ] *v/t.* affamer; réduire à la famine; *v/i.* être affamé.

fa·mous □ [ˈfeiməs] célèbre (pour, *for*); F fameux (-euse *f*), parfait.

fan[1] [fæn] **1.** éventail *m* (*a.* ⚓); ventilateur *m*; ♪ van *m*; *mot.* ~ *belt* courroie *f* de ventilateur; **2.** éventer; ♪ vanner; souffler (*le feu*); *fig.* exciter.

fan[2] F [~] *sp. etc.* fervent(e *f*) *m*; *cin.* fanatique *mf*; *radio*: sans-filiste *mf*; *mots composés*: -ophile *mf*.

fa·nat·ic [fəˈnætik] **1.** (*a.* **fa·nat·i·cal** □ [~kl]) fanatique; **2.** fanatique *mf*; **fa·nat·i·cism** [~isizm] fanatisme *m*.

fan·ci·er [ˈfænsiə] amateur (-trice *f*) *m* (d'oiseaux *etc.*).

fan·ci·ful □ ['fænsiful] fantastique; fantasque, imaginaire (*personne*).

fan·cy ['fænsi] **1.** fantaisie *f*, imagination *f*; idée *f*; caprice *m*, goût *m*; lubie *f*; the ~ les amateurs *m/pl.* de boxe; *take a* ~ *to* prendre goût à (*qch.*); s'éprendre de (*q.*); **2.** de fantaisie; de luxe; de pure imagination; ~ *apron* tablier *m* de fantaisie; ~ *ball* bal *m* travesti; ~ *dress* travesti *m*, costume *m*; ~ *fair* vente *f* de charité; ~ *goods pl.* nouveautés *f/pl.*, articles *m/pl.* de fantaisie; *sl.* ~ *man* souteneur *m*; ~ *price* prix *m* exagéré *ou* de fantaisie; **3.** s'imaginer, se figurer; croire, penser; avoir envie de (*qch.*); se sentir attiré vers (*q.*); *just* ~! figurez-vous (ça)!; '~-**free** libre comme l'air; '~-**work** broderie *f*; ouvrages *m/pl.* de dames.

fan·fare ['fænfeə] fanfare *f*; sonnerie *f*; **fan·fa·ron·ade** [ˌfærə'naːd] fanfaronnade *f*, vanterie *f*.

fang [fæŋ] *chien:* croc *m*; *vipère:* crochet *m*; ⊕ soie *f*.

fan·ner ['fænə] ✍ van *m* mécanique; ⊕ ventilateur *m*.

fan·ta·sia [fæn'teizjə] fantaisie *f*;
fan·tas·tic [ˌ'tæstik] (~*ally*) fantastique, bizarre; **fan'tas·ti·cal·ness** [ˌklnis] bizarrerie *f*; **fan·ta·sy** ['ˌtəsi] fantaisie *f*, caprice *m*.

far [faː] *adj.* lointain, éloigné; *adv.* loin, au loin; beaucoup, fort, bien; ~ *better* beaucoup mieux; ~ *the best* de beaucoup le meilleur; *as* ~ *as* jusqu'à; *by* ~ de beaucoup; ~ *from* (*gér.*) loin de (*inf.*); *in so* ~ *as* dans la mesure où; '~-**a·way** ['faːrəwei] lointain; *fig.* vague.

farce *théâ.* [faːs] farce *f* (*a. cuis.*);
far·ci·cal □ ['ˌikl] burlesque; *fig.* grotesque.

fare [feə] **1.** prix *m* (du voyage, de la place, *etc.*); chère *f*, manger *m*; *personne:* client·e *f* *m*; **2.** voyager; aller (*bien ou mal*); ~ *well!* adieu!; '~-**in·di·ca·tor** tarif *m*; '~'**well 1.** adieu!; **2.** adieu *m*, -x *m/pl.*; **3.** d'adieu; ~ *party* soirée *f* d'adieu.

far... [faː]: '~-**fetched** *fig.* tiré par les cheveux, recherché, forcé; '~-**flung** *fig.* vaste, très étendu; ~ **gone** F (dans un état) avancé.

far·i·na·ceous [færi'neiʃəs] farinacé; ~ *food* (aliment *m*) farineux *m*.

farm [faːm] **1.** ferme *f*; *see* ~ *house*; élevage *m* de volaille en grand; **2.**
v/t. cultiver; (*a.* ~ *out*) donner à ferme, affermer; exploiter (*un terrain*); mettre en nourrice (*des enfants*); *v/i.* être fermier, cultiver la terre; '**farm·er** fermier *m*; '**farm·hand** ouvrier (-ère *f*) *m* agricole; '**farm'house** (maison *f* de) ferme *f*; '**farm·ing 1.** cultivateur (-trice *f*); à ferme; aratoire; **2.** agriculture *f*; exploitation *f*; culture *f*; **farm·stead** ['ˌsted] ferme *f*; '**farm'yard** basse-cour (*pl.* basses-cours) *f*; cour *f* de ferme.

far·o ['feərou] *cartes:* pharaon *m*.

far...: ~-**off** ['faːr'ɔːf] lointain, éloigné; ~-**out** F ['faːr'aut] insolite; extravagant; super.

far·ra·go [fə'reigou] méli-mélo (*pl.* mélis-mélos) *m*; fatras *m*.

far·ri·er ['færiə] vétérinaire *m*; ✗ maréchal-ferrant (*pl.* maréchaux-ferrants) *m*; '**far·ri·er·y** art *m* vétérinaire; ✗ maréchalerie *f*.

far·row ['færou] **1.** cochonnée *f*, cochons *m/pl.*; **2.** *vt/i.* mettre bas; *v/i.* cochonner.

far-sight·ed ['faː'saitid] 𝄢 presbyte; *fig.* prévoyant.

fart V [faːt] **1.** pet *m*; **2.** péter.

far·ther ['faːðə], **far·thest** ['ˌðist] *comp.*, *a. sup.* de *far*.

far·thing ['faːðiŋ] F sou *m* (¹/₄ penny).

fas·ci·a ['fæʃiə], *pl.* **fas·ci·ae** ['ˌii] *anat.* fascia *m*; △ fasce *f*, bande (-lette) *f*.

fas·ci·nate ['fæsineit] fasciner, charmer; **fas·ci'na·tion** fascination *f*; charme *m*, attrait *m*.

fas·cine [fæ'siːn] fascine *f*.

Fas·cism *pol.* ['fæʃizm] fascisme *m*; '**Fas·cist** fasciste (*a. su./mf*).

fash·ion ['fæʃn] **1.** mode *f*; vogue *f*; façon *f*, manière *f*; forme *f*; habitude *f*; *sl. rank and* ~ *le* gratin *m*; *in* ~ à la mode; *out of* ~ démodé; *set the* ~ mener la mode; donner le ton; **2.** façonner, former; confectionner (*une robe*); '**fash·ion·a·ble** □ à la mode, de bon ton; élégant; '**fash·ion·a·ble·ness** vogue *f*; élégance *f*; '**fash·ion·pa'rade** présentation *f* de collections; '**fash·ion-plate** gravure *f* de modes.

fast¹ [faːst] **1.** *adj.* rapide; résistant, bon teint (*drap etc.*); en avance (*montre etc.*); fidèle, constant (*ami*); dissolu (*vie*); ~ *to light* résistant; *phys.* ~ *breeder* surrégénérateur *m* rapide; **⬥** ~ *train* rapide *m*, train *m* express; **2.** *adv.* ferme; vite.

fast² [~] **1.** jeûne *m*; **2.** jeûner; '~**day** jour *m* maigre.

fas·ten ['fɑ:sn] *v/t.* attacher (à, to); amarrer (*un bateau*); fermer (*la porte*); assurer; fixer (*a.* les yeux sur, one's eyes [up]on); *v/i.* s'attacher; se fixer; se fermer; ~ *upon fig.* saisir (*qch.*); s'arrêter sur; '**fasten·er** (*a.* '**fas·ten·ing**) attache *f*; *robe:* agrafe *f*; *bourse, livre:* fermoir *m*; *fenêtre etc.:* fermeture *f*; *patent* ~ bouton-pression (*pl.* boutons-pression) *m*.

fas·tid·i·ous □ [fæs'tidiəs] difficile, délicat; exigeant; blasé; **fas'tid·i·ous·ness** délicatesse *f*; goût *m* difficile.

fast·ness ['fɑ:stnis] fermeté *f*; *couleurs:* solidité *f*; vitesse *f*; légèreté *f* de conduite; **⬥** forteresse *f*.

fat [fæt] **1.** gras(se *f*); gros(se *f*); **2.** graisse *f*; *viande:* gras *m*; **3.** (s')engraisser.

fa·tal □ ['feitl] fatal (-als *m/pl.*); mortel(le *f*); funeste (à, to); **fa·tal·ism** ['~əlizm] fatalisme *m*; '**fa·tal·ist** fataliste *mf*; **fa·tal·i·ty** [fə'tæliti] fatalité *f*; mort *f*; destin *m*; accident *m* mortel, sinistre *m*.

fate [feit] destin *m*; sort *m*; fatalité *f*; *the* ⊆s les Parques *f/pl.*; **fat·ed** ['~id] destiné; fatal (-als *m/pl.*); infortuné; **fate·ful** □ ['~ful] décisif (-ive *f*).

fat·head *sl.* ['fæthed] idiot(e *f*) *m*.

fa·ther ['fɑ:ðə] **1.** père *m*; **2.** engendrer; adopter; avouer la paternité de; servir de père à; ~ *s.th. upon s.o.* imputer qch. à q.; '**fa·ther·hood** ['~hud] paternité *f*; '**fa·ther-in-law** beau-père (*pl.* beaux-pères) *m*; '**fa·ther·land** patrie *f*; '**fa·ther·less** sans père; '**fa·ther·ly** paternel(le *f*).

fath·om ['fæðəm] **1.** *mes.* toise *f*; **⚓** brasse *f*; **⚓** 216 pieds *m/pl.* cubes; **2.** **⚓** (*a. fig.*) sonder; *fig.* approfondir; '**fath·om·less** sans fond.

fa·tigue [fə'ti:g] **1.** fatigue *f*; **✗** corvée *f*; ~*s pl.* **✗** tenue *f* de corvée; **2.** fatiguer, lasser; **fa'tigue-par·ty** **✗** (détachement *m* de) corvée *f*.

fat·ling ['fætliŋ] jeune bête *f* engraissée; '**fat·ness** graisse *f*; *personne:* embonpoint *m*; *sol:* fertilité *f*;

'**fat·ten** (s')engraisser; devenir *ou* rendre gras; **↓** fertiliser (*le sol*); '**fat·ty** **1.** graisseux (-euse *f*); gras(se *f*) (*sol*); ~ *degeneration* stéatose *f*; **2.** F gros (bonhomme) *m*.

fa·tu·i·ty [fə'tjuiti] sottise *f*; imbécillité *f*; **fat·u·ous** □ ['fætjuəs] sot(te *f*), imbécile.

fau·cet ⊕ *surt. Am.* ['fɔ:sit] robinet *m*.

faugh [fɔ:] pouah!

fault [fɔ:lt] faute *f* (*a. tennis*); imperfection *f*; défaut *m* (*a.* ⚡, ⊕); ⊕ *métal:* paille *f*; *géol.* faille *f*; *to a* ~ à l'excès; *find* ~ avec trouver à redire à; *be at* ~ être en défaut; *be his* ~ être (de) sa faute; '~**find·er** épilogueur (-euse *f*); censeur (-euse *f*); '~**find·ing 1.** sermonneur (-euse *f*); grondeur (-euse *f*); **2.** censure, critique *f*; disposition *f* à critiquer; '**fault·i·ness** imperfection *f*; '**fault·less** □ sans défaut; sans faute; parfait; '**fault·s·man** *tel., téléph.* surveillant *m* de ligne (*qui recherche les dérangements*); '**fault·y** □ défectueux (-euse *f*) imparfait.

fa·vo(u)r ['feivə] **1.** faveur *f*; permission *f*; bonté *f*; nœud *m* de rubans, couleurs *f/pl.*; ✝ *your* ~ votre honorée *f ou* estimée *f*; ✝ *in great* ~ très recherché; *in* ~ *of* en faveur de; *I am* (*not*) *in* ~ *of* it moi je suis pour (contre); *under* ~ *of night* à la faveur de la nuit; **2.** être en faveur de; approuver; honorer (*de, with*); '**fa·vo(u)r·a·ble** □ ['~vərəbl] (*to*) favorable (à); propice (à); bon(ne *f*); '**fa·vo(u)r·a·ble·ness** caractère *m* favorable; **fa·vo(u)red** ['~vəd] favorisé; *well-*~ beau (*bel devant une voyelle ou un h muet*); belle *f*; beaux *m/pl.*); **fa·vo(u)r·ite** ['~vərit] **1.** favori(te *f*), préféré; **2.** favori(te *f*) *m*; *sp.* favori *m*; '**fa·vo(u)r·it·ism** favoritisme *m*; *sl.* piston *m*.

fawn¹ [fɔ:n] **1.** *zo.* faon *m*; (couleur *f*) fauve *m*; **2.** mettre bas (*un faon*).

fawn² [~] *chien:* caresser (q., [up]on *s.o.*); *personne:* aduler (*q.*); '**fawn·er** adulateur (-trice *f*) *m*; '**fawn·ing** caressant; servile.

faze *surt. Am.* F [feiz] bouleverser.

fe·al·ty ['fi:əlti] féauté *f*; fidélité *f*.

fear [fiə] **1.** peur *f*, crainte *f*; *through* (*ou from*) ~ *of* de peur de; *for* ~ *of* (*gér.*) de crainte de (*inf.*); go in ~ of one's life craindre pour sa vie; **2.** craindre; *v/t.* redouter, avoir peur de; *v/i.* avoir peur; **fear·ful** □ ['~ful] craintif (-ive *f.*); timide; affreux (-euse *f.*); **'fear·ful·ness** caractère *m* épouvantable; timidité *f*; **'fear·less** □ intrépide; sans peur (de, of); **'fear·less·ness** intrépidité *f*, courage *m*.

fea·si·bil·i·ty [fi:zə'biliti] possibilité *f*; **'fea·si·ble** possible, faisable.

feast [fi:st] **1.** fête *f* (*a. eccl.*); festin *m*; *fig.* régal *m*; **2.** *v/t.* fêter; ~ one's eyes on assouvir ses yeux de; *v/i.* faire bonne chère; se régaler (de, [up]on).

feat [fi:t] exploit *m*, haut fait *m*.

feath·er ['feðə] **1.** plume *f*, *aile*, *queue*: penne *f*; *chasse*: gibier *m* à plumes; ※ plumet *m*; F show the white ~ caner, manquer de courage; that is a ~ in his cap c'est une perle à sa couronne; in high ~ d'excellente humeur; **2.** *v/t.* emplumer; empenner (*une flèche*); ⚓ ramener à plat (*l'aviron*); *v/i.* nager plat; ~ one's nest faire sa pelote; **'~-brained,** **'feath·er·head·ed** étourdi, écervelé; **'feath·ered** emplumé; empenné (*flèche*); **'feath·er·edge** ⊕ biseau *m*; morfil *m* (*d'un outil*); **'feath·er·ing** plumage *m*; empennage *m*; balançage *m*; nage *f* plate; **'feath·er·stitch** point *m* d'arêtes; **'feath·er·weight** *box.* poids *m* plume; **'feath·er·y** plumeux (-euse *f*); léger (-ère *f.*)

fea·ture ['fi:tʃə] **1.** trait *m* (*a. du visage*); caractéristique *f*; spécialité *f*; *cin.* film *m*; *journ. Am.* article *m*; ~s *pl.* physionomie *f*; *pays*: topographie *f*; *œuvre*: caractère *m*; **2.** marquer, caractériser; dépeindre; *journ.* mettre en manchette; *cin.* tourner (*un rôle*), représenter (*q.*); mettre en vedette; *a film featuring N.N.* un film avec N.N. en vedette; ~ **film** grand film *m* du programme; **'fea·ture·less** sans traits bien marqués; peu intéressant.

feb·ri·fuge ['febrifju:dʒ] fébrifuge *m*.

fe·brile ['fi:brail] fiévreux (-euse *f*).

Feb·ru·ar·y ['februəri] février *m*.

feck·less ['feklis] propre à rien, incapable.

fec·u·lence ['fekjuləns] féculence

f; saleté *f*; **'fec·u·lent** féculent; sale.

fe·cun·date ['fi:kʌndeit] féconder; **fe·cun'da·tion** fécondation *f*; **fe·cun·di·ty** [fi'kʌnditi] fécondité *f*.

fed [fed] *prét. et p.p. de* feed 2; be ~ up with en avoir assez de; well ~ bien nourri.

fed·er·al ['fedərəl] fédéral (-aux *m/pl.*); **'fed·er·al·ism** fédéralisme *m*; **'fed·er·al·ist** fédéraliste *mf*; **'fed·er·al·ize** (se) fédérer; **fed·er·ate 1.** ['~reit] (se) fédérer; **2.** ['~rit] fédéré; allié; **fed·er'a·tion** fédération *f*; *ouvriers etc.*: syndicat *m*; **fed·er·a·tive** ['~rətiv] fédératif (-ive *f.*)

fee [fi:] **1.** honoraires *m/pl.*; *école*: frais *m/pl.*; droit *m*; taxe *f*; *hist.* fief *m*; pourboire *m*; ~ simple propriété *f* libre; **2.** payer des honoraires (à q., s.o.); donner un pourboire à (q.).

fee·ble □ ['fi:bl] faible; **'~-mind·ed** à l'esprit faible; **'fee·ble·ness** faiblesse *f*.

feed [fi:d] **1.** alimentation *f* (*a.* ⊕); pâturage *m*; *cheval*: fourrage *m*; *avoine etc.*: picotin *m*; nourriture *f*; F repas *m*; ⊕ entraînement *m*; *attr.* d'alimentation *etc.*; auxiliaire; **2.** [*irr.*] *v/t.* nourrir (*q., l'esprit*), alimenter (⊕, *sp.*, *machine*, *chaudière*, *feu*, *famille*); faire paître (*les vaches etc.*); manger (*a. q. des yeux*, one's eyes on s.o.); introduire (*des matières premières dans une machine*); *théâ.* donner la réplique à; ~ off (*ou* down) pâturer (*un pré*); ~ up engraisser; see fed; *v/i.* manger, paître, se nourrir (de, [up]on); **'~-back 1.** ⚡ réaction *f*; **2.** ⊕ alimenter en retour; **'feed·er** mangeur (-euse *f*) *m*; *surt. Am.* nourrisseur *m* de bestiaux; *enfant*: bavette *f*; *bébé*: biberon *m*; canal *m* d'alimentation; ⊕ alimentateur *m*; ⚡ artère *f ou* conducteur *m* alimentaire; **'feed·er line** ⬚ embranchement *m*; **'feed·ing** alimentation *f*; pâture *f*; ⊕, ⚡ avance *f*; *attr.* du repas; alimentateur (-trice *f*); high ~ vie *f* de luxe; **'feed·ing-bot·tle** biberon *m*; **'feed·ing-stuff** fourrage *m*.

fee-faw-fum ['fi:'fɔ:'fʌm] pouah!

feel [fi:l] **1.** [*irr.*] *v/t.* sentir; tâter (*a.* ✕); ressentir (*une douleur*, *une émotion*); éprouver; penser; être sensible à; avoir conscience de; *v/i.* être ... au toucher (*chose*); sembler, paraître; se sentir (*personne*); se trouver; ~ *cold* avoir froid (*personne*), être froid (au toucher) (*chose*); I ~ *like* (*gér.*) j'ai envie de (*inf.*); je me sens d'humeur à (*inf.*); ~ *for* avoir de la sympathie pour; **2.** toucher *m*; sensation *f*; '**feel·er** *fig.* ballon *m* d'essai; *zo.* antenne *f*; *escargot*: corne *f*; *mollusque etc.*: tentacule *m*; *chat*: moustache (*inf.*); éclaireur *m*; '**feel·ing 1.** □ sensible; ému; **2.** toucher *m*; émotion *f*; sentiment *m*; sensibilité *f*; *good* ~ bonne entente *f*; sympathie *f*.

feet [fi:t] *pl. de* foot 1.

feign [fein] feindre, faire semblant (de *inf.*, to *inf.*); ~ *mad* faire semblant d'être fou; '**feigned** feint, simulé; contrefait; déguisé; **feign·ed·ly** ['~idli] avec feinte.

feint [feint] **1.** feinte *f*; ✗ fausse attaque *f*; **2.** feinter; ✗ faire une fausse attaque.

fe·lic·i·tate [fi'lisiteit] féliciter (de, sur *on*); **fe·lic·i'ta·tion** félicitation *f*; **fe'lic·i·tous** □ heureux (-euse *f*); à propos; **fe'lic·i·ty** félicité *f*, bonheur *m*; à-propos *m*.

fe·line ['fi:lain] félin, de chat.

fell[1] [fel] **1.** *prét. de* fall 2; **2.** abattre; assommer.

fell[2] *poét.* [~] cruel(le *f*); funeste.

fell[3] [~] peau *f*; toison *f*.

fell[4] [~] colline *f* rocheuse.

fel·loe ['felou] jante *f*.

fel·low ['felou] personne *f*; camarade *m*; compagnon *m*, compagne *f*; collègue *m*; semblable *m*, pareil *m*; *univ.* agrégé(e *f*) *m*; *société*: membre *m*; F homme *m*, type *m*; *péj.* individu *m*; *attr.* compagnon de; co(n)-; F *a* ~ on; F *old* ~ mon vieux *m*; the ~ *of a glove* l'autre gant *m*; he has not his ~ il n'a pas son pareil *ou* de rival; '~**be·ings** *pl.* semblables m/pl.; '~**cit·i·zen** concitoyen(ne *f*) *m*; '~**coun·try·man** compatriote *mf*; '~**crea·ture** semblable *m*; prochain *m*; '~**feel·ing** sympathie *f*; ~**ship** ['~ʃip] communauté *f*; association *f*; (*a. good ~*) camaraderie *f*, solidarité *f*; association *f*, société *f*; fraternité *f*; *univ.* dignité *f* d'agrégé (*d'un collège universitaire*); titre *m* de membre (*d'une société savante*); ~ **sol·dier**

compagnon *m* d'armes; '~**stu·dent** camarade *mf* d'études; '~**trav·el·ler** compagnon *m* (compagne *f*) de voyage; *pol.* communisant(e *f*) *m*.

fel·ly ['feli] jante *f*.

fel·on ['felən] ⚖︎ criminel(le *f*) *m*; ✗ panaris *m*; **fe·lo·ni·ous** □ ⚖︎ [fi-'lounjəs] criminel(le *f*); délictueux (-euse *f*); **fel·o·ny** ⚖︎ ['feləni] crime *m*.

felt[1] [felt] *prét. et p.p. de* feel 1.

felt[2] [~] **1.** feutre *m*; **2.** (se) feutrer; ~**tip(ped) pen** ['~tip(t) pen] crayon *m* feutre.

fe·male ['fi:meil] **1.** féminin (*personne*); femelle (*animal*); ~ *child* enfant *m* du sexe féminin; ~ *screw* vis *f* femelle; **2.** femme *f*; *animal*: femelle *f*.

fem·i·nine □ ['feminin] féminin; *gramm.* du féminin; *souv. adj.* de femme; **fem·i'nin·i·ty** féminité *f*; *péj.* caractère *m* féminin; '**fem·i·nism** féminisme *m*; '**fem·i·nist** féministe (*a. su. mf*); **fem·i·nize** ['~naiz] (se) féminiser.

fen [fen] marais *m*, marécage *m*.

fence [fens] **1.** clôture *f*; palissade *f*; ⊕ guide *m*; garde *f*; *sp.* haie *f*; *Am.* mur *m* de clôture; *sl.* receleur (-euse *f*) *m*; *sit on the* ~ attendre d'où vient le vent; **2.** *v/t.* (*a.* ~ *in*) enclore, entourer; protéger (contre, from); *sl.* receler; *v/i.* faire de l'escrime; *fig.* parer (qch., with s.th.); *sp.* sauter les haies; *sl.* faire le recel; '**fence·less** ouvert, sans clôture.

fenc·ing ['fensiŋ] clôture *f*, palissade *f*; escrime *f*; ⊕ garde *f*; *attr.* d'armes; '~**foil** fleuret *m*; '~**mas·ter** maître *m* d'armes.

fend [fend]: ~ *off* détourner; F ~ *for* pourvoir à; ~ *for o.s.* se débrouiller; '**fend·er** ⚠︎ bouteroue *f*; garde-feu m/inv.; *mot. Am.* aile *f*; *mot.* pare-chocs m/inv.; ⚓︎ défense *f*.

Fe·ni·an ['fi:niən] **1.** fénian; **2.** fénian *m* (*membre d'une association d'Irlandais aux É.-U. partisans de l'Indépendance de l'Irlande*).

fen·nel ♣ ['fenl] fenouil *m*.

fen·ny ['feni] marécageux (-euse *f*).

feoff [fef] fief *m*; **feoff·ee** [fe'fi:] fieffataire *mf*; '**feoff·ment** inféodation *f*; don *m* en fief; **feof·for** [fe'fɔ:] fieffant(e *f*) *m*.

fiddle

fer·ment 1. ['fəːment] ferment *m*; *fig.* agitation *f*; **2.** [fəˈment] (faire) fermenter; *fig.* (s')échauffer; **fer·ment·a·ble** fermentable; **fer·men·ta·tion** [fəːmenˈteiʃn] fermentation *f*; *fig.* effervescence *f*; **fer·ment·a·tive** [ˌˈtətiv] fermentatif (-ive *f*).

fern ♣ [fəːn] fougère *f*.

fe·ro·cious □ [fəˈrouʃəs] féroce; **fe·roc·i·ty** [fəˈrɔsiti] férocité *f*.

fer·ret ['ferit] **1.** *zo.* furet *m* (*a. fig.*); **2.** *v/t.* fureter (*un terrier*); prendre au furet; ∼ *out* découvrir, dénicher; *fig.* déterrer; *v/i.* chasser au furet.

fer·ric ⚗ ['ferik] ferrique; **fer·rif·er·ous** [feˈrifərəs] ferrifère.

Fer·ris wheel ['feriswiːl] *foire:* grande roue *f.*

fer·ru·gi·nous [feˈruːdʒinəs] ferrifère; **fer·ro·con·crete** ⊕ ['ferou-ˈkɔŋkriːt] béton armé; **fer·rous** ⚗ ['ferəs] ferreux (-euse *f*).

fer·rule † ['feruːl] bout *m* ferré; ⊕ virole *f.*

fer·ry ['feri] **1.** passage *m*; bac *m*; **2.** passer la rivière en bac; '∼·boat bac *m*; '**fer·ry·man** passeur *m.*

fer·tile □ ['fəːtail] (*a. fig.*) fertile, fécond (en *of, in*); **fer·til·i·ty** [fəːˈtiliti] fertilité *f* (*a. fig.*); **fer·ti·li·za·tion** [ˌtilaiˈzeiʃn] fertilisation *f*; ♀ pollinisation *f*; '**fer·ti·lize** (*a.* ♀) fertiliser, féconder; amender (*la terre*); **fer·ti·liz·er** engrais *m.*

fer·ule † ['feruːl] férule *f* (*a.* ♀).

fer·ven·cy ['fəːvənsi] (*usu. fig.*) ferveur *f*; ardeur *f*; '**fer·vent** □ ardent (*a. fig.*); *fig.* fervent, vif (vive *f*).

fer·vid □ ['fəːvid] *see* fervent.

fer·vo(u)r ['fəːvə] *see* fervency.

fes·tal □ ['festl] de fête; joyeux (-euse *f*).

fes·ter ['festə] **1.** (faire) suppurer; (s')ulcérer; *fig.* couver; **2.** inflammation *f* avec suppuration.

fes·ti·val ['festəvl] fête *f*; ♪, *théâ.* festival *m*; **fes·tive** □ ['ˌiv] de fête, joyeux (-euse *f*); **fes·tiv·i·ty** fête *f*, réjouissance *f*, festivité *f.*

fes·toon [fesˈtuːn] **1.** feston *m*; **2.** festonner.

fetch [fetʃ] *v/t.* apporter (*qch.*); amener (*q.*); aller chercher; rapporter (*un prix*); F captiver; F flanquer (*un coup*); pousser (*un soupir*); tirer (*des larmes*); ∼ *up* faire monter;

vomir; *v/i.:* ∼ *and carry* être aux ordres (de *q., for s.o.*); ∼ *up* s'arrêter; *usu. Am.* aboutir (à, *at*); '**fetch·ing** F □ ravissant, séduisant.

fête [feit] **1.** fête *f* (*a. eccl.*); **2.** fêter.

fet·id □ ['fetid] fétide, puant.

fe·tish ['fiːtiʃ] fétiche *m.*

fet·ter ['fetə] **1.** chaîne *f*; **2.** enchaîner. [dition *f.*\]

fet·tle ['fetl] forme *f*; bonne con-\}

fe·tus ['fiːtəs] *see* foetus.

feud [fjuːd] inimitié *f*; fief *m*; **feu·dal** □ ['fjuːdl] féodal (-aux *m/pl.*); **feu·dal·ism** ['ˌdəlizm] féodalité *f*; **feu·dal·i·ty** [ˌˈdæliti] féodalité *f*; fief *m*; **feu·da·to·ry** ['ˌdətəri] feudataire (*a. su./m*), vassal (-aux *m/pl.*) (*a. su./m*).

fe·ver ['fiːvə] fièvre *f*; **fe·vered** ['fiːvəd] *surt. fig.* fiévreux (-euse *f*); '**fe·ver·ish** □ fiévreux (-euse *f*) (*a. fig.*).

few [fjuː] **1.** *adj.* peu de; quelques; **2.** *pron.:* ∼ quelques-uns (-unes *f*); *a good* ∼ pas mal (de); **3.** *su.* petit nombre *m*; *the* ∼ la minorité.

fi·at ['faiæt] décret *m*; consentement *m*; *Am.* ∼ *money* monnaie *f* fiduciaire (*billets de banque*).

fib [fib] **1.** petit mensonge *m*; blague *f*; **2.** mentir; blaguer; '**fib·ber** menteur (-euse *f*) *m*; blagueur (-euse *f*) *m.*

fi·bre, *Am.* **fi·ber** ['faibə] fibre *f* (*a.* ⊕); ♀ radicelle *f*; *fig.* nature *f*, trempe *f*; **fi·brin** ['ˌbrin] 🜛, *physiol.* fibrine *f*; **fi·bro·si·tis** ['ˌbrouˈsaitis] cellulite *f*; '**fi·brous** □ fibreux (-euse *f*).

fib·u·la *anat.* ['fibjulə], *pl.* **-lae** [ˌliː], **-las** péroné *m.*

fick·le ['fikl] inconstant, volage; changeant; '**fick·le·ness** inconstance *f*; humeur *f* volage.

fic·tile ['fiktail] plastique, céramique (*argile*).

fic·tion ['fikʃn] fiction *f* (*a.* 🜪); (*a. works of* ∼) romans *m/pl.*, littérature *f* d'imagination; '**fic·tion·al** □ de romans; d'imagination.

fic·ti·tious □ [fikˈtiʃəs] fictif (-ive *f*); imaginaire; inventé; feint; '**fic·tive** fictif (-ive *f*), imaginaire.

fid·dle ['fidl] **1.** violon *m*; **2.** *v/i.* jouer du violon; tripoter; *v/t.* jouer (*un air*) sur le violon; *souv. Am.* truquer; ∼ *away* perdre (*son temps*);

fid·dle·de·dee [ˈ∼di'di:] quelle blague!; **fid·dle·fad·dle** F [ˈ∼fædl] **1.** fadaises f/pl.; ∼! quelle blague!; **2.** musard; **3.** baguenauder; **'fid·dler** joueur m du violon; **'fid·dle·stick** archet m; ∼s! quelle bêtise!

fi·del·i·ty [fi'deliti] fidélité f, loyauté f (à, envers to, towards).

fidg·et F [ˈfidʒit] **1.** usu. ∼s pl. agitation f, énervement m; personne: énervé(e f) m; have the ∼s ne pas tenir en place; **2.** (s')énerver, (se) tourmenter; v/i. s'agiter; **'fidg·et·y** agité, nerveux (-euse f), impatient.

fi·du·ci·ar·y [fi'dju:ʃiəri] **1.** fiduciaire; **2.** héritier (-ère f) m fiduciaire; dépositaire mf.

fie [fai] fi (donc)!

fief [fi:f] fief m.

field [fi:ld] **1.** champ m; pré m; terrain m; course: champ m; fig. domaine m; ✝ marché m; ✕ champ m de bataille; glace: banc m; hold the ∼ ✕ se maintenir sur ses positions; fig. être toujours en faveur; **2.** cricket: v/i. tenir le champ; v/t. arrêter et relancer (la balle); **'∼-day** ✕ jour m de grandes manœuvres ou de revue; fig. grande occasion f, grand jour m; Am. réunion f athlétique; Am. journée f d'expédition en pleine campagne; **field·er** cricket: chasseur m.

field ...: **'∼·fare** litorne f; **'∼·glass** jumelle f, ∼s f/pl.; **'∼·jack·et** anorak m; **'☾-Mar·shal** feld-maréchal m; **'∼·sports** pl. chasse f et pêche f; **'∼·work** travaux m/pl. ou recherches f/pl. sur le terrain ou sur les lieux; ✝ démarchage m auprès de la clientèle; sociologie: travail m avec des enquêtes sociaux.

fiend [fi:nd] démon m, esprit m malin; diable m; fig. monstre m; fig. fanatique mf (de); **'fiend·ish** □ diabolique; infernal (-aux m/pl.).

fierce □ [fiəs] féroce; violent; furieux (-euse f); **'fierce·ness** férocité f; violence f; fureur f.

fi·er·i·ness [ˈfaiərinis] ardeur f (a. fig.); **'fi·er·y** □ de feu; enflammé, ardent; emporté (personne).

fife [faif] **1.** fifre m; **2.** v/t. fifrer; v/i. jouer du fifre; **'fif·er** (joueur m de) fifre m.

fif·teen [ˈfifˈtiːn] quinze; **'fif·teenth**

[∼θ] quinzième (a. su./m); **fifth** [fifθ] cinquième (a. su./m); cinquième lieu; **'fif·ti·eth** [ˈ∼tiiθ] cinquantième (a. su./m); **'fif·ty** cinquante; **'fif·ty-'fif·ty** chacun(e f) la moitié; go ∼ être de moitié.

fig¹ [fig] figue f; arbre: figuier m; a ∼ for ...! zut pour ...!; I don't care a ∼ for him je m'en fiche (de lui).

fig² F [∼] **1.** forme f; gala f; in full ∼ en grande toilette ou tenue; in good ∼ en bonne forme; **2.** ∼ out attifer.

fight [fait] **1.** combat m, bataille f; box. assaut m; (a. free ∼) bagarre f; fig. lutte f; make a ∼ for lutter pour; put up a good ∼ se bien acquitter; show ∼ offrir de la résistance; **2.** [irr.] v/t. se battre avec ou contre; combattre; lutter contre; ∼ off repousser, résister à; v/i. se battre; combattre; lutter; ∼ against combattre (q., qch.); ∼ back résister à, repousser; ∼ for se battre pour; ∼ shy of éviter; ∼ing fit frais et dispos; en parfaite santé; **'fight·er** combattant m, guerroyeur m; ∼ plane avion m de chasse, chasseur m; **'fight·ing** combat m; attr. de combat. [vention f.]

fig·ment [ˈfigmənt] fiction f, in-

fig-tree [ˈfigtri:] figuier m.

fig·u·rant [ˈfigjurənt] figurant m.

fig·u·ra·tion [figju'reiʃn] (con-)figuration f; ♪ embellissement m.

fig·u·ra·tive □ [ˈfigju-rativ] figuratif (-ive f); figuré; en images.

fig·ure [ˈfigə] **1.** figure f (a. ♪, danse, géométrie, livre); taille f, forme f; ♫ chiffre m; image f; tissu: dessin m; F what's the ∼? ça coûte combien?; at a high ∼ à un prix élevé; **2.** v/t. écrire en chiffres, ♪ chiffrer; brocher (un tissu); (a. ∼ to o.s., se) figurer, représenter; Am. estimer; ∼ up (ou out) calculer; ∼ out résoudre (un problème); v/i. chiffrer, calculer; ∼ as représenter; ∼ on se trouver sur; Am. compter sur; ∼ out at (se) monter à; **'∼-head** ⚓ figure f de proue; fig. personnage m purement décoratif; prête-nom m; **'∼-skat·ing** tracé m des figures sur la glace.

fig·u·rine [ˈfigjuri:n] figurine f.

fil·a·ment [ˈfiləmənt] filament m (a. ⚡); ♀, zo., phys. filet m; attr. ⚡, radio: de chauffage.

fil·bert ♀ ['filbə:t] aveline *f*; *arbre*: avelinier *m*.

filch [filtʃ] chiper (à, *from*).

file[1] [fail] **1.** dossier *m* (*a.* ⚖); *lettres*: classeur *m*; *papiers*: liasse *f*; crochet *m* à papiers; fichier *m*; ✗ file *f*; *in single* ~ en file indienne; *Am.* ~ *case* classeur *m*; fichier *m*; ~ *clerk* documentaliste *mf*; ~*leader* chef *m* de file; **2.** ✗ (faire) marcher en ligne de file; ✗ ~ *off* (faire) défiler; *v/t.* enfiler; classer; ranger; joindre au dossier; enregistrer (*une enquête*); *Am.* déposer (*une plainte*); *filing cabinet* fichier *m*; classeur *m*; *filing clerk* documentaliste *mf*.

file[2] [~] **1.** lime *f*; *sl. deep*~ *fin matois m*; **2.** limer; '~*cut·ter* tailleur *m* de limes.

fil·i·al □ ['filjəl] filial (-aux *m/pl.*);

fil·i·a·tion [fili'eiʃn] filiation *f*.

fil·i·bus·ter ['filibʌstə] **1.** (*ou* **fil·i·'bus·ter·er**) flibustier *m*; *Am.* obstructionniste *m*; **2.** flibuster; *Am.* faire de l'obstruction.

fil·i·gree ['filigri:] filigrane *m*.

fil·ings *pl.* ['failiŋz] limaille *f*.

fill [fil] **1.** (se) remplir (de, *with*); (se) combler; *v/t.* plomber (*une dent*); occuper (*un poste*); charger, satisfaire (*un besoin, un désir*); *Am.* ✞, *pharm.* exécuter; *Am.* répondre à; ~ *s.o.'s glass* verser à boire à q.; ~ *in* combler (*un trou etc.*); remplir (*un bulletin, une formule*); libeller (*un chèque*); ~ *out* (s')enfler; grossir; ~ *up* (se) remplir, (se) combler; libeller (*un chèque*). **2.** suffisance *f*; plénitude *f*; *eat (drink) one's* ~ manger à sa faim (boire à sa soif).

fill·er ['filə] remplisseur (-euse *f*) *m*; remplissage *m*.

fil·let ['filit] **1.** △, *cheveux*: filet *m*; *cuis.* filet *m* (*de bœuf etc.*); ✠ bandelette *f*; ruban *m*; *veau*: rouelle *f*; △ fasce *f*; **2.** orner d'un filet; *cuis.* détacher les filets de.

fill·ing ['filiŋ] remplissage *m*; charge *f*; *dent.*: plombage *m*; *mot.* ~ *station* poste *m* d'essence.

fil·lip ['filip] **1.** *doigt*: chiquenaude *f*; encouragement *m*, stimulant *m*; **2.** donner une chiquenaude à; stimuler.

fil·ly ['fili] pouliche *f*; F jeune fille *f*.

film [film] **1.** pellicule *f* (*a. phot.*); voile *m*; peau *f* (*du lait chaud*); *cin.*

film *m*, bande *f*; *œil*: taie *f*; ~ *cartoon* dessin *m* animé; ~ *cartridge phot.* (pellicule *f* en) bobine *f*; *take a* ~ tourner un film; **2.** (se) couvrir d'une pellicule *ou* d'un voile; *v/t. phot., cin.* filmer; *v/i. fig.* se voiler; '**film·y** □ *fig.* voilé; transparent.

fil·ter ['filtə] **1.** filtre *m*; ~ *tip* bout *m* filtre; cigarette *f* à bout filtre; **2.** *v/t.* filtrer; *v/i. fig.* s'infiltrer; ~ *in* changer de file; '**fil·ter·ing** filtrage *m*; **fil·ter-tipped** ['filtətipt] à bout filtre.

filth [filθ] saleté *f*; '**filth·y** □ sale, dégoûtant; crapuleux (-euse *f*).

fil·trate ['filtreit] **1.** (s'in)filtrer; **2.** 🜄 filtrat *m*; **fil·tra·tion** filtration *f*; *pharm.* colature *f*.

fin [fin] nageoire *f*; *sl.* main *f*; ✈ plan *m* fixe; *mot.* ailette *f*.

fi·nal ['fainl] **1.** □ final (-als *m/pl.*) (*a. gramm.*); dernier (-ère *f*); définitif (-ive *f*); sans appel; *sp.* ~ *whistle* coup *m* de sifflet final; **2.** *a.* ~*s pl.* examen *m* final; *sp.* finale *f*; **fi·nal·ist** ['~nəlist] *sp.* finaliste *mf*; **fi·nal·i·ty** [~'næliti] caractère *m* définitif; décision *f*; **fi·nal·ize** ['~nəlaiz] terminer, mener (*qch.*) à bonne fin; mettre la dernière main à; rendre (*qch.*) définitif (-ive *f*).

fi·nance [fai'næns] **1.** finance *f*; **2.** *v/t.* financer; *v/i.* être dans la finance; **fi·nan·cial** □ [~'ʃl] financier (-ère *f*); ~ *year* année *f* budgétaire; **fin·an·cier** [~siə] financier *m*; *fig.* bailleur *m* de fonds.

finch *orn.* [fintʃ] pinson *m*.

find [faind] **1.** [*irr.*] trouver; découvrir; constater; retrouver; croire; fournir, procurer; ⚖ déclarer, prononcer (*coupable etc.*); ~ *o.s.* se trouver; se pourvoir soi-même; *all found* tout fourni; ~ *out* découvrir; se renseigner (sur, *about*); inventer; *I cannot* ~ *it in my heart* je n'ai pas le cœur (*de inf.*, *to inf.*); **2.** trouvaille *f*, découverte *f*; '**find·er** trouveur (-euse *f*) *m*; *phot.* viseur *m*; *opt.* chercheur *m*; '**find·ing** découverte *f*; *a.* ~*s pl.* trouvaille *f*; ⚖ conclusion *f*; verdict *m*.

fine[1] □ [fain] **1.** fin, pur; raffiné, subtil; bon(ne *f*); excellent; petit; beau (bel *devant une voyelle ou un h muet*); belle *f*; beaux *m/pl.* (*a. temps*); joli; élégant; *you are a* ~ *fellow!* *iro.* vous êtes joli, vous!; ~

arts *pl.* beaux arts *m/pl.*; **2.** *adv.* finement; admirablement; *cut* ~ tout juste (*temps*); au plus bas (*prix*); **3.** *météor.* beau temps *m*; **4.** (se) clarifier (*bière*); ~ *away* (*ou down ou off*) (s')amincir; rendre *ou* devenir effilé.

fine² [~] **1.** amende *f*; *in* ~ bref; enfin; **2.** mettre (*q.*) à l'amende; frapper (*q.*) d'une amende (d'une livre, *a pound*).

fine-draw ['fain'drɔ:] rentraire; ~n *fig.* amaigri; subtil.

fine·ness ['fainnis] finesse *f*; pureté *f*; subtilité *f*; beauté *f*; élégance *f*.

fin·er·y ['fainəri] parure *f*; atours *m/pl.*; ⊕ (af)finerie *f*.

fi·nesse [fi'nes] finesse *f*; ruse *f*; *cartes*: impasse *f*.

fine-tooth(ed) comb ['fain'tu:θ(t) koum] peigne *m* fin; *go through ou over s.th. with a* ~ passer qch. au peigne fin.

fin·ger ['fiŋgə] **1.** doigt *m*; *have a* ~ *in the pie* être mêlé à *ou* se mêler de l'affaire; *see end 1*; **2.** manier; toucher; tâter; ♪ doigter; tapoter sur (*un piano*); '~**board** ♪ *piano etc.*: clavier *m*; *violon etc.*: touche *f*; '~**bowl** rince-doigts *m*; '**fin·gered** aux doigts ...; '**fin·ger·ing** maniement *m*; ♪ doigté *m*; grosse laine *f* à tricoter.

fin·ger...: '~**lan·guage** langage *m* mimique; '~**nail** ongle *m*; ~**pol·ish** vernis *m* à ongles; '~**post** poteau *m* indicateur; '~**print 1.** empreinte *f* digitale; **2.** prendre les empreintes digitales de (*q.*); '~**stall** doigtier *m*.

fin·i·cal □ ['finikl], **fin·ick·ing** ['~kiŋ], **fin·ick·y** ['~ki], **fin·i·kin** ['~kin] difficile; méticuleux (-euse *f*) (*personne*).

fin·ish ['finiʃ] **1.** *v/t.* finir; terminer; casser; (*a.* ~ *off, up*) achever, mener à terme; ⊕ usiner; *tex.* apprêter; ~*ed goods pl.* articles *m/pl.* apprêtés; *sp.* ~*ing line* ligne *f* d'arrivée; ~*ing touch* dernière main *f*; *v/i.* finir; se terminer; prendre fin; **2.** achèvement *m*; ⊕ apprêtage *m*; ⊕ finissage *m*; ✝ fini *m*, apprêt *m*; '**fin·ish·er** finisseur (-euse *f*) *m*; F coup *m* de grâce.

fi·nite □ ['fainait] borné, limité; fini (*a.* A̸*r*); *gramm.* ~ *verb* verbe *m* à un mode fini; '**fi·nite·ness** nature *f* limitée.

fink *Am. sl.* [fiŋk] jaune *m*.

Fin·land·er ['finləndə], **Finn** [fin] Finlandais(e *f*) *m*; Finnois(e *f*) *m*.

Finn·ish ['finiʃ] finlandais; *ling.* finnois *m*.

fin·ny ['fini] à nageoires.

fir [fə:] sapin *m*; *Scotch* ~ pin *m* rouge; '~**cone** pomme *f* de sapin.

fire ['faiə] **1.** feu *m*; incendie *m*; ✗ tir *m*; *fig.* ardeur *f*; radiateur *m* (à gaz, *électrique*); ~*!* au feu! *come under* ~ (*from*) ✗ essuyer le feu (de l'*ennemi etc.*); *fig.* être vivement attaqué (par *q.*); *on* ~ en flammes, en feu; **2.** *v/t.* mettre le feu (*a.* ~ *off*)✗ tirer; cuire (*des briques etc.*); *fig.* enflammer; F gronder, renvoyer; ⊕ chauffer (*le four etc.*); ~ *up* allumer; chauffer; *v/i.* prendre feu; s'enflammer (*a.* ~ *up*); partir; tirer (*sur at, [up]on*); F ~ *away!* allez-y!; ~ *up* s'emporter (contre, *at*); '~**a·larm** signal *m* d'incendie; '~**arms** *pl.* armes *f/pl.* à feu; '~**ball** *météor.* aérolithe *m*; éclair *m* en boule; ✗ balle *f* à feu; '~**box** ⊕ boîte *f* à feu; '~**brand** brandon *m* (de discorde); '~**bri·gade** sapeurs-pompiers *m/pl.*; '~**bug** *Am.* F incendiaire *m*; '~**crack·er** pétard *m*; '~**cur·tain** *théâ.* rideau *m* métallique; '~**damp** ⚒ grisou *m*; '~**de·part·ment** *Am.* sapeurs-pompiers *m/pl.*; '~**dog** chenet *m*; landier *m*; '~**door** porte *f* anti-incendie *ou* coupe-feu; ~**drill** exercice *f* anti-incendie; '~**en·gine** ⊕ pompe *f* à incendie; '~**es·cape** échelle *f ou* escalier *m* de sauvetage; '~**ex·tin·guish·er** extincteur *m* (d'incendie); '~**fight·er** pompier *m* (volontaire); lutteur (-euse *f*) *m* contre l'incendie; '~**fly** luciole *f*; F mouche *f* à feu; '~**gre·nade** grenade *f* extinctrice; '~**in·sur·ance** assurance *f* contre l'incendie; '~**i·rons** *pl.* garniture *f* de foyer; '~**light·er** allume-feu *m/inv.*; '~**man** (sapeur-)pompier *m*; ⊕ chauffeur *m*; '~**of·fice** bureau *m* d'assurance contre l'incendie; '~**place** cheminée *f*; foyer *m*; '~**plug** bouche *f* d'incendie; '~**proof** ignifuge; '~**rais·ing** incendie *f* volontaire; pyromanie *f*; '~**screen** devant *m* de cheminée; '~**side 1.** cheminée *f*, foyer *m*; coin *m* du feu; **2.** de *ou* au coin du feu; '~**sta·tion** poste *m* de pompiers; '~**wall**

cloison *m* pare-feu; '~-**war·den** responsable *mf* de la lutte anti-incendie; guetteur *m* d'incendies; '~-**wood** bois *m* à brûler; '~-**work(s** *pl.* fig.) feu *m* d'artifice; '~-**work** pièce *f* d'artifice.

fir·ing ['faiəriŋ] chauffage *m*; ⊕ chauffe *f*; *brisques etc.*: cuite *f*; ✗ tir *m*; ~ **squad** peloton *m* d'exécution.

fir·kin ['fəːkin] *mesure:* quartaut *m* (45,5 *litres*); tonnelet *m*.

firm [fəːm] **1.** □ ferme; solide; inébranlable; **2.** maison *f* (de commerce); raison *f* sociale.

fir·ma·ment ['fəːməmənt] firmament *m*. [solidité *f*.]

firm·ness ['fəːmnis] fermeté *f*.]

first [fəːst] **1.** *adj.* premier (-ère *f*); ~ **aid** premiers secours *m/pl. ou* soins *m/pl.*, soins *m/pl.* d'urgence; ♥ ~ **cost** prix *m* coûtant *ou* initial *ou* de revient; *Am.* ~ **floor** *see* ground floor; ~ **name** prénom *m*; ~ **night** *théâ.* première *f*; *Am.* ~ **papers** *pl.* déclaration *f* de naturalisation; **2.** *adv.* premièrement, d'abord; pour la première fois; plutôt; *at* ~, ~ *of all* pour commencer; tout d'abord; ~ *and last* en tout et pour tout; ~ *come* ~ *served* premier (-ère *f*) *m*; ♥ ~ *of exchange* première *f* de change; *from the* ~ dès le premier jour; *go* ~ passer devant; prendre le devant; 🚃 voyager en première; '~-**'aid box** *ou* **kit** trousse *f* de premiers secours *ou* à pharmacie; '~-**'aid post** poste *m* de secours; '~-**born** premier-né (premier-née *ou* première-née *f*)); '~-**class** de première classe; de première qualité; '~-**fruits** *pl.*; **first·lings** ['~liŋz] prémices *f/pl.*; '**first·ly** premièrement; d'abord; *see* first-class.

firth [fəːθ] estuaire *m*, golfe *m*.

fis·cal ['fiskl] fiscal (-aux *m/pl.*); financier (-ère *f*).

fish [fiʃ] **1.** poisson *m*; *coll.* poissons *m/pl.*; ⊕ éclisse *f*; F type *m*; *odd* ~ drôle *m* de type; *have other* ~ *to fry* avoir d'autres chats à fouetter; **2.** *v/i.* pêcher (qch., *for s.th.*); aller à la pêche (de, *for*); *v/t.* pêcher; ⊕ éclisser; ~ *out* tirer; sortir; '~-**bone** arête *f*; '~-**cake** *cuis.* croquette *f* de poisson.

fish·er·man ['fiʃəmən] pêcheur *m*; '**fish·er·y** pêche *f*; *lieu:* pêcherie *f*.

fish...: ~ **fin·gers** *pl. cuis.* bâtonnets *m/pl.* de poisson; ~ **hook** hameçon *m.*

fish·ing ['fiʃiŋ] pêche *f*; '~-**line** ligne *f* de pêche; '~-**rod** canne *f* à pêche; '~-**tack·le** attirail *m* de pêche.

fish...: ~ **line** *Am.* ligne *f* de pêche; '~-**mon·ger** marchand(e *f*) *m* de poisson; '~-**pole** canne *f* à pêche; ~ **pond** étang *m* à poissons; ~ **sticks** *pl. see* fish fingers; ~ **sto·ry** *Am.* F histoire *f* incroyable; '~-**wife** marchande *f* *ou* ... vendeuse *f* de poisson; '**fish·y** vitreux (-euse *f*) (*œil*); F louche; véreux (-euse *f*).

fis·sion ['fiʃn] fission *f*; *see* atomic; **fis·sion·a·ble** *phys.* ['~əbl] fissile; **fis·sure** ['fiʃə] **1.** fissure *f*, fente *f*; **2.** fendre.

fist [fist] poing *m*; F main *f*; F écriture *f*; **fist·i·cuffs** ['~ikʌfs] *pl.* coups *m/pl.* de poing.

fis·tu·la ♫ ['fistjulə] fistule *f*.

fit¹ [fit] **1.** □ bon, propre, convenable (à, *for*); digne (de); en bonne santé; capable (à, *for*); *sp.* en forme, en bonne santé; *it is not* ~ il ne convient pas; F ~ *as a fiddle* en parfaite santé; **2.** *v/t.* adapter, ajuster, accommoder (à *to, for*); préparer; s'accorder avec; aller à (*q.*), (*a.* ~ *together*) assembler (*des pièces*); ⊕ (*a.* ~ *in*) emboîter; pourvoir (de, *with*), ~ *out* équiper (de, *with*); ~ *up* monter; établir; appareiller; *v/i.* s'ajuster; aller (*robe etc.*); convenir; **3.** coupe *f*, *costume etc.*: ajustement *m*; *it is a bad* ~ il est mal ajusté.

fit² [~] ♫ attaque *f*, crise *f*, colère: accès *m*; *by* ~*s and starts* par boutades, à bâtons rompus; *give s.o. a* ~ F donner un coup de sang à q.

fitch·ew *zo.* ['fitʃuː] putois *m*.

fit·ful □ ['fitful] irrégulier (-ère *f*); capricieux (-euse *f*); d'humeur changeante; '**fit·ment** meuble *m*; ⊕ montage *m*; '**fit·ness** convenance *f*; aptitude *f*; justesse *f*; santé *f*; '**fit·out** équipement *m*; '**fit·ted**: ~ *carpet* tapis *m* ajusté, moquette *f*; ~ *sheet* drap-housse *m*; '**fit·ter** monteur *m*; appareilleur *m*; *cost. etc.* essayeur (-euse *f*) *m*; '**fit·ting 1.** □ convenable, propre; **2.** montage *m*; *cost. etc.* essayage *m*; ~*s pl.* chambre: garniture *f*; installations *f/pl.*; gaz, électri-

cité: appareillage *m*; **'fit-up** F scène *f* démontable; accessoires *m/pl*.

five [faiv] **1.** cinq (*a. su./m*); **2.** ~s *sg.* (jeu *m* de) balle *f* au mur; **'five-fold** quintuple.

fix [fiks] **1.** *v/t.* fixer (*a. phot., a. les yeux sur q.*); attacher (*a. un regard sur q.*); nommer (*un jour*); régler; déterminer; *surt. Am.* F arranger, faire (*le lit etc.*); réduire à quia; graisser la patte à; ~ o.s. s'établir; ~ up arranger; installer; *Am.* réparer; *v/i.* s'installer; se fixer; se décider (pour, *on*); **2.** F embarras *m*, difficulté *f*; **fix·a·tion** fixation *f*; *phot.* fixage *m*; **fix·a·tive** ['~ətiv], **fix·a·ture** ['~ətʃə] fixatif *m*; **fixed** ['~t] (*adv.* **fix·ed·ly** ['~idli]) fixe; arrêté; permanent; invariable; figé (*sourire*); ~ quota contingent *m* (déterminé); ~ star étoile *f* fixe; **fixed-in·ter·est** ✝ à intérêt fixe; **fix·ed·ness** ['~idnis] fixité *f*; constance *f*; **'fix·ing** fixage *m*; *tex.* bousage *m*; *Am.* ~s *pl.* équipement *m*; garniture *f*; **'fix·i·ty** fixité *f*; fermeté *f*; **fix·ture** ['~tʃə] meuble *m* fixe; appareil *m* fixe; *sp.* engagement *m*; ~s *pl.* meubles *m/pl.* fixes; appareil *m* (*à gaz etc.*).

fizz [fiz] **1.** pétiller; cracher (*vapeur*); **2.** pétillement *m*; F champagne *m*; mousseux *m*; **'fiz·zle 1.** pétiller; siffler; (*usu.* ~ *out*) faire fiasco, avorter; **2.** pétillement *m*; fiasco *m*; **'fiz·zy** □ pétillant; gazeux (-euse *f*).

flab·ber·gast F ['flæbəgɑːst] abasourdir; *be* ~ed (*en*) rester interdit.

flab·by □ ['flæbi] flasque, mou (mol *devant une voyelle ou un h muet*; molle *f*).

flac·cid □ ['flæksid] flasque, mou (mol *devant une voyelle ou un h muet*; molle *f*).

flag¹ [flæg] **1.** drapeau *m*; ⚓ pavillon *m*; ~ *of truce* drapeau *m* parlementaire; *black* ~ pavillon *m* noir; **2.** pavoiser; transmettre par signaux; *sp.* ~ *out* jalonner.

flag² [~] carreau *m*; dalle *f*.

flag³ ♀ [~] iris *m*.

flag⁴ [~] languir; traîner.

flag-day ['flægdei] jour *m* de quête; *Am. Flag Day* le quatorze juin (*anniversaire de l'adoption du drapeau national*).

flag·el·late ['flædʒeleit] flageller; **flag·el·la·tion** flagellation *f*.

fla·gi·tious □ [flə'dʒiʃəs] infâme, abominable.

flag·on ['flægən] flacon *m*; ✝ *vin*: pot *m* à anse; *bière*: grosse bouteille *f*.

flag·pole ['flægpoul] *see* flagstaff.

fla·grant □ ['fleigrənt] infâme; flagrant, énorme.

flag...: **'~-ship** vaisseau *m* amiral; **'~-staff** mât *m ou* hampe *f* de drapeau; ⚓ mât *m* de pavillon; **'~-stone** pierre *f* à paver; dalle *f*; **'~-wag·ging** ✕, ⚓ signalisation *f*; *sl.* chauvinisme *m*.

flail ✓ [fleil] fléau *m*. [for.)]

flair [flɛə] flair *m*; F aptitude *f* (à,(

flake [fleik] **1.** flocon *m*; *savon*: paillette *f*; *métal*: écaille *f*; **2.** (s')écailler; (s')épaufrer (*pierre*); **'flak·y** floconneux (-euse *f*); écailleux (-euse *f*); feuilleté (*pâte*).

flam F [flæm] blague *f*; charlatanerie *f*.

flam·boy·ant [flæm'bɔiənt] flamboyant; éclatant; voyant.

flame [fleim] **1.** flamme *f*; feu *m*; *fig.* passion *f*; F béguin *m*; **2.** flamber (*a. fig.*); s'enflammer; ~ *out* (*ou up*) jeter des flammes; s'enflammer.

flam·ma·ble *surt. Am.* ['flæməbl] inflammable.

flan *Brit.* [flæn] tarte *f*.

flange ⊕ [flændʒ] *roue*: boudin *m*; *pneu*: talon *m*; *poutre*: semelle *f*.

flank [flæŋk] **1.** flanc *m* (*a.* ✕, *a. fig.*); **2.** flanquer (de *by*, with); ✕ prendre de flanc.

flan·nel ['flænl] *tex.* flanelle *f*; *attr.* de flanelle; ~s *pl.* flanelles *f/pl.*; pantalon *m* de flanelle; *face-*~ gant *m* de toilette.

flap [flæp] **1.** patte *f*; pan *m*; *table*: battant *m*; *chaussure*: oreille *f*; léger coup *m*; clapotement *m*; F affolement *m*, panique *f*; F *be ou get in a* ~ s'affoler, paniquer; **2.** *v/t.* frapper légèrement; battre de (*les ailes, les bras, etc.*); *v/i.* battre; claquer; ballotter; **'flap·per** battoir *m*; claquette *f*; *sl.* jeune fille *f*; *see* flap 1.

flare [flɛə] **1.** flamboyer; brûler avec une lumière inégale; s'évaser (*jupe, tube, etc.*); ~ *up* s'enflammer; s'emporter (*personne*); **2.** flamme *f* vacillante; ✕ fusée *f* éclairante; feu *m*; *jupe*: godet *m*.

flash [flæʃ] **1.** voyant; contrefait, faux (fausse *f*); **2.** éclair *m*; éclat *m*; *fig.* saillie *f*; rayon *m*; *surt. Am.* dernière nouvelle *f*; nouvelle *f* brève; *in a* ~ en un clin d'œil; ~ *of wit* boutade *f*; ~ *in the pan* feu *m* de paille; **3.** *v/i.* lancer des étincelles; briller; étinceler; *v/t.* faire étinceler; faire parade de; diriger, projeter (*un rayon de lumière*); darder (*un regard*); télégraphier; riposter; *it* ~*ed on me* l'idée me vint tout d'un coup; '~**back** *cin.* scène *f* de rappel; '~**bulb** *phot.* ampoule *f* (de) flash; '~**cube** *phot.* cube-flash *m* (*pl.* cubes-flash); '~**gun** *phot.* flash *m*; '~**light** *phot.* lumière-éclair *f*; *Am.* lampe *f* de poche; '~**point** point *m* d'inflammabilité; '**flash·y** □ voyant; superficiel(le *f*); tapageur (-euse *f*).

flask [flɑːsk] flacon *m*; poire *f* à poudre; *vacuum* ~ thermos *m*.

flat [flæt] **1.** □ plat, uni; étendu; insipide; catégorique; † net(te *f*); languissant; mat (*peinture*); ♩ bémol *inv.*; calme (*bourse*); ~ *price* prix *m* unique; *fall* ~ rater, manquer; *sing* ~ chanter faux; **2.** pays *m* plat; plaine *f*; *théâ.* ferme *f*; paroi *f*; appartement *m*; ♩ bas-fond *m*; ♩ bémol *m*; F benêt *m*, niais(e *f*) *m*; *mot. sl.* pneu *m* à plat; '~**foot** pied *m* plat; *souv. Am.* agent *m*, flic *m*; '~-'**foot·ed** à pieds plats; *Am.* F formel(le *f*); franc(he *f*); '~-**i·ron** fer *m* à repasser; **flat·let** ['~lit] studio *m*; '**flat·ness** nature *f* plate; égalité *f*; *fig.* monotonie *f*; franchise *f*; † langueur *f*, marasme *m*; **flat out** F à toute allure; *work* ~ travailler d'arrache-pied; ~ épuisé, à plat, vidé; '**flat·ten** (s')aplatir; ✈ ~ *out* se redresser; allonger le vol.

flat·ter ['flætə] flatter; '**flat·ter·er** flatteur (-euse *f*) *m*; '**flat·ter·y** flatterie *f*.

flat·u·lence, **flat·u·len·cy** ['flætjuləns(i)] flatuosité *f*, flatulence *f*; '**flat·u·lent** □ flatulent.

flaunt [flɔːnt] faire étalage (de).

flau·tist ['flɔːtist] flûtiste *mf*.

fla·vo(u)r ['fleivə] **1.** saveur *f*; goût *m*; arome *m*; *vin:* bouquet *m*; *fig.* atmosphère *f*; **2.** assaisonner (de, with); parfumer; '**fla·vo(u)red** vanilla-~ (parfumé) à la vanille; '**fla·vo(u)r·less** insipide, fade.

flaw [flɔː] **1.** défaut *m*, défectuosité *f*; imperfection *f*; ⊕ grain *m*; ⚖ vice *m* de forme; *fig.* tache *f*; ♣ grain *m*; **2.** (se) fêler; *fig.* (s')endommager; '**flaw·less** □ sans défaut; parfait.

flax ♀ [flæks] lin *m* (*a. tex.*); '**flax·en**, '**flax·y** de lin; F blond.

flay [flei] écorcher; *fig.* rosser; '**flay·er** écorcheur *m*.

flea [fliː] puce *f*; '~**bane** ♀ érigéron *m*; '~**bite** morsure *f* de puce; '~**pit** F *ciné*(*ma*) de quartier.

fleck [flek] **1.** petite tache *f*; **2.** tacheter (de, with).

flec·tion ['flekʃn] see flexion.

fled [fled] *prét. et p.p.* de flee.

fledge [fledʒ] *v/i.* s'emplumer; *v/t.* pourvoir de plumes; **fledg(e)·ling** ['~liŋ] oisillon *m*; *fig.* novice *mf*.

flee [fliː] [*irr.*] *v/i.* s'enfuir (de, from); *v/t.* (*a.* ~ *from*) fuir.

fleece [fliːs] **1.** toison *f*; *tex.* nappe *f*; † molleton *m*; **2.** tondre; écorcher; '**fleec·y** floconneux (-euse *f*); moutonné (*nuage, nuages*).

fleer [fliə] **1.** † ricanement *m*; **2.** se moquer (de, *at*), railler (q., *at s.o.*).

fleet [fliːt] **1.** □ *poét.* rapide; léger (-ère *f*); **2.** flotte *f*; *fig.* série *f*; ♫ *Street* la presse *f* (à *Londres*); **3.** passer rapidement; '**fleet·ing** □ fugitif (-ive *f*); passager (-ère *f*).

Flem·ing ['fleimiŋ] Flamand(e *f*) *m*; '**Flem·ish 1.** flamand; **2.** *ling.* flamand *m*; Flamand(e *f*) *m*.

flesh [fleʃ] **1.** chair *m* (*a. eccl.*, *a. des fruits*); viande *f*; *make s.o.'s* ~ *creep* donner la chair de poule à q.; **2.** donner le goût (*fig.* le baptême) du sang à; '~**brush** brosse *f* à friction; **flesh·ings** ['~iŋz] *pl. théâ.* maillot chair *m/inv.*; '**flesh·ly** charnel(le *f*); sensuel(le *f*); '**flesh·y** charnu; gras(se *f*).

flew [fluː] *prét. de* fly 2.

flex ⚡ [fleks] flexible *m*, cordon *m* souple; **flex·i·bil·i·ty** [~ə'biliti] souplesse *f* (*a. fig.*); '**flex·i·ble** □ flexible; souple; pliant; ~ *working hours pl.* horaire *m* souple; **flex·ion** ['flekʃn] flexion *f*; courb(ur)e *f*; *gramm.* (in)flexion *f*; **flex·or** ['~ksə] *anat.* (muscle *m*) fléchisseur *m*; **flex·u·ous** ['fleksjuəs] flexueux (-euse *f*); **flex·ure** ['flekʃə] flexion *f*; *géol.* pli *m*.

flick [flik] **1.** effleurer (*un cheval etc.*); (*a.* ~ *at*) donner une chiquenaude à; **2.** petit coup *m*; chique-naude *f*; ⁓ *pl. sl.* ciné *m*.

flick·er ['flikə] **1.** trembler, vaciller; clignoter; **2.** tremblement *m*; battement *m*; *Am.* évanouissement *m*.

fli·er ['flaiə] *see* flyer.

flight [flait] vol *m* (*a.* ✈); essor *m* (*a. fig.*); *abeilles:* essaim *m*; *oiseaux:* volée *f*; fuite *f* (*a.* ✗); ⁓ ligne *f*; (⁓ *of stairs*) escalier *m*, perron *m*; *put to* ⁓ mettre (*q.*) en déroute; *take* (*to*) ⁓ prendre la fuite; '⁓-com-'mand·er commandant *m* de groupe; '⁓-lieu'ten·ant capitaine *m* aviateur; '⁓-re'cord·er enregistreur *m* de vol; '**flight·y** □ frivole, étourdi; volage; inconstant.

flim·flam *Am.* F ['flimflæm] **1.** boniments *m/pl.*, baratin *m*; **2** tromper, duper, F rouler.

flim·sy ['flimzi] **1.** tenu; fragile; léger (-ère *f*); frivole; **2.** papier *m* pelure; F fafiot *m* (=*billet de banque*); télégramme *m*; *journ.* copie *f*.

flinch [flintʃ] broncher, reculer (devant, *from*); tressaillir.

fling [fliŋ] **1.** coup *m*, jet *m*; *cheval:* ruade *f*; *fig.* essai *m*; *have one's* ⁓ jeter sa gourme; **2.** [*irr.*] *v/i.* s'élancer, se précipiter (*a.* ⁓ *out*) ruer (*cheval*); étendre; *v/t.* jeter, lancer; ⁓ *o.s.* se précipiter; ⁓ *away* jeter de côté; gaspiller (*l'argent*); ⁓ *forth* jeter dehors; F flanquer à la porte; ⁓ *open* ouvrir tout grand; ⁓ *out* étendre (*les bras*).

flint [flint] caillou (*pl.* -x) *m*; *géol.* silex *m*; pierre *f* à briquet; '**flint·y** caillouteux (-euse *f*); *fig.* insensible.

flip [flip] **1.** chiquenaude *f*; petite secousse *f* vive; ✈ *sl.* petit tour *m* de vol; *boisson:* flip *m*; *the* ⁓ *side* (*of a record*) l'autre face *ou* le revers (d'un disque); **2.** donner une chiquenaude à; donner une petite secousse à; claquer (*le fouet*).

flip-flap ['flipflæp] **1.** *su.* saut *m* périlleux; **2.** *adv.* flic flac.

flip-flops ['flipflɔps] *pl.* tongs *f/pl.* (*TM*).

flip·pan·cy ['flipənsi] légèreté *f*; '**flip·pant** □ léger (-ère *f*); irrévérencieux (-euse *f*).
[main *f*.]

flip·per ['flipə] *zo.* nageoire *f*; *sl.*]

flirt [flə:t] **1.** coquette *f*; flirteur *m*; **2.** *v/i.* flirter; faire la coquette; *v/t. see* flip 2; **flir'ta·tion** flirt *m*; coquetterie *f*.

flit [flit] voltiger; s'en aller; passer rapidement; déménager.

flitch [flitʃ] flèche *f* de lard.

flit·ter ['flitə] voltiger.

fliv·ver *Am.* F ['flivə] **1.** voiture *f* bon marché, F tacot *m*; **2.** subir un échec.

float [flout] **1.** ⊕, *pêche:* flotteur *m*; *filet:* galet *m*; masse *f* flottante; *théâ.* paroi *f* mobile; *théâ.* rampe *f*; radeau *m*; wagon *m* en plateforme; char *m* de cortège; **2.** *v/t.* flotter; transporter dans les airs; inonder (*un terrain*); *fig.* émettre, faire circuler; ↑ lancer, fonder, monter; *v/i.* flotter, nager; ⚓ être à flot; *nage:* faire la planche; '**float·a·ble** flottable; '**float·age** flottement *m*; **float'a·tion** *see floatation;* '**float·ing** flottant; à flot; sur mer; ↑ courant (*dette*); ⁓ *bridge* pont flottant; ↑ ⁓ *capital* capital disponible; ⁓ *ice* glace *f* flottante; ⁓ *kidney* rein *m* mobile; ⁓ *light* bateau-feu (*pl.* bateaux-feux) *m*; ↑ ⁓ *rate* taux *m* de change flottant; *pol.* ⁓ *voter* électeur *m* (-trice *f*) non engagé(e).

flock¹ [flɔk] **1.** bande *f* (*a. fig.*); troupeau *m*; *oiseaux:* volée *f*; *eccl.* ouailles *f/pl.*; *fig.* foule *f*; **2.** s'attrouper; aller (entrer *etc.*) en foule.

flock² [⁓] flocon *m*; *coussin etc.:* bourre *f* de laine.

floe [flou] glaçon *m* (flottant).

flog [flɔg] fouetter; battre à coups de verge; '**flog·ging** (coups *m/pl.* de) fouet *m*; F bastonnade *f*.

flood [flʌd] **1.** (*a.* ⁓*-tide*) marée *f* montante; flux *m*; déluge *m*; inondation *f*; *rivière:* débordement *m*; *the* ⚲ le Déluge. **2.** *v/t.* inonder (de, *with*); noyer (*a. mot.*); *v/i.* déborder; '⁓-dis·as·ter inondation *f*; '⁓-gate écluse *f*; vanne *f*; '⁓-light **1.** lumière *f* à grands flots; illumination *f* par projecteurs. **2.** [*irr.* (*light*)] illuminer par projecteurs.

floor [flɔ:] **1.** plancher *m*; parquet *m* (*a. parl.*, *a. sl.* Bourse); ✓ *blé:* airée *f*; *maison:* étage *m*; ⁓ *lamp* lampadaire *m*; *Am.* ⁓ *leader* chef *m* de parti (*qui dirige les votes dans l'hémicycle*); ⁓ *manager* ↑ chef *m* de rayon; *télév.* régisseur *m*; ⁓ *price* prix *m* minimum; *restaurant etc.:* ⁓ *show* attractions *f/pl.*; *hold the* ⁓ *parl.* avoir la parole; F accaparer la conversation; *take the* ⁓ prendre la parole; se joindre aux danseurs; 2. planchéier; terrasser; F réduire à quia; '~-**cloth** linoléum *m*; torchon *m* à laver; '**floor-er** F coup *m* qui (*vous etc.*) terrasse; '**floor-ing** planchéiage *m*; plancher *m*; dallage *m*; renversement *m*; '**floor-walk-er** *Am. see* shopwalker; '**floor-wax** cire *f* (à parquet), encaustique *f*.

floo-zy *sl.* ['flu:zi] poule *f*, pouffiasse *f*.

flop F [flɔp] 1. faire floc; se laisser tomber; pendre (*bords d'un chapeau*); *sl.* échouer; *Am. pol.* tourner casaque; 2. bruit *m* sourd; coup *m* mat; fiasco *m*; *Am. sl.* lit *m*; *Am. sl.* ~ *house* asse-house; hôtel *m* borgne; 3. patapouf!; '**flop-py** pendant, flasque; lâche; F veule.

flo-ral ['flɔ:rəl] floral (-aux *m/pl.*).

flo-res-cence [flɔ:'resns] floraison *f*.

flor-id □ ['flɔrid] fleuri; flamboyant; rubicond (*visage*); '**flor-id-ness** style *m* fleuri; flamboyant *m*; teint: rougeur *f*   [deux shillings.]

flor-in ['flɔrin] florin *m*; pièce *f* de]

flo-rist ['flɔrist] fleuriste *mf*.

floss [flɔs] (*a.* ~ *silk*) bourre *f* de soie; soie *f* floche; '**floss-y** soyeux (-euse *f*).

flo-ta-tion [flou'teiʃn] ⚓ flottaison *f*; flottage *m*; ✝ lancement *m*.

flot-sam 🏴 ['flɔtsəm] épave(s) *f(pl.)* flottante(s).

flounce[1] [flauns] 1. *cost. etc.* volant *m*; 2. garnir de volants.

flounce[2] [~] s'élancer; se débattre; ~ *in* (*out*) entrer (sortir) brusquement.

floun-der[1] *icht.* ['flaundə] flet *m*.

floun-der[2] [~] patauger (*a. fig.*).

flour ['flauə] 1. farine *f*; 2. saupoudrer de farine.

flour-ish ['flʌriʃ] 1. geste *m*; *discours*: fleurs *f/pl.*; brandissement *m*; trait *m* de plume; ♪ fanfare *f*; ornement *m*; 2. *v/i.* fleurir; prospérer; *v/t.* brandir; agiter; *fig.* faire parade de.

flout [flaut] *v/t.* narguer; se moquer de; *v/i.* se railler (*de, at*).

flow [flou] 1. (é)coulement *m*; courant *m*, cours *m*; passage *m*; flux *m*; ~ *chart* organigramme *m*; ~ *of spirits* fonds *m* de gaieté; 2. couler; s'écouler; monter (*marée*); circuler; flotter (*cheveux*); découler (de, *with*); ~ *from* dériver de.

flow-er ['flauə] 1. fleur *f*; élite *f*; *plantes*: fleuraison *f*; ~ *girl* marchande *f* de fleurs, bouquetière *f*; ~ *shop* (boutique *f* de) fleuriste *m*; *say it with* ~*s* exprimez vos sentiments avec des fleurs; 2. fleurir; '**flow-er-i-ness** style *m* fleuri; fleurs *f/pl.* de rhétorique; '**flow-er-pot** pot *m* à fleurs; '**flow-er-y** fleuri, de fleurs.

flown [floun] *p.p. de fly* 2.

flu F [flu:] *see influenza*.

flub-dub *Am.* ['flʌbdʌb] 1. radotage *m*; 2. ridicule.

fluc-tu-ate ['flʌktjueit] varier; **fluc-tu'a-tion** fluctuation *f*.

flue[1] [flu:] conduite *f*; tuyau *m*; cheminée *f*; ♪ *tuyau d'orgue*: bouche *f*.

flue[2] [~] duvet *m*, peluches *f/pl.*

flu-en-cy ['fluənsi] *parole etc.*: facilité *f*; '**flu-ent** □ courant, facile.

fluff [flʌf] peluche *f*; duvet *m*; '**fluff-y** pelucheux (-euse *f*); duveteux (-euse *f*); *sl.* pompette (= *ivre*); ~ *hair* cheveux *m/pl.* flous.

flu-id ['flu:id] 1. fluide; liquide; 2. liquide *m*, fluide *m*; **flu'id-i-ty** fluidité *f*.

fluke[1] [flu:k] *ancre*: patte *f*.

fluke[2] [~] coup *m* de veine.

flum-mer-y ['flʌməri] *cuis.* crème *f* aux œufs; F flagornerie *f*.

flung [flʌŋ] *prét. et p.p. de fling* 2.

flunk *Am.* [flʌŋk] *v/i.* échouer (à *un examen*); *v/t.* recaler (*q.*).

flunk-(e)y ['flʌŋki] laquais *m*; '**flunk-ey-ism** servilité *f*; flagornerie *f*.

flu-o-res-cence *phys.* [fluə'resns] fluorescence *f*.

flur-ry ['flʌri] 1. agitation *f*; ⚓ brise *f* folle; *Am.* rafale *f* (de neige); averse *f*; 2. agiter; bouleverser.

flush [flʌʃ] 1. ⊕ de niveau, affleuré; très plein; abondant; F en fonds; 2. rougeur *f*; abondance *f*; *W.-C.*: chasse *f* d'eau; *fig.* fraîcheur *f*; transport *m*; *cartes*: flush *m*; 3. *v/t.* inonder; laver à grande eau; lever (*le gibier*); donner une chasse à; rincer; *v/i.* rougir; jaillir.

flus-ter ['flʌstə] 1. confusion *f*; 2. *v/t.* agiter, ahurir; ✝ griser; *v/i.* s'agiter; s'énerver.

flute [flu:t] 1. ♪ flûte *f*; ⚓ cannelure *f*; *linge*: tuyau *m*; 2. jouer de la flûte; flûter; jouer (*qch.*) sur la flûte; parler d'une voix flûtée; '**flut-ist** flûtiste *mf*.

flut·ter ['flʌtə] **1.** *ailes:* battement *m;* palpitation *f;* agitation *f;* F petit pari *m;* spéculation *f;* **2.** *v/t.* agiter; *v/i.* battre des ailes; s'agiter; palpiter.

flux [flʌks] *fig.* flux *m* (*a.* ♒); *fig.* changement *m* continuel; ~ **and** *reflux* flux *m* et reflux *m*.

fly [flai] **1.** mouche *f;* voiture *f* de place; *pantalon:* braguette *f; Am. mot.* volant *m; Am. baseball:* balle *f* lancée en chandelle; *théâ.* flies *pl.* cintres *m/pl.;* **2.** [*irr.*] *v/i.* voler; voyager en avion; flotter (*pavillon*); passer rapidement (*temps*); courir; ~ *at* s'élancer sur; ~ *in* s.o.'s face défier q.; ~ *into a passion* se mettre en colère; ~ *off* s'envoler; ~ *on instruments* piloter sans visibilité; ~ *out* at s'emporter contre; ~ *open* s'ouvrir subitement; *v/t.* battre (*un pavillon*); *see* flee; ~ *the Atlantic* survoler l'Atlantique.

fly-blow ['flaiblou] **1.** *fig.* souillures *f/pl.;* œufs *m/pl.* de mouche; **2.** couvrir d'œufs de mouche; *fig.* souiller.

fly·er ['flaiə] *surt.* ✈ aviateur (-trice *f*) *m;* bon coureur *m;* oiseau *m* qui vole; *Am.* take *a* ~; *take a* ~, être projeté; *Am. sl.* s'engager dans une opération risquée à la Bourse.

fly-flap ['flaiflæp] tue-mouches *m/inv.*

fly·ing ['flaiiŋ] volant; d'aviation; rapide; ~ *boat* hydravion *m* (à coque); ⚓ ~ *buttress* arc-boutant (*pl.* arcs-boutants) *m;* ~ *deck* pont *m* d'atterrissage; ~ *field* champ *m* d'aviation; ~ *jump* saut *m* avec élan; ~ *machine* avion *m;* ~ *school* école *f* de pilotage; *police:* ~ *squad* brigade *f* mobile; ~ *start* départ *m* lancé; ~ *visit* courte visite *f; come off with* ~ *colo(u)rs* s'en tirer brillamment; remporter une victoire magnifique; ⚥ **Of·fi·cer** lieutenant *m* aviateur.

fly...: '~**-leaf** *typ.* feuille *f* de garde; '~**-sheet** feuille *f* volante; *camping:* double toit *m;* '~**-weight** box. poids *m* mouche; '~**-wheel** volant *m* (de commande).

foal [foul] **1.** poulain *m,* pouliche *f;* **2.** *v/t.* mettre bas (*un poulain*); *v/i.* pouliner.

foam [foum] **1.** écume *f;* mousse *f;* **2.** écumer; mousser; ~ *bath* bain *m* moussant; ~ **rub·ber** caoutchouc *m*

mousse; '**foam·y** écumeux (-euse *f*); mousseux (-euse *f*).

fob¹ [fɔb] *pantalon:* gousset *m;* (*ou* ~*seal*) breloque *f;* (*ou* ~*chain*) régence *f.* [*s.th. on s.o.*)]

fob² [~]: ~ *off fig.* refiler (qch. à q.,)

fo·cal ['foukl] focal (-aux *m/pl.*); *phot.* ~ *distance* distance *f* focale; *phot.* ~ *plane shutter* obturateur *m* à rideau.

fo·cus ['foukəs] **1.** foyer *m; fig. a.* siège *m;* **2.** (faire) converger; *v/t.* concentrer (*des rayons, a. l'attention*); *opt.* mettre au point.

fod·der ['fɔdə] **1.** fourrage *m;* **2.** donner le fourrage à.

foe *poét.* [fou] ennemi(e *f*) *m,* adversaire *m.*

foe·tus *biol.* ['fiːtəs] fœtus *m.*

fog [fɔg] **1.** brouillard *m* (*a. fig.*); ⚓ brume *f; phot.* voile *m;* **2.** *v/t.* embrumer; *fig.* embrouiller; *phot.* voiler; *v/i.* se voiler.

fo·g(e)y F ['fougi]: *old* ~ ganache *f;* vieille baderne *f.*

fog·gy □ ['fɔgi] brumeux (-euse *f*); *phot.* voilé; *fig.* confus; '**fog-horn** corne *f* de brume. [marotte *f.*]

foi·ble ['fɔibl] *fig.* faible *m;* F]

foil¹ [fɔil] feuille *f;* lame *f; glace:* tain *m; escrime:* fleuret *m; phot.* repoussoir *m.*

foil² [~] faire échouer; déjouer.

foist [fɔist] imposer (à, *on*); refiler (qch. à q., *s.th. on s.o.*).

fold¹ [fould] **1.** enclos *m; fig.* sein *m;* (*a. sheep-*~) parc *m* à moutons; **2.** (em)parquer.

fold² [~] **1.** pli *m,* repli *m; porte:* battant *m;* **2.** -*uple;* **3.** *v/t.* plier; plisser; croiser (*les bras*); serrer (*dans, in*); ~ *in three* plier en trois doubles; ~ *down* retourner; plier; ~ *up* plier; fermer; *v/i.* se (re)plier; *Am.* F fermer boutique; '**fold·er** plieur (-euse *f*) *m;* plioir *m;* ~ *pliant m;* chemise *f;* (*a pair of*) ~*s pl.* (un) pince-nez *m/inv.* volant.

fold·ing ['fouldiŋ] pliant; repliable; '~**-bed** lit *m* pliant; '~**-boat** canot *m* pliable; '~**-cam·er·a** *phot.* appareil *m* pliant; '~**-chair** pliant *m;* '~**-cot** lit *m* pliant; '~**-door** (*s pl.*) porte *f* à deux battants; '~**-hat** (chapeau *m*) claque *m;* '~**-screen** paravent *m;* '~**-seat** pliant *m; théâ. etc.* strapontin *m;* '~**-ta·ble** table *f* pliante.

fo·li·age ['fouliidʒ] feuillage *m*; **fo·li·at·ed** ['⁓eitid] feuilleté, folié; lamellaire, lamelleux (-euse *f*); **fo·li·a·tion** *plante*: frondaison *f*; *miroir*: étamage *m*; *métal*: laminage *m*.

fo·li·o ['fouliou] folio *m*; feuille *f*; *volume*: in-folio *m/inv.*

folk [fouk] peuple *m*; gens *mf/pl.*; ⁓s *pl.* famille *f*.

folk·lore ['fouklɔ:] folklore *m*; légendes *f/pl.* populaires; **'folk·song** chanson *f* populaire.

fol·low ['fɔlou] *v/t.* suivre; poursuivre (*a. les plaisirs*); succéder à; exercer (*un métier*); être partisan de; comprendre; *it* ⁓s *that* il s'ensuit que; ⁓ *out* poursuivre (*qch.*) jusqu'à sa conclusion; *cartes*: ⁓ *suit* jouer dans la couleur; *fig.* en faire autant; ⁓ *up* (pour)suivre; *v/i.* (s')ensuivre; *to* ⁓ à suivre; **'fol·low·er** serviteur *m*; disciple *m*; sectateur (-trice *f*) *m*; ⊕ plateau *m*; F amoureux (-euse *f*) *m*; **'fol·low·ing** suite *f*; partisans *m/pl.*; *the* ⁓ *pl.* les suivant(e)s *mf/pl.*; ⁓ *wind* vent *m* arrière; **'fol·low-up** poursuite *f*; rappel *m*, contrôle *m*; ✞ soins *m/pl.* post-hospitaliers.

fol·ly ['fɔli] folie *f*, sottise *f*.

fo·ment [fou'ment] ✿ fomenter (*a. une discorde*); *fig.* exciter; **fo·men·ta·tion** fomentation *f*; stimulation *f*; **fo'ment·er** *fig.* fauteur (-trice *f*) *m*.

fond ☐ [fɔnd] affectueux (-euse *f*); amateur (de, *of*); *be* ⁓ *of* aimer; *be* ⁓ *of dancing* aimer danser.

fon·dle ['fɔndl] caresser, câliner.

fond·ness ['fɔndnis] (pour, *for*) tendresse *f*; penchant *m*; goût *m*.

font *eccl.* [fɔnt] fonts *m/pl.* baptismaux.

food [fu:d] nourriture *f* (*a. fig.*); vivres *m/pl.*; aliment(s) *m(pl.)*; manger *m*; *fig.* matière *f*; ⁓ *hall magasin*: rayon *m* d'alimentation; **'⁓-stuffs** *pl.* produits *m/pl.* alimentaires; **'⁓-val·ue** valeur *f* nutritive.

fool[1] [fu:l] **1.** fou (folle *f*) *m*; sot(te *f*) *m*; imbécile *mf*; idiot(e *f*) *m*; *make a* ⁓ *of s.o.* se moquer de q.; duper q.; *make a* ⁓ *of o.s.* se rendre ridicule; *live in a* ⁓'s *paradise* se bercer d'un bonheur illusoire; *on a* ⁓'s *errand pour des prunes*; **2.** *Am.* F stupide; imbécile de; **3.** *v/t.* duper, berner; escamoter (qch. à

q., *s.o. out of s.th.*); F ⁓ *away* gaspiller; *v/i.* faire la bête; ⁓ *about*, *surt. Am.* ⁓ *(a)round* baguenauder; gâcher son temps.

fool[2] [⁓] marmelade *f* à la crème.

fool·er·y ['fu:ləri] bêtise *f*; **'fool·hard·y** ☐ téméraire; **'fool·ish** ☐ insensé, étourdi; **'fool·ish·ness** folie *f*, sottise *f*; **'fool-proof** ⊕ indétraquable; à toute épreuve; **fool's-cap** ['⁓zkæp] bonnet *m* de fou; **fools·cap** ['⁓skæp] papier *m* ministre.

foot [fut] **1.** (*pl.* feet) homme, bas, *échelle, lit, arbre*: pied *m* (*a. mesure 30,48 cm*); *chat, chien, insecte, oiseau*: patte *f*; marche *f*; ✖ infanterie *f*; *page*: bas *m*; *on* ⁓ à pied; sur pied, en train (*affaire*); *put one's* ⁓ *down* faire acte d'autorité; opposer son veto (à, *upon*); F *I have put my* ⁓ *into it* j'ai mis le pied dans le plat; j'ai dit *ou* fait une sottise; *set on* ⁓ mettre en train; *set* ⁓ *on* mettre pied sur; **2.** *v/t.* mettre un pied à; (*usu.* ⁓ *up*) additionner (*le compte*); F *the bill* payer la note; *v/i.* ⁓ *it* danser; marcher; **'foot·age** longueur *f* en pieds; métrage *m*; **'foot-and-'mouth dis·ease** fièvre *f* aphteuse; **'foot·ball** ballon *m*; football *m*; *Am.* rugby *m*; **'foot·board** *mot.* marchepied *m*; **'foot-boy** *hôtel*: chasseur *m*; **'foot-brake** frein *m* à pied; **'foot-bridge** passerelle *f*; **'foot·ed** *swift*-⁓ aux pieds légers; **'foot·fall** (bruit *m* de) pas *m*; **'foot-gear** chaussures *f/pl.*; **'foot-guards** ✖ *pl.* gardes *m/pl.* à pied; **'foot-hills** *pl.* collines *f/pl.* avancées; **'foot·hold** prise *f* pour le pied; *fig.* pied *m*.

foot·ing ['futiŋ] place *f* pour le pied; point *m* d'appui; situation *f* sûre; condition *f*; ⚠ base *f*; *fig.* entrée *f*; ✝ addition *f*; *upon the same* ⁓*as* sur un pied d'égalité avec; *get a* ⁓ prendre pied; *lose one's* ⁓ perdre pied; *pay (for) one's* ⁓ payer sa bienvenue.

foo·tle F ['fu:tl] **1.** *v/t.* gâcher (*le temps*); *v/i.* s'occuper à des futilités; **2.** bêtise *f*, niaiserie *f*.

foot ...: **'⁓-lights** *pl. théâ.* rampe *f*; **'⁓-loose** (*and fancy-free*) libre comme l'air; **'⁓-man** laquais *m*; **'⁓-note** note *f* au bas d'une page; **'⁓-pace** pas *m*; **'⁓-pas·sen·ger** piéton *m*; **'⁓-

path sentier m; ville: trottoir m; '**~- print** empreinte f de pas; pas m; '~- **-race** course f à pied; '~-**rule** règle f.

foot·sie F ['futsi]: play ~ (with) faire du pied (à, avec); fig. s'entendre.

foot...: '~-**slog** sl. marcher; '~**sore** aux pieds endoloris; '~**stalk** ⚲ pétiole m; pédoncule m; '~**step** pas m; trace f; ⊕ butée f; '~**stool** tabouret m; '~-**wear** sp. jeu m de pieds ou de jambes.

fop [fɔp] fat m, dandy m; '**fop·per·y** dandysme m; '**fop·pish** □ fat; affecté.

for [fɔː; fə] 1. prp. usu. pour (a. destination); comme; à cause de; de (peur, joie, etc.); par (exemple, charité, etc.); avant (3 jours), d'ici à (2 mois); pendant (une semaine); depuis, il y a (un an); distance: jusqu'à(à), pendant (10 km); contre, en échange de; en, dans; malgré, en dépit de; destination: à (Londres); vers, envers, à allant à; he is ~ London il va à Londres; ~ example (ou instance) par exemple; were it not ~ that sans cela; he is a fool ~ doing that il est sot de faire cela; I walked ~ a mile j'ai fait un mille; ~ 3 days pour ou pendant 3 jours; ~ all that en dépit de ou malgré tout; come ~ dinner venir dîner; I'~ one moi entre autres; go ~ aller chercher (q.); it is good ~ us to (inf.) il est bon que nous (sbj.); the snow was too deep ~ them to come la neige était trop profonde pour qu'ils viennent; it is ~ you to decide c'est à vous à décider; ~ sure! bien sûr! pour for après verbe voir le verbe simple; 2. cj. car.

for·age ['fɔridʒ] 1. fourrage m; 2. fourrager (pour, for).

for·as·much [fərəz'mʌtʃ]: ~ as puisque, vu que, d'autant que.

for·ay ['fɔrei] incursion f, raid m.

for·bade [fə'beid] prét. de forbid.

for·bear[1] ['fɔːbɛə] ancêtre m.

for·bear[2] [fɔː'bɛə] [irr.] v/t. s'abstenir de; v/i. s'abstenir (de, from); montrer de la patience; **for'bear·ance** patience f, indulgence f; abstention f.

for·bid [fə'bid] [irr.] défendre (qch. à q., s.o. s.th.); interdire (qch. à q., s.o. s.th.); God ~! à Dieu ne plaise!; **for'bid·den** p.p. de forbid; **for'bid·ding** □ sinistre; menaçant.

for·bore, **for·borne** [fɔː'bɔː(n)] prét. et p.p. de forbear[2].

force [fɔːs] 1. force f, violence f; puissance f, autorité f; intensité f; effort m; énergie f; the ~ la police; armed ~s pl. forces f/pl. armées; by ~ de vive force; come (put) in ~ entrer (mettre) en vigueur; 2. usu. forcer; contraindre, obliger; prendre par force; violer (une femme); faire avancer; pousser (a. F un élève); imposer (qch. à q., s.th. [up]on s.o.); ~ one's way se frayer un chemin; ~ back repousser; 💐 ~ down forcer à atterrir; ~ on forcer à avancer; ~ open enfoncer; ouvrir de force; '**forced** (adv. **forc·ed·ly** ['~idli]) forcé; obligatoire; contraint; ~ loan emprunt m forcé; ~ landing atterrissage m forcé; ~ march marche f forcée; ~ sale vente f forcée; '**force- feed** alimenter (q.) de force; '**force- ful** □ ['~ful] énergique; plein de force; vigoureux (-euse f); violent.

force·meat ['fɔːsmiːt] cuis. farce f.

for·ceps ꝑ, zo. ['fɔːseps] sg. ou pl. pince f; dentiste: davier m.

force-pump ['fɔːspʌmp] pompe f foulante.

forc·er ⊕ ['fɔːsə] plongeur m.

for·ci·ble □ ['fɔːsəbl] de force, forcé; vigoureux (-euse f); énergique.

forc·ing-house ['fɔːsiŋhaus] forcerie f.

ford [fɔːd] 1. gué m; 2. passer à gué; '**ford·a·ble** guéable.

fore [fɔː] 1. adv. ♫ ~ and aft de l'avant à l'arrière; to the ~ en évidence; présent; bring (come) to the ~ (se) mettre en évidence; 2. adj. de devant; antérieur; pré-; '~-**arm** avant-bras m; ~'**bode** présager; pressentir (personne); ~'**bod·ing** présage m; pressentiment m; '~-**cast** 1. prévision f; weather ~ prévisions f/pl. météorologiques; 2. [irr. (cast)] prédire; prévoir; '~-**cas·tle** ♫ ['fouksl] gaillard m d'avant; poste m de l'équipage; ~'**close** exclure (de, from), empêcher (de from, to); saisir (un immeuble hypothéqué); ~'**date** antidater; ~'**doom** condamner d'avance; présager; '~-**fa·ther** aïeul m (pl. -eux m); '~-**fin·ger** index m; '~-**foot** pied m; ~'**front** F premier rang m; ~'**go** [irr. (go)] aller devant; ~ing précédent; ~'**gone** passé; ~

conclusion chose *f* prévue; '**~ground** premier plan *m*; '**~hand** avant-main *f*; **~head** ['fɔrid] front *m*.

for·eign ['fɔrin] étranger (-ère *f*) (*a. fig.*); ~ *affairs pl.* Affaires *f/pl.* étrangères; ~ *exchange* devises *f/pl.* étrangères; *the* ♀ *Office* le Ministère des Affaires étrangères; ♀ *Secretary* Ministre *m* des Affaires étrangères; ~ *trade* commerce *m* extérieur; ~ *policy* politique *f* extérieure; ♀ *Secretary* Ministre *m* des Affaires étrangères; ~ *trade* commerce *m* extérieur; ~ *policy* politique *f* extérieure; ♀ *Secretary* **for·eign·er** étranger (-ère *f*) *m*; '**for·eign·ness** caractère *m* ou air *m* étranger.

fore...: '**~judge** préjuger; **~know** [*irr.* (know)] prévoir; savoir d'avance; '**~land** promontoire *m*; '**~leg** patte *f* ou jambe *f* de devant; '**~lock** mèche *f* sur le front; *take time by the* ~ saisir l'occasion aux cheveux; '**~man** *fig.* chef *m* du jury; ⊕ chef *m* d'équipe; contremaître *m*; '**~mast** ⊕ mât *m* de misaine; '**~most 1.** *adj.* premier (-ère *f*), le plus avancé; **2.** *adv.* tout d'abord; '**~noon** matinée *f*.

fo·ren·sic [fə'rensik] judiciaire; légal (-aux *m/pl.*); ~ *medicine* médecine *f* légale.

fore...: '**~run·ner** avant-courrier (-ère *f*) *m*, -coureur *m*, précurseur *m*; '**~sail** ['~seil, ⊕ ~sl] (voile *f* de) misaine *f*; **~see** [*irr.* (see)] prévoir; **~see·a·ble** qu'on peut prévoir; prévisible *f*; '**~shad·ow** présager, laisser prévoir; '**~shore** plage *f*; '**~short·en** dessiner en raccourci; '**~show** [*irr.* (show)] préfigurer; '**~sight** prévoyance *f*; prévision *f*; *arme à feu:* guidon *m*; '**~skin** prépuce *m*.

for·est ['fɔrist] **1.** forêt *f*; **2.** boiser. **fore·stall** [fɔː'stɔːl] anticiper, prévenir.

for·est·er ['fɔristə] (garde-)forestier *m*; habitant(e *f*) *m* d'une forêt; '**for·est·ry** sylviculture *f*.

fore...: '**~taste** avant-goût *m*; '**~tell** [*irr.* (tell)] prédire, présager; '**~thought** prévoyance *f*; préméditation *f*; '**~top** ⊕ hune *f* de misaine; '**~warn** avertir, prévenir; '**~wom·an** première ouvrière *f*; contremaîtresse *f*; '**~word** avant-propos *m/inv.*; préface *f*.

for·feit ['fɔːfit] **1.** confisqué; **2.** confiscation *f*; amende *f*; gage *m*;

punition *f*; † dédit *m*; *sp.* forfait *m*; *jeu:* ~s *pl.* gages *m/pl.*; **2.** confisquer, perdre; forfaire à (*l'honneur*); '**for·feit·a·ble** confiscable; **for·fei·ture** ['~tʃə] confiscation *f*, perte *f*.

for·gath·er [fɔː'gæðə] s'assembler.

for·gave [fə'geiv] *prét.* de **forgive**.

forge¹ [fɔːdʒ] (*usu.* ~ *ahead*) avancer à toute vitesse *ou* à travers les obstacles.

forge² [fɔːdʒ] **1.** forge *f*; **2.** forger (*a. fig. une excuse etc.*); contrefaire (*une signature etc.*); inventer; '**forg·er** forgeron *m*; faussaire *m/f*; faux-monnayeur *m*; '**for·ger·y** falsification *f*; contrefaçon *f*; faux *m*.

for·get [fə'get] [*irr.*] oublier; F *I* ~ j'ai oublié, ça m'échappe; **for'get·ful** □ [~ful] oublieux (-euse *f*); **for'get·ful·ness** oubli *m*; négligence *f*; **for'get-me-not** ♀ myosotis *m*, F ne-m'oubliez-pas *m*.

for·give [fə'giv] [*irr.*] pardonner (à *q., s.o.*); faire remise de (*une dette*); **for'giv·en** *p.p.* de **forgive**; **for'give·ness** pardon *m*; clémence *f*; **for'giv·ing** □ clément; peu rancunier (-ère *f*).

for·go [fɔː'gou] [*irr.* (go)] renoncer à; s'abstenir de.

for·got [fə'gɔt], **for'got·ten** [~n] *prét.* et *p.p.* de **forget**.

fork [fɔːk] **1.** *table:* fourchette *f*; ✓, *routes:* fourche *f*; *tuning* ~ diapason *m*; **2.** fourcher; ~ *out v/t.* allonger (*de l'argent*); *v/i.* casquer, cracher; '**forked** fourchu; en fourche.

for·lorn [fə'lɔːn] abandonné, perdu, désespéré; ~ *hope* ✗ enfants *m/pl.* perdus; troupe *f* sacrifiée; *fig.* tentative *f* désespérée.

form [fɔːm] **1.** forme *f*; taille *f*; formule *f*, bulletin *m*, feuille *f* (*d'impôts*); *école:* classe *f*; banc *m*; *lièvre:* gîte *m*; *sp. in* ~ en forme; *in good* ~ en haleine; *that is bad* ~ c'est de mauvais ton; cela ne se fait pas; **2.** *v/t.* former, faire; organiser; établir; contracter (*une alliance, une habitude*); arrêter (*un plan*); ✗ se mettre en; *v/i.* se former; prendre forme; ✗ se ranger; ~ *up* se former en rangs.

for·mal □ ['fɔːml] cérémonieux (-euse *f*); formel(le *f*); en règle; régulier (-ère *f*) (*jardin*); '**for·mal·ist** formaliste *m/f*; **for·mal·i·ty**

[fɔːˈmæliti] formalité f; maintien: raideur f; cérémonie f; **for·mal·ize** [ˈfɔːməlaiz] donner une forme (conventionnelle) à.

for·ma·tion [fɔːˈmeiʃn] formation f (a. ✕, a. géol.); disposition f, ordre m; ✕ vol m de groupe; **form·a·tive** [ˈfɔːmətiv] formateur (-trice f).

form·er[1] [ˈfɔːmə] façonneur (-euse f) m; ⊕ gabarit m.

for·mer[2] [~] précédent; ancien(ne f); antérieur; premier (-ère f); ˈfor·mer·ly autrefois, jadis.

for·mic [ˈfɔːmik]: ~ acid acide m formique.

for·mi·da·ble □ [ˈfɔːmidəbl] formidable (a. fig.), redoutable.

form·less □ [ˈfɔːmlis] informe.

for·mu·la [ˈfɔːmjulə], pl. -lae [ˈ~liː], -las formule f; **for·mu·lar·y** [ˈ~ləri] 1. rituel(le f); prescrit; 2. formulaire m; **for·mu·late** [ˈ~leit] formuler; **for·mu·la·tion** formulation f.

for·ni·cate [ˈfɔːnikeit] forniquer; **for·ni·ca·tion** fornication f.

for·sake [fəˈseik] [irr.] abandonner, délaisser; renoncer à; **for·sak·en** p.p. de forsake.

for·sook [fəˈsuk] prét. de forsake.

for·sooth iro. [fəˈsuːθ] ma foi!

for·swear [fɔːˈswɛə] [irr. (swear)] renier, répudier; ~ o.s. se parjurer; **for·sworn** parjure.

fort [fɔːt] ✕ fort m; forteresse f.

forte [~] fig. fort m.

forth [fɔːθ] lieu: en avant; temps: désormais; and so ~ et ainsi de suite; from this day ~ à partir de ce jour; dès maintenant; **ˈcom·ing** qui arrive; futur; prochain; prêt à paraître; be ~ paraître; ne pas se faire attendre; **ˈ~right 1.** adj. franc(he f); 2. adv. carrément; **ˈ~with** tout de suite.

for·ti·eth [ˈfɔːtiiθ] quarantième (a. su./m).

for·ti·fi·ca·tion [fɔːtifiˈkeiʃn] fortification f (a. ✕); **for·ti·fi·er** [ˈ~faiə] fortificateur m; boisson etc.: fortifiant m; **for·ti·fy** [ˈ~fai] ✕ fortifier (a. fig.); **for·ti·tude** [ˈ~tjuːd] courage m, fortitude f.

fort·night [ˈfɔːtnait] quinze jours m/pl.; quinzaine f; this day ~ d'aujourd'hui en quinze; **ˈfort·night·ly 1.** adj. bimensuel(le f); 2. adv. tous les quinze jours.

for·tress [ˈfɔːtris] forteresse f.

for·tu·i·tous □ [fɔːˈtjuitəs] fortuit; **for·tu·i·tous·ness, for·tu·i·ty** fortuité f; casualité f.

for·tu·nate [ˈfɔːtʃnit] heureux (-euse f); ˌ~ly usu. par bonheur, heureusement.

for·tune [ˈfɔːtʃn] fortune f; sort m, destinée f; chance f; richesses f/pl.; ♀ [ˈfɔːtʃuːn] Fortune f, Destin m; good ~ bonheur m; bad ~, ill ~ malheur m, mauvaise chance f; marry a ~ faire un riche mariage; **ˈ~-hunt·er** coureur m de dots; **ˈ~-tel·ler** diseur (-euse f) m de bonne aventure.

for·ty [ˈfɔːti] quarante (a. su./m); Am. ˌ~-niner chercheur m d'or de 1849; F ~ winks pl. petit somme m.

fo·rum [ˈfɔːrəm] forum m; ♀ tribunal m.

for·ward [ˈfɔːwəd] 1. adj. de devant, d'avant; avancé; précoce; effronté; impatient; ✝ à terme; 2. adv. en avant; sur l'avant; ✝ carried ~ à reporter; from this time ~ désormais, à l'avenir; 3. su. foot. avant m; 4. v/t. avancer, favoriser; expédier; faire suivre; poste: please ~ prière de faire suivre; **ˈfor·ward·er** expéditeur (-trice f) m.

for·ward·ing [ˈfɔːwədiŋ] expédition f, avancement m; ~ address adresse f (pour faire suivre le courrier); ~ agent expéditeur m; entrepreneur m de transports.

for·ward·ness [ˈfɔːwədnis] empressement m; précocité f; hardiesse f; présomption f; **for·wards** [ˈfɔːwədz] en avant.

fosse [fɔs] ✕ fossé m; anat. fosse f.

fos·sil [ˈfɔsl] fossile (a. su./m.).

fos·ter [ˈfɔstə] 1. fig. nourrir, encourager; ~ up élever; 2. adoptif (-ive f) (p.ex. ~-brother); ~ home famille f adoptive ou nourricière; **ˈfos·ter·age** mise f en nourrice; fonctions f/pl. de nourrice; **ˈfos·ter·er** parent m adoptif; fig. promoteur (-trice f) m; **ˈfos·ter·ling** nourrisson(ne f) m.

fought [fɔːt] prét. et p.p. de fight.

foul [faul] 1. □ infect (a. haleine); sale (a. temps, a. ⚓ carène); fig. dégoûtant; ⚓ engagé (ancre etc.); ⚓ gros(se f) (temps); ⚓ contraire (vent); box. bas(se f) (coup); encrassé (fusil); déloyal (-aux m/pl.).

(*jeu*); bourbeux (-euse *f*) (*eau*); atroce, infâme (*action*); impur (*pensée*); grossier (-ère *f*) (*mot. etc.*); ~ tongue langage *m* ordurier; *fall* (*ou run*) ~ of ⚓ entrer en collision avec; *fig.* se brouiller avec; **2.** ⚓ collision *f*; *sp.* faute *f*; *box.* coup *m* bas; *foot.* poussée *f* irrégulière; **3.** (s')engager; (s')enclancher; *v/t.* salir; souiller; *sp.* commettre une faute contre; ⚓ entrer en collision avec; **~-mouthed** ['mauðd] mal embouché; au langage ordurier.

found[1] [faund] *prét. et p.p. de find* 1.

found[2] [~] fonder (*a. fig.*); établir.

found[3] ⊕ [~] fondre; mouler (*la fonte*).

foun·da·tion [faun'deiʃn] fondation *f*, △, *a. fig.* fondement *m*; base *f*; établissement *m*; **foun'da·tion-school** école *f* dotée; **foun'da-tion-stone** première pierre *f*.

found·er[1] ['faundə] fondateur *m*; auteur *m*; fondeur *m*; ~ member membre *m* fondateur.

found·er[2] [~] *v/i.* ⚓ sombrer, couler à fond; *fig.* échouer; s'effondrer (*cheval, maison, etc.*); s'enfoncer; *v/t.* ⚓ couler; outrer (*un cheval*).

found·ling ['faundliŋ] enfant *m* trouvé(e).

found·ress ['faundris] fondatrice *f*.

found·ry ⊕ ['faundri] fonderie *f*.

fount [faunt] *poét.* source *f*; *typ.* [*usu.* font] fonte *f*.

foun·tain ['fauntin] fontaine *f*; jet *m* d'eau; *fig.* source *f*; ⊕ distributeur *m*; **'~-head** source *f* (*a. fig.*); **'~-pen** stylographe *m*, F stylo *m*.

four [fɔː] quatre (*a. su./m*); **'four-eyes** *sg.* F binoclard(e *f*) *m*; **'four-flush·er** *Am. sl.* bluffeur *m*, vantard *m*; **'four-fold** quadruple; **'four-in-hand** voiture *f* à quatre chevaux; **'four-let·ter word** mot *m* obscène, obscénité *f*; **'four-'square** carré (-ment *adv.*); *fig.* inébranlable (*devant, to*); **'four-'stroke** *mot.* à quatre temps; **four·teen** ['~'tiːn] quatorze (*a. su./m*); **four'teenth** ['~'tiːnθ] quatorzième (*a. su./m*); **fourth** [fɔːθ] quatrième (*a. su./m*); ♪ quart *m*; **'fourth·ly** en quatrième lieu; **'four·wheel·er** fiacre *m*.

fowl [faul] **1.** poule *f*; volaille *f* (*a. cuis.*); **2.** faire la chasse au gibier; oiseler (*au filet*); **'fowl·er** oiseleur *m*.

fowl·ing ['fauliŋ] chasse *f* aux oiseaux; **'~-piece** fusil *m* de chasse.

fox [fɔks] **1.** renard *m*; **2.** *sl.* tromper; **'~-brush** queue *f* de renard; **'~-earth** terrier *m*; **foxed** ['~t] piqué (*papier, bière, etc.*).

fox...: **'~-glove** ♀ digitale *f*; F gantelée *f*; **'~-hole** ✕ nid *m* d'embusqués; **'~-hound** chien *m* courant; fox-hound *m*; **'~-hunt** chasse *f* au renard; **'~-trot** fox-trot *m/inv.*; **'fox·y** rusé; astucieux (-euse *f*); roux (rousse *f*); piqué.

fra·cas ['fræka:] fracas *m*; *sl.* bagarre *f*.

frac·tion ♈ ['frækʃn] fraction *f*; *fig.* fragment *m*; **'frac·tion·al** □ fractionnaire; **~** fractionnel.

frac·tious □ ['frækʃəs] revêche; difficile; maussade.

frac·ture ['fræktʃə] **1.** fracture *f* (*souv.* 🩻); **2.** briser; 🩻 fracturer.

frag·ile □ ['frædʒail] fragile; *fig.* faible; **fra·gil·i·ty** [frə'dʒiliti] fragilité *f*; faiblesse *f*.

frag·ment ['frægmənt] fragment *m*; morceau *m*; **'frag·men·tar·y** □ fragmentaire; *géol.* clastique.

fra·grance ['freigrəns] parfum *m*; bonne odeur *f*; **'fra·grant** □ parfumé, odoriférant.

frail[1] □ [freil] peu solide; fragile; frêle (*personne*), délicat; **'frail·ty** *fig.* faiblesse *f* morale; défaut *m*.

frail[2] [~] cabas *m*.

frame [freim] **1.** construction *f*, forme *f*; cadre *m* (*a.* ⚓ *de l'hélice*); ⊕ charpente *f*; métier *m*; ✈ fuselage *m*; ⚓ carcasse *f* (*d'un navire*); ⚓ couple *m*; *fenêtre*: chambranle *m*; ✕ châssis *m*; *télév.* trame *f*; ~ *aerial* antenne *f* en cadre; ~ *house* maison *f* à charpente de bois; ~ *of mind* état *m* d'esprit; **2.** former; construire; encadrer (*a. fig.*); ⊕ faire la charpente de (*un toit*); *fig.* imaginer; fabriquer; *surt. Am. sl.* ~ *up* monter une accusation contre (*q.*); truquer (*qch.*); **'fram·er** auteur *m*; encadreur *m*; **frame-up** *surt. Am.* F coup *m* monté; **'frame-work** ⊕ squelette *m*; △ bâti *m*; charpente *f*; *fig.* cadre *m*.

fran·chise 𝔯𝔱 ['fræntʃaiz] franchise *f*, privilège *m*; *pol.* droit *m* de vote; *admin.* droit *m* de cité.

Fran·cis·can *eccl.* [frænˈsiskən] franciscain(e *f*) *m* (*a. adj.*).

fran·gi·ble [ˈfrændʒibl] frangible, fragile.

Frank[1] [fræŋk] Franc (Franque *f*) *m*; *npr.* François *m*.

frank[2] □ [~] franc(he *f*); sincère; ouvert.

frank·furt·er *Am.* [ˈfræŋkfətə] saucisse *f* de Francfort.

frank·in·cense [ˈfræŋkinsens] encens *m*. [sincérité *f*.]

frank·ness [ˈfræŋknis] franchise *f*,]

fran·tic [ˈfræntik] (*~ally*) frénétique; fou (fol *devant une voyelle ou un h muet*; folle *f*) (de, with).

fra·ter·nal *poét.* [frəˈtəːnl] fraternel(le *f*); **fra·ter·ni·ty** fraternité *f*; confrérie *f*; *Am. univ.* association *f* estudiantine; **frat·er·ni·za·tion** [frætənaiˈzeiʃn] fraternisation *f*; **ˈfrat·er·nize** fraterniser (avec, with).

frat·ri·cide [ˈfreitrisaid] fratricide *m*; *personne*: fratricide *mf*.

fraud [frɔːd] fraude *f*; F déception *f*, duperie *f*; imposteur *m*; **fraud·u·lence** [ˈ~juləns] caractère *m* frauduleux; **ˈfraud·u·lent** □ frauduleux (-euse *f*).

fraught *poét.* [frɔːt]: ~ with plein de; gros(se *f*) de; fertile en.

fray[1] [frei] (s')érailler; (s')effiler; s'effranger (*faux col*).

fray[2] [~] bagarre *f*.

fraz·zle *surt. Am.* F [ˈfræzl] **1.** état *m* usé; beat to a ~ battre (*q.*) à plates coutures; **2.** (s')érailler.

freak [friːk] caprice *m*; tour *m*; F excentrique *mf*, un drôle de type; F mordu *m*, fana *mf*; a film ~ un mordu du film; ~ of nature monstre *m*; phénomène *m*; **ˈfreak·ish** □ capricieux (-euse *f*); fantasque; **freak out** *sl.* se défoncer.

freck·le [ˈfrekl] **1.** tache *f* de rousseur; *fig.* point *m*; **2.** marquer *ou* se couvrir de taches de rousseur.

free [friː] **1.** □ libre; en liberté; franc(he *f*); gratuit; exempt, débarrassé, affranchi (de *from*, *of*); prodigue (de, with); ✝ franco; ~ of debt etc. exempt ou quitte de dettes etc.; he is ~ to (*inf.*) il lui est permis de (*inf.*); ~ and easy sans gêne; ✝ ~ enterprise libre entreprise *f*; ~ fight mêlée *f* générale; bagarre *f*; ~ port port *m* franc; ~ trade libre échange *m*; ~ wheel roue *f* libre; make ~ prendre des libertés (avec *q.*, with *s.o.*); ~ to (*inf.*) se permettre de (*inf.*); make ~ with *s.th.* se servir de qch. sans se gêner; make *s.o.* ~ of a city créer *q.* citoyen d'honneur; ⊕ run ~ marcher à vide; set ~ libérer; **2.** (from, of) libérer (de); dégager (de); débarrasser (de); exempter (de), affranchir (un esclave); **ˈ~·boot·er** flibustier *m*, maraudeur *m*; **ˈfree·dom** liberté *f*; indépendance *f*; franchise *f*; facilité *f*; familiarité *f*; ~ of a city citoyenneté *f* d'honneur d'une ville; ~ of a company maîtrise *f* d'une corporation; ~ of the press liberté *f* de la presse; ~ of speech franc-parler *m*; ~ of worship liberté *f* religieuse.

free...: **ˈ~·hold** *ぷṭ* propriété *f* foncière (perpétuelle et libre); **ˈ~·hold·er** propriétaire *m* foncier; **ˈ~·kick** foot. coup *m* franc; **ˈ~·man** homme *m* libre; citoyen *m* (d'honneur); **ˈ~·ma·son** franc-maçon (*pl.* francs-maçons) *m*; **ˈ~·ma·son·ry** franc-maçonnerie *f*; **ˈ~·stone** grès *m*; **ˈ~·style** nage *f* libre; **ˈ~·think·er** libre penseur (-euse *f*) *m*; **ˈ~·think·ing**, **ˈ~·thought** libre pensée *f*; **ˈ~·way** *Am.* mot. autoroute *f*.

freeze [friːz] [*irr.*] **1.** *v/i.* (se) geler; se figer; ~ to death mourir de froid; *v/t.* (con)geler; glacer; bloquer (les prix, les fonds); geler (des capitaux); sl. ~ out évincer; **2.** gel *m* (*a. fig.*, *a.* ✝ des crédits); gelée *f*; ✝ etc. a. blocage *m*; price (wage) ~ blocage *m* des prix (des salaires); **ˈ~·dry** lyophiliser; **ˈfreez·er** congélateur *m*; sorbetière *f*; **ˈfreez·ing** □ réfrigérant; glacial (-als *m/pl.*); ~ of prices blocage *m* des prix; ~ compartment congélateur *m*, compartiment *m* de congélation; **~·mixture** *phys.* mélange *m* réfrigérant; **~·point** point *m* de congélation.

freight [freit] **1.** fret *m* (*a. prix*); cargaison *f*; *attr. Am.* de marchandises; ~ out (home) fret *m* de sortie (de retour); ~ plane avion-cargo *m* (*pl.* avions-cargo); *Am.* ~ train train *m* de marchandises; ~ yard dépôt des marchandises; **2.** (af)fréter; **ˈfreight·age** see freight 1; **ˈfreight·car** *Am.* 🚂 wagon *m* de marchandises; **ˈfreight·er** affréteur *m*; navire *m* de charge; *Am.* consignateur (-trice *f*) *m*; *Am.* convoi *m*; *Am.* seefreight-car.

French [frentʃ] **1.** français; ~ beans

haricots *m/pl.* verts; *cuis.* ~ *dressing* vinaigrette *f*; *cuis.* ~ *fried potatoes*, *Am. a.* ~ *fries* (pommes *f/pl.* [de terre]) frites *f/pl.*; *take* ~ *leave* filer à l'anglaise; ~ *window* portefenêtre (*pl.* portes-fenêtres); 2. *ling.* français *m*, langue *f* française; *the* ~ *pl.* les Français *m/pl.*; '~·**man** Français *m*; '~-**wom·an** Française *f*.

fren·zied ['frenzid] forcené; fou (*fol devant une voyelle ou un h muet*; folle *f*); '**fren·zy** frénésie *f*; *fig.* transport *m*; 𝒮 délire *m*.

fre·quen·cy ['fri:kwənsi] fréquence *f* (*a.* ⚡); **fre·quent 1.** □ ['~kwənt] fréquent; très répandu; **2.** [~'kwent] fréquenter; hanter; **fre·quen'ta·tion** fréquentation *f* (de, of); **fre·'quent·er** habitué(e *f*) *m*; familier (-ère *f*) *m*.

fres·co ['freskou], *pl.* **-co(e)s** ['~kouz] (peinture *f* à) fresque *f*.

fresh [freʃ] **1.** □ frais (fraîche *f*); récent; nouveau (-el *devant une voyelle ou un h muet*; -elle *f*; -eaux *m/pl.*); éveillé; *Am. sl.* effronté; ~ *water* eau *f* fraîche; eau *f* douce (= *non salée*); **2.** fraîcheur *f* (*du matin etc.*); crue *f*; '**fresh·en** *vt/i.* rafraîchir; '**fresh·er** *Brit. sl. pour* freshman; **fresh·et** ['~it] courant *m* d'eau douce; inondation *f*; '**fresh-fro·zen** frais (fraîche *f*) frigorifié; '**fresh·man** *univ.* étudiant(e *f*) *m* de première année; '**fresh·ness** fraîcheur *f*; nouveauté *f*; '**fresh-wa·ter** d'eau douce; *Am.* ~ *college* petit collège *m* de province.

fret[1] [fret] **1.** agitation *f*; irritation *f*; **2.** (se) ronger; (se) frotter; (s')irriter, (s')inquiéter; *v/i.* s'agiter (*eau*); *v/t.* érailler (*un cordage*); ~ *away*, ~ *out* éroder.

fret[2] [~] **1.** ⚑ frette *f*; **2.** sculpter; *fig.* bigarrer.

fret[3] [~] ♪ touche(tte) *f*; ~*ted in·strument* instrument *m* à touchettes.

fret·ful □ ['fretful] chagrin.

fret-saw ['fretsɔ:] scie *f* à découper.

fret·work ['fretwɔ:k] ouvrage *m* à claire-voie; découpage *m*.

Freud·i·an ['frɔidjən] freudien(ne *f*); ~ *slip* lapsus *m*.

fri·a·bil·i·ty [fraiə'biliti] friabilité *f*; '**fri·a·ble** friable.

fri·ar ['fraiə] moine *m*, frère *m*; '**fri·ar·y** monastère *m*; couvent *m*.

frib·ble ['fribl] **1.** baguenauder; gaspiller (*de l'argent*); **2.** frivolité *f*; *personne*: baguenaudier *m*.

fric·as·see [frikə'si:] **1.** fricassée *f*; **2.** fricasser.

fric·tion ['frikʃn] friction *f* (𝓕, *a. fig.*); frottement *m*; *Am.* ~ *tape* chatterton *m*, ruban *m* isolant; '**fric·tion·al** à ou de frottement *ou* friction; '**fric·tion·less** □ sans frottement.

Fri·day ['fraidi] vendredi *m*.

fridge *Brit.* F [fridʒ] frigo *m*.

friend [frend] ami(e *f*) *m*; connaissance *f*; ♀ Quaker(esse *f*) *m*; *his* ~*s pl. souv.* ses connaissances *f/pl.*; *make* ~*s with* se lier d'amitié avec; '**friend·less** sans ami(s); abandonné; '**friend·ly** amical (-aux *m/pl.*); ami; bienveillant; *fig.* intime; ♀ *Society Brit.* société *f* de secours mutuel; '**friend·ship** amitié *f*.

frieze [fri:z] frise *f* (*tex., a.* 🛆).

frig·ate ⚓ ['frigit] frégate *f*.

fright [frait] peur *f*, effroi *m*, épouvante *f*; F épouvantail *m*; '**fright·en** effrayer, faire peur à; *be* ~*ed at* (*ou* of) avoir peur de; **fright·ful** □ ['~ful] affreux (-euse *f*); '**fright·ful·ness** horreur *f*.

frig·id □ ['fridʒid] glacial (-als *m/pl.*); froid (*a. fig.*); **fri·gid·i·ty** frigidité *f*; (grande) froideur *f*.

frill [fril] **1.** ruche *f*; jabot *m*; F *fig.* *put on* ~*s* faire des façons; **2.** plisser, rucher.

fringe [frindʒ] **1.** frange *f*; bord (-ure *f*) *m*; *forêt*: lisière *f*; *a.* ~*s pl.* cheveux *m/pl.* à la chien; ~ *benefits pl.* avantages *m/pl.* supplémentaires; ~ *group* groupe *m* marginal; **2.** franger; border.

frip·per·y ['fripəri] **1.** camelote *f*; faste *m*; **2.** sans valeur; de camelote.

frisk [frisk] **1.** gambade *f*, cabriole *f*; **2.** gambader; '**frisk·i·ness** vivacité *f*; '**frisk·y** □ vif (vive *f*); fringant (*cheval*); animé.

frith [friθ] *see* firth.

frit·ter ['fritə] **1.** beignet *m*; **2.** ~ *away* gaspiller.

friv·ol·i·ty [fri'vɔliti] frivolité *f*; légèreté *f* d'esprit; **friv·o·lous** □ ['frivələs] frivole; léger (-ère *f*); futile, vain; évaporé (*personne*).

frizz [friz] frisotter; *cuis.* faire frire; *a. see* frizzle 2; **friz·zle** ['~l] **1.** cheveux *m/pl.* crêpelés; **2.** (*a.* ~ *up*)

frisotter; v/t. cuis. griller (qch.); v/i.
grésiller; **'friz·z(l)y** crêpelé, frisotté.

fro [frou]: *to and ∼* çà et là, de long
en large.

frock [frɔk] *moine:* froc *m*; (*usu.*
∼*-coat*) *femme,* enfant: robe *f*;
redingote *f*; ✕ tunique *f* de petite
tenue.

frog [frɔg] grenouille *f*; *cost.* soutache *f*; 🐴 (cœur *m* de) croisement
m; ✕ porte-épée *m*/*inv.*; **'∼·man**
homme-grenouille *m* (*pl.* hommes-
grenouilles) *m*.

frol·ic ['frɔlik] **1.** gambades *f*/*pl.*;
ébats *m*/*pl.*, jeu *m*; escapade *f*; divertissement *m*; **2.** folâtrer, gambader; **frol·ic·some** □ ['∼səm] folâtre, gai, joyeux (-euse *f*).

from [frɔm; frəm] *prp.* de; depuis; à
partir de; par suite de; de la part de;
par; *defend* ∼ protéger contre; *draw*
∼ *nature* dessiner d'après nature;
drink ∼ boire dans; *hide* ∼ cacher à;
remove ∼ enlever à; ∼ *above* d'en
haut; ∼ *amidst* d'entre; ∼ *before* dès
avant.

front [frʌnt] **1.** devant *m*; premier
rang *m*; façade *f*; *boutique:* devanture *f*; promenade *f* (*au bord de la
mer*); ✕ front *m*; *chemise:* plastron
m; F prête-nom *m* (*pl.* prête-noms),
façade *f*; *in* ∼ *of* devant, en face de;
two-pair ∼ chambre *f* sur le devant au
deuxième; *fig.* come to the ∼ se faire
connaître; arriver au premier rang;
2. antérieur, de devant; ✕ *u. fig.* ∼
line front m, première ligne *f*, ligne *f*
de contact; *mot.* ∼ *wheel drive* traction
f avant; ∼ *yard Am.* jardin *m* de
devant; **3.** *v/t.* (*a.* ∼ *on, towards*) faire
face à; donner sur; braver; *Am.* F
prêter son nom à, agir en homme de
paille pour; *v/i.* faire front; **'frontage △** façade *f*; **'fron·tal 1.** frontal
(-aux *m*/*pl.*); de face; de front; **2. △**
façade *f*; *eccl.* devant *m* d'autel;
fron·tier ['∼ə] frontière *f*; *surt.
Am. hist.* frontière *f* des États occi-
dentaux; **'fron·tier·run·ner** passeur *m* de frontière; **fron·tiers-
man** ['∼jezmən] frontalier *m*; *hist.
Am.* broussard *m*; **fron·tis·piece**
['∼ispi:s] **△**, *a. typ.* frontispice *m*;
front·let ['∼lit] *cost.* bandeau *m*;
front page *journ.* première page *f*;
'front-page en première page.

frost [frɔst] **1.** (*a.* hoar ∼, white ∼)

gelée *f* blanche, givre *m*; F fiasco *m*,
déception *f*; *black* ∼ froid *m* noir;
2. geler; saupoudrer; givrer; dépolir (*un verre*); ⊕ glacer (*le métal*);
∼*ed glass* verre *m* dépoli; **'∼-bite**
gelure *f*; **'frost-bit·ten** gelé; 🕊
brûlé par le froid; **'frost-i·ness**
froid *m* glacial, *fig.* froideur *f*;
'frost·y □ gelé; glacial (-als *m*/*pl.*)
(*a. fig.*), couvert de givre.

froth [frɔθ] **1.** écume *f*; mousse *f*;
fig. paroles *f*/*pl.* creuses; **2.** écumer,
mousser; moutonner (*mer*); **'froth-
i·ness** état *m* écumeux *etc.*; *fig.*
manque *m* de substance; **'froth·y**
□ écumeux (-euse *f*); moutonnant
(-euse *f*) (*mer*); vide, creux
(creuse *f*).

frown [fraun] **1.** froncement *m* de
sourcils; air *m* désapprobateur;
2. *v/t.* ∼ *down* imposer le silence à
(*q.*) d'un regard sévère; *v/i.* froncer
les sourcils; se renfrogner; avoir
l'air menaçant (*montagne etc.*); ∼ *at,
∼ (up)on* regarder en fronçant les
sourcils; *fig.* désapprouver.

frowst F [fraust] odeur *f* de renfermé; atmosphère *f* qui sent le
renfermé; **'frowst·y** □, **frowz·y**
['frauzi] qui sent le renfermé; mal
tenu, sale.

froze [frouz] *prét. de* freeze; **'frozen 1.** *p.p. de* freeze; **2.** *a. adj.* gelé,
frigorifié; bloqué (*capital*); ∼ *locker
Am.* chambre *f* frigorifique; ∼ *meat*
viande *f* frigorifiée.

fruc·ti·fi·ca·tion [frʌktifi'keiʃn]
fructification *f*; **fruc·ti·fy** ['∼fai]
v/t. féconder; *v/i.* fructifier (*a.
fig.*).

fru·gal □ ['fru:gəl] frugal (-aux
m/*pl.*); économe; simple; **fru·gal·i-
ty** [fru'gæliti] frugalité *f*; sobriété
f.

fruit [fru:t] **1.** fruit *m* (*a. fig.* = résultat); *coll.* fruits *m*/*pl.*; ∼ *cocktail*
macédoine *f* de fruits; ∼ *cup* coupe *f*
de fruits rafraîchis; ∼ *knife* couteau *m*
à fruits; **2.** porter des fruits; **'fruit-
age** fructification *f*; *coll.* fruits *m*/*pl.*;
frui·ta·ri·an [fru:'teəriən] fruita-
rien(ne *f*) *m*; **'fruit-cake** cake *m*,
gâteau *m* de fruits confits; **'fruit·er**
arbre *m* fruitier; **'fruit·er·er** fruitier
(-ère *f*) *m*; **fruit·ful** □ ['∼ful] fructueux (-euse *f*); (*a. fig.* = profitable);
fécond, fertile (en *of, in*); **fru·i·tion**
[fru'iʃn] projet *etc.*: réalisation *f*;

fund

come to ~ porter fruit; '**fruit·less** □ stérile; *fig.* vain; '**fruit·y** de fruit; fruité; *fig.* corsé.

frump [frʌmp] *fig.* femme *f* fagotée; '**frump·ish**, '**frump·y** mal attifée (*femme*).

frus·trate [frʌs'treit] frustrer; déjouer; **frus'tra·tion** frustration *f*; anéantissement *m*.

fry [frai] **1.** *cuis.* friture *f*; **2.** frai *m*, fretin *m*; F *small* ~ petites gens *f/pl.*; gosses *m/pl.*; **3.** (*faire*) frire; *see* egg; *fried potatoes* (pommes *f/pl.* de terre) frites *f/pl.*; '**fry·ing-pan** poêle *f*; *get out of the* ~ *into the fire* sauter de la poêle sur la braise.

fuch·sia [ˈfjuːʃə] fuchsia *m*.

fuck ∨ [fʌk] **1.** baiser; **2.** merde (de la merde)!; putain!

fud·dle [ˈfʌdl] **1.** *v/t.* griser; hébéter; *v/i.* riboter; F se pocharder; **2.** ribote *f*.

fudge F [fʌdʒ] **1.** bousiller; cuisiner (*les comptes*); **2.** bousillage *m*; *bonbon*: fondant *m*; ~*!* quelle blague!

fu·el [ˈfjuəl] **1.** combustible *m*; carburant *m*; *mot.* essence *f*; *mot.* ~ *ga(u)ge* jauge *f* d'essence; ~ *oil* fueloil *m*; mazout *m*; ~ *tank* réservoir *m* d'essence; **2.** *v/t.* pourvoir de combustibles; *v/i.* obtenir du combustible; *mot.* s'approvisionner en essence.

fug [fʌg] **1.** touffeur *f*; forte odeur *f* de renfermé; **2.** rester enfermé.

fu·ga·cious [fjuːˈgeiʃəs] fugace; éphémère.

fu·gi·tive [ˈfjuːdʒitiv] **1.** fugitif (-ive *f*) (*a. fig.*); **2.** fugitif (-ive *f*) *m*; exilé(e *f*) *m*.

fu·gle·man ✕ [ˈfjuːglmæn] chef *m* de file; *fig.* chef *m*; porte-parole *m/inv.*

fugue ♩ [fjuːg] fugue *f*.

ful·crum [ˈfʌlkrəm], *pl.* -**cra** [ˈ~krə] ⊕ pivot *m*; *fig.* point *m* d'appui.

ful·fil [fulˈfil] remplir; accomplir; s'acquitter de; réaliser; **ful'fill·er** celui (celle *f*) *m* qui remplit *etc.*; **ful'fil·ment** accomplissement *m*.

ful·gent *poét.* [ˈfʌldʒənt] resplendissant.

full¹ [ful] **1.** *adj.* □ plein; rempli; entier (-ère *f*); complet (-ète *f*); comble; *cost.* large, ample; *at* ~ *length* tout au long; ~ *employment* plein-emploi *m*; *of* ~ *age* majeur; ~ *stop*

gramm. point *m*; **2.** *adv.* tout à fait; en plein; précisément; parfaitement; bien; ~ *nigh* tout près; F ~ *up* au complet, comble; **3.** *su.* plein *m*; cœur *m*, fort *m*; apogée *f*; *in* ~ intégralement; in extenso; en toutes lettres; *pay in* ~ payer intégralement; *to the* ~ complètement, tout à fait.

full² ⊕ [~] (re)fouler.

full...: '~-**blown** épanoui; '~-**bod·ied** corsé (*vin*); ~ **dress** grande tenue *f*; '~-**dress** de cérémonie; solennel(le *f*); ~ *rehearsal* répétition *f* générale *ou* des couturières.

full·er ⊕ [ˈfulə] fouleur (-euse *f*) *m*.

full-fledged [ˈfulˈfledʒd] qui a toutes ses plumes (*oiseau*); *fig.* qualifié, achevé.

full·ing-mill [ˈfuliŋmil] foulon *m*.

full-length [ˈfulˈleŋθ] (portrait *m*) en pied; ~ *film* film *m* principal.

ful(l)·ness [ˈfulnis] plénitude *f*.

full...: '~-**orbed** dans son plein (*lune*); '~-**time** de toute la journée; à pleines journées; à temps plein.

ful·mi·nate [ˈfʌlmineit] fulminer (*a. fig.* contre, *against*); faire explosion; **ful·mi'na·tion** fulmination *f* (*a. fig.*); **ful·mi·na·to·ry** [ˈ~ətəri] fulminatoire.

ful·some □ [ˈfulsəm] excessif (-ive *f*); répugnant (*flatterie*).

fum·ble [ˈfʌmbl] fouiller, tâtonner; '**fum·bler** maladroit(e *f*) *m*.

fume [fjuːm] **1.** fumée *f*, vapeur *f*; *in a* ~ en rage, furieux (-euse *f*); **2.** *v/i.* fumer (*a. fig.*); s'exhaler; *v/t.* exposer à la fumée.

fu·mi·gate [ˈfjuːmigeit] fumiger; désinfecter; **fu·mi'ga·tion** fumigation *f*.

fum·ing □ [ˈfjuːmiŋ] *fig.* enragé, bouillonnant de colère.

fun [fʌn] amusement *m*, gaieté *f*; *have* ~ s'amuser; *make* ~ *of* se moquer de; *for* ~, *in* ~ pour rire, par plaisanterie, pour s'amuser.

func·tion [ˈfʌŋkʃn] **1.** fonction *f* (*a. physiol.*, *a.* Å); réception *f*, soirée *f*; cérémonie *f*; **2.** fonctionner; '**func·tion·al** □ fonctionnel(le *f*); '**func·tion·ar·y** fonctionnaire *m*.

fund [fʌnd] **1.** fonds *m*; *fig.* trésors *m/pl.*; ~*s pl.* fonds *m(pl.)*; capital *m*; ressources *f/pl.* pécuniaires; *banque*: provision *f*; **2.** consolider (*une dette*);

placer (de l'argent) dans les fonds publics.

fun·da·ment [ˈfʌndəmənt] fondement *m*; **fun·da·men·tal 1.** □ [ˌ~ˈmentl] fondamental (-aux *m/pl.*); essentiel(le *f*); **2.** ~*s pl.* principe *m*; premiers principes *m/pl.*

fu·ner·al [ˈfjuːnərəl] **1.** funérailles *f/pl.*, obsèques *f/pl.*; **2.** funèbre; des morts; ~ *pile* bûcher *m* funéraire; **fu·ne·re·al** □ [ˌ~ˈniːəriəl] funéraire; *fig.* lugubre, funèbre.

fun-fair [ˈfʌnfɛə] foire *f* aux plaisirs; parc *m* d'attractions.

fun·gous [ˈfʌŋɡəs] fongueux (-euse *f*); **fun·gus** [~], *pl.* **-gi** [ˈ~ɡai] ◊ champignon *m* mycète; ✤ fongus *m*.

fu·nic·u·lar [fjuˈnikjulə] funiculaire; ~ *railway* = **2.** funiculaire *m*.

funk *sl.* [fʌŋk] **1.** frousse *f*, trac *m*; *personne*: caneur (-euse *f*) *m*; *blue* ~ peur *f* bleue; **2.** caner; avoir peur de (*qch.*); **funk·y** *sl.* froussard.

fun·nel [ˈfʌnl] entonnoir *m*; ⊕ tremie *f*; ✤, ⛟ cheminée *f*.

fun·ny □ [ˈfʌni] **1.** drôle, comique, curieux (-euse *f*); **2.** *funnies pl. see comics*; '~**-bone** ✖ F petit juif *m*.

fur [fɜː] **1.** fourrure *f*; *lapin*: pelage *m*; *bouilloire*: dépôt *m*; *langue*: enduit *m*; ~*s pl.* peaux *f/pl.*; ~ *coat* manteau *m* de fourrure; **2.** à *ou* en *ou* de fourrure; **3.** ⊕ (s')incruster; *v/t.* fourrer, garnir de fourrure; ~*red tongue* langue *f* chargée.

fur·be·low [ˈfɜːbilou] falbala *m*; *usu.* ~*s pl.* iro. fanfreluches *f/pl.*

fur·bish [ˈfɜːbiʃ] polir, nettoyer; mettre à neuf.

fur·ca·tion [fɜːˈkeiʃn] bifurcation *f*.

fu·ri·ous □ [ˈfjuəriəs] furieux (-euse *f*).

furl [fɜːl] *v/t.* ferler (*une voile*); rouler (*un parapluie*); replier (*les ailes*); *v/i.* se rouler.

fur·long [ˈfɜːlɒŋ] *mesure*: furlong *m* (201 mètres).

fur·lough [ˈfɜːlou] **1.** permission *f*, congé *m*; **2.** ✖ envoyer (*q.*) en permission; *Am.* accorder un congé à.

fur·nace [ˈfɜːnis] four(neau) *m*; *chaudière*: foyer *m*; ⊕ brasier *m*.

fur·nish [ˈfɜːniʃ] fournir, munir, pourvoir (de, *with*); meubler, garnir (*une maison*); ~*ed rooms* meublé *m*; '**fur·nish·er** fournisseur *m*; marchand *m* d'ameublement; '**fur**-

nish·ing fourniture *f*; provision *f*; ~*s pl.* ameublement *m*.

fur·ni·ture [ˈfɜːnitʃə] meubles *m/pl.*; ameublement *m*; mobilier *m*; *typ.* garniture *f*; ✤ matériel *m*.

fur·ri·er [ˈfʌriə] pelletier *m*; '**fur·ri·er·y** pelleterie *f*.

fur·row [ˈfʌrou] **1.** sillon *m* (*a. fig.*); ⊕ cannelure *f*; **2.** labourer; sillonner; ⊕ canneler; rider profondément.

fur·ry [ˈfɜːri] qui ressemble à (de) la fourrure.

fur·ther [ˈfɜːðə] **1.** *adj. et adv.* plus éloigné; *see furthermore*; **2.** avancer; servir; '**fur·ther·ance** avancement *m*; appui *m*; '**fur·ther·er** celui (celle *f*) *m* qui aide à l'avancement (*de qch.*); '**fur·ther·more** en outre, de plus, d'autre part; '**fur·ther·most** le plus lointain, le plus éloigné.

fur·thest [ˈfɜːðist] *see furthermost*; *at* (the) ~ au plus tard.

fur·tive □ [ˈfɜːtiv] furtif (-ive *f*).

fu·ry [ˈfjuəri] furie *f*, fureur *f*; acharnement *m*.

furze ◊ [fɜːz] ajonc *m*, genêt *m* épineux.

fuse [fjuːz] **1.** (se) fondre; (se) réunir par fusion; *v/t.* pourvoir d'une fusée; *v/i.* ✦ sauter (*plombs*); **2.** ✦ plomb *m*; fusible *m*; ✖ fusée *f* de mine.

fu·see [fjuːˈziː] montre *etc.*: fusée *f*; tison *m*.

fu·se·lage [ˈfjuːzilaːʒ] ✈ fuselage *m*.

fu·si·bil·i·ty [fjuːzəˈbiliti] fusibilité *f*; **fu·si·ble** [ˈfjuːzəbl] fusible.

fu·sil·ier ✖ [fjuːziˈliə] fusilier *m*.

fu·sil·lade [fjuːziˈleid] fusillade *f*.

fu·sion [ˈfjuːʒn] fusion *f*; fonte *f*.

fuss F [fʌs] **1.** agitation *f*, F potin *m*; façons *f/pl.*; *kick up a* ~ faire un tas d'histoires; **2.** *v/t.* tracasser, agiter; *v/i.* se tracasser (de, *over*); faire des histoires; faire l'empressé; '~**-pot** F enquiquineur (-euse *f*) *m*; coupeur (-euse *f*) *m* de cheveux en quatre; '**fuss·y** □ F tracassier (-ère *f*) tatillon(ne *f*).

fus·tian [ˈfʌstiən] ✤ futaine *f*; *fig.* emphase *f*.

fust·i·ness [ˈfʌstinis] odeur *f* de renfermé; *fig.* caractère *m* démodé; '**fust·y** □ qui sent le renfermé *ou* moisi; *fig.* démodé.

fu·tile □ [ˈfjuːtail] futile; vain; pué-

ril; **fu·til·i·ty** [fjuˈtiliti] futilité *f*;
vanité *f*; puérilité *f*.

fu·ture [ˈfjuːtʃə] **1.** futur; à venir;
2. avenir *m*; *in the* ∼ à l'avenir;
✝ ∼s *pl.* livraisons *f/pl.* à terme;
ˈ**fu·tur·ism** *peint.* futurisme *m*;

fu·tu·ri·ty [fjuˈtjuəriti] avenir *m*.

fuzz [fʌz] **1.** duvet *m*; *a* ∼ *of hair* des
cheveux bouffants; *sl. the* ∼ les flics
m/pl., la flicaille; **2.** (faire) bouffer;
(faire) frisotter; ˈ**fuzz·y** □ bouffant;
frisotté; flou (*a. phot.*).

G

G, g [dʒiː] G *m*, g *m*.

gab F [gæb] faconde *f*; *the gift of the ~* la langue bien pendue.

gab·ble ['gæbl] **1.** bredouillement *m*; caquet *m*; **2.** bredouiller; caqueter; **'gab·bler** bredouilleur (-euse *f*) *m*; caquetage *m*.

gab·by ['gæbi] bavard.

gab·er·dine ['gæbədiːn] *tex.* gabardine *f*.

ga·ble ['geibl] (*a. ~-end*) pignon *m*.

ga·by ['geibi] nigaud *m*, benêt *m*.

gad [gæd]: *~ about* courir (le monde etc.); & *poét.* errer; **'gad·a·bout** F coureur (-euse *f*) *m*.

gad·fly *zo.* ['gædflai] taon *m*; œstre *m*.

gadg·et F ['gædʒit] dispositif *m*; machin *m*, truc *m*.

Gael·ic ['geilik] gaélique (*a. ling. su./m*).

gaff [gæf] gaffe *f*; ♪ corne *f*; *sl.* théâtre *m* de bas étage; *blow the ~ sl.* vendre la mèche.

gaffe F [gæf] bêtise *f*; faux pas *m*.

gaf·fer F ['gæfə] † ancien *m*; contremaître *m*; patron *m*.

gag [gæg] **1.** bâillon *m* (*a. fig.*); *parl.* clôture *f*; *théâ.* improvisation *f*; plaisanterie *f*; F blague *f*; *sl. what's the ~?* à quoi vise tout cela? **2.** *v/t.* bâillonner (*a. fig. la presse*); *pol.* clôturer (*un débat*); *v/i. théâ.* improviser; plaisanter.

gage [geidʒ] gage *m*, garantie *f*; F défi *m*.

gai·e·ty ['geiəti] gaieté *f*; réjouissances *f/pl.*

gai·ly ['geili] *adv. de* gay.

gain [gein] **1.** gain *m*; *surt.* ✝ *~s pl.* profit *m*; **2.** gagner, profiter; *~ on* gagner sur; *~ s.o. over* gagner q. à sa cause; **'gain·er** gagnant(e *f*) *m*; gagneur (-euse *f*) *m* (*d'argent*); **gain·ful** □ ['~ful] profitable; *~ employment* travail *m* rémunéré; *be ~ly occupied* avoir un travail rémunéré; **gain·ings** ['~iŋz] *pl.* gain *m*, -s *m/pl.*; profit *m*. [nier (*qch.*).]

gain·say † [gein'sei] contredire;

gait [geit] allure *f*; *cheval:* train *m*.

gai·ter ['geitə] guêtre *f*.

gal *Am. sl.* [gæl] jeune fille *f*.

ga·la [gɑːlə] fête *f*, gala *m*.

gal·ax·y ['gæləksi] *astr.* voie *f* lactée; *fig.* essaim *m*; constellation *f*.

gale [geil] grand vent *m*; tempête *f*.

gall¹ [gɔːl] fiel *m* (*a. fig.*); *surt. Am. sl.* audace *f*; toupet *m*; *~ bladder* vésicule *f* biliaire; *~ stone* calcul *m* biliaire.

gall² ♀ [~] galle *f*.

gall³ [~] **1.** écorchure *f*; *fig.* blessure *f*; **2.** écorcher; *fig.* froisser, blesser; irriter.

gal·lant ['gælənt] **1.** □ vaillant; superbe; galant; **2.** galant *m*; *péj.* coureur *m* de femmes; **3.** faire le galant; **'gal·lant·ry** vaillance *f*; galanterie *f* (*auprès des femmes*).

gal·ler·y ['gæləri] galerie *f* (*a.* ✕).

gal·ley ['gæli] ♪ † galère *f*; ♪ cuisine *f*; *typ.* galée *f*; **'~-proof** *typ.* placard *m*.

Gal·lic ['gælik] gaulois; **Gal·li·can** ['~kən] *eccl.* gallican.

gal·li·vant [gæli'vænt] courailler.

gall·nut ♀ ['gɔːlnʌt] noix *f* de galle.

gal·lon ['gælən] gallon *m* (4,54 *litres*, *Am.* 3,78 *litres*).

gal·loon [gə'luːn] galon *m*.

gal·lop ['gæləp] **1.** galop *m*; **2.** (faire) aller au galop.

gal·lows ['gælouz] *usu. sg.* potence *f*.

ga·lore [gə'lɔː] à foison.

ga·losh [gə'lɔʃ] galoche *f*; *~s pl.* caoutchoucs *m/pl.*

gal·van·ic [gæl'vænik] (*~ally*) galvanique; **gal·va·nism** ['gælvənizm] galvanisme *m*; **'gal·va·nize** galvaniser (*a. fig.*); **gal·va·no·plas·tic** [gælvəno'plæstik] galvanoplastique.

gam·ble ['gæmbl] **1.** *v/i.* jouer de l'argent; *v/t. ~ away* perdre (*qch.*) au jeu; **2.** F jeu *m* de hasard; *fig.* affaire *f* de chance; **'gam·bler** joueur (-euse *f*) *m*; spéculateur (-trice *f*) *m*; **'gam·bling-house** maison *f* de jeu. [gutte (*pl.* gommes-guttes) *f*.]

gam·boge ♀ [gæm'buːʒ] gomme-

gam·bol ['gæmbl] **1.** cabriole *f*; **2.** cabrioler; s'ébattre.

game [geim] **1.** jeu *m*; amusement *m*; *cartes*: partie *f*; *péj.* manège *m*; *cuis. etc.* gibier *m*; *play the* ~ jouer franc jeu; *fig.* agir loyalement; **2.** F courageux (-euse *f*); *die* ~ mourir crânement; **3.** jouer; '~-**cock** coq *m* de combat; '~-**keep·er** garde-chasse (*pl.* gardes-chasse[s]) *m*; '~-**li·cence** permis *m* de chasse; **game·ster** ['~stə] joueur (-euse *f*) *m*.

gam·mer ['gæmə] vieille *f*.

gam·mon[1] ['gæmən] **1.** quartier *m* de lard fumé; jambon *m* fumé; **2.** saler et fumer.

gam·mon[2] [~] **1.** bredouille *f* (*au jeu*); blague *f*; *sl.* ~! quelle bêtise!; **2.** blaguer.

gam·my F ['gæmi] estropié; boiteux (-euse *f*).

gam·ut ♩ ['gæmət] gamme *f* (*a. fig.*).

gam·y ['geimi] giboyeux (-euse *f*); *cuis.* faisandé.

gan·der ['gændə] jars *m*; *Am. sl.* coup *m* d'œil.

gang [gæŋ] **1.** groupe *m*; troupe *f*; bande *f*; équipe *f*; clique *f*; **2.** ~ *up* se liguer (*contre against, on*); '~-**board** ⚓ planche *f* à débarquer; **gang·er** ['gæŋə] chef *m* d'équipe.

gan·grene ♣ ['gæŋgri:n] gangrène *f*, mortification *f*.

gang·ster *Am.* ['gæŋstə] bandit *m*, gangster *m*.

gang·way ['gæŋwei] passage *m*, couloir *m*; ⚓ passerelle *f* de service; ⚓ coupée *f*.

gaol [dʒeil] *see* jail.

gap [gæp] trou *m* (*a. fig.*); ouverture *f*; brèche *f*; interstice *m*.

gape [geip] rester bouche bée (*devant, at*); s'ouvrir tout grand (*abîme*). [rage *m*; **2.** *mot.* garer.]

ga·rage ['gæra:ʒ; 'gæridʒ] **1.** ga-]

garb [ga:b] costume *m*, vêtement *m*.

gar·bage *surt. Am.* ['ga:bidʒ] ordures *f/pl.*; immondices *f/pl.*; ~ *can* boîte *f* aux ordures; ~ *collector* (é)boueur *m*, boueux *m*; ~ *pail* poubelle *f*.

gar·ble ['ga:bl] fausser; tronquer.

gar·den ['ga:dn] **1.** jardin *m*; **2.** *v/i.* jardiner, faire du jardinage; *v/t.* entretenir; **'gar·den·er** jardinier *m*; **'gar·den·ing** jardinage *m*; horticulture *f*.

gar·gan·tu·an [ga:'gæntjuən] gargantuesque.

gar·gle ['ga:gl] **1.** se gargariser; **2.** gargarisme *m*.

gar·goyle △ ['ga:gɔil] gargouille *f*.

gar·ish □ ['gɛəriʃ] voyant; cru (*lumière*).

gar·land ['ga:lənd] **1.** guirlande *f*, couronne *f*; **2.** (en)guirlander.

gar·lic ♀ ['ga:lik] ail (*pl.* aulx, ails) *m*.

gar·ment ['ga:mənt] vêtement *m*.

gar·ner ['ga:nə] **1.** grenier *m*; *fig.* recueil *m*; **2.** mettre en grenier.

gar·net *min.* ['ga:nit] grenat *m*.

gar·nish ['ga:niʃ] garnir, orner, embellir (de, *with*); **'gar·nish·ing** garnissage *m*; *cuis.* garniture *f*.

gar·ni·ture ['ga:nitʃə] garniture *f*.

gar·ret ['gærit] mansarde *f*.

gar·ri·son ✕ ['gærisn] **1.** garnison *f*; **2.** mettre une garnison dans; mettre (*des troupes*) en garnison; garnir; *be* ~*ed* être en garnison.

gar·ru·li·ty [gæ'ru:liti] loquacité *f*; *style*: verbosité *f*; **gar·ru·lous** □ ['gæruləs] loquace; verbeux (-euse *f*).

gar·ter ['ga:tə] jarretière *f*; *Am.* jarretelles *f/pl.*; *Order of the* ♀ Ordre *m* de la jarretière.

gas [gæs] **1.** gaz *m*; F bavardage *m*; *Am. see* gasoline; *mot.* step on the ~ appuyer sur le champignon; *fig.* se dépêcher; **2.** asphyxier; ✕ gazer; F jaser; '~-**bag** ⚡ enveloppe *f* à gaz; F grand parleur *m*; phraseur *m*; ~ **brack·et** applique *f* à gaz; '~-**burn·er** bec *m* de gaz; '~-**cook·er** cuisinière *f* à gaz; **gas·e·lier** [~ə'liə] lustre *m* à gaz; **'gas·en·gine** moteur *m* à gaz; **gas·e·ous** ['geiziəs] gazeux (-euse *f*); **'gas-fit·ter** gazier *m*; poseur d'appareils à gaz; **'gas-fit·tings** *pl.* appareillage *m* pour le gaz.

gash [gæʃ] **1.** entaille *f* (*dans la chair*); taillade *f*; balafre *f* (*dans la figure*); coup *m* de couteau *etc.*; **2.** entailler.

gas·ket ['gæskit] ⚓ garcette *f*; ⊕ joint *m* en étoupe *etc.*

gas···: '~-**light** lumière *f* du gaz; '~-**light·er** allume-gaz *m/inv.*; '~-**man·tle** manchon *m*; '~-**mask** masque *m* à gaz; '~-**me·ter** compteur *m* (à gaz); **gas·o·line** *Am. mot.* ['gæsəli:n] essence *f*; **gas·om·e·ter** [gæ'sɔmitə] gazomètre *m*, réservoir

m à gaz; **gas·ov·en** four m à gaz.
gasp [gɑ:sp] **1.** sursaut m; fig. souffle m; **2.** sursauter (ou ~ for breath) suffoquer.
gas-proof ['gæs'pru:f] à l'épreuve du ou des gaz; **gas-range** cuisinière f à gaz; **gassed** [gæst] asphyxié; ✗ gazé; **'gas·sta·tion** Am. poste m d'essence, station f service; **'gas-stove** four m ou réchaud m à gaz; F radiateur m à gaz; **'gas·sy** gazeux (-euse f); mousseux (-euse f) (vin); fig. bavard.
gas·tric ✗ ['gæstrik] gastrique; **gas·tri·tis** [gæs'traitis] gastrite f.
gas·tron·o·mist [gæs'trɔnəmist] gastronome m; **gas'tron·o·my** gastronomie f.
gas-works ['gæswə:ks] usu. sg. usine f à gaz.
gate [geit] porte f (a. fig.); barrière f; grille f; fig. public m; see ~-money; '~-**crash·er** sl. intrus(e f) m; '~-**keep·er** portier m (-ière f); '~-**leg(ged) ta·ble** table f à abattants; '~-**man** ✗ garde-barrière (pl. gardes-barrière[s] m; '~-**mon·ey** sp. recette f; '~-**way** entrée f, porte f.
gath·er ['gæðə] **1.** v/t. (r)assembler; ramasser; (re)cueillir; retrousser (ses jupes); percevoir (des impôts); conclure; cost. froncer; see information; ~ speed prendre de la vitesse; v/i. se rassembler; se réunir; s'accumuler; se préparer (orage); ✗ abcéder; (✗ a. ~ to a head) mûrir (a. fig.); **2.** ~s pl. fronces f/pl.; **'gath·er·ing** rassemblement m; cueillette f; accumulation f; froncement m; assemblée f.
gaud·y ['gɔ:di] **1.** ☐ voyant, criard; fastueux (-euse f); **2.** univ. banquet m anniversaire.
gauge [geidʒ] **1.** calibre m; jauge f; vérificateur m; indicateur m; 🌡 largeur f de la voie; ⚓ tirant m d'eau; **2.** calibrer; mesurer; fig. estimer; **'gaug·er** jaugeur m, mesureur m.
Gaul [gɔ:l] Gaulois(e f) m; pays: la Gaule f.
gaunt ☐ [gɔ:nt] décharné; désolé.
gaunt·let ['gɔ:ntlit] gant m à crispins; fig. gant m; run the ~ ✗ passer par les bretelles; fig. soutenir un feu roulant (de, of).
gauze [gɔ:z] gaze f; wire ~ tissu m métallique; **'gauz·y** diaphane.
gave [geiv] prét. de give 1, 2.

gav·el Am. ['gævl] marteau m (du commissaire-priseur).
gawk F [gɔ:k] godiche mf; personne f gauche; **'gawk·y** gauche; godiche.
gay ☐ [gei] gai, allègre; brillant; F homo; Am. sl. effronté.
gaze [geiz] **1.** regard m (fixe); **2.** regarder fixement; ~ at (ou on) contempler, considérer.
ga·zelle zo. [gə'zel] gazelle f.
gaz·er ['geizə] contemplateur (-trice f) m; curieux (-euse f) m.
ga·zette [gə'zet] **1.** journal m officiel; **2.** publier dans un journal officiel; be ~d être publié à l'Officiel.
gaz·et·teer [gæzi'tiə] répertoire m géographique.
gear [giə] **1.** accoutrement m; effets m/pl. personnels; ustensiles m/pl.; attirail m, appareil m; harnais m; ⊕ transmission f, commande f; mot. (low première, high grande) vitesse f; top ~ prise f directe; in ~ en jeu; mot. engrené; out of ~ hors d'action; mot. débrayé, désengrené; **2.** v/t. gréer; engrener; ⊕ ~ up (down) multiplier (démultiplier); ~ into engrener (qch.) dans; v/i. s'engrener; ~ with (s')engrener dans; '~-**box**, '~-**case** ⊕ carter m; mot. boîte f de vitesses; **'gear·ing** ⊕ engrenage m; transmission f; cycl. développement m; **'gear-le·ver**, surt. Am. **'gear-shift** levier m de(s) vitesse(s).
gee [dʒi:] hue!, huhau!; Am. sapristi!; sans blague!
geese [gi:s] pl. de goose.
gee·zer sl. ['gi:zə] bonhomme m; vieille taupe f.
gei·sha ['geiʃə] geisha f.
gel·a·tin(e) ['dʒelətin] gélatine f; **ge·lat·i·nize** [dʒi'lætinaiz] (se) gélatiniser; **ge'lat·i·nous** gélatineux (-euse f).
geld [geld] [irr.] hongrer (un cheval); châtrer; **'geld·ing** (cheval m) hongre m.
gel·id ['dʒelid] glacial (-als m/pl.).
gelt [gelt] prét. et p.p. de geld.
gem [dʒem] **1.** pierre f précieuse; gemme f; joyau m (a. fig.); **2.** orner de pierres précieuses.
Gem·i·ni astr. ['dʒeminai] pl. les Gémaux m/pl.
gen Brit. sl. [dʒen] **1.** informations f/pl., renseignements m/pl.; **2.** ~ up renseigner, F rancarder.

gen·der _gramm._ ['dʒendə] genre _m_; F sexe _m_.

gen·e·a·log·i·cal □ [dʒi:niə'lɔdʒikl] généalogique; **gen·e·al·o·gy** [dʒi:-ni'ælədʒi] généalogie _f_.

gen·er·a ['dʒenərə] _pl. de_ genus.

gen·er·al ['dʒenərəl] **1.** □ général (-aux _m/pl._); commun; grand (_public etc._); en chef; ✠ ~ an(a)esthetic anesthésie _f_ générale; ~ election élections _f/pl._ générales; ~ practitioner médecin _m_ de médecine générale, (médecin _m_) généraliste; médecin _m_ de famille; ✠ ~ staff état-major _m_ (_pl._ états-majors); _Am._ ~ store magasin _m_ qui vend de tout; **2.** ✠ général _m_; **gen·er·al·i·ty** [⁓'ræliti] généralité _f_; _la_ plupart; **gen·er·al·i·za·tion** [⁓rəlai'zeiʃn] généralisation _f_; **'gen·er·al·ize** généraliser; populariser; **'gen·er·al·ly** généralement; universellement; F pour la plupart; **'gen·er·al·'pur·pose** universel(le _f_); **'gen·er·al·ship** ✠ généralat _m_; stratégie _f_.

gen·er·ate ['dʒenəreit] engendrer; produire; _generating station_ station _f_ génératrice; **gen·er·a·tion** génération _f_; ⚛ engendrement _m_; **'gen·er·a·tive** [⁓ətiv] générateur (-trice _f_); producteur (-trice _f_); **'gen·er·a·tor** [⁓eitə] générateur (-trice _f_) _m_; ⊕ générateur _m_; _surt. mot. Am._ dynamo _f_ d'éclairage.

ge·ner·ic [dʒi'nerik] générique.

gen·er·os·i·ty [dʒenə'rɔsiti] générosité _f_; libéralité _f_; **'gen·er·ous** □ généreux (-euse _f_) (_a. vin_); libéral (-aux _m/pl._); magnanime; riche.

gen·e·sis ['dʒenisis] genèse _f_; origine _f_; _bibl._ ♀ (la) Genèse; **ge·net·ic** [dʒi'netik] **1.** (⁓ally) génétique; génésique (_instinct_); F _see_ generative; **2.** ~s _sg._ génétique _f_.

gen·ial □ ['dʒi:njəl] doux (douce _f_) (_climat_); propice; génial (-aux _m/pl._) (_talent_); jovial (-als _ou_ -aux _m/pl._) (_personne_); **ge·ni·al·i·ty** [⁓ni-'æliti] douceur _f_; bienveillance _f_.

gen·i·tals _usu._ ['dʒenitlz] _pl._ organes _m/pl._ génitaux. [_case_ génitif _m_.]

gen·i·tive _gramm._ ['dʒenitiv] (_ou_ ~)

ge·ni·us ['dʒi:njəs] génie _m_; _pl._ **~ius·es** [⁓əsiz] génie _m_; F don _m_, aptitudes _f/pl._ naturelles.

gen·o·cide ['dʒenousaid] extermination _f_ d'une race.

gent F [dʒent] homme _m_, monsieur _m_.

gen·teel □ _sl. ou iro._ [dʒen'ti:l] comme il faut; maniéré.

gen·tian ♀ ['dʒenʃiən] gentiane _f_.

gen·tile ['dʒentail] **1.** gentil _m_; **2.** païen(ne _f_); _Am._ non mormon.

gen·til·i·ty _souv. iro._ [dʒen'tiliti] prétention _f_ au bon ton; haute bourgeoisie _f_.

gen·tle □ ['dʒentl] _usu._ doux (douce _f_); modéré; léger (-ère _f_); cher (chère _f_) (_lecteur_); _co._ noble; † bien né; bon(ne _f_) (_naissance_); **'~·folk(s)** personnes _f/pl._ de bonne famille; **'~·man** monsieur _m_ (_pl._ messieurs) _m_; homme _m_ comme il faut; ♗ rentier _m_; _sp._ amateur _m_; _bal:_ cavalier _m_; † gentilhomme _m_ (_pl._ gentilshommes) _m_; gentlemen! messieurs!; **~'s agreement** convention _f_ verbale (_qui n'engage que la parole d'honneur des partis_); **'~·man·like**, **'~·man·ly** comme il faut; bien élevé; **'gen·tle·ness** douceur _f_; **'gen·tle·wom·an** dame _f ou_ demoiselle _f_ bien née.

gen·try ['dʒentri] petite noblesse _f_; _péj._ individus _m/pl._.

gen·u·flec·tion, **gen·u·flex·ion** [dʒenju'flekʃn] génuflexion _f_.

gen·u·ine □ ['dʒenjuin] authentique; véritable; franc(he _f_); sincère.

ge·nus ['dʒi:nəs] (_pl._ genera) genre _m_ (_a. fig._).

ge·od·e·sy [dʒi'ɔdisi] géodésie _f_.

ge·og·ra·pher [dʒi'ɔgrəfə] géographe _m_; **ge·o·graph·i·cal** □ [dʒiə-'græfikl] géographique; **ge·og·ra·phy** [⁓'ɔgrəfi] géographie _f_.

ge·o·log·ic, **ge·o·log·i·cal** □ [dʒiə-'lɔdʒik(l)] géologique; **ge·ol·o·gist** [dʒi'ɔlədʒist] géologue _mf_; **ge'ol·o·gy** géologie _f_.

ge·om·e·ter [dʒi'ɔmitə] géomètre _m_; **ge·o·met·ric**, **ge·o·met·ri·cal** □ [dʒiə'metrik(l)] géométrique; **ge·om·e·try** [⁓'ɔmitri] géométrie _f_.

ge·o·phys·ics [dʒiə'fiziks] _usu. sg._ géophysique _f_.

ge·ra·ni·um ♀ [dʒi'reinjəm] géranium _m_.

germ [dʒə:m] **1.** germe _m_; **2.** germer.

Ger·man¹ [dʒə:mən] **1.** allemand; ✠ ~ _measles_ rubéole _f_; ~ _Ocean_ mer _f_ du Nord; ⊕ ~ _silver_ argentan _m_, maillechort _m_; ~ _steel_ acier _m_ brut; ~ _text_ caractères _m/pl._ gothiques; ~ *toys pl.* jouets *m/pl.* de Nuremberg; **2.** *ling.* allemand *m*; Allemand(e *f*) *m.*

ger·man² [~]: brother etc. ~ frère *m* etc. germain; **ger·mane** [dʒəˈmein] (to) approprié (à); se rapportant (à).

Ger·man·ic [dʒəˈmænik] allemand; *hist.* germanique.

germ·car·ri·er [ˈdʒəːmkæriə] porteur *m* de bacilles.

ger·mi·nal [ˈdʒəːminl] germinal (-aux *m/pl.*); *fig.* en germe; **ger·mi·nate** [ˈ~neit] (faire) germer; **ger·mi·na·tion** germination *f.*

germ·proof [ˈdʒəːmpruːf] aseptique.

ger·ry·man·der *pol.* [ˈdʒerimændə] truquage *m* électoral.

ger·und *gramm.* [ˈdʒerənd] gérondif *m.*

ges·ta·tion ♀, *vet.* [dʒesˈteiʃn] gestation *f.*

ges·tic·u·late [dʒesˈtikjuleit] *v/i.* gesticuler; *v/t.* exprimer par des gestes; **ges·tic·u·la·tion** gesticulation *f.*

ges·ture [ˈdʒestʃə] geste *m*; signe *m.*

get [get] [*irr.*] **1.** *v/t.* obtenir, procurer; gagner; prendre; se faire (*une réputation etc.*); recevoir; aller chercher; attraper (*un coup, une maladie*); faire parvenir; faire (*inf., p.p.*); *Am.* F saisir; ~ *a wife* prendre femme; *have got* avoir; F *you have got to obey* il faut que vous obéissiez; ~ *one's hair cut* se faire couper les cheveux; ~ *me the book!* allez me chercher le livre!; ~ *by heart* apprendre par cœur; ~ *with child* faire un enfant à; ~ *away* arracher; éloigner; ~ *down* descendre (*qch.*); avaler (*une pilule etc.*); mettre (*qch.*) par écrit; ~ *in* rentrer; placer (*un mot*); donner (*un coup*); ~ *off* ôter (*un vêtement*); expédier (*une lettre*); ~ *on* mettre (*qch.*); ~ *out* arracher, tirer; (faire) sortir; ~ *over* faire passer (*qch.*) par-dessus; en finir avec (*qch.*); ~ *through* terminer; assurer le succès de; *parl.* faire adopter; ~ *up* faire monter; organiser; préparer; F (*se*) faire beau (belle); ~ *up steam* faire monter la pression; chauffer; **2.** *v/i.* devenir, se faire; aller, se rendre (à, *to*); en arriver (à *inf., to inf.*); se mettre; ~ *ready* se préparer; ~ *about* circuler; être sur pied; ~ *abroad* se

répandre; ~ *ahead* prendre de l'avance; ~ *along* s'avancer; faire du chemin; ~ *along with* s'accorder avec, s'entendre bien avec; ~ *around to* en venir à, trouver le temps de; ~ *at* atteindre; parvenir à; ~ *away* partir; s'échapper; ~ *away with it* réussir; faire accepter la chose; ~ *down* to descendre jusqu'à; *fig.* en venir à; F se mettre à; ~ *in* rentrer; placer (*un coup*); ~ *into* entrer ou monter dans; mettre (*une robe etc.*); ~ *off* descendre (*de qch.*); se tirer d'affaire; F attraper un mari; ~ *on* monter sur; s'avancer (*vers qch.*); s'approcher (de, *to*); prendre de l'âge; s'entendre (bien), s'accommoder (avec, *with*); ~ *out (of, from)* sortir (de); s'échapper (de); se soustraire (à); ~ *over* franchir; passer par-dessus; *fig.* guérir de (*une maladie*); ~ *it over with* en finir avec; ~ *through* passer; *téléph.* obtenir la communication; ~ *to hear* (*ou know ou learn*) apprendre; ~ *up* se lever; grossir (*mer*); monter; s'élever (*prix etc.*); **get-at-a-ble** [getˈætəbl] accessible; d'accès facile; **get-a·way** [ˈgetəwei] départ *m*; démarrage *m*; *Am.* fuite *f*; *make one's* ~ s'échapper; **'get-ter** acquéreur *m*; zo. reproducteur *m*; **'get-ting** acquisition *f*; mise *f*; ⚒ extraction *f*; **'get-to-geth-er** F réunion *f*; **get-up** tenue *f*; ✝ habillage *m*; *Am.* F entrain *m*; esprit *m* entreprenant.

gew·gaw [ˈgjuːgɔː] babiole *f*, bagatelle *f*; ~*s pl.* afféteries *m/pl.*

gey·ser [ˈgaizə] *géog.* geyser *m*; [ˈgiːzə] chauffe-bain *m*; chauffe-eau *m/inv.* à gaz.

ghast·li·ness [ˈgɑːstlinis] horreur *f*; pâleur *f* mortelle; **'ghast·ly** horrible; affreux (-euse *f*); blême.

gher·kin [ˈgəːkin] cornichon *m.*

ghost [goust] fantôme *m*, spectre *m*, revenant *m*; F tête *f* (*d'un auteur*); *Holy* ♀ Saint-Esprit *m*; **'ghost·like, 'ghost·ly** spectral (-aux *m/pl.*); **'ghost·write** *Am.* écrire un article *etc.* qui paraîtra sous la signature d'autrui.

gi·ant [ˈdʒaiənt] géant (*a. su./m*).

gib·ber [ˈdʒibə] baragouiner; **'gib·ber·ish** baragouin *m*, charabia *m.*

gib·bet [ˈdʒibit] **1.** gibet *m*; ⊕

flèche _f_ de grue; 2. pendre; _fig._ clouer au pilori.

gib·bos·i·ty [gi'bɔsiti] gibbosité _f_, bosse _f_; **gib·bous** ['gibəs] gibbeux (-euse _f_); bossu (_personne_).

gibe [dʒaib] 1. railler (q., _at_ s.o.); se moquer (de q., _at_ s.o.); 2. raillerie _f_; moquerie _f_; brocard _m_.

gib·lets ['dʒiblits] _pl._ abatis _m_.

gid·di·ness ['gidinis] vertige _m_; _fig._ étourderie _f_, frivolité _f_; **'gid·dy** □ pris de vertige (_personne_); étourdi (_a. fig._); _fig._ frivole; vertigineux (-euse _f_), qui donne le vertige.

gift [gift] 1. don _m_; cadeau _m_, présent _m_; ✝ prime _f_ (_à un acheteur_); deed of ~ _ts_ (acte _m_ de) donation _f_ entre vifs; ~ shop surt. _Am._ magasin _m_ de nouveautés; _never look a_ ~ _horse in the mouth_ à cheval donné on ne regarde pas la bride; 2. douer (de, with); donner en présent; **'gift·ed** bien doué; de talent.

gig [gig] cabriolet _m_; ♣ petit canot _m_.

gi·gan·tic [dʒai'gæntik] (~ally) géant, gigantesque.

gig·gle ['gigl] 1. rire nerveusement; 2. petit rire _m_ nerveux.

gild [gild] [_irr._] dorer; **'gild·er** doreur (-euse _f_) _m_; **'gild·ing** dorure _f_.

gill[1] [dʒil] (_approx._) huitième _m_ de litre.

gill[2] [gil] _icht._ ouie _f_; _fig. usu._ ~s _pl._ bajoue _f_, -s _f/pl._; champignon: lame _f_; _tex._ peigne _m_; ⊕ ailette _f_.

gill[3] [dʒil] jeune fille _f_; bonne amie _f_.

gilt [gilt] 1. _prét. et p.p. de_ gild; 2. dorure _f_; doré _m_; **'~-edged** doré sur tranche; ✝ de premier ordre; ✝ ~ _securities_ (_ou_ shares _ou_ stock) valeurs _f/pl._ de tout repos.

gim·crack ['dʒimkræk] 1. article _m_ de pacotille _ou_ en toc; 2. de pacotille (_meuble_); en toc (_bijou_); de carton (_maison_).

gim·let ['gimlit] vrille _f_.

gim·mick _Am. sl._ ['gimik] truc _m_; tour _m_.

gin[1] [dʒin] genièvre _m_.

gin[2] [~] 1. piège _m_, trébuchet _m_; ⊕ chèvre _f_; 2. ⊕ égrener.

gin·ger ['dʒindʒə] 1. gingembre _m_; F entrain _m_, énergie _f_; 2. F (_souv._ ~ up) secouer; mettre du cœur au ventre de; 3. roux (rousse _f_) (_cheveux_); **~ ale, ~ beer** boisson _f_

gazeuse au gingembre; **'~-bread** pain _m_ d'épice; ~ **group** _pol._ groupe _m_ de pression; **'gin·ger·ly** 1. _adj._ délicat; 2. _adv._ délicatement; **'gin·ger-nut** biscuit _m_ au gingembre.

gip·sy ['dʒipsi] bohémien(ne _f_) _m_.

gi·raffe _zo._ [dʒi'rɑːf] girafe _f_.

gir·an·dole ['dʒirəndoul] girandole _f_.

gird[1] [gəːd] 1. raillerie _f_; brocard _m_; 2. railler (q., _at_ s.o.); se moquer (de, _at_).

gird[2] [~] [_irr._] ceindre (de, with); encercler (de, with).

gird·er ⊕ ['gəːdə] poutre _f_.

gir·dle ['gəːdl] 1. ceinture _f_; gaine _f_; 2. entourer, ceindre.

girl [gəːl] jeune fille _f_; F employée _f_; domestique _f_; ~ _Friday_ aide _f_ de bureau; _Brit._ ~ **guide**, _Am._ ~ **scout** éclaireuse _f_; **girl·hood** ['~hud] jeunesse _f_; adolescence _f_; **'girl·ish** □ de jeune _ou_ petite fille; **'girl·ish·ness** air _m_ de petite fille; **'girl·y** _Am._ F magazine _m_ (_de beautés légèrement vêtues_).

girt [gəːt] 1. _prét. et p.p. de_ gird[2]; 2. ⊕ circonférence _f_.

girth [gəːθ] 1. sangle _f_ (de selle); circonférence _f_; 2. sangler (_un cheval_).

gist [dʒist] _ts_ principal motif _m_; F essence _f_; point _m_ essentiel; fond _m_.

give [giv] 1. [_irr._] _v/t. usu._ donner; remettre; causer; donner (_attention, aumône, peine, plaisir, saut, etc._); pousser (_un soupir etc._); présenter (_des compliments_) porter (_un coup_); prononcer (_un arrêt_); céder (_une place_); ~ _attention to_ faire attention à; ~ _battle_ donner bataille; ~ _birth to_ donner le jour à; donner naissance à (_a. fig._); ~ _chase to_ donner la chasse à; ~ _credit to_ ajouter foi à; ~ _ear to_ prêter l'oreille à; ~ _one's mind to_ s'appliquer à; ~ _it to s.o._ rosser q.; semoncer vertement q.; ~ _away_ donner; F trahir; ~ _away the bride_ conduire la mariée à l'autel; ~ _back_ rendre; ~ _forth_ émettre; dégager; ~ _in_ donner; remettre; ~ _out_ distribuer; annoncer; exhaler (_une odeur etc._); émettre; ~ _over_ abandonner; remettre; ~ _up_ rendre (_une proie_); abandonner (_affaire, malade, prétention_); ~ _o.s. up_ se livrer (à, to); se constituer prisonnier; 2. [_irr._] _v/i._ ~ (_in_) céder;

se rendre; ~ **into**, ~ **(up)on** donner sur (*la rue etc.*); ~ **out** manquer; faire défaut; être à bout; s'épuiser; ~ **over** finir; **3.** *su.* élasticité *f*; **give-and-take** ['givən'teik] concessions *f/pl.* mutuelles; **give-a-way** ['giv-wei] F trahison *f*; *radio, télév., surt. Am.* ~ **show** (*ou* **program**) audition *f* où on décerne des prix à des concurrents; **'giv-en** *p.p. de* give; ~ **name** *Am.* nom *m* de baptême; ~ **to** adonné à; ~ (*that*) étant donné (que); **'giv-er** donneur (-euse *f*) *m*; † *lettre de change:* tireur *m*.

giz-zard ['gizəd] gésier *m*.

gla-cé ['glæsei] glacé.

gla-ci-al □ ['gleisiəl] glacial (-als *m/pl.*); *géol.* glaciaire; ♨ cristallisé; **gla-cier** ['glæsjə] glacier *m*; **gla-cis** ⚔ ['glæsis] glacis *m*.

glad □ [glæd] heureux (-euse *f*), content, bien aise (de *of*, *at*, *in*); joyeux (-euse *f*); ~**ly** volontiers, avec plaisir; F **give s.o. the** ~ **eye** lancer des œillades à q.; **glad-den** ['~dn] réjouir.

glade [gleid] clairière *f*; *Am.* région *f* marécageuse.

glad-i-a-tor ['glædieitə] gladiateur *m*.

glad-ness ['glædnis] joie *f*; **glad-some** ['~səm] heureux (-euse *f*), joyeux (-euse *f*).

Glad-stone ['glædstən] (*a.* ~ **bag**) sac *m* américain.

glair [glɛə] **1.** glaire *f*; **2.** glairer.

glam-or-ize ['glæməraiz] faire apparaître sous de belles couleurs; glorifier, magnifier; embellir; **glam-or-ous** ['~əs] magnifique, brillant; enchanteur (-eresse *f*); *fig.* éblouissant; **glam-o(u)r** ['~mə] **1.** charme *m*, enchantement *m*; ~ **girl** jeune beauté *f* fascinante; **2.** fasciner.

glance [glɑːns] **1.** ricochet *m*; regard *m*; coup *m* d'œil; **2.** jeter un regard (sur, *at*); lancer un coup d'œil (à, *at*); refléter; ~ **aside** (*ou* **off**) ricocher, dévier; ~ **over** parcourir, examiner rapidement.

gland *anat.*, ⚕ [glænd] glande *f*; **glan-dered** *vét.* ['~əd] morveux (-euse *f*); **glan-ders** *vét.* ['~əz] *sg.* morve *f*; **glan-du-lar** ['~julə] glandulaire.

glare [glɛə] **1.** éclat *m*, clarté *f*; éblouissement *m*; regard *m* fixe et furieux; **2.** briller d'un éclat

éblouissant; lancer un regard furieux (à, *at*); **glar-ing** □ ['~riŋ] éblouissant, aveuglant; *fig.* manifeste; flagrant.

glass [glɑːs] **1.** verre *m*; miroir *m*, glace *f*; (*a.* **reading-**~) loupe *f*; baromètre *m*; *coll.* verrerie *f*; (*a pair of*) ~**es** *pl.* (*des*) lunettes *f/pl.*; **2.** de *ou* en verre; **3.** vitrer; **'~-blow-er** souffleur *m* de verre; verrier *m*; **glass-ful** ['~ful] (plein) verre *m*; **'glass-i-ness** aspect *m* vitreux.

glass...: **'~-roofed court** cour *f* vitrée; **'~-shade** cloche *f*; **'~-works** ⊕ *usu. sg.* verrerie *f*; **'glass-y** □ vitreux (-euse *f*).

glaze [gleiz] **1.** vernis *m*; *cuis.* glace *f*; *peint.* glacis *m*; **2.** (se) glacer; *v/t.* vitrer; vernir; lisser; *v/i.* devenir vitreux (*œil*); ~**d paper** papier *m* brillant; ~**d veranda** véranda *f* vitrée; **gla-zier** ['~jə] vitrier *m*; **'glaz-ing** pose *f* des vitres; vernissage *m*; vitrerie *f*; **'glaz-y** glacé.

gleam [gliːm] **1.** lueur *f* (*a. fig.*); reflet *m*; **2.** (re)luire; miroiter (*eau*).

glean [gliːn] *v/t.* glaner; *v/i.* faire la glane; **'glean-er** glaneur (-euse *f*) *m*; **glean-ings** ['~iŋz] *pl.* glanure *f*, -s *f/pl.*

glebe [gliːb] terre *f* assignée à un bénéfice; *poét.* terrain *m*, glèbe *f*.

glee [gliː] joie *f*, allégresse *f*; ♪ petit chant *m* (à 3 *ou* 4 parties) sans accompagnement; (*male*) ~ **club** chorale *f*; **glee-ful** □ ['~ful] allègre, joyeux (-euse *f*).

glen [glen] vallon *m*.

glib □ [glib] † glissant; *péj.* spécieux (-euse *f*); beau parleur (*personne*); **'glib-ness** spéciosité *f*; faconde *f*.

glide [glaid] **1.** glissement *m*; *danse:* glissade *f*; ✈ vol *m* plané; *gramm.* son *m* transitoire; **2.** (faire) glisser, couler; *v/i.* ✈ faire du vol plané; **'glid-er** planeur *m*, glisseur *m*; ~ **pilot** pilote *m* de planeur; **'glid-ing** glissement *m*; ✈ vol *m* plané.

glim-mer ['glimə] **1.** faible lueur *f*; miroitement *m*; *min.* mica *m*; **2.** entreluire, jeter une faible lueur; miroiter (*eau*).

glimpse [glimps] **1.** vision *f* momentanée; **2.** entrevoir; ~ **at** avoir la vision fugitive de; jeter un rapide coup d'œil sur.

glint [glint] **1.** étinceler, entreluire; **2.** éclair *m*, reflet *m*.

glis·sade *alp.* [gli'sɑ:d] **1.** faire une descente en glissade; **2.** glissade *f*.

glis·ten ['glisn], **glit·ter** ['glitə] étinceler, (re)luire; scintiller; *fig.* briller.

gloam·ing ['gloumiŋ] crépuscule *m*.

gloat [glout] ([up]on, over) savourer (*qch.*); se réjouir (de); triompher (de).

glob·al ['gloubl] global (-aux *m/pl.*); mondial (-aux *m/pl.*); universel(le *f*); **globe** [gloub] globe *m* (*a. anat.*); sphère *f*; terre *f*; '**globe·trot·ter** globe-trotter *m*; **glo·bose** ['⁓ous] ⚥ globuleux (-euse *f*); **glo·bos·i·ty** [⁓'bɔsiti] caractère *m* globuleux *etc.*; **glob·u·lar** □ ['glɔbjulə] globuleux (-euse *f*); globulaire; **glob·ule** ['⁓ju:l] globule *m*.

gloom [glu:m] **1.** obscurité *f*, ténèbres *f/pl.*; mélancolie *f*; **2.** *v/i.* se renfrogner; s'assombrir; *v/t.* obscurcir; assombrir; '**gloom·i·ness** obscurité *f*; mélancolie *f*, tristesse *f*; '**gloom·y** □ sombre, obscur, ténébreux (-euse *f*); morne.

glo·ri·fi·ca·tion [glɔ:rifi'keiʃn] glorification *f*; **glo·ri·fy** ['⁓fai] glorifier; '**glo·ri·ous** □ glorieux (-euse *f*); resplendissant; *fig.* magnifique.

glo·ry ['glɔ:ri] **1.** gloire *f*; renommée *f*; splendeur *f*, éclat *m*; *Am.* F *Old* ⚥ drapeau *m* des É.-U.; **2.** (*in*) se glorifier (de); être fier (-ère *f*) (de); F se réjouir (de).

gloss[1] [glɔs] **1.** glose *f*; commentaire *m*; **2.** gloser sur; F expliquer.

gloss[2] [⁓] **1.** vernis *m*, lustre *m*; *high ~ painting* ripolin *m*; **2.** lustrer, glacer; ~ *over* glisser sur, farder.

glos·sa·ry ['glɔsəri] glossaire *m*, lexique *m*.

gloss·i·ness ['glɔsinis] vernis *m*, lustre *m*; '**gloss·y** □ lustré, brillant, glacé.

glot·tis *anat.* ['glɔtis] glotte *f*.

glove [glʌv] gant *m*; *see hand* 1; *mot.* ~ *compartment* boîte *f* à gants; '**glov·er** gantier (-ère *f*) *m*.

glow [glou] **1.** lueur *f*; chaleur *f*; **2.** rayonner; rougir; '**⁓-worm** ver *m* luisant; luciole *f*.

gloze [glouz] (*usu.* ~ *over*) glisser sur, pallier.

glu·cose ⚗ ['glu:kous] glucose *m*.

glue [glu:] **1.** colle *f*; **2.** coller (*a. fig.*); ~ *one's eyes on* ne pas quitter (*qch.*) des yeux; '**glue·y** gluant, poisseux (-euse *f*).

glum □ [glʌm] renfrogné, maussade, morne.

glut [glʌt] **1.** excès *m*; surabondance *f*; ✝ encombrement *m* (du marché); **2.** inonder, encombrer; ~ *o.s.* se rassasier.

glu·ten ⚕ ['glu:tən] gluten *m*; **gluti·nous** □ ['glu:tinəs] glutineux (-euse *f*).

glut·ton ['glʌtn] gourmand(e *f*) *m*; glouton(ne *f*) *m*, goulu(e *f*) *m*; *zo.* glouton *m*; ~ *for work* bourreau *m* de travail; '**glut·ton·ous** □ glouton(ne *f*); '**glut·ton·y** gourmandise *f*.

G-man *Am.* ['dʒi:mæn] agent *m* armé du F.B.I.

gnarl [nɑ:l] nœud *m*, loupe *f*; **gnarled**, *a.* '**gnarl·y** noueux (-euse *f*); tordu.

gnash [næʃ] grincer (*les dents*).

gnat [næt] moustique *m*, moucheron *m*. [geur *m*.)

gnaw [nɔ:] ronger; '**gnaw·er** ron-)

gnome[1] ['noumi:] maxime *f*, aphorisme *m*.

gnome[2] [noum] gnome *m*; gobelin *m*; '**gnom·ish** de gnome.

go [gou] **1.** [*irr.*] aller; se rendre; faire une promenade *ou* un voyage; marcher (*machine, cœur, affaire*); visiter (*qch., to s.th.*); sonner (*cloche*); passer (*temps*); aboutir (*affaire, guerre*); partir (de, *from*); s'en aller; disparaître; se casser; s'épuiser; *avec adj.:* devenir; se rendre; s'étendre (jusqu'à, *to*); adjuger (à, *for*) (*lot*); ~ *bad* se gâter; *see mad, sick;* (*this dog etc.*) *must* ~ il faut absolument qu'on se débarrasse de (*ce chien etc.*); *the story* ⁓*es that* on dit que; *sl.* here ~*es!* allons-y!; *sl.* ~ *it!* vas-y!; allez-y!; *as men etc.* ~ étant donné les hommes *etc.*; *let* ~ lâcher; laisser aller; ~ *shares* partager; ~ *to* (*ou and*) *see* aller voir; *just* ~ *and try!* essayez toujours!; ~ *about* circuler, aller çà et là; se mettre à (*une tâche*); ~ *abroad* voyager à l'étranger; émigrer; ~ *ahead* avancer; faire des progrès; persister; ~ *at* s'attaquer à; ~ *back* rentrer; retourner; ~ *back from* (*ou* F *on*) revenir sur (*une promesse*); ~ *before* *fig.* devancer; ~ *behind* revenir sur (*qch.*); ~ *between* servir de médiateur entre (... *et* ...); passer entre, ~ *by* (*adv.*) passer; (*prp.*) se régler sur; ~ *by the name of* être connu sous le nom de; ~ *down* descendre; F prendre (*avec, with*), être (*bien ou mal*) reçu (*de, with*); ~ *for* aller chercher; ~ tomber sur; F s'en prendre à (*q.*); ~ *for* (aller) faire (*une promenade, un voyage, etc.*); ~ *in* entrer, rentrer; se cacher (*soleil*); ~ *in for* se mêler de, s'adonner à; ~ *in for an examination* se présenter à *ou* passer un examen; ~ *into* entrer dans; examiner (*une question*); diviser; ~ *off* partir (*a. fusil etc.*), s'en aller, s'écarter; se passer; se détériorer; passer (*beauté*); tourner (*lait*); ~ *on* continuer sa route; continuer (*de inf., gér.*); marcher; passer (*à, to*); F se conduire; F ~ *on!* avancez!; *iro.* allons donc!; ~ *out* sortir; disparaître; baisser (*marée*); s'éteindre (*feu*); *pol.* quitter le pouvoir; ~ *over* passer (*à, to*) (*un parti etc.*); traverser; examiner; ~ *through* passer par; traverser; remplir; subir (*une épreuve*); examiner; ~ *through with* aller jusqu'au bout de; ~ *to* aller à; ~ *to expense* se mettre en dépense; ~ *up* monter; sauter; ✝ subir une hausse; ~ *up to town* aller à la ville; ~ *with* accompagner; s'accorder avec; ~ *without* se passer de; **2.** F aller *m*; entrain *m*, coup *m*, essai *m*; F accès *m*; *sl.* dernier cri *m*; *sl.* affaire *f*; *univ. sl. little* ~ premier examen *m*; *great* ~ examen *m* final; *on the* ~ à courir, remuant; *it is no* ~ ça ne prend pas; *is it a* ~? entendu?; *in one* ~ d'un seul coup; *have a* ~ essayer (*de inf., at gér.*).

goad [goud] **1.** aiguillon *m* (*a. fig.*); **2.** aiguillonner, piquer (*a. fig.*).

go-a-head F ['gouəhed] **1.** entreprenant; actif (-ive *f*); **2.** *surt. Am.* F esprit *m* entreprenant; *Am. sl.* voie *f* libre.

goal [goul] but *m* (*a. sp., a. foot.*); '~-**ar-e-a** *foot.* surface *f* de but; **goal-ie** F ['gouli] = '~-**keep-er** *foot.* gardien *m* de but; F goal *m*; ~ **kick** *foot.* coup *m* de pied de but.

goat [gout] *zo.* chèvre *f*; he-~ bouc *m*; *fig.* imbécile *m*; *sl. get s.o.'s* ~ irriter *q.*; **goat'ee** barbiche *f*; bouc *m*; '**goat-ish** de bouc; lascif.

gob [gɔb] *sl.* crachat *m*; ⚔ remblai *m*; *Am.* F marin *m*; **gob-bet** ['~it] grosse bouchée *f*.

gob-ble ['gɔbl] dévorer; glouglouter (*dindon*); **gob-ble-dy-gook** *Am. sl.* ['gɔbldiguk] style *m* ampoulé; jargon *m* (*des fonctionnaires*); '**gob-bler** avaleur (-euse *f*) *m*; dindon *m*.

go-be-tween ['goubitwi:n] intermédiaire *mf*.

gob-lin ['gɔblin] gobelin *m*, lutin *m*.

go-by ['goubai]: *give s.o. the* ~ éviter *q.*; se dérober à *q.*

go-cart ['gouka:t] poussette *f*, charrette *f* (*pour bébés*).

god [gɔd] *eccl.* ♀ dieu *m*; *fig.* idole *f*; '**god-child** filleul(e *f*) *m*; '**god-dess** déesse *f*; '**god-fa-ther** parrain *m*; '**god-for-sak-en** perdu (*endroit*); '**god-head** divinité *f*; '**god-less** impie; athée; '**god-like** de dieu; divin; '**god-li-ness** piété *f*; '**god-ly** saint; pieux (-euse *f*), dévot; '**god-moth-er** marraine *f*; '**god-send** aubaine *f*; bienfait *m* du ciel; '**god-speed** bon voyage *m*, adieu *m*.

go-er ['gouə] passant *m*; *play-* habitué(e *f*) *m* du cinéma *ou* théâtre; *cheval:* marcheur *m*; F homme *m* énergique.

gof-fer ['goufə] gaufrer; tuyauter.

go-get-ter *Am. sl.* ['gou'getə] arriviste *mf*; homme *m* d'affaires *etc.* énergique.

gog-gle ['gɔgl] **1.** (*a.* ~ *one's eyes*) rouler de gros yeux; **2.** (*a pair of*) ~s *pl.* lunettes *f/pl.*; '~-**box** *sl.* télé *f*.

go-ing ['gouiŋ] **1.** qui marche; qui va (*si*); qui soit; F actuel(le *f*); *be* ~ *to* (*inf.*) être sur le point de (*inf.*); aller (*inf.*); avoir l'intention de (*inf.*); *keep* ~ aller toujours; *set* (*a-*)~ mettre en train; *a* ~ *concern* une affaire *etc.* en pleine activité; ~s, ~s *gone!* une fois, deux fois, adjugé!; **2.** allée *f*; départ *m*; recours *m*; *sp.* état *m* du sol; *be heavy* ~ être difficile; '**go-ings-'on** *pl.* F conduite *f*.

goi-tre 🖋 ['gɔitə] goitre *m*; **goi-trous** ['gɔitrəs] goitreux (-euse *f*).

gold [gould] **1.** or *m*; **2.** d'or; *sl.* ~ *brick* escroquerie *f*; attrape-nigaud *m*; *Am. sl.* ~**brick** se défiler;

tirer au flanc; '**~-dig·ger** *Am.* chercheur *m* d'or; *sl.* maîtresse *f* coûteuse; **gold-en** † d'or; *fig.* précieux (-euse *f*); '**gold-finch** *orn.* chardonneret *m*; '**gold-plat-ed** plaqué *m* or; '**gold-smith** orfèvre *m*.

golf [gɔlf] *sp.* golf *m*; '**~-ball** balle *f* de golf; '**~-club** club *m* de golf; crosse *f* de golf; '**golf-er** golfeur (-euse *f*) *m*; joueur (-euse *f*) *m* de golf; '**golf-links** *pl.* terrain *m* de golf.

gol·li·wog(g) ['gɔliwɔg] poupée *f* grotesque; *fig.* objet *m* d'épouvante.

go·losh [gə'lɔʃ] caoutchouc *m*.

gon·do·la ♣, ⚑ ['gɔndələ] gondole *f*.

gone [gɔn] 1. *p.p. de* go 1; 2. *adj.* absent; mort; F épris, amoureux (-euse *f*) (de, on); F désespéré; be...! *que vous* ~l *allez-vous-en!*; *sl.* filez!; *sl.* ~ on épris de (*q.*), emballé sur (*q.*); '**gon·er** *sl.* homme *m* fichu *ou* mort.

gong [gɔŋ] gong *m*.

good [gud] 1. *usu.* bon(ne *f*); valable (*excuse*); excellent; avantageux (-euse *f*) (*mariage, prix, etc.*); ~ *and Am.* très, tout à fait; ♀ Friday (le) Vendredi *m* saint; the ~ Samaritan le bon Samaritain; ~ at bon *ou* fort en; in ~ earnest pour (tout) de bon; ~ afternoon bonjour!; ~ morning bonjour!; ~ evening bonsoir!; ~ morning bonjour!; ~ night bonne nuit!; 2. bien *m*; ~s *pl.* articles *m/pl.*; marchandises *f/pl.*; ⚖ biens *m/pl.*; F avantage *m* (sur, on); *that's* no ~ cela ne vaut rien; *it is* no ~ *talking* inutile de parler; for ~ pour de bon; ~s *station* (*train*) gare *f* (train *m*) de marchandises; ~s *in process* produits *m/pl.*; ~s *semi-fabriqués*; ~s *in short supply* marchandises *f/pl.* qui manquent; '**~bye** 1. [gud'bai] adieu *m*; 2. ['gud'bai] au revoir!, adieu!; '**~for-noth·ing** 1. bon(ne *f*) à rien; sans valeur; 2. bon(ne *f*) *m* à rien; vaurien(ne *f*) *m*; '**good-hu·mo(u)red** de bonne humeur; jovial, bonhomme; '**good-li·ness** beauté *f*; '**good-look·ing** joli; '**good·ly** beau (bel *devant une voyelle ou un h muet*; belle *f*); beaux *m/pl.*); ample; considérable; '**good-'na·tured** bon(ne *f*); au bon naturel; '**good·ness** bonté *f*; bonne qualité *f*; *int.* dieu *m*!; *see* gracious; '**good-sized** assez grand; '**good·wife** maîtresse *f* de la

maison; '**good·will** bonne volonté *f*; bienveillance *f* (envers, pour *towards*); ♣ clientèle *f*; ♣ achalandage *f*.

good·y[1] ['gudi] bonbon *m*.

good·y[2] [~] 1. *adj.* édifiant; d'une piété affectée; 2. *int.* Am. F chouette!

goo·ey F ['gu:i] gluant; sentimental.

goof F [gu:f] 1. idiot(e *f*) *m*; gaffe *f*; 2. *a.* ~ *up* saloper, gâcher, bousiller; '**goof·y** F idiot, toqué.

goon *Am. sl.* [gu:n] voyou *m*.

goose [gu:s] (*pl.* geese) oie *f*; *fig.* sot(te *f*) *m*; (*pl.* gooses) carreau *m* (à repasser).

goose·ber·ry ['guzbəri] groseille *f* verte; *buisson:* groseillier *m*; F *play* ~ se trouver en tiers; *sl.* faire sandwich.

goose...: '**~flesh,** *surt. Am.* '**~pim·ples** *pl. fig.* chair *f* de poule; '**~step** pas *m* de l'oie; '**goos·ey,** '**goos·ie** F oison *m*.

go·pher *surt. Am.* ['goufə] saccophore *m*; chien *m* de prairie.

Gor·di·an ['gɔːdiən] gordien; *fig.* difficile, compliqué.

gore[1] [gɔː] sang *m* coagulé.

gore[2] [~] 1. *cost.* godet *m*; soufflet *m*; ♣ pointe *f*; 2. blesser avec les cornes; découdre; *cost.* faire goder.

gorge [gɔːdʒ] 1. gorge *f* (*a. géog.*); gosier *m*; *my* ~ *rises* at it j'en ai des nausées; 2. (se) rassasier; (se) gorger.

gor·geous □ ['gɔːdʒəs] magnifique; superbe; '**gor·geous·ness** splendeur *f*.

gor·get ✗ ['gɔːdʒit] hausse-col *m*.

gor·man·dize ['gɔːməndaiz] *vt/i.* bâfrer; *v/i.* goinfrer.

gorm·less *Brit.* F ['gɔːmlis] bête; lourdaud; bouché.

gorse ⚘ [gɔːs] genêt *m* épineux.

gor·y □ ['gɔːri] ensanglanté.

gosh F [gɔʃ] sapristi!

gos·hawk *orn.* ['gɔshɔːk] autour *m*.

gos·ling ['gɔzlin] oison *m*.

gos·pel ['gɔspl] évangile *m*.

go-slow [gou'slou] grève *f* perlée; travail *m* au ralenti.

gos·sa·mer ['gɔsəmə] filandres *f/pl.*; ♣ gaze *f* légère.

gos·sip ['gɔsip] 1. causerie *f*; *péj.* cancans *m/pl.*; *personne:* bavard(e *f*) *m*; *journ.* ~ *column* échos *m/pl.*; 2.

bavarder; faire des cancans (sur, *about*).

got [gɔt] *prét. et p.p. de* get.

Goth [gɔθ] *hist.* Goth *m* (*a. fig.*); *fig.* vandale *m*; **'Goth·ic** gothique.

got·ten † *ou Am.* ['gɔtn] *p.p. de* get.

gouge [gaudʒ] **1.** ⊕ gouge *f*; **2.** (*usu.* ~ *out*) creuser à la gouge; *fig.* faire sauter (un œil à *q.*); *Am.* F duper, refaire.

gourd ♀ ['guəd] courge *f*; gourde *f* (*a. bouteille*).

gout ♂ [gaut] goutte *f*; podagre *f*; **'gout·y** □ goutteux (-euse *f*); podagre.

gov·ern ['gʌvən] *v/t.* gouverner, régir (*a. gramm.*); *fig.* maîtriser; *v/i.* gouverner; ~*ing body* conseil *m* d'administration; **'gov·ern·a·ble** □ gouvernable; **'gov·ern·ess** gouvernante *f*; institutrice *f*; **'gov·ern·ment** gouvernement *m*; régime *m*; ministère *m*; *Am.* conseil *m* municipal; *attr.* public, d'État, gouvernemental (-aux *m/pl.*); **gov·ern·men·tal** [~'mentl] gouvernemental (-aux *m/pl.*); **'gov·er·nor** gouverneur *m* (*Am. d'un État des É.-U.*); F patron *m*; F vieux *m*; ⊕ régulateur *m*.

gown [gaun] **1.** robe *f*; *univ.*, ⚖ toge *f*; **2.** *v/t.* revêtir d'une robe; *v/i.* revêtir sa robe; **gowns·man** ['~zmən] étudiant *m*; civil *m*.

grab F [græb] **1.** *v/t.* saisir, empoigner; *v/i.* ~ *at* s'agripper à; **2.** mouvement *m* vif de la main (*pour saisir q. etc.*); ⊕ benne *f* preneuse; *surt. Am.* ~*bag* sac *m* à surprise; **'grab·ber** accapareur (-euse *f*) *m*.

grace [greis] **1.** grâce *f*; bénédicité *m*; ✝ délai *m*; *style*: aménité *f*; ~*s pl.* † agréments *m/pl.*; ♪ ~*note* note *f* d'agrément; *myth.* les ♀*s pl.* les Grâces *f/pl.*; *act of* ~ faveur *f*; *with* (*a*) *good* (*bad*) ~ avec bonne (mauvaise) grâce; *Your* ♀ votre Grandeur *f*; *good* ~*s pl.* bonnes grâces *f/pl.*; **2.** embellir, orner; honorer (*de, with*); **grace·ful** □ ['~ful] gracieux (-euse *f*); **'grace·ful·ness** élégance *f*, grâce *f*; **'grace·less** □ impie; F effronté; inélégant.

gra·cious □ ['greiʃəs] gracieux (-euse *f*); bienveillant; miséricordieux (-euse *f*); *good(ness)* ~! bonté

divine!; mon Dieu!; **'gra·cious·ness** grâce *f*; bienveillance *f*.

gra·da·tion [grə'deiʃn] gradation *f*.

grade [greid] **1.** grade *m*, rang *m*, degré *m*; qualité *f*; *surt. Am. see* gradient; *Am.* classe *f*; *Am.* make the ~ arriver; surmonter les difficultés; *surt. Am.* ~ *crossing* passage *m* à niveau; *surt. Am.* ~(*d*) *school* école *f* primaire; **2.** classer; graduer; ⚒ ménager la pente de; améliorer (*le bétail*) par le métissage.

gra·di·ent ['greidiənt] 👉 *etc.* rampe *f*, pente *f*.

grad·u·al □ ['grædjuəl] progressif (-ive *f*); graduel(le *f*); doux (douce *f*); **grad·u·ate 1.** ['~eit] *v/t.* graduer; *v/i. Am.* recevoir son diplôme; *univ.* passer sa licence; prendre ses grades; **2.** ['~it] *univ.* gradué(e *f*) *m*; **grad·u·a·tion** [~'eiʃn] gradation *f*; ⚒, 👉 graduation *f*; *Am.* remise *f* d'un diplôme; *univ.* réception *f* d'un grade.

graft[1] [grɑːft] **1.** ♪ greffe *f*; **2.** ♪ greffer (*a. 👉*), enter (*a. fig.*) (sur *in, upon*).

graft[2] *Am.* [~] **1.** corruption *f*, gratte *f*; rabiot *m*; **2.** F rabioter, gratter; **'graft·er** F *surt. pol.* rapineur *m*, F tripoteur *m*.

grail, *a.* ♀ [greil] (Saint-)Graal *m*.

grain [grein] grain *m* (*a. fig.*, *a. mesure*, *a. bois*); *coll.* grains *m/pl.*, céréales *f/pl.*; *fig.* brin *m*; *in* ~ invétéré, fieffé; *dyed in the* ~ (teint) grand teint; *against the* ~ contre le fil; *fig.* à contrecœur.

gram·i·na·ceous ♀ [greimi'neiʃəs] graminée.

gram·ma·logue ['græməlɔg] sténogramme *m*.

gram·mar ['græmə] grammaire *f* (*a. livre*); ~-*school* école *f* secondaire, collège *m*, lycée *m*; *Am.* école *f* primaire; **gram·mar·i·an** [grə'meəriən] grammairien *m*; **gram·mat·i·cal** □ [grə'mætikl] grammatical (-aux *m/pl.*).

gram(me) [græm] gramme *m*.

gram·o·phone ['græməfoun] phonographe *m*; ~ *pick-up* pick-up *m/inv.*; ~ *record* disque *m*.

gran·a·ry ['grænəri] grenier *m*.

grand [grænd] **1.** *fig.* grand; grandiose, magnifique; principal (-aux *m/pl.*); F excellent; ♀ *Duchess* grande-duchesse (*pl.* grandes-duchesses) *f*; ♀ Duke grand-duc (*pl.* grands-ducs) *m*; *Am.* ♀ *Old Party* parti *m* républicain; *sp.* ~ *stand* grande *f* tribune; **2.** ♪ (*a.* ~ *piano*) piano m à queue; *Am. sl.* mille dollars *m/pl.*; *miniature* ~ piano m demi-queue; **gran·dam(e)** ['~dæm] † grand-mère (*pl.* grand[s]-mères) *f*; **'grand·child** petit-fils (*pl.* petits-fils) *m*; petite-fille (*pl.* petites-filles) *f*; ~*ren pl.* petits-enfants *m/pl.*; **gran(d)·dad** F ['grændæd] bon-papa (*pl.* bons-papas) *m*, grand-papa (*pl.* grands-papas) *m*; **'grand·daugh·ter** petite-fille (*pl.* petites-filles) *f*; **gran·dee** [græn'di:] grand *m* (*d'Espagne*); *fig.* grand personnage *m*.

gran·deur ['grændʒə] grandeur *f*; noblesse *f*; splendeur *f*; **'grand·fa·ther** grand-père (*pl.* grands-pères) *m*; ~*'s clock* horloge *f* de parquet.

gran·dil·o·quence [græn'dɪləkwəns] emphase *f*; **gran·dil·o·quent** □ grandiloquent; emphatique.

gran·di·ose □ ['grændious] grandiose, magnifique; pompeux (-euse *f*); **gran·di·os·i·ty** [~'ɒsiti] grandiose *m*; caractère *m* pompeux.

grand·moth·er ['grænmʌðə] grand-mère (*pl.* grand[s]-mères) *f*; **'grand·ness** *see* grandeur.

grand...: **'~·par·ents** *pl.* grandsparents *m/pl.*; **~·sire** ['~saiə] † *ou animal:* grand-père (*pl.* grands-pères) *m*; aïeul (*pl.* -eux) *m*; '**~·son** petit-fils (*pl.* petits-fils) *m*; **'~·stand** tribune *f*.

grange [greindʒ] manoir *m*, château *m*; *Am.* fédération *f* agricole.

gran·ite ['grænit] granit *m*; **gra·nit·ic** [græ'nitik] granitique, graniteux (-euse *f*).

gran·ny F ['græni] bonne-maman (*pl.* bonnes-mamans) *f*.

grant [grɑːnt] **1.** concession *f*; subvention *f* (*pécuniaire*); ⚖ don *m*, cession *f*; **2.** accorder; céder; admettre; ⚖ faire cession de; *take for* ~*ed* prendre pour avéré, présumer; ~*ing* this (*to*) be so admettre qu'il en soit ainsi; ceci posé; *God* ~*...!* Dieu veuille ...!; **gran'tee** ⚖ cessionnaire *m/f*; donataire *m/f*; **grant-in-aid** ['grɑːntin'eid] subvention *f* de l'État; **grant·or** ⚖ [~'tɔː] donateur (-trice *f*) *m*.

gran·u·lar ['grænjulə] granuleux (-euse *f*); **gran·u·late** ['~leit] (se) cristalliser; (se) grenailler; **gran·u·la·tion** granulation *f*; **gran·ule** ['~ju:l] granule *m*; **gran·u·lous** ['~juləs] granuleux (-euse *f*), granulaire.

grape [greip] (grain *m* de) raisin *m*; *unfermented* ~ *juice* jus *m* de raisin (*infermenté*); **'~·fruit** ♀ pamplemousse *m ou f*; † grape-fruit *m*; '**~·sug·ar** sucre *m* de raisin; '**~·vine** vigne *f*; rumeur *f* publique; *hear s.th. through ou on the* ~ apprendre qch. par le téléphone arabe.

graph [greif] graphique *m*, courbe *f*; **'graph·ic**, **'graph·i·cal** □ graphique; *fig.* pittoresque, vivant; ~ *arts pl.* graphique *f*, **graph·ite** *min.* ['~fait] graphite *m*; **graph·ol·o·gy** [~'fɔlədʒi] graphologie *f*.

grap·nel ['græpnəl] ⚓ grappin *m*; ⚓ ancre *f*.

grap·ple ['græpl] **1.** ⚓ grappin *m*; ⚙ araignée *f*; **2.** *v/t.* accrocher; *v/i. fig.* en venir aux prises (avec, *with*), s'attaquer (à, *with*).

grasp [grɑːsp] **1.** poigne *f*; prise *f*; étreinte *f*; *fig.* compréhension *f*; **2.** *v/t.* saisir; empoigner; *fig.* comprendre; *v/i.:* ~ *at* chercher à saisir (*qch.*); saisir avidement (*une offre etc.*); **'grasp·ing** □ tenace; F avare.

grass [grɑːs] herbe *f*; pâture *f*; gazon *m*; *sl.* herbe *f* (*marijuana*); *at* ~ au vert (*a. fig. = en congé*); *send to* ~ F étendre (*q.*) par terre; '**~·hop·per** sauterelle *f*; '**~·plot** pelouse *f*; '**~·roots** *pl.* émanant du peuple, populaire; **2.** *pol. etc.* base *f*; *fig. les faits m/pl.* fondamentaux; '**~·wid·ow** F veuve *f* temporaire; femme *f* séparée (de son mari); '**~·wid·ow·er** F veuf *m* temporaire; homme *m* séparé (de sa femme); **'grass·y** herbeux (-euse *f*), herbu.

grate[1] [greit] grille *f* (*du foyer, a.*⊕); âtre *m*; *fig.* foyer *m*.

grate[2] [~] *v/t.* râper; grincer de (*ses dents*); *v/i.* grincer, crier; ~ (*up*)*on fig.* choquer (*les oreilles*), agacer (*les nerfs*).

grate·ful □ ['greitful] reconnaissant, agréable (*chose*); bienfaisant.

grat·er ['greitə] râpe *f*.

grat·i·fi·ca·tion [grætifi'keiʃn] satisfaction *f*, plaisir *m*; **grat·i·fy** ['~fai] satisfaire; faire plaisir à;

'**grat·i·fy·ing** flatteur (-euse *f*), agréable.

grat·ing ['greitiŋ] **1.** ☐ grinçant, discordant; **2.** treillis *m*; grillage *m*; grincement *m*.

gra·tis ['greitis] gratuit, gratis.

grat·i·tude ['grætitjud] reconnaissance *f*, gratitude *f* (envers, *to*).

gra·tu·i·tous ☐ [grə'tjuːitəs] gratuit; sans motif; bénévole; injustifié; **gra·tu·i·ty** gratification *f*; F pourboire *m*. [*m*, fondement *m*.]

gra·va·men ṛ̌ [grə'veimen] fond]

grave[1] [greiv] grave; sérieux (-euse *f*); *gramm.* ~ *accent* accent *m* grave.

grave[2] [~] **1.** tombe(au *m*) *f*; **2.** [*irr.*] *usu. fig.* graver; '~**dig·ger** fossoyeur *m*.

grav·el ['grævl] **1.** gravier *m*; ṣ̌ gravelle *f*; **2.** graveler; sabler; F réduire (*q.*) à quia; '**grav·el·ly** graveleux (-euse *f*).

grav·en ['greivən] *p.p. de* grave[2] **2.**

grav·er ⊕ ['greivə] échoppe *f*.

grave...: ~**side**: *at his* ~ *au bord de son tombeau;* '~**stone** pierre *f* tombale; '~**yard** cimetière *m*.

grav·ing dock ⚓ ['greiviŋ'dɔk] cale *f* sèche; bassin *m* de radoub.

grav·i·tate ['græviteit] graviter (vers, *to*[*wards*]); **grav·i·ta·tion** gravitation *f*; **grav·i·ta·tion·al** [~ʃənl] de gravitation (*force etc.*); *phys.* ~ *pull* gravitation *f*.

grav·i·ty ['græviti] gravité *f* (*phys., a. fig.*); *fig.* sérieux *m*; centre *m* ~ *centre m de gravité*; *phys.* *specific* ~ poids *m* spécifique.

gra·vy ['greivi] jus *m*; sauce *f* au jus; '~**boat** saucière *f*.

gray [grei] gris; blême (*teint*); *Am.* F moyen(ne *f*); *see a.* grey.

graze[1] [greiz] **1.** *vt/i.* paître; *v/t.* vaches: pâturer (*un champ*).

graze[2] [~] **1.** écorcher; *fig.* raser; **2.** écorchure *f*.

gra·zier ['greiziə] éleveur *m*.

grease 1. [griːz] graisser; **2.** [griːs] graisse *f*; *wool* ~ suint *m*; '~**cup** *mot.* graisseur *m*; '~**gun** *mot.* pompe *f* à graisse; '~**pa·per** papier *m* parcheminé; papier *m* jambon; '~**proof** parcheminé; **greas·er** *Am. sl.* ['griːzə] Mexicain *m*, Américain *m* du Sud; **greas·y** ☐ ['griːzi] graisseux (-euse *f*); taché de graisse; gras(se *f*).

great ☐ [greit] **1.** *usu.* grand; *qqfois* magnifique; important; F fameux (-euse *f*); ~ *grandchild* arrière-petit-fils *m*, ~ *arrière-petite-fille f* (*pl.* ~**grandchildren** arrière-petits-enfants *m/pl.*) ~ *grandfather* arrière-grand-père (*pl.* arrière-grands-pères) *m; see deal, many;* **2.** *the* ~ *pl.* les grands (hommes) *m/pl.*; les célébrités *f/pl.; Am. no* ~ nullement; '~**coat** pardessus *m*; '**great·ly** beaucoup, fortement; '**great·ness** grandeur *f*; importance *f*.

greave [griːv] jambière *f*. [*m/pl.*]

greaves [griːvz] *pl. cuis.* cretons]

Gre·cian ['griːʃn] grec(que *f*).

greed [griːd], **'greed·i·ness** cupidité *f*; gourmandise *f*; '**greed·y** ☐ avide (de *of*, for); gourmand.

Greek [griːk] **1.** grec(que *f*); **2.** *ling.* grec *m*; Grec(que *f*) *m; that is* ~ *to me* c'est de l'hébreu pour moi.

green [griːn] **1.** ☐ vert (*a.* ⊕); inexpérimenté, jeune; naïf (-ïve *f*); frais (fraîche *f*); blême (*teint*); **2.** vert *m*; gazon *m*, pelouse *f*; *fig.* première jeunesse *f*; ~**s** *pl.* légumes *m/pl.* verts; '~**back** *Am.* billet *m* d'un dollar; '~**bai·ze ta·ble** tapis *m* vert, table *f* de jeu; '**green·er·y** verdure *f*, feuillage *m*.

green...: '~**gage** ♀ reine-claude (*pl.* reines-claudes) *f*; '~**gro·cer** marchand(e *f*) *m* de légumes; fruitier (-ère *f*) *m*; '~**gro·cer·y** commerce *m* de légumes; légumes *m/pl.* et fruits *m/pl.*; '~**horn** F blanc-bec (*pl.* blancs-becs) *m*, bleu *m*; '~**house** serre *f* (chaude); '**green·ish** verdâtre.

Green·land·er ['griːnləndə] Groenlandais(e *f*) *m*; **Green·land·man** ⚓ ['~ləndmən] baleinière *f* (*des pêcheries du Groenland*).

green light F voie *f* libre; *fig.* permission *f*; '**green·ness** verdeur *f*; verdure *f*; immaturité *f*; naïveté *f*.

green...: '~**room** *théâ.* foyer *m* des artistes; '~**sick·ness** ṣ̌ chlorose *f*; '~**sward** gazon *m*.

greet [griːt] saluer; accueillir; '**greet·ing** salut(ation *f*) *m*; accueil *m*; ~**s card** carte *f* de vœux.

gre·gar·i·ous ☐ [gre'gɛəriəs] grégaire.

gre·nade ✗ [gri'neid] grenade *f* (à main, extinctrice); **gren·a·dier** [grenə'diə] grenadier *m*.

grew [gru:] *prét. de* grow.

grey □ [grei] **1.** gris; *fig.* ~ *area* zone *f* sombre; ♀ *Friar* frère *m* mineur; Franciscain *m*; ~ *matter anat.* substance *f* grise (du cerveau); *fig.* intelligence *f*; **2.** gris *m*; cheval *m* gris; **3.** grisailler; *v/i.* grisonner (*cheveux*); '**~haired** aux cheveux gris, grisonnant; '**~hound** lévrier *m*, levrette *f*; '**grey·ish** grisâtre; grisonnant (*cheveux*).

grid [grid] grille *f*, grillage *m*; réseau *m*; treillis *m*; *national* ~ caisse *f* nationale de l'énergie; *foot. Am.* (a. ~ *iron*) terrain *m* de rugby; *see a.* gridiron; '**grid·i·ron** *cuis.* gril *m*; *cycl.* F bicyclette *f*.

grief [gri:f] douleur *f*, chagrin *m*; *fig.* accident *m*.

griev·ance ['gri:vəns] grief *m*; injustice *f*; **grieve** [gri:v] (s')affliger; (se) chagriner; '**griev·ous** □ pénible; cruel(le *f*); grave; '**griev·ous·ness** gravité *f*.

grif·fin ['grifin] *myth.* griffon *m* (a. *chien*).

grig [grig] petite anguille *f*; grillon *m*.

grill [gril] **1.** griller; *v/t. sl.* cuisiner (*q.*); **2.** gril *m*; *cuis.* grillade *f*; '**~-room** grill-room *m*.

grim □ [grim] sinistre; sévère; farouche; ~ *facts* faits *m/pl.* brutaux; ~ *humo(u)r* humour *m* macabre.

gri·mace [gri'meis] **1.** grimace *f*; **2.** grimacer.

gri·mal·kin [gri'mælkin] mistigri *m*; *femme:* mégère *f*.

grime [graim] **1.** saleté *f*; poussière *f* de charbon *etc.*; **2.** noircir, salir; '**grim·y** □ noirci, sale; barbouillé.

grin [grin] **1.** large sourire *m*; **2.** sourire d'une oreille à l'autre; ~ *at* adresser un large sourire à (*q.*).

grind [graind] **1.** [*irr.*] *v/t.* moudre; broyer; dépolir (*un verre*); ⊕ meuler; aiguiser (*une lame*); *fig.* opprimer; *Am. sl.* faire enrager; *sl.* faire travailler; ~ *one's teeth* grincer des dents; ~ *out* tourner (*un air*); dire entre les dents; *v/i.* grincer, crisser; *sl.* potasser; bûcher; **2.** grincement *m*; *sl.* turbin *m*; '**grind·er** pileur (-euse *f*) *m*; (*dent f*) molaire *f*; moulin *m* (à café); ⊕ rectifieuse *f*; *sl.* joueur *m* d'orgue de Barbarie; '**grind·ing** *fig.* déchirant, rongeur (-euse *f*); ⊕ à roder; '**grind·stone** meule *f* à

aiguiser; *keep s.o.'s nose to the* ~ faire travailler q. sans relâche.

grip [grip] **1.** empoigner; saisir (a. *fig.*); *fig.* ~*ping* passionnant; **2.** prise *f*, serrement *m*; poignée *f* (a. *cycl.*); *Am. see* gripsack; *get to* ~*s with* en venir aux prises avec.

gripe [graip] **1.** saisissement *m*; étreinte *f*; poignée *f*; ~*s pl.* colique *f*; *surt. Am.* plaintes *f/pl.*; **2.** *v/t.* saisir, empoigner; donner la colique à; *v/i. surt. Am.* F rouspéter, se plaindre.

grip·sack *Am.* ['gripsæk] petite valise *f* à main.   [frayant.]

gris·ly ['grizli] affreux (-euse *f*); ef-)

grist [grist] blé *m* moulu *ou* à moudre; *fig. bring* ~ *to the mill* faire venir l'eau au moulin.

gris·tle ['grisl] cartilage *m*; '**gris·tly** cartilagineux (-euse *f*).

grit [grit] **1.** grès *m*; sable *m*; *pierre:* grain *m*; ⊕ impuretés *f/pl.*; F courage *m*; **2.** ~ *one's teeth* grincer des dents; '**grit·ty** sablonneux (-euse *f*); graveleux (-euse *f*) (a. *poire*); *Am. sl.* qui a du cran.

griz·zle F ['grizl] grognonner; pleurnicher; '**griz·zled** *see* grizzly **1**; '**griz·zly 1.** grisonnant (*cheveux etc.*); ~ *bear* = **2.** ours *m* grizzlé.

groan [groun] **1.** gémissement *m*, plainte *f*; **2.** gémir; pousser des gémissements; † ~ *for* languir après.

groat [grout]: *not worth a* ~ qui ne vaut pas un liard.

groats [grouts] *pl.* gruau *m* d'avoine *ou* de froment.

gro·cer ['grousə] épicier (-ère *f*) *m*; '**gro·cer·y** épicerie *f*; *Am.* boutique *f* d'épicier; *Am.* débit *m* de boissons; *groceries pl.* (articles *m/pl.* d'épicerie *f*.   [celant; soûl.]

grog [grɔg] grog *m*; '**grog·gy** chan-)

groin [grɔin] **1.** *anat.* aine *f*; △ arête *f*; nervure *f*; **2.** △ fournir d'arêtes; tailler les nervures sur.

groom [grum] **1.** valet *m* (du roi etc); valet *m* d'écurie; laquais *m*; *see* bridegroom; **2.** panser (*un cheval*); *Am. pol.* dresser (*un candidat*); *well* ~*ed* bien entretenu; élégant, bien soigné (*personne*); **grooms·man** ['~zmən] garçon *m* d'honneur.

groove [gru:v] **1.** rainure *f*; cannelure *f*; *vis:* creux *m*; *disque:* sillon *m*; *fig.* routine *f*; ~*s pl. canon etc.:* rayures *f/pl.*; *fig. in the* ~ rangé;

dans la bonne voie; **2.** rainer, canneler; rayer.

grope [group] tâtonner.

gross [grous] **1.** □ gros(se *f*); gras (-se *f*); grossier (-ère *f*); global (-aux *m/pl.*); ✝ brut; ✝ ~ *national product* revenu *m* national brut; **2.** grosse *f* (*12 douzaines*); *Am.* recette *f* brute; *in the* ~ *à tout prendre*; '**gross·ness** grossièreté *f*; énormité *f*.

gro·tesque □ [grou'tesk] grotesque.

grot·to ['grɔtou] grotte *f*.

grouch *Am.* F [grautʃ] **1.** rouspéter; ronchonner; **2.** maussaderie *f*; plainte *f*; *personne*: grogneur (-euse *f*) *m*; '**grouch·y** grognon(ne *f*).

ground¹ [graund] *prét. et p.p. de grind¹*; ~ *glass* verre *m* dépoli; *phot.* (*châssis m à*) glace *f* dépolie.

ground² [~] **1.** fond *m*; terre *f*; terrain *m* (*a. sp.*); raison *f*, cause *f*; base *f*; sol *m*; ⚡ terre *f*, masse *f*; ~*s pl.* parc *m*, terrains *m/pl.*; motifs *m/pl.*; raisons *f/pl.*; marc *m* de café; *on the* ~(*s*) *of* pour *ou* en raison de; *fall to the* ~ tomber par *ou* à terre; *fig.* ne pas aboutir; *give* ~ lâcher pied; *stand one's* ~ tenir bon; **2.** *v/t.* fonder, baser; enseigner à fond; ⊕ donner la première couche de peinture à, préparer; ⚓ mettre à la terre *ou* masse; ⚓ jeter à la côte; *v/i.* ⚓ (s')échouer; *well* ~*ed* bien fondé; '**ground·age** ⚓ droits *m/pl.* de mouillage *ou* d'ancrage.

ground...: '~-**con·nex·ion** ⚡ prise *f* de terre; *mot.* mise *f* à la masse; '~-**floor** rez-de-chaussée *m/inv.*; '~-**hog** *zo.* marmotte *f* d'Amérique; '~-**less** □ sans fondement; '~-**nut** arachide *f*; '~-**plan** plan *m* de fondation.

ground·sel ['graunsl] séneçon *m*.

ground...: '~-**sheet** tapis *m* de sol; '~-**s·man** gardien *m* de stade; ~ **staff** ✈ personnel *m* rampant *ou* non-navigant; ~ **swell** houle *f* de fond; ~ **wire** ⚡ fil *m* de terre *ou* masse; '~-**work** fond(ement) *m*; *poét.* canevas *m*.

group [gru:p] **1.** groupe *m*; peloton *m*; *psych.* ~ *therapy* thérapie *f* de groupe; **2.** (se) grouper.

grouse¹ *orn.* [graus] tétras *m*; lagopède *m* rouge.

grouse² F [~] ronchonner, grogner (*contre at, about*).

grout [graut] **1.** △ coulis *m*; **2.** jointoyer (avec du mortier liquide).

grove [grouv] bosquet *m*, bocage *m*.

grov·el ['grɔvl] *usu. fig.* ramper; '**grov·el·(l)er** *usu. fig.* flagorneur (-euse *f*) *m*; '**grov·el·(l)ing 1.** rampant (*usu. fig.*); *fig.* abject; **2.** rampement *m*; *fig.* aplatissement *m*.

grow [grou] [*irr.*] *v/i.* croître, pousser; devenir; grandir (*personne*); ~ *in* s'incarner (*ongle*); ~ *into fashion* devenir de mode; ~ *out of* use se perdre; être abandonné; ~ (*up*)*on s.o.* plaire à q. de plus en plus; ~ *up* grandir; *fig.* naître, se répandre; *v/t.* cultiver; faire venir; laisser pousser; '**grow·er** cultivateur (-trice *f*) *m*; planteur *m*.

growl [graul] **1.** grondement *m*, grognement *m*; **2.** gronder, grogner; '**growl·er** ['graulə] *fig.* grognon(ne *f*) *m*; *Am. sl.* cruche *f* à bière.

grown [groun] **1.** *p.p. de grow*; **2.** *adj.* (*a.* ~*-up*) grand, fait; (*a.* ~*-over*) (re)couvert; '**growth** [grouθ] croissance *f*; accroissement *m*; augmentation *f*; extension *f*; poussée *f*; ⚕ tumeur *f*; *of one's own* ~ indigène; qu'on a cultivé soi-même.

grub [grʌb] **1.** larve *f*; ver *m*; *péj.* gratte-papier *m/inv.*; *sl.* mangeaille *f*; **2.** *v/i.* (*a.* ~ *away*) fouiller (pour trouver qch., *for s.th.*); *sl.* bouffer (= *manger*); *v/t.* ~ *up* essarter; déraciner; (*usu.* ~ *out*) arracher; '**grub·by** malpropre; '**grub·stake** *Am.* avances *f/pl.*; équipement *m* (*que fournit un commanditaire à un prospecteur*); fonds *m/pl.* (*fournis à un entrepreneur*).

grudge [grʌdʒ] **1.** rancune *f*; *bear s.o. a* ~ garder rancune à q.; avoir une dent contre q.; **2.** accorder à contrecœur; voir d'un mauvais œil; ~ *no pains* ne pas marchander sa peine; '**grudg·er** envieux (-euse *f*) *m*; '**grudg·ing·ly** ['~iŋli] à contrecœur, en rechignant.

gru·el ['gruəl] gruau *m* (*d'avoine*); *sl. get* (*ou have*) *one's* ~ avaler sa médecine; '**gru·el·(l)ing** éreintant.

grue·some □ ['gru:səm] macabre.

gruff □ [grʌf] bourru, revêche, rude.

grum·ble ['grʌmbl] grommeler; grogner; gronder (*tonnerre*); '**grumbler** *fig.* mécontent(e *f*) *m*.

grump·y □ F ['grʌmpi] maussade; grincheux (-euse f).

grunt [grʌnt] **1.** grognement m; **2.** grogner; **grunt·er** porc m.

guar·an·tee [gærən'tiː] **1.** garant(e f) m, caution f; garanti(e f) m; see guaranty; **2.** garantir; se porter caution pour; **guar·an·tor** [ˌ⁓'tɔː] garant(e f) m; **guar·an·ty** garantie f; caution f, gage m.

guard [gɑːd] **1.** garde f (a. ✗); ⊕ protecteur m (d'une machine), carter m (d'engrenages); ⛟ chef m de train; ✗ ⁓s pl. Garde f; be off ⁓ être pris au dépourvu; ⁓ of honour haie f d'honneur; ✗ mount ⁓ monter la garde; ✗ relieve ⁓ relever la garde; **2.** v/t. protéger (a. ⊕); garder (de from, against); v/i. se garder (de, against); **guard·ed** □ prudent, réservé, mesuré; **guard·i·an** gardien(ne f) m; ☆ tuteur (-trice f) m; attr. tutélaire; ⁓ of the poor administrateur (-trice f) m de l'Assistance publique; **guard·i·an·ship** garde f; tutelle f; **guard·rail** barrière f de sécurité; **guards·man** ✗ ['gɑːdzmən] officier m ou soldat m de la Garde.

gudg·eon ['gʌdʒən] icht., ⊕ goujon m; fig. benêt m.

guer·don poét. ['gəːdən] **1.** récompense f; **2.** récompenser.

gue(r)·ril·la [gə'rilə] (souv. ⁓ war) guerre f d'embuscades ou de partisans.

guess [ges] **1.** conjecture f; **2.** v/t. deviner; surt. Am. croire, supposer; v/i. deviner; estimer (qch., at s.th.); **'guess·work** conjecture f, estime f.

guest [gest] invité(e f) m; pensionnaire m/f; **'⁓-house** pension f de famille; **'⁓-room** chambre f d'amis.

guf·faw [gʌ'fɔː] **1.** gros rire m; **2.** pouffer de rire.

guid·a·ble ['gaidəbl] dirigeable; **guid·ance** ['gaidəns] conduite f; gouverne f; direction f; orientation f.

guide [gaid] **1.** guide m (a. ⊕); see ⁓book; attr. directeur (-trice f); **2.** guider; conduire; diriger; guiding principle principe m directeur, gouverne f; **'⁓-book** guide m; **⁓ dog** chien m d'aveugle; **⁓ lines** pl. directives f/pl.; **'⁓-post** poteau m indicateur; **'⁓-rope** ⚓ guiderope m.

gui·don ✗ ['gaidən] guidon m.

guild [gild] association f; corps m (de métier); hist. corporation f; **'Guild'hall** hôtel m de ville.

guile [gail] ruse f, astuce f; **guile·ful** □ ['⁓ful] rusé; **'guile·less** □ candide; franc(he f); **'guile·less·ness** candeur f; franchise f.

guil·lo·tine [gilə'tiːn] guillotine f; ⊕ presse f à rogner.

guilt [gilt], a. **'guilt·i·ness** culpabilité f; **'guilt·less** □ innocent (de, of); fig. vierge (de, of); **'guilt·y** □ coupable; plead ⁓ s'avouer coupable.

guin·ea ['gini] guinée f (21 shillings); **'⁓-fowl** pintade f; **'⁓-pig** cobaye m, cochon m d'Inde.

guise [gaiz] † costume m; forme f; apparence f (a. fig.).

gui·tar ♪ [gi'tɑː] guitare f.

gulch Am. [gʌltʃ] ravin m étroit.

gulf [gʌlf] géog. golfe m; abysse m (de la mer); abîme m, gouffre m.

gull¹ orn. [gʌl] mouette f, goéland m.

gull² [⁓] **1.** jobard m, dupe f; **2.** jobarder, duper; amener (q.) par ruse (à inf., into gér.).

gul·let ['gʌlit] œsophage m; F gosier m; † ravin m.

gul·li·bil·i·ty [gʌli'biliti] crédulité f; **gul·li·ble** □ ['⁓əbl] crédule; facile à duper.

gul·ly ['gʌli] ravine f; ruisseau: ru m; ⊕ caniveau m; (a. ⁓-hole) bouche f d'égout.

gulp [gʌlp] **1.** coup m (de gosier); **2.** avaler (à pleine gorge).

gum¹ [gʌm] usu. ⁓s pl. gencive f.

gum² [⁓] **1.** gomme f; colle f; Am. gomme f à mâcher; ⁓s pl. Am. caoutchoucs m/pl., bottes f/pl. de caoutchouc; **2.** gommer; coller.

gum·boil ['gʌmbɔil] abcès m à la gencive, ☆ parulie f.

gum·my ['gʌmi] gommeux (-euse f); gluant; chassieux (-euse f) (yeux).

gump·tion ['gʌmpʃn] jugeotte f; sens m pratique.

gun [gʌn] **1.** canon m; fusil m (de chasse); ⊕ injecteur m (à graisse); peint. pistolet m; surt. Am. revolver m, pistolet m; Am. mot. sl. accélérateur m; F big (ou great) ⁓ grand personnage m; **2.** Am. chasser au tir; fig. pourchasser; **'⁓-boat** (chaloupe f) canonnière f; **'⁓-carriage** ✗ affût m; **'⁓-cot·ton** coton m azotique; **'⁓-li·cence** Am. permis m de port d'armes; **'⁓-man** surt. Am.

bandit *m*, gangster *m*, terroriste *m*; **'gun·ner** ✕, ⚓ canonnier *m*.

gun...: '**~·pow·der** poudre *f* (*à canon*); '**~·run·ning** contrebande *f* d'armes; '**~·shot** coup *m* de fusil *ou* de feu; portée *f* de fusil; '**~·shy** qui a peur du coup de fusil; '**~·smith** armurier *m*; *Am. sl.* professeur *m* de vol à la tire; '**~·stock** fût *m* (*de fusil*); '**~·tur·ret** tourelle *f*.

gur·gle ['gəːgl] glouglouter.

gush [gʌʃ] **1.** jaillissement *m*; jet *m*; débordement *m* (sentimental); **2.** jaillir (*de*, from); bouillonner; *fig.* sortir à flots; *fig.* faire de la sensiblerie; '**gush·er** *fig.* personne *f* expansive; puits *m* jaillissant; '**gush·ing, gush·y** □ exubérant, expansif (-ive *f*).

gus·set ['gʌsit] *cost.* soufflet *m*; gousset *m*.

gust [gʌst] rafale *f*, bourrasque *f*, coup *m* de vent; bouffée *f* (*de colère*).

gus·ta·to·ry ['gʌstətəri] gustatif (-ive *f*).

gus·to ['gʌstou] délectation *f*; entrain *m*.

gus·ty ['gʌsti] à rafales; venteux (-euse *f*).

gut [gʌt] **1.** boyau *m*, intestin *m*; ♪ corde *f* de boyau; *fig.* passage *m* étroit; ~s *pl. sl.* cran *m* (= *courage*); **2.** vider (*un poisson*); *fig.* résumer; incendie: ne laisser que les murs de (*une maison*); piller; '**gut·less** mou (molle*f*), lâche, qui manque de cran; '**guts·y** F qui a du cran; qui a du punch.

gut·ter ['gʌtə] **1.** gouttière *f* (*d'un toit*); rue: ruisseau *m*; chaussée: caniveau *m*; **2.** *v/t.* sillonner, raviner; rainer (*une tôle etc.*); *v/i.* couler (*bougie*); ~ **press** bas-fonds

m/pl. du journalisme; '**~·snipe** gavroche *m*; gamin(e *f*) *m* des rues.

gut·tur·al *anat., a. gramm.* ['gʌtərəl] **1.** □ guttural (-aux *m/pl.*); **2.** gutturale *f*.

guy¹ [gai] **1.** F épouvantail *m*; *surt. Am.* F type *m*, individu *m*; **2.** se moquer de; travestir.

guy² [~] retenue *f*; ⚓ étai *m*, hauban *m*.

guz·zle ['gʌzl] boire avidement; *v/t.* bouffer; *v/i.* goinfrer.

gym *sl.* [dʒim] *abr. de gymnasium, gymnastics.*

gym·kha·na [dʒim'kɑːnə] gymkhana *m*.

gym·na·si·um [dʒim'neizjəm] gymnase *m*; **gym·nast** ['dʒimnæst] gymnaste *m*; **gym'nas·tic 1.** (~ally) gymnastique; ~ *competition* concours *m* de gymnastique; **2.** ~s *pl.* gymnastique *f*; éducation *f* physique; *heavy* ~s *pl.* gymnastique *f* aux agrès; *light* ~s callisthénie *f*.

gyn·ae·col·o·gist ☞ [gaini'kɔlədʒist] gynécologiste *m*; **gyn·ae'col·o·gy** gynécologie *f*.

gyp *sl.* [dʒip] *Am.* voler; tromper.

gyp·se·ous ['dʒipsiəs] gypseux (-euse *f*).

gyp·sum *min.* ['dʒipsəm] gypse *m*.

gy·rate [dʒaiə'reit] tourn(oy)er; **gy'ra·tion** giration *f*, révolution *f*; **gy·ra·to·ry** ['dʒaiərətəri] giratoire.

gy·ro·com·pass *phys.* ['gaiərə-ˈkʌmpəs] gyrocompas *m*; **gy·ro·scope** ['gaiərəskoup] gyroscope *m*; **gy·ro·scop·ic sta·bi·liz·er** [gaiə-rəs'kɔpik'steibilaizə] gyrostat *m* (*de bateau*); toupie *f* gyroscopique.

gyve *poét.* [dʒaiv] **1.:** ~s *pl.* fers *m/pl.*, chaînes *f/pl.*; **2.** enchaîner, mettre les fers à.

H

H, h [eitʃ] H *m*, h *m*; *drop one's hs* ne pas aspirer les h.

ha [hɑː] ha!; ah!

ha·be·as cor·pus 🏛 ['heibjəs-'kɔːpəs] (*a. writ of* ~) habeas corpus *m*.

hab·er·dash·er ['hæbədæʃə] mercier (-ère *f*) *m*; *surt. Am.* chemisier *m*; **'hab·er·dash·er·y** mercerie *f*; *surt. Am.* chemiserie *f*.

hab·il·i·ments [hə'bilimənts] *pl.* vêtements *m/pl.* de cérémonie.

hab·it ['hæbit] **1.** habitude *f*; disposition *f* (*d'esprit*); habit *m* (*de moine*); *be in the* ~ *of* (*gér.*) avoir l'habitude de (*inf.*); *see riding-*~; **2.** vêtir; **'hab·it·a·ble** habitable; **ha'bit·u·ate** [~eit] habituer (à, to); **hab·i'ta·tion** habitation *f*; demeure *f*.

ha·bit·u·al □ [hə'bitjuəl] habituel(le *f*); invétéré; **ha'bit·u·ate** [~eit] habituer (à, to); **hab·i·tude** ['hæbitjuːd] habitude *f*.

hack¹ [hæk] **1.** ⊕ pic *m*, pioche *f*; taille(r) *f*; *foot.* coup *m* de pied; **2.** hacher; couper; *foot.* (*ou v/i.* ~ *at*) donner à (*q.*) un coup de pied sur le tibia; ~*ing cough* toux *f* sèche.

hack² [~] **1.** cheval *m* de louage *ou* de selle à toutes fins; *fig.* homme *m* de peine; (*souv.* ~ *writer*) nègre *m*; **2.** à la tâche; *fig.* banal (-als *m/pl.*); **3.** banaliser.

hack·le ['hækl] **1.** ⊕ peigne *m*; *orn.* plume *f* de cou *ou* de dos; **2.** (se) tailler(der); *v/t.* peigner.

hack·ney ['hækni] *see* hack²; ~ *coach* voiture *f* de louage; **'hack·neyed** banal (-als *m/pl.*).

hack·saw ['hæksɔː] scie *f* à métaux.

had [hæd, həd] *prét. et p.p. de* have 1, 2.

had·dock *icht.* ['hædək] aiglefin *m*; *finnan* ~ haddock *m*.

hae·mal ['hiːml] hémal (-aux *m/pl.*); **haemo...** [hiːmo] hém(o)-.

haem·or·rhage ['heməridʒ] hémorragie *f*; **haem·or·rhoids** ['~rɔidz] *pl.* hémorroïdes *f/pl.*

---

haft [hɑːft] manche *m*, poignée *f*.

hag [hæg] sorcière *f*; *fig. sl.* vieille taupe *f*.

hag·gard □ ['hægəd] hagard; hâve.

hag·gle ['hægl] marchander; chicaner (sur, over).

hag·rid·den ['hægridn] tourmenté par les cauchemars.

hail¹ [heil] **1.** grêle *f*; **2.** *v/impers.* grêler; *v/t. fig.* faire pleuvoir.

hail² [~] **1.** *v/t.* saluer; héler; *v/i.*: ~ *from* venir de; être originaire de; **2.** appel *m*; ~! salut!; *within* ~ à portée de (la) voix.

hail-fel·low ['heilfelou] très gentil pour *ou* avec tous.

hail·stone ['heilstoun] grêlon *m*; **'hail·storm** abat *m* de grêle.

hair [hɛə] cheveu *m*, -x *m/pl.* (*sur la tête*); poil *m*; *sl.* keep your ~ on! calmez-vous!; ~'s *breadth* = '~-**breadth** épaisseur *f* d'un cheveu; *by* (*ou within*) *a* ~ à un cheveu (de), à deux doigts (de); ~ **cream** crème *f* à coiffer; '~-**cut** taille *f* (de cheveux); *have a* ~ se faire couper les cheveux; '~-**do** F coiffure *f*; '~-**dress·er** coiffeur (-euse *f*) *m*; '~-**dry·er** sèche-cheveux *m/inv.*; séchoir *m*; '~-**dye** teinture *f* pour les cheveux; '**haired** aux cheveux ...; à pelage ...; '**hair·i·ness** aspect *m* hirsute.

hair...: '~**less** sans cheveux, chauve; '~**line** naissance *f* des cheveux; *écriture:* délié *m*; ~ *crack* fissure *f* fine; '~-**piece** postiche *m*; '~-**pin** épingle *f* à cheveux; ~ *bend* lacet *m*; '~-**rais·ing** horripilant, horrifique; '~-**re·mov·er** dépilatoire *m*; '~-**stor·er** régénérateur *m* des cheveux; '~-**split·ting** ergotage *m*; '~-**spray** laque *f* (en aérosol); '~-**style** coiffure *f*; ~ **styl·ist** coiffeur *m* (-euse *f*); '**hair·y** chevelu; poilu, velu.   [colin *m*.]

hake [heik] *icht.* merluche *f*; F)

ha·la·tion *phot.* [hə'leiʃn] halo *m*.

hal·berd ⚔ *hist.* ['hælbəd] hallebarde *f*.

hal·cy·on ['hælsiən] **1.** *orn.* alcyon *m*; martin-pêcheur (*pl.* martins-pêcheurs) *m*; **2.** *fig.* calme, serein.

hale [heil] vigoureux (-euse *f*); robuste; ~ *and* hearty frais et gaillard.

half [hɑːf] **1.** demi; *adv.* à moitié; ~ *a crown* une demi-couronne *f*; *a pound and a* ~ une livre et demie; F *not* ~ et comment!; *it isn't* ~ *bad* ce n'est pas mauvais du tout; **2.** moitié *f*; *zł* demi *m*; *see* ~*year*; *zł* parti *m*; *too clever by* ~ beaucoup trop malin; *by halves* à demi; *go halves* se mettre de moitié (avec q., *with s.o.*), partager; ~**·back** ['~'bæk] *foot.* demi(-arrière) *m*; ~**·baked** ['~'beikt] *fig.* inexpérimenté; niais; incomplet (-ète *f*); '~**·bind·ing** demi-reliure *f* à petits coins; '~-**blood** parenté *f* d'un seul côté; '~-**bound** en demi-reliure à petits coins; '~-**bred** demi-sang *m/inv.*; '~-**breed** métis(se *f*) *m*; '~-**broth·er** demi-frère *m*; '~-**caste** métis(se *f*) *m*; '~-**court line** *tennis*: ligne *f* médiane; '~-**crown** demi-couronne *f*; '~-**fare 1.** demi-tarif; **2.** à demi-tarif; '~-**heart·ed** □ tiède; hésitant; '~-**length** (*a.* ~ *portrait*) portrait *m* en buste; '~-**mast**: (*at*) ~ à mimât; en berne (*pavillon*); '~-**moon** demi-lune *f*; '~-**mourn·ing** demi-deuil *m*; ~ **note** *f* blanche *f*; '~-**pay** demi-solde *f*; ~**·pen·ny** ['heipni] **1.** demi-penny *m*; F sou *m*; **2.** à un sou; '~-**price**: *at* ~ à moitié prix; ~**·seas·o·ver** F ['hɑːsiːz'ouvə] à moitié ivre; '~-**time** *sp.* mi-temps *f*; '~-**tone proc·ess** ⊕ simili(gravure) *f* (tramée); '~-**truth** demi-vérité *f*; '~-**'way** à mi-chemin; ~ *house* maison *f* à demi-étape; F *go* compromis *m*; '~-**wit** simple *mf*, faible *m* d'esprit; '~-**'wit·ted** simple; niais; '~-**'year** semestre *m*.

hal·i·but *icht.* ['hælibət] flétan *m*.

hal·i·to·sis [hæli'tousis] mauvaise haleine *f*.

hall [hɔːl] grande salle *f*; vestibule *m*; hall *m* (*hôtel*); château *m*; *univ.* maison *f* estudiantine, foyer *m*; réfectoire *m*; *see* guild-~, music-~.

hal·le·lu·jah [hæli'luːjə] alléluia *m*.

hall...: '~-**'mark 1.** contrôle *m*; *fig.* cachet *m*, empreinte *f*; **2.** contrôler; '~-**'stand** porte-parapluies *m/inv.*

hal·loo [hə'luː] **1.** holà!; **2.** ohé *m*;

chasse: huée *f*; **3.** *v/i.* crier (taïaut); *v/t.* encourager.

hal·low ['hælou] sanctifier, consacrer; **Hal·low·mas** ['~mæs] la Toussaint *f*.

hal·lu·ci·na·tion [həluːsi'neiʃn] hallucination *f*, illusion *f*.

halm [hɑːm] *see* haulm.

ha·lo ['heilou] *astr.*, *anat.* halo *m*; auréole *f* (*a. eccl.*, *a. fig.*).

halt [hɔːlt] **1.** halte *f* (*a.* 🚂), arrêt *m*; **2.** faire halte; s'arrêter; *fig.* hésiter, balancer; **3.** boiteux (-euse *f*).

hal·ter ['hɔːltə] *cheval*: licou *m*; corde *f* (*au cou*).

halve [hɑːv] diviser en deux; **halves** [~z] *pl. de* half.

hal·yard ♣ ['hæljəd] drisse *f*.

ham [hæm] jambon *m*; *Am. sl.* (*a.* ~ *actor ou fatter*) cabotin *m*; (*souv.* radio) amateur *m*.

ham·burg·er ['hæmbə:gə] hamburger *m*, bifteck *m* haché; viande *f* de bœuf hachée.

ham-fist·ed ['hæmfistid], **ham-hand·ed** ['~hændid] gauche, maladroit.

ham·let ['hæmlit] hameau *m*.

ham·mer ['hæmə] **1.** marteau *m*; *armes à feu*: chien *m*; F ~ *and tongs* tant qu'on peut; **2.** *v/t.* marteler, battre au marteau; *bourse*: exécuter (*un agent*); F critiquer; ~ *out* gironner; F forger; *v/i.* ~ *at* heurter à; s'acharner à.

ham·mock ['hæmək] hamac *m*; ~ *chair* transatlantique *m*.

ham·per ['hæmpə] **1.** panier *m*, banne *f*; **2.** embarrasser, gêner; entraver.

ham·string ['hæmstriŋ] **1.** *anat.* tendon *m* du jarret; **2.** couper le jarret à; *fig.* couper les ressources à.

hand [hænd] **1.** main *f* (*a. zo.*, *a. fig.* = aide, autorité, possession, protection); montre: aiguille *f*; ouvrier (-ère *f*) *m*; ♣ matelot *m*; côté *m*; *cartes*: joueur (-euse *f*) *m*; *cartes*: jeu *m*; *mesure*: paume *f*; écriture *f*, signature *f*; *typ.* index *m*; baromètre etc.: indicateur *m*; ♀ régime *m* (*de fruits*); *at* ~ sous la main; à portée de la main; tout près; *at first* ~ de première main; *a good* (*poor*) ~ *at* bon (piètre) joueur de; *fort à* (*faible en*); *be* ~ *and glove with* être d'intelligence (avec, *with*); être comme les deux doigts de la main;

by ~ à la main; *change* ~s changer de propriétaire *ou* de mains; *get out of* ~ s'indiscipliner, devenir impossible; *have a* ~ in prendre part à; *in* ~ en main; au poing; à la main; en question; en préparation; *sp.* de retard; † en caisse; en magasin; *lay* ~s *on* faire violence à; s'emparer de; mettre les mains sur; *lend a* ~ aider; donner un coup de main (à); *off* ~ brusque; tout de suite; ~s *off!* n'y touchez pas!; *on* ~ en main; † en magasin; *surt. Am.* tout près; prêt; *on one's* ~s à sa charge; *on all* ~s de tous les côtés; de toutes parts; *on the one* ~ d'une part; *on the other* ~ d'autre part; par contre; *have one's* ~ *out* avoir perdu l'habitude; *out of* ~ sur-le-champ; indiscipliné; ~ *over fist* main sur main; rapidement; *take a* ~ *at* faire une partie de (*bridge etc.*); *to (one's)* ~ sous la main; ~ *to* ~ corps à corps; *come to* ~ parvenir, arriver; *put one's* ~ *to* entreprendre; *he can turn his* ~ *to anything* c'est un homme à toute main; ~s *up!* haut les mains!; *see high* 1; 2. passer; ~ *about* faire circuler; ~ *down* descendre (*qch.*); transmettre; ~ *in* remettre; présenter (*une demande*); ~ *out* distribuer; tendre; ~ *over* remettre; céder; '~**bag** sac *m* à main; '~**bar·row** brancard *m*, civière *f*; '~**bell** sonnette *f*; '~**bill** affiche *f* à la main; † prospectus *m*; '~**brake** ⊕ frein *m* à main; '~**cuff** 1.: ~s *pl.* menottes *f/pl.*; 2. mettre les menottes à (*q.*); '**hand·ed** à ... mains; aux mains ...; '**hand·ful** ['~ful] poignée *f*; F enfant *mf* terrible; '**hand-glass** loupe *f* à main; miroir *m* à main.

hand·i·cap ['hændikæp] 1. *sp.* handicap *m*; *fig.* désavantage *m*; 2. *sp.* handicaper; *fig.* gêner; *fig.* désavantager; '**hand·i·capped** 1. handicapé; 2.: *the (mentally ou physically)* ~ les handicapés (mentaux *ou* physiques); '**hand·i·cap·per** *sp.* handicapeur *m*.

hand·i·craft ['hændikra:ft] travail *m* manuel; métier *m* manuel; '**hand·i·crafts·man** artisan *m*, ouvrier *m*; '**hand·i·ness** commodité *f*; adresse *f*, dextérité *f*; '**hand·i·work** travail *m* manuel; ouvrage *m* (*a. fig.*).

hand·ker·chief ['hæŋkətʃif] mouchoir *m*; foulard *m* (*pour le cou*).

han·dle ['hændl] 1. épée; *porte*: poignée *f*; *outil*: manche *m*; *seau, cruche*: anse *f*; *pompe*: balancier *m*; *Am.* F *fly off the* ~ s'emporter; *sl.* sortir de ses gonds; 2. manier; manœuvrer (*un navire*); traiter; prendre en main; '~**bar** *cycl.* guidon *m*; *dropped* ~ guidon *m* course.

hand...: '~**·made pa·per** papier *m* à la cuve; '~**maid** *fig.* servante *f*; '~**me-downs** *Am.* F costume *m* de confection; décrochez-moi-ça *m/inv.*; '~**out** F aumône *f*; '~**rail** main *f* courante; garde-fou *m*; '~**saw** scie *f* à main; égoïne *f*; **hand·sel** ['hænsl] 1. étrenne *f*; † première vente *f*; arrhes *f/pl.*; 2. donner des étrennes à; † donner des arrhes à; inaugurer; '**hand·shake** poignée *f* de main; **hand·some** □ ['hænsəm] beau (bel *devant une voyelle ou un h muet*); belle *f*; beaux *m/pl.*); élégant; noble; riche.

hand...: '~**spike** ⊕ levier *m* de manœuvre; '~**work** travail *m* à la main; '~**writ·ing** écriture *f*; '**hand·y** □ adroit; habile; commode (*chose*); maniable; ~**man** homme *m* à tout faire; factotum *m*, bricoleur *m*; F débrouillard *m*.

hang [hæŋ] 1. [*irr.*] *v/t.* (sus)pendre (à *from*, *on*); tapisser (de, *with*); accrocher (à *from*, *on*); coller (*un papier à tapisser*) (*usu. prét. et p.p.* ~ed) pendre; F *I'll be* ~ed *if* ... que le diable m'emporte si ...; F ~ *it!* zut alors!; F ~ *fire* traîner; ~ *out* *vt/i.* pendre au dehors; ~ *up* accrocher, pendre; *téléph.* raccrocher (*le récepteur*); *fig.* ajourner; *v/i.* pendre, être suspendu (à, *on*); *fig.* planer (sur, *over*); ~ *about* flâner; rôder; ~ *back* rester en arrière; *fig.* hésiter; ~ *on* s'accrocher, se cramponner (à, *to*); *fig.* tenir bon; *téléph.* ~ *up* raccrocher; 2. pente *f*; *cost.* ajustement *m*; F façon *f*; F *get the* ~ *of* comprendre, saisir le truc de (*qch.*); *sl. I don't care a* ~ je m'en moque pas mal.

hang·ar ['hæŋə] hangar *m*.

hang-dog ['hæŋdɔg] 1. F gibier *m* de potence; 2. patibulaire (*mine*).

hang·er ['hæŋə] *personne*: tendeur *m*; crochet *m*; porte-vêtements *m/inv.*; ⊕ suspenseur *m*; *Am.*

pancarte f; **~on** ['~r'ɔn], pl. '~s-'on fig. parasite m; dépendant m.

hang-glid-ing ['hæŋglaidiŋ] vol m libre.

hang-ing ['hæniŋ] **1.** suspendu; tombant; peint. ~ committee jury m d'admission (des tableaux); **2.**: ~s pl. tenture f, tapisserie f; rideaux m/pl.

hang-man ['hæŋmən] bourreau m.

hang-nail ⚕ ['hæŋneil] envie f.

hang-out Am. sl. ['hæŋ'aut] repaire m, nid m (de gangsters etc.).

hang-over sl. ['hæŋouvə] gueule f de bois.

hang-up sl. ['hæŋʌp] problème m; complexe m. [neau m.]

hank [hæŋk] écheveau m; ⚓ an-

han-ker ['hæŋkə]: ~ after soupirer après, désirer vivement; être assoiffé de; '**han-ker-ing** vif désir m, soif f.

Han-o-ve-ri-an [hænoʊ'viəriən] **1.** hanovrien(ne f); **2.** Hanovrien(ne f) m.

Han-sard ['hænsəd] compte m rendu officiel des débats parlementaires.

han-som ['hænsəm], (a. ~-cab) cab m; hansom m.

hap † [hæp] hasard m (malencontreux); destin m; at ~ au petit bonheur; '**hap'haz-ard 1.** hasard m; **2.** fortuit; ~ chaos tohu-bohu m; '**hap-less** □ infortuné, malheureux (-euse f).

ha'p'orth F ['heipəθ] (valeur f d')un sou m; a ~ of ... ... pour un sou.

hap-pen ['hæpən] arriver, se passer; he ~ed to be at home il se trouvait chez lui; ~ (up)on tomber sur; rencontrer par hasard; Am. F ~, ~ in(to) entrer en passant; '**hap-pen-ing** événement m.

hap-pi-ness ['hæpinis] bonheur m; félicité f (a. d'expression).

hap-py ['hæpi] usu. heureux (-euse f); content; joyeux (-euse f); F un peu parti ou gris; '**~-go-luck-y** F insouciant.

ha-rangue [hə'ræŋ] **1.** harangue f; **2.** v/t. haranguer; v/i. prononcer une harangue.

har-ass ['hærəs] harceler; tourmenter (de, with); tracasser; accabler (de dettes, with debt); '**har-ass-ment** harcèlement m; tracassement m.

har-bin-ger ['ha:bindʒə] **1.** fig. avant-coureur m; **2.** annoncer.

har-bo(u)r ['ha:bə] **1.** port m; fig. asile m; **2.** v/t. héberger; receler (un criminel); entretenir (un soupçon); garder (une rancune etc.); v/i. se réfugier; '**har-bo(u)r-age** abri m, asile m; ⚓ mouillage m.

hard [ha:d] **1.** adj. usu. dur; sévère; fort (gelée); rigoureux (-euse f) (temps); pénible; cruel(le f); rude; difficile; surt. Am. incorrigible; surt. Am. riche (en alcool); ferme (rendez-vous); ~ sonnantes f/pl.; ~ coal anthracite m; ~ core noyau m dur; tennis: ~ courts pl. terrains m/pl. de tennis; ~ currency devises f/pl. fortes; ~ drink (ou liquor) alcool m fort; the ~ facts les faits brutaux; ~ hat casque m; pol. ~ line ligne f dure; F ~ luck déveine f, malchance f; ~ sell promotion f de vente agressive; mot. ~ shoulder accotement m stabilisé; ~ of hearing dur d'oreille; ~ to deal with peu commode; intraitable; be ~ (up)on s.o. être sévère envers q.; traiter q. sévèrement; give s.o. a ~ time donner du mal à q.; faire passer un mauvais quart d'heure à q.; faire la vie dure à q.; **2.** adv. fort; dur; durement; avec peine; ~ by tout près; ~ up sans moyens; dans la gène; à court (de, for); be ~ put to it avoir beaucoup de mal (à to); ride ~ chevaucher à toute vitesse; **3.** F travaux m/pl. forcés; ~s pl. gène f; '**~-bit-ten** F tenace; dur à cuire; '**~-boiled** dur (œuf); tenace; surt. Am. expérimenté, dur à cuire; '**hard-en** (se) durcir; (s')endurcir; rendre ou devenir dur; v/i. †, bourse: se raffermir; v/t. ⊕ tremper (l'acier); '**hard-en-ing** durcissement m.

hard...: '**~-fea-tured** aux traits durs ou sévères; '**~-fist-ed** dur à la détente; '**~-head-ed** pratique; positif (-ive f); '**~-heart-ed** □ au cœur dur; **har-di-hood** ['ha:dihud] hardiesse f; '**har-di-ness** vigueur f, robustesse f; '**hard-lin-er** partisan m d'une ligne dure; '**hard-'luck-stor-y** F récit m de misères; '**hard-ly** durement; avec difficulté; à peine; ne ... guère; '**hard'mouthed** dur de bouche; '**hard-ness** dureté f, difficulté f (a. fig.); rudesse f; temps: rigueur f; acier: trempe f.

hard...: '**~-pan** Am. sol m résistant.

'~·set fot gêné; affamé; durci; '~·shell à carapace dure; à coque dure; *fig.* dur à cuire; 'hard·ship privation *f*; gêne *f*; épreuve *f*, tribulation *f*; 'hard·ware quincaillerie *f*; *ordinateur*: hardware *m*, matériel *m*; 'har·dy □ robuste, endurci; hardi; ♃ de pleine terre.

hare [heə] lièvre *m*; '~·bell jacinthe *f* des prés; clochette *f*; '~·brained étourdi, écervelé; '~·lip *anat.* bec-de-lièvre (*pl.* becs-de-lièvre) *m*.

ha·rem ['heərem] harem *m*.

har·i·cot ['hærikou] *cuis.* haricot *m* (*de mouton*); ♃ (*a. ~ bean*) haricot *m*.

hark [ha:k] (*to*) écouter; prêter l'oreille (à); ~! écoutez!; ~ back *chasse*: prendre le contre-pied; *fig.* en revenir (à, *sur* to).

har·lot ['ha:lət] prostituée *f*; 'har·lot·ry prostitution *f*.

harm [ha:m] 1. mal *m*; tort *m*; danger *m*; 2. faire du mal ou tort à; nuire à; harm·ful □ ['~ful] nuisible; 'harm·less □ inoffensif (-ive *f*); innocent.

har·mon·ic [ha:'mɔnik] (~ally) harmonique; har'mon·i·ca [~ikə] harmonica *m*; har·mo·ni·ous □ [ha:'mounjəs] harmonieux (-euse *f*) (*a. fig.*); har·mo·nize ['ha:mənaiz] *v/t.* harmoniser (*a. ♪*); faire accorder; *v/i.* s'harmoniser; s'assortir; 'har·mo·ny harmonie *f*.

har·ness ['ha:nis] 1. harnais *m*; attelage *m*; *die in ~* mourir à la besogne; 2. harnacher; atteler; *fig.* aménager; '~-mak·er sellier *m*, bourrelier *m*.

harp ♪ [ha:p] 1. harpe *f*; 2. jouer de la harpe; ~ (*up*)*on* rabâcher (*qch.*); *be always ~ing on the same string* réciter toujours la même litanie; 'harp·er, 'harp·ist harpiste *mf*.

har·poon [ha:'pu:n] 1. harpon *m*; 2. harponner.

har·py ['ha:pi] *myth.* harpie *f* (*a. fig. = vieille mégère*); *fig.* personne *f* rapace.

har·ri·dan ['hæridən] vieille mégère *f*.

har·ri·er ['hæriə] *chasse*: braque *m*; *sp.* coureur *m*.

har·row ♂ ['hærou] 1. herse *f*; 2. herser; *fig.* ravager, piller.

har·ry ['hæri] ravager, piller, mettre à sac; *fig.* harceler, tourmenter.

harsh □ [ha:ʃ] rude; âpre (*goût*); rauque; discordant (*son*); rigoureux (-euse *f*); dur; 'harsh·ness rudesse *f*; âpreté *f*; rigueur *f*; sévérité *f*.

hart *zo.* [ha:t] cerf *m*.

har·um-scar·um F ['heərəm'skeərəm] 1. étourdi, écervelé (*a. su./mf*); 2. étourneau *m*; hurluberlu *m*.

har·vest ['ha:vist] 1. moisson *f* (*a. fig.*); récolte *f*; ~ *festival* actions *f/pl.* de grâces pour la récolte; 2. *v/t.* moissonner; récolter; *v/i.* rentrer la moisson; 'har·vest·er moissonneur (-euse *f*, *a. machine*) *m*; har·vest-home ['~'houm] fête *f* de la moisson.

has [hæz, hæs] (*il, elle*) a; '~-been F vieux ramollot *m*; homme *m* etc. fini.

hash¹ [hæʃ] 1. hachis *m*; *Am.* mangeaille *f*, boulot *m*; *fig.* gâchis *m*; *fig.* réchauffé *m*; F *make a ~ of* faire un joli gâchis de; 2. hacher (*de la viande*).

hash² *sl.* [~] hachich *m*, hash *m*.

hash·ish ['hæʃi:ʃ] hachich *m*.

hasp [ha:sp] 1. moraillon *m*, loquet *m*; fermoir *m*; 2. cadenasser.

has·sle ['hæsl] chamaillerie *f*; affaire *f*, histoire *f*.   [*eccl.* coussin *m*.]

has·sock ['hæsək] touffe *f* d'herbe;]

hast † [hæst] (*tu*) as.

haste [heist] hâte *f*; diligence *f*; *make ~* se dépêcher, se hâter; *more ~ less speed*, *make ~ slowly* hâtez-vous lentement; has·ten ['heisn] (se) hâter; (se) presser; *v/t.* avancer (*qch.*); hast·i·ness ['heistinis] précipitation *f*, hâte *f*; emportement *m* (*de colère etc.*); 'hast·y □ précipité; fait à la hâte; irréfléchi; emporté; rapide.

hat [hæt] chapeau *m*; *sl. my ~!* pigez-moi ça!; F *hang up one's ~ with s.o.* s'introniser chez q.; *talk through one's ~* extravaguer; exagérer.

hatch¹ [hætʃ] 1. *poussins*: couvée *f*, demi-porte *f*; ♃, 𝕏 panneau *m*, écoutille *f*; *serving ~* passe-plats *m*; *under ~es* dans la cale; *fig.* mort et enterré; 2. (faire) éclore; *v/t. fig.* tramer, comploter.

hatch² [~] hach(ur)er.

hatch·back *mot.* ['hætʃbæk] (*voiture f à*) hayon *m* arrière.

hat·check girl *Am.* ['hætʃek'gə:l] dame *f* du vestiaire.

hatch·et ['hætʃit] hachette f; *bury the ~* enterrer la hache de guerre; '**~-face** visage m en lame de couteau.

hatch·way ♦ ['hætʃwei] écoutille f.

hate [heit] **1.** *poét.* haine f (de, contre *to[wards]*); **2.** détester, haïr; **hate·ful** □ ['~ful] odieux (-euse f), détestable; '**hat·er** haïsseur (-euse f) m; **ha·tred** ['heitrid] haine f (de, contre *of*).

hat·ter ['hætə] chapelier (-ère f) m.

haugh·ti·ness ['hɔːtinis] arrogance f, morgue f; '**haugh·ty** □ arrogant, hautain.

haul [hɔːl] **1.** amenée f; effort m; *pêche:* coup m de filet; prise f; *Am.* trajet m; *a. fig. long ~* long voyage m, longue route f; **2.** *v/t.* tirer (sur, *at*); traîner; ♦ haler du; transporter par camion(s); ⚒ hercher; ♦ repiquer dans (*le vent*); *v/i.* haler (*vent*); '**haul·age** traction f; (frais m/pl. de) roulage m, (frais m/pl. de) transport m; ⚒ herchage m; ~ *contractor* entrepreneur m de transports.

haulm [hɔːm] fane f (*de légume*); *coll.* chaume m.

haunch [hɔːnʃ] hanche f; *cuis.* cuissot m, quartier m; △ *voûte:* rein m.

haunt [hɔːnt] **1.** lieu m fréquenté, repaire m; **2.** fréquenter; hanter (*a. revenants*); *fig.* obséder, troubler; *the house is ~ed* il y a des revenants dans la maison; *~ed house* maison f hantée; '**haunt·er** *fig.* habitué(e f) m.

haut·boy ♪ ['oubɔi] hautbois m.

Ha·van·a [hə'vænə] (*ou ~ cigar*) havane m.

have [hæv; həv] **1.** [*irr.*] *v/t.* avoir, posséder; tenir; prendre (*un bain, un repas*); faire (*une promenade etc.*); obtenir; affirmer; F rouler; *~ to* (*inf.*) être obligé de (*inf.*); *I ~ my hair cut* je me fais couper les cheveux; *he had his leg broken* il s'est cassé la jambe; *I would ~ you know that ...* sachez que ...; *he will ~ it that ...* il soutient que ...; *I had as well* (*inf.*) j'aurais pu aussi bien (*inf.*); *I had better* (*best*) (*inf.*) je ferais(i) mieux de (*inf.*); *I had rather* (*inf.*) j'aime(rais) mieux (*inf.*); *let s.o. ~ s.th.* céder qch. à q.; *~ about one* avoir sur soi; *~ on* porter; *~ it out with* s'expliquer avec; F

~ s.o. up citer q. en justice (pour, *for*); *v/i. ~ at him!* à l'attaque; **2.** [*irr.*] *v/aux.* avoir; *qqfois* être; *~ come* être venu; **3.** riche m.

ha·ven ['heivn] havre m, port m; *fig.* asile m, abri m.

have-not ['hævnɒt] pauvre m.

haven't ['hævnt] = **have not**.

hav·er·sack ['hævəsæk] ⚔ musette f; *touriste etc.*: havresac m.

hav·ing ['hæviŋ] (*souv. ~s pl.*) possession f; *pl. a.* biens m/pl.

hav·oc ['hævək] dévastation f, dégâts m/pl., ravage m; *make ~ of, play ~ with* (*ou among*) faire de grands dégâts dans; massacrer.

haw¹ ⚘ [hɔː] cenelle f.

haw² [~] **1.** toussoter, bredouiller; **2.** hem m (*a. int.*).

haw-haw ['hɔː'hɔː] rire bruyamment.

hawk¹ [hɔːk] **1.** *orn.* faucon m; *fig.* vautour m; *attr. fig.* d'aigle (*yeux*); **2.** chasser au faucon; *~ at* fondre sur.

hawk² [~] graillonner.

hawk³ [~] colporter, cameloter; **hawk·er** ['hɔːkə] colporteur m; marchand(e f) m ambulant(e f).

hawk·ing ['hɔːkiŋ] chasse f au faucon.

hawse ♦ [hɔːz] (*a. ~-hole*) écubier m.

haw·ser ♦ ['hɔːzə] (h)aussière f; amarre f.

haw·thorn ⚘ ['hɔːθɔːn] aubépine f.

hay [hei] **1.** foin m; *~ fever* rhume m des foins; *make ~ of* faire un gâchis de; démolir; **2.** faire les foins; '**~-box** (*ou ~ cooker*) marmite f norvégienne; '**~-cock** meulon m ou meule f de foin; '**~-fe·ver** rhume m des foins; '**~-loft** grenier m à foin; '**~-mak·er** *sl.* coup m de poing balancé; '**~-mak·ing** fenaison f; '**~-rick** *see ~cock*; '**~-seed** graine f de foin; *fig. Am.* paysan m; '**~-stack** *see ~cock*; '**~-wire** *Am. sl.:* *go ~* ne tourner plus rond; avorter (*projet*).

haz·ard ['hæzəd] **1.** hasard m; risque m; *golf:* accident m de terrain; *tennis:* trou m gagnant; jeu m de hasard; *run a ~* courir un risque; **2.** hasarder; risquer; '**haz·ard·ous** □ risqué; hasardeux (-euse f).

haze¹ [heiz] brume f légère; *fig.* [obscurité f.

haze² [~] ♦ harasser (*q.*) de corvées; *Am.* brimer.

ha·zel ['heizl] **1.** ♀ noisetier *m*; **2.** couleur noisette; '**~-nut** noisette *f*.

ha·zy □ ['heizi] brumeux (-euse *f*), embrumé; estompé (*contour etc.*); *fig.* vague, nébuleux (-euse *f*).

H-bomb ['eitʃbɔm] bombe *f* H.

he [hi:] **1.** il, *accentué:* lui; ~ (*who*) celui qui; **2.** *attr.* mâle.

head [hed] **1.** *anat.*, *cuis.*, *sp.*, *arbre*, *chasse*, *cortège*, *fleur*, *furoncle*, *humérus*, *intelligence*, *légume*, *liste*, *sculpture*, *violon*, *volcan*, *etc.*: tête *f*; *chasse:* bois *m*; ♣ *voile:* envergure *f*; *torpille:* cône *m*; *nez m*, *avant m*, *navire:* cap *m*; ⚔, *mine:* carreau *m*; *puits de mine:* gueule *f*; *mot.* cagote *f*; ⊕ *eau:* charge *f*, *vapeur:* volant *m*; ⊕ *culasse f*; *asperge:* pointe *f*; *céleri:* pied *m*; *blé:* épi *m*; *chou:* pomme *f*; *escalier*, *page:* haut *m*; *lit:* chevet *m*; *table:* haut bout *m*; *bière:* mousse *f*; *rivière:* source *f*; *tambour:* peau *f*; *géog.* cap *m*; *personne:* chef *m*; †, *école:* directeur (-trice *f*) *m*; *patron(ne) f) m*; *fig.* cervelle *f*, esprit *m*, entendement *m*, mémoire *f*; *fig.* crise *f*; *fig.* point *m*, rubrique *f*; ~ *restraint mot.* appuitête *m* (*pl.* appuis-tête); ~ *and shoulders above the rest* dépassant les autres de la tête; *bring to a ~* faire aboutir (*a. fig.*); *come to a ~* aboutir (*abcès*); mûrir; *gather ~* monter en pression; augmenter; prendre de l'importance; *get it into one's ~ that* se mettre dans la ou en tête que; ~(*s) or tail*(*s*)? pile ou face?; ~ *over heels* à la renverse; *over ~ and ears* surchargé, débordé; *make ~ against* faire tête à; *I can't make ~ or tail of it* je n'y comprends rien, je m'y perds; *take the ~* prendre la tête; **2.** premier (-ère *f*); principal (-aux *m/pl.*); ... en chef; ~ *office* bureau *m* ou siège *m* central; ~ *start sp.* avance *f*; ~ *waiter* maître *m* d'hôtel; **3.** *v/t.* mener, être en tête de; être à la tête de; conduire; mettre une tête à; mettre ou porter en tête (de); *foot.* jouer de la tête; be ~*ed* se diriger (vers, *for*); ~ *off* intercepter; *v/i.* ♣ avoir le cap (sur, *for*); *Am.* prendre sa source (à, *at*); *fig.* ~ *for* se diriger vers; '**head·ache** mal *m* ou maux *m/pl.* de tête; '**head·ach·y** sujet(te *f*) aux maux de tête, migraineux (-euse *f*); '**head-dress** coiffure *f*; garniture *f* de tête; '**head·ed à**

... tête(s); aux cheveux; '**head·er** △ boutisse *f*; F plongeon *m*; *foot.* coup *m* de tête; '**head-gear** garniture *f* de tête; coiffure *f*; chapeau *m*; '**head-hunt·er** chasseur *m* de têtes; '**head·i·ness** emportement *m*, impétuosité *f*; *vin:* qualité *f* capiteuse; '**head·ing** entête *m*; rubrique *f*; manchette *f*; titre *m*; ⚔ (galerie *f* d')avancement *m*; *sp.* (jeu *m* de) tête *f*; '**head·land** cap *m*, promontoire *m*; '**head·less** sans tête; *fig.* sans chef.

head...: '**~·light** 🚗 feu *m* d'avant; *mot.* phare *m*; '**~·line** titre *m*; manchette *f*; *typ.* titre *m* courant, entête *m*; F *he hits the ~s* il est en vedette; il défraye la chronique; '**~·long** *adj.* précipité; impétueux (-euse *f*); *adv.* la tête la première; '**~·man** chef *m*; '**~·mas·ter** directeur *m*; *lycée:* proviseur *m*; '**~·mis·tress** directrice *f*; '**~·most** au premier rang; '**~·on** de front; frontal (-aux *m/pl.*); '**~·phone** *radio:* écouteur *m*; casque *m*; '**~·piece** casque *m* (*a. radio*); F tête *f*; *typ.* fleuron *m* de tête; en-tête *m*; '**~·quar·ters** *pl.* ⚔ quartier *m* général; † *etc.* siège *m* (social); '**~·rest** appui-tête *m* (*pl.* appuis-tête); '**~·set** *radio:* casque *m*; '**head·ship** première place *f*; direction *f*; '**head·shrink·er** F psy(chiatre) *m*; '**headsman** bourreau *m*; ♣ patron *m*.

head...: '**~·strong** entêté; obstiné; '**~·wa·ters** *pl.* cours *m* supérieur d'une rivière; '**~·way** progrès *m*; *make ~* avancer, faire des progrès; '**~·wind** vent *m* contraire; '**~·work** travail *m* intellectuel; *foot.* jeu *m* de tête; '**head·y** □ capiteux (-euse *f*) (*vin etc.*); emporté (*personne*).

heal [hi:l] guérir (de, *of*); ~ *up* (se) guérir, se cicatriser; '**~·all** panacée *f*; '**heal·ing 1.** □ curatif (-ive *f*); cicatrisant; *fig.* calmant; **2.** guérison *f*; cicatrisation *f*.

health [helθ] santé *f* (*a. toast*); *Board of ♀* Ministère *m* de la santé publique; ~ *certificate* certificat *m* médical; ~ *food* (*s pl.*) aliments *m/pl.* naturels; ~ *food shop* ou *store* magasin *m* diététique; ~ *hazard* risque *m* pour la santé; ~ *service* (Service *m* de Santé de la) Sécurité Sociale; **health·ful** □ ['~ful] salubre; salutaire; '**health·i·ness** salubrité *f*; '**health-re·sort** station *f* estivale ou thermale;

'health·y □ en bonne santé; *see healthful.*

heap [hi:p] **1.** tas *m* (*a. fig.*), monceau *m*; F ~*s pl.* beaucoup (de, of); *sl.* F struck all of a ~ stupéfait; **2.** (*a.* ~ up) entasser, mettre en tas; accabler (de, with); ~ed spoon cuiller *f* à dos d'âne.

hear [hiə] [*irr.*] entendre; écouter; recevoir des nouvelles (de, from); apprendre; faire répéter (*une leçon etc.*); ~ of entendre parler de; ~ that entendre dire que; **heard** [hə:d] *prét. et p.p. de hear;* **hear·er** ['hiərə] auditeur (-trice *f*) *m*; **'hear·ing** *sens:* ouïe *f*; audition *f* (*a.* ♫, *a.* ♂); ♂ audience *f*; ~ aid appareil *m* acoustique, audiophone *m*; **heark·en** ['hɑːkən] écouter (qch., to s.th.); **hear·say** ['hiəsei] ouï-dire *m/inv.*

hearse [hə:s] corbillard *m.*

heart [hɑːt] cœur *m* (*fig.* = courage, enthousiasme, etc.); fond *m*; *cartes:* ~*s pl.* cœur *m*; (*a. dear* ~) *see* sweetheart; ~ and soul corps et âme, de tout son cœur; *I have a matter at* ~ j'ai qch. à cœur; *by* ~ par cœur; *in good* ~ bien entretenu (*sol*); *in his* ~ (*of* ~*s*) au plus profond de son cœur; *out of* ~ effrité (*sol*); découragé (*personne*); *with all my* ~ de tout mon cœur; *lose* ~ perdre courage; *take* ~ prendre courage; *take* (*ou lay*) *to* ~ prendre (qch.) à cœur; **'~·ache** chagrin *m*; **'~·beat** battement *m* du cœur; **'~·break** déchirement *m* de cœur; **'~·break·ing** □ navrant; **'~·bro·ken** le cœur brisé, navré; **'~·burn** ♂ aigreurs *f/pl.*; **'~·burn·ing** rancune *f*; jalousie *f*; **'~·com·plaint**, **'~·dis·ease** maladie *f* de cœur; ...**'heart·ed** au cœur...; **'heart·en** *v/t.* encourager; *v/i.* reprendre courage; **'heart-fail·ure** arrêt *m* du cœur; **'heart·felt** sincère; profond.

hearth [hɑːθ] foyer *m*, âtre *m*; **'~·rug** tapis *m* de foyer; **'~·stone** foyer *m*; pierre *f* de la cheminée.

heart·i·ness ['hɑːtinis] cordialité *f*; chaleur *f*; vigueur *f*; **'heart·less** □ insensible; cruel(le *f*); **'heart-rend·ing** □ navrant.

heart...: **'~·sick** *fig.* découragé; désolé; **'~·strings** *pl. fig.* sensibilité *f*, cœur *m*; **'~·throb** F cœur *m*; **~·trans·plant** ♂ greffe *f* du cœur; **~·trou·ble** troubles *m/pl.* cardiaques;

have ~ *a.* être cardiaque, souffrir du cœur; **'~·whole** au cœur libre; *fig.* sincère; *fig.* aucunement ébranlé;

'heart·y 1. □ cordial (-aux *m/pl.*); sincère; vigoureux (-euse *f*), robuste; gaillard; ~ *eater* gros mangeur *m*, belle fourchette *f*; **2.** ♂ brave *m*; *univ.* sportif *m.*

heat [hi:t] **1.** chaleur *f*; *phys. a.* calorique *m*; ardeur *f*; *fig.* colère *f*; *animal:* rut *m*; *sp.* épreuve *f*, manche *f*; *dead* ~ manche *f* nulle; course *f* à égalité; **2.** (s')échauffer (*a. fig.*); *v/t.* chauffer (*de l'eau etc.*); **'heat·ed** □ chauffé; chaud (*a. fig.*); **'heat·er** □ bouilleur *m*; four *m*; radiateur *m*; *Am. sl.* revolver *m.*

heath [hi:θ] bruyère *f*, brande *f* (*a.* ♀); **'~·cock** petit coq *m* de bruyère.

hea·then ['hi:ðən] païen(ne *f*) (*a. su./mf*); **'hea·then·dom** paganisme *m*; **'hea·then·ish** □ *usu. fig.* barbare, grossier (-ère *f*); **'hea·then·ism** paganisme *m*; barbarie *f.*

heath·er ♀ ['heðə] bruyère *f*, brande *f*; **'~·bell** ♀ cloche *f* de bruyère.

heat·ing ['hi:tiŋ] chauffage *m*; *attr.* de chaleur; ~ *battery* batterie *f* de four *etc.*; ~ *cushion*, ~ *pad* coussin *m* chauffant *ou* électrique.

heat...: ~ *light·ning Am.* éclairs *m/pl.* de chaleur; **'~·re·sist·ant** résistant à la chaleur; **'~·stroke** ♂ coup *m* de chaleur; **'~·treat·ment** ♂ thermothérapie *f*; **'~·val·ue** pouvoir *m* calorifique; **'~·wave** *phys.* onde *f* calorifique; *météor.* vague *f* de chaleur.

heave [hi:v] **1.** soulèvement *m*; effort *m*; palpitation *f* (*du sein*); ♂ houle *f*; **2.** [*irr.*] *v/t.* (sou)lever; lancer, jeter; pousser (*un soupir*); ♂ *the anchor* déraper; ♂ ~ *down* caréner; ♂ ~ *out* déferler; *v/i.* se soulever (*a. vagues, poitrine*); haleter; s'agiter (*mer*); palpiter (*sein*); avoir des haut-le-cœur; ♂ *for breath* panteler; ♂ ~ *at* haler sur; ♂ ~ *in sight* paraître; ♂ ~ *to* se mettre à la cape.

heav·en ['hevn] ciel *m*, cieux *m/pl.*; ~*s pl.* ciel *m*; ~! juste ciel!; **'heav·en·ly** céleste; divin; **heav·en·ward(s)** ['~wəd(z)] vers le ciel.

heav·er ['hi:və] (dé)chargeur *m*; ⊕ levier *m* de manœuvre.

heav·i·ness ['hevinis] pesanteur *f*, lourdeur *f*; *fig.* 'tristesse *f*, abatte-

helix

ment *m*; *mot.* mauvais état *m* (*des routes*).

heav·y □ ['hevi] *usu.* lourd; pesant; gros(se *f*) (*cœur, pluie, rhume, etc.*); triste; violent; pénible; profond; gras(se *f*) (*sol*); ✗ lourd, de gros calibre, gros(se *f*); ⚡ ~ current courant *m* fort; '~·du·ty ⊕ à grande puissance; très résistant; '~·hand·ed qui a la main lourde; gauche, maladroit; '~·heart·ed qui a le cœur gros, accablé; *fig.* chargé de soucis; '~·lad·en lourdement chargé; *fig.* chargé de soucis; '~·weight *box.* poids *m* lourd.

heb·dom·a·dal □ [heb'dɔmədl], **heb·dom·a·da·ry** hebdomadaire.

He·bra·ic [hi'breiik] (~ally) hébraïque.

He·brew ['hi:bru:] 1. hébraïque, israélite; 2. *ling.* hébreu *m*; *bibl.* Hébreu(e *f*) *m*; Israélite *mf*.

hec·a·tomb ['hekətoum] hécatombe *f*.

heck·le ['hekl] *see* hackle; *pol.* interrompre par des questions embarrassantes.

hec·tic ✗ ['hektik] 1. hectique; *fig.* fiévreux (-euse *f*); 2. rougeur *f*; (*usu. ~ fever*) fièvre *f* hectique.

hec·tor ['hektə] *v/t.* rudoyer, dragonner; *v/i.* prendre un ton autoritaire; faire de l'esbroufe.

hedge [hedʒ] 1. haie *f*; *attr. souv.* ignorant, interlope (*p.ex.* ~-*priest*); 2. *v/t.* entourer d'une haie; enfermer; ~ off séparer par une haie; ~ up clore d'une haie; ~ a bet parier pour et contre; *v/i.* éviter de se compromettre; '~·bill serpe *f*; '~·hog *zo.* hérisson *m*; *Am.* porc-épic *m*; '~·hop *sl.* ✈ voler en rase-mottes; '~·row bordure *f* de haies; haie *f*; '~·'spar·row *orn.* fauvette *f*.

heed [hi:d] 1. attention *f* (à, to), soin *m*; compte *m* (de, to); take ~ of prendre garde à; take no ~ of ne tenir aucun compte de; 2. faire attention à, observer; tenir compte de; **heed·ful** □ ['~ful] attentif (-ive *f*) (à, of); '**heed·less** □ insouciant.

hee·haw ['hi:'hɔ:] 1. hi-han *m*; *fig.* ricanement *m*; 2. braire; *fig.* ricaner.

heel¹ ⚓ [hi:l] *v/i.* se coucher sur le flanc; avoir de la bande.

heel² [~] 1. talon *m*; *surt. Am. sl.* gouape *f*; *be at* (*on*) *s.o.'s* ~s être

aux trousses de q.; marcher sur les talons de q.; *down at* ~ éculé; *fig.* minable; de pauvre apparence; take to one's ~s prendre ses jambes à son cou; s'enfuir; 2. mettre un talon à; *foot.* ~ out talonner le ballon (*pour le sortir de la mêlée*); '**heeled** *Am.* F pourvu d'argent; muni d'un revolver; '**heel·er** *pol. Am. sl.* partisan *m* servile.

heel-tap ['hi:ltæp] ⊕ rondelle *f* de hausse; ~s *pl.* fonds *m*/*pl.* de verre; no ~! vidons les verres.

heft [heft] 1. poids *m*; effort *m*; *Am.* F gros *m* (de la récolte); 2. *Am.* soupeser; '**heft·y** F solide; *Am.* lourd.

he·gem·o·ny [hi'gemənɪ] hégémonie *f*.

he-goat ['hi:gout] bouc *m*.

heif·er ['hefə] génisse *f*.

heigh-ho [hei'hou] ah!

height [hait] hauteur *f*, élévation *f*; comble *m*; apogée *m*; *personne:* taille *f*; altitude *f*; cœur *m* (d'été); '**height·en** augmenter (*a. fig.*); rehausser; *fig.* relever.

hei·nous □ ['heinəs] atroce; odieux (-euse *f*); '**hei·nous·ness** énormité *f*.

heir [ɛə] héritier (-ère *f*) *m* (de, to); ~ apparent héritier *m* présomptif; ~-at-law héritier *m* légitime; '**heir·dom** droit *m* de succession; † héritage *m*; '**heir·ess** héritière *f*; '**heir·less** sans héritier; '**heir·loom** ['~lu:m] meuble *m* ou bijou *m* de famille; *fig.* apanage *m*; '**heir·ship** qualité *f* d'héritier.

held [held] *prét. et p.p. de* hold 2.

hel·i·bus *Am.* F ['helibʌs] hélicoptère *m* qui fait le service de communication entre l'aéroport et la ville.

hel·i·cal ⊕ ['helikl] en spirale.

hel·i·cop·ter ['helikɔptə] hélicoptère *m*.

helio... [hi:liou] hélio-; **he·li·o·graph** ['~ogra:f] héliographe *m* (*a. phot.*); héliogravure *f*; **he·li·o·graph·ic** [~'græfik] héliographique; ~ calking (reproduction *f* par) héliogravure *f*; **he·li·o·gra·vure** ['hi:liougrəvju:ə] héliogravure *f*; **he·li·o·trope** ['heljətroup] ♀ héliotrope *m* (*a. couleur*).

hel·i·port ['helipɔ:t] héliport *m*.

he·lix ['hi:liks], *pl. usu.* **hel·i·ces** ['helisi:z] ♔, ⊕, *zo.* hélice *f*; △ spirale f, volute f; *anat.* hélix m, ourlet m.

heil [hel] enfer m; *attr.* de l'enfer; like ~ infernal (-aux *m/pl.*); oh ~! diable!; sapristi!; *go to* ~ aller en enfer; F *what the* ~ ...? que diable...?; *a* ~ *of a noise* un bruit infernal; *raise* ~ faire un bruit infernal; faire une scène; *ride* ~ faire un bruit infernal; faire une scène; *ride* ~ *for leather* aller au triple galop; '~-'bent *Am. sl.* résolu; acharné; '~-cat *fig.* mégère f. [m.]

hel·le·bore ♀ ['helibɔ:] ellébore

Hel·lene ['heli:n] Hellène mf.

hell·ish □ ['helif] infernal (-aux *m/pl.*); diabolique.

hel·lo [he'lou] holà!; *téléph.* allô!

helm ⚓ [helm] (barre f du) gouvernail m; timon m (*a. fig.* de l'État); *fig.* direction f.

hel·met ['helmit] casque; '**hel·met·ed** casqué.

helms·man ⚓ ['helmzmən] homme m de barre; timonier m.

hel·ot *hist.* ['helət] ilote m; *fig.* esclave m.

help [help] **1.** aide f; secours m; remède m; *surt. Am.* domestique mf; *lady* ~ dame f (de bonne maison) qui aide aux soins du ménage; *mother's* ~ jeune fille f qui aide dans le soin des enfants; *by the* ~ *of* à l'aide de; **2.** *v/t.* aider; secourir; prêter son concours à; faciliter; *à table:* servir (q., s.o.; qch., s.th.; qch. à q., s.o. to s.th.); ~ *o.s.* se servir (de, to); s'aider; *I could not* ~ *laughing* je ne pouvais m'empêcher de rire; *v/i.* aider, contribuer (à, to); '**help·er** aide mf; assistant(e f) m; ⚙ machine f de secours; '**help·ful** □ ['~ful] utile; salutaire; serviable (*personne*); '**help·ing** portion f; '**help·less** □ sans ressource; impuissant; '**help·less·ness** faiblesse f; '**help·mate**, '**help·meet** aide mf; compagnon m, compagne f.

hel·ter-skel·ter ['heltə'skeltə] *adv.* pêle-mêle; à la débandade.

helve [helv] manche m.

Hel·ve·tian [hel'vi:ʃən] **1.** helvétien (-ne f); suisse; **2.** Helvétien(ne f) m, Suisse mf.

hem¹ [hem] **1.** *cost.* bord m; ourlet m; **2.** border; ourler; ~ *in* entourer.

hem² [~] **1.** toussoter; **2.** hem!

he-man *Am. sl.* ['hi:mæn] homme m viril.

hem·i·sphere ['hemisfiə] hémisphère m.

hem·lock ♀ ['hemlɔk] ciguë f.

hemo... [hi:mo] *see* **hemo.**

hemp [hemp] chanvre m; '**hemp·en** de chanvre.

hem·stitch ['hemstitʃ] **1.** ourlet m à jour; **2.** ourler à jour.

hen [hen] poule f; femelle f (*d'oiseau*); ~*'s egg* œuf m de poule.

hen·bane ['henbein] jusquiame f.

hence [hens] (*souv. from* ~) d'ici; à partir d'aujourd'hui, désormais; de là, ce qui explique ...; ~*!* hors d'ici!; va-t'en d'ici! *a year* ~ dans un an; '~'forth, '~'for·ward désormais, à l'avenir.

hench·man ['hentʃmən] F partisan m; homme m de confiance.

hen...: '~-'par·ty F assemblée f de jupes; '~-pecked dominé par sa femme; '~-roost juchoir m.

hep *Am. sl.* [hep]: *be* ~ être dans le vent; '~-cat *Am. sl.* fanatique mf du jazz.

he·pat·ic *anat.* [hi'pætik] hépatique.

hep·ta... [heptə] hepta-; **hep·ta·gon** ['~gən] heptagone m.

her [hə:; hə] **1.** *accusatif:* la; *datif:* lui; à elle; se, soi; celle; **2.** son, sa, ses.

her·ald ['herəld] **1.** héraut m; *fig.* avant-coureur m; **2.** annoncer; ~ *in* introduire; **he·ral·dic** [he'rældik] (*~ally*) héraldique; **her·ald·ry** ['herəldri] blason m.

herb [hə:b] herbe f; **her·ba·ceous** [~'beifəs] herbacé; '**herb·age** herbage m; herbes f/pl.; ⚖ droit m de pacage; '**herb·al** **1.** d'herbes; **2.** herbier m; '**herb·al·ist** botaniste m; guérisseur m; ⚘ herboriste mf; **her·bar·i·um** [~'bɛəriəm] herbier m; **her·biv·o·rous** [~'bivərəs] herbivore; **her·bo·rize** ['~bəraiz] herboriser. [(léen(ne f) d'Hercule.)]

Her·cu·le·an [hə:kju'li:ən] hercu-

herd [hə:d] **1.** troupeau m (*a. fig.*); **2.** *v/t.* assembler; *v/i.* (*a.* ~ *together*) s'assembler en troupeau; s'attrouper; '**herds·man** bouvier m.

here [hiə] ici; ~ *is* voici; ~*'s to ...!* à la santé de ...!

here·a·bout(s) ['hiərəbaut(s)] près d'ici; **here·aft·er** [hiər'ɑ:ftə] **1.** dorénavant; **2.** avenir m; l'au-delà m, la vie f à venir; '**here'by** par là; ⚖ par les présentes.

her·e·dit·a·ment 🏛 [heri'ditəmənt] bien *m* transmissible par héritage; *fig.* patrimoine *m*; **he·red·i·tar·y** [hi'reditəri] héréditaire; **he'red·i·ty** hérédité *f*.

here·in [hiər'in] ici; en ceci; **here·in·be'fore** ci-dessus; **here·of** [hiər-'ɔv] de ceci.

her·e·sy ['herəsi] hérésie *f*.

her·e·tic ['herətik] **1.** (*usu.* **he·ret·i·cal** □ [hi'retikl]) hérétique; **2.** hérétique *m*.

here·to·fore ['hiətu'fɔː] jusqu'ici; **here·up·on** ['hiərə'pɔn] là-dessus; sur ce; '**here·with** avec ceci; ci-joint.

her·it·a·ble ['heritəbl] héréditaire; héritable (*propriété*); '**her·it·age** héritage *m*, patrimoine *m*.

her·maph·ro·dite 🜨, *zo.* [həː'mæfrədait] hermaphrodite (*a. su./m*).

her·met·ic, her·met·i·cal □ [həː-'metik(l)] hermétique.

her·mit ['həːmit] ermite *m*; '**her·mit·age** ermitage *m*.

her·ni·a 🜨 ['həːnjə] hernie *f*; '**her·ni·al** de province.

he·ro ['hiərou], *pl.* **-roes** ['ᴗz] héros *m*; **he·ro·ic** [hi'rouik] (**ᴗally**) héroïque; épique; **her·o·ine** ['herouin] héroïne *f*; '**her·o·ism** héroïsme *m*.

her·on *orn.* ['herən] héron *m*.

her·ring *icht.* ['heriŋ] hareng *m*; '**her·ring·bone** arête *f* de hareng; point *m* de chausson.

hers [həːz] le sien, la sienne, les siens, les siennes; à elle.

her·self [həː'self] elle-même; *réfléchi*: se, *accentué*: soi.

hes·i·tance, hes·i·tan·cy ['hezitəns(i)] hésitation *f*, irrésolution *f*; **hes·i·tate** ['ᴗteit] hésiter (à, to; sur *about*, *over*; entre, *between*); **hes·i'ta·tion** hésitation *f*.

het·er·o·dox ['hetərədɔks] hétérodoxe; '**het·er·o·dox·y** hétérodoxie *f*; **het·er·o·dyne** ['ᴗdain] *radio:* hétérodyne (*a. su./m*); **het·er·o·ge·ne·i·ty** [ᴗrodʒi'niːiti] hétérogénéité *f*; **het·er·o·ge·ne·ous** □ ['ᴗro'dʒiːnjəs] hétérogène; F disparate.

het up F [het'ʌp] excité, agité, nerveux (-euse *f*).

hew [hjuː] [*irr.*] couper; tailler (*a.* ⊕); ⊕ abattre; ⊕ dresser; '**hew·er** tailleur *m*; abatteur *m* (*d'arbres*); ⚒

piqueur *m*; **hewn** [hjuːn] *p.p. de* hew.

hexa... [heksə] hex(a)-; **hex·a·gon** ['ᴗgən] hexagone *m*; **hex·ag·o·nal** □ [hek'sægənl] hexagonal (-aux *m/pl.*); **hex·am·e·ter** [hek'sæmitə] hexamètre *m*.

hey [hei] hé!; holà!; hein?

hey·day ['heidei] **1.** tiens!; **2.** *fig.* apogée *m*; fleur *f* de l'âge; beaux jours *m/pl.*

hi [hai] hé!; holà!; ohé!

hi·a·tus [hai'eitəs] 🜨, *gramm.* hiatus *m*; lacune *f*.

hi·ber·nate ['haibəːneit] hiberner; hiverner (*a. personne*); **hi·ber'na·tion** hibernation *f*.

hic·cup, *a.* **hic·cough** ['hikʌp] **1.** hoquet *m*; **2.** avoir le hoquet; hoqueter.

hick F [hik] paysan *m*, rustaud *m*; *attr.* de province.

hick·o·ry ['hikəri] noyer *m* d'Amérique.

hid [hid] *prét. et p.p. de* hide²; **hid·den** ['hidn] *p.p. de* hide².

hide¹ [haid] **1.** peau *f*; ✝ cuir *m*; **2.** F tanner le cuir à (*q.*).

hide² [ᴗ] [*irr.*] (se) cacher (à, from); (se) dérober (à, from); **hide-and-seek** cache-cache *m*; *play* (at) ~ jouer au cache-cache; '**hide·a·way** F cachette *f*, F planque *f*.

hide·ous □ ['hidiəs] affreux (-euse *f*); horrible; '**hide·ous·ness** laideur *f*, horreur *f*.

hide·out ['haidaut] cachette *f*.

hid·ing¹ F ['haidiŋ] rossée *f*; tripotée *f*.

hid·ing² [ᴗ]: *go into* ~ se cacher; *in* ~ caché; '**~·place** cachette *f*.

hie *poét.* [hai] (*p.pr.* hying) se rendre (à la hâte).

hi·er·arch·y ['haiəraːki] *admin.*, *eccl.*, *etc.* hiérarchie *f*.

hi·er·o·glyph ['haiəroglif] hiéroglyphe *m*; **hi·er·o'glyph·ic** (*a.* **hi·er·o'glyph·i·cal** □) hiéroglyphique; **hi·er·o'glyph·ics** *pl.* hiéroglyphes *m/pl.*

hi-fi *Am.* ['hai'fai] (*abr. de* high fidelity) de haute fidélité (*reproduction*).

hig·gle ['higl] marchander.

hig·gle·dy-pig·gle·dy F ['higldi-'pigldi] en pagaïe, sans ordre.

high [hai] **1.** *adj.* □ (*see a. ~ly*) usu. haut; élevé; fort, violent (*vent*); grand (*vitesse*); faisandé (*gibier*); avancé (*viande*); fort (*beurre*) *attr.* de fête; solennel(le *f*); F *vivre*: parti, *par la drogue*: drogué, camé; F *get ~* se défoncer; *~est bidder le plus offrant m*; *with a ~ hand* arbitrairement; tyranniquement; *de façon cavalière*; *~ spirits pl.* gaieté *f*, entrain *m*; *♀ Church* haute Église *f* (anglicane); *~ colo(u)r* vivacité *f* de teint (*d'une personne*); couleur *f* vive; *~ dive* plongeon *m* de haut vol; *⚡ frequency* haute fréquence *f*; *surt. Am. sl. ~-hat* gommeux *m*; *v/t.* traiter d'une manière hautaine; *v/i.* se donner de grands airs; *~ life la vie f mondaine*; *~ noon* plein midi; *~ street* grand-rue *f*, rue *f* principale; *see tea*; *⚡ tension* haute tension *f*; *it is ~ time* il est grand temps; *~ treason* lèse-majesté *f*; haute trahison *f*; *~ water* marée *f* haute; *~ wind* gros vent *m*; *~ words* paroles *f/pl.* dures; **2.** *su.* *météor.* aire *f* anticyclonique; *surt. Am. ♀ see High School*; *~ and low* les grands et les petits; *on ~* en haut; **3.** *adv.* haut; en haut; fort(ement); *~-backed* à grand dossier; *~-ball Am.* whisky *m* et soda *m*; *~-born* de haute naissance; *~-boy Am.* commode *f*; *~-bred* de race; *~-brow* **1.** intellectuel(le *f*); *m*; **2.** *iro.* prétendu intellectuel(le *f*); *~-class* de première classe *ou* qualité; *~-day* jour *m* de fête; *~-explosive* brisant; à haut explosif; *~-falutin(g)* [*'~fə'lu:-tin, -iŋ*] **1.** prétentieux (-euse *f*); **2.** discours *m* pompeux; *~-flown* ampoulé; ambitieux (-euse *f*); *~-grade* de qualité supérieure; *~-handed* arbitraire; *~-jump* saut *m* en hauteur; *~-land-er* montagnard *m* écossais; soldat *m* d'un régiment écossais; *~-lands* hautes terres *f/pl.*; *~-lev-el* *aéol.: alp. ~ climb* ascension *f* à haute altitude; *~-light* **1.** *peinture:* rehaut; reflet *m*; *fig.* point *m* marquant, F clou *m*; **2.** mettre en lumière, mettre en vedette; souligner; *~-liv-ing* bonne chère *f*; *high-ly* fort(ement); très; bien; extrêmement; *speak ~ of* parler en termes très flatteurs de; vanter; *~ descended* de haute naissance; *high-minded* magnanime; généreux (-euse *f*); *high-ness* élévation

f; *fig.* grandeur *f*; *♀ titre:* Altesse *f*. **high...:** *~ oc-tane pet-rol* essence *f* à haut indice d'octane; *~-pitched* aigu(ë *f*) (*ton etc.*); à forte inclinaison (*toit etc.*); *~-pow-er* *~ station* station *f* génératrice de haute puissance; *~ radio station* poste *m* de grande portée; *~-priced* coûteux (-euse *f*), cher; *~-rank-ing* de haut rang; *~-rise* tour *f* d'habitation; *~-road* grand-route *f*; grand chemin *m*; *~-speed* à grande vitesse; ⊕ à marche rapide; *~-spir-it-ed* plein d'ardeur; fougueux (-euse *f*); *~-step-ping* qui trousse (*cheval*); *Am. sl.* noceur (-euse *f*); *~-strung* (au tempérament) nerveux; *~-toned* *surt. Am.* F chic, élégant; *wa-ter* marée *f* haute; *~-way* grand-route *f*; grand chemin *m*; *fig.* bonne voie *f*; chemin *m*; *~-way-man* voleur *m* de grand chemin.

hi-jack ['haidʒæk] **1.** détourner (*un avion*); **2.** détournement (*d'un avion*); **'hi-jack-er** pirate *m* (de l'air).

hike F [haik] **1.** faire du footing; **2.** excursion *f* à pied; *surt. Am.* F hausse *f* (*des prix*); **'hik-er** excursionniste *mf* à pied.

hi-lar-i-ous □ [hi'lɛəriəs] joyeux (-euse *f*).

hi-lar-i-ty [hi'læriti] hilarité *f*.

Hil-a-ry ['hiləri] *⚡ a. univ. ~ Term* session *f* de la Saint-Hilaire (*janvier à mars*).

hill [hil] colline *f*, coteau *m*; côte *f*; *~-bil-ly Am.* F ['~bili] montagnard *m*; *~-climb-ing* *mot.* montée *f* des côtes; *~ contest* course *f* de côte; *'hill-i-ness* nature *f* accidentée (*d'une région*); **hill-ock** ['~ɔk] petite colline *f*; *'hill-y* montueux (-euse *f*); accidenté (*terrain*).

hilt [hilt] épée: poignée *f*; garde *f*; *up to the ~* jusqu'à la garde; *fig.* complètement, sans réserve.

him [him] *accusatif:* le; *datif:* lui; se, soi; celui.

him-self [him'self] lui-même; *réfléchi:* se, *accentué:* soi; *of ~* de lui-même; de son propre choix; *by ~* tout seul.

hind¹ *zo.* [haind] biche *f*.

hind² [~] valet *m* de ferme; paysan *m*.

hind³ [~]: *~ leg* jambe *f ou* patte *f* derrière; = **'hind-er** de derrière; postérieur; arrière-...

hin·der ['hində] v/t. empêcher (q.) (de, from); gêner; retarder.

hind·most ['haindmoust] dernier (-ère f); **hind·quar·ters** ['haindkwɔːtəz] pl. arrière-train m (pl. arrière-trains).

hin·drance ['hindrəns] empêchement m; obstacle m.

hind·sight ['haindsait] sagesse f (d')après coup; with ~ (en réfléchissant) d'après coup.

Hin·du, a. **Hin·doo** ['hin'duː] 1. hindou; 2. Hindou(e f) m.

Hin·du·sta·ni ling. [hindu'stæni] hindoustani m.

hinge [hindʒ] 1. gond m; charnière f; fig. pivot m; off the ~s hors de ses gonds; 2. ~ upon fig. dépendre de; ~d lid couvercle m à charnière(s).

hin·ny zo. ['hini] bardot m.

hint [hint] 1. avis m; allusion f; signe m; 2. suggérer, insinuer; faire allusion (à, at).

hip¹ [hip] 1. hanche f; ~ bath bain m de siège; ~ flask flacon m plat; 2. coxal (-aux m/pl.); de la hanche; sur les hanches.

hip² ♀ [~] cynorrhodon m; F gratte-cul m/inv.

hip³ [~] 1. mélancolie f; 2. attrister; F donner le cafard à.

hip⁴ [~]: int. ~, ~, hurra(h)! hip! hip! hourra!

hipped F [hipt] mélancolique; Am. sl. obsédé.

hip·po F ['hipou] = **hip·po·pot·a·mus** [hipə'pɔtəməs], pl. a. ~mi [~mai] hippopotame m.

hip-roof △ ['hipruːf] toit m en croupe.

hip-shot ['hipʃɔt] (d)éhanché.

hire ['haiə] 1. louage m; maison: location f; gages m/pl.; ~ charge prix m de (la) location; on ~ en location; à louer; à louage; for ~ libre (taxi); 2. louer; arrêter; engager (un domestique); ~ out louer; Am. entrer en service; **hire·ling** ['hiə'liŋ] mercenaire (a. su./m); **'hire-'pur·chase** vente f à tempérament; on the ~ system à tempérament.

hir·sute ['həːsjuːt] hirsute, velu; fig. grossier (-ère f).

his [hiz] 1. son, sa, ses; 2. le sien, la sienne, les siens, les siennes; à lui.

hiss [his] 1. sifflement m; 2. v/i. siffler; chuinter (vapeur etc.); v/t. siffler; ~ off chasser à coups de sifflets.

hist [sːt] chut; pour attirer l'attention: pst!

his·to·ri·an [his'tɔːriən] historien m; **his·tor·ic, his·tor·i·cal** □ [~'tɔrik(l)] historique; de l'histoire; **his·to·ri·og·ra·pher** [~tɔːri'ɔɡrəfə] historiographe m; **his·to·ry** ['~təri] histoire f; manuel m d'histoire; théâ. drame m historique.

his·tri·on·ic [histri'ɔnik] théâtral (-aux m/pl.); péj. histrionique.

hit [hit] 1. coup m; touche f; trait m satirique, coup m de patte; théâ. (pièce f à) succès m; ♪ succès m; 2. [irr.] v/t. frapper; heurter; atteindre (un but); porter (un coup); trouver (le mot juste); Am. F arriver à; ~ it off with s'accorder avec; ~ off imiter exactement; ~ one's head against se cogner la tête contre; ~ s.o. a blow porter un coup à q.; v/i. ~ at décocher un coup à; ~ or miss à tout hasard; ~ out détacher des coups (à, at); ~ (up)on découvrir; trouver; tomber sur; **'~-and-'run driv·er** mot. chauffard m.

hitch [hitʃ] 1. saccade f; ♣ nœud m, clef f; fig. empêchement m soudain; accroc m; radio etc.: technical ~ incident m technique; 2. remuer par saccades; accrocher; nouer; attacher (un cheval etc.); ♣ amarrer; ~ up remonter (le pantalon); Am. atteler (des chevaux); Am. sl. get ~ed se marier; **'~-hike** Am. F faire de l'auto-stop; **'~-hik·ing** Am. auto-stop m.

hith·er poét. ['hiðə] ici; le plus rapproché; **hith·er·to** ['~'tuː] jusqu'ici.

hive [haiv] 1. ruche f (a. fig.); essaim m; fig. fourmilière f; ~s pl. urticaire f; varicelle f pustuleuse; croup m; 2. v/t. mettre dans une ruche; ~ up accumuler; v/i. entrer dans la ruche; fig. vivre ensemble.

ho [hou] ho! hé!; ô en vue!

hoar [hɔː] 1. see hoarfrost; 2. chenu (personne).

hoard [hɔːd] 1. amas m; accumulation f secrète; F argent: magot m; 2. (a. ~ up) amasser; accumuler; thésauriser (de l'argent).

hoard·ing¹ ['hɔːdiŋ] resserre f; accumulation f; thésaurisation f.

hoard·ing² [~] clôture f de bois; panneau m d'affichage.

hoar·frost ['hɔː'frɔst] gelée f blanche, givre m.

hoar·i·ness ['hɔːrinis] blancheur f; vieillesse f.

hoarse □ [hɔːs] rauque, enroué; **'hoarse·ness** enrouement m.

hoar·y ['hɔːri] blanchi (*cheveux*); chenu (*personne*); *fig.* séculaire.

hoax [houks] **1.** tour m, mystification f, farce f; supercherie f; *journ.* canard m; **2.** attraper, jouer un tour à, mystifier.

hob¹ [hɔb] *cheminée:* plaque f de côté; fiche f de but (*au jeu de palets*).

hob² [~] *see* hobgoblin; *surt. Am.* F *raise* ~ faire du raffut; rouspéter fort.

hob·ble ['hɔbl] **1.** clochement m, boitillement m; F embarras m; **2.** *v/i.* clocher, boitiller, clopiner; *v/t.* entraver; F embarrasser.

hob·ble·de·hoy F ['hɔbldi'hɔi] jeune homme m gauche; F grand dadais m.

hob·by ['hɔbi] *fig.* marotte f, dada m; **'~·horse** † petit cheval m de selle; cheval m de bois; dada m.

hob·gob·lin ['hɔbgɔblin] lutin m.

hob·nail ['hɔbneil] clou m à ferrer, caboche f.

hob·nob ['hɔbnɔb]: ~ *with* être à tu et à toi avec (*q.*); fréquenter (*q.*).

ho·bo *Am.* ['houbou] ouvrier m ambulant; F chemineau m.

hock¹ [hɔk] **1.** *zo.* jarret m; **2.** couper le jarret à.

hock² [~] vin m du Rhin.

hock³ *sl.* [~] **1.** gage m; prison f; **2.** engager.

hock·ey *sp.* ['hɔki] hockey m.

hock·shop ['hɔkʃɔp] mont m de piété; F ma tante f.

ho·cus ['houkəs] duper; droguer (*q.*, *qch.*); narcotiser (*une boisson*); **~·po·cus** ['~'poukəs] **1.** (tour m de) passe-passe m/inv.; tromperie f; **2.** *v/i.* faire des tours de passe-passe; *v/t.* mystifier; escamoter (*qch.*).

hod [hɔd] oiseau m (*de maçon*); seau m à charbon.

hodge-podge ['hɔdʒpɔdʒ] *see* hotchpotch.

hod·man ['hɔdmən] aide-maçon (*pl.* aides-maçons) m.

hoe ✓ [hou] **1.** houe f; **2.** houer.

hog [hɔg] **1.** porc m (*châtré*); *fig.* goinfre m; *sl.* *go the whole* ~ aller jusqu'au bout; **2.** F accaparer, monopoliser; *mot.* ~ *the road* tenir toute la route; **hogged** [hɔgd] fortement bombé; en brosse; **hog·get** ['hɔgit] agneau m antenais; (*peau f*) de cochon; grossier (*-ère f*); **hog·gish** □ ['~iʃ] de cochon; grossier (*-ère f*); **'hog·gish·ness** grossièreté f; gloutonnerie f; **hogs·head** ['~zhed] tonneau m; *mesure:* fût m (240 litres); *Am.* grosse balle f de tabac (*de 750 à 1200 livres*); **'hog·skin** peau f de porc; **'hog·wash** eaux f/pl. grasses; F lavasse f.

hoi(c)k [hɔik] ✈ (faire) monter en chandelle; F lever d'un coup sec.

hoist [hɔist] **1.** (coup m de) treuil m; **2.** hisser; guinder.

hoi·ty-toi·ty ['hɔiti'tɔiti] **1.** susceptible; qui fait l'important; **2.** ta-ratata!

ho·kum *Am. sl.* ['houkəm] balivernes f/pl.; absurdité f, fumisterie f.

hold [hould] **1.** *su.* prise f; appui m; empire m, pouvoir m; influence f; *box.* tenu m; tanière f (*d'une bête fauve*); ⊕ cale f; *catch* (*ou get ou lay ou take*) ~ *of* saisir, s'emparer de; *have a* ~ *of* (*ou on*) tenir; *keep* ~ *of* ne pas lâcher (*qch.*); **2.** [*irr.*] *v/t. usu.* tenir; retenir (*l'attention, l'haleine, dans la mémoire*); contenir; maintenir; détenir; tenir pour; professer (*une opinion*); avoir (*une idée*); arrêter; célébrer (*une fête*); tenir (*une séance*); faire (*une enquête*); 🏛 décider (*que, that*); *surt. Am.* ~ *down a job* occuper un emploi; se montrer à la hauteur d'un emploi; ~ *one's own* tenir bon; défendre sa position; *téléph.* ~ *the line* ne pas quitter; ~ *water* être étanche; *fig.* tenir debout; ~ *off* tenir à distance; ✈ intercepter; ~ *on* maintenir; tenir (*qch.*) en place; ~ *out* tendre; offrir; ~ *over* remettre à plus tard; ~ *up* lever en l'air; soutenir; relever (*la tête*); offrir (*comme modèle*); arrêter; entraver; tourner (*en ridicule*); exposer; **3.** [*irr.*] *v/i.* tenir (*bon*); se maintenir; persister; être vrai; ~ *forth* pérorer, disserter (*sur, on*); ~ *good* (*ou true*) être valable; ne pas se démentir; F ~ *hard!* arrêtez!; halte là!; ⊕ *baste!*; ~ *in* se maîtriser; ~ *off* se tenir à distance; ⊕ tenir le large; ~ *on* se cramponner (à, *to*); ne pas lâcher; F ~ *on!* tenez ferme!; attendez un instant!; *téléph.* ne quittez pas!; ~ to s'en tenir à; ~ up se maintenir; se soutenir; '**hold-all** fourre-tout *m/inv.*; '**hold-er** *maison:* possesseur *m*; locataire *mf*; *médaille, poste:* titulaire *mf*; *sp.*, ✝ détenteur (-trice *f*) *m*; ~ of shares actionnaire *mf*; '**hold-fast** crampon *m* (*a.* ♀); serre-joint *m*; '**hold-ing** tenue *f*; possession *f*; ⊕ serrage *m*; ✝ portefeuille *m* effets, dossier *m*; small ~ petite propriété *f*; ~ com-pany société *f* de portefeuille; '**hold-o-ver** *Am.* survivance *f*, restant *m*; '**hold-up** *Am.* F coup *m* à main armée; hold-up *m*; *mot.* embouteillage *m*, bouchon *m*.

hole [houl] **1.** trou *m* (*a. fig.*); ouverture *f*; F *fig.* embarras *m*, difficulté *f*; pick ~s in critiquer; **2.** trouer, percer, faire un trou dans; *golf:* poter; *billard:* blouser; '**~-and-'cor-ner** clandestin, secret (-ète *f*); obscur.

hol-i-day ['hɔlədi] jour *m* de fête; congé *m*; ~s *pl.* vacances *f/pl.*; on ~ en vacances; '**~-mak-er** vacancier (-ère *f*) *m*.

ho-li-ness ['houlinis] sainteté *f*.

hol-la ['hɔlə], **hol-lo(a)** ['hɔlou] **1.** holà!; tiens!; *souv.* bonjour!; **2.** *einer* holà.

Hol-land ['hɔlənd] (*a.* brown ~) toile *f* de Hollande, toile *f* écrue.

hol-ler *Am.* F ['hɔlə] **1.** crier (à tue-tête); **2.** grand cri *m*.

hol-low ['hɔlou] **1.** *adj.* □ creux (creuse *f*); vide; faux (fausse *f*); sourd (*bruit*); **2.** F *adv.* (*a. all* ~) complètement; (*sonner*) creux; **3.** *su.* creux *m*, cavité *f*; *terrain:* dénivella-tion *f*, enfoncement *m*; ⊕ évidure *f*; **4.** *v/t.* creuser, évider; '**hol-low-ness** creux *m*; *fig.* fausseté *f*.

hol-ly ♀ ['hɔli] houx *m*.

hol-ly-hock ♀ ['hɔlihɔk] rose *f* trémière.

holm [houm] îlot *m*; rive *f* plate; ♀ yeuse *f*.

hol-o-caust ['hɔləkɔːst] holocauste *m*; *fig.* massacre *m*. [volver.\

hol-ster ['houlstə] étui *m* de re-\

ho-ly ['houli] saint; pieux (-euse *f*); ♀ of Holies le saint *m* des saints; ♀ Thursday le jeudi *m* saint; ~ water eau *f* bénite; ♀ Week la semaine *f* sainte.

hom-age ['hɔmidʒ] hommage *m*; do (*ou* pay *ou* render) ~ rendre hom-mage (à, to).

home [houm] **1.** *su.* foyer *m*; mai-son *f*, demeure *f*; asile *m*; patrie *f*; at ~ chez moi (lui, elle, *etc.*); **2.** *adj.* domestique, de famille; qui porte (*coup*); bien senti (*vérité*); ~ affairs *pl.* affaires *f/pl.* intérieures; ~ help aide *f* ménagère; ♀ Office Ministère *m* de l'Intérieur; ~ rule autonomie *f*; ♀ Secretary Ministre *m* de l'Intérieur; ~ straight, ~ stretch *sp.* dernière ligne droite *f*; *fig.* phase *f* finale; ~ trade commerce *m* intérieur; F tell s.o. a few ~ truths dire ses quatre vérités à q.; **3.** *adv.* à la maison, chez moi *etc.*; à son pays; à la patrie; à fond; ~ delivery livraison *f* à domi-cile; be ~ être chez soi; être de retour; bring (*ou* press) s.th. ~ to s.o. faire sentir qch. à q.; convaincre q. de qch.; come ~ retourner au pays; rentrer; it came ~ to her *fig.* elle s'en rendit compte; hit (*ou* strike) ~ frap-per juste; **4.** *v/i.* revenir au foyer (*pigeon:* au colombier); '**~-baked** de ménage; fait à la maison; '**~-bred** indigène; *fig.* naturel(le *f*); '**~-com-ing** retour *m* (au foyer *ou* au pays); rentrée *f*; '**~-croft** petite ferme *f*; ~ e-co'nom-ics *sg.* *Am.* économie *f* domestique; '**~-felt** dans son for intérieur; profond; '**~-'grown** indi-gène, du cru (*vin*); '**home-less** sans foyer, sans asile; '**home-like** qui rappelle le foyer; intime; '**home-li-ness** simplicité *f*; *Am.* manque *m* de beauté; '**home-ly** □ *fig.* simple, modeste, ordinaire; *Am.* sans beauté.

home...: '**~-made** fait à la maison; du pays; '**~-mak-er** mère *f* de famille, ménagère *f*; '**~-sick** nostal-gique; '**~-sick-ness** nostalgie *f*; '**~-spun 1.** filé à la maison; *fig.* simple, rude; **2.** gros drap *m*; '**~-stead** ferme *f* avec dépendances; *Am.* bien *m* de famille; '**~-town** ville *f* natale; '**~-ward 1.** *adv.* (*ou* '**~-wards**) vers la maison; vers son pays; **2.** *adj.* de retour; '**~-work** travail *m* fait à la maison; *école:* devoirs *m/pl.*; do one's ~ faire ses devoirs; *fig.* se bien préparer.

hom-i-cide ['hɔmisaid] homicide *m*; meurtre *m*; *personne:* homicide *mf*.

hom-i-ly ['hɔmili] homélie *f*.

hom·ing ['houmiŋ] retour *m* à la maison; ✈ retour *m* par radio-guidage; ~ instinct instinct *m* qui ramène au foyer; ~ pigeon pigeon *m* voyageur. [mais.]

hom·i·ny ['hɔmini] semoule *f* de)

ho·mo F ['houmou] homo *m*, pédé *m*.

ho·moe·o·path ['houmioupæθ] homéopathe *mf*; **ho·moe·o'path·ic** (~ally) homéopathique; homéopathe (*médecin*); **ho·moe·op·a·thist** [~'ɔpəθist] homéopathe *mf*; **ho·moe'op·a·thy** homéopathie *f*.

ho·mo·ge·ne·i·ty [hɔmodʒe'ni:iti] homogénéité *f*; **ho·mo·ge·ne·ous** [~'dʒi:njəs] homogène; **ho·mog·en·ized** [hɔ'mɔdʒənaizd] homogénéisé; **ho·mol·o·gous** [hɔ'mɔləgəs] homologue; **ho'mol·o·gy** [~dʒi] homologie *f*; **hom·o·nym** [~nim] homonyme *m*; **ho·mo·sex·u·al** ['houmou'seksjuəl] homosexuel(le *f*).

hom·y F ['houmi] see homelike.

hone ⊕ [houn] 1. pierre *f* à aiguiser; 2. aiguiser; repasser (*un rasoir*).

hon·est □ ['ɔnist] honnête, sincère, loyal (-aux *m/pl.*); intègre; ~ truth exacte vérité *f*; **'hon·es·ty** honnêteté *f*, probité *f*, loyauté *f*.

hon·ey ['hʌni] miel *m*; my ~! chéri(e *f*)!; **'~comb** rayon *m* de miel; **'~combed** alvéolé; criblé; **hon·eyed** ['hʌnid] emmiellé; *fig.* mielleux (-euse *f*); **'hon·ey·moon** 1. lune *f* de miel; 2. passer la lune de miel; **hon·ey·suck·le** ♀ ['~sʌkl] chèvrefeuille *m*.

honk *mot.* [hɔŋk] 1. cornement *m*; 2. corner, klaxonner.

honk·y-tonk *Am. sl.* ['hɔŋkitɔŋk] beuglant *m*.

hon·o·rar·i·um [ɔnə'rɛəriəm] honoraires *m/pl.*; **hon·or·ar·y** ['ɔnə-rəri] honoraire, d'honneur.

hon·o(u)r ['ɔnə] 1. honneur *m*; distinction *f* honorifique; *fig.* gloire *f*; ~s *pl.* honneurs *m/pl.*; distinctions *f/pl.*; your ♀ Monsieur le juge; in ~ of *s.o.* en honneur de q., à la gloire de q.; do the ~s of the house faire les honneurs de q. (*etc.*) maison; 2. honorer; faire honneur à (*a.* ✝).

hon·o(u)r·a·ble □ ['ɔnərəbl] honorable; Right ♀ (le) très honorable; **'hon·o(u)r·a·ble·ness** honorabilité *f*; caractère *m* honorable.

hooch *Am. sl.* [hu:tʃ] gnôle *f*.

hood [hud] capuchon *m*; ✈ cloche *f*; ⊕ forge *etc.*: hotte *f*; *univ.* chaperon *m*; *mot.* capote *f*; *Am. mot.* capot *m* (*du moteur*); **'hood·ed** encapuchonné (*personne*), ♀ capuchonné; *cost.* à capuchon; *fig.* couvert.

hood·lum *Am.* F ['hu:dləm] voyou *m*; gangster *m*; galapiat *m*.

hoo·doo *surt. Am.* ['hu:du:] 1. déveine *f*, guigne *f*; porte-malheur *m/inv.*; 2. porter la guigne à; jeter un sort sur.

hood·wink ['hudwiŋk] † bander les yeux à; *fig.* tromper.

hoo·ey *Am. sl.* ['hu:i] bêtise *f*.

hoof [hu:f] sabot *m*; F pied *m*; **hoofed** [hu:ft] à sabots.

hook [huk] 1. croc(het) *m*; robe: agrafe *f*; vestiaire: patère *f*; pêche: hameçon *m*; ~s and eyes agrafes et œillets; by ~ or by crook coûte que coûte; *Am.* F ~, line and sinker sans exception, totalement; sans réserve; 2. *v/t.* accrocher; agrafer (*une robe*); prendre (*un poisson*); courber (*le doigt*); *fig.* crocher (*le bras*); *sl.* voler à la tire; attraper; *sl.* ~ it attraper; ficher le camp; ~ up agrafer (*une robe*); suspendre; *v/i.* (*a.* ~ on) s'accrocher; **hooked** [~t] crochu (*a. nez*); muni de crochets *etc.*; *sl.* toxicomane; **'hook·er** ♀ hourque *f*; *Am. sl.* pouffiasse *f* (= prostituée); **'hook-up** combinaison *f*, alliance *f*; *radio:* relais *m* radiophonique; postes *m/pl.* conjugués; **'hook·y**: *Am. play* ~ faire l'école buissonnière.

hoo·li·gan ['hu:ligən] gouape *f*, voyou *m*.

hoop [hu:p] 1. *tonneau:* cercle *m*; ⊕ roue: jante *f*; *cost.* panier *m*; cerceau *m* (*d'enfant*); *Am. sl.* bague *f*; 2. cercler; garnir de jantes; **'hoop·er** tonnelier *m*, cerclier *m*.

hoop·ing-cough ['hu:piŋkɔf] coqueluche *f*.

hoo·poe *orn.* ['hu:pu:] huppe *f*.

hoose·gow *Am.* F ['hu:sgau] prison *f*; cabinets *m/pl.*

hoot [hu:t] 1. *su. hibou:* ululement *m*; *personne:* huée *f*; *mot.* cornement *m*; coup *m* de sifflet; 2. *v/i.* ululer; huer; *mot.* klaxonner; *théâ.* siffler; *v/t.* huer; (*a.* ~ at, ~ out, ~ away) chasser (*q.*) par des huées; **'hoot·er**

sirène *f*; avertisseur *m*; *mot.* klaxon *m*.

hop[1] [hɔp] **1.** *su.* ♀ houblon *m*; *~s pl.* houblon *m*; **2.** *v/t.* houblonner (*la bière*); *v/i.* cueillir le houblon.

hop[2] [.] **1.** *su.* saut *m*; gambade *f*; 𝔛 étape *f*; *sl.* sauterie *f* (= *bal*); **2.** sauter; *v/t. sl. ~ it* ficher le camp, filer; se débiner; *v/i.* sautiller; 𝔛 *~ off* décoller, partir.

hope [houp] **1.** espoir *m* (de, *of*); espérance *f*; *of great ~s* qui promet; **2.** espérer (qch., *for s.th.*); *~ in* mettre son espoir en; **hope·ful** □ ['~ful] plein d'espoir; qui promet; *be ~ that* avoir bon espoir que; **'hope·ful·ly** *adv. Am.* on espère (que); **'hope·less** □ désespéré; sans espoir; incorrigible; inutile.

hop-o'-my-thumb ['hɔpəmi'θʌm] le Petit Poucet; *fig.* petit bout *m* d'homme.

hop·per ['hɔpə] ⊕ *moulin*: trémie *f*, huche *f*; ⚓ semoir *m*; ♣ marie-salope (*pl.* maries-salopes) *f*.

horde [hɔːd] horde *f*.

ho·ri·zon [hə'raizn] horizon *m*; *on the ~* à l'horizon; **hor·i·zon·tal** □ [hɔri'zɔntl] horizontal (-aux *m/pl.*).

hor·mone *biol.* ['hɔːmoun] hormone *f*.

horn [hɔːn] *usu.* corne *f*; *zo.* antenne *f*; hibou: aigrette *f*; ♂ cor *m*; ♪ *F* instrument *m* à vent; *radio etc.*: pavillon *m*; † corne *f* à boire; *mot.* klaxon *m*; trompe *f*; (*stag's*) *~s pl.* bois *m*; *~ of plenty* corne *f* d'abondance; **horned** ['~id; hɔːnd] à ... cornes, cornu.

hor·net *zo.* ['hɔːnit] frelon *m*.

horn·less ['hɔːnlis] sans cornes; **'horn·pipe** (*a. sailor's ~*) danse: matelote *f*; **horn·swog·gle** *Am. sl.* ['~swɔgl] escroquer, tromper (*q.*); **'horn·y** □ corné; de *ou* en corne; calleux (-euse *f*) (*main*); ∨ excité, en chaleur.

hor·o·loge ['hɔrɔlɔdʒ] horloge *f*.

hor·o·scope ['~skoup] horoscope *m*; *cast s.o.'s ~* dresser l'horoscope de q.

hor·ren·dous [hə'rendəs] terrible, horrible.

hor·ri·ble □ ['hɔrəbl] horrible, affreux (-euse *f*); **hor·rid** □ ['hɔrid] horrible, affreux (-euse *f*).

hor·rif·ic [hɔ'rifik] horrifique; **hor·ri·fy** ['~fai] horrifier; *fig.*

scandaliser; **hor·ror** ['hɔrə] horreur *f* (de, *of*); chose *f* horrible; *F the ~s pl.* delirium *m* tremens.

horse [hɔːs] **1.** *su.* cheval *m*; *coll.* cavalerie *f*; séchoir *m*; *take ~* monter à cheval; 𝔛 *~ artillery* artillerie *f* montée; **2.** *v/t.* fournir des chevaux à; mettre des chevaux à; *v/i.* chevaucher; '*~·back: on ~* à cheval; sur un cheval; *be* (*ou go*) *on ~* aller à cheval; *get on ~* monter à cheval; '*~·bean* féverole *f*; '*~·box* 🚃 wagon *m* à chevaux; fourgon *m* pour le transport des chevaux; '*~·break·er* dresseur *m* de chevaux; '*~·deal·er* marchand *m* de chevaux; ♀ *Guards pl.* la cavalerie de la Garde; '*~·hair* crin *m* (de cheval); '*~·laugh F* gros rire *m* bruyant; '*~·man* cavalier *m*; '*~·man·ship* manège *m*, équitation *f*; *~·op·er·a Am.* Western *m*; '*~·play* jeu *m* de main(s), jeu *m* brutal; '*~·pond* abreuvoir *m*; '*~·pow·er* *mesure*: cheval-vapeur (*pl.* chevaux-vapeur) *m*; '*~·race* course *f* de chevaux; '*~·rad·ish* ♀ raifort *m*; '*~·sense* gros bon sens *m*; '*~·shoe* fer *m* à cheval; '*~·whip* cravache *f*; '*~·wom·an* amazone *f*, cavalière *f*.

hors·y ['hɔːsi] chevalin; hippomane (*personne*).

hor·ta·tive □ ['hɔːtətiv], **hor·ta·to·ry** ['~təri] exhortatif (-ive *f*).

hor·ti·cul·tur·al [hɔːti'kʌltʃərəl] d'horticulture; **'hor·ti·cul·ture** horticulture *f*; **hor·ti·cul·tur·ist** horticulteur *m*.

hose [houz] **1.** † bas *m/pl.*; *jardin*: tuyau *m*; manche *f* à eau; **2.** *v/t.* arroser au tuyau.

ho·sier † ['houʒə] bonnetier (-ère *f*) *m*; '**ho·sier·y** bonneterie *f*.

hos·pice ['hɔspis] hospice *m*.

hos·pi·ta·ble □ ['hɔspitəbl] hospitalier (-ère *f*).

hos·pi·tal ['hɔspitl] hôpital *m*; hospice *m*; ♀ *Sunday* dimanche *m* de quête pour les hôpitaux; **hos·pi·tal·i·ty** [~'tæliti] hospitalité *f*; **hos·pi·tal·ize** ['~təlaiz] hospitaliser; envoyer à l'hôpital; **hos·pi·tal·(l)er** ['~tlə] hospitalier *m*; *qqfois* aumônier *m*; '**hos·pi·tal-train** 🚑 train *m* sanitaire.

host[1] [houst] hôte *m* (*a. zo.*, ♀); hôtelier *m*, aubergiste *m*; *radio, télév.* présentateur (-trice *f*) *m*.

host[2] [∿] *fig.* foule *f*, multitude *f*; *bibl.* Lord of ⊙s le Dieu des armées.

host[3] *eccl.* [∿] hostie *f*.

hos·tage ['hɔstidʒ] otage *m*.

hos·tel ['hɔstəl] † hôtellerie *f*; *univ.* foyer *m*; youth ∿ auberge *f* de la jeunesse.

host·ess ['houstis] hôtesse *f*.

hos·tile ['hɔstail] hostile, ennemi; **hos·til·i·ty** [hɔs'tiliti] hostilité *f* (contre, to); animosité *f*.

hos·tler ['ɔslə] valet *m* d'écurie.

hot [hɔt] **1.** chaud; brûlant, cuisant; violent (*colère*); piquant (*sauce*); *sl.* volé; *Am.* remarquable; *Am. sl.* radio-actif (-ive *f*); F ∿ air discours *m/pl.* vides; **∿ dog** petit pain *m* fourré d'une saucisse chaude; ça (*ou* like ⊙s *like* cakes se ver̄de comme des petits pains; *pol.* ∿ line téléphone *m* rouge; ∿ spot point *m* névralgique; boîte *f* de nuit; *sl.* ∿ stuff as *m*; viveur *m*; marchandise *f* récemment volée; **2.** chauffer; **'hot·bed** couche *f* à *ou* de fumier; *fig.* foyer *m*.

hotch·potch ['hɔtʃpɔtʃ] salmigondis *m*; hochepot *m*; *fig.* méli-mélo (*pl.* mélis-mélos) *m*.

ho·tel [hou'tel] hôtel *m*.

hot...: ['∿foot] **1.** à toute vitesse; **2.** F se dépêcher; **'∿head** tête *f* chaude, impétueux (-euse *f* *m*); **'∿house** serre *f* chaude; **'hot·ness** chaleur *f*; violence *f*; *moutarde etc.*: force *f*.

hot...: ['∿plate] chauffe-assiettes *m/inv.*, réchaud *m*; **'∿pot** hochepot *m*,(*sorte de*) ragoût *m*; **'∿press** satiner (*le papier*), *tex.* calandrer; ∿ rod *mot. Am. sl.* bolide *m*; **'∿spur** cerveau *m* brûlé; tête *f* chaude; **'∿wa·ter:** ∿ bottle bouillotte *f*.

hough [hɔk] *see* hock[1].

hound [haund] **1.** chien *m* (*usu.* de chasse); *fig.* (sale) type *m*; **2.** chasser; *fig.* s'acharner après; exciter (contre *at*, on *s.th.*).

hour ['auə] heure *f*; *fig. a.* moment *m*; ∿s pl. heures *f/pl.* de bureau *etc.*; *eccl.* heures *f/pl.*; **'∿glass** sablier *m*; **'∿hand** petite aiguille *f*; **'hour·ly** (*adj.*) de toutes les heures; d'heure en heure.

house 1. *su.* [haus], *pl.* **hous·es** ['hauziz] maison *f*, habitation *f*, demeure *f*; † maison *f* (de commerce); *parl.* Chambre *f*; *théâ.* salle *f*; *fig.* ∿ of cards château *m* de cartes; *fig.* put ones ∿ in order mettre de

l'ordre dans ses affaires; **2.** [hauz] *v/t.* loger; mettre à l'abri; *v/i.* habiter, loger; **∿·a·gent** ['haus∿] agent *m* de location; ∿ **ar·rest** assignation *f* à domicile; put *s.o.* under ∿ assigner q. à domicile; **∿·boat** barge *f* de parade; **'∿·break·er** voleur *m* avec effraction, cambrioleur *m*; démolisseur *m*; **'∿·bro·ken** *Am.* propre (*animal*); docile, obéissant (*personne*); **'∿·check** perquisition *f* à domicile; **'∿·fly** mouche *f* commune; **'∿·hold** ménage *m*, famille *f*; domestiques *m/pl.*; *attr.* domestique, de *ou* du ménage; King's ∿ Maison *f* du roi; ∿ troops pl. la Garde *f*; ∿ word mot *m* d'usage courant; **'∿·hold·er** propriétaire *m*, locataire *m*; chef *m* de famille; **'∿·hunt·ing** F recherche *f* d'un appartement *ou* d'une maison; **'∿·keep·er** ménagère *f*; gouvernante *f*; **'∿·keep·ing 1.** ménage *m*; **2.** du ménage; **'∿·less** sans domicile *ou* abri; **'∿·maid** bonne *f*; fille *f* de service; **'∿·mas·ter** *école:* professeur *m* directeur (*d'une pension officielle*); **'∿·paint·er** peintre *m* décorateur; **'∿·proud:** be ∿ être (une) ménagère très méticuleuse; **'∿·room** logement *m*, place *f*; give *s.o.* ∿ loger q.; **'∿·to'house:** ∿ collection *etc.* quête *f etc.* à domicile; **'∿·trained** *Brit. see* housebroken; **'∿·warm·ing** (*ou* ∿party) pendaison *f* de la crémaillère; **'∿·wife** ['∿waif] ménagère *f*, maîtresse *f* de maison; ['hazif] trousse *f* de couture; **'∿·wife·ly** ['∿waifli] ménager (-ère *f*); de *ou* du ménage; **∿·wif·er·y** [∿'wifəri] économie *f* domestique; travaux *m/pl.* domestiques; **'∿·wreck·er** démolisseur *m*.

hous·ing[1] ['hauziŋ] logement *m*; *récolte, moutons, etc.*: rentrée *f*; ✝ emmagasinage *m*; ∿ conditions pl. état *m* du logement; ∿ estate (*ou* project *ou* scheme) cité *f*, grand ensemble *m*; ∿ shortage crise *f* du logement.

hous·ing[2] [∿] caparaçon *m*.

hove [houv] *prét. et p.p. de* heave **2.**

hov·el ['hɔvl] taudis *m*, masure *f*.

hov·er ['hɔvə] planer, se balancer; *fig.* hésiter.

how [hau] comment; ∿ much (*ou* many) combien (de); ∿ large a room! que la pièce est grande!; ∿ about ...? et ...?; si on ...?; **∿·d'ye-do** *sl.* ['∿djə'du:] affaire *f*;

humbug

pétrin m; ~'ev·er 1. adv. de quelque manière que (sbj.); devant adj. ou adv.: quelque ... que (sbj.), tout ... que (ind.); F comment diable?; 2. conj. cependant, toutefois, pourtant.

how·itz·er ✕ ['hauitsə] obusier m.

howl [haul] 1. hurler; 2. hurlement m; mugissement m; huée f; radio: réaction f dans l'antenne; 'howl·er hurleur (-euse f) m; sl. gaffe f, perle f; 'howl·ing 1. hurlant; F énorme; 2. hurlement m.

hoy [hɔi] 1. hé!; holà!; 2. ♆ bugalet m (= petit vaisseau côtier).

hoy·den ['hɔidn] jeune fille f garçonnière.

hub [hʌb] moyeu m; fig. centre m.

hub·ble-bub·ble ['hʌblbʌbl] glouglou m; bruit m confus de voix, brouhaha m.

hub·bub ['hʌbʌb] brouhaha m, vacarme m, tohu-bohu m.

hub(·by) F ['hʌb(i)] mari m.

huck·a·back ✝ ['hʌkəbæk] toile f grain d'orge; toile f ouvrée.

huck·le ['hʌkl] hanche f; '~·ber·ry ♀ airelle f myrtille; '~·bone os m de la hanche; jointure f du doigt.

huck·ster ['hʌkstə] 1. su. regrattier (-ère f) m; 2. v/t. colporter; v/i. marchander; trafiquer; regratter.

hud·dle ['hʌdl] 1. v/t. entasser (pêle-mêle); v/i. (a. ~ together, ~ up) s'entasser, s'empiler; ~ on mettre à la hâte; 2. su. tas m confus; mélimélo (pl. mélis-mélos) m; Am. conclave m, conférence f confidentielle.

hue¹ [hju:] teinte f, couleur f.

hue² [⌐] ~ and cry clameur f de haro; clameur f publique.

huff [hʌf] 1. su.: take (the) ~ se froisser; 2. v/t. froisser; dames: souffler (un pion); v/i. † haleter; se fâcher; dames: souffler; 'huff·ish † irascible; susceptible; 'huff·i·ness, 'huff·ish·ness mauvaise humeur f; susceptibilité f; 'huff·y □ irascible; susceptible; fâché.

hug [hʌg] 1. étreinte f; 2. étreindre, embrasser; serrer dans ses bras; tenir à, ne pas démordre de; chérir; serrer (le trottoir, un mur); ~ o.s. se féliciter (de inf., on gér.).

huge □ ['hju:dʒ] immense, énorme, vaste; 'huge·ness immensité f.

hug·ger-mug·ger F ['hʌgəmʌgə] 1. adj. sans ordre; en désordre (a.

adv.); 2. v/t. (a. ~ up) étouffer, supprimer; v/i. patauger; agir sans méthode; vivre sans ordre; 3. su. confusion f, pagaïe f.

Hu·gue·not hist. ['hju:gənɔt] huguenot(e f) m (a. adj.).

hulk ♆ [hʌlk] ponton m (carcasse de navire); fig. lourdaud m, gros pataud m; 'hulk·ing lourd, gros(se f).

hull [hʌl] 1. ♀ cosse f; fig. enveloppe f; ♆, ✈ coque f; 2. écosser (des pois), décortiquer (de l'orge, du riz); monder (de l'orge); ♆ percer la coque de.

hul·la·ba·loo [hʌləbə'lu:] vacarme m, brouhaha m.

hul·lo ['hʌ'lou] ohé!; tiens!; téléph. allô!

hum [hʌm] 1. bourdonnement m (des abeilles ou fig.); ronflement m; murmure m; F supercherie f; 2. hmm!; 3. v/i. bourdonner; ronfler; fredonner; ~ and ha bredouiller; tourner autour du pot; F make things ~ faire ronfler les choses; v/t. fredonner (un air).

hu·man ['hju:mən] 1. □ humain; ~ly en être humain; ~ly possible possible à l'homme; ~ly speaking humainement parlant; ~ rights pl. droits m/pl. de l'homme; 2. F être m humain; **hu·mane** □ [hju:'mein] humain, compatissant; ~ learning humanités f/pl.; **hu·man·ism** ['hju:mənizm] humanisme m; 'hu·man·ist humaniste (a. su./m); **hu·man·i·tar·i·an** [hju:mæni'tɛəriən] humanitaire (a. su./mf); **hu·man·i·ty** humanité f; nature f humaine; genre m humain, hommes m/pl.; humanities pl. humanités f/pl., lettres f/pl.; **hu·man·i·za·tion** [hju:mənai'zeiʃn] humanisation f; **hu·man·ize** (s')humaniser; **hu·man·kind** ['hju:mən'kaind] le genre m humain, les hommes m/pl.

hum·ble ['hʌmbl] 1. □ humble; modeste; in my ~ opinion à mon humble avis; your ~ servant votre humble serviteur m; eat ~ pie s'humilier, se rétracter; 2. humilier; rabaisser.

hum·ble-bee ['hʌmblbi:] bourdon m.

hum·ble·ness ['hʌmblnis] humilité f.

hum·bug ['hʌmbʌg] 1. charlatan

humdrum

(-isme) m; blagues f/pl.; personne: blagueur (-euse f) m; bonbon m glacé à la menthe); **2.** mystifier; conter des blagues à; enjôler (q.).

hum·drum ['hʌmdrʌm] **1.** monotone; banal (-aux m/pl.); ennuyeux (-euse f); **2.** monotonie f.

hu·mer·al anat. ['hju:mərəl] huméral (-aux m/pl.).

hu·mid ['hju:mid] humide; moite (peau, chaleur); **hu'mid·i·ty** humidité f.

hu·mil·i·ate [hju'milieit] humilier; mortifier; **hu·mil·i'a·tion** humiliation f; affront m.

hu·mil·i·ty [hju'militi] humilité f.

hum·mer ['hʌmə] surt. téléph. appel m vibré; sonnerie f; sl. brasseur m d'affaires; personne f très active.

hum·ming F ['hʌmiŋ] bourdonnant; vrombissant; '**~·bird** orn. colibri m, oiseau-mouche (pl. oiseaux-mouches) m; '**~·top** toupie f d'Allemagne.

hum·mock ['hʌmək] mamelon m, coteau m; glace: monticule m.

hu·mor·ist ['hju:mərist] humoriste m; comique m; farceur (-euse f) m.

hu·mor·ous □ ['hju:mərəs] comique, drôle; facétieux (-euse f); '**hu·mor·ous·ness** drôlerie f; humeur f facétieuse.

hu·mo(u)r ['hju:mə] **1.** usu. humeur f; plaisanterie f; caractère m; out of ~ mécontent (de, with); **2.** complaire à (q.); laisser faire (q.); flatter les caprices de; '**hu·mo(u)r·less** froid, austère; **hu·mo(u)r·some** □ ['˄.səm] capricieux (-euse f).

hump [hʌmp] **1.** bosse f; sl. cafard m; give s.o. the ~ embêter q.; **2.** courber, arquer; F embêter (q.); Am. sl. ~ o.s. se fouler; '**hump·back(ed)** see hunchback(ed).

humph [mm] hmm!

Hum·phrey ['hʌmfri]: dine with Duke ~ dîner par corps.

hump·ty-dump·ty F ['hʌmpti-'dʌmpti] petite personne f boulotte.

hump·y ['hʌmpi] couvert de protubérances.

hunch [hʌntʃ] **1.** see hump; gros morceau m; pain: quignon m; Am. F pressentiment m; **2.** (a. ~ out, up) voûter; '**hunch·back** bossu(e f) m; '**hunch·backed** bossu.

hun·dred ['hʌndrəd] **1.** cent m; **2.** cent m; centaine f (de); admin. canton m; '**hun·dred·fold** centuple; **hun·dredth** ['˄.θ] centième (a. su./m); '**hun·dred·weight** quintal m (50,802 kg, Am. 45,359 kg).

hung [hʌŋ] **1.** prét. et p.p. de hang **1. 2.** adj. faisandé (gibier, viande).

Hun·gar·i·an [hʌŋ'gɛəriən] **1.** hongrois; **2.** Hongrois(e f) m; ling. hongrois m.

hun·ger ['hʌŋgə] **1.** su. faim f; fig. ardent désir m (de, for); **2.** v/i. avoir faim; fig. avoir soif (de for after); v/t. affamer; contraindre par la faim (à inf., into gér.); ~ **strike** grève f de la faim; go on (a) ~ faire la grève de la faim.

hun·gry □ ['hʌŋgri] affamé (de for, after); avide (œil); maigre (sol).

hunk F [hʌŋk] gros morceau m; pain: quignon m; '**hun·kers** pl.: one's ~ à croupetons.

hunks F [hʌŋks] grippe-sou m avare m.

hunk·y(-do·ry) Am. sl. ['hʌŋk(-'dɔ:ri)] parfait; d'accord.

hunt [hʌnt] **1.** su. chasse f; terrain m de chasse; recherche f (de, for); vénerie f; **2.** v/t. chasser; poursuivre; ~ out, ~ up déterrer; découvrir; v/i. chasser (au chien courant ou à courre); aller à la recherche (de for, after); '**hunt·er** chasseur m; tueur m (de lions etc.); chien m de chasse; '**hunt·ing 1.** chasse f; poursuite f; vénerie f; **2.** de chasse; '**hunt·ing-box** pavillon m de chasse; muette f; '**hunt·ing-ground** terrain m de chasse; '**hunt·ress** chasseuse f; '**hunts·man** chasseur m (à courre).

hur·dle ['hə:dl] claie f, clôture f; sp. haie f; '**hur·dler** sp. sauteur m de haies; '**hur·dle-race** sp. turf: course f de haies; steeplechase m.

hur·dy-gur·dy ['hə:digə:di] † vielle f.

hurl [hə:l] **1.** lancement m; **2.** lancer (a. fig.), jeter.

hurl·y-burl·y ['hə:libə:li] brouhaha m, tintamarre m.

hur·ra(h) int. [hu'rɑ:] hourra! (a. su./m). [♣ tempête f.]

hur·ri·cane ['hʌrikən] ouragan m;

hur·ried □ ['hʌrid] pressé, précipité.

hur·ry ['hʌri] **1.** hâte f; précipitation f; empressement m; in a ~ à la hâte; be in a ~ être pressé; is there any ~? est-ce que cela presse?; F not ... in a ~ ne ... pas de sitôt; **2.** v/t. hâter, presser; ~ on, ~ up faire hâter le pas à; pousser; v/i. (a. ~ up) se hâter, se dépêcher; presser le pas; ~ over s.th. expédier qch.; faire qch. à la hâte; **'~-scur·ry 1.** désordre m; débandade f; **2.** à la débandade; pêle-mêle.

hurt [hɜːt] **1.** su. mal m; blessure f; tort m; **2.** [irr.] v/t. faire du mal à; fig. nuire à; blesser (a. les sentiments); faire de la peine à; gâter, abîmer; v/i. faire mal; offenser; F s'abîmer; **hurt·ful** □ ['~ful] (to) nuisible (à); préjudiciable (à).

hur·tle [hɜːtl] v/t. heurter; v/i. se précipiter.

hus·band ['hʌzbənd] **1.** mari m, époux m; **2.** ménager; ✍ cultiver; **'hus·band·man** cultivateur m, laboureur m; **'hus·band·ry** agronomie f; industrie f agricole; good ~ bonne gestion f; bad ~ gaspillage m.

hush [hʌʃ] **1.** int. silence!; chut!; **2.** su. silence m; **3.** v/t. calmer; faire taire; étouffer (un bruit); ~ up étouffer; v/i. se taire; **'~-mon·ey** prix m du silence (de q.).

husk [hʌsk] **1.** ✍ cosse f, gousse f; brou m; fig. carcasse f; **2.** écosser (des pois); décortiquer; **'husk·i·ness** enrouement m, raucité f.

husk·y¹ □ ['hʌski] cossu (pois); enroué (voix); altéré par l'émotion (voix); F fort, costaud.

hus·ky² [~] Esquimau mf; chien m esquimau.

hus·sar ✗ [hu'zɑː] hussard m.

hus·sy ['hʌsi] coquine f; garce f.

hus·tings hist. ['hʌstiŋz] pl. estrade f, tribune f; élection f.

hus·tle ['hʌsl] **1.** v/t. bousculer; pousser; v/i. se dépêcher, se presser; **2.** su. bousculade f; hâte f; activité f énergique; ~ and bustle animation f; remue-ménage m/inv.; **'hus·tler** homme m d'expédition.

hut [hʌt] **1.** hutte f, cabane f; ✗ baraquement m; **2.** (se) baraquer; loger.

hutch [hʌtʃ] coffre m, huche f; cage f (à lapins); fig. logis m étroit; pétrin m.

hut·ment ✗ ['hʌtmənt] (camp m de) baraques f/pl.; baraquements m/pl.

huz·za int. [hu'zɑː] hourra!; vivat! (a. su./m).

hy·a·cinth ♀ ['haiəsinθ] jacinthe f.

hy·a(e)·na zo. [hai'iːnə] hyène f.

hy·brid ['haibrid] **1.** biol. hybride m; personne: métis(se f) m/ **2.** hybride; hétérogène; **'hy·brid·ism** hybridité f; **'hy·brid·ize** (s')hybrider.

hy·drant ['haidrənt] prise f d'eau; **hy·drate** ♣ ['haidreit] hydrate m.

hy·drau·lic [hai'drɔːlik] **1.** (~ally) hydraulique; **2.** ~s pl. hydraulique f, hydromécanique f.

hydro... [haidro] hydr(o)-; **'~-'a·er·o·plane** hydravion m; **'~'car·bon** ♣ hydrocarbure m; **'~'chlo·ric ac·id** acide m chlorhydrique; **'~·dy'nam·ics** pl. hydrodynamique f; **'~·e'lec·tric** hydroélectrique; ~ generating station centrale f hydroélectrique; **'~·foil** hydrofoil m; **hy·dro·gen** ♣ ['haidridʒən] hydrogène m; **hy·dro·gen·at·ed** [hai'drɔdʒineitid] hydrogéné; **hy·drog·e·nous** [~'drɔdʒinəs] hydrogénique; **hy·drog·ra·phy** [~grəfi] hydrographie f; **hy·dro·path·ic** [haidro'pæθik] **1.** hydrothérapique; hydropathe (personne); **2.** (a. ~ establishment) établissement m hydrothérapique; **hy·drop·a·thy** [hai'drɔpəθi] hydropathie f.

hydro...: **~'pho·bi·a** hydrophobie f; **'~·plane** hydravion m; bateau m glisseur; **hy·dro·'stat·ic 1.** hydrostatique; ~ press presse f hydraulique; **2.** ~s pl. hydrostatique f.

hy·giene ['haidʒiːn] hygiène f; **hy·gien·ic** [~] (~ally) hygiénique; **2.** ~s pl. see hygiene.

hy·grom·e·ter phys. [hai'grɔmitə] hygromètre m.

Hy·men ['haimen] myth. Hymen m.

hymn [him] **1.** eccl. hymne f, cantique m; hymne m (national, de guerre, etc.); **2.** glorifier, louer; **hym·nal** ['~nəl] **1.** qui se rapporte à un cantique; **2.** (ou **'hymn-book**) recueil m d'hymnes.

hy·per·bo·la ♣ [hai'pəːbələ] hyperbole f; **hy·per·bo·le** [~li] rhétorique: hyperbole f; **hy·per·bol·ic** ♣ [~'bɔlik] hyperbolique; **hy·per·bol·i·cal** □ hyperbolique; **hy·per·crit·i·cal** □ ['~'kritikl] hypercritique; difficile; **hy·per·tro·phy** [~trəfi] hypertrophie f.

hy·phen ['haifən] **1.** trait m d'union;

typ. division *f*; **2.** écrire avec un trait d'union; **hy·phen·ate** [ˈ‿eit] mettre un trait d'union à; *‿d Americans pl.* étrangers *m/pl.* naturalisés (*qui conservent leur sympathie pour leur pays d'origine*).

hyp·no·sis [hipˈnousis], *pl.* **-ses** [‿siːz] hypnose *f*.

hyp·not·ic [hipˈnɔtik] **1.** (‿ally) hypnotique; **2.** narcotique *m*; **hyp·no·tism** [ˈ‿nətizm] hypnotisme *m*; **ˈhyp·no·tist** hypnotiste *mf*; **hyp·no·tize** [ˈ‿taiz] hypnotiser.

hy·po·chon·dri·a [haipoˈkɔndriə] hypocondrie *f*; F spleen *m*; **hy·po-ˈchon·dri·ac** [‿driæk] **1.** hypocondriaque; **2.** hypocondre *mf*; **hy·poc·ri·sy** [hiˈpɔkrəsi] hypocrisie *f*; **hyp·o·crite** [ˈhipokrit]

hypocrite *mf*; F *homme*: tartufe *m*, *femme*: sainte nitouche *f*; **hyp·o-ˈcrit·i·cal** □ hypocrite; **hy·po·derˈmic** [haipoˈdəːmik] **1.** sous-cutané (*injection*); ‿ *needle* canule *f*; **2.** seringue *f* hypodermique; **hy-pot·e·nuse** A [haiˈpɔtinjuːz] hypoténuse *f*; **hy·ˈpoth·e·car·y** [‿θikəri] ʒ hypothécaire; **hyˈpoth·e·cate** [‿θikeit] hypothéquer; **hy-ˈpoth·e·sis** [‿θisis], *pl.* **-ses** [‿siːz] hypothèse *f*; **hy·po·thet·ic**, **hy·po-ˈthet·i·cal** □ [‿poˈθetik(l)] hypothétique, supposé.

hys·te·ri·a ♣ [hisˈtiəriə] hystérie *f*; F crise *f* de nerfs; **hys·ter·ic**, *usu.* **hys·ter·i·cal** □ [hisˈterik(l)] hystérique; **hys·ter·ics** *pl.* crise *f ou* attaque *f* de nerfs; *go into* ‿ avoir une crise de nerfs.

I

I, i [ai] I m, i m.

I [ai] je; *accentué*: moi.

i·am·bic [ai'æmbik] **1.** iambique; **2.** (*ou* **'i·amb, i·am·bus** [~bəs]) iambe m.

i·bex zo. ['aibeks] bouquetin m.

ice [ais] **1.** glace f (*a. cuis.*); F cut no ~ ne faire aucune impression (sur, with); F ne pas compter; *fig.* skate on thin ~ être *ou* s'engager dans une situation dangereuse; **2.** (con)geler; v/i. être pris dans les glaces; v/t. ✗ (a. ~ up) givrer; *cuis.* glacer (un gâteau); frapper (le vin); **'~-age** période f glaciaire; **'~-axe** piolet m; **ice·berg** ['~bə:g] iceberg m.

ice...: '~-bound fermé *ou* retenu par les glaces; **'~-box,** *surt. Am.* '~-**chest** glacière f; sorbetière f; **'~-cream** (crème f à la) glace f; '~-**cube** glaçon m, cube n de glace; '~-**hock·ey** hockey m sur glace.

ice·land·er ['aisləndə] Islandais(e f) m.

ice...: '~-pack embâcle m (de glaçons); **'~-rink** patinoire f; **'~-show** spectacle m sur glace; '~-**skate 1.** patinage m (sur glace); **2.** patiner, faire du patinage (sur glace).

ich·thy·ol·o·gy [ikθi'ɔlədʒi] ichtyologie f.

i·ci·cle ['aisikl] glaçon m.

i·ci·ness ['aisinis] froid m glacial; *fig.* froideur f glaciale.

ic·ing ['aisiŋ] glaçage m; glacé m (de sucre); ✗ givrage m; ~ sugar sucre m glace.

i·con·o·clast [ai'kɔnəklæst] iconoclaste mf.

i·cy ['aisi] glacial (-als m/pl.).

i·de·a [ai'diə] idée f; notion f; intention f; form an ~ of se faire une idée de; **i·de·al 1.** □ idéal (-als, -aux m/pl.); optimum; le meilleur; F parfait; **2.** idéal (pl. -als, -aux) m; **i'de·al·ism** idéalisme m; **i'de·al·ist** idéaliste mf; **i·de·al·is·tic** (~ally) idéaliste; **i'de·al·ize** [~aiz] idéaliser.

i·den·ti·cal □ [ai'dentikl] identique (à, with), même; **i'den·ti·cal·ness** see identity; **i·den·ti·fi·ca·tion** [~fi-'keiʃn] identification f; ~ card carte f d'identité; ~ mark ✝ estampille f; **i'den·ti·fy** [~fai] identifier; établir *ou* constater l'identité de; reconnaître (pour, as); F découvrir; **i'den·ti·kit** [~kit] portrait-robot m (pl. portraits-robots); **i'den·ti·ty** identité f; ~ card carte f d'identité; ✗ ~ disk plaque f d'identité.

id·e·o·log·i·cal □ [aidiə'lɔdʒikl] idéologique; **i·de·ol·o·gy** [~'ɔlədʒi] idéologie f.

id·i·o·cy ['idiəsi] idiotie f; idiotisme m; *fig.* bêtise f.

id·i·om ['idiəm] idiotisme m; *région*: idiome m; locution f; style m; ♪, *peint.* manière f de s'exprimer; **id·i·o·mat·ic** [idiə'mætik] (~ally) idiomatique.

id·i·o·syn·cra·sy [idiə'siŋkrəsi] idiosyncrasie f; *fig.* petite manie f.

id·i·ot ['idiət] ✗ idiot(e f) m, imbécile mf (a. F); **i·di·ot·ic** [idi'ɔtik] (~ally) idiot; inepte; stupide, bête.

i·dle ['aidl] **1.** □ paresseux (-euse f); inoccupé; en chômage; *fig.* inutile, vain, sans fondement; dormant (capital, fonds); ⊕ arrêté (machine), parasite (roue); ~ hours pl. heures f/pl. perdues; ~ motion mouvement m perdu; ⊕ run ~ marcher à vide; **2.** v/t. (usu. ~ away) perdre; v/i. fainéanter; muser; **'i·dle·ness** paresse f; oisiveté f; chômage m; *fig.* inutilité f; **'i·dler** fainéant(e f) m; flâneur (-euse f) m.

i·dol ['aidl] idole f (a. *fig.*); **i·dol·a·ter** [ai'dɔlətə] idolâtre m; **i'dol·a·tress** idolâtre f; **i'dol·a·trous** □ idolâtre; **i'dol·a·try** idolâtrie f; **i·dol·ize** ['aidəlaiz] idolâtrer.

i·dyl(l) ['idil] idylle f; **i'dyl·lic** (~ally) idyllique.

if [if] **1.** si; even ~ quand même; ~ not sinon; ~ so s'il en est ainsi; as ~ to say comme pour dire; **2.** si m/inv.; **'if·fy** *Am.* F plein de si, douteux (-euse f).

ig·ne·ous ['igniəs] igné.

ig·nis fat·u·us ['ignis'fætjuəs] feu *m* follet.

ig·nit·a·ble [ig'naitəbl] inflammable; **ig'nite** *v/t.* mettre le feu à, allumer; ⚗ enflammer; *v/i.* prendre feu; **ig·ni·tion** [~'niʃn] ignition *f*; ⚡, *mot.* allumage *m*; *attr.* d'allumage; *mot.* ~ **key** clef *f* de contact.

ig·no·ble □ [ig'noubl] ignoble; vil, infâme; de basse naissance.

ig·no·min·i·ous □ [ignə'miniəs] ignominieux (-euse *f*); méprisable; **'ig·no·min·y** ignominie *f*, honte *f*; infamie *f*.

ig·no·ra·mus F [ignə'reiməs] ignorant(e *f*) *m*; F bourrique *f*; **ig·no·rance** ['ignərəns] ignorance *f*; **'ig·no·rant** ignorant (de, of); étranger (à, of); **ig·nore** [ig'nɔ:] ne tenir aucun compte de; feindre de ne pas voir; ⚖ rejeter (*une plainte*).

Il·i·ad ['iliəd] Iliade *f* (*a. fig.*).

ill [il] **1.** *adj.* mauvais; malade, souffrant; *see* ease; **2.** *adv.* mal; **3.** *su.* mal (*pl.* maux) *m*; malheur *m*; dommage *m*; tort *m*.

I'll [ail] = I will, shall.

ill...: '~·ad'vised impolitique; malavisé (*personne*); '~·bred mal élevé; '~·con'di·tioned en mauvais état; de mauvaise mine (*personne*); méchant; '~·dis'posed malintentionné; mal disposé (envers, to).

il·le·gal □ [i'li:gəl] illégal (-aux *m/pl.*); **il·le·gal·i·ty** [ili'gæliti] illégalité *f*.

il·leg·i·ble □ [i'ledʒəbl] illisible.

il·le·git·i·ma·cy [ili'dʒitiməsi] illégitimité *f*; **il·le·git·i·mate** □ [~mit] illégitime (*a. enfant*); non autorisé; bâtard (*enfant*).

ill...: '~·fat·ed malheureux (-euse *f*), infortuné; '~·fa·vo(u)red laid; '~·feel·ing ressentiment *m*, rancune *f*; '~·got·ten mal acquis; '~·hu·mo(u)red de mauvaise humeur; maussade.

il·lib·er·al □ [i'libərəl] grossier (-ère *f*); illibéral (-aux *m/pl.*); borné (*esprit*); **il·lib·er·al·i·ty** [ilibə'ræliti] illibéralité *f*; petitesse *f*; manque *m* de générosité.

il·lic·it □ [i'lisit] illicite; clandestin.

il·lim·it·a·ble □ [i'limitəbl] illimité; illimitable.

il·lit·er·ate □ [i'litərit] **1.** illettré, ignorant; **2.** analphabète *mf*.

ill...: '~·'judged malavisé; peu sage; '~·'man·nered malappris, mal élevé; '~·'na·tured □ méchant; désagréable.

ill·ness ['ilnis] maladie *f*.

il·log·i·cal □ [i'lɔdʒikl] illogique.

ill...: ~·o·mened ['il'oumend] de mauvais augure; '~·'starred malheureux (-euse *f*); '~·'tem·pered de mauvaise humeur; de méchant caractère (*a. animal*); '~·'timed mal à propos; '~·'treat maltraiter.

il·lu·mi·nant [i'lju:minənt] illuminant, éclairant (*a. su./m*); **il·lu·mi·nate** [~neit] éclairer (*a. fig.*); illuminer (*de dehors*); enluminer (*un manuscrit etc.*); *fig.* embellir (*une action*); ~d advertising enseigne *f* lumineuse, enseignes *f/pl.* lumineuses; **il·lu·mi·nat·ing** lumineux (-euse *f*); qui éclaire (*a. fig.*); **il·lu·mi·na·tion** éclairage *m*; illumination *f* (*de dehors*); *manuscrit*: enluminure *f*; **il·lu·mi·na·tive** [~nətiv] éclairant; d'éclairage; **il·lu·mi·na·tor** [~neitə] illuminateur (-trice *f*) *m*; enlumineur (-euse *f*) *m*; dispositif *m* d'éclairage; **il·lu·mine** [~min] *see* illuminate.

ill-use ['il'ju:z] maltraiter.

il·lu·sion [i'lu:ʒn] illusion *f*, tromperie *f*; **il·lu·sive** □ [~siv], **il·lu·so·ry** □ [~səri] illusoire; trompeur (-euse *f*).

il·lus·trate ['iləstreit] expliquer; éclairer; illustrer; **il·lus'tra·tion** exemple *m*; explication *f*; **'il·lus·tra·tive** □ qui sert d'exemple; be ~ of expliquer; éclaircir; **'il·lus·tra·tor** illustrateur *m*.

il·lus·tri·ous □ [i'lʌstriəs] illustre; célèbre.

ill will ['il'wil] rancune *f*, malveillance *f*.

I'm [aim] = I am.

im·age ['imidʒ] **1.** *tous les sens*: image *f*; idole *f*; portrait *m*; idée *f*; **2.** représenter par une image; tracer le portrait de; be ~d se refléter; **'im·age·ry** idoles *f/pl.*; images *f/pl.*; langage *m* figuré.

im·ag·i·na·ble □ [i'mædʒinəbl] imaginable; **im'ag·i·nar·y** imaginaire, de pure fantaisie; **im·ag·i·na·tion** [~'neiʃn] imagination *f*; **im'ag·i·na·tive** □ [~nətiv] d'imagination; imaginatif (-ive f) (*personne*); im'ag·ine [ˌˈdʒin] imaginer; concevoir; se figurer.

im·be·cile □ ['imbisi:l] imbécile (a. su./mf); im·be·cil·i·ty [ˌˈsiliti] imbécillité f; faiblesse f (d'esprit).

im·bibe [im'baib] boire; absorber (a. fig.); fig. s'imprégner de.

im·bro·glio [im'brouliou] imbroglio m. [in, with].

im·brue [im'bru:] tremper (dans)

im·bue [im'bju:] imbiber; imprégner; fig. pénétrer (de, with).

im·i·ta·ble ['imitəbl] imitable; im·i·tate [ˌˈteit] imiter; copier (a. ⊕); singer (q.); im·i·ta·tion imitation f; copie f; ⊕ contrefaçon f; attr. simili-; factice; artificiel(le f); ~ leather similicuir m; im·i·ta·tive □ [ˌˈtətiv] imitatif (-ive f); imitateur (-trice f) (personne); ~ of qui imite; im·i·ta·tor [ˌˈteitə] imitateur (-trice f) m; ✝ contrefacteur m.

im·mac·u·late □ [i'mækjulit] immaculé; impeccable.

im·ma·nent ['imənənt] immanent.

im·ma·te·ri·al □ [iməˈtiəriəl] immatériel(le f); peu important; sans conséquence; indifférent (à, to).

im·ma·ture [iməˈtjuə] pas mûr(i); im·ma·tu·ri·ty immaturité f.

im·meas·ur·a·ble □ [i'meʒərəbl] immesurable; infini.

im·me·di·ate □ [i'mi:djət] immédiat; sans intermédiaire; instantané; urgent; im·me·di·ate·ly 1. adv. tout de suite, immédiatement; 2. cj. dès que.

im·me·mo·ri·al □ [imiˈmɔ:riəl] immémorial (-aux m/pl.).

im·mense □ [i'mens] immense; vaste; sl. magnifique; im'men·si·ty immensité f.

im·merse [i'mə:s] immerger, plonger; fig. ~ o.s. in se plonger dans; ~d in plongé dans (un livre); accablé de (dettes); im'mer·sion immersion f; submersion f; fig. absorption f; ~ heater thermo-plongeur m.

im·mi·grant ['imigrənt] immigrant(e f) m, -gré(e f) m; im·mi·grate [ˌˈgreit] v/i. immigrer; v/t. introduire des étrangers (dans, [in]to); im·mi·gra·tion immigration f.

im·mi·nence ['iminəns] imminence f, proximité f; 'im·mi·nent □ imminent, proche.

im·mit·i·ga·ble □ [i'mitigəbl] que l'on ne saurait adoucir; implacable.

im·mo·bile [i'moubail] immobile; fixe; im·mo·bil·i·ty [imoˈbiliti] immobilité f; fixité f; im·mo·bi·lize [i'moubilaiz] immobiliser (a. des espèces monnayées); rendre indisponible (un capital).

im·mod·er·ate □ [i'mɔdərit] immodéré, excessif (-ive f).

im·mod·est □ [i'mɔdist] immodeste; ✝ impudent; im'mod·es·ty immodestie f; ✝ impudence f.

im·mo·late ['imoleit] immoler; im·mo·la·tion immolation f; 'im·mo·la·tor immolateur m.

im·mor·al □ [i'mɔrəl] immoral (-aux m/pl.); im·mo·ral·i·ty [imoˈræliti] immoralité f.

im·mor·tal □ [i'mɔ:tl] immortel(le f); im·mor·tal·i·ty [ˌˈtæliti] immortalité f; im'mor·tal·ize [ˌˈtəlaiz] immortaliser; perpétuer.

im·mov·a·ble □ [i'mu:vəbl] 1. □ immobile; inébranlable; ~s pl. biens m/pl. immeubles.

im·mune [i'mju:n] à l'abri (de) (a. ✍); inaccessible (à, from); ✍ immunisé (contre from, against); im'mu·ni·ty exemption f (de, from); ✍ immunité f (contre); im·mu·nize ['ˌaiz] ✍ immuniser.

im·mu·ta·bil·i·ty [imju:təˈbiliti] immu(t)abilité f; im'mu·ta·ble □ immuable; inaltérable.

imp [imp] diablotin m; petit démon m; lutin m; petit(e f) espiègle m(f).

im·pact ['impækt] choc m; impact m; collision f.

im·pair [im'pɛə] altérer; endommager; diminuer; affaiblir (la santé).

im·pale [im'peil] empaler (un criminel); enclore d'une palissade; fig. fixer.

im·pal·pa·ble □ [im'pælpəbl] impalpable; fig. insaisissable; subtil.

im·pan·(n)el [im'pænl] see empanel.

im·part [im'pa:t] communiquer; annoncer; donner.

im·par·tial □ [im'pa:ʃl] impartial (-aux m/pl.); im·par·ti·al·i·ty ['ˌʃiˈæliti] impartialité f (envers, to).

im·pass·a·ble □ [im'pɑ:səbl] infranchissable (rivière); impraticable (chemin).

im·passe [æm'pɑ:s] impasse f.

im·pas·si·ble □ [im'pæsibl] impassible; insensible (à, to).

im·pas·sion [im'pæʃn] passionner; exalter; enivrer (de passion).

im·pas·sive □ [im'pæsiv] impassible; insensible (aux émotions); **im'pas·sive·ness** impassibilité f; insensibilité f.

im·pa·tience [im'peiʃns] impatience f; intolérance f (de of, with); **im'pa·tient** □ impatient; intolérant (de at, of, with); avide (de, for); be ~ of (inf.) être impatient de (inf.); F brûler de (inf.).

im·peach [im'pi:tʃ] accuser (de of, with); attaquer; dénoncer; mettre (qch.) en doute; **im'peach·a·ble** accusable; blâmable; récusable (témoin); **im'peach·ment** accusation f; dénigrement m; ₓ₮ mise f en accusation.

im·pec·ca·bil·i·ty [impekə'biliti] impeccabilité f; **im'pec·ca·ble** □ impeccable, irréprochable.

im·pe·cu·ni·ous [impi'kju:njəs] impécunieux (-euse f), besogneux (-euse f).

im·pede [im'pi:d] empêcher, entraver.

im·ped·i·ment [im'pedimənt] empêchement m (à, to); ~ in one's speech empêchement m de la langue; **im·ped·i·men·ta** ₓ [ˌɪm-'mentə] pl. impedimenta m/pl.; attirail m; F bagages m/pl.

im·pel [im'pel] pousser (à, to); **im'pel·lent** 1. moteur (-trice f); impulsif (-ive f); 2. moteur m; force f motrice.

im·pend [im'pend] être suspendu (sur, over); fig. menacer (q., over s.o.); être imminent; **im'pend·ence** imminence f; proximité f; **im'pend·ent** imminent; menaçant.

im·pen·e·tra·bil·i·ty [impenitrə-'biliti] impénétrabilité f (a. fig.); **im'pen·e·tra·ble** □ impénétrable (à to, by); fig. insondable.

im·pen·i·tence [im'penitns] impénitence f; **im'pen·i·tent** □ impénitent.

im·per·a·tive [im'perətiv] 1. □ péremptoire; impérieux (-euse f); urgent; impératif (-ive f); ~ mood = 2. gramm. (mode m) impératif m.

im·per·cep·ti·ble □ [impə'septəbl] imperceptible; fig. insensible.

im·per·fect [im'pə:fikt] 1. □ impar-fait, défectueux (-euse f); ⚠ surbaissé; ~ tense = 2. gramm. (temps m) imparfait m; in the ~ à l'impar-fait; **im·per·fec·tion** [ˌ~pə'fekʃn] imperfection f; fig. a. faiblesse f.

im·pe·ri·al [im'piəriəl] 1. □ impérial (-aux m/pl.); fig. majestueux (-euse f); 2. impériale f; papier m: grand jésus m; **im·pe·ri·al·ism** impérialisme m; césarisme m; pol. colonialisme m; **im·pe·ri·al·ist** impérialiste m; césariste m; pol. colonialiste m; **im·pe·ri·al'is·tic** impérialiste.

im·per·il [im'peril] mettre en péril.

im·pe·ri·ous □ [im'piəriəs] impé-rieux (-euse f); arrogant; péremp-toire.

im·per·ish·a·ble □ [im'periʃəbl] impérissable.

im·per·me·a·ble □ [im'pə:mjəbl] imperméable.

im·per·son·al □ [im'pə:snl] im-personnel(le f); **im·per·son·al·i·ty** [ˌ~sə'næliti] impersonnalité f.

im·per·son·ate [im'pə:səneit] per-sonnifier; se faire passer pour; théâ. représenter; **im·per·son-a·tion** personnification f; théâ. interprétation f; ₓ₮ supposition f de personne.

im·per·ti·nence [im'pə:tinəns] im-pertinence f; insolence f; **im'per-ti·nent** □ impertinent (a. ₓ₮); insolent.

im·per·turb·a·bil·i·ty ['impətə:bə-'biliti] imperturbabilité f; flegme m; **im·per'turb·a·ble** □ imper-turbable, flegmatique.

im·per·vi·ous □ [im'pə:vjəs] inac-cessible (à, to) (a. fig.); imperméa-ble (à).

im·pet·u·os·i·ty [impetju'ɔsiti] im-pétuosité f; **im·pet·u·ous** □ impétueux (-euse f); emporté; **im·pe·tus** ['ˌ~pitəs] élan m, poussée f; fig. impulsion f.

im·pi·e·ty [im'paiəti] impiété f.

im·pinge [im'pindʒ] entrer en colli-sion (avec [up]on, against); em-piéter (sur, on) (a. ₓ₮); **im'pinge-ment** heurt m; collision f (avec [up]on, against); empiètement m (sur, on) (a. fig., a. ₓ₮).

im·pi·ous □ [im'paiəs] impie.

imp·ish □ ['impiʃ] de démon; (d')espiègle.

im·pla·ca·bil·i·ty [implækə'biliti]

im·pla·ca·bil·i·té f; **im·pla·ca·ble** □ [ˌ'plækəbl] implacable (à, pour towards).

im·plant [im'plɑ:nt] usu. fig. implanter (dans, in); inculquer (à, in).

im·plau·si·ble [im'plɔ:zəbl] peu plausible.

im·ple·ment 1. ['implimənt] instrument m, outil m; **2.** ['ˌment] exécuter (un contrat, une promesse); accomplir; suppléer à; **im·ple·men·ta·tion** [ˌ'teiʃn] exécution f; mise f en œuvre.

im·pli·cate ['implikeit] impliquer, mêler (dans, in); compromettre; **im·pli·ca·tion** implication f; insinuation f; ˌˌs pl. portée f.

im·plic·it □ [im'plisit] implicite; tacite; fig. aveugle; parfait.

im·plied □ [im'plaid] implicite; sous-entendu.

im·plore [im'plɔ:] implorer; supplier; **im·plor·ing** [ˌ'rin] suppliant.

im·ply [im'plai] impliquer; emporter; signifier, vouloir dire.

im·pol·i·cy [im'polisi] mauvaise politique f; fig. maladresse f.

im·po·lite □ [impə'lait] impoli.

im·pol·i·tic □ [im'politik] impolitique.

im·pon·der·a·ble [im'pɔndərəbl] **1.** impondérable; **2.** ˌˌs pl. impondérables m/pl.

im·port 1. ['impɔ:t] ✝ importation f; signification f, sens m; portée f, importance f; ✝ ˌˌs pl. marchandises f/pl. ou articles m/pl. d'importation, importations f/pl.; ˌˌ duty droits m/pl. d'importation; **2.** [im'pɔ:t] importer (des marchandises); signifier, indiquer; déclarer; **im·por·tance** f; F conséquence; **im·por·tant** □ important; **im·por·ta·tion** [ˌ'teiʃn] importation f; **im·port·er** importateur (-trice f) m.

im·por·tu·nate □ [im'pɔ:tjunit] importun; ennuyeux (-euse f); **im·por·tune** [ˌ'pɔ:tju:n] importuner; presser; **im·por·tu·ni·ty** importunité f.

im·pose [im'pouz] v/t. imposer (à, [up]on); v/i. ˌˌ upon en imposer à; tromper; abuser de; **im·pos·ing** □ imposant; grandiose; **im·po·si·tion** [ˌpə'ziʃn] eccl., typ. imposition f; impôt m; tromperie f, imposture f; école: pensum f.

im·pos·si·bil·i·ty [impɔsə'biliti] im-possibilité f; **im·pos·si·ble** □ im-possible.

im·post ['impoust] impôt m; taxe f; tribut m; **im·pos·tor** [im'pɔstə] imposteur m; **im·pos·ture** [ˌ'tʃə] imposture f, supercherie f.

im·po·tence ['impətəns] impuissance f (a. physiol.); faiblesse f; **im·po·tent** impuissant; faible.

im·pound [im'paund] confisquer; enfermer; mettre en fourrière (une auto, un animal).

im·pov·er·ish [im'povəriʃ] appauvrir; dégraisser (le sol).

im·prac·ti·ca·bil·i·ty [impræktikə'biliti] impraticabilité f, impossibilité f; **im·prac·ti·ca·ble** □ impraticable; infaisable; intraitable (personne).

im·pre·cate ['imprikeit] lancer des imprécations (contre, upon); **im·pre·ca·tion** imprécation f, malédiction f; **im·pre·ca·to·ry** ['ˌkeitəri] imprécatoire.

im·preg·na·bil·i·ty [impregnə'biliti] caractère m imprenable ou F invincible; **im·preg·na·ble** □ imprenable; F invincible; **im·preg·nate** ['ˌneit] **1.** ♀, ♘, biol. imprégner; imbiber, saturer; pénétrer (a. fig.); **2.** [im'pregnit] imprégné, fécondé; **im·preg·na·tion** fécondation f; imprégnation f; ⊕ injection f.

im·pre·sa·ri·o [impre'sɑ:riou] im-présario m.

im·pre·scrip·ti·ble [impris'kriptəbl] imprescriptible.

im·press 1. ['impres] impression f; empreinte f; fig. marque f, cachet m; **2.** [im'pres] imprimer (à, on); graver (dans la mémoire, on the memory); inculquer (une idée) (à, on); faire bien comprendre (qch. à q. s.th. on s.o., s.o. with s.th.); ⊕ empreindre (qch. sur qch. s.th. on s.th., s.th. with s.th.); fig. impressionner, en imposer à; ♘ ✝ presser (les marins); fig. réquisitionner; **im·press·i·ble** susceptible de recevoir une empreinte; a. see im-pressionable; **im·pres·sion** [ˌʃn] impression f (a. fig.); ⊕, a. imp. caractères: empreinte f; livre: impression f; be under the ˌˌ that avoir l'impression que; **im·pres·sion·a·ble** impressionnable, susceptible, sensible; **im·pres·sive** □

impressionnant; **im'press·ment** ⚓
† *marines*: presse *f.*

im·print 1. [im'print] imprimer (sur,
on); *fig.* graver (dans on, in);
2. ['imprint] empreinte *f (a. fig.);*
typ. nom *m (de l'imprimeur);* rubrique *f (de l'éditeur).*

im·pris·on [im'prizn] emprisonner;
mettre en prison; enfermer; **im-
'pris·on·ment** emprisonnement *m.*

im·prob·a·bil·i·ty [improbə'biliti]
improbabilité *f;* invraisemblance *f;*
im'prob·a·ble □ improbable; invraisemblable.

im·pro·bi·ty [im'proubiti] improbité *f;* manque *m* d'honnêteté.

im·promp·tu [im'promtju:] **1.** *adv.*
(à l')impromptu; **2.** *adj.* impromptu; **3.** *su.* (discours *m* etc.) impromptu *m.*

im·prop·er □ [im'propə] incorrect;
malséant, malhonnête, indécent;
déplacé; A̸ ~ *fraction* expression *f*
fractionnaire; **im·pro·pri·e·ty** [im-
prə'praiəti] impropriété *f;* inexactitude *f;* inconvenance *f,* indécence
f.

im·prov·a·ble □ [im'pru:vəbl]
améliorable; bonifiable (*sol*).

im·prove [im'pru:v] *v/t.* améliorer;
perfectionner; cultiver (*l'esprit*);
bonifier (*le sol*); *v/i.* s'améliorer;
faire des progrès; ~ *upon* surpasser;
enchérir sur; **im'prove·ment** amélioration *f;* perfectionnement *m;*
culture *f (de l'esprit);* progrès *m
(pl.);* supériorité *f (à, [up]on);* **im-
'prov·er** réformateur (-trice *f) m;*
⊕ apprenti(e *f) m; cost.* petite
main *f.*

im·prov·i·dence [im'providəns] imprévoyance *f;* **im'prov·i·dent** □
imprévoyant; prodigue.

im·pro·vi·sa·tion [imprəvai'zeiʃn]
improvisation *f;* **im·pro·vise** ['~-
vaiz] improviser; **'im·pro·vised**
improvisé; impromptu *inv.*

im·pru·dence [im'pru:dəns] imprudence *f;* **im'pru·dent** □ imprudent.

im·pu·dence ['impjudəns] impudence *f,* insolence *f;* **'im·pu·dent**
□ effronté, insolent.

im·pugn [im'pju:n] attaquer, contester; **im'pugn·a·ble** contestable.

im·pulse ['impʌls], **im'pul·sion**
impulsion *f;* choc *m* propulsif; *fig.*
mouvement *m* (spontané); **im-**

im'pul·sive □ impulsif (-ive *f); fig.*
irréfléchi, spontané, involontaire.

im·pu·ni·ty [im'pju:niti] impunité *f;*
with ~ impunément.

im·pure □ [im'pjuə] impur (a. *fig.);*
im'pu·ri·ty [~riti] impureté *f.*

im·put·a·ble [im'pju:təbl] imputable, attribuable (à, to); **im·pu·ta-
tion** [~'teiʃn] imputation *f;* **impute** [~'pju:t] imputer, attribuer.

in [in] **1.** *prp.* dans (*les circonstances,
la foule, la maison, la rue, l'eau*); à
(*un mot, soie, anglais, Europe, juin,
été, réponse*); à (*l'église, la main de q.,
la campagne, le crayon*); au (*lit, Canada, désespoir, soleil, printemps*);
de (*cette manière*); par (*groupes,
soi-même, ce temps, écrit*); sur (*un
ton*); sous (*le règne de*); chez
(*les Anglais, Corneille*); pendant
(*l'hiver de 1812, la journée*); comme;
~ *a few words* en peu de mots;
~ *all probability* selon toutes pro-
babilités; ~ *crossing the road* en
traversant la rue; *the thing* ~ *itself*
la chose en elle-même *ou phls.* en
soi; *trust* ~ *s.o.* avoir confiance en
q., se fier à q.; *professor* ~ *the university* professeur à l'université;
wound ~ *the head* blessure à la tête;
engaged ~ (*gér.*) occupé à (*inf.*);
~ *a ... voice* d'une voix ...; *blind* ~
one eye borgne; ~ *length* de long;
~ *our time* de nos jours; *at two*
(*o'clock*) ~ *the morning* à deux heures du matin; ~ *the rain* à *ou* sous
la pluie; ~ *the paper* dans le journal;
one ~ *ten* un sur dix; ~ *the firm of*
sous firme de; ~ *the press* sous
presse; ~ *excuse of* comme excuse
de; ~ *1966* en 1966; *two days* ~ *three*
deux jours sur trois; *there is nothing*
~ *it* il est sans fondement; F cela n'a
pas d'importance; l'un vaut l'autre;
it is not ~ *her to* (*inf.*) il n'est pas de sa
nature de (*inf.*); *he hasn't it* ~ *him* il
n'en est pas capable; ~ *that* puisque,
vu que; **2.** *adv.* dedans; au dedans; rentré; au pouvoir; *be* ~ être
chez soi, être à la maison, y être;
être élu; être au pouvoir; *sport,
train*: être arrivé; brûler encore
(*feu*); *be* ~ *for* en avoir pour
(*qch.*); être inscrit pour (*un examen etc.*); F *be* ~ *with* avoir de belles
relations avec, être en bons termes
avec; **3.** *adj.* intérieur; F en vogue, à
la mode, dans le vent; **4.** *su. parl. the*

~s *pl.* le parti au pouvoir; ~s *and outs* méandres *m/pl.*, coins *m/pl.* et recoins *m/pl.*; tous les détails *m/pl.*

in·a·bil·i·ty [inə'biliti] impuissance *f* (à, *to*), incapacité *f* (de, *to*).

in·ac·ces·si·bil·i·ty ['inæksesə'biliti] inaccessibilité *f*; **in·ac'ces·si·ble** □ inaccessible.

in·ac·cu·ra·cy [in'ækjurəsi] inexactitude *f*; **in'ac·cu·rate** □ [~rit] inexact; incorrect.

in·ac·tion [in'ækʃn] inaction *f*.

in·ac·tive □ [in'æktiv] inactif (-ivef); ✝ en chômage; ⚛ inerte; **in·ac'tiv·i·ty** inactivité *f*; inertie *f*.

in·ad·e·qua·cy [in'ædikwəsi] insuffisance *f*; imperfection *f*; **in'ad·e·quate** □ [~kwit] insuffisant; incomplet (-ète *f*).

in·ad·mis·si·bil·i·ty ['inədmisə'biliti] inadmissibilité *f*; **in·ad'mis·si·ble** □ inadmissible; ⚖ irrecevable.

in·ad·vert·ence, in·ad·vert·en·cy [inəd'və:təns(i)] inadvertance *f*; étourderie *f*; mégarde *f*; **in·ad'vert·ent** inattentif (-ive *f*); négligent; involontaire; ~ly par inadvertance. [inaliénable; indisponible.\]

in·a·lien·a·ble □ [in'eiljənəbl]/ **in·al·ter·a·ble** □ [in'ɔ:ltərəbl] immuable; inaltérable (*couleur*).

in·am·o·ra·ta [inæmə'rɑ:tə] amante *f*; amoureuse *f*; **in·a·mo'ra·to** [~tou] amant *m*, amoureux *m*.

in·ane □ [i'nein] *usu. fig.* stupide, inepte, bête, niais.

in·an·i·mate □ [in'ænimit] inanimé, sans vie (*a. fig.*).

in·a·ni·tion [inə'niʃn] 🕱 inanition *f*.

in·an·i·ty [i'næniti] inanité *f*, niaiserie *f*.

in·ap·pli·ca·bil·i·ty ['inæplikə'biliti] inapplicabilité *f*; **in'ap·pli·ca·ble** □ inapplicable (à, *to*); étranger (-ère *f*) (à).

in·ap·po·site □ [in'æpəsit] sans rapport (avec, *to*); hors de propos; inapplicable (à, *to*).

in·ap·pre·ci·a·ble □ [inə'pri:ʃəbl] inappréciable.

in·ap·pre·hen·si·ble □ [inæpri'hensəbl] insaisissable, incompréhensible.

in·ap·proach·a·ble [inə'proutʃəbl] inabordable; incomparable.

in·ap·pro·pri·ate □ [inə'proupriit] peu approprié; déplacé.

in·apt □ [in'æpt] inapte; incapable; inhabile; peu approprié; **in'apt·i·tude** [~ɪtjuːd], **in'apt·ness** inaptitude *f* (à, *for*); incapacité *f*.

in·ar·tic·u·late □ [inɑː'tikjulit] muet(te *f*); bégayant (de, *with*); zo. inarticulé; **in·ar'tic·u·late·ness** mutisme *m*; défaut *m* d'articulation.

in·as·much [inəz'mʌtʃ] *adv.*: ~ *as* vu que, puisque; ✝ dans la mesure que.

in·at·ten·tion [inə'tenʃn] inattention *f*; **in·at'ten·tive** □ inattentif (-ive *f*) (à, *to*); négligent (de); peu attentionné (pour, to[*wards*]).

in·au·di·ble □ [in'ɔ:dəbl] imperceptible; faible (*voix*).

in·au·gu·ral [i'nɔ:gjurəl] inaugural (-aux *m/pl.*); **in'au·gu·rate** [~reit] inaugurer; commencer; mettre en vigueur; **in·au·gu'ra·tion** inauguration *f*; commencement *m*; 𝄞 *Day Am.* entrée *f* en fonction du nouveau président des É.-U.

in·aus·pi·cious □ [inɔ:s'piʃəs] peu propice; fâcheux (-euse *f*).

in·board ⚓ [in'bɔːd] **1.** *adj.* intérieur; **2.** *adv.* en abord; **3.** *prp.* en abord de.

in·born [in'bɔ:n] inné.

in·breathe ['in'bri:ð] inspirer (à, *into*).

in·bred [in'bred] inné; consanguin (*chevaux etc.*).

in·breed·ing ['in'bri:diŋ] consanguinité *f*.

in·cal·cul·a·ble □ [in'kælkjuləbl] incalculable.

in·can·des·cence [inkæn'desns] incandescence *f*; *métall.* chaleur *f* blanche; **in·can'des·cent** incandescent; ~ *light* lumière *f* à incandescence; ~ *mantle* manchon *m* (à incandescence).

in·can·ta·tion [inkæn'teiʃn] incantation *f*; charme *m*.

in·ca·pa·bil·i·ty [inkeipə'biliti] incapacité *f*; ⚖ inéligibilité *f*; **in·ca·pa·ble** □ incapable (de, *of*); non susceptible (de, *of*); ⚖ inéligible; en état d'ivresse manifeste; **in·ca·pac·i·tate** [inkə'pæsiteit] rendre incapable (de *for*, *from*); ⚖ frapper d'incapacité; **in·ca'pac·i·ty** incapacité *f* (de *for*, *to*).

in·car·cer·ate [in'kɑ:səreit] incarcérer; **in·car·cer'a·tion** incarcération *f*.

in·car·nate 1. [in'kɑːnit] fait chair;
incarné (*a. fig.*); **2.** ['inkɑːneit] incarner; **in·car'na·tion** incarnation *f* (*a. fig.*).

in·case [in'keis] *see* encase.

in·cau·tious □ [in'kɔːʃəs] imprudent; inconsidéré.

in·cen·di·ar·y [in'sendjəri] **1.** incendiaire (*a. fig.*); ~ *bomb* bombe *f* incendiaire; **2.** incendiaire *m*; auteur
m d'un incendie; F *see* ~ *bomb.*

in·cense[1] ['insens] **1.** encens *m*;
2. encenser; *fig.* embaumer.

in·cense[2] [in'sens] exaspérer, courroucer, irriter (contre, *with*).

in·cen·tive [in'sentiv] **1.** provocant;
stimulant; **2.** stimulant *m*, encouragement *m*.

in·cep·tion [in'sepʃn] commencement *m*; **in'cep·tive** initial (-aux
m/pl.); *gramm.* inchoatif (-ive *f*)
(*a. su./m*). [titude *f*.]

in·cer·ti·tude [in'səːtitjuːd] incer-

in·ces·sant □ [in'sesnt] incessant,
continuel(le *f*).

in·cest ['insest] inceste *m*; **in·ces·
tu·ous** □ [in'sestjuəs] incestueux
(-euse *f*).

inch [intʃ] pouce *m* (2,54 *cm*); *fig.* pas
m; ~*s pl. a.* taille [?]; *by* ~*s* peu à
peu, petit à petit; **inched** [~t] de ...
pouces.

in·cho·a·tive ['inkoueitiv] initial
(-aux *m/pl.*); *gramm.* inchoatif
(-ive *f*).

in·ci·dence ['insidəns] incidence *f*;
angle of ~ angle *m* d'incidence; **in-
ci·dent 1.** (à, *to*) qui arrive; qui
appartient; qui tient; **2.** incident
m; événement *m*; *pièce, roman:*
épisode *m*; ♗ servitude *f ou* privilège *m* attachés à une tenure; **in·ci-
den·tal** □ [~'dentl] accidentel(le *f*),
fortuit; inséparable (de, *to*); *be* ~ *to*
résulter de, appartenir à; ~*ly* incidemment.

in·cin·er·ate [in'sinəreit] incinérer
(*a. Am. un mort*); réduire en cendres; **in·cin·er'a·tion** incinération *f*; **in'cin·er·a·tor** incinérateur
m; *Am.* four *m* crématoire.

in·cip·i·ence [in'sipiəns] commencement *m*; **in'cip·i·ent** naissant,
qui commence.

in·cise [in'saiz] inciser (*a. ♗*), faire
une incision dans; **in·ci·sion** [~
'siʒn] incision *f* (*a. ♗*); ♪ enture *f*;
in·ci·sive □ [~'saisiv] incisif (-ive

f); mordant; pénétrant; **in'ci·sor**
[~zə] (dent *f*) incisive *f*.

in·ci·ta·tion [insai'teiʃn] *see* incitement; **in'cite** inciter; pousser; animer (à, *to*); **in'cite·ment** incita-
tion *f*, encouragement *m*; stimulant *m*, aiguillon *m*; mobile *m*.

in·ci·vil·i·ty [insi'viliti] incivilité *f*.

in·clem·en·cy [in'klemənsi] in-
clémence *f*, rigueur *f*; *temps:* intempérie *f*; **in'clem·ent** inclément;
rigoureux (-euse *f*).

in·cli·na·tion [inkli'neiʃn] *tête, a.
fig.:* inclination *f*; inclinaison *f*,
pente *f*; *fig.* penchant *m*; **in·cline**
[~'klain] **1.** *v/i.* s'incliner, se pencher (*personne*); incliner, pencher
(*chose*); *fig.* avoir un penchant
(pour qch., *to s.th.*; à *inf.*, *to inf.*);
être disposé (à, *to*); incliner (à, *to*);
v/t. (faire) pencher; *fig.* disposer; ~*d
plane* plan *m* incliné; **2.** pente *f*, déclivité *f*; ♗ oblique *f*.

in·close [in'klouz] *see* enclose.

in·clude [in'kluːd] renfermer; comprendre.

in·clu·sion [in'kluːʒn] inclusion *f*;
in'clu·sive □ qui renferme; qui
comprend; tout compris; *be* ~ *of*
comprendre, renfermer (*qch.*); ~
terms prix tout compris.

in·cog F [in'kɔg], **in'cog·ni·to** [in-
tou] **1.** incognito, sous un autre
nom; **2.** incognito *m*.

in·co·her·ence, **in·co·her·en·cy**
[inkou'hiərəns(i)] incohérence *f*;
manque *m* de suite; **in·co'her·ent**
□ incohérent; sans suite; décousu.

in·com·bus·ti·ble □ [inkəm'bʌs-
təbl] incombustible.

in·come ['inkəm] revenu *m*; **in-
com·er** ['inkʌmə] entrant *m*; immi-
grant(e *f*) *m*; ♗ successeur *m*;
in·come-tax ['inkəmtæks] impôt
m sur le revenu; ~ *form* feuille *f*
d'impôts.

in·com·ing ['inkʌmiŋ] **1.** entrée *f*;
~*s pl.* recettes *f/pl.*, revenu *m/pl.*;
♰ rentrées *f/pl.*; **2.** qui entre, qui
arrive.

in·com·men·su·ra·bil·i·ty ['inkə-
menʃərə'biliti] incommensurabili-
té *f*; **in·com'men·su·ra·ble** □ incommensurable.

in·com·mode [inkə'moud] incommoder, gêner, déranger; **in·com-
'mo·di·ous** □ [~ʒəs] incommode;
peu confortable.

in·com·mu·ni·ca·bil·i·ty ['inkə-mjuːnikə'biliti] incommunicabilité *f*; **in·com'mu·ni·ca·ble** □ incommunicable; **in·com·mu·ni·ca·do** *surt. Am.* [inkəmjuni'kɑːdou] sans contact avec l'extérieur; **in·com'mu·ni·ca·tive** □ [‿kətiv] taciturne; peu communicatif (-ive *f*).

in·com·mut·a·ble □ [inkə'mjuːtəbl] non-interchangeable; immuable.

in·com·pa·ra·ble □ [in'kɔmpərəbl] incomparable.

in·com·pat·i·bil·i·ty ['inkəmpætə'biliti] incompatibilité *f*; inconciliabilité *f*; **in·com'pat·i·ble** □ incompatible, inconciliable.

in·com·pe·tence, in·com·pe·ten·cy [in'kɔmpitəns(i)] incompétence *f* (*a.* ♀♀); insuffisance *f*; **in'com·pe·tent** □ incompétent (*a.* ♀♀); incapable; ♀♀ inhabile.

in·com·plete □ [inkəm'pliːt] incomplet (-ète *f*); inachevé; imparfait.

in·com·pre·hen·si·bil·i·ty [inkɔmprihensə'biliti] incompréhensibilité *f*; **in·com·pre'hen·si·ble** □ incompréhensible.

in·com·press·i·bil·i·ty ['inkəmpresə'biliti] incompressibilité *f*; **in·com'press·i·ble** incompressible.

in·con·ceiv·a·ble □ [inkən'siːvəbl] inconcevable.

in·con·clu·sive □ [inkən'kluːsiv] peu *ou* non concluant.

in·con·gru·i·ty [inkɔn'gruiti] incongruité *f*, absurdité *f*; désaccord *m*; inconséquence *f*; inconvenance *f*; **in'con·gru·ous** □ incongru, absurde; qui ne s'accorde pas (avec, *with*); sans rapport (avec *ou*, *with*).

in·con·se·quence [in'kɔnsikwəns] inconséquence *f*; manque *m* de logique; **in·con·se·quen·tial** [‿'kwenʃl] sans importance; illogique.

in·con·sid·er·a·ble □ [inkən'sidərəbl] insignifiant; **in·con'sid·er·ate** □ [‿rit] irréfléchi, inconsidéré; sans égards (pour, *towards*); **in·con'sid·er·ate·ness** irréflexion *f*, imprudence *f*; manque *m* d'égards.

in·con·sist·en·cy [inkən'sistənsi] inconséquence *f*; inconsistance *f*; incompatibilité *f*; **in·con'sist·ent** □ incompatible; contradictoire (à,

with); en désaccord (avec, *with*); illogique, inconséquent (*personne*).

in·con·sol·a·ble □ [inkən'souləbl] inconsolable (de, *for*).

in·con·so·nant [in'kɔnsənənt] en désaccord (avec, *with*).

in·con·spic·u·ous □ [inkən'spi-kjuəs] discret (-ète *f*); insignifiant; peu frappant.

in·con·stan·cy [in'kɔnstənsi] inconstance *f*; instabilité *f*; **in'con·stant** □ inconstant, variable.

in·con·test·a·ble □ [inkən'testəbl] incontestable; irrécusable.

in·con·ti·nence [in'kɔntinəns] incontinence *f*; ♂ ~ *of urine* incontinence *f* d'urine; **in·con'ti·nent** □ incontinent; ♂ qui ne peut retenir son urine; ~ *of speech* bavard; **~·ly** sur-le-champ, incontinent; incontinemment.

in·con·tro·vert·i·ble □ ['inkɔntrə-'vəːtəbl] indisputable.

in·con·ven·ience [inkən'viːnjəns] **1.** inconvénient *m*; embarras *m*; incommodité *f*; **2.** incommoder, gêner, déranger; **in·con'ven·ient** □ incommode; inopportun; gênant.

in·con·vert·i·bil·i·ty ['inkənvəːtə-'biliti] (*a.* ✝) non-convertibilité *f*; **in·con'vert·i·ble** □ inconvertible; ✝ *a.* non convertible.

in·con·vin·ci·ble □ [inkən'vinsəbl] impossible à convaincre.

in·cor·po·rate 1. [in'kɔːpəreit] *v/t.* incorporer (à *in*[to], with; avec, *with*); mêler, unir (à, avec *with*); ériger (*une ville*) en municipalité; ♀♀ constituer en société commerciale; *v/i.* s'incorporer (en, *in*; à, avec *with*); **2.** [‿rit] incorporé; faisant corps; **in·cor·po·rat·ed** [‿reitid] *see* incorporate 2; ~ *company* société *f* constituée, *Am.* société *f* anonyme (*abbr.* S.A.); **in·cor·po·'ra·tion** incorporation *f* (à, avec, dans *in*[to], with); incorporation *f* communale; constitution *f* en société commerciale.

in·cor·po·re·al □ [inkɔː'pɔːriəl] incorporel(le *f*).

in·cor·rect □ [inkə'rekt] incorrect; inexact; défectueux (-euse *f*); **in·cor'rect·ness** incorrection *f*; inexactitude *f*.

in·cor·ri·gi·bil·i·ty [inkɔridʒə'biliti] incorrigibilité *f*; **in·cor·ri·gi·ble** □ incorrigible.

in·cor·rupt·i·bil·i·ty [ˌinkərəptə-ˈbiliti] incorruptibilité f; **in·cor·rupt·i·ble** □ incorruptible; **in·cor·rupt·ness** incorruption f.

in·crease 1. [inˈkriːs] v/i. augmenter (de, in); s'augmenter; grandir; croître, s'accroître; grossir; se multiplier; v/t. augmenter; agrandir; accroître; grossir; **2.** [ˈinkriːs] augmentation f; accroissement m; effort: redoublement m; multiplication f.

in·cred·i·bil·i·ty [inkredi'biliti] incrédibilité f; **in·cred·i·ble** □ incroyable.

in·cre·du·li·ty [inkri'djuːliti] incrédulité f; **in·cred·u·lous** □ [inˈkredjuləs] incrédule.

in·cre·ment [ˈinkrimənt] see increase 2; profit m; ~ value plus-value f.

in·crim·i·nate [inˈkrimineit] incriminer; impliquer; **in·crim·i·na·to·ry** [.əri] tendant à incriminer.

in·crust [inˈkrʌst] see encrust; **in·crus·ta·tion** incrustation f; ⊕ chaudière: entartrage m, tartre m.

in·cu·bate [ˈinkjubeit] v/t. couver (a. fig.); v/i. être soumis à l'incubation; 🐟 couver; **in·cu·ba·tion** incubation f (a. biol., a. 🐟); ~ period période f d'incubation; **in·cu·ba·tor** incubateur m, couveuse f; **in·cu·bus** [ˈ.bəs] myth. incube m; F fardeau m; cauchemar m.

in·cul·cate [ˈinkʌlkeit] inculquer (à q., upon s.o.; dans l'esprit, in the mind); **in·cul·ca·tion** inculcation f.

in·cul·pate [ˈinkʌlpeit] inculper, incriminer; mêler à une affaire; **in·cul·pa·tion** inculpation f; **in·cul·pa·to·ry** [.əəri] tendant à inculper; accusateur (-trice f).

in·cum·ben·cy [inˈkʌmbənsi] eccl. charge f; période f d'exercice d'une charge; **in·cum·bent 1.** étendu, appuyé; be ~ on s.o. incomber à q.; **2.** eccl. titulaire m d'une charge.

in·cu·nab·u·la [inkjuˈnæbjulə] pl. incunables m/pl.

in·cur [inˈkəː] encourir, s'attirer; contracter (une dette); courir (un risque); faire (des dépenses).

in·cur·a·bil·i·ty [inkjuərəˈbiliti] incurabilité f; **in·cur·a·ble 1.** □ incurable; inguérissable; **2.** incurable mf.

in·cu·ri·ous □ [inˈkjuəriəs] sans curiosité, indifférent.

in·cur·sion [inˈkəːʃn] incursion f, descente f (dans, into).

in·cur·va·tion [inkəːˈveiʃn] incurvation f; courbure f; **in·curve** s'incurver, se courber en dedans.

in·debt·ed [inˈdetid] endetté; fig. redevable (à q. de qch., to s.o. for s.th.); **in·debt·ed·ness** dette f (a. fig.), dettes f/pl.

in·de·cen·cy [inˈdiːsnsi] indécence f; ⚖ attentat m aux mœurs; **in·de·cent** □ indécent, peu décent; ~ assault attentat m à la pudeur.

in·de·ci·pher·a·ble [indiˈsaifərəbl] indéchiffrable.

in·de·ci·sion [indiˈsiʒn] indécision f, irrésolution f; **in·de·ci·sive** □ [.ˈsaisiv] peu concluant; indécis (personne, a. bataille), irrésolu.

in·de·clin·a·ble gramm. [indiˈklainəbl] indéclinable.

in·dec·o·rous □ [inˈdekərəs] malséant; inconvenant; **in·dec·o·rous·ness**, a. **in·de·co·rum** [indiˈkɔːrəm] inconvenance f; manque m de maintien.

in·deed [inˈdiːd] **1.** adv. en effet; en vérité; même, à vrai dire; **2.** int. effectivement!; vraiment?

in·de·fat·i·ga·ble □ [indiˈfætigəbl] infatigable, inlassable.

in·de·fea·si·ble □ [indiˈfiːzəbl] irrévocable; ⚖ indestructible (intérêt).

in·de·fect·i·ble □ [indiˈfektəbl] indéfectible; impeccable.

in·de·fen·si·ble □ [indiˈfensəbl] ⚔ indéfendable; fig. insoutenable.

in·de·fin·a·ble □ [indiˈfainəbl] indéfinissable; fig. vague.

in·def·i·nite □ [inˈdefinit] indéfini (a. gramm.); imprécis.

in·del·i·ble □ [inˈdelibl] ineffaçable, indélébile; ~ ink encre f indélébile; ~ pencil crayon m à copier.

in·del·i·ca·cy [inˈdelikəsi] indélicatesse f; manque m de délicatesse; grossièreté f, inconvenance f; **in·del·i·cate** □ [.kit] peu délicat; indélicat; inconvenant; risqué; qui manque de tact.

in·dem·ni·fi·ca·tion [indemnifiˈkeiʃn] indemnisation f; indemnité f; **in·dem·ni·fy** [.fai] indemniser, dédommager (de, for); garantir (contre against, from); compenser; **in·dem·ni·ty** garantie f, assurance f; indemnité f, dédommage-

         indiscriminative

ment *m*; *act of* ~ bill *m* d'indemnité.

in·dent [in'dent] **1.** denteler; découper; ⊕ adenter; *typ.* faire un alinéa; ⚖ passer (*un contrat etc.*) en partie double; ✝ passer une commande pour; ~ *upon s.o. for s.th.* réquisitionner qch. de q.; **2.** denteler *f*; découpure *f*; *littoral:* échancrure *f*; ✝ ordre *m* d'achat; ✗ ordre *m* de réquisition; *see* indenture; **in·den'ta·tion** découpage *m*; impression *f*; denteler *f*; découpure *f*; *littoral:* échancrure *f*; **in·den·tion** *typ.* renfoncement *m*; **in'den·ture** [~t∫ə] **1.** contrat *m* bilatéral; ~s *pl.* contrat *m* d'apprentissage; **2.** lier par contrat; engager par un contrat d'apprentissage.

in·de·pend·ence [indi'pendəns] indépendance *f* (à l'égard de, *of*); *État:* autonomie *f*; *Am.* ♀ Day le 4 juillet; **in·de'pend·ent** □ **1.** indépendant; autonome (*État*); ~ *means* fortune *f* personnelle; rentes *f/pl.*; **2.** indépendant *m*.

in·depth [in'depθ] en profondeur.

in·de·scrib·a·ble □ [indis'kraibəbl] indescriptible; indicible.

in·de·struct·i·ble □ [indis'trʌktəbl] indestructible.

in·de·ter·mi·na·ble □ [indi'tə:minəbl] indéterminable; interminable (*dispute*); **in·de'ter·mi·nate** □ [~nit] indéterminé; *fig.* imprécis; **in·de'ter·mi·nate·ness, in·de·ter·mi·na·tion** [~'nei∫n] indétermination *f*; *fig.* irrésolution *f*.

in·dex ['indeks] **1.** (*pl. a.* indices) *eccl., volume:* index *m*; *cadran etc.:* aiguille *f*; indice *m*, signe *m*; ⅍ exposant *m*; *opt.* indice *m*; (*ou* ~ *finger*) index *m*; (*ou* ~ *number*) coefficient *m*; ~ *card* fiche *f*; ~ *figure* indice *m*; **2.** dresser l'index de (*un volume*); classer; répertorier.

In·di·a ['indjə] Inde *f*; ~ *paper* papier *m* indien, papier *m* bible; ~ *rubber* gomme *f* (à effacer); caoutchouc *m*; '**In·di·a·man** ♣ longcourrier *m* des Indes.

In·di·an ['indjən] **1.** indien(ne *f*); de l'Inde; des Indes; *gymn.* ~ *club* bouteille *f* en bois; ~ *corn* maïs *m*; *in* ~ *file* en file indienne; *Am.* F ~ *giver* personne *f* qui fait un cadeau dans l'intention d'en demander à son tour; ~ *ink* encre *f* de Chine; *surt. Am.* ~ *summer* été *m* de la Saint-

Martin; **2.** Indien(ne *f*) *m*; F Hindou(e *f*) *m*; (*usu.* Red ~) *a.* Peau-Rouge (*pl.* Peaux-Rouges) *m*.

in·di·cate ['indikeit] indiquer; signaler; montrer; témoigner; faire savoir; **in·di'ca·tion** indication *f*; indice *m*, signe *m*; **in·dic·a·tive** [in'dikətiv] **1.** □ indicatif (-ive *f* (de, *of*); *be* ~ *of* dénoter; ~ *mood* = **2.** *gramm.* indicatif *m*; **in·di·ca·tor** ['~keitə] indicateur (-trice *f*) *m* (*a.* ⊕, *tél. su./m*); aiguille *f*; **in·di·ca·to·ry** [~kətəri] indicateur (-trice *f*) (de, *of*).

in·di·ces ['indisi:z] *pl. de* index 1.

in·dict [in'dait] inculper (*de* for, *on a charge of*); **in·dict·a·ble** inculpable; ~ *offence* délit *m*; **in·dict·ment** inculpation *f*; *document:* acte *m* d'accusation.

in·dif·fer·ence [in'difrəns] indifférence *f* (*pour, à l'égard de* to, *towards*); **in·dif·fer·ent** □ indifférent (*à, to*); médiocre, passable; ✝ impartial (-aux *m/pl.*); ⚛ neutre.

in·di·gence ['indidʒəns] indigence *f*; F misère *f*.

in·dig·e·nous [in'didʒinəs] indigène (*à, to*); du pays.

in·di·gent ['indidʒənt] indigent; nécessiteux (-euse *f*).

in·di·gest·ed [indi'dʒestid] mal digéré; **in·di·gest·i·ble** □ indigeste (*a. fig.*); **in·di·ges·tion** dyspepsie *f*; indigestion *f*.

in·dig·nant □ [in'dignənt] indigné (*de, at*); d'indignation *f*; **in·dig·na·tion** indignation *f* (*contre* with, *against*); ~ *meeting* meeting *m* de protestation; **in·dig·ni·ty** [~niti] indignité *f*; affront *m*; honte *f*.

in·di·rect □ [indi'rekt] indirect (*a. gramm.*); détourné (*moyen*).

in·dis·cern·i·ble □ [indi'sə:nəbl] indiscernable; imperceptible.

in·dis·creet □ [indis'kri:t] indiscret (-ète *f*); imprudent, peu judicieux (-euse *f*); inconsidéré; **in·dis·cre·tion** [~'kre∫n] indiscrétion *f*; manque *m* de discrétion; imprudence *f*; F faux pas *m*.

in·dis·crim·i·nate □ [indis'kriminit] au hasard, à tort et à travers; (*a.* **in·dis'crim·i·nat·ing** □ [~neitiŋ], **in·dis'crim·i·na·tive** [~nətiv]) sans discernement; *fig.* aveugle;

'in·dis·crim·i·na·tion manque *m* de discernement.

in·dis·pen·sa·ble □ [indis'pensəbl] obligatoire; indispensable (à, to).

in·dis·pose [indis'pouz] indisposer, prévenir (contre, *towards*); détourner (de, *from*); rendre peu propre (à qch., *for s.th.*); rendre incapable (de *inf.*, *for gér.*); rendre peu disposé (à *inf.*, *to inf.*); in·dis·po·si·tion [indispə'ziʃn] indisposition *f* (à l'égard de, to[*wards*]); aversion *f* (pour); malaise *f*, indisposition *f*.

in·dis·pu·ta·ble □ ['indis'pju:təbl] incontestable; hors de controverse.

in·dis·so·lu·bil·i·ty ['indisɔlju'biliti] indissolubilité *f*; 🜂 insolubilité *f*; in·dis·so·lu·ble □ [ˌ'sɔljubl] indissoluble.

in·dis·tinct □ [indis'tiŋkt] indistinct, vague, confus; in·dis'tinct·ness indistinction *f*, vague *m*.

in·dis·tin·guish·a·ble □ [indis'tiŋgwiʃəbl] indistinguible; imperceptible; insaisissable.

in·dite [in'dait] composer (*un poème*); rédiger (*une lettre*).

in·di·vid·u·al [indi'vidjuəl] **1.** □ individuel(le *f*); particulier (-ère *f*); ~ *drive* commande *f* séparée; **2.** ~ individu *m*; in·di·vid·u·al·i·ty [ˌ'æliti] individualité *f*; in·di'vid·u·al·ize [ˌəlaiz] individualiser.

in·di·vis·i·bil·i·ty ['indivizi'biliti] indivisibilité *f*; in·di'vis·i·ble □ indivisible; 🜂 insécable.

Indo... [indou] indo-; Indo-.

in·doc·ile [in'dousail] indocile; in·do·cil·i·ty [ˌdo'siliti] indocilité *f*.

in·doc·tri·nate [in'dɔktrineit] instruire; endoctriner; ~ *s.o. with s.th.* inculquer qch. à q.

in·do·lence ['indələns] indolence *f* (*a.* 🜏); paresse *f*; 'in·do·lent □ indolent (*a.* 🜏); paresseux (-euse *f*).

in·dom·i·ta·ble □ [in'dɔmitəbl] indomptable.

in·door ['indɔ:] de maison; d'intérieur; intérieur; *sp.* de salle, de salon; ~ *aerial* antenne *f* d'appartement; ~ *game* jeu *m* de salle *ou* de salon *ou* de société; ~ *plant* plante *f* d'appartement; ~ *relief* assistance *f* des pauvres hospitalisés; ~ *swimming-bath* piscine *f*; in·doors

['in'dɔ:z] à la maison; à l'intérieur.

in·dorse *etc.* [in'dɔ:s] *see* endorse.

in·du·bi·ta·ble □ [in'dju:bitəbl] indubitable, incontestable.

in·duce [in'dju:s] persuader (à q., s.o.); amener; occasionner, produire; 𝄞 amorcer, induire; 𝄞 ~*d current* courant *m* induit *ou* d'induction; in'duce·ment motif *m*; attrait *m*; raison *f*.

in·duct *eccl.* [in'dʌkt] installer; in'duct·ance 𝄞 inductance *f*; ~-*coil* (bobine *f* de) self *f*; bobine *f* d'inductance; in·duc·tion *eccl.*, *tionnaire*: installation *f*; 🜂, *phls.*, *phys.* induction *f*; 🜏 production *f*; in'duc·tive □ qui induit (à, to); 🜂, *phls.* inductif (-ive *f*) (*a.* 𝄞 *charge*); 𝄞 inducteur (-trice *f*).

in·dulge [in'dʌldʒ] *v/t.* gâter (q.), avoir de l'indulgence pour (q.); se livrer à, s'adonner à; donner libre cours à (*ses passions, ses caprices*); F boire; ~ *s.o. with s.th.* accorder qch. à q.; ~ *o.s. in* se livrer à, s'adonner à (*qch.*); *v/i.* se permettre (à, in); se livrer, s'adonner (à, in); in'dul·gence indulgence *f* (*a. eccl.*); complaisance *f* (envers, to); assouvissement *m* (de of, in); abandon *m* (à, in); ✝ délai *m* de paiement; in'dul·gent □ indulgent (envers, à, pour to); faible.

in·du·rate ['indjuəreit] (s')endurcir; durcir; 🜏 (s')indurer; in·du·ra·tion (*fig.* en)durcissement *m*; 🜏 induration *f*.

in·dus·tri·al [in'dʌstriəl] **1.** □ industriel(le *f*); professionnel(le *f*); de l'industrie; ~ *art* art *m* mécanique; ~ *court* tribunal *m* industriel; ~ *disease* maladie *f* professionnelle; ~ *espionage* espionnage *m* industriel; ~ *school* école *f* des arts et métiers; école *f* professionnelle de rééducation; ~ *tribunal* conseil *m* de prud'hommes; **2.** *see* industrialist; ~*s pl.* ✝ valeurs *f/pl.* industrielles; in'dus·tri·al·ist industriel *m*, industrialiste *m*; in·dus'tri·al·ize [ˌaiz] industrialiser; *become* ~*d* s'industrialiser; in·dus·tri·ous □ travailleur (-euse *f*), laborieux (-euse *f*), assidu.

in·dus·try ['indʌstri] assiduité *f* au travail, diligence *f*; travail *m*; ⊕ industrie *f*; *heavy industries pl.* industries *f/pl.* lourdes.

in·dwell ['in'dwel] [*irr.* (dwell)] demeurer dans; habiter (*un lieu*); *fig.* reposer dans.

in·e·bri·ate 1. [i'ni:brieit] enivrer; 2. [i'ni:briit] ivre, enivré; 3. ivrogne *mf*; **in·e·bri·a'tion**, **in·e·bri·e·ty** [ini:'braiəti] ivresse *f*; alcoolisme *m*; enivrement *m*.

in·ed·i·ble [in'edibl] immangeable.

in·ed·it·ed [in'editid] inédit; publié sans notes.

in·ef·fa·ble □ [in'efəbl] ineffable, indicible.

in·ef·face·a·ble □ [ini'feisəbl] ineffaçable.

in·ef·fec·tive [ini'fektiv], **in·ef'fec·tu·al** □ [‿tjuəl] inefficace, sans effet, sans résultat; ✕ inopérant, sans service.

in·ef·fi·ca·cious □ [inefi'keiʃəs] inefficace; **in·ef·fi·ca·cy** [‿kəsi] inefficacité *f*.

in·ef·fi·cien·cy [ini'fiʃənsi] incapacité *f*; incompétence *f*; inefficacité *f*; **in·ef'fi·cient** incapable; incompétent; inefficace.

in·el·e·gance [in'eligəns] inélégance *f*; **in·el·e·gant** □ sans élégance (*personne*); inélégant (*style*).

in·el·i·gi·bil·i·ty [inelidʒə'biliti] inéligibilité *f*; caractère *m* peu acceptable; **in·el·i·gi·ble** □ inéligible; indigne d'être choisi; *fig.* peu acceptable; ✕ inapte.

in·ept □ [i'nept] inepte; déplacé; mal à propos; ⚖️ de nul effet; **in'ept·i·tude** [‿titju:d], **in'ept·ness** manque *m* d'à-propos *ou* de justesse; inaptitude *f*; sottise *f*.

in·e·qual·i·ty [ini'kwɔliti] inégalité *f*; *sol*, *bois*: rugosité *f*; irrégularité *f*.

in·eq·ui·ta·ble □ [in'ekwitəbl] inéquitable, injuste; **in'eq·ui·ty** injustice *f*.

in·e·rad·i·ca·ble □ [ini'rædikəbl] indéracinable.

in·ert □ [i'nə:t] inerte; **in·er·tia** [i'nə:ʃjə], **in'ert·ness** inertie *f*.

in·es·cap·a·ble [inis'keipəbl] inévitable, inéluctable.

in·es·sen·tial ['ini'senʃl] négligeable; non essentiel(le *f*) (à, to).

in·es·ti·ma·ble □ [in'estiməbl] inestimable; incalculable.

in·ev·i·ta·ble □ [in'evitəbl] inévitable, inéluctable; immanquable; fatal (-als *m/pl.*); **in'ev·i·ta·ble·ness** inévitabilité *f*.

in·ex·act □ [inig'zækt] inexact; **in·ex'act·i·tude** [‿itju:d], **in·ex'act·ness** inexactitude *f*.

in·ex·cus·a·ble □ [iniks'kju:zəbl] inexcusable, sans excuse.

in·ex·haust·i·bil·i·ty ['inigzɔ:stə-'biliti] nature *f* inépuisable; **in·ex'haust·i·ble** □ inépuisable; intarissable (*source*).

in·ex·o·ra·bil·i·ty [ineksərə'biliti] inexorabilité *f*; caractère *m* implacable; **in·ex·o·ra·ble** □ inexorable, implacable.

in·ex·pe·di·en·cy [iniks'pi:diənsi] inopportunité *f*; **in·ex'pe·di·ent** □ inopportun, malavisé.

in·ex·pen·sive □ [iniks'pensiv] bon marché; peu coûteux (-euse *f*); pas cher (chère *f*).

in·ex·pe·ri·ence [iniks'piəriəns] inexpérience *f*; **in·ex'pe·ri·enced** inexpérimenté, sans expérience.

in·ex·pert □ [ineks'pə:t] inexpert; peu habile (à, in).

in·ex·pi·a·ble □ [in'ekspiəbl] inexpiable; † impitoyable.

in·ex·pli·ca·ble □ [in'eksplikəbl] inexplicable; inconcevable.

in·ex·press·i·ble [iniks'presəbl] 1. □ inexprimable; indicible; 2. *co. ou* † ‿s *pl.* pantalon *m*, culotte *f*.

in·ex·pres·sive □ [iniks'presiv] inexpressif (-ive *f*); sans expression.

in·ex·pug·na·ble □ [iniks'pʌgnəbl] inexpugnable; *fig.* inattaquable.

in·ex·tin·guish·a·ble □ [iniks'tiŋ-gwiʃəbl] inextinguible.

in·ex·tri·ca·ble □ [in'ekstrikəbl] inextricable.

in·fal·li·bil·i·ty [infælə'biliti] infaillibilité *f*; **in·fal·li·ble** □ infaillible; sûr.

in·fa·mous □ ['infəməs] infâme; mal famé; abominable; **in·fa·my** ['‿mi] (note *f* d')infamie *f*.

in·fan·cy ['infənsi] première enfance *f*; ⚖️ minorité *f*; **in·fant** ['‿fənt] 1. enfant *mf*; ⚖️ mineur(e *f*) *m*; ‿ school école *f* maternelle *ou* enfantine; ‿, welfare puériculture *f* sociale; 2. d'enfance; enfantin.

in·fan·ta [in'fæntə] infante *f*; **in'fan·te** [‿ti] infant *m*.

in·fan·ti·cide [in'fæntisaid] infanticide *m*; *personne:* infanticide *mf*; **in·fan·tile** ['infəntail] d'enfant; 🏥 infantile; *péj.* enfantin; ‿ *paralysis* poliomyélite *f*; **in·fan·tine** ['˖tain] *see* infantile.

in·fan·try ✕ ['infəntri] infanterie *f*; **'in·fan·try·man** soldat *m* d'infanterie; fantassin *m*.

in·fat·u·ate [in'fætjueit] infatuer, affoler; enticher; **in·fat·u·a·tion** infatuation *f*, engouement *m*; béguin *m* (pour, *for*).

in·fect [in'fekt] infecter; ✻ contaminer; *fig.* inculquer (qch. à q., *s.o. with s.th.*); *become* ~ed se contagionner; **in·fec·tion** ✻, *fig.* infection *f*, contagion *f*; contamination *f*; **in·fec·tious** □, **in·fec·tive** ✻ infectieux (-euse *f*); *fig.* contagieux (-euse *f*).

in·fe·lic·i·tous [infi'lisitəs] malheureux (-euse *f*); mal trouvé; **in·fe·lic·i·ty** infélicité *f*; manque *m* de justesse; gaffe *f*.

in·fer [in'fəː] déduire, conclure (de, *from*), impliquer; **in·fer·a·ble** qu'on peut inférer; on peut déduire; **in·fer·ence** ['infərəns] inférence *f*, conclusion *f*; **in·fer·en·tial** □ [˖'renʃl] déductif (-ive *f*); obtenu par déduction; ~*ly* par déduction.

in·fe·ri·or [in'fiəriə] **1.** inférieur (à, *to*); ♀ infère; **2.** inférieur *m*; subordonné(e *f*) *m*; **in·fe·ri·or·i·ty** [˖ri'ɔriti] infériorité *f* (par rapport à, *to*); ~ *complex* complexe *m* d'infériorité.

in·fer·nal □ [in'fəːnl] infernal (-aux *m/pl.*); des enfers; de l'enfer; F diabolique, infernal (-aux *m/pl.*); ~ *machine* machine *f* infernale.

in·fer·tile [in'fəːtail] stérile; **in·fer·til·i·ty** [˖'tiliti] stérilité *f*, infertilité *f*.

in·fest [in'fest] infester (de, *with*) (*fig.*); **in·fes·ta·tion** infestation *f*.

in·fi·del ['infidəl] infidèle (*a. su./mf*); *péj.* incroyant(e *f*) (*a. su.*); **in·fi·del·i·ty** [˖'deliti] infidélité *f*.

in·fight(·ing) ['infait(iŋ)] *box.* corps à corps *m*; *fig.* guerre *f* intestine.

in·fil·trate ['infiltreit] *v/t.* infiltrer; imprégner; pénétrer dans; *v/i.* s'infiltrer (dans, *into*; à travers, *through*); **in·fil·tra·tion** infiltration *f*.

in·fi·nite ['infinit] infini; illimité; *astr.* sans nombre; **in'fin·i·tive** (a. ~ *mood*) *gramm.* infinitif *m*; **in·fin·i·tude** [˖'tjuːd], **in'fin·i·ty** in-

finité *f*, infinitude *f*; Å infini *m*.

in·firm □ [in'fəːm] débile, infirme, faible; (*a.* ~ *of purpose*) irrésolu, flottant; **in'fir·ma·ry** infirmerie *f*; hôpital *m*; **in'fir·mi·ty** [˖iti] infirmité *f*; faiblesse *f* (*a. fig.*).

in·fix [in'fiks] implanter; *gramm.* infixer; *fig.* inculquer.

in·flame [in'fleim] (s')enflammer (*a. fig., a.* ✻); (s')allumer (*a. fig.*); *v/t.* mettre le feu à; *v/i.* prendre feu.

in·flam·ma·bil·i·ty [inflæmə'biliti] inflammabilité *f*; **in'flam·ma·ble 1.** □ inflammable; **2.** ~*s pl.* substances *f/pl.* inflammables; **in·flam·ma·tion** [inflə'meiʃn] inflammation *f*; **in·flam·ma·to·ry** [in'flæmətəri] incendiaire; ✻ inflammatoire.

in·flate [in'fleit] gonfler (*a. fig.*); ♣ grossir; ♣ hausser (*le prix*); **in'flat·ed** gonflé, enflé; ♣ exagéré; ampoulé (*style*); **in'fla·tion** gonflement *m*; ✻, ♣ inflation *f*; ♣ *prix*: hausse *f*; fig. enflure *f*; **in'fla·tion·ar·y** d'inflation, inflationniste.

in·flect [in'flekt] fléchir; moduler (*la voix*); ♪ altérer; *gramm.* conjuguer (*un verbe*), décliner (*un substantif*); **in'flec·tion** *see* inflexion.

in·flex·i·bil·i·ty [infleksə'biliti] inflexibilité *f* (*a. fig.*); **in'flex·i·ble** □ inflexible (*a. fig.*); **in'flex·ion** [˖ʃn] inflexion *f*; *voix*: modulation *f*; *gramm.* flexion *f*.

in·flict [in'flikt] donner (*un coup*) (à, *on*); infliger (*une punition*) (à, *on*); ~ *o.s.* (*ou one's company*) *on* imposer sa compagnie à; **in'flic·tion** infliction *f*; châtiment *m*, peine *f*; *fig.* vexation *f*.

in·flo·res·cence ♀ [inflo'resns] inflorescence *f*; floraison *f*.

in·flow ['inflou] *see* influx.

in·flu·ence ['influəns] **1.** influence *f* (sur, [*up*]*on*; auprès de, *with*); **2.** influencer; influer sur; **in·flu·en·tial** □ [˖'enʃl] influent.

in·flu·en·za ✻ [influ'enzə] grippe *f*.

in·flux ['inflʌks] affluence *f*, entrée *f*; *fig.* invasion *f*, inondation *f*.

in·form [in'fɔːm] *v/t.* informer (de, *of*); renseigner (sur, *about*); avertir; faire part à; mettre au courant; *well* ~*ed* bien renseigné; *keep s.o.* ~*ed* tenir q. au courant (de, *of*); *v/i.* dénoncer (q., *against s.o.*).

in·for·mal □ [in'fɔːml] sans cérémonie; officieux (-euse *f*); irrégulier (-ère *f*); **in·for·mal·i·ty** [~ˈmæliti] absence *f* de cérémonie; irrégularité *f*.

in·form·ant [inˈfɔːmənt] informateur (-trice *f*) *m*; ⚖ déclarant(e *f*) *m*; *see informer*; **in·for·ma·tion** [infəˈmeiʃn] renseignements *m/pl.*, informations *f/pl.*; instruction *f*; ⚖ dénonciation *f* (contre, *against*); ~ *film* documentaire *m*; ~ *science* informatique *f*; *gather* ~ recueillir des renseignements (sur, *about*); **in·form·a·tive** [inˈfɔːmətiv] instructif (-ive *f*); **inˈform·er** dénonciateur (-trice *f*), F mouchard *m*.

in·frac·tion [inˈfrækʃn] infraction *f*; contravention *f*.

in·fra...: ~ **dig** F au-dessous de la dignité (de q.), déshonorant; ˈ~**red** *phys.* infrarouge; ˈ~**struc·ture** infrastructure *f*.

in·fre·quen·cy [inˈfriːkwənsi] rareté *f*; **inˈfre·quent** □ rare, infréquent.

in·fringe [inˈfrindʒ] *v/t.* enfreindre, violer (*la loi, un serment*); *v/i.* empiéter (sur, *upon*) (*un brevet etc.*); **inˈfringe·ment** infraction *f*; contrefaçon *f*.

in·fu·ri·ate [inˈfjuərieit] rendre furieux (-euse *f*).

in·fuse [inˈfjuːz] infuser (*du thé*) (à, *into*); faire infuser (*le thé*); inspirer (qch. à q., *s.o. with s.th.*); *pharm.* macérer; **inˈfu·sion** [~ʒn] infusion *f* (*a. fig.*); **in·fu·so·ri·a** *zo.* [infjuːˈsɔːriə] *pl.* infusoires *m/pl.*

in·gath·er·ing [ˈingæðəriŋ] rentrée *f*; récolte *f*.

in·gen·ious □ [inˈdʒiːnjəs] ingénieux (-euse *f*); **in·ge·nu·i·ty** [indʒiˈnjuiti] ingéniosité *f*; **in·gen·u·ous** □ [inˈdʒenjuəs] ingénu, naïf (-ïve *f*); franc(he *f*).

in·gle [ˈiŋgl] foyer *m*; feu *m*.

in·glo·ri·ous □ [inˈglɔːriəs] honteux (-euse *f*); ignominieux (-euse *f*); humble, obscur.

in·go·ing [ˈingouiŋ] **1.** entrée *f*; **2.** qui entre, entrant; nouveau (nouvel *devant une voyelle ou un h muet*; -elle *f*; -eaux *m/pl.*) (*locataire*).

in·got [ˈiŋgət] lingot *m*; *étain*: saumon *m*; ˈ~**-steel** acier *m* en lingots.

in·grain [ˈinˈgrein] teindre grand teint; ˈ**inˈgrained** *fig.* imprégné; invétéré (*personne*).

in·gra·ti·ate [inˈgreiʃieit]: ~ *o.s.* s'insinuer (dans les bonnes grâces de, *with*); **in·grat·i·tude** [~ˈgrætitjuːd] ingratitude *f*.

in·gre·di·ent [inˈgriːdiənt] ingrédient *m*; ⚗ principe *m*.

in·gress [ˈingres] entrée *f*; droit *m* d'accès.

in·gui·nal *anat.* [ˈiŋgwinl] inguinal (-aux *m/pl.*).

in·gur·gi·tate [inˈgəːdʒiteit] ingurgiter, avaler.

in·hab·it [inˈhæbit] habiter; **inˈhab·it·a·ble** habitable; **inˈhab·it·an·cy** habitation *f*; résidence *f*; **inˈhab·it·ant** habitant(e *f*) *m*.

in·ha·la·tion [inhəˈleiʃn] aspiration *f*; ⚕ inhalation *f*; **in·hale** [~ˈheil] aspirer; respirer; ⚕ inhaler; **inˈhal·er** ⚕ inhalateur *m*.

in·har·mo·ni·ous □ [inhɑːˈmounjəs] inharmonieux (-euse *f*).

in·here [inˈhiə] (*in*) être inhérent (à); appartenir (à); exister (dans); **inˈher·ence, inˈher·en·cy** [~rəns(i)] inhérence *f* (à, *in*); **inˈher·ent** □ inhérent, propre (à, *in*).

in·her·it [inˈherit] hériter de (*qch.*); succéder à; tenir (de, *from*); **inˈher·it·a·ble** □ dont on peut hériter; transmissible (*a.* ⚕); **inˈher·it·ance** succession *f*; héritage *m*; *biol.* hérédité *f*; **inˈher·i·tor** héritier *m*; **inˈher·i·tress** héritière *f*.

in·hib·it [inˈhibit] empêcher (q. de, *s.o. from*); défendre (à q. de *inf.*, *s.o. from gér.*); *psych.* inhiber; **in·hi·bi·tion** [~ˈbiʃn] défense *f* expresse; *eccl.* interdit *m*; *psych.* inhibition *f*; **inˈhib·i·to·ry** [~təri] prohibitif (-ive *f*); *physiol., psych.* inhibiteur (-trice *f*).

in·hos·pi·ta·ble □ [inˈhɔspitəbl] inhospitalier (-ère *f*); **in·hos·pi·tal·i·ty** [ˈ~ˈtæliti] inhospitalité *f*.

in·hu·man □ [inˈhjuːmən] inhumain; barbare; **in·hu·mane** □ [~ˈmein] inhumain, cruel(le *f*); **in·hu·man·i·ty** [~ˈmæniti] inhumanité *f*; cruauté *f*.

in·hu·ma·tion [inhjuːˈmeiʃn] inhumation *f*; enterrement *m*; **in·hume** [inˈhjuːm] inhumer, enterrer.

in·im·i·cal □ [iˈnimikl] ennemi, hostile; contraire (à, *to*).

in·im·i·ta·ble □ [iˈnimitəbl] inimitable.

in·iq·ui·tous □ [iˈnikwitəs] inique; **inˈiq·ui·ty** iniquité *f*.

in·i·tial [i'niʃl] **1.** □ initial (-aux *m/pl.*); premier (-ère *f*); du début; ∼ *payment* acompte *m*; ∼ *salary* salaire *m* initial *ou* du début; **2.** initiale *f*; paraphe *m*; **3.** parafer; viser; **in·i·ti·ate 1.** [i'niʃiit] initié(e *f*) (*a. su.*); **2.** [i'niʃieit] commencer; lancer (*une entreprise etc.*); inaugurer; initier (à, *into*); **in·i·ti·a·tion** débuter *m*; commencement *m*; inauguration *f*; initiation *f*; *surt. Am. société*: ∼ *fee* droits *m/pl.* d'admission; **in·i·ti·a·tive** [∼ǝtiv] **1.** préliminaire, préparatoire; **2.** initiative *f*; on one's own ∼ de sa propre initiative; *take the* ∼ prendre l'initiative (pour *inf.*, *in gér.*); **in·i·ti·a·tor** [∼eitǝ] initiateur (-trice *f*) *m*; lanceur *m* (*d'une mode etc.*); **in·i·ti·a·to·ry** [∼ǝtǝri] préliminaire, préparatoire, premier (-ère *f*).

in·ject [in'dʒekt] injecter (dans, *into*; de, *with*); **in·jec·tion** injection *f*.

in·ju·di·cious □ [indʒu'diʃǝs] malavisé, peu judicieux (-euse *f*).

in·junc·tion [in'dʒʌŋkʃn] injonction *f*, ordre *m*.

in·jure [in'dʒǝ] nuire à, faire du mal à, faire du tort à; gâter; endommager; **in·ju·ri·ous** □ [in'dʒuǝriǝs] nuisible, préjudiciable (à, *to*); injurieux (-euse *f*) (*langage*); **in·ju·ry** [in'dʒǝri] tort *m*; mal *m*; dommage *m*; blessure *f*.

in·jus·tice [in'dʒʌstis] injustice *f*.

ink [iŋk] **1.** encre *f*; (*usu. printer's* ∼) noir *m* d'imprimerie; *attr.* à encre, d'encre; **2.** noircir d'encre; *typ.* encrer.

ink·ling [iŋkliŋ] soupçon *m* (*a. fig.*).

ink...: '∼pot encrier *m*; '∼stand grand encrier *m*; '**ink·y** taché *ou* barbouillé d'encre.

in·land [inlǝnd] **1.** du pays, intérieur (*commerce etc.*); ⁂ *Revenue* fisc *m*; **2.** intérieur *m*; **3.** [in'lænd] dans les terres; vers l'intérieur; **in·land·er** [inlǝndǝ] habitant(e *f*) *m* de l'intérieur.

in-laws [inlɔ:z] *pl.* parents *m/pl.* par alliance; beaux-parents *m/pl.*

in·lay [in'lei] **1.** (*irr. (lay)*) incruster (de, *with*); marqueter (*une table*); parqueter (*un plancher*) en mosaïque; **2.** incrustation *f*; marqueterie *f*; *livre*: encartage *m*.

in·let [inlet] entrée *f*; bras *m* de mer; crique *f*; ⊕ arrivée *f*, admission *f*.

in·mate [inmeit] habitant(e *f*) *m*; *aliéné*: pensionnaire *mf*; *hospice etc.*: hôte *m*.

in·most [inmoust] le plus profond.

inn [in] auberge *f*; *ville*: hôtellerie *f*; ⁂s *pl. of Court* écoles *f/pl.* de droit (*Londres*).

in·nate □ [i'neit] inné.

in·ner [inǝ] intérieur; interne, de dedans; intime; *cycl., mot.* ∼ *tube* chambre *f* à air, boudin *m* d'air; **inner·most** le plus profond *ou* intime.

in·ner·vate [inǝ:veit] *physiol.* innerver.

in·nings [iniŋz] *pl. ou sg. sp.* tour *m* de batte; tournée *f*; *have one's* ∼ être au guichet, *fig.* être au pouvoir, prendre son tour.

inn·keep·er [inki:pǝ] aubergiste *mf*; hôtelier (-ère *f*) *m*.

in·no·cence [inǝsns] innocence *f*; naïveté *f*, candeur *f*; **in·no·cent 1.** □ innocent (de, *of*); dépourvu (de); pur, sans péché; F ∼ *of* sans; **2.** innocent(e *f*) *m*; naïf (-ive *f*); idiot(e *f*) *m*.

in·noc·u·ous □ [i'nɔkjuǝs] inoffensif (-ive *f*).

in·nom·i·nate [i'nɔminit] *anat.* innominé; ⁂⁂ innomé.

in·no·vate [inoveit] innover; **in·no·va·tion** innovation *f*; nouveauté *f*; **in·no·va·tor** (in)novateur (-trice *f*) *m*.

in·nox·ious □ [i'nɔkʃǝs] inoffensif (-ive *f*).

in·nu·en·do [inju'endou] insinuation *f*; allusion *f*.

in·nu·mer·a·ble □ [i'nju:mǝrǝbl] innombrable.

in·nu·tri·tious [inju'triʃǝs] peu nourrissant; peu nutritif (-ive *f*).

in·ob·serv·ance [inǝb'zǝ:vǝns] (*of*) inobservance *f* (de); *promesse*: inobservation *f* (de); inattention *f* (à).

in·oc·u·late [i'nɔkjuleit] ⚕ greffer; ⚕ inoculer (qch. à q. *s.o. with s.th.*, *s.th. into s.o.*; contre, *against*); **in·oc·u·la·tion** ⚕ greffe *f*; ⚕ inoculation *f*; **in·oc·u·la·tor** inoculateur (-trice *f*) *m*.

in·o·dor·ous [in'oudǝrǝs] sans [odeur, inodore.]

in·of·fen·sive □ [inǝ'fensiv] inoffensif (-ive *f*).

in·of·fi·cial [inǝ'fiʃl] inofficieux (-euse *f*).

in·op·er·a·tive [in'ɔpərətiv] inopérant.

in·op·por·tune □ [in'ɔpɔtju:n] inopportun; hors de saison.

in·or·di·nate □ [i'nɔ:dinit] démesuré, immodéré; effréné.

in·or·gan·ic [inɔ:'gænik] inorganique.

in·pa·tient ['inpeiʃənt] hospitalisé(e *f*) *m*.

in·put ⊕, *surt. ⚡* ['input] puissance *f*; entrée *f* de courant.

in·quest ⚖ ['inkwest] enquête *f* (sur, *on*); coroner's ∼ enquête *f* judiciaire après mort d'homme.

in·qui·e·tude [in'kwaiitju:d] agitation *f*, inquiétude *f*.

in·quire [in'kwaiə] demander (qch., *for* s.th.); se renseigner (sur *about*, *after*), s'informer (de qch.); ∼ *into* faire des recherches *ou* une enquête sur; **in'quir·er** investigateur (-trice *f*) *m*; **in'quir·ing** □ curieux (-euse *f*); interrogateur (-trice *f*); **in'quir·y** enquête *f*, investigation *f*; demande *f* (*a*. ✝); *make inquiries* prendre des renseignements (*sur about*, *on*); s'informer (auprès de, *of*); **in'quir·y-of·fice** bureau *m* de renseignements; Service *m* des renseignements.

in·qui·si·tion [inkwi'ziʃn] investigation *f*; ⚖ enquête *f*; *hist.* ♀ Inquisition *f*; **in'quis·i·tive** □ questionneur (-euse *f*); curieux (-euse *f*); **in'quis·i·tive·ness** curiosité *f* (indiscrète); **in'quis·i·tor** enquêteur *m*; *hist.* Inquisiteur *m*; **in·quis·i·to·ri·al** □ [ˌ∼'tɔ:riəl] inquisitorial (-aux *m/pl.*).

in·road ['inroud] ✗ incursion *f*, irruption *f*; *fig.* empiétement *m* (sur, *upon*); *make* ∼*s upon* (*ou in*) ébrécher, harceler.

in·sa·lu·bri·ous [insə'lu:briəs] malsain; insalubre.

in·sane [in'sein] fou (fol *devant une voyelle ou un h muet*; folle *f*); insensé; **in·san·i·tar·y** □ [∼'sænitəri] insalubre; malsain; **in'san·i·ty** folie *f*, démence *f*.

in·sa·ti·a·bil·i·ty [inseiʃjə'biliti] insatiabilité *f*; **in'sa·ti·a·ble** □, **in'sa·ti·ate** [ˌ∼ʃiit] inassouvissable; insatiable (de, *of*).

in·scribe [in'skraib] inscrire (*a*. ♉, *a*. ✝ *actions*); graver (un nom sur qch., *s.th. with a name*); *fig.*

inscrire (sur, *on*; dans, *in*); dédier.

in·scrip·tion [in'skripʃn] inscription *f* (✝ au grand livre); *fig.* dédicace *f*.

in·scru·ta·bil·i·ty [inskru:tə'biliti] inscrutabilité *f*; **in'scru·ta·ble** □ inscrutable, impénétrable; fermé (*visage*).

in·sect ['insekt] insecte *m*; **in'sec·ti·cide** [ˌ∼isaid] insecticide (*a. su./m*); **in·sec·tiv·o·rous** [ˌ∼'tivərəs] insectivore.

in·se·cure □ [insi'kjuə] peu sûr; incertain; **in·se'cu·ri·ty** [ˌ∼riti] insécurité *f*; danger *m*.

in·sen·sate [in'senseit] insensé; insensible (*matière*); **in·sen·si·bil·i·ty** [ˌ∼sə'biliti] défaillance *f*; insensibilité *f* (à, *to*); indifférence *f* (pour, *to*); **in'sen·si·ble** □ insensible (à *of*, *to*); indifférent (à *of*, *to*); évanoui, sans connaissance; **in'sen·si·tive** insensible (à, *to*).

in·sen·ti·ent [in'senʃiənt] insensible.

in·sep·a·ra·bil·i·ty [insepərə'biliti] inséparabilité *f*; **in'sep·a·ra·ble** □ inséparable.

in·sert 1. [in'sə:t] *usu.* insérer (dans, *in[to]*); introduire; intercaler (*une ligne, un mot*); **2.** ['insə:t] insertion *f*; pièce *f* rapportée; **in'ser·tion** insertion *f*, introduction *f*; *cost.* incrustation *f*; *dentelle:* entre-deux *m/inv*.

in·set ['inset] *typ.* encart *m*; feuillet *m*; hors-texte *m/inv.*; médaillon *m*; *attr.* en médaillon.

in·shore ⚓ ['in'ʃɔ:] **1.** *adj.* côtier (-ère *f*); **2.** *adv.* près de terre.

in·side ['in'said] **1.** *su.* dedans *m*, intérieur *m*; F entrailles *f/pl.*; **2.** *adj.* (d')intérieur; interne; *mot.* ∼ *drive* conduite *f* intérieure; *sp.* ∼ *lane* piste *f* intérieure; *foot.* ∼ *left* intérieur *m* gauche; **3.** *adv.* en dedans; *Am. a.* ∼ *of* en moins de (*temps*); **4.** *prp.* à l'intérieur de, dans; **'in'sid·er** initié(e *f*) *m*. [(-euse *f*).]

in·sid·i·ous □ [in'sidiəs] insidieux]

in·sight ['insait] perspicacité *f*; *fig.* aperçu *m* (de, *into*).

in·sig·ni·a [in'signiə] *pl.* insignes *m/pl.*; signes *m/pl. etc.* distinctifs.

in·sig·nif·i·cance, *a.* **in·sig·nif·i·can·cy** [insig'nifikəns(i)] insignifiance *f*; **in·sig'nif·i·cant** insignifiant; sans importance.

in·sin·cere □ [insin'siə] peu sincère; faux (fausse *f*); **in·sin·cer·i·ty** [~'seriti] manque *m* de sincérité; fausseté *f*.

in·sin·u·ate [in'sinjueit] insinuer; laisser entendre; donner à entendre; glisser (dans, *into*); ~ *o.s. into* s'insinuer dans; **in·sin·u·at·ing** □ insinuant; suggestif (-ive *f*) (*propos etc.*); **in·sin·u·a·tion** insinuation *f* (*a. fig.*); introduction *f*.

in·sip·id □ [in'sipid] insipide, fade; **in·si·pid·i·ty** insipidité *f*; fadeur *f*.

in·sist [in'sist] insister; ~ *on* insister sur, appuyer sur; revendiquer (*un droit*); insister pour (*inf.*); vouloir (*qch.*) absolument; ~ *that* insister pour que (*sbj.*), exiger que (*sbj.*); **in·sist·ence** insistance *f*; protestations *f/pl.* (de, *on*); *at his* ~ devant son insistance; *puisqu'il insistait;* **in·sist·ent** □ qui insiste (sur, [*up*]*on*); instant; importun.

in·so·bri·e·ty [inso'braiəti] intempérance *f*.

in·(·)so(·)far as [insə'fɑ:rəz] tant que, dans la mesure où.

in·so·la·tion [inso'leifn] insolation *f* (*&*, *a. phot.*); *&* coup *m* de soleil.

in·so·lence ['insələns] insolence *f*, effronterie *f* (envers, *to*); 'in·so·lent □ insolent (envers, *to*).

in·sol·u·bil·i·ty [insɔlju'biliti] insolubilité *f*; **in·sol·u·ble** □ [~'jubl] insoluble (*a. fig.*).

in·sol·ven·cy [in'sɔlvənsi] insolvabilité *f*; faillite *f*; **in·sol·vent 1.** insolvable; en faillite; **2.** débiteur *m* insolvable; failli *m*.

in·som·ni·a [in'sɔmniə] insomnie *f*.

in·so·much [insou'mʌtʃ]: ~ *that* au point que; tellement que.

in·spect [in'spekt] examiner; contrôler; **in·spec·tion** inspection *f*; examen *m*; contrôle *m*; visite *f*; ~ *for* à l'essai; **in·spec·tor** inspecteur *m*; surveillant *m*; **in·spec·tor·ate** [~tərit] *office:* inspectorat *m*; corps *m* d'inspecteurs.

in·spi·ra·tion [inspə'reifn] inspiration *f*; **in·spire** [~'spaiə] aspirer, inspirer; *fig.* inspirer (qch. à *q. s.th. in*[*to*] *s.o.*, *s.o. with s.th.*); aiguillonner (*q.*); **in·spir·it** [~'spi-rit] animer, encourager.

in·spis·sate [in'spiseit] (s')épaissir.

in·sta·bil·i·ty [insta'biliti] instabi-

lité *f*; manque *m* de solidité; *fig.* inconstance *f*.

in·stall [in'stɔ:l] installer (dans, *in*) (*a.* ⊕); ⊕ monter (*un atelier, une machine*); **in·stal·la·tion** [instə-'leifn] installation *f* (*a.* ⊕), *radio:* montage *m*; poste *m* (*de T.S.F.*).

in·stal(l)·ment [in'stɔ:lmənt] † fraction *f*; acompte *m*; versement *m*; *ouvrage:* fascicule *m*; *monthly* ~ mensualité *f*; *by* ~*s* par paiements à termes; *fig.* peu à peu; ~ **plan** † système *m* de crédit; *buy s.th. on the* ~ acheter qch. à tempérament.

in·stance ['instəns] **1.** instance *f* (*a.* ⚖); exemple *m*, cas *m*; *for* ~ par exemple; *in the first* ~ en premier lieu; *at the* ~ *of* à la demande de; sur l'instance de; **2.** citer (*qch.*) en exemple.

in·stant □ ['instənt] **1.** instant, urgent, pressant; immédiat; *on the 10th* ~ le 10 courant; **2.** instant *m*, moment *m*; *in an* ~, *on the* ~ sur-le-champ, tout de suite; *the* ~ *you come* dès que vous viendrez; **in·stan·ta·ne·ous** □ [~'teinjəs] instantané; **in·stan·ter** [in'stæntə], **in·stant·ly** ['instəntli] immédiatement, sur-le-champ.

in·state [in'steit] établir (dans, *in*).

in·stead [in'sted] au lieu de cela; ~ *of* (*gér.*) au lieu de (*inf.*).

in·step ['instep] cou-de-pied (*pl.* cous-de-pied) *m*; *soulier:* cambrure *f*.

in·sti·gate ['instigeit] exciter, inciter, provoquer (à, *to*); **in·sti·ga·tion** instigation *f*; ~ **in·sti·ga·tor** instigateur (-trice *f*) *m*; auteur *m* (d'une *révolte*).

in·stil(l) [in'stil] instiller; *fig.* inculquer (à, *into*), inspirer (à, *into*); **in·stil·la·tion** [insti'leifn], **in·'stil(l)·ment** instillation *f*; inspiration *f*; inculcation *f*.

in·stinct 1. ['instiŋkt] instinct *m*; **2.** [in'stiŋkt] plein; ~ *with life* plein ou doué de vie; **in·stinc·tive** □ instinctif (-ive *f*).

in·sti·tute ['institju:t] **1.** instaut *m*; cercle *m*; † institution *f*; ♀ *of Justinian* Institutes *f/pl.* de Justinien; **2.** instituer, établir (*q.*); fonder; intenter (*un procès*); investir (*q.*) (de, [*in*]*to*), ⚖ instituer (*q.*) (héritier, *as heir*); **in·sti·tu·tion** institution *f*, établissement *m* (*a. édifice*); commencement *m*; association *f* (*d'ingénieurs etc.*); hospice *m* (*de charité*); *eccl.* investiture *f*; ⚖ institution *f*; **in·sti·tu·tion·al·ize** [~əlaiz] faire une institution de (*qch.*); **in·sti·tu·tor** fondateur (-trice *f*) *m*; auteur *m*.

in·struct [in'strʌkt] instruire; enseigner (*qch. à q., s.o. in s.th.*); charger (*de, to*); **in'struc·tion** instruction *f*, enseignement *m*; ordre *m*; **in'struc·tion·al** d'instruction; ✕ ~ *school* école *f* d'application; ✕ *mot.* ~ *board ou panel* tableau *m* des instruments; ✕ *fly on* ~*s* voler en P.S.V.; **in'struc·tive** □ instructif (-ive *f*); **in'struc·tor** maître *m*; précepteur *m*; ✕ moniteur *m*; *Am. univ.* chargé *m* de cours; **in'struc·tress** maîtresse *f*, préceptrice *f*.

in·stru·ment [in'strʌmənt] (♩, ♪, ♫, *a. fig.*) instrument *m*; appareil *m*; ⚖ *a.* acte *m* juridique; ✕, *mot.* ~ *board ou panel* tableau *m* des instruments; ✕ *fly on* ~*s* voler en P.S.V.; **in·stru·men·tal** [~'mentl] contributif (-ive *f*), qui contribue (*à, in*); *gramm., a.* ♪ instrumental (-aux *m/pl.*); *be* ~ contribuer à (*qch. ou inf.*); **in·stru·men·tal·i·ty** [~'tæliti] moyen *m*, concours *m*, intermédiaire *m*.

in·sub·or·di·nate [insə'bɔ:dnit] insubordonné; mutin; **'in·sub·or·di·'na·tion** insubordination *f*, insoumission *f*.

in·suf·fer·a·ble □ [in'sʌfərəbl] insupportable, intolérable.

in·suf·fi·cien·cy [insə'fiʃənsi] insuffisance *f*; **in·suf'fi·cient** □ insuffisant.

in·su·lar □ [insjulə] insulaire; *fig.* borné, étroit; **in·su·lar·i·ty** [~'læriti] insularité *f*; *fig.* esprit *m* borné, étroitesse *f* de vues; **in·su·late** [~'leit] faire une île de; ∮, *a. fig.* isoler; *phys.* calorifuger, protéger (*contre, against*); **'in·su·lat·ing** isolant; ~ *tape* chatterton *m*; **in·su·la·tion** isolement *m* (*a. phys.*); *a.* = **'in·su·la·tor** *phys.* isolant *m*.

in·sult 1. ['insʌlt] insulte *f*, affront *m*; **2.** [in'sʌlt] insulter, affronter.

in·su·per·a·bil·i·ty [insju:pərə'biliti] caractère *m* ou nature *f* insurmontable; **in'su·per·a·ble** □ insurmontable; infranchissable.

in·sup·port·a·ble □ [insə'pɔ:təbl] insupportable, intolérable.

in·sup·press·i·ble [insə'presəbl] irrépressible.

in·sur·ance [in'ʃuərəns] assurance *f*; *attr.* d'assurance; ~ *fraud* escroquerie *f* à l'assurance; **in'sur·ant** assuré(*e f*) *m*; **in'sure** [in'ʃuə] (faire) assurer; *fig. a.* garantir; **in'sured** assuré(*e f*) *m*; **in'sur·er** assureur *m*.

in·sur·gent [in'sə:dʒənt] insurgé, révolté (*a. su./mf*).

in·sur·mount·a·ble □ [insə'mauntəbl] insurmontable (*a. fig.*).

in·sur·rec·tion [insə'rekʃn] insurrection *f*, soulèvement *m*; **in·sur'rec·tion·al** insurrectionnel(le *f*); **in·sur'rec·tion·ist** [~ʃnist] insurgé(*e f*) *m*.

in·sus·cep·ti·ble [insə'septəbl] non susceptible (*de, of*), inaccessible (*à, of*); insensible (*à, to*).

in·tact [in'tækt] intact, indemne.

in·take ['inteik] prise *f* (*d'eau etc.*); ⊕ ~ *valve* soupape *f* d'admission.

in·tan·gi·bil·i·ty [intændʒə'biliti] intangibilité *f*; *traité*: inviolabilité *f*; **in'tan·gi·ble** □ [~dʒəbl] intangible; immatériel(le *f*); *fig.* impondérable.

in·te·ger [in'tidʒə] totalité *f*; ⅍ nombre *m* entier; **in·te·gral** ['~grəl] **1.** □ intégral; total; entier (-ère *f*); ⅍ intégral; **2.** ⅍ intégrale *f*; **in·te·grant** ['~grənt] intégrant; **in·te·grate** ['~greit] rendre entier; ⅍ intégrer; *be* ~*d into* s'intégrer dans; ∮ ~*d circuit* circuit *m* intégré; **in·te·gra·tion** intégration *f*; **in·teg·ri·ty** [~'tegriti] intégrité *f*; probité *f*; totalité *f*.

in·teg·u·ment [in'tegjumənt] (in)tégument *m*, enveloppe *f* (*a. ♀*).

in·tel·lect ['intilekt] intelligence *f*, esprit *m*; intellect *m*; **in·tel·lec·tu·al** [~'tjuəl] **1.** □ intellectuel(le *f*); **2.** intellectuel(le *f*) *m*; **in·tel·lec·tu·al·i·ty** ['~'æliti] intellectualité *f*.

in·tel·li·gence [in'telidʒəns] intelligence *f*; esprit *m*; renseignements *m/pl.*, nouvelles *f/pl.*; informations *f/pl.*; ~ *department*, ✕, ⬧ *a.* ~ *service* service *m* des renseignements; **in'tel·li·genc·er** informateur (-trice *f*) *m*; espion *m*.

in·tel·li·gent □ [in'telidʒənt] intelligent; avisé; † ~ *of* au courant de; **in·tel·li·gent·si·a** [~'dʒentsiə] *la* classe *f* des intellectuels *m/pl.*; élite *f* intellectuelle; **in·tel·li·gi·bil·i·ty**

[~dʒə'biliti] intelligibilité f; **in·tel·li·gi·ble** □ intelligible.

in·tem·per·ance [in'tempərəns] intempérance f; alcoolisme m; **in·'tem·per·ate** □ [~rit] immodéré, intempérant; adonné à la boisson.

in·tend [in'tend] avoir l'intention de, se proposer de, compter; entendre (par, by); ~ for destiner à; **in·'tend·ant** intendant m; **in·'tend·ed 1.** projeté; intentionnel(le f); ~ husband fiancé m, prétendu m; **2.** F fiancé(e f) m, prétendu(e f) m, futur(e f) m.

in·tense □ [in'tens] intense; vif (vive f) (a. couleur); fort; **in·'tense·ness** intensité f; violence f; force f.

in·ten·si·fi·ca·tion [intensifi'keiʃn] renforcement m (a. phot.); **in·ten·si·fy** [~fai] (s')augmenter; (s')intensifier; v/t. phot. renforcer.

in·ten·sion [in'tenʃn] tension f (d'esprit); phls. compréhension f; **in·'ten·si·ty** see intenseness; **in·ten·sive** □ see intense; intensif (-ive f); ✍ ~ care unit service m de réanimation ou de soins intensifs.

in·tent [in'tent] **1.** □ tout entier (-ère f (à, on); acharné (à, on); fixe (regard); **2.** intention f, but m, dessein m; to all ~s and purpose à toutes fins utiles; with ~ to kill dans l'intention de tuer; **in·'ten·tion** intention f; dessein m; but m; **in·'ten·tion·al** □ [~ʃnl] voulu, intentionnel (-le f); fait exprès; **in·'ten·tioned** (bien ou mal) intentionné; **in·'tent·ness** application f; tension f d'esprit; attention f soutenue (du regard).

in·ter [in'tə:] enterrer, ensevelir.

inter... [intə] entre-; inter-; réciproque.

in·ter·act 1. ['intərækt] théâ. entracte m; intermède m; **2.** [~'ækt] agir l'un sur l'autre; **in·ter'ac·tion** action f réciproque.

in·ter·breed ['intə'bri:d][irr.(breed)] (s')entrecroiser; v/t. accoupler (des animaux).

in·ter·ca·lar·y [in'tə:kələri] intercalaire; géol. intercalé (couche); **in·'ter·ca·late** [~leit] intercaler; **in·ter·ca·la·tion** intercalation f.

in·ter·cede [intə'si:d] intercéder, plaider (auprès de, with); **in·ter·'ced·er** intercesseur m; médiateur (-trice f) m.

in·ter·cept [intə'sept] intercepter (une lettre, un navire, un message); couper (la retraite); ✈ comprendre (un espace); **in·ter'cep·tion** interception f; téléph. etc. captation f; **inter'cep·tor** celui (celle f) m qui intercepte; ✕ ~ fighter intercepteur m.

in·ter·ces·sion [intə'seʃn] intercession f; médiation f; **in·ter·ces·sor** [~'sesə] intercesseur m; médiateur (-trice f) m.

in·ter·change 1. [intə'tʃeindʒ] v/t. échanger; mettre (qch.) à la place de (qch. d'autre); v/i. s'interchanger; **2.** ['~tʃeindʒ] échange m; alternance f; ⚡ interversion f; **in·ter·'change·a·ble** interchangeable, permutable.

in·ter·com·mu·ni·cate [intəkə'mju:nikeit] communiquer (entre eux ou elles); **in·ter·com·mu·ni·'ca·tion** communication f réciproque; rapports m/pl.; 🖂 intercirculation f; **in·ter·com'mun·ion** [~jən] rapports m/pl. intimes; eccl. intercommunion f.

in·ter·con·nect ['intəkə'nekt] communiquer (réciproquement).

in·ter·con·ti·nen·tal ['intəkɔnti'nentl] intercontinental (-aux m/pl.).

in·ter·course ['intəkɔ:s] commerce m, relations f/pl.

in·ter·de·nom·i·na·tion·al [intədinɔmi'neiʃənl] interconfessionnel(le f).

in·ter·de·pend·ent [intədi'pendənt] solidaire (de, with).

in·ter·dict 1. [intə'dikt] interdire (qch. à q., s.th. to s.o.; à q. de inf., s.o. from gér.); prohiber; **2.** ['intədikt], **in·ter'dic·tion** interdiction f, défense f; eccl. interdit m.

in·ter·est ['intrist] **1.** usu. intérêt m; participation f (à, in); fig. groupe m, parti m, monde m; profit m, avantage m; † influence f, crédit m (auprès de, with); † intérêt m; revenu m; be of ~ to intéresser (q.); take an ~ in s'intéresser à; **2.** usu. intéresser (dans, in); éveiller l'intérêt de (q.); be ~ed in s'intéresser à; s'occuper de; † être intéressé dans; ~ o.s. s'intéresser (à, in); **in·ter·est·ed** □ intéressé; d'intérêt (regard); **in·ter·est-free** † sans intérêts; **in·ter·est·ing** □ intéressant.

in·ter·fere [intə'fiə] se mêler (de,

with); toucher (à, with); intervenir (dans, in); gêner, déranger (qch., with s.th.); **in·ter'fer·ence** intervention f, ingérence f (dans, in); phys. interférence f; radio: interférences f/pl.; ~ elimination radio: filtrage m à interférences; ~ suppressor antiparasite m.

in·ter·flow [in'tə'flou] se mélanger.

in·ter·flu·ent [in'tə:fluənt] se mélangeant; mêlant leurs eaux.

in·ter·fuse [intə'fju:z] (se) mélanger, (se) confondre.

in·ter·im ['intərim] **1.** su. intérim m; ad ~ par intérim; in the ~ sur ces entrefaites; **2.** adv. en attendant, entretemps; **3.** adj. intérimaire.

in·te·ri·or [in'tiəriə] **1.** □ (de l')intérieur; 🜨 interne; **2.** intérieur m (tous les sens); ~ decorator ensemblier m, artiste mf décorateur (-trice f).

in·ter·ja·cent [intə'dʒeisənt] intermédiaire, interjacent.

in·ter·ject [intə'dʒekt] interrompre; faire (une remarque); **in·ter'jec·tion** interjection f; fig. intime; **in·ter'jec·tion·al** □ interjectionnel(le f).

in·ter·lace [intə'leis] (s')entrelacer, (s')entrecroiser, (s')entremêler.

in·ter·lard [intə'lɑ:d] fig. piquer (de, with).

in·ter·leave [intə'li:v] interfolier (un livre).

in·ter·line [intə'lain] écrire (qch.) entre les lignes; typ. interligner; **in·ter·lin·e·ar** [intə'liniə] (à traduction) interlinéaire; **in·ter·lin·e·a·tion** ['~lini'eiʃn] interlinéation f, entre-ligne m; intercalation f de mots etc. dans un texte.

in·ter·lock [intə'lɔk] (s')emboîter, 🜂 (s')enclencher; (s')engrener.

in·ter·lo·cu·tion [intəlo'kju:ʃn] interlocution f; **in·ter·loc·u·tor** [~'lɔkjutə] interlocuteur m; **in·ter'loc·u·to·ry** en forme de dialogue; ⚖ interlocutoire.

in·ter·lope [intə'loup] faire intrusion; ✝ vendre sans autorisation; **'in·ter·lop·er** intrus(e f) m; ✝ commerçant m marron.

in·ter·lude ['intəlu:d] intermède m.

in·ter·mar·riage [intə'mæridʒ] intermariage m; **'in·ter'mar·ry** se marier entre parents ou entre membres de races etc. différentes.

in·ter·med·dle [intə'medl] s'ingérer

(dans with, in); **in·ter'med·dler** fig. officieux (-euse f) m.

in·ter·me·di·ar·y [intə'mi:diəri] intermédiaire (a. su./m); **in·ter·me·di·ate** □ [~'mi:diət] intermédiaire; intermédiat; moyen(ne f); 🜨 ~ landing escale f; Am. ~ school école f secondaire; ~ trade commerce m intermédiaire.   [ment m.)

in·ter·ment [in'tə:mənt] enterre-)

in·ter·mi·na·ble □ [in'tə:minəbl] sans fin, interminable.

in·ter·min·gle [intə'miŋgl] (s')entremêler.

in·ter·mis·sion [intə'miʃn] interruption f, intervalle m; pause f; Am. théâ. entracte m.

in·ter·mit [intə'mit] (s')interrompre; v/t. suspendre; **in·ter'mit·tent** **1.** □ intermittent; ~ fever = **2.** ⚕ fièvre f intermittente; **in·ter'mit·ting·ly** par intervalles.

in·ter·mix [intə'miks] (s')entremêler, (se) mélanger; **in·ter'mix·ture** [~tʃə] mélange m; mixtion f.

in·tern [in'tə:n] interner.

in·tern(e) ['intə:n] interne m (des hôpitaux).

in·ter·nal □ [in'tə:nl] interne; intérieur; intime, secret (-ète f); Am. ✝ ~ revenue revenu m fiscal; le fisc m; **~com'bus·tion en·gine** moteur m à combustion interne.

in·ter·na·tion·al [intə'næʃnəl] **1.** □ international (-aux m/pl.); ~ data line ligne f de changement de date; 🜨 ~ departures pl. départ m vols internationaux; ~ exhibition exposition f internationale; 🜨 ~ flight vol m international; ~ law droit m international ou des gens; **2.** pol. F Internationale f; sp. international(e f) m; **in·ter·na·tion·al·i·ty** [~'næliti] internationalité f; **in·ter'na·tion·al·ize** [~əlaiz] internationaliser.

in·ter·ne·cine war [intə'ni:sain'wɔ:] guerre f d'extermination réciproque.

in·tern·ee [intə:'ni:] interné(e f) m; **in'tern·ment** internement m; ~ camp camp m d'internement.

in·ter·pel·late [in'tə:peleit] interpeller; **in·ter·pel'la·tion** interpellation f.

in·ter·phone ['intəfoun] téléphone m privé; 🜨 téléphonie f de bord.

in·ter·plan·e·tar·y [intə'plænitəri] interplanétaire.

in·ter·play ['intə'plei] effet *m* réciproque; jeu *m*.

in·ter·po·late [in'tə:poleit] interpoler; intercaler; **in·ter·po·la·tion** interpolation *f*.

in·ter·pose [intə'pouz] *v/t.* interposer; faire (*une observation*); *v/i.* s'interposer, intervenir; **in·ter·po·si·tion** [intə:pə'ziʃn] interposition *f*; intervention *f*.

in·ter·pret [in'tə:prit] interpréter; **in·ter·pre·ta·tion** interprétation *f*; **in·ter·pre·ta·tive** [.tətiv] interprétatif (-ive *f*); qui explique (qch., *of* s.th.); **in·ter·pret·er** interprète *mf*.

in·ter·ro·gate [in'terogeit] interroger, questionner; **in·ter·ro·ga·tion** interrogation *f*; *police:* interrogatoire *m*; question *f*; *note (ou mark ou point) of* ~ point *m* d'interrogation; **in·ter·rog·a·tive** [.tə'rɔgətiv] **1.** □ interrogateur (-trice *f*); *gramm.* interrogatif (-ive *f*); **2.** *gramm.* pronom *m* interrogatif; **in·ter·rog·a·to·ry** [.təri] **1.** interrogateur (-trice *f*); **2.** interrogatoire; interrogatoire *m*.

in·ter·rupt [intə'rʌpt] interrompre; **in·ter·rupt·ed·ly** de façon interrompue; **in·ter·rupt·er** interrupteur (-trice *f*) *m*; ⚡ interrupteur *m*, *a.* coupe-circuit *m/inv.*; **in·ter·rup·tion** interruption *f*.

in·ter·sect [intə'sekt] (s')entrecouper, (s')entrecroiser; ⅄ (se) couper; **in·ter·sec·tion** intersection *f* (🚌 *de voies*); *chemins:* carrefour *m*.

in·ter·space ['intə'speis] espacement *m*; *temps:* intervalle *m*.

in·ter·sperse [intə'spə:s] entremêler (de, *with*); parsemer (de, *with*).

in·ter·state *Am.* ['intə'steit] entre États.

in·ter·stel·lar [intə'stelə] interstellaire.

in·ter·stice [in'tə:stis] interstice *m*; **in·ter·sti·tial** □ [intə'stiʃl] interstitiel(le *f*).

in·ter·twine [intə'twain], **in·ter·twist** [intə'twist] (s')entrelacer.

in·ter·val ['intəvəl] intervalle *m* (*a. de temps, a.* ♪); distance *f*; *sp.* mi-temps *f*; *théâ.* entracte *m*; *école:* récréation *f*.

in·ter·vene [intə'vi:n] intervenir, s'interposer; s'écouler (*années*); séparer; arriver, survenir; **in·ter·ven·tion** [.'venʃn] intervention *f*; interposition *f*.

in·ter·view ['intəvju:] **1.** entrevue *f*; *journ.* interview *f*; **2.** avoir une entrevue avec; *journ.* interviewer; **in·ter·view·ee** [.i:] personne *f* interviewée, interviewé(e *f*) *m*; **'in·ter·view·er** interviewer *m*.

in·ter·weave [intə'wi:v] [*irr.(weave)*] (s')entrelacer; *fig.* (s')entremêler.

in·tes·ta·cy ⚖ [in'testəsi] absence *f* de testament; **in'tes·tate** ⚖ [.tit] intestat (*usu. su./m*); ~ *succession* succession *f ab intestat.*

in·tes·ti·nal *anat.* [in'testinl] intestinal (-aux *m/pl.*); **in'tes·tine** [.tin] intestin (*a. su./m*).

in·ti·ma·cy ['intiməsi] intimité *f*; *péj.* accointances *f/pl.*; ⚖ relations *f/pl.* charnelles; **in·ti·mate 1.** ['~meit] signifier; indiquer, suggérer; intimer (*un ordre*); **2.** ['~mit] □ intime; *fig.* approfondi; **3.** ['~mit] intime *mf*; **in·ti·ma·tion** [.'meiʃn] avis *m*; indication *f*; suggestion *f*.

in·tim·i·date [in'timideit] intimider; **in·tim·i·da·tion** intimidation *f*; ⚖ menaces *f/pl.*

in·tim·i·ty [in'timiti] intimité *f*.

in·to ['intu; 'intə] *prp.* dans, en; à; entre (*les mains*).

in·tol·er·a·ble □ [in'tɔlərəbl] intolérable, insupportable; **in'tol·er·ance** intolérance *f*; **in'tol·er·ant** □ intolérant.

in·to·na·tion [intə'neiʃn] ♪, *voix:* intonation *f*; *eccl.* psalmodie *f*; cadence *f*, *voix:* ton *m*; **in·to·nate** ['~neit], **in·tone** [in'toun] psalmodier; entonner.

in·tox·i·cant [in'tɔksikənt] **1.** enivrant; **2.** boisson *f* alcoolique; **in'tox·i·cate** [.keit] enivrer; **in·tox·i·ca·tion** ivresse *f*; *fig.* enivrement *m*; ⚕ *poison:* intoxication *f*.

in·trac·ta·bil·i·ty [intræktə'biliti] indocilité *f*; *terrain:* nature *f* incultivable; **in'trac·ta·ble** □ intraitable, obstiné, difficile; incultivable; ingrat.

in·tra·mu·ral ['intrə'mjuərəl] dans [l'intérieur de la ville.)

in·tran·si·gent *pol.* [in'trænsidʒənt] intransigeant(e *f*) (*a. su.*).

in·tran·si·tive □ [in'trænsitiv] intransitif (-ive *f*).

in·tra·state *Am.* [intrə'steit] intérieur de l'État; qui ne concerne que l'État.

in·tra·ve·nous ⚕ [intrəvi:nəs] intraveineux (-euse *f*).

in·trep·id □ [in'trepid] intrépide, courageux (-euse *f*); **in·tre·pid·i·ty** [intri'piditi] intrépidité *f*, courage *m*.

in·tri·ca·cy ['intrikəsi] complication *f*; complexité *f*; **in·tri·cate** □ ['ˌkit] compliqué; confus; embrouillé.

in·trigue [in'tri:g] **1.** intrigue *f* (*a. théâ.*); liaison *f* (*amoureuse*); cabale *f*; **2.** *v/i.* intriguer (*a. v/t.*); mener des intrigues; *v/t. fig.* piquer la curiosité de (*q.*); **in'tri·guer** intrigant(e *f*) *m*.

in·trin·sic, in·trin·si·cal □ [in-'trinsik(l)] intrinsèque.

in·tro·duce [intrə'dju:s] introduire, faire entrer; présenter (q. à q., s.o. to s.o.; *a. parl. un projet de loi*); faire connaître (*un livre*); initier (q. à qch., s.o. to s.th.); établir; commencer (*une phrase*); **in·tro·duc·tion** [ˌ'dʌkʃn] introduction *f*; présentation *f*; avant-propos *m/inv.*; *letter of* ~ lettre *f* de recommandation; **in·tro'duc·to·ry** [ˌtəri] préliminaire; de recommandation (*lettre*); **†** ~ *price* prix *m* de lancement.

in·tro·spec·tion [intro'spekʃn] introspection *f*; **in·tro'spec·tive** □ introspectif (-ive *f*).

in·tro·vert [intro'və:t] **♂** retourner, introvertir (*a. psych.*); **2.** ['introvə:t] caractère *m* introverti.

in·trude [in'tru:d] *v/t.* introduire de force (dans, *into*); imposer (à, [up]on); *v/i.* faire intrusion (auprès de, [up]on); empiéter (sur, on); être importun; **in'trud·er** intrus(e *f*) *m*; importun(e *f*) *m*; **F** resquilleur (-euse *f*) *m* (*à une soirée*).

in·tru·sion [in'tru:ʒn] intrusion *f*, empiétement *m*.

in·tru·sive □ [in'tru:siv] importun (*personne*); *géol.* d'intrusion; *gramm.* intrusif (-ive *f*).

in·trust [in'trʌst] *see* entrust.

in·tu·it [in'tju:it] savoir intuitivement; **in·tu·i·tion** [intju'iʃn] intuition *f*; **in·tu·i·tive** □ [ˌ'tjuitiv] intuitif (-ive *f*).

in·un·date ['inʌndeit] inonder (de, with); **in·un·da·tion** inondation *f*.

in·ure [i'njuə] habituer (à, to); **in-'ure·ment** habitude *f* (de, to); endurcissement *m* (à, to).

in·u·til·i·ty [inju'tiliti] inutilité *f*.

in·vade [in'veid] envahir; faire une

invasion dans (*un pays*); *fig.* violer; empiéter sur (*un droit*); **in'vad·er** envahisseur *m*; *fig.* intrus(e *f*) *m*; transgresseur *m* (*d'un droit*).

in·val·id¹ [in'vælid] invalide; nul (-le *f*).

in·val·id² [in'vælid] **1.** malade (*a. su./mf*); infirme (*a. su./mf*); **2.** ✗, ♣ invalide *m*; **3.** *v/t.* rendre malade ou infirme; ✗, ♣ réformer; *v/i.* être réformé.

in·val·i·date [in'vælideit] rendre nul, invalider; **♣** casser (*un jugement*); **in·val·i·da·tion** invalidation *f*; cassation *f*.

in·va·lid·i·ty [invə'liditi] invalidité *f*.

in·val·u·a·ble □ [in'væljuəbl] inestimable.

in·var·i·a·ble □ [in'vɛəriəbl] invariable.

in·va·sion [in'veiʒn] invasion *f* (*a. ♂*), envahissement *m*; *fig.* violation *f* (*a. ♣*); empiétement *m* (sur, of); **in'va·sive** [ˌsiv] envahissant; d'invasion.

in·vec·tive [in'vektiv] invective *f*, injures *f/pl.*

in·veigh [in'vei]: ~ *against* déclamer *ou* fulminer contre, maudire (*qch.*).

in·vei·gle [in'vi:gl] séduire; attirer (dans, *into*); **in'vei·gle·ment** séduction *f*; leurre *m*.

in·vent [in'vent] inventer; **in'ven·tion** invention *f* (*a. fig.*); *fig.* mensonge *m*; **in'ven·tive** □ inventif (-ive *f*); **in'ven·tive·ness** fécondité *f* d'invention; imagination *f*; **in'ven·tor** inventeur (-trice *f*) *m*; **in·ven·to·ry** ['invəntri] **1.** inventaire *m*; **2.** inventorier; dresser l'inventaire de.

in·verse □ ['in'və:s] inverse; **in·ver·sion** [in'və:ʃn] renversement *m*; *gramm.*, ♫, ♣, etc. inversion *f*.

in·vert 1. [in'və:t] renverser; invertir; ♫ intervertir; *gramm.* ~*ed commas pl.* guillemets *m/pl.*; ✈ ~*ed flight* vol *m* renversé *ou* sur le dos; **2.** ['invə:t] inverti (e *f*).

in·ver·te·brate [in'və:tibrit] **1.** invertébré *f*; *fig.* flasque, faible; **2.** *zo.* invertébré *m*; *fig.* personne *f* qui manque de caractère.

in·vest [in'vest] *v/t.* revêtir (de with, in); *fig.* investir (q. de qch., s.o. with s.th.; *a. de l'argent*); prêter (qch. à q., s.o. with s.th.); ✗ investir, cerner; ✝ investir, placer (*des fonds*) (dans, *in*); *v/i.* ✝ placer de l'argent (dans, *in*); F ~ *in s.th.* acheter qch., se payer qch.

in·ves·ti·gate ['investigeit] examiner, étudier, rechercher; *investigating committee* commission *f* d'enquête; **in·ves·ti·ga·tion** investigation *f*, recherches *f/pl.*; **in·ves·ti·ga·tor** [~tə] investigateur (-trice *f*) *m*.

in·ves·ti·ture [in'vestitʃə] remise *f* de décorations; *eccl.* investiture *f*; *poét.* (re)vêtement *m*; **in·vest·ment** placement *m* (*de fonds*); ✕ investissement *m*; **in·vest·or** capitaliste *mf*; spéculateur *m*; *small ~* petit rentier *m*.

in·vet·er·a·cy [in'vetərəsi] caractère *m* invétéré; **in·vet·er·ate** □ [~rit] invétéré, enraciné (*chose*); acharné (*personne*).

in·vid·i·ous □ [in'vidiəs] odieux (-euse *f*), haïssable; qui excite la haine ou l'envie *ou* la jalousie.

in·vig·or·ate [in'vigəreit] *v/t.* fortifier, donner de la vigueur à; **in·vig·or·a·tion** invigoration *f*.

in·vin·ci·bil·i·ty [invinsi'biliti] invincibilité *f*; **in·vin·ci·ble** □ invincible.

in·vi·o·la·bil·i·ty [invaiələ'biliti] inviolabilité *f*; **in·vi·o·la·ble** □ inviolable; **in·vi·o·late** [~lit] inviolé.

in·vis·i·bil·i·ty [invizə'biliti] invisibilité *f*; **in·vis·i·ble** □ invisible.

in·vi·ta·tion [invi'teiʃn] invitation *f*; **in·vite** [in'vait] **1.** inviter (q. à *inf.*, *s.o. to inf.*); convier (*a. à dîner*); solliciter (*qch.*); provoquer (*une critique, un danger, etc.*); **2.** F invitation *f*.

in·vo·ca·tion [invo'keiʃn] invocation *f*; **in·voc·a·to·ry** [in'vɔkətəri] invocatoire.

in·voice ✝ ['invɔis] **1.** facture *f*; **2.** facturer.

in·voke [in'vouk] invoquer (*Dieu, la mémoire, un esprit*); appeler.

in·vol·un·tar·y □ [in'vɔləntəri] involontaire.

in·vo·lute ['invəlu:t] **1.** ¾ involuté; ⅍ de *ou* à développante; **2.** ¾ développante *f*; **in·vo·lu·tion** complication *f*; enchevêtrement *m*; ¾, ⅍, *biol.* involution *f*.

in·volve [in'vɔlv] envelopper (dans, *in*); embarrasser, impliquer (dans, *in*); engager (dans, *in*); entraîner; comprendre; **in·volve·ment** impli-

cation *f*; confusion *f*; embarras *m/pl.* pécuniaires.

in·vul·ner·a·bil·i·ty [invʌlnərə'biliti] invulnérabilité *f*; **in·vul·ner·a·ble** □ invulnérable.

in·ward ['inwəd] **1.** *adj.* intérieur (*a. fig.*); interne; vers l'intérieur; **2.** *adv.* (*usu.* **in·wards** ['~z]) vers l'intérieur; ✝ pour l'importation; *fig.* dans l'âme; **3.** *su. fig.* ~s *pl.* entrailles *f/pl.*, ventre *m*; **'in·ward·ly** intérieurement (*a. fig.*); dans *ou* vers l'intérieur; **'in·ward·ness** essence *f*, signification *f* intime; spiritualité *f*.

in·weave ['in'wi:v] [*irr.* (*weave*)] brocher (de, *with*); tisser (dans, *into*).

in·wrought ['in'rɔ:t] broché, ouvragé (de, *with*; dans, *into*).

i·od·ic ¾ [ai'ɔdik] iodique; **i·o·dide** ['aiədaid] iodure *m*; **i·o·dine** ['~di:n] iode *m*; **i·o·do·form** ¾ [ai-'ɔdəfɔːm] iodoforme *m*.

i·on *phys.* ['aiən] ion *m*.

I·o·ni·an [ai'ounjən] **1.** ionien(ne *f*); **2.** Ionien(ne *f*) *m*.

I·on·ic[1] [ai'ɔnik] ⌂ ionique; ♪, *ling.* ionien(ne *f*).

i·on·ic[2] *phys.* [~] ionique; **i·on·ize** *phys.* ['aiənaiz] (s')ioniser.

i·o·ta ['aioutə] iota *m* (*a. fig.*).

I O U ['aiou'ju:] (*abr. de I owe you*) reconnaissance *f* de dette.

ip·e·cac·u·an·ha ⅋ [ipikækju'ænə] ipécacuana *m*, *abr.* ipéca *m*.

I·ra·ni·an [ai'reinjən] **1.** iranien(ne *f*); **2.** Iranien(ne *f*) *m*.

i·ras·ci·bil·i·ty [iræsi'biliti] irascibilité *f*; tempérament *m* colérique; **i·ras·ci·ble** □ [~sibl] irascible; colérique (*tempérament*).

i·rate [ai'reit] en colère, furieux (-euse *f*).

ire *poét.* ['aiə] colère *f*; courroux *m*. **ire·ful** □ ['aiəful] plein de colère.

ir·i·des·cence [iri'desns] irisation *f*; plumage *etc.* chatoiement *m*; **ir·i·des·cent** irisé; chatoyant.

I·ris ['aiəris] *myth.* Iris *f*; ⅋ ⅋, *anat.*, *cin.*, *opt.* iris *m*; *phot.* ~ *diaphragm* diaphragme *m* iris.

I·rish ['aiəriʃ] **1.** irlandais; d'Irlande; **2.** *ling.* irlandais *m*; *the ~* les Irlandais *m/pl.*; **'I·rish·ism** locution *f* irlandaise; **'I·rish·man** Irlandais *m*; **'I·rish·wom·an** Irlandaise *f*.

irk ✝ [ə:k] ennuyer; en coûter à (*q.*).

irk·some □ ['əːksəm] ennuyeux (-euse f); ingrat; **'irk·some·ness** caractère m ingrat; ennui m.

i·ron ['aiən] **1.** fer m (a. fig.); fig. souv. airain m; cast ~ fonte f; (qqfois flat-~) fer m à repasser; ~s pl. fers m/pl.; **2.** de fer (a. fig.); en fer; ⊕ de fonte; **3.** repasser; donner un coup de fer à; garnir de fer; mettre (q.) aux fers; **'~-bound** cerclé de fer; fig. sévère, inflexible; à pic (côte); **'~-clad** cuirassé (a. su./m); **'i·ron·er** repasseur (-euse f) m; **'i·ron-found·ry** fonderie f de fonte; **'i·ron-heart·ed** fig. dur, sans pitié.

i·ron·ic, i·ron·i·cal □ [ai'rɔnik(l)] ironique.

i·ron·ing ['aiəniŋ] **1.** repassage m; **2.** à repasser.

i·ron...: ~ **lung** ♨ poumon m d'acier; **'~-mas·ter** maître m de forges; **'~-mon·ger** quincaillier (-ère f) m; **'~-mon·ger·y** quincaillerie f; **'~-mould** tache f de rouille; **'~-willed** à la volonté de fer; **'~-work** construction f en fer; serrurerie f; ~s usu. sg. ⊕ fonderie f (de fonte).

i·ron·y¹ ['aiəni] de ou en fer; qui ressemble au fer.

i·ron·y² ['aiərəni] ironie f.

ir·ra·di·ance, ir·ra·di·an·cy [i'reidiəns(i)] rayonnement m; éclat m (a. fig.); **ir'ra·di·ant** rayonnant (de, with).

ir·ra·di·ate [i'reidieit] irradier; v/i. rayonner (de, with); v/t. rayonner sur; a. éclairer; illuminer; faire rayonner; **ir·ra·di·a·tion** rayonnement m, éclat m (a. fig.); phys. irradiation f; fig. illumination f.

ir·ra·tion·al □ [i'ræʃnəl] déraisonnable; dépourvu de raison; Ⱥ irrationnel(le f); **ir·ra·tion·al·i·ty** [~ʃə'næliti] déraison f; absurdité f.

ir·re·claim·a·ble □ [iri'kleiməbl] incorrigible; ✓ incultivable.

ir·rec·og·niz·a·ble □ [i'rekəgnaizəbl] méconnaissable.

ir·rec·on·cil·a·ble □ [i'rekənsailəbl] incompatible (avec, with); implacable (haine etc.).

ir·re·cov·er·a·ble □ [iri'kʌvərəbl] irrécouvrable; irréparable (perte).

ir·re·deem·a·ble □ [iri'diːməbl] irrachetable (faute, fonds); irrémédiable (désastre etc.); ✝ non amortissable; incorrigible (coquin).

ir·re·duc·i·ble [iri'djuːsəbl] irréductible.

ir·re·frag·a·bil·i·ty [irefrəgə'biliti] caractère m irréfragable etc.; **ir'ref·ra·ga·ble** □ irréfragable; irréfutable.

ir·re·fu·ta·ble □ [i'refjutəbl] irréfutable; irrécusable.

ir·reg·u·lar [i'regjulə] **1.** □ irrégulier (-ère f); anormal (-aux m/pl.); inégal (-aux m/pl.); saccadé (mouvement etc.); **2.** ~s pl. troupes f/pl. irrégulières, irréguliers m/pl.; **ir·reg·u·lar·i·ty** [~'læriti] irrégularité f.

ir·rel·a·tive [i'relətiv] sans rapport (avec, to), étranger (-ère f) (à, to).

ir·rel·e·vance, ir·rel·e·van·cy [i'relivəns(i)] inconséquence f; inapplicabilité f; **ir'rel·e·vant** □ hors de propos; étranger (-ère f) (à, to).

ir·re·li·gion [iri'lidʒn] irréligion f, indévotion f; **ir·re'li·gious** □ [~dʒəs] irréligieux (-euse f).

ir·re·me·di·a·ble □ [iri'miːdjəbl] irrémédiable; sans remède.

ir·re·mis·si·ble □ [iri'misəbl] impardonnable; irrémissible.

ir·re·mov·a·ble □ [iri'muːvəbl] inébranlable; bien ancré; inamovible (juge etc.).

ir·rep·a·ra·ble □ [i'repərəbl] irréparable; irrémédiable.

ir·re·press·i·ble □ [iri'presəbl] irrésistible; irrépressible.

ir·re·proach·a·ble □ [iri'proutʃəbl] irréprochable; **ir·re'proach·a·ble·ness** caractère m irréprochable.

ir·re·sist·i·bil·i·ty ['irizistə'biliti] irrésistibilité f; **ir·re'sist·i·ble** □ irrésistible.

ir·res·o·lute □ [i'rezəluːt] irrésolu; indécis; hésitant; **ir·res·o·lute·ness, ir·res·o'lu·tion** irrésolution f; indécision f.

ir·re·solv·a·ble □ [iri'zɔlvəbl] insoluble; indécomposable.

ir·re·spec·tive □ [iris'pektiv] (of) indépendant (de); adv. sans tenir compte (de).

ir·re·spon·si·bil·i·ty ['irisponsə'biliti] étourderie f; ⚥ irresponsabilité f; **ir·re'spon·si·ble** □ étourdi, irréfléchi; ⚥ irresponsable.

ir·re·triev·a·ble □ [iri'triːvəbl] irréparable, irrémédiable.

ir·rev·er·ence [i'revərəns] irrévérence f; manque m de respect (pour, envers *towards*); **ir·rev·er·ent** □ irrévérent; irrévérencieux (-euse *f*).

ir·re·vers·i·ble □ [iri'və:səbl] irrévocable; *mot.* irréversible.

ir·rev·o·ca·bil·i·ty [irevəkə'biliti] irrévocabilité *f*; **ir·rev·o·ca·ble** □ irrévocable.

ir·ri·gate ['irigeit] arroser; ✍, ⚕ irriguer; **ir·ri·ga·tion** arrosage *m*; ✍, ⚕ irrigation *f*.

ir·ri·ta·bil·i·ty [iritə'biliti] irritabilité *f*; **ir·ri·ta·ble** □ irritable; **ir·ri·tant** irritant (*a. su./m*); **ir·ri·tate** ['ˌteit] irriter; agacer; **ir·ri·tat·ing** □ irritant; agaçant; **ir·ri·ta·tion** irritation *f*; *biol.* stimulation *f*.

ir·rup·tion [i'rʌpʃn] irruption *f*.

is [iz] *il, elle, etc.* est.

i·sin·glass ['aiziŋglɑ:s] ichtyocolle *f*; gélatine *f*.

Is·lam ['izlɑ:m] Islam *m*.

is·land ['ailənd] île *f*; îlot *m* (*a. fig.*); (*a. traffic-~*) refuge *m*; **'is·land·er** insulaire *mf*.

isle [ail] *poét. ou géogr. devant npr.* île *f*; **is·let** ['ailit] îlot *m*.

ism *usu. péj.* [izm] théorie *f*, doctrine *f*.

isn't ['iznt] = *is not.*

iso... [aiso] *préf.* is(o)-.

i·so·late ['aisəleit] isoler; ♈, ⚗ dégager; **i·so·la·tion** isolement *m*; ~ *hospital* hôpital *m* de contagieux; **i·so·la·tion·ist** *Am. pol.* isolationniste (*a. su./mf*).

i·so·met·rics [aisou'metriks] *pl.* exercices *f/pl.* isométriques.

i·so·tope ♈ ['aisotoup] isotope *m*.

Is·ra·el·ite ['izriəlait] Israélite *mf*; **'Is·ra·el·it·ish** israélite.

is·sue ['isju:; 'iʃu:] **1.** sortie *f*; fleuve: embouchure *f*; résultat *m*, dénouement *m*, fin *f*; perte *f*, sang: épanchement *m*; ⚖ progéniture *f*, postérité *f*; ⚖ cause *f*; question *f*; distribution *f* (*de vivres etc.*); ✝ émission *f* (*des billets de banque etc.*); publication *f* (*d'un livre*; *a.* ⚔, ⚓ *d'ordres*); numéro *m*, *journal*: édition *f*; *prospectus*: lancement *m*; *passeport etc.*: délivrance *f*; ~ *of fact* question *f* de fait; ~ *of law* question *f* de droit; *force an* ~ forcer une décision; amener une crise; *join* (the) ~ différer d'opinion; F relever le gant; *join* ~ *with s.o.* contredire q.; discuter l'opinion de q.; *be at* ~ être en débat (sur, *on*); être en question;

2. *v/i.* sortir, jaillir (de, *from*); provenir (de, *from*); se terminer (par, *in*); *v/t.* publier (*a. des livres*); distribuer (qch. à q., *s.o. with s.th.*); lancer (*un mandat d'arrêt*); donner (*un ordre*); émettre (*des billets de banque*); **'~-de·part·ment** section *f* émettrice (*de la Banque d'Angleterre*); **'is·sue·less** sans enfants.

isth·mus ['isməs] isthme *m*.

it [it] **1.** *pron.* il, *accentué*: lui; elle (*a. accentué*); ce, *accentué*: cela; *accusatif*: le, la; *datif*: lui; *of* (*ou from*) ~ en; *to* (*ou at*) ~ y; *how is* ~ *with*? comment *va etc.*?; *see lord* 2, *foot* 2; F *go* ~ aller grand train; *sl. go* ~! vas-y!; allez-y!; *we had a very good time of* ~ nous nous sommes bien amusés; **2.** *adj. préd.* F épatant; **3.** *su.* F quelque chose; F *abr. de Italian* vermouth.

I·tal·ian [i'tæljən] **1.** italien(ne *f*); ~ *warehouse* magasin *m* de comestibles, épicerie *f*; **2.** *ling.* italien *m*; Italien(ne *f*) *m*.

i·tal·ics *typ.* [i'tæliks] italiques *m/pl.*

itch [itʃ] **1.** ⚕ gale *f*; démangeaison *f* (*a. fig.*, *de inf. for*, *to inf.*); **2.** démanger; *personne*: éprouver des démangeaisons; *fig.* avoir une démangeaison (*de inf. for*, *to inf.*); *be* ~*ing to* (*inf.*) brûler de (*inf.*); **'itch·ing** prurit *m*; démangeaison *f* (*a. fig.*); *fig.* grande envie *f*; **'itch·y** ⚕ galeux (-euse *f*).

i·tem ['aitem] **1.** item; de plus; **2.** article *m*, détail *m*; question *f*; *journ.* fait *m* divers; ✝ poste *m*; **3.** noter; **i·tem·ize** ['aitəmaiz] *surt. Am.* détailler, donner les détails de.

it·er·ate ['itəreit] réitérer; **it·er·a·tion** réitération *f*, répétition *f*; **it·er·a·tive** □ ['itərətiv] itératif (-ive *f*).

i·tin·er·ant □ [i'tinərənt] ambulant; **i·tin·er·ar·y** [ai'tinərəri] itinéraire (*a. su./m*); **i·tin·er·ate** [i'tinəreit] voyager (de lieu en lieu).

its [its] son, sa; ses.

it's F [its] = *it is*; *it has.*

it·self [it'self] lui-même, elle-même; *réfléchi*: se, *accentué*: soi; *of* ~ tout seul; de lui-même, d'elle-même; *in* ~ en lui-même *etc.*; en soi, de soi; *by* ~ à part; tout seul.

I've F [aiv] = *I have.*

i·vied ['aivid] couvert de lierre.

i·vo·ry ['aivəri] **1.** ivoire *m*; F *ivories pl.* touches *f/pl.* de piano; ♪ *tickle the ivories* jouer du piano; **2.** en ivoire; d'ivoire; *fig.* ~ *tower* tour *f* d'ivoire.

i·vy ⚕ ['aivi] lierre *m*.

J

J, j [dʒei] J m, j m.

jab F [dʒæb] **1.** piquer (q., qch.) du bout (de qch., with s.th.); box. lancer un coup sec à; **2.** coup m de pointe; box. coup m sec.

jab·ber ['dʒæbə] **1.** vt/i. baragouiner; v/i. jacasser; **2.** baragouinage m; jacasserie f.

Jack [dʒæk] Jean m; ~ Frost bonhomme m Hiver; ~ and Jill Jeannot et Colette; ~ Ketch le bourreau; ~ Pudding bouffon m; ~ Rake noceur m, roué m; ~ Sprat nabot m; ♣ ~ Tar matelot m; F mathurin m.

jack [dʒæk] **1.** cartes: valet m; ♣ pavillon m de beaupré; mot. cric m; tournebroche m; icht. brocheton m; boules: cochonnet m; horloge: jaquemart m; tire-botte m; Am. sl. argent m, sl. fric m; zo. ~ rabbit gros lièvre m; **2.** soulever (avec un cric); sl. ~ up abandonner; surt. Am. F augmenter rapidement (les prix).

jack·al ['dʒækɔ:l] zo. chacal (pl. -als) m (a. fig.).

jack·a·napes ['dʒækəneips] petit(e f) vaurien(ne f) m; impertinent m; **'jack·ass** baudet m; fig. imbécile m; **'jack·boots** bottes f/pl. de cavalier; **'jack·daw** orn. choucas m.

jack·et ['dʒækit] veston m (d'homme); jaquette f (de femme); veste f (d'un garçon de café); ⊕ chemise f (a. de documents); livre: couverture f; potatoes in their ~s pommes f/pl. de terre en robe de chambre.

jack...: '~-in-of·fice bureaucrate m; '~-in-the-box diable m à ressort; '~-knife couteau m pliant; '~-of-'all-trades maître Jacques m; '~-of-'all-work factotum m; '~-o'-'lan·tern feu m follet; '~-pot poker: pot m; Am. F hit the ~ décrocher la timbale; '~-tow·el essuie-mains m/inv. à rouleau.

Jac·o·bin hist. ['dʒækobin] jacobin(e f) m; **Jac·o·bite** hist. ['~bait] jacobite m/f.

jade¹ [dʒeid] **1.** rosse f, haridelle f; péj. drôlesse f; fickle ~ oiseau m

volage; **2.** v/t. éreinter; fatiguer; v/i. languir.

jade² min. [~] jade m.

jag [dʒæg] **1.** pointe f, saillie f; sl. bombe f, noce f, ivresse f; **2.** déchiqueter; **jag·ged** □ ['~id] surt. Am. sl. soûl, gris; '**jag·gy** déchiqueté, ébréché.

jail [dʒeil] **1.** prison f; **2.** mettre en prison; '~-bird F gibier m de potence; '~-break évasion f de prison; **jail·er** ['dʒeilə] gardien m de prison.

ja·lop·(p)y mot. surt. Am. F [dʒə'lɔpi] bagnole f; ✈ avion m de transport.

jam¹ [dʒæm] confiture f.

jam² [~] **1.** presse f, foule f; ⊕ arrêt m (de fonctionnement); radio: brouillage m; traffic ~ embouteillage m; sl. be in a ~ être en difficulté; ~ session séance f de jazz improvisé; **2.** v/t. serrer, presser; enfoncer de force; obstruer (un passage); radio: brouiller; ⊕ coincer; ~ the brakes freiner brusquement; v/i. s'enrayer (fusil); se caler (roue); ⊕ se coincer.

Ja·mai·ca [dʒə'meikə] (a. ~ rum) rhum m de la Jamaïque.

jamb [dʒæm] chambranle m.

jam·bo·ree [dʒæmbə'ri] sl. bombance f; congrès m bruyant; boy-scouts: jamboree m.

jam·my Brt. sl. ['dʒæmi] facile comme tout; veinard, verni; ~ fellow veinard m.

jam-packed F ['dʒæmpækt] plein à craquer, bondé.

jan·gle ['dʒæŋgl] **1.** (faire) rendre des sons discordants (à qch.); v/i. s'entrechoquer; v/t. (faire) entrechoquer; (a. ~ upon) agacer; **2.** sons m/pl. discordants; cliquetis m; '**jan·gling** cacophonique, discordant.

jan·i·tor ['dʒænitə] concierge m.

Jan·u·ar·y ['dʒænjuari] janvier m.

Jap F péj. [dʒæp] Japonais(e f) m.

ja·pan [dʒə'pæn] **1.** laque m; vernis m japonais; **2.** du Japon; **3.** laquer; vernir (du cuir).

Jap·a·nese [dʒæpə'niːz] **1.** japonais; **2.** *ling.* japonais *m*; Japonais(e *f m*); the ~ *pl.* les Japonais *m/pl.*

ja·pan·ner [dʒə'pænə] vernisseur *m.*

jar[1] [dʒɑː] pot *m* (*pour la moutarde etc.*); bocal *m*; récipient *m*; ⚡ verre *m*; *phys.* Leyden ~ bouteille *f* de Leyde.

jar[2] [~] **1.** choc *m*; secousse *f*; discorde *f*; **2.** heurter, cogner; vibrer; être en désaccord; ♪ détonner (*note*); ~ *upon* choquer, agacer; taper sur (*les nerfs*); ~ *with* jurer avec.

jar[3] F [~]: *on the* ~ *see ajar.*

jar·gon ['dʒɑːgən] jargon *m*; *péj.* charabia *m.*

jas·min, ⚘ jas·mine ['dʒæsmin] jasmin *m.*

jas·per *min.* ['dʒæspə] jaspe *m.*

jaun·dice ['dʒɔːndis] jaunisse *f*; *fig.* prévention *f*; '**jaun·diced** ictérique; *fig.* prévenu; *fig.* ~ *eye* regard *m* envieux.

jaunt [dʒɔːnt] **1.** balade *f*, randonnée *f*, sortie *f*; **2.** faire une petite excursion; '**jaun·ti·ness** désinvolture *f*; air *m* effronté; '**jaun·ty** ☐ désinvolte, insouciant, vif (vive *f*); effronté.

jave·lin ['dʒævlin] javeline *f*; javelot *m* (*a. sp.*); *throwing the* ~ lancement *m* du javelot.

jaw [dʒɔː] **1.** mâchoire *f*; F caquet *m*; F sermon *m*; ~*s pl.* mâchoire *f*, -s *f/pl.*; *fig.* bras *m/pl.* (*de la mort*); ⊕ étau: mors *m*; *clef anglaise*: bec *m*; **2.** *v/i.* F caqueter; *v/t.* F chapitrer (*q.*); '~·bone os *m* maxillaire; mâchoire *f*; '~·break·er F mot *m* à vous décrocher la mâchoire.

jay [dʒei] *orn.* geai *m*; F jobard *m*; gogo *m*; '~·walk traverser (la rue) sans regarder; '~·walk·er badaud *m*; piéton *m* imprudent.

jazz [dʒæz] **1.** ♪ jazz *m*; **2.** F bariolé; discordant; tapageur (-euse *f*); **3.** jouer *ou* danser le jazz; F ~ *up* animer, égayer, mettre de l'animation dans (*qch.*); rajeunir (*une robe etc.*); '~'**band** jazz-band *m.*

jeal·ous ☐ ['dʒeləs] jaloux (-ouse *f*) (de, *of*); '**jeal·ous·y** jalousie *f.*

jeep ✕, *mot. Am.* [dʒiːp] jeep *f.*

jeer [dʒiə] **1.** huée *f*; raillerie *f*; **2.** se moquer (de, *at*), se railler (de *qch.*, *at s.th.*); railler (*q.*, *at s.o.*); huer; '**jeer·er** railleur (-euse *f*) *m*, mo-

queur (-euse *f*) *m*; '**jeer·ing** ☐ railleur (-euse*f*),moqueur (-euse *f*).

je·june ☐ [dʒi'dʒuːn] stérile, aride; *a.* maigre (*sol*).

jell [dʒel] *cuis.* épaissir, prendre; F *fig.* prendre forme, se réaliser, réussir.

jel·ly ['dʒeli] **1.** gelée *f*; **2.** *v/t.* faire prendre en gelée; *v/i.* se prendre en gelée; '~·**fish** *zo.* méduse *f.*

jem·my ['dʒemi] pince-monseigneur (*pl.* pinces-monseigneur) *f* (*du cambrioleur*), rossignol *m.*

jen·ny ⊕ ['dʒeni] machine *f* à filer; chariot *m* de roulement.

jeop·ard·ize ['dʒepədaiz] mettre en péril, exposer au danger; '**jeop·ard·y** danger *m*, péril *m.*

jer·e·mi·ad [dʒeri'maiəd] jérémiade *f.*

jerk [dʒəːk] **1.** *su.* saccade *f*, secousse *f*; ✗ réflexe *m* tendineux; tic *m*; *Am. sl.* nigaud *m*; *by* ~*s* par à-coups; *sl. put a* ~ *in it!* mets-y-en!; dépêchez-vous!; **2.** *v/t.* donner une secousse *ou* une saccade à; tirer d'un coup sec; *v/i.* se mouvoir brusquement; *avec adv. ou prp.*: lever, arracher; '~·**wa·ter** *Am.* **1.** petit train *m*, tortillard *m*; **2.** F petit de province, sans importance; '**jerk·y 1.** ☐ saccadé; **2.** *Am.* viande *f* conservée; charqui *f*; *sl.* singe *m.*

jer·ry-build·ing ['dʒeribildiŋ]construction *f* de maisons de pacotille; '**jer·ry-built** de pacotille, de boue et de crachat (*maison*).

jer·sey ['dʒəːzi] jersey *m*; chandail *m*; *foot.* maillot *m.*

jes·sa·mine ⚘ ['dʒesəmin] jasmin *m.*

jest [dʒest] **1.** plaisanterie *f*, badinage *m*; **2.** plaisanter (sur, *about*); badiner; '**jest·er** railleur (-euse *f*) *m*; *hist.* bouffon *m.*

Jes·u·it ['dʒezjuit] jésuite *m*; **Jes·u·it·ic, Jes·u·it·i·cal** ☐ *péj.* jésuitique.

jet[1] *min.* [dʒet] jais *m.*

jet[2] [~] **1.** jet *m* (*d'eau etc.*); bec *m* (*de gaz*); ⊕ gicleur *m*; ⊕ brûleur *m*; ~ *age* époque *f* des avions à réaction; ✈ ~ *fighter* chasseur *m* à réaction; ✈ ~ *lag* (troubles *m/pl.* dus au) décalage *m* horaire; ~ *propulsion* propulsion *f* par réaction; ~ *set* jet-set *m*; **2.** (faire) s'élancer en jet.

jet-black ['dʒet'blæk] noir comme du jais.

jet...: '~-plane avion *m* à réaction, jet *m*; '~-pro·pelled à réaction.

jet·sam ['dʒetsəm] épaves *f*/*pl.* jetées à la côte; marchandise *f* jetée à la mer.

jet·ti·son ['dʒetisn] **1.** jet *m* (de marchandises) à la mer; **2.** jeter à la mer; se délester de (*a. fig.*).

jet·ty ♫ ['dʒeti] jetée *f*, digue *f*; estacade *f*.

Jew [dʒuː] juif *m*; *attr.* juif (-ive *f*), des juifs; ~'s harp guimbarde *f*.

jew·el ['dʒuːəl] **1.** bijou (*pl.* -x) *m*, joyau (*pl.* -x) *m*; *horloge:* rubis *m*; *fig. personne:* perle *f*; **2.** orner de bijoux; monter (*un horloge*) sur rubis; '**jew·el·(l)er** bijoutier *m*; '**jew·el·ry,** '**jew·el·ler·y** bijouterie *f*.

Jew·ess ['dʒuːis] juive *f*; '**Jew·ish** juif (-ive *f*); **Jew·ry** ['dʒuəri] Juiverie *f*.

jib [dʒib] **1.** ♫ foc *m*; ⊕ volée *f* (de grue); ~ door porte *f* dérobée; **2.** *vt*/*i.* gambier, coiffer (*voile*); regimber (*devant*, *at*); '**jib·ber** cheval *m* rétif; *fig.* récalcitrant(e *f*) *m*; '**jib·boom** ♫ bout-dehors (*pl.* bouts-dehors) *m* de foc.

jibe *Am.* F [dʒaib] s'accorder, F coller.

jif·fy F ['dʒifi] instant *m*, clin *m* d'œil; *in a* ~ en un clin d'œil; F en cinq sec.

jig [dʒig] **1.** ♪ gigue *f*; **2.** danser la gigue; *fig.* se trémousser.

jig·ger *Am.* ['dʒigə] **1.** machin *m*, truc *m*; petite mesure *f* (*pour spiritueux*); **2.** *sl.* sautiller (= *danser*).

jig·gered F ['dʒigəd]: *I'm* ~ *if* ... du diable si ...

jig·gle F ['dʒigl] *v*/*t.* secouer légèrement; *v*/*i.* sautiller.

jig·saw ['dʒigsɔː] scie *f* à chantourner; ~ *puzzle* puzzle *m*.

jilt [dʒilt] **1.** coquette *f*; **2.** laisser là (*un amoureux*).

Jim Crow [dʒim'krou] *Am. sl.* nègre *m* (*a. attr.*); discrimination *f* (entre races blanche et noire).

jim·my [dʒimi] *see* jemmy.

jimp *sl.* [dʒimp] diable *m*.

jin·gle ['dʒiŋgl] **1.** cliquetis *m*; grelot: tintement *m*; **2.** (faire) tinter *ou* cliqueter.

jin·go ['dʒiŋgou], *pl.* **-goes** ['~z] chauvin(e *f*) *m*; patriotard *m*; *by* ~! nom de nom!; '**jin·go·ism** chauvinisme *m*.

jinks [dʒiŋks] *pl.*: F *high* ~ ébats *m*/*pl.* bruyants.

jinx *Am. sl.* [~] porte-malheur *m*/*inv.*

jit·ney *Am. sl.* ['dʒitni] pièce *f* de 5 cents; tacot *m*.

jit·ter F ['dʒitə] **1.** frétiller (de nervosité), être nerveux (-euse *f*); **2.** *sl.* ~s *pl.* nervosité *f*, crise *f* nerveuse; '~-bug ['~bʌg] **1.** fanatique *m* du swing; *danse:* swing; paniquard *m*; **2.** faire du jitterbug; '**jit·ter·y** *sl.* nerveux (-euse *f*) à l'excès.

jiu-jit·su [dʒuː'dʒitsuː] jiu-jitsu *m*.

jive *Am. sl.* [dʒaiv] hot jazz *m*; jargon *m* des musiciens swing.

Job¹ [dʒoub]: ~'s comforter consolateur *m* pessimiste, ami *m* de Job; ~'s news nouvelle *f* fatale.

job² [dʒob] **1.** tâche *f*, travail (*pl.* -aux) *m*, besogne *f*; F emploi *m*; *sl.* chose *f*, article *m*; ♯ soldes *m*/*pl.*, marchandise *f* d'occasion; *péj.* intrigue *f*; *typ.* travail (*pl.* -aux) *m* de ville; ~ *analysis* analyse *f* des tâches *ou* des postes de travail; *by the* ~ à la pièce, à forfait; *make a (good)* ~ *of s.th.* bien faire qch., réussir à qch.; *a bad* ~ une mauvaise *ou* triste affaire, un malheur; *odd* ~s *pl.* petits travaux *m*/*pl.*; métiers *m*/*pl.* à part; ~ *horse* cheval *m* loué; ~ *lot* soldes *m*/*pl.*; *on the* ~ *training* apprentissage *m ou* formation *f* sur le tas; ~ *printer* imprimeur *m* à façon, imprimeur *m* de travaux de ville; ~ *work* travail (*pl.* -aux) *m* à la pièce *ou* tâche; **2.** *v*/*t.* louer (*un cheval etc.*); ♯ marchander; donner *ou* prendre à forfait (*un travail*); *v*/*i.* faire des petits travaux, bricoler; travailler à la tâche; ♯ agioter.

job·ber ['dʒobə] ouvrier (-ère *f*) *m* à la tâche; intermédiaire *m* revendeur; *péj.* tripoteur (-euse *f*) *m*; ♯ marchand *m* de titres; '**job·ber·y** tripotages *m*/*pl.*; ♯ agiotage *m*; *a piece of* ~ une affaire maquignonnée; '**job·bing** ouvrage *m* à la tâche; ♯ courtage *m*; ♯ vente *f* en demi-gros; *see* jobbery; '**job·hunt·ing** chasse *f* à l'emploi; '**job·less** sans emploi, en chômage, chômeur (-euse *f*).

jock·ey ['dʒoki] **1.** *su.* jockey *m*; **2.** *v*/*t.* tromper, duper; *v*/*i.* manœuvrer; intriguer.

jock·strap ['dʒɔkstræp] suspensoir *m*.

jo·cose □ [dʒə'kous] facétieux (-euse *f*); jovial (-aux *m/pl.*); **jo'cose·ness** jocosité *f*; humeur *f* joviale.

joc·u·lar ['dʒɔkjulə], **joc·u·lar·i·ty** [‚'læriti] *see* jocose(ness).

joc·und □ ['dʒɔkənd] gai; jovial (-als *ou* -aux *m/pl.*).

Joe [dʒou]: ∼ *Miller* vieille plaisanterie *f*; plaisanterie *f* usée.

jog [dʒɔg] **1.** *su.* secousse *f*, cahot *m*; coup *m* de coude; petit trot *m*; **2.** *v/t.* pousser le coude à; donner un coup de coude à; *fig.* rafraîchir (*la mémoire à q.*); secouer; *v/i.* (*usu.* ∼ *along*, ∼ *on*) aller son petit train; aller au petit trot; *be* ∼*ging se* (re)mettre en route.

jog·gle ['dʒɔgl] **1.** secouer (*qch.*); branler; ⊕ goujonner; **2.** petite secousse *f*; ⊕ (joint *m* à) goujon *m*.

jog-trot ['dʒɔg'trɔt] **1.** petit trot *m*; *fig.* train-train *m*; **2.** routinier (-ère *f*); monotone.

John [dʒɔn]: ∼ *Bull* l'Anglais; *Am.* ∼ *Hancock* signature *f* (*de q.*); ♀ *Am.* F cabinets *m/pl.*, toilette *f*.

john·ny ['dʒɔni] type *m*, individu *m*; *surt. Am.* ∼ *cake* galette *f* de farine de maïs.

join [dʒɔin] **1.** *v/t.* joindre (*a.* ⊕), (ré)unir; (re)nouer; se joindre à, rejoindre; ajouter; ⊕ rabouter; ⚓ rallier; s'affilier à; s'enrôler dans; *v/i.* s'unir, se (re)joindre (à, *with*); (*a.* ∼ *together*) se réunir; ∼ *company* se joindre (à, *with*); ∼ *hands* se donner la main; *fig.* se joindre (à, *with*); ∼ *a ship* rallier le bord; ∼ *in* prendre part à; se mettre de la partie; s'associer à; ∼ *up* s'engager dans l'armée; *I* ∼ *with you* je me joins avec *ou* à vous (pour *inf.*, *in gér.*); **2.** *su.* joint *m*, jointure *f*; ligne *f* de jonction.

join·er ['dʒɔinə] menuisier *m*; **'join·er·y** menuiserie *f* (*travail*, *a. endroit*).

joint [dʒɔint] **1.** joint *m* (*a. du genou*), jointure *f*; ⊕ assemblage *m*; *livre:* mors *m*; *anat.* articulation *f*; *doigt:* phalange *f*; *cuis.* quartier *m*, rôti *m*; ♀ nœud *m*; *Am. sl.* boîte *f*, bistrot *m*; *put out of* ∼ disloquer; *fig. out of* ∼ détraqué;

2. □ (en) commun; combiné; collectif (-ive *f*); co-; ∼ *heir* cohéritier *m*; ∼ *ownership* copropriété *f*; ∼ *production* coproduction *f*; ∼ *venture* entreprise *f* commune; **3.** joindre, assembler (*a.* ⊕); *cuis.* découper; *anat.* (s')articuler; **'joint·ed** articulé (*a. zo.*, *a.* ♀); ∼ *doll* poupée *f* articulée; **'joint-stock:** ∼ *company* société *f* par actions; **join·ture** ⟨⟩ [‚'t∫ə] douaire *m*.

joist [dʒɔist] **1.** solive *f*, poutre *f*; **2.** poser le solivage de; assujettir (*les ais*) sur le solivage.

joke [dʒouk] **1.** *su.* plaisanterie *f*; farce *f*; **2.** *v/i.* plaisanter, badiner; *v/t.* railler; **'jok·er** farceur (-euse *f*) *m*; *cartes:* joker *m*; F type *m*; *Am. sl.* clause *f* ambiguë; **'jok·y** □ facétieux (-euse *f*).

jol·li·fi·ca·tion F [dʒɔlifi'keiʃn] partie *f* de plaisir; **'jol·li·ness**, **'jol·li·ty** gaieté *f*.

jol·ly ['dʒɔli] **1.** □ gai, joyeux (-euse *f*); F fameux (-euse *f*); **2.** F *adv.* rudement; **3.** F railler; flatter.

jol·ly-boat ⚓ ['dʒɔlibout] canot *m*.

jolt [dʒoult] **1.** cahoter; *v/t.* secouer. **2.** cahot *m*, secousse *f*; **'jolt·y** cahotant; cahoteux (-euse *f*) (*chemin*).

Jon·a·than ['dʒɔnəθən]: *Brother* ∼ l'Américain.

jon·quil ♀ ['dʒɔŋkwil] jonquille *f*.

jo·rum ['dʒɔːrəm] bol(ée *f*) *m*.

josh *Am. sl.* [dʒɔʃ] **1.** blague *f*; **2.** blaguer; taquiner.

joss [dʒɔs] idole *f* chinoise; ∼ *stick* bâton *m* d'encens.

jos·tle ['dʒɔsl] **1.** *v/t.* coudoyer; *v/i.* jouer des coudes; **2.** *su.* bousculade *f*; coudoiement *m*.

jot [dʒɔt] **1.** iota *m*; atome *m*; **2.** ∼ *down* prendre note de; **'jot·ting** note *f*.

jour·nal ['dʒəːnl] journal *m*; revue *f*; ✝ (*livre m*) journal *m*; ⚓ journal *m* de bord; ⊕ tourillon *m*; ⊕ fusée *f*; **jour·nal·ese** F [‚‚nə'liːz] style *m* de journaliste; **'jour·nal·ism** journalisme *m*; **'jour·nal·ist** journaliste *mf*; **jour·nal·is·tic** (‚*ally*) journalistique; **'jour·nal·ize** tenir un journal de; ✝ porter au journal.

jour·ney ['dʒəːni] **1.** voyage *m*; trajet *m* (*d'autobus etc.*); parcours *m*; **2.** voyager; **'∼·man** compagnon *m*; ouvrier *m*; '**~-work** travail (*pl.* -aux) *m* à la journée; *fig.* dure besogne *f*.

joust [dʒaust] **1.** joute *f*; **2.** jouter.

Jove [dʒouv]: **by ~!** parbleu!

jo·vi·al □ ['dʒouvjəl] jovial (-als *ou* -aux *m/pl.*); enjoué; **jo·vi·al·i·ty** [~'æliti] jovialité *f*; bonne humeur *f*.

jowl [dʒaul] mâchoire *f*; joue *f*; **cheek by ~** côte à côte.

joy [dʒɔi] joie *f*, allégresse *f*; '**joy·ful** □ [~.ful] joyeux (-euse *f*); '**joy·ful·ness** (-euse *f*); enjoué; '**joy·ful·ness** joie *f*; '**joy·less** □ triste, sans joie; '**joy·ous** □ joyeux (-euse *f*), heureux (-euse *f*); '**joy-ride** *mot.* F balade *f* en auto (*souv.* à l'insu du propriétaire); '**joy-rid·er** baladeur (-euse *f*) *m*; '**joy-stick** ✈ *sl.* manche *m* à balai.

ju·bi·lant ['dʒu:bilənt] joyeux (-euse *f*); réjoui, exultant (*personne*); **ju·bi·late** [~.leit] se réjouir, exulter; **ju·bi·la·tion** allégresse *f*; **ju·bi·lee** [~.li:] jubilé *m*; cinquantenaire *m*.

Ju·da·ism ['dʒu:deiizm] judaïsme *m*.

Ju·das ['dʒu:dəs] *fig.* Judas *m*; traître *m*; ²(**~-hole**) judas *m*.

judge [dʒʌdʒ] **1.** *su.* juge *m* (*a. fig.*, *a. sp.*); président *m* du tribunal; *fig.* connaisseur (-euse *f*) *m*; *Am.* magistrat *m*; *sp.* arbitre *m*; **commercial ~** juge *m* préposé au tribunal commercial; **2.** *v/i.* juger (d'après, par *from*, by; de, of); estimer; *v/t.* juger (par, by); estimer; arbitrer (à qch., s.th.).

judg(e)·ment ['dʒʌdʒmənt] jugement *m*; arrêt *m*, décision *f* judiciaire; *fig.* avis *m*; *fig.* discernement *m*; **in my ~** à mon avis; **pronounce ~** rendre un arrêt; **sit in ~** juger; *eccl.* **~-day** jugement *m* dernier.

judge-ship ['dʒʌdʒʃip] fonctions *f/pl.* de juge.

ju·di·ca·ture ['dʒu:dikətʃə] judicature *f*; (cour *f* de) justice *f*; *coll.* magistrature *f*.

ju·di·cial □ [dʒu:'diʃl] judiciaire; de juge; de bonne justice; légal (-aux *m/pl.*); *fig.* impartial (-aux *m/pl.*); **~ murder** assassinat *m* judiciaire; **~ system** système *m* judiciaire.

ju·di·cious □ [dʒu:'diʃəs] judicieux (-euse *f*), sensé; **ju·di·cious·ness** discernement *m*.

jug [dʒʌg] **1.** cruche *f*; pot *m*; *sl.* prison *f*; **2.** étuver; **~ged hare** civet *m* de lièvre.

Jug·ger·naut ['dʒʌgənɔ:t] *fig.* poids *m* écrasant; roues *f/pl.* meurtrières.

jug·gins F ['dʒʌginz] niais *m*.

jug·gle ['dʒʌgl] **1.** jonglerie *f*; tour *m* de passe-passe; *fig.* supercherie *f*; **2.** jongler; faire des tours de passe-passe; escamoter (à q., *out of s.o.*); '**jug·gler** jongleur (-euse *f*) *m*; prestidigitateur *m*; escamoteur (-euse *f*) *m*; '**jug·gler·y** jonglerie *f*; prestidigitation *f*; *fig.* supercherie *f*.

Ju·go·slav ['ju:gou'slɑ:v] **1.** Yougoslave *m/f*; **2.** yougoslave.

jug·u·lar *anat.* ['dʒʌgjulə] jugulaire; **~ vein** (veine *f*) jugulaire *f*; **ju·gu·late** [~.leit] *fig.* étrangler; supprimer.

juice [dʒu:s] jus *m* (*a. mot. sl.*, *a.* ⚡ F); *mot. sl.* essence *f*; ⚡ courant *m*; '**juic·i·ness** [~.inis] succulence *f*; '**juic·y** □ succulent; *F* savoureux (-euse *f*).

ju·jube ['dʒu:dʒu:b] ♀ jujube *f*; *pharm.* boule *f* de gomme.

juke-box *Am.* F ['dʒu:kbɔks] pick-up *m/inv.* à sous.

ju·lep ['dʒu:lep] 💊 julep *m*; *surt. Am.* boisson *f* alcoolique glacée.

Ju·ly [dʒu'lai] juillet *m*.

jum·ble ['dʒʌmbl] **1.** *su.* méli-mélo (*pl.* mélis-mélos) *m*; fatras *m*; ☒ (*a. ~ up*) brouiller, mêler; *v/i.* se brouiller; **~ along** avancer en cahotant; '**~-sale** vente *f* d'objets usagés.

jum·bo ['dʒʌmbou] *fig.* éléphant *m*; *attr.* (*a.* **~-sized**) géant.

jump [dʒʌmp] **1.** *su.* saut *m* (*a. sp.*); bond *m*; sursaut *m*; *sp.* obstacle *m*; *surt. Am.* F **get** (*ou* **have**) **the ~ on** devancer; **give** *a* **~** sursauter (*q.*); faire un saut; **2.** *v/i.* sauter, bondir; sursauter; *poét.* être d'accord; **~ at** *fig.* saisir, sauter sur; **~ to conclusions** conclure à la légère, juger trop vite; *v/t.* franchir, sauter; faire sauter (*un cheval etc.*); saisir à l'improviste; 🚂 quitter (*les rails*); *Am.* F usurper; voler; **~ the gun** *sp.* partir avant le départ; F *fig.* (ré)agir prématurément; *mot.* **~ the lights** brûler le feu (rouge), passer au rouge; **~ the queue** (*Am. line*) passer avant son tour; **~ a train** sauter dans un train en marche;

'jump·er sauteur (-euse *f*) *m* (*a.* = *cheval, insecte*); ⚓ chemise *f*; (*a. knitted* ~) casaque *f*, jumper *m* (*de femme*); barre *f* à mine; **'jump·ing-board** tremplin *m*; **'jump·ing-'off** *fig.* départ *m*; **'jump·seat** strapontin *m*; **'jump·y** nerveux (-euse *f*), agité.

junc·tion ['dʒʌŋkʃn] jonction *f*; bifurcation *f*; *rivières:* confluent *m*; 🚂 gare *f* d'embranchement; ⚡ ~ box boîte *f* de dérivation; **junc·ture** ['~tʃə] jointure *f*; jonction *f* (*de rivières*); conjoncture *f* (*de circonstances*); *at this* ~ *of things* à ce moment critique.

June [dʒuːn] juin *m*.

jun·gle ['dʒʌŋgl] jungle *f*; *fig.* confusion *f*.

jun·ior ['dʒuːnjə] **1.** cadet(te *f*); plus jeune (que, to); second; *univ. Am.* de troisième année (*étudiant*); *Am.* ~ *high school* (*sorte d'*)école *f* secondaire (*moyennes classes*); ~ *partner* second associé *m*, associé *m* en second; **2.** cadet(te *f*) *m*; *rang:* subalterne *m*, second associé *m*; *Am.* élève *mf* de troisième année dans un *collège*; F le jeune *m*; *he is my* ~ *by four years, he is four years my* ~ il est plus jeune que moi de quatre ans; **jun·ior·i·ty** [dʒuːni-'ɔriti] infériorité *f* d'âge; position *f* moins élevée.

ju·ni·per ♀ ['dʒuːnipə] genièvre *m*; *arbuste:* genévrier *m*.

junk¹ ⚓ [dʒʌŋk] jonque *f*.

junk² [~] ⚓ vieux cordages *m/pl.*; ⚓ bœuf *m* salé; 🐦 rossignol *m*, camelote *f*; déchets *m/pl.*; *fig.* bêtises *f/pl.*; *pej.* pacotille *f*; *sl.* came *f*, drogue *f*; ~ *heap* dépotoir *m*.

jun·ket ['dʒʌŋkit] **1.** lait *m* caillé; festin *m*, banquet *m*; *Am.* partie *f* de plaisir; voyage *m* d'agrément aux frais de l'État *ou* du gouvernement; **2.** faire bombance; festoyer; F ~*ing party* pique-nique *m*.

junk·ie *sl.* ['dʒʌŋki] camé(e *f*) *m*, drogué(e *f*) *m*.

junk·yard ['dʒʌŋkjɑːd] dépotoir *m*.

jun·ta ['dʒʌntə] junte *f*; (*a.* **jun·to** ['~tou]) cabale *f*.

ju·rid·i·cal □ [dʒuə'ridikl] juridique *f*; judiciaire.

ju·ris·dic·tion [dʒuəris'dikʃn] juridiction *f*; compétence *f*, ressort *m*;

ju·ris·pru·dence ['~pruːdəns] jurisprudence *f*; **'ju·ris·pru·dent** légiste *m*.

ju·rist ['dʒuːrist] juriste *m*; *Am.* avocat *m*.

ju·ror ⚖ ['dʒuərə] membre *m* du jury.

ju·ry ⚖ ['dʒuəri] jury *m*; jurés *m/pl.*; **'~box** banc *m* du jury; **'~man** membre *m* du jury.

ju·ry-mast ⚓ ['dʒuərimɑːst] mât *m* de fortune.

just □ [dʒʌst] **1.** *adj.* juste, équitable; légitime; impartial (-aux *m/pl.*); exact; **2.** *adv.* juste; précisément, justement; tout près (de, by); tout à fait; seulement; ~ *as* au moment où; ~ *as ... so ...* de même que ... de même ...; ~ *be* ~ (*p.pr.*) être en train de (*inf.*); *have* ~ (*p.p.*) venir de (*inf.*); ~ *now* actuellement; tout à l'heure; ~ *over* (*below*) juste au-dessus (au-dessous) (*de qch., s.th.*); ~ *let me see!* faites-(-moi) voir!; *it's* ~ *splendid!* c'est vraiment magnifique!

jus·tice ['dʒʌstis] justice *f*; *personne:* juge *m*; magistrat *m*; ♀ *of the Peace* juge *m* de paix; *court of* ~ tribunal *m*, cour *f* de justice; *do* ~ *to* rendre justice à (*q.*); **'jus·tice·ship** fonctions *f/pl.* de juge; magistrature *f*.

jus·ti·fi·a·bil·i·ty [dʒʌstifaiə'biliti] caractère *m* justifiable; justice *f*; **'jus·ti·fi·a·ble** □ justifiable; légitime.

jus·ti·fi·ca·tion [dʒʌstifi'keiʃn] justification *f*; **jus·ti·fi·ca·to·ry** ['~təri] justificatif (-ive *f*); justificateur (-trice *f*).

jus·ti·fi·er *typ.* [dʒʌstifaiə] justificateur *m*; **jus·ti·fy** ['~fai] justifier (*a. typ. une ligne*); *typ.* parangonner (*les caractères*).

just·ly ['dʒʌstli] avec justice *ou* justesse.

just·ness ['dʒʌstnis] justice *f* (*d'une cause*); justesse *f* (*d'une observation*).

jut [dʒʌt] **1.** (*a.* ~*out*) être en *ou* faire saillie; **2.** saillie *f*.

Jute¹ [dʒuːt] Jute *mf*.

jute² ♀, ♱ [~] jute *m*.

ju·ve·nes·cence [dʒuːvi'nesns] adolescence *f*; jeunesse *f*; **ju·ve·nes·cent** adolescent; **ju·ve·nile** ['~nail] **1.** juvénile; de (la) jeunesse; pour enfants; ♀ *Court* tribunal *m* pour enfants; ~ *delinquent* mineur(e *f*) *m* délinquant(e); *théâ.* ~ *lead* jeune premier *m*; **2.** jeune *mf*; ~*s pl.* livres *m/pl.* pour enfants *ou* pour la jeu-nesse; **ju·ve·nil·i·ty** [~'niliti] jeu-nesse *f*, juvénilité *f*.

jux·ta·pose [dʒʌkstə'pouz] juxta-poser; **jux·ta·po·si·tion** [~pə'ziʃən] juxtaposition *f*.

K

K, k [keɪ] K *m*, k *m*.

Kaf·(f)ir ['kæfə] Cafre *mf*.

kale [keɪl] chou (*pl.* -x) *m* (frisé); *Am. sl.* argent *m*, pognon *m*; *Scotch* ~ chou *m* rouge.

ka·lei·do·scope *opt.* [kə'laɪdəskoup] kaléidoscope *m*.

kan·ga·roo *zo.* [kæŋgə'ruː] kangourou *m*.

ka·o·lin *min.* ['keɪəlɪn] kaolin *m*.

ka·put *sl.* [kə'puːt] fichu, foutu.

keck [kek] avoir des haut-le-cœur, ~ at F rejeter avec dégoût.

kedge ⚓ [kedʒ] **1.** ancre *f* de touée; ancre *f* à jet; **2.** haler sur une ancre à jet.

keel ⚓ [kiːl] **1.** quille *f*; on an even ~ sans différence de calaison; *fig.* symétrique(ment); **2.** ~ over chavirer; F s'évanouir; '**keel·age** ⚓ droits *m/pl.* de mouillage; '**keeled** ⚓ caréné; **keel·haul** ⚓ ['ˌhɔːl] † donner la grande cale à; **keel·son** ⚓ ['kelsn] carlingue *f*.

keen □ [kiːn] aiguisé; perçant (*froid, œil, vent, etc.*); vif (vive *f*) (*froid, plaisir, vent, etc.*); mordant (*satire*); zélé, ardent; vorace (*appétit*); be ~ on hunting être chasseur enthousiaste, avoir la passion de la chasse; ~-**edged** ['ˌedʒd] tranchant, bien affilé; '**keen·ness** acuité *f*, finesse *f*; *froid*: âpreté *f*; *fig.* zèle *m*, ardeur *f*.

keep [kiːp] **1.** *su.* frais *m/pl.* de subsistance; nourriture *f*; *hist.* donjon *m*, réduit *m*; F *surt. Am. for* ~s pour de bon; **2.** [*irr.*] *v/t. usu.* tenir (*p.ex. boutique, comptes, école, journal, promesse, scène, a. devant adj.*); garder (*sp. but, lit, provisions, qch. pour q.*); avoir (*une auto*) (*a.* ~ up) maintenir (*la discipline, l'ordre*); contenir; conserver (*sa sveltesse etc.*); préserver (*de, from*); retenir (*q. à dîner, en prison*); suivre (*une règle*); célébrer, observer (*une fête*); subvenir aux besoins de; cacher (*qch.* à *q., s.th. from s.o.*); ~ s.o. company tenir compagnie à q.; ~ company with sortir avec; ~ silence

garder le silence; ~ one's temper se contenir; ~ time être exact (*montre*); ♪ suivre la mesure; ✕ être au pas; ~ watch monter la garde, veiller; ~ s.o. waiting faire attendre q.; ~ away tenir éloigné; ~ down empêcher de monter; réprimer; maintenir (*les prix*) bas; ~ s.o. from (*gér.*) empêcher q. de (*inf.*); préserver q. de; ~ in retenir; contenir (*la colère*); consigner, mettre en retenue (*un élève*); entretenir (*un feu*); ~ s.o. in money fournir de l'argent à q.; ~ off éloigner; ~ on garder; ~ out empêcher d'entrer; se garantir de (*le froid, la pluie*); ~ up soutenir; tenir haut; maintenir (*un prix etc.*); entretenir (*la correspondance*); sauver (*les apparences*); **3.** [*irr.*] *v/i.* rester, se tenir; se conserver (*fruit etc.*); continuer; F ne rien perdre (*pour attendre*); ~ clear of éviter, rester à distance de; ~ doing ne pas cesser de faire, continuer de faire; ~ away se tenir éloigné *ou* à l'écart; ~ from s'abstenir de; ~ in with rester bien avec, cultiver; ~ off se tenir éloigné; ~ on (*gér.*) continuer de (*inf.*), s'obstiner à (*inf.*); ~ to s'en tenir à; observer; suivre; ~ up se maintenir; ~ up with aller de pair avec; *fig.* se maintenir au niveau de.

keep·er ['kiːpə] garde *m*, gardien (-ne *f*) *m*, surveillant(e *f*) *m*; *musée:* conservateur *m*; *troupeaux:* gardeur (-euse *f*) *m*; '**keep·ing** observation *f*; célébration *f*; garde *f*; be in (out of) ~ with (ne pas) être en accord avec; **keep·sake** ['ˌseɪk] souvenir *m* (*cadeau etc.*).

keg [keg] *harengs:* caque *f*; *alcool:* barillet *m*.

kel·son ⚓ [kelsn] *see* keelson.

ken [ken] connaissance *f*, ~s *f/pl.*

ken·nel[1] ['kenl] ruisseau *m* (*de rue*).

ken·nel[2] [ˌ] **1.** niche *f* (*de chien*); *chien de chasse:* chenil *m*; *chasse:* la meute *f*; **2.** *fig.* enfermer.

kept [kept] *prét. et p.p.* de keep 2.

kerb·(·stone) ['kə:b(stoun)] *see curb* (-stone).

ker·chief ['kə:tʃif] fanchon *f*, mouchoir *m* de tête; fichu *m*.

kerf [kə:f] trait *m ou* voie *f* de scie; bout *m* coupé (*d'un arbre abattu*).

ker·nel ['kə:nl] *noisette etc.*: amande *f*; *céréales*: grain *m*; *fig.* fond *m*, essentiel *m*.

ker·o·sene ['kerəsi:n] kérosène *m*, pétrole *m* lampant.

kes·trel *orn.* ['kestrəl] émouchet *m*.

ketch·up ['ketʃəp] sauce *f* tomate très relevée.

ket·tle ['ketl] bouilloire *f*; '**~-drum** ♪ timbale *f*; *Am.* F thé *m ou* réception *f* sans cérémonie.

key [ki:] **1.** clé *f*, clef *f* (*a. fig.*); ⊕ clavette *f*, coin *m*, cale *f*; *machine à écrire, piano*: touche *f*; *flûte etc.*: clef *f*; ♯ fiche *f*; ♪ ton *m* (*a. fig.*); *école*: corrigé *m*; *pendule etc.*: remontoir *m*; ♪~s *pl.* instruments *m/pl.* à clavier *ou* à touches; ~ *industry* industrie *f* clef; ~ *money* pas *m* de porte; ~ *punch* poinçonneuse *f*; ♪ ~ *signature* armature *f*; ⊕ ~ *saw* scie *f* à guichet; **2.** claveter; coincer; adenter (*une planche*); ♪ accorder; ~ *up* hausser; *fig.* stimuler; *be* ~*ed up* être tendu; '**~-bit** panneton *m* de clef; '**~-board** clavier *m*; porte-clefs *m/inv.*; '**~-bu·gle** ♪ bugle *m*; '**~-hole** trou *m* de serrure; '**~-less** sans clef; ~ *watch* montre *f* à remontoir; '**~-man** pivot *m*; '**~-note** tonique *f*; *fig.* note *f* dominante; '**~-stone** clef *f* de voûte.

khak·i ['kɑ:ki] *tex., a. couleur*: kaki *m* (*a. adj.-inv.*).

kib·butz [ki'buts], *pl.* -but·zim [~'butsim] kibboutz (*pl.* kibboutzim) *m*.

kibe [kaib] gerçure *f*.

kib·itz·er *Am.* F ['kibitsə] je sais tout *m* (*qui donne des conseils à des joueurs aux cartes sans qu'on les lui demande*).

ki·bosh sl. ['kaibɔʃ] bêtises *f/pl.*; *put the* ~ *on* faire son affaire à (*q.*); bousiller (*qch.*).

kick [kik] **1.** coup *m* de pied; *arme à feu*: recul *m*, réaction *f*; F vigueur *f*, énergie *f*; résistance *f*; *surt. Am.* F plaintes *f/pl.*, protestation *f/pl.*; *foot. see* ~*er*; F *do s.th. for* ~*s* faire qch. pour le plaisir *ou* faire pour s'amuser; F *get a* ~ *out of* éprouver du plaisir à; *sl. it's got a* ~ *to it* ça vous remonte; **2.** *v/t.*

donner des coups *ou* un coup de pied à; F congédier (*q.*); F ~ *s.o. around* maltraiter q.; *sl.* ~ *the bucket* casser sa pipe (= *mourir*); ~ *downstairs* faire dégringoler l'escalier à q.; F ~ *one's heels* faire le pied de grue (= *attendre*); F ~ *out* ficher à la porte; *sl.* ~ *up a row* faire du chahut; *fig.* faire un scandale; *v/i.* donner un coup de pied; reculer (*arme à feu*); ruer (*animal*); rechigner (à *against*, at); *sl.* rouspéter; F ~ *around ou about* traîner (*quelque part*); *Am. sl.* ~ *in with* contribuer (*de l'argent*); '**kick-back** *surt. Am.* F réaction *f* violente; *Am. sl.* ristourne *f*; '**kick·er** cheval *m* qui rue; *sp.* joueur *m*; *Am. sl.* rouspéteur (-euse *f*) *m*; '**kick-'off** *foot.* coup *m* d'envoi; commencement *m*; **kick·shaw** ['kikʃɔ:] bagatelle *f*; *cuis.* friandise *f*; '**kick-'up** *sl.* boucan *m*.

kid [kid] **1.** chevreau (-ette *f*) *m*; (*peau f de*) chevreau *m*; *sl.* gosse *mf*; ~ *glove* gant *m* de chevreau; gant *m* glacé; **2.** mettre bas (*v/t. un chevreau*); *v/i. sl.* plaisanter, taquiner; *v/t.* en conter à; tromper; '**kid·dy** F gosse *mf*, petit(e *f*) *m*.

kid·nap ['kidnæp] kidnapper, enlever (*surt. un enfant*); ✂, ♐ prendre par la presse; enlever; '**kid·nap·(p)er** ravisseur (-euse *f*) *m* (*d'enfant*), kidnappeur *m*.

kid·ney ['kidni] *anat.* rein *m*; *cuis.* rognon *m*; F genre *m*; ~ *bean* ♀ haricot *m* nain; ♣ ~ *machine* rein *m* artificiel.

kike *Am. sl. péj.* [kaik] juif *m*.

kill [kil] tuer, faire mourir; abattre (*une bête*); amortir (*un son*); *fig.* supprimer; *parl.* couler (*un projet de loi*); ~ *off* exterminer; ~ *time* tuer le temps; '**kill·er** tueur (-euse *f*) *m*; meurtrier(-ère *f*) *m*; '**kill·ing 1.** meurtrier (-ère *f*) *m*; écrasant (*travail etc.*); F tordant; **2.** *Am.* F opération *f* lucrative; succès *m* (*financier*); '**kill-joy** rabat-joie *m/inv.*

kiln [kiln] four *m*; séchoir *m*, étuve *f*; meule *f* (*de charbon de bois*); '**~-dry** sécher (*qch.*) au four *etc.*

kil·o·cy·cle *phys.* ['kilosaikl] kilocycle *m*; **kil·o·gram(me)** ['~əgræm] kilogramme *m*; F kilo *m*; **kil·o·me·ter, kil·o·me·tre** ['~mi:tə] kilomètre *m*.

kilt [kilt] **1.** *écoss.* kilt *m* (*jupe courte*

et plissée); **2.** plisser; retrousser (*ses jupes*).

kin [kin] **1.** parents *m/pl.*; *the next of* ~ le parent le plus proche; F la famille; **2.** apparenté (avec, to).

kind [kaind] **1.** □ bon(ne *f* (pour, to); aimable (à, of); **2.** espèce *f*, sorte *f*; genre *m*; nature *f*; *people of all* ~*s* monde *m* de tous les genres; des gens de toutes sortes; *different in* ~ qui diffère(nt) en nature; *pay in* ~ payer en nature; *fig.* payer de la même monnaie; F I ~ *of expected it* je m'en doutais presque.

kin·der·gar·ten ['kindəgɑ:tn] jardin *m* d'enfants; école *f* maternelle; ~ *teacher* jardinière *f* d'enfants; institutrice *f* d'école maternelle.

kind-heart·ed [kaind'hɑ:tid] bienveillant, bon(ne *f*).

kin·dle ['kindl] (s')allumer; (s')enflammer; *fig.* susciter.

kind·li·ness ['kaindlinis] bonté *f*, bienveillance *f*.

kin·dling ['kindliŋ], *a.* ~*s pl.* petit bois *m*; bois *m* d'allumage.

kind·ly ['kaindli] **1.** *adj.* bienveillant, bon(ne *f*); doux (douce *f*) (*climat*); **2.** *adv.* avec bonté; ~ *do s.th.* avoir la bonté de faire qch.

kind·ness ['kaindnis] bonté *f* (pour, to); bienveillance *f*; amabilité *f* (envers, to).

kin·dred ['kindrid] **1.** analogue; de la même nature; **2.** parenté *f*; *coll.* parents *m/pl.*; affinité *f* (avec, with).

ki·net·ic *phys.* [kai'netik] **1.** cinétique; **2.** ~*s pl.* cinétique *f*.

king [kiŋ] roi *m*; *jeu de dames*: dame *f*; ♀*'s English* anglais *m* correct; ~*'s evil* scrofule *f*; écrouelles *f/pl.*; **'king·craft** art *m* de régner; **'king·cup** ♀ bouton *m* d'or; **'king·dom** royaume *m*; *surt.* ♀, *zo.* règne *m*; **'king·fish·er** martin-pêcheur (*pl.* martins-pêcheurs) *m*; **king·let** ['~lit] roitelet *m*; **'king·like** royal (-aux *m/pl.*), de roi; **'king·li·ness** prestance *f* royale; noblesse *f*; **'king·ly** royal (-aux *m/pl.*), de roi; **'king·post** ▲ poinçon *m*, aiguille *f*; **'king·ship** royauté *f*; **'king·size** F de taille *etc.* exceptionnelle.

kink [kiŋk] **1.** *corde etc.*: tortillement *m*, nœud *m*; *fil de fer*: faux pli *m*; *tex.* boucle *f*; *fig.* lubie *f*, point *m* faible; F *have a* ~ être un peu toqué;

2. (se) nouer, tortiller; **'kink·y** crépu (*cheveux*); F bizarre, excentrique.

kins·folk ['kinzfouk] *pl.* parenté *f*, famille *f*; **'kin·ship** parenté *f*; **'kins·man** ['~zmən] parent *m*; allié *m*; **'kins·wom·an** parente *f*; alliée *f*.

ki·osk [ki'ɔsk] kiosque *m*.

kip *Brit. sl.* [kip] **1.** roupillon *m* (= *sommeil*); pieu *m* (= *lit*); *have a* ~ piquer un roupillon; **2.** coucher; roupiller (*dormir*); ~ *down* se pieuter (= *se coucher*).

kip·per ['kipə] **1.** hareng *m* fumé *ou* doux; *sl.* jeune personne *f*; **2.** saurer, saler et fumer (*des harengs*).

kirk [kə:k] *écoss.* église *f*.

kiss [kis] **1.** baiser *m*; *fig.* frôlement *m*; **2.** (s')embrasser; **'~-proof** indélébile.

kit [kit] seau *m*; ✕, ♣ petit équipement *m*; ✕ bagage *m*; ♣ sac *m*; ⊕ trousse(au *m*) *f*; F effets *m/pl.*; **'~-bag** ✕ musette *f*; sac *m* (de voyage); ⊕ trousse *f* d'outils.

kitch·en ['kitʃin] cuisine *f*; **'kitch·en·er** cuisinière *f*; **kitch·en·ette** [~'net] cuisine *f* miniature.

kitch·en...: ~ **gar·den** (jardin *m*) potager *m*; **'~-maid** fille *f* de cuisine; **'~-range** cuisinière *f* anglaise; **'~-sink** évier *m*.

kite [kait] *orn.* milan *m*; *fig.* vautour *m*; cerf-volant (*pl.* cerfs-volants) *m*; *fig.* ballon *m* d'essai; ✝ *sl.* traite *f* de complaisance; ✕ ~ *balloon* ballon *m* captif.   [rents.⟩

kith [kiθ]: ~ *and kin* amis et parents.

kit·ten ['kitn] **1.** chaton *m*, petite *f*) chat(te *f*); **2.** *chatte*: mettre bas (*v/t. des petits*); **'kit·ten·ish** coquet(te *f*); enjoué.

kit·tle ['kitl] *fig.* difficile (à manier); ~ *cattle* gens *m/pl.* difficiles à manier.

Klans·man *Am.* ['klænzmən] membre *m* du Ku-Klux-Klan.

klax·on *mot.* ['klæksn] klaxon *m*.

klep·to·ma·ni·a [klepto'meinjə] kleptomanie *f*; **klep·to'ma·ni·ac** [~niæk] kleptomane (*a. su./mf.*).

knack [næk] tour *m* de main; F truc *m*; *get the* ~ *of* (*gér.*) attraper le chic pour (*inf.*).

knack·er ['nækə] *Brit.* équarrisseur *m*; entrepreneur *m* de démolitions; **'knack·ered** *Brit. sl.* éreinté; **'knack·er·y** *Brit.* abattoir *m* de chevaux.

knack·y ['næki] adroit, habile.

knag [næg] nœud m; **'knag·gy** noueux (-euse f).

knap·sack ['næpsæk] (havre)sac m; ⚔ sac m d'ordonnance.

knar [nɑ:] nœud m saillant.

knave [neiv] fripon m; cartes: valet m; **knav·er·y** ['ˌəri] friponnerie f, fourberie f; **'knav·ish** ▢ fourbe; **'knav·ish·ness** fourberie f.

knead [ni:d] pétrir (a. ✣); travailler (la pâte etc.).

knee [ni:] **1.** genou (pl. -x) m (a. ⊕); **2.** pousser du genou; F fatiguer (un pantalon) aux genoux; **'~-cap**, **'~-pan** rotule f; **'~-joint** articulation f du genou; ⊕ rotule f; **kneel** [ni:l] [irr.] s'agenouiller, se mettre à genoux (devant, to); **'kneel·er** personne f à genoux.

knell [nel] glas m.

knelt [nelt] prét. et p.p. de kneel.

knew [nju:] prét. de know 1.

knick·er·bock·ers ['nikəbɔkəz] pl. culotte f (bouffante); **'knick·ers** F pl. culotte f, pantalon m (de femme); see knickerbockers.

knick-knack ['niknæk] babiole f, bibelot m; **~s** pl. affèteries f/pl.

knife [naif] **1.** (pl. knives) couteau m; **2.** poignarder; **'~-bat·tle** rixe f entre gens armés de poignards; **'~-grind·er** repasseur m de couteaux.

knight [nait] **1.** chevalier m; échecs: cavalier m; **2.** créer chevalier; **'knight·age** corps m des chevaliers; **knight er·rant** ['nait'erənt], pl. **knights er·rant** chevalier m errant; **knight·hood** ['ˌhud] chevalerie f; titre m de chevalier; **'knight·li·ness** caractère m chevaleresque; air m de chevalier; **'knight·ly** chevaleresque, de chevalier.

knit [nit] [irr.] v/t. tricoter; joindre; v/i. se nouer; **~ the brows** froncer les sourcils; **'knit·ter** tricoteur (-euse f) m; **'knit·ting 1.** tricot m; action: tricotage m; soudure f (d'os); **2.** à tricoter; **~-needle** aiguille f à tricoter; **'knit·wear** tricot m.

knives [naivz] pl. de knife 1.

knob [nɔb] bosse f; tiroir, porte: bouton m; canne: pomme f; charbon, sucre, etc.: morceau m; **'knob·by** plein de bosses; loupeux (-euse f) (arbre); **'knob·stick** canne f à

pommeau; gourdin m; ✝ F jaune m.

knock [nɔk] **1.** coup m, heurt m, choc m; **2.** v/i. frapper; taper (sur, at); mot. cogner, taper; F se heurter (à, against); F **~ about** se balader, flâner; **~ off** sl. cesser le travail; **~ under** se rendre; v/t. frapper, cogner, heurter; Am. sl. critiquer; **~ down** renverser, abattre; vente aux enchères: adjuger; ⊕ démonter; **be ~ed down** être renversé par une auto; **~ off** faire tomber de; rabattre (qch. du prix); F voler, chiper; box. **~ out** knockouter, F endormir; **~ up** faire sauter (en l'air); construire en hâte; réveiller; fig. éreinter, épuiser; **'~-a·bout 1.** violent; vagabond; de tous les jours (habits); théâ. de bateleur, de clown; **2.** Am. rixe m; **'~-down** de réclame, minimum (prix); **'knock·er** frappeur (-euse f) m; marteau m (de porte); Am. sl. critique m impitoyable; Brit. sl. **~s** pl. nénés f/pl. (= seins); **'knock-kneed** cagneux (-euse f); panard (cheval); **'knock-out** box. (a. **~ blow**) knock-out m; sl. chose f ou personne f épatante.

knoll[1] [noul] tertre m, butte f.

knoll[2] [~] ✝ sonner; tinter.

knot [nɔt] **1.** nœud m (a. fig., a. ⚓, ♣); gens: groupe m; cheveux: chignon m; sailor's **~** nœud m régate; **be tied up in ~s** ne savoir plus que faire ou dire; **2.** (se) nouer; v/t. froncer (les sourcils); **'~-hole** trou m (provenant d'un nœud d'arbre); **'knot·ti·ness** nodosité f; bois: caractère m noueux; fig. complexité f; **'knot·ty** plein de nœuds; noueux (-euse f) (bois); fig. épineux (-euse f); **'knot·work** couture: macramé m.

knout [naut] **1.** knout m; **2.** knouter.

know [nou] **1.** [irr.] savoir (un fait); connaître (q., un endroit); reconnaître; distinguer (de, d'avec from); **~ French** connaître ou parler le français; come to **~** apprendre; **2.** F be in the **~** être au courant (de l'affaire); être dans le secret; **know·a·ble** ['nouəbl] (re)connaissable; **'know-all 1.** omniscient; **2.** je sais tout m; **'know-how** savoir-faire m/inv.; connaissances f/pl. techniques; **'know·ing 1.** ▢ instruit; intelligent; habile; rusé, malin (-igne f); F chic inv. en genre; **2.** connaissance f, compréhension f; **knowl·edge**

['nɒlidʒ] connaissance *f*; savoir *m*, connaissances *f/pl.*; *to my* ~ autant que je sache; à mon vu et su; **known** [noun] *p.p. de* know 1; *come to be* ~ se répandre (*bruit*); se faire connaître; se savoir; *make* ~ faire connaître; signaler.

knuck·le ['nʌkl] **1.** (*a.* ~*bone*) articulation *f* du doigt; *veau:* jarret *m*; **2.** ~ *down* (*ou under*) se soumettre; céder; '~**-dust·er** coup-de-poing (*pl.* coups-de-poing) *m* américain.

knur [nɔ:] nœud *m*.

knut F [(k)nʌt] gommeux *m*.

ko·dak *phot.* ['koudæk] **1.** kodak *m*; **2.** photographier avec un kodak.

Ko·ran [kɔ'rɑːn] Koran *m*, Coran *m*.

ko·tow ['kou'tau] **1.** prosternation *f* (à la chinoise); **2.** saluer à la chinoise; *fig.* faire des courbettes (devant, to).

krem·lin ['kremlin] Kremlin *m*.

ku·dos *co.* ['kjuːdɔs] gloriole *f*.

Ku-Klux-Klan *Am.* ['kjuː'klʌks-'klæn] *association secrète de l'Amérique du Nord, hostile aux Noirs.*

L

L, l [el] L m, l m.

lab F [læb] laboratoire m.

la·bel ['leibl] **1.** étiquette f; fig. désignation f, titre m; ♣ queue f; ⚓ larmier m; **2.** étiqueter; adresser; attacher une étiquette à; † marquer le prix de; fig. qualifier (du nom de, as). [m/pl.); **2.** labiale f.]

la·bi·al ['leibiəl] **1.** labial (-aux∫

lab·o·ra·to·ry [lə'bɒrətəri] laboratoire m; ~ assistant préparateur (-trice f) m.

la·bo·ri·ous □ [lə'bɔ:riəs] laborieux (-euse f); pénible; travailleur (-euse f).

la·bo(u)r ['leibə] **1.** travail (pl. -aux) m, peine f, labeur m; main-d'œuvre (pl. mains-d'œuvre) f, travailleurs m/pl.; pol. les travaillistes m/pl.; ♣ couches f/pl.; Ministry of ♀ Ministère m du Travail; hard ~ travail m forcé; travaux m/pl. forcés; **2.** travailliste (parti); du travail; ♀ Day fête f du travail; ~ dispute conflit m social ou du travail; ~ Exchange Bourse f du Travail; ~ force les employés m/pl., le personnel m; ♀ Office bureau m de placement; surt. Am. ~ union syndicat m ouvrier; **3.** v/i. travailler; peiner (a. fig.); ~ under être courbé sous; avoir à lutter contre; ~ under a delusion être victime d'une illusion; v/t. travailler; '**la·bo(u)r·age** paie f; '**la·bo(u)r-cre·a·tion** création f des emplois; '**la·bo(u)red** travaillé (style); pénible (respiration); '**la·bo(u)r·er** travailleur m; manœuvre m; heavy manual ~ travailleur m de force; '**la·bo(u)r·ing** ouvrier (-ère f); haletant (poitrine); palpitant (cœur); ~ force effectif m de la main-d'œuvre; **la·bo(u)r·ist** ['~rist], **la·bo(u)r·ite** ['~rait] membre m du parti travailliste.

la·bur·num ♀ [lə'bə:nəm] cytise m.

lab·y·rinth ['læbərinθ] labyrinthe, dédale m; **lab·y·rin·thi·an** [~'rin-θiən], usu. **lab·y·rin·thine** [~'rin-θain] labyrinthique.

lac [læk] (gomme f) laque f; (souv. ~ of rupees) lack m; 100 000 de roupies.

lace [leis] **1.** lacet m; cordon m; tex. dentelle f; **2.** lacer (un soulier); entrelacer (de, avec with); arroser (une boisson) (à, with); garnir de dentelle(s); fig. (a. ~ into s.o.) rosser, battre; '~**pil·low** coussin(et) m à dentelle.

lac·er·ate 1. ['læsəreit] lacérer; fig. déchirer; **2.** ['~rit] lacéré; **lac·er·a·tion** lacération f; déchirement m (a. fig.); ♣ déchirure f.

lach·ry·mal anat. ['lækriml] lacrymal (-aux m/pl.); **lach·ry·ma·to·ry** ['~mətəri] lacrymatoire; lacrymogène (gaz); **lach·ry·mose** ['~məus] larmoyant.

lack [læk] **1.** su. manque m, défaut m, absence f; **2.** v/t. manquer de; ne pas avoir; he ~s money il n'a pas d'argent, l'argent lui fait défaut; v/i. be ~ing manquer, faire défaut; be ~ing in ... manquer de ...

lack·a·dai·si·cal □ [lækə'deizikl] apathique; affecté.

lack·ey ['læki] **1.** laquais m; **2.** fig. faire le plat valet auprès de (q.).

lack...: '~**land** sans terre (a. su./m/inv.); '~**lus·ter**, '~**lus·tre** terne.

la·con·ic [lə'kɒnik] (~ally) laconique, bref (brève f).

lac·quer ['lækə] **1.** vernis m du Japon; laque m; **2.** laquer; F vernir.

lac·ta·tion [læk'teiʃn] lactation f.

lac·te·al ['læktiəl] lacté; laiteux (-euse f) (suc).

la·cu·na [lə'kju:nə] lacune f, hiatus m.

lac·y ['leisi] de dentelle; fin comme de la dentelle.

lad [læd] garçon m; jeune homme m.

lad·der ['lædə] **1.** échelle f (a. fig., a. ♣); bas: maille f qui file, éraillure f; **2.** se démailler; '~**proof** indémaillable (bas etc.).

lade [leid] [irr.] charger (de, with); puiser de l'eau (à, from); '**lad·en** chargé.

lad·ing ['leidiŋ] chargement *m*; embarquement *m*.

la·dle ['leidl] **1.** cuiller *f* à pot; poche *f* (*a. métall.*); ⊕ puisoir *m*; **2.** servir (avec une louche); *métall.* couler; ⊕ (*a. ~ out*) pucher.

la·dy ['leidi] dame *f*; *titre:* Lady, milady, madame de ...; *my ~* madame; *ladies!* mesdames!; *young ~* demoiselle *f*; jeune dame (*mariée*); ♀ *Day* (fête *f* de) l'Annonciation *f* (*le 25 mars*); *~ doctor* femme *f* docteur, doctoresse *f*; *~'s maid* femme *f* de chambre; *'~-bird* coccinelle *f*, F bête *f* à bon Dieu; *'~-kill·er* bourreau *m* des cœurs; *don Juan m*; *'~-like* distingué; *péj.* efféminé; *'~-love* bienaimée *f*; *'~-ship: her ~*, *Your ♀* madame (la comtesse *etc.*).

lag¹ [læg] **1.** traîner; (*a. ~ behind*) rester en arrière; **2.** retard *m*.

lag² *sl.* [⌐] **1.** forçat *m*; **2.** condamner aux travaux forcés.

lag³ [⌐] garnir d'un calorifuge.

la·ger (beer) ['lɑːɡə (biə)] bière *f* blonde.

lag·gard ['læɡəd] **1.** lent, paresseux (-euse *f*); **2.** traînard *m*.

la·goon [lə'guːn] *atoll:* lagon *m*; *Adriatique:* lagune *f*.

la·ic ['leiik] **1.** *a.* '**la·i·cal** ☐ laïque; **2.** laïque *m*; **la·i·cize** ['laiisaiz] laïciser.

laid [leid] *prét. et p.p. de* **lay**⁴ 2; *~ up* alité, au lit; *~ paper* papier *m* vergé.

lain [lein] *p.p. de* **lie²** 2.

lair [lɛə] tanière *f*, repaire *m* (*d'une bête fauve*).

laird *écoss.* [lɛəd] propriétaire *m* foncier; F châtelain *m*.

la·i·ty ['leiiti] laïques *m/pl.*

lake¹ [leik] lac *m*; *ornamental ~* bassin *m*.

lake² [⌐] *peint.* laque *f*.

lake-dwell·ings ['leikdweliŋz] *pl.* habitations *f* lacustres.

lam *sl.* [læm] *v/t.* (*a. ~ into*) rosser, étriller; *v/i.* s'évader, s'enfuir.

lamb [læm] **1.** agneau *m*; *~ chop* côtelette *f* d'agneau; **2.** agneler.

lam·baste *sl.* [læm'beist] donner une raclée à.

lam·bent ['læmbənt] blafard (*yeux, étoile*); F chatoyant (*style, esprit*).

lamb·kin ['læmkin] agnelet *m*; '**lamb·like** doux (douce *f*) comme un agneau; '**lamb·skin** peau *f* d'a-

gneau; *fourrure:* agnelin *m*; '**lambs-wool** laine *f* d'agneau.

lame [leim] **1.** ☐ boiteux (-euse *f*); estropié; *fig.* faible, piètre (*excuse etc.*); *~ duck fig.* faible *mf*; ♰ failli *m*; *Am.* député *m* non réélu; **2.** rendre boiteux (-euse *f*); estropier; '**lame-ness** boitement *m*; *cheval:* boiterie *f*; *fig.* faiblesse *f*.

la·ment [lə'mənt] **1.** lamentation *f*; **2.** se lamenter (sur, *for*), pleurer (q., *for s.o.*); **lam·en·ta·ble** ['læməntəbl] lamentable, déplorable; **lam·en·ta·tion** lamentation *f*.

lam·i·na ['læminə], *pl.* **-nae** ['~niː] lam(ell)e *f*; ⚕ feuillet *m*; ♀ limbe *m*; '**lam·i·nar**, laminaire; ♀ '**lam·i·nate** ['~nit], **lam·i·nat·ed** ['~neitid] à feuilles; contre-plaqué (*bois*).

lamp [læmp] lampe *f*; *mot.* lanterne *f*; *head ~* phare *m*; '**~-chim·ney** verre *m* de lampe; '**~-light** lumière *f* de la (*ou* d'une) lampe; '**~-light·er** allumeur *m* de réverbères, lampiste *m*.

lam·poon [læm'puːn] **1.** satire *f*, libelle *m*, brocard *m*; **2.** lancer des libelles *etc.* contre; chansonner (*q.*); **lam'poon·er**, **lam'poon·ist** libelliste *m*, satiriste *m*.

lamp-post ['læmppoust] (poteau *m* de) réverbère *m*.

lam·prey *icht.* ['læmpri] lamproie *f*.

lamp-shade ['læmpʃeid] abat-jour *m/inv.*

lance [lɑːns] **1.** lance *f*; ⚕ bistouri *m*; *free ~* soldat *m* mercenaire; *parl. politique m* indépendant; *journ.* journaliste *m* indépendant; *couch a ~* mettre sa lance en arrêt; **2.** percer (*a. ⚕*); '**~-cor·po·ral** ✕ caporal *m*; **lan·ce·o·late** *surt.* ♀ ['lænsiəlit] lancéolé; **lanc·er** ['lɑːnsə] ✕ lancier *m*; *~s pl. danse anglaise:* lanciers *m/pl.*

lan·cet ['lɑːnsit] bistouri *m*, lancette *f*; *~ arch* △ arc *m* à lancette.

land [lænd] **1.** terre *f*; sol *m*; terrain *m*; pays *m*; propriété *f* foncière; *~s pl.* terres *f/pl.*, terrains *m/pl.*; *~ reclamation* mise *f* en valeur (*des marais*); défrichement *m* (*d'un terrain*); *~ reform* réforme *f* agraire; *~ register* cadastre *m*; *fig. see how the ~ lies* prendre le vent, tâter le terrain; **2.** *v/t.* mettre à terre; ♣ débarquer (*a. v/t.*); ✈ atterrir (*a. v/i.*); F porter (*un coup*); F remporter (*un* *prix*); amener à terre (*un poisson*); '**~-a·gent** intendant *m* (*d'un domaine*); courtier *m* en immeubles; '**land·ed** foncier (-ère *f*) (*propriété*); terrien(ne *f*) (*personne*).

land...: '**~-fall** ⚓ atterrissage *m*; '**~-forc·es** *pl.* armée *f* de terre; '**~-grab·ber** accapareur *m* de terre; '**~-grave** landgrave *m*; '**~-hold·er** propriétaire *m* foncier.

land·ing ['lændiŋ] débarquement *m*; ✕, ⚓ descente *f*; ✈ atterrissage *m*; amerrissage *m*; ✈ *gear* train *m* d'atterrissage; ~ *ground* terrain *m* d'atterrissage; ✈ ~ *run* distance *f* d'atterrissage; '**~-net** épuisette *f*; '**~-stage** débarcadère *m*, embarcadère *m*.

land...: '**~-la·dy** propriétaire *f*; *pension etc.*: logeuse *f*; aubergiste *f*, F patronne *f*; intérieur (*lac etc.*); '**~-lop·er** vagabond *m*; '**~-lord** propriétaire*m*; *pension etc.*: logeur *m*; aubergiste *m*, F patron *m*; '**~-lord·ism** landlordisme *m*; '**~-lub·ber** ⚓ *péj.* marin *m* d'eau douce; terrien *m*; '**~-mark** *surt.* ⚓ indice *m*; point *m* coté (*sur une carte*); borne *f* limite; *fig.* point *m* de repère; *fig.* événement *m* marquant; '**~-own·er** propriétaire *mf* foncier (-ère *f*); **~scape** ['lænskeip] paysage *m*; ~ *architecture ou design* architecture *f* de paysage; ~ *gardener* jardinier *m* paysagiste; ~ *gardening* jardinage *m* paysagiste; '**~-slide** éboulement *m* (*de terrain*); *fig.* catastrophe *f*; *pol.* débâcle *f*, *Am.* victoire *f* écrasante; '**~-slip** éboulement *m* (*de terrain*); '**~s·man** ⚓ ['~zmən] terrien *m*; '**~-sur·vey·or** arpenteur *m*; '**~-tax** impôt *m* foncier; **~ward** ['~wəd] vers la terre; du côté de la terre.

lane [lein] chemin *m* (*vicinal*); *ville*: ruelle *f*, passage *m*; ⚓ route *f* de navigation; *mot.* voie *f*.

lang syne *écoss.* ['læŋ'sain] **1.** jadis; **2.** le temps *m* jadis; les jours *m/pl.* d'autrefois.

lan·guage ['læŋgwidʒ] langue *f*; langage *m*; ~ *laboratory* laboratoire *m* de langues; *bad* ~ langage *m* grossier; *strong* ~ langage *m* violent; injures *f/pl.*

lan·guid □ ['læŋgwid] languissant, langoureux (-euse *f*); mou (mol *devant une voyelle ou un h muet*); molle

f); faible; '**lan·guid·ness** langueur *f*, faiblesse *f*.

lan·guish ['læŋgwiʃ] languir (après, pour *for*); dépérir; ⚓ s'étioler; ✝ traîner (*affaires*); '**lan·guish·ing** □ languissant, langoureux (-euse*f*); ✝ faible.

lan·guor ['læŋgə] langueur *f*; '**lan·guor·ous** langoureux (-euse *f*).

lank □ [læŋk] maigre; sec (sèche *f*); efflanqué (*personne, a. bête*); plat (*cheveux*); '**lank·y** □ grand et maigre.

lans·que·net ✕ ['lænskinet] lansquenet *m* (*a. cartes*).

lan·tern ['læntən] lanterne *f*; ⚓ fanal *m*; △ lanterne(au *m*) *f*; *dark* ~ lanterne *f* sourde; '**~-jawed** aux joues creuses; '**~-slide** (diapositive *f* de) projection *f*; ~ *lecture* conférence *f* avec projections.

lan·yard ⚓ ['lænjəd] aiguillette *f*.

lap[1] [læp] **1.** *su. cost.* pan *m*; genoux *m/pl.*; ⊕ recouvrement *m*; *corde etc.*: tour *m*; *sp.* tour *m*, circuit *m*; ⚓ guipage *m*; *sp.* ~ *of hono(u)r* tour *m* d'honneur; **2.** *v/t.* enrouler; entourer, envelopper (q. de qch. *s.o. about with s.th., s.th. round s.o.*); ⊕ enchevaucher (*des planches*); ⚓ guiper; *v/i.* (*usu. ~ over*) dépasser, chevaucher.

lap[2] [~] **1.** gorgée *f*; coup *m* de langue; *vagues*: clapotis *m*; **2.** laper; *fig.* avaler; clapoter (*vagues*).

lap-dog ['læpdɔg] chien *m* de manchon.

la·pel *cost.* [lə'pel] revers *m*.

lap·i·dar·y ['læpidəri] lapidaire (*a. su./m*).

lap·pet ['læpit] *cost.* pan *m*; revers *m*; *oreille*: lobe *m*.

lapse [læps] **1.** erreur *f*; faux pas *m*; *laps m* (*de temps*); délai *m* (*de temps*); défaillance *f* (*de la mémoire*); ⚖ déchéance *f*; *eccl.* apostasie *f*; chute *f*; **2.** déchoir; *au sens moral*: tomber (dans, *into*); manquer à ses devoirs; ✝ cesser d'être en vigueur; *fig.* rentrer (dans le silence, *into silence*); ⚖ tomber en désuétude; s'abroger (*loi*).

lap·wing *orn.* ['læpwiŋ] vanneau *m*.

lar·ce·ny ⚖ [la:sni] larcin *m*, vol *m* insignifiant; *grand* ~ vol *m*; *petty* ~ vol *m* simple.

larch ♣ [la:tʃ] mélèze *m*.

lard [la:d] **1.** saindoux *m*, graisse *f* de porc; **2.** larder (de, *with*) (*a.*

fig.); **'lard·er** garde-manger *m/inv.*; **'lard·ing-nee·dle**, **'lard·ing-pin** lardoire *f*; **'lard·y** lardeux (-euse *f*).

large □ [lɑ:dʒ] grand; gros(se *f*); fort; nombreux (-euse *f*); large; ~ *farmer* gros fermier *m*; *at* ~ *in* liberté, libre; en général; en détail; *talk at* ~ parler au hasard; parler longuement (sur qch.); *in* ~ *in* grand; **'large·ly** en grande partie; pour la plupart; pour une grande part; **'large·ness** grandeur *f*, grosseur *f*; *fig.* largeur *f*; **'large-'mind·ed** à l'esprit large; tolérant; **'large-'scale** de grande envergure; **'large-'sized** de grandes dimensions.

lar·gess(e) *poét.* ['lɑ:dʒes] largesse *f*.

lark[1] *orn.* [lɑ:k] alouette *f*.

lark[2] [~] **1.** farce *f*, blague *f*; **2.** rigoler, faire des farces; **lark·some** ['~səm] *see* larky.

lark·spur ♣ ['lɑ:kspə:] pied *m* d'alouette.

lark·y F ['lɑ:ki] espiègle; folichon(ne *f*).

lar·va *zo.* ['lɑ:və], *pl.* -vae ['~vi:] larve *f*; **lar·val** ['~vl] larvaire; ♣ latent.

lar·ynx ['læriŋks] larynx *m*.

las·civ·i·ous □ [lə'siviəs] lascif (-ive *f*).

la·ser ['leizə] laser *m*; ~ *beam* rayon *m* laser.

lash [læʃ] **1.** coup *m* de fouet; lanière *f*; *fig.* supplice *m* du fouet; œil: cil *m*; **2.** fouailler; cingler (*a. pluie*); fouetter; *fig.* flageller, cingler; attacher, lier (à, to); ♣ amarrer; ~ *out* ruer (*cheval*); *fig.* se livrer (à, *into*); ~ *out* à lâcher un coup à.

lass [læs] jeune fille *f*; **las·sie** ['~i] fillette *f*.

las·si·tude ['læsitju:d] lassitude *f*.

last[1] [lɑ:st] **1.** *adj.* dernier (-ère *f*); ~ *but one* avant-dernier (-ère *f*); ~ *night* hier soir; la nuit dernière; *the* ~ *two* les deux derniers (-ères *f*); **2.** *su.* dernier (-ère *f*) *m*; bout *m*; fin *f* (= *mort*); *my* ~ ma dernière lettre; mon dernier *m*, ma dernière *f* (*enfant*); *at* ~ enfin; à la fin; *at long* ~ enfin; à la fin (des fins); *breathe one's* ~ rendre le dernier soupir; **3.** *adv.* la dernière fois; *le* (*la*) dernier (-ère *f*); ~, *but not least* et mieux encore ..., le dernier, mais non le moindre.

last[2] [~] durer, se maintenir; (*a.* ~ *out*) aller (*comestibles etc.*); faire (*robe etc.*); soutenir (*une allure*).

last[3] [~] forme *f* (*à chaussures*).

last[4] [~] *mesure:* last(e) *m*.

last-ditch [lɑ:st'ditʃ] ultime, désespéré (*efforts etc.*); **last-ditch·er** jusqu'auboutiste *mf*.

last·ing ['lɑ:stiŋ] **1.** □ durable; résistant; **2.** *tex.* lasting *m*; **'last·ing-ness** durabilité *f*, permanence *f*.

last·ly ['lɑ:stli] en dernier lieu; pour finir.

last-min·ute [lɑ:st'minit] de dernière minute *ou* heure.

latch [lætʃ] **1.** loquet *m*; serrure *f* de sûreté; *on the* ~ au loquet; fermé à demi-tour; **2.** fermer au loquet *ou* à demi-tour; ~ *key* clef *f* de maison; passe-partout *m/inv.*

late [leit] en retard; retardé; tard; tardif (-ive *f*) (*fruit etc.*); ancien(ne *f*), ex-; feu (= *mort*); récent; *at (the)* ~*st* au plus tard; tout au plus; *as* ~ *as* pas plus tard que; *of* ~ récemment; *of* ~ *years* ces dernières années; depuis quelques années; ~*r on* plus tard; *be* ~ être en retard; ♣ avoir du retard *ou* un retard de ...; *keep* ~ *hours* se coucher tard; rentrer tard; **'~-com·er** retardataire *m*; tard-venu(e *f*) *m*; **'late·ly** dernièrement, récemment; depuis peu.

la·ten·cy ['leitənsi] état *m* latent.

late·ness ['leitnis] arrivée *f* tardive; date *f* récente; heure *f* avancée; *fruit etc.*: tardiveté *f*.

la·tent □ ['leitənt] caché; latent.

lat·er·al □ ['lætərəl] latéral (-aux *m/pl.*).

lath [lɑ:θ] **1.** latte *f*; *toit:* volige *f*; jalousie: lame *f*; **2.** latter; voliger (*un toit*).

lathe [leið] ⊕ tour *m*; *tex.*, *métier:* battant *m*.

lath·er ['lɑ:ðə] **1.** *su.* mousse *f* de savon; écume *f*; **2.** *v/t.* savonner; F rosser (*q.*), fouailler (*un cheval*); *v/i.* mousser (*savon*); jeter de l'écume (*cheval*).

lath·y ['lɑ:θi] latté; *fig.* long et mince.

Lat·in ['lætin] **1.** latin; **2.** Latin(e *f*) *m*; *ling.* latin *m*; ~ **A·mer·i·ca** Amérique *f* latine; **'Lat·in·ism** latinisme *m*, tournure *f* latine.

lat·i·tude ['lætitju:d] latitude *f* (*a.*

fig., géog., astr.); *fig. a.* étendue *f*; liberté *f* d'action; ~s *pl.* latitudes *f/pl.*, F parages *m*; **lat·i·tu·di·nal** [~inl] latitudinal (-aux *m/pl.*); **lat·i·tu·di·nar·i·an** ['~'nɛəriən] **1.** latitudinaire (*a. su./mf*); **2.** partisan(e *f*) *m* du tolérantisme.

lat·ter ['lætə]: the ~ le dernier *m*, la dernière *f*; celui-ci *m* (celle-ci *f*, ceux-ci *m/pl.*, celles-ci *f/pl.*); ~ end fin *f*; '~-**day** récent, moderne; '**lat·ter·ly** dans les derniers temps; dans la suite; récemment.

lat·tice ['lætis] **1.** (*a. ~-work*) treillage *m*, treillis *m*; **2.** treillager, treillisser.

Lat·vi·an ['lætviən] **1.** lettonien(ne *f*); **2.** Lettonien(ne *f*) *m*.

laud [lɔːd] louer, chanter les louanges de; **laud·a·bil·i·ty** caractère *m* louable; '**laud·a·ble** □ louable, digne d'éloges; **lau·da·tion** louange *f*; **laud·a·to·ry** □ ['~ətəri] élogieux (-euse *f*).

laugh [lɑːf] **1.** rire *m*; **2.** (*at*) rire (de); se moquer (de); ~ off traiter (*qch.*) en plaisantant; ~ out of faire renoncer à force de plaisanteries; *see* sleeve; '**laugh·a·ble** □ risible, ridicule; '**laugh·er** rieur (-euse *f*) *m*; '**laugh·ing 1.** rires *m/pl.*; **2.** □ riant; rieur (-euse *f*); '**laugh·ing-stock** objet *m* de risée; '**laugh·ter** rire *m*, -s *m/pl.*

launch [lɔːntʃ] **1.** ⚓ lancement *m*; chaloupe *f*; *motor* ~ vedette *f*; **2.** *v/t.* lancer (*a. un navire, une fusée*); débarquer (*un canot*); ✗ déclencher; *fig.* mettre en train, lancer; *v/i.* ~ out lancer un coup (à *at*, *against*); ⚓ mettre à la mer; ~ (*out*) into se lancer dans; '**launch·ing 1.** lancement *m*; **2.** ~ pad (*site etc.*) rampe *f* (aire *f etc.*) de lancement.

laun·dress ['lɔːndris] blanchisseuse *f*; '**laun·dry** blanchisserie *f*, lessive *f*.

lau·re·ate ['lɔːriit] **1.** lauréat; *poet* ~ = **2.** poète *m* lauréat.

lau·rel ⚘ ['lɔrl] laurier *m*; *fig.* win ~s cueillir des lauriers; '**lau·relled** couronné (de lauriers).

la·va ['lɑːvə] lave *f*.

lav·a·to·ry ['lævətəri] lavabo *m*; cabinet *m* de toilette; *public* ~ cabinets *m/pl.*

lave [leiv] *usu. poét.* laver; ⚕ bassiner.

lav·en·der ⚘ ['lævində] lavande *f*.

lav·ish ['læviʃ] **1.** □ prodigue (de *in*, *of*); abondant; **2.** prodiguer; '**lav·ish·ness** prodigalité *f*.

law [lɔː] loi *f*; droit *m*; code *m*; législation *f*; justice *f*; règle *f*; *at* ~ en justice, en procès; *go to* ~ avoir recours à la justice; *have the* ~ *of s.o.* faire un procès à q., poursuivre q. en justice; *necessity knows no* ~ nécessité n'a point de loi; *lay down the* ~ expliquer la loi; F dogmatiser; *practise* ~ exercer le droit; '~**-a·bid·ing** ⚖ ami de l'ordre; '~**-court** cour *f* de justice; tribunal *m*; '**law·ful** □ légal (-aux *m/pl.*); licite, permis; légitime; juste; valide (*contrat etc.*); '**law·giv·er** législateur *m*; '**law·less** □ sans loi; désordonné.

lawn[1] [lɔːn] *tex.* batiste *f*; linon *m*.

lawn[2] [~] pelouse *f*; gazon *m*; '~**-mow·er** tondeuse *f*; '~'**sprin·kler** arrosoir *m* de pelouse; '~ **ten·nis** (lawn-)tennis *m*.

law·suit ['lɔːsjuːt] procès *m*; **law·yer** ['~jə] homme *m* de loi; juriste *m*; jurisconsulte *m*; *see a.* solicitor, barrister.

lax □ [læks] mou (mol *devant une voyelle ou un h muet*; molle *f*); flasque; relâché; négligent; facile (*morale*); **lax·a·tive** ['~ətiv] **1.** laxatif (-ive *f*); **2.** laxatif *m*; '**lax·i·ty, 'lax·ness** mollesse *f*; relâchement *m*; inexactitude *f*.

lay[1] [lei] *prét. de* lie[2] **2.**

lay[2] [~] lai *m*, chanson *f*; *poét.* poème *m*.

lay[3] [~] laïque, lai.

lay[4] [lei] **1.** *su. cordage:* commettage *m*; *terrain:* configuration *f*; *sl.* spécialité *f*; **2.** [*irr.*] *v/t.* coucher; abattre (*q., la poussière*); exorciser (*un fantôme*); mettre (*couvert, qch. sur qch., enjeu, impôt, nappe*); parier (*une somme, fig. que, that*); faire (*un pari*); pondre (*un œuf*); porter (*une plainte*); poser (*des fondements, un tapis, qch. sur qch.*); ~ *bare* mettre à nu; dévoiler; découvrir; ~ *before* exposer, présenter à (*q.*); ~ *by* mettre de côté; ~ *down* déposer; rendre (*les armes*); résigner (*un office*); donner (*la vie*); étaler (*les cartes*); poser (*qch., voie, câble, principe*); imposer (*une condition*); formuler (*un principe*); ~ *in* s'approvisionner de; ⚓ emmagasiner; ~

in stock s'approvisionner; ~ low
étendre, abattre; ~ off congédier;
peint. lisser avec la brisse; faire la
contre-partie de (*un pari*); *Am. sl.*
en finir avec (*q., qch.*), laisser (*tranquille*); ~ on imposer; étendre (*un
enduit*); ne pas ménager (*des couleurs*); appliquer; porter (*des
coups*); amener (*de l'eau*); installer
(*le gaz etc.*); *fig.* ~ it on (thick)
flatter (*grossièrement*); ~ open
exposer; ~ (*o.s.*) open to s'exposer
à (*qch.*); ~ out arranger, étaler
(*devant les yeux*); disposer (*le
jardin*); dépenser (*l'argent*); F
aplatir (*q.*); ~ o.s. out faire de son
mieux (pour for, to); ~ up accumuler, amasser (*de l'argent, des provisions*); amasser (*des connaissances*);
mettre (*qch.*) en réserve; mettre (*la
terre*) en jachère; ⚓ mettre en rade;
⚓ désarmer; ~ with coucher avec;
3. [*irr.*] *v/i.* pondre (*des œufs*); (*a.* ~
a wager) parier; ⚓ être (à l'ancre);
mettre la table (pour, for); ~ about
one frapper de tous côtés; *sl.* ~ into
rosser (*q.*); F ~ (*it*) on porter des
coups.

lay...: '**~·a·bout** *Brit.* F fainéant(e *f*)
m, paresseux (-euse *f*) *m*; '**~·by** *Brit.*
mot. petite aire *f* de stationnement.

lay·er 1. *su.* [ˈleiə] poseur *m*; parieur
m; *poule:* pondeuse *f*; *peint. etc.*
couche *f*; *géol.* assise *f*, strate *f*;
2. *v/t.* ↗ [ˈleə] marcotter; *v/i.* se
coucher (*blé*).

lay·ette [leiˈet] layette *f*.

lay fig·ure mannequin *m*.

lay·ing [ˈleiiŋ] câble, rail, tuyau, etc.:
pose *f*; *fondements:* assise *f*; *œufs:*
ponte *f*.   [laïque *m*.]

lay·man [ˈleimən] profane *m*; *eccl.*]

lay...: '**~·off** *Am.* période *f* de chômage; vacances *f/pl.* (*d'un ouvrier*);
'**~·out** disposition *f*; tracé *m*.

laz·a·ret, *usu.* **laz·a·ret·to** [læzə-
ˈret(ou)] léproserie *f*; ⚓ lazaret
m.

laze F [leiz] fainéanter; baguenauder; '**la·zy 1.** paresseux (-euse *f*),
fainéant; **2.** = '**la·zy-bones** fainéant(e *f*) *m*, F flémard(e *f*) *m*.

lea *poét.* [li:] prairie *f*.

leach [li:tʃ] *v/t.v/i.* filtrer.

lead¹ [led] **1.** plomb *m*; ⚓ (plomb *m*
de) sonde *f*; *typ.* interligne *f*;
crayon: mine *f*; ~s *pl.* plombs *m/pl.*;
~ pencil crayon *m* (à la mine de

plomb); **2.** plomber; garnir de
plomb; *typ.* interligner.

lead² [li:d] **1.** *su.* conduite *f*, exemple
m; tête *f*; *théâ.* premier rôle *m*, vedette *f*; *cartes:* main *f*, couleur *f*; ⚡
câble *m*, connexion *f*; *chien:* laisse *f*;
journ. ~ story article *m* de tête; *cartes:*
it's my ~ à moi de jouer; take the ~
prendre la tête; *fig.* gagner les devants (sur of, over); **2.** [*irr.*] *v/t.*
mener, conduire (à, to); amener;
induire (en, into); guider; entamer
de (*cartes*); ~ on entraîner; *fig.* encourager (à parler); *v/i.* mener, conduire; ~ to produire; ~ off commencer
(par, with); *sp.* jouer le premier; ~ up
to donner accès à; *fig.* introduire,
amener.

lead·en [ˈledn] de plomb (*a. fig.*).

lead·er [ˈliːdə] chef *m* (*a.* ✕); conducteur (-trice *f*) *m*; guide *m*; ⚡
chef *m* d'attaque; *journ.* article *m* de
fond; *cin.* bande *f* amorce; **lead·er·ette** [~ˈret] article *m* de fond
succinct; '**lead·er·ship** conduite *f*;
✕ commandement *m*; direction *f*.

lead·ing [ˈliːdiŋ] **1.** premier (-ère *f*),
principal (-aux *m/pl.*); de tête; ~
article article *f* de fond; ♰ spécialité *f* de réclame; ⚖ case cas *m*
d'espèce qui fait autorité; *théâ.* ~
man (lady) vedette *f*, premier rôle
m; ⚖ ~ question question *f* tendancieuse; **2.** conduite *f*, direction *f*;
✕ commandement *m*; '**~·strings**
pl. lisière *f*.

leaf [li:f] (*pl. leaves*) ♀ feuille *f* (*a.
or etc., papier*); *fleur:* F pétale *m*;
livre: feuillet *m*, *porte, table:* battant *m*; *table:* rallonge *f*; '**leaf·age**
feuillage *m*; '**leaf·less** sans *ou* dépourvu de feuilles; **leaf·let** [ˈ~lit]
feuillet *m*; feuille *f* volante; papillon
m (*de publicité*); ♀ foliole *f*; '**leaf·y**
feuillu; couvert de feuilles; de
feuillage.

league¹ [li:g] lieue *f* (marine) (=
4,8 km.).

league² [~] **1.** ligue *f*; *sp.* ♀ match
match *m* de championnat; ♀ of
Nations Société *f* des Nations; **2.** se
liguer; '**lea·guer** ligueur (-euse *f*)
m.

leak [li:k] **1.** écoulement *m*; ⚓ voie *f*
d'eau; **2.** couler, fuir; se perdre; ⚓
faire eau; ~ out couler; *fig.* s'ébruiter; transpirer; '**leak·age** fuite *f*,
perte *f*; ♰ coulage *m*; *fig.* secrets:

fuite *f*; **'leak·y** qui coule; qui prend l'eau; *fig.* peu fidèle, peu discret (-ète *f*).

lean¹ [li:n] maigre (*a. su./m*).

lean² [~] **1.** [*irr.*] *v/t.* appuyer (contre, *against*); *v/i.* s'appuyer (sur, *on* contre, *against*); s'adosser (à, contre *against*); s'accouder; se pencher (sur, *over*; vers, *towards*); pencher (*mur etc.*), incliner (*a. fig.*); **2.** inclinaison *f*; *fig.* (*a.* **'lean·ing**) penchant *m* (pour, to [*wards*]); tendance *f* (à, to[*wards*]).

lean·ness ['li:nnis] maigreur *f*.

leant [lent] *prét. et p.p. de* lean² 1.

lean-to ['li:ntu:] appentis *m*.

leap [li:p] **1.** *su.* saut *m*, bond *m*; by ~s and bounds par bonds et par sauts; **2.** [*irr.*] *v/i.* sauter (*a. fig.*); jaillir (*flamme etc.*); *v/t.* franchir d'un saut; sauter; **'~-frog 1.** saute-mouton *m*; **2.** sauter comme à saute-mouton; **leapt** [lept] *prét. et p.p. de* leap 2; **'leap-year** année *f* bissextile.

learn [lə:n] [*irr.*] apprendre; ~ from mettre (*qch.*) à profit; **learn·ed** ['~id] instruit, savant; **'learn·er·driv·er** conducteur *m* novice; **'learn·ing** étude *f*; action *f* d'apprendre; érudition *f*; **learnt** [lə:nt] *prét. et p.p. de* learn.

lease [li:s] **1.** bail (*pl.* baux) *m*; *terre:* bail *m* à ferme; *fig.* concession *f*; *let* (out) *on* ~ louer à bail; *a new* ~ *of life* un renouveau *m* de vie; **2.** donner *ou* prendre à bail; louer; affermer (*une terre*); **'~·hold** tenure *f ou* propriété *f* à bail; *attr.* tenu à bail; **'~·hold·er** bailleur *m*.

leash [li:ʃ] **1.** laisse *f*, attache *f*; *chasse:* harde *f* (= *3 chiens*); **2.** mettre à l'attache.

least [li:st] **1.** *adj.* le (*la*) moindre; le (*la*) plus petit(e); **2.** *adv.* (le) moins; *not* ~ pas le moindre; **3.** *su.:* *at* (*the*) ~ au moins; du moins; *at the very* ~ tout au moins; *not in the* ~ pas du tout; *to say the* ~ pour ne pas dire plus.

leath·er ['leðə] **1.** cuir *m*; F *foot.* ballon *m*; ~s *pl.* culotte *f ou* guêtres *f*/*pl.* de cuir; **2.** de *ou* en cuir; **3.** garnir de cuir; F tanner le cuir à, rosser; **leath·er·ette** [~'ret] simili-cuir *m*; **leath·ern** ['leðən] de cuir, en cuir; **'leath·er·y** qui ressemble au cuir; coriace (*viande*).

leave [li:v] **1.** permission *f*, autorisation *f*; (*a.* ~ *of absence*) *mois:* congé *m*, *jours:* permission *f*; *by your* ~ si vous le voulez bien; **2.** [*irr.*] *v/t.* laisser; abandonner; déposer (à la consigne); léguer (*une fortune etc.*); quitter (*un endroit*); sortir de; F ~ *it at that* en demeurer là; *see call*; ~ *behind* laisser (*a. des traces*), oublier; devancer, distancer; ~ *off* cesser; renoncer à (*une habitude*); cesser de porter (*un vêtement*); *v/i.* partir (pour, for).

leaved [li:vd] aux feuilles...; feuillu; à ... battants (*porte*); à ... rallonges (*table*).

leav·en ['levn] **1.** levain *m*; **2.** faire lever; *fig.* modifier (par, *with*); **'leav·en·ing** ferment *m*; *fig.* addition *f*, nombre *m*.

leaves [li:vz] *pl. de* leaf.

leav·ings ['li:viŋz] *pl.* restes *m*/*pl.*

lec·tern *eccl.* ['lektən] lutrin *m*.

lec·ture ['lektʃə] **1.** conférence *f* (sur, on); leçon *f* (de, on); give a ~ faire une conférence; *attend* ~s suivre un cours; *see curtain* ~; read *s.o. a* ~ faire une semonce à *q.*; **2.** *v/i.* faire une conférence (sur, on); faire un cours (de, on); *v/t.* F semoncer, sermonner; **'lec·tur·er** conférencier (-ère *f*) *m*; *univ.* maître *m* de conférences; chargé *m* de cours; professeur *m*; **'lec·ture·ship** poste *m* de conférencier (-ère *f*); *univ.* maîtrise *f* de conférences.

led [led] *prét. et p.p. de* lead² 2.

ledge [ledʒ] rebord *m*; saillie *f*; corniche *f*; banc *m* de récifs.

ledg·er ['ledʒə] ✝ grand livre *m*; *Am.* registre *m*; ⊕ échafaudage: filière *f*.

lee ⚓ [li:] côté *m* sous le vent.

leech [li:tʃ] *zo.* sangsue *f* (*a. fig.*).

leek ⚘ [li:k] poireau *m*.

leer [liə] **1.** œillade *f* en dessous; regard *m* paillard; **2.** ~ *at* lorgner d'un air méchant; lancer des œillades à; **'leer·y** □ *sl.* malin (-igne *f*), rusé; soupçonneux (-euse *f*).

lees [li:z] *pl.* lie *f* (*a. fig.*). [vent.)

lee·ward ⚓ ['li:wəd] sous le]

lee·way ⚓ ['li:wei] dérive *f*; *make* ~ dériver; *fig.* traîner; *fig. make up* ~ rattraper le temps/perdu.

left¹ [left] *prét. et p.p. de* leave 2; *be* ~ rester.

left² [~] *adj.* gauche; **2.** *adv.* à gauche; **3.** *su.* gauche *f*; '~-**hand** de *ou* à gauche; *mot.* ~ drive conduite *f* à gauche; '~-**hand·ed** □ gaucher (-ère *f*) (*personne*); *fig.* gauche; douteux (-euse *f*) (*compliment*); ⊕ à gauche. [*mf*).\
left·ist *pol.* ['leftist] gauchiste (*adj.*).\
left…: '~-'**lug·gage lock·er** casier *m* à consigne automatique; '~-'**lug·gage of·fice** consigne *f*; '~-**o·vers** *pl.* restes *m/pl.*\
Left-Wing *pol.* ['left'win] de gauche.\
leg [leg] jambe *f*; *chien, oiseau, etc.*: patte *f*; *table*: pied *m*; ♣ branche *f*; *course*: étape *f*; ~ *of mutton* gigot *m*; *give s.o. a* ~ *up* faire la courte échelle à q.; F donner un coup d'épaule à q.; F *be on one's last* ~*s* être à bout de ses ressources; *pull s.o.'s* ~ se payer la tête de q., faire marcher q.\
leg·a·cy ['legəsi] legs *m*; '~-'**hunt·er** coureur (-euse *f*) *m* d'héritages.\
le·gal □ ['li:gəl] légal (-aux *m/pl.*); juridique; judiciaire; de droit; de loi; ~ *adviser* conseiller *m* juridique; ~ *aid* assistance *f* judiciaire; ~ *capacity* capacité *f* de contracter; ~ *costs pl.* dépens *m/pl.*, frais *m/pl.* de justice; ✝ ~ *department* service *m* du contentieux; ~ *dispute* litige *m*, procès *m*; ~ *entity* personne *f* morale; ~ *remedy* voie *f* de recours; ~ *status* capacité *f* juridique; *see tender²* 1; **le·gal·i·ty** [li'gæliti] légalité *f*; **le·gal·i·za·tion** [li:gəlai'zeiʃn] légalisation *f*; **le·gal·ize** rendre légal; autoriser; authentiquer (*un document*).\
le·gate ['legit] légat *m* (*du pape*).\
leg·a·tee ✝✝ [legə'ti:] légataire *mf*.\
le·ga·tion [li'geiʃn] légation *f*.\
leg-bail ['leg'beil]: *give* ~ F s'évader; filer à l'anglaise.\
leg·end ['ledʒənd] légende *f* (*a.* = *inscription*); explication *f*; '**leg·end·ar·y** légendaire.\
leg·er·de·main ['ledʒədə'mein] passe-passe *m/inv.*; prestidigitation *f*.\
legged [legd] à *ou* aux jambes; *short-*~ aux jambes courtes; **leg·gings** ['~z] *pl.* guêtres *f/pl.*; '**leg·gy** aux longues jambes.\
leg·horn [leg'ho:n] chapeau *m* de paille d'Italie; *poule*: leghorn *f*.\
leg·i·bil·i·ty [ledʒi'biliti] lisibilité *f*; **leg·i·ble** ['ledʒəbl] □ lisible.

le·gion ['li:dʒən] légion *f* (*a. fig.*); '**le·gion·ar·y** légionnaire (*a. su./m*).\
leg·is·late ['ledʒisleit] faire des lois; **leg·is·la·tion** législation *f*; '**leg·is·la·tive** □ législatif (-ive *f*); '**leg·is·la·tor** législateur *m*; **leg·is·la·ture** ['~tʃə] législature *f*; corps *m* législatif.\
le·git·i·ma·cy [li'dʒitiməsi] *enfant, opinion, etc.*: légitimité *f*; **le·git·i·mate 1.** [~mit] □ légitime; F vrai; **2.** [~meit] (*a.* **le·git·i·mize**) légitimer; **le·git·i·ma·tion** légitimation *f*; légalisation *f*.\
leg·room ['legrum] place *f* pour les jambes.\
leg·ume ['legju:m] fruit *m* d'une légumineuse; **le·gu·mi·nous** légumineux (-euse *f*).\
lei·sure ['leʒə] loisir *m*, -s *m/pl.*; ~ *activities* (-al.) loisirs *m/pl.*; ~ *time* temps *m* libre, loisir *m*; ~ *wear* tenue *f* de détente; *be at* ~ être de loisir; *at your* ~ à (votre) loisir; '**lei·sured** de loisir; désœuvré; '**lei·sure·ly 1.** *adj.* posé, tranquille; qui n'est pas pressé; **2.** *adv.* posément; à loisir.\
lem·on ['lemən] **1.** citron *m*; *sl.* saloperie *f*; **2.** jaune citron *adj./inv.*; **lem·on·ade** [~'neid] limonade *f*; **lem·on squash** citron *m* pressé; citronnade *f*; '**lem·on-squeez·er** presse-citron *m/inv.*\
lend [lend] [*irr.*] prêter (*a. secours*); ~ *out* louer; ~ *o.s.* se prêter à; ~*ing library* bibliothèque *f* de prêt; '⅔-'**Lease Act** loi *f* prêt-bail (*américaine*); '**lend·er** prêteur (-euse *f*) *m*.\
length [leŋθ] longueur *f*; morceau *m*; pièce *f*; *temps*: durée *f*; *at* ~ enfin, à la fin; *at (great)* ~ d'un bout à l'autre; *go all* ~*s* aller jusqu'au bout; *go (to) great* ~*s* se donner bien de la peine (*pour, to*); *he goes the* ~ *of saying* il va jusqu'à dire; '**length·en** (s')allonger; (se) prolonger; *v/i.* augmenter; '**length·ways**, '**length·wise** □ en longueur, en long; '**length·y** assez long; plein de longueurs (*discours etc.*).\
le·ni·ence, **le·ni·en·cy** ['li:njəns(i)], **len·i·ty** ['leniti] clémence *f*; douceur *f*; **le·ni·ent** □ ['li:njənt] clément, indulgent (*pour, to; envers to* [*-wards*]); '**len·i·tive** ✗ **1.** lénitif (-ive *f*); **2.** lénitif *m*.\
lens [lenz] loupe *f*; *opt.* lentille *f*,

verre *m*; *phot.* objectif *m*; *phot.* ∼ system objectif *m*.

lent¹ [lent] *prét. et p.p. de* lend.

Lent² [∼] carême *m*.

Lent·en ['lentən] de carême (*a. fig.*).

len·tic·u·lar □ [len'tikjulə] lenti- forme, lenticulaire.

len·til ♀ ['lentil] lentille *f*.

Leo *astr.* ['li:ou] le Lion.

leop·ard ['lepəd] léopard *m*.

le·o·tard ['li:ətɑ:d] collant *m*, maillot *m*.

lep·er ['lepə] lépreux (-euse *f*) *m*.

lep·ro·sy ♂ ['leprəsi] lèpre *f*; '**lep·rous** lépreux (-euse *f*).

les·bi·an ['lezbiən] 1. lesbien; 2. les- bienne *f*; '**les·bi·an·ism** lesbianis- me *m*.

lese-maj·es·ty ⚖ ['li:z'mædʒisti] lèse-majesté *f*.

le·sion ⚖, ♂ ['li:ʒən] lésion *f*.

less [les] 1. *adj.* moindre; plus petit; moins de; inférieur; † moins im- portant, mineur; *no* ∼ *a person than* ne ... rien moins que; 2. *adv.* moins; 3. *prp.* ♈ moins; ♈ sans; 4. *su.* moins *m*; *no* ∼ *than* ne ... rien moins que; autant que.

les·see [le'si:] locataire *mf*; conces- sionnaire *m*.

less·en ['lesn] *v/t.* amoindrir, di- minuer; ralentir; raccourcir; *fig.* atténuer; *v/i.* diminuer, s'amoin- drir; *fig.* s'atténuer.

less·er ['lesə] petit; moindre.

les·son ['lesn] 1. leçon *f* (*a. eccl.*, *a. fig.*); exemple *m*; ∼*s pl.* leçons *f/pl.*; cours *m*; 2. faire la leçon à, ensei- gner.

les·sor ⚖ [le'sɔ:] bailleur (-eresse *f*) *m*.

lest [lest] de peur *ou* de crainte que ... ne (*sbj.*) *ou* de (*inf.*).

let¹ [let] [*irr.*] *v/t.* permettre, laisser; faire (*inf.*); louer (*une maison etc.*); ∼ *alone* laisser tranquille *ou* en paix; laisser (*q.*) faire; ne pas se mêler de (*qch.*); *adv.* sans parler de ...; ∼ *down* baisser; F laisser (*q.*) en panne; ∼ *s.o. down gently* refuser qch. à *q.* ou corriger *q.* avec tact; ∼ *fly* lancer; lâcher; ∼ *go* lâcher; ⚓ mouiller (*l'ancre*); ∼ *into* laisser entrer; *cost.* incruster; mettre (dans un secret, *into a secret*); ∼ *loose* lâcher; ∼ *off* tirer; décocher (*a. fig. une épigramme*); *fig.* dispenser (de *inf.*, *from gér.*); *see* steam; ∼ *out*

laisser sortir; laisser échapper; *cost.* élargir; (*a.* ∼ *on hire*) louer; *v/i.* se louer (à *at*, *for*); ∼ *on* rapporter, trahir; ∼ *up* diminuer; cesser.

let² [∼] *tennis:* (*a.* ∼ *ball*) balle *f* de filet; *without* ∼ *or hindrance* sans entrave, en toute liberté.

let·down F ['letdaun] déception *f*.

le·thal □ ['li:θl] mortel(le *f*).

le·thar·gic, le·thar·gi·cal □ [le- 'θɑ:dʒik(l)] léthargique (*a. fig.*); **leth·ar·gy** ['leθədʒi] léthargie *f*; *fig.* inaction *f*, inertie *f*.

let·ter ['letə] 1. lettre *f*; caractère *m*; missive *f*; ∼*s pl.* (belles-)lettres *f/pl.*; littérature *f*; *by* ∼ par lettre, par correspondance; *man of* ∼*s* homme *m* de lettres, littérateur *m*; *to the* ∼ au pied de la lettre; ⚖, † 2. marquer avec des lettres; ⚖, † coter; mettre le titre à (*un livre*); '∼**-bal·ance** pèse-lettre *m*; '∼**-box** boîte *f* aux lettres; '∼**-car·ri·er** *Am.* facteur *m*; '∼**-case** portefeuille *m*; '∼**-cov·er** enveloppe *f*; '**let- tered** marqué avec des lettres; *fig.* lettré; '**let·ter-file** classeur *m* de lettres; relieur *m*; '**let·ter-found·er** fondeur *m* typographe; **let·ter- gram** *Am.* ['letⁱgræm] télégramme *m* à tarif réduit; '**let·ter-head** en-tête *m* (*pl.* en-têtes); '**let·ter·ing** lettrage *m*; inscription *f*.

let·ter...: '∼**-o·pen·er** ouvre-lettres *m/inv.*; '∼**-pa·per** papier *m* à let- tres; '∼**-per·fect** *théâ.*: *be* ∼ savoir son rôle par cœur; '∼**-press** *typ.* impression *f* typographique; texte *m*; ∼ *printing* typographie *f*; '∼**- press** presse *f* à copier; '∼**-weight** presse-papiers *m/inv.*

let·tuce ♀ ['letis] laitue *f*.

let·up F ['letʌp] relâchement *m*, di- minution *f*; arrêt *m*; *without* (*a*) ∼ *a.* sans s'arrêter; d'affilé.

leu·co... ['lju:ko] leuco-; **leu·co·cyte** ['∼sait] leucocyte *m*.

le·vant [li'vænt] F décamper sans payer.

lev·ee¹ ['levi] réception *f* royale; *hist.* lever *m*.

lev·ee² *Am.* [∼] digue *f*, endigue- ment *m*, levée *f* (*d'une rivière*).

lev·el ['levl] 1. *adj.* égal (-aux *m/pl.*); à *ou* de niveau; *fig.* équilibré; ∼ *with* à fleur de; *my* ∼ *best* tout mon pos- sible; ⛟ ∼ *crossing* passage *m* à niveau; *cuis. a* ∼ *spoonful* une cuille-

919

rée rase; **2.** *su.* niveau *m* (*a.* ⊕, *a. fig.*); terrain *m ou* surface *f* de niveau; hauteur *f*; 🚢, *mot.* palier *m*; 🗡 galerie *f* (de niveau); ~ *of the sea* niveau *m* de la mer; *on a* ~ *with* de niveau avec, à la hauteur de; *fig.* au niveau de (*q.*); *dead* ~ franc niveau *m*, 🚢 palier *m* absolu; *fig.* uniformité *f*; *on the* ~ loyal (-aux *m/pl.*); tout à fait sincère; **3.** *v/t.* niveler, aplatir, égaliser; *surv.* déniveler; pointer (*un fusil*); braquer (*un canon*); *fig.* raser (*une ville*); *fig.* lancer (contre, *at*); ~ *with* (*ou to*) *the ground* raser (*qch.*); ~ *down* araser; *fig.* abaisser à son niveau; ~ *up* élever (*qch.*) au niveau (de *qch.*, *to s.th.*); *v/i.* ~ *at* (*ou against*) viser; ~ *off* cesser de monter; se raffermir (*prix*); '~-'**head·ed** à la tête bien équilibrée; (à l'esprit) rassis; '**lev·el·(l)er** *surv.* niveleuse *f* de route; *personne:* niveleur (-euse *f*) *m*; *pol.* égalitaire *mf*; '**lev·el·(l)ing** nivellement.

le·ver ['li:və] **1.** *su.* levier *m*; **2.** *v/t.* soulever au moyen d'un levier; *v/i.* manœuvrer un levier; '**le·ver·age** force *f* de levier; *fig.* prise *f*.

lev·er·et ['levərit] levraut *m*.

le·vi·a·than [li'vaiəθən] *bibl.* Léviathan *m*; *fig.* navire *m* monstre.

lev·i·gate *pharm.* ['levigeit] réduire en poudre; délayer (avec, *with*).

lev·i·tate ['leviteit] *spiritisme:* (se) soulever (*par lévitation*).

lev·i·ty ['leviti] légèreté *f*, manque *m* de sérieux.

lev·y ['levi] **1.** impôt, *a.* 🗡 *troupes:* levée *f*; 🗡 *chevaux:* réquisition *f*; impôt *m*, contribution *f*; *capital:* prélèvement *m* sur le capital; **2.** lever, percevoir (*un impôt*); imposer (*une amende*); 🗡 lever (*des troupes*); réquisitionner; faire (*la guerre, du chantage*).

lewd □ [lu:d] lascif (-ive *f*); impudique; '**lewd·ness** impudicité *f*; débauche *f*.

lex·i·cal □ ['leksikl] lexicologique.

lex·i·cog·ra·pher [leksi'kɔgrəfə] lexicographe *mf*; **lex·i·co·graph·i·cal** □ [~kə'græfikl] lexicographique; **lex·i·cog·ra·phy** [~'kɔgrəfi] lexicographie *f*.

li·a·bil·i·ty [laiə'biliti] responsabilité *f* (*a.* ⚖️); risque *m* (de, to); *fig.* disposition *f*, tendance *f* (à, to);

liabilities *pl.* engagements *m/pl.*; ✝ ensemble *m* des dettes; passif *m*.

li·a·ble □ ['laiəbl] ⚖️ responsable (de, for); passible (de, for) (*une amende, un impôt*); sujet(te *f*), apte (à, to); susceptible (de *inf.*, to *inf.*); *Am.* probable; *be* ~ *to* avoir une disposition à; être sujet(te *f*) à; ~ *to duty* assujetti à un impôt; ~ *to punishment* punissable.

li·aise F [li'eiz] entrer *ou* rester en liaison; **li·ai·son** [li'eizɔ:ŋ] liaison *f* (*a.* 🗡); *attr.* de liaison.

li·ar ['laiə] menteur (-euse *f*) *m*.

li·bel ['laibl] **1.** diffamation *f*, calomnie *f* (contre, on); ⚖️ écrit *m* diffamatoire; **2.** calomnier; ⚖️ diffamer (par écrit); '**li·bel·(l)ous** □ diffamatoire; *fig.* peu flatteur (-euse *f*).

lib·er·al ['libərəl] **1.** □ libéral (-aux *m/pl.*) (*a. pol.*); généreux (-euse *f*); prodigue (de, of); abondant; **2.** *pol.* libéral (-aux *pl.*) *m*; '**lib·er·al·ism** libéralisme *m*; **lib·er·al·i·ty** [~'ræliti] libéralité *f*; générosité *f*.

lib·er·ate ['libəreit] libérer (*a.* 🐁); mettre en liberté; délivrer (de, from); affranchir (*un esclave*); **lib·er·a·tion** libération *f*; '**lib·er·a·tor** libérateur (-trice *f*) *m*; '**lib·er·a·to·ry** libératoire.

lib·er·tar·i·an [libə'tɛəriən] libertaire *mf*.

lib·er·tine ['libətain] **1.** libertin, débauché (*a. su./m*); **2.** libre penseur *m*; **lib·er·tin·ism** ['~tinizm] libertinage *m*, débauche *f*.

lib·er·ty ['libəti] liberté *f*; permission *f*; *take liberties* prendre des libertés (avec, with); *be at* ~ être libre (de, to).

li·bid·i·nous □ [li'bidinəs] libidineux (-euse *f*), lascif (-ive *f*); **li·bi·do** [li'bi:dou] libido *f*.

li·brar·i·an [lai'brɛəriən] bibliothécaire *m*; **li·brar·y** ['laibrəri] bibliothèque *f*; ~ *science* bibliothéconomie *f*.

lice [lais] *pl. de louse* 1.

li·cence ['laisəns] *admin.* permis *m*, autorisation *f*, patente *f*; permission *f*; *fig.* licence *f* (*a. morale, a. univ.*); *driving* ~ permis *m* de conduire; *mot.* ~ *number* numéro *m* d'immatriculation; *mot.* ~ *plate* plaque *f* d'immatriculation *ou* minéralogique.

li·cense [~] 1. *see* licence; 2. accorder un permis à; ✝ patenter (*q.*); autoriser la parution de (*un livre, une pièce de théâtre, etc.*); *Brit.* (fully) ~d autorisé à vendre des boissons alcooliques; **li·cen·see** [~'si:] patenté(e *f*) *m*; concessionnaire *mf*; '**li·cens·er** concesseur *m*; *théâ. etc.*: censeur *m*.

li·cen·ti·ate *univ.* [lai'senʃiit] licence *f*; *personne*: licencié(e *f*) *m*.

li·cen·tious □ [lai'senʃəs] licencieux (-euse *f*); dévergondé.

li·chen ♀, ♨ ['laiken] lichen *m*.

lich-gate ['litʃgeit] porche *m* (couvert) de cimetière.

lick [lik] 1. coup *m* de langue; *Am.* terrain *m* salifère; *sl.* ✝ coup *m*; F vitesse *f*; 2. lécher; F battre, rosser; ~ **the** *dust* mordre la poussière; ~ **into** *shape* façonner; mettre au point; '**lick·er** celui *m* (celle *f*) qui lèche; ⊕ lécheur *m*; '**lick·er·ish** friand; gourmand, avide (de, *after*); '**lick·ing** lèchement *m*; F raclée *f*; F défaite *f*; '**lick·spit·tle** flagorneur *m*.

lic·o·rice ♀ *Am.* ['likəris] réglisse *f*.

lid [lid] couvercle *m*; *sl.* chapeau *m*; paupière *f*.

lie¹ [lai] 1. mensonge *m*; *give s.o. the* ~ donner un démenti à q.; *tell a* ~ mentir; *white* ~ mensonge *m* innocent; 2. mentir.

lie² [~] 1. (dis)position *f*; ♨, *géol.* gisement *m*; 2. [*irr.*] être couché; se tenir, rester; se trouver; ♨ être recevable; ~ *by* rester inactif (-ive *f*); être en réserve; se tenir à l'écart; ~ *down* se coucher; *take it lying down* se laisser faire, ne pas dire mot; ~ *in* (*adv.*) être en couches; (*prp.*) être situé dans; ~ *in wait for* se tenir à l'affût de (*q.*); ✝ ~ *over* différer l'échéance de; ♨ ~ *to* être à la cape; ~ *under* être dominé par; encourir (*un déplaisir*); ~ *up* rentrer dans l'inactivité; garder le lit; *it* ~*s with you* il vous incombe (de *inf.*, *to inf.*).

lie-a-bed ['laiəbed] grand(e *f*) dormeur (-euse *f*) *m*; paresseux (-euse *f*) *m*.

liege [li:dʒ] *hist.* 1. lige; 2. (*a.* ~*lord*) suzerain *m*; (*a.* ~*man*) vassal *m*.

li·en ⚖ ['li:ən] privilège *m*.

lieu [lju:]: *in* ~ *of* au lieu de.

lieu·ten·an·cy [lef'tenənsi; ♨ le't-; *Am.* lu:'tenənsi] grade *m* de lieutenant (♨ de vaisseau); *hist.* lieutenance *f*.

lieu·ten·ant [lef'tenənt; ♨ le't-; *Am.* lu:'tenənt] lieutenant *m* (♨ de vaisseau); *fig.* délégué *m*, premier adjoint *m*; '~-**colo·nel** lieutenant-colonel (*pl.* lieutenants-colonels) *m*; '~-**com·mand·er** capitaine *m* de corvette; lieutenant *m* de vaisseau; '~-**gen·er·al** général *m* de division; *Am.* ✝ commandant *m* en chef; '~-**gov·er·nor** sous-gouverneur *m*; vice-gouverneur *m* (*d'un État des É.-U.*).

life [laif] (*pl.* **lives**) vie *f*; vivant *m*; biographie *f*; ~ *and limb* corps et âme; *for* ~ à vie, à perpétuité; *for one's* (*ou for dear*) ~ de toutes ses (*etc.*) forces; *to the* ~ au naturel(le *f*); '~ an·nu·i·ty rente *f* viagère; '~-as·sur·ance assurance *f* sur la vie, assurance-vie (*pl.* assurances-vie) *f*; '~-belt ceinture *f* de sauvetage; '~-blood sang *m*; *fig.* âme *f*; '~-boat canot *m* de sauvetage; '~-buoy bouée *f* de sauvetage; ~ ex·pect·an·cy espérance *f* de vie; '~-guard garde *f* du corps; '~-guard *Am.* sauveteur *m* (*à la plage*); ~ in·sur·ance *see life assurance*; ~ in·ter·est usufruit *m* (de, *in*); '~-jack·et ♨ brassière *f* de sauvetage; '~-less □ sans vie; mort; *fig.* sans vigueur, inanimé; '~-less·ness absence *f* de vie; manque *m* d'animation; '~-like vivant; '~-line ligne *f* de sauvetage; *à bord*: sauvegarde *f*; '~-long de toute la vie; '~-pre·serv·er ♨ appareil *m* de sauvetage; canne *f* plombée; casse-tête *m/inv.*; ~ raft radeau *m* de sauvetage; ~ sen·tence □ condamnation *f* à vie; '~-size de grandeur naturelle; '~-span (durée *f* de) vie *f*; '~-strings *pl.* ce qui est nécessaire à l'existence; '~-time vie *f*, vivant *m*.

lift [lift] 1. *su.* haussement *m*; levée *f* (*a.* ⊕); ⊕ hauteur *f* de levage; ⚞ poussée *f*; *fig.* élévation *f*; ascenseur *m*; *give s.o. a* ~ donner un coup de main à q.; *mot.* conduire q. un bout; 2. *v/t.* (*souv.* ~ *up*) *usu.* lever; soulever; redresser; relever; élever (*la voix*); *sl.* plagier; *sl.* voler; *v/i.* s'élever; ⚞ décoller; '~-at·tend·ant liftier (-ère *f*) *m*; '**lift·er**

souleveur m; ⊕ came f; **'lift·ing** ⊕ de levée; de levage; de suspension; **'lift-off** décollage m.

lig·a·ment anat. ['ligəmənt] ligament m.

lig·a·ture ['ligətʃuə] **1.** ♫, typ. ligature f; ♪ liaison f; **2.** ♫ ligaturer; lier.

light[1] [lait] **1.** su. lumière f; jour m (a. fig.); lampe f; feu m, phare m; fenêtre f; éclairage m; fig. ~s pl. lumières f/pl.; phot. ~ meter photomètre m; ~ wave onde f lumineuse; ~ year année-lumière f (pl. années-lumière); in the ~ of à la lumière de (a. fig.); bring to ~ mettre à jour; come to ~ se révéler; will you give me a ~ voudriez-vous bien me donner du feu?; put a ~ to allumer; see the ~ voir le jour (= naître); fig. comprendre, Am. être convaincu; **2.** adj. clair; éclairé; blond; ~ blue bleu clair inv.; **3.** [irr.] v/t. (souv. ~ up) allumer; éclairer; illuminer (la rue, un visage, etc.); ~ up to éclairer (q.) jusqu'à (un); v/i. (usu. ~ up) s'allumer; s'éclairer; Am. sl. ~ out détaler, ficher le camp.

light[2] [~] **1.** □ usu. léger (-ère f); frivole; amusant; facile; ~ car voiturette f; ~ reading lecture f distrayant; make ~ of faire peu de cas de; prendre à la légère; **2.** see lights; **3.** ~ on s'abattre sur (a. oiseau); tomber sur (a. fig.); rencontrer; trouver par hasard. [faire des éclairs.]

light·en[1] [laitn] (s')éclairer; v/i.]

light·en[2] [~] v/t. alléger (a. fig.); réduire le poids de; v/i. être soulagé.

light·er[1] ['laitə] personne: allumeur (-euse f) m; (a. petrol-~) briquet m.

light·er[2] ⚓ [~] péniche f, chaland m.

light...: ~'**fin·gered** aux doigts agiles; ~'**fit·ting** plafonnier m; mur: applique f; ~'**foot·ed** au pied léger, leste; ~'**head·ed** étourdi; feel ~ avoir le cerveau vide; '~**heart·ed** □ allègre; au cœur léger; ~'**heav·y·weight** sp. (poids m) mi-lourd m; '~**house** phare m.

light·ing ['laitiŋ] mot. (a. ~-up), a. bâtiment: éclairage m; ⚡ ~ point prise f de courant (d'éclairage).

light·less ['laitlis] sans lumière.

light·ly ['laitli] adv. légèrement; à la légère; à bon marché; '**light·mind·ed** frivole, étourdi; '**light·ness** légèreté f.

light·ning ['laitniŋ] **1.** éclairs m/pl., foudre f; **2.** de paratonnerre; fig. foudroyant, rapide; '~**ar'rest·er** parafoudre m; '~**con·duc·tor**, '~**rod** (tige f de) paratonnerre m; '~**strike** grève f surprise.

lights [laits] pl. mou m (de veau etc.).

light·ship ['laitʃip] bateau-feu (pl. bateaux-feux) m; '**light-treatment** ✝ photothérapie f.

light weight sp. ['lait'weit] poids m léger; '**light-weight** sp. léger (-ère f).

lig·ne·ous ['ligniəs] ligneux (-euse f); **lig·nite** ['lignait] lignite m.

like [laik] **1.** adj., adv. pareil(le f), semblable, tel(le f); ~ a man digne de l'homme; qui ressemble à un homme; F he is ~ to die il est en cas de mourir; such ~ similaire, de la sorte; F feel ~ (gér.) se sentir d'humeur à (inf.); avoir envie de (inf.); s.th. ~ qch. d'approchant à; environ (2 mois, 100 francs); ~ that de la sorte; what is he ~? comment est-il?; that's more ~ it à la bonne heure!; cela en approche plus; cela laisse moins à désirer; **2.** su. semblable mf, pareil(le f) m; ~s pl. préférences f/pl.; sympathies f/pl.; his ~ ses congénères; the ~ chose f pareille; F the ~(s) of des personnes ou choses comme; **3.** v/t. aimer; avoir de la sympathie pour; souhaiter, vouloir; how do you ~ London? comment trouvez-vous Londres?, vous vous plaisez à Londres?; I should ~ some il me faut du temps; I should ~ to know je voudrais bien savoir.

lik(e)·a·ble ['laikəbl] sympathique, agréable.

like·li·hood ['laiklihud] probabilité f; '**like·ly** probable; susceptible (de, to); be ~ to (inf.) être en cas de (inf.).

like...: ~'**mind·ed** du même avis; '**lik·en** comparer (à, avec to); '**like·ness** ressemblance f; apparence f; image f, portrait m; have one's ~ taken se faire peindre ou photographier; '**like·wise** de plus, aussi.

lik·ing ['laikiŋ] (for) goût m (de), penchant m (pour); to one's ~ à souhait; à son gré.

li·lac ['lailək] **1.** lilas adj./inv.; **2.** ♀ lilas m.

lilt [lilt] **1.** chanter gaiement; **2.** rythme m, cadence f; chant m gai.

lil·y ♀ ['lili] lis *m*; ~ *of the valley* muguet *m*; *gild the* ~ orner la beauté même.

limb¹ [lim] membre *m* (*du corps*); ♀ branche *f*; F suppôt *m*.

limb² *astr.*, ♀ [~] limbe *m*, bord *m*; *fig.* go out on a ~ aller jusqu'au bout.

limbed [limd] aux membres ...

lim·ber¹ ['limbə] souple, agile.

lim·ber² ✗ [~] **1.** avant-train *m*; **2.** atteler à l'avant-train; ~ *up* mettre l'avant-train.

lim·bo ['limbou] limbes *m/pl.*; *sl.* prison *f*; *fig.* oubli *m*.

lime¹ [laim] **1.** chaux *f*; (*a. bird*.~) glu *f*; **2.** ✔ chauler; gluer (*des ramilles*).

lime² ♀ [~] lime *f*; (*a.* ~*tree*) tilleul *m*. [*m* de limon.]

lime³ ♀ [~] limon *m*; '~**juice** jus∫

lime...: '~**kiln** four *m* à chaux; '~**light** lumière *f* oxhydrique; *théâ.* rampe *f*; *fig.* in the ~ très en vue.

lim·er·ick ['limərik] (*sorte de*) petit poème *m* comique (*en 5 vers*).

lime·stone *géol.* ['laimstoun] calcaire *m*.

lim·it ['limit] **1.** limite *f*, borne *f*; *in* (*off*.) ~*s* accès *m* permis (interdit); F *that is the* ~! ça, c'est le comble!; ça, c'est trop fort!; *Am.* F *go the* ~ aller jusqu'au bout; risquer le tout; **2.** limiter, borner (à, *to*); '**lim·i·tar·y** qui sert de limite (à, *of*); **lim·i'ta·tion** restriction *f*, limitation *f*; entrave *f*; ⊥ prescription *f*; '**lim·it·ed** limité, restreint (à, *to*); ~ (*liability*) *company* (*abbr.* Co.Ltd.) société *f* à responsabilité limitée; société *f* anonyme; ~ *in time* à terme; de durée restreinte; *surt. Am.* ~ (*express train*) rapide *m*; train *m* de luxe; '**lim·it·less** □ illimité, sans bornes.

limn [lim] dessiner, peindre.

lim·ou·sine ['limu(:)zi:n] limousine *f*.

limp¹ [limp] **1.** boiter (*a. fig.*); **2.** boitement *m*, clochement *m*.

limp² [~] flasque; mou (*mol devant une voyelle ou un h muet*; molle *f*); *fig.* sans énergie.

lim·pet ['limpit] *zo.* patelle *f*; *fig.* crampon *m*; fonctionnaire *m* ancré dans son poste.

lim·pid □ ['limpid] limpide, clair; **lim'pid·i·ty, 'lim·pid·ness** limpidité *f*, clarté *f*.

lim·y ['laimi] gluant; ✔ calcaire.

lin·age *journ.* ['lainidʒ] nombre *m* de lignes; paiement *m* à la ligne.

linch·pin ['lintʃpin] esse *f*; cheville *f* d'essieu.

lin·den ♀ ['lindən] (*a.* ~*tree*) tilleul *m*.

line¹ [lain] **1.** *su.* ⚓, ⁁, ▦, armes, démarcation, dessin, pêche, personne, téléph., télév., tennis, typ., phys. (*de force*): ligne *f*; ⚠ alignement *m*; ✝ articles *m/pl.*; ✗, ⚓ ligne *f* de bataille; ▦ voie *f*; téléph. fil *m*; peint. cimaise *f*; surv. cordeau *m*; dessin, phys. (*du spectre*): raie *f*; dessin, visage: trait *m*; front: ride *f*; véhicules: file *f*, colonne *f*; objets, personnes: rangée *f*; fig. emploi *m*; fig. mot *m*; Am. fig. tuyaux *m/pl.*; F mesure *f*; ~*s pl.* modèle *m*; (*bonne, mauvaise*) voie *f*; formes *f/pl.*; F acte *m* de mariage; ✗ rangs *m/pl.*; ~ *of battle* ligne *f* de bataille; ~ *of business* genre *m* d'affaires; ~ *of conduct* ligne *f* de conduite; ~ *of danger* zone *f* dangereuse; *ship of the* ~ vaisseau *m* de ligne; *hard* ~*s pl.* mauvaise chance *f*; *all down the* ~ sur toute la ligne; *in* ~ *with* d'accord avec; *position*: de pair avec; *that is not in my* ~ ce n'est pas mon métier; *stand in* ~ se tenir en ligne; *fall into* ~ s'aligner; *fig.* se conformer (à, *with*); **2.** *v/t.* ligner, régler; rayer; border (*allée, chemin, rive, etc.*); ~ *the streets* faire la haie; ~ *out* ✔ repiquer; tracer; ~ *through* biffer, rayer; *v/i. sp.* ~ *out* se mettre en lignes parallèles pour la touche; ~ *up* s'aligner; faire la queue.

line² [~] *cost. etc.* doubler; *fig.* ~ *one's pocket* faire sa pelote.

lin·e·age ['liniidʒ] lignée *f*; F famille *f*; **lin·e·al** □ ['liniəl] linéal (*-aux m/pl.*); direct; **lin·e·a·ment** ['..iəmənt] trait *m*, linéament *m*; **lin·e·ar** ['..iə] linéaire.

lin·en ['linin] **1.** toile *f* (*de lin*); linge *m*; **2.** de *ou* en toile; de lin (*fil*); '~**bas·ket** panier *m* à linge; '~**clos·et**, '~**cup·board** lingerie *f*, armoire *f* à linge; '~**drap·er** marchand(e *f*) *m* de toiles.

lin·er ['lainə] paquebot *m* (*de ligne*); grand avion *m* de transport; *personne*: traceur *m* de filets; *cost.* doubleur (*-euse f*) *m*; **lines·man** ['lainzmən] ✗ soldat *m* de la ligne;

garde-ligne *m*; *sp.* arbitre *m* de ligne; '**line-**'**up** mise *f* en rang; *sp.* rassemblement *m*; *sp. Am.* composition *f* d'une équipe.

ling[1] *icht.* [liŋ] morue *f* longue.

ling[2] ♀ [‿] bruyère *f* commune.

lin·ger ['liŋgə] tarder; s'attarder (sur, over [up]on); traîner (*a. malade*); flâner (*dans la rue*); subsister (*doute*); ~ *at* (*ou about*) s'attarder sur ou à (*qch.*) ou dans (*un endroit*).

lin·ge·rie ✝ ['lɛ̃:nʒəri] lingerie *f* (de dame).

lin·ger·ing □ ['liŋgəriŋ] prolongé; persistant (*espoir*); qui traîne (*a. maladie*).

lin·go ['liŋgou] jargon *m*. [*m/pl.*].]

lin·gual ['liŋgwəl] lingual (-aux /)

lin·guist ['liŋgwist] linguiste *mf*; **lin**'**guis·tic** (‿ally) linguistique; **lin**'**guis·tics** *usu. sg.* linguistique *f*.

lin·i·ment ✍ ['linimənt] liniment *m*.

lin·ing ['lainiŋ] *vêtement:* doublage *m*; *robe:* doublure *f*; *mur:* incrustation *f*; ⊕ *fourneau, cylindre:* chemise *f*.

link [liŋk] **1.** *su.* chaînon *m*; chaîne *f*; anneau *m*; *fig.* lien *m*; *cuff-*~ bouton *m* de manchette; **2.** (se) joindre; *v/t. a.* relier, enchaîner.

links [liŋks] *pl.* dunes *f/pl.*; lande *f* sablonneuse; (*a. golf-*~) terrain *m* de golf.

link-up ['liŋkʌp] connexion *f*; lien *m*, rapport *m*; jonction *f*.

lin·net *orn.* ['linit] linot(te *f*) *m*.

lin·o·type *typ.* ✍ ['lainotaip] linotype *f*.

lin·seed ['linsi:d] graine *f* de lin; ~ *oil* huile *f* de lin.

lin·sey-wool·sey ✝ ['linzi'wulzi] tiretaine *f*.

lint *✍* [lint] charpie *f* anglaise; lint *m*.

lin·tel △ ['lintl] linteau *m*.

lin·y ['laini] strié de lignes; ridé.

li·on ['laiən] lion *m* (*zo., astr. a. fig.*); F ‿*s pl.* of a place curiosités *f/pl.* d'un endroit; '**li·on·ess** lionne *f*; '**li·on·ize** visiter les curiosités de (*un endroit*); faire une célébrité de (*q.*).

lip [lip] lèvre *f* (*a.* ♀, *a. plaie*); *animal:* babine *f*; *tasse:* (re)bord *m*, saillie *f*; F insolence *f*; '~-**read** lire sur les lèvres; '~-**serv·ice** hommages *m/pl.* peu sincères; '~-**stick** rouge *m* à lèvres, bâton *m* de rouge.

liq·ue·fac·tion [likwi'fækʃn] liquéfaction *f*; **liq·ue·fi·a·ble** [‿'faiəbl]

liquéfiable; **liq·ue·fy** ['‿fai] (se) liquéfier.

li·queur [li'kjuə] liqueur *f*; '~-**choc·o·late** chocolat *m* aux liqueurs.

liq·uid ['likwid] **1.** □ liquide (*a. gramm.*); doux (douce *f*) (*son*); ✝ disponible; limpide (*œil etc.*); **2.** liquide *m*; *gramm.* liquide *f*.

liq·ui·date ['likwideit] ✝ liquider (*une dette*); mobiliser (*des capitaux*); **liq·ui·da·tion** liquidation *f*; '**liq·ui·da·tor** liquidateur *m*; '**liq·uid·iz·er** *cuis.* centrifugeuse *f*.

liq·uor ['likə] **1.** 🍷, *pharm.* solution *f*; boisson *f* alcoolique; *in* ~ ivre; **2.** *sl. v/i.* chopiner; *v/t.* (*a.* ~ *up*) enivrer.

liq·uo·rice ♀ ['likəris] réglisse *f*.

lisp [lisp] **1.** zézayement *m*; **2.** zézayer.

lis·som(e) ['lisəm] souple, agile.

list[1] [list] **1.** *su.* △ lisière *f* (*a. tex.*); liste *f*, répertoire *m*: carte *f* (*des vins*); **2.** enregistrer; inscrire (*des noms*); dresser la liste de; cataloguer; ~*ed a.* classé, historique (*édifice*).

list[2] ♣ [‿] **1.** bande *f*, gîte *f*; **2.** donner de la bande; prendre de la gîte.

lis·ten ['lisn] (*to*) écouter; prêter l'oreille (à); faire attention (à); ~ *in radio:* se mettre à l'écoute; écouter (qch., *to s.th.*); '**lis·ten·er** auditeur (-trice *f*) *m*; ⚡ *a. péj.* écouteur *m*; *radio:* ~*s' requests* disques *m/pl.* des auditeurs; '**lis·ten·er-'in** (*pl.* '**lis·ten·ers-'in**) *radio:* auditeur (-trice *f*) *m*.

lis·ten·ing ['lisniŋ] d'écoute; ~ *apparatus* appareil *m* d'écoute; '~-**in** *radio:* écoute *f*; '~-**post** poste *m* d'écoute.

list·less □ ['listlis] apathique; sans énergie; indifférent; '**list·less·ness** apathie *f*, manque *m* d'énergie; indifférence *f*.

lists [lists] *pl.* lice *f*.

lit [lit] *prét. et p.p. de light*[1] 3; ~ *up sl.* ivre, soûl.

lit·a·ny *eccl.* ['litəni] litanie *f*.

lit·er·al □ ['litərəl] littéral (-aux *m/pl.*) (*a.* ℞); propre (*sens*); sans imagination (*personne*); '**lit·er·al·ism**, '**lit·er·al·ness** littéralité *f*.

lit·er·ar·y □ ['litərəri] littéraire; de lettres; '~*-it*] (*a.*) qui sait lire et écrire; lettré; **lit·er·ate** ['‿it] **1.** qui sait lire et écrire; lettré; **2.** lettré *m*; *eccl.* prêtre *m* sans grade universitaire; **lit·e·ra·ti** [litə'rɑ:ti:] *pl.* hommes *m/pl.* de lettres, littérateurs *m/pl.*; **lit·e·ra·tim** [~'rɑ:tim] mot à mot; **lit·er·a·ture** ['litəritʃə] littérature *f*; écrits *m/pl.*; ✝ prospectus *m/pl.*

lithe(·some) ['laið(səm)] souple, agile, leste.

lith·o·graph ['liθəgrɑ:f] **1.** lithographie *f*; **2.** lithographier; **li·thog·ra·pher** [li'θɔgrəfə] lithographe *m*; **lith·o·graph·ic** [liθə'græfik] (~ally) lithographique; **li·thog·ra·phy** [li'θɔgrəfi] lithographie *f*, procédés *m/pl.* lithographiques.

Lith·u·a·ni·an [liθju'einjən] **1.** lituanien(ne *f*); **2.** Lituanien(ne *f*) *m*.

lit·i·gant ⚖ ['litigənt] **1.** plaidant; **2.** plaideur (-euse *f*) *m*; **lit·i·gate** ['~geit] *v/i.* plaider; être en procès; *v/t.* contester; **lit·i·ga·tion** litige *m*, procès *m*; **li·ti·gious** □ [li'tidʒəs] litigieux (-euse *f*) (*cas, a. personne*).

lit·mus ⚗ ['litməs] tournesol *m*.

lit·ter ['litə] **1.** litière *f* (*véhicule, a. de paille*); civière *f*; désordre *m*; ordures *f/pl.*; *zo.* portée *f*; **2.** mettre en désordre; joncher (de, with); *zo.* mettre bas; (*a. ~ down*) faire la litière à; joncher (*qch.*) de paille; '**~·bag** *Am.*, '**~·bas·ket**, '**~·bin** boîte *f* à ordures.

lit·tle ['litl] **1.** *adj.* petit; peu de ...; mesquin (*esprit*); *a ~* one un(e *f*) petit(e *f*) (*enfant*); F *my* ~ *Mary* mon estomac *m*; *his* ~ *ways* ses petites manies *f/pl.*; ~ *people* les fées *f/pl.*; **2.** *adv.* peu; *a ~ red* un *ou* quelque peu rouge; **3.** *su.* peu *m* (de chose); ~ *by* ~, *by* ~ *and* ~ peu à peu; petit à petit; *for a ~* pendant un certain temps; *not a ~* beaucoup; '**lit·tle·ness** petitesse *f*.

lit·to·ral ['litərəl] **1.** du littoral; **2.** littoral *m*.

lit·ur·gy *eccl.* ['litə(:)dʒi] liturgie *f*.

liv·a·ble ['livəbl] F habitable (*maison etc.*); supportable (*vie*); F *usu.* ~ *with* accommodant, sociable (*personne*).

live 1. [liv] vivre (de, on); se nourrir (de, [up]on); demeurer, habiter; durer; *v/t.* mener (*une vie*); ~ *to see* vivre assez longtemps pour voir (*qch.*); ~ *down* faire oublier; surmonter; ~ *off one's capital* manger son capital; ~ *out* passer; durer (jusqu'à la fin de); ~ *up to one's promise* remplir sa promesse; ~ *up*

to a standard atteindre un niveau *etc.*; **2.** [laiv] vivant, en vie; ardent (*charbon*); *fig.* actuel(le *f*); utile (*poids*); ✗ chargé (*cartouche etc.*); ⚡ sous tension; *télév., radio:* en direct; *fig.* ~ *wire* homme *m* actif, très entreprenant; '**live·a·ble** *see* livable; **lived** [livd] *short-~* éphémère; **live·li·hood** ['laivlihud] vie *f*; gagne-pain *m/inv.*; '**live·li·ness** ['~linis] vivacité *f*, entrain *m*; **live·long** *poét.* ['livlɔŋ]: ~ *day* toute la (sainte) journée; '**live·ly** ['laivli] vif (vive *f*); animé; vivant.

liv·en ['laivn] *souv.* ~ *up v/t.* animer, égayer; *v/i.* s'animer; s'activer.

liv·er[1] ['livə] vivant *m*; celui *m* (celle *f*) qui vit; *fast-~* viveur (-euse *f*) *m*; débauché(e *f*) *m*; *good ~* amateur *m* de bonne chère.

liv·er[2] [~] foie *m*.

liv·er·y ['livəri] ⚖ mise *f* en possession; (*a. ~ company*) corporation *f* d'un corps de métier; *cost.* livrée *f*; *at* ~ en pension (*cheval*); '**~·man** membre *m* d'une corporation (*see livery company*); ~ **sta·ble** écuries *f/pl.* de louage.

lives [laivz] *pl. de* life; '**live·stock** bétail *m*, bestiaux *m/pl.*; '**live·weight** poids *m* utile.

liv·id ['livid] blême, livide; plombé (*ciel*); **li·vid·i·ty** lividité *f*.

liv·ing ['liviŋ] **1.** □ vivant; vif (vive *f*); ardent (*charbon*); *within* ~ *memory* de mémoire d'homme; **2.** vie *f*; séjour *m*; train *m* ou niveau *m* de vie; *eccl.* bénéfice *m*, cure *f*; '**~·room** salle *f* de séjour; ~ **space** espace *m* vital; ~ **stan·dard** niveau *m* de vie.

Li·vo·ni·an [li'vounjən] **1.** livonien (-ne *f*); **2.** Livonien(ne *f*) *m*.

liz·ard ['lizəd] lézard *m*.

Liz·zie *Am. co.* ['lizi] (*a. tin ~*) vieille Ford *f*.

lla·ma *zo.* ['lɑ:mə] lama *m*.

Lloyd's [lɔidz] la Société *f* Lloyd; *approx.* le Véritas *m*.

load [loud] **1.** *su.* fardeau *m* (*a. fig.*); ⊕, *a.* armes: charge *f*; *test ~* charge *f* d'essai; **2.** *v/t.* charger (de, with); *fig.* combler (de, with); *v/i.* (*a. ~ up*) prendre charge; '**load·ed** plombé (*canne etc.*); ~ *dice* pl. dés *m/pl.* pipés; *fig.* ~ *question* question-piège *f* (*pl.* questions-piège); '**load·er** chargeuse *f*; *personne:* chargeur *m*; '**load·ing**

1. de chargement; 2. chargement *m*;
'load-line ⚓ ligne *f* de charge;
'load·star étoile *f* polaire; *fig.* point
m de mire; **'load·stone** pierre *f*
d'aimant; aimant *m* naturel.

loaf[1] [louf] (*pl. loaves*) pain *m* (*a. de
sucre*); miche *f* (*de pain*).

loaf[2] [~] fainéanter, flâner.

loaf·er ['loufə] flâneur *m*; voyou *m*.

loaf-sug·ar ['louf∫ugə] sucre *m* en
pain.

loam [loum] ✿ terre *f* grasse;
métall. glaise *f*; **'loam·y** ✿ gras(se
f); *métall.* argileux (-euse *f*).

loan [loun] 1. prêt *m*; avance *f*; emprunt *m*; on ~ à titre d'emprunt;
détaché (auprès de, to) (*personne*);
ask s.o. for the ~ *of s.th.* demander à
emprunter qch. à q.; *put out to* ~
prêter; 2. *surt. Am.* prêter; **'~-word**
mot *m* d'emprunt.

loath □ [louθ] peu disposé; *be* ~ *for
s.o. to do s.th.* ne pas vouloir que q.
fasse qch.; *nothing* ~ très volontiers;
loathe [louð] détester; abhorrer;
loath·ing ['~ðiŋ] aversion *f*, répugnance *f* (*pour for, of*); **loathsome** ['~səm] dégoûtant; **'loath-
some·ness** caractère *m ou* nature *f*
dégoûtant(e).

loaves [louvz] *pl.* de **loaf**[1].

lob [lɔb] *tennis:* 1. lob *m*; 2. lober (*la
balle*).

lob·by ['lɔbi] 1. vestibule *m* (*a.
parl.*); *parl.* salle *f* des pas perdus;
théa. foyer *m*, entrée *f*; *parl. Am.*
groupe *m* d'intrigants; 2. *surt. Am.
parl.* faire les couloirs; influencer
certains députés *etc.*; **'lob·by·ist**
parl. surt. Am. faiseur *m* des couloirs.

lobe *anat.*, ⚕ [loub] lobe *m*; ⊕ nez
m; F oreille *f*.

lob·ster ['lɔbstə] homard *m*.

lo·cal □ ['loukəl] 1. local (-aux
m/pl.), régional (-aux *m/pl.*); de la
localité, du pays; *see branch*; ✿ ~
an(a)esthetic anesthésique *m* local;
téléph. ~ *call* communication *f* interurbaine *ou* locale; ~ *colour* couleur *f*
locale; ~ *elections* (élections *f/pl.*)
municipales *f/pl.*; ~ *government* administration *f* décentralisée; 2. *journ.*
nouvelles *f/pl.* de la région; **~** (*a. ~
train*) train *m* d'intérêt local; F tortillard *m*; **~s** *pl.* habitants *m/pl.* de
l'endroit; **lo·cale** [lou'kɑ:l] scène *f*
(*des événements*); **lo·cal·i·ty** [~'kæli-

ti] localité *f*; région *f*; **lo·cal·ize**
['~kəlaiz] localiser.

lo·cate [lou'keit] *v/t.* localiser; déterminer la situation de; établir; repérer (*une épave etc.*); *Am.* fixer l'emplacement de; *be* ~*d* être situé; *it
was* ~*d on* le trouva; *v/i. Am.* s'établir; **lo·ca·tion** situation *f*, emplacement *m*; établissement *m*; ⊕
location *f*; *Am.* concession *f* minière; *cin.* extérieurs *m/pl.*

loch *écoss.* [lɔx] lac *m*; bras *m* de mer.

lock[1] [lɔk] 1. *su. porte etc.*: serrure *f*,
fermeture *f*; *fusil:* platine *f*; écluse
f; ⊕ roue: enrayure *f*; verrou *m* (*a.
fig.*); *sp.* lutte: clef *f*; *mot.* (*a. steering* ~) angle *m* de braquage; 2. *v/t.*
fermer à clef; (*a.* ~ *up*) enfermer; ⊕
enrayer (*une roue*); écluser (*un
bateau*); verrouiller (*des armes*); *fig.*
serrer; ~ *the door against* fermer sa
porte à (q.); ~ *in* enfermer à clef;
mettre sous clef; ~ *out* fermer la
porte à *ou* sur; ⊕ **lock-outer**; ~ *up*
bloquer, immobiliser (*des capitaux*);
v/i. se fermer à clef; s'enrayer
(*roues*); s'enclencher (*pièces d'un
mécanisme*).

lock[2] [~] *cheveux:* boucle *f*; *laine:*
flocon *m*.

lock·age ['lɔkidʒ] éclusage *m*; droit
m d'écluse; **'lock·er** armoire *f*,
coffre *m* (*fermant à clef*); ⚓ caisson
m; ⚓ soute *f*; **lock·et** ['~it] médaillon *m*.

lock...: **'~-gate** porte *f* d'écluse;
'~-jaw ✿ trisme *m*; F tétanos *m*;
'~-keep·er gardien *m* d'écluse,
éclusier *m*; **'~-nut** ⊕ contre-écrou
m; **'~-out** lock-out *m/inv.*; **'~-
smith** serrurier *m*; **'~-stitch** point
m de navette; **'~-up** 1. *su. surt. école:*
fermeture *f* des portes; hangar *m
ou* magasin *m etc.* fermant à clef;
F poste *m* de police; ⚓ immobilisa-
tion *f* (*de capital*); 2. *adj.* fermant à
clef.

lo·co *Am. sl.* ['loukou] toqué, fou
(*fol devant une voyelle ou un h muet*);
folle *f*).

lo·co·mo·tion [loukə'mou∫n] locomotion *f*; **lo·co·mo·tive** ['~tiv]
1. locomotif (-ive *f*); *co.* voyageur
(-euse *f*); 2. **~** (*ou* ~ *engine*) locomotive *f*.

lo·cum-ten·ens ['loukəm'ti:nenz]
remplaçant(e *f*) *m*; **lo·cus** ['loukəs],
pl. **-ci** [~sai] ⚕ lieu *m* géométrique.

lo·cust ['loukəst] *zo.* grande saute-relle *f*; ♀ caroube *f*; ~-tree carou-bier *m*; faux acacia *m*.

lo·cu·tion [lo'kju:ʃn] locution *f*.

lode ⚒ [loud] veine *f*.

lodge [lɔdʒ] **1.** *su.* pavillon (*de chasse, d'entrée*); concierge, francs-maçons: loge *f*; maison *f* (*de garde-chasse*); **2.** *v/t.* loger (*q., une balle*); avoir (*q.*) comme locataire; *v/i.* (*usu.* se) loger; demeurer (*chez, with*); être en pen-sion (*chez, with*); **'lodge·ment** *see* lodgment; **'lodg·er** locataire *mf*; pensionnaire *mf*; **'lodg·ing** héber-gement *m*; *argent etc.*: dépôt *m*; ~s *pl.* logement *m*, logis *m*, apparte-ment *m* meublé; *souv.* chambre *f*; **'lodg·ing-house** hôtel *m* garni; pension *f*; **'lodg·ment** prise *f*; ⚔ logement *m*; ⚖ dépôt *m*, remise *f*.

loft [lɔft] grenier *m*; *église etc.*: gale-rie *f*; ⊕ atelier *m*; colombier *m*; **loft·i·ness** ['~inis] hauteur *f* (*a. fig.*); élévation *f* (*a. du style, des sen-timents, etc.*); **'loft·y** □ haut, élevé; hautain (*personne, a. air*).

log [lɔg] (grosse) bûche *f*; ♱ loch *m*; *see a.* log-book.   [rithme *m.*]

log·a·rithm ♣ ['lɔgəriθm] loga-]

log...: '~·book ♱ livre *m* de loch; journal *m* de bord; *mot.* carnet *m* de route; ⚒ livre *m* de route; ~ **cab·in** cabane *f* de bois; **logged** [lɔgd] im-bibé (*d'eau*); **log·ger** ['lɔgə] bûche-ron *m*; **log·ger·head** ['lɔgəhed]: be at ~s être en bisbille (*avec, with*); **'log-house, 'log-hut** cabane *f* de bois.

log·ic ['lɔdʒik] logique *f*; **'log·i·cal** □ logique; **lo·gi·cian** [lo'dʒiʃən] logicien(ne *f*) *m*.

lo·gom·a·chy *poét.* [lɔ'gɔməki] logo-machie *f*, dispute *f* de mots.

log·roll *pol. surt. Am.* ['lɔgroul] échanger des faveurs, une entraide intéressée; **log·roll·ing** échange *m* de faveurs mutuelles.

log·wood ['lɔgwud] bois *m* de cam-pêche.

loin [lɔin] *cuis.* filet *m* (*de mouton ou de veau*), aloyau *m* (*de bœuf*), longe *f* (*de veau*); ~s *pl.* reins *m/pl.*; *anat.* lombes *m/pl.*

loi·ter ['lɔitə] traîner, flâner; ⚖ rôder; ~ **away** one's time perdre son temps à flâner; **'loi·ter·er** flâneur (-euse *f*) *m*; ⚖ rôdeur *m*.

loll [lɔl] *v/t.* pencher; laisser pendre;

v/i. pendre; être étendu (*personne*); se renverser nonchalamment; ~ **about** fainéanter, flâner; ~ **out** (*v/t.* laisser) pendre (*langue*).

lol·li·pop F ['lɔlipɔp] sucette *f*; *usu.* ~s *pl.* bonbons *m/pl.*; sucreries *f/pl.*

lol·lop F ['lɔləp] se traîner; marcher lourdement.   [(= *argent*).]

lol·ly *Brit.* F *see* lollipop; *sl.* fric *m*]

Lom·bard ['lɔmbəd] Lombard(e *f*) *m*; ~ **Street** centre *m* des opérations de banque à Londres.

Lon·don ['lʌndən] de Londres; **'Lon·don·er** Londonien(ne *f*) *m*, habitant(e *f*) *m* de Londres.

lone *poét.* [loun] solitaire, seul; ~ **wolf** solitaire *mf*; **'lone·li·ness** soli-tude *f*, isolement *m*; **'lone·ly** □ *see* lonesome; **'lon·er** solitaire *mf*; **lone·some** □ ['~səm] solitaire, isolé.

long¹ [lɔŋ] **1.** *su.* longueur *f*; F ~s *pl.* les grandes vacances *f/pl.*; before ~ sous peu; avant peu; for ~ pendant longtemps; take ~ = be ~ (*see* ~ 2); the ~ and the short of it le fort et le fin de l'affaire; en un mot comme en mille; **2.** *adj.* long(ue *f*); F *see* tall; ♱ ~ **figure** gros chiffre *m*; ♣ firm bande *f* noire; F ~ **johns** caleçon *m* long; *sp.* ~ **jump** saut *m* en longueur; ~ **price** prix *m* élevé; *radio:* ~ **waves** grandes ondes *f/pl.*; ♱ *at* ~ **date** à longue échéance; in the ~ run à la longue; avec le temps; en fin de compte; be ~ prendre du temps (*chose*); tarder (à *inf.,* to *inf.*) [in] *gér.*) (*personne*); **3.** *adv.* longtemps; depuis longtemps; as ~ ago as 1900 dès 1900; I have ~ sought je cherche depuis longtemps, voilà longtemps que je cherche; ~er plus longtemps; no ~er ne ... plus; no ~er ago than ... pas plus tard que ...

long² [~] désirer ardemment (*for s.th.*); brûler (*de,* to).

long...: '~-**chair** chaise *f* longue; '~-**dat·ed** à longue échéance; '~-**dis·tance** à longue distance; *sp.* de fond (*coureur, course*); ~ **flight** raid *m*; *radio:* ~ **reception** réception *f* à longue distance; **lon·gev·i·ty** [lɔn'dʒeviti] longévité *f*; **'long·hair** *Am.* F amateur *m* de la musique classique; adversaire *m* du jazz *etc.*; intellectuel(le *f*) *m*; **'long·hand** écriture *f* courante.

long·ing ['lɔŋiŋ] **1.** □ impatient, avide; **2.** désir *m* ardent, grande envie *f* (de, for).

long·ish ['lɔŋiʃ] assez *ou* plutôt long.

lon·gi·tude *géog.* ['lɔndʒitjuːd] longitude *f*; **lon·gi·tu·di·nal** □ [‿inl] en long; longitudinal (-aux *m/pl.*).

long...: '‿**range** à longue *ou* grande portée (*a.* ✕); ✕ à grand rayon d'action; '‿**shore·man** débardeur *m*; docker *m*; ‿ **shot** *cin.* plan *m* lointain; '‿**sight·ed** presbyte; *fig.* prévoyant; '‿**suf·fer·ing** 1. patient; longanime; 2. patience *f*; longanimité *f*; '‿**term** à long terme; ‿ *memory* mémoire *f* à long terme; '‿**ways** en long(ueur); '‿**wind·ed** □ interminable; diffus, intarissable (*personne*).

loo [luː] *cartes:* mouche *f*.

loo·by ['luːbi] nigaud *m*.

look [luk] 1. *su.* regard *m*; air *m*, aspect *m*; (*usu.* ‿s *pl.*) mine *f*; *new* ‿ nouvelle mode *f*; *have a* ‿ *at s.th.* jeter un coup d'œil sur qch., regarder qch.; *I like the* ‿ *of him* sa figure me revient; 2. *v/i.* regarder (qch., *at s.th.:* par, *out of*); avoir l'air (*malade etc.*); sembler (*que ...*); paraître; porter la mine (de qch., [*like*] *s.th.*); *it* ‿s *like rain* on dirait qu'il va pleuvoir; *he* ‿s *like winning* on dirait qu'il va gagner; ‿ *about* chercher (q., *for s.o.*) des yeux; regarder autour de soi; ‿ *at* regarder; examiner; ‿ *for* chercher; ‿ *forward to* s'attendre à, attendre; ‿ *in* faire une petite visite (à, on), entrer en passant (chez, on); *télév.* recevoir une émission, regarder; ‿ *into* examiner, étudier; ‿ *out!* attention!; ‿ *out for* être à la recherche de; guetter; ‿ *over* jeter un coup d'œil sur (*qch.*); ‿ *to* voir à, s'occuper de; compter sur; ‿ *to s.o. to* (*inf.*) compter sur q. pour (*inf.*); ‿ *up* regarder en haut, lever les yeux, s'améliorer (*affaires, prix, etc.*); F ‿ *up to* respecter; *fig.* ‿ (*up)on* regarder, envisager (comme, *as*); 3. *v/t.:* ‿ *s.o. in the face* regarder q. en face; ‿ *one's age* paraître *ou* accuser son âge; ‿ *disdain* lancer un regard dédaigneux; ‿ *over* revoir (*qch.*); jeter un coup d'œil sur; parcourir; ‿ *up* (re)chercher; consulter; F *aller voir* (*q.*).

look·a·like ['lukəlaik] double *m*.

look·er-on ['lukər'ɔn] spectateur (-trice *f*) *m* (de, *at*); assistant *m* (à, *at*).

look·ing-glass ['lukiŋglɑːs] miroir *m*, glace *f*.

look...: '‿**out** guet *m*, surveillance *f*; ✕ guetteur *m*; ⚓ vigie *f*; *fig.* qui-vive *m/inv.*; ⚓ *keep a* ‿ être en vigie; *be on the* ‿ ⚓ être de veille; *fig.* être sur ses gardes; *that is my* ‿ ça c'est mon affaire; '‿**o·ver** F examen *m* superficiel; coup d'œil; *give s.th. a* ‿ examiner qch. rapidement; jeter un coup d'œil à qch.

loom[1] [luːm] métier *m* (à tisser).

loom[2] [‿] se dessiner, s'estomper; se dresser; surgir (*du brouillard*).

loon[1] *écoss.* [luːn] garçon *m*; vaurien *m*; lourdaud *m*.

loon[2] *orn.* [‿] grand plongeon *m*.

loon·y *sl.* ['luːni] dingue (= *fou*) (*adj., mf*); ‿ *bin* maison *f* de fous.

loop [luːp] 1. *su.* boucle *f*; œil *m*, ganse *f*; *rideau:* embrasse *f*, sinuosité *f*; ⚙ boucle *f* d'évitement; *radio:* ‿ *aerial* antenne *f* en cadre; 2. *v/t.* boucler; enrouler; ‿ *up* retrousser, relever (*les cheveux, la robe*); retenir (*un rideau*) avec une embrasse; ✕ ‿ *the* ‿ boucler la boucle; *v/i.* faire une boucle, boucler; '‿**hole** trou *m*, ouverture *f*; *fig.* échappatoire *f* (à, *for*); ✕ meurtrière *f*; '‿**line** ⚙ voie *f* de dérivation; *tél.* ligne *f* dérivée.

loose [luːs] 1. □ branlant; détaché; défait; échappé; libre; mobile; ♠ en vrac; mou (mol *devant une voyelle ou un h muet*; molle *f*); lâche; meuble (*terre*); vague (*terme etc.*); débauché; dissolu; ⚡ *connection* contact *m* intermittent; *at a* ‿ *end* désœuvré; 2. *v/t.* défaire (*un nœud etc.*); dénouer (*les cheveux, une ficelle, etc.*); détacher; ⚓ larguer; (*a.* ‿ *off*) décocher, tirer; lâcher (*une prise*); ‿ *one's hold on* lâcher (*qch.*); *v/i.* tirer (sur q., *at s.o.*); 3. *su.:* give (*a*)‿ *to* donner libre cours à; '‿**leaf**: ‿ *book* album *m* à feuilles mobiles; **loos·en** ['luːsn] (se) défaire, délier; (se) relâcher; (se) desserrer; '**loose·ness** état *m* branlant; jeu *m*; *boue etc.:* ampleur *f*; relâchement *m* (*a.* ♣); *sol:* inconsistance *f*; imprécision *f*; *morale:* licence *f*.

loot [luːt] 1. piller; voler; 2. pillage *m*; butin *m*.

lop[1] [lɔp] tailler, émonder (*un arbre*); (*usu.* ‿ *away ou off*) élaguer, couper.

lop[2] [‿] pendre flasque; retomber.

lope [loup]: ~ *along* courir à petits bonds.

lop...: '~-**ears** *pl.* oreilles *f/pl.* pendantes; '~-'**sid·ed** de guingois; déjeté; qui manque de symétrie.

lo·qua·cious [lo'kweiʃəs] loquace; **lo·quac·i·ty** [lo'kwæsiti] loquacité *f.*

lord [lɔːd] **1.** seigneur *m*, maître *m*; *titre:* lord *m*; the ♀ le Seigneur (= *Dieu*); my ~ monsieur le baron *etc.*; *parl.* the (House of) ♀s la Chambre des Lords; ♀ *Mayor* maire *m*; the ♀'s *Prayer* l'oraison *f* dominicale, le Pater *m*; the ♀'s *Supper* la Cène *f*; **2.** ~ *it* faire l'important; ~ *it over* en imposer à (*q.*); '**lord·li·ness** dignité *f*; *péj.* orgueil *m*; '**lord·ling** petit seigneur *m*; '**lord·ly** de grand seigneur; magnifique; majestueux (-euse *f*); *péj.* hautain; '**lord·ship** suzeraineté *f* (*de, over*); *titre:* seigneurie *f.*

lore [lɔː] science *f*, savoir *m.*

lor·ry ['lɔri] 🚛 lorry *m*; *motor* ~ camion *m.*

lose [luːz] [*irr.*] *v/t. usu.* perdre; égarer; gaspiller (*le temps*); montrer retarder de (*cinq minutes*); manquer (*le train*); coûter; ~ *o.s.* s'égarer, se perdre; *fig.* s'absorber; ~ *sight of s.th.* perdre qch. de vue; *v/i.* subir une perte, perdre; retarder (*montre*); *Am.* ~ *out* échouer; perdre; '**los·er** battu(e *f*) *m*, vaincu(e *f*) *m*; celui *m* (celle *f*) qui perd; *sp.* perdant(e *f*) *m*; *come off a* ~ échouer; '**los·ing** perdant; de vaincu.

loss [lɔs] perte *f*; ✝ ~ *leader* article-réclame *m* (*pl.* articles-réclame); *at a* ~ désorienté; embarrassé (*pour inf., to inf.*); ✝ à perte; *be at a* ~ *for* ne savoir trouver (*qch.*); *be at a* ~ *what to say* ne savoir que dire.

lost [lɔst] *prét. et p.p. de lose*; *be* ~ être perdu (*a. fig.*); être désorienté; *sl. get* ~! fiche le camp! *this won't be* ~ *on me* j'en prendrai bonne note; je comprends; *be* ~ *upon s.o.* être en pure perte en ce qui concerne q.; '~-'**prop·er·ty of·fice** (service *m* des) objets *m/pl.* trouvés.

lot [lɔt] **1.** sort *m* (*a. fig.*); *fig.* destin *m*, destinée *f*, fortune *f*; ✝ lot *m*; partie *f*; F quantité *f*; monde *m*; beaucoup; *Am.* terrain *m*; *cin. Am.* terrain *m* de studio; F *a* ~ (*ou* ~*s pl.*) *of* beaucoup de; bien des; *draw* ~*s for s.th.* tirer qch. au sort; *fall to*

s.o.'s ~ revenir à q. (*de, to*); tomber en partage à q.; *throw in one's* ~ *with* unir sa destinée à celle de; s'attacher à la fortune de; **2.** (*usu.* ~ *out*) lotir; *Am.* ~ *upon* compter sur.

lo·tion ['louʃn] lotion *f.*

lot·ter·y ['lɔtəri] loterie *f.*

loud □ [laud] bruyant; retentissant; criard (*couleur*); haut (*a. adv.*); '~-**mouth** gueulard(e *f*) *m*, grande gueule *f*; '**loud·ness** caractère *m* bruyant; grand bruit *m*; force *f*; *radio:* volume *m*; '**loud·speak·er** *radio:* haut-parleur *m* (*pl.* haut-parleurs).

lounge [laundʒ] **1.** flâner; s'étendre ou son aise; s'étaler; **2.** flânerie *f*; *maison:* salon *m*; *hôtel:* hall *m*; *théâ.* foyer *m*; promenoir *m*; ~ (*chair*) chaise *f* longue; *sl.* ~-*lizard* gigolo *m*, greluchon *m*; ~ *suit* complet *m* veston; ~ *coat* veston *m*; '**loung·er** flâneur (-euse *f*) *m.*

lour ['lauə] se renfrogner (*personne*); menacer (*orage*); s'assombrir (*ciel*); '**lour·ing** □ renfrogné; menaçant.

louse 1. [laus] (*pl.* lice) pou (*pl.* -x) *m*; **2.** [lauz] ✝ épouiller; **lous·y** ['lauzi] pouilleux (-euse *f*); plein de poux; F sale.

lout [laut] rustre *m*, lourdaud *m*; '**lout·ish** rustre, lourdaud.

lou·vre, *Am.* **lou·ver** ['luːvə] persienne *f.*

lov·a·ble □ ['lʌvəbl] aimable; digne d'être aimé.

love [lʌv] **1.** amour *m* (*de, pour, envers of, for, to[wards]*); tendresse *f*; *personne:* ami(e *f*) *m*; Amour *m*, Cupidon *m*; *sp.* rien *m*, zéro *m*; *attr.* d'amour; F ~ *of a dress* un amour de robe; *for the* ~ *of God* pour l'amour de Dieu; *play for* ~ jouer pour l'honneur; *sp. four (to)* ~ quatre à zéro; *give (ou send) one's* ~ *to* envoyer son affectueux souvenir *ou* ses meilleures amitiés à (*q.*); *in* ~ *with* amoureux (-euse *f*) de; *make* ~ *to* faire la cour à; *neither for* ~ *nor money* à aucun prix; **2.** aimer (*d'amour*), affectionner; ~ *to do* aimer à faire; ~-**af·fair** affaire *f* de cœur; intrigue *f* galante; '~-**bird** psittacule *m*, inséparable *m*; '~-**child** enfant *m* naturel; ~ *game sp.* jeu *m* blanc; '**love·less** sans amour; '**love·let·ter** billet *m* doux; '**love·li·ness** beauté *f*; '**love·lock** accroche-cœur *m*; '**love·ly** beau

(bel *devant une voyelle ou un h muet*);
belle *f*; beaux *m/pl.*); ravissant; F
charmant; '**love-mak·ing** cour *f*
(amoureuse); '**love-match** mariage
m d'amour; '**love-po·tion** philtre *m*;
'**lov·er** amoureux *m*; fiancé *m*;
amant *m*; *fig.* ami(e *f*) *m*; *pair of*
~s deux amoureux *m/pl.*; '**love·set**
sp. six jeux *m/pl.* à zéro; '**love-sick**
féru d'amour; qui languit d'amour;
'**love-to·ken** gage *m* d'amour.

lov·ing □ ['lʌvɪŋ] affectueux (-eu-
se *f*).

low¹ (□ †) [lou] **1.** bas(se *f*), peu
élevé; petit (*classe, vitesse, etc.*);
lent (*fièvre*); grave (*son*); décolleté
(*robe*); (*a. in* ~ *spirits*) abattu; *fig.*
bas(se *f*), vil; *adv.* bas; ~*est bidder*
le moins disant m; *in a* ~ *voice* à voix
basse, doucement; *bring* ~ abattre;
humilier; *lie* ~ se taper; se tenir coi; **2.**
météor. aire *f* de basses pressions,
surt. Am. niveau *m* le plus bas.

low² [~] **1.** meugler (*vache*); **2.**
meuglement *m*.

low...: '**~-brow 1.** peu intellectuel
(-le *f*), terre à terre; **2.** homme
m etc. terre à terre; *péj.* philis-
tin(e *f*) *m*; '**~-cost** (à bon marché);
'**~-down** *sl.* **1.** bas(se *f*); ignoble; **2.**
['~] tuyau *m*, renseignement *m*; substance *f*, fond *etc.*).

low·er¹ ['louə] **1.** *adj.* plus bas(se *f*)
etc. (*see low¹* 1); inférieur; d'en bas
inv.; **2.** *v/t.* baisser; abaisser (*chapeau, paupières, voile, etc.*); rabaisser
(*le prix, q.*); diminuer; (faire) descendre; *v/i.* descendre, s'abaisser;
baisser (*prix etc.*).

low·er² ['lauə] *see* **lour.**

low·er·most ['louəmoust] le (la) plus
bas(se *f*).

low-'in·come à revenus
modérés; '**low-key(ed)** discret (-ète
f), retenu, modéré; '**low·land** plaine *f* basse; pays *m* plat; '**low·li·ness**
humilité *f*; '**low·ly** *adj.*, † *adv.*
humble, sans prétention, modeste;
'**low-'necked** décolleté (*robe*);
'**low·ness** manque *m* de hauteur;
petitesse *f*; *son:* gravité *f*; *conduite:*
bassesse *f*; ~ *of spirits* abattement *m*,
découragement *m*; '**low-'pres·sure**
basse pression *f*; '**low-shoe** soulier
m; '**low-'spir·it·ed** abattu, découragé; '**low-'wa·ter** basse mer *f ou*
marée *f*.

loy·al □ ['lɔiəl] (*to*) loyal (-aux
m/pl.) (envers); fidèle (à); '**loy·al-**

ist loyaliste *mf*; '**loy·al·ty** fidélité *f*;
loyauté *f*.

loz·enge ['lɔzindʒ] losange *m*;
pharm. pastille *f*, tablette *f*.

lub·ber ['lʌbə] lourdaud *m*; ⚓ maladroit *m*; '**lub·ber·ly** lourdaud,
gauche.

lu·bri·cant ['luːbrikənt] lubrifiant
(*a. su./m*); **lu·bri·cate** ['~keit]
graisser; **lu·bri·ca·tion** lubrification *f*; ⊕ graissage *m*; '**lu·bri·ca-
tor** ⊕ graisseur *m*; **lu·bric·i·ty**
[luː'brisiti] onctuosité *f*; *fig.* lubricité *f*.

lu·cid □ ['luːsid] lucide, clair; ⚕ luisant; *poét.* brillant; *poét.* transparent; ⚕ ~ *interval* intervalle *m* de
lucidité; **lu'cid·i·ty**, '**lu·cid·ness**
lucidité *f*.

Lu·ci·fer ['luːsifə] Lucifer *m* (*a.
bibl.*); *astr. a.* Vénus *f*; ♀ allumette *f*.

luck [lʌk] hasard *m*, fortune *f*,
chance *f*; *good* ~ bonne chance *f*;
bad (*ou hard ou ill*) ~ mauvaise fortune *f*, malheur *m*; *be down on one's*
~ avoir de la déveine; '**luck·i·ly** par
bonheur; '**luck·i·ness** bonheur *m*,
chance *f*; '**luck·less** infortuné,
malencontreux (-euse *f*) (*jour etc.*);
'**luck·y** fortuné; heureux (-euse
f); ~ *hit* (*ou break*) coup *m* de bonheur; '**luck·y-bag**, '**luck·y-dip**
boîte *f* à surprises.

lu·cra·tive □ ['luːkrətiv] lucratif
(-ive *f*); **lu·cre** ['luːkə] lucre *m*.

lu·cu·bra·tion [luːkju'breiʃn] *usu.* ~s
pl. élucubration *f*, -s *f/pl.*

lu·di·crous □ ['luːdikrəs] grotesque,
risible.

lu·do ['luːdou] jeu *m* des petits chevaux.

luff ⚓ [lʌf] **1.** *su.* lof *m*; ralingue *f*
du vent; **2.** *v/i.* lofer; *v/t.* (*a.* ~ *up*)
faire lofer.

lug [lʌg] **1.** traîner, tirer; *fig.* ~ *in*
amener (*qch.*) à toute force; **2.** ⊕
a. F oreille *f*; *casquette:* oreillette *f*.

luge [luːʒ] **1.** luge *f*; **2.** luger; faire
de la luge.

lug·gage ['lʌgidʒ] bagage *m*, -s
m/pl.; '**~-car·ri·er** *cycl., mot.* porte-
bagages *m/inv.*; '**~-grid** *mot.* porte-
bagages *m/inv.*; '**~-of·fice** 🚆 consigne *f*; '**~-rack** filet *m* (à bagages);
'**~-van** 🚆 fourgon *m* aux bagages.

lug·ger ⚓ ['lʌgə] lougre *m*.

lu·gu·bri·ous □ [luː'gjuːbriəs] lugubre.

luke·warm ['lu:kwɔ:m] tiède (*a. fig.*); **'luke·warm·ness** tiédeur *f.*

lull [lʌl] **1.** *v/t.* endormir (*a. fig.*); calmer; bercer; *v/i.* se calmer; s'apaiser; tomber (*vent etc.*); **2.** *su.* moment de calme; ♪ accalmie *f.*

lull·a·by ['lʌləbai] berceuse *f.*

lum·ba·go ✻ [lʌm'beigou] lumbago *m.*

lum·ber ['lʌmbə] **1.** *su.* fatras *m*; vieux meubles *m/pl.*; *surt. Am.* bois *m* de charpente; **2.** *v/t.* (*usu. ~ up*) encombrer; *v/i.* aller lourdement *ou* à pas pesants; *Am.* débiter (*le bois*); **'lum·ber·er**, **'lum·ber·man** bûcheron *m*; **'lum·ber·ing** lourd; **'lum·ber·jack** bûcheron *m*; **'lumber·room** fourre-tout *m/inv.*

lu·mi·nar·y ['lu:minəri] corps *m* lumineux; astre *m*; *fig.* lumière *f*; **'lu·mi·nous** □ lumineux (-euse *f*) (*a. fig.*); *fig.* illuminant; ~ *clock* horloge *f* à cadran lumineux; ~ *dial* cadran *m* lumineux; ~ *paint* peinture *f* lumineuse.

lump [lʌmp] **1.** *su.* pierre, sucre, *etc.*: morceau *m*; bloc *m*; masse *f*; bosse *f* (*au front etc.*); *fig.* personne: lourdaud *m*, empoté *m*; *in the ~* en bloc; en gros; ~ *sugar* sucre *m* en morceaux; ~ *sum* somme *f* globale; **2.** *v/t.* mettre en bloc *ou* en tas; *fig.* réunir; ~ *together* réunir, considérer en bloc; *v/i.* former des mottes; *fig.* il s'arranger; **'lump·er** ♪ déchargeur *m*, débardeur *m*; **'lump·ing** F énorme; gros(se *f*); **'lump·ish** (ba)lourd; à l'esprit lent; **'lump·y** □ rempli de mottes; couvert de bosses; grumeleux (-euse *f*) (*sauce*); houleux (-euse *f*) (*mer*).

lu·na·cy ['lu:nəsi] folie *f*; ✻ démence *f.*

lu·nar ['lu:nə] de (la) lune; lunaire; ✻ ~ *caustic* caustique *m* lunaire; ~ *landing* alunissage *m*; ~ *module* module *m* lunaire.

lu·na·tic ['lu:nətik] **1.** de fou(s); fou (fol *devant une voyelle ou un h muet*; folle *f*); ~ *asylum* maison *f* d'aliénés; F *pol.* ~ *fringe* les outranciers *m/pl.*, les ultras *m/pl.*; **2.** fou (folle *f*) *m*; aliéné(e *f*) *m*.

lunch [lʌntʃ] **1.** (*abr. de* **lunch·eon** ['lʌnʃən]) *su.* déjeuner *m*; *Am. a.* casse-croûte *m/inv.*; ~ *basket*, *packed* ~ panier-repas *m* (*pl.* paniers-repas); **2.** *v/i.* déjeuner; *Am.* prendre un

petit repas; *v/t.* offrir un déjeuner à (*q.*); ~ *hour*, **'~·time** heure *f* du déjeuner.

lung [lʌŋ] poumon *m*; *animal tué*: mou *m*; ✻ *iron ~* poumon *m* d'acier.

lunge [lʌndʒ] **1.** *su. escrime*: botte *f*; *fig.* mouvement *m* en avant; **2.** *v/i.* lancer un coup (à, *at*); *escrime*: porter une botte (à, *at*), se fendre; *fig.* se précipiter; *v/t.* darder, lancer.

lung·er *sl.* ['lʌŋə] tuberculeux (-euse *f*) *m.*

lu·pin(e) ♀ ['lu:pin] lupin *m.*

lurch[1] [lə:tʃ] **1.** ♪ embardée *f*; *fig.* pas *m* titubant; **2.** ♪ embarder (*a. F*); *fig.* marcher en titubant.

lurch[2] [~]: *leave in the ~* laisser (*q.*) dans l'embarras; planter (*q.*).

lurch·er ['lə:tʃə] chien *m* croisé d'un lévrier avec un chien de berger.

lure [ljuə] **1.** leurre *m*; *fig.* piège *m*; *fig.* attrait *m*; **2.** leurrer; *fig.* séduire.

lu·rid ['ljuərid] blafard; *fig.* corsé; haut en couleur (*langage*).

lurk [lə:k] se cacher; rester tapi; **'lurk·ing-place** cachette *f.*

lus·cious □ ['lʌʃəs] succulent; *péj.* trop sucré *ou* fleuri; **'lus·cious·ness** succulence *f*; douceur *f* extrême.

lush [lʌʃ] plein de sève; luxuriant.

lust *poét.* [lʌst] **1.** appétit *m*; luxure *f*; *fig.* soif *f*; **2.** ~ *after* convoiter; avoir soif de; **'lust·ful** □ lubrique, lascif (-ive *f*); plein de convoitise.

lust·i·ness ['lʌstinis] vigueur *f.*

lus·tra·tion *eccl.* [lʌs'treiʃn] lustration *f.*

lus·tre, *Am.* **lus·ter** ['lʌstə] éclat *m*, brillant *m*; lustre *m* (*a. fig.*); **'lus·tre·less** terne (*a. fig.*); *fig.* sans éclat.

lus·trine ['lʌstrin] lustrine *f.*

lus·trous □ ['lʌstrəs] brillant; *tex.* lustré.

lust·y □ ['lʌsti] vigoureux (-euse *f*), robuste; *fig.* puissant.

lu·ta·nist, lut·ist ['lu:t(ə)nist] joueur (-euse *f*) *m* de luth, luthiste *mf.*

lute[1] ♪ [lu:t] luth *m.*

lute[2] [~] **1.** lut *m*, mastic *m*; **2.** luter, mastiquer; *métall.* brasquer.

lute·string ['lu:tstriŋ] *see* lustrine.

Lu·ther·an ['lu:θərən] luthérien(ne *f*) (*a. su./mf*); **'Lu·ther·an·ism** luthéranisme *m.*

lux·ate ✻ ['lʌkseit] luxer; déboîter

lux·u·ri·ance [lʌg'zjuəriəns] exubérance *f*; **lux'u·ri·ant** □ exubérant; **lux'u·ri·ate** [~rieit] croître avec exubérance; *fig.* jouir avec délices (de, *in*); vivre (dans, *in*); **lux'u·ri·ous** □ [~riəs] luxueux (-euse *f*); F voluptueux (-euse *f*); **lux'u·ri·ous·ness** somptuosité *f*; luxe *m*; **lux·u·ry** ['lʌkʃəri] luxe *m*; objet *m* de luxe.

ly·ce·um [lai'siəm] Lycée *m*.

lye 🔊 [lai] lessive *f*.

ly·ing ['laiiŋ] **1.** *p.pr. de lie¹ et lie²*; **2.** *adj.* menteur (-euse *f*); '**~·in** couches *f/pl.*, accouche-ment *m*; ~ *hospital* maternité *f*.

lymph 🔊 [limf] vaccin *m*; lymphe *f*; **lym·phat·ic** [~'fætik] **1.** (~*ally*) lymphatique; **2.** ~*s pl.* (vaisseaux *m/pl.*) lymphatiques *m/pl.*

lynch [lintʃ] lyncher; ~ *law* loi *f* de Lynch; lynchage *m*.

lynx *zo.* [liŋks] lynx *m*; loup-cervier (*pl.* loups-cerviers) *m*.

lyre [laiə] lyre *f*; *orn.* ~*-bird* ménure *m*.

lyr·ic ['lirik] **1.** lyrique; **2.** poème *m* lyrique; chanson *f*; ~*s pl.* lyrisme *m*; '**lyr·i·cal** □ lyrique.

ly·sol *pharm.* ['laisɔl] lysol *m*.

M

M, m [em] M *m*, m *m*.

ma F [mɑ:] maman *f*.

ma'am [mæm; *sl.* məm] *see madam.*

mac·ad·am [mə'kædəm] macadam *m*; **mac·ad·am·ize** macadamiser.

mac·a·ro·ni [mækə'rouni] macaroni *m/inv.*

mac·a·roon [mækə'ru:n] macaron *m*.

mace¹ [meis] *hist.* masse *f* d'armes; masse *f* (*portée devant un fonctionnaire*).

mace² [~] ♣ fleur *f* de muscade.

mac·er·ate ['mæsəreit] (faire) macérer; **mac·er·a·tion** macération *f*.

mach·i·na·tion [mæki'neiʃn] complot *m*, intrigue *f*; ~*s pl.* agissements *m/pl.*, intrigues *f/pl.*; **mach·i·na·tor** ['~tə] machinateur (-trice *f*) *m*; intrigant(e *f*) *m*; **ma·chine** [mə-'ʃi:n] **1.** machine *f*, appareil *m* (*a.* = *avion*); bicyclette *f*; *fig.* automate *m*; *pol.* organisation *f*; *attr.* des machines, à la machine; ~ *fitter* assembleur *m*, ajusteur *m*; ✗ ~*-gun* mitrailleuse *f*; ~ *translation* traduction *f* automatique; **2.** façonner; usiner; coudre à la machine; **ma·'chine-made** fait à la machine; **ma·'chin·er·y** mécanisme *m*; machines *f/pl.*; appareil *m*, -s *m/pl.*; **ma·'chine-shop** atelier *m* de construction mécanique; atelier *m* d'usinage; **ma·'chine-tool** machine-outil (*pl.* machines-outils) *f*; **ma·'chine-wash·a·ble** lavable en machine; **ma·'chin·ist** machiniste *m*; mécanicien(ne *f*) *m*.

mack·er·el *icht.* ['mækrəl] maquereau *m*; ~ *sky* ciel *m* pommelé.

mack·i·naw *Am.* ['mækinɔ:] couverture *f* épaisse.

mack·in·tosh ['mækintɔʃ] imperméable *m*; caoutchouc *m*.

macro... [mækro] macro-; ~·**bi·ot·ic** [~bai'ɔtik] macrobiotique; ~·**bi·ot·ics** *sg.* macrobiotisme *m*; ~·**cosm** ['~kɔzəm] macrocosme *m*.

mac·u·lat·ed ['mækjuleitid] maculé.

mad □ [mæd] fou (fol *devant une*

voyelle *ou un* h *muet*; folle *f*) (*a. fig.*), aliéné; enragé (*a. chiens etc.*); *fig.* éperdu, affolé, ivre (*de about, with, on*); *Am.* fâché (contre, with); F furieux (-euse *f*), furibond; *go* ~ devenir fou; *drive* ~ rendre fou; affoler (*a. fig.*).

mad·am ['mædəm] madame *f*; mademoiselle *f*.

mad·cap ['mædkæp] écervelé (*a. su./mf*); **mad·den** ['mædn] rendre fou, exaspérer; *it is* ~*ing* c'est exaspérant.

mad·der ♣, ⊕ ['mædə] garance *f*.

made [meid] *prét. et p.p. de* make 1, 2.

made-to-meas·ure ['meidtə'meʒə] fait sur mesure; **made-to-ord·er** ['~'ɔ:də] fait sur commande.

made-up ['meid'ʌp] assemblé; artificiel(le *f*); tout fait (*vêtement*); maquillé (*femme*); faux (fausse *f*), inventé (*histoire etc.*).

mad·house ['mædhaus] maison *f* de fous; asile *m* d'aliénés; **'mad·man** fou *m*, aliéné *m*, insensé *m*; **'mad·ness** folie *f*; démence *f*; *vét.* rage *f*; hydrophobie *f*; *Am.* colère *f*; rage *f*; **'mad·wom·an** folle *f*, aliénée *f*, insensée *f*.

mael·strom ['meilstroum] *géog.* le Malstrom *m*; *fig.* tourbillon *m*.

mag·a·zine [mægə'zi:n] *fusil:* magasin *m*; ✗ magasin *m* d'armes, de vivres, *etc.*; ✗ dépôt *m* de munitions; (*revue f*) périodique *m*; magazine *m* (*illustré*).

mag·da·len ['mægdəlin] fille *f* repentie.

mag·got ['mægət] asticot *m*; *fig.* lubie *f*; F ver *m*; **'mag·got·y** plein de vers; *fig.* capricieux (-euse *f*).

Ma·gi ['meidʒai] *pl.:* the ~ les Rois *m/pl.* Mages.

mag·ic ['mædʒik] **1.** (*a.* 'mag·i·cal □) magique, enchanté; **2.** magie *f*, enchantement *m*; **ma·gi·cian** [mə-'dʒiʃn] magicien(ne *f*) *m*.

mag·is·te·ri·al □ [mædʒis'tiəriəl] magistral (-aux *m/pl.*); *a. péj.* de

933

maintenance

maître; de magistrat; **mag·is·tra·cy** ['mæ.trəsi] magistrature *f*; les magistrats *m/pl.*; **mag·is·trate** ['mæ.trit] magistrat *m*, juge *m*; *usu.* juge *m* de paix.

mag·na·nim·i·ty [mægnə'nimiti] magnanimité *f*; **mag·nan·i·mous** □ [ˌ'nænimɔs] magnanime.

mag·nate ['mægneit] magnat *m*.

mag·ne·sia ⚗ [mæg'ni:ʃə] magnésie *f*.

mag·net ['mægnit] aimant *m*; **mag·net·ic** [ˌ'netik] (ally) magnétique; aimanté; ~ field (pole) champ *m* (pôle *m*) magnétique; **mag·net·ism** ['ˌnitizm] magnétisme *m*; **mag·net·i·za·tion** [ˌtai'zeiʃn] aimantation *f*; **mag·net·ize** ['ˌnaitaiz] aimanter; *F* magnétiser; **mag·net·iz·er** *phys.* dispositif *m* d'aimantation; *personne:* magnétiseur *m*; **mag·ne·to** [mæg'ni:tou] ⊕ *etc.* magnéto *m*.

mag·nif·i·cence [mæg'nifisns] magnificence *f*; **mag·nif·i·cent** □ magnifique; somptueux (-euse *f*); **mag·ni·fi·er** ['mægnifaiə] loupe *f*, verre *m* grossissant; **mag·ni·fy** ['ˌfai] *v/t.* grossir (*a. fig.*); ~ing glass loupe *f*, verre *m* grossissant; **mag·nil·o·quence** [mæg'nilokwəns] emphase *f*, grandiloquence *f*; **mag·nil·o·quent** □ emphatique, grandiloquent; **mag·ni·tude** ['ˌtju:d] grandeur *f*; *star of the first* ~ étoile *f* de première grandeur.

mag·pie *orn.* ['mægpai] pie *f*; *a. fig.* bavard(e *f*) *m*.

mahl·stick *peint.* ['mɔ:lstik] appui(e)-main (*pl.* appuis-main, appuie-main) *m*.

ma·hog·a·ny [mə'hɔgəni] acajou *m*; *attr.* en acajou.

maid [meid] †, *co.* pucelle *f*; † demoiselle *f*; † jeune fille *f*; (*ou* ~servant) bonne *f*, domestique *f*, servante *f*; *old* ~ vieille fille *f*; ~ of all work bonne *f* à tout faire; ~ of hono(u)r fille *f* d'honneur; *Am.* première demoiselle *f* d'honneur.

maid·en ['meidn] **1.** *prov., co. see* maid; **2.** de jeune fille; non mariée; *fig.* premier, de début; ~ name nom *m* de jeune fille; ~ speech discours *m* de début; ~ voyage ⚓ premier voyage *m*; ✈ premier vol *m*; 'ˌhair ⚘ capillaire *m*; 'ˌhead, 'ˌhood virginité *f*; célibat *m* (*de fille*); 'ˌlike,

maid·en·ly virginal (-aux *m/pl.*); modeste.

mail¹ [meil] mailles *f/pl.*

mail² [ˌ] **1.** *poste:* courrier *m*; poste *f*; départ *m* du courrier; **2.** envoyer par la poste; expédier; ~ing list liste *f* d'adresses; 'ˌmail·a·ble *Am.* transmissible par la poste.

mail...: 'ˌbag sac *m* de dépêches *ou* de poste; 'ˌboat courrier *m* postal; paquebot *m*; 'ˌbox *surt. Am.* boîte *f* aux lettres; 'ˌcar·ri·er *Am.* facteur *m*; 'ˌclad revêtu de mailles; 'ˌcoach, *Brit.* 'ˌcart wagon-poste (*pl.* wagons-poste) *m*; 'ˌman facteur *m*; ~or·der firm, *surt. Am.* 'ˌor·der house maison *f* qui vend par correspondance; 'ˌtrain train-poste (*pl.* trains-poste[s]) *m*. [(*a. fig.*).]

maim [meim] estropier, mutiler]

main [mein] **1.** principal (-aux *m/pl.*); premier (-ère *f*), essentiel(le *f*); grand (*route*); ~ chance son propre intérêt; *téléph.* ~ station table *f* (principale); by ~ force de vive force; ✈ ~ plane voilure *f*; **2.** vigueur *f*; ⊕ canalisation *f* maîtresse; ⚡ conducteur *m* principal; *poét.* océan *m*; ~s *pl.* ⚡ secteur *m*; ⚡ rising ~ conducteur *m* principal montant; ~s aerial antenne *f* secteur; ~s receiving set poste *m* secteur; in the ~ en général, à tout prendre; 'ˌland terre *f* ferme; continent *m*; 'ˌly surtout.

main...: 'ˌmast ['ˌmɑ:st; ⚓ 'ˌmɔst] grand mât *m*; 'ˌsail ['ˌseil; ⚓ 'ˌsl] grand-voile *f*; 'ˌspring ressort *m* moteur; *fig.* mobile *m* essentiel; 'ˌstay ⚓ étai *m* de grand mât; *fig.* soutien *m* principal; 'ˌstream *fig.* tendance *f* principale; ♀-Street *Am.* grand-rue *f*; habitants *m/pl.* d'une petite ville.

main·tain [men'tein] maintenir; soutenir (*opinion, famille, conversation, cause, guerre*); entretenir (*famille, correspondance, route, relations*); défendre (*ses droits, une cause*); conserver (*l'allure, la santé*); garder (*l'attitude, l'avantage*); ~ that affirmer *ou* maintenir que; **main'tain·a·ble** (sou)tenable.

main·te·nance ['meintinəns] maintien *m*; entretien *m*; défense *f*; appui *m*; subsistance *f*; ~ costs *pl.* frais *m/pl.* d'entretien.

main·top ⚓ ['meintɒp] grand-hune f.

maize ⚘ [meiz] maïs m.

ma·jes·tic [mə'dʒestik] (~ally) majestueux (-euse f); **ma·jes·ty** ['mædʒisti] majesté f.

ma·jor ['meidʒə] **1.** majeur(e f); le plus grand; *mot.* de priorité (*route*); principal(-aux m/pl.); ♩ a. couleurs aux cartes); ♩ A ~ la m majeur (f); ♩ ~ third tierce f majeure; ♩ ~ key ton m majeur; Am. baseball: ~ league ligue f majeure; **2.** ✕ commandant m; ✕ chef m de bataillon (*infanterie*) ou d'escadron (*cavalerie*); *personne*: majeur(e f) m; *phls.* majeure f; Am. univ. sujet m principal; **3.** Am. (*in*) se spécialiser (en) (*un sujet*); être reçu à l'examen supérieur (de); '~-**gen·er·al** général m de brigade; **ma·jor·i·ty** [mə'dʒɒriti] majorité f (a. âge); le plus grand nombre; la plus grande partie; ✕ (a. **ma·jor·ship** ['meidʒəʃip]) grade m de commandant; ~ **decision** décision f prise à la majorité; *pol.* ~ **rule** gouvernement m majoritaire ou de la majorité; **join** the ~ mourir, s'en aller ad patres.

make [meik] **1.** [*irr.*] v/t. faire (*qch.*, *distinction*, *amis*, *paix*, *guerre*, *discours*, *testament*, *thé*, *bruit*, *faute*, *fortune*, *etc.*); construire; fabriquer; confectionner (*des vêtements*); conclure (*un marché*); fixer (*les conditions*); établir (*une règle*); subir (*une perte*); conclure (*la paix*, *un traité*); battre (*les cartes*); ⚡ fermer (*le circuit*); nommer (*un juge*, *un professeur*, *etc.*); ~ the **best** of it en prendre son parti; ~ **capital** out of tirer parti de; ~ **good** réparer (*un tort*), tenir (*sa parole*), établir (*son droit à qch.*); Am. F ~ it réussir (à *qch.*); arriver à temps; ⚓ ~ the **land** atterrir; ~ or mar s.o. faire la fortune ou la ruine de q.; ~ **one** joindre, unir; do you ~ **one** of us? êtes-vous des nôtres?; ⚓ ~ a **port** arriver à un port; ~ **shift** s'accommoder (*de qch.*); ~ **sure** of s'assurer de (*un fait*); s'assurer (*une place etc.*); ~ **sure** that s'assurer que; F être persuadé que; ~ **way** faire du chemin; ~ **way** for faire place à (*q.*) (a. *fig.*); ~ **into** transformer en; ~ **out** dresser (*une liste*, *un compte*); faire (*un chèque*); prouver; discerner;

démêler (*les raisons de q.*); déchiffrer (*une écriture*); F feindre; ~ **over** céder; transférer; ~ **up** compléter; combler (*un déficit*); faire (*un paquet*); préparer; façonner (*une robe etc.*); dresser (*une liste*, *un compte*); établir (*un compte*); inventer (*une excuse*, *une histoire*); composer (*un ensemble*); accommoder (*un différend*); *made up* de composé de; *see* ~ up for (v/i.); ~ up one's mind se décider (à, to; pour for, in favo[u]r of); prendre son parti; **2.** [*irr.*] v/i. ⚡ se fermer (*circuit*); monter (*marée*); ~ as if faire mine de; faire semblant de; ~ after s'élancer sur ou après; ~ against s'opposer à; ~ at se ruer sur (*q.*); ~ away s'éloigner ou away with enlever; détruire; dérober (*de l'argent*); ~ for se diriger vers; s'élancer sur; ⚓, ✕ mettre le cap sur; favoriser; ~ off se sauver; décamper; ~ up compenser; se réconcilier; se maquiller; ~ up for réparer; se rattraper de (*une perte*); suppléer à (*un manque*); compenser; ~ up to s'approcher de; F faire la cour à; **3.** fabrication f; façon f; taille f (de q.); ✝ marque f; ⚡ circuit: fermeture f; our own ~ de notre marque; of poor ~ de qualité inférieure; '~-**be·lieve 1.** semblant m; feinte f; trompe-l'œil m/inv.; **2.** fictif (-ive f), imaginaire, feint; '**mak·er** faiseur (-euse f) m; ✝ fabricant m; constructeur m; the ♀ le Créateur m (= *Dieu*).

make...: '~-**shift 1.** pis-aller m/inv.; **2.** de fortune; '~-**up** see make **3**; composition f; maquillage m; invention f; ~ **charge** façon f; '~-**weight** complément m de poids; *fig.* supplément m.

mak·ing ['meikiŋ] fabrication f; création f; F ~s pl. recettes f/pl.; petits profits m/pl.; in the ~ en train de se faire; **have** the ~**s of** avoir ce qu'il faut bonne.

mal·a·chite min. ['mæləkait] malachite f; cendre f verte.

mal·ad·just·ment ['mæləˈdʒʌstmənt] ajustement m défectueux; dérèglement m.

mal·ad·min·is·tra·tion ['mælədˌminisˈtreiʃn] mauvaise administration f ou gestion f.

mal·a·droit ['mæləˈdrɔit] maladroit.

mal·a·dy ['mælədi] maladie f.

mal·ap·ro·pos ['mælˈæprəpou] **1.**

adv. mal à propos; **2.** *adj.* inopportun.

ma·lar·i·a ✺ [mə'lɛəriə] malaria *f*, paludisme *m*; **ma·lar·i·al** paludéen(ne *f*).

ma·lar·key *Am.* F [mə'lɑ:ki] baliverne(s) *f*/(*pl.*), blague(s) *f*/(*pl.*), baratin *m*.

mal·con·tent ['mælkəntent] mécontent (*a. su.*/*mf*).

male [meil] **1.** mâle; ~ *child* enfant *m* mâle; ~ *screw* vis *f* mâle *ou* pleine; **2.** mâle *m*; homme *m*.

male·dic·tion [mæli'dikʃn] malédiction *f*; anathème *m*.

male·fac·tor ['mælifæktə] malfaiteur (-trice *f*) *m*.

ma·lef·i·cence [mə'lefisns] malfaisance *f*; **ma·lef·i·cent** malfaisant (envers, to); criminel(le *f*).

ma·lev·o·lence [mə'levələns] malveillance *f* (envers, to[wards]); **ma·lev·o·lent** □ malveillant (envers, to[wards]).

mal·for·ma·tion ['mælfɔ:'meiʃn] malformation *f*; défaut *m* de conformation.

mal·func·tion [mæl'fʌŋkʃən] **1.** fonctionnement *m* défectueux, dérèglement *m*; **2.** fonctionner mal.

mal·ice ['mælis] malice *f*; malveillance *f*; méchanceté *f*; 🕮 intention *f* criminelle; *bear s.o.* ~ vouloir du mal à q., en vouloir à q.; 🕮 *with* ~ *aforethought* avec intention criminelle.

ma·li·cious [mə'liʃəs] méchant; malveillant; 🕮 avec intention criminelle; **ma·li·cious·ness** malice *f etc.*

ma·lign [mə'lain] **1.** □ pernicieux (-euse *f*), nuisible; ✺ malin (-igne *f*); **2.** calomnier, diffamer; **ma·lig·nan·cy** [mə'lignənsi] malignité *f* (*a.* ✺); **ma·lig·nant** □ **1.** malin (-igne *f*) (*a.* ✺); méchant; **2.** *hist.* ~s *pl.* dissidents *m*/*pl.*; **ma·lig·ni·ty** malignité *f*, méchanceté *f*; *souv.* ✺ malignité *f*.

ma·lin·ger [mə'liŋgə] faire le malade; **ma·lin·ger·er** faux malade *m*, fausse malade *f*.

mall *Am.* [mɔ:l] centre *m* commercial.

mal·lard *orn.* ['mæləd] malard *m*; canard *m* sauvage.

mal·le·a·bil·i·ty [mæliə'biliti] malléabilité *f*; *fig.* souplesse *f*; **mal-**

le·a·ble malléable; *fig.* complaisant.

mal·let ['mælit] maillet *m*.

mal·low ♀ ['mæləu] mauve *f*.

malm·sey ['mɑ:mzi] Malvoisie *f*.

mal·nu·tri·tion ['mælnju:'triʃn] sous-alimentation *f*; alimentation *f* défectueuse.

mal·o·dor·ous □ [mæ'loudərəs] malodorant.

mal·prac·tice ['mæl'præktis] méfait *m*; 🕮 négligence *f*; 🕮 malversation *f*.

malt [mɔ:lt] **1.** malt *m*; ~ *liquor* bière *f*; **2.** (se) convertir en malt; *v/t.* malter.

Mal·tese ['mɔ:l'ti:z] **1.** maltais, **2.** Maltais(e *f*) *m*.

malt·ing ['mɔ:ltiŋ] maltage *m*.

mal·treat [mæl'tri:t] maltraiter, malmener; **mal'treat·ment** mauvais traitement *m*.

malt·ster ['mɔ:ltstə] malteur *m*.

mal·ver·sa·tion [mælvə:'seiʃn] malversation *f*; mauvaise administration *f*.

ma(m)·ma [mə'mɑ:] maman *f*.

mam·mal ['mæməl] mammifère *m*; **mam·ma·li·an** [mə'meiljən] mammifère (*a. su.*/*m*).

mam·mon ['mæmən] Mammon *m*.

mam·moth ['mæməθ] **1.** *zo.* mammouth *m*; **2.** géant, monstre.

mam·my F ['mæmi] maman *f*; *Am.* nourrice *f* noire.

man [mæn] *mots composés:* -mən] **1.** (*pl.* men) homme *m* (*a.* ⚔); domestique *m*, valet *m*; ouvrier *m*; F mari *m*; *échecs:* pièce *f*; *dames:* pion *m*; *attr.* d'homme(s); *to a* ~ jusqu'au dernier; ⚔ ~ *on leave* permissionnaire *m*; **2.** ⚔, ⚓ garnir d'hommes; armer, équiper; ~ *o.s.* faire appel à tout son courage.

man·a·cle ['mænəkl] **1.** menotte *f*; **2.** mettre les menottes à (*q.*).

man·age ['mænidʒ] *v/t.* manier (*un outil*); conduire (*une auto, une entreprise*); régir (*une propriété*); gérer (*une banque, une affaire*); manœuvrer (*un navire*); gouverner (*une banque*); maîtriser (*un animal*); venir à bout de (*qch.*); *v/i.* s'arranger; se débrouiller; ~ *to* (*inf.*) venir à bout de (*inf.*); réussir à (*inf.*); ~ *without s.th.* se passer de qch.; **'man·age·a·ble** □ maniable; traitable (*personne*); **'man·age·ment** maniement *m*; direction *f*; conduite *f*; gestion *f*; savoir-faire *m/inv.*; administrateurs *m/pl.*; **'man·ag·er** directeur *m*; régisseur *m*; gérant *m* (*du service etc.*); *journal*: administrateur *m*; *théâ.* impresario *m*; *departmental* ∼ chef *m* de rayon; chef *m* de service; *sales*∼ directeur *m* commercial; *she is a good (bad)* ∼ elle est bonne (mauvaise) ménagère *f*; **'man·ag·er·ess** directrice *f*, gérante *f*; **man·a·ge·ri·al** □ [∼ə'dʒiəriəl] directorial (-aux *m/pl.*).

man·ag·ing ['mænidʒiŋ] **1.** directeur (-trice *f*); gérant; *fig.* entreprenant; F autoritaire; ∼ *clerk* chef *m* de bureau; ♜ premier clerc *m*; **2.** direction *f*; conduite *f*; gestion *f*.

man·da·mus ♜ [mæn'deiməs] commandement *m* (*à une cour inférieure*).

man·da·rin ['mændərin] mandarin *m*; ♀ (*ou* **'man·da·rine** [∼]) mandarine *f*.

man·da·ta·ry ♜ ['mændətəri] mandataire *mf*; **man·date** ['∼deit] **1.** *pol.* mandat *m*; *poét.* commandement *m*, ordre *m*; **2.** attribuer sous mandat; **man'da·tor** mandant *m*; **man·da·to·ry** ['∼dətəri] **1.** mandataire; **2.** état *m* mandataire.

man·di·ble ['mændibl] mandibule *f*; *anat.* mâchoire *f* inférieure.

man·do·lin(e) ♪ ['mændəlin] mandoline *f*. [dragore *f*.]

man·drake ♀ ['mændreik] man-]

man·drel ⊕ ['mændril] mandrin *m*.

man·drill *zo.* ['mændril] mandrill *m*.

mane [mein] crinière *f*.

man·eat·er ['mæni:tə] mangeur *m* d'hommes; *personne*: cannibale *m*.

ma·nes ['meini:z] *pl. antiquité romaine*: mânes *m/pl.*

ma·neu·ver [mə'nu:və] *Am. see* ma-nœuvre.

man·ful □ ['mænful] viril; hardi; **'man·ful·ness** virilité *f*; vaillance *f*.

man·ga·nese ♜ ['mæŋgə'ni:z] manganèse *m*; **man·gan·ic** [∼'gænik] manganique. [rogne *f*.]

mange *vét.* [meindʒ] gale *f*; F]

man·ger ['meindʒə] crèche *f*; F *dog in the* ∼ chien *m* du jardinier.

man·gle[1] ['mæŋgl] **1.** calandre *f*; **2.** calandrer; cylindrer.

man·gle[2] [∼] déchirer; mutiler (*a. fig.*); *fig.* massacrer.

man·gler ['mæŋglə] machine *f* à calandrer.

man·gy ['meindʒi] galeux (-euse *f*); *fig.* minable.

man...: '∼**han·dle** manutentionner, transporter à force de bras; *sl.* malmener; bousculer; '∼**hat·er** misanthrope *m*; '∼**hole** ⊕ trou *m* de regard; bouche *f* d'accès; '∼**hood** humanité *f*; âge *m* viril, âge *m* d'homme; '∼**hours** *pl.* heures *f/pl.* de travail (par homme).

ma·ni·a ['meinjə] manie *f*; folie *f*; F passion *f*; *suffixe*: -manie *f*; **ma·ni·ac** ['∼iæk] **1.** fou (folle *f*) *m* enragé(e *f*) *m*; **2.** (*a.* **ma·ni·a·cal** [mə'naiəkl]) de fou (folle *f*); furieux (-euse *f*).

man·i·cure ['mænikjuə] **1.** soin *m* des mains; toilette *f* des ongles; **2.** soigner les mains; '∼**case** trousse *f* de manucure.

man·i·cur·ist ['mænikjuərist] *personne*: manucure *mf*.

man·i·fest ['mænifest] **1.** □ manifeste, évident, clair; **2.** ♟ manifeste *m* (de sortie); **3.** *v/t.* manifester, témoigner; ♟ déclarer (*qch.*) en douane; *v/i.* manifester; **man·i·fes'ta·tion** manifestation *f*; **man·i·fes·to** [∼'festou] *pol. etc.* manifeste *m*.

man·i·fold □ ['mænifould] **1.** divers, varié; nombreux (-euse *f*); **2.** *mot. intake ou inlet (exhaust)* ∼ collecteur *m* d'admission (d'échappement); **3.** polycopier; ∼ **writ·er** appareil *m* à polycopier.

man·i·kin ['mænikin] petit homme *m*; homoncule *m*.

ma·nip·u·late [mə'nipjuleit] manipuler (*qch.*); ⊕ manœuvrer; agir sur (*une pédale*, ♦ *le marché*); **ma·nip·u'la·tion** manipulation *f*; ⊕ manœuvre *f*; tripotages *m/pl.* en Bourse; ♣ exploration *f*; **ma'nip·u·la·tive** de manipulation; **ma'nip·u·la·tor** manipulateur *m*; ♦ agioteur *m*.

man·kind [mæn'kaind] le genre *m* humain; ['mænkaind] les hommes *m/pl.*; **'man·like** *see* manly; mannish; **'man·li·ness** caractère *m* viril, virilité *f*; **'man·ly** viril, d'homme; **'man-made** artificiel(le *f*); ∼ *fibre* fibre *f* synthétique.

man·ne·quin ['mænikin] mannequin *m*; ∼ *parade* défilé *m* de mannequins.

man·ner ['mænə] manière *f* (*a. art,*

march

a. littérature); façon *f*; *peinture:* style *m*; ~s *pl.* mœurs *f/pl.*, usages *m/pl.*; manières *f/pl.*; tenue *f*; *no* ~ of doubt aucune espèce de doute; *in a* ~ d'une façon; *in such a* ~ *that* de manière que, de sorte que; **'man-nered** aux manières …; *littérature, art:* maniéré; recherché; **'man-ner-ism** maniérisme *m*; particularité *f*; **'man-ner-li-ness** courtoisie *f*, politesse *f*; **'man-ner-ly** courtois, poli. [masse *(femme)*.]

man-nish ['mænɪʃ] d'homme; hom-\
ma-nœu-vra-ble, *Am. a.* **ma-neu-ver-a-ble** [mə'nu:vrəbl] manœuvrable, maniable; **ma-nœu-vre**, *Am. a.* **ma'neu-ver** [~və] **1.** manœuvre *f* (*a. fig.*); *fig.* ~s *pl.* F intrigues *f/pl.*; **2.** (faire) manœuvrer.

man-of-war ['mænəv'wɔː] vaisseau *m* de guerre *ou* de ligne.

ma-nom-e-ter ⊕, *phys.* [mə-'nɔmitə] manomètre *m*.

man-or ['mænə] seigneurie *f*; *see* ~-*house*; *lord of the* ~ seigneur *m*, châtelain *m*; **'~-house** château *m* seigneurial; manoir *m*; **ma-no-ri-al** [mə'nɔ:riəl] seigneurial (-aux *m/pl.*); de seigneur.

man-pow-er ['mænpauə] ⊕ force *f* des bras; main-d'œuvre (*pl.* mains-d'œuvre) *f*; ✕ effectifs *m/pl.*

manse *écoss.* [mæns] presbytère *m*.

man-serv-ant ['mænsə:vənt] domestique *m*, valet *m*.

man-sion ['mænʃn] château *m*; hôtel *m* particulier (*en ville*); ~s *pl.* maison *f* de rapport.

man-slaugh-ter ['mænslɔ:tə] homicide *m* par imprudence.

man-tel ['mæntl] manteau *m* de cheminée; **~piece**, **~shelf** dessus *m* de cheminée; F cheminée *f*.

man-tel-et ['mæntlit] mantelet *m*; ✕ pare-balles *m/inv.*

man-til-la [mæn'tilə] mantille *f*.

man-tle ['mæntl] **1.** manteau *m* (*a.* △, *anat.*, *zo.*); △ parement *m* (*d'un mur*); *fig.* voile *m*, manteau *m*; (*a. incandescent* ~) manchon *m*; **2.** *v/t.* vêtir d'un manteau; *fig.* couvrir; revêtir; ~ *on* recouvrir; *v/i.* rougir (*joues*); se couvrir (*de, with*).

mant-let ['mæntlit] *see* mantelet.

man-trap ['mæntræp] piège *m* à hommes *ou* à loups.

man-u-al ['mænjuəl] **1.** □ manuel

(-le *f*); fait à la main; ✕ ~ *exercise* maniement *m* des armes; *sign* ~ seing *m*; **2.** manuel *m*; aide-mémoire *m/inv.*; *orgue:* clavier *m*; *instruction* ~ manuel *m* d'entretien.

man-u-fac-to-ry [mænju'fæktəri] fabrique *f*, usine *f*.

man-u-fac-ture [mænju'fæktʃə] **1.** fabrication *f*; confection *f*; *p.ext.* industrie *f*; **2.** fabriquer; confectionner; ~*d article* produit *m* industriel; ~*d goods pl.* produits *m/pl.* fabriqués; **man-u'fac-tur-er** fabricant *m*; industriel *m*; **man-u-'fac-tur-ing** manufacturier (-ère *f*); industriel(le *f*).

ma-nure [mə'njuə] **1.** engrais *m*; **2.** fumer, engraisser.

man-u-script ['mænjuskript] **1.** manuscrit *m*; **2.** manuscrit, écrit à la main.

Manx [mæŋks] **1.** manxois, mannois; **2.** *ling.* mannois *m*; Mannois(e *f*) *m*; *the Manx pl.* les Mannois *m/pl.*

man-y ['meni] **1.** beaucoup de; bien des; plusieurs; ~ *a* maint(e *f*); bien des; ~ *a one* bien des gens; *one too* ~ un(e) de trop; **2.** beaucoup (*de gens*); un grand nombre; *a good* ~ pas mal de; un assez grand nombre (*de gens*); *a great* ~ un grand nombre (*de personnes*); **'~-sid-ed** *fig.* complexe, divers.

map [mæp] **1.** *géog.* carte *f*; *ville:* plan *m*; F *off the* ~ ne plus de saison; *on the* ~ d'actualité; **2.** dresser une carte *etc.* (*de qch., s.th.*); ~ *out* tracer.

ma-ple ♀ ['meipl] érable *m*.

map-per ['mæpə] cartographe *m*.

mar [mɑː] gâter; déparer; troubler (*la joie*); ruiner.

mar-a-bou *orn.* ['mærəbuː] marabout *m*.

Mar-a-thon ['mærəθən] *sp.* (*a.* ~ *race*) marathon *m*.

ma-raud [mə'rɔːd] marauder; **ma'raud-er** maraudeur *m*.

mar-ble ['mɑːbl] **1.** marbre *m*; *jeu:* bille *f*; **2.** de marbre; *fig.* dur; **3.** marbrer.

March[1] [mɑːtʃ] mars *m*.

march[2] [~] **1.** marche *f* (*de événements*); *civilisation, événements:* progrès *m*; ✕ ~ *past* défilé *m*; **2.** *v/i.* marcher; *fig.* avancer; faire des progrès; *v/t.* faire marcher; ~ *off* *v/t.* emmener (*un prisonnier*); *v/i.* se mettre en marche; ∼ *past* défiler.

march³ [∼] **1.** *hist.* marche *f;* usu. ∼es *pl.* pays *m* limitrophe; **2.** confiner (à, *with*).

march·ing ['mɑːtʃiŋ] **1.** marche *f;* ∼ *order* tenue *f* de route; ∼ *orders pl.* feuille *f* de route; *fig.* congé *m;* in *heavy* ∼ *order* en tenue de campagne; **2.** ∼ *past* défilé *m.*

mar·chion·ess ['mɑːʃənis] marquise *f.*

march·pane ['mɑːtʃpein] massepain *m.*

mare [mɛə] jument *f; fig.* ∼'s *nest* canard *m,* découverte *f* illusoire.

mar·ga·rine [mɑːdʒə'riːn] margarine *f.*

mar·gin ['mɑːdʒin] marge *f; bois.:* lisière *f; rivière:* rive *f;* écart *m;* ∼ *of error* tolérance *f;* ∼ *of profit* bénéfice *m,* marge *f; safety* ∼, ∼ *of safety* marge *f* de sécurité; **'mar·gin·al** ☐ marginal (-aux *m/pl.*); en marge.

mar·grave ['mɑːgreiv] margrave *m;* **mar·gra·vine** ['∼grəviːn] margrave *f,* margravine *f.*

Ma·ri·a [mə'raiə]: F *Black* ∼ panier *m* à salade (= *voiture cellulaire*).

mar·i·gold ♀ ['mærigould] souci *m.*

mar·i·jua·na [mɑːri'hwɑːnə] marihuana *f.*

mar·i·nade [mæri'neid] **1.** marinade *f;* **2.** mariner.

ma·rine [mə'riːn] **1.** marin; de mer; de (la) marine; **2.** soldat *m* de l'infanterie de marine; *marine* (*f a. peint.*); *tell that to the* ∼s! allez conter ça ailleurs!; **mar·i·ner** usu. ♍ ['mærinə] marin *m.*

mar·i·o·nette [mæriə'net] marionnette *f.*

mar·i·tal ☐ [mə'raitl] marital (-aux *m/pl.*); matrimonial (-aux *m/pl.*); ∼ *status* état *m* familial.

mar·i·time ['mæritaim] maritime; naval (-als *m/pl.*); ∼ *affairs pl.* affaires *f/pl.* maritimes.

mar·jo·ram ♀ ['mɑːdʒərəm] origan *m,* marjolaine *f.*

mark¹ [mɑːk] *monnaie:* mark *m.*

mark² [∼] **1.** marque *f;* but *m;* signe *m; école:* note *f; école:* point *m* (*a. ponctuation*); *sp.* ligne *f* de départ; croix *f* (*au lieu de signature*); ♰ cote *f* (*d'une valeur*); marque *f* (*d'un produit*); *vét.* marque *f;* a *man*

of ∼ un homme *m* marquant; *fig. up to the* ∼ à la hauteur; dans son assiette (*santé*); *hit the* ∼ frapper juste; *make one's* ∼ se faire une réputation; *miss the* ∼ manquer le but; *we are not far from the* ∼ *in saying that* nous ne sommes pas loin de compte en disant que; **2.** *v/t.* (*a.* ∼ *out*) tracer; estampiller (*des marchandises*); marquer ([*les points de*] *un jeu*); ♰ marquer; chiffrer; mettre le prix à; piquer (*les cartes*); coter (*un devoir*); indiquer; témoigner (*son approbation etc.*); guetter; observer; ∼ *down* baisser de prix; repérer (*le gibier, un point*); ∼ *off* séparer; mesurer (*une distance*); ∼ *out* délimiter, tracer; borner (*un champ*); jalonner; ✗ ∼ *time* marquer le pas; **marked** [mɑːkt], **mark·ed·ly** adv. ['mɑːkidli] marqué; *fig.* sensible; accusé (*accent*); **'mark·er** *billard:* marqueur *m;* pointeur *m.*

mar·ket ['mɑːkit] **1.** marché *m;* place *f* du marché; halle *f,* -s *f/pl.;* débouché *m* (*pour, for*); *Bourse:* cours *m/pl.;* be *in the* ∼ être au marché; être acheteur; *come into the* ∼ être en vente; *condition of the* ∼ le marché; ∼ *gardener* maraîcher (-ère *f*) *m; Am. sl. play the* ∼ spéculer (*à la Bourse*); **2.** *v/t.* lancer (*qch.*) sur le marché; trouver des débouchés pour (*qch.*); *v/i.* faire son marché *ou* ses emplettes; **'mar·ket·a·ble** ☐ vendable; marchand (*valeur etc.*); **mar·ket·eer** [∼'tiə] *see black 1;* **'mar·ket·ing** achat *m* ou vente *f* au marché; **'mar·ket·val·ue** valeur *f* marchande; cours *m.*

mark·ing ['mɑːkiŋ] marquage *m;* usu. -s *pl.* marque *f,* tache *f;* rayure *f;* **'∼-ink** encre *f* à marquer.

marks·man ['mɑːksmən] bon tireur *m;* **'marks·man·ship** adresse *f* au tir.

marl [mɑːl] **1.** *géol.* caillasse *f;* ✗ marne *f;* **2.** ✗ marner.

mar·ma·lade ['mɑːməleid] confiture *f* d'oranges.

mar·mo·re·al ☐ *poét.* [mɑː'mɔːriəl] marmoréen(ne *f*).

mar·mot *zo.* ['mɑːmət] marmotte *f.*

ma·roon¹ [mə'ruːn] marron pourpré *inv.;* châtain.

ma·roon² [∼] **1.** nègre *m* marron, négresse *f* marronne; **2.** abandonner (*q.*) sur une île déserte.

masseuse

mar·plot ['mɑːplɒt] brouille-tout *m/inv.* [quise *f.*]

mar·quee [mɑːˈkiː] (tente-)mar-

mar·quess ['mɑːkwis], *usu.* marquis m.

mar·que·try ['mɑːkitri] marquete-rie *f.*

mar·riage ['mærɪdʒ] mariage *m; fig.* union *f; civil* ~ mariage *m* civil; *by* ~ par alliance; *related by* ~ allié de près; *take in* ~ épouser (*q.*); *prendre (q.) en mariage;* ~*-guidance* guidance *f* de mariage; ~ *counsellor* raccom-modeur *m* de ménages; '**mar·riage·a·ble** nubile; à marier; d'âge à se marier; ~ *person* parti *m.*

mar·riage...: '~*-lines* pl. acte *m* de mariage; '~*-'mar·ket:* in the ~ mariable; '~*-'por·tion* dot *f* (*de la femme*).

mar·ried ['mærid] marié (*personne*); conjugal (-aux *m/pl.*) (*vie*); ~ *couple* ménage *m.*

mar·row ['mærou] moelle *f* (*a. fig.*); *fig.* essence *f;* ♀ *vegetable* ~ courge *f* à la moelle; '~*-bone* os *m* à moelle; ~*s pl. co.* genoux *m/pl.*; '**mar·row·y** plein de moelle (*a. fig.*).

mar·ry ['mæri] *v/t.* marier (q. à q., s.o. to s.o.); se marier avec, épouser (*q.*); *v/i.* se marier (à, to).

marsh [mɑːʃ] **1.** marais *m*, marécage *m;* **2.** des marais; ~*-fever* paludisme *m*, fièvre *f* paludéenne; ~ *gas* gaz *m* des marais.

mar·shal ['mɑːʃəl] **1.** maréchal *m;* ✕ général *m;* maître *m* des cérémo-nies; *Am.* chef *m* de (la) police (*d'un comté*); **2.** placer en ordre; ranger (*les troupes*); ⚙ classer, trier (*les wagons*); '**mar·shal·ship** maréchal-lat *m.*

marsh·i·ness ['mɑːʃinis] état *m* marécageux (*du terrain*); **marsh mal·low** ♀ guimauve *f*, althée *f;* bonbon *m* à la guimauve; **marsh mar·i·gold** souci *m* d'eau; '**marsh·y** marécageux (-euse *f*).

mar·su·pi·al *zo.* [mɑːˈsjuːpiəl] mar-supial (-aux *m/pl.*) (*a. su./m*).

mart [mɑːt] marché *m;* salle *f* de vente; centre *m* de commerce.

mar·ten *zo.* ['mɑːtin] mart(r)e *f.*

mar·tial □ ['mɑːʃəl] martial (-aux *m/pl.*); guerrier (-ère *f*); ~ *law* loi *f* martiale; *state of* ~ *law* état *m* de siège; ~ *music* musique *f* militaire.

mar·tin[1] *zo.* ['mɑːtin] martinet *m.*

Mar·tin[2] [~]: *St.* ~'s *summer* été *m* de la Saint-Martin.

mar·ti·net [mɑːtiˈnet] F exploiteur *m;* F gendarme *m;* garde-chiourme (*pl.* gardes-chiourme) *m.*

Mar·tin·mas ['mɑːtinmæs] la Saint-Martin *f* (*le 11 novembre*).

mar·tyr ['mɑːtə] **1.** martyr(e *f*) *m;* **2.** martyriser; '**mar·tyr·dom** mar-tyre *m;* '**mar·tyr·ize** martyriser.

mar·vel ['mɑːvəl] **1.** merveille *f;* **2.** ~ *at* s'émerveiller de; s'étonner de.

mar·vel·(l)ous □ ['mɑːviləs] mer-veilleux (-euse *f*), étonnant; '**mar·vel·(l)ous·ness** merveilleux *m.*

Marx·ism ['mɑːksizm] marxisme *m;* **Marx·ist** marxiste (*adj., fm*).

mas·cot ['mæskɒt] mascotte *f;* por-te-bonheur *m/inv.*

mas·cu·line ['mɑːskjulin] **1.** □ mascu-lin; mâle; **2.** *gramm.* masculin *m.*

mash [mæʃ] **1.** mélange *m;* pâte *f; brassage:* fardeau *m;* ◊ *chevaux:* mâche *f; chiens, volaille:* pâtée *f;* **2.** écraser; brasser; démêler (*le moût*); F faire infuser (*le thé*); ~*ed potatoes* pl. purée *f* (de pom-mes de terre); *sl.* be ~*ed on* avoir un béguin pour (*q.*); '**mash·er** broyeur *m; pommes de terre:* presse-purée *m/inv.; sl.* dandy *m;* gommeux *m;* '**mash·(ing)-tub** cuve-matière (*pl.* cuves-matière) *f;* ♂ barbotière *f.*

mask [mɑːsk] **1.** masque *m; renard:* face *f; see masque;* **2.** masquer; *fig.* cacher, déguiser; **masked** masqué; caché; ~ *ball* bal *m* masqué; '**mask·er** *personne:* masque *m.*

ma·son ['meisn] maçon *m;* franc-maçon (*pl.* francs-maçons) *m;* **ma·son·ic** [məˈsɒnik] des francs-ma-çons; '**ma·son·ry** maçonnerie *f.*

masque [mɑːsk] † masque *m;* **mas·quer·ade** [mæskəˈreid] **1.** masca-rade *f;* bal *m* masqué; F déguise-ment *m;* **2.** *fig.* se déguiser (en, *as*).

mass[1] *eccl.* [mæs] messe *f; High* ♀ grand-messe *f; Low* ♀ messe *f* basse.

mass[2] [~] **1.** masse *f*, amas *m;* ~ *meeting* réunion *f* en masse; ~ *pro-duction* fabrication *f* en série; **2.** (se) masser. [*m;* **2.** massacrer.]

mas·sa·cre ['mæsəkə] **1.** massacre *f*

mas·sage ['mæsɑːʒ] **1.** massage *m;* **2.** masser (*le corps*); malaxer (*les muscles*).

mas·seur [mæˈsəː] masseur *m;* **mas·seuse** [~ˈsəːz] masseuse *f.*

mas·sive □ ['mæsiv] massif (-ive f); énorme; solide; '**mas·sive·ness** massiveté f; aspect m massif.

mass…: ~ **me·di·a** pl. media m/pl.; ~ **psy·chol·o·gy** psychologie f des foules; ~ **so·ci·e·ty** société f de masse.

mas·sy ['mæsi] massif (-ive f); solide; lourd.

mast¹ ⚓ [mɑːst] **1.** mât m; radio: pylône m; **2.** mâter.

mast² [~] faines f/pl.; glands m/pl.

mas·ter¹ ['mɑːstə] **1.** maître m (a. art, propriété, navire de commerce, a. peint., a. fig.); patron m (d'employés, d'un navire de commerce); école: instituteur m; lycée: professeur m; univ. (di)recteur m; titre: monsieur m; ♀ of Arts maître m ès arts, agrégé m des lettres; ♀ of Ceremonies maître m des cérémonies; ~ copy original m; be one's own ~ ne dépendre que de soi; **2.** maître; de maître; fig. magistral (-aux m/pl.), supérieur, dominant; **3.** dompter, maîtriser; régir (une maison etc.).

mas·ter² ⚓ [~] à mât(s); three-~ trois-mâts m/inv.

mas·ter-at-arms ⚓ ['mɑːstərət-'ɑːmz] capitaine m d'armes; '**master-build·er** entrepreneur m de bâtiments; **mas·ter·ful** □ ['~ful] impérieux (-euse f); autoritaire; '**mas·ter-key** passe-partout m/inv.; '**mas·ter·less** sans maître; indiscipliné; '**mas·ter·li·ness** domination f, autorité f; caractère m magistral; '**mas·ter·ly** magistral (-aux m/pl.), de maître; '**~·mind 1.** fig. cerveau m (d'une entreprise etc.); **2.** organiser, diriger.

mas·ter…: '**~·piece** chef-d'œuvre (pl. chefs-d'œuvre) m; '**~·ship** maîtrise f (de over, of de); autorité f (sur, over); poste m de professeur ou de maître; '**~·stroke** coup m de maître; '**mas·ter·y** maîtrise f (de over, of); domination f (sur over, of); dessus m; connaissance f approfondie (d'une langue etc.).

mas·tic ['mæstik] mastic m; ♀ lentisque m.

mas·ti·cate ['mæstikeit] mastiquer; **mas·ti·ca·tion** mastication f; **mas·ti·ca·to·ry** ['~təri] masticateur (-trice f).

mas·tiff ['mæstif] mâtin m; dogue m anglais.

mat¹ [mæt] **1.** paille: natte f; laine etc.: tapis m; **2.** (s')emmêler (cheveux); v/t. natter.

mat² ⊕ [~] □ mat; mati.

mat³ ⊕ sl. [~] matrice f.

match¹ [mætʃ] allumette f; min. canette f; mèche f.

match² [~] **1.** égal(e f) m, pareil(le f) m; couleurs: assortiment m; mariage m, alliance f; sp. partie f, match (pl. matchs, matches) m; personne: parti m; be a ~ for pouvoir le disputer à (q.); meet one's ~ trouver à qui parler; trouver son homme; **2.** v/t. égaler (q.); rivaliser avec (q.); assortir (des couleurs); apparier (des gants); unir (q.) (à, with); sp. matcher (des adversaires); ⊕ bouveter (des planches); ~ s.o. against opposer q. à (q.); well ~ed bien assorti; v/i. s'assortir, s'harmoniser; ~ with aller avec; to ~ à l'avenant; assorti.

match-box ['mætʃbɒks] boîte f à ou d'allumettes.

match·less □ ['mætʃlis] incomparable; sans pareil; '**match-mak·er** marieur (-euse f) m.

match·wood ['mætʃwud] bois m d'allumettes; fig. miettes f/pl.

mate¹ [meit] faire échec et mat (échecs); mater.

mate² [~] **1.** camarade mf; compagnon m, compagne f; oiseau: mâle m, femelle f; personne: époux m, épouse f; école: condisciple m, camarade mf; ⚓ second maître m; marine marchande: officier m; **2.** (s')accoupler; (s')unir (personne); '**mate·less** seul, sans compagnon.

ma·te·ri·al □ [mə'tiəriəl] **1.** matériel(le f); grossier (-ère f); essentiel(le f) (pour, to); pertinent (fait); sensible (service); **2.** matière f; étoffe f, tissu m; matériaux m/pl. (a. fig.); ✗ matériel m; ~s pl. fournitures f/pl.; working ~ matière f première de base; writing ~s pl. de quoi écrire; **ma·te·ri·al·ism** matérialisme m; **ma·te·ri·al·ist** matérialiste mf; **ma·te·ri·al·is·tic** (~ally) matérialiste; matériel(le f) (plaisirs); **ma·te·ri·al·i·ty** [~ri'æliti] matérialité f; ♯♯ pertinence f; **ma·te·ri·al·i·za·tion** [~riəlai'zeiʃn] matérialisation f; projet etc.: aboutissement m; **ma·te·ri·al·ize** (se) matérialiser; v/i. F se réaliser; aboutir (projet etc.).

ma·ter·nal □ [mə'təːnl] maternel

(-le f); de mère; d'une mère; **ma·ter·ni·ty** [-'niti] maternité f; (a. ~ hospital) maternité f; ~ benefit allocation f de maternité; ~ dress robe f pour futures mamans; ~ ward salle f des accouchées.

math·e·mat·i·cal □ [mæθi'mætikl] mathématique; **math·e·ma·ti·cian** [-mə'tiʃn] mathématicien(ne f) m; **math·e·mat·ics** [-'mætiks] usu. sg. mathématiques f/pl.

mat·in ['mætin] 1. poét. matinal (-aux m/pl.), de grand matin; 2. eccl. ~s pl. matines f/pl.; poét. a. ~s pl. chant m des oiseaux au point du jour.

mat·i·née ['mætinei] matinée f.

mat·ing biol. ['meitiŋ] accouplement m; ~ season saison f des amours.

ma·tri·cide ['meitrisaid] matricide m; personne: matricide mf.

ma·tric·u·late [mə'trikjuleit] v/t. immatriculer; v/i. prendre ses inscriptions; **ma·tric·u'la·tion** inscription f.

mat·ri·mo·ni·al □ [mætri'mounjəl] matrimonial (-aux m/pl.); conjugal (-aux m/pl.); **mat·ri·mo·ny** ['mætriməni] mariage m; vie f conjugale.

ma·trix ['meitriks] anat., géol. matrice f; ⊕ (a. ['mætriks]) matrice f, moule m.

ma·tron ['meitrən] matrone f; mère f de famille; institution: intendante f; hôpital: infirmière f en chef; '**ma·tron·ly** matronal (-aux m/pl.); de matrone; domestique; fig. brave; **ma·tron-of-hon·o(u)r** dame f d'honneur.

mat·ter ['mætə] 1. matière f; substance f; sujet m; chose f, affaire f; 🗲 matière f purulente; typ. copie f; printed ~ imprimés m/pl.; in the ~ of quant à; what's the ~? qu'est-ce qu'il y a?; what's the ~ with you? qu'est-ce que vous avez?; no ~ n'importe; cela ne fait rien; no ~ who qui que ce soit; as a ~ of course comme de raison; for that ~ quant à cela, d'ailleurs, ~ of fact question f de(s) fait(s); as a ~ of fact en effet; à vrai dire; ~ in hand chose f en question; 2. avoir de l'importance; importer (à, to); it does not ~ n'importe; cela ne fait rien; '~-of-'course de raison, naturel(le f); '~-of-'fact pratique; prosaïque.

mat·ting ['mætiŋ] natte f, ~s f/pl.; paillassons m/pl.

mat·tock ['mætək] hoyau m; pioche f.

mat·tress ['mætris] matelas m.

ma·ture [mə'tjuə] 1. □ mûr; d'âge mûr; 🕇 échu (traite etc.); 2. mûrir, affiner (vin, fromage); 🕇 échoir; **ma·tu·ri·ty** maturité f; 🕇 échéance f.

ma·tu·ti·nal □ [mætju'tainl] ma(tu)tinal (-aux m/pl.); du matin.

maud·lin □ ['mɔːdlin] larmoyant, pleurard (souv. état d'ivresse).

maul [mɔːl] meurtrir, malmener; usu. ~ about tirer de ci de là.

maul·stick ['mɔːlstik] see mahlstick.

maun·der ['mɔːndə] radoter, divaguer; flâner; se trimbaler.

Maun·dy Thurs·day ['mɔːndi-'θəːzdi] jeudi m saint.

mau·so·le·um [mɔːsə'liːəm] mausolée m.

mauve [mouv] 1. mauve m; 2. mauve.

mav·er·ick Am. ['mævərik] bouvillon m errant sans marque de propriétaire; pol. indépendant(e f) m.

maw [mɔː] caillette f (de ruminant); jabot m (d'oiseau); gueule f (de lion); co. panse f.

mawk·ish □ ['mɔːkiʃ] insipide; sentimental(-aux m/pl.); '**mawk·ish·ness** fadeur f; fausse sentimentalité f.

maw·worm ['mɔːwəːm] ver m intestinal, ascaride m.

max·il·lar·y [mæk'siləri] maxillaire.

max·im ['mæksim] maxime f, dicton m; '**max·i·mal** □ ['-əl] maximal; '**max·i·mize** ['-aiz] maxim(al)iser, porter (qch.) au maximum; **max·i·mum** ['-əm] 1. pl. usu. -ma [-mə] maximum (pl. a. -ma) m; 2. maximum; limite; ~ wages salaire m maximum.

May¹ [mei] 1. mai m; ♀ ♀ aubépine f; 2. go ♀ing fêter le premier mai.

may² [~] (irr.) v/aux. (défectif) je peux etc.; il se peut que.

may·be ['meibi] peut-être.

May·day ['meidei] le premier mai; ♀ mayday m, S.O.S. m.

may·hem ['meihem] Am. 🕮 mutilation f; F chaos m, tohu-bohu m, grabuge m.

may·or [mɛə] maire m; '**may·or·al** de maire, du maire; '**may·or·al·ty** mairie f; (temps m d')exercice m des fonctions de maire; '**may·or·ess** femme f du maire; mairesse f.

may·pole ['meipoul] mai m.

maze [meiz] **1.** labyrinthe m, dédale m; fig. enchevêtrement m; be in a ~ ne savoir où donner de la tête; **2.** embarrasser, désorienter; be ~d être désorienté; '**ma·zy** labyrinthique; sinueux (-euse f); fig. compliqué.

Mc Coy Am. sl. [mə'kɔi]: the real ~ authentique. [moi.]

me [mi:; mi] accusatif: me; datif:]

mead[1] [mi:d] hydromel m.

mead[2] [~] poét. see meadow.

mead·ow ['medou] pré m, prairie f; '~'**saf·fron** ♀ safran m des prés; '**mead·ow·y** de prairie; herbu; herbeux (-euse f).

mea·ger, mea·gre □ ['mi:gə] maigre (a. fig.); peu copieux (-euse f); fig. pauvre; '**mea·ger·ness**, '**mea·gre·ness** maigreur f; pauvreté f.

meal[1] [mi:l] repas m; ~s pl. on wheels repas m/pl. livrés à domicile.

meal[2] [~] farine f d'avoine, d'orge etc.; **meal·ies** ['~iz] usu. pl. maïs m.

meal-time ['mi:ltaim] heure f du repas.

meal·y ['mi:li] farineux (-euse f); ~-**mouthed** doucereux (-euse f), patelin.

mean[1] □ [mi:n] misérable; mesquin, bas(se f), méprisable; méchant; avare; pauvre.

mean[2] [~] **1.** moyen(ne f); in the ~ time see ~time; **2.** milieu m; moyen terme m; ♣ moyenne f; ~s pl. moyens m/pl.; ressources f/pl.; ~s sg. voie f, moyen m, -s m/pl. (de faire qch.); a ~s of (gér.) ou to (inf.) un moyen de (inf.); by all (manner of) ~s par tous les moyens; mais certainement; by no (manner of) ~s en aucune façon; by this ~s sg. par ce moyen; ainsi; by ~s of au moyen de.

mean[3] [~] [irr.] avoir l'intention (de inf., to inf.); se proposer (de inf., to inf.); vouloir; vouloir dire; entendre (par, by); destiner (pour, for); ~ well (ill) vouloir du bien (mal) (à, by).

me·an·der [mi'ændə] **1.** méandre m, repli m; sinuosité f; **2.** serpenter.

mean·ing ['mi:niŋ] **1.** □ significatif (-ive f); d'intelligence (sourire); well-~ bien intentionné; **2.** sens m, acception f; astr. signification f; '**mean·ing·less** dénué de sens; qui ne signifie rien.

mean·ness ['mi:nnis] médiocrité f, pauvreté f, bassesse f; avarice f; see mean[1].

meant [ment] prét. et p.p. de mean[3].

mean·time ['mi:ntaim], **mean·while** ['mi:n·wail] en attendant, dans l'intervalle.

mea·sle F ['mi:zl] être atteint de rougeole; '**mea·sled** vét. ladre; '**mea·sles** pl. ♣ rougeole f; vét. ladrerie f; German ♀ rubéole f; '**mea·sly** rougeoleux (-euse f); vét. ladre; sl. misérable.

meas·ur·a·ble □['meʒərəbl] me(n)-surable.

meas·ure ['meʒə] **1.** mesure f (a. ♪, a. fig.); fig. limite f; ~ of capacity mesure f de capacité; beyond ~ outre mesure; in some ~ jusqu'à un certain point; in a great ~ en grande partie; made to ~ fait sur mesure; take s.o.'s ~ prendre les mesures de q.; fig. prendre la mesure de q. **2.** mesurer (pour, for); métrer (un mur); faire l'arpentage de (un terrain); Am. ~ up to s.th. se montrer à la hauteur de qch.; '**mea·sure·less** □ infini, illimité; '**meas·ure·ment** mesurage m; mesure f; tour m (de tête, de hanches); ♣ tonnage m.

meas·ur·ing ['meʒəriŋ] de mesure; d'arpentage.

meat [mi:t] viande f; †, prov. nourriture f; fig. moelle f; butcher's ~ grosse viande f; cold ~ rôti m froid; fresh-killed ~ viande f fraîche; preserved ~ viande f de conserve; green ~ fourrages m/pl. verts; roast ~ viande f rôtie; rôti m; ~ tea thé m de viande; bouillon m; '~·**ball** boulette f de viande; '~·**fly** mouche f à viande; '~·**head** Am. sl. idiot(e f) m; '~·**safe** garde-manger m/inv.; '**meat·y** charnu; fig. étoffé.

mec·ca·no [me'kɑ:nou] jeu m mécanique (pour enfants).

me·chan·ic [mi'kænik] artisan m, ouvrier m; ⊕ mécanicien m; **me-'chan·i·cal** □ mécanique; fig. machinal (-aux m/pl.), automatique; ~ engineering construction f mécanique; **me'chan·i·cal·ness** caractère m machinal; **mech·a·ni·cian** [mekə·'niʃn] mécanicien m; **me·chan·ics** [mi'kæniks] usu. sg. mécanique f.

mech·a·nism ['mekənizm] mécanisme m; biol., pol. machinisme m;

mech·a·nize ['ˌnaiz] mécaniser (a. ✗); ✗ motoriser.

med·al ['medl] médaille f; décoration f; '**med·al(l)ed** medaillé; décoré; **me·dal·lion** [mi'dæljən] médaillon m; **med·al·(l)ist** ['medlist] médailliste mf; graveur: médailleur m; médaillé(e f) m.

med·dle ['medl] (with, in) se mêler (de); s'immiscer (dans); toucher (à); '**med·dler** officieux (-euse f) m; intrigant(e f) m; touche-à-tout m/inv.; **med·dle·some** ['ˌsəm] ☐ officieux (-euse f), intrigant; qui touche à tout; '**med·dle·some·ness** tendance f à se mêler des affaires d'autrui.

me·di·a ['mi:djə] pl. les media m/pl.

me·di·ae·val [medi'i:vəl] see medieval.

me·di·al ☐ ['mi:djəl] 1. médial (-als, -aux m/pl.); médian; 2. médiale f; médiane f.

me·di·an strip Am. mot. ['mi:djən-'strip] bande f médiane.

me·di·ate 1. ☐ ['mi:diit] intermédiaire; 2. ['ˌeit] s'interposer; agir en médiateur; **me·di·a·tion** médiation f; **me·di·a·tor** ['ˌtə] médiateur (-trice f) m (a. école); **me·di·a·to·ri·al** [ˌə'tɔ:riəl], **me·di·a·to·ry** ['ˌtəri] médiateur (-trice f); **me·di·a·trix** ['ˌeitriks] médiatrice f.

med·ic F ['medik] étudiant: carabin m; médecin: toubib m.

Med·ic·aid Am. ['medikeid] assistance f medicale aux économiquement faibles.

med·i·cal ☐ ['medikəl] médical (-aux m/pl.); de médecine; ~ board conseil m de santé; ~ certificate attestation f de médicin; ~ evidence témoignage m des médecins; ~ jurisprudence médecine f légale; ~ man médecin m; ~ officer médecin m militaire; ~ specialist spécialiste mf; ~ student étudiant m en médecine; ♀ Superintendent médecin m en chef; **me·dic·a·ment** médicament m.

Med·i·care Am. ['medikɛə] assistance f medicale aux personnes agées.

med·i·cate ['medikeit] médicamenter; traiter; rendre médicamenteux (du vin); **med·i·ca·tion** médication f; emploi m de medicaments; **med·i·ca·tive** ['medikətiv] médicateur (-trice f).

me·dic·i·nal ☐ [me'disinl] médicinal (-aux m/pl.) (bains etc.); médicamenteux (-euse f) (vin etc.); **med·i·cine** ['medsin] art, profession, médicament: médecine f; médicament m, remède m; F drogue f; ~chest (coffret m de) pharmacie f.

me·di·e·val ☐ [medi'i:vəl] médiéval (-aux m/pl.); du Moyen Âge; **me·di·e·val·ism** médiévisme m; culture f médiévale; **me·di·e·val·ist** médiéviste mf.

me·di·o·cre [mi:di'oukə] médiocre; **me·di·oc·ri·ty** [ˌɔkriti] médiocrité f.

med·i·tate ['mediteit] v/i. méditer (sur, [up]on); se recueillir; v/t. méditer (qch.; de faire qch., doing s.th.); projeter; avoir l'intention (de faire qch., doing s.th.); **med·i·ta·tion** méditation f; recueillement m; (profondes) pensées f/pl.; **med·i·ta·tive** ☐ ['ˌtətiv] méditatif (-ive f).

me·di·um ['mi:diəm] **1.** pl. **-di·a** [ˌdjə], **-di·ums** milieu m; ambiance f (sociale); intermédiaire m; moyen m; phys. milieu m, véhicule m; 🜊 agent m; biol. bouillon m; spiritisme: médium m; élément: milieu m; 2. moyen(ne f); radio: ~ wave onde f moyenne; '~-sized de grandeur ou de taille moyenne.

med·lar ♀ ['medlə] nèfle f; arbre: néflier m.

med·ley ['medli] mélange m; couleurs etc.: bigarrure f; péj. idées etc.: bariolage m; ♩ pot-pourri (pl. pots-pourris) m.

me·dul·la ['medʌlə] épinière: moelle f; **med·ul·lar·y** médullaire.

meed poét. [mi:d] récompense f.

meek ☐ [mi:k] doux (douce f); humble; soumis; '**meek·ness** humilité f; soumission f.

meer·schaum ['miəʃəm] (pipe f en) écume f de mer.

meet[1] [mi:t] † convenable; séant.

meet[2] [ˌ] **1.** [irr.] v/t. rencontrer, aller à la rencontre de; faire la connaissance de; fréquenter; croiser (dans la rue); aller chercher (q. à la gare); satisfaire à, répondre à (des opinions); satisfaire à, répondre à (des désirs, des besoins); faire face à (des demandes, des besoins, la mort); trouver (la mort); faire honneur à (ses engagements); prévenir (une objection); subvenir à (des frais);

rivières: confluer avec; *fig.* ~ s.o. *half-way* faire la moitié des avances; *come (go, run)* to ~ s.o. venir (aller, courir) à la rencontre de q.; *they are well met* ils sont bien assortis; ils font la paire; *v/i.* se rencontrer; se voir; se réunir *(société, gens)*; se joindre; confluer *(rivières)*; ~ *with* rencontrer, éprouver *(des difficultés)*; essuyer *(un refus)*; faire *(des pertes)*; trouver *(un accueil)*; être victime de *(un accident)*; *make both ends* ~ joindre les deux bouts, arriver à boucler son budget; **2.** *sp.* réunion *f*; assemblée *f* de chasseurs.

meet·ing ['miːtiŋ] rencontre *f*; réunion *f*; assemblée *f*; *rivières*: confluent *m*; *pol., sp.* meeting *m*; '~**place** rendez-vous *m*; lieu *m* de réunion.

meg·a·fog ['megəfɔg] très fort signal *m* de brume; **meg·a·lo·ma·ni·a** [ˌ∼lou'meinjə] ♂ mégalomanie *f*; **meg·a·lop·o·lis** [∼'lɔpəlis] conurbation *f*; **meg·a·phone** [ˌ∼foun] porte voix *m/inv.*; *sp.* mégaphone *m*; **meg·a·ton** ['∼ˌtʌn] mégatonne *f*.

me·grim ['miːgrim] migraine *f*; ~s *pl.* vapeurs *f/pl.*; spleen *m*.

mel·an·chol·ic [melən'kɔlik] mélancolique; **mel·an·chol·y** ['∼kəli] **1.** mélancolie *f*; tristesse *f*; **2.** mélancolique; triste.

mê·lée ['melei] mêlée *f*; bagarre *f*.

mel·io·rate ['miːljəreit] (s')améliorer.

mel·lif·lu·ent [me'lifluənt], *usu.* **mel·lif·lu·ous** mielleux (-euse *f*); melliflu *(éloquence)*.

mel·low ['melou] **1.** □ mûr *(a. esprit, caractère)*; moelleux (-euse *f*); doux (douce *f*) *(ton, lumière, vin)*; velouté *(vin)*; *fig.* doux (douce *f*), tendre *(couleur)*; débonnaire *(personne)*; *sl.* un peu gris *ou* ivre; **2.** (faire) mûrir; (s')adoucir *(personne)*; *v/i.* prendre de la patine; **'mel·low·ness** *fruit, sol:* maturité *f*; *vin, voix:* moelleux *m*; *caractère:* douceur *f*.

me·lo·di·ous □ [mi'loudjəs] mélodieux (-euse *f*), harmonieux (-euse *f*); **me·lo·di·ous·ness** mélodie *f*; **mel·o·dist** ['melədist] mélodiste *mf*; **'mel·o·dize** rendre mélodieux (-euse *f*); mettre en musique; *v/i.* chanter; faire des mélo-

dies; **mel·o·dra·ma** ['∼drɑːmə] mélodrame *m*; '**mel·o·dy** mélodie *f*, chant *m*, air *m*.

mel·on ♀ ['melən] melon *m*; *water-*~ melon *m* d'eau; pastèque *f*.

melt [melt] fondre; *fig.* (se) dissoudre; *v/t.* attendrir *(le cœur)*; *v/i.*: ~ *away* fondre complètement; *fig.* se dissiper; ~ *down* fondre; ~ *into tears* fondre en larmes.

melt·ing □ ['meltiŋ] fondant; *fig.* attendri *(voix)*; '~**point** point *m* de fusion; '~**pot** creuset *m*; *be in the* ~ tout rentrer en question.

mem·ber ['membə] membre *m* (*a. gramm.*); organe *m*; ⊕ pièce *f*; député *m*; membre *m* de la Chambre des Communes; *make s.o. a* ~ élire q. membre (de, of); '**mem·ber·ship** qualité *f* de membre; nombre *m* des membres; ~ *card* carte *f* de membre; ~ *fee* cotisation *f*.

mem·brane ['membrein] membrane *f*; enveloppe *f* *(d'un organe)*; **mem'bra·nous**, **mem·bra·ne·ous** [∼jəs] membraneux (-euse *f*).

me·men·to [mi'mentou] souvenir *m*, mémento *m*.

mem·oir ['memwɑː] mémoire *m*; notice *f* biographique; ~s *pl.* mémoires *m/pl.*; mémorial *m*; autobiographie *f*.

mem·o·ra·ble □ ['memərəbl] mémorable.

mem·o·ran·dum [memə'rændəm] mémorandum *m* (*a. pol.*); acte *m* *(de société)*; *pol.* note *f* (diplomatique).

me·mo·ri·al [mi'mɔːriəl] **1.** mémoratif (-ive *f*); commémoratif (-ive *f*) *(monument)*; *Am.* ♀ *Day* jour *m* des morts au champ d'honneur; **2.** monument *m* *(commémoratif)*; pétition *f*; **me'mo·ri·al·ist** pétitionnaire *mf*; auteur *m* de mémoires; **me'mo·ri·al·ize** commémorer; pétitionner.

mem·o·rize ['meməraiz] apprendre par cœur.

mem·o·ry ['meməri] mémoire *f* *(a. ordinateur)*; souvenir *m*; *commit to* ~ apprendre par cœur; se mettre dans la mémoire; *beyond the* ~ *of man* de mémoire immémorial; *within the* ~ *of man* de mémoire d'homme; *in* ~ *of* à la mémoire de; en souvenir de.

men [men] (*pl. de* **man**) hommes *m/pl.*; l'homme *m*, le genre *m* humain, l'humanité *f*; *sp.* ~'s doubles *pl.* double *m* messieurs.

men·ace ['menəs] **1.** menacer; **2.** *poét.* menace *f*.

me·nag·er·ie [mi'nædʒəri] ménagerie *f*.

mend [mend] **1.** *v/t.* raccommoder (*un vêtement*); réparer (*un outil, une machine*); rectifier, corriger; hâter (*le pas*); ~ the fire arranger le feu; ~ one's ways changer de conduite, se corriger; *v/i.* se corriger; s'améliorer; **2.** raccommodage *m*; amélioration *f*; on the ~ en voie de guérison, en train de se remettre.

men·da·cious □ [men'deiʃəs] menteur (-euse *f*), mensonger (-ère *f*); **men·dac·i·ty** [~'dæsiti] penchant *m* au mensonge; fausseté *f*.

mend·er ['mendə] raccommodeur (-euse *f*) *m*; *invisible* ~ stoppeur (-euse *f*) *m*.

men·di·can·cy ['mendikənsi] mendicité *f*; **'men·di·cant** mendiant (*a. su./m*); **men'dic·i·ty** [~siti] mendicité *f*.

men·folk F ['menfouk] hommes *m/pl. (de la famille)*.

men·hir ['menhiə] menhir *m*.

me·ni·al *usu. péj.* ['mi:njəl] **1.** □ servile, bas(se *f*); **2.** domestique *m/f*; laquais *m*.

men·in·gi·tis ≈ [menin'dʒaitis] méningite *f*.

men·o·pause ['menoupɔ:z] ménopause *f*.

men·ses ['mensi:z] *pl.* menstrues *f/pl.*, époques *f/pl.*; *see* menstruation; **men·stru·al** [~struəl] menstruel(le *f*); **'men·stru·ate** [~strueit] avoir ses règles; **men·stru'a·tion** menstruation *f*; règles *f/pl.*, époques *f/pl.*

men·su·ra·tion [mensjuə'reiʃn] mesurage *m*; ⚓ mensuration *f*.

men·tal □ ['mentl] mental (-aux *m/pl.*); de l'esprit; ~ arithmetic calcul *m* de tête; ~ home (*ou* hospital *ou* institution) hôpital *m* ou clinique *f* psychiatrique; maison *f* de santé; ~ly ill aliéné; **men·tal·i·ty** [~'tæliti] mentalité *f*; esprit *m*.

men·thol *pharm.* ['menθɔl] menthol *m*.

men·tion ['menʃn] **1.** mention *f*; allusion *f*; **2.** mentionner, faire allusion à, citer; don't ~ it! je vous en prie!; il n'y a pas de quoi!; not to ~ sans parler de; sans compter;

'men·tion·a·ble digne de mention; dont on peut parler.

men·tor ['mentɔ:] mentor *m*, guide *m*.

men·u ['menju:] menu *m*; carte *f*.

me·phit·ic [me'fitik] méphitique; **me·phi·tis** [~'faitis] méphitisme *m*.

mer·can·tile ['mə:kəntail] mercantile, marchand; commercial (-aux *m/pl.*), de commerce; commerçant.

mer·ce·nar·y ['mə:sinəri] **1.** □ mercenaire, intéressé; **2.** ✗ mercenaire *m*.

mer·cer ['mə:sə] marchand(e *f*) *m* de soieries; † mercier (-ère *f*) *m*; **'mer·cer·ize** merceriser; **'mer·cer·y** (commerce *m* des) soieries *f/pl.*; † mercerie *f*.

mer·chan·dise ['mə:tʃəndaiz] **1.** marchandise *f*, -s *f/pl.*; **2.** *Am.* commercer.

mer·chant ['mə:tʃənt] **1.** négociant *m*; commerçant *m*; *Am.* marchand *m*; boutiquier (-ère *f*) *m*; **2.** marchand; de ou du commerce; ~ bank banque *f* de commerce; *law* ~ droit *m* commercial; *Am.* ~ marine, *Brit.* ~ navy marine *f* marchande; **'mer·chant·a·ble** vendable; négociable; **'mer·chant·man** navire *m* marchand ou de commerce.

mer·ci·ful □ ['mə:siful] miséricordieux (-euse *f*) (pour, to); clément (envers, to); **'mer·ci·ful·ness** miséricorde *f*; clémence *f*; pitié *f*.

mer·ci·less □ ['mə:silis] impitoyable, sans pitié; **'mer·ci·less·ness** caractère *m* impitoyable; manque *m* de pitié.

mer·cu·ri·al [mə:'kjuəriəl] *astr.* de Mercure; ♋ mercuriel(le *f*); *fig.* vif (vive *f*); inconstant, changeant.

Mer·cu·ry ['mə:kjuri] *astr.* Mercure; *fig.* messager *m*; ♋ ♀ mercure *m*.

mer·cy ['mə:si] miséricorde *f*; clémence *f*; pitié *f*; be at s.o.'s ~ être à la merci de q.; at the ~ of the waves au gré des flots; it is a ~ that c'est un bonheur que; for ~'s sake par pitié; *poét.*, *co.* have ~ (up)on avoir pitié de; ~ killing euthanasie *f*.

mere □ [miə] simple, seul, pur; ~(st) nonsense extravagance *f* pure et simple; ~ words vaines paroles *f/pl.*; rien que des mots; ~ly simplement; tout bonnement.

mer·e·tri·cious □ [meri'triʃəs] de courtisane; *fig.* factice; d'un éclat criard.

merge [məːdʒ] (*in*) *v/t.* fondre (dans); amalgamer (avec); *v/i.* se fondre, se perdre (dans); s'amalgamer; *mot.* s'enfiler; **'merg·er** fusion *f.*

me·rid·i·an [mə'ridiən] **1.** méridien(ne *f*); *fig.* culminant, le plus haut; **2.** *géog.* méridien *m*; *fig.* point *m* culminant, apogée *m*; **me'rid·i·o·nal** □ [~iənl] méridional(-aux *m/pl.*); du midi.

me·ringue [mə'ræŋ] meringue *f.*

mer·it [merit] **1.** mérite *m*; valeur *f*; *usu.* ${}_{\mathbb{T}}^{\mathbb{T}}\mathbb{s}$ ~s *pl.* bien-fondé *m*; le pour et le contre (*de qch.*); on the ~s of the case (*juger qch.*) au fond; on its (own) ~s selon ses mérites; make a ~ of se faire un mérite de; **2.** *fig.* mériter; **mer·i·to·ri·ous** □ [~'tɔːriəs] méritoire; méritant (*personne*).

mer·maid ['məːmeid] sirène *f.*

mer·ri·ment ['merimənt] gaieté *f*, réjouissance *f.*

mer·ry □ ['meri] joyeux (-euse *f*), gai; jovial (-als, -aux *m/pl.*); make ~ se réjouir; se divertir; **~ an·drew** paillasse *m*, bouffon *m*; **'~-go-round** carrousel *m*; chevaux *m/pl.* de bois; **'~-mak·ing** réjouissances *f/pl.*, fête *f*; **'~-thought** lunette *f* (*d'une volaille*).

mes·en·ter·y *anat.* ['mesəntəri] mésentère *m.*

mesh [meʃ] **1.** maille *f*; *fig. usu.* ~es *pl.* réseau *m*; ⊕ be in ~ être en prise (*avec, with*); **2.** *fig.* (s')engrener; **meshed** [~t] à ... mailles; **'mesh-work** réseau *m*; treillis *m.*

mes·mer·ism ['mezmərizm] mesmérisme *m*, hypnotisme *m*; **'mes·mer·ize** hypnotiser; magnétiser.

mess¹ [mes] **1.** désordre *m*, gâchis *m*, fouillis *m*; saleté *f*; F a fine ~ of things du joli, une belle équipée, un chef-d'œuvre; F look a ~ être dans un état épouvantable; make a ~ of gâcher, bousiller; **2.** *v/t. a.* ~ up gâcher, galvauder, abîmer; salir; *v/i.* F ~ about patauger (*dans la boue*); gaspiller son temps.

mess² [mes] **1.** † plat *m*, mets *m*; ×, ♣ officiers: mess *m*, table *f*; × hommes: ordinaire *m*, ♣ plat *m*; **2.** manger à la même table.

mes·sage ['mesidʒ] message *m*;

commission *f*; F get the ~ comprendre, F piger; give s.o. the ~ faire la commission à q.; take a ~ faire la commission.

mes·sen·ger ['mesindʒə] messager (-ère *f*) *m*; ~ boy hôtel: chasseur *m*, télégraphe: facteur *m.*

Mes·si·ah [mi'saiə] Messie *m.*

Mes·sieurs, *usu.* **Messrs.** ['mesəz] † Messieurs *m/pl.*; maison *f.*

mess-room ['mesrum] × salle *f* de mess; ♣ carré *m* (*des officiers*); **'mess-tin** × gamelle *f*, ♣ quart *m.*

mess·up F ['mesʌp] gâchis *m*; pagaille; embrouillement *m*, embrouillamini *m*; malentendu *m*; **mess·y** ['mesi] embrouillé, en désordre; sale, malpropre.

met [met] *prét. et p.p. de* meet² **3.**

met·a·bol·ic [metə'bɔlik] métabolique; **me·tab·o·lism** *physiol.* [me'tæbəlizm] métabolisme *m.*

met·age ['miːtidʒ] mesurage *m.*

met·al ['metl] **1.** métal *m*; ⊕ empierrement *m*; *route*: cailloutis *m*, pierraille *f*; ⊕ F ~s *pl.* rails *m/pl.*; **2.** empierrer, caillouter; **me·tal·lic** [mi'tælik] (*~ally*) métallique; métallin; de métal; **met·al·lif·er·ous** [metə'lifərəs] métallifère; **met·al·line** ['metəlain] métallin; **'met·al·lize** métalliser; vulcaniser (le caoutchouc); **met·al·log·ra·phy** [~'lɔgrəfi] métallographie *f*; **met·al·lur·gic, met·al·lur·gi·cal** [~'ləːdʒik(l)] métallurgique; **'met·al·lur·gy** métallurgie *f.*

met·a·mor·phose [metə'mɔːfouz] métamorphoser, transformer (en, [in]to); **met·a'mor·pho·sis** [~fə-sis], *pl.* **-ses** [~siːz] métamorphose *f.*

met·a·phor ['metəfə] métaphore *f*; image *f*; **met·a·phor·ic, met·a·phor·i·cal** □ [~'fɔrik(l)] métaphorique.

met·a·phys·ic [metə'fizik] **1.** (*usu.* **met·a'phys·i·cal** □) métaphysique; **2.** ~s *souv. sg.* métaphysique *f*; ontologie *f.*

mete [miːt] *litt.* mesurer; (*usu.* ~ out) assigner; décerner, distribuer.

me·te·or ['miːtjə] météore *m* (*a. fig.*); **me·te·or·ic** [miːti'ɔrik] météorique; *fig.* rapide; **me·te·or·ite** ['miːtjərait] météorite *mf*; aérolithe *m*; **me·te·or·o·log·i·cal** □ [miːtjərə'lɔdʒikl] météorologique, aérologique; **me·te·or·ol·o·gist** [~'rɔlədʒist] météorologiste *mf*, -logue *mf*; **me·te·or·ol·o·gy** météorologie *f*, aérologie *f*.

me·ter ['miːtə] (*a.* gas ~) compteur *m*; jaugeur *m*; **'~maid** *Am.* F contractuelle *f*.

me·thinks [mi'θiŋks] (*prét.* methought) il me semble.

meth·od ['meθəd] méthode *f*; système *m*; manière *f*; procédé *m* (pour *for, of*); **me·thod·ic, method·i·cal** □ [mi'θɒdik(l)] méthodique; **Meth·od·ism** *eccl.* ['meθədizm] méthodisme *m*; **'meth·od·ist** *péj.* qui a le souci exagéré de la méthode; *eccl.* ♀ méthodiste *mf*; **'meth·od·ize** ordonner, régler.

meth·yl ↗ ['meθil] méthyle *m*; **meth·yl·at·ed spir·it** ['meθileitid 'spirit] alcool *m* à brûler.

me·tic·u·lous □ [mi'tikjuləs] méticuleux (-euse *f*).

me·tre ['miːtə] mètre *m*, mesure *f*; mètre *m* (39,37 inches).

met·ric ['metrik] (~ally) métrique; **'met·ri·cal** □ métrique; en vers; **'met·rics** *sg.* métrique *f*.

me·trop·o·lis [mi'trɒpəlis] métropole *f*; **me·tro·pol·i·tan** [metrə'pɒlitən] 1. métropolitain; ♀ *Railway* chemin *m* de fer métropolitain; 2. métropolitain *m*, archevêque *m*.

met·tle ['metl] *personne*: ardeur *f*, courage *m*, feu *m*; tempérament *m*, caractère *m*; *cheval*: fougue *f*; be on one's ~ se piquer d'honneur; faire de son mieux; put s.o. on his ~ piquer q. d'honneur; stimuler le zèle de q.; horse of ~ cheval *m* fougueux; **'met·tled, met·tle·some** ['~səm] fougueux (-euse *f*) (*cheval*); ardent (*personne*).

mew¹ *poét.* ['mjuː] mouette *f*.

mew² [~] 1. miaulement *m*; 2. miauler.

mew³ [~] 1. mue *f*, cage *f* (pour les faucons); 2. v/i. se cloîtrer; v/t. (*usu.* ~ up) renfermer. [miauler.]

mewl [mjuː] vagir, piailler; F♪

mews [mjuːz] *sg.*, † *pl.* écuries *f/pl.*; *Londres*: impasse *f*, ruelle *f*.

Mex·i·can ['meksikən] 1. mexicain; 2. Mexicain(e *f*) *m*.

mi·aow [mi'au] 1. miaulement *m*, miaou *m*; 2. miauler.

mi·as·ma [mi'æzmə], *pl.* **-ma·ta** [~mətə], **-mas** miasme *m*; **mi·as·mal** □ miasmatique.

mid·land ['midlənd]

mi·aul [mi'ɔːl] miauler.

mi·ca *min.* ['maikə] mica *m*; **mi·ca·ce·ous** [~'keiʃəs] micacé.

mice [mais] *pl. de* mouse 1.

Mich·ael·mas ['miklməs] la Saint-Michel *f* (le 29 septembre).

mick·ey *sl.* ['miki] (*a.* ~ finn) boisson *f* droguée; take the ~ out of s.o. se payer la tête de q.

micro... [maikro] micro-.

mi·crobe ['maikroub] microbe *m*; **mi·cro·bi·al** [~'iəl] microbien(ne *f*).

mi·cro·cosm ['maikrəkɒzəm] microcosme *m*; **mi·crom·e·ter** [mai'krɒmitə] micromètre *m*; **mi·cro·phone** ['maikrəfoun] microphone *m*; F micro *m*; **mi·cro·pro·ces·sor** ['~prə'sesə] microprocesseur *m*, chip *m*; **mi·cro·scope** ['~skoup] microscope *m*; **mi·cro·scop·ic, mi·cro·scop·i·cal** □ [~s'kɒpik(l)] microscopique; au microscope (*examen*); F minuscule, très petit; **mi·cro·wave** ♂ ['maikrəweiv] micro-onde *f*.

mid [mid] *see* middle 2; mi-; *poét.* *see* amid; **~'air:** in ~ entre ciel et terre; **'~course:** in ~ en pleine carrière; **'~day** 1. midi *m*; 2. de midi, méridien(ne *f*).

mid·den ['midn] (tas *m* de) fumier *m*.

mid·dle ['midl] 1. milieu *m*, centre *m*; *fig.* taille *f*, ceinture *f*; † ~s *pl.* qualité *f* moyenne; 2. ordinaire; bon(ne *f*); du milieu, central (-aux *m/pl.*); moyen(ne *f*), intermédiaire; ♀ Ages *pl.* Moyen Âge *m*; ~ class(es *pl.*) classe *f* moyenne; bourgeoisie *f*; **'~-'aged** F entre deux âges; **'~-'class** bourgeois; **'~man** F entremetteur *m*; † intermédiaire *m*; **'~most** central (-aux *m/pl.*); le plus au milieu; **'~-sized** de grandeur *ou* taille moyenne; **'~-weight** box. poids *m* moyen.

mid·dling ['midliŋ] 1. *adj.* médiocre; passable, assez bon(ne *f*); moyen(ne *f*); † de qualité moyenne; 2. *adv.* (*a.* ~ly) passablement, assez bien; 3. *su.* † ~s *pl.* marchandises *f/pl.* de qualité moyenne.

mid·dy F ['midi] *see* midshipman.

midge [midʒ] moucheron *m*; **midg·et** ['~it] nain(e *f*) *m*; nabot(e *f*) *m*.

mid·land ['midlənd] 1. entouré de terre; intérieur (*mer*); 2. les ♀s *pl.*

les Midlands *m/pl.*; 'mid·most central (-aux *m/pl.*); le plus près du milieu; 'mid·night **1.** minuit *m*; **2.** de minuit; mid·riff ['∼rif] diaphragme *m*; 'mid·ship·man ⚓ aspirant *m*; *Am.* enseigne *m*; 'mid·ships ⚓ par le travers; midst [midst] **1.** *su.* milieu *m*; in the ∼ of au milieu de; of parmi; in our ∼ au milieu de nous, parmi nous; **2.** *prp. poét.* see amidst; 'mid·sum·mer milieu *m* de l'été; solstice *m* d'été; ♀ Day la Saint-Jean (24.6); ∼ holidays pl. vacances *f/pl.* d'été; 'mid·way **1.** *su. Am.* allée *f* centrale (*d'une exposition*); **2.** *adj.* du milieu, central (-aux *m/pl.*), intermédiaire; **3.** *adv.* à michemin; 'mid·wife sage-femme (*pl.* sages-femmes) *f*; mid·wife·ry ['midwifri] obstétrique *f*; 'mid·win·ter milieu *m* de l'hiver; solstice *m* d'hiver.

mien *poét.* [mi:n] mine *f*, air *m*.

miff F [mif] boutade *f*; accès *m* d'humeur.

might [mait] **1.** puissance *f*, force *f*, -s *f/pl.*; with ∼ and main de toutes mes (*etc.*) forces; **2.** *prét.* de may²; 'might·i·ness ['∼inis] puissance *f*, force *f*, grandeur *f*; 'might·y (□ †) **1.** *adj.* puissant, fort; vaste; F considérable; **2.** F *adv.* très, extrêmement.

mi·grant ['maigrənt] **1.** see migratory; **2.** (*ou* ∼ bird) migrateur (-trice *f*) *m*.

mi·grate [mai'greit] émigrer; passer; mi·gra·tion migration *f*, émigration *f*; mi·gra·to·ry ['∼grətəri] migrateur (-trice *f*) (*personne, a. oiseau*); nomade (*personne*); de passage (*oiseau*).

mike *sl.* [maik] microphone *m*, F micro *m*.

Mil·an·ese [milə'ni:z] **1.** milanais; **2.** Milanais(e *m*) *m*.

milch [miltʃ] à lait, laitière (*vache*).

mild □ [maild] doux (douce *f*); tempéré (*climat*); peu sévère; peu rigoureux (-euse *f*); bénin (-igne *f*); to put it ∼ly pour m'exprimer avec modération.

mil·dew ['mildju:] **1.** *pain etc.*: chancissure *f*; *froment etc.*: rouille *f*; *vignes etc.*: mildiou *m*; moisissure *f*; **2.** chancir (*le pain*); rouiller, moisir (*la plante etc.*); piquer (*le papier etc.*).

mild·ness ['maildnis] douceur *f*; *maladie*: bénignité *f*.

mile [mail] mille *m* (anglais) (1609,33 *m*).

mil(e)·age ['mailidʒ] distance *f ou* vitesse *f* en milles; *fig.* parcours *m*.

mile·stone ['mailstoun] borne *f* milliaire *ou* kilométrique.

mil·foil ⚜ ['milfɔil] mille-feuille *f*.

mil·i·tan·cy ['militənsi] esprit *m* militant; *pol.* activisme *m*; 'mil·i·tant □ militant; activiste; mil·i·tar·i·ness ['militərinis] caractère *m* militaire; 'mil·i·ta·rism ['∼rizəm] militarisme *m*; 'mil·i·ta·ry **1.** □ militaire; de guerre; de soldat; ∼ college école *f* militaire; ♀ Government gouvernement *m* militaire; ∼ map carte *f* d'état-major; ∼ service service *m* militaire; of ∼ age en âge de servir; **2.** les militaires *m/pl.*; l'armée *f*; mil·i·tate ['∼teit]: ∼ in favo(u)r of (*against*) militer en faveur de (contre); mi·li·tia [mi'liʃə] milice *f*; garde *f* nationale.

milk [milk] **1.** lait *m*; powdered (whole) ∼ lait *m* en poudre (non écrémé); Brit. ∼ float voiture *f* de laitier; ∼ tooth dent *f* de lait; **2.** traire; *fig.* dépouiller; ♀, *a. tél.* capter; 'milk-and-'wa·ter □ insipide, fade; 'milk·er personne: trayeur (-euse *f*) *m*; vache: laitière *f*; *machine*: trayeuse *f*; milk·i·ness ['∼inis] lactescence *f*; couleur *f* laiteuse; *fig.* douceur *f*.

milk...: '∼·maid laitière *f*, crémière *f*; trayeuse *f*; '∼·man laitier *m*, crémier *m*; '∼-'shake shake *m* (*mélange de lait, crème glacée et sirop battus ensemble*); '∼·sop F poule *f* mouillée; peureux (-euse *f*) *m*; 'milk·y laiteux (-euse *f*), lactescent; *fig.* blanchâtre; *astr.* ♀ Way Voie *f* lactée.

mill¹ [mil] **1.** moulin *m*; usine *f*; fabrique *f*; filature *f*; *sl.* combat *m* à coups de poings; **2.** *v/t.* moudre; ⊕ fraiser; créneler (*la monnaie*); fouler (*un drap*); mousser (*une crème*); broyer (*le minerai*); *sl.* rouer de coups; **3.** F *v/i.* fourmiller.

mill² *Am.* [∼] millième *m* (*de dollar*).

mill·board ['milbɔ:d] carton-pâte (*pl.* cartons-pâtes) *m*; carton *m* épais; 'mill-dam barrage *m* de moulin.

mil·le·nar·i·an [mili'nɛəriən], mil-

949

mine

len·ni·al [mi'leniəl] millénaire; **mil·le·nar·y** ['ˌ.əri] millénaire (*a. su./m*); **mil'len·ni·um** [ˌ.iəm] *eccl.* millénium *m*; mille ans *m/pl.*

mil·le·pede *zo.* ['milipi:d] mille-pieds *m/inv.*; mille-pattes *m/inv.*

mill·er ['milə] meunier *m*; ⊕ fraiseur *m*; *machine:* fraiseuse *f.*

mil·les·i·mal [mi'lesiməl] millième (*a. su./mf*).

mil·let ♣ ['milit] millet *m.*

mill-hand ['milhænd] ouvrier (-ère *f*) *m* d'usine.

mil·li·ard ['miljɑːd] milliard *m.*

mil·li·gram ['miligræm] milligramme *m.*

mil·li·me·tre ['milimi:tə] millimètre *m.*

mil·li·ner ['milinə] modiste *f*; **mil·li·ner·y** (articles *m/pl.* de) modes *f/pl.*

mill·ing ['miliŋ] meunerie *f*; moulage *m*; broyage *m*; foulage *m*; ⊕ ~ *cutter* fraise *f*, fraiseuse *f*; ~ *plant* moulin *m*; laminerie *f*; ~ *machine* machine *f* à fraiser; ~ *product* produit *m* de moulin.

mil·lion ['miljən] million *m*; **mil·lion·aire** [ˌ'neə] millionnaire *m*; **mil·lionth** ['miljənθ] millionième (*a. su./m*).

mill...: '~**·pond** réservoir *m* de moulin; '~**·race** bief *m* de moulin; '~**·stone** meule *f*; *see through a* ~ voir à travers les murs; '~**·wright** constructeur *m* de moulins.

milt¹ [milt] laitance *f* (*des poissons*).

milt² [ˌ] rate *f.* [laité.\ **milt·er** *icht.* ['miltə] poisson *m*\ **mime** [maim] 1. mime *m*; 2. mimer.

mim·e·o·graph ['mimiəgrɑːf] 1. autocopiste *m*, machine *f* à polycopier; 2. polycopier.

mim·ic ['mimik] 1. mimique; imitateur (-trice *f*); 2. mime *m*; imitateur (-trice *f*) *m*; 3. imiter; contrefaire; *F singer* (*q.*); '**mim·ic·ry** mimique *f*, imitation *f*; *zo.* mimétisme *m.*

min·a·to·ry ['minətəri] menaçant.

mince [mins] 1. *v/t.* hacher; *he does not* ~ *matters* il ne mâche pas ses mots; ~ *one's words* minauder, parler du bout des lèvres; ~*d meat* hachis *m*; *v/i.* marcher etc. d'un air affecté; 2. hachis *m*; '~**·meat** compôte *f* de raisins secs, de pommes, d'amandes *etc.*; *make* ~ *of* F rédu-

ire (*q.*) en chair à pâté; ~ *pie* petite tarte *f* au *mincemeat*; '**minc·er** hachoir *m.*

minc·ing □ ['minsiŋ] affecté, minaudier (-ère *f*); '~**·ma·chine** hachoir *m.*

mind [maind] 1. esprit *m*, âme *f*; pensée *f*, idée *f*, avis *m*; mémoire *f*, souvenir *m*; raison *f*; *to my* ~ à mon avis, selon moi, à ce que je pense; ~*'s eye* idée *f*, imagination *f*; *out of one's* ~ hors de son bon sens; insensé; *time out of* ~ de temps immémorial; *change one's* ~ changer d'avis; se raviser; *bear s.th. in* ~ se rappeler qch.; tenir compte de qch.; F *blow s.o.'s* ~ bouleverser q., renverser q.; *have (half) a* ~ *to* avoir (bonne) envie de; *have s.th. on one's* ~ avoir qch. sur sa conscience; *have in* ~ avoir (qch.) en vue; *(not) know one's own* ~ (ne pas) savoir ce qu'on veut; *make up one's* ~ se décider, prendre son parti; *put s.o. in* ~ *of* rappeler (qch. ou q.) à q.; 2. faire attention à; s'occuper de; ne pas manquer de (*inf.*); prendre garde à (*qch.*); soigner (*un enfant*), garder (*un chien etc.*); ~! attention!; *never* ~! n'importe!; ne vous inquiétez pas!; ~ *the step!* attention à la marche!; *I don't* ~ (*it*) cela m'est égal; peu me (m')importe; *do you* ~ *smoking?* la fumée ne vous gêne pas?; *would you* ~ *taking off your hat?* voudriez-vous bien ôter votre chapeau?; ~ *your own business!* mêlez-vous de ce qui vous regarde!; '~**·bend·ing** F hallucinant; '~**·blow·ing** F renversant, bouleversant; hallucinant; '~**·bog·gling** F inimaginable, inconcevable; '**mind·ed** disposé, enclin; à l'esprit...; sensibilisé à *ou* sur ...; '**mind·er** surveillant(e *f*) *m*; gardeur (-euse *f*) *m* (*d'animaux*); '**mind·ful** □ (*of*) attentif (-ive *f*) (à); soigneux (-euse *f*) (de); '**mind·ful·ness** attention *f* (à); soin *m* (de, of); '**mind·less** □ sans esprit; insouciant (de, of); indifférent (à, of); oublieux (-euse *f*) (de, of); '**mind-read·er** liseur (-euse *f*) *m* de pensées.

mine¹ [main] 1. le mien, la mienne, les miens, les miennes; à moi; 2. les miens *m/pl.*

mine² [ˌ] 1. ⚒, *a.* ✗ mine *f*; *fig.* trésor *m*, bureau *m*; 2. *v/i.* fouiller (sous) la terre; *v/t.* miner, saper; ⚒ exploiter (*le charbon*); creuser; ⚔ miner, saper; ⚓ miner, semer des mines dans; '**~·lay·er** ⚓, ⚔ poseur *m ou* mouilleur *m* de mines; '**min·er** mineur *m* (*a.* ⚔).

min·er·al ['minərəl] **1.** minerai *m*; **~s** *pl.* eaux *f/pl.* minérales; F boissons *f/pl.* gazeuses; **2.** minéral (-aux *m/pl.*); **~** jelly vaseline *f*; '**min·er·al·ize** minéraliser; **min·er·al·o·gist** [⁓'rælədʒist] minéralogiste *m*; **min·er·al·o·gy** minéralogie *f*.

mine·sweep·er ⚓ ['mainswi:pə] dragueur *m* de mines.

min·gle ['miŋgl] (se) mêler (avec, à *with*); (se) mélanger (avec, *with*).

min·i... [mini] mini-.

min·i·a·ture ['minjətʃə] **1.** miniature *f*; **2.** en miniature, en raccourci; petit modèle; minuscule; **~** *camera* appareil *m* de petit format; **~** *grand piano* m à queue écourtée; **~** *rifle shooting* tir *m* au fusil de petit calibre.

min·i·bus ['minibʌs] minibus *m*.

min·i·kin ['minikin] **1.** mignon(ne *f*); affecté; **2.** homuncule *m*.

min·im ['minim] ♩ blanche *f*; *mesure:* goutte *f*; F bout *m* d'homme; '**min·i·mize** réduire au minimum; *fig.* mettre au minimum l'importance de (*qch.*); **min·i·mum** ['⁓məm] **1.** *pl.* **-ma** [⁓mə] minimum (*pl.* **-s,** **-ma**) *m*; **2.** minimum (*qqfois* -ma *f*).

min·ing ['mainiŋ] **1.** minier (-ère *f*); de mine(s); ✝ de mine; ⚔, ⚓ de mouilleur de mines; **2.** exploitation *f* des mines, travaux *m/pl.* de mines; ⚔ sape *f*; ⚓ pose *f* de mines.

min·ion ['minjən] favori(te *f*) *m*; *typ.* mignonne *f*; F **~** *of the law* sbire *m*.

mini·skirt ['miniskə:t] mini-jupe *f*.

min·is·ter ['ministə] **1.** ministre *m* (*a. pol., a. eccl.*); *eccl.* pasteur *m* (*protestant*); **2.** *v/t.* ✝ fournir; *v/i.* **~** *to* soigner (*q.*); subvenir aux besoins de (*q.*); aider à (*qch.*); **min·is·te·ri·al** □ [⁓'tiəriəl] accessoire; *pol.* ministériel(le *f*); exécutif (-ive *f*); gouvernemental (-aux *m/pl.*); *eccl.* sacerdotal (-aux *m/pl.*); **min·is'te·ri·al·ist** ministériel *m*.

min·is·trant ['ministrənt] **1.** qui subvient à (*q.*); **2.** *eccl.* officiant *m*; **min·is'tra·tion** service *m*; ministère *m*; *eccl.* saint ministère *m*, sa-

cerdoce *m*; '**min·is·try** ministère *m*; *pol. a.* gouvernement *m*.

min·i·ver ['minivə] petit-gris (*pl.* petits-gris) *m* (*a. fourrure*).

mink *zo.* [miŋk] vison *m*.

min·now *icht.* ['minou] vairon *m*.

mi·nor ['mainə] **1.** petit, mineur; peu important; d'importance secondaire; ♩ mineur; A **~** la *m* mineur; **~** *third* tierce *f* mineure; **~** *key* mineur *m*; **2.** mineur(e *f*) *m*; le plus jeune (*de deux frères*); *phls.* mineure *f*, petit terme *m*; *Am. univ.* sujet *m* (d'étude) secondaire; **mi·nor·i·ty** [mai'nɔriti] minorité *f* (*a.* ⚖); **~** *government* gouvernement *m* minoritaire.

min·ster ['minstə] cathédrale *f*; église *f* abbatiale.

min·strel ['minstrəl] ménestrel *m*; F musicien *m*; **~s** *pl.* (troupe *f* de) chanteurs *m/pl.* déguisés en nègres; **min·strel·sy** [⁓si] chants *m/pl. ou* art *m* des ménestrels.

mint¹ ♣ [mint] menthe *f*; **~** *sauce* vinaigrette *f* à la menthe.

mint² □ [⁓] **1.** Hôtel *m* de la Monnaie; source *f*; a **~** *of money* une somme *f* fabuleuse; **2.** (à l'état) neuf (neuve *f*) (*volume etc.*); *fig.* intrinsèque; **3.** monnayer; battre monnaie; '**mint·age** monnayage *m*; fabrication *f*; espèces *f/pl.* monnayées; empreinte *f*.

min·u·et ♩ [minju'et] menuet *m*.

mi·nus ['mainəs] **1.** *prp.* moins; F sans; **2.** *adj.* négatif (-ive *f*).

min·ute¹ ['minit] **1.** minute *f*; *fig.* moment *m*; instant *m*; projet *m*; note *f*; **~s** *pl.* procès-verbal (*pl.* procès-verbaux) *m*; **~·hand** grande aiguille *f*; *just a* **~**! minute!; **2.** faire la minute de (*un contrat*); prendre note de; dresser le procès-verbal de.

mi·nute² □ [mai'nju:t] tout petit; minuscule; détaillé; **~·ly** dans ses moindres détails; **mi'nute·ness** petitesse *f*; exactitude *f* minutieuse.

mi·nu·ti·a [mai'nju:ʃiə], *pl.* **-ti·ae** [⁓ʃii:] petits détails *m/pl.*

minx [miŋks] friponne *f*, coquine *f*.

mir·a·cle ['mirəkl] miracle *m*; F prodige *m*; **~** *to a* **~** à merveille; **mi·rac·u·lous** □ [mi'rækjuləs] miraculeux (-euse *f*); F merveilleux (-euse *f*); **mi'rac·u·lous·ness** miraculeux *m*.

mi·rage ['mira:ʒ] mirage *m*.

mire ['maiə] **1.** boue f, fange f; bourbier m; vase f (de fleuve); **2.** be ~d s'embourber; F s'avilir.

mir·ror ['mirə] **1.** miroir m, glace f; **2.** refléter (a. fig.).

mirth [mə:θ] gaieté f; hilarité f; **mirth·ful** □ ['~ful] gai, joyeux (-euse f); **'mirth·less** □ triste.

mir·y ['maiəri] bourbeux (-euse f), fangeux (-euse f); vaseux (-euse f).

mis... [mis] mé-, més-, mal-, mauvais ...; faux (fausse f).

mis·ad·ven·ture ['misəd'ventʃə] mésaventure f, contretemps m; ⚖ accident m.   [liance f.]

mis·al·li·ance [misə'laiəns] mésal-

mis·an·thrope ['mizənθroup] misanthrope m; **mis·an·throp·ic**, **mis·an·throp·i·cal** □ [~'θrɔpik(l)] misanthrope (personne), misanthropique (humeur); **mis·an·thro·pist** [mi'zænθrəpist] misanthrope m; **mis·an·thro·py** misanthropie f.

mis·ap·pli·ca·tion ['misæpli'keiʃn] mauvaise application f; mauvais usage m; détournement m (de fonds); **mis·ap·ply** ['~ə'plai] mal appliquer; détourner (des fonds).

mis·ap·pre·hend ['misæpri'hend] mal comprendre; **'mis·ap·pre·'hen·sion** malentendu m, méprise f.

mis·ap·pro·pri·ate [misə'proupri-eit] détourner, distraire (des fonds); **'mis·ap·pro·pri·'a·tion** détournement m, distraction f (de fonds).

mis·be·come ['misbi'kʌm] messeoir à (q.), mal convenir à (q.); **'mis·be·'com·ing** malséant.

mis·be·got·ten ['misbi'gɔt(n)] illégitime, bâtard; F misérable.

mis·be·have ['misbi'heiv] se conduire mal; **'mis·be·'hav·io(u)r** [~jə] mauvaise conduite f, inconduite f.

mis·be·lief ['misbi'li:f] fausse croyance f; opinion f erronée; **mis·be·lieve** ['~'li:v] être infidèle; **'mis·be·'liev·er** infidèle mf.

mis·cal·cu·late ['mis'kælkjuleit] v/t. mal calculer; v/i. se tromper (sur, about); **'mis·cal·cu·'la·tion** faux calcul m; mécompte m.

mis·car·riage [mis'kæridʒ] lettre: perte f; avortement m; ⚖ fausse couche f; ~ of justice erreur f judiciaire; **mis·car·ry** avorter; échouer; s'égarer (lettre); ⚖ faire une fausse couche.

mis·cel·la·ne·ous □ [misi'leinjəs] mélangé, varié, divers; **mis·cel·la·ne·ous·ness** variété f, diversité f.

mis·cel·la·ny [mi'seləni] mélange m; collection f d'objets variés; miscellanies pl. mélanges m/pl.

mis·chance [mis'tʃɑ:ns] malchance f; malheur m, accident m.

mis·chief ['mistʃif] mal m, dommage m, dégât m; F discorde f, zizanie f; malice f; bêtises f/pl. (d'un enfant); personne: fripon(ne f) m what etc. the ~ ...? que etc. diantre ...?; **'~-mak·er** brandon m de discorde.

mis·chie·vous □ ['mistʃivəs] méchant, espiègle, malin (-igne f) (personne); mauvais, nuisible; **'mis·chie·vous·ness** méchanceté f; espièglerie f, malice f; caractère m nuisible (de qch.).

mis·con·ceive ['miskən'si:v] mal concevoir; mal comprendre; **mis·con·cep·tion** ['~'sepʃn] idée f fausse; malentendu m.

mis·con·duct 1. ['mis'kɔndəkt] mauvaise conduite f (d'une personne); mauvaise gestion f ou administration f (d'une affaire); **2.** ['~kən'dʌkt] mal diriger ou gérer; ~ o.s. se conduire mal.

mis·con·struc·tion ['miskən'strʌkʃn] fausse interprétation f; **mis·con·strue** ['~'stru:] mal interpréter.

mis·count ['mis'kaunt] **1.** mal compter; se tromper; **2.** faux calcul m; erreur f d'addition.

mis·cre·ant ['miskriənt] scélérat (a. su./m); misérable (a. su./mf).

mis·date ['mis'deit] **1.** erreur f de date; **2.** mal dater.

mis·deal ['mis'di:l] cartes **1.** [irr. (deal)] faire maldonne f; **2.** maldonne f.

mis·deed ['mis'di:d] méfait m.

mis·de·mean·ant ⚖ ['misdi:mi:nənt] délinquant(e f) m; **mis·de·'mean·o(u)r** ⚖ [~nə] délit m correctionnel.

mis·di·rect ['misdi'rekt] mal diriger; mal adresser (une lettre); **mis·di·rec·tion** renseignement m erronné; fausse adresse f.

mis·do·ing ['mis'du:iŋ] méfait m.

mis·doubt ['mis'daut] se douter de (qch., q.); soupçonner.

mi·ser ['maizə] avare mf.

mis·er·a·ble □ ['mizərəbl] malheureux (-euse f); triste; misérable; déplorable; **'mis·er·a·ble·ness** état m malheureux ou misérable.

mi·ser·ly ['maizəli] avare; sordide.

mis·er·y ['mizəri] souffrance f; misère f, détresse f.

mis·fea·sance 𝔱𝔱 ['mis'fi:zəns] infraction f à la loi; abus m d'autorité.

mis·fire ['mis'faiə] **1.** fusil: raté m; mot. raté m d'allumage; **2.** rater (a. mot.).

mis·fit ['mis'fit] vêtement m ou soulier m manqué; F inapte mf.

mis·for·tune [mis'fɔ:tʃn] malheur m, infortune f, calamité f.

mis·give [mis'giv] [irr. (give)] avoir des inquiétudes; my heart misgave me j'avais de mauvais pressentiments; **mis'giv·ing** pressentiment m, doute m, crainte f.

mis·gov·ern ['mis'gʌvən] mal gouverner; **'mis'gov·ern·ment** mauvais gouvernement m; mauvaise administration f.

mis·guide ['mis'gaid] mal guider ou conseiller.

mis·han·dle ['mis'hændl] malmener, maltraiter (q.); traiter mal (un sujet).

mis·hap ['mishæp] mésaventure f; mot. panne f.

mis·hear [mis'hiə] [irr. (hear)] mal entendre; mal comprendre.

mish·mash ['miʃmæʃ] fatras m.

mis·in·form ['misin'fɔ:m] mal renseigner; **'mis·in·for'ma·tion** faux renseignement m, -s m/pl.

mis·in·ter·pret [misin'tə:prit] mal interpréter; mal comprendre; **'mis·in·ter·pre'ta·tion** fausse interprétation f.

mis·judge ['mis'dʒʌdʒ] mal juger; se tromper sur; **'mis'judg(e)·ment** jugement m erroné.

mis·lay [mis'lei] [irr. (lay)] égarer.

mis·lead [mis'li:d] [irr. (lead)] tromper, induire en erreur, fourvoyer.

mis·man·age ['mis'mænidʒ] mal administrer; mal conduire; **'mis'man·age·ment** mauvaise administration f ou gestion f.

mis·no·mer ['mis'noumə] faux nom m; erreur f de nom.

mi·sog·y·nist [mai'sɔdʒinist] misogyne m; **mi'sog·y·ny** misogynie f.

mis·place ['mis'pleis] déplacer (qch.); mal placer (sa confiance); **'mis'place·ment** déplacement m.

mis·print 1. [mis'print] imprimer incorrectement; **2.** ['mis'print] faute f d'impression.

mis·pri·sion 𝔱𝔱 [mis'priʒn] non-révélation f (d'un crime); négligence f (coupable).

mis·pro·nounce ['mispro'nauns] mal prononcer; **mis·pro·nun·ci·a·tion** ['ˌprɔnʌnsi'eiʃn] mauvaise prononciation f.

mis·quo·ta·tion ['miskwou'teiʃn] citation f inexacte; fausse citation f; **'mis'quote** citer inexactement.

mis·read ['mis'ri:d] [irr. (read)] mal lire ou interpréter.

mis·rep·re·sent ['misrepri'zent] mal représenter; dénaturer (les faits); **'mis·rep·re·sen'ta·tion** faux rapport m; 𝔱𝔱 fausse déclaration f; 𝔱𝔱 réticence f.

mis·rule ['mis'ru:l] **1.** confusion f, désordre m; mauvaise administration f; **2.** mal gouverner.

miss¹ [mis] mademoiselle (pl. mesdemoiselles f); co. demoiselle f; adolescente f.

miss² [∾] **1.** coup m manqué, perdu ou raté; **2.** v/t. manquer; F rater (le but, une occasion, le train); ne pas trouver; ne pas saisir; se tromper de (chemin); ne pas avoir; sauter; remarquer ou regretter l'absence de; (gér.) faillir (inf.); ∾ one's footing poser le pied à faux; ∾ one's hold lâcher prise; ne pas saisir; v/i. manquer le coup; frapper à vide; ∾ out on s.th. louper qch., rater qch.

mis·sal eccl. ['misəl] missel m.

mis·shap·en ['mis'ʃeipən] difforme, contrefait; déformé (chapeau etc.).

mis·sile ['misail] projectil m; ∾ site base f de lancement; ballistic ∾ engin m balistique.

miss·ing ['misiŋ] absent, perdu; surt. ✕ disparu; be ∾ manquer; être égaré ou perdu.

mis·sion ['miʃn] mission f (a. eccl., a. fig.); **'mis·sion·ar·y 1.** missionnaire m; **2.** missionnaire, de missionnaires; des missions.

mis·sis F ['misiz] femme f, dame f.

mis·sive ['misiv] lettre f, missive f.

mis·spell ['mis'spel] [irr. (spell)] mal épeler ou écrire (un mot).

mis·spend ['mis'spend] [irr. (spend)]

mal employer (*son temps, son argent*).

mis·state ['mis'steit] exposer incorrectement; altérer (*des faits*); '**mis·'state·ment** exposé *m* inexact; erreur *f* de fait.

mis·sus F ['misəz] femme *f*, dame *f*.

miss·y F ['misi] mademoiselle (*pl.* mesdemoiselles) *f*.

mist [mist] **1.** brume *f*; buée *f* (*sur une glace*); *fig.* in a ~ désorienté, perdu; **2.** (se) couvrir de buée (*glace*); *v/i.* disparaître sous la brume.

mis·tak·a·ble [mis'teikəbl] sujet(te *f*) à méprise; facile à confondre; **mis·take** [~'teik] **1.** (*irr.* (take)) *v/t.* se tromper de; se méprendre sur; mal comprendre; confondre (avec, *for*); be ~n se tromper; *v/i.* se tromper; **2.** erreur *f*, méprise *f*, faute *f*; by ~ par méprise; *and no* ~ décidément; **mis'tak·en** □ erroné; mal compris; ~ *identity* erreur *f* sur la personne.

mis·ter ['mistə] (*abr.* **Mr.**) monsieur (*pl.* messieurs) *m*.

mis·time ['mis'taim] mal calculer; faire (*qch.*) mal à propos; '**mis·'timed** inopportun.

mist·i·ness ['mistinis] état *m* brumeux; brouillard *m*; obscurité *f* (*a. fig.*).

mis·tle·toe ♀ ['misltou] gui *m*.

mis·trans·late ['mistræns'leit] mal traduire; '**mis·trans·'la·tion** traduction *f* inexacte; contresens *m*.

mis·tress ['mistris] maîtresse *f*; patronne *f*; *lycée:* professeur *m*; *école primaire:* institutrice *f*; (*abr.* **Mrs.** ['misiz]) madame (*pl.* mesdames) *f*.

mis·trust ['mis'trʌst] **1.** se méfier de; **2.** méfiance *f*, défiance *f* (de, in of); '**mis·'trust·ful** □ [~ful] méfiant, soupçonneux (-euse *f*) (à l'endroit de, of).

mist·y □ ['misti] brumeux (-euse *f*); *fig.* vague, confus.

mis·un·der·stand ['misʌndə'stænd] [*irr.* (stand)] mal comprendre *ou* interpréter; '**mis·un·der'stand·ing** malentendu *m*; mésentente *f*.

mis·use 1. ['mis'ju:z] faire mauvais emploi *ou* usage de; maltraiter; **2.** [~'ju:s] abus *m*; mauvais emploi *m* ou usage *m*.

mite¹ *zo.* [mait] mite *f*; acarien *m*.

mite² [~] denier *m*, obole *f*; *personne:* mioche *mf*; petit(e *f*) *m*; a ~

of a child un(e *f*) enfant haut(e *f*) comme ma botte.

mit·i·gate ['mitigeit] adoucir, atténuer (*a. fig.*); **mit·i'ga·tion** adoucissement *m*, atténuation *f*.

mi·tre, mi·ter ['maitə] **1.** *eccl.* mitre *f*; ⊕ onglet *m*; **2.** *eccl.* mitrer; ⊕ tailler *ou* assembler à onglet; '**~wheel** ⊕ roue *f* dentée conique.

mitt [mit] mitaine *f*; *baseball:* gant *m*; *sl.* patte *f* (= *main*).

mit·ten ['mitn] mitaine *f*; F get the ~ recevoir son congé.

mix [miks] (se) mêler (à, avec with); (se) mélanger; (s')allier (*couleurs*); *v/i.:* ~ *in society* fréquenter la société; ~ed mêlé, mélangé, mixte; confus (*a. fig.*); ~ed *bathing* bains *m/pl.* mixtes; ~ed *marriage* mariage *m* mixte; ~ed *mathematics* mathématiques *f/pl.* appliquées; ~ed *pickles pl.* variantes *f/pl.*; *pickles m/pl.* assortis; ~ *up* mêler; confondre; embrouiller; ~ed *up with* mêlé à, engagé dans (*une affaire*); ~ed *with* accointé avec; impliqué dans; '**mix·er** □ brasseur *m*; garçon *m* de bar (*qui prépare des cocktails*), F barman *m*; *cuis.* mixe(u)r *m*; *radio:* opérateur *m* des sons, *machine:* mélangeur *m* des sons; be a good (bad) ~ (ne pas) savoir s'adapter à son entourage; '**mix·ture** ['~tʃə] mélange *m* (*a. fig.*), *pharm.* mixtion *f*, mixture *f*; '**mix·'up** confusion *f*; embrouillement *m*.

miz·(z)en ♣ ['mizn] artimon *m*; *attr.* d'artimon; de fougue (*perroquet*).

miz·zle ['mizl] bruiner, crachiner.

mne·mon·ic [ni'mɔnik] **1.** (~ally) mnémonique; **2.** ~**s** *pl.* mnémonique *f*, mnémotechnie *f*.

moan [moun] **1.** gémissement *m*; **2.** gémir; se lamenter.

moat [mout] fossé *m*; douve *f*; '**moat·ed** entouré d'un fossé.

mob [mɔb] **1.** foule *f*, ameutement *m*; populace *f*; **2.** *v/t.* assiéger; *v/i.* s'attrouper; '**mob·bish** de la populace; canaille; tumultueux (-euse *f*).

mob·cap ['mɔbkæp] petite coiffe *f*, cornette *f*; F charlotte *f*.

mo·bile ['moubail] mobile (*a.* ✕); changeant; ~ *police* (policiers *m/pl.* de la) brigade *f* mobile; *télév.* ~ *unit* motard *m*; **mo·bil·i·ty** [mo'biliti] mobilité *f*; **mo·bi·li·za·tion** [moubilai'zei∫n) mobilisation f; **'mo·bi-lize** ✕ mobiliser.

mob-law ['mɔblɔ:] loi f de la populace; loi f de Lynch.

mob·oc·ra·cy [mɔ'bɔkrəsi] F voyoucratie f.

moc·ca·sin ['mɔkəsin] mocassin m.

mock [mɔk] **1.** dérision f; (sujet m de) moquerie f; **2.** faux (fausse f); contrefait; d'imitation; ~ fight simulacre m de combat; **3.** v/t. imiter, singer; tromper; ~ se moquer (de, at); **'mock·er** moqueur (-euse f) m; **'mock·er·y** raillerie f; (sujet m de) moquerie f; objet m de risée; simulacre m; **'mock-he'ro·ic** héroï-comique; burlesque.

mock·ing ['mɔkiŋ] **1.** raillerie f, moquerie f; **2.** □ moqueur (-euse f); **'~-bird** orn. moqueur m.

mock...: **'~-king** roi m pour rire; **'~-'tur·tle soup** potage m (à la) fausse tortue; **'~-up** ⊕ maquette f.

mod·al □ ['moudl] modal (-aux m/pl.); ♈ conditionnel(le f); **mo-dal·i·ty** [mou'dæliti] modalité f.

mode [moud] méthode f, manière f, façon f, mode m (a. ♪, gramm., phls.); mode f (= coutume).

mod·el ['mɔdl] **1.** modèle m (a. fig.); maquette f; figurine f (de cire); personne: mannequin m, modèle m/f; attr. modèle; act as a ~ servir de modèle; **2.** modeler (sur after, [up]on) (a. fig.); **mod·el·(l)er** ['mɔdlə] modeleur (-euse f) m.

mod·er·ate 1. □ ['mɔdərit] modéré; raisonnable; moyen(ne f); médiocre; **2.** ['~reit] (se) modérer; v/t. tempérer; **mod·er·ate·ness** ['~ritnis] modération f; prix: modicité f; médiocrité f; **mod·er·a·tion** ['~rei∫n] modération f, mesure f; langage: sobriété f; in ~ modérément; frugalement; univ. ℒs pl. premier examen m pour le B.A. (Oxford); **'mod·er·a·tor** assemblée, jury, etc.: président m; univ. examinateur m (Oxford); phys. modérateur m.

mod·ern ['mɔdən] **1.** moderne; **2.** the ~s pl. les modernes m/pl.; **'mod·ern·ism** modernité f; goût m du moderne; eccl. modernisme m; gramm. néologisme m; **mo·der·ni·ty** [~'də:niti] modernité f; **'mod·ern·ize** moderniser.

mod·est □ ['mɔdist] modeste; sans prétentions; honnête, chaste;

'mod·es·ty modestie f; modération f; simplicité f; honnêteté f.

mod·i·cum ['mɔdikəm] faible quantité f.

mod·i·fi·a·ble ['mɔdifaiəbl] modifiable; **mod·i·fi·ca·tion** [~fi'kei∫n] modification f; atténuation f; **mod·i·fy** ['~fai] modifier (a. gramm.); apporter des modifications à; atténuer.

mod·u·late ['mɔdjuleit] moduler (v/i. a. ♪); ajuster; **mod·u·la·tion** modulation f; **'mod·u·la·tor** modulateur (-trice f) m; ~ of tonality cin. modulateur m de tonalité.

Mo·gul [mo'gʌl]: the Great (ou Grand) ~ le Grand Mogol m.

mo·hair ['mouheə] mohair m.

Mo·ham·med·an [mo'hæmidən] **1.** Mahométan(e f) m; **2.** mahométan.

moi·e·ty ['mɔiəti] moitié f; part f.

moil [mɔil] peiner.

moire [mwa:] moire f; ~ crêpe crêpe m ondé.

moi·ré ['mwa:rei] moiré (a. su./m).

moist [mɔist] humide; moite; **mois·ten** ['mɔisn] (se) mouiller, (s')humecter; **'moist·ness, mois-ture** ['~t∫ə] humidité f; peau: moiteur f; **mois·tur·ize** ['~t∫əraiz] humidifier (air); hydrater (peau); **mois·tur·iz·ing cream** crème f hydratante.

moke sl. [mouk] âne m; bourrique f.

mo·lar [moulə] (ou ~ tooth) molaire f.

mold [mould] see mould etc.

mo·las·ses [mə'læsiz] mélasse f.

mole[1] zo. [moul] taupe f.

mole[2] [~] grain m de beauté; nævus (pl. -vi) m.

mole[3] [~] mole m; brise-lames m/inv.

mo·lec·u·lar [mo'lekjulə] moléculaire; **mol·e·cule** phys. ['mɔli-kju:l] molécule f.

mole·hill [mo'lest] taupinière f; **'mole·skin** (peau f de) taupe f; ♱ velours m de coton.

mo·lest [mo'lest] rudoyer; ♈ molester; **mo·les·ta·tion** [moules-'tei∫n] molestation f; voies f/pl. de fait.

moll F [mɔl] catin f.

mol·li·fy ['mɔlifai] adoucir; apaiser.

mol·lusc zo. ['mɔləsk] mollusque m; **mol·lus·cous** [mo'lʌskəs] de(s) mollusque(s); fig. mollasse.

mol·ly·cod·dle ['mɔlikɔdl] **1.** douillet *m*; petit chéri *m* à sa maman; **2.** dorloter.

mol·ten ['moultən] en fusion; fondu.

mom *Am.* F [mɔm] maman *f*; *~-and-pop* store épicerie *f* du coin.

mo·ment ['moumənt] moment *m*; instant *m*; *see momentum*; *at (ou for) the ~* pour le moment; *en ce moment*; *of ~* important; **'mo·men·ta·ry** (-ère *f*); passager (-ère *f*); **'mo·ment·ly** *adv.* d'un moment à l'autre; momentanément; **mo·men·tous** □ [~'mentəs] important; grave; **mo'men·tum** *phys.* [~təm] force *f* vive; vitesse *f* acquise; [chisme *m.*]

mon·a·chism ['mɔnəkizm] mona-]

mon·arch ['mɔnək] monarque *m*; **mo·nar·chic, mo·nar·chi·cal** □ [mɔ'nɑ:kik(l)] monarchique; **monarch·y** ['mɔnəki] monarchie *f*.

mon·as·ter·y ['mɔnəstri] monastère *m*; **mo·nas·tic, mo·nas·ti·cal** □ [mɔ'næstik(l)] monastique; monacal (-aux *m/pl.*).

Mon·day ['mʌndi] lundi *m*.

mon·e·tar·y ['mʌnitəri] monétaire.

mon·ey ['mʌni] argent *m*; monnaie *f*; *~ matters pl.* affaires *f/pl.* financières; *ready ~* argent *m* comptant; F *out of ~* à sec; *keep s.o. out of his* ~ frustrer q. de son argent; *make ~* faire de l'argent; **'~-box** caisse *f*, cassette *f*; **'~-chang·er** changeur *m*, cambiste *m*; **mon·eyed** ['mʌnid] riche; qui a de l'argent.

mon·ey...: **'~-grub·ber** grippe-sou (*pl.* grippe-sou[s]) *m*; **'~-of·fice** caisse *f*; **'~-'or·der** mandat-poste (*pl.* mandats-poste) *m*; **'~'s-worth**: *get one's ~* en avoir pour son argent.

mon·ger ['mʌŋgə] marchand(e *f*) *m* (de).

Mon·gol ['mɔŋgɔl], **Mon·go·lian** [~'gouljən] **1.** mongol; mongolique; *&* idiot; **2.** Mongol(e *f*) *m*.

mon·grel ['mʌŋgrəl] **1.** métis(se *f*) *m*; bâtard(e *f*) *m*; **2.** métis(se *f*).

mo·ni·tion [mo'niʃn] avertissement *m*; **mon·i·tor** ['mɔnitə] moniteur (-trice *f*) *m*; *&* moniteur *m*; *radio:* contrôleur *m* d'enregistrement; *télév.* moniteur *m*, écran *m* de contrôle; **'mon·i·tor·ing** moniteur *m*; service *m* d'écoute; **'mon·i·to·ry** d'avertissement, d'admonition; monitoire.

monk [mʌŋk] moine *m*, religieux *m*; **'monk·er·y** *usu. péj.* moinerie *f*.

mon·key ['mʌŋki] **1.** singe *m*; *fig.* polisson *m*, espiègle *mf*; ⊕ mouton *m*; *sl. monnaie:* cinq cents livres *f/pl.* ou *Am.* dollars *m/pl.*; *sl. ~'s allowance* plus de coups que de pain; F *put s.o.'s ~ up* mettre q. en colère; F *~ business, ~ tricks pl.* affaire *f* peu loyale; procédé *m* irrégulier; fumisterie *f*; **2.** F faire des tours de singe; *~ about with* tripoter (*qch.*); **'~-en·gine** ⊕ (*sorte de*) sonnette *f* (à mouton); **'~-puz·zle** araucaria *m*; **'~-wrench** ⊕ clé anglaise; *Am. sl. throw a ~ in s.th.* saboter une affaire.

monk·hood ['mʌŋkhud] monachisme *m*; moinerie *f*; **'monk·ish** *usu. péj.* de moine, monacal (-aux *m/pl.*).

mon·o ┼ ['mɔnou] **1.** mono(phonique); **2.** (*in ~ en*) monophonie *f*; F disque *m* mono.

mono- [mɔno] mon(o)-; **mon·o·cle** ['mɔnəkl] monocle *m*; **mo'noc·u·lar** [~'kjulə] monoculaire; **mo'nog·a·my** [~gəmi] monogamie *f*; **mon·o·gram** ['mɔnəgræm] monogramme *m*; **mon·o·graph** ['~grɑ:f] monographie *f*; **mon·o·lith** ['mɔnoliθ] monolithe *m*; **mon·o·lith·ic** *a. fig.* monolithique; gigantesque; **mon·o·logue** ['mɔnolɔg] monologue *m*; **mon·o·ma·ni·a** ['mɔno'meinjə] monomanie *f*; **mon·o'ma·ni·ac** [~'miæk] monomane *m/f*; **mon·o·plane** ✈ ['mɔnəplein] monoplan *m*; **mo·nop·o·list** [mə'nɔpəlist] accapareur (-euse *f*) *m*; **mo'nop·o·lize** [~laiz] monopoliser; *fig.* s'emparer de; **mo'nop·o·ly** monopole *m* (de, *of*); **mon·o·syl·lab·ic** ['mɔnosi'læbik] (~*ally*) monosyllabe, monosyllabique; **mon·o·syl·la·ble** ['~sɔ·ləbl] monosyllabe *m*; **mon·o·the·ism** ['mɔnoθi:izm] monothéisme *m*; **mon·o·tone** ['mɔnətoun] **1.** débit *m* monotone; *in ~* d'une voix uniforme *ou* monotone; **2.** chanter sur le même ton; **mo·not·o·nous** □ [mə'nɔtənəs] monotone; *fig.* fastidieux (-euse *f*); **mo'not·o·ny** [~təni] monotonie *f*; **mon·o·type** *typ.* ['mɔnətaip] monotype *f*.

mon·soon [mɔn'su:n] mousson *f*.

mon·ster ['mɔnstə] **1.** monstre *m* (*a. fig.*); monstruosité *f*; avorton *m*; F géant(e f) m; **2.** F monstre; colossal (-aux m/pl.).

mon·strance eccl. ['mɔnstrəns] ostensoir m.

mon·stros·i·ty [mɔns'trɔsiti] monstruosité f; **'mon·strous** □ monstrueux (-euse f); colossal (-aux m/pl.).

mon·tage cin., phot. [mɔn'tɑ:ʒ] montage m.

month [mʌnθ] mois m; **'month·ly 1.** mensuel(le f); ~ season ticket (carte f d')abonnement m (valable pour un mois); **2.** revue f mensuelle.

mon·u·ment ['mɔnjumənt] monument m; pierre f tombale; **mon·u·men·tal** □ [~'mentl] monumental (-aux m/pl.); F colossal (-aux m/pl.), prodigieux (-euse f).

moo [mu:] **1.** meuglement m, beuglement m; **2.** meugler, beugler.

mooch F [mu:tʃ]: v/i. ~ about flâner; ~ along traîner.

mood¹ gramm., a. ♪ [mu:d] mode m.

mood² [~] humeur f, disposition f.

mood·i·ness ['mu:dinis] morosité f; humeur f changeante; **'mood·y** □ maussade; mal luné.

moon [mu:n] **1.** lune f; poét. mois m; F once in a blue ~ tous les trentesix du mois; F be over the ~ être aux anges; cry for the ~ demander la lune; promise s.o. the ~ promettre la lune ou monts et merveilles à q.; **2.** (usu. ~ about) F muser; **'moon·less** sans lune; **'moon·light** clair m de lune; clarté f de la lune; **'moon·light·ing** travail m noir; **'moon·lit** éclairé par la lune.

moon...: '~**shine** clair m de lune; F balivernes f/pl.; alcool m de contrebande; '~**shin·er** Am. F contrebandier m de boissons alcooliques; bouilleur m de contrebande; '~**struck** halluciné; F hébété; **moon·y** □ de ou dans la lune; F rêveur (-euse f); vague.

Moor¹ [muə] Maure m, Mauresque f.

moor² [~] lande f, bruyère f; † ou prov. terrain m marécageux.

moor³ ♫ [~] (s')amarrer; **moor·age** ['muəridʒ] amarrage m, mouillage m.

moor-game ['muəgeim] lagopède m rouge d'Écosse.

moor·ing-mast ['muəriŋmɑ:st] mât m d'amarrage.

moor·ings ♫ ['muəriŋz] pl. amarres f/pl.; corps-morts m/pl.

Moor·ish ['muəriʃ] mauresque.

moose zo. [mu:s] (a. ~-deer) élan m, orignal m.

moot [mu:t] **1.** hist. assemblée f du peuple; **2.** ~ case (ou point) point m litigieux; **3.** soulever (une question).

mop [mɔp] **1.** balai m à franges; cheveux: tignasse f; **2.** essuyer, (a. ~up) éponger (de l'eau); engloutir (les bénéfices); ✗ F nettoyer; sl. aplatir (q.).

mope [moup] **1.** fig. cafardeux (-euse f) m; ~s pl. idées f/pl. noires; F cafard m; **2.** v/i. voir tout en noir, s'ennuyer; v/t. ~ o.s., be ~d languir.

mo·ped ['mouped] cyclomoteur m, mobylette f (TM).

mop·ing □ ['moupiŋ], **'mop·ish** □ morose, mélancolique, triste.

mo·raine géol. [mɔ'rein] moraine f.

mor·al ['mɔrəl] **1.** □ moral (-aux m/pl.); conforme aux bonnes mœurs; **2.** morale f; moralité f (d'un conte); ~s pl. mœurs f/pl.; conduite f; **mo·rale** [mɔ'rɑ:l] usu. ✗ moral m; **mor·al·ist** ['mɔrəlist] moraliste mf; **mor·al·i·ty** [mə'ræliti] moralité f; sens m moral; probité f; bonnes mœurs f/pl.; péj. sermon m; théâ. hist. moralité f; **mor·al·ize** ['mɔrəlaiz] v/i. faire de la morale (sur, [up]on); v/t. moraliser (q.); indiquer la morale de.

mo·rass [mə'ræs] marais m, marécage m; fig. bourbier m.

mor·bid □ ['mɔ:bid] morbide; malsain; **mor'bid·i·ty**, **'mor·bid·ness** morbidité f; état m maladif.

mor·dant ['mɔ:dənt] **1.** mordant; **2.** mordant m.

more [mɔ:] **1.** adj. plus (de); **2.** adv. plus, davantage; once ~ encore une fois; de nouveau; two ~ deux de plus; so much (ou all) the ~ d'autant plus; à plus forte raison; no ~ ne ... plus; ~ and ~ de plus en plus; **3.** su. plus m.

mo·rel ♀ [mɔ'rel] morelle f.

more·o·ver [mɔ:'ouvə] d'ailleurs, du reste.

Mo·resque [mɔ'resk] **1.** mauresque; **2.** Mauresque f; arabesque f.

mor·ga·nat·ic [mɔ:gə'nætik] (~ally) morganatique.

morgue [mɔ:g] morgue f; dépôt m mortuaire.

mor·i·bund ['mɔribʌnd] moribond.

Mor·mon ['mɔːmən] mormon(e f) m.

morn poét. [mɔːn] matin m.

morn·ing ['mɔːniŋ] **1.** matin m; matinée f; in the ~ le matin; du matin; tomorrow ~ demain matin; **2.** du matin; matinal (-aux m/pl.); ~ coat jaquette f; ~ dress tenue f de ville; femmes: négligé m; ~ performance matinée f.

Mo·roc·can [məˈrɔkən] marocain.

mo·roc·co [məˈrɔkou] (ou ~ leather) maroquin m.

mo·ron ['mɔːrɔn] faible mf d'esprit, F idiot(e f) m.

mo·rose □ [məˈrous] morose, chagrin; **mo'rose·ness** morosité f.

mor·phi·a ['mɔːfjə], **mor·phine** ['mɔːfiːn] morphine f.

mor·pho·log·i·cal [mɔːfəˈlɔdʒikl] morphologique.

mor·row ['mɔrou] usu. poét. lendemain m; good ~! bonjour!

mor·sel ['mɔːsəl] (petit) morceau m; terre: lopin m.

mor·tal ['mɔːtl] **1.** adj. □ mortel(le f); fig. funeste, fatal (-s m/pl.); à outrance (combat); **2.** adv. F très; **3.** su. mortel(le f) m, être m humain; **mor·tal·i·ty** [mɔːˈtæliti] mortalité f; les mortels m/pl.

mor·tar ['mɔːtə] mortier m (a. ⚔); enduit m.

mort·gage ['mɔːgidʒ] **1.** hypothèque f; (a. ~deed) contrat m hypothécaire; **2.** hypothéquer; **mort·ga·gee** [mɔːgəˈdʒiː] créancier m hypothécaire; **mort·ga·gor** [mɔːˈdʒɔː] débiteur m hypothécaire.

mor·tice ['mɔːtis] see mortise.

mor·ti·cian Am. [mɔːˈtiʃn] entrepreneur m de pompes funèbres.

mor·ti·fi·ca·tion [mɔːtifiˈkeiʃn] mortification f; gangrène f; déconvenue f, mortification f; humiliation f; **mor·ti·fy** ['~fai] v/t. mortifier; humilier; ⚕ gangréner; v/i. se gangréner.

mor·tise ⊕ ['mɔːtis] **1.** mortaise f; serrure f encastrée; **2.** mortaiser.

mort·main ⅍ ['mɔːtmein] mainmorte f.

mor·tu·ar·y ['mɔːtjuəri] **1.** mortuaire; **2.** dépôt m mortuaire; morgue f.

mo·sa·ic¹ [məˈzeiik] mosaïque f.

Mo·sa·ic² [~] mosaïque, de Moïse.

mo·selle [məˈzel] vin m de Moselle, moselle m.

Mos·lem ['mɔzlem] musulman (a. su.); mahométan (a. su.).

mosque [mɔsk] mosquée f.

mos·qui·to zo. [məsˈkiːtou], pl. **-toes** [~touz] moustique m.

moss [mɔs] ♃ mousse f; tourbière f; **'moss·y** moussu.

most [moust] **1.** adj. □ le plus de; la plupart de; the ~ part pour la plupart; **2.** adv. le plus; surtout; très, fort, bien; **3.** su. le plus; la plupart d'entre eux (elles); at (the) ~ tout au plus; make the ~ of tirer le meilleur parti possible de; faire valoir.

most·ly ['moustli] pour la plupart; le plus souvent.

mote [mout] atome m de poussière; bibl. paille f.

mo·tel [moutel] motel m.

mo·tet ♪ [mou'tet] motet m.

moth [mɔθ] mite f, teigne f des draps; papillon m de nuit; '~·eat·en rongé des mites.

moth·er ['mʌðə] **1.** mère f; ♀'s Day la fête des Mères; **2.** servir de mère à; fig. dorloter; **moth·er·hood** ['~hud] maternité f; 'moth·er·in-law belle-mère (pl. belles-mères) f; 'moth·er·less sans mère; 'moth·er·li·ness affection f maternelle; 'moth·er·ly maternel(le f).

moth·er...: ~ of pearl nacre f; '~-of-pearl en ou de nacre; '~-ship Brit. ravitailleur m; navire-atelier (pl. navires-ateliers) m; '~-tongue langue f maternelle.

moth·y ['mɔθi] mité.

mo·tif [mou'tiːf] motif m.

mo·tion ['mouʃn] **1.** mouvement m, marche f (a. ⊕); signe m; parl. proposition f, motion f; ⚙ selle f; parl. bring forward (agree upon) a ~ présenter (adopter) une motion; set in ~ mettre en train; **2.** v/t. faire signe à (q.) (de inf., to inf.); v/i. faire un signe ou geste; 'mo·tion·less immobile; 'mo·tion-pic·ture Am. film m; ~s pl. films m/pl.; projection f animée; attr. ciné...

mo·ti·vate ['moutiveit] motiver; **mo·ti'va·tion** motivation f.

mo·tive [moutiv] **1.** moteur (-trice f); **2.** motif m; mobile m; **3.** motiver; 'mo·tive·less immotivé.

mo·tiv·i·ty [mo'tiviti] motilité *f*.

mot·ley ['mɔtli] bariolé; bigarré.

mo·tor ['mouta] **1.** moteur *m*; mécanisme *m*; *see* ~-*car*; **2.** moteur (-trice *f*); à *ou* par moteur; d'automobile; ~ *ambulance* auto-ambulance *f*; *Am.* ~ *court see* ~ *park*; ~ *goggles pl.* lunettes *f/pl.* d'automobiliste; ~ *mechanic* (*ou fitter*) mécanicien *m* automobiliste; ~ *park Am. usu.* stationnement *m*; garage *m* pour autos; ~ *school* auto-école *f*; **3.** *v/i.* voyager *ou* aller en auto; *v/t.* conduire (*q.*) en auto; **~·bi·cy·cle** motocyclette *f*; **'~·boat** canot *m* automobile; vedette *f* à moteur; **'~·bus** autobus *m*; **~ cab** autotaxi *m*; **'~·cade** *Am.* ['keid] défilé *m* d'automobiles; **'~·car** auto(mobile) *f*; voiture *f*; **~ cy·cle** motocyclette *f*; **~ cy·clist** motocycliste *mf*; **mo·to·ri·al** [mo'tɔːriəl] moteur (-trice *f*); **mo·tor·ing** ['moutəriŋ] automobilisme *m*; tourisme *m* en auto; **'mo·tor·ist** automobiliste *mf*; **mo·tor·i·za·tion** [ˌrai'zeiʃn] motorisation *f*; **'mo·tor·ize** motoriser; **'mo·tor-launch** vedette *f*; bateau *m* automobile; **'mo·tor·less** sans moteur. **mo·tor...:** **'~·lor·ry** (auto-)camion *m*; **'~·man** *Am.* wattman (*pl.* -men) *m*; **'~·plough** charrue *f* automobile; **'~·pool** autos *f/pl.* communes; **'~·road** autostrade *f*; ~ **scoot·er** scooter *m*; **'~·truck** *Am.* (auto-)camion *m*; **'~·way** autoroute *f*.

mot·tled ['mɔtld] marbré; pommelé; madré (*bois, savon*).

mot·to ['mɔtou], *pl.* **-toes** ['ˌtouz] devise *f*; ∅ mot *m*.

mo(u)ld¹ [mould] terre *f* végétale; terreau *m*.

mo(u)ld² [~] **1.** moule *m* (*a. fig.*); *typ.* matrice *f*; *cuis.* crème *f* renversée; ⚗ moulure *f*; **2.** mouler, façonner (sur, [*up*]on); pétrir (*le pain*).

mo(u)ld·er¹ ['mouldə] mouleur *m*; façonneur *m*.

mo(u)ld·er² [~] s'effriter; (*a.* ~ *away*) tomber en poussière.

mo(u)ld·i·ness ['mouldinis] (*état m*) moisi *m*.

mo(u)ld·ing ['mouldiŋ] moulage *m*; moulure *f*; F formation *f*; ⚗ *square* ~ baguette *f*; *plain* ~ bandeau *m*;

grooved ~ moulure *f* à gorge; *attr.* de mouleur; à mouleur *etc.*

mo(u)l·dy ['mouldi] moisi; chanci (*pain, confiture*).

moult [moult] **1.** mue *f*; **2.** *v/i.* muer; *vt/i. fig.* perdre (ses cheveux).

mound [maund] tertre *m*; monceau *m*, tas *m*.

mount [maunt] **1.** montagne *f*; *poét., a. géog.* mont *m*; (carton *m* de) montage *m*; monture *f* (= *cheval*); ⊕ *machine*: armement *m*; **2.** monter; monter à cheval, se mettre en selle; s'élever (à, to); (*usu.* ~ *up*) augmenter; *v/t.* monter sur (*un banc, un cheval*); monter, gravir (*une colline etc.*); ✕ affûter (*une pièce*); ⊕ installer; entoiler, coller (*un tableau*); monter (*un bijou*); *théâ.* mettre à la scène; *see* guard 1.

moun·tain ['mauntin] **1.** montagne *f*; *make a* ~ *out of a molehill* (se) faire d'une mouche un éléphant; **2.** des montagnes; montagneux (-euse *f*); **moun·tain·eer** [ˌ'niə] montagnard(e *f*) *m*; alpiniste *mf*; **moun·tain'eer·ing 1.** alpinisme *m*; **2.** alpin; **'moun·tain·ous** montagneux (-euse *f*); **moun·tain rail·way** chemin *m* de fer de montagne; **moun·tain range** chaîne *f* de montagnes; **moun·tain sick·ness** mal *m* des montagnes.

moun·te·bank ['mauntibæŋk] saltimbanque *m*; *fig.* charlatan *m*.

mount·ing ⊕ ['mauntiŋ] montage *m*; entoilage *m*.

mourn [mɔːn] (se) lamenter; *v/i.* porter le deuil; *v/t.* (*ou* ~ *for, over*) pleurer (*q.*), déplorer (*qch.*); **'mourn·er** affligé(e *f*) *m*; **mourn·ful** [ˌ'ful] lugubre; mélancolique; **'mourn·ful·ness** aspect *m* lugubre; air *m* désolé; tristesse *f*.

mourn·ing ['mɔːniŋ] **1.** ☐ de deuil; en deuil; qui pleure; **2.** deuil *m*, affliction *f*; **'~·bor·der**, **'~·edge** bordure *f* noire; **'~·pa·per** papier *m* deuil.

mouse 1. [maus] (*pl.* mice) souris *f*; **2.** [mauz] chasser les souris.

mous·tache [məs'taːʃ] moustache *f*, -s *f/pl.*

mous·y ['mausi] gris souris; de souris; effacé, timide (*personne*); *péj.* peu distingué.

mouth [mauθ] **1.** *pl.* **mouths** [mauðz] bouche *f*; chien, four, sac:

muddy

gueule f; fleuve, clarinette: embouchure f; bouteille: goulot m; port, tunnel, trou: entrée f; entonnoir: pavillon m; fig. grimace f; by word of ~ de vive voix; down in the ~ déprimé; keep one's ~ shut ne pas souffler mot, rester bouche cousue; shut your ~!, keep your ~ shut! ferme ta bouche!, F la ferme!; stop s.o.'s ~ faire taire q.; fermer la bouche à q.; 2. [mauð] v/i. déclamer (des phrases); v/i. faire des grimaces; mouthed [mauðd] embouché (cheval); clean-~ au langage honnête; mouth·ful ['~ful] bouchée f; F mot m long d'une aune.

mouth...: '~-or·gan harmonica m; '~-piece ♩ bec m, embouchure f; porte-voix: embout m; fig. porte-parole m/inv.; '~-wash (eau f) dentifrice m; '~-wa·ter·ing qui fait venir l'eau à la bouche, appétissant.

move [mu:v] 1. v/t. déplacer (qch.); bouger (qch.); remuer (la tête etc.); émouvoir (q.); toucher (q.); exciter (la pitié); faire changer d'avis à (q.); proposer (une motion); émouvoir; ~ on faire circuler v/i. se déplacer, se mouvoir; circuler; faire un mouvement, bouger; s'avancer; déménager; marcher (échecs); ~ for s.th. demander qch.; ~ in entrer; emménager; ~ on avancer, continuer son chemin; 2. mouvement m; déménagement m; échecs: coup m; fig. démarche f, pas m; on the ~ en marche; F get a ~ on se dépêcher, se presser; make a ~ faire un mouvement (vers qch.); F partir, prendre congé; mov(e)·a·ble ['mu:vəbl] 1. mobile; 2. ~s pl. mobilier m; biens m/pl. mobiliers; 'mov(e)·a·ble·ness mobilité f; 'move·ment mouvement m (a. ♩); geste m; ⊕ mécanisme m; ♣ selle f; 'mov·er moteur m; mobile m; inspirateur (-trice f) m; auteur m.

mov·ie F ['mu:vi] 1. de ciné(ma) (de vues; 2. ~s pl. ciné(ma) m; films m/pl.; '~-go·er amateur m de cinéma, cinéphile mf.

mov·ing □ ['mu:viŋ] en mouvement; en marche; mobile; moteur (-trice f); fig. émouvant; ~-band production travail m à la chaîne; ~ pictures pl. see motion-pictures; ~ staircase escalier m roulant.

mow¹ [mau] meule f (de foin); tas m (de blé) (en grange).

mow² [mou] [irr.] faucher; 'mow·er faucheur (-euse f) m; tondeuse f (de gazon); 'mow·ing fauchage m; gazon: tondaison f; fauchée f; 'mow·ing-ma·chine faucheuse f; gazon: tondeuse f; mown p.p. de mow².

much [mʌtʃ] 1. adj. beaucoup de, bien du (etc.); 2. adv. beaucoup, bien, fort; as ~ more (ou again) encore autant; as ~ as autant que; not so ~ as ne ... pas (au)tant que; ne ... pas même; nothing ~ peu de chose; F pas fameux; ~ less moins encore; bien moins; ~ as I would like pour autant que je désire ou veuille, I thought as ~ je m'y attendais; make ~ of faire grand cas de; I am not ~ of a dancer F je ne suis pas fameux comme danseur; 'much·ness F grandeur f; much of a ~ c'est bonnet blanc et blanc bonnet.

mu·ci·lage ['mju:silidʒ] mucilage m; surt. Am. colle f, gomme f; mu·ci·lag·i·nous [~'lædʒinəs] mucilagineux (-euse f).

muck sl. [mʌk] 1. fange f; fumier m; saletés f/pl. (a. fig.); 2. souiller (usu. ~ up) F gâcher; 'muck·er sl. culbute f; come (ou go) a ~ faire la culbute; muck-rake ['~reik] râteau m à fumier; racloir m à boue; 'muck·rake Am. déterrer des scandales; 'muck·rak·er Am. déterreur m de scandales; 'muck·y sale, crotté.

mu·cous ⚕ ['mju:kəs] muqueux (-euse f); ~ membrane ⚕ muqueuse f.

mu·cus [~] mucus m, glaire f.

mud [mʌd] boue f, bourbe f; fleuve: vase f; 'mud·di·ness saleté f; liquide: turbidité f; mud·dle ['mʌdl] 1. v/t. brouiller; emmêler; (a. ~ up, together) embrouiller; v/i. s'embrouiller; F lambiner; ~ up confusion f, embrouillement m; F pagaille f; get into a ~ s'embrouiller; 'mud·dle-head·ed à l'esprit confus; brouillon(ne f); 'mud·dy 1. □ boueux (-euse f); fangeux (-euse f); vaseux (-euse f) (fleuve); trouble (liquide); brouillé (teint); 2. crotter; troubler; (em)brouiller (l'esprit).

mud...: '**~-guard** garde-boue *m/inv.*; pare-boue *m/inv.*; '**~-lark** F gamin *m* des rues; '**~-sling·er** F médisant(e *f*) *m*, calomniateur (-trice *f*) *m*; '**~-sling·ing** F médisance *f*; calomnies *f/pl.*

muff[1] [mʌf] **1.** F empoté *m*; *sl.* andouille *f*; *sp.* coup *m* raté; **2.** F rater, manquer.

muff[2] [~] manchon *m*; **muf·fe·tee** [mʌfi'tiː] miton *m*.

muf·fin ['mʌfin] *petit pain mollet qui se mange beurré à l'heure du thé*; **muf·fin·eer** [~'niə] saupoudroir *m*.

muf·fle ['mʌfl] **1.** ⊕ moufle *m*; **2.** (*souv. ~ up*) (s')emmitoufler; amortir (*un son*); assourdir (*les avirons, un tambour*); *tapis:* étouffer (*le bruit*); '**muf·fler** cache-nez *m/inv.*; F moufle *f*; ♪ étouffoir *m*; *mot.* pot *m* d'échappement, silencieux *m*.

muf·ti ['mʌfti] costume *m* de ville; *in* ~ en civil.

mug [mʌg] **1.** chope *f*, pot *m*; *sl.* binette *f* (= *visage*); *sl.* niagud *m*, dupe *f*; **2.** agresser; '**mug·ger** agresseur *m*; '**mug·ging** (vol *m* avec) agression *f*.

mug·gy ['mʌgi] chaud et humide, lourd.

mug·wump *Am. iro.* ['mʌgwʌmp] personnage *m* important, gros bonnet *m*; *pol.* indépendant *m*; *sl.* rouspéteur *m*.

mu·lat·to [mjuˈlætəu] mulâtre(sse *f*) *m*.

mul·ber·ry ['mʌlbəri] mûre *f*; *arbre:* mûrier *m*.

mulct [mʌlkt] **1.** amende *f*; **2.** frapper d'une amende; imposer une amende (de, *in*); priver (de, *of*).

mule [mjuːl] mulet *m*, mule *f*; *métis*(se *f*) *m*; *ϕ* (*a ~jenny*) mulejenny *f*; **mu·le·teer** [~li'tiə] muletier *m*; '**mule-track** piste *f* muletière. [têtu, entêté.]

mul·ish □ ['mjuːliʃ] de mulet; *fig.*]

mull[1] [mʌl] mousseline *f*.

mull[2] F [~] **1.** bousiller; rater; *Am.* ~ *over* ruminer; **2.** gâchis *m*; *make a* ~ *of* gâcher, F bousiller.

mulled [mʌld] chaud (et) épicé (*bière, vin*).

mul·le(i)n ♀ ['mʌlin] molène *f*.

mul·let *icht.* ['mʌlit] muge *m*; *grey* ~ mulet *m*; *red* ~ rouget *m*.

mul·li·gan *Am.* F ['mʌligən] rata-

touille *f*; **mul·li·ga·taw·ny** [mʌligəˈtɔːni] potage *m* au curry.

mul·li·grubs *sl.* ['mʌligrʌbz] *pl.* cafard *m*; colique *f*.

mul·lion ⌂ ['mʌljən] meneau *m*; '**mul·lioned** à meneau(x).

mul·ti·far·i·ous □ [mʌltiˈfɛəriəs] varié; multiple; **mul·ti·form** ['~fɔːm] multiforme; **mul·ti·lat·er·al** □ [~ˈlætərəl] multilatéral (-aux *m/pl.*); complexe; **mul·ti·mil·lion·aire** ['~miljəˈnɛə] milliardaire *mf*; **mul·ti·na·tion·al** ['~ˈnæʃənl] multinationale *f*; **mul·ti·ple** ['mʌltipl] **1.** multiple; ~ *firm* maison *f* à succursales multiples; ~ *shop* succursale *f*; ⚡ *switchboard* commutateur *m* (multiple); **2.** multiple *m*; **mul·ti·plex** ['~pleks] multiplex; **mul·ti·pli·cand** ⚠ [~ˈkænd] multiplicande *m*; **mul·ti·pli·ca·tion** multiplication *f*; *compound* (*simple*) ~ multiplication *f* de nombres complexes (de chiffres); ~ *table* table *f* de multiplication; **mul·ti·plic·i·ty** [~ˈplisiti] multiplicité *f*; **mul·ti·pli·er** ['~plaiə] multiplicateur *m*; **mul·ti·pur·pose** ['~ˈpəːpəs] universel(le *f*), à usages multiples, multi-usages *inv.*; **mul·ti·ply** ['~plai] (se) multiplier; **mul·ti·ra·cial** ['~ˈreiʃəl] multiracial; **mul·ti·tude** ['~tjuːd] multitude *f*; foule *f*; multiplicité *f*; **mul·ti·tu·di·nous** [~ˈdinəs] □ innombrable; de toutes sortes.

mum[1] [mʌm] **1.** silencieux (-euse *f*); **2.** chut!; **3.** mimer.

mum[2] F [~] maman *f*.

mum·ble ['mʌmbl] *v/t.* marmotter; *v/i.* manger ses mots.

mum·mer *péj.* ['mʌmə] cabotin(e *f*) *m*; '**mum·mer·y** *péj.* momerie *f*; † pantomime *f*.

mum·mied ['mʌmid] momifié.

mum·mi·fi·ca·tion [mʌmifiˈkeiʃn] momification *f*; **mum·mi·fy** ['~fai] momifier.

mum·my[1] ['mʌmi] momie *f*; F *beat to a* ~ battre (*q.*) comme plâtre.

mum·my[2] F [~] maman *f*.

mump [mʌmp] mendier; '**mump·ish** maussade; **mumps** [mʌmps] *sg.* ⚕ oreillons *m/pl.*; parotidite *f* épidémique.

munch [mʌntʃ] mâcher, mâchonner.

mun·dane □ ['mʌndein] mondain; terrestre.

mustiness

mu·nic·i·pal □ [mjuˈnisipl] municipal (-aux *m/pl.*); de (la) ville; interne (*droit*); **mu·nic·i·pal·i·ty** [ˌˈpæliti] municipalité *f*; administration *f* municipale; **mu'nic·i·pal·ize** [ˌpəlaiz] municipaliser.

mu·nif·i·cence [mjuːˈnifisns] munificence *f*; **mu'nif·i·cent** □ munificent, généreux (-euse *f*).

mu·ni·ments [ˈmjuːnimənts] *pl.* titres *m/pl.*; chartes *f/pl.*

mu·ni·tion [mjuːˈniʃn] **1.** de munitions de guerre; **2.** ~*s pl.* munitions *f/pl.*; armements *m/pl.*

mu·ral [ˈmjuərəl] **1.** mural (-aux *m/pl.*); **2.** peinture *f* murale.

mur·der [ˈməːdə] **1.** assassinat *m*, meurtre *m*; F *fig.* get away with (blue) ~ pouvoir faire n'importe quoi impunément; **2.** assassiner; *fig.* massacrer; écorcher; **'mur·der·er** assassin *m*, meurtrier *m*; **'mur·der·ess** assassine *f*, meurtrière *f*; **'mur·der·ous** meurtrier (-ère *f*); *fig.* sanguinaire.

mure [mjuə] (*usu.* ~ *up*) murer.

mu·ri·at·ic ac·id ⚗ [mjuəriˈætikˈæsid] acide *m* chlorhydrique.

murk·y □ [ˈməːki] ténébreux (-euse *f*); obscur.

mur·mur [ˈməːmə] **1.** murmure *m* (*a.* ⚘); bruissement *m*; **2.** murmurer (contre *at*, *against*); bruire (*ruisseau*); **'mur·mur·ous** □ murmurant. [épizootie *f*.]

mur·rain [ˈmʌrin] † peste *f*; *vét.*

mus·ca·dine [ˈmʌskədin], **mus·cat** [ˈˌkət], **mus·ca·tel** [ˌˈtel] muscat *m*.

mus·cle [ˈmʌsl] **1.** muscle *m*; **2.** Am. *sl.* ~ in s'immiscer dans (*usu. dans la spécialité d'un escroc*); **mus·cu·lar** [ˈmʌskjulə] musculaire; musculeux (-euse *f*), musclé (*personne*).

Muse¹ [mjuːz] Muse *f*.

muse² [ˌ] méditer (sur, [up]on); **'mus·er** rêveur (-euse *f*) *m*; rêvasseur (-euse *f*) *m*.

mu·se·um [mjuːˈziəm] musée *m*.

mush *surt. Am.* [mʌʃ] bouillie *f* de farine de maïs; *fig.* sottises *f/pl.*

mush·room [ˈmʌʃrum] **1.** champignon *m*; *fig.* parvenu(e *f*) *m*; **2.** de champignons, à champignon, à tête de champignon; *fig.* parvenu; champignon *inv.* (*ville*); **3.** F (s')aplatir (*balle de fusil, cigarette, etc.*); *v/i.* faire champignon; se répandre (*flammes etc.*).

mu·sic [ˈmjuːzik] musique *f*, harmonie *f* (*a. fig.*); set to ~ mettre en musique; F face the ~ affronter la tempête; **'mu·si·cal 1.** □ musical (-aux *m/pl.*); musicien(ne *f*) (*personne*); *fig.* harmonieux (-euse *f*); ~ box boîte *f* à musique; ~ clock horloge *f* etc. (à carillon); ~ instrument instrument *m* de musique; **2.** (*ou* ~ comedy) comédie *f* musicale.

mu·sic...: **'~·book** cahier *m* de musique; **'~·box** boîte *f* à musique; **'~·hall** music-hall *m*.

mu·si·cian [mjuːˈziʃn] musicien(ne *f*) *m*; **~·ship** sens *m* de la musique.

mu·si·col·o·gy [mjuːziˈkɔlədʒi] musicologie *f*.

mu·sic...: **'~·pa·per** papier *m* à *ou* de musique; **'~·stand** pupitre *m* à musique; **'~·stool** tabouret *m* de piano.

musk [mʌsk] musc *m* (*a.* ⚘); (*a.* ~·deer) *zo.* porte-musc *m/inv.*

mus·ket [ˈmʌskit] mousquet *m*; **mus·ket·eer** *hist.* [ˌˈtiə] mousquetaire *m*; **'mus·ket·ry** ⚔ mousqueterie *f*; tir *m*; mousquets *m/pl.*

musk·y [ˈmʌski] musqué, de musc.

Mus·lim [ˈmʌzlim] *see* Moslem.

mus·lin † [ˈmʌzlin] mousseline *f*.

mus·quash [ˈmʌskwɔʃ] *zo.* rat *m* musqué; † castor *m* du Canada.

muss *surt. Am.* F [mʌs] **1.** désordre *m*; **2.** déranger; *fig.* confondre.

mus·sel [ˈmʌsl] moule *f*.

Mus·sul·man [ˈmʌslmən] musulman (*a. su.*).

must¹ [mʌst; məst] **1.** *v/aux.* (*défectif*): I ~ (*inf.*) je dois *etc.*, il faut que je (*sbj.*), il est nécessaire que je (*sbj.*); I ~ not (*inf.*) il ne faut pas que je (*sbj.*); **2.** impératif *m*; nécessité *f* absolue.

must² [ˌ] moût *m*, vin *m* doux.

must³ [ˌ] moisi *m*; moisissure *f*.

mus·tache *Am.* [məsˈtæʃ] *see* moustache.

mus·tard [ˈmʌstəd] moutarde *f*.

mus·ter [ˈmʌstə] **1.** ⚔ revue *f*; ⚓ appel *m*; rassemblement *m*; inspection *f*; ⚔ (*usu.* ~·roll) contrôles *m/pl.*; *fig.* assemblée *f*, réunion *f*; pass ~ être passable, passer; **2.** *v/t.* ⚔ passer en revue; ⚓ faire l'appel de; (*fig. usu.* ~ *up*) rassembler; ~ in compter; *v/i.* se rassembler.

mus·ti·ness [ˈmʌstinis] goût *m* *ou* odeur *f* de moisi; moisi *m*; relent *m*;

'**mus·ty** de moisi; *be* ~ sentir le renfermé.

mu·ta·bil·i·ty [mjuːtə'biliti] mutabilité *f*; inconstance *f*; '**mu·ta·ble** □ muable, variable; **mu'ta·tion** mutation *f* (*a. gramm.*).

mute [mjuːt] **1.** □ muet(te *f*); **2.** muet(te *f*) *m*; *théâ.* personnage *m* muet; *♪* sourdine *f*; *gramm.* consonne *f* sourde; **3.** *surt.* *♪* assourdir.

mu·ti·late ['mjuːtileit] mutiler (*a. fig.*); **mu·ti·la·tion** mutilation *f*.

mu·ti·neer [mjuːti'niə] révolté; '**mu·ti·nous** □ rebelle, mutin; '**mu·ti·ny 1.** révolte *f*; **2.** se révolter.

mutt *sl.* [mʌt] nigaud *m*.

mut·ter ['mʌtə] **1.** murmure *m*; **2.** marmotter; murmur-r (contre, *against*).

mut·ton ['mʌtn] mouton *m*; *leg of* ~ gigot *m*; '**~·chop** côtelette *f* de mouton; ~*s pl.*, ~ *whiskers pl.* favoris *m|pl.* en côtelette.

mu·tu·al □ ['mjuːtjuəl] mutuel(le *f*), réciproque; commun; ~ *insurance company* (compagnie *f* d'assurance) mutuelle *f*; *Am.* ~ *fund* société *f* d'investissement; *by* ~ *consent* par consentement mutuel; **mu·tu·al·i·ty** [~'æliti] mutualité *f*, réciprocité *f*.

muz·zle ['mʌzl] **1.** *animal:* museau *m*; *chien:* muse|ière *f*; *arme à feu:* bouche *f*; **2.** museler (*a. fig.*); '**~·load·er** ⚔ pièce *f* se chargeant par la bouche.

muz·zy □ ['mʌzi] estompé; confus

(*idées*); brumeux (-euse *f*) (*temps*).

my [mai; *a.* mi] mon, ma, mes.

my·ope ☞ ['maioup] myope *mf*; **my·op·ic** [~'ɔpik] (~*ally*) (de) myope; **my·o·pi·a** [~'oupjə], **my·o·py** ['~əpi] myopie *f*.

myr·i·ad ['miriəd] **1.** myriade *f*; **2.** innombrable.

myr·mi·don ['məːmidən] myrmidon *m*; F assassin *m* à gages; ~*s pl.* of the law sbires *m|pl.*

myrrh ⚕ [məː] myrrhe *f*.

myr·tle ⚘ ['məːtl] myrte *m*.

my·self [mai'self] moi-même; *réfléchi:* me, *accentué:* moi.

mys·te·ri·ous □ [mis'tiəriəs] mystérieux (-euse *f*); *fig. a.* incompréhensible; **mys'te·ri·ous·ness** mystère *m*; caractère *m* mystérieux.

mys·ter·y ['mistəri] mystère *m* (*a. eccl.*); *hist.* (*a.* ~*play*) mystère *m*; *Am.* (*ou* ~ *story*) roman *m* policier; *mysteries pl.* arcanes *m|pl.*; '**~·ship** piège *m* à sous-marin(s).

mys·tic ['mistik] **1.** (*a.* '**mys·ti·cal** □) mystique; ésotérique (*rite*); occulte; **2.** *eccl.* mystique *mf*; initié(e *f*) *m*; **mys·ti·cism** ['~sizm] mysticisme *m*; **mys·ti·fi·ca·tion** [~fi'keiʃn] mystification *f*; embrouillement *m*; **mys·ti·fy** ['~fai] mystifier; désorienter; *fig.* intriguer.

myth [miθ] mythe *m*; **myth·ic**, **myth·i·cal** □ ['~ik(l)] mythique.

myth·o·log·ic, **myth·o·log·i·cal** □ [miθə'lɔdʒik(l)] mythologique; **my·thol·o·gy** [~'θɔlədʒi] mythologie *f*.

N

N, n [en] N *m*, n *m*.

nab *sl.* [næb] saisir, arrêter.

na·bob ['neibɔb] nabab *m*; *fig.* richard *m*.

na·celle ✈ [nə'sel] nacelle *f*.

na·cre ['neikə] nacre *f*; **na·cre·ous** ['͜kriəs] nacré.

na·dir ['neidiə] *astr.* nadir *m*; *fig.* stade *m* le plus bas.

nag¹ F [næg] petit cheval *m*, bidet *m*.

nag² [͜] *v/i.* chamailler; criailler (contre, *at*); *v/t.* harceler (*q.*); '**͜ging** criaillerie *f*/*pl.*; harcèlement *m*.

nail [neil] **1.** *doigt, orteil*: ongle *m*; ⊕ clou *m*; ͜ **clippers** *pl.* pince *f* à ongles; ͜ **file** lime *f* à ongles; *Am.* ͜ **polish** vernis *m* à ongles; ͜ **scissors** *pl.* ciseaux *m*/*pl.* à ongles; ͜ **varnish** vernis *m* à ongles; *fig.* hit the ͜ on the head frapper juste; **2.** clouer (*a. les yeux sur q.*); clouter (*la porte, les chaussures*); *fig.* attraper; ͜ **down** clouer; *fig.* ͜ **s.o. down to** ne pas laisser à q. le moyen d'échapper à (*qch.*); ͜ **to the counter** démontrer la fausseté de; '**nail·er** cloutier *m*; *sl.* bon type *m*; passé maître *m* (*en, at*); '**nail·er·y** clouterie *f*; '**nail·ing 1.** clou(t)age *m*; **2.** *sl.* (*souv.* ͜ **good**) épatant.

na·ive □ [nɑː'iːv], **na·ive** □ [neiv] naïf (-ïve *f*); ingénu; **na·ive·té** [nɑː'iːvtei], **na·ive·ty** ['neivti] naïveté *f*.

na·ked □ ['neikid] nu; sans vêtements; dénudé (*pays etc.*); dépouillé (*arbre*); *fig.* découvert; *poét.* sans protection; ͜ **facts** *pl.* faits *m*/*pl.* bruts; **with the** ͜ **eye** à l'œil nu; '**na·ked·ness** nudité *f*; F pauvreté *f*.

nam·by-pam·by ['næmbi'pæmbi] **1.** maniéré; fade; **2.** F pouille *f* mouillée.

name [neim] **1.** nom *m*; *navire*: devise *f*; *fig.* réputation *f*; **of** (*ou* F **by**) the ͜ of du nom de, nommé; Christian ͜ prénom *m*; call s.o. ͜s injurier q.; know s.o. by ͜ connaître

q. de nom; **2.** nommer; désigner par son nom; dénommer; citer; fixer (*un jour*); '**name-day** fête *m*; '**name·less** □ sans nom; inconnu; anonyme; *fig.* indicible; '**name·ly** (*abr. viz.*) c'est-à-dire; '**name-plate** plaque *f*; écusson *m*; '**name·sake** homonyme *m*.

nan·keen [næn'kiːn] nankin *m*; ͜**s** *pl.* pantalon *m* de nankin.

nan·ny ['næni] nounou *f*; bonne *f* (*d'enfant*); '**͜-goat** chèvre *f*, bique *f*.

nap¹ [næp] *velours etc.*: poil *m*.

nap² [͜] **1.** petit somme *m*; **2.** sommeiller; *catch s.o.* ͜**ping** surprendre la vigilance de q.; surprendre q. en faute.

nap³ [͜] *cartes*: go ͜ jouer son va-tout.

nape [neip] (*usu.* ͜ **of the neck**) nuque *f*.

naph·tha 🜿 ['næfθə] naphte *m*.

nap·kin ['næpkin] (*souv.* **table-**͜) serviette *f*; (*a. baby's* ͜) couche *f*; '**͜-ring** rond *m* de serviette.

na·poo(h) *sl.* [nɑː'puː] épuisé; inutile; mort; fini; *sl.* fichu.

nar·co·sis 𝒮 [nɑː'kousis] narcose *f*.

nar·cot·ic [nɑː'kɔtik] **1.** (͜**ally**) narcotique; **2.** stupéfiant *m*; narcotique *m*; **nar·co·tize** ['nɑːkətaiz] narcotiser.

nard [nɑːd] nard *m*.

nar·rate [næ'reit] raconter; **nar·'ra·tion** narration *f*; récit *m*; **nar·ra·tive** ['͜rətiv] **1.** □ narratif (-ive *f*); **2.** récit *m*; narration *f*; **nar·ra·tor** [͜'reitə] narrateur (-trice *f*) *m*.

nar·row ['nærou] **1.** □ étroit; encaissé (*vallon*); borné (*esprit*); faible (*majorité*); *see escape*; **2.** ͜**s** *pl.* passe *f* étroite; *port*: goulet *m*; **3.** *v/t.* resserrer; rétrécir; restreindre; limiter; *v/i.* devenir plus étroit; se resserrer; se rétrécir; '**͜-'chested** à poitrine étroite; '**͜-gauge** 🚆 à voie étroite; '**͜-'mind·ed** □ borné; '**nar·row·ness** étroitesse *f* (*a. fig.*); petitesse *f*; limitation *f*.

nar·whal *zo.* [ˈnɑːwəl] narwal(*pl.* -s) *m.*

na·sal [ˈneizl] **1.** □ nasal (-aux *m/pl.*); nasillard (*accent*); **2.** *gramm.* nasale *f*; **na·sal·i·ty** [ˌˈzæliti] nasalité *f*; **na·sal·ize** [ˌˈzəlaiz] nasaliser; *v/i.* parler du nez; nasiller.

nas·cent [ˈnæsnt] naissant.

nas·ti·ness [ˈnɑːstinis] goût *m ou* odeur *f* désagréable; méchanceté *f* (*d'une personne*); *fig.* saleté *f*; **nasty** □ désagréable; dégoûtant; sale; méchant, désagréable (*personne*); *fig.* malpropre.

na·tal [ˈneitl] natal (-als *m/pl.*); **na·tal·i·ty** [nəˈtæliti] natalité *f*.

na·ta·tion [nei'teiʃn] natation *f*.

na·tion [ˈneiʃn] nation *f*, peuple *m*; member ～ État *m* membre.

na·tion·al [ˈnæʃənl] **1.** □ national (-aux *m/pl.*); de l'État; ～ grid caisse *f* nationale de l'énergie; **2.** national (-e *f*) *m*; **na·tion·al·ism** nationalisme *m*; **na·tion·al·ist** nationaliste *mf*; **na·tion·al·i·ty** [næʃəˈnæliti] nationalité *f*; caractère *m ou* esprit *m* national; **na·tion·al·ize** [ˈnæʃnəlaiz] nationaliser; naturaliser; ～d undertakings entreprises *f/pl.* nationalisées.

na·tion-wide [ˈneiʃnwaid] répandu par tout le pays; *souv.* général (-aux *m/pl.*).

na·tive [ˈneitiv] **1.** □ indigène, originaire (de, to) (*personne, plante*); naturel(le *f*), inné (*qualité*); de naissance, natal (-als *m/pl.*) (*lieu*); à l'état natif (*métaux*); ～ language langue *f* maternelle; **2.** natif (-ive *f*) *m*; indigène *mf*; a ～ of Ireland Irlandais *m* de naissance.

na·tiv·i·ty [nəˈtiviti] nativité *f*; horoscope *m*.

na·tron ⚗ [ˈneitrən] natron *m*.

nat·ty □ [ˈnæti] coquet(te *f*); pimpant; bien ménagé.

nat·u·ral [ˈnætʃrəl] **1.** □ naturel(le *f*); de la nature; inné, natif (-ive *f*); illégitime, naturel(le *f*) (*enfant*); ～ disaster catastrophe *f* naturelle; ～ gas gaz *m* naturel; ～ history histoire *f* naturelle; ♪ ～ note note *f* naturelle; ～ philosopher physicien *m*; ～ philosophy physique *f*; ～ reserve réserve *f* naturelle; ～ science sciences *f/pl.* naturelles; **2.** idiot(e *f*) *m*; ♪ bécarre *m*; **nat·u·ral·ism** naturalisme *m*; *arts:* naturisme *m*; **nat·u·ral·ist** natura-

liste *mf*; naturiste *mf*; **nat·u·ral·i·za·tion** [ˌlai'zeiʃn] naturalisation *f*; **nat·u·ral·ize** naturaliser; ⚗, *zo.* acclimater; **nat·u·ral·ness** naturel *m*.

na·ture [ˈneitʃə] nature *f*; caractère *m*, essence *f*; naturel *m*, tempérament *m*; espèce *f*, genre *m*; by ～ de *ou* par nature; **na·tured** au cœur ...; de caractère ...

na·tur·ism [ˈneitʃərizəm] naturisme *m*; **na·tur·ist** naturiste *mf*.

naught [nɔːt] rien *m*, néant *m*; bring to ～ faire échouer; come to ～ échouer, n'aboutir à rien; set at ～ ne tenir aucun compte de; **naugh·ti·ness** [ˈ｡tinis] mauvaise tenue *f*; désobéissance *f*; **naugh·ty** □ méchant, vilain.

nau·se·a [ˈnɔːsiə] nausée *f*; mal *m* de mer; *fig.* dégoût *m*; **nau·se·ate** [ˈ｡sieit] *v/i.* avoir la nausée (de, *at*); *v/t.* dégoûter; donner des nausées à (*q.*); **nau·se·ous** □ [ˈ｡siəs] dégoûtant.

nau·ti·cal □ [ˈnɔːtikl] nautique, marin; de marine; ～ mile mille *m* marin.

na·val [ˈneivəl] naval (-als *m/pl.*); de marine; ～ architect ingénieur *m* des constructions navales; ～ base port *m* de guerre; base *f* navale; ～ staff officiers *m/pl.* de l'état-major; **na·val·ly** au point de vue naval.

nave¹ △ [neiv] nef *f*, vaisseau *m*.

nave² [～] *roue:* moyeu *m*.

na·vel [ˈneivl] nombril *m*; *fig.* centre *m*; ～ orange (orange *f*) navel *f*; *anat.* ～ string cordon *m* ombilical.

nav·i·ga·ble □ [ˈnævigəbl] navigable; ～ balloon ballon *m* dirigeable; **nav·i·gate** [ˈ｡geit] *v/i.* naviguer; *v/t.* naviguer sur (*la mer*); gouverner (*un navire*); **nav·i·ga·tion** navigation *f*; *ballon, navire:* conduite *f*; **nav·i·ga·tor** navigateur *m*.

nav·vy [ˈnævi] terrassier *m*; (*a.* steam-～) piocheuse *f*.

na·vy [ˈneivi] marine *f* de guerre; marine *f* de l'État; ～-'blue bleu *m* marine *inv.*

nay [nei] **1.** † *ou* *prov.* non; pour mieux dire; **2.** non *m*; refus *m*.

Naz·a·rene [næzəˈriːn] Nazaréen (-ne *f*) *m.* [*m.*]

naze [neiz] cap *m*, promontoire*f*

neap [niːp] (*a.* ～tide) marée *f* de morte-eau; **neaped** ⚓: be ～ être amorti.

Ne·a·pol·i·tan [niə'pɔlitən] **1.** napolitain; **2.** Napolitain(e f) m.

near [niə] **1.** *adj.* proche; voisin; à peu près juste; intime (*ami*); (le plus) court (*chemin*); chiche (*personne*); serré (*traduction*); *mot.* gauche (*côté*); montoir (*cheval*); *have* (*ou* be) a ∼ *escape* l'échapper belle; ∼ *at hand* tout près; ∼ *beer* bière f faible; ∼ *horse* cheval m de gauche (*Am.* de droite); *it was a* ∼ *miss* (*ou thing*) il s'en est fallu de peu, le coup est passé très près; **2.** *adv.* près, proche; **3.** *prp.* (*a.*∼ *to*) (au)près de; **4.** *v/t.* (s')approcher de; **near·by** ['∼bai] tout près (de), tout proche (de); **'near·ly** (de) près; presque; à peu près; près de; **'near·ness** proximité f; fidélité f; parcimonie f; **'near-'sight·ed** myope.

neat[1] □ [ni:t] bien rangé *ou* tenu; soigné; élégant; pur, sans eau, sec (sèche f) (*boisson*); net(te f) (*écriture*).

neat[2] † [∼] bête f bovine; **'∼'s-foot** de pied de bœuf; **'∼'s-leath·er** cuir m de vache; **'∼'s-tongue** langue f de bœuf.

neat·ness ['ni:tnis] bon ordre m; simplicité f; bon goût m; adresse f.

neb·u·la *astr.* ['nebjulə], *pl.* **-lae** ['∼li:] nébuleuse f; **'neb·u·lar** nébulaire; **neb·u·los·i·ty** [∼'lɔsiti] nébulosité f; **'neb·u·lous** nébuleux (-euse f) (*a. fig.*).

nec·es·sar·y □ ['nesisəri] **1.** nécessaire, indispensable (à, for); inévitable (*résultat*); **2.** nécessaire m, *usu.* necessaries *pl.* nécessités f/pl.; **ne·ces·si·tate** [ni'sesiteit] nécessiter (*qch.*); rendre (*qch.*) nécessaire; **ne'ces·si·tous** nécessiteux (-euse f); **ne'ces·si·ty** nécessité f; obligation f; besoin m; *usu.* necessities pl. nécessaire m; nécessités f/pl.; the bare necessities pl. (of life) les choses f/pl. essentielles à la vie; of ∼ de toute nécessité.

neck [nek] **1.** cou m; *cuis.* collier m (de bœuf), collet m (de mouton); bouteille: goulot m; robe: encolure f; ∼ of land langue f de terre; ∼ and ∼ à égalité; ∼ or crop tout entier; à corps perdu; F ∼ or nothing le tout pour le tout; (*jouer*) le tout pour le tout; F be up to one's ∼ in s.th. être dans qch. jusqu'au cou; be up to one's ∼ in work a. avoir du travail par-dessus la tête;

sl. get it in the ∼ en prendre pour son compte; F *stick one's* ∼ *out* prendre des risques, s'avancer; se compromettre; **2.** *Am. sl.* (se) caresser; v/t. peloter; **'∼band** col m; encolure f; **neck·er·chief** ['nekət∫if] foulard m; **neck·lace** ['∼lit] collier m; **neck·let** ['∼lit] see necklace; tour m de cou (en fourrure); **'neck·line** encolure f; **'neck·tie** cravate f.

ne·crol·o·gy [ne'krɔlədʒi] nécrologe m (d'une église etc.); nécrologie f; **nec·ro·man·cy** ['nekromænsi] nécromancie f.

nec·tar ['nektə] nectar m.

née [nei]: Mrs. X, ∼ Y Mme X, née Y.

need [ni:d] **1.** besoin m, nécessité f (de of, for); adversité f; indigence f; one's own ∼ son (propre) compte m; if ∼ be au besoin; le cas échéant; be (ou stand) in ∼ of avoir besoin de; **2.** avoir besoin de; réclamer, demander (*qch.*); être obligé de; **need·ful** ['∼ful] □ nécessaire; **2.** F nécessaire m, *souv.* argent m nécessaire; **'need·i·ness** indigence f, nécessité f.

nee·dle ['ni:dl] **1.** aiguille f; **2.** *surt.* *Am.* irriter, agacer; F ajouter de l'alcool à, renforcer (une consommation); '∼-case étui m à aiguilles; '∼-craft couture f; '∼-gun fusil m à aiguille; '∼-mak·ing aiguillerie f.

need·less □ ['ni:dlis] inutile; ∼ly inutilement, sans raison; **'need·less·ness** inutilité f.

nee·dle...: '∼-tel·e·graph télégraphe m à cadran; '∼-wom·an couturière f; '∼work travail (pl. -aux) m à l'aiguille.

needs [ni:dz] *adv.* de nécessité; I must ∼ (*inf.*) force m'est de (*inf.*); **'need·y** □ nécessiteux (-euse f).

ne'er [nɛə] = never; **∼-do-well** ['∼du:wel] propre-à-rien mf (pl. propres-à-rien), vaurien(ne f) m.

ne·far·i·ous □ [ni'fɛəriəs] infâme, scélérat.

ne·gate [ni'geit] nier; **ne'ga·tion** négation f; **neg·a·tive** ['negətiv] **1.** □ négatif (-ive f); **2.** négative f; *gramm.* négation f; *phot.* négatif m, cliché m; answer in the ∼ répondre par la négative à; nier; annuler; neutraliser.

neg·lect [ni'glekt] **1.** manque m de soin; mauvais entretien m; négligence *f*; **2.** négliger; manquer de soins pour; laisser échapper (*une occasion*); **neg·lect·ful** □ [~ful] négligent; insoucieux (-euse *f*) (de, of).

neg·li·gence ['neglidʒəns] incurie *f*; négligence *f*; **'neg·li·gent** □ négligent; ~ of insoucieux (-euse *f*) de; ~ *attire* tenue *f* négligée.

neg·li·gi·ble □ ['neglidʒəbl] négligeable.

ne·go·ti·a·bil·i·ty [nigouʃə'biliti] négociabilité *f*, commercialité *f*; **ne·go·ti·a·ble** □ négociable, commerciable; franchissable (*montagne*); praticable (*chemin*); not ~ cheque chèque *m* barré; **ne·go·ti·ate** [~eit] *v/t.* négocier (*affaire, effet, traité*); prendre (*un virage*); franchir (*une montagne*); *fig.* surmonter; *v/i.* traiter (avec q. de *ou* pour, with s.o. for); **ne·go·ti·at·ing ta·ble** table *f* de conférence; *at the ~* par des négotiations, par voie de négotiations; **ne·go·ti·a·tion** *effets, traite:* négociation *f*; pourparlers *m/pl.*; *fig.* franchissement *m; under ~* en négociation; **ne·go·ti·a·tor** négociateur (-trice *f*) *m*.

ne·gress ['ni:gris] négresse *f*; **ne·gro** ['ni:grou], *pl.* **-groes** [~z] nègre *m*; **ne·groid** ['ni:grɔid] négroïde.

ne·gus ['ni:gəs] vin *m* chaud et épicé.

neigh [nei] **1.** hennissement *m*; **2.** hennir.

neigh·bo(u)r ['neibə] **1.** voisin(e *f*) *m; bibl.* prochain *m*; **2.** être le voisin de (*personne*); avoisiner (*terrain*); **'neigh·bo(u)r·hood** voisinage *m*; **'neigh·bo(u)r·ing** avoisinant, voisin, proche; **'neigh·bo(u)r·ly** de bon voisinage; obligeant.

nei·ther ['naiðə] **1.** *adj. ou pron.* ni l'un(e) ni l'autre; aucun(e *f*); **2.** *adv.* ~ ... nor ... ni ... ni ...; not ... ~ (ne ... pas) ... ne ... pas non plus.

ne·ol·o·gism [ni'ɔlədʒism] néolo-...

ne·on ['ni:ɔn] néon *m*; ~ *lamp* lampe *f* au néon; ~ *light(ing)* éclairage *m* au néon; ~ *sign* enseigne *m* au néon.

ne·o·phyte ['ni(:)oufait] néophyte *mf*; *fig.* débutant(e *f*).

neph·ew ['nevju(:)] neveu *m*.

nep·o·tism ['nepətizm] népotisme *m*.

nerve [nə:v] **1.** nerf *m*; 💊, ⚕ nervure *f*; *fig.* courage *m*, sang-froid *m*; *fig.* vigueur *f*; F audace *f*, aplomb *m*; F *be all ~s* être un paquet de nerfs; F *have the ~ do* s.th. avoir le toupet de faire qch.; *lose one's ~s* perdre son sang-froid *ou* son calme; **2.** fortifier; donner du courage à (*q.*); ~ *o.s.* s'armer de courage (pour, to); **'nerved** ⚕ nervé; **'nerve·less** □ inerte, sans force; **'nerve·rack·ing** énervant.

nerv·ine ⚕ ['nə:vain] nervin (*a. su./m.*).

nerv·ous □ ['nə:vəs] timide, peureux (-euse *f*); inquiet (-ète *f*); excitable; *anat.* nerveux (-euse *f*), des nerfs; ⚕ ~ *breakdown* dépression *f* nerveuse; ~ *system* système *m* nerveux; **'nerv·ous·ness** timidité *f*; état *m* nerveux.

nerv·y *sl.* ['nə:vi] irritable; énervé; nerveux (-euse *f*), saccadé (*mouvement*).

nes·ci·ence ['nesiəns] ignorance *f*; **'nes·ci·ent** ignorant.

ness [nes] promontoire *m*, cap *m*.

nest [nest] **1.** nid *m* (*a. fig.*); nichée *f* (*d'oiseaux*); *fig.* série *f*; **2.** (se) nicher; **'nest·ed** niché; emboîté (*caisses etc.*); **'nest-egg** niché *m*, argent *m* mis de côté; gentille petite somme *f*; **nes·tle** ['nesl] *v/i.* se nicher; *fig.* se blottir; se serrer (contre, [up] to); *v/t.* serrer; **nest·ling** ['neslin] oisillon *m*.

net¹ [net] **1.** filet *m* (*a. fig.*); *tex.* tulle *m*; mousseline *f*; *~ curtains pl.* voilage *m*; **2.** prendre (*qch.*) au filet.

net² [~] **1.** net (te *f*); sans déduction; **2.** rapporter *ou* toucher net.

neth·er ['neðə] inférieur; **'~·most** le plus profond, le plus bas.

net·ting ['netin] pêche *f* au filet; pose *f* de filets; *tex.* tulle *m*; *fig.* réseau *m*.

net·tle ['netl] **1.** ⚕ ortie *f*; **2.** † fustiger avec des orties; *fig.* piquer, irriter; **'~-rash** ⚕ urticaire *f*.

net·work ['netwə:k] réseau *m* (*a. fig.*); ouvrage *m* en filet; *national* ~ réseau *m* national.

neu·ral·gia [njuə'rældʒə] névralgie *f*; *facial* ~ tic *m* douloureux; **neu·ras·the·ni·a** [njuərəs'θi:njə] ⚕ neurasthénie *f*; **neu·ras·then·ic** [~'θenik] neurasthénique (*a. su/mf*); **neu·ri·tis** ⚕ [njuə'raitis] névrite *f*;

neu·rol·o·gy ⚕ [~'rɔlədʒi] neurologie *f*, névrologie *f*; **neu·ron** ['njuə-rɔn] neurone *m*; **neu·ro·path·ic** [njuəro'pæθik] **1.** névropathique; **2.** névropathe *mf*; **neu·ro·sis** ⚕ [~'rousis] névrose *f*; **neu·rot·ic** [~'rɔtik] névrosé (*a. su./mf.*).

neu·ter ['nju:tə] **1.** neutre (*a.* ⚛); **2.** animal *m* châtré; abeille *f etc.* asexuée; *gramm.* neutre *m*.

neu·tral ['nju:trəl] **1.** □ neutre (*a.* ⚛); indéterminé, moyen(ne *f*); **2.** neutre *m*; **neu·tral·i·ty** [nju(:)-'træliti] neutralité *f*; **neu·tral·i·za·tion** [nju:trəlai'zeiʃn] neutralisation *f* (*a.* ⚛); **'neu·tral·ize** neutraliser (*a.* ⚛); rendre inutile *ou* inoffensif (-ive *f*).

neu·tron *phys.* ['nju:trɔn] neutron *m*; ✕ ~ **bomb** bombe *f* à neutrons.

né·vé *géol.* ['neivei] névé *m*.

nev·er ['nevə] ne ... jamais; jamais (de la vie); ~ **so** quelque (*adj.*) que (*sbj.*); '~**more** (ne ...) plus jamais; (ne ...) jamais plus; ~**the·less** [~ðə'les] néanmoins, quand même, pourtant.

new [nju:] nouveau (-el *devant une voyelle ou un h muet*; -elle *f*; -eaux *m/pl.*); neuf (neuve *f*); frais (fraîche *f*); '**new·com·er** nouveau venu *m*; nouvel arrivé *m*; **new·fan·gled** ['~fæŋgld] *péj.* d'une modernité outrée; '**new·ly** récemment, nouvellement; '**new·ness** nouveauté *f*; état *m* neuf; inexpérience *f*.

news *pl. ou sg.* [nju:z] nouvelle *f*, -s *f/pl.*; *what's* the ~? quelles nouvelles?; F quoi de neuf?; *break* the (bad) ~ *to s.o.* annoncer les nouvelles à q. (avec ménagement); F *he is much in the* ~ il défraye la chronique; '~**a·gen·cy** agence *f* d'informations; '~**a·gent** marchand *m* de journaux; '~**boy** vendeur *m* de journaux; '~**butch·er** 🚂 *Am.* vendeur *m* ambulant de journaux; '~**cast** bulletin *m* d')informations *f/pl.*; '~**cast·er** speaker(ine *f*) *m*; ~ **flash** radio: flash *m*; ~ **let·ter** bulletin *m*, circulaire *m*; ~ **mag·a·zine** revue *f*; '~**mon·ger** débiteur (-euse *f*) *m* de nouvelles; '~**pa·per** journal *m*; *attr.* de journaux; '~**print** papier *m* de journal; *Brit.* ~ **read·er** speaker(ine *f*) *m*; '~**reel** film *m* d'actualité; actualités *f/pl.*; '~**room** salle *f* des journaux; *journ.*

Am. salle *f* de rédaction; '~**stall**, *Am.* '~**stand** étalage *m* de marchand de journaux; *France*: kiosque *m* (à journaux); '~**ven·dor** vendeur *m* de journaux; **news·y** ['nju:zi] plein de nouvelles.

newt *zo.* [nju:t] triton *m*, F lézard *m* d'eau.

new-year, *usu.* **New year** ['nju:'jə:] nouvel an *m*; nouvelle année *f*; ~'s *day* le jour de l'an; ~'s *eve* la Saint-Sylvestre *f*; ~'s *gift* étrennes *f/pl.*

next [nekst] **1.** *adj.* prochain; voisin; le plus proche; suivant; ~ *but one* le deuxième; ~-*door* voisin; ~ *door* maison *f* d'à côté; *fig.* ~ *door to* approchant de; *the* ~ *of kin* la famille; ⚛ le(s) parent(s) le(s) plus proche(s); ~ *to* contigu(ë *f*) à *ou* non; à côté de; ~ *to nothing* ne ... presque rien; *what* ~? et ensuite?; F par exemple!; **2.** *adv.* ensuite, après.

nex·us ['neksəs] lien *m*, rapport *m*.

nib [nib] **1.** bec *m* (de plume); **2.** mettre une plume à (*un porte-plume*).

nib·ble ['nibl] *v/t.* grignoter (*qch.*); mordiller; *mouton*: brouter; *v/i.* ~ *at* grignoter (*qch.*); mordre à (*a. fig.*); *fig.* être attiré par.

nice □ [nais] aimable, gentil(le *f*), sympathique (*naturel*); délicat (*question, oreille*); juste, sensible (*oreille, œil*); fin, subtil (*distinction*); joli (*repas, montre, etc.*); difficile (*pour, about*); scrupuleux (-euse *f*) (*quant à, about*); ~ *and warm* bien (au) chaud; '**nice·ness** gentillesse *f*, amabilité *f*; délicatesse *f*; finesse *f*; justesse *f*; **nice·ty** ['~iti] exactitude *f*; subtilité *f*; délicatesse *f* exagérée; méticulosité *f*; *to a* ~ à merveille; exactement; *stand upon niceties* faire des façons.

niche [nitʃ] niche *f*.

Nick[1] [nik] F *Old* ~ le diable *m*.

nick[2] [~] **1.** entaille *f*; fente *f*; *in the (very)* ~ *of time* juste à temps; à pic; **2.** entailler; *sl.* choper.

nick·el ['nikl] **1.** *min.* nickel *m* (*Am. a.* pièce *f* de 5 cents); *Am.* ~-*in-the-slot machine* distributeur *m* automatique; **2.** nickeler.

nick·el·o·de·on *Am.* [nikl'oudiən] pick-up *m/inv.* à sous.

nick-nack ['niknæk] *see* knickknack.

nick·name ['nikneim] **1.** surnom *m*;

sobriquet *m*; 2. surnommer; donner un sobriquet à.

nic·o·tine ['nikəti:n] nicotine *f*.

nid-nod ['nidnɔd] dodeliner (de) la tête.

niece [ni:s] nièce *f*.

niffed † [nift] offensé.

nif·ty *Am.* ['nifti] 1. élégant; pimpant; 2. remarque *f* bien à propos.

nig·gard ['nigəd] 1. grippe-sou *m*; pingre, avare *mf*; 2. avare, parcimonieux (-euse *f*); '**nig·gard·li·ness** pingrerie *f*; parcimonie *f*; '**nig·gard·ly** *adj.* (*a. adv.*) chiche (-ment); mesquin(ement).

nig·ger F *usu. péj.* ['nigə] nègre *m*, négresse *f*; *Am. sl.* that's the ~ in the woodpile il y a anguille sous roche!

nig·gle ['nigl] vétiller; '**nig·gling** insignifiant (travail); tatillon(ne *f*) (personne).

nigh † *ou prov.* [nai] *see near* 1, 2, 3.

night [nait] nuit *f*, soir *m*; obscurité *f*; by ~ de nuit; in the ~ (pendant) la nuit; at ~ la nuit; ~ out soir *m* de sortie; make a ~ of it faire la noce toute la nuit; '**~·cap** bonnet *m* de nuit; *fig.* grog *m* (avant de se coucher); '**~·club** boîte *f* de nuit; '**~·dress** chemise *f* de nuit (de femme); '**~·fall** tombée *f* de la nuit; '**~·gown** *see* night-dress; **night·in·gale** *orn.* ['naitiŋgeil] rossignol *m*; '**night·ly** de nuit, nocturne; (de) tous les soirs.

night...: '**~·mare** cauchemar *m*; '**~·school** classe *f* du soir; '**~·shade** ♫ morelle *f* noire; deadly ~ belladone *f*; ~ shift équipe *f* de nuit; poste *m* de nuit; be on ~ être (au poste) de nuit; '**~·shirt** chemise *f* de nuit (d'homme); '**~·spot** *Am.* F boîte *f* de nuit; '**~·time** nuit *f*; '**~·watch·man** gardien *m* de nuit.

ni·hil·ism ['naiilizm] nihilisme *m*; '**ni·hil·ist** nihiliste *mf*.

nil [nil] rien *m*; *sp.* zéro *m*; ~ return état *m* néant.

nim·ble □ ['nimbl] agile, leste; délié (esprit); '**nim·ble·ness** agilité *f*; vivacité *f* (d'esprit); '**nim·ble·wit·ted** à l'esprit vif; qui a la réplique facile, qui a de la repartie.

nim·bus ['nimbəs], *pl.* -bi [~bai], -bus·es nimbe *m*, auréole *f*; *météor.* nimbus *m*.

nim·i·ny-pim·i·ny ['nimini'pimini] maniéré; mignard.

nin·com·poop F ['ninkəmpu:p] nigaud *m*, benêt *m*, niais *m*.

nine [nain] 1. neuf; ~ days' wonder merveille *f* d'un jour; 2. neuf *m*; '**~·fold** nonuple, neuf fois; '**~·pins** *pl.* quilles *f/pl.*; **nine·teen** ['~'ti:n] dix-neuf (*a. su./m*); '**nine'teenth** [~θ] dix-neuvième; **nine·tieth** ['~·tiiθ] quatre-vingt-dixième (*a.su./m*); '**nine·ty** quatre-vingt-dix.

nin·ny F ['nini] niais(e *f*) *m*.

ninth [nainθ] 1. neuvième; 2. neuvième *m*; ♪ neuvième *f*; '**ninth·ly** en neuvième lieu.

nip¹ [nip] 1. pincement *m*; morsure *f*; ♀ coup *m* de gelée; 2. pincer; piquer, mordre (froid); brûler (gelée); ~ in the bud tuer dans l'œuf; faire avorter (un complot).

nip² [~] 1. goutte *f*, doigt *m* (d'alcool); 2. boire la *ou* une goutte.

nip³ *sl.* [~] chiper, choper, refaire.

nip·per ['nipə] F gamin *m*, gosse *m*; *homard etc.*: pince *f*; (a pair of) ~s *pl.* (une) pince *f*; (des) tenailles *f/pl.*

nip·ple ['nipl] mamelon *m*; bout *m* de sein; ⊕ raccord *m*.

nip·py F ['nipi] vif (vive *f*); âpre; piquant.

Ni·sei *Am.* ['ni:sei] (*a. pl.*) japonais *m* (né aux É.-U.).

nit [nit] œuf *m* de pou; '**~·pick·ing** qui coupe les cheveux en quatre.

ni·tre, ni·ter ♫ ['naitə] nitre *m*, salpêtre *m*.

ni·tric ac·id ♫ ['naitrik'æsid] acide *m* nitrique *ou* azotique.

ni·tro·gen ♫ ['naitrədʒən] azote *m*; **ni·trog·e·nous** [~'trɔdʒinəs] azoté.

ni·tro·gly·ce·rin(e) ['naitrouglisə-'ri:n] nitroglycérine *f*.

ni·trous ♫ ['naitrəs] azoteux (-euse *f*).

nit·ty-grit·ty *sl.* ['nitigriti]: the ~ l'essentiel; come (*ou* get down) to the ~ en venir au fait; en venir au fond.

nit·wit F [nitwit] imbécile *m*.

nix *sl.* [niks] 1. rien *m* (du tout), F peau *f* de balle; 2. non!; rien à faire!; 3. dire non à (*qch.*).

no [nou] 1. *adj.* aucun, pas de; *in* ~ time en un clin d'œil; ~ man's land zone *f* neutre; ~ one personne (... ne); 2. *adv.* peu; non; *avec comp.*: pas (plus); 3. non *m/inv.*; **noes** [nouz] *pl.* les non *m/pl.*; voix *f/pl.* contre.

nob[1] *sl.* [nɔb] caboche *f* (= *tête*); ⊕ bouton *m*.   [rupins *m/pl.*\]
nob[2] *sl.* [⌣] aristo *m*; the ⌣s *pl.* les]
nob·ble *sl.* [ˈnɔbl] écloper (*un cheval*); soudoyer (*q.*); pincer (*un criminel*); filouter (*de l'argent*).
nob·by *sl.* [ˈnɔbi] élégant, chic.
No·bel prize [nouˈbelˈpraiz] Prix *m* Nobel; *Nobel peace prize* Prix *m* Nobel de la paix; ⌣ *winner* (lauréat *m* du) Prix Nobel *m*.
no·bil·i·ar·y [nouˈbiliəri] nobiliaire.
no·bil·i·ty [nouˈbiliti] noblesse *f* (*a. fig.*).
no·ble [ˈnoubl] **1.** □ noble (*a. sentiment, métal, joyau*); sublime; grand (*vin, âme, etc.*); admirable; **2.** noble *mf*, aristocrate *mf*; '⌣**·man** noble *m*, gentilhomme (*pl.* gentilshommes) *m*; '⌣**·mind·ed** à l'âme noble; généreux (-euse *f*); '**no·ble·ness** noblesse *f* (*a. fig.*); '**no·ble·wom·an** noble *f*, aristocrate *f*.
no·bod·y [ˈnoubədi] **1.** personne, aucun (... ne); **2.** zéro *m*, nullité *f*.
nock [nɔk] (en)coche *f*.
no-claims bo·nus [ˈnouˈkleimz bounəs] *assurance*: bonification *f* pour non-sinistre.
noc·tur·nal [nɔkˈtəːnl] nocturne.
nod [nɔd] **1.** *v/i.* faire signe que oui; incliner la tête; dodeliner de la tête; somnoler; *fig.* danser; *have a ⌣ing acquaintance* se connaître vaguement; ⌣ *off* somnoler; *v/t.* incliner (*la tête*); ⌣ *s.o. out* fai re sortir q. d'un signe de la tête; **2.** signe *m* de (la) tête; penchement *m* de tête (*au sommeil*).
nod·dle F [ˈnɔdl] caboche *f* (= *tête*).
nod·dy F [ˈnɔdi] niais(e *f*) *m*.
node [noud] nœud *m* (*a.* ♀, *a. astr.*); ⚕ nodosité *f*.
nod·u·lar [ˈnɔdjulə] nodulaire.
nod·ule [ˈnɔdju:l] nodule *m*.
nog [nɔg] cheville *f* de bois; **nog·gin** [ˈ⌣in] (petit) pot *m* (*en étain etc.*); **nog·ging** ⚒ [ˈ⌣in] hourdage *m*.
no·how F [ˈnouhau] en aucune façon.
noil [nɔil] *tex.* blousse *f*.
noise [nɔiz] **1.** bruit *m*, tapage *m*, fracas *m*, vacarme *m*; son *m*; ⌣ *abatement* lutte *f* anti-bruit *ou* contre le bruit; ⌣ *level* niveau *m* des bruits; *surt. Am.* F *big ⌣* gros bonnet *m*; **2.** ⌣ *about*, ⌣ *abroad* ébruiter; crier sur les toits.

noise·less □ [ˈ⌣lis] sans bruit; silencieux (-euse *f*); '**noise·less·ness** silence *m*, absence *f* de bruit.
nois·i·ness [ˈnɔizinis] caractère *m* bruyant; tintamarre *m*.
noi·some [ˈnɔisəm] fétide, infect; *fig.* désagréable; '**noi·some·ness** fétidité *f*, puanteur *f*.
nois·y □ [ˈnɔizi] bruyant, tapageur (-euse *f*); turbulent (*enfant*).
no·mad [ˈnomæd] nomade *mf*; **no·mad·ic** [noˈmædik] (⌣ally) nomade; **no·mad·ize** [ˈnɔmədaiz] *v/t.* nomadiser; *v/i.* vivre en nomade(s).
no·men·cla·ture [nouˈmenklətʃə] nomenclature *f*; recueil *m* de noms propres.
nom·i·nal □ [ˈnɔminl] nominal (-aux *m/pl.*); fictif (-ive *f*) (*prix, valeur*); ⚔ nominatif (-ive *f*); ⌣ *value* valeur *f* fictive *ou* nominale; **nom·i·nate** [ˈ⌣neit] nommer, désigner; proposer; **nom·i·na·tion** nomination *f*; présentation *f* (*d'un candidat*); *in* ⌣ nommé; proposé; **nom·i·na·tive** *gramm.* [ˈ⌣nətiv] (*a.* ⌣ *case*) nominatif *m*, cas *m* sujet; **nom·i·na·tor** [ˈ⌣neitə] présentateur *m*; **nom·i·nee** [ˌ⌣ˈniː] candidat *m* désigné *ou* choisi.
non ... [nɔn] non-; in-; sans ...
non-ac·cept·ance [ˈnɔnəkˈseptəns] non-acceptation *f*.
non·age [ˈnounidʒ] minorité *f*.
non·a·ge·nar·i·an [nounædʒiˈneəriən] nonagénaire (*a. su./mf*).
non-ag·gres·sion [ˈnɔnəˈgreʃn]: ⌣ *pact* pacte *m* de non-agression.
non-al·co·hol·ic [ˈnɔnælkəˈhɔlik] sans alcool; non alcoolique.
non·a·ligned [ˈnɔnəˈlaind] neutraliste, non aligné; '**non·a·lign·ment** neutralisme *m*, non-alignement *m*.
non-ap·pear·ance ⚖ [ˈnɔnəˈpiərəns] non-comparution *f*; *souv.* défaut *m*.
non-at·tend·ance ⚖ [ˈnɔnəˈtendəns] absence *f*.
nonce [nɔns]: *for the* ⌣ pour l'occasion; ⌣ *word* mot *m* de circonstance.
non-cha·lance [ˈnɔnʃələns] nonchalance *f*, indifférence *f*; '**non-cha·lant** □ nonchalant, indifférent.
non-com·mis·sioned [ˈnɔnkəˈmiʃənd] sans brevet; ⚔ ⌣ *officer* sous-officier *m* gradé.
non-com·mit·tal [ˈnɔnkəˈmitl] diplomatique; qui n'engage à rien.

non·com·pli·ance ['nɔnkəm'plaiəns] refus m d'obéissance (à, with).

non com·pos men·tis 🏛 [nɔn'kɔmpɔs 'mentis] aliéné, fou (fol devant une voyelle ou un h muet; folle f).

non·con·duc·tor ⚡ ['nɔnkən'dʌktə] inconducteur m; phys. non-conducteur m.

non·con·form·ist ['nɔnkən'fɔ:mist] non-conformiste mf; dissident(e f) m;'non·con'form·i·ty non-conformisme m (a. eccl.). [sable.\

non·creas·ing ['nɔn'kri:siŋ]infrois-\

non·de·nom·i·na·tion·al ['nɔndinɔmi'neiʃnl] laïque (école).

non·de·script ['nɔndiskript] 1. inclassable; 2. fig. personne f ou chose f indéfinissable.

none [nʌn] 1. aucun; pas de; 2. aucunement; ～ the less cependant, pourtant, quand même.

non·en·ti·ty [nɔ'nentiti] personne f insignifiante; fig. non-valeur f; nullité f.

non·es·sen·tial ['nɔni'senʃəl] 1. non essentiel(le f); 2. accessoire m.

non·ex·ist·ence ['nɔnig'zistəns] non-être m.

non·fic·tion ['nɔn'fikʃn] ouvrages m/pl. autres que les romans.

non·in·ter·ven·tion ['nɔnintə(:)-'venʃn] non-intervention f.

non·i·ron ['nɔn'aiən] ne pas repasser.

non·lad·der·ing ['nɔn'lædəriŋ] indémaillable.

non·ob·serv·ance ['nɔnəb'zə:vəns] inobservance f.

non·pa·reil ['nɔnpərel] 1. nonpareil(le f); 2. personne f ou chose f sans pareille; typ. nonpareille f.

non·par·ti·san [nɔn'pɑ:tizæn] impartial.

non·par·ty pol. ['nɔn'pɑ:ti] non partisan; impartial (-aux m/pl.).

non·pay·ment ['nɔn'peimənt] non-paiement m; défaut m de paiement.

non·per·form·ance 🏛 ['nɔnpə-'fɔ:məns] non-exécution f.

non·plus ['nɔn'plʌs] 1. embarras m, perplexité f; at a ～ à quia; 2. confondre, réduire à quia; ～sed désemparé; interdit.

non·prof·it-mak·ing ['nɔn'prɔfitmeikiŋ] sans but lucratif.

non·pro·lif·er·a·tion ['nɔnproulifə-'reiʃən] non-prolifération f (des armes nucléaires); ～ treaty traité m de non-prolifération.

non·res·i·dent ['nɔn'rezidənt] externe; forain; non-résident (a. su./mf).

non·sense ['nɔnsəns] absurdité f; bêtise f, -s f/pl.; **non·sen·si·cal** □ [～'sensikl] absurde; bête.

non·skid ['nɔn'skid] antidérapant.

non·smok·er ['nɔn'smoukə] non-fumeur m.

non·start·er ['nɔn'stɑ:tə] nonvaleur f; projet m fichu d'avance.

non·stick ['nɔn'stik] qui n'attache pas (casserole etc.).

non·stop ['nɔn'stɔp] ✈, 🚂 direct; sans arrêt; 🚂 sans escale.

non·such ['nʌnsʌtʃ] personne f ou chose f sans pareille.

non·suit 🏛 ['nɔn'sju:t] débouté m, rejet m de la demande.

non·un·ion [nɔn'ju:njən] non-syndiqué (ouvrier).

noo·dle¹ ['nu:dl] F niais(e f) m.

noo·dle² [～] usu. ～s pl. nouilles f/pl.

nook [nuk] (re)coin m.

noon [nu:n] 1. (a. '～·day, '～·tide) midi m; 2. de midi.

noose [nu:s] 1. nœud m coulant; corde f (de potence); fig. piège m; 2. prendre au lacet; attraper au\

nope Am. F [noup] non! [lasso.\

nor [nɔ:] précédé de neither: ni; début de la phrase: ne ... pas non plus; ～ do I (ni) moi non plus.

norm [nɔ:m] norme f; règle f; 'nor·mal** □ 1. normal (-aux m/pl.) (a. A); A perpendiculaire; ～ school école f normale; 2. condition f normale; A normale f, perpendiculaire f; 'nor·mal·ize** rendre normal; régulariser. [2. Normand(e f) m.\

Nor·man ['nɔ:mən] 1. normand; 2. Normand(e f) m.

north [nɔ:θ] 1. su. nord m; 2. adj. du nord; septentrional (-aux m/pl.); '～·bound** en direction du nord, allant vers le nord; '～·'east** 1. nord-est m; 2. (a. '～·east·ern** 1. du nord-est; **north·er·ly** ['～ðəli] du ou au nord; **north·ern** ['～ən] du nord; septentrional (-aux m/pl.); 'north·ern·er** habitant(e f) m du nord; Am. ♀ nordiste mf; **north·ern·most** le plus au nord; **north·ing** ⚓ ['～ðiŋ] chemin m nord; astr. mouvement m vers le nord; **north·ward** ['～wəd] 1. adj. au ou du nord; 2. adv. (a. **north·wards** ['～dz]) vers le nord.

north...: '~-**west 1.** nord-ouest *m*; ⚓ *a.* norois *m*; **2.** (*a.* '~-**west·ern**, '~-**west·er·ly**) (du) nord-ouest *inv.*

Nor·we·gian [nɔː'wiːdʒən] **1.** norvégien(ne *f*); **2.** Norvégien(ne *f*) *m.*

nose [nouz] **1.** nez *m* (*a.* = *flair*); odorat *m*; *outil*: bec *m*; *tuyau*: ajutage *m*; ✕ *balle*: pointe *f*; ⚓ *torpille*: nez *m* de choc; **2.** *v/t.* (*a.* ~ **out**) sentir, flairer; ~ **out** découvrir; ~ **one's way** s'avancer avec précautions; *v/i.* chercher (qch., *after* [*ou for*] s.th.); ~ **ahead of** aller un peu en avant de (qch.); '~-**bag** musette *f*; '~-**band** muserolle *f*; **nosed** au nez ...

nose...: '~-**dive** ✈ (vol *m*) piqué *m*; '~-**gay** bouquet *m* de fleurs; '~-**heav·y** ✈ lourd de l'avant.

no-show F ['nou'ʃou] personne qui ne se présente pas à l'heure convenue.

nos·ing △ ['nouziŋ] arête *f* (de moulure); *marche d'escalier*: nez *m*.

nos·tal·gi·a [nɔs'tældʒiə] nostalgie *f*; **nos·tal·gic** [.dʒik] nostalgique.

nos·tril ['nɔstril] narine *f*; *cheval*, *bœuf*: naseau *m.*

nos·trum ['nɔstrəm] panacée *f*; remède *m* de charlatan.

nos·y ['nouzi] parfumé; *péj.* curieux (-euse *f*); F fouinard, indiscret (-ète *f*); ♀ Parker indiscret *m*; F fouinard *m.*

not [nɔt] (ne) pas, (ne) point.

no·ta·bil·i·ty [noutə'biliti] notabilité *f*; caractère *m* notable (*d'un événement*); *see* notable 2; **no·ta·ble** ['noutəbl] **1.** □ notable, insigne, considérable, sensible; perceptible (*quantité*); éminent (*personne*); **2.** *personne*: notable *m*, notabilité *f*; **no·ta·bly 1.** remarquablement; **2.** notamment.

no·tar·i·al □ [nou'tɛəriəl] de notaire; notarié (*document*); notarial (-aux *m/pl.*) (*sceau*); **no·ta·ry** ['noutəri] (*a.* ~ *public*) notaire *m.*

no·ta·tion [no'teiʃn] *surt.* ♪, *a.* ♪ notation *f.*

notch [nɔtʃ] **1.** encoche *f*; ⊕ cran *m*; *Am.* défilé *m*, gorge *f*; **2.** entailler, encocher; denteler (*une roue*).

note [nout] **1.** note *f* (*a.* ♪, ♪, *pol.*); F ton *m* (*de la voix*); ♪ son *m*; ♪ *piano*: touche *f*; marque *f*, signe *m*; *pol.* mémorandum *m*; ✝ billet *m*, lettre *f*; *banque*: billet *m*; *texte*:

annotation *f*; renom *m*; **take** ~**s of** prendre des notes de; **2.** noter; constater, remarquer; relever (*une erreur*); faire attention à; (*a.* ~ **down**) inscrire, prendre note de; '~-**book** carnet *m*; sténographie: bloc-notes (*pl.* blocs-notes) *m*; '**not·ed** distingué, éminent (*personne*); célèbre (par, for), connu (pour, for) (*chose*); '~**ly** surtout; nettement; '**note·pa·per** papier *m* à lettres; '**note·wor·thy** remarquable; digne d'attention.

noth·ing ['nʌθiŋ] **1.** rien (de *adj.*) (*su./m*); ♀ zéro *m*; néant *m*; *fig.* bagatelle *f*; **for** ~ gratis; **good for** ~ bon à rien, inutile; **bring to** ~ faire échouer; **come to** ~ ne pas aboutir; **make** ~ **of** ne faire aucun cas de; **I can make** ~ **of it** je n'y comprends rien; **2.** *adv.* aucunement; pas du tout; '**noth·ing·ness** néant *m*; *fig.* nullité *f.*

no·tice ['noutis] **1.** avis *m*; avertissement *m*; convocation *f* (*d'une réunion*); ✝ délai *m*; *bourse*: terme *m*; affiche *f*; écriteau *m*; annonce *f*, *journ.* notice *f*; revue *f* (*d'un ouvrage*); *fig.* attention *f*; congé *m*; **at short** ~ à bref délai; **give** ~ **of departure** annoncer son départ; **give** ~ **that** prévenir que; **give s.o. a week's** ~ donner ses huit jours à q.; **take** ~ **of** faire attention à; **until further** ~ jusqu'à nouvel ordre; **without** ~ sans avis préalable; **2.** remarquer, observer; s'apercevoir de *ou* que; prendre garde à; faire le compte rendu de (*un ouvrage*); faire attention à; '**no·tice·a·ble** □ sensible, perceptible; digne d'attention; '**no·tice-board** écriteau *m*; porte-affiches *m/inv.*; panneau *m* indicateur.

no·ti·fi·a·ble ♨ ['noutifaiəbl] dont la déclaration est obligatoire (*maladie*); **no·ti·fi·ca·tion** [.fi'keiʃn] avis *m*; avertissement *f*; annonce *f*; déclaration *f*; notification *f.*

no·ti·fy ['noutifai] annoncer; avertir; déclarer; aviser, notifier.

no·tion ['nouʃn] notion *f*, idée *f*; pensée *f*; *fig.* caprice *m*; *Am.* ~**s** *pl.* petites inventions *f/pl.* bon marché; (*petits*) articles *m/pl.* ingénieux; '**no·tion·al** □ spéculatif (-ive *f*) (*connaissances etc.*); imaginaire; *surt. Am.* F capricieux (-euse *f*); fantasque.

no·to·ri·e·ty [noutə'raiəti] notoriété
f; personne: notabilité f; **no·to·ri·ous** □ [nou'tɔːriəs] notoire, (re-)
connu; péj. d'une triste notoriété;
fameux (-euse f).

not·with·stand·ing [nɔtwið'stæn-
diŋ] 1. prp. malgré, en dépit de;
2. adv. pourtant; tout de même;
3. cj. ~ that quoique (sbj.), bien
que (sbj.).

nought surt. Am [nɔːt] zéro m; F
rien m; come to ~ échouer, tomber à
l'eau.

noun gramm. [naun] nom m,
substantif m.

nour·ish ['nʌriʃ] nourrir (a. fig.);
alimenter; **'nour·ish·ing** nourrissant, nutritif (-ive f); **'nour·ish-
ment** nourriture f; alimentation f.

nov·el ['nɔvl] 1. nouveau (-el devant
une voyelle ou un h muet; -elle f),
original (-aux m/pl.); 2. roman m;
short ~ = **nov·el·ette** [nɔvə'let]
nouvelle f; **'nov·el·ist** romancier
(-ère f) m; **nov·el·ty** ['nɔvlti] nouveauté f (a. ✝).

No·vem·ber [no'vembə] novembre
m.

nov·ice ['nɔvis] novice mf (a. eccl.);
débutant(e f) m.

no·vi·ci·ate, no·vi·ti·ate [no'viʃiit]
noviciat m (a. eccl.); apprentissage
m.

now [nau] 1. adv. maintenant; en ce
moment; tout de suite; avec vbe.
passé: alors, à ce moment-là; just ~
tout à l'heure; before ~ déjà; jusqu'ici; ~ and again de temps à
autre; ~ and then de temps en
temps; 2. cj. (a. ~ that) maintenant
que; or; 3. su. présent m.

now·a·day ['nauədei](d')aujourd'hui;
now·a·days ['~z] de nos jours.

no·way(s) F ['nouwei(z)] en aucune
façon.

no·where ['nouweə] nulle part.

no·wise ['nouwaiz] see noway(s).

nox·ious □ ['nɔkʃəs] nuisible.

noz·zle ['nɔzl] ⊕ ajutage m; jet
m.

nub [nʌb] (petit) morceau m; Am. F
essentiel m (d'une affaire).

nu·cle·ar ['njuːkliə] nucléaire; ~
deterrent force f de dissuasion nucléaire; ~ disintegration désintégration f nucléaire; ~ energy énergie f
nucléaire; ~ physics physique f nucléaire; ~ pile pile f nucléaire; ~ power

énergie f nucléaire; ~ power plant
centrale f (électro-)nucléaire; ~ reactor bouilleur m atomique; ~ research
recherches f/pl. nucléaires; ~ submarine sous-marin m atomique; ~ warfare guerre f nucléaire ou atomique;
~ warhead ogive f nucléaire; **nu·cle-
on** phys. ['~kliɔn] nucléon m; **nu-
cle·us** ['~kliəs], pl. -i [~ai] noyau
m.

nude [njuːd] 1. nu; 2. figure f nue;
peint. nu m; nudité f; study from
the ~ nu m.

nudge F [nʌdʒ] 1. pousser (q.) du
coude; 2. coup m de coude.

nud·ism ['njuːdizm] nudisme m;
'nud·ist nudiste mf; **'nu·di·ty**
nudité f; figure f nue.

nu·ga·to·ry ['njuːgətəri] futile, sans
valeur; inefficace.

nug·get ['nʌgit] pépite f (d'or).

nui·sance ['njuːsns] dommage m;
fig. personne: peste f, gêneur (-euse
f) m; chose: ennui m; what a ~!
quel ennui!; F quelle scie!; commit
no ~! défense de déposer des immondices!; défense d'uriner; make
o.s. (ou be) a ~ être assommant.

nuke Am. sl. [nuːk] 1. arme f nucléaire; 2. attaquer avec des armes
nucléaires.

null [nʌl] ₺ᵗᵉ, a. fig. nul(le f); fig.
inefficace, insignifiant; ~ and void
nul et sans effet; **nul·li·fi·ca·tion**
annulation f, infirmation f; **nul·li-
fy** ['~ifai] annuler; nullifier; infirmer; **'nul·li·ty** nullité f, invalidité f; fig. homme m nul, non-
valeur f.

numb [nʌm] 1. engourdi (par,
with); transi; 2. engourdir (a. fig.).

num·ber ['nʌmbə] 1. Am, gramm.,
personnes: nombre m; chiffre m
(écrit); numéro m (de maison, auto,
journal, programme, etc.); poét. ~s
pl. vers m/pl.; ♪ accords m/pl.;
2. compter; numéroter; ~ among,
~ in, ~ with (se) compter parmi;
'num·ber·less sans nombre; innombrable; **'num·ber-plate** mot.
plaque f matricule.

numb·ness ['nʌmnis] engourdissement m; fig. torpeur f.

nu·mer·a·ble ['njuːmərəbl] (dé-)
nombrable (-aux m/pl.); **nu·mer·al** 1. numéral
(-aux m/pl.); 2. nombre m, chiffre
m; nom m de nombre; ~s pl. numéraux m/pl.; **nu·mer·a·tion** numé-

ration *f*; **'nu·mer·a·tor** ₳ numérateur *m* (*d'une fraction*).

nu·mer·i·cal □ [nju'merikl] numérique.

nu·mer·ous □ ['nju:mərəs] nombreux (-euse *f*); *vers*: cadencé; **'nu·mer·ous·ness** (grand) nombre *m*; abondance *f*.

nu·mis·mat·ic [nju:miz'mætik] (~ally) numismatique; **nu·mis'mat·ics** *usu. sg.* numismatique *f*; **nu·mis·ma·tist** [nju(:)'mizmətist] numismat(ist)e *m*.

num·skull F ['nʌmskʌl] nigaud(e *f*) *m*; idiot(e *f*) *m*.

nun [nʌn] religieuse *f*; *orn.* mésange *f* bleue, *a.* pigeon *m* nonnain.

nun·ci·a·ture *eccl.* ['nʌnʃiətʃə] nonciature *f*; **nun·ci·o** *eccl.* ['~ʃiou] nonce *m*.

nun·ner·y ['nʌnəri] couvent *m* (de religieuses).

nup·tial ['nʌpʃəl] **1.** nuptial (-aux *m/pl.*); **2.** ~s *pl.* noces *f/pl.*

nurse [nə:s] **1.** (*souv.* wet-~) nourrice *f*; bonne *f* d'enfants; gardemalade (*pl.* gardes-malades) *f*; *hôpital:* infirmière *f*; *at* ~ *en* nourrice; *put s.o. out to* ~ mettre q. en nourrice; **2.** allaiter (*un bébé*); soigner (*malade, plante, popularité, rhume*); entretenir (*un espoir, un sentiment*); mijoter (*un projet*); cultiver (*des électeurs, une relation, etc.*); **'~·maid** bonne *f* d'enfants.

nurs·er·y ['nə:sri] chambre *f* des enfants; garderie *f*; ♐ pépinière *f* (*a. fig.*); ~ *school* maternelle *f*; **'~·gov·ern·ess** gouvernante *f* (pour jeunes enfants); **'~·man** pépiniériste *m*; ~ *rhyme* chanson *f* de nourrice; poésie *f* enfantine.

nurs·ing ['nə:siŋ] allaitement *m*; soins *m/pl.*; profession *f* de gardemalade; ~ *home* maison de santé *ou* de convalescence *ou* de repos *ou* de retraite; *Brit. a.* clinique *f* privée; ~ *bottle* biberon *m*.

nurs·ling ['nə:sliŋ] nourrisson *m*.

nur·ture ['nə:tʃə] **1.** nourriture *f*; aliments *m/pl.*; soins *m/pl.*, éducation *f*; **2.** nourrir (*de, on*) (*a. fig.*); élever; instruire.

nut [nʌt] **1.** noix *f*; ⊕ écrou *m*; *sl.* problème *m ou* personne *f* difficile; *sl.* boule *f* (= *tête*); ♪ *violon:* sillet *m, archet:* hausse *f*; *sl.* insensé(e *f*) *m*; ~s *pl.* charbon: gailletin *m*; **2.** *sl.* ~s toqué; *sl. that is* ~s *to* (*ou for*) *him* c'est un plaisir pour lui; *be* ~s *on* raffoler de; *sl. drive s.o.* ~s affoler q.; *go* ~s être toqué, déménager; **3.:** *go* ~ting aller aux noisettes.

nu·ta·tion [nju:'teiʃn] nutation *f*.

nut·crack·er ['nʌtkrækə] *usu.* (*a pair of*) ~s *pl.* (des) casse-noisettes *m/inv.*; **'nut·gall** noix *f* de galle; **nut·meg** ['~meg] (noix *f* de) muscade *f*.

nu·tri·ent ['nju:triənt] **1.** nourrissant, nutritif (-ive *f*); **2.** substance *f* nutritive; **'nu·tri·ment** nourriture *f*; aliments *m/pl.* nourrissants.

nu·tri·tion [nju:'triʃn] nutrition *f*; **nu'tri·tion·al** □ ['~əl] alimentaire; nutritif (-ive *f*); ~ *value see* nutritiousness; **nu'tri·tious** □ nourrissant, nutritif (-ive *f*); **nu'tri·tious·ness** nutritivité *f*, valeur *f* nutritive.

nu·tri·tive □ ['nju:tritiv] *see* nutritious.

nut·shell ['nʌtʃel] coquille *f* de noix; *in a* ~ en peu de mots; **nut·ty** ['nʌti] abondant en noix *ou* en noisettes; ayant un goût de noisette; plein de saveur (*conte*); *sl.* entiché (*de, on*), timbré, un peu fou (*fol devant une voyelle ou un h muet*; folle *f*).

nuz·zle ['nʌzl] (*contre, against*) fouiller avec le groin (*cochon etc.*); fourrer son nez; *personne:* se blottir, se serrer.

ny·lon ['nailɔn] *tex.* nylon *m*; ~s *pl.* bas *m/pl.* nylon.

nymph [nimf] nymphe *f*.

O

O, o [ou] O *m*, o *m*.

o [ou] **1.** ♀ (= *nought*) zéro *m*; **2.** *int.* O, ô, oh; ~ *for* ...! que ne donnerais-je pas pour ...!

oaf [ouf] idiot(e *f*) *m*; lourdaud(e *f*) *m*; **'oaf·ish** lourdaud.

oak [ouk] **1.** ♀ chêne *m*; *univ.* F porte *f* extérieure; *see* sport 2; **2.** de ou en chêne; **'~-ap·ple**, **'~-gall** noix *f* de galle; **'oak·en** † de ou en chêne; **oak·let** ['~lit], **'oak·ling** chêneau *m*.

oa·kum ['oukəm] étoupe *f*.

oar [ɔː] **1.** aviron *m*, rame *f*; *fig.* rameur (-euse *f*) *m*; *fig. put one's ~ in* intervenir, s'en mêler; F *rest on one's ~s* dormir sur ses lauriers; **2.** *v/i.* ramer; *v/t.* faire avancer à la rame; **oared** [ɔːd] à rames; **oarsman** ['ɔːzmən] rameur *m*; **'oarswom·an** rameuse *f*.

o·a·sis [o'eisis], *pl.* **-ses** [~siːz] oasis *f* (*a. fig.*).

oast [oust] séchoir *m* (à houblon).

oat [out] *usu. ~s pl.* avoine *f*; F *fig. feel one's ~s* se sentir gaillard; *Am. a. sow one's wild ~s* faire des fredaines.

oath [ouθ], *pl.* **oaths** [ouðz] *n*. serment *m*; *péj.* juron *m*, gros mot *m*; *administer (ou tender) an ~ to* faire prêter serment à, assermenter (*q.*); *bind s.o. by ~* lier par serment; *on ~* sous (la foi du) serment; *put s.o. on his ~* assermenter q.; *take an ~* prêter serment (sur, on); jurer (sur, on; de *inf.*, *to inf.*).

oat·meal ['outmiːl] farine *f* d'avoine.

ob·du·ra·cy ['ɔbdjurəsi] opiniâtreté *f*; inflexibilité *f*; **ob·du·rate** □ ['~rit] obstiné; inflexible.

o·be·di·ence [o'biːdjəns] obéissance *f*; *eccl.* obédience *f*; † *in ~ to* conformément à; **o'be·di·ent** □ obéissant.

o·bei·sance [o'beisns] hommage *m*; † révérence *f*; *do (ou make ou pay) ~* (à, to) rendre hommage; prêter obéissance (*au roi etc.*).

ob·e·lisk ['ɔbilisk] obélisque *m*; *typ.* croix *f*, obèle *m*.

o·bese □ [o'biːs] obèse; **o'bese·ness**, **o'bes·i·ty** obésité *f*.

o·bey [o'bei] *v/t.* obéir à (*q.*, *un ordre*); *v/i.* obéir.

ob·fus·cate ['ɔbfʌskeit] *fig.* obscurcir; F griser.

o·bit·u·ar·y [o'bitjuəri] **1.** registre *m* des morts; nécrologe *m*; **2.** nécrologique; *journ. ~ column* nécrologie *f*.

ob·ject 1. ['ɔbdʒikt] objet *m* (*a. fig.*); chose *f*; *fig.* but *m*; *gramm.* complément *m*, régime *m*; *salary no ~* les appointements importent peu; **2.** [əb'dʒekt] *v/t.* objecter (qch. à *q.*, *s.th. to s.o.*); *v/i.* protester (contre, to); *~ to (gér.)* s'opposer à (*inf.*); se refuser à (*inf.*); désapprouver (*inf.*); **~-glass** *opt.* ['ɔbdʒiktglaːs] objectif *m*.

ob·jec·tion [əb'dʒekʃn] objection *f*; *fig.* aversion *f*; *there is no ~ (to it)* il n'y a aucun inconvénient; **ob'jec·tion·a·ble** □ répréhensible; désagréable; choquant.

ob·jec·tive [əb'dʒektiv] **1.** □ objectif (-ive *f*) (*a. opt.*); **2.** objectif *m* (*a. ✕*, *opt.*); but *m*; *gramm.* régime *m*; **ob'jec·tive·ness**, **ob·jec'tiv·i·ty** objectivité *f*.

ob·ject...: **'~-lens** *opt.* objectif *m*; **'~-less** sans but, sans objet; **'~-les·son** leçon *f* de choses; *fig.* exemple *m*.

ob·jec·tor [əb'dʒektə] réclameur *m*; contradicteur *m*; *see* conscientious.

ob·jur·gate ['ɔbdʒəːgeit] accabler (*q.*) de reproches; **ob·jur'ga·tion** réprimande *f*; **ob'jur·ga·to·ry** [~gətəri] objurgatoire.

ob·late □ ['ɔbleit] **1.** ♑ aplati (aux pôles); **2.** *eccl.* oblat(e *f*) *m*; **'ob·late·ness** ♑ aplatissement *m*.

ob·la·tion *eccl.* [o'bleiʃn] oblation *f*.

ob·li·ga·tion [ɔbli'geiʃn] obligation *f* (*a.* †); devoir *m*; † engagement *m*; dette *f* de reconnaissance; *be under (an) ~ to s.o.* avoir des obligations envers q.; devoir de la reconnaissance à q.; be under ~ to (inf.) être dans l'obligation de (inf.), être tenu de (inf.); **ob·lig·a·to·ry** ['‿gətəri] obligatoire (à q., on s.o.); de rigueur.

o·blige [ə'blaidʒ] v/t. obliger (a. 🏛); astreindre; rendre service à (q.); ~ the company with a song avoir l'amabilité de chanter; much ~d bien reconnaissant; v/i. F ~ with a song etc. avoir l'amabilité de chanter etc.; please ~ with an early reply prière de bien vouloir répondre sous peu; **ob·li·gee** [əbli'dʒiː] 🏛 obligataire m, créancier m; F obligé(e f) m; **o·blig·ing** [ə'blaidʒiŋ] obligeant, serviable, complaisant; **o'blig·ing·ness** obligeance f, complaisance f; **ob·li·gor** 🏛 [əbli'ɡɔː] obligé(e f) m.

ob·lique □ [ə'bliːk] Å, ⚕, ♪, ⚓, ✗, anat., astr., gramm. oblique; indirect (discours, a. fig.); de biais (regard); **ob'lique·ness, ob'liq·ui·ty** [‿kwiti] obliquité f.

ob·lit·er·ate [o'blitəreit] effacer, faire disparaître; fig. passer l'éponge sur; ✗, anat., poste: oblitérer; **ob·lit·er'a·tion** effaçage m; rature f; ✗, anat., timbre: oblitération f.

ob·liv·i·on [o'bliviən] oubli m; pol. amnistie f; fall (ou sink) into ~ tomber dans l'oubli; **ob'liv·i·ous** □ oublieux (-euse f); be ~ of oublier complètement; F ignorer tout à fait.

ob·long ['ɔblɔŋ] **1.** oblong(ue f); **2.** rectangle m.

ob·lo·quy ['ɔblɔkwi] blâme m, calomnie f; opprobre m, honte f.

ob·nox·ious □ [əb'nɔkʃəs] odieux (-euse f); désagréable; détesté (par, to); **ob'nox·ious·ness** caractère m odieux.

o·boe ♪ ['oubou] hautbois m; personne: hautboïste mf.

ob·scene □ [ɔb'siːn] obscène; fig. répugnant; **ob'scen·i·ty** [‿iti] obscénité f; langage: grossièreté f.

ob·scur·ant [ɔb'skjuərənt] obscurantiste mf; **ob·scu·ra·tion** [‿skju-'reiʃn] obscurcissement m; astr. obscuration f, éclipse f; **ob·scure** [əb'skjuə] **1.** □ obscur (a. fig.); sombre; **2.** v/t. obscurcir (a. fig.); masquer (la lumière); fig. éclipser; **ob'scu·ri·ty** obscurité f (a. fig.).

ob·se·quies ['ɔbsikwiz] pl. obsèques f/pl., funérailles f/pl.

ob·se·qui·ous □ [əb'siːkwiəs] obsé-

quieux (-euse f); **ob'se·qui·ous·ness** obséquiosité f, servilité f.

ob·serv·a·ble □ [əb'zə:vəbl] visible; sensible; remarquable; **ob'serv·ance** eccl., dimanche, loi, ordre: observance f; pratique f; **ob'serv·ant** □ observateur (-trice f) (de, of); attentif (-ive f) (à, of); **ob·ser·va·tion** [ɔbzə'veiʃn] observation f; surveillance f; remarque f; attr. d'observation; 🚃 ~ car wagon m d'observation; 🏛 ~ ward salle f des malades en observation; **ob·serv·a·to·ry** [əb'zə:vətri] observatoire m; **ob'serve** v/t. observer (a. fig.); regarder; remarquer, apercevoir; dire; v/i. ~ on commenter (qch.); **ob'serv·er** observateur (-trice f) m.

ob·sess [əb'ses] obséder; ~ed by (ou with) obsédé par, hanté par; en proie à; **ob'ses·sion** obsession f.

ob·so·les·cence [ɔbsə'lesns] vieillissement m; biol. atrophie f; **ob·so·'les·cent** qui tombe en désuétude; biol. atrophié.

ob·so·lete ['ɔbsəliːt] désuet (-ète f); hors d'usage; démodé; zo. obsolète.

ob·sta·cle ['ɔbstəkl] obstacle m.

ob·ste·tri·cian 🏛 [ɔbste'triʃn] accoucheur m; **ob'stet·rics** [‿riks] usu. sg. obstétrique f.

ob·sti·na·cy ['ɔbstinəsi] obstination f, opiniâtreté f; 🏛 persistance f; **ob·sti·nate** □ ['‿nit] obstiné (a. 🏛), opiniâtre; acharné; rebelle (fièvre).

ob·strep·er·ous □ [əb'strepərəs] bruyant; rebelle; indiscipliné.

ob·struct [əb'strʌkt] v/t. obstruer (a. 🏛); encombrer; gêner; empêcher; **ob'struc·tion** ⊕ engorgement m; 🏛, parl. obstruction f; obstacle m; fig. empêchement m; encombrement m; **ob'struc·tive** □ 🏛 obstructif (-ive f); d'obstruction; be ~ gêner.

ob·tain [əb'tein] v/t. obtenir, se procurer; gagner; v/i. régner, exister; **ob'tain·a·ble** procurable; trouvable; **ob'tain·ment** obtention f.

ob·trude [əb'truːd] (s')imposer (on, à); **ob'tru·sion** importunité f, intrusion f; **ob'tru·sive** □ [‿siv] importun; indiscret (-ète f).

ob·tu·rate ['ɔbtjuəreit] boucher, obturer; **'ob·tu·ra·tor** obturateur m.

ob·tuse □ [əb'tjuːs] Å, angle, esprit, pointe: obtus; fig. émoussé, sourd;

fig. stupide; **ob·tuse·ness** manque *m* de pointe; *fig.* stupidité *f*.

ob·verse ['ɔbvə:s] obvers *m*; *médaille, monnaie:* face *f*; *fig.* opposé *m*.

ob·vi·ate ['ɔbvieit] *fig.* obvier à, éviter; prévenir.

ob·vi·ous □ ['ɔbviəs] évident, manifeste, clair; *fig.* voyant; **'ob·vi·ous·ness** évidence *f*.

oc·ca·sion [ə'keiʒn] **1.** occasion *f*, cause *f*; sujet *m*; besoin *m*; fois *f*; ~s *pl.* affaires *f/pl.*; on ~ de temps à autre; *on several* ~s à plusieurs reprises; *on all* ~s en toute occasion; *on the* ~ à l'occasion de; *have no* ~ *for* n'avoir aucun sujet de; *rise to the* ~ être *ou* se montrer à la hauteur de la situation; **2.** occasionner, donner lieu à; **oc'ca·sion·al** □ ... de temps en temps, épars; ~ *furniture* meuble *m* volant.

oc·ci·dent *poét.* ['ɔksidənt] occident *m*, ouest *m*; **oc·ci·den·tal** □ [~'dentl] occidental (-aux *m/pl.*); de l'ouest.

oc·cult □ [ɔ'kʌlt] occulte, secret (-ète *f*); **oc·cul·ta·tion** *astr.* occultation *f*; **oc·cult·ism** ['ɔkʌltizm] occultisme *m*; **'oc·cult·ist** occultiste *mf*; **oc·cult·ness** [ɔ'kʌltnis] caractère *m* occulte.

oc·cu·pan·cy ['ɔkjupənsi] occupation *f*, habitation *f* (de, of); *emploi:* possession *f*; **'oc·cu·pant** *terre:* occupant(e) *m*; *maison:* locataire *mf*; *emploi:* titulaire *mf*; **oc·cu·pa·tion** occupation *f* (a. ✕); *emploi* *m*, métier *m*, profession *f*; *be in* ~ *of* occuper; *employed in an* ~ employé; **oc·cu·pa·tion·al** de métier; professionnel(le *f*); ~ *disease* maladie *f* professionnelle; ~ *hazard* risque *m* du métier; ~ *therapy* thérapeutique *f* occupationnelle; **oc·cu·pi·er** ['~paiə] *see* occupant; **oc·cu·py** ['~pai] occuper (*q., qch., a.* ✕ *une ville*); habiter (*une maison*); remplir (*l'espace, le temps, un emploi*); occuper (*la place, le temps*); passer (*le temps*) ✕; s'emparer de (*un point stratégique*), garnir (*une place de guerre*); donner du travail à; ~ *o.s.* (*ou be occupied*) *with* (*ou in*) être occupé à, s'occuper à.

oc·cur [ə'kə:] avoir lieu; arriver; se produire; se trouver; venir à l'esprit (à *q., to s.o.*); **oc·cur·rence**

[ə'kʌrəns] événement *m*; occurrence *f*; *min.* venue *f*.

o·cean ['ouʃn] océan *m*; mer *f*; F ~s *pl.* d'un tas *m* de; **'~·go·ing** ⚓ de haute mer (*bateau*); **o·ce·an·ic** [ouʃi'ænik] océanique; de l'océan.

o·chre *min.* ['oukə] ocre *f*.

o'clock [ə'klɔk]: *five* ~ cinq heures.

oc·ta·gon ['ɔktəgən] octogone *m*; **oc·tag·o·nal** [ɔk'tægənl] octogonal (-aux *m/pl.*).

oc·tane 🜍 ['ɔktein] octane *m*.

oc·tave ♪ ['ɔktiv] octave *f*; **oc·ta·vo** [~'teivou] in-octavo *inv.* (*a. su./m*).

Oc·to·ber [ɔk'toubə] octobre *m*.

oc·to·ge·nar·i·an ['ɔktoudʒi'nɛəriən] octogénaire (*a. su./mf*).

oc·to·pus *zo.* ['ɔktəpəs] poulpe *m*; *surt.* pieuvre *f* (*a. fig.*).

oc·u·lar □ ['ɔkjulə] oculaire, des yeux, de l'œil; ~ *demonstration* démonstration *f* oculaire; (*a. su./m*) *emploi* oculaire, des yeux; **'oc·u·list** oculiste *m*.

odd □ [ɔd] impair (*nombre*); dépareillé; déparié (*de deux*); qui ne vont pas ensemble; *fig.* quelconque; *40* ~ une quarantaine; quelque quarante ...; *12 pounds* ~ 12 livres et quelques shillings; *there is still some* ~ *money* il reste encore quelque argent (*de surplus*); *at* ~ *times* par-ci par-là; *be* ~ *man* rester en surnombre; ~*ly enough* curieusement, chose curieuse; *see a.* odds; **'~·ball** *Am.* F drôle de type *m*; **Odd·fel·lows** ['ɔdfelouz] *pl.* une société de secours mutuels; **'odd·i·ty** singularité *f*, bizarrerie *f*; F original(e *f*) *m*; **'odd·ments** *pl.* restes *m/pl.*; ✝ fins *f/pl.* de série; fonds *m/pl.* de boutique; **odds** [ɔdz] *pl., a. sg.* chances *f/pl.*; avantage *m*; différence *f*; *courses:* cote *f*; *Am.* a. faveurs *f/pl.*; *at* ~ brouillé, en désaccord; ~ *and ends* bribes *f/pl.* et morceaux *m/pl.*; petits bouts *m/pl.*; *nourriture:* restes *m/pl.*; *sp. give s.o.* ~ concéder des points à q.; *what's the* ~? qu'est-ce que ça fait?; *it makes no* ~ ça ne fait rien; cela n'a pas d'importance; *the* ~ *are for* (*against*) *him* les chances sont pour (contre) lui.

ode [oud] ode *f*.

o·di·ous □ ['oudiəs] odieux (-euse *f*); détestable; répugnant; **o·di·um** ['oudiəm] détestation *f*; réprobation *f*; haine *f*.

o·dom·e·ter *mot.* [o'dɔmitə] odo-mètre *m*; compteur *m* enregistreur.

o·don·tol·o·gy ⚕ [ɔdɔn'tɔlədʒi] odontologie *f*.

o·dor·if·er·ous □ [oudə'rifərəs], **'o·dor·ous** □ odorant; parfumé; *péj.* puant.

o·do(u)r ['oudə] parfum *m*; odeur *f* (*a. fig.*); *fig.* faveur *f*; **'o·do(u)r·less** sans odeur, inodore.

œconom... see econom...

œc·u·men·i·cal *eccl.* □ [i:kju:-'menikl] œcuménique; F universel(le *f*).

œde·ma ⚕ [i:'di:mə] œdème *m*.

o'er [ɔə] see over. [œsophage *m.*]

œ·soph·a·gus *anat.* [i:'sɔfəgəs]

of [ɔv; əv] *prp. possession, dépendan-ce:* de (*mon père*); *origine:* de (*bonne famille*); *cause:* de (*joie, faim, etc.*); *qualité, quantité, action, distance:* de; *lieu de bataille, etc.:* de; *titre de nobilité:* de; *matière:* de, en (*soie, or, etc.*); *titre universitaire:* en (*philosophie, droit, etc.*), ès (*lettres, sciences*); parmi, (d')entre (*un grou-pe*); *après certains verbes comme priver, ôter, etc.:* de; *génitif de des-cription:* a man ~ honour un homme d'honneur; *the city* ~ *London* la cité de Londres; *génitif subjectif:* the love ~ a mother l'amour d'une mère; *génitif objectif:* the love ~ God l'amour de Dieu; a hatred ~ cruelty une haine de la cruauté; *article partitif:* a glass ~ wine un verre de vin; *pour of après verbe ou adjectif voir le verbe simple ou l'adjectif;* die ~ cancer mourir de cancer; enough ~ assez de; loved ~ all aimé de tous; north ~ Paris au nord de Paris; *Duke* ~ *Kent* Duc de Kent; get rid ~ se débarrasser de; cheat s.o. ~ s.th. frustrer q. de qch.; rob s.o. ~ s.th. voler qch. à q.; think ~ penser à; *fig.* juger de; be afraid (ashamed) ~ avoir peur (honte) de; desirous (proud) ~ désireux (fier) de; it is very kind ~ you c'est très aimable à vous; *the best* ~ *my friends* le meilleur de mes amis; ~ late ré-cemment; ~ old de jadis; *the 2nd* ~ *May* le 2 mai; it smells ~ roses cela sent les roses; *the remedy* ~ *reme-dies* le remède par excellence; *this world* ~ *ours* ce monde terrestre; he ~ all men lui entre tous; F ~ an evening le soir.

off [ɔ:f; ɔf] **1.** *adv. usu. avec verbe,* *voir le verbe simple;* ⚓ au large; *3 miles* ~ à 3 milles de distance; *5 months* ~ à 5 mois d'ici *ou* de là; ~ and on par intervalles; be ~ partir, s'en aller; *fig.* être fermé (*gaz etc.*); être coupé (*allumage etc.*); être épuisé (*plat*); être abandonné (*jeu*); être avancé (*viande etc.*); ne plus pondre (*poule*); be ~ with en avoir fini avec (*q.*); have one's shoes ~ avoir ôté ses souliers; be well (badly) ~ être dans l'aisance (dans la gêne *ou* misère, mal loti); **2.** *prp. usu.* de; *après certains verbes comme prendre, ôter, emprunter, etc.:* à; *distance:* éloigné de, écarté de; dégoûté de (*la nourriture*); ⚓ au large de; a street ~ the Strand une rue aboutis-sant au Strand; **3.** *adj.* de dehors; extérieur; droit (*Am.* côté); *che-val:* de sous-verge; côté hors mon-toir (*cheval*); latéral (*-aux m/pl.*) (*rue*); subsidiaire (*importance*); ~ chance chance *f* douteuse; possibili-té *f*; on the ~ chance au cas où; à tout hasard; dans le vague espoir (*de that, of gér.*); be (*ou feel*) ~ colo(u)r ne pas être en forme ou dans son assiette; ~ day jour *m* où l'on n'est pas en train; **4.** *su. cricket:* to the ~ en avant à droite; **5.** *int.* filez!; allez-vous-en!

off·fal ['ɔfəl] déchets *m/pl.*, rebut *m*; ~s *pl.* boucherie: déchets *m/pl.* d'a-battage; abats *m/pl.*

off...: '~**beat** F excentrique; '~**cast** **1.** rebut *m*; **2.** de rebut; '~**cen·tre**, *Am.* '~**cen·ter** décentré, désaxé, en porte-à-faux; '~**col·o(u)r** scabreux (-euse *f*) (*histoire*).

off-du·ty hours ['ɔ:fdju:ti'auəz] *pl.* loisirs *m/pl.*, (heures *f/pl.* de) liberté *f*, congé *m*.

of·fence [ə'fens] offense *f*, faute *f*; sujet *m* de déplaisir; ⚖ crime *m*, délit *m*; minor ~ contravention *f*; no ~! pardonnez-moi!; je ne veux offenser personne!; give ~ offenser, froisser, blesser (*q.*, to *s.o.*); take ~ se froisser (de, *at*).

of·fend [ə'fend] *v/t.* offenser, frois-ser, blesser; *v/i.* pécher (contre, *against*); violer (la loi, *against the law*); déplaire; **of'fend·er** délin-quant(e *f*) *m*; coupable *mf*; offen-seur *m*; pécheur (-eresse *f*) *m*; first ~ délinquant(e *f*) *m* primaire.

of·fense [ə'fens] *Am.* see offence.

of·fen·sive [ə'fensiv] **1.** □ offensif (-ive f); choquant, offensant; désagréable; **2.** offensive f.

of·fer ['ɔfə] **1.** offre f; demande f (*en mariage*); on ~ en vente; **2.** v/t. offrir (*qch., prix, †, occasion, etc.*); présenter (*spectacle, difficulté, excuses*); inviter (*un combat*); faire (*opposition, résistance, insulte*); avancer (*une opinion*); adresser (*des prières*); essayer (*de, to*); ~ violence faire violence (à, *to*); v/i. s'offrir, se présenter; '**of·fer·ing** action, chose: offre f; eccl. offrande f.

of·fer·to·ry eccl. ['ɔfətəri] oblation f; argent: (montant m du) quête f.

off-hand F ['ɔːf'hænd] sans préparation; à première vue; cavalièrement; brusque(ment); improvisé; sans gêne.

of·fice ['ɔfis] service m; office m (a. eccl.); emploi m, charge f, fonctions f/pl.; dignité f; bureau m; ⚹ ministère m; portefeuille m; good ~s pl. bons offices m/pl.; in ~ au pouvoir (*gouvernement, parti*); Insurance ⚹ compagnie f d'assurance(s); sl. give s.o. the ~ avertir q.; F passer la consigne à q.; ~ appliances pl. articles m/pl. de bureau; ~ bearer fonctionnaire m; † membre m du comité m directeur; ~ boy garçon m de bureau; ~ holder employé(e f) m de l'État; ~ hours pl. heures f/pl. de bureau.

of·fi·cer ['ɔfisə] fonctionnaire m; officier m (a. ✕); '**of·fi·cered** (by) commandé (par); sous le commandement (de).

of·fi·cial □ [ə'fiʃl] **1.** officiel(le f); titulaire (*de service*; see *officinal*; ~ agency agence f; poste: ~ business en franchise; service m de l'État; ~ channel filière f, voie f hiérarchique; ~ clerk employé m; fonctionnaire m; ~ hours pl. heures f/pl. de bureau; **2.** fonctionnaire m; employé m; **of·fi·cial·dom** m; '**of·fi·cial·ism** [~ʃəlizm] bureaucratie f, fonctionnarisme m.

of·fi·ci·ate [ə'fiʃieit] officier; fig. a. exercer les fonctions d'hôte.

of·fi·ci·nal ⚕ [ɔfi'sainl] officinal (-aux m/pl.).

of·fi·cious □ [ə'fiʃəs] trop zélé; officieux (-euse f); empressé.

off·ing ⚓ ['ɔfiŋ] large m, pleine mer f; in the ~ au large, fig. en perspective; '**off·ish** F distant, réservé.

off...: '~**key** ♩ faux (fausse f); '~**peak:** ~charges pl. tarif m réduit (aux heures creuses); ~ hours pl. heures f/pl. creuses; '~**print** tirage m à part; '~**put·ting** peu engageant, rebutant, répugnant; '~**scour·ings** pl., '~**scum** rebut m; fig. lie f; '~**sea·son 1.** morte-saison f; **2.** hors-saison (*tarif etc.*); '~**set 1.** compensation f; ⚹ saillie f; ⚹ retrait m (d'un mur); ⊕ tuyau: double coude m; piston: rebord m; typ. maculage m; phot. offset m; see *off-shoot*; *set-off*; **2.** compenser; '~**shoot** rejeton m; F ramification f; '~**shore** côtier, littoral; '~**side** sp. hors jeu; '~**spring** descendants m/pl.; progéniture f; fig. produit m; '~**stage** théâ. dans la coulisse; fig. dans la vie privée; '~**the-cuff** impromptu, au pied levé; '~**the-record** confidentiel(le f); '~**time** temps m (de) libre; loisirs m/pl.; ~**white** blanc cassé inv.

of·ten ['ɔːfn], †, poét. ou mots composés **oft** [ɔːft] souvent, fréquemment. [maise f.]

o·gee ⚹ ['oudʒiː] doucine f, ci-ʃ] **o·gi·val** [ou'dʒaivəl] ogival (-aux m/pl.); en ogive; **o·give** ['oudʒaiv] ⚹ ogive f.

o·gle ['ougl] lancer des œillades (à).

o·gre ['ougə] ogre m; '**o·gress** ogresse f.

oh [ou] O!, ô!

oil [ɔil] **1.** huile f; sens restreint: pétrole m; F souv. ~s pl. see ~colo(u)r; ~ dash-pot frein m à huile; ~ (*level*) gauge jauge f de niveau d'(huile); ~ slick nappe f de pétrole; **2.** graisser (a. *fig.*); ~ up (s')encrasser; '~**change** mot. vidange f; '~**cloth** toile f cirée; linoléum m imprimé; '~**col·o(u)r** couleur f à l'huile; '**oil·er** personne: graisseur m; chose: burette f de graissage; '**oil·field** gisement m ou champ m pétrolifère; '**oil·i·ness** état m ou aspect m graisseux; onctuosité f (a. fig.); '**oil·paint·ing** peinture f à l'huile; '**oil·pro·duc·ing** coun·tries pl. pays m/pl. producteurs de pétrole; '**oil·rig** plate-forme f pétrolière; '**oil·skin** toile f cirée ou huilée; ~s pl. ciré m; cirage m; '**oil·y** □ huileux (-euse f); graisseux (-euse f); gras(se f) (a. *voix*); fig. onctueux (-euse f), mielleux (-euse f).

oint·ment ['ɔintmənt] onguent *m*, pommade *f*.

O.K., **o·kay**, **o·keh** ['ou'kei] **1.** parfait!; d'accord!; *écrit*: vu et approuvé; **2.** approuver; contresigner (*un ordre*).

old [ould] vieux (vieil *devant une voyelle ou un h muet*); vieille *f*; vieux *m/pl.*) (*a.* = expérimenté, rebattu, *du temps ancien*); ancien(ne *f*) (*devant us.* = qui n'est plus en fonctions); du temps ancien, de jadis, F ce cher ..., ce bon vieux ...; of ∼ d'autrefois, de jadis; depuis longtemps; *in times of* ∼ jadis, autrefois, *a friend of* ∼ un vieux camarade, ∼ *age* vieillesse *f*; *an* ∼ *boy* un ancien élève; *surt. Am.* ⚥ *Glory* la bannière étoilée; F *my* ∼ *man* mon homme; F *my* ∼ *woman* ma femme; '∼**-age**: ∼ *pension* retraite *f*; '∼**-age**: ∼ *pensioner* retraité(e *f*) *m*; '**old·en** *ou poét.* (de) jadis; vieux (vieil *devant une voyelle ou un h muet*); vieille *f*; vieux *m/pl.*); '**old-'fash·ioned** démodé; à l'ancienne mode; '**old·ish** vieillot(te *f*); '**old-'maid·ish** de vieille fille; '**old·ster** ['∼stə] F vieillard(e *f*) *m*; **old wives' tale** conte *m* de bonne femme.

o·le·ag·i·nous [ouli'ædʒinəs] oléagineux (-euse *f*), huileux (-euse *f*).

ol·fac·to·ry anat. [ɔl'fæktəri] olfactif (-ive *f*).

ol·i·garch·y ['ɔligaːki] oligarchie *f*.

o·li·o ['ouliou] F pot-pourri (*pl.* pots-pourris) *m*.

ol·ive ['ɔliv] **1.** ♀ olive *f*; *a. see* ∼*tree*; **2.** olive *adj./inv.*; '∼**-branch** (rameau *m* d')olivier *m* (*a. fig.*); '∼**-tree** olivier *m*.

O·lym·pi·ad [o'limpiæd] olympiade *f*.

O·lym·pi·an [o'limpiən] olympien (-ne *f*); de l'Olympe; **O'lym·pic games** *pl.* jeux *m/pl.* Olympiques.

om·buds·man ['ɔmbudzmən] médiateur *m*, protecteur *m* du citoyen.

om·e·let(te) ['ɔmlit] omelette *f*.

o·men ['oumen] présage *m*, augure *m*; **om·i·nous** □ ['ɔminəs] de mauvais augure.

o·mis·si·ble [o'misibl] négligeable; **o'mis·sion** omission *f*; négligence *f*; *fig.* oubli *m*; *eccl.* sin of ∼ péché *m* ou faute *f* d'omission.

o·mit [o'mit] omettre (*qch.*; de, to); oublier (de, to); passer sous silence.

om·ni·bus ['ɔmnibəs] **1.** autobus *m*; **2.** embrassant (*des choses*) diverses; 🚂 ∼ *train* train *m* omnibus.

om·nip·o·tence [ɔm'nipətəns] toute-puissance *f*; **om'nip·o·tent** tout-puissant (toute-puissante *f*).

om·ni·pres·ence ['ɔmni'prezəns] omniprésence *f*; '**om·ni'pres·ent** □ omniprésent.

om·ni·sci·ence [ɔm'nisiəns] *eccl.* omniscience *f*; **om'ni·scient** □ omniscient.

om·niv·o·rous [ɔm'nivərəs] omnivore; *fig.* insatiable.

on [ɔn] **1.** *prp. usu.* sur; à (*la Bourse, cheval, l'arrivée on, pied, l'occasion de*); en (*vacances, route, perce, vente*); après; avec (*une pension, un salaire etc.*); de (*ce côté-ci*); pour; dans (*le train*); sous (*peine de*); *direction*: vers; ∼ *the shore* sur le rivage; ∼ *shore* à terre; ∼ *the death of* à la mort de; ∼ *examination* après considération; ∼ *both sides* des deux côtés; ∼ *all sides* de tous côtés; ∼ *business* pour affaires; *be* ∼ *a committee* faire partie d'un comité; ∼ *Friday* vendredi; ∼ *Fridays* le(s) vendredi(s); ∼ *the 5th of April* le 5 avril; ∼ *the left (right)* à gauche (droite); *surt. Am. get* ∼ *a train* monter en voiture; *turn one's back* ∼ montrer le dos à (*q.*); ∼ *these conditions* dans ces conditions; ∼ *the model of* à l'imitation de; ∼ *hearing it* lorsque je (*etc.*) l'entendis; *pour* ∼ *après verbe, voir le verbe simple;* **2.** *adv.* (en) avant; *souv. ne se traduit pas* (*p.ex. put* ∼ mettre) *ou s'exprime tout autrement* (*p.ex. théâ. be* ∼ être en scène; *have one's shoes* ∼ être chaussé *etc.*) *ou se traduit par l'idée verbale de* continuer (*qch.*; à *inf.*); *and so* ∼ et ainsi de suite; ∼ *and so* ∼ sans fin; ∼ *to* sur, à; *from that day* ∼ dès ce jour, à partir de ce jour; *be* ∼ se trouver sur (*qch.*); faire partie de; se passer; être ouvert (*robinet, électricité*); *théâ.* être en scène; *sl. be a bit* ∼ être quelque peu pompette (= *ivre*); F *what's* ∼? qu'est-ce qui arrive?; *théâ.* qu'est-ce qui joue?; **3.** *int.* en avant!, allez-y-!

once [wʌns] **1.** *adv.* une (seule) fois; autrefois; jadis; *at* ∼ tout de suite; sur-le-champ; à l'instant; *all at* ∼ tout d'un coup, soudain; ∼ *again* encore une fois, une fois de plus; ∼

for all une fois pour toutes; for ~ pour une fois; ~ in a while (une fois) de temps en temps; this ~ cette fois-ci; ~ more une fois de plus, encore une fois; contes etc.: ~ upon a time there was ... il était une fois; **2.** cj. (a. ~ that) dès que; pour peu que.

once-o·ver Am. F ['wʌnsouvə]: give s.o. a ~ jeter un coup m d'œil rapide sur q.

on·com·ing ['ɔnkʌmiŋ] **1.** imminent; qui approche; ~ traffic circulation f en sens inverse; **2.** arrivée f; approche f.

one [wʌn] **1.** un(e f); unique, seul; seul et même; celui m (celle f; ceux m/pl.); pron. sujet indéfini: on; his ~ care son seul souci; ~ day un jour; ~ of these days un de ces jours; ~ Mr. Miller un certain M. Miller; see any~, every~, no 1; give ~'s view donner son avis; a large dog and a little ~ un grand chien et un petit; for ~ thing entre autres raisons, en premier lieu; **2.** une(e f) m; ~ (o'clock) une heure; the little ~s les petit(e)s; ~ another l'un(e) l'autre, les un(e)s les autres; at ~ d'accord; ~ by ~, ~ after another un(e) à un(e), l'un(e) après l'autre; it is all ~ (to me) cela m'est égal; I for ~ ..., quant à moi, je ...; pour ma part, je ...; '~-'horse un cheval; fig. sl. insignifiant; 'one·ness unité f; identité f; accord m; 'one-night stand théâ. soirée unique.

on·er·ous □ ['ɔnərəs] onéreux (-euse f); pénible.

one...: ~'self soi-même; réfléchi: se, accentué: soi; by ~ tout seul; '~-'sid·ed □ inégal (-aux m/pl.), injuste; asymétrique (forme); '~-time ancien(ne f); '~'up·man·ship art m de faire mieux que les autres; '~-way: ~ street (rue f à) sens m unique; ~ fare (prix m du) billet m simple.

on·fall ['ɔnfɔ:l] assaut m.

on-go·ings ['ɔngouiŋz] pl. F manège m.

on·ion ['ʌnjən] oignon m.

on·look·er ['ɔnlukə] spectateur (-trice f) m.

on·ly ['ounli] **1.** adj. seul, unique; **2.** adv. seulement, ne ... que; rien que; ~ yesterday pas plus tard qu'hier; ~ just à peine; tout juste; ~ think! imaginez un peu!; **3.** cj. mais; ~ that si ce n'est ou était que.

on·rush ['ɔnrʌʃ] ruée f.

on·set ['ɔnset], **on·slaught** ['ɔnslɔ:t] assaut m; attaque f (a. fig.); fig. at the onset de prime abord.

on·shore ['ɔn'ʃɔ:] à terre; du large (vent).

o·nus ['ounəs] (pas de pl.) fig. responsabilité f, charge f.

on·ward ['ɔnwəd] **1.** adj. en avant, progressif (-ive f); **2.** adv. (a. **on·wards** ['~z]) en avant; plus loin.

oo·dles F ['u:dlz] pl. un tas m (de, of).

oof sl. [u:f] galette f (= argent).

oomph sl. [u:mf] énergie f, allant m, entrain m.

ooze [u:z] **1.** vase f; boue f; ⊕ jus(ée f) m; **2.** suinter (a. ~ out) dégoutter; ~ away s'écouler, disparaître; Am. sl. ~ out (se dé)filer.

oo·zy □ ['u:zi] vaseux (-euse f); suintant.

o·pac·i·ty [o'pæsiti] opacité f; fig. intelligence: lourdeur f.

o·pal min. ['oupəl] opale f; **o·pal·es·cent** [~'lesnt] opalescent.

o·paque □ [ou'peik] opaque; fig. obtus, peu intelligent.

o·pen ['oupən] **1.** adj. □ usu. ouvert; plein (air, campagne, mer); grand (air); débouché (bouteille); courant (compte); non barré (chèque); nu (feu); public (-ique f) (jugement); haut (mer); défait (paquet); béant (plaie); discutable (question); déclaré (rival); manifeste (sentiment); franc(he f); doux (douce f) (temps); découvert (voiture); ~ to accessible à; exposé à; ~ to conviction accessible à la conviction; in the ~ air en plein air, au grand air; ⚒ ~-cast, ~-cut à ciel ouvert (exploitation); in ~ court en plein tribunal; sp. ~ race omnium m; Am. ~ shop atelier m etc. qui admet les ouvriers non-syndiqués; ♀ University (Centre m de) Téléenseignement m universitaire; leave o.s. ~ to s'exposer à; **2.** su. bring into the ~ exposer au grand jour; **3.** v/t. usu. ouvrir; inaugurer; écarter; révéler, exposer; commencer, entamer; ~ up ouvrir; v/i. s'ouvrir; s'épanouir; s'étendre (vue); commencer; ~ into donner dans, communiquer avec; ~ on to donner sur, ouvrir sur; '~-'air en ou de plein air; '~-'end(ed) sans limite de durée; illimité; ✝ flexible (offre); 'o·pen·er ['oupnə] *personne*: ouvreur (-euse *f*) *m*; **'o·pen·hand·ed** libéral (-aux *m/pl.*); **'o·pen·ing 1.** ouverture *f*; inauguration *f*; commencement *m*, début *m*; trou *m*; éclaircie *f* (*dans les nuages*); *mur, forêt*: percée *f*; clairière *f* (*dans un bois*); **2.** d'ouverture, inaugural (-aux *m/pl.*); *théâ.* ~ *night* première *f*; ~ *time* heure *f* d'ouverture; **'o·pen·mind·ed** *fig.* impartial (-aux *m/pl.*); qui a l'esprit large; **'o·pen·mouthed** bouche *f* bée; **o·pen·ness** ['oupnnis] aspect *m* découvert, situation *f* exposée; *fig.* franchise *f*; **'o·pen·plan** sans cloisons, à aire ouverte (*bureau etc.*); **'o·pen·work 1.** ouvrage *m* àjouré; (a)jours *m/pl.*; **2.** àjouré; à claire-voie.

op·er·a ['ɔpərə] opéra *m*.

op·er·a·ble ['ɔpərəbl] opérable; praticable.

op·er·a...: '~·**danc·er** danseur (-euse *f*) *m* d'opéra; ballerine *f*; '~·**glass**(es *pl.*) jumelle *f*, -s *f/pl.*; '~·**hat** (chapeau *m*) claque *m*; '~·**house** opéra *m*.

op·er·ate ['ɔpəreit] *v/t.* opérer, effectuer (*a.* ✝, ♀, ✕); ✝ exploiter; *Am.* actionner; faire manœuvrer (*une machine*); gérer, diriger (*une entreprise*); *v/i.* ♀ opérer (q., on s.o.); *Am.* fonctionner; ✝ faire des opérations, spéculer; entrer en vigueur, jouer; *be operating* fonctionner; **op·er·at·ic** [~'rætik] d'opéra; ~ *singer* chanteur (-euse *f*) *m* dramatique d'opéra; **op·er·at·ing** ['ɔpəreitiŋ] qui opère; ♀ opérateur (*chirurgien*); d'exploitation; d'opération; ~ *expenses pl.* dépenses *f/pl.* courantes; ~ *instructions pl.* indications *f/pl.* du mode d'emploi; ~ *room* (*ou theatre, theater*) salle *f* d'opération; **op·er·a·tion** fonctionnement *m*, action *f*; ♀, ✕, ✝ opération *f*; *be in* ~ fonctionner, jouer; être en vigueur; *come into* ~ entrer en vigueur; **op·er·a·tion·al** d'opération; d'exploitation; **op·er·a·tive** ['~rətiv] **1.** ☐ actif (-ive *f*), opératif (-ive *f*); pratique; *fig.* essentiel(le *f*); ♀ opératoire; **2.** ouvrier (-ère *f*) *m*; **op·er·a·tor** ['~reitə] opérateur (-trice *f*) *m* (*a.* ⊕); ♀ opérateur *m* (*a. cin., a.* ✝); téléphoniste *mf*; ✝ joueur *m*; ouvrier (-ère *f*) *m*; *Am. mot.* conducteur *m*.

op·er·et·ta [ɔpə'retə] opérette *f*.

oph·thal·mi·a [ɔf'θælmiə] ophtalmie *f*; **oph·thal·mic** ophtalmique; ~ *hospital* hôpital *m* ophtalmologique.

o·pi·ate *pharm.* **1.** ['oupiit] opiat *m*, opiacé *m*, narcotique *m*; **2.** ['~ieit] opiacer (*un médicament*).

o·pine [o'pain] *v/t.* être d'avis (que); *v/i.* opiner; **o·pin·ion** [ə'pinjən] opinion *f*, avis *m*; ✝ consultation *f*; ~ *poll* sondage *m* (d'opinion); *counsel's* ~ avis *m* motivé; *be of* ~ estimer, être d'avis (que, *that*); *in my* ~ à mon avis; **o'pin·ion·at·ed** [~'eitid] opiniâtre; imbu de ses opinions.

o·pi·um *pharm.* ['oupjəm] opium *m*; ~ *addict* opiomane *mf*; ~ *den* fumerie *f* d'opium.

o·pos·sum *surt. Am.* [ə'pɔsəm] opossum *m*; sarigue *f*, *a. m.*

op·po·nent [ə'pounənt] **1.** adversaire *m*; **2.** opposé; *anat.* opposant.

op·por·tune ☐ ['ɔpətjuːn] opportun, commode; à propos; **'op·por·tun·ism** opportunisme *m*; **op·por·'tu·ni·ty** occasion *f* (*favorable*) (*pour inf.* of *gér., to inf.*); facilités *f/pl.* (de, *for*).

op·pose [ə'pouz] opposer (*deux choses*); s'opposer à (*q., qch.*); résister à (*q., qch.*); parler contre (*une proposition*); **op'posed** opposé, contraire, hostile; *be* ~ *to* être le rebours de; aller au contraire de; **op·po·site** ['ɔpəzit] **1.** *adj.* ☐ (*to*) opposé (à); en face (de); vis-à-vis (de); contraire (à); ~ *number* correspondant *m* en grade, F similaire *m*; **2.** *prp.* en face de, vis-à-vis de; **3.** *adv.* en face, vis-à-vis; **4.** *su.* opposé *m*; contre-pied *m*; **op·po·si·tion** opposition *f* (*a. parl., a. astr.*); résistance *f*; camp *m* adverse; ✝ concurrence *f*.

op·press [ə'pres] opprimer; *fig. a.* accabler, oppresser; **op·pres·sion** [ə'preʃn] oppression *f*; *fig.* accablement *m*; 𝔱𝔥 abus *m* d'autorité; **op·pres·sive** ☐ [~siv] oppressif (-ive *f*), tyrannique; *fig.* lourd (*temps*); **op·pres·sive·ness** caractère *m* oppressif; *fig. temps*: lourdeur *f*; **op·pres·sor** oppresseur *m*.

op·pro·bri·ous ☐ [ə'proubriəs] outrageant, injurieux (-euse *f*); **op·'pro·bri·um** [~briəm] opprobre *m*.

opt [ɔpt] opter (pour, *for*; entre, *between*).

op·tic ['ɔptik] optique, de l'œil; de vision; (*ou* '**op·ti·cal** □) optique; **op·ti·cian** [ɔp'tiʃn] opticien *m*; '**op·tics** *sg.* optique *f.*

op·ti·mism ['ɔptimizm] optimisme *m*; '**op·ti·mist** optimiste *mf*; **op·ti'mis·tic** (*ally*) optimiste; *ly* avec optimisme; **op·ti·mize** ['ɔptimaiz] optimiser.

op·tion ['ɔpʃn] choix *m*, option *f*; faculté *f*; ✝ (marché *m* à) prime *f*; *right* option *f*; '**op·tion·al** □ facultatif (-ive *f*).

op·u·lence ['ɔpjuləns] opulence *f*, richesse *f*; '**op·u·lent** □ opulent, très riche.

o·pus ['oupəs] opus *m*; *magnum ~* œuvre *f* maîtresse.

or [ɔ:] ou; *either ... ~* ou ... ou; *soit ... soit;* *~ else* ou bien; sinon.

or·a·cle ['ɔrəkl] oracle *m*; F *work the ~* arriver à ses fins; faire agir certaines influences; **o·rac·u·lar** [ɔ'rækjulə] (en style) d'oracle; *fig.* équivoque, obscur.

o·ral □ ['ɔ:rəl] oral (-aux *m/pl.*); buccal (-aux *m/pl.*).

or·ange ['ɔrindʒ] 1. orange *f*; *arbre*: oranger *m*; 2. orangé; orange *m*; orangé *m*; 2. orangé; orange *adj./inv.*; **or·ange·ade** ['~'eid] orangeade *f*; **or·ange·ry** ['~əri] orangerie *f*.

o·rate *co.* [ɔ:'reit] pérorer; **o'ra·tion** allocution *f*, discours *m*; *co., péj.* harangue *f*; **or·a·tor** ['ɔrətə] orateur *m*; **or·a·tor·i·cal** [ɔrə'tɔrikl] oratoire; ampoulé (*discours*); phraseur (-euse *f*) (*personne*); **or·a·to·ri·o** ♪ [~'tɔ:riou] oratorio *m*; **or·a·to·ry** ['ɔrətəri] éloquence *f*; art *m* oratoire.

orb [ɔ:b] orbe *m*; globe *m*; *poét.* astre *m*; **orbed** [ɔ:bd; *usu. poét.* 'ɔ:bid] rond, sphérique; **or·bic·u·lar** □ [ɔ:'bikjulə], **or'bic·u·late** [~lit] orbiculaire, sphérique; **or·bit** ['ɔ:bit] *anat., a. astr.* orbite *f*; *put* (*go*) *into ~* (se) placer sur son orbite.

or·chard ['ɔ:tʃəd] verger *m*; '**or·chard·ing** fructiculture *f*; *Am.* terrains *m/pl.* aménagés en vergers.

or·ches·tra ♪ ['ɔ:kistrə] orchestre *m*; *~ pit* théâ. fosse *f* d'orchestre; **or·ches·tral** [ɔ:'kestrl] orchestral (-aux *m/pl.*); **or·ches·trate** ♪ ['ɔ:kistreit] orchestrer, instrumenter.

or·chid ♀ ['ɔ:kid] orchidée *f*.

or·dain [ɔ:'dein] ordonner (*a. un diacre*); conférer les ordres à (*un prêtre*); fixer, destiner; prescrire.

or·deal [ɔ:'di:l] épreuve *f*; *hist.* jugement *m* de Dieu, ordalie *f*.

or·der ['ɔ:də] 1. ordre *m* (*a. moines, chevalerie, fig.*, ✝, △, ✕ [*de bataille*], ⚓ [*tactique*]); ✝ commande *f*; ordonnance *f* (*de paiement*); *parl.* rappel *m* à l'ordre; *admin.* arrêt(é) *m*; ✕, ⚓ consigne *f*; *poste*: mandat *m*; ⊕ état *m* de fonctionnement; instruction *f*; suite *f*, succession *f*; classe *f* (*sociale*); ✝ *~ blank* (*on form*) billet *m* de commande; ✝ *~ book* carnet *m* de commandes; *par ordre*; *~ of the day* ordre *m* du jour (*a. fig.*); *take* (*holy*) *~s* prendre les ordres; *in ~* dans les règles; *put in ~* mettre en règle; *in ~ to* (*inf.*) pour (*inf.*), afin de (*inf.*); *in ~ that* pour que (*sbj.*), afin que (*sbj.*); *a. see in ~ to*; *on the ~s of* sur les ordres de; ✝ *be on ~* être commandé; *make to ~* faire sur commande; faire sur mesure (*un habit*); *parl. rise to ~* se lever pour demander le rappel à l'ordre; *parl. standing ~s pl.* ordres *m/pl.* permanents; ✝, *pol.* règlement *m*, *~s m/pl.*; *to* (*the*) *~ of* ✝ à l'ordre de (*q.*); 2. (*ar*)ranger; ordonner; régler; ✝ prescrire; ✝ commander; ✕ *~ arms!* reposez armes!; *~ about* faire marcher (*q.*); *~ s.o. down* (*up*) ordonner à q. de descendre (monter); '**or·der·er** ordonnateur (-trice *f*) *m*; '**or·der·li·ness** bon ordre *m*; discipline *f*; bonne conduite *f*; '**or·der·ly** 1. méthodique; réglé (*vie etc.*); discipliné (*foule etc.*); ✕ *~ officer* officier *m* de service *ou* de semaine; *~ room* salle *f* de rapport; 2. ✕ planton *m* (*medical*) *~* infirmier *m*.

or·di·nal ['ɔ:dinl] ordinal (-aux *m/pl.*) (*a. su./m*).

or·di·nance ['ɔ:dinəns] ordonnance *f*, décret *m*, règlement *m*; *eccl.* rite *m*.

or·di·nar·y ['ɔ:dnri] 1. □ ordinaire; coutumier (-ère *f*); *péj.* quelconque; ✝ *~ debts pl.* dettes *f/pl.* compte; ⚓ *~ seaman* matelot *m* de troisième classe; *see share 1*; 2. *eccl.* ordinaire *m*; table *f* d'hôte; *Am.* auberge *f*; commun *m*; *in ~* ordinaire; ⚓ en réserve (*navire*).

or·di·nate ⚕ ['ɔ:dnit] ordonnée *f*.

or·di·na·tion [ɔːdiˈneiʃn] *eccl.* ordination *f;* arrangement *m.*

ord·nance ✕, ⚓ [ˈɔːdnəns] artillerie *f;* ✕ service *m* du matériel; ~ map carte *f* d'état-major; ~ survey service *m* cartographique.

or·dure [ˈɔːdjuə] ordure *f;* immondice *f.*

or·e [ɔː] minerai *m; poét.* métal *m.*

or·gan [ˈɔːgən] ♪ orgue *m (f/pl. -s);* organe *m (ouïe, vue, etc., admin., a.* = *journal*); bulletin *m,* porteparole *m/inv.;* **'~-grind·er** joueur *m* d'orgue de Barbarie; **or·gan·ic** [ɔːˈgænik] (~ally) organique; organisé (*êtres, croissance*); **or·gan·ism** [ˈɔːgənizm] organisme *m;* **or·gan·ist** organiste *mf;* **or·gan·i·za·tion** [~naiˈzeiʃn] organisation *f; pol.* organisme *m;* œuvre *f (de charité);* **'or·gan·ize** organiser; arranger; **~d** constitué; *biol., pol.* organisé; **'or·gan·iz·er** organisateur (-trice *f) m.*

or·gasm [ˈɔːgæzəm] orgasme *m.*

or·gy [ˈɔːdʒi] orgie *f (a. fig.); fig.* profusion *f.*

o·ri·el △ [ˈɔːriəl] fenêtre *f* en saillie.

o·ri·ent [ˈɔːriənt] 1. oriental (-aux *m/pl.);* de l'Orient; 2. orient *m (a.* = *éclat d'une perle); Am.* Asie *f;* 3. [~ent] orienter; **o·ri·en·tal** [~ˈentl] 1. □ oriental (-aux *m/pl.);* 2. Oriental(e *f) m;* indigène *mf* de l'Orient; **o·ri·en·tate** [ˈɔːrienteit] orienter; **o·ri·en·ta·tion** orientation *f.* [*ture f.*]

or·i·fice [ˈɔːrifis] orifice *m,* ouver-]

or·i·gin [ˈɔːridʒin] origine *f,* génèse *f;* provenance *f.*

o·rig·i·nal [əˈridʒənl] 1. □ originaire; premier (-ère *f); (livre, style, idée, etc.);* inédit; *see* share; ~ *capital* capital *m* d'apport; ~ *sin* péché *m* original; 2. original *m; personne:* original(e *f) m;* **o·rig·i·nal·i·ty** [~ˈnæliti] originalité *f.*

o·rig·i·nate [əˈridʒineit] *v/t.* faire naître, donner naissance à, être l'auteur de; *v/i. (from, in)* tirer son origine, dériver (de); avoir son origine (dans); **o·rig·i·na·tion** source *f,* origine *f;* naissance *f;* invention *f;* création *f;* **o·rig·i·na·tive** □ créateur (-trice *f);* **o·rig·i·na·tor** auteur *m;* initiateur (-trice *f) m.*

o·ri·ole *orn.* [ˈɔːrioul] loriot *m.*

or·mo·lu [ˈɔːmolu:] or *m* moulu; similor *m.*

or·na·ment 1. [ˈɔːnəmənt] ornement *m (a. fig.);* parure *f;* 2. [ˈ~ment] orner, parer; agrémenter *(une robe);* **or·na·men·tal** ornemental (-aux *m/pl.);* d'ornement; d'agrément.

or·nate □ [ɔːˈneit] orné; *fig.* fleuri.

or·ni·tho·log·i·cal □ [ɔːniˈθɔ-lɔdʒikl] ornithologique; **or·ni·thol·o·gist** [~ˈθɔlədʒist] ornithologue *mf,* -logiste *mf;* **or·ni·thol·o·gy** ornithologie *f.*

o·rog·ra·phy [ɔˈrɔgrəfi] orographie *f.*

o·ro·tund [ˈɔrotʌnd] sonore.

or·phan [ˈɔːfən] 1. orphelin(e *f) m;* 2. *(a.* **'or·phaned**) orphelin(e *f);* **or·phan·age** [ˈ~idʒ], **'or·phan·a·sy·lum** orphelinat *m.*

or·rer·y [ˈɔrəri] planétaire *m.*

or·tho·dox □ [ˈɔːθədɔks] orthodoxe; *fig.* classique; bien pensant *(personne);* **'or·tho·dox·y** orthodoxie *f.*

or·tho·graph·ic, or·tho·graph·i·cal □ [ɔːθəˈgræfik(l)] orthographique, d'orthographe; **or·thog·ra·phy** [ɔːˈθɔgrəfi] orthographe *f;* ✗ coupe *f* perpendiculaire.

or·tho·pae·dic [ɔːθəˈpiːdik] (~ally) orthopédique; **or·tho·pae·dist** orthopédiste *mf;* **'or·tho·pae·dy** orthopédie *f.*

Os·car [ˈɔskə] *surt. cin. Am.* oscar *m; p.ext.* récompense *f.*

os·cil·late [ˈɔsileit] osciller *(a. fig.); fig.* hésiter, balancer; *mot. oscillating axle* essieu *m* orientable; **os·cil·la·tion** oscillation *f;* **os·cil·la·to·ry** [~ˈlətəri] oscillatoire; **os·cil·lo·graph** [ɔˈsilougrɑːf] oscillographe *m.*

os·cu·late *co.* [ˈɔskjuleit] s'embrasser.

o·sier ♀ [ˈouʒə] osier *m.*

os·prey [ˈɔspri] *orn.* orfraie *f;* ✝ aigrette *f.*

os·se·ous [ˈɔsiəs] osseux (-euse *f);* **os·si·fi·ca·tion** [ɔsifiˈkeiʃn] ossification *f;* **os·si·fy** [ˈ~fai] (s')ossifier; **os·su·ar·y** [ˈɔsjuəri] ossuaire *m.*

os·ten·si·ble □ [ɔsˈtensəbl] prétendu.

os·ten·ta·tion [ɔstenˈteiʃn] ostentation *f;* faste *m;* parade *f;* **os·ten-**

'ta·tious □ fastueux (-euse *f*); plein d'ostentation.

os·te·ol·o·gy anat. ['ɔsti'ɔlədʒi] ostéologie *f*.

ost·ler ['ɔslə] valet *m* d'écurie.

os·tra·cism ['ɔstrəsizm] ostracisme *m*; **os·tra·cize** ['∼saiz] bannir; ostraciser (*a. fig.*).

os·trich orn. ['ɔstritʃ] autruche *f*.

oth·er ['ʌðə] autre (*than, from* que); the ∼ day l'autre jour, récemment; the ∼ morning l'autre matin; every ∼ day tous les deux jours; each ∼ l'un(e) l'autre, les un(e)s les autres; somebody or ∼ je ne sais qui; *péj.* quelque individu; '∼·wise autrement.

o·ti·ose □ ['ouʃious] superflu; oiseux (-euse *f*); **o·ti·os·i·ty** [ouʃi'ɔsiti] superfluité *f*.

ot·ter zo. ['ɔtə] loutre *f* (*a. peau*).

Ot·to·man ['ɔtəmən] **1.** ottoman, turc (turque *f*); **2.** Ottoman (*e f*) *m*; ♀ divan *m*, ottomane *f*.

ought¹ [ɔ:t] *see* aught.

ought² [∼] *v/aux.* (*défectif*): *I* ∼ to (*inf.*) je dois *ou* devrais (*inf.*); you ∼ to have done it vous auriez dû le faire.

ounce¹ [auns] once *f* (28,35 *g*); by the ∼ à l'once; au poids.

ounce² zo. [∼] once *f*; léopard *m* des neiges.

our ['auə] notre, nos; **ours** ['auəz] le (la) nôtre, les nôtres; à nous; a ... of ∼ un(e) de nos ...; **our'self** nous-même; *réfléchi*: nous (*a. accentué*); **our'selves** nous-mêmes; *réfléchi*: nous (*a. accentué*).

oust [aust] évincer; supplanter; déloger (*d'un poste*).

out [aut] **1.** *adv.* (au, en) dehors; au clair, découvert; sorti; éteint; au bout, à la fin; be ∼ être sorti; sortir; se tromper; être bas(se *f*) (*marée*); être démodé (*vêtement*); faire la grève, être en grève (*ouvrier*); être épanoui *ou* en fleur; être paru (*livre*); être éventé (*secret*); avoir fait son entrée dans le monde (*jeune fille*); être luxé (*épaule etc.*); être sur pied (*troupes*); être achevé *ou* à bout (*patience, mois, etc.*); *pol.* n'être plus au pouvoir; être connu *ou* publié (*nouvelle etc.*); *sp.* être hors jeu *ou* éliminé *ou* knock-out; avoir perdu connaissance; *sl.* be ∼ for s.th. être à la recherche de qch.;

be ∼ to (*inf.*) avoir entrepris de (*inf.*); avoir pour but de (*inf.*); be ∼ with être fâché avec; hear s.th. ∼ entendre qch. jusqu'au bout; ∼ and∼ complètement; ∼-and-∼ achevé, convaincu; ∼ and about (de nouveau) sur pied; levé; ∼ and away de beaucoup; *see* elbow; come ∼ *théâ.* débuter; débuter, faire son entrée dans le monde (*jeune fille*); have it ∼ with vider une querelle avec (*q.*), s'expliquer avec (*q.*); voyage ∼ aller *m*; way ∼ sortie *f*; her Sunday ∼ son dimanche de sortie; ∼ upon him! fi de lui!; ∼ with him! à la porte!; **2.** su. typ. bourdon *m*; *Am.* F excuse *f*, parl. the ∼ *spl.* l'opposition *f*; **3.** adj. aller (*match*); exceptionel(le *f*) (*taille*); hors série; **4.** prp. ∼ of hors de, au *ou* en dehors de; par (*la fenêtre*); *choix*: parmi, d'entre; démuni de; drink ∼ of boire dans (*un verre*), à (*la bouteille*); 3 ∼ of 10 3 sur 10; ∼ of respect par respect; *see* date² 1; laugh 2; money; **5.** v/t. F rendre ivre mort; *box.* mettre knock-out.

out...: '∼-and-'out·er *sl.* outrancier (-ère *f*) *m*; intransigeant (*e f*) *m*; chef-d'œuvre (*pl.* chefs-d'œuvre) *m*; ∼'bal·ance l'emporter sur; ∼'bid [*irr.* (bid)] renchérir sur; '∼·board hors bord; extérieur; ∼'brave braver; surpasser (*q.*) en bravoure; '∼·break éruption *f*; début *m*; '∼·build·ing bâtiment *m* extérieur; '∼·burst explosion *f*, éruption *f*; '∼·cast expulsé(e *f*) (*a. su.*); *fig.* réprouvé(e *f*) (*a. su.*); '∼·class *sp.* surclasser; '∼·col·lege externe (*étudiant[e]*); '∼·come issue *f*, conséquence *f*; '∼·crop ♀, *géol.* affleurement *m*; *fig.* épidémie *f*; '∼·cry cri *m*; clameur *f*; ∼'dat·ed vieilli, démodé; ∼'dis·tance dépasser, distancer; ∼'do [*irr.* (do)] surpasser; '∼·door adj., '∼·doors adv. au dehors; en plein air; au grand air.

out·er ['autə] extérieur; externe; '∼·most le plus en dehors; extrême.

out...: ∼'face dévisager (*q.*); faire baisser les yeux à (*q.*); '∼·fall égout; déversoir *m*; *rivière*: embouchure *f*; '∼·fit équipement *m*; trousse *f*; ♣ armement *m*; *habits*: trousseau *m*; *Am.* équipe *f* d'ouvriers; *pol.* F compagnie *f*, bataillon *m*; '∼·fit·ter fournisseur (-euse *f*) *m*; marchand *m* de confections; ~'**flank** ✗ déborder; '~**flow** *gaz, eau, etc.*: dépense *f*; *égout*: décharge *f*; ~'**go** **1.** [*irr.* (go)] surpasser; dépasser; **2.** ['~] dépenses *f/pl.*; '~**go·ing** **1.** sortant; **2.** sortie *f*; dépenses *f/pl.*; ~'**grow** [*irr.* (grow)] devenir plus grand que (*q.*); devenir trop grand pour (*qch.*); *fig.* se défaire de; '~**growth** excroissance *f*; conséquence *f* naturelle; '~**house** *f*: dépendance *f*; appentis *m*; *Am.* water *m* extérieur.

out·ing ['autiŋ] promenade *f*; partie *f* de plaisir; excursion *f*, sortie *f*.

out...: ~'**land·ish** baroque, bizarre; barbare (*langue*); retiré (*endroit*); ~'**law 1.** *su.* hors-la-loi *m/inv.*; proscrit(e *f* *m*); **2.** proscrire; '~**law·ry** proscription *f*; '~**lay** dépenses *f/pl.*; frais *m/pl.*; '~**let** sortie *f*, départ *m*; issue *f*; *tuyau, a.* ⚓ débouché *m*; *fig.* issue *f*, déversoir *m*; '~**line** **1.** silhouette *f*; profil *m*; tracé *m*; *roman, pièce de théâ.*: canevas *m*; **2.** silhouetter; ébaucher; esquisser; ~*d* dessiné, profilé (*sur, against*); ~'**live** survivre à; '~**look** guet *m*; vue *f*; perspective *f* (*a. fig.*); *pol.* horizon *m*; '~**ly·ing** éloigné, écarté; ⚓ qui déborde (*appareil*); ~**ma'nœu·vre** l'emporter sur (*q.*) en tactique; F déjouer; ~'**march** devancer; ~'**mod·ed** démodé; '~**most** le plus en dehors; extrême; ~'**num·ber** surpasser en nombre; '~**-of-door**(s) *see* outdoor(s); '~**-of-the-'way** écarté (*lieu*); *fig.* insolite; '~**-of-'work** pay indemnité *f* de chômage; ~'**pace** distancer; gagner de vitesse; ~**-pa·tient** malade *mf* qui va consulter à la clinique; '~**post** poste *m* avancé; '~**pour·ing** épanchement *m* (*a. fig.*); ~'**put** rendement *m*; *mine*: production *f*; ⊕ débit *m*; *ordinateur*: sortie *f*.

out·rage ['autreidʒ] **1.** atteinte *f*; outrage *m* (*à on, against*); attentat *m* (*à, on*); *fig.* indignité *f*; **2.** outrager, faire outrage à; violenter (*une femme*); *fig.* aller à l'encontre de; **out'ra·geous** ⚓ immodéré; outrageux (*-euse f*); atroce.

out...: ~'**reach** tendre la main plus loin que; *fig.* prendre de l'avance sur; '~**-re·lief** secours *m/pl.* à domi-

cile; ~'**ride** [*irr.* (ride)] dépasser *ou* devancer à cheval; ⚓ étaler (*une tempête*); '~**rid·er** piqueur *m*; F avant-coureur *m*; '~**rig·ger** ⚓ espar *m* en saillie; ~'**right 1.** *adj.* ['autrait] à forfait; franc(he *f*); **2.** *adv.* [aut'rait] complètement; à l'instant; tout de suite; carrément; ~'**ri·val** surpasser; l'emporter sur (*q.*); ~'**run** [*irr.* (run)] dépasser (*le but etc.*); distancer (*un concurrent*); *fig.* l'emporter sur; ~'**run·ner** *see* outrider; ~'**sail** ⚓ dépasser (*un navire*); ~'**set** commencement *m*, début *m*; ~'**shine** [*irr.* (shine)] éclipser; surpasser en éclat; '~**side 1.** *su.* extérieur *m*, dehors *m*; *autobus*: impériale *f*; ~ maximum *m*; *at the* ~ tout au plus; **2.** *adj.* extérieur; du dehors; de l'impériale (*d'un autobus*); du bout (*d'une place ou chaise*); maximum (*prix*); *foot.*: ~ *right* (left) ailier *m* droit (gauche); **3.** *adv.* (en) dehors; à l'extérieur; ~ *of* = **4.** *prp.* en dehors de; à l'extérieur de; hors de; '~**sid·er** F étranger (-ère *f*) *m*; profane *m*; *fig.* un *m* qui n'est pas du métier; ~'**sit** [*irr.* (sit)] rester plus longtemps que; '~**size** ⚓ taille *f* exceptionnelle; '~**skirts** *pl. ville:* faubourgs *m/pl.*, banlieue *f*; *forêt:* lisière *f*; abords *m/pl.*; ~'**smart** *Am.* F surpasser en finesse; déjouer; ~'**spo·ken** □ carré; franc(he *f*); ~'**stand·ing** saillant; marquant, *fig.* éminent; en suspens (*affaire*); ⚓ dû (due *f*); échu (*intérêt*); ~'**stay** rester plus longtemps que; ~ *one's welcome* lasser l'amabilité de ses hôtes; ~'**step** *fig.* outrepasser; ~'**stretch** étendre, déployer; ~'**strip** dépasser, gagner de vitesse; *fig.* surpasser; '~**turn** rendement *m* net; ~'**val·ue** surpasser en valeur; ~'**vote** obtenir une majorité sur; mettre (*q.*) en minorité; '~**vot·er** électeur (-trice *f*) *m* qui ne réside pas dans la circonscription.

out·ward ['autwəd] **1.** *adj.* en dehors; extérieur, de dehors; d'aller (*billet*); ⚓ pour l'étranger; **2.** *adv.* (*usu.* **out·wards** ['~dz]) au dehors; vers l'extérieur; '**out·ward·ness** extériorité *f*; *fig.* objectivité *f*.

out...: ~'**wear** [*irr.* (wear)] user complètement; durer plus longtemps que; se défaire de (*une habitude etc.*); ~**weigh** dépasser en poids; *fig.* l'emporter sur; ~**wit** déjouer les menées de; ~**work** ⚔ ouvrage *m* avancé; ⊕ travail (*pl. -aux*) *m* fait à domicile; ~**work·er** ouvrier (*-ère f*) *m* à domicile.

ou·zel *orn.* ['uːzl] merle *m.*

o·val ['ouvl] **1.** (en) ovale; **2.** ovale *m.*

o·va·ry ['ouvəri] *anat., a.* ♀ ovaire *m.*

o·va·tion [ou'veiʃn] ovation *f.*

ov·en ['ʌvn] four *m*; ⊕ étuve *f*; ~**cloth** poignée *f*; ~**proof** allant au four; ~**read·y** prêt à rôtir.

o·ver ['ouvə] **1.** *adv.* par-dessus (*qch.*); en plus; fini, achevé; à la renverse; *avec adj. ou adv.:* trop; *avec verbe:* sur-, trop; *avec su.:* excès *m* de; ~ *and above* en outre; (*all*) ~ *again* d'un bout à l'autre; de nouveau; ~ *against* vis-à-vis de; *all* ~ partout; ~ *and* ~ (*again*) maintes et maintes fois; à plusieurs reprises; *fifty times* ~ cinquante fois de suite; F *get s.th.* ~ (*and done*) *with* venir à bout de qch.; en finir avec qch.; *make* ~ transférer; *Am.* refaçonner; *read* ~ lire (*qch.*) en entier; parcourir; **2.** *prp.* sur, (par-)dessus; au-dessus de; au-delà de; *all* ~ *the town* partout dans la ville, dans toute la ville; ~ *night* pendant la nuit; ~ *a glass of wine* en prenant un verre de vin; ~ *the way* en face.

over...: ~**act** exagérer; ~**all** tablier *m* blouse; *école:* blouse *f*; sarrau (*pl. -s, -x*) *m*; ~*s pl.* salopette *f* (*a. d'enfant*); F bleus *m/pl.*; ~**arch** former un arc au-dessus de (*qch.*); ~**awe** intimider; ~**bal·ance 1.** excédent *m*; **2.** (se) renverser; *v/t.* peser plus que; *v/i.* perdre l'équilibre (*personne*); ~**bear** [*irr.* (*bear*)] l'emporter sur; ~**bear·ing** □ arrogant; ~**bid** [*irr.* (*bid*)] enchérir sur; ~**blown** trop épanoui; ~**board** ⚓ par-dessus bord; à la mer (*homme*); ~**brim** déborder; ~**build** [*irr.* (*build*)] trop construire dans (*une localité*); ~**bur·den** surcharger (de, *with*); ~**cast 1.** [*irr.* (*cast*)] obscurcir; ~ *a seam* faire un surjet; **2.** obscurci, couvert; ~ *seam* surjet *m*; ~**charge 1.** ['ouvə'tʃɑːdʒ] surcharger; survendre (*des marchandises*); faire payer (*qch.*) trop cher à (*q.*);

2. ['ouvətʃɑːdʒ] surcharge *f*; prix *m* surfait; ~**cloud** (se) couvrir de nuages; (s')assombrir; ~**coat** pardessus *m*; ~**come** [*irr.* (*come*)] vaincre; maîtriser; ~**con·fi·dent** □ trop confiant; suffisant; ~**crowd** trop remplir; ~**do** [*irr.* (*do*)] outrer; charger (*un rôle*); *fig.* exagérer; *cuis.* trop cuire; ~**done** [ouvə'dʌn] outré, excessif (*-ive f*); F éreinté; exagéré; ['ouvə-] trop cuit; ~**dose** dose *f* trop forte *ou* excessive; ~**draft** ✝ découvert *m*; ~**draw** [*irr.* (*draw*)] charger, exagérer; ✝ mettre à découvert; ~**dress** faire trop de toilette; (s)habiller avec trop de recherche; ~**drink** [*irr.* (*drink*)]: ~ *o.s.* se soûler; ~**due** en retard (*a.* 🚂); ✝ arriéré, échu; ~**eat** [*irr.* (*eat*)]: ~ *o.s.* trop manger; ~**es·ti·mate** surestimer; ~**ex·pose** *phot.* surexposer; ~**ex·po·sure** *phot.* surexposition *f*; ~**fa·tigue 1.** surmener; **2.** surmenage *m*; ~**feed** [*irr.* (*feed*)] *v/t.* suralimenter; *v/i.* trop manger; ~**flow 1.** [ouvə'flou] [*irr.* (*flow*)] *v/t.* déborder de; inonder; *v/i.* déborder; **2.** ['ouvəflou] débordement *m*; inondation *f*; trop-plein *m*; ~**freight** surcharge *f*; ~**ground** (qui voyage) par voie de terre; ~**grow** [*irr.* (*grow*)] (re)couvrir; envahir; ~**growth** surcroissance *f*; couverture *f* (*de ronces etc.*); ~**hang 1.** ['ouvə'hæŋ] [*irr.* (*hang*)] surplomber; faire saillie (au-dessus de qch., *s.th.*); **2.** ['ouvəhæŋ] saillie *f*; ~**haul** examiner en détail; réparer; ~**head 1.** [ouvə'hed] *adv.* en haut; *works* ~! attention, travaux (en haut)!; **2.** ['ouvəhed] *adj.* ✝ général (*-aux m/pl.*) (*frais, dépenses, etc.*); ~ *railway* ⊕ pont *m* roulant; 🚂 chemin *m* de fer aérien; ⊕ ~ *wire* câble *m* aérien; **3.** *su.* ✝ ~*s pl.* frais *m/pl.* généraux; ~**hear** [*irr.* (*hear*)] surprendre (*q., une conversation*); ~**heat** ⊕ surchauffer; ~ *o.s.* s'échauffer; ~**house** *radio:* d'extérieur (*antenne*); ~**in·dulge** montrer trop d'indulgence envers (*q.*), gâter (*q.*); céder trop facilement à (*un vice*); ~ *in* faire abus de (*qch.*); ~**in·dul·gence** indulgence *f* excessive; ~**is·sue** faire une surémission de (*billets de banque*); ~**joy** ravir; *be* ~*ed a.* être aux anges, être au comble (de la joie); '~·**kill** ⚔ (capacité f de) surextermination f; ~·**land 1.** ['ouvəlænd] adj. qui voyage par voie de terre; **2.** [ouvə'lænd] adv. par voie de terre; ~·**lap** v/t. recouvrir (partiellement); dépasser; faire double emploi avec; v/i. (se) chevaucher; ~·**lay 1.** [ouvə'lei] [irr. (lay)] (re)couvrir (de, with); ⊕ mettre des hausses sur; **2.** ['ouvəlei]: ~ mattress matelas m; couvre-lit m; '~·**leaf** au verso; ~·**load 1.** ['ouvəloud] surcharge f; **2.** [ouvə'loud] surcharger; ~·**look** avoir vue sur; dominer; surveiller (un travail); fig. oublier; négliger; fermer les yeux sur; laisser passer; ~·**lord** suzerain m.

o·ver·ly ['ouvəli] trop, excessivement, à l'excès.

o·ver...: ~·**manned** ayant trop de personnel; ~·**man·tel** étagère f de cheminée; ~·**mas·ter** subjuguer; '~·**much** (par) trop; ~·**night 1.** (pendant) la nuit; jusqu'au lendemain; du jour au lendemain; **2.** d'une nuit; de nuit; fig. soudain; ~ bag sac m de voyage; ~ stay séjour m d'une nuit; ~ stop arrêt m pour la nuit; '~·**pay** [irr. (pay)] trop payer; surpayer; ~·**peo·pled** surpeuplé; '~·**play** exagérer; fig. ~ one's hand essayer de faire qch. au-dessus de ses moyens; '~·**plus** surplus m; ~·**pow·er** maîtriser; fig. accabler; '~·**pres·sure** surpression f; surmenage m (de l'esprit); '~·**print** phot. trop pousser; '~·**rate** surestimer; ~·**reach** dépasser; ~ o.s. être victime de sa propre fourberie; ~·**re'act** réagir excessivement ou trop vivement (à, to); ~·**ride** [irr. (ride)] outrepasser (un ordre); fouler aux pieds (des droits); surmener (un cheval); avoir plus d'importance que; ~·**rid·ing** primordial (-aux m/pl.); ~·**rule** décider contre; ᴛᴛ annuler; rejeter; ~·**run** [irr. (run)] envahir; dépasser (les bornes); surmener (une machine); typ. reporter à la ligne ou page suivante; '~·**seas** dʼoutre-mer; à l'étranger; adj. a. étranger (-ère f); ~ aid aide f aux pays étrangers; ~ trade commerce m extérieur; '~·**see** [irr. (see)] surveiller; '~·**se·er** surveillant(e f) m; ⊕ chef m d'atelier; ~ of the poor directeur m du Bureau de bienfaisance; ~·**set** [irr. (set)] v/t. renverser; fig. bouleverser; v/i. se

renverser; '~·**sew** [irr. (sew)] surjeter; ~·**shad·ow** ombrager; éclipser (q.); '~·**shoe** galoche f; ~·**shoot** [irr. (shoot)] dépasser; dépeupler (une chasse); ~ o.s. aller trop loin; '~·**shot** à augets (roue); ~·**sight** oubli m; surveillance f; ~·**sim·pli·fi·ca·tion** simplisme m; '~·**sleep** [irr. (sleep)] (a. ~ o.s.) dormir trop longtemps; '~·**sleeve** fausse manche f; ~·**spill** excédent m (surt. de la population); '~·**spread** [irr. (spread)] couvrir (de, with); inonder (qch.); s'étendre sur; '~·**staffed** avec trop de personnel; '~·**state** exagérer; '~·**step** outrepasser; '~·**stock** constituer un cheptel trop important pour (une ferme); ✝ encombrer (le marché); ~·**strain 1.** ['ouvəstrein] surtendre; fig. surmener; **2.** [ouvə'strein] tension f trop excessive; fig. surmenage m; ~·**strung** ['ouvə'strʌŋ] surexcité; ['ouvəstrʌŋ] oblique (piano); '~·**sub'scribe** ✝ surpasser (une émission); ~·**sup'ply** provision f excessive; excès m.

o·vert ['ouvə:t] patent, évident.

over...: ~·**take** [irr. (take)] dépasser (qch.); doubler (une auto); rattraper (q.); fig. arriver à, surprendre; ~·**tax** pressurer (le peuple); fig. trop exiger de (q.); surmener; ~·**throw 1.** ['ouvə'θrou] [irr. (throw)] renverser (a. fig.); vaincre; **2.** ['ouvəθrou] renversement m; défaite f (a. fig., a. ⚔); '~·**time** heures f/pl. supplémentaires; '~·**tire** surmener; ~·**tone** ♪ harmonique m; fig. sous-entendu m, note f, nuance f, accent m; '~·**top** dépasser en hauteur; ~·**train** (s')épuiser par un entraînement trop sévère; '~·**trump** surcouper.

o·ver·ture ['ouvətjuə] ouverture f (a. ♪); offre f.

over...: ~·**turn 1.** ['ouvətə:n] renversement m; **2.** [ouvə'tə:n] (se) renverser; mot. (faire) capoter; ⯑ (faire) chavirer; **3.** ✝ surestimer; ~·**val·ue** faire trop de cas de; ✝ surestimer; ~·**ween·ing** outrecuidant; ~·**weight 1.** ['ouvəweit] poids, bagages, etc.: excédent m; **2.** [ouvə'weit] surcharger (de, with); ~·**whelm** accabler (a. fig.); submerger; combler; ~·**whelm·ing** □ accablant; écrasant; '~·**wise** □ prétentieux (-euse f); ~·**work 1.** ['ouvəwə:k] travail (pl. -aux) m en plus; ['ouvə'wə:k] fig. surmenage *m*; **2.** [⌣] [*irr*. (work)] (se) surmener; '⌣'**wrought** surmené; excédé de fatigue *etc*.; surexcité.

o·vi·form ['ouvifɔːm] ovoïde, oviforme; **o·vip·a·rous** *biol*. [ou'vipərəs] ovipare.

owe [ou] devoir (*de l'argent, de l'obéissance, etc*.); *sp*. rendre (*des points*); ~ *s.o. a grudge* en vouloir à q.

ow·ing ['ouiŋ] dû (due *f*); ~ *to* par suite de; à cause de; *be* ~ *to* (pro)venir de.

owl *orn.* [aul] hibou (*pl*. -x) *m*; chouette *f*; **owl·et** ['aulit] jeune hibou *m*; '**owl·ish** □ de hibou.

own [oun] **1.** propre; à moi (toi *etc*.); le mien (tien *etc*.); *my* ~ *self* moi-même; ~ *brother to* frère germain de (*q*.); **2.** *my* ~ le mien (la mienne *etc*.); *a house of one's* ~ une maison à soi; *come into one's* ~ entrer en possession de son bien; F *get one's* ~ *back* se venger, prendre sa revanche (sur, on); *hold one's* ~ tenir ferme; maintenir sa position; F *on one's* ~ (tout) seul; **3.** posséder; avoir; (*a*. ~ *to*) reconnaître; avouer; convenir de; F ~ *up* (*to*) faire l'aveu (de); avouer (*avoir fait qch*.).

own·er ['ounə] propriétaire *mf*; '~-**driv·er** conducteur *m* propriétaire; '~-**less** sans propriétaire; '**own·er·ship** (droit *m* de) propriété *f*; possession *f*.

ox [ɔks], *pl*. **ox·en** ['~ən] bœuf *m*.

ox·al·ic ac·id ⚗ [ɔk'sælik'æsid] acide *m* oxalique.

Ox·ford shoes ['ɔksfəd'ʃuːz] *pl*. souliers *m/pl*. de ville.

ox·i·da·tion [ɔksi'deiʃən] ⚗ oxydation *f*; *métall*. calcination *f*; **ox·ide** ⚗ ['ɔksaid] oxyde *m*; **ox·i·dize** ['ɔksidaiz] (s')oxyder; *v/t*. *métall*. calciner.

Ox·o·ni·an [ɔk'sounjən] **1.** oxonien (-ne *f*); **2.** membre *m* de l'Université d'Oxford. [la queue de bœuf.]

ox·tail soup ['ɔksteil'suːp] soupe *f* à⟨

ox·y·a·cet·y·lene [ɔksiə'setiliːn]: ~ *burner* (*ou lamp ou torch*) chalumeau *m* oxycétylénique, oxycoupeur *m*.

ox·y·gen ⚗ ['ɔksidʒən] oxygène *m*; **ox·y·gen·ate** [ɔk'sidʒineit] oxygéner, oxyder.

o·yer ⚖ ['ɔiə] audition *f*.

oys·ter ['ɔistə] huître *f*; *attr*. à huîtres, d'huître(s); '~-**bed** huîtrière *f*.

o·zone ⚗ ['ouzoun] ozone *m*.

P

P, p [piː] P *m*, p *m*; *mind one's Ps and Qs* se surveiller; faire bien attention.

pa F [pɑː] papa *m*.

pab·u·lum ['pæbjuləm]nourriture *f*.

pace [peis] **1.** pas *m* (*a. mesure*); vitesse *f*; allure *f*; *équitation*: amble *m*; *keep* ~ *with* marcher de pair avec; *put s.o. through his* ~*s* mettre q. à l'épreuve; *sp. set the* ~ donner l'allure; **2.** *v/t.* mesurer (*qch.*) au pas; arpenter; *sp.* entraîner (*q.*); *v/i.* marcher à pas mesurés; aller au pas; aller l'amble (*cheval*); **'pace·mak·er** *sp.* entraîneur *m*; meneur *m* de train; ✚ stimulateur *m* cardiaque; **'pac·er** cheval *m* ambleur; *see pace-maker.*

pach·y·derm *zo.* ['pækidəːm] pachyderme *m*.

pa·cif·ic [pə'sifik] (~ally) pacifique; paisible; ♀ *Ocean* l'océan *m* Pacifique, le Pacifique *m*; **pac·i·fi·ca·tion** [pæsifi'keiʃn] apaisement *m*; pacification *f*.

pac·i·fi·er ['pæsifaiə] pacificateur (-trice *f*) *m*; *Am.* sucette *f*; **'pac·i·fism** pacifisme *m*; **'pac·i·fist** pacifiste *mf*.

pac·i·fy ['pæsifai] pacifier (*la foule, un pays*); calmer, apaiser.

pack [pæk] **1.** paquet *m*; ballot *m*; bande *f*; ⚔ paquetage *m*; *cartes*: jeu *m*, paquet *m*; ⚔ enveloppement *m*; *sp.* rugby: pack *m*; *a* ~ *of nonsense* un tas *m* de sottises; ~ *animal* bête *f* de somme; *Am.* ~ *train* convoi *m* de bêtes de somme; **2.** *v/t.* tasser; remplir, bourrer; (*souv.* ~ *up*) emballer, empaqueter, envelopper (*a.* ⚙); (*a.* ~ *off*) envoyer (au lit, promener, *etc.*); F faire (*une malle*); conserver en boîtes (*la viande etc.*); *fig.* serrer, combler; ⊕ garnir (*le piston, le gland*); *v/i.* (*usu.* ~ *up*) faire sa malle; plier bagage; s'attrouper (*personne*); se tasser; ~ *s.o. off*, *send s.o.* ~*ing* envoyer q. à la balançoire; **'pack·age** empaquetage *m*, emballage *m*;

surt. *Am.* paquet *m*, colis *m*; ✚ ~ *deal* marché *m ou* contrat *m* global; achat *m* forfaitaire; panier *m*; ~ *holiday* vacances *f/pl.* organisées; ~ *tour* voyage *m* organisé à prix forfaitaire; **'pack·er** emballeur *m*; *Am.* fabricant *m* de conserves en boîtes; **pack·et** ['‿it] paquet *m*; colis *m*; (*a.* ~*-boat*) paquebot *m*; **'pack·horse** cheval *m* de bât (*a. fig.*), sommier *m*.

pack·ing ['pækiŋ] emballage *m*; *viande etc.*: conservation *f*; tassement *m*; matière *f* pour emballage; ⊕ garniture *f*; *attr.* d'emballage; **'‿-box** ⚙ presse-étoupe *m/inv.*; **'‿house** *Am. usu.* fabrique *f* de conserves. [d'emballage; ficelle *f*.]
pack·thread ['pækθred] fil *m*∫
pact [pækt] pacte *m*, contrat *m*.

pad¹ *sl.* [pæd] (*a.* ~ *it*) aller à pied, trimarder.

pad² [‿] **1.** bourrelet *m*, coussinet *m*; *ouate, encreur, etc.*: tampon *m*; bloc *m*; bloc-notes (*pl.* blocs-notes) *m*; *lapin etc.*: patte *f*; *doigt etc.*: pulpe *f*; *sp.* jambière *f*; **2.** rembourrer; ouater; *fig.* ~ *out* délayer; ajouter du remplissage à; ~*ded cell* cellule *f* matelassée; **'pad·ding** remplissage *m ou* bourre *f*); rembourrage *m*; ouate *f*; bourre *f*.

pad·dle ['pædl] **1.** aube *f*, palette *f*; *tortue etc.*: nageoire *f*; pagaie *f*; ⚓ roue *f* à aubes; **2.** pagayer; *fig.* barboter; patauger; *Am.* F fesser; ~*-box* ⚓ caisse *f* de roue; **'‿-steam·er** ⚓ vapeur *m* à aubes; **'‿-wheel** ⚓ roue *f* à aubes.

pad·dock ['pædək] enclos *m* (*pour chevaux*); *sp.* paddock *m*, pesage *m*.
pad·dy¹ ['pædi] paddy *m* (= *riz non décortiqué*).
pad·dy² F [‿] colère *f*.
pad·dy wag·on *Am. sl.* ['pædiwægən] panier *m* à salade.
pad·lock ['pædlɔk] cadenas *m*.
pa·gan ['peigən] païen(ne *f*) (*a. su.*); **'pa·gan·ism** paganisme *m*.
page¹ [peidʒ] **1.** page *m* (*d'un roi etc.*); (*a.* ~*-boy*) *hôtel*: chasseur *m*,

groom *m*; *Am.* huissier *m*; **2.** *Am.* envoyer chercher (*q.*) par un chasseur.

page² [~] **1.** *livre:* page *f*; **2.** numéroter; paginer; *typ.* mettre en pages.

pag·eant ['pædʒənt] spectacle *m* historique; fête *f*; (*a.* '**pag·eant·ry**) pompe *f*; spectacle *m* pompeux.

pag·i·nate ['pædʒineit] *see page²*; **pag·i'na·tion** pagination *f*; numérotage *m* (*des pages*).

paid [peid] *prét. et p.p. de pay* 2.

pail [peil] seau *m*.

pail·lasse [pæl'jæs] paillasse *f*.

pain [pein] **1.** douleur *f*, souffrance *f*, peine *f* (*morale*); douleur *f* (*physique*); ~s *pl.* douleurs *f/pl.*; *fig.* peine *f*; soins *m/pl.*; (*up*)on ~ of sous peine de; F be a ~ in the neck être casse-pieds; *be in* ~ souffrir; *be at* ~s (*of gér.*, *to inf.*), *take* ~s (*to inf.*) prendre *ou* se donner de la peine (*pour inf.*); **2.** faire souffrir (*q.*); faire de la peine à (*q.*); **pain·ful** □ ['~ful] douloureux (-euse *f*); *fig.* pénible; '**pain·kill·er** anodin *m*; '**pain·less** □ sans douleur; '**pains·tak·ing** □ assidu; appliqué (*élève*); soigné (*travail*); **2.** application *f*; assiduité *f*.

paint [peint] **1.** peinture *f*, couleur *f*; *visage:* fard *m*; *wet* ~! attention à la peinture!; **2.** peindre; (*se*) farder; *v/t.* peinturer (*q.*); *s*⁸, *co.* badigeonner; † *fig.* dépeindre; ~ *out* effacer (*au moyen d'une couche de peinture*); *v/i.* faire de la peinture; '**~brush** pinceau *m*.

paint·er¹ ['peintə] (artiste-)peintre *m*; *a.* peintre *m* en bâtiments.

paint·er² ⚓ ['peintə] amarre *f*.

paint·ing ['peintiŋ] peinture *f*; tableau *m*; '**paint·ress** femme *f* peintre; '**paint·y** de peinture.

pair [pɛə] **1.** paire *f*; *a* ~ *of scissors* une paire *f* de ciseaux; *a carriage and* ~ une voiture *f* à deux chevaux; *go up three* ~ *of stairs* monter trois étages; *three* ~ (*s.*)'apparier; *v/i.* faire la paire (*avec, with*); (*a.* ~ *off*) s'en aller deux par deux.

pa·ja·mas *pl. usu. Am.* [pə'dʒɑːməz] *see pyjamas*.

pal *sl.* [pæl] **1.** camarade *m/f*; *sl.* copain *m*, copine *f*; **2.** ~ *up* se lier d'amitié (*avec, with*).

pal·ace ['pælis] palais *m*.

pal·at·a·ble □ ['pælətəbl] agréable

(*au palais*); '**pal·at·a·ble·ness** goût *m* agréable; caractère *m* agréable.

pal·a·tal ✿ ['pælətl] **1.** palatal (-aux *m/pl.*); **2.** *gramm.* palatale *f*.

pal·ate ['pælit] palais *m* (*a. fig.*); soft ~ voile *m* du palais.

pa·la·tial □ [pə'leiʃəl] grandiose.

pa·lat·i·nate [pə'lætinit] palatinat *m*; *the* ♀ le Palatinat *m*.

pal·a·tine ['pælətain] palatin; *Count* ♀ comte *m* palatin.

pa·la·ver [pə'lɑːvə] **1.** palabre *f*, conférence *f*; *sl.* flagornerie *f*, *sl.* chichis *m/pl.*; **2.** palabrer.

pale¹ [peil] **1.** □ pâle (*a. couleur*), blême; ~ *blue* bleu pâle; ~ *ale* bière *f* blonde, pale-ale *m*; **2.** *v/t.* (faire) pâlir; *v/i.* pâlir, blêmir.

pale² [~] pieu *m*; *fig.* limites *f/pl.*

pale·face ['peilfeis] visage pâle *mf*.

pale·ness ['peilnis] pâleur *f*.

Pal·es·tin·i·an [pæles'tiniən] palestinien(ne *f*).

pal·ette *peint.* ['pælit] palette *f*; '**~knife** couteau *m* à palette.

pal·frey ['pɔːlfri] palefroi *m*.

pal·ing ['peiliŋ] clôture *f* à claire-voie; palissade *f*.

pal·i·sade [pæli'seid] **1.** palissade *f*; **2.** palissader.

pall¹ [pɔːl] **1.** *eccl.* poêle *m*; *fig.* manteau *m*, voile *m*; **2.** couvrir d'un poêle.

pall² [~] s'affadir; devenir insipide (*pour q.*, [*up*]*on s.o.*).

pal·la·di·um 🜍, *myth.* [pə'leidiəm] palladium *m*.

pal·let¹ ['pælit] paillasse *f*; grabat *m*.

pal·let² ⊕ [~] cliquet *m*; *horloge etc.:* palette *f*.

pal·liasse [pæl'jæs] paillasse *f*.

pal·li·ate ['pælieit] pallier; atténuer; **pal·li·a·tion** palliation *f*; atténuation *f*; **pal·li·a·tive** ['pæliətiv] **1.** palliatif (-ive *f*); lénitif (-ive *f*); **2.** palliatif *m*; lénitif *m*; anodin *m*.

pal·lid □ ['pælid] décoloré; blafard (*lumière*); blême (*visage*); '**pal·lid·ness**, **pal·lor** ['pælə] pâleur *f*.

pal·ly F ['pæli]: *be* ~ *with s.o.* être copain (copine *f*) avec q.

palm [pɑːm] **1.** *main:* paume *f*; *ancre:* oreille *f*; *bois de cerf:* empaumure *f*; ♀ *arbre:* palmier *m*; *branche:* palme *f*; *eccl.* rameau *m*; **2.** empalmer; cacher dans la main; ~ *off on s.o.* F refiler (*qch.*) à q.; **pal·mar** ['pælmə] palmaire *m*; **pal·mate**

['pælmit], **pal·mat·ed** ['‿meitid]
palmé; **pal·mer** ['pɑːmə] pèlerin
m; **palm·is·try** ['‿istri] chiromancie *f*; **'palm-oil** huile *f* de palme;
co. use ∼ on s.o. graisser la patte à q.;
Palm Sun·day (dimanche *m* des)
Rameaux *m*/*pl.*; **'palm-tree** palmier *m*; **'palm·y** F heureux (-euse
f), florissant.

pal·pa·bil·i·ty [pælpə'biliti] palpa-
bilité *f*; *fig.* évidence *f*; **'pal·pa·ble**
□ palpable; *fig.* évident, manifeste;
'pal·pa·ble·ness *see* palpability.

pal·pi·tate ['pælpiteit] palpiter;
pal·pi·ta·tion palpitation *f*.

pal·sied ['pɔːlzid] paralysé, paralytique.

pal·sy ['pɔːlzi] 1. paralysie *f*; *fig.*
évanouissement *m*; 2. paralyser.

pal·ter ['pɔːltə] (*with*) biaiser (avec);
transiger (avec, *sur*).

pal·tri·ness ['pɔːltrinis] mesquinerie *f*; **'pal·try** □ mesquin, misérable.

pam·per ['pæmpə] choyer, dorloter.

pam·phlet ['pæmflit] brochure *f*;
opuscule *m*; *péj.* pamphlet *m*;
pam·phlet·eer ['‿'tiə] auteur *m* de
brochures; *péj.* pamphlétaire *m*.

pan [pæn] 1. casserole *f*; *balance*:
plateau *m*; 2. *Am.* F *v*/*t.* décrier,
rabaisser; ∼ out laver (*le gravier*);
v/*i.* ∼ out réussir.

pan... [‿] pan-.

pan·a·ce·a [pænə'siə] panacée *f*;
remède *m* universel.

pan·cake ['pænkeik] crêpe *f*; ✈ ∼
landing descente *f* à plat.

pan·da ['pændə] panda *m*; *Brit.* ∼ car
voiture *f* pie (de la police); *Brit.* ∼
crossing passage *m* pour piétons.

pan·de·mo·ni·um *fig.* [pændi-
'mouniəm] bruit *m* infernal.

pan·der ['pændə] 1. se prêter à (*un
vice*); servir de proxénète à (*q.*);
2. entremetteur (-euse *f*) *m*.

pane [pein] vitre *f*, carreau *m*; ⊕
pan *m*.

pan·e·gyr·ic [pæni'dʒirik] panégyrique *m*; **pan·e·gyr·ist** panégyriste *m*.

pan·el ['pænl] 1. ⚗ entre-deux
m/*inv.*; panneau *m*; *porte*: placard
m; *plafond*: caisson *m*; panneau *m*
(de lambris, de robe); tableau *m* (ⅆ
du jury, *a.* mot. de manœuvre); ⅆ le
jury *m*; *peint.* panneau *m*; vantail

(*pl.* -aux) *m*; ∼ discussion réunion-
débat *f* (*pl.* réunions-débats); ∼ doctor médecin *m* conventionné; 2. diviser en *ou* recouvrir de panneaux;
lambrisser (*un paroi*); **'pan·el·ist**
membre *m* d'un jury; **'pan·el·(l)ing**,
a. **'pan·el·work** lambris(sage *m*)
m/*pl.*

pang [pæŋ] angoisse *f* subite; douleur *f*; *fig.* blessure *f*, tournements
m/*pl.*; ∼ of hunger tiraillement *m*
d'estomac.

pan·han·dle ['pænhændl] 1. *Am.*
langue de terre d'un État, encaissée
entre deux autres États; 2. *Am.* F
mendigoter; **'pan·han·dler** *Am.* F
mendigot *m*.

pan·ic ['pænik] 1. de panique; 2. panique *f*; affolement *m*; 3. (s')affoler;
remplir *ou* être pris de panique;
'pan·ick·y F sujet à *ou* dicté par
la panique; alarmiste; **'pan·ic-
mon·ger** semeur (-euse *f*) *m* de
panique.

pan·ni·er ['pæniə] panier *m*.

pan·ni·kin ['pænikin] écuelle *f* ou
gobelet *m* en fer blanc.

pan·o·ply ['pænəpli] *fig.* panoplie *f*.

pan·o·ra·ma [pænə'rɑːmə] panorama *m*; **pan·o·ram·ic** [‿'ræmik]
(‿ally) panoramique.

pan·sy ['pænzi] ♀ pensée *f*; *sl.*
homme *m* efféminé.

pant [pænt] haleter; panteler; chercher à reprendre haleine; palpiter
(*cœur*); *fig.* ∼ for (*ou* after) soupirer
après; ∼ out dire (*qch.*) en haletant.

Pan·ta·loon [pæntə'luːn] Pantalon
m; ⚥s *pl.* pantalon *m* (*see* pants).

pan·tech·ni·con [pæn'teknikən]
garde-meuble *m*; (*a.* ∼ van) voiture *f*
de déménagement.

pan·the·ism ['pænθiizm] panthéis-
me *m*; **pan·the'is·tic** (‿ally) pan-
théiste.

pan·ther *zo.* ['pænθə] panthère *f*.

pant·ies *Am.* ['pæntiz] *pl.*: (*a pair
of*) ∼ (une) culotte *f* collante (*de
femme*). [panne *f*.]

pan·tile ['pæntail] tuile *f* flamande;)

pan·to·mime ['pæntəmaim] pantomime *f*; spectacle *m* traditionnel de
Noël, fondé sur un conte de fée;
pan·to·mim·ic [‿'mimik] (‿ally)
pantomimique *ou* de féerie.

pan·try ['pæntri] garde-manger
m/*inv.*; dépense *f*; (*souv.* butler's *ou*
housemaid's ∼) office *f*.

pants *surt. Am.* F [pænts] *pl.*: (*a pair of*) ~ (un) pantalon *m*; (un) caleçon *m*; ~ *suit* tailleur-pantalon *m* (*pl. tailleurs-pantalons*).

pan·ty hose *Am.* ['pæntɪ'həus] collant *m*.

pap [pæp] bouillie *f*.

pa·pa [pə'pɑː] papa *m*.

pa·pa·cy ['peɪpəsɪ] papauté *f*.

pa·pal □ ['peɪpəl] papal (*-aux m/pl.*); du Pape.

pa·per ['peɪpə] **1.** papier *m*; (*ou news~*) journal *m*; carte *f* (*d'épingles etc.*); document *m*; (*ou wall-~*) tenture *f*, papier *m* peint; étude *f*, mémoire *m*; *école*: composition *f*, épreuve *f*; † papier *m* négociable; billets *m/pl.* de banque; papiers-valeurs *m/pl.*; ~*s pl.* (*les*) papiers *m/pl.*; *pol.*, *a.* 🏛 documents *m/pl.*; communiqués *m/pl.*; *read a ~ on* faire une conférence sur; **2.** de papier; en carton; papetier (*-ère f*); à papier; ~ *war* guerre *f* de plume; **3.** tapisser; *sl. théâ.* remplir de billets de faveur; '~**back** livre *m* broché; '~**bag** sac *m* de *ou* en papier; '~**chase** rallye-paper *m*; '~**clip** agrafe *f*, pince *f*; '~**cred·it** † dettes *f/pl.* compte; '~**fast·en·er** attache *f* métallique; '~**hang·er** colleur *m* de papiers peints; '~**hang·ings** *pl.* papier *m* peint, papiers *m/pl.* peints; '~**mill** papeterie *f*; '~**stain·er** imprimeur *m* de papiers peints; '~**thin** extrêmement fin; '~**weight** presse-papiers *m/inv.*; '~**work** écriture(s) *f(pl.)*; paperasserie *f*; **pa·per·y** ['~rɪ] semblable au papier; tout mince.

pa·pier mâ·ché ['pæpjeɪ'mɑː∫eɪ] carton-pâte (*pl. cartons-pâtes*) *m*.

pa·pil·la *anat.* [pə'pɪlə], *pl.* **-lae** [~liː] papille *f*.

pa·pist ['peɪpɪst] papiste *mf*; **pa·pis·tic**, **pa·pis·ti·cal** □ [pə'pɪstɪk(l)] *péj.* papiste; **pa·pis·try** ['peɪpɪstrɪ] *péj.* papisme *m*.

pap·py ['pæpɪ] pâteux (*-euse f*); *fig.* flasque.

pa·py·rus [pə'paɪrəs], *pl.* **-ri** [~raɪ] [papyrus *m*.]

par [pɑː] égalité *f*; pair *m* (*a.* †); *above,* (*below*) ~ au-dessus (*au-dessous*) du pair; *at* ~ au pair, à (la) parité; *be on a* ~ *with* être à l'égal *ou* au niveau de; *put on a* ~ *with* mettre au même niveau que; *ne faire aucune distinction entre.*

par·a·ble ['pærəbl] parabole *f*.

pa·rab·o·la 🜨 [pə'ræbələ] parabole *f*; **par·a·bol·ic**, **par·a·bol·i·cal** □ [pærə'bɒlɪk(l)] parabolique (*a.* 🜨).

par·a·chute ['pærə∫uːt] parachute *m*; ~ *jump* saut *m* en parachute; parachutage *m*; '**par·a·chut·ist** parachutiste *mf*.

pa·rade [pə'reɪd] **1.** parade *m*; *fig.* étalage *m*; ✗ défilé *m*; ✗ exercice *m*; ✗ (*ou* ~*ground*) place *f* d'armes; esplanade *f*; défilé *m* (*de mannequins*); *make a* ~ *of* faire parade de; **2.** *v/t.* faire parade de; ✗ faire défiler; faire l'inspection de; *v/i.* défiler; parader (*pour, for*).

par·a·digm *gramm.* ['pærədaɪm] paradigme *m*.

par·a·dise ['pærədaɪs] paradis *m*.

par·a·dis·i·ac [pærə'dɪsɪæk], **par·a·di·si·a·cal** □ [pærədi'saɪəkl] paradisiaque.

par·a·dox ['pærədɒks] paradoxe *m*; **par·a·dox·i·cal** □ paradoxal (*-aux m/pl.*).

par·af·fin 🜊 ['pærəfɪn] paraffine *f*; F pétrole *m* (lampant).

par·a·gon ['pærəgən] parangon *m*; modèle *m* (*a. fig.*).

par·a·graph ['pærəgrɑːf] paragraphe *m*; alinéa *m*; *journal*: entrefilet *m*; *typ.* † pied *m* de mouche.

par·a·keet *orn.* ['pærəkiːt] perruche *f*.

par·al·lel ['pærəlel] **1.** parallèle (*to, with*); *fig.* pareil(le *f*), semblable; analogue; ~ *bars pl.* barres *f/pl.* parallèles; **2.** *ligne, a.* tranchée: parallèle *f*; *géog.* parallèle *m*; *fig.* parallèle *m*, comparaison *f*, pareil(le *f*) *m*; *cas m* analogue; *⚡ connect* (*ou join*) *in* ~ coupler en parallèle; *have no* ~ être sans pareil(le *f*); *without* ~ incomparable, sans égal (*-aux m/pl.*); **3.** égaler (*qch.*); être égal (*ou* pareil) à (*qch.*); mettre (*deux choses*) en parallèle; *⚡ synchroniser*; '**par·al·lel·ism** parallélisme *m*; **par·al·lel·o·gram** 🜨 [~əgræm] parallélogramme *m*.

pa·ral·yse ['pærəlaɪz] paralyser (*a. fig.*); *fig.* transir; **pa·ral·y·sis** 🜊 [pə'rælɪsɪs] paralysie *f*; **par·a·lyt·ic** [pærə'lɪtɪk] **1.** (~*ally*) paralytique; **2.** paralytique *mf*.

par·a·mil·i·tar·y ['pærə'mɪlɪtərɪ] paramilitaire.

par·a·mount ['pærəmaunt] **1.** souverain, éminent; suprême (*impor-*

tance); be ~ (*to*) l'emporter (sur); **2.** suzerain(e *f*) *m*; '**par·a·mount·cy** suzeraineté *f*; primauté *f*.

par·a·mour ['pærəmuə] amant(e *f*) *m*; maîtresse *f*.

par·a·noi·a [pærə'nɔiə] paranoïa *f*; **par·a·noi·ac** [~'nɔiæk] paranoïaque *mf*.

par·a·pet ['pærəpit] ⚔ parapet *m*; *pont:* garde-corps *m/inv*.

par·a·pher·na·li·a [pærəfə'neiljə] *pl.* F affaires *f/pl.*, bataclan *m*; attirail *m*, appareil *m*.

par·a·phrase ['pærəfreiz] **1.** paraphrase *f*; **2.** paraphraser, résumer.

par·a·ple·gi·a [pærə'pli:dʒə] paraplégie *f*; **par·a·ple·gic** paraplégique (*adj.*, *mf*).

par·a·site ['pærəsait] parasite *m*; *fig.* écornifleur (-euse *f*) *m*; **par·a·sit·ic, par·a·sit·i·cal** □ [~'sitik(l)] parasite (de, *on*).

par·a·sol [pærə'sɔl] ombrelle *f*.

par·a·troop·er ⚔ ['pærətru:pə] parachutiste *m*; **par·a·troops** [~'tru:ps] *pl. les* parachutistes *m/pl.*

par·a·ty·phoid ⚕ ['pærə'taifɔid] paratyphoïde *f*.

par·boil ['pɑ:bɔil] faire bouillir à demi; *fig.* étourdir (*la viande*).

par·buck·le ⚓ ['pɑ:bʌkl] **1.** trévire *f*; **2.** trévirer.

par·cel ['pɑ:sl] **1.** paquet *m*, colis *m*; ✝ lot *m*, envoi *m*; *péj.* tas *m*; parcelle *f* (*de terrain*); ~s *office* bureau *m* de(s) messageries; **2.** empaqueter; emballer; (*usu. ~ out*) parceler, lotir, morceler (*un terrain*); ~ *post* service *m* des colis postaux.

parch [pɑ:tʃ] (se des)sécher; *v/t.* rôtir, griller; *~ing heat* chaleur *f* brûlante.

parch·ment ['pɑ:tʃmənt] parchemin *m*.

par·don ['pɑ:dn] **1.** pardon *m*; ⚖ grâce *f*; *eccl.* indulgence *f*; **2.** pardonner (*qch. à q., s.o. s.th.*); ⚖ faire grâce à; gracier; '**par·don·a·ble** □ pardonnable; graciable; '**par·don·er** *hist.* vendeur *m* d'indulgences.

pare [pɛə] rogner (*les ongles etc.*); peler (*une pomme etc.*); éplucher; (*a. ~ away, ~ down*) *fig.* rogner.

par·ent ['pɛərənt] père *m*, mère *f*; *fig.* mère *f*, source *f*; ~s *pl.* parents *m/pl.*, les père et mère; *~·teacher association* association *f* des parents

d'élèves et des professeurs; '**par·ent·age** naissance *f*, parentage *m*; extraction *f*; **pa·ren·tal** □ [pə'rentl] paternel(le *f*).

pa·ren·the·sis [pə'renθisis], *pl.* **-ses** [~si:z] parenthèse *f* (*a. typ.*); *fig.* intervalle *m*; **pa'ren·the·size** mettre entre parenthèses (*a. typ.*); intercaler; **par·en·thet·ic, par·en·thet·i·cal** □ [pærən'θetik(l)] entre parenthèses.

par·ent·less ['pɛərəntlis] orphelin, sans mère ni père.

par·get ['pɑ:dʒit] recouvrir (*un mur*) d'une couche de plâtre; crépir.

pa·ri·ah ['pæriə] paria *m*, réprouvé (-e *f*) *m*.

pa·ri·e·tal [pə'raiitl] pariétal (-aux *m/pl.*); *anat.* ~ *bone* pariétal *m*.

par·ing ['pɛəriɳ] rognage *m*; épluchage *m*; ~s *pl.* rognures *f/pl.*; pelures *f/pl.*; *métal:* cisaille *f*; ~*·knife* ⊕ rognoir *m*; *souliers etc.:* tranchet *m*.

par·ish ['pæriʃ] **1.** paroisse *f*; (*a. civil ~*) commune *f*; *go on the ~* tomber à la charge de la commune; **2.** paroissial (-aux *m/pl.*); municipal (-aux *m/pl.*); ~ *clerk* clerc *m* de paroisse; ~ *council* conseil *m* municipal; ~ *register* registre *m* paroissial; **pa·rish·ion·er** [pə'riʃənə] paroissien(ne *f*) *m*; habitant(e *f*) *m* de la commune.

Pa·ri·sian [pə'rizjən] **1.** parisien (-ne *f*); de Paris; **2.** Parisien(ne *f*) *m*.   [(*a. Bourse*).]

par·i·ty ['pæriti] égalité *f*; parité *f*.

park [pɑ:k] **1.** parc *m* (*a.* ⚔); *chasse:* réserve *f*; *château:* dépendances *f/pl.*; *mot.* (parc *m* de) stationnement *m*; ~ *keeper* gardien(ne *f*) *m* de parc; **2.** *v/t.* enfermer dans un parc; ⚔ mettre en parc; *mot.* parquer, garer; *v/i. mot.* stationner; '**park·ing** *mot.* parcage *m*; *attr.* de stationnement; ~ *brake* frein *m* à main; ~ *fee* tarif *m* ou droit *m* de stationnement; ~ *light* feu *m* de position; ~ *meter* Am. compteur *m* de stationnement; ~ *place* parc *m* ou endroit *m* de stationnement *m*; ~ *space* créneau *m*; ~ *ticket* Am. *parcage:* contravention *f*.

par·ka ['pɑ:kə] anorak *m*.

par·lance ['pɑ:ləns] langage *m*, parler *m*.

par·ley ['pɑ:li] **1.** conférence *f*; ⚔

pourparlers *m/pl.*; **2.** *v/i.* entrer en pourparlers; parlementer; ✕ entamer des négociations; *v/t. co.* parler.

par·lia·ment ['pɑːləmənt] parlement *m*; Chambres *f/pl.* (*en France*); **par·lia·men·tar·i·an** [‿men'tɛəriən] parlementaire (*a. su./mf*); **par·lia·men·ta·ry** [‿'mentəri] parlementaire; législatif (-ive *f*); ‿ *train* train *m* omnibus.

par·lo(u)r ['pɑːlə] petit salon *m*; *couvent:* parloir *m*; *Am.* salon *m* (*de coiffure etc.*), cabinet *m* (*de dentiste etc.*); *Am.* ‿ *car* 🚃 wagon-salon *m*; wagons-salons) *m*; '**‿·maid** bonne *f*.

Par·me·san cheese [pɑːmi'zæn-'tʃiːz] parmesan *m*.

pa·ro·chi·al ▢ [pə'roukjəl] *eccl.* paroissial (-aux *m/pl.*), de la paroisse; communal (-aux *m/pl.*); *fig.* de clocher, borné; ‿ *politics pl.* politique *f* de clocher.

par·o·dist ['pærədist] parodiste *mf*; pasticheur (-euse *f*) *m*; '**par·o·dy 1.** parodie *f*, pastiche *m*; *fig.* travestissement *m*; **2.** parodier, pasticher; *fig.* travestir.

pa·role [pə'roul] **1.** ✕ parole *f* (*d'honneur*); *put on* ‿ *see* 3; **2.** *gr.* *adj.* verbal (-aux *m/pl.*); **3.** *gr.* *surt. Am.* libérer sur parole *ou* conditionnellement.

par·ox·ysm ['pærəksizm] paroxysme *m*; F crise *f*; accès *m* (*de fureur*).

par·quet ['pɑːkei] parquet(age) *m*; *Am. théâ.* orchestre *m*; **par·quet·ed** ['‿kitid] parqueté, en parquetage; '**par·quet·ry** parquetage *m*, parqueterie *f*.

par·ri·cid·al [pæri'saidl] parricide; '**par·ri·cide** parricide *m*; *personne:* parricide *mf*.

par·rot ['pærət] **1.** *orn.* perroquet *m*; **2.** répéter *ou* parler comme un perroquet.

par·ry *sp.* ['pæri] **1.** parade *f*; **2.** parer (*a. fig.*).

parse *gramm.* [pɑːz] faire l'analyse de.

par·si·mo·ni·ous ▢ [pɑːsi'mounjəs] parcimonieux (-euse *f*); *péj.* pingre; **par·si·mo·ni·ous·ness**, **par·si·mo·ny** ['pɑːsiməni] parcimonie *f*; *péj.* pingrerie *f*.

pars·ley ♀ ['pɑːsli] persil *m*.

pars·nip ♀ ['pɑːsnip] panais *m*.

par·son ['pɑːsn] curé *m* (*catholique*);

pasteur *m* (*protestant*); F ‿'s *nose* croupion *m*; '**par·son·age** presbytère *m*; cure *f*.

part [pɑːt] **1.** *su.* partie *f* (*a. gramm.*, *a.* ♪) (*de, of*); part *f* (*à, in*); *théâ.*, *fig.* rôle *m*; *fig.* comédie *f*; *publication:* fascicule *m*, livraison *f*; ⊕ pièce *f*, organe *m*, élément *m*; parti *m*; ✻ ‿s *pl.* (*usu. private ou privy* ‿s *pl.*) parties *f/pl.*; parages *m/pl.*, pays *m/pl.*, endroit *m*; facultés *f/pl.*; *gramm.* ‿s *of speech* parties *f/pl.* du discours; ‿ *and parcel of* partie *f* intégrante de; *a man of* ‿s homme *m* bien doué; *have neither* ‿ *nor lot in* n'avoir aucune part dans; *in foreign* ‿s à l'étranger *dans* s.o.'s ‿ *prendre* parti pour q.; *take* ‿ *in s.th.* participer à qch., prendre part à qch.; *take in good (bad)* ‿ prendre en bonne (mauvaise) part; *for my (own)* ‿ pour ma part, pour ce qui est de moi, quant à moi; *for the most* ‿ pour la plupart; *in* ‿ en partie; *partiellement*; *do one's* ‿ faire son devoir; *on the* ‿ *of* de la part de; *on my* ‿ de ma part; **2.** *adv.* en partie, mi-, moitié ...; **3.** *v/t.* séparer (en deux); fendre; ‿ *one's hair* se faire une raie; ‿ *company* se séparer (*de, with*), *fig.* n'être plus d'accord (*avec, with*); *v/i.* se diviser; se quitter; se rompre; se séparer (*de, from*); ‿ *with* céder (*qch.*); se départir de; *gr.* aliéner (*qch.*); *fig.* dépenser (*de l'argent*).

par·take [pɑː'teik] [*irr.* (*take*)] participer, prendre part (*à in, of*); ‿ *of* prendre (*un repas*); partager (*le repas*) (*de, with*); goûter (*un mets*); *fig.* tenir de; *eccl.* s'approcher de (*les sacrements*); **par'tak·er** participant(e *f*) *m* (*à, in*), partageant(e *f*) *m* (*de, in*).

par·terre 🗡, *théâ.* [pɑː'tɛə] parterre *m*.

par·tial ▢ ['pɑːʃl] partiel(le *f*), en partie; partial (-aux *m/pl.*) (*personne*); *be* ‿ avoir un faible pour; **par·ti·al·i·ty** [pɑːʃi'æliti] partialité *f* (*pour, envers for, to*); prédilection *f* (*pour, for*); injustice *f*.

par·tic·i·pant [pɑː'tisipənt] participant(e *f*) *m* (*à, in*); **par'tic·i·pate** [‿peit] participer, prendre part (*à, in*); **par·tic·i·pa·tion** participation *f* (*à, in*); **par·ti·cip·i·al** ▢ *gramm.* [‿'sipiəl] participial (-aux *m/pl.*);

par·ti·ci·ple *gramm.* ['pɑːtsipl] participe *m.*

par·ti·cle ['pɑːtikl] particule *f* (*a. gramm.*); *métal:* paillette *f; fig.* ombre *f,* trace *f,* grain *m; nobiliary* ~ particule *f* nobiliaire.

par·ti·col·oured [pəˈtikʌləd] mi-parti; bigarré.

par·tic·u·lar [pəˈtikjulə] **1.** □ particulier (-ère *f*); spécial (-aux *m/pl.*); détaillé; méticuleux (-euse *f*); pointilleux (-euse *f*); exigeant (sur *about, as to*); délicat (sur *on, about*); ~ly en particulier; **2.** détail *m,* particularité *f,* ~s *pl.* détails *m/pl.;* plus amples renseignements *m/pl.; in* ~ en particulier; **par·tic·u·lar·i·ty** [ˌlæriti] particularité *f;* méticulosité *f;* minutie *f;* **par·tic·u·lar·ize** [ˌləraiz] particulariser; entrer dans les détails.

part·ing ['pɑːtiŋ] séparation *f;* départ *m;* rupture *f; cheveux:* raie *f;* ~ of the ways *surt. fig.* carrefour *m.*

par·ti·san[1] *hist.* ['pɑːtizn] pertuisane *f.*

par·ti·san[2] [pɑːtiˈzæn] **1.** partisan *m* (*a.* ✗); **2.** de parti; sectaire; **par·ti·san·ship** esprit *m* de parti; partialité *f;* appartenance *f* à un parti.

par·ti·tion [pɑːˈtiʃn] **1.** partage *m; terre:* morcellement *m;* cloison(nage *m*) *f;* ~ wall paroi *f,* cloison *f;* mur *m* de refend; **2.** morceler; démembrer; cloisonner (*une pièce*).

par·ti·tive *gramm.* ['pɑːtitiv] □ partitif (-ive *f*) (*a. su./m*).

part·ly ['pɑːtli] en partie, partiellement.

part·ner ['pɑːtnə] **1.** associé(e *f*) *m* (*a.* ✝); *sp.* partenaire *mf;* danseur (-euse *f*) *m,* cavalier *m,* dame *f;* **2.** s'associer à, être associé à; *sp.* être le partenaire de; *danse:* mener (*une dame*); be ~ed by s.o. avoir q. pour associé *etc.;* **'part·ner·ship** association *f* (*a.* ✝); ✝ société *f;* limited ~ société *f* en commandite; enter into ~ with s'associer avec.

part...: '~-**own·er** copropriétaire *mf;* '~-**pay·ment** versement *m* à compte; acompte *m.*

par·tridge *orn.* ['pɑːtridʒ] perdrix *f.*

part...: '~-**song** chant *m* à plusieurs voix *ou* parties; '~-**time** chômage *m* partiel; *attr.* pour une partie de la journée *ou* de la semaine; ~ **school** école *f* du soir; ~ **worker** employé(e

f) *m* à l'heure; travailleur (-euse *f*) *m* pour une partie de la journée *etc.;* have a ~ job, work ~ travailler à temps partiel.

par·ty ['pɑːti] partie *f* (*de plaisir, a.* ⚖); ⚖ personne *f; pol.* parti *m;* soirée *f,* réception *f;* bande *f,* groupe *m;* équipe *f;* ✗ détachement *m; fig.* complice *mf;* F individu *m,* monsieur *m,* dame *f;* be a ~ to prendre part à; ~ **boss** chef *m* de parti; ~ **line** *téléph.* poste *m* groupé; *Am. parl.* directive *f* du parti; follow the ~ line *parl.* observer (à la lettre) les directives de son parti; ~ **liner** *Am. péj.* politicien *m* qui observe à la lettre les directives de son parti; ~ **meeting** (*ou* ~ **rally**) rassemblement *m* politique (*organisé par un parti*); ~ **status** qualité *f* de membre d'un parti politique; ~ **ticket** liste *f* des candidats (*d'un parti politique*); ~**wall** mur *m* mitoyen.

par·ve·nu ['pɑːvənjuː] parvenu *m;* nouveau riche *m.*

pas·chal ['pɑːskəl] pascal (-als, -aux *m/pl.*); de Pâques *ou* Pâque.

pass [pɑːs] **1.** *su. géog.* col *m,* défilé *m;* ⚓, *sp., escrime, prestidigitation:* passe *f; univ.* mention *f* passable; diplôme *m* sans spécialisation; *théâ.* (*usu. free*) ~ billet *m* de faveur; ⚙ carte *f* de circulation; coupe-file *m/inv.;* **2.** *v/i.* passer (de ... à *ou* en, from ... to); s'écouler, passer (*temps*); disparaître; avoir lieu, arriver; avoir cours (*monnaie*); être voté (*loi etc.*); être reçu (à *un examen*); *escrime, a. foot.* faire une passe; *cartes:* passer (*parole*); être approuvé (*action*); *bring to* ~ amener, faire arriver; *come to* ~ avoir lieu, arriver; ~ **as** passer pour; ~ **away** disparaître; trépasser (= *mourir*); ~ **by** passer, défiler (devant); ~ **by the name of** G. être connu sous le nom de G.; ~ **for** passer pour; ~ **into** entrer dans; devenir; ~ **into law** passer en loi; ~ **off** disparaître (*se*) passer; *surt. Am.* passer pour (un) blanc (*nègre à peau blanche*); ~ **on** continuer sa route, passer (à, to); F trépasser; ~ **out** sortir; *sl.* s'évanouir; ~ **through** s.th. passer par qch. (*a. fig.*); *fig.* traverser (*une crise*); ~ **under** s.o.'s *control* être soumis au contrôle *ou* à la direction de q.; **3.** v/t. passer devant ou près de; dépasser; croiser; ne pas s'arrêter à; franchir (le seuil, la frontière); outrepasser (les bornes); surpasser (q.); rattraper (q.); sp. devancer; refiler (de la fausse monnaie); passer (qch. en revue, le temps, l'été, sa main entre qch., d'un endroit à un autre); laisser passer (q.); transmettre, faire circuler; subir (une épreuve) avec succès; réussir à, être reçu à (un examen); recevoir (un candidat); approuver (une facture etc.); voter (une loi); prononcer (un jugement); ~ one's hand over passer sa main sur; the bill has not yet ~ed the house le projet (de loi) n'a pas encore été adopté ou voté; ~ one's opinion upon dire ou émettre son opinion sur; † ~ to account porter en compte; ~ water uriner, F faire de l'eau; ~ one's word donner sa parole; ~ by (ou over) s.th. franchir qch.; passer sur qch. (a. fig.); ~ off ~ as faire passer pour; ~ on transmettre, (faire) passer; ~ round faire circuler; ~ a rope round s.th. passer une corde autour de qch.; ~ s.th. through s.th. faire passer qch. à travers qch.; ~ s.th. up donner qch., monter qch.; ~ s.o. up négliger q.; surt. Am. ~ up négliger; refuser; '**pass·a·ble** traversable; praticable (chemin); passable, assez bon; ayant cours (monnaie); '**pass·a·bly** passablement, assez; F plutôt.

pas·sage ['pæsidʒ] passage m (a. d'un texte); ruelle f, passage m; couloir m, corridor m; ⊕ conduit m; adoption f (d'un projet de loi); ♩ trait m; ~s pl. texte: morceaux m/pl.; fig. relations f/pl. intimes; ~ of (ou at) arms passe f d'armes; échange m de mots vifs; bird of ~ oiseau m passager; '**~-boat** paquebot m; '**~-mon·ey** prix m du passage ou de la traversée; '**~-way** passage m, ruelle f; Am. couloir m, corridor m.

pass··: '**~-book** ✝ carnet m de banque; mot. carnet m de passage en douane; '**~-check** théâ. contremarque f.

pas·sen·ger ['pæsindʒə] ⚓, ✇ passager (-ère f) m; voyageur (-euse f) m; ⚙ ~ coach wagon m à voyageurs; '**~ train** ✇ train m de voyageurs ou de grande vitesse.

passe-par·tout ['pæspɑ:'tu:] (clef f) passe-partout m/inv.; phot. bande f gommée.

pass··er-by ['pɑ:sə'bai], pl. **pass·ers-by** passant(e f) m.

pass·ing ['pɑ:siŋ] **1.** passage m; oiseaux: passe f; mot. doublement m; loi: adoption f; fig. mort f, trépas m; in ~ en passant; **2.** passant; passager (-ère f); éphémère; '**~-bell** glas m; '**pass·ing·ly** en passant; fugitivement.

pas·sion ['pæʃn] passion f, amour m; colère f; crise f (de larmes); ♀ Passion f; be in a ~ être furieux (-euse f); ⚖ in ~ dans la chaleur du moment; ♀ Week semaine f de la Passion; semaine f sainte; **pas·sion·ate** □ [~ʃənit] passionné; véhément; '**pas·sion·ate·ness** passion f, ardeur f; véhémence f; '**pas·sion-flow·er** ♀ fleur f de la Passion, passiflore f; '**pas·sion·less** □ impassible; sans passion; '**pas·sion-play** mystère m de la Passion.

pas·sive □ ['pæsiv] **1.** passif (-ive f); ~ voice = **2.** gramm. passif m; '**pas·sive·ness**, **pas·siv·i·ty** [~'siviti] passivité f, inertie f.

pass-key ['pɑ:ski:] (clef f) passe-partout m/inv. [♀ agneau m pascal.\]

Pass·o·ver ['pɑ:souvə] Pâque f;\]

pass·port ['pɑ:spɔ:t] passeport m.

pass·word ⚔ ['pɑ:swɜ:d] mot m de passe.

past [pɑ:st] **1.** adj. passé (a. gramm.); ancien(ne f); de jadis; fig. ~ master expert m (dans, at), maître m passé (en, at; dans l'art de inf., at gér.); for some time ~ depuis quelque temps; **2.** adv. see verbe simple; rush ~ passer en courant; **3.** prp. au-delà de; plus de; half ~ two deux heures et demie; be ~ comprehension être hors de toute compréhension; ~ cure inguérissable; ~ endurance insupportable; ~ hope perdu sans retour; I would not put it ~ her je ne l'en crois pas incapable; **4.** su. passé m.

paste [peist] **1.** pâte f (a. cuis.); colle f; faux brillants m/pl.; **2.** coller; sl. battre; '**~-board** planche f à pâte; carton m; sl. carte f; attr. de ou en carton.

pas·tel ['pæstəl] ♀ pastel m, guède f; peint. (crayon m) pastel m; '**pastel·(l)ist** pastelliste mf.

pas·tern vét. ['pæstə:n] paturon m; '**~joint** boulet m.

pas·teur·ize ['pæstəraiz] pasteuriser; stériliser.

pas·tille [pæs'ti:l] pastille f.

pas·time ['pɑ:staim] passe-temps m/inv.; distraction f.

pas·tor ['pɑ:stə] pasteur m, ministre m; Am. prêtre m; '**pas·to·ral 1.** □ pastoral (-aux m/pl.); ~ staff bâton m pastoral; crosse f; **2.** poème m pastoral; peint. scène f pastorale; poésie, a. ♪ pastourelle f; eccl. lettre f pastorale.

pas·try ['peistri] pâtisserie f; pâte f (non cuite); '**~cook** pâtissier (-ère f) m.

pas·tur·age ['pɑ:stjurid3] pâturage m, pacage m.

pas·ture ['pɑ:stʃə] **1.** (lieu m de) pâture f; pré m; pâturage m; ~ ground lieu m de pâturage; **2.** v/t. (faire) paître; v/i. paître.

past·y 1. ['peisti] pâteux (-euse f); fig. terreux (-euse f) (visage); **2.** ['pæsti] pâté m (sans terrine).

pat [pæt] **1.** coup m léger; petite tape f; caresse f; beurre: rondelle f; **2.** tap(ot)er; caresser; **3.** apte; à propos (a. adv.); prêt; ~ answer réponse f toute prête; answer ~ répondre sur-le-champ; have (ou know) s.th. (off) ~ savoir qch. sur le bout du doigt.

patch [pætʃ] **1.** pièce f; mot. boudin d'air: pastille f, pneu: guêtre f; couleur: tache f; fig. pâté· m; légumes: carré m; terre: parcelle f; ~ pocket cost. poche f appliquée; **2.** rapiécer, raccommoder; poser une pastille à; mettre une pièce à (un pneu); ~ up rapetasser; ⊕ rafistoler; fig. arranger, ajuster; '**patch·er** raccommodeur (-euse f) m; fig. rapetasseur (-euse f) m.

patch·ou·li ['pætʃuli] patchouli m.

patch·work ['pætʃwə:k] rapiéçage m; '**patch·y** inégal (-aux m/pl.) (a. fig.).

pate sl. [peit] tête f, caboche f.

pat·en eccl. ['pætən] patène f.

pat·ent 1. ['peitnt; ⚖, Am. 'pætnt] manifeste, patent; letters ~ ['pætnt] lettres f/pl. patentes; ~ article article m breveté; ~ fastener bouton-pression (pl. boutons-pression) m; attache f à fermoir; ~ fuel boulets m/pl., briquettes f/pl.; ~

leather cuir m verni; ~ leather shoes souliers m/pl. vernis; **2.** ['pætnt] brevet m d'invention; lettres f/pl. patentes; ⚖ ~ pending brevet m pending; ~ agent agent m en brevets; **3.** [↓] faire breveter; **pat·ent·ee** [peitən'ti:] breveté m; concessionnaire m du brevet.

pa·ter·nal □ [pə'tə:nl] paternel(le f); **pa·ter·ni·ty** paternité f; fig. a. origine f.

path [pɑ:θ], pl. **paths** [pɑ:ðz] chemin m; sentier m; jardin: allée f; fig. route f pour piétons.

pa·thet·ic [pə'θetik] (~ally) pathétique; attendrissant.

path·less ['pɑ:θlis] sans chemin frayé.

path·o·log·i·cal □ [pæθə'lɔd3ikl] pathologique; **pa·thol·o·gist** [pə'θɔlədʒist] pathologiste mf; **pa·thol·o·gy** [pə'θɔlədʒi] pathologie f.

pa·thos ['peiθɔs] pathétique m.

path·way ['pɑ:θwei] sentier m; rue: trottoir m.

path·y ⚕ Am. co., a. péj. ['pæθi] système m de traitement.

pa·tience ['peiʃns] patience f; cartes: réussite f; ~s f/pl. be out of (ou have no) ~ with être à bout de patience avec; '**pa·tient 1.** □ patient, endurant; be ~ of avoir de la patience avec; fig. savoir supporter (qch.); **2.** malade mf.

pa·ti·o Am. ['pætiou] patio m.

pa·tri·arch ['peitriɑ:k] patriarche m; **pa·tri·ar·chal** □ patriarcal (-aux m/pl.).

pa·tri·cian [pə'triʃn] patricien(ne f) m (a. su.).

pat·ri·mo·ny ['pætriməni] patrimoine m; eccl. biens-fonds m/pl.

pa·tri·ot ['pætriət] patriote mf; **pa·tri·ot·eer** Am. sl. [~'tiə] faux patriote m; **pa·tri·ot·ic** [~'ɔtik] (~ally) patriotique (discours etc.); patriote (personne); **pa·tri·ot·ism** ['~ɔtizm] patriotisme m.

pa·trol ⚔ [pə'troul] **1.** patrouille f; ronde f; police: secteur m; ⚔ wagon voiture f de police; F panier m à salade; **2.** v/t. faire la patrouille dans; v/i. patrouiller; '**~man** Am. ['~mæn] patrouilleur m; agent m de police.

pa·tron ['peitrən] protecteur m; eccl. patron(ne f) m; ✝ client(e f) *m; charité:* patron *m;* **pa·tron·age** ['pætrənidʒ] protection *f;* patronage *m;* clientèle *f; eccl.* droit *m* de présentation; *péj.* air *m* protecteur; **pa·tron·ess** ['peitrənis] protectrice *f; charité:* patronnesse *f;* **pa·tron·ize** ['pætrənaiz] protéger; patronner; ✝ accorder sa clientèle à; *péj.* traiter d'un air protecteur; **'pa·tron·iz·er** protecteur (-trice *f*) *m;* client(e *f*) *m.*

pat·ten ['pætn] socque *m.*

pat·ter ['pætə] **1.** *v/i.* sonner par petits coups; crépiter *(pluie etc.);* caqueter; *v/t.* bredouiller; parler tant bien que mal; **2.** petit bruit *m;* fouettement *m;* boniment *m.*

pat·tern ['pætən] **1.** modèle *m,* exemple *m* (*a. fig.*); type *m;* dessin *m;* patron *m* (*en papier*); échantillon *m; by ∼ post* échantillon sans valeur; *télév.* test ∼ mire *f;* **2.** modeler (*sur after, on*); **'∼-mak·er** ⊕ modeleur *m* (-euse *f*) *m.*

pat·ty ['pæti] petit pâté *m;* bouchée *f* à la reine.

pau·ci·ty ['pɔːsiti] disette *f,* manque *m.*

Paul·ine ['pɔːlain] paulinien(ne *f*).

paunch [pɔːntʃ] panse *f,* ventre *m;* **'paunch·y** pansu.

pau·per ['pɔːpə] **1.** indigent(e *f*) *m;* pauvre(sse *f*) *m;* **2.** assisté, pauvre; **'pau·per·ism** paupérisme *m;* **'pau·per·ize** réduire à l'indigence.

pause [pɔːz] **1.** pause *f,* arrêt *m;* hésitation *f;* ♪ point *m* d'orgue; **2.** faire une pause; hésiter; s'arrêter (sur, [up]on).

pave [peiv] paver; *fig.* préparer; **'pave·ment** pavé *m;* dallage *m;* trottoir *m;* ∼ *artist* artiste *mf* de trottoir.

pa·vil·ion [pə'viljən] pavillon *m.*

pav·ing-stone ['peiviŋstoun] pavé *m;* pierre *f* à paver.

pav·io(u)r ['peivjə] paveur *m;* dalleur *m;* carreleur *m.*

paw [pɔː] **1.** patte *f* (*sl. a. = main*); **2.** donner des coups de patte à; piaffer (*cheval*); F tripoter.

pawn[1] [pɔːn] *échecs:* pion *m; fig.* jouet *m.*

pawn[2] [∼] **1.** gage *m; in* (*ou at*) ∼ en gage; **2.** mettre en gage, engager; **'∼-bro·ker** prêteur (-euse *f*) *m* sur gage(s); **pawn·ee** [∼'niː] créancier (-ère *f*) *m* sur gage; **pawn-**

er emprunteur (-euse *f*) *m* sur gage; **'pawn·shop** maison *f* de prêt; **'pawn-tick·et** reconnaissance *f* (de prêt sur gage).

pay [pei] **1.** salaire *m;* gages *m/pl.;* traitement *m;* ✗, ♟ solde *f;* **2.** [*irr.*] *v/t.* payer; régler (*un compte*); acquitter (*des droits*); présenter (*ses respects à* ∼); faire (*honneur à q., une visite à q.*); **∼-as-you-earn** *Am.* retenue *f* des impôts à la source; ∼ *attention* (*ou heed*) to faire attention à; tenir compte de; ∼ *away* dépenser; ♟ laisser filer (*un câble*); ∼ *down* payer comptant; ∼ *in* donner (*qch.*) à l'encaissement; ∼ *off* régler (*qch.*); rembourser (*un créancier*); congédier (*un employé*); ∼ *out* payer, débourser; F se venger sur (*q.*); ♟ (laisser) filer; ∼ *up* se libérer de (*dettes*); rembourser intégralement; *v/i.* payer; rapporter; ∼ *for* payer (*qch.*); rémunérer (*q., qch.*); *fig.* expier; **'pay·a·ble** payable (*a.* ✝); acquittable; ✗ exploitable; **'pay-day** jour *m* de paye; **pay-dirt** *Am.* alluvion *f* exploitable; *fig.* source *f* d'argent; **pay·ee** ✝ [∼'iː] preneur (-euse *f*) *m;* porteur *m* (*d'un effet*); **'pay·en·ve·lope** sachet *m* de paie; **'pay·er** payant(e *f*) *m;* ✝ tiré *m,* accepteur *m;* **pay freeze** blocage *m* des salaires; **'pay·ing** payant; profitable; rémunérateur (-trice *f*); avantageux (-euse *f*); **'pay·ing-'in slip** bordereau *m* de versement; **'pay-load** charge *f* payante; ⚓ poids *m* utile; **'pay·mas·ter** trésorier *m* (*a.* ✗); ♟ commissaire *m;* **'pay·ment** paiement *m,* versement *m;* rémunération *f; additional* ∼ supplément *m; on* ∼ *of* moyennant paiement de.

pay...: **'∼-off** règlement *m;* remboursement *m; Am.* F comble *m;* F bakchich *m;* **'∼-of·fice** caisse *f,* guichet *m;* **'∼-pack·et** sachet *m* de paie; **'∼-roll** feuille *f* de paie; ∼ **sta·tion** *Am.* téléphone *m* public.

pea ♀ [piː] (petit) pois *m; attr.* de pois; aux petits pois.

peace [piːs] paix *f;* tranquillité *f;* ordre *m;* traité *m* de paix; ∼ *movement* mouvement *m* pacifiste; ∼ *offering* cadeau *m* de réconciliation; ∼ *pipe* calumet *m* de paix; ∼ *talks pl.* pourparlers *m/pl.* de paix; ∼ *treaty* traité *m* de paix; *the* (*King's*) ∼ l'ordre *m* public; *at* ∼ en paix, paisible; *break* the ~ troubler l'ordre public; keep the ~ veiller à ou ne pas troubler l'ordre public; **'peace·a·ble** □ pacifique; en paix; paisible; **'peace-break·er** violateur (-trice f) m de l'ordre public; **peace·ful** □ ['ʌful] paisible, tranquille; pacifique; **'peace-keep·ing force** forces f/pl. de maintien de la paix; **'peace·mak·er** conciliateur (-trice f) m; **'peace of·fi·cer** agent m de la sûreté.

peach¹ ♀ [piːtʃ] pêche f; arbre: pêcher m; F vrai bijou m.

peach² sl. [ʌ]: ~ (up)on moucharder; dénoncer.

pea-chick [ˈpiːtʃik] paonneau m.

peach·y [ˈpiːtʃi] velouté (peau etc.); couleur: fleur de pêcher adj./inv.; sl. épatant; délicieux (-euse f).

pea·cock [ˈpiːkɔk] paon m; **'pea-fowl** paon(ne f) m; **'pea·hen** paonne f. [reuse f.]

pea-jack·et ♣ [ˈpiːdʒækit] va-]

peak [piːk] 1. pic m, cime f, sommet m; casquette: visière f; attr. de pic; de pointe; maximum; ~ load charge f maximum; ~ power débit m maximum; ~ season pleine saison f; 2. ~ dépérir; tomber en langueur; **peaked** [piːkt] en pointe; ~ cap casquette f à visière; **'peak·y** F pâlot, malingre; hâve.

peal [piːl] 1. carillon m; tonnerre: grondement m; retentissement m; ~ of laughter éclat m de rire; 2. v/t. sonner à toute volée; carillonner; v/i. carillonner; retentir; gronder (tonnerre).

pea·nut [ˈpiːnʌt] ♀ arachide f, ♣ cacahuète f; fig. gnognote f; Am. sl. ~ politics politicaillerie f/pl.

pear ♀ [pɛə] poire f; arbre: poirier m.

pearl [pɜːl] 1. perle f (a. fig.); typ. parisienne f; attr. de perles; 2. perler; **'pearl·y** perlé, nacré.

pear-tree [ˈpɛətriː] □ poirier m.

peas·ant [ˈpezənt] 1. paysan(ne f) m; 2. campagnard; **'peas·ant·ry** paysannerie f; paysannat m.

pea-shoot·er [ˈpiːʃuːtə] petite sarbacane f de poche.

pea-soup [ˈpiːˈsuːp] potage m aux pois, potage m St.-Germain; **'pea-'soup·y** jaune et épais (brouillard).

peat [piːt] tourbe f; **'~-moss** tourbière f.

peb·ble [ˈpebl] caillou (pl. -x) m; plage: galet m; agate f; **'peb·bly** caillouteux (-euse f); à galets (plage).

pec·ca·ble [ˈpekəbl] peccable; **pec·cant** ⚕ [ˈpekənt] peccant.

peck¹ [pek] (approx.) boisseau m (9,087 litres); fig. grande quantité f; a ~ of beaucoup de.

peck² [ʌ] picoter (qch., at s.th.); picorer; ~ at chipoter (un plat); ~ at one's food manger son repas du bout des dents; **'peck·er** sl. courage m; nez m; **'peck·ish** F: be ~ avoir faim.

pec·to·ral [ˈpektərəl] pectoral (-aux m/pl.) (a. su./m).

pec·u·late [ˈpekjuleit] détourner des fonds; **pec·u·la·tion** détournement m de fonds; péculat m; **'pec·u·la·tor** dilapidateur m des deniers publics.

pe·cul·iar □ [piˈkjuːljə] bizarre, singulier (-ère f); étrange; particulier (-ère f); **pe·cu·li·ar·i·ty** [ʌliˈæriti] particularité f; trait m distinctif; singularité f.

pe·cu·ni·ar·y [piˈkjuːnjəri] pécuniaire; d'argent.

ped·a·gog·ic, ped·a·gog·i·cal □ [pedəˈgɔdʒik(l)] pédagogique; **ped·a'gog·ics** usu. sg. pédagogie f; **ped·a·gogue** [ˈpedəgɔg] pédagogue m; **ped·a·go·gy** [ʌgi] pédagogie f.

ped·al [ˈpedl] 1. pédale f; 2. du pied; 3. cycl. pédaler; ♪ mettre la pédale.

ped·ant [ˈpedənt] pédant(e f) m; **pe·dan·tic** [piˈdæntik] (ʌally) pédant(esque); **ped·ant·ry** [ˈpedəntri] pédantisme m.

ped·dle [ˈpedl] v/t. colporter; v/i. faire le colportage; **'ped·dling** colportage m; **'ped·dler** Am. see pedlar.

ped·es·tal [ˈpedistl] piédestal m (a. fig.); socle m.

pe·des·tri·an [piˈdestriən] 1. pédestre; à pied; prosaïque; 2. piéton m; voyageur (-euse f) m à pied.

ped·i·cure [ˈpedikjuə] chirurgie f pédicure; personne: pédicure mf; **ped·i·cur·ist** [ʌkjuərist] pédicure mf.

ped·i·gree [ˈpedigriː] 1. arbre m généalogique; généalogie f; 2. (a. **ped·i·greed** [ʌd]) de race, de bonne souche. [ton m.)

ped·i·ment △ [ˈpedimənt] fron-]

ped·lar ['pedlə] colporteur m; **'ped·lar·y** colportage m; marchandise f de balle.

pe·dom·e·ter [pi'dɔmitə] compte-pas m/inv.

pee F [pi:] faire pipi, pisser.

peek [pi:k] **1.** jeter un coup d'œil furtif (sur, at); **2.** coup m d'œil rapide ou furtif; **peek·a·boo** Am. ['pi:kəbu:] **1.** en dentelle; **2.** cache-cache m.

peel [pi:l] **1.** pelure f; peau f; citron: zeste m; **2.** (a. ~ off) v/t. peler; se dépouiller de (les vêtements); v/i. peler; s'écailler; sl. se déshabiller.

peel·er sl. ['pi:lə] agent m de police; F flic m.

peel·ing ['pi:liŋ] épluchure f; action: épluchage m; (a. ~ off) écaillement m. [2. pépier.]

peep¹ orn. [pi:p] **1.** pépiement m;f **peep²** [~] **1.** coup m d'œil rapide ou furtif; point m (du jour); **2.** regarder à la dérobée; jeter un coup m d'œil rapide (sur, at); fig. (a. ~ out) percer; se laisser entrevoir; **'peep·er** curieux (-euse f) m; indiscret (-ète f) m; sl. œil; **'peep-hole** judas m; **'peep·ing Tom** voyeur m; **'peep-show** optique f.

peer¹ [piə] risquer un coup d'œil; ~ into s.o.'s face dévisager q.

peer² [~] pair m; **'peer·age** pairie f; pairs m/pl.; **'peer·ess** pairesse f; **'peer·less** □ sans pair; sans pareil(le f).

peeved F [pi:vd] irrité.

pee·vish □ ['pi:viʃ] irritable; maussade; **'pee·vish·ness** mauvaise humeur f; humeur f maussade.

peg [peg] **1.** cheville f (a. ♪); toupie f: pointe f; whisky: doigt m; (a. clothes-~) vêtements: patère f; pince f; fig. take s.o. down a ~ or two remettre q. à sa place; be a round ~ in a square hole ne pas être dans son emploi; **2.** cheviller; (a. ~ out) piquer (une concession); stabiliser, maintenir (le prix, les gages, etc.); F ~ away (a. ~ along) travailler ferme (à, at); sl. ~ out sl. casser sa pipe (= mourir).

peg-top ['pegtɔp] toupie f.

peign·oir ['peinwɑ:] peignoir m.

pe·jo·ra·tive ['pi:dʒərətiv] péjoratif (-ive f).

pe·kin·ese [pi:ki'ni:z] pékinois m.

pelf péj. [pelf] richesses f/pl.

pel·i·can orn. ['pelikən] pélican m.

pe·lisse [pe'li:s] pelisse f.

pel·let ['pelit] boulette f; pharm. pilule f; grain m de plomb.

pel·li·cle ['pelikl] pellicule f; membrane f.

pell-mell ['pel'mel] **1.** pêle-mêle; en désordre; **2.** confusion f.

pel·lu·cid [pe'lju:sid] transparent; clair.

pelt¹ † [pelt] fourrure f, peau f.

pelt² [~] **1.** v/t. (a. ~ at) lancer (une volée de pierres) à; v/i. tomber à verse; F courir à toutes jambes; **2.** grêle f. [terie f.]

pelt·ry ['peltri] peaux f/pl.; pelle-f

pel·vis anat. ['pelvis] bassin m.

pen¹ [pen] **1.** plume f; Brit. ~ friend, Am. ~ pal correspondant(e f) m; ~ pusher gratte-papier m/inv.; **2.** écrire; composer.

pen² [~] **1.** enclos m; **2.** [irr.] parquer; (usu. ~ up, ~ in) renfermer.

pe·nal □ ['pi:nl] pénal (-aux m/pl.) (loi, code); qui entraîne une pénalité; ~ servitude travaux m/pl. forcés; **pe·nal·ize** ['~nəlaiz] sanctionner (qch.) d'une peine; sp. pénaliser; fig. punir; **pen·al·ty** ['penlti] peine f; pénalité f (a. sp.); foot. ~ area surface f de réparation; ~ kick penalty m; under ~ of sous peine de.

pen·ance ['penəns] pénitence f.

pen...: '~-and-'ink draw·ing dessin m à la plume; '~-case plumier m.

pence [pens] pl. de penny.

pen·cil ['pensl] **1.** crayon m; sl. pinceau m; opt. faisceau m; **2.** marquer (ou dessiner) au crayon; crayonner (une lettre); se faire (les sourcils) au crayon; **'pen·cil(l)ed** écrit ou tracé au crayon; opt. en faisceau lumineux; **'pen·cil-sharp·en·er** taille-crayon m/inv.

pend·ant ['pendənt] collier: pendentif m; lustre: pendeloque f; tableau: pendant m; ♣ drapeau: flamme f; ♠ cul-de-lampe (pl. culs-de-lampe) m.

pend·ent [~] pendant; retombant.

pend·ing ['pendiŋ] **1.** adj. ⚖ pendant; en instance; **2.** prp. pendant; en attendant.

pen·du·lous ['pendjuləs] pendant; oscillant; **pen·du·lum** ['~ləm] pendule m, balancier m.

pen·e·tra·bil·i·ty [penitrə'biliti] pénétrabilité f; **pen·e·tra·ble** □ ['‿trəbl] pénétrable; **pen·e·tra·li·a** F [peni'treiliə] pl. sanctuaire m; **pen·e·trate** ['‿treit] v/t. percer; pénétrer (de, with) (a. fig., un secret etc.); v/i. pénétrer (jusqu'à to, as far as); **pen·e·tra·tion** pénétration f (a. fig. = perspicacité); '**pen·e·tra·tive** □ pénétrant; perçant (a. fig.); ~ **effect** effet m marqué.

pen-feath·er ['penfeðə] penne f.

pen·guin orn. ['peŋgwin] pingouin m; manchot m.

pen·hold·er ['penhouldə] porte-plume m/inv.

pen·i·cil·lin pharm. [peni'silin] pénicilline f.

pen·in·su·la [pi'ninsjulə] presqu'île f; péninsule f; **pen'in·su·lar** péninsulaire.

pen·i·tence ['penitəns] pénitence f; contrition f; '**pen·i·tent 1.** □ pénitent, contrit; **2.** pénitent(e f) m; **pen·i·ten·tial** □ [‿'tenʃl] pénitentiel(le f); de pénitent; **pen·i·ten·tia·ry** [‿'tenʃəri] maison f de correction; Am. prison f; eccl. (ou ~ priest) pénitencier m.

pen·man ['penmən] écrivain m; auteur m; '**pen·man·ship** art m d'écrire; calligraphie f.

pen-name ['penneim] nom m de plume; journ. nom m de guerre.

pen·nant ['penənt] ⚓ flamme f; surt. Am. fanion m (usu. de championnat, sp.).

pen·ni·less □ ['penilis] sans ressources; sans le sou.

pen·non ['penən] ⚔ flamme f, banderole f; sp. fanion m.

pen·ny ['peni] pl. valeur: **pence** [pens], pièces: **pen·nies** penny m (¹/₁₀₀ pound); gros sou m; Am. cent m, F sou m; '~**-a-'lin·er** journaliste m à deux sous la ligne; écrivaillon m; '~**-'dread·ful** roman m à deux sous; feuilleton m à gros effets; '~**-in-the-'slot** automatique; ~ **machine** distributeur m automatique; '~**-wise** lésineur (-euse f); ~**worth** ['penəθ] valeur f de deux sous; fig. miette f; a ~ of tobacco deux sous de tabac.

pen·sion 1. ['penʃn] pension f; retraite f de vieillesse; ✕ (solde f de) retraite f; ~ **scheme** caisse f de retraite; ['pã·nsiõ·n] pension f de famille; **2.** ['penʃn] usu. ~ **off** mettre (q.) à la retraite; pensionner (q.); **pen·sion·ar·y** ['penʃənəri] '**pen·sion·er** titulaire mf d'une pension; pensionnaire mf (de l'État); ✕ retraité m; invalide m; be s.o.'s ~ péj. être à la solde de q.

pen·sive ['pensiv] pensif (-ive f); songeur (-euse f); rêveur (-euse f); '**pen·sive·ness** air m pensif.

pent [pent] prét. et p.p. de pen² 2; ~**-up** contenu, refoulé (colère etc.).

pen·ta·gon ['pentəgən] pentagone m; Am. the ♀ Ministère m de la Défense Nationale (à Washington); **pen·tag·o·nal** [‿'tægənl] pentagonal (-aux m/pl.), pentagone.

pen·tath·lon sp. [pen'tæθlən] pentathlon m.

Pen·te·cost ['pentikɔst] la Pentecôte f; **pen·te'cos·tal** de la Pentecôte.

pent·house ['penthaus] appentis m; auvent m; Am. appartement m (construit sur le toit d'un bâtiment élevé).

pent-up ['pent'ʌp] enfermé; refoulé (sentiment etc.), réprimé.

pe·nul·ti·mate [pi'nʌltimit] pénultième, avant-dernier (-ière f).

pe·num·bra [pi'nʌmbrə] pénombre f.

pe·nu·ri·ous □ [pi'njuəriəs] pauvre; mesquin; parcimonieux (-euse f); **pe'nu·ri·ous·ness** avarice f; mesquinerie f.

pen·u·ry ['penjuri] pénurie f; indigence f; manque m (de, of).

pen·wip·er ['penwaipə] essuie-plume m.

pe·o·ny ♀ ['piəni] pivoine f.

peo·ple ['pi:pl] **1.** sg. peuple m; nation f; pl. coll. peuple m, habitants m/pl.; pol. citoyens m/pl.; gens m/pl.; les gens m/pl., on; ~ pl. say on dit; English ~ pl. des ou les Anglais m/pl.; many ~ pl. beaucoup de monde; F my ~ pl. mes parents m/pl.; ma famille f; the ~ pl. le grand public m, le peuple m; pol. ~'s republic république f populaire; **2.** peupler (de, with).

pep Am. sl. [pep] **1.** vigueur f, vitalité f; entrain m; F excitant m; F ~ **talk** mots m/pl. d'encouragement; **2.** ~ **up** ragaillardir (q.); donner de l'entrain à (qch.).

pep·per ['pepə] **1.** poivre m; ~ **pot** poivrière f; **2.** poivrer; F cribler; '~-

and·'salt poivre et sel (*cheveux*); *cost.* marengo *inv.*; '**~·corn** grain *m* de poivre; '**~·mint** ♀ menthe *f* poivrée; (*a.* ~ lozenge) pastille *f* de menthe; '**pep·per·y** ◻ poivré; *fig.* irascible.

pep·tic ['peptik] gastrique, digestif (-ive *f*); ~ *ulcer* ulcère *m* de l'estomac.

per [pɔː] par; suivant; d'après; par l'entremise de; ~ *cent* pour cent (⁰/₀).

per·ad·ven·ture [pərəd'ventʃə] **1.** peut-être; par hasard; **2.** doute *m*; *beyond* (*ou without*) ~ à n'en pas douter.

per·am·bu·late [pə'ræmbjuleit] se promener dans (*qch.*); parcourir (*qch.*); **per·am·bu·la·tion** promenade *f*; inspection *f*; **per·am·bu·la·tor** ['præmbjuleitə] voiture *f* d'enfant.

per·ceive [pə'siːv] (a)percevoir; s'apercevoir de (*qch.*); comprendre.

per·cent·age [pə'sentidʒ] pourcentage *m*; proportion *f*; guelte *f*; tantième *m*, -s *m/pl.*

per·cep·ti·ble ◻ [pə'septəbl] perceptible; sensible; **per·cep·tion** perception *f*; sensibilité *f*; **per·cep·tive** ◻ perceptif (-ive *f*); **per·cep·tive·ness, per·cep·tiv·i·ty** perceptivité *f*.

perch¹ *icht.* [pɔːtʃ] perche *f*.

perch² [~] **1.** perche *f* (= 5,029 *m*); *oiseau:* perchoir *m*; F *fig.* trône *m*; *carrosse:* flèche *f*; **2.** (se) percher, (se) jucher; ~*ed fig.* perché; '**perch·er** *orn.* percheur *m*.

per·cip·i·ent [pə'sipiənt] **1.** percepteur (-trice *f*); conscient; **2.** sujet *m* télépathique.

per·co·late ['pɔːkəleit] *v/t.* passer (*le café*); *v/i.* s'infiltrer; filtrer (*café*); '**per·co·la·tor** filtre *m*.

per·cus·sion [pɔː'kʌʃn] choc *m*; percussion *f* (*a.* 🜨); ~ *cap* capsule *f* de fulminate; ♪ ~ *instruments pl.* instruments *m/pl.* de *ou* à percussion; **per·cus·sive** [pɔː'kʌsiv] percutant.

per·di·tion [pɔː'diʃn] perte *f*, ruine *f*.

per·du(e) ✕ [pɔː'djuː] caché.

per·e·gri·nate ['perigrineit] voyager, pérégriner; **per·e·gri·na·tion** voyage *m*, pérégrination *f*.

per·emp·to·ri·ness [pə'remtərinis] intransigeance *f*; ton *m* ou caractère *m* absolu; **per'emp·to·ry** ◻

péremptoire; décisif (-ive *f*); absolu; tranchant (*ton*).

per·en·ni·al [pə'renjəl] **1.** ◻ éternel (-le *f*); ♀ vivace, persistant; **2.** ♀ plante *f* vivace.

per·fect ['pɔːfikt] **1.** ◻ parfait; achevé (*ouvrage*); complet (-ète *f*); ♪ juste; ♪~ *pitch* l'oreille *f* absolue; **2.** *gramm.* (*ou* ~ *tense*) parfait *m*; **3.** [pə'fekt] (par)achever; rendre parfait, parfaire; **per·fect·i·bil·i·ty** [~i'biliti] perfectibilité *f*; **per'fect·i·ble** [~təbl] perfectible; **per·fec·tion** perfection *f*, *a.* **per·fect·ness** ['pɔːfiktnis] achèvement *m*, accomplissement *m*; perfectionnement *m*; *fig.* be the ~ of … être … même.

per·fid·i·ous ◻ [pə'fidiəs] perfide; traître(sse *f*); **per'fid·i·ous·ness, per·fi·dy** ['pɔːfidi] perfidie *f*, traîtrise *f*.

per·fo·rate ['pɔːfəreit] *v/t.* perforer, percer; *v/i.* pénétrer (dans, *into*); **per·fo·ra·tion** perforation *f* (*a. coll.*); percement *m*; (petit) trou *m*; '**per·fo·ra·tor** perforateur *m*; ✕ perforatrice *f*.

per·force [pə'fɔːs] forcément.

per·form [pə'fɔːm] *v/t.* accomplir; célébrer (*un rite*); s'acquitter de (*un devoir*); exécuter (*un mouvement, a.* ♪ *un morceau*); ♪, *théâ.* jouer; *théâ.* représenter; *v/i.* exécuter; ♪ jouer; ♪ ~ *on* jouer de; **per'form·ance** exécution *f*; exploit *m*; *théâ.* représentation *f*; *sp., mot.* performance *f*; *cin.* séance *f*; ⊕ fonctionnement *m*, marche *f*; **per'form·er** artiste *m/f*; *théâ.* acteur (-trice *f*) *m*; ♪ exécutant(e *f*) *m*; **per'form·ing** savant (*animal*).

per·fume 1. ['pɔːfjuːm] parfum *m*; odeur *f*; **2.** [pə'fjuːm] parfumer; **per'fum·er** parfumeur (-euse *f*) *m*; **per'fum·er·y** parfumerie *f*; parfums *m/pl.*

per·func·to·ry ◻ [pə'fʌŋktəri] superficiel(le *f*); peu zélé; négligent.

per·haps [pə'hæps; præps] peut-être.

per·i·car·di·um *anat.* [peri'kɑːdjəm] péricarde *m*.

per·i·gee *astr.* ['peridʒiː] périgée *m*.

per·il ['peril] **1.** péril *m*; danger *m*; *at my* ~ à mes risques et périls; **2.** mettre en péril; '**per·il·ous** ◻ périlleux (-euse *f*).

pe·ri·od ['piəriəd] période *f*; durée *f*; délai *m*; époque *f*, âge *m*; *école:*

leçon f; *rhétorique*: période f; *gramm.* point m; ♂ ~s pl. règles f/pl.; *a girl of the* ~ une jeune fille moderne; ~ *furniture* mobilier m de style; **per·i·od·ic** [~'ɔdik] périodique; **per-i·od·i·cal 1.** ☐ périodique; **2.** (publication f) périodique m.

per·i·pa·tet·ic [peripə'tetik] (~ally) F ambulant.

pe·riph·er·y [pə'rifəri] pourtour m.

pe·riph·ra·sis [pə'rifrəsis], *pl.* **-ses** [~siːz] périphrase f; circonlocution f; **per·i·phras·tic** [peri'fræstik] (~ally) périphrastique. [riscope m.]

per·i·scope ⚓, ✕ ['periskoup] pé-]

per·ish ['periʃ] (faire) périr *ou* mourir; (se) détériorer; *be* ~*ed with* mourir de (*froid etc.*); **'per·ish·a·ble 1.** ☐ périssable; *fig.* éphémère; **2.** ~s *pl.* marchandises f/pl. périssables; **'per·ish·ing** ☐ transitoire; destructif (-ive f); F sacré.

per·i·style ['peristail] péristyle m.

per·i·to·ne·um *anat.* [peritou'niːəm] péritoine m.

per·i·wig ['periwig] perruque f.

per·i·win·kle ['periwiŋkl] **1.** ♀ pervenche f; **2.** *zo.* bigorneau m.

per·jure ['pəːdʒə]: ~ *o.s.* se parjurer; **'per·jured** parjure; **'per·jur·er** parjure mf; **'per·ju·ry** parjure m.; ⚖ faux témoignage m.

perk F [pəːk] **1.** (*usu.* ~ *up*) *v/i.* se ranimer; redresser la tête; *v/t.* redresser; requinquer (*q.*); **2.** *see* ~*y*; **perk·i·ness** ['~inis] air m alerte *ou* éveillé.

perks F [pəːks] *pl. see* perquisites.

perk·y ☐ ['pəːki] alerte, éveillé; désinvolte.

perm F [pəːm] (ondulation f) permanente f, indéfrisable f; *have a* ~ se faire faire une permanente.

per·ma·nence ['pəːmənəns] permanence f; stabilité f; **'per·ma·nen·cy** *see* permanence; emploi m permanent; **'per·ma·nent** ☐ permanent; fixe; inamovible (*place*); ~ *wave* ondulation f permanente; ⛟ ~ *way* voie f ferrée.

per·me·a·bil·i·ty [pəːmiə'biliti] perméabilité f; **'per·me·a·ble** ☐ perméable; **per·me·ate** ['~mieit] *v/t.* filtrer à travers; *v/i.* pénétrer; s'infiltrer (dans *into, among*).

permed F [pəːmd] ondulé; *have one's hair* ~ se faire faire une permanente.

per·mis·si·ble ☐ [pə'misəbl] permis, tolérable; **per·mis·sion** [~'miʃn] permission f; autorisation f; **per·mis·sive** ☐ [~'misiv] qui permet; facultatif (-ive f); permis.

per·mit 1. [pə'mit] (*a.* ~ *of*) permettre; souffrir; *weather* ~*ting* si le temps s'y prête; **2.** ['pəːmit] autorisation f, permis m; ⚓ passavant m.

per·ni·cious ☐ [pə'niʃəs] pernicieux (-euse f); délétère.

per·nick·et·y F [pə'nikiti] pointilleux (-euse f); difficile.

per·o·ra·tion [perə'reiʃn] péroraison f.

per·ox·ide 🜍 [pə'rɔksaid] peroxyde m; ~ *of hydrogen* eau f oxygénée.

per·pen·dic·u·lar [pəːpən'dikjulə] **1.** ☐ vertical (-aux m/pl.); perpendiculaire (*a.* △ *style*); **2.** perpendiculaire m; aplomb m; fil m à plomb.

per·pe·trate ['pəːpitreit] perpétrer; commettre (F *a. un jeu de mots etc.*); **per·pe·tra·tion** perpétration f; péché m; **'per·pe·tra·tor** auteur m.

per·pet·u·al ☐ [pə'petjuəl] perpétuel(le f), éternel(le f); F sans fin; **per'pet·u·ate** [~eit] perpétuer; **per·pet·u·a·tion** perpétuation f; préservation f; **per·pe·tu·i·ty** [pəːpi'tjuiti] perpétuité f; rente f perpétuelle; *in* ~ à perpétuité.

per·plex [pə'pleks] embarrasser; troubler l'esprit de; **per'plexed** ☐ perplexe; confus; **per'plex·i·ty** perplexité f; embarras m; confusion f.

per·qui·sites ['pəːkwizits] *pl.* petits profits m/pl.; *sl.* gratte f.

per·se·cute ['pəːsikjuːt] persécuter; *fig.* tourmenter; **per·se'cu·tion** persécution f; ~ *mania* délire m de (la) persécution; **per·se·cu·tor** ['~tə] persécuteur (-trice f) m.

per·se·ver·ance [pəːsi'viərəns] persévérance f; constance f; **per·se·vere** [~'viə] persévérer (dans *in, with*; à *inf., in gér.*); **per·se'ver·ing** ☐ assidu (à *inf.*), constant (dans, *in*).

Per·sian ['pəːʃn] **1.** persan; de Perse; **2.** *ling.* persan m; Persan(e f) m.

per·sist [pə'sist] persister, s'obstiner (dans, *in*; à *inf., in gér.*); **per·sist·ence, per·sist·en·cy** [pə'sistəns(i)] persistance f; obstination f; **per'sist·ent** ☐ persistant; continu.

per·son ['pə:sn] personne f; individu m; théâ. personnage m; a ~ quelqu'un(e); no ~ personne ... ne; in ~ en (propre) personne; ~ to-~ call communication f (téléphonique) avec préavis; '**per·son·a·ble** bien de sa personne; beau (bel *devant une voyelle ou un h muet*; belle f); '**per·son·age** personnage m (a. théâ.); personnalité f; '**per·son·al 1.** □ personnel(le f) (a. gramm.); individuel(le f); particulier (-ère f); be ~ faire des personnalités; 🏛 ~ property (*ou estate*) *see* personalty; 2. ~s pl. Am. F journ. chronique f mondaine; échos m/pl.; **per·son·al·i·ty** [~sə'næliti] personnalité f; caractère m propre; **per·son·al·ty** 🏛 ['~snlti] biens m/pl. meubles; fortune f mobilière; **per·son·ate** ['~səneit] se faire passer pour; théâ. jouer; **per·son'a·tion** usurpation f de nom etc.; théâ. représentation f; **per·son·ifi·ca·tion** [~sɔnifi'keiʃn] personnification f; **per·son·i·fy** [~'sɔnifai] personnifier; **per·son·nel** [~sə'nel] personnel m.

per·spec·tive [pə'spektiv] **1.** □ perspectif (-ive f), en perspective; **2.** perspective f.

per·spi·ca·cious □ [pə:spi'keiʃəs] perspicace; **per·spi·cac·i·ty** [~'kæsiti] perspicacité f; **per·spi·cui·ty** [~'kjuiti] clarté f, netteté f; **per·spic·u·ous** [pə'spikjuəs] □ clair, lucide.

per·spi·ra·tion [pə:spə'reiʃn] transpiration f; sueur f; **per·spire** [pəs'paiə] transpirer; suer.

per·suade [pə'sweid] persuader (de, of; que, that; à q. de inf. s.o. into gér., s.o. to inf.); convaincre; **per'suad·er** sl. éperon m; arrosage m (= paiement illicite).

per·sua·sion [pə'sweiʒən] persuasion f; religion f; F co. race f, genre m; powers pl. of ~ force f persuasive; art m de persuader.

per·sua·sive □ [pə'sweisiv] persuasif (-ive f); persuadant; **per·suasive·ness** (force f de) persuasion f.

pert □ [pə:t] effronté; mutin; Am. gaillard.

per·tain [pə:'tein] (to) appartenir (à); avoir rapport (à); être le propre (de).

per·ti·na·cious □ [pə:ti'neiʃəs] obstiné, entêté; **per·ti·nac·i·ty** [~'næ-

siti] obstination f; opiniâtreté f (à, in).

per·ti·nence, per·ti·nen·cy ['pə:tinəns(i)] pertinence f; justesse f, à-propos m; '**per·ti·nent** □ pertinent, juste, à propos; ~ to ayant rapport à.

pert·ness ['pə:tnis] effronterie f.

per·turb [pə'tə:b] troubler; agiter; **per·tur·ba·tion** [pə:tə:'beiʃn] trouble m; agitation f; inquiétude f.

pe·ruke † [pə'ru:k] perruque f.

pe·rus·al [pə'ru:zl] lecture f; examen m; **pe·ruse** [pə'ru:z] lire attentivement; fig. examiner.

Pe·ru·vi·an [pə'ru:viən] **1.** péruvien (-ne f); 💲 ~ bark quinquina m; **2.** Péruvien(ne f) m.

per·vade [pə:'veid] s'infiltrer dans; fig. animer; **per·va·sion** [~ʒn] infiltration f, pénétration f; **per'va·sive** [~siv] pénétrant.

per·verse □ [pə'və:s] pervers; méchant; revêche; contrariant; entêté dans le mal; 🏛 rebelle; **per'verseness** see perversity; **per'ver·sion** perversion f; fig. travestissement m; **per'ver·si·ty** perversité f; esprit m contraire; caractère m revêche; 🏛 dépravation f; **per'ver·sive** malsain, dépravant.

per·vert 1. [pə'və:t] pervertir; dépraver; fausser; détourner; **2.** ['pə:və:t] apostat m; 🏛 perverti(e f) m; (a. sexual ~) inverti(e f) m; **per'vert·er** pervertisseur (-euse f) m.

per·vi·ous ['pə:viəs] perméable (à, to); fig. accessible (à, to).

pes·ky □ surt. Am. F ['peski] maudit, sacré.

pes·sa·ry ['pesəri] passaire m.

pes·si·mism ['pesimizm] pessimisme m; '**pes·si·mist** pessimiste mf; **pes·si·mis·tic** (~ally) pessimiste.

pest [pest] animal m ou insecte m nuisible; fig. fléau m; peste f; ~ control lutte f antiparasitaire; **pester** importuner; tourmenter; fig. infester.

pes·ti·cide ['pestisaid] pesticide m; insecticide m.

pes·tif·er·ous □ [pes'tifərəs] pestifère; nuisible; **pes·ti·lence** ['pestiləns] peste f; '**pes·ti·lent** co. assommant; **pes·ti·len·tial** □ [~'lenʃl] pestilentiel(le f); contagieux (-euse f); infecte.

pes·tle ['pesl] pilon *m*.

pet¹ [pet] accès *m* de mauvaise humeur; *in a* ~ de mauvaise humeur.

pet² [~] **1.** animal *m* favori; *fig.* enfant *mf* gâté(e), benjamin(e *f*) *m*, F chouchou(te*f*) *m*; **2.** favori(te*f*); de prédilection; ~ *dog* chien *m* favori *ou* de salon; ~ *name* diminutif *m*; ~ *subject* dada *m*; *co. it is my* ~ *aversion* il est mon cauchemar; **3.** choyer, F chouchouter; câliner; F (se) peloter; *Am.* F *petting party* réunion *f* intime (*entre jeunes gens des deux sexes*).

pet·al ♀ ['petl] pétale *m*.

pe·tard [pi'tɑ:d] † pétard *m* (*a. pyrotechnie*).

pe·ter F ['pi:tə]: ~ *out* s'épuiser; disparaître; *mot.* s'arrêter.

pe·ti·tion [pi'tiʃn] **1.** pétition *f*; suppliqué *f*; requête *f*; *eccl.* prière *f*; $\frac{t}{t}$ ~ *in bankruptcy* demande *f* d'ouverture de la faillite; ~ *for divorce* demande *f* en divorce; **2.** adresser une pétition *etc.* à; réclamer (qch. à q., s.o. for s.th.); **pe'ti·tion·er** solliciteur (-euse *f*) *m*; $\frac{t}{t}$ requérant(e *f*) *m*.

pet·rel *orn.* ['petrəl] pétrel *m*; *stormy* ~ oiseau *m* des tempêtes; *fig.* émissaire *m* de discorde.

pet·ri·fac·tion [petri'fækʃn] pétrification *f*.

pet·ri·fy ['petrifai] (se) pétrifier.

pet·rol *mot.* *Brit.* ['petrəl] essence *f*; ~ *engine* moteur *m* à essence; ~ *station* poste *m* d'essence; ~ *tank* réservoir *m* à essence.

pe·tro·le·um [pi'trouljəm] pétrole *m*, huile *f* minérale *ou* de roche; ~ *jelly* vaseline *f*.

pe·trol·o·gy [pe'trɔlədʒi] pétrologie *f*.

pet·ti·coat ['petikout] jupon *m* (*a. fig.*), jupe *f* de dessous; *attr. fig.* de cotillons; ~ *government* régime *m* de cotillons.

pet·ti·fog·ger ['petifɔgə] avocassier *m*; chicanier *m*; **'pet·ti·fog·ging** chicanier (-ère *f*).

pet·ti·ness ['petinis] mesquinerie *f*, petitesse *f*.

pet·ting F ['petiŋ] pelotage *m*; *heavy* ~ pelotage *m* poussé.

pet·tish □ ['petiʃ] irritable; de mauvaise humeur; **'pet·tish·ness** irritabilité *f*; mauvaise humeur *f*.

pet·ty □ ['peti] insignifiant, petit; mesquin; ~ *bourgeoisie les petits*

bourgeois; ♣ ~ *cash* petite caisse*f*; ⚓ ~ *officer* contremaître *m*; $\frac{t}{t}$ ~ *sessions pl.* session *f* de juges de paix.

pet·u·lance ['petjuləns] *see pettishness*; **pet·u·lant** ['~lənt] *see pettish*.

pew [pju:] banc *m* d'église; *sl.* siège *m*, place *f*.

pe·wit *orn.* ['pi:wit] vanneau *m* (huppé).

pew·ter ['pju:tə] **1.** étain *m*, potin *m*; **2.** d'étain; **'pew·ter·er** potier *m* d'étain.

pha·e·ton ['feitn] phaéton *m*; *mot. Am.* torpédo *f*.

pha·lanx ['fælæŋks] phalange *f*.

phan·tasm ['fæntæzm] chimère *f*; ❦ phantasme *m*; **phan·tas·ma·go·ri·a** [‚~gɔ:'ri:ə] fantasmagorie *f*.

phan·tom ['fæntəm] **1.** fantôme *m*, spectre *m*; **2.** fantôme.

Phar·i·sa·ic, Phar·i·sa·i·cal □ ['færi'seiik(l)] pharisaïque.

Phar·i·see ['færisi] pharisien *m* (*a. fig.*).

phar·ma·ceu·ti·cal □ ['fɑ:mə'sju:tikl] pharmaceutique; **phar·ma'ceu·tics** *sg.* pharmacie *f*; **phar·ma·cist** ['fɑ:məsist] pharmacien(ne *f*) *m*; **phar·ma·col·o·gy** [~'kɔlədʒi] pharmacologie *f*; **'phar·ma·cy** pharmacie *f*.

phar·ynx *anat.* ['færiŋks] pharynx *m*.

phase [feiz] phase *f*.

pheas·ant *orn.* ['feznt] faisan([d]e *f*) *m*; **'pheas·ant·ry** faisanderie *f*.

phe·nom·e·nal □ [fi'nɔminl] phénoménal (-aux *m/pl.*); *fig.* prodigieux (-euse *f*); **phe'nom·e·non** [~nən], *pl.* -na [~nə] phénomène *m* (*a. fig.*); *fig. personne:* prodige *m*.

phew [fju:] pouf!; pouah! (*dégoût*).

phi·al ['faiəl] flacon *m*, fiole *f*.

Phi Be·ta Kap·pa *Am.* ['fai 'bi:tə 'kæpə] *la plus ancienne association d'étudiants universitaires*.

phi·lan·der [fi'lændə] flirter; **phi'lan·der·er** coureur *m* de jupons.

phil·an·throp·ic [filən'θrɔpik] (~*ally*) philanthropique; philanthrope (*personne*); **phi·lan·thro·pist** [fi'lænθrəpist] philanthrope *mf*; **phi'lan·thro·py** philanthropie *f*.

phi·lat·e·list [fi'lætəlist] philatéliste *mf*; **phi'lat·e·ly** philatélie *f*.

phi·lip·pic [fi'lipik] philippique *f*.

Phi·lis·tine ['filistain] philistin *m* (*a. fig.*).

phil·o·log·i·cal □ [filə'lɔdʒikl] philologique; **phi·lol·o·gist** [fi'lɔlədʒist] philologue *mf*; **phi'lol·o·gy** philologie *f*.

phi·los·o·pher [fi'lɔsəfə] philosophe *mf*; ~*s'* stone pierre *f* philosophale; **phil·o·soph·ic**, **phil·o·soph·i·cal** □ [filə'sɔfik(l)] philosophique; **phi·los·o·phize** [fi'lɔsəfaiz] philosopher; **phi'los·o·phy** philosophie *f*; ~ *of life* conception *f* de la vie.

phil·tre, **phil·ter** ['filtə] philtre *m*.

phiz F *co.* [fiz] visage *m*, F binette *f*.

phle·bi·tis ♣ [fli'baitis] phlébite *f*.

phlegm [flem] flegme *m* (a. ♣), calme *m*; **phleg·mat·ic** [fleg'mætik] (~*ally*) flegmatique.

pho·bi·a ['foubiə] phobie *f*.

Phoe·ni·cian [fi'niʃiən] **1.** phénicien(ne *f*) *m*; **2.** *ling.* phénicien *m*; Phénicien(ne *f*) *m*.

ph(o)e·nix ['fi:niks] phénix *m*.

phone F [foun] *see* telephone; ~ *call* coup *m* de fil; '~-in *radio, télév.* programme *m* à ligne ouverte.

pho·net·ic [fo'netik] **1.** (~*ally*) phonétique; ~ *spelling* écriture *f* phonétique; **2.** ~*s pl.* phonétique *f*; **pho·ne·ti·cian** [founi'tiʃn] phonéticien *m*.

pho·no·graph ['founəgra:f] phonographe *m*; **pho·no·graph·ic** [~'græfik] (~*ally*) phonographique.

pho·nol·o·gy [fo'nɔlədʒi] phonologie *f*.

pho·n(e)y ['founi] **1.** *Am. sl.* escroc *m*; **2.** *Am.* F faux (fausse *f*); factice; en toc; ~ *flash* renseignement *m* inexact; nouvelle *f* inexacte; ~ *war* drôle de guerre.

phos·phate ♣ ['fɔsfeit] phosphate *m*.

phos·pho·resce [fɔsfə'res] être phosphorescent; **phos·pho'res·cent** phosphorescent; **phos·phor·ic** ♣ [~'fɔrik] phosphorique; **phos·pho·rous** ♣ ['~fərəs] phosphoreux (-euse *f*); **phos·pho·rus** ♣ ['~rəs] phosphore *m*.

pho·to F ['foutou] *see* ~graph; '~·cop·i·er machine *f* à photocopier, photocopieur *m*; '~·cop·y **1.** photocopie *f*; **2.** photocopier; ~·e'lec·tric cell cellule *f* photoélectrique; ~·en·grav·ing [~in'greiviŋ] photogravure *f* industrielle; '~·fin·ish décision *f* par photo, photo *f* à l'arrivée; '~·flash flash (*pl.* flashes) *m* (à ampoule);

~·gram·me·try [~'græmitri] photogrammétrie *f*.

pho·to·graph ['foutəgra:f] **1.** photographie *f*; **2.** photographier; prendre une photographie de; **pho·tog·ra·pher** [fə'tɔgrəfə] photographe *m*; **pho·to·graph·ic** [foutə'græfik] (~*ally*) photographique; ~ *library* archives *f/pl.* photographiques, photothèque *f*; **pho·tog·ra·phy** [fə'tɔgrəfi] photographie *f*; prise *f* de vues.

pho·to·gra·vure [foutəgrə'vjuə] photogravure *f*, héliogravure *f*; **pho·tom·e·ter** [fo'tɔmitə] photomètre *m*; **pho·to·play** ['foutəplei] film *m* dramatique; **pho·to·sen·si·tive** ['foutou'sensitiv] photosensible; **pho·to·stat** ['foutəstæt], **pho·to·stat·ic** [~'stætik]: ~ *copy* photocopie *f*; **pho·to·te·leg·ra·phy** [foutəti'legrəfi] téléphotographie *f*; **pho·to·type** ['~taip] phototype *m*.

phrase [freiz] **1.** locution *f*; tour *m* de phrase; expression *f*; *gramm.* membre *m* de phrase; ♪ phrase *f*, période *f*; **2.** exprimer (*une pensée*), rédiger; ♪ phraser; '~·book recueil *m* d'expressions; '~·mon·ger phraseur (-euse *f*) *m*; **phra·se·ol·o·gy** [~zi'ɔlədʒi] phraséologie *f*.

phre·net·ic [fri'netik] (~*ally*) affolé; frénétique.

phre·nol·o·gy [fri'nɔlədʒi] phrénologie *f*.

phthis·i·cal ['θaisikl] phtisique; **phthi·sis** ['~sis] *f* phtisie *f*.

phut *sl.* [fʌt]: *go* ~ claquer.

phys·ic ['fizik] **1.** médecine *f*; F drogues *f/pl.*, ~*s sg.* physique *f*; **2.** *sl.* médicamenter (*q.*); **phys·i·cal** □ physique; corporel(le *f*); matériel(le *f*); ~ *condition* état *m* physique; ~ *culture* culture *f* physique; ~ *test* visite *f* médicale; **phy·si·cian** [fi'ziʃn] médecin *m*; **phys·i·cist** ['~sist] physicien(ne *f*) *m*.

phys·i·og·no·my [fizi'ɔnəmi] physionomie *f*; **phys·i·og·ra·phy** [~'ɔgrəfi] physiographie *f*; géographie *f* physique; **phys·i·ol·o·gy** [~'ɔlədʒi] physiologie *f*.

phys·i·o·ther·a·pist [fiziou'θerəpist] kinésithérapeute *mf*; **phys·i·o·ther·a·py** [~'θerəpi] kinésithérapie *f*.

phy·sique [fi'zi:k] physique *m*.

pi·an·ist ['pjænist; ♪ 'piənist] pianiste *mf*.

pi·a·no¹ ['pja:nou] *adv.* piano.

pi·an·o² ['pjænou; ♩ 'pjɑ:nou] piano *m*; *cottage* ~ petit droit *m*; *grand* ~ piano *m* à queue.

pi·an·o·for·te [pjæno'fɔ:ti] *see* piano².

pi·az·za [pi'ædzə] place *f*; *Am.* véranda *f*.

pi·broch ['pi:brɔk] pibroch *m* (= *air de cornemuse*).

pic·a·roon [pikə'ru:n] corsaire *m*.

pic·a·yune ['pikə'ju:n] 1. *usu. fig.* sou *m*; bagatelle *f*; 2. mesquin.

pic·ca·nin·ny *co.* ['pikənini] 1. négrillon(ne *f*) *m*; *Am.* F mioche *mf*; 2. enfantin.

pick [pik] 1. pic *m*, pioche *f*; ✗ rivelaine *f*; (*ou* tooth~) cure-dent *m*; élite *f*, choix *m*; 2. *v/t.* piocher (*la terre*); se curer (*les dents*); ronger (*un os*); plumer (*la volaille*); cueillir (*une fleur, un fruit*); trier (*du minerai*); effilocher (*des chiffons*); éplucher (*de la laine*); *Am.* jouer de (*le banjo*); crocheter (*la serrure*); choisir; F (*a.* ~ *at*) pignocher (*sa nourriture*); ~ *one's way* marcher avec précaution; ~ *pockets* voler à la tire; ~ *a quarrel with* chercher querelle à; *see bone* 1; *crow* 1; ~ *out* choisir; enlever; trouver; reconnaître; *peint.* échampir; *v/i.* picoter, picorer (*oiseau*); F manger du bout des dents; *surt. Am.* F ~ *at* (*ou on on*) chercher noise à (*q.*); critiquer; ~ *up* *v/t.* prendre; ramasser; relever; (re)trouver; apprendre; aller chercher (*q.*); repérer (*un avion*); faire la connaissance de (*q.*); capter (✏ *le courant*; *un message*); *radio*: avoir (*un poste*); *v/i.* se rétablir; *mot.* reprendre; ~**back** ['˷əbæk] sur le dos; '~**axe** pioche *f*; **picked** choisi, de choix; '**pick·er** cueilleur (-euse *f*) *m etc.*; ⊕ machine *f* à éplucher.

pick·et ['pikit] 1. piquet *m* (*a.* ✗, *a. de grève*); 2. *v/t.* mettre '(*un cheval*) au(x) piquet(s); palissader; ✗ détacher en grand-garde; ⊕ installer des piquets de grève; *v/i.* être gréviste en faction.

pick·ing ['pikiŋ] piochage *m etc.* (*see pick*); choix *m*; ~s *pl.* restes *m/pl.*, *fig. sl.* gratte *f*.

pick·le ['pikl] 1. marinade *f*; saumure *f*; conserve *f* au vinaigre; F enfant *mf* terrible; F pétrin *m*; *see mix*; 2. mariner, conserver; ~**d** *herring* hareng *m* salé.

pick...: '~**lock** crochet *m*; *personne*: crocheteur *m* de serrures; '~-**me-up** F cordial *m*; remontant *m*; '~**pock·et** voleur (-euse *f*) *m* à la tire; '~-**up** 1. ramassement *m*; *chose f* ramassée; *phonographe*: pick-up *m/inv.*; ✝ (*ou* ~ *in prices*) hausse *f*; *Am. radio, télév.* pick-up *m/inv.*; 2. F hâtivement rassemblé (*équipe, formation, etc.*); improvisé; ~ *dinner* repas *m* fait de restes.

pick·y ['piki] difficile, délicat.

pic·nic ['piknik] 1. pique-nique *m*; partie *f* de plaisir; dînette *f* sur l'herbe; 2. faire un pique-nique; dîner sur l'herbe.

pic·to·ri·al [pik'tɔ:riəl] 1. □ en images, pittoresque; illustré; 2. périodique *m ou* journal *m* illustré.

pic·ture ['piktʃə] 1. tableau *m*; image *f*; peinture *f*; gravure *f*; portrait *m*; ~s *pl.* cinéma *m*; films *m/pl.*; *attr.* d'images; du cinéma; ~-*palace* cinéma *m*; ~ (*post*)*card* carte *f* postale illustrée; ~ *puzzle* rébus *m*; 2. dépeindre; représenter; se figurer (*qch.*); s'imaginer (*qch.*); '~-**book** album *m*; livre *m* d'images; '~-**go·er** *Brit.* habitué(e *f*) *m* du cinéma.

pic·tur·esque □ [piktʃə'resk] pittoresque.

pidg·in Eng·lish ['pidʒin'iŋgliʃ] jargon *m* commercial anglo-chinois; *fig.* F petit nègre *m*.

pie¹ [pai] *viande etc.*: pâté *m*; *fruits*: tourte *f*; *typ.* pâte *f*, pâté *m*; *see finger* 1. [*fig.* bigarré.]

pie² *orn.* [~] pie *f*; '~-**bald** pie;]

piece [pi:s] 1. pièce *f* (*a. théâ.*, *échecs, monnaie*, ✝); fragment *m*, morceau *m* (*a.* ♩); partie *f*; ~ *of advice* conseil *m*; ~ *of jewellery* bijou (*pl.* -x) *m*; ~ *of news* nouvelle *f*; *by the* ~ à la pièce *f*; *in* ~s en morceaux; *of a* ~ uniforme; *all of a* ~ tout d'une pièce; *break* (*ou go*) *to* ~s se désagréger; tomber en lambeaux (*robe etc.*); *give s.o. a* ~ *of one's mind* parler carrément à *q.*; *take to* ~s défaire; ⊕ démonter; 2. raccommoder, rapiécer; ~ *out* rallonger; augmenter; ~ *together* raccommoder; joindre, unir; coordonner; ~ *up* raccommoder; '~-**goods** *pl.* marchandises *f/pl.* à la pièce; '~-**meal** pièce à pièce, peu à peu; '~-**work** travail (*pl.* -aux) *m* à la tâche.

pied [paid] mi-parti; bigarré.

pie-eyed *sl.* ['paiaid] soûl, rond, plein.

pie-plant *Am.* ['paipla:nt] rhubarbe *f*.

pier [piə] jetée *f*, digue *f*; quai *m*; △ pilastre *m*; pilier *m*; '**pier-age** ⚓ droits *m/pl.* de jetée.

pierce [piəs] *v/t.* percer (*a. fig.*); transpercer (*le cœur*); *v/i.* percer; *fig.* pénétrer; '**pierc-er** ⊕ perçoir *m*, poinçon *m*; '**pierc-ing** □ pénétrant (*a. fig.*).

pier-glass ['piəglɑːs] trumeau *m*.

pi-e-tism ['paiətizm] piétisme *m*.

pi-e-ty ['paiəti] piété *f*.

pif-fle *sl.* ['pifl] **1.** balivernes *f/pl.*; futilités *f/pl.*; **2.** dire des sottises.

pig [pig] **1.** porc *m*, cochon *m*; *métall.* gueuse *f* (*de fonte*); saumon *m* (*de plomb*); *buy a ~ in a poke* acheter chat en poche; **2.** cochonner; *F* vivre comme dans une étable.

pi-geon ['pidʒin]; *zo.* pigeon *m*; *F* pigeon *m*, dupe *f*; *sl.* affaire *f*; '**~-hole 1.** case *f*; **2.** caser (*des papiers*); *admin.* classer; *F* faire rester dans les cartons; '**pi-geon-ry** colombier *m*.

pig-ger-y ['pigəri] porcherie *f*.

pig-gish □ ['pigiʃ] malpropre; entêté.

pig-head-ed ['pig'hedid] obstiné, têtu. [gueuse.\

pig-i-ron ['pigaiən] fonte *f* en\

pig-let ['piglit] petit cochon *m*.

pig-ment ['pigmənt] pigment *m*, colorant *m*.

pig-my *see* **pygmy**.

pig...: '**~-nut** gland *m* de terre; '**~-skin** peau *f* de porc; *Am. sl.* ballon *m* de football; **~-sty** ['~stai] porcherie *f*; *fig.* taudis *m*; '**~-tail** queue *f* (*de cheveux*); '**~-wash** pâtée *f* pour les porcs.

pike [paik] ✕ pique *f*; *géog.* pic *m*; *icht.* brochet *m*; '**pik-er** *Am. sl.* boursicoteur *m*; lâcheur *m*; '**pike-staff**: *as plain as a ~* clair comme le jour.

pil-chard *icht.* ['piltʃəd] sardine *f*.

pile¹ [pail] **1.** tas *m*; ✕ *armes*: faisceau *m*; △ *maçon*: édifice *m*; *fig.* fortune *f*; ⚡ pile *f* de Volta; *phys.* (*ou atomic ~*) pile *f* atomique; **2.** *v/i.* (*a. ~ up*) s'amonceler; *v/t.* (*a. ~ up*) entasser, empiler; amasser (*une fortune*); ✕ *~*

arms former les faisceaux; *fig. ~ it on* exagérer.

pile² [~] pieu *m*.

pile³ [~] *tex.* poil *m*.

pile-driv-er ⊕ ['paildraivə] sonnette *f*; '**pile-dwell-ing** habitation *f* lacustre *ou* sur pilotis.

piles ✱ [pailz] *pl.* hémorroïdes *f/pl.*

pile-up *F* ['pailʌp] carambolage *m ou* télescopage *m* (en série).

pil-fer ['pilfə] *v/t.* chiper; *v/i.* faire de petits vols.

pil-grim ['pilgrim] pèlerin(e *f*) *m*; ♀ *Père m* pèlerin; '**pil-grim-age** pèlerinage *m*.

pill [pil] pilule *f*; *F* personne *f* embêtante, casse-pieds *mf inv.*

pil-lage ['pilidʒ] **1.** pillage *m*; **2.** piller, saccager.

pil-lar ['pilə] pilier *m*, colonne *f*; '**~-box** boîte *f* aux lettres; borne *f* postale; **pil-lared** ['~ləd] à piliers, à colonnes; en pilier *etc.*

pil-lion ['piljən] coussinet *m* de cheval; *mot.* siège *m* arrière; *ride ~* monter derrière.

pil-lo-ry ['piləri] **1.** pilori *m*; *in the ~* au pilori; **2.** mettre au pilori; *fig.* exposer au ridicule.

pil-low ['pilou] **1.** oreiller *m*; coussin *m*; ⊕ coussinet *m*; **2.** reposer sa tête (sur, on); '**~-case**, ✝ '**~-slip** taie *f* d'oreiller.

pi-lot ['pailət] **1.** pilote *m* (*a.* ⚓, ✈); *fig.* guide *m*; *~ instructor* professeur *m* de pilotage; ♀ *Officer* sous-lieutenant *m* aviateur; *~ plant* installation *f* d'essai; *~ project* projet *m* d'essai, projet-pilote *m* (*pl.* projets-pilotes); **2.** piloter; conduire; '**pi-lot-age** (frais *m/pl.* de) pilotage *m*; '**pi-lot-bal'loon** ballon *m* d'essai.

pil-ule ['pilju:l] petite pilule *f*.

pi-men-to [pi'mentou] piment *m*.

pimp [pimp] **1.** entremetteur (-euse *f*) *m*; **2.** exercer le métier de proxénète.

pim-ple ['pimpl] bouton *m*, bourgeon *m*; '**pim-pled**, '**pim-ply** boutonneux (-euse *f*); pustuleux (-euse *f*).

pin [pin] **1.** épingle *f*; ⊕ goupille *f*, cheville *f*; *jeu:* quille *f*; clou *m*; *cuis.* rouleau *m* (*à pâte*); *Am.* insigne *m* (*d'une association estudiantine etc.*); *~s pl. sl.* quilles *f/pl.* (= *jambes*); **2.** épingler; attacher avec des épingles; clouer; *sl. fig.*

obliger (q.) à reconnaître les faits; (souv. ~ down) obliger (à, to); ~ one's hopes on mettre toutes ses espérances dans.

pin·a·fore ['pinəfɔ:] tablier m.

pin·ball ma·chine ['pinbɔ:lmə'ʃi:n] flipper m.

pin·cers ['pinsəz] pl.: (a pair of) ~ (une) pince f, (des) tenailles f/pl.

pinch [pintʃ] **1.** pinçade f; tabac: prise f; sel etc.: pincée f; fig. morsure f; fig. besoin m; **2.** v/t. pincer; gêner; sl. chiper (=voler); arrêter (q.); v/i. (se res)serrer; faire des petites économies; se priver; **pinched** étroit; gêné; fig. hâve.

pinch·beck ['pintʃbek] **1.** ⊕ chryso-cale m, similor m; fig. trompe-l'œil m/inv.; **2.** d'occasion.

pinch·hit Am. ['pintʃhit] suppléer, remplacer (q., for s.o.).

pin·cush·ion ['pinkuʃin] pelote f à aiguilles.   [pin.]

pine[1] ♀ [pain] pin m; bois m de

pine[2] [~] languir (après, pour for); ~ away dépérir; mourir de lan-gueur.

pine...: '~·ap·ple ♀ ananas m; '~-cone pomme f de pin.

pin·er·y ['painəri] serre f à ananas; (a. **'pine·wood**) pineraie f.

pin·feath·er ['pinfeðə] plume f naissante.

pin·fold ['pinfould] parc m (à moutons etc.); fourrière f.

ping [piŋ] cingler, fouetter.

ping-pong ['piŋpɔŋ] ping-pong m.

pin·ion ['pinjən] **1.** aileron m; poét. aile f; (a. ~-feather) penne f; ⊕ pignon m; **2.** rogner les ailes à; fig. lier les bras à.

pink[1] [piŋk] **1.** ♀ œillet m; couleur: rose m; chasse: rouge m; fig. modèle m; comble m; sl. in the ~ florissant, en parfaite santé; **2.** v/t. teindre en rose; v/i. rougir.

pink[2] [~] toucher; denteler les bords de (une robe); fig. orner; ~ing shears pl. ciseaux m/pl. à denteler.

pink[3] mot. [~] cliqueter.

pink·ish ['piŋkiʃ] rosâtre.

pin-mon·ey ['pinmʌni] argent m de poche (d'une femme ou jeune fille).

pin·nace ⊕ ['pinis] grand canot m, pinasse f.

pin·na·cle ['pinəkl] △ pinacle m; montagne: cime f; fig. faîte m, apogée m.

pin·nate ♀ ['pinit] penné.

pi·noc(h)·le Am. ['pi:nʌkl] (sorte de) belote f.

pin...: '~·point localiser précise-ment; bien définir; mettre le doigt sur (un problème); '~·prick piqûre f d'épingle; '~-stripe tex. filet m.

pint [paint] pinte f (0,57, Am. 0,47 litre).

pin·tle ⊕ ['pintl] pivot m central; mot. cheville f ouvrière.

pin·to Am. ['pintou] **1.** pl. -tos cheval m pie; **2.** pie.

pin-up (girl) ['pinʌp('gə:l)] pin-up f/inv.; beauté f.

pi·o·neer [paiə'niə] **1.** ✗, fig. pion-nier m; fig. défricheur (-euse f) m; **2.** frayer (le chemin).

pi·ous □ ['paiəs] pieux (-euse f); pie (œuvre).

pip[1] [pip] vét. pépie f; sl. have the ~ avoir le cafard.

pip[2] [~] fruit: pépin m; carte, dé, etc.: point m; ✗ grades: étoile f.

pip[3] sl. [~] v/t. refuser (un candidat); vaincre; v/i. ~ out mourir.

pipe [paip] **1.** tuyau m (a. gaz); tube m (a. anat.); pipe f (tabac, a. mesure de vin: 572,4 litres); ♪ chalumeau m; oiseau etc.: chant m; **2.** canaliser; amener etc. par un pipe-line; jouer (un air); liséror (une robe etc.); ♫ siffler, donner un coup de sifflet; F ~ one's eye(s) pleurnicher; piped music musique f de fond enregistrée; '~·clay **1.** terre f de pipe; blanc m de terre à pipe; **2.** astiquer au blanc de terre à pipe; '~·dream fig. château m en Espagne; '~-lay·er poseur m de tuyaux; Am. pol. intrigant m; '~·line pipeline m; **'pip·er** joueur m de chalumeau etc.; F pay the ~ payer les violons.

pip·ing ['paipiŋ] **1.** sifflant; heureux (-euse f) (époque); ~ hot tout chaud; **2.** canalisation f; tuyauterie f; oiseaux: gazouillement m; robe: lisérage m; cost. passepoil m.

pip·it orn. ['pipit] pipit m.

pip·kin ['pipkin] poêlon m.

pip·pin ♀ ['pipin] reinette f; sl. it's a ~ il est remarquable.

pip·squeak F ['pipskwi:k] rien du tout mf (pl. riens du tout ou inv.).

pi·quan·cy ['pi:kənsi] (goût m) piquant m.

pi·quant □ ['pi:kənt] piquant.

pique [pi:k] **1.** pique f, ressentiment

m; 2. piquer; exciter (*la curiosité*); ~ *o.s. upon* se piquer de.

pi·ra·cy ['paiərəsi] piraterie *f;* contrefaçon *f* (*d'un livre*); plagiat *m;* **pi·rate** ['⁓rit] 1. *homme ou navire:* pirate *m;* contrefacteur *m;* plagiaire *m; radio* ~, ~ *listener* auditeur *-(trice f) m* illicite; ~ *station* radio *f* pirate; 2. pirater; contrefaire; plagier; **pi·rat·i·cal** □ [pai'rætikl] de pirate *etc.*

Pis·ces *astr.* ['paisi:z] les Poissons *m/pl.* [culture *f.*]

pis·ci·cul·ture ['pisikʌltʃə] pisci-]

pish [piʃ] bah!; pouah!

piss V [pis] 1. pisse *f,* urine *f;* 2. pisser, uriner; ~ *off!* fous le camp!; ~*ed* soûl, plein; *be* ~*ed off* en avoir marre, en avoir ras le bol.

pis·ta·chi·o [pis'ta:ʃiou] ₃istache *f.*

pis·til ♀ ['pistil] pistil *m.*

pis·tol ['pistl] pistolet *m;* '~-**whip** *Am.* F frapper d'un pistolet.

pis·ton ⊕ ['pistən] piston *m; pompe:* sabot *m;* ~ *displacement* cylindrée *f;* ~ *ring* segment *m* de piston; ~ *rod* tige *f* de piston; ~ *stroke* coup *m* de *ou* course *f* du piston.

pit [pit] 1. fosse *f,* trou *m; anat.* creux *m; théâ.* parterre *m; Am.* bourse *f* de commerce, parquet *m; mot.* fosse *f;* mine *f* (*de charbon*); *petite vérole:* cicatrice *f,* piège *m* (*à animaux*); 2. piquer, trouer; marquer; ✗ ensiler; ~ *against* mettre (*q.*) aux prises avec; ~*ted with smallpox* marqué de la petite vérole.

pit-(a-)pat ['pit(ə)'pæt] tic-tac.

pitch¹ [pitʃ] 1. poix *f;* brai *m;* 2. enduire de brai; ♙ calfater.

pitch² [⁓] 1. lancement *m;* ♪ *son:* hauteur *f; instrument:* diapason *m;* ⊕ pas *m; scie:* angle *m* des dents; ♙ tangage *m;* ♥ *marché:* place *f, camelot:* place *f* habituelle; *cricket:* terrain *m; fig.* degré *m;* ~ *and toss* jeu *m* de pile ou face; 2. *v/t.* lancer; mettre; paver (*la chaussée*); dresser (*une tente*); établir (*un camp*); poser (*une échelle*); ♪ ~ *higher (lower)* hausser (baisser) (*le ton*); ♪ jouer dans une clef donnée; *fig.* atteindre, déterminer; ~*ed battle* bataille *f* rangée; ~ *one's hope too high* viser trop haut; *v/i.* ✗ camper; tomber; ♙ tanguer; ~ *upon* arrêter son choix sur; F ~ *into* taper sur; dire son fait à.

pitch·er¹ ['pitʃə] lanceur *m* (*de la balle*).

pitch·er² [⁓] cruche *f;* broc *m.*

pitch·fork ['pitʃfɔːk] 1. fourche *f* à foin *etc.;* ♪ diapason *m;* 2. lancer avec la fourche; *fig.* bombarder (*q.* dans un poste, *s.o. into a job*).

pitch-pine ♀ ['pitʃpain] faux sapin *m.*

pitch·y ['pitʃi] poisseux (-euse *f*); noir comme poix.

pit-coal ✗ ['pitkoul] houille *f.*

pit·e·ous □ ['pitiəs] pitoyable, piteux (-euse *f*).

pit·fall ['pitfɔːl] trappe *f;* piège *m.*

pith [piθ] moelle *f* (*a. fig.*); *orange:* peau *f* blanche; sève *f,* ardeur *f;* **pit·head** ✗ ['pithed] carreau *m.*

pith·i·ness ['piθinis] concision *f;* '**pith·less** □ moelle *m* devant une voyelle ou un h muet; molle *f*); **pith·y** □ ['piθi] moelleux (-euse *f*); concis.

pit·i·a·ble □ ['pitiəbl] pitoyable.

pit·i·ful □ ['pitiful] compatissant; pitoyable; lamentable (*a. péj.*).

pit·i·less □ ['pitilis] impitoyable.

pit·man ['pitmən] mineur *m;* houilleur *m.*

pit-props ✗ ['pitprɔps] *pl.* bois *m* de soutènement.

pit·tance ['pitəns] maigre salaire *m;* gages *m/pl.* dérisoires; † aumône *f.*

pi·tu·i·tar·y *anat.* [pi'tjuːitəri] pituitaire. [mine.]

pit·wood ✗ ['pitwud] bois *m* de]

pit·y ['piti] 1. pitié *f,* compassion *f* (*de on, for* ~*'s sake!* par pitié!; *for* ~*'s sake!* par pitié!; *de grâce!; it is a* ~ c'est dommage; *it is a thousand pities* c'est mille fois *ou* bien dommage; 2. plaindre, avoir pitié de; *I* ~ *him* il me fait pitié.

piv·ot ['pivət] 1. ⊕, ✗ pivot *m;* ⊕ tourillon *m; fig.* axe *m,* pivot *m;* 2. *v/i.* pivoter (*sur,* [*up*]*on*); *v/t.* faire pivoter; '**piv·o·tal** pivotal (-aux *m/pl.*); à pivot.

pix·ie ['piksi] lutin *m;* fee *f.*

pix·i·lat·ed *Am.* ['piksəleitid] loufoque; dingo *inv.*

pix·y ['piksi] *see* pixie.

pla·ca·bil·i·ty [pleikə'biliti] douceur *f;* '**pla·ca·ble** doux (douce *f*); facile à apaiser.

pla·card ['plæka:d] 1. écriteau *m,* affiche *f;* 2. afficher; couvrir (*qch.*) d'affiches.

pla·cate [plə'keit] apaiser, calmer.

place [pleis] **1.** lieu *m*, endroit *m*, localité *f*; station *f*; place *f*; rang *m*; emploi *m*, poste *m*, situation *f*; *~ of delivery* destination *f*; *~ of employment usu.* travail (*pl.* -aux) *m*, emploi *m*, bureau *m etc.*; *give ~ to* faire place à (*qch.*); *in ~* en place; *in ~ of* au lieu de; *in his ~* à sa place; *in the first ~* d'abord; *out of ~* déplacé; **2.** placer (*a. de l'argent*); (re)mettre; ✕ mettre en faction (*la sentinelle*); † passer (*une commande*), mettre en vente; faire accepter (*un article à un éditeur etc.*); *~ a child under s.o.'s care* mettre un enfant sous la garde de q.; *~ mat* set *m*, napperon *m* individuel; *'~-name* nom *m* de lieu.

plac·id □ ['plæsid] calme; serein; **pla'cid·i·ty** calme *m*, tranquillité *f*.

plack·et ['plækit] fente *f* (*de jupe*).

pla·gia·rism ['pleidȝiərizm] plagiat *m*; **'pla·gia·rist** plagiaire *m*; démarqueur *m*; **'pla·gia·rize** plagier.

plague [pleig] **1.** peste *f*; fléau *m*; **2.** tourmenter, harceler; **'~-spot** *usu. fig.* foyer *m* d'infection.

pla·guy F ['pleigi] assommant; *adv.* rudement.

plaice *icht.* [pleis] plie *f*.

plaid [plæd] *tex.* tartan *m*; plaid *m* (*écossais*).

plain [plein] **1.** *adj.* □ évident, clair; simple; *tricot:* endroit *inv.*; lisse; carré, franc (*the f*); sans beauté; *cuis.* au naturel, bourgeois; *in ~ English* en bon anglais; *~ chocolate* chocolat *m* à craquer; *~ fare* cuisine *f* bourgeoise; *~ knitting* tricot *m* à l'endroit; *~ paper* papier *m* non réglé; *~ sewing* couture *f* simple; **2.** *adv.* clairement; carrément; **3.** *su.* plaine *f*; *surt. Am. attr.* des champs; **'~-clothes man** agent *m* en civil; agent *m* de la sûreté; **~ deal·ing 1.** franchise *f*, loyauté *f*; **2.** franc (*the f*), loyal(*e f*); **'plain·ness** simplicité *f*; franchise *f*; clarté *f*; netteté *f*; manque *m* de beauté.

plaint ✝ [pleint] plainte *f*; **plain·tiff** ✝ ['pleintif] demandeur (-eresse *f*) *m*; **'plain·tive** □ plaintif (-ive *f*).

plait [plæt] **1.** *cheveux:* tresse *f*, natte *f*; *see* pleat 1; **2.** tresser; *see* pleat 2.

plan [plæn] **1.** plan *m*; projet *m*,

dessein *m*; levé *m* (*d'un terrain*); **2.** tracer le plan *f*; *fig.* projeter, se proposer (*qch., s.th.*; *de inf.*, *to inf.*); méditer; *~ned economy* économie *f* planifiée; *~ning board* conseil *m* de planification.

plane[1] [plein] **1.** uni; plat; égal (-aux *m*/*pl.*); **2.** ⚚ plan *m*; ⚙ plan *m*, aile *f*; *fig.* niveau *m*; ✈ avion *m*; ⊕ rabot *m*; *elevating* (*depressing*) *~* ⚙ gouvernail *m* d'altitude (de profondeur); **3.** planer, dresser; aplanir; raboter; ✈ voyager en avion; planer.

plane[2] ♀ [~] (*a. ~-tree*) platane *m*.

plan·et *astr.* ['plænit] planète *f*.

plane-ta·ble *surv.* ['pleinteibl] planchette *f*.

plan·e·tar·i·um [plæni'tɛəriəm] planétaire *m*; **plan·e·tar·y** ['~təri] planétaire; terrestre; *fig.* errant.

pla·nim·e·try ♀ [plæ'nimitri] planimétrie *f*.

plan·ish ⊕ ['plæniʃ] aplanir; polir.

plank [plæŋk] **1.** planche *f*; madrier *m*; *Am. parl.* point *m* d'un programme électoral; **2.** planchéier; couvrir de planches; *sl.*, *Am.* F *~ down* (*out*) payer, allonger (*l'argent*); *~ o.s. down* s'asseoir; *~ bed* lit *m* de camp; couchette *f* en bois; **'plank·ing** planchéiage *m*; revêtement *m*.

plant [plɑːnt] **1.** plante *f*; pose *f*; installation *f*; machines *f*/*pl.*; *sl.* coup *m* monté, escroquerie *f*; *Am. sl. a.* cachette *f*; **2.** planter (*a. ✿*, *a. fig.*); implanter (*une idée*) (dans l'esprit de q., *into s.o.'s. mind*); loger; poser; enterrer (*des légumes*); F appliquer (*un coup de poing*); *sl.* monter (*un coup*) (contre, on); *~ o.s.* se planter (devant, *in front of*).

plan·tain[1] ♀ ['plæntin] plantain *m*.

plan·tain[2] ♀ [~] banane *f* (*des Antilles*).

plan·ta·tion [plæn'teiʃn] plantation *f*; bosquet *m*; **plant·er** ['plɑːntə] planteur *m*; **'plant·louse** puceron *m*, aphis *m*.   [*~* plaque *f*.]

plaque [plɑːk] plaque *f*; ✝ dental

plash[1] [plæʃ] **1.** clapotis *m*; flac *m*; flaque *f* d'eau; **2.** flac! floc!; **3.** *v*/*t.* plonger en faisant flac; *v*/*i.* clapoter; faire flac.

plash[2] [~] entrelacer (*les branches d'une haie*).

plash·y ['plæʃi] bourbeux (-euse *f*); couvert de flaques d'eau.

plasm, plas·ma *biol.* [ˈplæzm(ə)] (proto)plasma *m*.

plas·ter [ˈplɑːstə] **1.** *pharm.* emplâtre *m*; sparadrap *m*; ⊕ plâtre *m*; enduit *m*; (*usu.* ~ *of Paris*) plâtre *m* de moulage; ~ *cast* moulage *m* au plâtre; **2.** ⚔ mettre un emplâtre sur; plâtrer; enduire; *fig.* recouvrir (de, with); 'plas·ter·er plâtrier *m*.

plas·tic [ˈplæstik] **1.** (~*ally*) plastique; (synthetic) ~ *material* = **2.** (matière ƒ) plastique *m*; **plas·ti·cine** [ˈ~tisiːn] plasticine ƒ; **plas·tic·i·ty** [~ˈtisiti] plasticité ƒ.

plas·tron [ˈplæstrən] plastron *m*.

plat [plæt] *see* plait; plot[1].

plate [pleit] **1.** *usu.* plaque ƒ (*a. mot., photo, radio, a. de porte*); *métal.*: lame ƒ; *typ.* cliché *m*; *livre*: planche ƒ, gravure ƒ; assiette ƒ; *course*: coupe ƒ; (*a.* ~ *iron*) tôle ƒ; *Am. baseball*: point *m* de départ du batteur; limite ƒ du batteur; (*a. dental* ~) dentier *m*; *radio*: anode ƒ; ⊕ *machine*: plateau *m*; **2.** plaquer; métalliser; ⚔ blinder; ⚓ border en acier *etc.*

pla·teau *géog.* [ˈplætou] plateau *m*.

plate-bas·ket [ˈpleitbɑːskit] ramasse-couverts *m*/*inv.*; **plate·ful** [ˈ~ful] assiettée ƒ.

plate...: '~**glass** glace ƒ de vitrage; '~**hold·er** *phot.* châssis *m*; '~**lay·er** ⚙ poseur *m* de rails; ouvrier *m* de la voie.

plat·en [ˈplætn] *typ.* platine ƒ; machine à écrire: cylindre *m*.

plat·er [ˈpleitə] ⊕ plaqueur *m*; *sp.* cheval *m* à réclamer.

plat·form [ˈplætfɔːm] terrasse ƒ; estrade ƒ; *géog.* plate-forme (*pl.* plates-formes) ƒ; ⚙ quai *m*, trottoir *m*; *Am. surt.* plate-forme (*pl.* plates-formes) ƒ de wagon; *pol.* programme *m* (*Am. souv.* électoral).

plat·i·num *min.* [ˈplætinəm] platine *m*.

plat·i·tude *fig.* [ˈplætitjuːd] platitude ƒ.

pla·toon ⚔ [pləˈtuːn] section ƒ.

plat·ter [ˈplætə] écuelle ƒ.

plau·dit [ˈplɔːdit] *usu.* ~s *pl.* applaudissements *m*/*pl*.

plau·si·bil·i·ty [plɔːzəˈbiliti] plausibilité ƒ; vraisemblance ƒ.

plau·si·ble □ [ˈplɔːzəbl] plausible; vraisemblable; spécieux (-euse ƒ).

play [plei] **1.** jeu *m* (*a.* ⊕, *lumière, amusement*); *théâ.* pièce ƒ; spectacle *m*; ⊕ liberté ƒ; ⊕ fonctionnement *m*; *fair* (*foul*) ~ jeu *m* loyal (déloyal); ~ *on words* jeu *m* de mots; calembour *m*; *bring into* ~ mettre en jeu *ou* en œuvre; *make great* ~ *with* attacher beaucoup d'importance à; souligner; **2.** *v*/*i.* jouer (*a. fig.*); s'amuser; folâtrer; ⊕ fonctionner librement, jouer; ~ *fast and loose with* jouer double jeu avec; *sp.* ~ *at football* (*at cards*) jouer au football (aux cartes); ~ *for time* temporiser; *théâ.* ~ *to the gallery* jouer pour la galerie; ~ *up* jouer abuser de; agir sur; *v*/*t. sp.* jouer à; ♪ jouer de (*un instrument*); *théâ.* jouer (*un rôle*); *fig.* se conduire en; ~ *the deuce with* ruiner; faire un mal du diable à; ~ *down* minimiser; ~*off* opposer (q. à q., *s.o. against s.o.*); ~*ed out* à bout de forces; épuisé; F ~ *up* chahuter (*q.*); '~**act** *fig.* faire du théâtre, jouer la comédie; ~**act·ing** *fig.* (pure) comédie ƒ, cinéma *m*; '~**back** lecture ƒ sonore; play-back *m*; '~**bill** affiche ƒ de théâtre; '~**book** *théâ.* recueil *m* de pièces; '~**boy** viveur *m*; '**play·er** joueur (-euse ƒ) *m*; acteur (-trice ƒ) *m*; ♪ exécutant(e ƒ) *m*; *sp.* équipier *m*; '**play·er·pi·an·o** piano *m* mécanique; '**play·fel·low** camarade *mf* de jeu; '**play·ful** □ [ˈ~ful] badin, enjoué; '**play·ful·ness** badinage *m*; enjouement *m*.

play...: '~**go·er** amateur (-trice ƒ) *m* du théâtre; '~**ground** terrain *m* de jeu(x); cour ƒ de récréation; '~**house** théâtre *m*; *Am.* maison ƒ de poupée.

play·ing...: '~**card** carte ƒ (à jouer); '~**field** terrain *m* de jeu(x) *ou* de sports.

play...: '~**mate** *see* playfellow; '~**off** match *m* décisif (*après match nul*); '~**pen** parc *m* pour bébés; '~**thing** jouet *m*; '~**wright** auteur *m* dramatique; '~**writ·er** auteur *m* de pièces.

plea [pliː] ⚖ défense ƒ; excuse ƒ, prétexte *m*; F prière ƒ; *make a* ~ alléguer; *on the* ~ *of* (*ou that*) sous prétexte de *ou* que.

plead [pliːd] *v*/*i.* plaider (pour, en faveur de for) (*q., qch.*); ~ *for mercy* demander grâce; *see* guilty; *v*/*t.* plaider; alléguer, invoquer (*une excuse*); prétexter (*qch.*);

'**plead·a·ble** plaidable; invocable; '**plead·er** ⚖ avocat *m*; défenseur *m*; '**plead·ing** ⚖ plaidoirie *f*; *fig.* intercession *f*; *special* ~ F argument *m* spécieux; ~s *pl.* dossier *m*; débats *m/pl.*

pleas·ant □ ['pleznt] agréable; charmant, doux (douce *f*); affable; '**pleas·ant·ness** charme *m*; affabilité *f*; '**pleas·ant·ry** plaisanterie *f*; gaieté *f*.

please [pli:z] *v/i.* plaire; être agréable; *if you* ~ s'il vous plaît; je vous en prie; ~ *come in!* veuillez entrer; *v/t.* plaire à, faire plaisir à; ~ *o.s.* agir à sa guise; *be* ~*d to do s.th.* faire qch. avec plaisir; *be* ~*d with* être (très) content de; '**pleased** content, satisfait.

pleas·ing □ ['pli:ziŋ] agréable; doux (douce *f*).

pleas·ur·a·ble □ ['pleʒərəbl] agréable.

pleas·ure ['pleʒə] **1.** plaisir *m*; volonté *f*; *attr.* d'agrément; ~ *boat* bateau *m* de plaisance; *at* ~ à volonté *f*; *take* (*a*) ~ *in* prendre plaisir à; *give s.o.* ~ faire plaisir à q.; *take* (*a*) ~ éprouver du plaisir (à *inf.*, *in gér.*) prendre (du) plaisir (à *inf.*, *in s.th.*); **2.** *v/i.* prendre plaisir (à *inf.*, *in gér.*); *v/t.* † faire plaisir à; '~**ground** jardin *m* ou parc *m* d'agrément.

pleat [pli:t] **1.** pli *m*; *unpressed* ~s *pl.* plis *m/pl.* non repassés; **2.** plisser.

ple·be·ian [pli'bi:ən] **1.** du peuple; plébéien(ne *f*); **2.** plébéien(ne *f*) *m*.

pleb·i·scite ['plebisit] plébiscite *m*.

pledge [pledʒ] **1.** gage *m*, nantissement *m*; promesse *f*, vœu *m*; toast *m*; *put in* ~ engager; *take out of* ~ dégager; **2.** engager, mettre en gage; porter un toast à (q.); *he* ~*d himself* il promit, il engagea sa parole; **pledg·ee** gagiste *m*; '**pledg·er** gageur *m*.

Ple·iad ou *pl.* **Ple·ia·des** ['plaiəd (-i:z)] Pléiade *f*.

ple·na·ry ['pli:nəri] complet (-ète *f*), entier (-ère *f*); plénier (-ère *f*).

plen·i·po·ten·ti·a·ry [plenipə'tenʃəri] plénipotentiaire (*a. su./m*).

plen·i·tude ['plenitju:d] plénitude *f*.

plen·te·ous □ *poét.* ['plentjəs] abondant; riche (en, *in*); '**plen·te·ous·ness** abondance *f*.

plen·ti·ful □ ['plentiful] abondant.

plen·ty ['plenti] **1.** abondance *f*; ~ *of* beaucoup de; *in abondance*; assez de; *horn of* ~ corne *f* d'abondance; **2.** F beaucoup de; *Am.* F très.

ple·o·nasm ['pli:ənæzm] pléonasme *m*.

pleth·o·ra ['pleθərə] pléthore *f*; *fig.* surabondance *f*; **ple·thor·ic** [ple-'θɔrik] (~*ally*) pléthorique.

pleu·ri·sy ✳ ['pluərisi] pleurésie *f*.

pli·a·bil·i·ty [plaiə'biliti] souplesse *f*.

pli·a·ble □ ['plaiəbl] pliant; souple (*a. fig.*); *fig.* docile.

pli·an·cy ['plaiənsi] souplesse *f*.

pli·ant □ ['plaiənt] *see* **pliable**.

pli·ers ['plaiəz] *pl.*: (*a pair of*) ~ (une) pince *f*, (des) tenailles *f/pl.*

plight[1] [plait] **1.** engager (*sa foi, sa parole*); **2.** *poét.* engagement *m*.

plight[2] [~] condition *f*, état *m*.

plim·soll ['plimsəl] (chaussure *f* de) tennis *m*.

plinth △ [plinθ] socle *m*.

plod [plɔd] (*a.* ~ *along, on*) marcher lourdement ou péniblement; '**plod·ding** □ persévérant; lourd, pesant (*pas*).

plonk F [plɔŋk] vin *m* ordinaire, F pinard *m*.

plop [plɔp] **1.** flac (*a. su./m*); **2.** faire flac; tomber en faisant flac ou flouf.

plot[1] [plɔt] (parcelle *f* ou lot *m* de) terrain *m*.

plot[2] [~] **1.** complot *m*, conspiration *f*; action *f*, intrigue *f*, roman etc.: plan *m*; **2.** *v/t.* (*a.* ~ *down*) tracer; relever, dresser le plan de (*un terrain, un diagramme, etc.*); *péj.* combiner, comploter; *v/i.* comploter, conspirer; '**plot·ter** traceur *m*; conspirateur (-trice *f*) *m*.

plough [plau] **1.** charrue *f*; ⊕ guimbarde *f*; *astr.* le ♑ le Chariot; *univ. sl.* retoquage *m*; **2.** labourer; creuser (*un sillon*); *fig.* sillonner; *univ. sl. be* ~*ed* être refusé *ou* collé; '~**man** laboureur *m*; '~**share** soc *m* de charrue; '~**tail** mancheron *m* de charrue.

plov·er ['plʌvə] *orn.* pluvier *m*; *a. cuis.* F vanneau *m*.

plow *surt. Am.* *see* **plough**.

ploy F [plɔi] stratagème *m*, truc *m*.

pluck [plʌk] **1.** arrachage *m*; *poulet etc.*: plumage *m*; *guitare*: pincement *m*; F courage *m*, cran *m*; **2.** arracher; plumer (*un poulet etc., a.*

fig.); épiler (*les sourcils*); détacher (de, *from*); pincer (*la guitare*); *univ. sl.* refuser, recaler; ~ **at** tirer; ~ **up courage** s'armer de courage.

pluck·y □ ['plʌki] courageux (-euse *f*); F crâne.

plug [plʌg] **1.** tampon *m* (☞ d'ouate); bouchon *m*; ⚡ fiche *f*; ⚡ prise *f*; *tabac*: chique *f*; *W.-C.*: chasse *f* d'eau; *W.-C.*: chaînette *f*; bouche *f* d'incendie; *radio Am.* publicité *f*; réclame *f*; *Am.* vieux cheval *m*; ~ **socket** douille *f*; prise *f*; **2.** *v/t.* boucher; tamponner; plomber (*une dent*); *sl.* flanquer un coup à; *Am.* F faire de la publicité en faveur de; ⚡ ~ **in** brancher; *v/i. sl.* ~ **away** turbiner (= *travailler dur*); **'plug-'ug·ly** *Am. sl.* pugiliste *m*; voyou *m*.

plum [plʌm] prune *f*; † raisin *m* sec; *fig.* morceau *m* de choix; *fig.* **la meilleure situation** *f*; ♛ £ 100000.

plum·age ['pluːmidʒ] plumage *m*.

plumb [plʌm] **1.** d'aplomb; vertical (-aux *m/pl.*); droit; **2.** plomb *m*; ⚓ sonde *f*; aplomb *m*; **3.** *v/t.* sonder (*la mer*); plomber (*la canalisation*); vérifier l'aplomb de; *fig.* sonder; F installer les tuyaux dans (*une maison*); *v/i.* F être plombier; **plum·ba·go** [ˌ~ˈbeigou] plombagine *f*; **plumb·er** ['ˌ~mə] plombier *m*; **plum·bic** ['ˌ~mbik] ☌ plombique; **plumb·ing** ['ˌ~miŋ] plomberie *f*; tuyauterie *f*; **'plumb-line** ⊕ fil *m* à plomb; ⚓ ligne *f* de sonde; **'plumb-rule** niveau *m* vertical.

plume [pluːm] **1.** panache *m*; *poét.* plume *f*; **2.** orner (*qch.*) de plumes; ~ **itself** se lisser les plumes (*oiseau*); ~ **o.s.** on se glorifier de.

plum·met ['plʌmit] plomb *m*; ⚓ sonde *f*.

plum·my F ['plʌmi] délicieux (-euse *f*); excellent.

plu·mose ⚜, *zo.* ['pluːmous] plumeux (-euse *f*).

plump[1] [plʌmp] **1.** rebondi, dodu, grassouillet(te *f*); **2.** rendre *ou* devenir dodu; engraisser.

plump[2] [plʌmp] **1.** *v/i.* tomber lourdement; *v/t.* flanquer; *parl.* donner tous ses votes (à, *for*); **2.** *su.* plouf *m*; **3.** F *adv.* plouf; avec un floc; carrément; **4.** F *adj.* □ catégorique.

plump·er ['plʌmpə] *sl.* gros mensonge *m*; *parl.* vote *m* donné à un seul candidat; électeur *m* qui donne tous ses votes à un seul candidat.

plump·ness ['plʌmpnis] rondeur *f* (*a. f d'une réponse*), embonpoint *m*.

plum-pud·ding ['plʌm'pudiŋ] plum-pudding *m*.

plum·y ['pluːmi] plumeux (-euse *f*); empanaché (*casque*).

plun·der ['plʌndə] **1.** pillage *m* (*d'une ville*); butin *m*; **2.** piller, dépouiller; **'plun·der·er** pillard *m*; pilleur *m*.

plunge [plʌndʒ] **1.** plongeon *m*; *cheval etc.*: course *f* précipitée; *fig.* risque *m*; F **make** (*ou* **take**) **the** ~ sauter le pas; **2.** *v/t.* plonger, immerger (dans, *in*[to]); *v/i.* plonger, s'enfoncer (dans, *into*); ruer (*cheval*); ⚓ tanguer; risquer de grosses sommes (*à la Bourse*).

plung·er ['plʌndʒə] plongeur *m*; *sl.* risque-tout *m/inv.*

plunk [plʌŋk] *v/t.* pincer (*la guitare etc.*); *v/i.* tomber raide; *Am.* F lancer, tirer (*sur, at*).

plu·per·fect *gramm.* ['pluː'pəːfikt] plus-que-parfait *m*.

plu·ral *gramm.* ['pluərəl] (*1.* ~ **number**) pluriel *m*; *in the* ~ au pluriel; **plu·ral·i·ty** [ˌ~ˈræliti] pluralité *f*; cumul *m*; ~ **of wives** polygamie *f*

plus [plʌs] **1.** *prp.* plus; **2.** *adj.* positif (-ive *f*); **3.** *su.* plus *m*; **~-fours** F [ˈ~ˈfɔːz] *pl.* culotte *f* de golf.

plush [plʌʃ] peluche *f*.

plush·y ['plʌʃi] pelucheux (-euse *f*).

plu·toc·ra·cy [pluː'tɔkrəsi] ploutocratie *f*; **plu·to·crat** ['ˌ~təkræt] ploutocrate *m*. [plutonium *m.*]

plu·to·ni·um ☌ [pluːˈtouniəm]

plu·vi·al ['pluːviəl], **'plu·vi·ous** pluvial (-aux *m/pl.*); **plu·vi·om·e·ter** [ˌ~ˈɔmitə] pluviomètre *m*.

ply [plai] **1.** pli *m* (*a. fig.*); **three-laine** *f* trois fils; *bois*: contre-plaqué *m* à trois épaisseurs; **2.** *v/t.* manier vigoureusement; exercer (*un métier*); faire courir (*l'aiguille*); presser (*q. de questions*); ~ **with drink** faire boire (*q.*) sans arrêt; *v/i.* faire le service; ~ **for hire** prendre des voyageurs.

ply-wood ['plaiwud] contre-plaqué *m*.

pneu·mat·ic [nju'mætik] **1.** (~*ally*) pneumatique; ~ **hammer** frappeur *m* pneumatique; ~ *post tube m* pneumatique; ~ *tire* = **2. pneu** *m*.

pneu·mo·ni·a ♣ [nju'mounjə] pneumonie *f*.

poach[1] [poutʃ] braconner.

poach[2] [~] (*a. ~ up*) labourer (*la terre*).

poach[3] [~]: ~*ed eggs* œufs *m/pl.* pochés.

poach·er ['poutʃə] braconnier *m*.

PO Box [pi:'ou'bɔks] boîte *f* postale.

po·chette [po'ʃet] pochette *f*.

pock ♣ [pɔk] pustule *f*.

pock·et ['pɔkit] **1.** poche *f* (*a. géol.*); laine, houblon, *a. géol. minerai:* sac *m*; ⚒ trou *m* d'air; **2.** mettre dans sa poche (*a. orgueil*); *péj.* chiper; refouler (*la colère*); avaler (*un affront*); *Am. pol.* ne pas signer, mettre un veto à (*une loi*); **3.** de poche; ~ *calculator* calculatrice *f* de poche; ~ *edition* édition *f* de poche; ~ *lighter* briquet *m*; ~ *lamp* torche *f*; '~·book carnet *m* de poche, calepin *m*; *Am.* sac *m* à main; *Am.* livre *m* de poche; *surt. Am.* porte-billets *m/inv.*

pod [pɔd] **1.** ♣ cosse *f*; *pois:* écale *f*; *sl.* ventre *m*; **2.** *v/t.* écosser, écaler; *v/i.* former des cosses.

po·dag·ra ♣ [pə'dægrə] podagre *f*, goutte *f*.

podg·y F ['pɔdʒi] boulot(te *f*); rondelet(te *f*).

po·di·um ['poudiəm] podium *m*.

po·em ['pouim] poème *m*.

po·e·sy ['pouizi] poésie *f*.

po·et ['pouit] poète *m*; **po·et·as·ter** [~'tæstə] rimailleur *m*; '**po·et·ess** femme *f* poète, poétesse *f*; **po·et·ic, po·et·i·cal** □ [pou'etik(l)] poétique; **po'et·ics** *sg.* art *m* poétique; **po·et·ize** ['~itaiz] *v/i.* faire des vers; *v/t.* poétiser; '**po·et·ry** poésie *f*; vers *m/pl.*

poign·an·cy ['pɔinənsi] piquant *m*; âpreté *f*; *fig.* violence *f*; acuité *f*; '**poign·ant** □ piquant, âpre; *fig.* vif (vive *f*).

point [pɔint] **1.** point *m* (*a.* ♣, ♈, *astr.*; *sp.*, *typ.*, *cartes*, *dés*); ⊕, *couteau, barbe, géog.* pointe *f*; extrémité *f*; aire *f* (*de vent*); *plume à écrire:* bec *m*; piquant *m* (*d'une plaisanterie*); *gramm.* point *m* (*de ponctuation*); ♈ (*a. decimal* ~) virgule *f*; *phys. thermomètre:* division *f*; *chien:* arrêt *m*; ⚡ contact *m*; ⚡ prise

f de courant; ⚓ quart *m*; *fig.* cas *m* (*de conscience*), point *m* (*d'honneur*); *fig.* caractère *m*; *see* ~·*lace*; 🚂 ~s *pl.* aiguillage *m*; ~s *pl. chasse:* cors *m/pl.* (*cerf*); ~ *of view* point *m* de vue; *the* ~ *is that* ce dont il s'agit c'est que; *there is no* ~ *in* (*gér.*) il est inutile de (*inf.*); *make a* ~ faire ressortir un argument; *make a* ~ *of* ne pas manquer de (*inf.*); tenir à; *make the* ~ *that* faire remarquer que; *stretch a* ~ faire une concession; *in* ~ *of* sous le rapport de; *in* ~ *of fact* au *ou* en fait; *off* (*ou beyond*) *the* ~ hors de propos; *differ on many* ~s ne pas être d'accord sur bien des détails; *be on the* ~ *of* (*gér.*) être sur le point de (*inf.*); *win on* ~s gagner aux points; *to the* ~ à propos, bien dit; *stick to the* ~ ne pas s'écarter de la question; **2.** *v/t.* marquer de points; aiguiser; *opt.* braquer (*une jumelle etc.*); △ jointoyer; (*souv.* ~ *out*) indiquer; inculquer (*la morale*); ~ *at* braquer (*une arme*) sur; *v/i. chasse:* tomber en arrêt; ~ *at* montrer du doigt; ~ *to* faire ressortir; marquer (*l'heure*); signaler; '~-'blank **1.** *adj.* direct; net(te *f*) (*refus*); de but en blanc (*question*); **2.** *adv.* à bout portant; *fig.* carrément; ~ *shot* coup *m* de feu à bout portant; '~-du·ty service *m* à poste fixe; *policeman on* ~ agent-vigie (*pl.* agents-vigies) *m*; '**point·ed** □ pointu, à pointe; *fig.* mordant, peu voilé; '**point·ed·ness** mordant *m*; caractère *m* peu voilé; '**point·er** aiguille *f*, index *m*; baguette *f*; *chasse:* chien *m* d'arrêt; F tuyau *m*; '**point·lace** guipure *f*; '**point·less** émoussé; *fig.* sans sel; *fig.* inutile; '**points·man** 🚂 aiguilleur *m*; '**point-to-'point race** course *f* au clocher.

poise [pɔiz] **1.** équilibre *m*, aplomb *m*; port *m* (*du corps etc.*); **2.** *v/t.* équilibrer, balancer; tenir (*la tête etc.*); *v/i.* (*a. être* ~*d*) être en équilibre.

poi·son ['pɔizn] **1.** poison *m*; ~·**pen letter** lettre *f* anonyme venimeuse; **2.** empoisonner; *fig.* corrompre; '**poi·son·er** empoisonneur (-euse *f*) *m*; '**poi·son·ous** □ toxique; vénimeux (-euse *f*) (*animal*); vénéneux (-euse *f*) (*plante*); *fig.* pernicieux (-euse *f*); F empoisonnant.

poke [pouk] **1.** poussée *f*; coup *m* de

coude; 2. *v/t.* pousser du coude *etc.*; (*a.* ~ *up*) attiser (*le feu*); fourrer (*a. fig.* son nez); passer, avancer (*la tête*); se moquer de; *v/i.* (*a.* ~ *about*) fouiller; fourrer (dans, *in*[to]).

pok·er[1] ['poukə] tisonnier *m.*

po·ker[2] [~] *cartes:* poker *m; fig.* ~-**face** visage *m* impassible.

pok·er-work ['poukəwə:k] pyrogravure *f.*

pok·y ['pouki] misérable; mesquin.

po·lar ['poulə] polaire; du pôle; ~ **bear** ours *m* blanc; **po·lar·i·ty** *phys.* [pə'læriti] polarité *f;* **po·lar·i·za·tion** *phys.* [poulərai'zeiʃn] polarisation *f; phot.* ~ filter filtre *m* de polarisation; **'po·lar·ize** *phys.* (se) polariser.

Pole[1] [poul] Polonais(e *f*) *m.*

pole[2] [~] *géog., astr., fig.* pôle *m;* ⚡ électrode *f.*

pole[3] [~] 1. perche *f* (*a. sp.*); mât *m;* hampe *f* (*de drapeau*); *voiture:* timon *m; mesure:* perche *f* (5,029 *m*); 2. pousser *ou* conduire à la perche; '~-**ax(e)** ✗ hache *f* d'armes; ⚓ hache *f* d'abordage; assommoir *m;* '~-**cat** *zo.* putois *m; Am.* putois *m* d'Amérique; '~-**jump**, '~-**vault** saut *m* à la perche.

po·lem·ic [pɔ'lemik] 1. (*a.* **po'lem·i·cal** □) polémique; 2. polémique *f;* **po'lem·ics** *sg.* polémique *f.*

pole-star ['poulstɑ:] (étoile *f*) polaire *f; fig.* point *m* de mire.

po·lice [pə'li:s] 1. police *f;* two ~ deux agents *m/pl.* (de police); ~ force *la* police, *les* forces *f/pl.* de l'ordre; ~ record casier *m* judiciaire; 2. policer; **po'lice·man** agent *m* de police; gardien *m* de la paix; **po'lice-of·fice** préfecture *f* de police; **po'lice-sta·tion** poste *m* de police; **po'lice-sur·veil·lance** surveillance *f* de police; **po'lice-trap** zone *f* de contrôle de vitesse.

pol·i·cy[1] ['pɔlisi] politique *f;* diplomatique *f.*

pol·i·cy[2] [~] police *f; Am.* loterie *f* clandestine.

po·li·o(·my·e·li·tis) ['pouliou(maiə-'laitis)] poliomyélite *f.*

Pol·ish[1] ['pouliʃ] polonais.

pol·ish[2] ['pɔliʃ] 1. poli *m;* brillant *m; fig.* vernis *m; floor* ~ encaustique *f; boot* ~ cirage *m;* 2. *v/t.* polir (*a. fig.*); brunir (*le métal*); cirer; F ~ off expé-

dier; ~ *up* polir; *v/i.* prendre bien le poli, la cire *etc.;* '**pol·ish·ing** 1. polissage *m;* cirage *m;* 2. à polir.

po·lite □ [pə'lait] poli, courtois, civil; cultivé; **po'lite·ness** politesse *f.*

pol·i·tic □ ['pɔlitik] politique; adroit; *body* ~ corps *m* politique; **po·lit·i·cal** □ [pə'litikl] politique; ~ **science** sciences *f/pl.* politiques; ~ **scientist** politologue *mf;* **pol·i·ti·cian** [pɔli'tiʃn] homme *m* politique; *péj.* politicien *m;* **pol·i·tics** ['pɔlitiks] *pl., souv. sg.* politique *f.*

pol·i·ty ['pɔliti] administration *f* politique; état *m;* régime *m.*

pol·ka-dot *Am. tex.* ['pɔlkə'dɔt] pois *m.*

poll[1] [poul] 1. *prov. ou co.* tête *f;* sommet *m,* haut *m;* vote *m* (par bulletins); scrutin *m;* go to the ~s prendre part au vote; se rendre aux urnes; 2. *v/t.* † tondre; étêter (*un arbre*); réunir (*tant de voix*); *v/i.* voter (pour, *for*).

poll[2] [pɔl] perroquet *m; npr.* Tacquot *m.*

pol·lard ['pɔləd] arbre *m* étêté; animal *m* sans cornes; *farine:* repasse *f.*

poll-book ['poulbuk] liste *f* électorale.

pol·len ❀ ['pɔlin] pollen *m.*

poll·ing ~: '~-**booth** bureau *m* de scrutin; isoloir *m;* '~-**dis·trict** section *f* de vote; '~-**place**, '~-**sta·tion** poste *m* (de section de vote).

poll·ster ['poulstə] sondeur (-euse *f*) *m.*

poll-tax ['poultæks] capitation *f.*

pol·lut·ant [pə'lu:tənt] agent *m* de pollution; **pol·lute** [pə'lu:t] polluer; souiller; corrompre (*a. fig.*); profaner; **pol'lu·tion** pollution *f;* profanation *f.*

po·lo *sp.* ['poulou] polo *m;* ~ **neck** (chandail *m* à) col *m* roulé.

po·lo·ny [pə'louni] cervelas *m.*

pol·troon [pɔl'tru:n] poltron *m;* **pol'troon·er·y** poltronnerie *f.*

po·lyg·a·my [pɔ'ligəmi] polygamie *f;* **pol·y·glot** ['pɔliglɔt] polyglotte (*a. su./mf*); **pol·y·gon** ['~gən] polygone *m;* **po·lyg·o·nal** [pɔ'ligənl] polygonal (-aux *m/pl.*); **pol·y·phon·ic** ♪ [~'fɔnik] polyphonique; **pol·yp** *zo.* ['~ip], **pol·y·pus** ✗ [~pəs], *pl.* **-pi** [~pai] polype *m;* **pol·y·sty·rene** [pɔli'staiəri:n] polystyrène *m;* pol-

y·syl·lab·ic ['pɔlisi'læbik] polysyllab(iqu)e; **pol·y·syl·la·ble** ['ˌsiləbl] polysyllabe *m*; **pol·y·tech·nic** [ˌˈteknik] 1. polytechnique; 2. école *f* des arts et métiers; **pol·y·the·ism** ['ˌθiizm] polythéisme *m*; **pol·y·thene** ['ˌθiːn] polyéthylène *m*; ~ *bag* sac *m* en plastique.

po·made [pə'mɑːd], **po·ma·tum** [pə'meitəm] pommade *f*.

pome·gran·ate ♀ ['pɔmgrænit] grenade *f*; *arbre*: grenadier *m*.

Pom·er·a·nian [pɔmə'reinjən] poméranien (ne *f*); ~ (*dog*) loulou *m* de Poméranie.

pom·mel ['pʌml] 1. *épée, selle*: pommeau *m*; 2. bourrer (*q.*) de coups.

pomp [pɔmp] pompe *f*, apparat *m*.

pom·pom ['pɔmpɔm] canon-revolver (*pl.* canons-revolvers) *m*.

pom·pos·i·ty [pɔm'pɔsiti] emphase *f*, suffisance *f*; **'pomp·ous** □ pompeux (-euse *f*); suffisant (*personne*).

ponce *Brit. sl.* [pɔns] souteneur *m*, maquereau *m*; pédé *m*, tapette *f*.

pond [pɔnd] étang *m*; mare *f*; réservoir *m*; **'pond·age** accumulation *f* de l'eau; capacité *f*.

pon·der ['pɔndə] méditer (sur *on, over*); **pon·der·a·bil·i·ty** [ˌrə'biliti] pondérabilité *f*; **'pon·der·a·ble** pondérable; **pon·der·os·i·ty** [ˌ'rɔsiti] lourdeur *f* (*a. de style*); *fig.* importance *f*; **'pon·der·ous** □ lourd; massif (-ive *f*); laborieux (-euse *f*); *fig.* important; **'pon·der·ous·ness** *see* ponderosity.

pone *Am.* [poun] pain *m* de maïs.

pong *Brit. sl.* [pɔŋ] 1. puanteur *f*; 2. puer.

pon·iard ['pɔnjəd] 1. poignard *m*; 2. poignarder.

pon·tiff ['pɔntif] pontife *m*; prélat *m*; **pon·tif·i·cal** pontifical (-aux *m/pl.*); épiscopal (-aux *m/pl.*); **pon·tif·i·cate** 1. [ˌkit] pontificat *m*; 2. [ˌkeit] pontifier.

pon·toon ✗ [pɔn'tuːn] ponton *m*; **pon'toon-bridge** pont *m* de bateaux.

po·ny ['pouni] poney *m*; F *fig.* baudet *m*; *Am.* F traduction *f*; *sl.* 25 livres sterling; *Am.* F petit verre *m* d'alcool; *Am. attr.* petit; **'ˌ'en·gine** 🚂 locomotive *f* de manœuvre.

pooch *Am. sl.* [puːtʃ] cabot *m*, chien *m*.

poo·dle ['puːdl] caniche *mf*.

poof *Brit. sl.* [puːf] tapette *f*, tante *f*.

pooh [puː] bah!; peuh!

pooh-pooh [puː'puː] ridiculiser; faire peu de cas de (*qch.*); faire fi de (*conseils etc.*).

pool¹ [puːl] flaque *f* d'eau; mare *f*; fontaine *f*.

pool² [~] 1. cagnotte *f*; poule *f* (*a. billard*); concours *m* de pronostics; (*sorte de*) jeu *m* de billard; ✝ syndicat *m*; fonds *m/pl.* communs; *Brit. the* ~s les pronostics *m/pl.* (des matchs de football); *Am.* ~ *room* salle *f* de billard; *Am.* ~ *table* billard *m*; 2. mettre en commun; ✝ mettre en syndicat.

poop ⚓ [puːp] 1. poupe *f*, dunette *f*; 2. balayer la poupe de; embarquer par l'arrière; *Am.* ~*ed* exténué.

poor □ [puə] *usu.* pauvre; malheureux (-euse *f*); médiocre; de piètre qualité; maigre (*sol*); ~ *me!* pauvre de moi!; *make but a* ~ *shift's* accommoder mal de (*qch.*); *a* ~ *dinner* un mauvais dîner; ~ *health* santé *f* débile; **'ˌ-box** tronc *m* pour les pauvres; **'ˌ-house** asile *m* de pauvres; **'ˌ-law** assistance *f* judiciaire; **'poor·ly** 1. *adj.* prédicatif souffrant; 2. *adv.* pauvrement; **'poor·ness** pauvreté *f*, insuffisance *f*; infériorité *f*; **'poor-rate** taxe *f* des pauvres; **'poor-spir·it·ed** pusillanime.

pop¹ [pɔp] 1. bruit *m* sec; F boisson *f* pétillante; limonade *f* gazeuse; 2. *v/t.* crever; faire sauter; F mettre en gage; *sl.* faire éclater (*le maïs*); F fourrer vite; F ~ *the question* faire la demande en mariage; *v/i.* éclater, sauter; crever; ~ *in* entrer pour un instant (*chez q.*); ~ *up* se lever vivement; apparaître; 3. inattendu; 4. crac!; pan!

pop² F [~] concert *m* populaire; chanson *f* populaire.

pop³ *Am.* F [~] papa *m*; pépère *m*, pépé *m*.

pop·corn *usu. Am.* ['pɔpkɔːn] maïs *m* grillé et éclaté.

pope [poup] pape *m*; Saint-Père *m*; **pope·dom** ['ˌdəm] papauté *f*; **pop·er·y** *péj.* ['ˌəri] papisme *m*.

pop-eyed ['pɔpaid] aux yeux en boules de loto.

pop·gun ['pɔpgʌn] pétoire *f*.

pop·in·jay *fig.* ['pɔpindʒei] fat *m*.

pop·ish □ *péj.* ['poupiʃ] papiste.

pop·lar ♀ ['pɔplə] peuplier *m*.

pop·lin *tex.* ['pɔplin] popeline *f.*

pop·per *surt. Brt.* ['pɔpə] bouton-pression *m* (*pl.* boutons-pression).

pop·pet ['pɔpit] ⚓ colombier *m*; ⊕ poupée *f*; *see* puppet.

pop·py ♀ ['pɔpi] pavot *m*; '∼·cock *Am.* F fadaises *f/pl.*, bêtises *f/pl.*

pop·u·lace ['pɔpjuləs] peuple *m*; *péj.* populace *f.*

pop·u·lar □ ['pɔpjulə] populaire; du peuple; goûté du public; ✝ à la portée de tous; **pop·u·lar·i·ty** [∼'læriti] popularité *f*; **pop·u·lar·ize** ['∼ləraiz] populariser, vulgariser; rendre populaire; '**pop·u·lar·ly** populairement; communément.

pop·u·late ['pɔpjuleit] peupler; **pop·u·la·tion** population *f*; ∼ *explosion* explosion *f* démographique.

pop·u·lous □ ['pɔpjuləs] très peuplé; '**pop·u·lous·ness** densité *f* de (la) population.

por·ce·lain ['pɔ:slin] porcelaine *f.*

porch [pɔ:tʃ] porche *m*; portique *m*; *Am.* véranda *f.*

por·cu·pine *zo.* ['pɔ:kjupain] porc-épic *m* (*pl.* porcs-épics).

pore¹ [pɔ:] pore *m.*

pore² [∼] être plongé (dans *over, on*), méditer (qch. *over, on, s.th.*).

pork [pɔ:k] porc *m*; *Am.* F ∼ *barrel* fonds *m/pl.* publics; trésor *m* public; ∼ *butcher* charcutier *m*; ∼ *chop* côtelette *f* de porc; '**pork·er** goret *m*; porc *m*; '**pork·y 1.** F gras(se *f*), obèse; **2.** *Am.* F *see* porcupine.

por·nog·ra·phy [pɔ:'nɔgrəfi] pornographie *f.*

po·ros·i·ty [pɔ:'rɔsiti], **po·rous·ness** ['pɔ:rəsnis] porosité *f.*

po·rous □ ['pɔ:rəs] poreux (-euse *f*).

por·phy·ry *min.* ['pɔ:firi] porphyre *m.*

por·poise *zo.* ['pɔ:pəs] marsouin *m*; phocène *f.*

por·ridge ['pɔridʒ] bouillie *f* d'avoine; **por·rin·ger** ['pɔrindʒə] écuelle *f.*

port¹ [pɔ:t] port *m*; ∼ *of call* port d'escale; ∼ *of destination* port *m* de destination; ∼ *of transhipment* port *m* de transbordement.

port² ⚓ [∼] sabord *m.*

port³ [∼] **1.** ✕ présenter (*les armes*); **2.** maintien *m*, port *m.*

port⁴ ⚓ [∼] **1.** *côté:* bâbord *m*; **2.** *v/t.* mettre à bâbord; *v/i.* venir sur bâbord.

port⁵ [∼] porto *m.*

port·a·ble ['pɔ:təbl] portatif (-ive *f*); mobile; ∼ *gramophone* (*typewriter, radio*) phonographe *m* (machine *f* à écrire, poste *m*) transportable; ∼ *railway* chemin *m* de fer à voie démontable.

por·tage ['pɔ:tidʒ] portage *m*; *see* porterage.

por·tal ['pɔ:tl] portail *m*; portique *m*; *fig.* (porte *f* d')entrée *f*; '**por·tal-to-'por·tal pay** paye *f* pour le temps d'aller de la porte (*de l'usine etc.*) à son travail et retour.

port·cul·lis ✕ *hist.* [pɔ:t'kʌlis] herse *f.*

por·tend [pɔ:'tend] présager.

por·tent ['pɔ:tent] présage *m* de malheur; prodige *m*; **por·ten·tous** □ sinistre; de mauvais augure; prodigieux (-euse *f*); *co.* lugubre.

por·ter¹ ['pɔ:tə] concierge *m.*

por·ter² [∼] portefaix *m*; *hôtel:* garçon *m*; 🚂 porteur *m*; bière *f* brune; **por·ter·age** ['∼ridʒ] (prix *m* de) transport *m*; factage *m*; '**por·ter·house** taverne *f*; *Am.* ∼ *steak* aloyau *m*, châteaubriant *m.*

port·fire ['pɔ:tfaiə] boutefeu *m*; étoupille *f.*

port·fo·li·o [pɔ:t'fouljou] serviette *f*; chemise *f* (*de carton*); portefeuille *m* (*d'un ministre*).

port·hole ⚓ ['pɔ:thoul] sabord *m.*

por·ti·co △ ['pɔ:tikou] portique *m.*

por·tion ['pɔ:ʃn] **1.** part *f*, partie *f*; portion *f*, *viande:* ration *f*; *gâteau:* quartier *m*; *terre:* lot *m*; *mariage:* dot *m*; *fig.* sort *m*; **2.** partager, répartir; doter; '**por·tion·less** sans dot.

port·li·ness ['pɔ:tlinis] prestance *f*; embonpoint *m*; '**port·ly** majestueux (-euse *f*); corpulent.

port·man·teau [pɔ:t'mæntou] valise *f*; *gramm.* ∼ *word* mot *m* fantaisiste (*fait de mots télescopés*).

por·trait ['pɔ:trit] portrait *m*; '**por·trait·ist** portraitiste *mf*; **por·trai·ture** ['∼tʃə] portrait *m*; l'art *m* du portrait; *fig.* description *f.*

por·tray [pɔ:'trei] (dé)peindre; décrire; **por·tray·al** peinture *f*, représentation *f.*

Por·tu·guese [pɔ:tju'gi:z] **1.** portugais; **2.** *ling.* portugais *m*; Portugais (-e *f*) *m.*

pose [pouz] **1.** pose *f*; **2.** *v/i.* se

poser; se faire passer (pour, *as*) *v/t.* poser (*une question*); énoncer; '**pos·er** question *f* embarrassante; F colle *f*.

posh *sl.* [pɔʃ] chic *inv. en genre*, chouette.

po·si·tion [pə'ziʃn] position *f* (*a. fig.*, ✕, *posture*); situation *f*; place *f*; emploi *m*; état *m*; *fig.* attitude *f*; *fig.* point *m* de vue; ⚓ lieu *m*, point *m*; ⚓ light feu *m* de position; be in *a* ~ to do être à même de faire.

pos·i·tive ['pɔzətiv] **1.** □ positif (-ive *f*); formel(le *f*); vrai; sûr, certain, convaincu; Å, ⚡, *phls.*, *phys.*, *phot.* positif (-ive *f*); **2.** positif *m*; '**pos·i·tive·ness** certitude *f*; ton *m* décisif.

pos·se ['pɔsi] troupe *f*, foule *f*; ~ **co·mi·ta·tus** [~ kɔmi'teitəs] détachement *m* de police.

pos·sess [pə'zes] avoir, posséder (*fig. de*, *with*); *fig.* pénétrer (*de*, *with*); ~ed possédé; be ~ed of posséder; ~ o.s. of s'emparer de (*qch.*); **pos·ses·sion** [pə'zeʃn] possession *f* (*a. fig.*); jouissance *f* (*de*, *of*); colonie *f*; in ~ of en possession de; **pos·ses·sive** gramm. [pə'zesiv] **1.** □ possessif (-ive *f*); ~ *case* (cas *m*) possessif *m*; **2.** possessif *m*; **pos·'ses·sor** possesseur *m*; **pos·'ses·so·ry** possessoire.

pos·set ['pɔsit] posset *m*.

pos·si·bil·i·ty [pɔsə'biliti] possibilité *f*; '**pos·si·ble 1.** possible; **2.** *sp.* maximum *m*; '**pos·si·bly** peut-être; *if I* ~ *can* s'il y a moyen; *how can I* ~ *do it?* comment pourrais-je le faire?; *I cannot* ~ *do it* il m'est impossible de le faire.

pos·sum F ['pɔsəm] see opossum.

post¹ [poust] **1.** poteau *m*; pieu *m*; **2.** (*usu.* ~ *up*) afficher, placarder.

post² [~] **1.** ✕ *sentinelle etc.*: poste *m*, garnison *f*; ⸏ station *f* (de commerce); situation *f*, poste *m*; ⸏ malle-poste (*pl.* malles-poste) *f*; poste: courrier *m*, poste *f*; papier *m* écu; ✕ *at one's* ~ à son poste; *by* (*the*) ~ par la poste; ✕ *last* ~ sonnerie *f* aux morts; retraite *f*; *Am.* ~ *exchange* magasin *m*, cantine *f*; **2.** *v/t.* ✕ poster, mettre en faction (*une sentinelle*); ⚓ nommer (*q. capitaine*); ⸏ (*souv.* ~ *up*) mettre au courant (*le grand-livre*); mettre à la

poste; envoyer par la poste; F (*souv.* ~ *up ou keep s.o.* ~ed) mettre (*q.*) au courant, documenter (*q.*); *well* ~ed bien renseigné; ⸏ *an entry* passer écriture d'un article; *v/i.* F aller un train de poste.

post·age ['poustidʒ] port *m*, affranchissement *m*; ... ~ ... pour frais d'envoi; ~ *due* surtaxe *f* postale; ~ **stamp** timbre-poste (*pl.* timbres-poste) *m*.

post·al □ ['poustəl] postal (-aux *m/pl.*); *Am.* ~ (*card*) carte *f* postale; ~ *cheque* chèque *m* postal; ~ *order* mandat-poste (*pl.* mandats-poste) *m*, mandat *m* postal; ♀ *Union* Union *f* postale.

post...: '~**card** carte *f* postale; '~**code** code *m* postal.

post·date ['poust'deit] postdater.

post·er ['poustə] affiche *f*; placard *m*.

pos·te·ri·or F [pɔs'tiəriə] **1.** □ postérieur (à, *to*); derrière; **2.** (*a.* ~*s pl.*) postérieur *m*, derrière *m*.

pos·ter·i·ty [pɔs'teriti] postérité *f*.

pos·tern ['poustə:n] porte *f* de derrière.

post-free ['poust'fri:] franco *inv.*

post-grad·u·ate ['poust'grædjuit] **1.** postscolaire; **2.** candidat *m* à un diplôme supérieur (*doctorat etc.*).

post-haste ['poust'heist] en toute hâte.

post·hu·mous □ ['pɔstjuməs] posthume.

pos·til·(l)ion [pəs'tiljən] postillon *m*.

post...: '~**man** facteur *m*; '~**mark 1.** cachet *m* de la poste; timbre *m* (d'oblitération); **2.** timbrer; '~**mas·ter** receveur *m* des postes; ♀ *General* ministre *m* des Postes et Télécommunications.

post·me·rid·i·an ['poustmə'ridiən] de l'après-midi, du soir; **post-mor·tem** ['~'mɔ:təm] **1.** après décès; **2.** (*a.* ~ *examination*) autopsie *f*; **post-o·bit** [~'ɔbit] exécutoire après le décès d'un tiers.

post...: '~**of·fice**, *surt.* ~ **of·fice** bureau *m* de poste; *Am.* (*sorte de*) jeu *m* avec embrassades; *general* ~ bureau *m* central; ~ *box* boîte *f* postale; ~ *clerk* employé(e *f*) *m* des postes; ~ *counter* (*ou window*) guichet *m*; ~ *order* mandat *m* postal; ~ *savings-bank* caisse *f* d'épargne postale; '~**paid** franco *inv.*, affranchi.

post·pone [poust'poun] ajourner,

remettre, renvoyer à plus tard; **post'pone·ment** ajournement *m*; remise *f* à plus tard.

post·pran·di·al □ *co.* [poust'prændiəl] après dîner, après le repas.

post·script ['pousskript] post-scriptum *m/inv.* (*abbr.* P.-S.); postface *f* (*d'un livre*).

pos·tu·lant ['pɔstjulənt] postulant (-e *f*) *m*; **pos·tu·late 1.** ['‿lit] postulat *m*; **2.** ['‿leit] postuler (*a. v/i.*); poser (*qch.*) en postulat; **pos·tu·la·tion** sollicitation *f*; *phls.* supposition *f*, postulat *m*.

pos·ture ['pɔstʃə] **1.** posture *f*, *corps*: attitude *f*; position *f*; **2.** *v/t.* poser; *v/i.* prendre une pose; se poser en.

post·war ['poust'wɔ:] d'après-guerre.

po·sy¹ ['pouzi] devise *f*.

po·sy² [‿] bouquet *m* (de fleurs).

pot [pɔt] **1.** pot *m*; marmite *f*; *sp.* coupe *f*; F *a ‿ of money* des tas *m/pl.* d'argent; **2.** *v/t.* mettre en pot (*cuis. a. des plantes*); blouser (*au billard*); abattre (*du gibier*); *v/i.:* ‿ *at* lâcher un coup de fusil à (*q.*); tirer sur.

po·ta·ble ['poutəbl] potable, buvable.

pot·ash ⚗ ['pɔtæʃ] potasse *f*.

po·tas·si·um ⚗ [pə'tæsiəm] potassium *m*.

po·ta·tion [pou'teiʃn] gorgée *f*; (*usu. pl.* ‿s) libation *f*.

po·ta·to [pə'teitou], *pl.* **po·ta·toes** [‿z] pomme *f* de terre; ‿ *bug* doryphore *m*; *Am.* ‿ *chips pl.*, *Brit.* ‿ *crisps pl.* pommes *f/pl.* chips; ‿ *masher* presse-purée *m/inv.*; ‿ *omelette* omelette *f* parmentière; *fig.* hot ‿ sujet *m* brûlant, affaire *f* épineuse; *cuis.* mashed ‿s purée *f* (de pommes de terre), pommes *f/pl.* mousseline.

pot...: '‿bel·ly panse *f*; '‿boil·er littéraire *f* alimentaire; besognes *f/pl.* alimentaires; écrivain *m etc.* qui travaille pour faire bouillir sa marmite; '‿boy garçon *m* de cabaret.

po·ten·cy ['poutənsi] puissance *f*; force *f*; '**po·tent** □ puissant; fort; **po·ten·tate** ['‿teit] potentat *m*; **po·ten·tial** [pə'tenʃl] **1.** latent, virtuel (-le *f*); potentiel(le *f*) (*a. phys.*); **2.** *gramm.* (*a.* ‿ *mood*) potentiel *m*; *phys.* (*souv.* ‿ *function*) fonction *f* potentielle; *p.ext.* rendement *m*

maximum; **po·ten·ti·al·i·ty** [‿ʃi'æliti] potentialité *f*; potentiel *m* (*militaire etc.*); *fig.* promesse *f*.

poth·er ['pɔðə] **1.** nuage *m* de fumée *etc.*; confusion *f*; tumulte *m*; **2.** (se) tourmenter; *v/i.* faire des histoires (*à propos de, about*).

pot...: '‿herb herbe *f* potagère; '‿hole *mot.* nid-de-poule (*pl.* nids-de-poule) *m*; *géol.* marmite *f* torrentielle; '‿hol·er spéléologue *mf*; '‿hook crémaillère *f*; ‿s *pl.* bâtons *m/pl.*; '‿house cabaret *m*, taverne *f*.

po·tion ['pouʃn] potion *f*; *⚕* dose *f*.

pot·luck ['pɔt'lʌk]: take ‿ *with s.o.* manger chez q. à la fortune du pot.

pot·ter¹ ['pɔtə] s'amuser (à, *at*); s'occuper en amateur (de, *at*); flâner.

pot·ter² [‿] potier *m*; ‿'s wheel tour *m* de potier; disque *m*; '**pot·ter·y** poterie *f*.

pot·ty *sl.* ['pɔti] insignifiant; simple; toqué.

pouch [pautʃ] **1.** petit sac *m*; bourse *f*; *yeux*: poche *f*; blague *f*; *zo.* poche *f* ventrale; *singe*: abajoue *f*; **2.** *v/t.* empocher; faire bouffer (*une robe*); avaler (*un poisson*); *v/i.* bouffer; **pouched** à poches; à abajoue.

poul·ter·er ['poultərə] marchand *m* de volaille.

poul·tice *⚕* ['poultis] cataplasme *m*.

poul·try ['poultri] volaille *f*.

pounce¹ [pauns] **1.** (poudre *f* de) sandaraque *f*; ponce *f*; **2.** polir à la ponce; poncer (*a. un dessin*).

pounce² [‿] **1.** *oiseau:* serre *f*; saut *m*; **2.** *v/t.* (*ou* ‿ *upon*) *oiseau:* s'abattre sur (*sa proie*); *v/i.:fig.*‿[up]on se jeter sur.

pound¹ [paund] livre *f* (*abbr.* lb.) (453,6 g); ‿ (*sterling*) livre *f* (sterling) (*abr.* £).

pound² [‿] **1.** parc *m* (à moutons *etc.*); fourrière *f*; **2.** mettre en fourrière.

pound³ [‿] *v/t.* broyer, piler; bourrer de coups de poing; *⚔* pilonner; *sl. Bourse:* faire baisser (*les prix*); *v/i.:* ‿ *along* avancer d'un pas lourd; ‿ *away* frapper *ou* cogner dur (sur, *at*).

pound·age ['paundidʒ] remise *f ou* taux *m* de tant par livre.

pound·er ['paundə] de ... livres.

pour [pɔ:] *v/t.* (*a.* ‿ *out*) verser; ‿ *out* répandre; décharger (*son cœur*); *v/i.*

tomber à verse (*pluie*); sortir à flots *ou* en foule.

pout [paut] **1.** moue *f*; **2.** (*a.* ~ *the lips*) faire la moue; bouder.

pov·er·ty ['pɔvəti] pauvreté *f*; pénurie *f*.

pow·der ['paudə] **1.** poudre *f*; **2.** pulvériser; poudrer (*le visage*); saupoudrer (de, *with*); '~**box** boîte *f* à poudre; ~ **keg** *fig.* poudrière *f*; '~**puff** houpette *f* (à poudre); ~ **room** toilettes *f/pl.* pour dames; '**pow·der·y** poudreux (-euse *f*); friable.

pow·er ['pauə] *m* pouvoir (*a.* 🜨, *pol. exécutif etc.*); puissance *f* (*a.* ⊕, Å, *pol.* = *pays, influence*); vigueur *f*; ⚡ énergie *f* (*électrique*); *aimant:* force *f*; *admin.* autorité *f*; 🜨 mandat *m*; Å quantité *f*, foule *f*; *be in* ~ être au pouvoir; *Western* ~*s pl. pol.* puissances *f/pl.* occidentales; '~·**as·sist·ed** ⊕ assisté; ~ **break** servofrein *m*; '~·**cur·rent** courant *m* à haute intensité; ~ **cut** ⚡ coupure *f* de courant; ~ **fail·ure** panne *f* de courant; **pow·er·ful** ['~ful] □ puissant, fort; '**pow·er·house** centrale *f* électrique; '**pow·er·less** impuissant; inefficace; '**pow·er line** ligne *f* à haute tension; '**pow·er·plant** groupe *m* générateur; *Am.* centrale *f* électrique; ~ **point** *Brit.* prise *f* de courant; ~ **saw** scie *f* à moteur; '**pow·er sta·tion** centrale *f* électrique; *long-distance* ~ centrale *f* interurbaine; ~ **steer·ing** servodirection *f*; ~ **strug·gle** *pol. etc.* lutte *f* pour le pouvoir.

pow·wow ['pau'wau] sorcier *m* guérisseur; *Am.* F conférence *f* (politique); palabre *f*.

pox ∨ [pɔks] syphilis *f*.

pra(a)m ⚓ [prɑːm] prame *f*.

prac·ti·ca·bil·i·ty [præktikə'biliti] praticabilité *f*; '**prac·ti·ca·ble** □ praticable; faisable; '**prac·ti·cal** □ pratique; appliqué (*science*); quasi; ~ **joke** mystification *f*; mauvais tour *m*; brimade *f*; attrape *f*; ~ **chemistry** chimie *f* appliquée; **prac·ti·cal·i·ty** [~'kæliti] caractère *m* pratique; esprit *m* pratique; **prac·ti·cal·ly** ['~kli] pratiquement; en pratique; presque.

prac·tice ['præktis] **1.** pratique *f*; exercice *m* (*d'un métier*); habitude *f*, coutume *f*, usage *m*; *sp.* entraîne-

ment *m*; clientèle *f*; *usu.* ~*s pl.* menées *f/pl.*, intrigue *f*; *be out of* ~ avoir perdu l'habitude; *put into* ~ mettre en pratique *ou* en action; **2.** *Am. see* practise.

prac·tise [~] *v/t.* mettre en pratique *ou* en action; pratiquer; exercer (*une profession*); s'exercer (*au piano etc., sur la flûte*); entraîner (*q.*); *v/i.* exercer (*médecin*); *sp.*, ♪ s'exercer; répéter; ~ [*up*]*on* exploiter (*q.*), abuser de (*la faiblesse de q.*); '**prac·tised** expérimenté; versé (dans *at, in*).

prac·ti·tion·er [præk'tiʃnə] praticien *m*; *qqfois* médecin *m*; *general* ~ médecin *m* ordinaire, médecin *m* de médecine générale.

prag·mat·ic [præg'mætik] (~*ally*) pragmatique; (*souv.* **prag·mat·i·cal**) suffisant; dogmatique.

prai·rie *Am.* ['prɛəri] prairie *f*; savane *f*; *Am.* ~ **schooner** voiture *f* couverte (*des pionniers*).

praise [preiz] **1.** éloge *m*; louange *f*; **2.** louer, faire l'éloge de; F vanter.

praise·wor·thi·ness ['preizwɔːðinis] caractère *m* estimable; mérite *m*; '**praise·wor·thy** □ digne d'éloges; méritoire.

pra·line ['prɑːliːn] praline *f*.

pram F [præm] *see* perambulator.

prance [prɑːns] piaffer (*cheval*); se pavaner (*personne*); *fig.* trépigner (de, *with*).

pran·di·al □ ['prændiəl] *co.* de *ou* du dîner; de table.

prang ✈ *Brit. sl.* [præŋ] raid *m* sévère.

prank [præŋk] **1.** escapade *f*; tour *m*; **2.** (*a.* ~ *up*) parer (de, *with*).

prate [preit] **1.** riens *m/pl.*; jaserie *f*; **2.** dire des riens; jaser; '**prat·er** babillard(e *f*) *m*; '**prat·ing 1.** babillard, jaseur (-euse *f*); **2.** jaserie *f*.

prat·tle ['prætl] *see* prate.

prawn *zo.* [prɔːn] crevette *f* rouge.

pray [prei] *v/i.* prier (*q., to s.o.*; de *inf.*, *to inf.*; pour *q.*, *for s.o.*); ~ *for s.th.* prier Dieu qu'il (*nous*) accorde qch.; ~ je vous en prie, veuillez (*inf.*); ~ *for s.o.'s soul* prier pour l'âme de *q.*; *v/t.* prier, implorer; demander.

pray·er ['prɛə] prière *f*, oraison *f*; demande *f*; *souv.* ~*s pl.* dévotions *f/pl.*; *Lord's* ♀ oraison *f* dominicale;

pater *m*; Book of Common 요 rituel *m* de l'Église anglicane; '~-book livre *m* de prières; **pray·er·ful** ['~ful] pieux (-euse *f*).

pre... [pri:; pri] pré-; avant; antérieur à.

preach [pri:tʃ] prêcher; **'preach·er** prédicateur (-trice *f*) *m*; **'preach·ing** prédication *f*, sermon *m*; **'preach·ment** *péj.* sermon *m*.

pre·am·ble [pri:'æmbl] préambule *m*.

preb·end *eccl.* ['prebənd] prébende *f*; **'pre·ben·dar·y** prébendier *m*, chanoine *m*.

pre·car·i·ous □ [pri'kɛəriəs] précaire, incertain; **pre·car·i·ous·ness** incertitude *f*; situation *f* précaire.

pre·cau·tion [pri'kɔ:ʃn] précaution *f*; **pre·cau·tion·ar·y** de précaution; d'avertissement.

pre·cede [pri:'si:d] (faire) précéder; préfacer; *fig.* avoir le pas sur; **pre·ced·ence, pre·ced·en·cy** [~dəns(i)] priorité *f*; préséance *f*; **prec·e·dent** ['presidənt] précédent *m* (*a.* ₂⁄₃).

pre·cen·tor *eccl.* ['pri'sentə] premier chantre *m*; maître *m* de chapelle.

pre·cept ['pri:sept] précepte *m*; règle *f*; ₂⁄₃ mandat *m*; **pre·cep·tor** [pri'septə] précepteur *m*; **pre·cep·tress** [~tris] préceptrice *f*.

pre·cinct ['pri:siŋkt] enceinte *f*, enclos *m*; *surt. Am.* circonscription *f* électorale; *Am.* poste *m* de police d'une circonscription; *a.* ~s *pl.* pourtour *m*.

pre·cious ['preʃəs] 1. *adj.* □ précieux (-euse *f*); F *a. iro.* fameux (-euse *f*); 2. F *adv.* particulièrement, joliment; **'pre·cious·ness** haute valeur *f*.

prec·i·pice ['presipis] précipice *m*; **pre·cip·i·tan·ce, pre·cip·i·tan·cy** [pri'sipitəns(i)] précipitation *f*; empressement *m*; **pre·cip·i·tate** 1. [~teit] *v/t.* précipiter (*a.* ₂⁄₃); accélérer; *météor.* condenser; *v/i.* se précipiter; 2. [~tit] □ précipité (₂⁄₃ *a. su./m*); fait à la hâte; irréfléchi; **pre·cip·i·ta·tion** [~'teiʃn] précipitation *f* (*a.* ₂⁄₃); **pre·cip·i·tous** □ à pic; escarpé; abrupt.

pré·cis ['preisi:], *pl.* ~cis [~si:z] précis *m*, résumé *m*, abrégé *m*.

pre·cise □ [pri'sais] exact; précis; méticuleux (-euse *f*); ~ly précisément!; **pre'cise·ness** précision *f*; méticulosité *f*.

pre·ci·sion [pri'siʒn] précision *f*; *attr.* de précision.

pre·clude [pri'klu:d] prévenir, empêcher; ~ *s.o. from* (*ger.*) mettre q. dans l'impossibilité de (*inf.*).

pre·co·cious □ [pri'kouʃəs] précoce; **pre'co·cious·ness, pre·coc·i·ty** [pri'kɔsiti] précocité *f*.

pre·con·ceive ['pri:kən'si:v] préconcevoir; ~d préconçu (*idée*).

pre·con·cep·tion ['pri:kən'sepʃn] préconception *f*; préjugé *m*.

pre·con·cert·ed ['pri:kən'sə:tid] convenu *ou* arrangé d'avance.

pre·con·di·tion ['pri:kən'diʃn] condition *f* préliminaire.

pre·cool ⊕ ['pri:'ku:l] préréfrigérer.

pre·cur·sor [pri:'kə:sə] précurseur *m*, avant-coureur *m*; **pre'cur·so·ry** précurseur; préliminaire.

pre·date ['pri:'deit] antidater; venir avant.

pred·a·to·ry ['predətəri] rapace; de proie (*bête*).

pre·de·cease ['pri:di'si:s] mourir avant (*q.*).

pre·de·ces·sor ['pri:disesə] prédécesseur *m*.

pre·des·ti·nate ['pri:'destineit] prédestiner; **pre·des·ti'na·tion** prédestination *f*; **pre'des·tined** prédestiné.

pre·de·ter·mine ['pri:di'tə:min] déterminer d'avance; *eccl.* préordonner; [cable.]

pred·i·ca·ble ['predikəbl] prédic-⌐

pred·i·ca·ment [pri'dikəmənt] *phls.* catégorie *f*; *fig.* situation *f* difficile.

pred·i·cate 1. ['predikeit] affirmer; 2. ['~kit] *gramm.* attribut *m*; *phls.* prédicat *m*; **pred·i·ca·tion** assertion *f*; **pred·i·ca·tive** [pri'dikətiv] □ affirmatif (-ive *f*); *gramm.* prédicatif (-ive *f*).

pre·dict [pri'dikt] prédire; **pre·dic·tion** [~'dikʃn] prédiction *f*.

pre·di·lec·tion [pri:di'lekʃn] prédilection *f* (pour, for).

pre·dis·pose ['pri:dis'pouz] prédisposer (à, to); **pre·dis·po·si·tion** ['~dispə'ziʃn] prédisposition *f* (à, to).

pre·dom·i·nance [pri'dɔminəns] prédominance *f*; ascendant *m* (sur, over); **pre'dom·i·nant** □ prédominant; **pre'dom·i·nate** [~neit] prédominer; l'emporter par le nombre *etc.* (sur, over).

pre·em·i·nence [pri:'eminəns] prééminence f; primat m; **pre-'em·i·nent** □ prééminent; remarquable (par, in).

pre-emp·tion [pri:'emp∫n] (droit m de) préemption f; **pre-'emp·tive** [∼tiv] ✝ de préemption (droit); fig. préventif (-ive); ✕ ∼ first strike attaque f préventive.

preen [pri:n] lisser (les plumes).

pre-en·gage ['pri:in'geidʒ] retenir ou engager d'avance; **'pre-en·'gage·ment** engagement m préalable.

pre-ex·ist ['pri:ig'zist] préexister; **'pre-ex·'ist·ence** préexistence f; **'pre-ex·'ist·ent** préexistant.

pre·fab ['pri:'fæb] **1.** préfabriqué; **2.** maison f préfabriquée; **'pre'fab·ri·cate** [∼rikeit] préfabriquer.

pref·ace ['prefis] **1.** préface f; avant-propos m/inv.; **2.** préfacer; préluder à.   (liminaire.)

pref·a·to·ry □ ['prefətəri] pré-)

pre·fect ['pri:fekt] préfet m; école: élève mf surveillant(e f).

pre·fer [pri'fə:] préférer (à, to), aimer mieux (que sbj., to inf.); nommer (q. à un emploi); déposer (une plainte); intenter (une action); émettre (une prétention); see share 1; **pref·er·a·ble** □ ['prefərəbl] préférable (à, to); **'pref·er·a·bly** de préférence (à, to); **'pref·er·ence** préférence f (pour, for); (surt. ✝) droit m de priorité; douane: tarif m de préférence; see share 1; **pref·er·en·tial** □ [∼'ren∫l] préférentiel(le f); de préférence; **pref·er·en·tial·ly** de préférence; **pre·fer·ment** [pri'fə:mənt] avancement m; promotion f.

pre·fix 1. ['pri:fiks] préfixe m; titre m; **2.** [pri:'fiks] mettre comme introduction; gramm. préfixer.

preg·nan·cy ['pregnənsi] grossesse f; animal: gestation f; fig. grande portée f; fécondité f; **'preg·nant** □ 🟊 enceinte (femme); gravide (animal); fig. gros(se f), fertile (en, with).

pre·heat ['pri:'hi:t] réchauffer d'avance.

pre·hen·sile [pri'hensail] préhensile.

pre·his·tor·ic [pri:his'tərik] préhistorique.

pre·ig·ni·tion mot. ['pri:ig'ni∫n] auto-allumage m; allumage m prématuré.

pre·judge ['pri:'dʒʌdʒ] préjuger.

prej·u·dice ['predʒudis] **1.** préjugé m, prévention f; préjudice m, dommage m; without ∼ to réservation faite de; **2.** prévenir, prédisposer; porter préjudice à; ∼d prévenu; à préjugés.

prej·u·di·cial □ [predʒu'di∫l] préjudiciable, nuisible (à, to).

prel·a·cy ['preləsi] épiscopat m; prélats m/pl.

prel·ate ['prelit] prélat m.

pre·lec·tion [pri'lek∫n] conférence f; **pre'lec·tor** conférencier m; univ. maître m de conférences.

pre·lim·i·nar·y [pri'liminəri] **1.** □ préliminaire; préalable; **2.** prélude m; preliminaries pl. préliminaires m/pl.

prel·ude ['prelju:d] **1.** prélude m (a. ♪); **2.** v/i. ♪ préluder; v/t. précéder; préluder à.

pre·mar·i·tal ['pri:'mæritl] prématrimonial (-aux m/pl.), avant le mariage.

pre·ma·ture ['premə'tjuə] fig. prématuré; ∼ delivery accouchement m avant terme; **pre·ma'ture·ness**, **pre·ma'tu·ri·ty** [∼riti] fig. prématurité f.

pre·med·i·tate [pri'mediteit] préméditer; **pre·med·i'ta·tion** préméditation f.

pre·mi·er ['premjə] **1.** premier (-ère f); **2.** premier ministre m; président m du conseil; Am. ministre m des Affaires étrangères; **'pre·mi·er·ship** fonctions f/pl. de premier ministre; Am. Ministère m des Affaires étrangères.

prem·ise 1. ['premis] prémisse f; ∼s pl. local m; immeuble m; 🏛 intitulé m; licensed ∼s pl. débit m de boissons; on the ∼s sur les lieux; dans l'établissement; **2.** [pri'maiz] poser en prémisse; faire remarquer.

pre·mi·um ['pri:mjəm] prix m; prime f (a. ✝); indemnité f; au début d'un bail: droit m; ✝ agio m; at a ∼ à prime.

pre·mo·ni·tion [pri:mə'ni∫n] prémonition f; pressentiment m; **pre·mon·i·to·ry** [pri'mənitəri] prémonitoire; précurseur.

pre·na·tal ['pri:'neitl] prénatal (-als, -aux m/pl.).

pre·oc·cu·pan·cy [pri:'ɔkjupənsi] fig. absorption f (par, in); **pre·oc·**

cu·pa·tion [priːˈɔkjuˈpeiʃn] préoccupation *f*; absorption *f* (par, with); souci *m*; préjugé *m*; **pre·oc·cu·pied** [ˌˈɔkjupaid] préoccupé; **pre'oc·cu·py** [ˌpai] préoccuper, absorber; occuper par avance.

pre·or·dain [ˈpriːɔːˈdein] régler d'avance; préordonner.

prep F [prep] *see preparation*; *pre·paratory school.*

prep·a·ra·tion [prepəˈreiʃn] préparation *f*; préparatifs *m/pl.*; *école*: étude *f* (du soir); **pre·par·a·tive** [priˈpærətiv] *usu.* ˌˈs *pl.* préparatifs *m/pl.*; **pre'par·a·to·ry** [ˌtəri] **1.** □ préparatoire; ˌ *school* école *f* préparatoire; **2.** *adv.* ˌ to préalablement à.

pre·pare [priˈpɛə] *v/t.* préparer; dresser; confectionner (*un mets*); *v/i.* se préparer, s'apprêter (à, for; à *inf.*, to *inf.*); **pre'pared** □ préparé; sur le qui-vive; ˌ *for* prêt à (*qch.*) ou pour (*inf.*).

pre·pay [ˈpriːˈpei] [*irr.* (*pay*)] payer d'avance; affranchir (*une lettre*); **'pre'pay·ment** paiement *m* d'avance; *lettre:* affranchissement *m.*

pre·pense □ [priˈpens] prémédité; *with malice* ˌ avec intention criminelle.

pre·pon·der·ance [priˈpɔndərəns] prépondérance *f*; **pre'pon·der·ant** □ prépondérant; **pre'pon·der·ate** [ˌreit] peser davantage; *fig.* l'emporter (sur, over).

prep·o·si·tion *gramm.* [prepəˈziʃn] préposition *f*; **prep·o'si·tion·al** □ prépositionnel (le.).

pre·pos·sess [priːpəˈzes] imprégner, pénétrer (*l'esprit*) (de, with); prévenir (*q.*) (en faveur de, in favour of; contre, against); **pre·pos'sess·ing** □ prévenant; agréable; **pre·pos·ses·sion** [ˌˈzeʃn] prévention *f*, préjugé *m.*

pre·pos·ter·ous [priˈpɔstərəs] absurde; déraisonnable; contraire au bon sens.

pre·puce *anat.* [ˈpriːpjuːs] prépuce *m.*

pre·req·ui·site [ˈpriːˈrekwizit] nécessité *f* préalable; condition *f* préalable.

pre·rog·a·tive [priˈrɔgətiv] prérogative *f*; privilège *m.*

pres·age [ˈpresidʒ] **1.** présage *m*;

pressentiment *m*; **2.** présager, annoncer; prédire.

pres·by·ter [ˈprezbitə] prêtre *m*; ancien *m*; **Pres·by·te·ri·an** [ˌˈtiəriən] **1.** presbytérien(ne *f*); **2.** Presbytérien(ne *f*) *m*; **pres·by·ter·y** [ˌˈtəri] △ sanctuaire *m*; *eccl.* presbytère *m*, consistoire *m.*

pre·sci·ence [ˈpresiəns] prescience *f*, prévision *f*; **'pre·sci·ent** prescient, prévoyant.

pre·scribe [prisˈkraib] *v/t.* prescrire, ordonner (*a.* ⚕); *v/i.:* ˌ *for* prescrire à, ordonner à (*q.*); ⚕ (*ou* ˌ to) prescrire, acquérir (*un droit*) par prescription.

pre·script [ˈpriːskript] prescription *f*, **pre·scrip·tion** [prisˈkripʃn] prescription *f* (*a.* ⚖); ordre *m*; ⚕ ordonnance *f*; ⚖ coutume *f*; droit *m* consacré par l'usage; *Brit.* ˌ *charge* somme *f* fixe à payer lors de l'exécution d'une ordonnance; **pre'scrip·tive** □ consacré par l'usage; ordonnateur (-trice *f*).

pres·ence [ˈprezns] présence *f*; mine *f*, air *m*, maintien *m*; in the ˌ of en présence de (*q.*); ˌ *of mind* présence *f* d'esprit; '·ˌ**cham·ber** salle *f* d'audience.

pres·ent¹ [ˈpreznt] **1.** □ présent; actuel(le *f*); courant (*année etc.*); ˌ *record holder* recordman *m* de l'heure; *gramm.* ˌ *tense* (temps *m*) présent *m*; ˌ *value* valeur *f* actuelle; ˌ présent! (*q.*); **2.** présent *m* (*a. gramm.*); temps *m* présent *m*; ✝ *by the* ˌ, ⚖ *by these* ˌ*s* par la présente; *at* ˌ à présent, actuellement; *for the* ˌ pour le moment.

pre·sent² [priˈzent] présenter (*a.* qch. à q., *s.o. with s.th.*); 'donner; offrir; faire cadeau de (*qch.*); ˌ *o.s.* se présenter; s'offrir; ˌ *one's compliments to s.o.* présenter ses compliments à q.

pres·ent³ [ˈpreznt] cadeau *m*; *make s.o. a* ˌ *of s.th.* faire cadeau de qch. à q.

pre·sent·a·ble [priˈzentəbl] présentable; portable (*robe etc.*).

pres·en·ta·tion [prezənˈteiʃn] présentation *f*; ✝ remise *f*; *théâ.* (re)présentation *f*; souvenir *m*; ˌ *copy* spécimen *m* gratuit; exemplaire *m* offert à titre d'hommage.

pres·ent-day ['prezntdei] d'aujourd'hui, actuel(le *f*).

pre·sen·ti·ment [pri'zentimənt] pressentiment *m*.

pres·ent·ly ['prezntli] bientôt; tout à l'heure; *F* actuellement.

pre·sent·ment [pri'zentmənt] *see* presentation; ☆ déclaration *f* émanant du jury; *théâ.* représentation *f*.

pres·er·va·tion [prezə'veiʃn] conservation *f*; préservation *f* (de, *from*); maintien *m*; ~ *of natural beauty* préservation *f* des beautés de la nature; *in good* ~ en bon état de conservation *f*; **pre·serv·a·tive** [pri'zə:vətiv] 1. préservateur (-trice *f*); 2. préservatif *m*; antiseptique *m*.

pre·serve [pri'zə:v] 1. préserver, garantir (de, *from*); conserver; mettre en conserve; maintenir; garder (*le silence, la chasse*); ♀ naturaliser; élever (*du gibier*) dans une réserve; 2. chasse *f* gardée; réserve *f*; *poisson:* vivier *m*; confiture *f*; préservateur (-trice *f*) *m*; sauveur *m*; propriétaire *m* d'une chasse gardée *ou* d'un vivier; conservateur (-trice *f*) *m*; agent *m* de conservation.

pre·side [pri'zaid] présider (qch., à qch. *over s.th.*); occuper le fauteuil présidentiel; ~ *over an assembly* présider une assemblée.

pres·i·den·cy ['prezidənsi] présidence *f*; *école:* directorat *m*, rectorat *m*; **'pres·i·dent** président (*e f*) *m*; *école:* (di)recteur *m*; ♀ *Am.* directeur *m* général; **pres·i·den·tial** [~'denʃl] présidentiel(le *f*).

press [pres] 1. pression *f* (*sur qch.*); presse *f* (*hydraulique, à copier, de journaux, fig. des affaires, a. typ.*); *typ.* imprimerie *f*; 2. *v/t.* presser; appuyer sur; serrer (*a.* ✗); donner un coup de fer à (*une robe etc.*); *fig.* poursuivre (*un avantage*); faire accepter; réclamer (*une dette, une réponse*); imposer (*une opinion*); ~ *the button* appuyer sur le bouton; ~ *the point that* insister sur le fait que; *be* ~*ed for time* être très pressé *ou* à court de temps; *v/i.* se serrer, se presser; ~ *for* insister pour obtenir *ou* pour que (*sbj.*); ~ *on* presser le pas, forcer le pas, se dépêcher; ~ (*up*)*on* peser à (*q.*); ~ **a·gen·cy** agence *f* d'informations; ~ **a·gent** agent *m* de publicité; ~ **bar·on** magnat *m* de la presse; ~ **but·ton** bouton *m* à pression; *gant:* bouton *m* fermoir; ~ **clip·ping** *see press cutting*; ~ **con·fer·ence** conférence *f* de presse; ~ **cor·rec·tor** *typ.* correcteur *m* (-trice *f*); ~ **cut·ting** coupure *f* de journal; **'press·er** presse *f* (*à viande*); pressoir *m* (*aux raisins*); presseur (-euse *f*) *m* (*personne*); **'press·gal·ler·y** tribune *f* de la presse; **'press-gang**: *F* ~ *s.o. into doing s.th.* faire pression sur q. pour qu'il fasse qch.; **'press·ing** ☐ pressant; urgent, pressé; ~ **lord** *see press baron*; **'press·man** présseur *m*; journaliste *m*; **press-mark** *bibliothèque:* numéro *m* de classement; **press re·lease** communiqué *m* de presse; **'press-stud** bouton-pression *m* (*pl.* bouton-pression), pression *f*; **'press-up**: *do* ~*s* faire des tractions *ou* des pompes; **pres·sure** ['preʃə] pression *f* (*a. fig.*); ♀, ⚡ tension *f*; ~ *group* groupe *m* de pression; **pres·sure-cook·er** marmite *f* à pression; **'pres·sure-gauge** ⊕ manomètre *m*; **pres·sur·ize** [~'raiz] ✈ pressuriser; **'press-work** *typ.* impression *f*.

pres·ti·di·ta·tion ['prestididʒi-'teiʃn] prestidigitation *f*.

pres·tige [pres'ti:ʒ] prestige *m*; crédit *m*; **pres·ti·gious** [~'tidʒəs] prestigieux.

pre·sum·a·ble ☐ [pri'zju:məbl] présumable (de la part de q., *of s.o.*); **pre·sum·a·bly** [~i] probablement; **pre·sume** *v/t.* présumer, supporter; *v/i.* présumer; prendre des libertés; se permettre (de, *to*); prendre la liberté (de, *to*); ~ (*up*)*on* abuser de; se prévaloir de; **pre·sum·ed·ly** [~idli] probablement; **pre·sum·ing** ☐ présomptueux (-euse *f*); indiscret (-ète *f*).

pre·sump·tion [pri'zʌmpʃn] présomption *f*; arrogance *f*; préjugé *m*; *qqfois* conclusion *f*; **pre·sump·tive** ☐ par présomption; *heir* ~ héritier *m* présomptif; **pre·sump·tu·ous** ☐ [~'tjuəs] présomptueux (-euse *f*), outrecuidant.

pre·sup·pose [pri:sə'pouz] présupposer; **pre·sup·po·si·tion** [pri:-sʌpə'ziʃn] présupposition *f*.

pre·tence, *Am.* **pre·tense** [pri-'tens] (faux) semblant *m*; prétexte *m*; prétention *f* (à, to); *false* ~ fraude *f*; faux semblant *m*.

pre·tend [pri'tend] feindre, simuler; prétendre (*inf.*, to *inf.*; à qch., to s.th.); faire semblant (de *inf.*, to *inf.*); **pre'tend·ed** □ feint, faux (fausse *f*); soi-disant (*personne*); prétendu; **pre'tend·er** simulateur (-trice *f*) *m*; prétendant *m* (*au trône*).

pre·ten·sion [pri'tenʃn] prétention *f*; droit *m*, titre *m*.

pre·ten·tious [pri'tenʃəs] prétentieux (-euse *f*); **pre'ten·tious·ness** prétention *f*.

pret·er·it(e) *gramm.* ['pretərit] prétérit *m*, passé *m*.

pre·ter·mis·sion [pri:tə'miʃn] omission *f*; interruption *f*.

pre·ter·mit [pri:tə'mit] omettre; interrompre; négliger (de *inf.*).

pre·ter·nat·u·ral □ [pri:tə'nætʃrəl] surnaturel(le *f*).

pre·text ['pri:tekst] prétexte *m*, excuse *f*.

pret·ti·ness ['pritinis] gentillesse *f* (*a. style*).

pret·ty ['priti] **1.** *adj.* □ joli, beau (bel *devant une voyelle ou un h muet*; belle *f*); gentil(le *f*); my ~! ma mignonne!; **2.** *adv.* assez, passablement; ~ *near* à peu près; ~ *close to perfect* presque parfait; ~ *much the same thing* à peu près la même chose; *a* ~ *large number* un assez grand nombre.

pre·vail [pri'veil] prédominer; régner; prévaloir (sur, over; contre, *against*); l'emporter (sur over, *against*); ~ (*up*)on s.o. to (*inf.*) amener *ou* déterminer q. à (*inf.*); **pre'vail·ing** □ courant; en vogue; dominant.

prev·a·lence ['prevələns] prédominance *f*; généralité *f*; fréquence *f*; **'prev·a·lent** □ (pré)dominant; répandu, général (-aux *m/pl.*).

pre·var·i·cate [pri'værikeit] équivoquer; mentir; **pre·var·i·ca·tion** équivoques *f/pl.*; mensonge *m*; **pre'var·i·ca·tor** barguigneur (-euse *f*) *m*; menteur (-euse *f*) *m*.

pre·vent [pri'vent] empêcher (de, from); mettre obstacle à (qch.); prévenir (*un malheur etc.*); **pre'vent·a·ble** évitable; **pre'vent·a·tive** [~tətiv] see preventive; **pre'vent·er** empêcheur (-euse *f*) *m*; ♣ faux

étai *m*; **pre'ven·tion** empêchement *m*; protection *f* (contre, of); **pre'ven·tive 1.** □ préventif (-ive *f*); ~ *custody* détention *f* préventive; ~ *detention* emprisonnement *m* à titre préventif; ~ *medicine* médecine *f* préventive; **2.** empêchement *m*; médicament *m* préventif; mesure *f* préventive (contre, of).

pre·view ['pri:vju:] exhibition *f* préalable; *cin.* avant-première *f*.

pre·vi·ous □ ['pri:viəs] antérieur, antécédent (à, to); préalable; F trop pressé; ~ *conviction* condamnation *f* antérieure; ~ *to* a. avant; ~ly auparavant; préalablement.

pre·vi·sion [pri'viʒn] prévision *f*.

pre·vo·ca·tion·al train·ing [pri:vo'keiʃnl'treiniŋ] enseignement *m* professionnel.

pre-war ['pri:'wɔ:] d'avant-guerre.

prey [prei] **1.** proie *f*; *beast* (*bird*) *of* ~ bête *f* (oiseau *m*) de proie; **2.** : ~ (*up*)on faire sa proie de; piller, ravager; *fig.* ronger.

price [prais] **1.** prix *m*; *course*: cote *f*; *bourse*: cours *m*; *at any* ~ coûte que coûte; **2.** mettre un prix à; estimer, évaluer; demander le prix de; ~ *s.o. out* chasser q. du marché en demandant des prix plus bas que celui-ci; ~ *o.s. out* (*of the market*) perdre un marché en demandant des prix trop élevés; ~ *brack·et see price range*; **'pric·ey** F couteux (-euse *f*), F cherot; **'price·less** inestimable; *sl.* impayable; **price range** éventail *m ou* gamme *f* des prix; *within my* ~ dans mes prix; *in the medium* ~ dans les prix moyens; **price tick·et, price tag** étiquette *f* (de prix); *fig.* prix *m*; *have a heavy* ~ coûter cher.

prick [prik] **1.** piqûre *f*; *fig.* picoterie *f*; *conscience*: remords *m*; **2.** *v/t.* piquer; crever (*une ampoule*); ♣ pointer (*une carte*); (*a.* ~ *out*) tracer un dessin en piquant; ↙ ~ *out* repiquer; ~ *up one's ears* dresser l'oreille; *v/i.* picoter; fourmiller (*membre*); *se* dresser; **'prick·er** poinçon *m*, pointe *f*; **prick·le** ['~l] piquant *m*, épine *f*; **'prick·ly** épineux (-euse *f*); ✿ ~ *heat* bouton *m* de chaleur; ♀ ~ *pear* figuier *m ou* figue *f* de Barbarie.

pride [praid] **1.** orgueil *m*; *péj.* vanité *f*; faste *m*; *saison etc.*: apogée *m*; ~ *of place* priorité *f*;

take ~ *in* être fier (fière *f*) de; *2.*: ~ *o.s.* se piquer, se faire gloire, tirer vanité (de, [up]on).

pri·er ['praiə] curieux (-euse *f*) *m*.

priest [priːst] prêtre *m*; '**~craft** *péj.* cléricalisme *m*; intrigues *f/pl.* sacerdotales; '**priest·ess** prêtresse *f*; '**priest·hood** ['~hud] le clergé *m*; sacerdoce *m*; '**priest·ly** sacerdotal (-aux *m/pl.*).

prig [prig] **1.** poseur *m* à la vertu; *sl.* chipeur (-euse *f*) *m*; **2.** *sl.* chiper; '**prig·gish** □ suffisant; collet monté *adj./inv.*

prim □ [prim] guindé, compassé; collet monté *adj./inv.* (*personne*).

pri·ma·cy ['praiməsi] primauté *f*; *eccl.* primatie *f*; **pri·ma·ri·ly** ['~rili] principalement; '**pri·ma·ry** □ principal (-aux *m/pl.*); principal (-ive *f*); premier (-ère *f*) (*a. importance*); *♪, ♯, astr., couleur, école*: primaire; *Am.* ~ (*meeting*) élection *f* primaire directe; *see* share; **pri·mate** *eccl.* ['~mit] primat *m*.

prime [praim] **1.** □ premier (-ère *f*); de premier ordre; principal (-aux *m/pl.*); de surchoix (*viande*); ♥ ~ cost prix *m* coûtant, prix *m* d'achat; ♀ *Minister* président du Conseil; premier ministre *m*; ~ *number* nombre *m* premier; *radio, télév.* ~ *time* heure(s) *f(pl.)* d'écoute maximum; **2.** *fig.* perfection *f*; fleur *f* de l'âge; choix *m*; premiers jours *m/pl.*; *eccl.* prime *f*; **3.** *v/t.* amorcer (*une arme, un obus, une pompe*); *peint.* apprêter; *fig.* faire la leçon à; abreuver (*q. d'alcool*); *v/i.* ⊕ primer.

prim·er¹ ['praimə] premier cours *m ou* livre *m* de lecture; premiers éléments *m/pl.*; *typ.* ['primə]: great ~ gros romain *m*; corps 16; long ~ philosophie *f*; corps 10.

prim·er² ['praimə] amorceur *m*; apprêteur *m*; *peint.* couche *f* d'impression.

pri·me·val [prai'miːvəl] primordial (-aux *m/pl.*).

prim·ing ['praimiŋ] *peint.* apprêtage *m*; couche *f* d'impression; ⚔ amorce *f*; amorçage *m*.

prim·i·tive ['primitiv] **1.** □ primitif (-ive *f*), primaire; rude, grossier (-ère *f*); **2.** *gramm.* mot *m* primitif; *peint.* primitif *m*; '**prim·i·tive·ness**

caractère *m* primitif; *peuple*: rudesse *f*.

prim·ness ['primnis] air *m* collet monté; *chambre etc.*: ordre *m* parfait.

pri·mo·gen·i·ture [praimo'dʒenitʃə] primogéniture *f*; droit *m* d'aînesse.

pri·mor·di·al □ [prai'mɔːdiəl] primordial (-aux *m/pl.*).

prim·rose ♣ ['primrouz] primevère *f* (à grandes fleurs); *fig.* ~ *path* chemin *m* de velours.

prince [prins] prince *m*; '**prince·like** princier (-ère *f*); '**prince·ly** princier (-ère *f*); royal (-aux *m/pl.*) (*a. fig.*); *fig.* magnifique; **prin·cess** [prin'ses; *devant npr.* 'prinses] princesse *f*.

prin·ci·pal ['prinsəpəl] **1.** □ principal (-aux *m/pl.*); en chef; premier (-ère *f*); *gramm.* ~ *parts pl.* temps *m/pl.* principaux (*du verbe*); **2.** directeur *m*; chef *m*; patron *m*; ♥ employeur *m*; ♎ *crime*: patron *m*; ♥ capital *m*; *univ.* recteur *m*; **prin·ci·pal·i·ty** [prinsi'pæliti] principauté *f*.

prin·ci·ple ['prinsəpl] principe *m* (*a.* ♬); *in* ~ en principe; *on* ~ par principe; *on a* ~ d'après un principe.

prink ⊢ [priŋk] (s')attifer.

print [print] **1.** empreinte *f* (*digitale*); impression *f*; moule *m*; trace *f*; gravure *f*, estampe *f*; *typ.* matière *f* imprimée; caractères *m/pl.*; *phot.* copie *f*, épreuve *f*; ⊕ dessin; *usu. Am.* journal *m*; feuille *f* imprimée; ♥ *tex.* indienne *f*, cotonnade *f*; *out of* ~ épuisé; *in cold* ~ à la lecture, par écrit; *please* ~ écrire en lettres d'imprimerie. **2.** *v/t.* imprimer; marquer d'une empreinte; *phot.* tirer une épreuve de; *fig.* ~ *o.s.* se graver (*dans, on*); ~ed *form* imprimé *m*; ~ed *matter* imprimés *m/pl.*; *v/i.* être à l'impression; '**print·er** imprimeur *m*; ouvrier *m* typographe; ~'s *devil* apprenti *m* imprimeur; ~'s *flower* fleuron *m*; ~'s *ink* encre *f* d'impression.

print·ing ['printiŋ] impression *f*; *art:* imprimerie *f*; *phot.* tirage *m*; *attr.* à imprimer; impression; '**~-frame** châssis *m* (*positif*); '**~-ink** noir *m* d'imprimerie; '**~-of·fice** imprimerie *f*; '**~-pa·per** *phot.*

papier *m* photographique; papier *m* sensible; '**~-press** presse *f* d'imprimerie.

print-out ['printaut] *ordinateur:* listage *m*.

pri·or ['praiə] 1. *adj.* préalable; antérieur (à, to); 2. *adv.:* ~ to antérieurement à; 3. *su. eccl.* prieur *m*; '**pri·or·ess** *eccl.* prieure *f*; **pri·or·i·ty** ['~riti] priorité *f* (sur, over); antériorité *f*; *give s.th.* (top)~ donner la priorité (absolue) à qch.; *have* (*ou take*) ~ *over s.th.* avoir la priorité sur qch., primer qch.; *get one's priorities right* décider de ce qui est le plus important pour soi.; *see share*; **pri·o·ry** *eccl.* ['~əri] prieuré *m*.

prism ['prizm] prisme *m*; ~ binoculars *m* jumelles *f/pl.* à prismes; **pris·mat·ic** [priz'mætik] (~ally) prismatique.

pris·on ['prizn] 1. prison *f*; 2. *poét.* emprisonner; '**pris·on·er** prisonnier (-ère *f*) *m*; ✠✠ accusé(e *f*) *m*, prévenu(e *f*) *m*; détenu(e *f*) *m*; *fig.* be a ~ to être cloué à; *take s.o.* ~ faire q. prisonnier (-ère *f*); ~'s bars (*ou base*) (jeu *m* de) barres *f/pl.*

pris·sy *Am.* F ['prisi] chichiteux (-euse *f*).

pris·tine ['pristain] premier (-ère *f*), primitif (-ive *f*).

pri·va·cy ['praivəsi] intimité *f*; secret *m*; *in the* ~ *of* retiré dans.

pri·vate ['praivit] 1. □ ~ privé; particulier (-ère *f*); personnel(le *f*); secret (-ète *f*); réservé; retiré (*endroit*); ~ *company* société *f* en nom collectif; ~ *gentleman* rentier *m*; *parl.* ~ *member* simple député *m*; ~ *lessons pl.* leçons *f/pl.* particulières; ~ *theatricals* comédie *f* de salon; ~ *view* exposition *f*: avant-première *f*; ~ *sale* vente *f* à l'amiable; 2. ✖ (*ou* ~ *soldier*) simple soldat *m*; ~*s pl.* (*usu.* ~ *parts pl.*) parties *f/pl.* sexuelles; *in* ~ en séance privée; sans témoins; dans l'intimité; en famille.

pri·va·teer [praivi'tiə] *vaisseau, a. personne:* corsaire *m*; **pri·va'teer·ing** course *f*; *attr.* de course.

pri·va·tion [prai'veiʃn] privation *f* (*a. fig.*).

pri·va·tive □ ['praivətiv] négatif (-ive *f*); *gramm.* privatif (-ive *f*).

priv·et ♣ ['privit] troène *m*.

priv·i·lege ['privilidʒ] 1. privilège *m*, prérogative *f*; 2. privilégier (*q.*),

accorder le privilège à (*q.*) (de *inf.*, to *inf.*); ~*d* privilégié.

priv·i·ty ✠✠ ['priviti] obligation *f*; lien *m* de droit.

priv·y ['privi] 1. □: ~ *to* instruit de; ✠✠ intéressé dans, trempé dans; ♀ *Council* Conseil *m* privé; ♀ *Councillor* conseiller *m* privé; ~ *parts pl.* parties *f/pl.* sexuelles; ~ *purse* cassette *f* du roi; ♀ *Seal* petit Sceau *m*; *Lord* ♀ *Seal* Garde *m* du petit Sceau; 2. ✠✠ partie *f* intéressée; complice *mf*; F lieux *m/pl.* d'aisance.

prize¹ [praiz] 1. prix *m*; *loterie:* lot *m*; ♣ prise *f*, capture *f*; *first* ~ *loterie:* le gros lot; 2. couronné; médaillé; de prix; ♣ de prise; ~ *competition* concours *m* avec prix; 3. estimer, priser; ♣ capturer.

prize² [~] 1. (*a.* ~ *open*) forcer avec un levier; 2. force *f* de levier.

prize...: '**~-fight·er** boxeur *m* professionnel; '**~-list** palmarès *m*; '**~-man**, '**~-win·ner** lauréat(e *f*) *m*; gagnant(e *f*) *m* du prix.

pro¹ [prou] pour; *see* con³.

pro² [~] professionnel(le *f*) *m*, F pro *mf*.

prob·a·bil·i·ty [prɔbə'biliti] probabilité *f*; '**prob·a·ble** □ probable.

pro·bate ✠✠ ['proubit] homologation *f* (d'un testament).

pro·ba·tion [prə'beiʃn] épreuve *f*, stage *m*; *eccl.* probation *f*; ✠✠ liberté *f* surveillée; *on* ~ en stage; ✠✠ en liberté sous surveillance; **pro'ba·tion·a·ry** ✠✠ ~ *period* période *f* de liberté surveillée; **pro'ba·tion·er** stagiaire *mf*; *eccl.* novice *mf*; ✠✠ condamné(e *f*) *m* mis(e *f*) en liberté sous surveillance.

pro·ba·tive ✠✠ ['proubətiv] probant, probatoire.

probe ✇ [proub] 1. sonde *f*, poinçon *m*; *surt. Am. parl., pol.* enquête *f*; 2. (*a.* ~ *into*) sonder; '**~-scis·sors** *pl.* (*sorte de*) ciseaux *m/pl.* de chirurgie, ciseaux *m/pl.* boutonnés.

prob·i·ty ['prɔbiti] probité *f*.

prob·lem ['prɔbləm] problème *m* (*a.* ♠); question *f*; ~ *child* enfant *mf* difficile; ~ *play* pièce *f* à thèse; **prob·lem·at·ic**, **prob·lem·at·i·cal** □ [~bli'mætik(l)] problématique; *fig.* douteux (-euse *f*).

pro·bos·cis *zo.* [prə'bɔsis] trompe *f*.

pro·ce·dur·al [prəˈsiːdʒərəl] de procédure; **proˈce·dure** [⌣dʒə] procédure *f*; procédé *m*.

pro·ceed [prəˈsiːd] continuer son chemin; aller (*a. fig.*); marcher (*a. fig.*); continuer (qch., *with* s.th.); agir; se mettre (à *inf.*, *to* inf.); se poursuivre; ⚖ poursuivre (q., *against* s.o.) *univ.* prendre le grade de; ~ *from* sortir de; ~ *on* one's *journey* poursuivre sa route; **proˈceed·ing** procédé *m*; façon d'agir; ~s *pl.* ⚖ procès *m*, poursuites *f/pl.* judiciaires; *société:* transactions *f/pl.*, débats *m/pl.*; cérémonie *f*, séance *f*; ⚖ *take* ~s *against* intenter un procès à; **proceeds** [ˈprousiːdz] *pl.* produit *m*, montant *m* (de, *from*); net ~ produit *m* net.

pro·cess[1] [prəˈses] aller en procession.

proc·ess[2] [ˈprouses] **1.** processus *m* (*a. anat.*); procédé *m*; progrès *m*, marche *f*, cours *m*; méthode *f*; ⚖ *a. anat.* procès *m*; 🜍 réaction *f*, mode *m* (*humide, sec*); ⚕ proéminence *f*; *in* ~ en voie; en train; *in* ~ *of construction* en voie *ou* cours de construction; *in the* ~ *of* au cours de; **2.** ⊕ faire subir une opération à; apprêter; ~ *into* transformer en; **proˈcess·ing** ⊕ traitement *m* (*d'une matière première*).

pro·ces·sion [prəˈseʃn] cortège *m*; défilé *m*; procession *f*.

pro·claim [prəˈkleim] proclamer; déclarer (*a. la guerre*); publier (*les bans*); faire annoncer; *fig.* crier.

proc·la·ma·tion [prɔklə'meiʃn] proclamation *f*; déclaration *f*; publication *f*.

pro·cliv·i·ty [prəˈkliviti] penchant *m* (à, *to*).

pro·cras·ti·nate [proˈkræstineit] remettre (qch.) à plus tard; temporiser; **proˈcras·ti'na·tion** remise *f* à plus tard; temporisation *f*.

pro·cre·ate [ˈproukrieit] engendrer; **pro·cre'a·tion** procréation *f*; **ˈpro·cre·a·tive** procréateur (-trice *f*).

proc·tor [ˈprɔktə] ⚖ procureur *m* (*devant une cour*); *univ.* censeur *m*; *sl.* ~'s (bull)dog appariteur *m* du censeur; **ˈproc·tor·ize** *univ.* réprimander; infliger une amende à.

pro·cum·bent [prouˈkʌmbənt] couché sur le ventre; ♀ rampant.

pro·cur·a·ble [prəˈkjuərəbl] procurable.

proc·u·ra·tion [prɔkjuˈreiʃn] procuration *f*; ✝ commandement *m*; *by* ~ en vertu d'un commandement; **ˈproc·u·ra·tor** fondé *m* de pouvoir; procureur *m*.

pro·cure [prəˈkjuə] *v/t.* obtenir; procurer (qch. à q. s.o. s.th., s.th. *for* s.o.); *v/i.* faire le métier de proxénète; **proˈcure·ment** obtention *f*; proxénétisme *m*; **proˈcur·er** acquéreur (-euse *f*) *m*; entremetteur *m*; **proˈcur·ess** entremetteuse *f*, procureuse *f*.

prod [prɔd] **1.** coup *m* de coude *etc.*; *fig.* aiguillon *m*; **2.** pousser (*du bout d'un bâton etc.*); *fig.* aiguillonner.

prod·i·gal ☐ [ˈprɔdigəl] **1.** prodigue (de, *of*); *the* ☾ *Son* l'enfant prodigue; **2.** prodigue *mf*; **prod·i·gal·i·ty** [⌣ˈgæliti] prodigalité *f*.

pro·di·gious ☐ [prəˈdidʒəs] prodigieux (-euse *f*); **prod·i·gy** [ˈprɔdidʒi] prodige *m*; *fig.* merveille *f*; (*souv. infant* ~) enfant *m* prodige.

prod·uce[1] [ˈprɔdjuːs] *champ.:* rendement *m*; produit *m*; *coll.* denrées *f/pl.*, produits *m/pl.*

pro·duce[2] [prəˈdjuːs] produire; créer; ⚖, *théâ.* représenter; ⚡ engendrer (*du courant*); causer, provoquer; ⊕ fabriquer; *théâ.* mettre en scène; ⚓ prolonger; *cin.* éditer, diriger; **proˈduc·er** producteur (-trice *f*) *m*; *théâ.* metteur *m* en scène; *cin.* directeur *m* de productions; *surt. Am.* tenancier *m* d'un théâtre; *gas-* ~ gazogène *m*; **pro·duc·i·ble** productible; **proˈduc·ing** producteur (-trice *f*); productif (-ive *f*).

prod·uct [ˈprɔdʌkt] produit *m* (*a.* Å), résultat *m*; **pro·duc·tion** [prəˈdʌkʃn] production *f* (*a. d'un livre*); *théâ.* mise *f* en scène; ⚖, *théâ.* représentation *f*; ⊕ fabrication *f*, fabrique *f*; produit *m*, -s *m/pl.*; Å prolongement *m*; be in good ~ être fabriqué en grand nombre; ⊕ *flow* ~ travail (*pl.* -aux) *m* à la chaîne; **pro·duc·tive** ☐ productif (-ive *f*), générateur (-trice *f*) (de, *of*); fécond (*sol*); en rapport (*capital, arbre, usine, etc.*); **proˈduc·tive·ness**, **pro·duc·tiv·i·ty** [prɔdʌkˈtiviti] productivité *f*. [prof *m.*]

prof *Am.* F [prɔf] professeur *m*, F⌟

prof·a·na·tion [prɔfə'neiʃn] profanation f; **pro·fane** [prə'fein] **1.** □ profane; impie; blasphématoire; non initié; **2.** profaner; polluer; fig. violer; **pro·fan·i·ty** [prə'fæniti] impiété f; blasphème m, -s m/pl.

pro·fess [prə'fes] déclarer; professer (la foi, école: un sujet) faire profession de; exercer (un métier); prétendre; ~ to be s.th. passer pour qch.; **pro'fessed** □ prétendu; soidisant; fig. déclaré; eccl. profès (-esse f); **pro'fess·ed·ly** [~idli] de son propre aveu.

pro·fes·sion [prə'feʃn] profession f, métier m; déclaration f; **pro'fes·sion·al 1.** □ professionnel(le f); expert; du ou de métier; the ~ classes les membres m/pl. des professions libérales; **2.** expert m; sp. professionnel(le f) m; **pro'fession·al·ism** [~əlizm] professionnalisme m.

pro·fes·sor [prə'fesə] professeur m; **pro'fes·sor·ship** professorat m; chaire f.

prof·fer ['prɔfə] **1.** offrir; **2.** offre f.

pro·fi·cien·cy [prə'fiʃənsi] compétence f, capacité f (en, in); **pro'fi·cient 1.** □ compétent; versé (dans in, at); **2.** expert m (en, in).

pro·file ['proufail] profil m (a. △); silhouette f; △ coupe f perpendiculaire.

prof·it ['prɔfit] **1.** profit m; avantage m; ✝ souv. ~s pl. bénéfice m; ✝ ~ margin marge f bénéficiaire; excess ~ bénéfices m/pl. extraordinaires; **2.** v/t. profiter à (q.); v/i.: ~ by profiter de; mettre (qch.) à profit; **prof·it·a·bil·i·ty** rentabilité f; **'prof·it·a·ble** □ profitable; avantageux (-euse f); rémunérateur (-trice f), rentable; **'prof·it·a·ble·ness** nature f avantageuse; profit m, avantage m; **'prof·it·eer** [~'tiə] **1.** faire des bénéfices excessifs; **2.** profiteur (-euse f) m, mercanti m (surt. de guerre); **prof·it'eer·ing** mercantilisme m; **'prof·it·less** □ sans profit; **'prof·it·shar·ing** ['~ʃɛəriŋ] participation f aux bénéfices.

prof·li·ga·cy ['prɔfligəsi] débauche f; prodigalité f; **prof·li·gate** ['~git] **1.** □ débauché, libertin; prodigue; **2.** débauché(e f) m, libertin(e f) m.

pro·found □ [prə'faund] profond (a. fig.); fig. absolu; **pro'found·ness**, **pro·fun·di·ty** [~'fʌnditi] profondeur f (a. fig.).

pro·fuse □ [prə'fju:s] prodigue (de in, of); abondant, excessif (-ive f); **pro'fuse·ness**, **pro·fu·sion** [~'fju:ʒn] profusion f, abondance f.

prog sl. [prɔg] boustifaille f.

pro·gen·i·tor [prou'dʒenitə] aïeul m, ancêtre m; **pro'gen·i·tress** aïeule f; **prog·e·ny** ['prɔdʒini] progéniture f; descendants m/pl.; fig. conséquence f.

prog·no·sis ♂ [prɔg'nousis], pl. **-ses** [~si:z] pronostic m; science: prognose f.

prog·nos·tic [prɔg'nɔstik] **1.** pronostique; be ~ of prédire (qch.); **2.** pronostique m; symptôme m; **prog'nos·ti·cate** [~keit] pronostiquer; prédire; **prog·nos·ti·ca·tion** pronostication f.

pro·gram(me) ['prougræm] **1.** programme m (a. traitement de l'information); **2.** programmer; **'pro·gram·mer** radio: programmateur m; traitement de l'information: personne: programmeur (-euse f) m, machine: programmateur m; **'pro·gram·ming** radio, traitement de l'information: programmation f.

prog·ress[1] ['prougres] progrès m; avancement m; marche f (a. ✕); étapes f/pl. successives; in ~ en cours (d'exécution).

pro·gress[2] [prə'gres] s'avancer; faire des progrès; **pro'gres·sion** [~ʃn] progression f (a. A); ♪ marche f; **pro'gres·sist** pol. progressiste (a. su./mf); **pro'gres·sive** □ progressif (-ive f); du progrès; pol. progressiste (a. su./mf).

pro·hib·it [prə'hibit] défendre, interdire (qch., s.th.; à q. de inf., s.o. from gér.); empêcher (q. de inf., s.o. from gér.); **pro·hi·bi·tion** [proui'biʃn] prohibition f, défense f; Am. régime m sec; **pro·hi'bi·tion·ist** prohibitionniste mf; surt. Am. partisan m du régime sec; **pro·hib·i·tive** □ [prə'hibitiv], **pro·hib·i·to·ry** □ [~təri] prohibitif (-ive f); prohibitive duty droits m/pl. prohibitifs.

proj·ect[1] ['prɔdʒekt] projet m.

pro·ject[2] [prə'dʒekt] v/t. projeter (a. ✕); lancer; avancer; ~ o.s. into se transporter dans; v/i. faire saillie;

pro·jec·tile [prə'dʒektail] projectile (*a. su./m*); **pro'jec·tion** ⚛, *cin.*, *lumière*, *cartes:* projection *f*; lancement *m*; ⊿ (*partie f qui fait*) saillie *f*; *fig.* image *f*; prolongement *m*; **pro'jec·tor** projecteur (*-euse f*) *m*; ♱ fondateur (*-trice f*) *m*; *opt.* projecteur *m*, appareil *m* de projection.

pro·le·tar·i·an [proule'tɛəriən] prolétaire (*a. su./m*); prolétarien(ne) *f*; **pro·le'tar·i·at(e)** [⌣riət] prolétariat *m*.

pro·lif·e·rate [prou'lifəreit] proliférer; se multiplier; **pro·lif·e'ra·tion** prolifération *f*; **pro'lif·ic** [prə'lifik] (⌣*ally*) prolifique; fécond (*in of, in*).

pro·lix □ ['prouliks] prolixe, diffus; **pro'lix·i·ty** prolixité *f*.

pro·logue, *Am. a.* **pro·log** ['prouləg] prologue *m* (*de, to*).

pro·long [prə'ləŋ] prolonger; ♱ proroger; ♪ allonger (*un coup d'archet*); **pro·lon·ga·tion** [proulɔŋ'geiʃn] prolongation *f*, prolongement *m*.

prom·e·nade [prɔmi'nɑ:d] 1. promenade *f*; esplanade *f*; *théâ.* promenoir *m*; 2. *v/i.* se promener (*dans, in*); parader; *v/t.* promener (*q.*).

prom·i·nence ['prɔminəns] éminence *f*; importance *f*; protubérance *f*, saillie *f*; relief *m*; **'prom·i·nent** □ éminent; remarquable; saillant, prononcé.

prom·is·cu·i·ty [prɔmis'kjuːiti] promiscuité *f*; **pro·mis·cu·ous** □ [prə'miskjuəs] mêlé, confus; mixte; sans distinction de sexe; F dévergondé.

prom·ise ['prɔmis] 1. promesse *f*; *fig.* espérance *f*; *of great* ⌣ plein de promesses, d'un grand avenir; 2. *v/t.* promettre; *fig.* annoncer, laisser prévoir; F *I* ⌣ *you* je vous le promets; *v/i.* promettre; s'annoncer (*bien, mal*); **'prom·is·ing** □ plein de promesses, encourageant; **prom·is·so·ry** ['⌣səri] promissoire; ♱ ⌣ *note* billet *m* à ordre.

prom·on·to·ry ⚓, *géog.* ['prɔməntri] promontoire *m*.

pro·mote [prə'mout] promouvoir (*q.*); nommer (*q.*); *surt. Am. école:* faire passer; *parl.* prendre l'initiative de (*un projet de loi*); ♱ fonder, lancer (*une compagnie*); *surt. Am.*

faire de la réclame pour (*un produit*); **pro'mot·er** instigateur (*-trice f*) *m*; ♱ fondateur *m*, promoteur *m* (*d'affaires*); **pro'mo·tion** avancement *m*, promotion *f*; ♱ lancement *m* (*d'un article*); ♱ (*a. sales* ⌣) promotion *f* de la vente; ⌣ *prospects pl.* possibilités *f/pl.* d'avancement *ou* de développement.

prompt [prɔmpt] 1. □ prompt; rapide; immédiat; 2. promptement; 3. inciter, pousser (*à, to*); suggérer (*qch. à q., s.o. to s.th.*); inspirer (*un sentiment*), donner (*une idée*); *théâ.* souffler; 4. ♱ délai *m* de paiement; **'⌣-box** *théâ.* trou *m* du souffleur; **'prompt·er** instigateur (*-trice f*) *m*; *théâ.* souffleur (*-euse f*) *m*; **prompt·i·tude** ['⌣itjuːd]/**'prompt·ness** promptitude *f*, empressement *m*.

pro·mul·gate ['prɔmʌlgeit] promulguer (*une loi*); répandre; **pro·mul'ga·tion** *loi:* promulgation *f*; *idee:* dissémination *f*; proclamation *f*.

prone □ [proun] couché sur le ventre; en pente (*terrain*); escarpé; *fig.* ⌣ *to* porté à; prédisposé à; **'prone·ness** disposition *f* (*à, to*).

prong [prɔŋ] fourchon *m*, fourche: dent *f*; pointe *f*; *Am. rivière:* embranchement *m*; **pronged** à fourchons, à dents.

pro·nom·i·nal □ *gramm.* [prə'nɔminl] pronominal (*-aux m/pl.*).

pro·noun *gramm.* ['prounaun] pronom *m*.

pro·nounce [prə'nauns] *v/t.* déclarer; prononcer, articuler; *v/i.* prononcer (*sur, on*); se déclarer (*pour, in favour of*); **pro'nounced** □ prononcé; marqué; **pro'nounc·ed·ly** [⌣idli] de façon prononcée; **pro'nounce·ment** déclaration *f*.

pro·nounc·ing [prə'naunsiŋ] qui indique la prononciation.

pron·to *Am.* F ['prɔntou] sur-le-champ.

pro·nun·ci·a·tion [prənʌnsi'eiʃn] prononciation *f*.

proof [pruːf] 1. preuve *f* (*a. fig., a.* ⚖ *alcool*); *typ.*, *phot.* épreuve *f*; *a. see test 1*; confirmation *f*; *in* ⌣ *of* pour *ou* en preuve de; 2. résistant (*à against, to*); à l'abri (*de, against*); **'⌣-read** *typ.* corriger les épreuves (*de*); **'⌣-read·er** *typ.* correcteur

(-trice *f*) *m*; '~-**sheet** *typ.* épreuve *f*; '~-**spir·it** ⚗ trois-six *m*.

prop [prɔp] **1.** appui *m* (*a. fig.*); *théâ. sl.* accessoire *m*; *Am. sl.* épingle *f* de cravate; **2.** (*ou* ~ *up*) appuyer, soutenir.

prop·a·gan·da [prɔpə'gændə] propagande *f*; **prop·a·gan·dist** propagandiste *mf*; **prop·a·gate** ['prɔpəgeit] (se) propager (*a. fig.*); *fig.* (se) répandre; **prop·a·ga·tion** propagation *f*; dissémination *f*; '**prop·a·ga·tor** propagateur (-trice *f*) *m*; semeur (-euse *f*) *m*.

pro·pel [prə'pel] pousser en avant; mouvoir (*une machine*); **pro'pel·lant** propulseur *m*; **pro'pel·lent** propulseur (*a. su./m*); propulsif (-ive *f*); **pro'pel·ler** propulseur *m*; ⚓, ✈ hélice *f*; ~*shaft* ⚓ arbre *m* porte-hélice; ⊕ arbre *m* à cardan; *mot.* arbre *m* de transmission; **pro'pel·ling** moteur (-trice *f*); ~ *pencil* porte-mine *m/inv.*

pro·pen·si·ty [prə'pensiti] penchant *m*, tendance *f* (à, vers to, for).

prop·er □ ['prɔpə] propre; (*souv. après le su.*) proprement dit; particulier (-ère *f* (à, to); juste, vrai; convenable (à, for); comme il faut; *F* parfait, dans toute l'acception du mot; ~ *name* nom *m* propre; '**prop·er·ty** (droit *m* de) propriété *f* (*a.* ⚖, *a. fig.*); biens *m/pl.*; immeuble *m*, -s *m/pl.*; *fig. a.* qualité *f*; *théâ.* accessoire *m*; *théâ. properties pl. a.* réserve *f* de décors *etc.*; '**prop·er·ty tax** impôt *m* foncier.

proph·e·cy ['prɔfisi] prophétie *f*; **proph·e·sy** ['~sai] *vt/i.* prophétiser; *v/t. a.* prédire.

proph·et ['prɔfit] prophète *m*; '**proph·et·ess** prophétesse *f*; **proph·et·ic, pro·phet·i·cal** □ [prɔ'fetik(l)] prophétique.

pro·phy·lac·tic [prɔfi'læktik] (~*ally*) prophylactique (*a. su./m*).

pro·pin·qui·ty [prə'piŋkwiti] proximité *f*; voisinage *m*; parenté *f*.

pro·pi·ti·ate [prə'piʃieit] apaiser; rendre favorable; **pro·pi·ti·a·tion** apaisement *m*; propitiation *f*; expiation *f*; **pro'pi·ti·a·tor** propitiateur (-trice *f*) *m*; **pro'pi·ti·a·to·ry** □ [~ʃiətəri] propitiatoire; expiatoire.

pro·pi·tious □ [prə'piʃəs] propice, favorable; **pro'pi·tious·ness** nature *f* propice *ou* favorable (*a. fig.*).

pro·po·nent [prə'pounənt] partisan(e *f*) *m*, défenseur (-euse *f*) *m*.

pro·por·tion [prə'pɔ:ʃn] **1.** partie *f*; part *f*; portion *f*; proportion *f* (*a.* △, Å, ♪); Å proportionnalité *f*; ~*s pl.* dimensions *f/pl.*, proportions *f/pl.*; **2.** proportionner (à, to); ⊕ déterminer les dimensions de; coter (*un dessin*); **pro'por·tion·al 1.** □ proportionnel(le *f*); en proportion (de, to); *see proportionate*; **2.** Å proportionnelle *f*; **pro'por·tion·ate** □ [~it] proportionné (à, to).

pro·pos·al [prə'pouzəl] proposition *f*, offre *f*; demande *f* en mariage; projet *m*; **pro'pose** *v/t.* proposer; suggérer; porter (*un toast*); ~ *s.o.'s health* boire à la santé de q., porter un toast à q.; ~ *to o.s.* se proposer; *v/i.* faire la demande en mariage; demander sa main (à, to); **pro'pos·er** proposeur (-euse *f*) *m*; **pro·po·si·tion** [prɔpə'ziʃn] proposition *f* (*a. phls.*, Å); *sl.* affaire *f*.

pro·pound [prə'paund] (pro)poser (*une question etc.*); exposer (*un programme*).

pro·pri·e·tar·y [prə'praiətəri] **1.** de propriété; de propriétaire; privé; possédant (*classe etc.*); ~ *article* spécialité *f*; **2.** (droit *m* de) propriété *f*; **pro'pri·e·tor** propriétaire *mf*; patron(ne *f*) *m*; **pro'pri·e·tress** propriétaire *f*; patronne *f*; **pro'pri·e·ty** propriété *f*, justesse *f*; bienséance *f*; *the proprieties pl.* les convenances *f/pl.*, la décence *f*.

pro·pul·sion ⊕ [prə'pʌlʃn] propulsion *f*; **pro'pul·sive** [~siv] propulsif (-ive *f*); de propulsion.

pro·rate *Am.* [prou'reit] évaluer au pro rata.

pro·ro·ga·tion *parl.* [prourə'geiʃn] prorogation *f*; **pro·rogue** *parl.* [prə'roug] proroger.

pro·sa·ic [prou'zeiik] (~*ally*) *fig.* prosaïque (= *banal*).

pro·scribe [prou'skraib] proscrire.

pro·scrip·tion [pros'kripʃn] proscription *f*; interdiction *f*.

prose [prouz] **1.** prose *f*; **2.** en prose; **3.** *v/t.* mettre en prose; *v/i. F* tenir des discours ennuyeux.

pros·e·cute ['prɔsikju:t] poursuivre (*a. en justice*); ⚖ intenter (*une action*); exercer (*un métier*); effectuer (*un voyage*); **pros·e'cu·tion** continuation *f*; exercice *m*; ⚖ poursuites *f/pl.* (judiciaires); accusation *f*; *in* ~ *of* conformément à; ⚖ *the* ♀ le Ministère public; *witness for the* ~ témoin *m* à charge; '**pros·e·cu·tor** ⚖ plaignant *m*; poursuivant *m*; *public* ~ Ministère *m* public; procureur *m*.

pros·e·lyte *eccl.* ['prɒsilait] prosélyte *mf*; **'pros·e'lyt·ism** ['⌐litizm] prosélytisme *m*; '**pros·e·lyt·ize** *v/t.* convertir; *v/i.* faire des prosélytes.

pros·er ['prouzə] conteur *m* ennuyeux; F raseur *m*.

pros·o·dy ['prɒsədi] prosodie *f*, métrique *f*.

pros·pect 1. ['prɒspekt] vue *f*; perspective *f* (*a. fig.*); paysage *m*; ~*s pl.* espérances *f/pl.*, avenir *m*; ✝ *Am.* client *m* possible; ⚒ prélèvement *m* d'essai; *have in* ~ avoir (*qch.*) en vue; *hold out a* ~ *of* offrir des espérances de (*qch.*); **2.** [prəs'pekt] ⚒ prospecter; ~ *for* chercher; **pro'spec·tive** □ à venir; futur; ~ *buyer* client *m* éventuel; **pros'pec·tor** ⚒ chercheur *m* (*d'or*); **pro'spec·tus** [⌐təs] prospectus *m*.

pros·per ['prɒspə] (faire) réussir; *v/t.* prospérer; **pros·per·i·ty** [prɒs'periti] prospérité *f*; **pros·per·ous** □ ['⌐pərəs] prospère, florissant; propice; favorable (*wind etc.*).

pros·tate *anat.* ['prɒsteit] (*a.* ~ *gland*) prostate *f*.

pros·ti·tute ['prɒstitju:t] **1.** prostituée *f*; *sl.* poule *f*; **2.** prostituer (*a. fig.*); **pros·ti'tu·tion** prostitution *f* (*a. fig.*).

pros·trate 1. ['prɒstreit] prosterné, étendu; ✝ prostré; *fig.* accablé, abattu; **2.** [prɒs'treit] ✝ abattre; *fig.* ~ *o.s.* se prosterner (*devant, before*); **pros'tra·tion** prosternation *f*; ✝ prostration *f*; *fig.* abattement *m*.

pros·y □ *fig.* ['prouzi] prosaïque; verbeux (-euse *f*) (*personne*); ennuyeux (-euse *f*).

pro·tag·o·nist *théâ., a. fig.* ['prou-tægənist] protagoniste *m*.

pro·tect [prə'tekt] protéger (*contre, from*); abriter (*de, from*); ✝ faire provision pour; **pro'tec·tion** protection *f*; défense *f*; sauvegarde *f*; patronage *m*; abri *m*; **pro'tec·tion·ist** protectionniste (*a. su./mf*); **pro'tec·tive** protecteur (-trice *f*); *de*

sûreté; ~ *custody* détention *f* préventive; ~ *duty* droit *m* protecteur; **pro'tec·tor** protecteur *m* (*a.* ⊕); *fig.* patron *m*; -~ protège- *m*; **pro'tec·tor·ate** [⌐tərit] protectorat *m*; **pro'tec·to·ry** asile *m* des enfants abandonnés; **pro'tec·tress** protectrice *f*; *fig.* patronne *f*.

pro·te·in 🜍 ['prouti:n] protéine *f*.

pro·test 1. ['proutest] protestation *f*; ✝ protêt *m*; *in* ~ *against* pour protester contre; *enter* (*ou make*) *a* ~ élever des protestations, faire une protestation; **2.** [prə'test] *v/t.* protester (*a.* ✝); *Am.* protester contre; *v/i.* protester, réclamer (*contre, against*).

Prot·es·tant ['prɒtistənt] protestant (*a. su.*); '**Prot·es·tant·ism** protestantisme *m*.

prot·es·ta·tion [proutes'teiʃn] protestation *f*; **pro·test·er** [prə'testə] protestateur (-trice *f*) *m*; protestataire *mf*; ✝ débiteur *m* qui a fait protester un effet.

pro·to·col ['proutəkɒl] **1.** protocole *m*; **2.** dresser un protocole.

pro·ton *phys.* ['proutɒn] proton *m*.

pro·to·plasm *biol.* ['proutəplæzm] protoplasme *m*, protoplasma *m*.

pro·to·type ['proutətaip] prototype *m*, archétype *m*.

pro·tract [prə'trækt] prolonger; traîner (*qch.*) en longueur; *surv.* relever (*un terrain*); **pro'trac·tion** prolongation *f*; *surv.* relevé *m*; **pro'trac·tor** ⚓ rapporteur *m*.

pro·trude [prə'tru:d] *v/t.* faire sortir; *v/i.* faire saillie, s'avancer; **pro'tru·sion** [⌐ʒn] saillie *f*; protubérance *f*.

pro·tu·ber·ance [prə'tju:bərəns] protubérance *f*; **pro'tu·ber·ant** protubérant.

proud □ [praud] fier (fière *f*) (*de of, to*); orgueilleux (-euse *f*); ♀ fongueux (-euse *f*) (*chair*). ⎸

prov·a·ble □ ['pru:vəbl] démontrable, prouvable; **prove** [pru:v] *v/t.* prouver, démontrer; vérifier (*un calcul*); ⊕ éprouver (*a. fig.*), essayer; *v/i.* se montrer, être, se trouver; ~ *true* (*false*) se révéler comme étant vrai (faux).

prov·e·nance ['prɒvinəns] origine *f*, provenance *f*.

prov·en·der ['prɒvində] *bêtes*: fourrage *m*, provende *f*; F, *a. co.* nourriture *f*.

prov·erb ['prɔvəb] proverbe *m*; *be a* ~ être proverbial (-aux *m/pl.*); *péj.* être d'une triste notoriété; *he is a* ~ *for* generosity sa générosité est passée en proverbe; **pro·ver·bi·al** □ [prə'və:bial] proverbial (-aux *m/pl.*).

pro·vide [prə'vaid] *v/t.* pourvoir, fournir, munir (*q.*) (de, with); fournir (qch. à *q.*, *s.o. with s.th.*); stipuler (que, that); ~*d school* école *f* communale; *v/i.* venir en aide (à *q.*, for *s.o.*); ~ *against* parer à; se pourvoir contre; ~ *for* pourvoir aux besoins de; prévoir; † faire provision pour; ~*d that* pourvu que (*sbj.*); à condition que (*ind. ou sbj.*).

prov·i·dence ['prɔvidəns] prévoyance *f*; prudence *f*; providence *f* (*divine*); épargne *f*; **'prov·i·dent** □ prévoyant; économe; frugal (-aux *m/pl.*); ~ *society* société *f* de prévoyance; **prov·i·den·tial** □ [~'denʃl] providentiel(le *f*); F heureux (-euse *f*).

pro·vid·er [prə'vaidə] pourvoyeur (-euse *f*) *m*; fournisseur (-euse *f*) *m*.

prov·ince ['prɔvins] province *f*; 🏛, *a. fig.* juridiction *f*, ressort *m*, compétence *f*.

pro·vin·cial [prə'vinʃl] 1. provincial (-aux *m/pl.*); de province; 2. provincial(e *f*) *m*; *péj.* rustre *m*; **pro·'vin·cial·ism** provincialisme *m* (*souv. = locution provinciale*); esprit *m* de clocher.

pro·vi·sion [prə'viʒn] 1. disposition *f*; fourniture *f*; † réserve *f*, provision *f*; *fig.* stipulation *f*, clause *f*; ~*s pl.* comestibles *m/pl.*, vivres *m/pl.*; *make* ~ *for* pourvoir aux besoins de; prévoir; pourvoir à; ~ *merchant* marchand *m* de comestibles; 2. approvisionner, ravitailler; **pro·'vi·sion·al** □ provisoire.

pro·vi·so [prə'vaizou] condition *f*; *with the* ~ *that* à condition que; **pro·'vi·so·ry** [~zəri] conditionnel (-le *f*); provisoire (*gouvernement etc.*).

prov·o·ca·tion [prɔvə'keiʃn] provocation *f*; **pro·voc·a·tive** [prə'vɔkətiv] 1. provocateur (-trice *f*); provocant; 2. stimulant *m*.

pro·voke [prə'vouk] provoquer, inciter (à, to); exaspérer, irriter; faire naître, exciter; **pro'vok·ing** □ exaspérant, irritant, agaçant.

pro·vost ['prɔvəst] prévôt *m*; *écoss.* maire *m*; *univ.* principal *m*; ✠ [prə'vou]: ~ *marshal* grand prévôt *m*.

prow ⚓ [prau] proue *f*.

prow·ess ['prauis] prouesse *f*, vaillance *f*; exploit *m*, -s *m/pl.*

prowl [praul] 1. *v/i.* rôder (en quête de proie); *v/t.* rôder dans; *fig.* be on the ~ rôder; *Am.* ~ *car* police: voiture *f* de patrouille; **'prowl·er** rôdeur (-euse *f*) *m*.

prox·i·mate □ ['prɔksimit] proche, prochain, immédiat; approximatif (-ive *f*); **prox·im·i·ty** proximité *f*; *in the* ~ *of* à proximité de; **prox·i·mo** † [~mou] (du mois) prochain.

prox·y ['prɔksi] procuration *f*; mandat *m*, pouvoir *m*; *personne:* mandataire *mf*, fondé *m* de pouvoir(s); délégué(e *f*) *m*; *by* ~ par procuration.

prude [pru:d] prude *f*; F bégueule *f*.

pru·dence ['pru:dəns] prudence *f*, sagesse *f*; **'pru·dent** □ prudent, sage, judicieux (-euse *f*); **pru·den·tial** □ [pru'denʃl] prudent; dicté par la prudence.

prud·er·y ['pru:dəri] pruderie *f*; F pudibonderie *f*; **'prud·ish** □ prude; F pudibond.

prune[1] [pru:n] pruneau *m*.

prune[2] [~] émonder (*un arbre*); tailler (*un rosier etc.*); (*a.* ~ *away*, *off*) élaguer (*a. fig.*).

prun·ing...: '~**hook** émondoir *m*; '~**knife** serpette *f*.

pru·ri·ence, **pru·ri·en·cy** ['pruəriəns(i)] lasciveté *f*; curiosité *f* (de, after); **'pru·ri·ent** □ lascif (-ive *f*).

Prus·sian ['prʌʃn] 1. prussien(ne *f*); ~ *blue* bleu *m* de Prusse; 2. Prussien (-ne *f*) *m*.

prus·sic ac·id 🜍 ['prʌsik'æsid] acide *m* prussique.

pry[1] [prai] fureter, fouiller; ~ *into* chercher à pénétrer (*qch.*); F fourrer le nez dans; **'pry·ing** □ curieux (-euse *f*).

pry[2] [~] 1.: ~ *open* forcer la serrure de; forcer avec un levier; ~ *up* soulever à l'aide d'un levier; 2. levier *m*.

psalm [sɑ:m] psaume *m*; **'psalm·ist** psalmiste *m*; **psal·mody** ['sælmədi] psalmodie *f*.

Psal·ter ['sɔ:ltə] psautier *m*.

pse·phol·o·gy [pse'fɔlədʒi] étude *f* des élections.

pseudo... [psju:dou] pseud(o)-; faux (fausse *f*); **pseu·do·nym** ['ˌdɔnim] pseudonyme *m*; **pseu·don·y·mous** □ [ˌˈdɔniməs] pseudonyme.

pshaw [pʃɔ:] peuh!; allons donc!

pso·ri·a·sis ✿ [psɔ'raiəsis] psoriasis *m*.

psy·chi·a·trist [sai'kaiətrist] psychiatre *m*; **psy·chi·a·try** psychiatrie *f*.

psy·chic ['saikik] **1.** (*ou* **psy·chi·cal** □) psychique; **2.** ◠*s sg.* métapsychique *f*; métapsychose *f*.

psy·cho·a·nal·y·sis [saikou'nælɔsis] psychanalyse *f*; **psy·cho·an·a·lyst** [ˌˈænəlist] psychanalyste *m*.

psy·cho·log·i·cal □ [saikə'lɔdʒikl] psychologique; **psy·chol·o·gist** [sai'kɔlədʒist] psychologue *m*; **psy·'chol·o·gy** psychologie *f*.

psy·cho·sis [sai'kousis] psychose *f*.

pto·maine ✿ ['toumein] ptomaïne *f*.

pub F [pʌb] cabaret *m*; *sl.* bistrot *m*.

pu·ber·ty ['pju:bəti] puberté *f*.

pu·bes·cence [pju'besns] puberté *f*; ⚕ pubescence *f*; **pu·'bes·cent** pubère; ⚕ pubescent; velu.

pub·lic ['pʌblik] **1.** □ public (-ique *f*); ◠ *address system* (batterie *f* de) haut-parleurs *m/pl.*; ◠ *enemy* ennemi *m* universel *ou* F public; ♀ *Health* hygiène *f*; santé *f* publique; ◠ *holiday* jour *m* férié; ◠ *house* cabaret *m*; bistrot *m*; ◠ *law* droit *m* public; ◠ *library* bibliothèque *f* municipale *ou* communale; ◠ *man* homme *m* public *ou* très en vue; ♰◠ *relations pl.* relations *f/pl.* publiques; ◠ *spirit* civisme *m*, patriotisme *m*; *see school, utility, works*; **2.** *sg.*, *a. pl.* (grand) public *m*; F cabaret *m*; bistrot *m*; *in* ◠ en public, publiquement; **pub·li·can** [ˌˈkən] aubergiste *m*; débitant *m* de boissons; *hist.* publicain *m*; **pub·li·ca·tion** publication *f*; apparition *f* (*d'un livre*); *loi:* promulgation *f*; *ouvrage m* (publié); *monthly* ◠ revue *f* etc. mensuelle; **pub·li·cist** ['ˌsist] publiciste *m*; journaliste *m*; **pub·lic·i·ty** [ˌsiti] publicité *f*; réclame *f*; propagande *f*; service *m* de presse; ◠ *agent* agent *m* de publicité; **pub·li·cize** ['ˌsaiz] faire connaître au public; **'pub·lic·'pri·vate** mixte (*éco-*

nomie); **'pub·lic·'spir·it·ed** □ dévoué au bien public, soucieux (-euse *f*) du bien public.

pub·lish ['pʌbliʃ] *usu.* publier; éditer; promulguer (*une loi*); révéler, répandre; **pub·lish·er** éditeur *m*; libraire-éditeur (*pl.* libraires-éditeurs) *m*; *Am.* propriétaire *m* d'un journal; **'pub·lish·ing** publication *f*; mise *f* en vente; *attr.* d'édition; ◠ *house* maison *f* d'édition.

puck [pʌk] puck *m*; lutin *m*; *hockey sur glace*: palet *m* en caoutchouc.

puck·er ['pʌkə] **1.** godet *m*, faux pli *m*; *visage*: ride *f*; F embarras *m*; **2.** *v/t.* froncer; faire goder; rider (*le visage*); *v/i.* (*a.* ◠ *up*) se crisper; froncer, goder, grigner; se contracter. [cieux (-euse *f*).]

puck·ish □ ['pʌkiʃ] de lutin; malicieux]

pud·ding ['pudiŋ] pudding *m*, pouding *m*; *black* ◠ boudin *m*; *white* ◠ boudin *m* blanc.

pud·dle ['pʌdl] **1.** flaque *f* (*d'eau*); ⊕ braye *f* (*d'argile*); **2.** *v/t.* ⊕ corroyer (*l'argile, le fer*); puddler (*le fer*); damer (*la terre*); *v/i.* barboter; **'pud·dler** ⊕ brasseur *m* mécanique; *personne*: puddleur *m*; **'pud·dling-fur·nace** ⊕ four *m* à puddler.

pu·den·cy ['pju:dənsi] pudicité *f*; **pu·den·da** [pju:'dendə] *pl.* parties *f/pl.* génitales; **'pu·dent** pudique.

pudg·y F ['pʌdʒi] boulot(te *f*).

pu·er·ile □ ['pjuərail] puéril; *péj. a.* enfantin; **pu·er·il·i·ty** [ˌˈriliti] puérilité *f*.

puff [pʌf] **1.** *air, respiration*: souffle *m*; *vapeur*: échappement *m* soudain; *fumée, tabac*: bouffée *f*; *robe*: bouillon *m*, manche: bouffant *m*; houppe(tte) *f* (*à poudre*); *fig.* (*gâteau m*) feuilleté *m*; tourtelet *m*; réclame *f*; F haleine *f*; **2.** *v/t.* lancer, émettre (*une bouffée de fumée etc.*); (*a.* ◠ *out, up*) gonfler (*les joues etc.*); faire balloner (*une manche*); (*a.* ◠ *at*) tirer sur (*une pipe*), fumer; (*a.* ◠ *up*) vanter; ◠ *up* augmenter (*le prix*); ◠*ed eyes* yeux *m/pl.* gonflés; ◠*ed sleeve* manche *f* bouffante; *v/i.* souffler, lancer des bouffées (*de fumée*); ◠ *out* bouffer (*jupe*); **'puff·er** ♰ renchérisseur *m*, allumeur *m*; ♰ réclamiste *m*; **'puff·er·y** art *m* du puffisme; réclame *f* tapageuse; **puff·i·ness** ['ˌinis] boursouflure *f*; **'puff-**

ing † puffisme *m*; réclame *f* tapageuse; **'puff-'paste** pâte *f* feuilletée; **'puff·y** qui souffle par bouffées (*vent*); à l'haleine courte; gonflé; boursouflé; bouffant (*manche*).

pug¹ [pʌg] (*ou* ~**-dog**) carlin *m*; petit dogue *m*.

pug² ⊕ [~] corroyer (*a. un bassin*); pétrir (*l'argile*).

pu·gil·ism ['pju:dʒilizm] pugilat *m*, boxe *f*; **'pu·gil·ist** pugiliste *m*, boxeur *m*.

pug·na·cious [pʌg'neiʃəs] batailleur (-euse *f*); querelleur (-euse *f*); **pug·nac·i·ty** [~'næsiti] caractère *m* batailleur *ou* querelleur; attitude *f* batailleuse *ou* querelleuse.

pug-nose ['pʌgnouz] nez *m* troussé.

puis·ne ⚜ ['pju:ni] subalterne (*juge*).

puke *sl.* [pju:k] dégobiller (= *vomir*).

pule [pju:l] piauler, piailler.

pull [pul] **1.** (effort *m* de) traction *f*; tirage *m*; force *f* d'attraction (*d'un aimant*); *fig.* attrait *m*; *golf*: coup *m* tiré; *rame*: coup *m* d'aviron; *typ.* première épreuve *f*; F gorgée *f* (*de bière etc.*); *sl.* avantage *m*, *sl.* piston *m*; *sl.* ~ **at the bottle** coup *m* à même la bouteille; ~**-fastener** fermeture *f* éclair; **2.** *v/t.* tirer (*a. typ., a. sp. un cheval*); traîner; cueillir (*un fruit*); ⚓ ramer; ⚓ manier (*un aviron*); ⚓ souquer; ~ **the trigger** presser la détente; F ~ **one's weight** y mettre du sien; ~ **down** faire descendre; baisser; démolir; ~ **in** retenir (*un cheval*); ~ **off** arracher; ôter; remporter (*un prix*); ~ **through** tirer (*q.*) d'affaire; ~ **up** (re)monter; relever; arracher (*une plante*); arrêter (*un cheval, une voiture, etc.*); *fig.* réprimander; *v/i.* tirer (sur, *at*); *mot.* peiner; ⚓ ramer; 🚂 ~ **out** sortir de la gare; partir; ~ **through** se tirer d'affaire; ~ **up** s'arrêter.

pul·let ['pulit] poulette *f*; fattened ~ poularde *f*.

pul·ley ⊕ ['puli] poulie *f*; set of ~s *pl.* palan *m*, moufle *f*.

Pull·man car 🚂 ['pulmən'ka:] voiture *f* Pullman; *Am.* wagon-salon (*pl.* wagons-salons) *m*.

pull...: ['~**-out 1.** supplément *m* détachable; **2.** détachable; rétractable; '~**-o·ver** pull-over *m*, F pull *m*; '~**-'up** arrêt *m*; auberge *f* (*etc. pour automobilistes*).

pul·mo·nar·y 🫁 ['pʌlmənəri] pulmonaire, des poumons; poitrinaire (*personne*).

pulp [pʌlp] **1.** *dents etc.*: pulpe *f*; *fruits*: chair *f*; ⊕ pâte *f* à papier; *Am.* (*a.* ~ *magazine*) revue *f* à bon marché; **2.** réduire en pulpe *ou* pâte; mettre (*des livres*) au pilon.

pul·pit ['pulpit] chaire *f*.

pulp·y □ ['pʌlpi] pulpeux (-euse *f*), charnu; F flasque.

pul·sate [pʌl'seit] palpiter; vibrer; battre (*cœur*); **pul·sa·tile** ♪ ['~sətail] de percussion; **pul'sa·tion** pulsation *f*; battement *m*.

pulse¹ [pʌls] **1.** pouls *m*; battement *m*; **2.** palpiter; vibrer; battre.

pulse² [~] légumineuses *f/pl.*

pul·ver·i·za·tion [pʌlvərai'zeiʃn] pulvérisation *f*; **'pul·ver·ize** *v/t.* pulvériser; réduire en poudre; *fig.* démolir; atomiser; *v/i.* tomber en poussière; se vaporiser; **'pul·ver·iz·er** pulvérisateur *m*; vaporisateur *m*.

pum·ice ['pʌmis] (*a.* ~**-stone**) (pierre *f*) ponce *f*.

pum·mel ['pʌml] bourrer de coups de poings.

pump¹ [pʌmp] **1.** pompe *f*; *attr.* de pompe; **2.** *v/t.* pomper de l'eau; refouler (dans, *into*); F sonder (*q.*), faire parler (*q.*); *sl.* épuiser; *v/i.* pomper.

pump² [~] escarpin *m*; soulier *m* de bal.

pump·kin ♀ ['pʌmpkin] citrouille *f*; potiron *m*.

pump-room ['pʌmprum] *station thermale*: buvette *f*; Pavillon *m*.

pun [pʌn] **1.** jeu *m* de mots, calembour *m*; **2.** faire des jeux de mots *etc.*

Punch¹ [pʌntʃ] polichinelle *m*; guignol *m*; *as pleased as* ~ heureux (-euse *f*) comme un roi; ~ *and Judy* ['dʒu:di] show guignol *m*.

punch² ⊕ [~] **1.** pointeau *m*; chasseclou *m*; perçoir *m*; poinçon *m* (*a.* 🖥); emporte-pièce *m/inv.*; **2.** percer; poinçonner; découper; estamper; ~*ed card see punch card.*

punch³ [~] **1.** coup *m* de poing; F force *f*; **2.** donner un coup de poing à; cogner sur; *Am.* conduire *ou* garder (*des bœufs*).

punch⁴ [~] *boisson*: punch *m*.

punch⁵ F [~] *cheval, homme*: trapu

m; *sl.* pull no ~es parler carrément; ne faire de quartier à personne.

punch card [ˈpʌntʃkɑːd] carte *f* perforée.

punch-drunk [ˈpʌntʃdrʌŋk] abruti (par les coups).

punch·er [ˈpʌntʃə] poinçonneur *m*; perceur *m*; estampeur *m*; *outil*: poinçonneuse *f*; découpeuse *f*; F pugiliste *m*; *Am.* cowboy *m*; **'punch(·ing)-ball** *boxe*: punching-ball *m*.

punch line [ˈpʌntʃlain] pointe *f* (*d'une plaisanterie*).

punch-up F [ˈpʌntʃʌp] bagarre *f*.

punc·til·i·o [pʌŋkˈtiliou] point *m* d'étiquette; *see punctiliousness.*

punc·til·i·ous [pʌŋkˈtiliəs] méticuleux (-euse *f*), pointilleux (-euse *f*); très soucieux (-euse *f*) du protocole; **punc·til·i·ous·ness** souci *m* du protocole; formalisme *m*; scrupule *m* des détails.

punc·tu·al □ [ˈpʌŋktjuəl] exact; **punc·tu·al·i·ty** [‿ˈæliti] exactitude *f*, ponctualité *f*.

punc·tu·ate [ˈpʌŋktjueit] ponctuer (*a. fig.*); **punc·tu·a·tion** ponctuation *f*.

punc·ture [ˈpʌŋktʃə] 1. crevaison *f*; ☞ ponction *f*; *mot. etc.* piqûre *f* de clou, crevaison *f*; 2. *v/t.* ☞ ponctionner; *mot.* crever (*a. v/i.*).

pun·dit [ˈpʌndit] pandit *m*; F pontife *m*.

pun·gen·cy [ˈpʌndʒənsi] goût *m* piquant; odeur *f* piquante; *fig.* aigreur *f*; mordant *m*; saveur *f*; **'pun·gent** aigu (-uë *f*); poignant (*chagrin*); âcre (*odeur*); mordant (*paroles etc.*).

pu·ni·ness [ˈpjuːninis] chétiveté *f*.

pun·ish [ˈpʌniʃ] punir, châtier; F *fig.* taper dur sur (*q.*); ne pas épargner; **'pun·ish·a·ble** □ punissable; ☞ délictueux (-euse *f*); **'pun·ish·er** punisseur (-euse *f*) *m*; **'pun·ish·ment** punition *f*; châtiment *m*.

pu·ni·tive [ˈpjuːnitiv] punitif (-ive *f*), répressif (-ive *f*).

punk *Am.* [pʌŋk] 1. amadou *m*; *fig.* sottises *f/pl.*; 2. mauvais, sans valeur.   [lembours.)

pun·ster [ˈpʌnstə] faiseur *m* de ca-)

punt[1] [pʌnt] 1. bateau *m* plat (*conduit à la perche*); bachot *m*; 2. conduire à la perche; transporter dans un bateau plat.

punt[2] [‿] *turf*: parier; *cartes*: ponter.

pu·ny □ [ˈpjuːni] menu; mesquin; chétif (-ive *f*).   [bas (des petits).)

pup [pʌp] 1. *see* puppy; 2. *zo.* mettre)

pu·pil [ˈpjuːpl] *anat.* pupille *f* (*a.* ☞ *mf*); élève *mf*, écolier (-ère *f*) *m*; **pu·pil·(l)age** [ˈ‿pilidʒ] état *m* d'élève; ☞ minorité *f*.

pup·pet [ˈpʌpit] marionnette *f*; *fig.* pantin *m*; **'~-show** théâtre *m* ou spectacle *m* de marionnettes.

pup·py [ˈpʌpi] jeune chien(ne *f*) *m*; *fig.* freluquet *m*.

pur·blind [ˈpəːblaind] presque aveugle; *fig.* obtus.

pur·chase [ˈpəːtʃəs] 1. achat *m*; emplette *f*; acquisition *f*; ⊕ force *f* mécanique; ⊕ prise *f*; ☞ loyer *m*; *fig.* (point *m* d'appui *m*; *make* ~s faire les emplettes; *at twenty years'* ~ moyennant vingt années de loyer; *his life is not worth an hour's* ~ on ne lui donne(rait) pas une heure à vivre; ✝ ~ *permit* ordre *m* d'achat; 2. acheter, acquérir (*a. fig.*); ♻ lever à l'aide du cabestan; **'pur·chas·er** acheteur (-euse *f*) *m*; ✝ preneur (-euse *f*) *m*.

pure □ [pjuə] pur; **'~·bred** *Am.* de race pur; **'pure·ness** pureté *f*.

pur·ga·tion *usu. fig.* [pəːˈgeiʃn] purgation *f* (*a.* ☞); **pur·ga·tive** [ˈ‿gətiv] purgatif (-ive *f*) (*a. su./m*); **'pur·ga·to·ry** *eccl.* purgatoire *m* (*a. fig.*).

purge [pəːdʒ] 1. ☞ purgatif *m*; purgation *f*; *pol.* épuration *f*; 2. *fig.* nettoyer; épurer; purger (de *of*, from) (*a.* ☞); ☞ faire amende honorable; *pol.* épurer, purger.

pu·ri·fi·ca·tion [pjuərifiˈkeiʃn] purification *f*; épuration *f*; **pu·ri·fi·er** [ˈ‿faiə] épurateur *m* (*de gaz etc.*); *personne*: purificateur (-trice *f*) *m*; **pu·ri·fy** [ˈ‿fai] purifier; ⊕, *a. fig.* épurer.

Pu·ri·tan [ˈpjuəritən] puritain(e *f*) (*a. su.*); **pu·ri·tan·ic** [‿ˈtænik] (~*ally*) (de) puritain; **Pu·ri·tan·ism** [ˈ‿tənizm] puritanisme *m*.

pu·ri·ty [ˈpjuəriti] pureté *f* (*a. fig.*).

purl[1] [pəːl] cannetille *f* (*à broder*); picot *m* (*de dentelle*); (*a.* ~ *stitch*) maille *f* à l'envers.

purl[2] [‿] *ruisseau*: (*doux*) murmure *m*; 2. murmurer.

purl·er F [ˈpəːlə] chute *f* la tête la première; *sl.* billet *m* de parterre.

pur·lieus ['pəːljuːz] *pl.* bornes *f/pl.*; alentours *m/pl.*

pur·loin [pəː'lɔin] détourner; voler; **pur'loin·er** détourneur *m*; voleur (-euse *f*) *m*; *fig.* plagiaire *m*.

pur·ple ['pəːpl] **1.** violet(te *f*); **2.** pourpre *f*; violet *m*; **3.** (s')empourprer.

pur·port ['pəːpət] **1.** sens *m*, signification *f*; portée *f* (*d'un mot*); **2.** avoir la prétention (de *inf.*, to *inf.*); † indiquer, vouloir dire.

pur·pose ['pəːpəs] **1.** dessein *m*; but *m*, intention *f*; fin *f*; résolution *f*; for the ~ of pour; dans le but de; on ~ exprès, de propos délibéré; to the ~ à propos; to no ~ en vain, inutilement; novel with a ~ roman m à thèse; strenght of ~ détermination *f*; résolution *f*; **2.** avoir l'intention (de *inf.*, *gér.* ou to *inf.*), se proposer (*qch.*, *s.th.*; de *inf.*, *gér.* ou to *inf.*); '~·built construit spécialement; fonctionnalisé; **pur'pose·ful** ☐ ['~ful] réfléchi; tenace, avisé (*personne*); '**pur'pose·less** ☐ inutile, sans but; '**pur·pose·ly** *adv.* à dessein; exprès.

purr [pəː] **1.** ronronner (*chat*, *moteur*); **2.** ronron *m*.

purse [pəːs] **1.** bourse *f*, porte-monnaie *m/inv.*; *fig.* bourse *f*; *sp.* prix *m* (*d'argent*); public ~ Trésor *m*; finances *f/pl.* de l'État; **2.** (*souv.* ~ up) pincer (*les lèvres*); plisser (*le front*); froncer (*les sourcils*); '~-proud orgueilleux (-euse *f*) de sa fortune; '**purs·er** ⚓ commissaire *m*; '**purse-strings** *pl.*: hold the ~ tenir les cordons de la bourse.

purs·i·ness ['pəːsinis] peine *f* à respirer; essoufflement *m*.

purs·lane ♧ ['pəːslin] pourpier *m*.

pur·su·ance [pə'sjuːəns] poursuite *f*; in ~ of par suite de, en vertu de, conformément à; **pur'su·ant** ☐: ~ to conformément à, par suite de.

pur·sue [pə'sjuː] *v/t.* poursuivre; *fig.* rechercher (*le plaisir*); *fig.* courir après; suivre (*le chemin*, *une ligne de conduite*, *une profession*, *etc.*); *v/i.* suivre, continuer; ~ after poursuivre; **pur'su·er** poursuivant(e *f*) *m*; **pur·suit** [~'sjuːt] poursuite *f*; recherche *f* (de, of); occupation *f*; usu. ~s *pl.* travaux *m/pl.*; carrière *f*; qqfois passe-temps *m/inv.*; ~ plane chasseur *m*.

pur·sy¹ ['pəːsi] à l'haleine courte; gros(se *f*), corpulent.

pur·sy² [~] pincé (*bouche*, *lèvres*); riche; orgueilleux (-euse *f*) de sa fortune. [lent.]

pu·ru·lent ☐ ♠ ['pjuərulənt] puru-]

pur·vey [pəː'vei] *v/t.* fournir (*des provisions*); *v/i.* être (le) fournisseur (de, for); **pur'vey·ance** fourniture *f* de provisions; approvisionnement *m*; **pur'vey·or** fournisseur (-euse *f*) *m* (*surt. de provisions*).

pur·view ['pəːvjuː] portée *f*, limites *f/pl.*; ⚖ statut: corps *m*. [boue *f*.]

pus ♠ [pʌs] pus *m*; sanie *f*; abcès:]

push [puʃ] **1.** poussée *f*, impulsion *f*; coup *m*; effort *m*; ✕ attaque *f* en masse; F énergie *f*; F hardiesse *f*; last ~ effort *m* suprême; *sl.* get the ~ se faire dégommer (= *recevoir son congé*); give s.o. the ~ flanquer q. à la porte; donner son congé à q.; **2.** *v/t.* pousser; bousculer; appuyer sur (*un bouton*); enfoncer (dans, in[to]); pousser la vente de; importuner; (a. ~ through) faire accepter; faire passer (à travers, through); revendiquer (*un droit*); (a. ~ ahead ou forward ou on) (faire) avancer ou pousser (en avant); ~ s.th. (up)on s.o. imposer qch. à q.; ~ one's way se frayer un chemin (à travers, through); ~ed pressé; à court (d'argent, for money); fort embarrassé; *v/i.* avancer; pousser; ~ on se presser, se hâter; se remettre en route; ~ off ⚓ pousser au large; F *fig.* se mettre en route; '~·ball *sp.* (sorte de) jeu m de ballon; '~·bike bicyclette *f*; '~·but·ton ⚡ bouton *m* à pression; poussoir *m*; '~·cart charrette *f* à bras; '~·chair poussette *f*; '**push·er** personne *f* qui pousse; arriviste *mf*; avion *m* à hélice propulsive; ⚙ *Am.* locomotive *f* de renfort; **push·ful** ☐ ['~ful], '**push·ing** ☐ débrouillard, entreprenant; *péj.* ambitieux (-euse *f*), trop accostant; '**push'off** ⚓ départ *m*; *fig.* impulsion *f*; '**push·o·ver** *surt. Am.* chose *f* facile à obtenir; tâche *f* facile à faire; victoire *f* facile; personne *f* crédule; a ~ la facilité même; be a ~ for ne pas pouvoir résister à; '**push-up**: do ~s faire des tractions ou des pompes; **push·y** arriviste, qui se met trop en avant.

pu·sil·la·nim·i·ty [pjuːsilə'nimiti]

pusillanimité f; **pu·sil·lan·i·mous** □ [~'lænɪməs] pusillanime.

puss(·y) [pus(i)] minet(te f) m; fig. coquine f; fig. chipie f; Am. sl. visage m; ♣ bouleau: chaton m; **'puss·y-foot** Am. F **1.** personne f furtive; fin Normand m; **2.** F aller furtivement; ne pas se compromettre.

pus·tule ✠ ['pʌstjuːl] pustule f.

put [put [irr.]] **1.** v/t. mettre, poser (a. une question), placer; présenter (à, to); lancer (un cheval) (sur, at); exposer (une condition, la situation, etc.); exprimer; parler; estimer (à, at); ~ it s'exprimer; ~ about faire circuler, répandre; ♣ virer de bord; F mettre (q.) en émoi, inquiéter; déranger; ~ across réussir dans (une entreprise); ~ away serrer; remiser (son auto); écarter; mettre de côté; fig. tuer; ~ back remettre; retarder (une horloge, l'arrivée, etc.); ~ by mettre de côté; mettre en réserve; ~ down (dé)poser; noter; supprimer; mettre fin à; fermer (le parapluie); juger; attribuer (à, to); inscrire (pour, s.o. for); débarquer (les voyageurs); F porth émettre; avancer; publier (un livre etc.); déployer, exercer; pousser (des feuilles etc.); ~ forward avancer (l'heure, la montre, une opinion, etc.); émettre; faire valoir (une proposition, une théorie, etc.); ~ o.s. forward se mettre en avant; s'imposer; se donner (pour, as); ~ in introduire dans, mettre, insérer dans (un journal); placer (un mot); ⚘ planter; présenter (un document, un témoin; a. q. à un examen); ♈ installer (un huissier); F faire (des heures de travail), passer (le temps); ~ off enlever, ôter, retirer (un vêtement, le chapeau); remettre (un rendez-vous, l'heure, une tâche); ajourner; renvoyer (q.); déconcerter, dérouter (q.); décourager (q.) (de, from); ~ on mettre (a. la lumière, la vapeur, des vêtements); prendre (un air, du poids, de la vitesse); gagner (du poids); ✠ augmenter (le prix); ajouter à; allumer (le gaz etc.); avancer (la pendule); théâ. monter (une pièce); confier (une tâche) (à q. s.o.); école: demander à (un élève) (de, to); 🚂 mettre en service; ajouter (des voitures à un train); mot. serrer (le frein);

sp. miser (un pari); sp. ~ on (a score of) thirty marquer trente points; F ~ the screw on s.o. forcer la main à q.; he is ~ting it on il fait l'important; il fait du chiqué; fig. ~ it on thick exagérer; flatter grossièrement; ~ on airs se donner des airs; ~ s.o. on (gér.) mettre q. à (inf.); ~ out mettre dehors; tendre (la main); étendre (les bras); tirer (la langue); sortir (la tête); mettre à l'eau (un canot); placer (de l'argent) (à intérêt, to interest); émettre (un document etc.); publier (une revue etc.); crever (l'œil à q., s.o.'s eye); éteindre (le feu, le gaz, etc.); lancer (une histoire); fig. déconcerter; fig. contrarier; fig. gêner; ~ s.o. out expulser q., chasser q. (de, of); ~ out of action mettre hors de combat; ⊕ détraquer; ~ over faire réussir; ~ s.th. over on s.o. faire accepter qch. à q.; ~ through téléph. mettre en communication (avec, to); F mener à bien; ~ to attacher; atteler (un cheval); ~ s.o. to it donner du mal à q.; contraindre q. (à, to); ~ to expense faire faire des dépenses à (q.); ~ to death mettre (q.) à mort; exécuter (q.); ~ to the rack (ou torture) mettre (q.) à la question ou torture; ~ up construire; ériger; installer; lever (la fenêtre, une glace de wagon); accrocher (un tableau); ouvrir (le parapluie, a. qqfois la fenêtre); augmenter, hausser (le prix); (faire) lever (du gibier); mettre (en vente, aux enchères); regainer (l'épée); relever (les cheveux, le col); afficher (un avis); coller (une affiche); poser (le rideau); fournir (de l'argent); faire, offrir (une prière, une résistance); proposer (un candidat); faire un paquet de (sandwiches etc.); loger (q.), donner à coucher à (q.); ✝ présenter (en, in); sp. F faire courir; jeu: se caver de; ~ s.o. up to mettre q. au courant de; inciter q. à; ~ upon en imposer à; ~ it upon laisser (à q.) le soin de; **2.** v/i. ♣ ~ in entrer dans; faire escale dans (un port); ♣ ~ off (ou out ou to sea) démarrer, pousser au large, quitter la côte etc.; ~ up at loger à ou chez (q.); descendre à ou chez (q.); ~ up for poser sa candidature à; ~ up with s'arranger de; tolérer; se résigner à; F ~ upon exploiter (q.); abuser de (q.); be ~ upon s'en laisser imposer.

pu·ta·tive [ˈpjuːtətiv] putatif (-ive f).
put·lock, put·log ⊕ [ˈpʌtlɔk; ˈˌlɔg] boulin m.
put-on ꜰ [ˈputən] **1.** affecté, feint, simulé, faux (fausse f); **2.** manière(s) f(pl.) affectée(s); mystification f, farce f.
pu·tre·fac·tion [pjuːtriˈfækʃn] putréfaction f; **pu·tre·fac·tive** putréfactif (-ive f); putride; de putréfaction.
pu·tre·fy [ˈpjuːtrifai] v/i. se putréfier; pourrir; ⚕ suppurer; v/t. putréfier, pourrir.
pu·tres·cence [pjuːˈtresns] putrescence f; **pu'tres·cent** putrescent; en putréfaction.
pu·trid □ [ˈpjuːtrid] putride; en putréfaction; infect; sl. moche; **pu'trid·i·ty** pourriture f.
put·tee [ˈpʌti] bande f molletière.
put·ty [ˈpʌti] **1.** (a. glaziers' ~) mastic m (à vitres); (a. plasterers' ~) pâte f de chaux; (a. jewellers' ~) potée f (d'étain); **2.** mastiquer.
put-up job [ˈpʌtʌpˈdʒɔb] coup m monté; affaire f machinée à l'avance.
puz·zle [ˈpʌzl] **1.** énigme m; problème m; devinette f; picture ~ rébus m; **2.** v/t. intriguer; embarrasser; ~ out débrouiller; déchiffrer; v/i. (souv. ~ one's brains) se creuser la tête (pour résoudre qch., over

s.th.); '~-**head·ed** confus; '~-**lock** serrure f à combinaisons; cadenas m à secret; '**puz·zler** question f embarrassante; ꜰ colle f.
pyg·m(a)e·an [pigˈmiːən] pygméen (-ne f); **pyg·my** [ˈpigmi] pygmée m; attr. pygméen(ne f). [m.]
py·ja·mas [pəˈdʒɑːməz] pl. pyjama⌉
py·lo·rus anat. [paiˈlɔːrəs] pylore m.
py·or·rh(o)e·a [paiəˈriə] pyorrhée f.
pyr·a·mid [ˈpirəmid] pyramide f; **py·ram·i·dal** □ [piˈræmidl] pyramidal (-aux m/pl.).
pyre [ˈpaiə] bûcher m (funéraire).
py·ret·ic [paiˈretik] pyrétique.
pyro...[ˈpairou] pyr(o)-; **py·rog·ra·phy** [paiˈrɔgrəfi] pyrogravure f; '**py·ro·scope** pyroscope m; **py·ro·tech·nic, py·ro·tech·ni·cal** [pairouˈteknik(l)] pyrotechnique; **py·ro·tech·nics** pl. pyrotechnique f; **py·ro·tech·nist** pyrotechnicien m; artificier m.
Pyr·rhic vic·to·ry [ˈpirikˈviktəri] victoire f à la Pyrrhus.
Py·thag·o·re·an [paiθægəˈriːən] **1.** pythagoricien(ne f); de Pythagore; **2.** pythagoricien m.
Pyth·i·an [ˈpiθiən] pythien(ne f).
py·thon [ˈpaiθən] python m.
pyx [piks] **1.** eccl. ciboire m; **2.** boîte f des monnaies destinées au contrôle; trial of the ~ essai m des monnaies.

Q

Q, q [kju:] Q *m*, q *m*.

Q-boat ⚓ ['kju:bout] piège *m* à sous-marins.

quack¹ [kwæk] **1.** coin-coin *m*; **2.** crier, faire coin-coin.

quack² [⌣] **1.** charlatan *m*; † guérisseur *m*; **2.** de charlatan; **3.** F faire le charlatan; ⌣ *up* vanter; rafistoler (*qch. d'usagé*); **quack·er·y** ['⌣əri] charlatanisme *m*; hâblerie *f*.

quad [kwɔd] *see* **quadrangle**; *quadrat*.

quad·ra·ge·nar·i·an [kwɔdrədʒi-'neəriən] quadragénaire (*a. su./mf*).

quad·ran·gle ['kwɔdræŋgl] Å quadrilatère *m*; *école etc.*: cour *f*.

quad·rant ['kwɔdrənt] ⚓, ⊕ secteur *m*; Å quart *m* de cercle.

quad·ra·phon·ic [kwɔdrə'fɔnik] quadriphonique; *in* ⌣ *sound* en quadriphonie.

quad·rat *typ.* ['kwɔdrit] cadrat *m*; **quad·rat·ic** Å [kwɔ'drætik] **1.** du second degré; **2.** (*a.* ⌣ *equation*) équation *f* du second degré; **quad·ra·ture** ['kwɔdrətʃə] quadrature *f*.

quad·ren·ni·al □ [kwɔ'drenjəl] quadriennal (-aux *m/pl.*); qui a lieu tous les quatre ans.

quad·ri·lat·er·al Å [kwɔdri'lætərəl] **1.** quadrilatéral (-aux *m/pl.*); **2.** quadrilatère *m*.

qua·drille [kwɔ'dril] quadrille *m*.

quad·ri·par·tite [kwɔdri'pɑ:tait] quadripartite.

quad·ru·ped ['kwɔdruped] **1.** quadrupède *m*; **2.** (*a.* **quad·ru·pe·dal** [kwɔ'dru:pidl]) quadrupède; **quad·ru·ple** ['kwɔdrupl] **1.** □ quadruple; (*a.* ⌣ *to* ou *of*) au quadruple de; **2.** quadruple *m*; **3.** (se) quadrupler; **quad·ru·plet** ['⌣plit] quadruplé(e *f*) *m*; **quad·ru·pli·cate** [kwɔ'dru:plikit] **1.** quadruplé, quadruple; **2.** quatre exemplaires *m/pl.*; **3.** [⌣keit] quadrupler.

quaff *poét.* [kwɑ:f] boire à plein verre; ⌣ *off* vider d'un trait.

quag [kwæg] *see* ⌣*mire*; **'quag·gy**

marécageux (-euse *f*); **quag·mire** ['⌣maiə] marécage *m*; fondrière *f*; *fig.* embarras *m*.

quail¹ *orn.* [kweil] caille *f*.

quail² [⌣] fléchir, faiblir (devant, *before*).

quaint □ [kweint] bizarre; singulier (-ère *f*); pittoresque; **'quaint·ness** bizarrerie *f*; pittoresque *m*.

quake [kweik] trembler (de, *with*; pour, *for*); frémir (de, *with*).

Quak·er ['kweikə] quaker *m*; **'Quak·er·ism** quakerisme *m*.

qual·i·fi·ca·tion [kwɔlifi'keiʃn] titre *m* (à un emploi, *for a post*); aptitude *f*, capacité *f*; réserve *f*; **qual·i·fied** ['⌣faid] qui a les qualités requises *ou* titres requis; diplômé; compétent; autorisé; restreint, modéré; sous condition; **qual·i·fy** ['⌣fai] *v/t.* qualifier (*a. gramm.*) (de, *as*); rendre apte à; modifier; apporter des réserves à; couper (*une boisson*); *v/i.* se qualifier (pour, *for*), acquérir les titres requis *ou* connaissances requises; être reçu; ⌣*ing examination* examen *m* pour certificat d'aptitude; examen *m* d'entrée; **qual·i·ta·tive** □ [⌣tətiv] qualitatif (-ive *f*); **'qual·i·ty** *usu.* qualité *f*; valeur *f*; pouvoir *m*; caractère *m*; *son*: timbre *m*.

qualm [kwɔ:m] nausée *f*; scrupule *m*, remords *m*; pressentiment *m* de malheur; hésitation *f*; **'qualm·ish** □ sujet(te *f*) aux nausées; mal à l'aise. [*m*; impasse *f*.\

quan·da·ry ['kwɔndəri] embarras\

quan·ti·ta·tive □ ['⌣titətiv] quantitatif (-ive *f*); **'quan·ti·ty** quantité *f* (*a.* ♩, Å, *prosodie*); somme *f*; *bill of quantities* devis *m*; Å *unknown* ⌣ inconnue *f* (*a. fig.*).

quan·tum ['kwɔntəm], *pl.* -ta [⌣tə] quantum *m*; part *f*; *phys.* ⌣ *theory* théorie *f* des quanta.

quar·an·tine ['kwɔrənti:n] **1.** quarantaine *f*; *place in* ⌣ = **2.** mettre en quarantaine.

quar·rel ['kwɔrəl] **1.** querelle *f*,

dispute *f*; **2.** se quereller, se disputer (avec, *with*; à propos de *about*, *over*); *fig.* se plaindre (de, *with*); **quar·rel·some** ['~səm] □ querelleur (-euse *f*), batailleur (-euse *f*).

quar·ry¹ ['kwɔri] **1.** carrière *f*; *fig.* mine *f*; **2.** *v/t.* extraire (*des pierres*) de la carrière; creuser une carrière dans; *v/i.* exploiter une carrière; *fig.* puiser (qch., *for* s.th.).

quar·ry² [~] *chasse:* proie *f*.

quar·ry·man ['kwɔrimən], *a.* **quar·ri·er** [~iə] carrier *m*.

quart [kwɔ:t] quart *m* (*de gallon*, = *approx. 1 litre*); *escrime:* [kɑ:t] quarte *f*.

quar·tan ⚕ ['kwɔ:tn] (fièvre *f*) quarte.

quar·ter ['kwɔ:tə] **1.** quart *m* (*a. cercle*, *heure*, *pomme*, *siècle*, *etc.*); terme *m* de loyer; région *f*, partie *f*; *ciel:* coin *m*; *Am.* quart *m* de dollar (25 *cents*); ⚕, *cuis.*, *lune*, *ville:* quartier *m*; ⚓ hanche *f*; ⚓ quart *m* de brasse; ⚓ (quart *m* d')aire *f* de vent; côté *m*, direction *f*; *orange:* tranche *f*, *mesure:* quart *m* (*de livre*), quarter *m* (*2,909 hl*); ✗, *a. fig.* cantonnement *m*, quartier *m*; *fig.* milieu *m*; ~s *pl.* appartements *m/pl.*; résidence *f*; ✗ quartier *m*, -s *m/pl.*; logement *m*; *in this* ~ ici, de ce côté-ci; *from all* ~s de toutes parts, de tous côtés; *free* ~s droit *m* au logement; **2.** diviser en quatre; équarrir (*un bœuf*); *hist.* écarteler (*un condamné, a.* ⊘); ✗ cantonner; *be* ~ed (up)on (*ou at*) loger chez; '~·day jour *m* du terme; '~·deck ⚓ plage *f* arrière; *coll.* officiers *m/pl.*; '**quar·ter·ly** **1.** trimestriel(le *f*); **2.** publication *f* trimestrielle; '**quar·ter·mas·ter** ✗ intendant *m* militaire; ⚓ second maître *m*; **quar·tern** ['~ən] quart *m* (*de pinte*); (*a.* ~ *loaf*) pain *m* de quatre livres.

quar·tet(te) ♪ [kwɔ:'tet] quatuor *m*.

quar·to ['kwɔ:tou] in-quarto *m/inv.* (*a. adj.*).

quartz *min.* [kwɔ:ts] quarts *m*.

quash [kwɔʃ] ✝✝ casser, annuler; *fig.* étouffer.

qua·si ['kwɑ:zi] quasi-, presque.

qua·ter·na·ry ♊, ☊, *géol.* [kwə'tə:nəri] quaternaire *f*.

qua·ver ['kweivə] **1.** tremblement

m; ♪ croche *f*; ♪ trille *m*; **2.** chevroter, (*a.* ~ *out*) trembloter (*voix*); ♪ faire des trilles; '**qua·ver·y** tremblotant.

quay [ki:] quai *m*; **quay·age** ['~idʒ] droit *m*, -s *m/pl.* de quai; quais *m/pl.*

quea·si·ness ['kwi:zinis] malaise *m*; nausées *f/pl.*; scrupules *m/pl.* de conscience; '**quea·sy** □ sujet(te *f*) à des nausées; délicat (*estomac*); scrupuleux (-euse *f*); dégoûtant (*mets*); *I feel* ~ j'ai mal au cœur; F j'ai le cœur fade.

queen [kwi:n] **1.** reine *f*; *cartes:* dame *f*; *échecs:* dame *f*, reine *f*; *sl.* (*homosexuel*) tante *f*, tapette *f*; ~ *bee* reine *f*, abeille *f* mère; ~'s *metal* métal *m* blanc; ~'s-ware faïence *f* crème; **2.** *échecs: v/t.* damer; *v/i.* aller à dame; ~ *it* faire la reine; '**queen·like**, '**queen·ly** de reine, digne d'une reine; majestueux (-euse *f*).

queer [kwiə] **1.** bizarre; singulier (-ère *f*); étrange; suspect; F tout patraque (*malade*); **2.** *Am. sl.* homosexuel *m*; **3.** *vb.:* *sl.* ~ *the pitch for* contrecarrer (*q.*); faire échouer les projets de (*q.*).

quell *poét.* [kwel] apaiser; étouffer.

quench [kwentʃ] *fig.* apaiser (*la soif etc.*); étouffer, réprimer (*un désir*, *a.* ⚡); éteindre; '**quench·er** F boisson *f*, consommation *f*; '**quench·less** □ inextinguible; inassouvissable.

que·rist ['kwiərist] questionneur (-euse *f*) *m*.

quern [kwə:n] moulin *m* à bras.

quer·u·lous □ ['kweruləs] plaintif (-ive *f*); grognon(ne *f*).

que·ry ['kwiəri] **1.** reste à savoir (*si*, *if*); **2.** question *f*; *typ.* point *m* d'interrogation; **3.** *v/t.* mettre *ou* révoquer en doute (*qch.*); *v/i.* s'informer (*si*, *whether*).

quest [kwest] **1.** recherche *f*; *chasse:* quête *f*; *in* ~ *of* à la recherche de; en quête de; **2.** rechercher; *chasse:* quêter.

ques·tion ['kwestʃn] **1.** question *f*; (*mise f en*) doute *m*; affaire *f*; sujet *m*; ~ *mark* point *m* d'interrogation; *radio*, *télév.* ~ *master* animateur *m*; *parl.* ~ *time* heure *f* réservée aux questions orales; *parl.* ~! au fait!; *beyond* (*all*) ~ sans aucun doute; incontestable(ment); *in* ~ en question, dont il s'agit; en doute; *come into* ~ arriver sur le tapis; *call in* ~ révoquer en doute; *beg the* ~ faire une pétition de principe, supposer vrai ce qui est en question; *the* ~ *is whether* il s'agit de savoir si; *that is out of the* ~ c'est impossible; *there is no* ~ il n'est pas question (de qch., *of s.th.*; que *sbj.*, *of ger.*); **2.** interroger; révoquer en doute; '**ques·tion·a·ble** □ contestable, discutable; *péj.* équivoque; '**ques·tion·a·ble·ness** caractère *m* douteux *ou* équivoque (de, *of*); **ques·tion·naire** [kwestiə'nɛə] questionnaire *m*; '**ques·tion·er** interrogateur (-trice *f*) *m*.

queue [kju:] **1.** queue *f* (*de personnes, de voitures, de cheveux, etc.*); **2.** (*usu.* ~ *up*) prendre la file (*voitures*); faire la queue; ~ on s'attacher à la queue.

quib·ble ['kwibl] **1.** chicane *f* (*de mots*); argutie *f*; † calembour *m*; **2.** *fig.* chicaner (sur les mots); '**quib·bler** chicaneur (-euse *f*) *m*; ergoteur (-euse *f*) *m*.

quick [kwik] **1.** vif (vive *f*) (*a. esprit, haie, œil*); fin (*oreille etc.*); † vivant; rapide, prompt; éveillé (*enfant, esprit, a. ↓*); ~ *to prompt* à; ✗ ~ *march* pas *m* cadencé *ou* accéléré; ~ *step* pas *m* rapide *ou* pressé; *double* ~ *step* pas *m* gymnastique; **2.** vif *m*, chair *f* vive; *the* ~ *les vivants m/pl.*; *to the* ~ jusqu'au vif; *fig.* au vif, au cœur; jusqu'à la moelle des os; *cut s.o. to the* ~ piquer q. au vif; **3.** *see* ~*ly*; '~**change ac·tor** acteur *m* à transformations rapides; '**quick·en** *v/t.* (r)animer; accélérer (*a. ✗*); presser; *v/i.* s'animer, se ranimer; devenir plus rapide; '**quick-fir·ing** ✗ à tir rapide; '**quick-fro·zen** surgelé; '**quick·ie** *F* [~i] chose *f* faite à la va-vite; '**quick·lime** chaux *f* vive; '**quick·ly** vite; vivement; rapidement; '**quick·match** mèche *f* d'artilleur; '**quick·mo·tion pic·ture** *cin.* accéléré *m*; '**quick·ness** vitesse *f*, rapidité *f*; vivacité *f*, promptitude *f* (*d'esprit*); finesse *f* (*d'oreille*); acuité *f* (*de vision*).

quick...: '~**sand** sable *m* mouvant; lise *f*; '~**set** ✔ *aubépine etc.*: bouture *f*; (*a.* ~ *hedge*) haie *f* vive; '~-'**sight·ed** aux yeux vifs; perspicace; '~**sil·ver** *min.* vif-argent *m* (*a. fig.*), mercure *m*; '~-**tem·pered** irascible; '~-'**wit·ted** éveillé; à l'esprit prompt; adroit.

quid[1] [kwid] *tabac:* chique *f*.

quid[2] *sl.* [~] livre *f* (sterling).

quid·di·ty ['kwiditi] *phls.* quiddité *f*, essence *f*; *F* chicane *f*.

quid·nunc *F* ['kwidnʌŋk] nouvelliste *mf*; curieux (-euse *f*) *m*.

quid pro quo ['kwid prou 'kwou] pareille *f*, équivalent *m*, compensation *f*.

qui·es·cence [kwai'esns] repos *m*; tranquillité *f*; **qui·es·cent** □ en repos; tranquille (*a. fig.*).

qui·et ['kwaiət] **1.** □ tranquille, calme; silencieux (-euse *f*); paisible; discret (-ète *f*) (*couleur etc.*); simple; voilé; **2.** repos *m*; tranquillité *f*; calme *m*; *F on the* ~, en douce; **3.** (s')apaiser; '**qui·et·en:** ~ *down* (s')apaiser; '**qui·et·ism** *eccl.* quiétisme *m*; '**qui·et·ist** quiétiste *mf*; '**qui·et·ness, qui·e·tude** ['~tju:d] tranquillité *f*, calme *m*; *fig.* sobriété *f*.   [grâce.]

qui·e·tus *F* [kwai'i:təs] coup *m* de/

quill [kwil] **1.** *orn.* tuyau *m* (de plume); *porc-épic:* piquant *m*; (*a.* ~*feather*) penne *f*; (*a.* ~ *pen*) plume *f* d'oie; **2.** tuyauter, rucher; '~-**driv·er** *F* gratte-papier *m/inv.*; '**quill·ing** tuyautage *m*; ruche *f*; **quill pen** plume *f* d'oie (*pour écrire*).

quilt [kwilt] **1.** édredon *m* piqué; **2.** piquer; ouater (*une robe*); '**quilt·ing** piquage *m*; piqué *m*.

quince ♣ [kwins] coing *m*; *arbre:* cognassier *m*.

qui·nine *pharm.* [kwi'ni:n; *Am.* 'kwainain] quinine *f*; ~ *wine* quinquina *m*.

quin·qua·ge·nar·i·an [kwiŋkwədʒi'nɛəriən] quinquagénaire (*a. su./mf*).

quin·quen·ni·al □ [kwiŋ'kwenjəl] quinquennal (-aux *m/pl.*).

quins *F* [kwinz] *pl.* quintuplés *m/pl.*

quin·sy ✗ [kwinzi] esquinancie *f*.

quin·tal ['kwintl] quintal *m* (*métrique*).

quint·es·sence [kwin'tesns] quintessence *f*; *F* moelle *f* (*d'un livre*).

quin·tu·ple ['kwintjupl] **1.** quintuple (*a. su./m*); **2.** *vt/i.* quintupler; **quin·tu·plets** ['~plits] *pl.* quintuplés *m/pl.*

quip [kwip] mot *m* piquant; bon mot *m*; sarcasme *m*; raillerie *f*.

quire ['kwaɪə] main *f* (*de papier*); *in* ~*s* en feuilles.

quirk [kwəːk] sarcasme *m*; bon mot *m*; repartie *f*; équivoque *f*; △ gorge *f*.

quis·ling *pol.* F ['kwizliŋ] collaborateur *m*.

quit [kwit] **1.** *v/t.* quitter; lâcher (*la prise*); déménager; *Am.* cesser; † récompenser; † ~ *o.s.* se comporter; *v/i. usu. Am.* démissionner; céder; **2.** quitte, libéré; débarrassé (de, *of*).

quite [kwait] tout à fait; entièrement; parfaitement; véritable; bien; ~ *a* hero un véritable *ou* vrai héros; F ~ *a* pas mal de; ~ (so)! (*ou that!*) parfaitement!; ~ the go le dernier cri; le grand chic.

quits [kwits] quitte (with, avec); *let's call it* ~ restons-en là; *we'll cry* ~ nous voilà quittes.

quit·tance ['kwitəns] acquit *m*; quittance *f*.

quit·ter *Am.* F ['kwitə] lâcheur (-euse *f*) *m*; he is no ~ *a.* il n'abandonne pas facilement la partie.

quiv·er¹ ['kwivə] **1.** tremblement *m*; frémissement *m*; frisson *m*; *paupière*: battement *m*; *cœur*: palpitation *f*; **2.** trembl(ot)er; tressaillir, frémir.

quiv·er² [~] carquois *m*.

quix·ot·ic [kwik'sɔtik] (~*ally*) de Don Quichotte; visionnaire; par trop chevaleresque.

quiz [kwiz] **1.** plaisanterie *f*, farce *f*; attrape *f*; *souv. Am.* F colle *f*, examen *m* oral; ~ *program*(me), ~ show quiz *m*; **2.** railler; lorgner; *souv. Am.* examiner; poser des colles à; **'quiz·zi·cal** □ railleur (-euse *f*), moqueur (-euse *f*); risible.

quod *sl.* [kwɔd] boîte *f*, bloc *m* (= *prison*).

quoin [kɔin] pierre *f* d'angle; ⊕, *a. typ.* coin *m*.

quoit [kɔit] (*a. jeu: ~s sg.*) palet *m*.

quon·dam ['kwɔndæm] d'autrefois.

quo·rum *parl.* ['kwɔːrəm] quorum *m*; nombre *m* suffisant; *be a* ~ être en nombre.

quo·ta ['kwoutə] quote-part *f*; contingent *m*.

quo·ta·tion [kwou'teiʃn] citation *f*; *typ.* cadrat *m* creux; ✝ cours *m*, prix *m*; *familiar* ~*s pl.* citations *f/pl.* très connues; **quo'ta·tion-marks** *pl.* guillemets *m/pl.*

quote [kwout] *v/t.* citer; *typ.* guillemeter; *à la Bourse:* coter (à, at); ✝ faire un prix (pour, for; à, to); *v/i.* citer; faire un prix (pour, for; à, to).

quoth † [kwouθ]: ~ *I* dis-je; ~ he dit-il.

quo·tid·i·an [kwɔ'tidiən] quotidien(ne *f*); de tous les jours; banal (-als *m/pl.*). [*m.*]

quo·tient A ['kwouʃənt] quotient

R

R, r [ɑ:] R *m*, r *m*.

rab·bet ⊕ ['ræbit] **1.** feuillure *f*, rainure *f*; **2.** faire une feuillure *ou* rainure à.

rab·bi ['ræbai] rabbin *m*; *titre*: rabbi *m*.

rab·bit ['ræbit] lapin *m*; *Welsh* ~ toast *m* au fromage fondu.

rab·ble ['ræbl] cohue *f*; *the* ~ la canaille *f*; '~-rous·er agitateur *m*; '~-rous·ing qui incite à la violence.

rab·id □ ['ræbid] féroce, acharné; *fig.* à outrance; *vét.* enragé (*chien etc.*); '**rab·id·ness** violence *f*; rage *f*.

ra·bies *vét.* ['reibi:z] rage *f*, hydrophobie *f*.

ra(c)·coon *zo.* [rə'ku:n] raton *m* laveur.

race[1] [reis] race *f*; lignée *f*; sang *m*; ~ *riot* bagarre *f* raciale.

race[2] [~] course *f* (*a. fig.*); *soleil*: cours *m*; *courant*: ras *m*; *fig.* carrière *f*; ~ *against the clock* course *f* contre la montre; ~*s pl.* courses *f/pl.*, -*s f/pl.* (*de bateaux, de chevaux*); **2.** lutter de vitesse (avec, *with*); courir à toute vitesse; ⊕ s'emballer; battre la fièvre (*pouls*); *v/t.* ⊕ emballer à vide (*le moteur*); '~-course champ *m* de courses; piste *f*; '~-crew course à l'aviron: équipe *f* de canot.

race-ha·tred ['reis'heitrid] racisme *m*.

race-horse ['reishɔːs] cheval *m* de course.

rac·er ['reisə] coureur (-euse *f*) *m*; cheval *m* de course; *mot.* coureur *m*; yacht *m* *ou* bicyclette *f* etc. de course.

ra·cial □ ['reiʃl] (de la) race; ~ *discrimination* discrimination *f* raciale; **ra·cial·ism** ['~ʃəlizm] racisme *m*.

rac·i·ness ['reisinis] verve *f*, piquant *m*; *vin etc.*: goût *m* de terroir.

rac·ing ['reisiŋ] courses *f/pl.*; *attr.* de course(s), de piste; ~ *cyclist* coureur *m* routier; ~ *motorist* coureur *m*, racer *m*; ~ *car* automobile *f* de course.

ra·cism ['reisizəm] racisme *m*; '**ra·cist** raciste (*adj., mf*).

rack[1] [ræk] **1.** *écurie, armes, etc.*: râtelier *m*; portemanteau *m*; ♩ classeur *m* (à musique); ⊕ crémaillère *f*; ⚓ *bomb* ~ lance-bombes *m/inv.*; 🚲 *luggage* ~ porte-bagages *m/inv.*; filet *m* (à bagages); **2.** *hist.* faire subir le supplice du chevalet à; *fig.* tourmenter, torturer; extorquer (*un loyer*); pressurer (*un locataire*); étirer (*les peaux*); épuiser (*le sol*); détraquer (*une machine*); ~ *one's brains* se creuser la cervelle.

rack[2] [~] **1.** légers nuages *m/pl.* traînants; cumulus *m*; **2.** se traîner (*nuages*).

rack[3] [~]: *go to* ~ *and ruin* tomber en ruine; se délabrer (*maison*).

rack[4] [~] (*a.* ~ *off*) soutirer (*le vin etc.*).

rack·et[1] ['rækit] *tennis etc.*: raquette *f*; *jeu*: ~*s souv. sg.* la raquette *f*.

rack·et[2] [~] **1.** vacarme *m*, tapage *m*; *fig.* epreuve *f*; *fig.* dépenses *f/pl.*; gaieté *f*; F spécialité *f*; entreprise *f* (*de gangster*); chantage *m*; **2.** faire du tapage; *sl.* faire la noce; **rack·et·eer** *surt. Am. sl.* [~'tiə] gangster *m*; combinard *m*; bandit *m*; **rack·et·eer·ing** *surt. Am.* banditisme *m* au chantage; '**rack·et·y** tapageur (-euse *f*); *fig.* noceur (-euse *f*).

rack-rail·way ['ræk'reilwei] chemin *m* de fer à crémaillère.

rack-rent ['rækrent] **1.** loyer *m* exorbitant; **2.** imposer un loyer exorbitant à (*q.*).

rac·y □ ['reisi] qui sent le terroir (*vin*); vif (vive *f*), piquant (*personne*); *fig.* plein de verve; *fig.* savoureux (-euse *f*) (*histoire*); *be* ~ *of the soil* sentir le terroir.

rad *pol.* F [ræd] radical *m*.

ra·dar ['reidɑ:] radar *m*; ~ *set* (appareil *m* de) radar *m*.

rad·dle ['rædl] **1.** ocre *f* rouge; **2.** marquer à l'ocre; *fig.* farder.

ra·di·al □ ['reidjəl] ⊕, *a. anat.*

radial (-aux *m/pl.*); centrifuge (*force*); ✴ du radium; ~ *engine* moteur *m* en étoile; ~ *tyre*, *Am.* ~ *tire* pneu *m* à carcasse radiale.

ra·di·ance, ra·di·an·cy ['reidjəns(i)] rayonnement *m*; splendeur *f*; '**ra·di·ant** □ rayonnant (*a. fig.*); radieux (-euse *f*) (*a. fig.*).

ra·di·ate ['reidieit] *v/i.* rayonner; émettre des rayons; *v/t.* émettre; répandre; 2. ['~it] *zo. etc.* radié, rayonné; **ra·di·a·tion** rayonnement *m*; radium *etc.*: radiation *f*; **ra·di·a·tor** ['~eitə] radiateur *m* (*a. mot.*); ~ *mascot* bouchon *m* enjoliveur.

rad·i·cal ['rædikəl] 1. □ radical (-aux *m/pl.*) (*a. pol.*); fondamental (-aux *m/pl.*); ⅍ ~ *sign* (signe *m*) radical *m*; 2. ⅍, ⅍ gramm. radical *m*; *pol.* radical(e *f*) *m*; '**rad·i·cal·ism** radicalisme *m*.

ra·di·o ['reidiou] 1. radio *f*, télégraphie *f* sans fil, T.S.F. *f*; ✴ radiographie *f*; ✴ radiologie *f*; (*a. ~-telegram*) radio *m*; ~ *drama* (*ou play*) pièce *f* radiophonique; ~ *engineer* ingénieur *m* radio; ~ *fan* sans-filiste *mf*; ~ *operator* (opérateur *m*) radio *m*; ~ *set* poste *m* (récepteur); ~ *studio* studio *m* d'émission; auditorium *m*; 2. radium (*qch.*) par la radio; radiotélégraphier; ✴ radiographier; ✴ traiter au radium; '**~·ac·tive** radioactif (-ive *f*); rayonnant (*matière*); ~ *waste* déchets *m/pl.* radioactifs; '**~·ac·tiv·i·ty** radio-activité *f*; **ra·di·o·gram** ['~græm] radiogramme *m*; radiographie *f*; *a. abr.* de **ra·di·o·gram·o·phone** radiophono *m*; **ra·di·o·graph** ✴ ['~grɑːf] 1. radiographie *f*, radiogramme *m*; 2. radiographier; '**ra·di·o·lo'ca·tion** radiorepérage *m*; **ra·di·ol·o·gist** [reidi'ɔlədʒist] radiologue *mf*; **ra·di·ol·o·gy** *phys.* [reidi'ɔlədʒi] radiologie *f*; **ra·di·os·co·py** [~'ɔskəpi] radioscopie *f*; '**ra·di·o'tel·e·gram** radiotélégramme *m*; '**ra·di·o·tel·e·scope** radiotélescope *m*; '**ra·di·o·'ther·a·py** ✴ radiothérapie *f*.

rad·ish ⅍ ['rædiʃ] radis *m*.

ra·di·um ['reidjəm] radium *m*.

ra·di·us ['reidjəs], *pl.* **·di·i** [·'diai] ⅍, ✴, *mot.*, *a. fig.* rayon *m*; *anat.* radius *m*; ⊕ *grue*: portée *f*; *fig. a.* circonscription *f*. [(*air*).\
raff·ish ['ræfiʃ] bravache; canaille

raf·fle ['ræfl] 1. *v/t.* mettre en tombola; *v/i.* prendre part à une tombola; prendre un billet (pour, for); 2. tombola *f*, loterie *f*.

raft [rɑːft] 1. radeau *m*; 2. transporter *etc.* sur un radeau; '**raft·er** (*a.* **rafts·man** ['~smən]) flotteur *m*; △ chevron *m*.

rag¹ [ræg] chiffon *m*; lambeau *m*; *journ. péj.* feuille *f* de chou; ~s *pl.* haillons *m/pl.*, guenilles *f/pl.*; F *chew the* ~ tailler une bavette.

rag² *min.* [~] calcaire *m* oolithique.

rag³ *sl.* [~] 1. *v/t.* chahuter; brimer; *v/i.* faire du chahut, chahuter; 2. brimade *f*; chahut *m*.

rag·a·muf·fin ['rægəmʌfin] gueux *m*; gamin *m* des rues; '**rag-and-bone man** chiffonnier *m*; '**rag·bag** sac *m* aux chiffons; '**rag-book** livre *m* d'images sur toile.

rage [reidʒ] 1. rage *f*, fureur *f* (*a. du vent*), emportement *m*; manie *f* (*de*, for); *it is all the* ~ cela fait fureur, c'est le grand chic; 2. être furieux (-euse *f*) (*personne*); faire rage (*vent*); *fig.* tempêter (contre, against); sévir (*peste*).

rag-fair ['rægfɛə] marché *m* aux vieux habits; F marché *m* aux puces.

rag·ged □ ['rægid] déguenillé, en haillons (*personne*); en lambeaux, ébréché (*rocher*); désordonné (⅍ *feu*); déchiqueté (*contour*).

rag·man ['rægmən] chiffonnier *m*.

ra·gout [ræ'guː] ragoût *m*.

rag...: '**~·tag** canaille *f*; '**~·time** ♪ musique *f* de jazz (nègre).

raid [reid] 1. descente *f* (*inattendue*); ⅍, ✴ raid *m*; *police:* rafle *f*; *bandits:* razzia *f*; 2. *v/i.* faire une descente *ou* une rafle sur; *v/t. a.* marauder, razzier.

rail¹ [reil] 1. barre(au *m*) *f*; *chaise:* bâton *m*; *charrette:* ridelle *f*; (*a.* ~s *pl.*) palissade *f* (*en bois*), grille *f* (*en fer*); ⅍ rail *m*; F chemin *m* de fer, train *m*; ♫ lisse *f*; ⅏ ~s *pl.* les chemins *m/pl.* de fer; ~ *strike* grève *f* des cheminots; *get* (*ou run*) *off the* ~s dérailler (*a. fig.*); 2. (*a.* ~ *in ou off*) entourer d'une grille, griller, palissader; envoyer *ou* transporter par (le) chemin de fer.

rail² [~] crier, se répandre en invectives (contre at, against).

rail³ *orn.* [~] râle *m*.

rail·er ['reilə] criailleur (-euse f) m; mauvaise langue f.

rail·ing ['reiliŋ] (a. ∼s pl.) palissade f (en bois), grille f (en fer).

rail·ler·y ['reiləri] raillerie f.

rail·mo·tor ['reil'moutə] autorail m.

rail·road ['reilroud] **1.** surt. Am., (Brit. = **rail·way** ['reilwei]) chemin m de fer; ∼ carriage voiture f, wagon m; **2.** v/t. pol. Am. faire voter avec vitesse; Am. sl. emprisonner après un jugement précipité.

rail·way·man ['reilweimən] employé m de chemin de fer, cheminot m.

rai·ment poét. ['reimənt] habillement m, vêtement m, -s m/pl.

rain [rein] **1.** pluie f; **2.** pleuvoir; '∼·bow arc-en-ciel (pl. arcs-en-ciel) m; '∼·coat imperméable m; '∼·fall averse f, chute f de pluie; pluviosité f; '∼·gauge ['∼geidʒ] pluviomètre m; **rain·i·ness** ['∼inis] pluviosité f; temps m pluvieux; 'rain·lack·ing dépourvu de pluie, sans pluie; sec (sèche f); 'rain·proof imperméable (a. su./m); 'rain·y □ pluvieux (-euse f); de pluie.

raise [reiz] (souv. ∼ up) dresser, mettre debout; fig. exciter (la foule, le peuple); relever (courage, navire, store, tarif); lever (armée, bras, camp, gibier, impôt, siège, verre, yeux, etc.); (re)hausser (le prix); bâtir; élever (bétail, édifice, famille, prix, q., voix, etc.); ériger (une statue); cultiver (des plantes); produire (un sourire, de la vapeur, etc.); faire naître (une espérance); soulever (objection, peuple, poids, question); mettre sur pied (une armée); se procurer, emprunter (de l'argent); évoquer (un esprit, le souvenir); ressusciter (un mort); pousser (un cri); augmenter (le salaire); revendiquer (des droits); 'rais·er souleveur m; éleveur m.

rai·sin ['reizn] raisin m sec.

ra·ja(h) ['rɑ:dʒə] rajah m.

rake¹ [reik] **1.** râteau m; (a. fire-∼) fourgon m; **2.** v/t. (usu. ∼ up) râteler, ratisser; gratter (la surface), fig. fouiller; (a. ∼ up ou over) revenir sur; ✕, ⚓ enfiler; fig. dominer, embrasser du regard; ∼ off (ou away) enlever au râteau; v/i. scruter; fouiller (pour trouver qch., for

s.th.); '∼·off Am. sl. gratte f, ristourne f.

rake² ⚓ [∼] **1.** inclinaison f; **2.** v/i. être incliné; v/t. incliner vers l'arrière.

rake³ [∼] roué m, noceur m.

rak·ish¹ ⚓ etc. ['reikiʃ] élancé; en pente.   [bravache (air).]

rak·ish² □ [∼] libertin, dissolu; fig.

ral·ly¹ ['ræli] **1.** ralliement m; réunion f; sp. fig. retour m d'énergie; reprise f des forces ou ✕ en main; ✝ reprise f; tennis: échange m de balles; **2.** v/t. se rallier; se reprendre; se grouper; v/t. rassembler, réunir; ranimer.

ral·ly² [∼] se gausser de (q.); railler (q.) (de, on).

ram [ræm] **1.** ✕, zo., astr. bélier m; ⊕ piston m plongeur; ⚓ éperon m; **2.** battre, tasser (le sol); heurter; mot. tamponner (une voiture); ⚓ éperonner; ∼ up boucher (un trou); bourrer.

ram·ble ['ræmbl] **1.** promenade f, F balade f; **2.** errer à l'aventure; faire une excursion à pied; fig. parler sans suite; 'ram·bler excursionniste mf; promeneur m; fig. radoteur m; ♀ rosier m grimpant; 'ram·bling **1.** □ vagabond; fig. décousu, sans suite; ♀ grimpant, rampant; fig. tortueux (-euse f); **2.** vagabondage m; excursions f/pl. à pied; fig. radotages m/pl.

ram·i·fi·ca·tion [ræmifi'keiʃn] ramification f; **ram·i·fy** ['∼fai] (se) ramifier.

ram·jet ['ræmdʒet] (a. ∼ engine) statoréacteur m.

ram·mer ⊕ ['ræmə] pilon m.

ramp¹ [ræmp] supercherie f.

ramp² [∼] **1.** rampe f; pont m élévateur; **2.** v/t. construire (qch.) en rampe; v/i. △ ramper; fig. rager; **ram·page** co. **1.** rager, tempêter; se conduire comme un fou furieux; **2.:** be on the ∼ en avoir après tout le monde; 'ramp·an·cy violence f; exubérance f; fig. extension f; 'ramp·ant □ violent; exubérant; fig. effréné; ⊘, a. △ rampant.

ram·part ['ræmpɑ:t] rempart m.

ram·rod ['ræmrɔd] fusil: baguette f; straight as a ∼ droit comme un i.

ram·shack·le ['ræmʃækl] délabré.

ran [ræn] prét. de run 1, 2.

ranch [rɑ:ntʃ; surt. Am. ræntʃ]

ferme *f ou* prairie *f* d'élevage;
ranch *m*.

ran·cid ☐ ['rænsid] rance, ranci;
ran'cid·i·ty, **'ran·cid·ness** ranci-
dité *f*. [nier (-ère *f*).]

ran·cor·ous ☐ ['ræŋkərəs] rancu-
ran·co(u)r ['ræŋkə] rancune *f*,
ressentiment *m*.

ran·dom ['rændəm] **1.**: *at* ~ au
hasard; à l'aveuglette; **2.** fait au hasard; de passage; ~ *sample* échantillon *m* prélevé au hasard; ~ *shot* coup
m tiré au hasard; coup *m* perdu.

rand·y *sl.* ['rændi] excité, aguiché.

rang [ræŋ] *prét. de* ring² [.]

range [reind3] **1.** rangée *f*; chaîne *f*
(*de montagnes*); ✝ assortiment *m*;
série *f*; étendue *f*; portée *f* (*a. d'une
arme à feu*); direction *f*; champ *m*
libre; *sp.* distance *f*; *Am.* prairie *f*;
fourneau *m* (de cuisine); (*a. shoot-
ing-*~) champ *m* de tir; *fig.* libre
essor *m*; *fig.* variété *f*; *take the* ~
estimer *ou* régler le tir; **2.** *v/t.*
aligner, ranger; disposer; parcourir
(*une région*); braquer (*un télescope*);
⊕ longer (*la côte*); *v/i.* errer,
courir; s'étendre (*a. fig.*); varier;
✕ régler le tir; ~ *along* longer;
~ *over* parcourir; *canon:* avoir
une portée (de six milles, *over
six miles*); '~-**find·er** télémètre *m*;
'**rang·er** † vagabond(e *f*) *m*; grand
maître *m* des parcs royaux; *Indes:*
garde-général *m* (*pl.* gardes-généraux)
m adjoint; ⚥*s pl.* gendarmes *m/pl.* à
cheval; ✕ *Am.* soldats *m/pl.* de
commando spécial.

rank¹ [ræŋk] **1.** rang *m* (*social,* ✕,
a. fig.); ligne *f*; classe *f*; ✕, ⚓ grade *m*; stationnement *m* (*pour taxis*);
the ~*s pl.* (*ou and file*) (les hommes
m/pl. de) troupe *f*; *fig. le* commun *m*
des hommes; *join the* ~*s* devenir
soldat; entrer dans les rangs; *rise
from the* ~*s* de simple soldat passer officier, sortir du rang; **2.** *v/t.*
ranger, ranger; classer (*avec,
with*); *v/i.* se ranger, être classé
(*avec, with;* parmi, *among*); compter (*parmi, among*); occuper un
rang (supérieur à, *above*); ~ *next to*
occuper le premier rang après; ~ *as*
avoir qualité de; compter pour.

rank² ☐ [~] luxuriant; exubérant
(*plante*); riche, gras(se *f*) (*sol, terrain*); rance, fort, fétide; *fig. péj.*
complet (-ète *f*), pur, parfait.

rank·er ✕ ['ræŋkə] simple soldat *m*;
officier *m* sorti des rangs.

ran·kle *fig.* ['ræŋkl] rester sur le
cœur (de q., *with* s.o.).

rank·ness ['ræŋknis] luxuriance *f*;
odeur *f etc.* forte; *fig.* grossièreté *f*.

ran·sack ['rænsæk] fouiller (dans);
saccager.

ran·som ['rænsəm] **1.** rançon *f*;
rachat *m* (*eccl., a. d'un captif*);
2. mettre à rançon, rançonner; racheter.

rant [rænt] **1.** rodomontades *f/pl.*;
2. déclamer avec extravagance; F
tempêter; '**rant·er** déclamateur
(-trice *f*) *m*; énergumène *mf*.

ra·nun·cu·lus ⚥ [rə'nʌŋkjuləs], *pl.*
-lus·es, -li [~lai] renoncule *f*.

rap¹ [ræp] **1.** petit coup *m* (sec);
2. frapper (à, *at*); *fig.* ~ *s.o.'s fingers*
(*ou knuckles*) donner sur les doigts à
q.; F remettre q. à sa place; ~ *out*
lâcher; dire (*qch.*) d'un ton sec.

rap² *fig.* [~] sou *m*, liard *m*; *not care
a* ~ s'en ficher.

ra·pa·cious ☐ [rə'peiʃəs] rapace;
ra·pac·i·ty [rə'pæsiti] rapacité *f*.

rape¹ [reip] **1.** rapt *m*; enlèvement
m; ♂♀ viol *m*; **2.** ravir, ♂♀ violer.

rape² ⚥ [~] colza *m*; navette *f*; '~-**oil**
huile *f* de colza *ou* de navette; '~-
seed graine *f* de colza.

rap·id ['ræpid] **1.** ☐ rapide; ~ *fire*
feu *m* continu *ou* accéléré; **2.** ~*s pl.*
rapide *m*; **ra·pid·i·ty** [rə'piditi] rapidité *f*.

ra·pi·er ['reipjə] *escrime:* rapière *f*.

rap·ine *poét.* ['ræpain] rapine *f.*

rap·ist ['reipist] violeur *m*.

rap·proche·ment *pol.* [ræ'prɔʃmã:ŋ]
rapprochement *m*.

rapt *fig.* [ræpt] ravi, extasié (par *by,
with*); absorbé (dans, *in*); profond.

rap·to·ri·al *zo.* [ræp'tɔ:riəl] de proie.

rap·ture ['ræptʃə] (*a. ~s pl.*) extase
m, ravissement *m*; *in* ~*s* ravi, enchanté; *go into* ~*s* s'extasier (sur,
over); '**rap·tur·ous** ☐ d'extase, de
ravissement; enthousiaste.

rare ☐ [rɛə] rare (*a. phys. etc., a.
fig.*); F fameux (-euse *f*), riche;
surt. Am. saignant (*bifteck*).

rare·bit ['rɛəbit]: *Welsh* ~ toast *m*
au fromage fondu.

rar·e·fac·tion *phys.* [rɛəri'fækʃn]
raréfaction *f*; **rar·e·fy** ['~fai] *v/t.*
raréfier; affiner (*le goût*); subtiliser (*une idée*); *v/i.* se raréfier

'rare·ness, **'rar·i·ty** rareté *f*; F excellence *f*.

ras·cal ['rɑːskəl] coquin(e *f*) *m* (*a. fig.*); fripon *m*; gredin *m*; **ras·cal·i·ty** [~'kæliti] coquinerie *f*, gredinerie *f*; **ras·cal·ly** *adj. a. adv.* ['~kəli] de coquin; méchant; retors; ignoble.

rase † [reiz] raser (*une ville etc.*).

rash¹ □ [ræʃ] irréfléchi, inconsidéré; téméraire; impétueux (-euse *f*).

rash² ℱ [~] éruption *f*.

rash·er ['ræʃə] tranche *f* de lard.

rash·ness ['ræʃnis] témérité *f*; étourderie *f*.

rasp [rɑːsp] **1.** râpe *f*; grincement *m*; **2.** *v/t.* râper; racler (*le gosier, une surface, etc.*); *v/i.* grincer, crisser.

rasp·ber·ry ♀ ['rɑːzbəri] framboise *f*; *sl.* have the ~ se faire rabrouer.

rasp·er ['rɑːspə] râpeur (-euse *f*) *m*; râpe *f*.

rasp·ing ['rɑːspiŋ] râpage *m*; grincement *m*; ~s *pl.* râpure *f*, -s *f/pl.*

rat [ræt] **1.** *zo.* rat *m*; *pol.* renégat *m*, transfuge *m*; *sl.* jaune *m*, faux frère *m*; *fig.* ~ race foire *f* d'empoigne; smell a ~ soupçonner anguille sous roche; **2.** attraper des rats; *pol.* tourner casaque; *sl.* faire le jaune; F ~ on trahir (*q.*), vendre (*q.*).

rat·a·bil·i·ty [reitə'biliti] caractère *m* imposable; **'rat·a·ble** □ évaluable; imposable.

ratch ⊕ [rætʃ] encliquetage *m* à dents; *horloge*: cliquet *m*.

ratch·et ['rætʃit] encliquetage *m* à dents; cliquet *m*; **'~-wheel** roue *f* à cliquet.

rate¹ [reit] **1.** quantité *f* proportionnelle; taux *m*; raison *f*, degré *m*; tarif *m*, cours *m*; droit *m*; prix *m*; impôt *m* local; taxe *f* municipale; *fig.* évaluation *f*; vitesse *f*, allure *f*, train *m*; † classe *f*, rang *m*; at the ~ of au taux de, à raison de; sur le pied de; *mot.* à la vitesse de; † at a cheap ~ à un prix ou taux réduit; at any ~ de toute façon, en tout cas; † à n'importe quel prix; ~ of exchange cours *m* du change; ~ of interest taux *m* d'intérêt; ~ of taxation taux *m* de l'imposition; ~ of wages taux *m* du salaire; **2.** *v/t.* estimer; *Am.* mériter; considérer; classer (*a. ⊕*); taxer (à raison de, *at*); *v/i.* être classé.

rate² [~] *v/t.* semoncer (de for,

about); *v/i.* gronder, crier (contre, at).

rate-pay·er ['reitpeiə] contribuable *mf*.

rath·er ['rɑːðə] plutôt; quelque *ou* un peu; assez; pour mieux dire; F ~! bien sûr!, pour sûr!; I had (*ou would*) ~ (*inf.*) j'aime mieux (*inf.*); I ~ expected it je m'en doutais, je m'y attendais.

rat·i·fi·ca·tion [rætifi'keiʃn] ratification *f*; **rat·i·fy** ['~fai] ratifier, approuver.

rat·ing¹ ['reitiŋ] évaluation *f*; répartition *f* des impôts locaux; *⚓* classe *f* (*d'un homme*); *⚓* classement *m* (*d'un navire*); *⚓* matelot *m*; *télév.* (*a. popularity* ~) indice *m* de popularité, taux *m* d'écoute.

rat·ing² [~] semonce *f*.

ra·tio ['reiʃiou] raison *f*, rapport *m*.

ra·tion ['ræʃn] **1.** ration *f*; ~ card carte *f* alimentaire; (*a.* ~ ticket) tickets *m/pl.* (*de pain etc.*); off the ~ see ~-free; **2.** rationner; mettre (*q.*) à la ration.

ra·tion·al □ ['ræʃnəl] raisonnable; doué de raison; raisonné; ℱ rationnel(le *f*) (*a. croyance*); **ra·tion·al·ism** ['~nəlizm] rationalisme *m*; **'ra·tion·al·ist** rationaliste (*a. su.|mf*); **ra·tion·al·i·ty** [~'næliti] rationalité *f*; faculté *f* de raisonner; **ra·tion·al·i·za·tion** [~'lai'zeiʃn] rationalisation *f* (*a.* ℱ); **'ra·tion·al·ize** rationaliser; organiser de façon rationnelle.

ra·tion-free ['ræʃnfriː] sans tickets, en vente libre. [rats *f*.\]

rats·bane † ['rætsbein] mort-aux-\]

rat-tat ['ræt'tæt] toc-toc *m*.

rat·ten ⊕ ['rætn] *v/t.* saboter; *v/i.* saboter l'outillage *ou* le matériel; **'rat·ten·ing** sabotage *m*.

rat·tle ['rætl] **1.** bruit *m*; *fusillade*: crépitement *m*; *machine à écrire*: tapotis *m*; crécelle *f*; *enfant*: hochet *m*; ⚕ caquetage *m*; ♪ râle *m*; ~s *pl.* *serpent*: sonnettes *f/pl.*; **2.** *v/i.* branler; crépiter; cliqueter; faire du bruit; ℱ râler; *v/t.* faire sonner; faire cliqueter; agiter; F consterner; ~ off (*ou out*) expédier; réciter rapidement; **'~-brained**, **'~-pat·ed** écervelé, étourdi; **'rat·tler** ⚡ klaxon *m* d'alarme; F coup *m* dur; *sl.* personne *f* ou chose *f* épatante; *Am. sl.* tramway *m*; *Am. sl.* tacot *m*; *Am.*

F = **'rat·tle·snake** serpent *m* à sonnettes; **'rat·tle·trap 1.** délabré; **2.** guimbarde *f*, tapecul *m*.

rat·tling ['rætliŋ] **1.** □ bruyant; crépitant; F vif (vive *f*); **2.** *adv.* rudement; *at a* ~ *pace* au grand trot, très rapidement.

rat·ty ['ræti] infesté de rats; en queue de rat (*natte*); *sl.* grincheux (-euse *f*); fâché.

rau·cous □ ['rɔ:kəs] rauque.

rav·age ['rævidʒ] **1.** ravage *m*, -s *m/pl.*, dévastation *f*; **2.** *v/t.* ravager, dévaster; *v/i.* faire des ravages.

rave [reiv] être en délire; *fig.* pester (*contre*, *at*); s'extasier (*sur about*, *of*).

rav·el ['rævl] *v/t.* embrouiller; (*a.* ~ *out*) effilocher; *v/i.* s'embrouiller, s'enchevêtrer; (*a.* ~ *out*) s'effilocher.

rav·en¹ ['reivn] (grand) corbeau *m*.

rav·en² ['rævn] **1.** *see* ravin; **2.** faire des ravages; chercher sa proie; être affamé (de, *for*); 'rav·en·ous □ vorace; affamé; 'rav·en·ous·ness voracité *f*; faim *f* de loup.

rav·in ['rævin] rapine *f*; butin *m*.

ra·vine [rə'vi:n] ravin *m*.

rav·ings ['reiviŋz] délires *m/pl.*; paroles *f/pl.* incohérentes.

rav·ish ['ræviʃ] violer (*une femme*); *fig.* enchanter, ravir; † enlever de force, ravir; 'rav·ish·er ravisseur *m*; 'rav·ish·ing □ ravissant; 'rav·ish·ment rapt *m*; enlèvement *m*; viol *m* (*d'une femme*); *fig.* ravissement *m*.

raw □ [rɔ:] **1.** cru (= *pas cuit*; *a. couleur*, *peau*, *histoire*); brut, premier (-ère *f*); vert (*cuir*); inexpérimenté (*personne*); âpre (*temps*); vif (vive *f*) (*plaie*); ~ *material* matériaux *m/pl.* bruts; matières *f/pl.* premières; F *he got a* ~ *deal* on le traita avec peu de générosité; **2.** vif *m*; endroit *m* sensible; '~**-boned** décharné; efflanqué (*cheval*); '~**-hide** cuir *m* vert; 'raw·ness crudité *f*; écorchure *f*; *temps:* âpreté *f*; *fig.* inexpérience *f*.

ray¹ *icht.* [rei] raie *f*.

ray² [~] **1.** ♀, *phys.*, *zo.*, *etc.* rayon *m*; *fig.* lueur *f* (*d'espoir*); ♂ ~ *treatment* radiothérapie *f*; **2.** (*v/t.* faire) rayonner; '~**·less** sans rayons.

ray·on *tex.* ['reiɔn] rayonne *f*, soie *f* artificielle.

raze [reiz] (*a.* ~ *to the ground*) raser; △ receper (*un mur*); *fig.* effacer.

ra·zor ['reizə] rasoir *m*; '~**-blade** lame *f* de rasoir; *be on the* ~*'s edge* être sur la corde raide; '~**-strop** cuir *m* à rasoir.

razz *Am. sl.* [ræz] **1.** ridicule *m*; **2.** taquiner, se moquer de, se payer la tête de.

raz·zi·a ['ræziə] *police:* razzia *f*.

raz·zle-daz·zle *sl.* ['ræzldæzl] bombe *f*, noce *f*; ivresse *f*; *usu. Am. sl.* fatras *m*.

re [ri:] ♫ (en l')affaire; ✝ relativement à; *en-tête d'une lettre:* objet …

re… [~] re-, r-, ré-; de nouveau; à nouveau.

reach [ri:tʃ] **1.** extension *f* (*de la main*), *box.* allonge *f*; portée *f*; étendue *f* (*a. fig.*); partie *f* droite (*d'un fleuve*) entre deux coudes; *beyond* ~, *out of* ~ hors de portée; *within easy* ~ à proximité (de, *of*); tout près; à peu de distance; **2.** *v/i.* (*a.* ~ *out*) tendre la main (pour, *for*); s'étendre ([jusqu']là, *to*); (*a.* ~ *to*) atteindre; *v/t.* arriver à, parvenir à; (*souv.* ~ *out*) (é)tendre; atteindre.

reach-me-down F ['ri:tʃmi'daun] costume *m* de confection, F décrochez-moi-ça *m/inv.*

re·act [ri'ækt] réagir (sur, *upon*; contre, *against*); réactionner (*prix*).

re·ac·tion [ri'ækʃn] réaction *f* (♫, ♫, *physiol.*, *pol.*); contrecoup *m*; **re'ac·tion·ar·y** *surt. pol.* **1.** réactionnaire; **2.** (*a.* **re'ac·tion·ist**) réactionnaire *mf*.

re·ac·tive □ [ri'æktiv] réactif (-ive *f*); de réaction (*a. pol.*); **re'ac·tor** *phys.* réacteur *m*; ♫ bobine *f* de réactance.

read [ri:d] [*irr.*] *v/t.* lire (*un livre*, *un thermomètre*, *etc.*); (*a.* ~ *up*) étudier; déchiffrer; *fig.* interpréter; ~ *off* lire sans hésiter; ~ *out* lire à haute voix; donner lecture (de); ~ *to* faire la lecture à (*q.*); *v/i.* lire; être conçu; marquer (*thermomètre*); ~ *for* préparer (*un examen*); ~ *like* faire l'effet de; ~ *well* se laisser lire; **2.** [red] *prét. et p.p. de* **1**; **3.** [red] *adj.* instruit (en, *in*); versé (dans, *in*).

read·a·ble □ ['ri:dəbl] lisible.

read·er ['ri:də] lecteur (-trice *f*) *m* (*a. eccl.*); *typ.* correcteur *m* d'épreuves; lecteur *m* de manuscrits; *univ.* …

maître *m* de conférences, chargé(e *f*) *m* de cours; livre *m* de lecture; '**read·er·ship** *journal etc.*: (nombre *m* de) lecteurs *m/pl.*; *univ.* maîtrise *f* de conférences; charge *f* de cours.

read·i·ly ['redili] *adv.* volontiers, avec empressement; '**read·i·ness** alacrité *f*, empressement *m*; bonne volonté *f*; facilité *f*; ~ *of mind* (*ou wit*) vivacité *f* d'esprit.

read·ing ['ri:diŋ] **1.** lecture *f* (*a. d'un instrument de précision*); compteur: relevé *m*; observation *f*; cote *f*; hauteur *f* (*barométrique*); interprétation *f*; leçon *f*, variante *f*; *parl.* second ~ prise *f* en considération; **2.** de lecture; ~ *matter* lecture(s) *f* (*pl.*), de quoi lire.

re·ad·just ['ri:ə'dʒʌst] rajuster; remettre à point (*un instrument*); '**re·ad'just·ment** rajustement *m*, rectification *f*; ⊕ régulation *f*.

re·ad·mis·sion ['ri:əd'miʃn] réadmission *f*.

re·ad·mit ['ri:əd'mit] réadmettre; réintégrer; '**re·ad'mit·tance** réadmission *f*.

read·y ['redi] **1.** *adj.* □ prêt (à *inf.*, *to inf.*); sous la main; disposé, sur le point (de *inf.*, *to inf.*); facile; prompt (à, *with*); ✚ comptant (*argent*); ⚓ paré; ~ *reckoner* barème *m* (de comptes); ✕ ~ *for action* prêt au combat; ~ *for use* prêt à l'usage; *make* (*ou get*) ~ (se) préparer; (s')apprêter; **2.** *adv.* tout, toute; *readier* plus promptement; *readiest* le plus promptement; **3.** *su.*: at the ~ paré à faire feu; '~-**made** tout fait; de confection (*vêtement*); '~-**to-'wear** prêt à porter.

re·af·firm ['ri:ə'fə:m] réaffirmer.

re·a·gent ⚗ [ri'eidʒənt] réactif *m*.

re·al □ [riəl] **1.** vrai; véritable; réel (-le *f*); ~ *property* (*ou estate*) propriété *f* immobilière; biens-fonds *m/pl.*; **2.** *surt. Am.* F vraiment; très, F rudement, vachement; **3.** *surt. Am.* F for ~ sérieusement, F pour de vrai; sérieux (-euse *f*); '**re·al·ism** réalisme *m*; '**re·al·ist** réaliste; **re·al·is·tic** (~ally) réaliste; ~ally avec réalisme; **re·al·i·ty** [ri'æliti] réalité *f*; réel *m*; *fig.* vérité *f*, réalisme *m*; **re·al·iz·a·ble** □ ['riəlaizəbl] réalisable; imaginable; **re·al·i·za·tion** réalisation *f* (*projet, a.* ✚ *placement*); *fig.* perception *f*; idée *f*; ✚ conversion *f* en espèces; '**re·al·ize** réaliser

(*un projet, a.* ✚ *un placement*); concevoir nettement, bien comprendre; se rendre compte de; rapporter (*un prix*); ✚ convertir en espèces; gagner (*une fortune*); '**re·al·ly** vraiment, en effet; à vrai dire; réellement.

realm [relm] royaume *m*; *fig.* domaine *m*; *peer of the* ~ pair *m* du Royaume.

re·al·tor *Am.* ['riəltə] agent *m* immobilier; courtier *m* en immeubles; '**re·al·ty** 𝔯𝔱𝔷 biens *m/pl.* immobiliers.

ream[1] [ri:m] papier: rame *f*; *papier à lettres*: ramette *f*.

ream[2] ⊕ [~] fraiser (*un trou*); (*usu.* ~ *out*) aléser; '**ream·er** alésoir *m*.

re·an·i·mate [ri'ænimeit] ranimer; **re·an·i·ma·tion** retour *m* à la vie; *fig.* reprise *f* (*des affaires*).

reap [ri:p] moissonner (*le blé, un champ*); (re)cueillir (*un fruit, a. fig.*); *fig.* récolter; '**reap·er** moissonneuse *f*; *personne:* moissonneur (-euse *f*) *m*; '**reap·ing** moisson *f*; '**reap·ing·hook** faucille *f*.

re·ap·pear ['ri:ə'piə] reparaître; '**re·ap'pear·ance** réapparition *f*; *théâ.* rentrée *f*.

re·ap·pli·ca·tion ['ri:æpli'keiʃn] nouvelle application *f*.

re·ap·point ['ri:ə'point] réintégrer (*dans ses fonctions*); renommer.

rear[1] [riə] *v/t.* élever; ériger; dresser; ⚓ cultiver; *v/i.* se dresser; se cabrer (*cheval*).

rear[2] [~] **1.** arrière *m* (*a.* ✕), derrière *m*; queue *f*; dernier rang *m*; ✕ arrière-garde *f*; *bring up the* ~ venir en queue, ✕ fermer la marche; *at the* ~ *of, in* (*the*) ~ *of* derrière, en queue de; **2.** (d')arrière; de derrière; dernier (-ère *f*); de derrière; *mot.* ~-*vision* (*ou* -*view*) *mirror* rétroviseur *m*; ~ *wheel* roue *f* arrière; *mot.* ~ *wheel drive* traction *f* arrière; *mot.* ~ *window* glace *f* arrière; '~-**'ad·mi·ral** ✕ contre-amiral *m*; '~-**guard** ✕ arrière-garde *f*; '~-**lamp** *mot.* feu *m* arrière.

re·arm ['ri:'a:m] réarmer; '**re·'ar·ma·ment** [~məmənt] réarmement *m*. *f*), de queue.)

rear·most ['riəmoust] dernier (-ère *f*

re·ar·range ['ri:ə'reindʒ] rarranger; remettre en ordre.

rear·ward ['riəwəd] **1.** *adj.* à l'arrière; en arrière; **2.** *adv.* (*a.* '**rear-**

wards [~z]) à *ou* vers l'arrière; (par) derrière.

re·as·cend [ˈriːəˈsend] remonter.

rea·son [ˈriːzn] **1.** raison *f*, cause *f*; motif *m*; bon sens *m*; *by* ~ *of* à cause de, en raison de; *for this* ~ pour cette raison; *listen to* ~ entendre raison; *it stands to* ~ *that* il est de toute évidence que; **2.** *v/i.* raisonner (sur, *about*); ~ *whether* discuter pour savoir si; *v/t.* (*a.* ~ *out*) arguer, déduire; ~ *away* prouver le contraire de (*qch.*) par le raisonnement; ~ *s.o. into* (*out of*) *doing s.th.* amener q. à (dissuader q. de) faire qch.; ~ed raisonné; logique; **'rea·son·a·ble** □ raisonnable (*a. fig.*); équitable; juste; bien fondé; **'rea·son·a·bly** raisonnablement; **'rea·son·er** raisonneur (-euse *f*) *m*; **'rea·son·ing** raisonnement *m*; dialectique *f*; *attr.* doué de raison.

re·as·sem·ble [ˈriːəˈsembl] (se) rassembler; remonter (*une machine*).

re·as·sert [ˈriːəˈsəːt] réaffirmer; insister.

re·as·sur·ance [ˈriːəˈʃuərəns] action *f* de rassurer; nouvelle affirmation *f*; *give s.o. a* ~ *about* rassurer q. sur; ✝ réassurer; **re·as·sure** [~ˈʃuə] tranquilliser (sur, *about*); ✝ réassurer.

re·bap·tize [ˈriːbæpˈtaiz] rebaptiser.

re·bate¹ ✝ [ˈriːbeit] rabais *m*, escompte *m*; remboursement *m*.

re·bate² ⊕ [ˈræbit] **1.** feuillure *f*; **2.** faire une feuillure à; assembler (*deux planches*) à feuillure.

re·bel [ˈrebl] **1.** rebelle *mf*, insurgé(e *f*) *m*, révolté(e *f*) *m*; **2.** insurgé; *fig.* (*a.* **re·bel·lious** [riˈbeljəs]) rebelle; **3.** [riˈbel] se révolter, se soulever (*contre, against*); **re·bel·lion** [~ˈjən] rébellion *f*, révolte *f*.

re·birth [ˈriːˈbəːθ] renaissance *f*.

re·bound [riˈbaund] **1.** rebondir; **2.** rebondissement *m*; *balle etc.*: ricochet *m*; *fig.* moment *m* de détente.

re·buff [riˈbʌf] **1.** échec *m*; refus *m*; **2.** repousser, rebuter.

re·build [ˈriːˈbild] [*irr.* (*build*)] rebâtir, reconstruire.

re·buke [riˈbjuːk] **1.** réprimande *f*, blâme *m*; **2.** réprimander; reprocher (*qch.* à q., *s.o. for s.th.*).

re·bus [ˈriːbəs] rébus *m*.

re·but [riˈbʌt] réfuter; repousser; **re·but·tal** réfutation *f*.

re·cal·ci·trant [riˈkælsitrənt] récalcitrant, rebelle.

re·call [riˈkɔːl] **1.** rappel *m*; révocation *f*; rappel *m* d'un souvenir, évocation *f*; *total* ~ capacité *f* de se souvenir de tout détail; *théâ.* *give a* ~ rappeler (*un acteur*); *beyond* (*ou past*) ~ irrémédiable; irrévocable; **2.** rappeler (*un ambassadeur etc.*; *fig.* qch. à q., *s.th. to s.o.*[*'s mind*]); se rappeler, se souvenir de; revoir; retirer (*une parole*); rétracter; revenir sur (*une promesse*); ⚖ annuler; révoquer (*un décret*, ✝ *un ordre*); ~ *that* se rappeler que; *until* ~ed jusqu'à nouvel ordre.

re·cant [riˈkænt] (se) rétracter; abjurer; **re·can·ta·tion** [riːkænˈteiʃn] rétractation *f*, abjuration *f*.

re·cap¹ F [ˈriːkæp] **1.** récapituler; résumer; **2.** récapitulation *f*; résumé *m*.

re·cap² [~] **1.** rechaper (*un pneu*); **2.** pneu *m* rechapé.

re·ca·pit·u·late [riːkəˈpitjuleit] récapituler; résumer; **re·ca·pit·u·la·tion** récapitulation *f*; résumé *m*.

re·cap·ture [ˈriːˈkæptʃə] **1.** reprise *f*; **2.** reprendre; *fig.* revivre (*le passé*).

re·cast [ˈriːˈkɑːst] **1.** [*irr.* (*cast*)] ⊕ refondre; remanier (*un roman etc.*); reconstruire; refaire le calcul de (*etc.*); *théâ.* faire une nouvelle distribution des rôles de; **2.** refonte *f*; nouveau calcul *m etc.*

re·cede [riˈsiːd] s'éloigner, reculer (*de, from*); fuir (*front*); ✕ se retirer (*de, from*); *fig.* ~ *from* abandonner (*une opinion*).

re·ceipt [riˈsiːt] **1.** réception *f*; reçu *m*; accusé *m* de réception; ✝ récépissé *m*, quittance *f*; ✝ recette *f* (*a. cuis.*); **2.** acquitter.

re·ceiv·a·ble [riˈsiːvəbl] recevable; ✝ à recevoir; **re·ceive** *v/t. usu.* recevoir; accepter; accueillir; essuyer (*un refus*), subir (*une défaite*); toucher (*un salaire*); *radio:* capter; ⚖ receler (*des objets volés*); ⚖ être condamné à; *v/i.* recevoir; **re·ceived** rec. admis; ✝ *sur facture:* pour acquit; **re·ceiv·er** personne *f* qui reçoit; *lettre:* destinataire *mf*; *tél., téléph.* récepteur *m*; *radio:* poste *m* (récepteur); ✝ réceptionnaire *m*; (*a.* ~ *of stolen goods*) receleur (-euse *f*) *m*; ⚖ (*official* ~) administrateur *m* judiciaire, (*en France*) syndic *m* de faillite; ⚡ *m.*

phys. récipient *m*, ballon *m*; *téléph.* lift the ~ décrocher; **re'ceiv·ing 1.** réception *f*; ⚖ recel *m*; **2.** récepteur (-trice *f*); ~ set poste *m* récepteur.

re·cen·cy ['ri:snsi] caractère *m* récent.

re·cen·sion [ri'senʃn] révision *f*; texte *m* révisé.

re·cent □ ['ri:snt] récent; de fraîche date; nouveau (-el *devant une voyelle ou un h muet*; -elle *f*; -eaux *m/pl.*); **'re·cent·ly** récemment, dernièrement; **'re·cent·ness** caractère *m* récent.

re·cep·ta·cle [ri'septəkl] récipient *m*; ♀ (*a. floral* ~) réceptacle *m* (*a. fig.*).

re·cep·tion [ri'sepʃn] réception *f* (*a. radio*); accueil *m*; acceptation *f* (*d'une théorie*); **re'cep·tion·ist** réceptionniste *m*; **re'cep·tion-room** salle *f* de réception, salon *m*.

re·cep·tive □ [ri'septiv] réceptif (-ive *f*); sensible (à, of); **recep'tiv·i·ty** réceptivité *f*.

re·cess [ri'ses] vacances *f/pl.* (*a.* ⚖, *a. parl.*); *Am. école:* récréation *f*; recoin *m*; enfoncement *m*; niche *f*; embrasure *f*; *v/t. fig.* replis *m/pl.*; **re·ces·sion** [ri'seʃn] retraite *f*, recul *m*; ✝ récession *f*; **re'ces·sion·al 1.** *eccl.* de sortie; *parl.* pendant les vacances; **2.** *eccl.* (*a.* ~ *hymn*) hymne *m* de sortie du clergé.

re·chris·ten ['ri:'krisn] rebaptiser.

re·ci·pe ['resipi] *cuis.* recette *f* (*a. fig.*); ✝ ordonnance *f*; *pharm.* formule *f*; ~ book livre *m* de cuisine.

re·cip·i·ent [ri'sipiənt] personne *f* qui reçoit; destinataire *mf*; 🔧 récipient *m*.

re·cip·ro·cal [ri'siprəkəl] **1.** □ réciproque (*a. gramm., phls., a.* A* *figure*); A* inverse (*fonction, raison*); mutuel(le *f*); **2.** A* réciproque *m*, inverse *m*; **re'cip·ro·cate** [ˌkeit] *v/i.* retourner le compliment; 🔧 avoir un mouvement alternatif; *v/t.* échanger; répondre à; **re·cip·ro·'ca·tion** (*action f de payer de*) retour *m*; 🔧 va-et-vient *m/inv.*; **rec·i·proc·i·ty** [resi'prɔsiti] réciprocité *f*.

re·cit·al [ri'saitl] récit *m*, narration *f*; ⚖ exposé *m* (*des faits*); ♪ récital (*pl.* -s) *m*; audition *f*; **rec·i·ta·tion** [resi'teiʃn] récitation *f*; **rec·i·ta-**

tive ♪ [ˌrɛsitə'ti:v] récitatif *m*; **re·cite** [ri'sait] réciter (*un poème*); déclamer; énumérer; ⚖ exposer (*les faits*); **re·cit·er** récitateur (-trice *f*) *m*; livre *m* de récitations.

reck·less □ ['reklis] téméraire; ~ of insouciant de; **'reck·less·ness** témérité *f*, imprudence *f*; insouciance *f*.

reck·on ['rekn] *v/t.* compter (parmi *among*, with); calculer; juger, estimer; considérer (comme *for*, *as*); ~ *up* calculer, additionner; *v/i.* compter (sur, [up]on), calculer; ~ *with* faire rendre compte à; compter avec (*q., a. des difficultés etc.*); **'reck·on·er** calculateur (-trice *f*) *m*; barème *m*; **'reck·on·ing** compte *m*, calcul *m*; estimation *f*; ✝ règlement *m*; note *f*; addition *f*; *fig.* be out in (*ou* of) one's ~ s'être trompé dans son calcul; être loin de compte.

re·claim [ri'kleim] *fig.* tirer (de, from); corriger (*q.*), réformer (*q.*); civiliser; ramener (à, to); défricher, rendre cultivable, gagner sur l'eau (*du terrain*); assécher (*un marais*); 🔧 récupérer; régénérer (*l'huile etc.*); **re'claim·a·ble** corrigible (*personne*); amendable (*terrain*), asséchable (*marais*); 🔧 récupérable.

rec·la·ma·tion [reklə'meiʃn] réforme *f*; défrichement *m*, mise *f* en valeur; récupération *f*; réclamation *f*.

re·cline [ri'klain] *v/t.* reposer; coucher; *v/i.* être couché; se reposer; ~ *upon* s'étendre sur; *fig.* être appuyé sur; **re'clin·ing chair** confortable *m*; fauteuil *m*.

re·cluse [ri'klu:s] **1.** retiré du monde; reclus; **2.** reclus(e *f*) *m*; anachorète *m*; solitaire *mf*.

rec·og·ni·tion [rekəg'niʃn] reconnaissance *f*; **rec·og·niz·a·ble** □ ['ˌnaizəbl] reconnaissable; **re·cog·ni·zance** ⚖ [ri'kɔgnizəns] caution *f* personnelle; engagement *m*; **rec·og·nize** ['rekəgnaiz] reconnaître (*a. fig.*) (à, by); saluer (*dans la rue*).

re·coil [ri'kɔil] **1.** se détendre; reculer (devant, from) (*personne, arme à feu*); *fig.* rejaillir (sur, on); **2.** rebondissement *m*; détente *f*; ✕ recul *m*; mouvement *m* de dégout.

re·coin ['ri:'kɔin] refrapper.

rec·ol·lect 1. [rekə'lekt] se souvenir de; se rappeler (*qch.*); **2.** ['ri:kə-**

'lekt] réunir de nouveau; **rec·ol·lec·tion** [rekə'lekʃn] souvenir m, mémoire f; fig. recueillement m (de l'âme).

re·com·mence ['ri:kə'mens] recommencer.

rec·om·mend [rekə'mend] recommander; **rec·om'mend·a·ble** recommandable; **rec·om'men'da·tion** recommandation f; **rec·om'mend·a·to·ry** [~ətəri] de recommandation.

re·com·mis·sion ['ri:kə'miʃn] réarmer (un navire); réintégrer dans les cadres (un officier).

re·com·mit ['ri:kə'mit] parl. renvoyer à une commission; commettre de nouveau; ~ to prison renvoyer en prison.

rec·om·pense ['rekəmpens] 1. récompense f (de, for); compensation f (de, pour for); dédommagement m (de, for); 2. récompenser (q. de qch., s.o. for s.th.); réparer (un mal); dédommager (q. de qch., s.o. for s.th.).

re·com·pose ['ri:kəm'pouz] rarranger; calmer de nouveau; ♫ recomposer; ~ o.s. se disposer de nouveau à.

rec·on·cil·a·ble ['rekənsailəbl] conciliable, accordable (avec, with); **'rec·on·cile** réconcilier (avec with, to); faire accorder; faire accepter (qch. à q., s.o. to s.th.); ajuster (une querelle); ~ o.s. to se résigner à; **'rec·on·cil·er** réconciliateur (-trice f) m; **rec·on·cil·i·a·tion** [~sili-'eiʃn] réconciliation f; conciliation f (d'opinions contraires).

rec·on·dite □ fig. [ri'kɔndait] abstrus; obscur.

re·con·di·tion ['ri:kən'diʃn] rénover, remettre à neuf.

re·con·nais·sance ✕ [ri'kɔnisəns] reconnaissance f.

rec·on·noi·ter, rec·on·noi·tre ✕ [rekə'nɔitə] v/t. reconnaître; v/i. faire une reconnaissance.

re·con·quer ['ri:'kɔŋkə] reconquérir; **'re·con·quest** ✕ [~kwest] reprise f.

re·con·sid·er ['ri:kən'sidə] examiner de nouveau; revoir; revenir sur (une décision); **'re·con·sid·er'a·tion** examen m de nouveau; révision f.

re·con·sti·tute ['ri:'kɔnstitju:t] re-

constituer; **'re·con·sti'tu·tion** reconstitution f.

re·con·struct ['ri:kəns'trʌkt] reconstruire; reconstituer (un crime); **re·con'struc·tion** reconstruction f; crime: reconstitution f.

re·con·ver·sion ♱ ['ri:kən'və:ʃn] reconversion f (en industries de paix); **'re·con'vert** reconvertir; transformer.

rec·ord 1. ['rekɔ:d] mémoire m; ⚖ enregistrement m; ⚖ feuille f d'audience; ⚖ procès-verbal m de témoignage; minute f; note f; dossier m; (a. police-~) casier m judiciaire; registre m; monument m; ♪ disque m, a. enregistrement m; sp. etc. record m; ~ holder recordman (pl. -men) m, recordwoman (pl. -men) f; ~ time temps m record; it is left (ou stands) on ~ that il est rapporté que; place on ~ prendre acte de; consigner par écrit; beat (ou break) the ~ battre le record; set up (ou establish) a ~ établir un record; ⚖ Office les Archives f/pl.; surt. Am. off the ~ non officiel(le f); confidentiel(le f); on the ~ authentique; 2. [ri'kɔ:d] enregistrer; consigner par écrit; rapporter, relater; by ~ed delivery en recommandé; ~ing apparatus appareil m enregistreur; (a. tape-~er) magnétophone m; **re'cord·er** personne f qui enregistre; ⚖ (sorte de) juge m municipal (= avocat chargé de remplir certaines fonctions de juge); appareil m enregistreur; ♪ flûte f à bec.

re·count¹ [ri'kaunt] raconter.

re·count² ['ri:'kaunt] recompter.

re·coup [ri'ku:p] (se) dédommager; indemniser; ⚖ défalquer.

re·course [ri'kɔ:s] recours m; expédient m; have ~ to avoir recours à, recourir à.

re·cov·er¹ [ri'kʌvə] v/t. retrouver, recouvrer (a. la santé); regagner; rentrer en possession de; reprendre (haleine); rattraper (de l'argent, le temps perdu); obtenir; ⊕ récupérer; be ~ed être remis (malade); v/i. guérir; (a. ~ o.s.) se remettre; ⚖ se faire dédommager (par q.).

re·cov·er² ['ri:'kʌvə] recouvrir; regarnir (un fauteuil).

re·cov·er·a·ble [ri'kʌvərəbl] recouvrable, récupérable; guérissable (personne); **re'cov·er·y** recouvrement *m*; ⊕ récupération *f*; rétablissement *m* (*a. fig.*), guérison *f*; ✝ reprise *f*; redressement *m* (*économique*); ⚖ obtention *f* (*de dommages-intérêts*); mot. ~ *vehicle* dépanneuse *f*.

rec·re·an·cy ['rekriənsi] lâcheté *f*; apostasie *f*; **'rec·re·ant 1.** □ lâche; infidèle, apostat; **2.** lâche *m*; renégat *m*.

re-cre·ate¹ ['ri:kri'eit] recréer.

re·cre·ate² ['rekrieit] *v/t.* divertir; *v/i.* (*a. ~ o.s.*) se divertir; **rec·re·'a·tion** récréation *f*, divertissement *m*; délassement *m*; ~ *centre* (*Am. center*) centre *m* de loisirs; ~ *ground* terrain *m* de jeux; *école:* cour *f* de récréation; **'rec·re·a·tive** divertissant, récréatif (-ive *f*).

re·crim·i·nate [ri'krimineit] récriminer; **re·crim·i·na·tion** récrimination *f*.

re·cru·desce [ri:kru'des] s'enflammer de nouveau (*plaie*); reprendre (*maladie, a. fig.*); **re·cru·des·cence** recrudescence *f* (*a. fig.*).

re·cruit [ri'kru:t] **1.** recrue *f* (*a. fig.*); **2.** *v/t.* ✕ recruter (*a. pol.*); ✕ *hist.* racoler (*des hommes pour l'armée*); *fig.* apporter *ou* faire des recrues); *fig.* restaurer (*la santé*); *v/i.* faire des recrues; se remettre (*malade*); **re'cruit·ment** recrutement *m*; racolage *m*; *santé:* rétablissement *m*.

rec·tan·gle ['rektæŋgl] rectangle *m*; **rec'tan·gu·lar** □ [~gjulə] rectangulaire.

rec·ti·fi·a·ble ['rektifaiəbl] rectifiable; **rec·ti·fi·ca·tion** [~fi'keiʃn] rectification *f* (*a.* ⚗, 🜨, ♫); ✝ redressement *m*; **rec·ti·fi·er** ['~faiə] rectificateur (-trice *f*) *m*; 🜨 rectificateur *m*; ⚡, *radio:* redresseur *m*; **rec·ti·fy** ['~fai] rectifier (*a.* ⚗, 🜨); corriger (*a.* ⚗); ⚡, *radio:* redresser; **rec·ti·lin·e·al** [rekti-'linjəl], **rec·ti·lin·e·ar** □ [~njə] rectiligne; **rec·ti·tude** ['~tjuːd] rectitude *f*; *caractère:* droiture *f*.

rec·tor ['rektə] curé *m*; *univ.* recteur *m*; *écos.* directeur *m* (*d'une école*); **rec·tor·ate** ['~rit], **'rec·tor·ship** rectorat *m*; **'rec·to·ry** presbytère *m*; cure *f*.

rec·tum *anat.* ['rektəm] rectum *m*.

re·cum·bent □ [ri'kʌmbənt] couché, étendu.

re·cu·per·ate [ri'kjuːpəreit] *v/i.* se remettre, se rétablir; *v/t.* ⊕ récupérer; **re·cu·per·'a·tion** rétablissement *m*; ⊕ récupération *f*; *power of* ~ = **re'cu·per·a·tive pow·er** [~rətiv 'pauə] pouvoir *m* de rétablissement.

re·cur [ri'kə:] revenir (*à la memoire, sur un sujet*); se reproduire (*a.* ⚗); ~ *to s.o.'s mind* revenir à la mémoire de q.; ⚗ ~*ring decimal fraction f* décimale périodique; **re·cur·rence** [ri'kʌrəns] renouvellement *m*, réapparition *f*; 𝒔 récidive *f*; ~ *to* retour *m* à; **re'cur·rent** □ périodique (*a.* 𝒔 *fièvre*); *anat.* récurrent.

re·curve [ri:'kə:v] (se) recourber.

rec·u·sant ['rekjuzənt] **1.** réfractaire (*à, against*); dissident; **2.** réfractaire *mf*; *eccl.* récusant(e *f*) *m*.

re·cy·cle [ri:'saikl] recycler, retraiter; **re'cy·cling** recyclage *m*, retraitement *m*.

red [red] **1.** rouge (*a. pol.*); roux (rousse *f*) (*cheveux, feuille*); ♀ *Cross* Croix-Rouge *f*; ♀ ~*currant* groseille *f* rouge; *zo.* ~ *deer* cerf *m* commun; ⊕ ~ *heat* chaude *f* rouge; ~ *herring* hareng *m* saur; *fig.* ~*herrings* brouiller la piste; *min.* ~ *lead* minium *m*; ~ *man* see *redskin; sl. paint the town* ~ faire la nouba, faire la bringue; **2.** rouge *m* (*a. pol. mf*); *billard:* boule *f* rouge; *surt. Am.* ♀ sou *m* (*de bronze*); *see* ~ voir rouge; *Am.* ~ *in the* ~ avoir débit en banque; *F in the* ~ en déficit.

re·dact [ri'dækt] rédiger, mettre au point; **re'dac·tion** rédaction *f*; mise *f* au point; révision *f*.

red·breast ['redbrest] (*souv. robin* ~) *see robin;* **'red·cap** 🚂 *Am.* porteur *m*; *Angl.* soldat *m* de la police militaire; **red·den** ['redn] *vt/i.* rougir; *v/i.* roussir (*feuille*); rougeoyer (*ciel*); **'red·dish** rougeâtre; roussâtre; **'red·dle** ['~l] ocre *f* rouge.

re·dec·o·rate ['ri:'dekəreit] peindre (et tapisser) à nouveau (*une chambre etc.*); **'re·dec·o·'ra·tion** nouvelle décoration *f*; nouveau décor *m*.

re·deem [ri'di:m] racheter (*eccl., obligation, défaut, esclave, temps, etc.*); amortir (*une dette*); purger (*une hypothèque*); dégager, retirer (*une montre etc.*); honorer (*une traite*); libérer (*un esclave*); tenir (*une*

promesse); F réparer (*le temps perdu*); *fig.* arracher (à, from); *fig.* ~ing feature qualité *f* qui rachète les défauts (de *q.*), le seul bon côté (de *q.*); **re'deem·a·ble** ✝ rachetable, amortissable; **Re'deem·er** Rédempteur *m*, Sauveur *m*.

re·de·liv·er ['ri:di'livə] remettre de nouveau (*une lettre*); répéter.

re·demp·tion [ri'dempʃn] *eccl.* rédemption *f*; *crime, esclave, etc., a.* ✝: rachat *m*; ✝ amortissement *m*; dégagement *m*; purge *f*; **re'demp·tive** rédempteur (-trice *f*).

re·de·ploy ['ri:di'plɔi] réorganiser; ✗ redéployer; **re·de'ploy·ment** réorganisation *f*; ✗ redéploiement *m*.

re·de·vel·op ['ri:di'veləp] urbanisme: (re)mettre en valeur; **re·de'vel·op·ment** (re)mise *f* en valeur.

red...: '~·faced rougeaud, rubicond; rougissant (*de colère, gêne etc.*); '~·haired roux (rousse *f*), rouquin; '~·hand·ed *fig.* catch s.o. (*be caught*) ~ prendre q. (être pris) en flagrant délit *ou* les mains dans le sac; '~·head F rouquin(e *f*) *m*; '~·head·ed F rouquin; '~·hot (chauffé au) rouge; *fig.* ardent, enthousiaste; *fig.* tout chaud, (de) dernière heure.

red·in·te·grate [re'dintigreit] rétablir (*qch.*) dans son intégrité; réintégrer (*q.*) dans ses possessions; **red·in·te'gra·tion** rétablissement *m* intégral; réintégration *f*.

re·di·rect ['ri:di'rekt] faire suivre, adresser de nouveau (*une lettre etc.*).

re·dis·cov·er ['ri:dis'kʌvə] retrouver; redécouvrir.

re·dis·trib·ute [ri:dis'tribju:t] redistribuer; répartir de nouveau.

red-let·ter day ['redletə'dei] jour *m* de fête; *fig.* jour *m* de bonheur.

red-light dis·trict *Am.* ['redlait-'distrikt] quartier *m* réservé *ou* malfamé.

red·ness ['rednis] rougeur *f*; *cheveux, feuille*: rousseur *f*.

re·do ['ri:'du:] [*irr.* (do)] refaire.

re·do·lence ['redoləns] odeur *f*; parfum *m*; **'red·o·lent** parfumé; qui a une forte odeur (de, of); *fig.* be ~ of sentir (*qch.*).

re·dou·ble [ri:'dʌbl] redoubler.

re·doubt ✗ [ri'daut] réduit *m*, redoute *f*; **re'doubt·a·ble** *poét.* redoutable.

re·dound [ri'daund]: ~ to contribuer à; résulter (*de qch.*) pour; ~ (up)on rejaillir sur.

re·draft ['ri:'drɑ:ft] **1.** nouvelle rédaction *f*; ✝ retraite *f*; **2.** (*ou* **re·draw** ['ri:'drɔ:] [*irr.* (draw)] rédiger; ✝ faire retraite (sur, on).

re·dress [ri'dres] **1.** redressement *m*, remède *m*; réforme *f*; réparation *f* (a ✝); **2.** redresser; réparer; rétablir (*l'équilibre*).

red...: '~·skin Peau-Rouge (*pl.* Peaux-Rouges) *m*; '~·start *orn.* rouge-queue (*pl.* rouges-queues) *m*; ~ tape ['~teip], '~·tap·ism ['~'teipizm] bureaucratie *f*, F paperasserie *f*; '~·tap·ist bureaucrate *m*; paperassier (-ère *f*).

re·duce [ri'dju:s] *fig.* réduire (*a.* Ⓐ, Ⓝ, ↗, ✗ *une ville*) (en, to); Ⓐ, *a. fig.* ramener (à, to); abaisser (⚥, *la tension, la température*); (ra)baisser, diminuer (*le prix*); affaiblir (*a. phot.*; *q.*); ✗ casser; amincir (*une planche*); ralentir (*la marche*); atténuer (*un contraste*); *fig.* ~ to ériger en; ~ to writing coucher *ou* consigner par écrit; **re'duc·i·ble** réductible (à, to); **re·duc·tion** [ri'dʌkʃn] réduction *f* (a. ✝, ✗ *une ville*, ⚥, Ⓝ); diminution *f*; ✗ rétrogradation *f* (*d'un sous-officier*), cassation *f*; ✝ rabais *m*; ✝ remise *f* (sur, on); baisse *f* (*de température*); rapetissement *m* (*d'un dessin etc.*); *phot.* atténuation *f*; ⚥ relaxation *f*.

re·dun·dance, **re·dun·dan·cy** [ri'dʌndəns(i)] surplus *m*; surabondance *f*; **re'dun·dant** □ superflu; surabondant; *poét.* redondant.

re·du·pli·cate [ri'dju:plikeit] redoubler; répéter; **re·du·pli'ca·tion** redoublement *m*.

re·dye ['ri:'dai] (faire) reteindre.

re·ech·o [ri:'ekou] *v/t.* répéter; *v/i.* résonner.

reed [ri:d] roseau *m*; *poét.* chalumeau *m*; ♪ hautbois etc.: anche *f*.

re·ed·it ['ri:'edit] rééditer.

re·ed·u·ca·tion ['ri:edju'keiʃn] rééducation *f*.

reed·y ['ri:di] couvert de *ou* abondant en roseaux; grinçant (*voix*); nasillard (*timbre*).

reef[1] [ri:f] récif *m* (*de corail etc.*).

reef[2] ♻ [~] **1.** ris *m*; ~knot nœud *m* plat; **2.** prendre un ris dans (*la voile*); rentrer (*le beaupré etc.*).

reef·er¹ ['ri:fə] veste f quartier-maître, caban m.

reef·er² Am. sl. [~] cigarette f à marijuana.

reek [ri:k] **1.** odeur f forte; atmosphère f fétide; écoss. vapeur f; fumée f; **2.** exhaler une mauvaise odeur ou des vapeurs; fig. puer (qch., of s.th.); écoss. fumer; '**reek·y** enfumé.

reel [ri:l] **1.** tex., papier, cin. a. film ~: bobine f; tél. moulinet m (à canne à pêche); phot., a. ⊕ rouleau m; cin. bande f; titubation f, chancellement m; danse: branle m écossais; **2.** v/t. bobiner; dévider; ~ in remonter; ~ off dévider; fig. réciter d'un trait; v/i. tournoyer; chanceler; tituber.

re·e·lect ['ri:i'lekt] réélire.

re·el·i·gi·ble ['ri:'elidʒəbl] rééligible.

re·en·act ['ri:i'nækt] remettre en vigueur; théâ. reproduire.

re·en·gage ['ri:in'geidʒ] ✗ rengager; réintégrer (un employé); rengrener (une roue dentée); mot. ~ the clutch rembrayer.

re·en·list ✗ ['ri:in'list] (se) rengager.

re·en·ter ['ri:'entə] v/t. rentrer dans; ✝ inscrire de nouveau; v/i. rentrer; se présenter de nouveau (à un examen); '**re·'en·ter·ing**, **re·en·trant** [ri:'entrənt] rentrant; '**re·'en·try** rentrée f.

re·es·tab·lish ['ri:is'tæbliʃ] rétablir; '**re·es·'tab·lish·ment** rétablissement m.

reeve ⚓ [ri:v] [irr.] passer (un cordage dans une poulie).

re·ex·am·i·na·tion ['ri:igzæmi'neiʃn] nouvel examen m ou ✗ interrogatoire m; '**re·ex·'am·ine** [~min] examiner ou ✗ interroger de nouveau.

re·ex·change ['ri:iks'tʃeindʒ] nouvel échange m; ✝ rechange m; ✝ retraite f.

re·fec·tion [ri'fekʃn] rafraîchissement m; **re·'fec·to·ry** [~təri] réfectoire m.

re·fer [ri'fə:] v/t. rapporter; rattacher (a. une plante à sa famille); soumettre (à un tribunal); s'en référer (à q. de qch., s.th. to s.o.); renvoyer (q. à q., s.o. to s.o.); fig. attribuer; école: ajourner (un candidat); ✝ refuser d'honorer (un chèque); v/i. (to) se rapporter (à); se reporter (à) (un document); se référer (à) (une autorité); faire allusion (à), faire mention (de); reparler (de); **ref'er·a·ble:** ~ to attribuable à; qui relève de; **re·fer·ee** [refə'ri:] **1.** répondant m; sp. arbitre m; ✗✗ arbitre m expert; **2.** sp. arbitrer; **ref·er·ence** ['refrəns] renvoi m, référence f (à une autorité); rapport m; mention f, allusion f; ✗✗ compétence f; cartographie: point m coté (a. foot-note ~) appel m de note; typ. (ou ~ mark) renvoi m; accompagnant une demande d'emploi: référence f; in (ou with) ~ to comme suite à, me (etc.) référant à; terms pl. of ~ mandat m, compétence f; work of ~, book ouvrage m à consulter; ~ library bibliothèque f de consultation sur place; ~ number cote f; ✝ numéro m de commande; ~ point point m de repère; make ~ to signaler, faire mention de.

ref·er·en·dum [refə'rendəm] (a. people's ou national ~) référendum m, plébiscite m.

re·fill ['ri:'fil] **1.** objet m de remplacement; pile f ou feuilles f/pl. ou mine f de rechange; **2.** v/t. remplir (de nouveau); v/i. mot. faire le plein.

re·fine [ri'fain] v/t. fig. épurer; raffiner; v/i. se raffiner (a. ⊕, a. fig.); ~ (up)on renchérir sur; **re·'fine·ment** (r)affinage m; fig. cruauté, goût, pensée: raffinement m; **re·'fin·er** raffineur m (a. fig.); ⊕ affineur m; **re·'fin·er·y** ⊕ (r)affinerie f; fer: fineries f.

re·fit ['ri:'fit] **1.** v/t. ⚓ radouber; réarmer; ⊕ rajuster; remonter (une usine); v/i. réparer ses avaries; réarmer; **2.** (a. '**re·'fit·ment**) ⚓ radoub m, réparation f; réarmement m; ⊕ rajustement m; remontage m.

re·flect [ri'flekt] v/t. réfléchir, refléter; renvoyer; fig. être le reflet de; v/i. ~ (up)on réfléchir sur ou à; méditer sur; fig. faire du tort à; fig. critiquer; **re·'flec·tion** réflexion f (a. fig.); reflet m (a. fig.), image f; pensée f; blâme m (de, on); **re·'flec·tive** □ réfléchissant; de réflexion; réfléchi (esprit, personne); **re·'flec·tor** réflecteur m; cycl. rear ~ cataudioptre m.

re·flex ['ri:fleks] **1.** reflété; réfléchi (a. ♥); physiol. réflexe; fig. indirect; physiol. ~ action (mouvement m) réflexe m; *phot.* ~ *camera* (appareil m) reflex m; 2. reflet m; *physiol.* réflexe m; **re·flex·ive** □ [ri'fleksiv] réfléchi (*a. gramm.*).

ref·lu·ent ['refluənt] qui reflue.

re·flux ['ri:flʌks] reflux m; jusant m (*marée*). [boisement m.]

re·for·est·a·tion ['ri:foris'teiʃn] re-]

re·form¹ [ri'fɔ:m] 1. réforme f; 2. (se) réformer, corriger; apporter des réformes à.

re·form² ['ri:fɔ:m] (se) reformer.

ref·or·ma·tion [refə'meiʃn] réformation f; réforme f (*a. eccl.* ♀); **re·form·a·to·ry** [ri'fɔ:mətəri] 1. de réforme; de correction; 2. maison f de correction; **re·formed** réformé (*a. eccl.*); **re·form·er** réformateur (-trice f) m; **re·form·ist** réformiste.

re·found [ri'faund] refondre.

re·fract [ri'frækt] réfracter, briser (*un rayon de lumière*); ~*ing telescope* lunette f d'approche; **re·frac·tion** réfraction f; **re·frac·tive** *opt.* réfractif (-ive f); à réfraction; **re·frac·tor** *opt.* milieu m ou dispositif m réfringent; **re·frac·to·ri·ness** indocilité f; ☆ *fièvre etc.*: opiniâtreté f; ⚒ nature f réfractaire; **re·frac·to·ry** 1. ☆ réfractaire (*a.* ⚒); ⊕ à l'épreuve du feu); indocile, récalcitrant; ⊕ rebelle (*minerai*); ☆ opiniâtre (*fièvre etc.*); 2. ⊕ substance f réfractaire.

re·frain¹ [ri'frein] *v/t.* † refréner (*ses passions*); *v/i.* se retenir, s'abstenir (de, from).

re·frain² [~] refrain m.

re·fran·gi·ble *phys.* [ri'frændʒəbl] réfrangible.

re·fresh [ri'freʃ] (se) rafraîchir; (se) reposer; ranimer; **re·fresh·er** F rafraîchissement m; ☆☆ honoraires m/pl. supplémentaires; **re·fresh·ment** rafraîchissement m (*a. cuis.*); délassement m; ~ *room* buffet m.

re·frig·er·ant [ri'fridʒərənt] ☆, ⊕ réfrigérant (*a. su./m*); **re·frig·er·ate** [~reit] (se) réfrigérer; *v/t. a.* frigorifier; **re·frig·er·at·ing** réfrigérant, frigorifique; **re·frig·er·'a·tion** réfrigération f, frigorification f; **re·frig·er·a·tor** réfrigérateur m, glacière f, chambre f frigorifique; ~ *van* wagon m frigorifique.

re·fu·el ⚓, *mot.* [ri:'fjuəl] faire le plein (d'essence).

ref·uge ['refju:dʒ] refuge m, abri m; (*lieu m* d')asile m; *alp.* refuge m; *take* ~ *in* se réfugier dans (*a. fig.*). **ref·u·gee** [~dʒi:] réfugié(e f) m.

re·ful·gence [ri'fʌldʒəns] splendeur f; **re·ful·gent** □ resplendissant.

re·fund [ri:'fʌnd] rembourser.

re·fur·bish ['ri:'fə:biʃ] remettre à neuf. [neuf.] **re·fur·nish** ['ri:'fə:niʃ] meubler de]

re·fus·al [ri'fju:zl] refus m; droit m de refuser.

re·fuse¹ [ri'fju:z] refuser; *sp.* refuser de sauter (*cheval*); repousser, rejeter.

ref·use² ['refju:s] 1. de rebut; à ordures; de décharge; ⊕ ~ *water* eaux f/pl. vannes; 2. rebut m; déchets m/pl.; ordures f/pl. (*a. fig.*).

ref·u·ta·ble □ ['refjutəbl] réfutable; **ref·u·ta·tion** réfutation f; **re·fute** [ri'fju:t] réfuter.

re·gain [ri'gein] regagner, reprendre.

re·gal □ ['ri:gəl] royal (-aux m/pl.).

re·gale [ri'geil] *v/t.* régaler (de, with); *v/i.* se régaler (de on, with).

re·ga·li·a [ri'geiljə] *pl.* insignes m/pl.; joyaux m/pl. de la Couronne.

re·gard [ri'gɑ:d] 1. † regard m; égard m; attention f; estime f, respect m; *have* ~ *to* tenir compte de; avoir égard à, faire attention à; *with* ~ *to* quant à; pour ce qui concerne; *with kind* ~s avec les sincères amitiés (de, from); 2. regarder (comme, as); prendre garde à; concerner; *as* ~s en ce qui concerne; **re·gard·ful** □ [~ful] plein d'égards (pour q., of s.o.); attentif (-ive f) (à, of), soigneux (-euse f) (de, of); **re·gard·ing** à l'égard de; quant à, en ce qui concerne; **re·gard·less** □ inattentif (-ive f) (à, of); peu soigneux (-euse f) (de, of); ~ *of* sans regarder à.

re·gat·ta [ri'gætə] régate f, ~s f/pl. **re·ge·late** ['ri:dʒəleit] se regeler. **re·gen·cy** [ri'dʒənsi] régence f. **re·gen·er·ate** 1. [ri'dʒenəreit] (se) régénérer; 2. [~rit] régénéré; **re·gen·er·'a·tion** régénération f (*a. fig.*); *fig.* amélioration f; ⊕ *huile*: épuration f; **re·gen·er·a·tive** [~rətiv] régénérateur (-trice f). **re·gent** ['ri:dʒənt] 1. régent; 2. régent(e f) m; *Am.* membre m du conseil d'administration; **'re·gent·ship** régence f.

reg·i·cide ['redʒisaid] régicide mf; crime: régicide m.

reg·i·men ['redʒimen] ✗, gramm., etc. régime m.

reg·i·ment ✗ 1. ['redʒimənt] régiment m; fig. légion f; 2. ['⸗ment] enrégimenter; organiser; **reg·i·'men·tal** ✗ de ou du régiment; **reg·i·men·tal·ly** [⸗təli] par régiment; **reg·i·'men·tals** ✗ [⸗tlz] pl. (grand) uniforme m; **reg·i·men·'ta·tion** enrégimentation f.

re·gion ['ri:dʒən] région f; fig. domaine m; **'re·gion·al** ☐ régional (-aux m/pl.); radio: (a. ~ station) poste m régional.

reg·is·ter ['redʒistə] 1. registre m (a. ♪, ♪, ⊕ fourneau); matricule f; liste f (électorale); ⊕ cheminée: rideau m; ♣ lettre f de mer; ♪ voix: étendue f; compteur m (kilométrique); ~ office bureau m d'enregistrement ou de l'état civil ou de placement; ♣ net ~ ton tonne f de jauge nette; 2. v/t. enregistrer (a. bagages, a. Am. émotion); inscrire; immatriculer (une auto, un étudiant); thermomètre: marquer (les degrés); ✝ déposer (une marque), recommander (une lettre etc.); typ. mettre en registre; v/i. ⊕ coïncider exactement; typ. être en registre; s'inscrire (personne); **'reg·is·tered** enregistré, inscrit, immatriculé; recommandé (lettre etc.); ~ design modèle m déposé; ✝ ~ share (ou Am. stock) action f nominative.

reg·is·trar [redʒis'trɑ:] teneur m des registres; officier m de l'état civil; ⚖ greffier m; univ. secrétaire m; get married before the ~ se marier civilement; **reg·is·tra·tion** [⸗'treiʃn] enregistrement m, inscription f; auto etc.: immatriculation f; marque: dépôt m; ~ fee droit m d'inscription; lettre etc.: taxe f de recommandation; **'reg·is·try** enregistrement m; admin. greffe m; (a. ~ office) bureau m d'enregistrement ou de l'état civil ou de placement; servants' ~ agence f de placement.

reg·nant ['regnənt] régnant.

re·gress 1. ['ri:gres] retour m en arrière; fig. déclin m; 2. [ri'gres] retourner en arrière, reculer; biol. etc. rétrograder; **re·gres·sion** [ri-'greʃn] rétrogression f; biol. régression f; ♣ rebroussement m; **re·gres·sive** ☐ [ri'gresiv] régressif (-ive f).

re·gret [ri'gret] 1. regret m (de at, for); 2. regretter (de inf., gér. ou to inf.); **re'gret·ful** ☐ [⸗ful] plein de regrets; ~ly avec ou à regret; **re-'gret·ta·ble** ☐ regrettable; à regretter.

re·group ['ri:'gru:p] (se) regrouper; **re'group·ment** regroupement m.

reg·u·lar ['regjulə] 1. ☐ régulier (-ère f) (a. ✗, eccl., etc.); habituel (-le f) (a. ✗, eccl., etc.); ordinaire, normal (-aux m/pl.); réglé, réglementaire, dans les règles; Am. ~ gas, Brit. ~ petrol essence f ordinaire; 2. eccl. régulier m, religieux m; ✗ soldat m de carrière; **reg·u·lar·i·ty** [⸗'læriti] régularité f.

reg·u·late ['regjuleit] régler (a. ⊕, a. fig.); diriger; ⊕ ajuster; **'reg·u·lat·ing** ⊕ régulateur (-trice f); réglant; **reg·u·'la·tion** 1. règlement m; ⊕ réglage m; ✝ direction f; 2. réglementaire; d'ordonnance (revolver); **'reg·u·la·tive** ☐ régulateur (-trice f); **'reg·u·la·tor** régulateur (-trice f) m; ⊕ régulateur m; ⊕ ~ lever registre m.

re·gur·gi·tate [ri'gə:dʒiteit] v/t. régurgiter, regorger; v/i. refluer, regorger.

re·ha·bil·i·tate [ri:ə'biliteit] réhabiliter; **re·ha·bil·i·ta·tion** réhabilitation f; finances: assainissement m.

re·hash fig. ['ri:'hæʃ] réchauffer.

re·hear·sal [ri'hə:sl] récit m détaillé; ♪, théâ. répétition f; **re·hearse** [ri'hə:s] énumérer; raconter (tout au long); ♪, théâ. répéter.

re·heat ['ri:'hi:t] réchauffer.

reign [rein] 1. règne m (a. fig.); in the ~ of sous le règne de; 2. régner (sur, over) (a. fig.).

re·im·burse ['ri:im'bə:s] rembourser (a. ✝) (q. de qch., s.o. for s.th.); **'re·im'burse·ment** remboursement m.

rein [rein] 1. rêne f; guide f; fig. give ~ to lâcher la bride à; 2.: ~ in ou up ou back retenir.

rein·deer zo. ['reindiə] renne m.

re·in·force [ri:in'fɔ:s] 1. renforcer; affermir (la santé); ⊕ ~d concrete béton m armé; 2. ⚙ armature f; canon: renfort m; **'re·in'force·ments** ✗ pl. renfort m, -s m/pl.

re·in·sert ['riːinˈsəːt] réinsérer; remettre en place.

re·in·stall ['riːinˈstɔːl] réinstaller; '**re·in·stal(l)·ment** réinstallation f.

re·in·state ['riːinˈsteit] réintégrer (*dans ses fonctions*); rétablir; '**re·in·state·ment** réintégration f; rétablissement m.

re·in·sur·ance ['riːinˈʃuərəns] réassurance f; contre-assurance f; **re·in·sure** ['ˌ'ʃuə] réassurer.

re·in·vest ['riːinˈvest] investir *etc.* de nouveau (*see* invest).

re·is·sue ['riːˈisjuː; *surt. Am.* 'riːˈiʃuː] 1. rééditer (*un livre*); † émettre de nouveau; 2. nouvelle édition f ou † émission f.

re·it·er·ate [riːˈitəreit] réitérer, répéter; **re·it·er·a·tion** réitération f, répétition f.

re·ject [riˈdʒekt] rejeter; refuser; repousser; ⊕ mettre au rebut; '**re·jec·tion** rejet m; refus m; repoussement m; ⁓s *pl.* rebuts m/pl., pièces f/pl. de rebut; **re·jec·tor cir·cuit** radio: filtre m.

re·joice [riˈdʒɔis] v/t. réjouir (*q.*); ⁓d heureux (-euse f) (de at, by); v/i. se réjouir (de at, in); **re·joic·ing 1.** ☐ réjouissant; plein de joie (*personne*); 2. (*souv.* ⁓s *pl.*) réjouissances f/pl., fête f. [(réunir (à to, with).)]

re·join¹ ['riːˈdʒɔin] (se) rejoindre,)

re·join² [riːˈdʒɔin] répliquer; **re·join·der** ⁂ réplique f; repartie f.

re·ju·ve·nate [riːˈdʒuːvineit] vt/i. rajeunir; **re·ju·ve·na·tion**, **re·ju·ve·nes·cence** [ˌ'nesns] rajeunissement m.

re·kin·dle ['riːˈkindl] (se) rallumer.

re·lapse [riˈlæps] 1. ⁂, *a. fig.* rechute f; 2. retomber; ⁂ faire une rechute.

re·late [riˈleit] v/t. (ra)conter; rattacher (à to, with); v/i. se rapporter, avoir rapport (à to); **re·lat·ed** ayant rapport (à to); apparenté (à to) (*personne*); allié (à to); ∘**re·lat·er** conteur (-euse f) m, narrateur (-trice f) m.

re·la·tion [riˈleiʃn] récit m, relation f; rapport m (à to, with); parent(e f) m; in ⁓ to par rapport à; **re·la·tion·ship** rapport m; lien m; relations f/pl., rapports m/pl.; (liens m/pl. de) parenté f; have a good ⁓ with s.o. être en bons rapports avec q.; s'entendre bien avec q.

rel·a·tive ['relətiv] 1. ☐ relatif (-ive f) (*a. gramm.*); qui se rapporte (à, to); 2. *adv.:* ⁓ to au sujet de; 3. *su. gramm.* pronom m relatif; **rel·a·tiv·i·ty** relativité f.

re·lax [riˈlæks] v/t. relâcher; détendre; desserrer (*une étreinte*); mitiger (*un jugement etc.*); ⁂ enflammer (*la gorge*); ⊕ relâcher (*le ventre*); v/i. se relâcher; se détendre; diminuer; se délasser; **re·lax·a·tion** relâchement m; détente f, repos m, délassement m; mitigation f.

re·lay¹ [riˈlei] 1. relais m (*a.* ⚡); ⚡ contacteur m; relève f (*d'ouvriers*); radiodiffusion f relayée; *sp.* ⁓-race course f de ou à relais; 2. *radio:* relayer; ⁓ed by (ou from) en relais de.

re·lay² ['riːˈlei] poser de nouveau; remettre.

re·lease [riˈliːs] 1. délivrance f; *fig.* libération f; élargissement m; † mise f en vente; † mise en circulation; (*souv. first* ⁓) mise f en circulation; ⚖ relaxation f (*d'un prisonnier*); ⚖ cession f (*de terres*); ⊕ mise f en marche; ⊕ dégagement m; *phot.* déclencheur m; 2. relâcher; libérer (de *from*); lâcher; renoncer à (*un droit*); faire la remise de (*une dette*); céder (*des terres*); † mettre en vente; *cin.* mettre en circulation; émettre, dégager (*la fumée etc.*); ⊕, *phot.* déclencher; ⊕ décliquer; ⊕ mettre en marche.

rel·e·gate ['religeit] reléguer (à, to); renvoyer (à, to); bannir (*q.*); *sp.* be ⁓d être relégué (à la division inférieure); **rel·e·ga·tion** relégation f; mise f à l'écart; renvoi m (*sp. à la division inférieure*).

re·lent [riˈlent] s'adoucir; se laisser attendrir; **re·lent·less** ☐ implacable; impitoyable.

rel·e·vance, **rel·e·van·cy** ['relivəns(i)] pertinence f; applicabilité f (à, to); rapport m (avec, to); '**rel·e·vant** (à, to) pertinent; applicable; qui se rapporte.

re·li·a·bil·i·ty [rilaiəˈbiliti] sûreté f; véracité f; **re·li·a·ble** ☐ sûr; digne de foi (*source*) ou de confiance (*personne*).

re·li·ance [riˈlaiəns] confiance f; *place* ⁓ on se fier à; **re·li·ant**: *be* ⁓ *on* compter sur; se fier à.

rel·ic ['relik] relique f (*a. eccl.*); *fig.*

vestige *m*; ~s *pl.* restes *m/pl.*; **rel·ict** † ['∴kt] veuve *f*.

·e·lief [ri'li:f] soulagement *m*; décharge *f*; *détresse:* allégement *m*; ✕ *endroit:* délivrance *f*; *garde etc.:* relève *f*; ✝ *tort:* réparation *f*, redressement *m*; secours *m* (*a.* aux pauvres), aide *f*; △ relief *m*; *fig.* agrément *m*; *fig.* détente *f*; ⊕ dégagement *m*; *be on* ~ être un pauvre assisté; *poor* ~ secours *m* aux pauvres; ~ *work* secours *m* aux sinistrés; ~ *works pl.* travaux *m/pl.* publics organisés pour aider les chômeurs; *in* ~ *against* découpé sur; *qui se* détache sur.

·e·lieve [ri'li:v] soulager (*a.* △ *une poutre*); alléger (*la détresse*); secourir, aider (*les pauvres etc.*); ✕ dégager (*un endroit, a.* ⊕); ✕ relever (*les troupes etc.*); *peint.* etc. mettre en relief, donner du relief à; *fig.* faire ressortir; *cost.* agrémenter (*de with, by*); débarrasser (*de, of*); *fig.* tranquilliser (*l'esprit*), dissiper (*l'ennui*); *F* ~ *nature* faire ses besoins.

·e·lie·vo [ri'li:vou] relief *m*.

·e·li·gion [ri'lidʒən] religion *f*.

·e·li·gious □ [ri'lidʒəs] religieux (-euse *f*) (*a. fig., a. eccl.*); dévot; pieux (-euse *f*); de piété; **re'li·gious·ness** nom *f*; *F* *fig.* religiosité *f*.

·e·lin·quish [ri'liŋkwiʃ] renoncer à (*une idée, un projet, etc.*); abandonner; ✝ délaisser; lâcher (*qch.*); **re'lin·quish·ment** abandon *m* (*de, of*); renonciation *f* (*à, of*). [*m.*]

·e·liquar·y ['relikwəri] reliquaire

·el·ish ['reliʃ] **1.** goût *m*, saveur *f*; *fig.* attrait *m*; *cuis.* piment: soupçon *m*, pointe *f*; assaisonnement *m*; *with* ~ très volontiers; **2.** *v/t.* relever le goût de; savourer, goûter; *fig.* trouver du plaisir à, avoir le goût de; *did you* ~ *your dinner?* votre dîner vous a-t-il plu?; *v/i.* sentir (*qch., of s.th.*), avoir un léger goût (*de, of*).

·e·lo·cate ['ri:lou'keit] transférer, déplacer; **'re·lo'ca·tion** transfert *m*, déplacement *m*.

·e·luc·tance [ri'lʌktəns] répugnance *f* (*à inf., to inf.*); *phys.* reluctance *f*; **re'luc·tant** □ qui résiste; fait ou donné à contrecœur; *be* ~ *to* (*inf.*) être peu disposé à (*inf.*), hésiter à (*inf.*).

re·ly [ri'lai]: ~ (*up*)*on* compter sur, s'en rapporter à.

re·main [ri'mein] **1.** rester; demeurer; persister; **2.** ~s *pl.* restes *m/pl.*; vestiges *m/pl.*; **re'main·der** reste *m*, restant *m*; *livres:* solde *m* d'édition; ✝ réversion *f* (*sur, to*).

re·make ['ri:meik] *film:* nouvelle version *f* ou réalisation *f*, remake *m*.

re·mand [ri'mɑ:nd] **1.** ✝ renvoyer (*un prévenu*) à une autre audience; **2.**: *on* ~ renvoyé à une autre audience; *prisoner on* ~ préventionnaire *mf*.

re·mark [ri'mɑ:k] **1.** remarque *f*; observation *f*; **2.** *v/t.* remarquer, observer; faire la remarque (*que, that*); *v/i.* (*sur,* [*up*]*on*) faire des remarques; commenter; **re'mark·a·ble** □ remarquable (*par, for*); frappant; singulier (-ère *f*); **re'mark·a·ble·ness** ce qu'il y a de remarquable (*dans, of*); mérite *m*.

re·mar·ry ['ri:'mæri] *v/t.* se remarier à (*q.*); remarier (*des divorcés*); *v/i.* se remarier.

re·me·di·a·ble □ [ri'mi:djəbl] réparable; remédiable; **re·me·di·al** [ri'mi:djəl] réparateur (-trice *f*); ✚ curatif (-ive *f*); ~ *teaching* cours *m/pl.* de rattrapage.

rem·e·dy ['remidi] **1.** remède *m*; ✝ réparation *f*; **2.** porter remède à, remédier.

re·mem·ber [ri'membə] se rappeler (*qch.*), se souvenir de (*qch.*); ne pas oublier (*a.* = *donner qch. à* [*q.*]); ~ *me to him!* dites-lui bien des choses de ma part!; *rappelez-moi à son bon souvenir!*; **re'mem·brance** souvenir *m*, mémoire *f*; *give my kind* ~*s to him!* dites-lui bien des choses de ma part!

re·mind [ri'maind] rappeler (*qch.* à *q., s.o. of s.th.*); ~ *o.s. that* se rappeler que; **re'mind·er** mémento *m*; ✝ rappel *m* de compte.

rem·i·nisce [remi'nis] remonter dans le passé, parler de ou évoquer ses souvenirs; **rem·i·nis·cence** [∴'nisns] réminiscence *f*; souvenir *m*; **rem·i·nis·cent** □ qui se souvient (*de, of*); *be* ~ *of* rappeler, faire penser à (*qch.*).

re·miss □ [ri'mis] négligent, insouciant; nonchalant; **re'mis·si·ble** [∴əbl] rémissible; **re·mis·sion** [∴'miʃn] *dette, peine:* remise *f*; ✚ eccl. rémission *f*; *eccl.* pardon *m*;

relâchement *m*; **re'miss·ness** négligence *f*.

re·mit [ri'mit] *v/t.* remettre (*une dette*, *une peine*, ✝, *a. eccl.*); *eccl.* pardonner; relâcher; ⚖ renvoyer; *v/i.* diminuer d'intensité; *please* ~ prière de nous couvrir; **re'mit·tance** ✝ remise *f*; ✝ envoi *m* de fonds; **re'mit·tee** destinataire *mf*; **re'mit·tent** 🌡 rémittent; **re'mit·ter** ✝ remetteur (-euse *f*) *m*; envoyeur (-euse *f*) *m* (de fonds).

rem·nant ['remnənt] reste *m*, restant *m*; ✝ coupon *m* (*d'étoffe*); ~s *pl.* soldes *m/pl.*

re·mod·el ['riː'mɔdl] remodeler; remanier; ⊕ transformer.

re·mon·strance [ri'mɔnstrəns] remontrance *f*; **re'mon·strant 1.** de remontrance; qui proteste (*personne*); **2.** remontreur (-euse *f*) *m*; **re'mon·strate** [~streit] faire des représentations (à q., *with s.o.*; au sujet de, [*up*]*on*); protester (que, *that*).

re·morse [ri'mɔːs] remords *m* (*pour*, *for*; de, *at*); **re'morse·ful** □ [~ful] plein de remords; **re'morse·less** □ sans remords; impitoyable.

re·mote □ [ri'mout] écarté; éloigné; reculé; lointain; *fig.* vague; ~ **con·trol** ⊕ **1.** commande *f* à distance; **2.** télécommandé; **re'mote·ness** éloignement *m*; degré *m* éloigné; *fig.* faible degré (*de ressemblance*).

re·mount 1. [riː'maunt] *v/t.* remonter (*a.* 🐎); *v/i.* remonter (à cheval); **2.** 🐎 ['riː'maunt] (cheval *m* de) remonte *f*; *army* ~s *pl.* chevaux *m/pl.* de troupe.

re·mov·a·ble [ri'muːvəbl] détachable; extirpable (*mal*); transportable; révocable; **re'mov·al** [~vəl] *tache etc.*: enlèvement *m*; *mot. pneu*: démontage *m*; 🌡 *pansement*: levée *f*; déplacement *m*; transport *m*; *fonctionnaire*: révocation *f*; *abus*, *mal*: suppression *f*; déménagement *m*; ~ **expenses** frais *m/pl.* de déplacement; ~ **service** entreprise *f* de déménagements; ~ **van** voiture *f* de déménagement; **re'move** [~'muːv] **1.** *v/t.* enlever, ôter; écarter; chasser; déplacer; éloigner; révoquer (*un fonctionnaire*); assassiner; **2.** distance *f*; degré *m*; *école anglaise*: classe *f*

intermédiaire; *école*: passage *m* à une classe supérieure; **re'mov·er** déménageur *m*; 🌡 dissolvant *m*; *pour taches*: détachant *m*; *pour vernis etc.*: décapant *m*.

re·mu·ner·ate [ri'mjuːnəreit] rémunérer (de, *for*); **re·mu·ner·a·tion** rémunération *f*; **re'mu·ner·a·tive** □ [~rətiv] rémunérateur (-trice *f*).

re·nais·sance [rə'neisəns] Renaissance *f*.

re·nal *anat.* ['riːnl] des reins, rénal (-aux *m/pl.*).

re·nas·cence [ri'næsns] retour *m* à la vie; Renaissance *f*; **re'nas·cent** renaissant.

rend [rend] [*irr.*] déchirer; *fig. a.* fendre.

ren·der ['rendə] rendre (*a. compte*, *forteresse*, *grâce*, *hommage*, *service*, ♪ *phrase*, *a.* = *faire devenir*); faire (*honneur*); traduire (en, *into*); ✝ remettre (*un compte à q.*, *s.o. an account*); ⚗ enduire (de, *with*); ♪ interpréter (*un morceau*); *cuis.* clarifier, fondre; **'ren·der·ing** 🗡 reddition *f*; ♪ interprétation *f*; traduction *f*; *cuis.* clarification *f*, fonte *f*; ⚗ enduit *m*.

ren·dez·vous ['rɔndivuː] rendezvous *m*.

ren·di·tion [ren'diʃn] 🗡 reddition *f*; *Am.* interprétation *f*; traduction *f*.

ren·e·gade ['renigeid] renégat(e *f*) *m*.

re·new [ri'njuː] renouveler; **re'new·al** [~əl] renouvellement *m*; remplacement *m*.

ren·net ['renit] présure *f*; *pomme*: reinette *f*.

re·nounce [ri'nauns] *v/t.* renoncer à, abandonner; répudier; *v/i. cartes*: renoncer.

ren·o·vate ['renoveit] renouveler; remettre à neuf; **ren·o'va·tion** renouvellement *m*; rénovation *f*; **'ren·o·va·tor** rénovateur (-trice *f*) *m*.

re·nown [ri'naun] renom(mée *f*) *m*; **re'nowned** (*for*) renommé (pour), célèbre (par).

rent¹ [rent] **1.** *prét. et p.p. de* rend; **2.** déchirure *f*; *terrain*: fissure *f*.

rent² [~] **1.** loyer *m*; location *f*; **2.** louer; affermer (*une terre*); **'rent·a·ble** qui peut se louer; affermable (*terre*); **'rent-a-'car** (**serv·ice**) location *f* de voitures; **'rent·al** (mon-

replica

tant *m* du) loyer *m*; *Am.* location *f* (*d'une auto etc.*); ~ value valeur *f* locative; '**rent-charge** servitude *f* de rente (*à faire à un tiers*); '**rent·er** locataire *mf*; *cin.* distributeur *m*; '**rent'free 1.** *adj.* exempt de loyer; **2.** *adv.* sans payer de loyer.

re·num·ber [riːˈnʌmbə] renumérot-er, numéroter de nouveau; **re-'num·ber·ing** renumérotage *m*.

re·nun·ci·a·tion [rinʌnsiˈeiʃn] (*of*) renoncement *m* (à); reniement *m* (de); ♗ répudiation *f* (de).

re·oc·cu·pa·tion [ˈriːɔkjuˈpeiʃn] réoccupation *f* (*d'un pays, d'un territoire, etc.*); **re'oc·cu·py** réoccuper (*un pays, un territoire, etc.*).

re·o·pen [ˈriːˈoupn] *v/t.* rouvrir; recommencer; *v/i.* se rouvrir (*plaie*); rentrer (*école*); *théâ.* rouvrir; **re'o·pen·ing** réouverture *f*.

re·or·gan·i·za·tion [ˈriːɔːɡənai-ˈzeiʃn] réorganisation *f*; ♗ assainissement *m*; **re'or·gan·ize** (se) réorganiser; ♗ assainir.

rep ♗ [rep] reps *m.* (*se*); remballer.

re·pack [ˈriːˈpæk] refaire (*une vali-*).

re·paint [ˈriːˈpeint] repeindre.

re·pair[1] [riˈpɛə] **1.** réparation *f*; rétablissement *m* (*d'une maison etc.*); ♗ radoub *m*; ~s *pl.* réparations *f/pl.*; réfection *f* (*d'une route*); ~ kit trousse *f* de réparation; ~ man réparateur *m*; ~ shop atelier *m* de réparations; (*damaged*) *beyond* ~ irréparable; *in* (*good*) ~ en bon état; *out of* ~ en mauvais état; '*road* ~s' 'chantier' *m*; *under* ~ en réparation; **2.** réparer (*a. fig.*); raccommoder (*un vêtement*); remettre en état (*une machine*); ♗ radouber; rétablir (*la santé*).

re·pair[2] [~] se rendre (à, to).

re·pa·ra·ble [ˈrepərəbl] réparable; **rep·a'ra·tion** réparation *f* (*a. pol.*, *a. fig.*); *pol.* make ~s réparer.

rep·ar·tee [repɑːˈtiː] repartie *f*, réplique *f* spirituelle; *be good at* ~ avoir de la repartie; avoir la repartie facile; savoir répondre du tac au tac.

re·par·ti·tion [ˈriːpɑːˈtiʃn] répartition *f*; nouveau partage *m*.

re·pass [ˈriːˈpɑːs] *v/i.* passer de nouveau; repasser; *v/i.* repasser (*devant*); *parl.* voter de nouveau.

re·past [riˈpɑːst] repas *m*.

re·pa·tri·ate 1. [riːˈpætrieit] rapatrier; **2.** [~iit] rapatrié(e *f*); '**re-pa·tri'a·tion** rapatriement *m*.

re·pay [riːˈpei] [*irr.* (*pay*)] rembourser; récompenser; rendre (*de l'argent*); *fig.* se venger de; s'acquitter (de *qch.*, *s.th.*; envers *q.*, *s.o.*); *fig.* payer (de, *with*); **re'pay·a·ble** remboursable; **re'pay·ment** remboursement *m*; récompense *f*.

re·peal [riˈpiːl] **1.** abrogation *f*; ♗ annulation *f*; **2.** abroger; révoquer; annuler.

re·peat [riˈpiːt] **1.** *v/t.* répéter; réitérer; recommencer; † ~ *an order* renouveler une commande (de *qch.*, *for s.th.*); *v/i.* (*a.* ~ *o.s.*) se répéter; revenir (*nourriture*); être à répétition (*montre, fusil*); **2.** ♪ reprise *f*; renvoi *m*; † (*souv.* ~ *order*) commande *f* renouvelée; **re'peat·ed** □ réitéré; **re'peat·er** rediseur (-euse *f*) *m*; ♗ fraction *f* périodique; *montre f ou* fusil *m* à répétition; *tél.* répétiteur *m*.

re·pel [riˈpel] repousser (*a. fig.*); rebuter; inspirer de la répulsion à; **re'pel·lent** répulsif (-ive *f*).

re·pent [riˈpent] (*a.* ~ *of*) se repentir de.

re·pent·ance [riˈpentəns] repentir *m*; **re'pent·ant** repenti.

re·peo·ple [ˈriːˈpiːpl] repeupler.

re·per·cus·sion [riːpəˈkʌʃn] répercussion *f* (*a. fig.*); contre-coup *m*.

rep·er·to·ry ♪, *théâ.*, *a. fig.* [ˈrepə-təri] répertoire *m*.

rep·e·ti·tion [repiˈtiʃn] répétition *f*; recommencement *m*; *tél.* collationnement *m*; ♪ reprise *f*; † ~ *order* commande *f* renouvelée.

re·pine [riˈpain] se chagriner, se plaindre (de, *at*); **re'pin·ing** □ mécontent; chagrin.

re·place [riˈpleis] replacer, remettre en place; remplacer (par, *by*); *téléph.* raccrocher (*le récepteur*); **re-'place·ment** remise *f* en place; remplacement *m*; ⊕ pièce *f* de rechange.

re·plant [ˈriːˈplɑːnt] replanter.

re·play *sp.* [ˈriːˈplei] match *m* rejoué.

re·plen·ish [riˈpleniʃ] remplir; se réapprovisionner (de, *en with*); **re-'plen·ish·ment** remplissage *m*; ravitaillement *m*.

re·plete [riˈpliːt] rempli, plein (de, *with*); **re'ple·tion** réplétion *f*; *eat to* ~ manger jusqu'à satiété.

rep·li·ca [ˈreplikə] *peint. etc.* réplique *f*, double *m* (*a. fig.*); *fig.* copie *f*.

rep·li·ca·tion [repli'keiʃn] ɹ̩ɫɹ̩ réplique *f*; repartie *f*; *fig.* copie *f*; répercussion *f*.

re·ply [ri'plai] **1.** (à, to) répondre; répliquer (*a.* ɹ̩ɫɹ̩); **2.** réponse *f*; ɹ̩ɫɹ̩ réplique *f*; ~ postcard carte *f* postale avec réponse payée.

re·port [ri'pɔːt] **1.** rapport *m* (sur, on); *journ.* reportage *m*; *école, a. météor.* bulletin *m*; *fig.* nouvelle *f*; rumeur *f*; *arme à feu:* détonation *f*; *fusil:* coup *m*; réputation *f*; *école:* ~ card bulletin *m* (scolaire); **2.** *v/t.* rapporter (*a. parl.*); faire un rapport sur; faire le compte rendu de; dire; signaler; *v/i. journ.* faire des reportages; faire un rapport (sur, [up]on); (*a. ~ o.s.*) se présenter (à, devant to); *gramm.* ~ed speech discours *m* ou style *m* indirect; **re'port·er** journaliste *m*, reporter *m*.

re·pose [ri'pouz] **1.** repos *m*; sommeil *m*; calme *m*; **2.** *v/t.* reposer (*q., sa tête, etc.*); ~ trust *etc.* in mettre sa confiance *etc.* en; *v/i.* se reposer; dormir; se délasser; *fig.* reposer (sur, [up]on); **re·pos·i·to·ry** [ri'pɔzitəri] dépôt *m*, entrepôt *m*; dépositaire *mf* (*personne*); *fig.* répertoire *m*.

re·pos·sess ['riːpə'zes]: ~ *o.s. of* reprendre possession de (*qch.*).

rep·re·hend [repri'hend] blâmer, réprimander; **rep·re'hen·si·ble** □ répréhensible; **rep·re'hen·sion** réprimande *f*.

rep·re·sent [repri'zent] représenter (*a.* ✝, *a. théâ.* une pièce); *théâ.* jouer (*un personnage*); symboliser; signaler (*qch. à q., s.th. to s.o.*); **rep·re·sen'ta·tion** représentation *f* (*a.* ✝, *parl., fig., théâ.* pièce); *théâ.* interprétation *f* (*d'un rôle*); *coll.* représentants *m/pl.*; *fig.* ~s *pl.* remontrance *f* courtoise; **rep·re·'sent·a·tive** □ [~ətiv] **1.** représentatif (-ive *f*); *parl. a.* par députés; typique; *be* ~ *of* représenter (*qch.*); ~ *of* représentant (*qch.*); **2.** représentant(e *f*) *m*; *pol.* député *m*; *parl. Am.* House of ~s Chambre *f* des Représentants.

re·press [ri'pres] réprimer; retenir; étouffer; *psych.* refouler; **re·pres·sion** [ri'preʃn] (*a. psych. conscious* ~) répression *f*; *psych.* (*a. un-*

conscious ~) refoulement *m*; **re'pres·sive** □ répressif (-ive *f*), réprimant.

re·prieve [ri'priːv] **1.** surséance *f* (à, from); ɹ̩ɫɹ̩ commutation *f* de la peine capitale; **2.** accorder un délai à; ɹ̩ɫɹ̩ accorder une commutation de la peine capitale à (*q.*).

rep·ri·mand ['reprimɑːnd] **1.** réprimande *f*; ɹ̩ɫɹ̩ blâme *m*; **2.** réprimander; ɹ̩ɫɹ̩ blâmer publiquement.

re·print ['riː'print] **1.** réimprimer; **2.** nouveau tirage *m*; réimpression *f*.

re·pris·als [ri'praizls] *pl.* représailles *f/pl.*

re·proach [ri'proutʃ] **1.** reproche *m*, blâme *m*; **2.** reprocher (*qch. à q., s.o. with s.th.*); faire des reproches (à q. au sujet de qch., s.o. with s.th.); **re'proach·ful** □ [~ful] réprobateur (-trice *f*).

rep·ro·bate ['reprobeit] **1.** vil, bas(se *f*); **2.** *eccl.* réprouvé(e *f*) *m*; F vaurien *m*; **3.** réprouver; **rep·ro·'ba·tion** réprobation *f*.

re·pro·cess ['riː'prouses] retraiter, recycler; ~ing plant usine *f* de retraitement ou de recyclage.

re·pro·duce [riːprə'djuːs] (se) reproduire; (se) multiplier; **re·pro·duc·tion** [~'dʌkʃn] reproduction *f* (*a. physiol., cin.,* ✝); copie *f*, imitation *f*; **re·pro'duc·tive** □ reproducteur (-trice *f*).

re·proof [ri'pruːf] reproche *m*, blâme *m*; réprimande *f*.

re·prov·al [ri'pruːvl] reproche *m*, blâme *m*; **re·prove** [~'pruːv] condamner; réprimander, reprendre.

rep·tile ['reptail] **1.** reptile *m* (*a. fig.*); *fig. a.* chien *m* couchant; **2.** rampant.

re·pub·lic [ri'pʌblik] république *f*; **re'pub·li·can** républicain (*a. su./mf*); **re'pub·li·can·ism** républicanisme *m*.

re·pub·li·ca·tion ['riː'pʌbli'keiʃn] nouvelle publication *f*, *livre:* nouvelle édition *f*. (*une loi*) réédter.]

re·pub·lish ['riː'pʌbliʃ] republier(

re·pu·di·ate [ri'pjuːdieit] répudier (*femme, dette, doctrine, etc.*); **re·pu·di·a·tion** répudiation *f*; *dette:* reniement *m*.

re·pug·nance [ri'pʌɡnəns] répugnance *f*, antipathie *f* (pour to, against); **re'pug·nant** □ répugnant (à, to); incompatible (avec *to*, *with*); contraire (à *to*, with).

re·pulse [ri'pʌls] **1.** échec *m*; défaite *f*; rebuffade *f*; **2.** repousser (*a. fig.*); **re'pul·sion** *phys.*, *a. fig.* répulsion *f*; *fig.* a. aversion *f*; **re'pul·sive** □ *phys.*, *a. fig.* répulsif (-ive *f*); *fig.* froid, distant (*personne*).

re·pur·chase [ri'pəːtʃəs] **1.** rachat *m*; ⚖ réméré *m*; **2.** racheter.

rep·u·ta·ble □ ['repjutəbl] honorable (*personne*, *a. emploi*); estimé; **rep·u·ta·tion** [.'teiʃn] réputation *f*, renom *m*; **re·pute** [ri-'pjuːt] **1.** réputation *f*; by ~ de réputation; **2.** tenir pour; be ~d to be (*ou as*) passer pour; be well (*ill*) ~d avoir une belle (mauvaise) réputation; **re'put·ed** réputé; supposé; ⚖ putatif (-ive *f*); **re'put·ed·ly** suivant l'opinion commune.

re·quest [ri'kwest] **1.** demande *f* (*a.* ✝); requête *f*; recherche *f*; at s.o.'s ~ à *ou* sur la demande de q.; by ~ sur demande; facultatif (-ive *f*) (*arrêt*); in (*great*) ~ (très) recherché, demandé; ~ stop arrêt *m* facultatif; (*musical*) ~ programme disques *m/pl. etc. ou* programme *m* des auditeurs; **2.** demander (qch. à q., s.th. of s.o.; à q. de inf., s.o. to inf.); prier (q. de inf., s.o. to inf.).

re·qui·em ['rekwiem] requiem *m/inv.*, messe *f* pour les morts.

re·quire [ri'kwaiə] exiger (qch. de q., s.th. of s.o.); réclamer (qch. à q., s.th. of s.o.); avoir besoin de (qch.); ~ (of) s.o. to (inf.) *a.* vouloir que q. (*sbj.*); **re'quired** exigé; voulu; **re'quire·ment** demande *f*; *fig.* exigence *f*; condition *f* requise.

req·ui·site ['rekwizit] **1.** requis (pour, to); nécessaire (à, to); voulu; **2.** condition *f* requise (pour, for); chose *f* nécessaire; *toilet* ~s *pl.* accessoires *m/pl.* de toilette; **req·ui·si·tion 1.** demande *f*; ✕ réquisition *f*; **2.** avoir recours à; ✕ réquisitionner; mettre (qch.) en réquisition; faire des réquisitions dans (*un endroit*).

re·quit·al [ri'kwaitl] récompense *f*; revanche *f*; **re'quite** [.'kwait] récompenser; ~ s.o.'s love répondre à l'amour de q.

re·read ['riː'riːd] [*irr. (read)*] relire.

re·run 1. ['riː'rʌn] repasser, passer

(*un film*) de nouveau; **2.** ['riːrʌn] reprise *f*.

re·sale ['riːseil] revente *f*; ~ price prix *m* de revente; ~ value valeur *f* à la revente.

re·scind [ri'sind] abroger (*une loi*); rétracter (*un arrêt*); annuler (*un contrat, une décision, un vote, etc.*); casser (*un jugement*).

re·scis·sion [ri'siʒn] rescision *f*, abrogation *f etc.*, *see* rescind.

re·script ['riːskript] rescrit *m*; transcription *f*.

res·cue ['reskjuː] **1.** sauvetage *m*; secours *m*; délivrance *f*; ~ operation opérations *f/pl.* de sauvetage; ~ party équipe *f* de sauvetage *ou* de secours; come (*go*) to s.o.'s ~ venir en aide à q., aller à la rescousse de q.; **2.** sauver; secourir, porter secours à; délivrer; ~ s.o. from danger arracher q. à un danger; **'res·cu·er** sauveteur (-euse *f*) *m*; secoureur (-euse *f*) *m*; libérateur (-euse *f*) *m*.

re·search [ri'səːtʃ] recherche *f* (de for, after); recherches *f/pl.* (savantes); ~ establishment institut *m* de recherches (*scientifiques etc.*); marketing (motivation) ~ étude *f* du marché (de motivation); ~ work recherches *f/pl.*; ~ worker chercheur (-euse *f*) *m*; **re'search·er** chercheur (-euse *f*) *m*.

re·seat ['riː'siːt] (faire) rasseoir, remettre un fond à (*une chaise*); ⊕ roder le siège de.

re·se·da [ri'siːdə] réséda *m*.

re·sell ['riː'sel] [*irr. (sell)*] revendre; **'re'sell·er** revendeur (-euse *f*) *m*.

re·sem·blance [ri'zembləns] ressemblance *f* (à, avec to; entre, between); **re'sem·ble** [.bl] ressembler à.

re·sent [ri'zent] s'offenser de; être froissé de; **re'sent·ful** □ [.ful] rancunier (-ère *f*); plein de ressentiment; froissé, irrité (de, of); **re'sent·ment** ressentiment *m*; rancune *f*.

res·er·va·tion [rezə'veiʃn] ⚖ réservation *f*; *Am.* terrain *m* réservé, réserves *f/pl.* indiennes; *fig. a. places*: réserve *f*; *Am.* place *f* retenue.

re·serve [ri'zəːv] **1.** *usu.* réserve *f*; terrain *m* réservé; restriction *f*; ~ price prix *m* minimum; in ~ en réserve; with certain ~s avec quelques réserves; 2. réserver; retenir (*une chambre, une place, etc.*); mettre (*qch.*) en réserve; **re'served** □ renfermé, réservé; *fig.* froid; ~ **seat** place *f* réservée.

re·serv·ist ✕ [ri'sə:vist] réserviste *m*.

res·er·voir ['rezəvwɑ:] réservoir *m* (*a. fig.*); (*bassin m de*) retenue *f*.

re·set [ri:'set] [*irr.* (*set*)] remettre en place; ⊕ raffûter (*un outil*); *typ.* recomposer.

re·set·tle ['ri:'setl] (se) réinstaller; (se) rasseoir; se reposer (*vin*); **'re'set·tle·ment** nouvelle colonisation *f*; *vin etc.*: nouveau dépôt *m*.

re·ship ['ri:'ʃip] rembarquer; remonter (*l'hélice etc.*).

re·shuf·fle ['ri:'ʃʌfl] **1.** rebattre (*des cartes*); *fig.* remanier; **2.** nouveau battement *m*; *fig.* remaniement *m*.

re·side [ri'zaid] résider (à, *at*, *in*) (*a. fig.*); demeurer; **res·i·dence** ['rezidəns] résidence *f*; demeure *f*; séjour *m*; maison *f*; habitation *f*; ~ permit permis *m* ou carte *f* de séjour; **'res·i·dent** **1.** résidant, qui réside; à demeure (*maître d'école etc.*); en résidence; ♫ ~ *physician* interne *m* (*d'un hôpital*); **2.** habitant(e *f*) *m*; (*ministre*) résident *m*; **res·i·den·tial** [~'denʃl] d'habitation; résidentiel(le *f*).

re·sid·u·al [ri'zidjuəl] résiduel(le *f*); **re·sid·u·ar·y** résiduaire; qui reste; 🏛 ~ *legatee* légataire *m* universel; **res·i·due** ['rezidju:] ♫, ♣ résidu *m*; reste *m*, -s *m/pl.*; 🏛 reliquat *m*; **re·sid·u·um** [ri'zidjuəm] *surt.* ♫ résidu *m*; reste *m*.

re·sign [ri'zain] *v/t.* résigner; donner sa démission de (*son emploi*); abandonner; ~ *o.s.* se résigner à; s'abandonner à; *v/i.* démissionner; **res·ig·na·tion** [rezig'neiʃn] démission *f*; abandon *m*; résignation *f* (à, *to*); **re·signed** □ [ri'zaind] résigné.

re·sil·i·ence [ri'ziliəns] ⊕ résilience *f*; *personne*, *a. peau*: élasticité *f*; rebondissement *m*; **re·sil·i·ent** rebondissant, élastique; *fig.* plein de ressort.

res·in ['rezin] **1.** résine *f*; colophane *f*; **2.** résiner; **'res·in·ous** résineux (-euse *f*).

re·sist [ri'zist] *v/t.* résister à (*qch.*, *q.*); s'opposer à; repousser; *v/i.* résister; **re·sist·ance** résistance *f*

(*a. phys.*, ⚡) (à, *to*); **re'sist·ant** résistant; **re'sis·tor** ⚡ résistance *f*, rhéostat *m*.

re·sole ['ri:'soul] ressemeler.

re·sol·u·ble ['ri:'zɔljubl] qu'on peut résoudre; résoluble (*problème*); ♫ décomposable.

res·o·lute □ ['rezəlu:t] résolu; ferme; **'res·o·lute·ness** résolution *f*.

res·o·lu·tion [rezə'lu:ʃn] ♫, ♣, ♪, *parl.*, *phys.*, *fig.* résolution *f*; détermination *f*; *fig. a.* fermeté *f*.

re·solv·a·ble [ri'zɔlvəbl] résoluble; réductible.

re·solve [ri'zɔlv] **1.** *v/t.* ♫, ♪, ♫, *admin.*, ♫ résoudre; ⊕ décomposer; *personne*: se résoudre à (*qch.*); *fig.* dissiper (*un doute*); *parl.* the House ~s itself into a committee la Chambre se constitue en commission; *v/i.* (*a. ~ o.s.*) se résoudre; ~ (*up*)on se résoudre à; **2.** résolution *f*; **re'solved** □ résolu, décidé.

res·o·nance ['rezənəns] résonance *f*; **'res·o·nant** □ résonnant; sonore (*voix*).

re·sorp·tion *physiol.* [ri'sɔ:pʃn] résorption *f*.

re·sort [ri'zɔ:t] **1.** recours *m*; ressource *f*; affluence *f*; lieu *m* de séjour; *health* ~ station *f* thermale; *seaside* ~ plage *f*; station *f* balnéaire; *summer* ~ station *f* d'été; *in the last* ~ en dernier ressort; *in the last* ~ en dernier ressort; en fin de compte; **2.**: ~ *to* avoir recours à; fréquenter (*un lieu*); se rendre à (*un endroit*).

re·sound [ri'zaund] (faire) résonner, retentir (de, *with*).

re·source [ri'sɔ:s] ressource *f*; expédient *m*; distraction *f*; **re'source·ful** □ [~'ful] fertile en ressources; F débrouillard.

re·spect [ris'pekt] **1.** rapport *m* (à, *to*; de, *of*); égard *m*; respect *m* (pour, *for*); considération *f* (pour, envers *for*); ~s *pl.* hommages *m/pl.*; *with* ~ *to* quant à; *en* ou *pour ce qui concerne*; *out of* ~ *for* pour respect de; † au compte de; *pay one's* ~s *to* présenter ses hommages à, rendre ses respects à (*q.*); **2.** *v/t.* respecter; honorer; avoir égard à; concerner, avoir rapport à; **re·spect·a'bil·i·ty** respectabilité *f*; † *a.* solidité *f*; **re'spect·a·ble** □ respectable; convenable; honorable; passable; †

solide; **re'spect·ful** □ [.ful] respectueux (-euse *f*) (envers, pour to[wards]); *Yours ~ly* je vous prie d'agréer mes salutations très respectueuses; **re'spect·ing** en ce qui concerne; touchant; quant à; **re'spec-tive** □ respectif (-ive *f*); *we went to our ~ places* nous sommes allés chacun à notre place.

res·pi·ra·tion [respə'reiʃn] respiration *f*.

res·pi·ra·tor ['respəreitə] respirateur *m* (*a. ⚓️*); ✗ masque *m* à gaz; **re·spir·a·to·ry** [ris'paiərətəri] respiratoire.

re·spire [ris'paiə] respirer.

res·pite ['respait] **1.** ⚖️ sursis *m*, délai *m*; répit *m*; **2.** accorder un sursis à; remettre.

re·splend·ence, **re·splend·en·cy** [ris'plendəns(i)] splendeur *f*, éclat *m* (*a. fig.*); **re'splend·ent** □ resplendissant.

re·spond [ris'pɔnd] répondre (*a. fig.*); *eccl.* réciter les répons; *~* obéir à; être sensible à; **re'spond·ent 1.** ⚖️ défendeur (-eresse *f*); *~* sensible à, qui réagit à; **2.** ⚖️ défendeur (-eresse *f*) *m*; *cour de cassation:* intimé(e *f*) *m*.

re·sponse [ris'pɔns] réponse *f* (*a. fig.*), réplique *f*; *eccl.* répons *m*.

re·spon·si·bil·i·ty [risponsə'biliti] responsabilité *f* (de for, of); ✝ solidité *f*; **re'spon·si·ble** responsable (de, for; envers, to); chargé (de, for); capable; qui comporte des responsabilités (*poste*); sérieux (-euse *f*) (*personne*); *be ~ for* être maître de; être comptable de; être coupable de; **re'spon·sive** □ sensible (à, to); impressionnable; *be ~ to* répondre à, obéir à.

rest[1] [rest] **1.** repos *m* (*a. fig.*); sommeil *m*; *fig.* mort *f*; ♪ silence *m*; abri *m*; support *m*; ⚒️ *~ cure* cure *f* de repos; *~ home* maison *f* de repos; *Am. ~ room* toilettes *f/pl.*; *at ~* en repos; *set at ~* calmer; régler (*q.*); *2. v/i.* se reposer; avoir ou prendre du repos; s'appuyer (sur, on); *fig. ~* (up)on reposer sur; peser sur (*q.*) (*responsabilité*); *~ with s.o. fig.* dépendre de (*q.*); *v/t.* (faire) reposer; appuyer; déposer (*un fardeau*).

rest[2] [.] **1.** reste *m*, restant *m*; *les autres m/pl.*; ✝ (*fonds m de*) réserve

f; for the ~ quant au reste; *2.* rester, demeurer; *~ assured* être assuré (que, that).

re·state·ment ['ri:'steitmənt] révision *f* (*d'un texte*); nouvel énoncé *m*.

res·tau·rant ['restərɔ̃:ŋ] restaurant *m*.

rest·ing·place ['restiŋpleis] abri *m*; (lieu *m* de) repos *m*; *last ~* dernière demeure *f*.

res·ti·tu·tion [resti'tju:ʃn] restitution *f*; réintégration *f* (*du domicile conjugal*); *make ~ of* restituer qch.

res·tive □ ['restiv] nerveux (-euse *f*); rétif (-ive *f*) (*cheval, fig. personne*); **'res·tive·ness** humeur *f* rétive ou inquiète; nervosité *f*.

rest·less ['restlis] sans repos; agité; inquiet (-ète *f*); **'rest·less·ness** agitation *f*; turbulence *f*; mouvement *m* incessant; nervosité *f*.

re·stock ['ri:'stɔk] ✝ réapprovisionner (en, with); repeupler (*un étang*).

res·to·ra·tion [resto'reiʃn] restitution *f*; restauration *f* (*d'un bâtiment, a. pol.*); réintégration *f* (*dans une fonction, to a post*); **re·stor·a·tive** □ [ris'tɔrətiv] fortifiant (*a. su./m*); cordial (-aux *m/pl.*) (*a. su./m*).

re·store [ris'tɔ:] restituer, rendre; restaurer; réintégrer; rétablir; ramener (à la vie, to life); *~ s.th. to its place* remettre qch. en place; *~ s.o. to liberty* rendre q. à la liberté; mettre q. en liberté; *~ s.o.'s health* rétablir la santé de q.; **re'stor·er** restaurateur (-trice *f*) *m*; *meubles:* rénovateur *m*; *hair ~* régénérateur *m* des cheveux.

re·strain [ris'trein] retenir, empêcher (de, from); refréner; contenir; **re'strained** tempéré; contenu (*colère*); sobre; **re'strain·ed·ly** [.idli] avec retenue ou contrainte; **re'straint** contrainte *f* (*a. fig.*); frein *m*; *fig.* réserve *f*; sobriété *f*; internement *m* (*d'un aliéné*).

re·strict [ris'trikt] restreindre; réduire; **re'stric·tion** restriction *f*; réduction *f* (*of of, on*); **re'stric-tive** □ restrictif (-ive *f*).

re·sult [ri'zʌlt] **1.** résultat *m*; aboutissement *m*; **2.** résulter, provenir (de, from); *~ in* mener à, produire; avoir pour résultat; **re-'sult·ant 1.** résultant; **2.** ⚛️, *phys.* (force *f*) résultante *f*.

ré·su·mé ['rezju:mei] résumé *m.*

re·sume [ri'zju:m] reprendre, regagner; se remettre à; **re·sump·tion** [ri'zʌmpʃn] reprise *f.*

re·sur·gence [ri'sə:dʒəns] résurrection *f;* **re·sur·gent** [ ] qui resurgit.

res·ur·rect [rezə'rekt] *vt/i.* ressusciter; **res·ur·rec·tion** résurrection *f;* **res·ur·rec·tion·ist** [ ], a. **res·ur·rec·tion man** déterreur *m* de cadavres.

re·sus·ci·tate [ri'sʌsiteit] *vt/i.* ressusciter; *v/t.* rappeler à la vie; *v/i.* revenir à la vie; **re·sus·ci·ta·tion** ressuscitation *f.*

re·tail ['ri:teil] **1.** *su.* (vente *f* au) détail *m;* by ~ au détail; ~ *bookseller* libraire *m;* ~ *price* prix *m* de détail; **2.** *adj.* au détail, de détail; **3.** *adv.* au détail; **4.** [ri:'teil] (se) vendre au détail; (se) détailler; *v/t. fig.* colporter (*des nouvelles*); be ~ed se vendre au détail (à, *at*); **re·tail·er** marchand(*e f*) *m* au détail; *fig.* colporteur *m.*

re·tain [ri'tein] retenir (*un avocat, qch., fig. a. dans son souvenir*); maintenir (*en position*); conserver (*qch., coutume, faculté, etc.*); engager (*un domestique etc.*); **re·tain·er** *hist.* serviteur *m*, suivant *m;* (*usu. retaining fee*) avance *f;* honoraires *m/pl.* (*versés à un avocat pour retenir ses services*); old ~ vieux serviteur *m.*

re·take ['ri:teik] [*irr.* (*take*)] reprendre; *cin.* tourner à nouveau.

re·tal·i·ate [ri'tælieit] *v/t.* user de représailles (envers, *on*); retourner (*une accusation*) (contre, *upon*); *v/i.* rendre la pareille (à, *on*); **re·tal·i·a·tion** représailles *f/pl.;* **re·tal·i·a·to·ry** [̦ ̦ iətəri] de représailles.

re·tard [ri'tɑ:d] *v/t.* retarder; *v/i.* tarder (*personne*); retarder (*chose*); *mot.* ~ed ignition retard *m* à l'allumage; ~ed child enfant *m* arriéré; **re·tar·da·tion** [ri:tɑ:'deiʃn] retard(ement) *m; phys.* retardation *f;* ♪ *mesure:* ralentissement *m.*

retch ♬ [ri:tʃ] avoir des haut-le-cœur.

re·tell ['ri:'tel] [*irr.* (*tell*)] répéter; raconter de nouveau.

re·ten·tion [ri'tenʃn] conservation *f;* maintien *m; ♬, a. psych.* rétention *f;* **re·ten·tive** [ ] gardeur (-euse *f*)

(de, *of*); fidèle, tenace (*mémoire*); *anat.* rétentif (-ive *f*); contentif (-ive *f*) (*bandage*).

re·think ['ri:'θiŋk] [*irr.* (*think*)] réfléchir encore sur; repenser à.

ret·i·cence ['retisəns] réticence *f; fig.* réserve *f;* **ret·i·cent** taciturne; réservé; peu communicatif (-ive *f*).

re·tic·u·late [ri'tikjulit], **re·tic·u·lat·ed** [̦ ̦ leitid] réticulé; rétiforme; **ret·i·cule** ['retikju:l] réticule *m* (*a. opt.*); sac *m* à main.

ret·i·na *anat.* ['retinə] rétine *f.*

ret·i·nue ['retinju:] suite *f* (*d'un noble*).

re·tire [ri'taiə] *v/t.* mettre à la retraite; ✝ retirer (*un effet*); *v/i.* se retirer (dans, *to*); s'éloigner; se coucher; se démettre; prendre sa retraite; ✗ se replier; *sp.* se retirer (de, *from*); **re·tired** [ ] retiré (*endroit, vie*); retraité; mis à la retraite, ~ *pay* pension *f* de retraite; **re·tire·ment** retraite *f* (*a.* ✗); ✝ retrait *m* (*d'un effet*); ✗ repliement *m; sp.* abandon *m* (de la partie); *early* ~ préretraite *f;* **re·tir·ing** [ ] sortant; réservé; farouche; ~ *pension* pension *f* de retraite.

re·tort [ri'tɔ:t] **1.** réplique *f;* riposte *f;* ♠ cornue *f;* **2.** *vt./i.* répliquer, riposter; relancer (à, *upon*).

re·touch ['ri:'tʌtʃ] retoucher (*a. phot.*).

re·trace [ri'treis] retracer (*un dessin*); remonter à l'origine de; *fig.* ~ *one's steps* revenir sur ses pas.

re·tract [ri'trækt] (se) rétracter; *vt/i.* rentrer; ⊕ (se) contracter; ✈ escamoter, rentrer; **re·tract·a·ble** *zo.* rétractile; ✈ rentrant, escamotable; **re·trac·ta·tion** rétractation *f;* **re·trac·tion** retrait *m;* rétraction *f* (*a.* ♠); *gramm.* recul *m.*

re·train ['ri:'trein] (se) recycler.

re·trans·late ['ri:træns'leit] retraduire; **re·trans·la·tion** nouvelle traduction *f.*

re·trans·mit ['ri:trænz'mit] *télév., a. radio:* retransmettre.

re·tread ['ri:'tred] **1.** rechaper (*un pneu*); **2.** pneu *m* rechapé.

re·treat [ri'tri:t] **1.** retraite *f* (*a.* ✗, *a. fig.*); *glacier:* décrue *f; fig.* asile *m;* repaire *m* (*de brigands*); **2.** *v/t.* ramener; *v/i.* se retirer, s'éloigner; ✗ battre en retraite; *box. etc.* rompre.

re·trench [ri'trentʃ] v/t. restreindre; réformer; supprimer (un mot etc.); ✕ retrancher; v/i. faire des économies; restreindre sa dépense; **re'trench·ment** réduction f; économies f/pl.; suppression f; ✕ retranchement m.

re·tri·al ⚖ ['ri:'traiəl] procédure f de révision.

ret·ri·bu·tion [retri'bju:ʃn] châtiment m; **re·trib·u·tive** □ [ri'tribjutiv] vengeur (-eresse f).

re·triev·a·ble [ri'tri:vəbl] recouvrable (argent); réparable (erreur etc.); récupérable (matière etc.); **re'triev·al** recouvrement m; réparation f; récupération f; beyond (ou past) ~ irréparable, irrémédiable; (definitivement) perdu; **re·trieve** [ri'tri:v] recouvrer; retrouver; rétablir; récupérer; arracher (à, from); réparer; chasse: rapporter; **re'triev·er** chasse: chien m rapporteur; race: retriever m.

retro- [retrou] rétro...; ~'**ac·tive** rétroactif (-ive f); ~'**cede** reculer; ~'**ces·sion** recul m; mouvement m rétrograde; ~**gra'da·tion** astr. rétrogradation f; biol. régression f; '~**grade 1.** rétrograde; **2.** rétrograder (a. fig.); fig. a. dégénérer.

ret·ro·gres·sion [retrou'greʃn] rétrogression f; fig. dégénérescence f; **ret·ro·spect** ['~spekt] coup d'œil rétrospectif; consider in ~ jeter un coup d'œil rétrospectif sur; **ret·ro'spec·tion** examen m rétrospectif; **ret·ro'spec·tive** □ rétrospectif (-ive f) (vue etc.); à l'arrière; ⚖ à effet rétroactif (loi).

re·try ⚖ ['ri:'trai] juger à nouveau (q., un procès).

re·turn [ri'tə:n] **1.** retour m (a. ⚽, ✈, marchandises, ⚠ mur); recrudescence f (a. ⚽); 𝆕 circuit m de retour; parl. élection f; ✝ (souv. ~s pl.) recettes f/pl., rendement m, profit m; remboursement m (d'un capital); déclaration f (de revenu); Banque: situation f; rapport m, relevé m (officiel); balle, son, etc.: renvoi m; ⊕ rappel m; ✝ ~s pl. rendus m/pl.; restitution f; fig. récompense f; fig. échangé m; ~s pl. relevé m; statistique f; attr. de retour; many happy ~s of the day mes meilleurs vœux pour votre anniversaire, joyeux anniversaire; in ~ en retour,

en échange (de, for); by ~ (of post) par retour de courrier; ~ match match m retour; ~ ticket billet m d'aller et retour; pay a ~ visit rendre une visite (à q.); **2.** v/i. revenir; rentrer; retourner; fig. ~ to revenir à (un sujet etc.); retomber dans (une habitude); v/t. rendre; renvoyer (accusation, balle, lumière); adresser (des remerciements); fig. répliquer, répondre; ✝ rapporter (un bénéfice, a. admin.); faire une déclaration de (revenu); ⚖ déclarer (q. coupable), rendre, prononcer (un verdict); parl. élire; cartes: rejouer; **re'turn·a·ble** restituable; **re'turn·er** personne f qui revient ou qui rend; **re·turn·ing of·fi·cer** directeur m du scrutin; deputy ~ scrutateur m.

re·un·ion ['ri:'ju:njən] réunion f; assemblée f; **re·u·nite** ['ri:ju:'nait] (se) réunir; (se) réconcilier.

rev mot. F [rev] **1.** tour m; **2.** (a. ~ up) (faire) s'emballer.

re·val·or·i·za·tion [ri:vælərai'zeiʃn] revalorisation f; **re·val·or·ize** [~aiz] revaloriser; **re·val·u·a·tion** [~vælju'eiʃn] réévaluation f; réestimation f; **re·val·ue** [~'vælju] réévaluer; réestimer.

re·vamp ⊕ ['ri:'væmp] remplacer l'empeigne de (un soulier); Am. rafraîchir, renflouer.

re·veal [ri'vi:l] révéler, découvrir; faire connaître ou voir; dévoiler (un mystère); **re'veal·ing** révélateur (-trice f).

re·veil·le ✕ [ri'væli] réveil m.

rev·el ['revl] **1.** réjouissances f/pl.; divertissement m, ~s m/pl.; péj. orgie f; **2.** se divertir; faire bombance; se délecter (à, in).

rev·e·la·tion [revi'leiʃn] révélation f; bibl. ♀ l'Apocalypse f.

rev·el·(l)er ['revlə] noceur (-euse f) m; joyeux convive m; '**rev·el·ry** divertissements m/pl.; péj. orgie f.

re·venge [ri'vendʒ] **1.** vengeance f; jeux: revanche f; **2.** v/i. se venger (de qch., sur q. on); v/t. venger (q., qch.); ~ o.s. (ou be ~d) on se venger de (qch.) ou sur (q.); **re'venge·ful** □ [~ful] vindicatif (-ive f); vengeur (-eresse f) m; **re'venge·ful·ness** esprit m de vengeance; caractère m vindicatif; **re'veng·er** vengeur (-eresse f) m.

rev·e·nue ['revinju:] (a. ~s pl.) revenu m; rapport m; rentes f/pl.; ~ board (ou office) (bureau m de) perception f; ~ cutter cotre m de la douane; ~ officer employé m de la douane; ~ stamp timbre m fiscal.

re·ver·ber·ate [ri'və:bəreit] v/t. renvoyer (un son); réfléchir (la lumière etc.); ~ résonner (son); réverbérer (chaleur, lumière); **re·ver·ber·a·tion** renvoi m; réverbération f; **re'ver·ber·a·tor** réflecteur m; **re'ver·ber·a·to·ry fur·nace** métall. [~ətəri] four m à réverbère.

re·vere [ri'viə] vénérer; **rev·er·ence** ['revərəns] 1. vénération f; révérence f; respect m (religieux); F Your ~ monsieur l'abbé; co. saving your ~ sauf révérence; 2. révérer; **'rev·er·end** 1. vénérable; eccl. révérend; Right ~ très révérend; 2. the Right ~ X le révérend m X. **rev·er·ent** □ ['revərənt], **rev·er·en·tial** □ [~'renʃl] révérenciel(le f); plein de vénération.

rev·er·ie ['revəri] rêverie f.

re·ver·sal [ri'və:sl] renversement m (a. ⊕, a. opt.); revirement m (d'une opinion); ₤ᵗ᯼ réforme f, annulation f; ⊕ ~ of stroke changement m de course; **re·verse** [~'və:s] 1. contraire m, inverse m; ✕, a. fig. revers m; mot. (a. ~ gear) marche f arrière; feuillet: verso m; in ~ en ordre inverse; en marche arrière; ✕ à revers; 2. □ contraire, inverse; ~ side tissu: envers m; 3. renverser (a. ✕); invertir (un ordre, a. phot.); cost. retourner; ₤ᵗ᯼ réformer, révoquer; mot. a. v/i. faire (marche arrière); **re'vers·i·ble** réversible (procès); phot. inversible; à deux endroits (tissu); à double face (manteau); **re'vers·ing** ⊕ de renvoi.

re·ver·sion [ri'və:ʃn] ₤ᵗ᯼ retour m (a. fig.), réversion f (a. biol.); substitution f; survivance f; phot. inversion f; in ~ grevé d'une réversion; réversible (rente); **re'ver·sion·ar·y** ₤ᵗ᯼ de réversion, réversible; **re'ver·sion·er** ₤ᵗ᯼ détenteur (-trice f) m d'un droit de réversion ou substitution.

re·vert [ri'və:t] (to) revenir (à) (a. ₤ᵗ᯼, biol., fig.); a. biens: faire retour (à q.).

rev·er·y see reverie.

re·vet·ment ⊕ [ri'vetmənt] revêtement m.

re·view [ri'vju:] 1. ₤ᵗ᯼ révision f; ✕, ♧, périodique, fig.: revue f; examen m; compte rendu m; year under ~ année f de rapport; 2. v/t. ₤ᵗ᯼ réviser; ✕, ♧, fig. passer en revue; fig. revoir, examiner; faire le compte rendu de; v/i. faire de la critique littéraire etc.; **re'view·er** critique m (littéraire); ~'s copy exemplaire m de service de presse.

re·vile [ri'vail] injurier (q.).

re·vis·al [ri'vaizl] révision f.

re·vise [ri'vaiz] 1. revoir, relire (un livre etc.); corriger (des épreuves); réviser (une loi); 2. typ. épreuve f de révision; seconde f; **re'vis·er** réviseur m; typ. correcteur m.

re·vi·sion [ri'viʒn] révision f; **re'vi·sion·ism** [~izəm] révisionisme m.

re·vis·it [ri:'vizit] visiter de nouveau.

re·vi·so·ry [ri'vaizəri] de révision.

re·vi·tal·ize [ri:'vaitəlaiz] revivifier.

re·viv·al [ri'vaivl] ✚ retour m des forces, retour m à la vie; reprise f des sens; théâ., a. ✚ reprise f; fig. renaissance f; renouveau m; **re·vive** [~'vaiv] v/t. ressusciter; rappeler à la vie; ranimer; réveiller; renouveler; v/i. reprendre connaissance; se ranimer; ✚ etc. reprendre; **re'viv·er** ressusciteur m; personne f qui ranime; F verre m (de cognac etc.); **re·viv·i·fy** [~'vivifai] revivifier.

re·vo·ca·ble □ ['revəkəbl] révocable; **re·vo·ca·tion** [~'keiʃn] révocation f; abrogation f.

re·voke [ri'vouk] v/t. révoquer; retirer; v/i. cartes: renoncer à faux.

re·volt [ri'voult] 1. révolte f; 2. v/i. se révolter (a. fig.), se soulever (contre against, from); v/t. fig. dégoûter; indigner (q.).

rev·o·lu·tion [revə'lu:ʃn] ⊕, pol., astr., fig. révolution f; ⊕ tour m; mol./pl. à la minute; revol·u·tion·ar·y 1. révolutionnaire; 2. (a. revo'lu·tion·ist) révolutionnaire m/f; **rev·o'lu·tion·ize** révolutionner.

re·volve [ri'volv] v/i. tourner (sur, on; autour de, round); revenir (saisons); v/t. faire tourner; fig. ruminer, retourner; **re'volv·er** revolver m; **re'volv·ing** tournant; ~

stage scène *f* tournante; ~ **door** porte *f* tournante *ou* pivotante; ~ **pencil** porte-mine *m/inv.*

re·vue *théá.* [ri'vju:] revue *f.*

re·vul·sion [ri'vʌlʃn] *fig.* revirement *m (des sentiments);* nausée *f;* 𝖘 révulsion *f;* **re'vul·sive** □ 𝖘 révulsif (-ive *f*) (*a. su./m*).

re·ward [ri'wɔːd] **1.** récompense *f;* **2.** récompenser, rémunérer (de, for); *fig.* payer (qch., *for* s.th.).

re·word [ri:'wɔːd] rédiger à nouveau.

re·write ['riː'rait] [*irr. (write)*] récrire; remanier, recomposer.

rhap·so·dist ['ræpsədist] rhapsodiste *m;* **'rhap·so·dize** s'extasier (sur, over); **'rhap·so·dy** rhapsodie *f; fig.* transports *m/pl.*

rhe·o·stat ⚡ ['riːostæt] rhéostat *m.*

rhet·o·ric [retərik] rhétorique *f (a. péj.);* éloquence *f;* **rhe·tor·i·cal** □ [ri'tɔrikl] ampoulé; **rhet·o·ri·cian** [retə'riʃn] rhétoricien *m; hist., a. péj.* rhéteur *m.*

rheu·mat·ic 𝖘 [ruː'mætik] (~*ally*) rhumatismal (-aux *m/pl.*); rhumatisant (*a. su./mf*) (*personne*); **rheu'mat·ics** F *pl.*, **rheu·ma·tism** 𝖘 ['ruːmətizm] rhumatisme *m.*

rhi·no¹ *sl.* [rainou] galette *f (= argent).*

rhi·no² [~], **rhi·noc·er·os** *zo.* [rai'nɔsərəs] rhinocéros *m.*

rhomb, **rhom·bus** ⚖ ['rɔm(bəs)], *pl.* **-bus·es, -bi** [ˌbai] losange *m,* † rhombe *m.*

rhu·barb ♀ ['ruːbɑːb] rhubarbe *f.*

rhumb ⚓ [rʌm] rhumb *m.*

rhyme [raim] **1.** rime *f* (à, to); poésie *f;* vers *m/pl.;* *without* ~ *or reason* sans rime ni raison; **2.** (faire) rimer (avec, with); **'rhyme·less** □ sans rime; **'rhym·er, rhyme·ster** ['ˌstə] versificateur *m; péj.* rimailleur *m.*

rhythm [riðm] rythme *m;* **'rhyth·mic, 'rhyth·mi·cal** □ rythmique, cadencé.

Ri·al·to *Am.* [ri'æltou] quartier *m* des théâtres (*de Broadway*).

rib [rib] **1.** côte *f;* ♀, ⚖ nervure *f; parapluie:* baleine *f;* ~ **cage** cage *f* thoracique; **2.** garnir de côtes *ou* de nervures; *Am. sl.* taquiner (*q.*).

rib·ald ['ribəld] **1.** paillard, licencieux (-euse *f*); **2.** paillard(e *f*) *m;*

homme *m* éhonté; **'rib·ald·ry** paillardises *f/pl.;* propos *m/pl.* grossiers.

rib·and ⊕ ['ribənd] ruban *m.*

ribbed [ribd] ♀ à nervures (*a. plafond*); *tex.* à côtes.

rib·bon ['ribən] ruban *m (a. décoration, machine à écrire, etc.);* ordre: cordon *m;* bande *f;* ~**s** *pl.* lambeaux *m/pl.; sl.* guides *f/pl.;* ~ **building ou development** alignement *m* de maisons en bordure de route; ⊕ ~**work** travail (*pl.* -aux) *m* à la chaîne; **'rib·boned** orné de rubans; *zo.* rubané.

rice [rais] riz *m;* ~ **pudding** riz *m* au lait; **ground** ~ farine *f* de riz.

rich □ [ritʃ] riche (en, in) (*personne, terre, couleur, style, a. fig.*); fertile, gras(se *f*); somptueux (-euse *f*) de luxe; superbe; corsé (*vin*); ample, plein (*voix etc.*); F impayable, épatant; ~ *in meaning* significatif (-ive *f*); *gramm.* ayant beaucoup d'acceptions; ~ **milk** lait *m* non écrémé; **rich·es** ['ˌiz] *pl.* richesses *f/pl.;* **'rich·ness** richesse *f;* abondance *f;* luxe *m;* couleur: éclat *m;* voix: ampleur *f.*

rick¹ ✗ [rik] **1.** meule *f* (de foin); **2.** mettre en meule(s).

rick² [~] *see* **wrick.**

rick·ets 𝖘 ['rikits] *sg. ou pl.* rachitisme *m;* **'rick·et·y** rachitique; F branlant, bancal (*m/pl.* -als), chancelant.

rid [rid] [*irr.*] débarrasser (de, of); **get** ~ **of** se débarrasser de; ✗ éliminer; **'rid·dance** débarras *m; he is a good** ~ bon débarras!

rid·den ['ridn] *p.p. de* **ride 2; gang-** ~ infesté de gangsters; *family-* ~ tyrannisé par sa famille.

rid·dle¹ ['ridl] **1.** énigme *f (a. fig.)*, devinette *f;* **2.** *v/t.* trouver la clef de; *v/i.* parler par énigmes; ~ **me** donnez-moi le mot de (*cette énigme*).

rid·dle² [~] **1.** crible *m,* claie *f;* **2.** cribler (*a. fig.*) (de, with); passer au crible.

rid·dling □ ['ridliŋ] énigmatique.

ride [raid] **1.** promenade *f;* voyage *m;* course *f; autobus etc.:* trajet *m;* **2.** [*irr.*] *v/i.* se promener, aller (à cheval, en auto, à bicyclette); voyager; chevaucher; *fig.* voguer; remonter; ⚓ ~ *at anchor* être mouillé; ~ *for a fall* aller en casse-cou; *fig.*

courir à un échec, aller au-devant de la défaite; *v/t.* monter (*un cheval etc.*); aller à (*une bicyclette etc.*); parcourir (*le pays*) (à cheval); diriger (*son cheval*); opprimer; voguer sur (*les vagues*); ~ (on) *a bicycle* aller à bicyclette; ✛ ~ *out* étaler (*une tempête*); *fig.* surmonter (*une crise*); **'rid·er** cavalier (-ère *f*) *m; course:* jockey *m; cirque:* écuyer (-ère *f*) *m;* clause *f* additionnelle; annexe *f;* ⚓ exercice *m* d'application (*d'un théorème*); ⊕ cavalier *m.*

ridge [ridʒ] **1.** *montagne:* arête *f,* crête *f;* faîte *m* (*a.* ⌂); *sable:* ride *f; rochers:* banc *m; coteaux:* chaîne *f;* ✍ billon *m,* butte *f;* **2.** *v/t.* ⚓ enfaîter; ✍ disposer en billons; sillonner; *v/i.* former des crêtes; se rider; ~ **way** route *f* des crêtes, chemin *m* de faîte.

rid·i·cule ['ridikjuːl] **1.** moquerie *f,* raillerie *f;* dérision *f;* ridicule *m;* **2.** se moquer de; ridiculiser; **ri·'dic·u·lous** □ [ˌ.juləs] ridicule; **ri·'dic·u·lous·ness** ridicule *m.*

rid·ing ['raidiŋ] **1.** équitation *f;* **2.** d'équitation; de cavalier (-ère *f*); **'~-breech·es** *pl.* culotte *f* de cheval; **'~-hab·it** *cost.* amazone *f;* ~ **mas·ter** professeur *m* d'équitation; ~ **school** manège *m,* école *f* d'équitation; ~ **sta·ble(s** *pl.*) centre *m* d'équitation, manège *m;* écurie *f;* ~ **whip** cravache *f.*

rife □ [raif] abondant (en, *with*); nombreux (-euse *f*); *be* ~ régner; abonder (en, *with*).

riff-raff ['rifræf] canaille *f.*

ri·fle² ['raifl] piller.

ri·fle² [~] **1.** fusil *m* (*rayé*); rayure *f* (*d'un fusil*); ✗ ~*s pl.* fusiliers *m/pl.;* **2.** rayer (*un fusil*); **'~-man** ✗ fusilier *m;* chasseur *m* à pied; ~ **range** stand *m ou* champ *m* de tir; *within* ~ à portée de fusil; ~ **shot** coup *m* de fusil; *within* ~ à portée de fusil.

ri·fling ⊕ ['raifliŋ] rayage *m;* *coll.* rayure *f,* -s *f/pl.* [fêlure *f.*⟍

rift [rift] fente *f,* fissure *f; fig.*⟍

rig¹ ['rig] **1.** farce *f;* coup *m* monté; **2.** travailler (*le marché*); tripoter (*un cours*) *ou* truquer.

rig² [~] **1.** ✛ gréement *m;* F *fig.* équipement *m;* F toilette *f; Am.* F attelage *m;* **2.** (*a.* ~ *out ou up*) gréer; F *fig.* accoutrer; ~ *up* monter; **'rig·ger** ✛ gréeur *m;* ✈ monteur-régleur (*pl.* monteurs-régleurs) *m;*

'rig·ging ✛ gréage *m;* ✈ gréement *m.*

right [rait] **1.** □ droit (*a.* = *contraire de gauche*); bon(ne *f*); honnête; correct, exact, juste; bien placé; ⚓ ~ *angle* angle *m* droit; *pol.* ~ *wing* (aile *f*) droite *f; be* ~ avoir raison; être à l'heure (*montre*); convenir (à, *for*); *be* ~ *to* (*inf.*) avoir raison de (*inf.*); *bien faire de* (*inf.*); être fondé à (*inf.*); *all* ~! entendu! parfait!; très bien!; *allez-y!*; c'est bon!; *be on the* ~ *side of* 40 ans avoir moins de 40 ans; *put* (*ou set*) ~ ajuster; réparer; corriger; désabuser (*q.*); réconcilier (avec, *with*); **2.** *adv.* droit; tout ...; bien; fort, très; correctement; à droite; *dans un titre:* très; F *send to the* ~*-about* envoyer promener (*q.*); ~ *away* tout de suite; *sur-le-champ;* ~ *in the middle* au beau milieu; ~ *on* tout droit; **3.** *su.* droit *m,* titre *m;* bien *m;* justice *f;* côté *m* droit, droite *f* (*a. pol.*); *box.* coup *m* du droit; ~ *of way* priorité *f; in his* (*ou her*) *own* ~ de son propre chef; en propre; *the* ~ *pl.* of a story la vraie histoire; *by* ~*s* en toute justice; *by* ~ *of* par droit de; à titre de; à cause de; *set* (*ou put*) *to* ~*s* mettre en ordre; arranger; *on* (*ou to*) *the* ~ à droite; **4.** *v/t.* redresser (*qch., un tort*); rendre justice à; corriger; ⚓ (*v/i.* se) redresser; ~*-an·gled* ⚓ ['~'æŋgld] à angle droit; rectangle (*triangle*); **'right·eous** □ [~ʃəs] juste (*a.* = *justifié*); vertueux (-euse *f*); **'right·eous·ness** droiture *f,* vertu *f;* **right·ful** □ ['~ful] légitime; équitable (*conduite*); **'right·hand** *a ou* de droite; *mot.* ~ *drive* conduite *f* à droite; *fig.* ~ *man* le bras droit (*de q.*); **'right-'hand·ed** droitier (-ère *f*) (*personne*); ⊕ pour la main droite; à droite (*vis. etc.*); **'right·ist** *pol.* **1.** homme *m* de droite; **2.** de droite; **'right-'mind·ed** bien pensant; **'right·ness** droiture *f;* décision *etc.*: justesse *f;* **'right-'wing** *pol.* de droite; **'right-'wing·er** *pol.* homme *m* de droite; *sp.* ailier *m* droit.

rig·id □ ['ridʒid] raide, rigide; *fig.* strict, sévère; **ri'gid·i·ty** raideur *f,* rigidité *f; fig.* sévérité *f;* intransigeance *f.*

rig·ma·role ['rigmərəul] discours *m* sans suite; F litanie *f.*

rig·or² ['raigɔː] frissons *m/pl.;* ~ **mor·tis** [~'mɔːtis] rigidité *f* cadavé-

rique; **rig·or·ous** □ ['rɪgərəs] rigoureux (-euse *f*).

rig·o(u)r ['rɪgə] rigueur *f*, sévérité *f*; *fig.* austérité *f*; *preuve:* exactitude *f*; ⁓s *pl. a.* âpreté *f* du temps.

rile [raɪl] agacer, exaspérer.

rill [rɪl] petit ruisseau *m*.

rim [rɪm] bord *m*; *lunettes:* monture *f*; *roue:* jante *f*.

rime¹ [raɪm] rime *f*.

rime² *poét.* [⁓] givre *m*, gelée *f* blanche; **'rim·y** couvert de givre; givré.

rind [raɪnd] écorce *f*, peau *f* (*a. d'un fruit*); *fromage:* croûte *f*; *lard:* couenne *f*.

ring¹ [rɪŋ] 1. anneau *m*; bague *f*; rond *m* (*de serviette*); ⊕ segment *m*; *personnes:* groupe *m*, cercle *m*; ✝ cartel *m*; *cirque:* arène *f*; *box.* ring *m*; *lune:* auréole *f*; ⁓ binder classeur *m* à anneaux; ⁓ road route *f* de ceinture; (boulevard *m*) périphérique *m*; 2. boucler (*un taureau*); baguer (*un pigeon*); (*usu.* ⁓ in ou round ou about) entourer, encercler.

ring² [⁓] 1. son(nerie *f*) *m*; tintement *m*; coup *m* de sonnette; F coup *m* de téléphone; 2. [*irr.*] *v/i.* sonner; tinter (*a. oreilles*) (*souv.* ⁓ out) résonner, retentir (de, with); ⁓ again sonner de nouveau; *téléph.* off raccrocher; the bell is ⁓ing on sonne; *v/t.* (faire) sonner; ⁓ the bell agiter la sonnette; sonner; *fig.* réussir le coup; ⁓ up sonner pour faire lever (*qch.*); *téléph.* donner un coup de téléphone à (*q.*); **'ring·er** sonneur *m*; **'ring·ing** □ qui résonne; retentissant; **'ring·lead·er** □ meneur *m*; chef *m* de bande; **ring·let** ['⁓lɪt] *cheveux:* boucle *f*; **'ring·worm** 🐛 teigne *f* tonsurante.

rink [rɪŋk] patinoire *f*; skating *m*.

rinse [rɪns] 1. (*souv.* ⁓ out) rincer; 2. = **'rins·ing** rinçage *m*; ⁓s *pl.* rinçure *f*, -s *f/pl.*

ri·ot ['raɪət] 1. émeute *f*, F bagarre *f*; *fig.* orgie *f*; ⁓ squad police *f* secours; run ⁓ pulluler; se déchaîner; 2. provoquer une émeute; s'ameuter; faire du vacarme; *fig.* se livrer sans frein (à, in); **'ri·ot·er** émeutier *m*; séditieux *m*; *fig.* noceur *m*; **'ri·ot·ous** □ tumultueux (-euse *f*); séditieux (-euse *f*); tapageur (-euse *f*) (*personne*); dissolu (*vie*).

rip¹ [rɪp] 1. déchirure *f*; fente *f*; ✈ ⁓ cord corde *f* de déchirure (*d'un ballon*), tirette *f* (*d'un parachute*); 2. *v/t.* déchirer; fendre; ⁓ off arracher; *sl.* estamper; *sl.* voler, chiper; ⁓ up découdre; déchirer; *v/i.* se déchirer; se fendre; *mot.* F filer.

rip² F [⁓] mauvais garnement *m*; *personne:* gaillard *m*.

ri·par·i·an [raɪ'pɛərɪən] riverain(e *f*) *m*, *adj*.

ripe □ [raɪp] mûr; fait (*fromage*); **'rip·en** *vt/i.* mûrir; **'ripe·ness** maturité *f*.

rip-off *sl.* ['rɪpɔf] estampage *m*; vol *m*.

ri·poste [rɪ'poust] 1. *escrime:* riposte *f* (*a. fig.*); 2. riposter.

rip·per ['rɪpə] fendoir *m* (*pour ardoises*); burin *m* à défoncer; scie *f* à refendre; *sl.* type *m* épatant; chose *f* épatante; **'rip·ping** □ *sl.* fameux (-euse *f*), épatant.

rip·ple ['rɪpl] 1. ride *f*; *cheveux:* ondulation *f*; *ruisseau:* gazouillement *m*; murmure *m*; 2. (se) rider; *v/i.* onduler; murmurer.

rise [raɪz] 1. *eau, route:* montée *f*; côte *f*; rampe *f*; *terrain:* éminence *f*; ascension *f*; hausse *f* (de ♩, ♪); *soleil, théâ. rideau:* lever *m*; *eaux:* crue *f*; △ flèche *f*; *prix etc.:* augmentation *f*; *emploi, rang:* avancement *m*; *fleuve, a. fig.:* source *f*; give ⁓ to engendrer; provoquer; take (one's) ⁓ prendre sa source, avoir son origine (dans, in); 2. [*irr.*] se lever (*gibier, personne, soleil, etc.*); se dresser (*cheval, montagne, monument*); se relever (*personne*); s'élever (*bâtiment, terrain*); monter (*mer, terrain, à la caisse, à un rang*); lever (*pain*); se révolter, se soulever (contre, against); ressusciter (*des morts*); *parl.* s'ajourner; être à la hausse (*a. baromètre*); ✕ sortir (*du rang*); prendre sa source (dans, in; à, at); ⁓ to the occasion se montrer à la hauteur de la situation; ⁓ to the bait monter à la mouche; mordre; **ris·en** ['rɪzn] *p.p. de* rise 2; **'rise·r** △ contremarche *f*; early ⁓ personne *f* matinale.

ris·i·bil·i·ty [rɪzɪ'bɪlɪtɪ] faculté *f* de rire; **'ris·i·ble** □ risible, dérisoire; † rieur (-euse *f*) (*personne*).

ris·ing ['raɪzɪŋ] 1. lever *m*; *chasse:* envol *m*; *prix, baromètre:* hausse *f*;

eaux: crue *f*; soulèvement *m*, ameutement *m*; résurrection *f*; **2.** d'avenir; nouveau (-*el devant une voyelle ou un h muet*): -*elle f*; -*eaux m/pl.*); ~ *ground* élévation *f* de terrain.

risk [risk] **1.** risque *m* (*a.* ✝); péril *m*; *at the* ~ *of* (*gér.*) au risque de (*inf.*); *run a* (*ou the*) ~ courir un *ou* le risque; **2.** risquer; **'risk·y** hasardeux (-euse *f*); scabreux (-euse *f*).

ris·sole cuis. ['risɔul] rissole *f*.

rite [rait] rite *m*; **rit·u·al** ['ritjuəl] **1.** □ rituel(le *f*); **2.** rites *m/pl.*: *livre*: rituel *m*.

ri·val ['raivl] **1.** rival(e *f*) *m*; émule *mf*; concurrent(e *f*) *m*; **2.** rival(e *f*); -aux *m/pl.*); ✝ concurrent; **3.** *vt/i.* rivaliser (avec); *v/t.* être l'émule de; **'ri·val·ry** rivalité *f*; concurrence *f*; émulation *f*.

rive [raiv] [*irr.*] (se) fendre.

riv·en ['rivn] *p.p* de rive.

riv·er ['rivə] fleuve *m*; rivière *f*; *fig.* flot *m*; ~ *basin* bassin *m* fluvial; **'~·bank** rive *f*; **'~·bed** lit *m* de rivière; **'~·horse** hippopotame *m*; **'~·side** rive *f*; bord *m* de l'eau; *attr.* situé au bord de la rivière.

riv·et ['rivit] **1.** ⊕ rivet *m*; rive(te)r; *fig.* fixer, river (à, *to*; sur, [*up*]*on*); **'riv·et·ing** à river.

riv·u·let ['rivjulit] ruisseau *m*.

roach *icht.* [routʃ] gardon *m*.

road [roud] route *f*; rue *f*; chemin *m* (*a. fig.*); voie *f* (*a. fig.*); *Am. see* railroad 1; ~ *map* carte *f* routière; ~ *works* travaux *m/pl.*; *by* ~ par route; *en auto* (*personne*); ♣ *usu.* ~s *pl.* (*a.* **'~·stead**) rade *f*; *on the* ~ en route; *To hit the* ~ se mettre en route; **'~·house** relais *m*, hostellerie *f*; ~ *hog mot.* chauffard *m*; **'~·man**, **'~·mend·er** cantonnier *m*; **'~·race** course *f* sur route; **'~·sense** *surt. mot.* sens *m* pratique de la conduite sur route; **'road·ster** ['~stə] cheval *m* de fatigue; *mot. etc.* voiture *f ou* bicyclette *f* de route; **'road·way** chaussée *f*; voie *f*; **'road·wor·thy** en état de marche (*voiture*).

roam [roum] *v/i.* errer, rôder; *v/t.* parcourir; **'roam·er** vagabond *m*; nomade *m*.

roan [roun] **1.** rouan(ne *f*); **2.** (*cheval m*) rouan *m*; vache *f* rouanne; ⊕ basane *f*.

roar [rɔ:] **1.** *vt/i.* hurler, vociférer; *v/i.* rugir; mugir (*mer*, *taureau*);

tonner, gronder; ronfler (*auto*, *feu*); *v/t.* beugler (*un refrain*); **2.** hurlement *m*; rugissement *m*; éclat *m* (*de rires*); mugissement *m*, grondement *m*; **roar·ing** ['~riŋ] **1.** *see* roar 2; **2.** □ rugissant; mugissant; grondant; ✝ gros(se *f*); F superbe.

roast [roust] **1.** *v/t.* (faire) rôtir; brûler; passer un savon à (*q.*); *v/i.* rôtir; *vt/i.* griller; **2.** rôti; ~ *beef* rôti *m* de bœuf, rosbif *m*; ~ *meat* viande *f* rôtie; *see rule 2*; **'roast·er** *personne*: rôtisseur (-euse *f*) *m*; *cuis.* rôtisoire *f*; volaille *f* à rôtir; **'roast·ing-jack** tournebroche *m*.

rob [rɔb] voler; **'rob·ber** voleur (-euse *f*) *m*; **'rob·ber·y** vol *m*.

robe [roub] **1.** robe *f* (*d'office, de cérémonie,* ⚖); vêtement *m*, maillot *m* anglais (*pour bébés*); ~s *pl.* robe *f*, -s *f/pl.*; *gentlemen of the* ~ gens *m/pl.* de robe; **2.** *v/t.* revêtir (*q.*) d'une robe (*ou univ.* de sa toge); *fig.* recouvrir; *v/i.* revêtir sa robe *ou* toge.

rob·in *orn.* ['rɔbin] rouge-gorge *m* (*pl.* rouges-gorges) *m*.

ro·bot ['roubɔt] automate *m*; *attr.* automatique.

ro·bust □ [rə'bʌst] robuste, vigoureux (-euse *f*); **ro'bust·ness** nature *f ou* caractère *m* robuste; vigueur *f*.

rock¹ [rɔk] rocher *m*; roc *m*; roche *f*; *Am.* pierre *f*, diamant *m*; *get down to* ~ *bottom* être au plus bas; *toucher le fin fond*; **'~·crystal** cristal *m* de roche; **'~·salt** sel *m* gemme.

rock² [~] *v/t.* bercer; basculer; *v/i.* osciller; *vt/i.* balancer.

rock-bot·tom F ['rɔk'bɔtəm] le plus bas (*prix*).

rock·er ['rɔkə] berceau *etc.*: bascule *f*; *see rocking-chair*; *sl. be off one's* ~ être un peu toqué. [rocaille.\

rock·er·y ['rɔkəri] jardin *m* de]

rock·et¹ ['rɔkit] **1.** fusée *f*; ~ *plane* avion-fusée (*pl.* avions-fusées) *m*; ~ *propulsion* propulsion *f* par fusée; **2.** passer en trombe; (*a.* ~ *up*) monter en flèche.

rock·et² ♥ [~] roquette *f*.

rock·et...: **'~·launch·ing site** base *f* de lancement (*de fusées*); **'~·pow·ered** propulsé par réaction.

rock...: **'~·fall** éboulement *m* de rocher; **'~·gar·den** jardin *m* de rocaille.

rock·ing... ['rɔkiŋ]: '~-**chair** rocking-chair m; '~-**horse** cheval m à bascule.

rock·y ['rɔki] rocailleux (-euse f); rocheux (-euse f); de roche.

ro·co·co [rə'koukou] rococo inv. (a. su./m).

rod [rɔd] verge f; baguette f; rideau, escalier: tringle f; ⊕ tige f; surv. mire f; mesure: perche f ($5^1/_2$ yards); Am. sl. revolver m, pistolet m; Black ♀ Huissier m de la Verge noire (haut fonctionnaire de la Chambre des Lords et de l'Ordre de la Jarretière).

rode [roud] prét. de ride 2.

ro·dent ['roudənt] rongeur m.

ro·de·o Am. [rou'deiou] rassemblement m du bétail; concours m d'équitation (des cowboys).

rod·o·mon·tade [rɔdəmɔn'teid] rodomontade f.

roe¹ [rou] (a. hard ~) œufs m/pl. (de poisson); soft ~ laite f, laitance f.

roe² [~] chevreuil m, chevrette f; '~-**buck** chevreuil m (mâle).

ro·ga·tion eccl. [rou'geiʃn] Rogation f; ♀ Sunday dimanche m des Rogations.

rogue [roug] fripon(ne f) m; coquin (-e f) m; éléphant: solitaire m; '~s' gallery musée m ou album m de portraits ou photos de criminels; '**ro·guer·y** fourberie f; coquinerie f; '**ro·guish** □ coquin; fripon(ne f) (a. fig.).

roist·er ['rɔistə] faire du tapage; '**roist·er·er** tapageur (-euse f) m; fêtard(e f) m.

role théâ. [roul] rôle m (a. fig.).

roll [roul] **1.** ⊕, tex., étoffe, papier, tabac: rouleau m; ⊕ a. cylindre m; † étoffe: pièce f; Am. billets: liasse f; typ., phot. bobine f; admin. contrôle m; beurre: coquille f; petit pain m; tambour, tonnerre: roulement m; ♣ (coup m de) roulis m; **2.** v/t. rouler; cylindrer; ⊕ laminer; ~ out étendre (la pâte); ~ up (en)rouler; ⊕ ~ed gold doublé m; v/i. rouler; couler (larmes); gronder (tonnerre); ♣ rouler, avoir du roulis; ~ up s'enrouler; F arriver; '~-**call** appel m (nominal) (a. ✕); '**roll·er** rouleau m; cylindre m; tex., papier: calandre f; ♣ (usu. ~ bandage) bande f roulée; ♣ lame f de houle; Am. ~ coaster montagnes f/pl. russes; ~

towel essuie-mains m/inv. à rouleau; '**roll·er-skate 1.** patiner sur roulettes; **2.** patin m à roulettes; '**roll·film** phot. pellicule f en bobine.

rol·lick ['rɔlik] faire la bombe; rigoler; '**rol·lick·ing** joyeux (-euse f); rigoleur (-euse f).

roll·ing ['roulin] **1.** roulant; ♣ houleux (-euse f); ondulé; ⊕ de laminage; **2.** roulement m; ⊕ laminage m; ~pin rouleau m (à pâtisserie); ⊕ ~ mill usine f de laminage; laminoir m; typ. ~ press presse f à cylindres; '~-**stock** matériel m roulant.

roll...: '~-**neck** col m roulé; '~-**top desk** bureau m américain ou à cylindre.

ro·ly-po·ly ['rouli'pouli] **1.** pouding m en rouleau aux confitures; **2.** F boulot(te f).

Ro·man ['roumən] **1.** romain; **2.** Romain(e f) m; typ. (usu. ♀) (caractère m) romain m; ~'**Cath·o·lic** catholique m/f, adj.

ro·mance [rə'mæns] **1.** † roman m; conte m bleu; fig. fable f; ♪ romance f; fig. affaire f, amour m; romanesque m; ling. ♀ roman m, langue f romane; **2.** fig. inventer à plaisir; **3.** ling. ♀ roman; **ro'manc·er** † romancier (-ère f) m; brodeur (-euse f) m; menteur (-euse f) m.

Ro·man·esque [roumə'nesk] roman (a. su./m).

Ro·man·ic [rou'mænik] romain; ling. roman; surt. ~ peoples pl. Romains m/pl.

ro·man·tic [rə'mæntik] **1.** (~ally) romantique; **2.** (usu. **ro'man·ti·cist** [~tisist]) romantique m/f; **ro'man·ti·cism** romantisme m; idées f/pl. romanesques.

Ro·ma·ny ['roumənі] **1.** romanichel(le f) m; ling. le romanichel; **2.** de bohémien.

Rom·ish usu. péj. ['roumiʃ] catholique.

romp [rɔmp] **1.** gambades f/pl.; enfant mf turbulent(e f); gamine f; **2.** s'ébattre; F ~ home gagner haut la main; '**romp·ers** pl. barboteuse f (pour enfants).

rönt·gen·ize ['rɔntgənaiz] radiographier.

rönt·gen·o·gram ['rɔntgenəgræm] radiogramme m; **rönt·gen·og·ra·phy** [~gə'nɔgrəfi] radiographie f;

rönt·gen·ol·o·gist [˷ˈɔlədʒist] radiographe *m*; **rönt·gen'ol·o·gy** [˷ˈɔlədʒi] radiologie *f*; **rönt·gen'os·co·py** [˷ˈskɒpi] radioscopie *f*.

rood [ruːd] crucifix *m*; *mesure*: quart *m* d'arpent *(10,117 ares)*; **'~-screen** △ jubé *m*.

roof [ruːf] **1.** toit(ure *f*) *m*; voûte *f*; *mot.* ~ **rack** galerie *f*; ~ **of the mouth** (dôme *m* du) palais *m*; **2.** *(souv. ~ in ou over)* recouvrir d'un toit; **'roof·ing** toiture *f*; pose *f* de la toiture; *attr.* de toits; ~ **felt** carton-pierre *m (pl.* cartons-pierres).

rook[1] [ruk] **1.** *orn.* freux *m*; *fig.* escroc *m*; **2.** refaire (*q.*); filouter (son argent à *q.*, *s.o. of his money*).

rook[2] [~] échecs: tour *f*.

rook·er·y ['rukəri] colonie *f* de freux; *fig.* colonie *f*, rookerie *f*.

rook·ie *sl.* ['ruki] ✕ recrue *f*, bleu *m*; *fig.* débutant *m*.

room [rum] pièce *f*; salle *f*; *(a.* bed~) chambre *f*; place *f*, espace *m*; *fig.* lieu *m*; ~s *pl.* appartement *m*; ~ **and board** pension *f* (complète); *in my* ~ à ma place; *make* ~ faire place (à, *for*); **~-roomed** [rumd] de ... pièces; **'room·er** *surt. Am.* sous-locataire *mf*; **'room·ing-house** *surt. Am.* hôtel *m* garni, maison *f* meublée; **'room·mate** compagnon *m* (compagne *f*) de chambre; **'room·y** □ spacieux (-euse *f*); ample.

roor·back *Am.* ['ruːrbæk] fausse nouvelle *f* (répandue pour nuire à un parti politique).

roost [ruːst] **1.** juchoir *m*, perchoir *m*; *see rule 2*; **2.** se jucher, se percher pour la nuit; **'roost·er** coq *m*.

root[1] [ruːt] **1.** racine *f (a.* ⟨A⟩, *anat., ling.)*; *fig.* source *f*; ♪ base *f*; *take* ~, *strike* ~ prendre racine; ~**idea** idée *f* fondamentale; **2.** (s')enraciner; ~ **out** arracher; *fig.* extirper; **'root·ed** enraciné *(a. fig.)*; *fig. (a.* ~ **in**) fondé sur.

root[2] [~] *v/t.* fouiller; *(a.* ~ **up**) trouver en fouillant; *fig.* ~ **out**, ~ **up** dénicher; *v/i.* fouiller avec le groin; *Am. sl.* ~ **for** appuyer; encourager par des cris; **'root·er** *Am. sl.* spectateur *m etc.* qui encourage par des cris; fanatique *mf* (de, *for*).

root·let ['ruːtlit] petite racine *f*.

rope [roup] **1.** corde *f (a. à pendre un criminel)*; cordage *m*; câble *m* (métallique); *perles*: grand collier *m*; *sonnette*: cordon *m*; *Am. sl.* cigare *m* bon marché; *alp. on the* ~ en cordée; *alp.* ~ **team** cordée *f*; *F be at the end of one's* ~ être à *ou* au bout de ses ressources; *know the* ~s connaître son affaire; *show s.o. the* ~s mettre *q.* au courant; **2.** *v/t.* corder; *(usu.* ~ **in** *ou* **off** *ou* **out**) entourer de cordes; *Am.* prendre au lasso; *alp.* encorder; ~ **down** immobiliser au moyen d'une corde; *v/i.* devenir graisseux (-euse *f*); **'~-danc·er** funambule *mf*; **'~-lad·der** échelle *f* de corde; **'~-mak·er** cordier *m*; **'rop·er·y** corderie *f*; **'rope-walk** corderie *f*.

rop·i·ness ['roupinis] viscosité *f*; graisse *f*; **'rop·y** visqueux (-euse *f*); gras(se *f*), graisseux (-euse *f*).

ro·sa·ry ['rouzəri] *eccl.* rosaire *m*; chapelet *m*; ♀ roseraie *f*.

rose[1] [rouz] ♀ *couleur*: rose *m (a. adj.)*; rosette *f (chapeau etc.)*; △, ⚓, *fenêtre*: rosace *f*; *arrosoir*: pomme *f*.

rose[2] [~] *prét. de rise 2.*

ro·se·ate ['rouziit] rosé.

rose ...: **'~-bud** bouton *m* de rose; **'~-bush** rosier *m*; **'~-col·o(u)red** rose, couleur de rose *inv.*; *see things (ou the world) through* ~ **glasses** *(ou spectacles)* voir tout ou la vie en rose; **'~-hip** gratte-cul *inv.*; **~-mar·y** ['rouzməri] romarin *m*.

ro·se·ry ['rouzəri] roseraie *f*.

ro·sette [rou'zet] rosette *f*; *ruban*: chou (*pl.* -x) *m*.

ros·in ['rozin] **1.** colophane *f*; **2.** frotter de colophane.

ros·ter ✕ ['rostə] tableau *m* de service; liste *f*.

ros·trum ['rostrəm] tribune *f*.

ros·y □ ['rouzi] (de) rose; vermeil (-le *f*) *(teint)*.

rot [rot] **1.** pourriture *f*; ✿ carie *f*; *fig.* démoralisation *f*; *sl.* blague *f*; **2.** *v/t.* (faire) pourrir; *sl.* railler, blaguer (*q.*); gâcher *(un projet)*; *v/i.* (se) pourrir; se décomposer.

ro·ta·ry ['routəri] rotatoire, rotatif (-ive *f*; de rotation); ⊕ ~ **press** rotative *f*; ⚡ ~ **switch** commutateur *m* rotatif; **ro·tate** [rou'teit] (faire) tourner; (faire) basculer; *v/t.* alterner *(les cultures)*; **ro'ta·tion** rotation *f*; basculage *m*; *fig.* succession *f* tour à tour; *fig.* roulement m; ♂ ~ of *crops* assolement m; **ro-ta·to·ry** ['ˌrɔtətəri] *see* rotary; ~ **door** (ou **gate**) porte f tournante; ~ **stage** plateau m tournant.

rote [rout] routine f; by ~ par cœur, mécaniquement.

ro·tor ['routə] ⊕, ⚡, ✈ hélicoptère: rotor m.

rot·ten □ ['rɔtn] pourri (a. *fig.*); gâté; 🦷 carié; *sl.* moche, sale, mauvais; '**rot·ten·ness** (état m de) pourriture f.

rot·ter *sl.* ['rɔtə] sale type m.

ro·tund □ [rou'tʌnd] rond, arrondi; ampoulé (*style*); **ro'tun·da** ⌂ [~də] rotonde f; **ro'tun·di·ty** rondeur f; *style*: grandiloquence f.

rou·ble ['ru:bl] rouble m.

rouge [ru:ʒ] **1.** rouge m, fard m; **2.** (se) farder; mettre du rouge.

rough [rʌf] **1.** □ rude (*chemin, parler, peau, surface, vin, voix*); rêche, rugueux (-euse f) (*peau, surface, voix*); grossier (-ère f); dépoli (*verre*); inégal (-aux m/pl.) (*terrain*); brutal (-aux m/pl.), violent; fruste (*conduite, style*); agité (*mer*); âpre (*vin*); ⊕ brut; approximatif (-ive f); ~ **draft** brouillon m; ~ **and ready** exécuté grossièrement; *fig.* de fortune; *fig.* primitif (-ive f); sans façon (*personne*); be ~ on s.o. *évènement etc.*: être un coup dur pour q.; be ~ with s.o., give s.o. a ~ time (of it) être dur ave q.; cut up ~ réagir avec violence; **2.** état m brut; terrain m accidenté; *golf*: herbe f longue; *personne*: voyou m; **3.** ébourriffer; (faire) aciérer les fers (*d'un cheval*); ~ it vivre à la dure; '**rough·age** détritus m/pl.; '**rough·cast 1.** ⊕ pièce f brute de fonderie; **2.** ⌂ crépi; ⊕ brut de fonte; **3.** ⊕ crépir (*un mur*); *fig.* ébaucher (*un plan*); '**rough·en** rendre *ou* devenir rude *etc.*

rough...: ~**hewn** ['~'hju:n] taillé à coups de hache; dégrossi; *fig.* ébauché; ~ **house** *sl.* chahut m; '~**house** v/i. chahuter; v/t. malmener; '~**neck** *Am. sl.* canaille f, voyou m; '**rough·ness** rudesse f; rugosité f; grossièreté f; '**rough·rid·er** dresseur m de chevaux; F casse-cou m/inv.; ✕ *hist.* cavalier m d'un corps irrégulier; '**rough·shod**: ride ~ over fouler (q.) aux pieds; traiter cavalièrement.

Rou·ma·ni·a(n) *see* Rumania(n).

round [raund] **1.** □ rond (*a. fig.*); circulaire; plein; gros(se f) (*juron etc.*); voûté (*épaules*); ~ **game** jeu m en commun; ~ **hand** (écriture f) ronde f; ~ **trip** aller m et retour m; **2.** *adv.* (tout) autour; (*souv.* ~ **about**) à l'entour; all ~ tout autour; tout à l'entour; *fig.* dans l'ensemble; sans exception; all the year ~ (pendant) toute l'année; 10 inches ~ dix pouces de tour; **3.** *prp.* (*souv.* ~ **about**) autour de; vers (*trois heures*); environ; go ~ the shops faire le tour des magasins; **4.** *su.* cercle m, rond m (a. ⌂); cartes, tennis, voyage, etc.: tour m; bière, facteur, médecin: tournée f; ✕ ronde f (*d'un officier*); sp. circuit m; box. round m; *fig.* train m; ✕ fusillade f, *fig.* applaudissements: salve f; ✕ munitions: cartouche f; ♪ canon m; ✕ 100 ~s cent cartouches; **5.** (s')arrondir; contourner (*une colline, un obstacle*); ♣ doubler (*un cap*); ~ **off** arrondir; *fig.* achever; F ~ **on** dénoncer (q.); ~ **up** rassembler; rafler (*des voleurs*).

round·a·bout ['raundəbaut] **1.** indirect, détourné; ~ **system** (of *traffic*) sens m giratoire; **2.** détour m; clôture f circulaire; carrousel m; *mot.* F sens m gyro.

roun·del ['raundl] rondeau m; ♪ ronde f; **roun·de·lay** ['~dilei] chanson f à refrain; *danse*: ronde f.

round·ers ['raundəz] *pl.* balle f au camp; '**round·head** *hist.* tête f ronde; '**round·ish** presque rond; '**round·ness** rondeur f; '**rounds·man** † ['~zmən] livreur m; '**round·ta·ble con·fer·ence** réunion f paritaire; '**round·up** rassemblement m; rafle f (*de voleurs etc.*).

roup *vét.* [ru:p] diphtérie f des poules.

rouse [rauz] v/t. (a. ~ **up**) (r)éveiller; faire lever (*le gibier*); susciter; mettre en colère; remuer; v/i. se réveiller; (a. ~ **o.s.**) se secouer; '**rous·ing** qui excite; enlevant (*discours*); chaleureux (-euse f) (*applaudissements*).

roust·a·bout *Am.* ['raustə'baut] débardeur m; manœuvre m.

rout[1] [raut] bande f; ⚖ attroupement m; a. *see* riot 1; † soirée f.

rout² [~] **1.** ✕ déroute f; débandade f; *put to* ~ = **2.** mettre en déroute.
rout³ [~] *see* root².

route [ru:t] ✕ raut] route f (a. ✕); itinéraire m; '~-**march** marche f d'entraînement.

rou·tine [ru:'ti:n] **1.** routine f; ✕, ⚓ emploi m du temps; *fig.* train-train m (journalier); **2.** courant; ordinaire.

rove [rouv] *v/i.* rôder; vagabonder, errer; *v/t.* parcourir; '**rov·er** coureur m, vagabond m; éclaireur m.

row¹ [rou] rang m (a. théâ.), rangée f; file f (de voitures); ligne f (de maisons etc.); *Am.* a hard ~ to hoe une tâche f difficile.

row² [~] **1.** ramer; faire du canotage; **2.** promenade f en canot.

row³ F [rau] **1.** vacarme m, tapage m; chahut m; dispute f, rixe f; F réprimande f; *what's the* ~? qu'est-ce qui se passe?; **2.** *v/t.* semoncer (q.); *v/i.* se quereller (avec, with).

row·an ⚘ ['rauən] sorbier m commun; '~·**ber·ry** sorbe f.

row-boat ['roubout] bateau m à rames, canot m.

row·dy ['raudi] **1.** chahuteur m, voyou m; **2.** tapageur (-euse f).

row·el ['rauəl] **1.** molette f (d'éperon); **2.** éperonner.

row·er ['rouə] rameur (-euse f) m.

row·house *Am.* ['rauhaus] maison f attenante aux maisons voisines.

row·ing-boat ['rouiŋbout] *see* row-boat.

row·lock ⚓ ['rɔlək] tolet m, dame f.

roy·al ['rɔiəl] **1.** □ royal (-aux m/pl.); *fig.* princier (-ère f); **2.** ⚓ cacatois m; (a. ~ stag) cerf m à douze andouillers; F the ~s pl. la famille f royale; '**roy·al·ism** royalisme m; '**roy·al·ist** royaliste (a. su./mf); '**roy·al·ty** royauté f; personnage m royal; royalties pl. droits m/pl. d'auteur; redevance f (à un inventeur).

rub [rʌb] **1.** frottement m; friction f; coup m de torchon; F there is the ~, c'est là le diable; **2.** *v/t.* frotter; frictionner; ~ down frictionner; ⊕ adoucir; panser (un cheval); ~ in frictionner (q. à qch.); F don't ~ it in! n'insiste(z) pas!; ~ off enlever par le frottement; ~ out effacer; ~ up astiquer; faire reluire; rafraîchir sa mémoire de; *v/i.* (personne: se)

frotter (contre against, on); *fig.* ~ along (ou on ou through) se débrouiller.

rub-a-dub ['rʌbədʌb] tambour: rataplan m.

rub·ber ['rʌbə] caoutchouc m; gomme f à effacer; *personne:* frotteur (-euse f) m; ⊕ frottoir m; torchon m; ⊕ (a. ~ file) carreau m; *cartes:* robre m; *Am.* ~s pl. caoutchoucs m/pl.; *attr.* de ou en caoutchouc; à gomme (arbre); *Am. sl.* ~ check chèque m sans provision; ~ solution dissolution f de caoutchouc; '~·**neck** *Am. sl.* **1.** badaud(e f) m; touriste mf; **2.** badauder; ~ stamp timbre m (en) caoutchouc; tampon m; *fig. Am.* F fonctionnaire m qui exécute aveuglément les ordres de ses supérieurs.

rub·bish ['rʌbiʃ] *Brit.* ordures f/pl.; immondices f/pl., détritus m/pl.; ⊕ rebuts m/pl.; *fig.* fatras m; *fig.* camelote f; *fig.* bêtises f/pl.; carreau m; ~ bin poubelle f; *Brit.* ~ chute vide-ordures m/inv.; *Brit.* ~ dump décharge f, dépotoir m; *Brit.* ~ heap monceau m de détritus, tas m d'ordures. '**rub·bish·y** sans valeur; de camelote.

rub·ble ['rʌbl] moellons m/pl. (bruts); (a. ~-work) moellonage m.

rube *Am. sl.* [ru:b] croquant m; nigaud m.

ru·be·fa·cient 🔬 [ru:bi'feiʃiənt] rubéfiant (a. su./m).

ru·bi·cund ['ru:bikənd] rubicond, rougeaud.

ru·bric *typ., eccl.* ['ru:brik] rubrique f; **ru·bri·cate** ['~keit] rubriquer.

ru·by ['ru:bi] **1.** *min.* rubis m; couleur f de rubis; *typ.* corps m 5¹⁄₂; **2.** rouge, vermeil(le f).

ruck [rʌk] *courses:* the ~ les coureurs m/pl.; *fig.* le commun m (du peuple); *cost.* fronçure f.

ruck(·le) ['rʌk(l)] (se) froisser; *v/i.* se friser; goder.

ruck·sack ['ruksæk] sac m à dos.

ruc·tion *sl.* ['rʌkʃn] bagarre f, scène f.

rud·der ⚓, a. 🔬 ['rʌdə] gouvernail m.

rud·di·ness ['rʌdinis] rougeur f; coloration f du teint; **rud·dle** ['rʌdl] **1.** ocre f rouge; **2.** marquer ou passer (qch.) à l'ocre rouge; '**rud·dy** rouge; rougeâtre; coloré (teint); *sl.* sacré.

rude □ [ru:d] primitif (-ive *f*) (*dessin, outil, peuple, temps, etc.*); grossier (-ère *f*) (*langage, méthode, outil, personne*); rudimentaire; fruste (*style etc.*); *fig.* violent; mal élevé, impoli (*personne*); ⊕ brut (*minerai*); robuste (*santé*).

ru·di·ment *biol.* ['ru:dimənt] rudiment *m* (de, of) (*a. fig.*); ∼s *pl. a.* éléments *m/pl.*; **ru·di·men·ta·ry** [∼'mentəri] rudimentaire.

rue¹ ♀ [ru:] rue *f*.

rue² [∼] se repentir de, regretter amèrement.

rue·ful □ ['ru:ful] triste, lugubre; **'rue·ful·ness** tristesse *f*; air *m* triste *ou* lugubre; ton *m* triste.

ruff¹ [rʌf] fraise *f*, collerette *f*; *orn.*, *zo.* collier *m*, cravate *f*; *orn.* pigeon *m* à cravate; *orn.* paon *m* de mer.

ruff² [∼] *whist:* **1.** coupe *f*; **2.** couper (*avec un atout*).

ruf·fi·an ['rʌfjən] bandit *m*, apache *m*; F enfant: polisson *m*; **'ruf·fi·an·ly** de bandit, de brute; brutal (-aux *m/pl.*).

ruf·fle ['rʌfl] **1.** manchette *f* en dentelle; ride *f/pl.* (*sur l'eau*); *fig.* ennui *m*; agitation *f*; ∼ *collar* fraise *f*; **2.** *v/t.* ébouriffer; agiter; hérisser (*les plumes*); irriter, froisser (*q.*); *cost.* rucher; plisser; froisser (*une robe*); *v/i.* s'ébouriffer; s'agiter; se hérisser (*oiseau*).

rug [rʌg] couverture *f*; (*a. floor* ∼) carpette *f*; descente *f* de lit.

Rug·by (**foot·ball**) ['rʌgbi ('futbɔ:l)] le rugby *m*.

rug·ged □ ['rʌgid] raboteux (-euse *f*) (*terrain, style*); rugueux (-euse *f*); rude (*traits, tempérament*); **'rug·ged·ness** nature *f* raboteuse; rudesse *f*.

ru·in ['ru:in] **1.** ruine *f*; *usu.* ∼s *pl.* ruine *f*, -s *f/pl.*; *lay in* ∼s détruire de fond en comble; **2.** ruiner; abîmer; gâcher; séduire (*une femme*); **ru·in·a·tion** F ruine *f*, perte *f*; **ru·in·ous** □ délabré, en ruines; *fig.* ruineux (-euse *f*) (*dépenses etc.*).

rule [ru:l] **1.** règle *f* (*a. eccl.*); règlement *m*; (*a. standing* ∼) règle *f* fixe; empire *m*, autorité *f*; ⟨⟩ ordonnance *f*, décision *f*; ⊕ mètre *m*; *typ.* filet *m*; *as a* ∼ en règle générale; ⟨⟩∼(s) *of court* directive *f* de procédure; décision *f* du tribunal;

mot. ∼ *of the road code m* de la route; ∼s *règles f/pl.* de route; ⟨⟩ ∼ *of three* règle *f* de trois; ∼ *of thumb* méthode *f* empirique; procédé *m* mécanique; *make it a* ∼ se faire une règle (de *inf.*, to *inf.*); *work to* ∼ faire la grève du règlement; **2.** *v/t.* gouverner; (*a.* ∼ *over*) régner sur; commander à; ⟨⟩ décider, déclarer; régler (*du papier*) tracer à la règle (*une ligne*); ∼ *the roost* (*ou roast*) être le maître; ∼ *out* rayer; éliminer; *v/i.* régner; ♦ rester, se pratiquer (*prix*); **'rul·er** souverain(e *f*) *m*; règle *f*, mètre *m*; **'rul·ing 1.** *surt.* ⟨⟩ ordonnance *f*, décision *f*; **2.** ♦ ∼ *price* prix *m* du jour.

rum¹ [rʌm] rhum *m*; *Am.* spiritueux *m*.

rum² *sl.* [∼] □ bizarre.

Ru·ma·nian [ru:'meinjən] **1.** roumain; **2.** *ling.* roumain *m*; Roumain(e *f*) *m*.

rum·ble¹ ['rʌmbl] **1.** roulement *m*; tonnerre: grondement *m*; grouillement *m*; *surt. mot.* siège *m* de derrière; (*Am.* ∼-*seat*) spider *m*; *Am.* F bagarre *f* entre deux bandes d'adolescents; **2.** rouler; gronder (*tonnerre*); grouiller (*ventre*).

rum·ble² *sl.* [∼] pénétrer les intentions de (*q.*) *ou* le secret de (*qch.*).

rum·bus·tious □ F [rʌm'bʌstiəs] exubérant.

ru·mi·nant ['ru:minənt] ruminant (*a. su./m*); **ru·mi·nate** ['∼neit] ruminer (*a. fig.*); *fig. a.* méditer; **ru·mi·na·tion** rumination *f*; méditation *f*.

rum·mage ['rʌmidʒ] **1.** fouille *f*, recherches *f/pl.*; ♦ (*usu.* ∼ *goods pl.*) choses *f/pl.* de rebut; ∼ *sale* vente *f* d'objets usagés; **2.** *v/t.* (*far*)fouiller; *v/i.* fouiller (*pour* trouver, for). [Rhin.⟩

rum·mer ['rʌmə] verre *m* à vin du⟩

rum·my¹ *sl.* [∼] □ ['rʌmi] bizarre.

rum·my² [∼] sorte de jeu de cartes.

ru·mo(u)r ['ru:mə] **1.** rumeur *f*, bruit *m*; **2.** répandre (*une nouvelle*); *it is* ∼*ed that* le bruit court que; '∼-**mon·ger** colporteur *m* de faux bruits.

rump *anat.* [rʌmp] croupe *f*, *orn.* croupion *m* (*a.* F *co. d'un homme*); *cuis.* culotte *f* (*de bœuf*).

rum·ple ['rʌmpl] *v/t.* froisser, chiffonner; *fig.* contrarier, vexer.

rump·steak [ˈrʌmpsteik] romsteck *m*.

rum·pus F [ˈrʌmpəs] chahut *m*; fracas *m*; *Am.* ∼ *room* salle *f* de jeux.

rum-run·ner *Am.* [ˈrʌmˌrʌnə] contrebandier *m* de spiritueux.

run [rʌn] **1.** [*irr.*] *v/i.* courir (*personne, animal, bruit, sp.,* ⚓, *fig., etc.*); *mot.* aller, rouler, marcher (*a.* ⊕); ⚓ faire route; ⚓ faire la traversée; 🚂 faire le service (*entre Londres et la côte, between London and the coast*); ⊕ fonctionner, être en marche; ⊕ tourner (*roue*); remonter les rivières (*saumon*); (s'en)fuir, se sauver; s'écouler (*temps*); couler (*rivière, plume,* ⊕ *pièce, a. couleur au lavage*); s'étendre (*encre, tache*); ⚕ suppurer (*ulcère*); *théâ.* tenir l'affiche, se jouer; se démailler (*bas*); *journ.Am.* paraître (*annonce*); ∼ *across s.o.* rencontrer q. par hasard; ∼ *after* courir après; ∼ *away* s'enfuir, *fig.* enlever (*q., with s.o.*); ∼ *down* descendre en courant; s'arrêter (*montre etc.*); *fig.* décliner; ∼ *dry* se dessécher, s'épuiser; F ∼ *for* courir après; *parl.* se porter candidat à *ou* pour; ∼ *high* être gros(se *f*) (*mer*); s'échauffer (*sentiments*); *that* ∼*s in the blood* (*ou family*) cela tient de famille; ∼ *into* tomber dans; entrer en collision avec; rencontrer (*q.*) par hasard; s'élever à; ∼ *low* s'abaisser; ∼ *mad* perdre la tête; ∼ *off* (s'en)fuir; ∼ *on* continuer sa course; s'écouler (*temps*); suivre son cours; continuer à parler; ∼ *out* sortir en courant; couler; s'épuiser; *I have* ∼ *out of tobacco* je n'ai plus de tabac; ∼ *over* parcourir; passer en revue; écraser (*q.*); ∼ *short of* venir à bout de (*qch.*); ∼ *through* traverser (*en courant*); parcourir du regard; dissiper (*une fortune*); ∼ *to* se monter à, s'élever à; être de l'ordre de; F durer; F être suffisant pour (*inf.*); ∼ *up* monter en courant; accourir; s'élever (*somme*); ∼ *up to* s'élever à; ∼ *(up)on* se ruer sur; rencontrer par hasard; ∼ *with* ruisseler de; **2.** [*irr.*] *v/t.* courir (*une distance, une course*); mettre au galop (*un cheval*); *équit.* faire courir; chasser (*un renard*); diriger (*un navire, un train*) (*sur, to*); assurer le service de (*un navire, un autobus*); ⊕ faire fonc-

tionner; ⊕ couler, jeter (*du métal*); *fig.* entretenir (*une auto*); avoir (*une ligne, la fièvre*); diriger (*affaire, ferme, hôtel, magasin, théâtre, etc.*); tenir (*hôtel, magasin, ménage*); éditer (*un journal etc.*); exploiter (*une usine*); (faire) passer; tracer (*une ligne*); ✝ vendre; F appuyer (*un candidat*); ∼ *the blockade* forcer le blocus; ∼ *down* renverser (*q.*); *mot.* écraser (*q.*); ⚓ couler; *fig.* dénigrer, éreinter; F attraper, dépister; be ∼ *down* être à plat; être épuisé; ∼ *errands* faire des courses *ou* commissions; ∼ *s.o. hard* presser q.; ∼ *in mot. etc.* roder; F arrêter (*un criminel*), conduire au poste (de police); *mot.* s'emboutir contre; ∼ *off* faire écouler (*un liquide*); réciter tout d'une haleine; faire (*qch.*) en moins de rien *ou* à la hâte; ∼ *out* chasser; filer (*une corde*); ∼ *over* passer le corps à, écraser (*q.*); parcourir (*un texte*); ∼ *s.o. through* transpercer q.; ∼ *up* hisser (*un pavillon*); faire monter (*le prix*); bâtir à la va-vite (*un bâtiment*); confectionner à la hâte (*une robe*); laisser grossir (*un compte*); laisser monter (*une dette*); **3.** action *f* de courir; course *f*; *mot.* tour *m*, promenade *f*; ⚓ traversée *f*, parcours *m*; 🚂 trajet *m*; ⊕ marche *f*; *fig.* cours *m*, marche *f*; suite *f*; *théâ.* durée *f*; ♪ roulade *f*; ✝ ruée *f*; descente *f* (*sur,* [*up*]*on*); *Am.* petit ruisseau *m*; *surt. Am.* bas de dames: échelle *f*; ✝ catégorie *f*; *cartes:* séquence *f*; *fig.* libre accès *m*; élan *m*; *the common* ∼ le commun, l'ordinaire; *théâ. a* ∼ *of 50 nights* 50 représentations; ∼ (*up*)*on a bank* descente *f* sur une banque; *be in the* ∼(*ning*) avoir des chances (d'arriver); *in the long* ∼ à la longue, en fin de compte; *in the short* ∼ ne songeant qu'au présent; *on the* ∼ sans le temps de s'asseoir; en fuite.

run...: ∼**·a·bout** *mot.* [ˈrʌnəbaut] voiturette *f*; (*a.* ∼ *car*) petite auto *f*; ∼**·a·way** [ˈrʌnəwei] fugitif (-ive *f*) *m*; cheval *m* emballé.

run-down 1. [rʌnˈdaun] épuisé; surmené; ruiné; délabré; **2.** F [ˈrʌndaun] compte *m* rendu minutieux.

rune [ruːn] rune *f*.

rung[1] [rʌŋ] *p.p.* de *ring*[2] 2.

rung² [ˌ] échelon *m*; *échelle*: traverse *f*.

run·ic [ˈruːnik] runique.

run·in F [ˈrʌnˈin] querelle *f*, altercation *f*.

run·let [ˈrʌnlit], **run·nel** [ˈrʌnl] ruisseau *m*; rigole *f*.

run·ner [ˈrʌnə] coureur (-euse *f*) *m*; ✕ courrier *m*; traîneau: patin *m*; *lit, tiroir, etc.*: coulisseau *m*; ⚓ coulant *m*; ♀ traînée *f* (*du fraisier*); *courses*: partant *m*; ⊕ poulie *f* fixe; ⊕ roue *f* mobile; chariot *m* ou galet *m* de roulement; *métall.* jet *m* (de coulée); **~-up** *sp.* [ˈˌərˈʌp] bon second *m*; deuxième *m*.

run·ning [ˈrʌniŋ] 1. courant; *two days* ~ deux jours de suite; ✕ ~ *fight* combat *m* de retraite; ✕ ~ *fire* feu *m* roulant *ou* continu; ~ *hand* écriture *f* cursive; *sp.* ~ *start* départ *m* lancé; ~ *stitch* point *m* devant; 2. course *f*, -s *f/pl.*; ~ *board* mot., ⊕ marchepied *m*; ⚓ tablier *m*.

run-of-the-mill [rʌnəvðəˈmil] ordinaire; banal (-als *m/pl.*); médiocre.

runt [rʌnt] *zo.* bœuf *m* ou vache *f* de petite race; *fig.* nain *m*.

run-up [ˈrʌnʌp] période *f* préparatoire.

run·way [ˈrʌnwei] ✈ piste *f* d'envol; *chasse*: coulée *f*; ⊕ chemin *m* de roulement.

ru·pee [ruːˈpiː] roupie *f*.

rup·ture [ˈrʌptʃə] 1. rupture *f*; ✚ *a.* hernie *f*; 2. (se) rompre; *be ~d* avoir une hernie.

ru·ral [ˈruərəl] rural (-aux *m/pl.*); champêtre; des champs; **ˈru·ral·ize** *v/t.* rendre rural; *v/i.* vivre à la campagne.

rush¹ ♀ [rʌʃ] jonc *m*.

rush² [ˌ] 1. course *f* précipitée; élan *m*, bond *m*; hâte *f*; bouffée *f* (*d'air*); ✕ bond *m*; ✕, ✚ demande *f* considérable; torrent *m* (*d'eau*); ~ *hours pl.* heures *f/pl.* d'affluence; ✚ coup *m* de feu; ~ *order* commande *f* urgente; 2. *v/i.* se précipiter, s'élancer (sur, *at*); se jeter; ~ *into extremes* se porter aux dernières extrémités; ~ *into print*

publier à la légère; F ~ *to conclusions* conclure trop hâtivement; *v/t.* pousser *etc.* violemment; chasser; faire faire au galop; ✕ prendre d'assaut; *fig.* envahir; dépêcher (*un travail*); exécuter à la hâte *ou* d'urgence; *sl.* faire payer (*qch. à q.*); *parl.* ~ *through* faire passer à la hâte; **ˈrush·ing** □ tumultueux (-euse *f*).

rush·y [ˈrʌʃi] plein de joncs; fait de jonc.

rusk [rʌsk] biscotte *f*.

rus·set [ˈrʌsit] 1. roussâtre; 2. couleur *f* roussâtre; † drap *m* de bure.

Rus·sia leath·er [ˈrʌʃəˈleðə] cuir *m* de Russie; **ˈRus·sian** 1. russe; 2. *ling.* russe *m*; Russe *mf*.

rust [rʌst] 1. rouille *f*; 2. (se) rouiller (*a. fig.*).

rus·tic [ˈrʌstik] 1. (~*ally*) rustique; agreste; paysan(ne *f*); 2. paysan(ne *f*) *m*, campagnard(e *f*) *m*; rustaud(e *f*) *m*; **rus·ti·cate** [ˈˌkeit] *v/t. univ.* renvoyer pendant un temps; *v/i.* habiter la campagne; **rus·ti·ca·tion** vie *f* à la campagne; *univ.* renvoi *m* temporaire; **rus·tic·i·ty** [ˌˈtisiti] rusticité *f*.

rus·tle [ˈrʌsl] 1. (faire) bruire, froufrouter; *v/t. a.* froisser; *Am.* F ramasser, réunir; voler (*du bétail*); 2. bruissement *m*; frou-frou *m*; froissement *m*.

rust...: **ˈ~·less** sans rouille; inoxydable; **ˈ~·ˈproof**, **ˈ~·re·sist·ant** antirouille; inoxydable; **ˈrust·y** rouillé (*a. fig.*); couleur de rouille; rouilleux (-euse *f*).

rut¹ *zo.* [rʌt] 1. rut *m*; 2. être en rut.

rut² [ˌ] ornière *f* (*a. fig.*); *fig. a.* routine *f*.

ruth·less □ [ˈruːθlis] impitoyable; brutal (-aux *m/pl.*) (*acte, vérité*); **ˈruth·less·ness** nature *f* ou caractère *m* impitoyable. [(*chemin*).]

rut·ted [ˈrʌtid] coupé d'ornières.

rut·ting *zo.* [ˈrʌtiŋ] du rut; en rut; ~ *season* saison *f* du rut.

rut·ty [ˈrʌti] coupé d'ornières (*chemin*).

rye [rai] ♀ seigle *m*; *Am. sorte de whisky*.

S

S, s [es] S *m*, s *m*.

sab·bath ['sæbəθ] *bibl.* sabbat *m*; *eccl.* dimanche *m*.

sab·bat·ic, sab·bat·i·cal □ [sə-'bætik(l)] sabbatique; *univ.* sab-batical year année *f* de congé.

sa·ble ['seibl] **1.** *zo.* zibeline *f* (*a. fourrure*); noir *m*; 🛡 sable *m*; **2.** noir; *poét.* de deuil.

sab·o·tage ['sæbətɑ:ʒ] **1.** sabotage *m*; **2.** saboter (*a. fig.*).

sa·bre ['seibə] **1.** sabre *m*; **2.** sabrer; **sa·bre·tache** ✗ ['sæbətæʃ] sabre-tache *f*.

sac·cha·rin(e) ⚗ ['sækərin] saccharine *f*; **sac·cha·rine** ['⌐rain] saccha-rin.

sac·er·do·tal □ [sæsə'doutl] sacer-dotal (-aux *m/pl.*); de prêtre.

sack¹ [sæk] sac *m*; (*a. ~ coat*) vareuse *f* de sport, pardessus *m* sac; F get the ~ recevoir son congé; give s.o. the ~ donner son congé à q.; F hit the ~ se pieuter, aller au pieu (= *se coucher*); **2.** mettre en sac; F congédier (*q.*), mettre (*q.*) à pied.

sack² [⌐] **1.** sac *m*, pillage *m*; **2.** (*a. put to* ~) mettre à sac *ou* au pil-lage.

sack·cloth ['sækklɔ:θ], **'sack·ing** toile *f* à sacs; *sackcloth and ashes* le sac et la cendre; **sack·ful** ['⌐ful] plein sac *m*, sachée *f*.

sac·ra·ment *eccl.* ['sækrəmənt] sa-crement *m*; **sac·ra·men·tal** □ [⌐'mentl] sacramentel(le *f*).

sa·cred □ ['seikrid] sacré; saint (*histoire*); religieux (-euse *f*) (*musi-que etc.*); **'sa·cred·ness** caractère *m* sacré; *serment:* inviolabilité *f*.

sac·ri·fice ['sækrifais] **1.** sacrifice *m*; ✝ at a ~ à perte; **2.** sacrifier; ✝ a. vendre à perte; **'sac·ri·fic·er** sacrificateur (-trice *f*) *m*.

sac·ri·fi·cial [sækri'fiʃl] sacrifica-toire; ✝ à perte (*vente*).

sac·ri·lege ['sækrilidʒ] sacrilège *m*; **sac·ri·le·gious** □ [⌐'lidʒəs] sacri-lège.

sa·crist ['seikrist], **sac·ris·tan** *eccl.* ['sækristən] sacristain *m*.

sac·ris·ty *eccl.* ['sækristi] sacristie *f*.

sad □ [sæd] triste; déplorable; malheureux (-euse *f*); cruel(le *f*); fâcheux (-euse *f*); terne (*couleur*).

sad·den ['sædn] (s')affliger; *v/t.* at-trister.

sad·dle ['sædl] **1.** selle *f*; **2.** (*a. ~ up*) seller; *fig.* charger (*q.* de qch. *s.o. with s.th.*, *s.th. on s.o.*); F encombrer (de, *with*); **'~·backed** ensellé (*che-val*); **'~·bag** sacoche *f* de selle; **'~-cloth** tapis *m* de selle; housse *f* de cheval; **'sad·dler** sellier *m*; *Am.* cheval *m* de selle; **'sad·dler·y** sel-lerie *f*.

sad·ism ['sædizm] sadisme *m*; **'sad·ist** sadique *mf*; **sa·dis·tic** [sæ'distik] sadique; *~ally* avec sadisme.

sad·ness ['sædnis] tristesse *f*, mélan-colie *f*.

sa·fa·ri [sə'fɑ:ri] expédition *f* de chasse.

safe [seif] **1.** □ en sûreté (contre, *from*), à l'abri (de, *from*); sûr; sans risque; hors de danger; *~ and sound* sain et sauf; *be on the ~ side* être du bon côté; **2.** coffre-fort (*pl.* coffres-forts) *m*; ♣ caisse *f* du bord; *cuis.* garde-manger *m/inv.*; *~ deposit* dépôt *m* en coffre-fort; **'~·break·er**, **'~-crack·er** *Am.* crocheteur *m* de cof-fres-forts; **'~-con·duct** sauf-con-duit *m*; **'~·guard 1.** sauvegarde *f*; **2.** sauvegarder, protéger; *~ing duty* tarif *m* de sauvegarde; **'safe·ness** sûreté *f*; sécurité *f*.

safe·ty ['seifti] **1.** sûreté *f*; sécurité *f*; **2.** de sûreté; *~ belt* ceinture *f* de sécurité; *théâ.* *~ curtain* rideau *m* de fer; *~ glass* verre *m* Sécurit (*TM*); *~ island* refuge *m*; *~ lamp* lampe *f* de mineur; *~ match* allumette *f* de sûreté; *~ lock* serrure *f* de sûreté; *~ pin* épingle *f* de nourrice; *~ razor* rasoir *m* de sûreté.

saf·fron ['sæfrən] **1.** safran *m* (*a. couleur*); **2.** safran *inv.*

sag [sæg] 1. fléchir (a. ✝); s'affaisser; ⊕ pencher d'un côté; se relâcher (corde); pendre; 2. affaissement *m* (a. ⊕); ♋ dérive *f*; ✝ baisse *f*.

sa·ga ['sɑːgə] saga *f*.

sa·ga·cious □ [sə'geiʃəs] sagace, avisé, rusé.

sa·gac·i·ty [sə'gæsiti] sagacité *f*.

sage¹ [seidʒ] 1. □ sage, prudent; 2. sage *m*.

sage² ♀ [~] sauge *f*.

Sa·git·tar·i·us *astr.* [sædʒi'tɛəriəs] le Sagittaire *m*.

sa·go ['seigou] sagou *m*.

said [sed] *prét. et p.p. de* **say** 1.

sail [seil] 1. voile *f*, *coll.* toile *f*; promenade *f* à voile; 10 ~ dix navires *m/pl.*; 2. *v/i.* naviguer; faire route; partir; *fig.* planer, voler; *v/t.* naviguer sur; conduire (*un vaisseau*); '~-**boat** canot *m* à voiles; '~-**cloth** toile *f* à voile, canevas *m*; '**sail·er** *bateau:* voilier *m*; '**sail·ing-ship**, '**sail·ing-ves·sel** voilier *m*; navire *m* à voiles; '**sail·or** marin *m*; matelot *m*; *cost.* ~ *blouse* marinière *f*; ~'s *knot* nœud *m* régate; *be a good (bad)* ~ (ne pas) avoir le pied marin; '**sail-plane** planeur *m*.

sain·foin ♀ ['seinfɔin] sainfoin *m*; F éparcette *f*.

saint [seint; *devant npr.* sənt] 1. saint(e *f*) *m*; *the* ~*s pl.* les fidèles *m/pl.* trépassés; *v/t.* canoniser; *v/i.* F ~ (*it*) faire le saint; '**saint·ed** saint; '**saint·li·ness** sainteté *f*; '**saint·ly** *adj.* (de) saint.

sake [seik]: *for the* ~ *of* à cause de; pour l'amour de; dans l'intérêt de; *for my* ~ pour moi, pour me faire plaisir; *for God's* ~ pour l'amour de Dieu.

sal 🜍 [sæl] sel *m*; ~ *ammoniac* sel *m* ammoniac; ~ *volatile* sels *m/pl.* (volatils).

sal·a·ble ['seiləbl] vendable.

sa·la·cious □ [sə'leiʃəs] lubrique.

sal·ad ['sæləd] salade *f*.

sal·a·man·der ['sæləmændə] *zo.* salamandre *f*; *cuis.* couvercle *m* à braiser.

sa·la·me, **sa·la·mi** [sə'lɑːmi] salami *m*.

sal·a·ried ['sælərid] rétribué; aux appointements (*personne*); '**sal·a·ry** 1. traitement *m*, appointements *m/pl.*; 2. payer des appointements

à; '**sal·a·ry-earn·er** salarié(e *f*) *m*.

sale [seil] vente *f* (✝ *de réclame*); (*a. public* ~) vente *f* aux enchères; *for* (*ou on*) ~ en vente; à vendre; *private* ~ vente *f* à l'amiable; '**sale·a·ble** vendable; de vente facile.

sale...: '~-**note** bordereau *m* de vente; '~-**room** salle *f* de(s) vente(s).

sales... [seilz]: ~ *clerk Am.* vendeur (-euse *f*)*m*; ~ *com·mis·sion* commission *f* (pour la vente); '~-**man** vendeur *m*; ~ *room* salle *f* des ventes; ~ *talk Am.* boniment *m*.

sa·li·ence ['seiliəns] projection *f*; saillie *f*; '**sa·li·ent** □ saillant (*a. fig.*); en saillie; *fig.* frappant.

sa·line 1. ['seilain] salin (a. ♋), salé; 2. [sə'lain] salin; ♋ sel *m* purgatif.

sa·li·va [sə'laivə] salive *f*; **sal·i·var·y** ['sælivəri] salivaire; **sal·i·va·tion** salivation *f*.

sal·low¹ ♀ ['sælou] saule *m*.

sal·low² [~] jaunâtre, olivâtre; '**sal·low·ness** *teint:* ton *m* jaunâtre.

sal·ly ['sæli] 1. ✗ sortie *f*; effort, esprit, *etc.*: saillie *f*; 2. ✗ (a. ~ *out*) faire une sortie; ~ *forth* (*ou out*) se mettre en route; '~-**port** poterne *f* (de sortie).

sal·ma·gun·di [sælmə'gʌndi] salmigondis *m*; *fig.* méli-mélo (*pl.* mélis-mélos) *m*.

salm·on ['sæmən] 1. saumon *m* (a. *couleur*); 2. saumon *inv.*

sa·loon [sə'luːn] salon *m* (a. *de paquebot*); salle *f*; première classe *f* (*en bateau*); *Am.* cabaret *m*; '**sa'loon-car** 🚃 wagon-salon (*pl.* wagons-salons) *m*; *mot.* (voiture *f* à) conduite *f* intérieure, limousine *f*.

salt [sɔːlt] sel *m* (a. *fig.*); *fig.* piquant *m*; *old* ~ loup *m* de mer (= *vieux matelot*); *above* (*below*) *the* ~ au haut (bas) bout de la table; 2. salé (a. *fig.*); salin; salifère; 3. saler; *sl.* ~ *away* mettre de côté, économiser.

sal·ta·tion [sæl'teiʃn] saltation *f*; *biol.* mutation *f*.

salt...: '~-**cel·lar** salière *f*; '**salt·ed** F immunisé; *fig.* endurci; '**salt·er** saleur (-euse *f*) *m*; saunier *m*; fabricant *m* de sel; '**salt-free** sans sel; '**salt·ness** salure *f*, salinité *f*; **salt·pe·tre** ['~-piːtə] salpêtre *m*, nitre *m*; '**salt-shak·er** *Am.* salière *f*; '**salt·works**

saunerie f, saline f; **'salt·y** salé (a. fig.); (de sel.

sa·lu·bri·ous □ [sə'lu:briəs] salubre, sain; **sa'lu·bri·ty** salubrité f; **sal·u·tar·i·ness** ['sælju:tərinis] caractère m salutaire; **'sal·u·tar·y** □ salutaire (à, to).

sal·u·ta·tion [sælju'teiʃn] salutation f; **sa·lu·ta·to·ry** [sə'lju:tətəri] de salutation; de bienvenue; **sa·lute** [sə'lu:t] **1.** salut(ation f) m; co. baiser m; ✕, ♓ salut m; **2.** saluer (a. ✕, ♓).

sal·vage ['sælvidʒ] **1.** (indemnité f de) sauvetage m; objets m/pl. sauvés; **2.** récupérer; ♓ effectuer le sauvetage de.

sal·va·tion [sæl'veiʃn] salut m (a. fig.); ♀ Army Armée f du Salut; **sal'va·tion·ist** salutiste mf.

salve¹ [sælv] sauver; effectuer le sauvetage de.

salve² [sɑːv] **1.** usu. fig. baume m; **2.** usu. fig. adoucir; calmer.

sal·ver ['sælvə] plateau m.

sal·vo ['sælvəu], pl. **-voes** ['~vouz] ✕ salve f (a. fig.); ♐ ~ release bombardement m en traînée; lâchage m par salves; **sal·vor** ♓ ['~və] sauveteur m.

Sa·mar·i·tan [sə'mæritn] **1.** samaritain; **2.** Samaritain(e f) m.

sam·ba ['sæmbə] samba f.

same [seim]: the ~ le (la) même; les mêmes pl.; all the ~ tout de même; it is all the ~ to me ça m'est égal; cela ne me fait rien; **'same·ness** identité f (avec, with); ressemblance f (à, with); monotonie f. [maïs.)

samp Am. [sæmp] gruau m de

sam·ple ['sɑːmpl] **1.** surt. † échantillon m; sang, minerai, etc.: prélèvement m; **2.** échantillonner; fig. essayer, goûter; **'sam·pler** modèle m de broderie; **'sam·pling** échantillonnage m.

san·a·tive ['sænətiv] guérisseur (-euse f); **san·a·to·ri·um** [~'tɔːriəm] sanatorium m; école: infirmerie f; **san·a·to·ry** [~'təri] guérisseur (-euse f), curatif (-ive f).

sanc·ti·fi·ca·tion [sæŋktifi'keiʃn] sanctification f; **sanc·ti·fy** ['~fai] sanctifier; consacrer; **sanc·ti·mo·ni·ous** □ [~'mounjəs] bigot(te f), papelard; **sanc·tion** ['sæŋkʃn] **1.** sanction f; autorisation f; **2.** sanction-

ner; fig. approuver; **sanc·ti·ty** ['~titi] sainteté f; caractère m sacré; **sanc·tu·ar·y** ['~tjuəri] sanctuaire m; asile m; **sanc·tum** ['~təm] sanctuaire m; fig. F turne f.

sand [sænd] **1.** sable m; Am. sl. cran m, étoffe f; fig. rope of ~ de vagues liens m/pl.; **2.** sabler; répandre du sable sur.

san·dal¹ ['sændl] sandale f. [-s) m.]

san·dal² [~] (ou ~-wood) santal (pl.)

sand...: **'~·bag** ✕ sac m à terre; porte, fenêtre: boudin m; **'~·blast** ⊕ jet m de sable; appareil: sableuse f; **'~·glass** sablier m; horloge f de sable; **'~·pit** tas m de sable (pour enfants); carrière: sablonnière f; **'~·shoes** espadrilles f/pl.

sand·wich ['sænwidʒ] **1.** sandwich m; Brit. ~ course cours m intercalaire (de promotion professionnelle); **2.** (a. ~ in) serrer; **'~·man** homme-sandwich (pl. hommes-sandwichs) m.

sand·y ['sændi] sabl(onn)eux (-euse f); sablé (allée etc.); blond roux (cheveux) inv.

sane [sein] sain d'esprit; sensé; sain (jugement).

San·for·ize Am. ['sænfəraiz] rendre irrétrécissable.

sang [sæŋ] prét. de sing.

san·gui·nary □ ['sæŋgwinəri] sanguinaire; altéré de sang; **san·guine** ['~gwin] sanguin; confiant, optimiste; d'un rouge sanguin; **san·guin·e·ous** [~niəs] de sang; see sanguine.

san·i·tar·i·an [sæni'teəriən] hygiéniste (a. su.); **san·i·tar·y** □ ['~təri] hygiénique (a. ⊕); sanitaire (a. ✕, ♓); ~ towel, Am. ~ napkin serviette f hygiénique.

san·i·ta·tion [sæni'teiʃn] hygiène f; système m sanitaire; salubrité f publique; **san·i·ty** santé f d'esprit; jugement m sain; bon sens m; modération f.

sank [sæŋk] prét. de sink 1.

San·skrit ['sænskrit] sanscrit m.

San·ta Claus [sæntə'klɔːz] Père m ou bonhomme m Noël.

sap¹ [sæp] ♀ sève f (a. fig.); sl. niais m.

sap² [~] **1.** ✕ sape f; F piocheur (-euse f) m; sl. boulot m; **2.** v/i. saper; sl. piocher, bûcher; v/t. saper, miner (a. fig.).

sap·id ['sæpid] savoureux (-euse *f*); **sa·pid·i·ty** [sə'piditi] sapidité *f*.

sa·pi·ence *usu. iro.* ['seipjəns] sagesse *f*; **'sa·pi·ent** *usu. iro.* □ savant, sage.

sap·less ['sæplis] sans sève; sans vigueur (*personne*).

sap·ling ['sæpliŋ] jeune arbre *m*; *fig.* jeune homme *m*.

sap·o·na·ceous [sæpo'neiʃəs] saponacé; *fig.* onctueux (-euse *f*).

sap·per ✗ ['sæpə] sapeur *m*.

sap·phire *min.* ['sæfaiə] saphir *m*.

sap·pi·ness ['sæpinis] abondance *f* de sève.

sap·py ['sæpi] plein de sève (*a. fig.*); vert (*arbre*); *sl.* nigaud.

Sar·a·cen ['særəsn] Sarrasin(e *f*) *m*.

sar·casm ['sɑːkæzm] ironie *f*; sarcasme *m*; **sar'cas·tic, sar'cas·ti·cal** □ sarcastique, mordant.

sar·coph·a·gus [sɑː'kɔfəgəs], *pl.* **-gi** [‿dʒai] sarcophage *m*.

sar·dine *icht.* [sɑː'diːn] sardine *f*.

Sar·din·i·an [sɑː'dinjən] **1.** sarde; **2.** *ling.* sarde *m*; Sarde *mf*.

sar·don·ic [sɑː'dɔnik] (‿ally) sardonique (*rire* *f*); ♂ sardonien(ne *f*).

sar·to·ri·al [sɑː'tɔːriəl] de tailleur; vestimentaire.

sash¹ [sæʃ] châssis *m* (*de fenêtre à guillotine*).

sash² [‿] ceinture *f*; ✗ *a.* écharpe *f*.

sa·shay *Am.* F [sæ'ʃei] marcher d'un pas vif; danser.

sash-win·dow fenêtre *f* à guillotine.

sas·sy *Am.* ['sæsi] *see* saucy.

sat [sæt] *prét. et p.p. de* sit.

Sa·tan ['seitən] Satan *m*.

sa·tan·ic [sə'tænik] (‿ally) satanique, diabolique.

satch·el ['sætʃl] sacoche *f*; *école:* carton *m*.

sate [seit] *see* satiate.

sa·teen [sæ'tiːn] satinette *f*.

sat·el·lite ['sætəlait] satellite *m* (*a. fig.*); (*a.* ‿ town) ville *f* satellite; ‿ country pays *m* satellite.

sa·ti·ate ['seiʃieit] rassasier (de, with); **sa·ti·a·tion** rassasiement *m*; satiété *f*; **sa·ti·e·ty** [sə'taiəti] satiété *f*.

sat·in ['sætin] *tex.* satin *m*; **sat·i·net** ['sætinet], *usu.* **sat·i·nette** [‿'net] satinette *f*; *soie:* satinade *f*.

sat·ire ['sætaiə] satire *f* (contre, [up]on); **sa·tir·ic, sa·tir·i·cal** □

[sə'tirik(l)] satirique; ironique; **sat·i·rist** ['sætərist] satirique *m*; **'sat·i·rize** satiriser.

sat·is·fac·tion [sætis'fækʃn] satisfaction *f*, contentement *m* (de *at*, with); acquittement *m*, paiement *m*; *promesse:* exécution *f*; réparation *f* (*d'une offense*).

sat·is·fac·to·ri·ness [sætis'fæktərinis] caractère *m* satisfaisant; **sat·is'fac·to·ry** □ satisfaisant; *eccl.* expiatoire.

sat·is·fied □ ['sætisfaid] satisfait, content (de, with; que, that); **sat·is·fy** ['‿fai] satisfaire; contenter; payer, liquider (*une dette*); exécuter (*une promesse*); remplir (*une condition*); éclaircir (*un doute*).

sa·trap ['sætrəp] satrape *m*.

sat·u·rate ⚗, *a. fig.* ['sætʃəreit] saturer (de, with); **sat·u'ra·tion** saturation *f*; imprégnation *f*; ‿ point point *m* de saturation.

Sat·ur·day ['sætədi] samedi *m*.

sat·ur·nine ['sætənain] taciturne, sombre.

sat·yr ['sætə] satyre *m*.

sauce [sɔːs] **1.** sauce *f*; *fig.* assaisonnement *m*; F impertinence *f*; **2.** assaisonner; F dire des impertinences à (*q.*); ‿-boat saucière *f*; '‿-pan casserole *f*; **'sauc·er** soucoupe *f*.

sau·ci·ness F ['sɔːsinis] impertinence *f*; chic *m* (*d'un chapeau*).

sau·cy □ F ['sɔːsi] gamin; effronté, impertinent; chic *inv.* en genre, coquet(te *f*).

sau·na ['sɔːnə] sauna *m* ou *f*.

saun·ter ['sɔːntə] **1.** flânerie *f*; promenade *f* (faite à loisir); **2.** flâner; se balader; **'saun·ter·er** flâneur (-euse *f*) *m*.

sau·ri·an *zo.* ['sɔːriən] saurien *m*.

sau·sage ['sɔsidʒ] saucisse *f*; saucisson *m*.

sav·age ['sævidʒ] **1.** □ sauvage; féroce; brutal (-aux *m/pl.*) (*coup*); F furieux (-euse *f*); **2.** sauvage *mf*; *fig.* barbare *mf*; **3.** attaquer, mordre (*chien*); **'sav·age·ness, 'sav·age·ry** sauvagerie *f*, barbarie *f*; férocité *f*.

sa·van·na(h) [sə'vænə] savane *f*.

save [seiv] **1.** *v/t.* sauver; économiser, épargner; gagner (*du temps*); mettre de côté; garder; éviter; *v/i.* faire des économies, économiser; **2.** *prp.* excepté, sauf; **3.** *cj.* ‿ that excepté que, hormis que; ~ *for* sauf; si ce n'était …

sav·e·loy ['sævilɔi] cervelas *m*.

sav·er ['seivə] libérateur (-trice *f*) *m*; sauveteur *m*; ⊕ économiseur *m*; personne *f* économe.

sav·ing ['seiviŋ] **1.** □ économique; économe (*personne*); ⅞ ~ *clause* clause *f* de sauvegarde; réservation *f*; **2.** épargne *f*; *fig.* salut *m*; sauvetage *m*; ~s *pl.* économies *f/pl.*

sav·ings... ['seiviŋz]: ~ **ac·count** compte *m* d'épargne; '~**bank** caisse *f* d'épargne; '~**de·pos·it** dépôt *m* à la caisse d'épargne.

sav·io(u)r ['seivjə] sauveur *m*; *eccl. the* ≗ le Sauveur.

sa·vor·y ⑨ ['seivəri] sarriette *f*.

sa·vo(u)r ['seivə] **1.** saveur *f*; goût *m* (*a. fig.*); *fig.* trace *f*; **2.** *v/i. fig.* ~ *of* sentir (*qch.*), tenir de (*qch.*); *v/t. fig.* savourer; **sa·vo(u)r·i·ness** ['~rinis] saveur *f*, succulence *f*; '**sa·vo(u)r·less** fade, insipide; sans saveur; '**sa·vo(u)r·y** □ savoureux (-euse *f*), succulent, appétissant; piquant, salé.

sa·voy [sə'vɔi] chou *m* frisé *ou* de Milan.

sav·vy *sl.* ['sævi] **1.** jugeote *f*; **2.** comprendre.

saw¹ [sɔː] *prét. de* see.

saw² [~] *adage m*; dicton *m*.

saw³ [~] **1.** scie *f*; **2.** [*irr.*] scier; '~**buck** *Am. sl.* billet *m* de dix dollars; '~**dust** sciure *f*; '~**horse** chevalet *m* de scieur; '~**mill** scierie *f*; **sawn** [sɔːn] *p.p. de saw*³ **2**; '**saw·yer** ['~jə] scieur *m* (de long).

Sax·on ['sæksn] **1.** saxon(ne *f*); **2.** *ling.* saxon *m*; Saxon(ne *f*) *m*.

sax·o·phone ♪ ['sæksəfoun] saxophone *m*.

say [sei] **1.** [*irr.*] dire; avouer; affirmer; réciter; ~ *no* refuser; ~ *grace* dire le bénédicité; ~ *mass* dire la messe; *that is to* ~ c'est-à-dire; *do you* ~ *so?* vous croyez?, vous trouvez?; *you don't* ~ *so!* pas possible!, vraiment!; *I* ~! dites donc!; pas possible!; *he is said to be rich* on dit qu'il est riche; on le dit riche; *no sooner said than done* sitôt dit, sitôt fait; **2.** dire *m*, mot *m*, parole *f*; *it is my* ~ *now* maintenant à moi la parole; *let him have his* ~ laissez-le parler; F *have a (no)* ~ *in s.th.* (ne pas) avoir voix au chapitre;

'**say·ing** dicton *m*, proverbe *m*; dit *m*; récitation *f*; *it goes without* ~ cela va sans dire.

scab [skæb] *plaie*: croûte *f*; *vét. etc.* gale *f*; *sl.* jaune *m*; *sl.* sale type *m*.

scab·bard ['skæbəd] *épée*: fourreau *m*; *poignard*: gaine *f*.

scab·by □ ['skæbi] croûteux (-euse *f*); galeux (-euse *f*); ⊕ dartreux (-euse *f*); *sl.* méprisable.

sca·bies ⑨ ['skeibiiːz] gale *f*.

sca·bi·ous ⑨ ['skeibiəs] scabieuse *f*.

sca·brous ['skeibrəs] rugueux (-euse *f*); scabreux (-euse *f*) (*conte etc.*).

scaf·fold ['skæfəld] ⅞ échafaud *m*; ⚠ échafaudage *m*; **scaf·fold·ing** échafaudage *m*; ~ *pole* écoperche *f*.

scald [skɔːld] **1.** échaudure *f*; **2.** (*a.* ~ *out*) échauder; faire chauffer (*le lait*) sans qu'il entre en ébullition.

scale¹ [skeil] **1.** ⑨, *peau*, *poisson*, *reptile*; *a. de fer*: écaille *f*; ⊕, ⚗ dartre *f*; ⊕, ⚗ *dents*: tartre *m*; **2.** *v/t.* écailler; ⊕ ⚗ piquer; ⚗ détarter (*a. dents*); ⊕ entartrer (= *incruster*); *v/i.* s'écailler; s'exfolier (*arbre*); se déplâtrer (*mur etc.*); ⚗ se desquamer; ⊕ (*souv.* ~ *off*) s'entartrer.

scale² [~] **1.** plat(eau *m*) *m* (*a pair of*) ~s *pl.* (une) balance *f*; *astr.* Balance *f*; **2.** peser.

scale³ [~] **1.** échelle *f*; ♪, ♯ gamme *f*; ♯ tarif *m*; *fig.* étendue *f*, envergure *f*; *on a large (small)* ~ en grand (petit); ~ *model* maquette *f*; *on a national* ~ à l'échelon national; **2.** escalader (*un mur etc.*); tracer (*q.*) à l'échelle; ~ *up (down)* augmenter (réduire) (*les gages etc.*) à l'échelle.

scaled [skeild] écaillé; écailleux (-euse *f*).

scale·less ['skeillis] sans écailles.

scal·ing-lad·der ['skeiliŋlædə] ✗ ⚠ échelle *f* d'escalade.

scal·lion ⑨ ['skæljən] ciboule *f*.

scal·lop ['skɔləp] **1.** *zo.* pétoncle *m*; *cuis.* coquille *f*; *cost.* feston *m*; dentelure *f*; **2.** découper, denteler; festonner; faire cuire en coquille(s).

scalp [skælp] **1.** épicrâne *m*; cuir *m* chevelu; *Peaux-Rouges*: scalpe *m*; **2.** scalper; ⚗ ruginer.

scal·pel ⚗ ['skælpəl] scalpel *m*.

scal·y [skeili] écailleux (-euse *f*); squameux (-euse *f*); *sl.* mesquin.

scamp [skæmp] **1.** vaurien *m*; *enfant*: coquin *m*; **2.** bâcler; '**scamp·er 1.** courir allègrement; ~ *off* détaler; **2.** *fig.* course *f* folâtre *ou* rapide.

scan [skæn] *v/t.* scander (*des vers*); examiner, scruter; *v/i.* se scander.

scan·dal ['skændl] scandale *m*; honte *f*; médisance *f*; ⚖ diffamation *f*; **'scan·dal·ize** scandaliser; *be ~d at* (*ou by*) être choqué *ou* scandalisé par; **'scan·dal-mon·ger** médisant(e *f*) *m*; cancanier (-ère *f*) *m*; **'scan·dal·ous** □ scandaleux (-euse *f*), infâme; honteux (-euse *f*); diffamatoire; **'scan·dal-ous·ness** infamie *f*; caractère *m* scandaleux *etc.*

Scan·di·na·vi·an [skændi'neivjən] **1.** scandinave; **2.** Scandinave *mf.*

scant [skænt] rare, insuffisant.

scant·i·ness ['skæntinis] rareté *f*, insuffisance *f*.

scant·ling ['skæntliŋ] volige *f*; bois *m* équarri; échantillon *m* (*de construction*); équarrissage *m*; *fig.* très petite quantité *f.*

scant·y □ ['skænti] rare, insuffisant, peu abondant; maigre.

scape·goat ['skeipgout] souffredouleur *m/inv.*

scape·grace ['skeipgreis] polisson *m*; petit(e) écervelé(e) *m*(*f*).

scap·u·lar ['skæpjulə] **1.** *anat.* scapulaire; **2.** *eccl.* scapulaire *m.*

scar[1] [ska:] **1.** cicatrice *f* (*a.* ⚕, *a. fig.*); balafre *f* (*le long de la figure*); **2.** *v/t.* balafrer; *v/i.* se cicatriser.

scar[2] [~] rocher *m* escarpé.

scar·ab *zo.* ['skærəb] scarabée *m.*

scarce [skɛəs] rare; peu abondant; F *make o.s. ~* s'éclipser; déguerpir; **'scarce·ly** à peine; (ne) guère; **'scar·ci·ty** rareté *f*; manque *m*, disette *f* (*of*).

scare [skɛə] **1.** effrayer; faire peur à (*q.*); épouvanter; *~d* épouvanté, apeuré; *be ~d* (*of*) avoir peur (de); *be ~d to death* avoir une peur bleue; **2.** panique *f*; **'~crow** épouvantail *m* (*a. fig.*); **'~head** *journ. Am.* manchette *f* sensationnelle; **'~-mon·ger** alarmiste *mf*; *sl.* paniquard *m.*

scarf[1] [ska:f] ⚓, *a. femme:* écharpe *f*; *homme:* cache-nez *m/inv.*; *soie:* foulard *m*; *eccl.* étole *f*; † cravate *f.*

scarf[2] ⊕ [~] **1.** assemblage *m* à mibois; enture *f*; *métal:* chanfrein *m* de soudure; **2.** ⚓ enter; ⊕ amorcer.

scarf...: '**~-pin** épingle *f* de cravate; '**~-skin** épiderme *m.*

scar·i·fi·ca·tion [skɛərifi'keiʃn] ⚕ scarification *f*; **scar·i·fy** ['~fai] scarifier (*a.* ✿); *fig.* éreinter (*un auteur*). [scarlatine *f.*]

scar·la·ti·na [ska:lə'ti:nə] (fièvre *f*)⎰

scar·let ['ska:lit] écarlate (*a. su./f*); *~ fever* (fièvre *f*) scarlatine *f*; ⚕ *~ runner* haricot *m* d'Espagne.

scarp [ska:p] **1.** escarper; *~ed* à pic; **2.** escarpement *m*; versant *m* abrupt.

scarred [ska:d] balafré; portant des cicatrices.

scarves [ska:vz] *pl.* de scarf[1].

scar·y F ['skɛəri] timide; épouvantable.

scathe [skeið]: *without ~* indemne; **'scath·ing** *fig.* mordant, cinglant, caustique.

scat·ter ['skætə] (se) disperser, (s')éparpiller; (se) répandre; *v/t.* dissiper; *~ed a.* épars, clairsemé; '**~-brain** écervelé(e *f*) *m*, étourdi(e *f*) *m.*

scav·enge ['skævindʒ] balayer, nettoyer; **'scav·en·ger** éboueur *m*, balayeur *m* (*des rues*); **'scav·eng-ing** balayage *m* (*des rues*); ébouage *m.*

sce·nar·i·o *cin.*, *théâ.* [si'nɑ:riou] scénario *m*; **'~-writ·er**, *a.* **sce·nar-ist** ['si:nərist] scénariste *f.*

scene [si:n] scène *f* (*a. théâ.*); *fig. a.* théâtre *m*, lieu *m*; vue *f*, paysage *m*; spectacle *m*; *see ~ry*; *~s pl.* coulisse *f*, *~s f/pl.*; '**~-paint·er** peintre *m* de ou en décors; **scen·er·y** ['~əri] décors *m/pl.*, (mise *f* en) scène *f*; paysage *m*, vue *f.*

sce·nic, sce·ni·cal ['si:nik(l)] scénique; théâtral (-aux *m/pl.*) (*a. fig.*); *scenic railway* montagnes *f/pl.* russes; *~ road* route *f* pittoresque.

scent [sent] **1.** parfum *m*; odeur *f* (*agréable*); *chasse:* vent *m*; voie *f*, piste *f*; *chien:* flair *m*, nez *m*; **2.** parfumer, embaumer; *chasse:* (*souv. ~ out*) flairer (*a. fig.*), sentir; **'scent·ed** parfumé (*de*, *with*); odorant; **'scent·less** inodore, sans odeur; *chasse:* sans fumet.

scep·tic ['skeptik] sceptique *mf*; **'scep·ti·cal** □ sceptique; *be ~ about* douter de; **scep·ti·cism** ['~sizm] scepticisme *m.*

scep·tre ['septə] sceptre *m.*

sched·ule ['ʃedju:l; *Am.* 'skedju:l] **1.** inventaire *m*; cahier *m*; liste *f*;

scheme 1088

impôts: cédule *f*; ₴₴ annexe *f*; *surt.
Am.* horaire *m*; *surt. Am.* plan *m*;
on ~ à l'heure; *fig.* selon les prévisions; **2.** inscrire sur l'inventaire
etc.; ₴₴ ajouter comme annexe; *Am.*
dresser un plan de; *Am.* marquer
sur l'horaire; *be ~d for* devoir arriver
ou partir etc. à; ~*d flight* vol *m* de
ligne, vol *m* régulier.

scheme [ski:m] **1.** plan *m*, projet *m*;
arrangement *m*; *péj.* intrigue *f*;
2. *v/t.* projeter; *v/i. péj.* intriguer
(pour, *to*); comploter; combiner
(de, *to*); '**schem·er** faiseur (-euse
f) *m* de projets; *péj.* intrigant(e*f*)
m.

schism ['sizm] schisme *m*; *fig.* division *f*; **schis·mat·ic** [siz'mætik]
1. (*a.* **schis·mat·i·cal** □) schismatique; **2.** schismatique *mf*.

schist *min.* [fist] schiste *m*.

schol·ar ['skɔlə] élève *mf*; écolier
(-ère *f*) *m*; érudit(e *f*) *m*; *univ.*
boursier (-ère *f*) *m*; *he is an apt* ~ il
apprend vite; '**schol·ar·ly** *adj.* savant; érudit; '**schol·ar·ship** érudition *f*, science *f*; *souv.* humanisme
m; *univ.* bourse *f* (d'études).

scho·las·tic [skɔ'læstik] (~*ally*) scolaire; *fig.* pédant; *phls.* scolastique
(*a. su./m*).

school[1] [sku:l] *see* shoal[1].

school[2] [~] **1.** école *f* (*a. fig. de pensée
etc.*); académie *f*; *at* ~ à l'école;
grammar ~ lycée *m*, collège *m*; *high*
~ *Angl.* lycée *m* (*souv. de jeunes filles*); *Am. et écoss.* collège *m*, école
f secondaire; *primary* ~ école *f* primaire; *public* ~ *Angl.* grande école *f*
d'enseignement secondaire; *Am. et
écoss.* école *f* communale; *secondary modern* ~ collège *m* moderne;
technical ~ école *f* des arts et métiers; *see a.* board-~; *put to* ~ envoyer à l'école; **2.** instruire; habituer; discipliner; '**~·boy** écolier *m*,
élève *m*; '**~·fel·low**, '**~·mate** camarade *mf* de classe; '**~·girl** élève *f*,
écolière *f*; '**school·ing** instruction *f*,
éducation *f*.

school...: '**~·leav·er** jeune *mf* qui a
terminé ses études scolaires; '**~·man**
scolastique *m*; *Am.* professeur *m*;
'**~·mas·ter** école primaire: instituteur *m*; lycée, collège: professeur *m*;
'**~·mis·tress** institutrice *f*; professeur *m*; '**~·room** (salle *f* de) classe *f*.

schoon·er ['sku:nə] schooner *m*;

goélette *f*; *Am.* chope *f*, verre *m* de
bière.

sci·at·i·ca ⚕ [sai'ætikə] sciatique *f*.

sci·ence ['saiəns] science *f*, -s *f/pl.*
(*a.* † = *savoir*); '**~·fic·tion** science-
fiction *f*.

sci·en·tif·ic [saiən'tifik] (~*ally*) scientifique; *box.* qui possède la science
du combat; ~ *man* homme *m* de
science.

sci·en·tist ['saiəntist] homme *m* de
science; scientifique *mf*; ♀ *Am.*
Scientiste *m* (chrétien).

scin·til·late ['sintileit] scintiller,
étinceler; **scin·til·la·tion** scintillement *m*.

sci·on ['saiən] ⚹ scion *m*; *fig.* rejeton
m, descendant *m*.

scis·sion ['siʒn] cisaillage *m*; *fig.*
scission *f*, division *f*; **scis·sors**
['sizəz] *pl.*: (*a pair of*)~ (des) ciseaux
m/pl.; '**scis·sor-tooth** *zo.* dent *f*
carnassière.

scle·ro·sis ⚕ [sklia'rousis] sclérose*f*.

scoff [skɔf] **1.** sarcasme *m*; **2.** se
moquer; ~ *at s.o.* railler q., se
moquer de q.; '**scoff·er** moqueur
(-euse *f*) *m*, gausseur (-euse *f*) *m*.

scold [skould] **1.** mégère *f*; **2.** gronder, crier (contre, *at*); '**scold·ing**
réprimande *f*, semonce *f*.

scol·lop ['skɔləp] *see* scallop.

sconce[1] F [skɔns] tête *f*; jugeote *f*.

sconce[2] [~] bougeoir *m*; bobèche *f*;
applique *f*; flambeau *m* (*de piano*).

sconce[3] *univ.* [~] mettre à l'amende.

scon(e) *cuis.* [skɔn] galette *f* au lait.

scoop [sku:p] **1.** pelle *f* à main; ⚓
épuisette *f*; ⊕, ⚙ cuiller *f*; ⚙ cu-
rette *f*; *sl.* rafle *f*, coup *m*; *sl.* (*primeur f d'une*) nouvelle *f* sensationnelle; **2.** (*usu.* ~ *out*) écoper (*l'eau*);
excaver; évider; *sl.* publier une
nouvelle à sensation avant (*un autre
journal etc.*); *sl.* ~ *a large profit* faire
une belle rafle.

scoot·er ['sku:tə] *enfants*: trottinette
f, patinette *f*; *mot.* scooter *m*; *moto*-
scooter *m*.

scope [skoup] étendue *f*, portée *f*;
liberté *f*, jeu *m*; espace *m*; *but m*;
have free ~ avoir toute liberté (pour,
to).

scorch [skɔ:tʃ] *v/t.* roussir, brûler;
v/i. F *mot.* brûler le pavé; '**scorch·er**
F journée *f* torride; *mot.* chauffard *m*; *cycl.* cycliste *m* casse-cou.

score [skɔ:] **1.** (en)coche *f*; *peau*:

éraflure *f*; (trait *m* de) repère *m*; vingtaine *f*; *sp.* points *m/pl.*, total *m*; *foot.* score *m*; *fig.* sujet *m*, point *m*, raison *f*; ♪ partition *f*; *sl.* aubaine *f*, coup *m* de fortune; *three* ~ soixante; *run up a* ~ contracter une dette; *on the* ~ of pour cause de; à titre de; *what's the* ~? où en est le jeu?; *get the* ~ faire le nombre de points voulu; **2.** *v/t.* entailler; (*a.* ~ *up*) inscrire, enregistrer; *sp.* compter, marquer (*les points*); gagner (*une partie, a. fig.*); remporter (*un succès*); ♪ noter (*un air*), orchestrer, arranger; souligner (*une erreur, un passage*); *Am.* F réprimander (*q.*), laver la tête à (*q.*); ~ *out* rayer; *v/i.* gagner; *sp., a.* *cartes:* faire *ou* marquer des points; *foot.* enregistrer un but; *sl.* remporter un succès; *sl.* ~ *off* s.o. faire pièce à q.; '**scor·er** *m* (*foot.* d'un but).

sco·ri·a ['skɔːriə], *pl.* **-ri·ae** ['~riiː] scorie *f*.

scorn [skɔːn] **1.** mépris *m*, dédain *m*; **2.** mépriser, dédaigner; '**scorn·er** contempteur (*-trice f*) *m*; **scorn·ful** □ [*.ful*] méprisant.

Scor·pi·o *astr.* ['skɔːpiou] le Scorpion *m*.

scor·pi·on *zo.* ['skɔːpjən] scorpion *m*. [Scot *m.*]

Scot[1] [skɔt] Écossais(e *f*) *m*; *hist.*]

scot[2] [~] *hist.* écot *m*; compte *m*; ~ *and lot* taxes *f/pl.* communales.

Scotch[1] [skɔtʃ] **1.** écossais; **2.** *ling.* écossais *m*; F whisky *m*; *the* ~ *pl.* les Écossais *m/pl.*

scotch[2] [~] **1.** entaille *f*; *sp.* ligne *f* de limite; **2.** mettre hors de combat *ou* hors d'état de nuire.

scotch[3] [~] **1.** cale *f*; taquet *m* d'arrêt; **2.** caler (*une roue*); *fig.* faire casser.

Scotch·man ['skɔtʃmən] Écossais *m*.

scot-free ['skɔt'friː] indemne.

Scots *ecoss.* [skɔts], '**Scots·man** *see Scotch(man)*.

Scot·tish ['skɔtiʃ] écossais.

scoun·drel ['skaundrəl] scélérat *m*; vaurien *m*; '**scoun·drel·ly** *adj.* scélérat, vil.

scour[1] ['skauə] nettoyer; frotter; curer (*un fossé, un port*); décaper (*une surface métallique*).

scour[2] [~] *v/i.* ~ *about* battre la campagne; *v/t.* parcourir; écumer (*les mers*).

scourge [skəːdʒ] **1.** fléau *m* (*a. fig.*); *eccl.* discipline *f*; **2.** fouetter; *fig.* affliger.

scout[1] [skaut] **1.** éclaireur *m*, avant-coureur *m*; ✗ reconnaissance *f*; ⚓ vedette *f*, croiseur *m*, éclaireur *m*; ✈ avion *m* de reconnaissance; *univ.* garçon *m* de service; *Boy* ~s *pl.* (boys-)scouts *m/pl.*; ✗ ~ *party* reconnaissance *f*; **2.** aller en reconnaissance.

scout[2] [~] repousser avec mépris.

scow ⚓ [skau] chaland *m*; (*a. ferry*-~) toue *f*.

scowl [skaul] **1.** air *m* renfrogné; **2.** se renfrogner, F regarder noir.

scrab·ble ['skræbl] jouer des pieds et des mains; chercher à quatre pattes (qch., *for* s.th.); gratter çà et là.

scrag [skræg] **1.** *fig.* personne *f ou* bête *f* décharnée; ~(-*end*) (of mutton) collet *m* (de mouton); **2.** *sl.* garrotter; **scrag·gi·ness** ['~inis] maigreur *f*; '**scrag·gy** □ maigre, décharné. [le camp!]

scram *Am. sl.* [skræm] fiche-moi]

scram·ble ['skræmbl] **1.** monter *etc.* à quatre pattes; se bousculer (pour avoir qch., *for* s.th.); jouer des pieds et des mains (*a. fig.*); ~*d eggs* ♂ œufs *m/pl.* brouillés; **2.** marche *f etc.* difficile; lutte *f*, mêlée *f*.

scrap [skræp] **1.** petit morceau *m*; bout *m*; *terrain:* parcelle *f* (*a. fig.*); *journal:* coupure *f*; *pain, étoffe:* bribe *f*; ⊕ déchets *m/pl.*; *sl.* rixe *f*, querelle *f*; *box.* match (*pl.* match[e]s) *m*; ~*s pl.* restes *m/pl.*; débris *m/pl.*; *péj.* ~ *of paper* chiffon *m* de papier; **2.** mettre au rebut; mettre hors service; *fig.* mettre au rancart; '~-**book** album *m* (de découpures).

scrape [skreip] **1.** coup *m* de grattoir; grincement *m*; *fig.* mince couche *f*; F embarras *m*, mauvais pas *m*; **2.** *v/t.* gratter, racler; écorcher (*la peau*); décrotter (*les souliers*); ~ *together* (*ou up*) amasser peu à peu; ~ *acquaintance with* faire connaissance casuellement avec (*q.*); *v/i.* gratter; s'érafler; grincer (*violon*); '**scrap·er** grattoir *m*, racloir *m*; *souliers:* décrottoir *m*; *personne:* racleur *m*; '**scrap·ing** raclage *m*; ~*s pl.* raclures *f/pl.*; grattures *f/pl.*; bribes *f/pl.*, restes *m/pl.*; *fig.* sous *m/pl.* amassés un à un.

scrap...: '**~-heap** (tas *m* de) ferraille *f*; *a. fig.* throw on the ~ mettre au rancart, jeter au rebut; '**~-iron** ferraille *f*; débris *m/pl.* de fer; '**scrappy** F □ hétérogène; *fig.* décousu; *Am. a.* batailleur (-euse *f*), querelleur (-euse *f*); '**scrap-yard** chantier *m* de ferraille; *pour voitures:* cimetière *m* de voitures.

scratch [skrætʃ] 1. coup *m* d'ongle *ou* de griffe; égratignure *f*; grattement *m*; *surface polie:* rayure *f*; *fig.* zéro *m*; *sp.* scratch; *plume etc.:* grincement *m*; come up to the ~ se mettre en ligne; *fig.* se montrer à la hauteur de l'occasion; 2. improvisé; *sp.* mixte, sans homogénéité (*équipe*); *parl.* par surprise; 3. *v/t.* gratter, égratigner; donner un coup de griffe à; *sp.* scratcher; *sp.* décommander; ~ out rayer, biffer; gratter; *v/i.* gratter, grincer; *sp.* déclarer forfait; griffer (*chat*); '**scratch-y** qui gratte; grinçant; inégal (-aux *m/pl.*), peu assuré; *see* scratch 2.

scrawl [skrɔːl] 1. griffonner; 2. (*a.* '**scrawl-ing**) griffonnage *m*.

scraw-ny *Am.* F ['skrɔːni] décharné.

scream [skriːm] 1. cri *m* perçant; F he is a ~ il est tordant; 2. (*souv.* ~ out) pousser un cri perçant *ou* d'angoisse; '**scream-ing** □ perçant; sifflant; criard (*personne, a. couleur*); F tordant; à mourir de rire; '**scream-y** F aigu(ë *f*); criard.

scree [skriː] éboulis *m*, pierraille *f*.

screech [skriːtʃ] *see* scream; '**~-owl** *orn.* chouette *f* (des clochers).

screed [skriːd] longue liste *f*; longue lettre *f*; jérémiade *f*.

screen [skriːn] 1. ✕, *phot.*, *cin.*, *radar*, *a. meuble:* écran *m*; (*a. draught-~*) paravent *m*; scrible *m*; sas *m*; *mot.* rideaux *m/pl.* de côté; *fig.* rideau *m*; on the ~ à l'écran; *advertising* publicité *f* à l'écran; *phot. focussing* ~ verre *m* dépoli; *cin.* ~ *record* film *m* de reportage; *cin.* ~ *test* essai *m* à l'écran; *mot.* ~ *wiper* essuie-glace *m*; 2. abriter, protéger; ✕ dérober (à, *from*); voiler (*le soleil etc.*); cacher; *cin.* mettre à l'écran; passer au crible; tamiser; *fig.* couvrir (*q.*); '**~-play** *cin.* scénario *m*.

screw [skruː] 1. vis *f*; tour *m* de vis; *tabac, papier, bonbons:* cornet *m*; *fig.* rigueur *f*; *sl.* paie *f*, salaire *m*, appointements *m/pl.*; ⚓ hélice *f*; F avare *m*; F he has a ~ loose il est timbré *ou* *sl.* maboul; 2. *v/t.* visser; *fig.* tordre; *fig.* opprimer; *fig.* rappeler (*tout son courage*); *v/i.* tourner; ~ *round* tordre (le cou, one's head); ~ *up* visser; tortiller; plisser (*les yeux*); pincer (*les lèvres*); ~ up one's face faire une grimace; '**~-ball** *Am. sl.* type *m* excentrique *ou* dingo; '**~-driv-er** tournevis *m*; '**~-jack** cric *m* (*menuisier:* à vis); viole *f*; '**~-pro-pel-ler** hélice *f*; '**~-steam-er** navire *m* à hélice.

scrib-ble ['skribl] 1. griffonnage *m*; écriture *f* illisible; 2. *v/t.* griffonner; ~ *over* rendre illisible (*au moyen du griffonnage*); *v/i.* F écrivailler; '**scrib-bler** griffonneur (-euse *f*) *m*; F écrivailleur (-euse *f*) *m*, grattepapier *m/inv.*

scribe [skraib] *bibl. ou co.* scribe *m*; *péj.* plumitif *m*; ⊕ pointe *f* à tracer.

scrim-age ['skrimidʒ] mêlée *f* (*a. sp.*); escarmouche *f*.

scrimp [skrimp] 1. *v/t.* être parcimonieux (-euse *f*) de, ménager (-ère *f*) outre mesure; *v/i.* lésiner sur tout; économiser outre mesure; 2. chiche (*personne*); (*a.* '**scrimp-y**) insuffisant.

scrip † [skrip] titres *m/pl.*; certificat *m* ou titre *m* provisoire.

script [skript] écriture *f*; manuscrit *m*; *cin.* scénario *m*; ~s *pl. école etc.*: copies *f/pl.* d'examen.

Scrip-tur-al ['skriptʃərəl] scriptural (-aux *m/pl.*); biblique; **Scrip-ture** ['~tʃə] Écriture *f* sainte.

scrof-u-la ✷ ['skrɔfjulə] scrofule *f*, strume *f*; '**scrof-u-lous** □ scrofuleux (-euse *f*), strumeux (-euse *f*).

scroll [skroul] *papier:* rouleau *m*; banderole *f* à inscription; *écriture:* arabesque *f*; 🜂 spirale *f*; volute *f* (*a. violon*). [*m.*]

scro-tum *anat.* ['skroutəm] scrotum ⌐

scrounge [skraundʒ] chiper; écornifler (*un repas etc.*); ✕ *sl.* récupérer.

scrub[1] [skrʌb] broussailles *f/pl.*; arbuste *m* rabougri; F personne *f* rabougrie.

scrub[2] [~] 1. nettoyer; récurer; 2. *sp. Am.* équipe *f* numéro deux.

scrub-bing-brush ['skrʌbiŋbrʌʃ] brosse *f* en chiendent *ou* de cuisine.

scrub-by ['skrʌbi] rabougri; insignifiant; couvert de broussailles.

seamless

scrub·wom·an *Am.* ['skrʌbwumən] femme *f* de ménage.

scruff of the neck ['skrʌfəvðə'nek] peau *f* de la nuque *ou* du cou.

scrum·mage ['skrʌmidʒ] mêlée *f* (*a. sp.*); escarmouche *f*.

scrump·tious *sl.* ['skrʌmpʃəs] exquis, épatant, délicieux (*une F.*).

scrunch [skrʌntʃ] *v/t.* croquer; *v/i.* craquer.

scru·ple [skru:pl] **1.** scrupule *m* (*20 grains = 1,296 g*) (*a. = conscience*); *make no* ~ *to* (*inf.*) ne pas hésiter à (*inf.*); **2.** avoir des scrupules (*à inf., to inf.*); **scru·pu·lous** □ ['~ju-ləs] scrupuleux (-euse *f*) (*sur about, over*); *a.* méticuleux (-euse *f*) (*travail etc.*).

scru·ti·neer [skru:ti'niə] scrutateur *m*; '**scru·ti·nize** scruter; pointer (*des suffrages etc.*); '**scru·ti·ny** examen *m* minutieux *ou* attentif *ou* rigoureux; *suffrages:* vérification *f*.

scu·ba ['skju:bə] scaphandre *m* autonome; ~ *diving* plongée *f* sous-marine autonome.

scud [skʌd] **1.** fuite *f*, course *f* rapide; *nuages:* diablotins *m/pl.*; rafale *f*; embrun *m*; **2.** courir, fuir; ⊕ fuir devant le temps.

scuff [skʌf] *v/t.* effleurer; érafler; *user*; ~ *up* soulever; *v/i.* traîner les pieds; s'érafler (*cuir*).

scuf·fle ['skʌfl] **1.** rixe *f*, mêlée *f*; bagarre *f*; **2.** se bousculer; traîner les pieds.

scull ⚓ [skʌl] **1.** aviron *m* de couple; godille *f*; **2.** ramer en couple; godiller.

scul·ler·y ['skʌləri] arrière-cuisine*f*; ~-*maid* laveuse *f* de vaisselle.

sculp·tor ['skʌlptə] sculpteur *m*.

sculp·ture ['skʌlptʃə] **1.** sculpture *f*; **2.** sculpter; orner de sculptures; '**sculp·tur·ing** sculpture *f*, sculptage *m*.

scum [skʌm] écume *f*; ⊕ scories *f/pl.*; *fig.* lie *f*, rebut *m*.

scup·per ⚓ [skʌpə] dalot *m*.

scurf [skə:f] pellicules *f/pl.* (*du cuir chevelu*); ⊕ instruction *f*; '**scurf·y** □ pelliculeux (-euse *f*); ❀ ~ *affection* dartre *f*.

scur·ril·i·ty [skʌ'riliti] goujaterie *f*; grossièreté *f*; *action, personne:* bassesse *f*; '**scur·ril·ous** grossier (-ère *f*); bas(se *f*); ignoble.

scur·ry ['skʌri] **1.** *v/i.* se hâter; aller

à pas précipités; ~ *through s.th.* expédier qch.; **2.** débandade *f*; bousculade *f*.

scur·vy¹ ❀ ['skə:vi] scorbut *m*.

scur·vy² [~] vil(ain), bas(se *f*).

scut [skʌt] lapin, lièvre, *etc.:* couette *f*.

scutch·eon ['skʌtʃn] *see* escutcheon.

scut·tle¹ ['skʌtl] seau *m* à charbon.

scut·tle² [~] **1.** écoutillon *m*; hublot *m*; *mot.* bouclier *m* avant; *Am.* toit *etc.:* trappe *f*; **2.** saborder (*un navire*).

scut·tle³ [~] **1.** fuite *f*; *pol.* F lâchage *m*; **2.** décamper, filer; débouler; *pol.* F lâcher.

scythe ⚒ [saið] **1.** faux *f*; **2.** faucher.

sea [si:] mer *f*; ⚓ lame *f*, houle *f*; *at* ~ en mer; *fig.* dérouté; *go to* ~ se faire marin; *see* put 2; ~-**board** littoral *m*; rivage *m*; ~ **captain** capitaine *m* de la marine; '~-**far·ing** de mer; ~ *man* marin *m*; '~-**food** *Am. a.* ~**s** *pl.* fruits *m/pl.* de mer (= coquillages, crustacés et poissons); '~-**front** bord *m* de (la) mer; digue *f*, esplanade *f*; '~-**go·ing** de haute mer; de long cours; maritime (*commerce*).

seal¹ *zo.* [si:l] phoque *m*.

seal² [~] **1.** bouteille, distinction, *a.* lettre: cachet *m*; *document:* sceau *m*; plomb *m*; ⊕ joint *m* étanche; *great* (*ou broad*) ~ grand sceau *m*; **2.** cacheter; sceller; (*a.* ~ *up*) fermer; *fig.* décider; *fig.* fixer; *fig.* ~ *off* boucher, fermer; ~ *up* fermer hermétiquement; ~ (*with lead*) plomber.

seal·er ⊕ ['si:lə] pince *f* à plomber.

sea-lev·el ['si:levl] niveau *m* de la mer.

seal·ing ['si:liŋ] scellage *m*; cachetage *m*; plombage *m*; fermeture *f*.

seal·ing-wax ['si:liŋwæks] cire *f* à cacheter.

seal·skin ['si:lskin] peau *f* de phoque; ⚓ phoque *m*.

seam [si:m] **1.** couture *f* (*a. métall.*); ⊕ joint *m*; *géol.* couche *f*, veine *f*; *fig. visage:* ride *f*; *fig. burst at the* ~*s* craquer, crever; **2.** faire une couture à; ⊕ agrafer; coutumer (*un visage*).

sea·man ['si:mən] marin *m*, matelot *m*; '**sea·man·ship** manœuvre *f*.

sea-mew ['si:mju:] mouette *f*, goéland *m*.

seam·less □ ['si:mlis] sans couture; ⊕ sans soudure.

seam·stress ['semstris] (ouvrière f)
couturière f.

seam·y ['si:mi] qui montre les coutures; fig. ~ side dessous m/pl., mauvais côté m.

sea...: '~-**piece** peint. marine f; '~-**plane** hydravion m; '~-**port** port m de mer; '~-**pow·er** pol. puissance f navale.

sear [siə] dessécher (a. fig.); faner (les feuilles); ⚕ cautériser; fig. endurcir.

search [sə:tʃ] **1.** recherche f (de, for); admin. visite f; police: perquisition f; fouille f; in ~ of à la recherche de; **2.** v/t. chercher dans (qch.); fouiller dans; visiter; ⚖ faire une perquisition dans; ⚕ sonder; fig. scruter; ~ out dénicher; découvrir; v/i. faire des recherches; ~ for chercher (qch.); ~ into rechercher; '**search·er** (re)chercheur (-euse f) m; douanier m; ⚖ perquisiteur m; ⚕ sonde f; '**search·ing** □ minutieux (-euse f); pénétrant (regard, vent); '**search·light** projection f électrique; ⚓ etc. projecteur m, '**search-war·rant** ⚖ ordre m de perquisition.

sea...: ~**scape** ['si:skeip] see seapiece; '~-'**ser·pent** serpent m de mer; '~-'**shore** rivage m; côte f; plage f; '~-**sick**: be ~ avoir le mal de mer; '~-**sick·ness** mal m de mer; '~**side** bord m de la mer; ~ resort plage f; bains m/pl. de mer; go to the ~ aller au bord de la mer.

sea·son ['si:zn] **1.** saison f; période f, temps m; époque f; vét. rut m; f abonnement m; height of the ~ (pleine) saison f; in (good ou due) ~ en temps voulu; cherries are in ~ c'est la saison des cerises; out of ~ hors de saison; ne pas (être) de saison; for a ~ pendant un ou quelque temps; with the compliments of the ~ meilleurs souhaits de nouvel an etc.; **2.** v/t. mûrir; dessécher (le bois); assaisonner (a. fig.), relever (de, with); fig. acclimater; fig. tempérer; v/i. se sécher (bois); mûrir; '**sea·son·a·ble** □ de (la) saison; opportun; '**sea·son·a·ble·ness** opportunité f; '**sea·son·al** □ ['si:znl] des saisons; ♉, ⚓ saisonnier (-ère f); embauché pour les travaux de saison (ouvrier); '**sea·son·ing** dessèchement m; cuis. assaisonnement m,

condiment m; '**sea·son-'tick·et** carte f d'abonnement.

seat [si:t] **1.** siège m (a. ♉, ⊕); théâ., autobus: place f; chaise f; banc m; (a. country ~) château m; pantalon: fond m; assiette f (à cheval); (a. pilot's ~) baquet m; ~ of war théâtre m de la guerre; **2.** (faire) asseoir; établir (sur un trône etc.); placer; fournir de chaises; poser; ⚡ caler; ⊕ faire reposer sur son siège; ~ o.s. s'asseoir; be ~ed être assis; avoir son siège (dans, in); '~-**belt** ceinture f de sécurité; '**seat·ed** assis; '**seat·er** surt. mot., ✈: two-~ voiture f à deux places; appareil m biplace.

sea-ur·chin zo. ['si:'ə:tʃin] oursin m; **sea·ward** ['~wəd] **1.** adj. qui porte au large; du large (brise); **2.** adv. (a. **sea·wards** ['~z]) vers le large ou la mer.

sea...: ~**weed** ♉ algue f; varech m; '~-**wor·thy** navigable; qui tient la mer.

se·ba·ceous ⚕ [si'beiʃəs] sébacé.

se·cant ⅄ ['si:kənt] **1.** sécant; **2.** sécante f.

séc·a·teur ⚘ ['sekətə:] usu. (a pair of) ~s pl. (un) sécateur m.

se·cede [si'si:d] se séparer, faire scission (de, from); **se'ced·er** séparatiste m/f; eccl. dissident(e f) m.

se·ces·sion [si'seʃn] scission f; sécession f; eccl. dissidence f; **se'ces·sion·ist** sécessioniste m/f.

se·clude [si'klu:d] tenir éloigné; **se'clu·sion** [~ʒn] solitude f, isolement m.

sec·ond ['sekənd] **1.** □ second; deuxième; autre; he is ~ to none il ne le cède à personne (pour, in); on ~ thoughts toute réflexion faite; the ~ of May le deux Mai; Charles the ♉ Charles Deux; **2.** temps: seconde f; le (la) second(e f) m ou deuxième m/f; box. second m; duel: témoin m; ✝ ~s pl. articles m/pl. de deuxième qualité; ✝ ~ of exchange seconde f de change; **3.** seconder; appuyer (des débats, des troupes); ⚔ [si'kɔnd] mettre (un officier) en disponibilité; détacher; **sec·ond·ar·i·ness** ['sekəndərinis] caractère m secondaire ou peu important; '**sec·ond·ar·y** □ secondaire; auxiliaire; peu ou moins important; see school ♉ 1; '**sec·ond-'best** numéro deux; deuxième; f come off ~ être battu; '**sec·ond·er**

parl. deuxième parrain *m*; *be the ~ of a motion* appuyer une proposition;

sec·ond-hand 1. ['sekənd'hænd] d'occasion; *~ bookseller* bouquiniste *mf*; *~ bookshop* librairie *f* d'occasion; **2.** ['sekəndhænd] aiguille *f* des secondes; trotteuse *f*; **'sec·ond·ly** en second lieu; deuxièmement; **'sec·ond·rate** inférieur(e *f*); de qualité inférieure; ✝ *~ quality* seconde qualité *f.*

se·cre·cy ['si:krisi] discrétion *f*; secret *m*; **se·cret** ['~krit] **1.** ☐ secret (-ète *f*); caché, retiré, isolé; discret (-ète *f*); **2.** secret *m*; *in ~* en secret; *be in the ~* être du ou dans le secret.   [crétariat *m.*]

sec·re·tar·i·at(e) [sekri'tɛəriət] sé-⌐

sec·re·tar·y ['sekrətri] secrétaire *mf*; dactylo *f*; ♀ *of State* ministre *m*; *Am.* ministre *m* des Affaires étrangères; **'sec·re·tar·y·ship** secrétariat *m*; fonction *f* de secrétaire; *pol.* ministère *m.*

se·crete [si'kri:t] cacher; ✝♂ receler; *physiol.* sécréter; **se'cre·tion** *physiol.* sécrétion *f*; ✝♂ recel *m*; **se'cre·tive** *fig.* réservé, F cachottier (-ère *f*).

sect [sekt] secte *f*; **sec·tar·i·an** ['~tɛəriən] sectaire (*a. su./m*).

sec·tion ['sekʃn] section *f* (*a.* ☀, Å, Δ, ✕, *typ.*, *zo.*); ✕ groupe *m* de combat; *microscope etc.*: lame *f* mince; Δ coupe *f*, profil *m*; *typ.* paragraphe *m*, alinéa *m*; division *f*; tranche *f* (*a. d'oranges*); 🚗 secteur *m*, *Am.* compartiment *m*; *Am. ville*: quartier *m*; **'sec·tion·al** ☐ de classe *ou* parti; en profil, en coupe; ⊕ démontable; ⊕ sectionnel(le *f*); **'sec·tion-mark** paragraphe *m.*

sec·tor ['sektə] ✕, Å, ⊕, *admin.*, *astr.*, *cin.* secteur *m*; Å compas *m* de proportion.

sec·u·lar ☐ ['sekjulə] séculier (-ère *f*); laïque; très ancien(ne *f*); **sec·u·lar·i·ty** ['~læriti] mondanité *f*; laïcité *f*; *prêtre*: sécularité *f*; **'sec·u·lar·ize** séculariser; laïciser (*une école*); désaffecter (*une église*).

se·cure [si'kjuə] **1.** ☐ sûr; assuré; en sûreté; à l'abri (de *against*, *from*); ferme; **2.** mettre en sûreté *ou* à l'abri (de *from*, *against*); assurer, fixer, retenir; se procurer; s'emparer de; garantir (*une dette*); nantir (*un prêteur*); ✕ fortifier.

se·cu·ri·ty [si'kjuəriti] sécurité *f*; sûreté *f*; solidité *f*; caution *f*, garantie *f*; *securities pl.* titres *m/pl.*; *public securities pl.* fonds *m/pl.* d'État; ♀ *Council* Conseil *m* de sécurité; ♀ *Forces* forces *f/pl.* de sécurité; *be a ~ risk* constituer un risque pour la sécurité, ne pas être sûr.

se·dan [si'dæn] (*voiture f à*) conduite intérieure, limousine *f*; (*a. ~ chair*) chaise *f* à porteur.

se·date ☐ [si'deit] (re)posé; calme; **se'date·ness** calme *m*; manière *f* posée.

se·da·tion ♂ [si'deiʃən] sédation *f.*

sed·a·tive *usu.* ♂ ['sedətiv] calmant (*a. su./m*).

sed·en·tar·i·ness ['sedntərinis] sédentarité *f*; vie *f* sédentaire; **'sed·en·tar·y** ☐ sédentaire (*emploi*, *oiseau*, *troupes*, *vie*); assis.

sedge [sedʒ] ♀ carex *m*; F joncs *m/pl.*

sed·i·ment ['sedimənt] sédiment *m*; *vin:* lie *f*; ⌐ résidu *m*; *géol.* atterrissement *m*; **sed·i·men·ta·ry** *géol.* ['~mentəri] sédimentaire.

se·di·tion ☐ [si'diʃn] sédition *f*; **se'di·tious** ☐ [~ʃəs] séditieux (-euse *f*).

se·duce [si'dju:s] séduire; **se'duc·er** séducteur (-trice *f*) *m*; **se·duc·tion** [~'dʌkʃn] séduction *f*; **se'duc·tive** ☐ séduisant.

sed·u·lous ☐ ['sedjuləs] assidu.

see[1] [si:] [*irr.*] *v/i.* voir; *fig.* comprendre; *I ~* je comprends; *~ about* s'occuper de (*qch.*); *~ through* pénétrer les intentions de (*q.*), pénétrer (*qch.*); *~ to* s'occuper de; veiller à; *v/t.* voir; s'assurer (que, *that*); visiter; accompagner; remarquer; consulter (*le médecin*); comprendre; *~ s.th. done* veiller à ce que qch. soit faite *ou* se fasse; *go to ~ s.o.* aller voir q.; rendre visite à q.; *s.o. home* accompagner q. chez lui; *~ off* reconduire, conduire (*un hôte*, *une visite à la gare etc.*); *~ out* accompagner (*q.*) jusqu'à la porte; mener (*qch.*) à bonne fin; *~ through* assister jusqu'au bout à (*qch.*); soutenir (*q.*) jusqu'au bout; *live to ~* vivre assez longtemps pour voir.

see[2] [si:] évêché *m*; archevêché *m*; *Holy* ♀ Saint-Siège *m.*

seed [si:d] **1.** grain(e *f*) *m*; *coll.*, *a. fig.* semence *f*; ✝ lignée *f*; *go (ou run) to ~* s'afflicher (*terrain*); monter en graine (*plante*); *fig.* se décatir; **2.** *v/t.* semer; enlever la graine de (*un fruit*); *sp.* trier (*les joueurs*); ~ed players têtes *f/pl.* de série; *v/i.* venir à graine; monter en graine; s'égrener; '~**bed** *see* seed-plot; **seed·i·ness** ['~inis] état *m* râpé *ou* misérable; F (état *m* de) malaise *f*; '**seed·ling** ♣ (jeune) plant *m*; '**seed-plot** ♣ germoir *m*; **seeds·man** ['~zmən] grainetier *m*; '**seed·y** râpé, usé; F indisposé, souffrant.

see·ing ['si:iŋ] **1.** *su.* vue *f*, vision *f*; *worth* ~ qui vaut la peine d'être vu; **2.** *cj.*: ~ *that* puisque, étant donné que.

seek [si:k] [*irr.*] (*a.* ~ *after, for*) (re)chercher; poursuivre; *be to* ~ *fig.* être peu clair; '**seek·er** chercheur (-euse *f*) *m*.

seem [si:m] sembler; paraître; '**seem·ing 1.** □ apparent; soi-disant; **2.** apparence *f*; '**seem·li·ness** bienséance *f*, décence *f*, beauté *f*; '**seem·ly** convenable; agréable à voir.

seen [si:n] *p.p. de* see[1].

seep [si:p] (s'in)filtrer; suinter; '**seep·age** suintement *m*, infiltration *f*.

seer ['si:ə] voyant(e *f*) *m*, prophète *m*.

see-saw ['si:'sɔ:] **1.** bascule *f*; balançoire *f*; **2.** basculer; *fig.* balancer (*personne*).

seethe [si:ð] bouillonner; s'agiter (*a. fig.*); *fig.* grouiller (de, *with*).

seg·ment ['segmənt] Å *etc.* segment *m*; *orange*: tranche *f*.

seg·re·gate ['segrigeit] (se) séparer; **seg·re·ga·tion** séparation *f*; *pol.* ségrégation *f*; **seg·re·ga·tion·ist** ségrégationniste *mf*, *adj.*

seine [sein] *filet*: seine *f*.

sei·sin ɡ̨ʒ̨ ['si:zin] saisine *f*.

seis·mic ['saizmik] sismique; **seis·mo·graph** ['saizməgrɑ:f] sismographe *m*; **seis·mol·o·gy** [~'mɔlədʒi] sismologie *f*.

seize [si:z] *v/t.* saisir (*a.* = *comprendre*); s'emparer de; ⚓ amarrer (*des cordages*), velter (*un espar*); ɡ̨ɡ̨, *admin.* confisquer; *v/i.* ⊕ gripper; (se) caler; ~ *upon* saisir (*a. fig.*); '**seiz·ing** saisie *f*; empoignement *m*; ⊕ grippage *m*; ⚓ amarrage *m*; **sei·zure** ['~ʒə] saisie *f* (*a.* ɡ̨ɡ̨); ♨ (attaque *f* d')apoplexie *f*.

sel·dom *adv.* ['seldəm] peu souvent, rarement.

se·lect [si'lekt] **1.** choisir; sélectionner; trier; **2.** choisi; d'élite; très fermé (*cercle*); **se·lec·tion** choix *m*; ♀, *zo.* sélection *f*; ♪ sélection *f* (sur, *from*); emprunté à q., *from s.o.*); morceaux *m/pl.* choisis (de, *from*); **se·lec·tive** □ de sélection; *radio*: sélecteur (-trice *f*); sélectif (-ive *f*); **se·lec·tiv·i·ty** [~'tiviti] *radio*: sélectivité *f*; **se·lect·man** *Am.* membre *m* du conseil municipal (*Nouvelle-Angleterre*); **se·lec·tor** *radio*: sélecteur *m*.

self [self] **1.** *pron.* même; ✝ *ou* F *see* myself; **2.** *adj.* automatique; de même; non mélangé; ♀ de couleur uniforme; ♀ *zo.* sélection *f*; **3.** *su.* (*pl.* **selves** [selvz]) personnalité *f*; moi *m*; *my poor* ~ ma pauvre (petite) personne *f*; '~-**a'base·ment** humiliation *f* de soi-même; '~-**act·ing** automatique; '~-**ad'he·sive** auto-adhésif (-ive *f*); '~-**as'ser·tion** caractère *m* impérieux; autoritarisme *m*; '~-**as'ser·tive** impérieux (-euse *f*); autoritaire; '~-**as'sur·ance** confiance *f* en soi; assurance *f*; '~-**as'sured** sûr de soi; plein d'assurance; '~-**cen·tred**, *Am.* '~-**'cen·tered** égocentrique; '~-**com'mand** maîtrise *f* de soi; sang-froid *m*; '~-**con'ceit** suffisance *f*, vanité *f*; '~-**con'ceit·ed** suffisant, vaniteux (-euse *f*); '~-**'con·fi·dence** confiance *f* en soi; '~-**'con·fi·dent** sûr de soi, plein de confiance en soi; '~-**'con·scious** gêné; contraint; ~-**con'tained** [~kən'teind] indépendant; réservé (*personne*); ~ *country* pays *m* qui se suffit à lui-même; ~ *flat* appartement *m* indépendant; '~-**con'trol** maîtrise *f* de soi; possession *f* de soi-même; '~-**de'fence** défense *f* personnelle; *in* ~ en légitime défense; '~-**de'ni·al** abnégation *f* (de soi); '~-**de·ter·mi'na·tion** libre disposition *f* de soi-même; '~-**ed·u·cat·ed** autodidacte; '~-**es'teem** respect *m* de soi; '~-**'ev·i·dent** évident en soi; '~-**ex'plan·a·to·ry** évident (en soi), qui s'explique de soi-même; '~-**'gov·ern·ing** autonome; '~-**im'port·ance** suffisance *f*, présomption *f*; '~-**im'port·ant** suffisant, présomptueux (-euse *f*); '~-**'in·ter·est** intérêt *m* personnel; '**self·ish** □ égoïste;

intéressé; '**self·ish·ness** égoïsme *m*.
self...: '**~·less** altruiste, désintéressé;
'**~·made** ~ *man* fils *m* de ses
œuvres; parvenu *m*; '**~·o'pin·ion·**
at·ed entêté, opiniâtre; '**~·'pit·y**
apitoiement *m* sur soi-même; '**~·**
'**por·trait** autoportrait *m*; '**~·pos·**
'**sessed** calme, qui a du sang-froid;
'**~·pos'ses·sion** aplomb *m*, sang-
froid *m*; '**~·pre·ser'va·tion** conservation *f* de soi-même; '**~·pro'pelled**
autopropulsé; '**~·re'gard** respect *m*
de soi; '**~·re'li·ance** indépendance
f; '**~·re'li·ant** indépendant; '**~·**
re'spect respect *m* de soi; '**~·**
re'spect·ing qui se respecte; '**~·**
'**right·eous** pharisaïque; '**~·same**
poét. identique; '**~·'seek·ing** intéressé, égoïste; '**~·'serv·ice res·tau·**
rant restaurant *m* libre-service, self-
service *m*; '**~·'start·er** mot. (auto-)
démarreur *m*; '**~·suf·fi·cien·cy**
indépendance *f*, suffisance *f*; '**~·**
'**will** obstination *f*, opiniâtreté *f*; '**~·**
'**willed** obstiné, opiniâtre; '**~·**
'**wind·ing** (à remontage) automatique.

sell [sel] [*irr.*] **1.** *v/t.* vendre (*a. fig.*); F
tromper; *Am.* F convaincre, persua-
der; F **~** (*out*) vendre tout son stock de
(*qch*); **⚓ ~** *off* solder; liquider; **~** *up*
vendre (*q.*); *v/i.* se vendre; être en
vente; **⚓ ~** *off* (*ou out*) liquider; tout
vendre; **2.** F déception *f*, blague *f*;
'**sell·er** vendeur (-euse *f*) *m*; **⚓** *good*
etc. **~** article *m* de bonne *etc.* vente;
best **~** livre *m* à (gros) succès, best-
seller *m*; '**sell·out** F succès *m* énorme, pièce *f* etc. pour laquelle tous les
billets sont vendus; trahison *f*; capitulation *f*.

selt·zer ['seltsə] (*a. **~** water*) eau *f* de
Seltz.

sel·vage, **sel·vedge** ['selvidʒ] *tex.*
lisière *f*; *géol.* salbande *f*.

se·man·tics [si'mæntiks] *sg.* sèman-
tique *f*.

sem·a·phore ['seməfɔː] **1.** sémaphore *m*; signal *m* à bras; **2.** transmettre par sémaphore *ou* par signaux à bras.

sem·blance ['sembləns] semblant
m, apparence *f*.

sem·i... [semi] semi-; demi-; à
moitié; *m*. '**~·breve** ♩ ronde *f*;
'**~·cir·cle** demi-cercle *m*; '**~·co·lon**
point-virgule (*pl.* points-virgules)
m; '**~·con·duc·tor** ⚡ semi-conduc-

teur *m*; '**~·'fi·nal** *sp.* demi-finale *f*;
'**~·man·u·'fac·tured** semi-ouvré.

sem·i·nal ['si:minl] séminal (-aux
m/pl.); *fig.* embryonnaire.

sem·i·nar ['semina:] *univ.* séminaire
m.

sem·i·nar·y ['seminəri] *fig.* pensionnat *m* (*de jeunes filles*); *eccl.* séminaire
m.

sem·i·of·fi·cial ['semiə'fiʃl] officieux (-euse *f*), semi-officiel(le *f*).

sem·i·prec·ious ['semi'preʃəs]: **~**
stone pierre *f* fine *ou* sémi-précieuse.

sem·i·qua·ver ♩ ['semikweivə]
double croche *f*.

Sem·ite [si:mait] Sémite *mf*; **Se·**
mit·ic [si'mitik] sémitique.

sem·i·tone ♩ ['semitoun] demi-ton
m, semi-ton *m*. [voyelle.]

sem·i·vow·el ['semi'vauəl] semi-)

sem·o·li·na [semə'li:nə] semoule *f*.

sem·pi·ter·nal □ *poét.* [sempi-
'tə:nl] éternel(le *f*).

semp·stress ['sempstris] (ouvrière
f) couturière *f*.

sen·ate ['senit] sénat *m*; *univ.* conseil *m* de l'université.

sen·a·tor ['senətə] sénateur *m*; **sen·**
a·to·ri·al □ [~'tɔ:riəl] sénatorial
(-aux *m/pl.*).

send [send] [*irr.*] *v/t.* envoyer; expédier; diriger (*un coup, une balle*);
remettre (*de l'argent*); rendre (*fou*
etc.); **~** *s.o.* (*gér.*) faire q. (*inf.*); *see*
pack 2; **~** *forth* envoyer (dehors);
répandre; émettre; lancer; ⚓ pous-
ser; **~** *in* faire (r)entrer; envoyer; **~**
in one's name se faire annoncer; **~**
off expédier; faire partir; envoyer;
~ *word* faire monter (*a. fig.*); **~** *word to*
s.o. envoyer un mot à q.; *v/i.*:
~ *for* faire venir, envoyer chercher;
'**send·er** envoyeur (-euse *f*) *m*;
lettre, télégramme: expéditeur (-trice
f) *m*; *tél.* transmetteur *m*; '**send·**
'**off** fête *f* d'adieu; *sl.* recommandation *f*, début *m*.

se·nile ['si:nail] sénile; **se·nil·i·ty**
[si'niliti] sénilité *f*.

sen·ior ['si:njə] **1.** aîné; plus âgé (que,
to); supérieur (à, *to*); premier (-ère *f*)
(*commis etc.*); **~** *citizens etc.* personnes
f/pl. âgées; **⚓ ~** *partner* associé *m*
principal; **2.** aîné(e *f*) *m*; le (la) plus
ancien(ne *f*) *m*; supérieur(e *f*) *m*;
Am. univ. étudiant(e *f*) *m* de quatrième année; *he is my **~** by a year, he*
*is a year my **~*** il est mon aîné d'un an;

sen·ior·i·ty [si:ni'ɔriti] priorité f d'âge; *grade:* ancienneté f.

sen·sa·tion [sen'seiʃn] sensation f (a. fig. = effet sensationnel); sentiment m, impression f; **sen·sa·tion·al** □ sensationnel(le f); à sensation (roman etc.); **sen·sa·tion·al·ism** recherche f du sensationnel.

sense [sens] 1. sens m; sentiment m; sensation f; intelligence f; signification f; ~ of direction sens m de l'orientation; ~ of duty sentiment m du devoir; ~ of humo(u)r (sens m de l')humour m; ~ of time notion f de l'heure; common (ou good) ~ sens m commun; bon sens m; in one's ~s sain d'esprit; be out of one's ~s avoir perdu le sens ou la tête; bring s.o. to his ~s remener q. à la raison; make ~ être compréhensible; make ~ of arriver à comprendre; talk ~ parler raison; 2. sentir; Am. comprendre.

sense·less □ ['senslis] insensé, déraisonnable, stupide; sans connaissance, inanimé; **'sense·less·ness** stupidité f, absurdité f; insensibilité f.

sen·si·bil·i·ty [sensi'biliti] sensibilité f (à, to); conscience f (de ou of, ~ to light sensibilité f à la lumière.

sen·si·ble □ ['sensəbl] sensible, perceptible; appréciable; conscient (de, of); raisonnable, sensé; fig. pratique; be ~ of se rendre compte de (qch.); avoir conscience de (qch.); **'sen·si·ble·ness** bon sens m; intelligence f; raison f.

sen·si·tive □ ['sensitiv] sensible (à, to); susceptible; ombrageux (-euse f) (à l'endroit de, with regard to); † instable (marché); phot. sensible (papier), impressionnable (plaque); **'sen·si·tive·ness, sen·si·tiv·i·ty** [~'tiviti] sensibilité f (à, to).

sen·si·tize phot. ['sensitaiz] rendre sensible.

sen·so·ri·al [sen'sɔ:riəl], **sen·so·ry** ['~səri] sensoriel(le f); des sens.

sen·su·al □ ['sensjuəl] sensuel(le f); **'sen·su·al·ism** sensualité f; phls. sensualisme m; **'sen·su·al·ist** sensualiste mf; voluptueux (-euse f); **sen·su·al·i·ty** [~'æliti] sensualité f.

sen·su·ous □ ['sensjuəs] qui provient des sens; voluptueux (-euse f).

sent [sent] prét. et p.p. de send.

sen·tence ['sentəns] 1. ♿ jugement

m; condamnation f; peine f; gramm. phrase f; serve one's ~ subir sa peine; see life; 2. condamner (à, to).

sen·ten·tious [sen'tenʃəs] □ sententieux (-euse f); **sen·ten·tious·ness** caractère m ou ton m sentencieux.

sen·tient ['senʃnt] sensible.

sen·ti·ment ['sentimənt] sentiment m; opinion f; sentimentalité f; toast m; see ~ality; **sen·ti·men·tal** □ [~'mentl] sentimental (-aux m/pl.); ~ value valeur f affective; **sen·ti·men·tal·i·ty** [~'tæliti] sentimentalité f; sensiblerie f.

sen·ti·nel ['sentinl], **sen·try** ['sentri] ✕ sentinelle f; factionnaire m.

sen·try...: '~-box guérite f; '~-go faction f.

se·pal ♣ ['si:pəl] sépale m.

sep·a·ra·bil·i·ty [sepərə'biliti] séparabilité f; **'sep·a·ra·ble** □ séparable; **sep·a·rate 1.** □ ['seprit] séparé, détaché; indépendant; particulier (-ère f); ~ property biens m/pl. réservés; 2. ['~əreit] (se) séparer; (se) détacher; (se) désunir; v/t. ~ o.s. from se séparer de; rompre avec; **sep·a·ra·tion** séparation f (d'avec q., from s.o.); opt. etc. écart m; **sep·a·ra·tist** ['~ərətist] pol., a. eccl. séparatiste mf; **sep·a·ra·tor** ['~reitə] séparateur m; classeur m; (a. cream-~) écrémeuse f.

se·pi·a icht., a. peint. ['si:pjə] sépia f.

se·poy ['si:pɔi] cipaye m (= soldat de l'Inde anglaise).

sep·sis ♣ ['sepsis] septicémie f; putréfaction f.

Sep·tem·ber [sep'tembə] septembre m.

sep·ten·ni·al □ [sep'tenjəl] septennal (-aux m/pl.); ~ly tous les sept ans.

sep·tic ♣ ['septik] septique.

sep·tu·a·ge·nar·i·an ['septjuedʒi'neəriən] septuagénaire (a. su.).

se·pul·chral [si'pʌlkrəl] sépulcral (-aux m/pl.); **sep·ul·chre** poét. ['sepəlkə] 1. sépulcre m, tombeau m; 2. ensevelir; servir de tombe(au) à; **sep·ul·ture** ['sepəltʃə] sépulture f.

se·quel ['si:kwəl] suite f; fig. a. conséquence f; in the ~ par la suite.

se·quence ['si:kwəns] suite f; succession *f*; ordre *m*; ♪, cartes, cin.: séquence *f*; cin. F scène *f*; gramm. ~ *of tenses* concordance *f* des temps; **'se·quent** conséquant; consécutif (-ive *f*) (à [up]on, to); qui suit.

se·ques·ter [si'kwestə] *see* sequestrate; ~ *o.s.* se retirer (de, from); ~ed retiré, isolé; ♣♣ séquestré.

se·ques·trate ♣♣ [si'kwestreit] séquestrer (*des biens*), mettre en séquestre; confisquer; **se·ques·tra·tion** [si:kwes'treiʃn] retraite *f*; confiscation *f*; ♣♣ séquestration *f*; **'se·ques·tra·tor** ♣♣ séquestre *m*.

se·quin ['si:kwin] paillette *f*.

se·quoi·a ♣ [si'kwɔiə] séquoia *m*.

se·rag·li·o [se'rɑːliou] sérail *m*.

ser·aph ['serəf], *pl. a.* **-a·phim** ['~fim] séraphin *m*; **se·raph·ic** [se'ræfik] (~ally) séraphique.

Serb [səːb], **Ser·bi·an** ['~jən] **1.** serbe; **2.** *ling.* serbe *m*; Serbe *mf*.

sere *poét.* [siə] flétri, desséché.

ser·e·nade [seri'neid] **1.** ♪ sérénade *f*; **2.** donner une sérénade à.

se·rene □ [si'riːn] serein, calme, paisible; *titre:* 2 sérénissime; *Your* 2 *Highness* votre Altesse *f* sérénissime; **se·ren·i·ty** [si'reniti] sérénité *f* (*a. titre*); calme *m*.

serf [səːf] serf (*serve f*) *m*; **'serf·age**, **'serf·dom** servage *m*.

serge [səːdʒ] serge *f*; *cotton* ~ sergé *m*.

ser·geant ✕ ['sɑːdʒnt] sergent *m*; (*a. police* ~) brigadier *m*; **'~ ·ma·jor** ✕ adjudant *m*.

se·ri·al □ ['siəriəl] **1.** de série; en série; de reproduction en feuilleton (*droit*); ~ly en série, par série; en feuilleton; **2.** roman-feuilleton (*pl.* romans-feuilletons) *m*; **se·ri·al·ize** publier *ou* adapter en feuilleton *ou* épisodes (*un roman etc.*).

se·ries ['siəri:z] *sg., a. pl.* série *f*, suite *f* (*a.* ♣); ⚡ *connect* (*ou join*) *in* ~ grouper en série; ~ *connexion* montage *m* en série.

se·ri·ous □ ['siəriəs] sérieux (-euse *f*) (= grave); réfléchi; sincère; gros, *etc.*); *be* ~ ne pas plaisanter; **'se·ri·ous·ness** gravité *f*; sérieux *m*.

ser·jeant *hist.* ['sɑːdʒnt] (*a.* ~ *at law*) avocat *m* (supérieur); *Common* 2 magistrat *m* de la corporation de Londres; *parl.* 2-*at-arms* commandant *m* militaire du Parlement.

ser·mon ['səːmən] sermon *m* (*a.*

fig.); *catholique:* prône *m*, *protestant:* prêche *m*; **'ser·mon·ize** *v/i.* prêcher; *v/t.* chapitrer; faire la morale à.

se·rol·o·gy ♣ [siə'rɔlədʒi] sérologie *f*.

se·rous ['siərəs] séreux (-euse *f*).

ser·pent ['səːpənt] serpent *m*; **ser·pen·tine** ['~ain] **1.** serpentin; serpentant; tortueux (-euse *f*); **2.** *min.* serpentine *f*.

ser·rate ['serit], **ser·rat·ed** [se'reitid] dentelé; denté (en scie); **ser·ra·tion** dent(el)ure *f*; *anat.* engrenure *f*.

ser·ried ['serid] serré.

se·rum ['siərəm] sérum *m*.

serv·ant ['səːvənt] serviteur *m*; domestique *mf*; employé(e *f*) *m*; (*a.* ~*-girl ou* ~*-maid*) servante *f*, bonne *f*; *see civil*; ~*s pl.* domestiques *m/pl.*; personnel *m*; ~*s' hall* office *m*; salle *f* commune des domestiques.

serve [səːv] **1.** *v/t.* servir (*a.* ✕, ⚓, *eccl., tennis*, [*a.* ~ *up*] *un mets*); être utile à; contenter; ⛽, *compagnie de gaz, etc.*: desservir, traiter (*q.*) (*bien ou mal*); subir, purger (*une peine*); ♣♣ ~ *a writ on s.o.*, ~ *s.o. with a writ* délivrer une assignation à *q.*; (*it*) ~*s him right* cela lui apprendra; *see sentence 1*; ~ *out* distribuer (*qch.*); F faire payer (*qch. à q., s.o. s.th.*); *v/i.* servir (à, for; de, as); ✕ servir dans l'armée; ✕ faire la guerre (sous, under); être favorable (*temps*); ~ *at table* servir à table; ~ *on a jury* être du jury; *tennis:* service *m*; **'server** *tennis:* serveur (-euse *f* m); *eccl.* acolyte *m*.

serv·ice ['səːvis] **1.** service *m* (*a.* ✕, ⚓, *domestique, mets, tennis, a. fig.*); eau, électricité, gaz: distribution *f*; entretien *m*; *mot.* entretien *m* et dépannage *m*; *fonctionnaire:* emploi *m*; disposition *f*; (*a. divine* ~) office *m*, *protestantisme:* service *m*, culte *m*; ⚓ *cordage:* fourrure *f*; ♣♣ délivrance *f*, signification *f*; ⚓ *etc.* parcours *m*, ligne *f*; *fig.* utilité *f*; garniture *f* (*de toilette*); *the* (*army*) ~*s pl.* l'armée *f*; *public* ~*s pl.* services *m/pl.* publics; ✕ *Army* 2 *Corps* service *m* de l'Intendance, F *le Train m*; *see civil*; *be at s.o.'s* ~ être à la disposition de *q.*; **2.** entretenir et réparer (*les automobiles etc.*); soigner l'entretien de; '**serv·ice·a·ble** □ utile, pratique; durable, avantageux (-euse *f*); en état de fonctionner; utilisable; serviable; '**serv·ice-a·ble·ness** utilité *f*; état *m* satisfaisant; solidité *f*.

serv·ice...: ~ **ar·e·a** *mot.* aire *f* de service; '~**ball** *tennis*: balle *f* de service; ~ **charge** service *m*; '~**line** *tennis*: ligne *f* de service *ou* fond; ~ **pipe** ⊕ branchement *m*; ~ **sta·tion** station-service (*pl.* stations-service) *f*; '~**tree** ♀ cormier *m*.

ser·vile □ ['sə:vail] servile (*a. fig.*); d'esclave; bas(se *f*) (*personne*); vil; **ser·vil·i·ty** [Ɩˌviliti] servilité *f* (*a. d'une personne*); bassesse *f*; *copie*: exactitude *f* trop étroite.

ser·vi·tude ['sə:vitju:d] servitude *f* (*a. ⚖*); asservissement *m*, esclavage *m*; *see* penal.

ses·a·me ♀, *a. fig.* ['sesəmi] sésame *m*.

ses·qui·pe·da·li·an ['seskwipi'deiljən] sesquipédale; *fig.* ampoulé, pédant (*personne*).

ses·sion ['seʃn] session *f* (*a. ⚖*); séance *f*; *univ.* année *f* universitaire; be in ~ siéger (□ être en session; '**ses·sion·al** de (la) session; annuel(le *f*).

set [set] **1.** [*irr.*] *v/t.* mettre (*a. le couvert*), poser (*a. un problème, une question*), placer; imposer (*une tâche*); régler (*la montre, a. ⊕*); mettre (*le réveille-matin*) (sur, for); dresser (*un piège*); donner (*un exemple*); fixer (*un jour, la mode*); ⚖ planter; lancer (*un chien*) (contre at, on); ajuster; ⊕ redresser (*une lime*); affiler (*un outil*); affûter (*une scie*); monter (*une pierre précieuse*); *théâ.* le décor); déployer (*la voile*); mettre en plis (*les cheveux*); ⚖ remettre; ~ *s.o. laughing* provoquer les rires de q., faire rire q.; ~ *the fashion* lancer la mode; fixer *ou* mener la mode; ~ *sail* faire voile, prendre la mer; ~ *one's teeth* serrer les dents; ~ *against* animer *ou* prévenir contre; *see apart*; ~ *aside* mettre de côté; *fig.* rejeter, laisser de côté; écarter; ⚖ casser; ~ *at defiance* défier (*q.*); ~ *at ease* mettre à son aise; ~ *at liberty* mettre en liberté; ~ *at rest* calmer; décider (*une question*); ~ *down* (dé)poser; consigner par écrit; attribuer (à,

to); prendre (*q.*) (pour, for); ~ *forth* énoncer; exposer; formuler; ~ *off* compenser (par, *against*); faire ressortir, rehausser; faire partir (*une fusée*); ~ *on* inciter à attaquer; acharner (contre, on); lancer (contre, on); mettre (à *inf.*, to *inf.*); ~ *out* arranger, disposer; étaler; équiper (*q.*); orner (*q.*); mettre dehors; ~ *up* monter, dresser; fixer; relever; organiser; fonder; monter (*un magasin*); occasionner; afficher (*des prétentions*); mettre en avant; pousser (*une clameur*); rétablir (la santé); *typ.* ~ *up in type* composer; **2.** [*irr.*] *v/i.* se coucher (*soleil etc.*); se prendre; se figer (*gelée etc.*); prendre racine (*plante*); tomber (*robe etc.*); devenir fixe; ⚕ se nouer (*a. fruit*); souffler (*vent*); porter (*marée*); *chasse*: tomber en arrêt; ~ *about* se mettre à (*qch.*); attaquer (*q.*); ~ *forth* partir; ~ *forward* se mettre en route; ~ *in* commencer; ~ *off* se mettre en route; partir; ~ *out* se mettre en route; faire voile; partir; commencer à descendre (*marée*); ~ *to* se mettre au travail; F en venir aux coups; ~ *up* se poser (en, as); s'établir (qch., *as s.th.*); ~ *up for* poser pour; se donner des airs de; ~ (*up*)*on* attaquer; † se mettre à; **3.** fixe; résolu; pris; noué, immobile, assigné; prescrit; ~ (*up*)*on* déterminé à; résolu à; ~ *with* orné de; ~ *fair* (au beau (fixe) (*baromètre*); ~ *hard* ~ fort embarrassé; *peint. etc.* ~ *piece* pièce *f* montée; *théâ.* ferme *f*; ~ *speech* discours *m* étudié; **4.** ensemble *m*; collection *f*; série *f* (*a. ♀*); garniture *f* (*de boutons etc.*; *a. de toilette etc.*); porcelaine, linge: service *m*; lingerie, pierres précieuses: parure *f*; casseroles *etc.*: batterie *f*; échecs, outils, *etc.*: jeu *m*; coterie *f*, monde *m*, bande *f*; groupe *m* (*a. ♀*); *scie*: voie *f*; *cheveux*: mise *f* en plis; *radio*: poste *m*, ⚓ plaçon *m*; *tennis*: set *m*; ⚓ *voiles*: orientation *f*; *poét.* soleil: coucher *m*; *fig.* attaque *f*; *théâ.* décor *m* (monté); (*a. ~ scene*) mise *f* en scène; ~ *of teeth* denture *f*; *of false teeth* dentier *m*.

set·back ['set'bæk] *fig.* échec *m*; † recul *m*; mur *m* en retrait; '**set·down** humiliation *f*; '**set·off** contraste *m*; † compensation *f*; ⚖ reconvention *f*; △ saillie *f*; *voyage*:

shabbiness

départ *m*; '**set-**'**square** ↑ équerre *f* à dessin.

set-tee [se'ti:] canapé *m*.

set-ter ['setə] *typ.* compositeur *m*; poseur *m*; monteur *m etc.*; *see* set 1; *chasse:* chien *m* d'arrêt, setter *m*.

set-ting ['setiŋ] mise *f* (*a.* en musique, *to music*); *a. scie:* en voie; *cheveux:* en plis); arrangement *m* (*a. ♪*); ♪ ton *m*; *astr.* coucher *m*; monture *f* (*d'une pierre précieuse*); *spécimen:* montage *m*; *fig.* encadrement *m*; *théâ.* mise *f* en scène; *typ.* composition *f*; ⊕ calage (*un liquide*); ⊕ installation *f*; ⊕ outil: aiguisage *m*; ciment, gelée: prise *f*; ૹ os: recollement *m*; *fracture:* réduction *f*; '**~-lo-tion** *cheveux:* fixatif *m*.

set-tle ['setl] 1. banc *m* à dossier; 2. *v/t.* fixer; établir; installer; calmer (*un enfant*); régler (*un compte*); arranger (*une dispute*, ぞ *un procès*); résoudre (*une question*); décider; ぞ assigner (*à, on*); clarifier (*un liquide*); coloniser (*un pays*); *v/i.* (*souv. ~ down*) s'établir (*p.ex. à Paris*); se calmer (*enfant, passion*); (*a. ~ o.s.*) s'installer; se poser (*oiseau*); se tasser (*maison, sol*); ♪ s'enfoncer; se remettre au beau (*temps*); (*a. ~ up*) s'acquitter (envers, *with*); se clarifier (*liquide*); se rasseoir (*vin*); se décider (pour, *on*); se ranger (*conduite, personne*); se mettre (à, *to*); *it is settling for a frost* le temps est à la gelée.

set-tled ['setld] sûr (*a. temps*); ♪ établi (*temps, brise*); enraciné (*idée etc.*); rangé (*personne*); † réglé; † *~!* pour acquit.

set-tle-ment ['setlmənt] établissement *m*; installation *f*; *sol etc.*: tassement *m*; arrangement *m*; *problème:* solution *f*; colonie *f*; ぞ constitution *f* de rente (en faveur de, *on*); ぞ contrat *m*; *fig.* accord *m*; † règlement *m*; liquidation *f*; † *for ~* à terme.

set-tler ['setlə] colon *m*; F coup *m* décisif.

set-tling ['setliŋ] établissement *m etc.*; *see* settle 2; † règlement *m*.

set...: '**~-**'**to** dispute *f*; lutte *f*; prise *f* de becs; '**~-**'**up** organisation *f*; *Am. sl.* affaire *f* bricolée (*surt. match de boxe*).

sev-en ['sevn] sept (*a. su./m*); '**sev-en-fold** 1. *adj.* septuple; 2. *adv.* sept

fois autant; **sev-en-teen(th)** ['~-'ti:n(θ)] dix-sept(ième) (*a. su./m*); **sev-enth** ['~θ] 1. □ septième; 2. septième *m*, ♪ *f*; **sev-en-ti-eth** ['~tiiθ] soixante-dixième (*a. su./m*); '**sev-en-ty** soixante-dix (*a. su./m*).

sev-er ['sevə] (se) séparer, rompre; *v/t.* couper; désunir.

sev-er-al □ ['sevrəl] plusieurs; quelques; divers; séparé, différent; individuel(le *f*) (*surt.* ぞ); ぞ joint and ~ solidaire; '**sev-er-al-ly** séparément; chacun à soi.

sev-er-ance ['sevərəns] séparation *f*; disjonction *f* (*a.* ぞ).

se-vere □ [si'viə] sévère (*beauté, personne, regard, style, etc.*); vif (vive *f*) (*douleur*); grave (*blessure, maladie*); intense, violent; rigoureux (-euse *f*) (*personne, sentence, climat, hiver, temps, etc.*); dur; **se-ver-i-ty** [~'veriti] sévérité *f*; violence *f*; gravité *f*; rigueur *f*.

sew [sou] [*irr.*] coudre; brocher (*un livre*); ~ up coudre; faire un point à (*une robe etc.*).

sew-age ['sju:idʒ] eaux *f/pl.* d'égouts; ~ farm champs *m/pl.* d'épandage.

sew-er¹ ['souə] couseur (-euse *f*) *m*; *livres:* brocheur (-euse *f*) *m*.

sew-er² ['sjuə] égout *m*; '**sew-er-age** système *m* d'égouts.

sew-ing ['souiŋ] couture *f*; *livres:* brochage *m*; ouvrage *m* à l'aiguille; *attr.* à coudre.

sewn [soun] *p.p.* de sew.

sex [seks] sexe *m*; *attr.* sexuel(le *f*); ~ appeal sex-appeal *m*; attrait *m*; ~ education enseignement *m* de la biologie humaine; F *have ~ with* coucher avec.

sex-a-ge-nar-i-an [seksədʒi'nɛəriən] sexagénaire (*a. su.*); **sex-en-ni-al** □ [sek'senjəl] sexennal (-aux *m/pl.*).

sex-tant ['sekstənt] sextant *m*.

sex-ton ['sekstən] sacristain *m*; F fossoyeur *m*; F sonneur *m* (*du glas*).

sex-tu-ple ['sekstjupl] sextuple (*a. su./m*).

sex-u-al □ ['seksjuəl] sexuel(le *f*); ~ desire désir *m* sexuel; ~ intercourse rapports *m/pl.* sexuels; ~ urge instinct *m* sexuel, pulsion *f* sexuelle; **sex-u-al-i-ty** [~'æliti] sexualité *f*; **sex-y** F ['seksi] qui a du sex-appeal, F sexy *inv.*

shab-bi-ness ['ʃæbinis] état *m* râpé;

pauvreté f; mesquinerie f; **'shab-by** ☐ râpé, usé; pauvre; fig. mesquin, vilain; fig. parcimonieux (-euse f).

shack surt. Am. [ʃæk] cabane f.

shack·le ['ʃækl] **1.** fer m (fig. usu. ~s pl.), entraves f/pl., contrainte f; ⚓ maillon m (de chaîne); ⊕ maillon m de liaison; **2.** entraver (a. fig.); ⊕ maniller; ⚓ étalinguer (une an-) shad icht. [ʃæd] alose f. [cre).)

shade [ʃeid] **1.** ombre f; fig. obscurité f; lampe: abat-jour m/inv.; yeux: garde-vue m/inv.; couleur, opinion: nuance f; teinte f; Am. fenêtre: store m; fig. soupçon m, nuance f; **2.** v/t. ombrager; obscurcir (a. fig.); fig. assombrir, voiler, masquer (la lumière); abriter (de, from); tex. etc. nuancer; peint. ombrer; dessin etc.: hachurer; ~ one's eyes with mettre (qch.) en abat-jour (sur les yeux); ~ away (ou off) estomper; v/i. (ou ~ off) se fondre (en, qqfois dans into); **shades** [ʃeidz] pl. F lunettes f/pl. de soleil.

shad·i·ness ['ʃeidinis] ombre f, ombrage m; F aspect m louche; réputation f louche.

shad·ow ['ʃædou] **1.** ombre f (a. fig.); peint., phot. noir m; tex. police: filateur (-trice f) m; fig. mauvaise foi f; ~ boxing boxe f à vide; pol. Brit. ~ cabinet cabinet m fantôme; **2.** ombrager; tex. chiner; police: filer (q.); (usu. ~ forth, out) faire pressentir, symboliser; **'shad·ow·y** ombragé; obscur, ténébreux (-euse f); indécis, faible.

shad·y ['ʃeidi] ombragé, à l'ombre; frais (fraîche f); F louche; F be on the ~ side of forty avoir dépassé la quarantaine.

shaft [ʃɑːft] flèche f (a. fig.); manche m; lance: hampe f; poét. lumière: trait m; ⊕ arbre m; voitures: brancard m; ⚒ puits m.

shag [ʃæg] **1.** ⚹ peluche f; tabac m fort coupé fin; broussaille f; ⚹ poil m touffu; **2.** ébouriffer (les cheveux); **shag·gy** ['ʃægi] ébouriffé (cheveux); touffu (barbe); en broussailles (sourcils); ⚹ poilu. [chagrin m.)

sha·green [ʃəˈgriːn] (peau f de))

Shah [ʃɑː] s(c)hah m.

shake [ʃeik] **1.** [irr.] v/t. secouer; agiter; ébranler; fig. bouleverser; fig. effrayer; ~ down faire tomber

(qch.) en secouant; tasser (qch.) en le secouant; Am. sl. ~ s.o. down for faire cracher (une somme) à q.; ~ up hands serrer la main (a, with); ~ up secouer (a. F fig.); agiter; v/i. trembler (de, with; devant, at); chanceler; branler (tête); ♪ faire des trilles; ~ down s'habituer (à, [in]to); s'installer; **2.** secousse f; tremblement m (Am. de terre); ♪ trille m; hochement m (de tête); F rien m de temps; ~ of the hand see ~hands; F no great ~s bien médiocre, bien peu de chose; '~'down lit m improvisé; Am. sl. extorsion f; ⚓ Am. ~ cruise voyage m d'essai; '~-hands serrement m ou poignée f de main; **'shak·en 1.** p.p. de shake 1; **2.** secoué, ébranlé; '**shak·er** secoueur (-euse f) m; ⊕ secoueur m; shaker m; eccl. ♀ Trembleur (-euse f) m.

shake-up Am. F ['ʃeikˈʌp] remaniement m; chose f improvisée.

shak·i·ness ['ʃeikinis] manque m de solidité; tremblement m; voix: chevrotement m; '**shak·y** ☐ peu solide; chancelant; tremblant; fig. véreux (-euse f) (cas, compagnie, etc.).

shall [ʃæl] [irr.] v/aux. (défectif) usité pour former le fut.; qqfois je veux etc., je dois etc.; promesse, menace: se traduit par le fut.

shal·lot ⚹ [ʃəˈlɔt] échalote f.

shal·low ['ʃælou] **1.** peu profond; fig. superficiel(le f); **2.** bas-fond m; **3.** v/t. rendre ou v/i. devenir moins profond; '**shal·low·ness** peu m de profondeur; fig. superficialité f.

shalt † [ʃælt] 2ᵉ personne du sg. de shall.

sham [ʃæm] **1.** faux (fausse f), simulé; feint; **2.** feinte f, sl. chiqué m; personne: imposteur m; **3.** v/t. feindre, simuler; faire; v/i. faire semblant; jouer une comédie; ~ ill faire le malade.

sham·ble ['ʃæmbl] aller à pas traînants.

sham·bles ['ʃæmblz] sg. abattoir m; fig. scène f de carnage.

sham·bling ['ʃæmbliŋ] traînant.

shame [ʃeim] **1.** honte f; (for) ~! quelle honte!; vous n'avez pas honte!; cry ~ upon se récrier contre; put to ~ faire honte à; **2.** faire honte à; humilier; couvrir de honte.

shame·faced ☐ ['ʃeimfeist] honteux

(-euse f); embarrassé; '**shame-faced·ness** embarras m; timidité f.

shame·ful □ ['ʃeimful] honteux (-euse f); '**shame·ful·ness** honte f, indignité f.

shame·less □ ['ʃeimlis] sans honte, éhonté; '**shame·less·ness** effronterie f; immodestie f.

sham·my ['ʃæmi] (peau f de) chamois m.

sham·poo [ʃæm'pu:] **1.** (se) dégraisser (les cheveux); v/t. faire un shampooing à (q.); frictionner; **2.** a. = **sham'poo·ing** shampooing m; dry ~ friction f; ~ and set shampooing m (et) mise f en plis; have a ~ and set se faire faire un shampooing (et) mise en plis.

sham·rock ['ʃæmrɔk] ♣ trèfle m d'Irlande (a. emblème national irlandais).

shan·dy Brit. ['ʃændi] panaché m.

shang·hai ⚓ sl. [ʃæŋ'hai] embarquer un homme pour l'engager après l'avoir enivré.

shank [ʃæŋk] tige f; ⚓ verge f (d'ancre); queue f (de bouton); cuis. jarret m (de bœuf), manche m (de gigot de mouton); jambe f; ride ⚓'s mare (ou pony) prendre le train onze; **shanked**: short-~ aux jambes courtes (personne).

shan't [ʃɑ:nt] = shall not.

shan·ty ['ʃænti] cabane f, hutte f.

shape [ʃeip] **1.** forme f; cost. coupe f; personne: taille f; cuis. moule m; crème f; in bad ~ en mauvais état; **2.** v/t. façonner, former; tailler; ajuster (à, to); ~ one's course ⚓ faire route; fig. se diriger (vers, for); v/i. se développer; promettre; **shaped** façonné; en forme de; '**shape·less** informe; difforme; '**shape·li·ness** beauté f de forme; '**shape·ly** bien fait; beau (bel devant une voyelle ou un h muet); belle f; beaux m/pl.).

share [ʃɛə] **1.** part f, portion f; contribution f; ♣ action f, titre m, valeur f; charrue: soc m; ~ original (ou ordinary ou primary) ~ action f ordinaire; ♣ preference (ou preferred ou priority) ~ action f privilégiée; have a ~ in avoir part à; go ~s partager (qch. avec q., in s.th. with s.o.); ~ and ~ alike en partageant également; **2.** v/t. partager (entre, among[st]; avec, with); avoir part à

(qch.); v/i. prendre part (à, in), participer (à, in); '~-crop·per Am. métayer (-ère f) m; '~-hold·er ♣ actionnaire mf; '**shar·er** participant(e f) m.

shark [ʃɑːk] **1.** icht. requin m; fig. a. escroc m; Am. sl. as m (= expert); **2.** v/i. écornifler.

sharp [ʃɑːp] **1.** adj. □ tranchant (couteau etc.); aigu(ë f) (pointe); vif (vive f) (froid); fig. éveillé; fig. rusé; aigre (fruit); violent (douleur); vert (vin, réprimande), perçant (cri, œil); pénétrant (regard); fin (oreille, esprit); net(te f) (profil); piquant (goût, sauce); saillant (angle); raide (pente); prononcé (courbe); fort (averse, gelée); F élégant, chic inv. (vêtement, voiture, personne etc.); péj. peu honnête; ♪ dièse; ♪ C ~ do m dièse; **2.** adv. ♪ trop haut; ponctuellement; look ~! dépêchez-vous!; faites vite!; **3.** su. ♪ dièse m; F escroc m; Am. sl. as m; '**sharp·en** aiguiser (a. fig. l'appétit); tailler (un crayon); accentuer (un trait, un contraste); ♪ dièser; **sharp·en·er** fusil m (à aiguiser); taille-crayon m/inv.; '**sharp·er** escroc m; cartes: tricheur (-euse f) m; '**sharp·'eyed** à la vue perçante; à qui n'échappe rien; '**sharp·ness** tranchant m; pointe f; acuité f; violence f; acidité f; fig. rigueur f.

sharp...: '~-'set en grand appétit, affamé; be ~ on avoir un vif désir de; '~-shoot·er tirailleur m; '~-'sight·ed à la vue perçante; fig. perspicace; '~-'wit·ted vif.

shat·ter ['ʃætə] (se) fracasser; (se) briser (en éclats); v/t. détraquer (les nerfs, la santé); briser (les espérances); '~-proof: ~ glass verre m Sécurit (TM).

shave [ʃeiv] **1.** [irr.] v/t. raser; planer (le bois); friser, effleurer; fig. rogner; v/i. se raser; ~ through se faufiler entre (les voitures etc.); **2.** coup m à fleur de peau; give s.o. a ~ faire la barbe à q.; have a ~ se (faire) raser; by a ~ d'un iota; tout juste; to have a close (ou narrow) ~ l'échapper belle; '**shav·en** rasé; a ~ head une tête f rasée; '**shav·er** barbier m; rasoir m électrique; F young ~ gamin m.

Sha·vi·an ['ʃeivjən] de G.B. Shaw; à la G.B. Shaw.

shav·ing [ˈʃeiviŋ] **1.** action f de (se) raser; ~s pl. bois: copeaux m/pl.; métal: rognures f/pl.; **2.** à barbe; ~ brush blaireau m; ~ cream crème f à raser; ~ mug plat m à barbe; ~ soap savon m à barbe; ~ stick bâton m de savon à barbe.

shawl [ʃɔːl] châle m; fichu m.

shawm ♪ [ʃɔːm] chalumeau m.

she [ʃiː] **1.** elle (a. accentué); **2.** femelle f; femme f; **she-** femelle f (d'un animal).

sheaf [ʃiːf] (pl. sheaves) blé: gerbe f; papiers: liasse f.

shear [ʃiə] **1.** [irr.] tondre; couper; métall. cisailler (une tôle); fig. dépouiller; **2.** (a pair of) ~s pl. (des) cisailles f/pl.; '**shear·ing** coupage m; moutons: tonte f; drap: tondage m; ~s pl. tontes f/pl. (de laine).

sheath [ʃiːθ] gaine f (a. ⚥, a. anat.); épée: fourreau m; phot. châssis m; **sheathe** [ʃiːð] mettre au fourreau; rengainer; ⊕, a. fig. revêtir, recouvrir (de, with); '**sheath·ing** revêtement m; enveloppe f; chemise f; câble: gaine f.

sheave ⊕ [ʃiːv] rouet m; plateau m d'excentrique.

sheaves [ʃiːvz] pl. de sheaf.

she·bang Am. sl. [ʃəˈbæŋ] hutte f; cabaret m, bar m; carriole f; the whole ~ tout le bazar.

she-bear [ˈʃiːˈbɛə] ourse f.

shed¹ [ʃed] [irr.] perdre (ses feuilles, ses dents); verser (des larmes, du sang); répandre (du sang, de la lumière, a. fig.); F ~ light on jeter le jour dans.

shed² [~] hangar m; ⚓ tente f à marchandises.

shed·der [ˈʃedə] personne f qui répand (qch.).

sheen [ʃiːn] étoffe etc.: brillant m; reflet m; chatoiement m; '**sheen·y** luisant, brillant.

sheep [ʃiːp] mouton m; brebis f (a. fig.); coll. moutons m/pl.; fig. ~'s eyes pl. yeux m/pl. doux; '~·cot see sheep-fold; '~·dog chien m de berger; '~·fold parc m à moutons; '**sheep·ish** □ timide; penaud; '**sheep·ish·ness** timidité f; air m penaud.

sheep·...: '~·man Am. éleveur m de moutons; '~·run see sheep-walk; '~·skin peau f de mouton; Am. sl. diplôme m; (a. ~ leather) basane f;

'~·walk pâturage m pour moutons.

sheer¹ [ʃiə] **1.** adj. pur, vrai, véritable; à pic (a. adv.), escarpé, abrupt; **2.** adv. tout à fait; abruptement; à plomb.

sheer² [~] **1.** ⚓ embarder; ~ off ⚓ prendre le large; fig. s'écarter, s'éloigner (de); **2.** ⚓ embardée f.

sheet [ʃiːt] **1.** métal, papier, verre, etc.: feuille f; eau etc.: nappe f; neige: couche f; lit: drap m; ⚓ écoute f; ~ copper (iron) cuivre m (fer m) en feuilles; ~ glass verre m à vitres; ~ steel tôle f d'acier; **2.** couvrir d'un drap; fig. recouvrir; '~·an·chor ⚓ ancre f de veille (fig. de salut); '**sheet·ing** tex. toile f pour draps; ⊕ tôles f/pl.; '**sheet-light·ning** éclairs m/pl. en nappe ou de chaleur.

sheik(h) [ʃeik] cheik m.

shelf [ʃelf] (pl. shelves) rayon m; planche f; four, a. géog.: plateau m; rebord m; écueil m; banc m de sable; ♣ ~ life durée f de conservation avant vente; fig. on the ~ au rancart; en passe de devenir vieille fille; fig. get on the ~ coiffer sainte Catherine (femme).

shell [ʃel] **1.** coquille f (vide); œuf: coque f; huîtres: écaille f; homard etc.: carapace f; pois: cosse f; ⊕ paroi f; métall. manteau m; ✗ obus m; classe f intermédiaire; cercueil m; maison: carcasse f; **2.** écaler; écosser; ✗ bombarder; sl. ~ out débourser; payer (la note etc.).

shel·lac [ʃeˈlæk] gomme f laque.

shell-cra·ter [ˈʃelkreitə] cratère m, entonnoir m; **shelled** [ʃeld] à coquille etc.

shell·...: '~·fire tir m à obus; '~·fish coquillage m; crustacé m; '~·proof à l'épreuve des obus; blindé; '~·work coquillages m/pl.

shel·ter [ˈʃeltə] **1.** abri m; asile m; fig. protection f; (take ou under) ~ à l'abri de; **2.** v/t. abriter; donner asile à; v/i. (a. ~ o.s.) s'abriter; '**shel·ter·less** sans abri etc.

shelve¹ [ʃelv] garnir de rayons; mettre sur un rayon; fig. remettre, ajourner; fig. mettre au rancart, remiser (q.); F classer (une question).

shelve² [~] aller en pente douce.

shelves [ʃelvz] pl. de shelf.

shelv·ing [ˈʃelviŋ] **1.** rayons m/pl.; **2.** en pente.

she·nan·i·gan *Am.* F [ʃiˈnænigən] mystification *f*.

shep·herd [ˈʃepəd] **1.** berger *m*; **2.** garder (*des moutons*); **ˈshep·herd·ess** bergère *f*.

sher·bet [ˈʃɔ:bət] sorbet *m* (= *sorte de boisson à demi glacée*); (*a. ~-powder*) limonade *f* (sèche).

sher·iff [ˈʃerif] *Angl.* chérif *m* (= *préfet*); *Am.* chef *m* de la police.

sher·ry [ˈʃeri] vin *m* de Xérès, cherry *m*.

shew † [ʃou] *see* show 1.

shib·bo·leth *fig.* [ˈʃibəleθ] doctrine *f*; mot *m* d'ordre.

shield [ʃi:ld] **1.** bouclier *m*; *fig.* défense *f*; ⊘ écu *m*; **2.** protéger (*contre* from, against); **ˈshield·less** sans bouclier; *fig.* sans défense.

shift [ʃift] **1.** changement *m*; moyen *m*; expédient *m*; échappatoire *f*; ⊕ équipe *f*; ⊕ journée *f* (de travail); † chemise *f* (*de femme*); make ~ s'arranger (pour *inf.*, to *inf.*; avec, with); trouver moyen (de, to); make ~ without se passer de; make ~ to live arriver à vivre; **2.** *v/t.* changer (de place *etc.*); ⊕ changer (*une voile*); déplacer (*a.* ⊕ *la cargaison*); *v/i. Am. mot.* changer de vitesse; changer de place; bouger, se déplacer; changer (*scène*); tourner (*vent*); ⊕ se désarrimer (*cargaison*); F (*a. ~ for o.s.*) se débrouiller; **ˈshift·ing** □ qui se déplace; mobile; ~ **sands** *pl.* sables *m/pl.* mouvants; **ˈshift·less** □ sans ressources; peu débrouillard; *fig.* futile; **ˈshift·y** □ sournois, peu franc(he *f*); fuyant (*yeux*); louche; † peu solide.

shil·ling [ˈʃiliŋ] shilling *m*; take the King's ~ s'engager; *fig.* cut s.o. off with a ~ déshériter q.

shil·ly-shal·ly [ˈʃiliʃæli] **1.** barguignage *m*; **2.** barguigner.

shim·mer [ˈʃimə] miroiter, chatoyer.

shim·my¹ [ˈʃimi] **1.** *danse:* shimmy *m*; **2.** osciller, vibrer.

shim·my² F [~] chemise *f* (de femme).

shin [ʃin] **1.** (*ou* ~-bone) tibia *m*; **2.:** ~ up grimper à.

shin·dy F [ˈʃindi] chahut *m*, tapage *m*.

shine [ʃain] **1.** éclat *m*; brillant *m*; F take the ~ out of so. éclipser q.; *Am. sl.* take a ~ to s'enticher de; **2.** [*irr.*] *v/i.* briller (*a. fig.*); (re)luire; ~ on

éclairer; *v/t.* (*a. ~ up*) polir; cirer.

shin·er *sl.* [ˈʃainə] pièce *f* d'or; œil *m* poché.

shin·gle¹ [ˈʃiŋgl] **1.** △ bardeau *m*; *cheveux:* coupe *f* à la garçonne; *Am.* petite enseigne *f*; **2.** couvrir de bardeaux; couper à la garçonne.

shin·gle² [~] galets *m/pl.*; plage *f* à galets.

shin·gles ✗ [ˈʃiŋglz] *pl.* zona *m*, F ceinture *f*.

shin·gly [ˈʃiŋgli] couvert de galets.

shin·y □ [ˈʃaini] brillant, luisant.

ship [ʃip] **1.** (*usu. f.*) navire *m*; vaisseau *m*; ~'s company équipage *m*; **2.** *v/t.* embarquer; ⚓ (*souv. ~ off*) mettre à bord, expédier; ⚓ mettre en place, monter; ⚓ rentrer (*les avirons*); recruter (*des marins*); ~ a sea embarquer un coup de mer; *v/i.* s'embarquer; armer (sur, on [board]) (*marin*); **ˈ~·board:** ⚓ on ~ à bord; **ˈ~·build·er** constructeur *m* de navires; **ˈ~·build·ing** construction *f* navale; **ˈ~·ca·nal** canal *m* maritime; **ˈ~·chan·dler** fournisseur *m* de navires; **ˈ~·chan·dler·y** fournitures *f/pl.* de navires; **ˈship·ment** embarquement *m*, mise *f* à bord; envoi *m* par mer; chargement *m* (= *choses embarquées*); **ˈship·own·er** armateur *m*; **ˈship·per** affréteur *m*; expéditeur *m*; **ˈship·ping** **1.** embarquement *m*; navires *m/pl.*; marine *f* marchande; **2.** d'embarquement; maritime; de navigation; d'expédition.

ship...: **ˈ~·shape** bien tenu (*a. fig.*); en bon ordre; **ˈ~·wreck 1.** naufrage *m*; **2.** *v/t.* faire naufrager; *v/i.* (*a.* be ~ed) faire naufrage; **ˈ~·wrecked** naufragé; **ˈ~·wright** charpentier *m* de navires; **ˈ~·yard** chantier *m* de constructions navales.

shire [ˈʃaiə; *mots composés* ʃiə] compté *m*; ~ horse cheval *m* de gros trait.

shirk [ʃə:k] *v/t.* se dérober à, négliger, esquiver; *v/i.* négliger son devoir; **ˈshirk·er** carotteur (-euse *f*) *m*.

shirt [ʃə:t] chemise *f* (d'*homme, a.* ⊕); (*a.* ~-blouse) chemisier *m*; *Am. sl.* keep one's ~ on ne pas se fâcher *ou* s'emballer; **ˈshirt·ing** ⊕ shirting *m* (*toile pour chemises*); **ˈshirt-sleeve 1.** manche *f* de chemise; **2.** en bras de chemise; *fig.* sans cérémonie; *surt. Am.* ~

diplomacy diplomatie *f* franche et honnête; 'shirt·y *sl.* irritable.

shit ∨ [ʃit] **1.** merde *f*; **2.** chier.

shiv·er[1] ['ʃivə] **1.** fragment *m*; *break to* ~ *s* = **2.** (se) briser en éclats.

shiv·er[2] [~] **1.** frisson *m*; F the ~*s pl.* la tremblote *f*; *it gives me the* ~*s* ça me donne le frisson, ça me fait trembler; **2.** frissonner; grelotter; *have a* ~*ing fit* être pris de frissons; 'shiv·er·y tremblant; fiévreux (-euse *f*).

shoal[1] [ʃoul] **1.** *poissons:* banc *m* voyageur; *fig.* multitude *f*; **2.** se réunir en *ou* aller par bancs.

shoal[2] [~] **1.** haut-fond (*pl.* hauts-fonds) *m*; **2.** diminuer de fond; **3.** (*a.* 'shoal·y) plein de hauts-fonds.

shock[1] [ʃɔk] moyette *f*.

shock[2] [~] **1.** choc *m* (*a.* ⚡, ⊕, ⚔.); ⚔ assaut *m*; secousse *f* (*a.* ⚡); *coup m*; *mot.* road ~*s pl.* cahots *m/pl.*; **2.** *fig.* choquer, scandaliser; bouleverser; offenser; ~*ed* al choqué de; scandalisé par.

shock[3] [~]: ~ *of hair* tignasse *f*.

shock-ab·sorb·er *mot.* ['ʃɔkǝbsɔːbǝ] amortisseur *m* (de chocs); pare-chocs *m/inv.*

shock·er *sl.* ['ʃɔkǝ] (*qqfois* shilling ~) roman *m* à gros effets.

shock·ing □ ['ʃɔkiŋ] choquant; affreux (-euse *f*); abominable.

shock...: '~·**proof** anti-choc *inv.*; ~·**ther·a·py** thérapeutique *f* de choc; ~ **treat·ment** traitement *m* (de) choc; *electric* ~ traitement *m* par électrochocs; ~ **wave** onde *f* de choc.

shod [ʃɔd] *prét. et p.p. de* shoe 2.

shod·dy ['ʃɔdi] **1.** *tex.* drap *m* de laine d'effilochage; *fig.* camelote *f*; pacotille *f*; **2.** d'effilochage; de camelote; de pacotille; *surt. Am.* ~ *aristocracy* parvenus *m/pl.*

shoe [ʃuː] **1.** chaussure *f*, soulier *m*; *cheval:* fer *m*; ⊕ sabot *m*; *traîneau*, *piston:* patin *m*; **2.** (*irr.*) chausser; ferrer; garnir d'un patin *etc.*; '~·**black** cireur *m* (de chaussures); '~·**black·ing** cirage *m ou* crème *f* pour chaussures; '~·**horn** chausse-pied *m*; corne *f*; '~·**lace** lacet *m*; '~·**mak·er** cordonnier *m*; ~ **pol·ish** cirage *m ou* crème pour chaussures; '~·**shine** cirage *m* (de chaussures); (*a.* ~ *boy*) cireur *m* (de chaussures).

'~·**string** *Am.* lacet *m*; *surt. Am.* ~*s* minces capitaux *m/pl.*

shone [ʃɔn] *prét. et p.p. de* shine 2.

shoo [ʃuː] chasser (*des oiseaux*).

shook [ʃuk] *prét. de* shake 1.

shoot [ʃuːt] **1.** *rivière:* rapide *m*; ✗ rejeton *m*, pousse *f*; *partie f de chasse:* chasse *f* gardée; ⚔ (concours *m* de) tir *m*; *tex.* duite *f*; ⚔ couloir *m*; *fig.* jaillissement *m*; **2.** (*irr.*) *v/t.* tirer (*une arme à feu, les manchettes*); fusiller; tuer; chasser (*le gibier*); *fig.* passer rapidement sous (*un pont*); darder (*des rayons, fig. un regard*); décharger (*a.* ~ *out*) ⚓ pousser; pousser (*le verrou*); *phot.* prendre un instantané de; tourner (*un film*); *sp.* marquer (*un but*); *sp.* shooter; *mot.* brûler (*les feux*); franchir (*un rapide*); *v/i.* tirer (*sur, at*); viser; *fig.* se précipiter, s'élancer; élancer (*douleur*); (*a.* ~ *forth*) pousser; ~ *ahead* aller rapidement en avant; ~ *ahead of* dépasser (*q.*) rapidement.

shoot·er ['ʃuːtǝ] tireur (-euse *f*) *m*; *sp.* marqueur *m* de but.

shoot·ing ['ʃuːtiŋ] **1.** tir *m*; chasse *f*; fusillade *f*; '~·**ground** (*ou* ~·**range**) champ *m* de tir; go ~ aller à la chasse; ~ *of a film* prise *f* de vue; tournage *m*; **2.** lancinant (*douleur*); ~ *star* étoile *f* filante; '~·**box** pavillon *m* de chasse; muette *f*; '~·**brake** canadienne *f*.

shoot-out F ['ʃuːtaut] échange *m* de coups de feu.

shop [ʃɔp] **1.** boutique *f*; magasin *m*; bureau *m* (*de tabac*); F métier *m*, affaires *f/pl.*; ~ *floor* les ouvriers *m/pl.*; *talk* ~ parler boutique; **2.** (*usu.* F go ~*ping*) faire des achats; '~·**keep·er** boutiquier (-ère *f*) *m*; marchand(e *f*) *m*; '~·**lift·er** voleur (-euse *f*) *m* à l'étalage; '~·**man** commis *m* de magasin; ⊕ homme *m* d'atelier; '**shop·ping** achats *m/pl.*; emplettes *f/pl.*; ~ *centre* quartier *m* commerçant; *Christmas* ~ emplettes *f/pl.* de Noël; '**shop·py** F qui sent la boutique; à l'esprit boutiquier.

shop...: '~·**soiled** ✝ défraîchi; '~·**stew·ard** *m* (syndical) d'atelier; '~·**walk·er** chef *m* de rayon; inspecteur (-trice *f*) *m*; '~·**win·dow** vitrine *f*; devanture *f*.

shore[1] [ʃɔː] rivage *m*, bord *m*; côte *f*; ⚓ terre *f*; on ~ à terre.

shore² [~] **1.** étai *m*, appui *m*; **2.:** ~ *up* étayer; buter.

shorn [ʃɔːn] *p.p. de* shear 1; *fig.* ~ *of* dépouillé de (*qch.*).

short [ʃɔːt] **1.** *adj.* court; de petite taille; bref (*dette f*); insuffisant (*fig.* brusque, cassant; *cuis.* croquant; aigre (*métal*); revêche (*fer*); *see circuit*; *Brit.* ~ *list* liste *f* des candidats sélectionnés; ~ *time* chômage *m* partiel; ~ *waves pl.* petites ondes *f/pl.*; *radio:* ondes *f/pl.* courtes; *by a* ~ *head* *turf:* de justesse; *fig.* tout juste; *nothing* ~ *of* rien ou moins; *come (ou fall)* ~ *of* rester au-dessous de (*qch.*); *manquer à*; *ne pas être à la hauteur de* (*q.*); *ne pas atteindre; fall (ou run)* ~ *manquer*; s'épuiser (*provisions*); *go* ~ *of* se priver de; **2.** *adv.* court; brusquement; ~ *of* sauf; à moins de; ~ *of London* à quelque distance de Londres; ~ *of lying* à moins de mentir; *cut* ~ couper la parole à (*q.*); *stop* ~ *of* s'arrêter au plus ni moins; *ne pas aller jusqu'à*; **3.** *su. gramm.* voyelle *f* brève; *cin.* court métrage *m*; *f* court-circuit (*pl.* courts-circuits) *m*; *f* ~ *s pl.* culotte *f* de sport; short *m*; *in* ~ bref, en un mot; **4.** *v/t. see* ~*circuit*; '**short·age** manque *m*, insuffisance *f*; disette *f*; *admin.* crise *f*; *✝* déficit *m*.

short...: '~**cake** sablé *m*; '~**change** tromper (*q.*) sur la monnaie; rouler (*q.*); '~**cir·cuit** *f* court-circuiter; ~**com·ing** défaut *m*, imperfection *f*; manque *m*; ~ **cut** chemin *m* de traverse; raccourci *m*; '~**dat·ed** *✝* à courte échéance; '**short·en** *v/t.* raccourcir; abréger; *v/i.* (se) raccourcir; se reserrer; diminuer; '**short·en·ing** raccourcissement *m*; abrègement *m*; *cuis.* matière *f* grasse.

short...: '~**fall** déficit *m*; '~**hand** sténographie *f*; ~ *writer* sténographe *mf*; '~**hand·ed** à court de personnel; '~**haul** à courte distance; '~**list** mettre (*q.*) sur la liste des candidats sélectionnés; ~**lived** qui vit peu de temps; passager (-ère *f*), éphémère (*q.*); '**short·ly** *adv.* brièvement; bientôt; brusquement; '**short·ness** brièveté *f*; *taille:* petitesse *f*; brusquerie *f*; manque *m*.

short...: '~**range** à courte portée (*fusil etc.*); à court terme (*projet etc.*); à court rayon d'action (*avion etc.*); '~**run** de courte durée; '~-

'**sight·ed** myope; *fig.* imprévoyant; '~**tem·pered** irascible; vif (vive *f*); '~**term** *✝* à court terme; ~ *memory* mémoire *f* immediate; '~**time work·ing** chômage *m* partiel; '~**wave** radio: sur ondes courtes; '~**wind·ed** à l'haleine courte.

shot¹ [ʃɔt] **1.** *prét. et p.p. de* shoot 2; **2.** chatoyant (*soie*).

shot² [~] coup *m* (*a. fig.*, *a. sp.*); *revolver:* coup *m* de feu; (*usu.* ~*gun*) plomb *m*; F tireur (-euse *f*) *m*; chasseur *m*; *sp.* shot *m*; *phot.* prise *f* de vue; *cin.* plan *m*; *♫* piqûre *f*; *sl. alcool:* goutte *f*; *fig.* essai *m*; *have a* ~ *at* essayer (*qch.*); F *not by a long* ~ tant s'en faut; *pas à beaucoup près*; *within (out of)* ~ à (hors de) portée; F *like a* ~ comme un trait; avec empressement; F *fig.* big ~ grosse légume *f* (= personnage important); *make a bad* ~ rater son coup; *fig.* deviner faux; '~**gun** fusil *m* de chasse; F ~ *marriage* mariage *m* forcé; '~**proof** à l'épreuve des balles; '~**put** *sp.* lancer *m* du poids.

shot·ten her·ring [ʃɔtnˈheriŋ] hareng *m* guais.

should [ʃud] *prét. de* shall (*a. usité pour former le cond.*).

shoul·der [ʃˈouldə] **1.** épaule *f*; ⊕ épaulement *m*; *give s.o. the cold* ~ battre froid à *q.*; tourner le dos à *q.*; *put one's* ~ *to the wheel* se mettre à l'œuvre; donner un coup d'épaule; *rub* ~ *with* s'associer avec, côtoyer; ~ *to* ~ côte à côte; **2.** pousser avec ou de l'épaule; mettre sur l'épaule; *fig.* endosser; ✗ porter (*l'arme*); '~**bag** sac *m* à bandoulière; '~**blade** *anat.* omoplate *f*; '~**knot** nœud *m* d'épaule (*a. ✗*); '~**strap** bretelle *f*; *dames, a. ✗*: patte *f* d'épaule; ✗ *uniforme:* attente *f*.

shout [ʃaut] **1.** cri *m*; clameur *f*; *rire:* éclat *m*; *sl. boisson:* tournée *f*; **2.** *v/i.* pousser des cris, crier; hurler (*de douleur*); *v/t.* ~ *down* huer (*q.*).

shove [ʃʌv] **1.** poussée *f*, coup *m* d'épaule; **2.** pousser, bousculer; fourrer (*qch. dans qch., s.th. in*[*to*] *s.th.*).

shov·el [ʃˈʌvl] **1.** pelle *f*; **2.** pelleter; '~**board** jeu *m* de galets.

show [ʃou] **1.** [*irr.*] *v/t.* montrer, faire voir; manifester; faire (*miséricorde à q.*); témoigner (de); laisser paraître; indiquer; représenter; *cin.* présenter; prouver; exposer (*des peintures, des raisons, etc.*); ~ *forth* proclamer; ~ *in* introduire; faire entrer; ~ *off* faire valoir *ou* ressortir; faire parade de; ~ *out* reconduire; ~ *up* faire monter; révéler; faire ressortir; démasquer; *v/i.* (*a.* ~ *up ou forth*) ressortir, se détacher; se montrer, se laisser voir; ~ *off* parader; se donner des airs; *sl.* faire de l'épate; **2.** spectacle *m*; étalage *m*; exposition *f*; concours *m*; *mot.* salon *m*; parade *f*, ostentation *f*; semblant *m*; *sl.* affaire *f*; ~ *of hands* vote *m* à mains levées; *dumb* ~ pantomime *f*; jeu *m* muet; *on* ~ exposé; *sl. run the* ~ diriger l'affaire; être le manitou de l'affaire; '~**biz** F ['ʃoubiz], ~ **busi·ness** le monde *m ou* l'industrie *f* du spectacle; '~**card** pancarte *f*; '~**case** montre *f*, vitrine *f*; '~**down** *cartes:* étalement *m* de son jeu; *fig.* mise *f* au jour de ses projets *etc.*; *come to a* ~ en venir au fait et au prendre.

show·er ['ʃauə] **1.** averse *f*; ondée *f*; grêle, neige: giboulée *f*; *fig.* volée *f*, pluie *f*; **2.** *v/t.* verser; *fig.* accabler (de, *with*), combler (de, *with*); *v/i.* pleuvoir; '~**bath** ['~bɑ:θ] bain-douche (*pl.* bains-douches) *m*; douche *f*; '**show·er·y** de giboulées; pluvieux (-euse *f*).

show·i·ness ['ʃouinis] prétention *f*; ostentation *f*; '**show·man** montreur *m* de curiosités; forain *m*; F passé maître *m* pour la mise en scène; '**show·man·ship** art *m* de la mise *f* en scène; shown [ʃoun] *p.p. de* show 1; '**show·piece** pièce *f ou* objet *m* exemplaire, modèle *m* du genre; '**show·room** salon *m* d'exposition; '**show·win·dow** *surt. Am.* vitrine *f*, étalage *m*; devanture *f*; '**show·y** □ fastueux (-euse *f*); prétentieux (-euse *f*); voyant.

shrank [ʃræŋk] *prét. de* shrink.
shrap·nel ✕ ['ʃræpnl] shrapnel *m*.
shred [ʃred] **1.** brin *m*; lambeau *m*; petit morceau *m*; *fig.* parcelle *f*, grain *m*; **2.** [*irr.*] déchirer en lambeaux *ou* en morceaux.
shrew [ʃru:] *zo.* (*a.* ~*mouse*) musaraigne *f*; *personne:* mégère *f*, femme *f* criarde.
shrewd □ [ʃru:d] pénétrant, sagace; fin; *have a* ~ *idea* être porté à croire

(que, *that*); '**shrewd·ness** perspicacité *f*; pénétration *f*.
shrew·ish □ ['ʃru:iʃ] acariâtre.
shriek [ʃri:k] **1.** cri *m* perçant; éclat *m* (*de rire*); **2.** pousser un cri aigu.
shriev·al·ty ['ʃri:vəlti] fonctions *f/pl.* de shérif.
shrift [ʃrift]: *give short* ~ expédier vite.
shrill [ʃril] **1.** □ aigu(ë *f*), perçant; **2.** *v/i.* pousser un son aigu; *v/t.* (*a.* ~ *out*) chanter *ou* crier (*qch.*) d'une voix aiguë.
shrimp [ʃrimp] *zo.* crevette *f*; *fig.* petit bout *m* d'homme.
shrine [ʃrain] châsse *f*; reliquaire *m*; tombeau *m* (*de saint[e]*).
shrink [ʃriŋk] [*irr.*] *v/i.* se contracter; se rétrécir (*tissu*); se rapetisser; (*a.* ~ *back*) reculer (devant qch., *from* s.th.; à *inf., from gér.*); *v/t.* contracter (*un métal*); (faire) rétrécir (*un tissu*); ~ *with age* se tasser; '**shrink·age** rétrécissement *m*; contraction *f* (*a. cin.*); *fig.* diminution *f*.
shriv·el ['ʃrivl] (*a.* ~ *up*) (se) ratatiner; *fig.* (se) dessécher.
shroud[1] [ʃraud] **1.** linceul *m*; *fig.* voile *m*; ⊕ blindage *m*; ⊕ bandage *m*; **2.** ensevelir; *fig.* envelopper.
shroud[2] ⏚ [~] hauban *m*.
Shrove·tide ['ʃrouvtaid] jours *m/pl.* gras; **Shrove Tues·day** mardi *m* gras.
shrub [ʃrʌb] arbrisseau *m*; arbuste *m*; **shrub·ber·y** ['~əri] bosquet *m*; plantation *f* d'arbustes; '**shrub·by** ressemblant à un arbuste.
shrug [ʃrʌg] **1.** hausser (les épaules); **2.** haussement *m* d'épaules.
shrunk [ʃrʌŋk] *p.p. de* shrink; '**shrunk·en** *adj.* contracté; rétréci; ratatiné (*figure etc.*).
shud·der ['ʃʌdə] **1.** frissonner, frémir (de, *with*); **2.** frisson *m*, frémissement *m*.
shuf·fle ['ʃʌfl] **1.** *v/t.* traîner (*les pieds*); brouiller; battre (*les cartes*); ~ *away* faire disparaître (*qch.*); ~ *off* se débarrasser de; rejeter (*qch.*) (sur *upon, on, to*); ôter (*qch.*) à la hâte; *v/i.* traîner les pieds; avancer en traînant les pieds; *fig.* équivoquer, tergiverser; ~ *through* faire un travail tant bien que mal; **2.** pas *m/pl.* traînants; marche *f* traînante; *cartes:* battement *m*; *fig.* équivoca-

tion *f*; faux-fuyant *m*; '**shuf·fler** personne *f* qui bat les cartes; *fig.* tergiversateur (-trice *f*) *m*; '**shuf·fling** □ traînant (*pas*); *fig.* équivoque; *fig.* tergiversateur (-trice *f*).

hun [ʃʌn] fuir, éviter.

hunt [ʃʌnt] **1.** 🚗 garage *m*; 🚗 changement *m* de voie; ⚡ shunt *m*; **2.** *v/t.* 🚗 manœuvrer, garer; *fig.* détourner; ⚡ shunter; ~ *with care* défense de tamponner!; *v/i.* 🚗 se garer; *fig.* s'esquiver; '**shunt·er** 🚗 gareur *m*; *sl.* pousseur (-euse *f*) *m*; '**shunt·ing yard** 🚗 chantier *m* de voies de garage et de triage.

hut [ʃʌt] (*irr.*) *v/t.* fermer; ~ *one's eyes* fermer les yeux sur; se refuser à; ~ *down* fermer (*une usine*); couper (*la vapeur*); arrêter (*le moteur*); ~ *in* enfermer; entourer (*de, by*); se pincer (*le doigt*) dans; ~ *into* enfermer dans; ~ *out* exclure; ~ *up* enfermer; F faire taire (*q.*); ~ *shop sl.* fermer boutique; *v/i.* (se) fermer; F ~ *up!* taisez-vous!, *sl.* la ferme!; '**~·down** fermeture *f*, chômage *m*; ~**'out** *sp. Am.* victoire *f* écrasante; '**shut·ter** volet *m*; *phot.* obturateur *m*; *instantaneous* ~ obturateur *m* instantané; *phot.* ~ *speed* vitesse *f* d'obturation.

shut·tle ['ʃʌtl] **1.** *tex.*, *a.* 🚗 navette *f*; ~ *service* (service *m* de) navette *f*; ~ *train* train *m* qui fait la navette; **2.** faire la navette; '**~·cock** volant *m*.

hy[1] [ʃai] **1.** □ timide; farouche (*animal*); ombrageux (-euse *f*) (*cheval*); be (F *fight*) ~ *of* (*gér.*) hésiter à (*inf.*); *sl.* I'm ~ *ten pounds* il me manque dix livres; je suis en perte de dix livres; **2.** prendre ombrage (*de, at*) (*a. fig.*); faire un écart.

hy[2] F [ʃ~] **1.** lancer (*une pierre*); **2.** jet *m*; tentative *f* (*pour faire qch., at s.th.*); *have a* ~ *at* s'essayer à.

hy·ness ['ʃainis] timidité *f*.

hy·ster *sl.*, *surt. Am.* ['ʃaistə] homme *m* d'affaires véreux; avocassier *m*.

Si·a·mese [saiə'miːz] **1.** siamois; **2.** *ling.* siamois *m*; Siamois(e *f*) *m*.

Si·be·ri·an [sai'biəriən] **1.** sibérien(ne *f*), de Sibérie; **2.** Sibérien(ne *f*) *m*.

ib·i·lant ['sibilənt] **1.** □ sifflant; sibilant; **2.** *gramm.* sifflante *f*.

ib·ling ['sibliŋ] frère *m*; sœur *f*.

ib·yl·line [si'bilain] sybillin.

Si·cil·ian [si'siljən] **1.** sicilien(ne *f*); **2.** Sicilien(ne *f*) *m*.

sick [sik] malade (de *of*, *with*); *fig.* las(se *f*), dégoûté (de, *of*); malsain; macabre; be ~ vomir; *fig.* be ~ (*and tired*) *of* (en) avoir assez de, F en avoir marre de; *feel* ~ avoir mal au cœur; go ~ se faire porter malade; '**~·bed** lit *m* de malade; '**~·cer·tif·i·cate** attestation *f* de médecin; '**sick·en** *v/i.* tomber malade; languir (*plante*); *fig.* se lasser (de qch., *of s.th.*); ~ *at* être écœuré à la vue de *ou* de voir; *v/t.* rendre malade; dégoûter; '**sick·fund** caisse *f* de maladie; '**~·in·sur·ance** assurance-maladie *f*.

sick·le ['sikl] faucille *f*.

sick-leave ['sikliːv] congé *m* de maladie; '**sick·li·ness** mauvaise santé *f*, état *m* maladif; pâleur *f*; *odeur etc.*: caractère *m* écœurant; *climat:* insalubrité *f*; '**sick·ly** maladif (-ive *f*); étiolé (*plante*); pâle; fade; écœurant (*odeur etc.*); malsain, insalubre (*climat*); '**sick·ness** maladie *f*; mal *m*; nausées *f/pl.*; *Brit.* ~ *benefit* prestations *f/pl.* d'assurance maladie; ~ **pay** indemnité *f* de maladie.

side [said] **1.** *usu.* côté *m*; flanc *m*; pente *f*; bord *m*; *sp.* camp *m*, équipe *f*; *pol. etc.* parti *m*; ~ *by* ~ côte à côte, ⚓ bord à bord; *fig.* en plus (de, *with*); ~ *by* ~ *with* à côté de; *at* (*ou by*) *s.o.'s* ~ à côté de q.; *Am on the* ~ Par-dessus le marché; **2.** latéral (-aux *m/pl.*), de côté; secondaire; ~ *effect* effet *m* secondaire; ~ *street* rue *f* transversale; **3.** prendre parti (pour, *with*); se ranger du côté (de, *with*); '**~·arms** *pl.* ⚔ armes *f/pl.* blanches; '**~·board** buffet *m*; *Brit.* ~*s pl.* = '**~·burns** *pl. Am.* favoris *m/pl.*, pattes *f/pl.*; '**~·car** *mot.* side-car *m*; '**sid·ed** *four·~* à quatre faces.

side...: '**~·face** profil *m*; *attr.* de profil; '**~·kick** *surt. Am.* F copain *m*, copine *f*; sous-fifre *m*; '**~·light** fenêtre *f* latérale; *mot.* feu *m* de côté; *fig.* aperçu *m* indirect; '**~·line** 🚗 voie *f* secondaire; *fig.* occupation *f* secondaire; '**~·long 1.** *adv.* de côté, obliquement; **2.** *adj.* de côté, en coulisse (*a. fig.*); '**~·path** sentier *m* de côté; chemin *m* de traverse.

si·de·re·al *astr.* [sai'diəriəl] sidéral (-aux *m/pl.*).

side...: '**~·sad·dle** selle *f* de dame; '**~·slip** 🛩 glisser sur l'aile; *mot.*, *a.*

cycl. déraper; '**~split·ting** homérique (*rire*), F désopilant; '**~step 1.** pas *m* de côté; **2.** *v/i.* faire un pas de côté; *v/t. fig.* éviter; '**~stroke** nage *f* sur le côté; '**~track 1.** 🚂 voie *f* secondaire *ou* de service; **2.** garer (*un train*) *ou* aiguiller (*un train*) sur une voie de service; *souv. Am. fig.* détourner; *v/t. fig.* aiguiller un train *m*; **side·ward** ['~wəd] **1.** *adj.* latéral (-aux *m/pl.*), de côté; **2.** *adv.* (a. **side·wards** ['~z], '**side·ways** ['~weiz], '**side·wise**) de côté.

sid·ing ['saidiŋ] voie *f* de garage *ou* de service; embranchement *m*.

si·dle ['saidl] s'avancer *etc.* de guingois *ou* de côté.

siege [si:dʒ] siège *m*; *lay ~ to* assiéger.

sieve [siv] crible *m*; tamis *m*.

sift [sift] *v/t.* passer au crible *ou* au tamis; *fig.* examiner en détail; ~ *out fig.* démêler; *v/i. fig.* filtrer; '**sift·er** cribleur (-euse *f*) *m*; tamiseur (-euse *f*) *m*; crible *m*; tamis *m*.

sigh [sai] **1.** soupir *m*; **2.** soupirer (*pour*, *for*; *après*, *after*).

sight [sait] **1.** vue *f*; *fig.* spectacle *m*; portée *f* de la vue; visée *f*; bouton *m* de mire, guidon *m* (*d'une arme à feu*); 🔭 vue *f*; F beaucoup; *a ~ of* énormément de; *a ~* too big de beaucoup trop grand; ~*s pl.* monuments *m/pl.*, curiosités *f/pl.* (*d'une ville*); beautés *f/pl.* naturelles; *second ~* seconde vue *f*; voyance *f*; *at* (*ou on*) ~ à vue (a. 🔭, a. *J*); *du* premier coup; *by ~* de vue; *catch ~ of* apercevoir, entrevoir; *lose ~ of* perdre de vue; *out of ~* caché aux regards, hors de vue; *take ~* viser; *within ~* en vue, à portée de la vue; **2.** *v/t.* apercevoir; viser; pointer (*une arme à feu*); 🔭 voir (*un effet*); *v/i.* viser; '**sight·ed** à la vue, qui voit; '**sight·ing-line** ligne *f* de visée; '**sight·less** aveugle; '**sight·li·ness** beauté *f*, grâce *f*, charme *m*; '**sight·ly** charmant, avenant.

sight...: '**~read** [*irr.* (*read*)] *J* jouer *ou* chanter à première vue; '**~see·ing** visite *f* (de la ville); tourisme *m*; '**~se·er** excursionniste *mf*; curieux (-euse *f*) *m*; '**~sing·ing** *J* chant *m* à vue.

sign [sain] **1.** signe *m*; réclame *f*; auberge *etc.*: enseigne *f*; *fig.* trace *f*; indice *m*; ~ *manual* signature *f*; seing

m; *in* (*ou as a*) ~ *of* en signe de; **2.** *v/i.* signer; faire signe; *v/t.* signer; ~ *on v/t.* embaucher, engager; *v/i.* s'embaucher.

sig·nal ['signl] **1.** signal *m*; signe *m*; ╳ *Brit.* ~*s pl.* sapeurs-télégraphistes *m/pl.*; *téléph.* busy ~ signal *m* de ligne occupée; **2.** □ insigne; remarquable; **3.** *vt/i.* signaler; *v/t.* donner un signal à; '**~box** 🚂 cabine *f* à signaux *ou* d'aiguillage; **sig·nal·ize** ['~nəlaiz] signaler, marquer; *see signal 3*; '**sig·nal·man** signaleur *m*.

sig·na·to·ry ['signətəri] signataire (a. *su./mf*); ~ *powers pl.* to an agreement pays *m/pl. ou* puissances *f/pl.* signataires d'une convention *ou* d'un accord.

sig·na·ture ['signitʃə] 🔭, *typ.* signature *f*; *admin.* visa *m*; *J* armature *f*, armure *f*; ~ *tune radio:* indicatif *m* musical.

sign·board ['sainbɔ:d] *boutique etc.:* enseigne *f*; écriteau *m* indicateur; '**sign·er** signataire *mf*.

sig·net ['signit] sceau *m*, cachet *m*; '**~ring** chevalière *f*; † anneau *m* à cachet.

sig·nif·i·cance, sig·nif·i·can·cy [sig'nifikəns(i)] signification *f*; importance *f*; **sig'nif·i·cant** □ significatif (-ive *f*); ~ *of* qui accuse *ou* trahit; **sig·ni·fi·ca·tion** signification *f*, sens *m*; **sig'nif·i·ca·tive** [~kətiv] significatif (-ive *f*) (de, *of*). **sig·ni·fy** ['signifai] *v/t.* signifier; être (le) signe de; faire connaître; vouloir dire; *v/i.* importer; *it does not* ~ cela ne fait rien.

sign...: '**~paint·er** peintre *m* d'enseignes; '**~post** poteau *m* indicateur.

si·lence ['sailəns] **1.** silence *m*; ~! silence!, taisez-vous!; **2.** faire taire; réduire au silence; '**si·lenc·er** ⊕ amortisseur *m* de son; *mot.* pot *m* d'échappement.

si·lent □ ['sailənt] silencieux (-euse *f*); muet(te *f*) (a. *lettre*); *fig.* taciturne; ~ *film* film *m* muet; *surt. Am.* 🔭 ~ *partner* commanditaire *m*.

sil·hou·ette [silu'et] **1.** silhouette *f*; **2.**: *be ~d against* se silhouetter contre.

sil·i·cate 🔭 ['silikit] silicate *m*; **sil·i·cat·ed** ['~keitid] silicat(is)é; **si·li·ceous** [si'liʃəs] siliceux (-euse *f*); boueux (-euse *f*) (*sources*).

silk [silk] **1.** soie *f*; *p.ext.* fil *m* de soie, rayonne *f*; 🜚 conseiller *m* du roi; **2.** de soie; en soie; à soie; **'silk·en** de *ou* en soie; soyeux (-euse *f*); *fig.* mielleux (-euse *f*); *see* silky; **'silk·i·ness** nature *f* soyeuse; *fig. voix:* moelleux *m*; **'silk-'stock·ing** *Am.* distingué; **'silk·worm** ver *m* à soie; **'silk·y** □ soyeux (-euse *f*); *fig. péj.* mielleux (-euse *f*).

sill [sil] seuil *m*; rebord *m* (de fenêtre).

sil·li·ness ['silinis] sottise *f*.

sil·ly □ ['sili] sot(te *f*), niais; stupide; *journ.* ~ *season* l'époque *f* où la politique chôme.

si·lo ['sailou] silo *m*.

silt [silt] **1.** vase *f*, limon *m*; **2.** (*usu.* ~ *up*) *v/t.* envaser, ensabler; *v/i.* s'ensabler.

sil·ver ['silvə] **1.** argent *m*; argenterie *f*; pièce *f ou* pièces *f/pl.* d'argent; **2.** d'argent, en argent; *fig.* argenté; **3.** (*ou* ⊕ ~-*plate*) argenter (*a. fig.*); étamer (*un miroir*); **'sil·ver·y** argenté (*a. zo., a.* ♃); d'argent; argentin (*ton, rire, voix*).

sim·i·lar □ ['similə] pareil(le *f*), semblable; ⊼ *qq fois* similaire; **sim·i·lar·i·ty** [~'læriti] ressemblance *f*; similitude *f* (*a.* ⊼).

sim·i·le ['simili] comparaison *f*, image *f*.

si·mil·i·tude [si'militju:d] similitude *f*, ressemblance *f*; allégorie *f*.

sim·mer ['simə] *v/i.* frémir, mijoter (*a. fig.*); *fig.* fermenter, être près d'éclater; *v/t.* faire mijoter.

Si·mon ['saimən] Simon *m*; F *the real* ~ *Pure* l'objet *m* authentique; la véritable personne *f*; F *simple* ~ nicodème *m*.

si·moom [si'mu:m] simoun *m*.

sim·per ['simpə] **1.** sourire *m* minaudier; **2.** minauder; faire des grimaces.

sim·ple □ ['simpl] simple; naïf (-ïve *f*); crédule; **'~-'heart·ed**, **'~-'mind·ed** simple, naïf (-ïve *f*), ingénu; **sim·ple·ton** ['~tən] nigaud(e *f*) *m*.

sim·plic·i·ty [sim'plisiti] candeur *f*; naïveté *f*; simplicité *f*; **sim·pli·fi·ca·tion** [~fi'keiʃn] simplification *f*; **sim·pli·fy** ['~fai] simplifier.

sim·ply ['simpli] *adv.* simplement *etc.*; *see* simple; absolument; uniquement.

sim·u·late ['simjuleit] simuler, fein-

dre; se faire passer pour; **sim·u·'la·tion** simulation *f*, feinte *f*.

si·mul·ta·ne·i·ty [simlətə'niəti] simultanéité *f*.

si·mul·ta·ne·ous □ [siməl'teinjəs] simultané; qui arrive en même temps (que, *with*); **si·mul'ta·ne·ous·ness** simultanéité *f*.

sin [sin] **1.** péché *m*; **2.** pécher; *fig.* ~ *against* blesser (*qch.*).

since [sins] **1.** *prp.* depuis; **2.** *adv.* depuis; *long* ~ depuis *ou* il y a longtemps; *how long* ~? il y a combien de cela?; *a short time* ~ il y a peu de temps; **3.** *cj.* depuis que; puisque; que.

sin·cere □ [sin'siə] sincère; franc(he *f*); *yours* ~*ly* votre tout(e) dévoué(e *f*); cordialement à vous; **sin·cer·i·ty** [~'seriti] sincérité *f*, bonne foi *f*.

sine ⼎ [sain] sinus *m*.

si·ne·cure ['sainikjuə] sinécure *f*.

sin·ew ['sinju:] tendon *m*; *cuis.* croquant *m*; *fig. usu.* ~*s pl.* nerf *m*, force *f*; **'sin·ew·y** musclé, nerveux (-euse *f*); *cuis.* tendineux (-euse *f*).

sin·ful □ ['sinful] pécheur (-eresse *f*); coupable; F scandaleux (-euse *f*); **'sin·ful·ness** culpabilité *f*; péché *m*.

sing [siŋ] (*irr.*) *v/t.* chanter (*fig.* = raconter, célébrer); célébrer; *v/i.* chanter (*bouilloire*); siffler (*vent etc.*); tinter, bourdonner (*oreilles*); *Am. sl.* se mettre à table, moucharder; F ~ *out* crier; F ~ *small* déchanter; se dégonfler, filer doux; ~ *another song* (*ou tune*) chanter une autre chanson; F changer de ton.

singe [sindʒ] brûler légèrement; roussir (*le drap*); *coiffeur:* brûler (*la pointe des cheveux*).

sing·er ['siŋə] chanteur (-euse *f*) *m*; *eccl., a. poét.* chantre *m*; cantatrice *f* (*de profession*).

sing·ing ['siŋiŋ] chant *m*; **~-bird** oiseau *m* chanteur.

sin·gle ['siŋgl] **1.** □ seul; simple; unique; individuel(le *f*); célibataire, pas marié; ♰ ~ *bill* billet *m* à ordre; ~ *combat* combat *m* singulier; *bookkeeping by* ~ *entry* comptabilité *f* en partie simple; *in* ~ *file* en file indienne; ♰ aller *m* simple (tickt.); *théâ. etc.* place *f* séparée *ou* isolée; ♪ *disque:* 45 tours *m/inv.*; (*a.* ~ *game*) *tennis:* (partie *f*) simple *m*; **3.**

(*usu.* ~ *out*) choisir; distinguer; '~-**breast·ed** droit (*veston etc.*); '~-**en·gin·ed** ✈ à un moteur; '~-**hand·ed** sans aide, seul; '~-**heart·ed** □, '~-**mind·ed** □ sincère, loyal (-aux *m/pl.*), honnête; '~-**line** à voie unique; '**sin·gle·ness** sincérité *f*, honnêteté *f*; célibat *m*; unicité *f*; '**sin·gle-seat·er** ✈, *mot.* monoplace *m*; '**sin·gle·stick** canne *f*; **sin·glet** † ['~it] gilet *m* de corps; *sp.* maillot *m* fin; **sin·gle·ton** ['~tən] *cartes:* singleton *m*; '**sin·gle-track** à une voie, à voie unique.

sing·song ['siŋsɔŋ] chant *m* monotone; *fig.* concert *m* improvisé.

sin·gu·lar ['siŋgjulə] **1.** □ seul; singulier (-ère *f*) (*a.* gramm.); remarquable, rare; bizarre; **2.** gramm. (*a.* ~ *number*) singulier *m*; **sin·gu·lar·i·ty** [~'læriti] singularité *f*.

Sin·ha·lese [sinhə'li:z] **1.** cingalais; **2.** *ling.* cingalais *m*; Cingalais(e *f*) *m*.

sin·is·ter □ ['sinistə] sinistre; menaçant; ⚖ sénestre.

sink [siŋk] **1.** [*irr.*] *v/i.* ⚓ sombrer, couler; descendre; s'enfoncer (dans, *into*); tomber (dans, *into*); se tasser (*édifice*); se renverser (*dans un fauteuil*); succomber, se plier (*sous beneath*, *under*); baisser; se serrer (*cœur*); *v/t.* enfoncer; baisser; couler, faire sombrer; ⚒ mouiller; creuser, foncer (*un puits*); amortir (*une dette*); placer (*de l'argent*); renoncer provisoirement à (*un nom*); supprimer (*une objection*); **2.** évier *m* (*de cuisine*); †, *a. fig.* cloaque *m*; '**sink·er** ⚒ fonceur *m* de puits, puisatier *m*; *ligne de pêche:* plomb *m*; '**sink·ing** foncement *m*, ⚓ naufrage *m*, torpillage *m*; tassement *m*; *fig.* défaillance *f*; 💰 affaiblissement *m*; ~ *fund* caisse *f* d'amortissement.

sin·less ['sinlis] sans péché, pur.

sin·ner ['sinə] pécheur (-eresse *f*) *m*.

Sinn Fein ['ʃin'fein] (= *nous-mêmes*) *mouvement nationaliste irlandais*.

Sino... [sino] sino...

sin·u·os·i·ty [sinju'ɔsiti] sinuosité *f*; *route:* lacet *m*; '**sin·u·ous** □ sinueux (-euse *f*), tortueux (-euse *f*), onduleux (-euse *f*); agile (*personne*).

si·nus *anat.* ['sainəs] sinus *m*; **si·nus·i·tis** ⚕ [~'saitis] sinusite *f*.

sip [sip] **1.** petite gorgée *f*, F goutte *f*; **2.** boire à petits coups, siroter.

si·phon ['saifən] **1.** siphon *m* (à eau de seltz); **2.** *v/t.* siphonner; *v/i.* se transvaser.

sir [sə:] monsieur (*pl.* messieurs) *m*; ♀ *titre de chevalerie, suivi du prénom:* Sir.

sire ['saiə] **1.** *poét.* père *m*; *titre donné à un souverain:* sire *m*; *zo.* père *m*, *souv.* étalon *m*; **2.** *zo.* engendrer.

si·ren ['saiərin] sirène *f* (*a.* = *trompe d'alarme*).

sir·loin ['sə:lɔin] aloyau *m*.

sis·kin *orn.* ['siskin] tarin *m*.

sis·sy *Am.* ['sisi] mollasson *m*.

sis·ter ['sistə] sœur *f* (*a.* eccl.); *eccl.* religieuse *f*; (*a. ward-*~) infirmière *f* en chef; ~ *of charity* (*ou* mercy) sœur *f* de Charité; **sis·ter·hood** ['~hud] communauté *f* de sœurs; ~ *of charity* (*ou* mercy) ... ; **sis·ter-in-law** belle-sœur (*pl.* belles-sœurs) *f*; '**sis·ter·ly** de sœur.

sit [sit] [*irr.*] *v/i.* s'asseoir; être assis; siéger (*assemblée*); couver (*poule*); se présenter (à, *for*); poser (pour, *for*); ~ *down* s'asseoir; *fig.* ~ (*up*)*on s.o.* remettre q. à sa place; *sl.* moucher q.; ~ *up* veiller tard, se coucher tard; se redresser (*sur sa chaise*); F *make s.o.* ~ *up* étonner q.; *v/t.* asseoir; ~ *a horse well* se tenir bien à cheval; ~ *s.th. out* rester jusqu'à la fin de qch.; ~ *s.o. out* rester jusqu'après le départ de q.; '~-**down strike** grève *f* sur le tas.

site [sait] **1.** emplacement *m*; site *m*; terrain *m* à bâtir; **2.** situer, placer.

sit·ter ['sitə] *personne f* qui pose; *poule:* couveuse *f*; *Am. see baby-sitter*; *sl.* affaire *f* sûre.

sit·ting ['sitiŋ] séance *f*; 🏛 session *f*; '~-**room** petit salon *m*.

sit·u·at·ed ['sitjueitid] situé; *thus* ~ dans cette situation; *ainsi situé*; **sit·u·a·tion** situation *f*, position *f*; emploi *m*, place *f*.

six [siks] six (*a. su./m*); *be at* ~*es and sevens* être sens dessus dessous; manquer d'ensemble; *two and* ~ deux shillings *m/pl.* et six pence *m/pl.*; '~-**fold 1.** *adj.* sextuple; **2.** *adv.* six fois autant; **six·teen** ['~'ti:n] seize (*a. su./m*); '**six·teenth** [~θ] seizième (*a. su./m*); **sixth** [~θ] sixième (*a. su./m*); '**sixth·ly** sixièmement; **six·ti·eth** ['~tiiθ] soixantième (a. su./m); '**six·ty** soixante (a. su./m).

size¹ [saiz] 1. grandeur f; grosseur f; personne: taille f; papier etc.: format m; souliers etc.: pointure f; chemise: encolure f; numéro m; 2. classer par grosseur etc.; ~ s.o. up juger q., prendre la mesure de q.; large~d de grande taille.

size² [~] 1. colle f; tex. empois m; 2. apprêter, encoller; tex. parer.

siz(e)·a·ble □ ['saizəbl] assez grand, d'une belle taille.

siz·zle ['sizl] grésillement m; radio: friture f.

skate¹ [skeit] icht. raie f.

skate² [~] 1. patin m; (ou roller-~) patin m à roulettes; 2. patiner (a. sur roulettes); '**skat·er** patineur (-euse f) m; '**skat·ing-rink** skating m; patinoire f.

ske·dad·dle F [ski'dædl] se sauver; décamper, filer.

skee·sicks Am. F ['ski:ziks] vaurien m.

skein [skein] laine etc.: écheveau m.

skel·e·ton ['skelitn] 1. squelette m, homme, bâtiment, etc.: ossature f; charpente f; carcasse f (a. d'un parapluie); roman etc.: esquisse f; ✕ personnel m réduit; ✕ cadre m; fig. ~ in the cupboard (Am. closet) secret m honteux (de la famille); 2. réduit; esquisse f de; ⊕ à clairevoie, à jour; ✕ -cadre; ~ crew équipage m ou personnel m réduit; ~ key passe-partout m/inv.; sl. rossignol m (de cambrioleur); ~ map carte f muette.

skep·tic Am. ['skeptik] see sceptic.

sketch [sketʃ] 1. esquisse f, croquis m; théâ. sketch m, saynète f; fig. aperçu m, plan m; 2. esquisser; faire un ou des croquis de; '**sketch·y** □ imprécis; rudimentaire.

skew [skju:] (of) biais.

skew·er ['skjuə] 1. brochette f; 2. brocheter.

ski [ʃi:] 1. pl. **ski**s (ski) ski m; attr. de ski; à ski; ~ platform plate-forme f (pl. plates-formes f); tremplin m; ~ run piste f de ski; 2. faire du ski.

skid [skid] 1. sabot m ou patin m d'enrayage; ✈ patin m; mot. dérapage m, embardée f; mot. ~ mark trace f de dérapage; 2. v/t. ensabotter, enrayer; mettre sur traîneau; v/i. déraper, glisser; mot. faire une embardée; ✈ glisser sur l'aile; ~ row

Am. quartier m de(s) clochards; be on ~ être clochard.

ski·er ['ʃi:ə] skieur (-euse f) m.

skiff [skif] esquif m; youyou m (de bateau de commerce); canotage: skiff m.

ski·ing ['ʃi:iŋ] ski m; '**ski-jump** tremplin m de ski; (a. '**ski-jump·ing**) saut m à skis; '**ski-lift** (re)monte-pente m.

skil(l)·ful □ ['skilful] adroit, habile; '**skil(l)·ful·ness**, skill [skil] adresse f, habileté f.

skilled [skild] habile; spécialisé (ouvrier etc.); expérimenté (en at, in).

skim [skim] 1. v/t. (souv. ~ off) écumer; dégraisser (la soupe); écrémer (le lait); fig. effleurer (la surface); ~ through feuilleter, parcourir rapidement; v/i. glisser (sur, over); 2.: ~ milk lait m écrémé; '**skim·mer** écumoire f; écrémoir m.

skimp [skimp] ménager outre mesure; mesurer (qch. à q., s.o. in s.th.); lésiner sur tout; F bâcler (un ouvrage); '**skimp·y** □ maigre, insuffisant; chiche, parcimonieux (-euse f).

skin [skin] 1. peau f (a. d'un animal, d'orange); cuir m; pelure f (de banane); café, lait, raisin: pellicule f; saucisson: robe f; outre f (à vin); ⊕ navire: coque f, voile: chemise f; ⊕ fonte: croûte f; by (ou with) the ~ of one's teeth tout juste; à peine; Am. F have got s.o. under one's ~ ne pouvoir oublier ou se débarrasser de q.; 2. v/t. écorcher; peler, éplucher (un fruit); sl. tondre (q.), dépouiller (q.) (au jeu); keep one's eyes~ned avoir l'œil américain; F ~ off enlever (les bas etc.); v/i. (a. ~ over) recouvrir de peau; '~-'deep à fleur de peau, peu profond; '~-'dive faire de la plongée sous-marine; '~-'div·ing plongée f sous-marine; '~-'flick surt. Am. sl. film m porno; '~-'flint grippe-sou (pl. grippe-sou[s]) m; '~-'graft·ing ✚ greffe f épidermique; '**skin·ner** écorcheur m; pelletier m; '**skin·ny** décharné, maigre; efflanqué (cheval); F chiche, avare.

skint Brit. sl. [skint] fauché, sans le rond.

skin·tight ['skintait] collant.

skip [skip] 1. saut m; gambade f; ⚒ benne f; 2. v/i. sauter, gambader;

v/t. (*a.* ~ *over*) sauter (*qch.*); '**~-jack** poussah *m*; *zo.* scarabée *m* à ressort.

skip·per[1] ['skipə] sauteur (-euse *f*) *m*.

skip·per[2] [~] patron *m*, capitaine *m*; *sp.* chef *m* d'équipe.

skip·ping-rope ['skipiŋroup] corde *f* à sauter.

skir·mish ✕ ['skə:miʃ] **1.** escarmouche *f*; **2.** escarmoucher; tirailler (contre, *with*); '**skir·mish·er** tirailleur *m*.

skirt [skə:t] **1.** *cost.* jupe *f*; *pardessus etc.*: pans *m/pl.*; *souv.* ~*s pl.* bord *m*; *forêt*: lisière *f*; **2.** *v/t.* border; *vt/i.* (*a.* ~ *along*) longer, contourner, côtoyer; '**skirt·ing-board** ⊕ plinthe *f*; bas *m* de lambris.

skit[1] F [skit] *usu.* ~*s pl.* tas *m/pl.*

skit[2] [~] pièce *f* satirique; satire *f* (de, *on*); '**skit·tish** □ ombrageux (-euse *f*) (*cheval*); volage, capricieux (-euse *f*) (*personne*).

skit·tle ['skitl] quille *f*; *play* (*at*) ~*s* jouer aux quilles; '**~-al·ley** jeu *m* de quilles.

skive *Brit. sl.* [skaiv] tirer au flanc; **skiv·er** tire-au-flanc *mf/inv.*

skiv·vy *péj.* ['skivi] bonniche *f* (= bonne à tout faire).

skul·dug·ger·y *Am.* F [skʌl'dʌgəri] fourberie *f*, ruse *f*.

skulk [skʌlk] se tenir caché; se cacher; rôder furtivement; '**skulk·er** carotteur (-euse *f*) *m*.

skull [skʌl] crâne *m*.

skunk [skʌŋk] *zo.* mouffette *f*; *fourrure*: skunks *m*; F mufle *m*; ladre *m*.

sky [skai] *souv.* skies *pl.* ciel (*pl.* cieux, ciels) *m*; '**~-'blue** bleu ciel *adj./inv.* (*a. su./m/inv.*); '**~-div·ing** parachutisme *m* en chute libre; '**~-lark** **1.** *orn.* alouette *f* des champs; **2.** rigoler; '**~-light** jour *m* d'en haut; lucarne *f*; '**~-line** ligne *f* d'horizon; profil *m* (de l'horizon); ~ *advertising* publicité *f* dessinée en silhouette sur le ciel; '**~-rock·et** *Am.* F augmenter rapidement; monter en flèche (*prix*); '**~-scrap·er** gratte-ciel *m/inv.*; **sky·ward**(**s**) ['~wəd(z)] vers le ciel; '**sky-writ·ing** ⨘ publicité *f* aérienne.

slab [slæb] *pierre*: dalle *f*; *ardoise*: table *f*; *métal, marbre, etc.*: plaque *f*; *chocolat*: tablette *f*; ⊕ *bois*: dosse *f*.

slack [slæk] **1.** lâche; faible (*a.* ✝);

négligent (*personne*); ✝ *a.* peu vif (vive *f*); ⚓ ~ *water*, ~ *tide* mer *f* étale; **2.** ⚓ *cable etc.*: mou *m*; ✝ accalmie *f*; ⊕ jeu *m*; ~*s pl.* pantalon *m*; **3.** *see* ~*en*; *see* *slake*; F flémarder; '**slack·en** (se) relâcher; (se) ralentir; diminuer (de); *v/t.* détendre; ⊕ donner du jeu à; *v/i.* devenir négligent; prendre du mou (*cordage, câble*); ✝ s'alanguir (*cordage, câble*); '**slack·er** paresseux (-euse *f*), F flémard(e *f*) *m*; ✕ tireur *m* au flanc; '**slack·ness** relâchement *m*; négligence *f*; lenteur *f*, paresse *f*; ✝ stagnation *f*. [scoriacé.]

slag [slæg] scories *f/pl.*; '**slag·gy** □

slain [slein] *p.p.* de *slay*.

slake [sleik] étancher (*la soif*); éteindre (*le chaux*).

slam [slæm] **1.** *porte*: claquement *m*; *bridge*: chelem *m*; **2.** *v/t.* (faire) claquer; fermer avec violence; *v/i.* claquer.

slan·der ['slɑ:ndə] **1.** calomnie *f*; **2.** calomnier, diffamer; '**slan·der·er** calomniateur (-trice *f*) *m*; ⚖ diffamateur (-trice *f*) *m*; '**slan·der·ous** □ calomnieux (-euse *f*); ⚖ diffamatoire.

slang [slæŋ] **1.** argot *m*; **2.** F réprimander vivement; injurier; ~*ing match* prise *f* de bec; '**slang·y** □ argotier (-ère *f*); argotique.

slant [slɑ:nt] **1.** pente *f*, inclinaison *f*; biais *m*; *Am.* F point *m* de vue; **2.** *v/t.* incliner; *v/i.* (s')incliner, être en pente; être oblique; '**slant·ing** □ *adj.*, '**slant·wise** *adv.* en biais, de biais; oblique(ment *adv.*).

slap [slæp] **1.** coup *m*, tape *f*; claquement *m* (*d'un piston*); ~ *in the face* gifle *f*, soufflet *m*; *fig.* affront *m*; **2.** claquer; gifler; donner une tape à; **3.** pan!; '**~-bang** de but en blanc; '**~-dash** sans soin; à la six-quatre-deux; '**~-jack** *Am.* crêpe *f*; '**~-stick** *théâ.* batte *f* (d'Arlequin); ~ *comedy* pièce *f etc.* burlesque; arlequinade *f/pl.*; '**~-up** F fameux (-euse *f*), de premier ordre.

slash [slæʃ] **1.** balafre *f*; entaille *f*; *cost.* taillade *f*; **2.** *v/t.* balafrer; taillader; cingler (*a. fig.*); F éreinter (*un livre etc.*); *cost.* faire des taillades dans; F réduire (*le prix etc.*); *v/i.* frapper à droite et à gauche; cingler; '**slash·ing** □ cinglant (*a. fig.*); *fig. a.* mordant; *sl.* épatant.

slat [slæt] **1.** *jalousie:* lame(lle) *f*; *lit:* traverse *f*; **2.** battre, frapper sur.

slate [sleit] **1.** ardoise *f*; *surt. Am.* liste *f* provisoire des candidats; **2.** couvrir d'ardoises *ou* en ardoise; F tancer; F éreinter; *be* ~*d for* être un candidat sérieux à (*un poste*); '~**·pen·cil** crayon *m* d'ardoise; '**slat·er** couvreur *m* (en ardoises).

slat·tern [ˈslætə:n] **1.** souillon *f*; **2.** (*a.* '**slat·tern·ly**) mal soigné (*femme*).

slat·y □ [ˈsleiti] ardoisier (-euse *f*), schisteux (-euse *f*); ardoisé (*couleur*).

slaugh·ter [ˈslɔ:tə] **1.** *bêtes:* abattage *m*; *gibier:* abattis *m*; *fig.* massacre *m*, carnage *m*; **2.** abattre; massacrer; '**slaugh·ter·er** abatteur *m*; *fig.* tueur *m*; '**slaugh·ter-house** abattoir *m*; '**slaugh·ter·ous** □ *poét.* meurtrier (-ère *f*).

Slav [slɑ:v] **1.** slave; **2.** Slave *mf*.

slave [sleiv] **1.** esclave *mf*; *attr.* d'esclaves, des esclaves; *a. fig.* ~ *driver* négrier *m*; **2.** travailler comme un nègre; peiner.

slav·er¹ [ˈsleivə] négrier *m*; *personne:* marchand *m* d'esclaves.

slav·er² [ˈslævə] **1.** bave *f*, salive *f*; **2.** baver (sur, *over*).

slav·er·y [ˈsleivəri] esclavage *m*; *fig.* asservissement *m*.

slav·ey *sl.* [ˈsleivi] bonniche *f*.

Slav·ic [ˈslɑ:vik] **1.** slave; **2.** *ling.* slave *m*.

slav·ish □ [ˈsleivi∫] servile, d'esclave; '**slav·ish·ness** servilité *f*.

slaw *Am.* [slɔ:] salade *f* de choux.

slay *poét.* [slei] [*irr.*] tuer, mettre à mort; assassiner; '**slay·er** meurtrier (-ère *f*) *m*; tueur (-euse *f*) *m*; assassin *m*.

slea·zy [ˈsli:zi] usé; miteux (-euse *f*), minable.

sled [sled] *see* sledge¹.

sledge¹ [sledʒ] **1.** traîneau *m*; **2.** *v/t.* transporter en traîneau; *v/i.* aller en traîneau.

sledge² [~] (*a.* ~-*hammer*) marteau *m* de forgeron; masse *f* (*de pierres*).

sleek [sli:k] **1.** □ lisse; luisant; *fig.* doucereux (-euse *f*), mielleux (-euse *f*); **2.** lisser; planer; '**sleek·ness** luisant *m*; *fig.* douceur *f*, onctuosité *f*.

sleep [sli:p] **1.** [*irr.*] *v/i.* dormir (*a. toupie*); coucher; ~ (*up*)*on* (*ou over*) *it* remettre cela jusqu'au lendemain; consulter son chevet; *v/t.* coucher (*q.*); ~ *the hours away* passer les heures en dormant; ~ *off* faire passer (*une migraine*) en dormant; **2.** sommeil *m*; *go to* ~ s'endormir; *put* (*ou send*) *to* ~ endormir; (faire) piquer (*un animal*); '**sleep·er** dormeur (-euse *f*) *m*; 🚆 wagon-lit *m* (*pl.* wagons-lits) *m*; couchette *f*; *be a light* ~ avoir le sommeil léger; '**sleep·i·ness** assoupissement *m*.

sleep·ing [ˈsli:piŋ]: ♀ *Beauty* Belle *f* au bois dormant; ✝ ~ *partner* commanditaire *m*; '~**-bag** sac *m* de couchage; '~**-car**, '~**-car·riage** 🚆 wagon-lit *m* (*pl.* wagons-lits) *m*; '~**-draught** narcotique *m*, somnifère *m*; ~ *pill* (comprimé *m*) somnifère *m*; '~**-sick·ness** maladie *f* du sommeil.

sleep·less □ [ˈsli:plis] sans sommeil; *fig.* inlassable; '**sleep·less·ness** insomnie *f*.

sleep·walk·er [ˈsli:pwɔ:kə] somnambule *mf*.

sleep·y □ [ˈsli:pi] somnolent; *fig.* endormi; blet(te *f*) (*fruit*); *be* ~ avoir sommeil; ~ *sickness* encéphalite *f* léthargique; '~**-head** F *fig.* endormi(e *f*) *m*.

sleet [sli:t] **1.** neige *f* à moitié fondue; **2.**: *it is* ~*ing* la pluie tourne à la neige; '**sleet·y** de pluie et de neige, de grésil.

sleeve [sli:v] **1.** manche *f*; ⊕ fourreau *m*; *attr.* à manches; de manchette; ⊕ de manchon, à manchon; *have something up one's* ~ avoir qch. en réserve, avoir qch. dans son sac; *laugh up* (*ou in*) *one's* ~ rire sous cape; **2.** mettre des manches à; *sleeved* à manches; '**sleeve·less** sans manches; '**sleeve-link** bouton *m* de manchette.

sleigh [slei] **1.** traîneau *m*; **2.** *v/t.* transporter en traîneau; *v/i.* aller en traîneau.

sleight [slait] (*usu.* ~ *of hand*) adresse *f*; prestidigitation *f*.

slen·der □ [ˈslendə] mince, ténu; svelte (*personne*); faible (*espoir*); maigre, modeste, exigu(ë *f*); '**slen·der·ness** minceur *f*; sveltesse *f*; faiblesse *f*; exiguïté *f*.

slept [slept] *prét. et p.p. de* sleep **1.**

sleuth [slu:θ] (*a.* ~-*hound*) limier *m*; F détective *m*.

slew¹ [slu:] *prét. de* slay.

slew² [~] (a. ~ round) (faire) pivoter.

slice [slais] 1. tranche f; tartine f (de beurre etc.); fig. part f; cuis. truelle f (à poisson); ~ of luck coup m de veine; 2. découper en tranches; (a. ~ off) trancher, couper; tennis: choper; golf: faire dévier la balle à droite; '**slic·er** machine f à couper; coupe-jambon m/inv.

slick F [slik] 1. adj. (a. adv.) habile (-ment adv.), adroit(ement adv.); 2. (a. ~ paper) Am. sl. magazine m de luxe.

slick·er Am. ['slikə] F escroc m (adroit); imperméable m.

slid [slid] prét. et p.p. de slide 1.

slide [slaid] 1. [irr.] v/i. glisser (dans, into), couler; faire des glissades (personne); let things ~ laisser tout aller à vau-l'eau; v/t. faire glisser; 2. glissade f; coulisse f; cheveux: barrette f; phot. châssis m; ⊕ glissoir m; projection f; '**slid·er** glisseur (-euse f) m; ⊕ coulisseau m; '**slide-rule** règle f à calcul.

slid·ing ['slaidiŋ] 1. glissement m; 2. glissant, coulant; mot. roof toit m décapotable; ~ rule règle f à calcul; ~ scale échelle f mobile; ~ seat mot. siège m amovible; canot: banc m à glissières; ~ table table f à rallonges.

slight [slait] 1. □ léger (-ère f); mince; frêle; svelte; peu important; insignifiant; 2. affront m; manque m d'égards (pour, on); 3. manquer d'égards pour; faire un affront à; '**slight·ing** □ de mépris; dédaigneux (-euse f); '**slight·ness** légèreté f; minceur f; insignifiance f.

slim [slim] 1. □ svelte, mince, élancé; sl. mince, léger (-ère f); 2. (s')amincir; v/i. suivre un régime amaigrissant; ~ming line ligne f qui amincit.

slime [slaim] limon m, vase f; limace f; bave f; liquide: bitume m.

slim·i·ness ['slaiminis] état m vaseux ou boueux; fig. obséquiosité f.

slim·ness ['slimnis] sveltesse f.

slim·y □ ['slaimi] vaseux (-euse f), boueux (-euse f); fig. obséquieux (-euse f).

sling [sliŋ] 1. fronde f; barriques: élingue f; suspenseur m (de câble); ✗ écharpe f; 2. [irr.] lancer (avec

une fronde); élinguer (un fardeau); F ~ over jeter sur; ~ up hisser.

slink [sliŋk] [irr.]: ~ in (out) entrer (sortir) furtivement; ~ away a. s'éclipser.

slip [slip] 1. [irr.] v/i. glisser; couler (nœud); F aller (vite); (souv. ~ away) s'esquiver, fig. s'écouler; se tromper; v/t. glisser, couler; filer (un câble); s'échapper de; se dégager de; ~ in v/t. introduire; v/i. se faufiler, entrer discrètement; ~ into se glisser dans; ~ on enfiler, passer (une robe etc.); ~ off enlever, ôter (une robe etc.); 2. glissade f; erreur f; écart m de conduite; faux pas m; oreiller: taie f; chien: laisse f; géol. éboulement m; (a. ~ of paper) feuille f, fiche f; ♪ bouture f; bot. rejeton m; cost. combinaison f; fond m de robe; ⚓ cale f; chantier m; ~ s pl. sp. slip m; caleçon m de bain; théâ. coulisses f/pl.; F a ~ of a girl une jeune fille f fluette; ~ of the pen lapsus m calami; ~ of the tongue lapsus m linguae, faux pas m; give s.o. the ~ se dérober à q., planter q. là; '~-knot nœud m coulant; '~-on robe f etc. à enfiler; '**slip·per** pantoufle f; ⊕ patin m; '**slip·per·y** □ glissant; incertain; fig. matois; **slip·shod** ['~ʃɔd] mal en ordre; fig. négligé, bâclé; **slip-slop** ['~slɔp] bouillons m/pl.; lavasse f; fig. sensiblerie f; **slipt** prét. et p.p. de slip 1; '**slip-up** F gaffe f; contretemps m; fiasco m.

slit [slit] 1. fente f; ajour m; boîte aux lettres: guichet m; incision f; 2. [irr.] (se) fendre; v/t. éventrer; faire une incision dans.

slith·er F ['sliðə] v/i. glisser; v/t. traîner (les pieds etc.).

sliv·er ['slivə] 1. tranche f; bois: éclat m; tex. ruban m; 2. v/t. couper en tranches; établir les rubans de; v/i. éclater.

slob F [slɔb] rustaud m, goujat m.

slob·ber ['slɔbə] 1. bave f; boue f; fig. sentimentalité f excessive; 2. baver; fig. s'attendrir (sur, over); '**slob·ber·y** baveux (-euse f); négligé.

sloe ⯑ [slou] prunelle f; arbre: prunellier m.

slog F [slɔg] 1. cogner; travailler avec acharnement; 2. coup m violent; corvée f, sl. boulot m.

slo·gan ['slougən] écoss. cri m de

guerre (*a. fig.*); *pol.* mot *m* d'ordre; ✝ devise *f*; slogan *m*; **slo·gan·eer·ing** *Am.* F [slougə'niəriŋ] emploi *m* des mots d'ordre *ou* des cris de guerre. [aviso *m*.]

sloop ♣ [slu:p] sloop *m*; *marine*: ⌡

slop¹ [slɔp] **1.** gâchis *m*; ~s *pl.* lavasse *f*; eaux *f/pl.* ménagères; **2.** (*a.* ~ over) *v/t.* répandre; *v/i.* déborder; *fig.* faire de la sensiblerie.

slop² [~] blouse *f*; vêtements *m/pl.* de confection; hardes *f/pl.*; ♣ frusques *f/pl.*

slop-ba·sin ['slɔpbeisn] bol *m* à rinçures (de thé).

slope [sloup] **1.** pente *f*, inclinaison *f*; talus *m*; *montagne*: versant *m*; **2.** *v/t.* couper en pente; taluter; ⊕ biseauter; ✗ ~ arms! l'arme sur l'épaule droite! *v/i.* être en pente; incliner; aller en pente; sl. ~ off décamper, filer; **'slop·ing** □ en pente, incliné.

slop-pail ['slɔppeil] seau *m* de ménage; seau *m* de toilette; **'slop·py** □ fangeux (-euse *f*); encore mouillé; *cost.* mal ajusté, trop large; mou (mol *devant une voyelle ou un h muet*; molle *f*) (*personne*); *fig.* par trop sentimental (-aux *m/pl.*).

slop-shop ['slɔpʃɔp] magasin *m* de confections.

slosh F [slɔʃ] flanquer un coup; **'sloshed** F soûl, bourré.

slot [slɔt] *chasse*: erres *f/pl.*; fente *f* (*d'un distributeur*); ⊕ entaille *f*.

sloth [slouθ] paresse *f*; *zo.* paresseux *m*; **sloth·ful** ['~ful] paresseux (-euse *f*); indolent.

slot-ma·chine ['slɔtməʃi:n] *chocolat, cigarettes*: distributeur *m* automatique; *jeu de hasard*: appareil *m* à jetons.

slouch [slautʃ] **1.** *v/i.* manquer de tenue; traîner en marchant; (*a.* ~ *about*) rôder; *v/t.* rabattre le bord de (*un chapeau*); ~ed rabattu; mollasse (*allure*); aux épaules arrondies (*personne*); **2.** démarche *f ou* allure *f* mollasse; fainéant *m*; ~ hat chapeau *m* rabattu.

slough¹ [slau] bourbier *m* (*a. fig.*).

slough² [slʌf] **1.** *zo.* dépouille *f*; ⚕ escarre *f*; *plaie*: croûte *f*; **2.** *v/i.* se dépouiller; ⚕ se couvrir d'une escarre; ⚕ se détacher (*croûte*); *v/t.* jeter; *fig.* (*a.* ~ off) se dépouiller de.

slough·y ['slaui] bourbeux (-euse *f*).

Slo·vak ['slouvæk] **1.** *ling.* slovaque *m*; Slovaque *mf*; **2.** (*ou* **Slo·va·ki·an** [~iən]) slovaque.

slov·en ['slʌvn] souillon *f*; bousilleur (-euse *f*) *m*; **'slov·en·li·ness** négligence *f*; **'slov·en·ly** mal soigné, malpropre; négligent; débraillé (*style, tenue*); déhanché (*allure*).

slow [slou] **1.** □ lent (à of, to); en retard (*pendule*); lourd (*esprit*); ⌘ omnibus; petit (*vitesse*); ennuyeux (-euse *f*) (*spectacle etc.*); *sp.* qui ne rend pas; *mot.* ~ lane voie *f* pour véhicules lents; ⌘ ~ train train *m* omnibus; *be* ~ *to* (*inf.*) être lent à (*inf.*); *my watch is ten minutes* ~ ma montre retarde de dix minutes; **2.** *adv.* lentement; **3.** (*souv.* ~ *down, up, off*) *v/t.* ralentir; *v/i.* ralentir; diminuer de vitesse; **'~-coach** lambin(e *f*) *m*; **'~-match** corde *f* à feu; **'~-mo·tion pic·ture** film *m* tourné au ralenti; **'slow·ness** lenteur *f*; *montre*: retard *m*; **'slow-worm** *zo.* orvet *m*.

sludge [slʌdʒ] fange *f*; ⊕ boue *f*; ✗ schlamm *m*.

slue [slu:] (*a.* ~ *round*) (faire) pivoter.

slug¹ [slʌg] lingot *m* (*a. typ.*); *linotype*: ligne-bloc (*pl.* lignes-blocs) *f*.

slug² *zo.* [~] limace *f*.

slug³ *Am.* F [~] **1.** coup *m* (violent); coup *m* (*de whisky etc.*); **2.** cogner, frapper; ~ *it out* se rentrer dedans, se taper dessus.

slug·gard ['slʌgəd] paresseux (-euse *f*) *m*; fainéant(e *f*) *m*; **'slug·gish** □ paresseux (-euse *f*).

sluice [slu:s] **1.** écluse *f*; **2.** *v/t.* vanner; (*a.* ~ *out*) laisser échapper; laver à grande eau *v/i.* ~ *out* couler à flots; **'~-gate** porte *f* d'écluse; vanne *f*; **'~-way** canal *m* à vannes.

slum [slʌm] bas quartier *m*.

slum·ber ['slʌmbə] **1.** *a.* ~s *pl.* sommeil *m*; **2.** sommeiller, dormir; **slum·brous** ['~brəs], **slum·ber·ous** ['~brəs] assoupi, somnolent.

slump [slʌmp] *à la Bourse*: **1.** baisse *f* soudaine; marasme *m*; F crise *f*; **2.** baisser tout à coup; s'effondrer.

slung [slʌŋ] *prét. et p.p.* de **sling** 2.

slunk [slʌŋk] *prét. et p.p.* de **slink**.

slur [slə:] **1.** tache *f*; *fig.* affront *m*, insulte *f*; mauvaise articulation *f*; ♪ liaison *f*; **2.** *v/t.* (*a.* ~ *over*) glisser sur; ♪ lier (*deux notes*), couler (*un* *passage*); bredouiller; *v/i.* s'estomper.

slush [slʌʃ] neige *f* à demi fondue; fange *f*; F lavasse *f*; F sensiblerie *f*; '**slush·y** détrempé par la neige; boueux (-euse *f*); F fadasse.

slut [slʌt] souillon *f*; F *co.* coquine *f*; '**slut·tish** malpropre.

sly □ [slai] sournois, rusé, matois; *on the* ~ en cachette; '~**·boots** F sournois(e *f*); espiègle *mf*; '**sly·ness** sournoiserie *f*, finesse *f*; espièglerie *f*.

smack[1] [smæk] **1.** léger goût *m*; soupçon *m* (*a. fig.*); *fig.* grain *m*; **2.:** ~ *of* avoir un goût de; sentir (*qch.*) (*a. fig.*).

smack[2] [~] **1.** *main:* claque *f*; *fouet:* claquement *m*; F gros baiser *m*; F essai *m*; **2.** *v/i.* claquer; *v/t.* faire claquer (*a. un baiser*); frapper, taper (avec, with); **3.** *int.* paf!, vlan!

smack[3] ♃ [~] bateau *m* de pêche.

smack·er *Am. sl.* ['smækə] dollar *m*.

small [smɔːl] **1.** *usu.* petit; de petite taille; faible (*pouls, ressources*); peu important; menu (*bétail, gibier, plomb*); court (*durée etc.*); léger (-ère *f*) (*progrès*); maigre (*récolte*); fluet(te *f*) (*voix*); bas(se *f*) (*carte*); *une demi-mesure f* de (*alcool*); *une demi-tasse f* de (*café*); *make s.o. feel* ~ humilier q., ravaler q.; ~ *fry* le menu fretin *m*; *les gosses m/pl.*; ~ *game* menu gibier *m*; ~ *holder* petit propriétaire *m*; ~ *holding* petite propriété *f*; *in the* ~ *hours* de fort avant dans la nuit; *surt. Am.* F *fig.* ~ *potatoes* bien peu de chose, insignifiant; ~ *print* les petits caractères *m/pl.*; *l'important du bas de la page*; ♃ ~ *wares pl.* mercerie *f*; **2.** *partie f* mince; *charbon:* menu *m*; *jambe:* bas *m*; *anat.* ~ *of the back* creux *m* des reins; '~**·arms** *pl.* armes *f/pl.* portatives; '**small·ish** assez petit; '**small·ness** petitesse *f*; mesquinerie *f*; '**small·pox** ⚕ petite vérole *f*; '**small talk** banalités *f/pl.*; menus propos *m/pl.*; '**small-time** insignifiant, petit, piètre.

smalt ⊕ [smɔːlt] smalt *m*; émail (*pl.* -aux) *m* de cobalt.

smarm·y F ['smɑːmi] mielleux (-euse *f*), flagorneur (-euse *f*).

smart [smɑːt] **1.** □ vif (vive *f*) (*allure, attaque, etc.*) (à *inf.*, *in gér.*); cuisant (*douleur etc.*); vert (*répri-*

mande); ♃ chaud (*affaire*); habile, adroit; intelligent; éveillé, débrouillard; *péj.* malin (-igne *f*); bien entretenu, soigné; chic *inv.* *en genre*, élégant, coquet (te *f*); *Am.* ~ *aleck* finaud *m*; *un* je sais tout *m*; **2.** douleur *f* cuisante; **3.** cuire; souffrir (*personne*); *you shall* ~ *for it* il vous en cuira, '**smart·en** *v/t.* donner du chic à; *v/i.* prendre du chic; se faire beau; '**smart-mon·ey** pension *f* pour blessure; ♃ forfait *m*; '**smart·ness** finesse *f*; intelligence *f*; élégance *f*, chic *m*; *esprit:* vivacité *f*.

smash [smæʃ] **1.** *v/t.* briser (en morceaux), (*souv.* ~ *up*) casser; *fig.* détruire; écraser (*a. tennis*); ♃ *against* (*ou on*) heurter contre; *v/i.* se briser (contre against, on); éclater en morceaux, *fig.* échouer; ♃ F (*a.* ~ *up*) faire faillite; **2.** briser en morceaux; fracas *m*; collision *f*; 🚂 désastre *m*; ♃ débâcle *f*, faillite *f*; *tennis:* smash *m*; F ~ *hit* succès *m* fou; *all to* ~ en miettes; '~-**and-**'**grab raid** vol *m* après bris de devanture; '**smash·er** *sl.* coup *m* écrasant; critique *f* mordante; '**smash·ing** écrasant; F formidable; '**smash-up** destruction *f* complète; collision *f*; ♃ faillite *f*.

smat·ter·er ['smætərə] demi-savant *m*; '**smat·ter·ing** légère connaissance *f*.

smear [smiə] **1.** salir (de, with); barbouiller (de, with) (*a. une page écrite*); enduire (de graisse, with grease); **2.** tache *f*, macule *f*; ⚕ frottis *m* (*de sang*).

smell [smel] **1.** senteur *f*, parfum *m*; (*a. sense of* ~) odorat *m*; **2.** [*irr.*] *v/i.* sentir (*qch.*, *of s.th.*); avoir un parfum; *v/t.* sentir, flairer; (*a.* ~ *at*) sentir (*une fleur*). [*smell* **2.**]

smelt[1] [smelt] *prét. et p.p. de* **smelt**[2] *icht.* [~] éperlan *m*.

smelt[3] [~] fondre; extraire par fusion; '**smelt·er** ⊕ fondeur *m*; métallurgiste *m*; '**smelt·ing-**'**fur·nace** fourneau *m* de fusion *ou* de fonte.

smile [smail] **1.** sourire *m*; **2.** sourire (à at, on). [souiller.]

smirch *poét.* [smɜːtʃ] tacher; [*fig.*]

smirk [smɜːk] **1.** minauder, mignarder; **2.** sourire *m* affecté; minauderie *f*.

smite [smait] [*irr.*] *poét. ou co.* frapper; abattre; ~ *upon* frapper sur; *fig.* frapper (*p.ex. l'oreille*).

smith [smiθ] forgeron *m*.

smith·er·eens F ['smiðə'ri:nz] *pl.* miettes *f/pl.*; morceaux *m/pl.*; *smash to* ~ briser en mille morceaux.

smith·y ['smiði] forge *f*.

smit·ten ['smitn] **1.** *p.p. de* smite; **2.** frappé, pris (*de, with*); *fig.* épris, amoureux (*-euse f*) (*de, with*).

smock [smɔk] **1.** orner de smocks (= *fronces*); **2.** (*ou* ~-*frock*) blouse *f*, sarrau *m*.

smog [smɔg] brouillard *m* enfumé.

smoke [smouk] **1.** fumée *f*; F action *f* de fumer; F cigare *m*, cigarette *f*; ~-*consumer* (appareil *m*) fumivore *m*; *have a* ~ fumer; **2.** *v/i.* fumer; *v/t.* fumer (*du jambon, du tabac*); enfumer (*une plante*); noircir de fumée (*le plafond etc.*); ⚔ enfumer; '~-*dried* fumé; '~-*hel·met* casque *m* à fumée; '**smoke·less** □ sans fumée; fumivore (*foyer*); '**smok·er** fumeur (*-euse f*) *m*; *see* smoking-*compartment*; '**smoke-screen** ⚔ rideau *m* de fumée; brume *f* artificielle; '**smoke·stack** 🚢, *a.* ⚓ cheminée *f*.

smok·ing ['smoukiŋ] **1.** émission *f* de fumée; *jambon*: fumage *m*; *no* ~! défense *f* de fumer; **2.** fumant; '~-*com·part·ment* 🚢 compartiment *m* de fumeurs, F fumeur *m*; '~-*con·cert* concert *m* où il est permis de fumer; '~-*room* fumoir *m*.

smok·y □ ['smouki] fumeux (*-euse f*); plein de fumée; noirci par la fumée.

smol·der *Am.* ['smouldə] *see* smoulder.

smooth [smu:ð] **1.** □ lisse; uni; poli; calme (*mer*); doux (*douce f*) *fig.* doucereux (*-euse f*); *Am.* F chic *inv. en genre*; **2.** (*souv.* ~ *out*, *down*) lisser (*a.* ~ *over*, *away*) aplanir (*le bois*; *fig.* *une difficulté*); *fig.* calmer; adoucir (*une courbe*); ~ *down* (se) calmer, (s')apaiser; '**smooth·ing** lissage *m*; aplanissement *m*; **2.** à repasser; '**smooth·ness** égalité *f*; douceur *f* (*fig.* feinte); calme *m*; '**smooth-tongued** mielleux (*-euse f*), enjôleur (*-euse f*).

smote [smout] *prét. de* smite.

smoth·er ['smʌðə] **1.** fumée *f* épaisse; nuage *m* épais de poussière; **2.** (*a.* ~ *up*) étouffer (*a. fig.*); *fig.* couvrir.

smoul·der ['smouldə] brûler lentement; *fig.* couver.

smudge [smʌdʒ] **1.** *v/t.* souiller; barbouiller, maculer; *v/i.* baver (*plume*); s'estomper (*silhouette*); **2.** tache *f*; *encre*: pâté *m*; '**smudg·y** □ taché; barbouillé; estompé (*silhouette*); illisible.

smug [smʌg] suffisant, satisfait de soi-même; glabre (*visage*).

smug·gle ['smʌgl] *v/t.* (faire) passer (*qch.*) en contrebande; *v/i.* faire la contrebande; '**smug·gler** contrebandier *m*; fraudeur *m*; '**smug·gling** contrebande *f*.

smut [smʌt] **1.** noir *m*; flocon *m* ou tache *f* de suie; ♀ *céréales:* charbon *m*; *coll.* saletés *f/pl.*; **2.** noircir, salir; *v/i.* ♀ être atteint du charbon.

smutch [smʌtʃ] **1.** tacher; souiller; **2.** tache *f*.

smut·ty □ ['smʌti] noirci; sale; *fig.* malpropre; ♀ piqué.

snack [snæk] casse-croûte *m/inv.*; F *go* ~*s* partager (*qch. avec q.*, *in s.th. with s.o.*); '~-*bar* bar *m*, casse-croûte *m/inv.*

snaf·fle¹ ['snæfl] (*a.* ~-*bit*) filet *m*.

snaf·fle² *Angl. sl.* [~] chiper (= *voler*).

sna·fu *Am. sl.* ⚔ [snæ'fu:] **1.** en désarroi; en pagaille; **2.** pagaille *f*.

snag [snæg] *arbre, dent:* chicot *m*; saillie *f*, protubérance *f*; *fig.* obstacle *m*, F cheveu *m*, pépin *m*; *bas, robe:* accroc *m*; *Am.* chicot *m* submergé; souche *f* au ras de l'eau; '**snag·ged** ['~id], '**snag·gy** épineux (*-euse f*); semé d'obstacles submergés.

snail *zo.* [sneil] limaçon *m*; escargot *m* (*comestible*).

snake *zo.* [sneik] serpent *m*; '~-*weed* ♀ bistorte *f*.

snak·y □ ['sneiki] de serpent; infesté de serpents; *fig.* perfide; *fig.* serpentant (*chemin*).

snap [snæp] **1.** coup *m* de dents *ou* de ciseaux *ou* de froid; coup *m* sec, claquement *m*; *fig.* énergie *f*, entrain *m*; *collier, valise:* fermoir *m*; *gant:* fermoir *m* pression; rupture *f* soudaine; *cartes:* (sorte de) jeu enfantin; *phot.* instantané *m*; *cuis.* croquet *m* au gingembre; *cold* ~

froid *m* soudain; **2.** *v/i.* happer; tâcher de saisir (q., qch. *at* s.o., *at* s.th.); claquer (*dents, fouet, etc.*); se casser (avec un bruit sec); *fig.* ~ *at* saisir (*une occasion*); F ~ *at* s.o. parler à q. d'un ton sec; *Am.* F ~ *into* (*ou out of*) it secouez-vous!; grouillez-vous!; *v/t.* happer; saisir d'un coup de dents; faire claquer; casser, rompre; *phot.* prendre un instantané de, F prendre; F ~ *one's fingers at* narguer (q.); se moquer de; ~ *out* dire d'un ton sec; ~ *up* saisir (*a. fig.*); happer; enlever (vite); **3.** crac!; **'~-drag·on** ♀ gueule-de-loup (*pl.* gueules-de-loup) *f*; *a.* jeu qui consiste à happer des raisins secs dans du cognac flambant; **'~-fas·ten·er** gant, robe: fermoir (pression) *m*; **'snap·per** personne *f* hargneuse; **'snap·pish** □ hargneux (-euse *f*); irritable; **'snap·pish·ness** humeur *f* hargneuse; irritabilité *f*; mauvaise humeur *f*; **'snap·py** *see* snappish; F vif (vive *f*); F *make it* ~! dépêchez-vous!, *sl.* grouillez-vous!; **'snap·shot** **1.** coup *m* lâché sans viser; *phot.* instantané *m*; **2.** prendre un instantané de.

snare [snɛə] **1.** piège *m*; lacet *m*; **2.** prendre au lacet *ou* au piège (*a. fig.*); attraper; **'snar·er** tendeur *m* de lacets.

snarl [snɑːl] **1.** *v/i.* grogner, gronder; *tex.* vriller; *Am.* s'emmêler; *v/t.* emmêler; **2.** grognement *m*, grondement *m*; *tex.* vrillage *m*; *Am.* enchevêtrement *m*; **'~-up** pagaïe *f*; embouteillage *m* (*de voitures*).

snatch [snætʃ] **1.** mouvement *m* pour saisir; morceau *m*; courte période *f*; *by* ~*es* par boutades; par courts intervalles; **2.** saisir; se saisir de; empoigner; ~ *at* tâcher de saisir; arracher (qch. à q., s.th. *from* s.o.); ~ *up* saisir.

sneak [sniːk] **1.** *v/i.* se glisser furtivement (dans, *in*[to]); *école:* moucharder (q., *on* s.o.); *v/t.* F chiper; **2.** pied *m* plat; *école:* mouchard *m*; **'sneak·ers** *pl. Am.* F (chaussures *m/pl.* de) tennis *m/pl.*); **'sneak·ing** □ furtif (-ive *f*); servile; dissimulé, inavoué; **'sneak-thief** chapardeur (-euse *f*) *m*; **'sneak·y** F sournois.

sneer [sniə] **1.** ricanement *m*, rire *m* moqueur; sarcasme *m*; **2.** ricaner; se moquer (de, *at*); dénigrer (qch., *at*

s.th.); **'sneer·er** moqueur (-euse *f*) *m*; **'sneer·ing** □ ricaneur (-euse *f*); sarcastique.

sneeze [sniːz] **1.** éternuer; **2.** éternuement *m*.

snib [snib] *porte:* loquet *m*; arrêt *m* de sûreté.

snick·er ['snikə] *see* snigger; hennir (*cheval*).

sniff [snif] **1.** *v/i.* renifler (sur, *at*); flairer (qch., [*at*] s.th.); *v/t.* renifler; humer; flairer; **2.** reniflement *m*; **'sniff·les** F ['sniflz] *pl.* petit rhume *m*; *have the* ~ être (légèrement) enrhumé; **'sniff·y** F malodorant; dédaigneux (-euse *f*); de mauvaise humeur.

snig·ger ['snigə] rire sous cape (de, *at*); ricaner tout bas.

snip [snip] **1.** coup *m* de ciseaux; petit bout *m*; petite entaille [; *sl.* certitude *f*; **2.** couper; détacher (*d'un coup de ciseaux*); poinçonner (*un billet*).

snipe [snaip] **1.** *orn.* bécassine *f*; *coll.* bécassines *f/pl.*; **2.** ⚔ tirailler contre; **'snip·er** ⚔ canardeur *m*.

snip·pets ['snipits] *pl.* bouts *m/pl.*; *livre:* extraits *m/pl.*; **'snip·py** F fragmentaire; hargneux (-euse *f*).

snitch *sl.* [snitʃ]: ~ *on* s.o. dénoncer q.

sniv·el ['snivl] avoir le nez qui coule; *fig.* pleurnicher; **'sniv·el·(l)ing** qui coule; morveux (-euse *f*) (*personne*); *fig.* pleurnicheur (-euse *f*).

snob [snɔb] snob *m*, parvenu(e *f*) *m*, poseur (-euse *f*) *m*; **'snob·ber·y** snobisme *m*, morgue *f*; **'snob·bish** □ poseur (-euse *f*); snob *adj./inv.*

snog F [snɔg] se peloter.

snoop *Am. sl.* [snuːp] **1.** *fig.* ~ *on* épier (q.); **2.** inquisiteur (-euse *f*) *m*; personne *f* indiscrète *ou* curieuse.

snoot·y *Am.* F ['snuːti] arrogant; suffisant.

snooze F [snuːz] **1.** petit somme *m*; **2.** sommeiller; faire un petit somme.

snore [snɔː] **1.** ronflement *m*; **2.** ronfler.

snort [snɔːt] **1.** reniflement *m* (*a. fig.* de dégoût); ⊕ ronflement *m*; *cheval:* ébrouement *m*; **2.** renifler; s'ébrouer (*cheval*); *v/t.* grogner (*une réponse*).

snot *sl.* [snɔt] morve *f*; **'snot·ty** *sl.* morveux (-euse *f*); *fig.* maussade.

snout [snaut] museau *m*; *porc:* groin *m*.

snow [snou] **1.** neige *f*; *sl.* cocaïne *f*; **2.**

v/i. neiger; *v/t.* saupoudrer (de, with); *sl.* en imposer à (*q.*), impressionner (*q.*); *surt. Am.* F *fig.* be ~ed under être accablé (de, with); ~ed in (*ou* up) pris *ou* bloqué par la neige; '~**ball** 1. boule *f* de neige; 2. lancer des boules de neige; *fig.* faire boule de neige; '~**drift** amas *m* de neige, congère *f*; '~**drop** ♀ perce-neige *f/inv.*; '~**gog·gles** *pl.* (a pair of) ~ (des) lunettes *f/pl.* d'alpiniste; ~**mo·bile** [²∿məbiːl] autoneige *f*; '~**plough**, *Am.* '~**plow** chasse-neige *m/inv.*; '~**white** blanc(he *f*) comme la neige; '**snow·y** □ neigeux (-euse *f*), de neige.

snub [snʌb] 1. remettre (*q.*) à sa place; rembarrer; 2. rebuffade *f*; mortification *f*; '~**ber** *mot.* amortisseur *m* à courroie; '**snub-nose** nez *m* retroussé; '**snub-nosed** (au nez) camus.

snuff [snʌf] 1. *chandelle:* mouchure *f*; tabac *m* (à priser) F up to ~ degourdi, à la coule; F give s.o. ~ laver la tête à q.; 2. (*a. take* ~) priser; moucher; '~**box** tabatière *f*; '**snuff·er** priseur (-euse *f*) *m*; (a pair of) ~s *pl.* (des) mouchettes *f/pl.*; snuf·fle ['∿l] renifler; nasiller; ~ at flairer (*qch.*); '**snuff·y** au linge tacheté de tabac; au nez barbouillé de tabac; F *fig.* peu soigné.

snug □ [snʌg] confortable; bien au chaud; gentil(le *f*); ♏ paré; '**snug·ger·y** petite pièce *f* confortable; petit fumoir *m*; *sl.* turne *f*; **snug·gle** ['∿l] (se) serrer; *v/i.* se pelotonner (contre up to, into); ~ down se blottir (dans, in).

so [sou] ainsi; par conséquent; si, tellement; donc; *I hope* ~ je l'espère bien; *are you tired?* ~ *I am* êtes-vous fatigué?; je le suis en effet; *you are tired*, ~ *am I* vous êtes fatigué, (et) moi aussi; *a mile or* ~ un mille à peu près; ~ *as to* pour *ou* afin de (*inf.*), pour *ou* afin que (*sbj.*); de sorte que (*sbj.*); de façon à (*inf.*); ~ *far* jusqu'ici; ~ *far as I know* autant que je sache.

soak [souk] 1. *v/t.* tremper (dans, in); imbiber (de, in); F faire payer; ~ up (*ou* in) absorber; *v/i.* tremper, s'imbiber (dans, into); F boire comme une éponge; 2. trempe *f*; F bain *m*; F ivrogne *m*, biberon(ne

f) *m*; F tombée *f*, *pluie:* arrosage *m*.

so-and-so ['souənsou] machin *m*, chose *m*; Mr. ♀ Monsieur un tel.

soap [soup] 1. savon *m*; F ~ *opera* mélodrame *m* radiodiffusé *ou* télévisé; *soft* ~ savon *m* vert; F flatterie *f*, flagornerie *f*; 2. savonner; '~**boil·er** chaudière *f* à savon; personne: savonnier (-ère *f*) *m*; '~**box** caisse *f* à savon; ~ *orator* orateur *m* de carrefour; '~**dish** plateau *m* à savon; '~**suds** *pl.*, *a. sg.* eau *f* de savon; '**soap·y** □ savonneux (-euse *f*); qui sent le savon.

soar [sɔː] prendre son essor; s'élever (*a. fig.*); ✈ faire du vol à voile; '**soar·ing** 1. qui s'élève; plané (*vol*); 2. essor *m*; hausse *f*; vol *m* plané.

sob [sɔb] 1. sanglot *m*; 2. sangloter.

so·ber ['soubə] 1. □ sobre, modéré; grave; sérieux (-euse *f*); pas ivre; 2. (*souv.* ~ *down*) (se) dégriser; '**so·ber·ness**, **so·bri·e·ty** [sou-'braiəti] sobriété *f*; sérieux *m*.

sob-stuff F ['sɔbstʌf] sensiblerie *f*, histoire *f* larmoyante.

so-called ['sou'kɔːld] prétendu, ce qu'on est convenu d'appeler.

soc·cer *sp.* ['sɔkə] football *m* association.

so·cia·bil·i·ty [souʃə'biliti] sociabilité *f*; '**so·cia·ble** □ 1. sociable; *zo.* sociétaire; 2. *véhicule:* sociable *m*; *meuble:* causeuse *f*; *Am.* soirée *f* amicale.

so·cial ['souʃl] 1. □ social (-aux *m/pl.*); ~ *activities pl.* mondanités *f/pl.*; ~ *insurance* assurance *f ou* prévoyance *f* sociale; ~ *insurance stamp* timbre *m* de sécurité sociale; ~ *science* science *f* sociale; ~ *security* aide *f* sociale; *be on* ~ *security* recevoir l'aide sociale; ~ *services pl.* institutions *f/pl.* sociales; 2. soirée *f*, réunion *f*; '**so·cial·ism** socialisme *m*; '**so·cial·ist** socialiste (*a. su./mf*); **so·cial·ite** F ['souʃəlait] mondain(e *f*) *m*; '**so·cial·ize** rendre social; réunir en société; *pol.* socialiser.

so·ci·e·ty [sə'saiəti] société *f*; association *f*; beau monde *m*.

so·ci·o·log·i·cal □ [sousiə'lɔdʒikl] sociologique; **so·ci·ol·o·gist** [∿-'ɔlədʒist] sociologue *m*; **so·ci·ol·o·gy** sociologie *f*.   [intérieur.]

sock¹ [sɔk] chaussette *f*; semelle *f*]

sock² *sl.* [∿] 1. coup *m*, beigne *f*;

give s.o. ~*(s pl.)* = **2.** flanquer une beigne à (*q.*).

sock·dol·a·ger *Am. sl.* [sɔk'dɔlədʒə] coup *m* violent, gnon *m*; *argument m* décisif.

sock·er F ['sɔkə] *see* soccer.

sock·et ['sɔkit] emboîture *f* (*a. os*); douille *f* (*a. ⚡*); œil: orbite *f*; *dent*: alvéole *m*; ⊕ godet *m*; ⚡ socle *m*; cavité *f*; *chandelle*: bobèche *f*.

so·cle ['sɔkl] socle *m*.

sod [sɔd] **1.** gazon *m*; motte *f*; *poét.* terre *f*; **2.** gazonner.

so·da ⚗ ['soudə] soude *f*; '~**foun·tain** siphon *m*; *Am.* bar *m*, débit *m* (*de boissons non alcoolisées*).

sod·den ['sɔdn] détrempé; pâteux (-euse *f*) (*pain etc.*); (*trop long-temps*) bouilli; *fig.* abruti (*par la boisson*).

so·di·um ⚗ ['soudjəm] sodium *m*; *attr.* de soude.

so·ev·er [sou'evə] que ce soi(en)t.

so·fa ['soufə] canapé *m*.

sof·fit 🔺 ['sɔfit] soffite *m*; cintre *m*.

soft [sɔft] **1.** □ mou (mol *devant une consonne ou un h muet*; molle *f*); doux (douce *f*); tendre; flasque; F facile; F nigaud; F ~ *drink* boisson *f* non alcoolisée; F *a* ~ *thing* une bonne affaire *f*; *see* soap; **2.** *adv.* douce-ment; sans bruit; **3.** F nigaud(e *f*) *m*; **soft·en** ['sɔfn] (s')amollir; (s')a-doucir (*a. couleurs, a.* ⊕ *acier*); (s')attendrir; (se) radoucir (*ton, voix, etc.*); *v/t.* atténuer (*des couleurs, la lumière, a. phot. les contours*); **soft·ness** ['sɔftnis] douceur *f* (*a. fig.*); caractère: mollesse *f*; F niaiserie *f*; '**soft-soap** F passer de la pommade à (*q.*), flatter; '**soft-'spok·en** à la voix douce; '**soft·ware** logiciel *m*, software *m*; '**soft·y** F nigaud(e *f*) *m*, niais(e *f*) *m*.

sog·gy ['sɔgi] détrempé; lourd (*temps*); pâteux (-euse *f*).

soil[1] [sɔil] sol *m*, terre *f*, terroir *m*.

soil[2] [~] **1.** souillure *f*; tache *f*; **2.** (se) salir; *v/t.* souiller; '~**pipe** descente *f* (*de W.-C.*).

so·journ ['sɔdʒəːn] **1.** séjour *m*; **2.** séjourner; '**so·journ·er** personne *f* de passage; hôte(sse *f*) *m*.

sol·ace ['sɔləs] **1.** consolation *f*; **2.** consoler.

so·lar ['soulə] solaire; ~ *battery* batterie *f* solaire, photopile *f*; ~ *cell* cellule *f* photovoltaïque; ~ *eclipse*

éclipse *f* du soleil; *anat.* ~ *plexus* plexus *m* solaire; ~ *system* système *m* solaire, planétaire *m*.

sold [sould] *prét. et p.p. de* sell.

sol·der ⊕ ['sɔldə] **1.** soudure *f*; **2.** (res)souder; **sol·der·ing-i·ron** ['~riŋaiən] fer *m* à souder.

sol·dier ['souldʒə] **1.** soldat *m*; **2.** (*a. go* ~*ing*) faire le métier de soldat; '**sol·dier·like**, '**sol·dier·ly** de soldat; militaire; '**sol·dier·ship** ['~ʃip] aptitude *f* militaire; '**sol·dier·y** militaires *m/pl.*; *péj.* solda-tesque *f*.

sole[1] □ [soul] seul, unique; ~ *agent* agent *m* exclusif.

sole[2] [~] **1.** semelle *f*; *pied*: plante *f*; **2.** ressemeler.

sole[3] *icht.* [~] sole *f*.

sol·e·cism ['sɔlisizm] solécisme *m*; faute *f* de grammaire.

sol·emn □ ['sɔləm] solennel(le *f*); sérieux (-euse *f*); grave; **so·lem·ni·ty** [sə'lemniti] solennité *f* (*a.* = fête); gravité *f*; **sol·em·ni·za·tion** [sɔləmnai'zeiʃn] célébration *f*, so-lennisation *f*; '**sol·em·nize** célé-brer (*un mariage*); solenniser (*une fête*); rendre grave.

so·lic·it [sə'lisit] solliciter (qch. de q. *s.o. for s.th.*, *s.th. from s.o.*); *prostituée*: raccrocher (*un homme*); **so·lic·i·ta·tion** sollicitation *f*; *votes*: brigue *f*; *prostituée*: racolage *m*; **so·'lic·i·tor** ⚖ avoué *m*, *Brit.* solicitor *m*; *Am.* ♱ placier *m*; ♀ *General* conseiller *m* juridique de la Cou-ronne; **so·lic·it·ous** □ préoccupé (*de, about*); soucieux (-euse *f*) (*de*, *of*; *de inf.*, *to inf.*); *be* ~ *about* s'inquiéter de; *be* ~ *for* avoir (qch.) à cœur; **so·lic·i·tude** [~tju:d] solli-citude *f*; souci *m*.

sol·id ['sɔlid] **1.** □ solide (*a. fig.*, 🔺 *angle*); plein (*acajou, mur, pneu, volume*); vif (vive *f*) (*pierre*); massif (-ive *f*) (*argent*); épais(se *f*); ⊕ de volume (*mesures*); ⊕ solidaire (*de, with*); *fig.* bon(ne *f*) *m*; *fig.* ininter-rompu; *fig.* unanime; *surt. Am.* F *make o.s.* ~ *with* être bien avec, se mettre sur un bon pied avec; *a* ~ *hour* une bonne heure, une pleine heure; 🔺 ~ *geometry* géométrie *f* dans l'espace; ~ *leather* cuir *m* à semelles; ~ *rubber* caoutchouc *m* plein; **2.** solide *m*; **sol·i·dar·i·ty** [~'dæriti] solidarité *f*; **so·'lid·i·fy**

[⌄fai] (se) solidifier; *v/i.* se figer;
so·lid·i·ty solidité *f*; ⚡ solidarité *f.*

so·lil·o·quize [sə'liləkwaiz] se parler
à soi-même; faire un soliloque;
so·lil·o·quy soliloque *m*, monologue *m.*

sol·i·taire [sɔli'tɛə] *diamant, a. jeu:*
solitaire *m*; *cartes:* jeu *m* de patience; **sol·i·tar·y** □ [ˈ⌄təri] solitaire, isolé; retiré; ~ *confinement*
prison *f* cellulaire; **sol·i·tude**
[ˈ⌄tjuːd] solitude *f.*

so·lo [ˈsoulou] ♩ solo *m*; *cartes:*
whist *m* de solo; 🦅 vol *m* solo;
ˈso·lo·ist ♩ soliste *mf.*

sol·stice [ˈsɔlstis] solstice *m.*

sol·u·bil·i·ty [sɔljuˈbiliti] solubilité
f; *problème:* résolubilité *f*; **sol·u·ble**
[ˈsɔljubl] soluble; résoluble.

so·lu·tion [sə'luːʃn] solution *f* (*a.* ℞,
🜍, 💊); ⊕ (dis)solution *f.*

solv·a·ble [ˈsɔlvəbl] soluble; ℞ *a.*
résoluble; **solve** [sɔlv] résoudre;
trouver la solution de; éclaircir (*un
mystère etc.*); **sol·ven·cy** [ˈ⌄vənsi]
solvabilité *f*; **sol·vent 1.** dissolvant;
🜄 solvable; **2.** (dis)solvant *m.*

som·ber, som·bre □ [ˈsɔmbə]
sombre; morne.

some [sʌm, səm] **1.** *pron. indéf.* certains; quelques-uns, quelques-unes;
un peu, en; *I need* ~ j'en ai besoin;
2. *adj.* quelque, quelconque; un
certain, une certaine; du, de la, des,
quelques; ~ *bread* du pain; ~ *few*
quelques-uns, quelques-unes; ~ *20
miles* une vingtaine de milles; *in* ~
degree une vingtaine de milles; *in* ~
degree, *to* ~ *extent* quelque peu;
jusqu'à un certain point; *that was*
~ *meal!* c'était un chouette repas!;
3. *adv.* quelque, environ; *sl.* pas
mal; *he was annoyed* ~ il n'était pas
mal fâché; **ˈ⌄·bod·y, ˈ⌄·one** quelqu'un; **ˈ⌄·how** de façon *ou* d'autre;
~ *or other* d'une manière ou d'une
autre.

som·er·sault [ˈsʌməsɔːlt], **som·er·set** [ˈ⌄set] *gymn.* saut *m* périlleux;
culbute *f*; cabriole *f*; *turn* ~s faire
le saut périlleux; faire des cabrioles.

some…: **ˈ⌄·thing** [ˈsʌmθiŋ] quelque
chose (*a. su./m*); *adv.* quelque peu;
that is ~ c'est déjà quelque chose;
~ *like* ne forme rien; F *un vrai* …;
ˈ⌄·time 1. *adv.* autrefois; jadis;
2. *adj.* ancien(ne *f*) (*devant su.*);
⌄·times [ˈ⌄z] parfois, quelquefois;

ˈ⌄·what quelque peu, un peu; assez;
ˈ⌄·where quelque part.

som·nam·bu·lism [sɔmˈnæmbjulizm] somnambulisme *m*, noctambulisme *m*; **som·nam·bu·list** somnambule *mf*, noctambule *mf.*

som·nif·er·ous □ [sɔmˈnifərəs]
somnifère, endormant.

som·no·lence [ˈsɔmnoləns] somnolence *f*, assoupissement *m*; **ˈsom·no·lent** somnolent, assoupi.

son [sʌn] fils *m.*

so·nant *gramm.* [ˈsounənt] (consonne *f*) sonore.

so·na·ta ♩ [səˈnɑːtə] sonate *f.*

song [sɔŋ] chant *m*; chanson *f*; *eccl.*
cantique *m*; F *for a mere* (*ou an old*)
~ *pour* une bagatelle, pour rien;
ˈ⌄·bird oiseau *m* chanteur; **ˈ⌄·book**
recueil *m* de chansons; **ˈ⌄·hit** succès *m*; **ˈsong·ster** oiseau *m* chanteur; chanteur *m*; **ˈsong·stress**
chanteuse *f.*

son·ic [ˈsɔnik] sonique (*vitesse*); ~
bang (*ou boom*) bang *m ou* détonation
f supersonique; ~ *barrier* mur *m* du
son.

son-in-law [ˈsʌninlɔː], *pl.* **sons-in-law** gendre *m.*

son·net [ˈsɔnit] sonnet *m.*

son·ny F [ˈsʌni] (mon) petit *m.*

so·nor·i·ty [səˈnɔriti] sonorité *f*; **so·no·rous** □ [səˈnɔːrəs] sonore; **so·ˈno·rous·ness** sonorité *f.*

soon [suːn] bientôt; tôt; vite; de
bonne heure; *as* (*ou so*) ~ *as* dès
que, aussitôt que; **ˈsoon·er** plus
tôt; plutôt; *no* ~ … *than* à peine…
que; *no* ~ *said than done* sitôt dit,
sitôt fait.

soot [sut] **1.** suie *f*; **2.** couvrir de
suie; calaminer (*les bougies*).

sooth [suːθ]: † *in* ~ en vérité, vraiment; ~ *to say* à vrai dire; **soothe**
[suːð] calmer, apaiser; **sooth·say·er**
[ˈsuːθseiə] devin(eresse *f*) *m.*

soot·y □ [ˈsuti] couvert de suie;
(noir) de suie; fuligineux (-euse *f*).

sop [sɔp] **1.** morceau *m* (*de pain etc.*)
trempé; *fig.* don *m* propitiatoire;
2. tremper; ~ *up* éponger.

soph·ism [ˈsɔfizm] sophisme *m.*

soph·ist [ˈsɔfist] sophiste *m*; **so·phis·tic, so·phis·ti·cal** □ [səˈfistik(l)] sophistique(ue); captieux
(-euse *f*) (*argument*); **so·ˈphis·ti·cate** [⌄keit] sophistiquer; falsifier;
so·ˈphis·ti·cat·ed sophistiqué, fal-

sifié; blasé; aux goûts compliqués; **soph·is·try** ['sɔfistri] sophistique f; sophistication f; sophismes m/pl.

soph·o·more Am. ['sɔfəmɔː] étudiant(e f) m de seconde année.

so·po·rif·ic [soupə'rifik] (*ally*) soporifique (a. su./m), somnifère (a. su./m).

sop·ping ['sɔpiŋ] (a. ~ *wet*) trempé; trempé jusqu'aux os (*personne*); '**sop·py** détrempé; *fig.* mou (*mol devant une voyelle ou un h muet*; molle f); F fadasse.

so·pra·no [sə'prɑːnou] soprano m.

sor·cer·er ['sɔːsərə] sorcier m; '**sor·cer·ess** sorcière f; '**sor·cer·y** sorcellerie f.

sor·did □ ['sɔːdid] sordide (*souv. fig. = sale, vil*); *⚕* infect; '**sor·did·ness** sordidité f; saleté f; bassesse f.

sore [sɔː] **1.** □ douloureux (*a. fig.*); irrité, enflammé; ulcéré; *fig.* cruel (*vie f*); chagriné (*personne*), Am. F fâché; ~ *throat* mal m de gorge; **2.** plaie f (*a. fig.*); écorchure f; ulcère m; '**sore·head** Am. F *fig.* rouspéteur m; '**sore·ly** *adv.* gravement, vivement; '**sore·ness** sensibilité f; *fig.* chagrin m.

so·ror·i·ty [sə'rɔriti] communauté f religieuse; *univ. Am.* cercle m d'étudiantes.

sor·rel¹ ['sɔrəl] **1.** saure, alezan (*cheval*); **2.** alezan m.

sor·rel² ⚘ [~] oseille f.

sor·row ['sɔrou] **1.** douleur f, tristesse f, chagrin m; **2.** s'attrister; être affligé; '**sor·row·ful** □ ['~ful] triste, attristé; pénible.

sor·ry □ ['sɔri] désolé, fâché, peiné (*de to, at*); *fig.* misérable, pauvre; (*I am*) (*so*) ~! pardon!; *I am ~ for you* je vous plains; *we are ~ to say* nous regrettons d'avoir à dire...

sort [sɔːt] **1.** sorte f, genre m, espèce f; classe f; façon f; *people of all ~s* des gens de toutes sortes; *something of the ~, that ~ of thing* quelque chose de pareil(le f); *in some ~, I like it,* F *I ~ of like it* jusqu'à un certain point je l'aime; *out of ~s* indisposé; de mauvaise humeur; F *he is a good ~* c'est un brave type; (*a*) ~ *of peace* une paix telle quelle; **2.** trier, assortir; *✝* classifier, classer, lotir; ~ *out* séparer (*de, d'avec from*). **sor·tie** ✕ ['sɔːtiː] sortie f.

sot [sɔt] ivrogne(sse f) m; *sl.* soû-

lard(e f) m; **sot·tish** □ ['sɔtiʃ] d'ivrogne; abruti par l'alcool.

sough [sau] **1.** murmure m, susurrement m; **2.** murmurer, susurrer.

sought [sɔːt] *prét. et p.p.* de seek; '~**aft·er** recherché.

soul [soul] âme f; F *the ~ of* le premier mobile (*d'une entreprise*); '**soul·less** □ sans âme; (a. '**soul·de·stroy·ing**) abrutissant.

sound¹ □ [saund] sain; en bon état; bon(ne f); *fig.*, a. 🛆 solide; droit; profond (*sommeil*); bon(ne f); *⚖* valable, légal (-aux m/pl.).

sound² [~] **1.** son m, bruit m; *phys.* acoustique f; ~ *barrier* mur m du son; ~ *effects pl.* bruitage m; ~ *film* film m sonore; ~ *wave* onde f sonore; **2.** *v/i.* (ré)sonner; retentir; paraître; avoir le son de; *v/t.* sonner; faire retentir; prononcer (*les R etc.*); chanter (*des louanges*); *⚕* ausculter (*la poitrine*); ✕ ~ *the retreat* sonner la retraite.

sound³ [~] *géog.* détroit m; bras m de mer; *icht.* vessie f natatoire; *géog. the* ⚬ le Sund m.

sound⁴ [~] **1.** *⚓* sonde f; **2.** *⚓* sonder (a. *fig.*, a. ♣); ~ *s.o. out* sonder q. (*relativement à, about*).

sound·ing ♣ ['saundiŋ] sondage m; ~*s pl.* sondes f/pl., fonds m/pl.

sound(·ing)-board ['saund(iŋ)bɔːd] *chaire etc.*: abat-voix m/inv.; *♩ orgue*: tamis m; *piano*: table f d'harmonie.

sound·less □ ['saundlis] muet(te f).

sound·ness ['saundnis] bon état m; solidité f (a. *fig.*).

sound...: '~**proof 1.** insonorisé, insonore; **2.** insonoriser; '~**track** piste f ou bande f sonore.

soup¹ [suːp] potage m; soupe f.

soup² Am. sl. [~] **1.** cheval-vapeur (*pl. chevaux-vapeur*) m; **2.**: ~ *up* doper; *mot.* ~ *ed up* engine moteur m comprimé.

sour ['sauə] **1.** □ aigre, acide; vert (*fruit*); *fig.* revêche; aigre; acariâtre; **2.** *v/t.* aigrir (a. *fig.*); *v/i.* surir; (s')aigrir (a. *fig.*).

source [sɔːs] source f; *fig.* origine f; ~ *language* langue f de départ.

sour·dough Am. ['sauədou] vétéran m (*des placers d'Alaska*).

sour·ish ['sauəriʃ] aigrelet(te f); '**sour·ness** aigreur f (a. *fig.*); *fig.* humeur f revêche; '**sour·puss** ['sauəpʌs] grincheux (-euse f) m.

souse [saus] **1.** *v/t.* plonger; tremper (d'eau, *with* water); *cuis.* faire mariner; *v/i.* mariner; faire un plongeon; *∾d sl.* ivre, F gris, parti; **2.** immersion *f*; plongon *m*; trempée *f*; *cuis.* marinade *f*; *Am.* ivrogne *m*; **3.** plouf!, floc!

south [sauθ] **1.** *su.* sud *m*; midi *m*; **2.** *adj.* du sud; méridional (-aux *m/pl.*); **3.** *adv.* au sud, vers le sud; '**∾·bound** en direction du Sud, allant vers le Sud.

south-east ['sauθ'i:st] **1.** sud-est *m*; **2.** (*a.* **south-'east·ern**) du sud-est.

south·er·ly ['sʌðəli], **south·ern** ['sʌðən] (du sud); du midi; méridional (-aux *m/pl.*); '**south·ern·er** habitant(e *f*) *m* du sud; *Am.* ♀ su-diste *mf*.

south·ern·most ['sʌðənmoust] le plus au sud.

south·ing ['sauðiŋ] ♣ chemin *m* sud; *astr.* passage *m* au méridien.

south·paw *Am.* ['sauθpɔ:] *baseball*: gaucher *m*.

south·ward ['sauθwəd] **1.** *adj.* au ou du sud; **2.** *adv.* (*a.* **south·wards** ['∾dz]) vers le sud.

south...: '**∾-'west 1.** *su.* sud-ouest *m*; **2.** *adv.* vers le sud-ouest; **3.** *adj.* (*a.* **∾-'west·er·ly**, **∾-'west·ern**) (du) sud-ouest; '**∾-'west·er** (vent *m* du) sud-ouest *m*; ♣ suroît *m* (= *chapeau imperméable*).

sou·ve·nir ['su:vəniə] souvenir *m*, mémento *m*.

sov·er·eign ['sɔvrin] **1.** □ souverain (*a. fig.*), suprême; **2.** souverain(e *f*) *m*; monarque *m*; *monnaie anglaise*: souverain *m* (= *pièce de 20 shillings*); '**sov·er·eign·ty** souveraineté *f*.

so·vi·et ['souviət] Soviet *m*; *attr.* soviétique.

sow¹ [sau] *zo.* truie *f*; ⊕ gueuse *f* des mères; (*a. ∾-channel*) mère-gueuse (*pl.* mères-gueuses) *f*.

sow² [sou] [*irr.*] semer (de, *with*); ensemencer (*la terre*) (en blé, *with* wheat); '**sow·er** semeur (-euse *f*) *m* (*a. fig.*); **sown** [soun] *p.p.* de *sow²*.

sox [sɔks] *pl. see* sock¹.

so·y(a) ♀ ['sɔi(ə)] (*a. ∾ bean*) soya *m*.

spa [spa:] source *f* minérale; ville *f* d'eau.

space [speis] **1.** espace *m*, *typ. f*; intervalle *m* (*a. temps*); étendue *f*; surface *f*; F place *f*; **2.** (*a. ∾ out*) échelonner (*des*

troupes, des versements); **3.** spatial (-aux *m/pl.*), interplanétaire; *∾ flight* vol *m* spatial; vols *m/pl.* spatiaux; *∾ lab* laboratoire *m* spatial; *∾ shuttle* navette *f*; *∾ travel* voyages *m/pl.* spatiaux *ou* dans l'espace; *∾ weapons f/pl.* armes *f/pl.* spatiales; '**∾·craft**, '**∾·ship** vaisseau *m* spatial.

spa·cious □ ['speiʃəs] spacieux (-euse *f*), vaste; ample.

spade [speid] **1.** bêche *f*; *call a ∾ a ∾* appeler les choses par leur nom; *usu. ∾s pl. cartes*: pique *m*; **2.** bêcher; '**∾-work** travaux *m/pl.* à la bêche *ou fig.* préliminaires.

span¹ [spæn] **1.** *main*: empan *m*; court espace *m* de temps; △ portée *f*, largeur *f*; bras, ailes, *a.* ✈ enver-gure *f*; *Am.* paire *f*; **2.** franchir, enjamber; *fig.* embrasser; mesurer à l'empan.

span² [∾] *prét.* de *spin* 1.

span·gle ['spæŋgl] **1.** paillette *f*; **2.** pailleter (de, *with*); *fig.* parsemer (de, *with*).

Span·iard ['spænjəd] Espagnol(e *f*) *m*.

span·iel ['spænjəl] épagneul *m*.

Span·ish ['spæniʃ] **1.** espagnol; d'Espagne; **2.** *ling.* espagnol *m*; *the ∾ pl.* les Espagnols *m/pl.*

spank F [spæŋk] **1.** *v/t.* fesser; *v/i.* *∾ along* aller bon train; **2.** claque *f* sur le derrière; '**spank·er** ♣ bri-gantine *f*; '**spank·ing 1.** □ qui va bon train; vigoureux (-euse *f*); F du premier ordre; *sl.* épatant; **2.** fessée *f*.

span·ner ⊕ ['spænə] clef *f* (à écrous); *fig. throw a ∾ in the works* mettre des bâtons dans les roues.

spar¹ [spa:] ♣ espar *m*; ✈ longeron *m*.

spar² [∾] faire mine de vouloir boxer (q., *at s.o.*); boxer amicalement; se battre (*coqs*); *fig.* argumenter (avec, *with*); *box. ∾ring partner* sparring-partner *m*, partenaire *m* d'entraî-nement.

spar³ *min.* [∾] spath *m*.

spare [spɛə] **1.** □ frugal (-aux *m/pl.*); maigre; sec (sèche *f*) (*personne*); disponible, de reste; de réserve, de rechange; de secours; *∾ hours* (heures *f/pl.* de) loisir *m*; *∾ room* chambre *f* d'ami; *∾ time* temps *m* disponible; **2.** ⊕ pièce *f* de re-change; **3.** *v/t.* épargner, ménager;

se passer de; prêter, donner; faire grâce à (q.); respecter; *enough and to* ~ plus qu'il n'en faut (de, *of*); *v/i.* épargner, faire des économies; **'spare·ness** minceur *f*; maigreur *f*; frugalité *f*; **spare·rib** *cuis.* ['~rib] côte *f* de porc.

spar·ing □ ['spɛəriŋ] ménager (-ère *f*) (de *in, of*); économe; frugal (-aux *m/pl.*); limité (*emploi*); **'spar·ing·ness** épargne *f*; frugalité *f*.

spark[1] [spɑːk] **1.** étincelle *f* (*a. fig.*); F ♀s radiotélégraphiste *m*; **2.** *v/i.* émettre des étincelles; cracher (*dynamo*) *v/t.* faire éclater avec une étincelle électrique.

spark[2] [~] élégant *m*; beau cavalier *m*; joyeux compagnon *m*.

spark(·ing)-plug *mot.* ['spɑːk(iŋ)-plʌg] bougie *f*.

spar·kle ['spɑːkl] **1.** étincelle *f*; éclat *m*; *fig.* vivacité *f* d'esprit; **2.** étinceler, scintiller; chatoyer (*bijou*); pétiller (*esprit, feu, yeux, vin*); *sparkling wine* vin *m* mousseux; **spar·klet** ['~lit] petite étincelle *f*; *eau de seltz*: sparklet *f*.

spar·row orn. ['spærou] moineau *m*, passereau *m*; **'~·hawk** orn. épervier *m*.

sparse □ [spɑːs] épars, clairsemé.

spasm ✝ ['spæzm] spasme *m*; *fig.* accès *m*; **spas·mod·ic, spas·mod·i·cal** □ [~'mɔdik(l)] spasmodique; involontaire; *fig.* par saccades; **spas·tic** ['spæstik] **1.** (~*ally*) spasmodique; **2.** paraplégique (spasmodique) *mf*.

spat[1] [spæt] *huîtres*: frai *m*.

spat[2] [~] guêtre *f* de ville.

spat[3] [~] *prét. et p.p. de* spit[2] 2.

spatch·cock ['spætʃkɔk] *cuis.* faire cuire à la crapaudine; *fig.* faire une intervention dans (*une dépêche*) (à la dernière minute).

spate [speit] crue *f*; *fig.* déluge *m*.

spa·tial □ ['speiʃl] spatial (-aux *m/pl.*).

spat·ter ['spætə] éclabousser (de, *with*); **spat·ter·dash** ✝ ['~dæʃ] guêtre *f*.

spat·u·la ['spætjulə] spatule *f*; *cuis.* gâche *f*.

spav·in *vét.* ['spævin] éparvin *m*.

spawn [spɔːn] **1.** frai *m*, œufs *m/pl.*; *fig. usu. péj.* progéniture *f*; **2.** *v/i.* frayer; *péj.* se multiplier; naître (de,

from); *v/t. péj.* donner naissance à; **'spawn·er** poisson *m* qui fraye; **'spawn·ing** (acte *m* ou époque *f* du) frai *m*.

speak [spiːk] [*irr.*] *v/i.* parler (*a. fig.* = *retentir*); faire un discours; ♪ sonner; *téléph.* Brown ~ing! ici Brown! ; ~ *out* parler à haute voix; parler franchement; ~ *to* parler à ou avec; ~ *up* parler plus fort ou haut; ~ *up!* (parlez) plus fort!; *that* ~s well for him cela est tout à son honneur; ~ *well for* faire honneur à; *v/t.* dire (*qch.*); parler (*une langue*); exprimer; faire (*un éloge*); témoigner de; **'~-eas·y** *Am. sl.* bar *m* clandestin; **'speak·er** parleur (-euse *f*) *m*; interlocuteur (-trice *f*) *m*; orateur *m*; *radio:* haut-parleur *m*; *parl.* Président *m*.

speak·ing ['spiːkiŋ] parlant (*a. fig. portrait*); expressif (-ive *f*); *be on* ~ *terms with* se connaître assez pour se parler; **'~-trum·pet** porte-voix *m/inv.*

spear [spiə] **1.** lance *f*; *chasse:* épieu *m*; javelot *m*; *fig.* ~ *side* côté *m* paternel ou mâle; **2.** frapper ou tuer d'un coup de lance (*ou une bête:* d'épieu); **'~-head** pointe *f* de lance; *fig.* pointe *f*.

spec ✝ *sl.* [spek] spéculation *f*.

spe·cial ['speʃl] **1.** □ spécial (-aux *m/pl.*); particulier (-ère *f*); *journ.* ~ *correspondent* envoyé(e *f*) *m* spécial(e); **2.** (*ou* ~ *constable*) agent *m* de police supplément (= *citoyen assermenté*); (*ou* ~ *edition*) édition *f* spéciale; (*ou* ~ *train*) train *m* spécial; *Am. magasin:* ordre *m* exprès; *Am.* plat *m* du jour; *restaurant:* spécialité *f* de la maison; **spe·cial·ist** ['~ʃəlist] spécialiste *mf*; **spe·ci·al·i·ty** [speʃiˈæliti] spécialité *f* (*a.* ✝); particularité *f*, caractéristique *f*; **spe·cial·ize** ['speʃəlaiz] *v/t.* particulariser; désigner ou adapter à un but spécial; *v/i.* se spécialiser (dans, *in*); *biol.* se différencier; **spe·cial·ty** ['~ʃlti] *Am.* spéciality *f*; ✝ contrat *m* formel sous seing privé.

spe·cie ['spiːʃiː] monnaie *f* métallique; espèces *f/pl.* (sonnantes).

spe·cies ['spiːʃiːz] *sg. ou. pl.* espèce *f* (*a. eccl.*); genre *m*, sorte *f*.

spe·cif·ic [spiˈsifik] **1.** (~*ally*) spécifique; précis; *phys.* ~ *gravity* pesanteur f spécifique; ⚙ ~ performance contrat: exécution f intégrale; **2.** ⚙ spécifique m (contre, for).

spec·i·fi·ca·tion [spesifi'keiʃn] spécification f; △ cahier m des charges; ⚙ description f (de brevet); **spec·i·fy** ['ˌfai] spécifier, déterminer; préciser.

spec·i·men ['spesimin] exemple m, spécimen m; échantillon m.

spe·cious □ ['spi:ʃəs] spécieux (-euse f); trompeur (-euse f); **'spe·cious·ness** spéciosité f; apparence f trompeuse.

speck [spek] **1.** graine f; point m; tache f; fig. brin m; **2.** moucheron, tacheter; **speck·le** ['ˌkl] **1.** moucheture f; see speck 1; **2.** see speck 2.

specs F [speks] pl. lunettes f/pl.

spec·ta·cle ['spektəkl] spectacle m; (a pair of) ~s pl. (des) lunettes f/pl.; **'spec·ta·cled** qui porte des lunettes; à lunettes.

spec·tac·u·lar □ [spek'tækjulə] **1.** spectaculaire; impressionnant; **2.** Am. F revue f à grand spectacle.

spec·ta·tor [spek'teitə] spectateur (-trice f) m.

spec·tral □ ['spektrəl] spectral (-aux m/pl.) (a. opt.); **spec·ter**, Brit. **spec·tre** ['ˌtə] fantôme m, spectre m; **spec·trum** opt. ['ˌtrəm] spectre m.

spec·u·late ['spekjuleit] spéculer (a. ♥), méditer (sur, [up]on); ♥ a. jouer; **spe·cu·la·tion** spéculation f (a. ♥), méditation f (sur, [up]on); entreprise f spéculative; **spec·u·la·tive** □ ['ˌlətiv] spéculatif (-ive f) (a. ♥); contemplatif (-ive f); théorique; **'spec·u·la·tor** penseur m; ♥ spéculateur m; ♥ agioteur m.

spec·u·lum ['spekjuləm] ⚙ spéculum m; opt. miroir m.

sped [sped] prét. et p.p. de speed 2.

speech [spi:tʃ] parole f, -s f/pl.; langue f; discours m; ~ defect défaut m d'élocution; **'~-day** école: distribution f des prix; **speech·i·fy** péj. ['ˌifai] pérorer, sl. laïusser; **'speech·less** □ muet(te f).

speed [spi:d] **1.** vitesse f (a. ⊕, mot., etc.); marche f; hâte f; ~ control réglage m de la vitesse; ~ trap piège m de police (pour contrôle de vitesse); good ~! bonne chance!; **2.** [irr.] v/i. se hâter, se presser; aller etc. vite; † a. poét. réussir; no ~ing! vitesse f limi-

tée!; v/t. hâter, accélérer; † expédier, souhaiter le bon voyage à; ~ up accélérer; mot. mettre en vitesse; **'~-boat** hors-bord m/inv.; **'~-cop** motard m; **'speed·i·ness** rapidité f; promptitude f; **speed lim·it** vitesse f maxima; vitesse f limitée; **'speed-mer·chant** mot. chauffard m; **speed·om·e·ter** mot. ['spi'dɔmitə] compteur m, indicateur m de vitesse; **'speed·way** Am. autostrade f; Am. sp. (piste f d')autodrome m; **'speed-well** ♣ véronique f; **'speed·y** □ rapide, prompt.

spell¹ [spel] temps m, période f; ⊕ tour m (de travail).

spell² [ˌ] **1.** charme m, incantation f; **2.** [irr.] épeler (de vive voix); écrire, orthographier; fig. signifier; ~ out lire péniblement; épeler; **'~-bind·er** Am. beau diseur m; **'~-bound** fig. fasciné, charmé; **'spell·er**: he is a bad ~ il ne sait pas l'orthographe.

spell·ing ['spelin] épellation f; orthographe f; **'~-bee** surt. Am. concours m d'orthographe; **'~-book** syllabaire m.

spelt¹ [spelt] prét. et p.p. de spell² 2.

spelt² ♣ épeautre m.

spel·ter ['speltə] zinc m.

spen·cer ['spensə] cost. spencer m.

spend [spend] [irr.] v/t. dépenser (de l'argent) (en, à, pour on), péj. dissiper (pour, on); employer, passer (le temps), péj. perdre; épuiser (des forces); ~ o.s. s'épuiser; ~ing money argent m de poche; v/i. dépenser de l'argent; **'spend·er** personne f qui dépense; péj. dépensier (-ère f) m.

spend·thrift ['spendθrift] dépensier (-ère f) m (a. attr.).

spent [spent] **1.** prét. et p.p. de spend; **2.** épuisé (personne, a. 🍂 acide); mort (balle), vide (cartouche); écoulé (jour); apaisé (orage).

sperm physiol. [spə:m] semence f (des mâles); **sper·ma·ce·ti** [ˌə'seti] spermacéti m; blanc m de baleine; **sper·ma·to·zo·on** biol. [ˌəto-'zouən], pl.-zo·a [ˌə'zouə] spermatozoïde m.

spew sl. [spju:] v/t/i. vomir.

sphere [sfiə] sphère f (a. fig. d'activité, d'influence, etc.); fig. domaine m; fig. milieu m; **spher·i·cal** □ ['sferikl] sphérique, en forme de sphère.

sphinc·ter *anat.* ['sfiŋktə] sphincter *m*, orbiculaire *m*.

spice [spais] **1.** épice *f*; *fig.* soupçon *m*, grain *m*, nuance *f*; **2.** épicer (*a. fig.*); **spic·er·y** ['ɔəri] épices *f/pl.* [épicé; *fig.* piquant *m*.\] **spic·i·ness** ['spaisinis] goût *m*) **spick and span** ['spikən'spæn] propre comme un sou neuf; tiré à quatre épingles (*personne*).

spic·y □ ['spaisi] épicé (*a. fig.*); aromatique; *fig.* piquant.

spi·der *zo.* ['spaidə] araignée *f*; ~'s web toile *f* d'araignée.

spiel *Am. sl.* [spi:l] discours *m*, allocution *f*; *sl.* laïus *m*.

spiff·y *sl.* ['spifi] élégant; pimpant.

spig·ot ['spigət] *tonneau*: fausset *m*; robinet; clef *f*.

spike [spaik] **1.** pointe *f*; *fil barbelé*: piquant *m*; clou *m* à large tête; *blé*: épi *m*; ♀ (*a.* ~-lavender) spic *m*; **2.** clouer; ✕ enclouer (*un canon*); F *fig.* damer le pion à (*q.*); armer de pointes; **spike·nard** ['~na:d] nard *m* (indien); **spik·y** □ à pointe(s) aiguë(s); armé de pointes.

spill [spil] **1.** [*irr.*] *v/t.* répandre (*a. le sang*); renverser; F désarçonner (*un cavalier*); *Am.* dire; *v/i.* se répandre; s'écouler; **2.** F culbute *f*, chute *f* (*de cheval etc.*).

spill·way ['spilwei] passe-déversoir *m* (*pl.* passes-déversoirs) *f*.

spilt [spilt] *prét. et p.p. de* spill 1; cry over ~ milk lamenter ce qu'on ne pourrait changer.

spin [spin] **1.** [*irr.*] *v/t.* filer; faire tourner (*a. une toupie*); *fig.* raconter (*une histoire*); ⊕ centrifuger (*le métal*); *v/i.* tourner; (*a.* ~ round) tournoyer; ✍ faire la vrille; ~ along filer; ~ (*a*)round se retourner vivement (*personne*); send s.o. ~ning faire chanceler q.; **2.** tournoiement *m*, ✍ vrille *f*; *cricket*: effet *m*; F go for a ~ se balader en auto.

spin·ach ♀ ['spinidʒ] épinard *m*; *cuis.* épinards *m/pl.*

spi·nal ['spainl] vertébral (-aux *m/pl.*); ~ column colonne *f* vertébrale; ~ cord (*ou* marrow) moelle *f* épinière; ~ curvature déviation *f* de la colonne vertébrale.

spin·dle ['spindl] fuseau *m*; ⊕ arbre *m*; **spin·dly** long(ue *f*) et grêle.

spin·drift ['spindrift] *courant*: embruns *m/pl.*

spin-dry ['spindrai] essorer à la machine.

spine [spain] épine *f*; *homme*: épine *f* dorsale; *géog.* arête *f*; *livre*: dos *m*; **spine·less** sans épines; *fig.* mou (mol *devant une voyelle ou h muet*; molle *f*).

spin·ner ['spinə] fileur (-euse *f*) *m*; machine *f ou* métier *m* à filer.

spin·ney ['spini] bosquet *m*, petit bois *m*.

spin·ning...: ~-jen·ny ⊕ ['spiniŋ-'dʒeni] machine *f* à filer; ~-mill filature *f*; ~-wheel rouet *m*.

spin-off ['spinɔf] sous-produit *m*; avantage *m* supplémentaire.

spin·ster ['spinstə] fille *f* (non mariée); *p.ext.* vieille fille *f*; *admin.* célibataire *f*.

spin·y ['spaini] épineux (-euse *f*); ♀ spinifère.

spi·ra·cle ['spaiərəkl] évent *m*.

spi·rae·a ♀ [spai'riə] spirée *f*.

spi·ral ['spaiərəl] **1.** □ spiral (-aux *m/pl.*); spiralé; en spirale; spiroïdal (-aux *m/pl.*) (*mouvement*); en boudin (*ressort*); *zo.* cochléaire; **2.** spirale *f*, hélice *f*; tour *m ou* ✍ montée *f etc.* en spirale; *fig. prix*: montée *f* en flèche; **3.** former une spirale; monter *ou* descendre en spirale.

spire ['spaiə] *église, arbre*: flèche *f*.

spir·it ['spirit] **1.** esprit *m*, âme *f*; *fig.* élan *m*, entrain *m*, ardeur *f*; courage *m*; alcool *m*; ⚗ *hist.* esprit *m*; *mot.* essence *f*; ~s *pl.* spiritueux *m/pl.*; liqueurs *f/pl.* fortes; *pharm.* alcoolat *m*; ~ of wine esprit *m* de vin; *in* (high) ~s en train; en verve; *in* low ~s abattu; accablé; tout triste; **2.**: ~ away (*ou* off) enlever, faire disparaître; F escamoter; ~ up encourager.

spir·it·ed □ ['spiritid] animé, vif (vive *f*); plein d'entrain; fougueux (-euse *f*); low-~ abattu; **spir·it·ed·ness** ardeur *f*, feu *m*; *cheval*: fougue *f*.

spir·it·ism ['spiritizm] *métapsychisme*: spiritisme *m*; **spir·it·ist** spirite *mf* (*a. adj.*).

spir·it·less □ ['spiritlis] abattu; inanimé; sans vie (*a. fig.*); mou (mol *devant une voyelle ou un h muet*; molle *f*).

spir·it·u·al ['spiritjuəl] **1.** □ spirituel(le *f*); immatériel(le *f*); **2.** chant *m* religieux (*des nègres aux É.-U.*).

'spir·it·u·al·ism *phls.* spiritualisme *m*; *métapsychisme*: spiritisme *m*; **spir·it·u·al·i·ty** [⌣'æliti] spiritualité *f*; **spir·it·u·al·ize** ['⌣əlaiz] spiritualiser.

spir·it·u·ous ['spirituəs] spiritueux (-euse *f*), alcoolique.

spirt [spə:t] **1.** *v/t.* faire jaillir; *v/i.* jaillir, gicler; *see* spurt 1; **2.** (re)jaillissement *m*; jet *m*; *see* spurt 2.

spit¹ [spit] **1.** *cuis.* broche *f*; *géog.* langue *f* de sable, pointe *f* de terre; **2.** embrocher (*a. fig.*).

spit² [⌣] **1.** crachat *m*; salive *f*; F **be the very ~ of s.o.** être q. tout craché; **2.** [*irr.*] *v/i.* cracher (*a. chat, plume*) (*a.* **~ with rain**) crachiner; **~ at** (*ou* **upon**) cracher sur; *v/t.* (*a.* **~ out**) cracher.

spit³ [⌣] profondeur *f* de fer de bêche; *f* pleine.

spite [spait] **1.** dépit *m*, pique *f*; rancune *f*; **in ~ of** malgré; **2.** contrarier, vexer; **spite·ful** □ ['⌣ful] rancunier (-ère *f*); méchant; **'spite·ful·ness** rancune *f*; méchanceté *f*.

spit·fire ['spitfaiə] rageur (-euse *f*) *m*.

spit·tle ['spitl] salive *f*, crachat *m*.

spit·toon [spi'tu:n] crachoir *m*.

spiv *sl.* [spiv] parasite *m*; profiteur *m*.

splash [splæʃ] **1.** éclaboussement *m*; éclaboussure *f*; *vague*: clapotement *m*; *sl.* esbroufe *f*; F **make a ~** faire sensation; **2.** *v/t.* éclabousser (de, with); tacher (de, with); *v/i.* jaillir; clapoter; barboter; cracher (*robinet*); **'~-board** garde-boue *m/inv.*; *métall.* parapluie *m*; plongeur *m* (*de tête de bielle*); **'~-down** amerrissage *m*; **splash-leath·er** pare-boue *m/inv.*; **'splash·y** □ bourbeux (-euse *f*); barbouillé (*dessin etc.*).

splay [splei] **1.** évasement *m*; **2.** évasé; tourné en dehors (*pied*); **3.** *v/t.* évaser; ⊕ chanfreiner; tourner en dehors; *v/i.* s'évaser.

splay·foot ['spleifut] pied *m* plat.

spleen [spli:n] *anat.* rate *f*; *fig.* spleen *m*, humeur *f* noire; **spleen·ful** ['⌣ful], **'spleen·y** atrabilaire; de mauvaise humeur.

splen·did □ ['splendid], **splen·dif·er·ous** [⌣'difərəs] splendide, magnifique; F épatant; **splen·do(u)r** ['⌣də] splendeur *f*; éclat *m*.

sple·net·ic [spli'netik] **1.** (*a.* **sple'net·i·cal** □ [⌣kl]) splénique (*a.* ♔), atrabilaire; **2.** hypocondriaque *mf*.

splice [splais] **1.** ligature *f*; ⊕ enture *f* (*cricket: du manche de la batte*); **2.** ⊕ enter; *cin.* réparer; épisser; *sl.* marier.

splint ♔ [splint] **1.** éclisse *f*; **2.** éclisser.

splin·ter ['splintə] **1.** éclat *m*; *os:* esquille *f*; *fig.* brisure; *v/i.* voler en éclats; se fendre; **'~-bone** *anat.* péroné *m*; **'splin·ter·less** se brisant sans éclats (*verre*).

split [split] **1.** fente *f*, fissure *f*; *fig.* scission *f*; F **do the ~s** faire le grand écart; **2.** fendu; **3.** [*irr.*] *v/t.* fendre; déchirer; partager; couper en deux; **~ hairs** couper un cheveu en quatre; **~ one's sides with laughing** se tordre de rire; **~ up** fractionner; *v/i.* se fendre; éclater; *fig.* se diviser; *sl.* filer, ficher le camp (= *s'en aller*); *sl.* **~ on dénoncer** (q.); F cafarder; **'split·ting** qui (se) fend; F fou (fol *devant une voyelle ou un h muet*); folle *f*); affreux (-euse *f*).

splotch [splɔtʃ] tache *f*.

splurge [splə:dʒ] *Am.* épate *f*; esbroufe *f*; grosse averse *f*.

splut·ter ['splʌtə] *see* sputter; *v/i.* bredouiller; cracher; ⚡ bafouiller (*moteur*).

spoil [spoil] **1.** souv. **~s** *pl.* butin *m* (*a. fig.*); *fig.* profit *m*; *surt. Am. pol.* **~s system** octroi *m* des places à ses adhérents (*en arrivant au pouvoir*); **2.** [*irr.*] *v/t.* gâter (*a. un enfant*); piller; dépouiller (de, of); abîmer; couper (*l'appétit*); *v/i.* se gâter; s'altérer; **~ for a fight** brûler du désir de se battre; **'spoil·er** spoliateur (-trice *f*) *m*; gâcheur (-euse *f*) *m*; **'spoils·man** *Am. pol.* ['⌣zmən] chacal (*pl.* -s) *m*; **'spoil·sport** trouble-fête *mf/inv.*

spoilt [spoilt] *prét. et p.p. de* spoil 2.

spoke¹ [spouk] *prét. de* speak.

spoke² [⌣] rayon *m*; *échelle:* échelon *m*; *bâton m* (*a. fig.*); ⚓ poignée *f*.

spo·ken ['spoukən] *p.p. de* speak.

spokes·man ['spouksmən] porte-parole *m/inv.*; orateur *m*.

spo·li·a·tion [spouli'eiʃn] spoliation *f*, dépouillement *m*; pillage *m*.

spon·dee ['spɔndi:] spondée *m*.

sponge [spʌndʒ] **1.** éponge *f*; *cuis.* pâte *f* molle; **throw up the ~ box.** jeter l'éponge; *fig.* abandonner (la partie); **2.** *v/t.* nettoyer *ou* laver avec une éponge; ~ *up* éponger; *v/i.* vivre aux crochets (de q., *on s.o.*); F écornifler; '~**bag** sac *m* de toilette; '~'**cake** gâteau *m* de Savoie; baba *m* (*au rhum etc.*); '**spong·er** *fig.* écornifleur (-euse *f*) *m*; parasite *m*.

spon·gi·ness ['spʌndʒinis] spongiosité *f*; '**spon·gy** spongieux (-euse *f*).

spon·sor ['spɔnsə] **1.** garant *m*, caution *f*; *eccl., club:* parrain *m*, marraine *f*; *be a* ~ *to radio:* offrir (*un programme*); **2.** être le garant de; prendre en charge; *radio:* offrir (*un programme*); financer; **spon·sor·ship** ['~ʃip] parrainage *m*.

spon·ta·ne·i·ty [spɔntə'ni:iti] spontanéité *f*; **spon·ta·ne·ous** □ [~'teinjəs] spontané; volontaire; automatique; ♀ qui pousse à l'état sauvage; ~ *combustion* inflammation *f* spontanée; auto-allumage *m*.

spoof F [spu:f] **1.** mystification *f*; blague(s) *f(pl.)*; **2.** mystifier; raconter des blagues (à); faire marcher.

spook F [spu:k] **1.** revenant *m*; **2.** hanter; effrayer; '**spook·y** F de spectres, de revenants (*histoire*); qui donne le frisson; lugubre.

spool [spu:l] **1.** bobine *f*; **2.** bobiner.

spoon [spu:n] **1.** cuiller *f*, cuillère *f*; F *amoureux m* d'une sentimentalité exagérée; *golf:* spoon *m*; *sl.* be ~s *on* avoir un béguin pour (*q.*); **2.** manger *ou* remuer *etc.* avec une cuiller; *sl.* faire le galant auprès de (*q.*); '~**·drift** embrun *m*; '~**·er·ism** contrepèterie *f*; '**spoon·feed** *fig.* mâcher la besogne à; '**spoon·ful** ['~ful] cuillerée *f*; '**spoon·meat** aliment *m* liquide; '**spoon·y** □ F amoureux (-euse *f*) (de, *on*).

spo·rad·ic [spə'rædik] (*~ally*) *fig.* isolé, rare; ♂, *zo.* sporadique.

spore ♀ [spɔ:] spore *f*.

sport [spɔ:t] **1.** sport *m*; jeu *m*; divertissement *m*; *fig.* jouet *m*; *fig.* moquerie *f*; ♀, *biol.* type *m* anormal; *sl.* (*a. good* ~) chic type *m*; **2.** *v/i.* jouer; se divertir; ♀, *biol.* produire une variété anormale; *v/t.* F. porter; étaler; *univ. sl.* ~ *one's oak* défendre sa porte; s'enfermer à double porte; '**sport·ing** □ de sport; sportif (-ive *f*); amateur de la chasse; '**sport·ive** □ folâtre,

badin, enjoué; **sports-ground** ['~sgraund] terrain *m* de jeux; stade *m*; **sports·man** ['~smən] amateur *m* du sport, sportsman (*pl.* sportsmen) *m*; sportif *m*; chasseur *m*; '**sports·man·like** de sportsman; digne d'un sportsman; '**sports-wear** costume *m* de sport; '**sports·wom·an** femme *f* amateur du sport *ou* de la chasse *etc.*; sportive *f*.

spot [spɔt] **1.** tache *f*; *cravate, étoffe:* pois *m*; endroit *m*, lieu *m*; *figure:* bouton *m*; *sl. vin:* goutte *f*, petit verre *m*; *théâ. etc.* projecteur *m*; *radio:* spot *m*; *Am.* F ten ~ billet *m* de dix dollars; ♣ ~s *pl.* marchandises *f/pl.* payées comptant; F *a* ~ *of* un peu de; *on the* ~ sur place; *adv.* immédiatement; *be on the* ~ être là; arriver sur les lieux; **2.** ♣ (au) comptant, (du) disponible; fait au hasard; ~ *check* contrôle *m ou* vérification *f* fait(e) au hasard, sondage *m*; **3.** *v/t.* tacher; tacheter, moucheter; F apercevoir; F repérer; F reconnaître; *v/i.* se tacher; F commencer à tacher; '~**check** contrôler au hasard *ou* à l'improviste; '**spot·less** □ sans tache; immaculé; pur; '**spot·less·ness** netteté *f*; propreté *f*; pureté *f*; '**spot·light** *théâ.* projecteur *m*, spot *m*; *mot.* projecteur *m* orientable; *fig. in the* ~ en vedette; sous les feux de la rampe; '**spot·'on** *Brit.* F exact(ement), précis(ément), F en plein dans le mille; '**spot·ted** tacheté, moucheté; *tex.* à pois; *zo.* taché; ⚕ ~ *fever* méningite *f* cérébro-spinale; '**spot·ter** ✈ avion *m* de réglage de tir; *personne:* observateur *m*; *Am.* détective *m* privé; *Am.* 🚂 inspecteur *m* en civil; **spot·ti·ness** ['~inis] caractère *m* tacheté ou boutonneux; '**spot·ty** moucheté; couvert de boutons (*figure*).

spouse [spauz] époux (-ouse *f*) *m*.

spout [spaut] **1.** *théière etc.:* bec *m*; *arrosoir:* goulot *m*; *pompe:* jet *m*; △ tuyau *m* de décharge; △ gargouille *f*; gouttière *f*; **2.** (faire) jaillir; *v/t.* F déclamer.

sprain [sprein] **1.** entorse *f*, foulure *f*; **2.** se fouler (la cheville, *one's ankle*).

sprang [spræŋ] *prét.* de spring 2.

sprat *icht.* [spræt] sprat *m*.

sprawl [sprɔ:l] *v/i.* s'étendre, s'étaler (a. fig.); ⚓ traîner, ramper; v/t. étendre (les jambes).

spray[1] [sprei] brin m, brindille f; fleurs: branche f.

spray[2] [~] **1.** poussière f d'eau; écume f, embrun m; jet m; (a. ~ can) see ~er; **2.** vaporiser (un liquide); arroser; passer (un arbre) au vaporisateur; '**spray·er** aérosol m, bombe f; atomiseur m, vaporisateur m; foam ~ extincteur m à mousse.

spread [spred] **1.** [irr.] v/t. (a. ~ out) étendre; tendre (le filet); répandre (un bruit, une nouvelle, une terreur); propager (une maladie); tartiner (une tranche de pain); faire circuler, faire connaître; ~ the table mettre le couvert; v/i. s'étendre, s'étaler; **2.** prét. et p.p. de 1; ☒ ~ eagle aigle f éployée; **3.** étendue f; ailes: envergure f; diffusion f, propagation f; Am. dessus m de lit; sandwich etc.: pâte f; sl. régal m, festin m; '~**-ea·gle** F grandiloquent; chauvinist; '**spread·er** étaleur (-euse f) m; semeur (-euse f) m; '**spread·ing** étendu; rameux (-euse f) (arbre).

spree F [spri:] bombe f, noce f; bringue f; go on the ~ faire la bringue etc.

sprig [sprig] **1.** brin m, brindille f; petite branche f; fig. rejeton m; ⊕ clou m (de vitrier); pointe f (de Paris); **2.:** ~ on (ou down) cheviller; ~ged à ramages (tissu).

spright·li·ness ['spraitlinis] vivacité f, sémillance f; '**spright·ly** éveillé; vif (vive f).

spring [spriŋ] **1.** saut m, bond m; ressort m; auto: suspension f; source f (a. fig.); fig. origine f; saison: printemps m; **2.** [irr.] v/t. faire sauter (une mine); faire jouer (un piège); suspendre (l'auto); munir de ressorts; franchir; (faire) lever (le gibier); proposer ou présenter (un projet etc.) à l'improviste, faire (une surprise) (à q.), [up]on s.o.); ⚓ ~ a leak faire une voie d'eau; v/i. sauter, bondir; jaillir; sourdre (de, from); ⚓ pousser; fig. sortir, descendre (de, from); ~ up sauter en l'air; ⚓ pousser; se lever; se former (idée); ~ into existence naître, (ap)paraître; '~**-bal·ance** balance f ou peson m à ressort; '~**-board** tremplin m; '~**-bolt** ⊕ verrou m à ressort; serrure:

pêne m coulant; '~**-clean·ing** grand nettoyage m de printemps.

springe [sprindʒ] oiseaux: lacet m; lapins: collet m.

spring-gun ['spriŋgʌn] piège m à fusil; '**spring·i·ness** élasticité f; ressort m.

spring...: '~**-mat·tress** sommier m élastique; '~**-tide** grande marée f; poét. printemps m; '~**-time** printemps m; '**spring·y** ☐ élastique; flexible; fig. moelleux (-euse f).

sprin·kle ['spriŋkl] v/t. (with, de) répandre; arroser; eccl. asperger; saupoudrer; fig. semer; v/i. tomber en pluie fine; '**sprin·kler** arrosoir m; extincteur m (d'incendie); eccl. goupillon m; '**sprin·kling** aspersion f; légère couche f; fig. a ~ of quelques bribes f/pl. de (une science etc.).

sprint [sprint] **1.** sp. course f de vitesse, sprint m; **2.** de vitesse; **3.** faire une course de vitesse, sprinter; '**sprint·er** sp. coureur (-euse f) m de vitesse; sprinter m.

sprit ⚓ [sprit] livarde f.

sprite [sprait] lutin m, farfadet m; esprit m.

sprock·et-wheel ⊕ ['sprɔkitwi:l] pignon m de chaîne.

sprout [spraut] **1.** (laisser) pousser; **2.** ♀ pousse f; bourgeon m; Brussels ~s pl. choux m/pl. de Bruxelles.

spruce[1] [spru:s] soigné; pimpant.

spruce[2] ♀ [~] (a. ~ fir) sapin m, épinette f.

sprung [sprʌŋ] p.p. de spring 2.

spry [sprai] vif (vive f), éveillé.

spud [spʌd] sarcloir m; sl. patate f (= pomme de terre); F personne f trapue.

spume poét. [spju:m] écume f; '**spu·mous, 'spum·y** ☐ écumeux (-euse f).

spun [spʌn] prét. et p.p. de spin 1.

spunk [spʌŋk] amadou m; fig. courage m; Am. irritation f.

spur [spəː] **1.** éperon m (a. géog., ♀, †, ⚓); coq, seigle: ergot m; fig. aiguillon m, act on the ~ of the moment agir sous l'inspiration du moment; put (ou set) ~s to éperonner, donner de l'éperon à (un cheval); fig. stimuler; win one's ~s F faire ses preuves; hist. gagner ses éperons; ⊕ ~gear engrenage m droit; **2.** v/t. (a. ~ on) éperonner;

fig. aiguillonner, pousser; *v/i. poét.*
aller au galop, piquer des deux.

spurge ♣ [spə:dʒ] euphorbe *f*.

spu·ri·ous □ ['spjuəriəs] faux
(fausse *f*); **'spu·ri·ous·ness** fausseté *f*.

spurn [spə:n] repousser du pied;
rejeter *ou* traiter avec mépris.

spurred [spə:d] éperonné; ergoté
(*seigle, a. orn.*); ♣ calcarifère.

spurt [spə:t] **1.** (re)jaillir; *sp.* démarrer, faire un emballage; *see*
spirt 1; **2.** effort *m* soudain; *sp.* effort
m de vitesse, emballage *m*, rush *m*;
see spirt 2.

sput·ter ['spʌtə] **1.** bredouillement
m; *bois, feu*: pétillement *m*; **2.** *v/i.*
bredouiller (*à qch. à q., s.th. at
s.o.*); cracher (*plume*); *v/t.* (*a. ~ out*)
débiter en bredouillant.

spy [spai] **1.** espion(ne *f*) *m*; F
mouchard *m*; **2.** *v/i.* espionner; *v/t.*
apercevoir; ~ out explorer (*sp. terrain*); ~ (up)on s.o. épier, guetter q.;
'~-glass lunette *f* d'approche;
'~-hole *porte*: judas *m*; *rideau etc.*:
trou *m*.

squab [skwɔb] boulot(te *f*) *m*; courtaud(e *f*) *m*; *orn.* pigeonneau *m*
sans plumes; *Am. sl.* jeune fille:
typesse *f*; *mot.* coussin *m*; ottomane
f; pouf *m* (*a. adv.*).

squab·ble ['skwɔbl] **1.** querelle *f*,
dispute *f*; prise *f* de bec; chamaille *f*; **2.** se chamailler (*avec, with*);
'squab·bler chamaillard *m*; querelleur (-euse *f*).

squad [skwɔd] escouade *f*; peloton
m; *police*: brigade *f*; *Am. sp.* équipe
f; **squad·ron** ['~rən] ✕ escadron *m*;
✕ escadrille (*f*); ♣ escadre *f*.

squal·id □ ['skwɔlid] sordide, crasseux (-euse *f*).

squall¹ [skwɔ:l] **1.** cri *m* rauque;
2. *v/t/i.* brailler, crier.

squall² ♣ [~] grain *m*, coup *m* de
vent; **'squall·y** ♣ à grains, à rafales (*temps*); orageux (-euse *f*).

squa·lor ['skwɔlə] misère *f*; caractère *m* sordide.

squa·mous ['skweiməs] squameux
(-euse *f*).

squan·der ['skwɔndə] gaspiller;
'~·ma·ni·a prodigalité *f*.

square [skwɛə] **1.** □ carré *m*; *fig.*
honnête; en bon ordre; solide
(*repas etc.*); catégorique (*refus*); ⊕
plat; ~ *measure* mesure *f* de sur-

face; ~ *mile* mille *m* carré; ⚓ take
a ~ *root* extraire la racine carrée; ♣ ~ *sail* voile *f* carrée; *Am.* F
~ *shooter* homme *m* loyal *ou* qui agit
loyalement; **2.** carré *m* (*a.* ⚓, ✕);
reau m; échiquier etc.: case *f*; *surv.*
équerre *f*; place *f*; *Am.* bloc *m* de
maisons; *silk* ~ foulard *m*; **3.** *v/t.*
carrer; équarrir (*le bois, un bloc
de marbre*); *fig.* accorder (*avec,
with*); mettre en croix (*les vergues*);
♣ régler, balancer; *sl.* graisser la
patte à (*q.*); F arranger; *v/i.* se
carrer, se raccorder; *fig.* cadrer
(*avec, with*); s'accorder (*avec, with*);
'~·built bâti en carré; aux épaules
carrées (*personne*); **'~-rigged**
gréé en carré; **'~-toes** *sg.* F pédant
m; rigoriste *m* de l'ancienne mode.

squash¹ [skwɔʃ] **1.** écrasement *m*; F
cohue *f*, presse *f*; *sp.* jeu *m* de balle au
mur; *lemon* ~ citronnade *f*; **2.**
(s')écraser; *fig.* (se) serrer.

squash² ♣ [~] gourde *f*; *Am.* courge *f*.

squat [skwɔt] **1.** accroupi; trapu,
2. s'accroupir, se tapir; s'approprier une maison; **'squat·ter** *surt.*
Am. et Australie: squatter *m*.

squaw [skwɔ:] femme *f* peau-rouge.

squawk [skwɔ:k] **1.** pousser des cris
rauques; **2.** cri *m* rauque.

squeak [skwi:k] **1.** *v/i.* pousser des
cris aigus; grincer; F *v/t.* crier d'une
voix aiguë; **2.** cri *m* aigu; grincement *m*; **'squeak·y** □ criard,
aigu(ë *f*).

squeal [skwi:l] pousser des cris
aigus; F ~ *on s.o.* dénoncer q.; *see*
squeak 1.

squeam·ish □ ['skwi:miʃ] sujet(te *f*)
aux nausées; délicat, difficile, dégoûté; **'squeam·ish·ness** disposition *f* aux nausées; délicatesse *f*.

squee·gee ['skwi:dʒi:] rabot *m* en
caoutchouc; *phot.* raclette *f*.

squeez·a·ble ['skwi:zəbl] compressible, comprimable.

squeeze [skwi:z] **1.** *v/t.* serrer; presser; exercer une pression sur; *fig.*
extorquer (à, *from*); ~ *into* faire
entrer (de force); ~ *out* exprimer;
v/i.: ~ *into* s'introduire dans; ~ *together* (*ou up*) se serrer; **2.** étreinte
f, compression *f*; *main*: serrement
m; F exaction *f*; **'squeez·er** machine *f* à compression; presse-citron
m/inv.; F extorqueur *m*.

squelch F [skweltʃ] v/t. aplatir; réprimer; v/i. gicler; gargouiller.

squib [skwib] pétard m; fig. brocard m.

squid zo. [skwid] calmar m.

squiff·y sl. ['skwifi] gris, pompette.

squig·gle F ['skwigl] gribouillis m.

squill ♭ [skwil] scille f.

squint [skwint] 1. loucher; 2. strabisme m; regard m louche; F coup m d'œil.

squire ['skwaiə] 1. propriétaire m terrien; seigneur m du village; Am. juge m de paix; hist. écuyer m; co. cavalier m servant; 2. escorter (une dame).

squir(e)·arch·y ['skwaiəra:ki] corps m des propriétaires fonciers; tyrannie f terrienne.

squirm F [skwə:m] se tortiller; fig. se crisper (sous un reproche, under a rebuke).

squir·rel zo. ['skwirəl] écureuil m; (a. ~fur) petit-gris (pl. petits-gris) m.

squirt [skwə:t] 1. seringue f; jet m (d'eau etc.); F petit fat m; 2. (faire) jaillir; v/i. gicler.

squish F [skwiʃ] giclement m.

stab [stæb] 1. coup m de poignard ou de couteau; 2. v/t. poignarder; v/i. porter un coup de poignard etc. (à, at).

sta·bil·i·ty [stə'biliti] stabilité f (a. ✺); fermeté f, constance f.

sta·bi·li·za·tion [steibilai'zeiʃn] stabilisation f (a. ✈).

sta·bi·lize ['steibilaiz] stabiliser; 'sta·bi·liz·er ✈ plan m fixe horizontal; ⚓ stabilisateur m.

sta·ble¹ □ ['steibl] stable; solide, fixe; ferme, constant.

sta·ble² [~] 1. écurie f; 2. mettre à l'écurie; mettre dans une écurie; **sta·ble·boy** palefrenier m.

sta·bling ['steibliŋ] logement m à l'écurie; coll. écuries f/pl.

stack [stæk] 1. ⚜ foin etc.: meule f; tas m, pile f; cheminée: souche f; ✗ faisceau m; 🔥 cheminée f; ~s pl. magasin m de livres; F ~s pl. un tas m; Am. F blow one's ~ sortir de ses gonds; se mettre en rogne; 2. mettre en meule; fig. entasser; ✗ mettre en faisceaux.

sta·di·um sp. ['steidiəm], pl. **-di·a** ['~diə] stade m.

staff [sta:f] 1. bâton m; mât m; ♪ (pl.

staves [steivz]) portée f; ✗ état-major (pl. états-majors) m; † personnel m (école, univ.: enseignant); ecole: ~ room salle f des professeurs; 2. fournir de personnel.

stag [stæg] 1. zo. cerf m; F homme m non accompagné d'une dame; † loup m; 2. † acheter pour revendre à prime.

stage [steidʒ] 1. estrade f; échafaudage m; théâ. scène f; fig. théâtre m; période f; étape f; phase f; (a. landing-~) débarcadère m; go on the ~ se faire acteur (-trice f); fare ~ autobus etc.: section f itinéraire; 2. mettre sur la scène; monter; '~-box loge f d'avant-scène; '~-coach diligence f; ~di·rec·tion indication f scénique; ~fright trac m; ~hand machiniste m; '~man·ag·er régisseur m; 'stag·er: old ~vieux routier m; 'stage·struck fou (folle f) du théâtre; **stage whis·per** aparté m; 'stage·y see stagy.

stag·ger ['stægə] 1. v/i. chanceler, tituber; fig. hésiter; v/t. faire chanceler; ⊕ disposer en quinconce; étager; fig. échelonner; F confondre; 2. chancellement m; allure f chancelante; ⊕ disposition f en quinconce; fig. échelonnement m; ~s pl. vét. mouton: lourd vertige m; cheval: vertigo m; F vertige m; 'stag·ger·ing renversant.

stag·nan·cy ['stægnənsi] stagnation f; 'stag·nant □ stagnant (a. †); † en stagnation; dormant; **stag·nate** ['~neit] être ou devenir stagnant; croupir (eau); **stag·na·tion** stagnation f; † a. marasme m.

stag·par·ty F ['stægpa:ti] réunion f d'hommes.

stag·y □ ['steidʒi] théâtral (-aux m/pl.).

staid □ [steid] posé, sérieux (-euse f); 'staid·ness caractère m ou air m posé ou sérieux.

stain [stein] 1. tache f (a. fig.); ⊕ couleur f (pour bois); 2. v/t. tacher (a. fig.); ⊕ teindre, mettre en couleur; v/i. se tacher; se teindre; ~ed glass verre m de couleur; ~ed glass (window) vitrail (pl. -aux) m; 'stain·less □ sans tache; immaculé; ⊕ inoxydable (acier); inrouillable.

stair [steə] marche f, degré m; ~s pl. escalier m; flight of ~s pl. (volée f d')escalier m; '~-car·pet tapis m d'escalier; '**∼·case** (cage f d')escalier m; moving ∼ escalier m roulant, escalator m; '**∼-rod** tringle f d'escalier; Am. '**∼·way** see staircase.

stake [steik] **1.** pieu m; poteau m; jeu: enjeu m; jeu m (a. fig.); bûcher m (d'un martyr); ∼s pl. turf: prix m/pl.; surt. Am. pull up ∼s partir, ficher le camp; be at ∼ être en jeu; place one's ∼ on parier sur; **2.** garnir de ou soutenir avec des pieux; mettre en jeu; jouer, parier; hasarder; ∼ out (ou off) jalonner.

stale[1] □ [steil] **1.** vieux (vieil devant une voyelle ou un h muet); vieille f; vieux m/pl.); rassis (pain etc.); éventé (bière etc.) défraîchi (article, nouvelle); vicié (air); de renfermé (odeur); rance; usé, rebattu (plaisanterie etc.); **2.** v/i. s'éventer (bière); perdre son intérêt.

stale[2] [∼] **1.** uriner (cheval etc.); **2.** urine f.

stale·mate ['steil'meit] **1.** échecs: pat m; fig. impasse f; **2.** faire pat (q.).

stalk[1] □ [stɔːk] tige f; chou: trognon m; verre: pied m.

stalk[2] [∼] **1.** v/i. marcher à grandes enjambées; se pavaner; chasser sans chiens; v/t. traquer d'affût; **2.** chasse f à l'affût; '**stalk·er** chasseur m à l'affût; '**stalk·ing-horse** fig. masque m, prétexte m.

stall [stɔːl] **1.** cheval: stalle f; bœuf: case f; porc: loge f; marché: étalage m; théâ. fauteuil m d'orchestre; eccl. stalle f; **2.** v/t. mettre à l'étable ou l'écurie; ⚞ mettre en perte de vitesse; mot. caler; v/i. mot. (se) caler; ⚞ s'engager; '**∼-feed·ing** nourrissage m à l'étable.

stal·lion ['stæljən] étalon m.

stal·wart ['stɔːlwət] **1.** □ robuste, vigoureux (-euse f); fig. ferme; **2.** pol. tenant m; partisan m.

sta·men ♀ ['steimen] étamine f; **stam·i·na** ['stæminə] vigueur f, résistance f.

stam·mer ['stæmə] **1.** bégayer, balbutier; **2.** bégaiement m; '**stammer·er** bègue mf.

stamp [stæmp] **1.** battement m (a. bruit m) de pied; ⊕ estampeuse f; ⊕ emboutisseuse f; empreinte f (a. fig.); fig. trempe f; timbre (-poste) m; coin m; ✝ estampille f; ∼pad tampon m (encreur); see date-∼; **2.** v/t. frapper (du pied, one's foot);

estamper; ✝ estampiller; ✝ contrôler; marquer (a. fig.); timbrer (un document); affranchir (une lettre); ∼ on the memory (se) graver dans la mémoire, imprimer sur l'esprit; ∼ out étouffer; ⊕ découper à la presse; v/i. frapper du pied; piétiner; '**∼-al·bum** album m de timbres-poste; '**∼-du·ty** droit m de timbre.

stam·pede [stæm'piːd] **1.** panique f; débandade f; ruée f; **2.** v/t. mettre en fuite; v/i. fuir en désordre; se précipiter (vers, sur for, towards).

stamp·er ['stæmpə] estampeuse f; personne: timbreur (-euse f), estampeur (-euse f) m, frappeur (-euse f) m de monnaie; '**stamp(·ing)-mill** métall. (moulin m à) bocard(s pl.) m.

stanch [staːntʃ] **1.** étancher (le sang); **2.** adj. see staunch 1; **stan·chion** ['staːnʃn] étançon m; colonnette f de soutien.

stand [stænd] **1.** [irr.] v/i. se tenir (debout); être; se trouver; rester; se maintenir; se porter candidat; (usu. ∼ still) s'arrêter; se lever; ∼ against s'adosser à; résister à, combattre; ∼ aside se tenir à l'écart; s'écarter; fig. se désister (en faveur de q.); ∼ at être à; marquer (les degrés); ∼ back se tenir en arrière; (se) reculer; être écarté (de, from); ∼ by être prêt; ⚓ se tenir paré; ⚔ être consigné; se tenir à côté de; fig. soutenir; fig. rester fidèle à; radio: ne pas quitter l'écoute; ∼ for tenir lieu de; se présenter comme candidat à; soutenir; vouloir dire; représenter; F supporter, tolérer; ⚓ ∼ in courir (vers, à to); ∼ in with s'associer à; ∼ off se tenir éloigné ou à l'écart; s'éloigner; ⊕ chômer; ⚓ courir au large; avoir le cap au large; ∼ off! tenez-vous à distance!; ∼ on (a. fig.); insister sur; ∼ out être en ou faire saillie, avancer; fig. se détacher (sur, against); se profiler (sur, against); se tenir à l'écart; résister (à, against); tenir bon (contre, against); insister (sur, for); ⚓ se tenir au large; courir au large; ∼ over rester en suspens; se pencher sur; Am. F ∼ pat tenir ferme, ne pas en démordre; ∼ to ne pas démordre de, en tenir pour; s'en tenir à; ⚓ avoir le cap à; see reason 1; ⚔ ∼ to! aux armes!; ∼ up se lever; se dresser; ~ *up for* soutenir, prendre le parti de; ~ *up to* résister à; ~ *upon* se tenir sur (*a. fig.*); insister sur; **2.** [*irr.*] *v/t.* poser, mettre; supporter, endurer; soutenir (*un combat, un choc,* ✕ *le feu*); *see* ground² **1**; F s.o. *a dinner* payer un dîner a q.; ~ *treat* régaler; **3.** position *f*, place *f*; station(nement *m*) *f*; estrade *f*, tribune *f*; étalage *m*; socle *m*, dessous *m*; *surt. Am.* barre *f* des témoins; arrêt *m*; (*a. wash-~*) lavabo *m*; *fig.* résistance *f*; *composés:* -~ porte- *m*; umbrella-~ porte-parapluies *m/inv.*; ✕ ~ *of arms* armement *m* (*d'un soldat*); make a (ou one's) ~ *against* s'opposer résolument à.

stand-ard ['stændəd] **1.** ✕ étendard *m*; ⚓ pavillon *m* (*a.* ⚘); *mesure:* étalon *m*, type *m*; ♱ échantillon *m*; modèle *m*, norme *f*; niveau *m* (*a. école, fig.*); qualité *f*; degré *m* (*d'excellence*); hauteur *f*; *or, argent, a.* ♱: titre *m*; *école primaire:* classe *f*; ⊕ pied *m*; ♪ arbre *m* de plein vent; *above* ~ au-dessus de la moyenne; ~ *lamp* torchère *f*, lampadaire *m*; *the* ~ *is high* le niveau est élevé; ~ *of living* niveau *m* de vie; ~ *of value* prix *m* régulateur; **2.** standard *adj./inv.*; -étalon; type; classique; normal (*Am./pl.*); courant; ~ **gauge** ⊞ ['~geidʒ] voie *f* normale; **stan·ard·i·za·tion** ['~ai'zeiʃn] étalonnage *m*; unification *f*; ⊕, *cin.* standardisation *f*; ♱ titrage *m*; **'stand·ard·ize** étalonner, unifier; normaliser; ⊕, *cin.* standardiser; ♱ titrer.

stand-by ['stændbai] **1.** expédient *m*; réserve *f*; **2.** de réserve, de secours.

stand-ee *Am.* F [stæn'di:] spectateur (-trice *f*) *m* debout.

stand-er-by ['stændə'bai], *pl.* **'stand-ers-'by** spectateur (-trice *f*) *m*; assistant(e *f*) *m*, temoin *m*.

stand-in *cin.* ['stænd'in] doublure *f*.

stand-ing ['stændiŋ] **1.** ☐ debout *inv.*; dormant (*eau*); permanent; ordinaire; fixe; ~ *jump* saut *m* à pieds joints; *parl.* ~ *orders pl.* règlement *m*, -s *m/pl.*; **2.** position *f*; rang *m*; importance *f*; durée *f*; date *f*; *of long* ~ d'ancienne date; '~**room** place *f*, -s *f/pl.* debout.

stand...: '~**off** *Am.* raideur *f*, réserve *f*, morgue *f*; '**~-'off·ish** dis-

tant; raide; ~**'pat·ter** *Am. pol.* immobiliste *m*; '~**-pipe** réservoir *m* cylindrique; '~**point** point *m* de vue; '~**still** arrêt *m*; *be at a* ~ n'avancer plus; *come to a* ~ s'arrêter; '~**-up:** ~ *collar* col *m* droit; ~ *fight* bataille *f* rangée; combat *m* en règle.

stank [stæŋk] *prét. de* stink 2.

stan-nic ♱ ['stænik] stannique.

stan-za ['stænzə] strophe *f*, stance *f*.

sta-ple¹ ['steipl] **1.** matière *f* première; *fig.* fond *m*; produit *m* principal; marché *m* aux laines; **2.** principal (-aux *m/pl.*).

sta-ple² [~] crampon *m*, crampillon *m*; clou *m* à deux pointes; *serrure:* gâche *f*.

star [sta:] **1.** étoile *f* (*a. fig.*); astre *m*; *théâ.* vedette *f*; *Am.* ♱s *and* Stripes *pl.* bannière *f* étoilée; **2.** étoiler; marquer d'un astérisque; *théâ.* figurer en vedette, tenir le premier rôle; ~ (*it*) briller; *théâ.* figurer en vedette de la semaine *etc.*

star-board ⚓ ['sta:bəd] **1.** tribord *m*; **2.** *v/t.* mettre la barre à tribord; *v/i.* venir sur tribord.

starch [sta:tʃ] **1.** amidon *m*; *pâte:* empois *m*; *fig.* raideur *f*; **2.** empesé; *fig.* ~**ed** guindé, raide; '**starch-i-ness** manières *f/pl.* empesées, raideur *f*; '**starch-y** ☐ **1.** féculent; *fig.* guindé; **2.** (*ou food*) féculent *m*.

star-dom ['sta:dəm] célébrité *f*; *rise to* ~ devenir une vedette.

stare [stɛə] **1.** regard *m* fixe; **2.** regarder fixement (*qch., at s.th.*); ouvrir de grands yeux; ~ *s.o. out* dévisager q.

star-fish *zo.* ['sta:fiʃ] étoile *f* de mer.

star-ing ☐ ['stɛəriŋ] fixe (*regard*); effrayé; criard.

stark [sta:k] raide; *poét.* fort; ~ *naked* tout nu; nu comme un ver.

star-ling *orn.* ['sta:liŋ] étourneau *m*.

star-ling² [~] brise-glace *m/inv.*

star-lit [sta:lit] étoilé.

star-ring *théâ.* ['sta:riŋ] présentant... (en vedette).

star-ry ['sta:ri] étoilé (*a.* ⚘); *fig.* brillant; '~**-eyed** rêveur (-euse); extasié; peu réaliste.

star-span-gled ['sta:spæŋgld] constellé d'étoiles; *Am.* Star-Spangled Banner bannière *f* étoilée.

start [sta:t] **1.** départ *m* (*a. sp.*); commencement *m*; *sp.* envolée *f*; *sp.* avance *f*; *fig.* sursaut *m*, tressaillement m; get the ~ of s.o. devancer q.; sp. give s.o. a ~ donner de l'avance à q.; laisser q. partir le premier; 2. v/i. partir, se mettre en route; commencer (a. qch., on s.th.; a. à inf., on gér.); mot. démarrer; ✗ prendre son vol; fig. tressaillir, (sur)sauter (de with; à at, with); faire un écart brusque (cheval); jaillir (de, from) (larmes); ~ up se lever brusquement; v/t. faire partir (a. le gibier); mettre (une machine) en marche; sp. donner le signal du départ à; lever (un lièvre); lancer (une personne, une affaire, etc.); commencer (un travail, une lutte, etc.); entamer (une conversation, un sujet, etc.); soulever (une question); ~ s.o. (gér.) mettre q. à (inf.).

start·er ['stɑːtə] auteur m; sp. starter m; sp. partant m (= concurrent); mot. etc. démarreur m; fig. lanceur (-euse f) m.

start·ing ['stɑːtiŋ] 1. départ m; commencement m etc.; 2. de départ; de début; initial; ~ block bloc m de départ; sp. ~ line ligne f de départ; ~ phase phase f initiale; ~ place (ou point) point m de départ; ~ salary salaire m initial ou de début.

star·tle ['stɑːtl] effrayer; **'star·tler** F chose f sensationnelle; **'star·tling** ☐ effrayant; étonnant.

star·va·tion [stɑːˈveiʃn] faim f; ✗ inanition f; attr. de famine; (be on a) ~ diet (suivre un) régime m draconien; **starve** [stɑːv] (faire) mourir de faim; fig. v/t. priver (de, of); **starv·ing** [~liŋ] affamé·e f (a. su./mf); famélique (a. su./mf); a. de famine.

state [steit] 1. état m, condition f; pompe f, apparat m; pol. usu. ♀ État m; hist. ♀s pl. états m/pl., ordres m/pl.; ~ of life rang m; in ~ en grand apparat ou gala; lie in ~ être exposé solennellement (mort); F be in a ~ être très agité; 2. d'État; national (-aux m/pl.); d'apparat; see department; ~ funeral obsèques f/pl. nationales; Am. ♀ house palais m du gouvernement; 3. énoncer, déclarer, affirmer; poser (un problème); fixer (une date etc.); ✝ spécifier (un compte); **'state·less** sans patrie; **'state·li·ness** majesté f; grandeur f; **'state·ly** majestueux (-euse f); imposant, noble; **'state·ment** déclaration f; exposition f, énoncé m; affirmation f; ✝

état m (de compte, of account); ✝ bilan m; **'state·room** salle f de réception; ♧ cabine f de luxe; **'state·side** Am. aux ou des États-Unis; F go ~ rentrer.

states·man ['steitsmən] homme m d'État; **'states·man·like** d'homme d'État; F magistral (-aux m/pl.); **'states·man·ship** science f du gouvernement; politique f.

State(s') rights Am. ['steit(s)raits] droits m/pl. fondamentaux des États fédérés.

stat·ic ['stætik] statique; **'stat·ics** pl. ou sg. phys. statique f; pl. radio: parasites m/pl.

sta·tion ['steiʃn] 1. position f, place f; poste m (a. ✗, ♧, radio); sauvetage etc.: station f; ☵ gare f; métro: station f; rang m, situation f sociale; 2. placer; poster; **'sta·tion·ar·y** ☐ immobile; stationnaire; fixe; ~ engine moteur m fixe; **'sta·tion·er** papetier m; ♀s' Hall Hôtel m de la Corporation des libraires (à Londres); **'sta·tion·er·y** papeterie f; **'sta·tion·mas·ter** chef m de gare; **sta·tion wag·on** Am. mot. canadienne f.

sta·tis·ti·cal ☐ [stəˈtistikl] statistique; **stat·is·ti·cian** [stætisˈtiʃn] statisticien(ne f) m; **sta·tis·tics** [stəˈtistiks] pl., comme science sg. statistique f.

stat·u·ar·y ['stætjuəri] 1. statuaire f; 2. statuaire f, art m statuaire; personne: statuaire mf; coll. statues f/pl.; **stat·ue** ['stætjuː] statue f; **stat·u·esque** ☐ [~tjuˈesk] plastique; sculptural (-aux m/pl.); **stat·u·ette** [~tjuˈet] statuette f.

stat·ure ['stætʃə] taille f; stature f.

sta·tus ['steitəs] statut m légal; situation f; état m (a. ♣); rang m; ~ seeker ambitieux (-euse f) m; ~ symbol marque f de standing.

stat·ute ['stætjuːt] loi f, ordonnance f; ~s pl. statuts m/pl.; ~ law droit m écrit; **'~-book** code m des lois,.

stat·u·to·ry ☐ ['stætjutəri] établi par la loi; statuaire.

staunch [stɔːntʃ] 1. ☐ ferme; sûr, dévoué; étanche (navire); 2. étancher.

stave [steiv] 1. douve f; bâton m; strophe f; ♪ mesure f; 2. [irr.] (usu. ~ in) défoncer, enfoncer; ~ off prévenir, parer à.

staves [steivz] *pl. de* staff 1.

stay [stei] 1. ♃ *mât:* accore *m*, étai *m*; hauban *m*; *fig.* soutien *m*; séjour *m*; ⚖ suspension *f*; ⚖ sursis *m*; (*a pair of*) ~s *pl.* (un) corset *m*; 2. *v/t.* arrêter; remettre; étayer; ~ one's *stomach* tromper la faim; *v/i.* rester, demeurer; se tenir; séjourner; *sp.* soutenir l'allure; ~ *away* s'absenter; ~ *for* attendre; ~ *in* rester à *ou* garder la maison; ~ *put* rester en place; *sl.* ne plus changer; ~ *up* veiller; rester debout; ~*ing power* fond *m*, résistance *f*; ~*at-home* casanier (-ère *f*) *m*; '**stay·er** *sp. personne:* stayer *m*; cheval *m* de longue haleine.

stead [sted] place *f*; *in his* ~ à sa place; *stand s.o. in good* ~ être fort utile à q.

stead·fast □ ['stedfəst] ferme, stable; solide; inébranlable; constant; '**stead·fast·ness** fermeté *f*, constance *f*.

stead·i·ness ['stedinis] persévérance *f*; ✝ stabilité *f*; *a. see* steadfastness.

stead·y ['stedi] 1. □ ferme; solide (*a.* ✝); constant; soutenu; sûr; régulier (-ère *f*); *walk a* ~ 2 *miles* aller deux bons milles; 2. *v/t.* (r)affermir; assurer; calmer; stabiliser; *v/i.* se raffermir; reprendre son aplomb *ou* équilibre; 3. *Am.* F *ami(e f)* m attitré(e *f*); 4. F *go* ~ sortir ensemble, être de bons amis; F *go* ~ *with s.o.* sortir avec q.

steak [steik] tranche *f*; bifteck *m*; *fillet* ~ tournedos *m*.

steal [sti:l] 1. [*irr.*] *v/t.* voler, dérober; (*a.* ~ *away*) séduire (le cœur de q., *s.o.'s heart*); ~ *a glance* jeter un coup d'œil furtif (à, *at*); ~ *a march on s.o.* devancer q.; *v/i.* marcher à pas furtifs; ~ *into* se faufiler dans; 2. *Am.* filouterie *f*; transaction *f* malhonnête.

stealth [stelθ] *by* ~ à la dérobée; furtivement; '**stealth·i·ness** caractère *m* furtif; '**stealth·y** □ furtif (-ive *f*).

steam [sti:m] 1. vapeur *f*; buée *f*; *let off* ~ ⊕ lâcher la vapeur; *fig.* donner libre cours à ses sentiments; dépenser son superflu d'énergie; 2. *de ou* à vapeur; 3. *v/i.* fumer; jeter de la vapeur; *v/t.* cuire à la vapeur; vaporiser (*du

drap); '~**boil·er** chaudière *f* à vapeur; **steamed** couvert de buée (*fenêtre*); '**steam·en·gine** machine *f* à vapeur; '**steam·er** ♃ vapeur *m*; *cuis.* marmite *f* à l'étuvée; '**steam·i·ness** *climat:* humidité *f*; '**steamroll·er** rouleau *m* compresseur; **steam tug** ♃ remorqueur *m* à vapeur; '**steam·y** □ couvert de buée (*fenêtre*); humide (*climat etc.*).

sted·a·rin ⚗ ['stiərin] stéarine *f*.

steed *poét.* [sti:d] destrier *m*.

steel [sti:l] 1. acier *m*; *poét.* épée *f*; *cuis.* affiloir *m*; 2. d'acier; ~*works usu. sg.* aciérie *f*; ~ *engraving* gravure *f* sur acier; 3. aciérer; ~ *o.s.* s'endurcir; '~**clad** revêtu d'acier; '**steel·y** *usu. fig.* d'acier; '**steelyard** romaine *f*.

steep¹ [sti:p] 1. raide, escarpé; F fort, raide; incroyable; 2. *poét.* escarpement *m*.

steep² [~] 1. trempage *m*; mouillage *m*; 2. baigner, tremper; *fig.* ~ *o.s.* se noyer (dans, *in*).

steep·en *fig.* ['sti:pən] *vt/i.* augmenter.

stee·ple ['sti:pl] clocher *m*; '~**chase** steeple-(chase) *m*.

steep·ness ['sti:pnis] raideur *f*; pente *f* rapide.

steer¹ [stiə] jeune bœuf *m*, bouvillon *m*; *Am.* bœuf *m*.

steer² [~] diriger, conduire; '**steer·a·ble** dirigeable.

steer·age ♃ ['stiəridʒ] † manœuvre *f* de la barre; entrepont *m*; troisième classe *f*; '~**way** ♃: *have good* ~ sentir la barre.

steer·ing... ['stiəriŋ]: '~**arm** *mot.* levier *m* d'attaque de (la) direction; ~**com·mit·tee** comité *m* d'organisation; '~**wheel** ♃ roue *f* du gouvernail; *mot.* volant *m*.

steers·man ♃ ['stiəzmən] timonier *m*.

stein [stain] chope *f*, pot *m*.

stel·lar ['stelə] stellaire.

stem¹ [stem] 1. *plante, fleur:* tige *f*; *fruit:* queue *f*; *arbre:* souche *f*, tronc *m*; *bananes:* régime *f*; *verre:* pied *m*; *pipe:* tuyau *m*; *mot:* radical *m*; 2. *v/t.* enlever les queues de; égrapper (*des raisins*); *v/i. Am.* être issu (de, *from*).

stem² [~] 1. ♃ avant *m*; *poét.* proue *f*; 2. *v/t.* contenir, refouler; arrêter; résister à; *v/i. ski:* se ralentir en faisant un angle aigu; ~(ming) *turn* stemmbogen *m.*

stench [stentʃ] odeur *f* infecte; puanteur *f.*

sten·cil ['stensl] **1.** patron *m; machine à écrire:* cliché *m;* **2.** peindre *etc.* au patron; polycopier.

ste·nog·ra·pher [ste'nɔgrəfə] sténographe *mf;* **sten·o·graph·ic** [stenə'græfik] (~ally) sténographique; **ste·nog·ra·phy** [ste'nɔgrəfi] sténographie *f.*

step¹ [step] **1.** pas *m (a. fig.);* marche *f (a. autel);* échelon *m; auto etc.:* marchepied *m; maison:* seuil *m;* démarche *f,* mesure *f; (a pair ou set of)* ~s *pl., (a)* ~*-ladder* (une) échelle *f* double, (un) escabeau *f; in* ~ *with* au pas avec; **2.** *v/i.* faire un pas; marcher; ~ *down* descendre; *fig.* donner sa démission, se retirer; ~ *in* entrer; ~ *on it! sl.* dépêchez-vous!; dégrouillez-vous!; ~ *out* sortir; allonger le pas; *v/t. (a.* ~ *off, out)* mesurer *(une distance)* au pas; ~ *up* rehausser le niveau de; *✗* survolter.

step² [~] *mots composés:* beau- (belle *f*); '~**-fa·ther** beau-père *(pl.* beaux-pères) *m.*

steppe [step] steppe *f.*

step·ping-stone ['stepiŋstoun] pierre *f* de gué *(dans une rivière);* *fig.* marchepied *m;* tremplin *m.*

ster·e·o... ['steriə] stéréo...

ster·e·o ['steriəu] **1.** *(a.* ~ *sound)* stéréophonie *f,* F stéréo *f; (a.* ~ *set)* appareil *m* stéréo; phonographe *m* stéréo; *typ.* cliché *m;* **2.** stéréophonique, F stéréo *inv.;* ~**scope** ['~skoup] stéréoscope *m;* '~**type 1.** cliché *m;* **2.** stéréotyper.

ster·ile □ ['sterail] stérile; *✿* acarpe; **ste·ril·i·ty** [~'riliti] stérilité *f;* **ster·i·lize** ['~rilaiz] stériliser.

ster·ling ['stə:liŋ] de bon aloi *(a. fig.);* ✝ sterling; *a pound* ~ une livre sterling.

stern¹ [stə:n] sévère, dur; austère.

stern² ✿ [~] arrière *m;* derrière *m.*

stern·ness ['stə:nnis] sévérité *f,* dureté *f;* austérité *f.*

stern-post ✿ ['stə:npoust] étambot *m.* [num *m.*)

ster·num *anat.* ['stə:nəm] ster-}

steth·o·scope ✂ ['steθəskoup] stéthoscope *m.*

ste·ve·dore ✿ ['sti:vidɔ:] arrimeur *m;* entrepreneur *m* d'arrimage.

stew [stju:] **1.** *v/t.* fricasser, mettre en ragoût; faire une compote de *(fruit);* ~*ed fruit* compote *f; v/i.* mijoter; cuire à la casserole; **2.** ragoût *m;* F émoi *m.*

stew·ard ['stjuəd] économe *m; maison:* maître m d'hôtel; ✿ garçon *m,* steward *m; sp., a. bal:* commissaire *m;* **'stew·ard·ess** ✈ hôtesse *f* de l'air; ✿ stewardess *f.*

stew...: '~**-pan,** '~**-pot** casserole *f;* cocotte *f.*

stick¹ [stik] **1.** bâton *m (a. cire à cacheter);* canne *f;* baguette *f; vigne:* échalas *m; balai:* manche *m;* ✂ manche *m* à balai; ✂ *bombes:* chapelet *m; sp.* crosse *f; fig.* F type *m;* ~s *pl. du menu* bois *m;* **2.** ✗ ramer; mettre des tuteurs à.

stick² [~] *[irr.] v/i.* se piquer; tenir (à, *to*); se coller; se coincer *(porte);* hésiter *(devant, at);* ~ *at* rien n'être retenu par rien; ~ *out* faire saillie; F persister; F s'obstiner (à demander qch., *for s.th.*); ~ *up* se dresser; F résister (à, *to*); *fig.* ~ *to* persévérer dans; rester fidèle à; F ~ *up for s.o.* prendre la défense de q.; *v/t.* piquer; attacher; fixer; coller; percer; ramer *(des pois); sl.* supporter *(q.);* ~ *up* afficher; *sl.* attaquer à main armée; **'stick·er** couteau *m;* colleur *m; Am.* affiche *f;* **'stick·i·ness** viscosité *f;* **'stick·ing-plas·ter** sparadrap *m;* taffetas *m* anglais; **'stick-in-the-mud** F mal dégourdi; routinier (-ère *f*) *m.*

stick·le ['stikl] (se) disputer; **'stick·le·back** *icht.* épinoche *f;* **'stick·ler** rigoriste *mf* (à l'égard de, *for*).

stick-up ['stikʌp] F *(a.* ~ *collar)* col *m* droit; *Am. sl.* bandit *m.*

stick·y □ ['stiki] collant; *fig.* pâteux (-euse *f*); *sl.* difficile; peu accommodant.

stiff □ [stif] **1.** raide, rigide; guindé, gêné; ferme; fort *(boisson, vent);* difficile; **2.** *sl.* cadavre *m; Am. sl.* nigaud *m,* bêta (-asse *f*) *m;* **'stiff·en** *v/t.* raidir *(a. ✗);* renforcer; empeser *(un plastron);* lier *(une sauce);* corser *(une boisson); v/i.* (se) raidir; devenir ferme; **'stiff·en·er** renfort *m;* F verre *m* qui ravigote; **'stiff·necked** *fig.* intraitable, obstiné.

sti·fle¹ *vét.* ['staifl] (affection *f* du) grasset *m.*

sti·fle² [~] étouffer *(a. fig.).*

stig·ma ['stigmə] stigmate *m*; *fig. a.* flétrissure *f*; **'stig·ma·tize** marquer de stigmates; *fig.* stigmatiser.

stile [stail] échalier *m*, échalis *m*; ⊕ *porte etc.*: montant *m*.

sti·let·to [sti'letou] stylet *m*; *couture:* poinçon *m*; ~ *heel* talon *m* aiguille.

still¹ [stil] **1.** *adj.* tranquille; silencieux (-euse *f*); calme; ~ *wine* vin *m* non mousseux; **2.** *su. cin.* photographie *f*; **3.** *adv.* encore; **4.** *cj.* cependant, pourtant; encore; **5.** (se) calmer; *v/t.* tranquilliser, apaiser.

still² [~] alambic *m*; appareil *m* de distillation.

still…: '~**birth** enfant *mf* mort-né(e); mort *f* à la naissance; '~**born** mort-né(e *f*); '~**hunt** *Am.* traquer d'affût; '~**hunt·ing** *Am.* chasse *f* d'affût; ~ *life* nature *f* morte; '**still-ness** calme *m*; silence *m*.

still-room △ ['stilrum] office *f*.

still·y *poét.* ['stili] *adj.* calme, tranquille; **stil·ly** [~] *adv.* silencieusement.

stilt [stilt] échasse *f*; '**stilt·ed** *fig.* guindé, tendu.

stim·u·lant ['stimjulənt] **1.** ✠ stimulant; **2.** ✠ surexcitant *m*; stimulant *m*; **stim·u·late** ['~leit] stimuler (*a.* ✠); *fig. a.* encourager (à *inf.*, to *inf.*); **stim·u·la·tion** stimulation *f*; **stim·u·la·tive** ['~lətiv] stimulateur (-trice *f*); **stim·u·lus** ['~ləs], *pl.* **-li** ['~lai] stimulant *m*, F aiguillon *m* (de, to); ⚕ stimule *m*; *physiol.* stimulus *m*.

sting [stiŋ] **1.** *insecte:* aiguillon *m*; piqûre *f*; ⚕ dard *m*; *fig.* pointe *f*, mordant *m*; **2.** [*irr.*] *v/t.* piquer (*fig.* au vif); *v/i.* cuire; *sl.* be stung for s.th. payer qch. à un prix exorbitant; '**sting·er** F coup *m* raide ou douloureux; **stin·gi·ness** ['stindʒinis] mesquinerie *f*, ladrerie *f*; **sting(·ing)-net·tle** ⚕ ['stin(iŋ)netl] ortie *f* brûlante; **stin·gy** □ ['stindʒi] mesquin, chiche.

stink [stiŋk] **1.** puanteur *f*; **2.** [*irr.*] *v/i.* puer (qch., of s.th.); *sl. a. fig.* ~ of trahir, accuser; *v/t.* enfumer (*un renard*); *fig.* sentir (qch.); '**stink·er** F salaud *m*; salope *f*; vacherie *f*, saloperie *f*; lettre *f* d'engueulade.

stint [stint] **1.** restriction *f*; besogne *f* assignée; travail *m* exigé; **2.** imposer des restrictions à; priver (*q.*), être chiche de (*qch.*).

sti·pend ['staipend] traitement *m*

(*surt. eccl.*); **sti·pen·di·ar·y** [~'~jəri] **1.** appointé; **2.** *Angl.* juge *m* d'un tribunal de simple police.

stip·ple *peint.* ['stipl] pointiller.

stip·u·late ['stipjuleit] (*a.* ~ *for*) stipuler; convenir (de, for); **stip·u·la·tion** ✗✗ stipulation *f*; condition *f*.

stir¹ [stə:] **1.** remuement *m*; mouvement *m* (*a. fig.*); *fig.* vie *f*; agitation *f*; **2.** *v/t.* remuer; tourner; agiter; *fig.* exciter; ~ *up* exciter; pousser; susciter; *v/i.* remuer, bouger.

stir² *sl.* [~] prison *f*.

stir·rup ['stirəp] étrier *m*.

stitch [stitʃ] **1.** point *m*, piqûre *f*; ⚕ suture *f*; ✠ point *m* de côté; he has not a dry ~ on him il est complètement trempé; **2.** coudre; piquer (*le cuir, deux étoffes*); brocher (*un livre*); ⚕ suturer.

stoat *zo.* [stout] hermine *f* (d'été).

stock [stɔk] **1.** *arbre:* tronc *m*; souche *f*; *outil:* manche *m*; *fusil:* fût *m*; *fig.* race *f*, famille *f*; ⚕ (*a.* ~*gilly-flower*) matthiole *f*, giroflée *f* des jardins; ⚒ col *m* droit; provision *f*; ✚ marchandises *f/pl.*, stock *m*; ✚ *a.* ~*s pl.* fonds *m/pl.*, valeurs *f/pl.*, *fig.* actions *f/pl.*; (*a.* live ~) bétail *m*, bestiaux *m/pl.*; (*a.* dead ~) matériel *m*; *cost.* cravate *f*; *eccl.* plastron *m* en soie noire; *cuis.* consommé *m*, bouillon *m*; ~*s pl. a. hist.* pilori *m*; ⚓ chantier *m*; ~ *building* ✚ stockage *m*; ~ *in hand* marchandises *f/pl.* en magasin; ⚙ *rolling* ~ matériel *m* roulant; take ~ of faire dresser l'inventaire de; *fig.* scruter, examiner attentivement; **2.** courant; de série; classique; consacré; *théâ.* ~ *company* troupe *f* à demeure; ~ *play* pièce *f* de du répertoire; **3.** *v/t.* (*a.* ~ *up*) approvisionner, fournir (de, with); ✚ avoir en magasin, tenir; *v/i.* se monter (en, with), s'approvisionner (de, with).

stock·ade [stɔ'keid] **1.** palissade *f*; *Am.* prison *f*; **2.** palissader.

stock…: '~**book** livre *m* de magasin; '~**breed·er** éleveur *m*; '~**brok·er** agent *m* de change; courtier *m* de bourse; '~ **ex·change** bourse *f* (des valeurs); '~**hold·er** actionnaire *mf*; porteur *m* de titres.

stock·i·net ['stɔkinet] tricot *m*.

stock·ing ['stɔkiŋ] bas *m*; '**~-loom** métier *m* à bas.

stock·ist † ['stɔkist] stockiste *m*.

stock...: '**~-job·ber** marchand *m* de titres; '**~-job·bing** courtage *m*; *péj.* agiotage *m*; '**~-pile** *v/i.* stocker; amonceler; '**~-pot** pot-au-feu *m/inv.*; '**~-'still** (complètement) immobile; sans bouger; '**~-tak·ing** inventaire *m*; *~ sale* solde *m* avant *ou* après inventaire; '**stock·y** trapu; ragot (*a. cheval*).

stodge *sl.* [stɔdʒ] se bourrer (*de nourriture*); '**stodg·y** □ lourd; qui bourre.

sto·gy, **sto·gie** *Am.* ['stougi] cigare *m* long et fort (à bouts coupés).

sto·ic ['stouik] stoïcien(ne *f*) (*a. su.*); stoïque; '**sto·i·cal** □ *fig.* stoïque.

stoke [stouk] charger; chauffer; '**stok·er** chauffeur *m*; chargeur *m*.

stole[1] [stoul] *cost.* écharpe *f*; étole *f* (*a. eccl.*).

stole[2] [~] *prét.*, '**sto·len** *p.p. de* **steal** *v/t.*

stol·id □ ['stɔlid] impassible, lourd, lent; flegmatique; **sto·lid·i·ty** [~-'liditi] flegme *m*; impassibilité *f*.

stom·ach ['stʌmək] **1.** estomac *m*; *fig.* appétit *m*; goût *m* (de, for); *euphémisme:* ventre *m*; **2.** *fig.* supporter, tolérer, digérer; '**~-ache** mal *m* à l'estomach; **sto·mach·ic** [sto-'mækik] (*~ally*) stomachique (*a. su./m*); stomacal (*-aux m/pl.*).

stomp *Am.* [stɔmp] marcher à pas bruyants.

stone [stoun] **1.** pierre *f*; *fruit:* noyau *m*; *a. mesure:* 6,348 *kg*; *√* calcul *m*; **2.** de *ou* en pierre; de *ou* en grès; **3.** lapider; ôter les noyaux de (*un fruit*); '**~-'blind** complètement aveugle; '**~-coal** anthracite *m*.

stoned *sl.* [stound] soûl; drogué, F défoncé.

stone...: '**~-'dead** raide mort; '**~-'deaf** complètement sourd; '**~-fruit** fruit *m* à noyau; '**~-ma·son** maçon *m*; '**~-pit** carrière *f* de pierre; '**~-'wall·ing** *fig.* jeu *m* prudent; *pol.* obstructionnisme *m*; '**~-ware** (poterie *f* de) grès *m*.

ston·i·ness ['stouninis] nature *f* pierreuse; *fig.* dureté *f*.

ston·y ['stouni] pierreux (-euse *f*); de pierre (*a. fig.*); *fig.* dur; F **~-broke** à sec, sans le sou, fauché.

stood [stud] *prét. et p.p. de* **stand 1, 2.**

stooge *Am. sl.* [stu:dʒ] *théâ.* nègre *m*; *fig.* souffre-douleur *mf/inv.*

stool [stu:l] tabouret *m*; (*a. three-legged ~*) escabeau *m*; *√* selle *f*; *√* plante *f* mère; *√* talle *f*; '**~-pi·geon** *surt. Am. sl.* mouchard *m*.

stoop [stu:p] *v/i.* se pencher, se baisser; *fig.* s'abaisser, descendre ([jusqu']là, to); être voûté; *v/t.* incliner (*la tête*); **2.** penchement *m* en avant; *dos m* voûté; *Am.* véranda *f*; *Am.* terrasse *f* surélevée.

stop [stɔp] **1.** *v/t.* (*a. ~ up*) boucher; arrêter; bloquer (*un chèque; a. box., foot.*); retenir (*les gages*); plomber (*une dent*); étancher (*le sang*); *mot.* stopper; interrompre (*la circulation*); fermer, barrer (*la route etc.*); couper (*l'électricité, la respiration*); suspendre (*le paiement, une procédure, √ les permissions*); cesser; mettre fin à, supprimer; parer à (*un coup*); empêcher; *√* presser (*une corde*), flûte: boucher (*les trous*); *gramm.* ponctuer; *v/i.* s'arrêter; cesser; rester, demeurer; attendre; descendre (à, at) (*un hôtel*); *~ by, ~ in* faire une petite visite, s'arrêter un moment; *~ off* faire étape; *~ over* faire une halte, faire étape; **2.** arrêt *m* (*a. ⊕*); halte *f*; interruption *f*; ⊕ butoir *m*; ⊕ crochet *m*; *porte:* butée *f*; *machine à écrire:* margeur *m*; *√* jeu *m*, *orgue:* registre *m*, *clarinette:* clé *f*, *violon etc.:* barré *m*; *guitare:* touché *f*; *gramm.* (*a. full ~*) point *m*; *ling.* occlusive *f*; '**~-'cock** ⊕ robinet *m* d'arrêt; '**~-gap** bouche-trou *m*; '**~-light** *Am.* feu *m* rouge; *auto:* stop *m*; '**~-off,** '**~-o·ver** *surt. Am.* court séjour *m*, courte visite *f*, étape *f*; faculté *f* d'arrêt; '**stop·page** obstruction *f* (*a. ♂*); arrêt *m*; *gages:* retenue *f*; *paiements etc.:* suspension *f*; *travail:* chômage *m*; *travail:* interruption *f*; ⊕ à-coup *m*; *≠ ~ of current* coupure *f* du courant; '**stop·per 1.** bouchon *m*; ⊕ taquet *m*; *√* bosse *f*; **2.** boucher; *√* bosser; '**stop·ping** *dent:* plombage *m*; bouchon *m*; *a. use* stoppage; '**stop·ping train** *√* train *m* omnibus; '**stop-press news** *pl.* informations *f/pl.* de dernière heure; '**stop-watch** *sp.* montre *f* à arrêt.

stor·age ['stɔ:ridʒ] emmagasinage *m*; entrepôts *m/pl.*; frais *m/pl.* d'entrepôt; *~ battery* accumulateur *m*, F accu *m*.

store [stɔ:] **1.** (*fig.* bonne) provision *f*; *fig. a.* ~**s** *pl.* abondance *f*; *a.* ~**s** *pl.* magasin *m*; *fig.* fonds *m* (*de connaissances*); *fig.* prix *m*; *Am.* boutique *f*; ~**s** *pl.* entrepôt *m*; ✗, ♣ magasin *m*; vivres *m/pl.*; in ~ en réserve; be in ~ for attendre (*q.*); have in ~ for ménager (*qch.*) à; set great ~ by faire grand cas de; **2.** (*a.* ~ up) amasser; emmagasiner; mettre en dépôt (*des meubles*); approvisionner (de, with); garnir (*la mémoire*); '~**house** magasin *m*, entrepôt *m*; *fig.* mine *f*; ✗ manutention *f*; '~**keep·er** garde-magasin (*pl.* gardes-magasin[s]) *m*; *Am.* boutiquier (-ère *f*) *m*, marchand(e *f*) *m*; '~**room** office *f*, maison: dépense *f*; ♣ halle *f* de dépôt.

sto·rey(ed) see **story²**, **storied²**.

sto·ried¹ ['stɔ:rid] historié; † célébré dans la légende *ou* histoire.

sto·ried² [~]: *four-*~ à quatre étages.

stork [stɔ:k] cigogne *f*.

storm [stɔ:m] **1.** orage *m*; tempête *f* (*a. fig.*); ✗ assaut *m*; *fig.* pluie *f*; take by ~ emporter (*a. fig.*), prendre d'assaut; **2.** *v/i.* se déchaîner; tempêter, s'emporter (contre, at); *v/t.* ✗ livrer l'assaut à; prendre d'assaut; '**storm·y** □ tempétueux (-euse *f*); orageux (-euse *f*), d'orange; ~ *petrel* orn. pétrel *m*; *fig.* enfant *m* terrible.

sto·ry¹ ['stɔ:ri] histoire *f*, récit *m*; conte *m* (*a.* F = *mensonge*); pièce, roman: intrigue *f*; anecdote *f*; short ~ nouvelle *f*.

sto·ry² [~] étage *m*.

sto·ry·tell·er ['stɔ:ritelə] conteur (-euse *f*) *m*; F menteur (-euse *f*) *m*.

stout [staut] **1.** □ gros(se *f*); fort, vigoureux (-euse *f*); résolu, intrépide; solide; **2.** bière *f* brune forte; '~**heart·ed** vaillant; '**stout·ness** embonpoint *m*, corpulence *f*; *sp.* persévérance *f*.

stove [stouv] **1.** poêle *m*; ⊕ four *m*; ✗ serre *f* chaude; **2.** ⊕ étuver (*a. des vêtements*); ✗ élever en serre chaude; **3.** *prét. et p.p. de* **stave** 2; '~**pipe** tuyau *m* de poêle; *Am.* F cylindre *m*, chapeau *m* haut de forme.

stow [stou] ranger, serrer; ♣ arrimer; '**stow·age** magasinage *m*; ♣ (frais *m/pl.* d')arrimage *m*; '**stow·a·way** ♣ passager *m* clandestin.

stra·bis·mus [strə'bisməs] strabisme *m*.

strad·dle ['strædl] *v/t.* se mettre à califourchon sur; enfourcher; ✗ être à cheval sur; écarter (*les jambes*); *v/i.* écarter les jambes; marcher *ou* se tenir les jambes écartées; *Am.* éviter de se compromettre.

strafe [strɑːf] ✗ bombarder; F marmiter.

strag·gle ['strægl] marcher sans ordre; ✗ rester en arrière, traîner (*a.* ♣); *fig.* s'éparpiller; '**strag·gler** celui (celle *f*) *m* qui reste en arrière; ✗ traînard *m*; ♣ retardataire *m*; '**strag·gling** □ épars, éparpillé.

straight [streit] **1.** *adj.* droit (*a. fig.*); d'aplomb; en ordre; *fig.* honnête; *Am.* sec (sèche *f*) (*whisky etc.*); *Am. pol.* bon teint, vrai; *put* ~ (r)ajuster; arranger, remettre de l'ordre dans; **2.** *su.* the ~ *turf*: la ligne droite; **3.** *adv.* droit; directement; ~ *ahead* tout droit; ~ *away*, ~ *off* immédiatement, aussitôt, tout de suite; du premier coup, d'emblée; ~ *on* tout droit; ~ *out* carrément, franchement; '**straight·en** redresser; ranger; ~ *out* mettre en ordre; arranger; **straight·for·ward** □ [~'fɔ:wəd] franc(he *f*); honnête; loyal (-aux *m/pl.*); '**straight·out** direct, franc(he *f*), droit; *Am.* F a. vrai, véritable, à cent pour cent.

strain¹ [strein] **1.** ⊕ tension *f* (de, on); effort *m*, fatigue *f*; ⊕ déformation *f*; *fig.* ton *m*, discours: sens *m*; *esprit*: surmenage *m*; ♪ entorse *f*; ♪ *usu.* ~**s** *pl.* accents *m/pl.*; *musique*: sons *m/pl.*; *put a great* ~ *on* beaucoup exiger de; mettre à l'épreuve; **2.** *v/t.* tendre; *fig.* forcer (*a.* ⊕), pousser trop loin; ⊕ déformer; filtrer; *fig.* fatiguer, serrer; ♪ fouler, forcer; *cuis.* égoutter; *v/i.* faire un (grand) effort; peiner; tirer (sur, at); ⊕ déformer; ~ *after s.th.* faire tous ses efforts pour atteindre qch.

strain² [~] qualité *f* (héritée); tendance *f*; race *f*, lignée *f*.

strain·er ['streinə] ⊕ tendeur *m*; *cuis.* passoire *f*; tamis *m*; filtre *m*; (*a. tea-*~) passe-thé *m/inv.*

strait [streit] **1.** (*noms propres, géog.* ⊕s *pl.*) détroit *m*; ~**s** *pl.* embarras *m*, gêne *f*; **2.** : ~ *jacket* (*ou waistcoat*) camisole *f* de force; '**strait·en** † rétrécir; † resserrer; ~*ed* pauvre; in

~ed circumstances dans la gêne; **strait-laced** ['~leist] collet monté *inv.*; prude; **'strait·ness** rigueur *f*, gêne *f*, besoin *m*; † étroitesse *f*.

strand[1] [strænd] **1.** plage *f*, rive *f*; **2.** *v/t.* jeter à la côte; *fig.* laisser (*q.*) en plan; ~ed échoué; *fig.* à bout de ressources; *fig.* abandonné; *mot.* resté en panne; *v/i.* (s')échouer.

strand[2] [~] toron *m*, *cordage*: brin *m*; *tissu*, *a. fig.*: fil *m*; *cheveux*: tresse *f*.

strange □ [streind3] étrange; singulier (-ère *f*); curieux (-euse *f*); inconnu(e *f*); † étranger (-ère *f*); **'strange·ness** singularité *f*; étrangeté *f*; **'stran·ger** inconnu(e *f*) *m*; étranger (-ère *f*) *m* (à, to); ⚤ tiers *m*.

stran·gle ['stræŋgl] étrangler (*a. la presse*); *fig.* étouffer; **'~·hold** *fig.* étau *m*; *have a* ~ *on s.o.* tenir q. par la gorge.

stran·gu·late ✧ ['stræŋgjuleit] étrangler; **stran·gu·la·tion** étranglement *m* (*a.* ✧).

strap [stræp] **1.** courroie *f*; *cuir*, *toile*: bande *f*; *soulier*: barrette *f*; ⊕ *frein*: bande *f*; bride *f*; *soutiengorge*: bretelle *f*; **2.** attacher *ou* lier avec une courroie; boucler (*une malle*); ✧ mettre des bandelettes à, maintenir au moyen de bandages; bander; **'~·hang·er** F voyageur (-euse *f*) *m* debout (*dans l'autobus etc.*); **'strap·ping 1.** robuste, bien découplé; **2.** ✧ emplâtre *m* adhésif.

strat·a·gem ['strætidʒəm] ruse *f* (de guerre), stratagème *m*.

stra·te·gic [strə'ti:dʒik] (~ally) stratégique; **strat·e·gist** ['strætidʒist] stratégiste *m*; stratège *m*; **'strat·e·gy** stratégie *f*.

strat·i·fy ['strætifai] (se) stratifier.

stra·to·cruis·er ['strætoukru:zə] avion *m* stratosphérique.

strat·o·sphere *phys.* ['strætousfiə] stratosphère *f*.

stra·tum ['streitəm], *pl.* **-ta** ['~tə] *géol.* strate *f*, couche *f* (*a. fig.*); étage *m*, rang *m* social.

straw [strɔ:] **1.** paille *f*; chalumeau *m*; *fig.* brin *m* d'herbe; *fig.* indication *f*; (*usu.* ~ *hat*) chapeau *m* de paille; *surt. Am.* ~ *man* homme *m* de paille; F *I don't care a* ~ *je m'en fiche*; *the last* ~ le comble *m*; **2.** de paille; paille *adj./inv.* (*couleur*); *Am. pol.* ~ *vote* vote *m* d'essai; **'~·ber·ry** fraise *f*;

plante: fraisier *m*; **'straw·y** de paille; paille *adj./inv.*, jaunâtre.

stray [strei] **1.** s'égarer, s'écarter (de, from); errer (*a. fig.*); *fig.* sortir (d'un sujet, *from a subject*); **2.** (*a.* ~ed) égaré (*a. fig.*), errant; **3.** bête *f* perdue *ou* ⚤ épave; enfant *m* abandonné; ~s *pl. radio*: parasites *m/pl.*; crachements *m/pl.*; **'stray·er** égaré(e *f*) *m*.

streak [stri:k] **1.** raie *f*, bande *f*; *fig.* trace *f*; *aube*: lueur *f*; *Am.* F *talk a blue* ~ parler à n'en plus finir; **2.** rayer (de, with); **'streak·y** □ rayé, bariolé; en raies *ou* bandes; *tex.* vergé; entrelardé (*lard etc.*).

stream [stri:m] **1.** cours *m* d'eau, ruisseau *m*; courant *m*; torrent *m* (*a. fig.*); **2.** *v/i.* ruisseler, couler à flots (*a. yeux*); flotter (au vent) (*cheveux, drapeau, etc.*); ~ *in* (*out*) entrer (sortir) à flots; *v/t.* verser à flots; laisser couler; ⚓ mouiller; **'stream·er** banderole *f*; *papier*: serpentin *m*; *journ.* manchette *f*; *météor.* ~s *pl.* lumière *f* polaire; **'stream·let** ['~lit] petit ruisseau *m*, ru *m*.

stream·line ['stri:mlain] **1.** fil *m* de l'eau; courant *m* naturel; *carrosserie*: ligne *f* aérodynamique; **2.** (*a.* stream-lined) profilé, caréné, fuselé; **3.** *v/t.* caréner (*une auto etc.*); *fig.* rénover, alléger.

street [stri:t] rue *f*; *Am.* ~ *floor* rezde-chaussée *m/inv.*; *the man in the* ~ l'homme *m* moyen; F *not in the same* ~ *as* ne pas de taille avec; **'~·car** *surt. Am.* tramway *m*; **'~·walk·er** fille *f* de trottoir.

strength [streŋθ] force *f* (*a. fig.*); solidité *f*; *fig.* fermeté *f*; ⊕ résistance *f*; ✗, ⚓ effectif *m*, -s *m/pl.*; contrôles *m/pl.*; *on the* ~ *of* sur la foi de, s'appuyant sur; de par; **'strength·en** *v/t.* affermir, renforcer; fortifier (*la santé*); *v/i.* s'affermir *etc.*; (re)prendre des forces.

stren·u·ous □ ['strenjuəs] énergique, actif, -ive *f*); ardu (*travail*); tendu (*effort*); acharné (*lutte etc.*); **'stren·u·ous·ness** ardeur *f*; acharnement *m*.

stress [stres] **1.** force *f*; insistance *f*; *circonstances*: pression *f*; *gramm.* accent *m*; appui *m* de la voix (sur, on); violence *f* (*du temps*); ⊕ tension *f*, effort *m*; *lay* ~ (*up*)*on* insister sur, attacher de l'importance à; **2.** insister sur, appuyer sur; ⊕ faire travailler, fatiguer.

stretch [stretʃ] **1.** v/t. (usu. ~ out) tendre (a. la main); étendre; allonger; prolonger; déployer (les ailes); fig. exagérer; ~ one's legs se dégourdir les jambes; ~ a point faire une exception (en faveur de, for); ~ words forcer le sens des mots; v/i. (souv. ~ out) s'étendre; s'élargir; prêter (étoffe); fig. aller, suffire; **2.** étendue f; extension f; élasticité f; ⊕ tension f, effort m; sl. do a ~ faire de la prison; at a ~ (tout) d'un trait; sans arrêt; on the ~ tendu; **'stretch·er** ~ tendeur m (a. pour chaussures); brancard m (pour malades); tente: traverse f; △ panneresse f.

strew [stru:] répandre, semer (de, with); **strewn** [stru:n] p.p. de strew.   ['eitid] strié.|

stri·ate ['straiit], **stri·at·ed** [strai-/]

strick·en ['strikən] frappé, fig. accablé (de, with); (well) ~ in years chargé d'années.

strict [strikt] sévère, rigoureux (-euse f); précis, exact; ~ly speaking à proprement parler; **'strict·ness** rigueur f; exactitude f; **stric·ture** ['striktʃə] ♂ rétrécissement m; intestin: étranglement m; usu. ~s pl. critique f (sur, on).

strid·den ['stridn] p.p. de stride 1.

stride [straid] **1.** [irr.] v/t. enjamber; se tenir à califourchon sur; enfourcher (un cheval); v/i. marcher à grands pas; **2.** (grand) pas m; enjambée f; get into one's ~ prendre son allure normale; être lancé.

stri·dent □ ['straidnt] strident; ~ly stridemment.

strife [straif] conflit m, lutte f.

strike [straik] **1.** coup m; grève f; Am. F fig. rencontre f; coup m de veine; Am. baseball: coup m (du batteur); ~ ballot référendum m; ~ pay salaire m de gréviste; be on ~ être en ou faire grève; go on ~ se mettre en grève, F débrayer; **2.** [irr.] v/t. frapper (a. une médaille, ♪, a. fig.) (de, with); heurter, cogner (porter (un coup)); ⊕ rentrer (le pavillon); amener (la voile); plier (une tente), lever (le camp); former (une commission); faire (le marché); allumer (une allumette); faire jaillir (une étincelle); prendre (une attitude, la moyenne, la racine); ♪ toucher de (la harpe); sonner (l'heu-

re); bouturer (une plante); ♣ donner sur (les écueils); fig. faire une impression sur; impressionner; rencontrer; découvrir, tomber sur; fig. paraître; ~ a balance établir une balance; dresser le bilan; ~ oil rencontrer le pétrole, fig. avoir du succès, trouver le filon; ~ work se mettre en grève; ~ off abattre; rayer; ~ out rayer; ouvrir (une route); ~ up commencer à jouer ou à chanter; lier (une connaissance); v/i. porter un coup, frapper (à, at); ♣ (ou ~ [the] bottom) toucher le fond; ♣, ✕ rentrer son pavillon; ⊕ se mettre en grève, F débrayer; sonner (l'heure); prendre feu (allumette); prendre racine; ~ home frapper juste; porter (coup); ~ in s'enfoncer; intervenir (personne); ~ into pénétrer dans; ♪ ~ up commencer à jouer ou à chanter; ~ upon the ear frapper l'oreille; '~-**break·er** briseur m de grève, F jaune m; **'strik·er** frappeur (-euse f) m; pendule: marteau m; fusée: rugueux m; arme à feu: percuteur m; ⊕ gréviste mf; foot. buteur m.

strik·ing □ ['straikiŋ] ♪ sonnerie; fig. frappant; saillant; impressionnant.

string [striŋ] **1.** ficelle f (a. fig.); corde f (a. ♪, arc, raquette); cordon m; ♀ fibre f, filament m; eccl., a. oignons, outils: chapelet m; fig. condition f; Am. F prise f; fig. lisière f; fig. procession f, série f; T ♪ ligature f; ~ of horses écurie f; ~ of pearls collier m; ♪ ~s pl. instruments m/pl. à cordes; have two ~s to one's bow avoir deux cordes à son arc, avoir un pied dans deux chaussures; pull the ~s tirer les ficelles, tenir les fils; **2.** [irr.] bander (un arc); ficeler (un paquet); fig. (a. ~ up) tendre (les nerfs); enfiler (des perles, a. fig.); corder (une raquette); monter (un violon), monter les cordes de (un piano); effiler (des haricots); Am. sl. faire marcher (q.); F ~ along v/t. payer (q.) de promesses, faire marcher (q.); v/i. suivre; ~ along with s.o. suivre q., accompagner q.; venir ou aller avec q.; fig. se ranger à l'avis de q.; ~ up suspendre; ~ s.o. up prendre q. haut et court; ~ band ♪ orchestre m à cordes; ~ bean Am. haricot m vert; **stringed** ♪ à cordes.

strin·gen·cy ['strindʒənsi] rigueur f; puissance f, force f; ✝ resserrement *m*; 'strin·gent □ rigoureux (-euse *f*), strict; convaincant; ♥ serré (*argent*); tendu (*marché*).

string·y ['striŋi] filandreux (-euse *f*); visqueux (-euse *f*) (*liquide*).

strip [strip] 1. *v/t.* dépouiller (de, of) (*a. ⚡, a. fig.*); ⚡, *a. fig.* dénuder (de, of); *fig.* dégarnir (*une maison*); ⊕ démonter (*une machine*); *métall.* démouler; ♧ déshabiller, dégréer; (*a. ~ off*) ôter, enlever; *v/i.* se déshabiller; *sl.* se mettre à poil; 2. bande(lette) *f*.

stripe [straip] 1. *couleur:* raie *f*; *pantalon:* bande *f*; ✕ galon *m*; (*a. long-service* ~) chevron *m*; 2. rayer. [tout jeune homme *m*.)

strip·ling ['striplin] adolescent *m*,)

strive [straiv] [*irr.*] s'efforcer (de, to; d'obtenir qch. *after s.th.*, for *s.th.*) tâcher (de, to); lutter (contre, against); striv·en ['strivn] *p.p. de* strive.

strode [stroud] *prét. de* stride 1.

stroke [strouk] 1. *usu.* coup *m*; ⚕ congestion *f* cérébrale, apoplexie *f*; ⊕ *piston:* course *f*; *peint.* coup *m* de pinceau; *fig.* retouche *f*; trait *m* (de plume, *a. fig.*); coup *m* (*d'horloge*); *canotage:* nage *f*, personne: chef *m* de nage; nage: brassée *f*; ~ of genius trait *m* de génie; ~ of luck coup *m* de bonheur; 2. caresser; être chef de nage (*d'un canot*); ~ 32 nager à 32 coups par minute.

stroll [stroul] 1. *v/i.* flâner; se promener à l'aventure; F se balader; *v/t.* se promener dans (*les rues*). 2. petit tour *m*; flânerie *f*; F balade *f*; 'stroll·er, 'stroll·ing ac·tor comédien(ne *f*) *m* ambulant(e *f*).

strong □ [strɔŋ] *usu.* fort (*a. gramm.*), solide; ferme (*a. ♥ marché*); vif (vive *f*) (*souvenir*); bon(ne *f*) (*mémoire*); robuste (*foi, santé*); ardent (*partisan*); sérieux (-euse *f*) (*candidat*); énergique (*mesure*); accusé (*trait*); *cartes:* long(ue *f*) (*couleur*); *see* language; feel ~(ly) about attacher une grande importance à; F go it ~ dépasser les bornes; F going ~ vigoureux (-euse *f*); solide; 30 ~ au nombre de 30; '~-box coffre-fort (*pl.* coffres-forts) *m*; '~-hold forteresse *f*; *fig.* citadelle *f*; '~-'mind·ed à l'esprit décidé; '~-room chambre *f* blindée; cave *f* forte.

strop [strɔp] 1. cuir *m* (*à rasoir*); ♧ estrope *f*; 2. repasser (*un rasoir*) sur le cuir.

stro·phe ['stroufi] strophe *f*.

strop·py *Brit.* F ['strɔpi] de mauvaise humeur.

strove [strouv] *prét. de* strive.

struck [strʌk] *prét. et p.p. de* strike 2.

struc·tur·al □ ['strʌktʃərəl] de structure, structural (-aux *m/pl.*); ⊕ de construction; struc·ture ['~tʃə] structure *f*; édifice *m* (*a. fig.*); *péj.* bâtisse *f*.

strug·gle ['strʌgl] 1. lutter (contre, against; avec, with); se débattre; faire de grands efforts (pour, to); 2. lutte *f* (*a. fig.*); combat *m*; 'strug·gler lutteur *m*.

strum [strʌm] tapoter (du piano); gratter (de la guitare *etc.*); *fig.* pianoter.

strum·pet *poét.*, F ['strʌmpit] prostituée *f*; catin *f*.

strung [strʌŋ] *prét. et p.p. de* string 2.

strut [strʌt] 1. *v/i.* se pavaner; *v/t.* ⊕ entretoiser; contreficher; 2. démarche *f* fière; ⊕ entretoise *f*; arcboutant (*pl.* arcs-boutants) *m*; ✕ pilier *m*, traverse *f*; 'strut·ting·piece ⊕ entretoise *f*, lierne *f*.

strych·nine ['strikni:n] strychnine *f*.

stub [stʌb] 1. *arbre:* souche *f*; *cigarette:* bout *m*; *Am. chèque:* souche *f*, talon *m*; 2. (*usu.* ~ up) arracher; essoucher (*un champ*); cogner (*le pied*); ~ out éteindre (*une cigarette*) en l'écrasant par le bout.

stub·ble ['stʌbl] chaume *m*.

stub·bly ['stʌbli] couvert de chaume; court et raide (*barbe, cheveux*).

stub·born □ ['stʌbən] obstiné, opiniâtre, entêté; rebelle, réfractaire; ingrat (*sol, terre*); 'stub·bornness opiniâtreté *f*, entêtement *m*.

stub·by ['stʌbi] trapu (*personne*); tronqué (*arbre etc.*).

stuc·co ['stʌkou] 1. stuc *m*; 2. stuquer; recouvrir de stuc(age).

stuck [stʌk] *prét. et p.p. de* stick²; *Am.* F ~ on amoureux (-euse *f* de (*q.*); '~-'up hautain; prétentieux (-euse *f*).

stud¹ [stʌd] 1. clou *m* à grosse tête; clou *m* (*sur une robe, a. d'un passage clouté*); *chemise etc.:* bouton *m*; *foot.*

crampon m; ⌂ poteau m; **2.** clouter; orner (de, *with*); *fig.* parsemer (de, *with*).

stud² [_] écurie f; (*a.* ~ *farm*) haras m; '~**book** livre m d'origines, studbook m; '~**horse** étalon m.

stud·ding ⌂ ['stʌdiŋ] lattage m; lattis m.

stu·dent ['stju:dənt] étudiant(e f) m; boursier (-ère f) m; amateur m de livres; investigateur (-trice f) m; ~ **hostel** foyer m d'étudiants; '**student·ship** bourse f d'études.

stud·ied □ ['stʌdid] instruit (*personne*) (dans, *in*); étudié, recherché (*toilette etc.*); voulu, prémédité (*geste, insulte, etc.*).

stu·di·o ['stju:diou] atelier m; *radio:* studio m; ~ **couch** divan m.

stu·di·ous □ ['stju:djəs] appliqué, studieux (-euse f); attentif (-ive f) (à qch., *of s.th.*; à *inf.* of *gér.*, to *inf.*); soigneux (-euse f) (de *inf.*, to *inf.*); '**stu·di·ous·ness** amour m de l'étude; *fig.* attention f, zèle m (à *inf.*, *in gér.*).

stud·y ['stʌdi] **1.** étude f (*a.* ♪, *a. peint.*); cabinet m de travail; bureau m; soins m/pl.; *fig.* rêverie f; **2.** v/t. préparer (un examen, *for an examination*); étudier; v/t. étudier; observer; s'occuper de (*a. fig.*).

stuff [stʌf] **1.** matière f, substance f; étoffe f (*a. fig.*), tissu m; péj. camelote f; *fig.* F sottises f/pl.; **2.** v/t. bourrer (de, *with*); remplir (de, *with*); fourrer (dans, *into*); gaver; *cuis.* farcir; ~ **up** boucher; *Am.* sl. ~*ed shirt* collet m monté; v/i. manger avec excès; *fig. sl.* se les caler; '**stuff·ing** (rem)bourrage m; oie etc.: gavage m; *cuis.* farce f, farcissure f; matelassure f (*de crin*); ⊕ étoupe f; '**stuff·y** □ mal aéré; qui sent le renfermé; F collet monté *adj./inv.*; sans goût; F *Am.* fâché.

stul·ti·fi·ca·tion [stʌltifi'keiʃn] action f de rendre sans effet (*un décret etc.*) *ou* ridicule (*q.*); '**stul·ti·fy** ['~fai] infirmer, rendre nul *ou* vain *ou* sans effet; rendre ridicule.

stum·ble ['stʌmbl] **1.** trébuchement m, faux pas m; *cheval:* bronchade f; **2.** trébucher; faire un faux pas; broncher (*cheval*); se heurter (contre, *against*); hésiter (*en parlant*); '**stum·bling-block** *fig.* pierre f d'achoppement.

stump [stʌmp] **1.** tronçon m, souche f; *crayon, cigare:* bout m; *dessin:* estompe f; *dent:* chicot m; *cricket:* piquet m; moignon m (*d'un membre coupé*); F propagande f électorale; F ~*s* pl. quilles f/pl. (= *jambes*); ~ *speaker* (*ou orator*) orateur m de carrefour; orateur m de réunion électorale; **2.** v/t. *cricket:* mettre hors jeu en abattant le guichet avec la balle tenue à la main; F coller, embarrasser; *Am.* F défier; *sl.* ~ *up* cracher (= *payer*); ~ *the country* faire une tournée électorale; ~*ed* for embarrassé pour; v/i. clopiner; haranguer m; '**stump·y** □ écourté; trapu (*personne*).

stun [stʌn] étourdir; *fig.* abasourdir.

stung [stʌŋ] *prét. et p.p.* de sting 2.

stunk [stʌŋk] *prét. et p.p.* de stink 2.

stun·ner F ['stʌnə] type m épatant, chose f épatante; '**stun·ning** □ F épatant, étourdissant.

stunt¹ [stʌnt] **1.** tour m de force; F coup m d'épate; F nouvelle f sensationnelle; ✈ acrobaties f/pl. aériennes, vol m de virtuosité; **2.** faire des acrobaties.

stunt² [_] rabougrir; empêcher de croître; '**stunt·ed** rabougri; noué (*esprit*).

stupe ✶ [stju:p] **1.** compresse f (*pour fomentation*); **2.** fomenter.

stu·pe·fac·tion [stju:pi'fækʃn] stupéfaction f; ahurissement m.

stu·pe·fy ['stju:pifai] *fig.* hébéter (*par la douleur, by grief*); stupéfier, abasourdir.

stu·pen·dous □ [stju:'pendəs] prodigieux (-euse f).

stu·pid □ ['stju:pid] stupide, sot(te f); F bête; insupportable; **stu·pid·i·ty** [stju:'piditi] stupidité f; lourdeur f d'esprit; sottise f, bêtise f.

stu·por ['stju:pə] stupeur f.

stur·di·ness ['stə:dinis] vigueur f; résolution f; '**stur·dy** vigoureux (-euse f); robuste; hardi.

stur·geon *icht.* ['stə:dʒən] esturgeon m.

stut·ter ['stʌtə] **1.** bégayer; **2.** bégaiement m; '**stut·ter·er** bègue mf.

sty¹ [stai] étable f (à porcs); porcherie f.

sty² [_] *œil:* orgelet m.

style [stail] **1.** style m (*pour écrire,*

pour graver, △, ♀, *cadran*, *peint.*, *a.* = *manière*; façon *f*, manière *f*; *cost.* mode *f*; ton *m*, chic *m*; titre *m*; élégance *f*; ✝ raison *f* sociale; *in* ~ *grand train*; *in the* ~ *of* dans le style *ou* goût de; ✝ *under the* ~ *of* sous la raison de; **2.** appeler, dénommer; qualifier (*q.*) de.

styl·ish □ ['stailiʃ] élégant; chic *inv. en genre*; à la mode; '**styl·ish·ness** élégance *f*, chic *m*.

styl·ist ['stailist] styliste *mf*.

sty·lo F ['stailou], **sty·lo·graph** ['stailəgrɑːf], *a.* **sty·lo·graph·ic pen** [~'græfik'pen] stylographe *m*, F stylo *m*.

styp·tic ['stiptik] styptique (*a. su./m*), astringent (*a. su./m*).

sua·sion ['sweiʒn] persuasion *f*.

suave □ [sweiv] suave; affable; doux (douce *f*) (*vin*); *péj.* doucereux (-euse *f*); **suav·i·ty** ['swæviti] suavité *f*; douceur *f*; *péj.* politesse *f* mielleuse.

sub F [sʌb] *abr. de* subordinate 2; subscription; substitute 2; submarine.

sub...: *usu.* sous-; *qqfois* sub-; presque.

sub·ac·id □ ['sʌb'æsid] aigrelet(te *f*); *fig.* aigre-doux (-douce *f*).

sub·al·tern ['sʌbltən] subalterne (*a. su./m*); **2.** ✕ (sous-)lieutenant *m*.

sub·com·mit·tee ['sʌbkəmiti] sous-comité *m*; sous-commission *f*.

sub·con·scious □ ['sʌb'kɔnʃəs] subconscient (*psych. a. su./m*); ~**ly** inconsciemment.

sub·con·tract [sʌb'kɔntrækt] sous-traité *m*.

sub·cu·ta·ne·ous □ ['sʌbkjuː'teinjəs] sous-cutané; ✳ ~ *injection* injection *f* sous-cutanée.

sub·dean ['sʌb'diːn] sous-doyen *m*.

sub·di·vide ['sʌbdi'vaid] (se) subdiviser.

sub·di·vi·sion ['sʌbdiviʒn] subdivision *f*; sectionnement *m*; sous-division *f*; *biol.* sous-classe *f*; ⚓ section *f*.

sub·due [səb'djuː] subjuguer; dompter; maîtriser; réprimer; adoucir; baisser (*la lumière*).

sub·head(·ing) ['sʌbhed(iŋ)] sous-titre *m*.

sub·ja·cent [sʌb'dʒeisənt] sous-jacent, subjacent.

sub·ject ['sʌbdʒikt] **1.** *adj.* assujetti,

soumis; sujet(te *f*), exposé; porté (à, to); *fig.* ~ *to* passible de (*droit*, *courage*); sous réserve de (*une ratification*); sauf; ~ *to a fee* ou *duty* sujet(te *f*) à une taxe *ou* à un droit; **2.** *adv.*: ~ *to* sous (la) réserve de; ~ *to change without notice* sauf modifications sans avis préalable; **3.** *su.* sujet(te *f*) *m* (*d'un roi etc.*); ♪, ♫, ♩, *gramm.*, *conversation*, *peint.* tableau: sujet *m*; (*a.* ~-*matter*) livre *etc.*: sujet *m*, thème *m*; question *f*; ✳ malade *mf*; matière *f*; *lettre*: contenu *m*; *peint.* paysage: motif *m*; *contrat réel*, *méditation*: objet *m*; **4.** *v/t.* [səb'dʒekt] assujettir, subjuguer; ~ *to* soumettre à (*un examen etc.*); exposer à (*un danger etc.*).

sub·jec·tion sujétion *f*; asservissement *m*; **sub·jec·tive** □ [sʌb'dʒektiv] subjectif (-ive *f*).

sub·join ['sʌb'dʒɔin] adjoindre, ajouter.

sub·ju·gate ['sʌbdʒugeit] subjuguer; **sub·ju·ga·tion** subjugation *f*, assujettissement *m*.

sub·junc·tive *gramm.* [səb'dʒʌŋktiv] (*a.* ~ *mood*) subjonctif *m*; *in the* ~ au subjonctif.

sub·lease ['sʌb'liːs], **sub·let** ['~'let] [*irr.* (let)] donner *ou* prendre en sous-location *ou* à sous-ferme; sous-louer.

sub·li·mate ⚗ **1.** ['sʌblimit] sublimé *m*; **2.** ['~meit] sublimer; **sub·li·ma·tion** sublimation *f* (*a. psych.*); **sub·lime** [sə'blaim] **1.** □ sublime; **2.**: *the* ~ le sublime *m*; **3.** ⚗ (se) sublimer; *v/t. fig.* idéaliser; **sub·lim·i·nal** [sʌb'liminəl] □ subliminal (-aux *m/pl.*); ~ *advertising* publicité *f* insidieuse; **sub·lim·i·ty** [sə'blimiti] sublimité *f*.

sub·ma·chine gun ['sʌbmə'ʃiːn·ˌgʌn] mitraillette *f*.

sub·ma·rine ['sʌbməriːn] sous-marin (*a.* ⚓ *su./m*).

sub·merge [səb'mɜːdʒ] *v/t.* submerger; noyer, inonder; *v/i.* plonger; **sub·mers·i·bil·i·ty** [səbmɜːsə-'biliti] caractère *m* submersible; **sub'mer·sion** submersion *f*, plongée *f*.

sub·mis·sion [səb'miʃn] soumission *f* (*a. fig.*), résignation *f* (à, to); ⚖ plaidoirie *f*; thèse *f*; **sub·mis·sive** □ [~'misiv] soumis (*air etc.*), docile (*personne*).

sub·mit [sʌb'mit] v/t. soumettre; présenter; poser en thèse (que, that); v/i. (à, to) se soumettre (à, to); fig. se résigner (à, to); s'astreindre (à la discipline, to discipline).

sub·nor·mal [sʌb'nɔːməl] au-dessous de la normale; faible d'esprit, arriéré.

sub·or·di·nate 1. □ [sə'bɔːdnit] subordonné; inférieur; secondaire; gramm. ~ clause proposition f subordonnée; **2.** [↵] subalterne mf, subordonné(e f) m; **3.** [↵'bɔːdineit] subordonner (à, to); **sub·or·di·na·tion** subordination f (à, to); soumission f (à, to).

sub·orn ⚖ [sʌ'bɔːn] suborner, séduire; **sub·or'na·tion** subornation f, corruption f.

sub·p(o)e·na ⚖ [səb'piːnə] **1.** assignation f; **2.** assigner, faire une assignation à.

sub·scribe [səb'skraib] v/t. souscrire (un nom, une obligation, etc.; pour une somme, a sum); v/i. souscrire (à, to, for; pour une somme, for a sum; a. à une opinion, to an opinion); s'abonner (à, to) (un journal); **sub'scrib·er** signataire mf (de, to); fig. adhérent(e f) m; souscripteur m, cotisant m; journal, a. téléph. abonné(e f) m.

sub·scrip·tion [səb'skripʃn] souscription f; fig. adhésion f; société, club, etc.: cotisation f; journal: abonnement m.

sub·se·quence ['sʌbsikwəns] conséquence f; postériorité f; **'sub·se·quent** □ conséquent, ultérieur; postérieur, consécutif (-ive f) (à, to); ~ly plus tard; postérieurement (à, to); par la suite.

sub·serve [səb'səːv] favoriser, aider à; **sub'ser·vi·ence** [↵viəns] soumission f; utilité f; servilité f; **sub'ser·vi·ent** □ servile, obséquieux (-euse f); utile; subordonné.

sub·side [səb'said] baisser; s'affaisser, se tasser (sol, maison); s'apaiser, tomber (orage, fièvre, etc.); F se taire; ~ into se changer en; **sub·sid·i·ary** [↵'sidjəri] **1.** □ subsidiaire (à, to), auxiliaire; ~ company filiale f; **2.** filiale f; **sub·si·dize** ['sʌbsidaiz] subventionner; primer (une industrie); fournir des subsides à;

sub·si·dy ['sʌbsidi] subvention f; industrie: prime f.

sub·sist [səb'sist] v/i. subsister; persister; vivre (de on, by); v/t. entretenir; **sub'sist·ence** existence f; subsistance f; ~ money acompte m.

sub·soil ['sʌbsɔil] sous-sol m.

sub·son·ic [səb'sɔnik] subsonique.

sub·stance ['sʌbstəns] substance f (a. eccl., a. fig.), matière f; fig. essentiel m, fond m; corps m, solidité f; fortune f, biens m/pl.

sub·stand·ard [səb'stændəd] de qualité inférieure; au-dessous de la moyenne.

sub·stan·tial □ [səb'stænʃl] substantiel(le f), réel(le f); solide; riche; considérable (somme, prix, etc.); **sub·stan·ti·al·i·ty** [↵ʃi'æliti] solidité f; phls. substantialité f.

sub·stan·ti·ate [səb'stænʃieit] justifier, établir, prouver.

sub·stan·ti·val □ gramm. [sʌbstən'taivl] substantival (-aux m/pl.); **'sub·stan·tive** **1.** □ réel(le f), autonome, indépendant; positif (-ive f) (droit); formel(le f) (résolution); gramm. substantival (-aux m/pl.); **2.** gramm. substantif m, nom m.

sub·sti·tute ['sʌbstitjuːt] **1.** v/t. substituer (à, for); remplacer (par, by); v/i. ~ for s.o. remplacer q., suppléer q.; **2.** personne: remplaçant(e f) m (a. sp.), suppléant(e f) m; nourriture etc.: succédané m, factice m; **sub·sti'tu·tion** substitution f, remplacement m; ⚖ subrogation f; créance: novation f.

sub·stra·tum ['sʌb'strɑːtəm], pl. **-ta** ['↵tə] couche f inférieure; souscouche f; phls. substrat(um) m; fig. fond m.

sub·struc·ture ['sʌbstrʌktʃə] édifice: fondement m; route, pont roulant: infrastructure f.

sub·ten·ant ['sʌb'tenənt] sous-locataire mf. [fuge m.)

sub·ter·fuge ['sʌbtəfjuːdʒ] subter-)

sub·ter·ra·ne·an □ [sʌbtə'reinjən] souterrain.

sub·til·ize ['sʌtilaiz] v/t. subtiliser; raffiner (son style); péj. alambiquer; v/i. subtiliser, raffiner.

sub·ti·tle ['sʌbtaitl] livre, cin.: sous-titre m.

sub·tle □ ['sʌtl] subtil, fin; raffiné;

rusé, astucieux (-euse *f*); **'sub·tle·ty** subtilité *f*; finesse *f*; ruse *f*.

sub·tract [səb'trækt] soustraire; **sub'trac·tion** soustraction *f*.

sub·urb ['sʌbəːb] faubourg *m*; *in the* ~s dans la *ou* en banlieue; **sub·ur·ban** [sə'bəːbən] de banlieue (*a. péj.*); suburbain; **Sub·ur·bi·a** [sə'bəːbiə] la banlieue.

sub·ven·tion [səb'venʃn] subvention *f*; *industrie*: prime *f*; octroi *m* d'une subvention.

sub·ver·sion [sʌb'vəːʃn] subversion *f*; **sub'ver·sive** [~siv] subversif (-ve *f*) (de, of). [vertir.]

sub·vert [sʌb'vəːt] renverser, sub-]

sub·way ['sʌbwei] (passage *m ou* couloir *m*) souterrain *m*; *Am.* métro *m*; chemin *m* de fer souterrain.

sub·ze·ro ['sʌb'ziərou] au-dessous de zéro.

suc·ceed [sək'siːd] *v/t.* succéder (à qch., *to* s.o., s.th.); suivre; *v/i.* réussir; arriver, aboutir; ~ *to* prendre la succession *ou* la suite de; hériter (de) (*biens etc.*); *he* ~ *s in* (*gér.*) il réussit *ou* parvient à (*inf.*).

suc·cess [sək'ses] succès *m*, réussite *f*; (*bonne*) chance *f*; *he was a great* ~ il a eu un grand succès; **suc'cess·ful** □ [~ful] heureux (-euse *f*), réussi; couronné de succès; *be* ~ réussir; avoir du succès; **suc·ces·sion** [~'seʃn] succession *f*, suite *f*; *récoltes*: rotation *f*; héritage *m*; lignée *f*, descendants *m/pl.*; *in* ~ successivement, tour à tour; ~ *duty* droits *m/pl.* de succession; **suc'ces·sive** [~siv] □ successif (-ive *f*), consécutif (-ive *f*); **suc'ces·sor** successeur *m* (de of, to); ~ *to the throne* successeur *m* à la couronne.

suc·cinct □ [sək'siŋkt] succinct, concis.

suc·co·ry ♀ ['sʌkəri] chicorée *f*.

suc·co·tash *Am.* ['sʌkətæʃ] purée *f* de maïs et de fèves.

suc·co(u)r ['sʌkə] **1.** secours *m*, aide *f*; ✕ renforts *m/pl.*; **2.** secourir; aider, venir en aide à, venir à l'aide de; ✕ renforcer.

suc·cu·lence ['sʌkjuləns] succulence *f*; **'suc·cu·lent** □ succulent (*a. fig.*).

suc·cumb [sə'kʌm] succomber, céder.

such [sʌtʃ] **1.** *adj.* tel(le *f*); pareil(le *f*); semblable; ~ *a man* un tel homme; *see another*; *there is no* ~ *thing* cela n'existe pas; *no* ~ *thing!* il n'en est rien!; ~ *as* tel que; ~ *and* ~ tel et tel; *F* ~ *a naughty dog* un chien si méchant; ~ *is life* c'est la vie; **2.** *pron.* tel(le *f*); ceux (celles *f/pl.*) *m/pl.*; **'such·like** de ce genre, de la sorte.

suck [sʌk] **1.** (*v/t. a.* ~ *out*) sucer; **2.** action *f* de sucer; *pompe*: succion *f*; *give* ~ donner la tétée *ou* le sein; **'suck·er** suceur (-euse *f*) *m*; ⊕ *pompe*: piston *m*; ♀ *arbre*: surgeon *m*, *plante*: rejeton *m*; *Am.* blanc-bec (*pl.* blancs-becs) *m*; niais *m*; **'suck·ing** à la mamelle (*enfant*); qui tette (*animal*); ~ *pig* cochon *m* de lait; **suck·le** ['~l] allaiter, nourrir; donner le sein à; **'suck·ling** allaitement *m*; nourrisson *m*.

suc·tion ['sʌkʃn] **1.** succion *f*; aspiration *f*; **2.** aspirant, d'aspiration; à succion; ~-*cleaner* (*ou sweeper*) aspirateur *m*.

sud·den □ ['sʌdn] soudain, brusque; *on a* ~, (*all*) *of a* ~ soudain, tout à coup; **'sud·den·ness** soudaineté *f*; brusquerie *f*.

su·dor·if·ic [sjuːdə'rifik] sudorifique (*a. su./m*).

suds [sʌdz] *pl.* eau *f* de savon; lessive *f*; **'suds·y** *Am.* plein *ou* couvert d'eau de savon.

sue [sjuː] *v/t.* poursuivre; (*usu.* ~ *out*) obtenir à la suite d'une requête; *v/i.* solliciter (de q., *to* s.o.; qch., *for* s.th.); demander (qch., *for* s.th.).

suède [sweid] (peau *f* de) suède *m*; *chaussures*: daim *m*.

su·et ['sjuit] graisse *f* de rognon *ou* de bœuf; **'su·et·y** graisseux (-euse *f*).

suf·fer ['sʌfə] *v/i.* souffrir (de, from); être affligé (de, from); *v/t.* souffrir, éprouver; subir (*une peine, une défaite, une dépréciation*); ressentir (*une douleur*); tolérer, supporter; **'suf·fer·ance** tolérance *f*; *on* ~ par tolérance; **'suf·fer·er** victime *f*; ☞ malade *mf*; **'suf·fer·ing** souffrance *f*.

suf·fice [sə'fais] *v/i.* suffire (à, to); *v/t.* suffire à.

suf·fi·cien·cy [sə'fiʃənsi] suffisance *f*; quantité *f* suffisante; *a* ~ *of money* l'aisance *f*; **suf'fi·cient** □

suf·fix *gramm.* ['sʌfiks] **1.** suffixer; **2.** suffixe *m*.

suf·fo·cate ['sʌfəkeit] *vt/i.* étouffer, suffoquer; **suf·fo·ca·tion** suffocation *f*; étouffement *m*; **'suf·fo·ca·tive** □ qui suffoque; suffocant.

suf·fra·gan *eccl.* ['sʌfrəgən] *évêque:* suffragant *m*; **'suf·frage** suffrage *m*; (droit *m* de) vote *m*; voix *f*; **suf·fra·gette** [ˌ.ə'dʒet] suffragette *f*; **suf·fra·gist** ['sʌfrədʒist] partisan *m* du droit de vote (*surt.* des femmes).

suf·fuse [sə'fjuːz] inonder; se répandre sur; **suf·fu·sion** [ˌ.ʒn] épanchement *m*; rougeur *f*; *s* suf·fusion *f*.

su·gar ['ʃugə] **1.** sucre *m*; **2.** sucrer; saupoudrer (*un gâteau*) de sucre; **'~·ba·sin,** *Am.* **'~·bowl** sucrier *m*; **'~·cane** canne *f* à sucre; **'~·coat** revêtir de sucre; *fig.* sucrer; **'~·free** sans sucre; *fig.* sucrer; **'~·loaf** pain *m* de sucre; **'~·lump** morceau *m* de sucre; **'~·plum** dragée *f*, bonbon *m*; **'sug·ar·y** sucré (*a. fig.*); *fig.* mielleux (*-euse f*).

sug·gest [sə'dʒest] suggérer (*a. ℳ, a. psych.*); proposer; inspirer; évoquer, donner l'idée de *ou* que; insinuer; **sug·ges·tion** suggestion *f*; conseil *m*; *fig.* trace *f*, nuance *f*.

sug·ges·tive □ [sə'dʒestiv] suggestif (*-ive f*); évocateur (*-trice f*); *péj.* grivois; **be ~ of** *s.th.* évoquer qch.; **sug·ges·tive·ness** caractère *m* suggestif.

su·i·cid·al □ [sjui'saidl] de suicide; **~ maniac** suicidomane *mf*; **su·i·cide** ['sjuːsaid] **1.** suicide *m*; *personne:* suicidé(e *f*) *m*; *Am.* se suicider.

suit [sjuːt] **1.** requête *f*; demande *f*; (*a. ~ of clothes*) *homme:* complet *m*; *femme:* ensemble *m*; *cartes:* couleur *f*; *žž* procès *m*; *fig. follow ~* en faire autant; **2.** *v/t.* adapter, accommoder (**to, with**); convenir à, aller à; être l'affaire de; être fait pour; être apte à; accommoder (*q.*); **~ed** fait (pour **to, for**); satisfait; **be ~ed** avoir trouvé (*qch.*) qui convient; être satisfait; *v/i.* aller, convenir; **suit·a'bil·i·ty** convenance *f*; accord *m*; aptitude *f* (à, for); **'suit·a·ble** □ convenable, qui convient; bon, adapté (à **to, for**); **'suit·a·ble·ness** see suitability;

'suit·case mallette *f*, valise *f*; **suite** [swiːt] *prince, a. ♩*: suite *f*; *pièces:* appartement *m*; ameublement *m*; ensemble *m*; *salon:* mobilier *m*; *bedroom ~* chambre *f* à coucher; **suit·ing ✝** ['sjuːtiŋ] tissu *m ou* étoffe *f* pour complets; **'suit·or** soupirant *m*; *žž* plaideur (*-euse f*) *m*.

sulk [sʌlk] **1.** (*a. be in the ~s*) bouder, faire la mine; **2.** **~s** *pl.* (*ou* **'sulk·i·ness**) bouderie *f*; **'sulk·y 1.** □ bouder (*-euse f*), maussade *m*; **2.** *sp.* sulky *m*.

sul·lage ['sʌlidʒ] eaux *f/pl.* d'égout; limon *m*; ⊕ scories *f/pl.*

sul·len □ ['sʌlən] maussade, morose (*personne*); morne, lugubre (*chose*); obstiné (*silence*); rétif (*-ive f*).

sul·phate ✎ ['sʌlfeit] sulfate *m*; **sul·phide** ✎ ['sʌlfaid] sulfure *m*; **sul·phon·a·mide** [ˌ.'fɒnəmaid] sulfamide *m*.

sul·phur ✎ ['sʌlfə] soufre *m*; **2.** soupoudrer; **sul·phu·re·ous** [sʌl·'fjuəriəs] sulfureux (*-euse f*); **sul·phu·ret·ted hy·dro·gen** ✎ [ˌ.fjuretid 'haidrədʒən] hydrogène *m* sulfuré, sulfure *m* d'hydrogène; **sul·phu·ric** ['fjuərik] sulfurique, F vitriolique; **~ acid** acide *m* sulfurique; **'sul·phu·rize** ⊕ sulfurer (*un métal*); soufrer (*la laine*).

sul·tan ['sʌltən] sultan *m*; **sul·tan·a** [sʌl'taːnə] sultane *f*; [səl'taːnə] (*a. ~ raisin*) raisin *m* sec.

sul·tri·ness ['sʌltrinis] lourdeur *f*; **sul·try** □ ['sʌltri] étouffant, lourd; *fig.* chaud; *fig.* épicé.

sum [sʌm] **1.** somme *f*, total *m*; *fig.* fond *m*, essence *f*; F problème *m*; F **~s** *pl.* calcul *m*; **2.** (*usu. ~ up*) additionner, faire la somme de; *fig.* résumer, récapituler.

sum·ma·rize ['sʌməraiz] résumer; **'sum·ma·ry 1.** □ sommaire (*a. žž*); succint; en peu de mots; récapitulatif (*-ive f*); **2.** résumé *m*, sommaire *m*; récapitulation *f*.

sum·mer¹ ['sʌmə] **1.** été *m*; **~-house** pavillon *m*, kiosque *m* de jardin; **~ resort** station *f* estivale; **2.** *vt/i.* estiver; *v/i. a.* passer l'été.

sum·mer² △ [ˌ.] poutre *f* de plancher; poitrail *m*; linteau *m* de fenêtre.

sum·mer·like ['sʌmǝlaik], **'sum·mer·ly,** **'sum·mer·y** d'été; estival (*-aux m/pl.*).

sum·mit ['sʌmit] sommet *m* (*a. pol.*),

faîte m (a. fig.); cime f; fig. comble m; ~ conference conférence f au sommet.

sum·mon ['sʌmən] appeler; convoquer; sommer (🏛 de comparaître); fig. (usu. ~ up) faire appel à; **'sum·mon·er** convocateur m; † huissier m; **sum·mons** ['~z] appel m; 🏛 citation f, assignation f; † convocation f; ✕ ~ to surrender sommation f.

sump mot. [sʌmp] (fond m de) carter m.

sump·ter ['sʌmptə] (usu. ~-horse, ~-mule) cheval m ou mulet m de somme.

sump·tu·ar·y ['sʌmptjuəri] somptuaire.

sump·tu·ous □ ['sʌmptjuəs] somptueux (-euse f), fastueux (-euse f); **'sump·tu·ous·ness** faste m; richesse f; somptuosité f.

sun [sʌn] **1.** soleil m; **2.** du ou au ou de soleil, au soleil; fig. au soleil; **3.** v/t. exposer au soleil; ~ o.s. se chauffer au soleil; prendre le soleil; **'~-baked** brûlé par le soleil; **'~-beam** ['sʌnbiːm] rayon m de soleil.

sun·burn ['sʌnbəːn] hâle m; 🏛 coup m de soleil; **'sun·burnt** basané; brûlé par le soleil.

sun·dae Am. ['sʌnd(e)i] glace f aux fruits.

Sun·day ['sʌndi] dimanche m.

sun·der poét. ['sʌndə] (se) séparer; v/t. fendre en deux.

sun·di·al ['sʌndaiəl] cadran m solaire, gnomon m.

sun·down ['sʌndaun] coucher m du soleil; Am. occident m; Am. chapeau m à larges bords; **'sun·down·er** petit verre m pris au coucher du soleil.

sun·dry ['sʌndri] **1.** divers; **2.** sundries pl. surt. † articles m/pl. divers; frais m/pl. divers.

sung [sʌŋ] † prét. et p.p. de sing.

sun·...: '~-glass·es pl. (a. a pair of ~) (des) lunettes f/pl. fumées ou solaires; **'~-hel·met** casque m colonial.

sunk [sʌŋk] p.p., a. prét. de sink 1.

sunk·en ['sʌŋkən] sombré; fig. creux (creuse f) (joues, yeux); † enterré.

sun·lamp cin. ['sʌnlæmp] grand réflecteur m.

sun·lit ['sʌnlit] ensoleillé; éclairé par le soleil.

sun·ni·ness ['sʌninis] caractère m

ensoleillé; fig. gaieté f; **'sun·ny** ensoleillé; de soleil; fig. rayonnant; fig. heureux (-euse f).

sun·...: '~-rise lever m du soleil; **'~-room** solarium m; **'~-set** coucher m du soleil; **'~-shade** ombrelle f; ⊕, a. mot. pare-soleil m/inv.; **'~-shine** (lumière f du) soleil m; mot. ~ roof toit m découvrable ou ouvrant; **'~-shin·y** ensoleillé; de soleil; **'~-spot** astr. tache f solaire; **'~-stroke** 🏛 coup m de soleil; insolation f; **'~-up** lever m du soleil.

sup [sʌp] v/i. souper (le off, on); v/t. donner à souper à (q.).

su·per¹ ['sjuːpə] **1.** théâ., a. cin. F figurant(e f) m; **2.** F mesure: carré; † surfin.

su·per-² ['~] super-; plus que; sus-.

su·per·...: ~·a'bound surabonder (de, en in, with); foisonner (de in, with); ~·a'bun·dant □ surabondant; ~·ly surabondamment; ~·'add surajouter; ~·an·nu·ate ['~rænjueit] mettre à la retraite; fig. mettre au rancart; ~·d suranné; démodé; en retraite (personne); ~·an·nu·a·tion mise f en retraite; ~·fund caisse f des retraites.

su·perb □ [sju·'pəːb] superbe, magnifique.

su·per·car·go ⚓ ['sjuːpəkɑːgou] subrécargue m; **'su·per·charg·er** mot. (sur)compresseur m; **su·per·cil·i·ous** □ [~'siliəs] hautain, dédaigneux (-euse f); **su·per·cil·i·ous·ness** hauteur f; arrogance f; **su·per·'dread·nought** super-dread-nought m (= grand cuirassé); **su·per·er·o·ga·tion** [~erəgei∫n] surérogation f; **su·per·e·rog·a·to·ry** □ [~'re¹rɔgətəri] surérogatoire; **su·per·fi·cial** □ [~'fi∫l] superficiel(le f); **su·per·fi·ci·al·i·ty** [~fi∫i·'æliti] superficialité f; **su·per·fi·ci·es** [~'fi∫iːz] superficie f; **'su·per·'fine** superfin; † surfin; fig. raffiné; **su·per·flu·i·ty** [~'fluiti] superfluité f; embarras m (de, of); **su·per·flu·ous** □ [sju·'pəːfluəs] superflu; **su·per·heat** ⊕ surchauffer; **su·per·het** ['~·het] radio: superhétérodyne m.

su·per·...: ~·hu·man □ [~·'hjuːmən] surhumain; ~·im·pose [~in·'djuːs] surajouter (à, [up]on); superposer (sur, [up]on); ~·in·tend [~prin·'tend] surveiller, diriger; présider à; ~·in-

'**tend·ence** direction f, surveillance f; **~·in'tend·ent 1.** surveillant(e f) m; directeur (-trice f) m; **2.** surveillant.

su·pe·ri·or [sjuːˈpiəriə] **1.** □ supérieur (à, to); fig. arrogant, de supériorité; fig. au-dessus (de, to); **2.** supérieur(e f) m (a. eccl.); (Lady) ♀ mère f abbesse; **su·pe·ri·or·i·ty** [~ˈɔriti] supériorité f.

su·per·la·tive [sjuːˈpɜːlətiv] **1.** □ suprême; F a. gramm. superlatif (-ive f); **2.** gramm. (a. ~ degree) superlatif m; **'su·per·man** surhomme m; **'su·per·mar·ket** supermarché m; **'su·per·nat·u·ral** □ surnaturel (-le f); **su·per·nu·mer·ar·y** [~ˈnjuːmərəri] **1.** surnuméraire (a. su./m); **2.** théâ. figurant(e f) m; **'su·per·pose** superposer (à, [up]on); **su·per·po·si·tion** superposition f; géol. disposition f en couches; stratification f; **'su·per·pow·er** pol. superpuissance f; **'su·per·scribe** mettre une inscription sur; mettre l'adresse sur; **su·per·scrip·tion** inscription f; adresse f; **su·per·sede** remplacer; fig. démonter; fig. supplanter; **su·per·ses·sion** remplacement m; évincement m; **su·per·son·ic** phys. [~ˈsɔnik] ultrasonore; supersonique; **su·per·sti·tion** [~ˈstiʃn] superstition f; **su·per·sti·tious** □ [~ˈʃəs] superstitieux (-euse f); **su·per·struc·ture** [~ˈstrʌktʃə] superstructure f; **su·per·vene** [~ˈviːn] survenir; arriver (à la suite de, [up]on); **su·per·ven·tion** [~ˈvenʃn] survenance f, survenue f; **su·per·vise** [ˈsuːvaiz] surveiller, diriger; **su·per·vi·sion** [~ˈviʒn] surveillance f; direction f; **su·per·vi·sor** [ˈsuːvaizə] surveillant(e f) m; directeur (-trice f) m.

su·pine 1. gramm. [ˈsjuːpain] supin m; **2.** □ [~ˈpain] couché ou étendu sur le dos; fig. indolent; mou (mol devant une voyelle ou un h muet; molle f); nonchalant; **su·pine·ness** indolence f, mollesse f, inertie f.

sup·per [ˈsʌpə] souper m; the (Lord's) ♀ la Cène f.

sup·plant [səˈplɑːnt] supplanter; remplacer; évincer (q.); F dégommer.

sup·ple [ˈsʌpl] **1.** □ souple; complaisant; **2.** assouplir.

sup·ple·ment 1. [ˈsʌplimənt] supplément m; annexe f, appendice m; **2.** [~ˈment] ajouter à, compléter; **sup·ple·men·tal**, **sup·ple·men·ta·ry** supplémentaire (de, to); additionnel(le f) (à, to); ~ benefit allocation f supplémentaire; ✝ ~ order commande f renouvelle; take a ~ ticket prendre un billet supplémentaire.

sup·ple·ness [ˈsʌplnis] souplesse f (a. fig.); fig. complaisance f.

sup·pli·ant [ˈsʌpliənt] **1.** □ suppliant; de supplication; **2.** suppliant(e f) m.

sup·pli·cate [ˈsʌplikeit] supplier (pour obtenir, for; de inf., to inf.); prier avec instance; **sup·pli·ca·tion** supplication f; supplique f; **sup·pli·ca·to·ry** [ˈsʌplikətəri] supplicatoire, de supplication.

sup·pli·er [səˈplaiə] fournisseur (-euse f) m (a. ✝); pourvoyeur (-euse f) m.

sup·ply [səˈplai] **1.** fournir, approvisionner, munir (de, with); combler (une lacune); réparer (une omission); remplir; répondre à (un besoin); remplacer (q.); **2.** fourniture f; approvisionnement m; ravitaillement m (a. en munitions); provision f; fourniture f de (gaz etc.); ✝ offre f; usu. supplies pl. ✝ fournitures f/pl.; parl. budget m; crédits m/pl.; ✗ vivres m/pl.; approvisionnements m/pl.; ravitaillement m en munitions; be in short ~ manquer; on ~ par intérim; ~ teacher (professeur mf) suppléant(e f) m; parl. Committee of ♀ commission f du budget.

sup·port [səˈpɔːt] **1.** appui m, soutien m (a. ⊕, a. fig.); ⊕ soutènement m; maintien m, entretien m; ressources f/pl.; ✗ (troupes f/pl. de) soutien m; **2.** appuyer (a. fig.); soutenir (a. parl. une motion, a. théâ. un rôle); maintenir; entretenir; subvenir aux besoins de (une famille); venir à l'appui de (une opinion etc.); tolérer (une injure); entourer (un président etc.); théâ. donner la réplique à (le premier rôle); seconder; théâ. ~ing part rôle m secondaire; cin. ~ing programme film m ou -s m/pl. d'importance secondaire; Δ ~ing wall mur m d'appui; **sup·port·a·ble** □ tolérable, supportable; soutenable (*opinion*); **sup-port-er** adhérent(e *f*) *m*; partisan (-e *f*) *m*; *sp.* supporter *m*; défenseur *m* (*d'une opinion*); Ⓩ support *m*; *appareil*: soutien *m*.

sup-pose [sə'pouz] supposer, s'imaginer; croire; *he is* ~*d to* (*inf.*) il est censé (*inf.*); ~ (*that*), *supposing* (*that*) admettons que (*sbj.*), supposé que (*sbj.*); F ~ *we do so* eh bien! et puis après?; *he is rich, I* ~ je suppose qu'il est riche.

sup-posed □ [sə'pouzd] supposé, prétendu; soi-disant; **sup'pos-ed-ly** [~idli] probablement.

sup-po-si-tion [sʌpə'ziʃn] supposition *f*; hypothèse *f*; **sup-pos-i-ti-tious** □ [~səpozi'tiʃəs] faux (fausse *f*), supposé; **sup'pos-i-to-ry** 𝒮 [~təri] suppositoire *m*.

sup-press [sə'pres] supprimer; réprimer; **sup-pres-sion** [sə'preʃn] suppression *f*; répression *f*; étouffement *m*; **sup-pres-sive** □ [sə'presiv] suppressif (-ive *f*), répressif (-ive *f*); **sup'pres-sor** personne *f* qui supprime *ou* réprime; *radio*: grille *f* de freinage; *télév.* antiparasite *m*.

sup-pu-rate [sʌpjureit] suppurer; **sup-pu'ra-tion** suppuration *f*.

su-prem-a-cy [sju'preməsi] suprématie *f* (sur, over); **su-preme** □ [sju'priːm] suprême (*a. poét. heure*); souverain.

sur-charge 1. [səː'tʃɑːdʒ] surcharger (de, with; *a. un timbre-poste*); surtaxer; **2.** [~] surcharge *f* (*a. timbre-poste*); charge *f* excessive; *lettre*: surtaxe *f*.

surd 𝒜 [səːd] **1.** incommensurable; irrationnel(le *f*); **2.** quantité *f* incommensurable; racine *f* irrationnelle.

sure □ [ʃuə] sûr, certain; *to be* ~!, F ~ *enough!*, *Am.* ~! vraiment!, en effet!, bien sûr; *Am.* F ~ *fire* infaillible; absolument sûr; *Am.* F ~ *thing!* bien sûr!; mais oui!; *it's a* ~ *thing* c'est une certitude, c'est sûr et certain; *I'm* ~ *I don't know* je ne sais vraiment pas; *he is* ~ *to return* il reviendra sûrement *ou* à coup sûr; *make* ~ s'assurer (de, of); prendre les dispositions nécessaires (pour *inf.*, *to inf.*); *be* ~ *to write* ne manquez pas d'écrire; **'sure-ly** assurément; certainement; **'sure-ness** sûreté *f*; cer-

titude *f*; **'sure-ty** caution *f*, garant(e *f*) *m*; † garantie *f*.

surf [səːf] **1.** ressac *m*; brisants *m/pl.*; **2.** (*a.* ~*ride, go* ~*ing*) surfer, faire du surfing; ~ *board* planche *f* de surf.

sur-face ['səːfis] **1.** surface *f*; *fig.* dehors *m*; ✈ *supporting* (*ou lifting*) ~ *aile f* voilure; ✈ *control* ~ gouverne *f*; **2.** *v/i.* revenir en *ou* faire surface; **'~-man** 🚋 cheminot *m*.

sur-feit ['səːfit] **1.** excès *m*, surabondance *f*; *fig.* dégoût *m*; **2.** (se) gorger (de on, with) (*a. fig.*).

surf-rid-ing ['səːfraidiŋ] *sp.* planking *m*; sport *m* de l'aquaplane.

surge [səːdʒ] **1.** houle *f* (*a.* ⚓ *de courant*); lame *f* de fond; **2.** se soulever; être *ou* devenir houleux; *fig.* se répandre en flots.

sur-geon ['səːdʒən] chirurgien(ne *f*) *m*; ⚓, ✕ médecin *m* (militaire); **sur-ger-y** [sə'dʒəri] chirurgie *f*; médecine *f* opératoire; *endroit*: cabinet *m* de consultation; dispensaire *m*.

sur-gi-cal □ ['səːdʒikl] chirurgical (-aux *m/pl.*), de chirurgie.

sur-li-ness ['səːlinis] maussaderie *f*; caractère *m* hargneux; air *m* bourru; **'sur-ly** □ maussade; hargneux (-euse *f*); bourru.

sur-mise 1. ['səːmaiz] conjecture *f*, supposition *f*; **2.** [~'maiz] conjecturer; soupçonner.

sur-mount [səː'maunt] surmonter (*a. fig.*); *fig.* triompher de (*qch.*); ~*ed by* (*ou with*) surmonté *ou* couronné de; **sur'mount-a-ble** surmontable.

sur-name ['səːneim] **1.** nom *m* (de famille); **2.** donner un nom de famille à; ~*d* surnommé.

sur-pass *fig.* [səː'pɑːs] surpasser; dépasser; **sur'pass-ing** □ sans égal (-aux *m/pl.*); prééminent.

sur-plice *eccl.* ['səːpləs] surplis *m*.

sur-plus ['səːpləs] **1.** surplus *m*, excédent *m*; **2.** d'excédent; surplus de; **'sur-plus-age** *see* surplus 1; surabondance *f*; ⚖ redondance *f*.

sur-prise [sə'praiz] **1.** surprise *f*; étonnement *m*; ✕ coup *m* de main; *take by* ~ prendre au dépourvu, surprendre; **2.** à l'improviste; **2.** étonner; surprendre (*a.* ✕); **sur'pris-ing** □ étonnant, surprenant.

sur-re-al-ism [sə'riəlizm] *art*: surréalisme *m*; **sur're·al·ist** surréaliste (*a. su./mf*).

sur·ren·der [sə'rendə] 1. ✕ reddition *f*; abandon *m*; 2. *v/t.* abandonner (*a. fig.*); ✕ rendre; *v/i.* (*a. ~ o.s.*) se rendre.

sur·rep·ti·tious □ [sʌrəp'tiʃəs] clandestin, subreptice.

sur·ro·gate ['sʌrəgit] suppléant(e *f*) *m*; ᵗᵗ₃, *eccl.* subrogé(e *f*) *m*.

sur·round [sə'raund] entourer (*a.* ✕); cerner; investir (*une ville*); **sur'round·ing 1.** environnant, d'alentour; 2. *~s pl.* environnement *m*; milieu *m*; entourage *m*.

sur·tax ['sɔ:tæks] surtaxe *f*.

sur·veil·lance [sɔ:'veiləns] surveillance *f*.

sur·vey 1. [sə'vei] contempler, promener ses regards sur; examiner attentivement; *surv.* arpenter (*un terrain*); faire le levé du plan de; 2. ['sə:vei] vue *f* générale, aperçu *m*; étude *f* (*de la situation*); inspection *f*, visite *f*; *surv. terrain:* arpentage *m*; levé *m* (*des plans*); **sur'vey·or** arpenteur *m*, géomètre *m* expert; *admin.* inspecteur (-trice *f*) *m*; contrôleur (-euse *f*) *m*.

sur·viv·al [sə'vaivl] survivance *f*; restant *m*; ᵗᵗ₃ survie *f*; **sur'vive** [~'vaiv] *v/t.* survivre à; *v/i.* survivre; demeurer en vie; subsister; **sur'vi·vor** survivant(e *f*) *m*.

sus·cep·ti·bil·i·ty [səseptə'biliti] prédisposition *f* (à, *to*), susceptibilité *f*; *souv.* susceptibilities *pl.* sensibilité *f*; **sus'cep·ti·ble** □, **sus'cep·tive** sensible, prédisposé (à *of*, *to*); *be ~ of* se prêter à (*qch.*); être susceptible de.

sus·pect 1. [səs'pekt] soupçonner; avoir idée (que, *that*); se douter de (*qch.*); 2. ['sʌspekt] suspect(e *f*) *m*; 3. [~] (*a. ~ed*) suspect.

sus·pend [səs'pend] pendre; suspendre (*fonctionnaire, jugement, paiements, poursuite, travail, etc.*); cesser; ✕ mettre (*un officier*) en non-activité; *parl.* exclure temporairement; ᵗᵗ₃ surseoir à (*un jugement*); *sp.* exécuter (*un joueur*), mettre (*un joueur*) à pied; *~ed* suspendu; interrompu; *~ed animation* syncope *f*; *fig.* suspens *m*; **sus'pend·er** suspensoir *m*; *surt. Am. ~s pl.* bretelles *f/pl.*; jarretelles *f/pl.*; fixe-chaussettes *m/inv.*

sus·pense [səs'pens] suspens *m*; incertitude *f*; *in ~* pendant(e *f*); ✝ *~ account* compte *m* d'ordre; **sus·pen·sion** [~'penʃn] suspension *f*; ᵗᵗ₃ *jugement:* surséance *f*; *parl.* député: exclusion *f* temporaire; *sp.* exécution *f*; mise *f* à pied (*d'un jockey*); *~-bridge* pont *m* suspendu; *~ railway* chemin *m* de fer suspendu; **sus'pen·sive** □ suspensif (-ive *f*); **sus·pen·so·ry** [~'pensəri] 1. suspensif (-ive *f*); 2. *anat.* suspenseur *m*; ⚕ *~ bandage* suspensoir *m*.

sus·pi·cion [səs'piʃn] soupçon *m* (*a. fig.*); *fig.* sourire: ébauche *f*.

sus·pi·cious □ [səs'piʃəs] suspect; équivoque; louche; méfiant; **sus'pi·cious·ness** caractère *m* suspect *etc.*; méfiance *f*.

sus·tain [səs'tein] *usu.* soutenir (*a. fig.*); entretenir (*la vie*); appuyer (*des témoignages*); essuyer (*une perte*); **sus'tain·a·ble** soutenable (*a. fig.*); **sus'tained** soutenu, nourri (*a. fig.*); continu.

sus·te·nance ['sʌstinəns] sustentation *f*; subsistance *f*; nourriture *f*.

sut·ler ✕ ['sʌtlə] cantinier (-ère *f*) *m*; *sl.* mercanti *m*.

su·ture ['sju:tʃə] 1. ♀, ⚕, *anat.* suture *f*; 2. suturer.

su·ze·rain ['su:zərein] suzerain *m*; **'su·ze·rain·ty** suzeraineté *f*.

swab [swɔb] 1. torchon *m*; ⚓ faubert *m*; ⚕ tampon *m* d'ouate; ⚕ prélèvement *m* (dans, *of*); *sl.* andouille *f*; *sl.* ⚓ marin *m* d'eau douce; 2. (*a. ~ down*) nettoyer; ⚓ fauberter.

swad·dle ['swɔdl] 1. emmailloter (de, *with*); *swaddling clothes pl.* maillot *m*; F *fig.* langes *m/pl.*; 2. lange *m*; bande *f*.

swag·ger ['swægə] 1. crâner, se pavaner, se donner des airs; fanfaronner; 2. F ultra-chic *inv.* en genre; élégant; 3. air *m* avantageux; rodomontades *f/pl.*; '**~-cane** ✕ jonc *m* d'officier; jonc *m* de tenue de sortie.

swain [swein] ✝ berger *m*; *poét.*, *a. co.* soupirant *m*.

swal·low¹ *orn.* ['swɔlou] hirondelle *f*.

swal·low² [~] 1. gosier *m*; gorgée *f*; 2. *v/t.* avaler (*a. fig. une histoire, un affront*); gober (*une huître, a. fig.* [*qqfois ~ up*] *une histoire*); *fig.*

ravaler (*ses paroles*); mettre dans sa poche (*son orgueil*); *v/i.* avaler.

swam [swæm] *prét. de swim* 1.

swamp [swɔmp] 1. marais *m*, marécage *m*; 2. inonder (*a. fig.*); ♫ remplir d'eau, submerger; *fig.* déborder (de, with); écraser; '**swamp·y** marécageux (-euse *f*).

swan [swɔn] cygne *m*.

swank *sl.* [swæŋk] 1. prétention *f*, épate *f*; 2. prétentieux (-euse *f*); snob *adj./inv.*; 3. crâner, faire de l'épate.

swan-neck ['swɔnnek] ⊕ cou *m* de cygne; ♫ gui: aiguillot *m*; '**swan·ner·y** ['~ɔri] endroit *m* où on élève des cygnes; '**swan-song** chant *m* du cygne (*a. fig.*).

swap F [swɔp] troquer, échanger.

sward [swɔ:d] gazon *m*; pelouse *f*.

swarm[1] [swɔ:m] 1. essaim *m*; *sauterelles:* vol *m*; *fig.* foule *f*, troupe *f*; 2. essaimer; *fig.* fourmiller (de, with).

swarm[2] [~] (*usu. ~ up*) escalader; monter à.

swarth·i·ness ['swɔ:θinis] teint *m* basané; '**swarth·y** □ basané, noiraud, brun.

swash [swɔʃ] 1. *v/i.* clapoter; *v/t.* clapoter contre; faire jaillir; 2. clapotis *m*, *vagues:* clapotage *m*; '~**buck·ler** ['~bʌklə] rodomont *m*, fanfaron *m*.

swat [swɔt] 1. frapper; écraser (*une mouche*); 2. coup *m*.

swath ✄ [swɔ:θ] andain *m*, fauchée *f*.

swathe [sweið] 1. bandage *m*, bande *f*; *see swath*; 2. emmailloter, envelopper; rouler.

sway [swei] 1. balancement *m*; oscillation *f*; *mot.* roulis *m*; empire *m*, domination *f*; 2. *v/t.* balancer; influencer; gouverner; *v/i.* osciller, se balancer; *fig.* incliner, pencher.

swear [sweə] 1. [*irr.*] *v/i.* jurer (qch., by *s.th.*); prêter serment; sacrer, blasphémer; ~ to attester (*qch.*) sous serment; ~ at maudire; *fig.* ~ by se fier à; *v/t.* jurer (de, to); faire (*un serment*); faire jurer (*q.*); ~ *s.o.* faire prêter serment à *q.*; *be sworn (in)* prêter serment; ~ *off* jurer de renoncer à; 2. F (*a. ~-word*) juron *m*.

sweat [swet] 1. sueur *f*, transpira-

tion *f*; ⊕ ressuage *m*; *sl.* corvée *f*; ✗ F *old* ~ vieux troupier *m*; *by the* ~ *of one's brow* à la sueur de son front; 2. [*irr.*] *v/i.* suer, transpirer; *v/t.* (faire) suer; ✗ faire transpirer; exploiter (*un ouvrier*); ⊕ souder (*un câble*) à l'étain; '**sweat·ed** à la sueur des ouvriers (-ères *f*); '**sweat·er** chandail *m*; tricot *m*; F pull *m*; ~**shirt** sweat-shirt *m*; '~**shop** atelier *m* où les ouvriers sont exploités; '**sweat·y** en sueur; imprégné de sueur; d'une chaleur humide.

Swede [swi:d] Suédois(e *f*) *m*; ♪ ♀ navet *m* de Suède, chou-navet *m* (*pl.* choux-navets).

Swedish ['swi:diʃ] 1. suédois; 2. *ling.* suédois *m*; *the* ~ *pl.* les Suédois *m/pl.*

sweep [swi:p] 1. [*irr.*] *v/t.* balayer (*une pièce, a. fig. une robe, les mers, etc.*); *fig.* parcourir; *fig.* (*souv. avec adv.*) entraîner; ramoner (*la cheminée*); *fig.* effleurer (*les cordes d'une harpe*); ✗ enfiler; *fig.* embrasser du regard; tracer (*une courbe*); *v/i.* s'étaler, s'étendre; *fig.* (*usu. avec adv.*) avancer rapidement; envahir, parcourir; entrer *etc.* d'un air majestueux; ~ *for mines* draguer des mines; ~ *in* entrer vivement ou majestueusement; 2. coup *m* de balai *ou* de pinceau *ou* de faux; geste *m* large; mouvement *m* circulaire; courbe *f*; ligne *f* ininterrompue; *fig.* mouvement *m* majestueux; ♪ harpe: effleurement *m*; *mot.* virage *m*; *fleuve:* course *f* rapide; *maison:* allée *f*; *télév.* balayage *m*; étendue *f*, envergure *f*; ✗ *etc.* portée *f* (*a. fig.*); ⊕ zone *f* de jeu; *formes d'un navire:* courbure *f*; *colline:* versant *m*; ramoneur *m* (*de cheminées*); *embarcation etc.:* aviron *m* de queue; *pompe etc.:* balancier *m*; F sweepstake *m*; *make a clean* ~ faire table rase (de, of); *jeu:* faire rafle; *fig. at one* ~ d'un seul coup; '**sweep·er** balayeur *m* (*de rues*); *machine:* balayeuse *f*; '**sweep·ing** 1. □ rapide; entier (-ère *f*); par trop absolu (*affirmation*); allongé, élancé (*lignes*); 2. ~*s pl.* ordures *f/pl.*, balayures *f/pl.*; **sweep·stake** ['~steik] sweepstake *m*, poule *f*.

sweet [swi:t] 1. □ doux (douce *f*); sucré; mélodieux (-euse *f*); gentil(le f) (personne); odorant; agréable; sain (haleine, sol, etc.); ~ oil huile f douce; souv. huile f d'olive; ⚓ ~ pea pois m de senteur; ⚓ ~-william œillet m de poète; have a ~ tooth aimer les douceurs; **2.** chérie f; bonbon m; cuis. entremets m (sucré); ~s pl. confiseries f/pl.; friandises f/pl.; fig. délices f/pl.; '~·bread ris m de veau ou qqfois d'agneau; 'sweet·en sucrer; adoucir (a. fig.); assainir (l'air, le sol, etc.); 'sweet·en·er édulcorant m; fig. pot-de-vin m (pl. pots-de-vin); 'sweet·heart bien-aimé(e f) m; chéri(e f) m; 'sweet·ish assez doux (douce f); 'sweet·meat bonbon m; ~s pl. confiserie f, sucreries f/pl.; 'sweet·ness douceur f (a. fig.); fig. gentillesse f; air etc.: fraîcheur f; 'sweet·shop confiserie f.

swell [swel] **1.** [irr.] v/i. se gonfler (a. voiles); s'enfler (a. fig. jusqu'à devenir qch., into s.th.); grossir; se soulever (mer); fig. augmenter; v/t. gonfler, enfler; augmenter; **2.** F élégant, chic inv. en genre; sl. bath; **3.** bosse f; terrain: ondulation f; gonflement m; ♪ orgue: soufflet m, crescendo m (et diminuendo m); ⚓ houle f; F élégant(e f) m; the ~s pl. le gratin m; 'swell·ing **1.** enflure f; tumeur f; gonflement m; vagues: soulèvement m; mot. etc. hernie f; **2.** □ qui s'enfle ou se gonfle; enflé, gonflé; boursouflé (style). [nage.]

swel·ter ['sweltə] étouffer; être en

swept [swept] prét. et p.p. de sweep 1.

swerve [swə:v] v/i. faire un écart; mot. faire une embardée; dévier; foot. crocheter; v/t. faire écarter; mot. faire faire une embardée; faire dévier (la balle).

swift [swift] **1.** □ rapide; prompt; **2.** orn. martinet m; 'swift·ness vitesse f; promptitude f.

swig F [swig] **1.** gorgée f; grand coup m; **2.** boire à grands coups; lamper.

swill [swil] **1.** lavage m à grande eau; pâtée f pour les porcs; F péj. rinçure f, mauvaise boisson f; **2.** v/t. laver à grande eau; v/i. avaler; boire comme une éponge.

swim [swim] **1.** [irr.] v/i. nager; être inondé (de, with); my head ~s

la tête me tourne; v/t. traverser à la nage; faire (une distance etc.) à la nage; faire nager (un cheval); **2.** action f de nager; be in the ~ être à la page; être lancé.

swim·ming ['swimiŋ] **1.** nage f; natation f; **2.** □ de natation; ~·ly F à merveille; ~ pool piscine f; ~ trunks pl. (a pair of ~ trunks un) caleçon de bain.

swim·suit ['swimsju:t] maillot m (de bain).

swin·dle ['swindl] **1.** v/t. escroquer (qch. à q., s.o. out of s.th.); v/i. faire de l'escroquerie; **2.** escroquerie f, filouterie f; 'swin·dler escroc m, filou m; sl. floueur (-euse f) m.

swine poét., zo., fig. péj. [swain], pl. **swine** cochon m; sl. salaud m; 'swine·herd porcher m.

swing [swiŋ] **1.** v/i. se balancer, osciller, tournoyer, pivoter; ⚓ éviter (sur l'ancre); être pendu; ✗ faire une conversion (vers, to); ~ along avancer en scandant le pas; ~ into motion se mettre en mouvement; ~ to se refermer (porte); v/t. (faire) balancer, faire osciller; faire pivoter; pendre; brandir; **2.** balancement m; coup m balancé; va-et-vient m/inv.; balançoire f (d'enfant); mouvement m rythmé; ⚓ évitage m; fig. entrain m, marche f; ♪, a. box. swing m; in full ~ en pleine marche; ~ bridge pont m tournant; ~ door porte f battante, porte f à bascule.

swinge·ing F ['swindʒiŋ] énorme; écrasant.

swing·ing □ F ['swiŋiŋ] balançant, oscillant; à bascule; fig. cadencé; fig. entraînant; Am. ~ door see swing door; ♪ ~ temperature température f variable.

swin·gle ⊕ ['swiŋgl] **1.** teiller, écanguer (le lin, le chanvre); **2.** écang m; '~·tree palonnier m.

swin·ish □ ['swainiʃ] de cochon; bestial (-aux m/pl.).

swipe [swaip] **1.** frapper à toute volée; F donner une taloche à; Am. sl. chipper; **2.** F taloche f; ~s pl. petite bière f, bibine f.

swirl [swə:l] **1.** (faire) tournoyer ou tourbillonner; **2.** remous m; tourbillon(nement) m.

swish [swiʃ] **1.** v/i. bruire, siffler; v/t. fouetter; faire siffler; **2.** bruis-

Swiss

1154

sement *m*; sifflement *m*; frou(-)frou
m; **3.** F chic *inv. en genre*, élégant.
Swiss [swis] **1.** suisse; **2.** Suisse(sse
f) *m*; the ~ *pl.* les Suisses *m/pl.*
switch [switʃ] **1.** badine *f*; houssine
f (*a. de cavalier*); ⚙ aiguille *f*; ⚡
interrupteur *m*, commutateur *m*;
cheveux: postiche *m*; **2.** cingler;
housser; ⚙ aiguiller (*a. fig.*);
manœuvrer (*un train*); ⚡ (*souv.* ~
over) commuter (*le courant*); ⚡ ~
on (*off*) allumer (éteindre); '~**back**
montagnes *f/pl.* russes; '~**board** ⚡
panneau *m ou* tableau *m* de distribution; *telephone* ~ standard *m* téléphonique; '~**box** ⚡ *m* d'interrupteur, boîte *f* de distribution;
'~**le·ver** ⚙ levier *m* d'aiguille.
swiv·el ⊕ ['swivl] émerillon *m*;
pivot *m*; *attr.* tournant, pivotant;
à pivot.
swol·len ['swouln] *p.p. de* swell 1.
swoon [swu:n] **1.** évanouissement
m; ⚕ syncope *f*; **2.** s'évanouir.
swoop [swu:p] **1.** (*usu.* ~ *down*)
s'abattre, foncer (sur, [up]on);
2. descente *f* rapide; attaque *f*
inattendue.
swop F [swɔp] troquer.
sword [sɔ:d] épée *f*; *cavalry* ~ sabre
m de cavalerie; '~**cane** canne *f* à
épée; '~**knot** dragonne *f*.
swords·man ['sɔ:dzmən] épéiste *m*,
escrimeur *m*, F lame *f*; '~**words-
man·ship** escrime *f*.
swore [swɔ:] *prét. de* swear 1.
sworn [swɔ:n] *p.p. de* swear 1; ⚖
juré, assermenté.
swot *école sl.* [swɔt] **1.** travail *m*
intense, *sl.* turbin *m*; *personne*:
bûcheur (-euse *f*) *m*; **2.** bûcher,
piocher, potasser.
swum [swʌm] *p.p. de* swim 1.
swung [swʌŋ] *prét. et p.p. de*
swing 1.
syb·a·rite ['sibərait] sybarite (*a.
su./m/f*).
syc·o·phant ['sikəfənt] sycophante
m; flagorneur (-euse *f*) *m*; adulateur (-trice *f*) *m*; **syc·o·phan·tic**
[sikə'fæntik] (~*ally*) adulateur
(-trice *f*); ~*ally* bassement.
syl·lab·ic [si'læbik] (~*ally*) syllabique; **syl·la·ble** ['siləbl] syllabe *f*.
syl·la·bus ['siləbəs] cours, études:
programme *m*; *eccl.* syllabus *m*.
syl·lo·gism *phls.* ['silədʒizm] syllo-
gisme *m*.

sylph [silf] sylphe *m*; sylphide *f*
(*a. fig.*).
sym·bi·o·sis *biol.* [simbai'ousis]
symbiose *f*.
sym·bol ['simbəl] symbole *m* (*a.
⚗*); signe *m*; attribut *m*; **sym·bol-
ic**, **sym·bol·i·cal** □ [~'bɔlik(l)]
symbolique; **sym·bol·ism** ['~
bəlizm] symbolisme *m*; '**sym-
bol·ize** symboliser.
sym·met·ri·cal □ [si'metrikl] symétrique; **sym·me·try** ['simitri]
symétrie *f*.
sym·pa·thet·ic [simpə'θetik] (~*ally*)
sympathique (*a. nerf, encre*); de
sympathie; compatissant; bien disposé; ~ *strike* grève *f* de solidarité;
sym·pa·thize ['~θaiz] sympathiser
(avec, *with*); compatir (à, *with*);
s'associer (à, *with*); **sym·pa·thy**
['~θi] sympathie *f*; compassion *f*;
in ~ par solidarité (*grève*); par contre-
coup (*hausse de prix*); *letter of* ~ lettre
f de condoléances.
sym·phon·ic ♪ [sim'fɔnik] sympho-
nique; **sym·pho·ny** ♪ ['simfəni]
symphonie *f*.
symp·tom ['simptəm] symptôme
m; indice *m*; **symp·to·mat·ic**
[~'mætik] (~*ally*) symptomatique;
qui est un symptôme (de, *of*); *be* ~ *of*
caractériser (*qch.*).
syn·a·gogue ['sinəgɔg] synagogue *f*.
sync(h) F [siŋk] synchronisation *f*;
synchronisme *m*; *out of* ~ mal syn-
chronisé, pas en synchronisme.
syn·chro·mesh gear *mot.* ['siŋ-
krəmeʃ'giə] boîte *f* de vitesses syn-
chronisée.
syn·chro·nism ['siŋkrənizm] synchronisme *m*; ⚡ *in* ~ en phase;
télév. irregular ~ phase *f*; '**syn-
chro·nize** *v/i.* marquer la même
heure; arriver simultanément; *v/t.*
synchroniser (*a. cin.*); ⚡ coupler
en phase; *cin.* repérer; '**syn·chro-
nous** □ synchrone; ⚡ *en* phase.
syn·co·pate ['siŋkəpeit] syncoper;
syn·co·pe ⚕, ♪, *a. gramm.* ['~pi]
syncope *f*.
syn·dic ['sindik] syndic *m*; **syn·di-
cate 1.** ['~kit] syndicat *m*; *conseil
m de syndics*; **2.** ['~keit] (se) syndiquer; '**syn·di·cat·ed** publié simultanément dans plusieurs journaux.
syn·drome ['sindroum] syndrome
m.
syn·od *eccl.* ['sinəd] synode *m*, con-

cile *m*; **syn·od·al** ['ᴗdl], **syn·od·ic,
syn·od·i·cal** □ *eccl.* [si'nɔdik(l)]
synodal (-aux *m*/*pl.*).

syn·o·nym ['sinənim] synonyme *m*;
syn·on·y·mous □ [si'nɔniməs]
synonyme (de, *with*).

syn·op·sis [si'nɔpsis], *pl.* -**ses** [ᴗsi:z]
résumé *m*, abrégé *m*; tableau *m*
synoptique; *bibl.* synopse *f*; *école*:
aide-mémoire *m*/*inv.*

syn·op·tic, syn·op·ti·cal □ [si-
'nɔptik(l)] synoptique.

syn·tac·tic, syn·tac·ti·cal □
gramm. [sin'tæktik(l)] syntaxique;
syn·tax *gramm.* ['sintæks] syntaxe *f*.

syn·the·sis ['sinθisis], *pl.* -**ses** ['ᴗsi:z]
synthèse *f*; **syn·the·size** ⊕ ['ᴗsaiz]
synthétiser; faire la synthèse de.

syn·thet·ic, syn·thet·i·cal □ [sin-
'θetik(l)] synthétique; de synthèse.

syn·to·nize ['sintənaiz] *radio*: syntoniser, accorder; **syn·to·ny** ['ᴗni]
syntonie *f*, accord *m*.

syph·i·lis ❀ ['sifilis] syphilis *f*.

syph·i·lit·ic ❀ [sifi'litik] syphiliti-
que.

Syr·i·an ['siriən] **1.** syrien(ne *f*);
2. Syrien(ne *f*) *m*.

sy·rin·ga ❀ [si'riŋgə] seringa(t) *m*;
jasmin *m* en arbre.

syr·inge ['sirindʒ] **1.** seringue *f*;
2. seringuer; ❀ laver avec une
seringue.

syr·up ['sirəp] sirop *m*.

sys·tem ['sistim] système *m*; *pol.*
régime *m*; méthode *f*; **sys·tem-
at·ic** [ᴗ'mætik] (ᴗ*ally*) systématique, méthodique.

sy·phon ['saifən] *see* siphon.

T

T, t [ti:] T *m*, t *m*; F *to a* T à merveille.

tab [tæb] patte *f*; étiquette *f*; *cordon de soulier*: ferret *m*; *manteau etc.*: attache *f*, *fichier*: touche *f*; ✂ patte *f* du collet; *Am.* pick up the ~ payer (la note); F keep ~(s) on ne pas perdre (*q.*) de vue.

tab·ard *hist.* ['tæbəd] tabar(d) *m*.

tab·by ['tæbi] 1. soie *f* moirée; (*usu.* ~ cat) chat *m* tigré; F chatte *f*; F vieille chipie *f*; 2. *tex.* de *ou* en tabis; rayé.

tab·er·nac·le ['tæbənækl] tabernacle *m*; *Am.* temple *m*.

ta·ble ['teibl] 1. table *f* (*a. fig.* = bonne chère; *a.* ♈); ⊕ plaque *f*; ⊕ banc *m* (*d'une machine à percer*); ♈ table *f* de multiplication; *occasional* ~ guéridon *m*; nest of ~s table *f* gigogne; ~ of contents table *f* des matières; turn the ~s renverser les rôles; reprendre l'avantage (sur, on); 2. mettre sur la table; *p.ext. parl.* saisir la Chambre de (*un projet de loi*); *Am.* ajourner (*usu. un projet de loi*); '~·cloth nappe *f*; '~·lin·en linge *m* de table; ~ nap·kin serviette *f*; '~·spoon cuiller (cuillère) *f* à bouche *ou* à soupe.

tab·let ['tæblit] tablette *f* (*de chocolat*, △, *pharm.*, *pour écrire*, *etc.*); plaque *f*; *savon*: pain *m*; *pharm.* comprimé *m*.

table...: ~ ten·nis ping-pong *m*; '~·top dessus *m* de table; '~·ware vaisselle *f*; ~ wine vin *m* de table.

tab·loid ['tæbloid] *pharm.* comprimé *m*; pastille *f*; petit journal *m* qui vise à la sensation.

ta·boo [tə'bu:] 1. tabou; F interdit; 2. tabou *m*; 3. tabouer; F interdire.

tab·u·lar □ ['tæbjulə] tabulaire; disposé en lamelles; **tab·u·late** ['~leit] disposer en forme de tables *ou* tableaux; classifier.

tac·it □ ['tæsit] tacite; **tac·i·turn** ['~tə:n] taciturne; **tac·i·tur·ni·ty** taciturnité *f*.

tack [tæk] 1. petit clou *m*; pointe *f*;

(*a. tin* ~) semence *f*; *couture*: point *m* de bâti; ⚓ bord(ée *f*) *m* (en louvoyant); *fig.* voie *f*; tactique *f*; on the wrong ~ sur la mauvaise voie; fourvoyé; 2. *v/t.* clouer; faufiler (*un vêtement*); *fig.* attacher, annexer (à to, on); *v/i.* ⚓ louvoyer; virer (*a. fig.*).

tack·le ['tækl] 1. appareil *m*, ustensiles *m/pl.*; ⚓ apparaux *m/pl.*, palan *m*; ⊕ appareil *m* de levage; *sp.* arrêt *m*; 2. saisir à bras-le-corps; essayer, entreprendre; *sp.* plaquer.

tack·y ['tæki] collant; *Am.* F minable.

tact [tækt] tact *m*, savoir-faire *m/inv.*; **tact·ful** □ ['~ful] (plein) de tact; **tac·ti·cal** □ ✗ ['tæktikl] tactique; **tac·ti·cian** [~'tiʃn] tacticien *m*; **tac·tics** *pl. ou sg.* ['~iks] tactique *f*.

tac·tile ['tæktail] tactile.

tact·less □ ['tæktlis] dépourvu de tact.

tad·pole *zo.* ['tædpoul] têtard *m*.

taf·fe·ta ['tæfitə] taffetas *m*.

taf·fy ['tæfi] caramel *m* au beurre; *Am.* F flagornerie *f*.

tag [tæg] 1. morceau *m* qui pend, bout *m*; étiquette *f*, attache *f*; ferret *m*; *fig.* cliché *m*; 2. ferrer; *fig.* attacher (à on, to); *Am.* attacher une fiche à; F ~ along suivre, traîner derrière.

tag-rag ['tægræg]: ~ (and bobtail) canaille *f*.

tail [teil] 1. queue *f* (*a. de jupe, a. fig. d'une classe, etc.*); F *chemise*: pan *m*; (*usu.* ~s *pl.*) monnaie: pile *f*; *page*: pied *m*; *charrue*: manche *f*; *voiture*: arrière *m*; ✈ empennage *m*; adhérents *m/pl.* (*d'un parti*); F ~s *pl.* habit *m* à queue; *fig.* ~s up en train; de bonne humeur; ✈ ~ unit empennage *m*; 2. *v/t.* mettre une queue à; *fig.* être *ou* se mettre à la queue de; couper la queue à (*un animal*); enlever les queues de (*les groseilles etc.*); *Am.* F filer (*q.*); *v/i.* suivre de près; ~ off s'espacer; s'allonger; s'éteindre (*voix*); '~·back bouchon *m* (de voitures), retenue *f*; '~**board** layon *m*; '~'**coat** habit *m* à queue; **tailed** à queue; *zo.* caudifère; '~**gate** *mot.* 1. hayon *m* arrière; 2. coller (*voiture*); '**tail·less** sans queue; '**tail·light** *mot.* feu *m* arrière *ou* rouge.

tai·lor ['teilə] 1. tailleur *m*; 2. *v/t.* faire (*un complet etc.*); habiller (*q.*); well ~ed bien habillé (*personne*); ~**made** 1. tailleur (*vêtement*); 2. (*a. ~ suit*) tailleur *m*.

tail...: '~**piece** *typ.* cul-de-lampe (*pl.* culs-de-lampe) *m*; vignette *f*; '~**pipe** *mot.* tuyau *m* d'échappement; '~**plane** ✈ plan *m* fixe; ~**skid** ✈ béquille *f*; ~**wind** vent *m* arrière.

taint [teint] 1. tache *f*; infection *f*, corruption *f*; trace *f*; tare *f* héréditaire; 2. *v/t.* infecter; (se) corrompre; (se) gâter.

take [teik] 1. [*irr.*] *v/t.* prendre (*a. livraison, maladie, nourriture, poison, repas, temps; a. bien ou mal*); saisir; s'emparer de; emprunter (à, *from*); conduire, (em)mener (à, *to*); louer (*une maison, une voiture*); faire (*phot., promenade, repas, vœu, voyage, etc.*); produire (*un effet*); tirer (*une épreuve*); passer (*un examen*); tourner (*un film*); acheter régulièrement (*un journal*); franchir (*un obstacle*); profiter de, saisir (*une occasion*); attraper (*un poisson etc.*); remporter (*le prix*); F comprendre; F tenir, prendre (pour, *for*); the devil ~ it! que le diable l'emporte!; I ~ it that je suppose que; ~ air se faire connaître; se répandre (*nouvelle*); ~ the air prendre l'air; ✈ s'envoler, prendre son vol; ~ (a deep) breath respirer (profondément); ~ comfort se consoler; ~ compassion avoir compassion ou pitié (de, on); ~ counsel prendre conseil (de, with); ~ a drive faire une promenade (en auto); ~ fire prendre feu; ~ in hand entreprendre; ~ a hedge franchir une haie; ~ hold of s'emparer de, saisir; ~ an oath prêter serment; ~ offence se froisser (de, at); ~ pity on prendre pitié de; ~ place avoir lieu; se passer; ~ rest se donner du repos; ~ a rest se reposer; ✗ faire la pause; ~ a seat s'asseoir; ~ ship (s')embarquer; ~ a view of envisager (*qch.*), avoir une opinion de; ~ a walk faire une promenade; ~ my

word for it croyez-m'en; ~ *s.o.* about faire visiter (*qch.*) à q.; ~ down démonter (*une machine etc.*); descendre (*qch.*); avaler; prendre note de, écrire; ~ for prendre pour; ~ from prendre, enlever à; ~ in faire entrer (*q.*); acheter régulièrement (*un journal*); recevoir (*un locataire etc.*); recueillir (*un réfugié etc.*); accepter (*un travail*); comprendre; F tromper; F rouler; ~ in sail diminuer de voile(s); ~ off enlever; quitter (*ses vêtements*); emmener (*q.*); rabattre ⟨*sur un prix*⟩; supprimer (*un train*); F imiter, singer; ~ on entreprendre; accepter; engager; prendre; ~ out sortir (*qch.*); arracher (*une dent*); ôter (*une tache*); faire sortir (*q.*); emmener (*un enfant*) en promenade; retirer (*ses bagages*); contracter (*une assurance*); obtenir (*un brevet*); F it out of se venger de (*q.*); épuiser (*q.*); ~ to pieces démonter (*une machine*); défaire; *fig.* démolir; ~ up relever (*a. un défi*); ramasser; prendre (*les armes*); embrasser (*une carrière*); ✝ honorer (*un effet*), lever (*une prime*); occuper (*une place*); fixer (*sa résidence*); *cost.* raccourcir; 🚂 embarquer; absorber (*de l'eau, le temps*); adopter (*une idée*); faire (*une promenade, un saut, un prisonnier*); ~ upon o.s. prendre sur soi (de, to); see consideration; decision; effect 1; exercise 1; heart; liberty; note 1; notice 1; rise 1; 2. [*irr.*] *v/i.* prendre; réussir; avoir du succès; *phot.* he ~s well il est photogénique; il fait un bel effet sur une photographie; ~ after tenir de; ressembler à; ~ from diminuer (*qch.*); ~ off prendre son élan *ou* son essor; ✈ s'envoler; décoller; F ~ on laisser éclater son chagrin; avoir du succès *ou* de la vogue; F ~ on with s'embaucher chez; ~ over prendre le pouvoir; assumer la responsabilité; ~ to s'adonner à; prendre goût à; prendre (*la fuite*); prendre (*q.*) en amitié; ~ to (*gér.*) se mettre à (*inf.*); ~ up with se lier d'amitié avec; s'associer à; that won't ~ with me ça ne prend pas avec moi; 3. action *f* de prendre; prise *f*; *cin.* prise *f* de vue.

take...: '~**·a·way** 1. à emporter; 2. restaurant *m* qui vend des repas à emporter; '~-'**home pay** gages m/pl. nets; salaire m net; '~-'**in** F attrape f; leurre m; '**tak·en** p.p. de *take* 1, 2; be ~ être pris; be ~ **with** être épris de; be ~ ill tomber malade; F be ~ **in** se laisser attraper; be ~ **up with** être occupé de, être tout à; '**take'off** caricature f; élan m; ✯ décollage m; '**tak·er** preneur (-euse f) m; pair: tenant m.

tak·ing ['teikiŋ] **1.** □ F attrayant, charmant; **2.** prise f; † état m nerveux; ✝ ~s pl. recettes f/pl.

talc min. [tælk] talc m.

tale [teil] conte m, récit m, histoire f; *tell* ~s *(out of school)* rapporter; trahir un secret; '~-'**bear·er** ['~-ˌbɛərə] rapporteur (-euse f) m; mauvaise langue f.

tal·ent ['tælənt] talent m; aptitude f; don m; ~ *scout (ou spotter)* dénicheur (-euse f) m de futures vedettes; '**tal·ent·ed** doué; de talent.

ta·les ⚜ ['teili:z] sg. jurés m/pl. suppléants.

tal·is·man ['tælizmən] talisman m.

talk [tɔ:k] **1.** conversation f; causerie f; discours m; bruit m; bavardage m; **2.** parler (de of, about); causer (avec, to); bavarder; ~ **back** répondre d'une manière impertinente, répliquer; ~ **down** faire taire, réduire (q.) au silence; ~ **down to** s.o. parler à q. avec condescence; **talk·a·tive** □ ['~ətiv] bavard; causeur (-euse f) m; **talk·ee-talk·ee** F ['tɔ:ki'tɔ:ki] pour bavardage m; † jargon m petit-nègre; '**talk·er** causeur (-euse f) m, parleur (-euse f) m; **talk·ie** F ['~i] film m parlant *ou* parlé; '**talk·ing** conversation f; bavardage m; **talk·ing-to** F ['~tu:] semonce f.

tall [tɔ:l] grand, de haute taille; haut, élevé *(bâtiment etc.)*; sl. ~ **order** grosse affaire f; demande f exagérée; sl. ~ **story**, Am. a. ~ **tale** histoire f dure à avaler; F craque f; '**tall·boy** commode f; '**tall·ness** grandeur f; hauteur f, grande taille f.

tal·low ['tælou] suif m; '**tal·low·y** suiffeux (-euse f); fig. terreux (-euse f) *(teint etc.)*.

tal·ly ['tæli] **1.** taille f; pointage m (de, of); étiquette f *(plantes etc.)*; contre-partie f; **2.** s'accorder (avec, with).

tal·ly-ho ['tæli'hou] *chasse:* **1.** taïaut!; **2.** taïaut m; **3.** crier taïaut.

tal·on orn. ['tælən] serre f; griffe f.

ta·lus[1] ['teiləs] talus m *(a. géol.)*.

ta·lus[2] anat. [~] astragale m.

tam·a·ble ['teiməbl] apprivoisable

ta·ma·rind ♀ ['tæmərind] (fruit n du) tamarinier m.

tam·bour ['tæmbuə] **1.** usu. tambour m; ♪ grosse caisse f; **2.** brode au tambour; **tam·bou·rine** [ˌ~bə'ri:n] tambour m de basque sans grelots: tambourin m.

tame [teim] **1.** □ apprivoisé domestique; soumis, dompté *(personne)*; fade, insipide *(style)* **2.** apprivoiser; domestiquer; dompter; '**tame·ness** docilité f, soumission f; fadeur f; '**tam·er** dompteur (-euse f) m; apprivoiseur (-euse f m.

Tam·ma·ny Am. ['tæməni] parti n démocrate de New York.

tam·o'-shan·ter [tæmə'ʃæntə] béret m écossais.

tamp [tæmp] ✗ bourrer; ⊕ refouler, damer.

tam·per ['tæmpə]: ~ **with** touche à; se mêler à; falsifier *(un registre)* suborner *(un témoin)*; altérer *(u document)*.

tam·pon ✣ ['tæmpən] tampon m.

tan [tæn] **1.** tan m; couleur f d' tan; *(a. sun ~)* brunissage m **2.** tanné; tan *adj./inv.;* jaune *(soulier)*; **3.** v/t. tanner; fig. bronzer *(teint)*; rosser (q.).

tan·dem ['tændem] tandem m; ⚡~ connexion accouplement m en série drive ~ conduire en tandem; cycl. s promener en tandem; in ~ en collaboration, en tandem.

tang[1] [tæŋ] soie f *(d'un ciseau couteau, etc.)*; fig. goût m vif; épic etc.: montant m; air marin: salure f

tang[2] [~] **1.** son m aigu; tintemen m; **2.** (faire) retentir; rendre ur son aigu.

tan·gent ⚛ ['tændʒənt] tangente f *go (ou fly) off at a*~ changer brusque ment de sujet, s'échapper par la tangente; **tan·gen·tial** □ ⚛ [~'dʒenʃl] tangentiel(le f); de tangence *(point)*.

tan·gi·bil·i·ty [tændʒi'biliti] tangibilité f, réalité f; '**tan·gi·ble** □ ['tændʒəbl] tangible, palpable; fig réel(le f).

tan·gle ['tæŋgl] **1.** enchêtremen m; nœud m; fig. embarras m

2. (s')embrouiller, emmêler; F ~ *with s.o.* se disputer avec q., avoir une prise de bec avec q.; se colleter avec q.; *be* ~*d with s.th.* se trouver impliqué dans qch.

tan·go ['tæŋgou] tango *m* (*danse*).

tank [tæŋk] **1.** réservoir *m* (*a.* ⊕); *phot.* cuve *f*; ✗ char *m* d'assaut; ~ *car* (*ou truck*) camion-citerne (*pl.* camions-citernes) *m*; 🚃 wagon-citerne (*pl.* wagons-citernes) *m*; **2.** faire le plein d'essence; *Am. sl.* s'alcooliser; **'tank·age** capacité *f* d'un réservoir.

tank·ard ['tæŋkəd] pot *m* (*surt. de ou à bière*); *en étain:* chope *f*.

tank·er ['tæŋkə] pétrolier *m*.

tan·ner¹ ['tænə] tanneur *m*.

tan·ner² *sl.* [~] (pièce *f* de) six pence.

tan·ner·y ['tænəri] tannerie *f*.

tan·nic ac·id ⚗ ['tænik'æsid] acide *m* tannique.

tan·nin ⚗ ['tænin] tan(n)in *m*.

tan·noy (*TM*) *Brit.* ['tænɔi] système *m* de haut-parleurs.

tan·ta·lize ['tæntəlaiz] tourmenter.

tan·ta·mount ['tæntəmaunt] équivalent (à, *to*).

tan·trum F ['tæntrəm] accès *m* de colère.

tap¹ [tæp] **1.** tape *f*, petit coup *m*; **2.** taper, toucher, frapper doucement.

tap² [~] **1.** *fût:* fausset *m*; *eau:* robinet *m*; F *boisson f*, *usu.* bière *f*; ⊕ taraud *m*; *Brit.* ~ *water* eau *f* du robinet; F *see* ~*room;* *on* ~ en perce; **2.** percer; mettre en perce; ⚡ ~ *the wire(s)* faire une prise sur un fil télégraphique; *téléph.* capter un message télégraphique.　　　[claquettes.]

tap-dance ['tæpdɑːns] danse *f* à)

tape [teip] ruban *m*; *sp.* bande *f* d'arrivée; *tél.* bande *f* du récepteur; *fig. red~* bureaucratie *f*, paperasserie *f*; '~-**meas·ure** mètre *m* à ruban; centimètre *m*; '~-'**re·cord** enregistrer sur bande; '~-**re·cord·er** magnétophone *m*; '~-**re·cord·ing** enregistrement *m* sur magnétophone.

ta·per ['teipə] **1.** bougie *f* filée; *eccl.* cierge *m*; ⊕ cône *m*; **2.** *adj.* effilé; ⊕ conique; **3.** *v/i.* s'effiler; diminuer; ~*ing see* ~ 2; *v/t.* effiler; tailler en pointe.

tap·es·tried ['tæpistrid] tendu de tapisseries; tapissé; '**tap·es·try** tapisserie *f*.

tape·worm ['teipwəːm] ver *m* solitaire.

tap·pet ⊕ ['tæpit] came *f*; taquet *m*.

tap·room ['tæprum] buvette *f*, estaminet *m*.

tap-root ♀ ['tæpruːt] pivot *m*.

taps *Am.* ✗ [tæps] *pl.* extinction *f* des feux.

tap·ster ['tæpstə] cabaretier *m*; garçon *m* de cabaret.

tar [tɑː] **1.** goudron *m*; F *Jack* ⚓ mathurin *m*; **2.** goudronner.

ta·ran·tu·la *zo.* [tə'ræntjulə] tarentule *f*.

tar·board ['tɑːbɔːd] carton *m* bitumé.

tar·di·ness ['tɑːdinis] lenteur *f*; *Am.* retard *m*; '**tar·dy** ☐ lent; peu empressé; tardif (-ive *f*); *Am.* en retard.

tare¹ ♀ [teə] (*usu.* ~*s pl.*) vesce *f*.

tare² ✝ [~] **1.** tare *f*; **2.** tarer.

tar·get ['tɑːgit] cible *f*; *but m,* objectif *m* (*a. fig.*); *fig.* butte *f*; ~ *date* date *f* limite; ~ *language* langue *f* d'arrivée; ~ *practice* tir *m* à la cible.

tar·iff ['tærif] tarif *m* (*souv.* douanier).

tarn [tɑːn] laquet *m*.

tar·nish ['tɑːniʃ] **1.** *v/t.* ⊕ ternir (*a. fig.*); *v/i.* se ternir; se dédorer (*dorure*); **2.** ternissure *f*.

tar·pau·lin [tɑː'pɔːlin] ⚓ toile *f* goudronnée; bâche *f*; ⚓ prélart *m*.

tar·ra·gon ['tærəgən] estragon *m*.

tar·ry¹ *poét.* ['tæri] tarder; attendre; rester.　　　　　　　　[*f.*)]

tar·ry² ['tɑːri] goudronneux (-euse)

tart [tɑːt] **1.** ☐ âpre, aigre; *fig.* mordant; **2.** tourte *f*; tarte *f*; *sl.* poule *f* (= *prostituée*).

tar·tan ['tɑːtən] tartan *m*; ⚓ tartane *f*; ~ *plaid* plaid *m* en tartan.

Tar·tar¹ ['tɑːtə] Tartare *m*; *fig.* homme *m* intraitable; *femme:* mégère *f*; *catch a* ~ trouver son maître.

tar·tar² ⚗ [~] tartre *m* (*a. dent*).

task [tɑːsk] **1.** tâche *f*; besogne *f*, ouvrage *m*; *école:* devoir *m*; *take to* ~ réprimander (pour avoir fait, *for having done*); **2.** assigner une tâche à; mettre à l'épreuve (*les bordages etc.*); ~ *force* ✗ *Am.* détachement *m* spécial des forces de terre, de l'air et de mer; '~-**mas·ter** surveillant *m*; chef *m* de corvée; *fig.* tyran *m*.

tas·sel ['tæsl] **1.** gland *m*, houppe *f*; **2.** garnir de glands *etc.*

taste [teist] **1.** goût *m* (de of, for; pour, for); *fig. a.* prédilection *f* (pour, for); to ~ à volonté, selon son goût; *season to* ~ goûtez et rectifiez l'assaisonnement; **2.** *v/t.* goûter (*a. fig.*); déguster; *v/i.* sentir (qch., of s.th.); avoir un goût (de, of); **taste·ful** □ ['⁓ful] de bon goût; élégant; de goût (*personne*). **taste·less** □ ['teistlis] sans goût, insipide, fade; **'taste·less·ness** insipidité *f*; manque *m* de goût.

tast·er ['teistə] dégustateur (-trice *f*) *m* (de thé, vins, *etc.*).

tast·y □ F ['teisti] savoureux (-euse *f*).

tat¹ [tæt] *see* tit¹.

tat² [⁓] *couture:* faire de la frivolité.

ta-ta ['tæ'tɑː] *enf., a. co.* au revoir!

tat·ter ['tætə] lambeau *m*, loque *f*; **tat·ter·de·mal·ion** [⁓də'meiljən] loqueteux (-euse *f*) *m*; **tat·tered** ['⁓əd] en lambeaux; déguenillé (*personne*).

tat·tle ['tætl] **1.** bavarder, babiller; *péj.* cancaner; **2.** bavardage *m*; *péj.* cancans *m/pl.*; **'tat·tler** bavard(e *f*) *m*; *péj.* cancanier (-ère *f*) *m*.

tat·too¹ [tə'tuː] **1.** ⚔ retraite *f* du soir; *fig. beat the devil's* ~ tambouriner (*sur la table*); **2.** *fig.* tambouriner.

tat·too² [⁓] **1.** *v/t.* tatouer; **2.** tatouage *m*.

tat·ty F ['tæti] défraîchi, miteux (-euse *f*).

taught [tɔːt] *prét. et p.p. de* teach.

taunt [tɔːnt] **1.** reproche *m*; brocard *m*; sarcasme *m*; **2.** accabler de sarcasmes; reprocher (qch. à q., s.o. *with* s.th.); **'taunt·ing** □ de sarcasme, sarcastique.

Tau·rus *astr.* ['tɔːrəs] le Taureau.

taut ⚓ [tɔːt] raide, tendu; étarque (*voile*); **'taut·en** (se) raidir; (s')étarquer (*voile*).

tav·ern ['tævən] taverne *f*, cabaret *m*.

taw¹ ⊕ [tɔː] mégir.

taw² [⁓] grosse bille *f* de verre.

taw·dri·ness ['tɔːdrinis] clinquant *m*, faux brillant *m*; **'taw·dry** □ d'un mauvais goût; voyant.

taw·ny ['tɔːni] fauve; basané (*teint*).

tax [tæks] **1.** impôt *m* (sur, on), contribution *f*; droit *m*, taxe *f* (sur, on); *fig.* charge *f* (à, on), fardeau *m*; ~ *allowances pl.* sommes *f/pl.* déductibles; ~ *bracket* catégorie *f* d'imposition; ~ *dodger*, ~ *evader* fraudeur (-euse *f*) *m* fiscal(e); ~ *evasion* fraude *f* fiscale; ~ *haven* refuge *m* fiscal; ~ *relief* allègement *m* fiscal; ~ *return* déclaration *f* d'impôts; **2.** taxer; frapper d'un impôt; *fig.* mettre à l'épreuve; ⚖ taxer (*les dépens, q. de* qch., *a. fig.*); reprocher (qch. à q., s.o. *with* s.th.); ~ *s.o. with* s.th. *a.* accuser q. de qch.; **'tax·a·ble** □ imposable; **tax·a·tion** imposition *f*; prélèvement *m* fiscal; impôts *m/pl.*; *surt.* ⚖ taxation *f*; **tax col·lec·tor** percepteur *m* des contributions (*directes*); receveur *m*; **tax-de·duct·i·ble** □ déductible (*de l'impôt*); **tax-free** exempt d'impôts.

tax·i ['tæksi] **1.** (*ou* ~-*cab*) taxi *m*; **2.** aller en taxi; ✈ rouler sur le sol; hydroplaner; **'⁓-danc·er**, **'⁓-girl** *Am.* entraîneuse *f*; **'⁓-driv·er** chauffeur *m* de taxi; **'⁓-me·ter** taximètre *m*; **'⁓-rank**, **'⁓-stand** station *f* de taxis.

tax·pay·er ['tækspeiə] contribuable *mf*.

tea [tiː] thé *m*; goûter *m*, five-o'clock *m*; *high* (*ou meat*) ~ repas *m* à la fourchette; **'⁓-bag** sachet *m* de thé; **⁓ break** pause-thé *f* (*pl.* pauses-thé); **'⁓-cad·dy** *see* caddy.

teach [tiːtʃ] [*irr.*] enseigner; apprendre (qch. à q., s.o. s.th.; à *inf.*, *to inf.*); **'teach·a·ble** □ enseignable; à l'intelligence ouverte (*personne*); **'teach·er** instituteur (-trice *f*) *m*; maître(sse *f*) *m*; professeur *mf*; **'teach·er-'train·ing col·lege** école *f* normale; **'teach·ing** *école:* enseignement *m*; *phls. etc.* doctrine *f*.

tea...: **'⁓-co·sy** couvre-théière *m*; **'⁓-cup** tasse *f* à thé; *fig. storm in a* ~ tempête *f* dans un verre d'eau; **'⁓-gown** déshabillé *m*, robe *f* d'intérieur.

teak ♣ [tiːk] (bois *m* de) te(c)k *m*.

team [tiːm] attelage *m*; *surt. sp.* équipe *f*; *by a* ~ *effort* tous ensemble; **'⁓-'spir·it** esprit *m* d'équipe; **team·ster** ['⁓stə] conducteur *m* (*d'attelage*); charretier *m*; **'team-work** *f*, *sp.* travail *m* d'équipe, jeu *m* d'ensemble; *fig.* collaboration *f*.

tea·pot ['tiːpɔt] théière *f*.

tear¹ [tɛə] **1.** [*irr.*] *v/t.* déchirer; arracher (*les cheveux*); *v/i.* se déchirer; F *avec adv. ou prp.* aller *etc.* à toute vitesse; **2.** déchirure *f*; *see* wear2.

tear² [tiə] larme *f*; '**~ drop** larme *f*.

tear·ful □ ['tiəful] larmoyant, en pleurs.

tear-gas ['tiə'gæs] gaz *m* lacrymogène.

tear·ing ['tɛəriŋ] *fig.* rapide; déchirant.

tear·jerk·er F ['tiədʒə:kə] film *ou* histoire *etc.* larmoyant(e).

tear·less □ ['tiəlis] sans larmes, sec (*œil*).

tear-off cal·en·dar ['tɛərɔf 'kælində] éphéméride *f*.

tease [ti:z] **1.** démêler (*de la laine*); carder (*la laine etc.*); effil(och)er (*un tissu*); *fig.* taquiner; **2.** F taquin(e *f*) *m*; **tea·sel** [' ̄l] ♣ cardère *f*; ⊕ carde *f*; '**teas·er** F *fig.* colle *f* (= *problème difficile*).

teat [ti:t] bout *m* de sein; mamelon *m*; *vache*: tette *f*; *biberon*: tétine *f*; ⊕ *vis*: téton *m*.

tea...: '**~things** *pl.* F service *m* à thé; '**~time** l'heure *f* du thé; ~ **tow·el** *Brit.* torchon *m* à vaisselle; ~ **tray** plateau *m* (à thé); ~ **trol·ley**, ~ **wag·on** table *f* roulante; ~ **urn** fontaine *f* à thé.

tech·nic ['teknik] (*a.* ~**s** *pl. ou sg.*) *see* technique; '**tech·ni·cal** □ technique; ✗ spécial (-aux *m/pl.*); ⚖ de procédure; professionnel(le *f*); ~ **hitch** incident *m* technique; **tech·ni·cal·i·ty** [' ̄ˈkæliti] détail *m ou* terme *m* technique; consideration *f* d'ordre technique; **tech·ni·cian** [tekˈniʃn] technicien *m*.

tech·ni·col·or ['teknikʌlə] **1.** en couleurs; **2.** film *m* en couleurs; *cin.* technicolor *m*.

tech·nique [tekˈni:k] technique *f*; mécanique *f*.

tech·nol·o·gy [tekˈnɔlədʒi] technologie *f*; *school of* ~ école *f* de technologie, école *f* technique.

tech·y ['tetʃi] *see* testy.

ted·der ['tedə] faneuse *f*; *personne*: faneur (-euse *f*) *m*.

te·di·ous □ ['ti:djəs] ennuyeux (-euse *f*); fatigant; assommant; '**te·di·ous·ness** ennui *m*; manque *m* d'intérêt.

te·di·um ['ti:diəm] ennui *m*.

tee [ti:] **1.** *sp. curling*: but *m*; *golf*:

dé *m*, tee *m*; **2.**: ~ *off* jouer sa balle; placer la balle sur le dé.

teem [ti:m] (*with*) abonder (en), fourmiller (de).

teen-ag·er ['ti:neidʒə] adolescent(e *f*) *m* (*entre 13 et 19 ans*).

teens [ti:nz] *pl.* années *f/pl.* entre 13 et 19 ans; adolescence *f*; *in one's* ~ n'ayant pas encore vingt ans.

teen·(s)y [ti:n(z)i], **teen·(s)y-ween·(s)y** ['ti:n(z)i'wi:n(z)i] tout petit, minuscule.   [celer.]

tee·ter F ['ti:tə] se balancer; chan-)

teeth [ti:θ] *pl.* de tooth.

teethe [ti:ð] faire ses dents; **teeth·ing** ['~iŋ] dentition *f*.

tee·to·tal [ti:'toutl] antialcoolique; qui ne prend pas de boissons alcooliques; **tee·to·tal·(l)er** néphaliste *mf*; abstinent(e *f*) *m*.

tee·to·tum ['ti:'tou'tʌm] toton *m*.

tel·e·com·mu·ni·ca·tions ['telikəmju:ni'keiʃənz] *pl.* télécommunication *f*.

tel·e·course *Am.* ['telikɔ:s] cours *m* (de leçons) télévisé.

tel·e·gram ['teligræm] télégramme *m*, dépêche *f*.

tel·e·graph ['teligra:f] **1.** télégraphe *m*; ♣ transmetteur *m* d'ordres; **2.** télégraphique; de télégramme; **3.** télégraphier, envoyer un télégramme; **tel·e·graph·ic** [' ̄ˈgræfik] (~ally) télégraphique (*a. style*); **te·leg·ra·phist** [ti'legrəfist] télégraphiste *mf*; **te'leg·ra·phy** télégraphie *f*.

tel·e·phone ['telifoun] **1.** téléphone *m*; ~ *book* (*ou directory*) annuaire *m* (*des téléphones*); ~ *booth* (*ou box*) cabine *f* téléphonique; ~ *call* appel *m* téléphonique, F coup de fil; ~ *charges pl.* taxe *f* téléphonique; ~ *kiosk* cabine *f* téléphonique; ~ *line* ligne *f* téléphonique; ~ *number* numéro *m* de téléphone; ~ *subcriber* abonné(e *f*) *m* au téléphone; *at the* ~ au téléphone; *by* ~ par téléphone; *on the* ~ téléphoniquement; par téléphone; *be on the* ~ avoir le téléphone; être à l'appareil; **2.** téléphoner (à *q.*, [*to*] *s.o.*); **tel·e·phon·ic** [' ̄ˈfɔnik] (~ally) téléphonique; **te·leph·o·nist** [ti'lefənist] téléphoniste *mf*; standardiste *mf*; **te'leph·o·ny** téléphonie *f*.

tel·e·pho·to *phot.* téléphotographie *f*; ~ *lens* téléobjectif *m*.

tel·e·print·er ['teliprintə] téléscripteur *m*.

tel·e·scope ['teliskoup] **1.** opt. télescope m; lunette f; **2.** (se) télescoper; **tel·e·scop·ic** [⌐'kɔpik] télescopique; à coulisse (échelle etc.); phot.~ lens téléobjectif m; ~ sight lunette f de visée.

tel·e·type ['telitaip] télétype m; postes: télex m.

tel·e·view·er ['telivjuːə] téléspectateur (-trice f) m.

tel·e·vise ['telivaiz] téléviser; **tel·e·vi·sion** ['⌐viʒn] télévision f; ~ set appareil m de télévision; ~ channel chaîne f de télévision.

tel·ex ['teleks] **1.** télex m; **2.** envoyer (un message) par télex.

tell [tel] (irr.) v/t. dire; raconter; apprendre; exprimer; savoir; reconnaître (à, by); compter; annoncer; ~ s.o. to do s.th. dire ou ordonner à q. de faire qch.; I have been told that on m'a dit que; j'ai appris que; fig. ~ a story en dire long; ~ off désigner (pour qch., for s.th.); F dire son fait à (q.); rembarrer (q.); Am. sl. ~ the world faire savoir partout; publier à son de trompe; produire son effet; porter; ~ of (ou about) annoncer, révéler, accuser; ~ on se faire sentir à, influer sur; peser sur; sl. cafarder; dénoncer (q.); 'tell·er raconteur (-euse f) m; parl. etc. scrutateur m; banque: caissier m; 'tell·ing □ efficace; impressionnant; qui porte; 'tell·ing-off: F give s.o. a ~ gronder q., passer un savon à q.; **tell·tale** ['⌐teil] **1.** indicateur (-trice f); révélateur (-trice f); fig. qui en dit long; **2.** rapporteur (-euse f) m; école: cafard(e f) m; ⊕ indicateur m; ~ clock horloge f enregistreuse.

tel·pher ['telfə] ⊕ de téléphérage; ~ line téléphérique m; ligne f de téléphérage.

te·mer·i·ty [ti'meriti] témérité f, audace f.

temp F [temp] intérimaire mf.

tem·per ['tempə] **1.** tempérer; modérer; fig. retenir; ♪ accorder par tempérament; broyer (les couleurs, le mortier, l'encre, etc.); donner la trempe f (d'acier); adoucir (le métal); **2.** ⊕ trempe f; métall. coefficient m de dureté; humeur f; colère f; caractère m, tempérament m; lose one's ~ se mettre en colère; perdre son sang-froid; s'emporter; **tem-**

per·a·ment ['⌐rəmənt] tempérament m (a. ♪); humeur f; **tem·per·a·men·tal** □ [⌐'mentl] du tempérament; capricieux (-euse f) (personne); 'tem·per·ance **1.** tempérance f, modération f; antialcoolisme m; **2.** antialcoolique (hôtel); **tem·per·ate** □ ['⌐rit] tempéré (climat, a. ♪); sobre (personne); modéré; **tem·per·a·ture** ['temprit[ə] température f; ~ chart feuille f de température; **tem·pered** ['tempəd]: bad-~ de mauvaise humeur.

tem·pest ['tempist] tempête f, tourmente f (a. ♪); **tem·pes·tu·ous** □ [⌐'pestjuəs] de tempête; fougueux (-euse f), turbulent (personne, humeur); orageux (-euse f) (réunion etc.).

Tem·plar ['templə] hist. templier m; univ. étudiant(e f) m en droit du Temple (à Londres).

tem·ple[1] ['templ] temple m; ⌕ deux écoles de droit (= Inns of Court) à Londres.

tem·ple[2] anat. [⌐] tempe f.

tem·po·ral □ ['tempərəl] temporel (-le f); **tem·po·ral·i·ties** [⌐'rælitiz] pl. possessions f/pl. ou revenus m/pl. ecclésiastiques; **tem·po·ra·ri·ness** ['⌐pərərinis] caractère m temporaire ou provisoire; 'tem·po·rar·y □ temporaire, provisoire; momentané; passager (-ère f); ~ bridge pont m provisoire; ~ work situation f intérimaire; 'tem·po·rize temporiser; ~ with transiger provisoirement avec (q.).

tempt [tempt] tenter; induire (q. à inf., s.o. to inf.); **temp·ta·tion** tentation f; **tempt·er** tentateur m; 'tempt·ing □ tentant; séduisant, attrayant; 'tempt·ress tentatrice f.

ten [ten] dix (a. su./m).

ten·a·ble ['tenəbl] tenable; fig. soutenable.

te·na·cious □ [ti'neiʃəs] tenace; attaché (à, of); obstiné, opiniâtre (de); **te·nac·i·ty** [ti'næsiti] ténacité f; sûreté f (de la mémoire); attachement m (à, of); obstination f.

ten·an·cy ['tenənsi] location f.

ten·ant ['tenənt] **1.** locataire mf; fig. habitant(e f) m; pensionnaire m; ~ right droits m/pl. du tenancier; **2.** habiter comme locataire; occuper; 'ten·ant·ry locataires m/pl.; fermiers m/pl.

tench *icht.* [tenʃ] tanche *f*.

tend¹ [tend] **1.** tendre, se diriger (vers, *towards*); tourner; *fig.* pencher (vers, *towards*); tirer (sur, to); tendre (à, to); être susceptible (de *inf.*, to *inf.*); être enclin (à, to); ~ from s'écarter de.

tend² [~] soigner (*un malade*); garder (*les bêtes*); surveiller (*une machine* etc.); *Am.* tenir (*une boutique*); **'tend·ance** † soin *m*; serviteurs *m/pl.*

tend·en·cy ['tendənsi] tendance *f*, disposition *f*, penchant *m* (à, to); **ten·den·tious** [~'denʃəs] tendanciel(le *f*), tendancieux (-euse *f*); à tendance (*livre*).

ten·der¹ □ ['tendə] *usu.* tendre; sensible (*au toucher*); délicat (*sujet*); affectueux (-euse *f*) (*lettre*); jeune; soigneux (-euse *f*) (de, of); *of* ~ *years* en bas âge.

ten·der² [~] **1.** offre *f* (*de paiement* etc.); *contrat*: soumission *f*; *legal* ~ cours *m* légal; **2.** offrir; ♱ soumissionner ([pour], for); présenter.

ten·der³ [~] gardien *m*; 🚂, ⚓ tender *m*; ⚓ bateau *m* annexe; *bar-*~ garçon *m* de comptoir.

ten·der·foot *Am.* F ['tendəfut] nouveau débarqué *m*; cow-boy *m* d'opérette; **'ten·der·ize** attendrir (*viande*); **ten·der·loin** [~'lɔin] *surt. Am.* filet *m*; *Am.* quartier *m* malfamé; **'ten·der·ness** tendresse *f*; sensibilité *f*; *fig.* douceur *f*; *cuis.* tendreté *f*.

ten·don *anat.* ['tendən] tendon *m*.

ten·dril ⊕ ['tendril] vrille *f*.

ten·e·ment ['tenimənt] † habitation *f*; appartement *m*; 🏛 fonds *m* de terre; tenure *f*; ~ *house* maison *f* de rapport.

ten·et ['ti:net] doctrine *f*, principe *m*.

ten·fold ['tenfould] **1.** *adj.* décuple; **2.** *adv.* dix fois (autant).

ten·nis ['tenis] tennis *m*; **'~-court** terrain *m* de tennis, court *m*.

ten·on ⊕ ['tenən] tenon *m*; **'~-saw** ⊕ scie *f* à tenons.

ten·or ['tenə] cours *m*, progrès *m*; teneur *f*; sens *m* général; ♪ ténor *m*.

tense¹ *gramm.* [tens] temps *m*.

tense² □ [~] tendu (*a. fig.*); raide; **'tense·ness** tension *f* (*a. fig.*); **ten·sile** ['tensail] extensible; de tension, de traction; ~ *strength* résistance *f* à la tension; **ten·sion** [~ʃn]

tension *f*; ⚡ *high* ~ circuit *m* de haute tension; ~ *test* essai *m* de traction.

tent¹ [tent] tente *f*.

tent² ⚕ [~] mèche *f*.

ten·ta·cle *zo.* ['tentəkl] tentacule *m*; cir(r)e *m*.

ten·ta·tive ['tentətiv] **1.** □ expérimental (-aux *m/pl.*); sujet(te *f*) à révision; hésitant; ~*ly* à titre d'essai; **2.** tentative *f*, essai *m*.

ten·ter *tex.* ['tentə] élargisseur *m*; **'~-hook** crochet *m*; *fig.* be on ~*s* être sur des charbons ardents.

tenth [tenθ] **1.** dixième; **2.** dixième *m*, ♪ *eccl.* dîme *f*; **'tenth·ly** en dixième lieu.

tent-peg ['tentpeg] piquet *m* de tente.

te·nu·i·ty [te'nju:iti] *usu.* ténuité *f*; finesse *f*; faiblesse *f*; **ten·u·ous** □ ['tenjuəs] ténu; effilé; mince; grêle (*voix*); raréfié (*gaz*).

ten·ure ['tenjuə] tenure *f*; (*période f* de) jouissance *f*; *office* etc.: occupation *f*.

tep·id □ ['tepid] tiède; dégourdi (*eau*); **te'pid·i·ty**, **'tep·id·ness** tiédeur *f*.

ter·cen·te·nar·y [tə:sen'ti:nəri], **ter·cen·ten·ni·al** [~'tenjəl] tricentenaire (*a. su./m*).

ter·gi·ver·sa·tion [tə:dʒivə:'seiʃn] tergiversation *f*.

term [tə:m] **1.** temps *m*, durée *f*, limite *f*; terme *m* (a. 🅰, *phls.*, *ling.*); *ling.* a. mot *m*, expression *f*; 🏛 session *f*; *univ.*, *école*: trimestre *m*; ♱ échéance *f*; délai *m* (*de congé, du droit d'auteur, de paiement, etc.*); *beginning of* ~ rentrée *f*; ~*s pl.* conditions *f/pl.*, termes *m/pl.*; prix *m/pl.*; relations *f/pl.*, rapports *m/pl.*; 🅰 énoncé *m* (*d'un problème*); *in* ~*s of* en fonction de; *be on good (bad)* ~*s* être bien (mal) (avec, with); *come to (ou make)* ~*s with* s'arranger, prendre un arrangement avec; ⚔ partiser; **2.** appeler, nommer; qualifier (de qch., s.th.).

ter·ma·gant ['tə:məgənt] **1.** □ revêche, acariâtre; **2.** mégère *f*; dragon *m* (= *femme*).

ter·mi·na·ble □ ['tə:minəbl] terminable; résiliable (*contrat*); **'ter·mi·nal 1.** □ extrême; dernier (-ère *f*); final; *école*: trimestriel(le *f*); terminal (-aux *m/pl.*); ~*ly* par trimestre;

2. bout *m*; ⚡ borne *f*; *gramm.* terminaison *f*; 🚢 *Am.* terminus *m*; *ordinateur:* terminal *m*; **ter·mi·nate** ['∿neit] (se) terminer; finir; **ter·mi·na·tion** fin *f*, conclusion *f*; terminaison *f* (*a. gramm.*); ⚖️ extinction *f*.

ter·mi·nol·o·gy [təːmi'nɔlədʒi] terminologie *f*.

ter·mi·nus ['təːminəs], *pl.* **-ni** [∿nai] terminus *m*, tête *f* de ligne (*a.* 🚢).

ter·mite *zo.* ['təːmait] termite *m*.

tern *orn.* [təːn] sterne *f*, hirondelle *f* de mer.

ter·na·ry ['təːnəri] ternaire *f*.

ter·race ['terəs] terrasse *f*; rangée *f* de maisons; **'ter·raced** en terrasse; en rangée (*maisons*).

ter·rain ['terein] terrain *m*.

ter·rene ☐ [te'riːn] terreux (-euse *f*); terrestre. [tre.]

ter·res·tri·al ☐ [ti'restriəl] terres-]

ter·ri·ble ☐ ['terəbl] terrible; affreux (-euse *f*); **'ter·ri·ble·ness** horreur *f*.

ter·ri·er *zo.* ['teriə] terrier *m*.

ter·rif·ic [tə'rifik] (∿ally) épouvantable; terrible; colossal (-aux *m/pl.*); **ter·ri·fy** ['terifai] *v/t.* épouvanter, terrifier.

ter·ri·to·ri·al [teri'tɔːriəl] **1.** ☐ territorial (-aux *m/pl.*); terrien(ne *f*), foncier (-ère *f*); ⚓ *waters* eaux *f/pl.* territoriales; ✕ ♀ *Army* (*ou* F *Force*) territoriale *f*; **2.** ✕ territorial *m*; **ter·ri·to·ry** ['∿təri] territoire *m*; *Am.* ♀ territoire *m* des É.-U.

ter·ror ['terə] terreur *f* (*a. fig.*), effroi *m*, épouvante *f*; **'ter·ror·ism** terrorisme *m*; **'ter·ror·ist** terroriste *mf*; **'ter·ror·ize** terroriser.

ter·ry(·cloth) ['teri(klɔθ)] tissu *m* éponge.

terse ☐ [təːs] concis; net(te *f*); **'terse·ness** concision *f*.

ter·tian 🦟 ['təːʃn] (fièvre *f*) tierce; **ter·ti·ar·y** ['∿ʃəri] tertiaire.

tes·sel·lat·ed ['tesileitid] en mosaïque (*pavé*).

test [test] **1.** épreuve *f*, essai *m* (*a.* 🔬); *psych.*, ⊕ test *m*; 🔬 réactif *m* (de, *for*); examen *m*; *fig.* épreuve *f*; critérium *m*; *put to the ∿* mettre à l'épreuve *ou* l'essai; **2.** *v/t.* éprouver, mettre à l'épreuve; examiner; essayer; *v/i.* 🔬 faire la réaction (de, *for*).

tes·ta·ceous *zo.* [tes'teiʃəs] testacé.

tes·ta·ment *bibl.*, †, ⚖️ ['testəmənt]

testament *m*; **tes·ta·men·ta·ry** [∿'mentəri] testamentaire.

tes·ta·tor [tes'teitə] testateur *m*.

tes·ta·trix [tes'teitriks] testatrice *f*.

test...: *∿ ban* (*treat·y*) (traité *m* d')interdiction *f* d'essais nucléaires; *∿ case* ⚖️ cas *m* qui fait jurisprudence, précédent *m*; *∿ drive* *mot.* essai *m* sur *ou* de route; **'∿-drive** faire faire un essai de route à (*une voiture*).

test·er ['testə] essayeur (-euse *f*) *m*; vérificateur (-trice *f*) *m*; *outil:* vérificateur *m*.

tes·ti·cle *anat.* ['testikl] testicule *m*.

tes·ti·fi·er ['testifaiə] témoin *m* (de, *to*); **tes·ti·fy** ['∿fai] *v/t.* témoigner (*a. fig.*); déposer; *v/i.* attester (qch., *to s.th.*), témoigner (de, *to*).

tes·ti·mo·ni·al [testi'mounjəl] certificat *m*, attestation *f*; recommandation *f*; témoignage *m* d'estime; **tes·ti·mo·ny** ['∿məni] témoignage *m* (de, *to*); ⚖️ témoin: déposition *f*.

tes·ti·ness ['testinis] irritabilité *f*.

test...: **'∿-pa·per** 🔬 papier *m* réactif; *école:* composition *f*, épreuve *f*; **'∿-pi·lot** ✈ pilote *m* d'essai; **'∿-print** *phot.* épreuve *f* témoin; *∿ run* course *f* d'essai; essai *m* (de bon fonctionnement); **'∿-tube** 🔬 éprouvette *f*; *∿ baby* bébé-éprouvette *m* (*pl.* bébés-éprouvettes).

tes·ty ☐ ['testi], **tetch·y** ☐ ['tetʃi] irascible, irritable; bilieux (-euse *f*).

teth·er ['teðə] **1.** attache *f*, longe *f*; *fig.* ressources *f/pl.*; **2.** mettre au piquet, attacher.

tet·ra·gon ⬠ ['tetrəgən] quadrilatère *m*; **te·trag·o·nal** [∿'trægənl] tétragone.

tet·ter 🦟 ['tetə] dartre *f*.

Teu·ton ['tjuːtən] Teuton(ne *f*) *m*; **Teu·ton·ic** [∿'tɔnik] teuton(ne *f*), teutonique; *∿ Order* l'ordre *m* Teutonique.

text [tekst] texte *m*; *fig.* sujet *m*; *typ.* *∿ hand* grosse (écriture) *f*; **'∿-book** manuel *m*, livre *m* de classe.

tex·tile ['tekstail] **1.** textile *f*; **2.** *∿s pl.* tissus *m/pl.*; textiles *m/pl.*

tex·tu·al ☐ ['tekstjuəl] textuel(le *f*).

tex·ture ['tekstʃə] texture *f* (*a. fig.*); tissu *m*; *bois, peau:* grain *m*.

tha·lid·o·mide [θə'lidəmaid] thalidomide *f*; *∿ baby*, *∿ child* (bébé *m*) victime *f* de la thalidomide.

than [ðæn; ðən] *après comp.* que; *devant nombres:* de.

thank [θæŋk] **1.** remercier (de *inf.*, for *gér.*); ~ you merci; I will ~ you for je vous saurais bien gré de (*me donner etc.*); I iro. ~ you pour merci de rien; **2.** ~s *pl.* remerciements *m/pl.*; ~s to grâce à; **'thank·ful** □ ['_ful] reconnaissant; **'thank·less** □ ingrat; **thanksgiv·ing** [_s'givin] action *f* de grâce(s); *surt.* Am. ♀ (Day) le jour *m* d'action de grâces (*le dernier jeudi de novembre*); **'thank·wor·thy** † digne de reconnaissance.

that [ðæt] **1.** *cj.* [*usu.* ðət] que; **2.** *pron. dém.* (*pl.* those) celui-là (*pl.* ceux-là), celle-là (*pl.* celles-là); celui (*pl.* ceux), celle (*pl.* celles); cela, F ça; so ~'s ~! et voilà!; and ... at ~ et encore ..., et ... par-dessus le marché; with ~ là-dessus; **3.** *pron. rel.* [a. ðət] qui, que; lequel, laquelle, lesquels, lesquelles; **4.** *adj.* ce (cet *devant une voyelle ou un h muet; pl.* ces), cette (*pl.* ces); ce (cet, cette, *pl.* ces) ...-là; **5.** *adv.* F (*aus*)si; ~ far si loin.

thatch [θætʃ] **1.** chaume *m*; **2.** couvrir de chaume.

thaw [θɔ:] **1.** dégel *m*; **2.** *v/i.* fondre (*neige etc.*); *v/t.* décongeler (*de la viande*); *mot.* dégeler (*le radiateur*).

the [ði:; *devant une voyelle* ði, *devant une consonne* ðə] **1.** *art.* le, la, les; **2.** *adv.* ~ richer he is ~ more arrogant he seems plus il est riche, plus il semble arrogant.

the·a·tre, *Am.* **the·a·ter** ['θiətə] théâtre *m* (a. *fig.*); **the·at·ric, the·at·ri·cal** □ [θi'ætrik(l)] théâtral (-aux *m/pl.*) (*a. fig.*): spectaculaire; d'acteur(s); **the'at·ri·cals** [_klz] *pl.* (*usu.* amateur) ~ spectacle *m* d'amateurs, comédie *f* de société.

thee *bibl., poét.* [ði:] *accusatif:* te; *datif:* toi.

theft [θeft] vol *m*.

their [ðɛə] leur, leurs; **theirs** [_z] le (la) leur, les leurs; à eux, à elles.

the·ism ['θi:izm] théisme *m*.

them [ðem; ðəm] *accusatif:* les; *datif:* leur; à eux, à elles.

theme [θi:m] thème *m* (a. ♪, a. *gramm.*); sujet *m*; *gramm.* radical (-aux *pl.*) *m*; *école:* dissertation *f*, *Am.* thème *m*; ~ song leitmotiv † (*pl.* -ve) *m*.

them·selves [ðəm'selvz] eux-mêmes, elles-mêmes; *réfléchi:* se.

then [ðen] **1.** *adv.* alors; en ce temps-là; puis; ensuite; aussi; d'ailleurs; every now and ~ de temps en temps; de temps à autre; there and ~ sur-le-champ; now ~ allons, voyons; **2.** *cj.* donc, alors, en ce cas; **3.** *adj.* de ce temps-là, d'alors.

thence *poét.* [ðens] par conséquent; *temps:* dès lors; **'_forth** *poét.* depuis ce temps-là; dès lors, à partir de ce jour.

the·oc·ra·cy [θi'ɔkrəsi] théocratie *f*; **the·o·crat·ic** [θiə'krætik] (_ally) théocratique.

the·o·lo·gi·an [θiə'loudʒjən] théologien *m*; **the·o·log·i·cal** [_'lɔdʒikl] théologique; **the·ol·o·gy** [θi'ɔlədʒi] théologie *f*.

the·o·rem ['θiərəm] théorème *m*; **the·o·ret·ic, the·o·ret·i·cal** □ [_'retik(l)] théorique; **'the·o·rist** théoricien(ne *f*) *m*; théoriste *mf*; **'the·o·rize** théoriser; **'the·o·ry** théorie *f*.

the·os·o·phy [θi'ɔsəfi] théosophie *f*.

ther·a·peu·tics [θerə'pju:tiks] *usu. sg.* thérapeutique *f*; **'ther·a·py** thérapie *f*; *see* occupational~; **'ther·a·pist** thérapeute *mf*; mental~ psychothérapeute *m*.

there [ðɛə] **1.** *adv.* là; y; là-bas; F ce, cette, ces, cettes ...-là; the man ~ cet homme-là; ~ is, ~ are il y a; ~'s a good fellow! vous serez bien gentil!; ~ you are! vous voilà!; ça est!; **2.** *int.* voilà!

there...: '~·a·bout(s) près de là, par là; à peu près; '~·aft·er après cela, ensuite; '~·by par là, de cette façon; '~·fore donc, par conséquent; aussi (*avec inversion*); ~·in là-dedans; à cet égard; en cela; ~·of en; de cela; '~·up·on là-dessus; ~·with avec cela.

ther·mal □ ['θə:məl] thermal (-aux *m/pl.*); *phys.* a. thermique, calorifique; ~ value pouvoir *m* calorifique; **ther·mic** ['_mik] (_ally) thermique; **therm·i·on·ic** [_mi'ɔnik]: ~ valve radio: lampe *f* thermoïonique.

ther·mo·e·lec·tric cou·ple *phys.* ['θə:moi'lektrik 'kʌpl] élément *m* thermo-électrique; **ther·mom·e·ter** [θə'mɔmitə] thermomètre *m*; **ther·mo·met·ric, ther·mo·met·ri·cal** □ [θə:mə'metrik(l)] thermométrique; **ther·mo·nu·cle·ar** *phys.* ['↗'nju:kliə] thermonucléaire; **ther·mo·pile** *phys.* ['↗moupail] thermopile *f*; **Ther·mos** ['↗məs] (*ou ~ flask, ~ bottle*) bouteille *f* Thermos; **ther·mo·stat** ['↗moustæt] thermostat *m*.

the·sau·rus [θiːˈsɔːrəs], *pl.* **-ri** [↗rai] thésaurus *m*; trésor *m*.

these [ðiːz] *pl. de* this 1, 2; ~ *three years* depuis trois ans; *in ~ days* à notre époque.

the·sis ['θiːsis], *pl.* **-ses** [↗siːz] thèse *f*, dissertation *f*.

they [ðei] ils, *accentué:* eux; elles (*a. accentué*); *a.* on; ~ *who* ceux *ou* celles qui.

thick [θik] **1.** □ *usu.* épais(se *f*) (*brouillard, liquide, etc.*); dense (*brouillard, foule*); abondant, dru (*cheveux*); trouble (*eau, vin*); crème (*potage*); empâté (*voix*); serré (*foule*); profond (*ténèbres*); F (*souv. as ~ as thieves*) très lié, intime; ~ *with* très lié avec; *sl. that's a bit ~!* ça c'est un peu fort!; **2.** partie *f* épaisse; gras *m*; fort *m*; *in the ~ of* au plus fort de; au beau milieu de; **'thick·en** *v/t.* épaissir; *cuis.* lier; *v/i.* s'épaissir; se lier; se compliquer; s'échauffer; **thick·et** ['↗it] fourré *m*, bosquet *m*; **'thick·head·ed** lourdaud; obtus; **'thick·ness** épaisseur *f* (*a.* ⊕); grosseur *f*; abondance *f*; état *m* trouble; empâtement *m*; † couche *f*; **'thick·set** solide; trapu; épais(se *f*) & dru; épais(se *f*); trapu (*personne*); **'thick·'skinned** *fig.* peu sensible.

thief [θiːf], *pl.* **thieves** [θiːvz] voleur (-euse *f*) *m*; F moucheron *m* (*de chandelle*); **thieve** [θiːv] voler; **thiev·er·y** ['↗vəri] vol(erie *f*) *m*.

thiev·ish □ ['θiːviʃ] voleur (-euse *f*); **'thiev·ish·ness** habitude *f* du vol; penchant *m* au vol.

thigh [θai] cuisse *f*; **'~·bone** fémur *m*.

thill [θil] limon *m*, brancard *m*.

thim·ble ['θimbl] dé *m*; ⊕ bague *f*; ⚓ cosse *f*; **thim·ble·ful** ['↗ful] plein un dé (*de, of*); **thim·ble·rig** ['↗rig] F *v/t.* frauder.

thin [θin] **1.** □ *usu.* mince; peu épais (-se *f*); maigre; pauvre (*sol etc.*); clair (*liquide, tissu*); grêle (*voix*); ténu; rare, clairsemé; sans corps (*vin*); *fig.* peu convaincant; *théâ. a ~ house* un auditoire peu nombreux; **2.** *v/t.* amincir; diminuer; (*a. ~ out*) éclaircir; *cuis.* délayer;

v/i. s'amincir, maigrir; s'éclaircir.

thine *bibl., poét.* [ðain] le tien, la tienne, les tiens, les tiennes; à toi.

thing [θiŋ] chose *f*, objet *m*, affaire *f*; être *m* (= *personne*); ~*s pl.* effets *m/pl.*; vêtements *f/pl.*; affaires *f/pl.*; choses *f/pl.*; F *be the ~* être l'usage *ou* correct *ou* ce qu'il faut; F *know a ~ or two* être malin (-igne *f*); *savoir plus d'un(e)*; *above all ~s* avant tout; ~*s are going better* les affaires vont mieux.

thing·um(·a)·bob F ['θiŋəm(i)bɔb], **thing·um·my** F ['↗əmi] chose *m*; truc *m*.

think [θiŋk] [*irr.*] *v/i.* penser; réfléchir (*sur about, over*); compter (*inf., to inf.*); s'attendre (à *inf., to inf.*); ~*of* penser à, envisager; penser (*bien, mal de*); considérer; ~*of* (*gér.*) penser à (*inf.*); *v/t.* croire; penser; s'imaginer; juger, trouver; tenir pour; ~ *much etc. of* avoir une bonne *etc.* opinion de; ~ *out* imaginer (*qch.*); arriver à la solution de (*qch.*); ~ *s.th. over* réfléchir sur qch.; **'think·a·ble** concevable; **'think·er** penseur (-euse *f*) *m*; **'think·ing** pensant; qui pense.

thin·ness ['θinnis] minceur *f*; peu *m* d'épaisseur; légèreté *f*; maigreur *f*.

third [θəːd] **1.** troisième; *date, roi:* trois; *surt. Am.* F ~ *degree* passage *m* à tabac; troisième degré *m*; *the ☽ World* le Tiers-Monde; **2.** tiers *m*; troisième *mf*; ♪ tierce *f*; **'third·ly** en troisième lieu; **'third·'par·ty in·sur·ance** assurance *f* aux tiers; **'third·'rate** de qualité très inférieure.

thirst [θəːst] **1.** soif *f* (*a. fig.*); **2.** avoir soif (*de for, after*); **'thirst·y** □ altéré (*de, for*) (*a. fig.*); desséché (*sol*); F *it is ~ work* cela vous sèche le gosier.

thir·teen ['θəːˈtiːn] treize; **'thir·teenth** [↗θ] treizième; **thir·ti·eth** ['↗tiiθ] trentième; **'thir·ty** trente.

this [ðis] **1.** *pron. dém.* (*pl.* these) celui-ci (*pl.* ceux-ci), celle-ci (*pl.* celles-ci); celui (*pl.* ceux), celle (*pl.* celles); ceci; ce; **2.** *adj. dém.* (*pl.* these) ce (*cet devant une voyelle ou un h muet*; *pl.* ces), cette (*pl.* ces); ce (*cet, cette, pl.* ces) ...*ci*; *in this country* chez nous; ~ *day* week aujourd'hui en huit; **3.** *adv.* F comme ceci; ~ *big* grand comme ça.

this·tle ⚘ [ˈθɪsl] chardon *m*.

thith·er *poét*. [ˈðiðə] là; y.

thole ⚓ [θoul] (*a*. ~-pin) tolet *m*.

thong [θɔŋ] lanière *f* (*souv. de fouet*).

tho·rax *anat*., *zo*. [ˈθɔːræks] thorax *m*.

thorn ⚘ [θɔːn] épine *f*; **'thorn·y** épineux (-euse *f*) (*a. fig.*); ⚘ spini-fère.

thor·ough □ [ˈθʌrə] complet (-ète *f*); profond; minutieux (-euse *f*); parfait; vrai; achevé (*coquin*); ~*ly a*. tout à fait; **'~·bass** ♪ basse *f* conti-nue; **'~·bred** 1. pur sang *inv*.; de race; 2. cheval *m* pur sang; chien *m* etc. de race; **'~·fare** voie *f* de com-munication; passage *m*; **'~·go·ing** achevé; consciencieux (-euse *f*); **'thor·ough·ness** perfection *f*; sin-cérité *f*; **thor·ough-paced** achevé; parfait; enragé.

those [ðouz] 1. *pl. de* that; are ~ your parents? sont-ce là vos parents?; 2. *adj*. ces (...-là).

thou *bibl*., *poét*. [ðau] tu, *accentué*: toi.

though [ðou] quoique, bien que (*sbj.*); F (*usu. à la fin de la phrase*) pourtant, cependant; *int*. vraiment!; *as* ~ comme si.

thought [θɔːt] 1. *prét. et p.p. de* think; 2. pensée *f*; idée *f*; souci *m*; intention *f*; give ~ to penser à; on second ~s réflexion faite; take ~ for songer à.

thought·ful □ [ˈθɔːtful] pensif (-ive *f*); rêveur (-euse *f*); réfléchi; soucieux (-euse *f*) (de, of); préve-nant (pour, of); **'thought·ful·ness** méditation *f*; prévenance *f*, égards *m/pl*.; souci *m*.

thought·less □ [ˈθɔːtlis] étourdi, irréfléchi, négligent (de, of); **'thought·less·ness** irréflexion *f*; inattention *f*; insouciance *f*; négli-gence *f*.

thought-read·ing [ˈθɔːtriːdiŋ] lec-ture *f* de pensée.

thou·sand [ˈθauzənd] 1. mille; *dates a*. mil; 2. mille *m/inv*.; millier *m*; **thou·sandth** [ˈ~zənθ] millième (*a. su./m*).

thrall *poét*. [θrɔːl] esclave *m* (de of, to); *a*. = **thral(l)·dom** [ˈθrɔːldəm] esclavage *m*; asservissement *m* (*a. fig.*).

thrash [θræʃ] *v/t*. battre; rosser; *sl*.

vaincre; ~ out débattre; *v/i*. battre, clapoter; ⊕ vibrer; ⚓ se frayer un chemin; *qqfois* bourlinguer; *see* thresh; **'thrash·ing** battage *m*; ros-sée *f*; F défaite *f*; *see* threshing.

thread [θred] 1. fil *m* (*a. fig.*); fila-ment *m*; ⊕ vis: filet *m*; 2. enfiler; *fig*. s'insinuer, se faufiler; ⊕ fileter; **'~·bare** râpé; *fig*. usé; **'thread·y** fibreux (-euse *f*); plein de fils; ténu (*voix*).

threat [θret] menace *f*; **'threat·en** *vt/i*. menacer (de qch., [with] s.th.).

three [θriː] trois (*a. su./m*); **'~·col·o(u)r** trichrome; **'~·fold** triple; ~-**pence** [ˈθrepəns] pièce *f* de trois pence; **'~·pen·ny** coûtant trois pence; *fig*. mesquin; **~·phase cur·rent** ⚡ [ˈθriːfeizˈkʌrənt] cou-rant *m* triphasé; **'~·piece** en trois pièces; ~ suit trois-pièces *m/inv*.; **'~·score** soixante; **'~·valve re-ceiv·er** *radio*: poste *m* à trois lampes.

thresh [θreʃ] battre (*le blé*); *see* thrash; *fig*. ~ out discuter (*une ques-tion*) à fond.

thresh·ing [ˈθreʃiŋ] battage *m*; **'~·floor** aire *f*; **'~·ma·chine** batteuse *f*, machine *f* à battre.

thresh·old [ˈθreʃhould] seuil *m*.

threw [θruː] *prét. de* throw 1.

thrice † [θrais] trois fois.

thrift ·**i·ness** [ˈθrift(inis)] écono-mie *f*, épargne *f*; ⚘ statice *m*; **'thrift·less** □ prodigue; impré-voyant; **'thrift·y** □ économe, mé-nager (-ère *f*); *poét*., *a. Am*. floris-sant.

thrill [θril] 1. (*v/t*. faire) frisonner, frémir (de, with); *v/t. fig*. troubler; émotionner; 2. frisson *m*; vive émo-tion *f*; **'thrill·er** F roman *m* sensa-tionnel; pièce *f* à gros effets; **'thrill·ing** saisissant, émouvant; sensationnel(le *f*).

thrive [θraiv] [*irr*.] se développer; réussir; *fig*. prospérer; **thriv·en** [ˈθrivn] *p.p. de* thrive; **thriv·ing** □ [ˈθraiviŋ] vigoureux (-euse *f*); flo-rissant.

throat [θrout] gorge *f* (*a. géog.*); ⚓ ancre: collet *m*; ⊕ *rabot*: lumière *f*; *fourneau*: gueulard *m*; clear one's ~ s'éclaircir le gosier; **'throat·y** □ guttural (-aux *m/pl*.).

throb [θrɔb] 1. battre (*cœur etc.*);

lanciner (*doigt*); **2.** battement *m*, pulsation *f*; ⊕ vrombissement *m*.

throe [θrou] convulsion *f*; ~s *pl.* douleurs *f/pl.*; affres *f/pl.*; *fig.* tourments *m/pl.*

throm·bo·sis 🐟 [θrɔm'bousis] thrombose *f*.

throne [θroun] **1.** trône *m*; **2.** *v/t.* mettre sur le trône; *v/i.* trôner.

throng [θrɔŋ] **1.** foule *f*; cohue *f*; presse *f*; **2.** *v/i.* se presser, affluer; *v/t.* encombrer; presser.

throt·tle ['θrɔtl] **1.** étrangler (*a.* ⊕ *le moteur etc.*); ⊕ mettre (*une machine*) au ralenti; **2.** = '~-valve soupape *f* de réglage; étrangleur *m*.

through [θruː] **1.** *prp.* à travers; au travers de; au moyen de, par; à cause de; pendant (*un temps*); **2.** *adj.* direct (*train, vol etc.*); ~ **traf·fic** rue *f* prioritaire; ~ **traffic** transit *m*; '~**out** **1.** *prp.* d'un bout à l'autre de; dans tout; pendant tout (*un temps*); **2.** *adv.* partout; d'un bout à l'autre; '~**way** *see* thruway.

throve [θrouv] *prét.* de thrive.

throw [θrou] **1.** [*irr.*] *v/t.* usu. jeter (*a. fig.*); lancer; projeter (*de l'eau, une image, etc.*); désarçonner (*un cavalier*); *tex.* jeter, tordre (*la soie*); tournasser (*un pot*); envoyer (*un baiser*); rejeter (*une faute*); *zo.* mettre bas (*des petits*); *Am.* F terrasser (*un adversaire*); ~ **away** (re)jeter; gaspiller; ne pas profiter de; ~ **in** jeter dedans; ajouter; placer (*un mot*); ~ **off** jeter; ôter (*un vêtement*); se défaire de; se dépouiller de; *fig.* dépister; ~ **out** jeter dehors; émettre; *fig.* faire ressortir; *fig.* lancer (*une insinuation etc.*); *surt. parl.* rejeter; ~ **together** accoupler; ~ **over** abandonner; ~ **up** renverser (*un levier*); ~ **up** jeter en l'air; lever; abandonner (*un poste*); vomir; construire à la hâte; ~ **up the cards** donner gagné à q.; *see* sponge 1; *v/i. zo.* mettre bas des petits; jeter les dés; ~ **off** *fig.* débuter; ~ **up** vomir; **2.** jet *m*; coup *m*; coup *m* de dé; ⊕ déviation *f*, écart *m*; '~**·back** *surt. biol.* régression *f*; **thrown** [θroun] *p.p.* de throw 1; '**throw·'off** *chasse*: lancé *m*; *p.ext.* mise *f* en train.

thru *Am.* [θruː] *see* through.

thrum[1] [θrʌm] *tex.* penne *f*; ~s *f/pl.*; bout *m*, -s *m/pl.*; ♺ ~s *pl.* lardage *m*.

thrum[2] [~] (*a.* ~ **on**) tapoter (*le piano*); pincer de (*la guitare*).

thrush[1] *orn.* [θrʌʃ] grive *f*.

thrush[2] [~] 🐟 aphtes *m/pl.*; *vét.* teigne *f*.

thrust [θrʌst] **1.** poussée *f* (*a.* ⊕); 🐟 *a. fig.* assaut *m*; *escrime*: botte *f*; coup *m* de pointe (*d'épée*); **2.** [*irr.*] *v/t.* pousser; *v/i.* porter un coup (à, at); ~ **o.s. into** s'enfoncer dans; ~ **out** mettre dehors, chasser; tirer (*sa langue*); ~ **s.th. upon s.o.** forcer q. à accepter qch.; imposer qch. à q.; ~ **o.s. upon** s'imposer à.

thru·way *Am.* ['θruːwei] autoroute *f* (à péage); rue *f* prioritaire.

thud [θʌd] **1.** résonner sourdement; tomber *etc.* avec un bruit sourd; **2.** bruit *m* sourd; son *m* mat.

thug [θʌg] thug *m*; *fig.* bandit *m*.

thumb [θʌm] **1.** pouce *m*; *Tom* ♀ *le* petit Poucet *m*; **2.** feuilleter (*un livre*); manier; *Am.* ~ **one's nose** faire un pied de nez (à q., *to s.o.*); ~ **a lift** (*ou* **a ride**) faire de l'auto-stop; arrêter une voiture (pour se faire emmener); ~ **in·dex** onglets *m/pl.* (d'un livre); '~**·nail** ongle *m* du pouce; ~ **sketch** petit croquis *m* (hâtif); '~**·print** marque *f* de pouce; '~**·screw** *torture*: poucettes *f/pl.*; ⊕ vis *f* ailée; '~**·stall** poucier *m*; ~ doigtier *m* pour pouce, F pouce *m*; '~**·tack** *Am.* punaise *f*.

thump [θʌmp] **1.** coup *m* de poing; bruit *m* sourd; **2.** *v/t.* cogner (*sur, on*), donner un coup de poing à; *v/i.* sonner sourdement; battre fort (*cœur*); '**thump·er** *sl.* chose *f* énorme; *sl.* mensonge *m*; '**thump·ing** *sl.* colossal (-aux *m/pl.*).

thun·der ['θʌndə] **1.** tonnerre *m* (*a. fig.*); F **steal s.o.'s** ~ anticiper q.; **2.** tonner; '~**·bolt** foudre *f* (*poét. a. m*); '~**·clap** coup *m* de tonnerre *ou* *fig.* de foudre; '~**·cloud** nuage *m* orageux; '~**·head** partie *f* supérieure d'un cumulus; *fig.* menace *f*; '**thun·der·ing** *sl.* **1.** *adj.* colossal (-aux *m/pl.*), formidable; **2.** *adv.* joliment, rudement; '**thun·der·ous** □ orageux (-euse *f*); *fig.* menaçant; à tout rompre; de tonnerre (*bruit etc.*); '**thun·der·storm** orage *m*; '**thun·der·struck** foudroyé, abasourdi; '**thun·der·y** orageux (-euse *f*).

Thurs·day ['θəːzdi] jeudi *m*.

thus [ðʌs] ainsi; de cette manière; donc.

thwack [θwæk] *see* whack.

thwart [θwɔːt] **1.** contrarier; frustrer, déjouer; **2.** ⚓ banc *m* de nage.

thy *bibl., poét.* [ðai] ton, ta, tes.

thyme ♣ [taim] thym *m*.

thy·roid *anat.* ['θairɔid] **1.** thyroïde; ~ *extract* extrait *m* thyroïde; ~ *gland* = **2.** glande *f* thyroïde.

thy·self *bibl., poét.* [ðai'self] toi-même; *réfléchi:* te.

ti·a·ra [ti'aːrə] tiare *f*.

tib·i·a *anat.* ['tibiə], *pl.* -ae [~iː] tibia *m*.

tic ♣ [tik] tic *m*.

tick[1] *zo.* [tik] tique *f*.

tick[2] [~] toile *f* à matelas.

tick[3] F [~]: *on* ~ à crédit.

tick[4] [~] **1.** tic-tac *m/inv.*; F instant *m*, moment *m*; marque *f*; *to the* ~ à l'heure sonnante; **2.** *v/i.* faire tic-tac; battre; *mot.* ~ *over* tourner au ralenti; *v/t.* pointer, faire une marque à; ~ *off* pointer; vérifier; *sl.* rembarrer (*q.*).

tick·er ['tikə] téléscripteur *m*; télé-imprimeur *m*; F tocante (= *montre*); F palpitant *m* (= *cœur*); ~ *tape* bande *f* de téléscripteur; serpentin *m*.

tick·et ['tikit] **1.** 🏛 *théâ., loterie:* billet *m*; *métro, consigne,* place réservée, *etc.:* ticket *m*; coupon *m*; (*a.* price-~) étiquette *f*; bon *m* (*de soupe*); *mot.* Am. F contravention *f*; *parl.* Am. liste *f* des candidats; F programme *m*; F the ~ ce qu'il faut, correct; ~ *of leave* (bulletin *m* de) libération *f* conditionnelle; *on* ~ *of leave* libéré conditionnellement; **2.** étiqueter, marquer; ~ **a·gen·cy** agence *f* de voyages; *théâ. etc.* agence *f* de spectacles; '~-**col·lec·tor** 🏛 contrôleur *m* des billets; '~-**in·spec·tor** *autobus:* contrôleur *m*; '~-**of·fice**, '~-**win·dow** *surt.* Am. guichet *m*; '~-**punch** poinçon *m* de contrôleur.

tick·ing ['tikiŋ] toile *f* à matelas.

tick·le ['tikl] chatouiller; *fig.* amuser; flatter; **tick·ler** (*ou* ~ *coil*) *radio:* bobine *f* de réaction; '**tick·lish** □ chatouilleux (-euse *f*); délicat; *fig.* susceptible (*personne*).

tid·al □ ['taidl] de marée; à marée; ~ *wave* raz *m* de marée; flot *m* de la marée; *fig.* vague *f*.

tid·bit Am. ['tidbit] *see* titbit.

tide [taid] **1.** marée *f*; *fig.* vague *f*; ⚓ flot *m*; *low* (*high*) ~ marée *f* basse (haute); *fig.* fortune *f*; † saison *f*, temps *m*; *turn of the* ~ étale *m*; *fig.* tournure *f* (*des affaires*); **2.** porter (par la marée); *fig.* ~ *over* venir à bout de; s'en tirer; ~ *s.o. over* dépanner q., aider q. à s'en tirer, tirer q. d'embarras; '~**mark** ligne *f* de marée haute; F ligne crasse (*au cou, dans une baignoire etc.*).

ti·di·ness ['taidinis] (bon) ordre *m*; propreté *f*; *habillement:* bonne tenue *f*.

ti·dings *pl. ou sg.* ['taidiŋz] nouvelle *f*, ~s *f/pl.*

ti·dy ['taidi] **1.** bien rangé; bien tenu, *fig.* passable, F joli; **2.** voile *m* (*sur un fauteuil etc.*); récipient *m* (*pour peignures*); corbeille *f* (*à ordures*); **3.** (*a.* ~ *up*) ranger; mettre de l'ordre dans, arranger (*une chambre etc.*).

tie [tai] **1.** lien *m* (*a. fig.*); attache *f*; (*a. neck-~*) cravate *f*; nœud *m*; ♪ liaison *f*; ⚓ chaîne *f*, ancre *f*; *fig.* entrave *f*; *soulier:* cordon *m*; *sp.* match *m* à égalité, partie *f* nulle; *sp.* match *m* de championnat; *parl.* nombre *m* égal de suffrages; **2.** *v/t.* lier; nouer (*la cravate*); ficeler; ⚓ chaîner; *v/i. sp.* être à égalité; ~ *down fig.* assujettir (à *une condition etc.*, *to*); asservir (*q.*) (à, *to*); ~ *up* attacher; ficeler; ⚓ amarrer; *fig.* immobiliser; F marier; Am. ⚓ gêner.

tier [tiə] rangée *f*; étage *m*; *théâ.* balcon *m*.

tierce [tiəs] *escrime, cartes:* tierce *f*.

tie-up ['tai'ʌp] cordon *m*; association *f*; impasse *f*; *surt.* Am. grève *f*; Am. arrêt *m* (*de la circulation etc.*).

tiff [tif] **1.** petite querelle *f*; boutade *f*; **2.** bouder.

tif·fin ['tifin] *anglo-indien:* déjeuner *m* (de midi).

ti·ger ['taigə] tigre *m*; *fig.* as *m*; *fig.* homme *m* féroce; Am. F three *cheers and a* ~! trois hourras et encore un hourra!; '**ti·ger·ish** □ *fig.* cruel(le *f*); féroce; de tigre.

tight □ [tait] serré; tendu, raide; collant, étroit, juste (*vêtements*); bien fermé, imperméable; resserré, rare (*argent*); F ivre, gris; F *fig. it was a* ~ *place* (*ou* squeeze) on tenait tout juste; *it was a ~ squeeze to get through* il y avait à peine la place de passer; *hold ~* tenir serré; *in a ~ corner* en mauvaise passe; *in a ~ squeeze* dans l'embarras; '**tight·en** *v/t.* (res)serrer (*sa ceinture, une vis*); retendre (*une courroie*); tendre, remonter (*un ressort*); *v/i.* se (res)serrer; se bander (*ressort*); '~'**fist·ed** F dur à la détente; '~'**laced** serré dans son corset; *fig.* collet monté *inv.*, prude; '~'**lipped** qui ne desserre pas les lèvres, taciturne; à l'air pincé; '**tight·ness** tension *f*; raideur *f*; étroitesse *f*; '**tight-rope** corde *f* tendue; **tights** [~s] *pl. thé.* maillot *m*; '**tight·wad** *Am. sl.* grippe-sou *m*; pingre *m*.

ti·gress ['taigris] tigresse *f*.

tile [tail[**1.** *toit:* tuile *f*; *plancher:* carreau *m*; *sl.* chapeau *m*; **2.** couvrir de tuiles; carreler; '~·**lay·er**, '**til·er** couvreur *m*; carreleur *m*.

till[1] [til] tiroir-caisse (*pl.* tiroirs-caisses) *m*; caisse *f*.

till[2] [~] **1.** *prp.* jusqu'(à); **2.** *cj.* jusqu'à ce que (*sbj.*).

till[3] ⚘ [~] labourer; cultiver; '**till·age** labour(age) *m*; (agri)culture *f*; terre *f* en labour.

till·er ⚓ ['tilə] barre *f* franche.

tilt[1] [tilt] bâche *f*, banne *f*; ⚓ tendelet *m*.

tilt[2] [~] **1.** pente *f*, inclinaison *f*; † tournoi *m*; † coup *m* de lance; *fig.* coup *m* de patte, attaque *f*; *full ~* tête baissée; *on the ~* incliné, penché; **2.** *v/t.* pencher, incliner; *v/i.* pencher, s'incliner; courir une lance (contre, *at*); *fig.* donner un coup de patte (à, *at*); *~ against* attaquer; *~ up* basculer; '**tilt·ing** incliné, penché; à bascule.

tilth *poét.* [til'] *see* tillage.

tim·ber ['timbə] **1.** bois *m* (*d'œuvre, de charpente, de construction*); *piece of ~* poutre *f*; ⚓ couple *m*; *Am. fig.* qualité *f*; **2.** boiser; *~ed* en bois; boisé (*terrain*); '~·**line** limite *f* de la végétation arborescente; '~·**work** charpente *f*; construction *f* en bois; '~·**yard** chantier *m*.

time [taim] **1.** temps *m*; fois *f*; heure *f*; moment *m*; saison *f*; époque *f*; terme *m*; *gymn. etc.:* pas *m*; ♪ mesure *f*, tempo *m*; *~ gentlemen, please!* on ferme!; *~ and again* à maintes reprises; *at ~s* de temps en temps; parfois; *at a (ou at the same)*

~ à la fois; *at the same ~* en même temps; *before (one's) ~* en avance; prématurément; *behind (one's) ~* en retard; *behind the ~s* arriéré; *by that ~* à l'heure qu'il était; à ce moment-là; alors; *for the ~ being* pour le moment, provisoirement; actuellement; *have a good ~* s'amuser (bien); *in ~* à temps, à l'heure; *in good ~* de bonne heure; *see mean*[2] 1; *on ~* à temps, à l'heure; *out of ~* mal à propos; à contretemps (*a. ♪*); *beat (the) ~* battre la mesure; *see keep* 2; **2.** *v/t.* faire (*qch.*) à propos; fixer l'heure de; choisir le moment de; régler (sur, *by*); *sp.* chronométrer; calculer la durée de; *(a. take the ~ of)* mesurer le temps de; *the train is ~d to leave at 7* le train doit partir à 7 heures; *v/i.* faire coïncider (avec, *with*, to); '~·**and-'mo·tion stud·y** ✝ étude *f* des cadences; '~·**bar·gain** ✝ marché *m* à terme; '~·**bomb** bombe *f* à retardement; '~·**clock** enregistreur *m* de temps; '~·**con·sum·ing** qui prend beaucoup de temps; '~·**ex·po·sure** *phot.* pose *f*; '~·**hon·o(u)red** séculaire, vénérable; '~·**keep·er** chronomètre *m*, *surt.* montre *f*; *see* timer; contrôleur *m* (de présence); *~ lag* retard *m*; '~·**lim·it** limite *f* de temps; délai *m*; durée *f*; '**time·ly** opportun, à propos; '**time-out** *Am.* pause *f*; '**time-piece** pendule *f*; montre *f*; '**tim·er** chronométreur *m*.

time...: *~*·**serv·er** ['taimsə:və] opportuniste *mf*; '~·**sheet** feuille *f* de présence; semainier *m*; '~·**sig·nal** *surt. radio:* signal *m* horaire; '~·**ta·ble** horaire *m*; 🛢 indicateur *m*; *école:* emploi *m* du temps; *~ zone* fuseau *m* horaire.

tim·id □ ['timid] timide, peureux (-euse *f*); **ti·mid·i·ty** [ti'miditi] timidité *f*.

tim·ing ['taimiŋ] ⊕ *mot.* réglage *m*; *sp.* chronométrage *m*; *fig.* choix *m* du moment.

tim·or·ous □ ['timərəs] *see* timid.

tin [tin] **1.** étain *m*; fer-blanc (*pl.* fers-blancs) *m*; boîte *f* (*de conserves*); bidon *m* (*à essence*); *sl.* galette *f* (= argent); *Brit. ~* opener ouvre-boîtes *m/inv.*; **2.** en ou d'étain; en fer-blanc; de plomb (*soldat*); *fig. péj.* en toc; *~ can* boîte *f* (en fer-blanc); F *~ god*

(faux) idole *m*; F ~ *hat* casque *m*; 3.
étamer; mettre en boîtes; ~ned *meat*
viande *f* de conserve; F ~ned *music*
musique *f* enregistrée.

tinc·ture ['tiŋktʃə] 1. teinte *f*; ∅,
pharm., *a. fig.* teinture *f*; 2. teindre,
colorer.

tin·der ['tində] amadou *m*.

tine [tain] dent *f*; fourchon *m*;
zo. cor *m*, branche *f*.

tin·foil ['tin'foil] feuille *f* d'étain;
papier *m* (d')étain.

ting F [tiŋ] *see* tinkle.

tinge [tindʒ] 1. teinte *f*; nuance *f*
(*a. fig.*); 2. teinter (*a. fig.*), colorer
(de, *with*); be ~d *with* avoir une
teinte de.

tin·gle ['tiŋgl] tinter; picoter; cuire;
fig. avoir grande envie (de *inf.*,
to inf.).

tink·er ['tiŋkə] 1. chaudronnier *m*;
2. *v/t.* rafistoler; *v/i.* bricoler (dans,
about); ~ *at* rafistoler; ~ *up* faire
des réparations de fortune; ~ *with*
retaper.

tin·kle ['tiŋkl] 1. (faire) tinter; 2.
tintement *m*; F coup *m* de téléphone.

tin·man ['tinmən] étameur *m*;
ferblantier *m*; '**tin·ny** métallique
(son); '**tin-o·pen·er** ouvre-boîtes
m/inv.; '**tin·plate** fer-blanc (*pl.*
fers-blancs) *m*; ferblanterie *f*.

tin·sel ['tinsl] 1. lamé *m*, paillettes
f/pl.; clinquant *m* (*a. fig.*); *fig. a.*
faux éclat *m*; 2. de paillettes; *fig.*
de clinquant, faux (fausse *f*);
3. garnir de paillettes; clinquanter;
fig. donner un faux éclat à.

tin·smith ['tinsmiθ] *see* tinman.

tint [tint] 1. teinte *f*, nuance *f*;
peint. ton *m*; 2. teinter, colorer;
~ed *paper* papier *m* teinté.

tin-tack ['tintæk] broquette *f*; ~s
pl. semence *f*.

tin·tin·nab·u·la·tion ['tintinæbju-
'leiʃn] tintement *m*.

tin·ware ['tinwɛə] ferblanterie *f*.

tin·y □ ['taini] tout petit.

tip [tip] 1. pointe *f*; *cigarette:* bout
m; extrémité *f*; F pourboire *m*; F
tuyau *m*; pente *f*; F coup *m* léger;
give s.th. a ~ faire pencher qch.;
2. *v/t.* mettre un bout à; ferrer,
emboutir (*une canne*); *fig.* dorer; F
donner un pourboire à (*q.*); F (*a.*
~ *off*) tuyauter, avertir (*q.*); ~ *over*
renverser; *v/i.* se renverser; '~-

cart tombereau *m* à bascule;
'~-**cat** bâtonnet *m* (*sorte de jeu d'enfants*); '~-**off** tuyau *m*.

tip·pet ['tipit] pèlerine *f*; écharpe *f*
en fourrure.

tip·ple ['tipl] 1. se livrer à la boisson;
F lever le coude; 2. boisson *f*; '**tip·
pler** ivrogne *m*; buveur (-euse *f*) *m*.

tip·si·ness ['tipsinis] ivresse *f*.

tip·staff ['tipstɑːf] huissier *m*.

tip·ster ['tipstə] tuyauteur *m*.

tip·sy ['tipsi] gris, ivre; F pompette.

tip·toe ['tiptou]: *on* ~ sur la pointe
des pieds.

tip·top ['tip'tɔp] 1. le plus haut
point *m*; 2. de premier ordre; extra; F
chic *inv.*

tip-up seat ['tipʌp'siːt] strapontin
m.

ti·rade [tai'reid] tirade *f*, diatribe *f*.

tire[1] ['taiə] pneu(matique) *m*.

tire[2] [~] (se) lasser, ennuyer (de
of, *with*).

tired □ ['taiəd] fatigué (*fig.* de, of);
'**tired·ness** lassitude *f*, fatigue *f*.

tire·less □ ['taiəlis] infatigable.

tire·some □ ['taiəsəm] ennuyeux
(-euse *f*); F exaspérant.

tire-valve ['taiəvælv] valve *f* de
pneumatique.

ti·ro ['taiərou] novice *mf*.

tis·sue ['tisjuː] tissu *m*; étoffe *f*;
'~-**pa·per** papier *m* de soie; ✝
papier *m* pelure.

tit[1] [tit]: ~ *for tat* à bon chat bon rat;
un prêté pour un rendu.

tit[2] *Am.* [~] *see* teat.

tit[3] *orn.* [~] mésange *f*.

Ti·tan ['taitən] Titan *m*; '**Ti·tan·ess**
femme *f* titanesque; **ti·ta·nic**
[~'tænik] (~ally) titanique, tita-
nesque; géant.

tit·bit ['titbit] friandise *f*; bon morceau *m*; *fig.* quelque chose de piquant.

tithe [taið] 1. dîme *f*; *usu. fig.* dixième
m; 2. payer la dîme sur; dîmer sur.

tit·il·late ['titileit] chatouiller; **tit·il·
la·tion** chatouillement *m*.

tit·i·vate F ['titiveit] (se) faire beau
(belle *f*).

ti·tle ['taitl] 1. titre *m*; nom *m*; *t͡t*
droit *m* (à, to); 2. intituler (*un livre*);
titrer (*un film*); '~-**deed** *t͡t* titre *m* de
propriété; acte *m*; '~-**hold·er** *surt.*
sp. record, coupe: détenteur (-trice *f*)
m; *championnat:* tenant(e *f*) *m*; ~
role *théâ.* rôle *m* principal.

tit·mouse *orn.* ['titmaus], *pl.* **-mice** [~mais] mésange *f*.

ti·trate 🎵 ['taitreit] titrer, doser; **ti'tra·tion** dosage *m*; analyse *f* volumétrique.

tits ∨ [tits] nénés *m/pl.* (= *seins*).

tit·ter ['titə] **1.** avoir un petit rire étouffé; **2.** rire *m* étouffé.

tit·tle ['titl] point *m*; *fig.* la moindre partie; *to a* ~ trait pour trait; '~**tat·tle** ['tætl] cancans *m/pl.*; bavardage *m*; **2.** cancaner; bavarder.

tit·tup ['titəp] F aller au petit galop.

tit·u·lar □ ['titjulə] titulaire; nominal (-aux *m/pl.*).

to [tu:; tə] **1.** *prp. usu.* à; *direction*: à; vers (*Paris, la maison*); en (*France*); chez (*moi, ma tante*); *sentiment*: envers, pour (*q.*); *distance*: jusqu'à; *parenté, hérédité*: de; *pour indiquer le datif*: à; ~ *my father* à mon père; ~ *me accentué*: à moi, *inaccentué*: me; *it happened* ~ *me* cela m'arriva; ~ *the United States* aux États-Unis; ~ *Japan* au Japon; *I bet 10* ~ *1* je parie 10 contre 1; *the train (road)* ~ *London* le train (la route) de Londres; *a quarter (ten)* ~ *six* six heures moins le quart (dix); *alive* ~ *sensible* à (*qch.*); *cousin* ~ *cousin(e f) de*; *heir* ~ *héritier* (-ère *f*) *de*; *here's* ~ *you!* à votre santé!, F à la vôtre!; **2.** *adv.* [tu:]: ~ *and fro* de long en large; *go* ~ *and fro* aller et venir; *come* ~ revenir à soi; *pull the door* ~ fermer la porte; **3.** *pour indiquer l'inf.*: ~ *take* prendre; *I am going* ~ (*inf.*) je vais (*inf.*); *souvent on supprime l'inf.*: *I worked hard, I had* ~ (*sc. work hard*) je travaillais dûr, il le fallut bien; *avec inf., remplaçant une proposition subordonnée*: *I weep* ~ *think of it* quand j'y pense, je pleure.

toad *zo.* [toud] crapaud *m*; '~**stool** champignon *m* vénéneux.

toad·y ['toudi] **1.** sycophante *m*, flagorneur (-euse *f*) *m*; **2.** lécher les bottes à (*q.*); flagorner (*q.*); '**toad·y·ism** flagornerie *f*.   [venues *f/pl.*]

to-and-fro F ['tu:ən'frou] allées et]

toast [toust] **1.** toast *m* (*a. fig.*); pain *m* grillé; **2.** griller, rôtir; *fig.* chauffer; *fig.* porter un toast à.

to·bac·co [tə'bækou] tabac *m*; **to'bac·co·nist** [~kənist] marchand *m* de tabac.

to·bog·gan [tə'bɔgən] **1.** toboggan *m*; luge *f* (suisse); **2.** faire du toboggan.

to·by ['toubi] (*ou* ~ *jug*) pot *m* à bière (de fantaisie); ~ *collar* collerette *f* plissée.

to·co *sl.* ['toukou] châtiment *m* corporel; raclée *f*.

toc·sin ['tɔksin] tocsin *m*.

tod F [tɔd]: *on one's* ~ tout(e) seul(e).

to·day [tə'dei] aujourd'hui.

tod·dle ['tɔdl] **1.** marcher à petits pas; trottiner; F ~ *off* se trotter; **2.** F *pas m/pl.* chancelants (*d'un petit enfant*); F balade *f*; '**tod·dler** tout(e) petit(e) enfant *m(f)*.

tod·dy ['tɔdi] grog *m* chaud.

to-do F [tə'du:] affaire *f*; scène *f*; façons *f/pl.*

toe [tou] **1.** *anat.* doigt *m* de pied; orteil *m*; *chaussettes*: bout *m*; **2.** botter (*a. sp.*); mettre un bout à (*un soulier*); ~ *the line* s'aligner; *fig.* ~ *the (party) line* obéir (aux ordres de son parti); s'aligner (avec son parti).

-toed [toud]: *three* ~ à trois orteils.

toff *sl.* ['tɔf] rupin(e *f*) *m*; dandy *m*.

tof·fee, tof·fy ['tɔfi] caramel *m* au beurre; '**tof·fee-nosed** F bêcheur (-euse *f*).

to·geth·er [tə'geðə] ensemble; en même temps; ~ *with* avec; *all* ~ tous ensemble.

tog·ger·y F ['tɔgəri] nippes *f/pl.*, frusques *f/pl.*

tog·gle ['tɔgl] **1.** ⚓ cabillot *m*; ⊕ clef *f*; ⚡ ~ *switch* interrupteur *m* à bascule; **2.** ⚓ fixer avec *ou* munir d'un cabillot.

togs *sl.* [tɔgz] *pl.* nippes *f/pl.*, frusques *f/pl.*

toil [tɔil] **1.** travail (*pl.* -aux) *m*, peine *f*; **2.** travailler (dur); '**toil·er** travailleur (-euse *f*) *m*.

toi·let ['tɔilit] toilette *f*; ⚕ détersion *f*; *les cabinets m/pl.*; *make one's* ~ faire sa toilette; '~**bag** trousse *f* de toilette; '~**pa·per** papier *m* hygiénique; '~**set** garniture *f* de toilette; '~**ta·ble** table *f* de toilette.

toils [tɔilz] *pl.* filet *m*, lacs *m*, *a. m/pl.* (*a. fig.*).

toil·some □ ['tɔilsəm] fatigant.

toil-worn ['tɔilwɔ:n] usé par le travail; marqué par la fatigue (*visage*).

to·ken ['toukən] signe *m*, marque *f*; jeton *m*; bon *m* (*de livres*); ~ *money* monnaie *f* fiduciaire; ~ *payment* paiement *m* symbolique; ~ *strike* grève *f* d'avertissement; *in* ~ *of* en signe *ou* témoignage de.

told [tould] *prét. et p.p. de* tell; *all* ~ tout compris; tout compte fait.

tol·er·a·ble □ ['tɔlərəbl] supportable, tolérable; assez bon(ne *f*); **'tol·er·ance** tolérance *f* (*a.* ⚙, ⊕); **'tol·er·ant** □ tolérant (à l'égard de, *of*); **tol·er·ate** ['ˌreit] tolérer, supporter; **tol·er·a·tion** tolérance *f*.

toll[1] [toul] droit *m* de passage; marché: droit *m* de place; téléph. (*a.* ~-*call*) conversation *f* interurbaine; ~ *of the road* la mortalité *f* sur routes; *take* ~ *of* faire payer le droit de passage à; *fig.* retrancher une bonne partie de; ~ *bar*, ~ *gate* barrière *f* (de péage); ~ *road* route *f* à péage.

toll[2] [ˌ] 1. tintement *m*; *souv.* glas *m*; 2. tinter; sonner (*souv.* le glas).

tom [tɔm] mâle *m* (*animal*); ~ *cat* matou *m*.

tom·a·hawk ['tɔməhɔːk] 1. hache *f* de guerre, tomahawk *m*; 2. assommer; frapper avec un tomahawk.

to·ma·to ♀ [tə'mɑːtou; *Am.* tə-'meitou], *pl.* -**toes** [ˌtouz] tomate *f*.

tomb [tuːm] tombe(au *m*) *f*; ~*stone* pierre *f* tombale.

tom·boy ['tɔmbɔi] fillette *f* d'allures garçonnières; garçon *m* manqué.

tome [toum] tome *m*, livre *m*.

tom·fool ['tɔm'fuːl] 1. niais *m*; *attr.* insensé; stupide; 2. faire *ou* dire des sottises; **tom'fool·er·y** niaiserie *f*, -s *f/pl.*

tom·my *sl.* ['tɔmi] simple soldat *m* anglais; mangeaille *f*; ~-*gun* mitraillette *f*; ~ *rot* bêtises *f/pl.*

to·mor·row [tə'mɔrou] demain; ~ *week* de demain en huit.

tom-tom ['tɔmtɔm] tam-tam *m*.

ton [tʌn] tonne *f*; F ~*s pl.* tas *m/pl.*

to·nal·i·ty ♪, *a. peint.* [to'næliti] tonalité *f*.

tone [toun] 1. ton *m* (*a. ling.* ♪, *peint., fig.*); son *m*; accent *m*; voix *f*; *fig.* atmosphère *f*; ~ *of tonicité f*; *out of* ~ désaccordé; 2. *v/t.* teinter; ♪ accorder; *peint.* adoucir les tons de; *phot.* virer; *v/i.* s'harmoniser (avec, *with*); *phot.* virer; ~ *down* s'adoucir.

tongs [tɔŋz] *pl.*: (*a pair of*) ~ (des)

pincettes *f/pl.*; ⊕ (des) tenailles *f/pl.*

tongue [tʌŋ] *usu.* langue *f* (*a. fig., ling.*); *soulier, bois, hautbois:* languette *f*; *cloche:* battant *m*; *give* ~ donner de la voix, aboyer (*chien*); *hold one's* ~ se taire; *speak with one's* ~ *in one's cheek* parler ironiquement; blaguer; **'tongue·less** sans langue; *fig.* muet(te *f*); **tongue-tied** qui a la langue liée; *fig.* interdit; muet(te *f*).

ton·ic ['tɔnik] 1. (~*ally*) ♪, ⚙, *gramm.* tonique; ♪ ~ *chord* accord *m* naturel; 2. ♪ tonique *f*; ⚙ tonique *m*, réconfortant *m*.

to·night [tə'nait] ce soir; cette nuit.

ton·ing so·lu·tion *phot.* ['touniŋ sə'luːʃn] (bain *m* de) virage *m*.

ton·nage ⚓ ['tʌnidʒ] tonnage *m*, jauge *f*; *hist.* droit *m* de tonnage.

-ton·ner ⚓ ['tʌnə]: *four-hundred* ~ vaisseau *m* de quatre cent tonneaux.

ton·sil *anat.* ['tɔnsl] amygdale *f*; **ton·sil·li·tis** [ˌsi'laitis] amygdalite *f*, inflammation *f* des amygdales.

ton·sure ['tɔnʃə] 1. tonsure *f*; 2. tonsurer.

too [tuː] (par) trop; aussi; d'ailleurs.

took [tuk] *prét. de* take 1, 2.

tool [tuːl] 1. outil *m*; ustensile *m*; instrument *m* (*a. fig.*); 2. ciseler (*le cuir, un livre*); bretteler (*une pierre*); ⊕ travailler; **'~-bag**, **'~-kit** sac *m* à outils; *mot.* sacoche *f*; ~ **shed** cabane *f* à outils.

toot [tuːt] 1. sonner (*mot.* (*a.* ~ *the horn*) corner; klaxonner; 2. cornement *m*; coup *m* de klaxon.

tooth [tuːθ] (*pl.* teeth) dent *f*; '~**ache** mal *m* de dents; '~-**brush** brosse *f* à dents; **toothed** [ˌθt] à ... dents; aux dents ...; ⊕ denté; **'tooth·ing** ⊕ *scie:* taille *f* des dents; *roue:* dents *f/pl.*; **'tooth·less** sans dents; **'tooth-paste** (pâte *f*) dentifrice *m*; **'tooth·pick** cure-dent *m*.

tooth·some □ ['tuːθsəm] savoureux (-euse *f*); **'tooth·some·ness** succulence *f*; goût *m* agréable.

too·tle ['tuːtl] flûter; *mot.* corner; F ~ *along* aller son petit bonhomme de chemin.

toot·sie, toot·sy F ['tu(ː)tsi] peton *m* (*pied*); *surt. Am.* nana *f* (= *fille*); *surt. Am.* chéri(e *f*) *m*.

top¹ [tɔp] **1.** sommet *m*, cime *f*; *tête*: haut *m*; *arbre, toit*: faîte *m*; *maison*: toit *m*; *page*: tête *f*; *eau, terre*: surface *f*; *cheminée, table, soulier*: dessus *m*; *table*: haut bout *m*; *bas, botte*: revers *m*; *boîte*: couvercle *m*; *autobus etc.*: impériale *f*; *fig.* chef *m*, tête *f* (*de rang*); *fig.* comble *m*; *mot. Am.* capote *f*; ⚓ hune *f*; *at the ~* (*of*) au sommet (de), en haut (de); *at the ~ of one's speed* à toutes jambes, à toute vitesse; *at the ~ of one's voice* à pleine gorge, (*crier*) de toutes ses forces; *on ~* sur le dessus; en haut; *on ~ of* sur, en haut de; et aussi, immédiatement après; F *blow one' ~* sortir de ses gonds; se mettre en rogne; **2.** supérieur; d'en haut; *the ~ floor* le plus haut étage; *~ speed* vitesse maximum; plafond *m*; *~ coat* pardessus *m*, manteau *m*; *the ~ earners pl.* les gros salaires; *sl. ~ banana* la personne la plus importante; *sl. be ~ dog* être celui qui commande; **3.** surmonter, couronner; dépasser, surpasser; atteindre le sommet de; être à la tête de (*une classe, une liste, etc.*); 🖉 écimer (*un arbre*); pincer (*l'extrémité d'une plante*); *golf*: topper; F *~ up, ~ off* remplir.

top² [~] toupie *f*.

to·paz *min.* ['toupæz] topaze *f*.

top-boots ['tɔp'bu:ts] *pl.* bottes *f/pl.* à revers.

to·pee ['toupi] casque *m* colonial.

top·er ['toupə] ivrogne *m*.

top...: '*~·flight* F de premier ordre; *~gal·lant* ⚓ ['~'gælənt], ⚓ tə-'gælənt] **1.** de perroquet; **2.** de perroquet; *voile f* de perroquet; '*~·hat* chapeau*: haut-de-forme (*pl.* hauts-de-forme) *m*; '*~·heav·y* trop lourd du haut; ⚓ jaloux (-se *f*); '*~·hole sl.* excellent, épatant.

top·ic ['tɔpik] sujet *m*, thème *m*; question *f*; matière *f*; '**top·i·cal** ☐ topique, local (-aux *m/pl.*) (*a.* 🖉); d'actualité.

top·knot ['tɔpnɔt] chignon *m*; *orn.* huppe *f*.

top·less ['tɔplis] en monokini; aux seins nus, torse nu.

top...: '*~·mast* ⚓ mât *m* de hune; '*~·most* le plus haut *ou* élevé; '*~·notch* F de premier ordre.

to·pog·ra·pher [tə'pɔgrəfə] topographe *m*; **top·o·graph·ic, top·o-**

graph·i·cal ☐ [tɔpə'græfik(l)] topographique; **to·pog·ra·phy** [tə-'pɔgrəfi] topographie *f*; anatomie *f* topographique.

top·per *sl.* ['tɔpə] type *m* épatant; *see* tophat; '**top·ping** F excellent, chouette, chic.

top·ple ['tɔpl] (*usu. ~ over ou down*) (faire) écrouler, dégringoler.

tops *sl.* [tɔps] **1.** fantastique, le (la *f*) meilleur(e); **2.** *be the ~* être champion.

top·sail ⚓ ['tɔpsl] hunier *m*.

top·se·cret ['tɔp'si:krət] ultra-secret (-ète *f*).

top·sy·tur·vy ☐ ['tɔpsi'tə:vi] sens dessus dessous; en désarroi.

tor [tɔ:] pic *m*, massif *m* de roche.

torch [tɔ:tʃ] torche *f*, flambeau *m*; *electric ~* lampe *f* électrique de poche; torche *f* électrique; *~ battery* pile *f*; *Am. ~ song* chanson *f* d'amour non partagé; '*~·light* lumière *f* de(s) torches; *~ procession* défilé *m* aux flambeaux.

tore [tɔ:] *prét. de* tear¹ 1.

tor·ment 1. ['tɔ:mənt] tourment *m*, torture *f*, supplice *m*; **2.** [tɔ:'ment] tourmenter, torturer; harceler; *fig.* taquiner; **tor'men·tor** tourmenteur (-euse *f*) *m*; harceleur (-euse *f*) *m*.

torn [tɔ:n] *p.p. de* tear¹ 1.

tor·na·do [tɔ:'neidou], *pl.* **-does** [~douz] tornade *f*; ouragan *m* (*a. fig.*).

tor·pe·do [tɔ:'pi:dou], *pl.* **-does** [~douz] **1.** ⚓, ✕, *icht.* torpille *f*; *Am. sl.* homme *m* de main; **2.** ⚓ torpiller (*a. fig. un projet*); '*~·boat* ⚓ torpilleur *m*.

tor·pid ☐ ['tɔ:pid] inerte, engourdi (*a. fig.*), torpide; *fig.* lent, léthargique; **tor'pid·i·ty**, '**tor·pid·ness**, **tor·por** ['tɔ:pə] engourdissement *m*, torpeur *f*; *fig.* léthargie *f*.

torque ⊕ [tɔ:k] moment *m* de torsion.

tor·rent ['tɔrənt] torrent *m* (*a. fig.*); *fig.* déluge *m*; *in ~s* à torrents; **tor·ren·tial** ☐ [tɔ'renʃl] torrentiel(le *f*).

tor·rid ['tɔrid] torride.

tor·sion ['tɔ:ʃn] torsion *f*; '**tor·sion·al** de torsion.

tort 🕱 [tɔ:t] acte *m* dommageable; préjudice *m*.

tor·toise *zo.* ['tɔ:təs] tortue *f*;

~-shell ['~ʃəl] écaille *f* (de tortue).

tor·tu·os·i·ty [tɔ:tju'ɒsiti] tortuosité *f*; **'tor·tu·ous** □ tortueux (-euse *f*); sinueux (-euse *f*); tortu (*esprit*); ⳑ̸ gauche (*courbe*).

tor·ture ['tɔ:tʃə] **1.** torture *f*, question *f*; supplice *m*; **2.** mettre (*q.*) à la question; torturer; **'tor·tur·er** bourreau *m*; harceleur *m*.

To·ry ['tɔ:ri] tory *m* (*membre du parti conservateur anglais*) (*a. adj.*); **'To·ry·ism** toryisme *m*.

tosh *sl.* [tɔʃ] bêtises *f/pl.*

toss [tɔs] **1.** jet *m*, coup *m*; mouvement *m* (*de tête*) dédaigneux; *équit.* chute *f* de cheval; (*a. ~up*) coup *m* de pile ou face; *it is a ~up* les chances sont égales; *win the ~* gagner (*à pile ou face*); **2.** *v/t.* agiter, (*a. ~ about*) secouer; démonter (*un cavalier*); *~* aussi jeter de côté; lancer; lancer (*le foin*), *cuis.* sauter; (*a. ~ up*) lancer en l'air; *~* (*up*) à coin jouer à pile ou face; hocher (*la tête*); *~ off* (*ou down*) avaler d'un trait (*du vin etc.*); ⳑ̸ *~ the oars* mâter les avirons; *v/i.* s'agiter; tanguer (*navire*); être ballotté; *~* (*up*) choisir à pile ou face (*qch.*, *for s.th.*).

tot¹ F [tɔt] tout(e) petit(e) enfant *mf*; petit verre *m*.

tot² F [~] **1.** addition *f*; **2.** *~ up v/t.* additionner (*q.*), s'élever (*à, to*).

to·tal ['toutl] **1.** □ total (-aux *m/pl.*); entier (-ère *f*); complet (-ète *f*); **2.** total *m*, montant *m*; *grand ~* total *m* global, somme *f* globale; **3.** *v/t.* additionner; *v/i.* s'élever (*à, up to*); **to·tal·i·tar·i·an** [toutæli'tɛəriən] totalitaire; **to·tal·i'tar·i·an·ism** totalitarisme *m*; **to·tal·i·ty** [tou'tæliti] totalité *f*; **to·tal·i·za·tor** ['~təlaizeitə] totalisateur *m*; **to·tal·ize** ['~aiz] totaliser, additionner.

tote *Am.* [tout] (trans)porter.

tot·ter ['tɔtə] chanceler (*a. fig.*); tituber (*ivrogne*); **'tot·ter·ing** □, **'tot·ter·y** chancelant; titubant (*ivrogne*).

touch [tʌtʃ] **1.** *v/t.* toucher (de, with); émouvoir; effleurer (*une surface*, ♩ *les cordes de la harpe*); trinquer (*des verres*); toucher à (= *déranger*); *fig.* atteindre; F taper (de, *for*); rehausser (*un dessin*); *~ one's hat* saluer (*q.*, *to s.o.*); porter la main à son chapeau; F *a bit* (*ou a*

little) *~ed* un peu toqué; *sl. ~ s.o. for a pound* taper *q.* d'une livre; *~ off* ébaucher; faire partir (*une mine*); *~ up* rafraîchir; repolir; *phot.* faire des retouches à; *v/i.* se toucher; être en contact; ⳑ̸ *~ at* toucher à; faire escale à; *~ on* toucher (*qch.*) (= *traiter, mentionner*); **2.** attouchement *m*; léger coup *m*; *cuis.*, *maladie, etc.*: soupçon *m*; *peint.* (*coup m de*) pinceau *m*; *sp.*, *peint.* touche *f*; *dactylographe*: frappe *f*; *fig.* nuance *f*, pointe *f*; *~ of bronchitis* pointe *f* de bronchite; *get in(to) ~* (avec, with) se mettre en communication, prendre contact; **'~-and-'go 1.** affaire *f* hasardeuse; *it is ~* ça reste en balance; **2.** très incertain; hasardeux (-euse *f*); **'~-down** ✈ atterrissage *m*; amerrissage *m*; **'~-hole** *canon*: lumière *f*; **'touch·i·ness** susceptibilité *f*; **'touch·ing 1.** □ touchant, émouvant; **2.** *prp.* touchant, concernant; **'touch-line** *foot.* ligne *f* de touche; **'touch·stone** pierre *f* de touche (*a. fig.*); **touch-type** taper au toucher; **'touch·y** □ susceptible; *see* testy.

tough [tʌf] **1.** dur, résistant; *fig.* fort; rude; inflexible (*personne*); *Am.* dur; brutal (-aux *m/pl.*); de bandit; **2.** *surt. Am.* apache *m*, bandit *m*; **'tough·en** *v/t/i.* durcir; (s')endurcir (*personne*); **'tough·ness** dureté *f*; résistance *f* (à la fatigue); *fig.* difficulté *f*.

tour [tuə] **1.** tour *m*; excursion *f*; tournée *f*; *~ operator* organisateur *m* de voyage; **2.** faire le tour de; voyager; visiter en touriste; **'tour·ing** en tournée; de touristes; *mot. ~ car* voiture *f* de tourisme; **'tour·ism** tourisme *m*; **'tour·ist** touriste *mf*; voyageur (-euse *f*) *m*; *~ agency* (*ou office ou bureau*) bureau *m* de tourisme; *~ industry* tourisme *m*; *~ season* la saison *f*; *~ ticket* billet *m* circulaire.

tour·na·ment ['tuənəmənt], **tour·ney** ['~ni] tournoi *m*.

tou·sle ['tauzl] houspiller; chiffonner (*une femme, une robe*); ébouriffer (*les cheveux*).

tout [taut] **1.** pisteur *m*, racoleur *m*; (*a. racing ~*) tout *m*; **2.**: *~ for* pister, racoler; *Am.* solliciter.

tow¹ ⳑ̸ [tou] **1.** (câble *m* de) remorque *f*; *~ car* voiture *f* remorqueuse; *take* *in* ~ prendre à la remorque; 2. remorquer; haler (*un chaland*).

tow² [~] étoupe *f* (blanche).

tow·age ⚓ ['touidʒ] remorquage *m*; *chaland*: halage *m*.

to·ward(s) [tə'wɔ:d(z)] vers, du côté de; *sentiment*: pour, envers.

tow·el ['tauəl] 1. serviette *f*; essuie-mains *m/inv.*; 2. frotter avec une serviette; *sl.* donner une raclée à (q.); **'~-horse**, **'~-rack** porte-serviettes *m/inv.*

tow·er ['tauə] 1. tour *f*; ⊕ pylône *m*; *église*: clocher *m*; *fig. a* ~ of strength un puissant appui; *Brit.* ~ block immeuble-tour *m* (*pl.* immeubles-tours); 2. (*a.* ~ over) dominer; monter très haut; **'tow·ered** surmonté *ou* flanqué d'une tour *ou* de tours; **'tow·er·ing** □ très élevé, qui domine; *fig.* violent, furieux.

tow(·ing)... ['tou(iŋ)]: **'~-line** (câble *m* de) remorque *f*; **'~-path** chemin *m* ou banquette *f* de halage; ~ **truck** dépanneuse *f*.

town [taun] 1. ville *f*; cité *f*; *county* ~ chef-lieu (*pl.* chefs-lieux) *m*; 2. municipal (-aux *m/pl.*); de la ville; à la ville; ~ **clerk** secrétaire *m* de mairie; ~ **council** conseil *m* municipal; ~ **hall** hôtel *m* de ville; mairie *f*; *surt. Am.* (*Nouvelle-Angleterre*): ~ **meeting** réunion *f* des électeurs de la ville; **'~·plan·ning** urbanisation *f*; **~·scape** ['~skeip] panorama *m* de la ville.

towns·folk ['taunzfouk] *pl.*, **'towns·peo·ple** *pl.* citadins *m/pl.*; bourgeois *m/pl.*; concitoyens *m/pl.*

town·ship ['taunʃip] commune *f*.

towns·man ['taunzmən] citadin *m*; bourgeois *m* (*a. univ.*); (*ou fellow* ~) concitoyen *m*.

tow-rope ⚓ ['touroup] (câble *m* de) remorque *f*; *chaland*: corde *f* de halage.

tox·ic, **tox·i·cal** □ ['tɔksik(l)] toxique; intoxicant; **'tox·in** toxine *f*.

toy [tɔi] 1. jouet *m*; F joujou(x *pl.*) *m*; *attr.* d'enfant; de jouets; tout petit; pour rire; 2. jouer, s'amuser (avec, *with*); *fig.* (*qch.*) en amateur; **'~-book** livre *m* d'images; **'~-box** boîte *f* à joujoux; **'~-shop** magasin *m* de jouets.

trace¹ [treis] 1. trace *f*; vestige *m* (*a. fig.*); *fig.* ombre *f*; 2. tracer (*a. un plan*); calquer (*un dessin*); *fig.* es-quisser; suivre la piste de; suivre à la trace; recouvrer; retrouver les vestiges de; suivre (*un chemin*); ~ **back** faire remonter (à, *to*); ~ **out** tracer; esquisser; *surv.* faire le tracé de; ~ **to** (faire) remonter à.

trace² [~] trait *m*; **~-horse** cheval *m* de renfort.

trace·a·ble □ ['treisəbl] que l'on peut tracer *ou* décalquer; facile à suivre; **'trac·er**: *radio-active* ~ traceur *m* radio-actif; ~ **bullet** balle *f* traçante; **'trac·er·y** ⚘ réseau *m*; tympan *m* (*de fenêtre gothique*).

tra·che·a [trə'ki:ə] trachée-artère (*pl.* trachées-artères) *f*.

trac·ing ['treisiŋ] tracé *m*; traçage *m*; calquage *m*; calque *m*; **'~-pa·per** papier *m* à calquer.

track [træk] 1. trace *f*; piste *f* (*a. sp.*, *chasse*, ⊕); voie *f* (*a.* 🚂, *chasse*); sentier *m*; chemin *m* (*a.* ⊕); *tracteur*: chenille *f*; *Am.* 🚂 rail *m*; *surt. Am.* ~athletics *pl.* l'athlétisme *m* (sur piste); la course, le saut, et le lancement du poids; ~ **events** *pl.* épreuves *f/pl.* d'athlétisme; 2. *v/t.* suivre à la trace *ou* à la piste; traquer (*un malfaiteur*); ~ **down** (*ou* out) dépister; retrouver les traces de; *v/i.* être en alignement; **'~-and-'field sports** *pl.* l'athlétisme *m* (sur piste); **'track·er** *usu. chasse*: traqueur *m*; **'track·less** sans traces; sans chemin; ⊕ sans rails, sans voie.

tract¹ [trækt] étendue *f*; région *f*; *anat.* appareil *m*.

tract² [~] brochure *f*.

trac·ta·bil·i·ty [træktə'biliti], **'trac·ta·ble·ness** docilité *f*; humeur *f* traitable; **'trac·ta·ble** □ docile, traitable.

trac·tion ['trækʃn] traction *f*; ~engine machine *f* routière; remorqueur *m*; **'trac·tive** tractif (-ive *f*); de traction; **'trac·tor** 🚜 tracteur *m*; caterpillar ~ autochenille *f*; *Am.* ~-trailer tracteur *m* à remorque.

trade [treid] 1. commerce *m*, affaires *f/pl.*; métier *m*, emploi *m*; état *m*; *Am.* marché *m*, vente *f* en reprise; Board of ♀ Ministère *m* du Commerce; *free* ~ libre échange *m*; *do a good* ~ faire de bonnes affaires, vendre beaucoup; 2. *v/i.* faire des affaires (avec, *with*); faire le commerce (de, in), trafiquer (en, *in*); ~ **in** échanger (contre, *for*); donner (*une vieille voi-*

turē) en reprise; *v/t.* échanger (contre, *for*); '**~-fair** ♣ foire *f*; '**~-in** reprise; objet *m* donné en reprise; **~ price** (*value*) prix *m* (valeur *f*) à la reprise; *take s.th. as a* **~** prendre qch. en reprise; '**~-mark** marque *f* de fabrique; *souv.* marque *f* déposée; **~ name** raison *f* de commerce; nom *m* commercial, appellation *f* (*d'un article*); **~ price** prix *m* marchand; '**trad·er** commerçant(e *f*) *m*, négociant(e *f*) *m*; marchand(e *f*) *m*; **trade re·la·tions** *pl.* relations *f/pl.* commerciales; '**trade school** école *f* industrielle; '**trades·man** marchand *m*; fournisseur *m*; *prov.* artisan *m*; '**trades·peo·ple** *pl.* commerçants *m/pl.*

trade(s)...: **~ un·ion** syndicat *m* ouvrier; **~-'un·ion·ism** syndicalisme *m*; mouvement *m* syndical; **~-'un·ion·ist 1.** syndiqué(e *f*) *m*; **2.** syndical (-aux *m/pl.*).

trade...: **~ war** guerre *f* économique; **~ wind** (vent *m*) alizé *m*.

trad·ing ['treidiŋ] de commerce, commercial (-aux *m/pl.*); commerçant (*ville*).

tra·di·tion [trə'diʃn] tradition *f* (*a.* ♫); **tra·'di·tion·al**, **tra·'di·tion·ar·y** □ traditionnel(le *f*); de tradition.

traf·fic ['træfik] **1.** commerce *m*, trafic *m* (de, *in*) (*a. péj.*); *rue:* circulation *f*; **~ census** recensement *m* de la circulation; **~ jam** embouteillage *m*; **~ lights** *pl.* feux *m/pl.* (de circulation); **~ news** *pl.* radioguidage *m*; **~ sign** poteau *m* de signalisation; **~ warden** contractuel(le *f*) *m*; **2.** *v/i.* trafiquer; faire le commerce (de, *in*); *v/t. usu. péj.* trafiquer de; **~ away** vendre; **traf·fi·ca·tor** *mot.* ['træfikeitə] flèche *f* mobile; '**traf·fick·er** trafiquant *m* (de, *in*) (*a. péj.*).

tra·ge·di·an [trə'dʒi·djən] (auteur *m*) tragique *m*; *théâ.* tragédien(ne *f*) *m*; **trag·e·dy** ['trædʒidi] tragédie *f* (*a. fig.*); *fig.* drame *m*.

trag·ic, **trag·i·cal** □ ['trædʒik(l)] tragique (*a. fig.*).

trag·i·com·e·dy ['trædʒi'kɔmidi] tragi-comédie *f*; '**trag·i'com·ic** (*~ally*) tragi-comique.

trail [treil] **1.** *fig.* traînée *f*; sillon *m*; queue *f*; *chasse:* voie *f*, piste *f*; sentier *m*; **2.** *v/t.* traîner; *chasse:* suivre à la piste, traquer (*a. un criminel*);

F suivre; *v/i.* traîner; se traîner (*personne*); ♀ grimper; ramper; **~ blaz·er** *Am.* pionnier *m*; précurseur *m*; '**trail·er** ♀ plante *f* grimpante *ou* rampante; *chasse:* traqueur *m*; *véhicule:* remorque *f*; baladeuse *f*; *mot. Am.* roulotte *f*; *cin.* film-annonce *m*.

train [trein] **1.** suite *f*, cortège *m*; train *m* (*a.* ⚙); *animaux, bateaux, wagons:* file *f*; *poudre:* traînée *f*; *cost.* queue *f*; *fig.* chaîne *f*; ⚔ rame *f* (*de bennes, a. du Métro*); *by* **~** par le train; *in* **~** en train; *set in* **~** mettre en train; **~ journey** voyage *m* en ou par chemin de fer; **2.** *v/t.* former; dresser (*un animal*); élever (*un enfant*); diriger (*une plante*); *sp.* entraîner; braquer (*une arme à feu*); *v/i.* s'exercer; *sp.* s'entraîner; *F* (*it*) voyager en *ou* par chemin de fer; '**~-ac·ci·dent**, '**~-dis·as·ter** accident *m* de chemin de fer; **train·ee** apprenti *m*; *box.* poulain *m*; '**train·er** dresseur *m* (*d'animaux*); *sp.* entraîneur *m*; '**train-'fer·ry** bac *m* transbordeur.

train·ing ['treiniŋ] éducation *f*; ⚔ dressage *m* (*a. d'animaux*); *sp.* entraînement *m*; **~ of horses** manège *m*; *physical* **~** éducation *f* physique; *go into light* **~** commencer un léger entraînement; '**~-col·lege** école *f* normale; '**~-ship** navire-école (*pl.* navires-écoles) *m*.

train-oil ['treinɔil] huile *f* de baleine.

trait [treit] trait *m* (*de caractère etc.*).

trai·tor ['treitə] traître *m*; '**trai·tor·ous** □ traître(sse *f*).

trai·tress ['treitris] traîtresse *f*.

tra·jec·to·ry *phys.* ['trædʒiktəri] trajectoire *f*.

tram [træm] *see* **~-car**, **~way**; '**~-car** (voiture *f* de) tramway *m*.

tram·mel ['træməl] **1.** ⚓ tramail *m*; *fig.* **~s** *pl.* entraves *f/pl.*; **2.** entraver, empêtrer (*with, with*).

tramp [træmp] **1.** promenade *f* à pied; pas *m* lourd, bruit *m* des pas; *personne:* vagabond *m*, chemineau *m*; ⚓ (*souv. ocean* **~**) cargo *m* sans ligne régulière; *F on the* **~** sur le trimard; *be on the* **~** courir les routes; **2.** *v/i.* marcher lourdement; voyager à pied; *v/t.* battre (*le pavé*); courir (*le pays*); **tram·ple** ['~l] piétiner, fouler (*qch.*) aux pieds.

tram·way [ˈtræmwei] (voie f de) tramway m.

trance [trɑːns] transe f; extase f.

tran·ny sl. [ˈtræni] transistor m.

tran·quil □ [ˈtræŋkwil] tranquille, calme; **tran'quil·(l)i·ty** tranquillité f, calme m; **tran·quil·(l)i·za·tion** [ˌlai'zeiʃn] apaisement m; **'tran·quil·(l)ize** calmer, apaiser; **'tran·quil·(l)iz·er** ⚕ tranquillisant m.

trans·act [trænˈzækt] négocier; ∼ business faire des affaires; **trans'ac·tion** conduite f; opération f; affaire f; ∼s pl. péj. commerce m; comptes-rendus m/pl. (des séances); **trans'ac·tor** négociateur m (-trice f) m.

trans·al·pine [ˈtrænzˈælpain] transalpin.

trans·at·lan·tic [ˈtrænzətˈlæntik] transatlantique.

tran·scend [trænˈsend] outrepasser; dépasser; surpasser (q.); **tran'scend·ence, tran'scend·en·cy** [∼dəns(i)] transcendance f (a. phls);. **tran'scend·ent** □ transcendant; a. = **tran·scen·den·tal** □ [∼ˈdentl] ꭤ transcendant; phls. transcendantal (-aux m/pl.); F vague.

tran·scribe [trænsˈkraib] transcrire (a. ♪); traduire (des notes sténographiques); radio: enregistrer.

tran·script [ˈtrænskript] copie f, transcription f; traduction f (de notes sténographiques); **tran'scrip·tion** transcription f (a. ♪); radio: enregistrement m; see a. transcript.

tran·sept ꭤ [ˈtrænsept] transept m.

trans·fer 1. [trænsˈfəː] v/t. transférer; transporter; ⚖ transmettre, céder; (dé)calquer (un dessin, une image); banque: virer (une somme); comptabilité: contre-passer, ristourner; 🚂 déclasser; v/i. changer de train (-s); **2.** [ˈtrænsfə] transport m; ⚖ transmission f, acte m de cession; ♱ transfert m; déclassement m (🚂 de voyageurs); ⚖ mutation f (de biens); banque: virement m; ristourne f; décalque m; ∼-picture décalcomanie f; ♱ ∼ ticket transfert m; Am. billet m de correspondance; **trans'fer·a·ble** cessible; **trans·fer·ee** ⚖, ♱ [∼fəˈriː] cessionnaire mf; **trans'fer·ence** [ˈ∼fərəns] transfèrement m;

psych. transfert m affectif; **'trans·fer·or** ⚖ cédant(e f) m.

trans·fig·u·ra·tion [trænsfigjuˈreiʃn] transfiguration f; **trans·fig·ure** [∼ˈfigə] transfigurer.

trans·fix [trænsˈfiks] transpercer; fig. ∼ed cloué au sol (par, with).

trans·form [trænsˈfɔːm] transformer, convertir (en, into); **trans·for·ma·tion** [ˌfəˈmeiʃn] transformation f; conversion f; fig. métamorphose f; faux toupet m; **trans·form·er** ⚡ [ˈ∼ˈfɔːmə] transformateur m.

trans·fuse [trænsˈfjuːz] transfuser (a. ⚕ du sang); ⚕ faire une transfusion de sang à (un malade); pénétrer (de, with); fig. inspirer (qch. à q., s.o. with s.th.); **trans'fu·sion** [∼ʒn] transfusion f (surt. ⚕ du sang).

trans·gress [trænsˈgres] v/t. transgresser, violer, enfreindre; v/i. pécher; **trans·gres·sion** [∼ˈgreʃn] transgression f; péché m, faute f; **trans·gres·sor** [∼ˈgresə] transgresseur m; pécheur (-eresse f) m.

tran·ship(·ment) [trænˈʃip(mənt)] see transship(ment).

tran·sience, tran·sien·cy [ˈtrænziəns(i)] caractère m passager; courte durée f.

tran·sient [ˈtrænziənt] **1.** passager (-ère f), transitoire; éphémère; momentané; ♪ de transition; **2.** Am. voyageur m ou client m de passage; ∼ camp camp m de passage; **'tran·sient·ness** caractère m passager; courte durée f.

tran·sis·tor [trænˈsistə] transistor m; **tran'sis·tor·ize** [∼raiz] transistoriser.

tran·sit [ˈtrænsit] passage m.

tran·si·tion [trænˈsiʒn] transition f; passage m; **tran'si·tion·al** □ de transition; transitionnel(le f).

tran·si·tive □ gramm. [ˈtrænsitiv] transitif (-ive f).

tran·si·to·ri·ness [ˈtrænsitərinis] caractère m transitoire ou passager; courte durée f; **'tran·si·to·ry** □ transitoire, passager (-ère f); de courte durée.

trans·lat·a·ble [trænsˈleitəbl] traduisible; **trans·late** [∼ˈleit] traduire (un livre etc.); déchiffrer; fig. prendre pour; convertir (en, into); transférer (un évêque); **trans'la-**

tion traduction *f*; déchiffrement *m*; école: version *f*; *eccl.* translation *f*; **trans·la·tor** traducteur (-trice *f*) *m*. **trans·lu·cence**, **trans·lu·cen·cy** [trænz'lu:sns(i)] translucidité *f*; **trans·lu·cent** translucide; *fig.* clair.

trans·ma·rine [trænzmə'ri:n] d'outre-mer.

trans·mi·grant ['trænzmigrənt] émigrant *m* de passage; **trans·mi·grate** ['trænzmaigreit] transmigrer (*a. fig.*); **trans·mi·gra·tion** transmigration *f* (*a. des âmes*); *fig.* métempsycose *f*.

trans·mis·si·ble [trænz'misəbl] transmissible; **trans·mis·sion** [~'miʃn] transmission *f* (*a.* ⊕, *biol.*, *phys.*, *radio*); *radio* a. émission *f*.

trans·mit [trænz'mit] transmettre (*a. biol.*, *phys.*, *radio*); ⚡ transporter (*la force*); ⊕ émettre; communiquer (*un mouvement*); **trans·mit·ter** celui (celle *f*) *m* qui transmet; *tél.* transmetteur (-trice *f*); *radio:* (poste *m*) émetteur *m*; **trans·mit·ting** transmetteur (-trice *f*); *radio:* émetteur (-trice *f*); d'émission; ~ *station* poste *m* émetteur.

trans·mog·ri·fy F [trænz'mɔgrifai] transformer (en, *into*).

trans·mut·a·ble □ [trænz'mju:təbl] transmu(t)able (en, *into*); **trans·mu·ta·tion** transmutation *f*; ♻ mutation *f*; **trans·mute** [~'mju:t] transformer, convertir (en, *into*).

trans·o·ce·an·ic ['trænzouʃi'ænik] transocéanien(ne *f*).

tran·som ⊕ ['trænsəm] traverse *f*; meneau *m* horizontal; *surt. Am.* vasistas *m*.

trans·par·en·cy [træns'pɛərənsi] transparence *f*; limpidité *f*; *phot.* diapositif *m*; **trans·par·ent** □ transparent; limpide; *fig.* évident.

tran·spi·ra·tion [trænspi'reiʃn] transpiration *f* (*a. fig.*); **tran·spire** [~'paiə] transpirer (*a. fig.*); V se passer.

trans·plant [træns'plɑ:nt] transplanter; **trans·plan·ta·tion** transplantation *f*.

trans·port 1. [træns'pɔ:t] transporter (*a. fig.*); *fig.* enlever; **2.** ['trænspɔ:t] transport *m* (*a. fig.*); *coll.* ✗ charrois *m/pl.*; *road* ~ transport *m* routier; ~ *undertaking* (*ou firm*) entreprise *f* de transport; *Minister*

of ♀ ministre *m* des transports; *in* ~*s* transporté (*de joie*, *de colère*); **trans·port·a·ble** transportable; **trans·por·ta·tion** transport *m*; déportation *f* (*d'un criminel*); ⚍ *Am.* billet *m*.

trans·pose [træns'pouz] transposer (*a. ♪*); **trans·po·si·tion** [~pə'ziʃn] transposition *f*; ♈ permutation *f*.

trans·ship ⚓, ⚍ [træns'ʃip] *v/t.* transborder; *v/i.* changer de vaisseau; **trans·ship·ment** transbordement *m*.

tran·sub·stan·ti·ate [trænsəb'stænʃieit] transsubstantier; **tran·sub·stan·ti·a·tion** transsubstantiation *f*.

tran·sude *physiol.* [træn'sju:d] *vt/i.* transsuder.

trans·ver·sal [trænz'və:sl] **1.** □ transversal (-aux *m/pl.*); **2.** ♈ transversale *f*; *anat.* transversal *m*; **trans·verse** ['~və:s] transversal (-aux *m/pl.*); en travers; ~ *section* section *f* transversale; ⊕ ~ *strength* résistance *f* à la flexion.

trans·ves·tite [træns'vestait] travesti(e *f*) *m*.

trap¹ [træp] **1.** piège *m* (*a. fig.*); trappe *f* (*a. théâ.*, *a. de colombier*); *sp.* ball-trap *m* (*pour pigeons artificiels*); boîte *f* de lancement (*pour pigeons vivants*); ⊕ collecteur *m* (*d'eau etc.*); *see* ~*door*; F carriole *f*; **2.** prendre au piège (*a. fig.*); *foot.* bloquer; ⊕ mettre un collecteur dans.

trap² [træp] *min.* [~] trapp *m*.

trap·door *théâ.* ['træp'dɔ:] trappe *f*; abattant *m*.

trapes F [treips] se balader (dans).

tra·peze [trə'pi:z] *cirque:* trapèze *m*; **tra·pe·zi·um** ♈ [~ziəm] trapèze *m*; **trap·e·zoid** ♈ ['træpizɔid] quadrilatère *m* irrégulier.

trap·per ['træpə] piégeur *m*; *Am.* trappeur *m*.

trap·pings ['træpiŋz] *pl. cheval:* harnachement *m*; caparaçon *m*; *fig.* apparat *m*.

trap·py F ['træpi] plein de traquenards.

traps F [træps] *pl.* effets *m/pl.* (personnels).

trash [træʃ] *surt. Am.* ordures *f/pl.*; déchets *m/pl.*; rebut *m*; camelote *f*; *fig.* sottises *f/pl.*; vauriens *m/pl.*; *Am.* ~ *can* poubelle *f*; **trash·y** □ sans valeur, de rebut, de camelote.

trau·ma [ˈtrɔːmə] trauma *m*; **trau·mat·ic** [ˌ~ˈmætik] traumatique; ~ *experience* traumatisme *m*.

trav·el [ˈtrævl] **1.** *v/i.* voyager; faire des voyages; ✝ être voyageur de commerce, représenter une maison de commerce; *fig.* se propager, se répandre; ⊕ se déplacer; F aller à toute vitesse; *v/t.* parcourir; faire (*une distance*); **2.** voyage *m*, -s *m/pl.*; ⊕ parcours *m*; ~ *agency*, ~ *agent's*, ~ *bureau* agence *f* de voyages; ~ *allowance* indemnité *f* de déplacement; **'trav·el(l)ed** qui a beaucoup voyagé; **'trav·el·(l)er** voyageur (-euse *f*) *m*; ✝ commis *m* voyageur; ⊕ grue *f* roulante; pont *m* roulant; ~'s *cheque* chèque *m* de voyage; **'trav·el·(l)ing** voyageur (-euse *f*); ambulant; de voyage; ⊕ roulant; ~ *salesman* représentant *m ou* voyageur *m* de commerce.

trav·e·log(ue) *Am.* [ˈtrævəloug] conférence *f* avec projections décrivant un voyage.

trav·erse [ˈtrævəːs] **1.** traversée *f* (*a. alp.*); passage *m* à travers; ⨉, *alp.* traverse *f*; ⚖ dénégation *f*; ⨉ pare-éclats *m/inv.*; ⊕ *chariot de tour*: translation *f* latérale; **2.** *v/t.* traverser (*a. fig.*), passer à travers; *fig.* passer en revue; *fig.* contrarier; ⚖ nier; ⨉ pointer en direction (*un canon*); *v/i. alp.* prendre une traverse.

trav·es·ty [ˈtrævisti] **1.** parodie *f*; *fig. péj.* travestissement *m*; **2.** parodier; travestir.

trawl ⚓ [trɔːl] **1.** chalut *m*; câble *m* balayeur; **2.** pêcher au chalut; **'trawl·er** *personne, a. bateau*: chalutier *m*.

tray [trei] plateau *m*; cuvette *f*; *malle, caisse*: compartiment *m*.

treach·er·ous □ [ˈtretʃərəs] traître (-sse *f*) (*a. fig.*); déloyal (-aux *m/pl.*); perfide; **'treach·er·ous·ness**, **'treach·er·y** perfidie *f*, trahison *f*; caractère *m* dangereux (*de la glace*).

trea·cle [ˈtriːkl] mélasse *f*.

tread [tred] **1.** [*irr.*] *v/i.* marcher, aller, avancer (sur, [*up*]*on*); *v/t.* marcher sur; fouler; ✝ danser; *coq:* côcher; ~ *water* nager debout; **2.** pas *m*; bruit *m* des pas; *coq:* accouplement *m*; *escalier:* marche *f*; *soulier, roue:* semelle *f*; **trea·dle**

[ˈ~l] **1.** pédale *f*; **2.** *v/i.* pédaler; **'tread·mill** ✝ moulin *m* de discipline; *fig.* besogne *f* ingrate.

trea·son [ˈtriːzn] trahison *f*; **'trea·son·a·ble** □ traître(sse *f*); de trahison.

treas·ure [ˈtreʒə] **1.** trésor *m*; ~*s of the soil* richesses *f/pl.* du (sous-)sol; ~ *hunt* chasse *f* au trésor; ⚖ ~ *trove* trésor *m*; **2.** priser; (*usu.* ~ *up*) conserver précieusement; **'treas·ur·er** trésorier (-ère *f*) *m*; économe *m*.

treas·ur·y [ˈtreʒəri] trésorerie *f*; caisse *f* centrale; Trésor *m* public; *Am.* ♀ *Department* ministère *m* des Finances; *parl.* ♀ *Bench* banc *m* ministériel; ~ *bill* billet *m* du Trésor; ~ *bond* bon *m* du Trésor; ~ *note* coupure *f* émise par le Trésor.

treat [triːt] **1.** *v/t.* traiter; régaler (*q.*); payer à voir à; *v/i.* traiter (de, *of*; avec *q.* pour avoir *qch.*, *with s.o. for s.th.*); **2.** régal (*s pl.*) *m*, festin *m*, plaisir *m*; F *it is my* ~ c'est moi qui régale, c'est ma tournée; *see stand* 2; **'treat·er** négociateur (-trice *f*) *m*; celui (celle *f*) *m* qui paye à boire; **trea·tise** [ˈ~iz] traité *m*; **'treat·ment** traitement *m*; **'trea·ty** traité *m*; convention *f*; contrat *m*; *be in* ~ *with* être en pourparlers avec; ~ *port* port *m* ouvert au commerce étranger.

tre·ble [ˈtrebl] **1.** □ triple; ♪ de soprano; ♪~ *clef* clef *f* de sol; **2.** triple *m*; ♪ dessus *m*; *personne, voix:* soprano *m*; **3.** *adv.* trois fois autant; **4.** *vt/i.* tripler.

tree [triː] **1.** arbre *m*; *souliers:* embauchoir *m*; poutre *f*; *see family* 2; F *up a* ~ dans le pétrin, F (forcer à) se réfugier dans un arbre; F réduire à quia.

tre·foil ⚘, △ [ˈtrefoil] trèfle *m*.

trek [trek] *Afrique du Sud:* **1.** voyager en chariot (à bœufs); F faire route; **2.** (*étape f* d'un) voyage *m* en chariot.

trel·lis [ˈtrelis] **1.** treillis *m*; ✿ treille *f*; **2.** treillisser (*une fenêtre*); ✿ échalasser (*une vigne*).

trem·ble [ˈtrembl] **1.** trembler (devant, *at*; de, *with*); **2.** trembl(ot)ement *m*.

tre·men·dous □ [triˈmendəs] épouvantable, terrible; F énorme, immense. [frémissement *m*.\]

trem·or [ˈtremə] tremblement *m*,\]

trem·u·lous □ ['tremjuləs] trem-bl(ot)ant; frémissant; '**trem·u-lous·ness** tremblotement *m*; timidité *f*.

trench [trentʃ] **1.** tranchée *f* (*a.* ✕); fossé *m*; ~ *warfare* guerre *f* de tranchées; **2.** *v/t.* creuser une tranchée *ou* un fossé dans; ✔ défoncer (*un terrain*); planter (*le céleri*) dans une rigole; *v/i.* ✕ creuser des tranchées; empiéter (sur, [up]on); *fig.* friser; '**trench·ant** □ tranchant (*surt. fig.*); *fig.* incisif (-ive *f*); **trench coat** (*manteau m*) imperméable *m*.

trench·er ['trentʃə] tranchoir *m*; *fig.* table *m*; ~ **cap** toque *f* universitaire.

trench...: '~**-jack·et** blouson *m*; '~**-plough**, *Am.* '~**-plow 1.** rigoleuse*f*; **2.** rigoler.

trend [trend] **1.** direction *f*; *fig.* cours *m*; *fig.* marche *f*, tendance *f*; **2.** tendre, se diriger (vers, to [-wards]); '~**-setter** lanceur (-euse *f*) *m* de modes; personne *f* qui donne le ton; '**trend·y** F à la (dernière) mode, dernier cri; dans le vent; *the trendies pl.* les gens *m/pl.* dans le vent.

tre·pan [tri'pæn] **1.** ⚕ trépan *m*; **2.** ⚕, *a.* ⊕ trépaner.

trep·i·da·tion [trepi'deiʃn] trépidation *f*; émoi *m*.

tres·pass ['trespəs] **1.** transgression *f*; délit *m*; ⚖ violation *f* (*des droits de q.*); *eccl.* offense *f*; F empiétement *m* (sur, [up]on); abus *m* (de, [up]on); **2.** violer *ou* enfreindre les droits; empiéter sans autorisation sur la propriété de q.; ~ *against* violer, enfreindre (*les droits etc.*); *fig.* ~ (up)on empiéter sur, abuser de; '**tres·pass·er** violateur *m* des droits d'autrui; intrus(e *f*) *m*; *~ will be prosecuted* défense d'entrer sous peine d'amende.

tress [tres] tresse *f*, boucle *f* (*de cheveux*).

tres·tle ['tresl] tréteau *m*, chevalet *m*; '~**-bridge** pont *m* de chevalets; ponton *m* à chevalets.

trey [trei] *cartes, a. dés:* trois *m*.

tri·ad ['traiəd] triade *f*; *phls., eccl.* unité *f* composée de trois personnes; ♪ accord *m* en tierce; 🜍 élément *m* trivalent.

tri·al ['traiəl] essai *m*, épreuve *f* (de, of); *fig.* adversité *f*, épreuve *f*; ⚖ procès *m*, cause *f*, jugement *m*; ~

marriage mariage *m* à l'essai; *sp.* ~ *match* match *m* de sélection; ~ *offer* offre *f* à l'essai; ~ *period* période *f* d'essai; *on* ~ à l'essai; ⚖ en jugement; *prisoner on* ~ prévenu(e *f*) *m*; ~ *of strength* essai *m* de force; *bring to* ~ mettre en jugement; *give s.th. a* ~ faire l'essai de qch.; *send s.o. for* ~ renvoyer q. en jugement; ~ *stand* ~ comparaître devant le tribunal; passer en jugement, être jugé (pour, for).

tri·an·gle ['traiæŋgl] triangle *m* (*a.* ♪); **tri·an·gu·lar** □ [~'æŋgjulə] triangulaire; en triangle; **tri·an·gu-late** *surv.* [~leit] trianguler.

trib·al □ ['traibl] de tribu; qui appartient à la tribu; tribal; **tribe** [traib] tribu *f* (*a. zo.*); ⚘, *zo.* classe *f*, genre *m*; *péj.* clan *m*; '**tribes·man** ['~zmən] membre *m* d'une *ou* de la tribu.

tri·bu·nal [trai'bju:nl] tribunal (-aux *pl.*) *m*; cour *f* (de justice); **trib·une** ['tribju:n] tribun *m*; tribune *f* (*d'orateur*).

trib·u·tar·y ['tribjutəri] **1.** □ tributaire; **2.** tributaire *m* (*a. géog.*); *géog.* affluent *m*; **trib·ute** ['~bju:t] tribut *m*; *fig.* hommage *m*; (*a. floral* ~) couronne *f*.

tri·car ['traika:] tricar *m*.

trice [trais]: *in a* ~ en un clin d'œil.

tri·chi·na *zo.* [tri'kainə], *pl.* **-nae** [~ni:] trichine *f*.

trick [trik] **1.** tour *m*; tour *m* d'adresse; ruse *f*; truc *m*; espièglerie *f*; habitude *f*; *cartes:* levée *f*; ~ *film* film *m* à truquages; **2.** duper, attraper; ~ *into* (*gér.*) amener par ruse à (*inf.*); ~ *s.o. out of s.th.* escroquer qch. à q.; *fig.* ~ *out* (*ou up*) attifer (de in, with); '**trick·er**, **trick·ster** ['~stə] escroc *m*, fourbe *m*; '**trick·er·y** fourberie *f*, tromperie *f*; '**trick·ish** □ trompeur (-euse *f*), fourbe; compliqué.

trick·le ['trikl] **1.** couler goutte à goutte; suinter; F *fig.* se répandre peu à peu; passer un à un; **2.** filet *m* (d'eau); quelques gouttes *f/pl.*, petits groupes *m/pl.* (*d'hommes etc.*).

trick·si·ness ['triksinis] humeur *f* capricieuse; espièglerie *f*; '**trick·sy** □ capricieux (-euse *f*); espiègle; '**trick·y** □ astucieux (-euse *f*); F délicat, compliqué.

tri·col·o·u)r ['trikələ] **1.** tricolore; **2.** drapeau *m* tricolore.

tri·cy·cle ['traisikl] tricycle *m.*

tri·dent ['traidənt] trident *m* (*a. A*).

tri·en·ni·al □ [trai'enjəl] trisannuel (-le *f*); triennal (-aux *m/pl.*), qui dure trois ans.

tri·er ['traiə] juge *m*; F celui (celle *f*) *m* qui ne se laisse pas décourager.

tri·fle ['traifl] **1.** bagatelle *f*; *fig.* un tout petit peu *m*; *cuis.* charlotte *f* russe; **2.** *v/i.* jouer, badiner (avec, with); *v/t.* ~ *away* gaspiller (*son argent*); **'tri·fler** personne *f* frivole; amuseur (-euse *f*) *m*.

tri·fling ['traiflin] **1.** manque *m* de sérieux; badinage *m*; futilités *f/pl.*; **2.** □ insignifiant; léger (-ère *f*); **'tri·fling·ness** insignifiance *f*.

trig[1] [trig] **1.** caler; enrayer; **2.** cale *f*; sabot *m* d'enrayage.

trig[2] [~] neigé; net(te *f*).

trig·ger ['trigə] poussoir *m* à ressort; *arme à feu:* détente *f*; *phot.* déclencheur *m*; '~-'**hap·py** prêt à tirer pour un rien; *fig.* prêt à déclencher la guerre pour un rien.

trig·o·no·met·ric, trig·o·no·met·ri·cal □ *&* [trigənə'metrik(l)] trigonométrique; **trig·o·nom·e·try** [~'ɔmitri] trigonométrie *f.*

tri·lat·er·al □ *&* ['trai'lætərəl] trilatéral (-aux *m/pl.*).

tril·by ['trilbi] chapeau *m* mou.

tri·lin·gual □ ['trai'lingwəl] trilingue.

trill [tril] **1.** trille *m*; *oiseau:* chant *m* perlé; R *m* roulé; **2.** *v/t.* triller; rouler (*les R*); *v/i.* faire des trilles perler son chant (*oiseau*).

tril·lion ['triljən] trillion *m*; *Am.* billion *m.*

tril·o·gy ['trilədʒi] trilogie *f.*

trim [trim] **1.** □ en bon ordre; soigné, coquet(te *f*); bien tourné; *&* bien voilé; étarque (*voile*); **2.** bon ordre *m*; parfait état *m*; *&* assiette *f*, arrimage *m*; *voiles:* orientation *f*; *&* équilibrage *m*; *cheveux:* coupe *f*; *just a ~!* simplement rafraîchir!; **3.** *v/t.* mettre en ordre; arranger (*a. une lampe*); (*a. ~ up*) rafraîchir (*la barbe, les cheveux*); *cost.* garnir (de, with); tailler, tondre (*une haie etc.*); orner (de, with); F plumer (*q.*); *cuis.* parer (*la viande*); *&* redresser (*un navire*), orienter (*les voiles*); *v/i. fig.* tergiverser, nager entre deux eaux;

'trim·mer garnisseur (-euse *f*) *m*; *⊕ personne:* pareur (-euse *f*) *m*; *⊕* machine *f* à trancher; *&* arrimeur *m*; *pol.* opportuniste *m*; *coal-~* soutier *m*; **'trim·ming** ornement *m*; taille *f*; *usu.* ~*s pl.* passementerie *f*; *cuis.* garniture *f*; ~ rognures *f/pl.*; **'trim·ness** air *m* soigné *ou* coquet; élégance *f.*

tri·mo·tor ['traimoutə] trimoteur *m*; **tri·mo·tored** trimoteur.

Trin·i·ty ['triniti] Trinité *f.*

trin·ket ['trinkit] petit bijou *m*, colifichet *m*; bibelot *m*; ~*s pl.* affiquets *m/pl.*; *péj.* camelote *f.*

tri·o *f* ['tri:ou] trio *m.*

trip [trip] **1.** excursion *f*, voyage *m* d'agrément; randonnée *f*; *fig.* faux pas *m*; croc-en-jambe (*pl.* crocs-enjambe) *m*; *⊕* déclic *m*; déclenche *f*; *⊕* ~ *dog* (*ou pin*) déclic *m*; **2.** *v/i.* trébucher; faire un faux pas (*a. fig.*); ~ *along* aller d'un pas léger; *catch s.o.* ~*ping* prendre *q.* en défaut; *v/t.* (*usu.* ~ *up*) donner un croc-en-jambe à; faire trébucher (*q.*); surprendre (*un témoin etc.*) en contradiction.

tri·par·tite ['trai'pɑ:tait] tripartite; triple; trilatéral (-aux *m/pl.*).

tripe [traip] *cuis.* tripe *f*, ~*s f/pl.*; *sl.* bêtises *f/pl.*, fatras *m.*

tri·phase *&* ['trai'feiz] triphasé (*courant*). [triple saut *m*.]

tri·ple □ ['tripl] triple; *sp.* ~ *jump*

tri·plet ['triplit] trio *m*; *prosodie:* tercet *m*; *△, ♪* triplet *m*; *♪* triolet *m.*

tri·plex ['tripleks] se brisant sans éclats (*verre*), triplex (*TM*).

trip·li·cate 1. ['triplikit] triplé; triple (*a. su./m*); **2.** [~'keit] tripler; rédiger en triple exemplaire.

tri·pod ['traipod] trépied *m*; pied *m* (à trois branches).

tri·pos ['traipos] examen *m* supérieur (*pour honours à Cambridge*).

trip·per F ['tripə] excursionniste *mf*; **'trip·ping 1.** □ léger (-ère *f*) (*pas*), leste; **2.** pas *m* léger; faux pas *m*; *⊕* déclenchement *m.*

tri·sect [trai'sekt] diviser *ou* couper en trois.

tris·yl·lab·ic [traisi'læbik] (~*ally*) trisyllab(iqu)e; **tri·syl·la·ble** ['~'siləbl] trisyllabe *m.*

trite □ [trait] banal (-als *ou* -aux *m/pl.*); rebattu.

trit·u·rate ['tritjureit] triturer.

tri·umph ['traiəmf] **1.** triomphe *m* (*a. fig.*) (sur, over); **2.** triompher (*a. fig.*) (de, over); **tri·um·phal** [ˌ'ʌmfəl] de triomphe, triomphal (-aux *m/pl.*); ~ *arch* arc *m* de triomphe; ~ *procession* cortège *m* triomphal; **tri'um·phant** □ triomphant.

tri·une ['traiju:n] d'une unité triple.

triv·et ['trivit] trépied *m* (*pour bouilloire etc.*); F *as right as a* ~ en excellente santé; en parfait état.

triv·i·al □ ['triviəl] insignifiant, sans importance; frivole (*personne*); banal (-als *ou* -aux *m/pl.*); † de tous les jours; **triv·i·al·i·ty** [ˌ'æliti] insignifiance *f*; banalité *f*.

tro·chee ['trouki:] trochée *m*.

trod [trɔd] *prét.*, **trod·den** ['ʌn] *p.p. de* tread 1.

trog·lo·dyte ['trɔglədait] troglodyte *m*.

Tro·jan ['troudʒn] **1.** de Troie; troyen(ne *f*); **2.** Troyen(ne *f*) *m*; F *like a* ~ en vaillant homme; (*travailler*) comme un nègre.

troll [troul] pêcher à la cuiller.

trol·l(e)y ['trɔli] **1.** 🚋 chariot *m* à bagages; fardier *m*; diable *m*; ⊕ moufle *m/f*; chariot *m* (*de pont roulant*); ⚡ trolley *m*; (*a. dinner* ~) serveuse *f*; *Am.* (*a.* ~ *car*) tramway *m* à trolley; **2.** charrier; **'~·bus** trolleybus *m*.

trol·lop *péj.* ['trɔləp] **1.** souillon *f*; traînée *f*; **2.** rôder; traîner la savate.   [bone *m*.]

trom·bone ♪ [trɔm'boun] trom-

troop [tru:p] **1.** troupe *f*, bande *f*; foule *f*; peloton *m* (*de cavalerie*); **2.** s'assembler; ~ *along* avancer en foule; ~ *away*, ~ *off* partir en bande; ✗ ~*ing the* colo(u)r(s) parade *f* du drapeau; **'~·car·ri·er** ✈ avion *m* de transport; ⚓ transport *m*; **'troop·er** cavalier *m*; soldat *m ou* F cheval *m* de cavalerie; *Am.* membre *m* de la police montée; ⚓ transport *m*; *péj. old* ~ soudard *m*; **'troop-horse** cheval *m* de cavalerie.

trope [troup] trope *m*.

tro·phy ['troufi] trophée *m*; *sp. a.* coupe *f*.

trop·ic ['trɔpik] **1.** tropique *m*; **2.** *a.* **'trop·i·cal** □ tropique; tropical (-aux *m/pl.*).

trot [trɔt] **1.** trot *m*; F petit(e) enfant *m*(*f*); *Am. sl. école:* traduction *f*

---

juxtalinéaire; **2.** (faire) trotter; F ~ *out* sortir; présenter.

trot·ter ['trɔtə] trotteur (-euse *f*) *m*; ~*s pl.* pieds *m/pl.* de cochon; F *co.* pieds *m/pl.*

trou·ble ['trʌbl] **1.** trouble *m* (*a.* 🎻, ⊕); peine *f*; chagrin *m*; ennui *m*; inquiétude *f*; ⊕ conflits *m/pl.*; difficultés *f/pl.*; ~ *spot* point *m* de conflit, foyer *m* de troubles; *be in* ~ avoir des ennuis; avoir des soucis (d'argent); *look for* ~ se préparer des ennuis; *make* ~ semer la discorde; *take (the)* ~ se donner de la peine (de, to); se déranger (pour, to); **2.** *v/t.* affliger, chagriner (de, with); inquiéter; déranger; ennuyer; donner de la peine à; *may I* ~ *you for the salt?* voudriez-vous bien me passer le sel?; *v/i.* F se déranger; **'~·man, '~·shoot·er** *Am.* F dépanneur *m*; **trou·ble·some** □ [ˌ'səm] ennuyeux (-euse *f*); gênant.

trough [trɔf] auge *f*; (*a. drinking* ~) abreuvoir *m*; pétrin *m* (*pour le pain*); caniveau *m*; 🛢 cuve(tte) *f*; 📐, *phys., a. fig.* creux *m*; *météor.* dépression *f*.

trounce F [trauns] rosser (*q.*).

troupe [tru:p] *théâ. etc.:* troupe *f*.

trou·sered ['trauzəd] portant un pantalon; **'trou·ser·ing** étoffe *f* pour pantalon(s); **trou·sers** ['ʌz] *pl.* (*a pair of* ~ un) pantalon *m*; **trou·ser suit** tailleur-pantalon *m* (*pl.* tailleurs-pantalons).

trous·seau ['tru:sou] trousseau *m*.

trout *icht.* [traut] truite *f*.

tro·ver ⚖️ ['trouvə] appropriation *f* (*d'une chose perdue*); *action of* ~ action *f* en restitution.

trow·el ['trauəl] truelle *f*; 🌱 déplantoir *m*.

troy (**weight**) [trɔi(weit)] poids *m* troy (*pour peser de l'or etc.*).

tru·an·cy ['tru:ənsi] absence *f* de l'école sans permission; **'tru·ant 1.** absent; *fig.* vagabond; **2.** absent *m*; *fig.* vagabond *m*; *play* ~ faire l'école buissonnière; *fig.* vagabonder.

truce [tru:s] trêve *f* (*a. fig.*) (de, to); *political* ~ trêve *f* (*des partis*).

truck[1] [trʌk] **1.** *surt.* camion *m*; chariot *m* (à bagages); 🚋 wagon *m* (à marchandises); (*a. bogie*~) boggie *m*; ~ *driver* camionneur *m*, routier *m*; ~ *stop* relais *m* des routiers; ~ *trailer* remorque *f*; **2.** transporter par camion, camionner.

truck² [~] **1.** *vt/i.* troquer; *v/i.* ~ *in* faire le commerce de, trafiquer en; **2.** troc *m*, échange *m*; (*usu.* ~ *system*) paiement *m* des ouvriers en nature; *fig.* relations *f/pl.*; *péj.* camelote *f*; *Am.* légumes *m/pl.*; *attr.* maraîcher (-ère *f*); *Am.* ~ *farm* jardin *m* maraîcher.

truck·le¹ ['trʌkl] s'abaisser, ramper (devant, *to*).

truck·le² [~] poulie *f*; † *meuble:* roulette *f*; **~-bed** grabat *m*, lit *m* de fortune.

truck·man ['trʌkmən] camionneur *m*, routier *m*.

truc·u·lence, truc·u·len·cy ['trʌkjuləns(i)] férocité *f*; **'truc·u·lent** □ féroce, farouche; *brutal* (-aux *m/pl.*).

trudge [trʌdʒ] marcher lourdement *ou* péniblement.

true [tru:] **1.** (*adv. truly*) vrai; véritable; sincère, fidèle, honnête; exact; d'aplomb, juste; *be* ~ *of* en être de même pour; *it is* ~ il est vrai (que, *that*); c'est vrai; *come* ~ se réaliser; ~ *to life* (*ou nature*) tout à fait naturel; *pris sur le vif*; vécu (*roman*); *prove* ~ se vérifier; se réaliser; **'~-blue** *fig.* loyal (-aux *m/pl.*), fidèle; **'~-bred** pur sang *inv.*; de bonne race; **'~-love** bien-aimé(e *f*) *m*; **'true·ness** vérité *f*; sincérité *f*; justesse *f*.

truf·fle ♀ ['trʌfl] truffe *f*.

tru·ism ['tru:izm] truisme *m*, axiome *m*.

tru·ly ['tru:li] vraiment, véritablement, justement; sincèrement; loyalement; *yours* ~ agréez, Monsieur (Madame), l'expression de mes sentiments les plus distingués.

trump [trʌmp] **1.** *cartes:* atout *m*; F brave garçon (fille *f*) *m*; **2.** *v/i.* jouer atout; *v/t.* couper (*une carte*); ~ *up* forger, inventer; **trump·er·y** ['~əri] friperie *f*, camelote *f*; farce *f*; *attr.* de camelote; ridicule.

trum·pet ['trʌmpit] **1.** trompette *f* (*a.* ♪, ✗, orgues); ✗ *personne:* trompette *m*; ♪ cornet *m* acoustique; *see ear-~, speaking-~;* **2.** *v/i.* sonner de la trompette; barrir (*éléphant*); *v/t. fig.* (*a.* ~ *forth*) proclamer, publier à son de trompe; **'trum·pet·er** ♪, *orn.* trompette *m*.

trun·cate ['trʌŋkeit] tronquer; **trun·ca·tion** troncature *f*.

trun·cheon ['trʌnʃn] bâton *m* (*d'un agent de police*); casse-tête *m/inv.*; matraque *f*.

trun·dle ['trʌndl] **1.** roulette *f* (*pour meubles*); **2.** (faire) rouler; *v/t.* passer.

trunk [trʌŋk] tronc *m* (*d'arbre, a. de corps*); torse *m*; *éléphant:* trompe *f*; malle *f*; *Am.* ~s *pl.* caleçon *m* de bain; slip *m*; *téléph.* ~s, please! l'inter, s.v.p.; *see* **~-line;** **'~-call** *téléph.* communication *f* interurbaine; ~ **ex·change** *téléph.* (service *m*) interurbain *m*; **'~-line** 🚄 grande ligne *f*; *téléph.* ligne *f* interurbaine; **'~-road** route *f* nationale.

trun·nion ⊕ ['trʌnjən] tourillon *m*.

truss [trʌs] **1.** botte *f*; *fleurs:* touffe *f*; 🩺 bandage *m* herniaire; ⊿ armature *f*; ferme *f*; cintre *m*; **2.** mettre en bottes; lier; trousser (*une poule*); ⊿ renforcer; **'~-bridge** ⊕ pont *m* à poutres en treillis métallique.

trust [trʌst] **1.** confiance *f* (en, *in*); espérance *f*, espoir *m*; charge *f*, responsabilité *f*; † crédit *m*; 🏛 fidéicommis *m*; † trust *m*, syndicat *m*; ~ *company* institution *f* de gestion: trust-company *f*; *in* ~ par fidéicommis; en dépôt; *on* ~ en dépôt; † à crédit; *position of* ~ poste *m* de confiance; **2.** *v/t.* se fier à; mettre sa confiance en; confier (qch. à q. *s.o. with s.th., s.th. to s.o.*); † faire crédit à (de qch., *with s.th.*); *fig.* espérer (que, *that*); ~ *s.o. to do s.th.* se fier à q. pour qu'il fasse qch.; *v/i.* se fier (à *in, to*); se confier (en *in, to*).

trus·tee [trʌs'ti:] dépositaire *m*, consignataire *m*; †, *admin.* administrateur *m*; 🏛 fidéicommissaire *m*, fiduciaire *m*; curateur (-trice *f*) *m*; ~ *securities pl.* (*ou stock*) valeurs *f/pl.* de tout repos; **trus'tee·ship** fidéicommis *m*; curatelle *f*, administration *f*; *pol.* tutelle *f*. [consignataire.]

trust·ful □ ['trʌstful], **'trust·ing** □∫ **trust·wor·thi·ness** ['trʌstwə:ðinis] loyauté *f*, fidélité *f*; crédibilité *f* (*d'une nouvelle*); **'trust·wor·thy** digne de confiance, loyal (-aux *m/pl.*); digne de foi.

truth [tru:θ, *pl.* ~ðz] vérité *f*; véracité *f*; *home* ~*s pl.* vérités *f/pl.* bien senties; ~ *to life* fidélité *f*, exactitude *f*.

truth·ful □ ['tru:θful] vrai; véridique; fidèle; '**truth·ful·ness** véracité f, fidélité f.

try [trai] **1.** v/t. essayer (de, to); tâcher (de, to); fatiguer (les yeux) fig. vexer; ⚖ juger, mettre en jugement, Am. plaider (une cause); ~ vérifier (un mets); ~ on essayer (une robe etc.); ~ one's hand at s'essayer à; v/i. faire un effort; essayer; ~ for tâcher d'obtenir (qch.); se porter candidat pour; F ~ and read! essayez de lire! **2.** essai m (a. rugby); tentative f; have a ~ essayer; faire un effort; '**try·ing** □ difficile, vexant, ennuyeux (-euse f); '**try-'on** ballon m d'essai; tentative f de déception, F de bluff; '**try'out** essai m à fond; sp. (jeu d')essai m; **try-sail** ⚓ ['treisl] voile f goélette.

tryst écoss. [traist] **1.** rendez-vous m; **2.** donner rendez-vous à (q.).

Tsar [zɑ:] tsar m, czar m.

T-square ['ti:skwɛə] équerre f en T.

tub [tʌb] **1.** cuve f, baquet m; tonneau m; (a. bath-~) tub m; F bain m; ⚓ benne f; F co. coque f, baille f; F co. ventre m, panse f; **2.** v/t. encaisser (une plante); ⚓ boiser (un puits); donner un tub à; v/i. prendre un tub; s'exercer dans un canot d'entraînement; '**tub·by** rond comme un tonneau.

tube [tju:b] tube m (a. radio), tuyau m; mot. chambre f à air; F métro m, chemin m de fer souterrain (à Londres); '**tube·less** sans chambre à air (pneu).

tu·ber ♀ ['tju:bə] tubercule m; truffe f; **tu·ber·cle** anat., zo., a. ⚕ ['tju:bə:kl] tubercule m; **tu·ber·cu·lo·sis** ⚕ [tjubə:kju'lousis] tuberculose f; **tu·ber·cu·lous** ⚕ tuberculeux (-euse f); **tu·ber·ous** ♀ ['tju:bərəs] tubéreux (-euse f).

tub·ing ['tju:biŋ] tuyautage m; tuyau m en caoutchouc.

tub-thump·er ['tʌbθʌmpə] orateur m démagogue.

tu·bu·lar □ ['tju:bjulə] tubulaire.

tuck [tʌk] **1.** petit pli m, rempli m; sl. mangeaille f; **2.** remplier; serrer; (avec adv. ou prp.) mettre; ~ up relever, retrousser; border (q.) (dans son lit.).

tuck·er ['tʌkə] **1.** sl. (Australie)

---

mangeaille f; **2.** Am. F fatiguer, lasser.

Tues·day ['tju:zdi] mardi m; Shrove ~ mardi m gras.

tu·fa min. ['tju:fə], **tuff** [tʌf] tuf m calcaire ou volcanique.

tuft [tʌft] herbe, cheveux, plumes: touffe f; oiseau, laine: houppe f; brosse: loquet m; cheveux: toupet m; '~**-hunt·er** sycophante m; '**tuft·y** □ touffu.

tug [tʌg] **1.** secousse f; saccade f; ⚓ remorqueur m; fig. effort m; sp. ~ of war lutte f à la corde (de traction); fig. course f au poteau m; **2.** tirer (sur, at); ⚓ remorquer; fig. se mettre en peine; '~**·boat** remorqueur m.

tu·i·tion [tju'iʃn] instruction f.

tu·lip ♀ ['tju:lip] tulipe f.

tulle [tju:l] tulle m.

tum·ble ['tʌmbl] **1.** v/i. tomber; faire la culbute; v/t. bouleverser; déranger; chiffonner; **2.** chute f; culbute f; désordre m; '~**-down** en ruines, délabré; croulant; '~**·drier** séchoir m (à linge) à air chaud; '**tum·bler** acrobate mf, jongleur m; orn. culbutant m; verre m sans pied; ⊕ gorge f, serrure: arrêt m; arme à feu: noix f (de platine).

tum·brel ['tʌmbrəl], **tum·bril** ['~bril] tombereau m.

tu·mid □ ['tju:mid] ⚕ enflé, gonflé; zo. protubérant; fig. boursouflé; **tu·mid·i·ty** enflure f (a. fig.).

tum·my F ['tʌmi] estomac m, ventre m; bedaine f.

tu·mo(u)r ⚕ ['tju:mə] tumeur f.

tu·mult ['tju:mʌlt] tumulte m (a. fig.); fracas m; fig. trouble m, émoi m; **tu·mul·tu·ous** □ [tju'mʌltjuəs] tumultueux (-euse f); orageux (-euse f).

tun [tʌn] **1.** tonneau m, fût m; cuve f (de fermentation); **2.** mettre en tonneaux.

tu·na icht. ['tju:nə] thon m.

tune [tju:n] ♪ air m; harmonie f; accord m; fig. ton m; fig. humeur f; in ~ d'accord; fig. en bon accord (avec, with); out of ~ désaccordé, faux (fausse f); fig. en désaccord (avec, with); F to the ~ of £ 100 pour la somme de 100 livres; à la cadence de 100 livres; fig. change one's ~ changer de ton; **2.** accorder; fig. incliner; ~ in radio: accorder (sur, to); capter (un poste, *to a station*); ~ *out radio:* éliminer; ~ *up* ♪ *v/i.* s'accorder; *v/t. fig. mot.*, *a.* ⊕ mettre au point; *fig.* (se) tonifier; *v/t.* ♪ accorder; **tune·ful** □ [*‿ful*] mélodieux (-euse *f*), harmonieux (-euse *f*); '**tune·less** □ discordant; '**tun·er** ♪ accordeur *m*; *radio:* syntonisateur *m.*

tung·sten ⚗ ['tʌŋstən] tungstène *m.*

tu·nic *cost.*, ✗, *anat.*, *eccl.*, *a.* ♀ ['tjuːnik] tunique *f.*

tun·ing...: '~**-coil** *radio:* bobine *f* syntonisatrice; self *f* d'accord; '~**-fork** ♪ diapason *m.*

tun·nel ['tʌnl] **1.** tunnel *m* (*a.* 🚇); ✗ galerie *f* à flanc de coteau; **2.** percer un tunnel (à travers, dans, sous).

tun·ny *icht.* ['tʌni] thon *m.*

tun·y ♪ ['tjuːni] mélodieux (-euse *f*).

tur·ban ['təːbən] turban *m.*

tur·bid ['təːbid] trouble (*a. fig.*); bourbeux (-euse *f*); confus; '**tur·bid·ness** état *m* trouble; turbidité *f.*

tur·bine ⊕ ['təːbain] turbine *f*; '~**-pow·ered** à turbines.

tur·bo-prop ['təːbou'prɔp] à turbopropulseur (*avion*); **tur·bo·su·per·charg·er** ['təːbou'sjuːpətʃɑːdʒə] turbocompresseur *m* de suralimentation.

tur·bot *icht.* ['təːbət] turbot *m.*

tur·bu·lence ['təːbjuləns] turbulence *f*; tumulte *m*; indiscipline *f*; '**tur·bu·lent** □ turbulent; orageux (-euse *f*); à remous (*vent*); insubordonné.

turd ∨ [təːd] merde *f*; salaud *m*, salope *f.*

tu·reen [tə'riːn] soupière *f*; saucière *f.*

turf [təːf] **1.** gazon *m*; pelouse *f*; tourbe *f*; turf *m*, courses *f*/*pl.* de chevaux; **2.** gazonner; *sl.* ~ *out* flanquer (*q.*) dehors; **turf·ite** ['~ait] turfiste *m*; '**turf·y** gazonné, couvert de gazon; tourbeux (-euse *f*); F du turf.

tur·gid □ ['təːdʒid] enflé, gonflé; *fig.* boursouflé; **tur'gid·i·ty** enflure *f* (*a. fig.*).

Turk [təːk] Turc (Turque *f*) *m*; *fig.* tyran *m*; homme *m* indiscipliné.

tur·key ['təːki] ♀ *carpet* tapis *m* d'Orient *ou* de Turquie; *orn.* dindon *m*, dinde *f*; *cuis.* dindonneau

m; *théâ.*, *cin.* Am. *sl.* navet *m*; *sl.* talk ~ ne pas ménager ses mots.

Turk·ish ['təːkiʃ] turc (turque *f*), de Turquie; ~ *bath* bain *m* turc; ~ *delight* rahat-lokoum *m*; ~ *towel* serviette-éponge (*pl.* serviettes-éponges).

tur·moil ['təːmɔil] trouble *m*, agitation *f*, tumulte *m.*

turn [təːn] **1.** *v/t.* tourner; faire tourner; retourner; rendre; changer, transformer (en, *into*); traduire (en anglais, *into English*); diriger; ⊕ tourner, façonner au tour; *fig.* tourner (*une phrase, des vers, etc.*); F he has ~ed (*ou* is ~ed [*of*]) 50 il a passé la cinquantaine; 50 ans passés; ~ *colo(u)r* pâlir *ou* rougir; changer de couleur; ~ a *corner* tourner un coin; ~ *the enemy's flanks* tourner le flanc de l'ennemi; *he can* ~ *his hand to anything* c'est un homme à toute main; F ~ *tail* prendre la fuite; ~ *s.o.'s argument against himself* rétorquer un argument contre q.; ~ *aside* détourner; écarter; ~ *away* détourner; *théâ.* refuser; ~ *down* rabattre; retourner (*une carte*); corner (*une page*); baisser (*le gaz etc.*); faire (*la couverture d'un lit*), ouvrir (*le lit*); F refuser (*une invitation etc.*); ~ *in* tourner en dedans; replier (*le bord*); F quitter (*un emploi*); renvoyer; ~ *garer* (*des wagons*); fermer (*l'eau, le gaz*); ~ *off* (on) fermer, (ouvrir) (*un robinet*); ~ *out* faire sortir; mettre dehors; vider (*les poches etc.*); nettoyer à fond; fabriquer, produire (*des marchandises*); éteindre, couper (*le gaz*); ~ *over* renverser; feuilleter, tourner (*les pages*); *fig.* transférer, remettre; ✍ retourner (*le sol*); ♰ faire; ~ *over a new leaf* revenir de ses erreurs; ~ *up* retourner (*a. des cartes, a.* ✍); relever (*un col, un pantalon*) (*les manches*); donner (*tout le gaz etc.*); remonter (*une mèche*); chercher, trouver (*dans le dictionnaire etc.*); F ~ *one's nose at* faire le dédaigneux devant; renifler sur; F ~ *up* se (re)tourner; **2.** *v/i.* tourner; se (re)tourner; se diriger; se transformer (en, *into*); changer (*marée, temps*); tourner (*au froid etc.*); se faire, devenir (*chrétien, soldat, etc.*); se colorer en (*rouge etc.*); prendre une teinte (*bleue etc.*); (*a. ∼ sour*) tourner (*lait*); *∼ about* se (re)tourner; ✗ faire demi-tour; *∼ away* se détourner (*de, from*); *∼ back* rebrousser chemin; regarder en arrière; faire demi-tour; *∼ in* se tourner en dedans; F se coucher; *his toes ∼ in* il a les pieds tournés en dedans; *∼ off* prendre (*à gauche, à droite*); bifurquer; faire le coin avec; *∼ on* se retourner contre, attaquer; *see ∼ upon*; *∼ out* sortir; se tourner en dehors (*pieds*); se mettre en grève; tourner (*mal, bien*); aboutir; devenir; se passer; arriver; se trouver; se mettre (*à la pluie, au beau, etc.*); F se lever, sortir du lit; ✗ sortir; *∼ over* se (re)tourner; *mot. etc.* capoter; se renverser; *∼ round* tourner; tournoyer; *∼ to* se mettre à; tourner à; devenir; F *∼ to* (*adv.*) se mettre au travail; *∼ up* se relever; se retrousser (*nez*); arriver, se présenter; *∼ upon* rouler sur (*a. fig.*); attaquer; **3.** *su.* tour *m* (*de corde, de jeu, de roue; théâ.; a. = promenade, a. = disposition d'esprit*); *roue:* révolution *f*; changement *m* de direction, *mot.* virage *m*, ⚓ giration *f*; *chemin:* tournant *m*; *typ.* caractère *m* retourné; fin *f* (*du mois*); allure *f*, tournure *f* (*des affaires*); disposition *f* (*pour, for*); *théâ.* numéro *m*; *fig.* choc *m*, coup *m*; crise *f*; *fig.* service *m*; *fig.* but *m*; *at every ∼* à tout propos, à tout moment; *by* (*ou in ∼s*) à tour de rôle, tour à tour; *in my ∼* à mon tour; *it is my ∼* c'est à moi (*de, to*); *take a ∼* faire un tour; *take a ∼ at s.th.* faire qch. à son tour; *take one's ∼* prendre son tour; *take ∼s* alterner (*pour inf. at, in gér.*); *to a ∼* à point; *a friendly ∼* un service *m* d'ami; *do s.o. a good ∼* rendre un service à q.; *does it serve your∼?* est-ce que cela fera votre affaire?; '*∼-about* demi-tour *m*; '*∼-buckle* ⊕ lanterne *f* de serrage; '*∼-coat* renégat *m*; apostat(e *f*) *m*; '*∼-down* **1.** refus *m*; (*tendance f à la*) baisse *f*; **2.** à rabattre; *∼ collar* col *m* rabattu; '**turn·er** tourneur *m*; '**turn·er·y** travail (*pl.* -aux) *m* au tour, tournage *m*; articles *m/pl.* tournés; atelier *m* de tourneur.

turn·ing ['tə:niŋ] action *f* de tourner; giration *f*; changement *m* de direc-

tion; *mot.* virage *m*; tournant *m* (*du chemin*); retournage *m* (*d'un vêtement*); *typ.* blocage *m*; ⊕ tournage *m*; '*∼-lathe* ⊕ tour *m*; '*∼-point* *fig.* moment *m* critique, point *m* décisif.

tur·nip ♀ ['tə:nip] navet *m*.

turn·key ['tə:nki:] porte-clefs *m/inv.*; geôlier *m*; fontainier *m*; '**turn-off** *Am.* sortie *f* (d'autoroute); embranchement *m*; '**turn-out** tenue *f*, uniforme *m*; équipage *m*; assemblée *f*; assistance *f*, gens *m/pl.*; grève *f*; ✝ production *f*, produits *m/pl.*; ⊕ aiguillage *m*; voie *f* de garage; changement *m* de voie; '**turn-over** chausson *m* (*aux pommes etc.*); ✝ chiffre *m* d'affaires; *∼ tax* impôt *m* sur le chiffre d'affaires; '**turn·pike** (*route f à*) barrière *f* de péage; tourniquet *m* d'entrée; '**turn·screw** tournevis *m*; '**turn·spit** tournebroche *m*; '**turn·stile** tourniquet *m* (*d'entrée*); '**turn·ta·ble** 🚂 plaque *f* tournante; *phonographe:* tourne-disque *m*, plateau *m*; '**turn-up 1.** pliant (*lit.*); à bords relevés; *pantalon:* revers *m*; F rixe *f*, bagarre *f*; F affaire *f* de chance.

tur·pen·tine 🌲 ['tə:pəntain] térébenthine *f*.

tur·pi·tude ['tə:pitju:d] turpitude *f*.

tur·quoise *min.* ['tə:kwɑ:z] turquoise *f*.

tur·ret ['tʌrit] tourelle *f* (*a.* ✗, ⚓, ⊕); *a.* revolver *m*; ⊕ *∼ lathe* tour *m* à revolver; '**tur·ret·ed** surmonté *ou* garni de tourelles; *zo.* turriculé (*conque*).

tur·tle[1] *zo.* ['tə:tl] tortue *f* de mer; *turn ∼* chavirer; *canot, mot.:* capoter.

tur·tle[2] *orn.* [*∼*] (*usu. ∼-dove*) tourterelle *f*, tourtereau *m*.

tur·tle·neck *surt. Am.* ['tə:tlnek] (*pullover m à*) col *m* roulé.

Tus·can ['tʌskən] **1.** toscan *m*; **2.** *ling.* toscan *m*; Toscan(e *f*) *m*.

tusk [tʌsk] *éléphant:* défense *f*; *∼s pl.* sanglier: broches *f/pl.*

tus·sle ['tʌsl] **1.** mêlée *f*, lutte *f*; *fig.* passe *f* d'armes; **2.** lutter.

tus·sock ['tʌsək] touffe *f* d'herbe.

tut [tʌt] allons donc!; zut!

tu·te·lage ['tju:tilidʒ] tutelle *f*.

tu·te·lar·y ['tju:tiləri] tutélaire.

tu·tor ['tju:tə] (*a. private ∼*) précepteur (-trice *f*) *m*; *école, univ.* directeur (-trice *f*) *m* d'études; *univ. a.* répétiteur (-trice *f*) *m*; *Am.*

univ. chargé *m* de cours; ⚖ tuteur (-trice *f*) *m*; **2.** instruire; donner des leçons particulières à; diriger les études de; **tu·to·ri·al** [tjuˈtɔːriəl] **1.** d'instruction; de répétiteur *etc.*; **2.** cours *m* individuel; travaux *m/pl.* pratiques; **tu·tor·ship** [ˈtjuːtəʃip] emploi *m* de répétiteur *etc.*; *private* ~ préceptorat *m*.

tux·e·do *Am.* [tʌkˈsiːdou] smoking *m*.

twad·dle [ˈtwɔdl] **1.** fadaises *f/pl.*, sottises *f/pl.*; **2.** dire des sottises.

twang [twæŋ] **1.** bruit *m* sec; (*usu. nasal* ~) accent *m* nasillard; **2.** (faire) résonner; nasiller (*personne*).

tweak [twiːk] pincer.

tweed [twiːd] cheviote *f* écossaise; tweed *m* (=étoffe *de laine*).

'tween [twiːn] *see* between.

tween·y [ˈtwiːni] (*a.* ~ *maid*) *see* between-maid.

tweez·ers [ˈtwiːzəz] *pl.*: (*a pair of*) ~ (une) petite pince *f*; (des) pinces *f/pl.* à épiler.

twelfth [twelfθ] douzième (*a. su./mf*; *a.* ⚖ *su./m*); ⚖-*cake* galette *f* des Rois; ⚖-*night* veille *f* des Rois.

twelve [twelv] douze (*a. su./m*); ~ *o'clock midi m*; minuit *m*; ~*fold* [ˈ⚖fould] douze fois autant.

twen·ti·eth [ˈtwentiiθ] vingtième (*a. su./mf*; *a.* ⚖ *su./m*).

twen·ty [ˈtwenti] vingt (*a. su./m*); ~*fold* [ˈ⚖fould] **1.** *adj.* vingtuple; **2.** *adv.* vingt fois autant.

twerp *sl.* [twəːp] cruche *f* (=imbécile).

twice [twais] deux fois; ~ *as much* deux fois autant; ~ *as many books* deux fois plus de livres.

twid·dle [ˈtwidl] **1.** jouer (avec); *v/t.* tripoter (*qch.*); **2.** enjolivure *f*; ornement *m*.

twig¹ [twig] brindille *f*; *hydroscopie*: baguette *f* (*de coudrier*).

twig² *sl.* [~] observer (*q.*); comprendre, saisir (*qch.*).

twi·light [ˈtwailait] **1.** crépuscule *m* (*a. fig.*); **2.** crépusculaire, du crépuscule; ⚕ ~ *sleep* demi-sommeil *m* provoqué.

twin [twin] **1.** jumeau (-elle *f*); jumelé, géminé; ~ *beds pl.* lits *m/pl.* jumeaux; **2.** jumeau (-elle *f*) *m*; ~*-en·gined* ⚙ [ˈ⚖endʒind] bimoteur; ~*-jet* biréacteur *m*.

twine [twain] **1.** ficelle *f*; fil *m*

retors; *fig.* sinuosité *f*, repli *m*; **2.** *v/t.* tordre, tortiller; entrelacer (*les doigts etc.*); *fig.* entourer (de, with); (en)rouler (autour de *about, round*); *v/i.* (*a.* ~ *o.s.*) se tordre, se tortiller, s'enrouler; serpenter.

twinge [twindʒ] élancement *m*; légère atteinte *f*; *fig.* remords *m* (*de conscience*).

twin·kle [ˈtwiŋkl] **1.** scintiller, étinceler; pétiller (*feu, a. fig.* de, with); **2.** (*a.* '**twin·kling**) scintillement *m*, clignotement *m*; *in a* ~ (*ou the twinkling of an eye*) en un clin d'œil.

twirl [twəːl] **1.** tournoiement *m*; *moustache*: tortillement *m*; *pi-rouette f; fumée*: volute *f*; enjolivure *f*; **2.** (faire) tourn(oy)er; '**twirl·ing-stick** *cuis.* agitateur *m*.

twist [twist] **1.** (*film*) retors *m*; torsion *f*; *chemin*: coude *m*; *soie*: tordage *m*; *cheveux*: torsade *f*; *tabac*: carotte *f*, rouleau *m*; *papier*: papillote *f*; contorsion *f* (*du visage*); *sp.* tour *m* de poignet; *mot. cornet*: spire *f*; *fig.* déformation *f*; *fig.* tournure *f*, prédisposition *f* (*de l'esprit*); *fig.* repli *m* (*du serpent*); F appétit *m*; **2.** *v/t.* tordre (*a. le visage, le bras, etc.*), tortiller; *tex.* retordre; torquer (*le tabac*); entortiller; enrouler; dénaturer, fausser; donner de l'effet à (*une balle*); *v/i.* se tordre, se tortiller; *fig.* tourner, serpenter; '**twist·er** tordeur (-euse *f*) *m*; *tex.* retordeur (-euse *f*) *m*; *sp.* balle *f* qui a de l'effet; *sl.* ficelle *f* (= *ricaneur*); *Am.* tornade *f*, ouragan *m*.

twit¹ [twit]: ~ *s.o. with s.th.* railler q. de qch.; reprocher qch. à q.

twit² *sl.* [~] idiot(e *f*) *m*.

twitch [twitʃ] **1.** *v/t.* tirer brusquement; *v/i.* se crisper, se contracter (de, with); **2.** saccade *f*, coup *m* sec; contraction *f*, tic *m* (*de visage*); *see* twinge; *vét.* serre-nez *m/inv.*

twit·ter [ˈtwitə] **1.** gazouiller; **2.** gazouillement *m*; *be in a* ~ être agité *ou* en émoi.

two [tuː] deux (*a. su./m*); *in* ~ en deux; *fig. put* ~ *and* ~ *together* tirer ses conclusions; raisonner juste; '~*-bit* *Am.* F sans importance, infime; bon marché; '~*-edged* à deux tranchants (*a. fig.*); '~*-faced* hypocrite; '~*-fist·ed* costaud; '~*-fold* double; '~*hand·ed* à deux mains; ambidextre;

qui se joue à deux; '~'**job man** F cumulard m; ~**pence** ['tʌpəns] deux pence m; ~**pen·ny** ['tʌpni] à ou de deux pence; *fig.* de quatre sous; '~**phase** ⚡ biphasé, diphasé; '~'**pin plug** ⚡ fiche f à deux broches; '~**ply** à deux brins (*cordage*); à deux épaisseurs (*contre-plaqué*); '~'**seat·er** *mot.* voiture f à deux places; '~**some** couple m; jeu m ou partie f à deux; '~'**step** two-step m (*danse*); '~'**sto·rey** à deux étages; '~'**stroke** *mot.* à deux temps; '~'**time** tromper, tricher; '~'**valve re·ceiv·er** *radio:* poste m à deux lampes; '~**way** ⊕ à deux voies; ⚡ ~ adapter bouchon m de raccord.

ty·coon *Am.* F [tai'ku:n] chef m de l'industrie; baron m de l'industrie.

tyke [taik] vilain chien m; rustre m.

tym·pa·num *anat.*, *a.* 🔺 ['timpə-nəm], *pl.* **-na** [~nə] tympan m.

type [taip] 1. type m; genre m; modèle m; *typ.* caractère m, type m, *coll.* caractères m/pl.; *typ. in* ~ composé; ~ *area* surface f imprimée; *true to* ~ conforme au type ancestral; *typ. set in* ~ composer; 2. ~ *write*; '~**found·er** fondeur m typographe; '~**script** manuscrit m dactylographié; '~**set·ter** *typ.* compositeur m; '~**write** [*irr.* (*write*)] écrire à la machine; F taper (à la machine); '~**writ·er** machine f à écrire; † dactylographe mf, F dactylo mf; ~ *ribbon* ruban m encreur.

ty·phoid ✚ ['taifɔid] 1. typhoïde; ~ *fever* = 2. (fièvre f) typhoïde f.

ty·phoon *météor.* [tai'fu:n] typhon m.

ty·phus ✚ ['taifəs] typhus m.

typ·i·cal □ ['tipikl] typique; caractéristique (de, of); *it's* ~ *of him* c'est bien lui; **typ·i·fy** ['~fai] être caractéristique de; être le type de (*l'officier militaire*); symboliser.

typ·ing ['taipiŋ] dactylo(graphie) f; ~*pool* bureau m des dactylos, F dactylo f; *be good at* ~ taper bien (à la machine); **typ·ist** ['taipist] dactylographe mf, F dactylo mf; *shorthand* ~ sténodactylographe mf, F sténodactylo mf.

ty·pog·ra·pher [tai'pɔgrəfə] typographe m, F typo m; **ty·po·graph·ic, ty·po·graph·i·cal** □ [~pə'græfik(l)] typographique; **ty·pog·ra·phy** [~'pɔgrəfi] typographie f.

ty·ran·nic, ty·ran·ni·cal □ [ti-'rænik(l)] tyrannique; **ty·ran·ni·cide** [~said] *personne:* tyrannicide mf; *crime:* tyrannicide m; **ty·ran·nize** ['tirənaiz] faire le tyran; ~ *over* tyranniser (*q.*); '**ty·ran·nous** □ tyrannique; *fig.* violent; '**tyr·an·ny** tyrannie f.

ty·rant ['taiərənt] tyran m (*a. orn.*).

tyre ['taiə] *see* tire[1].

ty·ro ['taiərou] *see* tiro.

Tyr·o·lese [tirə'li:z] 1. tyrolien(ne f); 2. Tyrolien(ne f) m.

Tzar [za:] *see* Tsar.

U

U, u [ju:] U *m*, u *m*.

u·biq·ui·tous ☐ [ju'bikwitəs] qui se trouve *ou* que l'on rencontre partout; **u'biq·ui·ty** ubiquité *f*.

ud·der ['ʌdə] mamelle *f*.

ugh [uh; ə:h] brrr!

ug·li·fy F ['ʌglifai] enlaidir.

ug·li·ness ['ʌglinis] laideur *f*.

ug·ly ☐ ['ʌgli] laid; vilain (*blessure, aspect, etc.*); mauvais (*temps*).

U·krain·i·an [ju:'kreinjən] **1.** ukrainien(ne *f*); **2.** Ukrainien(ne *f*) *m*.

u·ku·le·le ♩ [ju:kə'leili] ukulélé *m*.

ul·cer ✵ ['ʌlsə] ulcère *m*; **ul·cer·ate** ['~reit] (s')ulcérer; **ul·cer·'a·tion** ulcération *f*; **'ul·cer·ous** ulcéreux (-euse *f*).

ul·lage ✝ ['ʌlidʒ] coulage *m*; *douanes:* manquant *m*.

ul·na *anat.* ['ʌlnə], *pl.* **~nae** [~ni:] cubitus *m*.

ul·ster ['ʌlstə] *manteau:* ulster *m*.

ul·te·ri·or ☐ [ʌl'tiəriə] ultérieur; *fig.* caché, secret (*dessein*); **~ motive** arrière-pensée *f*; motif *m* secret.

ul·ti·mate ☐ ['ʌltimit] final (-als *m/pl.*); dernier (-ère *f*); fondamental (-aux *m/pl.*); *phys.* **~ stress** résistance *f* de rupture; **~ly** en fin de compte, à la fin.

ul·ti·ma·tum [ʌlti'meitəm], *pl. a.* **~ta** [~tə] ultimatum *m*. [dernier.⟩

ul·ti·mo ✝ ['ʌltimou] du mois⟩

ul·tra- [ʌltrə] ultra-; extrêmement; **'~fash·ion·a·ble** ultra-chic; **'~high fre·quen·cy** *radio:* très haute fréquence; **~ma·rine 1.** d'outre-mer; **2.** ♒, *peint.* (bleu *m* d')outre-mer *m/inv.*; **~mon·tane** *eccl., pol.* [~'mɔntein] ultramontain (*a. su.*); **'~red** infrarouge; **'~short wave** onde *f* ultracourte; **'~vi·o·let** ultraviolet(te *f*).

u·lu·late ['ju:ljuleit] ululer; hurler.

um·bel ♀ ['ʌmbl] ombelle *f*.

um·ber *min., peint.* ['ʌmbə] terre *f* d'ombre; *couleur:* ombre *f*.

um·bil·i·cal ☐ [ʌm'bilikl; ~'laikl] ombilical (-aux *m/pl.*); **~ cord** cordon *m* ombilical.

um·brage ['ʌmbridʒ] ressentiment *m*; ombrage *m* (*a. poét.*); **um·bra·geous** ☐ [~'breidʒəs] ombragé; ombrageux (-euse *f*) (*a. fig.*).

um·brel·la [ʌm'brelə] parapluie *m*; *pol.* compromis *m*; ✈ protection *f*; **~ organization** organisation *f* de tête; **~ stand** porte-parapluies *m/inv.*

um·pire ['ʌmpaiə] **1.** arbitre *m*; **2.** *v/t.* arbitrer; *v/i.* servir d'arbitre.

ump·teen ['ʌmti:n], **'ump·ty** F je ne sais combien.

un- [ʌn] non; in-; dé(s)-; ne ... pas; peu; sans.

un·a·bashed ['ʌnə'bæʃt] sans se déconcerter; aucunement ébranlé.

un·a·ble ['ʌn'eibl] incapable (de, to); impuissant (à, to).

un·a·bridged ['ʌnə'bridʒd] non abrégé; intégral (-aux *m/pl.*).

un·ac·cent·ed ['ʌnæk'sentid] inaccentué; *gramm.* atone.

un·ac·cept·a·ble ['ʌnək'septəbl] inacceptable.

un·ac·com·mo·dat·ing ['ʌnə'kɔmədeitiŋ] peu commode; peu accommodant (*personne*).

un·ac·count·a·ble ☐ ['ʌnə'kauntəbl] inexplicable; bizarre.

un·ac·cus·tomed ['ʌnə'kʌstəmd] inaccoutumé (à, to) (*a. personne*); peu habitué (à, to) (*personne*).

un·ac·knowl·edged ['ʌnək'nɔlidʒd] non avoué; demeuré sans réponse (*lettre*).

un·ac·quaint·ed ['ʌnə'kweintid]: **be ~ with** ne pas connaître (*q.*); ignorer (*qch.*).

un·a·dorned ['ʌnə'dɔ:nd] sans ornements, naturel(le *f*); *fig.* sans fard.

un·a·dul·ter·at·ed ☐ ['ʌnə'dʌltəreitid] pur, sans mélange.

un·ad·vis·a·ble ☐ ['ʌnəd'vaizəbl] imprudent; peu sage; **un·ad·'vised** ☐ [*adv.* ~zidli] imprudent; sans prendre conseil.

un·af·fect·ed ☐ ['ʌnə'fektid] qui n'est pas atteint; *fig.* sincère; sans affectation *ou* pose.

un·aid·ed ['ʌn'eidid] sans aide;

(tout) seul; inassisté (*pauvre*); nu (*œil*).

un·al·loyed [ˈʌnəˈlɔid] sans alliage; *fig.* pur, sans mélange.

un·al·ter·a·ble ☐ [ʌnˈɔːltərəbl] invariable, immuable.

un·am·big·u·ous ☐ [ˈʌnæmˈbigjuəs] non équivoque, sans ambiguïté.

un·am·bi·tious ☐ [ˈʌnæmˈbiʃəs] sans prétention; sans ambition (*personne*).

un·a·me·na·ble [ˈʌnəˈmiːnəbl] rebelle, réfractaire (à, to).

un·a·mi·a·ble ☐ [ʌnˈeimjəbl] peu aimable.

u·na·nim·i·ty [juːnəˈnimiti] unanimité *f*; **u·nan·i·mous** ☐ [juˈnæniməs] unanime.

un·an·swer·a·ble [ʌnˈɑːnsərəbl] sans réplique; incontestable.

un·ap·palled [ˈʌnəˈpɔːld] peu effrayé. [sans appel.]

un·ap·peal·a·ble ☆☆ [ˈʌnəˈpiːləbl]

un·ap·peas·a·ble ☐ [ˈʌnəˈpiːzəbl] insatiable; implacable.

un·ap·proach·a·ble ☐ [ˈʌnəˈproutʃəbl] inaccessible; inabordable (*a. personne*); *fig.* incomparable.

un·ap·pro·pri·at·ed [ˈʌnəˈprouprieitid] disponible; libre.

un·apt ☐ [ˈʌnˈæpt] peu juste; mal approprié; inapte (à, for), peu disposé (à *inf.*, to *inf.*); be ~ to (*inf.*) avoir beaucoup de mal à (*inf.*).

un·a·shamed ☐ [ˈʌnəˈʃeimd]; *adv.* ~midli sans honte *ou* pudeur.

un·asked [ˈʌnˈɑːskt] non invité; spontané(ment *adv.*).

un·as·sail·a·ble ☐ [ˈʌnəˈseiləbl] inattaquable; irréfutable.

un·as·sist·ed ☐ [ˈʌnəˈsistid] tout seul, sans aide.

un·as·sum·ing [ˈʌnəˈsjuːmiŋ] sans prétentions; modeste.

un·at·tached [ˈʌnəˈtætʃt] non attaché; indépendant (de, to); *univ.* qui ne dépend d'aucun collège; ⚓ en disponibilité; isolé; ☆☆ sans propriétaire.

un·at·tain·a·ble ☐ [ˈʌnəˈteinəbl] inaccessible (de, by).

un·at·tend·ed [ˈʌnəˈtendid] seul; sans escorte; dépourvu (de, by); (*usu.* ~ to) négligé.

un·at·trac·tive ☐ [ˈʌnəˈtræktiv] peu attrayant; peu sympathique (*personne*).

un·au·thor·ized [ˈʌnˈɔːθəraizd] sans

autorisation; illicite; *admin.* sans mandat.

un·a·vail·a·ble ☐ [ˈʌnəˈveiləbl] non disponible; inutilisable; **un·a·vail·ing** ☐ vain; inutile.

un·a·void·a·ble ☐ [ˈʌnəˈvɔidəbl] inévitable.

un·a·ware [ˈʌnəˈwɛə] ignorant; be ~ ignorer (qch., of s.th.; que, that); **un·a·wares** au dépourvu; sans s'en rendre compte.

un·backed [ˈʌnˈbækt] *fig.* sans appui; non endossé (*a.* ✝); *turf:* sur lequel personne n'a parié.

un·bal·ance [ˈʌnˈbæləns] défaut *m* d'équilibrage; balourd *m*; **un·bal·anced** mal équilibré (*a. fig.*); ⊕ non compensé; ✝ non soldé; *phys.* en équilibre instable.

un·bap·tized [ˈʌnbæpˈtaizd] non baptisé.

un·bar [ˈʌnˈbɑː] débarrer, *fig.* ouvrir; dessaisir (*un sabord*).

un·bear·a·ble ☐ [ʌnˈbɛərəbl] insupportable, intolérable.

un·beat·en [ˈʌnˈbiːtn] invaincu; non frayé (*chemin*).

un·be·com·ing ☐ [ˈʌnbiˈkʌmiŋ] peu seyant (*robe*); peu convenable; déplacé (chez *q.* of, to, for).

un·be·friend·ed [ˈʌnbiˈfrendid] sans amis; délaissé.

un·be·known [ˈʌnbiˈnoun] **1.** *adj.* inconnu (de, to); **2.** *adv.* à l'insu (de *q.*, to s.o.).

un·be·lief [ˈʌnbiˈliːf] incrédulité *f*; *eccl.* incroyance *f*; **un·be·liev·a·ble** ☐ incroyable; **un·be·liev·er** incrédule *mf*; *eccl.* incroyant(e *f*) *m*; **un·be·liev·ing** ☐ incrédule.

un·be·loved [ˈʌnbiˈlʌvd] peu aimé.

un·bend [ˈʌnˈbend] [*irr.* (bend)] *v/t.* détendre (*a. fig.*); redresser (*q., a.* ⊕); *v/i.* se détendre; *fig.* se déraidir; se détordre (*ressort*); se redresser; se déplier (*jambe*); **un·bend·ing** ☐ inflexible; *fig. a.* raide.

un·bi·as(s)ed ☐ [ˈʌnˈbaiəst] *fig.* impartial (-aux *m/pl.*), sans parti pris.

un·bid, **un·bid·den** [ˈʌnˈbid(n)] non invité; spontané.

un·bind [ˈʌnˈbaind] [*irr.* (bind)] dénouer (*les cheveux*); délier (*a. fig.*).

un·bleached *tex.* [ˈʌnˈbliːtʃt] écru.

un·blem·ished [ʌnˈblemiʃt] sans tache (*a. fig.*).

un·blush·ing ☐ [ʌnˈblʌʃiŋ] qui ne rougit pas; sans vergogne.

un·bolt ['ʌn'boult] déverrouiller; dévisser (*un rail etc.*); **'un·bolt·ed** déverrouillé; ⊕ déboulonné; dévissé (*rail*); non bluté (*farine*).

un·born ['ʌn'bɔːn] à naître; qui n'est pas encore né; *fig.* futur.

un·bos·om [ʌn'buzm] révéler; ~ o.s. ouvrir son cœur (à q., *to s.o.*).

un·bound ['ʌn'baund] délié; dénoué (*cheveux*); broché (*livre*).

un·bound·ed □ [ʌn'baundid] sans bornes; illimité; démesuré (*ambition etc.*).

un·bowed ['ʌn'baud] invaincu.

un·brace ['ʌn'breis] défaire; détendre (*les nerfs*); énerver (*q.*).

un·break·a·ble ['ʌn'breikəbl] incassable.

un·bri·dled [ʌn'braidld] débridé (*a. fig.*); sans bride; *fig.* déchaîné.

un·bro·ken ['ʌn'broukn] intact; non brisé; inviolé; imbattu (*record*); non dressé (*cheval*); *fig.* insoumis.

un·buck·le ['ʌn'bʌkl] déboucler.

un·bur·den ['ʌn'bəːdn] décharger; *fig.* alléger; ~ o.s. (*ou* one's heart) se délester (le cœur).

un·bur·ied ['ʌn'berid] déterré; sans sépulture.

un·busi·ness·like ['ʌn'biznislaik] peu commerçant; *fig.* irrégulier (-ère *f*).

un·but·ton ['ʌn'bʌtn] déboutonner.

un·called ['ʌn'kɔːld] non appelé (*a.* †); **un'called-for** injustifié; déplacé (*remarque*); spontané.

un·can·ny □ [ʌn'kæni] sinistre; mystérieux (-euse *f*).

un·cared-for ['ʌn'kɛədfɔː] mal *ou* peu soigné; abandonné; négligé (*air*).

un·ceas·ing □ [ʌn'siːsiŋ] incessant; continu; soutenu.

un·cer·e·mo·ni·ous □ ['ʌnseri-'mounjəs] peu cérémonieux (-euse *f*); sans gêne (*personne*).

un·cer·tain □ [ʌn'səːtn] incertain; douteux (-euse *f*); irrésolu; peu sûr; be ~ ne pas savoir au juste (si, *whether*); **un'cer·tain·ty** incertitude *f*. [donner libre cours à.]

un·chain ['ʌn'tʃein] déchaîner; *fig.*

un·chal·lenge·a·ble □ ['ʌn'tʃælindʒ-əbl] incontestable; **un'chal·lenged** incontesté.

un·change·a·ble □ [ʌn'tʃeindʒəbl], **un'chang·ing** □ immuable, invariable; éternel(le *f*).

un·char·i·ta·ble □ [ʌn'tʃæritəbl] peu charitable.

un·chaste □ ['ʌn'tʃeist] impudique; **un·chas·ti·ty** ['ʌn'tʃæstiti] impudicité *f*; infidélité *f* (*d'une femme*).

un·checked ['ʌn'tʃekt] libre(ment *adv.*); † non vérifié.

un·chris·tian □ ['ʌn'kristjən] peu chrétien(ne *f*); païen(ne *f*).

un·civ·il □ ['ʌn'sivl] impoli; **un'civ·i·lized** [~vilaizd] barbare, incivilisé.

un·claimed ['ʌn'kleimd] non réclamé; épave (*chien etc.*); de rebut (*lettre*).

un·clasp ['ʌn'klɑːsp] défaire, dégrafer; (se) desserrer (*poing*); laisser échapper.

un·clas·si·fied ['ʌn'klæsifaid] non classé; non secret (-ète) (*information*).

un·cle ['ʌŋkl] oncle *m*; *sl.* at my ~'s chez ma tante, au clou.

un·clean □ ['ʌn'kliːn] sale; *fig., eccl.* immonde, impur.

un·clench ['ʌn'klentʃ] (se) desserrer.

un·cloak ['ʌn'klouk] ôter le manteau de; *fig.* dévoiler.

un·close ['ʌn'klouz] (s')ouvrir.

un·clothe ['ʌn'klouð] (se) déshabiller. [nuage; clair (*a. fig.*).]

un·cloud·ed ['ʌn'klaudid] sans)

un·coil ['ʌn'kɔil] (se) dérouler.

un·col·lect·ed ['ʌnkə'lektid] non recueilli; *fig.* confus.

un·col·o·(u)red ['ʌn'kʌləd] non coloré; incolore; *fig.* non influencé.

un·come·ly ['ʌn'kʌmli] peu gracieux (-euse *f*).

un·com·fort·a·ble □ [ʌn'kʌmfət-əbl] peu confortable; désagréable; peu à son aise (*personne*).

un·com·mon □ [ʌn'kɔmən] (*a.* F *adv.*) peu commun; singulier (-ère *f*); rare.

un·com·mu·ni·ca·tive □ ['ʌnkə'mjuː-nikeitiv] réservé, taciturne; peu communicatif (-ive *f*).

un·com·plain·ing □ ['ʌnkəm'plein-iŋ] patient; sans plainte; **un'com·plain·ing·ness** patience *f*, résignation *f*.

un·com·pro·mis·ing □ ['ʌn'kɔm-prəmaiziŋ] intransigeant; sans compromis; *fig.* raide; absolu.

un·con·cern ['ʌnkən'səːn] indifférence *f*; insouciance *f*; **'un·con-**

'**cerned** □ [*adv.* ˷idli] insouciant; indifférent (à, *about*); étranger (-ère *f*) (à *with, in*).

un·con·di·tion·al □ ['ʌnkən'diʃnl] absolu; sans réserve.

un·con·fined □ ['ʌnkən'faind] illimité, sans bornes; libre.

un·con·firmed ['ʌnkən'fə:md] non confirmé *ou* avéré; *eccl.* qui n'a pas reçu la confirmation.

un·con·gen·ial ['ʌnkən'dʒi:njəl] peu agréable; peu favorable; peu sympathique (*personne*).

un·con·nect·ed □ ['ʌnkə'nektid] sans lien *ou* rapport; décousu (*idées*).

un·con·quer·a·ble □ [ʌn'kɔŋkərəbl] invincible; *fig.* insurmontable.

un·con·sci·en·tious □ ['ʌnkɔnʃi-'enʃəs] peu consciencieux (-euse *f*).

un·con·scion·a·ble □ [ʌn'kɔnʃə-nəbl] peu scrupuleux (-euse *f*); déraisonnable (*a. fig.*); exorbitant.

un·con·scious □ [ʌn'kɔnʃəs] **1.** inconscient; sans connaissance (= *évanoui*); be ˷ of ne pas avoir conscience de; **2.** *psych.* the ˷ l'inconscient *m*; **un'con·scious·ness** inconscience *f*; évanouissement *m*.

un·con·sid·ered ['ʌnkən'sidəd] irréfléchi, inconsidéré; sans valeur.

un·con·sti·tu·tion·al □ ['ʌnkɔnsti-'tju:ʃənl] in-, anticonstitutionnel(le *f*).

un·con·strained □ ['ʌnkən'streind] sans contrainte; aisé.

un·con·test·ed □ ['ʌnkən'testid] incontesté; *pol.* qui n'est pas disputé.

un·con·tra·dict·ed ['ʌnkɔntrə'dik-tid] non contredit.

un·con·trol·la·ble □ [ʌnkən'trou-ləbl] ingouvernable; irrésistible; absolu.

un·con·ven·tion·al □ ['ʌnkən-'venʃnl] qui va à l'encontre des conventions; original (-aux *m/pl.*).

un·con·vert·ed ['ʌnkən'və:tid] inconverti (*a. eccl.*); ✝ *a.* non converti.

un·con·vinced ['ʌnkən'vinst] sceptique (à l'égard de, *of*).

un·cork ['ʌn'kɔ:k] déboucher.

un·cor·rupt·ed □ ['ʌnkə'rʌptid] intègre; incorrompu. [*comptable.*]

un·count·a·ble ['ʌn'kauntəbl] in-]

un·cou·ple ['ʌn'kʌpl] découpler.

un·couth □ [ʌn'ku:θ] grossier (-ère *f*), rude; gauche, agreste.

un·cov·er [ʌn'kʌvə] découvrir (⚒, *a. une partie du corps*); démasquer.

un·crit·i·cal □ ['ʌn'kritikl] sans discernement; peu difficile.

un·crowned ['ʌn'kraund] non couronné; découronné.

un·crush·a·ble *tex.* [ʌn'krʌʃəbl] infroissable.

unc·tion ['ʌŋkʃn] onction *f* (*a. fig.*); *poét.* onguent *m*; *eccl.* extreme ˷ extrême-onction *f*; **unc·tu·ous** □ ['ʌŋktjuəs] onctueux (-euse *f*) (*a. fig.*); graisseux (-euse *f*); *péj.* patelin.

un·cul·ti·vat·ed ['ʌn'kʌltiveitid] inculte; en friche (*terre*); *fig.* sans culture; ✿ à l'état sauvage.

un·cured ['ʌn'kjuəd] ✿ non guéri; *cuis.* frais (*hareng*).

un·curl ['ʌn'kə:l] (se) défriser (*cheveux*); (se) dérouler.

un·cut ['ʌn'kʌt] intact; sur pied (*blé etc.*); non coupé (*haie, livre*); non rogné (*livre*).

un·dam·aged ['ʌn'dæmidʒd] en bon état.

un·damped ['ʌn'dæmpt] sec (sèche *f*); *fig.* non découragé.

un·dat·ed ['ʌn'deitid] sans date.

un·daunt·ed □ [ʌn'dɔ:ntid] intrépide; non intimidé.

un·de·ceive ['ʌndi'si:v] désabuser (de, *of*); dessiller les yeux à (*q.*).

un·de·cid·ed □ ['ʌndi'saidid] indécis.

un·de·ci·pher·a·ble ['ʌndi'saifə-rəbl] indéchiffrable.

un·de·fend·ed ['ʌndi'fendid] sans protection.

un·de·filed ['ʌndi'faild] sans tache, pur.

un·de·fined □ ['ʌndi'faind]; *adv.* ˷nidli] non défini; vague.

un·de·mon·stra·tive □ ['ʌndi'mɔn-strətiv] réservé.

un·de·ni·a·ble □ ['ʌndi'naiəbl] incontestable; qu'on ne peut nier.

un·de·nom·i·na·tion·al □ ['ʌndi-nɔmi'neiʃənl] non confessionnel(le *f*); laïque (*école*).

un·der ['ʌndə] **1.** *adv.* (au-)dessous; en *ou* dans la soumission; **2.** *prp.* sous; au-dessous de; *from* ˷ de sous; de dessous; ˷ *sentence of* condamné à; **3.** *mots composés:* trop peu; insuffisamment; inférieur; sous-; '˷**·age** mineur; de mineurs; '˷**·bid** [*irr.* (*bid*)] demander moins cher que; '~**bred** mal élevé; qui n'a pas de race (cheval); '~**brush** broussailles f/pl.; sousbois m; '~**car·riage**, '~**cart** ✗ train m d'atterrissage; '~**cloth·ing** linge m de corps; lingerie f (pour dames); '~**cur·rent** courant m de fond ou sous-marin; fig. fond m; '~**cut** [irr. (cut)] vendre moins cher que; '~**de·vel·oped** sous-développé; '~**dog** perdant m; fig. the ~(s pl.) les opprimés m/pl.; '~**done** pas assez cuit; saignant (viande); '~**dress** (s')habiller trop simplement; '~**em·ploy·ment** sous-emploi m; '~**es·ti·mate** sous-estimer; '~**ex·pose** sous-exposer; '~**fed** mal nourri; '~**feed·ing** sous-alimentation f; '~**felt** assise f de feutre; '~**foot** sous les pieds; '~**gar·ments** pl. sous-vêtements m/pl.; ~**go** [irr. (go)] subir; supporter; '~**grad·u·ate** univ. étudiant(e f) m; '~**ground** 1. souterrain; sous terre; ~ engineering construction f souterraine; ~ mouvement mouvement m clandestin; ✗ résistance f; ~ water eaux f/pl. souterraines; ~ railway m 2. métro m; chemin m de fer souterrain; '~**growth** broussailles f/pl.; '~**hand** clandestin; sournois (a. personne); ~ service tennis: service m par en dessous; '~**hung** ⚓ prognathe; coulissant (porte); ~**lay** 1. [ʌndə'lei] [irr. (lay)]: ~ s.th. with s.th. mettre qch. sous qch.; 2. ['ʌndəlei] assise f de feutre; géol. inclinaison f; '~**let** [irr. (let)] sous-louer; louer à trop bas prix; ⚓ sous-fréter; '~**lie** [irr. (lie)] être en dessous ou au-dessous ou fig. à la base de; ~**line** 1. [ʌndə'lain] souligner; 2. ['ʌndəlain] légende f (d'une illustration).

un·der·ling ['ʌndəliŋ] subordonné (-e f) m; sous-ordre m; **un·der·manned** ['~'mænd] à court de personnel ou ⚓ d'équipage; '**un·der·men·tioned** (cité) ci-dessous; **un·der·mine** miner, saper (a. fig.); '**un·der·most** 1. adj. le (la) plus bas(se f); le plus en dessous; 2. adv. en dessous; **un·der·neath** ['~'ni:θ] 1. prp. au-dessous de, sous; 2. adv. au-dessous; par-dessous.

under...: '~**nour·ished** mal nourri; '~**pants** pl. (a pair of ~ un) caleçon ou slip; '~**pass** Am. passage m souterrain; '~**pay** [irr. (pay)] rétribuer mal; '~**pin** ⊕ étayer (un mur); fig. soutenir; '~**pin·ning** ⊕ étayage m; étais m/pl.; soutènement m; '~**play** minimiser; ~ one's hand dissimuler ses intentions, cacher son jeu; '~**plot** intrigue f secondaire; '~**print** phot. tirer (une épreuve) trop claire; '~**priv·i·leged** déshérité (a. su.); ~**rate** sous-estimer; mésestimer; '~**score** souligner; '~**sec·re·tar·y** sous-secrétaire mf; '~**sell** ✝ [irr.(sell)] vendre moins cher que (q.); vendre (qch.) au-dessous de sa valeur; '~**shot** en dessous, à aubes (roue); '~**signed** soussigné(e f) m; '~**sized** trop petit; rabougri; ~**slung** mot. à châssis surbaissé; '~**staffed** à court de personnel; ~**stand** [irr. (stand)] comprendre (a. fig.); s'entendre à; se rendre compte de; gramm. sous-entendre; fig. a. écouter bien; make o.s. understood se faire comprendre; it is understood that il est (bien) entendu que; that is understood cela va sans dire; an understood thing chose f convenue; ~**stand·a·ble** compréhensible; ~**stand·ing** 1. entendement m, compréhension f; entente f, accord m; on the ~ that à condition que; 2. intelligent; ~**state** rester au-dessous de la vérité; amoindrir (les faits); '~**state·ment** affirmation f qui reste au-dessous de la vérité; amoindrissement m (des faits).

under...: '~**strap·per** see underling; ~**stud·y** théâ. 1. doublure f; 2. doubler; ~**take** [irr. (take)] entreprendre; se charger de; ~ that F promettre que; '~**tak·er** entrepreneur m de pompes funèbres; '~**tak·ing** [ʌndə'teikiŋ] entreprise f (a. ✝); promesse f; '~**tak·ing** ['ʌndəteikiŋ] entreprise f de pompes funèbres; '~**ten·ant** sous-locataire mf; '~**the·coun·ter** clandestin(ement); '~**tone** fig. fond m; in an ~ à demi-voix, à voix basse; '~**val·ue** sous-estimer; mésestimer; '~**wear** linge m de corps; lingerie f (pour dames); '~**weight** manque m de poids; '~**wood** broussailles f/pl.; sous-bois m; '~**world** les enfers m/pl.; les basfonds m/pl. de la société; '~**write** ✝ [irr.(write)] souscrire (une émission, un risque); garantir; '~**writ·er** assureur m; membre m d'un syndicat de garantie.

un·de·served ☐ [ˈʌndiˈzəːvd; *adv.* ~vidli] immérité; injuste; **'un·de·serv·ing** peu méritoire; sans mérite (*personne*).

un·de·signed ☐ [ˈʌndiˈzaind; *adv.* ~nidli] imprévu; involontaire.

un·de·sir·a·ble ☐ [ˈʌndiˈzaiərəbl] peu désirable; indésirable (*a.* *su.*/*mf*).

un·de·terred [ˈʌndiˈtəːd] aucunement découragé.

un·de·vel·oped [ˈʌndiˈveləpt] non développé; inexploité (*terrain*).

un·de·vi·a·ting ☐ [ʌnˈdiːvieitiŋ] constant; droit.

un·di·gest·ed [ˈʌndiˈdʒestid] mal digéré.

un·dig·ni·fied ☐ [ʌnˈdignifaid] qui manque de dignité; peu digne.

un·dis·cerned [ˈʌndiˈsəːnd] inaperçu; **'un·dis·cern·ing** sans discernement.

un·dis·charged [ˈʌndisˈtʃɑːdʒd] inaccompli (*tâche etc.*); inacquitté (*dette*); non réhabilité (*failli*).

un·dis·ci·plined [ʌnˈdisiplind] indiscipliné.

un·dis·crim·i·nat·ing ☐ [ˈʌndisˈkrimineitiŋ] sans discernement.

un·dis·guised ☐ [ˈʌndisˈgaizd] non déguisé; franc(he *f*).

un·dis·posed [ˈʌndisˈpouzd] peu disposé (*à, to*); (*usu.* ~of) qui reste; † non vendu.

un·dis·put·ed ☐ [ˈʌndisˈpjuːtid] incontesté.

un·dis·turbed ☐ [ˈʌndisˈtəːbd] tranquille; calme; non dérangé.

un·di·vid·ed ☐ [ˈʌndiˈvaidid] indivisé; non partagé; tout.

un·do [ʌnˈduː] (*irr.* (do)) défaire (= *ouvrir*); dénouer; annuler; réparer (*un mal*); † ruiner; † tuer; **'un·do·ing** action *f* de défaire *etc.*; ruine *f*, perte *f*; **un·done** [ʌnˈdʌn] défait *etc.*; inachevé; non accompli; *he is* ~ c'en est fait de lui; *come* ~ se défaire. [table; incontestable.)

un·doubt·ed ☐ [ʌnˈdautid] indubi-∫

un·dreamt-of [ʌnˈdremtɔv] inattendu; inimaginable.

un·dress [ʌnˈdres] 1. (se) déshabiller *ou* dévêtir; 2. déshabillé *m*, négligé *m*; ✕ petite tenue *f*; **'un·'dressed** déshabillé; ✕ tenue brut (*pierre*); inapprêté (*cuir etc.*); non pansé (*blessure*); *cuis.* non garni *ou* habillé.

un·due [ʌnˈdjuː] (*adv.* unduly) inexigible; † non échu; injuste; exagéré; illégitime.

un·du·late [ˈʌndjuleit] *vt./i.* onduler; *v/i.* ondoyer; **'un·du·lat·ing** ☐ ondulé; vallonné (*terrain*); ondoyant (*blé*); **un·du·la·tion** ondulation *f*; pli *m* de terrain; **un·du·la·to·ry** [ˈˌlətəri] ondulatoire; ondulé.

un·dy·ing ☐ [ʌnˈdaiiŋ] immortel(le *f*); éternel(le *f*).

un·earned [ʌnˈəːnd] immérité; ~ *income* rente *f*; ~ *-s* *f*/*pl.*

un·earth [ʌnˈəːθ] déterrer; *chasse:* faire sortir du son trou; *fig.* découvrir, F dénicher; **un·earth·ly** sublime; surnaturel(le *f*); F abominable.

un·eas·i·ness [ʌnˈiːzinis] gêne *f*; inquiétude *f*; **un·eas·y** ☐ gêné; mal à l'aise; inquiet (-ète *f*) (*au sujet de, about*).

un·eat·a·ble ☐ [ʌnˈiːtəbl] immangeable.

un·e·co·nom·ic, un·e·co·nom·i·cal ☐ [ˈʌniːkəˈnɔmik(l)] non économique; non rémunérateur (-trice *f*) (*travail etc.*).

un·ed·u·cat·ed [ʌnˈedjukeitid] sans éducation; ignorant; vulgaire (*langage*).

un·em·bar·rassed [ˈʌnimˈbærəst] peu gêné, désinvolte.

un·e·mo·tion·al ☐ [ˈʌniˈmouʃnl] peu émotif (-ive *f*); peu impressionnable.

un·em·ployed [ˈʌnimˈplɔid] 1. désœuvré, inoccupé; sans travail; ✕ en non-activité; ⚒ inemployé etc.; 2.: *the* ~ *pl.* les chômeurs *m*/*pl.*; *Welfare Work for the* ☉ assistance *f* sociale contre le chômage; **'un·em'ploy·ment** chômage *m*; manque *m* de travail; ~ *benefit* secours *m* de chômage; allocation *f* de chômage.

un·end·ing ☐ [ʌnˈendiŋ] sans fin; interminable; éternel(le *f*).

un·en·dur·a·ble [ˈʌninˈdjuərəbl] insupportable.

un·en·gaged [ˈʌninˈgeidʒd] libre; disponible; non fiancé.

un·English [ʌnˈiŋgliʃ] peu anglais.

un·en·light·ened *fig.* [ˈʌninˈlaitnd] non éclairé.

un·en·ter·pris·ing [ˈʌnˈentəpraiziŋ] peu entreprenant.

un·en·vi·a·ble □ ['ʌn'enviəbl] peu enviable.

un·e·qual □ ['ʌn'i:kwəl] inégal (-aux *m/pl.*); irrégulier (-ère *f*); ~ to au-dessous de; *be* ~ *to* (*inf.*) ne pas être de taille à (*inf.*); **'un·e·qual(l)ed** sans égal (-aux *m/pl.*); sans pareil(le *f*).

un·e·quiv·o·cal □ ['ʌni:'kwivəkl] clair; franc(he *f*); sans équivoque.

un·err·ing □ ['ʌn'ə:riŋ] infaillible.

un·es·sen·tial □ ['ʌni'senʃl] non essentiel(le *f*); accessoire.

un·e·ven □ ['ʌn'i:vn] inégal (-aux *m/pl.*) (*a.* humeur, souffle); accidenté (*terrain*); raboteux (-euse *f*) (*chemin*); rugueux (-euse *f*); impair (*nombre*); irrégulier (-ère *f*).

un·e·vent·ful □ ['ʌni'ventful] calme; sans incidents.

un·ex·am·pled □ ['ʌnig'za:mpld] unique; sans pareil(le *f*).

un·ex·cep·tion·a·ble □ ['ʌnik'sepʃənəbl] irréprochable; irrécusable (*témoignage*).

un·ex·cep·tion·al ['ʌnik'sepʃənl] ordinaire, banal (-als *m/pl.*), qui ne sort pas de l'ordinaire.

un·ex·pect·ed □ ['ʌniks'pektid] imprévu; inattendu.

un·ex·plored ['ʌniks'plɔ:d] encore inconnu; ♨ insondé.

un·ex·posed *phot.* ['ʌniks'pouzd] vierge.

un·ex·pressed ['ʌniks'prest] inexprimé; sousentendu (*a.* gramm.).

un·fad·ing □ [ʌn'feidiŋ] bon teint *inv.*; *fig.* impérissable.

un·fail·ing □ [ʌn'feiliŋ] sûr, infaillible; qui ne se dément jamais; inépuisable.

un·fair □ ['ʌn'feə] inéquitable; injuste, partial (-aux *m/pl.*) (*personne*); déloyal (-aux *m/pl.*) (*jeu etc.*); **'un·fair·ness** injustice *f*; partialité *f*; déloyauté *f*.

un·faith·ful □ ['ʌn'feiθful] infidèle; inexact; déloyal (-aux *m/pl.*) (envers, *to*); **'un·faith·ful·ness** infidélité *f*; [me; assuré.)

un·fal·ter·ing □ [ʌn'fɔ:ltəriŋ]

un·fa·mil·iar ['ʌnfə'miljə] étranger (-ère *f*); peu connu *ou* familier (-ère *f*).

un·fash·ion·a·ble □ ['ʌn'fæʃnəbl] démodé.

un·fas·ten ['ʌn'fɑ:sn] délier; détacher; ouvrir; défaire.

un·fath·om·a·ble □ [ʌn'fæðəməbl] insondable.

un·fa·vo(u)r·a·ble □ ['ʌn'feivərəbl] défavorable.

un·feel·ing □ [ʌn'fi:liŋ] insensible.

un·feigned □ [ʌn'feind; *adv.* ~nidli] sincère, réel(le *f*), vrai.

un·felt ['ʌn'felt] insensible.

un·fer·ment·ed ['ʌnfə:'mentid] non fermenté.

un·fet·ter [ʌn'fetə] désenchaîner; briser les fers de; *fig.* affranchir.

un·fil·i·al □ ['ʌn'filjəl] indigne d'un fils.

un·fin·ished ['ʌn'finiʃt] inachevé; imparfait; ⊕ brut.

un·fit 1. □ ['ʌn'fit] peu propre, qui ne convient pas (à *inf.*, *to inf.*; à qch., *for* s.th.); inapte (à, *for*); 2. [ʌn'fit] rendre inapte *ou* impropre (à, *for*); **'un·fit·ness** inaptitude *f*; mauvaise santé *f*; **un'fit·ted** (*to*, *for*) impropre (à); incapable (de); indigne (de).

un·fix ['ʌn'fiks] (se) détacher; défaire; **'un'fixed** mobile; instable (*personne*); flottant; *phot.* non fixé.

un·flag·ging □ [ʌn'flægiŋ] infatigable; soutenu (*intérêt*).

un·flat·ter·ing □ [ʌn'flætəriŋ] peu flatteur (-euse *f*) (pour, *to*).

un·fledged [ʌn'fledʒd] sans plumes; *fig.* sans expérience.

un·flinch·ing □ [ʌn'flintʃiŋ] ferme, qui ne bronche pas; stoïque; impassible.

un·fold ['ʌn'fould] (se) déployer; (se) dérouler; *v/t.* [~'fould] révéler; développer.

un·forced □ ['ʌn'fɔ:st; *adv.* ~sidli] libre; volontaire; naturel(le *f*).

un·fore·see·a·ble ['ʌnfɔ:'si:əbl] imprévisible.

un·fore·seen ['ʌnfɔ:'si:n] imprévu, inattendu.

un·for·get·ta·ble □ ['ʌnfə'getəbl] inoubliable.

un·for·giv·a·ble ['ʌnfə'givəbl] impardonnable; **'un·for'giv·ing** implacable; rancunier (-ère *f*).

un·for·got·ten ['ʌnfə'gɔtn] inoublié.

un·for·ti·fied ['ʌn'fɔ:tifaid] sans défenses; ouvert (*ville etc.*).

un·for·tu·nate [ʌn'fɔ:tʃənit] 1. □ malheureux *ou* fatal *f* (*a.* su.); défavorable; ~ly malheureusement, par malheur.

un·found·ed □ ['ʌn'faundid] sans fondement; gratuit; non fondé.

un·fre·quent·ed ['ʌnfri'kwentid] peu fréquenté.

un·friend·ly ['ʌn'frendli] inamical (-aux m/pl.); hostile.

un·fruit·ful □ ['ʌn'fruːtful] infécond (arbre); improductif (-ive f).

un·ful·filled ['ʌnful'fild] inaccompli; inassouvi (désir); inexaucé (vœu).

un·furl [ʌn'fɔːl] (se) déferler (voile, drapeau); (se) dérouler; (se) déplier.

un·fur·nished ['ʌn'fɔːniʃt] dégarni; dépourvu (de, with); non meublé (appartement etc.).

un·gain·li·ness [ʌn'geinlinis] gaucherie f; air m gauche; **un·gain·ly** gauche; dégingandé (marche).

un·gear ⊕ ['ʌn'giə] débrayer.

un·gen·er·ous □ ['ʌn'dʒenərəs] peu généreux (-euse f); ingrat (sol).

un·gen·tle □ ['ʌn'dʒentl] rude, dur.

un·gen·tle·man·ly [ʌn'dʒentlmənli] mal élevé; impoli.

un·glazed ['ʌn'gleizd] sans vitres; non glacé (papier).

un·gloved ['ʌn'glʌvd] déganté.

un·god·li·ness [ʌn'gɔdlinis] impiété f; **un·god·ly** □ impie; F abominable.

un·gov·ern·a·ble □ [ʌn'gʌvənəbl] irrésistible; effréné; ingouvernable (enfant, pays); **un·gov·erned** effréné; sans gouvernement (pays, peuple); désordonné.

un·grace·ful □ ['ʌn'greisful] gauche; disgracieux (-euse f).

un·gra·cious □ ['ʌn'greiʃəs] désagréable; peu aimable (personne); peu cordial (-aux m/pl.) (accueil etc.).

un·grate·ful □ [ʌn'greitful] ingrat; peu reconnaissant.

un·ground·ed ['ʌn'graundid] sans fondement; ⚡ non (relié) à la terre.

un·grudg·ing □ ['ʌn'grʌdʒiŋ] accordé de bon cœur; généreux (-euse f). [(-aux m/pl.); ongulé.)

un·gual anat. ['ʌŋgwəl] unguéal

un·guard·ed □ ['ʌn'gɑːdid] non gardé; sans garde; sans barrière (ville); ⊕ sans dispositif protecteur; fig. imprudent.

un·guent ['ʌŋgwənt] onguent m.

un·guid·ed □ ['ʌn'gaidid] sans guide.

un·gu·late ['ʌŋgjuleit] (ou ~ animal) ongulé m.

un·hal·lowed [ʌn'hæloud] profane; imbéni; fig. impie.

un·ham·pered [ʌn'hæmpəd] libre.

un·hand·some □ [ʌn'hænsəm] laid (action); vilain.

un·hand·y □ [ʌn'hændi] incommode; maladroit, gauche (personne).

un·hap·pi·ness [ʌn'hæpinis] chagrin m; inopportunité f; **un·hap·py** □ triste, malheureux (-euse f); fig. peu heureux (-euse f).

un·harmed ['ʌn'hɑːmd] sain et sauf (-ve f).

un·har·ness ['ʌn'hɑːnis] dételer.

un·health·y □ [ʌn'helθi] malsain (a. fig.); maladif (-ive f) (personne).

un·heard [ʌn'hɔːd] non entendu; ~·of [ʌn'hɔːdɔv] inouï; inconnu.

un·heed·ed ['ʌn'hiːdid] négligé; inaperçu.

un·hes·i·tat·ing □ [ʌn'heziteitiŋ] ferme, résolu; prompt.

un·hinge [ʌn'hindʒ] enlever (une porte) de ses gonds; fig. déranger, détraquer.

un·his·tor·i·cal □ [ʌnhis'tɔrikl] contraire à l'histoire; légendaire.

un·ho·ly [ʌn'houli] profane; impie (personne); F invraisemblable.

un·hon·o(u)red [ʌn'ɔnəd] qui n'est pas honoré; dédaigné; † impayé (chèque etc.).

un·hook ['ʌn'huk] (se) décrocher; (se) dégrafer.

un·hoped-for [ʌn'houptfɔː] inespéré; inattendu; **un·hope·ful** [~ful] peu optimiste; désespérant.

un·horse ['ʌn'hɔːs] désarçonner; dételer (une voiture).

un·house ['ʌn'hauz] déloger; laisser sans abri.

un·hurt ['ʌn'hɔːt] intact; sans blessure (personne); indemne.

u·ni·corn ['juːnikɔːn] licorne f.

un·i·den·ti·fied ['ʌnai'dentifaid] non identifié; **~ flying object** objet m volant non identifié.

u·ni·fi·ca·tion [juːnifi'keiʃn] unification f.

u·ni·form ['juːnifɔːm] **1.** □ uniforme; constant; **~ price** prix m unique; **2.** uniforme m; ✕ a. habit m d'ordonnance; **3.** vêtir d'un uniforme; **~d** en uniforme; **u·ni'form-**

i·ty uniformité f; régularité f; eccl. conformisme m.

u·ni·fy ['ju:nifai] unifier.

un·i·lat·er·al ['ju:ni'lætərəl] unilatéral (-aux m/pl.).

un·im·ag·i·na·ble □ [ʌni'mædʒinəbl] inconcevable; **'un·im'ag·i·na·tive** [‿nətiv] prosaïque.

un·im·paired ['ʌnim'pɛəd] intact; non diminué; non affaibli.

un·im·peach·a·ble □ [ʌnim'pi:tʃəbl] inattaquable; irréprochable (conduite).

un·im·por·tant □ ['ʌnim'pɔ:tənt] sans importance; insignifiant.

un·im·proved ['ʌnim'pru:vd] non amélioré; ✍, fig. inculte.

un·in·flu·enced ['ʌn'influənst] libre de toute prévention; non influencé.

un·in·formed ['ʌnin'fɔ:md] ignorant; non averti.

un·in·hab·it·a·ble ['ʌnin'hæbitəbl] inhabitable; **'un·in'hab·it·ed** inhabité; désert.

un·in·jured ['ʌn'indʒəd] intact; sain et sauf (-ve f) (personne); indemne.

un·in·struct·ed ['ʌnin'strʌktid] ignorant; sans instruction.

un·in·tel·li·gi·bil·i·ty ['ʌnintelidʒə'biliti] inintelligibilité f; **'un·in'tel·li·gi·ble** inintelligible.

un·in·ten·tion·al □ ['ʌnin'tenʃənl] involontaire; non voulu.

un·in·ter·est·ing □ ['ʌn'intristiŋ] sans intérêt; peu intéressant.

un·in·ter·rupt·ed □ ['ʌnintə'rʌptid] ininterrompu; ~ working-hours heures f/pl. de travail d'affilée.

un·in·vit·ed ['ʌnin'vaitid] sans être invité; intrus; **'un·in'vit·ing** □ peu attrayant.

un·ion ['ju:njən] union f (a. ⊕, pol. etc.); réunion f; pol. syndicat m; association f; asile m des pauvres; fig. concorde f; ⊕ soudure f; ⊕ raccord m; ♀ Jack pavillon m britannique; ~ member syndiqué(e f) m; ~ shop atelier m d'ouvriers syndiqués; ~ suit Am. combinaison f; **'un·ion·ism** pol. etc. unionisme m; syndicalisme m; **'un·ion·ist** pol. etc. unioniste mf; syndiqué(e f) m; syndicaliste mf.

u·nique [ju:'ni:k] 1. □ unique; seul en son genre; 2. chose f unique.

u·ni·son ♪, a. fig. ['ju:nizn] unisson m; in ~ à l'unisson (de, with); fig. de concert (avec, with).

u·nit ['ju:nit] unité f (a. ✗, A, ✚, mesure); élément m; ⊕ bloc m; **U·ni·tar·i·an** [ju:ni'tɛəriən] 1. unita(i)rien(ne f) m; unitaire mf; 2. = **u·ni·tar·y** [‿təri] unitaire; **u·nite** [ju:'nait] (s')unir; (se)réunir; (se) joindre (à, with); ♀d Kingdom Royaume-Uni m; ♀d Nations Organisation Organisation f des Nations Unies; ♀d States pl. États-Unis m/pl. (d'Amérique); **u·ni·ty** ['‿niti] unité f.

u·ni·ver·sal □ [ju:ni'və:səl] universel(le f); ✍ legatee légataire m universel; ⊕ ~ joint joint m brisé ou de cardan; ~ language langue f universelle; ⊕ Postal Union Union f Postale Universelle; ~ suffrage suffrage m universel; **u·ni·ver·sal·i·ty** [‿'sæliti] universalité f; **u·ni·verse** ['‿və:s] univers m; **u·ni·ver·si·ty** [‿'və:siti] université f.

un·just □ ['ʌn'dʒʌst] injuste (avec, envers, pour to); **un·jus·ti·fi·a·ble** □ [ʌn'dʒʌstifaiəbl] injustifiable; inexcusable.

un·kempt ['ʌn'kempt] mal peigné; fig. mal ou peu soigné; mal tenu.

un·kind □ [ʌn'kaind] dur, cruel (-le f); peu aimable.

un·knot ['ʌn'nɔt] dénouer.

un·know·ing □ ['ʌn'nouiŋ] ignorant; inconscient (de, of); **'un·known 1.** inconnu (de, à to); adv. ~ to me à mon insu; 2. inconnu m; personne: inconnu(e f) m; A inconnue f.

un·lace ['ʌn'leis] délacer, défaire.

un·lade ['ʌn'leid] [irr. (lade)] décharger (a. ✚); fig. délester.

un·la·dy·like ['ʌn'leidilaik] peu distingué; vulgaire.

un·laid ['ʌn'leid] détordu (câble); non posé (tapis); non mis (couvert, table). [regretté.]

un·la·ment·ed ['ʌnlə'mentid] non]

un·latch ['ʌn'lætʃ] lever le loquet de; ouvrir.

un·law·ful □ ['ʌn'lɔ:ful] illégal (-aux m/pl.); contraire à la loi; illicite; p.ext. illégitime.

un·learn ['ʌn'lə:n] désapprendre; **'un·learn·ed** □ [‿id] ignorant; illettré; peu versé (dans, in).

un·leash ['ʌn'li:ʃ] découpler, lâcher; fig. déchaîner; détacher.

un·leav·ened [' Λ n'levnd] sans levain, azyme.

un·less [ən'les] **1.** *cj.* à moins que (*sbj.*); à moins de (*inf.*); si ... ne ... pas; **2.** *prp.* sauf, excepté.

un·let·tered [' Λ n'letəd] illettré.

un·li·censed [' Λ n'laisənst] non autorisé; sans brevet.

un·like □ [' Λ n'laik] différent (de q., [to] *s.o.*); dissemblable; à la différence de (q.); **un·like·li·hood** improbabilité *f*; **un·like·ly** invraisemblable, improbable.

un·lim·it·ed [Λ n'limitid] illimité; sans bornes (*a. fig.*).

un·link [' Λ n'liŋk] défaire, détacher; ~ **hands** se lâcher.

un·load [' Λ n'loud] décharger (*un bateau, une voiture, une cargaison; a. une arme à feu; a. phot.*); † se décharger de; *fig.* ~ **one's heart** épancher son cœur, se soulager.

un·lock [' Λ n'lɔk] ouvrir; tourner la clef dans; débloquer (*une roue*); *mot.* déverrouiller (*la direction*).

un·looked-for [Λ n'luktfɔː] imprévu; inattendu. (faire.\

un·loose(n) [' Λ n'luːs(n)] lâcher; dé-∫

un·lov·a·ble [' Λ n'l Λ vəbl] peu aimable *ou* sympathique; **'un·love·ly** sans charme; laid; **'un·lov·ing** □ froid; peu affectueux (*-euse f*).

un·luck·y □ [Λ n'l Λ ki] malheureux (*-euse f*).

un·make [' Λ n'meik] [*irr.* (make)] défaire (*qch., un roi, etc.*); perdre (q.), causer la ruine de (q.).

un·man [' Λ n'mæn] amollir (*une nation*); attendrir; *fig.* décourager.

un·man·age·a·ble □ [' Λ n'mænidʒəbl] intraitable; indocile; difficile à manier; difficile à diriger (*entreprise*).

un·man·ly [' Λ n'mænli] efféminé; indigne d'un homme.

un·man·ner·ly [Λ n'mænəli] sans savoir-vivre; impoli, mal élevé.

un·mar·ried [' Λ n'mærid] célibataire; non marié.

un·mask [' Λ n'mɑːsk] (se) démasquer; *v/t. fig.* dévoiler.

un·matched [' Λ n'mætʃt] incomparable; désassorti.

un·mean·ing □ [Λ n'miːniŋ] vide de sens; **un·meant** [' Λ n'ment] involontaire; fait sans intention.

un·meas·ured [Λ n'meʒəd] non mesuré; *fig.* infini.

un·men·tion·a·ble [Λ n'menʃnəbl] **1.** dont il ne faut pas parler; qu'il ne faut pas prononcer; **2.** F *the* ~*s pl.* le pantalon *m*.

un·mer·ci·ful □ [Λ n'məːsiful] impitoyable.

un·mer·it·ed [' Λ n'meritid] immérité.

un·mind·ful □ [Λ n'maindful] négligent (*personne*); ~ **of** oublieux (*-euse f*) de; sans penser à.

un·mis·tak·a·ble □ [' Λ nmis'teikəbl] clair; qui ne prête à aucune erreur; facilement reconnaissable.

un·mit·i·gat·ed [Λ n'mitigeitid] non mitigé; *fig.* parfait; véritable.

un·mo·lest·ed [' Λ nmo'lestid] sans être molesté; sans empêchement.

un·moor [' Λ n'muə] dé(sa)marrer; désaffourcher.

un·mort·gaged [' Λ n'mɔːgidʒd] libre d'hypothèques.

un·mount·ed [' Λ n'mauntid] non monté; non serti (*pierre précieuse*); non encadré (*photo etc.*); $\times$ à pied.

un·moved □ [' Λ n'muːvd] toujours en place; *fig.* impassible.

un·mu·si·cal □ [' Λ n'mjuːzikl] peu mélodieux (*-euse f*); peu musical (*-aux m/pl.*); qui n'aime pas la musique (*personne*).

un·muz·zle [' Λ n'm Λ zl] démuseler (*a. fig.*); ~*d a.* sans muselière.

un·named [' Λ n'neimd] anonyme.

un·nat·u·ral □ [Λ n'nætʃrl] non naturel(le *f*); anormal (*-aux m/pl.*); forcé; dénaturé (*père etc.*).

un·nec·es·sar·y □ [Λ n'nesisəri] superflu.

un·neigh·bo(u)r·ly [Λ n'neibəli] de mauvais voisin; peu obligeant.

un·nerve [' Λ n'nəːv] effrayer; faire perdre son courage (*etc.*) à (q.).

un·no·ticed [' Λ n'noutist] inaperçu.

un·num·bered [' Λ n'n Λ mbəd] non numéroté; *poét.* innombrable.

un·ob·jec·tion·a·ble □ [' Λ nəb'dʒekʃnəbl] irréprochable.

un·ob·serv·ant □ [' Λ nəb'zəːvənt] peu observateur (*-trice f*); **be** ~ **of** ne pas faire attention à; faire peu de cas de; **'un·ob'served** □ inaperçu, inobservé.

un·ob·tru·sive □ [' Λ nəb'truːsiv] modeste; discret (*-ète f*).

un·oc·cu·pied [' Λ n'ɔkjupaid] inoccupé; oisif (*-ive f*); inhabité; libre.

un·of·fend·ing [ˈʌnəˈfendiŋ] inno-cent.

un·of·fi·cial □ [ˈʌnəˈfiʃl] officieux (-euse *f*); non confirmé.

un·op·posed [ˈʌnəˈpouzd] sans op-position; *pol.* unique (*candidat*).

un·os·ten·ta·tious □ [ˈʌnɔstən-ˈteiʃəs] simple; modeste; sans faste.

un·pack [ˈʌnˈpæk] déballer; dé-faire (*v/i.* sa valise *etc.*).

un·paid [ˈʌnˈpeid] impayé; sans traitement; ✝ non acquitté; non affranchi (*lettre*).

un·pal·at·a·ble □ [ʌnˈpælətəbl] dés-agréable (*au goût, a. fig.*).

un·par·al·leled [ʌnˈpærəleld] in-comparable; sans égal (-aux *m/pl.*); sans précédent.

un·par·don·a·ble □ [ʌnˈpɑːdnəbl] impardonnable.

un·par·lia·men·ta·ry □ [ˈʌnpɑːlə-ˈmentəri] antiparlementaire; F grossier (-ère *f*).

un·pa·tri·ot·ic [ˈʌnpætriˈɔtik] (~ally) peu patriotique; peu patriote (*personne*).

un·paved [ˈʌnˈpeivd] non pavé.

un·peo·ple [ˈʌnˈpiːpl] dépeupler.

un·per·ceived [ˈʌnpəˈsiːvd] in-aperçu; non ressenti.

un·per·formed [ˈʌnpəˈfɔːmd] in-exécuté (*a. ♪*); ♪, *théâ.* non joué.

un·phil·o·soph·i·cal □ [ˈʌnfilə-ˈsɔfikl] peu philosophique.

un·picked [ˈʌnˈpikt] non trié; non cueilli (*fruit*).

un·pin [ˈʌnˈpin] enlever les épingles de; défaire; ⊕ dégoupiller.

un·pit·ied [ˈʌnˈpitid] sans être plaint; que personne ne plaint.

un·placed [ˈʌnˈpleist] sans place; *turf:* non placé; non classé.

un·pleas·ant □ [ʌnˈpleznt] désagré-able; fâcheux (-euse *f*); **un·pleas·ant·ness** caractère *m* désagréable; *fig.* ennui *m*.

un·plumbed [ˈʌnˈplʌmd] insondé.

un·po·et·ic, un·po·et·i·cal □ [ˈʌn-pouˈetik(l)] peu poétique.

un·pol·ished [ˈʌnˈpɔliʃt] non poli; non verni; *fig.* fruste.

un·pol·lut·ed [ˈʌnpəˈluːtid] im-pollué; pur.

un·pop·u·lar □ [ˈʌnˈpɔpjulə] im-populaire; mal vu; **un·pop·u·lar·i·ty** [ˈ‿ˈlæriti] impopularité *f*.

un·prac·ti·cal □ [ʌnˈpræktikl] im-praticable; peu pratique (*personne*);

un·prac·ticed, un·prac·tised [‿-tist] (*in*) inexercé (à, dans); peu versé (dans).

un·prec·e·dent·ed □ [ʌnˈpresi-dəntid] sans précédent; inouï.

un·prej·u·diced □ [ʌnˈpredʒudist] sans préjugé; impartial (-aux *m/pl.*).

un·pre·med·i·tat·ed □ [ˈʌnpri-ˈmediteitid] impromptu; spontané; ᵗᵗₐ non prémédité.

un·pre·pared □ [ˈʌnpriˈpɛəd; *adv.* ~ridli] non préparé; au dépourvu; improvisé (*discours*).

un·pre·sent·a·ble [ˈʌnpriˈzentəbl] peu présentable.

un·pre·tend·ing □ [ˈʌnpriˈtendiŋ], **un·pre·ten·tious** □ sans pré-tention.

un·prin·ci·pled [ˈʌnˈprinsəpld] sans principes; improbe.

un·pro·duc·tive □ [ˈʌnprəˈdʌktiv] improductif (-ive *f*); stérile; ✝ dormant (*capital*); be ~ of ne pas produire (*qch.*).

un·pro·fes·sion·al □ [ʌnprəˈfeʃənl] contraire aux usages du métier; *sp.* amateur.

un·prof·it·a·ble □ [ʌnˈprɔfitəbl] improfitable; inutile; ingrat; **un·prof·it·a·ble·ness** inutilité *f*.

un·prom·is·ing □ [ʌnˈprɔmisiŋ] qui promet peu; qui s'annonce mal (*temps*).

un·pro·nounce·a·ble □ [ˈʌnprə-ˈnaunsəbl] imprononçable.

un·pro·pi·tious □ [ˈʌnprəˈpiʃəs] impropice; peu favorable (à, to).

un·pro·tect·ed □ [ˈʌnprəˈtektid] sans défense; ⊕ exposé.

un·proved [ˈʌnˈpruːvd] non prouvé.

un·pro·vid·ed [ˈʌnprəˈvaidid] non fourni; dépourvu (de, with); **un·pro·vid·ed-for** imprévu; non prévu; (laissé) sans ressources (*per-sonne*).

un·pro·voked □ [ˈʌnprəˈvoukt] non provoqué; gratuit.

un·pub·lished [ʌnˈpʌbliʃt] non publié; inédit.

un·punc·tual □ [ˈʌnˈpʌŋktjuəl] inexact; en retard; **un·punc·tu·al·i·ty** [ˈ‿ˈæliti] inexactitude *f*.

un·pun·ished [ˈʌnˈpʌniʃt] impuni; go ~ rester impuni; échapper à la punition (*personne*).

un·qual·i·fied □ [ʌnˈkwɔlifaid] incompétent; sans diplôme; *fig.* absolu, sans réserve; F achevé, fieffé (*menteur etc.*).

un·quench·a·ble □ [ʌnˈkwentʃəbl] inextinguible; *fig.* inassouvissable.

un·ques·tion·a·ble □ [ʌnˈkwestʃənəbl] incontestable; indiscutable; **un'ques·tioned** incontesté; indiscuté; **un'ques·tion·ing** □ *fig.* aveugle.

un·quote ['ʌnˈkwout] fermer les guillemets; **un'quot·ed** *Bourse:* non coté.

un·rav·el [ʌnˈrævl] (s')effiler; (se) défaire; (s')éclaircir; *v/t.* dénouer (*une intrigue*).

un·read ['ʌnˈred] non lu; illettré (*personne*); **un·read·a·ble** [-ˈriːdəbl] illisible.

un·read·i·ness ['ʌnˈredinis] manque *m* de préparation *ou* promptitude; **'un'read·y** □: be ~ ne pas être prêt *ou* prompt, être peu disposé (à qch., for s.th.; à *inf.*, to *inf.*); *attr.* hésitant.

un·re·al □ ['ʌnˈriəl] irréel(le *f*); **un·re·al·is·tic** ['ʌnriəˈlistik] peu réaliste; peu pratique.

un·rea·son ['ʌnˈriːzn] déraison *f*; **un·rea·son·a·ble** □ déraisonnable; exorbitant; indu; *a.* exigeant (*personne*).

un·re·claimed ['ʌnriˈkleimd] non réformé; indéfriché (*terrain*).

un·rec·og·niz·a·ble □ ['ʌnˈrekəgnaizəbl] méconnaissable; **'un'rec·og·nized** non reconnu; méconnu (*génie etc.*).

un·rec·on·ciled ['ʌnˈrekənsaild] irréconcilié.

un·re·cord·ed ['ʌnriˈkɔːdid] non enregistré (*a. ♪*).

un·re·deemed □ ['ʌnriˈdiːmd] non racheté *ou* récompensé (par, by); inaccompli (*promesse*); † non remboursé *ou* amorti.

un·re·dressed ['ʌnriˈdrest] non redressé.

un·reel ['ʌnˈriːl] (se) découler.

un·re·fined ['ʌnriˈfaind] non raffiné; brut; *fig.* grossier (-ère *f*); fruste.

un·re·formed ['ʌnriˈfɔːmd] non réformé; qui ne s'est pas corrigé.

un·re·gard·ed ['ʌnriˈgɑːdid] négligé; **'un're'gard·ful** [-ˌful] (of) négligent (de); peu soigneux (-euse *f*) (de); inattentif (-ive *f*) (à).

un·reg·is·tered ['ʌnˈredʒistəd] non enregistré, non inscrit; non déposé (*marque*); non recommandé (*lettre*).

un·re·gret·ted ['ʌnriˈgretid] (*mourir*) sans laisser de regrets.

un·re·lat·ed ['ʌnriˈleitid] sans rapport (avec, to); non apparenté (*personne*).

un·re·lent·ing □ ['ʌnriˈlentiŋ] implacable; acharné.

un·re·li·a·ble □ ['ʌnriˈlaiəbl] sur lequel on ne peut pas compter.

un·re·lieved □ ['ʌnriˈliːvd] non soulagé; sans secours; monotone.

un·re·mit·ting □ ['ʌnriˈmitiŋ] ininterrompu; soutenu.

un·re·mu·ner·a·tive □ ['ʌnriˈmjuːnərətiv] peu rémunérateur (-trice *f*).

un·re·pealed ['ʌnriˈpiːld] irrévoqué; encore en vigueur; non abrogé.

un·re·pent·ed ['ʌnriˈpentid] non regretté.

un·re·quit·ed ['ʌnriˈkwaitid] non récompensé; non partagé (*sentiment*).

un·re·sent·ed ['ʌnriˈzentid] dont on ne se froisse pas.

un·re·served □ ['ʌnriˈzɜːvd; *adv.* ~vidli]; sans réserve; franc(he *f*); entier (-ère *f*); non réservé (*place*).

un·re·sist·ing □ ['ʌnriˈzistiŋ] docile; qui ne résiste pas; mou (mol *devant une voyelle ou un h muet*; molle *f*); souple.

un·re·spon·sive ['ʌnrisˈpɔnsiv] froid; peu sensible (à, to).

un·rest ['ʌnˈrest] inquiétude *f*; malaise *m*; *pol.* agitation *f*; *pol. etc.* mécontentement *m*.

un·re·strained □ ['ʌnrisˈtreind] non restreint; effréné; immodéré.

un·re·strict·ed □ ['ʌnrisˈtriktid] absolu; sans restriction.

un·re·vealed ['ʌnriˈviːld] non divulgué; caché.

un·re·ward·ed ['ʌnriˈwɔːdid] sans récompense; non récompensé.

un·rhymed ['ʌnˈraimd] sans rime(s); ~ verse vers *m/pl.* blancs.

un·rid·dle ['ʌnˈridl] résoudre.

un·rig ⚓ ['ʌnˈrig] dégréer; dégarnir.

un·right·eous □ [ʌnˈraitʃəs] impie; injuste.

un·rip ['ʌnˈrip] découdre; ouvrir en déchirant.

un·ripe ['ʌnˈraip] vert; *fig.* pas encore mûr.

un·ri·val(l)ed [ˈʌnˈraivəld] sans pareil(le *f*); incomparable.

un·roll [ˈʌnˈroul] (sc) dérouler.

un·rope *alp.* [ˈʌnˈroup] détacher la corde.

un·ruf·fled [ˈʌnˈrʌfld] calme (*personne, mer*); serein (*a. personne*).

un·ruled [ˈʌnˈruːld] non gouverné; *fig.* sans frein; sans lignes (*papier*).

un·rul·y [ʌnˈruːli] indiscipliné, mutin; *fig.* déréglé; fougueux (-euse *f*) (*cheval*).

un·sad·dle [ˈʌnˈsædl] desseller (*un cheval*); désarçonner (*un cavalier*).

un·safe □ [ˈʌnˈseif] dangereux (-euse *f*); † véreux (-euse *f*).

un·said [ˈʌnˈsed] non prononcé; *leave* ~ passer sous silence.

un·sal·a·ried [ˈʌnˈsælərid] non rémunéré.

un·sal(e)·a·ble [ˈʌnˈseiləbl] invendable.

un·sanc·tioned [ˈʌnˈsæŋkʃnd] non autorisé; non ratifié.

un·san·i·tar·y [ˈʌnˈsænitəri] non hygiénique; insalubre.

un·sat·is·fac·to·ry □ [ˈʌnsætis-ˈfæktəri], **un·sat·is·fy·ing** □ [~ˈfaiiŋ] peu satisfaisant; défectueux (-euse *f*).

un·sa·vo(u)r·y □ [ˈʌnˈseivəri] désagréable; *fig.* répugnant; vilain.

un·say [ˈʌnˈsei] (*irr.* (say)) rétracter, se dédire de.

un·scathed [ˈʌnˈskeiðd] indemne; sans dommage *ou* blessure.

un·schooled [ˈʌnˈskuːld] illettré; spontané; peu habitué (à, *to*).

un·sci·en·tif·ic [ˈʌnsaiənˈtifik] (~ally) peu *ou* non scientifique.

un·screw [ˈʌnˈskruː] (se) dévisser.

un·scru·pu·lous □ [ʌnˈskruːpjuləs] sans scrupules.

un·seal [ˈʌnˈsiːl] décacheter (*une lettre*); *fig.* dessiller (les yeux à *q.*, *s.o.'s eyes*).

un·search·a·ble □ [ʌnˈsəːtʃəbl] inscrutable.

un·sea·son·a·ble □ [ʌnˈsiːznəbl] hors de saison; *fig.* inopportun; ~ *weather* temps *m* qui n'est pas de saison; **un·sea·soned** vert (*bois*); *cuis.* non assaisonné; *fig.* non acclimaté.

un·seat [ˈʌnˈsiːt] désarçonner (*un cavalier*); *parl.* faire perdre son siège à; invalider; **un·seat·ed** sans chaise; *parl.* non réélu.

un·sea·wor·thy ⚓ [ˈʌnˈsiːwəːði] incapable de tenir la mer; ♻ innavigable.

un·see·ing *fig.* [ˈʌnˈsiːiŋ] aveugle.

un·seem·li·ness [ʌnˈsiːmlinis] inconvenance *f*; **un·seem·ly** *adj.* inconvenant; peu convenable.

un·seen [ˈʌnˈsiːn] **1.** inaperçu, invisible; **2.** *l'*autre monde *m*; *le* surnaturel *m*; *école*: (*a.* ~ *translation*) version *f* à livre ouvert.

un·self·ish □ [ˈʌnˈselfiʃ] sans égoïsme; désintéressé; dévoué.

un·sen·ti·men·tal [ˈʌnsentiˈmentl] peu sentimental (-aux *m/pl.*).

un·serv·ice·a·ble □ [ˈʌnˈsəːvisəbl] inutilisable; peu pratique.

un·set·tle [ˈʌnˈsetl] déranger; troubler le repos de (*q.*); ébranler (*les convictions*); **un·set·tled** dérangé; troublé (*pays etc.*); variable (*temps*); incertain; inquiet (-ète *f*) (*esprit*); † non réglé, impayé; indécis (*question, esprit*); sans domicile fixe; non colonisé (*pays*).

un·shack·le [ˈʌnˈʃækl] ôter les fers à; ⚓ détalinguer (*l'ancre*).

un·shak(e)·a·ble [ˈʌnˈʃeikəbl] inébranlable.

un·shak·en [ˈʌnˈʃeikn] ferme; constant.

un·shape·ly [ˈʌnˈʃeipli] difforme; informe.

un·shav·en [ˈʌnˈʃeivn] non rasé.

un·sheathe [ˈʌnˈʃiːð] dégainer.

un·ship [ˈʌnˈʃip] décharger (*a.* F *fig.*).

un·shod [ˈʌnˈʃɔd] nu-pieds *adj./inv.*; sans fers, déferré (*cheval*).

un·shorn [ˈʌnˈʃɔːn] non tondu; *poét.* non coupé, non rasé.

un·shrink·a·ble *tex.* [ˈʌnˈʃriŋkəbl] irrétrécissable; **un·shrink·ing** □ qui ne bronche pas.

un·sight·ed [ˈʌnˈsaitid] inaperçu; sans hausse (*arme à feu*); **un·sight·ly** laid.

un·signed [ˈʌnˈsaind] sans signature.

un·sized [ˈʌnˈsaizd] sans colle (*papier*).

un·skil(l)·ful □ [ˈʌnˈskilful] inhabile (à *at, in*); **un·skilled** inexpérimenté (à, *in*); ~ *work* main-d'œuvre (*pl.* mains-d'œuvre) *f* non spécialisée; ~ *worker* manœuvre *m*.

un·skimmed [ˈʌnˈskimd] non écrémé.

un·so·cia·ble [ʌnˈsouʃəbl] farouche; sauvage; **un·so·cial** [~ʃl] insocial (-aux m/pl.); a. see unsociable.

un·sold [ʌnˈsould] invendu.

un·sol·dier·ly [ʌnˈsouldʒəli] adj. peu militaire.

un·so·lic·it·ed [ʌnsəˈlisitid] spontané; non sollicité.

un·solv·a·ble [ʌnˈsɔlvəbl] insoluble; **un·solved** non résolu.

un·so·phis·ti·cat·ed [ʌnsəˈfistikeitid] pur; non adultéré; candide, ingénu (personne).

un·sought [ʌnˈsɔːt] **1.** adj. non (re)cherché; **2.** adv. spontanément.

un·sound □ [ʌnˈsaund] peu solide; véreux (-euse f); malsain (personne); taré (cheval); gâté (pomme etc.); défectueux (-euse f); faux (fausse f) (opinion, doctrine, etc.); of ~ mind non sain d'esprit.

un·spar·ing □ [ʌnˈspeəriŋ] libéral (-aux m/pl.); prodigue (de of, in); impitoyable (pour q., of s.o.).

un·speak·a·ble □ [ʌnˈspiːkəbl] indicible; inexprimable; F fig. ignoble.

un·spec·i·fied [ʌnˈspesifaid] non spécifié.   [fig. inépuisé.]

un·spent [ʌnˈspent] non dépensé;

un·spo·ken [ʌnˈspoukn] non dit; (a. 'un·spo·ken-of) dont on ne fait pas mention.

un·sports·man·like [ʌnˈspɔːtsmənlaik] indigne d'un sportsman; peu loyal (-aux m/pl.).

un·spot·ted [ʌnˈspɔtid] non tacheté; fig. sans tache.

un·sta·ble □ [ʌnˈsteibl] instable; peu sûr; inconstant; † peu solide.

un·stamped [ʌnˈstæmpt] non estampé (papier); sans timbre, non affranchi (lettre).

un·stead·y □ [ʌnˈstedi] peu stable; peu solide; irrésolu; chancelant (pas); mal assuré (voix); fig. déréglé (personne); irrégulier (-ère f).

un·stint·ed [ʌnˈstintid] abondant; à discrétion.

un·stitch [ʌnˈstitʃ] découdre.

un·stop [ʌnˈstɔp] déboucher.

un·strained [ʌnˈstreind] non filtré (liquide); non tendu (corde etc.); fig. non forcé, naturel(le f).

un·stressed [ʌnˈstrest] inaccentué; gramm. atone.

un·string [ʌnˈstriŋ] [irr. (string)] déficeler; détraquer (les nerfs); dé(sen)filer (des perles etc.).

un·stud·ied [ʌnˈstʌdid] naturel(le f); ignorant (de, in).

un·sub·mis·sive □ [ʌnsəbˈmisiv] insoumis, indocile.

un·sub·stan·tial □ [ʌnsəbˈstænʃl] insubstantiel(le f); immatériel(le f); sans substance; chimérique.

un·suc·cess·ful □ [ʌnsəkˈsesful] non réussi; qui n'a pas réussi (personne); pol. non élu.

un·suit·a·ble □ [ʌnˈsjuːtəbl] impropre (à for, to); déplacé; mal assorti (mariage); peu fait (pour for, to) (personne); **un·suit·ed** (for, to) mal adapté (à); peu fait (pour) (personne).

un·sul·lied [ʌnˈsʌlid] immaculé.

un·sure [ʌnˈʃuə] peu sûr; peu solide.

un·sus·pect·ed [ʌnsəsˈpektid] insoupçonné (de, by); non suspect; **un·sus·pect·ing** qui ne se doute de rien; sans soupçons; sans défiance.

un·sus·pi·cious □ [ʌnsəsˈpiʃəs] qui ne suscite pas de soupçons; be ~ of ne pas se douter de.

un·swerv·ing □ [ʌnˈswəːviŋ] constant.

un·sworn [ʌnˈswɔːn] qui n'a pas prêté serment.

un·taint·ed □ [ʌnˈteintid] pur, non corrompu (a. fig.); fig. sans tache (réputation).

un·tam·a·ble □ [ʌnˈteiməbl] inapprivoisable; fig. indomptable; **un·tamed** inapprivoisé; fig. indompté.

un·tar·nished [ʌnˈtaːniʃt] non terni (a. fig.); sans tache.

un·tast·ed [ʌnˈteistid] non goûté.

un·taught [ʌnˈtɔːt] illettré (personne); naturel(le f); non enseignable (chose).

un·taxed [ʌnˈtækst] exempt(é) d'impôts ou de taxes.

un·teach·a·ble [ʌnˈtiːtʃəbl] incapable d'apprendre (personne); non enseignable (chose).

un·tem·pered [ʌnˈtempəd] ⊕ détrempé; fig. non adouci (de, with).

un·ten·a·ble [ʌnˈtenəbl] intenable (position); insoutenable (opinion etc.).

un·ten·ant·ed [ʌnˈtenəntid] inoccupé; vide; sans locataire.

un·thank·ful □ [ʌnˈθæŋkful] ingrat.

un·think·a·ble [ʌnˈθiŋkəbl] inconcevable; **un'think·ing** □ irréfléchi; étourdi.

un·thought ['ʌn'θɔːt], **un'thought-of** oublié; imprévu (*événement*).

un·thread ['ʌn'θred] dé(sen)filer; *fig.* trouver la sortie de.

un·thrift·y □ ['ʌn'θrifti] dépensier (-ère *f*); malvenant (*arbre*).

un·ti·dy □ ['ʌn'taidi] en désordre; négligé; mal peigné (*cheveux*).

un·tie ['ʌn'tai] dénouer; délier (*q., qch., un nœud*).

un·til [ən'til] **1.** *prp.* jusqu'à; **2.** *cj.* jusqu'à ce que; jusqu'au moment où.

un·tilled ['ʌntild] inculte; en friche.

un·time·ly ['ʌn'taimli] prématuré; inopportun; mal à propos.

un·tir·ing □ ['ʌn'taiəriŋ] infatigable.

un·to ['ʌntu] *see* to 1.

un·told ['ʌn'tould] non raconté (*incident etc.*); non computé; *fig.* immense.

un·touched ['ʌn'tʌtʃt] non manié; *fig.* intact; *fig.* indifférent; *phot.* non retouché.

un·trained ['ʌn'treind] inexpérimenté; inexpert; non dressé (*chien etc.*); non formé.

un·trans·fer·a·ble □ ['ʌntræns'fəːrəbl] intransférable; strictement personnel(le *f*) (*billet*); ✝ inaliénable.

un·trans·lat·a·ble □ ['ʌntræns'leitəbl] intraduisible.

un·trav·el(l)ed ['ʌn'trævld] inexploré; qui n'a jamais voyagé (*personne*).

un·tried ['ʌn'traid] inessayé; jamais mis à l'épreuve; ✝ pas encore jugé (*cause*); pas encore passé en jugement (*détenu*).

un·trimmed ['ʌn'trimd] non arrangé; non taillé (*haie*); ⊕, a. *cuis.* non paré; sans garniture (*robe etc.*).

un·trod·den ['ʌn'trɔdn] non frayé; inexploré.

un·trou·bled ['ʌn'trʌbld] non troublé; calme.

un·true □ ['ʌn'truː] faux (fausse *f*); infidèle (*personne*).

un·trust·wor·thy □ ['ʌn'trʌstwəːði] douteux (-euse *f*); faux (fausse *f*).

un·truth ['ʌn'truːθ] fausseté *f*; mensonge *m*.

un·tu·tored ['ʌn'tjuːtəd] illettré; naturel(le *f*).

un·twine ['ʌn'twain], **un·twist** ['ʌn'twist] (se) détordre, détortiller.

un·used ['ʌn'juːzd] inutilisé; neuf (neuve *f*); ['ʌn'juːst] peu habitué (à, to); **un·u·su·al** □ [ʌn'juːʒuəl] extraordinaire; peu commun.

un·ut·ter·a·ble □ [ʌn'ʌtərəbl] indicible; imprononçable (*mot*).

un·val·ued [ʌn'væljuːd] non *ou* peu estimé (*personne*).

un·var·ied [ʌn'vɛərid] peu varié; uniforme.

un·var·nished [ʌn'vɑːniʃt] non verni; *fig.* simple.

un·var·y·ing □ [ʌn'vɛəriiŋ] invariable.

un·veil [ʌn'veil] (se) dévoiler.

un·versed [ʌn'vəːst] ignorant (de in); peu versé (dans, in).

un·voiced [ʌn'vɔist] non exprimé; *gramm.* sourd (*consonne etc.*); muet(te *f*).

un·vouched [ʌn'vautʃt], *usu.* **un·vouched-for** [ʌn'vautʃtfɔː] non garanti.

un·want·ed [ʌn'wɔntid] non voulu; superflu.

un·war·i·ness [ʌn'wɛərinis] imprudence *f*.

un·war·rant·a·ble □ [ʌn'wɔrəntəbl] inexcusable; **un'war·rant·ed** injustifié; sans garantie.

un·war·y □ [ʌn'wɛəri] imprudent.

un·wa·tered [ʌn'wɔːtəd] sans eau; non arrosé (*jardin*); non dilué (*capital*). [*tant*; inébranlable.]

un·wa·ver·ing [ʌn'weivəriŋ] cons-

un·wea·ry·ing □ [ʌn'wiəriiŋ] infatigable.

un·wel·come [ʌn'welkəm] importun; *fig.* fâcheux (-euse *f*).

un·well ['ʌn'wel] indisposé.

un·whole·some ['ʌn'houlsəm] malsain (a. *fig.*); insalubre.

un·wield·y □ [ʌn'wiːldi] peu maniable; encombrant (*colis*).

un·will·ing □ ['ʌn'wiliŋ] rétif (-ive *f*); fait *etc.* à contre-cœur; be ~ to (*inf.*) ne pas vouloir (*inf.*); be ~ for s.th. to be done ne pas vouloir que qch. soit faite.

un·wind ['ʌn'waind] [*irr.* (wind)] (se) dérouler; ✝ *vt/i.* dévirer.

un·wis·dom ['ʌn'wizdəm] imprudence *f*; stupidité *f*; **un·wise** □ ['ʌn'waiz] imprudent; peu sage.

un·wished ['ʌn'wiʃt], *usu.* **un·wished-for** ['ʌn'wiʃtfɔː] peu désiré.

un·wit·ting □ ['ʌn'witiŋ] inconscient.

un·wom·an·ly [ʌnˈwumənli] peu digne d'une femme.

un·wont·ed □ [ʌnˈwountid] inaccoutumé (à *inf.*, *to inf.*); insolite.

un·work·a·ble [ˈʌnˈwəːkəbl] impraticable; ♦ immaniable; ⊕ rebelle; inexploitable.

un·wor·thy □ [ʌnˈwəːði] indigne.

un·wound·ed [ˈʌnˈwuːndid] non blessé; sans blessure.

un·wrap [ˈʌnˈræp] enlever l'enveloppe de; défaire (*un paquet*).

un·wrin·kle [ˈʌnˈriŋkl] (se) dérider.

un·writ·ten [ˈʌnˈritn] non écrit; coutumier (-ère *f*), oral (*a. m/pl.*) (*droit*); blanc(he *f*) (*page*).

un·wrought [ˈʌnˈrɔːt] non travaillé; brut.

un·yield·ing □ [ʌnˈjiːldiŋ] qui ne cède pas; ferme.

un·yoke [ˈʌnˈjouk] dételer; découpler.

un·zip [ˈʌnˈzip] ouvrir la fermeture éclair de.

up [ʌp] **1.** *adv.* vers le haut; en montant; haut; en haut; en dessus; en l'air; debout; levé (*a. soleil etc.*); fini (*temps*); fermé (*fenêtre etc.*); ouvert (*fenêtre à guillotine, stores, etc.*); *Am.* baseball: à la batte; *Am.* be *~* hard = être fauché (= être à court d'argent); be *~* against a task être aux prises avec une tâche; *~* to jusque, jusqu'à; *see* date² 1; be *~* to *s.th.* être à la hauteur de qch.; être capable de qch.; être occupé à faire qch.; *it is ~* to me to (*inf.*) c'est à moi de (*inf.*); *see* mark² 1; what are you *~* to there? qu'est-ce que vous faites *ou* mijotez?; *sl.* what's *~?* qu'est-ce qui se passe *ou* y a?; qu'est-ce qui se passe?; *~* with au niveau de; it's all *~* with him c'en est fait de lui; *sl.* il est fichu; **2.** *int.* en haut!; **3.** *prp.* au haut de; sans *ou* vers le haut de; *~* the hill en montant *ou* en haut de la colline; **4.** *adj. ~* train train *m* en direction de la capitale; F train *m* de retour; **5.** *su.: Am.* F on the *~* and *~* honnête, en règle, loyal (-aux *m/pl.*); en bonne voie, en train de monter *ou* de s'améliorer; *~s pl.* and downs *pl.* ondulations *f/pl.*; *fig.* vicissitudes *f/pl.* (*de la vie*); **6.** F *v/i.* se lever; *v/t.* (*a. ~* with) lever.

up-and-com·ing *Am.* F [ˈʌpənˈkʌmiŋ] ambitieux (-euse *f*); qui promet; qui a de l'avenir.

up·beat ♪ [ˈʌpbiːt] levé *m*.

up·braid [ʌpˈbreid] reprocher (qch. à q., *s.o.* with *ou* for *s.th.*).

up·bring·ing [ˈʌpbriŋiŋ] éducation *f*.

up·cast [ˈʌpkɑːst] relèvement *m*; ✗ (*a. ~* shaft) puits *m* de retour.

up·com·ing *Am.* [ˈʌpkʌmiŋ] imminent.

up·coun·try 1. [ˈʌpˈkʌntri] *adj.* de l'intérieur du pays; **2.** *adv.* [ʌpˈkʌntri] à l'intérieur du pays.

up·cur·rent ⚡ [ˈʌpkʌrənt] courant *m* d'air ascendant.

up·date [ʌpˈdeit] mettre à jour; moderniser.

up·end [ʌpˈend] mettre debout; *fig.* renverser (*l'adversaire etc.*).

up·grade [ˈʌpgreid] montée *f*; on the *~* *fig.* en bonne voie; ✝ à la hausse.

up·heav·al [ʌpˈhiːvl] *géol.* soulèvement *m*; *fig.* bouleversement *m*, agitation *f*.

up·hill [ˈʌpˈhil] montant; *fig.* ardu.

up·hold [ʌpˈhould] (*irr.* (hold)) soutenir, maintenir; **up'hold·er** partisan(e *f*) *m*.

up·hol·ster [ʌpˈhoulstə] tapisser, couvrir (*un meuble*) (de, in, with); garnir (*une pièce*); **up'hol·ster·er** tapissier *m*; **up'hol·ster·y** tapisserie *f* d'ameublement; *meuble:* capitonnage *m*; *mot.* garniture *f*; *métier:* tapisserie *f*.

up·keep [ˈʌpkiːp] (frais *m/pl.* d')entretien *m*.

up·land [ˈʌplənd] **1.** *usu. ~s pl.* hautes terres *f/pl.*; **2.** des montagnes.

up·lift 1. [ʌpˈlift] soulever; élever (*a. fig.*); **2.** [ˈʌplift] élévation *f* (*a. fig.*); *géol.* soulèvement *m*; ✝ reprise *f*.

up·on [əˈpɔn] *see* on.

up·per [ˈʌpə] **1.** plus haut; supérieur; the *~* class(es *pl.*) la haute société; F the *~* crust le gratin; get the *~* hand (of) prendre le dessus (sur); get the *~* hand of a. avoir raison de, venir à bout de; have the *~* hand avoir le dessus; the *~* ten (*thousand*) la haute société; **2.** *usu. ~s pl.* empeignes *f/pl.*; bottes: tiges *f/pl.*; '*~*'**case let·ter** *typ.* majuscule *m*; '*~*'**class** aristocratique; '*~*'**cut** box. uppercut *m*; '*~*'**most** le plus haut; principal.

up·pish □ [ˈʌpiʃ] arrogant.

up·pi·ty *Am.* F [ˈʌpiti] suffisant; arrogant.

up·raise [ʌpˈreiz] (sou)lever, élever.

up·rear [ʌpˈriə] dresser.

up·right **1.** □ [ˈʌpˈrait] vertical (-aux *m/pl.*); droit (*a. fig.*); debout; *fig.* [ˈʌprait] juste, intègre; **2.** [~] montant *m*; piano *m* droit; *out of* ~ hors d'aplomb.

up·ris·ing [ʌpˈraiziŋ] lever *m*; insurrection *f*.

up·roar [ˈʌprɔː] *fig.* tapage *m*, vacarme *m*; tumulte *m*; **up·roar·i·ous** □ tumultueux (-euse *f*); tapageur (-euse *f*). [racher.]

up·root [ʌpˈruːt] déraciner; ar-)

up·set [ʌpˈset] **1.** [*irr.* (set)] renverser; bouleverser (*a. fig.*); déranger; *fig.* mettre (*q.*) en émoi; ✚ indisposer, déranger; ⊕ refouler; **2.**: ~ *price* mise *f* à prix, prix *m* de départ; **3.** renversement *m*; bouleversement *m*; désordre *m*.

up·shot [ˈʌpʃɔt] résultat *m*, dénouement *m*; *in the* ~ à la fin.

up·side *adv.* [ˈʌpsaid]: ~ *down* sens dessus dessous; à l'envers; *fig.* en désordre; *turn* ~ *down* renverser; *fig.* bouleverser.

up·stage F [ˈʌpˈsteidʒ] **1.** orgueilleux (-euse *f*), arrogant, hautain; **2.** éclipser (*q.*); remettre (*q.*) à sa place.

up·stairs [ˈʌpˈsteəz] **1.** *adv.* en haut; jusqu'en haut; **2.** *adj.* d'en haut.

up·start [ˈʌpstɑːt] **1.** parvenu(e *f*) *m*; **2.** se lever brusquement.

up·state *Am.* [ˈʌpˈsteit] région *f* éloignée; *surt.* État *m* de New-York.

up·stream [ˈʌpˈstriːm] **1.** *adv.* en amont; en remontant le courant; **2.** *adj.* d'amont. [*m.*]

up·stroke [ˈʌpstrouk] *écriture*: délié)

up·surge [ˈʌpsəːdʒ] soulèvement *m*; accès *m* (*de colère etc.*); poussée *f*.

up·swing [ˈʌpˈswiŋ] essor *m*; montée *f*.

up·take [ˈʌpteik] entendement *m*; F *be slow (quick) in (ou on) the* ~ avoir la compréhension difficile (facile), saisir mal (vite).

up·throw [ˈʌpθrou] rejet *m* en haut.

up·tight F [ˈʌptait] crispé, tendu; nerveux (-euse *f*).

up-to-date [ˈʌptəˈdeit] moderne; au courant, à jour; à la page.

up-to-the-min·ute [ˈʌptəðəˈminit] le (la *f*) plus moderne; très récent; de dernière heure, dernier (-ière *f*).

up-town [ˈʌpˈtaun] **1.** *adv. Am.* dans le quartier résidentiel de la ville; **2.** *adj.* du quartier bourgeois.

up·turn [ʌpˈtəːn] **1.** lever; retourner; **2.** *Am.* reprise *f* des affaires.

up·ward [ˈʌpwəd] **1.** *adj.* montant; vers le haut; **2.** *adv.* (*ou* **up·wards** [ˈ~z]) de bas en haut; vers le haut; en dessus, au-dessus; ~ *of* plus de.

u·ra·ni·um 🜨 [juəˈreinjəm] uranium *m*.

ur·ban [ˈəːbən] urbain; **ur·bane** □ [əːˈbein] courtois, poli; **ur·ban·i·ty** [əːˈbæniti] urbanité *f*; courtoisie *f*, politesse *f*; **ur·ban·i·za·tion** [əːbənaiˈzeiʃn] aménagement *m* des agglomérations urbaines; **ˈur·ban·ize** urbaniser.

ur·chin [ˈəːtʃin] gamin *m*; gosse *mf*.

urge [əːdʒ] **1.** pousser (*q. à inf., s.o. to inf.; qch.*); (*souv.* ~ *on*) encourager; hâter; *fig.* insister sur; insister en avant; recommander (qch. à *q.*, *s.th. on s.o.*); **2.** impulsion *f*; forte envie *f*; **ur·gen·cy** [ˈ~ənsi] urgence *f*; besoin *m* pressant; **ˈur·gent** □ urgent, pressant; *be* ~ *with s.o. to* (*inf.*) insister pour que *q.* (*sbj.*).

u·ric 🜨 [ˈjuərik] urique.

u·ri·nal [ˈjuərinl] urinoir *m*; ✚ urinal *m*; **ˈu·ri·nar·y** urinaire; **u·ri·nate** [ˈ~neit] uriner; **u·rine** [ˈ~rin] urine *f*.

urn [əːn] urne *f*; (*usu. tea-*~) samovar *m*.

us [ʌs; əs] *accusatif, datif*: nous.

us·a·ble [ˈjuːzəbl] utilisable.

us·age [ˈjuːzidʒ] usage *m* (✚ de commerce); coutume *f*; emploi *m*; traitement *m*.

us·ance ✚ [ˈjuːzəns] usance *f*; *bill at* ~ effet *m* à usance.

use 1. [juːs] emploi *m* (*a.* ✚); usage *m*; *fig., a.* ⚖ jouissance *f*; coutume *f*, habitude *f*; utilité *f*; service *m*; *be of* ~ être utile (à *for, to*); *it is (of)* no ~ (*gér., to inf.*) il est inutile (*que sbj.*); inutile (*de inf.*); *have no* ~ *for* ne savoir que faire de (qch.); F ne pas pouvoir voir (*q.*); *put s.th. to* ~ profiter de qch.; faire bon (mauvais) usage de qch.; **2.** [juːz] employer; se servir de; ~ *up* user, épuiser; *I* ~*d* [ˈjuːs(t)] *to do* je faisais; j'avais l'habitude de faire; **used** [ˈjuːst] habitué (à, *to*); [ˈjuːzd] usé, usagé; usité; *a.* sale (*linge*); ~

car auto *f* d'occasion; **useful** □ [ˈjuːsful] utile (*a.* ⊕); pratique; ~ *capacity*, ~ *efficiency* rendement *m ou* effet *m* utile; ~ *load* charge *f* utile; **'use·ful·ness** utilité *f*; **'use·less** □ inutile; inefficace; vain; **us·er** [ˈjuːzə] usager (-ère *f*) *m.*

ush·er [ˈʌʃə] **1.** huissier *m*; introducteur *m*; ẑ‡ audiencier *m*; *péj.* sous-maître *m*; maître *m* d'étude; **2.** (*usu.* ~ *in*) faire entrer, introduire; **ush·er·ette** *cin.* [ˌ‿ˈret] ouvreuse *f.*

u·su·al □ [ˈjuːʒuəl] ordinaire; habituel(le *f*); ~ *in* (the) *trade* d'usage dans le métier.

u·su·fruct ẑ‡ [ˈjuːsjufrʌkt] usufruit *m*; **u·su'fruc·tu·ar·y** [ˌ‿ˈjuəri] **1.** usufruitier (-ère *f*) *m*; **2.** *adj.* usufructuaire (*droit*).

u·su·rer [ˈjuːʒərə] usurier *m*; **u·su·ri·ous** □ [juːˈzjuəriəs] usuraire (*personne*).

u·surp [juːˈzəːp] *vt/i.* usurper (sur *from*, on); *v/t.* voler (à, *from*); **u·sur'pa·tion** usurpation *f*; **u·surp·ing** □ usurpateur (-trice *f*).

u·su·ry [ˈjuːʒuri] usure *f.*

u·ten·sil [juːˈtensl] ustensil *m*; outil *m*; ~*s pl.* articles *m/pl.*, ustensiles *m/pl.*

u·ter·ine [ˈjuːtərain] utérin *f*; ~ *brother* frère *m* utérin *ou* de mère; **u·ter·us** *anat.* [ˈ‿rəs], *pl.* **u·ter·i** [ˈ‿tərai] utérus *m*, matrice *f.*

u·til·i·tar·i·an [juːtiliˈtɛəriən] utilitaire (*a. su./mf*); **u'til·i·ty 1.** utilité *f*; *public* ~ (entreprise *f* de) service *m* public; **2.** à toutes fins (*chariot etc.*).

u·til·i·za·tion [juːtilaiˈzeiʃn] utilisation *f*; exploitation *f*; emploi *m*; **'u·ti·lize** utiliser, se servir de; tirer parti de, profiter de.

ut·most [ˈʌtmoust] **1.** extrême; **2.** dernier degré *m.*

U·to·pi·an [juːˈtoupjən] **1.** d'utopie; **2.** utopiste *mf*; idéaliste *mf.*

u·tri·cle *biol.* [ˈjuːtrikl] utricule *m.*

ut·ter [ˈʌtə] **1.** □ *fig.* absolu; extrême; complet (-ète *f*); **2.** dire, exprimer; pousser (*un gémissement etc.*); émettre (*de la monnaie*); **'ut·ter·ance** expression *f*; émission *f*; prononciation *f*; ~*s pl.* propos *m/pl.*; *give* ~ *to* exprimer; **'ut·ter·er** diseur (-euse *f*) *m*; débiteur (-euse *f*) *m* (*de nouvelles etc.*); émetteur *m* (*de monnaie*); **ut·ter·most** [ˈ‿moust] extrême; dernier (·ère *f*).

U-turn [ˈjuːtəːn] *mot.* demi-tour *m*; *fig.* revirement *m*, volte-face *f/inv.*; *mot.* 'no ~*s*' 'défense de faire demi-tour'.

u·vu·la *anat.* [ˈjuːvjulə] luette *f*; uvule *f*; **u·vu·lar** [ˌ‿] uvulaire; ~ *R* *R* *m* vélaire.

ux·o·ri·ous [ʌkˈsɔːriəs] (extrêmement) dévoué à sa femme (*mari*).

V

V, v [viː] V *m*, v *m*.

va·can·cy ['veikənsi] vide *m*; vacance *f*, poste *m* vacant; chambre *f* à louer; espace *m* vide; ~ for on cherche (*employé etc.*); *no vacancies travail*: pas d'embauche; *hotel*: complet; *gaze into* ~ regarder dans l'espace; **va·cant** □ ['~kənt] vacant, libre; hébété (*air*); inoccupé (*esprit*).

va·cate [və'keit] quitter (*un emploi, un hôtel, un siège, etc.*); évacuer (*un appartement*); laisser libre; *v/i.* *Am. sl.* ficher le camp; **va·ca·tion** **1.** *école*, *a. Am.*: vacances *f/pl.*; *3/8* vacations *f/pl.*; **2.** *surt. Am.* prendre des *ou* être en vacances; **va·ca·tion·ist** *Am.*. vacancier *m*; estivant(e *f*) *m*.

vac·ci·nate ['væksineit] vacciner; **vac·ci·na·tion** vaccination *f*; **'vac·ci·na·tor** vaccinateur *m*; **vac·cine** ['~siːn] **1.** vaccinal (-aux *m/pl.*); ~ *matter* = **2.** vaccin *m*.

vac·il·late ['væsileit] vaciller; hésiter; **vac·il·la·tion** vacillation *f*; hésitation *f*.

va·cu·i·ty [væ'kjuiti] vacuité *f*; vide *m* (*a. fig.*); **vac·u·ous** □ ['~kjuəs] vide; *fig. usu.* bête; **vac·u·um** ['~əm] *phys.* **1.** vide *m*, vacuum *m*; ~ *brake* frein *m* à vide; ~ *cleaner* aspirateur *m*; ~ *flask*, ~ *bottle* (bouteille *f*) Thermos *f*; ~ *tube* tube tube *m* à vide; *radio*: audion *m*; **2.** F nettoyer (*à l'aspirateur*); **vac·u·um-packed** emballé sous vide.

va·de-me·cum ['veidi'miːkəm] vade-mecum *m/inv.*

vag·a·bond ['vægəbənd] **1.** vagabond, errant; *3/8* chemineau *m*; vagabond(e *f*) *m*; F vaurien *m*; **vag·a·bond·age** ['~bəndidʒ] vagabondage *m*.

va·gar·y ['veigəri] caprice *m*; fantaisie *f*.

va·gi·na *anat.* [və'dʒainə] vagin *m*.

va·gran·cy ['veigrənsi] vie *f* de vagabond; *3/8* vagabondage *m*; **'va·grant 1.** errant, vagabond (*a. fig.*); **2.** *see* vagabond **2.**

vague □ [veig] vague; imprécis; estompé; indécis; *be* ~ *ne rien* préciser (*personne*).

vain □ [vein] vain; fier (-ère *f*) (*de, of*); inutile; mensonger (-ère *f*); vaniteux (-euse *f*); *in* ~ en vain; *do s.th. in* ~ avoir beau faire qch.; ~**glo·ri·ous** □ [~'glɔːriəs] vaniteux (-euse *f*); ~**glo·ry** gloire *f* vaine.

val·ance ['væləns] frange *f* *ou* tour *m* de lit.

vale [veil] *poét.* *a.* dans les noms *propres*: vallée *f*, vallon *m*.

val·e·dic·tion [væli'dikʃn] adieu *m*, -x *m/pl.*; **val·e·dic·to·ry** [~təri] **1.** d'adieu; **2.** discours *m* d'adieu.

va·lence *⚗* [və'liːditi] valence *f*.

val·en·tine ['væləntain] carte *f* de salutations (envoyée à la Saint-Valentin) (*le 14 février*); *fig. personne*: valentin(e *f*) *m*, amour *m*.

va·le·ri·an *⚗* [və'liəriən] valériane *f*.

val·et ['vælit] **1.** valet *m* de chambre; **2.** servir (*q.*) comme valet de chambre; remettre (*un costume*) en état

val·e·tu·di·nar·i·an ['vælitjuːdi·'neəriən] valétudinaire (*a. su./mf*)

val·iant □ ['væljənt] vaillant.

val·id □ ['vælid] valable, valide; bon (pour, for); irréfutable; **val·i·date** ['~deit] rendre valable, valider; **va·lid·i·ty** [və'liditi] validité *f*; justesse *f* (*d'un argument*).

val·ley ['væli] vallée *f*; vallon *m*; *△* cornière *f*.

val·or·i·za·tion [vælərai'zeiʃn] valorisation *f*; **'val·or·ize** valoriser

val·or·ous □ *poét.* ['vælərəs] vaillant.

val·o(u)r *poét.* ['vælə] vaillance *f*.

val·u·a·ble ['væljuəbl] **1.** □ précieux (-euse *f*); **2.** ~*s pl.* objets *m/pl.* de valeur.

val·u·a·tion [vælju'eiʃn] évaluation *f*; valeur *f* estimée; inventaire *m*; **'val·u·a·tor** estimateur *m*.

val·ue ['vælju] **1.** valeur *f*; prix *m* (*a. fig.*); ~ *judgement jugement m* de valeur; *✝ get good* ~ (*for one's money*) en avoir pour son argent; **2.** évaluer;

estimer, priser (*a. fig.*); **'val·ue·less** sans valeur; **'val·u·er** estimateur (-euse *f*) *m*; expert *m*; commissaire-priseur *m* (*pl.* commissaires-priseurs).

valve [vælv] soupape *f*; *mot. pneu:* valve *f*; *anat.* valvule *f*; *radio:* lampe *f*; *radio:* ~ *amplifier*, amplifying ~ lampe *f* amplificatrice; ~ *set* poste *m* à lampes.

va·moose *Am. sl.* [və'mu:s] filer; ficher le camp; décamper.

vamp[1] [væmp] **1.** *souliers:* empeigne *f*; ♪ accompagnement *m* improvisé; **2.** *v/t.* remonter (*un soulier*); mettre une empeigne à; *v/i.* ♪ improviser; tapoter au piano.

vamp[2] F [~] **1.** vamp *f*; femme *f* fatale; flirteuse *f*; **2.** *v/t.* ensorceler; enjôler; *v/i.* flirter.

vam·pire ['væmpaiə] vampire *m.*

van[1] [væn] fourgon *m* (de déménagement *etc.*); 🚃 wagon *m*; fourgon *m* à bagages.

van[2] ✗ *ou fig.* [~] avant-garde *f.*

Van·dal ✗ ['vændl] **1.** vandale *m*; **2.** (*a.* **Van·dal·ic** [~'dælik]) vandalique; **van·dal·ism** ['~dəlizm] vandalisme *m*; **van·dal·ize** ['~dəlaiz] saccager, mutiler.

van·dyke [væn'daik] barbe *f* à la Van Dyck; pointe *f* (*de col à la Van Dyck*); *attr.* ♀ à la Van Dyck.

vane [vein] (*a.* weather-~, wind-~) girouette *f*; ⊕ ailette *f*; *radio:* lamette *f*; *surv.* viseur *m* (*de compas*).

van·guard ✗ ['vænga:d] (tête *f* d')avant-garde *f.*

va·nil·la ♀ [və'nilə] vanille *f.*

van·ish ['væniʃ] disparaître; s'évanouir; *~ing cream* crème *f* de jour.

van·i·ty ['væniti] vanité *f*; orgueil *m*; ~ *bag* sac(oche *f*) *m* de dame; ~ *case* pochette-poudrier *f.*

van·quish *poét.* ['vænkwiʃ] vaincre; triompher de.

van·tage ['va:ntidʒ] *tennis:* avantage *m*; **'~-ground** position *f* avantageuse. [(*conversation*).\
vap·id □ ['væpid] insipide; fade]

va·po(u)r·ize ['veipəraiz] (se) vaporiser; (se) pulvériser; **'va·po(u)r·iz·er** ⊕ vaporisateur *m* (*a.* 📷).

va·por·ous □ ['veipərəs] vaporeux (-euse *f*) (*a. fig.*); *fig.* a. vague, nuageux (-euse *f*).

va·po(u)r ['veipə] **1.** vapeur *f* (*a. fig.*); ~ *bath* bain *m* de vapeur; ~ *trail*

traînée *f* de condensation; **2.** s'évaporer; *fig.* débiter des fadaises; **'va·po(u)r·y** *see* vaporous.

var·i·a·bil·i·ty [vɛəriə'biliti] variabilité *f*, inconstance *f*; **'var·i·a·ble** □ variable, inconstant; **'var·i·ance** variation *f*; divergence *f*; discorde *f*; *be at* ~ être en désaccord; avoir un différend; *set at* ~ mettre en désaccord; **'var·i·ant 1.** différent (de, *from*); **2.** variante *f*; **var·i·a·tion** variation *f* (*a.* ♪); changement *m*; différence *f*, écart *m*; ⊕ ~ *of load* fluctuation *f* de charge.

var·i·cose ✱ ['værikous] variqueux (-euse *f*); ~ *vein* varice *f.*

var·ied □ ['vɛərid] varié, divers; **var·i·e·gate** ['~rigeit] varier; barioler; **'var·i·e·gat·ed** varié, bariolé, bigarré; ♀ *etc.* panaché; **var·i·e·'ga·tion** diversité *f* de couleurs; ♀ panachure *f*; **va·ri·e·ty** [və'raiəti] diversité *f*; variété *f* (*a. biol.*); ✝ assortiment *m*; *théâ.* F music-hall *m*; ~ *show* attractions *f/pl.*; (spectacle *m* de) music-hall *m*; ~ *theatre* théâtre *m* de variétés.

va·ri·o·la ✱ [və'raiələ] variole *f.*

var·i·ous □ ['vɛəriəs] varié, différent; plusieurs.

var·mint ['va:mint] *sl.* petit polisson *m*; *chasse:* renard *m*; vermine *f.*

var·nish ['va:niʃ] **1.** vernis *m* (*a. fig.*); vernissage *m*; **2.** vernir; vernisser; *fig.* farder, glisser sur.

var·si·ty F ['va:siti] université *f.*

var·y ['vɛəri] *v/t.* (faire) varier; diversifier; ♪ varier (*un air*); *v/i.* varier, changer; être variable; s'écarter (de, *from*).

vas·cu·lar ♀, *anat.* ['væskjulə] vasculaire.

vase [va:z] vase *m.*

vas·sal ['væsl] vassal (-aux *m/pl.*) (*a. su.*); **'vas·sal·age** vassalité *f*, vasselage *m*; *fig.* sujétion *f.*

vast □ [va:st] vaste, immense; **'vast·ness** immensité *f*; vaste étendue *f.*

vat [væt] **1.** cuve *f*; (*petit*) cuveau *m*; bain *m*; **2.** mettre en cuve; encuver. **vat·ted** ['vætid] mis en cuve (*vin etc.*); en fût (*vin*).

vault[1] [vo:lt] **1.** voûte *f* (*a. fig.*); *banque:* souterrain *m*; cave *f* (*à vin*); tombeau *m* (*de famille etc.*); **2.** (se) voûter.

vault[2] [ʌ] **1.** v/i. sauter; v/t. (ou ~ over) sauter (qch.); **2.** saut m.

vault·ing △ ['vɔ:ltiŋ] (construction f de) voûtes f/pl.

vault·ing-horse ['vɔ:ltiŋhɔ:s] gymn. cheval m de bois.

vaunt poét. [vɔ:nt] **1.** (se) vanter (de); **2.** vanterie f; **'vaunt·ing** □ vantard. [de veau.]

veal [vi:l] veau m; roast ~ rôti m.]

ve·dette ✕ [vi'det] vedette f.

veer [viə] **1.** (faire) virer; v/i. tourner; **2.** (a. ~ round) changement m de direction.

veg F Brit. [vedʒ] légume(s) m (pl.).

veg·e·ta·ble ['vedʒitəbl] **1.** végétal (-aux m/pl.); ~ garden (jardin m) potager m; ~ soup soupe f de légumes; **2.** légume m; ♀ végétal (pl. -aux) m; **veg·e·tar·i·an** [ʌteəriən] végétarien(ne f) (a. su.); **veg·e·tate** ['ʌteit] végéter; **veg·e·ta·tion** végétation f; **veg·e·ta·tive** □ ['ʌtətiv] végétatif (-ive f).

ve·he·mence ['vi:iməns] véhémence f; impétuosité f; **'ve·he·ment** □ véhément; passionné; violent.

ve·hi·cle ['vi:ikl] voiture f; véhicule m (a. fig., pharm., peint.); pharm. excipient m; **ve·hic·u·lar** □ [vi'hikjulə] des voitures; véhiculaire (a. langue).

veil [veil] **1.** voile m (a. fig.); phot. voile m faible; **2.** (se) voiler (a. fig.); v/t. fig. a. cacher; **'veil·ing** action f de voiler; phot. voile m faible; voile m, -s m/pl. (a. ✝).

vein [vein] veine f (a. fig.) (de inf., for gér.); ♀ nervure f (a. d'aile); in the same ~ dans le même esprit; **veined** veiné; ♀ nervuré; **'vein·ing** veinage m; veines f/pl.; ♀ nervures f/pl.

vel·le·i·ty [ve'li:iti] velléité f.

vel·lum ['veləm] vélin m; ~ paper papier m vélin.

ve·loc·i·ty [vi'lɔsiti] vitesse f.

vel·vet ['velvit] **1.** velours m; bois de cerf: peau f velue; F fig. on ~ sur le velours; **2.** de velours; velouté; **vel·vet·een** [ʌti:n] velours m de coton; ~s pl. pantalon m en velours de chasse; **'vel·vet·y** velouté.

ve·nal ['vi:nl] vénal (-aux m/pl.); mercenaire; **ve·nal·i·ty** [vi:'næliti] vénalité f.

vend [vend] vendre; **'vend·er,** **'ven·dor** vendeur (-euse f) m;

marchand(e f) m; **'vend·i·ble** vendable; **'vend·ing ma·chine** distributeur m (automatique).

ve·neer [vi'niə] **1.** (bois m de) placage m; F vernis m, masque m; **2.** plaquer; fig. cacher (qch.) sous un vernis.

ven·er·a·ble □ ['venərəbl] vénérable; **ven·er·ate** ['ʌreit] vénérer; **ven·er·a·tion** vénération f; **'ven·er·a·tor** vénérateur (-trice f) m.

ve·ne·re·al [vi'niəriəl] vénérien(ne f); ~ disease maladie f vénérienne.

Ve·ne·tian [vi'ni:ʃn] **1.** de Venise; vénitien(ne f); ~ blind jalousie f; **2.** Vénitien(ne f) m.

venge·ance ['vendʒəns] vengeance f; F with a (ou for) ~ pas d'erreur!; pour de bon!; furieusement.

venge·ful □ ['vendʒful] vengeur (-eresse f).

ve·ni·al □ ['vi:njəl] pardonnable; véniel(le f) (péché).

ven·i·son ['venzn] venaison f.

ven·om ['venəm] venin m (souv. fig.); **'ven·om·ous** □ venimeux (-euse f) (animal, a. fig.); vénéneux (-euse f) (plante).

ve·nous ['vi:nəs] veineux (-euse f).

vent [vent] **1.** trou m, orifice m, passage m; soupirail (-aux pl.) m; orn., icht. ouverture f anale; give ~ to donner libre cours à (sa colère etc.); find ~ s'échapper (en, in); **2.** fig. décharger, épancher (sur, on).

ven·ti·late ['ventileit] ventiler; aérer; fig. faire connaître, agiter (une question); **ven·ti·la·tion** aération f; ventilation f; aérage m (a. ✶); fig. mise f en discussion publique; **'ven·ti·la·tor** ventilateur m; soupirail (-aux pl.) m; porte, fenêtre: vasistas m.

vent·peg ['ventpeg] fausset m.

ven·tral ♗, zo. ['ventrəl] ventral (-aux m/pl.).

ven·tri·cle anat. ['ventrikl] ventricule m.

ven·tril·o·quist [ven'triləkwist] ventriloque mf; **ven·tril·o·quize** [ʌkwaiz] faire de la ventriloquie.

ven·ture ['ventʃə] **1.** risque m; aventure f; entreprise f; ~ operation f, affaire f; at a ~ au hasard; **2.** v/t. risquer, hasarder; v/i. ~ to (inf.) se risquer à (inf.), oser (inf.); I ~ to say je me permets de dire; ~ (up)on s'aventurer dans (un endroit);

very

ven·ture·some □ ['~səm], **'ven·tur·ous** □ risqué, hasardeux (-euse *f*); aventureux (-euse *f*) (*personne*).

ven·ue ['venju:] ʒ̄ᵗᵃ lieu *m* du jugement; *fig.* scène *f*; F rendez-vous *m*.

ve·ra·cious □ [və'reiʃəs] véridique; **ve·rac·i·ty** [~'ræsiti] véracité *f*.

verb *gramm.* [və:b] verbe *m*; **'ver·bal** □ verbal (-aux *m/pl.*); littéral (-aux *m/pl.*); (*ou* **ver·ba·tim** [~'beitim]) mot pour mot; **'ver·bal·ize** verbaliser, rendre par les mots; **ver·bi·age** ['~biidʒ] verbiage *m*; **ver·bose** □ [~'bous] verbeux (-euse *f*), prolixe; **ver·bos·i·ty** [~'bositi] verbosité *f*, prolixité *f*.

ver·dan·cy ['və:dənsi] verdure *f*; F *fig.* inexpérience *f*; **'ver·dant** □ vert; F *fig.* inexpérimenté.

ver·dict ['və:dikt] ʒ̄ᵗᵃ verdict *m* (*du jury*); *fig.* jugement *m* (sur, on); bring in (*ou* return) a ~ (of guilty *etc.*) rendre un verdict (de culpabilité *etc.*).

ver·di·gris ['və:digris] vert-de-gris *m*.

ver·dure ['və:dʒə] verdure *f*.

verge[1] [və:dʒ] *eccl.* verge *f*.

verge[2] [~] **1.** *usu. fig.* bord *m*; seuil *m*; on the ~ au seuil (de); à deux doigts (de, of); sur le point (de *inf.*, of *gér.*); **2.** baisser; approcher (de, towards); ~ (up)on côtoyer (qch.); friser; être voisin de, toucher à.

ver·i·fi·a·ble ['verifaiəbl] vérifiable; facile à vérifier; **ver·i·fi·ca·tion** [~fi'keiʃn] vérification *f*, contrôle *m*; ʒ̄ᵗᵃ confirmation *f*; **ver·i·fy** ['~fai] prouver; confirmer; contrôler, vérifier; **ver·i·si·mil·i·tude** [~si'militju:d] vraisemblance *f*; **'ver·i·ta·ble** □ véritable; **'ver·i·ty** vérité *f*.

ver·juice *usu. fig.* ['və:dʒu:s] verjus *m*.

ver·mi·cel·li [və:mi'seli] vermicelle *m*; **ver·mi·cide** *pharm.* ['~said] vermicide *m*; **ver·mic·u·lar** [~'mikjulə] vermiculaire; vermoulu; **ver·mi·form** ['~fɔ:m] vermiforme; **ver·mi·fuge** *pharm.* ['~fju:dʒ] vermifuge *m*.

ver·mil·ion [və'miljən] **1.** vermillon *m*; **2.** vermeil(le *f*); (de) vermillon *adj./inv.*

ver·min ['və:min] vermine *f* (*a. fig.*); *chasse:* bêtes *f/pl.* puantes; '~·kill·er *personne:* preneur *m* de vermine; insecticide *m*; mort-aux-

rats *f*; **'ver·min·ous** couvert de vermine; ʒ̄ᵗᵃ vermineux (-euse *f*).

ver·m(o)uth ['və:məθ] vermouth *m*.

ver·nac·u·lar [və'nækjulə] **1.** indigène; du pays; vulgaire (*langue*); **2.** langue *f* du pays; idiome *m* national; langue *f* vulgaire; langage *m* (d'un métier).

ver·nal ['və:nl] printanier (-ère *f*); ♀, *astr.* vernal (-aux *m/pl.*).

ver·ni·er ['və:njə] ♀, *surv.* vernier *m*; ⊕ ~ cal(l)iper jauge *f* micrométrique.

ver·sa·tile □ ['və:sətail] aux talents variés; souple; ♀, *zo.* versatile; **ver·sa·til·i·ty** [~'tiliti] souplesse *f*; ♀, *zo.* versatilité *f*; adaptation *f*.

verse [və:s] vers *m*; strophe *f*; *coll.* vers *m/pl.*, poésie *f*; ♪ *motet:* solo *m*; **versed** versé (en, dans in).

ver·si·fi·ca·tion [və:sifi'keiʃn] versification *f*; métrique *f* (d'un auteur); **ver·si·fy** ['~fai] *vt/i.* versifier; *v/t.* mettre (qch.) en vers; *v/i.* faire des vers.

ver·sion ['və:ʃn] version *f*; traduction *f*.

ver·so ['və:sou] verso *m*.

ver·sus *surt.* ʒ̄ᵗᵃ [~'səs] contre.

vert F *eccl.* [və:t] se convertir.

ver·te·bra *anat.* ['və:tibrə], *pl.* -brae [~bri:] vertèbre *f*; **ver·te·bral** [~brəl] vertébral (-aux *m/pl.*); **ver·te·brate** ['~brit] **1.** vertébré; ~ animal = **2.** vertèbre *m*.

ver·tex ['və:teks], *pl. usu.* -ti·ces [~tisi:z] sommet *m*; *astr.* zénith *m*; **'ver·ti·cal** □. □ vertical (-aux *m/pl.*); à pic (*falaise*); ♀ ~ angles angles *m/pl.* opposés par le sommet; ~ takeoff aircraft avion *m* à décollage vertical; **2.** verticale *f*; *astr.* vertical *m*.

ver·tig·i·nous □ [və:'tidʒinəs] vertigineux (-euse *f*), donnant le vertigo); **ver·ti·go** ['~tigou] vertige *m*.

verve [və:v] verve *f*.

ver·y ['veri] **1.** *adv.* très; fort; bien; the ~ best tout ce qu'il y a de mieux; **2.** *adj.* vrai, véritable, ... même; the ~ same le (la *etc.*) ... même(s *pl.*); in the ~ act sur le fait; to the ~ bone jusqu'aux os; jusqu'à l'os même; the ~ thing ce qu'il faut; the ~ thought la seule pensée; the ~ stones les pierres mêmes; the veriest baby (même) le plus petit enfant; the veriest rascal le plus parfait coquin; *radio:* ~ high frequency très haute fréquence *f*.

ves·i·ca·to·ry ['vesikeitəri] vésicatoire (*a. su./m*); **ves·i·cle** ['~kl] vésicule *f*; *géol.* vacuole *f*.

ves·pers *eccl.* ['vespəz] *pl.* vêpres *f/pl.*

ves·sel ['vesl] vaisseau *m* (*a. &, anat., fig.*); **&** *a.* navire *m*, bâtiment *m*.

vest [vest] **1.** gilet *m*; † gilet *m* de dessous; *sp.* maillot *m*; **2.** *v/t. usu. fig.* revêtir, investir (de, *with*); assigner (qch. à q., *s.th. in s.o.*); *v/i.* être dévolu à (q., *in s.o.*); *~ed rights pl.* droits *m/pl.* acquis.

ves·ta ['vestə] (*a.* ~ *match, wax* ~) allumette-bougie (*pl.* allumettes-bougies) *f*; *astr.* ♀ vesta *f*.

ves·tal ['vestl] **1.** de(s) vestale(s); **2.** vestale *f*.

ves·ti·bule ['vestibju:l] vestibule *m* (*a. anat.*); salle *f* des pas perdus; 🚂 *surt. Am.* soufflet *m* (*entre deux wagons*); ~ *train* train *m* à soufflets.

ves·tige ['vestidʒ] vestige *m*, trace *f*; **ves·tig·i·al** à l'état rudimentaire.

vest·ment ['vestmənt] vêtement *m* (*a. eccl.*). [dimensions.]

vest·pock·et ['vest'pɔkit] de petites]

ves·try ['vestri] *eccl.* sacristie *f*; (réunion *f* du) conseil d'administration de la paroisse; salle *f* de patronage; '~·man marguillier *m*.

ves·ture *poét.* ['vestʃə] **1.** vêtement *m*; **2.** revêtir.

vet [vet] **1.** vétérinaire *m*; *Am.* ancien combattant *m*; **2.** traiter (*un animal*); *fig.* examiner médicalement; revoir, corriger; *fig.* mettre au point.

vetch ♀ [vetʃ] vesce *f*.

vet·er·an ['vetərən] **1.** expérimenté; ancien(ne *f*); de(s) vétéran(s); vieux (vieil *devant une voyelle ou un h muet*, vieille *f*); *mot.* ~ *car* vétéran *m*; **2.** vétéran *m*; ancien combattant *m*.

vet·er·i·nar·i·an *Am.* [vetəri'nɛəriən] vétérinaire *mf*; **vet·er·i·nar·y** ['vetərinəri] **1.** vétérinaire; ~ *surgeon* = **2.** vétérinaire *mf*.

ve·to ['vi:tou] **1.** *pl.* **-toes** [~touz] veto *m*; *put a (ou* one's*)* ~ *(up)on* = **2.** mettre son veto à.

vex [veks] vexer (*a.* 🚂); fâcher, contrarier; **vex·a·tion** vexation *f*, tourment *m*; désagrément *m*; dépit *m*; **vex·a·tious** ☐ ennuyeux (-euse

f); fâcheux (-euse *f*); 🚂 vexatoire; '**vexed** ☐ fâché, vexé (de qch., *at s.th.*; contre q., *with s.o.*); ~ *question* question *f* très débattue; '**vex·ing** ☐ agaçant; ennuyeux (-euse *f*).

vi·a ['vaiə] par; *poste:* voie.

vi·a·ble *biol.* ['vaiəbl] viable.

vi·a·duct ['vaiədʌkt] viaduc *m*.

vi·al ['vaiəl] fiole *f*.

vi·ands *poét.* ['vaiəndz] *pl.* aliments *m/pl.*

vi·at·i·cum *eccl.* ['vai'ætikəm] viatique *m*.

vibes F [vaibz] *sg.* ♪ vibraphone *m*; *pl.* vibrations *f/pl.*

vi·brant ['vaibrənt] vibrant; *fig.* palpitant (de, *with*).

vi·bra·phone ♪ ['vaibrəfoun] vibraphone *m*.

vi·brate [vai'breit] (faire) vibrer *ou* osciller; **vi·bra·tion** vibration *f*; **vi·bra·to·ry** ['~brətəri] vibratoire.

vic·ar *eccl.* ['vikə] curé *m*; ~ *general* vicaire *m* général; '**vic·ar·age** presbytère *m*; cure *f*; **vi·car·i·ous** ☐ [vai'kɛəriəs] délégué; fait *ou* souffert pour *ou* par un autre.

vice[1] [vais] vice *m*; *fig.* défaut *m*.

vice[2] ⊕ [~] étau *m*.

vice[3] ['vaisi] *prp.* à la place de **2.** [vais] *adj.* vice-; sous-; '~·'ad·mi·ral vice-amiral *m*; '~·'chair·man vice-président(e *f*) *m*; '~·'chan·cel·lor vice-chancelier *m univ.* recteur *m*; '~·'con·sul vice-consul *m*; ~·ge·rent ['~'dʒerənt] représentant *m*; '~·'pres·i·dent vice-président(e *f*) *m*; '~·'re·gal *de ou* du vice-roi; ~·reine ['~'rein] vice-reine *f*; ~·roy ['~rɔi] vice-roi *m*.

vi·ce ver·sa [vaisi'və:sə] vice versa; réciproquement.

vic·i·nage ['visinidʒ], **vi·cin·i·ty** [vi'siniti] environs *m/pl.* (de, *of*); proximité *f* (de *to, with*); *in the* ~ *of 40* environ 40.

vi·cious ☐ ['viʃəs] vicieux (-euse *f*); dépravé (*a. personne*); *fig.* méchan (*a. cheval*); *phls.* ~ *circle* cercle *m* vicieux; *argument* ~ *m* circulaire.

vi·cis·si·tude [vi'sisitju:d] *usu.* ~ *pl.* vicissitudes *f/pl.*

vic·tim ['viktim] victime *f*; '**vic·tim·ize** prendre comme victime 🚂, *pol.* exercer des représaille contre; *fig.* duper.

vic·tor ['viktə] vainqueur *m*; **Vic·to·ri·an** *hist.* [vik'tɔːriən] victorien (-ne *f*) (*a. su.*); **vic·to·ri·ous** □ victorieux (-euse *f*); de victoire; **vic·to·ry** ['ˌtəri] victoire *f*.

vict·ual ['vitl] **1.** (s')approvisionner; ✗, ⚓ (se) ravitailler; *v/i.* F bâfrer (= *manger*); **2.** *usu.* ~s *pl.* provisions *f/pl.*; vivres *m/pl.*; **vict·ual·(l)er** ['vitlə] fournisseur *m* de vivres; *licensed* ~ débitant *m* de boissons.

vi·de ['vaidi] voir.

vi·de·li·cet [vi'diːliset] (*abr. viz.*) à savoir; c'est-à-dire.

vid·e·o ['vidiəu] **1.** vidéo *f*; *Am.* F télévision *f*; **2.** vidéo *inv.*; ~ **cart·ridge**, ~ **cas·sette** vidéo(-)cassette *f*; ~ **disc** vidéo(-)disque *m*; '~**phone** vidéophone *m*; ~ **re·cord·er** magnétoscope *m*; ~ **tape** bande *f* vidéo; ~ **tape** enregistrer sur bande *f* vidéo, magnétoscoper; '~**tel·e·phone** vidéotéléphone *m*.

vie [vai] le disputer (à, *with*); rivaliser (avec, *with*).

Vi·en·nese [vie'niːz] **1.** viennois; **2.** Viennois(e *f*) *m*.

view [vjuː] **1.** vue *f*, coup *m* d'œil; regard *m*; scène *f*; perspective *f*; aperçu *m*; *fig.* intention *f*; *fig.* idée *f*, opinion *f*, avis *m*; *field of* ~ champ *m*; *at first* ~ à première vue; *in* ~ en vue, sous les regards; *in* ~ *of* en vue de; *fig.* en raison *ou* considération de; *étant donné*; *in my* ~ à mon avis; *on* ~ exposé; ouvert au public; *on the long* ~ à la longue, envisageant les choses de loin; *out of* ~ hors de vue; caché aux regards; *with a* ~ *to* (*gér.*), *with the* ~ *of* (*gér.*) dans le but de (*inf.*), en vue de (*inf.*); dans l'intention de (*inf.*); *have in* ~ avoir en vue; *keep in* ~ ne pas perdre de vue; **2.** regarder (*a. télév.*); contempler; voir; apercevoir; *fig.* envisager; '**view·er** (*télév.*) téléspectateur (-trice *f*) *m*; '**view-find·er** *phot.* viseur *m*; '**view·phone** vidéophone *m*; '**view·point** point *m* de vue; belvédère *m* (*dans le paysage*); '**view·y** □ F visionnaire.

vig·il ['vidʒil] veille *f*; *eccl.* vigile *f*; '**vig·i·lance** vigilance *f*; ~ *com·mittee Am.* comité *m* de surveillance (*des mœurs ou de l'ordre*); '**vig·i·lant** □ vigilant, éveillé; **vig·i·lan·te** *Am.* [ˌ'lænti] membre du comité de surveillance.

vi·gnette [vi'njet] **1.** *typ.* vignette *f*; *phot.* cache *m* dégradé; **2.** *phot.* dégrader (*un portrait etc.*).

vig·or·ous □ ['vigərəs] vigoureux (-euse *f*), robuste; *phot.* à contrastes, corsé (*couleur*); '**vig·o(u)r** vigueur *f* (*a. fig.*); énergie *f*; ♩ brio *m*.

vile □ [vail] vil; infâme; F sale.

vil·i·fi·ca·tion [vilifi'keiʃn] dénigrement *m*, détraction *f*; **vil·i·fy** ['ˌfai] diffamer, dénigrer; médire de (*q.*).

vil·la ['vilə] villa *f*, maison *f* de campagne.

vil·lage ['vilidʒ] village *m*; '**vil·lag·er** villageois(e *f*).

vil·lain ['vilən] scélérat *m*; bandit *m*; misérable *m* F *a. co.* coquin(e *f*) *m*; '**vil·lain·ous** □ infâme, vil; scélérat; F sale; '**vil·lain·y** infamie *f*; vilenie *f*.

vil·lein *hist.* ['vilin] vilain *m*; serf *m*.

vim F [vim] énergie *f*, vigueur *f*.

vin·di·cate ['vindikeit] défendre (contre, *from*); justifier; revendiquer (*ses droits*); **vin·di·ca·tion** défense *f*; revendication *f*; **vin·di·ca·to·ry** □ ['ˌkeitəri] vindicatif (-ive *f*); vengeur (-eresse *f*).

vin·dic·tive □ [vin'diktiv] vindicatif (-ive *f*); *a.* rancunier (-ère *f*) (*personne*).

vine ♀ [vain] vigne *f*; *houblon etc.*: sarment *m*; *Am.* plante *f* grimpante; '~**dres·ser** vigneron(ne *f*) *m*; **vin·e·gar** ['vinigə] **1.** vinaigre *m*; **2.** vinaigrer; '**vine-grow·er** viticulteur *m*; vigneron(ne *f*) *m*; '**vine-grow·ing** viticulture *f*; *attr.* vignoble; '**vine-louse** phylloxéra *m*; **vine·yard** ['vinjəd] vigne *f*; clos *m* de vigne; vignoble *m*.

vi·nous ['vainəs] vineux (-euse *f*); F ivrogne.

vin·tage ['vintidʒ] vendange *f*; cru *m*; *fig.* modèle *m*; ~ *year* grande année *f*; '**vin·tag·er** vendangeur (-euse *f*) *m*.

vi·o·la¹ ♩ [vi'əulə] alto *m*.

vi·o·la² ♀ ['vaiələ] pensée *f*.

vi·o·la·ble □ ['vaiələbl] qui peut être violé.

vi·o·late ['vaiəleit] violer (*un serment, une femme*); outrager (*une femme*); profaner (*une église*); **vi·o·la·tion** violation *f*; viol *m* (*d'une* *femme*); profanation *f*; **'vi·o·la·tor** violateur (-trice *f*) *m*.

vi·o·lence ['vaiələns] violence *f*; do (ou offer) ~ to faire violence à; **'vi·o·lent** □ violent; vif (vive *f*); criard (*couleur*).

vi·o·let ['vaiəlit] **1.** ♀ violette *f*; *couleur*: violet *m*; **2.** violet(te *f*).

vi·o·lin ♪ [vaiə'lin] violon *m*; **'vi·o·lin·ist** violoniste *mf*.

vi·o·lon·cel·list ♪ [vaiələn'tʃelist] violoncelliste *mf*; **vi·o·lon'cel·lo** [ˌlou] violoncelle *m*.

vi·per *zo.* ['vaipə] vipère *f* (*a. fig.*); ⬛ guivre *f*; **vi·per·ine** ['ˌrain], **vi·per·ous** □ ['ˌrəs] *usu. fig.* vipérin.

vi·ra·go [vi'rɑːgou] vrai gendarme *m*; mégère *f*.

vir·gin ['vəːdʒin] **1.** vierge *f*; **2.** vierge (*a.* ⊕, *a. fig.*); = **'vir·gin·al** □ virginal (-aux *m/pl.*); de vierge; **Vir·gin·ia** [və'dʒinjə] (ou tobacco) tabac *m* de Virginie, virginie *f*; ~ creeper vigne *f* vierge; **vir·gin·i·ty** [vəː'dʒiniti] virginité *f*.

Vir·go *astr.* ['vəːgou] la Vierge.

vir·ile ['virail] viril, mâle; **vi·ril·i·ty** [vi'riliti] virilité *f*.

vir·tu [vəː'tuː] goût *m* des objets d'art; *article of* ~ objet *m* d'art; **vir·tu·al** □ ['ˌtjuəl] de fait; véritable; ⊕ virtuel(le *f*); **vir·tue** ['ˌtjuː] vertu *f*; *fig.* qualité *f*; avantage *m*; efficacité *f*; propriété *f*; *in* (ou by) ~ of en raison ou vertu de; **vir·tu·os·i·ty** [ˌtju-'ɔsiti] ♪ *etc.* virtuosité *f*; **vir·tu·o·so** [ˌ'ouzou] *surt.* ♪ virtuose *mf*; amateur *m* des arts; amateur *m* de curiosités *etc.*; **'vir·tu·ous** □ vertueux (-euse *f*).

vir·u·lence ['viruləns] virulence *f*; *fig.* venin *m*; **'vir·u·lent** □ virulent (*a. fig.*); *fig. a.* venimeux (-euse *f*).

vi·rus ⚕ ['vaiərəs] virus *m*; *fig.* poison *m*.

vi·sa ['viːzə] *see* visé.

vis·age *poét.* ['vizidʒ] visage *m*.

vis·cer·a ['visərə] *pl.* viscères *m/pl.*

vis·cid □ ['visid] *see* viscous.

vis·cose ⚗ ['viskous] viscose *f*; ~ silk soie *f* artificielle; **vis·cos·i·ty** [ˌ'kɔsiti] viscosité *f*.

vis·count ['vaikaunt] vicomte *m*; **'vis·count·ess** vicomtesse *f*.

vis·cous □ ['viskəs] visqueux (-euse *f*); gluant; pâteux (-euse *f*).

vi·sé ['viːzei] **1.** visa *m*; **2.** apposer un visa à (*un passeport*); viser.

vis·i·bil·i·ty [vizi'biliti] visibilité *f*; good ~ vue *f* dégagée; **vis·i·ble** □ ['vizəbl] visible; *fig.* évident; *be* ~ se montrer (*chose*); être visible (*personne*).

vi·sion ['viʒn] vision *f*, vue *f*; *fig.* pénétration *f*; imagination *f*; fantôme *m*, apparition *f*; **vi·sion·ar·y** ['viʒnəri] chimérique; rêveur (-euse *f*) (*personne*) (*a. su./mf*); visionnaire (*a. su./mf*).

vis·it ['vizit] **1.** *v/t.* faire (une) visite à, rendre visite à; aller voir; visiter (*un endroit*); ✝ passer chez; *fig.* causer avec; ~ *s.th. on* faire retomber qch. sur (*q.*); *v/i.* faire des visites; *Am.* F causer (avec, with); **2.** visite *f*; **'vis·it·ant** visiteur (-euse *f*) *m*; apparition *f*; *orn.* oiseau *m* de passage; **vis·it·'a·tion** visite *f*; tournée *f* d'inspection; *fig.* affliction *f*; calamité *f*; apparition *f*; **vis·it·a·to·ri·al** [ˌtə'tɔːriəl] de visite; d'inspection; **'vis·it·ing** en visite; de visite; ~ card carte *f* de visite; ~ hours heures *f/pl.* de visite; *sp.* ~ team les visiteurs *m/pl.*; **'vis·it·or** visiteur (-euse *f*) *m* (de, to), *hôtel*: client(e *f*) *m*; *admin.* inspecteur *m*; *they have* ~s ils ont du monde; ~*s' book* livre *m* ou registre *m* des voyageurs.

vi·sor ['vaizə] visière *f* (*de casque, Am. de casquette*); *mot.* pare-soleil *m/inv.*

vis·ta ['vistə] perspective *f* (*a. fig.*), forêt: éclaircie *f*.

vis·u·al □ ['vizjuəl] visuel(le *f*); *anat.* optique; **'vis·u·al·ize** représenter (*qch.*), se faire une image de (*qch.*).

vi·tal □ ['vaitl] **1.** vital (-aux *m/pl.*); essentiel(le *f*); mortel(le *f*) (*blessure*); ~ *parts pl.* = **2.** ~*s pl.* organes *m/pl.* vitaux; **vi·tal·i·ty** [ˌ'tæliti] vitalité *f*; vie *f*, vigueur *f*; **vi·tal·ize** ['ˌtəlaiz] vivifier, animer.

vi·ta·min ['vitəmin], **vi·ta·mine** ['ˌmiːn] vitamine *f*; **vi·ta·mi·nized** ['ˌminaizd] enrichi de vitamines.

vi·ti·ate ['viʃieit] vicier (*a.* ⚖); corrompre; gâter.

vit·i·cul·ture ['vitikʌltʃə] viticulture *f.*

vit·re·ous □ ['vitriəs] vitreux (-euse *f.*); *♂, a. anat.* vitré.

vit·ri·fac·tion [vitri'fækʃn] vitrification *f.*; **vit·ri·fy** ['ˌfai] (se) vitrifier.

vit·ri·ol ♫ ['vitriəl] vitriol *m.*; **vit·ri·ol·ic** [vitri'ɔlik] ♫ vitriolique; *fig.* mordant.

vi·tu·per·ate [vi'tju:pəreit] injurier; outrager, insulter, vilipender; **vi·tu·per·a·tion** injures *f/pl.*; invectives *f/pl.*; **vi·tu·per·a·tive** □ [ˌˌreitiv] injurieux (-euse *f.*); mal embouché.

Vi·tus ['vaitəs]: *♃* St. ˈˌ(s) dance chorée *f.*; danse *f* de Saint-Guy.

vi·va (vo·ce) [ˈvaivə (ˈvousi)] **1.** *adv.* de vive voix; **2.** *adj.* oral (-aux *m/pl.*); **3.** *su.* oral *m.*

vi·va·cious □ [vi'veiʃəs] animé, enjoué, vif (vive *f.*); **vi·vac·i·ty** [ˌˈvæsiti] vivacité *f.*; verve *f.*; enjouement *m.*

viv·id □ ['vivid] vif (vive *f.*); éclatant, frappant; **'viv·id·ness** éclat *m.*

viv·i·fy ['vivifai] (s')animer; **vi·vip·a·rous** □ [ˌˈvipərəs] vivipare; **viv·i·sec·tion** [ˌˈsekʃn] vivisection *f.*

vix·en ['viksn] renarde *f.*; F mégère *f.*

vi·zor ['vaizə] *see* visor.

vo·cab·u·lar·y [və'kæbjuləri] vocabulaire *m.*; glossaire *m.*

vo·cal □ ['voukl] vocal (-aux *m/pl.*; *♩, son, prière*); sonore, bruyant; doué de voix; *gramm.* voisé; sonore; *anat.* ˌ c(h)ords *pl.* cordes ou bandes *f/pl.* vocales; ˌ part partie *f.* chantée; **'vo·cal·ist** chanteur *m.*; cantatrice *f.*; **'vo·cal·ize** *v/t.* chanter; *gramm.* voiser, sonoriser; *v/i.* vocaliser; F chanter; **'vo·cal·ly** *adv.* à l'aide du chant; oralement.

vo·ca·tion [vou'keiʃn] vocation *f* (*a. au sacerdoce etc.*); profession *f.*, métier *m.*; **vo'ca·tion·al** □ professionnel(le *f.*); ˌ guidance orientation *f* professionnelle.

voc·a·tive *gramm.* ['vɔkətiv] (*a. ˌ case*) vocatif *m.*

vo·cif·er·ate [vou'sifəreit] *vt/i.* vociférer, crier (contre, *against*); **vo·cif·er'a·tion** (*a. ˌs pl.*) vociférations *f/pl.*; cri *m*, -s *m/pl.*; **vo·cif·er·ous** □ vociférant, bruyant.

vogue [voug] vogue *f.*, mode *f.*

voice [vɔis] **1.** voix *f*; *gramm.* active ˌ actif *m*; passive ˌ passif *m*; in (good) ˌ en voix; give ˌ to exprimer (*qch.*); **2.** exprimer, énoncer; *gramm.* voiser, sonoriser; *♩* harmoniser; **voiced** *gramm.* voisé, sonore; low-ˌ à voix basse; **'voice·less** □ *surt. gramm.* sans voix, sourd.

void [vɔid] **1.** vide; *♃* nul(le *f.*); ˌ of dépourvu ou libre de, sans; **2.** vide *m*; **3.** *♃* annuler, résilier; **'void·ness** vide *m*; *♃* nullité *f.*

vol·a·tile ♫ ['vɔlətail] volatil; *fig.* gai; *fig.* volage; **vol·a·til·i·ty** [ˌˈtiliti] ♫ volatilité *f.*; *fig.* inconstance *f.*; **'vol·a·til·ize** (se) volatiliser.

vol·can·ic [vɔl'kænik] (ˌally) volcanique (*a. fig.*); **vol·ca·no** [ˌˈkeinou], *pl.* **-noes** [ˌˈnouz] volcan *m.*

vole *zo.* [voul] campagnol *m.*

vo·li·tion [vou'liʃn] volonté *f.*, volition *f*; on one's own ˌ de son propre gré.

vol·ley ['vɔli] **1.** volée *f.*, salve *f* (*a. fig.*); *pierres, coups:* grêle *f*; *tennis:* volée *f.*; **2.** *v/t.* lancer une volée ou grêle de; (*usu.* ˌ out) lâcher une bordée de; reprendre (*la balle*) de volée; *v/i.* partir ensemble (*canons*); *fig.* tonner; **'vol·ley-ball** *sp.* volley-ball *m.*

vol·plane ✈ ['vɔl'plein] **1.** vol *m* plané; **2.** planer; descendre en vol plané.

volt *⚡* [voult] volt *m*; **'volt·age** *⚡* voltage *m*, tension *f*; **vol·ta·ic** *⚡* [vɔl'teiik] voltaïque.

volte-face *fig.* ['vɔlt'fɑːs] volte-face *f/inv.*; changement *m* d'opinion.

volt·me·ter *⚡* ['voultmiːtə] voltmètre *m.*

vol·u·bil·i·ty [vɔlju'biliti] volubilité *f.*; **vol·u·ble** □ ['ˌbl] facile; grand parleur; coulant.

vol·ume ['vɔljum] livre *m*; volume *m* (*a. phys., voix, fig., etc.*); *fig. a.* ampleur *f.*; ˌ of sound *radio:* volume *m*; ˌ control, ˌ regulator volume-contrôle *m*; **vo·lu·mi·nous** □ [və'lju:minəs] volumineux (-euse *f.*).

vol·un·tar·y □ ['vɔləntəri] **1.** volontaire (*a. physiol.*); spontané; **2.** *♩* prélude *m*; improvisation *f*; **vol-**

voluptuary 1216

un·teer [ˌʌˈtiə] 1. volontaire *m*; *attr.* de volontaires; 2. *v/i.* s'offrir; ✗ s'engager comme volontaire; *v/t.* offrir spontanément.

vo·lup·tu·ar·y [vəˈlʌptjuəri] voluptueux (-euse *f*) *m*; vo·lup·tu·ous □ sensuel(le *f*); voluptueux (-euse *f*); vo·lup·tu·ous·ness sensualité *f*.

vo·lute △ [vəˈljuːt] volute *f*; vo·lut·ed voluté; à volutes.

vom·it [ˈvɔmit] 1. *vt/i.* vomir (*a. fig.*); *v/t.* rendre; 2. vomissement *m*; matières *f/pl.* vomies.

voo·doo [ˈvuːduː] 1. vaudou *m*; 2. envoûter.

vo·ra·cious □ [vəˈreiʃəs] vorace, dévorant; vo·ra·cious·ness, vo·rac·i·ty [vəˈræsiti] voracité *f*.

vor·tex [ˈvɔːteks], *pl. usu.* -ti·ces [ˌtisiːz] tourbillon *m* (*a. fig.*).

vo·ta·ry [ˈvoutəri] dévot(e *f*) *m* (à, *of*); adorateur (-trice *f*) *m* (de, *of*); *fig.* suppôt *m* (de, *of*).

vote [vout] 1. vote *m*; scrutin *m*; voix *f*; droit *m* de vote(r), suffrage *m*; *parl.* crédit *m*; résolution *f*; ~ *of* (*no*) *confidence* vote *m* de confiance (défiance); *cast a* ~ donner sa voix *ou* son vote; *put to the* ~ procéder au scrutin; mettre (*qch.*) aux voix; *take a* ~ procéder au scrutin; 2. *v/t.* voter; F déclarer; *v/i.* voter; donner sa voix (pour, *for*); F être d'avis (de *inf.*, *for gér.*); être en faveur (de *qch.* — for s.th.); F ~ *that* proposer que; 'vot·er votant(e *f*) *m*; électeur (-trice *f*) *m*.

vot·ing [ˈvoutiŋ] vote *m*, scrutin *m*; ~ *booth* isoloir *m*; ~ *box* urne *f* de scrutin; ~ *machine* machine *f* pour

enregistrer les votes; ~ *paper* bulletin *m* de vote.

vo·tive [ˈvoutiv] votif (-ive *f*).

vouch [vautʃ] *v/t.* garantir, affirmer; *v/i.* répondre (de, *for*); ~ *that* affirmer que; 'vouch·er pièce *f* justificative; ✝ bon *m*; ✝ fiche *f*; *théâ. etc.* contremarque *f*; *personne*: garant(e *f*) *m*; vouch'safe *v/t.* accorder; *v/i.*: ~ *to* (*inf.*) daigner (*inf.*).

vow [vau] 1. vœu *m*; serment *m*; 2. *v/t.* vouer, jurer.

vow·el [ˈvauəl] voyelle *f*.

voy·age [ˈvɔidʒ] 1. voyage *m* (sur mer; ✈ *Am.* par air); traversée *f*; 2. *v/i.* voyager (sur *ou* par mer); *v/t.* parcourir (*la mer*).

vul·can·ite [ˈvʌlkənait] vulcanite *f*, caoutchouc *m* vulcanisé; vul·can·i'za·tion ⊕ vulcanisation *f*; 'vul·can·ize ⊕ (se) vulcaniser.

vul·gar [ˈvʌlgə] 1. □ du peuple; vulgaire (*a. péj.*); commun; ~ *tongue* langue *f* vulgaire; 2. *the* ~ *le* vulgaire *m*; le commun des hommes; 'vul·gar·ism vulgarisme *m*; (*usu.* vul·gar·i·ty [ˌˈgæriti]) vulgarité *f*, trivialité *f*; 'vul·gar·ize vulgariser.

vul·ner·a·bil·i·ty [vʌlnərəˈbiliti] vulnérabilité *f*; 'vul·ner·a·ble □ vulnérable; ~ *spot fig.* défaut *m* dans la cuirasse; 'vul·ner·ar·y vulnéraire (*a. su./m*).

vul·pine [ˈvʌlpain] de renard; qui a rapport au renard; *fig.* rusé.

vul·ture *orn.* [ˈvʌltʃə] vautour *m*; vul·tur·ine [ˈtʃurain] de(s) vautour(s). [lité *f*.]

vy·ing [ˈvaiiŋ] 1. *p.pr. de* vie; 2. riva-

W

W, w ['dʌblju:] W *m*, w *m*.

wab·ble ['wɔbl] *see* wobble.

wack·y *Am. sl.* ['wæki] fou (fol *devant une voyelle ou un h muet*; folle *f*); toqué.

wad [wɔd] **1.** *ouate etc.*: tampon *m*, pelote *f*; ✗ *cartouche etc.*: bourre *f*; *surt. Am.* F billets de banque: liasse *f*; **2.** ouater; cotonner; bourrer (*une arme à feu*); *Am.* rouler en liasse; **'wad·ding** ouate *f*; bourre *f*; ouatage *m*.

wad·dle ['wɔdl] se dandiner.

wade [weid] *v/i.* marcher dans l'eau; *fig.* (s')avancer péniblement; *v/t.* (faire) passer à gué; **'wad·er** (oiseau *m*) échassier *m*; ~s *pl.* grandes bottes *f/pl.* imperméables.

wa·fer [weifə] **1.** gaufrette *f*; pain *m* à cacheter; *eccl.* consecrated ~ hostie *f*; **2.** apposer un cachet à.

waf·fle ['wɔfl] gaufre *f* (américaine).

waft [wɑ:ft] **1.** *v/t.* porter; faire avancer; *v/i.* flotter dans l'air; **2.** souffle *m*.

wag¹ [wæg] **1.** agiter, remuer (*le bras, la queue, etc.*) ~ one's tongue jacasser; **2.** agitation *f*; hochement *m* (*de la tête*).

wag² [~] moqueur (-euse *f*) *m*; blagueur *m*; *sl. play* ~ faire l'école buissonnière.

wage [weidʒ] **1.**: ~ war faire la guerre (à on, against); **2.** *souv.* ~s *pl.* salaire *m*, paye *f*; gages *m/pl.*; ~s claim, ~ demands revendication(s) *f(pl.)* de salaire(s); ~ dispute conflit *m* salarial; ~ earner salarié(e *f*) *m*; soutien *m* de (la) famille; ~ increase augmentation *f* de salaire(s); ~ packet enveloppe *f* de paye(s); ~ scale échelle *f* des salaires; ~ slip fiche *f* de paye; ~(s) sheet feuille *f* des salaires.

wa·ger *poét.* ['weidʒə] **1.** pari *m*, gageure *f*; **2.** parier, gager (sur, on).

wag·ger·y ['wægəri] facétie *f*, -s *f/pl.*, plaisanterie *f*; **'wag·gish** □ plaisant, espiègle, blagueur (-euse *f*).

wag·gle F ['wægl] *see* wag¹ 1; **'wag·gly** F qui branle; serpentant.

wag·(g)on ['wægən] charrette *f*; camion *m*; ✗ fourgon *m*; 🚃 wagon *m* (découvert); *Am.* F be (go) on the ~ s'abstenir de boissons alcooliques; **'wag·(g)on·er** roulier *m*; camionneur *m*; **wag·(g)on·ette** [~'net] wagonnette *f*.

wag·tail *orn.* ['wægteil] bergeronnette *f*.

waif [weif] ⚤, *a. fig.* épave *f*; ~s and strays enfants *m/pl.* abandonnés; épaves *f/pl.*

wail [weil] **1.** plainte *f*; gémissement *m*; **2.** *v/t.* lamenter sur, pleurer; *v/i.* gémir, se lamenter.

wain *poét.* [wein] *see* wag(g)on; *astr.* Charles's ♀, the ♀ le Chariot *m*.

wain·scot ['weinskət] **1.** lambris *m*; *salle*: boiserie *f*; **2.** lambrisser, boiser (de, with).

waist [weist] taille *f*, ceinture *f*; ⚓ embelle *f*; **'~-belt** ceinturon *m*; **~-coat** ['weiskout] gilet *m*; **'~-deep** jusqu'à la ceinture; **'waist·ed** *cost.* cintré; high-~ (low-~) à taille haute (basse); slim-~ qui a la taille fine, à la taille fine; **'~-line** taille *f*; ligne *f*.

wait [weit] **1.** *v/i.* attendre (*souv.* ~ at table) servir; F ~ about faire le pied de grue; ~ for attendre (qch., q.); ~ (up)on servir (q.); être aux ordres de (q.); être la conséquence de (qch.); keep s.o. ~ing faire attendre q.; ~ and see attendre voir; ~ in line faire la queue; play a ~ing game attendre son heure; *v/t.* attendre; différer (*un repas*) (jusqu'à l'arrivée de q., for s.o.); **2.** attente *f*; ~s *pl.* chanteurs *m/pl.* de noëls; have a long ~ devoir attendre longtemps; be in ~ être à l'affût (de, for); **'wait·er** *restaurant*: garçon *m*; *fig.* plateau *m*.

wait·ing ['weitiŋ] attente *f*; service *m*; in ~ de service; ~ list liste *f* d'attente; ~ room salle *f* d'attente; antichambre *f*.

wait·ress ['weitris] fille *f* de service; ~! mademoiselle!

waive [weiv] ne pas insister sur, 🏛 renoncer à; '**waiv·er** 🏛 abandon *m*.

wake¹ [weik] ⚓ sillage *m* (*a. fig.*); *fig.* suite *f*; ～ remous *m* d'air.

wake² [～] **1.** [*irr.*] *v/i.* veiller; (*fig.* ～ *up*) se réveiller, s'éveiller; ～ *a corpse* veiller un mort; **2.** veillée *f* de corps; fête *f* annuelle; **wake·ful** □ ['～ful] éveillé; sans sommeil; '**wak·en** (se) réveiller; (s')éveiller (*a. fig.*).

wale [weil] marque *f*; ⊕ *drap*: côté *f*; *palplanches*: moise *f*; ⚓ platbord (*pl.* plats-bords) *m*.

walk [wɔːk] **1.** *v/i.* marcher, se promener; aller à pied; cheminer; aller au pas (*cheval*); revenir (*spectre*); ～ *about* se promener, circuler; *sl.* ～ *into* se heurter à (*qch.*); *Am.* ～ *out* se mettre en grève; *Am.* F ～ *out on* laisser *ou* planter là (*q.*); *v/t.* faire marcher; courir (*les rues*); faire (*une distance*); conduire *ou* mettre un cheval au pas; ～ *the hospitals* suivre les hôpitaux; assister aux leçons cliniques; ✗ ～ *the rounds* faire sa faction; ～ *s.o. off* emmener *qn.*; **2.** marche *f*; promenade *f*; tour (née *f*) *m*; allée *f*, avenue *f*; démarche *f*; pas *m*; ～ *of life* position *f* sociale; métier *m*; '～**a·bout**: *go on a* ～ prendre un bain de foule; '～**a·way** *sort. Am.* victoire *f* facile; '**walk·er** marcheur (-euse *f*) *m*; piéton *m*; *sp.* amateur *m* du footing; *be a good* ～ être bon marcheur; '**walk·er·on** *sl.* figurant(e *f*) *m*.

walk·ie-talk·ie ['wɔːki'tɔːki] appareil *m* d'émission et réception radiophonique, walkie-talkie *m*.

walk·ing ['wɔːkiŋ] **1.** marche *f*; promenade *f* à pied; *sp.* footing *m*; **2.** ambulant; de marche; *Am.* F ～ *papers pl.* congé *m*; ～ *tour* excursion *f* à pied; '～**stick** canne *f*.

walk...: '～**out** *Am.* grève *f*; '～**o·ver** *sp.* walk-over *m*; *fig.* victoire *f* facile; '～**up** *Am.* sans ascenseur (*appartement*).

wall [wɔːl] **1.** mur *m*; muraille *f*; (*a. side*～) paroi *f* (*a. ⊕*); *give s.o. the* ～ donner à *q.* le haut du pavé; *fig. go to the* ～ être ruiné *ou* mis à l'écart; **2.** entourer de murs; murer; *fig.* emmurer; ～ *up* murer.

wal·la·by *zo.* ['wɔləbi] petit kangourou *m*, wallaby *m*. [sacoche *f.*⟨

wal·let ['wɔlit] portefeuille *m*; sac *m,*⟩

wall...: '～**eye** *vét.* œil *m* vairon; '～**eyed** *vét.* vairon; qui louche, à strabisme divergent; '～**flow·er** 🌵 giroflée *f* (*jaune*); *fig. be a* ～ faire tapisserie; '～**fruit** fruit *m* d'espalier; '～**map** carte *f* murale.

Wal·loon [wɔ'luːn] **1.** wallon(ne *f*) *m*; **2.** *ling.* wallon *m*; Wallon(ne *f*) *m*.

wal·lop F ['wɔləp] **1.** rosser (*q.*), tanner le cuir à (*q.*); **2.** gros coup *m*; *sl.* bière (*f*); '**wal·lop·ing** F énorme.

wal·low ['wɔlou] **1.** se vautrer; *fig.* se plonger (dans, *in*), nager (dans, *in*); **2.** fange *f*; *chasse*: souille *f*; *have a* ～ se vautrer.

wall...: '～**pa·per** papier *m* peint *ou* à tapisser; '～**sock·et** ⚡ prise *f* de courant; '～**to-wall** **car·pet(ing)** moquette *f*.

wal·nut 🌰 ['wɔːlnʌt] noix *f*; *arbre*: noyer *m*; (*bois de*) noyer *m*.

wal·rus *zo.* ['wɔːlrəs] morse *m*.

waltz [wɔːls] **1.** valse *f*; **2.** valser.

wan □ [wɔn] blême, pâle; blafard.

wand [wɔnd] baguette *f*; bâton *m* (*de commandement*); verge *f* (*d'huissier*).

wan·der ['wɔndə] errer (*a.* ～ *about*) se promener au hasard, aller à l'aventure; *fig.* s'écarter (de, *from*); *fig.* divaguer (*personne*); '**wan·der·er** vagabond(e *f*) *m*; '**wan·der·ing** **1.** □ errant; vagabond (*a. fig.*); *fig.* distrait; **2.** vagabondage *m*; 🌡 délire *m*; *fig.* rêverie *f*; '**wan·der·lust** envie *f* de voyager.

wane [wein] **1.** décroître (*lune*); *fig.* s'affaiblir; **2.** déclin *m*; *on the* ～ sur *ou* à son déclin.

wan·gle *sl.* ['wæŋgl] employer le système D; carotter (*qch.*); '**wan·gler** carotteur (-euse *f*) *m*.

wan·ness ['wɔnnis] pâleur *f*.

want [wɔnt] **1.** manque *m*, défaut *m* (de, *of*); besoin *m*; gêne *f*; *for* ～ *of* faute *m*; *Am.* ～ *ad* demande *f* d'emploi (*dans les petites annonces*); **2.** *v/i.* *be* ～*ing* faire défaut, manquer (*chose*); *be* ～*ing* manquer (de, *in* (*personne*); *be* ～*ing to* ne pas être à la hauteur de (*une tâche etc.*); *he does not* ～ *for talent* les talents ne lui font pas défaut; *v/t.* vouloir, désirer; manquer de; avoir besoin de; falloir; *it* ～*s five minutes of eight o'clock* il est huit heures moins cinq; *it* ～*s two days to* il y a encore deux jours à; *he* ～*s energy* il manque d'énergie; *you ~ to be careful* il faut faire attention; *~ s.o. to* (*inf.*) vouloir que q. (*sbj.*); *~ed* recherché (par la police).

wan·ton ['wɔntən] **1.** □ impudique; licencieux (-euse *f*); folâtre; *poét.* luxuriant; gratuit; **2.** voluptueux (-euse *f*) *m*; femme *f* impudique; **3.** folâtrer; '**wan·ton·ness** libertinage *m*; gaieté *f* de cœur.

war [wɔ:] **1.** guerre *f*; *attr.* de guerre; guerrier (-ère *f*); *~ of nerves* guerre *f* des nerfs; *at ~* en guerre (avec, contre *with*); *make ~* faire la guerre (à, contre [*up*]on); **2.** *poét.* lutter; mener une campagne; *fig.* faire la guerre (à, *against*).

war·ble ['wɔ:bl] **1.** *vt/i.* chanter (en gazouillant); *v/i.* gazouiller; **2.** gazouillement *m*; *ruisseau:* murmure *m*; '**war·bler** oiseau *m* chanteur; fauvette *f*.   [gle de guerre.⟩

war-blind·ed ['wɔ:blaindid] aveu-⟩

ward [wɔ:d] **1.** garde *f*; † tutelle *f*; *personne:* pupille *mf*; *escrime:* garde *f*, parade *f*; quartier *m* (*d'une prison*); salle *f* (*d'hôpital*); *admin.* arrondissement *m*; circonscription *f* électorale; *~s pl.* dents *f/pl.*, bouterolles *f/pl.* (*d'une clé*); *casual ~* asile *m* de nuit; *in ~* en tutelle; *sous la tutelle* (de, *to*); *Am.* F *pol. ~ heeler* politicien *m* à la manque; **2.** faire entrer (*à l'hôpital etc.*); *~ off* écarter; '**ward·en** directeur (-trice *f*) *m*; recteur *m*; '**ward·er** gardien *m* de prison; '**ward·robe** garderobe *f*; *meuble:* armoire *f*; *~ dealer* marchand(e *f*) *m* d'habits; *~ trunk* malle-armoire (*pl.* malles-armoires) *f*; '**ward·room** ♣ carré *m* des officiers; '**ward·ship** tutelle *f*.

ware [wɛə] marchandise *f*; ustensiles *m/pl.*

ware·house 1. ['wɛəhaus] entrepôt *m*; magasin *m*; **2.** ['_hauz] emmagasiner; *douane:* entreposer; **~·man** ['_hausmən] emmagasineur *m*; *douane:* entreposeur *m*; garçon *m* de magasin; *Italian ~* épicier *m*.

war...: '**~·fare** la guerre *f*; '**~·grave** sépulture *f* militaire; '**~·head** torpille *etc.*: cône *m* (de charge).

war·i·ness ['wɛərinis] circonspection *f*; prudence *f*; défiance *f*.

war...: '**~·like** guerrier (-ère *f*); martial (-aux *m/pl.*); '**~·loan** emprunt *m* de guerre.

warm [wɔ:m] **1.** □ chaud (*a. fig.*); *fig.* chaleureux (-euse *f*), vif (vive *f*); F riche; avoir *~ chaud* (*personne*); être chaud (*chose*); **2.** F action *f* de (se) chauffer; **3.** *v/t.* chauffer; *fig.* (r)échauffer; *sl.* flanquer une tripotée à; *~ up* (ré)chauffer; *v/i.* (*a. ~ up*) s'échauffer, se (ré)chauffer; s'animer; *~ to* se sentir attiré vers (*q.*); '**~·heart·ed** affectueux (-euse *f*), chaleureux (-euse *f*); '**warm·ing** *sl.* rossée *f*.

war·mon·ger ['wɔ:mʌŋgə] belliciste *m*; '**war·mon·ger·ing**, '**war·mon·ger·y** propagande *f* de guerre.

warmth [wɔ:mθ] chaleur *f*.

warm-up ['wɔ:mʌp] mise *f* en train.

warn [wɔ:n] avertir (de *of*, *against*); prévenir (*ou ~ off*) détourner; conseiller (de *inf.*, *to inf.*); alerter; '**warn·ing** avertissement *m*; avis *m*; *turf:* exécution *f*; congé *m* (*d'un employé etc.*); alerte *f*; *take ~ from* profiter de l'exemple de; tirer une leçon de.

warp [wɔ:p] **1.** *tex.* chaîne *f*; *tapisserie:* lisse *f*; ♣ amarre *f*; voilure *f* (*d'une planche*); *fig.* perversion *f*; **2.** *v/i.* se voiler (*bois*); ♣ (*usu. ~ out*) déhaler; *v/t.* (faire) voiler, déverser (*du bois etc.*); ✈ gauchir (*les ailes*); *tex.* ourdir (*une étoffe*), empeigner (*un métier*); ♣ haler, touer; *fig.* fausser (*les sens*); pervertir (*l'esprit*).

war...: '**~·paint** peinture *f* de guerre (*des Peaux-Rouges*); F *fig.* grande tenue *f*; gros maquillage *m*; '**~·path** (*be on the ~* être sur le) sentier *m* de la guerre.

warp·ing ✈ ['wɔ:piŋ] gauchissement *m* des ailes.

war...: '**~·plane** avion *m* de guerre; '**~·prof·it·eer** mercanti *m* de guerre.

war·rant ['wɔrənt] **1.** garantie *f*; *fig.* garant *m*; justification *f*; ⚖ mandat *m*; pouvoir *m*; ✕ feuille *f* (*de route*); ✕ ordonnance *f* (*de paiement*); † warrant *m*; '**~·** *m* (*of apprehension*) mandat *m* d'amener; *~ of arrest* mandat *m* d'arrêt; **2.** garantir (*a.* †); certifier; attester; répondre de (*qch.*); justifier; '**war·rant·a·ble** □ légitime; justifiable; que l'on peut garantir; *chasse:* courable; '**war·rant·ed** garanti; **war·ran·tee** ⚖ [_'ti:] receveur (-euse *f*) *m* d'une garantie; '**war·rant-of·fi·cer** ♣

premier maître *m*; ✕ sous-officier *m* breveté; **war·ran·tor** ⚖ ['⁀to:] répondant *m*; '**war·ran·ty** garantie *f*; autorisation *f*.

war·ren ['wɔrin] garenne *f*, lapinière *f*.

war·ri·or ['wɔriə] guerrier *m*; the *Unknown* ♀ le Soldat inconnu.

war·ship ['wɔ:ʃip] vaisseau *m* de guerre.

wart [wɔ:t] verrue *f*; ⚕ excroissance *f*; '**wart·y** verruqueux (-euse *f*).

war...: '⁀**time** temps *m* de guerre.

war·y □ ['wɛəri] circonspect, prudent; défiant; précautionneux (-euse *f*).

was [wɔz; wəz] *prét.* de *be*; he ⁀ to *have come* il devait venir.

wash [wɔʃ] 1. *v/t.* laver; blanchir (le *linge*); ⚕ baigner; ⁀ed out délavé; décoloré; F flapi; ⁀ up faire la vaisselle; ⚕ rejeter sur le rivage; *sl.* ⁀ed up fini, fichu; *v/i.* se laver; ⁀ *against the cliff* baigner la falaise; ⚓ ⁀ over balayer (le *pont*); 2. lessive *f*, blanchissage *m*; toilette *f*; remous *m*; ⚓ sillage *m*; ✈ souffle *m* (de l'hélice); *peint.* lavis *m*; (*a.* colo[u]r ⁀) badigeon *m*; *péj.* lavasse *f*; ⚕, *pharm., vét.* lotion *f*; '**wash·a·ble** lavable; '**wash(-)and(-)wear** ne pas repasser'; '**wash-ba·sin** cuvette *f*, lavabo *m*; '**wash-cloth** torchon *m*; '**washed-'out** F épuisé, F lessivé; '**washed-'up** F fichu, ruiné; épuisé, F lessivé.

wash·er ['wɔʃə] laveur (-euse *f*) *m*; *machine*: laveuse *f*; ⊕ cylindre *m* à laver; '⁀**-wom·an** blanchisseuse *f*.

wash·i·ness F ['wɔʃinis] fadeur *f*, insipidité *f*.

wash·ing ['wɔʃiŋ] 1. lavage *m*; ablution *f*; lessive *f*, blanchissage *m*; ⊕ lavée *f* (de laine, *de minerai*); ⁀s *pl.* produits *m/pl.* de lavage; ⊕ chantier *m* de lavage; 2. de lessive; ⁀ *machine* machine *f* à laver; ⁀ *powder* lessive *f*; '⁀**-silk** soie *f* lavable; '⁀**-'up** (lavage *m* de la) vaisselle *f*; ⁀ *basin* cuvette *f*; ⁀ *water* eau *f* de vaisselle; *do the* ⁀ faire la vaisselle.

wash...: '⁀**-'out** *sl.* fiasco *m*; ratage *m*; raté(e *f*) *m* (*personne*); '⁀**-rag** surt. *Am.* lavette *f*, gant *m* de toilette; '⁀**-stand** lavabo *m*; '**wash·y** délavé (*couleur*); *fig.* fade, insipide.

wasp [wɔsp] guêpe *f*; '**wasp·ish** □

méchant (*a. fig.*); acerbe; acariâtre (*femme*).

wast·age ['weistidʒ] déperdition *f*, perte *f*; gaspillage *m*; *coll.* déchets *m/pl.*

waste [weist] 1. désert, inculte; perdu (*temps*); ⊕ de rebut; *lay* ⁀ dévaster, ravager; ⁀ *heat* chaleur *f* perdue; ⁀ *paper* vieux papiers *m/pl.*; papier *m* de rebut; ⁀ *products pl.* déchets *m/pl.*; ⁀ *steam* vapeur *f* perdue; ⁀ *water* eaux *f/pl.* ménagères; ⊕ eaux-vannes *f/pl.*; 2. perte *f*; gaspillage *m*; rebut *m*; déchet *m*; région *f* inculte; *go (ou run) to* ⁀ se perdre, se dissiper; s'affricher (*terrain*); 3. *v/t.* user, consumer, gaspiller; perdre (*son temps*); *v/i.* se perdre; s'user; maigrir (*malade*); **waste·ful** □ ['⁀ful] gaspilleur (-euse *f*); prodigue; inutile; ruineux (-euse *f*); '**waste·land** terre *f* en friche; '**waste-pa·per bas·ket** corbeille *f* à papier; '**waste-pipe** trop-plein *m*; *baignoire*: écoulement *m*; '**wast·er** gaspilleur (-euse *f*) *m*; *see wastrel*.

was·trel ['weistrəl] vaurien *m*; mauvais sujet *m*.

watch [wɔtʃ] 1. garde *f*; † veille *f*; † *personne*: sentinelle *f*; ⚓ quart *m*; montre *f*; *be on the* ⁀ for épier, guetter; être à l'affût de; ♀ *Committee* comité *m* municipal qui veille au maintien de l'ordre; 2. *v/i.* veiller (sur, over); ⁀ for attendre (q., qch.); guetter (q.); *v/t.* veiller sur, regarder; assister à; guetter (l'occasion); '⁀**-boat** ⚓ (bateau *m*) patrouilleur *m*; '⁀**-brace·let** montre-bracelet (*pl.* montres-bracelets) *f*; '⁀**-case** boîte *f* de montre; '⁀**-dog** chien *m* de garde; '**watch·er** veilleur (-euse *f*) *m*; observateur (-trice *f*) *m*; **watch·ful** □ ['⁀ful] vigilant, attentif (-ive *f*).

watch...: '⁀**-mak·er** horloger *m*; '⁀**-man** gardien *m*; veilleur *m* (de nuit); '⁀**-tow·er** tour *f* de guet; '⁀**-word** *pol. etc.* mot *m* d'ordre.

wa·ter ['wɔ:tə] 1. eau *f*; ⁀ *supply* (provision *f* d')eau *f*; service *m* des eaux; *high* (*low*) ⁀ marée *f* haute (basse); ♀ en bateau, par eau; *drink* (*ou take*) *the* ⁀s prendre les eaux; *of the first* ⁀ de première eau (*diamant*); *fig.* de premier ordre; F *be in hot* ⁀ être dans le pétrin; avoir des ennuis; F *be in low* ⁀ être dans

la gêne; **2.** v/t. arroser (terre, route, plante, région); abreuver (les bêtes); fig. atténuer, affaiblir; (souv. ~ down) mouiller, diluer; ⊕ alimenter en eau (une machine); tex. moirer; v/i. pleurer (yeux); faire provision d'eau; s'abreuver (bêtes); ⊕, ⚓, mot. faire de l'eau; make s.o.'s mouth ~ faire venir l'eau à la bouche de q.; '~·blis·ter ⚕ cloque f; '~·borne flottant; transporté par voie d'eau; **can·non** lance-eau m/inv.; '~·cart arroseuse f (dans les rues); '~·clos·et (usu. écrit W.C.) cabinets m/pl., F waters m/pl.; '~·col·o(u)r aquarelle f; couleur f à l'eau; '~·cooled refroidi à eau; '~·cool·ing refroidissement m à eau; '~·course cours m d'eau; conduit m; conduite f d'eau; '~·cress ⚘ cresson m (de fontaine); '~·fall chute f d'eau; '~·fowl gibier m, coll. ~s m/pl. d'eau; '~·front surt. Am. quai m, bord m de l'eau; '~·gauge ⊕ hydromètre m; (indicateur m de) niveau m d'eau; '~·hose tuyau m d'arrosage; qqfois manche à feu; 'wa·ter·i·ness aquosité f; ⚕ sérosité f; fig. fadeur f.
wa·ter·ing ['wɔːtəriŋ] arrosage m; irrigation f; abreuvage m (des bêtes); '~·can, '~·pot arrosoir m; '~·place abreuvoir m; ville f d'eau; plage f, bains m/pl. de mer.
wa·ter...: '~·jack·et ⊕ chemise f d'eau; '~·lev·el niveau m d'eau (a. ⊕); '~·lil·y ⚘ nénuphar m; '~·logged imbibé d'eau; ⚓ plein d'eau; '~·main conduite f (principale) d'eau; '~·man batelier m, marinier m; '~·mark niveau m des eaux; ⚓ laisse f; papier: filigrane m; '~·part·ing ligne f de partage des eaux; '~·pipe conduite f d'eau; '~·plane hydravion m; ~ pol·lu·tion pollution f de l'eau; '~·po·lo water-polo m; '~·power force f ou énergie f hydraulique, ~ station centrale f hydraulique; '~·proof **1.** imperméable (a. su./m); **2.** rendre imperméable, caoutchouter; '~·re'pel·lent wool laine f cirée; '~·shed see waterparting; p. ext. bassin m; '~·side **1.** riverain; **2.** bord m de l'eau; '~·spout descente f d'eau; gouttière f; météor. trombe f; '~·ta·ble niveau m hydrostatique; '~·tap robinet m; '~·tight étanche; fig. sans échappatoire, inattaquable; fig. in ~ compart-

ments séparé(s) par des cloisons étanches; '~·wave **1.** cheveux: mise f en plis; **2.** mettre (les cheveux) en plis; '~·way voie f d'eau; ⚓ gouttière f; '~·works usu. sg. usine f de distribution d'eau; 'wa·ter·y aqueux (-euse f); larmoyant (yeux); fig. peu épais (-se f).
watt ⚡ [wɔt] watt m.
wat·tle ['wɔtl] **1.** clayonnage m; claie f; dindon: caroncule f; **2.** clayonner; tresser (l'osier).
waul [wɔːl] miauler.
wave [weiv] **1.** vague f (a. fig.); phys. onde f; cheveux: ondulation f; geste m, signe m (de la main); **2.** v/t. agiter; brandir; onduler (les cheveux); faire signe de (la main); ~ s.o. aside écarter q. d'un geste; v/i. s'agiter; flotter; onduler; faire signe (à q., to s.o.); '~·length ⚡ radio: longueur f d'onde; F fig. be on the same ~ être sur la même longueur d'onde(s); '~·me·ter ondemètre m.
wa·ver ['weivə] hésiter; vaciller (a. fig.); ✕ etc. fléchir.
wave...: '~·range radio: gamme f de longueur d'onde; '~·trap radio: ondemètre m d'absorption.
wav·y ['weivi] onduleux (-euse f); ondulé; tremblé (ligne).
wax¹ [wæks] **1.** cire f; oreilles: cérumen m; ~ candle bougie f de cire; eccl. cierge m; ~ doll poupée f de cire; **2.** cirer; mettre (le cuir) en cire; empoisser (le fil).
wax² [~] croître (lune); co. devant adj.: devenir.
wax·en ['wæksn] de ou en cire; fig. a. cireux (-euse f); 'wax·work figure f de cire; ~s pl., ~s show figures f/pl. de cire; 'wax·y □ cireux (-euse f).
way [wei] **1.** chemin m, route f, voie f; direction f, côté m; façon f, manière f; genre m; moyen m; marche f; progrès m; état m; habitude f, idée f, guise f; ~ in entrée f; ~ out sortie f; admin. ~s and means voies f/pl. et moyens m/pl.; parl. Committee of 2s and Means Commission f du Budget; right of ~ ⚖ servitude f ou droit m de passage; surt. mot. priorité f de passage; this ~ par ici; in some (ou a) ~ en quelque sorte; in no ~ ne ... aucunement ou d'aucune façon; go a great (ou some) ~ towards (ger.), go a long (ou some) ~ to

(*inf.*) contribuer de beaucoup *ou* quelque peu à (*inf.*); *by the* ~ en passant, à propos; *by* ~ *of* par la voie de; en guise de, à titre de; *by* ~ *of excuse* en guise d'excuse; *on the* (*ou one's*) ~ en route (pour, to); chemin faisant; *out of the* ~ écarté, isolé; *fig.* peu ordinaire; *under* ~ en marche (*a.* ♣); *give* ~ céder, lâcher pied; faire place; *have one's* ~ agir à sa guise; *if I had my* ~ si on me laissait faire; *have a* ~ *with* se faire bien voir de (*q.*); *lead the* ~ marcher en tête; montrer le chemin; *see* make 1; *pay one's* ~ joindre les deux bouts; se suffire; *see one's* ~ *to* juger possible de; trouver moyen de; *Am.* ~ *station* petite gare *f*; *Am.* ~ *train* train *m* omnibus; **2.** *adv. Am.* loin; là-bas; '~·**bill** feuille *f* de route; lettre *f* de voiture; '~·**far·er** voyageur (-euse *f*) *m*; ~·**lay** [*irr.* (lay)] guetter (au passage); '~·**leave** droit *m* de passage *ou* de survol; '~·**side 1.** bord *m* de la route; *by the* ~ au bord de la route; **2.** au bord de la route, en bordure de route.

way·ward □ ['weiwəd] capricieux (-euse *f*); entêté, rebelle; '**way·ward·ness** entêtement *m*; caractère *m* difficile.

we [wi:; wi] nous (*a.* accentué).

weak □ [wi:k] faible, léger (-ère *f*) (*thé*); '**weak·en** (s')affaiblir; '**weak·ling** personne *f* faible; '**weak·ly 1.** *adj.* faible; **2.** *adv.* faiblement; sans résolution; **weak·'mind·ed** faible d'esprit; qui manque de résolution; '**weak·ness** faiblesse *f*.

weal[1] [wi:l] **1.** bien(-être) *m*.

weal[2] [~] marque *f*.

wealth [welθ] richesse *f*, -s *f/pl.*; *fig.* abondance *f*; '**wealth·y** □ riche, opulent.

wean [wi:n] sevrer (*un enfant*); *fig.* détourner (*q.*) (de *from, of*).

weap·on ['wepən] arme *f*; '**weap·on·less** sans armes, désarmé; '**weap·on·ry** armes *f/pl.*; armement(s) *m* (*pl.*).

wear [wɛə] [*irr.*] **1.** *v/t.* porter (*un vêtement etc.*); (*a.* ~ *away, down, off, out*) user, effacer; épuiser, lasser (*la patience*); *v/i.* faire bon usage; se conserver (*bien etc.*) (*personne*); ~ *away* s'user, s'effacer; ~ *off* disparaître (*a. fig.*), passer; ~ *on* s'écouler (*temps*);

s'avancer; ~ *out* s'user; s'épuiser; **2.** usage *m*; mode *f*; vêtements *m/pl.*; fatigue *f*; (*a.* ~ *and tear*) usure *f*; *gentlemen's* ~ vêtements *m/pl.* pour hommes; *for hard* ~ d'un bon usage; *be the* ~ être à la mode *ou* de mise; *the worse for* ~ usé; *there is plenty of* ~ *in it yet* il est encore portable; '**wear·a·ble** portable (*vêtement*).

wea·ri·ness ['wiərinis] fatigue *f*; lassitude *f*; *fig.* dégoût *m*.

wea·ri·some □ ['wiərisəm] ennuyeux (-euse *f*); *fig.* ingrat, F assommant; '**wea·ri·some·ness** ennui *m*.

wea·ry ['wiəri] **1.** ~ las(se *f*), fatigué (de, with); *fig.* dégoûté (de, of); fatigant, fastidieux (-euse *f*); **2.** (se) lasser, fatiguer.

wea·sel *zo.* ['wi:zl] belette *f*.

weath·er ['weðə] **1.** temps *m*; *see* permit 1; **2.** météorologique; ♣ du côté du vent, au vent; **3.** *v/t.* altérer (par les intempéries); ♣ passer au vent de; doubler (*un cap*); (*a.* ~ *out*) étaler (*une tempête etc.*), *fig.* survivre à; ~*ed* altéré par le temps *ou* les intempéries; *v/i.* s'altérer; prendre la patine (*cuivre etc.*); '~·**beat·en** battu par les tempêtes; basané (*figure etc.*); '~·**board** *fenêtre*: reverseau *m*; *toit etc.*: planche *f* à recouvrement; '~·**board·ing** planches *f/pl.* à recouvrement; '~·**bound** retenu par le mauvais temps; '~·**bu·reau** bureau *m* météorologique; '~·**chart** carte *f* météorologique; '~·**cock** girouette *f*; '~·**fore·cast** bulletin *m* météorologique; prévisions *f/pl.* du temps; '~·**proof**, '~·**tight** imperméable; étanche; '~·**sta·tion** station *f* météorologique; '~·**strip** bourrelet *m* étanche; *mot.* gouttière *f* d'étanchéité; '~·**vane** girouette *f*; '~·**worn** rongé par les intempéries.

weave [wi:v] **1.** [*irr.*] tisser; *fig.* tramer; **2.** armure *f*; tissage *m*; '**weav·er** tisserand(e *f*) *m*; '**weav·ing** tissage *m*; entrelacement *m*; *route*: zigzags *m/pl.*; *attr.* à tisser.

wea·zen ['wi:zn] ratatiné, desséché.

web [web] tissu *m* (*a. fig.*); toile *f* (*d'araignée*); *orn. plume*: lame *f*; *pattes*: palmure *f*; ⊕ rouleau *m* (*d'étoffe, de papier*); **webbed** palmé, membrané; '**web·bing** (toile *f* à) sangles *f/pl.*; '**web·foot·ed** palmipède, aux pieds palmés.

wed [wed] *v/t.* épouser, se marier avec (*q.*); marier (*un couple*); *fig.* unir (à *to*, with); *v/i.* se marier; '**wed·ded** conjugal (-aux *m/pl.*); marié; '**wed·ding 1.** mariage *m*; noce *f*, -s *f/pl.*; **2.** de noce(s); de mariage; nuptial (-aux *m/pl.*); ~ *anniversary* anniversaire *m* de mariage; ~ *ring* alliance *f*.

wedge [wedʒ] **1.** coin *m*; *fig.* the thin end of the ~ le premier pas, un pied de pris; **2.** coincer; (*a.* ~ *in*) enclaver, insérer; '~**-shaped** en forme de coin; cunéiforme (*caractères, os*).

wed·lock ['wedlɔk] mariage *m*.

Wednes·day ['wenzdi] mercredi *m*.

wee *écos.*, F [wi:] (tout) petit.

weed [wi:d] **1.** mauvaise herbe *f*; F tabac *m*; F personne *f* étique; **2.** sarcler; (*a.* ~ *up, out*) arracher les mauvaises herbes; *fig.* éliminer; '**weed·er** sarcleur (-euse *f*) *m*; outil: sarcloir *m*; extirpateur *m*.

weeds [wi:dz] *pl.* (*usu.* widow's ~) (vêtements *m/pl.* de) deuil *m*.

weed·y ['wi:di] plein de mauvaises herbes; *fig.* étique; maigre.

week [wi:k] semaine *f*; short working ~ semaine *f* courte; by the ~ à la semaine; this day ~ d'aujourd'hui en huit; '~**-day** jour *m* de semaine; jour *m* ouvrable; '~**-end 1.** fin *f* de semaine; week-end *m*; ~ ticket billet *m* valable du samedi au lundi; **2.** passer le week-end; '~**-end·er** touriste *mf* de fin de semaine; '**week·ly 1.** hebdomadaire; **2.** (*a.* ~ *paper*) hebdomadaire *m*.

wee·ny F ['wi:ni] tout petit, minuscule.

weep [wi:p] [*irr.*] pleurer (de *joie etc.*, for; qch. for, over s.th.); verser des larmes; '**weep·er** pleureur (-euse *f*) *m*; ~s *pl.* manchettes *f/pl.* de deuil; '**weep·ing 1.** qui pleure; humide; ⚤ ~ *willow* saule *m* pleureur; **2.** larmes *f/pl.*, pleurs *m/pl.*

wee·vil ['wi:vil] charançon *m* (*du blé etc.*).

weft [weft] *tex.* trame *f*; *fig.* traînée *f* (*d'un nuage etc.*).

weigh [wei] **1.** *v/t.* peser (*a. fig.* le pour et le contre); *fig.* (*a.* ~ *up*) jauger; ⚓ ~ *anchor* lever l'ancre; ~ *down* peser plus que; ~*ed down* sur

chargé, *fig.* accablé (de, with); *v/i.* peser (*a. fig.*); *fig.* avoir du poids (pour, with); **2.** ⚓ *get under* ~ se mettre en route; '**weigh·a·ble** pesable; '**weigh·bridge** (pont *m* à) bascule *f*; '**weigh·er** peseur (-euse *f*) *m*; '**weigh·ing-ma·chine** bascule *f*; appareil *m* de pesage.

weight [weit] **1.** poids *m*; pesanteur *f*, lourdeur *f*; force *f* (*d'un coup*); *fig.* importance *f*; *fig.* carry great ~ avoir beaucoup d'influence; avoir de l'autorité; *sp.* putting the ~ lancement *m* du poids; **2.** alourdir; attacher un poids à; *fig.* affecter d'un coefficient; '**weight·i·ness** pesanteur *f*; *fig.* importance *f*; '**weight·less** qui ne pèse rien; en état d'apesanteur; '**weight·lessness** apesanteur *f*; '**weight·y** □ pesant, lourd; grave; sérieux (-euse *f*).

weir [wiə] barrage *m*; *étang*: déversoir *m*.

weird [wiəd] étrange; mystérieux (-euse *f*); F singulier (-ère *f*).

wel·come ['welkəm] **1.** □ bienvenu; agréable; you are ~ to (*inf.*) libre à vous de (*inf.*); you are ~ to it c'est à votre service; *iro.* grand bien vous fasse!; (you are) ~! soyez le bienvenu!; il n'y a pas de quoi!; **2.** bienvenue *f*; **3.** souhaiter la bienvenue à; accueillir (*a. fig.*).

weld ⊕ [weld] **1.** (se) souder; (se) corroyer (*acier*); ~ *into* fondre en; **2.** (*a.* ~*ing seam*) (joint *m* de) soudure *f*; '**weld·ing** ⊕ soudage *m*, soudure *f*; *attr.* soudant; à souder.

wel·fare ['welfɛə] bien-être *m*; ~ *centre* dispensaire *m*; ~ *work* assistance *f* sociale; ~ *worker* assistant (-e *f*) *m* social(e).

well[1] [wel] **1.** puits *m*; *fig.* source *f*; ⊕ *haut fourneau*: creuset *m*; (*a. ink-*~) encrier *m*; *ascenseur*: cage *f*; *hôtel*: cour *f*; **2.** jaillir, sourdre.

well[2] [~] **1.** *adv.* bien; see as 1; ~ *off* aisé, riche; bien fourni (de, for); be ~ *past fifty* avoir largement dépassé la cinquantaine; beat s.o. ~ battre q. à plate couture; **2.** *adj. préd.* en bonne santé; bon; bien; I am not ~ je ne me porte pas bien; all's well tout va bien; **3.** *int.* eh bien!; F ça alors!; '~**-ad·vised** sage; bien avisé (*personne*); '~**-bal·anced**

(bien) equilibré; '~-'**be·ing** bien-être *m*; '~-'**born** de bonne famille; bien né; '~-'**bred** bien élevé; '~-dis'**posed** bien disposé (envers, to[wards]); '~-'**fa·vo(u)red** beau (bel *devant une voyelle ou un h muet*; belle *f*); de bonne mine; '~-in'**formed** bien renseigné.

Wel·ling·tons ['weliŋtənz] *pl.* bottes *f/pl.* en caoutchouc.

well...: '~-in'**ten·tioned** bien intentionné; '~-'**judged** bien calculé; judicieux (-euse *f*); '~-'**knit** bien bâti; solide; '~-'**made** bien calculé; soignée (*habit*); bien découplé; '~-**man·nered** bien élevé; '~-'**mean·ing** bien intentionné; '~-'**meant** fait avec de bonnes intentions; amical (-aux *m/pl.*) (*conseil etc.*); '~-**nigh** presque; '~-'**off** bien *inv.*; (a. ~ for money) aisé, (bien) nanti; '~-pre**served** bien conservé; '~-'**read** lettré, érudit; instruit; cultivé; '~-**spok·en** qui soigne son élocution; cultivé; '~-'**thought-of** (bien) considéré; estimé; '~-'**timed** opportun, à propos; bien calculé; ~ **to-do** aisé; prospère; ~ **turned** *fig.* bien tourné; '~-'**wish·er** ami(e *f*) *m* sincère, partisan *m*; '~-'**worn** usé; *fig.* rebattu.

Welsh¹ [welʃ] 1. gallois; 2. *ling.* gallois *m*; the ~ les Gallois *m/pl.*

welsh² [~] *turf*: décamper avec les enjeux des parieurs; '**welsh·er** bookmaker *m* marron; *p.ext.* escroc *m.*

Welsh...: '~-**man** Gallois *m*; '~-**wom·an** Galloise *f.*

welt [welt] 1. ⊕ *semelle*: trépointe *f*; *chaussure, gant*: bordure *f*; couvre-joint *m*; 2. mettre des trépointes à (*des souliers*); border; F rosser; ~ed à trépointes (*soulier*).

wel·ter ['weltə] 1. se rouler, se vautrer; *fig.* ~ in nager dans (*son sang etc.*); 2. désordre *m*; '~-**weight** box. poids *m* mi-moyen.

wen ⚕ [wen] kyste *m* sébacé; F goitre *m.*

wench [wentʃ] jeune fille *f ou* femme *f.*

wend [wend]: ~ one's way (vers, to) diriger ses pas; se diriger.

went [went] *prét.* de go 1.

wept [wept] *prét. et p.p.* de weep.

were [wɔ:; wə] *prét. et sbj. prét.* de be.

west [west] 1. *su.* ouest *m*; 2. *adj.* de

l'ouest; occidental (-aux *m/pl.*); 3. *adv.* à *ou* vers l'ouest; *sl.* go ~ casser sa pipe (= *mourir*); '~-**bound** en direction de l'ouest; allant vers l'ouest.

west·er·ly ['westəli] de *ou* à l'ouest.

west·ern ['westən] 1. de l'ouest; occidental (-aux *m/pl.*); 2. su. westerner; *Am.* ♀ film *m ou* roman *m* de cowboys; western *m*; '**west·ern·er** occidental(e *f*) *m*; habitant(e *f*) *m* de l'ouest; '**west·ern·most** le plus à l'ouest.

west·ing ⚓ ['westiŋ] route *f* vers l'ouest; départ *m* pour l'ouest.

west·ward ['westwəd] 1. *adj.* à *ou* de l'ouest; 2. *adv.* (a. **west·wards** ['~dz]) vers l'ouest.

wet [wet] 1. mouillé; humide; *Am.* qui permet la vente de l'alcool; use blanket 1; ⚡ ~ cell pile *f* à l'élément humide; ⊕~ process voie *f* humide; ~ steam vapeur *f* mouillée; ~ through trempé (jusqu'aux os); F with a ~ finger à souhait; 2. pluie *f*; humidité *f*; 3. [*irr.*] mouiller; tremper; F pleuvoir; F arroser (*une affaire*); ~ through tremper (jusqu'aux os).

wet·back *Am. sl.* ['wetbæk] immigrant *m* mexicain illégal.

weth·er ['weðə] bélier *m* châtré.

wet·nurse ['wetnɜːs] nourrice *f.*

whack F [wæk] 1. battre; 2. coup *m*; claque *f*; (grand) morceau *m*; have (*ou* take) a ~ at (*gér.*) essayer de (*inf.*); '**whack·er** F chose *f ou* personne *f* énorme; gros mensonge *m*; '**whack·ing** F 1. rossée *f*, fessée *f*; 2. colossal (-aux *m/pl.*).

whale [weil] baleine *f*; F a ~ of a castle un château magnifique; F a ~ at *ou* as à; '~-**bone** baleine *f*; '~-**fish·er**, '~-**man**, *usu.* '**whal·er** baleinier *m*; '**whale-oil** huile *f* de baleine.

whal·ing ['weiliŋ] pêche *f* à la baleine.

whang F [wæŋ] 1. coup *m* retentissant; 2. retentir.

wharf [wɔ:f] 1. (*pl. a.* **wharves** [wɔ:vz]) quai *m*; entrepôt *m* (*pour marchandises*); 2. débarquer; déposer sur le quai; '**wharf·age** ['~idʒ] débarquement *m*; mise *f* en entrepôt; quayage *m*; '**wharf·in·ger** ['~indʒə] propriétaire *m* d'un quai.

what [wɔt] 1. *pron. interr.* que, quoi; qu'est-ce qui, qu'est-ce que; ~ about...? et...?; ~ about (*gér.*)? que pensez-vous de (*inf.*)?; ~ for? pourquoi donc?; ~ of it? et alors?; ~ if ...? et si ...?; ~ though ...? qu'importe que (sbj.)?; F ~d'ye-call-him (-her, -it, -'em), ~'s-his-name (-her-name, -its-name), Am. ~-is-it machin m, chose mf; ~ next? et ensuite?; iro. par exemple!; ~ then! quel bonheur!; 2. pron. rel. ce qui, ce que; know ~'s ~ en savoir long; savoir son monde; and ~ not et ainsi de suite; ~ with ... ~ with ... entre ... et ...; 3. adj. interr. quel, quelle, quels, quelles; ~ time is it? quelle heure est-il?; ~ a blessing! quel bonheur!; ~ impudence! quelle audace!, F quel toupet!; (of) ~ use is it? à quoi sert-il (de, inf., to inf.)?; 4. adj. rel. que, qui; ~ money I had l'argent dont je disposais; **what-not** f ai-gère f; **what(·so)·ev·er 1.** pron. tout ce qui, tout ce que, quoi qui (sbj.), quoi que (sbj.); **2.** adj. quelque ... qui ou que (sbj.); aucun; quelconque.

wheat ♀ [wi:t] blé m; '**wheat·en** de blé, de froment.

whee·dle ['wi:dl] cajoler; ~ s.o. into (gér.) amener q. à (inf.) à force de cajoleries; ~ money out of s.o. soutirer de l'argent à q.

wheel [wi:l] **1.** roue f; (a. steering-~) volant m; Am. F bicyclette f; ⊕ (a. grinding-~) meule f; see potter[2]; ♣ barre f; ✗ conversion f; **2.** v/t. rouler, tourner; promener; v/i. tourn(oy)er; se retourner (personne); ✗ faire une conversion; Am. aller à bicyclette; '~·**bar·row** brouette f; ~ **base** ⊕ empattement m; ~ **chair** fauteuil m roulant; '**wheeled** à roues; roulant; '**wheel·ing and 'deal·ing** F affaires f/pl. louches, manigances f/pl.; '**wheel·man** F cycliste m; '**wheel·spi·der** ⊕ croisillon m (de roue); '**wheel·wright** charron m.

wheeze [wi:z] **1.** v/i. siffler; respirer péniblement; corner (cheval); v/t. F seriner (un air); **2.** sifflement m, respiration f asthmatique; cheval: cornage m; théâ. sl. trouvaille f; sl. truc m; '**wheez·y** □ asthmatique; cornard (cheval).

whelp [welp] **1.** see puppy; petit m (d'un fauve); **2.** mettre bas.

when [wen] **1.** adv. quand?; **2.** cj. quand, lorsque; et alors; (le jour) où; (un jour) que.

whence [wens] d'où.

when(·so)·ev·er [wen(so)'evə] chaque fois que, toutes les fois que; quand.

where [wɛə] **1.** adv. où?; **2.** cj. (là) où; **~·a·bout** ['~əbaut] **1.** où (donc); **2.** (usu. '~·a·bouts [~s]): the ~ of le lieu m où (q., qch.) se trouve; **~'as** puisque, vu que, attendu que; tandis que, alors que; ⅟₁₂ considérant que; **~'at** sur ou à ou de quoi; **~'by** par où; par quoi; par lequel (etc.); '**~·fore 1.** adv. pourquoi?; **2.** cj. c'est pourquoi; **~'in** en quoi; où; dans lequel (etc.); **~'of** dont, de quoi; duquel etc.; **~'on** sur quoi; sur lequel (etc.); **~·so·ev·er** partout où; **~·up'on** sur quoi; sur lequel (etc.); **wher'ev·er** partout où; **where·with·al 1.** [wɛəwi'ðɔ:l] avec quoi; avec lequel (etc.); **2.** F ['~] nécessaire m; ~ moyens m/pl.; fonds m/pl.

wher·ry ['weri] bachot m; esquif m.

whet [wet] **1.** aiguiser, affiler; fig. stimuler; **2.** affilage m; fig. stimulation f; F stimulant m; petit verre m.

wheth·er ['weðə] si; ~ ... or no que ... (sbj.) ou non.

whet·stone ['wetstoun] pierre f à aiguiser. [fichtre!]

whew [hwu:] ouf!; int. par surprise:]

whey [wei] petit lait m.

which [witʃ] **1.** pron. interr. lequel, laquelle, lesquels, lesquelles; **2.** pron. rel. qui, que; all ~ toutes choses qui ou que; in (by) ~ en (par) quoi; **3.** adj. interr. quel, quelle, quels, quelles; **4.** adj. rel. lequel, laquelle, lesquels, lesquelles; **~'ev·er 1.** pron. rel. celui qui, celui que; n'importe lequel (etc.); **2.** adj. le ... que, n'importe quel (etc.); quelque ... que (sbj.).

whiff [wif] **1.** air, fumée, vent: bouffée f; petit cigare m; ♣ skiff m; **2.** émettre des bouffées (v/t. a. de fumée).

whif·fle·tree ⊕ ['wifltri:] palonnier m.

Whig hist. Brit. [wig] **1.** whig m (membre d'un parti libéral); **2.** des whigs; whig (parti); '**Whig·gism** whiggisme m.

while [wail] **1.** temps m; espace m; for a ~ pendant quelque temps; F be worth ~ valoir la peine; **2.** (usu.

~ *away*) faire passer, tuer (*le temps*);
3. (*a.* **whilst** [wailst]) pendant que,
tandis que, en (*gér.*).

whim [wim] caprice *m*; lubie *f*; ⊕
triqueballe *m*.

whim·per ['wimpə] **1.** *v/i.* pleurnicher; pousser des petits cris plain-
tifs (*chien*); *v/t.* dire (*qch.*) en
pleurnichant; **2.** pleurnicherie *f*;
plainte *f*; petit cri *m* plaintif.

whim·si·cal □ ['wimzikl] bizarre;
capricieux (*-euse f*) (*personne*);
fantasque; **whim·si·cal·i·ty** [~-
'kæliti], **whim·si·cal·ness** ['~klnis]
bizarrerie *f*; caractère *m* fantasque.

whim·s(e)y ['wimzi] caprice *m*;
boutade *f*.

whin ♀ [win] ajonc *m*.

whine [wain] **1.** *v/i.* se plaindre;
gémir; *v/t.* dire (*qch.*) d'un ton
dolent; **2.** plainte *f*; cri *m* dolent.

whin·ny ['wini] hennir.

whip [wip] **1.** *v/t.* fouetter (*q., qch.,
de la crème*); *fig.* corriger; *fig. pluie*:
cingler (*le visage etc.*); *fig. surt. Am.*
vaincre; battre (*des œufs*); *cost.*
surjeter; ⊕ surlier (*un cordage*);
adv. avec ou prp.: mouvoir (*qch.*)
vivement *ou* brusquement; ~
away chasser à coups de fouet;
enlever vivement (à, *from*); *parl.*
~ *in* appeler; ~ *off* chasser; enlever
(*qch.*) vivement; ~ *on* faire avancer
à coups de fouet; *cost.* attacher à
points roulés; ~ *up* stimuler; saisir
vivement; *parl.* faire passer un
appel urgent à (*q.*); *cuis.* ~**ped cream**
crème *f* Chantilly; *v/i.* fouetter; ~
round se retourner vivement; **2.** fouet
m; cocher *m*; *parl.* chef *m* de file;
parl. appel *m* aux membres du parti;
'~**cord** mèche *f* de fouet; corde *f* à
fouet; '~**hand** main *f* droite (*du
cocher*); **have the ~ of** avoir la haute
main sur (*q.*).

whip·per ['wipə] fouetteur (*-euse f*)
m; '~**in** *chasse*: piqueur *m*; *parl.*
chef *m* de file; '~**snap·per** freluquet *m*; moucheron *m*.

whip·pet *zo.* ['wipit] *lévrier de
course*: whippet *m*; ✕ char *m*
léger.

whip·ping ['wipiŋ] fouettage *m*;
fouettement *m*; fouettée *f*; '~**boy**
F tête *f* de Turc; '~**top** *jouet*:
sabot *m*.

whip-round *Brit.* F ['wipraund]:
have a ~ faire une collecte.

whip-saw ⊕ ['wipsɔː] scie *f* à chantourner, scie *f* de long.

whirl [wəːl] **1.** (faire) tournoyer; *v/i.*
tourbillonner; **2.** tourbillon(nement)
m; **whirl·i·gig** ['~igig] tourniquet
m; manège *m* de chevaux de bois; *fig.*
tourbillon *m* (*d'eau*); '**whirl·pool**
tourbillon *m*; gouffre *m*; **whirlwind** ['~wind] trombe *f*; tourbillon
m (*de vent*); '**whirl·y·bird** ['~bəːd]
Am. F helicoptère *m*, F banane *f*.

whir(r) [wəː] **1.** tourner en ronron-
nant; vrombir; siffler; **2.** bruissement *m* (*des ailes*); ronflement *m*;
vrombissement *m*; sifflement *m*.

whisk [wisk] **1.** époussette *f*; ver-
ge(tte) *f*; *cuis.* fouet *m*; **2.** *v/t.*
épousseter; agiter; *cuis.* fouetter,
battre; ~ *away* enlever d'un geste
rapide; *v/i.* aller comme un trait
ou à toute vitesse; '**whisk·er** *zo.*
moustache *f*; *usu.* (*a pair of*) ~**s** *pl.*
(*des*) favoris *m/pl.*

whis·k(e)y ['wiski] whisky *m*.

whis·per ['wispə] **1.** *vt/i.* chuchoter; *v/i.* parler bas; murmurer;
susurrer; **2.** chuchotement *m*; *fig.*
bruit *m*; '**whis·per·er** chuchoteur
(*-euse f*) *m*.

whist[1] [wist] chut!

whist[2] [~] *jeu de cartes*: whist *m*.

whis·tle ['wisl] **1.** siffler; **2.** sifflement *m*; sifflet *m*; F gorge *f*; '~**stop**
Am. petite station *f*.

whit[1] *poét.* [wit] brin *m*; **not a** ~
ne ... aucunement.

Whit[2] [~] de la Pentecôte.

white [wait] **1.** blanc(he *f*); blême,
pâle; F pur, innocent; *Am.* loyal
(*-aux m/pl.*); ✕ ~ *arms pl.* armes
f/pl. blanches; ⊕ ~ *bronze* métal *m*
blanc; ~ *coffee* café *m* crème *ou* au
lait; ~ *heat* chaude *f ou* chaleur
f blanche; ~ *lead* blanc *m* de plomb;
~ *lie* mensonge *m* innocent; ~ *meat*
viande *f* blanche; ✝ ~ *sale* exposition
f de blanc; ~ *war* guerre *f* économique; *Am.* ~ *way* rue *f* commerçante
éclairée à giorno; **2.** blanc *m*; couleur
f blanche; *typ.* ligne *f* de blanc;
'~**bait** *icht.* blanchaille *f*; ~ **book**
pol. livre *m* blanc; '**white-col·lar**
d'employé de bureau; ~ *job* emploi *m*
dans un bureau; ~ *worker* col *m*
blanc; '~**hot** chauffé à blanc; '~**·
liv·ered** pusillanime; '**whit·en** *v/t.*
blanchir (*a. fig.*); blanchir à la chaux;
⊕ étamer (*du métal*); *v/i.* blanchir;

pâlir (*personne*); '**whit·en·er** blanchisseur *m*; '**white·ness** blancheur *f*; pâleur *f*; '**whit·en·ing** blanchiment *m*; *cheveux*: blanchissement *m*; *métal*: étamage *m*.

white...: '**~smith** ferblantier *m*; serrurier *m*; '**~wash 1.** blanc *m* de chaux; badigeon *m* blanc; **2.** blanchir à la chaux; *fig.* blanchir; '**~wash·er** badigeonneur *m*; *fig.* apologiste *m*.

with·er *poét.* ['wiðə] où.

whit·ing ['waitiɲ] blanc *m* d'Espagne; *icht.* merlan *m*.

whit·ish ['waitiʃ] blanchâtre.

whit·low ♣ ['witlou] panaris *m*.

Whit·sun ['witsn] de la Pentecôte; '**~day** ['wit'sʌndi] dimanche *m* de la Pentecôte; '**~tide** ['witsntaid] (fête *f* de) la Pentecôte.

whit·tle ['witl] amenuiser; *fig.* ~ **away** (*ou* **down**) rogner, réduire petit à petit. [brun; *fig.* terne.)

whit·y-brown ['waiti'braun] gris-)

whiz(z) [wiz] **1.** siffler; ~ *past* passer à toute vitesse; **2.** sifflement *m*.

who [hu:] **1.** *pron. interr.* qui (est-ce qui); quelle personne; lequel, laquelle, lesquels, lesquelles; *Who's Who* le Bottin mondain (=*annuaire des notabilités*); **2.** *pron. rel.* [a. hu) qui; lequel, laquelle, lesquels, lesquelles; celui (celle, ceux *pl.*) qui.

whoa [wou] ho!

who·dun·(n)it *sl.* [hu:'dʌnit] roman *m ou* film *m* policier.

who·ev·er [hu:'evə] celui qui; quiconque; qui que (*sbj.*).

whole [houl] **1.** □ entier (-ère *f*); complet (-ète *f*); tout (tous *m/pl.*); *Am.* F *made out of ~ cloth* inventé de toutes pièces; *Am. sl.* go the ~ hog aller jusqu'au bout; *pol.* ~*-hogger* jusqu'au-boutiste *m*; ~ *milk* lait *m* entier; **2.** tout *m*, ensemble *m*; *the ~ of London* le tout Londres; (*up*)*on* the ~ a tout prendre; somme toute; '**~'bound** relié pleine peau; '**~·heart·ed** □ sincère, qui vient du cœur; '**~·length** (*a. ~ portrait*) portrait *m* en pied; '**~·meal** complet (-ète *f*) (*pain*); '**~·sale 1.** (*usu.* ~ *trade*) (vente *f* en) gros *m*; **2.** en gros; de gros; F *fig.* en masse; '**~·sal·er** grossiste *mf*; **whole·some** □ ['~·səm] sain, salubre; '**whole-time**

de toute la journée; pour toute la semaine.

whol·ly ['houlli] *adv.* tout à fait, complètement; intégralement.

whom [hu:m| hum] *accusatif de who.*

whoop [hu:p] **1.** houp *m/inv.*; cri *m*; ♣ quinte *f*; **2.** pousser des houp *ou* cris; *Am. sl.* ~ *it up* for faire de la réclame pour, louer jusqu'aux astres; **whoop·ee** *Am.* F ['wupi:] bombe *f*, noce *f*; *make* ~ faire la bombe; faire du chahut; '**whoop·ing-cough** ♣ ['hu:piɲkɔf] coqueluche *f*.

whop *sl.* [wɔp] rosser; battre; '**whop·per** *sl.* personne *f ou* chose *f* énorme; *surt.* gros mensonge *m*; '**whop·ping** *sl.* colossal (-aux *m/pl.*), énorme.

whore V [hɔ:] prostituée *f*, putain *f*.

whorl [wə:l] ⊕ *fuseau*: volant *m*; ♣ verticille *m*; *zo.* volute *f*.

whor·tle·ber·ry ♣ ['wə:tlberi] airelle *f*; *red* ~ airelle *f* rouge.

whose [hu:z] *génitif de who*; **who·so·ev·er** [hu:sou'evə] celui qui; quiconque; qui que (*sbj.*).

why [wai] **1.** pourquoi?; pour quelle raison?; ~ *so*? pourquoi cela?; **2.** tiens!; eh bien!; vraiment.

wick [wik] mèche *f*.

wick·ed □ ['wikid] mauvais, méchant; *zo.* fripon(ne *f*); '**wick·ed·ness** méchanceté *f*.

wick·er ['wikə] *en ou* d'osier; ~ *basket* panier *m* d'osier; ~ *chair* fauteuil *m* en osier; ~ *furniture* meubles *m/pl.* en osier; '**~work 1.** vannerie *f*; **2.** *see* wicker.

wick·et ['wikit] guichet *m* (*a. cricket*); barrière *f* (*d'un jardin*).

wide [waid] **1.** *adj.* (*a.* □) large; étendu, ample, vaste; répandu (*influence*); grand (*différence etc.*); loin (*de, of*); *cricket*: écarté; *3 feet* ~ large de 3 pieds; **2.** *adv.* loin; à de grands intervalles; largement; ~*-awake* tout éveillé; ~**·an·gle** *phot.*: ~ *lense* (objectif *m*) grand angulaire (*a.* □); '**~·a·wake** F **1.** ['waidə'weik] averti, malin (-igne *f*); **2.** ['waidə·weik] chapeau *m* (en feutre) à larges bords; **wid·en** ['waidn] (s')élargir; (s')agrandir; '**wide·ness** largeur *f*; '**wide-'o·pen** grand ouvert; écarté (*jambes*); *Am. sl.* qui manque de discipline *ou* fermeté; '**wide·spread** répandu.

wid·ow ['widou] veuve *f*; '**wid-owed** veuf (veuve *f*); *fig.* privé (de, of); '**wid·ow·er** veuf *m*; **wid·ow-hood** ['‿hud] veuvage *m*.

width [widθ] largeur *f*; ampleur *f*.

wield *poét.* [wi:ld] manier (*l'épée, la plume*); tenir (*le sceptre*); *fig.* exercer (*le contrôle etc.*).

wife [waif] (*pl.* **wives**) femme *f*; épouse *f*; '**wife·ly** d'épouse.

wig[1] [wig] perruque *f*; postiche *m*; *attr.* à perruque; de perruques.

wig[2] F [‿] **1.** (*ou* '**wig·ging**) verte semonce *f*; **2.** laver la tête à (*q.*).

wig·gle ['wigl] agiter, remuer.

wight *co.* [wait] personne *f*, individu *m*.

wig·wam ['wigwæm] wigwam *m*.

wild [waild] **1.** □ sauvage; *p.ext.* insensé, fou (fol *devant une voyelle ou un h muet*); folle *f*); orageux (-euse *f*); effaré (*air, yeux*); *run* ‿ courir en liberté; vagabonder; se dissiper; ♀ retourner à l'état sauvage; s'étendre de tous côtés; ‿ *talk* propos *m/pl.* en l'air; *fig.* ‿ *for* (*ou about*) passionné pour (*qch.*); **2.** (*ou* ‿*s pl.*) *see* wilderness; '**wild·cat 1.** *zo.* chat *m* sauvage; *Am.* entreprise *f* risquée; *surt. Am.* (*ou* '**wild·cat·ting**) forage *m* dans un champ (*de pétrole*) non encore exploré; **2.** *fig.* risqué; hors horaire (*train*); illégal (-aux *m/pl.*); ‿ *strike* grève *f* illégale; **wil·der·ness** ['wildənis] désert *m*; pays *m* inculte; '**wild·fire** ['waildfaiə]: *like* ‿ comme l'éclair; '**wild-goose chase** *fig.* poursuite *f* vaine; '**wild·ing** ♀ plante *f* sauvage; '**wild·ness** état *m* sauvage; férocité *f*; folie *f*; air *m* égaré.

wile [wail] **1.** artifice *m*; *usu.* ‿*s pl.* ruses *f/pl.*; **2.** séduire; ‿ *away see* while 2.

wil·ful □ ['wilful] obstiné, entêté.

wil·i·ness ['wailinis] astuce *f*.

will [wil] **1.** volonté *f*; gré *m*; testament *m*; *at* ‿ à volonté; *at one's own free* ‿ selon son bon plaisir; *with a* ‿ de bon cœur; **2.** [*irr.*] *v/aux.* (*défectif*) *usité pour former le fut.*; he ‿ *come* il viendra; il viendra avec plaisir; il veut bien venir; *I* ‿ *do it* je le ferai; je veux bien le faire; **3.** *prét. et. p.p.* **willed** *v/t.* † *Dieu, souverain*: vouloir, ordonner (*qch.*); ⚖ léguer; **willed**

disposé (à *inf.*, to *inf.*); **strong-**‿ de forte volonté.

will·ing □ ['wilin] de bonne volonté; bien disposé, prêt (à, to); *I am* ‿ *to believe* je veux bien croire; ‿*ly adv.* volontiers; de bon cœur; '**will·ing·ness** bonne volonté *f*; empressement *m*; complaisance *f*.

will-o'-the-wisp ['wiləðwisp] feu *m* follet.

wil·low ['wilou] ♀ saule *m*; F *cricket*: batte *f*; ⊕ effilocheuse *f*; '**‿-herb** ♀ épilobe *m* à épi, F osier *m* fleuri; '**wil·low·y** couvert *ou* bordé de saules; *fig.* svelte, souple, élancé.

will·pow·er ['wilpauə] volonté *f*.

wil·ly-nil·ly ['wili'nili] bon gré mal gré.

wilt[1] † [wilt] *2me personne du sg. de* will 2.

wilt[2] [‿] (se) flétrir; *v/i.* se faner; *fig.* languir; *sl.* se dégonfler.

Wil·ton car·pet ['wiltn'ka:pit] tapis *m* Wilton (*=tapis de haute laine*).

wily □ ['waili] astucieux (-euse *f*), rusé.

wim·ple ['wimpl] guimpe *f* (*de religieuse*).

win [win] **1.** [*irr.*] *v/t.* gagner; remporter (*un prix, une victoire*); acquérir; ✕ *sl.* récupérer; amener (*q.*) (à *inf.*, to *inf.*); ‿ *s.o. over* attirer q. à son parti; convertir q.; *v/i.* gagner; remporter la victoire; ‿ *through* parvenir (à, to); **2.** *sp.* victoire *f*.

wince [wins] **1.** faire une grimace de douleur; sourciller; **2.** crispation *f*.

winch [wintʃ] manivelle *f*; treuil *m* (*de hissage*).

wind[1] [wind, *poét. a.* waind] **1.** vent *m* (*a.* ♪); *fig.* haleine *f*, souffle *m*; ♪ *instruments m/pl.* à vent; *be in the* ‿ se préparer; *have a long* ‿ avoir du souffle; *fig.* throw to the ‿*s* abandonner; F *raise the* ‿ se procurer de l'argent; *sl.* get the ‿ *up* avoir la frousse; *it's an ill* ‿ *that blows nobody good* à quelque chose malheur est bon; **2.** *chasse*: flairer (*le gibier*); faire perdre le souffle à (*q.*); essouffler; be ‿*ed* être à bout de souffle; ♪ [waind] sonner du cor.

wind[2] [waind] [*irr.*] *v/t.* tourner; enrouler; ‿ *up* enrouler; remonter (*un horloge, un ressort etc.*); *fig.* terminer, finir; ♱ liquider; clôturer (*un compte*); *v/i.* tourner; (*a. ~ o.s.*, *~ one's way*) serpenter; *fig. ~ up* se terminer, s'achever.

wind... [wind]: '**~bag** *péj.* moulin *m* à paroles; '**~bound** *♣* retardé par le vent; retenu par le vent; '**~cheat·er** *cost.* anorak *m*; '**~fall** fruit *m* abattu par le vent; *fig.* aubaine *f*; '**~gauge** indicateur *m* de pression du vent; '**wind·i·ness** temps *m* venteux; F verbosité *f*; *sl.* frousse *f*.

wind·ing ['waindiŋ] **1.** mouvement *m* ou cours *m* sinueux; replis *m/pl.*; *tex.* bobinage *m*; *⚡* enroulement *m*; *⊕* gauchissement *m*; **2.** □ sinueux (-euse *f*); *stair* tournant (*ou stairs pl.*) escalier *m* tournant; '**~sheet** linceul *m*; *fig.* fin *f*; *♱* liquidation *f*; '**~up** remontage *m*; *fig.* fin *f*; *♱* liquidation *f*.

wind-in·stru·ment *♩* ['windinstrumənt] instrument *m* à vent.

wind-jam·mer ['winddʒæmə] *♣ sl.* voilier *m*.   [guindeau *m.*]

wind·lass ['windləs] *⊕* treuil *m*; *♣⎰*

wind·mill ['windmil] moulin *m* à vent; *~ plane* autogire *m*.

win·dow ['windou] fenêtre *f*; *♱* vitrine *f*, devanture *f*; *mot. etc.* glace *f*; *théâ. etc.* guichet *m*; '**~display** étalage *m*; *~ goods* articles *m/pl.* en devanture; '**~dress·ing** art *m* de l'étalage; arrangement *m* de la vitrine; *fig.* façade *f*, camouflage *m*, trompe-l'œil *m/inv.*; décor *m* de théâtre; '**win·dowed** à fenêtre(s).

win·dow...: *~ en·ve·lope* enveloppe *f* à fenêtre; '**~frame** châssis *m* de fenêtre; '**~shade** *Am.* store *m*; *~ shop* = *go ~ping* faire du lèche-vitrines; '**~shut·ter** volet *m*; '**~sill** rebord *m* de fenêtre.

wind... [wind]: '**~pipe** *anat.* trachée-artère (*pl.* trachées-artères) *f*; '**~screen**, *Am.* '**~shield** pare-brise *m/inv.*; *~ wiper* essuie-glace *m*; '**~tun·nel** *⚡* tunnel *m* aérodynamique.

wind·ward ['windwəd] **1.** au vent; **2.** côté *m* au vent.

wind·y □ ['windi] venteux (-euse *f*) (*a. ♗*); exposé au vent; *fig.* vain; *sl.* qui a le trac.

wine [wain] vin *m*; '**~grow·er** viticulteur *m*; vigneron *m*; '**~mer·chant** négociant *m* en vins; '**~press** pressoir *m*; '**~vault** cave *f*, caveau *m*.

wing [wiŋ] **1.** aile *f* (*a. fig.*, *⚔*, *♣*, *△*, *⚡*, *mot.*, *sp.*); vol *m*, essor *m*; F *co.* bras *m*; *foot. personne*: ailier *m*; *porte*: battant *m*; *⊕* oreille *f* (*d'un écrou*); *~s pl.* coulisse *f*; *take ~* s'envoler; prendre son vol; *be on the ~* voler; *fig.* partir; **2.** *v/t.* empenner; voler; blesser à l'aile *ou fig.* au bras; *v/i.* voler; '**~case**, '**~sheath** *zo.* élytre *m*; '**~chair** fauteuil *m* à oreillettes; **winged** [~d] ailé; blessé à l'aile *ou fig.* au bras; *~ word* parole *f* ailée; '**wing·span**, '**wing·spread** envergure *f*.

wink [wiŋk] **1.** clignement *m* d'œil; clin *m* d'œil; F *not get a ~ of sleep* ne pas fermer l'œil de toute la nuit; F *tip s.o. the ~* faire signe de l'œil à q., prévenir q.; **2.** *v/i.* cligner les yeux; clignoter (*l'œil*); *v/t.* cligner de (*l'œil*); signifier (*qch.*) par un clin d'œil; *~ at* cligner de l'œil à (*q.*); fermer les yeux sur (*qch.*).

win·ner ['winə] gagnant(e *f*) *m*; *sp.* vainqueur *m* (*= homme ou femme*).

win·ning ['winiŋ] **1.** □ gagnant; *fig.* engageant; **2.** *~s pl.* gains *m/pl.* (*au jeu etc.*); '**~post** *sp.* poteau *m* d'arrivée.

win·now ['winou] vanner (*le grain*); *fig.* examiner minutieusement.

win·ter ['wintə] **1.** hiver *m*; *~ sports pl.* sports *m/pl.* d'hiver; **2.** hiverner; '**win·ter·ize** ['~təraiz] préparer pour l'hiver; **win·try** ['wintri] d'hiver; *fig.* glacial (*-als m/pl.*).

wipe [waip] **1.** essuyer; nettoyer; *~ off* essuyer, enlever; liquider (*une dette*); *~ out* essuyer; *fig.* effacer; exterminer; **2.** coup *m* de torchon *etc.*; F taloche *f* (*= coup*); '**wip·er** essuyeur (-euse *f*); torchon *m*.

wire ['waiə] **1.** fil *m* (*de fer*); *Am.* F dépêche *f*; *attr.* en *ou* de fil de fer; **2.** *v/t.* munir d'un fil métallique; *⚡* équiper (*une maison*); (*a. v/i.*) *tél.* télégraphier; '**~drawn** tréfilé (*métal*); trait (*or etc.*); '**~gauge** *⊕* jauge *f* pour fils métalliques; '**~haired** à poil dur (*chien*); '**wire·less 1.** □ sans fil; de T.S.F., de radio; *on the ~* à la radio; *~ control* radioguidage *m*; *~ (message ou telegram)* radiogramme *m*; *~ (telegraphy)* radiotélégraphie *f*; télégraphie *f* sans fil; *(air) ~ operator* sans-filiste *m/f*; opérateur *m* de T.S.F.; *pirate radio:* auditeur *m* illicite; *~*

(set) poste *m* (de radio); ∼ **station** poste *m* émetteur; **2.** radiotélégraphier; '**wire-'net·ting** treillis *m* métallique; grillage *m*; '**wire-pull·er** *fig.* intrigant(e *f*) *m*; '**wire-'tap·ping** *téléph.* mise *f* sur écoute.

wir·ing ['waiəriŋ] grillage *m* métallique; ∮ câblage *m*; pose *f* des fils; *radio:* montage *m*; ∮ ∼ **diagram** plan *m* de pose; '**wir·y** □ raide (*cheveux*); sec (*sèche f*) et nerveux (-euse *f*) (*personne*).

wis·dom ['wizdəm] sagesse *f*; ∼ **tooth** dent *f* de sagesse.

wise[1] □ [waiz] sage; prudent; ∼ **crack** *Am.* F bon mot *m*, saillie *f*; *Am. sl.* ∼ **guy** finaud *m*, monsieur *m* je-sais-tout; *Am.* **put** *s.o.* ∼ mettre q. à la page; avertir q. (de *to*, on).

wise[2] † [∼] façon *f*; guise *f*.

wise·a·cre ['waizeikə] prétendu sage *m*; pédant(e *f*) *m*; '**wise-crack** *Am.* F faire de l'esprit.

wish [wiʃ] **1.** vouloir, désirer; souhaiter; ∼ *s.o.* **joy** féliciter q. (de, of); ∼ **for** désirer, vouloir; souhaiter (*qch.*); ∼ *s.o.* **well** (**ill**) vouloir du bien (mal) à q.; **2.** vœu *m*, souhait *m*; désir *m*; **good** ∼**es** *pl.* souhaits *m/pl.*, meilleurs vœux *m/pl.*; **wish·ful** □ ['∼ful] désireux (-euse *f* (de of, to); '**wish·(·ing)-bone** *volaille:* lunette *f*.

wish-wash F ['wiʃwɔʃ] lavasse *f*; '**wish·y-wash·y** F fade, insipide.

wisp [wisp] bouchon *m* (de paille); mèche *f* folle (*de cheveux*).

wist·ful □ ['wistful] pensif (-ive *f*); d'envie; désenchanté.

wit [wit] **1.** (*a.* ∼**s** *pl.*) esprit *m*; ∼**s** *pl.* raison *f*, intelligence *f*; *personne:* homme *m* ou femme *f* d'esprit; **be at one's** ∼**'s end** ne plus savoir que faire; **have one's** ∼**s about one** avoir toute sa présence d'esprit; **live by one's** ∼**s** vivre d'expédients ou d'industrie; **be out of one's** ∼**s** avoir perdu la raison; **2.:** **to** ∼ **is** à savoir; c'est-à-dire.

witch [witʃ] sorcière *f*; *fig.* jeune charmeuse *f*; '∼**·craft**, '**witch·er·y** sorcellerie *f*; *fig.* magie *f*; '**witch-hunt** *pol. Am. fig.* chasse *f* aux sorcières.

with [wið] avec; de; à; par; malgré; *sl.* ∼ **it** dans le vent; **it is just so** ∼ **me** il en va de même pour moi.

with·al † [wi'ðɔːl] **1.** *adv.* aussi, de plus; **2.** *prp.* avec *etc.*

with·draw [wið'drɔː] [*irr.* (*draw*)] (se) retirer (de, from); '**with'draw·al** retraite *f*; rappel *m*; ⚔ repli(ement) *m*; retrait *m* (*d'argent*).

withe [wiθ] brin *m* ou branche *f* d'osier.

with·er [wiðə] (*souv.* ∼ **up**, **away**) (se) flétrir; (se) dessécher; *v/i.* dépérir (*personne*); '**with·er·ing** □ *fig.* foudroyant; écrasant.

with·ers ['wiðəz] *pl.* garrot *m*.

with·hold [wið'hould] [*irr.* (*hold*)] retenir, empêcher (q. de *inf.*; *s.o.* **from** *gér.*); cacher, refuser (à q., *from s.o.*); *Am.* ∼**ing tax** retenue *f* ou impôt *m* retenu à la source; **with'in** *poét.* **1.** *adv.* à l'intérieur, au dedans; à la maison; **from** ∼ de l'intérieur; **2.** *prp.* à l'intérieur de, en dedans de; ∼ **doors** à la maison; ∼ **10 minutes** en moins de dix minutes; ∼ **a mile** à moins d'un mille (de, of); dans un rayon d'un mille; ∼ **call** (*ou hearing*) à (la) portée de la voix ou d'oreille; ∼ **sight** en vue; **with'out 1.** *adv.* dehors; *from* ∼ de l'extérieur, du dehors; **2.** *prp.* sans; *poét.* en dehors de; **with'stand** [*irr.* (*stand*)] résister à; supporter.

with·y ['wiði] *see* **withe**.

wit·less □ ['witlis] sot(te *f*); faible d'esprit; sans intelligence.

wit·ling *péj.* ['witliŋ] petit ou iro. bel esprit *m*.

wit·ness ['witnis] **1.** témoignage *m*; *personne:* témoin *m*; **bear** ∼ témoigner, porter témoignage (de *to*, of); **in** ∼ **of** en témoignage de; **2.** *v/t.* être témoin de; assister à; attester (*un acte etc.*); témoigner de; *v/i.* témoigner; ∼ **for** (**against**) témoigner en faveur de (contre); '∼**-box**, *Am.* ∼ **stand** barre *f* des témoins.

wit·ted ['witid]: **quick-**∼ à l'esprit vif; **wit·ti·cism** ['∼tisizm] trait *m* d'esprit, bon mot *m*; '**wit·ti·ness** esprit *m*; '**wit·ting·ly** à dessein, en connaissance de cause; '**wit·ty** □ spirituel(le *f*).

wives [waivz] *pl.* de **wife**.

wiz·ard *Am. sl.* [wiz] **1.** sorcier *m*, magicien *m*; **2.** *fig. sl.* magnifique; **wiz·ard·ry** sorcellerie *f*, magie *f*.

wiz·en·(ed) ['wizn(d)] tatatiné; parcheminé (*visage etc.*).

wo(a) [wou] ho!

woad ♀,⊕ [woud] guède f.

wob·ble [ˈwɔbl] ballotter; trembler; chevroter (*voix*); ⊕ branler; *mot. wheel that ~s* roue f dévoyée.

woe *poét. ou co.* [wou] chagrin m; malheur m; ~ *is me!* pauvre de moi!; '**~·be·gone** triste, désolé; **woe·ful** □ *poét. ou co.* [ˈ~ful] triste, affligé; de malheur; '**woe·ful·ness** tristesse f; malheur m.

wog *sl.* [wɔg] métèque m.

woke [wouk] *prét. et p.p. de* wake² 1.

wold [would] plaine f vallonnée.

wolf [wulf] **1.** (*pl.* wolves) *zo.* loup m; *sl.* coureur m de cotillons, tombeur m de femmes; ~ *call*, ~ *whistle* sifflement m admiratif (*au passage d'une femme attractive*); *cry* ~ crier au loup; **2.** *F* dévorer; '**wolf·ish** □ de loup; *F fig.* rapace.

wolf·ram *min.* [ˈwulfrəm] wolfram m; tungstène m.

wolves [wulvz] *pl. de* wolf 1.

wom·an [ˈwumən] (*pl.* women) femme f; *young* ~ jeune femme f *ou* fille f; ~'s (*ou* women's) *rights* droits m/pl. de la femme; *attr.* femme ...; *de* femme(s); ~ *doctor* femme f médecin; ~ *student* étudiante f; '**~·hat·er** misogyne m; **wom·an·hood** [ˈ~hud] état m de femme; *coll.* les femmes f/pl.; *reach* ~ devenir femme; '**wom·an·ish** □ féminin; efféminé (*homme*); '**wom·an·kind** les femmes f/pl.; '**wom·an·like 1.** *adj.* de femme; **2.** *adv.* en femme; '**wom·an·ly** féminin.

womb [wu:m] *anat.* matrice f; *fig.* sein m.

wom·en [ˈwimin] *pl. de* woman; *votes pl. for* ~ suffrage m féminin; ~'s *lib* movement m de libération de la femme; ~'s *rights pl.* droits m/pl. de la femme; ~'s ~ *team* équipe f féminine; ~'s *single tennis:* simple m dames; **wom·en·folk** [ˈ~fouk] *pl.,* **wom·en·kind** les femmes f/pl. (*surt. d'une famille*).

won [wʌn] *prét. et p.p. de* win 1.

won·der [ˈwʌndə] **1.** merveille f, prodige m; étonnement m; *se* s'étonner, s'émerveiller (*de, at*); se demander (*si whether, if*); **won·der·ful** □ [ˈ~ful] merveilleux (*-euse f*), étonnant; admirable; '**won·der·ing 1.** □ émerveillé, étonné; **2.** étonnement m; '**won·der-struck** émer-

veillé; '**won·der-work·er** faiseur (*-euse f*) m de prodiges.

won·drous □ *poét.* [ˈwʌndrəs] merveilleux (*-euse f*), étonnant.

won·ky *sl.* [ˈwɔŋki] patraque (= *branlant*).

won't [wount] = will not.

wont [wount] **1.** *préd.* habitué; *be* ~ *to* (*inf.*) avoir l'habitude de (*inf.*); **2.** coutume f, habitude f; '**wont·ed** accoutumé.

woo [wu:] faire la cour à; courtiser (*a. fig.*); solliciter (*de inf., to inf.*).

wood [wud] bois m; fût m, tonneau m; ♪ bois m/pl.; *sp.* ~ *pl.* boules f/pl.; *F touch* ~! touchez du bois!; **2.** *attr. souv.* des bois; '**~·bine**, a. **~·bind** ♀ [ˈ~bain(d)] chèvrefeuille m des bois; *Am.* vigne f vierge; '**~·carv·ing** sculpture f sur bois; '**~·cock** *orn.* (*pl. usu.* ~) bécasse f; '**~·craft** connaissance f de la chasse à courre *ou* de la forêt; '**~·cut** gravure f sur bois; '**~·cut·ter** bûcheron m; graveur m sur bois; '**wood·ed** boisé; '**wood·en** en bois; de bois (*a. fig.*); *fig.* raide; **wood·en·grav·er** graveur m sur bois; '**wood·en·grav·ing** gravure f sur bois (= *objet et art*); '**wood·i·ness** caractère m ligneux.

wood...: '**~·land 1.** bois m, pays m boisé; **2.** sylvestre; des bois; '**~·lark** *orn.* alouette f des bois; '**~·louse** *zo.* cloporte m; '**~·man** garde m forestier; bûcheron m; † trappeur m; '**~·peck·er** *orn.* pic m; '**~·pile** tas m de bois; '**~·pulp** pâte f de bois; '**~·ruff** ♀ aspérule f odorante; '**~·shav·ings** *pl.* copeaux m/pl. de bois; '**~·shed** bûcher m; ~·wind ♪ [ˈ~wind] (*ou* ~ *instruments pl.*) bois m/pl.; '**~·work** (*surt.* △) boiserie f, charpente f; menuiserie f; travail (*pl. -aux*) m du bois; '**~·work·ing ma·chine** machine f à bois; '**wood·y** boisé; couvert de bois; des bois; sylvestre; ♀ ligneux (*-euse f*); *fig.* sourd, mat; '**wood·yard** chantier m (*de bois à brûler*).

woo·er [ˈwu:ə] prétendant m.

woof [wu:f] *see* weft.

wool [wul] laine f (*fig. co.* = *cheveux crépus*); *dyed in the* ~ teint en laine; *fig.* convaincu; pur sang *adj./inv.*; '**~·gath·er·ing 1.** *F* rêvasserie f; *go* ~ avoir l'esprit absent, être distrait; **2.** distrait; '**wool·(l)en 1.** de laine;

2.: ~s *pl.* laines *f/pl.*; draps *m/pl.*; tissus *m/pl.* de laine; **'wool-(l)y 1.** laineux (-euse *f*); de laine; cotonneux (-euse *f*) (*fruit*); *peint.* flou; *fig.* mou (mol *devant une voyelle ou un h muet*; molle *f*); *fig.* imprécis (*idée*); **2.** **woollies** *pl.* (vêtements *m/pl.* en) tricot *m*; lainages *m/pl.*

wool...: '~**sack** *parl.* siège *m* du ou dignité *f* de Lord Chancelier; '~**sta·pler** négociant *m* en laine; '~**work** tapisserie *f*.

wop *Am. sl.* [wɔp] immigrant(e *f*) italien(ne); Italien(ne *f*) *m*.

word [wə:d] **1.** *usu.* mot *m*; parole *f* (*a. fig.*); ordre *m*; ✗ mot *m* d'ordre; ~s *pl.* paroles *f/pl.*; *fig.* termes *m/pl.*; *opéra*: livret *m*; *chanson*: paroles *f/pl.*; *gramm.* ~ order ordre des mots; ~ processing traitement des mots; *by* ~ *of mouth* de vive voix; *eat one's* ~s se rétracter; *have* ~s se disputer (*avec, with*); *leave* ~ *that* faire dire que; *send* (*bring*) s.o. ~ *of s.th.* faire (venir) dire qch. à q.; *be as good as one's* ~ tenir sa parole; *take s.o. at his* ~ prendre q. au mot; **2.** rédiger; formuler par écrit; ~*ed as follows* ainsi conçu; '~**book** vocabulaire *m*, lexique *m*; '**word·i·ness** verbosité *f*; '**word·ing** rédaction *f*; langage *m*, termes *m/pl.*; **'word-'per·fect** *théâ.* qui connaît parfaitement son rôle (*école*: sa leçon); '**word-split·ting** ergotage *m*.

word·y □ ['wə:di] verbeux (-euse *f*), diffus.

wore [wɔ:] *prét. de* wear 1.

work [wə:k] **1.** travail *m*; tâche *f*, besogne *f*; ouvrage *m* (*a. littérature, couture, etc.*); emploi *m*; œuvre *f*; ⊕ ~s *usu. sg.* usine *f*, atelier *m*; *horloge*: mouvement *m*; *public* ~s *pl.* travaux *m/pl.* publics; ~ *of art* œuvre *f* d'art; ~s *pl. of Keats* l'œuvre *m* de Keats; *at* ~ au travail; en marche; *fig.* en jeu; *be in* ~ avoir du travail; *be out of* ~ chômer, être sans travail; *make sad* ~ *of* s'acquitter peu brillamment de; *make short* ~ *of* expédier (*qch.*); *put s.o. out of* ~ priver q. de travail; *set to* ~ se mettre au travail; *set s.o. to* ~ faire travailler q.; ~s *council* comité *m* de directeurs et de délégués syndicaux; **2.** [*irr.*] *v/i.* travailler; fonctionner, aller (*machine*); *fig.* réussir; se crisper (*bouche*); ~ *at* travailler (à); ~ *out*

sortir peu à peu; s'élever (à, *at*); aboutir; *v/t.* faire travailler; faire fonctionner *ou* marcher (*une machine*); diriger (*un projet*); opérer, amener; broder (*un dessin etc.*); ouvrer (*du métal*); façonner (*du bois*); faire (*un calcul*); résoudre (*un problème*); exploiter (*une mine*); ~ *mischief* semer le mal *ou* la discorde; ~ *off* se dégager de; cuver (*sa colère*); ✝ écouler (*un stock*); ~ *one's way* se frayer un chemin; ~ *out* mener à bien; élaborer, développer; résoudre; ~ *up* développer; se faire (*une clientèle*); exciter, émouvoir; élaborer (*une idée, un sujet*); *phot.* retoucher; préparer.

work·a·ble □ ['wə:kəbl] réalisable (*projet*); ouvrable (*bois etc.*); exploitable (*mine*); '**work·a·day** de tous les jours; *fig.* prosaïque; '**work·a·hol·ic** F ['wə:kə'hɔlik] bourreau *m* de travail; '**work·bench** établi *m*; '**work·day** jour *m* ouvrable; '**work·er** travailleur (-euse *f*) *m*; ouvrier (-ère *f*) *m*; ~s *pl.* classes *f/pl.* laborieuses; ouvriers *m/pl.*; *social* ~ assistante *f* sociale; '**work·force** main-d'œuvre *f*, les ouvriers *m/pl.*; '**work·house** hospice *m*, asile *m* des pauvres; *Am.* maison *f* de correction; '**work·ing 1.** fonctionnement *m*; manœuvre *f*; exploitation *f*; ~s *pl.* mécanisme *m*; **2.** qui travaille; qui fonctionne; de travail; *in* ~ *order* en état de service; ~ *association* (*ou cooperation*) groupe *m* de travailleurs; ✝ ~ *capital* capital *m* d'exploitation; ~ *class* classe *f* ouvrière; ~ *committee* (*ou party*) commission *f* d'enquête; ~ *condition* état *m* de fonctionnement; ~ *day* jour *m* ouvrable; journée *f*; ~ *expenses pl.* frais *m/pl.* généraux; ~ *process* mode *m* d'opération; ~ *student* étudiant *m* qui travaille pour gagner sa vie.

work·man ['wə:kmən] ouvrier *m*, artisan *m*; '~**like** bien travaillé; bien fait; compétent; '**work·man·ship** exécution *f*; fini *m*; construction *f*; travail (*pl.* -aux) *m*.

work...: ~**out** *Am.* F ['wə:kaut] *usu. sp.* entraînement *m* (préliminaire); '~**shop** atelier *m*; ~ *place* établi *m*; '~**shy 1.** qui renâcle à la besogne; paresseux (-euse *f*); **2.** fainéant *m*; ~**to-'rule** grève *f* du zèle; '~**wom·an** ouvrière *f*.

world [wə:ld] monde m; fig. a ~ of beaucoup de; in the ~ au monde; what in the ~? que diable?; bring (come) into the ~ mettre (venir) au monde; be for all the ~ like avoir exactement l'air de (qch., inf.); a ~ too wide de beaucoup trop large; think the ~ of avoir une très haute opinion de; man of the ~ homme m qui connaît la vie; mondain m; ~ champion champion m du monde; ~ championship championnat m du monde; ~ record record m mondial; ~ record holder recordman m du monde; Am. ~ series baseball: matches m/pl. entre les champions de deux ligues professionnelles; **'world·li·ness** mondanité f; **'world·ling** mondain(e f) m.

world·ly ['wə:ldli] du monde, de ce monde; mondain; ~ innocence candeur f; naïveté f; ~ wisdom sagesse f du siècle; **'~·wise** qui connaît la vie.

world…: **'~-pow·er** pol. puissance f mondiale; **'~-wide** universel(le f); mondial (-aux m/pl.).

worm [wə:m] **1.** ver m (a. fig.); ⊕ alambic: serpentin m; vis f sans fin; ⊕ spirale f; **2.:** ~ a secret out of s.o. tirer un secret de q.; ~ o.s. se glisser; fig. s'insinuer (dans, into); **'~-drive** ⊕ transmission f par vis sans fin; **'~-eat·en** rongé des vers; vermoulu (bois); **'~-gear** ⊕ engrenage m à vis sans fin; (ou **'~-wheel**) ⊕ roue f hélicoïdale; **'~-wood** armoise f amère; fig. be ~ to n'être qu'absinthe pour (q.); **'worm·y** plein de vers.

worn [wɔ:n] p.p. de wear 1; **'~-out** usé; râpé (vêtement); épuisé (personne).

wor·ri·ment F ['wʌrimənt] souci m; **wor·rit** V ['wʌrit] (se) tourmenter, (se) tracasser; **wor·ry 1.** fig. (se) tourmenter, (se) tracasser, (s')inquiéter; v/t. harceler; piller (des moutons); **2.** ennui m, souci m, tracasserie f.

worse [wə:s] **1.** adj. pire; plus mauvais; ✠ plus malade; adv. pis, plus mal; (all) the ~ adv. encore pis; adj. (encore) pire; ~ luck! tant pis!; he is none the ~ for il ne s'en trouve pas plus mal; **2.** quelque chose m de pire; le pire; from bad to ~ de mal en pis; **'wors·en** empirer; (s')aggraver.

wor·ship ['wə:ʃip] **1.** culte m, adoration f; your ♀ monsieur le maire ou juge; place of ~ église f; religion protestante: temple m; **2.** adorer; **wor·ship·ful** □ ['~ful] titre: honorable; **'wor·ship·(p)er** adorateur (-trice f) m; eccl. fidèle mf.

worst [wə:st] **1.** adj. (le) pire; (le) plus mauvais; **2.** adv. (le) pis, (le) plus mal; **3.** su. le pire m; at (the) ~ au pire; en tout cas; do your ~! faites du pis que vous pourrez!; get the ~ of it avoir le dessous; if the ~ comes to the ~ en mettant les choses au pis; **4.** v/t. vaincre, battre.

wor·sted ['wustid] laine f peignée; (a. ~ yarn) laine f à tricoter; tissu m de laine peignée; ~ stockings pl. bas m/pl. en laine peignée.

wort[1] ♀ plante f, herbe f.

wort[2] [~] moût m (de bière).

worth [wə:θ] **1.** valant; he is ~ a million £ il est riche d'un million de livres; ~ reading qui mérite d'être lu; **2.** valeur f, prix m; **wor·thi·ness** ['~ðinis] mérite m; **worth·less** □ ['~θlis] sans valeur, de nulle valeur; **'worth·'while** F be ~ valoir la peine; **wor·thy** □ ['wə:ði] **1.** digne (de, of); de mérite; **2.** personnage m (éminent).

would [wud] prét. de will 2 (a. usité pour former le cond.).

would-be F ['wudbi:] prétendu; soi-disant; affecté; ~ buyer acheteur m éventuel; personne f qui voudrait acheter; ~ painter personne f qui cherche à se faire peintre; ~ poet poète m à la manque; ~ wit prétendu bel esprit m; ~ worker personne f qui voudrait avoir du travail.

wouldn't ['wudnt] = would not.

wound[1] [wu:nd] **1.** blessure f (a. fig.); plaie f; **2.** blesser (a. fig.).

wound[2] [waund] prét. et p.p. de wind[1] [p.p. de weave 1.]

wove [wouv] prét., **wo·ven** ['~vn]∫

wow Am. sl. théâ. sl. grand succès m; p.ext. chose f épatante.

wrack[1] ♀ [ræk] varech m.

wrack[2] [~] see rack[1].

wraith [reiθ] apparition f.

wran·gle ['ræŋgl] **1.** se chamailler, se disputer, se quereller; **2.** dispute f, querelle f, chamaille(rie) f; **'wran·gler** querelleur (-euse f) m, chamailleur (-euse f) m; Am. (a. horse ~) cowboy m.

wrap 1234

wrap [ræp] **1.** v/t. (souv. ~ up) envelopper (de, in) (a. fig.); fig. be ~ped up in être plongé dans; v/i. ~ up s'envelopper (dans, in); **2.** couverture f; p.ext. pardessus m, châle m; manteau m; **'wrap·per** couverture f; documents: chemise f; papier m d'emballage; cigare: robe f; cost. robe f de chambre; (ou postal ~) bande f; **'wrap·ping** enveloppe (-ment m) f; (a. ~ paper) papier m d'emballage; **'wrap-up** Am. F résumé m.

wrath poét. ou co. [rɔːθ] colère f; courroux m; **wrath·ful** □ ['~ful] courroucé; irrité.

wreak [riːk] assouvir (sa haine, sa colère, sa vengeance) (sur, [up]on).

wreath [riːθ], pl. **wreaths** [~ðz] fleurs: couronne f, guirlande f; (a. artificial ~) couronne f de perles; spirale f, volute f (de fumée); écoss. amoncellement m (de neige); **wreathe** [riːð] [irr.] v/t. couronner; enguirlander; tresser (des fleurs etc.); v/i. tourbillonner; s'enrouler.

wreck [rek] **1.** ♣ naufrage m (a. fig.); fig. ruine f; navire m naufragé; **2.** causer le naufrage de; faire dérailler (un train); fig. faire échouer; ♣ be ~ed faire naufrage; **'wreck·age** débris m/pl.; fig. naufrage m; **wrecked** naufragé; fig. ruiné; **'wreck·er** démolisseur m (a. de bâtiments); ♣ sauveteur m (d'épaves); mot. Am. dépanneuse f, camion-grue m (pl. camions-grues); Am. marchand m de voitures délabrées; † ♣ pilleur m d'épaves; **'wreck·ing** démolition f; Am. ~ company entreprise f de démolitions; mot. ~ service (service de) dépannage m.

wren orn. [ren] roitelet m.

wrench [rentʃ] **1.** tordre; arracher (violemment) (à, from); forcer (l'épaule, le sens); ~ open forcer (un couvercle etc.); ~ out arracher; **2.** mouvement m ou effort m de torsion; effort m violent; fig. déchirement m de cœur; fig. violente douleur f; ⊕ clef f à écrous.

wrest [rest] arracher (à, from); fausser (le sens); **wres·tle** [ˈresl] **1.** lutter; v/t. lutter avec ou contre; **2.** (ou **'wres·tling**) lutte f; **'wrestler** lutteur m.

wretch [retʃ] malheureux (-euse f) m; infortuné(e f) m; scélérat(e f) m;

co. fripon(ne f) m; type m; poor ~ pauvre diable m.

wretch·ed □ [ˈretʃid] misérable; malheureux (-euse f); lamentable; F diable de ..., sacré; **'wretch·ed·ness** malheur m; misère f.

wrick [rik] **1.** fouler (une cheville); ~ one's neck se donner le torticolis; **2.** ♣ effort m; ~ in the neck torticolis m.

wrig·gle [ˈrigl] (se) tortiller, (s')agiter, (se) remuer; ~ out se tirer de.

wright [rait] mots composés: ouvrier m, artisan m.

wring [riŋ] [irr.] **1.** tordre (les mains, le linge, le cou à une volaille); étreindre (la main de q.); déchirer (le cœur); ~ s.th. from s.o. arracher qch. à q.; ~ing wet mouillé à tordre; trempé jusqu'aux os (personne); **2.** torsion f; **'wring·er**, **'wring·ing·ma·chine** essoreuse f.

wrin·kle[1] [ˈriŋkl] **1.** figure, eau: ride f; robe: pli m; rugosité f; **2.** (se) rider; (se) froisser.

wrin·kle[2] F [~] tuyau m; bonne idée f; ruse f.

wrist [rist] poignet m; ~ watch montre-bracelet (pl. montres-bracelets) f; **'wrist·band** poignet m, manchette f; (ou **wrist·let** [ˈristlit]) bracelet m; sp. bracelet m de force; ~s pl. menottes f/pl.; ~ watch see wrist watch.

writ [rit] mandat m, ordonnance f; acte m judiciaire; assignation f; Holy ♀ Écriture f sainte; ~ for an election ordonnance f de procéder à une élection; ⚖ ~ of attachment ordre m de saisie; ~ of execution exécutoire m.

write [rait] [irr.] v/t. écrire; rédiger (un article); ~ down coucher par écrit; noter; inscrire (un nom); ~ off écrire (une lettre etc.) d'un trait; † défalquer (une dette), réduire (un capital); ~ out transcrire; écrire en toutes lettres; remplir (un chèque); ~ up écrire; fig. prôner; ajouter à; mettre au courant; v/i. écrire; être écrivain; ~ for faire venir, commander; ~ off to écrire à (q.); F nothing to ~ home about rien d'étonnant; **'~-off** annulation f par écrit.

writ·er [ˈraitə] écrivain m; auteur m; femme f écrivain ou auteur m;

écoss. ~ to the signet notaire m; ~'s cramp (ou palsy) crampe f des écrivains.

write-up Am. F ['rait'ʌp] éloge m exagéré; compte m rendu.

writhe [raið] se tordre; se crisper.

writ·ing ['raitiŋ] écriture f; écrit m; ouvrage m littéraire; art m d'écrire; métier m d'écrivain; attr. d'écriture; à écrire; in ~ par écrit; ~ desk bureau m, secrétaire m; ~ pad sous-main m (pl. sous-mains); bloc-notes (pl. blocs-notes); ~ paper papier m à écrire ou à lettres.　[(fait par) écrit.]

writ·ten ['ritn] 1. p.p. de write; 2.∫

wrong [rɔŋ] 1. □ mauvais; faux (fausse f); inexact; erroné; be ~ être faux; être mal (de inf., to inf.); ne pas être à l'heure (montre); avoir tort (personne); go ~ se tromper (a. de chemin); fig. tomber dans le vice; ⊕ se détraquer; there is something ~ il y a quelque chose qui ne va pas ou qui cloche; F what's ~

with him? qu'est-ce qu'il a?; on the ~ side of sixty qui a dépassé la soixantaine; 2. mal m; tort m; ⚖ dommage m; be in the ~ avoir tort, être dans son tort; put s.o. in the ~ mettre q. dans son tort; 3. faire tort à; être injuste envers; '~'do·er méchant m; ⚖ délinquant(e f) m; '~'do·ing mal m; méfaits m/pl.; ⚖ infraction f à la loi; **wrong·ful** □ ['~ful] injuste; injustifié; préjudiciable; illégal (-aux m/pl.); '**wrong-'head·ed** (qui a l'esprit) pervers; '**wrong·ness** erreur f; inexactitude f; mal m.

wrote [rout] prét. de write.

wroth poét. [rouθ] courroucé.

wrought [rɔːt] prét. et p.p. de work 2; ~ goods produits m/pl. ouvrés; articles m/pl. apprêtés; ⊕ ~ iron fer m forgé ou ouvré.

wrung [rʌŋ] prét. et p.p. de wring 1.

wry □ [rai] tordu; de travers; pull a ~ face faire la grimace.

X, x [eks] X *m*, x *m*; ⅄, *a. fig.* X X *m* (= *l'inconnue*); x(-*certificate*) *film* film *m* interdit aux moins de 18 ans.

xen·o·pho·bi·a [zenə'foubiə] xéno-phobie *f* [phie *f.*⎫

xe·rog·ra·phy [ziə'rɔgrəfi] xérogra-⎰

xe·rox (*TM*) ['ziərɔks] **1.** photocopie *f*; **2.** photocopier.

X·mas F ['eksməs, 'krisməs] Noël *m*; *see a. Christmas.*

X-ray ['eks'rei] **1.**: ~s *pl.* rayons *m/pl.* X; **2.** radiologique; **3.** radiographier.

xy·log·ra·pher [zai'lɔgrəfə] xylo-graphe *m* (= *graveur sur bois*);

xy·lo·graph·ic, xy·lo·graph·i·cal [~lə'græfik(l)] xylographique; **xy·log·ra·phy** [~'lɔgrəfi] xylographie *f* (= *gravure sur bois*).

xy·lo·phone ♪ ['zailəfoun] xylopho-ne *m.*

Y, y [wai] Y *m*, y *m*.

yacht ⚓ [jɔt] **1.** yacht *m*; **2.** faire du yachting; **'yacht·er, yachts·man** ['~smən] yachtman (*pl.* yachtmen) *m*; **'yacht·ing** yachting *m*; *attr.* en yacht; de yachtman.

ya·hoo [jə'hu:] F brute *f*; *Am. sl.* petzouille *m*.

yam ♀ [jæm] igname *f*.

yank¹ [jæŋk] **1.** *v/t.* tirer (d'un coup sec); arracher; *v/i.* se mouvoir brusquement; **2.** coup *m* sec; secousse *f*.

Yank² *sl.* [~] *see* Yankee.

Yan·kee F ['jæŋki] Yankee *m*; Américain(e *f*) *m* (*des É.-U.*); ~ *Doodle* chanson populaire des É.-U.

yap [jæp] **1.** japper; F criailler; **2.** jappement *m*; *sl.* gueule *f*; *sl.* fadaises *f/pl.*; *sl.* rustre *m*.

yard¹ [jɑːd] mesure: yard *m* (= 0,914 *m*); ⚓ vergue *f*; ✝ ~ *goods pl.* étoffes *f/pl.*, nouveautés *f/pl.*; mercerie *f*.

yard² [~] cour *f*; chantier *m* (*de travail*); dépôt *m* (*de charbon, a.* 🚂); (*ou railway* ~) gare *f* de triage.

yard...: '~**arm** ⚓ bout *m* de vergue; '~**man** manœuvre *m* de chantier; garçon *m* d'écurie; 🚂 gareur *m* de trains; '~**stick** yard *m*; *fig.* étalon *m*, *fig.* aune *f*.

yarn [jɑːn] **1.** *tex.* fil(é) *m*; ⚓ fil *m* de caret; *spin a* ~ débiter une histoire ou des histoires. [achillée *f*.]

yar·row ♀ ['jærou] mille-feuille *f*,]

yaw ⚓ [jɔː] **1.** faire des embardées; ✈ faire un mouvement de lacet.

yawl ⚓ [jɔːl] yole *f*.

yawn [jɔːn] **1.** bâiller; **2.** bâillement *m*.

ye † *ou poét. ou co.* [jiː] vous.

yea † *ou prov.* [jei] **1.** oui; voire; **2.** oui *m*.

year [jə] an *m*; année *f*; ~ *of grace* an(née *f*) *m* de grâce; *he bears his* ~*s well* il porte bien son âge; '~**book** annuaire *m*, almanach *m*; **year·ling** ['jəːliŋ] animal *m* d'un an; **'year·long** qui dure un an, d'un an;

'year·ly 1. *adj.* annuel(le *f*); **2.** *adv.* tous les ans; une fois par an.

yearn [jəːn] languir (pour, *for*; après, *after*); brûler (de *inf.*, *to inf.*); **'yearn·ing 1.** envie *f* (de, *for*); désir *m* ardent; **2.** □ ardent; plein d'envie.

yeast [jiːst] levure *f*; levain *m* (*a. fig.*); **'yeast·y** □ de levure; écumant (*mer etc.*); *fig.* enflé (*style*); emphatique (*personne*).

yegg(·man) *Am. sl.* ['jeg(mən)] cambrioleur *m*.

yell [jel] **1.** *vt/i.* hurler; *v/i.* crier à tue-tête; **2.** hurlement *m*; cri *m* aigu.

yel·low ['jelou] **1.** jaune; F lâche, poltron(ne *f*); F sensationel(le *f*), à sensation, à effet; ⊕ ~ *brass* cuivre *m* jaune, laiton *m*; *Am.* ~ *dog* roquet *m*; *fig.* sale type *m*; *attr.* contraire aux règlements syndicaux; ~ *fever*, F ~ *Jack* fièvre *f* jaune; *zo. Am.* ~ *jacket* petite guêpe *f*; ~ *jaundice* jaunisse *f*, ictère *m*; *téléph.* ~ *pages pl.* pages *f/pl.* jaunes; ~ *press* presse *f* sensationelle, journaux *m/pl.* à sensation; **2.** jaune *m*; **3.** *vt/i.* jaunir; ~*ed* jauni; '~**back** livre *m* broché, roman *m* bon marché; '~**-(h)am·mer** *orn.* bruant *m* jaune; **'yel·low·ish** jaunâtre.

yelp [jelp] **1.** jappement *m*; **2.** japper.

yen *Am. sl.* [jen] désir *m* (ardent).

yeo·man ['joumən] yeoman (*pl.* yeomen) *m*, franc tenancier *m*; petit propriétaire *m*; ⚓ *Am.* sous-officier *m* aux écritures; ✕ ~ *of the guard* soldat *m* de la Garde du corps; **'yeo·man·ry** francs tenanciers *m/pl.*; ✕ garde *f* montée.

yep *Am.* F [jep] oui.

yes [jes] **1.** oui; **2.** oui *m*; ~**-man** *sl.* ['~mæn] flagorneur *m*; béni-oui-oui *m*.

yes·ter·day ['jestədi] hier (*a. su./m*); **'yes·ter'year** l'an *m* dernier.

yet [jet] **1.** *adv.* encore; jusqu'ici; jusque-là; déjà; malgré tout; *as* ~ jusqu'à présent; *not* ~ pas encore; **2.** *cj.* (et) cependant; tout de même.

yew ♀ [ju:] if *m*; *attr.* en bois d'if.

Yid·dish ['jidiʃ] yiddish *m*, *adj.*

yield [ji:ld] **1.** *v/t.* rendre; donner; produire; céder (*un terrain, une ville, etc.*); rapporter (*a.* ✝ *un profit*); *v/i. surt.* 📍 rendre; céder (à *to, beneath*); se rendre (*personne*); **2.** rapport *m*; rendement *m*; production *f*; planche *etc.*: fléchissement *m*; '**yield·ing** ☐ peu résistant; mou (mol *devant une voyelle ou un h muet*; molle *f*); *fig.* accommodant (*personne*).

yip *Am.* F [jip] aboyer; rouspéter.

yo·del, yo·dle ['joudl] **1.** ioulement *m*; tyrolienne *f*; **2.** iouler; chanter à la tyrolienne.

yo·ga ['jougə] yoga *m.*   [yaourt *m.*]

yog·hourt, yog·(h)urt ['jɔgət]}

yo-ho [jou'hou] oh, hisse!

yoicks! [jɔiks] taïaut!

yoke [jouk] **1.** joug *m* (*a. fig.*); couple *f* (*de bœufs*); palanche *f* (*pour seaux*); *cost.* empiècement *m*; **2.** accoupler; atteler; *fig.* unir (à, *to*); '**~·fel·low** compagnon (compagne *f*) *m* de travail; F époux (-ouse *f*) *m*.

yo·kel F ['joukl] rustre *m.*

yolk [jouk] jaune *m* (d'œuf); suint *m* (*de laines*).

yon ✝ *ou poét.* [jɔn], **yon·der** *poét.* ['~də] **1.** *adj.* ce (cette *f*, ces *pl.*)-là; **2.** *adv.* là-bas.

yore [jɔ:]: of ~ (d')autrefois.

you [ju:] **1.** tu; *accentué et datif*: toi; *accusatif*: te; *a.* on; **2.** vous.

young [jʌŋ] **1.** jeune; petit (*animal*); fils; *fig.* peu avancé (*nuit etc.*); **2.** jeunesse *f*, jeunes gens *m/pl.*; with ~ pleine *f* (*animal*); '**young·ish** assez jeune; **young·ster** F ['jʌŋstə] jeune homme *m*; petit(e *f*) *m.*

your [jɔ:; jə] **1.** ton, ta, tes; **2.** votre, vos; **yours 1.** le tien, la tienne, les tiens, les tiennes; à toi; **2.** le (la) vôtre, les vôtres; à vous; **your'self** *réfléchi*: te, *accentué*: toi; **your'selves** *pl.* [~'selvz] vous-mêmes; *réfléchi*: vous (*a. accentué*).

youth [ju:θ] jeunesse *f*; *coll.* jeunes gens *m/pl.*; (*pl.* **youths** [ju:ðz]) jeune homme *m*, adolescent *m*; ~ hostel auberge *f* de la jeunesse; **youth·ful** ['~ful] jeune; de jeunesse; '**youth·ful·ness** (air *m* de) jeunesse *f.*

Yu·go·slav ['ju:gou'sla:v] **1.** yougoslave; **2.** *ling.* yougoslave *m*; Yougoslave *mf.*

Yule *poét.* [ju:l] Noël *usu. f*; ~ log bûche *f* de Noël.

Z

Z, z [zed; *Am.* zi:] Z *m*, z *m*.

za·ny ['zeini] 1. bouffon *m*; 2. burlesque; loufoque.

zap *sl.* [zæp] **1.** *v/t.* descendre (*q.*); agresser, assommer; (*a. ~ up*) faire à la hâte; 2. *v/i.* filer (à toute allure); **2.** vigueur *f*, énergie *f*, entrain *m*.

zeal [zi:l] zèle *m*; **zeal·ot** ['zelət] zélateur (-trice *f*) *m* (*a. eccl.*) (de, for); **'zeal·ot·ry** fanatisme *m*; *eccl.* zélotisme *m*; **'zeal·ous** □ zélé; zélateur (-trice *f*) (de, for); plein de zèle (pour, for); fanatique.

ze·bra *zo.* ['zi:brə] zèbre *m*; *~ crossing* passage *m* clouté.

ze·bu *zo.* ['zi:bu:] zébu *m*, bœuf *m* à bosse.

ze·nith ['zeniθ] zénith *m*; *fig. a.* apogée *m*.

zeph·yr ['zefə] zéphyr *m*; ✝ laine *f* zéphire; *sp.* maillot *m*.

ze·ro ['ziərou] 1. zéro *m* (*a. fig.*); 2. zéro *inv.*, nul(le *f*); *~ growth* croissance *f* zéro; *~ hour* ⚔ l'heure *f* H; *fig.* le moment décisif; *~ option* option *f* zéro; *~ in on* ⚔ régler le tir sur; *fig.* diriger son attention sur; *fig.* piquer droit sur.

zest [zest] **1.** ✝ zeste *m*; saveur *f*, goût *m*; enthousiasme *m* (pour, for); élan *m*; verve *f*; *~ for life* entrain *m*; **2.** épicer.

zig·zag ['zigzæg] **1.** zigzag *m*; **2.** en zigzag, en lacets; **3.** zigzaguer, faire des zigzags.

zinc [ziŋk] **1.** *min.* zinc *m*; **2.** zinguer.

zi·on ['zaiən] Sion *m*; **'zi·on·ism** sionisme *m*; **'zi·on·ist** sioniste (*a. su./mf*).

zip [zip] **1.** sifflement *m*; F énergie *f*, allant *m*, vigueur *f*; (*a. ~ fastener*) fermeture *f* éclair *inv.* (*TM*) *ou* à glissière; *Am. ~ code* code *m* postal; **2.** siffler; fermer; **'zip·per 1.** fermeture *f* éclair *inv.* (*TM*) *ou* à glissière; **2.** fermer (avec une fermeture éclair); **'zip·py** F plein d'allant, vif (vive *f*); dynamique.

zith·er ♪ ['ziθə] cithare *f*.

zo·di·ac *astr.* ['zoudiæk] zodiaque *m*; **zo·di·a·cal** [zou'daiəkl] zodiacal (-aux *m/pl.*).

zon·al □ ['zounl] zonal (-aux *m/pl.*); **zone** [zoun] zone *f*; ♀ couche *f* (*annuelle*); *fig.* ceinture *f*.

zoo F [zu:] zoo *m* (= *jardin zoologique*).

zo·o·log·i·cal □ [zouə'lɔdʒikl] zoologique; *~ garden(s pl.)* [zu·'lɔdʒikl'gɑ:dn(z)] jardin *m* zoologique, F zoo *m*; **zo·ol·o·gist** [zou'ɔlədʒist] zoologiste *m*; **zo·ol·o·gy** zoologie *f*.

zoom *sl.* [zu:m] **1.** ⚔ monter en chandelle; filer (à toute allure); vrombir, bourdonner; *fig.* (*a. ~ up*) monter en flèche; **2.** ⚔ (montée *f* en) chandelle *f*; vrombissement *m*, bourdonnement *m*; *phot.* (*a. ~ lens*) zoom *m*.

zoot suit *Am.* ['zu:t 'sju:t] complet *m* zazou.

Zu·lu ['zu:lu:] zoulou *m*; femme *f* zoulou.   [tique.∫

zy·mot·ic *biol.* [zai'mɔtik] zymo-∫

Proper names with pronunciation and explanation

Noms propres avec leur prononciation et notes explicatives

A

Ab·er·deen [æbə'di:n] *ville d'Écosse.*

A·bra·ham ['eibrəhæm] Abraham *m.*

Ab·ys·sin·i·a [æbi'sinjə] l'Abyssinie *f (ancien nom d'Éthiopie).*

A·chil·les [ə'kili:z] Achille *m (héros grec).*

Ad·am ['ædəm] Adam *m.*

Ad·di·son ['ædisn] *auteur anglais.*

Ad·e·laide ['ædəleid] Adélaïde *f;* ['ʌlid] Adélaïde *(ville d'Australie).*

A·den ['eidn] *ville et port d'Arabie.*

Ad·i·ron·dacks [ædi'rɔndæks] *région montagneuse de l'État de New York (É.-U.).*

Ad·olf ['ædɔlf], **A·dol·phus** [ə'dɔlfəs] Adolphe *m.*

A·dri·at·ic (Sea) [eidri'ætik('si:)] (mer *f*) Adriatique *f.*

Ae·sop ['i:sɔp] Ésope *m (fabuliste grec).*

Af·ghan·i·stan [æf'gænistæn] l'Afghanistan *m.*

Af·ri·ca ['æfrikə] l'Afrique *f.*

Ag·a·tha ['ægəθə] Agathe *f.*

Al·a·bam·a [ælə'bɑ:mə; *Am.* ælə'bæmə] *État des É.-U.*

A·las·ka [ə'læskə] *État des É.-U.*

Al·ba·ni·a [æl'beinjə] l'Albanie *f.*

Al·ba·ny ['ɔ:lbəni] *capitale de l'État de New York (É.-U.).*

Al·bert ['ælbət] Albert *m.*

Al·ber·ta [æl'bə:tə] *province du Canada.*

Al·bi·on *poét.* ['ælbjən] Albion *f,* la Grande-Bretagne *f.*

Al·der·ney ['ɔ:ldəni] Aurigny *f (île Anglo-Normande).*

Al·ex·an·der [ælig'zɑ:ndə] Alexandre *m.*

Al·ex·an·dra [ælig'zɑ:ndrə] Alexandra *f.*

Al·fred ['ælfrid] Alfred *m.*

Al·ge·ri·a [æl'dʒiəriə] l'Algérie *f.*

Al·ger·non ['ældʒənən] *prénom masculin.*

Al·giers [æl'dʒiəz] Alger *m.*

Al·ice ['ælis] Alice *f.*

Al·le·ghe·ny ['æligeini] *chaîne de montagnes des É.-U.; rivière des É.-U.*

Al·len ['ælin] Alain *m.*

Alps [ælps] *pl.* les Alpes *f/pl.*

Al·sace [æl'sæs] l'Alsace *f.*

A·me·lia [ə'mi:ljə] Amélie *f.*

A·mer·i·ca [ə'merikə] l'Amérique *f.*

A·my ['eimi] Aimée *f.*

An·chor·age ['æŋkəridʒ] *ville de l'Alaska (É.-U.).*

An·des ['ændi:z] *pl.* la Cordillère *f* des Andes, les Andes *f/pl.*

An·dor·ra [æn'dɔrə] Andorre *f.*

An·drew ['ændru:] André *m.*

An·gle·sey ['æŋglsi] *comté du Pays de Galles.*

An·nap·o·lis [ə'næpəlis] *capitale du Maryland (É.-U.), école navale.*

Ann(e) [æn] Anne *f.*

An·tho·ny ['æntəni] Antoine *m.*

An·til·les [æn'tili:z] *pl.* les Antilles *f/pl. (archipel entre l'Amérique du Nord et l'Amérique du Sud).*

An·to·ni·a [æn'tounjə] Antoinette *f.*

An·to·ny ['æntəni] Antoine *m.*

Ap·en·nines ['æpinainz] *pl.* les Apennins *m/pl.*

Ap·pa·lach·i·ans [æpə'leitʃiənz] *pl.* les Appalaches *m/pl.*

Ar·chi·bald ['ɑ:tʃibəld] Archambaud *m.*

Ar·chi·me·des [ɑːki'mi:di:z] Archimède *m (savant grec).*

Ar·den ['ɑ:dn] *nom de famille anglais.*

Ar·gen·ti·na [ɑ:dʒən'ti:nə], **the Ar·gen·tine** [ði'ɑ:dʒəntain] l'Argentine *f.*

Ar·gyll(·shire) [ɑ:'gail(ʃiə)] *comté d'Écosse.*

Ar·is·tot·le ['æristɔtl] Aristote *m (philosophe grec).*

Ar·i·zo·na [æri'zounə] État des É.-U.

Ar·kan·sas ['ɑ:kənsɔ:] État des É.-U.; *fleuve des* É.-U.

Ar·ling·ton ['ɑ:liŋtən] *cimetière national des É.-U. près de Washington.*

Ar·thur ['ɑ:θə] Arthur *m*; King ∼ le roi Arthur *(ou* Artus).

As·cot ['æskət] *ville et champ de courses d'Angleterre.*

A·sia ['eiʃə] l'Asie *f*; ∼ Minor l'Asie *f* Mineure.

Ath·ens ['æθinz] Athènes *f.*

At·kins ['ætkinz]: Tommy ∼ *sobriquet du soldat britannique.*

At·lan·tic [ət'læntik] *m* l'Atlantique *m.*

Auck·land ['ɔ:klənd] *ville et port de la Nouvelle-Zélande.*

Au·drey ['ɔ:dri] *prénom féminin.*

Au·gus·tus [ɔ:'gʌstəs] Auguste *m.*

Aus·ten ['ɔ:stin] *femme écrivain anglaise.*

Aus·tin ['ɔ:stin] *capitale du Texas (É.-U.).*

Aus·tra·li·a [ɔ:s'treiljə] l'Australie *f.*

Aus·tri·a ['ɔ:striə] l'Autriche *f.*

A·von ['eivən] *rivière d'Angleterre.*

Ax·min·ster ['æksminstə] *ville d'Angleterre.*

Ayr [ɛə] *ville d'Écosse; a.* **Ayr·shire** ['ɛəʃiə] *comté d'Écosse.*

A·zores [ə'zɔ:z] *pl.* les Açores *f/pl.*

B

Bac·chus *myth.* ['bækəs] Bacchus *m (dieu grec du vin).*

Ba·con ['beikən] *homme d'État et philosophe anglais.*

Ba·den-Pow·ell ['beidn'pouəl] *fondateur du scoutisme.*

Ba·ha·mas [bə'hɑ:məz] *pl.* les Bahamas *f/pl. (archipel de l'Atlantique).*

Bai·le A·tha Cli·ath [blɔ:'kli:] *nom gaélique de Dublin.*

Bald·win ['bɔ:ldwin] Baudouin *m.*

Bal·mor·al [bæl'mɔrəl] *château royal en Écosse.*

Bal·ti·more ['bɔ:ltimɔ:] *ville et port des É.-U.*

Bar·thol·o·mew [bɑ:'θɔləmju:] Barthélemy *m.*

Bath [bɑ:θ] *station thermale d'Angleterre.*

Ba·ton Rouge ['bætn'ru:ʒ] *capitale de la Louisiane (É.-U.).*

Ba·var·i·a [bə'vɛəriə] la Bavière *f.*

Bea·cons·field ['bi:kənzfi:ld] *titre de noblesse de Disraeli.*

Beards·ley ['biədzli] *dessinateur et illustrateur anglais.*

Beck·ett ['bekit] *poète et dramaturge irlandais.*

Beck·y ['beki] *diminutif de Rebecca.*

Bed·ford ['bedfəd] *ville d'Angleterre; a.* **Bed·ford·shire** ['~ʃiə] *comté d'Angleterre.*

Bel·fast ['belfa:st] *capitale de l'Irlande du Nord.*

Bel·gium ['beldʒəm] la Belgique *f.*

Bel·grade [bel'greid] *capitale de la Yougoslavie.*

Bel·gra·vi·a [bel'greivjə] *quartier résidentiel de Londres.*

Ben [ben] *diminutif de Benjamin.*

Ben·e·dict ['benidikt; 'benit] Benoît *m.*

Ben·gal [beŋ'gɔ:l] le Bengale *m.*

Ben·ja·min ['bendʒəmin] Benjamin *m.*

Ben Ne·vis [ben'ni:vis] *point culminant de la Grande-Bretagne.*

Berke·ley ['bɑ:kli] *philosophe irlandais*; ['bə:kli] *ville des É.-U. (Californie).*

Berk·shire ['bɑ:kʃiə] *comté d'Angleterre*; ∼ **Hills** ['bə:kʃiə'hilz] *pl. chaîne de montagnes du Massachusetts (É.-U.).*

Ber·lin [bə:'lin] Berlin.

Ber·mu·das [bə:'mju:dəz] *pl.* les Bermudes *f/pl. (archipel de l'Atlantique).*

Ber·nard [bə:'nɑd] Bernard *m.*

Bern(e) [bə:n] Berne.

Ber·tha ['bə:θə] Berthe *f.*

Ber·trand ['bə:trənd] Bertram *m.*

Ber·yl ['beril] *prénom féminin.*

Bess, Bes·sy ['bes(i)], **Bet·s(e)y** ['betsi], **Bet·ty** ['beti] Babette *f.*

Bill, Bil·ly ['bil(i)] *diminutif de William.*

Bir·ken·head ['bə:kənhed] *port et ville industrielle d'Angleterre.*

Bir·ming·ham ['bə:miŋəm] *ville industrielle d'Angleterre*; ['~hæm] *ville des É.-U. (Alabama).*

Bis·kay [ˈbiskei]: *the Bay of* ~ le golfe *m*
de Gascogne.

Blooms·bur·y [ˈbluːmzbri] *quartier
d'artistes de Londres.*

Bob [bɔb] *diminutif de Robert.*

Bo·he·mia [bəʊˈhiːmjə] la Bohême *f.*

Boi·se [ˈbɔisi] *capitale de l'Idaho
(É.-U.).*

Bol·eyn [ˈbulin]: *Anne* ~ Anne Boleyn
(femme de Henri VIII d'Angleterre).

Bo·liv·i·a [bəˈliviə] la Bolivie *f.*

Bom·bay [bɔmˈbei] *ville et port de
l'Inde.*

Bonn [bɔn] *capitale de la République
fédérale d'Allemagne.*

Bos·ton [ˈbɔstən] *capitale du Massachusetts (É.-U.).*

Bourne·mouth [ˈbɔːnməθ] *station
balnéaire d'Angleterre.*

Brad·ford [ˈbrædfəd] *ville industrielle
d'Angleterre.*

Bra·zil [brəˈzil] le Brésil *m.*

Breck·nock(·shire) [ˈbreknɔk(ʃiə)]
comté du Pays de Galles.

Bri·an [ˈbraiən] *prénom masculin.*

Bridg·et [ˈbridʒit] Brigitte *f.*

Brigh·ton [ˈbraitn] *station balnéaire
d'Angleterre.*

Bris·tol [ˈbristl] *ville et port d'Angleterre.*

Bri·tan·ni·a *poét.* [briˈtænjə] la
Grande-Bretagne *f.*

Brit·ta·ny [ˈbritəni] la Bretagne *f.*

Brit·ten [ˈbritn] *compositeur anglais.*

Broad·way [ˈbrɔːdwei] *rue principale
de New York (É.-U.).*

Brontë [ˈbrɔnti] *nom de trois femmes de
lettres anglaises.*

Brook·lyn [ˈbruklin] *quartier de New
York (É.-U.).*

Brus·sels [ˈbrʌslz] Bruxelles.

Bu·cha·rest [ˈbjuːkərest] Bucarest.

Buck [bʌk] *femme écrivain américaine.*

Buck·ing·ham [ˈbʌkiŋəm] *comté
d'Angleterre;* ~ *Palace palais des rois de
Grande-Bretagne;* **Buck·ing·ham-
shire** [ˈbʌkiŋəmʃiə] *see* Buckingham.

Bu·da·pest [ˈbjuːdəˈpest] *capitale de
la Hongrie.*

Bud·dha [ˈbudə] Bouddha.

Bul·gar·i·a [bʌlˈgɛəriə] la Bulgarie *f.*

Bul·wer [ˈbulwə] *auteur anglais.*

Bur·ma [ˈbəːmə] la Birmanie *f.*

Burns [bəːnz] *poète écossais.*

By·ron [ˈbaiərən] *poète anglais.*

C

Cae·sar [ˈsiːzə] (Jules) César *m (général et dictateur romain).*

Cai·ro [ˈkaiərou] Le Caire *m.*

Cal·cut·ta [kælˈkʌtə] *capitale de
l'État de Bengale-Occidental.*

Cal·i·for·nia [kæliˈfɔːnjə] la Californie *f (État des É.-U.).*

Cam·bridge [ˈkeimbridʒ] *ville universitaire anglaise; ville des É.-U.
(Massachusetts), siège de l'université
Harvard; a.* **Cam·bridge·shire**
[ˈ~ʃiə] *comté d'Angleterre.*

Camp·bell [ˈkæmbl] *nom de famille.*

Can·a·da [ˈkænədə] le Canada *m.*

Ca·nar·y Is·lands [kəˈnɛəriˈailəndz]
les îles *f/pl.* Canaries, *les* Canaries *f/pl.*

Can·ber·ra [ˈkænbərə] *capitale de
l'Australie.*

Can·ter·bur·y [ˈkæntəbəri] Cantor-
béry *f (ville d'Angleterre).*

Cape Town, Cape·town [ˈkeiptaun]
le Cap *m.*

Ca·pote [kəˈpouti] *écrivain américain.*

Car·diff [ˈkɑːdif] *capitale du Pays de
Galles.*

Car·di·gan(·shire) [ˈkɑːdigən(ʃiə)]
comté du Pays de Galles.

Car·lisle [kɑːˈlail] *ville d'Angleterre.*

Car·lyle [kɑːˈlail] *auteur anglais.*

Car·mar·then(·shire) [kəˈmɑːðən
(-ʃiə)] *comté du Pays de Galles.*

Car·nar·von(·shire) [kəˈnɑːvən(-ʃiə)]
comté du Pays de Galles.

Car·neg·ie [ˈkɑːnegi] *industriel américain.*

Car·o·li·na [kærəˈlainə]: (North ~,
South ~) la Caroline *f (du Nord, du
Sud) (États des É.-U.).*

Car·o·line [ˈkærəlain] Caroline *f.*

Car·pa·thi·ans [kɑːˈpeiθjənz] *pl. les*
Karpates *f/pl.*

Car·rie [ˈkæri] *diminutif de Caroline.*

Cath·e·rine [ˈkæθərin] Catherine *f.*

Cau·ca·sus [ˈkɔːkəsəs] Caucase *m.*

Cec·il [ˈsesl; ˈsisl] *prénom masculin.*

Ce·cil·i·a [siˈsiljə], **Cec·i·ly** [ˈsisili]
Cécile *f.*

Cey·lon [siˈlɔn] Ceylan *m.*

Cham·ber·lain [ˈtʃeimbəlin] *nom de
plusieurs hommes d'État britanniques.*

Chan·nel [ˈtʃænl]: *the English* ~ la
Manche *f.*

Char·ing Cross [ˈtʃæriŋˈkrɔs] *carrefour de Londres.*

Charles [tʃɑːlz] Charles *m.*

Charles·ton [ˈtʃɑːlstən] *capitale de la Virginie Occidentale (É.-U.).*

Char·lotte [ˈʃɑːlət] *Charlotte f.*

Chat·ham [ˈtʃætəm] *ville et port d'Angleterre.*

Chau·cer [ˈtʃɔːsə] *poète anglais.*

Chel·sea [ˈtʃelsi] *quartier de Londres.*

Chesh·ire [ˈtʃeʃə] *comté d'Angleterre.*

Ches·ter·field [ˈtʃestəfiːld] *ville industrielle d'Angleterre.*

Chev·i·ot Hills [ˈtʃeviətˈhilz] *pl. chaîne de montagnes qui sépare l'Écosse de l'Angleterre.*

Chi·ca·go [ʃiˈkɑːgou; *Am. souv.* ʃiˈkɔːgou] *ville des États de la Prairie (É.-U.).*

Chil·e, Chil·i [ˈtʃili] *le Chili m.*

Chi·na [ˈtʃainə] *la Chine f.*

Chlo·e [ˈkləui] *prénom féminin.*

Chris·ti·na [krisˈtiːnə] *Christine f.*

Chris·to·pher [ˈkristəfə] *Christophe m.*

Chrys·ler [ˈkraislə] *industriel américain.*

Church·ill [ˈtʃəːtʃil] *homme d'État britannique.*

Cin·cin·nat·i [sinsiˈnæti] *ville des É.-U.*

Cis·sie [ˈsisi] *diminutif de Cecilia.*

Clar·a [ˈklɛərə], **Clare** [klɛə] *Claire f.*

Clar·en·don [ˈklærəndən] *nom de plusieurs hommes d'État britanniques.*

Cle·o·pa·tra [kliəˈpætrə] *Cléopâtre f. (reine d'Égypte).*

Cleve·land [ˈkliːvlənd] *ville industrielle et port des É.-U.*

Clive [klaiv] *général qui fonda la puissance britannique dans l'Inde.*

Clyde [klaid] *fleuve d'Écosse.*

Cole·ridge [ˈkoulridʒ] *poète anglais.*

Col·in [ˈkɔlin] *prénom masculin.*

Co·lom·bi·a [kəˈlɔmbiə] *la Colombie f.*

Col·o·ra·do [kɔləˈrɑːdou] *État des É.-U.; nom de deux fleuves de É.-U.*

Co·lum·bi·a [kəˈlʌmbiə] *fleuve des É.-U.; district fédéral des É.-U. (capitale Washington); capitale de la Caroline du Sud (É.-U.).*

Con·cord [ˈkɔŋkəd] *capitale du New Hampshire (É.-U.).*

Con·nacht [ˈkɔnət], **Con·naught** [ˈkɔnɔːt] *province de la République d'Irlande.*

Con·nect·i·cut [kəˈnetikət] *fleuve des É.-U.; État des É.-U.*

Con·stance [ˈkɔnstəns] *Constance mf.*

Coo·per [ˈkuːpə] *auteur américain.*

Co·pen·ha·gen [koupnˈheign] *Copenhague.*

Cor·dil·le·ras [kɔːdiˈljɛərəz] *pl. see Andes.*

Cor·ne·lia [kɔːˈniːljə] *Cornélie f.*

Corn·wall [ˈkɔːnwəl] *la Cornouailles f (comté d'Angleterre).*

Cos·ta Ri·ca [ˈkɔstəˈriːkə] *le Costa Rica m.*

Cov·ent Gar·den [ˈkɔvəntˈgɑːdn] *l'opéra de Londres.*

Cov·en·try [ˈkɔvəntri] *ville industrielle d'Angleterre.*

Craig [kreig] *prénom.*

Crete [kriːt] *la Crète f.*

Cri·me·a [kraiˈmiə] *la Crimée f.*

Crom·well [ˈkrɔmwəl] *homme d'État anglais.*

Croy·don [ˈkrɔidn] *ancien aéroport de Londres.*

Cu·ba [ˈkjuːbə] *(île f de) Cuba m.*

Cum·ber·land [ˈkʌmbələnd] *comté d'Angleterre.*

Cu·pid *myth.* [ˈkjuːpid] *Cupidon m (dieu romain de l'Amour).*

Cyn·thi·a [ˈsinθiə] *prénom féminin.*

Cy·prus [ˈsaiprəs] *Chypre f.*

Cy·rus [ˈsaiərəs] *Cyrus m.*

Czech·o·Slo·va·ki·a [ˈtʃekouslouˈvækiə] *la Tchécoslovaquie f.*

D

Da·ko·ta [dəˈkoutə]: *(North ~, South ~) le Dakota m (du Nord, du Sud) (États de É.-U.).*

Dan·iel [ˈdænjəl] *Daniel m.*

Dan·ube [ˈdænjuːb] *le Danube m.*

Daph·ne [ˈdæfni] *Daphne f.*

Dar·da·nelles [dɑːdəˈnelz] *pl. les Dardanelles f/pl.*

Dar·jee·ling [dɑːˈdʒiːliŋ] *ville de l'Inde.*

Dart·moor [ˈdɑːtmuə] *massif cristallin d'Angleterre; prison.*

Dar·win [ˈdɑːwin] *naturaliste anglais.*

Da·vid [ˈdeivid] *David m.*

Dee [diː] *fleuve d'Angleterre et d'Écosse.*

De·foe [diˈfou] *auteur anglais.*

Deir·dre [ˈdiədri] *prénom féminin.*

Del·a·ware [ˈdeləwɛə] *fleuve des É.-U.; État des É.-U.*

Den·bigh(·shire) [ˈdenbi(ʃiə)] *comté du Pays de Galles.*

Den·mark [ˈdenmɑːk] *le Danemark m.*

Den·ver ['denvə] *capitale du Colorado (É.-U.).*

Der·by(·shire) ['dɑ:bi(ʃiə)] *comté d'Angleterre.*

Des Moines [də'mɔin] *capitale de l'Iowa (É.-U.).*

De·troit [di'trɔit] *ville industrielle des É.-U.*

De Va·le·ra [dəvə'liərə] *homme d'État irlandais.*

Dev·on(·shire) ['devn(ʃiə)] *comté d'Angleterre.*

Dew·ey ['dju:i] *philosophe américain.*

Di·an·a [dai'ænə] *Diane f.*

Dick [dik] *diminutif de Richard.*

Dick·ens ['dikinz] *auteur anglais.*

Dick·in·son ['dikinsn] *femme poète américaine.*

Dis·rae·li [diz'reili] *homme d'État britannique.*

Dol·ly ['dɔli] *diminutif de Dorothy.*

Do·min·i·can Re·pub·lic [də'minikən ri'pʌblik] *la République f Dominicaine.*

Don·ald ['dɔnld] *prénom masculin.*

Don Quix·ote [dɔn'kwiksət] *Don Quichotte m.*

Dor·o·the·a [dɔrə'θiə], **Dor·o·thy** ['dɔrəθi] *Dorothée f.*

Dor·set(·shire) ['dɔ:sit(ʃiə)] *comté d'Angleterre.*

Dos Pas·sos [dəs'pæsəs] *écrivain américain.*

Doug [dʌg] *diminutif de Douglas.*

Doug·las ['dʌgləs] *puissante famille écossaise; prénom masculin.*

Do·ver ['douvə] *Douvres (port d'Angleterre, sur la Manche); capitale du Delaware (É.-U.).*

Down·ing Street ['dauniŋ'stri:t] *rue de Londres, résidence officielle du premier ministre.*

Drei·ser ['draisə] *auteur américain.*

Dry·den ['draidn] *poète anglais.*

Dub·lin ['dʌblin] *capitale de la République d'Irlande.*

Du·luth [də'lu:θ] *ville des É.-U. (Minnesota).*

Dun·kirk [dʌn'kɔ:k] *Dunkerque m.*

Dur·ham ['dʌrəm] *comté d'Angleterre.*

E·den ['i:dn] *Eden m, le paradis m terrestre.*

Ed·in·burgh ['edinbərə] *Édimbourg.*

Ed·i·son ['edisn] *inventeur américain.*

Ed·mund ['edmənd] *Edmond m.*

Ed·ward ['edwəd] *Édouard m.*

E·gypt ['i:dʒipt] *l'Égypte f.*

Ei·leen ['aili:n] *prénom féminin.*

Ei·re ['ɛərə] *ancien nom de la République d'Irlande.*

Ei·sen·how·er ['aizənhauə] *général et 34ᵉ président des É.-U.*

E·laine [i'lein] *prénom féminin.*

El·ea·nor ['elinə] *Eléonore f.*

E·li·as [i'laiəs] *Élie m.*

E·li·nor ['elinə] *Eléonore f.*

El·i·ot ['eljət] *femme écrivain anglaise; poète anglais, né aux É.-U.*

E·li·za [i'laizə] *diminutif de Elizabeth.*

E·liz·a·beth [i'lizəbəθ] *Elisabeth f.*

El·lis Is·land ['elis'ailənd] *île de la baie de New York (É.-U.).*

El Sal·va·dor [el'sælvədɔ:] *El Salvador m.*

Em·er·son ['eməsn] *philosophie et poète américain.*

Em·i·ly ['emili] *Émilie f.*

Eng·land ['iŋglənd] *l'Angleterre f.*

E·noch ['i:nɔk] *Énoch m.*

Ep·som ['epsəm] *ville d'Angleterre, célèbre course de chevaux.*

E·rie ['iəri] *Lake~ le lac m Érie (un des cinq grands lacs de l'Amérique du Nord).*

Er·nest ['ɔ:nist] *Ernest m.*

Es·sex ['esiks] *comté d'Angleterre.*

Eth·el ['eθl] *prénom féminin.*

E·thi·o·pi·a [i:θi'oupjə] *l'Éthiopie f.*

E·ton ['i:tn] *collège et ville d'Angleterre.*

Eu·clid ['ju:klid] *Euclide (mathématicien grec).*

Eu·gene ['ju:dʒi:n] *Eugène m.*

Eu·ge·ni·a [ju:'dʒi:niə] *Eugénie f.*

Eu·phra·tes [ju:'freiti:z] *l'Euphrate m.*

Eu·rope ['juərəp] *l'Europe f.*

Eus·tace ['ju:stəs] *Eustache m.*

Ev·ans ['evənz] *nom de famille anglais et gallois.*

Eve [i:v] *Ève f.*

Ev·e·lyn ['i:vlin] *Éveline f.*

E

Ec·ua·dor [ekwə'dɔ:] *Équateur m.*

Ed·die ['edi] *diminutif de Edmund, Edward.*

F

Falk·land Is·lands ['fɔ:klənd'ailəndz] *pl. les îles f/pl. Falkland (archipel de l'Atlantique).*

Faulk·ner ['fɔ:knə] *auteur américain.*

Fawkes [fɔ:ks] *nom de famille anglais; chef de la Conspiration des Poudres (1605).*

Fe·li·ci·a [fi'lisiə] *prénom féminin.*

Fe·lix ['fi:liks] Félix *m.*

Fin·land ['finlənd] la Finlande *f.*

Fitz·ger·ald [fits'dʒerəld] *nom de famille.*

Flan·ders ['flɑ:ndəz] la Flandre *f.*

Flint·shire ['flintʃiə] *comté du Pays de Galles.*

Flor·ence ['flɔrəns] Florence *f (prénom).*

Flor·i·da ['flɔridə] la Floride *f (État des É.-U.).*

Flush·ing ['flʌʃiŋ] Flessingue.

Folke·stone ['foukstən] *ville et port d'Angleterre sur la Manche.*

Ford [fɔ:d] *industriel américain.*

France [frɑ:ns] la France *f.*

Fran·ces ['frɑ:nsis] Françoise *f.*

Fran·cis [~] François *m.*

Frank·fort ['fræŋkfət] *capitale du Kentucky (É.-U.).*

Frank·lin ['fræŋklin] *homme d'État et auteur américain.*

Fred(·dy) ['fred(i)] *diminutif de Alfred, Frederic(k).*

Fred·er·ic(k) ['fredrik] Frédéric *m.*

Ful·bright ['fulbrait] *homme politique américain.*

Ful·ton ['fultən] *inventeur américain.*

G

Gains·bor·ough ['geinzbərə] *peintre anglais.*

Gals·wor·thy ['gælzwə:ði] *auteur anglais.*

Gan·ges ['gændʒi:z] le Gange *m.*

Gaul [gɔ:l] la Gaule *f.*

Ge·ne·va [dʒi'ni:və] Genève.

Geof·frey ['dʒefri] Geoffroi *m.*

George [dʒɔ:dʒ] Georges *m.*

Geor·gia ['dʒɔ:dʒiə] la Georgie *f (État des É.-U.).*

Ger·ald ['dʒerəld] Gérard *m.*

Ger·al·dine ['dʒerəldi:n] *prénom féminin.*

Ger·ma·ny ['dʒə:məni] l'Allemagne *f.*

Gersh·win ['gə:ʃwin] *compositeur américain.*

Ger·trude ['gə:tru:d] Gertrude *f.*

Get·tys·burg ['getizbə:g] *ville des É.-U.*

Gha·na ['gɑ:nə] le Ghana *m.*

Gi·bral·tar [dʒi'brɔ:ltə] Gibraltar *m.*

Giles [dʒailz] Gilles *m.*

Gill [gil] Julie *f.*

Glad·ys ['glædis] *prénom féminin.*

Glad·stone ['glædstən] *homme d'État britannique.*

Gla·mor·gan(·shire) [glə'mɔ:gən (-ʃiə)] *comté du Pays de Galles.*

Glas·gow ['glɑ:sgou] *ville et port d'Écosse.*

Glouces·ter ['glɔstə] *ville d'Angleterre;* a. **Glouces·ter·shire** ['~ʃiə] *comté d'Angleterre.*

Gold·smith ['gouldsmiθ] *auteur anglais.*

Gor·don ['gɔ:dn] *nom de famille anglais.*

Go·tham ['gɔtəm] *village d'Angleterre.*

Gra·ham ['greiəm] *nom de famille et prénom masculin anglais.*

Grand Can·yon ['grænd'kæniən] *nom des gorges du Colorado (É.-U.).*

Great Brit·ain ['greit'britən] la Grande-Bretagne *f.*

Great Di·vide ['greitdi'vaid] *les montagnes Rocheuses (É.-U.).*

Greece [gri:s] la Grèce *f.*

Greene [gri:n] *auteur anglais.*

Green·land ['gri:nlənd] le Groenland *m.*

Green·wich ['grinidʒ] *faubourg de Londres;~ Village quartier d'artistes de New York.*

Greg·o·ry ['gregəri] Grégoire *m.*

Gros·ve·nor ['grouvnə] *place et rue de Londres.*

Gua·te·ma·la [gwæti'mɑ:lə] le Guatemala *m.*

Guern·sey ['gə:nzi] Guernesey *f (île Anglo-Normande).*

Gui·a·na [gi'ɑ:nə] la Guyane *f.*

Guin·ea ['gini] la Guinée *f.*

Guin·ness ['ginis; gi'nes] *nom de famille, surt. irlandais.*

Guy [gai] Gui *m*, Guy *m.*

Gwen·do·len, Gwen·do·lyn ['gwendəlin] *prénom féminin.*

H

Hai·ti ['heiti] la Haïti *f.*

Hague [heig]: the ~ La Haye.

Hal·i·fax ['hælifæks] *ville du Canada et d'Angleterre.*

Ham·il·ton ['hæmiltən] *nom de famille anglais.*

Hamp·shire ['hæmpʃiə] *comté d'Angleterre.*

Hamp·stead ['hæmpstid] *faubourg de Londres.*

Han·o·ver ['hænəvə] *Hanovre m.*

Har·lem ['ha:ləm] *quartier de New York, habité surtout par des noirs.*

Har·ri·et ['hæriət] *Henriette f.*

Har·ris·burg ['hærisbə:g] *capitale de la Pennsylvanie (É.-U.).*

Har·row ['hærou] *collège et ville d'Angleterre.*

Har·ry ['hæri] *diminutif de Henry.*

Har·vard U·ni·ver·si·ty ['ha:vəd ju:ni'və:siti] *université américaine.*

Har·wich ['hæridʒ] *ville et port d'Angleterre.*

Has·tings ['heistiŋz] *ville d'Angleterre; homme d'État, gouverneur de l'Inde anglaise.*

Ha·wai·i [ha:'waii] *pl.* les Hawaii *f/pl.* *(archipel de la Polynésie, État des É.-U.).*

Heb·ri·des ['hebridi:z] *pl.* les Hébrides *f/pl. (Îles d'Écosse).*

Hel·en ['helin] *Hélène f.*

Hel·sin·ki ['helsiŋki] *capitale de la Finlande.*

Hem·ing·way ['hemiŋwei] *auteur américain.*

Hen·ley ['henli] *ville d'Angleterre sur la Tamise; régates célèbres.*

Hen·ry ['henri] *Henri m.*

Her·cu·les ['hə:kjuli:z] *Hercule m.*

Her·e·ford(·shire) ['herifəd(ʃiə)] *comté d'Angleterre.*

Hert·ford(·shire) ['ha:fəd(ʃiə)] *comté d'Angleterre.*

Hil·a·ry ['hiləri] *Hilaire f.*

Hi·ma·la·ya [himə'leiə] *l'Himalaya m.*

Hin·du·stan [hindu'stæn] *l'Hindoustan m.*

Ho·garth ['houga:θ] *peintre anglais.*

Hol·born ['houbən] *quartier de Londres.*

Hol·land ['hɔlənd] *la Hollande f.*

Hol·ly·wood ['hɔliwud] *centre de l'industrie cinématographique américaine.*

Home [hju:m] *Sir Alec Douglas-~ homme politique anglais.*

Ho·mer ['houmə] *Homère m (poète grec).*

Hon·du·ras [hɔn'djuərəs] *le Honduras m.*

Ho·no·lu·lu [hɔnə'lu:lu] *capitale des Hawaii (É.-U.).*

Hoo·ver ['hu:və] *31ᵉ président des É.-U.*

Hous·ton ['(h)ju:stən] *ville des É.-U. (Texas).*

Hud·son ['hʌdsn] *fleuve des É.-U., avec New York à l'embouchure; vaste golfe au nord de l'Amérique.*

Hugh [hju:] *Hugues m.*

Hughes [hju:z] *nom de famille.*

Hull [hʌl] *ville et port d'Angleterre.*

Hume [hju:m] *philosophe anglais.*

Hum·phr(e)y ['hʌmfri] *prénom masculin.*

Hun·ga·ry ['hʌŋgəri] *la Hongrie f.*

Hun·ting·don(·shire) ['hʌntiŋdən (-ʃiə)] *comté d'Angleterre.*

Hu·ron ['hjuərən]: *Lake ~ le lac m Huron (un des cinq grands lacs de l'Amérique du Nord).*

Hux·ley ['hʌksli] *naturaliste anglais; zoologiste anglais; auteur anglais.*

Hyde Park ['haid'pa:k] *Parc de Londres.*

I

I·an ['i:ən, iən] *Jean m.*

Ice·land ['aislənd] *l'Islande f.*

I·da·ho ['aidəhou] *État des É.-U.*

I·dle·wild ['aidlwaild] *ancien nom de Kennedy Airport.*

Il·li·nois [ili'nɔi(z)] *rivière des É.-U.; État des É.-U.*

In·di·a ['indjə] *l'Inde f.*

In·di·an·a [indi'ænə] *État des É.-U.*

In·di·an Ocean ['indjən'ouʃən] *océan m Indien.*

In·dies ['indiz] *pl.: the (East, West) ~ les Indes f/pl. (orientales, occidentales).*

In·dus ['indəs] *l'Indus m.*

I·o·wa ['aiouə] *État des É.-U.*

I·rak, I·raq [i'ra:k] *l'Irak m, l'Iraq m.*

I·ran [iə'ra:n] *l'Iran m.*

Ire·land ['aiələnd] *l'Irlande f.*

I·re·ne [ai'ri:ni; 'airi:n] *Irène f.*

I·ris ['aiəris] *prénom féminin.*

Ir·ving ['ə:viŋ] *auteur américain.*

I·saac ['aizək] *Isaac m.*

Is·a·bel ['izəbəl] *Isabelle f.*

Isle of Man [ailəv'mæn] *Isle f de*

Man (*île de la mer d'Irlande*).
Is·ra·el ['izreiəl] l'Israël *m.*
It·a·ly ['itəli] l'Italie *f.*
I·vy ['aivi] *prénom féminin.*

J

Jack [dʒæk] Jean(not) *m* (*see* Jack *au dictionnaire*).
Ja·mai·ca [dʒə'meikə] la Jamaïque *f.*
James [dʒeimz] Jacques *m.*
Jane [dʒein] Jeanne *f.*
Ja·net ['dʒænit] Jeanette *f.*
Ja·pan [dʒə'pæn] le Japon *m.*
Jean [dʒi:n] Jeanne *f.*
Jef·fer·son ['dʒefəsn] 3ᵉ président des É.-U., auteur de la Déclaration d'Indépendance; ~ City capitale du Missouri (É.-U.).
Jen·ny ['dʒeni] Jeanneton *f*, Jeannette *f.*
Jer·e·my ['dʒerimi] Jérémie *m.*
Jer·sey ['dʒə:zi] *île Anglo-Normande;* ~ City ville des É.-U.
Je·ru·sa·lem [dʒə'ru:sələm] Jérusalem.
Jes·si·ca ['dʒesikə] Jessica *f.*
Je·sus (Christ) ['dʒi:zəs ('kraist)] Jésus(-Christ) *m.*
Jill [dʒil] Julie *f*; Jack and ~ Jeannot et Colette.
Jim(·my) ['dʒim(i)] *diminutif de* James.
Joan [dʒoun] Jeanne *f.*
Joc·e·lin(e), Joc·e·lyn ['dʒɔslin] *prénom féminin.*
Jo(e) [dʒou] *diminutif de* Joseph.
John [dʒɔn] Jean *m.*
John·ny ['dʒɔni] Jeannot *m.*
John·son ['dʒɔnsn] 36ᵉ président des É.-U.; *auteur anglais.*
Jo·nah ['dʒounə] Jonas *m.*
Jon·a·than ['dʒɔnəθən] Jonathas *m.*
Jor·dan ['dʒɔ:dn] la Jordanie *f.*
Jo·seph ['dʒouzif] Joseph *m.*
Josh·u·a ['dʒɔʃwə] Josué *m.*
Joyce [dʒois] *écrivain irlandais.*
Ju·go·sla·vi·a ['ju:gou'sla:viə] la Yougoslavie *f.*
Jul·ia ['dʒu:ljə], **Ju·li·et** ['~t] Julie(tte) *f.*
Jul·ian ['dʒu:liən] *prénom masculin.*
Jul·ius ['dʒu:ljəs] Jules *m.*
Ju·neau ['dʒu:nou] *capitale de l'Alaska* (É.-U.).

K

Kam·pu·che·a [kæmpu'tʃiə] Cambodge *m.*
Kan·sas ['kænzəs] *rivière des É.-U.;* État des É.-U.
Kash·mir [kæʃ'miə] le Cachemire *m* (*ancien État de l'Inde*).
Kate [keit] *diminutif de* Catherine, Katharine, Katherine, Kathleen.
Kath·a·rine, Kath·er·ine ['kæθərin] Catherine *f.*
Kath·leen ['kæθli:n] Catherine *f.*
Keats [ki:ts] *poète anglais.*
Keith [ki:θ] *prénom masculin.*
Ken·ne·dy ['kenidi] 35ᵉ président des É.-U.; Cape ~ cap de la côte de Floride (lancement d'engins téléguidés et de satellites artificiels; ~ airport aéroport international de New York.
Ken·neth ['keniθ] *prénom masculin.*
Ken·sing·ton ['kenziŋtən] *quartier de Londres.*
Kent [kent] *comté d'Angleterre.*
Ken·tuck·y [ken'tʌki] *rivière des É.-U.;* État des É.-U.
Ken·ya ['ki:njə; 'kenjə] le Kenya *m.*
Kip·ling ['kipliŋ] *poète anglais.*
Kit·ty ['kiti] *diminutif de* Catherine.
Klon·dike ['klɔndaik] *rivière et région du Canada.*
Knox [nɔks] *réformateur écossais.*
Krem·lin ['kremlin] le Kremlin *m.*
Ku·wait [ku'weit] Koweït *m.*

L

Lab·ra·dor ['læbrədɔ:] *péninsule de l'Amérique du Nord.*
Lan·ca·shire ['læŋkəʃiə] *comté d'Angleterre.*
Lan·cas·ter ['læŋkəstə] Lancastre *f* (*ville d'Angleterre; ville des É.-U.*); *see* Lancashire.
Lau·rence, Law·rence ['lɔ:rəns] Laurent *m.*
Leb·a·non ['lebənən] le Liban *m.*
Leeds [li:dz] *ville industrielle d'Angleterre.*
Leg·horn ['leg'hɔ:n] Livourne.
Leices·ter ['lestə] *ville d'Angleterre; a.* **Leices·ter·shire** ['~ʃiə] *comté d'Angleterre.*
Leigh [li:; lai] *ville industrielle d'Angleterre; nom de famille anglais.*
Leix [li:ʃ] *comté d'Irlande.*

1248

Le·man ['lemən]: *Lake* ~ le lac *m* Léman.

Leon·ard ['lenəd] Léonard *m*.

Les·lie ['lezli] *prénom masculin.*

Lew·is ['lu:is] Louis *m*; *auteur américain; poète anglais.*

Lil·i·an ['liliən] *prénom féminin.*

Lim·er·ick ['limərik] *comté d'Irlande.*

Lin·coln ['liŋkən] *16ᵉ président des É.-U.; capitale du Nébraska (É.-U.); ville d'Angleterre; a.* **Lin·coln·shire** ['~ʃiə] *comté d'Angleterre.*

Li·o·nel ['laiənl] *prénom masculin.*

Lis·bon ['lizbən] Lisbonne *f*.

Lit·tle Rock ['litl'rɔk] *capitale de l'Arkansas (É.-U.).*

Liv·er·pool ['livəpu:l] *ville industrielle et port d'Angleterre.*

Liz·zie ['lizi] Lisette *f*.

Lloyd [lɔid] *prénom masculin.*

Locke [lɔk] *philosophe anglais.*

Lon·don ['lʌndən] Londres *f*.

Long·fel·low ['lɔŋfelou] *poète américain.*

Lor·raine [lɔ'rein] la Lorraine *f*.

Los An·ge·les [lɔs'ændʒili:z; *Am. a.* 'æŋgələs] *ville et port des É.-U.*

Lou·i·sa [lu:'i:zə] Louise *f*.

Lou·i·si·an·a [lu:i:zi'ænə] la Louisiane *f (État des É.-U.).*

Lu·cia ['lu:siə] Lucie *f*.

Lu·cius ['lu:siəs] Lucien *m*.

Lu·cy ['lu:si] Lucie *f*.

Luke [lu:k] Luc *m*.

Lux·em·b(o)urg ['lʌksəmbə:g] Luxembourg *m*.

Lyd·i·a ['lidiə] Lydie *f*.

M

Mab [mæb] *reine des fées.*

Ma·bel ['meibl] *prénom féminin.*

Ma·cau·lay [mə'kɔ:li] *historien et homme politique anglais; femme écrivain anglaise.*

Mac·Don·ald [mək'dɔnld] *homme d'État britannique.*

Mac·Gee [mə'gi:] *nom de famille.*

Mac·ken·zie [mə'kenzi] *fleuve du Canada.*

Ma·dei·ra [mə'diərə] Madère *f*.

Madge [mædʒ] Margot *f*.

Mad·i·son ['mædisn] *4ᵉ président des É.-U.; capitale du Wisconsin (É.-U.).*

Ma·dras [mə'drɑ:s] *ville et port de l'Inde.*

Ma·drid [mə'drid] *capitale de l'Espagne.*

Mag·da·len ['mægdəlin] Madeleine *f*.

Mag·gie ['mægi] Margot *f*.

Ma·hom·et [me'hɔmit] Mahomet *m*.

Maine [mein] *État des É.-U.*

Ma·lay·sia [mə'leiʒə]: *the Federation of* ~ la Fédération *f* de Malaisie.

Mal·colm ['mælkəm] *prénom masculin.*

Mal·ta ['mɔ:ltə] Malte *f*.

Man·ches·ter ['mæntʃistə] *ville industrielle d'Angleterre.*

Man·hat·tan [mæn'hætn] *île et quartier de New York (É.-U.).*

Man·i·to·ba [mæni'toubə] *province du Canada.*

Mar·ga·ret ['mɑ:gərit] Marguerite *f*.

Mar·jo·rie ['mɑ:dʒəri] *prénom féminin.*

Mark [mɑ:k] Marc *m*.

Marl·bor·ough ['mɔ:lbərə] *général anglais.*

Mar·tha ['mɑ:θə] Marthe *f*.

Mar·y ['mɛəri] Marie *f*.

Mar·y·land ['mɛərilænd; *Am.* 'merilənd] *État des É.-U.*

Mas·sa·chu·setts [mæsə'tʃu:sets] *État des É.-U.*

Ma(t)·thew ['mæθju:] Mat(t)hieu *m*.

Maud [mɔ:d] Mathilde *f*.

Maugham [mɔ:m] *auteur anglais.*

Mau·reen [mɔ'ri:n] *prénom féminin.*

Mau·rice ['mɔris] Maurice *m*.

May [mei] Mariette *f*, Manon *f*.

Meath [mi:ð, mi:θ] *comté d'Irlande.*

Mel·bourne ['melbən] *ville et port d'Australie.*

Mel·ville [melvil] *auteur américain.*

Mer·e·dith ['merədiθ] *auteur anglais.*

Mer·i·on·eth(·shire) [meri'ɔniθ (-ʃiə)] *comté du Pays de Galles.*

Mex·i·co ['meksikou] le Mexique *m*.

Mi·am·i [mai'æmi] *station balnéaire de la Floride (É.-U.).*

Mi·chael ['maikl] Michel *m*.

Mich·i·gan ['miʃigən] *État des É.-U.; Lake* ~ le lac *m* Michigan (*un des cinq grands lacs de l'Amérique du Nord*).

Mid·dle·sex ['midlseks] *comté d'Angleterre.*

Mid·west ['mid'west] *les États m/pl de la Prairie (É.-U.).*

Mil·dred ['mildrid] *prénom féminin.*

Mil·li·cent ['milisnt] *prénom féminin.*

Mil·ton ['miltən] *poète anglais.*

Mil·wau·kee [mil'wɔ:ki:] *ville des É.-U.*

Min·ne·ap·o·lis [mini'æpəlis] *ville des É.-U.*

Min·ne·so·ta [mini'soutə] *État des É.-U.*

Mis·sis·sip·pi [misi'sipi] *État des É.-U.; fleuve des É.-U.*

Mis·sou·ri [mi'suəri; Am. mi'zuəri] *rivière des É.-U.; État des É.-U.*

Mitch·ell ['mitʃl] *prénom; nom de famille.*

Mo·ham·med [mou'hæmed] *Mohammed m; islam:* Mahomet *m.*

Moll [mɔl] *Mariette f, Manon f.*

Mo·na·co ['mɔnəkou] *Monaco m.*

Mon·mouth(·shire) ['mʌnməθ(ˌ)ʃiə] *comté d'Angleterre.*

Mon·roe [mən'rou] *5e président des É.-U.*

Mon·tan·a [mɔn'tænə] *État des É.-U.*

Mont·gom·er·y [mənt'gʌməri] *maréchal britannique; a.* **Mont'gom·er·y·shire** [ˌ∼ʃiə] *comté du Pays de Galles.*

Mont·re·al [mɔntri'ɔ:l] *Montréal m (ville du Canada).*

Moore [muə] *sculpteur anglais.*

Mo·roc·co [mə'rɔkou] *le Maroc m.*

Mos·cow ['mɔskou] *Moscou.*

Mu·ri·el ['mjuəriəl] *prénom féminin.*

Mur·ray ['mʌri] *fleuve d'Australie.*

My·ra ['maiərə] *prénom féminin.*

N

Nan·cy ['nænsi] *Nanette f, Annette f.*

Na·ples ['neiplz] *Naples.*

Na·tal [nə'tæl] *le Natal m.*

Ne·bras·ka [ni'bræskə] *État des É.-U.*

Neil(l) [ni:l] *prénom; nom de famille.*

Nell, Nel·ly ['nel(i)] *diminutif de Eleanor, Helen.*

Nel·son ['nelsn] *amiral britannique.*

Ne·pal [ni'pɔ:l] *le Népal m.*

Neth·er·lands ['neðələndz] *pl. les Pays-Bas m/pl.*

Ne·vad·a [ne'va:də] *État des É.-U.*

New Bruns·wick [nju:'brʌnzwik] *province du Canada.*

New·cas·tle ['nju:ka:sl] *ville et port d'Angleterre.*

New Del·hi ['nju:'deli] *capitale de l'Inde.*

New Eng·land ['nju:'iŋglənd] *la*

Nouvelle-Angleterre *f (États des É.-U.).*

New·found·land [nju:'faundlənd; surt. ⚓ nju:fənd'lænd] *Terre-Neuve f (province du Canada).*

New Hamp·shire [nju:'hæmpʃiə] *État des É.-U.*

New Jer·sey [nju:'dʒə:zi] *État des É.-U.*

New Guin·ea [nju:'gini] *la Nouvelle-Guinée f.*

New Mex·i·co [nju:'meksikou] *le Nouveau-Mexique m (État des É.-U.).*

New Or·le·ans [nju:'ɔ:liənz] *la Nouvelle-Orléans f (ville des É.-U.).*

New·ton ['nju:tn] *physicien et philosophe anglais.*

New York ['nju:'jɔ:k] *New York f (ville des É.-U.);* New York *m (État des É.-U.).*

New Zea·land [nju:'zi:lənd] *la Nouvelle-Zélande f.*

Ni·ag·a·ra [nai'ægərə] *le Niagara m (rivière de l'Amérique du Nord, unissant les lacs Erie et Ontario).*

Nich·o·las ['nikələs] *Nicolas m.*

Ni·ger ['naidʒə] *le Niger m.*

Ni·ge·ri·a [nai'dʒiəriə] *le (ou la) Nigeria m(f).*

Nile [nail] *le Nil m.*

Nix·on ['niksn] *37e président des É.-U.*

No·el ['nouəl] *prénom masculin.*

Nor·folk ['nɔ:fək] *comté d'Angleterre; ville et port des É.-U.*

North·amp·ton [nɔ:'θæmptən] *ville d'Angleterre; a.* **North'amp·ton·shire** [ˌ∼ʃiə] *comté d'Angleterre.*

North·ern Ire·land [nɔ:ðən'aiələnd] *l'Irlande du Nord.*

North Sea ['nɔ:θ'si:] *mer f du Nord.*

North·um·ber·land [nɔ:'θʌmbələnd] *comté d'Angleterre.*

Nor·way ['nɔ:wei] *la Norvège f.*

Not·ting·ham ['nɔtiŋəm] *ville d'Angleterre; a.* **Not·ting·ham·shire** ['ˌ∼ʃiə] *comté d'Angleterre.*

No·va Sco·tia ['nouvə'skouʃə] *la Nouvelle-Écosse f (province du Canada).*

O

Oak Ridge ['ouk'ridʒ] *ville des É.-U.; centre de recherches nucléaires.*

O'Ca·sey [ou'keisi] *dramaturge irlandais.*

O·ce·an·i·a [ouʃi'einiə] l'Océanie *f*.
O'Fla·her·ty [ou'flæ(h)əti] *écrivain irlandais*.
O'Har·a [əu'ha:rə] *nom de famille*.
O.Hen·ry [əu'henri] *écrivain américain*.
O·hi·o [ou'haiou] *rivière des É.-U.; État des É.-U*.
O·kla·ho·ma [ouklə'houmə] *État des É.-U.;* ~ *City capitale de l'Oklahoma (É.-U.)*.
Ol·i·ver ['ɔlivə] Olivier *m*.
O·liv·i·a [o'liviə] Olivia *f*, Olivie *f*.
O·ma·ha ['oumaha:] *ville des É.-U*.
O'Neill [ou'ni:l] *auteur américain*.
On·tar·i·o [ɔn'tɛəriou] *province du Canada; Lake* ~ le lac *m* Ontario (*un des cinq grands lacs de l'Amérique du Nord*).
Or·ange ['ɔrindʒ] l'Orange *m* (*fleuve de l'Afrique australe*).
Or·e·gon ['ɔrigən] *État des É.-U*.
Ork·ney Is·lands ['ɔ:kni'ailəndz] *pl*. les Orcades *f*|*pl*. (*comté d'Écosse*).
Or·well ['ɔ:wəl] *auteur anglais*.
Os·borne ['ɔzbən] *auteur anglais*.
Os·lo ['ɔzlou] *capitale de la Norvège*.
Ost·end [ɔs'tend] Ostende *f*.
O'Sul·li·van [əu'sʌlivən] *nom de famille*.
Ot·ta·wa ['ɔtəwə] *capitale du Canada*.
Ouse [u:z] *nom de deux rivières d'Angleterre*.
Ox·ford ['ɔksfəd] *ville universitaire d'Angleterre; a.* **Ox·ford·shire** ['~ʃiə] *comté d'Angleterre*.
O·zark Moun·tains ['ouzɑ:k'mauntinz] *pl*. les Ozark *m*|*pl*. (*massif des É.-U.*).

P

Pa·cif·ic [pə'sifik] le Pacifique *m*.
Pad·dy ['pædi] *diminutif de Patrick; sobriquet de l'Irlandais*.
Pak·i·stan [pɑ:kis'tɑ:n] le Pakistan *m*.
Pall Mall ['pel'mel] *rue des Londres*.
Palm Beach ['pɑ:m'bi:tʃ] *station balnéaire de la Floride (É.-U.)*.
Pal·mer [pɑ:(l)mə] *nom de famille*.
Pan·a·ma [pænə'mɑ:, 'pænəmɑ:] le Panama *m*.
Par·a·guay ['pærəgwai] le Paraguay *m*.
Par·is ['pæris] Paris *m*.
Pa·tri·cia [pə'triʃə] *prénom féminin*.

Pat·rick ['pætrik] Patrice *m*, Patrick *m* (*patron de l'Irlande*).
Paul [pɔ:l] Paul *m*.
Pau·line [pɔ:'li:n, '~] Pauline *f*.
Pearl Har·bor ['pə:l'hɑ:bə] *port des îles Hawaii*.
Peg(·gy) ['peg(i)] Margot *m*.
Pe·kin(g) ['pi:kin (~kiŋ)] Pékin *m*.
Pem·broke(·shire) ['pembruk(ʃiə)] *comté du Pays de Galles*.
Penn·syl·va·nia [pensil'veinjə] la Pennsylvanie *f* (*État des É.-U.*).
Per·cy ['pə:si] *prénom masculin*.
Pe·ru [pə'ru:] le Pérou *m*.
Pe·ter ['pi:tə] Pierre *m*.
Phil·a·del·phi·a [filə'delfjə] Philadelphie *f* (*ville des É.-U.*).
Phil·ip ['filip] Philippe *m*.
Phil·ip·pines ['filipi:nz] *pl*. archipel de la mer de Chine.
Phoe·be ['fi:bi] *prénom féminin*.
Phoe·nix ['fi:niks] *capitale de l'Arizona (É.-U.)*.
Pic·ca·dil·ly [pikə'dili] *rue de Londres*.
Pierce [piəs] *prénom: nom de famille*.
Pin·ter ['pintə] *dramatiste anglais*.
Pitts·burgh ['pitsbə:g] *ville des É.-U.*
Pla·to ['pleitou] Platon *m* (*philosophe grec*).
Plym·outh ['plimər] *ville et port d'Angleterre; ville des É.-U.*
Poe [pou] *auteur américain*.
Po·land ['pouland] la Pologne *f*.
Poll [pɔl] Mariette *f*, Manon *f*.
Port·land ['pɔ:tlənd] *ville et port des É.-U. (Maine); ville des É.-U. (Oregon)*.
Ports·mouth ['pɔ:tsməθ] *ville et port d'Angleterre*.
Por·tu·gal ['pɔ:tugəl] le Portugal *m*.
Po·to·mac [pə'toumæk] *fleuve des É.-U.*
Pow·ell ['pauəl] *nom de famille; prénom*.
Prague [prɑ:g] *capitale de la Tchécoslovaquie*.
Prus·sia ['prʌʃə] la Prusse *f*.
Pul·itz·er ['pulitsə] *journaliste américain*.
Pun·jab [pʌn'dʒɑ:b] le Pendjab *m*.
Pur·cell ['pə:sl] *compositeur anglais*.

Q

Que·bec [kwi'bek] Québec *m* (*ville et province du Canada*).

Queens [kwi:nz] *quartier de New York.*

Quin·c(e)y ['kwinsi] *nom de famille; prénom.*

R

Ra·chel [reitʃəl] Rachel *f.*

Rad·nor(·shire) ['rædnə(ʃiə)] *comté du Pays de Galles.*

Rae [rei] *prénom.*

Ra·leigh ['rɔ:li; 'rɑ:li; 'ræli] *navigateur anglais; capitale de la Caroline du Nord (É.-U.).*

Ralph [reif; rælf] Raoul *m.*

Ra·wal·pin·di [rɔ:l'pindi] *capitale du Pakistan.*

Ray [rei] *prénom.*

Ray·mond ['reimənd] Raymond *m.*

Read·ing ['rediŋ] *ville industrielle d'Angleterre; ville des É.-U.*

Rea·gan ['regən] *40ᵉ président des É.-U.*

Re·bec·ca [ri'bekə] Rébecca *f.*

Reg·i·nald ['redʒinld] Renaud *m.*

Rey·kja·vik ['reikjəvi:k] *capitale de l'Islande.*

Rhine [rain] *le Rhin m.*

Rhode Is·land [roud'ailənd] *État des É.-U.*

Rhodes [roudz] Rhodes *f.*

Rho·de·sia [rou'di:ziə] *la Rhodésie f.*

Rich·ard ['ritʃəd] Richard *m.*

Rich·mond ['ritʃmənd] *capitale de la Virginie (É.-U.); district de New York; faubourg de Londres.*

Rob·ert ['rɔbət] Robert *m.*

Rob·in ['rɔbin] *diminutif de Robert.*

Rock·e·fel·ler ['rɔkifelə] *industriel américain.*

Rock·y Moun·tains ['rɔki'mauntinz] *pl. les (montagnes f/pl.) Rocheuses f/pl.*

Rog·er ['rɔdʒə] Roger *m.*

Rome [roum] Rome *f.*

Roo·se·velt [*Am.* 'rouzəvelt; *angl. usu.* 'ru:svelt] *nom de deux présidents des É.-U.*

Rud·yard ['rʌdjəd] *prénom masculin.*

Rug·by ['rʌgbi] *collège et ville d'Angleterre.*

Ru·ma·ni·a [ru:'meinjə] *la Roumanie f.*

Rus·sel [rʌsl] *nom de famille anglais.*

Rus·sia ['rʌʃə] *la Russie f.*

Rut·land(·shire) ['rʌtlənd(ʃiə)] *comté de l'Angleterre.*

S

Sac·ra·men·to [sækrə'mentou] *capitale de la Californie (É.-U.).*

Salis·bur·y ['sɔ:lzbəri] *ville d'Angleterre.*

Sal·ly ['sæli] *diminutif de Sarah.*

Salt Lake Cit·y ['sɔ:lt'leik'siti] *capitale de l'Utah (É.-U.).*

Sam [sæm] *diminutif de Samuel; Uncle ~ les États-Unis; sobriquet de l'Américain.*

Sam·u·el ['sæmjuəl] Samuel *m.*

San Fran·cis·co [sænfrən'siskou] *ville et port des É.-U.*

San Ma·ri·no [sænmə'ri:nou] Saint-Marin *m.*

Sar·ah ['sɛərə] Sarah *f.*

Sas·katch·e·wan [səs'kætʃiwən] *rivière et province du Canada.*

Sau·di A·ra·bi·a [sɑ'udiə'reibjə] l'Arabie *f* Saoudite.

Say·ers ['seiəz] *femme écrivain anglaise.*

Scan·di·na·vi·a [skændi'neivjə] *la Scandinavie f.*

Sche·nec·ta·dy [ski'nektədi] *ville des É.-U.*

Scot·land ['skɔtlənd] l'Écosse *f*; ~ Yard *siège de la police londonienne.*

Sean [ʃɔ:n] Jean *m.*

Scott [skɔt] *nom de famille et prénom anglais; auteur anglais.*

Se·at·tle [si'ætl] *ville et port des É.-U.*

Sev·ern ['sevə:n] *fleuve d'Angleterre.*

Sey·mour ['si:mɔ:, 'seimɔ:] *prénom; nom de famille.*

Shake·speare ['ʃeikspiə] *poète anglais.*

Shaw [ʃɔ:] *auteur anglo-irlandais.*

Shef·field ['ʃefi:ld] *ville industrielle d'Angleterre.*

Shei·la ['ʃi:lə] *prénom féminin.*

Shel·ley ['ʃeli] *poète anglais.*

Shir·ley ['ʃə:li] *prénom féminin.*

Sher·lock ['ʃə:lɔk] *prénom masculin.*

Shet·land Is·lands ['ʃetlənd'ailəndz] *pl. les îles f/pl. (de) Shetland (comté d'Écosse).*

Shrop·shire ['ʃrɔpʃiə] *comté d'Angleterre.*

Sib·yl ['sibil] Sibylle *f.*

Sic·i·ly ['sisili] *la Sicile f.*

Sid·ney ['sidni] *prénom et nom de famille anglais.*

Sin·clair ['siŋklɛə] *prénom masculin; auteur américain.*

1252

Sin·ga·pore [siŋgə'pɔ:] Singapour f.

Sing-Sing ['siŋsiŋ] prison de l'État de New York (É.-U.).

Snow·don ['snoudn] montagne du Pays de Galles.

So·fia ['soufjə] Sofia, capitale de la Bulgarie.

Sol·o·mon ['sɔləmən] Salomon m.

Som·er·set(·shire) ['sʌməsit(fiə)] comté d'Angleterre.

So·phi·a [so'faiə], **So·phy** ['soufi] Sophie f.

Sou·dan [su:'dæn] see Sudan.

South·amp·ton [sau'θæmtən] ville et port d'Angleterre.

South·wark ['sʌðək; 'sauθwək] quartier de Londres.

Spain [spein] l'Espagne f.

Staf·ford(·shire) ['stæfəd(fiə)] comté d'Angleterre.

Stat·en Is·land [stætn'ailənd] quartier de New York (situé dans une île).

Stein·beck ['stainbek] auteur américain.

Ste·phen, Ste·ven ['sti:vn] Stéphan m.

Ste·ven·son ['sti:vnsn] auteur anglais.

Stew·art ['st(j)u:ət] prénom masculin; nom de famille.

St. Law·rence [snt'lɔ:rəns] le Saint-Laurent m.

St. Lou·is [snt'lu:is] ville des É.-U.

Stock·holm ['stɔkhoum] Stockholm, capitale de la Suède.

Strat·ford on A·von ['strætfədən-'eivən] patrie de Shakespeare.

Stu·art ['stjuət] famille royale d'Écosse et d'Angleterre.

Su·dan [su(:)'da:n] le Soudan m.

Sue [sju:, su:] Suzanne f.

Su·ez [su:'iz] Suez m.

Suf·folk ['sʌfək] comté d'Angleterre.

Su·pe·ri·or [sju:'piəriə]: Lake ~ le lac m Supérieur (un des cinq grands lacs de l'Amérique du Nord).

Sur·rey ['sʌri] comté d'Angleterre.

Su·san ['su:zn] Suzanne f.

Sus·que·han·na [sʌskwə'hænə] fleuve des É.-U.

Sus·sex ['sʌsiks] comté d'Angleterre.

Swan·sea ['swɔnzi] ville et port du Pays de Galles.

Swe·den ['swi:dn] la Suède f.

Swift [swift] auteur irlandais.

Swit·zer·land ['switsələnd] la Suisse f.

Syd·ney ['sidni] capitale de la Nouvelle-Galles du Sud (Australie).

Synge [siŋ] poète et dramaturge irlandais.

Syr·i·a ['siriə] la Syrie f.

T

Ta·hi·ti [tɑ:'hi:ti] Tahiti f.

Tal·la·has·see [tælə'hæsi] capitale de la Floride (É.-U.).

Tan·gier [tæn'dʒiə] Tanger f.

Tay·lor ['teilə] nom de famille.

Ted(·dy) ['ted(i)] diminutif de Edward, Edmund, Theodore.

Ten·nes·see [tene'si:] rivière des É.-U.; État des É.-U.

Ten·ny·son ['tenisn] poète anglais.

Ter·ence ['terəns] prénom masculin.

Tex·as ['teksəs] État des É.-U.

Thack·er·ay ['θækəri] auteur anglais.

Thames [temz] la Tamise f.

The·o·dore ['θiədɔ:] Théodore m.

The·re·sa [ti'ri:zə] Thérèse f.

Thom·as ['tɔməs] Thomas m.

Tho·reau ['θɔ:rou] philosophe américain.

Ti·gris ['taigris] le Tigre m.

Tim [tim] diminutif de Timothy.

Tim·o·thy ['timəθi] Timothée m.

Ti·ra·na [ti'rɑ:nə] capitale de l'Albanie.

To·bi·as [tə'baiəs] Tobie m.

To·by ['toubi] diminutif de Tobias.

To·kyo ['toukjou] Tokyo.

Tol·kien ['tɔlki:n] écrivain et philologue anglais.

Tom(·my) ['tɔm(i)] diminutif de Thomas.

To·pe·ka [tɔ'pi:kə] capitale du Kansas (É.-U.).

To·ron·to [tə'rɔntou] ville du Canada.

Tow·er ['tauə]: the ~ of London la Tour de Londres.

Tra·fal·gar [trə'fælgə] cap de la côte d'Espagne.

Trent [trent] rivière d'Angleterre.

Trol·lope ['trɔləp] auteur anglais.

Tru·man ['tru:mən] 33e président des É.-U.

Tu·dor ['tju:də] famille royale anglaise.

Tu·ni·si·a [tju:'niziə] la Tunisie f.

Tur·key ['tə:ki] la Turquie f.

Twain [twein] auteur américain.

U

Ul·ster ['ʌlstə] l'Ulster *m* (*province d'Irlande*).

U·nit·ed Ar·ab Re·pub·lic [ju:'naitid'ærəbri'pʌblik] République *f* arabe unie.

U·nit·ed States of A·mer·i·ca [ju:'naitid'steitsəvə'merikə] les États-Unis *m/pl.* d'Amérique.

Up·dike ['ʌpdaik] écrivain américain.

U·ri·ah [juə'raiə] prénom masculin.

U·ru·guay ['urugwai] l'Uruguay *m*.

U·tah ['ju:ta:] État des É.-U.

V

Val·en·tine ['væləntain] Valentin *m*; Valentine *f*.

Van·cou·ver [væn'ku:və] ville et port du Canada.

Vat·i·can ['vætikən] le Vatican *m*.

Vaux·hall ['vɔks'hɔ:l] district de Londres.

Ven·e·zue·la [vene'zweilə] le Venezuela *m*.

Ven·ice ['venis] Venise *f*.

Ver·mont [və:'mɔnt] État des É.-U.

Ver·non ['və:nɔn] prénom masculin.

Vic·to·ria [vik'tɔ:riə] Victoire *f*.

Vi·en·na [vi'enə] Vienne *f*.

Vir·gin·ia [və'dʒinjə] la Virginie *f* (État des É.-U.).

Vi·tus ['vaitəs] Guy *m*, Gui *m*.

Viv·i·an ['viviən] Vivien *m*; Vivienne *f*.

W

Wa·bash ['wɔ:bæʃ] rivière des É.-U.

Wales [weilz] le Pays *m* de Galles.

Wal·lace ['wɔləs] auteur anglais; auteur américain.

Wall Street ['wɔ:lstri:t] rue de New York; siège de la Bourse.

Wal·pole ['wɔ:lpoul] nom de deux écrivains anglais.

Wal·ter ['wɔ:ltə] Gauthier *m*.

War·hol ['wɑ:hɔ:l, 'wɑ:houl] artiste pop américain.

War·saw ['wɔ:sɔ:] Varsovie.

War·wick(·shire) ['wɔrik(ʃiə)] comté d'Angleterre.

Wash·ing·ton ['wɔʃiŋtən] 1er président des É.-U.; État des É.-U.; capitale et siège du gouvernement des É.-U.

Wa·ter·loo [wɔ:tə'lu:] commune de Belgique.

Watt [wɔt] inventeur anglais.

Waugh [wɔ:] écrivain anglais.

Wayne [wein] nom de famille; acteur américain.

Wedg·wood ['wedʒwud] céramiste anglais.

Wel·ling·ton ['weliŋtən] général et homme d'État anglais; capitale de la Nouvelle-Zélande.

Wells [welz] auteur anglais.

West·min·ster ['westminstə] quartier de Londres, siège du parlement britannique.

West·mor·land ['westmələnd] comté d'Angleterre.

West Vir·gin·ia ['westvə'dʒinjə] la Virginie Occidentale *f* (État des É.-U.).

Whit·ack·er, Whit·a·ker ['witəkə] nom de famille.

White·hall ['wait'hɔ:l] rue de Londres, quartier des Ministères.

White House ['wait'haus] la Maison-Blanche *f* (résidence du président des É.-U. à Washington).

Wight [wait]: Isle of ∼ île anglaise de la Manche.

Wilde [waild] écrivain et poète anglais.

Will [wil], **Wil·liam** ['wiljəm] Guillaume *m*.

Wil·son ['wilsn] homme politique britannique; 28e président des É.-U.

Wilt·shire ['wiltʃiə] comté d'Angleterre.

Wim·ble·don ['wimbldən] faubourg de Londres (championnat international de tennis).

Win·ni·peg ['winipeg] ville du Canada.

Win·ston ['winstən] prénom masculin.

Wis·con·sin [wis'kɔnsin] rivière des É.-U.; État des É.-U.

Wolfe [wulf] auteur américain.

Wol·sey ['wulzi] cardinal et homme d'État anglais.

Woolf [wulf] femme écrivain anglaise.

Worces·ter ['wustə] ville industrielle d'Angleterre et des É.-U.; a. **Worces·ter·shire** ['∼ʃiə] comté d'Angleterre.

Words·worth ['wə:dzwə(:)θ] poète anglais.

Wren [ren] architecte anglais.

Wright [rait] nom de famille; nom de

deux pionniers de l'aviation améri-
cains.
Wyc·lif(fe) [ˈwiklif] *réformateur reli-
gieux anglais.*
Wy·o·ming [waiˈoumiŋ] *État des
É.-U.*

York [jɔːk] *ville d'Angleterre; a*
York·shire [ˈ⌣ʃiə] *comté d'Angle-
terre.*
Yo·sem·i·te [jouˈsemiti] *parc national
des É.-U.*
Yu·go·sla·vi·a [ˈjuːgouˈslɑːviə] *la
Yougoslavie f.*

Y

Yale U·ni·ver·si·ty [ˈjeiljuːniˈvəːsiti]
université américaine.
Yeats [jeits] *poète irlandais.*
Yel·low·stone [ˈjeloustoun] *rivière
des É.-U.; parc national.*
Yem·en [ˈjemən] *le Yémen m.*

Z

Zach·a·ri·ah [zækəˈraiə], **Zach·a·ry**
[ˈzækəri] *Zacharie m.*
Zam·be·zi [zæmˈbiːzi] *le Zambèze m*
Zim·ba·bwe [zimˈbɑːbwi] *Zimbabwe
m.*
Zoe [ˈzoui] *Zoë f.*

Common British
and American Abbreviations

Abréviations usuelles, britanniques et américaines

A

a *acre* acre *f.*

A.A. *anti-aircraft* A.A., antiaérien; *Brit. Automobile Association* Automobile Club *m*; *Alcoholics Anonymous.*

A.A.A. *Brit. Amateur Athletic Association* Association *f* d'athlétisme amateur; *Am. American Automobile Association* Automobile Club *m* américaine.

A.B. *able-bodied seaman* matelot *m* (de deuxième classe); *see* B.A.

abbr. *abbreviated* abrégé; *abbreviation* abréviation *f.*

abr. *abridged* abrégé; *abridg(e)ment* abrégé *m*; réduction *f.*

A.B.C. *American Broadcasting Company* radiodiffusion-télévision *f* américaine.

A.B.M. *anti-ballistic missile* missile *m* anti-balistique.

a/c *account (current)* C.C., compte *m* (courant).

A.C. *alternating current* C.A., courant *m* alternatif.

acc(t). *account* compte *m*, note *f.*

A.D. *Anno Domini (latin = in the year of our Lord)* après J.-C., en l'an du Seigneur *ou* de grâce.

A.D.A. *Brit. Atom Development Administration* Commission *f* pour le développement de l'énergie atomique.

Adm. *Admiral* amiral *m*; *admiralty* amirauté *f.*

advt. *advertisement* annonce *f.*

AEC *Atomic Energy Commission* CEA, Commission *f* de l'énergie atomique.

A.E.F. *American Expeditionary Forces* corps *m* expéditionnaire américain.

AFL-CIO *American Federation of Labor & Congress of Industrial Organizations (fédération américaine du travail).*

A.F.N. *American Forces Network (radiodiffusion-télévison des forces armées américaines).*

AIDS *acquired immunity deficiency syndrome* S.I.D.A., syndrome *m* immuno-déficitaire acquis.

Ala. *Alabama (État des É.-U.).*

Alas. *Alaska (État des É.-U.).*

Am. *America* Amérique *f*; *American* américain.

a.m. *ante meridiem (latin = before noon)* avant midi.

A.M. *amplitude modulation* modulation *f* d'amplitude; *see* M.A.

A/P *account purchase* achat *m* porté sur un compte courant.

A.P. *Associated Press (agence d'informations américaine).*

A.P.O. *Am. Army Post Office* poste *f* aux armées.

A.R.C. *American Red Cross* Croix-Rouge *f* américaine.

Ariz. *Arizona (État des É.-U.).*

Ark. *Arkansas (État des É.-U).*

A.R.P. *air-raid precautions* D.A., défense *f* aérienne.

arr. *arrival* arrivée *f.*

A/S *account sales* compte *m* de vente.

ASA *American Standards Association* association *f* américaine de normalisation.

av. *average* moyenne *f*; avaries *f/pl.*

avdp. *avoirdupois* poids *m* du commerce.

A.W.O.L. *Am. absent without leave* absent sans permission.

1256

B

b. *born* né(e *f*).

BA *British Airways* (compagnie aérienne britannique).

B.A. *Bachelor of Arts* (approx.) L. ès L., licencié(e *f*) *m* ès lettres.

B.A.O.R. *British Army of the Rhine* armée *f* britannique du Rhin.

Bart. *Baronet* Baronet *m* (titre de noblesse).

B.B.C. *British Broadcasting Corporation* radiodiffusion-télévision *f* britannique.

bbl. *barrel* tonneau *m*.

B.C. *before Christ* av. J.-C., avant Jésus-Christ.

B.D. *Bachelor of Divinity* (approx.) licencié(e *f*) *m* en théologie.

B.E. *Bachelor of Education* (approx.) licencié(e *f*) *m* en pédagogie; *Bachelor of Engineering* (approx.) ingénieur *m* diplômé.

B/E *Bill of Exchange* lettre *f* de change.

B.E.A. *British European Airways* (compagnie aérienne britannique).

Beds. *Bedfordshire* (comté d'Angleterre).

Benelux ['beneˡl̩ks] *Belgium, Netherlands, Luxemburg* Bénélux *m*, Belgique-Nederland-Luxembourg.

Berks. *Berkshire* (comté d'Angleterre).

b/f *brought forward* à reporter; report *m*.

B.F.A. *British Football Association* association *f* britannique du football.

B.F.N. *British Forces Network* (radiodiffusion-télévision des forces armées britanniques).

bl. *barrel* tonneau *m*.

B.L. *Bachelor of Law* (approx.) bachelier (-ère *f*) *m* en droit.

B/L *bill of lading* connaissement *m* (maritime).

bls. *bales* balles *f/pl.*, ballots *m/pl.*; *barrels* tonneaux *m/pl.*

B.M. *Bachelor of Medicine* (approx.) bachelier (-ère *f*) *m* en médecine.

B.M.A. *British Medical Association* association *f* médicale britannique.

B/O *Branch Office* filiale *f*.

B.O.A.C. *British Overseas Airways Corporation* (compagnie aérienne britannique).

bot. *bought* acheté; *bottle* bouteille *f*.

B.O.T. *Brit. Board of Trade* Ministère *m* du Commerce.

B.R. *British Railways* (réseau national du chemin de fer britannique).

B/R *bills receivable* effets *m/pl.* à recevoir.

B.R.C.S. *British Red Cross Society* Croix-Rouge *f* britannique.

Br(it). *Britain* la Grande-Bretagne *f*; *British* britannique.

Bros. *brothers* frères *m/pl.* (dans un nom de société).

B/S *bill of sale* acte *m* (ou contrat *m*) de vente; *Am.* facture *f*; bulletin *m* de livraison.

B.Sc. *Bachelor of Science* (approx.) L. ès Sc., licencié(e *f*) *m* ès sciences naturelles.

B.Sc.Econ. *Bachelor of Economic Science* (approx.) licencié(e *f*) *m* en économie politique.

bsh., bu. *bushel* boisseau *m*.

Bucks. *Buckinghamshire* (comté d'Angleterre).

B.U.P. *British United Press* (agence d'informations britannique).

bus(h). *bushel(s)* boisseau(x *pl.*) *m*.

C

c. *cent(s)* cent(s *pl.*) *m*; *circa* environ; *cubic* cubique, au cube; *century* siècle *m*.

C. *thermomètre:* Celsius, centigrade C, Celsius, cgr, centigrade.

C.A. *Brit. chartered accountant* expert *m* comptable.

C/A *current account* C.C., compte *m* courant.

c.a.d. *cash against documents* paiement *m* contre documents.

Cal(if). *California* (État des É.-U).

Cambs. *Cambridgeshire* (comté d'Angleterre).

Can. *Canada* Canada *m*; *Canadian* canadien.

Capt. *Captain* capitaine *m*.

C.B. (a. **C/B**) *cash book* livre *m* de caisse; *Companion of the Bath* Compagnon *m* de l'ordre du Bain; *Confinement to barracks* consigné au quartier.

C.B.C. *Canadian Broadcasting Corporation* radiodiffusion-télévision *f* canadienne.

C.B.I. *Confederation of British Industry* confédération *f* des industries britanniques.

C.C. *Brit. County Council* Conseil *m* de

Comté; *continuous current* C.C., courant *m* continu.

C.E. *Church of England* Église *f* Anglicane; *Civil Engineer* ingénieur *m* civil.

cert. *certificate* certificat *m*.

CET *Central European Time* H.E.C., heure *f* de l'Europe Centrale.

cf. *confer* Cf., conférez.

ch. *chain* (approx.) double décamètre *m*; *chapter* chapitre *m*.

Ches. *Cheshire* (comté *d'Angleterre*).

CIA *Am. Central Intelligence Agency* S.C.E., service *m* contre-espionnage.

C.I.D. *Brit. Criminal Investigation Department* (police judiciaire).

c.i.f. *cost, insurance, freight* C.A.F., coût, assurance, fret.

C. in C., CINC *Commander-in-Chief* commandant *m* en chef.

cl. *class* classe *f*.

Co. *Company* compagnie *f*, société *f*; *county* comté *m*.

C.O. *Commanding Officer* officier *m* commandant.

c/o *care of* aux bons soins de, chez.

C.O.D., c.o.d. *cash* (*Am. a.* collect) *on delivery* RB, (envoi *m*) contre remboursement.

Col. *Colorado* (État des É.-U.); *Colonel* Col., colonel *m*.

Colo. *Colorado* (État des É.-U.).

Conn. *Connecticut* (État des É.-U.).

Cons. *Conservative* conservateur *m*.

Corn. *Cornwall* (comté *d'Angleterre*).

Corp. *corporation* compagnie *f* (commerciale); *Corporal* caporal *m*.

cp. *compare* comparer.

C.P. *Canadian Press* (agence *d'informations canadienne*).

C.P.A. *Am. Certified Public Accountant* expert *m* comptable.

ct(s). *cent(s)* cent(s *pl.*) *m*.

cu(b). *cubic* cubique, au cube.

Cum(b). *Cumberland* (comté *d'Angleterre*).

c.w.o. *cash with order* payable à la commande.

cwt. *hundredweight* quintal *m*.

D

d. *penny, pence* (*pièce de monnaie britannique*); *died* mort.

D.A. *deposit account* compte *m* de dépôts; *Am. District Attorney* approx. procureur *m* de la République.

D.A.R. *Am. Daughters of the American Revolution* Filles *f/pl.* de la révolution américaine (*union patriotique féminine*).

D.B. *Day Book* (livre *m*) journal *m*.

D.C. *direct current* courant *m* continu; *District of Columbia* (district *fédéral des É.-U.*, capitale *Washington*).

D.C.L. *Doctor of Civil Law* Docteur *m* en droit civil.

d-d *damned s...., sacré ...*!

D.D. *Doctor of Divinity* Docteur *m* en théologie.

DDD *Am. direct distance dialing* service *m* automatique interurbain.

DDT *dichloro-diphenyl-trichloroethane* D.D.T., dichlorodiphényltrichloréthane *m* (insecticide).

dec. *deceased* déc(édé).

Del. *Delaware* (État des É.-U.).

dep. *departure* depart *m*.

dept. *department* dép., département *m*.

Derby. *Derbyshire* (comté *d'Angleterre*).

Devon. *Devonshire* (comté *d'Angleterre*).

dft. *draft* traite *f*.

disc. *discount* escompte *m*.

div. *dividend* div., dividende *m*.

D.I.Y. *do-it-yourself* de bricolage (*magasin etc.*).

D.J. *disc jockey*.

do. *ditto* do., dito.

doc. *document* document *m*.

Dors. *Dorsetshire* (comté *d'Angleterre*).

doz. *dozen(s)* Dzne, douzaine(s *pl.*) *f*.

d/p *documents against payment* documents *m/pl.* contre paiement.

dpt. *department* dép., département *m*.

dr. *dra(ch)m* (poids); *drawer* tireur *m*.

Dr. *Doctor* D^r., docteur *m*; *debtor* débiteur *m*.

d.s., d/s *days after sight* traite: jours *m/pl.* de vue.

Dur(h). *Durhamshire* (comté *d'Angleterre*).

dwt. *pennyweight* (poids).

dz. *dozen(s)* Dzne, douzain(s *pl.*) *f*.

E

E. *east* E., est *m*; *eastern* (de l')est; *English* anglais.

E. & O.E. *errors and omissions excepted* S.E. ou O., sauf erreur ou omission.

1258

E.C. East Central (*district postal de Londres*).

ECE Economic Commission for Europe CEE, Commission *f* économique pour l'Europe.

ECOSOC Economic and Social Council CES, Conseil *m* Économique et Social.

ECSC European Coal and Steel Community CECA, Communauté *f* européenne du charbon et de l'acier.

Ed., ed. edition édition *f*; editor éditeur *m*.

EDP electronic data processing informatique *f*.

EE., E./E. errors excepted sauf erreur.

EEC European Economic Community CEE, Communauté *f* économique européenne.

EFTA European Free Trade Association AELE, Association *f* européenne de libre échange.

e.g. exempli gratia (*latin = for instance*) p.ex., par exemple.

EMA European Monetary Agreement A.M.E., Accord *m* monétaire européen.

enc(l). enclosure(s) pièce(s) *pl.*) *f* jointe(s).

Eng(l). England l'Angleterre *f*; English anglais.

EPU European Payments Union UEP, Union *f* européenne de paiements.

Esq. Esquire Monsieur *m* (*titre de politesse*).

ESRO European Space-Research Organization Organisation *f* européenne de recherches spatiales.

Ess. Essex (*comté d'Angleterre*).

E.T.A. estimated time of arrival heure *f* probable d'arrivée.

etc., &c. et cetera, and so on etc., et cætera, et ainsi de suite.

E.T.D. estimated time of departure heure *f* probable de départ.

EUCOM *Am.* European Command commandement *m* des troupes en Europe.

EURATOM European Atomic Energy Community EURATOM, Communauté *f* européenne de l'énergie atomique.

exam. examination examen *m*.

excl. exclusive, excluding non compris.

ex div. ex dividend ex D., ex-dividende.

ex int. ex interest sans intérêt.

F

f. fathom brasse *f*; feminine f., féminin; foot (feet) pied(s *pl.*) *m*; following suivant.

F. thermomètre: Fahrenheit F, Fahrenheit; Fellow agrégé(e *f*) *m*, membre *m* (*d'une société savante*).

F.A. Football Association Association *f* du football.

f.a.a. free of all average franc de toute avarie.

Fahr. thermomètre: Fahrenheit F, Fahrenheit.

FAO Food and Agriculture Organization OAA, Organisation *f* pour l'alimentation et l'agriculture.

f.a.s. free alongside ship F.A.S., franco à quai.

FBI Federal Bureau of Investigation (*service du département de la Justice des É.-U. qui est à la charge de la police fédérale*).

F.B.I. Federation of British Industries fédération *f* des industries britanniques.

F.C.C. *Am.* Federal Communications Commission Comité *m* fédéral des communications.

fig. figure(s) figure(s) *f*/(*pl.*).

Fla. Florida (*État des É.-U.*).

fm. fathom brasse *f*.

F.M. frequency modulation F.M., fréquence *f* modulée, modulation *f* de fréquence.

F.O. Foreign Office Ministère *m* britannique des Affaires étrangères.

f.o.b. free on board F.A.B., franco à bord.

fo(l). folio folio *m*, feuillet *m*.

f.o.q. free on quay F.O.Q., franco à quai.

f.o.r. free on rail F.O.R., franco sur rail.

f.o.t. free on truck F.O.T., franco en wagon.

f.o.w. free on waggon F.O.W., franco en wagon.

F.P. fire-plug bouche *f* d'incendie; freezing point point *m* de congélation.

fr. franc(s) franc(s) *m*/(*pl.*).

Fr. France la France *f*; French français.

Fri. Friday vendredi *m*.

ft. foot (feet) pied(s *pl.*) *m*.

FTC *Am.* Federal Trade Commission commission *f* du commerce fédéral.

fur. furlong (*mesure*).

G

g. *gauge* mesure-étalon *f*; ⚓ écartement *m*; *gramme* gr., gramme *m*; *guinea* guinée *f* (*unité monétaire anglaise*); *grain* grain *m* (*poids*).

G *Am. cin. general audiences* pour tout le monde.

Ga. *Georgia* (État des É.-U.).

G.A. *General Agent* agent *m* d'affaires; *General Assembly* assemblée *f* générale.

gal. *gallon* gallon *m*.

GATT *General Agreement on Tariffs and Trade* Accord *m* Général sur les Tarifs Douaniers et le Commerce.

G.B. *Great Britain* la Grande-Bretagne *f*.

G.B.S. *George Bernard Shaw.*

G.C.B. (*Knight*) *Grand Cross of the Bath* (Chevalier *m*) Grand-croix *f* de l'ordre du Bain.

GCE *Brit. General Certificate of Education* Certificat *m* général d'éducation.

GDR *German Democratic Republic* RDA, République *f* démocratique allemande.

gen. *generally* généralement.

Gen. *General* Gal, général *m*.

GFR *German Federal Republic* RFA, République *f* fédérale d'Allemagne.

gi. *gill* gill *m*.

G.I. *government issue* fourni par le gouvernement; *fig.* le soldat américain.

gl. *gill* gill *m*.

G.L.C. *Greater London Council* (*conseil municipal de Londres*).

Glos. *Gloucestershire* (*comté d'Angleterre*).

G.M.T. *Greenwich mean time* T.U., temps universel.

GNP *gross national product* PNB, produit *m* national brut.

gns. *guineas* guinées *f/pl.* (*unité monétaire anglaise*).

G.O.P. *Am. Grand Old Party* (*le parti républicain*).

Gov(t). *Government* gouvernement *m*.

G.P. *general practitioner* médecin *m* de médecine générale.

G.P.O. *General Post Office* bureau *m* central des postes.

gr. *grain* grain *m* (*poids*); *gross* brut; grosse *f*.

gr.wt. *gross weight* poids *m* brut.

gs. *guineas* guinées *f/pl.* (*unité monétaire anglaise*).

Gt.Br. *Great Britain* la Grande-Bretagne *f*.

guar. *guaranteed* avec garantie.

H

h. *hour(s)* h., heure(s *pl.*) *f*.

Hants. *Hampshire* (*comté d'Angleterre*).

H.B.M. *His (Her) Britannic Majesty* Sa Majesté *f* britannique.

H.C. *House of Commons* Chambre *f* des Communes.

H.C.J. *Brit. High Court of Justice* Haute Cour *f* de Justice.

H.E. *high explosive* explosif *m* puissant; très explosif; *His Excellency* Son Excellence *f*.

Heref. *Herefordshire* (*comté d'Angleterre*).

Herts. *Hertfordshire* (*comté d'Angleterre*).

hf. *half* demi.

H.F. *high frequency* H.F., haute fréquence *f*.

HGV *Brit. heavy goods vehicle* poids lourds *m*.

hhd. *hogshead* fût *m*.

H.I. *Hawaiian Islands* les Hawaii *f/pl.* (État des É.-U.).

H.L. *House of Lords* Chambre *f* des Lords.

H.M. *His (Her) Majesty* S.M., Sa Majesté *f*.

H.M.S. *His (Her) Majesty's Service* service *m* de Sa Majesté (*marque des administrations nationales, surt. pour la franchise postale*); *His (Her) Majesty's Ship* le navire *m* de guerre ...

H.O. *Head Office* bureau *m* or siège *m* central, agence *f* centrale; *Home Office* Ministère *m* britannique de l'Intérieur.

Hon. *Honorary* honoraire; *Honourable* l'honorable (*titre de politesse ou de noblesse*).

H.P., h.p. *horse-power* ch, c.v., cheval-vapeur *m*; *high pressure* haute pression *f*; *hire purchase* achat *m* or vente *f* à tempérament.

H.Q., Hq. *Headquarters* quartier *m* général, état-major *m*.

H.R. *Am. House of Representatives* Chambre *f* des Représentants.

H.R.H. *His (Her) Royal Highness* S.A.R., Son Altesse *f* Royale.

hrs. *hours* heures *f/pl.*

H.T., h.t. *high tension* haute tension *f.*

ht *height* hauteur *f.*

Hunts. *Huntingdonshire (comté d'Angleterre).*

I

I. *Island, Isle* île *f; Idaho (État des É.-U.).*

Ia. *Iowa (État des É.-U.).*

IAAF *International Amateur Athletic Federation* FIAA, Fédération *f* internationale d'athlétisme amateur.

IATA *International Air Transport Association* Association *f* internationale des transports aériens.

I.B. *Invoice Book* livre *m* des achats.

ib(id). *ibidem (latin = in the same place)* ibid., ibidem.

IC *integrated circuit* circuit *m* intégré.

ICAO *International Civil Aviation Organization* OACI, Organisation *f* de l'aviation civile internationale.

I.C.B.M. *intercontinental ballistic missile* missile *m* balistique intercontinental.

ICFTU *International Confederation of Free Trade Unions* CISL, Confédération *f* internationale des syndicats libres.

ICPO *International Criminal Police Organization* OIPC, INTERPOL, Organisation *f* internationale de police criminelle.

ICRC *International Committee of the Red Cross* CICR, Comité *m* international de la Croix-Rouge.

id. *idem (latin = the same author ou word)* id., idem.

I.D. *Intelligence Department* service *m* des renseignements.

Id(a). *Idaho (État des É.-U.).*

ID card *identification or identity card* carte *f* d'identité.

i.e. *id est (latin = that is to say)* c.-à-d., c'est-à-dire.

IFT *International Federation of Translators* FIT, Fédération *f* internationale des traducteurs.

I.H.P., i.h.p. *indicated horse-power* chevaux *m/pl.* indiqués.

Ill. *Illinois (État des É.-U.).*

ILO *International Labo(u)r Organization* OIT, Organisation *f* internationale du travail.

IMF *International Monetary Fund* FMI, Fonds *m* monétaire international.

in. *inch(es)* pouce(s *pl.*) *m.*

Inc. *Incorporated* associés *m/pl. (après un nom de société),* Am. S.A., société *f* anonyme; *inclosure* pièce *f* jointe.

incl. *inclusive, including* inclusivement; *y compris;* ... compris.

incog. *incognito* incognito.

Ind. *Indiana (État des É.-U.).*

ins. *inches* pouces *m/pl.*

I.N.S. *International News Service* agence *f* d'informations internationale.

inst. *instant* c*t*, courant, de ce mois.

IOC *International Olympic Committee* CIO, Comité *m* international olympique.

I.of.M. *Isle of Man (île anglaise).*

I.of.W. *Isle of Wight (île anglaise).*

I.O.U. *I owe you* reconnaissance *f* de dette.

IPA *International Phonetic Association* API, Association *f* phonétique internationale.

I.Q. *intelligence quotient* quotient *m* intellectuel.

Ir. *Ireland* l'Irlande *f; Irish* irlandais.

I.R.A. *Irish Republican Army* Armée *f* républicaine d'Irlande.

IRC *International Red Cross* CRI, Croix-Rouge *f* internationale.

IRO *International Refugee Organization* OIR, Organisation *f* internationale pour les refugiés.

ISBN *international standard book number* ISBN.

ISO *International Organization for Standardization* OIN, Organisation *f* internationale de normalisation.

ITO *International Trade Organization* OIC, Organisation *f* internationale du commerce.

IUS *International Union of Students* UIE, Union *f* internationale des étudiants.

IUSY *International Union of Socialist Youth* UIJS, Union *f* internationale de la jeunesse socialiste.

IVS(P.) *International Voluntary Service (for peace)* SCI, Service *m* civil international (pour la paix).

I.W.W. *Industrial Workers of the World* Confédération *f* mondiale des ouvriers industriels.

IYHF *International Youth Hostel Fede-*

ration FIAJ, Fédération f internationale des auberges de la jeunesse.

J

J. judge juge m; justice justice f; juge m.

J.C. Jesus Christ J.-C., Jésus-Christ.

J.I.B. Brit. Joint Intelligence Bureau (service de renseignements et de sécurité).

J.P. Justice of the Peace juge m de paix.

Jr. junior (latin = the younger) cadet; fils; jeune.

Jun(r). junior (latin = the younger) cadet; fils.

K

Kan(s). Kansas (État des É.-U.).

K.C. Knight Commander Chevalier m Commandeur; Brit. King's Counsel conseiller m du Roi (approx. avocat général).

K.C.B. Knight Commander of the Bath Chevalier m Commandeur de l'ordre du Bain.

kg. kilogramme kg, kilogramme m.

K.G.B. Russian secret police (police secrète russe).

K.K.K. Ku Klux Klan (association secrète de l'Amérique du Nord hostile aux Noirs).

km. kilometre km, kilomètre m.

k.o., KO knock(ed) out K.-O., knock-out.

k.v. kilovolt kV, kilovolt m.

k.w. kilowatt kW, kilowatt m.

Ky. Kentucky (État des É.-U.).

L

l. left gauche; line ligne f; vers m; link (mesure); litre l, litre m.

£ pound sterling livre f sterling (unité monétaire britannique).

La. Louisiana (État des É.-U.).

LA Los Angeles (ville des É.-U.).

Lancs. Lancashire (comté d'Angleterre).

lat. latitude lat., latitude f.

lb. pound livre f (poids).

L.C. letter of credit lettre f de crédit.

l.c. loco citato (latin = at the place cited) loc. cit., loco citato.

L.C.J. Lord Chief Justice président m du Tribunal du Banc de la Reine.

Leics. Leicestershire (comté d'Angleterre).

Lincs. Lincolnshire (comté d'Angleterre).

ll. lines v.v., vers m/pl., ll., lignes f/pl.

LL.D. legum doctor (latin = Doctor of Laws) Docteur m en Droit.

LMT local mean time heure f locale.

loc.cit. loco citato (latin = at the place cited) loc. cit., loco citato.

L of N League of Nations SDN, Société f des Nations.

lon(g). longitude longitude f.

l.p. low pressure BP, basse pression f.

L.P. Labour Party Parti m Travailliste.

LP long-playing record, long-player (disque m) microsillon m.

LSD lysergic acid diethylamide diéthylamide m de l'acide lysergique (hallucinogène).

L.S.S. Life Saving Service service m américain de sauvetage.

Lt. Lieutenant Lt, Lieut., lieutenant m.

L.T., l.t. low tension BT, basse tension f.

Lt.-Col. Lieutenant-Colonel Lt-Col., lieutenant-colonel m.

Ltd. limited à responsabilité limitée (après un nom de société).

Lt.-Gen. Lieutenant-General général m de corps d'armée.

M

m minim (mesure).

m. masculin m., masculin; metre m, mètre m; mile mille m; minute mn, minute f.

M.A. Master of Arts Maître m ès Arts; diplômé(e f) m d'études supérieures.

Maj. Major commandant m.

Maj.-Gen. Major-General général m de brigade.

Man. Manitoba (État des É.-U.).

Mass. Massachusetts (État des É.-U.).

M.C. Master of Ceremonies maître m des cérémonies; Am. Member of Congress membre m du Congrès.

MCH Maternal and Child Health PMI, Protection f maternelle et infantile.

M.D. medicinae doctor (latin = Doctor of Medicine) Docteur m en Médecine; Managing Director Président m directeur général.

Md. Maryland (État des É.-U.).

Me. Maine (État des É.-U.).

mg. milligramme mg, milligramme m.

mi. mile mille *m.*

MI 5 (6) Military Intelligence, section five (six) (*service contre-espionnage*).

Mich. Michigan (*État des É.-U.*).

min. minute(s) mn, minute(s) *f*/(*pl.*); minimum minimum *m.*

Minn. Minnesota (*État des É.-U.*).

Miss. Mississippi (*État des É.-U.*).

mm. millimetre mm, millimètre *m.*

Mo. Missouri (*État des É.-U.*).

M.O. money order mandat-poste *m*; mail order achat *m* or vente *f* par correspondence.

Mon. Monday lundi *m.*

Mont. Montana (*État des É.-U.*).

MP, M.P. Member of Parliament membre *m* de la Chambre des Communes; Military Police P.M., police *f* militaire.

m.p.g. miles per gallon *approx.* litres au cent (*kilomètres*).

m.p.h. miles per hour milles *m*/*pl.* à l'heure (*vitesse horaire*).

Mr. Mister M., Monsieur *m.*

Mrs. Mistress Mme, Madame *f.*

MS. manuscript ms, manuscrit *m.*

Ms. [miz] = Miss or Mrs. Madame.

M.S. motorship M/S, navire *m* à moteur Diesel.

MSA Mutual Security Agency organisation *f* américaine de sécurité mutuelle.

MSS manuscripts mss, manuscrits *m*/*pl.*

mt. megaton mégatonne *f.*

Mt. Mount mont *m.*

N

N. north N., nord *m*; northern (du) nord.

N.A.A.F.I. Navy, Army and Air Force Institutes (*cantines organisées à l'intention des troupes britanniques*).

NASA Am. National Aeronautics and Space Administration administration *f* des questions aéronautiques et spatiales.

NATO North Atlantic Treaty Organization OTAN, Organisation *f* du traité de l'Atlantique Nord.

n.b., N.B. nota bene (*latin = note well*) N.B., notez bien.

N.B.C. National Broadcasting Corporation (*radiodiffusion-télévision américaine*).

N.C. North Carolina (*État des É.-U.*).

N.C.B. Brit. National Coal Board Office *m* national du charbon.

n.d. no date s.d., sans date.

N.D(ak). North Dakota (*État des É.-U.*).

N.E. northeast N.E., nord-est *m*; northeastern (du) nord-est.

Neb(r). Nebraska (*État des É.-U.*).

Nev. Nevada (*État des É.-U.*).

N.F., n/f. no funds défaut *m* de provision.

N.H. New Hampshire (*État des É.-U.*).

N.H.S. Brit. National Health Service (*service de santé national*; sécurité sociale).

N.J. New Jersey (*État des É.-U.*).

N.M(ex). New Mexico (*État des É.-U.*).

No. (*a. no.*) numero N°, n°, numéro *m*; number nombre *m*; north N., nord *m.*

Norf. Norfolk (*comté d'Angleterre*).

Northants. Northamptonshire (*comté d'Angleterre*).

Northumb. Northumberland (*comté d'Angleterre*).

Notts. Nottinghamshire (*comté d'Angleterre*).

n.p. or d. no place or date s.l.n.d., sans lieu ni date.

N.S.P.C.A. Brit. National Society for the Prevention of Cruelty to animals S.P.A., Société *f* protectrice des animaux.

N.S.P.C.C. National Society for the Prevention of Cruelty to Children Société *f* nationale protectrice des enfants.

Nt.wt. net weight poids *m* net.

N.U.M. Brit. National Union of Mineworkers Syndicat *m* national des mineurs.

N.W. northwest N.O., N.W., nord-ouest; northwestern (du) nordouest.

N.Y. New York (*État des É.-U.*).

N.Y.C. New York City ville *f* de New York.

N.Z. New Zealand la Nouvelle-Zélande *f.*

O

O. Ohio (*État des É.-U.*); order ordre *m.*

o/a on account P.C., Pour-compte.

OAP old-age-pensioner retraité(e *f*) *m.*

O.A.S. Organization of American States O.E.A., Organisation *f* des États américains.

ob. obiit (*latin = died*) décédé.

OECD *Organization for Economic Co-operation and Development* OCED, Organisation *f* de coopération économique et de développement.

OEEC *Organization for European Economic Cooperation* OECE, Organisation *f* européenne de coopération économique.

O.H. *on hand* en magasin.

O.H.M.S. *On His (Her) Majesty's Service* (pour le) service *m* de Sa Majesté *(marque des administrations nationales, surt. pour la franchise postale).*

O.K. *(peut-être de) all correct* très bien, d'accord.

Okla. *Oklahoma* (État des É.-U.).

O.N.A. *Overseas News Agency (agence d'informations américaine).*

O.N.S. *Overseas News Service (agence d'informations britannique).*

OPEC *Organization of Petroleum Exporting Countries* OPEP, Organisation *f* des pays exportateurs de pétrole.

o.r. *owner's risk* aux risques et périls du propriétaire.

Ore(g). *Oregon* (État des É.-U.).

Oxon. *Oxfordshire (comté d'Angleterre).*

oz. *ounce(s)* once(s *pl.*) *f.*

P

p *(new) penny, (new) pence (pièce de monnaie britannique).*

p. *page* page *f*; *part* partie *f.*

p.a. *per annum (latin = yearly)* par an.

Pa. *Pennsylvania* (État des É.-U.).

P.A. *public address (system)* sonorisation *f*; *personal assistant* assistant(e *f*) *m* personnel(le).

Panam *Pan American Airways (compagnie aérienne américaine).*

par. *paragraph* paragraphe *m*, alinéa *m.*

P.A.Y.E. *Brit. pay as you earn* impôt *m* retenu à la source.

P.C. *post-card* carte *f* postale; *police constable* gardien *m* de la paix, policeman *m*; *Personal Computer* ordinateur *m* personnel.

p.c. *per cent* P.C., pour-cent.

p/c *price current* P.C., prix *m* courant.

pd *paid* payé.

P.D. *Police Department* police *f*; *a.* **p.d.** *per diem (latin = by the day)* par jour.

P.E.N. *usu.* **PEN Club** *Poets, Playwrights, Editors, Essayists and Novelists*

Union *f* internationale PEN *(fédération internationale d'écrivains).*

Penn(a). *Pennsylvania* (État des É.-U.).

per pro(c). *per procurationem (latin = by proxy)* par procuration.

P.f.c. *Am. private first class* caporal *m.*

PG *cin. parental guidance* (suggested) *(contient des scènes qui nécessitent l'explication des parents).*

Ph.D. *Philosophiae Doctor (latin = Doctor of Philosophy)* Docteur *m* en Philosophie.

pk. *peck (mesure).*

P./L. *profit and loss* profits et pertes.

PLC *public limited company* S.A., société *f* anonyme.

PLO *Palestine Liberation Organization* O.L.P., Organisation *f* de libération de la Palestine.

p.m. *post meridiem (latin = after noon)* de l'après-midi.

P.M. *Prime Minister* Premier ministre.

P.O. *Post Office* bureau *m* de poste; (*a.* **p.o.**) *postal order* mandat-poste *m.*

P.O.B. *Post Office Box* boîte *f* postale.

p.o.d. *pay on delivery* contre remboursement.

P.O.O. *Post Office Order* mandat-poste *m.*

P.O.S.B. *Post Office Savings Bank* caisse *f* d'épargne postale.

P.O.W. *Prisoner of War* P.G., prisonnier *m* de guerre.

p.p. *per procurationem (latin = by proxy)* par procuration.

P.R. *public relations* relations *f/pl.* publiques.

Pres. *President* président(e *f*) *m.*

Prof. *Professor* professeur *m.*

prox. *proximo (latin = next month)* du mois prochain.

P.S. *postscript* P.-S., post-scriptum *m*; *Passenger Steamer* paquebot *m.*

pt. *pint* pinte *f.*

P.T.A. *Parent-Teacher Association* Association *f* professeurs-parents.

Pte. *Private* soldat *m* de 1ère *ou* de 2ème classe.

P.T.O., p.t.o. *please turn over* T.S.V.P., tournez, s'il vous plaît.

PVC *polyvinyl chloride* chlorure *f* de polyvinyle.

Pvt. *Private* soldat *m* de 1ère *ou* de 2ème classe.

P.W. *Prisoner of War* P.G., prisonnier *m* de guerre.

PX *Post Exchange* (*cantines de l'armée américaine*).

Q

q. *query* question *f.*

Q.C. *Brit. Queen's Counsel* conseiller *m* de la Reine (*approx. avocat général*).

qr. *quarter* quarter *m.*

qt. *quart* (*approx.*) litre *m.*

qu. *query* question *f.*

quot. *quotation* cours *m.*

qy. *query* question *f.*

R

R *Am. cin. restricted* (*les mineurs doivent être accompagnés de leurs parents*).

R. *River* rivière *f*; fl., fleuve *m*; *Road* r., rue *f*; *thermomètre*: Réaumur R, Réaumur.

r. *right* dr., droit, à droite.

R.A. *Royal Academy* Académie *f* royale.

R.A.C. *Brit. Royal Automobile Club* Automobile Club *m* royal.

RADWAR *Am. radiological warfare* guerre *f* atomique.

R.A.F. *Royal Air Force* armée *f* de l'air britannique.

R.C. *Red Cross* C.R., Croix-Rouge *f*; *Roman Catholic* catholique *f.*

rd. *rod* (*mesure*).

Rd. *Road* r., rue *f.*

recd. *received* reçu.

ref(c). (*In*) *reference* (*to*) faisant suite à; mention *f.*

regd. *registered* déposé; *poste*: recommandé.

reg.tn. *register(ed) tonnage* tonnage *m* enregistré.

res. *residence* résidence *f*; *research* recherche(s) *f*/(*pl.*).

resp. *respective(ly)* respectif (respectivement).

ret. *retired* retraité, à la retraite.

Rev. *Reverend* Révd., Révérend.

R.I. *Rhode Island* (*État des É.-U.*).

R.L.O. *Brit. Returned Letter Office* retour *m* à l'envoyeur.

rm *room* pièce *f*, chambre *f.*

R.N. *Royal Navy* Marine *f* britannique.

R.P. *reply paid* R.P., réponse *f* payée.

r.p.m. *revolutions per minute* t.p.m., tours *m*/*pl.* par minute.

R.R. *Am. Railroad* ch.d.f., chemin *m* de fer.

R.S. *Brit. Royal Society* Société *f* royale.

R.S.V.P. répondez s'il vous plaît.

Rt.Hon. *Right Honourable* le très honorable.

Ry. *Brit. Railway* Ch.d.f., chemin *m* de fer.

S

S. *South* S., sud *m*; *Southern* (du) sud.

s. *second* s, seconde *f*; *shilling* shilling *m.*

S.A. *South Africa* l'Afrique *f* du Sud; *South America* l'Amérique *f* du Sud; *Salvation Army* Armée *f* du Salut.

SACEUR *Supreme Allied Commander Europe* Commandant *m* Suprême des Forces Alliées en Europe.

SACLANT *Supreme Allied Commander Atlantic* Commandant *m* Suprême des Forces Alliées de l'Atlantique.

s.a.e. *stamped addressed envelope* enveloppe *f* munie de timbre et d'adresse.

Salop. *Shropshire* (*comté d'Angleterre*).

Sask. *Saskatchewan* (*province du Canada*).

S.B. *Sales Book* livre *m* de(s) vente(s).

S.C. *South Carolina* (*État des É.-U.*); *Security Council* Conseil *m* de Sécurité.

S.D(ak). *South Dakota* (*État des É.-U.*).

S.E. *Southeast* S.E., sud-est *m*; *southeastern* (du) sud-est; *Stock Exchange* Bourse *f.*

SEATO *South East Asia (Collective Defense) Treaty Organisation* O.T.A.S.E., Organisation *f* du traité de (défense collective pour) l'Asie du Sud-Est.

sec. *second* s, seconde *f.*

Sec. *Secretary* secrétaire *m*; ministre *m.*

SF *science fiction* science-fiction *f.*

SG *Secretary General* SG, Secrétaire *m* général.

sen(r). *senior* (*latin = the elder*) aîné, père.

S(er)gt. *Sergeant* Sgt, sergent *m.*

sh. *shilling* shilling *m*; ✝ *share* action *f.*

SHAPE *Supreme Headquarters Allied Powers Europe* Quartiers *m*/*pl.* Généraux des Forces Alliées en Europe.

S.M. *Sergeant-Major* Sergent-major *m.*

S.N. *shipping note* note *f* d'expédition.

Soc. *society* société *f*; *association f*; *Socialist* socialiste (*a. su.*).

Som(s). *Somersetshire* (*comté d'Angleterre*).

SOS *S.O.S.* (*signal de détresse*).

sov. *sovereign* souverain *m* (*pièce de monnaie britannique*).

sp.gr. *specific gravity* gravité *f* spécifique.

S.P.Q.R. *small profits, quick returns* à petits bénéfices, vente rapide.

sq. *square* ... carré.

Sq. *Square* place *f*.

Sr. *senior* (*latin* = *the elder*) aîné, père.

S.R.N. *Brit. State Registered Nurse* infirmière *f* diplômée d'État.

S.S. *steamship* S/S, navire *m* à vapeur.

st. *stone* (*poids*).

St. *Saint* St(e *f*); *saint(e f)*; *Street* r., rue *f*; *Station* gare *f*.

Sta. *station* gare *f*.

Staffs. *Staffordshire* (*comté d'Angleterre*).

S.T.D. *Brit. subscriber trunk dialling service* *m* automatique interurbain.

St. Ex. *Stock Exchange* Bourse *f*.

stg. *sterling* sterling *m* (*unité monétaire britannique*).

sub. *substitute* succédané *m*.

Suff. *Suffolk* (*comté d'Angleterre*).

Sun. *Sunday* dimanche *m*.

suppl. *supplement* supplément *m*.

Suss. *Sussex* (*comté d'Angleterre*).

S.W. *southwest* S.-O., sud-ouest; *southwestern* (du) sud-ouest.

Sy. *Surrey* (*comté d'Angleterre*).

T

t. *ton* tonne *f*.

TB *tuberculosis* TB, tuberculose *f*.

TC *Trusteeship Council of the United Nations* Conseil *m* de tutelle des Nations Unies.

T.D. *Treasury Department* Ministère *m* américain des Finances.

tel. *telephone* téléphone *m*.

Tenn. *Tennessee* (*État des É.-U.*).

Tex. *Texas* (*État des É.-U.*).

tgm. *telegram* télégramme *m*.

T.G.W.U. *Brit. Transport General Workers' Union* Confédération *f* des employés d'entreprises de transport.

Thur(s). *Thursday* jeudi *m*.

T.M.O. *telegraph money order* mandat *m* télégraphique.

tn *ton*(s) tonne(s) *f*/(*pl.*).

TNT *trinitrotoluene* trinitrotoluène *m*.

T.O. *Telegraph (Telephone) Office* bureau *m* télégraphique (téléphonique).

t.o. *turnover* chiffre *m* d'affaires.

T.P.O. *Travelling Post Office* poste *f* ambulante.

TT *teetotal(ler)* abstinent (*a. su.*).

T.U. *Trade(s) Union(s)* syndicat(s *pl.*) *m* ouvrier(s).

T.U.C. *Brit. Trade(s) Union Congress* (*approx.*) C.G.T., Confédération *f* générale du travail.

Tue(s). *Tuesday* mardi *m*.

TV. *television* T.V., télévision *f*.

T.V.A. *Tennessee Valley Authority* (*organisation pour l'exploitation de la vallée de la rivière Tennessee*).

T.W.A. *Trans World Airlines* (*compagnie aérienne américaine*).

U

U *Brit. cin. universal* pour tout le monde.

UFO *unidentified flying object* OVNI *m*, objet *m* volant non identifié.

U.H.F. *ultra-high frequency* UHF, ultra haute fréquence *f*.

U.K. *United Kingdom* Royaume-Uni *m*.

ult. *ultimo* (*latin* = *last day of the month*) dernier, du mois dernier.

UMW *Am. United Mine Workers* Syndicat *m* des mineurs.

U.N. *United Nations* Nations *f*/*pl.* Unies.

UNESCO *United Nations Educational, Scientific, and Cultural Organization* UNESCO, Organisation *f* des Nations Unies pour l'Éducation, la Science et la Culture.

UNICEF *United Nations International Children's Emergency Fund* FISE, Fonds *m* International de Secours aux Enfants.

UNO *United Nations Organization* O.N.U., Organisation *f* des Nations Unies.

U.N.S.C. *United Nations Security Council* Conseil *m* de Sécurité des Nations Unies.

UPI *United Press International* (*agence d'informations américaine*).

U.S.(A.) *United States (of America)* É.-U., États-Unis *m*/*pl.* (d'Amérique).

USAF(E) *United States Air Force (Europe)* armée *f* de l'air des É.-U. (en Europe).

U.S.S.R. *Union of Socialist Soviet Republics* U.R.S.S., Union *f* des Républiques Socialistes Soviétiques.

Ut. *Utah* (État des É.-U.).

V

v. *verse* v., vers *m*, verset *m*; *versus* (*latin = against*) contre; *vide* (*latin = see*) v., voir, voyez.

V *volt* V, volt *m*.

Va. *Virginia* (État des É.-U.).

V.A.T. *value-added tax* T.V.A., taxe *f* à la valeur ajoutée.

V.D. *venereal disease* M.V., maladie *f* vénérienne.

VHF *very high frequency* OTC, onde *f* très courte.

V.I.P. *very important person* personnage *m* important.

Vis. *viscount(ess)* vicomte(sse *f*) *m*.

viz. *videlicet* (*latin = namely*) à savoir; c.-à-d., c'est-à-dire.

vol. *volume* t., tome *m*, vol., volume *m*.

vols. *volumes* tomes *m/pl.*, volumes *m/pl.*

V.P., V.Pres. *Vice-President* vice-président(e *f*) *m*.

V.S. *veterinary surgeon* vétérinaire *m*.

V.S.O.P. *very superior old pale* (*cognac de qualité supérieure*).

Vt. *Vermont* (État des É.-U.).

V.T.O.(L.) *vertical take-off* (*and landing*) (*aircraft*) A.D.A.V., avion *m* à décollage et atterrissage vertical.

v.v *vice versa* (*latin = conversely*) vice versa, réciproquement.

W

W *watt* W, watt *m*.

W. *west* O., W., ouest *m*; *western* (de l')ouest.

War. *Warwickshire* (comté d'Angleterre).

Wash. *Washington* (État des É.-U.).

W.C. *West Central* (*district postal de Londres*); *water-closet* W.-C., water-closet *m*.

WCC *World Council of Churches* COE, Conseil *m* œcuménique des églises.

Wed(s). *Wednesday* mercredi *m*.

WFPA *World Federation for the Protection of Animals* FMPA, Fédération *f*

mondiale pour la protection des animaux.

WFTU *World Federation of Trade Unions* F.S.M., Fédération *f* syndicale mondiale.

WHO *World Health Organization* OMS, Organisation *f* mondiale de la Santé.

W. I. *West Indies* Indes *f/pl.* occidentales.

Wilts. *Wiltshire* (comté d'Angleterre).

Wis. *Wisconsin* (État des É.-U.).

wk *week* semaine *f*.

wkly *weekly* hebdomadaire; par semaine.

wks *weeks* semaines *f/pl.*

W/L., w.l. *wave length* longueur *f* d'onde.

w/o *without* sans.

W.O.M.A.N. *World Organization of Mothers of All Nations* Organisation *f* mondiale des mères de famille.

Worcs. *Worcestershire* (comté d'Angleterre).

W.P. *weather permitting* si le temps le permet.

W.S.R. *World Students' Relief* service *m* international de secours aux étudiants.

W/T *wireless telegraphy* (*telephony*) T.S.F., Télégraphie *f* (Téléphonie *f*) sans Fil.

wt. *weight* poids *m*.

W. Va. *West Virginia* (État des É.-U.).

WW *World War* guerre *f* mondiale.

Wyo. *Wyoming* (État des É.-U.).

X

X *cin. adults only* interdit aux mineurs.

x.-d. *ex dividend* ex D., ex-dividende.

x.-i. *ex interest* sans intérêt.

Xmas *Christmas* Noël *f*.

Xn *christian* chrétien.

Xroads *cross roads* carrefour *m*.

Xt. *Christ* le Christ, Jésus-Christ *m*.

Y

yd. *yard(s)* yard(s *pl.*) *m*.

YMCA *Young Men's Christian Association* UCJG, Union *f* chrétienne de jeunes gens.

Yorks. *Yorkshire* (comté d'Angleterre).

yr(s.) *year(s)* an *m/pl.*.

YWCA *Young Women's Christian Association* Union *f* chrétienne féminine.

Numerals

Nombres

Cardinal Numbers — Nombres cardinaux

0 nought, zero, cipher *zéro*	50 fifty *cinquante*
1 one *un, une*	60 sixty *soixante*
2 two *deux*	70 seventy *soixante-dix*
3 three *trois*	71 seventy-one *soixante et onze*
4 four *quatre*	72 seventy-two *soixante-douze*
5 five *cinq*	80 eighty *quatre-vingts*
6 six *six*	81 eighty-one *quatre-vingt-un*
7 seven *sept*	90 ninety *quatre-vingt-dix*
8 eight *huit*	91 ninety-one *quatre-vingt-onze*
9 nine *neuf*	100 a *ou* one hundred *cent*
10 ten *dix*	101 one hundred and one *cent un*
11 eleven *onze*	200 two hundred *deux cents*
12 twelve *douze*	211 two hundred and eleven *deux*
13 thirteen *treize*	*cent onze*
14 fourteen *quatorze*	1000 a *ou* one thousand *mille*
15 fifteen *quinze*	1001 one thousand and one *mille un*
16 sixteen *seize*	1100 eleven hundred *onze cents*
17 seventeen *dix-sept*	1967 nineteen hundred and sixty-
18 eighteen *dix-huit*	seven *dix-neuf cent soixante-*
19 nineteen *dix-neuf*	*sept*
20 twenty *vingt*	2000 two thousand *deux mille*
21 twenty-one *vingt et un*	1 000 000 a *ou* one million *un million*
22 twenty-two *vingt-deux*	2 000 000 two million *deux millions*
30 thirty *trente*	1 000 000 000 a *ou* one milliard, *Am.*
40 forty *quarante*	one billion *un milliard*

Ordinal Numbers — Nombres ordinaux

1. first *le premier, la première*	17. seventeenth *dix-septième*
2. second *le ou la deuxième, le second,*	18. eighteenth *dix-huitième*
la seconde	19. nineteenth *dix-neuvième*
3. third *troisième*	20. twentieth *vingtième*
4. fourth *quatrième*	21. twenty-first *vingt et unième*
5. fifth *cinquième*	22. twenty-second *vingt-deuxième*
6. sixth *sixième*	30. thirtieth *trentième*
7. seventh *septième*	31. thirty-first *trente et unième*
8. eighth *huitième*	40. fortieth *quarantième*
9. ninth *neuvième*	41. forty-first *quarante et unième*
10. tenth *dixième*	50. fiftieth *cinquantième*
11. eleventh *onzième*	51. fifty-first *cinquante et unième*
12. twelfth *douzième*	60. sixtieth *soixantième*
13. thirteenth *treizième*	61. sixty-first *soixante et unième*
14. fourteenth *quatorzième*	70. seventieth *soixante-dixième*
15. fifteenth *quinzième*	71. seventy-first *soixante et on-*
16. sixteenth *seizième*	*zième*

72. seventy-second *soixante-douzième*
80. eightieth *quatre-vingtième*
81. eighty-first *quatre-vingt-unième*
90. ninetieth *quatre-vingt-dixième*

91. ninety-first *quatre-vingt-onzième*
100. (one) hundredth *centième*
101. hundred and first *cent unième*
200. two-hundredth *deux centième*
1000. (one) thousandth *millième*

Fractions — Fractions

½ one half (*un*) *demi*; (the) half *la moitié*
1½ one and a half *un et demi*
⅓ one third *un tiers*
⅔ two thirds *deux tiers*
¼ one quarter *un quart*
¾ three quarters (*les*) *trois quarts*

⅕ one fifth *un cinquième*
⅝ five eights (*les*) *cinq huitièmes*
⁹⁄₁₀ nine tenths (*les*) *neuf dixièmes*
0.45 point four five *zéro, virgule, quarante-cinq*
17.38 seventeen point three eight *dix-sept, virgule, trente-huit*

British and American weights and measures

Mesures britanniques et américaines

Linear Measures — Mesures de longueur

1 inch (in.)
= 2,54 cm
1 foot (ft.)
= 12 inches = 30,48 cm
1 yard (yd.)
= 3 feet = 91,44 cm
1 link (l.)
= 7.92 inches = 20,12 cm

1 rod (rd.), pole *ou* **perch (p.)**
= 25 links = 5,03 m
1 chain (ch.)
= 4 rods = 20,12 m
1 furlong (fur.)
= 10 chains = 201,17 m
1 (statute) mile (mi.)
= 8 furlongs = 1609,34 m

Nautical Measures — Mesures nautiques

1 fathom (fm.)
= 6 feet = 1,83 m
1 cable's length
= 100 fathoms = 183 m

Am. 120 fathoms
= 219 m
1 nautical mile (n.m.)
= 10 cables' length = 1852 m

Square Measures — Mesures de surface

1 square inch (sq. in.)
= 6,45 cm²
1 square foot (sq. ft.)
= 144 square inches
= 929,03 cm²
1 square yard (sq. yd.)
= 9 square feet = 0,836 m²

1 square rod (sq. rd.)
= 30.25 square yards = 25,29 m²
1 rood (ro.)
= 40 square rods = 10,12 ares
1 acre (a.)
= 4 rods = 40,47 ares
1 square mile (sq. mi.)
= 640 acres = 2,59 km²

Cubic Measures — Mesures de volume

1 cubic inch (cu. in.)
= 16,387 cm³
1 cubic foot (cu. ft.)
= 1728 cubic inches
= 0,028 m³

1 cubic yard (cu. yd.)
= 27 cubic feet = 0,765 m³
1 register ton (reg. tn.)
= 100 cubic feet
= 2,832 m³

British Measures of Capacity — Mesures de capacité britanniques

1 gill (gi., gl.)
= 0,142 l
1 pint (pt.)
= 4 gills = 0,568 l

1 quart (qt.)
= 2 pints = 1,136 l
1 gallon (gal.)
= 4 quarts = 4,546 l

1 **peck (pk.)**
= 2 gallons = 9,092 l
1 **bushel (bu., bsh.)**
= 4 pecks = 36,36 l

1 **quarter (qr.)**
= 8 bushels = 290,94 l
1 **barrel (bbl., bl.)**
= 36 gallons = 1,636 hl

U.S. Measures of Capacity — Mesures de capacité américaines

1 **dry pint**
= 0,550 l
1 **dry quart**
= 2 dry pints = 1,1 l
1 **peck**
= 8 dry quarts = 8,81 l
1 **bushel**
= 4 pecks = 35,24 l
1 **liquid gill**
= 0,118 l

1 **liquid pint**
= 4 liquid gills = 0,473 l
1 **liquid quart**
= 2 liquid pints = 0,946 l
1 **gallon**
= 4 liquid quarts = 3,785 l
1 **barrel**
= 31.50 gallons = 119 l
1 **barrel petroleum**
= 42 gallons = 158,97 l

Apothecaries' Fluid Measures — Mesures pharmaceutiques

1 **minim (min., m.)**
= 0,0006 dl
1 **fluid drachm,** *Am.* **dram (dr. fl.)**
= 60 minims = 0,0355 dl

1 **fluid ounce (oz. fl.)**
= 8 fluid drachms = 0,284 dl
1 **pint (pt.)**
Brit. = 20 fluid ounces = 0,586 l
Am. = 16 fluid ounces = 0,473 l

Avoirdupois Weight – Poids (système avoirdupois)

1 **grain (gr.)**
= 0,0684 g
1 **drachm,** *Am.* **dram (dr. av.)**
= 27.34 grains = 1,77 g
1 **ounce (oz. av.)**
= 16 drachms = 28,35 g
1 **pound (lb. av.)**
= 16 ounces = 0,453 kg
1 **stone (st.)**
= 14 pounds = 6,35 kg
1 **quarter (qr.)**

Brit. = 28 pounds = 12,70 kg
Am. = 25 pounds = 11,34 kg
1 **hundredweight (cwt.)**
Brit. = 112 pounds = 50,80 kg
Am. = 100 pounds = 45,36 kg
1 **long ton (tn. l.)**
Brit. = 20 hundredweights
= 1016 kg
1 **short ton (tn. sh.)**
Am. = 20 hundredweights
= 907,18 kg

Troy and Apothecaries' Weight – Poids (système troy) et poids pharmaceutiques

1 **grain (gr.)**
= 0,0684 g
1 **scruple (s. ap.)**
= 20 grains = 1,296 g
1 **pennyweight (dwt.)**
= 24 grains = 1,555 g

1 **drachm,** *Am.* **dram (dr. t., dr. ap.)**
= 3 scruples = 3,888 g
1 **ounce (oz. ap.)**
= 8 drachms = 31,104 g
1 **pound (lb. t., lb. ap.)**
= 12 ounces = 0,373 kg

Conjugations of English verbs

Conjugaisons des verbes anglais

a) Conjugaison régulière faible

L'actif du présent de l'indicatif a la forme de l'infinitif. La 3e personne du singulier se termine par **...s**. Après une consonne sonore, cet **s** se sonorise; p.ex. *he sends* [sendz]; après une consonne sourde, il est sourd; p.ex. *he paints* [peints]; après une sifflante, suivie d'un **e** muet ou non, elle se termine par **...es**, prononcé [iz]; p.ex. *he catches* ['kætʃiz], *wishes* ['wiʃiz], *passes* ['pɑːsiz], *judges* ['dʒʌdʒiz], *rises* ['raiziz]. Les verbes terminés par **...o** précédé d'une consonne la forment en **...es**, prononcé [z]; p.ex. *he goes* [gouz].

Le prétérit et le participe passé se forment en ajoutant **...ed**, ou, après e, **...d** seulement, à l'infinitif; p.ex. *fetched* [fetʃt], *agreed* [əˈgriːd], *judged* [dʒʌdʒd]. La terminaison **...ed** se prononce [d] après un radical sonore; p.ex. *arrived* [əˈraivd], *judged* [dʒʌdʒd]. Ajoutée à la fin d'un radical sourd, elle se prononce [t]; p.ex. *liked* [laikt]. Après les verbes se terminant par **...d**, **...de**, **...t** et **...te** cet **...ed** se prononce [id]; p.ex. *mended* ['mendid], *glided* ['glaidid], *painted* ['peintid], *hated* ['heitid].

La terminaison du participe présent et du gérondif se rend par **...ing**. Les verbes terminés par **...ie** les forment en **...ying**; p.ex. *lie* [lai]: *lying* ['laiiŋ].

Les verbes terminés par **...y** précédé d'une consonne transforment cet **y** en **i** et prennent les terminaisons **...es**, **...ed**; devant **...ing**, **y** reste inchangé; p.ex. *try* [trai]: *he tries* [traiz], *he tried* [traid], mais *trying* ['traiiŋ].

Un **e** muet à la fin d'un verbe tombe devant **...ed** ou **...ing**; p.ex. *loved* [lʌvd], *loving* ['lʌviŋ]. Des cas exceptionnels sont *dyeing* ['daiiŋ] de *dye* [dai] et *shoeing* ['ʃuːiŋ] de *shoe* [ʃuː]. Pour des raisons phonétiques *singe* [sindʒ] a *singeing* ['sindʒiŋ] comme participe présent.

Les verbes terminés par une consonne simple précédée d'une seule voyelle accentuée, ou les verbes terminés par **r** simple, précédé d'une seule voyelle longue, redoublent leur consonne finale devant les terminaisons **...ed** et **...ing**; p.ex.

to lob [lɔb]	*lobbed* [lɔbd]	*lobbing* ['lɔbiŋ]
to wed [wed]	*wedded* ['wedid]	*wedding* ['wediŋ]
to beg [beg]	*begged* [begd]	*begging* ['begiŋ]
to step [step]	*stepped* [stept]	*stepping* ['stepiŋ]
to quit [kwit]	*quitted* ['kwitid]	*quitting* ['kwitiŋ]
to compel [kəmˈpel]	*compelled* [kəmˈpeld]	*compelling* [kəmˈpeliŋ]
to bar [bɑː]	*barred* [bɑːd]	*barring* ['bɑːriŋ]
to stir [stəː]	*stirred* [stəːd]	*stirring* ['stəːriŋ]

Dans les verbes terminés par **...l** ou **...p**, précédé d'une seule voyelle simple, inaccentuée, le redoublement se fait si l'on écrit le mot à l'anglaise, et ne se fait pas généralement si on l'écrit à l'américaine:

to travel ['trævl]	travelled ['trævld]	travelling ['trævliŋ]
to worship ['wɔːʃip]	worshipped ['wɔːʃipt]	worshipping ['wɔːʃipiŋ]

Les verbes terminés par **...c** transforment ce **c** en **ck** devant **...ed** et **...ing**; p.ex. to traffic ['træfik] trafficked ['træfikt] trafficking ['træfikiŋ].

Le subjonctif présent a la même forme que l'indicatif, à l'exception de la 3e personne du singulier qui ne prend pas d's. Au prétérit il correspond à l'indicatif.

Les temps composés se forment à l'aide de l'auxiliaire to have, plus le participe passé.

Le passif se forme à l'aide de l'auxiliaire to be, plus le participe passé.

b) Liste des verbes forts et des verbes faibles irréguliers

La première forme en caractère gras indique le présent (present); après le premier tiret, on trouve le passé simple (preterite), après le deuxième tiret, le participe passé (past participle).

abide - abode - abode
arise - arose - arisen
awake - awoke - awoke, awaked

be (am, is, are) - was (were) - been
bear - bore - borne porté, born né
beat - beat - beaten, beat
become - became - become
beget - begot - begotten
begin - began - begun
belay - belayed, belaid - belayed, belaid
bend - bent - bent
bereave - bereaved, bereft - bereaved, bereft
beseech - besought - besought
bestead - besteaded - bested, bestead
bestrew - bestrewed - bestrewed, bestrewn
bestride - bestrode - bestridden
bet - bet, betted - bet, betted
bid - bade, bid - bidden, bid
bind - bound - bound
bite - bit - bitten
bleed - bled - bled
blow - blew - blown
break - broke - broken
breed - bred - bred
bring - brought - brought

build - built - built
burn - burnt, burned - burnt, burned
burst - burst - burst
buy - bought - bought

can - could
cast - cast - cast
catch - caught - caught
chide - chid - chid, chidden
choose - chose - chosen
cleave - clove, cleft - cloven, cleft
cling - clung - clung
clothe - clothed, poét. clad - clothed, poét. clad
come - came - come
cost - cost - cost
creep - crept - crept
cut - cut - cut

dare - dared, durst - dared
deal - dealt - dealt
dig - dug - dug
do - did - done
draw - drew - drawn
dream - dreamt, dreamed - dreamt, dreamed
drink - drank - drunk
drive - drove - driven
dwell - dwelt - dwelt

eat - ate -eaten

fall - fell - fallen
feed - fed - fed
feel - felt - felt
fight - fought - fought
find - found - found
flee - fled - fled
fling - flung - flung
fly - flew - flown
forbear - forbore - forborne
forbid - forbad(e) - forbidden
forget - forgot - forgotten
forgive - forgave - forgiven
forsake - forsook - forsaken
freeze - froze - frozen

geld - gelded, gelt - gelded, gelt
get - got - got
gild - gilded, gilt - gilded, gilt
gird - girded, girt - girded, girt
give - gave - given
go - went - gone
grave - graved - graved, graven
grind - ground - ground
grow - grew - grown

hang - hung, hanged - hung, hanged
have (has) - had - had
hear - heard - heard
heave - heaved, ⚓ hove - heaved, ⚓ hove
hew - hewed - hewed, hewn
hide - hid - hidden, hid
hit - hit - hit
hold - held - held
hurt - hurt - hurt

keep - kept - kept
kneel - knelt, kneeled - knelt, kneeled
knit - knitted, knit - knitted, knit
know - knew - known

lade - laded - laded, laden
lay - laid - laid
lead - led - led
lean - leaned, leant - leaned, leant
leap - leaped, leapt - leaped, leapt
learn - learned, learnt - learned, learnt
leave - left - left
lend - lent - lent

let - let - let
lie - lay - lain
light - lighted, lit - lighted, lit
lose - lost - lost

make - made - made
may - might
mean - meant - meant
meet - met - met
mow - mowed - mowed, mown
must - must

ought

pay - paid - paid
pen - penned, pent - penned, pent
put - put - put

read - read - read
rend - rent - rent
rid - ridded, rid - rid, ridded
ride - rode - ridden
ring - rang - rung
rise - rose - risen
rive - rived - riven
run - ran - run

saw - sawed - sawn, sawed
say - said - said
see - saw - seen
seek - sought - sought
sell - sold - sold
send - sent - sent
set - set - set
sew - sewed - sewed, sewn
shake - shook - shaken
shall - should
shave - shaved - shaved, shaven
shear - sheared - shorn
shed - shed - shed
shine - shone - shone
shoe - shod - shod
shoot - shot - shot
show - showed - shown
shred - shredded, shred - shredded, shred
shrink - sharnk - shrunk
shut - shut - shut
sing - sang - sung
sink - sank - sunk
sit - sat - sat
slay - slew - slain
sleep - slept - slept
slide - slid - slid

sling - slung - slung
slink - slunk - slunk
slit - slit - slit
smell - smelt, smelled - smelt, smelled
smite - smote - smitten
sow - sowed - sown, sowed
speak - spoke - spoken
speed - sped, ⊕ speeded - sped, ⊕ speeded
spell - spelt, spelled - spelt, spelled
spend - spent - spent
spill - spilt, spilled - spilt, spilled
spin - spun, span - spun
spit - spat - spat
split - split - split
spoil - spoiled, spoilt - spoiled, spoilt
spread - spread - spread
spring - sprang - sprung
stand - stood - stood
stave - staved, stove - staved, stove
steal - stole - stolen
stick - stuck - stuck
sting - stung - stung
stink - stunk, stank - stunk
strew - strewed - (have) strewed, (be) strewn
stride - strode - stridden
strike - struck - struck

string - strung - strung
strive - strove - striven
swear - swore - sworn
sweep - swept - swept
swell - swelled - swollen
swim - swam - swum
swing - swung - swung
take - took - taken
teach - taught - taught
tear - tore - torn
tell - told - told
think - thought - thought
thrive - throve - thriven
throw - threw - thrown
thrust - thrust - thrust
tread - trod - trodden
wake - woke, waked - waked, woke(n)
wear - wore - worn
weave - wove - woven
weep - wept - wept
wet - wetted, wet - wetted, wet
will - would
win - won - won
wind - wound - wound
work - worked, *surt.* ⊕ wrought - worked, *surt.* ⊕ wrought
wring - wrung - wrung
write - wrote - written

Temperature Conversion Tables

Tables de conversion des températures

1. FROM −273 °C TO +1000 °C
1. DE −273 °C À +1000 °C

Celsius °C	Kelvin K	Fahrenheit °F	Réaumur °R
1000	1273	1832	800
950	1223	1742	760
900	1173	1652	720
850	1123	1562	680
800	1073	1472	640
750	1023	1382	600
700	973	1292	560
650	923	1202	520
600	873	1112	480
550	823	1022	440
500	773	932	400
450	723	842	360
400	673	752	320
350	623	662	280
300	573	572	240
250	523	482	200
200	473	392	160
150	423	302	120
100	373	212	80
95	368	203	76
90	363	194	72
85	358	185	68
80	353	176	64
75	348	167	60
70	343	158	56
65	338	149	52
60	333	140	48
55	328	131	44
50	323	122	40
45	318	113	36
40	313	104	32
35	308	95	28
30	303	86	24
25	298	77	20
20	293	68	16
15	288	59	12
10	283	50	8
+ 5	278	41	+ 4
0	273.15	32	0
− 5	268	23	− 4
− 10	263	14	− 8

Celsius °C	Kelvin K	Fahrenheit °F	Réaumur °R
− 15	258	+ 5	− 12
− 17.8	255.4	0	− 14.2
− 20	253	− 4	− 16
− 25	248	− 13	− 20
− 30	243	− 22	− 24
− 35	238	− 31	− 28
− 40	233	− 40	− 32
− 45	228	− 49	− 36
− 50	223	− 58	− 40
− 100	173	− 148	− 80
− 150	123	− 238	− 120
− 200	73	− 328	− 160
− 250	23˙	− 418	− 200
− 273.15	0	− 459.4	− 218.4

2. CLINICAL THERMOMETER
2. THERMOMÈTRE MÉDICAL

Celsius °C	Fahrenheit °F	Réaumur °R
42.0	107.6	33.6
41.8	107.2	33.4
41.6	106.9	33.3
41.4	106.5	33.1
41.2	106.2	33.0
41.0	105.8	32.8
40.8	105.4	32.6
40.6	105.1	32.5
40.4	104.7	32.3
40.2	104.4	32.2
40.0	104.0	32.0
39.8	103.6	31.8
39.6	103.3	31.7
39.4	102.9	31.5
39.2	102.6	31.4
39.0	102.2	31.2
38.8	101.8	31.0
38.6	101.5	30.9
38.4	101.1	30.7
38.2	100.8	30.6
38.0	100.4	30.4
37.8	100.0	30.2
37.6	99.7	30.1
37.4	99.3	29.9
37.2	99.0	29.8
37.0	98.6	29.6
36.8	98.2	29.4
36.6	97.9	29.3

3. RULES FOR CONVERTING TEMPERATURES
3. FORMULES DE CONVERSION DES TEMPÉRATURES

	Celsius	*Kelvin*
$x\,°C$	—	$= x + 273.15\text{ K}$
$x\,K$	$= x - 273.15\,°C$	—
$x\,°F$	$= \frac{5}{9}(x-32)\,°C$	$= \frac{5}{9}(x-32) + 273.15\text{ K}$
$x\,°R$	$= \frac{5}{4}x\,°C$	$= \left(\frac{5}{4}x\right) + 273.15\text{ K}$

	Fahrenheit	*Réaumur*
$x\,°C$	$= \frac{9}{5}x + 32\,°F$	$= \left(\frac{4}{5}x\right)\,°R$
$x\,K$	$= \frac{9}{5}(x-273.15) + 32\,°F$	$= \frac{4}{5}(x-273.15)\,°R$
$x\,°F$	—	$= \frac{4}{9}(x-32)\,°R$
$x\,°R$	$= \left(\frac{9}{4}x\right) + 32\,°F$	—

Phonetic Alphabets

Codes d'épellation

	Français	Anglais britannique	Anglais américain	International	Aviation civile
A	Anatole	Andrew	Abel	Amsterdam	Alfa
B	Berthe	Benjamin	Baker	Baltimore	Bravo
C	Célestin	Charlie	Charlie	Casablanca	Charlie
D	Désiré	David	Dog	Danemark	Delta
E	Eugène	Edward	Easy	Edison	Echo
É	Émile	—	—	—	—
F	François	Frederick	Fox	Florida	Foxtrot
G	Gaston	George	George	Gallipoli	Golf
H	Henri	Harry	How	Havana	Hotel
I	Irma	Isaac	Item	Italia	India
J	Joseph	Jack	Jig	Jerusalem	Juliett
K	Kléber	King	King	Kilogramme	Kilo
L	Louis	Lucy	Love	Liverpool	Lima
M	Marcel	Mary	Mike	Madagaskar	Mike
N	Nicolas	Nellie	Nan	New York	November
O	Oscar	Oliver	Oboe	Oslo	Oscar
P	Pierre	Peter	Peter	Paris	Papa
Q	Quintal	Queenie	Queen	Québec	Quebec
R	Raoul	Robert	Roger	Roma	Romeo
S	Suzanne	Sugar	Sugar	Santiago	Sierra
T	Thérèse	Tommy	Tare	Tripoli	Tango
U	Ursule	Uncle	Uncle	Upsala	Uniform
V	Victor	Victor	Victor	Valencia	Victor
W	William	William	William	Washington	Whiskey
X	Xavier	Xmas	X	Xanthippe	X-Ray
Y	Yvonne	Yellow	Yoke	Yokohama	Yankee
Z	Zoé	Zebra	Zebra	Zürich	Zulu